RIECKE · SCHMID
Fachanwaltskommentar Wohnungseigentumsrecht

RIECKE · SCHMID

Fachanwaltskommentar Wohnungseigentumsrecht

Herausgegeben von

Dr. Olaf Riecke
Richter am Amtsgericht Hamburg-Blankenese

Dr. Michael J. Schmid
weiland Richter am Bayerischen Obersten Landesgericht München

2., neu bearbeitete Auflage

Bibliographische Information Der Deutschen Bibliothek

Die Deutsche Bibliothek verzeichnet diese Publikation
in der Deutschen Nationalbibliographie;
detaillierte bibliographische Daten sind im Internet
über http://dnb.ddb.de abrufbar

ISBN 978-3-472-06936-2

ZITIERWEISE
Rn. 1 = Verweis auf eine Randnummer im gleichen Paragrafen
§ 1 Rn. 1= Verweis auf eine Randnummer in einem anderen Paragrafen.
Zitiervorschlag: Riecke/Schmid/*Bearbeiter*

www.luchterhand-fachverlag.de
www.wolterskluwer.de

Alle Rechte vorbehalten
© 2008 Wolters Kluwer Deutschland GmbH, Köln.
Luchterhand – eine Marke von Wolters Kluwer Deutschland.

Das Werk einschließlich aller seiner Teile ist urheberrechtlich geschützt. Jede Nutzung in anderen als den gesetzlich zugelassenen Fällen bedarf der vorherigen schriftlichen Einwilligung des Verlages. Hinweis zu § 52a UrhG: Weder das Werk noch seine Teile dürfen ohne eine solche Einwilligung eingescannt und in ein Netzwerk gestellt werden. Dies gilt auch für Intranets von Schulen und sonstsigen Bildungseinrichtungen.

Umschlag: Martina Busch, Grafikdesign, Fürstenfeldbruck
Satz: Satz-Offizin Hümmer GmbH, Waldbüttelbrunn
Druck und Verarbeitung: Lego Print, Italy

♾ Gedruckt auf säurefreiem, alterungsbeständigem und chlorfreiem Papier.

Vorwort zur 2. Auflage

Stellte sich bei der 1. Auflage vielleicht noch die Frage »Warum gerade 2005/2006 dieser neue Kommentar?«, so ist für die 2. Auflage die schon bei Markteinführung des Kommentars erwartete WEG-Novelle, die am 1.7.2007 in Kraft getreten ist, eindeutig der Anlass.
Die 2. Auflage erscheint unter dem Titel »Fachanwaltskommentar Wohnungseigentumsrecht«. Der Verlag integriert den Kommentar damit in eine neue Reihe die dem Marktbedürfnis nach »Spezialistenliteratur« Rechnung trägt.
Verlag und Herausgeber haben sich bewusst gegen einen »Schnellschuss« entschieden und ein nahezu komplett neu und gründlich kommentiertes WEG mit nahezu unverändertem Autorenteam vorgelegt. Gerade die schnelle und positive Akzeptanz der Erstauflage auch bei den Oberlandesgerichten und dem BGH verpflichtet weiterhin zu wissenschaftlich fundierter und praxisgerechter Arbeit. »Gut Ding will Weile haben« war hier der richtige Ratgeber.
Nachdem der Gesetzgeber der Entscheidung des BGH vom 2.6.2005 (ZMR 2005, 547) nur teilweise (Teilrechtsfähigkeit des Verbandes wurde eingeführt, aber trotzdem eine Außenhaftung der Wohnungseigentümer pro rata) gefolgt ist, und neues Recht – bis auf Beschlussanfechtungen – auch in Altverfahren nach FGG/WEG Anwendung findet, sind selbst in laufenden Verfahren – nach altem Recht zutreffende – Gerichtsbeschlüsse ggf. erfolgreich angreifbar. Erst Recht muss der Rechtsanwender bei geplanten Maßnahmen vor dem Hintergrund der Teilrechtsfähigkeit der Wohnungseigentümergemeinschaft Gewohntes neu überdenken.
Der vorliegende Kommentar soll die Standardfragen des neuen WEG so breit wie nötig und so kurz wie möglich abhandeln. Gerade die Neuschöpfungen der WEG-Novelle sollen völlig neu durchdacht und grundlegend erörtert und kommentiert werden. Dies gilt insbesondere für das nach den Entscheidungen des BGH vom 20.9.2000 (ZMR 2000, 771) und 23.8.2001 (ZMR 2001, 809) eingeschränkte Beschlussrecht und die gesetzlichen Neuerungen (Beschluss-Sammlung; neue Beschlusskompetenzen aufgrund gesetzlicher Öffnungsklauseln etc.) Die als Folge der Teilrechtsfähigkeit der Wohnungseigentümergemeinschaft sich ergebenden Vereinfachungen einerseits und neuen Probleme andererseits werden in den Kommentierungen dargestellt und kritisch beleuchtet. Dies führt zwangsläufig dazu, dass die Kommentierungen der einzelnen Paragrafen sehr unterschiedlich tief erfolgen mussten.
Die Autoren haben sich bemüht, bei wichtigen Entscheidungen Mehrfachfundstellen möglichst gängiger Fachzeitschriften (ZMR, NZM, WuM) anzugeben.
Die Herausgeber haben fachlich hoch qualifizierte Anwälte, Rechtspfleger und Richter als Autoren gewinnen können und bedanken sich auf diesem Wege für die angenehme Zusammenarbeit.
Für konstruktive Kritik und Anregungen sind die Herausgeber Lesern und Anwendern dankbar.
(Kontakt: olaf@riecke-hh.de)
Hamburg, München im Oktober 2007
Olaf Riecke
Michael J. Schmid

Autoren

Dr. Dr. Andrik Abramenko
Richter am Landgericht

Johannes Drabek
Rechtsanwalt

Dr. Oliver Elzer
Richter am Kammergericht

Hermann Kahlen
Rechtsanwalt, Fachanwalt für Steuerrecht, Dipl. Finanzwirt

Dr. Olaf Riecke
Richter am Amtsgericht

Dr. Michael J. Schmid
weiland Richter am Bayerischen Obersten Landesgericht

Wolfgang Schneider
Dipl. Rechtspfleger

Dr. A. Olrik Vogel
Rechtsanwalt

Bearbeiterverzeichnis

Abramenko
§§ 13–15, 26–29, Vor § 43 – Anhang zu § 50

Drabek
§§ 21–23

Elzer
§§ 3, 8, 10, 11, 16, 20

Kahlen
Steuerrecht

Riecke
§§ 18, 19, 62
Anhänge zu § 8, 13, 15 und 16
Muster

Schmid
§§ 30, 31, 33, 34, 36–42, 60, 62–64
§ 556 BGB
§ 2 BetrKV
WohnflV
HeizkostenV

Schneider
§§ 1, 2, 4–7, 9, 12, 32, 35, 61

Vogel
Anhang zu § 8
Muster

Inhaltsverzeichnis

Literaturverzeichnis		XV
Abkürzungsverzeichnis		XXI
Gesetz über das Wohnungseigentum und das Dauerwohnrecht (Wohnungseigentumsgesetz – WEG)		1
I. Teil		
Wohnungseigentum		1
§ 1	Begriffsbestimmungen	1
1. Abschnitt		
Begründung des Wohnungseigentums		51
§ 2	Arten der Begründung	51
§ 3	Vertragliche Einräumung von Sondereigentum	54
§ 4	Formvorschriften	94
§ 5	Gegenstand und Inhalt des Sondereigentums	100
§ 6	Unselbständigkeit des Sondereigentums	117
§ 7	Grundbuchvorschriften	124
§ 8	Teilung durch den Eigentümer	184
Anhang zu § 8 Grundzüge des Bauträgerrechts		211
§ 9	Schließung der Wohnungsgrundbücher	234
2. Abschnitt		
Gemeinschaft der Wohnungseigentümer		242
§ 10	Allgemeine Grundsätze	242
§ 11	Unauflöslichkeit der Gemeinschaft	377
§ 12	Veräußerungsbeschränkung	387
§ 13	Rechte des Wohnungseigentümers	419
Anhang zu § 13 Besonderheiten bei der Vermietung von Sonder- und/oder Gemeinschaftseigentum		439
§ 14	Pflichten des Wohnungseigentümers	459
§ 15	Gebrauchsregelung	476
Anhang zu § 15 Vermietung von Gemeinschafts- und Sondereigentum; Gebrauchsregelungen		493
§ 16	Nutzungen, Lasten und Kosten	506
Anhang zu § 16 Betriebskostenabrechnung des vermietenden Sondereigentümers		588
§ 17	Anteil bei Aufhebung der Gemeinschaft	603
§ 18	Entziehung des Wohnungseigentums	608
§ 19	Wirkung des Urteils	617
3. Abschnitt		
Verwaltung		620
§ 20	Gliederung der Verwaltung	620
§ 21	Verwaltung durch die Wohnungseigentümer	651
§ 22	Besondere Aufwendungen, Wiederaufbau	706
§ 23	Wohnungseigentümerversammlung	733
§ 24	Einberufung, Vorsitz, Niederschrift	753
§ 25	Mehrheitsbeschluss	783

Inhaltsverzeichnis

§ 26	Bestellung und Abberufung des Verwalters	797
§ 27	Aufgaben und Befugnisse des Verwalters	838
§ 28	Wirtschaftsplan, Rechnungslegung	876
§ 29	Verwaltungsbeirat	939

4. Abschnitt
Wohnungserbbaurecht 953

§ 30	Wohnungserbbaurecht	953

II. Teil
Dauerwohnrecht 954

§ 31	Begriffsbestimmungen	954
§ 32	Voraussetzungen der Eintragung	955
§ 33	Inhalt des Dauerwohnrechts	959
§ 34	Ansprüche des Eigentümers und der Dauerwohnberechtigten	961
§ 35	Veräußerungsbeschränkung	961
§ 36	Heimfallanspruch	962
§ 37	Vermietung	963
§ 38	Eintritt in das Rechtsverhältnis	964
§ 39	Zwangsversteigerung	965
§ 40	Haftung des Entgelts	965
§ 41	Besondere Vorschriften für langfristige Dauerwohnrechte	966
§ 42	Belastung eines Erbbaurechts	966
Vorbemerkung Vor §§ 43 ff.		967

III. Teil
Verfahrensvorschriften 974

§ 43	Zuständigkeit	974
§ 44	Bezeichnung der Wohnungseigentümer in der Klageschrift	984
§ 45	Zustellung	988
§ 46	Anfechtungsklage	992
§ 46a	gegenstandslos	1001
§ 47	Prozessverbindung	1001
§ 48	Beiladung, Wirkung des Urteils	1003
§ 49	Kostenentscheidung	1010
§ 50	Kostenerstattung	1013
Anhang zu § 50 Streitwert und Rechtsanwaltsvergütung		1016
§ 51–58 aufgehoben		1028

IV. Teil
Ergänzende Bestimmungen 1028

§ 59	aufgehoben	1028
§ 60	Ehewohnung	1029
§ 61	Veräußerung ohne Zustimmung	1029
§ 62	Übergangsvorschrift	1030
§ 63	Überleitung bestehender Rechtsverhältnisse	1033
§ 64	Inkrafttreten	1033

§ 556 BGB
Vereinbarungen über Betriebskosten 1034

§ 2 Betriebskostenverordnung (BetrKV) 1035

Nr. 1.	Die laufenden öffentlichen Lasten des Grundstücks	1035
Nr. 2.	Die Kosten der Wasserversorgung	1035
Nr. 3.	Die Kosten der Entwässerung	1036
Nr. 4. a)	Die Kosten des Betriebs der zentralen Heizungsanlage einschließlich der Abgasanlage	1037
Nr. 4. b)	Die Kosten des Betriebs der zentralen Brennstoffversorgungsanlage	1038
Nr. 4. c)	Die Kosten der eigenständig gewerblichen Lieferung von Wärme, auch aus Anlagen i. S. d. Buchstabens a	1039
Nr. 5. a)	Die Kosten des Betriebs der zentralen Warmwasserversorgungsanlage	1039
Nr. 5. b)	Die Kosten der eigenständig gewerblichen Lieferung von Warmwasser, auch aus Anlagen i. S. d. Buchstabens a	1039
Nr. 5. c)	Die Kosten der Reinigung und Wartung von Warmwassergeräten	1039
Nr. 6.	Die Kosten verbundener Heizungs- und Warmwasserversorgungsanlagen	1040
Nr. 7.	Die Kosten des Betriebs des Personen- oder Lastenaufzuges	1040
Nr. 8.	Die Kosten der Straßenreinigung und Müllbeseitigung	1041
Nr. 9.	Die Kosten der Gebäudereinigung und Ungezieferbekämpfung	1042
Nr. 10.	Die Kosten der Gartenpflege	1042
Nr. 11.	Die Kosten der Beleuchtung	1044
Nr. 12.	Die Kosten der Schornsteinreinigung	1044
Nr. 13.	Die Kosten der Sach- und Haftpflichtversicherung	1044
Nr. 14.	Die Kosten für den Hauswart	1045
Nr. 15.	Die Kosten	1048
Nr. 16.	Die Kosten des Betriebs der Einrichtungen für die Wäschepflege	1048
Nr. 17.	Sonstige Betriebskosten	1049

Verordnung zur Berechnung der Wohnfläche (Wohnflächenverordnung – WoFlV) 1052

§ 1	Anwendungsbereich, Berechnung der Wohnfläche	1052
§ 2	Zur Wohnfläche gehörende Grundflächen	1053
§ 3	Ermittlung der Grundfläche	1054
§ 4	Anrechnung der Grundflächen	1055
§ 5	Überleitungsvorschrift	1056

Verordnung über die verbrauchsabhängige Abrechnung der Heiz- und Warmwasserkosten (Verordnung über Heizkostenabrechnung – HeizkostenV) 1057

§ 1	Anwendungsbereich	1057
§ 2	Vorrang vor rechtsgeschäftlichen Bestimmungen	1059
§ 3	Anwendung auf das Wohnungseigentum	1061
§ 4	Pflicht zur Verbrauchserfassung	1065
§ 5	Ausstattung zur Verbrauchserfassung	1071
§ 6	Pflicht zur verbrauchsabhängigen Kostenverteilung	1074
§ 7	Verteilung der Kosten der Versorgung mit Wärme	1081
§ 8	Verteilung der Kosten der Versorgung mit Warmwasser	1084
§ 9	Verteilung der Kosten der Versorgung mit Wärme und Warmwasser bei verbundenen Anlagen	1085
§ 9a	Kostenverteilung in Sonderfällen	1088
§ 9b	Kostenaufteilung bei Nutzerwechsel	1093

Inhaltsverzeichnis

§ 10	Überschreitung der Höchstsätze	1096
§ 11	Ausnahmen	1097
§ 12	Kürzungsrecht, Übergangsregelungen	1102
§ 13	gegenstandslos	1105
§ 14	Inkrafttreten	1105

Steuerrecht	1106
Muster	1147

Anhang I
Gesetzestexte 1190

Anhang I.1
Synopse altes und neues Wohnungseigentumsgesetz 1190

Anhang I.2
Wohnungseigentumsgesetz 1227

Anhang II
Durchführungsbestimmungen 1246

Anhang II.1
Wohnungsgrundbuchverfügung nebst Anlagen 1246

Anhang II.2
Allgemeine Verwaltungsvorschrift für die Ausstellung von Bescheinigungen gemäß § 7 Abs. 4 Nr. 2 und § 32 Abs. 2 Nr. 2 des Wohnungseigentumsgesetzes 1262

Anhang III
Verordnung zur Berechnung der Wohnfläche
(Wohnflächenverordnung – WoFlV) 1265

Anhang IV
Verordnung über die verbrauchsabhängige Abrechnung der Heiz- und Warmwasserkosten (Verordnung über Heizkostenabrechnung – HeizkostenV) 1267

Anhang V
Verordnung über energiesparenden Wärmeschutz und energiesparende Anlagentechnik bei Gebäuden (Energiesparverordnung - EnEV) 1273

Stichwortverzeichnis 1277

Literaturverzeichnis

Abramenko	Das neue WEG in der anwaltlichen Praxis, 1. Aufl. 2007
Bärmann/Pick	WEG, 18. Aufl. 2007
Bärmann/Pick/Merle	Wohnungseigentumsgesetz, 9. Aufl. 2003
Bärmann	Kurzlehrbuch, 1991
Bärmann	FG, Freiwillige Gerichtsbarkeit und Notarrecht, 1968
Bärmann/Seuß	Praxis des Wohnungseigentums, 4. Aufl. 1997
Bamberger/Roth/Bearbeiter	Kommentar zum BGB mit Wohnungseigentumsgesetz, 1. Aufl. 2003
Bauer/v. Oefele	Kommentar zur GBO, 2. Aufl. 2006
Becker	Die Teilnahme an der Versammlung der Wohnungseigentümer, 1996
Becker/Kümmel/Ott	Wohnungseigentum, 1. Aufl. 2003
Becksches Formularbuch Wohnungseigentums-recht/Bearbeiter	1. Aufl. 2007
Becksches Notar-Handbuch/ Bearbeiter	4. Aufl. 2006
Bertram	Vorteilhafte Beschlüsse, 1. Aufl. 1994
BGB-RGRK	Das Bürgerliche Gesetzbuch mit besonderer Berücksichtigung der Rechtsprechung des Reichsgerichts und des Bundesgerichtshofs, 12. Aufl., 1996
Bielefeld	Der Wohnungseigentümer, 7. Aufl. 2003
Bischof/Jungbauer	RVG – Kompaktkommentar, 2. Aufl. 2006
Blackert	Die Wohnungseigentümergemeinschaft im Zivilprozess, 1999
Blankenstein	WEG-Reform, 1. Aufl. 2007
Bornheimer	Das Stimmrecht im Wohnungseigentumsrecht, 1993
Boruttau/Bearbeiter	Kommentar zum Grunderwerbsteuergesetz, 16. Aufl. 2007
Böttcher	Kommentar zum ZVG, 4. Aufl. 2005
Bub/von der Osten	Wohnungseigentum von A-Z, 7. Aufl. 2004
Bub, Rew.	Das Finanz- und Rechnungswesen der Wohnungseigentümer-gemeinschaft, 2. Aufl. 1996
Bumiller/Winkler	Freiwillige Gerichtsbarkeit, 8. Aufl. 2006
Burhoff/Kindermann	Rechtsanwaltsvergütungsgesetz, 1. Aufl. 2004
Dassler/Bearbeiter	Kommentar zum ZVG, 12. Aufl. 1991
Deckert	Die Eigentumswohnung, Loseblattsammlung
Deckert/Stein	Die Eigentumswohnung, 1988
Demharter	Grundbuchordnung, 25. Aufl. 2005
Diester	Kommentar zum WEG, 1952
Diester Rspr.	Die Rechtsprechung zum WEG, 1967
Drabek	Das Wohnungseigentum, 2002
Drasdo	Die Eigentümerversammlung nach WEG, 3. Aufl. 2004
Erman/Bearbeiter	Kommentar zum BGB mit Wohnungseigentumsgesetz, 11. Aufl. 2004
Ernst/Zinkahn/Bielenberg/ Krautzberger/Fassbender/ Hötzel/v.Jeinsen/Pikalo	HöfeO, 3. Aufl. 1994
Fehmel	Hausratsverordnung, 1936
Feuerich/Weyland	BRAO, 6. Aufl. 2003
Fritsch	Das neue Wohnungseigentumsgesetz, 2007
Gerold/Schmidt/von Eicken/Madert/Müller-Rabe	Rechtsanwaltsvergütungsgesetz – RVG, 17. Aufl. 2006

Literaturverzeichnis

Göttlich/Mümmler/ Assenmacher/Mathias	Kommentar zur KostO, 15. Aufl. 2004
Gottschalg	Die Haftung von Verwalter und Beirat in der Wohnungseigentümergemeinschaft, 2. Aufl. 2005
Greiner	Wohnungseigentumsrecht, 1. Aufl. 2007
Häublein	Sondernutzungsrechte und ihre Begründung im Wohnungseigentumsrecht, 2003
Hartmann	Kostengesetze, 37. Aufl. 2007
Hartung/Römermann	Praxiskommentar zum RVG, 1. Aufl. 2004
Harz/Kääb/Riecke/Schmid	Handbuch des Fachanwalts Miet- und Wohnungseigentumsrecht, 1. Aufl. 2006
Heismann	Werdende Wohnungseigentümergemeinschaft, 2003
Henssler/Prütting	BRAO, 2. Aufl. 2004
Hock/Mayer/Hilbert/Deimann	Immobiliarvollstreckung, 3. Aufl. 2006
Hügel	Grundbuchordnung, 1. Aufl. 2007
Hügel/Scheel	Rechtshandbuch Wohnungseigentum, 2. Aufl. 2007
Hügel/Elzer	Das neue WEG-Recht, 1. Aufl. 2007
Jennißen	Die Verwalterabrechnung nach dem WEG, 5. Aufl. 2004
Jennißen/Schwermer	Ratgeber für die Wohnungseigentümerversammlung, 1991
Kahlen	Das neue Wohnungseigentumsrecht, 2007
ders.	Praxiskommentar zum WEG 1. Aufl. 2000
ders.	Wohnungseigentumsrecht und Steuern, 1. Aufl. 2007
Keidel	Gesetz über die Angelegenheiten der freiwilligen Gerichtsbarkeit, 14. Aufl. 1999
Kersten/Bühling	Formularbuch und Praxis der freiwilligen Gerichtsbarkeit, 21. Aufl. 2001
Kleine-Möller/Merl/Oelmaier	Handbuch des privaten Baurechts, 3. Aufl. 2005
Köhler	Das neue WEG, 1. Aufl. 2007
Köhler/Bassenge/Bearbeiter	Anwaltshandbuch Wohnungseigentumsrecht, 1. Aufl. 2004
Korintenberg/Lappe/Bengel/ Reimann/Bearbeiter (K/L/B/R)	Kommentar zur KostO, 16. Aufl. 2005
Kuntze/Ertl/Herrmann/ Eickmann (KEHE/Bearbeiter)	Grundbuchrecht, 6. Aufl. 2006
Lammel	HeizkostenV, 2. Aufl. 2004
Lange/Wulff/Lüdtke-Handjery/ Lutter/Bearbeiter	HöfeO, 10. Aufl. 2001
Lutter/Bearbeiter	Kommentar zum UmwG, 3. Aufl. 2004
Maletz	Grundstücks- und Wohnungskauf von A-Z, 2003
Meikel/Bearbeiter	Grundbuchrecht, 9. Aufl. 2004
MieWo/Bearbeiter	Miet- und Wohnungsrecht – Texte und Erläuterungen, Loseblattsammlung und CD-ROM
MieWoE	Miet- und Wohnungsrecht – Entscheidungssammlung
Müller	Praktische Fragen des Wohnungseigentums, 4. Aufl. 2004
Müller	Becksches Formularbuch Wohnungseigentumsrecht, 1. Aufl. 2007
Münchener Kommentar BGB/ Bearbeiter (MüKo/Bearbeiter)	Kommentar zum BGB mit Wohnungseigentumsgesetz, 4. Aufl. 2000 ff.
Münchener Kommentar ZPO/ Bearbeiter	ZPO, 2. Aufl. 2002
Münchener Vertragshandbuch/ F.Schmidt	Band 6, 5. Aufl. 2003
Munzig	Die Gemeinschaftsordnung im Wohnungseigentum, 1999

Musielak/Bearbeiter	ZPO 5. Aufl. 2007
	WEG, 8. Aufl. 2007
Niedenführ/Kümmel/ Vandenhout	
Ott	Das Sondernutzungsrecht, 2000
Palandt/Bearbeiter	Kommentar zum BGB mit Wohnungseigentumsgesetz, 66. Aufl. 2007
Prütting/Wegen/Weinreich	BGB Kommentar 2. Aufl. 2007
Rennen/Caliebe	Rechtsberatungsgesetz, 3. Aufl. 2001
Riecke/Schmidt/Elzer	Die erfolgreiche Eigentümerversammlung, 4. Aufl., 2006
Röll/Sauren	Handbuch für Wohnungseigentümer und Verwalter, 8. Aufl. 2002
Sauren	Kommentar zum WEG, 4. Aufl. 2002
Sauren	Verwaltungsvertrag und Verwaltervertrag im Wohnungseigentum, 3. Aufl. 2000
Scheif	Beck-Ratgeber, Lexikon für Wohnungseigentümer, 1998
Schmid	Handbuch der Mietnebenkosten, 10. Aufl. 2007
ders.	Kompaktkommentar Mietrecht, 1. Aufl. 2006
Schöner/Stöber	Grundbuchrecht, 13. Aufl. 2004
Seuß	Die Eigentumswohnung, 11. Aufl., 2000
Soergel/Bearbeiter	Kommentar zum BGB mit Wohnungseigentumsgesetz, 13. Aufl. 1999 ff. mit Wohnungseigentumsgesetz, 12. Aufl. 1990
Staudinger/Bearbeiter	Kommentar zum BGB mit Wohnungseigentumsgesetz, 13. Bearbeitung 2005
Steiner/Bearbeiter	Zwangsversteigerung und Zwangsverwaltung, 9. Aufl. 1984
Stöber	Forderungspfändung, 14. Aufl. 2005
Stöber	Zwangsversteigerungsgesetz, 18. Aufl. 2006
Weitnauer/Bearbeiter	Wohnungseigentumsgesetz, 9. Aufl. 2005
Zöller/Bearbeiter	ZPO, 26.Aufl. 2007

Literatur zur WEG-Reform

Abramenko	Das neue WEG in der anwaltlichen Praxis, 1. Aufl. 2007
ders.	Das Verlangen auf Abänderung einer Vereinbarung nach § 10 Abs. 2 Satz 3 WEG n. F.: Eine versteckte Beschlußkompetenz, ZMR 2007, 424
ders.	Das neue Verfahrensrecht im WEG, AnwBl 2007, 403
ders.	Heizkostenverteilung und Beschlusskompetenz nach bisherigem und künftigem Recht, ZWE 2007, 61
ders.	Die Gläubiger der Wohnungseigentümergemeinschaft und ihr Schutz. Kritische Anmerkung zur »Gegenäußerung der Bundesregierung«, ZMR 2006, 496
ders.	Der Anspruch auf Abänderung von Beschlüssen, ZWE 2007, 336
Armbrüster	Die Rechtsfähigkeit der Eigentümergemeinschaft, GE 2007, 420
ders.	Gläubigerschutz bei der Wohnungseigentümergemeinschaft, ZMR 2006, 653
ders.	Der Verwalter als Organ der Gemeinschaft und Vertreter der Wohnungseigentümer, ZWE 2006, 470
ders.	Auswirkungen der Rechtsfähigkeit der Gemeinschaft der Wohnungseigentümer auf die Reform des WEG, ZWE 2006, 53
ders.	Zum Gesetzentwurf einer WEG-Reform, AnwBl 2005, 16
ders.	Anmerkungen zur Stellungnahme der Bundesnotarkammer zur WEG-Reform, ZWE 2003, 355

Literaturverzeichnis

ders.	Überlegungen zur Reform des Wohnungseigentumsrechts, DNotZ 2003, 493
Armbrüster/Merle	E- Mail- Diskussion zum Beschlusserfordernis bei baulichen Veränderungen ZWE 2007, 384
Becker	Das neue WEG Vermögensverwaltung durch die Eigentümergemeinschaft MietRB 2007,180
Bergerhoff	Übergangsrechtliche Probleme in wohnungseigentumsrechtlichen »Altverfahren«, NZM 2007, 553
ders.	Die wohnungseigentumsrechtliche Anfechtungsklage im ZPO-Verfahren NZM 2007, 25
Becker	Das neue WEG- Vermögensverwaltung durch die Eigentümergemeinschaft, MietRB 2007,180
Blankenstein	WEG-Reform 2007, 2007
Böhringer/Hintzen	WEG Novelle 2007, Rpfleger 2007, 353
ders.	Reform des Wohnungseigentumsgesetzes, ZfIR 2003, 445
Bonifacio	Der Entwurf einer wohnungseigentumsrechtlichen Anfechtungsklage nach der ZPO – Königs- oder Irrweg?, ZMR 2005, 327
ders.	Die Einsetzung eines Notverwalters nach der WEG-Reform, MDR 2007,869=MietRB 2007, 869
ders.	Die neue Anfechtungsklage im Wohnungseigentumsrecht, ZMR 2007, 592
Bräuer/Oppiz	Hausgeldforderungen in der Zwangsversteigerung, ZWE 2007,339
Briesemeister	Das Haftungssystem der Wohnungseigentümergemeinschaft nach der WEG-Reform, NZM 2007, 225
ders.	Das Rechtsmittelverfahren in Wohnungseigentumssachen, ZWE 2007, 77
ders.	Korrigenda zur WEG-Reform 2007 – Ein Zwischenruf zum Inkrafttreten im Juli, NZM 2007, 345
ders.	Zur Durchsetzung einer Versorgungssperre gegen den Mieter eines Wohnungseigentümers durch die Wohnungseigentümergemeinschaft, ZMR 2007,661
Bub	Das Verwaltungsvermögen, ZWE 2007, 15
ders.	Der schwebend unwirksame Beschluss im Wohnungseigentumsrecht, FS Seuß (2007), 53
ders.	Die geplante Novellierung des WEG, NZM 2006, 841
ders.	Die Wohnungseigentümergemeinschaft im Prozess und ihre Vertretung durch den Verwalter, FS Blank (2006), 601
ders.	Rechtsfähigkeit und Vermögenszuordnung, ZWE 2006, 253
Deckert	Zur Führung der Konten einer Wohnungseigentümergemeinschaft (Wer ist Inhaber des Kontos? Bedarf es der Aushändigung von Eigentümerlisten?), ZMR 2007, 251
ders.	Die Beschluss-Sammlung nach Diktat der WEG-Novelle 2007, WE 2007, 100
ders.	Die Beschluss-Sammlung – Ein Danaergeschenk der WEG-Reformer für Wohnungseigentumsverwalter?, NZM 2005, 927
ders.	Die Beschluss-Sammlung nach Diktat der WEG-Novelle 2007, Teil I WE 2007,100, Teil II WE 2007,124
Deckert/Kappus	Das neue Verwalter(leid)bild: »Gejagter und Sammler« NZM 2007,745
Demharter	Das Zentralgrundbuch – mehr Licht als Schatten?, Rpfleger 2007, 121
ders.	Gesetzentwurf zur Änderung des WEG und anderer Gesetze – Ein kritischer Überblick über die wichtigsten Änderungen, NZM 2006, 489
Drasdo	Totgesagte leben länger – Der Notverwalter nach § 26 III WEG, NJW-Spezial 2005, 385
ders.	Die Beschlusssammlung in der Reform des WEG, ZMR 2007,501

Elzer	Änderungen des ZVG durch die WEG-Novelle, ZAP 2007, 535
ders.	Das neue Verfahrensrecht in WEG-Sachen, ZAP 2007, 325
ders.	Die WEG-Novelle 2007, WuM 2007, 295
ders.	Kleine Unklarheiten: Das WEG-Reformgesetz auf einem ersten Prüfstand, ZMR 2007, 430
ders.	Der abändernde Zweitbeschluss: Vom notwendigen Ausgleich zwischen Schutzbedürftigkeit und Flexibilität, ZMR 2007, 237
ders.	Bestimmungen der Wohnungseigentümer zur Beschluss-Sammlung, WE 2007, 198
ders.	Die Beschluss-Sammlung MietRB 2007, Heft 12
Fritsch	Das neue Wohnungseigentumsrecht, 2007
ders	Die erweiterte Beschlusskompetenz zur Verteilung von Betriebs- und Verwaltungskosten, MietRB 2007, 244
Frohne	Folgen der WEG-Reform (Stand vom 8.3.2006) für den Verwalter, ZMR 2006, 588
ders.	Stellungnahme zum am 25.5.2005 vom Bundeskabinett beschlossenen Gesetz zur Änderung des Wohnungseigentumsgesetzes und anderer Gesetze, ZMR 2005, 512
Gottschalg	Das neue Verfahrensrecht: Erkenntnisverfahren, ZWE 2007, 71
ders.	Wesentliche Aspekte der beschlossenen WEG-Novelle, NZM 2007, 194
Häublein	Die Willensbildung in der Wohnungseigentümergemeinschaft nach der WEG-Novelle, ZMR 2007, 409
ders.	Der Erwerb von Sondereigentum durch die Wohnungseigentümergemeinschaft – Zulässigkeit, Voraussetzungen und Konsequenzen für die Wohnungseigentumsverwaltung, FS Seuß (2007), 125
ders.	Insolvenzverfahren über das Vermögen der Wohnungseigentümergemeinschaft?, ZWE 2006, 205
Hansens	Die Vergütung im Wohnungseigentums Verfahren, Teil 2: Die Vergütung im Verfahren nach §§ 43 ff. WEG und in der Zwangsvollstreckung, RVGReport 2005, 162
Hintzen/Böhringer	WEG Novelle 2007, Rpfleger 2007, 353
Hinz	Reform des Wohnungseigentumsrecht – Eine Stellungnahme aus amtsgerichtlicher Sicht, ZMR 2005, 271
Hogenschurz	Der Ersatzzustellungsvertreter nach § 45 WEG in der Fassung des Gesetzentwurfs der Bundesregierung zur Änderung des Wohnungseigentumsgesetzes und anderer Gesetze, ZMR 2005, 764
ders.	Im Überblick: Die Entziehung des Wohnungseigentums, NZM 2005, 611
Hügel/Elzer	Das neue WEG-Recht, 2007
Hügel	Das neue Wohnungseigentumsrecht, ZAP 2007, 305
Jennißen	Verfahrenskostenverteilung im Innenverhältnis er Wohnungseigentümer – Ein (vorsichtiger) Blick auf die WEG-Novelle 2007, NZM 2007, 510
Kahlen	Das neue Wohnungseigentumsrecht, 2007
Köhler	Das neue WEG, 2007
ders.	WEG-Reform- Einzelne Verfahren des § 43 WEG, MietRB 2007, 185
ders.	Das neue Wohnungseigentumsgesetz – ein Überblick, NotBZ 2007, 113
ders.	WEG-Reform – Die Entziehung des Wohnungseigentums, MietRB 2007, 156
ders.	Änderung des Wohnungseigentumsgesetzes? – Der Gesetzentwurf der Bundesregierung –, ZMR 2005, 19
Lehmann/Richter	Zur Zurückweisung eines Stellvertreters in der Eigentümerversammlung, ZMR 2007, 741

Literaturverzeichnis

Löffler/Weise	Überblick über die Änderungen des Wohnungseigentumsgesetzes MietRB 2007, 124 = MDR 2007, 561
Lüke	Streitigkeiten in Wohnungseigentumssachen nach der WEG- Reform, ZflR 2007,657
Mayer	Kommt doch ein neues WEG? RpflStud. 2006, 71
Meffert	Aufgaben und Befugnisse des Verwalters nach der WEG-Novelle, GE 2007, 559
ders.	Bauliche Veränderungen und Modernisierungen gemäß § 22 WEG n. F., ZMR 2007, 758
ders.	Beschlusskompetenz der Wohnungseigentümer für Kostenregelungen gemäß § 16 Abs. 3 und 4 WEG n. F., ZMR 2007,667
Merle	Die Beschluss-Sammlung, GE 2007, 636
ders.	Die Beschluss-Sammlung, ZWE 2007,280
ders.	Beschluss und Zustimmung zu baulichen Veränderungen ZWE 2007,374
ders.	Zur ersten Bestellung des Verwalters nach Begründung von Wohnungseigentum ZWE 2007, 233
ders.	Neue Möglichkeiten nach der WEG-Novelle: Beschlusskompetenzen in Geldangelegenheiten GE 2007,1168
ders.	Neue Möglichkeiten nach der WEG-Novelle: Beschlusskompetenzen in Geldangelegenheiten ZWE 2007, Heft 9
ders.	Zur Vertretungsmacht des Verwalters nach § 27 RegE-WEG, ZWE 2006, 365
ders.	Die Beschluss-Sammlung GE 2007,636
ders.	Neues WEG – Die Beschluss-Sammlung ZWE 2007,272
Mohr	Teilrechtsfähigkeit der Wohnungseigentümergemeinschaft oder Gesamtschuldnerschaft im öffentlichen Recht bei Verfügung und Vertrag, ZMR 2006, 910
Müller	Der Vertragspartner des Verwalters, FS Seuß (2007), 211
ders.	Zwangsversteigerung von Wohnungseigentum, ZWE 2006, 378
Müller M.	Zur Haftung aus § 154 Satz 1 ZVG bei der Zwangsverwaltung von Wohnungseigentum ZMR 2007, 747
Niedenführ	Die WEG-Novelle 2007, NJW 2007,1841
Nissen	Der Insolvenzantrag für die insolvente Wohnungseigentümergemeinschaft, ZMR 2006, 897
Paefgen	Gläubigerschutz in der WEG-Novelle, ZflR 2006, 529
Pause/Vogel	Auswirkungen der Teilrechtsfähigkeit der Wohnungseigentümergemeinschaft auf die Verfolgung von Mängeln am Gemeinschaftseigentum gegenüber dem Bauträger, NJW 2006, 3670
Reichert	Der Wohnungseigentümer als Zustellungsvertreter nach dem RegE-WEG, ZWE 2006, 477
ders.	Rechtsfragen der Beschluss-Sammlung ZWE 2007,388
Röll	Zur Reform des Wohnungseigentumsgesetzes, Rpfleger 2003, 277
Rühlicke	Gesamthand, rechtsfähige Personengemeinschaft, juristische Person und Wohnungseigentümergemeinschaft, ZWE 2007,261
Sauren	Ausnahmen für öffentliche Abgaben im neuen Haftungssystem des BGH zum WEG?, ZMR 2006, 750
ders.	WEG-Novelle 2005/2006 – Beschlussbuch und ZPO-Novelle, MietRB 2005, 244
ders.	Die WEG-Novelle 2007, DStR 2007, 1307
Schäfer	Kann die GbR Verwalter einer Wohnungseigentümergemeinschaft sein?, NJW 2006, 2160
Scheuer	WEG-Reform – Notwendigkeit eines obligatorischen Schlichtungsverfahrens, MietRB 2007, 159

Schmid	Änderung der Heizkostenverteilung nach § 16 Abs. 3 WEG n. F., WE 2007, 103
ders.	Das WEG entdeckt das Mietrecht – Zum Entwurf eines Gesetzes zur Änderung des Wohnungseigentumsgesetzes, ZMR 2005, 27
ders.	Beschlusskompetenz der Wohnungseigentümer für die Verteilung der Betriebskosten, MDR 2007, 989
Schmid/Kahlen	Wohnungseigentumsrecht 1. Aufl. 2007
F. Schmidt	Die konkludente Beschlussfeststellung, ZWE 2006, 164
J.-H. Schmidt	Darlehensaufnahme durch die rechtsfähige Wohnungseigentümergemeinschaft – wer wird Vertragspartner und wer haftet?, ZMR 2007, 90
Schneider	Das neue WEG – Handlungsbedarf für Erbbaurechtsausgeber, ZfIR 2007, 168
ders.	Immobilienerwerb durch den Verband der Wohnungseigentümer, Rpfleger 2007, 175
ders.	Das vernachlässigte Wohnungserbbaurecht, ZMR 2006, 660
ders.	Beschlussbuch statt Grundbuch?, ZMR 2005, 15
Schultz	Verfahrensrecht im Wohnungseigentumsverfahren, DWE 2007, 43
von Oefele/Schneider	Zur Einführung des Zentralgrundbuchs durch die WEG-Reform, DNotZ 2004, 740
dies.	Noch einmal: Das Zentralgrundbuch bei Licht betrachtet ZMR 2007, 753
von Oefele	Das Zentral-Grundbuch: Welche Vorteile hätte eine Einführung im Rahmen der WEG-Reform?, DWE 2002, 120
Vogl	Zu den Möglichkeiten einer Wohnungseigentümergemeinschaft, sich gegen Zahlungsausfälle eines insolventen Mitgliedes zu schützen, ZMR 2003, 716
Wenzel	Der Bereich der Rechtsfähigkeit der Gemeinschaft, ZWE 2006, 462
Witt	Arrest und einstweilige Verfügung in WEG-Streitigkeiten, ZMR 2005, 493
Zieglmeier	Auswirkungen der Teilrechtsfähigkeit auf das kommunale Abgabenrecht, MietRB 2006, 337

Abkürzungsverzeichnis

a. A.	anderer Ansicht
a. a. O.	am angegebenen Ort
a. E.	am Ende
a. F.	alte Fassung
abl.	ablehnend
Abs.	Absatz
Abschn.	Abschnitt
abw.	abweichend
AG	Amtsgericht
AGB	Allgemeine Geschäftsbedingungen
AGBG	Gesetz zur Regelung des Rechts der Allgemeinen Geschäftsbedingungen (AGB-Gesetz)
allg.	allgemein
Alt.	Alternative
Anh.	Anhang
Anl.	Anlage
Anm.	Anmerkung
AO	Abgabeordnung
Art.	Artikel
Aufl.	Auflage
AVBFernwärmeV	Verordnung über allgemeine Bedingungen für die Versorgung mit Fernwärme
Az.	Aktenzeichen
BAG	Bundesarbeitsgericht
BauGB	Baugesetzbuch
BauNVO	Baunutzungsverordnung
BauR	Baurecht (Zeitschrift)
BayObLG	Bayerisches Oberstes Landesgericht
BayObLGZ	Entscheidungen des Bayerischen Obersten Landesgerichts in Zivilsachen
BayVBl	Bayerische Verwaltungsblätter
BayVerfGH	Bayerischer Verfassungsgerichtshof
BayVGH	Bayerischer Verwaltungsgerichtshof
BB	Betriebs-Berater (Zeitschrift)
Bd.	Band
Bek.	Bekanntmachung
BerlVerfGH	Verfassungsgerichtshof des Landes Berlin
Beschl.	Beschluss
betr.	betreffend
BetrKV	Betriebskostenverordnung
BetrVG	Betriebsverfassungsgesetz
BewG	Bewertungsgesetz
BFH	Bundesfinanzhof
BGB	Bürgerliches Gesetzbuch
BGBl	Bundesgesetzblatt
BGH	Bundesgerichtshof
BGHZ	Entscheidungen des Bundesgerichtshofs in Zivilsachen
BImSchV	Verordnungen zur Durchführung des Bundes-Immissionsschutzgesetzes (mit jeweiliger Nr.)
BlGBW	Blätter für Grundstücks-, Bau- und Wohnungsrecht
BR-Drucks	Bundesrats-Drucksache

Abkürzungsverzeichnis

BRAGO	Bundesgebührenordnung für Rechtsanwälte
BStBl	Bundessteuerblatt
BT-Drucks	Bundestagsdrucksache
Buchst.	Buchstabe
II. BV	Zweite Berechnungsverordnung
BVerfG	Bundesverfassungsgericht
BVerfGE	Entscheidungen des Bundesverfassungsgerichts
BVerwG	Bundesverwaltungsgericht
BVerwGE	Entscheidungen des Bundesverwaltungsgerichts
BWNotZ	Zeitschrift für das Notariat in Baden-Württemberg
bzw.	beziehungsweise
ca.	Circa
d. h.	das heißt
dass.	dasselbe
DB	Der Betrieb (Zeitschrift)
ders.	derselbe
DGVZ	Deutsche Gerichtsvollzieher-Zeitung
DIN	Deutsche Industrienorm
DNotZ	Deutsche Notar-Zeitschrift
DRiZ	Deutsche Richterzeitung
DStR	Deutsches Steuerrecht (Zeitschrift)
DtZ	Deutsch-Deutsche Rechts-Zeitschrift
DW	Die Wohnungswirtschaft (Zeitschrift)
DWE	Der Wohnungseigentümer (Zeitschrift)
DWW	Deutsche Wohnungswirtschaft (Zeitschrift)
EFG	Entscheidungen der Finanzgerichte
EGBGB	Einführungsgesetz zum Bürgerlichen Gesetzbuch
EichG	Gesetz über das Eich- und Messwesen
EnEG	Gesetz zur Einsparung von Energie in Gebäuden
EnEV	Verordnung über energiesparende Anlagentechnik bei Gebäuden
entspr.	entsprechend
ErbbauVO	Verordnung über das Erbbaurecht
Erl.	Erläuterung(en)
EStG	Einkommensteuergesetz
etc.	et cetera
EuGVVO	Verordnung (EG) des Rates über die gerichtliche Zuständigkeit und die Anerkennung und Vollstreckung von Entscheidungen in Zivil- und Handelssachen
EuGVÜ	Europäische Übereinkunft über die gerichtliche Zuständigkeit und die Vollstreckung gerichtlicher Entscheidungen in Zivil- und Handelssachen
EZB	Europäische Zentralbank
EzFamR	Entscheidungssammlung zum Familienrecht
f. (ff.)	folgend(e)
FamGB	Familiengesetzbuch der DDR
FamRZ	Zeitschrift für das gesamte Familienrecht
FG	Finanzgericht
FGG	Gesetz über die Angelegenheiten der freiwilligen Gerichtsbarkeit
Fn.	Fußnote

GBO	Grundbuchordnung
GBV	Grundbuchverfügung
GE	Das Grundeigentum. (Zeitschrift für die gesamte Grundstücks-, Haus- und Wohnungswirtschaft)
gem.	gemäß
GenG	Gesetz betreffend die Erwerbs- und Wirtschaftsgenossenschaften
GewO	Gewerbeordnung
GG	Grundgesetz
ggf.	gegebenenfalls
GKG	Gerichtskostengesetz
GmbH	Gesellschaft mit beschränkter Haftung
GmbHG	Gesetz betreffend die Gesellschaften mit beschränkter Haftung
GStG	Gewerbesteuergesetz
GStR	Gewerbesteuerrichtlinien
GVG	Gerichtsverfassungsgesetz
GVKostG	Gesetz über die Kosten d. Gerichtsvollzieher
h. M.	herrschende Meinung
Halbs.	Halbsatz
HausratsVO	Verordnung über die Behandlung der Ehewohnung und des Hausrats (Sechste Durchführungsverordnung zum Ehegesetz)
HaustürWG	Gesetz über den Widerruf von Haustürgeschäften
HeizkostenV	Verordnung über die verbrauchsabhängige Abrechnung der Heiz- und Warmwasserkosten (Verordnung über die Heizkostenabrechnung – Heizkostenverordnung)
HFR	Höchstrichterliche Finanzrechtsprechung
HGB	Handelsgesetzbuch
HKA	Die Heizkostenabrechnung
HmbGE	Hamburger Grundeigentum (Zeitschrift)
i. d. F.	in der Fassung
i. d. R.	in der Regel
i. e.	im Einzelnen
i. H. v.	in Höhe von
InsO	Insolvenzordnung
i. S. d.	im Sinne des/der
i. Ü.	im Übrigen
i. V. m.	in Verbindung mit
inkl.	inklusive
JGG	Jugendgerichtsgesetz
JurBüro	Das Juristische Büro (Zeitschrift)
JW	Juristische Wochenschrift (Zeitschrift)
JZ	Juristen-Zeitung
KEHE	*Kuntze/Ertl/Herrmann/Eickmann*, Grundbuchrecht
KLBR	*Korintenberg/Lappe/Bengel/Reimann*, Kommentar zur KostO
KG	Kammergericht, Kommanditgesellschaft
KO	Konkursordnung
KrsG	Kreisgericht
KStG	Körperschaftsteuergesetz
LAG	Landesarbeitsgericht
LG	Landgericht

Abkürzungsverzeichnis

Lit.	Literatur
LPartG	Lebenspartnerschaftsgesetz
m.	mit
m. E.	meines Erachtens
m. w. N.	mit weiteren Nachweisen
MaBV	Verordnung über die Pflichten der Makler, Darlehens- und Anlagenvermittler, Bauträger und Baubetreuer (Makler- und Bauträgerverordnung)
MDR	Monatsschrift für Deutsches Recht (Zeitschrift)
MHG	Gesetz zur Regelung der Miethöhe
MieWo	Miet- und Wohnungsrecht – Texte und Erläuterungen
MieWoE	Miet- und Wohnungsrecht Entscheidungssammlung
MieWoEG	Miet- und Wohnungsrecht Entscheidungssammlung Gewerberaum
MitBayNot	Mitteilungen der Bayerischen Notarkammer und der Notarkasse
MüKo	Münchener Kommentar zum Bürgerlichen Gesetzbuch
MM	Mietermagazin (Zeitschrift)
ModEnG	Gesetz zur Förderung der Modernisierung und von Maßnahmen zur Einsparung von Heizenergie (Modernisierungs- und Energieeinsparungsgesetz)
m. w. N.	mit weiteren Nachweisen
MwSt.	Mehrwertsteuer
NdsRpfl.	Niedersächsische Rechtspflege
n. F.	neue Fassung
NJ	Neue Justiz (Zeitschrift)
NJW	Neue Juristische Wochenschrift (Zeitschrift)
NJW-RR	NJW-Rechtsprechungsreport Zivilrecht
NJWE-MietR	NJW-Entscheidungsdienst Miet- und Wohnungsrecht (Zeitschrift)
NMV 1970	Verordnung über die Ermittlung der zulässigen Miete für preisgebundene Wohnungen (Neubaumietenverordnung)
Nr.	Nummer
n. v.	nicht veröffentlicht
o.	oben
o. ä.	oder ähnliches
o. g.	oben genannt(e)
OLG	Oberlandesgericht
OLGE	Die Rechtsprechung der Oberlandesgerichte auf dem Gebiet des Zivilrechts
OLGZ	Entscheidungen der Oberlandesgerichte in Zivilsachen
OVG	Oberverwaltungsgericht
OWiG	Gesetz über Ordnungswidrigkeiten
RE	Rechtsentscheid
Rn.	Randnummer
RG	Reichsgericht
RGRK	Das Bürgerliche Gesetzbuch mit besonderer Berücksichtigung der Rechtsprechung des Reichsgerichts und des Bundesgerichtshofes
RGZ	Entscheidungen des Reichsgerichts in Zivilsachen
RiLi	Richtlinie
Rpfleger	Der Deutsche Rechtspfleger (Zeitschrift)
RPflG	Rechtspflegergesetz
Rspr.	Rechtsprechung

Abkürzungsverzeichnis

RVG	Rechtsanwaltsvergütungsgesetz
S.	Satz
S.	Seite
s. a.	Siehe auch
SchRAnpG	Gesetz zur Anpassung schuldrechtlicher Nutzungsverhältnisse an Grundstücken im Beitrittsgebiet (Schuldrechtsanpassungsgesetz)
s. o.	siehe oben
Sog.	so genannt(e)
st.	ständig(e)
StGB	Strafgesetzbuch
str.	streitig
s. u.	siehe unten
Tz.	Textziffer
u.	und
u. a.	unter anderem
u. U.	unter Umständen
Urt.	Urteil
UStG	Umsatzsteuergesetz
UStR	Umsatzsteuerrichtlinien
usw.	und so weiter
v.	vom, von
VDI	Verein Deutscher Ingenieure
VersR	Versicherungsrecht (Zeitschrift)
VG	Verwaltungsgericht
VGH	Verwaltungsgerichtshof
vgl.	vergleiche
v. H.	vom Hundert
Vorbem.	Vorbemerkung
VuR	Verbraucher und Recht (Zeitschrift)
VwGO	Verwaltungsgerichtsordnung
WärmeschutzV	Verordnung über einen energiesparenden Wärmeschutz bei Gebäuden (Wärmeschutzverordnung)
WE	Wohnungseigentum (Zeitschrift)
WEG	Wohnungseigentumsgesetz
WGG	Gesetz über die Gemeinnützigkeit im Wohnungswesen (Wohnungsgemeinnützigkeitsgesetz)
WGGDV	Verordnung zur Durchführung des Wohnungsgemeinnützigkeitsgesetzes
WGV	Wohnungsgrundbuchverfügung
WiB	Wirtschaftsrechtliche Beratung (Zeitschrift)
WiStG	Wirtschaftsstrafgesetz
WKSchG	Zweites Wohnraumkündigungsschutzgesetz
WoBauErlG	Gesetz zur Erleichterung des Wohnungsbaus im Planungs- und Baurecht sowie zur Änderung mietrechtlicher Vorschriften (Wohnungsbau-Erleichterungsgesetz)
II. WoBauG	Zweites Wohnungsbaugesetz (Wohnungsbau und Familienheimgesetz)
WoBindG	Gesetz zur Sicherung der Zweckbestimmung von Sozialwohnungen (Wohnungsbindungsgesetz)
WoFG	Wohnraumförderungsgesetz

Abkürzungsverzeichnis

WoflV	Wohnflächenverordnung
WPM	Wertpapier-Mitteilungen (Zeitschrift)
WoVermG	Gesetz zur Regelung der Wohnungsvermittlung
WuM	Wohnungswirtschaft und Mietrecht (Zeitschrift)
z. B.	zum Beispiel
ZGB	Zivilgesetzbuch der DDR
Ziff.	Ziffer
ZIP	Zeitschrift für Wirtschaftsrecht
zit.	zitiert
ZK	Zivilkammer
ZMR	Zeitschrift für Miet- und Raumrecht
ZPO	Zivilprozessordnung
z. T.	zum Teil
ZVG	Gesetz über die Zwangsversteigerung und die Zwangsverwaltung (Zwangsversteigerungsgesetz)
zzgl.	zuzüglich
ZZP	Zeitschrift für Zivilprozess

Gesetz über das Wohnungseigentum und das Dauerwohnrecht (Wohnungseigentumsgesetz – WEG)

I. Teil Wohnungseigentum

§ 1 Begriffsbestimmungen

(1) Nach Maßgabe dieses Gesetzes kann an Wohnungen das Wohnungseigentum, an nicht zu Wohnzwecken dienenden Räumen eines Gebäudes das Teileigentum begründet werden.

(2) Wohnungseigentum ist das Sondereigentum an einer Wohnung in Verbindung mit dem Miteigentumsanteil an dem gemeinschaftlichen Eigentum, zu dem es gehört.

(3) Teileigentum ist das Sondereigentum an nicht zu Wohnzwecken dienenden Räumen eines Gebäudes in Verbindung mit dem Miteigentumsanteil an dem gemeinschaftlichen Eigentum, zu dem es gehört.

(4) Wohnungseigentum und Teileigentum können nicht in der Weise begründet werden, daß das Sondereigentum mit Miteigentum an mehreren Grundstücken verbunden wird.

(5) Gemeinschaftliches Eigentum im Sinne dieses Gesetzes sind das Grundstück sowie die Teile, Anlagen und Einrichtungen des Gebäudes, die nicht im Sondereigentum oder im Eigentum eines Dritten stehen.

(6) Für das Teileigentum gelten die Vorschriften über das Wohnungseigentum entsprechend.

Literatur
Abramenko Das neue WEG in der anwaltlichen Praxis 2007; *Bärmann* Zur Dogmatik des gemeinen Raumeigentums AcP 155, 1; *ders.* Zur Theorie des Wohnungseigentumsrechts NJW 1989, 1057; *Belz* Die werdende Wohnungseigentümergemeinschaft FS Merle 2000, 51; *Bräuer/Oppitz* Hausgeldforderungen in der Zwangsversteigerung ZWE 2007, 326; *Brünger* Eigentumswohnungen auf teilweise fremdem Grundstück MittRhNotK 1987, 269; *Bub* Das Verwaltungsvermögen ZWE 2007, 15; *ders.* Gestaltung der Teilungserklärung und Gemeinschaftsordnung WE 1993, 185 u. 212; *Coester* Die »werdende Eigentümergemeinschaft« im Wohnungseigentumsgesetz NJW 1990, 3184; *Deckert* Zum rechtlichen Status einer werdenden Eigentümergemeinschaft ZMR 2005, 335; *Demharter* Wohnungseigentum und Überbau Rpfleger 1983, 133; *ders.* Isolierter Miteigentumsanteil beim Wohnungseigentum NZM 2000, 1196; *ders.* Grundbuchfähigkeit der rechtsfähigen Wohnungseigentümergemeinschaft NZM 2005, 601; *DNotI-Gutachten* Erbbaurecht an in Wohnungseigentum aufgeteiltem Grundstück DNotI-Report 1998, 13; *DNotI-Gutachten* Aufteilung in Wohnungseigentum bei Überbau in Luftraum des benachbarten Grundstücks (Straße), DNotI-Report 2002, 9; *DNotI-Gutachten* Aufteilung in Wohnungseigentum bei Eigengrenzüberbau DNotI-Report 2007, 1; *Drasdo* Rechtsfähigkeit der Wohnungseigentümergemeinschaft NJW 2004, 1988; *Elzer* Die Teilrechtsfähigkeit der Wohnungseigentümergemeinschaft MietRB 2005, 248; *ders.* Die WEG-Novelle 2007 WuM 2007, 295; *ders.* Änderungen des ZVG durch die WEG-Novelle ZAB 2007, 1025; *Ertl* Isoliertes Miteigentum? WE 1992, 219; *ders.* Wohnungseigentum oder isolierter Miteigentumsanteil? MittBayNot 1991, 141; *Gaberdiel* Mängel bei der Begründung von Wohnungseigentum NJW 1972, 847; *Göken* Die Mehrhausanlage im Wohnungseigentumsrecht 1999; *Häublein* Der Erwerb von Sondereigentum durch die Wohnungseigentümergemeinschaft FS Seuß 2007, 127; *ders.* Gestaltungsprobleme im Zusammenhang mit der abschnittsweisen Errichtung von Wohnungseigentumsanlagen DNotZ 2000, 442; *Heismann* Die werdende Wohnungseigentümergemeinschaft – ein traditionelles Rechtsinstitut des WEG auf dem dogmatischen Prüfstand, ZMR 2004, 10; *ders.* Die werdende Wohnungseigentümergemeinschaft – Die ungewisse Zukunft eines traditionellen Rechtsinstituts 2003; *Hügel* Die Begründung von Wohnungseigentum am selbständigen Gebäudeeigentum und dessen Behandlung im Rahmen von § 67 SachenRBerG DtZ 1996, 66; *ders.* Die Umwandlung von Teileigentum zum Wohnungseigentum und umgekehrt FS Bub 2007, S. 137; *ders.* Das unvollendete oder substanzlose Sondereigentum ZMR 2004, 549; *ders.* Die Teilrechtsfähigkeit der Wohnungseigentümergemeinschaft und ihre Folgen für die notarielle Praxis DNotZ 2005, 753; *Hügel/Elzer* Das neue WEG-Recht 2007; *Hurst* »Mit-Sondereigentum« und »abgesondertes Miteigentum«, noch ungelöste Probleme des Wohnungseigentumsgesetzes DNotZ 1968, 131; *Junker* Die Gesellschaft nach dem Wohnungseigentumsgesetz 1993; *Langhein* Das neue Vorkaufsrecht des Mieters bei Umwandlung DNotZ 1993, 650; *Ludwig* Grenzüberbau bei Wohnungs- und Teileigentum DNotZ 1983, 411; *ders.* Begründung von Raumeigentum beim Sonderfall des Grenzüberbaus BWNotZ 1984, 133; *ders.* Überbaurente und Parteivereinbarung DNotZ 1984, 541; *Lutter* Die Grenzen des sogenannten Gutglaubensschutzes im Grundbuch AcP 164, 122; *Merle* Das Wohnungseigentum im System des bürgerlichen Rechts 1979; *ders.* Die Mehrhausanlage – Bauträgervertrag und Gemeinschaftsordnung ZWE 2005, 164; *Müller* Der Übergang von der Bauherrengemeinschaft zur Wohnungs-

§ 1 | Begriffsbestimmungen

eigentümergemeinschaft FS Seuß (1997) S. 211; *Raiser* Rechtsfähigkeit der Wohnungseigentümergemeinschaft ZWE 2001, 173; *Rastätter* Raumeigentum und Grenzüberbau BWNotZ 1986, 79; *Röll* Wohnungseigentum und Grenzüberbau MittBayNot 1982, 172; *ders.* Grenzüberbau, Grunddienstbarkeiten und Wohnungseigentum MittBayNot 1983, 5; ders. Gutgläubiger Erwerb im Wohnungseigentum FS Seuß 1987, 233; *ders.* Die Rechtsprechung des BGH zur faktischen Gemeinschaft und ihre Auswirkungen auf die Praxis des Wohnungseigentums NJW 1989, 1070; *ders.* Isolierter Miteigentumsanteil und gutgläubiger Erwerb im Wohnungseigentum MittBayNot 1990, 85; *ders.* Umbauten in Eigentumswohnanlagen und die Überbauvorschrift ds § 912 Abs. 1 BGB MittBayNot 1993, 265; *Rühlicke* Gesamthand, rechtsfähige Personengesellschaft, juristische Person und Wohnungseigentümergemeinschaft ZWE 2007, 261; *F. Schmidt* Gegenstand und Inhalt des Sondereigentums FS Bärmann und Weitnauer 1985, 37; *J. Schmidt* Die sukzessive Begründung von Wohnungseigentum bei Mehrhausanlagen ZWE 2005, 58; *Schneider* Immobilienerwerb durch den Verband der Wohnungseigentümer Rpfleger 2007, 175; *ders.* Das vernachlässigte Wohnunungserbbaurecht ZMR 2006, 660; *Schwörer* Parteifähigkeit der Wohnungseigentümergemeinschaft NZM 2002, 421; *Seuß* Faktische Wohnungseigentümer FS Bärmann und Weitnauer 1990, 599; *Simon* Begründung und Weiterveräußerung vermieteten Wohnungseigentums – eine Gefahrenquelle für die Rechtsstellung der Mieter? NZM 2000, 848; *Tersteegen* Der Überbau in der notariellen Praxis RNotZ 2006, 433; *Weitemeyer* Probleme der Vermietung von Eigentumswohnungen – Der Eintritt des Erwerbers in das Mietverhältnis nach der Begründung von Wohnungseigentum NZM 1998, 169; *Weitnauer* Wohnungseigentum und isolierter Miteigentumsanteil WE 1991, 120; *ders.* Zur Dogmatik des Wohnungseigentums WE 1994, 33; *Wenzel* Der Bereich der Rechtsfähigkeit der Gemeinschaft ZWE 2006, 462; *ders.* Die Wohnungseigentümergemeinschaft – ein januskköpfiges Gebilde aus Rechtssubjekt und Miteigentümergemeinschaft? NZM 2006, 321; *ders.* Die Teilrechtsfähigkeit und die Haftungsverfassung der Wohnungseigentümergemeinschaft – eine Zwischenbilanz, ZWE 2006, 2; *Wolicki* Die Zwangsverwaltung von Sondereigentum NZM 2000, 321.

Inhaltsverzeichnis

A. Allgemeines 1
B. Elemente des Wohnungseigentums 2
    I. Rechtliche Struktur des Wohnungseigentums 2
    II. Unterschiedliche Dogmatik 2
    III. Der (teil-)rechtsfähige »Verband Wohnungseigentümergemeinschaft« 13
        1. Gesetzliche Regelung 13
        2. Sprachregelung 14
        3. Begriff und Umfang der (Teil-)Rechtsfähigkeit 15
        4. Abgrenzung gemeinschaftliches Eigentum und Verwaltungsvermögen 17
    IV. Keine Transformation des Wohnungseigentums 20
C. Begründung des Wohnungseigentums 23
    I. Art und Weise der Begründung 23
        1. Kein Miteigentum ohne Sondereigentum 24
        2. Kein Sondereigentum ohne Miteigentumsanteil 27
        3. Kein Sondereigentum mit mehreren Miteigentumsanteilen 28
        4. Eindeutige Eigentumszuordnung 29
    II. Terminologie 30
        1. Wohnungseigentum 30
        2. Teileigentum 34
        3. Wohnungs- und Teileigentum 37
        4. Raumeigentum 41
        5. Umwandlung von Wohnungseigentum in Teileigentum und umgekehrt 42
        6. Sondereigentum 49
        7. Gemeinschaftliches Eigentum 52
        8. Umwandlung von Sondereigentum in Gemeinschaftseigentum und umgekehrt 56
        9. Nachbareigentum 60
        10. Unterwohnungseigentum 61
        11. Mitsondereigentum 62
    III. Kein Zwang zur vollständigen Aufteilung des Gebäudes 63
    IV. Begründung trotz Beschlagnahme 64
    V. Zustimmung eingetragener Berechtigter anlässlich der Begründung 67
        1. Belastungsgegenstand Grundstück 67
        2. Belastungsgegenstand Miteigentumsanteil 68
    VI. Genehmigungserfordernisse 70
    VII. Stellung des Mieters 71
        1. Auswirkungen der Aufteilung auf das Vertragsverhältnis 71
        2. Vorkaufsrecht des Mieters 75
        3. Mietrechtliche Besonderheiten 78

D.	Verfügungen über das Wohnungseigentum	81
I.	Übertragung	81
	1. Grundsatz	81
	2. Bestandsangaben bei angelegtem Wohnungsgrundbuch	86
	3. Bestandsangaben bei noch nicht angelegtem Wohnungsgrundbuch	89
	4. Erwerb durch Minderjährige	93
	5. Der »Verband Wohnungseigentümergemeinschaft« als Erwerber	97
	a) Rechtsfähigkeit und Grundbuchfähigkeit	97
	b) Anwendungsbereich	98
	c) Beschlusskompetenz	99
	d) Nachweise	100
	e) Weitere Erwerbsmöglichkeiten	101
	f) Folgefragen	103
II.	Belastung	104
	1. Grundsatz	104
	2. Belastung mit Grunddienstbarkeiten (§ 1018 ff. BGB), beschränkten persönlichen Dienstbarkeiten (§§ 1090 ff. BGB) sowie Dauerwohn- und Dauernutzungsrechten (§ 31 ff. WEG)	109
	a) Zulässigkeit	109
	b) Umfang der Belastungsmöglichkeit bei zugeordnetem Sondernutzungsrecht	113
	c) Keine dinglich wirkende Veräußerungsbeschränkung	115
III.	Aufhebung und Verzicht	116
	1. Aufhebung des Sondereigentums	116
	2. Verzicht auf das Wohnungseigentum	117
	3. Aufhebung und Löschung eines Sondernutzungsrechts	118
IV.	Veränderungen	119
	1. Änderungen durch den teilenden Alleineigentümer	119
	2. Änderungen bei bestehender Eigentümergemeinschaft	120
	a) Änderung der Miteigentumsanteile	120
	b) Gegenständliche Veränderungen des Sondereigentums	121
	c) Inhaltliche Veränderungen des Sondereigentums	122
V.	Zustimmungen Dritter	123
	1. Grundsatz	123
	2. Dinglich Berechtigte	125
	3. Zustimmungserfordernisse	128
	4. Entbehrlichkeit erforderlicher Zustimmungen aufgrund Unschädlichkeitszeugnisses	131
	a) Landesrechtliche Regelungen	131
	b) Anwendungsbereich	132
	c) Rechtsprechung zur Erteilung von Unschädlichkeitszeugnissen	133
VI.	Schutz des guten Glaubens	138
	1. Grundsatz	138
	2. Schutz des guten Glaubens in der Gründungsphase	139
	3. Schutz des guten Glaubens nach Begründung des Wohnungseigentums	142
	4. Schutz des guten Glaubens hinsichtlich des Inhalts des Sondereigentums	147
VII.	Immobiliarvollstreckung	150
	1. Grundsätze	150
	2. Die Zwangsvollstreckung aus Titeln *zugunsten* der Wohnungseigentümer	156
	a) Rechtslage vor der Entscheidung des BGH vom 02.06.2005 (BGHZ 163, 154)	156
	b) Rechtslage nach der Entscheidung des BGH vom 02.06.2005 (BGHZ 163, 154)	157
	c) Problematik bei Alteintragungen und Alttiteln	158
	(1) Alteintragungen	159
	(2) Alttitel	162
	d) Rechtslage nach dem 01.07.2007 (G. v. 26.03.2007 – BGBl I S. 370)	166
	3. Die Zwangsvollstreckung aus Titeln *gegen* die Wohnungseigentümer	171
	4. Der »Verband Wohnungseigentümergemeinschaft« als Gläubiger im Zwangsversteigerungsverfahren	173
	a) Neue Rangklasse für sog. Hausgeldansprüche	173
	b) Art der Geltendmachung – Höchst- und Mindestbetrag	174
	c) Zwangsversteigerung von Wohnungserbbaurechten	175
	d) Inkrafttreten	179
	e) Haftungsgefahren aufgrund Übergangsregelung	180
	5. Der »Verband Wohnungseigentümergemeinschaft« als Ersteher im Zwangsversteigerungsverfahren	181
	6. Rechtsschutzinteresse für Eintragung von Zwangssicherungshypotheken	184

§ 1 | Begriffsbestimmungen

E. Grundstück 185
    I. Grundstücksbegriff 185
    II. Aufzuteilendes Grundstück 186
    III. Vorherige Vereinigung oder Bestandteilszuschreibung 188
        1. Voraussetzungen 188
        2. Belastungen in Abteilung II des Grundbuchs 189
        3. Belastungen in Abteilung III des Grundbuchs 190
        4. Lage der beteiligten Grundstücke 191
        5. Zeitpunkt der Erklärung und Berechtigung 192
    IV. Überbauproblematik 193
        1. Grundsatz 193
        2. Unrechtmäßiger, aber entschuldigter Überbau 194
        3. Rechtmäßiger Überbau bei Gestattung 198
        4. Eigengrenzüberbau 202
        5. Nachträglicher Überbau 204
        6. Überhängender Überbau 207
        7. Ausgeschlossene Fallgestaltungen 209
        8. Abweichende Bauausführung innerhalb eines aufgeteilten Gebäudes .. 210
        9. Grundbucheintragung 211
        10. Gutgläubiger Erwerb hinsichtlich eines unzulässigerweise übergebauten Wohnungseigentums 216
    V. Erbbaurecht 217
        1. Grundsatz 217
        2. Fehlende Deckungsgleichheit von Rechtsinhalt und Belastungsgegenstand beim Erbbaurecht 218
        3. Erbbaurecht und Wohnungseigentum am selben Grundstück .. 219
        4. Kein Wohnungseigentum an einem mit einem Erbbaurecht vereinigten Grundstück ... 221
        5. Keine Kombination von Wohnungserbbaurecht und Wohnungseigentum am selben Gebäude 222
        6. Umwandlung aller Wohnungserbbaurechte in Wohnungeigentumsrechte .. 223
    VI. Gebäudeeigentum gem. § 288 Abs. 4 oder § 292 Abs. 3 DDR-ZGB ... 225
    VII. Verfügungen über das in Wohnungseigentum aufgeteilte Grundstück .. 226
        1. Zuerwerb von Grundstücken 226
        2. Abtrennung von Grundstücksflächen 228

F. Anwendbarkeit der WEG-Bestimmungen 229
    I. Fehlendes Bauwerk 229
    II. Isolierte (substanzlose) Miteigentumsanteile 231
    III. Werdende (faktische) Wohnungseigentümer 233

G. Sonderformen. 236
    I. Errichtung von Mehrhausanlagen in mehreren Bauabschnitten .. 236
        1. Ausgangslage 236
        2. »Große (Komplett-)Aufteilung« 237
        3. »Kleine Aufteilung« 239
        4. Aufteilung mit überdimensionalem Miteigentumsanteil .. 241
    II. Unzulässigkeit von rechtlich verselbständigten Unter- und Übergemeinschaften .. 245
        1. Untergemeinschaften 245
        2. Übergemeinschaften 249

A. Allgemeines

1 Wohnungs- und Teileigentumsrechte erfreuen sich mit ca. 5 Millionen Einheiten in der Bundesrepublik Deutschland allgemein großer Beliebtheit (vgl. *GmS-OGB* BGHZ 119, 42 = Rpfleger 1993, 238 = ZMR 1993: »Eigenheim auf der Etage«). Abgesehen von einigen kleineren Anpassungen hat das WEG in den vergangenen mehr als 55 Jahren keine gravierenden Veränderungen erfahren. Die Novelle des Jahres 2007 (G zur Änderung des Wohnungseigentumsgesetzes und anderer Gesetze v. 26.03.2007 – BGBl I S. 370) ist der erste große gesetzgeberische Eingriff in das Recht des Wohnungseigentums. Der Gesetzgeber will damit nicht nur den beiden »Jahrhundertentscheidungen« des *BGH* zur Beschlusskompetenz (BGHZ 145, 158 = DNotZ 2000, 854 = NJW 2000, 3500 = Rpfleger 2001, 19 = ZMR 2000, 771) und zur konstitutiven Beschlussfeststellung durch den Versammlungsleiter (BGHZ 148, 335 = DNotZ 2002, 131 = NJW 2001, 3339 = ZMR 2001, 809) sowie der »Jahrtausendentscheidung« zur (Teil-)Rechtsfähigkeit der Wohnungseigentümergemein-

schaft (BGHZ 163, 154 = DNotZ 2005, 776 = NJW 2005, 2061 = Rpfleger 2005, 521 = ZMR 2005, 547) Rechnung tragen, sondern setzt weitergehende Schwerpunkte, die auch einer Versteinerung des Wohnungseigentums entgegenwirken sollen (in Anlehnung an eine Pressemitteilung des BMJ v. 30.03.2007):

- Das Gesetz lässt verstärkt Mehrheitsentscheidungen – zum Teil mit qualifizierter Mehrheit der Wohnungseigentümer – zu.
- Die rechtlichen Verhältnisse zwischen Eigentümergemeinschaft, Wohnungseigentümern und Gläubigern der Eigentümergemeinschaft werden klarer geregelt.
- Das Verfahren in Wohnungseigentumssachen richtet sich jetzt nach der Zivilprozessordnung und nicht mehr wie bisher nach dem Gesetz über die freiwillige Gerichtsbarkeit.
- Das Gesetz verbessert durch Einführung einer Beschluss-Sammlung die Möglichkeiten, sich über den Inhalt der aktuellen Beschlüsse der Gemeinschaft näher zu informieren.
- Schließlich führt das Gesetz für sog. Hausgeldforderungen der Wohnungseigentümer ein begrenztes Vorrecht vor Grundpfandrechten in der Zwangsversteigerung ein.

Darüber hinaus enthält die Novelle in einigen Punkten detaillierte Regelungen, die erklärtermaßen der Stärkung der Privatautonomie dienen sollen. Ob mit dem Gesetz nach mehreren Anläufen in der Vergangenheit nunmehr »der große Wurf« gelungen ist, wird in den folgenden Kommentierungen zu untersuchen sein.

B. Elemente des Wohnungseigentums

I. Rechtliche Struktur des Wohnungseigentums

§ 1 enthält **Legaldefinitionen** der grundlegenden Begriffe des Gesetzes und zeigt zugleich die wesentlichen **Strukturen** der besonderen Rechtsform auf, die durch das WEG geschaffen wird. Abweichend von dem Akzessionsgrundsatz des BGB (rechtliche Einheit von Grundstück und Gebäude, §§ 93, 94 BGB) eröffnet es die Möglichkeit, an Teilen eines Gebäudes Eigentum zu erwerben, allerdings nur »nach Maßgabe dieses Gesetzes«. Ein vom Eigentum am Grundstück losgelöstes Eigentum sieht das Gesetz nicht vor; es verknüpft vielmehr das Sondereigentum an Wohnungen oder nicht zu Wohnzwecken dienenden Räumen mit dem Bruchteilsmiteigentum am Grundstück.

Diese Verbindung von Alleineigentum an den im Sondereigentum stehenden Räumen und Gebäudeteilen mit dem Miteigentum am Grundstück ist charakteristisch für das Wohnungs- und Teileigentum. Beide sind geprägt durch die **unauflösliche Verbindung von Miteigentum und Sondereigentum** (§ 1 Abs. 2 u. Abs. 3). Die Begründung von Sondereigentum kann deshalb nur erfolgen, indem entweder bei bereits bestehendem Bruchteilseigentum Sondereigentum eingeräumt wird (§ 3 WEG) oder bei Alleineigentum eine Teilung in Miteigentumsanteile verbunden mit Sondereigentum zugelassen wird (§ 8 WEG). Die Inhaltsänderung des bloßen Miteigentumsanteils (Staudinger/*Rapp* § 3 Rn. 31; Weitnauer/*Briesemeister* Vor § 1 Rn. 24) führt dazu, dass das Sondereigentum ohne den dazugehörigen Miteigentumsanteil grundsätzlich nicht veräußert oder belastet werden kann (§ 6 Abs. 1 WEG; zu Ausnahmen s. dort). Weil der Miteigentumsanteil somit nicht mehr alleiniger Verfügungsgegenstand sein kann, erstrecken sich konsequenterweise die Rechte an dem Miteigentumsanteil auch auf das Sondereigentum (§ 6 Abs. 2 WEG).

Da zwangsläufig zwischen den Miteigentümern des in Wohnungs- und Teileigentumsrechte aufgeteilten Grundstücks ein Gemeinschaftsverhältnis besteht, werden diese Vorschriften durch den sich in § 11 niederschlagenden Grundsatz der **Unauflöslichkeit der Gemeinschaft** der Wohnungseigentümer flankiert. Er sichert die Verkehrsfähigkeit des Rechtsgebildes Wohnungseigentum und verhindert nicht nur in Abweichung von § 749 BGB eine einseitige Aufhebung der Gemeinschaft durch einen einzelnen Wohnungseigentümer, sondern schützt auch in Abweichung von § 751 BGB vor Aufhebungsverlangen von Pfändungsgläubigern und entsprechenden Ansprüchen in einem Insolvenzverfahren § 84 Abs. 2 InsO.

II. Unterschiedliche Dogmatik

5 Dem Wohnungseigentum liegt der Eigentumsbegriff des allgemeinen bürgerlichen Rechts zugrunde. Es ist **echtes Eigentum** und somit veräußerlich und vererbbar. Wohnungseigentum setzt sich zum einen aus Alleineigentum am Sondereigentum gem. §§ 903 ff. BGB und zum anderen aus Miteigentum am gemeinschaftlichen Eigentum gem. §§ 1008 ff. BGB zusammen (BGHZ 49, 250 = NJW 1968, 499; BGHZ 116, 392 = ZMR 1992, 167; *KG* ZMR 2001, 849; *BayObLG* Rpfleger 2002, 19 = ZMR 2002, 142; *Bärmann/Pick/Merle* § 1 Rn. 5; MüKo / *Commichau* Vor § 1 Rn. 30; Staudinger / *Rapp* § 1 Rn. 15; Weitnauer / *Briesemeister* Vor § 1 Rn. 24). Dabei steht unbeschadet der wirtschaftlichen Erstrangigkeit des Sondereigentums juristisch das Miteigentum im Vordergrund; das Sondereigentum bildet lediglich sein Anhängsel (BGHZ 50, 56 = WM 1968, 572; *KG* ZMR 1984, 189; *BayObLG* DNotZ 1995, 51 – Rpfleger 1994, 108).

6 Dementsprechend wurde Wohnungs- und Teileigentum nach bisher h. M. als **besonders ausgestaltetes Bruchteilseigentum** begriffen (BGHZ 150, 109 = Rpfleger 2002, 427 = ZMR 2002, 440; BGHZ 108, 156, 160 = DNotZ 1990, 417; *BayObLG* Rpfleger 2002, 19 = ZMR 2002, 142; *BayObLG* DNotZ 1998, 125 = Rpfleger 1997, 431; *BayObLG* DNotZ 1995, 51 = Rpfleger 1994, 108; Niedenführ / Kümmel / *Vandenhouten* § 1 Rn. 5; Palandt / *Bassenge* Vor § 1 Rn. 2; Staudinger / *Rapp* Einl. Rn. 23; Weitnauer / *Briesemeister* Vor § 1 Rn. 25), das aus drei Komponenten besteht: zwei sachenrechtlichen – Sondereigentum und Miteigentum – und einer schuldrechtlichen, nämlich der Teilhabe an der durch das gemeinschaftliche Eigentum begründeten Bruchteilsgemeinschaft (Weitnauer / *Briesemeister* Vor § 1 Rn. 27).

7 Die **Bruchteilstheorie** zeigte jedoch **Schwächen**, wenn es um die rechtliche Einordnung des Verwaltungsvermögens, insbesondere den Übergang der Instandhaltungsrücklage im Veräußerungsfall, ging. So hat insbesondere das *BayObLG* angenommen, es bestehe insoweit eine schlichte Rechtsgemeinschaft der Wohnungseigentümer nach §§ 741 ff. BGB mit der Folge, dass die Mitberechtigung eines Wohnungseigentümers an diesen Vermögensgegenständen bei einem Eigentümerwechsel durch Veräußerung oder Zuschlag in der Zwangsversteigerung nicht kraft Gesetzes auf den neuen Wohnungseigentümer übergehe (vgl. *BayObLG* Rpfleger 2001, 403 = ZMR 2001, 642; *BayObLG* DNotZ 1995, 627 = Rpfleger 1995, 410; ebenso Erman / *Grziwotz* § 1 Rn. 6; *Weitnauer* 8. Auflage § 1 Rn. 11 ff.; anders Weitnauer / *Briesemeister* 9. Auflage § 1 Rn. 25 – zu behandeln wie gemeinschaftliches Eigentum). Allerdings sollte auch nach dieser Ansicht der Verwalter berechtigt sein, bei der Entgegennahme von Zahlungen die bereits ausgeschiedenen Wohnungseigentümer zu vertreten und eine löschungsfähige Quittung zu erteilen (*BayObLG* DNotZ 1995, 627 = Rpfleger 1995, 410).

8 **Andere Erklärungsansätze** mit markanter Ausprägung des gemeinschaftsbezogenen Elements als Mitgliedschaftsrecht (sog. »**Einheitstheorie**«) finden sich bei *Bärmann* (NJW 1989, 1057 ff.: Wohnungseigentum als neue Rechtsform durch Typenverschmelzung zu einer »dreigliedrigen Einheit von Miteigentum, Sondereigentum und Teilhabe am Gemeinschaftsverhältnis«) und *Bärmann/Pick/Merle* (Einl. Rn. 45 ff.: »Trinität«).

9 Dagegen will *Merle* das Wohnungs- und Teileigentum gar als **grundstücksgleiches Recht** verstehen (*Merle* Das Wohnungseigentum im System des bürgerlichen Rechts, S. 172: »Rechtsgesamtheit«).

10 Noch weitergehender finden sich bei *Röll* Vorstellungen, die den Miteigentumsanteil quasi zu einer Art Buchungsposten im Grundbuch degradieren (MüKo / *Röll* 3. Aufl. Vor § 1 Rn. 10 ff.: **Nur zwei Hauptelemente** des Wohnungseigentums, nämlich Sondereigentum und das Gemeinschaftsverhältnis.

11 Wohnungs- und Teileigentum als **gesellschaftsrechtliches Modell** begreifen möchte dagegen *Junker* (Die Gesellschaft nach dem Wohnungseigentumsgesetz, S. 205: Sondereigentum sei kein Eigentum i. S. d. § 903 BGB – der luftleere Raum sei nicht eigentumsfähig).

12 Eine ausführliche Darstellung und Untersuchung zur Dogmatik des Wohnungseigentums findet sich bei Staudinger / *Rapp* Einl. WEG Rn. 1 ff.

III. Der (teil-)rechtsfähige »Verband Wohnungseigentümergemeinschaft«

1. Gesetzliche Regelung

§ 1 Abs. 2 und 3 bestimmen die **sachenrechtlichen Grundlagen** des Wohnungs- und Teileigentums. Das **mitgliedschaftliche Element** ist nunmehr nach der »**Entdeckung**« des (teil-)rechtsfähigen »**Verbandes sui generis**« durch den *BGH* (BGHZ 163, 154 = DNotZ 2005, 776 = NJW 2005, 2061 = Rpfleger 2005, 521 = ZMR 2005, 547) mit der anschließenden Kodifizierung in § 10 Abs. 6 bis Abs. 8 WEG des Gesetzes zur Änderung des Wohnungseigentumsgesetzes und anderer Gesetze vom 26.03. 2007 (BGBl. I S. 370) auf eine völlig neue Grundlage gestellt worden. Danach kann »die Gemeinschaft der Wohnungseigentümer« im Rahmen der gesamten Verwaltung des gemeinschaftlichen Eigentums gegenüber Dritten und Wohnungseigentümern selbst Rechte erwerben und Pflichten eingehen. Sie ist Inhaberin der als Gemeinschaft gesetzlich begründeten und rechtsgeschäftlich erworbenen Rechte und Pflichten (§ 10 Abs. 6 S. 1 u. 2 WEG). **Rechtsträger** des Verwaltungsvermögens ist damit »die Gemeinschaft«. Mit der gesetzlichen Regelung ist dann auch denjenigen Stimmen in der Literatur die Grundlage entzogen, die wegen der Anerkennung der (Teil-)Rechtsfähigkeit durch den BGH Zweifel an einer zulässigen Rechtsfortbildung geäußert hatten (vgl. *Bork* ZIP 2005, 1205; *Hügel* DNotZ 2005, 753; *Lüke* ZfIR 2005, 516; *Rapp* MittBayNot 2005, 449).

13

2. Sprachregelung

§ 10 Abs. 6 S. 1 WEG spricht von der »Gemeinschaft der Wohnungseigentümer«. Gem. § 10 Abs. 6 S. 4 WEG ist die rechtsfähige Gemeinschaft der Wohnungseigentümer im Rechtsverkehr als »Wohnungseigentümergemeinschaft« zu bezeichnen gefolgt von der bestimmten Angabe des gemeinschaftlichen Grundstücks (s. bereits *Demharter* NZM 2005, 601 ff.). Diese Wortwahl des Gesetzes ist zumindest unglücklich, weil sie die notwendige Unterscheidung der rechtsfähigen Gemeinschaft der Wohnungseigentümer einerseits und den in Bruchteilsgemeinschaft verbundenen Wohnungseigentümern als Miteigentümern gem. §§ 741 ff., 1008 ff. BGB andererseits vermissen lässt (so auch *Elzer* WuM 2007, 295, 296). Darüber hinaus verwendet das Gesetz den Begriff »Gemeinschaft« bereits in anderen Zusammenhängen (vgl. nur § 11 Abs. 1 S. 1, § 17 S. 1, § 43 Nr. 1 WEG), bei denen es jedoch um die nicht rechtsfähige Bruchteilsgemeinschaft der Wohnungseigentümer nach bisherigem Verständnis geht. Die unterschiedliche Vermögenszuordnung mit den daran knüpfenden Verfügungsmöglichkeiten verlangt jedoch nach einer eindeutigen sprachlichen Abgrenzung. Im Folgenden soll die rechtsfähige Gemeinschaft der Wohnungseigentümer daher als »**Verband Wohnungseigentümergemeinschaft**« bezeichnet werden.

14

3. Begriff und Umfang der (Teil-)Rechtsfähigkeit

Mit der Anerkennung der Rechtsfähigkeit ist grundsätzlich die Fähigkeit verbunden, Rechte zu erwerben und Verbindlichkeiten einzugehen (vgl. § 14 Abs. 2 BGB); darüber hinaus besteht **keine gesetzliche Definition**. Die Beschränkung auf die »gesamte Verwaltung des gemeinschaftlichen Eigentums« (§ 10 Abs. 6 S. 1 WEG) soll dabei zum Ausdruck bringen, dass es einerseits um die volle Rechtsfähigkeit eines Personenverbandes in bestimmten Beziehungen geht, andererseits jedoch die uneingeschränkte Rechtsfähigkeit in anderer Hinsicht verneint wird (*Bub* ZWE 2007, 15, 20; *Wenzel* ZWE 2006, 462). Es handelt sich also nicht um eine Rechtsfähigkeit minderer Art (*Wenzel* ZWE 2006, 462); sie ist vielmehr **für ihren Anwendungsbereich inhaltlich unbeschränkt** (*Hügel* DNotZ 2005, 753, 755; *Schneider* ZMR 2006, 813, 814). Auf diese Weise wird also lediglich die Zuständigkeit der Gemeinschaft als Rechtssubjekt gegenüber dem sachenrechtlichen Grundverhältnis und der internen Willensbildung der Wohnungseigentümer andererseits abgegrenzt und auf die Verwaltung des gemeinschaftlichen Eigentums durch den Verband beschränkt.

15

Das Verwaltungsvermögen gehört dem »Verband Wohnungseigentümergemeinschaft« (§ 10 Abs. 7 S. 1 WEG). Es besteht aus den im Rahmen der gesamten Verwaltung des gemeinschaftlichen Eigentums gesetzlich begründeten und rechtsgeschäftlich erworbenen Sachen und Rechten sowie den entstandenen Verbindlichkeiten. Zu dem Verwaltungsvermögen gehören insbesondere die Ansprüche und Befugnisse aus Rechtsverhältnissen mit Dritten und mit Wohnungseigentümern sowie die eingenommenen Gelder (§ 10 Abs. 7 S. 2 u. S. 3 WEG). Die

16

§ 1 | Begriffsbestimmungen

Verwaltungskompetenz des »Verbandes Wohnungseigentümergemeinschaft« umfasst bei einem solch weit verstandenen Verwaltungsbegriff somit alle Maßnahmen, die in tatsächlicher oder rechtlicher Hinsicht für die Erhaltung, Sicherung, Verbesserung und gewöhnliche Nutzung des gemeinschaftlichen Eigentums erforderlich und geeignet sind oder sich sonst als Geschäftsführung zugunsten der Wohnungseigentümer in Bezug auf das gemeinschaftliche Eigentum darstellen (BGHZ 121, 22, 26 = ZMR 1993, 173; *Wenzel* ZWE 2006, 462, 464; *Häublein* FS Seuß (2007), S. 125, 131; Staudinger/*Bub* § 20 WEG Rn. 4 ff.). Die »ultra-vires-Lehre«, die außerhalb des Verbandszweckes eine Rechtsfähigkeit verneint, ist wie auch im übrigen Verbandsrecht nicht anzuwenden (*Elzer* WuM 2007, 295, 296; *Wenzel* ZWE 2006, 462, 469; ebenso § 10 Rn. 391 m. w. N.). Nicht abzustellen ist auf eine Prüfung, ob die konkrete Angelegenheit auch **ordnungsgemäßer Verwaltung** entspricht. Die Reichweite der Rechtsfähigkeit des »Verbandes Wohnungseigentümergemeinschaft« muss zum Schutz des Rechtsverkehrs nämlich abstrakt ermittelt werden. Nur so lassen sich Sicherheit und Bestandskraft des Rechtsgeschäfts objektiv gewährleisten (*Hügel*/*Elzer* § 3 Rn. 37). Selbst wenn der Rahmen der Ordnungsmäßigkeit im Einzelfall überschritten sein sollte, ändert dies an der Wirksamkeit der Verwaltungsmaßnahme nichts und betrifft nur das Innenverhältnis der Wohnungseigentümer und des Verbandes (*Hügel*/*Elzer* § 3 Rn. 37; *Schneider* ZMR 2006, 813, 815; *Kümmel* in Anm. *LG Hannover* ZMR Heft 11/07). Das Kriterium der Ordnungsmäßigkeit ist für Verwaltungsmaßnahmen nicht kompetenzbegründend (BGHZ 145, 158 = NJW 2000, 3500 = Rpfleger 2001, 19 = ZMR 2000, 771). Das Risiko der Einordnung eines Geschäfts als Verwaltungsangelegenheit trägt daher die Gemeinschaft und nicht der Geschäftsgegner (*Wenzel* ZWE 2006, 462, 469).

4. Abgrenzung gemeinschaftliches Eigentum und Verwaltungsvermögen

17 **Gemeinschafts- und Sondereigentum** i. S. v. § 1 Abs. 2, Abs. 3 WEG (zu den Begrifflichkeiten s. Rn. 52 ff. u. Rn. 49 ff.) sind nach der Grundregel des § 10 Abs. 1 WEG **den Wohnungseigentümern persönlich zugewiesen**. Sie sind somit Alleineigentümer des jeweiligen Sondereigentums und Miteigentümer in Bruchteilsgemeinschaft gem. §§ 741 ff., 1008 ff. BGB hinsichtlich des gemeinschaftlichen Eigentums (*Bub* ZWE 2007, 15, 18). Dazu gehört insbesondere das Grundstück mit seinen wesentlichen Bestandteilen (dazu s. ausführlich Rn. 185 ff.); darüber hinaus sind auch sämtliche im Gemeinschaftseigentum stehenden Teile, Anlagen und Einrichtungen vermögensrechtlich ausschließlich den Wohnungseigentümern zugewiesen.

18 Demgegenüber war bis zur Entscheidung des *BGH* vom 2.6.2005 (BGHZ 163, 154 = DNotZ 2005, 776 = NJW 2005, 2061 = Rpfleger 2005, 521 = ZMR 2005, 547) streitig, wie das im Gesetz nicht erwähnte so genannte **Verwaltungsvermögen** zu behandeln ist. Darunter werden insbesondere die gemeinschaftlichen Gelder (z. B. Instandhaltungsrücklage, gemeinschaftliche Forderungen gegen Dritte, Guthaben auf gemeinschaftlichen Konten) verstanden (s. Staudinger/*Rapp* Einl. WEG Rn. 36; Weitnauer/*Briesemeister* § 1 Rn. 9 f.; vgl. jetzt § 10 Abs. 7 S. 2 bis 4 WEG). Nach einer vorwiegend in der Literatur vertretenen Auffassung wurden die (Bruchteils-)Anteile des einzelnen Wohnungseigentümers am Verwaltungsvermögen als subjektiv-dingliche Rechte im Sinne des § 96 BGB angesehen mit der Folge, dass sie als wesentliche Bestandteile des Wohnungseigentums galten und gesonderte Verfügungen über sie nicht möglich waren, sie jedoch von Verfügungen über das Wohnungseigentum erfasst wurden (so Palandt/*Bassenge* § 1 WEG Rn. 14; *Bärmann*/*Pick*/*Merle* § 20 WEG Rn. 3). Vermehrt wurde auch aus Gründen der Praktikabilität eine Zuordnung dieser Vermögensgegenstände zum gemeinschaftlichen Eigentum befürwortet (vgl. *KG* NJW-RR 1988, 844, das einen Übergang kraft Gesetzes jedenfalls bei rechtsgeschäftlicher Veräußerung annimmt; *Niedenführ*/Schulze 7. Auflage § 21 WEG Rn. 4 f.; Weitnauer/*Briesemeister* § 1 Rn. 25 Nachbemerkung S. 79). Die bisherigen Schwierigkeiten bei der Lösung dieser praktisch relevanten Fragen hat der *BGH* (BGHZ 163, 154 = DNotZ 2005, 776 = NJW 2005, 2061 = Rpfleger 2005, 521 = ZMR 2005, 547) als ein wesentliches Argument für die Anerkennung der (Teil-)Rechtsfähigkeit des »Verbandes Wohnungseigentümergemeinschaft« herangezogen, die dafür eine schlüssige Lösung bietet. Träger des Verwaltungsvermögens einschließlich der gemeinschaftlichen Forderungen und Verbindlichkeiten ist danach unabhängig von einem Eigentümerwechsel der Verband, nicht der einzelne Eigentümer. Ein Eigentümerwechsel ändert folglich auch nichts

an der Forderungszuständigkeit. **Forderungsinhaberin** ist die Wohnungseigentümergemeinschaft selbst. **Schuldnerin** der Verbindlichkeiten aus Dauerschuldverhältnissen, insbesondere aus dem Verwaltervertrag, ist ebenfalls der »Verband Wohnungseigentümergemeinschaft« als solcher.

Nachdem nunmehr § 10 Abs. 6 S. 1 WEG dem »**Verband Wohnungseigentümergemeinschaft**« **das Verwaltungsvermögen** als Rechtsträger auch gesetzlich zuordnet, besteht neben der Bruchteilsgemeinschaft somit eine weitere Form gemeinschaftlicher Berechtigung. Dieses **Verwaltungsvermögen** ist jedoch streng von der sachenrechtlichen Eigentümerstellung zu unterscheiden. Ein Wohnungseigentümer erwirbt also mit dem Wohnungseigentum echtes Eigentum. Zugleich wird er »zusätzlich« zusammen mit den übrigen aktuellen Miteigentümern »automatisch« Mitglied eines Verbandes mit eigenem Verbandsvermögen; einer besonderen Beitrittserklärung bedarf es hierfür nicht. Dieses Verbandsvermögen ist separiert vom Vermögen seiner einzelnen Mitglieder. Ein Mitglied des »Verbandes Wohnungseigentümergemeinschaft« kann weder über seinen Anteil am Verwaltungsvermögen insgesamt noch über seinen Anteil an den einzelnen Vermögensgegenständen gesondert verfügen. Eine gleichzeitige Eigentumszuordnung eines Rechtes zu beiden Vermögenssphären ist nicht denkbar (*Hügel*/Elzer § 3 Rn. 12). Es handelt sich also nach der hier vertretenen Auffassung um **zwei getrennte Gemeinschaften** mit unterschiedlichen Vermögenszuordnungen. Diese Sichtweise entspricht der herrschenden »Trennungstheorie« (*Abramenko* ZMR 2006, 409, 410; *Demharter* NZM 2005, 489, 491; *Elzer* ZMR 2006, 626, *Gottschalg* FS Seuß 2007, S. 113, 114; *Hügel* DNotZ 2005, 753, 757; *Hügel*/*Elzer* § 3 Rn. 9 ff.; *Jennißen* NZM 2006, 203, 204; *Müller* FS Seuß 2007, S. 211, 213; *Rühlicke* ZWE 2007, 261, 266 f.; *Sauren* ZWE 2006, 258, 259; *J.-H. Schmidt* ZMR 2007, 90, 91; *Sommer* ZWE 2006, 335, 337; § 10 Rn. 375) und steht im Widerspruch zu der von einem Teil der Literatur vertretenen »Einheitstheorie« (*Armbrüster* ZWE 2006, 470; *Bub* NZM 2006, 841, 847; *Häublein* FS Wenzel 2005, S. 175, 198 f.; *Wenzel* NZM 2006, 321 u. ders. ZWE 2006, 462, 463 f.).

Zum »Verband Wohnungseigentümergemeinschaft« und den sich aus den unterschiedlichen Auffassungen ergebenden Fragestellungen vgl. ausführlich § 10 Rn. 371 ff.

IV. Keine Transformation des Wohnungseigentums

Bereits in seiner Entscheidung zur (Teil-)Rechtsfähigkeit (BGHZ 163, 154 = DNotZ 2005, 776 = NJW 2005, 2061 = Rpfleger 2005, 521 = ZMR 2005, 547) hat der *BGH* festgestellt, dass der Kombination von Sondereigentum und Bruchteilseigentum nicht zwingend zu entnehmen sei, dass der Gesetzgeber die Wohnungseigentümergemeinschaft ausschließlich als Bruchteilsgemeinschaft nach §§ 741 ff. BGB konzipieren wollte. An gleicher Stelle wird jedoch unter Berufung auf *Maroldt* (Die Rechtsfolgen einer Rechtsfähigkeit der Gemeinschaft der Wohnungseigentümer [2004], S. 8; *ders.* ZWE 2002, 387, 389) und *Pauly* (WuM 2002, 531, 532) auch konzediert, dass das **Wohnungseigentum als echtes Eigentum** ausgestaltet werden sollte. Dies betreffe aber nur die sachenrechtliche Seite, nicht die korporative Ausgestaltung der Wohnungseigentümergemeinschaft im Rechtsverkehr. Insoweit schließe die Bruchteilsgemeinschaft das Verständnis der Wohnungseigentümergemeinschaft als einen überindividuellen Personenverband in Bezug auf die Teilnahme am Rechtsverkehr bei der Verwaltung des gemeinschaftlichen Eigentums nicht aus. Nur die Anerkennung der partiellen Rechtsfähigkeit lasse eine schlüssige Lösung praxisrelevanter Rechtsprobleme, insbesondere bezüglich der das Verwaltungsvermögen betreffenden Forderungen und Verbindlichkeiten zu (*BGH* a. a. O.).

Nunmehr schreibt auch das Gesetz mit § 10 Abs. 1 WEG fest, dass die Wohnungseigentümer Inhaber der Rechte und Pflichten, insbesondere des Sondereigentums und des gemeinschaftlichen Eigentums sind, soweit nicht etwas anderes ausdrücklich bestimmt ist. Diese Bestimmung ermöglicht es, auch künftig **Wohnungseigentum** weiterhin **als echtes Eigentum** zu verstehen; eine Zuordnung der Eigentumssphäre zum Verbandsvermögen findet somit nicht statt. *Elzer* spricht in diesem Zusammenhang zu Recht von einem »Bekenntnis« des Gesetzgebers (*Elzer* WuM 2007, 295, 296), das angesichts der ersten z. T. doch sehr erregten Diskussionen wohl auch angezeigt schien, um die für das Verhältnis zwischen Wohnungseigentümern und Verband zentrale Frage, wer nämlich Inhaber des Gemeinschafts- und des Sondereigentums ist, eindeutig zu Gunsten der Wohnungseigentümer zu klären. Betrachtet man nun mit einigem zeitlichen Abstand die Entwicklung der vergangenen Jahre, so zeigt sich, dass die Strukturen des WEG durch die Entdeckung des »Verbandes Wohnungseigentümergemeinschaft« und seine Übernahme in das Gesetz keineswegs gelitten haben. Im Gegenteil: die sachenrechtliche Grundkonzeption des Wohnungseigentums hat sich bewährt; sie ist jetzt sogar ausdrücklich in Abgrenzung zum verbandsrechtlichen Zuordnungsbereich kodifiziert. Das bedeutet, dass in Zukunft – ungeachtet aller noch einer Lösung harrenden Fragestellungen – **Wohnungseigentum als besonders ausgestaltetes Miteigentum mit obligatorischer Verbandsmitgliedschaft** der Eigentümer begriffen werden muss. Die drei bekannten Elemente des Wohnungseigentums (s. o. zwei sachenrechtliche und ein mitgliedschaftsrechtliches / verbandsrechtliches) sind mit anderer Ausrichtung im Bereich der Eigentümergemeinschaft neu zusammengesetzt worden (weitergehend wohl *Hügel* / Elzer § 3 Rn. 22: »Einheit von Miteigentum, Sondereigentum und Teilhabe am Gemeinschaftsverhältnis«).

22 Schon zum früheren Recht hatte der *BGH* festgestellt, dass es sich bei der Wohnungseigentümergemeinschaft um ein »kompliziertes Gebilde« handelt (BGHZ 78, 166 = Rpfleger 1981, 97 = ZMR 1981, 125). Die Entscheidung des *BGH* vom 02.06.2005 (BGHZ 163, 154 = DNotZ 2005, 776 = NJW 2005, 2061 = Rpfleger 2005, 521 = ZMR 2005, 547) mit der sich anschließenden gesetzlichen Normierung haben die Rechtslage nicht wie zunächst erhofft in allen Beziehungen einfacher und durchschaubarer gemacht.

C. Begründung des Wohnungseigentums

I. Art und Weise der Begründung

23 Gem. § 2 kann Wohnungs- und Teileigentum nur durch **vertragliche Einräumung** von Sondereigentum gem. § 3 oder durch **Vorratsteilung** gem. § 8 begründet werden. Dabei muss die **Begründung** jeweils **vollständig** erfolgen.

1. Kein Miteigentum ohne Sondereigentum

24 Das bedeutet einerseits, dass **mit jedem Miteigentumsanteil** zwingend auch **Sondereigentum zu verbinden** ist; es kann kein Nebeneinander von gewöhnlichem Miteigentum und Wohnungseigentum an ein und demselben Grundstück geben (vgl. den Wortlaut des § 3 Abs. 1 WEG: »*jedem* Miteigentümer« u. des § 8 Abs. 1 WEG: »*jeder* Anteil«). Andernfalls wäre der Bestand der Gemeinschaft im Hinblick auf §§ 751 BGB u. 84 Abs. 2 InsO gefährdet. Demgemäß kann auch die unwirksame Begründung von Sondereigentum an einem Gebäudeteil die Aufteilung der Miteigentumsanteile insgesamt grundsätzlich nicht berühren. Die vorgesehenen Miteigentumsanteile entstehen selbst dann, wenn das mit einem Anteil zu verbindende Sondereigentum gar nicht entstehen konnte (BGHZ 109, 179 = Rpfleger 1990, 62 = ZMR 1990, 112; *OLG Hamm* Rpfleger 2007, 137 = ZMR 2007, 213). In diesem Fall entsteht ein sog. isolierter Miteigentumsanteil (dazu s. Rn. 231 f.). Zwar können isolierte Miteigentumsanteile gemäß § 3 Abs. 1 und § 8 Abs. 1 nicht rechtsgeschäftlich begründet werden, ihre nachträgliche Entstehung ist aber sachenrechtlich nicht ausgeschlossen (*BGH* ZfIR 2004, 108 = Rpfleger 2004, 207 = ZMR 2004, 206; BGHZ 130, 159 = Rpfleger 1996, 19 = ZMR 1995, 521; BGHZ 109, 179 = Rpfleger 1990, 62 = ZMR 1990, 112).

25 Denkbar ist auch die **Verbindung mehrerer Sondereigentumsrechte mit nur einem Miteigentumsanteil**, die ggf. zu einem späteren Zeitpunkt durch weitere Unterteilung wieder gelöst werden kann (vgl. *BGHZ* 146, 241 = DNotZ 2002, 127 = ZMR 2001, 289; *KG* Rpfleger 1989, 500 m. Anm. *Meyer-Stolte*).

26 Voraussetzung für eine wirksame Aufteilung und die Begründung einer Wohnungseigentümergemeinschaft sind **mindestens zwei Miteigentumsanteile**, die mit Sondereigentum verbunden werden können; im Hinblick auf § 8 WEG können diese aber demselben Eigentümer zustehen. Eine Obergrenze für die **Anzahl der Einheiten** gibt es dagegen nicht. *Röll* (MüKo / *Röll* 3. Aufl. vor § 1 Rn. 8) nennt Beispiele für Anlagen mit mehr als 1.000 Einheiten. Auch bei der Bestimmung der **Größe der Miteigentumsanteile** sind die Wohnungseigentümer grundsätzlich frei, wenn-

gleich im Hinblick auf § 16 WEG grobe Missverhältnisse vermieden werden sollten (*BGH* Rpfleger 1986, 430 = ZMR 1986, 365; *OLG Stuttgart* NJW-RR 2004, 375; *OLG Düsseldorf* ZMR 2004, 613; *BayObLG* ZWE 2000, 171).

2. Kein Sondereigentum ohne Miteigentumsanteil
Jedes Sondereigentumsrecht *muss* nach der Systematik des WEG mit einem Miteigentumsanteil 27 verbunden sein (§ 1 Abs. 2 u. Abs. 3 WEG); es kann kein isoliertes Sondereigentum geben (*OLG München* Rpfleger 2007, 459; *BayObLG* Rpfleger 1996, 240 = ZMR 1996, 285; *BayObLG* DNotZ 1988, 316 = Rpfleger 1988, 102).

3. Kein Sondereigentum mit mehreren Miteigentumsanteilen
Andererseits kann Sondereigentum im Fall des § 3 WEG nur in der Weise begründet werden, dass 28 das **Sondereigentum** auch **nur mit *einem*** **Miteigentumsanteil** verbunden wird (BGHZ 86, 393 = Rpfleger 1983, 270; *BayObLG* MittBayNot 1982, 26). Wegen einer ggf. im Vorfeld erforderlichen Zusammenlegung von Miteigentumsanteilen s. § 2 Rn. 15 m. w. N.). Die Begründung von »Mitsondereigentum« ist unzulässig (BGHZ 130, 159, 168 = NJW 1995, 2851 = Rpfleger 1996, 19 = ZMR 1995, 521; *OLG Schleswig* ZMR 2007, 726 = DNotZ 2007, 620 m. insoweit zust. Anm. *Commichau*; *BayObLG* Rpfleger 2000, 326 = ZMR 2000, 622; *BayObLG* Rpfleger 1996, 240 = ZMR 1996, 285).

4. Eindeutige Eigentumszuordnung
Die Einräumung von **Sondereigentum muss eindeutig** sein. So stellt es einen vom Gesetz nicht 29 erlaubten Rechtszustand dar, wenn die betreffenden Räume entgegen § 1 Abs. 5 WEG einerseits als gemeinschaftliches Eigentum ausgewiesen sind, andererseits aber durch eine als solche erkennbare Unterteilungserklärung als Sondereigentum behandelt und mit einem Miteigentumsanteil verbunden worden sind (*BGH* NJW-RR 2005, 10 = Rpfleger 2005, 17 = ZMR 2005, 59; *BayObLG* DNotZ 1988, 316 = Rpfleger 1988, 102).

II. Terminologie

1. Wohnungseigentum

Wohnungseigentum ist nach der Definition des § 1 Abs. 2 WEG das Sondereigentum an einer 30 Wohnung in Verbindung mit dem Miteigentumsanteil an dem gemeinschaftlichen Eigentum, zu dem es gehört. Eine Wohnung dient dem Menschen dazu, seinen Lebensmittelpunkt zu gestalten (*BayObLG* NZM 2005, 263; *BayObLG* OLG-Report 2004, 390 LS). Der **Begriff der Wohnung** ergibt sich wiederum aus der Allgemeinen Verwaltungsvorschrift für die Ausstellung von Bescheinigungen gemäß § 7 Abs. 4 Nr. 2 und § 32 Abs. 2 Nr. 2 des Wohnungseigentumsgesetzes v. 19.03.1974 – BAnz Nr. 58 (AVV – s. Anh. II.2). Danach ist eine Wohnung die Summe der Räume, welche die Führung eines Haushalts ermöglichen. Dazu gehören stets eine Küche oder ein Raum mit Kochgelegenheit sowie Wasserversorgung, Ausguss und WC (Nr. 4 AVV). Unter einem »**Raum**« wird allgemein der durch Fußboden, Wände und Decke begrenzte Luftraum verstanden, der einen ungehinderten Zutritt durch Dritte ausschließt (vgl. *GmS-OGB* BGHZ 119, 42 = Rpfleger 1993, 238 = ZMR 1993, 25; *KG* OLG-Report 2006, 418; *OLG München* ZMR 2006, 388; *OLG Jena* NotBZ 2005, 219; *BayObLG* ZMR 2001, 820; s. auch § 5 Rn. 12).

Appartements in Hotels, Senioren- oder Studentenheimen, die keine Kochgelegenheit aufweisen, 31 sind demzufolge keine Wohnungen; an ihnen kann aber unter den Voraussetzungen des § 3 Abs. 2 WEG Teileigentum begründet werden (s. Rn. 35).

Nach § 3 Abs. 2 S. 1 WEG soll Sondereigentum nur eingeräumt werden, wenn auch sichergestellt 32 ist, dass die **Wohnungen** oder sonstigen Räume in sich **abgeschlossen** sind (zum Begriff s. § 3 Rn. 61 ff.). Zu solchermaßen abgeschlossenen Wohnungen können dann auch **Nebenräume** außerhalb des Wohnungsabschlusses wie z. B. Keller, Speicher oder auch Garagen gehören, wenn sie nur ihrerseits verschließbar sind (Nr. 5 a AVV). Zur grundbuchmäßigen Behandlung von Nebenräumen s. § 7 Rn. 91 ff.

§ 1 | Begriffsbestimmungen

33 Nach dem Wohnungseigentumsgesetz kann aber nicht nur an Etagenwohnungen Wohnungseigentum begründet werden. Auch **mehrere** auf einem Grundstück im Rechtssinne errichtete **Gebäude** (wie z. B. Reihenhäuser oder sogar freistehende Einfamilienhäuser) können insbesondere mangels realer Teilbarkeit des Grundstücks in die Rechtsform des Wohnungseigentums überführt werden (*BGH* NJW-RR 2001, 800; *BGHZ* 50, 56; *OLG Düsseldorf* ZfIR 2004, 778 = Rpfleger 2004, 691).

2. Teileigentum

34 **Teileigentum** ist nach § 1 Abs. 3 WEG das Sondereigentum an nicht zu Wohnzwecken dienenden Räumen eines Gebäudes in Verbindung mit dem Miteigentumsanteil an dem gemeinschaftlichen Eigentum, zu dem es gehört. Anders als bei Wohnungen kann bei Teileigentumseinheiten bereits mit der Begründung ein bestimmter Nutzungszweck (z. B. »Sondereigentum an der Garage«) näher festgelegt werden (MüKo/*Commichau* § 1 Rn. 4).

35 An **Hotelzimmern** kann Sondereigentum in Form von Teileigentum begründet werden (*OLG Naumburg* NotBZ 2005, 221; *BayObLG* ZMR 2003, 588; *BayObLG* ZMR 1999, 418; *OLG Oldenburg* ZMR 1998, 195; *Häublein* NotBZ 2004, 243; Weitnauer/*Briesemeister* § 1 Rn. 38; Sondereigentumsfähigkeit dagegen verneinend: *OVG Lüneburg* DNotZ 1984, 390; Bärmann/Pick/Merle § 3 Rn. 42).

36 Zulässig ist auch die Begründung von Teileigentum an nicht zu Wohnzwecken dienenden Räumen wie z. B. Kellern oder Garagen, um diese mit Sondernutzungsrechten an Wohnungen zu verbinden (»**Kellermodell**«). Es handelt sich insoweit nicht um eine Gesetzesumgehung (*BayObLG* Rpfleger 1992, 154 m. Anm. *Eckardt*; *OLG Hamm* Rpfleger 1993, 445; Bauer/*v. Oefele* AT V Rn. 143; *Pause* NJW 1990, 3178; *ders.* NJW 1992, 671; *Schneider* Rpfleger 1991, 499; *Blum* MittRhNotK 1992, 109; *F. Schmidt* WE 1992, 2; Schöner/Stöber Rn. 2910a; **a. A.** *LG Braunschweig* Rpfleger 1991, 201 m. zust. Anm. *Schäfer* Rpfleger 1991, 307; *LG Hagen* NJW-RR 1993, 402; Bärmann/Pick/Merle § 1 Rn. 34; Staudinger/*Rapp* § 5 Rn. 18; *Häublein* Sondernutzungsrechte und ihre Begründung im Wohnungseigentumsrecht S. 100, 106). Zu den Hintergründen für das Aufkommen dieses Modells s. ausführlich *Pause* (NJW 1990, 3178).

3. Wohnungs- und Teileigentum

37 Nach der Konstruktion des Gesetzes in § 1 Abs. 2 und 3 WEG gibt es **keinen strukturellen Unterschied** zwischen Wohnungseigentum und Teileigentum. Beide Arten unterscheiden sich lediglich in der vereinbarten Nutzungsbefugnis. Aus diesem Grund kann auch ein aus einer Wohnung und einem nicht zu Wohnzwecken dienenden Raum **gemischt zusammengesetztes Sondereigentum** mit nur einem Miteigentumsanteil verbunden werden (vgl. auch § 2 S. 2 WGV – Anh. II.1).

38 Für die **Abgrenzung** zwischen Wohnungseigentum und Teileigentum ist nur die bauliche Eignung und Zweckbestimmung der im Sondereigentum stehenden Räume maßgeblich, nicht dagegen die Art ihrer tatsächlichen Nutzung (*BayObLG* Rpfleger 1973, 139 = ZMR 1973, 205; Weitnauer/*Briesemeister* § 1 Rn. 39). Deshalb geht die Eigenschaft als Wohnung auch nicht dadurch verloren, dass einzelne Räume vorübergehend oder dauernd zu beruflichen oder gewerblichen Zwecken benutzt werden (Nr. 4 AVV).

39 Weil Wohnungs- und Teileigentum somit **keine unterschiedliche Rechtsqualität** zukommt, bestimmt das Gesetz in § 1 Abs. 6 WEG, dass die Vorschriften über das Wohnungseigentum entsprechend für das Teileigentum gelten (vgl. auch § 7 Abs. 5 WEG). Wird daher in einer Teilungserklärung nur der Begriff »Wohnungseigentümer« verwendet, umfasst dieser nicht lediglich die Wohnungseigentümer, sondern auch die Teileigentümer, wenn es nach der Teilungserklärung nur eine Eigentumsgemeinschaft gibt, die sich aus den Eigentümern der Wohnungen und denen der Teileigentumseinheiten zusammensetzt (*OLG Hamm* ZWE 2007, 370 Ls). Im Folgenden kann daher nur noch von Wohnungseigentum gesprochen werden; die Ausführungen gelten auch für das Teileigentum, wenn nichts anderes gesagt ist.

40 Wegen der Bezeichnung der Grundbücher s. § 7 Rn. 4 f.

4. Raumeigentum

Das Wohnungseigentumsgesetz kennt **keinen gemeinsamen Oberbegriff** für das Wohnungs- und Teileigentum. Zunehmend wird hierfür jedoch in Literatur und Rechtsprechung die durchaus zutreffende Bezeichnung »Raumeigentum« gewählt (vgl. *OLG Hamm* Rpfleger 2007, 137 = ZMR 2007, 213; *OLG Saarbrücken* NZM 2006, 590; *OLG Frankfurt* NZM 2006, 144; *BayObLG* ZfIR 2004, 159; *Bärmann/Pick/Merle* § 1 Rn. 4; *Müller* Rn. 64; *Rapp* MittBayNot 1998, 77; Weitnauer / *Briesemeister* § 1 Rn. 2 f.). Auch in der Praxis ist der Begriff »Raumeigentum« weit verbreitet (vgl. nur die Sachverhaltsdarstellungen bei *OLG München* ZMR 2007, 643 und *OLG Köln* ZMR 2005, 403). Der Gesetzgeber verwendet ihn jedoch nicht.

5. Umwandlung von Wohnungseigentum in Teileigentum und umgekehrt

Die Rechtsnatur von Sondereigentum als Wohnungseigentum einerseits (§ 1 Abs. 2 WEG) oder Teileigentum andererseits (§ 1 Abs. 3 WEG) beinhaltet bereits eine **allgemeine Zweckbestimmung** (*BayObLG* NZM 2005, 263; *BayObLG* NJW-RR 1998, 946 = ZMR 1998, 946; *BayObLG* WuM 1994, 222). Nach *BayObLG* (WE 1995, 157 mit abl. Anm. *Weitnauer*; ebenfalls abl. *F. Schmidt*, WE 1996, 212) soll es sich dabei um eine **Zweckbestimmung im weiteren Sinne** handeln. Demgegenüber soll eine Zweckbestimmung im engeren Sinne vorliegen, wenn lediglich die konkrete Nutzung eines Sondereigentums z. B. als Büro, Gaststätte o. ä. näher festlegt wird (abl. auch *Armbrüster* ZMR 2005, 244, 246 f.). Die Festlegung des Nutzungszwecks anlässlich der Begründung des Sondereigentums stellt sich insoweit als **Zweckbestimmung mit Vereinbarungscharakter** gem. §§ 10 Abs. 3, 15 Abs. 1 WEG dar (*BayObLG* ZMR 2000, 778; *Bärmann/Pick/Merle* § 15 Rn. 16; vgl. § 15 Rn. 2 ff.). Nach der nächstliegenden Bedeutung der Grundbucheintragung ist damit nämlich eine Zweckbestimmung getroffen, auf die sich der einzelne Erwerber verlassen kann, jedenfalls insoweit, als keine Nutzung zulässig ist, die mehr als die angegebene stört oder beeinträchtigt (für einen »Laden« *BayObLG* WuM 1989, 524 m. w Nachw.). Nichts anderes gilt, wenn ein Wohnungseigentum in der Teilungserklärung als »Wohnung« bezeichnet ist. Auch hierbei handelt es sich um eine Zweckbestimmung dergestalt, dass jedenfalls keine Nutzung zulässig ist, die mehr stört oder beeinträchtigt als eine Nutzung als Wohnung (*BayObLG* ZMR 1991, 232). Hierzu siehe im Einzelnen die Kommentierung zu § 15 WEG.

Eine Änderung des vereinbarten Nutzungszwecks von »Wohnungseigentum« in »Teileigentum« und umgekehrt bewirkt somit eine Umwidmung des zuvor festgelegten Gebrauchszwecks. Sie stellt sich damit als Änderung der im Grundbuch eingetragenen Gemeinschaftsordnung und somit als **Inhaltsänderung des Sondereigentums** gem. §§ 5 Abs. 4, 10 Abs. 2 u. 3 WEG dar (*KG* ZMR 2007, 299; *HansOLG Bremen* ZWE 2002, 184; *BayObLG* NJW-RR 2001, 1163; *OLG Köln* ZMR 1997, 376; *Armbrüster* ZMR 2005, 244, 247; *Armbrüster/M. Müller* FS Seuß 2007, 3, 14, 15; *Bärmann/Pick/Merle* § 5 Rn. 70; *Hügel* FS Bub 2007, S. 137; *ders.* RNotZ 2005, 149, 154; MüKo/*Commichau* § 1 Rn. 44; *H. Müller* Rn. 68; Niedenführ/Kümmel/*Vandenhouten* § 1 Rn. 20; Palandt/*Bassenge* § 1 Rn. 4; *F. Schmidt* ZWE 2005, 315, 316; Weitnauer/*Lüke* § 15 Rn. 15; § 7 Rn. 284). Eine Grundbucheintragung der Inhaltsänderung bezweckt demgemäß nur die Bindung des Sondernachfolgers gem. § 10 Abs. 3 WEG und bedarf aus diesem Grunde der Mitwirkung sämtlicher Wohnungseigentümer; die Eintragung ist damit nicht konstitutiv (*BayObLG* Rpfleger 1998, 19; *BayObLG* DNotZ 1984, 104; Staudinger/*Rapp* § 1 Rn. 11). Die Änderung des Nutzungszwecks muss aber von den Wohnungseigentümern vereinbart werden; es besteht insoweit **keine Beschlusskompetenz** (*KG* ZMR 2007, 299; *KG* ZMR 2005, 223; *OLG Köln* ZMR 1997, 376).

Diese hier vertretene Auffassung ist jedoch nicht unbestritten. Nach a. A. soll es sich bei der Änderung des festgelegten Nutzungszwecks um eine **Änderung des sachenrechtlichen Begründungsaktes** handeln, die der Einigung gem. § 4 WEG und der – konstitutiven – Grundbucheintragung bedürfen soll (*KG* ZMR 2005, 223; *KG* ZMR 2002, 72; *BayObLG* ZMR 1997, 537; *BayObLG* WE 1995, 157 m. abl. Anm. *Weitnauer*; Köhler/Bassenge/*Kümmel* Teil 11 Rn. 268; *Ott* ZfIR 2005, 129, 130 f.; *Wenzel* ZWE 2006, 62; § 3 Rn. 22). Wenngleich es sich *formal* um einen Teil des sachenrechtlichen Begründungsaktes handelt, stellt sich die Festlegung des Nutzungszwecks *materiell* doch als eine dem eigentlichen Begründungsakt vorgelagerte Bestimmung dar, die die Wohnungseigentümer – ohne Grundbucheintragung – bereits bei der Errichtung der Teilungsurkunde

§ 1 | Begriffsbestimmungen

getroffen haben (*Bärmann/Pick/Merle* § 5 Rn. 70). Für die Qualifizierung als Wohnung oder als nicht zu Wohnzwecken dienende Räume kommt es somit nicht auf die – konstitutive – Eintragung in das Grundbuch an; sie liegt vielmehr im Bereich der tatsächlichen Verfügungsmacht (*Weitnauer* WE 1995, 158) und betrifft inhaltlich eine Nutzungsregelung, auf die jedoch die Bestimmungen der §§ 5 Abs. 4, 10 Abs. 2, 15 Abs. 1 WEG anzuwenden sind. Dafür spricht auch, dass Wohnungs- und Teileigentum **keine unterschiedliche Rechtsqualität** zukommt; die Bezeichnungen erklären sich vielmehr aus semantischen Schwierigkeiten bei der Suche nach einem passenden Oberbegriff (vgl. BR-Drs 75/51 zu § 1 – abgedr. bei *Bärmann/Pick/Merle* S. 1637 ff.).

45 Die **Unterschiede** zwischen beiden Auffassungen sind **gravierend**.
So konnte schon bisher nach der hier vertretenen Auffassung eine in der Teilungserklärung **vorweggenommene Ermächtigung/Bevollmächtigung** zur Vornahme von Änderungen des Gebrauchszwecks mit einer den Sondernachfolger bindenden Wirkung gem. § 10 Abs. 3 S. 2 WEG als zulässig angesehen werden (*BayObLG* NZM 2000, 668 = ZMR 2000, 316; *BayObLG* DNotZ 1998, 379 = Rpfleger 1998, 19). Sieht man dagegen in der Änderung eine solche des notwendigen Teils des dinglichen Aktes zur Begründung von Wohnungseigentum, kann eine Verdinglichung der Ermächtigung/Vollmacht nicht in Betracht kommen (konsequent: *Ott* ZfIR 2005, 129, 132; vgl. dazu auch die nicht mögliche Verdinglichung einer Ermächtigung/Vollmacht zur Umwandlung von Gemeinschafts- in Sondereigentum und umgekehrt, Rn. 57).

46 Nunmehr zeigt sich nach der Novelle 2007 (BGBl I S. 370) ein weiterer Unterschied in den beiden Rechtsauffassungen: Durch die vom Gesetzgeber im Rahmen der Änderung von § 5 Abs. 4 WEG eingeführte Beschränkung der **Zustimmungspflichten dinglich Berechtigter** (dazu s. § 5 Rn. 104 ff.) entfällt nach der hier vertretenen Auffassung eine Mitwirkung von Grundpfandrechtsgläubigern und Reallastberechtigten, weil es sich bei der Änderung des Gebrauchszwecks um eine inhaltliche Änderung der Gemeinschaftsordnung handelt, der die Genannten gem. § 5 Abs. 4 S. 2 WEG nun nicht mehr zustimmen müssen. Demgegenüber kommt für eine gem. §§ 876, 877 BGB erforderliche Zustimmung dinglich Berechtigter anläßlich einer Änderung der sachenrechtlichen Grundlagen gem. § 4 WEG unverändert die Mitwirkung aller im Grundbuch eingetragenen Rechtsinhaber, und damit auch der nach § 5 Abs. 4 WEG ausgeschlossenen, in Betracht.

47 Man muss wohl davon ausgehen, dass dem Gesetzgeber diese Auswirkungen bewußt waren, wenn es in der amtlichen Begründung heißt, dass sich eine Einschränkung der Verwertungsmöglichkeit eines Wohnungseigentums durch eine vereinbarte Zweckänderung oder eine Gebrauchsbeschränkung konkret noch nicht im Zeitpunkt ihres Abschlusses, sondern erst im Zeitpunkt der Vollstreckung beurteilen lässt. Daraus wird der Schluss gezogen, dass solche Vereinbarungen in ihrer Wirkung anderen, zustimmungsfreien Maßnahmen der Wohnungseigentümer entsprechen, die ebenfalls den Wert der Wohnung beeinflussen und vom Verhalten der Wohnungseigentümer abhängen. Beide Fallgruppen sollen deshalb dem Risikobereich des Gläubigers zugeordnet werden (Entwurf eines G. zur Änderung des Wohnungseigentumsgesetzes und anderer Gesetze v. 09.03.2006 – BT-Drs. 16/887 S. 15).

48 Wegen der **grundbuchmäßigen** Anforderungen zur Eintragung einer Umwandlung von Wohnungseigentum in Teileigentum und umgekehrt s. § 7 Rn. 284 ff.

6. Sondereigentum

49 Der Begriff des Sondereigentums ist gesetzlich nicht definiert und lässt sich nur aus der Gegenüberstellung zum gemeinschaftlichen Eigentum (Abs. 4) ermitteln (*Bärmann/Pick/Merle* § 1 Rn. 27). Daraus ergibt sich, dass **Sondereigentum** diejenigen Räume und deren Bestandteile sind, die nach § 3 Abs. 1 WEG zu Sondereigentum bestimmt werden und nach § 5 Abs. 1, Abs. 2 WEG auch sondereigentumsfähig sind. Im Gegensatz zum Miteigentum handelt es sich damit um den Bereich des Einzeleigentums (*Weitnauer/Briesemeister* § 1 Rn. 4). Aus § 1 Abs. 5 WEG folgt, dass Sondereigentum die Ausnahme und gemeinschaftliches Eigentum die Regel bildet (*OLG München* ZMR 2006, 388).

50 Mit seinem Sondereigentum kann ein Wohnungseigentümer nach § 13 WEG wie ein **Alleineigentümer** verfahren, soweit nicht das Gesetz oder Rechte Dritter entgegenstehen (*Röll* DNotZ 1977,

69). Sondereigentum darf dabei nicht mit dem Wohnungseigentum als Ganzem verwechselt werden, dessen Teil es lediglich bildet.

Sondereigentum ist rechtstechnisch **keine Belastung des Miteigentumsanteils**, zu dem es gehört. Die Einräumung der Sondereigentumsrechte stellt sich vielmehr als wechselseitige Beschränkung der Wohnungseigentümer hinsichtlich des Miteigentums an den vorhandenen Räumlichkeiten unter gleichzeitigem Rechtszuwachs an echtem Alleineigentum in Bezug auf die dem jeweiligen Miteigentumsanteil zugeordneten Sondereigentumsbereiche dar.

7. Gemeinschaftliches Eigentum

Gemeinschaftliches Eigentum sind das Grundstück sowie die Teile, Anlagen und Einrichtungen des Gebäudes, die nicht im Sondereigentum oder im Eigentum eines Dritten stehen (§ 1 Abs. 5 WEG). Der Umfang des gemeinschaftlichen Eigentums wird damit negativ durch den des Sondereigentums definiert. Daraus ergibt sich für das Gebäude, dass diejenigen Teile, die nicht gem. § 3 Abs. 2 WEG zum Sondereigentum erklärt sind, zum gemeinschaftlichen Eigentum zählen. Es besteht also eine **Vermutung** für die Zugehörigkeit der Bestandteile eines Gebäudes zum gemeinschaftlichen Eigentum (*OLG Düsseldorf* ZMR 2000, 551; *Bärmann/Pick/Merle* § 1 Rn. 37). § 5 Abs. 2 WEG legt darüber hinaus fest, was neben dem Grundstück **zwingend** zum **Gemeinschaftseigentum** gehört, nämlich die Teile des Gebäudes, die für dessen Bestand und Sicherheit erforderlich sind, sowie die Anlagen und Einrichtungen, die dem gemeinschaftlichen Gebrauch dienen.

An Teilen des Grundstücks kann somit mangels Raumeigenschaft kein Sondereigentum begründet werden. Das ist unabhängig davon, ob die Flächen unbebaut sind oder eine bauliche Veränderung stattgefunden hat (vgl. für ein **Carport** *BayObLG* Rpfleger 1986, 217 = ZMR 1986, 207 u. *OLG Köln* MittRhNotK 1996, 61; für einen **Pkw-Stellplatz im Freien** *BayObLG* Rpfleger 1986, 217 = ZMR 1986, 207 u. *OLG Frankfurt* Rpfleger 1983, 482; für eine **plattierte Terrasse** *OLG Köln* MittRhNotK 1996, 61). Insoweit kann aber die Einräumung eines Sondernutzungsrechts in Betracht kommen (dazu s. § 13). Zum Begriff des Grundstücks s. ausführlich Rn. 185 ff.

Das **gemeinschaftliche Eigentum** i. S. v. § 1 Abs. 5 WEG ist **nicht identisch mit dem Vermögen des »Verbandes Wohnungseigentümergemeinschaft«**. Das Verbandsvermögen stellt ein eigenes Sondervermögen dar, an dem die Wohnungseigentümer zwar mitgliedschaftlich beteiligt sind; ihnen kommt insoweit aber keine sachenrechtliche Eigentümerstellung zu. Zu den sich aus dieser Unterscheidung ergebenden Fragen s. Rn. 17 ff.

Zur **Abgrenzung** von Sonder- und Gemeinschaftseigentum im Einzelnen s. die Erläuterungen zu § 5 WEG.

8. Umwandlung von Sondereigentum in Gemeinschaftseigentum und umgekehrt

Zur Umwandlung von Sondereigentum in gemeinschaftliches Eigentum und umgekehrt bedarf es der **Einigung aller Wohnungseigentümer** in der Form der Auflassung und der Eintragung in das Grundbuch (*OLG München* Rpfleger 2007, 459; *BayObLG* DNotZ 1988, 316 = Rpfleger 1988, 102). Es handelt sich hierbei – anders als bei der Umwidmung von Wohnungs- in Teileigentum – um eine Änderung des sachenrechtlichen Grundverhältnisses, die nur gem. § 4 WEG erfolgen kann. (*BGH* Rpfleger 2005, 17 = ZMR 2005, 59; *BGH* NZM 2003, 480 = ZMR 2003, 748; *OLG Saarbrücken* NZM 2005, 423; *OLG Celle* OLG-Report 2004, 79; *BayObLG* DNotZ 2000, 466 = ZMR 2000, 316; *KG* ZMR 1998, 368; *BayObLG* DNotZ 1998, 379 = Rpfleger 1998, 19; *OLG Frankfurt a. M.* Rpfleger 1997, 374 = ZMR 1997, 367; *Bärmann/Pick/Merle* § 5 Rn. 13; *Demharter* Anh. zu § 3 Rn. 91; *Häublein* DNotZ 2000, 442, 450; *Schöner/Stöber* Rn. 2967; *Weitnauer/Briesemeister* § 4 Rn. 4).

Eine Änderung der durch den dinglichen Begründungsakt festgelegten Grundstruktur der Gemeinschaft kann nicht Gegenstand von Vereinbarungen der Wohnungseigentümer im Sinn von § 5 Abs. 4, § 10 Abs. 2 S. 2, Abs. 3 WEG sein. Vereinbarungen können nur das darauf aufbauende Gemeinschaftsverhältnis betreffen. Das Gesetz trennt mit § 5 Abs. 1 bis 3 WEG einerseits und § 5 Abs. 4 WEG andererseits streng zwischen Gegenstand und Inhalt des Sondereigentums (grundlegend *F. Schmidt* FS Bärmann und Weitnauer 1985, S. 37, 41 ff.). Aus diesem Grunde kann eine Gemeinschaftsordnung auch **nicht** eine **vorweg genommene Ermächtigung/Zustimmung** zur Vornahme solcher Veränderungen mit einer den Sondernachfolger bindenden Wirkung als *Inhalt*

§ 1 | Begriffsbestimmungen

des Sondereigentums vorsehen (*BayObLG* Rpfleger 2002, 140 = ZMR 2002, 283; *BayObLG* DNotZ 2000, 466 = ZMR 2000, 316; *BayObLG* DNotZ 1998, 379 = Rpfleger 1998, 19; *KG* ZMR 1998, 368; *Basty* NotBZ 1999, 233, 235; *Häublein* DNotZ 2000, 442, 450 f.; **a. A.** *Röll* DNotZ 1998, 345, 346 u. *Rapp* MittBayNot 1998, 77, 79 f.).

58 Ein Bauträger kann sich aber in den einzelnen Erwerbsverträgen jeweils entsprechende **Vollmachten** zur Umwandlung von Gemeinschaftseigentum in Sondereigentum und umgekehrt einräumen lassen. Allerdings betrifft die in einem notariellen Kaufvertrag dem Verkäufer erteilte »gegenüber dem Grundbuchamt uneingeschränkte Vollmacht zur Änderung der Teilungserklärung« nur das Verhältnis der Käufer zum Verkäufer; sie macht die Bewilligung der dinglich Berechtigten gem. §§ 876, 877 BGB nicht entbehrlich (*BayObLG* DNotZ 1996, 297).

59 Wegen der **grundbuchmäßigen** Anforderungen zur Eintragung einer Umwandlung von Gemeinschafts- in Sondereigentum und umgekehrt s. § 7 Rn. 215 ff. u. 229 ff.

9. Nachbareigentum

60 Nachbareigentum ist nicht im WEG geregelt. Es handelt sich insoweit um **allgemeines Nachbarrecht** nach §§ 921 ff. BGB. Zu den Voraussetzungen und Rechtswirkungen s. § 5 Rn. 84 ff.

10. Unterwohnungseigentum

61 Die Bildung von Wohnungseigentum an Wohnungseigentum (Unterwohnungseigentum) nach Art eines Untererbbaurechtes ist nicht möglich. Wohnungseigentum ist kein grundstücksgleiches Recht; die Summe der Miteigentumsanteile muss immer ein Ganzes ergeben, so dass nicht Untereinheiten mit zusätzlichen Anteilen ausgestattet werden können. In Betracht kommt lediglich die Unterteilung einer Einheit, wenn die Abgeschlossenheit gewährleistet ist. (*OLG Köln* OLGZ 1984, 294 = Rpfleger 1984, 268; *Bärmann/Pick/Merle* § 1 Rn. 109; *Weitnauer / Briesemeister* § 3 Rn. 33).

11. Mitsondereigentum

62 Die Begründung von »Mitsondereigentum« ist **unzulässig** (BGHZ 130, 159, 168 = NJW 1995, 2851 = Rpfleger 1996, 19 = ZMR 1995, 521; *OLG Schleswig* ZMR 2007, 726 = DNotZ 2007, 620 m. insoweit zust. Anm. *Commichau; BayObLG* Rpfleger 2000, 326 = ZMR 2000, 622). Vgl. weiterhin Rn. 245.

III. Kein Zwang zur vollständigen Aufteilung des Gebäudes

63 Das Gebäude braucht nicht vollständig in Sondereigentum aufgeteilt zu werden; nach der Regelung in § 1 Abs. 5 WEG werden alle Teile des Gebäudes, an denen kein Sondereigentum begründet werden soll oder kann, gemeinschaftliches Eigentum (BGHZ 109, 179 = Rpfleger 1990, 62 = ZMR 1990, 112).

IV. Begründung trotz Beschlagnahme

64 Die aufgrund einer angeordneten Zwangsversteigerung eingetretene Beschlagnahme des noch ungeteilten Grundstücks hat für den betreibenden Gläubiger dieses Verfahrens die Wirkung eines Veräußerungsverbotes (§ 23 Abs. 1 S. 1 ZVG). Das **Veräußerungsverbot** kommt sachlich einem Verfügungsverbot gleich (*Böttcher* § 23 Rn. 2). Es bewirkt jedoch keine Grundbuchsperre; Verfügungen des Eigentümers sind vielmehr dem betreibenden Gläubiger gegenüber insoweit – relativ – unwirksam (§§ 135, 136 BGB), wie sie dessen Anspruch vereiteln würden (*BGH* NJW-RR 1988, 1274 = Rpfleger 1988, 543).

65 Die Aufteilung eines Grundstücks in Miteigentumsanteile verbunden mit Sondereigentumsrechten fällt unter das Verfügungsverbot des § 23 ZVG. Zwar kann der Eigentümer nach der Beschlagnahme in einem Zwangversteigerungsverfahren das Grundstück noch in Wohnungs- und Teileigentumsrechte aufteilen, jedoch ist die **Aufteilung** dem betreibenden Gläubiger gegenüber **relativ unwirksam**. Verweigert dieser nach einer entsprechenden Anhörung durch das Versteigerungsgericht seine Zustimmung zur Aufteilung und beruft sich auf seine Rechte aus dem Verfügungsverbot, kann nur das ursprünglich in Beschlag genommene Grundstück in seiner Gesamtheit zur Versteigerung kommen (*LG Würzburg/AG Würzburg* Rpfleger 1989, 117 m. zust. Anm. *Meyer-Stolte; Böttcher* § 23 Rn. 11; *Dassler / Muth* § 23 Rn. 11; *Dassler / Schiffhauer* § 63 Rn. 5; *Eick-*

mann EWiR 1987, 627; Köhler / Bassenge / *Klose* Teil 19 Rn. 448; *Stöber* § 23 Rn. 2.2 lit. b); **a. A.** *OLG Frankfurt* OLGZ 1987, 266; *LG Essen* Rpfleger 1989, 116; Weitnauer / *Briesemeister* § 3 Rn. 126). Einzelausgebote auf die gebildeten Wohnungs- und Teileigentumseinheiten gemäß § 63 Abs. 1 ZVG kommen dann nicht in Betracht.

Zur grundbuchmäßigen Behandlung der angelegten Wohnungsgrundbücher in diesem Fall s. § 9 Rn. 27.

66

V. Zustimmung eingetragener Berechtigter anlässlich der Begründung

1. Belastungsgegenstand Grundstück

Im Grundbuch des ungeteilten Grundstücks eingetragene Belastungen, deren **Belastungsgegenstand das gesamte Grundstück ist, setzen sich** nach Aufteilung an sämtlichen gebildeten Wohnungseinheiten **fort**. Dies gilt unabhängig davon, ob sich die Begründung des Wohnungseigentums nach § 3 WEG oder § 8 WEG vollzieht. Zustimmungen Drittberechtigter sind für die Aufteilung daher nicht erforderlich, da den Berechtigten auch nach der Aufteilung das Objekt in seiner Gesamtheit haftet (allgem. Meinung *BGH* Rpfleger 1968, 114; *OLG Frankfurt a. M.* Rpfleger 1997, 374).

67

Wegen der grundbuchmäßigen Behandlung der jeweiligen Eintragungen und den auftretenden Besonderheiten s. insoweit § 7 Rn. 43 ff. m. w. N.

2. Belastungsgegenstand Miteigentumsanteil

Ist nur ein **Miteigentumsanteil mit einem Recht** belastet, so ist zu unterscheiden, ob sich die Aufteilung gem. § 3 WEG durch Teilungsvertrag der Miteigentümer oder gem. § 8 WEG durch einseitige Bestimmung des eingetragenen Alleineigentümers vollzieht. Während sich bei einer Aufteilung gem. § 8 WEG bisher auf einem Miteigentumsanteil eingetragene Rechte alsdann an den entsprechenden Miteigentumsanteilen sämtlicher Wohnungseigentumsrechte fortsetzen, lasten bei einer Aufteilung gem. § 3 WEG die auf den bisherigen Miteigentumsanteilen eingetragenen Rechte infolge der Verbindung mit Sondereigentum weiterhin nur auf den – dann allerdings inhaltlich veränderten – Anteilen.

68

Infolgedessen entfällt bei einem belasteten Miteigentumsanteil für den eingetragenen Berechtigten die Zustimmung im Falle der **Aufteilung gem. § 8 WEG**, da dem Berechtigten in der Summe unverändert sein ursprünglicher Anteil haftet. Bei der **Begründung gem. § 3 WEG** bedarf es dagegen der Mitwirkung eines Drittberechtigten gem. §§ 876, 877 BGB, da sein bisheriges Haftungsobjekt durch die Verbindung mit Sondereigentum für ihn eine Veränderung erfährt, die seine Rechte z. B. hinsichtlich der bisher möglichen Aufhebung der Gemeinschaft gem. § 751 BGB beeinträchtigen kann (*BayObLG* Rpfleger 1986, 177; *OLG Frankfurt a. M.* MittBayNot 1986, 23; Bamberger / Roth / *Hügel* § 4 Rn. 6; KEHE / *Herrmann* Einl. E 45; *Schöner/Stöber* Rn. 2849; Staudinger / *Rapp* § 3 Rn. 24; Weitnauer / *Briesemeister* § 3 Rn. 75; **a. A.** *LG Wuppertal* Rpfleger 1987, 366 m. abl. Anm. *Meyer-Stolte*; Bärmann/Pick/Merle § 1 Rn. 83 f.).

69

VI. Genehmigungserfordernisse

Zu **Genehmigungserfordernissen** anlässlich der Begründung von Wohnungeigentum s. ausführlich § 7 Rn. 75 ff.

70

VII. Stellung des Mieters

1. Auswirkungen der Aufteilung auf das Vertragsverhältnis

Wohnungseigentum kann auch an vermieteten Wohnungen begründet werden. Der **Erwerber tritt** dann in ein bestehendes Mietverhältnis **ein** (§§ 566 ff. BGB).

71

Der über eine Wohnung und eine Garage geschlossene **einheitliche Mietvertrag** wird durch die Veräußerung der Wohnung und der Garage an verschiedene Erwerber nicht in mehrere Mietverhältnisse aufgespalten; vielmehr treten die Erwerber in den einheitlichen Mietvertrag ein. Ihr Verhältnis bestimmt sich nach den Regelungen über die Bruchteilsgemeinschaft (*BGH* ZMR 2006, 30).

72

§ 1 | Begriffsbestimmungen

73 Der Erwerber einer nach Überlassung an den Mieter in Wohnungseigentum umgewandelten Wohnung ist auch dann **alleiniger Vermieter**, wenn zusammen mit der Wohnung ein Kellerraum vermietet ist, der nach der Teilungserklärung im Gemeinschaftseigentum aller Wohnungseigentümer steht (BGHZ 141, 239 = DNotZ 1999, 1002 = ZMR 1999, 546).

74 Ist Wohnungseigentum erst nach der Überlassung an den Mieter begründet und auch veräußert worden, so ist für den Erwerber eine **Kündigung** des Mietverhältnis lediglich beschränkt möglich (§ 577 a BGB). Die Sperrfrist des § 577 a BGB gilt auch dann, wenn die Übertragung des Wohnungseigentums in Erfüllung eines Vermächtnisses erfolgt ist, weil es lediglich auf einen auf freiwilliger Entscheidung beruhenden Verpflichtungsgrund, nicht aber darauf ankommt, welcher Verpflichtungsgrund der Eigentumsübertragung zugrunde liegt (*BayObLG* ZMR 2001, 795 noch zur Vorläuferregelung des § 564 b Abs. 2 S. 2 Nr. 2 BGB).

2. Vorkaufsrecht des Mieters

75 Dem Mieter einer Wohnung steht im Falle des Verkaufs an einen Dritten das **Vorkaufsrecht** zu, wenn nach der Überlassung an den Mieter Wohnungseigentum begründet worden ist oder begründet werden soll (§ 577 BGB). Das gesetzliche Vorkaufsrecht des Mieters besteht allerdings **nur für den ersten Verkaufsfall** nach der Umwandlung (BGHZ 167, 58 = DNotZ 2006, 747 = ZMR 2006, 511; BGHZ 141, 194 = Rpfleger 1999, 405 = ZMR 1999, 607).

76 Einem Mieter steht demnach kein Vorkaufsrecht mehr zu, wenn das Wohnungseigentum vor dem am 01.09.1993 erfolgten Inkrafttreten des § 570 BGB a. F. – der Vorgängerbestimmung des § 577 BGB – **bereits einmal verkauft** worden ist und nach diesem Zeitpunkt erneut verkauft wird (BGHZ 167, 58 = DNotZ 2006, 747 = ZMR 2006, 511). Dies gilt sowohl für den Mieter einer öffentlich geförderten Wohnung als auch im freien Wohnungsbau (BGHZ 141, 194 = Rpfleger 1999, 405 = ZMR 1999, 607 und BGHZ 167, 58 = DNotZ 2006, 747 = ZMR 2006, 511).

77 Das Mietervorkaufsrecht kann selbst dann beim zweiten Verkauf nicht mehr ausgeübt werden, wenn es beim ersten Verkauf gar **nicht ausgeübt werden konnte**, z. B. weil der erste Verkauf im Wege der Zwangsvollstreckung erfolgte. Mit der Beschränkung auf den ersten Verkauf einer umgewandelten Eigentumswohnung ist dem Schutz des Mieters vor einer spekulativen Verdrängung aus der Mietwohnung nämlich Genüge getan (BGHZ 141, 194 = Rpfleger 1999, 405 = ZMR 1999, 607 noch zum ähnlichen § 2 b Abs. 1 WoBindG a. F., der in § 2 b Abs. 2 S. 3 WoBindG u. a. auf § 512 BGB a. F. = § 471 BGB n. F. verwies; vgl. jetzt § 577 Abs. 1 S. 3 BGB). Nichts anderes kann gelten, wenn die Möglichkeit zur Ausübung des Vorkaufsrechts bei dem ersten Verkauf nicht bestand, weil die Wohnung an einen Familien- oder Haushaltsangehörigen verkauft wurde (§ 577 Abs. 1 S. 2 BGB). Auch der Umstand, dass der erste Verkauf der Wohnung in diesem Fall nicht isoliert, sondern »en bloc« – zusammen mit weiteren Eigentumswohnungen – erfolgte und dadurch für den Mieter u. U. die Ermittlung des anteiligen, auf seine Wohnung entfallenen Kaufpreises schwierig sein konnte, ändert an diesem Ergebnis nichts (*BGH* NJW 2007, 2699).

3. Mietrechtliche Besonderheiten

78 Wegen Besonderheiten bei der Vermietung von Sonder- und/oder Gemeinschaftseigentum s. ausführlich **Anh. zu § 13 WEG**.

79 Wegen der Vermietung von Gemeinschaftseigentum und von Sondereigentum nebst Mitnutzung des Gemeinschaftseigentums s. ausführlich **Anh. zu § 15 WEG**.

80 Zur Betriebskostenabrechnung des vermietenden Sondereigentümers s. ausführlich **Anh. zu § 16 WEG**.

D. Verfügungen über das Wohnungseigentum

I. Übertragung

1. Grundsatz

81 Die Übertragung von Wohnungseigentum unterfällt den allgemeinen Bestimmungen des Sachenrechts; sie erfolgt gem. §§ 873, 925 BGB durch **Auflassung und Eintragung** in das Grundbuch (allgem Meinung; vgl. zuletzt *BGH* ZNotP 2007, 337; *OLG Düsseldorf* DNotZ 2007, 46 = Rpfleger 2007, 25). Für das Verpflichtungsgeschäft gilt § 311 b BGB (§ 4 Abs. 3 WEG).

Wohnungseigentum kann im Hinblick auf § 6 WEG nur in seiner **Gesamtheit**, bestehend aus dem 82
Miteigentumsanteil verbunden mit Sondereigentum übertragen werden. Zur Möglichkeit isolierter Verfügungen zwischen den Wohnungseigentümern über eine der genannten Komponenten und den damit verbundenen Fragestellungen s. § 6 Rn. 3 ff.

Sog. **isolierte (substanzlose) Miteigentumsanteile** (s. Rn. 231 f.) sind verkehrsfähig und können 83
damit auch nach den allgemeinen Grundsätzen übertragen werden (vgl. *BGH* Rpfleger 2005, 17 = ZMR 2005, 59; *BGH* Rpfleger 2004, 207 = ZMR 2004, 206; *OLG Hamm* Rpfleger 2007, 137 = ZMR 2007, 213).

Für die Übertragung des Wohnungseigentums kann abweichend von § 137 BGB eine **Veräuße-** 84
rungsbeschränkung vereinbart worden sein. Dazu s. näher bei § 12 WEG.

Ein **gesetzliches Vorkaufsrecht** besteht gem. § 24 Abs. 2 BauGB bei der Veräußerung von Woh- 85
nungseigentum nicht.

2. Bestandsangaben bei angelegtem Wohnungsgrundbuch

Zur **Bezeichnung** eines bereits im Grundbuch eingetragenen Wohnungseigentums reicht es gem. 86
§ 28 GBO aus, wenn im notariellen Vertrag die Angabe des betreffenden Wohnungsgrundbuchs erfolgt ist. Weitergehender Merkmale wie z. B. Angaben über die Höhe des veräußerten Miteigentumsanteils oder die Größe und Lage des Sondereigentums bedarf es dann ebensowenig wie einer Mitbeurkundung der Teilungsurkunde gem. § 13 a BeurkG, da diese Angaben durch doppelte Bezugnahme Inhalt der Grundbucheintragung geworden sind (BGHZ 125, 235 = DNotZ 1994, 476 = ZMR 1994, 270). Soweit – wie in der Praxis durchaus üblich – weitergehende Angaben zur Beschreibung des Vertragsgegenstandes in eine Urkunde aufgenommen werden, sollten diese mit den Merkmalen der Grundbucheintragung übereinstimmen. Zusätze oder Auslassungen gegenüber der Eintragung im Bestandsverzeichnis dürften unweigerlich Nachfragen zur Identität und somit zumindest Zeitverluste mit sich bringen.

Weicht die tatsächliche Bauausführung vom Aufteilungsplan ab, so richtet sich der Eigentumser- 86 a
werb durch Umschreibung im Grundbuch gleichwohl ausschließlich nach dem eingetragenen Grundbuchinhalt. Eine vom Aufteilungsplan **abweichende Bauausführung** macht das Grundbuch nämlich nicht unrichtig (BGHZ 146, 241 = DNotZ 2002, 127 = ZMR 2001, 289). Sondereigentum entsteht vielmehr nur in den rechtlichen Grenzen von Teilungserklärung und Aufteilungsplan; auf die tatsächliche Bauausführung kommt es nicht an. Eine Prüfungspflicht bzgl. der Einhaltung des sachenrechtlichen Bestimmtheitsgrundsatzes besteht für das Grundbuchgericht aber anlässlich der Anlegung der Wohnungsgrundbücher. Ob und ggf. welche Ansprüche innerhalb der Gemeinschaft der Wohnungseigentümer bestehen, um die Rechtslage mit den tatsächlichen Gegebenheiten aufgrund der vom Aufteilungsplan abweichenden Bauausführung in Übereinstimmung zu bringen, ist nicht Gegenstand des Grundbucheintragungsverfahrens anlässlich einer Eigentumsumschreibung (*OLG Zweibrücken* NZM 2006, 586 = Rpfleger 2006, 394 = ZWE 2006, 187 m. Anm. *F. Schmidt*). Etwas anderes kann nur dann gelten, wenn bei der Bauausführung vom Aufteilungsplan in der Abgrenzung von Sondereigentum zu gemeinschaftlichem Eigentum oder von Sondereigentum mehrerer Eigentümer untereinander in einer Weise abgewichen wird, die es unmöglich macht, die errichteten Räume einer in dem Aufteilungsplan ausgewiesenen Raumeinheit zuzuordnen. In diesem Fall entsteht wegen fehlender Bestimmbarkeit der Abgrenzung kein Sondereigentum, sondern gem. § 1 Abs. 5 WEG nur gemeinschaftliches Eigentum (*BGH* NJW 2004, 1798 = Rpfleger 2004, 207 = ZMR 2004, 206; *OLG München* ZWE 2005, 446 Ls; BayObLG DNotZ 1999, 212 = ZMR 1998, 794: Abweichung von 11 m^2 durch eine versetzte Trennwand begründet Sondereigentum des von der tatsächlichen Nutzung ausgeschlossenen Eigentümers).

Typischerweise ergeben sich **Abweichungen vom Grundbuchstand** in Bezug auf dort vermerkte 87
Sondernutzungsrechte (wobei deren Erkennbarkeit noch zusätzlich durch eine – zwar zulässige, aber wenig zweckmäßige – Eintragung lediglich unter Bezugnahme gem. § 7 Abs. 3 WEG erschwert sein kann; zur Problematik vgl. § 7 Rn. 180 ff.). Zwar bedarf es zur Übertragung eines verdinglichten Sondernutzungsrechts keiner zusätzlichen Erklärungen, weil sich der Rechtsübergang gem. § 6 Abs. 2 WEG auch ohne ausdrückliche Erwähnung vollzieht (*Kreuzer* FS Merle 2000, S. 203, 214). Da aber auch eine Übertragung *ohne* das bisher zugeordnete Sondernutzungsrecht be-

§ 1 | Begriffsbestimmungen

absichtigt sein könnte, wird eine entsprechende Vertragsgestaltung wohl ebenso Rückfragen auslösen wie umgekehrt ein zwar ausdrücklich im Übertragungsvertrag erwähntes, aber bisher noch gar nicht im Grundbuch verlautbartes – schuldrechtliches – Sondernutzungsrecht (zur Eigentumsumschreibung in diesem Fall vgl. *OLG Zweibrücken* MittRhNotK 1996, 59).

88 **Verändert sich** nach erklärter Auflassung aber noch vor Vollzug der Eigentumsumschreibung im Grundbuch **das gemeinschaftliche Eigentum** (z. B. durch Umwandlung von Gemeinschafts- in fremdes Sondereigentum und umgekehrt) oder **der Inhalt der Gemeinschaftsordnung** (z. B. durch Zuordnung oder Abschreibung eines verdinglichten Sondernutzungsrechts), ändert sich nach h. M. an der Identität des aufgelassenen dinglichen Rechts selbst nichts. Der insoweit hinsichtlich der veräußerten Einheit unveränderte Miteigentumsanteil verbunden mit dem nach Gegenstand und Umfang identischen Sondereigentum erfordert keine neuerliche Auflassung (*BayObLG* Rpfleger 1984, 408; *Schöner/Stöber* Rn. 2939).

3. Bestandsangaben bei noch nicht angelegtem Wohnungsgrundbuch

89 Soll bei einem Kaufvertrag über Wohnungseigentum hinsichtlich des Gemeinschaftsverhältnisses und der Verwaltung des gemeinschaftlichen Eigentums die in einer **notariell beglaubigten Teilungserklärung** enthaltene Regelung in den Kaufvertrag einbezogen werden, so reicht die bloße Bezugnahme auf die beigefügte Teilungserklärung nicht aus, wenn bei Vertragsabschluss das Wohnungseigentum noch nicht im Grundbuch eingetragen ist. Die Teilungserklärung muss dann vielmehr gemäß §§ 9, 13 BeurkG bei Beurkundung des Kaufvertrages mitverlesen und mitgenehmigt werden, weil insoweit auf ein noch nicht wirksames sachenrechtliches Rechtsverhältnis verwiesen wird (*BGH* DNotZ 1979, 479 = NJW 1979, 1498).

90 Für den Fall einer **notariell beurkundeten Teilungserklärung**, kann bei noch nicht angelegtem Wohnungsgrundbuch nunmehr wegen Gegenstand und Inhalt des Sondereigentums gem. § 13a BeurkG wirksam auf die Teilungserklärung Bezug genommen wird (Becksches Notarhandbuch/*Rapp* A III Rn. 152 m. w. N.).

91 Beim Kauf eines Wohnungseigentums kann dem Verkäufer vertraglich das Recht vorbehalten werden, in der erst **noch zu errichtenden Teilungserklärung** Bestimmungen zur Regelung des Gemeinschaftsverhältnisses zu treffen (*BGH* DNotZ 1986, 273 = Rpfleger 1986, 92 = ZMR 1986, 90). Es handelt sich um einen zwar zulässigen, aber nicht zu empfehlenden (Staudinger/*Rapp* § 1 Rn. 47) Bestimmungsvorbehalt gem. § 315 BGB (Weitnauer/*Briesemeister* nach § 8 Rn. 8 m. w. N.).

92 Wegen der für einen **Bauträgervertrag** geltenden Bestimmungen s. ausführlich die Grundzüge des Bauträgerrechts **Anh. zu § 8 WEG**.

4. Erwerb durch Minderjährige

93 Der **schenkweise Erwerb** eines Wohnungseigentums durch ein über sieben Jahre altes Kind ist möglich, wenn er für den Minderjährigen **lediglich rechtlich vorteilhaft** ist (§ 107 BGB). Dies ist jedoch dann nicht der Fall, wenn in der Gemeinschaftsordnung die den einzelnen Wohnungseigentümer kraft Gesetzes treffenden Verpflichtungen nicht unerheblich verschärft worden sind oder der Minderjährige für die ihn als Wohnungseigentümer treffenden Pflichten nicht lediglich dinglich mit dem erworbenen Wohnungseigentum, sondern auch persönlich haftet (BGHZ 78, 28 = Rpfleger 1980, 463 = ZMR 1981, 53; *BayObLG* DNotZ 1998, 505 = Rpfleger 1998, 71).

94 Ein lediglich rechtlich vorteilhafter Erwerb ist ausgeschlossen, wenn das **Wohnungseigentum vermietet** ist, da der Erwerber nach Maßgabe der § 566 ff. in das Mietverhältnis eintritt. Dies gilt selbst dann, wenn sich der Veräußerer ein **Nießbrauchsrecht** an dem geschenkten Wohnungseigentum vorbehalten haben sollte. Im Falle der Beendigung des Nießbrauchs müsste der Minderjährige nämlich zunächst in das Mietverhältnis eintreten (vgl. die entsprechend zu Grundstücken ergangene Rechtsprechung BGHZ 162, 137 = DNotZ 2005, 625 = Rpfleger 2005, 354; *BayObLG* NJW 2003, 1129 = Rpfleger 2003, 240; *OLG Karlsruhe* OLG-Report 2000, 259; *OLG Oldenburg* NJW-RR 1988, 839).

95 Ebenfalls hatte die Rechtsprechung bisher einen Nachteil angenommen, wenn mit dem Erwerb seitens des Minderjährigen der **Eintritt in einen Verwaltervertrag** verbunden war (*BayObLG* NJW-RR 2004, 810 = DNotZ 2004, 378 = Rpfleger 2004, 93; *OLG Hamm* NJW-RR 2000, 1611 = Rpfle-

ger 2000, 449 = ZMR 2000, 695). Dieser Hinderungsgrund ist jedoch nach Anerkennung der (Teil-)Rechtsfähigkeit des »Verbandes Wohnungseigentümergemeinschaft« (BGHZ 163, 154 = DNotZ 2005, 776 = NJW 2005, 2061 = Rpfleger 2005, 521 = ZMR 2005, 547; vgl. jetzt § 10 Abs. 6 WEG) fragwürdig geworden. Geht man nämlich mit der wohl h. M. davon aus, dass alleiniger Vertragspartner des Verwalters nunmehr der »Verband Wohnungseigentümergemeinschaft« ist (so *OLG Düsseldorf* NZM 2007, 137 = ZMR 2007, 56 = ZWE 2007, 92; *OLG Hamm* ZMR 2006, 633; *Abramenko* ZMR 2006, 6, 8; *Wenzel* ZWE 2006, 462, 464; zweifelnd *Müller* FS Seuß 2007, S. 211) und der Verwaltervertrag als Vertrag mit Schutzwirkung zugunsten der einzelnen Wohnungseigentümer anzusehen ist, so entfällt der bisher mit dem Eintritt in den Vertrag angenommene rechtliche Nachteil. Im Hinblick auf die unterschiedlichen Regelungsbereiche in § 27 Abs. 2 und Abs. 3 WEG erscheint diese Rechtsauffassung jedoch dogmatisch zumindest nicht unbedenklich.

Handelt es sich bei dem Erwerb nicht um ein lediglich rechtlich vorteilhaftes Rechtsgeschäft für den Minderjährigen, muss der **gesetzliche Vertreter** seine **Zustimmung** gem. § 108 BGB erteilen (*BayObLG* DNotZ 1998, 505 = Rpfleger 1998, 70). Dazu bedarf es solange keiner **familiengerichtlichen Genehmigung** wie sich Belastungen lediglich als Erwerbsmodalität darstellen (*BGH* DNotZ 1998, 490 = Rpfleger 1998, 110). Übernimmt der Minderjährige mit der Übertragung aber auch nur möglicherweise eine persönliche Verpflichtung, macht dies eine Genehmigung notwendig (*BayObLG* NJW-RR 2004, 810 = DNotZ 2004, 378 = Rpfleger 2004, 93; *OLG Köln* NJW-RR 1998, 363 = Rpfleger 1998, 159; bei vom Gesetz abweichender Rückübertragungsverpflichtung). 96

5. Der »Verband Wohnungseigentümergemeinschaft« als Erwerber

a) Rechtsfähigkeit und Grundbuchfähigkeit

Mit der Entdeckung des (teil-)rechtsfähigen Verbandes der Wohnungseigentümer durch den *BGH* (BGHZ 163, 154 = DNotZ 2005, 776 = NJW 2005, 2061 = Rpfleger 2005, 521 = ZMR 2005, 547) und der entsprechenden Kodifizierung in § 10 Abs. 6 WEG stellte sich alsbald die Frage nach der **Erwerbsfähigkeit** des Verbandes. Die dem Verband zukommende (Teil-)Rechtsfähigkeit ist dabei keine solche minderer Art. Der Begriff soll lediglich deutlich machen, dass es um die volle **Rechtsfähigkeit** eines Personenverbandes in bestimmten Beziehungen und die uneingeschränkte Verneinung der Rechtsfähigkeit in anderer Beziehung geht (*Wenzel* ZWE 2006, 462; *Bub* ZWE 2007, 15, 20); sie ist also für ihren Anwendungsbereich inhaltlich unbeschränkt (*Hügel* DNotZ 2005, 753, 755; *Schneider* ZMR 2006, 813, 814). Der »Verband Wohnungseigentümergemeinschaft« kann somit bewegliche und unbewegliche Sachen erwerben (vgl. § 14 Abs. 2 BGB); er ist auch **grundbuchfähig** (ausdrücklich anerkannt für Zwangssicherungshypotheken in BGHZ 163, 154 = DNotZ 2005, 776 = NJW 2005, 2061 = Rpfleger 2005, 521 = ZMR 2005, 547; *Armbrüster* ZWE 2006, 53, 55, 58; *Demharter* NZM 2005, 601, 604; ders. Rpfleger 2006, 120; *Hügel* DNotZ 2005, 753, 768; *Hügel*/Elzer § 3 Rn. 55; *Rapp* MittBayNot 2005, 449, 458; *Sauren* ZWE 2006, 258, 263; *Wilsch* RNotZ 2005, 536). Seine Eintragung in das Grundbuch hat jetzt gem. § 10 Abs. 6 S. 4 WEG i. V. m. § 15 GBV zu erfolgen (*Hügel*/Elzer § 3 Rn. 56). Der Angabe eines Gemeinschaftsverhältnisses bedarf es dazu nicht mehr, weil anders als bei der BGB-Gesellschaft nur *ein* Berechtigter einzutragen ist (*Bub/Petersen* NJW 2005, 2560; *Hügel* / Elzer § 3 Rn. 55; *Wilsch* RNotZ 2005, 536, 539). 97

b) Anwendungsbereich

Die Rechtsfähigkeit des Verbandes der Wohnungseigentümer ist auf den Bereich der **gesamten Verwaltung des gemeinschaftlichen Eigentums** gegenüber Dritten und Wohnungseigentümern beschränkt (§ 10 Abs. 6 S. 1 WEG in Anlehnung an *BGHZ* 163, 154 = DNotZ 2005, 776 = NJW 2005, 2061 = Rpfleger 2005, 521 = ZMR 2005, 547). Die »ultra-vires-Lehre«, die außerhalb des Verbandszweckes eine Rechtsfähigkeit verneint, ist wie auch im übrigen Verbandsrecht nicht anzuwenden (*Wenzel* ZWE 2006, 462, 469; ebenso § 10 Rn. 391 m. w. N.). Der Erwerb einer Sondereigentumseinheit durch den Verband ist also zulässig, wenn er sich als Maßnahme der Verwaltung darstellt (*Abramenko* ZMR 2006, 338, 340; *Häublein* FS Seuß 2007, S. 125, 148; *Hügel* DNotZ 2005, 753, 771 f.; *Jennißen* NZM 2006, 203, 205; *Kümmel* ZMR Heft 11/07 in Anm. LG Hannover; *Rapp* MittBayNot 98

2005, 458 f.; *Schneider* Rpfleger 2007, 175, 177; *Wenzel* ZWE 2006, 462, 469; *ders.* NZM 2006, 321, 323; **a. A.** *LG Nürnberg-Fürth* ZMR 2006, 812 m. abl. Anm. *Schneider*; *LG Heilbronn* ZMR 2007, 649 m. abl. Anm. *Hügel*).

c) Beschlusskompetenz

99 Stellt sich jedoch der Erwerb eines Wohnungs- oder Teileigentums als Verwaltungsmaßnahme dar (z. B. der Erwerb eines Wohnungseigentums als Hausmeisterwohnung oder der Erwerb eines Teileigentums als Abstellraum), besteht für die Wohnungseigentümer in diesem (Verbands-)Bereich **Beschlusskompetenz**. Dabei kommt es aus Gründen der Verkehrssicherheit jedoch nicht darauf an, ob es sich auch um eine Maßnahme *ordnungsgemäßer* Verwaltung i. S. v. § 21 Abs. 3 WEG handelt (so aber *LG Hannover*, Beschluss vom 3.7.2007 – 3 T 35/07 m. abl. Anm. *Kümmel* ZMR Heft 11/2007); entscheidend ist lediglich, ob eine bestimmte Angelegenheit überhaupt als Verwaltungsmaßnahme zu klassifizieren ist. Ob darüber hinaus der Rahmen der **Ordnungsmäßigkeit** eingehalten wird, betrifft nur das **Innenverhältnis** der Wohnungseigentümer und des Verbandes (*Hügel* ZMR 2007, 650; *Kümmel* ZMR Heft 11/07 in Anm. zu LG Hannover; *Schneider* ZMR 2006, 813, 815). Selbst wenn die Grenze der Ordnungsmäßigkeit im Einzelfall überschritten werden sollte, ändert dies an der Wirksamkeit der beschlossenen Verwaltungsentscheidung nichts. Die Ordnungswidrigkeit des Mehrheitsbeschlusses führt nämlich lediglich zur Anfechtbarkeit des Beschlusses (§ 23 Abs. 4 WEG). Das Kriterium der Ordnungsmäßigkeit ist nach h. M. in keinerlei Hinsicht wirksamkeits- oder kompetenzbegründend für Verwaltungsmaßnahmen (*Kümmel* ZMR Heft 11/07 in Anm. zu *LG Hannover*). Zur Beschlusskompetenz für Verwaltungsmaßnahmen s. grundlegend BGHZ 145, 158 = Rpfleger 2001, 19 = ZMR 2000, 771). Die Wohnungseigentümer können also mit Mehrheit über den Erwerb einer solchen Immobilie beschließen (*Abramenko* ZMR 2006, 338, 340; *Häublein* FS Seuß 2007, S. 125, 148; *Hügel* ZMR 2007, 650, 651; *Hügel/Elzer* § 3 Rn. 74 f.; *Kümmel* ZMR Heft 11/07 in Anm. LG Hannover; *Schneider* Rpfleger 2007, 175, 177; *Wenzel* ZWE 2006, 462, 469; *ders.* NZM 2006, 321, 323; verhalten: § 20 Rn. 87 und Hügel/*Elzer* § 9 Rn. 7; **a. A.** *Jenníßen* NZM 2006, 203, 205: Vereinbarung erforderlich).

d) Nachweise

100 Gegenüber dem Grundbuchgericht ist zum rechtsgeschäftlichen Erwerb lediglich auf die entsprechende **Zuordnungserklärung** zum Vermögen des Verbandes abzustellen (*Schneider* Rpfleger 2007, 175, 177; *Wenzel* ZWE 2006, 462, 470; **a. A.** *LG Nürnberg-Fürth* ZMR 2006, 812). Eines weitergehenden Nachweises über die Einhaltung des Verbandszweckes bedarf es dagegen nicht, weil zumindest beim Erwerb innerhalb der vom Verband selbst verwalteten Anlage eine Vermutung für die Zugehörigkeit zum Verwaltungsbereich spricht (*Häublein* FS Seuß 2007, S. 125, 134; *Hügel* ZMR 2007, 650; *Schneider* ZMR 2006, 813, 816); Rechts- und Erwerbsfähigkeit sind damit offenkundig und nicht gem. § 29 GBO nachzuweisen. Ein Nachweis über die Ordnungsmäßigkeit der Verwaltungsmaßnahme kann nicht gefordert werden (so aber *LG Hannover*, Beschluss vom 3.7.2007 – 3 T 35/07 m. abl. Anm. *Kümmel* ZMR Heft 11/07).
Weiterhin ist noch der Nachweis über die **Bestellung zum Verwalter** durch Vorlage einer Niederschrift über den Bestellungsbeschluss zu führen, bei dem die Unterschriften der in § 24 Abs. 6 WEG genannten Personen öffentlich beglaubigt sind (§ 26 Abs. 3 WEG). Da die gesetzliche Vertretungsmacht des § 27 WEG den Erwerb einer Sondereigentumseinheit nicht abdeckt, ist der entsprechende Nachweis der **Ermächtigung des Verwalters zum rechtsgeschäftlichen Eigentumserwerb** ebenfalls durch Vorlage einer Niederschrift mit den nach § 26 Abs. 3 WEG beglaubigten Unterschriften zu erbringen (*Hügel* ZMR 2007, 650, 651; *Schneider* Rpfleger 2007, 175, 177). Die Vorschrift ist nämlich immer dann anwendbar, wenn ein Beschluss der Wohnungseigentümer in öffentlich beglaubigter Form nachzuweisen ist (*BayObLGZ* 1961, 392, 396; *LG Bielefeld* Rpfleger 1981, 355; *Abramenko* ZMR 2006, 338, 341; *Bärmann/Pick/Merle* § 26 Rn. 268; *Schneider* ZfIR 2002, 108, 115, 119; Weitnauer/*Lüke* § 26 Rn. 46; *Wenzel* ZWE 2004, 130, 138; **a. A.** Staudinger/*Bub* § 26 Rn. 524)

e) Weitere Erwerbsmöglichkeiten

101 Nach dem zuvor Ausgeführten muss es für den Verband auch möglich sein, **mehrere Sondereigentumseinheiten** innerhalb der von ihm selbst verwalteten Anlage zu erwerben, wenn dies

nur dem Verbandszweck dient. Eine »natürliche Grenze« bildet dabei der Erwerb sämtlicher Einheiten der eigenen Anlage. Da die Vereinigung aller Wohnungseigentumsrechte in einer Hand zur Gesamtrechtsnachfolge auf den Grundstückseigentümer führt, würde der teilrechtsfähige Verband in diesem Fall kraft Gesetzes beendet (*Hügel*/Elzer § 3 Rn. 81).

Denkbar wäre auch ein **Hinzuerwerb von Immobilien außerhalb der vom Verband verwalteten Anlage**. Zu denken wäre etwa an den Hinzuerwerb einer selbständigen Grundstücksfläche, die nicht in die Aufteilung einbezogen werden soll (vgl. *Hügel*/Elzer § 3 Rn. 82), oder der Erwerb einer Sondereigentumseinheit in einem anderen in Wohnungs- und Teileigentumsrechte aufgeteilten Objekt, weil sich bspw. der Erwerb einer benötigten Hausmeisterwohnung in der eigenen Anlage nicht realisieren lässt (*Wenzel* ZWE 2006, 2, 7). 102

f) Folgefragen

Zu den zur Zeit noch offenen Fragen im Zusammenhang mit der Anerkennung eines Immobilienerwerbs durch den Verband Wohnungseigentümergemeinschaft s. *Hügel*/Elzer § 9 Rn. 7. 103

II. Belastung

1. Grundsatz

Wohnungseigentum kann als echtes Eigentum (vgl. Rn. 5) grundsätzlich mit den folgenden Rechten aus dem Kreis der beschränkten dinglichen Rechte belastet werden: 104

- **Grundpfandrechte**, also Hypotheken, Grundschulden und Rentenschulden (§ 1113, § 1191, § 1199 BGB);
- **Dienstbarkeiten**, soweit es sich um Nießbrauchsrechte handelt (§ 1030 ff. BGB);
- **Vorkaufsrechte** (§ 1094 ff. BGB; die Eintragung kann nicht als Inhalt des Sondereigentums gem. § 10 Abs. 3 WEG erfolgen, *OLG Bremen* Rpfleger 1977, 313 = ZMR 1978, 245);
- **Reallasten** (§ 1105 ff. BGB).

Insoweit hat der Gesetzgeber jeweils die Belastung eines Miteigentumsanteils ausdrücklich zugelassen (vgl. für Grundpfandrechte §§ 1114, 1192 Abs. 1, 1199 BGB; für Nießbrauchsrechte § 1066 BGB; für Vorkaufsrechte § 1095 BGB, für Reallasten § 1106 BGB), so dass gegen eine Belastung des Wohnungseigentums als besonders ausgestaltetem Miteigentum insoweit keine Bedenken bestehen.

Belastet werden kann auch ein **noch nicht errichtetes Wohnungseigentum**, dass rechtlich noch aus einem substanzlosen Miteigentumsanteil verbunden mit der Anwartschaft auf Sondereigentum an den zugewiesenen Räumlichkeiten besteht (vgl. *HansOLG Hamburg* ZMR 2002, 372). Überhaupt sind **isolierte (substanzlose) Miteigentumsanteile** verkehrsfähig und damit auch belastbar (vgl. *BGH* Rpfleger 2005, 17 = ZMR 2005, 59; *BGH* Rpfleger 2004, 207 = ZMR 2004, 206; *OLG Hamm* Rpfleger 2007, 137 = ZMR 2007, 213; a. A. noch *OLG Hamm* DNotZ 1992, 492 m. abl. Anm. *Hauger*). Ist jedoch die Belastung eines Wohnungseigentums mit einer Grundschuld bewilligt und beantragt worden, so kann nicht im Wege der Auslegung infolge der noch nicht eingetragenen Begründung des Wohnungseigentums der noch im Grundbuch eingetragene gewöhnliche Miteigentumsanteil belastet werden (*OLG Hamm* Rpfleger 1983, 395). 105

Hinzu kommt die Möglichkeit, Wohnungseigentumsrechte mit **Vormerkungen** zur Sicherung des Anspruchs auf Übertragung der betreffenden Einheit (üblicherweise »Erwerbsvormerkung« oder »Auflassungsvormerkung« genannt), **Widersprüchen** und **Verfügungsbeschränkungen** zu belasten. Auch diese sind auf Miteigentumsanteilen eintragungsfähig. Zur Anspruchssicherung durch Vormerkungen vgl. auch § 4 Rn. 20 ff. 106

Eine **Belastung des Grundstücks** ist auch **nach der Begründung** von Wohnungseigentum für solche Rechte noch möglich, die nur am Grundstück als Ganzem eingetragen werden können wie z. B. Dienstbarkeiten (*OLG Hamm* DNotZ 2006, 623 = Rpfleger 2006, 462; *OLG Hamm* DNotZ 2001, 216 = ZMR 2000, 630). 107

Als **Berechtigter** eines subjektiv-persönlichen dinglichen Rechts kann nunmehr auch der »**Verband Wohnungseigentümergemeinschaft**« in das Grundbuch eingetragen werden (vgl. *Hügel* DNotZ 2005, 753, 769; *Rapp* MittBayNot 2005, 449, 458; *Wenzel* ZWE 2006, 462, 465; *Wilsch* RNotZ 2005, 536, 538). Die Grundbuchfähigkeit ergibt sich aus der Rechtsfähigkeit des Verbandes und 108

§ 1 | Begriffsbestimmungen

wurde bereits vom *BGH* ausdrücklich für Zwangssicherungshypotheken anerkannt (BGHZ 163, 154 = DNotZ 2005, 776 = NJW 2005, 2061 = Rpfleger 2005, 521 = ZMR 2005, 547).

2. Belastung mit Grunddienstbarkeiten (§§ 1018 ff. BGB), beschränkten persönlichen Dienstbarkeiten (§§ 1090 ff. BGB) sowie Dauerwohn- und Dauernutzungsrechten (§ 31 ff. WEG)

a) Zulässigkeit

109 Bezüglich der Belastung mit einer **Grunddienstbarkeit** und einer **beschränkten persönlichen Dienstbarkeit** ist im Gesetz die Möglichkeit zur Belastung nur eines Miteigentumsanteils an einem Grundstück nicht vorgesehen. Rechtsprechung und Literatur sind sich jedoch darüber einig, dass auch die Belastung eines mit Sondereigentum verbundenen Miteigentumsanteils mit den beiden genannten Dienstbarkeitsarten möglich ist, wenn und solange der **Ausübungsbereich** eines solchen Rechts sich lediglich auf das Sondereigentum und das sich aus dem Gemeinschaftseigentum ergebende Mitbenutzungsrecht bezieht (BGHZ 107, 289 = DNotZ 1990, 493 m. Anm. *Amann* = Rpfleger 1989, 452; *OLG Hamm* DNotZ 2001, 316 m. zust. Anm. *v. Oefele*; *BayObLG* DNotZ 1990, 496; *KG* OLGZ 1976, 257 = Rpfleger 1976, 180; *Bärmann/Pick/Merle* § 1 Rn. 91; Bauer/v. Oefele/Bayer AT III Rn. 260; *Ertl* FS Bärmann und Weitnauer 1990, S. 251; *Schöner/Stöber* Rn. 2952; Staudinger/*Rapp* § 1 Rn. 51; Weitnauer/*Briesemeister* § 3 Rn. 116). Nutzungs- und Belastungsobjekt müssen bei dinglichen **Nutzungsrechten** also identisch sein (Ertl DNotZ 1988, 4, 13). Dabei ist allerdings die Zweckbestimmung des Sondereigentums zu beachten. So kann z. B. an einem selbständig gebuchten Pkw-Abstellplatz kein Wohnungsrecht eingetragen werden (*BayObLG* DNotZ 1987, 223 = Rpfleger 1987, 62). Auch umfasst das an einem Wohnungseigentum eingetragene Wohnungsrecht gem. § 1093 BGB die dem jeweiligen Eigentümer eingeräumte Befugnis zur Sondernutzung des im gemeinschaftlichen Eigentum stehenden Gartens, weil die Mitübertragung der alleinigen Nutzungsbefugnis des Wohnungseigentümers auf den Wohnungsberechtigten vorbehaltlich einer abweichenden Vereinbarung gesetzliche Folge der Einräumung des Wohnungsrechts ist (§ 1093 Abs. 3 BGB, § 13 Abs. 2 S. 1 WEG). Der Vorgang ist vergleichbar der Mitübertragung der Mitbenutzungsbefugnis des Wohnungseigentümers an den im gemeinschaftlichen Eigentum stehenden und zum gemeinschaftlichen Gebrauch bestimmten Anlagen und Einrichtungen, die sich kraft Gesetzes vollzieht (*BayObLG* DNotZ 1998, 384 = Rpfleger 1998, 68; *Ertl* FS für Bärmann und Weitnauer 1990, S. 251, 265). Soll darüber hinaus eine weitergehende Belastung des gemeinschaftlichen Eigentums erfolgen, müssten insoweit sämtliche Wohnungseigentümer mitwirken, weil dann nämlich gemeinschaftliches Eigentum betroffen wäre, der jeweilige Wohnungseigentümer aber nur Verfügungsmacht über das ihm gehörende Wohnungseigentum besitzt (BGHZ 107, 289 = DNotZ 1990, 493 m. Anm. *Amann* = Rpfleger 1989, 452).

110 Die Belastung eines einzelnen Wohnungseigentums kann aber nicht nur durch Eintragung einer solchen **Benutzungsdienstbarkeit** (§ 1018 BGB 1. Variante, § 1090 BGB) erfolgen. Auch die Eintragung einer **Unterlassungsdienstbarkeit** (§ 1018 BGB 2. Variante, § 1090 BGB) oder einer **Ausschlussdienstbarkeit** (§ 1018 BGB 3. Variante, § 1090 BGB) am einzelnen Wohnungeigentum ist denkbar (vgl. *BayObLG* DNotZ 1991, 480 = NJW-RR 1991, 593: Abgrenzungsverbot gegenüber Nachbargrundstück und *OLG Hamm* Rpfleger 1980, 468: Verzicht auf eine teilbare Geldforderung – »Bergschädenminderwertverzicht« bzw. *OLG Hamm* Rpfleger 1980, 469: Ausschluss der Gartenmitbenutzung; **beachte** aber *OLG Hamm* DNotZ 2006, 623 = Rpfleger 2006, 462: Enthält die zur Eintragung beantragte Dienstbarkeit eine über den Bergschädenminderwertverzicht hinausgehende Duldungsverpflichtung hinsichtlich der Einwirkungen aus dem Bergbaubetrieb, so betrifft diese stets das im gemeinschaftlichen Eigentum befindliche Grundstück; sie kann daher auch nur auf allen Einheiten eingetragen werden.).

111 Wohnungseigentum kann im Rahmen des § 1018 BGB sowohl **herrschendes** als auch **dienendes** »**Grundstück**« sein (vgl. BGHZ 107, 289 = DNotZ 1990, 493 m. Anm. *Amann* = Rpfleger 1989, 452). Ist zugunsten des jeweiligen Eigentümers des in Wohnungs- und Teileigentumsrechte aufgeteilten Grundstücks eine Grunddienstbarkeit bestellt, kommt eine **Teillöschung** des Rechts nur aufgrund der Bewilligung eines oder einiger Wohnungseigentümer nicht in Betracht. Allenfalls könnte an eine Inhaltsänderung des Rechts nur noch zugunsten einzelner Wohnungseigentümer

gedacht werden; eine solche bedürfte jedoch der Mitwirkung sämtlicher Wohnungseigentümer (*BayObLG* MittBayNot 1983, 168).

Auch die Belastung eines Wohnungseigentums mit einem dienstbarkeitsähnlichen **Dauerwohn- und Dauernutzungsrecht** (vgl. MüKo/*Engelhardt* § 31 Rn. 3) ist in Rechtsprechung und Literatur anerkannt, weil sich auch hier die Ausübung des Rechts auf das konkrete Sondereigentum beschränken lässt (*BGH* Rpfleger 1979, 58 Ls = ZMR 1981, 253 Ls; *BayObLG* NJW 1957, 1840; Bamberger/Roth/*Hügel* § 31 Rn. 5; Meikel/*Morvilius* Einl. C Rn. 277; *Schöner/Stöber* Rn. 2952; Weitnauer/*Briesemeister* § 3 Rn. 116; § 31 Rn. 2). 112

b) Umfang der Belastungsmöglichkeit bei zugeordnetem Sondernutzungsrecht

In Konsequenz dieser Auffassung verneint die h. M. die Möglichkeit zur **Belastung eines Wohnungseigentums mit einer Grunddienstbarkeit**, wenn sich diese ausschließlich auf das für den jeweiligen Wohnungseigentümer bestellte **Sondernutzungsrecht** an einem Pkw-Abstellplatz bezieht. Sondernutzungsrechte sind nämlich keine dinglichen oder grundstücksgleichen Rechte (BGHZ 145, 133 = Rpfleger 2001, 69 = ZMR 2001, 119) und deshalb nicht selbständig belastbar. Da das mit dem Wohnungseigentum verbundene Sondernutzungsrecht zur Nutzung gemeinschaftlichen Eigentums berechtigt, liegt in der Belastung auch eine Verfügung über das gemeinschaftliche Eigentum, die aber nur von allen Miteigentümern getroffen werden kann (*HansOLG Hamburg* ZMR 2004, 617; *HansOLG Hamburg* ZMR 2001, 381; *OLG Zweibrücken* ZfIR 1999, 524; *BayObLG* Rpfleger 1998, 68 = ZMR 1998, 179; *BayObLG* Rpfleger 1997, 431= DNotZ 1998, 125 m. krit. Anm. *Ott*; *BayObLG* MittBayNot 1990, 110; *OLG Düsseldorf* Rpfleger 1986, 376 = DNotZ 1988, 31; Bärmann/Pick/Merle § 1 Rn. 100 f.; Bauer/v. Oefele/*Bayer* AT III Rn. 260; *Böhringer* NotBZ 1999, 154, 161; *Hügel*/Scheel Rn. 314; MüKo/*Joost* § 1090 Rn. 26; Palandt/*Bassenge* § 13 Rn. 13; *Schöner/Stöber* Rn. 2952; Weitnauer/*Briesemeister* § 3 Rn. 116). 113

Diese Sichtweise wird von einer im Vordringen befindlichen Auffassung in Frage gestellt, die nicht mehr auf die formalen Eigentumsverhältnisse am Belastungsgegenstand abstellen will. Wenn Inhalt einer Sondernutzungsberechtigung die Befugnis zur Nutzung gemeinschaftlichen Eigentums ist, soll danach diese sich aus dem verdinglichten Rechtsverhältnis ableitende **Befugnis auch mit einer Dienstbarkeit belastet** werden können. Eine Beeinträchtigung der übrigen Wohnungseigentümer wäre damit nicht verbunden, weil sie auch bei einer Ausübung durch den belasteten Wohnungseigentümer von dem der Sondernutzung unterliegenden Bereich ausgeschlossen wären (Staudinger/*Mayer* § 1018 Rn. 60). Dabei ist unerheblich, ob das einem Wohnungseigentumsrecht zugeordnete Sondernutzungsrecht *ausschließlich* oder *zusammen mit dem Wohnungseigentum* belastet werden soll (*OLG Hamm* DNotZ 2001, 216 m. zust. Anm. *v. Oefele* = ZMR 2000, 630; *Amann* DNotZ 1990, 498, 499 f.; Bauer/v. Oefele AT V Rn. 301 f.; *Merle* Das Wohnungseigentum im System des bürgerlichen Rechts, S. 195; *Röll* Rpfleger 1980, 90, 91; Staudinger/*Mayer* 2002 § 1018 BGB Rn. 60; Staudinger/*Rapp* § 1 Rn. 51; Staudinger/*Kreuzer* § 15 Rn. 14). 114

c) Keine dinglich wirkende Veräußerungsbeschränkung

Die Belastung eines Wohnungseigentums mit einer Benutzungsdienstbarkeit (z. B. einem Wohnungsrecht gem. § 1093 BGB) oder einem Dauerwohn- und -nutzungsrecht kann nach der hier vertretenen Auffassung **nicht mit dinglicher Wirkung** von einer vereinbarten **Zustimmung gem. § 12 WEG** abhängig gemacht werden. Zum Problem s. § 12 Rn. 22 u. 72 je m. w. N. auch zur a.A. 115

III. Aufhebung und Verzicht

1. Aufhebung des Sondereigentums

Eine **Aufhebung des Sondereigentums** ist nur unter den Voraussetzungen des § 4 WEG möglich. Danach bedarf es der Einigung der Beteiligten und der Eintragung in das Grundbuch, wobei die Einigung der für die Auflassung vorgeschriebenen Form bedarf. Die Regelung führt im Falle der Aufhebung sämtlicher Sondereigentumsrechte zur Entstehung einer gewöhnlichen Bruchteilsgemeinschaft (vgl. § 9 Rn. 15). Die Aufhebung lediglich eines einzelnen Sondereigentums führt zum 116

§ 1 | Begriffsbestimmungen

Ausscheiden des betreffenden Wohnungseigentümers aus der Gemeinschaft; sein Miteigentumsanteil steht dann den im Wege der Auflassung übernehmenden Miteigentümern zu (vgl. § 7 Rn. 233).

2. Verzicht auf das Wohnungseigentum

117 Ein **Verzicht auf das Wohnungseigentum** entsprechend § 928 BGB ist wie bei einem gewöhnlichen Miteigentumsanteil an einem Grundstück nicht möglich (zu letzterem: BGHZ 115, 1 = DNotZ 1992, 359 = Rpfleger 1991, 495; *BGH* NotBZ 2007, 287). Eine Dereliktion käme nämlich einer einseitigen Teilaufhebung der Gemeinschaft und des zwischen den Wohnungseigentümern bestehenden besonderen Schuldverhältnisses gleich (*BGH* NZM 2007, 600 = Rpfleger 2007, 537; *OLG Celle* MDR 2004, 29; *OLG Zweibrücken* ZMR 2003, 137; *OLG Düsseldorf* ZMR 2001, 129 = NJW-RR 2001, 233; *BayObLG* NJW 1991, 1962; *KG* NJW 1989, 42; *Briesemeister* ZWE 2007, 218; **a. A.** *OLG Düsseldorf* ZMR 2007, 382 = NZM 2007, 219; *Kanzleiter* NJW 1996, 905, 907; s. auch § 7 Rn. 59; und ausführlich § 11 Rn. 20 m. w. N.).

3. Aufhebung und Löschung eines Sondernutzungsrechts

118 Bei der Bewilligung gem. § 19 GBO zur **Löschung eines Sondernutzungsrechts** handelt es sich nicht um einen einseitigen Verzicht, sondern um eine verfahrensrechtliche Erklärung zur Beseitigung einer im Grundbuch verlautbarten Eintragung durch den formell Betroffenen. Materiellrechtlich verbleibt es in diesem Fall dagegen bei dem zur Aufhebung der Vereinbarung erforderlichen »actus contrarius«, so dass mit einer Löschung des Vermerks im Grundbuch nicht zwangsläufig auch eine Aufhebung des Sondernutzungsrechts einher gehen muss (BGHZ 145, 133 = Rpfleger 2001, 69 = ZMR 2001, 119). Die von der Gegenmeinung vertretene Auffassung (*Häublein* ZMR 2001, 120, 122; *Ott* ZMR 2002, 7, 10; § 11 Rn. 22) unterscheidet nicht genügend zwischen der materiell-rechtlichen, nur im Vereinbarungswege möglichen Aufhebung des Sondernutzungsrechts einerseits und den verfahrensrechtlichen, nach Grundbuchvorschriften zu beurteilenden Löschungsvoraussetzungen andererseits. Der Sondernutzungsberechtigte kann einseitig auch keinen der Dereliktion entsprechenden Zustand zu Lasten der anderen Miteigentümer schaffen, indem er das ihm zustehende Sondernutzungsrecht im Grundbuch löschen lässt und sodann durch Übertragung des Wohnungseigentums das unverändert fortbestehende (schuldrechtliche) Sondernutzungsrecht zum Erlöschen bringt, indem ein Ewerber der bisherigen Regelung nicht beitritt (vgl. *OLG Köln* ZMR 2002, 73 = DNotZ 2002, 223 m. Anm. *Häublein*; *BayObLG* FGPrax 2005, 106). Zum einen würde dies nämlich die Veräußerung des Wohnungseigentums erfordern, die auch sonst von der Gemeinschaft grundsätzlich nicht verhindert werden könnte (zu Erschwerungen s. § 12 WEG), zum anderen könnte selbst ein arglistiges Verhalten nicht die Folgen einer schon früher etwaig eingetretenen Kostentragungspflicht aus der Sondernutzungsberechtigung beseitigen.

IV. Veränderungen

1. Änderungen durch den teilenden Alleineigentümer

119 Dazu s. ausführlich § 7 Rn. 210 ff. m. w. N.

2. Änderungen bei bestehender Eigentümergemeinschaft

a) Änderung der Miteigentumsanteile

120 Dazu s. ausführlich § 6 Rn. 4 ff. m. w. N.

b) Gegenständliche Veränderungen des Sondereigentums

121 Dazu s. ausführlich § 7 Rn. 215 ff. m. w. N.

c) Inhaltliche Veränderungen des Sondereigentums

122 Dazu s. ausführlich § 5 Rn. 88 ff. u. § 10 Rn. 143 ff. je m. w. N.

V. Zustimmungen Dritter

1. Grundsatz

Versteht man Wohnungseigentum als echtes Eigentum (Rn. 5 f.), kann eine **Zustimmung Dritter** 123 **gem. §§ 876, 877 BGB** zu den unter Abschnitt III Rn. 126 ff. genannten Aufhebungen sowie den unter Abschnitt IV. genannten Veränderungen aus unterschiedlichen Gründen in Betracht kommen. Zwar erfasst der Anwendungsbereich der §§ 876, 877 BGB zunächst nur »Rechte an einem Grundstück« und nicht das Eigentum selbst. Es besteht jedoch Einigkeit, dass im Hinblick auf die Regelung in § 9 Abs. 2 WEG auch Rechtsvorgänge beim Wohnungseigentum den genannten Vorschriften zumindest entsprechend unterfallen (vgl. BGHZ 91, 343, 345 ff. = DNotZ 1984, 695 = Rpfleger 1984, 408 = JZ 1984, 1113 mit Anm. *Weitnauer*; Staudinger / *Gursky* § 877 Rn. 43).

Aus der materiell-rechtlichen Betroffenheit folgt das **verfahrensrechtliche** Mitwirkungserfordernis gem. **§ 19 GBO** (vgl. nur BGHZ 145, 133 = NJW 2000, 3643 = Rpfleger 2001, 69 = ZMR 2001, 119; BGHZ 91, 343, 346 = DNotZ 1984, 695 = Rpfleger 1984, 408 = JZ 1984, 1113 mit Anm. *Weitnauer*). Betroffen im Sinne des § 19 GBO ist dabei jeder, dessen grundbuchmäßiges Recht durch die beantragte Eintragung **nicht nur wirtschaftlich,** sondern rechtlich beeinträchtigt wird oder möglicherweise beeinträchtigt werden kann (BGHZ 145, 133 = NJW 2000, 3643 = Rpfleger 2001, 69 = ZMR 2001, 119; BGHZ 91, 343, 346 = DNotZ 1984, 695 = Rpfleger 1984, 408 = JZ 1984, 1113 mit Anm. *Weitnauer*). Grundbuchrechtlich bedarf die Erklärung des Betroffenen der Form des § 29 GBO.

2. Dinglich Berechtigte

Als grundbuchmäßig **Berechtigte** kommen grundsätzlich alle Inhaber eintragungsfähiger, in Abteilung II oder III des Grundbuch dinglich gesicherter Rechte nach dem numerus clausus der dinglichen Rechte in Betracht. Dazu s. im Einzelnen die Darstellung Rn. 104, 109 u. 112. 125

Ein Berechtigter aus einer **Erwerbsvormerkung** wäre grundsätzlich über §§ 883, 888 BGB gegen die Wirkungen beeinträchtigender Verfügungen geschützt. Bezüglich Veränderungen bei einem Wohnungseigentum ist jedoch anerkannt, dass im Interesse einheitlicher Rechtsverhältnisse in der Gemeinschaft die vorherige Zustimmung erforderlich ist (*BayObLG* Rpfleger 1999, 178; *OLG Frankfurt* a. M. Rpfleger 1998, 356; *OLG Düsseldorf* Rpfleger 1997, 305; *Bohringer* NotBZ 2003, 285, 286, 288; **a. A.** *Häublein* Sondernutzungsrechte, S. 130). 126

Aufgrund eines Miet- oder Pachtverhältnisses Berechtigte sind keine solchen im Sinne des § 19 GBO. 127

3. Zustimmungserfordernisse

Wegen der im Einzelnen bestehenden Zustimmungserfordernisse s. die Verweisungen unter Abschnitt III Rn. 116 ff. u. Abschnitt IV Rn. 119 ff. 128

Wegen evtl. Zustimmungserfordernisse beim Hinzuerwerb von Grundstücken zu dem bereits in Wohnungseigentumsrechte aufgeteilten Grundstück s. § 6 Rn. 19 ff. 129

Wegen evtl. Zustimmungserfordernisse bei der Abveräußerung von Grundstücksflächen von dem in Wohnungseigentum aufgeteilten Grundstück s. § 6 Rn. 27 ff. 130

4. Entbehrlichkeit erforderlicher Zustimmungen aufgrund Unschädlichkeitszeugnisses

a) Landesrechtliche Regelungen

Besteht nach dem zuvor Gesagten ein Zustimmungserfordernis für einen Drittberechtigten, können Härten und Verzögerungen in den Fällen vermieden werden, in denen der dinglich Berechtigte von einer Änderung seines Belastungsobjekts nur geringfügig betroffen ist (*Panz* BWNotZ 1998, 16). Art. 120 Abs. 1 EGBGB eröffnet für die Bundesländer die Möglichkeit, landesrechtliche Bestimmungen über das Unschädlichkeitszeugnis zu treffen, um auf diese Weise an sich erforderliche Zustimmungen gem. §§ 876, 877 BGB entbehrlich zu machen. Wird das Zeugnis erteilt, ersetzt es auch die verfahrensrechtlichen Erklärungen des dinglich Berechtigten (*LG Regensburg* Rpfleger 1988, 406). Von dieser Möglichkeit haben nahezu alle Bundesländer Gebrauch gemacht. Wegen der unterschiedlichen Zuständigkeiten und des Verfahrens s. die Fundstellennachweise zum jeweiligen Landesrecht im Beckschen Formularbuch Wohnungseigentumsrecht Teil G Form. III. 7. 131

§ 1 | Begriffsbestimmungen

b) Anwendungsbereich

132 Wenngleich in der Praxis Unschädlichkeitszeugnisse überwiegend zur lastenfreien Abschreibung von Grundstücksteilflächen in Betracht kommen, ist doch anerkannt, dass vom Normzweck alle einer einheitlichen Belastung fähigen Objekte erfasst werden (Staudinger/*Mayer* 2005 Art. 120 Rn. 12). Damit ist die Anwendung auch im Bereich des Wohnungseigentumsrechts grundsätzlich denkbar (vgl. auch Staudinger/*Kreuzer* § 10 Rn. 44); die Praxis macht jedoch offenbar regional unterschiedlich von dieser Möglichkeit Gebrauch. Entsprechendes gilt für Wohnungserbbaurechte (*BayObLG* WE 1994, 250).

c) Rechtsprechung zur Erteilung von Unschädlichkeitszeugnissen

133 ■ **Veränderungen im Bereich des gemeinschaftlichen Eigentums und des Sondereigentums:**

– *HansOLG Hamburg* (ZMR 2002, 619):	Kellertausch durch Umwandlung von Gemeinschaftseigentum in Sondereigentum und umgekehrt.
– *BayObLG* (Rpfleger 1992, 208):	Bildung einer weiteren Wohnung durch Umwandlung des bisher im Gemeinschaftseigentum befindlichen Speichers in Sondereigentum. Am Speicher bestand insoweit ein Sondernutzungsrecht.
– *LG München I* (MittBayNot 1983, 174):	Veräußerung eines Raumes, der von Gemeinschaftseigentum in Sondereigentum umgewandelt wurde.

134 ■ **Veränderungen im Bereich des Inhalts des Sondereigentums:**

– *BayObLG* (Rpfleger 1988, 140)	Nachträgliche Einräumung von Sondernutzungsrechten an gemeinschaftlichem Eigentum hinsichtlich eines Kfz-Stellplatzes in der Tiefgarage und hinsichtlich mehrerer Terrassenflächen.
– *HansOLG Hamburg* (ZMR 2002, 619)	
– *BayObLG* (Rpfleger 2005, 136 = ZMR 2005, 300):	
a. A. keine Anwendbarkeit des UnSchZG auf Wohnungseigentum in Nordrhein-Westfalen: – *OLG Köln* (ZMR 1993, 428); vgl. demgegenüber aber *OLG Hamm* FGPrax 2004, 206)	
– *LG München I* (Rpfleger 2006, 396):	Änderung der Teilungserklärung hinsichtlich eines Sondernutzungsrechts infolge der Errichtung eines konkret bestimmten Gartenhauses auf einer Dachterrasse.
– *OLG Hamm* (FGPrax 2004, 206):	Teilweise Aufhebung von Sondernutzungsrechten an Gartenflächen.
– *BayObLG* (Rpfleger 1991, 500):	Umwandlung eines in der Teilungserklärung als Hobbyraum bezeichneten Teileigentums in Wohnungseigentum. Zur Rechtsnatur der Umwandlung s. Rn. 42.
– *BayObLG* (ZMR 2004, 683):	Grundsätzlich anwendbar bei Änderungen der als Inhalt des Sondereigentums im Grundbuch eingetragenen Gemeinschaftsordnung. Im konkreten Fall ging es um die Änderung der Kostenverteilung nach altem Recht.

135 ■ **Veränderungen im Bereich des in Wohnungseigentum aufgeteilten Grundstücks:**

– *LG München I* (MittBayNot 1967, 365):	Übertragung einer Grundstücksteilfläche

136 Die Anwendung des Landesrechts über Unschädlichkeitszeugnisse auf **weitere Fallgestaltungen** ist durchaus denkbar und nach dem Sinn und Zweck der Regelungen auch **zu befürworten**; vgl. insoweit *Demharter* (MittBayNot 2004, 17 f. für das bayerische Unschädlichkeitsgesetz) und *Reinl* (Rpfleger 1988, 142).

137 Wird ein Unschädlichkeitszeugnis erteilt, ist das **Grundbuchgericht** daran **gebunden**; eine sachliche Überprüfung des Zeugnisses steht ihm nicht zu (*OLG Hamm* FGPrax 2004, 206).

VI. Schutz des guten Glaubens

1. Grundsatz

Wohnungseigentum unterliegt als echtes Eigentum (vgl. Rn. 5 f.) den Vorschriften über den gutgläubigen Erwerb nach den §§ 892 f. BGB (vgl. nur BGHZ 109, 179 = Rpfleger 1990, 62 = ZMR 1990, 112).

138

2. Schutz des guten Glaubens in der Gründungsphase

War beim Abschluss des **Teilungsvertrages gem. § 3 WEG** *einer* der beteiligten Miteigentümer **ein Nichtberechtigter**, so sind die Vorschriften über den gutgläubigen Erwerb anwendbar (Soergel/*Stürner* § 3 Rn. 10; Staudinger/*Rapp* § 3 Rn. 65). Entgegen einer hierzu vertretenen Auffassung erwirbt durch die vertragliche Begründung des Wohnungseigentums auch der bisherige Buchberechtigte Wohnungseigentum (*Gaberdiel* NJW 1972, 847; Staudinger/*Rapp* § 3 Rn. 65) und nicht lediglich einen einfachen Miteigentumsanteil ohne Sondereigentum, weil das ihm insoweit zugedachte Sondereigentum zum Gemeinschaftseigentum wird (so aber *Däubler* DNotZ 1964, 216, 224 f.; Soergel/*Stürner* § 3 Rn. 10; § 3 Rn. 34). Ein nebeneinander von »normalen« und wohnungseigentumsrechtlich gebundenen Miteigentumsanteilen ist nicht zulässig, weil auf diese Weise der Bestand der Gemeinschaft durch die Anwendbarkeit der §§ 749, 751 BGB, § 84 Abs. 2 InsO gefährdet wäre (vgl. Rn. 24).

139

Sind beim Abschluss des **Teilungsvertrages gem. § 3** *alle* beteiligten Miteigentümer **Nichtberechtigte**, ändert dies nichts an der Anwendbarkeit des § 892 BGB im Verhältnis der Miteigentümer. Jeder von ihnen kann sich selbständig auf die Vermutung des § 891 BGB berufen, so dass unter den Voraussetzungen des § 892 BGB auch der gute Glaube geschützt wird; es handelt sich bei einem Vertrag gem. § 3 WEG um ein Verkehrsgeschäft und nicht um einen Akt der »Selbstbeschaffung« (Staudinger/*Rapp* § 3 Rn. 65; **a. A.** jedoch die h. M. *Däubler* DNotZ 1964, 216, 227; Soergel/*Stürner* § 3 Rn. 11; Staudinger/*Gursky* § 892 Rn. 117; vgl. zum Begriff des Verkehrsgeschäftes zwischen Miteigentümern jetzt aber *BGH* ZNotP 2007, 337 Rn. 142).

140

Anlässlich einer **Vorratsteilung gem. § 8 WEG** scheidet ein Schutz des guten Glaubens bereits aus, weil es bereits an einem Verkehrsgeschäft mangelt.

141

3. Schutz des guten Glaubens nach Begründung des Wohnungseigentums

Sind Miteigentümer als Berechtigte eines Wohnungseigentums eingetragen, so ist die **rechtsgeschäftliche Übertragung eines Miteigentumsanteils** zwischen ihnen ein **Verkehrsgeschäft**. Dabei wird der Erwerber eines im Grundbuch verlautbarten Miteigentumsanteils durch den öffentlichen Glauben des Grundbuchs auch dann geschützt, wenn er bereits Eigentümer eines anderen Anteils oder als solcher zu Unrecht im Grundbuch eingetragen ist. Der Erwerb des weiteren Anteils durch einen der Wohnungseigentümer ist auch dann ein Verkehrsgeschäft, wenn die Miteigentümer das Wohnungseigentum gemeinschaftlich erworben hatten und der erwerbende Miteigentümer bei jenem Erwerbsgeschäft in gleicher Weise wie der veräußernde Miteigentümer von der Nichtigkeit des Ersterwerbs betroffen war (*BGH* ZNotP 2007, 337 = NotBZ 2007, 323).

142

Der Schutz des guten Glaubens muss beim Wohnungseigentum wegen dessen Gemeinschaftsgebundenheit jedoch über die einzelne Einheit hinausgehen. So vertritt der *BGH* in ständiger Rechtsprechung, dass **Gründungsmängel**, die sich auf die **Einräumung von Sondereigentum** beschränken, die Aufteilung in Miteigentumsanteile nicht berühren (BGHZ 109, 179 = Rpfleger 1990, 62 = ZMR 1990, 112; BGHZ 130, 159 = Rpfleger 1996, 19 = ZMR 1995, 521; *BGH* NJW 2004, 1798 = Rpfleger 2004, 207 = ZMR 2004, 206). Das beruht auf der Überlegung, dass auf diese Weise die Auswirkungen und die Beseitigung eines Gründungsmangels zu lokalisieren sind, während die Begründung des Wohnungseigentums an den übrigen Einheiten unberührt bleibt (*BGH* Rpfleger 2005, 17 = ZMR 2005, 59). Ein zur Unwirksamkeit des Teilungsvertrages führender Gründungsmangel wird demnach **durch den gutgläubigen Erwerb** auch nur eines der anderen Wohnungseigentumsrechte **insgesamt geheilt**, weil Wohnungseigentum nicht nur an einer Wohnung entstehen kann (BGHZ 109, 179 = Rpfleger 1990, 62 = ZMR 1990, 112; *BayObLG* NZM 1998, 525 = ZMR 1998, 360; *OLG Karlsruhe* ZMR 1993, 474; Bamberger/Roth/*Hügel* § 3 Rn. 12; *Röll* FS Seuß

143

§ 1 | Begriffsbestimmungen

1987, S. 233, 236, 238; Staudinger/*Gursky* 2002 § 892 Rn. 33; Weitnauer/*Briesemeister* § 3 Rn. 38; **a.A.** *Gaberdiel* NJW 1972, 847).

144 An den unmittelbar vom Gründungsmangel betroffenen Einheiten entstehen insoweit nach h. M. isolierte (substanzlose) Miteigentumsanteile (dazu s. Rn. 231 f.). Ein gutgläubiger Erwerb auch für diese Einheiten ist nicht möglich, weil § 892 BGB voraussetzt, dass die **Grundbuchunrichtigkeit auf einer zulässigen Eintragung** beruht. Verlautbart die Grundbucheintragung jedoch einen Rechtszustand, der in sich widersprüchlich ist oder den es gar nicht geben kann, scheidet ein gutgläubiger Erwerb aus (BGHZ 130, 159 = Rpfleger 1996, 19 = ZMR 1995, 521; *BGH* NJW 2004, 1798 = Rpfleger 2004, 207 = ZMR 2004, 206; *BGH* Rpfleger 2005, 17 = ZMR 2005, 59; *OLG München* Rpfleger 2007, 459; *BayObLG* Rpfleger 1996, 240 = ZMR 1996, 285; *OLG Hamm* NJW 1976, 1752 = Rpfleger 1976, 317; Bauer/*v. Oefele* AT V Rn. 276; *Röll* FS Seuss 1987, S. 233, 239; Staudinger/*Gursky* 2002 § 892 Rn. 18 u. 30; Staudinger/*Rapp* § 3 Rn. 67a; Weitnauer/*Briesemeister* § 3 Rn. 37).

145 Einen Unterfall hierzu bildet der **unzulässige Überbau** (dazu Rn. 193 ff.). Auch hier ist der Gründungsakt zunächst insgesamt gescheitert, weil infolge des Akzessionsgrundsatzes nicht mit jedem Miteigentumsanteil auch ein Sondereigentumsrecht verbunden werden konnte (Staudinger/*Rapp* § 1 Rn. 32). Ein guter Glaube daran, dass ein Gebäude sich innerhalb der Grundstücksgrenzen befindet, wird durch § 892 BGB nämlich nicht geschützt (*Brünger* MittRhNotK 1987, 269, 276; *Ludwig* DNotZ 1983, 411, 421; Staudinger/*Rapp* § 1 Rn. 32). Möglich ist dagegen die Entstehung von Wohnungseigentum hinsichtlich der Einheiten, die sich auf dem Stammgrundstück befinden, wenn insoweit auch nur eine Einheit gutgläubig erworben wird (*Brünger* MittRhNotK 1987, 269, 277; Staudinger/*Rapp* § 1 Rn. 32; **a. A.** *Demharter* Rpfleger 1983, 133, 136: Entstehung sämtlicher Einheiten). Im übrigen führt die fehlgeschlagene Begründung hinsichtlich der Einheiten auf dem Nachbargrundstück zu isolierten (substanzlosen) Miteigentumsanteilen.

146 Eine Heilung kann jedoch im Falle eines Gründungsmangels nicht nur durch -zulässigen – gutgläubigen Erwerb einer Sondereigentumseinheit eintreten, sondern auch bereits dann, wenn vor der Übertragung eines der bisher nur scheinbar entstandenen Wohnungseigentumsrechte bereits eine **Belastung mit einer Erwerbsvormerkung oder einem Grundpfandrecht** in das Wohnungsgrundbuch eingetragen wird. Erwirbt in einem solchen Fall der Berechtigte seine Position gutgläubig, entsteht damit nicht nur das belastete Wohnungseigentum, auf das sich die konkrete Verfügung bezieht. Aus den gleichen Erwägungen wie auch sonst Gründungsmängel lokalisiert werden, um eine Unwirksamkeit des gesamten Gründungsaktes auf Dauer zu verhindern (s. Rn. 143), muss durch die Eintragung einer Erwerbsvormerkung oder eines Grundpfandrechtes ein Gründungsmangel auch hinsichtlich aller übrigen Wohnungseigentumsrechte dieser Gemeinschaft geheilt werden (*Röll* MittBayNot 1990, 85, 87; Staudinger/*Gursky* 2002 § 892 Rn. 215).

4. Schutz des guten Glaubens hinsichtlich des Inhalts des Sondereigentums

147 Die h. M. in Literatur und Rechtsprechung hat bisher – allerdings mit sehr unterschiedlicher Begründung – die Möglichkeit eines gutgläubigen Erwerbs hinsichtlich einer als **Inhalt des Sondereigentums** im Grundbuch eingetragenen Vereinbarung angenommen, wenn ein Eigentümer Wohnungseigentum rechtsgeschäftlich erworben hat (**krit.** § 10 Rn. 316; zu den unterschiedlichen theoretischen Ansätzen s. ausführlich Becksches Formularbuch Wohnungseigentumsrecht Form E I. 1 Anm. 9 m. w. N.). Literatur und Rechtsprechung beziehen sich hauptsächlich auf **Sondernutzungsrechte** (*OLG Hamm* WE 1993, 250 = Rpfleger 1994, 60; *BayObLG* Rpfleger 1991, 308; *BayObLG* DNotZ 1990, 381; *OLG Stuttgart* NJW-RR 1986, 318 = OLGZ 1986, 35; *LG Stuttgart* WE 1994, 119; *Ertl* FS Seuß, S. 150, 158; Köhler/Bassenge/*Häublein* Teil 12 Rn. 151; *Lutter* AcP 164, 122, 143; *Müller* Rn. 106; *Röll* FS Seuß 1987, S. 233, 238; Staudinger/*Rapp* Einl. zum WEG Rn. 91; **a. A.** Weitnauer/*Lüke* § 15 Rn. 35; *Weitnauer* DNotZ 1990, 385, 392; *Demharter* DNotZ 1991, 28; *Schnauder* FS Weitnauer und Bärmann S. 567, 591 ff.) und **Zweckbestimmungen** (*OLG Frankfurt* a. M. ZMR 1997, 659 = FGPrax 1997, 214). Auch der gutgläubige Erwerb eines isoliert übertragenen, zwar im Grundbuch verlautbarten, aber tatsächlich nicht bestehenden Sondernutzungsrechts sollte sich auf diese Weise vollziehen können. Dem konnte bisher in der Sache gefolgt werden, wenn man berücksichtigt, dass es sich bei den als Inhalt des Sondereigentums im Grundbuch eingetragenen Regelungen zwar nicht um dinglichen Rechte sondern um schuldrechtliche Vereinbarun-

gen handelt (BGHZ 145, 133 = Rpfleger 2001, 69 = ZMR 2001, 119), die jedoch den Inhalt und Umfang eines dinglichen Rechts bestimmen. Der Gutglaubensschutz des § 892 BGB bezieht sich jedoch nicht nur auf den Erwerb des Eigentums als solches, sondern wirkt im Zweifel hinsichtlich seines gesamten Inhalts (Meikel/*Streck* § 53 Rn. 50; Palandt/*Bassenge* § 892 Rn. 11; Staudinger/*Gursky* 2002 § 892 Rn. 206; *Schneider* ZfIR 2002, 108, 114). Nach diesem Verständnis kommt es also auf den guten Glauben an das Vorhandensein eines eingetragenen Erstreckungsvermerkes im Grundbuch an und nicht auf die Frage, ob Sondernutzungsrechte unmittelbar dem Anwendungsbereich der §§ 892 f. BGB unterfallen können. Dagegen kommt ein gutgläubiger Erwerb eines Sondernutzungsrechts durch Zuschlag in der Zwangsversteigerung von vornherein nicht in Betracht, weil es insoweit an einem Verkehrsgeschäft mangelt (*BayObLG* Rpfleger 1994, 294 = ZMR 1994, 231).

Ob an dieser Auffassung auch weiterhin festgehalten werden kann, ist mit dem Inkrafttreten des G. zur Änderung des Wohnungseigentumsgesetzes und anderer Gesetze zum 01.07.2007 (BGBl I S. 370) zumindest fraglich geworden. Nachdem der Gesetzgeber der ganz überwiegenden Meinung in der Literatur zur Eintragungsfähigkeit von vereinbarungs- bzw. gesetzesändernden Beschlüssen aufgrund einer Öffnungsklausel in der Gemeinschaftsordnung (vgl. nur *Bärmann*/*Pick*/*Merle* § 23 Rn. 20; *Hügel* DNotZ 2001, 176; *Ott* ZWE 2001, 466; *Schneider* ZfIR 2002, 108, Weitnauer/*Lüke* § 10 Rn. 51; *Wenzel* ZWE 2004, 130) mit der Novelle bewusst nicht gefolgt ist (vgl. RegEntwurf v. 09.03.2006 – BT-Drs. 16/887 S. 20), untersagt § 10 Abs. 4 S. 2 WEG nunmehr ausdrücklich die Eintragung solcher Beschlüsse in das Grundbuch (a. A. *Hügel*/*Elzer* § 3 Rn. 143). Daraus ergibt sich für zukünftige Beschlussfassungen, die eine im Grundbuch eingetragene Vereinbarung zulässigerweise abändern, dass sie eine auf Dauer angelegte Unrichtigkeit des Grundbuchs herbeiführen. Die fehlende Berichtigungsmöglichkeit durch Verlautbarung der Inhaltsänderung beeinträchtigt die **Aussagekraft des Grundbuchs**. Seine Verläßlichkeit im Hinblick auf **Richtigkeit und Vollständigkeit** der Angaben zum Inhalt des Sondereigentums **wird damit aufgegeben**. Insoweit kann das Grundbuch daher **keinen öffentlichen Glauben** mehr genießen; der Bereich der Gemeinschaftsordnung ist dem Anwendungsbereich der §§ 892 f. BGB entzogen (*Demharter* ZWE 2005, 131, 151; *F. Schmidt* ZWE 2007, 280, 288; *Schneider* ZMR 2005, 15; vgl. auch *Hügel*/*Elzer* § 8 Rn. 24 für den Bereich der Kostentragungsregelung). Die – systemwidrige – Entscheidung des Gesetzgebers gegen die Eintragung der genannten Beschlüsse, die den Inhalt des Wohnungseigentums betreffen, wird bereits als der gravierendste Mangel der WEG-Novelle von 2007 angesehen, weil sich auf diese Weise der Inhalt eines Sachenrechts nicht mehr aus dem Grundbuch entnehmen lässt (*F. Schmidt* ZWE 2007, 280, 288).

Gedacht werden könnte allenfalls noch an die **Möglichkeit eines gutgläubigen Erwerbs im Bereich des Sondernutzungsrechts**, wenn ein solches mit der einmal durch die Grundbucheintragung erlangten Erstreckungswirkung unverändert verlautbart wird. In diesem Fall könnte nämlich die Eintragung nicht mehrheitlich ohne Mitwirkung des Berechtigten grundbuchmäßig beseitigt werden; eine außergrundbuchliche Veränderung bedürfte seiner Zustimmung. Dies entspricht insoweit dem früheren Rechtszustand. Ob die Rechtsprechung dem zu folgen vermag, ist noch unklar; das *OLG München* hat die Frage in seiner Entscheidung vom 31.07.2007 – 34 Wx 59/07 jedenfalls offen gelassen (IMR 2007, 289 mit Anm. *Briesemeister*; ebenso bereits *BayObLG* ZMR 1993, 476).

VII. Immobiliarvollstreckung

1. Grundsätze

Wohnungseigentum ist nach dem hier zugrunde gelegten Verständnis besonders ausgestaltetes Bruchteileigentum (s. Rn. 6 m. w. N.). Vollstreckungsmaßnahmen in das Wohnungseigentum richten sich demzufolge nach den für unbewegliche Sachen geltenden **Vorschriften der §§ 864 ff. ZPO**. Danach kann bei einem Wohnungseigentum die Zwangsvollstreckung durch Eintragung einer **Zwangshypothek**, durch **Zwangsversteigerung** oder **Zwangsverwaltung** der Immobilie erfolgen.

§ 1 | Begriffsbestimmungen

151 Im Hinblick auf § 6 WEG ist Gegenstand der Immobiliarvollstreckung das **Wohnungseigentum in seiner Gesamtheit** (*Stöber* Einl. Rn. 12.8). Anders als bei einem gewöhnlichen Miteigentumsanteil erfasst eine Beschlagnahme im Wege der Immobiliarvollstreckung aufgrund der strukturellen Besonderheiten des Wohnungseigentums gem. §§ 20, 21, 148 ZVG also auch die Gegenstände des **Hypothekenhaftungsverbandes** (Weitnauer/*Briesemeister* § 3 Rn. 125). Zum unterschiedlichen Beschlagnahmeumfang in der Zwangsversteigerung gegenüber der Zwangsverwaltung s. *Harz/Kääb/Riecke/Schmid* Handbuch des Fachanwalts Miet- und Wohnungseigentumsrecht, Kapitel 32 Rn. 192 u. 467 f.

152 Nicht der Immobiliarvollstreckung unterliegt jedoch das an den »Verband Wohnungseigentümergemeinschaft« gebundene Verwaltungsvermögen der Wohnungseigentümer. Rechtsträger dieses Vermögens ist allein die »Gemeinschaft der Wohnungseigentümer« (so die unpräzise Bezeichnung für den Verband in § 10 Abs. 7 S. 1 WEG). Da aber kein Wohnungseigentümer über »seinen Anteil« an dem ihm rechtlich nicht zugeordneten Sondervermögen verfügen kann, kann auch ein Gläubiger eines Wohnungseigentümers **nicht** im Wege der Immobiliarvollstreckung auf das **Verbandsvermögen** zugreifen. Der Wechsel der Verbandsmitgliedschaft auf den Ersteher in der Zwangsversteigerung vollzieht sich vielmehr automatisch mit dessen Eintritt in die Eigentümergemeinschaft (vgl. BGHZ 163, 154 = Rpfleger 2005, 521 = ZMR 2005, 547). Zur Zwangsvollstreckung gegen die Wohnungseigentümer s. auch Rn. 171.

153 Wie bei einem Grundstück kann auch bei Wohnungseigentum in den **Bruchteil eines Miteigentümers** gem. § 864 Abs. 2 ZPO vollstreckt werden (*Stöber* § 15 Rn. 45.1), so dass auch lediglich ein Miteigentumsanteil an einem Wohnungseigentum Gegenstand der Zwangsvollstreckung sein kann (wie z. B. bei Eheleuten, wenn nur ein Ehepartner Vollstreckungsschuldner ist).

154 Gem. § 13 Abs. 2 WEG einem Wohnungseigentümer eingeräumte **Sondernutzungsrechte** unterliegen dabei der Zwangsvollstreckung in das unbewegliche Vermögen. Eine Beschlagnahme in der Immobiliarvollstreckung erfasst auch ein etwaig zugeordnetes Sondernutzungsrecht (s. § 6 Rn. 43 m. w. N.). Selbst ein Zuweisungsvorbehalt des Bauträgers im Falle einer gestreckten Begründung von Sondernutzungsrechten unterliegt nicht der Mobiliarvollstreckung (*OLG Stuttgart* ZWE 2002, 542).

155 Zu den **Besonderheiten** bei der Zwangsversteigerung und Zwangsverwaltung von Wohnungseigentum s. ausführlich *Harz/Kääb/Riecke/Schmid* Handbuch des Fachanwalts Miet- und Wohnungseigentumsrecht, Kapitel 32 Rn. 155 ff.

2. Die Zwangsvollstreckung aus Titeln *zugunsten* der Wohnungseigentümer

a) Rechtslage vor der Entscheidung des BGH vom 02.06.2005 (BGHZ 163, 154)

156 Sind Wohnungseigentümer als Berechtigte einer Zwangshypothek einzutragen gewesen, wurde bis zur Entscheidung des *BGH* vom 02.06.2005 (BGHZ 163, 154 = Rpfleger 2005, 521 = ZMR 2005, 547) die Auffassung vertreten, dass die Grundbucheintragung wegen der Einordnung der Wohnungseigentümergemeinschaft als besonders ausgestalteter Bruchteilsgemeinschaft nur in der Weise vorgenommen werden könne, dass **sämtliche Wohnungseigentümer einzeln** unter Angabe der nach § 15 GBV erforderlichen Merkmale sowie des Gemeinschaftsverhältnisses einzutragen sind (vgl. zuletzt noch *BayObLG* Rpfleger 2005, 309; *OLG Frankfurt* NZM 2004, 503). Dabei war im einzelnen umstritten, wie detailliert insbesondere bei größeren Gemeinschaften die Angaben zu erfolgen hatten und wie die zutreffende Bezeichnung des Gemeinschaftsverhältnisses zu lauten hatte (vgl. dazu nur die widerstreitenden Auffassungen in *BayObLG* Rpfleger 2001, 403 = ZMR 2001, 642; *OLG Köln* Rpfleger 1994, 496 m. Anm. *Sauren*; *KG* Rpfleger 1985, 435; *LG Bochum* Rpfleger 1981, 148; seiner Zeit voraus, weil bereits für eine Eintragung der Wohnungseigentümergemeinschaft plädierend *Böhringer* BWNotZ 1988, 1).

b) Rechtslage nach der Entscheidung des *BGH* vom 02.06.2005 (BGHZ 163, 154)

157 Nachdem der *BGH* durch den genannten Beschluss vom 02.06.2005 die Wohnungseigentümergemeinschaft selbst für rechtsfähig erklärt hat, soweit sie bei der Verwaltung des gemeinschaftlichen Eigentums am Rechtsverkehr teilnimmt, ist Rechtsträger des Verwaltungsvermögens der Wohnungseigentümer somit der »Verband Wohnungseigentümergemeinschaft« unabhängig von

der konkreten Zusammensetzung der Wohnungseigentümer. Diesem Verband wurde auch die Grundbuchfähigkeit zugesprochen, wenn es um die Eintragung einer Zwangshypothek für Forderungen der Gemeinschaft aus rückständigen Hausgeldansprüchen geht (BGHZ 163, 154 = Rpfleger 2005, 521 = ZMR 2005, 547, 553 Ziffer 7.). Die Eintragung in das Grundbuch kann deshalb bei entsprechender Titulierung in sinngemäßer Anwendung des § 15 GBV z. B. in der folgenden Weise vorgenommen werden: »Wohnungseigentümergemeinschaft A-Stadt, B-Straße Hausnummern 17 und 19« (*Demharter* NZM 2005, 601, 602). Es handelt sich somit nicht um einen Fall des § 47 GBO, weil nicht eine Mehrheit von Berechtigten einzutragen ist; die Angabe eines Beteiligungsverhältnisses ist deshalb entbehrlich (*Böhringer* Rpfleger 2006, 53, 55; *Bub/Petersen* NJW 2005, 2560; *Wilsch* RNotZ 2005, 536, 539). Der Gesetzgeber hat nunmehr mit § 10 Abs. 6 S. 4 WEG diese Rechtsauffassung übernommen.

c) Problematik bei Alteintragungen und Alttiteln

Voraussetzung für die Eintragung des Verbandes der Wohnungseigentümer ist jedoch, dass auch der zugrunde liegende Titel eine entsprechende Bezeichnung enthält, weil das Grundbuchgericht als Berechtigten nur denjenigen eintragen kann, den der Titel als Gläubiger ausweist und dann auch nur so, wie er dort bezeichnet ist (*BGHZ* 148, 392 = Rpfleger 2002, 17 = ZMR 2002, 134). In zukünftigen Fällen wird das unproblematisch sein, weil sich die Rechtsprechung bereits auf die geänderte Sichtweise des BGH eingestellt hat. **Verwerfungen** aus der unterschiedlichen Dogmatik können sich jedoch noch für eine gewisse Übergangszeit ergeben: 158

(1) Alteintragungen

Im Grundbuch bereits eingetragene Zwangshypotheken nennen in Übereinstimmung mit der früheren Rechtsauffassung die eingetragenen Miteigentümer als Gläubiger. Dies ist für Hausgeldansprüche jetzt unzutreffend. Gleichwohl scheidet ein Amtswiderspruch gegen die Eintragung oder gar eine Amtslöschung (§ 53 Abs. 1 GBO) aus, weil die Eintragung seinerzeit weder unter Verletzung gesetzlicher Vorschriften zustande gekommen ist noch ein inhaltlich unzulässiges Recht verlautbart wird (**a. A.** für Letzteres wohl *F. Schmidt* NotBZ 2005, 309, 312). Das Grundbuchgericht kann aufgrund der bestehenden **Titelbindung** (*BGH* NJW 2001, 3627) auch nicht ohne weiteres in die Rechtsposition eines jetzt unzutreffend verlautbarten Gläubigers eingreifen. Vielmehr müsste zunächst der zugrunde liegende Vollstreckungstitel umgeschrieben werden. Ob und unter welchen Voraussetzungen dies überhaupt möglich ist, ist streitig und nicht abschließend geklärt. In jedem Fall entfallen mit der Rechtskraft der Entscheidung jedoch die möglicherweise noch im Erkenntnisverfahren denkbaren Korrekturen (*Abramenko* ZMR 2005, 749, 752 a. E.; **a. A.** *F. Schmidt* NotBZ 2005, 309, 312 f.). So hat bspw. noch das *BayObLG* im Wege einer Klarstellung den »Verband Wohnungseigentümergemeinschaft« an die Stelle der zuvor benannten Wohnungseigentümer gesetzt (*OLG München* Rpfleger 2005, 662 = ZMR 2005, 729; *OLG München* ZMR 2006, 157). Auch das OLG Düsseldorf befürwortet ebenso eine Berichtigung des Rubrums gem. § 319 ZPO (*OLG Düsseldorf* NZM 2006, 182) wie *Wenzel* (ZWE 2006, 2, 10 f.) und *Briesemeister* (ZWE 2006, 15, 19). 159

Soweit Wohnungseigentümer bereits als Berechtigte einer Zwangshypothek im Grundbuch eingetragen sind, kann es damit sein Bewenden haben (so auch *Demharter* NZM 2005, 601, 604). Das kann jedoch nur solange gelten, wie nicht für die Eintragung einer Verfügung über das Recht die Voreintragung gem. § 39 GBO erforderlich wird. Für diesen Fall befürwortet *Böhringer* (Rpfleger 2006, 53, 55 f) die Anpassung der Grundbucheintragung nach einer vorherigen Umschreibung der Vollstreckungsklausel entsprechend § 727 ZPO (**a. A.** *Wenzel* ZWE 2006, 62, 67). § 727 ZPO ist jedoch auf diesen Fall nicht anwendbar; es handelt sich nämlich nicht um eine spätere Rechtsnachfolge, sondern um eine anfängliche, aber nicht erkannte Unrichtigkeit des Titels. Infolgedessen kann auch keine Rechtsnachfolgeklausel erteilt werden (s. Rn. 170). 160

Soweit lediglich die **Löschung** einer noch auf den Namen der Wohnungseigentümer persönlich eingetragenen **Zwangshypothek** in Rede steht, ist auch schon nach früherem Rechtsverständnis der Verwalter als zur Erteilung einer **löschungsfähigen Quittung** berechtigt angesehen worden (*BayObLG* Rpfleger 2001, 296 = ZMR 2001, 369; *BayObLG* Rpfleger 1995, 410; *Zeiser* Rpfleger 2003, 550, 553). Mangels ausreichender Vertretungsbefugnis für die Wohnungseigentümer scheidet je- 161

§ 1 | Begriffsbestimmungen

doch insoweit die Abgabe einer **Löschungsbewilligung** durch den Verwalter aus (*LG Frankfurt* RNotZ 2006, 63; **a. A.** *Hock/Mayer/Hilbert/Deimann* Rn. 2266).
Erst bei der Löschung solcher für den »Verband Wohnungseigentümergemeinschaft« eingetragenen Rechte wird dieser zukünftig durch den Verwalter vertreten. Der Verwalter ist dann in Bezug auf solche »Neurechte« sowohl für die Erteilung löschungsfähiger Quittungen als auch für die Abgabe von Löschungsbewilligungen allein zuständig (*Hügel/Elzer* § 3 Rn. 58).

(2) Alttitel

162 Liegt lediglich ein noch auf die Wohnungseigentümer selbst lautender Titel vor und ist die Eintragung einer Zwangshypothek erst beantragt, hat das Grundbuchgericht die Gläubigereigenschaft gem. § 1115 BGB zu prüfen. Nicht umgeschriebene und noch auf die Wohnungseigentümer als Gläubiger lautende Vollstreckungstitel können dann aber nicht mehr ohne weiteres als Eintragungsgrundlage dienen, weil sie einen nach heutiger Erkenntnis **falschen Gläubiger** hinsichtlich der Hausgeldansprüche ausweisen, dessen Eintragung das Grundbuch unrichtig machen würde (*F. Schmidt* NotBZ 2005, 309, 312). Das Grundbuchgericht darf jedoch keine Eintragung vornehmen, wenn feststeht, dass diese zur Unrichtigkeit des Grundbuchs führen würde. *F. Schmidt* (NotBZ 2005, 309, 312) folgert daraus, dass entsprechende **Titel** mit der BGH-Entscheidung **wertlos** geworden seien, da nach seinem Verständnis ein entsprechender Eintragungsantrag zurückzuweisen sei (**a. A.** *Demharter* Rpfleger 2007, 480, 481 Ziffer 5.).

163 Demgegenüber hat das *LG Hamburg* (Rpfleger 2006, 10 m. abl. Anm. *Demharter* Rpfleger 2006, 120) in der Annahme einer **Rechtsidentität** (wie schon zuvor das *OLG München* Rpfleger 2005, 662 = ZMR 2005, 729 im Erkenntnisverfahren) die Eintragung im Wege der Zwangsvollstreckung angeordnet, weil das Grundbuchgericht den vorgelegten Vollstreckungstitel im Sinne der neuen BGH-Rechtsprechung auszulegen hätte. Diese Ansicht haben sich ebenfalls KEHE/*Dümig* Einl. B Rn. 78a; Bauer/v. Oefele/*Wilke* § 13 Rn. 38 und *Hock/Mayer/Hilbert/Deimann* Rn. 2112 ff.) zu eigen gemacht. Danach wäre von einer quasi **automatischen Überleitung** der titulierten Zahlungsansprüche auszugehen; dem kann jedoch aus systematischen und sachlichen Erwägungen nicht gefolgt werden.

164 So ist diese Rechtsauffassung allein schon deshalb abzulehnen, weil damit ohne eine vorherige Rubrumsänderung des zugrunde liegenden Vollstreckungstitels die Auslegung durch das Vollstreckungsorgan im formalisierten Zwangsvollstreckungsverfahren weiter gehen würde als der (immer noch) titulierte materielle Anspruch. Für die Anordnung der Zwangsvollstreckung ist jedoch die **Identität von Titel- und Vollstreckungsgläubiger** unerlässliche Voraussetzung. Das Vollstreckungsgericht ist selbst dann nicht zur Überprüfung des Titels berechtigt, wenn zweifelsfrei feststeht, dass der titulierte Anspruch nach der materiellen Rechtslage dem vollstreckenden Gläubiger nicht zusteht (vgl. *BGH* Rpfleger 2007, 479, 480; Zöller/*Stöber* § 750 Rn. 3; MüKoZPO/*Heßler* § 750 Rn. 29). Hinzu kommt, dass nicht jeder für die Wohnungseigentümer titulierte **Anspruch** nunmehr auch zwangsläufig **dem Verband zustehen** muss. So müssen z. B. Unterlassungs- und Beseitigungsansprüche der Wohnungseigentümer nicht auf den Verband übergegangen sein und können unverändert den Miteigentümern zustehen (vgl. *BGH* ZMR 2006, 457; *BGH* ZMR 2007, 286; *OLG München* ZMR 2005, 733). Infolgedessen bedarf es in jedem konkreten Fall der Prüfung, ob die Wohnungseigentümer im Rahmen der Verwaltung des gemeinschaftlichen Eigentums als Gemeinschaft am Rechtsverkehr teilnehmen, weil nur dann auch ein Übergang des titulierten Anspruchs erfolgt sein kann. Aus diesem Grunde befürwortet *Böhringer* auch hier eine Umschreibung der Alttitel auf den Verband in entsprechender Anwendung des § 727 ZPO (Rpfleger 2006, 53, 55; ebenso § 10 Rn. 388 u. Rn. 441; **a. A.** *Wenzel* ZWE 2006, 62, 67). Tatsächlich liegt der Umschreibung aber kein Fall einer Rechtsnachfolge zugrunde, so dass auch keine Vollstreckungsklausel gem. § 727 ZPO erteilt werden kann (s. Rn. 170).

165 Zur **Rechtskraftwirkung** von Alttiteln vgl. § 10 Rn. 442.

d) Rechtslage nach dem 01.07.2007 (G. v. 26.03.2007 – BGBl I S. 370)

166 Nachdem sich der Gesetzgeber nunmehr mit § 10 Abs. 6 WEG der Auffassung des *BGH* (BGHZ 163, 154 = Rpfleger 2005, 521 = ZMR 2005, 547) zur Rechtsfähigkeit der Wohnungseigentümergemeinschaft angeschlossen hat, kann wegen zu vollstreckender Ansprüche nach neuem Recht zu-

nächst auf die unter lit. b) gemachten Ausführungen verwiesen werden. Zuordnungssubjekt für geltend zu machende Hausgeldforderungen ist nunmehr allein der »Verband Wohnungseigentümergemeinschaft«.

Auch nach der Gesetzesänderung scheidet jedoch für in Rechtskraft erwachsene Titel eine Berichtigung des Rubrums gem. § 319 ZPO ebenso aus wie eine Anwendung des § 727 ZPO. Während einerseits Korrekturen des Gläubigers nach Eintritt der Rechtskraft ausgeschlossen sind (*Abramenko* ZMR 2005, 749, 752 a. E.), liegen andererseits die Voraussetzungen für eine Titelumschreibung nicht vor, weil es sich nicht um eine Rechtsnachfolge, sondern um einen anfänglichen, aber nicht erkannten Mangel in der Bezeichnung des Gläubigers handelt (*F. Schmidt* ZWE 2007, 280, 289; *Wenzel* ZWE 2006, 62, 67). **167**

Beide Ansätze zur Lösung des Dilemmas sind jedoch nun überholt, nachdem das Gesetz mit der Neufassung des § 10 WEG eine andere Beurteilung erlaubt. Gem. § 10 Abs. 7 S. 1 WEG wird das gesamte Verwaltungsvermögen der Gemeinschaft der Wohnungseigentümer als Rechtssubjekt zugeordnet. Zu diesem Verwaltungsvermögen gehören die Ansprüche und Befugnisse aus Rechtsverhältnissen mit Dritten und mit Wohnungseigentümern (§ 10 Abs. 7 S. 3 WEG), also insbesondere auch Hausgeldansprüche. Die Vermögenszuordnung erfolgt dabei umfassend; sie ist unabhängig davon, ob der Erwerb schon vor langer Zeit stattgefunden hat, in der Zeit seit dem 02.06.2005 stattfand oder erst in der Zukunft nach Inkrafttreten des Änderungsgesetzes stattfinden wird (Regierungsentwurf eines Gesetzes zur Änderung des Wohnungseigentumsgesetzes und anderer Gesetze v. 09.03.2006 – BT-Drs. 16/887, Anlage 3: Gegenäußerung der Bundesregierung zur Stellungnahme des Bundesrates, S. 63). Diese Regelung entspricht dem **Leitgedanken eines schon immer vorhandenen, aber erst am 02.06.2005 entdeckten »Verbandes Wohnungseigentümergemeinschaft«** als eigenständigem Rechtsträger. § 10 Abs. 7 WEG ist damit der Nachweis, dass im Rahmen der Verwaltung des gemeinschaftlichen Eigentums erworbene Ansprüche – also insbesondere Hausgeldansprüche – seit jeher dem »Verband Wohnungseigentümergemeinschaft« zustehen. **168**

Diese Erkenntnis kann jedoch noch nicht ohne weiteres zu einem unmittelbaren Unrichtigkeitsnachweis z. B. im Rahmen einer Grundbuchberichtigung hinsichtlich einer bereits eingetragenen Zwangshypothek führen (so aber wohl *F. Schmidt* ZWE 2007, 280, 289). Vielmehr erhellt sie, dass bei einem auf die Wohnungseigentümer persönlich lautenden Alttitel wegen eines die Verwaltung des gemeinschaftlichen Eigentums betreffenden Anspruchs kein Fall der Rechtsnachfolge, sondern eine lediglich die wahre Identität des Berechtigten verdunkelnde Bezeichnung vorliegt. Dieser Sachverhalt ist damit insoweit einer **Namensänderung** bei unveränderter Rechtsinhaberschaft der berechtigten Partei vergleichbar, als es sich bei den betreffenden Ansprüchen nicht um solche den Miteigentümern persönlich zustehende handelt. Die Namensänderung bezieht sich also nur auf einen Teil der von den Wohnungseigentümern schon immer eingenommenen Rechtspositionen. Nur insoweit können dann aber auch die für Namensänderungen entwickelten Grundsätze herangezogen werden, wenn zugleich sichergestellt ist, dass es sich im Einzelfall um einen verbandsbezogenen Anspruch handelt. **169**

Eine auch nur entsprechende Anwendung des § 727 ZPO scheidet aus; es handelt sich nicht um einen Dritten i. S. dieser Vorschrift. Stattdessen kann eine bloße **Beischreibung der bereits erteilten Vollstreckungsklausel** erfolgen, wenn nachgewiesenermaßen ein solcher verbandsbezogener Anspruch tituliert ist (vgl. *BayObLG* DNotZ 1979, 55; *BayObLGZ* 87, 446 = Rpfleger 1988, 241 Ls; *OLG Bremen* Rpfleger 1989, 172; *Baumbach/Lauterbach/Albers/Hartmann* Einf. §§ 727–729 Rn. 4; *Zöller/Stöber* § 727 Rn. 31). Da es sich insoweit nur um eine klarstellende Aufdeckung des wahren Sachverhalts handelt (*Stein/Jonas/Münzberg* § 727 Rn. 10), kann der Klauselvermerk auch durch den Urkundsbeamten der Geschäftsstelle angebracht werden (vgl. *Zöller/Stöber* § 727 Rn. 33). Möglich ist aber auch die Feststellung der Identität des noch unter dem Namen der Wohnungseigentümer bezeichneten rechtsfähigen Verbandes in Bezug auf das zugeordnete Verwaltungsvermögen durch das zuständige Vollstreckungsorgan, also z. B. das Grundbuch- oder Zwangsversteigerungsgericht (*Stein/Jonas/Münzberg* § 727 Rn. 10; *Zöller/Stöber* § 750 Rn. 4). **170**

§ 1 | Begriffsbestimmungen

3. Die Zwangsvollstreckung aus Titeln *gegen* die Wohnungseigentümer

171 Liegt ein Titel lediglich gegen einen **Wohnungseigentümer** vor, kann daraus die Zwangsvollstreckung auch nur in dessen Vermögen betrieben werden. Liegt ein Titel gegen den »Verband Wohnungseigentümergemeinschaft« vor, genügt dieser nicht zur Zwangsvollstreckung in das Vermögen eines Wohnungseigentümers (Regierungsentwurf v. 09.03.2006 – BT-Drs. 16/887 S. 67).

172 Soll die Zwangsvollstreckung in das **Vermögen des »Verbandes Wohnungseigentümergemeinschaft«** betrieben werden, ist dafür ein gegen den Verband gerichteter Titel erforderlich; ein Titel gegen sämtliche Wohnungseigentümer reicht hierfür nicht aus. Allerdings kommt eine Titelberichtigung auf den »Verband Wohnungseigentümergemeinschaft« dann nicht in Betracht, wenn dem Gläubiger gegen die Wohnungseigentümer als Gesamtschuldner ein Störungsbeseitigungsanspruch zusteht, zu dessen Erfüllung diese als Miteigentümer des Grundstücks verurteilt worden sind (*BGH* ZMR 2007, 286). Sofern zum Verbandsvermögen Eigentum an unbeweglichen Sachen gehören sollte (vgl. Rn. 97 ff.), unterliegt dieses dann ebenfalls der Immobiliarvollstreckung (*Hügel* ZMR 2007, 650, 651; *Jennißen* NZM 2006, 203, 205).

4. Der »Verband Wohnungseigentümergemeinschaft« als Gläubiger im Zwangsversteigerungsverfahren

a) Neue Rangklasse für sog. Hausgeldansprüche

173 Bis zum Inkrafttreten der Neuregelungen zum ZVG am 01.07.2007 (vgl. Artikel 2 des Gesetzes zur Änderung des Wohnungseigentumsgesetzes und anderer Gesetze vom 26.03.2007 – BGBl I S. 370) sind **Hausgeldforderungen** der Wohnungseigentümer hinter den dinglich gesicherten Ansprüchen der Finanzierungsgläubiger in der Rangklasse 4 des § 10 Abs. 1 ZVG regelmäßig nicht mehr zum Zuge gekommen. Entweder handelte es sich um lediglich persönliche Ansprüche, deretwegen insoweit nachrangig das Verfahren aus der Rangklasse 5 des § 10 Abs. 1 ZVG betrieben wurde, oder die Forderungen waren durch Eintragung von Zwangssicherungshypotheken zwar in Rangklasse 4, aber ohne Realisierungsaussichten im Rang nach den Finanzierungsgläubigern im Grundbuch abgesichert. Die Neufassung des § 10 Abs. 1 Nr. 2 ZVG bietet den Wohnungseigentümergemeinschaften nunmehr erstmals nicht nur die Möglichkeit zur wirkungsvollen Beitreibung sonst regelmäßig ausfallgefährdeter Hausgeldansprüche, sondern aufgrund des Vorranges können erstmals auch zahlungsunwillige oder unzumutbare Mitglieder zwangsweise aus der Gemeinschaft entfernt werden (*Abramenko* ZMR 2006, 338).

b) Art der Geltendmachung – Höchst- und Mindestbetrag

174 Soweit der »Verband Wohnungseigentümergemeinschaft« jetzt in einem Zwangsversteigerungsverfahren **Hausgeldansprüche** aus der **Rangklasse 2** des § 10 Abs. 1 ZVG geltend machen will, kann er dies auf zweierlei Weise erreichen. Die Ansprüche können entweder in einem bereits von einem anderen Gläubiger betriebenen Zwangsversteigerungsverfahren vorrangig zum Verfahren angemeldet werden. Das Vorrecht ist dabei begrenzt auf Beträge in Höhe von nicht mehr als 5 vom Hundert des gerichtlich festgesetzten Verkehrswertes (§ 10 Abs. 1 Nr. 2 S. 3 ZVG). In diesem Fall ist die Gemeinschaft der Wohnungseigentümer aufgrund der Anmeldung Beteiligte gem. § 9 Nr. 2 ZVG, weil die geltend gemachte Forderung nicht aus dem Grundbuch ersichtlich ist. Möglich ist aber auch bei Vorliegen der Vollstreckungsvoraussetzungen (zu deren Nachweismöglichkeiten s. jetzt § 10 Abs. 3 S. 2 u. 3 ZVG) ein selbständiges Betreiben des Zwangsversteigerungsverfahrens, wenn die Hausgeldansprüche die Höhe des Verzugsbetrages nach § 18 Abs. 2 Nr. 2 WEG übersteigen (3 vom Hundert des Einheitswertes).

c) Zwangsversteigerung von Wohnungserbbaurechten

175 Betreibt der »Verband Wohnungseigentümergemeinschaft« die Zwangsversteigerung eines Wohnungserbbaurechts wegen rückständiger Hausgeldansprüche aus der neu besetzten Rangklasse 2 des § 10 Abs. 1 ZVG, würde nach dem bis zum 01.07.2007 geltenden Recht mit der Zuschlagserteilung die in Rangklasse 4 des § 10 Abs. 1 ZVG eingeordnete Erbbauzinsreallast erlöschen. Sofern keine Ablösung der Verbandsansprüche erfolgen sollte, droht damit das **Entstehen eines erbbauzinslosen Wohnungserbbaurechts**. Dies würde auch dann gelten, wenn eine – seit 1994 mögliche – **Bestehenbleibensvereinbarung** gem. § 9 Abs. 3 S. 1 Nr. 1 ErbbauVO getroffen sein

sollte, die eigentlich den Bestand der Erbbauzinsreallast außerhalb des geringsten Gebotes sichern und den leidigen, jahrzehntealten Rangkonflikt zwischen Finanzierungsgläubigern und Erbbaurechtsausgeber entschärfen sollte. Eine solche Vereinbarung erfasste nämlich nach bisherigem Recht lediglich die Fälle, in denen die Zwangsversteigerung entweder aus der Erbbauzinsreallast selbst oder aus einem im Rang vorgehenden oder gleichstehenden Grundpfandrecht betrieben wurde (zum Ganzen s. *Schneider* ZMR 2006, 660 ff.).

Der Gesetzgeber hat nunmehr mit dem kurzfristig eingefügten Art. 3 Abs. 4 Nr. 1 des Gesetzes **176** zur Änderung des Wohnungseigentumsgesetzes und anderer Gesetze v. 26.03.2007 (BGBl I S. 370) den **Anwendungsbereich** des § 9 Abs. 3 S. 1 Nr. 1 ErbbauVO dahingehend **erweitert**, dass eine Bestehenbleibensvereinbarung nunmehr auch im Hinblick auf rückständige Hausgeldansprüche des »Verbandes Wohnungseigentümergemeinschaft« möglich ist, deretwegen aus der Rangklasse 2 des § 10 Abs. 1 ZVG die Zwangsversteigerung betrieben wird. Die auf einem Wohnungserbbaurecht lastende Erbbauzinsreallast zugunsten des erbbaurechtsausgebenden Grundstückseigentümers bleibt jedoch im Versteigerungsfall nicht kraft Gesetzes bestehen, sondern nur dann, wenn dies auch für den Fall des § 9 Abs. 3 S. 1 Nr. 1 ErbbauVO in der jetzt erweiterten Fassung vereinbart worden ist. Dies erfordert jedoch zusätzliche arbeits- und kostenaufwändige **Nachbesserungen** (zutr. *Abramenko* Das neue WEG § 8 C III 3).

Eine solche **erweiterte Bestehenbleibensvereinbarung** kann **für zukünftig bestellte (Wohnungs-) Erbbaurechte** ohne weiteres als Inhalt des Erbbauzinses vertraglich geregelt werden. **177** Dies ist auch schon vor Begründung der Wohnungs- und Teilerbbaurechte zulässig (*Schneider* ZfIR 2007, 168, 171). **Für bereits bestehende Wohnungserbbaurechte**, die entweder gar keine oder nur die seit 1994 mögliche und aus heutiger Sicht »verkürzte« Bestehenbleibensvereinbarung aufweisen, erscheint eine Nachholung oder Nachbesserung der Vereinbarung ungleich schwieriger. Dazu bedürfte es nämlich außer der Mitwirkung des Wohnungserbbauberechtigten auch der Zustimmung der Rechtsinhaber von auf dem Wohnungserbbaurecht lastenden dinglichen Rechten soweit sie der Erbbauzinsreallast rangmäßig vorgehen oder gleichstehen (§ 9 Abs. 3 S. 2 ErbbauVO). Einer Zustimmung der der Erbbauzinsreallast im Rang nachgehenden Berechtigten bedarf es dagegen nicht (*Böttcher* Praktische Fragen des Erbbaurechts Rn. 467, 468; *Ingenstau/Hustedt* § 9 Rn. 86; *Meikel/Morvilius* Einl. C 319; *MüKo/v. Oefele* § 9 Rn. 24 ErbbauVO; *Schöner/Stöber* Rn. 1806a; **a. A.** *Eichel* MittRhNotK 1995, 193, 199). Von Ausnahmefällen jedoch einmal abgesehen (zu einem eventuellen Anspruch aus § 242 BGB vgl. *Kümpel*, WM 1998, 1057, 1059) kann der Grundstückseigentümer aber weder vom Wohnungserbbauberechtigten den Abschluss einer entsprechenden Vereinbarung gem. § 9 Abs. 3 S. 1 Nr. 1 ErbbauVO verlangen, noch die erforderliche Zustimmung vor- oder gleichrangiger Gläubiger gem. § 9 Abs. 3 S. 2 ErbbauVO erzwingen (*Böttcher* Rpfleger 2007, 526, 527; *Meikel/Morvilius* Einl. C 318a; *Schneider* ZfIR 2007, 168).

Gelingt die nachträgliche Vereinbarung oder Ergänzung eines versteigerungsfesten Erbbauzinses **178** aber nicht, hat dies zur Folge, dass ein **erbbauzinsfreier Erwerb** eines Wohnungserbbaurechts in der Zwangsversteigerung **auch zukünftig möglich** sein wird. Dies erscheint vor dem Hintergrund des verfassungsmäßig garantierten Eigentums nicht unbedenklich (vgl. *Schneider* ZMR 2006, 660). Die weitergehenden Überlegungen *Elzers*, ob man dem Grundstückseigentümer nicht einen auf Treu und Glauben gestützten Anspruch auf zwangsweise Anpassung der bisherigen Bestehenbleibensvereinbarung an das neue Recht einräumen will oder ob im Einzelfall eine ergänzende Vertragsauslegung nicht ergeben könnte, dass von der bisherigen Vereinbarung auch die Hausgeldansprüche des »Verbandes Wohnungseigentümergemeinschaft« erfasst sein sollen (*Hügel/Elzer* §17 Rn. 2), greifen zumindest für die Fälle zu kurz, in denen bisher – einem Rat in der Fachliteratur folgend (vgl. *v. Oefele/Winkler* Handbuch des Erbbaurechts Rn. 6.257 – überhaupt keine Vereinbarungen zum Bestehenbleiben erforderlich schienen und demgemäß auch nicht getroffen wurden, weil der Grundstückseigentümer mit seinem Erbbauzins nämlich gar keinen Vorrang einräumte.

d) Inkrafttreten
Die geänderten Bestimmungen des ZVG sind zusammen mit denen des WEG am 01.07.2007 in **179** Kraft getreten. Bei der Geltendmachung von Hausgeldansprüchen durch den »Verband Woh-

§ 1 | Begriffsbestimmungen

nungseigentümergemeinschaft« ist jedoch die **Übergangsregelung** des § 62 Abs. 1 WEG (!) zu beachten. Nach dieser Vorschrift sind für die am 01.07.2007 bei Gericht anhängigen Verfahren in Zwangsversteigerungssachen die durch Artikel 2 des Gesetzes vom 26. März 2007 (BGBl I S. 370) geänderten Vorschriften des Gesetzes über die Zwangsversteigerung und die Zwangsverwaltung in ihrer bis dahin geltenden Fassung weiter anzuwenden. Das bedeutet, dass es für die Anwendbarkeit des neuen Rechts allein darauf ankommt, ob am 01.07.2007 bereits ein Zwangsversteigerungs*verfahren anhängig* war oder nicht. Nicht maßgebend ist also, ob der zugrunde liegende Anspruch oder seine Titulierung vor diesem Stichtag liegt. Nach den allgemeinen Grundsätzen des Verfahrensrechts wird ein Zwangsversteigerungsverfahren mit dem Eingang des Antrags gem. § 15 ZVG anhängig (MüKoZPO / *G. Lüke* § 253 Rn. 6; Musielak / *Foerste* § 253 Rn. 3; Thomas / Putzo / *Reichold* § 253 Rn. 1; Zöller / *Greger* § 253 Rn. 4). Der Gesetzgeber geht bei der Übergangsregelung damit von einem Verfahrensbegriff aus, der sich im Gegensatz zu dem sonst im ZVG gebräuchlichen auf das **Gesamtverfahren** der Zwangsversteigerung bezieht. Auf diese Weise soll sichergestellt werden, dass die Einführung eines begrenzten Vorranges für Hausgeldforderungen die im Zeitpunkt des Inkrafttretens anhängigen Verfahren nicht berührt, weil es ansonsten zu Verzögerungen und Erschwerungen kommen könnte (Gesetzentwurf der Bundesregierung – BT-Drs. 16/887 v. 09.03.2006, S. 43). War somit am 01.07.2007 ein Zwangsversteigerungsverfahren über die betreffende Immobilie überhaupt anhängig, so ist für die Geltendmachung von Hausgeldansprüchen nicht mehr auf die Person des Gläubigers oder den Rang seines Anspruchs abzustellen. Auch ist unerheblich, ob die Wohnungseigentümergemeinschaft das Verfahren selbst betreiben oder lediglich ihre Ansprüche anmelden will. Ebenfalls ist eine »Umwandlung« von (nach bisherigem Recht) rangschlechteren Ansprüchen in nunmehr rangbessere der Rangklasse 2 nicht möglich, weil sonst in einem (Gesamt-)Verfahren unterschiedliches – und sich bzgl. der Rangklasse 2 widersprechendes – Recht zur Anwendung kommen müsste. Weder ist eine Berücksichtigung im geringsten Gebot, noch ein vorrangiges Betreiben aus der Rangklasse 2 für Hausgeldansprüche der Wohnungseigentümergemeinschaft denkbar (so auch Böhringer / *Hintzen* Rpfleger 2007, 353, 360: keine relativen Rangverhältnisse; *Bräuer/Oppitz* ZWE 2007, 326, 332; a. A. *Elzer* ZAP 2007, 1025, 1032). Die Übergangsregelung in § 62 WEG wäre für das ZVG auch überflüssig, wenn statt auf das Gesamtverfahren auf die von den jeweiligen Gläubigern betriebenen Einzelverfahren abgestellt werden sollte.

e) Haftungsgefahren aufgrund Übergangsregelung

180 Nach alledem ist damit zu rechnen, dass auch noch längere Zeit für ununterbrochen über den 01.07.2007 hinweg andauernde Zwangsversteigerungsverfahren die Anwendung des neuen Rechts auf Wohnungseigentümergemeinschaften ausgeschlossen sein wird (so auch *Bräuer/Oppitz* ZWE 2007, 326, 332). Dies bringt insbesondere für Verwalter **Haftungsgefahren** mit sich, da sich die Beitreibung von Hausgeldansprüchen infolge der Stichtagsregelung nach gravierend unterschiedlichen Verfahrensgrundsätzen richtet und nach bisherigem Recht das Betreiben der Zwangsversteigerung oder die Eintragung einer Zwangshypothek für eine Berücksichtigung dieser Ansprüche unerlässliche Voraussetzung waren.

5. Der »Verband Wohnungseigentümergemeinschaft« als Ersteher im Zwangsversteigerungsverfahren

181 Kann nach den Ausführungen zu Rn. 97 ff. der »Verband Wohnungseigentümergemeinschaft« Vermögensgegenstände und insbesondere Immobilien rechtsgeschäftlich erwerben, muss auch ein entsprechender **Erwerb im Wege der Zwangsvollstreckung möglich** sein (§ 90 ZVG). Dies gilt besonders für den sog. »Rettungserwerb« im Wege der Zwangsversteigerung, um auf diese Weise einen unzumutbaren Wohnungseigentümer aus der Gemeinschaft zu entfernen (vgl. *Abramenko* ZMR 2006, 338; *Jennißen* NZM 2006, 203, 205). Denkbar ist z. B. auch der Erwerb eines Teileigentums im Dachgeschoss im Wege der Zwangsversteigerung, wenn dadurch die Weiterführung eines bereits begonnenen unsachgemäßen Ausbaus entgegen den genehmigten Bauplänen verhindert und Schaden vom Gemeinschaftseigentum abgewendet werden soll. Wie beim rechtsgeschäftlichen Erwerb ist verbandsintern eine Mehrheitsentscheidung ausreichend (*Hügel* ZMR 2007, 650; *Schneider* Rpfleger 2007, 175; *Wenzel* ZWE 2006, 462, 464 f.; verhalten: Hügel / *Elzer* § 15

Rn. 53; **a. A.** *LG Nürnberg-Fürth* ZMR 2006, 812 m. abl. Anm. *Schneider*; *LG Heilbronn* ZMR 2007, 649 m. abl. Anm. *Hügel*).

Neben dem **Nachweis der Bestellung** zum Verwalter ist auch der weitergehende **Nachweis der Bevollmächtigung** des Verwalters zum Erwerb einer Immobilie im Wege der Zwangsversteigerung durch Vorlage einer entsprechenden Niederschrift über die Beschlussfassung mit den nach § 26 Abs. 3 WEG beglaubigten Unterschriften zu erbringen (§ 71 Abs. 2 ZVG). Auch hier ist die Vorschrift des § 26 Abs. 3 WEG wiederum entsprechend anwendbar, da ein Beschluss in öffentlich beglaubigter Form nachzuweisen ist (vgl. Rn. 100 m. w. N.). 182

Gilt eine vereinbarte **Veräußerungsbeschränkung** auch für den Eigentumserwerb im Wege der Zwangsvollstreckung (vgl. § 12 Abs. 3 S. 2 WEG), so bedarf der Zuschlag in der Zwangsversteigerung zugunsten des »Verbandes Wohnungseigentümergemeinschaft« dann keines Zustimmungsnachweises, wenn der Verband in der von ihm selbst verwalteten Anlage Eigentum erwirbt (s. § 12 Rn. 55a). 183

6. Rechtsschutzinteresse für Eintragung von Zwangssicherungshypotheken

Auch wenn die Gemeinschaft der Wohnungseigentümer nunmehr zumindest für Neuverfahren seit dem 01.07.2007 in die Lage versetzt ist, ihre Hausgeldansprüche vorrangig in der Rangklasse 2 des § 10 Abs. 1 ZVG anzumelden oder sogar aus dieser Rangposition das Verfahren selbst zu betreiben, ist einem Antrag auf Eintragung einer Zwangshypothek in das Grundbuch deshalb nicht das **Rechtsschutzinteresse** abzusprechen. Abgesehen davon, dass das Grundbuchgericht Schwierigkeiten haben könnte zu beurteilen, ob der der Eintragung zugrunde liegende Anspruch ein privilegierter i. S. d. § 10 Abs. 1 Nr. 2 ZVG ist, wird eine dingliche Sicherung der Hausgeldansprüche durch Eintragung auch deshalb nicht verwehrt werden dürfen, weil in der Regel nicht zugleich mit der Anordnung eines Versteigerungsverfahrens auch die für den Vorrang erforderlichen Grenzwerte feststehen, so dass ein etwaiger Vorrang nicht sofort erkennbar sein muss. Denkbar sind aber auch Fälle, in denen erst die grundbuchliche Absicherung durch Eintragung einer Zwangshypothek eine Berücksichtigung der Ansprüche im Versteigerungsverfahren (Rangklasse 4) ermöglicht, weil das gesetzlich vorgegebene Volumen im Vorrang der Rangklasse 2 bereits ausgeschöpft worden ist oder es sich noch um ein für das Grundbuchgericht nicht ohne weiteres erkennbares »Altverfahren« zur Versteigerung handelt (s. Rn. 179). 184

E. Grundstück

I. Grundstücksbegriff

Unter einem **Grundstück im Rechtssinne** ist ein im Bestandsverzeichnis des Grundbuchs unter einer selbständigen laufenden Nummer gebuchter, räumlich abgegrenzter Teil der Erdoberfläche zu verstehen (vgl. *RGZ* 84, 265, 270; *BayObLGZ* 1954, 258, 262). Nach dieser Definition kann ein Grundstück im Rechtssinne also durchaus aus mehreren (unselbständigen) Flurstücken bestehen, während umgekehrt niemals ein Flurstück aus mehreren Grundstücken bestehen kann. 185

II. Aufzuteilendes Grundstück

Wohnungs- und Teileigentum kann gem. § 1 Abs. 4 WEG ausschließlich in der Weise begründet werden, dass das Sondereigentum mit Miteigentum **nur an *einem* Grundstück im Rechtssinne** verbunden wird. Soll das Wohnungs- und Teileigentum also an mehreren bislang rechtlich selbständigen Grundstücken begründet werden, bedarf es der vorherigen Zusammenführung zu einem Grundstück im Rechtssinne. Dies kann nur durch Vereinigung gem. § 890 Abs. 1 BGB oder Bestandteilszuschreibung gem. § 890 Abs. 2 BGB erfolgen. Die bloße Zusammenschreibung der beteiligten Grundstücke auf einem Grundbuchblatt gem. § 4 Abs. 1 GBO reicht dafür nicht aus, weil sie nur einen buchungstechnischen Vorgang darstellt (*OLG Saarbrücken* NJW 1972, 691; *BayObLG* Rpfleger 1970, 346). 186

Vor der Einfügung des § 1 Abs. 4 WEG durch das Gesetz zur Änderung des Wohnungseigentumsgesetzes und der Verordnung über das Erbbaurecht v. 30.07.1973 (BGBl I S. 910) war streitig, ob Wohnungseigentum nicht auch wirksam durch Verbindung des Sondereigentums mit Miteigen- 187 tumsanteilen an mehreren Grundstücken begründet werden könnte (**befürw**. *Haegele* Rpfleger 1972, 283; *Promberger* MittBayNot 1970, 125; **abl**. *BayObLG* Rpfleger 1970, 346; *Diester* Rpfleger 1972, 200; Weitnauer/*Wirths* 4. Aufl. § 3 Rn. 2b). Da entsprechende Eintragungen bis zu dieser Zeit aber erfolgt waren, war zur Vermeidung eines möglicherweise nichtigen Begründungsaktes eine gesetzliche Übergangsregelung erforderlich. Art. 3 § 1 Abs. 1 ÄndG bestimmte für die Fälle gleich großer Miteigentumsanteile an mehreren Grundstücken eine Vereinigungsfiktion; Art. 3 § 1 Abs. 2 ÄndG stellte die Wirksamkeit bei ungleichen Miteigentumsanteilen an mehreren Grundstücken her, soweit nicht andere, die rechtswirksame Begründung ausschließende Mängel vorlagen.

III. Vorherige Vereinigung oder Bestandteilszuschreibung

1. Voraussetzungen

188 Die Vereinigung gem. § 890 Abs. 1 BGB und die Bestandteilszuschreibung gem. § 890 Abs. 2 BGB können im Grundbuch nur unter den Voraussetzungen der §§ 5 u. 6 GBO eingetragen werden. Das setzt neben gleichen Eigentumsverhältnissen und einer bestimmten Lage der beteiligten Grundstücke gem. § 5 Abs. 1 S. 1 und § 6 Abs. 1 S. 1 GBO auch voraus, dass von der Eintragung **keine Verwirrung zu besorgen** ist. Dies wird namentlich bei unterschiedlichen Belastungen der beteiligten Grundstücke in Betracht kommen. Die Frage, ob ungleiche Belastungsverhältnisse in der II. oder III. Abteilung des Grundbuchs Verwirrungsgefahr begründen können, wird allerdings nicht einheitlich beantwort.

2. Belastungen in Abteilung II des Grundbuchs

189 Es dürfte anerkannt sein, dass unterschiedliche **Belastungsverhältnisse in der II. Abteilung** eines Grundbuchs weder für eine Vereinigung noch für eine Bestandteilszuschreibung Verwirrung besorgen lassen (vgl. *BayObLG* Rpfleger 1987, 13; *OLG Frankfurt* DNotZ 1993, 612). Entweder wird die Ausübungsstelle der Rechte auf den bisherigen Einzelgrundstücken eindeutig feststellbar sein (vgl. *BayObLG* DNotZ 1997, 398) oder aber die entsprechenden Eintragungen könnten wegen § 7 Abs. 2 GBO ohnehin auch noch nachträglich in der Weise vorgenommen werden, dass lediglich ein früheres Einzelgrundstück belastet wird. Jedenfalls kann das Grundbuchgericht eine Erstreckung von bisher nur auf einem Grundstück eingetragenen Rechten zur Herstellung einheitlicher Belastungsverhältnisse nicht verlangen (*BayObLG* Rpfleger 1995, 151). Im Hinblick auf den Ausübungsort dürfte sie auch nicht immer möglich sein.

3. Belastungen in Abteilung III des Grundbuchs

190 Umstritten ist, ob die unterschiedliche Belastung der verschiedenen realen Teile eines zur Vereinigung oder Zuschreibung beantragten Grundstücks mit einem Verwertungsrecht die Besorgnis der Verwirrung begründen kann. (zutr. jetzt **bejaht** von *Stöber* MittBayNot 2001, 281; *Schöner/Stöber* Rn. 636 ff.; **a. A.** jedoch die h. M. *OLG Düsseldorf* NJW-RR 2000, 608; *KG* NJW-RR 1989, 1360; Bauer/v. Oefele/*Waldner* §§ 5, 6 Rn. 26; *DNotI-Gutachten* DNotI-Report 2002, 19). Zumindest im Hinblick auf die beantragte Aufteilung in Wohnungseigentumsrechte sind jedoch **gleiche Belastungsverhältnisse in Abteilung III** unerlässlich. Eine unterschiedliche Belastung der vereinigten Flurstücke würde nämlich eine Zwangsversteigerung unmöglich machen. Weder bezieht sich der dingliche Titel auf das Gesamtgrundstück oder das Wohnungseigentumsrecht, noch wäre es möglich, nur den Teil eines Wohnungseigentums zu versteigern, der dem belasteten realen Grundstücksteil zuzuordnen ist (*OLG Hamm* Rpfleger 1998, 154; KEHE/*Eickmann* § 5 Rn. 13; Meikel/*Böttcher* § 5 Rn. 35a). Gleiches muss dann auch für unterschiedliche Rangverhältnisse infolge der Vereinigung oder Zuschreibung bei Rechten in der III. Abteilung gelten (Becksches Formularbuch WEG/*Schneider* Form G I 1. Anm. 6c)), wenn nicht durch gleichzeitige Pfandfreigaben oder Verteilungserklärungen die unterschiedlichen Belastungen in der Weise aufgeteilt werden, dass an bestimmten Wohnungseigentumsrechten nur noch einzelne Rechte lasten (*LG Wuppertal* MittRhNotK 1995, 65).

4. Lage der beteiligten Grundstücke

Gem. § 5 Abs. 2 S. 2 u. 3 GBO i. V. m. § 6 Abs. 2 GBO ist eine Vereinigung oder Zuschreibung von Grundstücken unter bestimmten Voraussetzungen selbst dann möglich, wenn die beteiligten Grundstücke **nicht unmittelbar aneinander** grenzen. Der fehlende räumliche Zusammenhang lässt also eine Begründung von Wohnungseigentum in besonderen Fällen damit nicht ausgeschlossen erscheinen, wenngleich getrennte Gebäude im Hinblick auf die nicht absehbare weitere Entwicklung wohl besser auch in getrennte Eigentümergemeinschaften überführt werden sollten (Staudinger / *Rapp* § 1 Rn. 27).

191

5. Zeitpunkt der Erklärung und Berechtigung

Soll Wohnungseigentum an mehreren bisher selbständigen Grundstücken begründet werden, so braucht die Vereinigungs- oder Zuschreibungserklärung des Grundstückseigentümers nach § 890 BGB nicht schon vor der Teilungserklärung nach § 8 WEG abgegeben zu werden. Es reicht auf jeden Fall aus, dass beide Erklärungen zugleich abgegeben werden (*OLG Saarbrücken* NJW 1972, 691). Auch ist eine solche Erklärung seitens des Grundstückserwerbers ausreichend (vgl. § 185 BGB), wenn dessen Eintragung als Eigentümer bei Vollzug der Vereinigung / Zuschreibung erfolgt sein wird (vgl. *OLG Zweibrücken* DNotZ 1991, 605 m. Anm. *Herrmann*).

192

IV. Überbauproblematik

1. Grundsatz

Wohnungseigentum kann gem. § 1 Abs. 4 WEG nur wirksam an *einem* Grundstück im Rechtssinne begründet werden. Befindet sich ein zur Aufteilung in Wohnungseigentum vorgesehenes Gebäude jedoch auf zwei oder mehr rechtlich selbständigen Grundstücken, bei denen eine Vereinigung oder Bestandteilszuschreibung (z. B. wegen unterschiedlicher Eigentumsverhältnissen) nicht möglich ist, so kann grundsätzlich kein Wohnungseigentum begründet werden. Liegt jedoch ein Fall des Überbaus vor und kann das **einheitliche Gebäude** (zum Begriff vgl. *BGH* DNotZ 1982, 43) eigentumsrechtlich allein dem **Stammgrundstück zugeordnet** werden, von dem aus überbaut worden ist, so kann nach inzwischen ganz h. M. dieses Grundstück in Wohnungseigentum aufgeteilt werden (*OLG Karlsruhe* DNotZ 1986, 753 m. Anm. *Ludwig*; *OLG Hamm* Rpfleger 1984, 98; *Brünger* MittRhNotK 1987, 269; *Demharter* Rpfleger 1983, 133; *Ludwig* DNotZ 1983, 411; *ders.* BWNotZ 1984, 133; *Rastätter* BWNotZ 1986, 79; *Röll* MittBayNot 1982, 172; *ders.* MittBayNot 1983, 5; einschr – Aufteilung möglich, aber nur bei Eintragung einer Grunddienstbarkeit – *OLG Stuttgart* DNotZ 1983, 444; § 3 Rn. 96; überholt *OLG Hamm* DNotZ 1977, 308). In diesem Fall sind die Wohnungseigentümer nach den Bruchteilen ihrer Miteigentumsanteile ebenfalls Miteigentümer des auf dem fremden Grundstück stehenden Gebäudes (*BGH* NJW 1983, 2022). Keine Rolle spielt dabei, ob sich der Baukörper auf, unter oder über der Erdoberfläche befindet (*Demharter* Rpfleger 1983, 133 m. w. N.). Lässt sich keine eindeutige eigentumsmäßige Zuordnung treffen, werden die Grundstücke mit dem Gebäude entsprechend dem Akzessionsgrundsatz real lotrecht zur Grenze geteilt. Ob eine eigentumsmäßige Zuordnung des Überbaus zum Stammgrundstück erfolgt, beurteilen Literatur und Rechtsprechung anhand verschiedener Fallgruppen:

193

2. Unrechtmäßiger, aber entschuldigter Überbau

Teile des in Wohnungseigentum aufzuteilenden Gebäudes sind wesentlicher Bestandteil des überbauenden Stammgrundstücks und damit vom überbauten Nachbareigentümer zu dulden, wenn es sich um einen sog. entschuldigten Überbau handelt. Von einem entschuldigten Überbau i. S. d. § 912 Abs. 1 BGB ist auszugehen, wenn der Eigentümer eines Grundstücks bei der Errichtung des Gebäudes über die Grenze gebaut hat, ohne dass ihm Vorsatz oder grobe Fahrlässigkeit zur Last fällt und der Nachbar weder vor noch sofort nach der Grenzüberschreitung Widerspruch erhoben hat (vgl. BGHZ 27, 204 = NJW 1958, 1182).

194

Verfahrensrechtlich kann der **Nachweis** gegenüber dem Grundbuchgericht durch Vorlage einer Erklärung des überbauten Nachbareigentümers in der Form des § 29 GBO erbracht werden, dass dieser dem Überbau nicht sofort widersprochen hat.

195

196 Unterschiedliche Auffassungen bestehen darüber, wie der **Nachweis** zu führen ist, dass dem überbauenden Eigentümer des in Wohnungseigentum aufzuteilenden Stammgrundstücks kein Vorsatz oder grobe Fahrlässigkeit zur Last fällt. Hier wird man eine einvernehmliche Erklärung der beteiligten Eigentümer in der Form des § 29 GBO als Nachweis genügen lassen können, weil die Beteiligten das gleiche Ergebnis auch prozessual durch Vergleich oder Anerkenntnis in einem Rechtsstreit erreichen könnten (*Brünger* MittRhNotK 1987, 269, 272; strenger *OLG Karlsruhe* DNotZ 1986, 753 m. auch insoweit krit. Anm. *Ludwig*; Staudinger/*Roth* 2002 § 912 Rn. 80: Nachweis durch Urteil).

197 Die Annahme eines nur geringfügigen Überbaues aufgrund **Lebenserfahrung** (so *Röll* MittBayNot 1982, 172, 173; *Schöner/Stöber* Rn. 2817) dürfte sich demgegenüber mit den grundbuchrechtlichen Anforderungen ebenso wenig vereinbaren lassen wie ein nur »einigermaßen zuverlässig(er)« Nachweis, wonach die eigentumsrechtliche Zuordnung »nicht auszuschließen« ist (so aber Bauer/*v. Oefele* AT V Rn. 30; *Ludwig* Rpfleger 1984, 266, 267).

3. Rechtmäßiger Überbau bei Gestattung

198 Die Grundsätze des entschuldigten Überbaues sind auf den vom Nachbareigentümer gestatteten Überbau entsprechend anzuwenden. Wenn schon der nicht rechtmäßige Überbau unter den Voraussetzungen des § 912 Abs. 1 BGB zur Durchbrechung des Akzessionsgrundsatzes führt, so muss dies erst recht für den rechtmäßigen Überbau gelten (BGHZ 62, 141 = NJW 1974, 794). Für die Frage, welches Grundstück als Stammgrundstück anzusehen ist, kommt es nur auf die subjektiven Absichten und wirtschaftlichen Interessen des Überbauenden, nicht aber auf die Größe und die wirtschaftliche Bedeutung des überbauten Gebäudeteils oder den Ort des Baubeginns an (BGHZ 110, 298 = NJW 1990, 1791). Der überbaute Gebäudeteil ist lediglich ein Scheinbestandteil des überbauten Grundstücks (§ 95 Abs. 1 S. 2 BGB).

199 Zum Nachweis der Rechtmäßigkeit bedarf es zwar nicht zwingend der Eintragung einer **Grunddienstbarkeit** (*OLG Hamm* Rpfleger 1984, 98; *OLG Karlsruhe* DNotZ 1986, 753; *Demharter* Rpfleger 1983, 133; *Ludwig* DNotZ 1983, 411). Gleichwohl ist eine solche Eintragung in der Praxis zu empfehlen, weil dadurch der Nachweis der Zustimmung erbracht werden kann (Staudinger/*Rapp* § 1 Rn. 30). Neuerdings wird der Eintragung einer Grunddienstbarkeit sogar eine eigentumsändernde konstitutive Wirkung beigelegt (*Hertel* MittBayNot 2006, 321, 323; *Tersteegen* RNotZ 2006, 433, 450; *Wicke* DNotZ 2006, 252).

200 Unklar ist allerdings nach wie vor, ob verfahrensrechtlich dem Grundbuchgericht die Gestattung durch Bestellung einer Grunddienstbarkeit *vor* Baubeginn in der Form des § 29 GBO **nachzuweisen** ist. Einer erst *nach* Baubeginn eingetragenen Grunddienstbarkeit soll diese Wirkung nicht zukommen können, weil insoweit nicht gem. § 95 Abs. 1 S. 2 BGB »in Ausübung eines Rechts« gebaut wurde (*Brünger* MittRhNotK 1987, 269, 274; *Ludwig* Rpfleger 1984, 266, 267; *Rastätter* BWNotZ 1986, 79, 80; Staudinger/*Rapp* § 1 Rn. 30; **a.A.** ohne ausdrückliche Thematisierung *OLG Hamm* Rpfleger 1984, 98; *OLG Karlsruhe* DNotZ 1986, 753). Die Eintragung einer Grunddienstbarkeit zur Absicherung des Überbaus wäre in diesem Fall ohne Einfluss auf die eigentumsrechtliche Zuordnung des Gebäudes, so dass ihre nachweisrechtliche Funktion fraglich wäre. Ihre Eintragung in das Grundbuch kann sich aber trotz nachträglicher Bestellung dennoch empfehlen, weil hierdurch klargestellt wird, dass die Regelungen der §§ 912 ff. BGB im Hinblick auf die Verpflichtung zur Rentenzahlung und zum Ankauf auf Verlangen des Eigentümers des überbauten Grundstücks nicht gelten (*Brünger* MittRhNotK 1987, 269, 274). Dies gilt auch dann, wenn bei der Aufteilung eines bereits vor längerer Zeit errichteteten Gebäudes die Zustimmung des seinerzeitigen Eigentümers nicht mehr zu erlangen ist. Die vom jetzigen Nachbarn bestellte Dienstbarkeit zur Duldung des Überbaus sichert zumindest die Nutzung des Wohnungseigentums und den Nichtabriss (*Schöner/Stöber* Rn. 2817 Fn. 34). Die Eintragung einer Grunddienstbarkeit kann weiterhin zweckmäßig sein, um eine Bindung auch des Sonderrechtsnachfolgers im Eigentum des überbauten Grundstücks für den Fall einer noch nicht begonnenen Grenzüberschreitung sicherzustellen; die Verdinglichung bewirkt damit eine Beschränkung des Widerspruchsrechts (*Ludwig* BWNotZ 1984, 133, 137). Geht man entgegen der h. M. von einer eigentumsändernden Wirkung der Grunddienstbarkeit aus, so wäre auch ihre nachträgliche Eintragung in das Grundbuch noch ein tauglicher Beweis für die Rechtmäßigkeit des Überbaus (so *Hertel* Mitt-BayNot 2006, 321, 323; *Tersteegen* RNotZ 2006, 433, 450 f.; *Wicke* DNotZ 2006, 252).

Nicht möglich ist im Rahmen der Begründung von Wohnungseigentum wegen § 4 Abs. 2 S. 2 WEG eine ansonsten zulässige Gestattung des **Überbaus auf Zeit** (zur Befristung und den Rechtsfolgen s. *BGH* DNotZ 2004, 373). **201**

4. Eigengrenzüberbau

Ein sog. Eigengrenzüberbau liegt immer dann vor, wenn der Eigentümer des Stammgrundstücks mit dem des überbauten Grundstücks identisch ist. Auch insoweit wird § 912 Abs. 1 BGB für die eigentumsrechtliche Zuordnung entsprechend herangezogen (BGHZ 64, 333 = DNotZ 1976, 224; BGHZ 102, 311 = DNotZ 1988, 570; BGHZ 110, 298 = NJW 1990, 191; *Demharter* Rpfleger 1983, 133, 134; *Ludwig* DNotZ 1983, 411, 413). Der Überbau wird wesentlicher Bestandteil des Grundstücks, zu dem er nach Absicht und Interesse des Erbauers gehört (*DNotI-Gutachten* DNotI-Report 2007, 1, 2; **krit.** Weitnauer/*Briesemeister* § 3 Rn. 10). **202**

Demzufolge kann auch bei einem Eigengrenzüberbau die Aufteilung in Wohnungseigentum erfolgen, wenn dem Grundbuchgericht die **Zuordnung** zum Stammgrundstück **nachgewiesen** wird (*Brünger* MittRhNotK 1987, 269, 272 f.; *Tersteegen* RNotZ 2006, 433, 454 f.). Dieser Nachweis kann nach der h. M. in der Bestellung einer Grunddienstbarkeit gesehen werden (Bärmann/*Pick*/*Merle* § 1 Rn. 22; *DNotI-Gutachten* DNotI-Report 2007, 1, 3; Weitnauer/*Briesemeister* § 3 Rn. 10; **a. A.** Staudinger/*Rapp* § 1 Rn. 33: kein Nachweis mit den Erkenntnismitteln des Grundbuchgerichts möglich). Als ausreichend muss aber auch eine Erklärung des Eigentümers in der Form des § 29 GBO angesehen werden (*Brünger* MittRhNotK 1987, 269, 273). **203**

5. Nachträglicher Überbau

Um einen sog. nachträglichen Überbau handelt es sich, wenn ein Gebäude auf einem zunächst einheitlichen Grundstück errichtet wird. Die spätere Teilung des Grundstücks führt dazu, dass das Gebäude anschließend auf den neu entstandenen Grundstücken steht. Auch hier wendet die h. M. die Regelung des § 912 Abs. 1 BGB entsprechend an, wenn sich das Stammgrundstück nachträglich feststellen lässt (BGHZ 64, 333 = NJW 1975, 1553; *BGH* DNotZ 2002, 290, *Ludwig* DNotZ 1983, 411, 417). Zur Bestimmung greift der BGH in diesem Fall wegen der fehlenden subjektiven Momente auf objektive Kriterien zurück. Abgestellt wird darauf, auf welchem der neuen Grundstücke der nach Umfang, Lage und wirtschaftlicher Bedeutung eindeutig maßgebende Teil des Gebäudes steht (**zust.** *Brünger* MittRhNotK 1987, 269, 273; **krit.** Weitnauer/*Briesemeister* § 3 Rn. 10). **204**

Dies kann auch dazu führen, dass lediglich eines von mehreren **Geschossen** eines Hauses als übergebauter Gebäudeteil anzusehen ist (*BGH* DNotZ 2002, 290). Lässt sich hiernach nicht eindeutig eine Bestimmung des Stammgrundstücks erzielen, muss es beim Akzessionsgrundsatz verbleiben (*BGH* NJW 1985, 789). **205**

Verfahrensrechtlich kann der **Nachweis** der Eigenschaft als Stammgrundstück bei geringfügigen Grenzüberschreitungen anhand von Flurkarten, im übrigen durch eine Erklärung des Eigentümers über die Bedeutung und die jeweilige wirtschaftliche Nutzung in der Form des § 29 GBO geführt werden (*Brünger* MittRhNotK 1987, 269, 274; *Ludwig* DNotZ 1983, 411, 417; **a. A.** Staudinger/*Rapp* § 1 Rn. 33: kein Nachweis mit den Erkenntnismitteln des Grundbuchgerichts möglich). **206**

6. Überhängender Überbau

Einen **Sonderfall** bildet der sog. überhängende Überbau. Dabei ragen Teile des auf dem aufzuteilenden Grundstück stehenden Baukörpers (z. B. Erker, Balkone, Mauervorsprünge) lediglich in den Luftraum des Nachbargrundstück hinüber. Es handelt sich dabei zwar um einen Überbau (vgl. BGHZ 75, 395 = NJW 1976, 669; *BGH* NJW 1983, 1112; *DNotI-Gutachten* DNotI-Report 2002, 9, 10; Staudinger/*Roth* 2002 § 912 Rn. 15; **a. A.** *LG Bautzen* NZM 2001, 201; *Ludwig* DNotZ 1983, 411, 412 f; MüKoBGB/*Säcker* § 912 Rn. 9 ff.; *Schöner/Stöber* Rn. 2817 a. E.: kein eigentlicher Überbau), dieser unterfällt jedoch nicht dem sonst typischen Normenkonflikt von Gebäudeeinheit und Bodenakzession. Aufgrund der fehlenden Verbindung des überbauten Gebäudeteils mit dem Nachbargrundstück kann in diesen Fällen nur der Grundsatz der Gebäudeeinheit zum Tragen kommen (so zutr *DNotI-Gutachten* DNotI-Report 2002, 9, 10; *Tersteegen* RNotZ 2006, 433, 454; **207**

§ 1 | Begriffsbestimmungen

im Ergebnis ebenso *LG Bautzen* NZM 2001, 201; *Ludwig* DNotZ 1983, 411, 412 f.; *Schöner/Stöber* Rn. 2817; **a. A.** unzutreffend *LG Leipzig* Rpfleger 1999, 272 m. zust. Anm. *Wudy*). Der Teil des Gebäudes, der lediglich im Luftraum die Grenze überschreitet, ist daher stets – und zwar unabhängig davon, ob es sich um einen entschuldigten oder einen unentschuldigten Überbau handelt – dem Stammgrundstück zuzuordnen (*Tersteegen* RNotZ 2006, 433, 454).

208 Da für die Eigentumszuordnung kein anderer Anknüpfungspunkt als der Gebäudezusammenhang gegeben ist, kann Wohnungseigentum gebildet werden, ohne dass es hierfür eines besonderen Nachweises bedürfte (*LG Bautzen* NZM 2001, 201; Bauer / *v. Oefele* AT V Rn. 30; *DNotI-Gutachten* DNotI-Report 2002, 9, 10; *Tersteegen* RNotZ 2006, 433, 454; **a. A.** *LG Leipzig* Rpfleger 1999, 272 m. zust. Anm. *Wudy*).

7. Ausgeschlossene Fallgestaltungen

209 Die Begründung von Wohnungseigentum ist unter Berücksichtigung der vorgenannten Fallgruppen somit nicht möglich, wenn eine vertikale Teilung des Baukörpers auf der Grenze stattfindet. Dies ist der Fall bei einem nicht entschuldigten, also vorsätzlich oder grob fahrlässig erfolgten Überbau sowie immer dann, wenn das Stammgrundstück nicht festgestellt werden kann (Bauer / *v. Oefele* AT V Rn. 30; *Brünger* MittRhNotK 1987, 269, 275).

8. Abweichende Bauausführung innerhalb eines aufgeteilten Gebäudes

210 Es ist streitig, ob die Grundsätze über den Überbau entsprechend angewendet werden können, wenn innerhalb eines in Wohnungseigentumsrechte aufgeteilten Gebäudes über die Grenzen des Sonder- oder Gemeinschaftseigentums hinweg tatsächlich anders gebaut worden ist (**bejahend** Bamberger/Roth/*Hügel* § 3 Rn. 15; Bauer/*v. Oefele* AT V Rn. 258 u. 265; *Ertl* WE 1992, 221; *Röll* MittBayNot 1993, 265; Staudinger/*Rapp* § 3 Rn. 78b; **offen gelassen** von *OLG Düsseldorf* ZMR 2003, 954; verneinend *BayObLG* DNotZ 1993, 741; Weitnauer/*Briesemeister* § 3 Rn. 44).

9. Grundbucheintragung

211 Dem Grundbuchgericht ist zur Eintragung der beantragten Aufteilung in Wohnungseigentumsrechte **nachzuweisen**, dass der überbaute Gebäudeteil wesentlicher Bestandteil des Stammgrundstücks ist (*OLG Stuttgart* DNotZ 1983, 444; *Demharter* Rpfleger 1983, 133, 136 f.). Andernfalls ist die Begründung von Wohnungseigentum abzulehnen, da Gebäude(teile) auf einem fremden Grundstück nicht in Miteigentumsanteile verbunden mit Sondereigentum aufgeteilt werden können (*OLG Karlsruhe* DNotZ 1986, 753).

212 Die eigentumsrechtliche Zuordnung muss allerdings **aus dem Grundbuch nicht ersichtlich** sein (*Demharter* Rpfleger 1983, 133; Staudinger/*Roth* 2002 § 912 Rn. 79). Sie ist sogar unzulässig, weil sie eine Kommentierung der Eintragungswirkungen darstellen würde (Meikel/*Ebeling* § 3 WGV Rn. 6 b a. E.). Auch die Verpflichtung zur Duldung des Überbaus ist im Falle des § 912 Abs. 1 BGB als bloße Wiederholung der gesetzlichen Verpflichtung ebensowenig in das Grundbuch eintragbar (Staudinger/*Roth* 2002 § 912 Rn. 35; MüKoBGB/*Säcker* § 912 Rn. 27) wie die korrespondierende Verpflichtung des überbauenden Eigentümers zur Zahlung einer Überbaurente (vgl. § 914 Abs. 2 S. 1 BGB).

213 Allerdings können **Zweifel**, ob ein entschuldigter oder ein nicht entschuldigter Überbau vorliegt, sowohl durch Eintragung einer auf Duldung des Überbaus gerichteten Grunddienstbarkeit als auch eines Verzichtes auf die Überbaurente in das Grundbuch eingetragen werden (*OLG Düsseldorf* Rpfleger 1978, 16; Staudinger/*Roth* 2002 § 912 Rn. 36).

214 Erfolgt bei einer der vorgenannten Fallgruppen die Eintragung einer **Grunddienstbarkeit**, so sollte diese möglichst die erste Rangstelle im Grundbuch erhalten, da andernfalls eine erhöhte Ausfallgefahr im Falle einer Zwangsversteigerung besteht (MüKo/*Commichau* § 1 Rn. 30; Staudinger/*Rapp* § 1 Rn. 30). Inhaltlich sollte die Grunddienstbarkeit zugunsten des jeweiligen Eigentümers des *gesamten* überbauenden, in Wohnungseigentumsrechte aufzuteilenden (aufgeteilten) Grundstücks bestellt wird. Zwar ist auch eine Begründung des Rechts lediglich zugunsten eines einzelnen Wohnungseigentümers zulässig. Dies würde jedoch nicht zu der notwendigen Bestandteilseigenschaft des Gebäudeteils mit dem *Grundstück* führen (Staudinger/*Rapp* § 1 Rn. 30).

215 Zur Eintragung des **Verzichts** auf eine Überbaurente s. § 7 Rn. 13 m. w. N.

10. Gutgläubiger Erwerb hinsichtlich eines unzulässigerweise übergebauten Wohnungseigentums

Kann nach dem zuvor Gesagten die eigentumsmäßige Zuordnung zum Stammgrundstück nicht festgestellt werden, muss es bei der lotrechten Teilung des Gebäudes auf der Grundstücksgrenze verbleiben. Insoweit wird also der Nachbar Eigentümer des überbauten Gebäudeteiles. Zur Frage, ob durch einen **gutgläubigen Erwerb** das Wohnungseigentum insgesamt entstehen kann, s. Rn. 145.

V. Erbbaurecht

1. Grundsatz

Das aufgrund eines Erbbaurechts errichtete Bauwerk gilt als wesentlicher Bestandteil des *Erbbaurechts* (§ 12 Abs. 1 S. 1 ErbbauVO). Es können deshalb keine Miteigentumsanteile an dem *Grundstück* mit Sondereigentum an Räumlichkeiten verbunden werden, die sich in einem aufgrund des Erbbaurechts errichteten oder noch zu errichtenden Gebäude befinden. Wohl möglich ist dagegen die Verbindung von Miteigentumsanteilen an dem *Erbbaurecht* mit Sondereigentum an solchen Räumlichkeiten (§ 30 WEG).

2. Fehlende Deckungsgleichheit von Rechtsinhalt und Belastungsgegenstand beim Erbbaurecht

Sind Wohnungserbbaurechte gem. § 30 WEG begründet worden, wird zu beachten sein, dass die Einräumung von Sondernutzungsrechten an sog. **Nebenflächen** gem. § 1 Abs. 2 ErbbauVO nur dann möglich sein wird, wenn auch insoweit die Benutzungsbefugnis zum Rechtsinhalt des Erbbaurechts gehört. Die Einbeziehung von Nebenflächen hat fakultativen Charakter; Rechtsinhalt und Belastungsgegenstand müssen bei einem Erbbaurecht – und damit auch hinsichtlich der daran gebildeten Wohnungserbbaurechte – nicht zwingend übereinstimmen (*OLG Hamm* Rpfleger 2006, 9; *Ingenstau/Hustedt* § 1 Rn. 27; *v. Oefele/Winkler* Rn. 2.69).

3. Erbbaurecht und Wohnungseigentum am selben Grundstück

Demzufolge ist es auch möglich, von mehreren auf demselben Grundstück errichteten Bauwerken eines rechtlich dem Erbbaurecht und das andere dem Grundstückseigentum zuzuordnen (*DNotI-Gutachten* DNotI-Report 1998, 13; *OLG Zweibrücken* FGPrax 1996, 131; *OLG Hamm* Rpfleger 1998, 335 = ZMR 1998, 590). Allerdings darf im Hinblick auf § 10 ErbbauVO an der Grundstücksfläche, auf die sich die Ausübung des Erbbaurechts erstreckt, kein Sondereigentum oder Sondernutzungsrecht eines Wohnungseigentümers bestehen (*OLG Hamm* Rpfleger 1998, 335 = ZMR 1998, 590). Die Begründung von Wohnungseigentum an der nicht mit dem Erbbaurecht belasteten Teilfläche ist nur in der Weise möglich, dass die Aufteilung das Gesamtgrundstück erfasst. Sämtliche entstehenden Wohnungeigentumsrechte sind dann mit dem Erbbaurecht belastet (*DNotI-Gutachten* DNotI-Report 1998, 13; *Röll* DNotZ 1978, 76; *Staudinger/Rapp* § 1 Rn. 36), das seinerseits wiederum in Wohnungserbbaurechte aufgeteilt werden kann (*v. Oefele/Winkler* Rn. 2.31). Eine **Sonderform** stellt die horizontale Teilung dar. Eigentlich ist eine solche Teilung eines Gebäudes gem. § 1 Abs. 3 ErbbauVO unzulässig. Das Verbot bezieht sich nach einhelliger Auffassung jedoch nicht auf zwei unabhängige Gebäudekörper, die sich nach ihrer bautechnischen Beschaffenheit völlig selbständig übereinander befinden können wie z. B. eine Tiefgarage als Erbbaurecht (Teilerbbaurechte) und das darüber befindliche Gebäude als Wohnungseigentum oder umgekehrt (*Staudinger/Rapp* § 1 Rn. 36; *v. Oefele/Winkler* Rn. 2.9 u. 2.32).

4. Kein Wohnungseigentum an einem mit einem Erbbaurecht vereinigten Grundstück

Gem. § 1 Abs. 2 u. 3 WEG kann das Sondereigentum an abgeschlossenen Räumen mit dem Miteigentumsanteil an einem Grundstück verbunden werden. Möglich ist außerdem noch die Verbindung von Sondereigentum mit dem Bruchteil an einem Erbbaurecht (§ 30 WEG). Während im zuerst genannten Fall das Gebäude gem. § 94 Abs. 1 S. 1 BGB wesentlicher Bestandteil des Grundstücks ist (*BayObLG* ZWE 2000, 213), gilt das aufgrund eines Erbbaurechts errichtete Bauwerk als wesentlicher Bestandteil des Erbbaurechts (§ 12 Abs. 1 ErbbauVO). Weitere Möglichkeiten zur Begründung von Raumeigentum bestehen darüber hinaus nicht; auch Mischformen sind nicht möglich. Dies gilt insbesondere vor dem Hintergrund, dass die h. M. die rechtliche Vereinigung eines Grundstücks mit einem Erbbaurecht – allerdings nicht am selben Grundstück – für zulässig halten will (Bauer/v. Oefele/*Maaß* AT VI Rn. 180; *Demharter* § 5 Rn. 6; Palandt/*Bassenge* § 890 Rn. 2; *Schöner/Stöber* Rn. 1848; **a. A.** Meikel/*Böttcher* § 5 Rn. 7; *v. Oefele*/Winkler Rn. 5.179). In diesem Fall bliebe unklar, ob der für das Sondereigentum erforderliche Miteigentumsanteil an dem vereinigten Gebilde im einzelnen an dem Grundstück oder an dem Erbbaurecht besteht. Da Grundstück und Erbbaurecht aber nicht wesensgleich sind und bei Verfügungen unterschiedlichen Rechtsnormen folgen, kann also entweder nur eine Aufteilung des – ggf. zu vereinigenden – Grundstücks oder eine Aufteilung des – ggf. zu erstreckenden – Erbbaurechts in Betracht kommen.

5. Keine Kombination von Wohnungserbbaurecht und Wohnungseigentum am selben Gebäude

222 Aus dem zuvor Gesagten ergibt sich, dass auch eine Kombination von Wohnungserbbaurechten und Wohnungseigentum an demselben Gebäude nicht möglich sein kann. Bestandteile des Erbbaurechts können nicht auch zugleich Bestandteile des Grundstücks sein (§ 12 Abs. 2 ErbbauVO). Eine Beschränkung des Erbbaurechts auf einen Teil eines Gebäudes – insbesondere ein Stockwerk – ist jedoch wegen § 1 Abs. 3 ErbbauVO nicht möglich. Aus diesem Grunde ist auch die **Umwandlung einzelner Wohnungserbbaurechte** in Wohnungseigentum an den entsprechenden Räumlichkeiten nicht möglich (Bauer/v. Oefele/*Maaß* AT VI Rn. 280; *v. Oefele/Winkler* Rn. 3.131). Die Aufhebung kann nur für sämtliche Wohnungserbbaurechte gleichzeitig erfolgen (Bauer/v. Oefele/*Maaß* AT VI Rn. 280).

6. Umwandlung aller Wohnungserbbaurechte in Wohnungeigentumsrechte

223 Eine unmittelbar dinglich wirkende Umwandlung aller bestehenden Wohnungserbbaurechte in Wohnungseigentumsrechte ist auch dann nicht möglich, wenn die bisherigen Erbbauberechtigten Miteigentum am Grundstück zu identischen Bruchteilen erworben haben. Das Gebäude als bisheriger wesentlicher Bestandteil des Erbbaurechts wird nur im Falle des Erlöschens des Erbbaurechts auch wieder zum wesentlichen Bestandteil des – gesamten und ungeteilten – Grundstücks (§ 12 Abs. 3 ErbbauVO). Mit dem Erlöschen des Erbbaurechts und den daran bestehenden Mitberechtigungsanteilen erlischt jedoch auch das Sondereigentum an den einzelnen Wohnungserbbaurechten (§§ 30 Abs. 3 S. 2 i. V. m. § 6 Abs. 1 WEG). Eine neuerliche Verbindung von Sondereigentum an den bisherigen Räumlichkeiten mit Miteigentumsanteilen an dem Grundstück setzt somit eine erneute Begründung von Wohnungseigentum durch vertragliche Einräumung gem. § 3 WEG voraus (*BayObLG* Rpfleger 1999, 327 = MittBayNot 1999, 375 m. Anm. *Rapp*; Bauer/v. Oefele/*Maaß* AT VI Rn. 280; *v. Oefele/Winkler* Rn. 3.130).

224 Zu den Konsequenzen für an den bisherigen Wohnungserbbaurechten eingetragenen dinglichen Rechten s. § 7 Rn. 62.

VI. Gebäudeeigentum gem. § 288 Abs. 4 oder § 292 Abs. 3 DDR-ZGB

225 Zwar gelten für das Gebäudeeigentum nach dem DDR-ZGB gem. Art. 233 § 4 Abs. 1 EGBGB von dem Wirksamwerden des Beitritts an die sich auf Grundstücke beziehenden Vorschriften des Bürgerlichen Gesetzbuches mit Ausnahme der §§ 927 und 928 BGB entsprechend. Jedoch kann Gebäudeeigentum nicht nach den Bestimmungen des WEG in Wohnungseigentum aufgeteilt werden, weil keine rechtliche Verbindung zu einem Miteigentumsanteil an dem Grundstück besteht (*OLG Jena* DtZ 1996, 88 = Rpfleger 1996, 194; Beckches Notarhandbuch/*Rapp* A III Rn. 19; *Hügel* DtZ 1996, 66; **a. A.** *Heinze* DtZ 1995, 195). Der Gebäudeeigentümer müsste also zuvor das Grundstück erwerben.

VII. Verfügungen über das in Wohnungseigentum aufgeteilte Grundstück

1. Zuerwerb von Grundstücken

Dazu s. zunächst § 6 Rn. 19 ff., wenn das hinzuerworbene Grundstück auch in das bereits gebildete Wohnungseigentum als gemeinschaftliches Eigentum (§ 1 Abs. 5 WEG) einbezogen werden soll. 226

Es besteht nunmehr aber auch die Möglichkeit, dass der »Verband Wohnungseigentümergemeinschaft« seinerseits z. B. ein angrenzendes Nachbargrundstück erwirbt (zum Immobilienerwerb des Verbandes s. Rn. 102). In diesem Fall erfolgt keine Einbeziehung des erworbenen Grundstücks in das gemeinschaftliche Eigentum der Wohnungseigentümer, das diesen gem. § 1 Abs. 2, 3 u. 5 WEG zu Bruchteilen zusteht. Vielmehr wird mit dem Erwerb die reale Grundstücksfläche dem Vermögen des »Verbandes Wohnungseigentümergemeinschaft« zugeordnet. Ein solches Verfahren kann insbesondere bei größeren Gemeinschaften von Vorteil sein, da der Verwalter als Organ beim Erwerbsvorgang allein zu handeln vermag und somit nicht die ansonsten formgebundene Mitwirkung aller Wohnungseigentümer erforderlich ist (*Hügel*/Elzer § 3 Rn. 84). 227

2. Abtrennung von Grundstücksflächen

Dazu s. § 6 Rn. 27 ff. 228

F. Anwendbarkeit der WEG-Bestimmungen

I. Fehlendes Bauwerk

Das Wohnungseigentumsgesetz ist bereits **ab Anlegung der Wohnungsgrundbücher** anwendbar und nicht erst mit der (vollständigen) Errichtung der Baulichkeiten (*OLG Hamm* Rpfleger 2007, 137 = ZMR 2007, 213; Bamberger/Roth/*Hügel* § 3 Rn. 11). Wohnungseigentum kann gem. §§ 3 Abs. 1, 8 Abs. 1 WEG nämlich schon vor Errichtung des Gebäudes gebildet werden. Das den Miteigentumsanteilen am Grundstück jeweils zugeordnete Sondereigentum an einer Wohnung entsteht dann erst mit deren Errichtung (»schrittweise Fertigstellung«). Bis zur Errichtung des Gebäudes steht den Wohnungseigentümern ein Anwartschaftsrecht auf Erwerb des Sondereigentums als Vollrecht zu (*OLG Hamm* DNotZ 2003, 945 = Rpfleger 2003, 574 = ZMR 2004, 369; *HansOLG Hamburg* NZM 2003, 108). Dinglich vollzogen wird die Teilungserklärung aber bereits durch Eintragung in die Wohnungsgrundbücher (§ 8 Abs. 2, § 7 Abs. 1 WEG), obwohl zu diesem Zeitpunkt dasjenige Wohnungseigentum, das sich auf eine Wohnung in einem erst noch zu errichtenden Gebäude erstreckt, tatsächlich nur ein Miteigentumsanteil am Grundstück ist (BGHZ 110, 36 = DNotZ 1990, 259 = Rpfleger 1990, 159). 229

Vor Anlegung der Wohnungsgrundbücher können die Bestimmungen des Wohnungseigentumsgesetzes keine – auch nicht lediglich eine entsprechende – Anwendung finden (*KG* NJW-RR 1986, 1274 = ZMR 1986, 295). *Nach Anlegung* der Wohnungsgrundbücher kann ein Rückgriff auf die Figur des werdenden Wohnungseigentümers angezeigt sein (vgl. *BayObLG* ZMR 2004, 767; s. Rn. 233). 230

II. Isolierte (substanzlose) Miteigentumsanteile

Wenngleich die rechtsgeschäftliche Begründung isolierter Miteigentumsanteile gem. § 3 Abs. 1 WEG und § 8 Abs. 1 WEG unzulässig ist (*BGH* Rpfleger 2005, 17 = ZMR 2005, 59; *HansOLG Hamburg* ZMR 2002, 372; *BayObLG* Rpfleger 1996, 240 = ZMR 1996, 285), kann doch sachenrechtlich ein solcher **Miteigentumsanteil ohne Verbindung mit Sondereigentum** nachträglich entstehen (*BGH* Rpfleger 2005, 17 = ZMR 2005, 59 [fehlgeschlagene Unterteilung] *BGH* Rpfleger 2004, 207 = ZMR 2004, 206 [unmögliche Zuordnung von Räumen aufgrund abweichender Bauausführung]; BGHZ 130, 159 = Rpfleger 1996, 19 = ZMR 1995, 521 [fehlende Bestimmtheit aufgrund widersprüchlicher Angaben]; BGHZ 109, 179 = Rpfleger 1990, 62 = ZMR 1990, 112 [mangelnde Sondereigentumsfähigkeit]). 231

Auf den Erwerber eines solchen Miteigentumsanteils sind nach ganz überwiegender Auffassung die **Bestimmungen des WEG direkt oder doch zumindest entsprechend anwendbar**. Der Sache 232 nach besteht nämlich insoweit kein Unterschied zu der Situation, in der Wohnungseigentum schon vor Errichtung des Gebäudes gebildet wurde (Rn. 229), die Bauausführung jedoch unterbleibt. Dann bleibt zwar das Wohnungseigentum – mit der Folge der Anwendbarkeit des Wohnungseigentumsgesetzes – bestehen, stellt aber seiner Substanz nach ebenfalls nur einen Miteigentumsanteil am Grundstück dar (*BGH* Rpfleger 2005, 17 = ZMR 2005, 59; *BGH* Rpfleger 2004, 207 = ZMR 2004, 206; *OLG Hamm* Rpfleger 2007, 137 = ZMR 2007, 213; *OLG Köln* ZMR 2004, 623; *Hügel* ZMR 2004, 549, 553; *Hauger* DNotZ 1992, 502; *Weitnauer* WE 1991, 123). Wegen weiterer Einzelheiten – insbesondere zu Fragen der Kosten- und Lastentragung, des Stimmrechts und der Heilung – s. ausführlich § 3 Rn. 97 ff.

III. Werdende (faktische) Wohnungseigentümer

233 Bei der einseitigen Begründung von Wohnungseigentum gem. § 8 WEG bejaht die ganz h. M. ein erhebliches praktisches Bedürfnis dafür, bereits **vor der rechtlichen Invollzugsetzung der Eigentümergemeinschaft** durch Eintragung des ersten Erwerbers in das Grundbuch (vgl. *BayObLG* ZMR 2004, 767; *OLG Hamm* ZMR 2003, 776) die materiellen und verfahrensrechtlichen **Bestimmungen des Wohnungseigentumsgesetzes entsprechend anzuwenden**, wenn ein Erwerber eine gesicherte Rechtsposition erlangt hat (*OLG München* ZMR 2006, 308 = Rpfleger 2006, 317; *OLG Düsseldorf* ZMR 2007, 126; *OLG Köln* NZM 2006, 301; *OLG Hamm* DNotZ 2004, 389 = ZMR 2005, 219; *OLG Köln* ZMR 2004, 859; *BayObLG* NJW-RR 1991, 216; *Heismann* ZMR 2004, 10; **krit.** *OLG Saarbrücken* NJW-RR 2002, 1236; a. A. *Belz* FS Merle 2000, S. 51 ff.).

234 Die Rechtsfigur des werdenden Wohnungseigentümers **widerspricht** damit **nicht** der **Rechtsprechung des** *BGH* zum faktischen Wohnungseigentümer (BGHZ 106, 113 = DNotZ 1989, 422 = NJW 1989, 1087 = Rpfleger 1989, 150; BGHZ 107, 285 = Rpfleger 1989, 366 = ZMR 1989, 434). Die genannten Entscheidungen betreffen ausschließlich den Fall des werdenden Wohnungseigentümers, der bei einer **bereits in Vollzug gesetzten Gemeinschaft** erworben hat.
Zum Ganzen s. ausführlich § 10 Rn. 21 ff.

235 Zur Frage, ob eine Anwendung der Regelungen aus der Gemeinschaftsordnung auch bei der vertraglichen Begründung von Wohnungseigentum gem. **§ 3 WEG** denkbar ist s. § 3 Rn. 128 f.

G. Sonderformen.
I. Errichtung von Mehrhausanlagen in mehreren Bauabschnitten
1. Ausgangslage

236 Das WEG erlaubt auch die Begründung von Wohnungseigentum, wenn mehr als ein Gebäude auf dem aufzuteilenden Grundstück errichtet ist oder errichtet werden soll. Probleme bereitet dabei die abschnittsweise Erstellung noch zu errichtender Gebäude. Soweit **Wohnungseigentum in Form mehrerer selbständiger Gebäude** mangels realer Teilbarkeit an einem Grundstück im Rechtssinne gebildet werden soll, wird in diesem Fall in der Praxis mit der Erstellung des zweiten oder weiteren Bauabschnitts erst begonnen werden, wenn die Abveräußerung der Einheiten des ersten Bauabschnitts (weitgehend) erfolgt ist. Die Aufteilung solcher Mehrhausanlagen kann sich auf unterschiedliche Weise vollziehen:

2. »Große (Komplett-)Aufteilung«

237 Möglich ist eine vollständige Aufteilung der Gesamtanlage mit sämtlichen konzipierten Gebäuden »in einem Zug«. Das Sondereigentum entsteht in diesem Fall jeweils mit dem Baufortschritt.

238 Dieses Verfahren wird jedoch nur dann umsetzbar sein, wenn bereits zu Beginn alle Bauabschnitte vollständig geplant werden können und die allgemeinen Voraussetzungen für die Begründung von Wohnungseigentum, insbesondere § 7 Abs. 4 WEG, gegeben sind (Staudinger/ *Rapp* § 5 Rn. 54). Auch verbleiben dem Bauträger keine Planungsspielräume bei der Errichtung der weiteren Abschnitte, da die Erstellung nur in Übereinstimmung mit den bereits festgelegten Plänen erfolgen kann (*Häublein* DNotZ 2000, 442, 443).

3. »Kleine Aufteilung«

Denkbar ist auch eine vollständige Aufteilung lediglich bezogen auf die Einheiten des ersten Bauabschnitts. Erwerber aus diesem Abschnitt verpflichten sich beim Erwerb zur Übertragung von Miteigentumsanteilen, mit denen der Bauträger bei Realisierung eines weiteren Bauabschnitts Sondereigentum an den noch zu schaffenden Wohnungen verbinden kann. Die Absicherung dieses schuldrechtlichen Anspruchs auf Abtrennung von Miteigentumsanteilen und Einräumung von Sondereigentum zugunsten des Bauträgers kann nur durch Eintragung entsprechender Vormerkungen gem. § 883 BGB an sämtlichen Wohnungseinheiten erfolgen. Dafür ist neben der genauen Angabe der noch zu bebauenden Teilfläche eine Bezugnahme auf die künftige baurechtliche Genehmigung ausreichend (*BayObLG* Rpfleger 1992, 292 = ZMR 1992, 256).

Die an den einzelnen Einheiten des ersten Bauabschnitts eingetragenen Vormerkungen behindern jedoch die weitere Abwicklung. Zum einen bedarf es der erstrangigen Eintragung, wenn die Vormerkungen vollstreckungsfest sein sollen, was zu Schwierigkeiten bei der Endfinanzierung der Erwerber führen kann. Zum anderen sind bei zukünftigen Übertragungen von Miteigentumsanteilen die Zustimmungen der dinglich Berechtigten gem. §§ 876, 877 BGB erforderlich, da die zur Verbindung mit Sondereigentum vorgesehenen Anteile lastenfrei gemacht werden müssen. Aus diesen Gründen wird von der »kleinen Aufteilung« zu Recht **abgeraten** (vgl. Becksches Notarhandbuch / *Rapp* A III Rn. 37).

4. Aufteilung mit überdimensionalem Miteigentumsanteil

Die Aufteilung kann auch noch dergestalt erfolgen, dass bei der vollständigen Aufteilung des ersten Bauabschnitts einer Einheit (typischerweise dem mutmaßlich als letztem zu veräußernden Garagen- oder Stellplatzeigentum) ein **überdimensonaler Miteigentumsanteil** zugeordnet wird, der sich an der Fläche der noch zu erstellenden Einheiten in den zukünftigen Bauabschnitten orientiert (grundlegend *Röll* DNotZ 1977, 69, 74 ff.). Liegen dann für den zweiten Bauabschnitt die Voraussetzungen des § 7 Abs. 4 WEG vor (Aufteilungsplan und ergänzte Abgeschlossenheitsbescheinigung), kann in einem Nachtrag zur Teilungserklärung die Aufspaltung des überdimensionalen Miteigentumsanteils erfolgen.

Die mit der späteren Abtrennung von Miteigentumsanteilen verbundene Überführung der zunächst noch im gemeinschaftlichen Eigentum stehenden Wohnungen des weiteren Bauabschnitts in Sondereigentum macht jedoch grundsätzlich die **Mitwirkung aller Wohnungseigentümer** (§ 4 WEG) **und** ihrer **dinglich Berechtigten** (§§ 876, 877 BGB) erforderlich, da gemeinschaftliches Eigentum in Sondereigentum umgewandelt werden muss (dazu ausführlich § 7 Rn. 215 ff.).

Eine **verdinglichte Ermächtigung** in der Gemeinschaftsordnung zur späteren Umwandlung von Gemeinschafts- in Sondereigentum ist dabei nach inzwischen h. M. **nicht möglich** (*BGH* DNotZ 2003, 536 = ZMR 2003, 748; *BayObLG* DNotZ 1998, 379 = Rpfleger 1998, 19; *BayObLG* NZM 2000, 668 = ZMR 2000, 316; *BayObLG* Rpfleger 2002, 140 = ZMR 2002, 283; *KG* NZM 1999, 258; *Armbrüster* ZMR 2005, 244, 247; *Demharter* Anh. zu § 3 Rn. 91; *Hügel* RNotZ 2005, 149, 151; *Krause* NotBZ 2001, 433, 434 u. 437 f; *Meikel / Böttcher* Einl. I Rn. 15 f.; *Müller* Rn. 85; *Schöner/Stöber* Rn. 2967c), so dass Mitwirkungspflichten nur über entsprechende Vollmachten individuell abgesichert werden können (vgl. *BayObLG* DNotZ 1996, 297). Die fehlende Weitergabe der Mitwirkungsverpflichtung im Veräußerungsfall durch einen Wohnungseigentümer des ersten Bauabschnitts kann jedoch nicht über die Versagung einer auch insoweit vereinbarten Veräußerungszustimmung gem. § 12 WEG sanktioniert werden (*Armbrüster* ZMR 2005, 244, 249; *Häublein* DNotZ 2000, 442, 455; § 12 Rn. 146; **a. A.** *Hügel* DNotZ 2003, 517, 522 ff.). Auch kann nicht zunächst an dem gesamten zu erstellenden Gebäude Sondereigentum begründet werden, um sodann das notwendige Gemeinschaftseigentum an Treppenhäusern pp. durch Aufgabe gem. § 928 BGB zu erreichen (so aber *Gaier* FS Wenzel 2005, 145, 152 ff.). Dereliktion führt nämlich nicht zu Gemeinschaftseigentum, sondern zur Herrenlosigkeit (zu Recht deshalb **abl**. Staudinger / *Rapp* § 5 Rn. 52).

Selbst die in der Praxis geläufige Einräumung eines umfassenden Sondernutzungsrechtes an der zukünftig zu bebauenden Teilfläche des Grundstücks zugunsten des Bauträgers soll nicht geeignet sein, die **Mitwirkungpflicht Drittberechtigter** auszuschließen (so *BayObLG* Rpfleger 2002, 140 = ZMR 2002, 283; *BayObLG* WE 1996, 155; *BayObLG* MittRhNotK 1993, 224; *BayObLG* Rpfleger

§ 1 | Begriffsbestimmungen

1992, 20; Bauer / *v. Oefele* AT V Rn. 358; *Demharter* Anh. zu § 3 Rn. 65; *Schöner/Stöber* Rn. 2967). Zur Kritik an dieser Auffassung s. § 7 Rn. 224 m. w. N. Ein Ausschluss der von der h. M. angenommenen Zustimmungspflicht Drittberechtigter kann jedoch auf folgenden Wegen erreicht werden: Zum einen kann eine in der Teilungserklärung selbst enthaltene, dem Bestimmtheitsgrundsatz entsprechende Änderungsbefugnis auch Wirkung gegen die dinglich Berechtigten entfalten, weil sie anders als eine nur in einem notariellen Vertrag erteilte Vollmacht zur Änderung nicht lediglich das Verhältnis der Vertragsparteien betrifft. Zwar wird auch dann mit der Reduzierung von gemeinschaftlichem Eigentum das Haftungsobjekt dinglich Berechtigter geschmälert, jedoch nur in einem von Anfang an zugelassenen Umfang. Deren Zustimmung ist daher in einem solchen Fall nicht erforderlich (*LG Augsburg* NZM 1999, 872).

Denkbar ist aber auch die Verwendung einer von Anfang an hinsichtlich der Entstehung des künftigen Sondereigentums auflösend bedingten Eintragungsbewilligung für die Rechte der Enderwerber am ersten Bauabschnitt. Mit der Umwandlung des Gemeinschaftseigentums in Sondereigentum an den weiteren Bauabschnitten entfällt dann die Zustimmung der dinglich Berechtigten infolge des Bedingungseintritts; die Belastungen der Eigentümer am ersten Bauabschnitt bestehen automatisch nur noch an dem reduzierten Gemeinschaftseigentum. Insoweit liegt auch kein Fall des § 4 Abs. 2 S. 2 WEG vor, da es sich um eine Gestaltungsfrage hinsichtlich der dinglichen Rechte am Wohnungseigentum und nicht des Wohnungseigentums selbst handelt (zur Zulässigkeit von Bedingungen bei dinglichen Rechten vgl. Bauer / v. Oefele / *Kössinger* § 19 Rn. 56 ff.).

II. Unzulässigkeit von rechtlich verselbständigten Unter- und Übergemeinschaften

1. Untergemeinschaften

245 Das Wohnungseigentumsgesetz sieht **dinglich verselbständigte Untergemeinschaften** an einzelnen Räumen oder Gebäudeteilen nicht vor, so dass diese gem. § 93 BGB auch nicht Gegenstand besonderer Rechte sein können (Weitnauer / *Briesemeister* § 3 Rn. 32; **a. A.** Bärmann/Pick/Merle § 1 Rn. 41 u. § 7 Rn. 38). Dies stünde im Widerspruch zu den Bemühungen des WEG, klar und überschaubar abgegrenzte Bereiche des Sondereigentums zu schaffen. Sondereigentum kann deshalb immer nur *einem* Miteigentumsanteil zugeordnet werden (*BayObLG* MittBayNot 1982, 26); durch die Aufteilung darf **kein Mitsondereigentum** zugunsten einer Gruppe von Wohnungseigentümern z. B. an Fahrstühlen, Treppenhäusern oder einzelnen Wohnungen vorgelagerten Fluren entstehen (BGHZ 130, 159, 168 = NJW 1995, 2851 = Rpfleger 1996, 19 = ZMR 1995, 521; *OLG Schleswig* ZMR 2007, 726 = DNotZ 2007, 620 m. insoweit zust. Anm. *Commichau*; *BayObLG* Rpfleger 2000, 326 = ZMR 2000, 622; *BayObLG* Rpfleger 1996, 240; *BayObLG* Rpfleger 1988, 102; Bamberger / Roth / *Hügel* § 5 Rn. 8; KEHE / *Herrmann* Einl. E 25; *Schöner/Stöber* Rn. 2824; a. A. *Bärmann/Pick/Merle* § 1 Rn. 41). Etwas anderes gilt lediglich für das sog. Nachbareigentum (dazu s. § 5 Rn. 84 ff.).

246 Soweit mehrere Eigentümer eine Wohnungs- oder Teileigentumseinheit gemeinschaftlich erwerben, bilden sie keine rechtlich verselbständigte Untergemeinschaft. Für diese Eigentümer gilt vielmehr **im Innenverhältnis das jeweilige Gemeinschaftsrecht** (also z. B. das der Bruchteilsgemeinschaft gem. § 741 ff. BGB oder das einer Gesamthandsgemeinschaft) und nicht das WEG (*BGH* NJW-RR 2005, 308 = DNotZ 2005, 207 m. Anm. *Wolfsteiner*; *BGH* NJW-RR 2001, 6; *OLG Frankfurt* DNotZ 2007, 471 = ZMR 2007, 291; *OLG Jena* FGPrax 2000, 7; Weitnauer / *Briesemeister* § 3 Rn. 121). § 11 WEG findet deshalb auf diese Gemeinschaften keine Anwendung; für Gläubiger ist daher insoweit das Zugriffsrecht gem. § 751 BGB eröffnet.

247 **Auch** eine aus mehreren Wohnhäusern gebildete Wohnungseigentumsanlage ist nach diesen Grundsätzen zu behandeln (*OLG Köln* WE 1998, 191). Das schließt aber insbesondere für solche **Mehrhausanlagen** nicht aus, dass sich aus der Gemeinschaftsordnung eine Verpflichtung des Verwalters ergeben kann, für Teile der Gemeinschaft eigene Wirtschaftspläne und Jahresabrechnungen aufzustellen, über die gesondert in einer Teil- Eigentümerversammlung abzustimmen ist (*BayObLG* ZMR 2004, 598). Auch werden typischerweise Sonderregelungen über gemeinschaftliche Sondernutzungsrechte mit entsprechender Kostentragungsverpflichtung für die jeweiligen Eigentümer der Wohnhäuser erreicht.

Ein besonderes Problem ergibt sich nach der Anerkennung der Rechtsfähigkeit der Wohnungseigentümergemeinschaft für solche Mehrhausanlagen. Als rechtsfähig kann nämlich lediglich die übergeordnete Gesamteigentümergemeinschaft angesehen werden; die untergeordneten »Verwaltungsgemeinschaften« sind nur ein Teil dieses Gesamtverbandes und nicht selbst rechtsfähig, weil sie ihre Organisationsbefugnisse lediglich von dem Gesamtverband ableiten (*Jennißen* NZM 2006, 203, 206; *Wenzel* NZM 2006, 321, 323 f.). Daraus ergeben sich im Hinblick auf § 10 Abs. 8 S. 1 WEG **Haftungsprobleme**. Obwohl eine untergeordnete Verwaltungsgemeinschaft im Innenverhältnis zur Kostentragung für solche Angelegenheiten, die lediglich das von ihr verwaltete Haus betreffen, verpflichtet ist, haften im Außenverhältnis alle Wohnungseigentümer der Gesamtanlage entsprechend ihrer Miteigentumsquote. Zu möglichen Lösungsstrategien s. insoweit *Müller* zit. nach *Schmolke* NZM 2007, 474 und *Hügel*/Elzer § 3 Rn. 28 ff. mit einem Formulierungsvorschlag. 248

2. Übergemeinschaften

Umgekehrt können die Miteigentümer zweier selbständiger Wohnungseigentumsgemeinschaften **kein gemeinsames Verwaltungs- und Wirtschaftswesen** unter Verdrängung der gesetzlichen Verwaltungsbefugnisse der einzelnen Gemeinschaft vereinbaren. Die Begründung einer solchen Übergemeinschaft oder Dachgemeinschaft wäre wegen Verstoßes gegen zwingende Vorschriften des Wohnungseigentumsrechts und Umgehung des sachenrechtlichen Typenzwangs nichtig (*OLG Hamm* DNotZ 2004, 627 = NZM 2004, 787; *OLG Düsseldorf* ZMR 2003, 765). Es bleibt mehreren Eigentümergemeinschaften jedoch unbenommen, sich zu einer **Wirtschaftsgemeinschaft** zusammenzuschließen, z. B. um gemeinsam einen Ferienwohnpark zu betreiben. Allerdings findet dann auf diese Wirtschaftsgemeinschaft nicht das Recht des WEG, sondern der **BGB-Gesellschaft** Anwendung (*OLG Köln* ZMR 2000, 561; *BayObLG* ZMR 1999, 418). 249

1. Abschnitt Begründung des Wohnungseigentums

§ 2 Arten der Begründung

Wohnungseigentum wird durch die vertragliche Einräumung von Sondereigentum (§ 3) oder durch Teilung (§ 8) begründet.

Inhaltsverzeichnis

A. Allgemeines	1
B. Vertragliche Einräumung gem. § 3 WEG	4
C. Einseitige Teilungserklärung gem. § 8 WEG	10
D. Besonderheiten	13
E. Genehmigungen	17

A. Allgemeines

§ 2 ist lediglich eine Leitvorschrift (Weitnauer/*Briesemeister* Rn. 1), die die beiden – einzigen – Möglichkeiten zur Begründung von Wohnungs- und Teileigentum) aufzeigt. Danach kann die Begründung entweder durch eine vertragliche Einräumung von Sondereigentum seitens der schon vorhandenen Miteigentümer (§ 3) oder durch einseitige Aufteilungserklärung des/der Alleineigentümer/s erfolgen (§ 8). Die Art seiner Begründung ist für das entstandene Wohnungs- und Teileigentum im weiteren Rechtsverkehr unerheblich. 1

Andere Möglichkeiten der Begründung von Wohnungs- und Teileigentum kennt das Gesetz nicht. So besteht z. B. grundsätzlich keine Möglichkeit einer richterlichen Teilung (vgl. *OLG Oldenburg* FamRZ 1996, 1437). Auch durch letztwillige Verfügung kann Wohnungseigentum nicht unmittelbar begründet werden. Sowohl ein Vermächtnis als auch eine Teilungsanordnung gewähren dem Berechtigten lediglich einen schuldrechtlichen Anspruch auf Verschaffung von Wohnungseigentum, dessen Begründung die Erben erst noch in der beschriebenen Weise vornehmen müssen (*BGH* Rpfleger 2002, 520 = ZMR 2002, 762; Bamberger/Roth/*Hügel* Rn. 3). 2

§ 2 | Arten der Begründung

3   Beide Arten der Begründung von Wohnungs- und Teileigentum sind sowohl hinsichtlich bereits bestehender als auch hinsichtlich noch zu errichtender Gebäude möglich (vgl. § 3 Abs. 1 u. § 8 Abs. 1: »Sondereigentum an ... Räumen in einem auf dem Grundstück errichteten oder zu errichtenden Gebäude«). Die Anzahl der Wohnungs- und Teileigentumseinheiten an einem Grundstück ist dabei nicht begrenzt. Sie kann im Einzelfall durchaus vierstellige Größenordnungen erreichen, wenngleich dies im Hinblick auf die Verwaltbarkeit der Anlage wenig sinnvoll erscheint.

B. Vertragliche Einräumung gem. § 3 WEG

4   Soll die Begründung von Wohnungseigentum in der Weise erfolgen, dass mehrere Bruchteilseigentümer sich gegenseitig vertraglich Sondereigentum einräumen, gelten für diesen dinglichen Vertrag dieselben Formvorschriften wie für die Auflassung (§ 4 Abs. 2 WEG, § 925 BGB). In der Einräumung von Alleineigentum an den vorgesehenen Wohnungs- und Teileigentumsrechten liegt eine Verfügung über den jeweiligen Miteigentumsanteil.

5   Nach Durchführung der vertraglichen Einräumung von Sondereigentum setzt sich das Miteigentum der bisherigen Bruchteilseigentümer jeweils an den neu entstehenden Wohnungs- und Teileigentumsrechten dergestalt fort, dass alleiniger Rechtsinhaber nunmehr jeweils die vormaligen Miteigentümer des Grundstücks sind. Dabei müssen für die Aufteilung gem. § 3 die gewöhnlichen Bruchteilsquoten mit den zukünftig mit Sondereigentum zu verbindenden Miteigentumsanteilen übereinstimmen. Dies schließt Verschiebungen und Anpassungen der Bruchteile im Vorfeld der Grundbucheintragung nicht aus (s. auch Rn. 13 f.). Im Gegenteil zwingt die dargestellte Systematik u. U. sogar zu – grunderwerbsteuerpflichtigen – Übertragungen bloßer Miteigentumsanteile, um die Voraussetzungen für die Begründung des Wohnungseigentums zu schaffen. Im Hinblick auf § 16 Abs. 2 spiegeln sich nämlich vielfach in den Miteigentumsanteilen die Verhältnisse der Wohnungsgrößen, so dass »glatte« Anteile in der Praxis eher die Ausnahme sind. Angezeigt wäre es daher, bereits beim Erwerb eines Grundstücks darauf zu achten, dass Miteigentumsanteile in dem Verhältnis erworben werden, wie sie demnächst dem Alleineigentum am zugeordneten Wohnungs- und Teileigentumsrecht entsprechen sollen.

6   Durch die vertragliche Einräumung von Sondereigentum kann auch die **Aufhebung einer Miteigentümergemeinschaft** (§ 752 BGB) bewirkt werden. Voraussetzung ist jedoch, dass die Teilhaber darüber Einvernehmen herbeiführen; die Begründung von Wohnungseigentum kann nicht durch richterliche Teilungsentscheidung gegen den Willen eines Teilhabers erzwungen werden. Die Bildung von Sondereigentum stellt nämlich keine Teilung in Natur im Sinne des § 752 BGB dar, da an einem bebauten Grundstück in der Regel keine gleichartigen Anteile gebildet werden können (*OLG Hamm* NJW-RR 1992, 665). Zudem wird die Bindung unter den bisherigen Gemeinschaftern nicht endgültig und umfassend gelöst wie in § 749 BGB vorgesehen, sondern durch eine neue Bindung, nämlich die Wohnungseigentümergemeinschaft, abgelöst. Sind sich die Gemeinschafter über die Einräumung von Sondereigentum nicht einig, kann die Teilung nur nach § 753 BGB durch Versteigerung des Grundstücks erfolgen (*OLG München* NJW 1952, 1298 = DNotZ 1953, 147; Weitnauer/*Briesemeister* § 2 Rn. 1 a. E.).

7   Allerdings kann in besonders gelagerten Einzelfällen die Aufhebung der Gemeinschaft gerade durch Zwangsversteigerung wegen einer mit ihr verbundenen besonderen Härte für den widersprechenden Teilhaber eine unzulässige Rechtsausübung darstellen mit der Folge, dass sich der die Aufhebung betreibende Teilhaber auf Realteilung in gleichwertige Teile verweisen lassen muss (BGHZ 58, 146 = JZ 72, 403). Unter diesen engen Voraussetzungen – bloße Billigkeitserwägungen genügen nicht – kann dann auch eine Realteilung durch Bildung von Wohnungseigentum in Betracht kommen (*OLG Frankfurt* DStR 2007, 868; Bärmann/*Pick*/Merle § 2 Rn. 10; a. A. Niedenführ/Kümmel/*Vandenhouten* Rn. 3).

8   Die **Auseinandersetzung einer Erbengemeinschaft** (§ 2042 Abs. 2 BGB i. V. m. § 752 BGB) kann ebenfalls durch vertragliche Einräumung von Sondereigentum erfolgen, wobei zunächst das Gesamthandseigentum der Erbengemeinschaft in Bruchteilseigentum umgewandelt werden muss. Auch hier ist Einvernehmen der Miterben erforderlich, wenn nicht aufgrund einer Teilungsanordnung des Erblassers nach § 2048 BGB die Auseinandersetzung durch Aufteilung in Woh-

nungseigentum angeordnet wird. In diesem Fall hat jeder Miterbe einen einklagbaren Anspruch auf Begründung von Wohnungseigentum nach § 3 WEG entsprechend den Vorgaben des Erblassers. Können sich die Miterben lediglich auf die Gemeinschaftsordnung nicht einigen, können die über die gesetzlichen Vorschriften hinaus im Einzelfall erforderlichen Regelungen durch das Gericht getroffen werden (*BGH* NJW 2002, 2712 = Rpfleger 2002, 520 = ZMR 2002, 762).

Die Begründung von Sondereigentum durch Vertrag kam insbesondere bei den sog. »Bauherrenmodellen« zur Anwendung. Im Einzelnen s. die Kommentierung zu § 3. **9**

C. Einseitige Teilungserklärung gem. § 8 WEG

In der Praxis hat sich die einseitige Begründung von Wohnungs- und Teileigentum durch den allein teilenden Eigentümer gem. § 8 als die häufigere Erscheinungsform herausgebildet. Wesensmerkmal dieser sog. **Vorratsteilung** ist, dass die Teilung als rechtstechnische Maßnahme die bisherige Gemeinschaftsform der (Mit-)Eigentümer des Grundstücks nicht verändert, sondern lediglich dazu dient, die Entstehung einer Wohnungseigentümergemeinschaft vorzubereiten und zu erleichtern (*KG* Rpfleger 1995, 17). **10**

Steht das Eigentum an einem Grundstück also mehreren Personen in **Bruchteilsgemeinschaft** zu, so hat eine Teilung des Eigentums nach § 8 zur Folge, dass sich die Bruchteilsgemeinschaft an den einzelnen Raumeigentumsrechten fortsetzt (*KG* Rpfleger 1995, 17; *BayObLG* NJW 1969, 883; *Bärmann/Pick*, WEG, 13. Aufl. § 3 Rn. 4). Sind mehrere Eigentümer an dem ungeteilten Grundstück in **Erbengemeinschaft** eingetragen, bewirkt die Teilung gem. § 8 lediglich die Bildung von Miteigentumsanteilen verbunden mit Sondereigentum, an denen aber nach wie vor jeweils unverändert die Mitglieder der Erbengemeinschaft eingetragen sind. Eine Auseinandersetzung erfolgt bei dieser Art der Teilung also nicht; dafür hätte es einer vorherigen Umwandlung in eine Bruchteilsgemeinschaft mit anschließender Begründung des Wohnungseigentums gem. § 3 bedurft. **11**

Erfolgt die Bildung der Wohnungseigentumsrechte gem. § 8 durch eine **natürliche Person**, so wird bei späteren Abveräußerungen ggf. zu beachten sein, dass die sog. »Drei-Objekt-Grenze« überschritten werden kann, was zur Annahme eines gewerblichen Grundstückshandels und einer entsprechenden Steuerpflicht führen kann (vgl. § 15 Abs. 2 EStG; *BFH* BStBl II 2004, 950 = BFHE 207, 162; *BFH* BStBl II 2005, 41 = BFHE 207, 263; *Fischer* MittBayNot 1999, 221). **12**

D. Besonderheiten

Denkbar ist eine **Mischform** in der Anwendung von § 3 WEG u. § 8 WEG in der Weise, dass ein zunächst größer dimensionierter Miteigentumsanteil eines Miteigentümers im Zuge der vertraglichen Begründung von Wohnungseigentum weiterhin gem. § 8 WEG unterteilt wird. Statt wie bei einer bloß vertraglichen Einräumung – diesen größeren Miteigentumsanteil mit einem einheitlichen Sondereigentum z. B. an mehreren Wohnungen zu verbinden, kann auch sogleich den entsprechend § 8 durch weitere Unterteilung gebildeten kleineren Miteigentumsanteilen jeweils unmittelbar eigenes Sondereigentum an einer bestimmten Wohnung zugeordnet werden (vgl. *Bärmann/Pick/Merle* § 3 Rn. 15). **13**

Ebenfalls können die beiden **Möglichkeiten** zur Begründung von Wohnungs- und Teileigentum auch in der Weise **kombiniert** werden, dass mehrere Bruchteilseigentümer die Begründung einer bestimmten Anzahl von Wohnungseigentumsrechten mit der Maßgabe vereinbaren, daß sie einen Teil davon selbst zu Eigentum übernehmen (Fall des § 3 WEG), sich jedoch hinsichtlich der übrigen Wohnungseigentumsrechte als Miteigentümer zu den am Stammgrundstück bestehenden ursprünglichen Anteilen (insoweit Fall des § 8 WEG) eintragen lassen (*KG* Rpfleger 1995, 17 = FGPrax 1995, 24). **14**

Weiterhin können Miteigentümer eines Grundstücks durch einen dinglichen Vertrag Wohnungseigentum nach § 3 WEG auch in der Weise begründen, dass sie sowohl die Zahl der Miteigentumsanteile durch **Zusammenlegung** verändern als auch diesen neuen Anteilen jeweils das Sondereigentum an *einer* Wohnung zuordnen (BGHZ 86, 393 = NJW 1983, 1672 = Rpfleger 1983, 270). Auf diese Weise können z. B. zwei Ehepaare ihre ursprünglichen jeweils $1/4$ Miteigentumsanteile zunächst zu jeweils einem $1/2$ Miteigentumsanteil zusammenführen, um alsdann mit jedem der **15**

§ 3 | Vertragliche Einräumung von Sondereigentum

neu gebildeten halben Miteigentumsanteile das Sondereigentum an einer bestimmten Wohnung zu verbinden. An den so entstandenen Einheiten sind die jeweiligen Eheleute intern wiederum in gewöhnlicher Bruchteilsgemeinschaft gem. §§ 741 ff. zu je $^1/_2$ Anteil berechtigt.

16 Umgekehrt ist auch eine **Abspaltung** von Miteigentumsanteilen bei einigen oder allen Bruchteilseigentümern möglich, um auf diese Weise einen neuen Miteigentumsanteil bilden zu können, an dem sie sodann im Verhältnis der eingebrachten Anteile berechtigt sind. Das so gebildete neue Miteigentum kann anschließend mit Sondereigentum verbunden werden, das ausschließlich diesen Bruchteilsinhabern stehen kommen soll wie dies z. B. bei einem Doppel- bzw. Mehrfachparker oder einem Schwimmbad der Fall sein kann (*LG Bochum* Rpfleger 1999, 24).

E. Genehmigungen

17 Die Begründung von Wohnungs- und Teileigentumsrechten kann im Einzelfall von einer öffentlich-rechtlichen Genehmigung abhängen; dazu s. ausführlich § 7 Rn. 75 ff.

§ 3 Vertragliche Einräumung von Sondereigentum

(1) Das Miteigentum (§ 1008 des Bürgerlichen Gesetzbuches) an einem Grundstück kann durch Vertrag der Miteigentümer in der Weise beschränkt werden, daß jedem der Miteigentümer abweichend von § 93 des Bürgerlichen Gesetzbuches das Sondereigentum an einer bestimmten Wohnung oder an nicht zu Wohnzwecken dienenden bestimmten Räumen in einem auf dem Grundstück errichteten oder zu errichtenden Gebäude eingeräumt wird.

(2) Sondereigentum soll nur eingeräumt werden, wenn die Wohnungen oder sonstigen Räume in sich abgeschlossen sind. Garagenstellplätze gelten als abgeschlossene Räume, wenn ihre Flächen durch dauerhafte Markierungen ersichtlich sind.

(3) *Aufgehoben*

Literatur
Abramenko Nochmals zu Aufteilungsplan und abweichender Bauausführung, ZMR 1998, 741; *Armbrüster* Änderungsvorbehalte und -vollmachten zugunsten des aufteilenden Bauträgers, ZMR 2005, 244; *Armbrüster/Müller* Zur Wirkung wohnungseigentumsrechtlicher Gebrauchsbeschränkungen gegen Mieter, FS Seuß (2007), 3 = ZWE 2007, 218; *dies.* Direkte Ansprüche der Wohnungseigentümer gegen Mieter, insbesondere bei zweckwidrigem. Gebrauch, ZMR 2007, 321; *Bärmann* Wohnungseigentum, 1991; *Böttcher* Entwicklungen beim Erbbaurecht und Wohnungseigentum seit 2000, Rpfleger 2004, 21; *Bornemann* Der Erwerb von Sondernutzungsrechten im Wohnungseigentumsrecht, 2000; *Brock* Rechtliche Grenzen beim Umbau von Teileigentumseinheiten, ZfIR 2004, 841; *Bub* Aufteilungsplan und Abgeschlossenheitsbescheinigung, WE 1991, 124; *Däubler* Gründungsmängel beim Wohnungseigentum, DNotZ 1964, 216; *Demharter* Isolierter Miteigentumsanteil beim Wohnungseigentum, NZM 2000, 1196; *ders.* Wohnungseigentum und Überbau, Rpfleger 1983, 133; *Dreyer* Mängel bei der Begründung von Wohnungseigentum, DNotZ 2007, 594; *Elzer* Umwandlung von Gemeinschafts- in Sondereigentum, MietRB 2007, 78; *Ertl* Isoliertes Miteigentum?, WE 1992, 219; *ders.* Wohnungseigentum oder isolierter Miteigentumsanteil?, MittBayNot 1991, 141; *Gaberdiel* Mängel bei der Begründung von Wohnungseigentum, NJW 1972, 847; *Gleichmann* Sondereigentumsfähigkeit von Doppelstockgaragen, Rpfleger 1988, 10; *Häublein* Die Mehrhausanlage in der Verwalterpraxis, NZM 2003, 785; *ders.* Gestaltungsprobleme bei der abschnittsweisen Errichtung von Mehrhausanlagen, DNotZ 2000, 442; *Hügel* Die Umwandlung von Teileigentum zu Wohnungseigentum und umgekehrt, FS Bub, 37; *ders.* Der nachträgliche Ausbau von Dachgeschossen – Gestaltensmöglichkeiten in der Gemeinschaftsordnung RNotZ 2005, 149; Das unvollendete oder substanzlose Sondereigentum, ZMR 2004, 549; *ders.* Sicherheit durch § 12 WEG bei der abschnittsweisen Errichtung von Mehrhausanlagen, DNotZ 2003, 517; *ders.* Begründung von Wohnungseigentum mittels eines vorläufigen Aufteilungsplans, NotBZ 2003, 147; *ders.* Benutzungsregelungen nach § 15 WEG für Doppelparker, NotBZ 2000, 349; *Kreuzer* Änderung von Teilungserklärung und Gemeinschaftsordnung, PiG 63, 249; *ders.* Änderung der Teilungserklärung und Gemeinschaftsordnung, ZWE 2002, 285; *Müller* Die zweckbestimmungswidrige Nutzung von Sondereigentum, Potsdamer Tage rund um das Wohnungseigentum 2000, 141; *ders.* Der Übergang von der Bauherrengemeinschaft zur Wohnungseigentümergemeinschaft, FS Seuß (1997), S. 211; *Ott* Die zweckbestimmungswidrige Nutzung von Wohnungs- und Teileigentum, ZfIR 2005, 129; *Pfeilschifter/Wüstenberg* Wohnungseigentum ohne Abgeschlossenheitsbescheinigung?, WuM 2004, 635; *Rapp* Identische Strukturen bei Erbbaurecht und Wohnungseigentum, FS Wenzel, S. 271; *ders.* Verdinglichte Ermächtigungen in der Teilungserklärung, MittBayNot 1998, 77; *Röll* Vereinigung und Bestandteilszuschreibung im Wohnungseigentum, FS Seuß (1997), 253; *ders.* Automatische Garagensysteme in Eigentumswohnanlagen, Rpfleger 1996, 322; *ders.* Errichtung einer Wohnanlage in mehreren Bauabschnitten WE 1993, 16; *ders.* Garagen-

stellplätze und Gebäudeeigenschaft, DNotZ 1992, 221; *ders.* Teilungsplanwidriger Bau von Eigentumswohnanlagen, MittBayNot 1991, 241; *ders.* Gutgläubiger Erwerb im Wohnungseigentum, FS Seuß (1987), 233; *ders.* Das AGB-Gesetz und die Aufteilung zu Wohnungseigentum, DNotZ 1978, 720; *ders.* Teilungserklärung und Entstehung des Wohnungseigentums, 1975; *Sauren/Höckelmann* Die Sondereigentumsfähigkeit nicht überdachter Garagenstellplätze eines Gebäudes, Rpfleger 1999, 14; *F. Schmidt* Entscheidungsfolgen und Gesetzgeber im Wohnungseigentum, FS Seuß (2007), 241; *ders.* Kellermodell im Aufbruch? WE 1992, 2; *H. Schmidt* Zweckbestimmung durch die Teilungserklärung, MittBayNot 1981, 12; *J. Schmidt* Die sukzessive Begründung von Wohnungseigentum bei Mehrhausanlagen, ZWE 2005, 58; *Trautmann* Zur Reform der Abgeschlossenheitsbescheinigung ZWE 2004, 318; *ders.* Abgeschlossenheit von Wohnungen in Neubauten nach §§ 3 II 1, 7 IV 1 Nr. 2 WEG seit der Privatisierung bauaufsichtlicher Verwaltungsaufgaben, FS für Merle 2000, 313; *Weitnauer* Die Innovationsfreudigkeit des WEG-Gesetzgebers, FS Seuß (1997), 305; *ders.* Die Tiefgarage auf dem Nachbargrundstück, ZfBR 1982, 87; *ders.* Wohnungseigentum und isolierter Miteigentumsanteil, WE 1991, 120.

Inhaltsverzeichnis

A.	**Allgemeines**	1
	I. Gegenstand von § 3 WEG	1
	II. Echtes Eigentum	2
	III. Sonderregelungen für die neuen Bundesländer	3
B.	**Teilungsvertrag**	4
	I. Allgemeines zum Teilungsvertrag	4
	1. Vertrag Mehrerer	4
	2. Beschluss	5
	3. Kein »Gesellschaftsvertrag«	6
	4. Miteigentum an einem Grundstück	7
	II. Aufgaben des Teilungsvertrages	8
	1. Allgemeines	8
	2. Bestimmung von Inhalt und Grenzen des Gemeinschafts- und Sondereigentum	11
	3. Bestimmung der Miteigentumsanteile	12
	a) Einführung	12
	b) Größe der Miteigentumsanteile	13
	aa) Allgemeines	13
	bb) Prüfsteine	14
	cc) Änderung	15
	(1) Änderung durch die Wohnungseigentümer	16
	(2) Änderung durch das Wohnungseigentumsgericht	17
	c) Anzahl der Miteigentumsanteile	18
	d) Veränderung der Miteigentumsanteile untereinander	19
	4. Bestimmung eines Sondereigentums als Wohnungs- oder Teileigentum	20
	a) Herrschende Einordnung	21
	b) Kritik	22
	c) Falsche Bezeichnung eines Sondereigentums	23
	d) Abgrenzungen	24
	aa) Gebrauchsbestimmungen (Zweckbestimmungen im engeren Sinne)	24
	bb) Aufteilungsplan und öffentlich-rechtliche Genehmigungen	25
	III. Teilungsvertrag und Gemeinschaftsordnung	26
	IV. Teilungsvertrag und Vereinbarungen mit Beschlussinhalt	27
	V. Form des Teilungsvertrages	28
	VI. Zustimmungen Dritter zum Teilungsvertrag	29
	1. Gesamtbelastungen	29
	2. Rechte an nur einem Miteigentumsanteil	30
	3. Form	31
	VII. Gründungsmängel des Teilungsvertrages	32
	1. Gründungsmängel bei sämtlichen Einheiten	32
	a) Mängel und Fehler	32
	b) Fehlerhafte Gemeinschaft der Wohnungseigentümer; fehlerhafter Verband	33
	c) Rechtsfolgen	34
	aa) Grundsatz	34
	bb) Ausnahme	35
	d) Nichtberechtigter	36
	2. Gründungsmängel einzelner oder mehrerer Sondereigentumseinheiten	37
	a) Grundsatz	37
	b) Heilung durch gutgläubigen Erwerb	38
	VIII. Auslegung des Teilungsvertrages und Widersprüche	39

§ 3 | Vertragliche Einräumung von Sondereigentum

		1. Grundsatz		39
		2. Umdeutung		40
		3. Widerspruch zwischen Teilungsvertrag und Aufteilungsplan		41
		4. Widersprüche bei Zweckbestimmungen		42
			a) Widerspruch zwischen Teilungsvertrag und Gemeinschaftsordnung	42
			b) Widerspruch zwischen Gemeinschaftsordnung und Aufteilungsplan	44
			c) Widerspruch zwischen Gemeinschaftsordnung und Bauzeichnungen	45
	IX.	Änderungen des Teilungsvertrages		46
		1. Änderung durch Neubestimmung		46
			a) Grundsatz	46
			b) Umwandlung von Teil- in Wohnungseigentum	47
		2. Einseitige Änderungen		48
		3. Änderungen durch Beschluss		50
		4. Änderungsanspruch		52
		5. Zustimmung Dritter		55
C.	Anlagen zum Teilungsvertrag: Aufteilungsplan und Abgeschlossenheitsbescheinigung			56
	I.	Allgemeines		56
	II.	Aufteilungsplan		57
	III.	Abgeschlossenheitsbescheinigung		60
		1. Allgemeines		60
		2. Begriff und Zweck		61
		3. Sollvorschrift		62
		4. Selbstständige Prüfung durch das Grundbuchamt		63
	IV.	Abgeschlossenheit von Wohnungen		64
	V.	Abgeschlossenheit von Garagenstellplätzen		67
		1. Allgemeines		67
		2. Dauerhafte Markierungen		68
		3. Pkw-Abstellplätze		71
		4. Doppelstockgaragen (Duplex-Stellplätze, Doppelparker)		72
			a) Die Garage als Ganzes	72
			b) Die einzelnen Stellplätze	73
			c) Benutzungsregelungen	74
	VI.	§ 7 Abs. 4 S. 3 WEG; Verzicht auf Abgeschlossenheit		75
D.	Einräumung von Sondereigentum			76
	I.	Sondereigentum für jeden Miteigentümer		77
		1. Grundsatz		77
		2. »Mitsondereigentum«		78
			a) Grundsatz	78
			b) »Nachbareigentum«	79
		3. Tatsächliche Verhältnisse		80
			a) Grundsatz	80
			b) Ausnahme	81
			c) Balkone	82
		4. Teile eines Raumes; tragende Teile		83
	II.	Inhalt des Sondereigentums		84
	III.	Abweichungen von der Teilungserklärung oder vom Aufteilungsplan		85
		1. Errichtung des Gebäudes an anderer Stelle		88
		2. Grundrissverschiebungen innerhalb einer Wohnung		89
		3. Weitere unerhebliche Änderungen		90
		4. Wesentliche Bauabweichung		91
	IV.	Überbauungen innerhalb des Gemeinschaftseigentums		92
		1. Anpassung an Rechtslage		93
		2. Finanzieller Ausgleich		94
		3. Kein Sondereigentum kraft Gesetzes		95
	V.	Überbauungen und Nachbargrundstück		96
	VI.	Isolierte Miteigentumsteile		97
		1. Entstehung		98
			a) Rechtsgeschäftliche Begründung	98
			b) Faktische Entstehung	99
		2. Auswirkungen		101
			a) Auf die anderen Sondereigentumsrechte	101
			b) Heilung	102
		3. Anwendung des WEG auf isoliertes Miteigentum		103

| | VII. Zusätzliche Räume | 104 |

E. **Wohnung und sonstige Räume** 105
    I. Gebäude 106
        1. Begriff 106
        2. Bestehende und zu errichtende Gebäude 107
    II. Wohnung 108
    III. Raum 109

F. **Beschrieb im Grundbuch** 110

G. **Gemeinschaftsordnung** 111
    I. Einführung 111
    II. Begriff 112
        1. Allgemeines 112
        2. Schuldrechtliche Vereinbarungen 113
        3. Beschlüsse in Vereinbarungsangelegenheiten 114
        4. Vereinbarungen in Beschlussangelegenheiten 115
    III. Abgrenzung 116
        1. Gemeinschaftsordnung und Teilungsvertrag 116
        2. Einzelne Vereinbarungen und Organisationsbeschlüsse 117
    IV. Form 118
    V. Änderung der Gemeinschaftsordnung 119
        1. Durch die Wohnungseigentümer 119
        2. Durch das Wohnungseigentumsgericht 120
    VI. Inhaltskontrolle 121
    VII. Auslegung 122
    VIII. Regelungsunterworfene 123
        1. Grundsatz 123
        2. Vereinbarungen vor Entstehung der Gemeinschaft der Wohnungseigentümer 124
    IX. Gesetzliches Schuldverhältnis 125

H. **Rechtsfolgen** 126
    I. Entstehung des Wohnungseigentums 126
    II. Entstehung der Eigentümergemeinschaft 127
        1. Grundsatz 127
        2. Vor Anlegung der Wohnungsgrundbücher 128
            a) Keine werdende Wohnungseigentümergemeinschaft 128
            b) Entsprechende Heranziehung der Gemeinschaftsordnung 129
            c) Bauherrengemeinschaft 130
    III. Entstehung des Sondereigentums 131
        1. Fertigstellung 131
        2. »Anwartschaftsrecht« 132

I. **Sonderregelungen für die neuen Bundesländer** 134

J. **Kosten und Gebühren** 135
    I. Grunderwerbsteuer 135
    II. Geschäftswert, Notar- und Grundbuchkosten 137

A. Allgemeines

I. Gegenstand von § 3 WEG

Gegenstand von § 3 WEG ist die Begründung von Wohnungseigentum durch **vertragliche Einräumung**. Nach § 3 WEG kann Miteigentum an einem Grundstück (§ 1008 BGB) durch Vertrag (**Teilungsvertrag**) der Miteigentümer »beschränkt« werden. Jedem von **mehreren Miteigentümern** ist dabei mit Blick auf § 6 Abs. 1 WEG untrennbar entweder ein **Wohnungs-** (Sondereigentum an einer bestimmten Wohnung) oder ein **Teileigentum** (nicht zu Wohnzwecken dienende Räume) in einem auf dem Grundstück bereits errichteten oder an einem noch zu errichtenden Gebäude »einzuräumen«. Das bisherige Miteigentum an den zum **Sondereigentum** gehörenden Räumen wird durch den dinglichen Vollzug der Teilung (der Anlegung der Wohnungs oder Teileigentumsbücher) allerdings nicht – wie es ggf. dem Wortlaut von § 3 WEG entnommen werden könnte – nur »beschränkt«. Das Miteigentum an dem einem Sondereigentum unterliegenden Räumen, Teilen, Einrichtungen und Anlagen wird durch den Teilungsvertrag vielmehr zu Guns-

1

§ 3 I Vertragliche Einräumung von Sondereigentum

ten des jeweiligen Sondereigentümers **vollständig aufgehoben**. Durch die mit dieser Bestimmung und mit § 8 WEG geschaffene Möglichkeit, ein Grundstück ideell zu teilen und einem Eigentümer »Eigentum auf der Etage« zu verschaffen, **weicht** das Gesetz von dem durch §§ 93, 1114 BGB, 1 Abs. 3 ErbbRVO, 864 Abs. 2 ZPO im übrigen Recht verkörperten **Grundsatz** ab, dass eine **ideelle Teilung** eines Grundstücks **nicht** möglich ist (dazu *BGH* BGHZ 49, 250, 253 [Unterteilung] = NJW 1968, 499; *RG* RGZ 68, 79, 80). Grundstück und Gebäude bilden im übrigen Recht grundsätzlich stets eine **Einheit** (allerdings gibt es weitere Ausnahmen, z. B. nach Art. 231 § 5 EGBGB: Gebäudeeigentum). Nach dem BGB gibt es grundsätzlich kein Eigentum an realen Gebäudeteilen, sondern nur Miteigentum am – bebauten oder unbebauten – Grundstück nach ideellen Bruchteilen, vgl. § 1008 BGB. Das Wohnungseigentumsgesetz ermöglicht von diesem Grundsatz **bewusst abweichend** (*Weitnauer* FS Seuß [1997], S. 305, 307) die Verbindung von Miteigentum an einem Grundstück und Alleineigentum an Teilen eines auf dem Grundstück errichteten oder noch zu errichtenden Gebäudes. Auf die Begründung eines **Wohnungserbbaurechts** durch Mehrere ist § 3 WEG entsprechend anwendbar, § 30 Abs. 1 und Abs. 3 WEG. Wohnungseigentum kann neben § 3 WEG auch durch Teilung durch den oder die Alleineigentümer (§ 8 WEG) oder durch eine Kombination von »Einräumung« und »Teilung« begründet werden (*KG* MDR 1994, 1007 = NJW 1995, 62; RGRK/*Augustin* Rn. 4; Bamberger/Roth/*Hügel* Rn. 2). Eine Verbindung beider Arten der Begründung von Raumeigentum ist möglich, wenn die nach Bruchteilen eingetragenen Miteigentümer des Grundstücks die Begründung einer Anzahl von Wohnungseigentumsrechten mit der Maßgabe vereinbaren, dass sie einen Teil davon selbst zu Eigentum übernehmen (ein Fall des § 3 WEG), sich jedoch hinsichtlich der übrigen Wohnungseigentumsrechte als Miteigentümer zu den am Stammgrundstück bestehenden ursprünglichen Anteilen eintragen lassen (insoweit ein Fall des § 8 WEG).

II. Echtes Eigentum

2 Wohnungseigentum ist **echtes Eigentum** i.S. von § 903 BGB (*BGH* BGHZ 163, 154, 177 [Teilrechtsfähigkeit] = ZMR 2005, 547 = MDR 2005, 1156 = NJW 2005, 2061; ZfIR 2004, 1006, 1007 = ZMR 2005, 59 = NJW 2005, 10; BGHZ 116, 392, 394 = NJW 1992, 978 ff.; BGHZ 49, 250, 251 [Unterteilung] = NJW 1968, 499; *KG* ZMR 2002, 300, 301; *BayObLG* BayObLGReport 2002, 77, 78; *Armbrüster/Müller* FS Seuß (2007), 3, 6; *Lechner* NZM 2005, 604). Es kann vererbt, veräußert (*BGH* BGHZ 73, 150 = ZMR 1979, 312) oder teilweise veräußert (*BayObLG* BayObLGZ 1977, 1, 4), belastet und auch unterteilt werden (s. dazu § 8 Rn. 63 ff.). Ein Wohnungs- oder Teileigentum unterliegt ferner vollständig der **Immobiliarzwangsvollstreckung** (s. § 11 Rn. 30). Die h. M. geht dabei davon aus, dass Wohnungseigentum modifiziertes Miteigentum ist. Nach anderer Auffassung handelt es sich um ein »eigenständiges besonderes Eigentumsrecht« (*Dreyer* DNotZ 2007, 394, 598).

III. Sonderregelungen für die neuen Bundesländer

3 Das Wohnungseigentumsgesetz kannte bislang eine Sonderregelung für die neuen Bundesländer. Der bisherige, bereits seit **längerem inhaltsleere** § 3 Abs. 3 WEG (s. dazu Vorauflage Rn. 140 ff.) ist durch das Gesetz zur Änderung des Wohnungseigentumsgesetzes und anderer Gesetze vom 26.3.2007 (BGBl. I S. 370) allerdings aufgehoben worden (Rn. 134).

B. Teilungsvertrag

I. Allgemeines zum Teilungsvertrag

1. Vertrag Mehrerer

4 Die Begründung von Wohnungs- und Teileigentum (z. T. zusammenfassend Raumeigentum genannt; § 10 Abs. 7 S. 4 WEG spricht von **Wohnungseigentumsrechten**) nach § 3 WEG ist nur möglich, wenn Bruchteilseigentum gem. § 1008 BGB besteht, also am bebauten oder zu bebauenden Grundstück das **Eigentum Mehrerer** besteht (Staudinger/*Rapp* Rn. 2). Steht das Grundstück im Alleineigentum einer Personengesellschaft, einer Gesamthand oder ist eine Gesellschaft bürgerlichen Rechts Eigentümerin, ist nicht § 3 WEG, sondern die Bestimmung des § 8 WEG einschlägig (s. § 8 Rn. 4). Eine **spätere Aufteilung** von bestehendem Teil- oder Wohnungseigentum

ist allerdings **einseitig** durch Teilung sowohl der ideellen Miteigentumsanteile als auch der real bestehenden Sondereigentumseinheit in zwei oder mehrere Wohnungseigentumsrechte möglich (Unterteilung, s. § 8 Rn. 63 ff.). Vor der Einräumung von Wohnungseigentum müssen nicht die Miteigentumsbruchteile vorliegen, die für die beabsichtigte Zuordnung des Sondereigentums vorgesehen sind (*BGH* BGHZ 86, 393, 399 = NJW 1983, 1672, 1673). Die Vertragsschließenden müssen zum Zeitpunkt des Abschlusses des Teilungsvertrages auch **noch gar nicht** Miteigentümer sein (*LG Bielefeld* Rpfleger 1985, 189). Notwendig, aber auch ausreichend ist, dass die Vertragsschließenden **mit Eintragung des Sondereigentums** als Miteigentümer im Grundbuch **eingetragen werden**. Steht das Grundstück einer Gesellschaft bürgerlichen Rechts, einer Erbengemeinschaft oder einer Gütergemeinschaft zu, können sich die Teilhaber nicht gem. § 3 WEG in der Weise auseinander setzen, das für die Einzelnen einzelnes Wohnungseigentum entsteht. Die Gesamthandsgemeinschaft muss vielmehr zuerst in **Bruchteilseigentum auseinandergesetzt** werden (*OLG Hamm* DNotZ 1968, 489). Eine »Zwischeneintragung« und Umschreibung der Miteigentumsanteile ist aber unnötig. Mit entsprechender Eintragung im Wohnungsgrundbuch ist der einheitliche, auf Bildung von Raumeigentum unter Zusammenlegung der Miteigentumsanteile gerichtete, dingliche Vertrag vollzogen (Rn. 126). Weitere Eintragungen sind nicht veranlasst (*BGH* BGHZ 86, 393, 399 = NJW 1983, 1672, 1673; *LG München* Rpfleger 1969, 431; *Diester* Rpfleger 1969, 432; *Weitnauer* DNotZ 1960, 118). Die Miteigentümer können z. B. ihre Miteigentumsanteile am Grundstück im Teilungsvertrag verändern (z. B. ¼ auf ½ zusammenlegen) und zugleich diesen (neuen) Anteilen jeweils das Sondereigentum an einer Wohnung zuordnen. Eine dingliche Übertragung **vor** Abschluss des Teilungsvertrages ist nicht erforderlich.

2. Beschluss

Eine (ggf. teilweise) Begründung von Sonder- oder Gemeinschaftseigentum jenseits von §§ 3 und 8 WEG **durch Beschluss** der Miteigentümer ist nicht möglich (*BayObLG* MDR 1987, 326 = WuM 1987, 235 = NJW-RR 1987, 329). Wie auch die Änderung in der Aufteilung von Gemeinschaftseigentum und Sondereigentum, kann auch die Begründung nur durch einen **Vertrag der Miteigentümer** und späteren Wohnungseigentümer bewirkt werden.

3. Kein »Gesellschaftsvertrag«

Der Teilungsvertrag ist ein dinglicher Vertrag zwischen **sämtlichen Grundstückseigentümern** als Miteigentümern (*BayObLG* BayObLGZ 1984, 198 = MDR 1984, 1028). Gegenstand des Teilungsvertrages ist eine Einigung i. S. der §§ 873 Abs. 1, 925 BGB. Der Teilungsvertrag ist unabhängig ist von dem zu Grunde liegenden schuldrechtlichen Grundgeschäft und **kein Gesellschaftsvertrag** – und diesem auch nicht ähnlich (*BayObLG* BayObLGZ 1984, 198; a. A. *Junker* Gesellschaft, S. 75). Weder beruht das die Wohnungseigentümer verbindende Verhältnis (s. dazu § 10 Rn. 40 ff.) auf Vertrag noch gibt es einen Verbandszweck. Der Gesetzgeber hat mit dem Wohnungseigentumsgesetz **keine neue Gesellschaftsform** (die »GWEG«) schaffen wollen noch – ungeachtet mancher verbandsrechtlicher Tendenzen vor allem der Rechtsprechung (dazu § 20 Rn. 6) – geschaffen. Auch mit der gesetzlichen Anerkennung des Verbandes Wohnungseigentümergemeinschaft hat sich an diesem Bild nichts wesentliches geändert. Insbesondere weil – wie § 10 Abs. 1 WEG deutlich klarstellt (§ 10 Rn. 3) – das Sondereigentum und das Gemeinschaftseigentum als echtes Eigentum **ausschließlich** in den Händen der Wohnungseigentümer als Miteigentümer liegen und nicht Teil des Vermögens des rechtsfähigen Verbandes sind, wäre das Bild einer Gesellschaft **nicht stimmig** (*BGH* BGHZ 163, 154, 177 [Teilrechtsfähigkeit] = ZMR 2005, 547 = MDR 2005, 1156 = NJW 2005, 2061). Das jedem Wohnungseigentümer zugeordnete Wohnungseigentum stellt keinen »dinglichen Gesellschaftsanteil« dar. Das Wohnungseigentumsgesetz setzt zwar als weitere Elemente zwingend eine **schuldrechtliche Beziehung** zwischen den Miteigentümern als Eigentümergemeinschaft voraus (Rn. 40 ff.). Diese Beziehung ist aber nach § 10 Abs. 2 S. 1 WEG nur eine besonders ausgestaltete Bruchteilsgemeinschaft.

4. Miteigentum an einem Grundstück

Wohnungs- oder Teileigentum werden durch gegenseitige Einräumung von Sondereigentum durch einen Vertrag der ideellen Miteigentümer **eines Grundstücks** begründet. Es genügt dabei,

§ 3 | Vertragliche Einräumung von Sondereigentum

wenn das aufzuteilende Grundstück **bei Anlegung der Wohnungsgrundbücher** ein selbstständiges (Grundbuch-)Grundstück wird (*OLG Saarbrücken* OLGZ 1972, 129, 138). Raumeigentum kann nach § 1 Abs. 4 WEG **nicht auf zwei Grundstücken** im Rechtssinne begründet werden (*BayObLG* BayObLGZ 1970, 163). Soll Wohnungs- und Teileigentum auf zwei Grundstücken begründet werden, müssen die Grundstücke **vor Begründung** gem. § 890 Abs. 1 oder Abs. 2 BGB miteinander verbunden werden.

II. Aufgaben des Teilungsvertrages

1. Allgemeines

8 Wohnungs- und Teileigentum besteht gem. §§ 1 und 6 WEG in der **untrennbaren Verbindung** des Alleineigentums an einer Wohnung oder an sonstigen Raumeinheiten (Sondereigentum) mit dem ideellen Miteigentumsanteil am übrigen Grundstück (gemeinschaftliches Eigentum). Der **Teilungsvertrag** hat wie die Teilungserklärung des Alleineigentümers nach § 8 WEG vor diesem Hintergrund allein **drei sachenrechtliche Aufgaben**:
 – Zum einen muss bestimmt werden, was im Gemeinschafts- und was im Sondereigentum stehen soll (Rn. 10 ff.). Um die Flächen und Räume voneinander abzugrenzen, ist dem Teilungsvertrag ein Aufteilungsplan mitzugeben (Rn. 57 ff.). Um die Selbstständigkeit der Sondereigentumsrechte sicherzustellen, bedarf es ferner einer Abgeschlossenheitsbescheinigung (Rn. 60 ff.).
 – Zum anderen müssen die Miteigentümer die Höhe und Anzahl der Miteigentumsrechte bestimmen (Rn. 11 ff.) und sie müssen anordnen, ob im Sondereigentum stehende Räume Wohnungs- oder Teileigentum sein sollen (Rn. 20 ff.).

9 **Einigkeit** besteht darüber, dass die **Bestimmung** des Gegenstandes und der Grenzen **von Gemeinschafts- und Sondereigentum** sowie die **Bestimmung** der Höhe der **Miteigentumsteile** einen »sachenrechtlichen Charakter« haben und nicht §§ 10 bis 19 WEG unterfallen. Die durch sie angeordneten sachenrechtlichen Zuordnungen sind von der inhaltlichen Ausgestaltung des Gemeinschaftsverhältnisses zu unterscheiden und können nicht Gegenstand einer Vereinbarung nach § 10 Abs. 2 und Abs. 3 WEG sein (*BGH* ZMR 2003, 748, 749 = NZM 2003, 480 = NJW 2003, 2165; *BayObLG* ZMR 2002, 283, 284; § 8 Rn. 36). Ob diese Sichtweise auch für die Anordnung, dass ein Sondereigentum **Wohnungs- oder Teileigentum** ist, richtig ist, ist **streitig** und wird jedenfalls von der h. M. verneint (dazu Rn. 20 ff.).

10 Zu den sachenrechtlichen Komponenten kommen als **weitere Elemente** die **schuldrechtliche Sonderbeziehung** zwischen den Miteigentümern als Gemeinschaft der Wohnungseigentümer i. S. von §§ 10 WEG, 741 ff. BGB (s. dazu § 10 Rn. 5) sowie – auf dem Boden der **Trennungstheorie** (dazu § 10 Rn. 375) – der **Verband Wohnungseigentümergemeinschaft** (§ 10 Rn. 371). Die Ausgestaltung dieser beiden schuldrechtlichen Elemente kann mit der Beurkundung des Teilungsvertrages als so genannte **Gemeinschaftsordnung** erfolgen (dazu Rn. 111 ff.). Anders als des Teilungsvertrages bedarf es aber keiner Gemeinschaftsordnung für die Begründung von Wohnungseigentum (Rn. 111).

2. Bestimmung von Inhalt und Grenzen des Gemeinschafts- und Sondereigentum

11 Der Teilungsvertrag muss **bestimmen**, welche Flächen, Anlagen, Teile, Einrichtungen und Räume im Gemeinschafts- und welche im Sondereigentum stehen sollen. Das Wohnungseigentumsgesetz gewährt den Miteigentümern und künftigen Wohnungseigentümern für die notwendigen Bestimmungen die Freiheit, im Rahmen gewisser, indes sehr weiter Grenzen (s. vor allem § 5 Abs. 2 WEG) autonom und emanzipiert von gesetzlicher Gängelung festzulegen, was im Gemeinschafts- und was im Sondereigentum stehen sollen (*Häublein* DNotZ 2000, 442). Für die Abgrenzung von gemeinschaftlichem Eigentum und Sondereigentum kommt es dabei allein auf den **Teilungsvertrag** und den **Aufteilungsplan** an (*BayObLG* ZMR 1992, 65, 66). Wird ein Raum im Aufteilungsplan, nicht aber im Teilungsvertrag als Sondereigentum ausgewiesen, haben weder der Teilungsvertrag noch der Aufteilungsplan einen Vorrang (Rn. 41). Treffen die Wohnungseigentümer keine oder eine unzulässige Bestimmung, so liegt stets Gemeinschaftseigentum vor

(*BayObLG* WuM 1991, 609, Rn. 41). Zur Abgrenzung des Sondereigentums zum Gemeinschaftseigentum im Übrigen s. ausführlich § 5 Rn. 1 ff.

3. Bestimmung der Miteigentumsanteile

a) Einführung

Die Miteigentümer müssen die Höhe und Anzahl der Miteigentumsanteile bestimmen. Das Gesetz enthält allerdings **keine Bestimmung** darüber, welche Größe Miteigentumsanteile haben müssen und ob und wie sie im Verhältnis zum Sondereigentum und etwaigen Sondernutzungsrechten stehen (Rn. 13 ff.). Ferner steht es im Ermessen der Miteigentümer, in welche Anteile sie das Gemeinschaftseigentum aufteilen (Rn. 18). 12

b) Größe der Miteigentumsanteile

aa) Allgemeines

Die Anordnung, welche Höhe die jeweiligen Miteigentumsanteile haben, ist den Miteigentümern nach **billigem Ermessen** selbst überlassen (*OLG Düsseldorf* ZMR 2004, 613). Grund für die gesetzliche Zurückhaltung ist, dass die Übereinstimmung der Miteigentumsanteile mit einem bestimmten Wertverhältnis die Gerichte bei einer Überprüfung **überlasten** könnte. Außerdem erhoffte sich der Gesetzgeber, dass die Eigentümer vor allem mit Blick auf die Verteilung der Nutzen und der Kosten nach § 16 Abs. 2 WEG – der auf die Höhe der Miteigentumsanteile rekuriert – selbst eine **möglichst zutreffende Bestimmung** anstreben werden. Allgemein anerkannte Maßstäbe für die notwendige Bewertung der Anteile gibt es daher nicht (*OLG Düsseldorf* ZMR 2001, 378 = ZWE 2001, 388). Der Verkehrswert der einzelnen Sondereigentumseinheiten oder ihre Wohn- oder Nutzfläche müssen nicht mit der Höhe der Miteigentumsanteile korrelieren (*BGH* NJW 1986, 2759 = MDR 1987, 41 = DNotZ 1987, 208 = Rpfleger 1986, 430; NJW 1976, 1976 = MDR 1977, 41; *OLG München* OLGReport München 2005, 869; *OLG Karlsruhe* OLGReport Karlsruhe 2004, 263, 264; *OLG Hamburg* ZMR 2003, 448; *OLG Düsseldorf* ZMR 2002, 293, 294; *BayObLG* WE 1995, 343, 344). Es ist weder erforderlich, dass die Miteigentumsanteile gleich groß sind, noch dass sie sich an den Wert, die Grundfläche oder die Nutzungsmöglichkeit des jeweiligen Wohnungs- oder Teileigentums orientieren. Die Miteigentumsanteile müssen nicht in einem bestimmten Verhältnis zueinander noch zum Wert oder der Größe des Sondereigentums stehen (*BGH* MDR 1999, 833, 834; NJW 1986, 2759, 2760 = MDR 1987, 41 = DNotZ 1987, 208 = Rpfleger 1986, 430; NJW 1976, 1976; *BayObLG* NZM 2000, 301). Aus diesem Grunde kann Sondereigentum auch **ohne Änderung** des damit verbundenen Miteigentumsanteils **im Umfang erweitert** werden (*BGH* MDR 1987, 41 = DNotZ 1987, 208 = Rpfleger 1986, 430), während ebenso der wirtschaftliche Wert eines Miteigentumsanteils durch **Verkleinerung des zugehörigen Sondereigentums** verkürzt werden kann, ohne dass sich der nominelle Umfang des Miteigentumsanteils ändert (*OLG Karlsruhe* OLGReport Karlsruhe 2004, 263, 264; *OLG Schleswig* SchlHA 1977, 203; *OLG Celle* DNotZ 1975, 42, 43). 13

bb) Prüfsteine

Die gesetzliche **Kosten- und Lastenverteilung** zwischen den Wohnungseigentümern und der Anteil an den Nutzungen des gemeinschaftlichen Eigentums bemessen sich grundsätzlich gem. § 16 Abs. 1 und Abs. 2 WEG nach den **Miteigentumsanteilen**. Ferner kann sich das Stimmrecht an den Miteigentumsanteilen ausrichten (Wertstimmrecht). Schließlich bestimmt sich gem. § 10 Abs. 8 S. 1 WEG die Außenhaftung der Wohnungseigentümer neben dem Verband nach den Miteigentumsanteilen (§ 10 Rn. 491). Bei der Bestimmung der Miteigentumsanteile sollte aus diesen Gründen soweit wie möglich der unterschiedliche Verkehrswert, die Wohnfläche und der Nutzwert der jeweiligen Einheiten **berücksichtigt** werden (*BayObLG* ZMR 1999, 52 für Anlagen, die für gewerbliche Zwecke bestimmt sind). Für die Berechnung der Miteigentumsanteile sollten **angemessene** und **objektive Maßstäbe** zu Grunde gelegt werden. Für die Bemessung der Anteile kommen u. a. in Betracht die Wohn- und Nutzflächen (*Bub* WE 1993, 85, 87), die Ausstattung der Räume und ihre innere Aufteilung, die Wohnungs- und Stockwerkslage im Gesamtgebäude (Himmelsrichtung, Höhe etc.), die Aussicht, die Nähe zu einem Fahrstuhl oder anderen Gemein- 14

cc) Änderung

15 Die Bestimmung der Größe der Miteigentumsanteile kann von **Anfang an** verfehlt sein. Ebenso kann eine nachträgliche bauliche Veränderung, die zu einer erheblichen Vergrößerung und Wertsteigerung eines einzelnen Wohnungseigentums oder eines Teileigentums geführt hat, eine zunächst **sachgerechte Festlegung** der Miteigentumsanteile **aufheben**. Sieht in einem solchen Fall der Teilungsvertrag (die Teilungserklärung) keine Möglichkeit einer Änderung durch Mehrheitsentscheidung vor (Öffnungsklausel, s. dazu § 10 Rn. 273 ff.), können die Wohnungseigentümer oder subsidiär die Wohnungseigentumsgerichte die Größe der Miteigentumsanteile neu bestimmen.

(1) Änderung durch die Wohnungseigentümer

16 Eine Änderung der Größe der Miteigentumsanteile ist **jederzeit durch eine Vereinbarung** möglich. Die Einigung muss bei gleichzeitiger Anwesenheit der Beteiligten vor einer zuständigen Stelle erklärt werden (*BayObLG* DNotZ 1986, 237). Die Änderung ist ferner im **Grundbuch einzutragen**. Außerdem ist ggf. die Zustimmung dinglich berechtigter Dritter an dem Raumeigentum erforderlich, deren Miteigentumsanteil verringert werden soll (§ 877, 876 BGB analog), wenn nicht nach der Art des dinglichen Rechts eine Beeinträchtigung ausgeschlossen ist (dies ist eventuell bei einem Vorkaufsrecht der Fall). Nicht zustimmen müssen Drittberechtigte an einem Wohnungs- der Teileigentum, dessen Miteigentumsanteil **vergrößert** werden soll, da die Berechtigten durch eine Veränderung keinen Rechtsverlust erleiden.

(2) Änderung durch das Wohnungseigentumsgericht

17 Der einzelne Wohnungseigentümer oder sämtliche belastete Eigentümer haben nach h. M. entsprechend den Grundsätzen des §§ 242, 313 BGB i. V. m. mit dem Gemeinschaftsverhältnis einen einklagbaren **Anspruch auf Abänderung** der Miteigentumsanteile, wenn wegen **außergewöhnlicher Umstände** ein Festhalten an der geltenden Regelung **grob unbillig** wäre und damit gegen Treu und Glauben verstieße (s. zur Änderung einer Vereinbarung *BGH* BGHZ 160, 354, 358 [Kostenverteilungsschlüssel] = ZMR 2004, 834, 835; BGHZ 156, 192, 196 [Kaltwasser] = ZMR 2003, 937; BGHZ 130, 304, 312 = NJW 1995, 2791; s. im Übrigen § 8 Rn. 11). Eine Änderung ist vor allem dann vorstellbar, wenn der **Alleineigentümer** die Miteigentumsanteile in der **Teilungserklärung** bestimmt hat (s. dazu deshalb § 8 Rn. 9 ff.). Bei der gerichtlichen Abwägung ist in beiden Fällen zu berücksichtigen, dass die Änderung der Umstände ggf. bereits seit Beginn der Gemeinschaft der Wohnungseigentümer angelegt war (*OLG Düsseldorf* ZMR 2004, 613, 614; ZMR 2002, 293, 294). Bei dem Anspruch ist außerdem der **Vertrauensgrundsatz** zu berücksichtigen (*BayObLG* ZMR 2003, 949, 950; ZMR 2001, 997). Ein Änderungsanspruch kann nicht auf § 10 Abs. 2 S. 3 WEG gestützt werden. Diese Bestimmung erlaubt es nicht, auch bei Erfüllung seiner Tatbestandsvoraussetzungen, eine Änderung der **sachenrechtlichen Grundlagen** zu erzwingen. Umgekehrt kann allerdings auch nicht angenommen werden, dass § 10 Abs. 2 S. 3 WEG diesen Fragenkreis abschließend regeln will und daher eine auf das Treueverhältnis der Wohnungseigentümer gestützte Klage im Einzelfall **sperren will**. § 10 Abs. 2 S. 3 WEG ist nicht zu entnehmen, dass der bislang **anerkannte Anspruch** auf Änderung der Miteigentumsanteile nunmehr **ausgeschlossen** sein soll. Für eine Änderung der sachenrechtlichen Zuordnung besteht vor allem angesichts der in § 10 Abs. 8 S. 1 WEG angeordneten, nach Miteigentumsanteilen angeordneten **Außenhaftung** ein ganz praktisches Bedürfnis. Siehe zu diesem Fragenkreis auch § 8 Rn. 11, ferner § 10 Rn. 183 für einen Anspruch auf Änderung einer Vereinbarung. Der Verwalter kann für eine gerichtliche Durchsetzung eines Änderungsanspruches nicht ermächtigt werden (*KG* ZMR 2001, 659, 660).

c) Anzahl der Miteigentumsanteile

Für die Anzahl der Miteigentumsanteile bestehen **keine gesetzlichen Bestimmungen**. Bei ganz großen Anlagen hat sich eine Aufteilung in 10.000stel oder mehr Miteigentumsanteile durchgesetzt. In der Praxis wird vor allem eine Aufteilung in 1.000stel Miteigentumsanteile genutzt (Weitnauer/*Briesemeister* Rn. 5). Bei einer zweigliedrigen Eigentümergemeinschaft (Doppel- oder Zweifamilienhäusern) ist bei gleichem Nutzwert hingegen eine Aufteilung zu je $^1/_2$ (bzw. 50/100stel) üblich.

d) Veränderung der Miteigentumsanteile untereinander

Zwei Wohnungseigentümer können ihre Miteigentumsanteile **untereinander verändern**, also den einem Sondereigentum zugeordneten Miteigentumsanteil zu Gunsten des Miteigentumsanteils eines anderen Sondereigentums **verringern oder erhöhen** (*BGH* NJW 1976, 1976 = MDR 1977, 41; *BayObLG* ZMR 2000, 468, 469; *KG* ZMR 1999, 204, 206; ZMR 1998, 368, 369 = FGPrax 1998, 9). Einer Mitwirkung der anderen Wohnungseigentümer bedarf es zu diesen Veränderungen nicht, ggf. aber der Zustimmung Dritter.

4. Bestimmung eines Sondereigentums als Wohnungs- oder Teileigentum

Die Miteigentümer müssen für jedes Sondereigentum bestimmen, ob es an einer bestimmten Wohnung (Wohnungseigentum), oder an Räumen, die nicht Wohnzwecken dienen sollen (Teileigentum), begründet werden soll (*BayObLG* WE 1994, 153; *Armbrüster/Müller* FS Seuß [2007], 3, 12; *Rapp* MittBayNot 1998, 77; »**Zweckbestimmungen im weiteren Sinne**«). Streitig ist, ob diese Anordnung als »Grobjustierung« (*Hügel* FS Bub, S. 137 ff.) eines zulässigen Gebrauchs eine **sachenrechtliche Zuordnung** ist oder ob sich in der Anordnung eine Vereinbarung i. S. von § 10 Abs. 2 und Abs. 3 WEG verbirgt.

a) Herrschende Einordnung

Nach h. M. ist die Einordnung, ob ein Raum Wohnungs- oder Teileigentum ist, eine **schuldrechtliche Bestimmung** i. S. von § 10 Abs. 2 WEG (*OLG Hamburg* ZMR 2000, 627; *BayObLG* Rpfleger 1998, 19; Rpfleger 1989, 325; Rpfleger 1986, 177; *Hügel* FS Bub, S. 137, 142; *ders.* RNotZ 2005, 149, 154; *Armbrüster/Müller* FS Seuß [2007], 3, 14/15; *Armbrüster* ZMR 2005, 244, 246, 247; *F. Schmidt* ZWE 2005, 315, 316; § 7 Rn. 284; vgl. auch *BayObLG* WuM 1994, 222). Zur Begründung wird im Wesentlichen darauf verwiesen, dass die Definition des Begriffspaares Wohnungs- und Teileigentum vor den 1. Abschnitt des WEG steht und nicht Teil des 1. Abschnittes des WEG sei. Außerdem ergäbe eine historische Auslegung, dass der Gesetzgeber mit den Begrifflichkeiten »Wohnungs-« und »Teileigentum« keine unterschiedlichen (sachenrechtlich relevanten) Gegenspieler schaffen wollte, sondern bloß dem neu geschaffenen Institut Wohnungseigentum eine möglichst zutreffende und in der Laiensphäre verständliche Bezeichnung geben wollte (*Hügel* FS Bub, S. 137, 141; BR-Drucksache 75/51, zu § 1).

b) Kritik

Die h. M. ist pragmatisch und beugt sich praktischen Zwängen, **dogmatisch** aber **unbefriedigend**. Ihr ist daher im Ergebnis **nicht zu folgen** (so auch im Ergebnis *KG* ZMR 2005, 223; *OLG Celle* ZWE 2001, 33 = OLGReport 2000, 307; *OLG Hamm* ZMR 2000, 244, 245; *BayObLG* ZMR 1997, 537; *Wenzel* ZWE 2006, 62; *Ott* ZfIR 2005, 129, 131). Der Verweis der h. M. auf § 1 WEG verfängt nicht, weil § 3 WEG eine Bestimmung des Zweckes verlangt und nicht nur auf § 1 WEG rekurriert. Das von der h. M. angeführte »historische« Moment ist hingegen zwar zutreffend, darf aber **nicht überbewertet** werden. Das Gesetz geht letztlich durch die Begriffsbestimmungen in § 1 Abs. 1 bis Abs. 3 WEG doch von **zwei** in Betracht kommenden **Formen** des Wohnungseigentums aus und verlangt durch § 3 Abs. 1 WEG, dass jedes Sondereigentum entsprechend **sachenrechtlich i. S. des Wohnungseigentumsgesetzes**, nicht i. S. des BGB, qualifiziert wird. Diese besondere sachenrechtliche Qualifizierung zeigen auch die Grundbuchvorschriften. Nach § 7 Abs. 1 S. 1 WEG wird für jeden Miteigentumsanteil ein besonderes Grundbuchblatt angelegt, und zwar ein Wohnungsgrundbuch oder Teileigentumsgrundbuch. Handelte es sich bei der Qualifizierung eines Sondereigentums bloß um eine schuldrechtliche Regelung, leuchtete nicht ein, warum das Grundbuch aber eine Unterscheidung zwischen Wohnungs- und Teileigentum trifft. Für die hier vertretene Sichtweise einer sachenrechtlichen Qualifikation spricht vor allem aber die **Systematik** des **Wohnungseigentumsgesetzes**. Es wäre nicht nachzuvollziehen, warum das Gesetz in seinem 1. Abschnitt in §§ 3 Abs. 1 und 8 Abs. 1 WEG eine »**versteckte**« **Vereinbarung** i. S. von § 10 WEG regeln sollte. Hiergegen sprechen die Verweisung in § 8 Abs. 2 WEG sowie der klare Wortlaut des § 5 Abs. 4 S. 1 WEG. Danach können nur »Vereinbarungen... nach den Vorschriften des 2. und 3. Abschnittes« zum Inhalt des Sondereigentums gemacht werden. Von **Vereinbarungen des 1. Abschnittes** ist **ersichtlich keine Rede**. Ein weiteres systematisches Argument ist, dass die Wohnungseigentümer unstreitig **gezwungen** sind, eine Bestimmung dazu zu treffen, ob ein Sondereigentum Wohnungs- oder Teileigentum ist. Ohne eine entsprechende Bestimmung ist eine Grundbucheintragung nicht möglich. Einen **Zwang**, eine Vereinbarung i. S. von § 10 Abs. 2 WEG zu schließen, gibt es im Übrigen indes nicht (Rn. 111; *BGH* ZMR 2002, 762, 763). Im Gegenteil hält das Gesetz für das Verhältnis der Wohnungseigentümer untereinander ein subsidiäres Regime parat. Für die Frage, ob ein Sondereigentum Wohnungs- oder Teileigentum ist, gibt es im Falle einer Unterlassung aber keine Zweifelsregelung. Bei einem anderen, als dem hier vertretenen Verständnis wäre außerdem die Frage, ob Teil- oder Wohnungseigentum vorliegt, einem auf einer **Öffnungsklausel** beruhenden **Beschluss** zugänglich (vgl. *Ott* ZfIR 2005, 129, 132). Dies ist aber **nicht hinnehmbar** – und wäre für Teil- und Wohnungseigentümer mit nicht kalkulierbaren wirtschaftlichen Risiken behaftet. Solche Beschlüsse könnten auch nicht gegen den Kernbereich des Wohnungseigentums verstoßen und deshalb nichtig sein. Denn was durch eine Öffnungsklausel einem Mehrheitsbeschluss zugänglich ist, kann nicht deshalb wieder nichtig sein, weil es etwas regelt, was vereinbart werden muss. Nichtigkeit ist nur anzunehmen, wenn die sachenrechtliche Zuordnung auch nicht durch eine Vereinbarung geändert werden könnte, weil eben **auch diese** gegen den dinglichen Kernbereich verstieße. Dies ist aber nur anzunehmen, wenn auch durch eine Vereinbarung Teil- nicht in Wohnungseigentum umgewandelt werden kann. Die h. M. hat ferner Probleme bei **Falscheintragungen** (Rn. 23) und bei Änderungen durch schuldrechtliche, also nicht im Grundbuch eingetragene Vereinbarungen. Dass diese eine Eintragung im Grundbuch nach § 3 WEG sollen ändern können, ist nicht nachvollziehbar. Schließlich sollte die h. M. nachdenklich stimmen, dass es ihrer Ansicht nach zwei »Vereinbarungsarten« der Wohnungseigentümer zum Gebrauch des Sondereigentums gibt (nämlich nach §§ 3 und 8 sowie nach § 15 WEG), hingegen nicht für das Gemeinschaftseigentum und dass es für eine bloße Vereinbarung nach § 3 WEG über den Gebrauch nach ihrer Meinung letztlich kein Bedürfnis gibt.

c) Falsche Bezeichnung eines Sondereigentums

23 Bezeichnet das Grundbuchamt eine Sondereigentumseinheit **fälschlicherweise** mit Wohnungseigentum oder Teileigentum, ist der **Aufteilungsakt unwirksam** (*BayObLG* Rpfleger 1998, 242; a. A. *Hügel* FS Bub, S. 137, 148; s. auch anders als hier § 7 Rn. 192). Das bestellte Recht muss nach Art und Inhalt **bestimmt** eingetragen werden (PWW / *Huhn* § 873 BGB Rn. 16). Weil die Bestimmung von Wohnungs- oder Teileigentum **konstitutiv** für die sachenrechtliche Aufteilung ist, entsteht kein Wohnungs- oder Teileigentum. Die Lösung dieses Problems ist – wie bei allen Gründungsmängeln – über die Grundsätze über die **fehlerhaften Gesellschaft** zu lösen (dazu Rn. 32 ff.).

d) Abgrenzungen

aa) Gebrauchsbestimmungen (Zweckbestimmungen im engeren Sinne)

24 Die Miteigentümer können in den Teilungsvertrag **schuldrechtliche Zweckbestimmungen** nach §§ 10 Abs. 2 S. 2 und Abs. 3, 5 Abs. 4 S. 1, 15 Abs. 1 WEG aufnehmen (»Zweckbestimmungen im engeren Sinne«). Als Zweckbestimmung für ein Wohnungs- oder Teileigentum kann z. B. eine Nutzung als »Bodenraum«, »Praxis«, »Lagerraum«, »Gaststätte«, »Speicher«, »Archivraum« oder »Hobbyraum« vereinbart werden (dazu im Einzelnen FA MietRWEG/*Elzer* Kapitel 21 Rn. 319 ff.). Eine solche **schuldrechtlich vereinbarte Gebrauchsregelung** nach § 15 Abs. 1 WEG hat mit der sachenrechtlichen Qualifizierung einer Fläche nichts zu tun. Als Vereinbarung ist eine schuldrechtliche Gebrauchsregelung **Teil der Gemeinschaftsordnung** (*BayObLG* ZMR 2004, 685, 686; *BayObLG* ZMR 1988, 436) und kann anders als die Bestimmung, ob ein Sondereigentum ein Wohnungs- oder ein Teileigentums sein soll, **formfrei** durch eine **neue Vereinbarung**

auch **außerhalb** des Grundbuchs geändert werden. Gebrauchsregelungen i. S. von § 15 Abs. 1 WEG sind dabei nicht nur in dem als »Gemeinschaftsordnung« bezeichneten (überschriebenen) Teil des Teilungsvertrages / der Teilungserklärung zu suchen (*BayObLG* BayObLGZ 1982, 1, 5). Bestimmungen im Teilungsvertrag (oder in der Teilungserklärung), wie ein Sondereigentum **konkret zu nutzen** ist, sind stets nur **vereinbarte Gebrauchsregelungen** nach § 15 Abs. 1 WEG (s. auch *OLG Zweibrücken* ZMR 1987, 187; ZMR 1987, 228; *OLG Stuttgart* NJW 1987, 385; *BayObLG* NJW-RR 1988, 140, 141; ZMR 1986, 297; BayObLGZ 1983, 73, 78; *KG* ZMR 1986, 296; *OLG Hamm* OLGZ 1978, 10) und haben keinen sachenrechtlichen Charakter. Der Ort, wo sie beurkundet werden, ist uninteressant.

bb) Aufteilungsplan und öffentlich-rechtliche Genehmigungen

Eine nur im **Aufteilungsplan** enthaltene **Nutzungsangabe** (zumeist Eintragungen des Architekten in der Bauzeichnung) – z. B. die Bezeichnung eines Raums als Kinderwagenkeller oder Trockenraum – hat **grundsätzlich keine Bedeutung** und ist bloßer Nutzungsvorschlag (Rn. 44). Erlaubt **eine öffentlich-rechtliche Genehmigung** des Baurechts eine Nutzung, die nach den Vereinbarungen nicht zulässig ist, ist eine Nutzung gleichwohl nur im Rahmen des Vereinbarten möglich (*BayObLG* ZMR 2004, 925).

25

III. Teilungsvertrag und Gemeinschaftsordnung

Der Teilungsvertrag ist nicht mit der **Gemeinschaftsordnung** (s. Rn. 111) durcheinander zu werfen oder zu verwechseln. Während der Teilungsvertrag allein sachenrechtliche Fragen klärt (den Gegenstand des Gemeinschafts- und Sondereigentums, Höhe und Anzahl der Miteigentumsrechte und die Fragen der Nutzung als Teil- oder Wohnungseigentum), bestimmt die **schuldrechtliche Gemeinschaftsordnung** als Zusammenfassung der Vereinbarungen und Organisationsbeschlüsse das Innenverhältnis der Wohnungseigentümer i. S. von § 10 WEG (den Inhalt des Eigentums). Diese Unterscheidung ist z. B. wichtig für die Änderung der Bestimmungen. Während etwa die Umwandlung von Gemeinschafts- in Sondereigentum der Form des § 4 WEG bedarf und im **Grundbuch** eingetragen werden muss, kann eine Vereinbarung als Teil der Gemeinschaftsordnung **formfrei** und auch außerhalb des Grundbuchs geändert werden.

26

IV. Teilungsvertrag und Vereinbarungen mit Beschlussinhalt

Nicht zum Teilungsvertrag gehören **konkrete Entscheidungen** der Miteigentümer zu **Verwaltungsfragen** – wie die Ernennung des ersten Verwalters, die Bestimmung einer Hausordnung oder Festsetzungen der Höhe des Wohngeldes. Solche Entscheidungen stellen nach hier vertretener Auffassung eine **Vereinbarung mit Beschlussinhalt** dar (§ 10 Rn. 75 ff.; str.). Unstreitig können die späteren Wohnungseigentümer diese Entscheidungen jedenfalls **im Wege des Beschlusses** wieder ändern.

27

V. Form des Teilungsvertrages

Der Teilungsvertrag muss nach § 4 Abs. 2 S. 1 WEG i. V. m. § 925 BGB bei gleichzeitiger Anwesenheit sämtlicher Vertragsschließender vor einer zuständigen Stelle, in der Regel vor einem Notar, erklärt werden. Sondereigentum kann gem. § 4 Abs. 2 S. 2 WEG nicht unter einer Bedingung oder Zeitbestimmung eingeräumt oder aufgehoben werden. Für die schuldrechtlichen Verpflichtungsgeschäfte zur gegenseitigen Einräumung von Sondereigentum ist die notarielle Form des § 311 b Abs. 1 BGB zu beachten. Wird die erforderliche Form nicht beachtet, wäre der Teilungsvertrag **grundsätzlich nichtig**, § 125 S. 1 BGB. Weil eine Nichtigkeit aber nicht angemessen ist (a. A. *BGH* BGHZ 109, 179, 183 [Heizwerkfall] = ZMR 1990, 112 = NJW 1990, 447), ist bei **Gründungsmängeln** eine Lösung über die Grundsätze der fehlerhaften Gesellschaft zu suchen (s. Rn. 32 ff.).

28

VI. Zustimmungen Dritter zum Teilungsvertrag

1. Gesamtbelastungen

29 Ist das Grundstück als Ganzes oder sind alle Miteigentumsanteile mit einem **Gesamtrecht** belastet (z. B. einem Grundpfandrecht [Hypothek, Grundschuld], Grund- oder Rentenschulden oder Reallasten), ist eine Zustimmung **dinglich Berechtigter** nicht erforderlich (*BayObLG* BayObLGZ 1958, 273, 279; a. A. *Weitnauer* DNotZ 1951, 492). Z. B. eine am ganzen Grundstück bestehende Grundschuld wandelt sich bei einer vertraglichen Begründung von Wohnungs- und Teileigentum in eine **Gesamtgrundschuld** an allen Anteilen um, §§ 1192 Abs. 1, 1132, 1114 BGB (*OLG Oldenburg* NJW-RR 1989, 273 = MDR 1989, 263; *OLG München* MDR 1972, 239; *OLG Frankfurt a. M.* NJW 1959, 1977; *BayObLG* NJW 1957, 1840). Auch Dienstbarkeiten und Vorkaufsrechte am gesamten Grundstück setzen sich nach dem Teilungsvertrag am **gesamten Grundstück** fort. Ein **dingliches Wohnrecht** an dem Grundstück besteht dagegen nur an dem Anteil fort, dem der betroffene Gebäudeteil unterliegt (*OLG Oldenburg* NJW-RR 1989, 273; *OLG München* MDR 1972, 239; *OLG Frankfurt a. M.* NJW 1959, 1977; *BayObLG* NJW 1957, 1840).

2. Rechte an nur einem Miteigentumsanteil

30 Besteht **vor der Aufteilung** ein Recht oder ein Grundpfandrecht ausnahmsweise an nur **einem Miteigentumsanteil**, bedarf es der Zustimmung des Gläubigers dieses Miteigentumsanteils (*OLG Frankfurt a. M.* OLGZ 1987, 266; *BayObLG* Rpfleger 1986, 177; NJW 1958, 2016; *Rapp* in Beck'sches Notarhandbuch, A III Rn. 42). Denn durch die Aufteilung ändert sich der Gegenstand der Belastung, weil der Gläubiger gem. § 11 Abs. 2 WEG nicht (mehr) die Aufhebung der Gemeinschaft verlangen kann (*OLG Frankfurt a. M.* OLGZ 1987, 266, 268; s. dazu § 11 Rn. 13 ff.). **Dienstbarkeiten** an einem Miteigentumsanteil, z. B. ein Wohnungsrecht, und **Vorkaufsrechte** setzen sich nach der Aufteilung z. B. an dem **entsprechenden Wohnungseigentum** fort (*OLG Hamm* ZMR 2000, 630, 632; *OLG Oldenburg* NJW-RR 1989, 273; *BayObLG* BayObLGZ 1957, 102 = NJW 1957, 1840 und *OLG Frankfurt a. M.* NJW 1959, 1977 für das Dauerwohnrecht nach § 31 WEG). Die Teilung des mit einem Wohnungsrecht belasteten Grundstücks führt im Übrigen dazu, dass nach §§ 1090 Abs. 2, 1026 BGB diejenigen Teile des belasteten Grundstücks, die außerhalb des Bereichs der Ausübung liegen, von der Dienstbarkeit frei werden.

3. Form

31 Ist ausnahmsweise die Zustimmungserklärung eines Dritten notwendig, z. B. wenn durch den Bau des Wohngebäudes ein Wegerecht unterzugehen droht oder wenn an einem Miteigentumsanteils ein Vorkaufsrecht bsteht (*Rapp* in Beck'sches Notarhandbuch, A III Rn. 42), ist diese Erklärung in der Form des § 29 GBO abzugeben.

VII. Gründungsmängel des Teilungsvertrages

1. Gründungsmängel bei sämtlichen Einheiten

a) Mängel und Fehler

32 Ist der Teilungsvertrag mit Mängeln behaftet, z. B. weil ein Miteigentümer gem. §§ 105 ff. BGB **geschäftsunfähig** war, eine Willenserklärung nach §§ 119 ff. BGB **erfolgreich angefochten** wurde, die **Form des § 4 WEG nicht eingehalten** war oder wenn das Grundbuchamt eine Sondereigentumseinheit **fälschlicher Weise** mit Wohnungs- oder Teileigentum bezeichnet hat (dazu Rn. 23), müssten diese Fehler und Mängel nach den auf den Teilungsvertrag anwendbaren **allgemeinen Regelungen** die **Unwirksamkeit** des Teilungsvertrages zur Folge haben (s. dazu auch *Dreyer* DNotZ 2007, 594 ff.). Diese Rechtsfolge würde indessen den **spezifischen Bedürfnissen** des Wohnungseigentumsrechts, der komplexen Organisation der Gemeinschaft der Wohnungseigentümer, dem Verband Wohnungseigentümergemeinschaft und den Erwartungen des Rechtsverkehrs **nicht gerecht** werden. Regelmäßig werden weder eine Auflösung des Verbandes Wohnungseigentümergemeinschaft noch eine der Gemeinschaft der Wohnungseigentümer sachgerecht sein. Die zu fehlerhaften Personengesellschaften entwickelten Grundsätze, wonach Gründungsmängel zur Auflösung der Gesellschaft im Wege der Klage führen, können weder

auf rechtswirksam entstandene Körperschaften mit vielen Mitgliedern (*KG* KGReport 1997, 174, 176) noch auf das Wohnungseigentumsrecht übertragen werden. Weder wäre eine Unwirksamkeit des Vertrages »ex tunc« zum Abschluss des Vertrages noch im Hinblick auf § 11 WEG »ex nunc« angemessen (*Gaberdiel* NJW 1972, 847; a. A. *BGH* BGHZ 109, 179, 183 [Heizwerkfall] = ZMR 1990, 112 = NJW 1990, 447). Nichtigkeit wäre ferner auch dann nicht angemessen, wenn zwar nicht der Teilungsvertrag, wohl aber seine **grundbuchrechtliche Eintragung** wegen eines Formfehlers nicht ordnungsmäßig ist, z. B. wenn eine notwendige Unterschrift zum Vollzug fehlt.

b) Fehlerhafte Gemeinschaft der Wohnungseigentümer; fehlerhafter Verband

Aus den angeführten Gründen sachgerecht ist allein, sowohl auf die Bruchteilsgemeinschaft nach §§ 10 Abs. 2 WEG, 741 ff. BGB als auch auf den Verband Wohnungseigentümergemeinschaft die entwickelten Grundsätze über die **fehlerhafte Gesellschaft** entsprechend anzuwenden (s. dazu *Dreyer* DNotZ 2007, 594, 610 ff.; Weitnauer/*Briesemeister* Rn. 36; MünchnerKommentar/*Commichau* Rn. 57; *Röll* Teilungserklärung, S. 54; *Gaberdiel* NJW 1972, 847; *Däubler* DNotZ 1964, 216; offen gelassen von OLG Hamm NZM 2004, 787, 789 m. w. N.). Nach diesen Grundsätzen führt, falls der Gründungsvertrag fehlerhaft ist und eine Gesellschaft in Vollzug gesetzt, ein Mangel des Gesellschaftsvertrages nicht zur Nichtigkeit ab dem Mangel, sondern der Mangel ist **wenigstens zunächst nebensächlich** und führt allenfalls für die Zukunft zur Auflösung. Diese Rechtsfolgen gelten dann, wenn eine Gesellschaft nach außen aufgetreten ist, etwa durch Verträge mit Dritten (*BGH* MDR 2005, 404; MDR 1992, 656 = NJW 1992, 1501, 1502). Diese Rechtsfolgen gelten aber auch dann, wenn ohne Handeln nach außen bereits ein Verwaltungsvermögen i. S. von § 10 Abs. 7 S. 1 WEG gebildet wurde. Rechtsgrund für diese Annahmen ist jeweils eine **teleologische Reduktion** der bürgerlich-rechtlichen Unwirksamkeitsvorschriften (s. *Kummer* Jura 2006, 330, 331; *Maultzsch* JuS 2003, 54, 545). Die Idee der fehlerhaften Gesellschaft, dass nämlich das Gewollte und als **maßgeblich angesehene Statut** auch dann Wirkungen entfaltet, wenn der Gründungsvertrag vorübergehend noch nicht wirksam ist, ist **auf das Wohnungseigentumsrecht** und des ihn ihm besonders repräsentierten Gemeinschaftsprinzips zwanglos **übertragbar**. Für eine Analogie zu den Grundsätzen über die fehlerhafte Gesellschaft spricht im reformierten Recht vor allem, dass der Verband Wohnungseigentümergemeinschaft nach § 10 Abs. 6 S. 1 WEG rechtsfähig ist und sich das Wohnungseigentumsrecht durch diese Rechtsfigur also den Körperschaften und Personengesellschaften deutlich genähert hat. Allein die Annahme einer fehlerhaften Wohnungseigentümergemeinschaft anstelle der Unwirksamkeit des Teilungsvertrages entspricht im Übrigen sowohl im **Innen-** als auch im **Außenverhältnis** den Erwartungen der Gemeinschafter und denen des Rechtsverkehrs, z. B. eines Energieversorgers oder des Verwalters, dass nämlich auch bei einem Gründungsmangel bereits eine Gemeinschaft der Wohnungseigentümer und ein Verband Wohnungseigentümergemeinschaft entstanden sind. Folgte man dem nicht, könnte – was § 3 WEG aber gerade ausschließen will – im Innenverhältnis ggf. Miteigentum und Wohnungseigentum teilweise **nebeneinander** bestehen. Nur durch Anwendung der Grundsätze über die fehlerhafte Gesellschaft kann erreicht werden, dass die Bestimmungen des Wohnungseigentumsgesetzes, und nicht die unzureichenden der BGB-Gemeinschaft, für die Verwaltung und den Gebrauch, aber auch im Übrigen wenigstens entsprechend angewendet werden können.

c) Rechtsfolgen

aa) Grundsatz

Bis zur Geltendmachung der Nichtigkeit oder Unwirksamkeit ist auch ein bemakelter Teilungsvertrag als **rechtswirksam** zu behandeln. Wird die Nichtigkeit geltend gemacht wird, können nach §§ 16 Abs. 2, 28 Abs. 5 WEG erbrachte Leistungen dennoch nicht zurückverlangt werden, für bereits eingegangene Verpflichtungen haften die Mitglieder einer fehlerhaften Eigentümergemeinschaft weiterhin nach § 10 Abs. 8 S. 1 WEG. Auch die vom Verband Wohnungseigentümergemeinschaft geschlossenen Verträge, z. B. der Verwaltervertrag, sind wirksam. Nach §§ 242, 313 BGB i. V. m. dem Gemeinschaftsverhältnis (s. § 10 Rn. 40 ff.) haben die Mitglieder einer auf einem nichtigen Teilungsvertrag beruhenden Gemeinschaft ferner **grundsätzlich die Verpflichtung**,

33

34

§ 3 | Vertragliche Einräumung von Sondereigentum

den Mangel **einvernehmlich zu beheben** (vgl. auch *BGH* BGHZ 130, 159, 168 = ZMR 1995, 521 = NJW 1995, 2851). Der Wunsch nach einer **Auflösung** der Gemeinschaft der Wohnungseigentümer und des Verbandes Wohnungseigentümergemeinschaft ist im Hinblick auf § 11 Abs. 1 S. 1 WEG grundsätzlich **rechtsmissbräuchlich**. Etwas anderes gilt nur dann, wenn ein Mitglied ausnahmsweise ein **berechtigtes Interesse** hat, den Gründungsmangel geltend zu machen. Dieses Mitglied hat dann das Recht, als Mitglied des Verbandes Wohnungseigentümergemeinschaft und aus der Bruchteilsgemeinschaft nach §§ 10 Abs. 2 WEG, 741 ff. BGB **für die Zukunft** und mit **Wirkung des dinglichen Vollzugs** auszuscheiden (»Teilaufhebung« der Gemeinschaft der Wohnungseigentümer). An die Stelle des diesem Wohnungseigentümer nach allgemeinen Grundsätzen (§ 17 WEG) zustehenden Anteiles am Gemeinschaftseigentum tritt ein Anspruch auf ein nach den Grundsätzen gesellschaftsrechtlicher Abwicklung zu ermittelndes »Abfindungsguthaben«.

bb) Ausnahme

35 Die Rechtsprechung zur fehlerhaften Gesellschaft lässt **Ausnahmen** zu, vor allem wenn gewichtige Interessen der Allgemeinheit oder die **Interessen einzelner schutzwürdiger Personen**, insbesondere Minderjähriger, der rechtlichen Anerkennung einer fehlerhaften Gesellschaft entgegenstehen und also wegen höherrangiger schutzwürdiger Interessen ausnahmsweise der **Rückgriff auf die allgemeinen Rechtsfolgen** unwirksamer Vertragsbeziehungen veranlasst ist (*BGH* MDR 2005, 404; MDR 2000, 1201, 1203; BGHZ 55, 5, 9 = MDR 1971, 280; BGHZ 26, 330, 335). Dies ist zum einen der Fall, wenn der Zweck der Gesellschaft mit dem Gesetz (§ 134 BGB) oder den guten Sitten (§ 138 BGB) unvereinbar ist. Diese Ausnahme ist im Wohnungseigentumsrecht vor allem für **schutzwürdige Personen** vorstellbar, z. B. wenn der Teilungsvertrag von einer nicht voll geschäftsfähigen Person geschlossen wurde. Gegen eine solche Person können auch bei Anerkennung der Rechtsprechung zur fehlerhaften Gesellschaft **keine Pflichten** aus §§ 10 ff. WEG oder daran anknüpfende Ansprüche geltend gemacht werden. Zum anderen wird von der Rechtsprechung eine Ausnahme bei arglistigen Täuschungen in Fällen mit besonders schwerwiegenden Folgen für möglich gehalten. Diese Ausnahme ist im Wohnungseigentumsrecht nicht praxisrelevant.

d) Nichtberechtigter

36 War einer der vertragsschließenden Miteigentümer im Übrigen ein **Nichtberechtigter**, sind die Vorschriften über den **gutgläubigen Erwerb** entsprechend anwendbar. Das dem Nichtberechtigten zugedachte Sondereigentum wird zunächst **Gemeinschaftseigentum** (*Däubler* DNotZ 1964, 216, 224; a. A. *Gaberdiel* NJW 1972, 847), kann aber als Sondereigentum gutgläubig erworben werden.

2. Gründungsmängel einzelner oder mehrerer Sondereigentumseinheiten

a) Grundsatz

37 **Gründungsmängel**, die sich auf die Einräumung einer einzelnen oder mehrerer Sondereigentumseinheiten **beschränken**, lassen die anderen Sondereigentumseinheiten und die Aufteilung des Grundstückes in Miteigentumsanteile insgesamt unberührt (*BGH* ZfIR 2004, 1006, 1008 = ZMR 2005, 59 = NJW 2005, 10; NJW 2004, 1798, 1800; BGHZ 130, 159, 168 = ZMR 1995, 521 = NJW 1995, 2851; BGHZ 109, 179, 184 [Heizwerkfall] = ZMR 1990, 112 = NJW 1990, 447). Die Beschränkung des Mangels auf die davon betroffene Einheit beruht auf der Überlegung, dass auf diese Weise die Auswirkungen und die Beseitigung eines Gründungsmangels sachgerecht **eingrenzbar** sind (*BGH* BGHZ 130, 159, 170 = ZMR 1995, 521 = NJW 1995, 2851). Eine solche Interessenlage ist auch bei einer **fehlerhaften Unterteilung** gegeben. Bei einer fehlerhaften Unterteilung besteht ebenfalls ein schützenswertes Interesse der Beteiligten daran, dass ein **gegenständlich beschränkter Gründungsmangel** ohne Folgen für das Entstehen von Sondereigentum an den nicht unmittelbar betroffenen (neuen) Einheiten bleibt. S. dazu § 8 Rn. 75.

b) Heilung durch gutgläubigen Erwerb

38 Leidet ein Sondereigentum unter einem Gründungsmangel, wird dieser Fehler **ex nunc geheilt** und die Eintragung **insgesamt wirksam**, sobald ein Käufer **gutgläubig** Wohnungs- oder Teil-

eigentum als Sondernachfolger eines »Gründungsmitglieds« **erwirbt** (*BGH* BGHZ 109, 179, 184 [Heizwerkfall] = ZMR 1990, 112 = NJW 1990, 447; *OLG Karlsruhe* NJW-RR 1993, 1294, 1295 = ZMR 1993, 474, 475; *Druger* DNotz 2007, 594, 605/610).

VIII. Auslegung des Teilungsvertrages und Widersprüche

1. Grundsatz

Die Auslegung der **Teilungsvertrages** (aber auch der **Teilungserklärung** i. S. von § 8 WEG, der **Vereinbarungen** nach §§ 10 Abs. 2 S. 2 und Abs. 3, 5 Abs. 4 S. 1 WEG und auch sämtlicher **Beschlüsse** der Wohnungseigentümer) hat den für **Grundbucheintragungen** maßgeblichen Regeln zu folgen. Nach der ständigen, allgemein anerkannten obergerichtlichen Rechtsprechung ist deshalb vorrangig auf Wortlaut und Sinn des Teilungsvertrages abzustellen, wie er sich für einen unbefangenen Betrachter als nächstliegende Bedeutung des Eingetragenen ergibt (*BGH* BGHZ 156, 192, 197 [*Kaltwasser*] = ZMR 2003, 937; BGHZ 139, 288, 292 = NZM 1998, 955, 956 = ZMR 1999, 41; BGHZ 121, 236, 239 = ZMR 1993, 287, 288; ZMR 1991, 230, 231; *OLG Hamm* ZMR 2005, 73, 73). Es kommt nicht auf den Willen des Erklärenden, sondern darauf an, was jeder gegenwärtige und zukünftige Betrachter als **objektiven Sinn der Erklärung** ansehen muss (*BGH* BGHZ 113, 374, 379 = ZMR 1991, 230, 231; BGHZ 47, 191, 195; *OLG Düsseldorf* ZMR 2002, 214, 215; *OLG Karlsruhe* ZMR 2001, 385, 386; *BayObLG* WE 1994, 17; 1993, 285; NJW-RR 1988, 140; BayObLGZ 1982, 1, 4; 1977, 226, 230; *OLG Hamm* WE 1993, 318). Da es sich bei Grundbucheintragungen nicht um Individualerklärungen handelt, ist die Entstehungsgeschichte der Eintragung unerheblich, wenn sie nicht aus den Eintragungsunterlagen erkennbar wird. Umstände **außerhalb** der Eintragung und der in ihr in Bezug genommenen Eintragungsbewilligung dürfen nur herangezogen werden, wenn sie nach den besonderen Umständen des Einzelfalles für jedermann ohne weiteres erkennbar sind (*BGH* NJW 2006, 2187 = NZM 2006, 465; BGHZ 113, 374, 378 = ZMR 1991, 230, 231; BGHZ 92, 351, 355 = NJW 1985, 385; BGHZ 47, 190, 195; *OLG München* NJW-RR 2007, 375, 376; *KG* KGReport 2006, 418, 419; *OLG Schleswig* ZMR 2004, 68; *BayObLG* ZMR 2003, 693, 694). Solche außerhalb der Eintragung liegenden Umstände können beispielsweise die – ohne weiteres erkennbaren – **örtlichen Verhältnisse** innerhalb der Wohnungseigentumsanlage sein (*BGH* ZMR 2006, 457, 458; *OLG Karlsruhe* ZMR 2001, 385, 386 = NZM 2002, 701 = WuM 2001, 140; *KG* NJW-RR 1989, 140). Für die Auslegung der Eintragung über den Gegenstand des Sondereigentums ist der **Teilungsvertrag** (die Teilungserklärung) und der **Aufteilungsplan** heranzuziehen (*BGH* BGHZ 130, 159, 166 = ZMR 1995, 521 = NJW 1995, 2851, 2853; *KG* KGReport 2006, 418, 419; *BayObLG* NJW-RR 1993, 1040). Der Wille der oder des Erklärenden (*BayObLG* NZM 1999, 866), die Meinung des Notars (*OLG Frankfurt a. M.* ZMR 2006, 873, 874; *OLG Hamburg* MDR 1997, 816), Prospekte, der Kaufvertrag, behördliche Unterlagen außerhalb der Abgeschlossenheitsbescheinigung oder die Entstehungsgeschichte sind nicht maßgeblich, da ein Sondernachfolger sich über den Rechtsinhalt **anhand des Grundbuchs** orientieren können muss (*OLG München* NJW-RR 2007, 375, 376).

2. Umdeutung

Im **Einzelfall** ist vorstellbar, durch Auslegung in einer fehlgeschlagenen Zuweisung zum Sondereigentum im Wege der **Umdeutung** nach § 140 BGB eine Kostentragungspflicht für das Gemeinschaftseigentum zu erkennen (*OLG Düsseldorf* ZMR 1999, 350, 352; ZMR 1998, 304, 305 = NJW-RR 1998, 515, 516; *OLG Hamm* ZMR 1997, 193, 195; *AG Hamburg* ZMR 2004, 221, 222). Eine solche Auslegung bietet sich z. B. an, wenn aus dem Teilungsvertrag oder der Teilungserklärung konkrete Anhaltspunkte zu entnehmen sind, dass die Instandhaltungsverpflichtung für die Balkone dem jeweiligen Wohnungseigentümer unabhängig von der eigentumsrechtlichen Zuordnung objekt- oder sachbezogen auf Grund der tatsächlichen Nutzung oder Nutzungsmöglichkeit aufgebürdet werden soll. Wird einem Wohnungseigentümer **durch Beschluss** der Ausbau des Dachgeschosses zu Wohnraum gestattet, kommt anstelle einer damit verbundenen formenwirksamen Einräumung von Sondereigentum auch die Umdeutung in ein Sondernutzungsrecht in Betracht (*KG* ZMR 1999, 204, 206).

3. Widerspruch zwischen Teilungsvertrag und Aufteilungsplan

41 Stimmen die wörtliche Beschreibung des Gegenstands von Sondereigentum und Gemeinschaftseigentum im Teilungsvertrag (Teilungserklärung) und die Angaben im Aufteilungsplan nicht überein, ist grundsätzlich keiner der sich widersprechenden Erklärungsinhalte vorrangig. Bei einem **Widerspruch** zwischen dem Teilungsvertrag und dem Aufteilungsplan kann **kein Sondereigentum entstehen** (*BGH* ZMR 2004, 206, 207 = NJW 2004, 1798 = MDR 2004, 439; BGHZ 130, 159, 166 = ZMR 1995, 521 = NJW 1995, 2851; *OLG Celle* NJOZ 2007, 4184, 4186; OLGReport Celle 2005, 706, 707; 1; unklar *OLG Hamburg* ZMR 2003, 445, 446). Im Gegensatz zu der in § 2 Abs. 2 GBO vorgeschriebenen Benennung der Grundstücke nach dem Liegenschaftskataster, wird der Gegenstand des Sondereigentums im Grundbuch nach § 7 Abs. 1 und Abs. 3 WEG **nicht vorrangig** durch eine Bezugnahme auf den Aufteilungsplan benannt, sondern durch den Inhalt des Eintragungsvermerks und der darin in Bezug genommenen Eintragungsbewilligung (§ 7 Abs. 3 WEG). Hierin kommt zum Ausdruck, dass der Aufteilungsplan nicht den Inhalt des Teilungsvertrages (der Teilungserklärung) verdrängt. Der Widerspruch bewirkt, dass an den hiervon betroffenen Räumen **kein Sondereigentum** entstanden ist, sondern gem. § 1 Abs. 5 WEG **Gemeinschaftseigentum** anzunehmen ist (*BGH* ZMR 2004, 206, 207 / 208 = NJW 2004, 1798 = MDR 2004, 439; BGHZ 109, 179, 184 [Heizwerkfall] = ZMR 1990, 112 = NJW 1990, 447; *OLG Celle* NJOZ 2007, 4184, 4186; *OLG Schleswig* MietRB 2007, 149; *OLG Karlsruhe* NJW-RR 1993, 1294, 1295 = ZMR 1993, 474, 475; *BayObLG* ZMR 1992, 65, 66; *OLG Stuttgart* OLGZ 1981, 160, 163; *OLG Frankfurt a. M.* OLGZ 1978, 290, 291).

4. Widersprüche bei Zweckbestimmungen

a) Widerspruch zwischen Teilungsvertrag und Gemeinschaftsordnung

42 Im Grundsatz kann es zu einem Widerspruch zwischen dem **Teilungsvertrag und der Gemeinschaftsordnung** wegen ihrer **grundsätzlich unterschiedlichen Funktionen** gar nicht kommen. Eine Vereinbarung nach § 15 Abs. 1 WEG kann nichts daran ändern und ist nach § 134 BGB **nichtig**, wenn sie eine sachenrechtliche Qualifizierung eines Sondereigentums als Wohnungs- oder Teileigentum »angreift«.

43 Eine Ungenauigkeit, einen Widerspruch kann es nur dann geben, wenn der den Teilungsvertrag beurkundende Notar in den Teilungsvertrag i. S. des Gesetzes (Teilungsvertrag im engeren Sinne) absichtlich oder versehentlich eine schuldrechtliche Bestimmung, eine Gebrauchsbestimmung nach § 15 Abs. 1 WEG aufgenommen hat. Wird z. B. eine Teileigentumseinheit im **Teilungsvertrag im engeren Sinne** (entsprechendes gilt für die Teilungserklärung) als »Bürogruppe« bezeichnet, ist das selbstverständlich keine sachenrechtliche Bestimmung – das ist nur die Einordnung eines Sondereigentums als Teileigentum (Rn. 22) –, sondern eine **schuldrechtliche Gebrauchsregelung** für diese Einheit nach § 15 Abs. 1 WEG. Widersprechen sich eine im Teilungsvertrag im engeren Sinne beurkundete schuldrechtliche Gebrauchsregelung und eine im schuldrechtlichen Teil beurkundete Vereinbarung, widersprechen sich also **zwei schuldrechtliche Vereinbarungen**, ist **keine** dieser Vereinbarungen **vorrangig**. Zwar wird in der obergerichtlichen Rechtsprechung teilweise angenommen, dass bei einem Widerspruch des Teilungsvertrages / der Teilungserklärung im engeren Sinne zur so genannten sachenrechtlichen Teilungserklärung (der Gemeinschaftsordnung) die Regelung in der Gemeinschaftsordnung vorgeht (*OLG Düsseldorf* ZMR 2004, 448, 449 = FGPrax 2003, 202). Dem ist aber nicht zu folgen. Ein Wille, dass eine im »hinteren Teil« einer Urkunde beurkundete Erklärung eine im »vorderen« Teil vorgehen soll, wird grundsätzlich nicht im Wege der Auslegung zu ermitteln sein.

b) Widerspruch zwischen Gemeinschaftsordnung und Aufteilungsplan

44 Ist in einem Aufteilungsplan für einen Raum eine Nutzungsangabe enthalten (zumeist Eintragungen des Architekten in der Bauzeichnung), z. B. »Kinderwagenkeller« oder »Trockenraum«, handelt es sich in der Regel um einen **unverbindlichen Nutzungsvorschlag**, aus dem sich keine Rechte herleiten lassen (*OLG Zweibrücken* ZMR 2006, 76; *OLG Schleswig* ZMR 2004, 68; *OLG Hamburg* ZMR 2002, 372, 373 = OLGReport Hamburg 2002, 342, 343; ZMR 2001, 727; ZMR 2000, 628, 630; *BayObLG* ZMR 2000, 234; *Riecke* ZMR 2003, 89, 90; s. auch *OLG Frankfurt a. M.* ZMR 1993, 125; *OLG Stuttgart* ZMR 1990, 190). Eine Eintragung im Aufteilungsplan ist grundsätzlich **keine**

Vereinbarung i. S. von § 15 Abs. 1 WEG. Eine vereinbarte Zweckbestimmung wird nicht dadurch in Frage gestellt, dass im Aufteilungsplan die einzelnen Räume des Teileigentums **anders bezeichnet** sind (*BayObLG* ZfIR 2004, 129). Etwas anders gilt nur dann, wenn sich im Wege der Auslegung ermitteln lässt, dass die Benennung im Aufteilungsplan ausnahmsweise auch eine **Vereinbarung** sein soll. Dies ist im Zweifel zu verneinen.

c) Widerspruch zwischen Gemeinschaftsordnung und Bauzeichnungen

Eine »Zweckbestimmung«, die sich nur aus Bauzeichnungen in der bauordnungsbehördlichen Bauakte ergibt, die aber **nicht Gegenstand des grundbuchrechtlichen Eintragungsverfahrens** war, bindet die Wohnungseigentümer nicht (*OLG Hamburg* ZMR 2003, 770). 45

IX. Änderungen des Teilungsvertrages

1. Änderung durch Neubestimmung

a) Grundsatz

Die Miteigentümer können den Teilungsvertrag jederzeit **gemeinsam vertraglich** ändern und also ihren neuen Vorstellungen anpassen (*BayObLG* ZMR 2004, 925; NJW-RR 1997, 586, 587; WuM 1996, 357, 358). Eine Änderung der Aufteilung von gemeinschaftlichem Eigentum und Sondereigentum oder die Umwidmung von Teil- und Wohnungseigentum betrifft allerdings das **Grundverhältnis der Mitglieder der Gemeinschaft der Wohnungseigentümer** und die sachenrechtliche Zuordnung der Flächen, Gebäudeteile und Räume (*KG* ZMR 1999, 204, 205; *BayObLG* BayObLGZ 1986, 444) – nicht das Verhältnis der Wohnungseigentümer untereinander i. S. von §§ 5 Abs. 4, 10 Abs. 2 S. 2 und Abs. 3 WEG (*BGH* ZMR 2003, 748, 749 = NZM 2003, 480 = NJW 2003, 2165; s. § 10 Rn. 100). Etwa eine Gemeinschaftsfläche, an der ein Sondernutzungsrecht besteht, kann daher nicht im Wege einer Vereinbarung nach § 10 Abs. 2 WEG in ein **Sondereigentum** umgewandelt werden (*OLG Saarbrücken* MietRB 2005, 151). Die Änderung der sachenrechtlichen Grenzen und sachenrechtlichen Zwecke kann weder nach § 10 Abs. 2 S. 2 WEG vereinbart noch nach § 23 Abs. 1 WEG beschlossen werden (*Hügel* MietRB 2005, 151, 152; unklar *Brock* ZfIR 2004, 841, 844). Eine Änderung der sachenrechtlichen Grenzen und sachenrechtlichen Zwecke ist keine Vereinbarung i. S. von §§ 5 Abs. 4, 10 Abs. 2 S. 2 WEG (*KG* ZMR 2002, 72, 73; *BayObLG* ZMR 1998, 241, 242). Dies ergibt sich vor allem aus der Gegenüberstellung von § 5 Abs. 4 und Abs. 3 WEG. Nach der letzteren Bestimmung können die Wohnungseigentümer, und zwar auch nachträglich, vereinbaren, dass Bestandteile des Gebäudes, die Gegenstand des Sondereigentums sein können, zum gemeinschaftlichen Eigentum gehören. Das Gesetz hebt eine solche Vereinbarung von einer Vereinbarung über das Verhältnis der Wohnungseigentümer untereinander i. S. von §§ 5 Abs. 4, 10 Abs. 2 S. 2 und Abs. 3 WEG ab (*BGH* ZMR 2003, 748, 749 = NZM 2003, 480 = NJW 2003, 2165). Zur Umwandlung von Gemeinschafts- in Sondereigentum, zur Änderung der Miteigentumsanteile und zur Änderung von Teil- in Wohnungseigentum bedarf es daher **der Einigung aller Wohnungs- und Teileigentümer** – für die Umwandlung von Gemeinschafts- in Sondereigentum in Form der Auflassung (§ 925 Abs. 1 BGB) –, der Eintragung in das Grundbuch (*KG* ZMR 1999, 204, 205; *BayObLG* BayObLGZ 1987, 390; Weitnauer/*Briesemeister* § 4 Rn. 4) und gem. §§ 876, 877 BGB auch der Mitwirkung der möglicherweise nachteilig betroffenen dinglich Berechtigten (s. Rn. 55). Dies gilt ebenfalls dann, wenn an dem Teil des Gemeinschaftseigentums, das umgewandelt werden soll, ein Sondernutzungsrecht eingeräumt ist (*BayObLG* ZMR 2002, 283, 284; BayObLGZ 1991, 313, 316). Der Verwalter ist nicht befugt, sich über dieses sachenrechtliche Grundverhältnis zu vergleichen (*KG* ZWE 2001, 612, 613 = ZMR 2002, 72, 73 = GE 2002, 469). 46

b) Umwandlung von Teil- in Wohnungseigentum

Für die **Umwandlung von Teil- in Wohnungseigentum** soll die notwendige Mitwirkung aller Eigentümer, also auch von Sondernachfolgern, allerdings bereits im Teilungsvertrag (oder der Teilungserklärung) **abbedungen** werden können (s. *BayObLG* NJW-RR 1997, 586; BayObLGZ 1989, 28, 31). Ist etwa einem Teileigentümer gestattet, sein Teileigentum in bestimmter Weise baulich zu verändern um Wohnräume zu schaffen, soll darin die **vorweggenommene Mitwirkung** der 47

§ 3 | Vertragliche Einräumung von Sondereigentum

übrigen Wohnungseigentümer in die Umwandlung des Teileigentums in Wohnungseigentum liegen oder deren Verpflichtung, die hierzu erforderlichen materiell- und grundbuchrechtlichen Erklärungen abzugeben (*BayObLG* NJW-RR 1997, 586). Diese Ansicht ist zwar pragmatisch, aber dogmatisch mehr als **bedenklich**. Wenn man, wie es hier vertreten wird, anerkennt, dass auch die Umwandlung von Teil- in Wohnungseigentum ein **sachenrechtlicher** Vorgang ist (s. dazu Rn. 20 ff.), können Sondernachfolger auch an diese Änderung **nicht** nach § 10 Abs. 3 WEG **gebunden werden** (ggf. aber in den **Erwerbsverträgen**). Durch eine bloße Änderung der tatsächlichen Verhältnisse oder durch bauliche Maßnahmen gegenüber den im Teilungsvertrag beschriebenen Grenzen, kann neues Sonder- oder Gemeinschaftseigentum **nicht begründet** oder geändert werden (*KG* FGPrax 2004, 216; ZMR 2001, 849; *BayObLG* ZMR 2004, 925; *Elzer* MietRB 2007, 78, 80). Auch ein gutgläubiger Erwerb allein auf Grund der tatsächlichen Verhältnisse ist **nicht möglich** (*KG* FGPrax 2004, 216).

2. Einseitige Änderungen

48 Eine einseitige Änderung des Teilungsvertrages kann es nach § 4 WEG **im Grundsatz nicht geben**. Bei einer Änderung des Teilungsvertrages müssen stets **alle Wohnungseigentümer** mitwirken. Um einem einzelnen Wohnungseigentümer dennoch die Möglichkeit einzuräumen, allein, jedenfalls aber frei von Behinderungen in das sachenrechtliche Grundverhältnis nach §§ 3, 8 und 4 WEG einzugreifen, kann ihm allerdings eine **Vollmacht eingeräumt** oder eine **Mitwirkung bindend** versprochen werden. Vollmachten zur einseitigen Änderung des Teilungsvertrages sind auch noch nach Entstehung der Wohnungseigentümergemeinschaft zulässig. Sie bezwecken vor allem, einem Bauträger auch noch nach Entstehung der Gemeinschaft der Wohnungseigentümer die Möglichkeit zu sichern, Einfluss auf die Ausgestaltung des Wohnungseigentums zu nehmen, damit er Wünschen späterer Erwerber von Wohnungseigentum entsprechen kann, ohne daran durch die bereits zur Wohnungseigentümergemeinschaft gehörenden Wohnungseigentümer gehindert werden zu können. Sie sind daher ein **Problem des § 8 WEG** und im Wesentlichen dort darzustellen, s. § 8 Rn. 32 ff.

49 Soweit entsprechende Erklärungen und Vollmachten der Wohnungseigentümer dennoch im Ausnahmefall gemeinsam auch mit dem Teilungsvertrag als »Inhalt des Sondereigentums« i. S. v. §§ 10 Abs. 3, 5 Abs. 4 WEG **beurkundet werden** (Änderungsvorbehalte), sind sie **nichtig**. Eine Ermächtigung (aber auch eine Zustimmung), Sondereigentum in gemeinschaftliches Eigentum umzuwandeln oder umgekehrt, kann nicht als »Inhalt des Sondereigentums« vereinbart werden (*BGH* ZMR 2003, 748, 749 = NZM 2003, 480 = NJW 2003, 2165; *BayObLG* NJW 2005, 444, 445; *OLG Saarbrücken* OLGReport Saarbrücken 2005, 282, 284; *Elzer* MietRB 2007, 78, 81 m. w. N.). Unwirksam ist ferner die Verpflichtung, einem einzelnen Wohnungseigentümer das Alleineigentum an einer Gemeinschaftsfläche zu verschaffen (*BGH* ZMR 2003, 748, 749 = NZM 2003, 480 = NJW 2003, 2165). Ob hingegen eine **gegenseitige Verpflichtung** der Wohnungseigentümer zur Übertragung von gemeinschaftlichem Eigentum möglich ist, ist noch unsicher (*Hügel* RNotZ 2005, 149, 151), im Ergebnis aber als **Umgehung und Verstoß** gegen §§ 4 Abs. 3 WEG, 311 b Abs. 1 BGB auch abzulehnen.

3. Änderungen durch Beschluss

50 Eine Änderung des Teilungsvertrages **durch einen Beschluss** ist nicht möglich. Ein solcher Beschluss ist ohne weiteres nichtig (*OLG Saarbrücken* MietRB 2005, 151; *OLG Köln* ZMR 1997, 376; *BayObLG* NJW-RR 1987, 329 = MDR 1987, 326). Dies ist zwar kein Problem von § 10 Abs. 3 WEG und des nicht ganz klaren Verhältnisses von Vereinbarung und Beschluss. Denn auch eine Vereinbarung i. S. von § 10 Abs. 2 und Abs. 3 WEG kann einen Teilungsvertrag nicht wirksam ändern. Eine beschlussweise Änderung wäre aber als **Verstoß gegen den Kernbereich des Wohnungs- bzw. Teileigentums** unwirksam (*BayObLG* NJW-RR 1987, 329 = MDR 1987, 326; s. auch *BayObLG* NZM 1998, 973; NJW-RR 1990, 660, 662; *OLG Düsseldorf* NJWE 1997, 81; *OLG Stuttgart* NJW-RR 1986, 815).

51 Wenn die Eigentümer eine Öffnungsklausel vereinbart haben, gilt **nichts** anderes. Eine Änderung der sachenrechtlichen Grundlagen ist auch dann nicht beschließbar (s. § 10 Rn. 294). Ein auf Grund einer Öffnungsklausel möglicher Beschluss kann nur solche Angelegenheiten betreffen,

Vertragliche Einräumung von Sondereigentum | § 3

die einer Vereinbarung nach § 10 Abs. 2 S. 2 WEG zugänglich wären. Ein Vertrag über die Eigentumsverhältnisse, die sachenrechtliche Zuordnung von Gemeinschafts- und Sondereigentum, ist aber von der mit § 10 WEG angesprochenen inhaltlichen Ausgestaltung des Gemeinschaftsverhältnisses zu unterscheiden **und keine Vereinbarung** im dortigen Sinne (*BGH* ZMR 2003, 748, 749 = NZM 2003, 480 = NJW 2003, 2165; *BayObLG* BayObLGZ 2001, 279, 283 = NZM 2002, 70; s. § 10 Rn. 100).

4. Änderungsanspruch

Aus der Treueverpflichtung der Wohnungseigentümer untereinander (s. dazu § 10 Rn. 40 ff.) kann sich gem. §§ 242, 313 BGB i. V. m. mit dem Gemeinschaftsverhältnis ausnahmsweise – z. B. wenn (vorerst) die Begründung von **Sondereigentum fehlgeschlagen** und **isoliertes** Miteigentum entstanden ist – eine **Verpflichtung** ergeben, nach Entstehung der Gemeinschaft der Wohnungseigentümer einer **Änderung** des Teilungsvertrages (oder der Teilungserklärung) zuzustimmen, z. B. der Überführung eines in Sondereigentum stehenden Raumes in Gemeinschaftseigentum (zu diesen Fragen § 11 Rn. 14). 52

Über den **Anspruch** auf Änderung kann – kommt keine vertragliche Einigung zustande – nur gerichtlich vor dem **Prozessgericht** (*KG* ZWE 2002, 131; *Hügel* MietRB 2005, 151, 152), nicht durch Mehrheitsbeschluss entschieden werden (*BayObLG* ZMR 2005, 390; *OLG Düsseldorf* NJW 1985, 2837). Ein Anspruch auf Änderung ist neben der Heilung fehlerhafter Gründungen vor allem vorstellbar, wenn eine Änderung des Teilungsvertrages (der Teilungserklärung) **dringend geboten** ist und außergewöhnliche Umstände ein Festhalten an der getroffenen Regelung als grob unbillig und damit gegen Treu und Glauben verstoßend erscheinen lassen (*BGH* BGHZ 160, 354, 358 [Kostenverteilungsschlüssel] = ZMR 2004, 834; *OLG Hamburg* ZMR 2006, 220; *OLG Hamm* ZMR 2000, 244, 245; *BayObLG* WE 1992, 83; WE 1992, 140; BayObLGZ 1985, 47, 50 ff. = ZMR 1985, 132; *OLG Düsseldorf* NJW 1985, 2837). Auf dieser Grundlage kann sich z. B. ein Anspruch auf Veränderung der im Teilungsvertrag vorgesehenen Miteigentumsquoten ergeben (*OLG Hamm* ZMR 2000, 244, 245; *BayObLG* BayObLGZ 1985, 47, 50 ff. = ZMR 1985, 132). 53

S. zu diesen Fragen noch Rn. 17 und § 8 Rn. 11 ff. im Zusammenhang mit einem **Anspruch auf Änderung der Miteigentumsanteile** sowie ferner § 10 Rn. 183 im Zusammenhang mit einem Anspruch auf Änderung einer Vereinbarung nach § 10 Abs. 2 WEG. 54

5. Zustimmung Dritter

Nach §§ 877, 876 BGB und § 19 GBO kann für eine **Änderung des Teilungsvertrages** die **Zustimmung der Inhaber dinglicher Rechte** erforderlich sein (*BGH* BGHZ 91, 343, 346 = NJW 1984, 2409; *BayObLG* ZMR 2002, 283, 284; *OLG Hamm* DNotZ 1984, 108; *Elzer* MietRB 2007, 78, 82; *Häublein* DNotZ 2000, 442, 455; *Rapp* MittBayNot 1998, 77). Eine Zustimmung ist z. B. notwendig bei **Änderung der Miteigentumsanteile** (Weitnauer/Briesemeister Rn. 101), der »Umwidmung« von Wohnungs- in Teileigentum (str.) oder der von **Gemeinschafts- in Sondereigentum** und umgekehrt (*Elzer* MietRB 2007, 78, 80 und 82; *Kreuzer* PiG 63, 249, 260), weil sich durch die Umwandlung von Sonder- in Gemeinschaftseigentum das Haftungsobjekt verringert (*Häublein* DNotZ 2000, 442, 455). Eine Zustimmung kann ggf. entbehrlich sein, wenn die Veränderung des Haftungsobjektes bereits bei Begründung des Wohnungseigentums **angelegt** war (*LG Augsburg* NZM 1999, 872). § 5 Abs. 4 S. 2 und S. 3 WEG ist nicht anwendbar, weil er nur Vereinbarungen i. S. v. § 10 WEG anspricht. 55

C. Anlagen zum Teilungsvertrag: Aufteilungsplan und Abgeschlossenheitsbescheinigung

I. Allgemeines

Wohnungs- und Teileigentum kann nur dann im Grundbuch **eingetragen** werden, wenn neben dem Eintragungsantrag nach § 13 Abs. 1 S. 1 GBO und der Eintragungsbewilligung der einzutragenden Miteigentümer (§ 39 Abs. 1 GBO) dem Grundbuchamt auch die in § 7 Abs. 4 S. 1 WEG genannten **Anlagen** vorliegen, nämlich die inhaltlich zusammengehörigen (*BayVGH* ZMR 1998, 469; *OLG Köln* ZMR 1992, 511) **Aufteilungsplan** und **Abgeschlossenheitsbescheinigung** 56

§ 3 | Vertragliche Einräumung von Sondereigentum

(*BayObLG* ZMR 2003, 370, 371; BayObLGZ 1989, 447, 449; Rpfleger 1993, 335). **Verändern** sich durch die Übertragung von Sondereigentum an einzelnen Räumen die Grenzen des bestehenden Sondereigentums (§ 8 Rn. 90 ff.), bedarf es, wie im Fall der **Unterteilung** (s. § 8 Rn. 63 ff.), erneut der Vorlage eines **bestätigten Aufteilungsplans** sowie einer Bescheinigung der Baubehörde über die **Abgeschlossenheit** der neu gebildeten Einheiten (*OLG Zweibrücken* ZMR 2001, 663 = ZWE 2001, 395). Werden bereits getrennt gelegene Räume übertragen, reicht hinsichtlich der Restwohnung die frühere Abgeschlossenheitsbescheinigung jedenfalls dann nicht aus, wenn nach dem neuen Aufteilungsplan Änderungen eingetreten sind, wonach die infolge Übertragung der Räume verkleinerte Wohnung nicht (mehr) als in sich abgeschlossen gelten kann.

II. Aufteilungsplan

57 Nach der **Legaldefinition** des § 7 Abs. 4 Nr. 1 WEG ist der Aufteilungsplan eine von der Baubehörde (s. aber noch Rn. 75) mit Unterschrift und Siegel oder Stempel versehene Bauzeichnung, aus der die Aufteilung des Gebäudes sowie die Lage und Größe der im Sondereigentum und der im gemeinschaftlichen Eigentum stehenden Gebäudeteile ersichtlich ist. Der Aufteilungsplan besteht in der Regel aus Grundriss-, Schnitt- und Ansichtszeichnungen im Maßstab 1:100, die typischer Weise auch für das Baugenehmigungsverfahren erforderlich sind (*Trautmann* ZWE 2004, 318). Der Aufteilungsplan bezweckt vor allem, die **sachenrechtliche Bestimmtheit** zu sichern (*OLG Zweibrücken* OLGReport Zweibrücken 2006, 521 = MDR 2006, 172 = NZM 2006, 586 m. w. N.; *BayObLG* ZMR 2003, 370, 371; *OLG Hamburg* ZMR 2002, 372, 373). Er soll gewährleisten, dass das Sondereigentum auf die dafür vorgesehenen und geeigneten Räume beschränkt bleibt und also die **Grenzen des Sondereigentums und des Gemeinschaftseigentums** klar absteckt sind (*BGH* ZMR 2004, 206 = NJW 2004, 1798 = MDR 2004, 439; *OLG Hamburg* ZMR 2002, 372, 373; *OLG Karlsruhe* NJW-RR 1993, 1294 = ZMR 1993, 474; *BayObLG* RPfleger 1982, 21); das gilt auch für Sondereigentumsbereiche der Wohnungseigentümer untereinander (*OLG Zweibrücken* OLGReport Zweibrücken 2006, 521 = MDR 2006, 172 = NZM 2006, 586 m. w. N.; *BayObLG* DNotZ 1999, 212, 214 = NZM 1998, 973). Unter anderem sind nach § 7 Abs. 4 Nr. 1 WEG zu diesem Zweck alle zu demselben Wohnungs- oder Teileigentum gehörenden Einzelräume mit der jeweils **gleichen Nummer** zu kennzeichnen. Der Aufteilungsplan muss die Aufteilung des Gebäudes (Grundrisse, Raumaufteilung, usw.), die Lage, die Größe und den Standort der Gebäudeteile auf dem Grundstück enthalten (*BayObLG* ZMR 1986, 21; RPfleger 1982, 21; *Bub* WE 1991, 124, 125). Die genaue Umgrenzung der Wohnungseigentumseinheiten wird durch den Teilungsvertrag / die Teilungserklärung i. V. m. dem Aufteilungsplan und der Abgeschlossenheitsbescheinigung festgelegt, auch soweit das Sondereigentum an einer bestimmten Wohnung in einem auf dem **Grundstück noch zu errichtenden Gebäude** eingeräumt wird. Ausgangspunkt der Aufteilung sind nicht die tatsächlich bestehenden Raumverhältnisse, sondern der **Grundbuchinhalt** (*OLG Zweibrücken* OLGReport Zweibrücken 2006, 521 = MDR 2006, 172 = NZM 2006, 586 m. w. N.; *KG* ZMR 2001, 849).

58 Gem. § 7 Abs. 3 WEG kann zur näheren Bestimmung des Gegenstandes und des Inhalts des Sondereigentums auf die **Eintragungsbewilligung** Bezug genommen werden, der wiederum gem. § 7 Abs. 4 WEG der Aufteilungsplan hinzuzufügen ist. Der Aufteilungsplan wird durch diese **doppelte Bezugnahme** – ebenso wie die Abgeschlossenheitsbescheinigung (*KG* FGPrax 2004, 216) – **Inhalt des Eintragungsantrags** und später des Wohnungsgrundbuchs (*BGH* ZfIR 2004, 1006, 1008 = ZMR 2005, 59 = NJW 2005, 10; *OLG Schleswig* ZMR 2004, 68; *BayObLG* ZMR 2003, 370, 371; *OLG Stuttgart* Justiz 1981, 82 = OLGZ 1981, 160 = Rpfleger 1981, 109) und nimmt so am öffentlichen Glauben teil (*BayObLG* Rpfleger 1991, 414). § 7 Abs. 4 S. 1 Nr. 1 WEG verlangt nicht, dass der Aufteilungsplan schon bei Niederschrift dem Teilungsvertrag oder der Teilungserklärung als Anlage beigeheftet wird (*BayObLG* ZMR 2003, 370, 371; *Böttcher* Rpfleger 2004, 21, 26; *Hügel* NotBZ 2003, 147). Der Aufteilungsplan muss erst für die **Grundbucheintragung** vorliegen (*BayObLG* ZMR 2003, 370, 371; *Bub* WE 1991, 124, 126).

59 Das Grundbuchamt hat **selbstständig prüfen**, ob durch den Aufteilungsplan der sachenrechtliche Bestimmtheitsgrundsatz gewahrt ist (*BayObLG* ZMR 2003, 370, 371; *OLG Frankfurt a. M.*

Rpfleger 1980, 391; *Bub* WE 1991, 124, 126) und ob der zur Unterschriftsbeglaubigung vorliegende Entwurf des Aufteilungsplans mit der grundsätzlich von der Baubehörde mit Unterschrift und Siegel oder Stempel versehenen Bauzeichnung identisch ist (*BayObLG* ZMR 2003, 370, 371). Insoweit unterscheidet sich die Aufgabe des Grundbuchamts nicht wesentlich von der Pflicht, die **Widerspruchsfreiheit von Bauzeichnungen** zu überprüfen (*BayObLG* Rpfleger 1993, 335; *Schöner/Stöber* Rn. 2856). Der Pflicht, den Aufteilungsplan zu prüfen, kann sich das Grundbuchamt nicht durch das Verlangen einer so genannten »Identitätserklärung« entziehen. Stimmt der vorläufige Aufteilungsplan, auf dessen Grundlage der Teilungsvertrag oder die Teilungserklärung abgegeben wurde, nicht mit dem amtlichen Aufteilungsplan überein, hat das Grundbuchamt die Identität grundsätzlich **selbst zu prüfen** (*BayObLG* ZMR 2003, 370, 371). Durch den Aufteilungsplan muss eindeutig und zweifelsfrei bestimmt sein, auf welche Räume sich das Sondereigentum bezieht. Fehlt es an dieser Bestimmtheit, ist der Eintragungsantrag gem. § 18 GBO zurückzuweisen oder es ist eine **Zwischenverfügung** zur Behebung des Hindernisses zu erlassen (*OLG Köln* NJW-RR 1993, 204 = ZMR 1992, 511). Zu den weiteren Einzelheiten des Aufteilungsplans s. ausführlich § 7 Rn. 84 ff.

III. Abgeschlossenheitsbescheinigung

1. Allgemeines

Für die Eintragung von Wohnungs- oder Teileigentum ist der Eintragungsbewilligung gem. § 7 Abs. 4 Nr. 2 WEG eine **Abgeschlossenheitsbescheinigung** beizufügen. Die Abgeschlossenheitsbescheinigung ist kein Verwaltungsakt. Eine Abgeschlossenheitsbescheinigung dient zwar als urkundlicher Nachweis gegenüber dem Grundbuchamt, dass ein Sondereigentum abgeschlossen ist. Eine darüber hinausgehende verbindliche Aussage über den Umfang der baurechtlich zulässigen Nutzung des Sondereigentums enthält eine Abgeschlossenheitsbescheinigung aber nicht (*BVerwG* DNotZ 1988, 702). Das Erfordernis eines Raumabschlusses findet seinen Grund vor allem darin, dass zum Sondereigentum gem. § 13 Abs. 1 WEG – anders als beim schlichten Miteigentum nach Bruchteilen – die **alleinige Sachteil- und Raumherrschaft** des Sondereigentümers gehört (*GmS-OGB* BGHZ 119, 42, 46 = ZMR 1993, 25). Dieser Herrschaftsbereich des Sondereigentums soll über die von § 3 Abs. 2 S. 1 WEG geforderte Abgeschlossenheit **klar und dauerhaft** abgegrenzt als auch gegen widerrechtliches Eindringen tatsächlich abgeschirmt werden. Dem »Eigenheim auf der Etage« soll nach dem Plan des Gesetzes durch die Macht der Tatsachen der »Burgfriede« gewährt werden, den das Heim auf eigenem Grund und Boden von Natur aus hat (*GmS-OGB* BGHZ 119, 42, 46 = ZMR 1993, 25).

2. Begriff und Zweck

Abgeschlossenheit i. S. von § 3 WEG bedeutet die **dauerhafte räumliche Abgrenzung** und **Abschließbarkeit** einer Wohnung. Die Abgeschlossenheit der Sondereigentumsbereiche soll dabei gewährleisten, dass jeder Sondereigentumsbereich von demjenigen der anderen Wohnungseigentümer **eindeutig abgegrenzt** ist (*BGH* BGHZ 110, 36, 39 [Bauverbotsfall] = NJW 1990, 1111 = MDR 1990, 325). Zweck des in § 3 Abs. 2 WEG ausgestalteten Abgeschlossenheitserfordernisses ist es, dem Grundbuchamt die Prüfung bautechnischer und baurechtlicher Fragen zu ersparen (*BVerwG* NJW 1997, 71, 74; *Trautmann* ZWE 2004, 318, 319) sowie eine **eindeutige räumliche Abgrenzung** der Sondereigentumsbereiche untereinander sowie zum gemeinschaftlichen Eigentum zu gewährleisten und dadurch Streitigkeiten zu vermeiden, wie sie unter der Geltung des früheren Stockwerkeigentums als Folge unklarer Verhältnisse entstanden sind (*GmS-OGB* BGHZ 119, 42, 46 = ZMR 1993, 25; *BGH* BGHZ 146, 241, 247 [Mauerdurchbruch] = ZMR 2001, 289; BGHZ 110, 36, 40 [Bauverbotsfall] = NJW 1990, 1111 = MDR 1990, 325; siehe dazu *Pfeilschifter/Wüstenberg* WuM 2004, 635).

3. Sollvorschrift

Die Prüfung, ob ein Sondereigentum oder eine Garage abgeschlossen sind, ist gem. § 3 Abs. 2 WEG eine **Sollvorschrift** (*BGH* BGHZ 146, 241, 246 [Mauerdurchbruch] = ZMR 2001, 289; BGHZ 110, 36, 40 [Bauverbotsfall] = NJW 1990, 1111 = MDR 1990, 325; *OLG Köln* ZMR 1994,

230, 231). Wenn das Grundbuchamt die Prüfung einer Eintragung vorgenommen hat, entsteht Sondereigentum gemäß dem Aufteilungsplan auch dann, wenn die Abgeschlossenheitsvoraussetzungen in Wirklichkeit **nicht vorliegen** (s. *Schneider* Rpfleger 1991, 499). Benutzungsrecht und Lastentragungspflicht sowie die Rechte dinglich gesicherter Gläubiger können nicht davon abhängen, ob im **Einzelfall** die Voraussetzungen der Abgeschlossenheit tatsächlich erfüllt oder nicht erfüllt sind (*BayObLG* BayObLGZ 1981, 332 = Rpfleger 1982, 21 = MDR 1982, 148; *Röll* Rpfleger 1983, 380, 382). Ist versehentlich nicht abgeschlossenes Wohnungseigentum eingetragen worden, ist es dennoch **wirksam entstanden**. Die Wirksamkeit der Eintragung kann nicht unter Berufung auf § 3 Abs. 2 WEG und somit auch nicht wegen eines Mangels der baubehördlichen Prüfung in Zweifel gezogen werden (*BGH* BGHZ 110, 36, 40 [Bauverbotsfall] = NJW 1990, 1111 = MDR 1990, 325; *OLG Köln* ZMR 1994, 230).

4. Selbstständige Prüfung durch das Grundbuchamt

63 Das Grundbuchamt hat die Frage der Abgeschlossenheit in eigener Verantwortung zu prüfen (*BVerwG* DNotZ 1988, 702; *KG* DNotZ 1985, 437; *BayObLG* BayObLGZ 1984, 138, 139). Hat die **Baubehörde** die Abgeschlossenheit bescheinigt, ist das Grundbuchamt an diese Bescheinigung nicht gebunden, wenn sich aus den Eintragungsunterlagen (Teilungsvertrag oder -erklärung, Gemeinschaftsordnung, Aufteilungsplan) das Gegenteil ergibt (*BVerwG* NJW-RR 1988, 649, 650; *KG* OLGZ 1985, 129; *BayObLG* BayObLGZ 1984, 138, 139). Bei der Entscheidung der **Baubehörde** über einen Antrag auf Abänderung einer Abgeschlossenheitsbescheinigung handelt es sich genau so wie bei der Erteilung der Abgeschlossenheitsbescheinigung (Rn. 60) selbst nicht um einen Verwaltungsakt, so dass die Abänderung im Wege der **allgemeinen Leistungsklage** zu verfolgen ist (*BVerwG* DNotZ 1988, 702; *VG Berlin* NZM 1998, 732).

IV. Abgeschlossenheit von Wohnungen

64 Die vom Wohnungseigentumsgesetz in § 3 Abs. 2 und § 7 Abs. 4 Nr. 2 geforderte Abgeschlossenheit von Wohnungen erfordert dreierlei:
65 – **Abgeschlossenheit** gegenüber anderem Sonder- und Gemeinschaftseigentum;
   – **Zugangsmöglichkeit** (der notwendige freie Zugang zu den Wohnungen kann auch in der Weise geschaffen werden, dass die Benutzung des im Nachbargebäude befindlichen und im Eigentum eines Dritten stehenden Treppenhauses durch eine Grunddienstbarkeit zu Gunsten aller jeweiligen Wohnungseigentümer sichergestellt wird, *OLG Düsseldorf* MDR 1987, 235; s. auch *BayObLG* ZMR 1984, 359);
   – eine **Ausstattung**, die einen selbstständigen Haushalt erlaubt (Bamberger/Roth/*Hügel* Rn. 6; *Röll* MittBayNot 1991, 241; s. dazu auch Rn. 66).
66 Abgeschlossenheit wird mit den in Nr. 5 der Allgemeinen Verwaltungsvorschrift für die Ausstellung von Bescheinigungen gem. § 7 Abs. 4 Nr. 2 und § 32 Abs. 2 Nr. 2 des Wohnungseigentumsgesetzes vom 19.3.1974 (BAnz. Nr. 58 vom 23.3.1974) niedergelegten Grundsätzen umschrieben (*BayObLG* ZMR 1984, 359). **Abgeschlossene Wohnungen** sind danach solche, die baulich vollkommen von fremden Wohnungen und Räumen abgeschlossen sind, z. B. durch Wände und Decken, die den Anforderungen der Bauaufsichtsbehörden (Baupolizei) an Wohnungstrennwände und Wohnungstrenndecken entsprechen und einen eigenen abschließbaren Zugang unmittelbar vom Freien, von einem Treppenhaus oder einem Vorraum haben (*OLG Düsseldorf* OLGZ 1987, 51; *BayObLG* BayObLGZ 1983, 266). Wasserversorgung, Ausguss, WC, Stromanschluss müssen innerhalb der Wohnung liegen (s. etwa *OLG Zweibrücken* ZMR 2001, 663, 664; *OLG Düsseldorf* ZMR 1997, 662, 664; *BayObLG* ZMR 1984, 359 zu einem WC). Innerhalb der Wohnung muss die Möglichkeit zur Installation einer Küche oder Kochgelegenheit bestehen. Notwendig, aber auch ausreichend ist also, dass die Gesamtheit der Räume einer Wohnung es erlauben, einen **selbstständigen Haushalt** zu führen (*BayVGH* DWW 1976, 306). Auch Bad, Dusche und Heizung können fehlen. Bei Teileigentum gelten diese Erfordernisse sinngemäß. Unschädlich ist, wenn zwischen zwei Wohnungen eine jederzeit zu öffnende Verbindungstür besteht (*KG* OLGZ 1985, 129). Zu abgeschlossenen Wohnungen können zusätzliche Räume außerhalb des Wohnungsabschlusses gehören, sofern sie verschließbar sind. Für die Abgeschlossenheit der Räume, die zu

einem Sondereigentum gehören, ist es **unschädlich**, wenn sich diese auf **mehreren Etagen** befinden, sofern sie dort einen eigenen abschließbaren Zugang zum gemeinschaftlichen Treppenhaus haben (*LG Bielefeld* Rpfleger 2000, 387). Der Abgeschlossenheit einer Wohnung oder Garage schadet es grundsätzlich auch nicht, wenn den übrigen Eigentümern durch Gebrauchsregelung das **Recht zum Betreten** eingeräumt wird (*BayObLG* WE 1989, 214). S. dazu auch Rn. 79 ff.

V. Abgeschlossenheit von Garagenstellplätzen

1. Allgemeines

Für Garagenstellplätze (Einzelgaragen, ober- oder unterirdische Sammelgaragen, Doppelstockgaragen [Rn. 72]) macht das Gesetz seit der Novelle vom 30.7.1973 (BGBl I 910) eine **Ausnahme**. Die Ausnahme erklärt sich durch die Zweckbestimmung von Garagenstellplätzen, bei denen **vertikale Abgrenzungen hinderlich** wären (*LG Frankfurt a. M.* ZMR 1993, 184, 186). Vor der Novellierung konnte an Garagenstellplätzen außerdem nur ein Sondernutzungsrecht eingeräumt werden. Vor allem die Grundbuchprobleme veranlassten deshalb den Gesetzgeber, für die Abgeschlossenheit Ausnahmen zur Raumeigenschaft und zur Abgeschlossenheit zu erlauben (*Röll* DNotZ 1992, 221, 222 m.w.N.). Für Garagenstellplätze fingiert § 3 Abs. 2 S. 2 WEG vor allem die **Raumeigenschaft** (*Hügel* ZWE 2001, 42, 48; a. A. *OLG Jena* v. 20.12.2004, 9 W 654/03). Ferner fingiert § 3 Abs. 2 S. 2 WEG die **Abgeschlossenheit** eines Garagenstellplatzes, wenn dessen meist, aber nichts stets innerhalb eines Gebäudes liegende Fläche – etwa in einer Einzelgarage (*BayObLG* NJW-RR 1990, 332) – durch **dauerhafte Markierungen** ersichtlich ist (*BayObLG* ZMR 2001, 821) oder wenigstens war (*BayObLG* BayObLGZ 1989, 447, 450; NJW-RR 1991, 722). Da das Wohnungseigentumsgesetz nur Sondereigentum an Räumen kennt, wäre die Fiktion einer Abgeschlossenheit ohne Raum **sinnwidrig** (*F. Schmidt* FS Seuß [2007], 241, 248). Sondereigentum bleibt deshalb auch dann bestehen, wenn die Markierung mit der erforderlichen Bestimmtheit rekonstruiert werden kann und die Antragsteller im Grundbuch eingetragen sind. Ist einem bestimmten Miteigentumsanteil nach dem Inhalt des Aufteilungsplanes **eine Garage** zugeordnet, die im Teilungsvertrag (der Teilungserklärung) nicht ausdrücklich erwähnt wird, darf die Eintragung der Teilung nicht mangels Bestimmtheit vom Grundbuchamt abgelehnt werden, wenn der Teilungsvertrag (die Teilungserklärung) für Lage und Ausmaß des Sondereigentums auf den Aufteilungsplan Bezug nimmt und auch deren weiterer Inhalt dafür spricht, dass das Sondereigentum an der Garage jenem Miteigentumsanteil zugeordnet werden soll (*OLG Zweibrücken* ZMR 1996, 387). Soll an **baulich selbstständigen Garagen** Sondereigentum begründet werden, sind dem Grundbuchamt mit dem Eintragungsantrag wegen des Bestimmtheitsgrundsatzes im Sachen- und Grundbuchrecht auch für diese Gebäudeteile die in § 7 Abs. 4 WEG genannten Unterlagen – Aufteilungsplan und Abgeschlossenheitsbescheinigung – vorzulegen (*OLG Düsseldorf* ZMR 2000, 398).

2. Dauerhafte Markierungen

Nach Nr. 6 der Allgemeinen Verwaltungsvorschrift für die Ausstellung von Bescheinigungen gem. § 7 Abs. 4 Nr. 2 und § 32 Abs. 2 Nr. 2 des Wohnungseigentumsgesetzes vom 19.3.1974 (BAnz. Nr. 58 vom 23.3.1974) kommen als dauerhafte Markierungen vor allem
– Stein- oder Metallwände;
– fest verankerte Geländer oder Begrenzungseinrichtungen aus Stein oder Metall;
– fest verankerte Begrenzungsschwellen aus Stein oder Metall;
– in den Fußboden eingelassene Markierungssteine;
– oder andere Maßnahmen, die den vorgenannten Maßnahmen zumindest gleichzusetzen sind,
in Betracht. Eine andere Maßnahme mit ausreichender Gewähr sind etwa Markierungsnägel (*BayObLG* ZMR 2001, 820 = ZWE 2001, 372). Ein einfacher Farbanstrich ist hingegen keine dauerhafte Markierung i. S. von § 3 Abs. 2 WEG (*Bornemann* Erwerb, S. 38 m. w. N. auch zur Gegenansicht). Ebenso wenig ist ein Schild oder ein Schriftzug auf dem Bodenbelag eine **dauerhafte Markierung**.

Entscheidend ist, dass die jeweils gewählte Markierung die Gewähr für eine **dauerhafte Klarheit** der Eigentumsverhältnisse bietet (*Bornemann* Erwerb, S. 38).

§ 3 I Vertragliche Einräumung von Sondereigentum

3. Pkw-Abstellplätze

71 Außerhalb eines Gebäudes oder auf dem **Dach** einer Tiefgarage obererdig liegende **Pkw-Abstellplätze** können grundsätzlich nicht Gegenstände eines Sondereigentums sein. Als **Grundstücks-** und eben nicht **Gebäudeflächen** können sie aus Rechtsgründen nicht Sondereigentum sein, so dass sie zwingend in das gemeinschaftliche Eigentum fallen (*OLG Hamm* NZM 2007, 448 = ZMR 2007, 213 = MietRB 2007, 68 mit Anm. *Hügel*; DNotZ 2003, 945, 947; ZMR 1998, 456, 457 = NJW-RR 1998, 516; OLGZ 1975, 103 = NJW 1975, 60; *BayObLG* MDR 1992, 673; Rpfleger 1986, 217; *OLG Celle* DNotZ 1992, 213; *OLG Frankfurt a. M.* OLGZ 1984, 32, 33). Etwas anderes gilt für Pkw-Abstellplätzen auf dem **nicht überdachten Oberdeck** eines **Parkhauses** oder einer **Sammelgarage** (*OLG Hamm* ZMR 1998, 456, 457 = NJW-RR 1998, 516 = NZM 1998, 267; *OLG Celle* NJW-RR 1991, 1489; *OLG Köln* DNotZ 1984, 700 mit Anm. *F. Schmidt* = Rpfleger 1984, 1984 mit Anm. *Sauren*; *OLG Frankfurt a. M.* OLGZ 1984, 32, 33; DNotZ 1977, 635; a. A. *KG* NJW-RR 1996, 587 = ZMR 1996, 216; § 7 Rn. 157; offen gelassen von *BayObLG* NJW-RR 1986, 761 = ZMR 1986, 207). Bei diesen Stellplätzen handelt es sich um Gebäudeflächen. Der allgemeine Sprachgebrauch, nach dem der Begriff der Garage eine zumindest überdachte Stellfläche voraussetzt, bedeutet nicht, das »Garagenstellplätze« nur diejenigen wären, die im überdachten Flächenbereich der betreffenden Gesamtanlage belegen sind. Die Bezeichnung »Garage« ist vielmehr hier **extensiv** zu verstehen, umfasst das Bauwerk **insgesamt** und damit auch die Stellplätze auf der obersten Ebene, ohne dass es auf die Überdachung des einzelnen Platzes ankäme (*OLG Köln* DNotZ 1984, 700, 702 mit Anm. *F. Schmidt* = Rpfleger 1984, 1984 mit Anm. *Sauren*). Der Raum geht der Abgeschlossenheit logisch voraus. Auch nach § 905 BGB erstreckt sich das normale Eigentum auf den nicht überdachten Luftraum eines Grundstücks (*F. Schmidt* FS Seuß [2007], 241, 248).

4. Doppelstockgaragen (Duplex-Stellplätze, Doppelparker)

a) Die Garage als Ganzes

72 Eine **Doppelstockgarage** mit Kippvorrichtung (Duplex-Stellplatz) ist ein »Raum« i. S. von § 3 Abs. 1 und 2 WEG. An der Doppelstockgarage im Ganzen kann daher Sondereigentum begründet werden (*OLG Düsseldorf* ZMR 1999, 500, 501; *BayObLG* NJW-RR 1994, 1427; *Gleichmann* Rpfleger 1988, 10).

b) Die einzelnen Stellplätze

73 Etwas anderes soll h. M. nach für die **einzelnen Stellplätze** der Doppelstockgarage gelten. An diesen Stellplätzen soll kein Sondereigentum begründet werden können, weil über ihnen nur »lichter« Raum ist (*OLG Düsseldorf* ZMR 1999, 500, 501; MittRhNotK 1978, 85; *BayObLG* NJW-RR 1995, 783; DNotZ 1976, 28; offen gelassen von *OLG Celle* OLGReport 2005, 633). Es fehle eine klare Trennung des Raumes zwischen Boden und Decke, so dass der einzelne Stellplatz nicht als sondereigentumsfähiger Raum eines Gebäudes, sondern nur als Teil einer dem gemeinschaftlichen Gebrauch der Doppelstockgarage dienenden beweglichen Einrichtung anzusehen sei (*BayObLG* BayObLGZ 1974, 466, 470 = NJW 1975, 740). Diese Argumentation überzeugt freilich **nicht** und ist abzulehnen (*Bornemann* Erwerb, S. 43, 44 m. w. N.; *Häublein* MittBayNot 2000, 112; *Hügel* NotBZ 2000, 349; *Gleichmann* Rpfleger 1988, 10; Rpfleger 1988, 10; *Sauren* MittRhNotK 1982, 213). Eine **räumliche Umgrenztheit** liegt bei der Doppelstockgarage ebenso wie bei dem nicht überdachten Oberdeck eines Parkhauses, einer Sammelgarage, einem Balkon oder einer Dachterrasse vor. Die Nutzung des »Luftraums« steht der Sondereigentumsfähigkeit nicht entgegen.

c) Benutzungsregelungen

74 Eine Benutzungsregelung der Miteigentümer einer Doppelstockgarage kann nach § 1010 BGB **verselbstständigt** werden. Eine Gebrauchsregelung nach § 15 WEG können die Miteigentümer hingegen **nicht** treffen (*LG Düsseldorf* MittRhNotK 1987, 163; *Basty* Rpfleger 2001, 169; *Hügel* NotBZ 2000, 349; *Schneider* Rpfleger 1998, 53; *Schöner* Rpfleger 1997, 416; *Huff* WE 1996, 134; s. auch *KG* MietRB 2004, 235; a. A. *OLG Frankfurt a. M.* Rpfleger 2000, 212 = MittBayNot 2000, 440; *OLG Jena* MittBayNot 2000, 443 = FGPrax 2000, 7; BayObLGZ 1994, 195 = NJW-RR 1994, 1427; *F. Schmidt* FS Seuß [2007], S. 241, 253; *von Oefele* MittBayNot 2000, 441, 442; *Böttcher* ZfIR 1997, 321, 327; kritisch *Häublein* MietRB 2004, 235, 236). Die Miteigentümer bilden **keine Gemeinschaft**

der Wohnungseigentümer i. S. von §§ 10 WEG (s. dazu § 10 Rn. 14). Eine Untergemeinschaft ist dem Wohnungseigentumsgesetz fremd. Für eine entsprechende Anwendung von § 15 WEG besteht angesichts § 1010 BGB auch kein ausreichendes Bedürfnis (so auch *Basty* Rpfleger 2001, 169; a. A. *Schneider* Rpfleger 1998, 53; *Ertl* Rpfleger 1979, 81).

VI. § 7 Abs. 4 S. 3 WEG; Verzicht auf Abgeschlossenheit

Die Erteilung der Abgeschlossenheitsbescheinigung führt zu einem **erheblichen** Aufwand der Baubehörden der Länder. Diese ist nicht in allen Fällen vertretbar, vor allem dann nicht, wenn Bauvorhaben nach Landesrecht **genehmigungsfrei** sind. Die Landesregierungen können deshalb nach § 7 Abs. 4 S. 3 WEG, der 2007 durch das Gesetz zur Änderung des Wohnungseigentumsgesetzes und anderer Gesetze vom 26.3.2007 (BGBl. I S. 370) eingefügt wurde, durch Rechtsverordnung bestimmen, dass und in welchen Fällen ein Aufteilungsplan und eine Abgeschlossenheitsbescheinigung von einem **öffentlich bestellten oder anerkannten Sachverständigen** für das Bauwesen statt von der Baubehörde ausgefertigt und bescheinigt werden. Der Gesetzgeber hätte von dieser **Öffnungsklausel** freilich **absehen** sollen. Die Wahrung der Rechts- und Wirtschaftseinheit macht im gesamtstaatlichen Interesse weiterhin eine bundesgesetzliche Regelung nach § 72 Abs. 2 GG erforderlich. Jedenfalls sollte keine dauerhafte Öffnung für die Landesgesetzgebung gewährt und die Regelung z. B. für fünf Jahre bloß erprobt, dann aber einheitlich geregelt werden. Ein Gesetzentwurf des Bundesrates (BT-Drucks. 15/3423), der anregte, auf eine **Abgeschlossenheitsbescheinigung** vollständig **zu verzichten** (s. dazu *Trautmann* ZWE 2004, 318 ff. und *Pfeilschifter/Wüstenberg* WuM 2004, 635 ff.), wurde **bislang nicht weiter verfolgt**. Der Gesetzentwurf des Bundesrates begründet den Verzicht auf eine Abgeschlossenheitsbescheinigung vor allem damit, dass Eigentumswohnungen auch ohne diese in aller Regel als Kaufobjekt nur dann verkehrsfähig sind, wenn sie abgeschlossen sind. Der sachenrechtliche Bestimmtheitsgrundsatz werde bereits durch den Aufteilungsplan gewahrt. Sofern die Betroffenen eine besondere Feststellung und Bestätigung der Abgeschlossenheit für erforderlich erachteten, bliebe es ihnen unbenommen, hierüber in eigener Verantwortung vertragliche Regelungen zu finden. Die Abgeschlossenheitsbescheinigung ist freilich **nicht verzichtbar** (so auch *Pfeilschifter/Wüstenberg* WuM 2004, 635, 642). Sie ist im Interesse des Schutzes der Wohnungseigentümer erforderlich, um die Eigentums- und Benutzungsverhältnisse innerhalb des Gebäudes klarzustellen und Streitigkeiten vorzubeugen, die sich aus einer Unklarheit dieser Beziehungen ergeben können. Ein Verzicht würde es ermöglichen, Wohnungseigentum auch an Einzelzimmern ohne Küche oder Toilette oder an Zimmern in Senioren- oder Studentenwohnheimen zu begründen (zu einem einzelnen Hotelzimmer s. *LG Halle* NotBZ 2001, 242 und *Häublein* NotBZ 2004, 243; ferner *OVG Lüneburg* ZMR 1985, 27 und DNotZ 1984, 390). Wohnanlagen dieser Art führen aber erfahrungsgemäß **vermehrt zu Streitigkeiten** über Art und Intensität der Nutzung der gemeinschaftlichen Einrichtungen sowie über die Höhe der anteiligen Kosten und damit letztlich zu weiteren, unnötigen und nicht tragbaren Belastungen der Gerichte.

D. Einräumung von Sondereigentum

Das gegenseitig eingeräumte Sondereigentum qualifiziert die einzelnen Miteigentumsteile der vormaligen Miteigentümer und jetzigen Wohnungseigentümer. Gegenstand der vertraglichen Einräumung von Sondereigentum sind die gem. § 3 Abs. 1 WEG bestimmten Räume sowie die zu diesen Räumen gehörenden Anlagen, Teile und Bestandteile des Gebäudes, die verändert, beseitigt oder eingefügt werden können, ohne dass dadurch das gemeinschaftliche Eigentum oder ein auf Sondereigentum beruhendes Recht eines anderen Wohnungseigentümers über das nach § 14 WEG zulässige Maß hinaus beeinträchtigt oder die äußere Gestaltung des Gebäudes verändert wird, § 5 Abs. 1 WEG. Sondereigentum stellt sich in Bezug auf das Grundstück gleichsam als **Scheinbestandteil** dar (*Rapp* FS Wenzel, S. 271, 275). Es unterfällt § 95 Abs. 1 S. 2 BGB als ein Gebäude oder ein anderes Werk, das in Durchbrechung des Akzessionsprinzips mit dem Grundstück verbunden wurde (*Rapp* FS Wenzel, S. 271, 275).

§ 3 I Vertragliche Einräumung von Sondereigentum

I. Sondereigentum für jeden Miteigentümer

1. Grundsatz

77 Das Wohnungseigentumsgesetz lässt ein »**isoliertes Sondereigentum**« ohne Verbindung mit einem bestimmten Miteigentumsanteil nicht zu (wird eine Verbindung unterlassen, liegt gemeinschaftliches Eigentum vor; s. auch § 8 Rn. 80 für eine Unterteilung). Der Teilungsvertrag muss daher ebenso wie die Teilungserklärung nach § 8 WEG vorsehen, dass **jedem** (künftigen) **Miteigentümer** irgendein Sondereigentum (z. B. eine oder mehrere Wohneinheiten [*BayObLG* BayObLGZ 1971, 102], gewerbliche Räume oder ein Garagenstellplatz) eingeräumt wird (*OLG Frankfurt a. M.* OLGZ 1969, 387). Das Wohnungseigentumsgesetz geht dabei von dem Modellfall aus, dass Gegenstand des Sondereigentums im Sinne seines § 1 Abs. 2 in sich abgeschlossene Wohnungen **eines Gebäudes** sind (*BGH* BGHZ 50, 56, 57; *OLG Köln* NJW 1962, 156; *Weitnauer* DNotZ 1962, 216). Stehen auf einem Grundstück **mehrere Gebäude** (z. B. Reihenhäuser), kann Wohnungseigentum allerdings auch derart bestellt werden, dass jeder Miteigentümer an **sämtlichen Räumen** eines Gebäudes Sondereigentum erhält (*BGH* NJW-RR 2001, 800 = BGHReport 2001, 361; BGHZ 50, 56, 57; *KG* NZM 1999, 257; WE 1991, 324). Nach § 5 Abs. 2 WEG gehören die **konstruktiven Teile dieses Gebäudes** allerdings auch in diesem Falle zum gemeinschaftlichen Eigentum aller Miteigentümer (*BGH* BGHZ 50, 56, 59). Nach h. M. kann Sondereigentum auch an einem **Teileigentum** (z. B. einem Kellerraum [»Kellerlösung«] oder einer Garage) bestimmt und **im Übrigen Sondernutzungsrechte** an näher bezeichneten Wohnräumen begründet werden (*OLG Hamm* NJW-RR 1993, 1233; *BayObLG* NJW 1992, 700; *Häublein* Sondernutzungsrechte, S. 100 m. w. N.; *Pause* NJW 1992, 671; *ders.* NJW 1990, 3178; *F. Schmidt* WE 1992, 2; *Schneider* Rpfleger 1991, 499, 500; a. A. *LG Hagen* NJW-RR 1993, 402; *LG Braunschweig* Rpfleger 1991, 305, 306 *Schäfer* Rpfleger 1991, 307). Dieser Weg wurde zeitweise wegen Problemen der Abgeschlossenheit der Wohneinheiten gewählt. Nach der Entscheidung des Gemeinsamen Senats der obersten Gerichtshöfe des Bundes (*GmS-OGB* BGHZ 119, 42 ff. = NJW 1992, 3290 = ZMR 1993, 25 = MDR 1993, 344) dürften diese Modelle freilich nicht mehr attraktiv sein. Die Räume eines Gebäudes brauchen im Übrigen **nicht vollständig** in Sonder- und Gemeinschaftseigentum aufgeteilt zu werden; nach § 1 Abs. 5 WEG werden alle Teile des Gebäudes, an denen kein Sondereigentum begründet werden soll (oder kann), gemeinschaftliches Eigentum (*BGH* BGHZ 109, 179 [Heizwerkfall] = ZMR 1990, 112 = NJW 1990, 447; *BayObLG* BayObLGZ 1987, 390, 395; 1973, 267, 268; *OLG Frankfurt a. M.* OLGZ 1978, 290, 291; *OLG Karlsruhe* DNotZ 1973, 235; *OLG Stuttgart* OLGZ 1979, 21, 23). Einzelne Räume, aber auch ganze Wohnungen können **ohne weiteres** im Gemeinschaftseigentum verbleiben (*BayObLG* BayObLGZ 1971, 102 = DNotZ 1971, 473). S. zu den Fragen des Sondereigentums im Übrigen § 5 Rn. 1 ff.

2. »Mitsondereigentum«

a) Grundsatz

78 Das Sondereigentum muss immer einem **einzigen Miteigentumsanteil** zugeordnet werden. Dasselbe Sondereigentum kann nicht **mehreren verschiedenen Miteigentumsanteilen** zugeordnet werden. Die Rechtsfigur einer dinglich **verselbständigten Untergemeinschaft** an einzelnen Räumen, z. B. an einem Tiefgaragenplatz, ist dem Wohnungseigentumsrecht fremd (*BGH* BGHZ 130, 159, 168 = ZMR 1995, 521 = NJW 1995, 2851; *OLG Schleswig* MietRB 2007, 149 = DNotZ 2007, 620 mit Anm. *Commichau*; *BayObLG* ZMR 2000, 622, 623; ZMR 1999, 48, 49; BayObLG 1987, 390, 396; DNotZ 1982, 246, 247; *OLG Düsseldorf* Rpfleger 1975, 308; *J. Schmidt* ZWE 2005, 58, 60; *Häublein* NZM 2003, 785). Das Wohnungseigentumsgesetz lässt ein »**Mitsondereigentum**« nicht zu (*Commichau* DNotZ 2007, 622).

b) »Nachbareigentum«

79 Eine **Ausnahme** ist ausnahmsweise für das so genannte **Nachbareigentum** anerkannt (*OLG Schleswig* MietRB 2007, 149 = DNotZ 2007, 620 mit Anm. *Commichau*; *OLG Zweibrücken* NJW-RR 1987, 332; s. auch *BayObLG* ZMR 1996, 618, 618; a. A. *Commichau* DNotZ 2007, 622, 624). Liegt ein Nachbareigentum vor, ist Miteigentum und Mitbesitz der beiden Nachbarn i. S. gemeinsamen Sondereigentums anzunehmen (*OLG Schleswig* MietRB 2007, 149 = DNotZ 2007, 620 mit Anm.

Vertragliche Einräumung von Sondereigentum | § 3

Commichau). **Nachbareigentum** ist gegeben, wenn eine **nicht tragende Mauer**, also eine solche, die nicht zwingend nach § 5 Abs. 2 WEG im Gemeinschaftseigentum steht, zwei Sondereigentumseinheiten voneinander oder eine Sondereigentumseinheit vom Gemeinschaftseigentum trennt. In diesen Fällen ist eine **analoge** Anwendung von § 921 BGB geboten. Bei dem Nachbareigentum als eine Ausnahmeregelung ist der **Anwendungsbereich eng** zu halten (*OLG Schleswig* MietRB 2007, 149 = DNotZ 2007, 620 mit Anm. *Commichau*; *Sauren* DNotZ 1988, 667, 673; s. auch *Commichau* DNotZ 2007, 622, 624).

3. Tatschliche Verhältnisse

a) Grundsatz

Die rein **tatsächlichen Verhältnisse** einer Wohnanlage sind für die Frage, ob Sondereigentum oder ein anderes Recht vorliegen, grundsätzlich **unerheblich**. Ist z. B. ein **Spitz- oder Dachboden** nur durch die darunter liegende und dem Sondereigentum eines Wohnungseigentümers zugewiesene Wohnung zugänglich (entsprechendes gilt für einen **Balkon**), macht diese Lage die Fläche nicht zum Sondereigentum dieser Wohnung oder zu einem Sondernutzungsrecht. Ein Sondereigentum oder ein Sondernutzungsrecht entstehen nicht aus der Natur der Sache (*Elzer* MietRB 2007, 78, 80). Die **Isolierung eines Gemeinschaftseigentums** ersetzt nicht den für ein Sondereigentum oder ein Sondernutzungsrecht unbedingt notwendigen rechtsgeschäftlichen Begründungsakt (*OLG Köln* ZMR 2001, 570). Vielmehr ist umgekehrt ein Raum, der der einzige Zugang zu einem im gemeinschaftlichen Eigentum stehenden Raum ist, nach § 5 Abs. 2 WEG **selbst Gemeinschaftseigentum** (*OLG München* v. 28.3.2007 – 34 Wx 119/06; ZMR 2006, 388, 389; *BayObLG* WuM 2001, 292, 293 = ZMR 2001, 562, 563; BayObLGZ 1991, 165, 169 = ZMR 1991, 489, 492; BayObLGZ 1986, 26 = ZMR 1986, 209, 210). 80

b) Ausnahme

Eine Ausnahme hiervon wird angenommen, wenn es sich zwar um im gemeinschaftlichen Eigentum stehende Räume handelt, diese von ihrer Beschaffenheit her aber nicht zum **ständigen Mitgebrauch** aller Wohnungseigentümer bestimmt sind. In einem solchen Fall spielt nämlich der Zugang zu diesem Raum keine maßgebende Rolle. Der Zugang braucht dann auch **nicht zwangsläufig** im gemeinschaftlichen Eigentum zu stehen (*OLG Celle* NJOZ 2007, 4184, 4186; *OLG München* v. 28.3.2007 – 34 Wx 119/06; ZMR 2006, 388, 389; *BayObLG* WuM 2001, 292, 293 = ZMR 2001, 562, 563; NJW-RR 1995, 908, 909 = ZMR 1995, 371, 372; BayObLGZ 1991, 165, 169 = ZMR 1991, 489, 491; BayObLGZ 1986, 26 = ZMR 1986, 209, 210). In einem solchen Fall bestimmen Lage und Beschaffenheit des Raumes sowie insbesondere der fehlende Zugang vom Gemeinschaftseigentum im Übrigen auch den **zulässigen Mitgebrauch** aller Wohnungseigentümer nach §§ 13 Abs. 1 und 14 Nr. 1 WEG (*OLG Hamburg* ZMR 2005, 68, 69; ZMR 2001, 999, 1000; *BayObLG* WuM 2001, 292 = ZMR 2001, 562, 563; *OLG Hamm* ZMR 2001, 221; *J.-H. Schmidt* MietRB 2005, 83, 84). Die Nutzung des Gemeinschaftseigentums ist deshalb zu Zwecken beschränkt, die nur ein gelegentliches, von dem Eigentümer der betroffenen Wohnung zu gestattendes Betreten **notwendig** machen (*BayObLG* ZMR 2004, 844, 845; WuM 2001, 292 = ZMR 2001, 562, 563). Die anderen Wohnungseigentümer haben gem. § 14 Nr. 3 und Nr. 4 WEG vor allem dann ein **Recht auf Zugang**, sofern Gemeinschaftseinrichtungen des isolierten Gemeinschaftseigentums **gewartet** oder **repariert** werden müssen. 81

c) Balkone

Wird rechtmäßig an ein im Gemeinschaftseigentum stehendes Gebäude **nachträglich** ein Balkon angebaut, der nur von einer Wohnung aus betreten werden kann oder besteht an einem Gebäude **von vornherein** ein Balkon ohne weitere Bestimmungen zur Nutzung, steht ausnahmsweise nur dem Wohnungseigentümer ein Benutzungsrecht zu, an dessen **Sondereigentum** sich der Balkon befindet (*BayObLG* ZMR 2004, 132 = NJW-RR 2004, 1240). Die alleinige Nutzungsbefugnis des Balkons folgt aus der **Natur der Sache** i. V. m. §§ 242 BGB, 44 Abs. 2 II. BV (ggf. mit §§ 16 Abs. 6 WEG) oder unmittelbar aus § 14 Nr. 1 WEG (*Ott* ZMR 2004, 132, 133; *ders.* Sondernutzungsrecht, S. 109 ff.). Die durch die Isolierung bedingte Einschränkung des Mitgebrauchs am Gemein- 82

4. Teile eines Raumes; tragende Teile

83 An Teilen eines Raumes (*OLG Koblenz* WuM 1991, 603 = WE 1992, 19 mit Anm. *Merle*; *OLG Düsseldorf* OLGZ 1988, 239 = NJW-RR 1998, 590 = MDR 1988, 410) oder an seinen tragenden Teilen – wie z. B. seinem Dach (*OLG Düsseldorf* ZMR 2004, 280, 281) – kann **kein Sondereigentum** begründet werden (*OLG Düsseldorf* MietRB 2004, 111; *Hügel* MietRB 2005, 36). Die Begründung wäre ein unzulässiger Verstoß gegen § 93 BGB. Eine abweichende Auffassung stünde ferner im Widerspruch zu den Bemühungen des Wohnungseigentumsgesetzes, klar und überschaubar **abgegrenzte Bereiche** des Sondereigentums zu schaffen. Es bleibt den Wohnungseigentümern lediglich unbenommen, Einrichtungen und Aggregate, die nicht wesentliche Bestandteile des Gebäudes sind, in das Eigentum beliebiger Gruppierungen von Wohnungseigentümern zu stellen.

II. Inhalt des Sondereigentums

84 Inhalt des Sondereigentums ist gem. § 13 Abs. 1 WEG das Recht, mit den im Sondereigentum stehenden Gebäudeteilen (inklusive der von ihnen gebildeten Räume) nach Belieben zu verfahren und andere von Einwirkungen auszuschließen (*GmS-OGB* BGHZ 119, 42, 47 = NJW 1992, 3290 = ZMR 1993, 25 = MDR 1993, 344). Dadurch unterscheidet sich das Sondereigentum eines Wohnungseigentümers sachenrechtlich von der nach § 1010 Abs. 1 BGB möglichen **raumgebundenen Benutzungsregelung** zu Gunsten eines einfachen Miteigentümers.

III. Abweichungen von der Teilungserklärung oder vom Aufteilungsplan

85 Gem. § 3 Abs. 1 WEG oder nach § 8 Abs. 1 WEG kann Sondereigentum bereits an einem noch »zu errichtenden Gebäude« eingeräumt werden. Probleme treten in diesem Falle auf, wenn die (spätere) tatsächliche Bauausführung **nicht** mit der ursprünglichen, Teilungsvertrag und Aufteilungsplan zu Grunde liegenden, **Planung übereinstimmt** (*BGH* ZMR 2004, 206, 207 = NJW 2004, 1798 = MDR 2004, 439; *Abramenko* ZMR 1998, 741; *Bub* WE 1991, 124, 126). Solche Abweichungen sind in der Praxis häufig anzutreffen (*Röll* BayMittNot 1991, 240). Im Einzelfall ist es dann schwierig zu beantworten, was für das Sondereigentum gelten soll:

86 – in Frage kommt die tatsächliche Ausgestaltung des Gebäudes;
– es kann aber auch das gelten, was im Grundbuch eingetragen ist.

87 Eine vom Aufteilungsplan **abweichende Bauausführung** macht das Grundbuch jedenfalls nicht unrichtig (*OLG Zweibrücken* OLGReport Zweibrücken 2006, 521, 522 = MDR 2006, 172 = NZM 2006, 586). Auch der Eigentumserwerb durch Umschreibung richtet sich ausschließlich nach dem **eingetragenen** Grundbuchinhalt (*KG* ZMR 2001, 849). In der Rechtsprechung wird zwischen **unwesentlichen** und **wesentlichen Änderungen** unterschieden.

1. Errichtung des Gebäudes an anderer Stelle

88 Wird ein Gebäude **abweichend vom Aufteilungsplan** an einer anderen Stelle auf dem Grundstück oder in einer anderen Form errichtet, entsteht in diesem Gebäude Sondereigentum, sofern das Gemeinschaftseigentum und das Sondereigentum dennoch und ungeachtet der abweichenden Errichtung **zweifelsfrei voneinander abgrenzbar** sind. Solange trotz der Abweichung eine Abgrenzung zwischen diesen beiden **zweifelsfrei** möglich ist, hat der Aufteilungsplan seine Funktion letztlich erfüllt und es entsteht (ggf. teilweise) Sondereigentum an dem Gebäude, so wie es errichtet wird (*BGH* ZMR 2004, 206, 207 = NJW 2004, 1798 = MDR 2004, 439; *BayObLG* NJW-RR 1990, 332; RPfleger 1982, 21; *OLG Karlsruhe* NJW-RR 1993, 1294 = ZMR 1993, 474). Kann eine Abgrenzbarkeit indes **nicht zweifelsfrei festgestellt** werden und sind die Abgrenzungen zwischen Gemeinschafts- und Sondereigentum unklar, sind sämtliche Miteigentumsanteile substanzlos und isoliert. Hier sind die Sondereigentumsrechte rechtlich nur ein Anwartschaftsrecht (Rn. 132).

2. Grundrissverschiebungen innerhalb einer Wohnung

Sondereigentum entsteht auch dann, wenn nur die **innere Aufteilung** einer Wohnung verändert wird (*Rapp* in Beck'sches Notarhandbuch, A III Rn. 43c; *Bub* WE 1991, 124, 127). Änderungen der Raumaufteilung sind **stets unschädlich** (*OLG Hamm* Rpfleger 1986, 374, 375 = OLGZ 1986, 420). Soll nach dem Teilungsvertrag oder dem Aufteilungsplan Sondereigentum entstehen, werden die dafür vorgesehenen Räume aber **anders aufgeteilt**, entsteht Sondereigentum jedenfalls dann, wenn die tatsächliche Bauausführung nur **unwesentlich** vom Aufteilungsplan abweicht (*BayObLG* ZMR 1998, 794, 795 = NZM 1998, 973; BayObLGZ 1991, 332; *OLG Celle* OLGZ 1981, 106 ff.). Der Aufteilungsplan erlaubt es dann nämlich trotz der Änderungen, die Wohnung insgesamt zweifelsfrei von dem angrenzenden Sonder- und Gemeinschaftseigentum **abzugrenzen** (*OLG Hamm* Rpfleger 1986, 374, 375 = OLGZ 1986, 420; *BayObLG* Rpfleger 1982, 21). Es genügt sogar, wenn trotz der Abweichung die dem Sondereigentum zu Grunde liegende Raumeinheit jedenfalls bestimmbar ist (*OLG Düsseldorf* RPfleger 1970, 26, 27), also die **Abgrenzungen** der im Gemeinschaftseigentum und im Sondereigentum stehenden Gebäudeteile nach wie vor **übereinstimmen** (*OLG Köln* MDR 1982, 1021 = RPfleger 1962, 374). Beispiele hierfür sind der Einbau eines im Plan nicht vorgesehenen Kellerfensters oder wenn etwa Fenster, Türen und Trennwände an anderer Stelle eingebaut werden.

89

3. Weitere unerhebliche Änderungen

Sondereigentum entsteht aus **praktischen Erwägungen** heraus (Bamberger/Roth/*Hügel* Rn. 15) auch dann, wenn beispielsweise zwei Wohnungen zu einer zusammengefasst werden (*BayObLG* GE 1981, 332) oder wenn etwa Fertiggaragen auf einem Grundstück gegenüber dem Aufteilungsplan lediglich um einen Meter versetzt errichtet wurden (*BayObLG* NJW-RR 1990, 332). Maßgeblich ist auch hier die Erwägung, dass Gegenstand des Sondereigentums nicht die einzelnen Räume sind, sondern die aus einzelnen Räumen zusammengesetzte Wohnung. Solange also in irgend einer Weise die **Identität der einzelnen Wohnung** noch sichergestellt ist, sind die Gegenstände von Sonder- und Gemeinschaftseigentum **hinreichend bestimmt** (*BayObLG* RPfleger 1982, 21; *Bub* WE 1991, 124, 127). Wenn trotz der Abweichung eine Abgrenzung zwischen diesen beiden zweifelsfrei möglich ist, hat der Aufteilungsplan seine Funktion erfüllt und es entsteht Sondereigentum an dem Gebäude, so wie es errichtet wird (*OLG Karlsruhe* NJW-RR 1993, 1294 = ZMR 1993, 474; *BayObLG* NJW-RR 1990, 332; RPfleger 1982, 21).

90

4. Wesentliche Bauabweichung

Wenn die tatsächliche bauliche Ausführung vom Aufteilungsplan und der dort vorgesehenen Abgrenzung von Sondereigentum zum gemeinschaftlichem Eigentum (oder vom Sondereigentum mehrerer Eigentümer untereinander) ganz oder teilweise so abweicht, dass die planerische Darstellung an Ort und Stelle nicht mehr mit der nötigen Sicherheit festzustellen ist und es also **unmöglich** macht, die errichteten Räume einer in dem Aufteilungsplan ausgewiesenen Raumeinheit zuzuordnen, entsteht wegen fehlender Bestimmbarkeit der Abgrenzung kein unzulässiges **isoliertes Sondereigentum** (Rn. 77 und § 8 Rn. 80; für den Fall des vergessenen Sondereigentums *BayObLG* DNotZ 1988, 316, 318; *Röll* MittBayNot 1991, 240, 244), sondern gem. § 1 Abs. 5 WEG **gemeinschaftliches Eigentum** (*BGH* ZMR 2004, 206, 207 = NJW 2004, 1798 = MDR 2004, 439; BGHZ 130, 159, 169 = ZMR 1995, 521 = NJW 1995, 2851; BGHZ 109, 179, 184 [Heizwerkfall] = ZMR 1990, 112 = NJW 1990, 447; *OLG Zweibrücken* OLGReport Zweibrücken 2006, 521, 522 = MDR 2006, 172 = NZM 2006, 586; *OLG Hamburg* ZWE 2002, 592, 594; *OLG Hamm* ZWE 2000, 44, 46 = ZMR 2000, 244; *BayObLG* ZMR 1998, 794, 795; ZMR 1992, 65, 66; *OLG Karlsruhe* NJW-RR 1993, 1294, 1295; *Bub* WE 1991, 124, 127/128). In diesem Falle ist auch ein **gutgläubiger Erwerb** ausgeschlossen. Sondereigentum kann freilich wenigstens **teilweise** entstehen, wenn nämlich der Fehler abgrenzbar ist. Für die übrigen Einheiten ist dann von einem **isolierten Miteigentumsanteil** auszugehen. S. dazu ausführlich Rn. 97 ff., auch zur **Heilung**.

91

§ 3 | Vertragliche Einräumung von Sondereigentum

IV. Überbauungen innerhalb des Gemeinschaftseigentums

92 Für die Frage, ob eine **abweichende Bauausführung** oder eine **bauliche Veränderung** als »Überbau«, die Frage der Duldungspflicht also gem. § 912 BGB behandelt werden kann, und ob und ggf. in welchem Umfang § 912 ff. BGB direkt oder entsprechend auch zwischen Wohnungseigentümern Anwendung findet (offen gelassen von *OLG Düsseldorf* ZMR 2003, 954, 955; bejahend Bamberger/Roth/*Hügel* Rn. 15; s. auch *OLG Celle* ZMR 2004, 361; *KG* ZMR 2001, 849; *Hügel* MietRB 2004, 43; *Horst* MDR 2000, 494, 498), ist zu **unterscheiden**.

1. Anpassung an Rechtslage

93 Um ein Auseinanderklaffen zwischen tatsächlichen Verhältnissen und beurkundeter Rechtslage auf Dauer zu vermeiden, ist eine abweichende Bauausführung oder eine unrechtmäßige bauliche Veränderung vorrangig dadurch zu lösen, dass die **tatsächlichen Verhältnisse** an die Rechtslage – oder aber umgekehrt, die Rechtslage an die tatsächlichen Verhältnisse – **angepasst wird** (*KG* ZMR 2001, 849; a. A. *Röll* MittBayNot 1991, 240, 244). Nimmt beispielsweise ein Wohnungseigentümer eine bauliche Änderung unter Verstoß gegen § 22 Abs. 1 WEG vor, so kann von ihm die **Wiederherstellung des früheren Zustands** verlangt werden. Hat ein Wohnungseigentümer unberechtigt im Gemeinschaftseigentum stehende **Dachgeschossflächen ausgebaut**, muss er diese **zurückbauen** und herausgeben (*Bub* WE 1991, 150, 151). Die Lösung nach den Bestimmungen der §§ 912 ff. BGB, die auf einen bloß **finanziellen Ausgleich** hinausläuft, ist stets **nachrangig** im Vergleich zur ordnungsmäßigen Erstherstellung der Sondereigentumseinheiten in Natur oder einer Folgenbeseitigung. Die Unterlassung und Beseitigung der Störung kann jeder Wohnungseigentümer nach §§ 15 Abs. 3 WEG, 1004 BGB verlangen (*OLG Köln* OLGReport 1998, 137, 138). Das Verlangen kann aber auch **vergemeinschaftet** werden (§ 10 Rn. 426). Eine zur baulichen Veränderung etwa erteilte öffentlich-rechtliche Baugenehmigung hat auf diesen Anspruch keinen Einfluss (*OLG Köln* OLGReport 1998, 137, 138). Für die Zeit der Nutzung schuldet der Störer den anderen Wohnungseigentümern (nicht dem Verband) außerdem eine **Nutzungsentschädigung** (*KG* FGPrax 2004, 216). Allerdings ist es insoweit allein Aufgabe des Verbandes, nicht des Einzelnen, diesen sämtlichen Wohnungseigentümern zustehenden Anspruch durchzusetzen. Ein Sondernachfolger haftet für einen Überbau nicht als Handlungs-, ggf. aber als **Zustandsstörer** (allgemein § 10 Rn. 356). Ist zurückzubauen, schuldet der Sondernachfolger aber keinen Rückbau, sondern stets nur dessen Duldung (s. auch *Horst* MDR 2000, 494, 498; § 10 Rn. 356).

2. Finanzieller Ausgleich

94 Der jedem Wohnungseigentümer zustehende Anspruch **auf Änderung der Bauausführung** oder Beseitigung einer ohne die erforderliche Zustimmung nach § 22 Abs. 1 WEG vorgenommenen baulichen Veränderung kann **im Einzelfall ausgeschlossen** sein, wenn die Erfüllung dieses Anspruchs dem Anspruchsgegner unter Berücksichtigung aller Umstände nach Treu und Glauben (§ 242 BGB) **nicht zuzumuten** ist (*OLG Düsseldorf* ZMR 2003, 954, 955; *OLG Celle* OLGZ 1981, 106; *OLG Hamm* OLGZ 1976, 61; offen gelassen von *OLG Köln* OLGReport Köln 1998, 137). Hierbei ist ein **strenger Maßstab** anzuwenden. Ein Beseitigungsverlangen stellt sich vor allem dann als **rechtsmissbräuchlich** dar, wenn sich z. B. die Herstellung des an sich gebotenen Zustands im Verhältnis zum Ausmaß der Beeinträchtigung als unverhältnismäßig erweist. In diesem Falle müssen sich die anderen Wohnungseigentümer aus ihrer Treueverpflichtung ausnahmsweise auf einen **Ausgleichsanspruch** verweisen lassen. Die Geltendmachung des Anspruchs ist nach § 10 Abs. 6 S. 3 WEG wegen ihrer Gemeinschaftsbezogenheit Verbandssache.

3. Kein Sondereigentum kraft Gesetzes

95 Eine abweichende Bauausführung oder eine bauliche Veränderung führen innerhalb einer Wohnungseigentumsanlage zu **keiner Eigentumsänderung** entsprechend §§ 912, 93 und 94 BGB. Maßgeblich für die Frage, ob ein Raum im Gemeinschafts- oder Sondereigentum steht, ist **allein das Grundbuch**. Sondereigentum entsteht nur in den **rechtlichen Grenzen** von Teilungsvertrag / Teilungserklärung und Aufteilungsplan, also **nicht entsprechend** der tatsächlichen Bauausführung (*OLG Zweibrücken* OLGReport Zweibrücken 2006, 521= MDR 2006, 172 = NZM 2006, 586 m. w. N.). Werden etwa Räume, die im Gemeinschaftseigentum stehen, baulich vorsätzlich oder

versehentlich in eine Wohnung einbezogen, bleiben diese dennoch im **Gemeinschaftseigentum** stehen und werden also kein Sondereigentum kraft Gesetzes (*KG* ZMR 2001, 849, 950; *Elzer* MietRB 2007, 78, 80). Dies gilt unabhängig davon, ob die bauliche Ausführung unverschuldet oder mit einer beschlussweisen Erlaubnis der übrigen Wohnungseigentümer oder durch eine Vereinbarung i. S. von § 10 Abs. 2 WEG gedeckt geschieht (*OLG Köln* OLGReport Köln 1998, 137; *BayObLG* ZMR 1993, 423, 424; *Elzer* MietRB 2007, 78, 80).

V. Überbauungen und Nachbargrundstück

Ist das Gebäude der Anlage **über die Grenze gebaut** worden und hat der Nachbar nach § 912 Abs. 1 BGB den Überbau zu **dulden oder gestattet** (allgemein *BGH* BGHZ 62, 141 ff.; *OLG Celle* ZMR 2004, 361; s. dazu auch *Ludwig* DNotZ 1983, 411, 412; *Röll* ZfBR 1983, 201; *Weitnauer* ZfBR 1982, 97), entsteht an dem überbauten Gebäudeteil **Wohnungseigentum**. Der übergebaute Gebäudeteil ist gem. §§ 93, 94 Abs. 1 BGB wesentlicher Bestandteil des Wohnungseigentumsgrundstücks und **sondereigentumsfähig**. Die Eintragung einer **Grunddienstbarkeit** ist sinnvoll, aber nicht erforderlich (*OLG Karlsruhe* DNotZ 1986, 253; *OLG Hamm* Rpfleger 1984, 98; *Demharter* Rpfleger 1983, 133; *Ludwig* DNotZ 1983, 411; 9; a. A. *OLG Stuttgart* Rpfleger 1982, 375). Für den Fall, dass eine Grunddienstbarkeit besteht, wird der überbaute Grundstücksteil **wesentlicher Bestandteil des herrschenden Grundstücks** nach §§ 95 Abs. 1, 96 BGB (s. *OLG Hamm* MittBayNot 1984, 34; *OLG Stuttgart* Rpfleger 1982, 375 und *LG Stade* Rpfleger 1987, 63). Wohnungseigentum kann dann begründet werden, weil das Sondereigentum und das Miteigentum **nicht an mehreren Grundstücken** besteht. Liegen die Voraussetzungen des § 912 Abs. 1 BGB **nicht vor** und hat der Nachbar dem Überbau **nicht zugestimmt**, wird der Nachbareigentümer **Eigentümer** des überbauten Gebäudeteiles (*BGH* NJW-RR 1989, 1039 = MDR 1989, 1089; *OLG Karlsruhe* DNotZ 1986, 753). Befindet sich eine Sondereigentumseinheit **vollständig** auf dem Nachbargrundstück, ist der entsprechende Miteigentumsanteil **substanzlos und isoliert** (dazu Rn. 97 ff.) und die Begründung von Wohnungseigentum gescheitert (vgl. *BGH* BGHZ 109, 179, 184 [Heizwerkfall] = ZMR 1990, 112 = NJW 1990, 447). Nach § 1 Abs. 4 WEG kann Wohnungs- oder Teileigentum an den überbauten Flächen **nicht entstehen**. Die übrigen Miteigentümer sind in diesem Falle verpflichtet, den substanzlosen Miteigentumsanteil gegen Entschädigung zu erwerben (§ 11 Rn. 16 ff.).

96

VI. Isolierte Miteigentumsteile

Ist die **Begründung** von Wohnungseigentum zum »Vollrecht« (zunächst oder endgültig) **gescheitert**, hat der entsprechende Miteigentümer (ggf. noch) kein Sondereigentum erworben. Seine Miteigentumsanteile, die mit einem (noch) nicht zum Vollrecht erstarkten Sondereigentum verbunden sind, werden zumeist als isolierte, aber auch als substanzlose oder sondereigentumslose Miteigentumsanteile bezeichnet (*Hügel* ZMR 2004, 549, 552). Die »Isolierung« der Miteigentumsanteile besteht darin, dass sich das Sondereigentum zunächst als eine **bloße Anwartschaft** darstellt (s. dazu Rn. 132 und § 8 Rn. 94). Es entsteht aber Wohnungs- oder Teileigentum und der Eigentümer wird auch »echter« Wohnungseigentümer (a. A. *BGH* ZMR 2004, 206, 208 = NJW 2004, 1798 = MDR 2004, 439: auf den Eigentümer fänden die Regeln der werdenden oder faktischen Eigentümergemeinschaft Anwendung; s. dazu Rn. 103). Isolierte Miteigentumsanteile können ferner auch **rechtsgeschäftlich übertragen** werden (*BGH* ZfIR 2004, 1006 = ZMR 2005, 59 = NJW 2005, 10; *OLG Hamm* NZM 2007, 448 = ZMR 2007, 213 = MietRB 2007, 68 mit Anm. *Hügel*; NZM 2006, 142 = ZMR 2006, 60).

97

1. Entstehung

a) Rechtsgeschäftliche Begründung

Die **rechtsgeschäftliche Begründung** eines in dieser Weise begriffenen isolierten Miteigentumsanteils ist ebenso wenig wie die eines **isolierten Sondereigentums** (Rn. 77 und § 8 Rn. 80) ohne damit verbundenen Miteigentumsanteil möglich und also unzulässig (*BGH* ZfIR 2004, 1006 = ZMR 2005, 59 = NJW 2005, 10; *OLG Hamburg* ZMR 2002, 372, 373 = ZWE 2002, 592; *BayObLG* BayObLGZ 1995, 399, 403 = ZMR 1996, 285; *Merle* System, S. 61).

98

§ 3 I Vertragliche Einräumung von Sondereigentum

b) Faktische Entstehung

99 Ein isolierter Miteigentumsanteil kann aber **faktisch** entstehen. Das ist in der Praxis dann der Fall, wenn:

100 – ein **Miteigentumsanteil** mit einem **nicht ausreichend bestimmten** Sondereigentum verbunden ist und dennoch eingetragen wird (*BGH* BGHZ 130, 159, 168 = ZMR 1995, 521 = NJW 1995, 2851);
 – die **Bausausführung** so vom **Aufteilungsplan abweicht**, dass es gleichsam unmöglich ist, die errichteten Räume einer Raumeinheit zuzuordnen (*BGH* ZMR 2004, 206, 208 = NJW 2004, 1798 = MDR 2004, 439; *OLG Hamm* WE 1991, 136; dazu Rn. 91);
 – Miteigentum mit einem **nicht sondereigentumsfähigen** Raum verbunden wird (z. B. indem eine Vereinbarung einen Gebäudeteil dem Sondereigentum zuordnet, der nach § 5 Abs. 1 und Abs. 2 WEG **zwingend** dem gemeinschaftlichen Eigentum zuzuordnen ist, vgl. *BGH* BGHZ 109, 179, 184 [Heizwerkfall]= ZMR 1990, 112 = NJW 1990, 447; *OLG Schleswig* ZMR 2006, 886, 887; *OLG Hamburg* MietRB 2004, 290; die entsprechende Vereinbarung ist nichtig); eine solche Eintragung ist **unwirksam** und kann keine Grundlage für einen **gutgläubigen Erwerb** sein (*BGH* BGHZ 109, 179, 184 [Heizwerkfall] = ZMR 1990, 112 = NJW 1990, 447; *OLG Hamm* NZM 2007, 448 = ZMR 2007, 213 = MietRB 2007, 68 mit Anm. *Hügel*);
 – wenn ein Miteigentumsanteil versehentlich **mit keinem Sondereigentum** verbunden wird.

2. Auswirkungen

a) Auf die anderen Sondereigentumsrechte

101 Die Isolierung eines Miteigentumsanteils führt nicht dazu dass die anderen Wohnungseigentumsrechte nicht entstehen (*BGH* BGHZ 109, 179, 184 [Heizwerkfall] = ZMR 1990, 112 = NJW 1990, 447; *OLG Schleswig* ZMR 2006, 886, 887; *Röll* DNotZ 1987, 228, 229). Sind nur einzelne oder einige Miteigentumsanteile isoliert und (noch) substanzlos, wird eine ordnungsmäßige Aufteilung der Miteigentumsanteile im Übrigen von diesem Mangel tatsächlich **nicht berührt** (*BGH* ZfIR 2004, 1006 = ZMR 2005, 59 = NJW 2005, 10; BGHZ 130, 159, 169 = ZMR 1995, 521 = NJW 1995, 2851; BGHZ 109, 179, 184 [Heizwerkfall] = ZMR 1990, 112 = NJW 1990, 447; *OLG Schleswig* ZMR 2006, 886, 887; *OLG Köln* ZMR 2004, 623, 624; *OLG Frankfurt a. M.* OLGZ 1978, 290, 291; a. A. *Weitnauer* WE 1991, 120 = MittBayNot 1991, 143; *ders.* WE 1999, 53). Die vorgesehenen Miteigentumsanteile entstehen selbst dann – wenigstens vorrübergehend –, wenn das mit einem Anteil zu verbindende Sondereigentum **nicht** entstehen kann. Stets entsteht – zumindest zunächst – ein isolierter Miteigentumsanteil. Auch wenn ein Raum, der nach dem Aufteilungsplan oder dem Teilungsvertrag Sondereigentum sein soll, in Wirklichkeit ganz oder teilweise nicht vorhanden ist (und kann dieser auch nicht mehr errichtet werden), führt dies **nicht** zur Nichtigkeit des Teilungsvertrages (der Teilungserklärung) im Übrigen.

b) Heilung

102 Die Miteigentümer sind gem. §§ 242, 313 BGB i. V. m. dem Gemeinschaftsverhältnis gehalten, den **fehlerhaften Gründungsakt zu ändern** (*BGH* ZMR 2004, 206, 208 = NJW 2004, 1798 = MDR 2004, 439; BGHZ 130, 159, 169 = ZMR 1995, 521 = NJW 1995, 2851; BGHZ 109, 179, 185 [Heizwerkfall] = ZMR 1990, 112 = NJW 1990, 447; *OLG Köln* ZMR 2004, 623, 624; *Röll* Teilungserklärung, S. 52; s. im Einzelnen **ausführlich** § 11 Rn. 13 ff.). Die Wohnungseigentümer heben die Isolierung von Miteigentumsanteilen durch erstmalige ordnungsmäßige Herstellung des entsprechenden Sondereigentums auf (§ 11 Rn. 14). Ist eine **Heilung nicht möglich**, muss die **Isolierung dennoch aufgehoben** werden. Die geschieht durch eine **Vereinigung oder Zuschreibung** (§ 890 BGB) der isolierten Miteigentumsanteile auf die verbleibenden Wohnungseigentümer (*BGH* ZfIR 2004, 1006, 1008 = ZMR 2005, 59 = NJW 2005, 10; *Demharter* NZM 2000, 1196, 1199; § 11 Rn. 16). Dies ist z. B. geboten, wenn sich die Isolierung des Miteigentumsanteils z. B. wegen eines **öffentlich-rechtlichen Bauverbots** (so in *BGH* BGHZ 110, 36, 39 [Bauverbotsfall] = NJW 1990, 1111 = MDR 1990, 325) oder jedenfalls praktisch niemals aufheben lässt (etwa, wenn ein Wohnhaus abgerissen und wie vorgesehen aufgebaut werden müsste).

3. Anwendung des WEG auf isoliertes Miteigentum

Das Wohnungseigentumsgesetz ist auf den Wohnungseigentümer, der isoliertes Miteigentum erworben hat, **unmittelbar** anwendbar (*Hügel* ZMR 2004, 549, 553; *Hauger* DNotZ 1992, 502; *Weitnauer* WE 1991, 123; a. A. *Dreyer* DNotZ 2007, 594, 602), wenigstens aber entsprechend (so *BGH* ZMR 2004, 206, 207 = NJW 2004, 1798 = MDR 2004, 439; *OLG Köln* ZMR 2004, 623, 624). Der entsprechende Miteigentümer ist **echter Wohnungseigentümer** (*Ertl* WE 1992, 219, 221; a. A. *BGH* ZfIR 2004, 1006, 1007 = ZMR 2005, 59 = NJW 2005, 10; *OLG Hamm* NZM 2007, 448 = ZMR 2007, 213 = MietRB 2007, 68 mit Anm. *Hügel*: **werdender** Eigentümer) und z. B. nach § 16 Abs. 2 WEG an den Kosten und Lasten des Gemeinschaftseigentums zu beteiligen (*OLG Hamm* v. 18.9.2006 – 15 W 259/05; *Wenzel* DNotZ 1993, 297, 300; *Ertl* WE 1992, 219, 221; a. A. *Demharter* NZM 2000, 1196, 1198) oder in der Versammlung der Eigentümer **stimmberechtigt** (*OLG Hamm* ZMR 2006, 60, 61; a. A. *OLG Naumburg* NJOZ 2005, 335, 336; v. 3.2.2004 – 9 Wx 10/03).

VII. Zusätzliche Räume

Wenn anfangs oder später zusätzlich zu den geplanten Baulichkeiten **weitere Räume** oder Anlagen errichtet werden, z. B. Garagen, Räume oder Balkone oder neue Dachräume, stehen diese im Gemeinschaftseigentum (*OLG München* IMR 2007, 190 mit Anm. *Elzer*; OLGReport München 2005, 607 = MietRB 2005, 320; *BayObLG* DNotZ 1982, 244; *Elzer* MietRB 2007, 78, 80; *Rapp* in Beck'sches Notarhandbuch, A III Rn. 43c). Weil diese Räume nicht im Aufteilungsplan ausgewiesen sind, kann kein Wohnungseigentümer an diesen Räumen Sondereigentum erworben haben (*BayObLG* NJW-RR 1990, 657; Bamberger/Roth/*Hügel* Rn. 15). Sie werden vielmehr gem. § 1 Abs. 5 WEG **Gemeinschaftseigentum** (*BayObLG* NJW-RR 1990, 657; Bamberger/Roth/*Hügel* Rn. 15; *Abramenko* ZMR 1998, 741).

E. Wohnung und sonstige Räume

Sondereigentum kann nur an einer bestimmten **Wohnung** (Wohnungseigentum, § 1 Abs. 2 WEG) oder an **nicht zu Wohnzwecken** dienenden bestimmten Räumen (Teileigentum, § 1 Abs. 3 WEG) in einem Gebäude begründet werden. Sondereigentum an bloßen **Grundstücksflächen** (z. B. Terrassen oder Pkw-Stellplätzen im Freien) ist gar nicht vorgesehen.

I. Gebäude

1. Begriff

Der Begriff Gebäude ist ein **Unterbegriff** des Begriffs »Bauwerk«. Unter einem Bauwerk ist eine unter Verwendung von Arbeit und Material in Verbindung mit dem Erdboden hergestellte Sache zu verstehen (*BGH* MDR 1992, 581 = NJW 1992, 1681). Gebäude i. S. des Wohnungseigentumsgesetzes ist eine **Baulichkeit**, die einer Nutzung zugängliche Räume enthält, die nach allen Seiten abgeschlossen sind (*LG Frankfurt a. M.* NJW 1971, 759; *Schöner/Stöber* Rn. 2817). Ein Gebäude kann über der Erde liegen – z. B. Doppel- oder Mehrfamilienhäuser, Reihenhäuser (*BayObLG* DNotZ 1966, 488), Garagen oder ggf. auch eine Fabrikhalle – oder unter ihr, z. B. ein Gebäude der U- oder S-Bahn (*LG Frankfurt a. M.* NJW 1971, 759; Weitnauer/*Briesemeister* Rn. 4). Eine überdachte Tankstelle (*LG Münster* DNotZ 1953, 148) ist ebenso wie ein Carport (*BayObLG* NJW-RR 1986, 761) kein Gebäude.

2. Bestehende und zu errichtende Gebäude

Wohnungseigentum kann an einem **bestehenden Gebäude** (z. B. einem Altbau), gem. §§ 3 Abs. 1, 8 Abs. 1 WEG aber auch an einem zu **errichtenden Gebäude** begründet werden. Wird Sondereigentum an einem noch zu errichtendem Gebäude begründet, entsteht zunächst ein **isolierter Miteigentumsanteil** (Rn. 97 ff.) verbunden mit einem Anwartschaftsrecht auf einen diesem Miteigentumsanteil verbundenen Sondereigentumsanteil (*OLG Hamburg* ZMR 2002, 372, 373 und 374; *OLG Hamm* OLGZ 1987, 389 = Rpfleger 1987, 304; *BayObLG* BayObLGZ 1957, 95 = NJW 1957, 753; s. Rn. 132 und § 8 Rn. 94). Wird ein **Gebäude**, gleichgültig aus welchen Gründen, **nicht erstellt** oder geht ein Gebäude nachträglich unter (s. dazu § 11 Rn. 24), bleibt ein Wohnungs-

§ 3 I Vertragliche Einräumung von Sondereigentum

eigentum zunächst in dem Zustand wirksam, in dem es sich bei der Grundbucheintragung befand, also der Substanz nach nur in dem eines Miteigentumsanteils am Grundstück (*BGH* BGHZ 110, 36, 39 [Bauverbotsfall] = NJW 1990, 1111 = MDR 1990, 325; *Demharter* NZM 2000, 1196 m. w. N.). Zu diesen Fragen Rn. 97 ff. und § 11 Rn. 12 ff.

II. Wohnung

108 Unter »Wohnung« i. S. des Gesetzes ist eine **Räumlichkeit für Menschen** zu verstehen, die so ausgestattet ist, dass sie ihnen auf Dauer die Führung eines **selbstständigen Haushalts** ermöglicht. Nach der Allgemeinen Verwaltungsvorschrift für die Ausstellung von Bescheinigungen gem. § 7 Abs. 4 Nr. 2 und § 32 Abs. 2 Nr. 2 des Wohnungseigentumsgesetzes vom 19.3. 1974 (BAnz. Nr. 58 vom 23.3. 1974) ist eine Wohnung die Summe der Räume, welche die Führung eines Haushaltes ermöglichen. Dazu gehören stets eine Küche oder ein Raum mit Kochgelegenheit sowie Wasserversorgung, Ausguss und WC. Eine Wohnung dient Menschen dazu, ihren Lebensmittelpunkt zu gestalten (*BayObLG* FGPrax 2005, 11, 13). Maßgebend für die Abgrenzung des Begriffs im Einzelfall sind der **allgemeine Sprachgebrauch**, die **Verkehrsanschauung** (Soergel / *Stürner* Rn. 33) sowie die **Zweckbestimmung** der Räume. Die Anschauungen können mit dem Wandel der technischen Gegebenheiten einer Veränderung unterliegen.

III. Raum

109 Unter »Raum« i. S. des Wohnungseigentumsgesetzes ist der lichte (umbaute) Raum in einem Gebäude vom Boden bis zur Decke mit den vier oder mehr Wänden zu verstehen (*OLG München* NZM 2006, 635; *OLG Celle* WE 1992, 48). Unbebaute Grundstücksflächen – etwa Terrassen – können damit nicht im Sondereigentum stehen (*OLG Köln* DNotZ 1982, 753; Rn. 105). Etwas anderes gilt ausnahmsweise für Dachterrassen oder Dachgärten (*BGH* NJW 1985, 155) und wenigstens teilweise für Balkone.

F. Beschrieb im Grundbuch

110 Für den Beschrieb der Miteigentumsanteile und der Sondereigentumsanteile ist z. B. die folgende Formulierung üblich, die § 47 GBO beachtet: »Miteigentumsanteil von . . . /1000stel verbunden mit dem Sondereigentum an der im Aufteilungsplan mit der Nr. 1 bezeichneten Wohnung, Obergeschoss, links, Mitte. Zu der Wohnung gehören folgende Nebenräume: . . .«. Zu Einzelheiten des Beschriebs s. etwa *Schöner/Stöber* Rn. 2867 ff., *Bub* WE 1993, 85, 187 ff. und *H. Schmidt* MittBayNot 1981, 12, 14.

G. Gemeinschaftsordnung

I. Einführung

111 Die Miteigentümer können **zusammen** mit dem Teilungsvertrag in Ergänzung oder Abweichung des dispositiven Gesetzes Vereinbarungen für ihr **Verhältnis untereinander** beurkunden und nach §§ 10 Abs. 3, 5 Abs. 4 S. 1 WEG als Gegenstand des Sondereigentums im **Grundbuch eintragen** lassen (*BGH* ZMR 2007, 284, 286). Daneben können die Wohnungseigentümer auch nach der Beurkundung und Eintragung des Teilungsvertrages Vereinbarungen für ihr Verhältnis untereinander treffen oder Materien, die über bloße Verwaltungsentscheidungen hinausgehen, beschließen. Der Inbegriff dieser Entscheidungen und Bestimmungen wird gemeinhin verkürzend als »Gemeinschaftsordnung« benannt (*BGH* ZMR 2006, 457; ZMR 2005, 884, 885; BGHZ 160, 354, 358 [Kostenverteilungsschlüssel] = ZMR 2004, 834) oder als »Teilungsvertrag im weiteren Sinne«, Gemeinschaftsvertrag, Miteigentumsordnung, Teilungsordnung oder Miteigentümerordnung begriffen. Dem Wohnungseigentumsgesetz sind alle diese Beschreibungen unbekannt. Vor allem der Begriff der »Gemeinschaftsordnung« hat sich – ohne indes je ein klare Kontur erhalten zu haben – in der **Praxis** indes durchgesetzt. Die Schaffung und Formung einer vom Gesetz abweichenden Gemeinschaftsordnung für das Verhältnis der Wohnungseigentümer als Wohnungseigentümer untereinander ist zweckmäßig, für die wirksame Aufteilung des Miteigentums und Begrün-

dung von Sondereigentum aber **keine Tatbestandsvoraussetzung** (*BGH* ZMR 2002, 762, 763). Der zum Teil erweckte Eindruck (*BGH* BGHZ 163, 154, 162 [Teilrechtsfähigkeit] = ZMR 2005, 547 = MDR 2005, 1156 = NJW 2005, 2061), die Gemeinschaft der Wohnungseigentümer verfüge **stets** über eine Gemeinschaftsordnung, ist praktisch richtig, rechtlich falsch.

II. Begriff

1. Allgemeines

Die Gesamtheit aller verdinglichten und schuldrechtlichen Vereinbarungen, durch die die Wohnungseigentümer ihr Verhältnis untereinander in Ergänzung oder Abweichung von den Vorschriften des Wohnungseigentumsgesetzes oder der übrigen dispositiven Bestimmungen des materiellen Rechts regeln, und damit eine Gemeinschaft der Wohnungseigentümer gegenüber anderen Eigentümergemeinschaften individualisieren und absondern, sowie sämtliche Beschlüsse, die sich nicht auf einen bloßen Ausführungsakt beschränken sondern das Grundverhältnis der Wohnungseigentümer berühren, bilden die **Gemeinschaftsordnung** einer Eigentümergemeinschaft (*Elzer* ZMR 2004, 633, 634; *Grebe* DNotZ 1987, 5 Fn. 1; a. A. *Schuschke* NZM 2001, 497, 498 der nur die **verdinglichten Vereinbarungen** zur Gemeinschaftsordnung zählt; a. A. auch *Merle* ZWE 2001, 49 und *Becker/Kümmel* ZWE 2001, 128, 135, die auch die gesetzlichen Regelungen zur Gemeinschaftsordnung zählen wollen). Die die Gemeinschaftsordnung bildenden Vereinbarungen und Beschlüsse sind in ihrer Gesamtheit als die **Verfassung** der Gemeinschaft der Wohnungseigentümer zu begreifen (ihr Organisationsvertrag). Nach der Rechtsprechung steht die Gemeinschaftsordnung der **Satzung einer juristischen Person** (*BGH* BGHZ 163, 154, 171 [Teilrechtsfähigkeit] = ZMR 2005, 547 = MDR 2005, 1156 = NJW 2005, 2061; ZMR 2003, 748, 749 = NZM 2003, 480 = NJW 2003, 2165; 1984, 2576 = ZMR 1984, 420; NJW 1984, 308; ZMR 1979, 312 = NJW 1979, 870; BGHZ 49, 250, 252 = NJW 1968, 499; *Wenzel* DNotZ 1993, 297, 298) oder – unglücklich – einem **Gesellschaftsvertrag** gleich. 112

2. Schuldrechtliche Vereinbarungen

Teil der Gemeinschaftsordnung sind neben den im Grundbuch eingetragenen Vereinbarungen auch die später getroffenen, aber absichtlich oder versehentlich **nicht verdinglichten** (ergänzenden oder abändernden) Vereinbarungen der Wohnungseigentümer. Damit eine Bestimmung der Gemeinschaftsordnung nicht mit einem Eigentümerwechsel hinfällig wird (s. § 10 Rn. 148 ff.), werden Vereinbarung in der Regel zwar **eingetragen** und damit »verdinglicht«. Die Eintragung einer Vereinbarung ist aber für die **Bindung der Vertragsschließenden** und den Satzungscharakter auch dieser Bestimmung **nicht konstitutiv** (a. A. *Deckert* ZMR 2002, 21, 26). 113

3. Beschlüsse in Vereinbarungsangelegenheiten

Beschlüsse der Wohnungseigentümer gehören zur Gemeinschaftsordnung, soweit sie die »Funktion« einer Vereinbarung, nämlich das Verhältnis der Wohnungseigentümer untereinander zu bestimmen, **übernehmen**. Dies ist für Beschlüsse anzunehmen, die auf einer nach § 23 Abs. 1 WEG **gewillkürten** oder einer der **gesetzlichen Öffnungsklauseln** (§§ 12 Abs. 4, 16 Abs. 3, 16 Abs. 4, 21 Abs. 7, 27 Abs. 2 Nr. 3 oder 27 Abs. 3 S. 1 Nr. 7 WEG) beruhen. 114

4. Vereinbarungen in Beschlussangelegenheiten

Vereinbarungen in Beschlussangelegenheiten (dazu § 10 Rn. 75 ff.) gehören **nicht** zur Gemeinschaftsordnung. Sie haben die Funktion eines Verwaltungsbeschlusses und treten an dessen Stelle. Wie auch Verwaltungsbeschlüsse gehört zu ihrem Gegenstand keine Frage, die das Grundverhältnis der Wohnungseigentümer berührt. 115

III. Abgrenzung

1. Gemeinschaftsordnung und Teilungsvertrag

Die Gemeinschaftsordnung und der Teilungsvertrag i. S. von § 3 WEG (bzw. die Teilungserklärung nach § 8 WEG) sind **begrifflich streng voneinander** zu trennen. Während der Teilungsvertrag ein Vertrag der Miteigentümer zur Begründung von Wohnungseigentum und zwingend im 116

§ 3 | Vertragliche Einräumung von Sondereigentum

Grundbuch einzutragen ist, ist die Gemeinschaftsordnung die bloß begriffliche Zusammenfassung der Vereinbarungen und Organisationsbeschlüsse der Wohnungseigentümer. Teilungsvertrag (und Teilungserklärung) bestimmen **Gegenstand** und Grenzen von Gemeinschafts- und Sondereigentum, die Zweckbestimmungen im weiteren Sinne und die Miteigentumsanteile. Die Gemeinschaftsordnung bestimmt hingegen den **Inhalt** des Eigentums und seinen zulässigen Gebrauch innerhalb der sachenrechtlich festgelegten Nutzungen (Teil- oder Wohnungseigentum).

2. Einzelne Vereinbarungen und Organisationsbeschlüsse

117   Die Gemeinschaftsordnung ist begrifflich von den **einzelnen Vereinbarungen** und **Organisationsbeschlüssen** zu trennen (vgl. *Elzer* ZMR 2004, 633, 634; s. aber *BGH* BGHZ 157, 322, 330 [Parabolantenne] = MDR 2004, 563 = BGHReport 2004, 499 = NJW 2004, 937.ff., wo zwischen Regelungen in der Gemeinschaftsordnung **und** solchen in Vereinbarungen unterschieden wird oder *BGH* ZMR 2004, 522, 523 [Olympiadorf I], wo zwischen Vereinbarungen und Teilungsordnung unterschieden wird; ähnlich *Bub* WE 1993, 185, 189).

IV. Form

118   Die die Gemeinschaftsordnung bildenden Vereinbarungen und Beschlüsse unterliegen **keinen** besonderen Formvorschriften (s. dazu § 10 Rn. 155 ff.). Auf die Vereinbarungen sind aber §§ 104 ff. BGB, auf die Beschlüsse hingegen das Wohnungseigentumsgesetz, vor allem §§ 23 ff., anwendbar. Die Gemeinschaftsordnung selbst ist ohne weiteres wirksam und bedarf nicht der Eintragung in das Grundbuch. Eine Eintragung ist nur erforderlich, um Sondernachfolger nach § 10 Abs. 3 WEG an die Gemeinschaftsordnung zu binden.

V. Änderung der Gemeinschaftsordnung

1. Durch die Wohnungseigentümer

119   Eine Gemeinschaftsordnung kann geändert werden, idem die sie bildenden verdinglichten und schuldrechtlichen Vereinbarungen sowie die Beschlüsse geändert werden. Für die Änderungen von Vereinbarungen – auch die mögliche Zustimmung Dritter – s. daher vor allem § 10 Rn. 182 ff. Für die Änderung einer Vereinbarung durch einen Beschluss (Öffnungsklausel) s. § 10 Rn. 274 ff. Für die Änderung eines Beschlusses (Zweitbeschluss) s. § 23 Rn. 26.

2. Durch das Wohnungseigentumsgericht

120   Sind über die gesetzlichen Bestimmungen hinaus Regelungen zum Gemeinschaftsverhältnis **erforderlich**, können sich die Wohnungseigentümer darüber aber **weder einigen** noch hält das Gesetz eine **angemessene Regelung bereit**, entscheidet darüber im Rahmen der materiell-rechtlichen und verfahrensrechtlichen Vorschriften des WEG nach § 43 Nr. 1 WEG das **Wohnungseigentumsgericht nach billigem Ermessen** (*BGH* BGHZ 130, 304, 312 = ZMR 1995, 483; NJW 1992, 978 = ZMR 1992, 167; »Regelungsstreitigkeit«). Die Klage auf eine angemessene Vereinbarung kann auf § 10 Abs. 2 S. 3 WEG (dazu § 10 Rn. 182), die auf einen angemessenen Beschluss auf § 21 Abs. 4 und Abs. 8 WEG gestützt werden.

VI. Inhaltskontrolle

121   Für die Vereinbarungen, die die Wohnungseigentümer nach § 3 WEG oder nach Entstehung der Wohnungseigentümergemeinschaft geschlossen haben, kann **regelmäßig vermutet werden**, dass die Miteigenrümer/Wohnungseigentümer eine interessensgerechte, jedenfalls aber eine den widerstreitenden Interessen angemessene und vertretbare Regelung gefunden haben. Wie auch Verbänden steht es den Eigentümern nach den allgemeinen Grundsätzen aber nicht frei, sich selbst willkürlichen oder grob unbilligen, Treu und Glauben (§ 242 BGB) widerstreitenden Satzungsgestaltungen zu unterwerfen. Die die Gemeinschaftsordnung bildenden Vereinbarungen und Beschlüsse unterliegen daher h. M. nach einer **Inhaltskontrolle**. Schranken für den Inhalt einer Gemeinschaftsordnung ergeben sich vor allem aus den Grenzen der Vertragsfreiheit nach §§ 134, 138

BGB und einer – freilich bislang nicht konturierten und damit uferlosen – Überprüfung nach § 242 BGB. S. zu diesen Fragen, auch zur Anwendbarkeit von §§ 305 ff. BGB, **ausführlich** § 8 Rn. 59 ff. und § 10 Rn. 219 ff.

VII. Auslegung

Ebenso wie Teilungsvertrag (s. Rn. 39 ff.) und Teilungserklärung (s. § 8 Rn. 41 ff.) hat die **Auslegung** einer Bestimmung der **Gemeinschaftsordnung** den für Grundbucheintragungen maßgeblichen Regeln zu folgen (*Wenzel* DNotZ 1993, 297). S. für die Einzelheiten daher ausführlich Rn. 39 ff. 122

VIII. Regelungsunterworfene

1. Grundsatz

Die Gemeinschaftsordnung berechtigt und verpflichtet grundsätzlich nur Wohnungseigentümer. Vereinbarungen und Beschlüsse regeln die Beziehungen der Wohnungseigentümer untereinander und entfalten nur in diesem »Binnenbereich« eine Wirkung (§ 10 Rn. 59 ff.). Eine **Bindung** entfaltet die Gemeinschaftsordnung über §§ 10 Abs. 3, 5 Abs. 4 S. 1 WEG, wenn die sie bildenden Vereinbarungen zum Gegenstand des Sondereigentums gemacht und also in das Grundbuch eingetragen worden sind sowie nach § 10 Abs. 4 S. 1 und S. 2 WEG, soweit es sich um Beschlüsse handelt. Vor Eintragung der Wohnungseigentumsrechte im Grundbuch getroffene, aber nicht gemeinsam mit dem Teilungsvertrag eingetragene Vereinbarungen der teilenden Miteigentümer sind Sondernachfolgern gegenüber – ebenso wie »Beschlüsse« (*BayObLG* MietRB 2004, 325) – rechtlich unbeachtlich und unwirksam (*KG* ZMR 2001, 656, 657). 123

2. Vereinbarungen vor Entstehung der Gemeinschaft der Wohnungseigentümer

Solange noch keine Gemeinschaft der Wohnungseigentümer entstanden ist, kann nicht von einer Gemeinschaftsordnung gesprochen werden. Gibt es ein Bedürfnis, auf die vor der Entstehung der Gemeinschaft noch bestehende Verbindung der Wohnungseigentümer die spätere Gemeinschaftsordnung anzuwenden, können ihre Vorschriften aber entsprechend angewendet werden (Rn. 129). 124

IX. Gesetzliches Schuldverhältnis

Haben die Miteigentümer oder die späteren Wohnungseigentümer keine Vereinbarungen i. S. von § 10 WEG getroffen, besteht zwischen ihnen als Wohnungseigentümern stets – und in jedem Falle die Gemeinschaftsordnung begleitend – ein **gesetzliches Schuldverhältnis** (Gemeinschaftsverhältnis), das der Regelung des Wohnungseigentumsgesetzes und den gem. § 10 Abs. 2 S. 1 WEG ergänzend anwendbaren Bestimmungen des BGB über die Bruchteilsgemeinschaft unterliegt. Aus diesem Verhältnis erwachsen den Wohnungseigentümern diverse Rechte, aber auch Pflichten (dazu § 10 Rn. 40 ff.). 125

H. Rechtsfolgen

I. Entstehung des Wohnungseigentums

Durch den Teilungsvertrag selbst oder seine Beurkundung entstehen **noch keine Wohnungseigentumsrechte**. Nach § 4 Abs. 1 WEG ist zur Entstehung des Wohnungs- bzw. Teileigentums neben der Einigung der Beteiligten über den Eintritt der Rechtsänderung eine **Eintragung in das Grundbuch** erforderlich. Sondereigentum entsteht also erst mit dem **dinglichen Vollzug** im Grundbuch (der Anlegung der Wohnungs- bzw. Teileigentumsbücher). Das gilt auch in bewertungsrechtlicher Hinsicht (*BFH* NJW 1993, 1672). 126

§ 3 | Vertragliche Einräumung von Sondereigentum

II. Entstehung der Eigentümergemeinschaft

1. Grundsatz

127 Die Gemeinschaft der Wohnungseigentümer entsteht mit **Anlegung der Wohnungsgrundbücher** und **Eintragung** der Vertragsparteien in die Wohnungsgrundbücher als Wohnungseigentümer (*KG* ZMR 2001, 656; *BayObLG* NJW-RR 2000, 1540 = NZM 2000, 655; a. A. *Müller* FS Seuß [1997], S. 211, 214: bereits mit Stellung des Antrages). Die **Errichtung des Gebäudes** ist für die Entstehung der Gemeinschaft der Wohnungseigentümer **bedeutungslos**. Bei der Begründung nach § 3 WEG werden nach Vorlage des Teilungsvertrags an das Grundbuchamt in Verbindung mit einem Eintragungsantrag sämtliche Miteigentümer sogleich als **Wohnungseigentümer** ins Grundbuch eingetragen. Gemeinsam mit der Eigentümergemeinschaft entsteht auch der **Verband Wohnungseigentümergemeinschaft** (s. § 10 Rn. 377).

2. Vor Anlegung der Wohnungsgrundbücher

a) Keine werdende Wohnungseigentümergemeinschaft

128 **Vor** Anlegung der Wohnungsgrundbücher entsteht im Falle der Begründung nach § 3 WEG **keine** werdende Wohnungseigentümergemeinschaft (*BayObLG* ZMR 2002, 610; 2000, 623 = NJW-RR 2000, 1540; NJW-RR 1992, 597, 598; *KG* ZMR 2001, 656, 657; NJW-RR 1986, 1274 = WuM 1986, 357 = ZMR 1986, 295; *Heismann* ZMR 2004, 10, 13; § 10 Rn. 21 ff.).

b) Entsprechende Heranziehung der Gemeinschaftsordnung

129 Wenn eine Gemeinschaft der Wohnungseigentümer noch nicht zustande gekommen ist, kann es im Einzelfall gerechtfertigt sein, auf die bis dahin nach §§ 741 ff., 1008 ff. BGB noch bestehende Verbindung der Miteigentümer als Bruchteilsgemeinschaft (*KG* ZMR 2005, 75, 76; *BGH* ZMR 2002, 604, 605 spricht pragmatisch von den »künftigen Wohnungseigentümern«) die für die spätere Gemeinschaft der Wohnungseigentümer geschaffene, aber als solche noch nicht bestehende Gemeinschaftsordnung als konkludente **vertragliche Gebrauchsregelung** des Miteigentums (*OLG Celle* MDR 1998, 397; *OLG Stuttgart* NJW-RR 1987, 1098) für das Verhältnis der Miteigentümer untereinander heranzuziehen (*BayObLG* ZMR 2002, 610 = NJW-RR 2002, 1022).

c) Bauherrengemeinschaft

130 Treten die Miteigentümer als »Bauherrengemeinschaft« nach außen auf, sind sie ggf. als **Gesellschaft bürgerlichen Rechts** zu begreifen (*BGH* ZMR 2002, 604, 605 [Kölner Modell]; MDR 1999, 744; *KG* KGReport 2005, 735, 736), können aber auch als **Publikums-Kommanditgesellschaft** organisiert sein (Weitnauer / *Briesemeister* Nach § 3 Rn. 3 [Hamburger Modell]). Die Bauherren haften für die Herstellungskosten (»Aufbauschulden«) jedenfalls nur **anteilig** (*BGH* ZMR 2002, 604, 605). Das gemeinsame Vermögen der Bauherren geht mit der Eintragung des Teilungsvertrages in das Grundbuch im Wege der **Auseinandersetzung** i. S. v. § 731 S. 1 BGB analog in das Vermögen der Wohnungseigentümer oder das der rechtsfähigen Gemeinschaft über (*KG* KGReport 2005, 735, 736). Wer neuer Vermögensträger wird, richtet sich danach, ob die Vermögensgegenstände nach der Eintragung als Gemeinschaftseigentum oder als Teil des Verwaltungsvermögens einzuordnen sind.

III. Entstehung des Sondereigentums

1. Fertigstellung

131 Das den Miteigentumsanteilen am Grundstück i. S. von § 1 Abs. 2 WEG jeweils zugeordnete Sondereigentum an einer Wohnung entsteht mit seiner **Fertigstellung** (*BGH* BGHZ 110, 36, 38 [Bauverbotsfall] = NJW 1989, 1111 = MDR 1990, 325; *OLG Hamm* NZM 2006, 142 = ZMR 2006, 60). Sind Räume bei Bildung des Raumeigentums durch Eintragung im Grundbuch tatsächlich noch nicht oder noch nicht vollständig vorhanden, entsteht das Sondereigentum **schrittweise** mit Herstellung (Umschließung) der betreffenden Raumeinheiten (*OLG Hamburg* ZWE 2002, 592, 594; *KG* ZMR 2001, 849; *Röll* BayMittNot 1991, 240; ders. DNotZ 1977, 71; *Bub* WE 1991, 124, 127; *Hauger* WE 1991, 66, 68) und **nicht erst mit Fertigstellung** der gesamten Wohnanlage (*Hügel* ZMR 2004, 549). Auf die **Umschließung der anderen Sondereigentumseinheiten** kommt es für die Entste-

hung des bereits umschlossenen Sondereigentums nicht an. Bei einer abschnittsweisen Errichtung der Wohnanlage entsteht Sondereigentum als Vollrecht jeweils mit **Fertigstellung** der einzelnen **Wohnung**. Das gilt grundsätzlich auch dann, wenn die tatsächliche Bauausführung in einem **wesentlichem Umfang** vom Aufteilungsplan abweicht (*KG* ZMR 2001, 849; *BayObLG* ZMR 1998, 794 = NZM 1998, 973; *BayObLG*Z 1991, 332; *OLG Celle* OLGZ 1981, 106). S. dazu ausführlich Rn. 101.

2. »Anwartschaftsrecht«

Haben die Miteigentümer an einem erst zu **errichtendem Gebäude** Wohneigentum begründet, existiert vor Fertigstellung des Sondereigentums (Errichtung des Rohbaus) zunächst nur **ein isolierter Miteigentumsanteil** (*BGH* BGHZ 110, 36, 38 [Bauverbotsfall] = NJW 1990, 1111 = MDR 1990, 325). Die Eintragung der jeweiligen Rechte im Grundbuch verschafft den Grundstückseigentümern aber als »Anwartschaftsrecht« eine **gesicherte Rechtsposition**, welche dem Anteil am Grundstück im Falle der Bebauung **Sondereigentum zuwächst** (*OLG Hamm* NZM 2006, 142 = ZMR 2006, 60; *BayObLG* ZMR 2002, 291, 292; *OLG Düsseldorf* WE 1984, 92; *OLG Frankfurt a. M.* Rpfleger 1978, 381; *OLG Karlsruhe* DNotZ 1973, 235; *Weitnauer/Briesemeister* Rn. 67; *Wenzel* DNotZ 1993, 297, 299; *Bub* WE 1991, 124, 127; *Röll* BayMittNot 1991, 240, 241; *ders.* DNotZ 1977, 69; *ders.* Teilungserklärung, S. 47; s. auch § 8 Rn. 94). 132

Dieses Anwartschaftsrecht **erlischt**, wenn der Raum hergestellt und Sondereigentum entstanden ist. Das Anwartschaftsrecht **erlischt** ferner, wenn die Herstellung des als Sondereigentum vorgesehenen Raumes – etwa wegen einer vom Aufteilungsplan abweichenden Bebauung – **dauerhaft unmöglich** geworden ist (*OLG Hamm* NZM 2006, 142, 143 = ZMR 2006, 60; WE 1991, 31 = NJW-RR 1991, 335; s. auch Rn. 74 und § 11 Rn. 16 ff.). Das Gleiche gilt nicht schon bei bloßer **Aufgabe der Bauabsicht** (unklar *BayObLG* ZMR 2002, 291, 292) oder bei Insolvenz des Bauträgers (*OLG Hamm* NZM 2006, 142, 143 = ZMR 2006, 60). 133

I. Sonderregelungen für die neuen Bundesländer

Durch das Gesetz zur Änderung des Wohnungseigentumsgesetzes und anderer Gesetze vom 26.3.2007 (BGBl. I S. 370) ist der ehemalige § 3 Abs. 3 WEG aus Gründen der **Rechtsbereinigung** aufgehoben worden (BT-Drucks. 16/3843 S. 44). Die **Übergangsvorschrift** zur Abgeschlossenheit von Wohnungen in den neuen Bundesländern war durch das Gesetz zur Beseitigung von Hemmnissen der Privatisierung von Unternehmen und zur Förderung von Investitionen vom 22.3.1991 (BGBl. I S. 766) in das Gesetz eingeführt worden. Sie war bereits bislang durch eine Entscheidung des Gemeinsamen Senats der obersten Gerichtshöfe des Bundes (*GmS-OBG* BGHZ 119, 42 ff. = NJW 1992, 3290 = ZMR 1993, 25 = MDR 1993, 344) **gegenstandslos** geworden (s. 1. Aufl. Rn. 140 ff.) und mit Ablauf des 31.12. 1996 außer Kraft getreten. 134

J. Kosten und Gebühren

I. Grunderwerbsteuer

Die Bildung von Wohnungs- und/oder Teileigentum nach § 3 Abs. 1 WEG im Wege eines Teilungsvertrages ist anders als eine Bildung durch eine Teilungserklärung nach § 8 Abs. 1 WEG (dazu § 8 Rn. 104) grundsätzlich ein **grunderwerbsteuerbarer** Vorgang. Auf die Begründung durch Teilungsvertrag ist allerdings § 7 Abs. 1 GrEStG **entsprechend** anwendbar. Wird ein Grundstück, das mehreren Miteigentümern gehört, von den Miteigentümern flächenweise geteilt, wird die **Steuer** nach dieser Bestimmung **nicht erhoben**, soweit der Wert des Teilgrundstücks, das der einzelne Erwerber erhält, dem Bruchteil **entspricht**, zu dem er am gesamten zu verteilenden Grundstück beteiligt ist. 135

Damit unterliegt die Begründung von Wohnungseigentum jedenfalls dann nicht der Grunderwerbsteuer, wenn und solange die **wertmäßige Beteiligung der Miteigentumsanteile gleich bleibt** (*Schöner/Stöber* Rn. 2585). Etwas anderes gilt, wenn ein ehemaliger Mit- und jetziger Wohnungs- oder Teileigentümer gegen Entgelt ein **zusätzliches** Miteigentum erwirbt, er also nach der Teilung am Gesamten mehr hält, als zuvor. Zum **Grundbuchvollzug** ist – ebenso wie für die Än- 136

§ 4 | Formvorschriften

derung der Miteigentumsanteile (Meikel/*Morvilius* Einl. C Rn. 135; s. § 6 Rn. 10) oder die isolierte Übertragung von Sondereigentum (§ 6 Rn. 17) – gem. § 22 Abs. 1 S. 1 GrEStG eine grunderwerbsteuerliche **Unbedenklichkeitsbescheinigung** des Finanzamtes notwendig (*LG Saarbrücken* NZM 1998, 924; s. § 7 Rn. 76).

II. Geschäftswert, Notar- und Grundbuchkosten

137 Der **Geschäftswert** bestimmt sich sowohl für die **Notarkosten** als auch für die **Grundbuchkosten** nach § 21 Abs. 2 KostO. Bei der Begründung von Wohnungseigentum (Teileigentum) sowie bei Geschäften, die die Aufhebung oder das Erlöschen von Sondereigentum betreffen, ist als Geschäftswert danach die Hälfte des Werts des Grundstücks i. S. v. § 19 Abs. 2 KostO anzunehmen. Bei der Bewertung ist danach grundsätzlich der **letzte Einheitswert** maßgebend, der zurzeit der Fälligkeit der Gebühr bereits festgestellt ist. S. im Einzelnen § 7 Rn. 310 ff.

138 Für die **Beurkundung** des **Teilungsvertrages** wird nach § 36 Abs. 2 KostO das **Doppelte** der vollen Gebühr erhoben, also eine 20/10 Gebühr. Wird dem Notar ein bereits **fertiger** Teilungsvertrag vorgelegt, erhält er nach § 45 Abs. 1 KostO für die Beglaubigung $^1/_4$ der vollen Gebühr, höchstens jedoch einen Betrag von € 130,00. Wird der Notar auf Verlangen der künftigen Wohnungs- und Teileigentümer zum Zwecke des Vollzugs des Geschäfts tätig, so erhält er nach § 146 Abs. 1 KostO neben der Entwurfs- oder Beurkundungsgebühr die Hälfte der vollen Gebühr; beschränkt sich seine Tätigkeit auf die Einholung des Zeugnisses nach § 28 Abs. 1 des BauGB, so erhält er nur 1/10 der vollen Gebühr.

139 Für die **Eintragung** des **Teilungsvertrages** in das Grundbuch und für die Anlegung der Wohnungsgrundbücher fällt nach § 76 Abs. 2 KostO eine halbe Gebühr an.

§ 4 Formvorschriften

(1) Zur Einräumung und zur Aufhebung des Sondereigentums ist die Einigung der Beteiligten über den Eintritt der Rechtsänderung und die Eintragung in das Grundbuch erforderlich.

(2) Die Einigung bedarf der für die Auffassung vorgeschriebenen Form. Sondereigentum kann nicht unter einer Bedingung oder Zeitbestimmung eingeräumt oder aufgehoben werden.

(3) Für einen Vertrag, durch den sich ein Teil verpflichtet, Sondereigentum einzuräumen, zu erwerben oder aufzuheben, gilt § 311b des Bürgerlichen Gesetzbuchs entsprechend.

Literatur:
Drasdo Die Besonderheiten von in Form des Wohnungseigentums organisierten Time-Sharing-Objekten FS Merle 2000, S. 129; *F. Schmidt* Vormerkungen im Wohnungseigentum FS Bärmann und Weitnauer 1990, S. 545.

Inhaltsverzeichnis

A. Allgemeines	1
B. Einräumung und Aufhebung von Sondereigentum	2
1. Einigung über die Einräumung	2
2. Einigung über die Aufhebung	7
3. Grundbuchvollzug	11
4. Zustimmungen dinglich Berechtigter	13
a) Zustimmungen anlässlich der Einräumung des Sondereigentums	13
b) Zustimmungen anlässlich der Aufhebung des Sondereigentums	15
5. Genehmigungen	16
C. Verpflichtung zur Einräumung oder Aufhebung von Sondereigentum	17
D. Sicherung durch Vormerkung	20
E. Änderung der Zuordnung zum Sonder- oder Gemeinschaftseigentum	27
1. Umwandlung von Sonder- in Gemeinschaftseigentum und umgekehrt	27
2. Unterteilung	32
3. Umwandlung von Teil- in Wohnungseigentum und umgekehrt	34

A. Allgemeines

Die Vorschrift betrifft die erstmalige **vertragliche Begründung** von Sondereigentum, nicht dagegen die Veräußerung von bereits bestehendem Sondereigentum (vgl. hierzu § 1 Rn. 81 ff.). Sie setzt deshalb voraus, dass bereits Miteigentum nach Bruchteilen am Grundstück besteht, für dessen Begründung §§ 925, 1008 BGB gelten. § 4 WEG erfasst außerdem die nachträgliche Einräumung von Sondereigentum, die nachträgliche Änderung des Gegenstandes des Sondereigentums sowie Fälle einer teilweisen Aufhebung des Sondereigentums (Bamberger/Roth/*Hügel* § 4 Rn. 2; Weitnauer/*Briesemeister* § 4 Rn. 3 f.).

B. Einräumung und Aufhebung von Sondereigentum

1. Einigung über die Einräumung

Die vertragliche Einräumung von Sondereigentum stellt eine Inhaltsänderung des bisherigen Miteigentums dar, da das bestehende gewöhnliche Miteigentum sowohl erweitert als auch beschränkt wird (Bamberger/Roth/*Hügel* § 4 Rn. 6; MüKo/*Commichau* § 4 Rn. 4; Niedenführ/Kümmel/*Vandenhouten* § 4 Rn. 1; Weitnauer/*Briesemeister* § 4 Rn. 2; weitergehend Staudinger/*Rapp* § 4 Rn. 3: dinglich wirkende Neuzuordnung des Eigentums). Für den dinglichen Vertrag ist in Übereinstimmung mit den allgemeinen sachenrechtlichen Vorschriften (§§ 873 ff. BGB) die Einigung aller Beteiligten – also sämtlicher Miteigentümer – über die Rechtsänderung und die Eintragung in das Grundbuch erforderlich.

Die Einigung über die Einräumung von Sondereigentum hat in der Form der Auflassung (§ 925 BGB) zu erfolgen (Abs. 2 S. 1), muss also bei gleichzeitiger Anwesenheit aller Beteiligten vor einer zuständigen Stelle (Notar, Prozessgericht) erklärt werden.

Die Einräumung oder Aufhebung von Sondereigentum kann nicht unter einer Bedingung oder Befristung erfolgen; § 4 Abs. 2 S. 2 WEG entspricht § 925 Abs. 2 BGB.

»**Timesharing**« an einem Wohnungseigentum kann deshalb nur in der Form erfolgen, dass mehrere Interessenten beim Erwerb eines Wohnungseigentums eine Gesellschaft i. S. d. §§ 705 ff. BGB oder eine Bruchteilsgemeinschaft i. S. d. §§ 741 ff. BGB bilden. Die den Eigentümern zustehenden Nutzungszeiträume können dann durch eine interne Verwaltungs- und Benutzungsregelung festgelegt werden. Zu weiteren Begründungsmodellen (Treuhänderlösungen, Dauerwohnrechte) und den insbesondere mit der Verwaltung verbundenen Fragestellungen s. ausführlich *Drasdo* (FS Merle 2000, S. 129). Das Teilzeit-Wohnrechtegesetz (TzWrG) v. 20.12.1996 (BGBl I S. 2154) regelt lediglich den Vertrieb, limitiert aber nicht die sachenrechtlichen Gestaltungsmöglichkeiten.

Auch wenn auf einem Grundstück mehrere selbständige Gebäude in der Rechtsform des Wohnungseigentums errichtet werden, weil zu diesem Zeitpunkt eine Realteilung nicht möglich ist, kann nicht durch eine Bedingung oder Befristung erreicht werden, dass das Wohnungseigentum unmittelbar mit der späteren Realteilung endet. Möglich ist jedoch, dass sich die Wohnungseigentümer schuldrechtlich verpflichten, in diesem Fall der Aufhebung der Wohnungseigentümergemeinschaft zuzustimmen. § 11 Abs. 1 WEG steht einer derartigen Vereinbarung nicht entgegen (*BayObLG* MittBayNot 1980, 20 = Rpfleger 1980, 110).

2. Einigung über die Aufhebung

Für die **Aufhebung des Wohnungseigentums** gelten dieselben Formvorschriften wie für die Einräumung. Die Aufhebung kann nur durch Einigung aller Wohnungseigentümer in der Form der Auflassung und Eintragung im Grundbuch erfolgen. Ein Verzicht entsprechend § 928 BGB ist beim Wohnungseigentum aufgrund der besonderen gemeinschaftsrechtlichen Bindungen nicht möglich (*BGH* DNotI-Report 2007, 127; *OLG Celle* MDR 2004, 29; *OLG Zweibrücken* ZMR 2003, 137 = ZWE 2002, 603; *OLG Düsseldorf* ZMR 2001, 129; *BayObLG* NJW 1991, 1962 = Rpfleger 1991, 247; ebenso zum Verzicht auf einen Miteigentumsanteil an einem Grundstück *BGH* NJW 2007, 2254 = NZM 2007, 535 = Rpfleger 2007, 457; *BGHZ* 115, 1 = JW 1991, 2488 = Rpfleger 1991, 495; a. A. Bärmann/Pick/*Merle* § 3 Rn. 79; MüKo/*Kanzleiter* § 928 Rn. 4).

Die **Aufhebung sämtlicher Sondereigentumsrechte** führt zur Entstehung einer Bruchteilsgemeinschaft nach §§ 1008 ff., 741 ff. BGB (dazu s. § 9 Rn. 15).

§ 4 | Formvorschriften

9 Die **Aufhebung nur eines Sondereigentums** führt zum Ausscheiden des betreffenden Wohnungseigentümers aus der Gemeinschaft. Sein Miteigentumsanteil ist auf die übrigen Miteigentümer im Wege der Auflassung zu übertragen, da rechtsgeschäftlich kein isolierter Miteigentumsanteil begründet werden kann (*BGHZ* 109, 179 = Rpfleger 1990, 62 = ZMR 1990, 112; **a. A.** *Bärmann/Pick/Merle* § 4 Rn. 36 f.: anteilige Anwachsung; dazu s. § 7 Rn. 233 m. w. N.).

10 Bei **Aufhebung des Sondereigentums an einzelnen Räumen** werden diese gemeinschaftliches Eigentum (dazu s. § 7 Rn. 229).

3. Grundbuchvollzug

11 Für die Eintragung der **Begründung** im Grundbuch genügt nach der hier vertretenen Auffassung die Eintragungsbewilligung (§ 19 GBO) aller Miteigentümer in der Form des § 29 GBO (formelles Konsensprinzip; vgl. auch § 7 Rn. 70), da § 20 GBO mangels entsprechender Verweisung keine Anwendung findet. Der Nachweis der Einigung gem. § 20 GBO (materielles Konsensprinzip) ist deshalb nicht erforderlich (*OLG Zweibrücken* OLGZ 1982, 263; *Demharter* Anh. zu § 3 Rn. 41 u. 101; Niedenführ/Kümmel/*Vandenhouten* § 4 Rn. 5; Weitnauer/*Briesemeister* § 4 Rn. 5; **a. A.** die wohl h. M. *Bärmann/Pick/Merle* § 4 Rn. 6; Bauer/v. Oefele/*Kössinger* § 20 Rn. 66; KEHE/*Munzig* § 20 Rn. 15; Meikel/*Ebeling* § 3 WGV Rn. 36; MüKo/*Commichau* § 4 Rn. 5 f.; *Schöner/Stöber* Rn. 2842; Staudinger/*Rapp* § 4 Rn. 4).

12 Für die Eintragung der **Aufhebung** vgl. § 9 Rn. 4.

4. Zustimmungen dinglich Berechtigter

a) Zustimmungen anlässlich der Einräumung des Sondereigentums

13 Sind anlässlich der Einräumung des Sondereigentums im Grundbuch des ungeteilten Grundstücks Belastungen eingetragen, deren **Belastungsgegenstand das gesamte Grundstück** ist, so setzen sich diese nach Aufteilung an sämtlichen gebildeten Wohnungseinheiten fort. Zustimmungen Drittberechtigter sind für die Aufteilung daher nicht erforderlich, da den Berechtigten auch nach der Aufteilung das Objekt in seiner Gesamtheit haftet (allgem. Meinung *BGH* Rpfleger 1968, 114; *OLG Frankfurt a. M.* Rpfleger 1997, 374). Wegen der grundbuchmäßigen Behandlung der jeweiligen Eintragungen und den auftretenden Besonderheiten s. insoweit § 7 Rn. 43 ff. m. w. N.

14 Ist nur ein **Miteigentumsanteil mit einem Recht belastet**, so lasten bei einer Aufteilung gem. § 3 WEG die auf den bisherigen Miteigentumsanteilen eingetragenen Rechte infolge der Verbindung mit Sondereigentum weiterhin nur auf diesen – dann allerdings inhaltlich veränderten – Anteilen. Das macht die Mitwirkung eines Drittberechtigten gem. §§ 876, 877 BGB erforderlich, da sein bisheriges Haftungsobjekt durch die Verbindung mit Sondereigentum für ihn eine Veränderung erfährt, die seine Rechte z. B. hinsichtlich der bisher möglichen Aufhebung der Gemeinschaft gem. § 751 BGB beeinträchtigen kann (*BayObLG* Rpfleger 1986, 177; *OLG Frankfurt a. M.* MittBayNot 1986, 23; Bamberger/Roth/*Hügel* § 4 Rn. 6; KEHE/*Herrmann* Einl. E 45; *Schöner/Stöber* Rn. 2849; Staudinger/*Rapp* § 3 Rn. 24; Weitnauer/*Briesemeister* § 3 Rn. 75; **a** **A.** *LG Wuppertal* Rpfleger 1987, 366 m. abl. Anm. *Meyer-Stolte*; Bärmann/Pick/Merle § 1 Rn. 83 f.).

b) Zustimmungen anlässlich der Aufhebung des Sondereigentums

15 Das zuvor Gesagte gilt umgekehrt entsprechend für die Aufhebung des Sondereigentums. Hier kann bereits aus § 9 Abs. 2 WEG entnommen werden, dass lediglich Inhaber von Einzelrechten gem. §§ 876, 877 BGB bei der Aufhebung mitwirken müssen. Wegen der besonderen mit einer Aufhebung des Sondereigentums verbundenen Fragen bei eingetragenen Einzelbelastungen s. § 9 Rn. 16 ff.

5. Genehmigungen

16 Bei der Eintragung der Einräumung des Sondereigentums in das Grundbuch können unterschiedliche Genehmigungserfordernisse vom Grundbuchgericht zu beachten sein. Im einzelnen vgl. dazu § 7 Rn. 75 ff.

C. Verpflichtung zur Einräumung oder Aufhebung von Sondereigentum

Der notariellen Beurkundung bedarf nach Abs. 3 auch ein schuldrechtlicher Vertrag, mit dem sich ein Teil verpflichtet, Sondereigentum einzuräumen, zu erwerben oder aufzuheben. Die Vorschrift verweist insoweit auf § 311 b Abs. 1 BGB (früher § 313 BGB). Ein ohne Einhaltung dieser Form geschlossener Vertrag wird jedoch nach § 311 b Abs. 1 S. 2 BGB insgesamt geheilt, wenn die Einigung über die Einräumung im Grundbuch eingetragen ist.

Nicht anwendbar ist **§ 925 a BGB**; die Erklärungen über die Einräumung von Sondereigentum können also ohne Vorlegung oder gleichzeitige Errichtung der Urkunde über das zugrunde liegende Kausalgeschäft entgegengenommen werden (*Weitnauer/Briesemeister* § 4 Rn. 7; *Palandt/Bassenge* § 4 Rn. 1; **a. A.** *Bärmann/Pick/Merle* § 4 Rn. 8; *Staudinger/Rapp* § 4 Rn. 4). Die Frage ist jedoch ohne große praktische Bedeutung (*Bamberger/Roth/Hügel* § 4 Rn. 3 Fn. 2).

Vorverträge bedürfen gleichermaßen der Beurkundung (*Schöner/Stöber* Rn. 2845).

D. Sicherung durch Vormerkung

Der schuldrechtliche **Anspruch auf Übertragung eines** bereits im Grundbuch **eingetragenen Wohnungseigentums** bedarf der Form des § 311 b Abs. 1 BGB und kann durch Eintragung einer Erwerbsvormerkung gesichert werden; Wohnungseigentum ist echtes Eigentum (vgl. § 1 Rn. 5 u. 21). Dabei ist unerheblich, ob das Wohnungseigentum erst noch fertiggestellt werden muss oder bereits errichtet ist. Zur Eintragung in das Grundbuch bedarf es gem. § 19 GBO der Bewilligung des betroffenen Wohnungseigentümers in der Form des § 29 GBO (vgl. *Schöner/Stöber* Rn. 2951).

Daneben können ebenfalls die schuldrechtlichen Ansprüche gem. § 4 Abs. 3 WEG durch Eintragung einer Vormerkung gem. § 883 BGB abgesichert werden (*Bärmann/Pick/Merle* § 4 Rn. 47; *Palandt/Bassenge* § 4 Rn. 6; *Staudinger/Rapp* § 4 Rn. 13):

Der schuldrechtliche Anspruch auf vertragliche **Einräumung von Sondereigentum** kann durch Eintragung einer Vormerkung im Grundbuch des noch ungeteilten Grundstücks gesichert werden (*Bärmann/Pick/Merle* § 4 Rn. 47; *F. Schmidt* FS Bärmann u. Weitnauer 1990, S. 545, 552; *Schöner/Stöber* Rn. 2940).

Weitergehend kann auch der schuldrechtliche Anspruch auf **Übertragung eines Miteigentumsanteils und Verbindung mit noch zu begründendem Sondereigentum** sowohl im Fall einer Teilung gem. § 3 WEG als auch nach § 8 WEG durch Eintragung einer Vormerkung gesichert werden (*BayObLG* DNotZ 1977, 544 = Rpfleger 1977, 300 = ZMR 1977, 340). Voraussetzung hierfür ist, dass der schuldrechtliche Anspruch, der durch die Vormerkung gesichert werden soll, nach Inhalt und Gegenstand bestimmt oder wenigstens eindeutig bestimmbar ist. Bei einem Gebäude, das in Wohnungseigentum überführt werden soll, genügt es, dass die Wohnung in der Eintragungsbewilligung so beschrieben ist, dass sie aufgrund der Beschreibung der Örtlichkeit zweifelsfrei festgestellt werden kann. Der Vorlage eines Aufteilungsplanes oder des Bauplanes für das Gebäude bedarf es dagegen nicht zwingend (*OLG Köln* DNotZ 1985, 450; *BayObLG* DNotZ 1977, 544 = Rpfleger 1977, 300 = ZMR 1977, 340). Dies gilt nicht nur für bereits fertiggestellte Gebäude, sondern auch für noch nicht errichtete Gebäude, solange der Anspruch im Hinblick auf das durch die bestimmte Bezeichnung der Teilfläche und das Erfordernis der Baugenehmigung begrenzte Bestimmungsrecht des begünstigten Wohnungseigentümers ausreichend bestimmbar ist (*BayObLG* DNotZ 1992, 426 = Rpfleger 1992, 292 = ZMR 1992, 256 unter Aufgabe von *BayObLG* DNotZ 1975, 36 = Rpfleger 1974, 261; *Weitnauer/Briesemeister* Nach § 8 Rn. 22). Bloße Bestimmbarkeit kann jedoch wegen § 47 GBO nicht im Hinblick auf den Miteigentumsanteil genügen; hier bedarf es der bestimmten Angabe (*LG Hamburg* Rpfleger 1982, 272; *Bärmann/Pick/Merle* § 4 Rn. 47; *Meyer-Stolte* Rpfleger 1977, 121 f.; *Staudinger/Rapp* § 4 Rn. 14; *Weitnauer/Briesemeister* Nach § 8 Rn. 22; **a. A.** *OLG Düsseldorf* DNotZ 1997, 162 = Rpfleger 1996, 503; *LG Dresden* MittBayNot 2002, 115; *Schmedes* Rpfleger 1975, 284; *Schöner/Stöber* Rn. 2943 unter Hinweis auf BGH DNotZ 1986, 273 = Rpfleger 1986, 92: Vorbehalt zugunsten des Verkäufers gem. § 315 BGB zur Regelung des Gemeinschaftsverhältnisses).

Die **Eintragung** einer solchen Vormerkung soll jedoch nur möglich sein, wenn sie auch **an sämtlichen Miteigentumsanteilen** erfolgt (*BayObLG* DNotZ 1977, 544 = Rpfleger 1977, 300 = ZMR

§ 4 | Formvorschriften

1977, 340). Hält man mit *F. Schmidt* (FS Bärmann u. Weitnauer 1990, S. 545, 552; ebenso *OLG Köln* DNotZ 1985, 450) die Eintragung lediglich auf einem oder einigen Miteigentumsanteilen für möglich, so könnte der schuldrechtlich vereinbarte Anspruch bei einer vormerkungswidrigen Verfügung nicht gegen sämtliche Miteigentümer durchgesetzt werden und wäre damit insgesamt zum Scheitern verurteilt (so zutr. *Staudinger / Rapp* § 4 Rn. 15; *Schöner/Stöber* Rn. 2942). Dies ist jedoch ggf. hinzunehmen. Weder hat das Grundbuchgericht zu prüfen, ob der einzelne Miteigentümer seine Verpflichtung zur Verschaffung des Sondereigentums auch erfüllen kann, noch kann von der Eintragung zur Sicherung des schuldrechtlichen Anspruchs verlangt werden, dass sie an sämtlichen betroffenen Einheiten auf einer einheitlichen Bewilligung fußend auch gleichzeitig erfolgen müsste. Ob und ggf. wann aber noch weitere Eintragungsbewilligungen anderer Miteigentümer vorgelegt werden, ist für das Grundbuchgericht nicht erkennbar; es hat ggf. die Eintragungen an den jeweiligen Miteigentumsanteilen sukzessive zu vollziehen.

24 Der schuldrechtliche Anspruch auf Übertragung eines Wohnungseigentums kann verknüpft werden mit dem Anspruch auf **Abtrennung und Übereignung eines Raumes** von einem anderen Wohnungseigentum sowie anschließender Verbindung mit dem erworbenen Wohnungseigentum (*Schöner/Stöber* Rn. 2946 unter Hinweis auf *AG Würzburg* MittBayNot 1976, 173 m. Anm. *Kirchner*). Die Vormerkung zum Erwerb und zur Abtrennung ist auf beiden beteiligten Einheiten einzutragen (Fassungsvorschlag bei *Kirchner* MittBayNot 1976, 173, 174).

25 Der schuldrechtliche Anspruch auf **Aufhebung des Sondereigentums** kann durch Eintragung einer Vormerkung im Wohnungsgrundbuch gesichert werden (*BayObLG* MittBayNot 1980, 20 = Rpfleger 1980, 110). In diesem Fall können als Berechtigte der Vormerkung die jeweiligen anderen Wohnungseigentümer eingetragen werden (*F. Schmidt* FS Bärmann und Weitnauer 1990, 545, 565).

26 Durch Vormerkung sicherbar sind auch **Inhaltsänderungen des Sondereigentums**. So kann der schuldrechtliche Anspruch auf nachträgliche **Einräumung eines Sondernutzungsrechtes** vorgemerkt werden, wobei in diesem Fall eine sukzessive Eintragung an den einzelnen Einheiten zugelassen wird (*Schöner/Stöber* Rn. 2961a). Ebenfalls durch eine Vormerkung kann der Anspruch eines Wohnungseigentümers auf **Übertragung eines Sondernutzungsrechts** gesichert werden. Die Eintragung erfolgt dabei nur im Grundbuch des bisher nutzungsberechtigten Wohnungseigentümers; einer Mitwirkung der übrigen Eigentümer bedarf es nicht (*BayObLG* DNotZ 1979, 307 = Rpfleger 1979, 217).

E. Änderung der Zuordnung zum Sonder- oder Gemeinschaftseigentum

1. Umwandlung von Sonder- in Gemeinschaftseigentum und umgekehrt

27 Eine Änderung der sachenrechtlichen Zuordnung wird in der Praxis insbesondere bei nachträglichen Ausbauten etwa von Dachgeschossen oder bei Errichtung weiterer Gebäude angestrebt. Die Zuordnung zum Sonder- oder Gemeinschaftseigentum betrifft jedoch die sachenrechtlichen Grundlagen der Gemeinschaft; Änderungen – sei es die Umwandlung von Gemeinschafts- in Sondereigentum oder die Umwandlung von Sondereigentum in gemeinschaftliches Eigentum – erfordern deshalb gem. § 4 WEG die Einigung aller Wohnungseigentümer in der Form der Auflassung und die Eintragung in das Grundbuch (*BGH* Rpfleger 2005, 17 = ZMR 2005, 59; *BGH* NZM 2003, 480 = ZMR 2003, 748; *OLG Saarbrücken* NZM 2005, 423; *OLG Celle* OLG-Report 2004, 79; *BayObLG* DNotZ 2000, 466 = ZMR 2000, 316; *KG* ZMR 1998, 368; *BayObLG* DNotZ 1998, 379 = Rpfleger 1998, 19; *OLG Frankfurt a. M.* Rpfleger 1997, 374 = ZMR 1997, 367; *Bärmann/Pick/Merle* § 5 Rn. 13; *Demharter* Anh. zu § 3 Rn. 91; *Häublein* DNotZ 2000, 442, 450; *Schöner/Stöber* Rn. 2967; *Weitnauer / Briesemeister* § 4 Rn. 4). Eine Umwandlung durch einseitige Erklärung des einzelnen Eigentümers ist nicht möglich. Erforderlich ist ferner die Zustimmung der dinglich Berechtigten, die ggf. durch ein Unschädlichkeitszeugnis ersetzt werden kann (wegen der verfahrensrechtlichen Voraussetzungen s. § 7 Rn. 215 ff. u. Rn. 229 ff.; zu den Möglichkeiten der Ersetzung durch ein Unschädlichkeitszeugnis s. § 1 Rn. 131 ff.).

28 Die Mitwirkung der übrigen Wohnungseigentümer wird nicht dadurch entbehrlich, dass in die Gemeinschaftsordnung eine Ermächtigung aufgenommen wird, neues Wohnungseigentum

durch Umwandlung von Gemeinschafts- in Sondereigentum zu schaffen. Eine derartige Ermächtigung bindet den Sondernachfolger nicht; die Änderung der durch den dinglichen Begründungsakt festgelegten Grundstruktur der Gemeinschaft kann nicht Gegenstand von Vereinbarungen der Wohnungseigentümer nach § 5 Abs. 4 WEG, § 10 WEG sein (*BayObLG* Rpfleger 2002, 140 = ZMR 2002, 283; *BayObLG* DNotZ 2000, 466 = ZMR 2000, 316; *BayObLG* DNotZ 1998, 379 = Rpfleger 1998, 19; *KG* ZMR 1998, 368; *Basty* NotBZ 1999, 233, 235; *Häublein* DNotZ 2000, 442, 450 f.; **a. A.** *Röll* DNotZ 1998, 345, 346 u. *Rapp* MittBayNot 1998, 77, 79 f.).

Das gilt auch dann, wenn bereits ein Sondernutzungsrecht besteht (etwa an einem Dachgeschoss, dessen Ausbau zu Wohnzwecken erfolgen soll, oder einem Teil des Grundstücks, auf dem ein weiteres Gebäude errichtet werden soll). Die Einräumung eines Sondernutzungsrechts ändert nichts an der sachenrechtlichen Zuordnung; das im Grundbuch eingetragene Sondernutzungsrecht ist weder ein dingliches noch gar ein grundstücksgleiches Recht, sondern ein schuldrechtliches Gebrauchsrecht (BGHZ 145, 133 = Rpfleger 2001, 69 = ZMR 2001, 119). Es gibt dem Inhaber deshalb nicht die Befugnis, an den in Ausübung dieses Rechts neu geschaffenen Räumen Sondereigentum zu begründen (*BGH* NJW-RR 2005, 10 = Rpfleger 2005, 17 = ZMR 2005, 59; *OLG Celle* OLG-Report 2004, 79; *BayObLG* NJW-RR 2002, 443 = Rpfleger 2002, 140 = ZMR 2002, 283; *BayObLG* Rpfleger 2000, 544 = ZMR 2000, 779; *BayObLG* MittBayNot 2000, 551 m. abl. Anm. *Roellenbleg*). 29

Möglich ist jedoch die Erteilung einer entsprechenden Vollmacht zugunsten des zum Ausbau berechtigten Wohnungseigentümers in den Erwerbsverträgen; diese ist grundsätzlich unwiderruflich und schließt das Recht ein, Untervollmacht zu erteilen (*BGH* NJW-RR 2005, 10 = Rpfleger 2005, 17 = ZMR 2005, 59; *OLG Celle* OLG-Report 2004, 79; *BayObLG* ZMR 2003, 518; *BayObLG* NJW-RR 2002, 443 = Rpfleger 2002, 140 = ZMR 2002, 283). Die Vollmacht muss hinreichend bestimmt sein (vgl. dazu *BayObLG* DNotZ 1999, 665 = ZMR 1998, 299). 30

Die **Umdeutung** einer formunwirksamen Einräumung von Sondereigentum (etwa durch allstimmigen Eigentümerbeschluss) in ein Sondernutzungsrecht ist grundsätzlich möglich; Voraussetzung ist jedoch, dass es mit einem Wohnungseigentumsrecht verbunden ist (vgl. *KG* NZM 1999, 258 = ZMR 1999, 204). Zur Umdeutung s. i. Ü. § 5 Rn. 21 ff. 31

2. Unterteilung

Die Mitwirkung aller Wohnungseigentümer ist auch dann erforderlich, wenn bei der **Unterteilung** eines Wohnungs- oder Teileigentums in mehrere selbständige Einheiten Räume, die bisher im Sondereigentum standen, in Gemeinschaftseigentum umgewandelt werden müssen (etwa, weil ein gemeinsamer Eingangsbereich für die neu entstehenden Einheiten erforderlich ist). Dadurch wird der Gegenstand des gemeinschaftlichen Eigentums verändert; das kann nicht ohne die formgerechte Mitwirkung aller Betroffenen, also aller übrigen Wohnungseigentümer geschehen (*BGH* Rpfleger 2005, 17 = ZMR 2005, 59; BGHZ 139, 352 = NJW 1998, 3711 = Rpfleger 1999, 66 = ZMR 1999, 182; **a. A.** *Röll* DNotZ 1998, 79; *Gaier* FS Wenzel 2005, 145). Gemeinschaftliches Eigentum kann niemandem aufgedrängt werden (*OLG München* Rpfleger 2007, 459). 32

Die Unterteilung eines Sondereigentums in mehrere Einheiten ist nur dann durch einseitige Erklärung des jeweiligen Eigentümers möglich, wenn ausschließlich dessen Sondereigentum betroffen ist, also kein neues Gemeinschaftseigentum entsteht (*BGH* Rpfleger 2005, 17 = ZMR 2005, 59). Gleiches gilt für die Zusammenlegung zweier bisher selbständiger Einheiten zu einem Sondereigentum (BGHZ 146, 241 = NJW 2001, 1212 = ZMR 2001, 289). 33

3. Umwandlung von Teil- in Wohnungseigentum und umgekehrt

Von der Umwandlung gemeinschaftlichen Eigentums in Sondereigentum und umgekehrt ist die **Umwandlung** von Teileigentum in Wohnungseigentum und umgekehrt zu unterscheiden. Letztere bedürfen nach h. M. nicht der Form des § 4 Abs. 1, Abs. 2 WEG, § 925 Abs. 1 BGB weil sie den vereinbarten Inhalt des Sondereigentums gem. §§ 5 Abs. 4, 10 Abs. 3 WEG betreffen. Vgl. dazu ausführlich § 1 Rn. 42 ff. m. w. N. 34

§ 5 Gegenstand und Inhalt des Sondereigentums

(1) Gegenstand des Sondereigentums sind die gemäß § 3 Abs. 1 bestimmten Räume sowie die zu diesen Räumen gehörenden Bestandteile des Gebäudes, die verändert, beseitigt oder eingefügt werden können, ohne daß dadurch das gemeinschaftliche Eigentum oder ein auf Sondereigentum beruhendes Recht eines anderen Wohnungseigentümers über das nach § 14 zulässige Maß hinaus beeinträchtigt oder die äußere Gestaltung des Gebäudes verändert wird.

(2) Teile des Gebäudes, die für dessen Bestand oder Sicherheit erforderlich sind, sowie Anlagen und Einrichtungen, die dem gemeinschaftlichen Gebrauch der Wohnungseigentümer dienen, sind nicht Gegenstand des Sondereigentums, selbst wenn sie sich im Bereich der im Sondereigentum stehenden Räume befinden.

(3) Die Wohnungseigentümer können vereinbaren, daß Bestandteile des Gebäudes, die Gegenstand des Sondereigentums sein können, zum gemeinschaftlichen Eigentum gehören.

(4) Vereinbarungen über das Verhältnis der Wohnungseigentümer untereinander können nach den Vorschriften des 2. und 3. Abschnittes zum Inhalt des Sondereigentums gemacht werden. Ist das Wohnungseigentum mit der Hypothek, Grund- oder Rentenschuld oder der Reallast eines Dritten belastet, so ist dessen nach anderen Rechtsvorschriften notwendige Zustimmung zu der Vereinbarung nur erforderlich, wenn ein Sondernutzungsrecht begründet oder ein mit dem Wohnungseigentum verbundenes Sondernutzungsrecht aufgehoben, geändert oder übertragen wird. Bei der Begründung eines Sondernutzungsrechts ist die Zustimmung des Dritten nicht erforderlich, wenn durch die Vereinbarung gleichzeitig das zu seinen Gunsten belastete Wohnungseigentum mit einem Sondernutzungsrecht verbunden wird.

Literatur:
Abramenko Die Umdeutung unwirksamer Eintragungen von Sondereigentum in Sondernutzungsrechte Rpfleger 1998, 313; *Bielefeld* Verbrauchszähler im Wohnungseigentum – Sonder- oder Gemeinschaftseigentum? NZM 1998, 249; *Böhringer* Inhaltlich unzulässige Grundbucheintragungen und Umdeutung von Grundbucherklärungen MittBayNot 1990, 12; *DNotI-Gutachten* Sondereigentum an Heizungs- und Tankraum sowie dessen Zugang DNotI-Report 1997, 17; *DNotI-Gutachten* Sondereigentumsfähigkeit eines Innenhofes DNotI-Report 1998, 1; *Frank* Zur grundbuchmäßigen Behandlung von Stellplätzen in Doppelstockgaragen, MittBayNot 1994, 512; *Gleichmann* Sondereigentumsfähigkeit von Doppelstockgaragen Rpfleger 1988, 10; *Höckelmann/Sauren* Die Sondereigentumsfähigkeit nicht überbauter Garagenstellplätze eines Gebäudes Rpfleger 1999, 14; *Hügel* Die Benutzungsregelungen nach § 15 WEG für Doppelparker, ZWE 2001, 42; *Hurst* Das Eigentum an der Heizungsanlage DNotZ 1984, 66; *Meffert* Entbehrlichkeit der Zustimmung dinglich Berechtigter zu Vereinbarungen der Wohnungseigentümer. § 5 Abs. 4 S. 2 und 3 WEG n. F. ZMR 2007, 517; *Merle* Die Sondereigentumsfähigkeit von Garagenstellplätzen auf dem nicht überdachten Oberdeck eines Gebäudes Rpfleger 1977, 196; *Reinold* Rechtliche Gestaltungsmöglichkeiten bei der Veräußerung von nicht sondereigentumsfähigen Stellplätzen MittBayNot 2001, 540; *Riecke* Die Abgrenzung von Gemeinschafts- und Sondereigentum im Wohnungseigentumsrecht BTR 2003, 11; *Röll* Sondereigentum an Heizungsräumen und deren Zugangsflächen DNotZ 1986, 706; *Sauren* Mit-Sondereigentum – eine Bilanz DNotZ 1988, 667; *ders.* Die Sondereigentumsfähigkeit nicht überdachter Garagenstellplätze eines Gebäudes, Rpfleger 1999, 14; *F. Schmidt* Gegenstand und Inhalt des Sondereigentums, MittBayNot 1985, 237; *ders.* Balkone als Sondereigentum MittBayNot 2001, 442.

Inhaltsverzeichnis

A. Allgemeines	1
B. Gegenstände des Sondereigentums	12
C. Keine Gegenstände des Sondereigentums	18
D. Umdeutung	21
E. Einzelfälle alphabetisch	27
F. Nachbareigentum	84
G. Inhalt des Sondereigentums	88
1. Grundsatz	88
2. Rechtsnatur der Vereinbarungen	90
3. Zustimmungserfordernis für Drittberechtigte bei Inhaltsänderungen des Sondereigentums	91
a) Zustimmungserfordernis	91

b) Begriff des Drittberechtigten 92
4. Ausschluss des Zustimmungserfordernisses Drittberechtigter bei Inhaltsänderungen des
   Sondereigentums 96
5. Einschränkungen des Zustimmungserfordernisses Drittberechtigter bei Inhaltsänderungen
   des Sondereigentums 104
6. Ersetzung einer erforderlichen Zustimmung des Drittberechtigten bei Inhaltsänderungen des
   Sondereigentums 107

A. Allgemeines

§ 5 WEG regelt in den Absätzen 1 und 2 zwingend die Abgrenzung zwischen Sonder- und Gemeinschaftseigentum. Die Abgrenzung ist von erheblicher praktischer Bedeutung: Mit dem Sondereigentum kann der Wohnungseigentümer wie ein Alleineigentümer »nach Belieben verfahren«, soweit nicht das Gesetz oder die Rechte Dritter entgegenstehen (§ 13 Abs. 1 WEG). Die Kosten der Instandhaltung und Instandsetzung des Sondereigentums hat er allein zu tragen, die des Gemeinschaftseigentums hingegen die Wohnungseigentümergemeinschaft. Das Sondereigentum unterliegt nicht der gemeinschaftlichen Verwaltung; dagegen verstoßende Beschlüsse sind unwirksam. 1

Soweit nicht wirksam Sondereigentum begründet wird, entsteht Gemeinschaftseigentum, § 1 Abs. 5 WEG. Zur Umdeutungsmöglichkeit s. Rn. 21. 2

Für die Abgrenzung zwischen Sonder- und Gemeinschaftseigentum ist die Grundbucheintragung maßgeblich mit den Unterlagen, auf die sie in zulässiger Weise Bezug nimmt, also Teilungsvereinbarung bzw. Teilungserklärung und Aufteilungsplan (BayObLGZ 1991, 186; *KG* NZM 2001, 1127). Eine davon abweichende Bauausführung kann kein Sondereigentum begründen (KG ZMR 2001, 249 = NZM 2001, 1127). 3

Besteht hinsichtlich der Zuordnung einzelner Räume ein Widerspruch zwischen der wörtlichen Beschreibung in der Teilungserklärung und der zeichnerischen Darstellung im Aufteilungsplan, entsteht kein Sondereigentum, sondern Gemeinschaftseigentum (*BGH* NJW 1995, 2851). Dasselbe gilt, wenn das Sondereigentum nicht hinreichend bestimmt bezeichnet ist oder der zum Sondereigentum erklärte Gegenstand nicht sondereigentumsfähig ist. Zur Umdeutungsmöglichkeit s. Rn. 21 ff. 4

Für die Auslegung der Teilungserklärung gelten die im Grundbuchrecht maßgeblichen Auslegungsgrundsätze: Sie ist »aus sich heraus« objektiv und normativ auszulegen, maßgebend sind dabei der Wortlaut und ihr Sinn, wie er sich aus unbefangener Sicht als nächstliegende Bedeutung ergibt (*BGH* NJW 1998, 3714). 5

Absatz 3 eröffnet die Möglichkeit, durch Vereinbarung sondereigentumsfähige Bestandteile des Gebäudes dem Gemeinschaftseigentum zuzuordnen. Die Zuordnung von Gegenständen des Gemeinschaftseigentums zum Sondereigentum ist dagegen unzulässig. Eine solche unzulässige Zuordnung kann im Einzelfall als Einräumung eines Sondernutzungsrechts (vgl. *KG* NZM 1999, 258) oder als Änderung der Kostentragungspflicht (Abbedingung von § 16 Abs. 2 WEG, 21 Abs. 5 Nr. 2 WEG) ausgelegt werden (*OLG Hamm* NJW-RR 1992, 148; *OLG Hamm* ZMR 1997, 193; *OLG München* NZM 2005, 825). 6

Gegenstand des Sondereigentums sind nach Abs. 1 zunächst die bei der Begründung des Wohnungseigentums als Sondereigentum ausgewiesenen Räume, ferner die zu diesen gehörenden Bestandteile des Gebäudes, die verändert, beseitigt oder eingefügt werden können, ohne dass dadurch das gemeinschaftliche Eigentum oder ein auf Sondereigentum beruhendes Recht eines anderen Wohnungseigentümers über das in § 14 WEG bestimmte Maß hinaus beeinträchtigt oder die äußere Gestaltung des Gebäudes verändert wird. 7

Keinesfalls Sondereigentum, sondern stets nur Gemeinschaftseigentum können die in Abs. 2 genannten Teile des Gebäudes sein, die für dessen Bestand und Sicherheit erforderlich sind (konstruktive Teile). 8

Das gilt auch dann, wenn es sich bei dem Gebäude um Doppelhaushälften, Reihenhäuser oder auch mehrere freistehende Einfamilienhäuser handelt, die in der Rechtsform des Wohnungseigentums errichtet wurden, weil für das Grundstück keine Realteilung erfolgen konnte. Das Son- 9

§ 5 I Gegenstand und Inhalt des Sondereigentums

dereigentum kann auch hier nur die Räume des jeweiligen Hauses umfassen. Die konstruktiven Bauteile wie Außenmauern und Dach sowie das Grundstück selbst sind zwingend Gemeinschaftseigentum, an ihnen können nur Sondernutzungsrechte begründet werden, nicht aber Sondereigentum (*BGH* NJW-RR 2001, 800; *OLG Düsseldorf* FGPrax 2004, 267 für Doppelhaus; **a. A.** *Bärmann/Pick/Merle* § 5 Rn. 42).

10 Gemeinschaftseigentum sind auch die dem gemeinschaftlichen Gebrauch dienenden Anlagen und Einrichtungen, zu denen auch Räume gehören. Sie stehen zwingend im gemeinschaftlichen Eigentum, wenn ihr Zweck darauf gerichtet ist, der Gesamtheit der Wohnungseigentümer einen ungestörten Gebrauch ihrer Wohnungen und der Gemeinschaftsräume zu ermöglichen und zu erhalten (*BGH* NJW 1991, 2909).

11 Dazu zählen insbesondere die Räume, in denen sich die gemeinschaftlichen Wasser-, Wärme- und Energieversorgungseinrichtungen sowie Zähl-, Sicherungs- und Schaltvorrichtungen befinden, sowie die Zugänge dazu (*BGH* NJW 1991, 2909).

B. Gegenstände des Sondereigentums

12 Zum Sondereigentum gehören die Räume, die nach § 3 Abs. 1 WEG hierzu bestimmt sind. Unter »Raum« ist der umbaute, von Fußboden, Decke und Wänden umschlossene »lichte« Raum zu verstehen (*BayObLG* NJW-RR 1986, 761). Durch die Bezugnahme auf § 3 Abs. 1 WEG wird sichergestellt, dass auch Wohnungen unter § 5 WEG fallen und damit auch die zu Haupträumen gehörenden Nebenräume wie Keller, Abstellräume u. ä., ohne dass an ihnen ein einzelnes Sondereigentum gebildet wird; eine räumliche Verbindung mit den Haupträumen ist nicht erforderlich (vgl. *Niedenführ / Kümmel/Vandenhouten* § 5 Rn. 19).

13 Keine Räume bilden die einzelnen Stellplätze einer Duplex-Garage; bei ihnen fehlt eine klare Trennung durch eine Begrenzung in der Höhe (*BayObLG* NJW-RR 1995, 783; **a. A.** *Bärmann/Pick/Merle* Rn. 19). Sondereigentum kann deshalb nur an der Duplex-Garage insgesamt bestehen.

14 Sondereigentum kann nur eingeräumt werden an Räumen, die sondereigentumsfähig sind, also nicht dem gemeinschaftlichen Gebrauch aller Wohnungseigentümer dienen (Abs. 2). Nicht sondereigentumsfähig sind daher Räumlichkeiten, die den einzigen Zugang zu gemeinschaftlichen Einrichtungen bilden, etwa ein Verbindungsflur, der den einzigen Zugang zur Heizanlage darstellt (*BGH* NJW 1991, 2909), oder ein Kellerraum, der den einzigen Zugang zum gemeinschaftlichen Geräteraum bildet (*BayObLG* NJW-RR 1996, 12).

15 Sondereigentum ist dagegen möglich an einem zusätzlichen Treppenabgang zu einem von der Gemeinschaft genutzten Keller (*OLG Hamm* WE 1992, 317). Auch Räume, die den einzigen Zugang zum im Gemeinschaftseigentum stehenden Speicher bilden, können im Sondereigentum stehen, wenn der vom Zugang erschlossene Raum seiner Beschaffenheit nach nicht dem ständigen Mitgebrauch aller Wohnungseigentümer dient (*BayObLG* NJW-RR 2001, 801). Dasselbe gilt für eine Garage, die den einzigen Zugang zu der hinter dem Gebäude liegenden unbebauten Grundstücksfläche bietet (*OLG Hamm* NZM 2002, 253); die Zugangsmöglichkeit muss nur zu den Räumlichkeiten eröffnet werden.

16 Zu den Gebäudebestandteilen im Sinne des § 5 Abs. 1 WEG zählen insbesondere nicht tragende Innenwände, Innentüren, Wand- und Deckenputz sowie Innenanstrich und Tapeten und der Fußbodenbelag (Parkett, Teppichboden, Linoleum), ferner Badewannen, Duschen, Waschbecken.

17 § 5 Abs. 1 WEG betrifft nur Gegenstände, die nach den allgemeinen Vorschriften **als wesentliche Bestandteile** (§§ 93, 94 BGB) nicht sonderrechtsfähig wären. Sachen, die keine wesentlichen Bestandteile sind, können auch nach den allgemeinen Vorschriften im Eigentum eines Wohnungseigentümers oder eines Dritten stehen.

C. Keine Gegenstände des Sondereigentums

18 Nicht sondereigentumsfähig sind die außerhalb des Gebäudes gelegenen Grundstücksflächen; insoweit können nur Sondernutzungsrechte begründet werden. Gemeinschaftseigentum sind deshalb Kfz-Abstellplätze im Freien (BayObLGZ 1986, 29), ebenso Gartenflächen, die einer Erdgeschosswohnung vorgelagert sind.

Zwingend Gemeinschaftseigentum sind die gesamten tragenden Teile des Gebäudes, insbesondere Fundamente und tragende Mauern, Fassaden, Schornsteine, die für die statischen Verhältnisse wichtigen Balken- und Trägerkonstruktionen, Geschossdecken und Dach, ferner schwimmender Estrich, Trittschalldämmung und Isolierschichten, ebenso die Brüstung und die konstruktiven Teile eines Balkons. 19

Gemeinschaftliches Eigentum sind weiter Anlagen und Einrichtungen, die dem Gebrauch aller Wohnungseigentümer in ihrer Gesamtheit dienen, wie etwa gemeinschaftlicher Speicher, Treppenhaus, Aufzug, Zentralheizung, Einrichtungen für die Versorgung mit Wasser, Elektrizität und Gas, Gemeinschaftsantenne. 20

D. Umdeutung

Die **fehlgeschlagene Begründung von Sondereigentum** kann ggf. **in ein Sondernutzungsrecht** für den Berechtigten gem. § 140 BGB **umgedeutet** werden, wenn sämtliche Tatbestandsmerkmale für die Entstehung eines Sondernutzungsrechts vorliegen (*KG* ZMR 1999, 206; *OLG Köln* MittRhNotK 1996, 61; *OLG Hamm* Rpfleger 1983, 19; *BayObLG* MDR 1981, 145; *Böhringer* MittBayNot 1990, 12; *Weitnauer/Briesemeister* § 5 Rn. 10; **a. A.** *Abramenko* Rpfleger 1998, 313: nur schuldrechtliche Anpassungsansprüche). Eine Umdeutung scheidet mithin in den Fällen aus, in denen das gesamte einem Miteigentumsanteil zugedachte Sondereigentum umgedeutet werden müsste. Nach der Systematik des WEG kann ein Sondernutzungsrecht nämlich nicht mit einem isolierten (substanzlosen) Miteigentumsanteil verbunden werden. Rechtlich gehört das Sondernutzungsrecht (vgl. § 13) zum Inhalt des Sondereigentums, so dass immer ein (Rest-)Sondereigentum vorhanden sein muss, dessen Inhalt das umgedeutete Sondernutzungsrecht bilden kann (*KG* ZMR 1999, 206; *F. Schmidt* ZWE 2007, 280, 284 f.). Seine **Grenzen** findet eine Umdeutung daher immer dann, wenn es für den Berechtigten innerhalb der Gemeinschaft keine entsprechende Rechtsposition gibt oder das Sondernutzungsrecht einem außenstehenden Dritten zugeordnet werden müsste (vgl. *F. Schmidt* ZWE 2007, 290, 284 f. mit Beispielen). Auch nicht in Betracht kommt eine Umdeutung, wenn die Verhältnisse so unklar sind, dass ein entsprechend den Anforderungen des Grundbuchverkehrs eindeutiges Ergebnis nicht gefunden werden kann (*Böhringer* MittBayNot 1990, 12, 16; *Meikel/Streck* § 53 Rn. 33). 21

Vorsicht ist geboten, wenn sich durch eine Umdeutung in ein Sondernutzungsrecht der Berechtigte anschließend in einer für ihn günstigeren Rechtsposition wiederfindet, weil mit der Einräumung eines Sondernutzungsrechts im Hinblick auf § 16 Abs. 2 WEG keine entsprechende Kostentragungsverpflichtung wie bei einem Sondereigentum verbunden sein muss (*Köhler/Bassenge/Häublein* Teil 12 Rn. 91). 22

Von der **Rechtsprechung nicht problematisiert** wird die Frage, ob die Umdeutung unzulässigen Sondereigentums in ein Sondernutzungsrecht nicht ein **unzulässiges Umgehungsgeschäft** darstellen kann (in diese Richtung aber *Staudinger/Rapp* § 5 Rn. 29; *Köhler/Bassenge/Häublein* Teil 12 Rn. 90). 23

Das *LG Regensburg* (MittBayNot 1990, 43) ging im Wege der Umdeutung so weit, unwirksame Sondereigentumsrechte in Sondernutzungsrechte von Wohnungseigentümern umzudeuten und deren Einheiten **von Amts wegen** die frei gewordenen Miteigentumsanteile ohne Mitwirkung der Eigentümer und der dinglich Berechtigten als Bestandteil zuzuschreiben (für eine Grundbuchberichtigung von Amts wegen ebenfalls *Meikel/Böhringer* Einl. G Rn. 140; **a. A.** *Schöner/Stöber* Rn. 2917: Berichtigung gem. § 22 GBO durch Unrichtigkeitsnachweis). Zur Problematik einer Nachverpfändung bei zugeschriebenen Miteigentumsanteilen s. § 6 Rn. 8. Eine Berichtigungsmöglichkeit von Amts wegen ist allein schon deshalb zu bejahen, weil nur auf diese Weise erst nachträglich vom Grundbuchgericht erkannte Fehler ohne weiteren Schaden schnellstmöglich behoben werden können. Dagegen scheidet die Eintragung eines Amtswiderspruches gem. § 53 GBO gegen eine fehlgeschlagene Begründung des Sondereigentums aus; an eine unzulässige Eintragung kann sich kein gutgläubiger Erwerb anschließen (ganz h. M. vgl. BGHZ 130, 159 = Rpfleger 1996, 19 = ZMR 1995, 521; *BGH* NJW 2004, 1798 = Rpfleger 2004, 207 = ZMR 2004, 206; a. A. zur Eintragung eines Amtswiderspruchs jetzt – ohne nähere Auseinandersetzung – *OLG* 24

§ 5 | Gegenstand und Inhalt des Sondereigentums

München Rpfleger 2007, 459). Ob und wann die Wohnungseigentümer einen ggf. bestehenden Anpassungsanspruch realisieren (vgl. a. a. O.), kann dann ihrer Entscheidungsfindung überlassen bleiben.

25 Die **Wirkungen** einer solche Umdeutung sind umstritten. Während einerseits zu Recht die Möglichkeit einer rückwirkenden Heilung angenommen wird (Meikel / *Streck* § 53 Rn. 33; MüKo / *Wacke* § 373 Rn. 55), will ein Teil der Literatur die Wirkung erst ex nunc eintreten lassen (*Demharter* § 53 Rn. 4; Staudinger / *Gursky* § 879 Rn. 265 f.). Richtigerweise hat jedoch ein Sondernachfolger oder ein Gläubiger eines anderen Wohnungseigentümers sein Recht bereits von vornherein belastet mit der Umdeutungsmöglichkeit erworben; nur die rückwirkende Heilung kann Rechtsverluste vermeiden.

26 Aufgrund des für den Eintragungsantrag und die Eintragungsbewilligung geltenden Bestimmtheitsgrundsatzes muss die **Umdeutung** einer fehlgeschlagenen Begründung von Sondereigentum bereits **im Eintragungsverfahren** durch das Grundbuchgericht ausscheiden (*Schöner/Stöber* Rn. 2917; a. A. *OLG Köln* MittRhNotK 1996, 61). Hier besteht zur Klärung der Rechtsverhältnisse noch die Möglichkeit einer Aufklärungsverfügung (entsprechend § 139 ZPO); eine rangwahrende Zwischenverfügung gem. § 18 Abs. 1 GBO scheidet insoweit aus, weil ein unzulässiger Rechtszustand nicht vorgemerkt werden kann und mit einer Zwischenverfügung gem. § 18 GBO auch nicht darauf hingewirkt werden kann, dass das einzutragende dingliche Recht erst inhaltlich bestimmt wird (*BayObLG* Rpfleger 2003, 289 = ZMR 2003, 370; Bauer / v. Oefele / *Wilke* § 18 Rn. 18).

E. Einzelfälle alphabetisch

27	Abdichtungsanschlüsse	S. Balkon
28	Abflussrohr	S. Leitungen
29	Abstellplatz	S. Pkw-Abstellplätze
30	Abwasserhebeanlage	Eine Hebeanlage in einer Wohnungseigentumsanlage, die für die Entwässerung des Überlaufs der gemeinschaftlichen Heizungsanlage sowie für die Beseitigung der Rückstaugefahr, d. h. die Verhinderung einer Überschwemmung des Gemeinschaftseigentums durch Rückstau aus dem öffentlichen Kanal erforderlich ist, dient einem originär gemeinschaftlichen Zweck und ist somit sachenrechtlich dem Gemeinschaftseigentum zuzuordnen (*BayObLG* NJW-RR 2003, 587 = ZMR 2003, 433). Dies gilt auch dann, wenn die Entwässerungsstelle in das Sondereigentum eines Wohnungseigentümers fällt (*OLG Hamm* ZMR 2005, 806). Eine Hebeanlage ist auch in dem Fall Gemeinschaftseigentum, wenn sie lediglich der Abwasserentsorgung der im Souterrain gelegenen Wohnungen dient; ein »Mitsondereigentum« nur der begünstigten Einheiten ist unzulässig (*OLG Schleswig* DNotZ 2007, 620 m. insoweit zust. Anm. *Commichau*). Dagegen gehört eine Abwasserhebeanlage, die sich im gemeinschaftseigenen Heizungskeller befindet, aber lediglich der Abwasserentsorgung *einer* einzelnen Eigentumswohnung dient, als Gebäudebestandteil gemäß § 5 Abs. 1 WEG zu den Sondereigentumsräumen, deren Abwässer sie entsorgt. Sie kann deshalb Gegenstand des Sondereigentums sein. (*OLG Düsseldorf* NZM 2001, 752 = ZMR 2001, 216).
31	Abwasserkanal	Ein Abwasserkanal ist bis zur Abzweigung in die Räume des Sondereigentums Gemeinschaftseigentum (*Bärmann/Pick/Merle* § 5 Rn. 60; *Müller* Rn. 81).
32	Alarmanlage	Es handelt sich um sonderrechtsfähiges Zubehör (*OLG München* MDR 1979, 934 = ZMR 1980, 308 Ls.; Staudinger / *Rapp* § 5 Rn. 21; **a. A.** *OLG Hamm* NJW-RR 1988, 923: Gebäudebestandteil)

Gegenstand und Inhalt des Sondereigentums | § 5

Antennen	Antennen für den Rundfunk- und Fernsehempfang der gesamten Wohnanlage (»Gemeinschaftsantennen«) sind Gemeinschaftseigentum (Weitnauer/ *Briesemeister* § 5 Rn. 20; *Müller* Rn. 81).	33
Antennenanlagen	Antennenanlagen können dann im Sondereigentum stehen, wenn sie nicht dem gemeinschaftlichen Gebrauch der Wohnungseigentümer dienen. Dies ist dann der Fall, wenn die Anlage bestimmungsgemäß nicht durch die Gesamtheit der Wohnungseigentümer, sondern von vornherein durch einen Miteigentümer, der die Anlage eingerichtet hat, betrieben werden soll und die Anlage überdies dafür bestimmt und ausgelegt ist, außer den Wohnungen der betreffenden Wohnungseigentümergemeinschaft eine Anzahl von weiteren Gebäuden zu versorgen (*BGH* NJW 1975, 688 = ZMR 1975, 247 Ls).	34
Aufzug	Ein Aufzug ist stets Gemeinschaftseigentum. Dies gilt auch dann, wenn er nicht von allen Eigentümern genutzt werden kann; ein Mitsondereigentum ist nicht möglich (vgl. § 1 Rn. 245).	35
Bad	Sanitäreinrichtung (Badewanne, Dusche, Waschbecken, WC) ist Sondereigentum (Weitnauer/*Briesemeister* § 5 Rn. 17).	36
Balkon	Ein Balkon ist nach h. M. grundsätzlich sondereigentumsfähig (Weitnauer/*Briesemeister* § 5 Rn. 11) und kann deshalb durch die Teilungserklärung/Gemeinschaftsordnung dem Sondereigentum zugeordnet werden (**a. A.** Staudinger/*Rapp* § 5 Rn. 7 m. w. N.: nur Gemeinschaftseigentum). Nach der hier vertretenen Auffassung ist er sogar zwingendes Sondereigentum als Bestandteil der ihm vorgelagerten Wohnung (*F. Schmidt* MittBayNot 2001, 442; vgl. insoweit auch § 7 Rn. 94. Ein Balkon besteht jedoch weitgehend aus Bauteilen, die zwingend gemeinschaftliches Eigentum sind, weil sie für den Bestand und die Sicherheit des Gebäudes erforderlich sind. Aus diesem Grunde beschränkt sich das **Sondereigentum** in der Regel auf den **Luftraum**, den **Innenanstrich** und den **Bodenbelag** (vgl. *BayObLG* DWE 2004, 61; ähnlich Weitnauer/*Briesemeister* § 5 Rn. 11). Die konstruktiven Teile sind **Gemeinschaftseigentum**, also **Brüstung und Geländer** (*OLG München* DNotZ 2007, 690 m. Anm. *Rapp* = NZM 2007, 369; *BayObLG* NJW-RR 1990, 784; *BayObLG* NZM 1999, 27), **Bodenplatte** (*BGH* NJW-RR 2001, 800; *OLG München* DNotZ 2007, 690 m. Anm. *Rapp* = NZM 2007, 369) einschließlich **Isolierschicht** (*OLG Frankfurt* OLGZ 1984, 148; *BayObLG* NJW-RR 1994, 598; *OLG Düsseldorf* NJW-RR 1998, 515 = ZMR 1998, 304; *OLG Hamm* ZMR 2007, 296; *OLG München* DNotZ 2007, 690 m. Anm. *Rapp* = NZM 2007, 369), **Trennwand** zum Nachbarbalkon (*BayObLG* WuM 1985, 31), **Decke** (*OLG München* DNotZ 2007, 690 m. Anm. *Rapp* = NZM 2007, 369; *OLG Zweibrücken* NZM 2000, 294) und **Abdichtungsanschlüsse** (*OLG München* DNotZ 2007, 690 m. Anm. *Rapp* = NZM 2007, 369; *BayObLG* NZM 2000, 867 = ZWE 2001, 31). Auch wenn die Gemeinschaftsordnung die Balkone dem Sondereigentum zuordnet, stellt die **Verglasung** eines Balkons zwingend eine bauliche Veränderung des gemeinschaftlichen Eigentums dar; eine pauschale Zuordnung zum Sondereigentum erfasst nicht die Teile der Balkone, die von außen sichtbar und nicht sondereigentumsfähig sind (*BayObLG* NJW 1995, 202; *BayObLG* NZM 2004, 106).	37
Bodenbelag	Der **Bodenbelag in der Wohnung** ist Sondereigentum (*OLG Düsseldorf* OLG-Report 2005, 148; *BayObLG* ZMR 1994, 152). Der Wohnungseigentümer darf ihn entfernen und durch einen anderen ersetzen. Wenn diese Veränderung zu einer Trittschallbelästigung in der darunter liegenden Wohnung führt, die über das bei einem geordneten Zusammenleben unvermeidliche Maß	38

§ 5 | Gegenstand und Inhalt des Sondereigentums

		hinausgeht, kann sich aus § 14 Nr. 3 WEG eine Pflicht zur Beseitigung ergeben (*OLG Düsseldorf* NZM 2001, 958). Der **Fliesenbelag eines Balkons** kann grundsätzlich im Sondereigentum stehen (*BayObLG* ZWE 2004, 93 Ls).
39	Carport	S. Pkw-Stellplätze
40	Dach	Das Dach ist stets Gemeinschaftseigentum, und zwar sowohl hinsichtlich der tragenden Konstruktion als auch der Dachplatten. Das gilt auch für Einfamilien-, Doppel- und Reihenhäuser sowie Anbauten (*BGH* NJW-RR 2001, 800 = NZM 2001, 435; *BayObLG* NZM 2000, 674 = ZMR 2000, 471; *OLG Hamm* FGPrax 1996, 176 = ZMR 1996, 503).
41	Dachterrasse	Eine Dachterrasse kann nach h. M. Sondereigentum sein, allerdings nur bzgl. der Teile, die nicht konstruktiv für das Gebäude sind (*OLG München* OLG-Report 2007, 419 = MDR 2007, 827; *OLG Frankfurt* a. M. MittBayNot 1975, 225 = Rpfleger 1975, 178; **a. A.** Staudinger/*Rapp* § 5 Rn. 7; Weitnauer/*Briesemeister* § 5 Rn. 10). Sondereigentum ist deshalb nur der begehbare Oberbelag, nicht jedoch die darunter liegenden Abdichtungs- und Isolierschichten (*BayObLG* WuM 1994, 152;). Der Abdichtungsanschluss zwischen Dachterrasse und Gebäude gehört zum gemeinschaftlichen Eigentum, auch wenn der Ausbau des Dachgeschosses nachträglich durch den einzelnen Wohnungseigentümer erfolgt (*BayObLG* NJW-RR 2001, 305). Die auf einer Dachterrasse liegende Humusschicht kann Sondereigentum sein (*BayObLG* WuM 1991, 610).
42	Decken	Die **Geschossdecken** einschließlich der Isolierung gegen Feuchtigkeit und Trittschall sind zwingend Gemeinschaftseigentum. Eine der Feuchtigkeitsisolierung dienende Folie in einer **Zwischendecke** ist auch dann Bestandteil des gemeinschaftlichen Eigentums, wenn in der Teilungserklärung bestimmt ist, dass der Bodenbelag zum Sondereigentum gehört, und wenn sich die Notwendigkeit der Isolierung nur aus der Nutzung der Raumeinheit als gastronomische Küche ergibt (*OLG Köln* NZM 2002, 125 = ZMR 2002, 377). Wird in der Teilungserklärung die Isolierschicht als Sondereigentum bezeichnet, kann die Auslegung ergeben, dass die Instandhaltungskosten für die Isolierschicht nicht von der Gemeinschaft, sondern von dem einzelnen Wohnungseigentümer zu tragen sind (*OLG Hamm* ZMR 1997, 193).
43	Doppelparker/ Duplexgarage	Eine Duplexgarage (Doppelparker) ist nur in ihrer Gesamtheit sondereigentumsfähig, nicht dagegen der einzelne Stellplatz (*OLG Düsseldorf* NZM 1999, 571; *OLG Celle* NZM 2005, 871; *Böttcher* Rpfleger 2004, 21, 25; Weitnauer/*Briesemeister* § 5 Rn. 29; *BayObLG* NJW-RR 1995, 783; **a. A.** *Bärmann/Pick/Merle* Rn. 19; Staudinger/*Rapp* § 5 Rn. 20; *Hügel* NotBz 2000, 349). Die Hebebühne ist als konstruktives Bauteil ebenso zwingend Gemeinschaftseigentum (*OLG Düsseldorf* NZM 1999, 571; *OLG Celle* NZM 2005, 871; a. A. *Häublein* MittBayNot 2000, 112) wie die Hydraulik (*KG* ZMR 2005, 569). Eine Regelung der stellplatzberechtigten Wohnungseigentümer, zur Benutzung der einzelnen Stellplätze, kann insoweit nicht nur über eine Eintragung gem. § 1010 BGB verdinglicht werden, möglich ist nach h. M. auch eine Regelung als Inhalt des Sondereigentums gem. §§ 15, 23 WEG. S. auch Pkw-Stellplätze.
44	Einbauküche	Eine Einbauküche ist sondereigentumsfähig, wenn sie ein wesentlicher Bestandteil des Gebäudes ist. Der Erwerb durch Zuschlag im Zwangsversteigerungsverfahren erstreckt sich dann auch auf das Eigentum an der Einbauküche (*OLG Celle* NJW-RR 1989, 913). Ob es sich um einen solchen wesentlichen Bestandteil handelt, wird nach der Verkehrsanschauung regional unterschiedlich beurteilt: • für den norddeutschen Raum bejaht für eine komfortable, individuell angepasste Einbauküche (*BGH* NJW-RR 1990, 586; *OLG Celle* NJW-RR 1989, 913;

	• bejaht auch für eine mit Umbauarbeiten im Haus verbundene Sonderanfertigung (*OLG Zweibrücken* NJW-RR 1989, 84); – für den west- u. süddeutschen Raum verneint (*BGH* NJW-RR 1990, 586; *OLG Düsseldorf* NJW-RR 1994, 1039 = Rpfleger 1994, 374; *OLG Hamm* MittRhNotK 1989, 114; *OLG Karlsruhe* Rpfleger 1988, 542 = ZMR 1988, 91).	
Estrich	Der Estrich ist zwingend Gemeinschaftseigentum (*BayObLG* NJW-RR 1994, 598; *OLG Hamm* ZMR 1997, 193; *OLG Düsseldorf* NJW-RR 2001, 1594; *OLG Hamm* ZMR 2007, 296 = ZWE 2007, 135).	45
Fenster	Fenster sind grundsätzlich Gemeinschaftseigentum, da sie das äußere Bild des Gebäudes bestimmen (*BayObLG* WuM 2000, 560; *BayObLG* ZMR 2001, 241; *OLG Düsseldorf* NZM 1998, 269 = ZMR 1998, 304), und zwar sowohl der Rahmen als auch die Verglasung, unabhängig von der Art der Verglasung (Einfach-, für Doppelverglasung mit einfachem Rahmen: *BayObLG* (NJW-RR 1996, 140); für Kunststofffenster mit Isolierglas BayObLG ZMR 2003, 951). Eine Zuordnung zum Sondereigentum kann allenfalls bezüglich der Innenfenster von echten Doppelfenstern erfolgen, die über einen eigenen, gesondert zu öffnenden Rahmen verfügen; aufgrund der technischen Entwicklung sind diese inzwischen aber selten geworden (vgl. *BayObLG* ZMR 2000, 241 = ZWE 2000, 177). In allen anderen Fällen ist eine derartige Bestimmung der Teilungserklärung unwirksam; sie kann im Einzelfall aber dahin umgedeutet werden, dass der jeweilige Wohnungseigentümer die Instandhaltungskosten für die Fenster im Bereich seines Sondereigentums zu tragen hat (*OLG Hamm* NJW-RR 1992, 148; *OLG Karlsruhe* NZM 2002, 220). Obliegt nach der Gemeinschaftsordnung die Behebung von Glasschäden dem jeweiligen Wohnungseigentümer, gilt dies auch für den Austausch trüb oder blind gewordener Scheiben (*BayObLG* NZM 2001, 1081). Auch Fenstersimse und Fensterläden sind gemeinschaftliches Eigentum.	46
Fenstergitter	Fenstergitter können nicht im Sondereigentum einzelner Wohnungseigentümer stehen (*KG* ZMR 1994, 169).	47
Gartenwasserhahn	Wasserhähne im Bereich des gemeinschaftlichen Gartens sind Gemeinschaftseigentum. Eine Zuweisung zur alleinigen Nutzung an einige Wohnungseigentümer kann deshalb auch nicht durch Mehrheitsbeschluss erfolgen (OLG München NZM 2007,	48
Gastherme	Eine zentrale Heizungsanlage, die sich in einem im Sondereigentum eines Wohnungseigentümers stehenden Raum befindet und von der die Räume dieses Wohnungseigentümers und die Räume eines anderen Wohnungs- oder Teileigentümers mit Wärmeenergie versorgt werden, dient nicht dem gemeinschaftlichen Gebrauch der Wohnungseigentümer. Sie kann daher Sondereigentum sein (*BayObLG* NJW-RR 2000, 1032 = Rpfleger 2000, 326 = ZMR 2000, 622). S. auch Heizungsanlage.	49
Grundstücksflächen	Im Hinblick auf § 3 Abs. 2 WEG kann an Grundstücksflächen, die nicht Bestandteil eines Gebäudes sind, kein Sondereigentum gebildet werden (allg. Meinung *OLG Hamm* Rpfleger 2007, 137 = ZMR 2007, 213; *OLG Hamm* DNotZ 2003, 945 = Rpfleger 2003, 574 = ZMR 2004, 369; *OLG Hamm* Rpfleger 1998, 241 = ZMR 1998, 456; *BayObLG* MDR 1992, 673; *OLG Celle* DNotZ 1992, 213).	50
Haus	Ein Einfamilienhaus kann nicht insgesamt im Sondereigentum stehen; die tragenden Teile müssen im Gemeinschaftseigentum verbleiben; dasselbe gilt für Doppel- und Reihenhäuser (*BGH* NJW-RR 2001, 800 = NZM 2001, 435; *OLG Düsseldorf* Rpfleger 2004, 691 = ZfIR 2004, 778); *BayObLG* NJW-RR 2000, 1179 = ZMR 2000, 471) sowie Anbauten (*OLG Hamm* FGPrax 1996, 176 = ZMR 1996, 503).	51

§ 5 | Gegenstand und Inhalt des Sondereigentums

52	Heizungsanlage	Eine Heizungsanlage, die ausschließlich der Eigenversorgung der Wohnanlage dient, ist zwingend Gemeinschaftseigentum, unabhängig davon, wie viele Gebäude die Anlage umfasst (*BGHZ* 73, 302 = NJW 1979, 2391 = Rpfleger 1979, 255 = ZMR 1981, 123; *BayObLG* ZMR 1999, 50). Streitig ist, ob Sondereigentum an einer Heizungsanlage bestehen kann, die nicht nur der Versorgung der Wohnungseigentümergemeinschaft, sondern auch der Fremdversorgung dient (so *BGH* NJW 1975, 688 = ZMR 1975, 247 Ls.; BGHZ 73, 302 = Rpfleger 1979, 255 = ZMR 1981, 123; **a. A.** *Bärmann/Pick/Merle* Rn. 33: Fremdversorgung führt nicht zur Sondereigentumsfähigkeit). Gemeinschaftseigentum sind die Leitungen bis zur Abzweigung in die einzelnen Wohnungen, ab dort besteht Sondereigentum. Sondereigentum sind auch die einzelnen Heizkörper in den Wohnungen (**a. A.** *Müller* Rn. 76 u. 81: wegen des einheitlichen Leitungssystems kann nur Gemeinschaftseigentum in Frage kommen). Die Geräte zur Verbrauchserfassung (**Heizkostenverteiler**) sind dagegen Gemeinschaftseigentum, da sie zwingend erforderlich sind, um die durch die HeizkostenV vorgeschriebene verbrauchsabhängige Abrechnung für alle Wohnungen vornehmen zu können (*HansOLG Hamburg* ZMR 1999, 502; *Bielefeld* NZM 1998, 249). **Thermostatventile** sind ebenfalls Gemeinschaftseigentum (*OLG Hamm* NJW-RR 2002, 156 = ZMR 2001, 839). S. auch Gastherme.
53	Heizungsraum	Das zu Heizungsanlagen Ausgeführte gilt auch für einen Heizungsraum (BGHZ 73, 302 = Rpfleger 1979, 255 = ZMR 1981, 123; *OLG Schleswig* ZMR 2006, 886).
54	Innenhof	An einem teilweise überdachten Hof, der auf drei Seiten von Räumen des angrenzenden und eines anderen Wohnungseigentums und auf der vierten Seite von einer das Grundstück begrenzenden Mauer umgeben ist, kann kein Sondereigentum begründet werden, weil es an der Gebäudeeigenschaft fehlt (*DNotI-Gutachten* DNotI-Report 1998, 1).
55	Isolierschichten	Isolierschichten sind Gemeinschaftseigentum (*OLG Düsseldorf* NZM 1998, 269 = ZMR 1998, 304; BayObLGZ 1982, 203). S. auch Balkon.
56	Jalousien	Außenjalousien einer Wohnungseigentumsanlage stehen im Gemeinschaftseigentum (*KG* ZMR 1985, 344).
57	Kamin	Kamine (Schornsteine) sind insgesamt Gemeinschaftseigentum, auch wenn sie nur für Räume im Erdgeschoss genutzt und durch die oberen Stockwerke geführt werden (*BayObLG* ZMR 1999, 50)
58	Kanalisation	Die Kanalisation ist Gemeinschaftseigentum.
59	Leitungen	Leitungen zur Ver- und Entsorgung sind Gemeinschaftseigentum, soweit es sich um Hauptleitungen handelt; die Anschlussleitungen im Bereich des Sondereigentums sind Sondereigentum (*Müller* Rn. 81). **Energiezuleitungsrohre**, die im Treppenhaus von der Steigleitung abzweigen und durch die Mauer des Treppenhauses zu einer Eigentumswohnung geführt werden, stehen jedoch im Gemeinschaftseigentum (*BayObLG* WuM 1993, 79). Ebenso sind **Wasser- und Entwässerungsleitungen**, die zwar von der Hauptleitung abzweigen, aber durch fremdes Sondereigentum laufen, ehe sie die im Sondereigentum eines anderen Wohnungseigentümers stehende Zapfstelle erreichen, notwendigerweise Gemeinschaftseigentum (*KG* WuM 1989, 89). **Heizleitungen** einer zentralen Heizanlage sollen jedoch insgesamt im Gemeinschaftseigentum stehen; dies muss wegen des einheitlichen Heizsystems auch für Abzweigleitungen innerhalb eines Sondereigentums gelten (*Müller* Rn. 76). In einer Teilungserklärung kann auch bestimmt werden, dass Ver- und Entsorgungsleitungen, die nur dem Gebrauch eines Sondereigentümers dienen,

Gegenstand und Inhalt des Sondereigentums | § 5

	selbst dann zum Gemeinschaftseigentum gehören, wenn sie sich im Bereich eines (anderen) Sondereigentums befinden (*OLG Düsseldorf* NZM 1998, 864 = ZMR 1998, 652).Bei der Beurteilung der Frage, ob durch die eigenmächtige Verlegung eines im gemeinschaftlichen Eigentum stehenden Abflussrohrs die Gefahr von Schäden droht, ist darauf abzustellen, dass ein erheblicher nicht hinnehmbarer Nachteil schon darin liegt, dass eventuelle Schäden am Gemeinschaftseigentum nur unter Schwierigkeiten festgestellt werden können bzw. später nicht mehr feststellbar ist, ob Schäden auf dieser konkreten baulichen Veränderung oder auf dem Verschleiß oder der Reparaturbedürftigkeit des bauseitig vorhandenen Abwassersystems beruhen (*OLG Bremen* OLG-Report 1998, 352).	
Loggia	Eine Loggia kann Sondereigentum sein; die tragenden Teile sind jedoch wie beim Balkon zwingend Gemeinschaftseigentum (für Bodenisolierung vgl. *BayObLG* ZMR 1987, 98).	60
Markise	Die Einordnung als Gemeinschafts- oder Sondereigentum wird nicht einheitlich beurteilt: So soll eine Markise, die der einzelne Eigentümer im Bereich seines Sondereigentums anbringt, regelmäßig Sondereigentum sein (*Bärmann/Pick/Merle* Rn. 52; a. A. *BayObLG* NJW-RR 1986, 178; differenzierend *Müller* Rn. 81). Vgl. auch Weitnauer/*Briesemeister* § 5 Rn. 18).	61
Mauern	Mauern sind Gemeinschaftseigentum, soweit sie tragend sind.	62
Müllschlucker	Müllschlucker sind Gemeinschaftseigentum (*Bärmann/Pick/Merle* § 5 Rn. 53).	63
Pkw-Stellplätze	Hier ist in mehrfacher Hinsicht zu unterscheiden: Pkw-Stellplätze **im Freien** sind nicht sondereigentumsfähig (*OLG Hamm* Rpfleger 2007, 137 = ZMR 2007, 213; *OLG Hamm* DNotZ 1999, 216 = Rpfleger 1998, 241 = ZMR 1998, 456; *Böhringer* MittBayNot 1990, 12). Dies gilt auch dann, wenn sie mit vier Eckpfosten und einer Überdachung (**Carport**) versehen sind (*BayObLG* Rpfleger 1986, 217 = ZMR 1986, 207). Denkbar und in der Praxis zweckmäßig ist deshalb die Verschaffung ausschließlicher Nutzungsrechte durch Einräumung entsprechender Sondernutzungsrechte. Pkw-Stellplätze **in einer Tiefgarage** sind nach der Einfügung des § 3 Abs. 2 S. 2 WEG sondereigentumsfähig, wenn sie durch dauerhafte Markierungen abgegrenzt sind. Pkw-Stellplätze **auf dem nicht überdachten Oberdeck eines Garagengebäudes** sollen nach überwiegender Ansicht sondereigentumsfähig sein. (*OLG Hamm* DNotZ 1999, 216 = Rpfleger 1998, 241 = ZMR 1998, 456; *OLG Köln* DNotZ 1984, 700 m. zus. Anm. *F. Schmidt* = Rpfleger 1984, 464 m. zust. Anm. *Sauren*; *OLG Frankfurt a. M.* DNotZ 1977, 635 = Rpfleger 1977, 312; *LG Braunschweig* Rpfleger 1981, 298; *Bärmann/Pick/Merle* § 3 Rn. 24; Bamberger/*Roth*/*Hügel* § 3 Rn. 7; Bauer/*v. Oefele* AT V Rn. 85; Erman/*Grziwotz* § 3 Rn. 7; *Höckelmann/Sauren* Rpfleger 1999, 14; *Merle* Rpfleger 1977, 196; MüKo/*Commichau* § 3 Rn. 75; *Sauren* § 3 Rn. 13; *Schöner/Stöber* Rn. 2835; § 3 Rn. 71; **a. A.** *KG* NJW-RR 1996, 587 = ZMR 1996, 216; *OLG Celle* DNotZ 1992, 231 = Rpfleger 1991, 364; *Demharter* Anh. zu § 3 Rn. 8; Palandt/*Bassenge* § 3 Rn. 8; *Müller* Rn. 61; Niedenführ/*Kümmel/Vandenhouten* § 3 Rn. 32; Soergel/*Stürner* § 3 Rn. 34; Staudinger/*Rapp* § 3 Rn. 20; Weitnauer/*Briesemeister* § 3 Rn. 62 u. § 5 Rn. 10; § 7 Rn. 157). Der Streit geht im Kern um die Frage, ob § 3 Abs. 2 S. 2 WEG nur das Erfordernis der Abgeschlossenheit fingiert oder ob durch diese Vorschrift auch die erforderliche Raumeigenschaft fingiert werden soll. Der Gesetzeswortlaut weicht insoweit von der amtlichen Begründung zu § 3 Abs. 2 S. 2 WEG ab (vgl. *Merle* Rpfleger 1977, 196). Hält man abweichend von der hier vertretenen Auffassung Pkw-Stellplätze auf dem nicht überdachten Oberdeck eines Garagengebäudes für sondereigentumsfähig, müsste dies dann auch für den Fall gelten, dass die **Stell-**	64

§ 5 | Gegenstand und Inhalt des Sondereigentums

		platzfläche des Garagengebäudes **nicht über das Niveau des Erdbodens** hinausragt (so konsequent *LG Braunschweig* Rpfleger 1981, 298; *Höckelmann/Sauren* Rpfleger 1999, 14; *F. Schmidt* ZWE 2007, 280, 284; **a. A.** *OLG Frankfurt a. M.* Rpfleger 1983, 482). Bedenken klingen jedoch bei *LG Braunschweig* (Rpfleger 1981, 298) an, wenn sich zwischen Garagenkörper und ebener Erde noch eine Erdschicht befinden sollte. Im Ergebnis würde nach dieser Ansicht also das Vorhandensein und das Ausmaß einer Zwischenschicht über die Zulässigkeit von Sondereigentum entscheiden. S. auch **Doppelparker**.
65	Putz	**Wand- und Deckenputz** steht als Bestandteil einer Wohnung im Sondereigentum (*OLG Düsseldorf* OLG-Report 2005, 148).
66	Rollläden	Rollläden können nicht dem Sondereigentum zugewiesen werden (*OLG Saarbrücken* FGPrax 1997, 56; *KG* ZMR 1994, 169; **a. A.** *LG Memmingen* Rpfleger 1978, 101). Dies gilt auch für in der Außenwand angebrachte Rollladenkästen.
67	Rückstauventil	Haben die im zum Gemeinschaftseigentum zählenden Waschmaschinenkeller stehenden, zum Privateigentum einzelner Wohnungseigentümer gehörenden Waschmaschinen jeweils einen eigenen Wasserablauf, so sind die an den Wasserabläufen montierten Rückstausicherungen Gemeinschaftseigentum (*OLG Köln* WuM 1998, 308; **a. A.** *AG Hannover* ZMR 2004, 786).
68	Sauna	S. Schwimmbad
69	Schwimmbad	Ein Schwimmbad mit Sauna kann in der Teilungserklärung zum Gegenstand des Sondereigentums gemacht werden, auch wenn die Anlage nach ihrem Fassungsvermögen nur auf die Zahl derjenigen Wohnungseigentümer zugeschnitten ist, in deren gemeinschaftlichem Eigentum das die Anlage enthaltende Gebäude steht. Eine Vorenthaltung der gemeinschaftlichen Verfügungsbefugnis durch Bildung von Sondereigentum läuft nicht den schutzwürdigen Belangen der Wohnungseigentümer zuwider; ein Schwimmbad schafft lediglich persönliche Annehmlichkeiten für die Wohnungseigentümer (BGHZ 78, 225 = Rpfleger 1981, 96 = ZMR 1982, 60).
70	Sprechanlage	Sprechanlagen sind gemeinschaftliches Eigentum. Mangels anderweitiger Regelung in der Teilungserklärung sind die in den jeweiligen Sondereigentumseinheiten gelegenen Sprechstellen einer gemeinschaftlichen Sprechanlage eines Hauses Sondereigentum der jeweiligen Wohnungseigentümer, wenn nicht ihr Funktionieren Voraussetzung für das Funktionieren der zentralen Haussprechanlage insgesamt ist. Dann wäre die einzelne Sprechstelle ein wesentlicher Bestandteil der Gesamtanlage (*OLG Köln* NZM 2002, 865 = ZMR 2003, 373).
71	Terrasse	Eine ebenerdige Terrasse, die lediglich aus einer plattierten Fläche ohne seitliche und obere Begrenzung besteht, kann als Grundstücksbestandteil nicht Sondereigentum sein (*OLG Köln* OLGZ 1982, 413 = Rpfleger 1982, 278; *LG Frankfurt a. M.* DWE 1993, 32; Weitnauer/*Briesemeister* § 5 Rn. 21 a. E.; *Müller* Rn. 81).
72	Thermostatventil	S. Heizungsanlage.
73	Tiefgarage	Eine Tiefgarage, für die kein eigener Miteigentumsanteil gebildet worden ist, kann nicht bestimmten Wohnungseigentumsrechten als gemeinschaftliches Sondereigentum zugeordnet werden, sie ist daher Gemeinschaftseigentum (*BayObLG* NZM 1999, 26 = ZMR 1999, 48).
74	Treppe	Treppen sind Gemeinschaftseigentum, ebenso das Treppenhaus. Dient ein Treppenhaus jedoch lediglich dem ausschließlichen Gebrauch eines Raumeigentümers, dessen Räumlichkeiten zu einem Stockwerk eines mehrere

	obere Stockwerke umfassenden Raumeigentums gehören, können diese zu Sondereigentum bestimmt werden können (*OLG Hamm* NJW-RR 1992, 1296).	
Trittschalldämmung	Die Trittschalldämmung ist Gemeinschaftseigentum (*OLG Hamm* ZMR 1997, 193). Eine zum Fußbodenaufbau gehörende Trittschallmatte hat die Funktion, den bei der Nutzung entstehenden Trittschall von konstruktiven Teilen des Bauwerks abzukoppeln, um so eine Übertragung des Trittschalls auf die übrigen Gebäudeteile zu verhindern (*OLG Düsseldorf* ZMR 1999, 726).	75
Türen	Es ist wie folgt zu unterscheiden: Sondereigentum sind die **Innentüren** eines Raumeigentums (*OLG Düsseldorf* OLG-Report 2005, 148; *BayObLG* ZMR 2000, 241 = ZWE 2000, 177). Die **Wohnungsabschlusstüren** können dagegen durch die Teilungserklärung nicht dem Sondereigentum zugeordnet werden; sie sind nach h. M. zwingendes Gemeinschaftseigentum (*OLG München* ZMR 2007, 725; *OLG Stuttgart* BauR 2005, 1490; *BayObLG* ZfIR 2004, 23; **a. A.** *OLG Düsseldorf* NZM 2002, 571 = ZMR 2002, 445). Nach anderer Ansicht kann lediglich der Innenanstrich der Wohnungseingangstüren Sondereigentum sein (*Müller* Rn. 81). **Balkon- und Terrassentüren** sind Gemeinschaftseigentum (*OLG Düsseldorf* NZM 2007, 528; *OLG München* NZM 2007, 369; *OLG Karlsruhe* NZM 2002, 220). **Hauseingangstüren** sind Gemeinschaftseigentum.	76
(Geräte zur) Verbrauchserfassung	Geräte zur Verbrauchserfassung sind Gemeinschaftseigentum (für **Wasserzähler** *OLG Hamburg* ZMR 2004, 291; für **Heizkostenverteiler** *OLG Hamburg* ZMR 1999, 502). Zum Ganzen s. auch *Bielefeld* NZM 1998, 249.	77
(Raum mit Geräten zur) **Verbrauchserfassung**	Räume mit Zählereinrichtungen können nur im Gemeinschaftseigentum stehen, wenn ihr Zweck darauf gerichtet ist, der Gesamtheit der Wohnungseigentümer einen ungestörten Gebrauch ihrer Wohnungen und der Gemeinschaftsräume zu ermöglichen und zu erhalten (*BGH* NJW 1991, 2909 – Rpfleger 1991, 454; *OLG Hamm* NZM 2006, 142 = ZMR 2006, 60).	78
Wand	Tragende Wände stehen zwingend im Gemeinschaftseigentum (vgl. BGHZ 146, 242 = NZM 2001, 196 = ZMR 2001, 289).	79
Wasserrohre	Wasserrohre sind wie die übrigen Leitungen Gemeinschaftseigentum bis zu dem Punkt, an dem sie in das Sondereigentum eintreten.	80
Wintergarten	Ein Wintergarten wird als Teil des Gesamtgebäudes angesehen; dessen Dach stellt damit als konstruktives Element einen Teil des Hauses dar und kann aus diesem Grund insoweit nur Gemeinschaftseigentum sein (*OLG Düsseldorf* OLG-Report 2005, 148).	81
Zähler(raum)	S. Verbrauchserfassung	82
Zugangsräume (zu zwingendem Sondereigentum)	Zugangsräume zu Räumen mit zwingendem Gemeinschaftseigentum können nicht im Sondereigentum stehen (*BGH* NJW 1991, 2909 = Rpfleger 1991, 454; *OLG Hamm* NZM 2006, 142 = ZMR 2006, 60). Möglich wäre allenfalls ein Sondernutzungsrecht am gemeinschaftlichen Eigentum (*BGH* NJW 1991, 2909 = Rpfleger 1991, 454). Ein im Gemeinschaftseigentum stehender Heizungsraum kann aber auch nur unmittelbar aus jedem Sondereigentum erreichbar sein (*LG Köln* MittRhNotK 1993, 224).	83

F. Nachbareigentum

Nachbareigentum ist als **dritte Eigentumsform** neben Sonder- und Gemeinschaftseigentum im WohnungseigentumsG nicht ausdrücklich erwähnt. Anerkannt sind jedoch Fallgestaltungen, in denen sich das Eigentum zweier Wohnungseigentümer auf einen Gegenstand bezieht, der nicht zwingend gem. § 5 Abs. 2 WEG im Gemeinschaftseigentum steht. Dies gilt etwa für eine nicht tragende Mauer, die zwei Sondereigentumseinheiten voneinander abgrenzt oder für ein von der 84

Hauptleitung abzweigendes Rohrstück, das zwei Sondereigentumseinheiten versorgt (BGHZ 146, 241 = DNotZ 2002, 127 = ZMR 2001, 289; *OLG Schleswig* DNotZ 2007, 620; *OLG Zweibrücken* Rpfleger 1987, 106 = ZMR 1987, 102; *Bärmann/Pick/Merle* § 5 Rn. 66; Bamberger / Roth / *Hügel* § 5 Rn. 8; *Schöner/Stöber* Rn. 2824; Staudinger / *Rapp* § 5 Rn. 61; Weitnauer / *Briesemeister* § 5 Rn. 36; offengelassen von *BayObLG* ZMR 1996, 618; **a. A.** *Commichau* DNotZ 2007, 622, 624: kein Bedürfnis für analoge Anwendung, da über Sondernutzungsrechte regelbar).

85 Allerdings werden die Begrifflichkeiten insoweit nicht einheitlich gebraucht. So sprechen bspw. Weitnauer / *Briesemeister* (§ 5 Rn. 36) in Übereinstimmung mit BGHZ 146, 241 von »Mitsondereigentum« und *Bärmann/Pick/Merle* (§ 5 Rn. 66) von »abgesondertem Miteigentum«. Zutreffend handelt es sich um allgemeines Nachbarrecht der §§ 921 ff. BGB (Staudinger / *Rapp* § 5 Rn. 61; in diese Richtung auch Weitnauer / *Briesemeister* § 5 Rn. 36), das auch dann entsprechend zur Anwendung kommen kann, wenn eine nicht tragende Mauer ein Sondereigentum von gemeinschaftlichem Eigentum trennt (Staudinger / *Rapp* § 5 Rn. 61).

86 Bei entsprechender Anwendung des Nachbarrechts sind die benachbarten Eigentümer solche nach Bruchteilen, die im Zweifel zu gleichen Anteilen gem. § 922 S. 4 BGB i. V. m. § 742 BGB berechtigt sind (*Sauren* DNotZ 1988, 667, 675; Staudinger / *Rapp* § 5 Rn. 61).

87 Zu trennen ist ein solchermaßen zulässiges »Nachbareigentum« im hier verstandenen Sinne von einem im Gesetz nicht vorgesehenen »Mitsondereigentum« oder »gemeinschaftlichem Sondereigentum« einer dinglich verselbständigten Untergemeinschaft als Eigentum einiger Wohnungseigentümer an einzelnen Gebäudeteilen oder Anlagen. Dem Umstand, dass manche Einrichtungen wie etwa ein Aufzug oder ein Schwimmbad nicht von allen Wohnungseigentümern genutzt werden können, kann nur durch eine Vereinbarung zur Regelung der Nutzung und der Kostentragung Rechnung getragen werden (Weitnauer / *Briesemeister* § 3 Rn. 32).

G. Inhalt des Sondereigentums

1. Grundsatz

88 § 5 Abs. 4 WEG bestimmt, dass **Vereinbarungen** über das Verhältnis der Wohnungseigentümer untereinander, die sog. Gemeinschaftsordnung, zum Inhalt des Sondereigentums gemacht werden können. Solchermaßen **verdinglichte Regelungen** wirken auch gegen den Sonderrechtsnachfolger, wenn sie in das Grundbuch eingetragen werden, § 10 Abs. 3 WEG. In Betracht kommen hier insbesondere Gebrauchsregelungen, Regelungen zu baulichen Veränderungen und zur Kostentragung sowie die Begründung von Sondernutzungsrechten. Vereinbarungen gem. § 5 Abs. 4 WEG werden somit in Anlehnung an die ErbbauVO (Weitnauer / *Briesemeister* § 5 Rn. 34) als **Inhalt des Eigentumsrechts** und nicht als dessen Belastung in das Grundbuch eingetragen. Der Unterschied zeigt sich besonders deutlich bei der Doppelparkerproblematik, wenn einerseits eine verdinglichte Regelung über § 5 Abs. 4 WEG für möglich gehalten wird, während andererseits nur die Eintragung einer am Rangsystem des Grundbuchs teilnehmenden Kosten- und Verwaltungsregelung gem. § 1010 BGB für zulässig erachtet wird (s. Rn. 43 m. w. N.).

89 Erfolgt die Begründung des Wohnungseigentums durch **einseitige Teilungserklärung** gem. § 8 WEG, gilt § 5 Abs. 4 WEG für die vom teilenden Eigentümer getroffenen Regelungen über die Verweisung in § 8 Abs. 2 S. 1 WEG entsprechend.

2. Rechtsnatur der Vereinbarungen

90 § 5 Abs. 4 WEG ist das Einfallstor für die Grundbucheintragung gemeinschaftsbezogener Regelungen. An dieser Vorschrift entzündet sich folgerichtig der **Meinungsstreit** über die **Rechtsnatur** der getroffenen Vereinbarungen, die als Inhalt des Sondereigentums in das Grundbuch eingetragen werden sollen. Nach den »Einheitstheorien« (vgl. § 1 Rn. 8 ff. m. w. N.) soll es sich um einen dinglichen Bestandteil des Wohnungseigentums handeln, der mit allen Konsequenzen unmittelbar den sachenrechtlichen Vorschriften unterworfen wird (*Bärmann/Pick/Merle* § 10 Rn. 55; Bärmann / *Pick* vor § 10 Rn. 23; *Ott* Sondernutzungsrecht, S. 15 ff.; *ders.* ZMR 2002, 7, 9; *Röll* Rpfleger 1980, 90; *ders.* MittBayNot 1990, 85, 87). Zutreffenderweise handelt es sich jedoch bei den Bestimmungen über das Gemeinschaftsverhältnis um **schuldrechtliche Rechtsbeziehungen**, die mit dinglichen Rechten verknüpft werden, dadurch ihren schuldrechtlichen Charakter aber nicht ver-

lieren (sog. »Begleitschuldverhältnisse«, vgl. KEHE/*Munzig* Einl. B Rn. 5). Solche Regelungen können außerhalb des Grundbuchs wirksam entstehen und werden durch ihre Eintragung in das Grundbuch nicht zu dinglichen oder grundstücksgleichen Rechten (BGHZ 91, 343 = DNotZ 1984, 695 = Rpfleger 1984, 408; BGHZ 145, 133 = Rpfleger 2001, 69 = ZMR 2001, 119; *BayObLG* DNotZ 1998, 125 = Rpfleger 1997, 431;vgl. auch *Häublein* ZMR 2001, 120, 121; *Bornemann* Erwerb S. 95 ff.; Weitnauer/*Lüke* § 10 Rn. 29). Die Eintragung in das Grundbuch bezweckt zuallererst die Erstreckung des »schuldrechtlichen Bandes« hinsichtlich des in die Gemeinschaft eintretenden Sondernachfolgers (*Schnauder* FS Bärmann u. Weitnauer 1990, S. 567, 595). Spätere Veränderungen können allenfalls zu einer analogen Anwendung der §§ 873 ff. BGB führen. Zum Ganzen s. ausführlich auch § 10 Rn. 143 ff. m. w. N.

3. Zustimmungerfordernis für Drittberechtigte bei Inhaltsänderungen des Sondereigentums

a) Zustimmungserfordernis

Während bei der Anlegung der Wohnungsgrundbücher und erstmaligen Eintragung der inhaltlichen Regelungen zum Sondereigentum kein separates Zustimmungserfordernis für dinglich Berechtigte besteht (Bamberger/Roth/*Hügel* § 10 Rn. 12), ist spätestens seit der Entscheidung des BGH v. 14.06.1984 (BGHZ 91, 343 = DNotZ 1984, 695 = Rpfleger 1984, 408) unabhängig vom theoretischen Ansatz allgemein anerkannt, dass eine **Inhaltsänderung des Sondereigentums** materiell-rechtlich der **Zustimmung** der im Grundbuch eingetragenen **Drittberechtigten** zumindest in analoger Anwendung der §§ 876, 877 BGB und verfahrensrechtlich ihrer Bewilligung gem. § 19 GBO bedarf, soweit nicht ausgeschlossen werden kann, dass sie von der Änderung nicht betroffen sind (BGHZ 91, 343 = DNotZ 1984, 695 = Rpfleger 1984, 408; *BayObLG* Rpfleger 2005, 136 = ZMR 2005, 300; *OLG Köln* Rpfleger 2001, 535; *BayObLG* DNotZ 1998, 379 = Rpfleger 1998, 19; *OLG Frankfurt* Rpfleger 1998, 20 = ZMR 1997, 660; *OLG Hamm* NZM 1998, 673 = ZMR 1998, 453; *OLG Köln* ZMR 1993, 428; Bärmann/Pick/Merle § 10 Rn. 55; Bamberger/Roth/*Hügel* § 10 Rn. 12; Bauer/*v. Oefele* AT V Rn. 319; *Demharter* § 19 Rn. 53; *Ertl* DNotZ 1988, 4, 14, anders noch ders. DNotZ 1979, 267, 278 ff.; Meikel/*Morvilius* Einl. C Rn. 122a; *Lüke* WE 1998, 202, 204; *Ott* Das Sondernutzungsrecht, S. 66 ff.; *Sauren* § 10 Rn. 38; *Schneider* Rpfleger 1998, 53, 55; Schöner/Stöber Rn. 2958; Staudinger/*Kreuzer* § 10 Rn. 45 ff.; Weitnauer/*Lüke* § 10 Rn. 50; *Weitnauer* JZ 1984, 1113; differenzierend neuerdings *Häublein* Sondernutzungsrechte, S. 120 ff.). Abzustellen ist darauf, ob das grundbuchmäßige Recht durch die beantragte Eintragung **nicht nur wirtschaftlich, sondern rechtlich beeinträchtigt** wird oder möglicherweise beeinträchtigt werden kann (BGHZ 91, 343 = DNotZ 1984, 695 = Rpfleger 1984, 408; *OLG Hamm* Rpfleger 1997, 376 = ZfIR 1997, 290). Grundbuchrechtlich bedarf die Erklärung des Betroffenen dann der Form des § 29 GBO.

b) Begriff des Drittberechtigten

Zum Kreis der Drittberechtigten gehören zunächst sämtliche Grundpfandrechtsgläubiger und Reallastberechtigten, da deren Rechte als **Verwertungsrecht** von der Änderung des Inhalts insoweit betroffen sein können, als sich ihr Haftungsgegenstand nachteilig verändert.

Das gleiche gilt grundsätzlich für Rechtsinhaber von **Grunddienstbarkeiten** und **beschränkten persönlichen Dienstbarkeiten**, **Nießbrauchsberechtigten** sowie **Dauerwohn- und Dauernutzungsberechtigten**, wenn durch die Inhaltsänderung in deren **Nutzungsbefugnisse** eingegriffen werden soll. In diesem Rahmen stehen den Berechtigten nämlich vom Eigentümer abgeleitete positive Befugnisse zu, so dass Vereinbarungen der Wohnungseigentümer insoweit auch für die dinglich Berechtigten bindend sind. Für Berechtigte einer Grunddienstbarkeit und einer beschränkten persönlichen Dienstbarkeit ist also eine Betroffenheit nur hinsichtlich der jeweils 1. Variante der § 1018 u. § 1090 Abs. 1 BGB denkbar (vgl. *Häublein* Sondernutzungsrechte, S. 147). Den insoweit anderslautenden Auffassungen (*Röll* MittBayNot 1996, 77, 79; *Böttcher* BWNotZ 1996, 80, 8.1; differenzierend *Ott* Das Sondernutzungsrecht, S. 71 ff.) kann nicht gefolgt werden, da sie im Ergebnis zu einer relativen Unwirksamkeit der Regelungen innerhalb der Gemeinschaft führen würden (*Schneider* ZfIR 2002, 108, 120 Fn. 144; Staudinger/*Gursky* § 877 Rn. 68). Auch der

§ 5 | Gegenstand und Inhalt des Sondereigentums

Gesetzgeber hat die in Anlehnung an *Röll* und *Böttcher* (je a. a. O.) ursprünglich vertretenen Novellierungsvorstellungen ausdrücklich nicht weiter verfolgt und ist von der noch im Referentenentwurf wiedergegebenen Rechtsansicht nach neuerlicher Prüfung ausdrücklich abgerückt (vgl. Regierungsentwurf v. 27.05.2005 BR-Drs 397/05, S. 31).

94 Einer Zustimmung dinglich gesicherter **Vorkaufsrechtsberechtigter** zur Änderung des Inhalt des Sondereigentums bedarf es generell nicht; der Vorkaufsberechtigte kann das Wohnungseigentum nur in dem Zustand und zu den Bedingungen übernehmen, die sich aus dem späteren Verkauf ergeben (*Böttcher* BWNotZ 1996, 80, 81; Meikel/*Morvilius* Einl. C Rn. 122a; *Ott* Das Spondernutzungsrecht, S. 79; *Röll* Rpfleger 1980, 90; Beck'sches Formularbuch Wohnungseigentumsrecht/ *Schneider* Form. E II. 5 Anm. 4 f.). Im Falle einer nachträglichen Verschlechterung seiner Rechtsposition bspw. durch Bestellung eines Sondernutzungsrechts zulasten der mit dem Vorkaufsrecht belasteten Einheit ist der Vorkaufsberechtigte auf Schadensersatz zu verweisen; weil die dem Vorkaufsrecht beigelegte Vormerkungswirkung erst mit dessen Ausübung entsteht (§ 1098 Abs. 2 BGB).

95 Bei der Inhaltsänderung von Sondereigentum findet zugunsten eines **Vormerkungsberechtigten** § 888 BGB nach h. M. keine Anwendung, um einheitliche Belastungsverhältnisse innerhalb der Gemeinschaft zu gewährleisten. Ein Vormerkungsberechtigter muss daher einer Inhaltsänderung zustimmen, wenn er ihr auch als Eigentümer zustimmen müsste (*BayObLG* Rpfleger 1999, 178 = ZMR 1999, 115; *OLG Frankfurt* Rpfleger 1998, 336 = ZMR 1998, 365; *OLG Düsseldorf* FGPrax 1997, 129 = Rpfleger 1997, 305; *Böhringer* NotBZ 2003, 285 ff.; *Demharter* Anh. zu § 3 Rn. 80; a. A. *Häublein* Sondernutzungsrechte, S. 130; *Ott* Das Sondernutzungsrecht, S. 80). Der Gesetzgeber hat in der Neufassung des § 5 Abs. 4 WEG auf eine Nennung des Vormerkungsberechtigten zwar verzichtet, die Notwendigkeit einer Zustimmungspflicht damit aber nicht ausschließen wollen (vgl. BT-Drs. 16/887, S. 16).

4. Ausschluss des Zustimmungserfordernisses Drittberechtigter bei Inhaltsänderungen des Sondereigentums

96 Nach Auffassung des *OLG Hamm* stellt der **Verzicht auf Beseitigungs- und Unterlassungsansprüche** im Zusammenhang mit einer Änderung der Teilungserklärung keine *rechtliche* Beeinträchtigung dar; auch die **Erhöhung der Unterhaltslasten** bedeutet danach lediglich eine *wirtschaftliche* Beeinträchtigung (*OLG Hamm* Rpfleger 1997, 376 = ZfIR 1997, 290). Nicht gefolgt werden kann dem OLG Hamm jedoch, wenn es im Falle der Nutzungserweiterung eines bestehenden Sondernutzungsrechts keine Beeinträchtigungsmöglichkeit sehen will (a. a. O.).

97 Sind dingliche **Rechte** bereits **auf allen Einheiten** der in Wohnungseigentum aufgeteilten Anlage oder insoweit als **Gesamtrecht** eingetragen, steht den Berechtigten das Haftungsobjekt in der Summe unverändert zur Verfügung. Eine Zustimmung ist daher für solche Berechtigte entbehrlich, da sie von Inhaltsänderungen durch gemeinschaftsinterne Verschiebungen nicht betroffen werden können (*OLG Frankfurt a. M.* NJW-RR 1996, 918 = Rpfleger 1996, 340; *OLG Frankfurt a. M.* Rpfleger 1997, 374 = ZMR 1997, 367; *Schöner/Stöber* Rn. 2958 i. V. m. 2849). Die von dieser allgem. M. abweichende Einzelfallentscheidung des *BayObLG* (NJW-RR 2002, 1526 = MittBayNot 2002, 397 m. abl. Anm. *Röll* = Rpfleger 2002, 432) ist abzulehnen (so zu Recht auch *Schöner/Stöber* Rn. 2849 Fn. 20: »abwegig«); sie übersieht, dass durch eine Vereinbarung von Wohnungseigentümern – sei es anlässlich der Begründung oder der späteren inhaltlichen Änderung des Wohnungseigentums – in keinem Fall ohne Mitwirkung eines Berechtigten in den Bestand seines dinglichen Rechts eingegriffen werden kann.

98 Wirken die Regelungen der Wohnungseigentümer lediglich **schuldrechtlich im Innenverhältnis**, können sie keine Beeinträchtigung dinglicher Rechtsinhaber darstellen (*LG Mönchengladbach* RNotZ 2003, 568; *Kreuzer* § 10 Rn. 49).

99 Auch im Falle eingetragener **Einzelrechte** ist die Zustimmung dinglich Berechtigter dann entbehrlich, wenn die inhaltliche Änderung des Sondereigentums lediglich zu einer **Begünstigung** führt. Dies trifft bspw. auf Rechte an der gewinnenden Einheit bei der nachträglichen Zuordnung von Sondernutzungsrechten zu (*BayObLG* Rpfleger 1990, 63; Bauer/*v. Oefele* AT V Rn. 328). Soweit die Zuordnung eines Sondernutzungsrechts mit einer gesteigerten Kosten- und Lastentra-

gungspflicht einhergeht, führt dies gleichwohl nicht zu einem Wegfall des *rechtlichen* Vorteils (a. A. *Ott* Das Sondernutzungsrecht, S. 68, 92, der jedoch zu Unrecht auf die *wirtschaftliche* Betrachtung abstellt).

Eine Zustimmungspflicht zur Inhaltsänderung durch zeitlich gestreckte **Begründung von Sondernutzungsrechten** entfällt weiterhin, wenn die zukünftigen Erwerber eines Wohnungseigentums und damit auch die ihre Rechte von diesen ableitenden dinglich Berechtigten bereits in der Teilungserklärung durch die noch fehlende Zuordnungserklärung **aufschiebend bedingt von der Nutzung** genau beschriebener Flächen im Gemeinschaftseigentum **ausgeschlossen** worden sind (*KG* v. 09.07.2007 – 24 W 28/07; *KG* ZMR 2007, 384; *OLG Düsseldorf* NZM 2002, 73 = Rpfleger 2001, 534 m. ins. Zust. Anm. *Schneider* = ZMR 2001, 838; *OLG Hamm* DNotZ 2000, 210 = ZMR 2000, 123; *OLG Frankfurt a. M.* DNotZ 1998, 392 = Rpfleger 1998, 20 = ZMR 1997, 660; *OLG Hamm* NZM 1998, 673 = ZMR 1998, 453; *OLG Düsseldorf* Rpfleger 1993, 193 = ZMR 1993, 179; *OLG Düsseldorf* NJW-RR 1987, 1491 =Rpfleger 1988, 63; *BayObLG* DNotZ 1986, 479 m. Anm. *Ertl* = NJW-RR 1986, 93 = Rpfleger 1986, 132; *Häublein* Sondernutzungsrecht, S. 271 ff.; *Meikel/Ebeling* § 3 WGV Rn. 28). 100

Der Ausschluss der Zustimmungspflicht ist jedoch nur dann gegeben, wenn die betroffene Fläche bereits bei der Eintragung des Begründungsvorbehaltes im Grundbuch **bestimmt** bezeichnet worden ist, weil auch nur insoweit eine Verdinglichung des Nutzungsausschlusses eintreten kann (*BayObLG* Rpfleger 2005, 136 = ZMR 2005, 300). Fehlt es an einem wirksamen aufschiebend bedingten Nutzungsausschluss, so bedarf es weiterhin der Mitwirkung der dinglich Berechtigten. Dies gilt ebenfalls für solche dinglich Berechtigten, deren Rechte im Falle einer **vorbehaltenen Zuordnung von Sondernutzungsrechten** bei Eintragung der Zuordnung am verbleibenden Eigentum des teilenden Bauträgers eingetragen sind (*OLG Köln* Rpfleger 2001, 535 m. Anm. *Schneider*; *BayObLG* Rpfleger 1990, 63; *BayObLG* DNotZ 1986, 87 m. Anm. *Herrmann*; *Meikel/Ebeling* § 3 WGV Rn. 28; *Ott* Das Sondernutzungsrecht, S. 82).

Nach bisher h. M. entfiel eine Mitwirkung dinglich Berechtigter bei der Eintragung einer gemeinschaftsrechtlichen **Öffnungsklausel** in das Grundbuch, weil zunächst lediglich verfahrensrechtlich ein anderes Instrument der internen Willensbildung in der Gemeinschaft festgelegt wird (*OLG Düsseldorf* Rpfleger 2004, 347 = ZMR 2004, 284 m. zust. Anm. *Schneider*; *Ott* ZWE 2001, 466, 467; *Wenzel* ZWE 130, 132; *Hügel* ZWE 2002, 503; *Schneider* Rpfleger 2002, 503; **a. A.** *Becker* PiG 63, 99, 110; *ders.* DNotZ 2004, 642). Ob die bisher eindeutig h. M. auch nach der Gesetzesänderung vom 26.03.2007 (BGBl I S. 370) unverändert fortbestehen kann, muss erneut diskutiert werden. Die Einfügung des § 10 Abs. 4 S. 2 WEG macht nämlich nunmehr nach dem Willen des Gesetzgebers eine Grundbucheintragung der aufgrund einer solchen Öffnungsklausel getroffenen Mehrheitsentscheidung unmöglich (**a. A.** *Hügel*/Elzer § 3 Rn. 145 ff.), so dass ein Festhalten am fehlenden Zustimmungserfordernis auch bei Eintragung der Öffnungsklausel dem dinglich Berechtigten jegliche Kontroll- und Entscheidungsmöglichkeit nimmt. Allerdings dürfte der Berechtigte zu diesem Zeitpunkt oftmals noch gar nicht in der Lage sein, die Konsequenzen der vereinbarten Öffnungsklausel abzuschätzen. 101

Die **Aufhebung einer Veräußerungsbeschränkung** gem. § 12 WEG ist zustimmungsfrei, weil sie dinglich Berechtigte nicht beeinträchtigen kann (s. § 12 Rn. 69 m. w. N.). 102

Wird anlässlich einer vorgesehenen Änderung der Gemeinschaftsordnung ein Wohnungseigentümer nach **Treu und Glauben** zur Abgabe einer Zustimmungserklärung gem. § 894 ZPO verurteilt (dazu s. § 10 Abs. 2 S. 2 WEG), macht dies auch die Zustimmungserklärung der dinglich Berechtigten an dieser Einheit entbehrlich. Die **Anpassungsverpflichtung** hat bereits von Anfang an der von dem dinglich Berechtigten erlangten Rechtsposition innegewohnt (*HansOLG Hamburg* FGPrax 1995, 31 = ZMR 1995, 170; *BayObLG* NJW-RR 1987, 714). 103

5. Einschränkungen des Zustimmungserfordernisses Drittberechtigter bei Inhaltsänderungen des Sondereigentums

Ist nach dem zuvor Gesagten die Zustimmungserklärung eines dinglich Berechtigten zur Inhaltsänderung des Sondereigentums gem. §§ 876, 877 BGB erforderlich, schränkt § 5 Abs. 4 S. 2 WEG dieses Erfordernis nunmehr dahingehend ein, dass bei **Belastung** des Wohnungseigentums **mit** 104

§ 5 | Gegenstand und Inhalt des Sondereigentums

einem **Verwertungsrecht** (Grundschuld, Hypothek, Rentenschuld und Reallast) die **Zustimmung** dieser Gläubiger nur noch dann erforderlich ist, wenn ein **Sondernutzungsrecht** begründet, oder ein mit dem Sondereigentum verbundenes Sondernutzungsrecht aufgehoben, geändert oder übertragen werden soll. Änderungsvereinbarungen mit einem anderen Inhalt bedürfen nicht mehr der Zustimmung dieser genannten Berechtigten. Wegen der sich für Änderungen der Zweckbestimmung daraus ergebenden Konsequenzen vgl. § 1 Rn. 46 f. Entgegen der ursprünglichen Absicht im Referentenentwurf verbleibt es damit aber im Rahmen des zuvor Dargestellten bei dem uneingeschränkten **Zustimmungserfordernis für Inhaber dinglicher Rechte**, deren Eintragungen im übrigen in **Abt. II** des Grundbuchs erfolgt sind (vgl. Regierungsentwurf v. 27.05.2005 BR-Drs 397/05, S. 31).

105 In weiterer Einschränkung des sich danach noch für einen Verwertungsgläubiger ergebenden Zustimmungserfordernisses ist bei der nachträglichen Begründung eines Sondernutzungsrechtes dessen Zustimmung auch dann nicht erforderlich, wenn durch die Vereinbarung **gleichzeitig** das zu seinen Gunsten belastete Wohnungseigentum **mit einem Sondernutzungsrecht verbunden** wird (§ 5 Abs. 4 S. 3 WEG). Die Formulierung ist zum Einen im Hinblick auf den Kreis der angesprochenen dinglich Berechtigten mißverständlich; gemeint sind hier die im Vorsatz 2 angesprochenen Verwertungsgläubiger, nicht aber die übrigen dinglich Berechtigten (vgl. RegierungsE v. 09.03.2006 – BT-Drs. 16/887 S. 14 ff.). Mißlungen ist aber auch die Umsetzung des gesetzgeberischen Motives (a. a. O.), den vermeintlich überdehnten Schutz der Grundpfandrechtsgläubiger bei der wechselseitigen Einräumung von Sondernutzungsrechten zu reduzieren.

106 Pate gestanden hat die Entscheidung des *BGH* v. (BGHZ 91, 343 = DNotZ 1984, 695 m. Anm. *F. Schmidt* = Rpfleger 1984, 408), die mangels eines entsprechenden Nutzungsausschlusses in der Teilungserklärung anlässlich der späteren, gleichzeitigen Einräumung von Sondernutzungsrechten an Pkw-Stellplätzen zugunsten mehrerer Wohnungseigentümer wechselseitige Zustimmungen der dinglich Berechtigten zur Eintragung der Inhaltsänderung in das Grundbuch forderte. Im Gesetz wird insoweit aber weder der bisher noch nicht verwendete Begriff »Sondernutzungsrecht« definiert, noch bemüht sich der Text um einen Hinweis auf die Qualität dieser Sondernutzungsrechte. Geht man allerdings mit den Motiven (a. a. O.) davon aus, dass ein Zustimmungserfordernis der Verwertungsgläubiger in Fällen wechselseitiger Einräumung von Sondernutzungsrechten deshalb entfallen soll, weil der Verlust der Nutzungsmöglichkeit an den übrigen Flächen durch die Einräumung des Alleinnutzungsrechts an einem Pkw-Abstellplatz kompensiert wird, ist der Zustimmungsfreiheit gem. § 5 Abs. 4 S. 3 WEG die Erfüllung des **Äquivalenzerfordernisses** aber immanent (so auch *Meffert* ZMR 2007, 517, 518). Vor dem dargestellten Hintergrund fordern Niedenführ/Kümmel/*Vandenhouten* (§ 5 Rn. 57) für eine Befreiung vom Zustimmungserfordernis nicht nur **Gleichwertigkeit**, sondern **Gleichartigkeit** der eingeräumten Sondernutzungsrechte. Beides findet im Gesetz selbst keine Stütze, so dass vom reinen Wortlaut der Vorschrift die Einräumung von nach Art und Wertigkeit völlig unterschiedlichen Sondernutzungsrechten gedeckt wäre (Beispiele bei *Hügel*/Elzer § 1 Rn. 17 ff.). Daraus folgert *Böhringer*, dass das Grundbuchgericht insoweit auch nicht in eine Prüfung eintreten müsse (*Böhringer*/Hintzen Rpfleger 2007, 353, 356),. Dem kann jedoch nur eingeschränkt gefolgt werden: Stellt sich die materiell-rechtliche Zuordnung mehrerer Sondernutzungsrechte nämlich aufgrund ihres Ungleichgewichts offensichtlich als **Umgehungsgeschäft** zum Ausschluss an sich erforderlicher Zustimmungserklärungen dar, so muss auch die verfahrensrechtliche Zustimmung eines Drittberechtigten vom Grundbuchgericht gefordert werden können. Das Grundbuchgericht darf nicht sehenden Auges »Umgehungsstrategien« (*Hügel*/Elzer § 1 Rn. 19) durch Eintragung in das Grundbuch zum Erfolg verhelfen, die auf der anderen Seite mit einer Schädigung der nicht mehr beteiligten Drittberechtigten einhergehen können. Da eine Prüfung der vom Gesetz zugrunde gelegten Gleichwertigkeit jedoch vom Grundbuchgericht mit den zur Verfügung stehenden verfahrensrechtlichen Mitteln nicht vorgenommen werden kann, wird es wohl auch künftig in der Praxis zur Anforderung »überspannter« Zustimmungserklärungen kommen.

Die Regelungen des § 5 Abs. 4 S. 2 u. 3 WEG sind weder in der Gemeinschaftsordnung oder Teilungserklärung noch durch Vereinbarung mit den Verwertungsgläubigern abdingbar (*Abramenko* § 6 Rn. 14; dort auch zu Sicherungsmöglichkeiten für Grundpfandgläubiger).

6. Ersetzung einer erforderlichen Zustimmung des Drittberechtigten bei Inhaltsänderungen des Sondereigentums

Eine erforderliche Zustimmungserklärung kann ggf. durch ein **Unschädlichkeitszeugnis** ersetzt werden. 107

§ 6 Unselbständigkeit des Sondereigentums

(1) Das Sondereigentum kann ohne den Miteigentumsanteil, zu dem es gehört, nicht veräußert oder belastet werden.

(2) Rechte an dem Miteigentumsanteil erstrecken sich auf das zu ihm gehörende Sondereigentum.

Literatur:
Böttcher Veränderungen beim Wohnungseigentum BWNotZ 1996, 80; *Rapp* Unterteilungen und Neuaufteilungen von Wohnungseigentum MittBayNot 1996, 344; *Röll* Veräußerung und Zuerwerb von Teilflächen bei Eigentumswohnanlagen Rpfleger 1990, 277; *Streuer* Nachverpfändung, Zuschreibung oder Pfanderstreckung kraft Gesetzes? Rpfleger 1992, 181; *Weikart* Bestandsänderungen von Sondereigentumsgrundstücken NotBZ 1997, 89.

Inhaltsverzeichnis

A. Allgemeines	1
B. Isolierte Verfügungen	3
I. Verfügungen über den Miteigentumsanteil	4
II. Verfügungen über das Sondereigentum	12
C. Verfügungen über das in Wohnungs- und Teileigentum aufgeteilte Grundstück	19
I. Zuerwerb von Grundstücken	19
1. Erwerb unbebauter Grundstücke	19
2. Erwerb bebauter Grundstücke	26
II. Abtrennung von Grundstücksflächen	27
1. Veräußerung einer Teilfläche ohne Räumlichkeiten im Sondereigentum	27
2. Veräußerung einer bebauten Teilfläche mit Räumlichkeiten im Sondereigentum	36
3. Teilung im eigenen Besitz	41
III. Belastung mit dinglichen Rechten	42
D. Zwangsvollstreckung	43

A. Allgemeines

§ 6 normiert zusammen mit § 11 einen der tragenden **Grundsätze des WEG** (Bamberger/Roth/ 1 *Hügel* Rn. 1). Danach kann Sondereigentum nicht ohne den Miteigentumsanteil, zu dem es gehört, veräußert oder belastet werden. Verfügungen über das Sondereigentum sind also nur möglich, wenn zugleich über den damit verbundenen Miteigentumsanteil verfügt wird. Diese grundsätzlich unlösbare Verknüpfung von Miteigentumsanteil und Sondereigentum hat zur Folge, dass sowohl ein isolierter Miteigentumsanteil als auch isoliertes Sondereigentum rechtsgeschäftlich nicht begründet werden können (*BGH* Rpfleger 2005, 17 = ZMR 2005, 59; *HansOLG Hamburg* ZMR 2002, 372; *BayObLG* ZMR 1996, 285; s. § 1 Rn. 24 ff.). § 6 ist zwingender Natur (Weitnauer/ *Briesemeister* Rn. 1).

Umgekehrt erstrecken sich gem. Abs. 2 Rechte am Miteigentumsanteil immer auch auf das damit 2 verbundene Sondereigentum. Verfügungen über den Miteigentumsanteil erfassen zwingend das zugehörige Sondereigentum. Wohnungseigentum ist damit besonders ausgestaltetes Bruchteilseigentum (*BGH* NJW 2002, 1647, vgl. auch § 1 Rn. 6).

B. Isolierte Verfügungen

Isolierte Verfügungen über den Miteigentumsanteil und das damit verbundene Sondereigentum 3 sind durch § 6 allerdings nur im Verhältnis zu außenstehenden Dritten untersagt. Im Verhältnis

§ 6 I Unselbständigkeit des Sondereigentums

der Wohnungseigentümer untereinander sind Verfügungen sowohl über den Miteigentumsanteil allein als auch über das Sondereigentum allein möglich, solange nicht eines der beiden Elemente ohne Verbindung verbleibt. Eine rechtsgeschäftliche Begründung isolierter Miteigentumsanteile (dazu *BGH* ZfIR 2004, 108 = Rpfleger 2004, 207 = ZMR 2004, 206) oder isolierten Sondereigentums (dazu *OLG München* Rpfleger 2007, 459) ist nicht zulässig.

I. Verfügungen über den Miteigentumsanteil

4   Eine Änderung der Miteigentumsanteile ist sowohl in der Hand eines Alleineigentümers als auch durch Verfügung zwischen Wohnungseigentümern derselben Anlage ohne gleichzeitige Veränderung des Sondereigentums möglich (*BGH* Rpfleger 1976, 352; *KG* ZMR 1998, 368; *OLG Hamm* Rpfleger 1998, 514; *BayObLG* Rpfleger 1993, 444; *Demharter* Anh. zu § 3 Rn. 87; *Schöner/Stöber* Rn. 2971). Verfügungen über den Miteigentumsanteil folgen dabei den Regeln für das Alleineigentum an Grundstücken (Weitnauer/*Briesemeister* Rn. 1). Eine solche **Quotenänderung** setzt deshalb materiell-rechtlich eine entsprechende Auflassungserklärung zwischen den beteiligten Miteigentümern gem. §§ 873, 925 BGB voraus (Bauer/*v. Oefele* AT V Rn. 341; *Demharter* Anh. zu § 3 Rn. 87; Meikel/*Ebeling* § 3 WGV Rn. 24; *Schöner/Stöber* Rn. 2971). Soweit die betroffenen Einheiten dem selben Eigentümer gehören, genügt analog § 8 WEG dessen einseitige Erklärung (*BGH* Rpfleger 1976, 352). Eine Änderung der Miteigentumsquoten ist einer Vereinbarung gem. § 10 Abs. 2 S. 2, Abs. 3 WEG nicht zugänglich (*OLG Saarbrücken* NZM 2005, 423; *OLG Celle* OLG-Report 2004, 79).

5   **Verfahrensrechtlich** ist zur Eintragung in das Grundbuch die **Auflassung** gem. § 20 GBO in der Form des § 29 GBO nachzuweisen. Sie muss nur zwischen den unmittelbar an der Quotenänderung beteiligten Miteigentümern erfolgen; andere Wohnungseigentümer sind nicht beteiligt (*BGH* Rpfleger 1976, 352). Weiterhin muss die regelmäßig mangels abweichender Bestimmung in der Auflassung zu sehende Eintragungsbewilligung des betroffenen Miteigentümers gem. § 19 GBO nachgewiesen werden. Weder Auflassungserklärung noch Bewilligung sollen bei mehrfachen gleichzeitigen Quotenänderungen erkennen lassen müssen, welcher Miteigentumsanteil von welchem Wohnungseigentum wohin übertragen werden soll. Es soll vielmehr ausreichen, dass die Summe aller Miteigentumsanteile nach Abschluss der Umverteilung wieder ein Ganzes ergibt; getrennte Einzelauflassungen der betroffenen Miteigentumsanteile seien nicht erforderlich (*BayObLG* Rpfleger 1993, 444; *OLG Hamm* Rpfleger 1986, 374, 375; Bauer/*v. Oefele* AT V Rn. 341). Diese Auffassung erscheint bedenklich, weil Übertragungsmängel nicht mehr zu lokalisieren sein werden und die Unwirksamkeit eines Übertragungsvorgangs dann zwangsläufig auch die übrigen erfassen muss.

6   Die Veränderung der Miteigentumsanteile bedarf gem. §§ 876, 877 BGB, § 19 GBO der **Zustimmung dinglich Berechtigter** am verkleinerten Miteigentumsanteil in der Form des § 29 GBO, soweit eine rechtliche Beeinträchtigung nicht ausgeschlossen werden kann (*BayObLG* Rpfleger 1993, 444; **a. A.** zustimmungsbedürftig nach § 875 BGB: *F. Schmidt* MittBayNot 1985, 237, 244; *Streblow* MittRhNotK 1987, 141, 151; **a. A.** zustimmungsbedürftig, weil Quotenänderung zum Erlöschen kraft Gesetzes führt: Meikel/*Ebeling* § 3 WGV Rn. 24; *Streuer* Rpfleger 1992, 181, 183). Nicht erforderlich ist daher die Zustimmung von Berechtigten am gesamten Grundstück (Meikel/*Morvilius* Einl. C Rn. 134; *Schöner/Stöber* Rn. 2971) oder von solchen Berechtigten, die mit ihren Rechten gleichrangig auf sämtlichen an der Quotenänderung beteiligten Miteigentumsanteilen lasten (in diese Richtung auch Bauer/*v. Oefele* AT V Rn. 342). Ebenfalls nicht erforderlich ist die Mitwirkung eines Wohnungsberechtigten an der verkleinerten Einheit, da er durch die Reduzierung des Miteigentumsanteils in seinen Nutzungsmöglichkeiten nicht beeinträchtigt wird (*Böttcher* BWNotZ 1996, 80, 84; *Streuer* Rpfleger 1992, 181, 183). In der Zustimmungserklärung ist regelmäßig auch die Bewilligung einer Pfandentlassung hinsichtlich des übertragenen Miteigentumsanteils zu sehen, so dass eine separate Bewilligung dafür nicht erforderlich ist (*OLG Hamm* Rpfleger 1998, 514; *LG Bremen* Rpfleger 1985, 106 m. abl. Anm. *Meyer-Stolte*; Bauer/*v. Oefele* AT V Rn. 342; *Böttcher* BWNotZ 1996; 80, 85; *Schöner/Stöber* Rn. 2971; *Streuer* Rpfleger 1992, 181, 183 Fn. 29).

Eine vereinbarte **Veräußerungsbeschränkung** gem. § 12 ist auch bei der isolierten Übertragung 7
von Miteigentumsanteilen zu beachten (s. § 12 Rn. 40).

Die im Zuge der Quotenänderung vergrößerten Miteigentumsanteile bedürfen einer entspre- 8
chenden **Pfanderstreckung** hinsichtlich der an den bisherigen Anteilen schon eingetragenen
Rechte in der Form des § 29 GBO. Andernfalls würde im Falle einer Zwangsversteigerung die ursprüngliche Belastung des unveränderten Miteigentumsanteils fingiert (§ 864 Abs. 2 ZPO) und
nur dieser einem Ersteher auch zugeschlagen (§ 91 Abs. 1 ZVG). Ob es zur Pfanderstreckung einer
rechtsgeschäftlichen Nachverpfändung bedarf (so *BayObLG* Rpfleger 1993, 444; *OLG Hamm*
Rpfleger 1986, 374, 375; *Demharter* Anh. zu § 3 Rn. 88; *Mottau* Rpfleger 1990, 455; *Nieder* BWNotZ
1984, 49, 51) oder aber eine Pfanderstreckung bereits kraft Gesetzes durch Inhaltsänderung eintritt (so *LG Lüneburg* NdsRpfl. 2005, 92; *LG Wiesbaden* Rpfleger 2004, 350; *Böttcher* BWNotZ 1996,
80, 85; ders. Rpfleger 2005, 648, 655; *Meikel/Ebeling* § 3 WGV Rn. 24; *Streuer* Rpfleger 1992, 181,
183f) kann letztlich dahin stehen. Grundsätzlich ist nämlich bereits in der Einigung über die Quotenänderung konkludent auch die entsprechende Pfandunterstellung zu sehen (*OLG Hamm*
Rpfleger 1998, 514; ebenfalls offen gelassen von *Schöner/Stöber* Rn. 2971). Eine solche Pfandunterstellung schließt auch eine etwaige Zwangsvollstreckungsunterwerfung gem. § 800 ZPO ein (*LG
Köln* Rpfleger 2002, 566). Zu Recht abgelehnt wird dagegen die eine Bestandteilszuschreibung
verlangende Auffassung (so aber *LG Bochum* Rpfleger 1990, 291; *Bauer/v. Oefele* AT V Rn. 341f.;
F. Schmidt MittBayNot 1985, 237, 244 f.; *Streblow* MittRhNotK 1987, 141, 151). Zum einen erstrecken
sich die Wirkungen der Zuschreibung lediglich auf Grundpfandrechte (§ 1131 BGB), so dass für
andere Rechte gleichwohl eine rechtsgeschäftliche Nachverpfändung gefordert werden müsste,
zum anderen ist der hinzukommende Miteigentumsanteil kein eigenständig verkehrsfähiges Objekt und weder einer Vereinigung noch einer Zuschreibung zugänglich (*Böttcher* BWNotZ 1996,
80, 85; *Schöner/Stöber* Rn. 2971; s. § 7 Rn. 36 m. w. N.).

Ist für den jeweiligen Eigentümer eines Wohnungseigentums ein **Sondernutzungsrecht** begründet, verbleibt dieses grundsätzlich bei der verkleinerten Einheit, soweit nichts anderes bestimmt 9
ist.

Für die Änderung der Miteigentumsanteile ist gem. § 22 GrEStG dem Grundbuchgericht die Erteilung einer steuerlichen **Unbedenklichkeitsbescheinigung** nachzuweisen (*Boruttau/Viskorf* 10
§ 2 Rn. 11; *Meikel/Morvilius* Einl. C Rn. 135).

Die **Eintragung** in den Grundbüchern erfolgt dergestalt, dass im Bestandsverzeichnis des aufneh- 11
menden Grundbuchs nach Übernahme der vergrößernden Miteigentumsanteile in Sp. 5 u. 6 eine
Neueintragung der Einheit in den Hauptspalten unter der nächst folgenden lfd. Nr. mit dem vergrößerten Miteigentumsanteil vorgenommen wird. Weiterhin ist die Auflassung des Bruchteils in
Abt. I Sp. 3 u. 4 zu vermerken. Im Bestandsverzeichnis des abgebenden Grundbuchs genügt ein
Abschreibevermerk in Sp. 7 u. 8 unter gleichzeitiger Neueintragung der Einheit unter der nächst
lfd. Nr. mit dem reduzierten Miteigentumsanteil (vgl. Bauer/v. Oefele AT V Rn. 343; *Schöner/Stöber*
Rn. 2972 f., dort auch zu einer selteneren Eintragungsvariante).

II. Verfügungen über das Sondereigentum

Der Gegenstand des Sondereigentums kann auch ohne eine Verfügung über den Miteigentums- 12
anteil verändert werden (dazu s. § 7 Rn. 229 ff. und Rn. 268 ff.). Dabei ist sogar ein vollständiger
Austausch des Sondereigentums zulässig (*BayObLG* Rpfleger 1984, 268). Materiell-rechtlich bedarf es zur Übertragung des Sondereigentums entsprechend § 4 Abs. 2 einer Einigung des Veräußerers und des Erwerbers in Auflassungsform (*OLG Köln* ZMR 2007, 555; *OLG Zweibrücken* ZMR
2001, 663). Zur teilweisen Übertragung des Sondereigentums und den damit ggf. verbundenen
baulichen Veränderungen s. ausführlich § 7 Rn. 268 ff.

Der Vorlage eines geänderten **Aufteilungsplanes** bedarf es bei der vollständigen Übertragung 13
des Sondereigentums nicht, da sich am Gegenstand des Sondereigentums nichts ändert und
die Eigentumssphären nach wie vor abgegrenzt sind.

Verfahrensrechtlich genügt nach der hier vertretenen Auffassung die Bewilligung des verlieren- 14
den Teils in der Form des § 29 GBO (vgl. § 7 Rn. 208).

§ 6 I Unselbständigkeit des Sondereigentums

15 Die **dinglich Berechtigten** haben gem. §§ 876, 877 BGB der Übertragung zuzustimmen; regelmäßig werden insoweit Pfandfreigaben hinsichtlich des übertragenen Sondereigentums erfolgen. Nachverpfändungen des erwerbenden Wohnungseigentümers sind nicht erforderlich, da der Miteigentumsanteil unverändert bleibt und sich die eingetragenen Belastungen kraft Gesetzes auf die Bestandteile des Miteigentums erstrecken (*LG Düsseldorf* MittRhNotK 1986, 78; Meikel/ *Morvilius* Einl. C 133; *Streuer* Rpfleger 1992, 181).

16 Eine **Zustimmung Dritter** gem. § 12 kann dann in Betracht kommen, wenn sie besonders vereinbart worden ist (s. dazu § 12 Rn. 46).

17 Zur Eintragung der isolierten Übertragung von Sondereigentum in das Grundbuch ist gem. § 22 GrEStG die Vorlage einer steuerlichen **Unbedenklichkeitsbescheinigung** erforderlich (vgl. Boruttau/*Viskorf* § 2 Rn. 217).

18 **Eingetragen** wird die Übertragung des gesamten Sondereigentums lediglich im Bestandsverzeichnis (§ 3 Abs. 5 WGV) der am Tausch unmittelbar beteiligten Grundbuchblätter (Meikel/ *Morvilius* Einl. C 133).

C. Verfügungen über das in Wohnungs- und Teileigentum aufgeteilte Grundstück

I. Zuerwerb von Grundstücken

1. Erwerb unbebauter Grundstücke

19 Wohnungs- und Teileigentümer können nachträglich weitere Grundstücke nach den allgemeinen Bestimmungen hinzuerwerben. Soweit ein solches selbstständiges Grundstück in eine bestehende Aufteilung von Wohnungs- und Teileigentumsrechten einbezogen werden soll, bedarf es wegen § 1 Abs. 4 einer rechtsgeschäftlichen **Erstreckung.** Wohnungseigentum kann nur an einem einzigen Grundstück im Rechtssinne bestehen, auf das sich dann als Inhalt des Sondereigentums auch die Gemeinschaftsverhältnisse beziehen (Bauer/*v. Oefele* AT V Rn. 378; *Röll* Rpfleger 1990, 277, 278). Die Erstreckung kann nur im Wege der Vereinigung gem. § 890 Abs. 1 BGB oder der Bestandteilszuschreibung gem. § 890 Abs. 2 BGB erreicht werden. Materiell-rechtlich ist ein Erwerb der einzubeziehenden Fläche im Wege der Auflassung (§§ 873, 925 BGB) durch alle Wohnungseigentümer in demselben Beteiligungsverhältnis erforderlich, das an dem aufgeteilten Grundstück bereits besteht. Weiterhin soll es noch der **Umwandlung** und Einbeziehung des jeweiligen normalen Miteigentumsanteils in die bestehende wohnungseigentumsrechtliche Aufteilung bedürfen (*OLG Frankfurt a. M.* Rpfleger 1993, 396; *OLG Zweibrücken* DNotZ 1991, 605 m. Anm. *Herrmann*; *LG Dortmund* Rpfleger 1992, 478; Becksches Notar-Handbuch/*Rapp* A III Rn. 141; *Böttcher* BWNotZ 1996, 80, 91; *Demharter* § 5 Rn. 7; KEHE/*Herrmann* Einl. E 58; *Schöner/Stöber* Rn. 2981; **a.A**.Meikel/*Morvilius* Einl. C Rn. 146; Weitnauer/*Briesemeister* § 1 Rn. 31). Nicht erforderlich ist es, das bestehende Wohnungs- und Teileigentum zunächst aufzuheben, um sodann an dem neu gebildeten Gesamtgrundstück eine Neuaufteilung vollziehen zu können (*OLG Zweibrücken* DNotZ 1991, 605; *LG Ravensburg* Rpfleger 1990, 291; Bauer/*v. Oefele* AT V Rn. 378; *Röll* Rpfleger 1990, 277; *Schöner/Stöber* Rn. 2981 Fn. 93; **a. A.** *OLG Saarbrücken* Rpfleger 1988, 479).

20 **Verfahrensrechtlich** ist neben der für den Erwerb nachzuweisenden Auflassungserklärung (§ 20 GBO), in der regelmäßig auch die entsprechende Eintragungsbewilligung für die Eigentumsumschreibung zu sehen ist, noch die Vorlage einer weiteren Bewilligung gem. § 19 GBO für die Eintragung der Vereinigung oder der Bestandteilszuschreibung erforderlich. Soweit gefordert, dürfte eine darüber hinausgehende separate Umwandlungs- und Einbeziehungsbewilligung entbehrlich sein, weil sie regelmäßig bereits in der Erstreckung der Teilungserklärung (so *OLG Frankfurt a. M.* Rpfleger 1993, 396; *Böttcher* BWNotZ 1996, 80, 91) oder in der Angabe des Erwerbsverhältnisses (als Mitglieder der Wohnungseigentümergemeinschaft) gesehen werden kann (so *OLG Zweibrücken* DNotZ 1991, 605; Bauer/*v. Oefele* AT V Rn. 378; *Böttcher* BWNotZ 1996, 80, 91; *Röll* Rpfleger 1990, 277, 278). Der Vorlage eines neuerlichen Aufteilungsplanes oder gar einer ergänzten Abgeschlossenheitsbescheinigung bedarf es insoweit nicht, weil sich an den seinerzeit bescheinigten Kriterien der Abgeschlossenheit (dazu § 3 Rn. 60 ff.) durch die Einbeziehung eines unbebauten Grundstücks nichts geändert haben kann (vgl. auch § 7 Rn. 162 für den Fall eines vor vollzogener Aufteilung hinzu erworbenen Grundstücks m. w. N.).

Eine **Zustimmung dinglich Berechtigter** an den einzelnen Einheiten ist nicht erforderlich, da sich 21
ihr Belastungsobjekt nur vergrößert und durch den Hinzuerwerb keine rechtliche Beeinträchtigung erfährt (*Böttcher* BWNotZ 1996, 80, 91; Meikel/*Morvilius* Einl. C Rn. 146).

Die Eintragung der Vereinigung gem. § 5 GBO oder der Bestandteilszuschreibung gem. § 6 GBO 22
sind grundsätzlich nur möglich, wenn die beteiligten Grundstücke **aneinander grenzen** und von
den Eintragungen **keine Verwirrung** zu besorgen ist.

Es ist deshalb erforderlich, für das hinzuerworbene Grundstück die bereits am aufgeteilten 23
Grundstück bestehenden **Belastungs- und Rangverhältnisse** herzustellen. Dies kann im Wege
der **Nachverpfändung** durch alle Wohnungseigentümer erreicht werden (*Böttcher* BWNotZ 1996,
80, 92; *Röll* Rpfleger 1990, 277, 278). Soweit lediglich Rechte der III. Abteilung betroffen sind,
würde wegen der Wirkung aus § 1131 BGB auch eine Bestandteilszuschreibung genügen. Eine
solche Zuschreibung würde im Gegensatz zur Vereinigung auch separate Vollstreckungsunterwerfungen gem. § 800 ZPO entbehrlich machen. In der nach h. M. für erforderlich gehaltenen Umwandlungserklärung der gewöhnlichen Miteigentumsanteile in Wohnungseigentumsanteile
kann jedoch in der Regel auch diese Nachverpfändung der hinzuerworbenen Fläche gesehen
werden (*OLG Frankfurt a. M.* Rpfleger 1993, 396; *Böttcher* BWNotZ 1996, 80, 92).

Zum Eigentumserwerb durch die Wohnungseigentümer bedarf es der Vorlage einer steuerlichen 24
Unbedenklichkeitsbescheinigung gem. § 22 GrEStG. Weiterhin muss die **Nichtausübung des
Vorkaufsrechtes** seitens der Gemeinde (§§ 24, 28 BauGB) bescheinigt sein.

Die **Eintragung** erfolgt im Bestandsverzeichnis aller für die betreffende Anlage gebildeten Wohnungs- und Teileigentumsgrundbücher. Zugleich ist der Erwerbsgrund in der I. Abteilung sämtlicher Grundbücher zu vermerken. Soweit Nachverpfändungen oder Belastungserstreckungen 25
gem. § 1131 BGB erfolgen, bedarf es keiner Eintragung des Hinzuerwerbs in den Abteilungen
II und III, da dort eingetragene Rechte ohne weiteres den einheitlichen, im Bestandsverzeichnis
aufgeführten Belastungsgegenstand erfassen.

2. Erwerb bebauter Grundstücke

Hier ergeben sich zunächst keine Unterschiede zum Erwerb unbebauter Grundstücke. Etwaig 26
vorhandene Gebäude auf dem einbezogenen Grundstück stehen im Gemeinschaftseigentum
der Wohnungs- und Teileigentümer (§ 1 Abs. 5). Für eine Überführung in Sondereigentum bedürfte es daher noch einer zusätzlichen Umwandlung von Gemeinschafts- in Sondereigentum
(dazu s. ausführlich § 7 Rn. 215 ff.).

Auch für den Hinzuerwerb bebauter Grundstücke im Gemeinschaftseigentum ist keine ergänzte
Abgeschlossenheitsbescheinigung vorzulegen. Selbst wenn bei unmittelbar aneinander grenzenden Baulichkeiten die bisherige Abgeschlossenheit fraglich geworden sein sollte, kann das einmal
wirksam begründete Wohnungseigentum durch die – möglicherweise bestehende – Beeinträchtigung seiner Abgeschlossenheit nicht wieder in Wegfall gebracht werden (*BGHZ* 110, 36 = NJW
1990, 1111 = Rpfleger 1990, 159; *OLG Köln* Rpfleger 1994, 348 = ZMR 1994, 230). Die Bestimmung
des § 3 Abs. 2 ist lediglich eine Ordnungsvorschrift (*OLG Köln* a. a. O.); aus diesem Grunde ist sie
auch nur als Sollvorschrift ausgestaltet, so dass die einmal vollzogene Begründung von Sondereigentum nicht nachträglich an einem Mangel der Abgeschlossenheit oder ihrer Bescheinigung
scheitern kann (ebenso § 3 Rn. 62).

II. Abtrennung von Grundstücksflächen

1. Veräußerung einer Teilfläche ohne Räumlichkeiten im Sondereigentum

Miteigentümer können von ihrem in Wohnungs- und Teileigentum aufgeteilten Grundstück Teil- 27
flächen veräußern. Sind diese Teilflächen nicht bebaut, steht § 1 Abs. 4 der Abveräußerung nicht
entgegen (Bauer/*v. Oefele* AT V Rn. 381; Weitnauer/*Briesemeister* § 1 Rn. 33). Die Veräußerung
stellt sich in einem solchen Fall als **Verfügung über das Gemeinschaftseigentum** gem. §§ 10
Abs. 2 S. 1, 747 S. 2 BGB dar (*LG Düsseldorf* MittRhNotK 1980, 77). Sie lässt sich grundsätzlich
nur im Wege der Auflassung erreichen und bedarf der Mitwirkung aller Wohnungs- und Teileigentümer (Bauer/*v. Oefele* AT V Rn. 382). Die Veräußerung einer bebauten Teilfläche steht dem
gleich, wenn sich auf dem abzutrennenden Teilstück kein in Sondereigentum aufgeteiltes Ge-

§ 6 | Unselbständigkeit des Sondereigentums

bäude befindet. Einer weitergehenden Aufhebungs- oder Umwandlungserklärung bedarf es nicht. Mit der Veräußerung sämtlicher Miteigentumsanteile an der Teilfläche erlöschen die insoweit bestehenden Rechtsverhältnisse aus der Wohnungseigentümergemeinschaft (z. B. auch Sondernutzungsrechte) von selbst (Bauer/*v. Oefele* AT V Rn. 382; *Böttcher* BWNotZ 1996, 80, 90; *Röll* Rpfleger 1990, 277, 278; *Schöner/Stöber* Rn. 2982; *Weitnauer/Briesemeister* § 1 Rn. 33; **a. A.** *OLG Frankfurt a. M.* Rpfleger 1990, 292; Becksches Notar-Handbuch/*Rapp* A III Rn. 139; *Herrmann* DNotZ 1991, 607, 609; Meikel/*Morvilius* Einl. C Rn. 149).

28 **Verfahrensrechtlich** bedarf es der Vorlage einer entsprechenden **Auflassungserklärung** (§ 20 GBO) in der Form des § 29 GBO. Darin ist regelmäßig die erforderliche Eintragungsbewilligung gem. § 19 GBO zu sehen, soweit nichts anderes bestimmt ist. Darüber hinaus ist durch Vorlage einer entsprechenden **amtlichen Karte** auch noch der Nachweis zu erbringen, dass sich auf der abveräußerten Teilfläche keine im Sondereigentum stehenden Gebäudeteile befinden (Weitnauer/*Briesemeister* § 1 Rn. 33). Die Vorlage einer separaten Teilungsbewilligung ist entbehrlich; bei der Veräußerung der Teilfläche erfolgt die Abschreibung gem. § 7 GBO von Amts wegen (*Böttcher* Rpfleger 1989, 133, 134).

29 Zur lastenfreien Abschreibung sind wegen der damit verbundenen Inhaltsänderung **Zustimmungserklärungen** der dinglich Berechtigten gem. §§ 876, 877 BGB, § 19 GBO an sämtlichen Einheiten erforderlich (Bauer/*v. Oefele* AT V Rn. 382). Dies gilt auch für Gesamtrechte am ganzen Grundstück oder an sämtlichen Wohnungseigentumsrechten (*OLG Frankfurt a. M.* Rpfleger 1990, 292, 293 a. E.; insoweit zu eng *OLG Zweibrücken* Rpfleger 1986, 93; dem folgend *Böttcher* BWNotZ 1996, 80, 90; *Schöner/Stöber* Rn. 2982; die genannten Rechtsinhaber brauchen der teilweisen Aufhebung des Wohnungseigentums nur solange nicht zuzustimmen, als eine lastenfreie Abschreibung aus der Hand sämtlicher Miteigentümer (noch) nicht beabsichtigt ist). In einer Zustimmungserklärung ist die erforderliche Pfandentlassung für die abzuschreibende Teilfläche zu sehen. Ggf. kann für Dienstbarkeiten die entsprechende Anwendung des § 1026 BGB in Betracht kommen, wenn der Ausübungsbereich die abzuschreibende Teilfläche nicht betrifft.

30 Ist hinsichtlich der von der Veräußerung erfassten Teilfläche ein **Sondernutzungsrecht** begründet, so erfasst die von sämtlichen Miteigentümern erklärte Auflassung zugleich auch die Zustimmung zur Abschreibung aus dem zum Inhalt des Wohnungseigentums gehörenden Gemeinschaftsverhältnis (Bauer/*v. Oefele* AT V Rn. 382; Weitnauer/*Briesemeister* § 1 Rn. 33). Damit wird ein Sondernutzungsrecht insoweit gegenstandslos.

31 Zur rechtlichen Verselbständigung der Teilfläche kann die Vorlage einer **Teilungsgenehmigung** nach landesrechtlichen Bestimmungen erforderlich sein (vgl. dazu die Aufstellung bei *Schöner/Stöber* Rn. 3819). Soweit die abzuschreibende Teilfläche nicht bereits ein selbständiges Flurstück ist, muss auch ein **Veränderungsnachweis** des Vermessungsamtes gem. § 2 GBO vorgelegt werden (*Böttcher* BWNotZ 1996, 80, 91). Weiterhin bedarf es zum Vollzug der Abveräußerung einer steuerlichen **Unbedenklichkeitsbescheinigung** gem. § 22 GrEStG.

32 Die **Eintragung** hat in allen für die Wohnungseigentumsanlage gebildeten Grundbüchern zu erfolgen. Dabei kann die Bestandsabschreibung (§ 3 Abs. 5 WGV) dergestalt vollzogen werden, dass nach einer Abschreibung der veräußerten Teilfläche in Sp. 7 und 8 des Bestandsverzeichnisses das verbleibende Restgrundstück mit den übrigen unverändert bleibenden Angaben jeweils unter einer neuen lfd. Nr. mit entsprechendem Verweis auf die Voreintragung (»Rest von ...«) eingetragen wird. Für die Eintragung im aufnehmenden Grundbuch bestehen keine Besonderheiten.

33 Eine **Besonderheit** kann allerdings bei der Veräußerung von **Straßenland** durch die Mitglieder einer Wohnungseigentümergemeinschaft in Betracht kommen. Sieht man in der Abgabe von Straßenland zur Vermeidung einer Zwangsenteignung eine Maßnahme der ordnungsgemäßen Verwaltung (so Becksches Notar-Handbuch/*Rapp* A III Rn. 138 ff.; Weitnauer/*Lüke* Vor § 20 Rn. 3 und 5), könnte die Veräußerung mit Stimmenmehrheit beschlossen werden (§ 21 Abs. 3). In einem solchen Falle bindet der Mehrheitsbeschluss alle Mitglieder der Wohnungseigentümergemeinschaft (§ 10 Abs. 4), so dass auf diese Weise auch bei größeren Gemeinschaften ein praktikabler Weg zur Vollziehung gefunden werden kann. Allerdings bedürfte es einer ausdrücklichen Ermächtigung des Verwalters zur Abgabe der sachenrechtlichen Erklärungen für die Miteigentü-

mer in Erweiterung seiner gesetzlichen Befugnisse. Die Regelung des § 27 Abs. 1 Nr. 1 betrifft nämlich nur das Innenverhältnis, begründet jedoch keine gesetzliche Vertretungsmacht (Becksches Notar-Handbuch/*Rapp* A III Rn. 139 unter Hinweis auf BGHZ 78, 166 und BGHZ 67, 232; a. A. Weitnauer/*Lüke* Vor § 20 Rn. 5).

Für den **Grundbuchvollzug** ist in einem solchen Falle der Nachweis der Beschlussfassung durch die Wohnungseigentümerversammlung erforderlich. Die Beschlussfassung kann entsprechend § 26 Abs. 3 durch Vorlage einer Niederschrift mit den beglaubigten Unterschriften der in § 24 Abs. 6 bezeichneten Personen nachgewiesen werden (Becksches Notar-Handbuch/*Rapp* A III Rn. 139; Weitnauer/*Lüke* Vor § 20 Rn. 5). Der Nachweis der Bestandskraft des Beschlusses dürfte erforderlich sein und kann durch eine Bescheinigung des nach § 43 ff. zuständigen Gerichts geführt werden (Weitnauer/*Lüke* Vor § 20 Rn. 5; a. A. wohl Becksches Notar-Handbuch/*Rapp* A III Rn. 139). Außerdem ist noch die Bestätigung der zuständigen Behörde über die auf diese Weise vermiedene Zwangsenteignung in der Form des § 29 GBO zum Nachweis der ordnungsgemäßen Verwaltung beizubringen (Becksches Notar-Handbuch/*Rapp* A III Rn. 139). 34

Eine **Vormerkung** zur Sicherung des Anspruchs auf Übertragung einer Teilfläche aus dem Wohnungseigentumsgrundstück kann nur an sämtlichen Einheiten eingetragen werden (*BayObLG* Rpfleger 1974, 261; *BayObLG* DNotZ 2002, 784 m. Anm. *Hoffmann* MittBayNot 2002, 155; *Demharter* Anh. zu § 3 Rn. 97; Meikel/*Morvilius* Einl. C Rn. 150). 35

2. Veräußerung einer bebauten Teilfläche mit Räumlichkeiten im Sondereigentum

Soll eine Teilfläche des in Wohnungs- und Teileigentumsrechte aufgeteilten Grundstücks veräußert werden, auf der sich Gebäude mit im Sondereigentum stehenden Räumlichkeiten befinden, genügt zur Abveräußerung materiell-rechtlich nicht nur eine einvernehmliche Aufhebung der zum Inhalt des Sondereigentums gehörenden Vereinbarungen. In diesem Fall sind nämlich nicht nur Regelungen des Gemeinschaftsverhältnisses betroffen; vielmehr wird auch der bisherige Gegenstand des Sondereigentums verändert. Für eine solche rechtsgeschäftliche (Teil-)Aufhebung des Sondereigentums verlangt die h. M. eine Einigungserklärung sämtlicher Miteigentümer in Auflassungsform gem. § 4 (Bauer/*v. Oefele* AT V Rn. 385; *Böttcher* BWNotZ 1996, 80, 90; ähnlich *Schöner/Stöber* Rn. 2982a, der – allerdings inkonsequent – nur für eine Teilung ohne Veräußerung den Nachweis einer Einigung fordert). 36

Verfahrensrechtlich genügt nach der hier vertretenen Auffassung die Bewilligung des von der Teilaufhebung betroffenen Miteigentümers in der Form des § 29 GBO. Da für die Eigentumsübertragung der abveräußerten bebauten Teilfläche jedoch ohnehin eine **Auflassungserklärung** gem. § 20 GBO nachzuweisen ist, kann darin auch die Bewilligung zur Teilaufhebung gesehen werden. Weiterhin ist durch Vorlage einer **amtlichen Karte** noch der Nachweis zu erbringen, welche der im Sondereigentum stehenden Gebäudeteile sich auf der abveräußerten Teilfläche befinden. Auch hier ist eine separate Teilungsbewilligung entbehrlich (s. Rn. 28). 37

Die im Vollzug der Teilaufhebung verbleibenden (Rest)Einheiten müssen sowohl hinsichtlich der Miteigentumsanteile als auch hinsichtlich des Sondereigentums den Erfordernissen des WEG entsprechen. Daraus ergibt sich, dass in der Folge einer Teilaufhebung bei der Abveräußerung **kein isolierter Miteigentumsanteil** verbleiben darf. Dies wäre z. B. denkbar, wenn sich auf der abveräußerten Fläche lediglich eine im Sondereigentum stehende, separat gebuchte Garage eines Miteigentümers befindet. Ein solcher isolierter Miteigentumsanteil müsste durch Übertragung beseitigt werden (Bauer/*v. Oefele* AT V Rn. 385; *Röll* Rpfleger 1990, 277). Ebenfalls müsste verbleibendes **Sondereigentum** noch die Voraussetzungen des **§ 3 Abs. 2** erfüllen und entsprechend **zugänglich** sein (vgl. § 7 Rn. 160 ff.). 38

Im Übrigen gelten für den Grundbuchvollzug die weiteren vorstehend unter Rn. 29 ff. dargestellten Voraussetzungen entsprechend. Die von *Böttcher* (BWNotZ 1996, 80, 90) im Falle einer teilweisen vertraglichen Aufhebung des Sondereigentums befürwortete Schließung und Neuanlegung der Grundbücher nach Teilung und Abschreibung des betroffenen realen Teils erscheint verfehlt und entspricht nicht der von ihm ansonsten vertretenen differenzierten Betrachtungsweise. 39

Zur realen Teilung des Grundstücks unter gleichzeitiger Aufhebung der wohnungseigentumsrechtlichen Teilung (**Doppelhausumwandlung**) s. § 9 Rn. 24. 40

3. Teilung im eigenen Besitz

41 Teilen die Miteigentümer das in Wohnungs- und Teileigentumsrechte aufgeteilte Grundstück real unter Umwandlung des Wohnungseigentums in normales Bruchteilseigentum an nicht veräußerten Teilflächen, gilt das zuvor Gesagte entsprechend. Die h. M. hält zur Umwandlung auch in diesem Fall eine gesonderte Einigungserklärung der Wohnungs- und Teileigentümer gem. § 4 für erforderlich (*OLG Frankfurt a. M.* Rpfleger 1990, 292; Bauer/*v. Oefele* AT V Rn. 387; *Schöner/Stöber* Rn. .2982a; **a. A.** Weitnauer/*Briesemeister* § 1 Rn. 33, der die – reale – Teilungserklärung genügen lassen will).

III. Belastung mit dinglichen Rechten

42 Das Grundstück im Rechtssinne kann noch **Verfügungsgegenstand** sein (*OLG Hamm* DNotZ 2001, 216 = ZMR 2000, 630; § 7 Rn. 30). So können Eintragungen, die nur am Grundstück als Ganzem möglich sind (z. B. Dienstbarkeiten), nach wie vor erfolgen (vgl. dazu § 7 Rn. 43 ff.).

D. Zwangsvollstreckung

43 Die durch § 6 WEG untersagte separate Verfügung über den Miteigentumsanteil oder das Sondereigentum verbietet auch eine Zwangsvollstreckung in die einzelnen Elemente des Wohnungseigentums. Weder kann der Miteigentumsanteil separat gepfändet werden, noch kann das Sondereigentum alleiniger Gegenstand der Zwangsvollstreckung sein. Vollstreckungsmaßnahmen in das Wohnungseigentum richten sich nach den für unbewegliche Sachen geltenden Vorschriften der §§ 864 ff. ZPO wie bei einem gewöhnlichen Miteigentumsanteil am Grundstück. Ebenso unterliegen Sondernutzungsrechte der Zwangsvollstreckung in das unbewegliche Vermögen; eine Beschlagnahme in der Immobiliarvollstreckung erfasst damit auch ein zugeordnetes Sondernutzungsrecht (*Schneider* Rpfleger 1998, 53, 59 f.; *Stöber* Forderungspfändung Rn. 1792; **a. A.**: separate Pfändung durch Mobiliarvollstreckung gem. § 857 ZPO innerhalb der Gemeinschaft möglich *LG Stuttgart* WE 1989, 72; *Schuschke* NZM 1999, 830; Palandt/*Bassenge* § 13 Rn. 13; Weitnauer/*Lüke* § 15 Rn. 36; vgl. aber auch *OLG Stuttgart* ZWE 2002, 542 zur unzulässigen Pfändung eines Zuweisungsvorbehalts).

§ 7 Grundbuchvorschriften

(1) Im Falle des § 3 Abs. 1 wird für jeden Miteigentumsanteil von Amts wegen ein besonderes Grundbuchblatt (Wohnungsgrundbuch, Teileigentumsgrundbuch) angelegt. Auf diesem ist das zu dem Miteigentumsanteil gehörende Sondereigentum und als Beschränkung des Miteigentums die Einräumung der zu den anderen Miteigentumsanteilen gehörenden Sondereigentumsrechte einzutragen. Das Grundbuchblatt des Grundstücks wird von Amts wegen geschlossen.

(2) Von der Anlegung besonderer Grundbuchblätter kann abgesehen werden, wenn hiervon Verwirrung nicht zu besorgen ist. In diesem Falle ist das Grundbuchblatt als gemeinschaftliches Wohnungsgrundbuch (Teileigentumsgrundbuch) zu bezeichnen.

(3) Zur näheren Bezeichnung des Gegenstandes und des Inhalts des Sondereigentums kann auf die Eintragungsbewilligung Bezug genommen werden.

(4) Der Eintragungsbewilligung sind als Anlagen beizufügen:

1. eine von der Baubehörde mit Unterschrift und Siegel oder Stempel versehene Bauzeichnung, aus der die Aufteilung des Gebäudes sowie die Lage und Größe der im Sondereigentum und der im gemeinschaftlichen Eigentum stehenden Gebäudeteile ersichtlich ist (Aufteilungsplan); alle zu demselben Wohnungseigentum gehörenden Einzelräume sind mit der jeweils gleichen Nummer zu kennzeichnen;

2. eine Bescheinigung der Baubehörde, daß die Voraussetzungen des § 3 Abs. 2 vorliegen.

Wenn in der Eintragungsbewilligung für die einzelnen Sondereigentumsrechte Nummern angegeben werden, sollen sie mit denen des Aufteilungsplanes übereinstimmen. Die Landesregierungen können durch Rechtsverordnung bestimmen, dass und in welchen Fällen der Aufteilungsplan (Satz 1 Nr. 1) und die Abgeschlossenheit (Satz 1 Nr. 2) von einem öffentlich bestellten oder anerkannten Sachverständigen für das Bauwesen statt von der Baubehörde ausgefertigt und bescheinigt werden. Werden diese Aufgaben von dem Sachverständigen wahrgenommen, so gelten die Bestimmungen der Allgemeinen Verwaltungsvorschrift für die Ausstellung von Bescheinigungen gemäß § 7 Abs. 4 Nr. 2 und § 32 Abs. 2 Nr. 2 des Wohnungseigentumsgesetzes vom 19. März 1974 (BAnz. Nr. 58 vom 23. März 1974) entsprechend. In diesem Fall bedürfen die Anlagen nicht der Form des § 29 der Grundbuchordnung. Die Landesregierungen können die Ermächtigung durch Rechtsverordnung auf die Landesbauverwaltungen übertragen.

(5) Für Teileigentumsgrundbücher gelten die Vorschriften über Wohnungsgrundbücher entsprechend.

Literatur
Amann Amtslöschung von Dienstbarkeiten am Gemeinschaftseigentum? MittBayNot 1995, 267; *Becker* Die Rechtsnatur der Abgeschlossenheitsbescheinigung nach dem Wohnungseigentumsgesetz und das Prüfungsrecht des Grundbuchamtes NJW 1991, 2742; *Bielefeld* Wider eine Abschaffung der Abgeschlossenheitsbescheinigung bzw. einen Verzicht auf staatliche Mitwirkung beim Aufteilungsplan NZM 2004, 521; *Böhringer* Informationelles Selbstbestimmungsrecht kontra Publizitätsprinzip bei § 12 GBO Rpfleger 1987, 181; *ders.* Veränderungen des Wohnungseigentums in Rechtsprechung und Grundbuchpraxis NotBZ 1999, 154; *Böttcher* Die Prüfungspflicht des Grundbuchgerichts Rpfleger 1990, 486; *ders.* Veränderungen beim Wohnungseigentum BWNotZ 1996, 80; *Bub* Aufteilungsplan und Abgeschlossenheitsbescheinigung WE 1991, 124 und WE 1991, 150; *Demharter* Wohnungseigentum und Überbau Rpfleger 1983, 133; *ders.* Isolierter Miteigentumsanteil beim Wohnungseigentum NZM 2000, 1196; *Diester* Die Aufgaben der Grundbuchämter nach dem Wohnungseigentumsgesetz Rpfleger 1965, 193; *DNotI-Gutachten* Beurkundung mit vorläufigem Aufteilungsplan DNotI-Report 1999, 17; *dass.* Vereinigung und Unterteilung von Wohnungseigentum DNotI-Report 2004, 85; *Eickmann* Formularverfahren und Rechtsverwirklichung Rpfleger 1973, 341; *ders.* Allgemeine Geschäftsbedingungen und Freiwillige Gerichtsbarkeit Rpfleger 1978, 1; *Ertl* Eintragung von Sondernutzungsrechten im Sinne des § 15 WEG Rpfleger 1979, 81; *ders.* AGB-Kontrolle von Gemeinschaftsordnungen der Wohnungseigentümer durch das Grundbuchamt? DNotZ 1981, 149; *ders.* Dingliche und verdinglichte Vereinbarungen über den Gebrauch des Wohnungseigentums DNotZ 1988, 4; *Frank* Zur grundbuchmäßigen Behandlung von Stellplätzen in Doppelstockgaragen MittBayNot 1994, 512; *Gaier* Unterteilung von Wohnungseigentum FS Wenzel 2005, 145; *Hauger* Unterteilung und Erweiterung von Wohnungseigentum WE 1991, 66; *Hügel* Begründung von Wohnungseigentum mittels eines vorläufigen Aufteilungsplans NotBZ 2003, 147; *ders.* Der nachträgliche Ausbau von Dachgeschossen – Gestaltungsmöglichkeiten in der Gemeinschaftsordnung RNotZ 2005, 149; *ders.* Die Umwandlung von Teileigentum zu Wohnungseigentum und umgekehrt Fs Bub 2007, S. 137; *Kolb* Bauliche Veränderungen am Gemeinschaftseigentum bei Wohnungseigentumsanlagen MittRhNotK 1996, 254; *Kreuzer* Änderung von Teilungserklärung und Gemeinschaftsordnung ZWE 2002, 285; *Lotter* Zum Inhalt des Aufteilungsplans nach § 7 Abs. 4 S. 1 Nr. 1 WEG MittBayNot 1993, 144; *Ludwig* Grenzüberbau bei Wohnungs- und Teileigentum DNotZ 1983, 411; *Nieder* Die Änderung des Wohnungseigentums und seiner Elemente BWNotZ 1984, 49; *von Oefele/Schneider* Zur Einführung des Zentralgrundbuchs durch die WEG-Reform DNotZ 2004, 740; *dies.* Noch einmal: Das Zentralgrundbuch – Bei Licht betrachtet ZMR 2007, 753; *Ott* Die Zweckbestimmungswidrige Nutzung von Wohnungs- und Teileigentum ZfIR 2005, 129; *Pause* Begründung von Wohnungseigentum an Altbauten ohne Abgeschlossenheitsbescheinigung? NJW 1990, 3178; *Pfeilschifter/Wüstenberg* Wohnungseigentum ohne Abgeschlossenheitsbescheinigung? WuM 2004, 635; *Rapp* Unterteilungen und Neuaufteilungen von Wohnungseigentum MittBayNot 1996, 344; *Röll* Aufteilung zu Wohnungseigentum und Standort des Gebäudes DNotZ 1977, 643; *ders.* Das AGB-Gesetz und die Aufteilung zu Wohnungseigentum DNotZ 1978, 720; *ders.* Die Bemessung der Miteigentumsanteile beim Wohnungseigentum MittBayNot 1979, 4; *ders.* Die Eintragung von Änderungen der Teilungserklärung in die Wohnungsgrundbücher MittBayNot 1979, 218; *ders.* Das Erfordernis der Abgeschlossenheit nach dem Wohnungseigentumsgesetz Rpfleger 1983, 380; *ders.* Sondereigentum an Räumen mit zentralen Versorgungsanlagen und ihren Zugangsräumen Rpfleger 1992, 94; *ders.* Die Unterteilung von Eigentumswohnungen DNotZ 1993, 158; *ders.* Rechenfehler bei der Aufteilung zu Wohnungseigentum MittBayNot 1996, 175; *ders.* Mauer- und Deckendurchbrüche sowie das Verlegen von Trennwänden in Eigentumswohnanlagen und die Prüfungspflicht des Grundbuchamts MittBayNot 1996, 275; *ders.* Das Eingangsflurproblem bei der Unterteilung von Eigentumswohnungen DNotZ 1998, 345; *Sauren* Die Sondereigentumsfähigkeit nicht überdachter Garagenstellplätze eines Gebäudes Rpfleger 1999, 14; *F. Schmidt* Teilungserklärung als AGB? MittBayNot 1979, 139; *ders.* Gegenstand und Inhalt des Sondereigentums MittBayNot 1985, 237; *ders.* Kellermodell im Aufbruch WE 1992, 2; *ders.* Balkone als Sondereigentum MittBayNot 2001, 442; *Schneider* Überlegungen zur Einführung eines »Zentralgrundbuches« Rpfleger 2003, 70 = WE 2003, 12; *ders.* Zur Eintragung des WEG-Verwalters in einem Zentralgrundbuch ZWE 2003, 339; *ders.* Beschlussbuch statt

§ 7 | Grundbuchvorschriften

Grundbuch? ZMR 2005, 15; *Seidl* Zur Abgeschlossenheitsbescheinigung nach dem Wohnungseigentumsgesetz BWNotZ 1990, 95; *Streblow* Änderungen von Teilungserklärungen nach Eintragung der Aufteilung in das Grundbuch MittRhNotK 1987, 141; *Streuer* Nachverpfändung, Zuschreibung oder Pfanderstreckung kraft Gesetzes? Rpfleger 1992, 181; *Trautmann* Abgeschlossenheit von Wohnungen in Neubauten nach §§ 3 II 1, 7 IV 1 Nr. 2 WEG seit der Privatisierung bauaufsichtlicher Verwaltungsaufgaben FS Merle 2000, 313; *ders.* Zur Reform der Abgeschlossenheitsbescheinigung ZWE 2004, 318; *Ulmer* ABGB und einseitig gesetzte Gemeinschaftsordnungen von Wohnungseigentümern FS Weitnauer 1980, 205; *Weitnauer* Wiedergabe von Veräußerungsbeschränkungen nach § 12 WEG im Grundbuch und im Hypothekenbrief Rpfleger 1968, 205.

Inhaltsverzeichnis

A. Allgemeines	1
B. Anlegung der Wohnungs- und Teileigentumsgrundbücher	4
I. Bezeichnung der Grundbücher	4
II. Inhalt der Eintragung	7
1. Miteigentumsanteil am Grundstück	7
2. Sondereigentum	15
3. Wechselseitige Beschränkungen der Miteigentumsanteile	18
4. Bezugnahmemöglichkeiten und Unterschriften	19
III. Gemeinschaftliches Wohnungs-/Teileigentumsgrundbuch	26
C. Schließung des bisherigen Grundbuchblattes	28
D. Folgen der Anlegung	31
I. Folgen der Anlegung im Verhältnis zu anderen Grundstücken	31
1. Vereinigung mit einem Grundstück	31
2. Bestandteilszuschreibung zu einem Grundstück oder umgekehrt	34
3. Vereinigung von Wohnungseigentumsrechten an verschiedenen Grundstücken	35
4. Vereinigung mit einem gewöhnlichen Miteigentumsanteil und Zuschreibung	36
5. Zubuchung eines gewöhnlichen Miteigentumsanteils	38
6. Zusammenlegung	42
II. Auswirkungen auf Eintragungen in den Abteilungen des Grundbuchs	43
1. Eintragungen zulasten des aufgeteilten Grundstücks	43
a) Belastungsgegenstand Grundstück	43
b) Belastungsgegenstand Miteigentumsanteil	54
2. Rechte zugunsten des aufgeteilten Grundstücks	56
3. Löschung und Pfandentlassung bei Grundpfandrechten	57
4. Dereliktion	59
5. Umwandlung aus Wohnungserbbaurechten	60
III. Folgen der Anlegung für das Einsichtsrecht	63
E. Eintragungsverfahren	67
I. Allgemeine Eintragungsvoraussetzungen	68
1. Antrag	68
2. Eintragungsbewilligung	69
3. Zustimmungen Dritter	73
4. Voreintragung	74
5. Behördliche Genehmigungen und Bescheinigungen	75
II. Besondere Eintragungsvoraussetzungen	82
1. Aufteilungsplan	84
2. Abgeschlossenheitsbescheinigung	99
III. Prüfungsrecht und Prüfungspflicht des Grundbuchgerichtes	105
1. Allgemeine Eintragungsvoraussetzungen	105
2. Besondere Eintragungsvoraussetzungen	106
a) Gegenständliche Prüfung	108
b) Inhaltliche Prüfung des Teilungsvertrages/der Teilungserklärung	115
(1) Prüfung des § 134 BGB	118
(2) Prüfung des § 138 BGB und der §§ 242, 315 BGB	129
(3) Prüfung der §§ 305 ff. BGB	142
c) Prüfung der Aufteilungspläne und der Abgeschlossenheitsbescheinigung	146
(1) Aufteilungspläne	146
(2) Abgeschlossenheitsbescheinigung	151
IV. Grundbucheintragung und Bezugnahmemöglichkeiten	167
1. Allgemeine Grundsätze	167
2. Eintragung von Veräußerungsbeschränkungen gemäß § 12 WEG	172
3. Eintragung von Sondernutzungsrechten	176

F.	Divergenzfragen	185
	I. Mängel der Grundbucheintragung	185
	1. Additionsfehler	185
	2. Unvollständige Aufteilungen	189
	3. Zuordnung eines nicht sondereigentumsfähigen Raumes zum Sondereigentum	190
	4. Eintragung eines nicht abgeschlossenen Raumes als Sondereigentum	191
	5. Unrichtige Angabe der Zweckbestimmung	192
	6. Angabe unrichtiger Wohnungsgrößen	193
	II. Abweichungen zwischen Teilungsurkunde, Aufteilungsplan und Abgeschlossenheitsbescheinigung	194
	1. Widersprüchliche Angaben hinsichtlich des Gegenstandes von Sondereigentum	194
	2. Fehlende Kennzeichnung von Sondereigentum im Aufteilungsplan	195
	3. Fehlende Zuordnung von Sondereigentum in der Teilungsurkunde	197
	4. Widersprüchliche Angaben zu Sondernutzungsrechten	200
	5. Abweichungen hinsichtlich Zweckbestimmungen	201
	6. Widersprüchlicher Aufteilungsplan mit Abgeschlossenheitsbescheinigung	202
	III. Abweichungen bei der Bauausführung	203
	1. Errichtung des Gebäudes an anderer Stelle	203
	2. Änderungen in der Raumaufteilung	204
	3. Sonstige Abweichungen	205
G.	Nachträgliche Veränderungen beim Wohnungs-/Teileigentum	206
	I. Änderungen durch den teilenden Alleineigentümer	210
	II. Gegenständliche Änderungen des Sondereigentums bei bestehender Eigentümergemeinschaft	215
	1. Umwandlung von Gemeinschaftseigentum in Sondereigentum	215
	2. Umwandlung von Sondereigentum in Gemeinschaftseigentum	229
	3. Umwandlung von Wohnungseigentum in Teileigentum und umgekehrt	241
	4. Unterteilung von Wohnungs- und Teileigentumseinheiten	242
	5. Zusammenlegung von Wohnungs- und Teileigentumseinheiten	254
	a) Zusammenschreibung	254
	b) Vereinigung	257
	6. Abspaltungen bei Wohnungs- und Teileigentumseinheiten	268
	III. Sonstige Veränderungen der Wohnungs- und Teileigentumsrechte	278
	1. Inhaltliche Veränderungen des Sondereigentums	278
	a) Eintragungsvoraussetzungen	278
	b) Häufige Anwendungsfälle	283
	(1) Änderungen der Kostenverteilung, einer vereinbarten Veräußerungsbeschränkung oder eines vereinbarten Sondernutzungsrechtes	283
	(2) Umwandlung von Wohnungseigentum in Teileigentum und umgekehrt	284
	c) Eintragung	288
	2. Änderung der Miteigentumsanteile	289
	3. Veränderungen am aufgeteilten Grundstück	290
H.	Öffnungsklausel zugunsten der Bundesländer zur Zuständigkeitsbestimmung für die Ausfertigung des Aufteilungsplans und die Bescheinigung der Abgeschlossenheit (§ 7 Abs. 4 S. 3 bis 6)	291
I.	Reformvorschlag: Einführung eines Zentralgrundbuches	297
	I. Anlass	297
	II. Dogmatischer Ansatz	298
	III. Aufbau und Inhalt der Grundbücher	299
	IV. Wirkungen	307
	V. Stand der Diskussion	308
J.	Gerichtsgebühren	310

A. Allgemeines

§ 7 enthält die für das Wohnungs- und Teileigentum maßgeblichen besonderen Grundbuchvorschriften. Sie stellen zusammen mit den Bestimmungen der Verordnung über die Anlegung und Führung der Wohnungs- und Teileigentumsgrundbücher (Wohnungsgrundbuchverfügung – WGV – s. Anang II.1) vom 1.8.1951 in der Fassung der Bekanntmachung der Neufassung vom 24.1.1995 (BGBl. I S. 134) die notwendige verfahrensrechtliche Ergänzung zu den im Übrigen an- **1**

§ 7 | Grundbuchvorschriften

wendbaren allgemeinen Bestimmungen der Grundbuchordnung (GBO) und der Grundbuchverfügung (GBV) dar (vgl. *OLG Düsseldorf* Rpfleger 1970, 394).

2 Das Wohnungs- und Teileigentumsgrundbuch ist das **Grundbuch im Sinne des BGB und der GBO** (Staudinger / *Rapp* Rn. 2; Weitnauer / *Briesemeister* Rn. 1). Jedes Wohnungs- und Teileigentumsgrundbuch ist wie ein selbständiges Grundstück zu behandeln.

3 Wohnungseigentum kann erst entstehen, wenn **sämtliche** Wohnungseigentums-/Teileigentumsrechte in der nachfolgend beschriebenen Art **eingetragen** sind (KEHE / *Eickmann* § 1 WGV Rn. 1). Zu Ausnahmen s. Rn. 189 u. § 1 Rn. 229 ff. Gleiches gilt für die sog. Vorratsteilung gem. § 8 Abs. 2 S. 2. Der Eintragung kommt damit eine nicht lediglich deklaratorische Funktion zu; sie hat **konstitutiven** Charakter.

B. Anlegung der Wohnungs- und Teileigentumsgrundbücher

I. Bezeichnung der Grundbücher

4 § 7 Abs. 1, § 7 Abs. 5 WEG i. V. m. § 8 Abs. 2 WEG regeln in Ergänzung der Bestimmungen des § 3 GBO, dass für jeden gebildeten Miteigentumsanteil verbunden mit Sondereigentum von Amts wegen ein eigenes Grundbuchblatt anzulegen ist (Realfolium). In der **Aufschrift** ist unter die Blattnummer in Klammern das Wort »Wohnungsgrundbuch« oder »Teileigentumsgrundbuch« zu setzen, je nachdem, ob sich das Sondereigentum auf eine Wohnung oder auf nicht zu Wohnzwecken dienende Räume bezieht (vgl. § 2 WGV). Maßgeblich für die Beurteilung, ob es sich um ein Wohnungs- oder Teileigentumsgrundbuch handelt, ist dabei nicht die tatsächliche Nutzung, sondern die Zweckbestimmung der betreffenden Räumlichkeiten (*BayObLG* Rpfleger 1973, 139). Zum Wohnungsbegriff siehe die im Anhang II.2 abgedruckte Allgemeine Verwaltungsvorschrift für die Ausstellung von Bescheinigungen gemäß § 7 Abs. 4 Nr. 2 und § 32 Nr. 2 WEG vom 19.3.1974 (AVV).

5 Ist mit dem Miteigentumsanteil Sondereigentum **sowohl** an einer **Wohnung als auch** an **nicht zu Wohnzwecken dienenden Räumen** verbunden und überwiegt nicht einer dieser Zwecke offensichtlich, so ist das Grundbuchblatt als »Wohnungs- und Teileigentumsgrundbuch« zu bezeichnen (vgl. § 2 WGV). Zu denken ist hier an Fallgestaltungen, bei denen entweder originäre Teileigentumseinheiten ohne einen eigenen Miteigentumsanteil mit Wohnungseigentum verbunden werden (z. B. Ladenlokale und Garagen – vgl. Nr. 4 der AVV) oder bei denen außerhalb des eigentlichen Wohnungsverbundes zu abgeschlossenen Wohnungen weitere abschließbare Nebenräume gehören (z. B. Keller- und Speicherräume – vgl. Nr. 5 a der AVV), die auch einer selbständigen Buchung als Teileigentum zugänglich gewesen wären (*BayObLG* Rpfleger 1992, 154 mit Anm. *Eckardt*; *Schneider* Rpfleger 1991, 499). Für die erstgenannte Fallgestaltung grundsätzlich selbständiger Teileigentumsrechte wird die Verwendung der Mischbezeichnung in der Aufschrift für sachgerecht gehalten, um auch nach außen den unterschiedlichen Charakter des im selben Grundbuchblatt gebuchten Sondereigentums erkennbar machen zu können (a. A. Meikel / *Ebeling* § 3 WGV Rn. 3). Ein offensichtliches Überwiegen eines bestimmten Zweckes dürfte in diesem Fall wohl kaum feststellbar sein.

6 Das Grundbuchgericht kann sich jedoch auf etwaige **Angaben der Beteiligten** verlassen; eine **falsche Bezeichnung** ist unschädlich (Bauer / *v. Oefele* AT V Rn. 233). Zur Berichtigung der Zweckbestimmung s. Rn. 192.

II. Inhalt der Eintragung

1. Miteigentumsanteil am Grundstück

7 Soweit nicht ein Fall des § 7 Abs. 2 S. 1 WEG vorliegt, ist für jeden Miteigentumsanteil ein eigenes Grundbuchblatt anzulegen (§ 7 Abs. 1, § 8 Abs. 2 WEG). Zum gemeinschaftlichen Grundbuch s. Rn. 26. Der Anteil ist dabei als zahlenmäßiger **Bruchteil gemäß § 47 GBO** zu bezeichnen (§ 3 Abs. 1 lit. a) WGV); eine wörtliche Wiederholung ist nicht vorgesehen (Meikel / *Ebeling* § 3 WGV Rn. 5; anders Muster Anlage 1 zur WGV S. 2). Die Größe der Bruchteile ist im Verhältnis zu dem damit zu verbindenden Sondereigentum nicht vorgeschrieben und kann grundsätzlich

frei gewählt werden (*BGH* Rpfleger 1986, 430 = ZMR 1986, 365; *OLG Düsseldorf* ZMR 2004, 613; *OLG Stuttgart* NJW-RR 2004, 375; *BayObLG* ZWE 2000, 171; s. § 3 Rn. 84 ff.); ihre Addition muss wieder **ein Ganzes** ergeben (zu Abweichungen infolge Rechenfehlern s. Rn. 185 ff.). Im Hinblick auf die in § 16 Abs. 2 WEG geregelte Lastentragungsverpflichtung wird in der Praxis jedoch vielfach die Größe eines Anteils in Anlehnung an das Verhältnis zur Gesamtfläche der Sondereigentumseinheiten bestimmt. Dabei sind nicht nur glatte 100stel oder 1.000stel Brüche zulässig und an der Tagesordnung.

Bei der vertraglichen Einräumung von Wohnungs- oder Teileigentumsrechten gemäß § 3 WEG wird vielfach erst der zur Verbindung mit dem vorgesehenen Sondereigentum erforderliche **Bruchteil zu schaffen** sein. Dies kann sich zwischen verschiedenen Miteigentümern im Wege der gewöhnlichen **Übertragung von Miteigentumsanteilen** durch Auflassung und vorherige Eintragung (§§ 873 Abs. 1, 925 BGB) vollziehen. Die Veränderung der Miteigentumsanteile und die Aufteilung in Wohnungseigentum können im Grundbuch in einem Schritt vollzogen werden (*DNotI-Gutachten* DNotI-Report 2002, 81; s. § 2 Rn. 5). **8**

Denkbar ist aber auch eine **Abspaltung** von Miteigentumsanteilen bei mehreren oder allen Miteigentümern, um nach Zusammenfügung eines neuen Anteils und Verbindung mit Sondereigentum diesen dann im Verhältnis der eingebrachten Quoten den Beteiligten Miteigentümern eigentumsmäßig (z. B. zur Bildung einer Teileigentumseinheit: Mehrfachparker, Schwimmbad oder Hausmeisterwohnung) zuzuordnen (vgl. *LG Bochum* Rpfleger 1999, 24). **9**

Umgekehrt kann zunächst auch erst eine **Zusammenlegung** von Miteigentumsanteilen erforderlich werden, um die Buchung eines einheitlichen Miteigentumsanteils erreichen zu können. An dem zusammengelegten Miteigentumsanteil verbunden mit Sondereigentum entsteht für die einbringenden Berechtigten mit der Eintragung eine Bruchteilsgemeinschaft (§§ 741 ff., 1008 ff. BGB) im entsprechenden Verhältnis. Es handelt sich dabei um eine lediglich rechtstechnische Zusammenlegung der Bruchteile, die mit der Eintragung im Bestandsverzeichnis bewirkt ist. Diese Konstellation ist typisch für Eheleute, die ihre bisher selbständigen Miteigentumsanteile (von z. B. je 1/4 Anteil zu einem 1/2 Anteil) zusammenführen, um nach Verbindung mit Sondereigentum jeweils hälftig in dem betreffenden Grundbuchblatt als Eigentümer eingetragen zu sein (BGHZ 86, 393 = Rpfleger 1983, 270). **10**

Sind die künftigen Wohnungseigentümer **noch nicht Miteigentümer** des Grundstücks, so genügt zum Vollzug der erklärten Auflassung die **unmittelbare Eintragung** der Wohnungseigentümer in den neu anzulegenden Grundbuchblättern. Der Erwerb kann dann direkt durch Eintragung in Abt. I des für den entsprechenden Miteigentumsanteil gebildeten Wohnungsgrundbuchs verlautbart werden (*Demharter* Anhang zu § 3 Rn. 53; *Schöner/Stöber* Rn. 2864; *Weitnauer/Briesemeister* Rn. 6). Einer vorherigen Eintragung noch auf dem Grundbuchblatt des ungeteilten Grundstücks bedarf es nicht (zur Formulierung der Eintragung in einem solchen Fall vgl. Muster Anlage 1 zur WGV S. 4). **11**

Die Angabe des Miteigentumsanteils hat sich auf das in Wohnungseigentum aufgeteilte **Grundstück** zu beziehen. Die erforderlichen Grundstücksangaben ergeben sich dabei aus den allgemeinen Vorschriften (vgl. § 3 Abs. 1 lit. b) und Abs. 4 WGV). Die Beschreibung erfolgt mit den üblichen Katasterdaten (Gemarkung, Flur, Flurstück, Wirtschaftsart und Lage). Gemäß § 1 Abs. 4 WEG (eingefügt durch Gesetz vom 30.7.1973, BGBl. I Seite 910) kann es sich nur um *ein* Grundstück im Rechtssinne handeln, das allerdings durchaus aus mehreren Flurstücken bestehen kann. In diesem Fall soll in geeigneter Weise zum Ausdruck gebracht werden, dass die im amtlichen Verzeichnis selbständig eingetragenen Teile ein Grundstück im Rechtssinne bilden (§ 3 Abs. 1 lit. b) WGV). Wegen der Vereinigungsfiktion bzgl. der vor der Einfügung des Abs. 4 an mehreren Grundstücken begründeten Wohnungseigentumsrechte siehe Art. 3 § 1 des Gesetzes vom 30.7.1973. **12**

Bei Vorliegen eines **Überbaus** (dazu s. § 1 Rn. 193 ff.) hat in der Grundbucheintragung der überbauenden Wohnungs- und Teileigentumsrechte ein Hinweis auf den Überbau zu unterbleiben, weil dies eine unzulässige Kommentierung der Eintragungswirkungen darstellen würde (*Meikel/Ebeling* § 3 WGV Rn. 6b) a. E.). Eintragungsfähig ist jedoch der Verzicht auf eine Überbaurente sowie eine vertragliche Feststellung ihrer Höhe (§ 914 Abs. 2 BGB). Diese Eintragung hat nach inzwischen h. M. auf dem rentenpflichtigen – in Wohnungseigentum aufgeteilten – Grund- **13** stück zu erfolgen (*BayObLG* Rpfleger 1998, 463; *OLG Düsseldorf* Rpfleger 1978, 16; *Ludwig* DNotZ 1984, 541, 543). Zur grundbuchmäßigen Behandlung eines Überbaues bei Wohnungseigentum siehe OLG Hamm Rpfleger 1984, 98 m. Anm. *Ludwig* Rpfleger 1984, 266; *OLG Stuttgart* DNotZ 1983, 444; *OLG Karlsruhe* DNotZ 1986, 753 m. Anm. *Ludwig*; LG Bautzen NJW-RR 2001, 591; *Röll* MittBayNot 1982, 172; *Röll* MittBayNot 1983, 5; *Demharter* Rpfleger 1983, 133; *Ludwig* DNotZ 1983, 411; *Ludwig* BWNotZ 1984, 133; *Rastätter* BWNotZ 1986, 79; *Brünger* MittRhNotK 1987, 269 u. § 1 Rn. 211 ff.).

14 Bei der Aufteilung in Wohnungseigentum müssen im Hinblick auf § 6 **alle** gebildeten **Miteigentumsanteile auch mit Sondereigentum verbunden** sein (BGHZ 109, 179 = Rpfleger 1990, 62 = ZMR 1990, 112; BGHZ 130, 159 = Rpfleger 1996, 19 = ZMR 1995, 521; BGH Rpfleger 2004, 207 = ZMR 2004, 206; *OLG Hamm* Rpfleger 1990, 509; *Weitnauer* MittBayNot 1991, 143). Eine teilweise Anlegung der Wohnungs- und Teileigentumsgrundbücher unter Belassung der restlichen Miteigentumsanteile im Übrigen verbietet sich genauso wie die Bildung einer Miteigentumsanteilsreserve für spätere Bauabschnitte bei einer Mehrhausanlage (Staudinger / *Rapp* § 7 Rn. 6). Zur nachträglichen Entstehung **isolierter Miteigentumsanteile** und den sich daraus ergebenden Rechtswirkungen vgl. § 1 Rn. 231 f. u. § 3 Rn. 97 ff.

14a Soweit man mit der wohl herrschenden Meinung die rechtliche **Vereinigung eines Grundstücks mit einem Erbbaurecht** für zulässig halten will (so Bauer / v. Oefele / *Maaß* AT VI Rn. 180; *Demharter* § 5 Rn. 6; Palandt / *Bassenge* § 890 Rn. 2; *Schöner/Stöber* Rn. 1848; **a. A.** Meikel / *Böttcher* § 5 Rn. 7; *v. Oefele* / Winkler Rn. 5.179), kann an diesem Mischgebilde kein Wohnungseigentum begründet werden, weil unklar ist, ob der für das Wohnungseigentum erforderliche Miteigentumsanteil im einzelnen an dem Grundstück oder an dem Erbbaurecht besteht. Da Grundstück und Erbbaurecht nicht wesensgleich sind und bei Verfügungen unterschiedlichen Rechtsnormen folgen, kann also entweder nur eine Aufteilung des Grundstücks (§ 1) oder eine Aufteilung des Erbbaurechts (§ 30) erfolgen (s. § 1 Rn. 221).

2. Sondereigentum

15 Das mit dem Miteigentumsanteil zu verbindende Sondereigentum erfordert die eindeutige **Zuordnung von Räumen**. Diese Eintragung in das Grundbuch ist im Hinblick auf §§ 7 Abs. 1, 8 Abs. 2 WEG zur Abgrenzung der Eigentumssphären konstitutiv. Ein Miteigentumsanteil kann dabei mit mehreren zu Wohn- oder sonstigen Zwecken bestimmten Sondereigentumseinheiten verbunden werden (*KG* NJW-RR 1989, 1360); ein Sondereigentumsrecht kann jedoch umgekehrt nur mit einem Miteigentumsanteil verbunden werden (*BGH* DNotZ 1983, 487).

16 Die **Beschreibung** der Räumlichkeiten erfolgt dabei regelmäßig unter Heranziehung des gem. Abs. 4 S. 1 Nr. 1 beizufügenden amtlichen Aufteilungsplans. Gebräuchlich sind farbige (dazu *LG Bayreuth* MittBayNot 1975, 102) oder ziffernmäßige Markierungen. Zu den Bezugnahmemöglichkeiten s. Rn. 19. Ausreichend – jedoch keineswegs zweckmäßig – sind Kurzbezeichnungen des räumlichen Bereichs des Sondereigentums wie z. B. »*verbunden mit dem Sondereigentum an der Wohnung Nr. 1 des Aufteilungsplanes*«. Formulierungen dieser Art mögen aufgrund der fortschreitenden Datenverarbeitung dem dadurch vielfach bedingten Drang zu Standardisierungen genügen, benutzerfreundlich sind sie wegen der damit verbunden fehlenden Aussagekraft gleichwohl nicht (so auch zu Recht Meikel / *Ebeling* § 3 WGV Rn. 7 unter Hinweis auf die Normtexte des Bayerischen Staatsministeriums). Damit können im Einzelfall nicht nur Mehrarbeiten durch später erforderlich werdende Nachforschungen verursacht werden (so auch Bauer / v. Oefele AT V Rn. 235), sondern auch haftungsträchtige Verzögerungen bei Beschlagnahmen z. B. im Wege einer Zwangsverwaltung verbunden sein, wenn die Zuordnung u. U. erst nach vielen Jahrzehnten nur auf der Grundlage der Pläne nicht mehr eindeutig geklärt werden kann. S. insoweit auch die auftretenden Probleme mit gleich lautenden Nummerierungen Rn. 95. Angezeigt erscheinen deshalb vielmehr Formulierungen, die die **Lage** der jeweiligen Einheit in dem Gesamtkomplex näher beschreiben, wie es auch die entsprechenden Angaben für gewöhnliche Grundstücke vorsehen (Meikel / *Ebeling* § 3 WGV Rn. 7). Sofern nicht anders bei der Aufteilung definiert, sind Lagebezeichnungen grundsätzlich vom Eingang her zu sehen.

Der Angabe von **Wohnungsgrößen** bedarf es nicht. Diese sind nicht Teil der Eintragungsbewilligung und unterliegen wie das Flächenmaß bei Grundstücken auch nicht dem öffentlichen Glauben des Grundbuchs (vgl. Staudinger/*Gursky* 2002 § 892 Rn. 63 m. w. N.). Wegen der bei Wohnungseigentum bestehenden Möglichkeiten der Abweichung vom Aufteilungsplan sollten solche Angaben unterbleiben. Wurden sie unzutreffend angegeben, ist aus diesem Grunde auch keine Grundbuchberichtigung erforderlich (KEHE/*Herrmann* Einl. E 91; *Röll* Rpfleger 1994, 501; **a. A.** *LG Passau* Rpfleger 1994, 500 a. A. auch Münchener Vertragshandbuch *F. Schmidt* Bd. VI, VIII 1 Nr. 16: »Eine qm Angabe ist ... im Hinblick auf die ... Heizkostenanteile ... dringend zu empfehlen.«) 17

3. Wechselseitige Beschränkungen der Miteigentumsanteile

Einzutragen ist weiterhin die wechselseitige **Beschränkung** der Miteigentumsanteile **durch** die Einräumung der zu den anderen Miteigentumsanteilen gehörenden **Sondereigentumsrechte** (§ 7 Abs. 1 S. 2). Dabei sind die Grundbuchblätter der übrigen Miteigentumsanteile anzugeben (§ 3 Abs. 1 lit. c) WGV). Für die Eintragung kann dabei eine Fassung gewählt werden, die in allen Grundbüchern eine gleich lautende Eintragung zulässt (vgl. den Formulierungsvorschlag von Meikel/*Ebeling* § 3 WGV Rn. 8); eine Einzelauflistung ist nicht erforderlich. 18

4. Bezugnahmemöglichkeiten und Unterschriften

Gemäß §§ 7 Abs. 1 S. 2, 8 Abs. 2 WEG sind die vorgenannten Angaben zum Miteigentumsanteil, dem aufzuteilenden Grundstück, dem zugehörigen Sondereigentum und der wechselseitigen Beschränkung der Miteigentumsanteile ausdrücklich in das Grundbuch einzutragen. Im Übrigen erlaubt § 7 Abs. 3 WEG in Erweiterung des § 874 BGB zur näheren Bezeichnung des Gegenstandes und des Inhalts des Sondereigentums eine **Bezugnahme** auf die Eintragungsbewilligung. 19

Die Eintragungsbewilligung ihrerseits wird wegen des **Gegenstandes des Sondereigentums** regelmäßig Bezug nehmen auf den nach § 7 Abs. 4 S. 1 Nr. 1 WEG beizufügenden Aufteilungsplan. Daraus ergeben sich Lage und Größe der im Sondereigentum und im gemeinschaftlichen Eigentum stehenden Gebäudeteile. Die Grundbucheintragung erfolgt daher im Wege einer **doppelten Bezugnahme** (*BGH* ZfIR 2004, 1006, 1007; *OLG Schleswig* ZMR 2004, 68, *BayObLG* ZMR 2003, 370, 371; *BayObLG* Rpfleger 1991, 414; *OLG Köln* NJW-RR 1993, 204; *OLG Stuttgart* Rpfleger 1981, 109). Dadurch wird der Aufteilungsplan zum Inhalt der Grundbucheintragung und nimmt insoweit am öffentlichen Glauben teil (BGHZ 130, 159 = Rpfleger 1996, 19 = ZMR 1995, 521; *BayObLG* Rpfleger 1987, 310; *BayObLG* Rpfleger 1982, 63; Weitnauer/*Briesemeister* Rn. 32). Neben der notwendigen Eintragung der Raumzuordnung zum Sondereigentum kann weiterhin noch eine gegenständliche Bezugnahme in Betracht kommen hinsichtlich sondereigentumsfähiger Räume und Gebäudebestandteilen, die zum gemeinschaftlichen Eigentum erklärt werden (§ 5 Abs. 3). Welche Teile Gemeinschaftseigentum sind, braucht bei der Eintragung aber nicht ausdrücklich vermerkt zu werden (*LG Lübeck* Rpfleger 1988, 102). 20

Eine Bezugnahme auf die Eintragungsbewilligung wird regelmäßig erfolgen hinsichtlich des **Inhalts des Sondereigentums** (§§ 5 Abs. 4, 10 Abs. 2 S. 2 WEG). Es handelt sich dabei um Vereinbarungen der Wohnungseigentümer gem. § 10 Abs. 3 bzw. durch Teilungserklärung gesetzte Regelungen, die wie Vereinbarungen behandelt werden (s. dazu § 8 Rn. 47). Zur Erstreckungswirkung der Grundbucheintragung in diesem Falle s. § 10 Rn. 162. Vereinbarte Veräußerungsbeschränkungen gem. § 12 sind jedoch ausdrücklich einzutragen (§ 3 Abs. 2 WGV). 21

Wegen der Rechtsfolgen einer unterbliebenen ausdrücklichen Eintragung einer vereinbarten Veräußerungsbeschränkung s. § 12 Rn. 17. Wegen der Eintragung von Sondernutzungsrechten im Grundbuch s. Rn. 176. 22

Die Anlegung der Wohnungs- und Teileigentumsgrundbücher ist abgeschlossen, wenn die Eintragungen im Bestandsverzeichnis der neu angelegten Grundbücher sämtlich **unterschrieben** sind. Wegen der konstitutiven Bedeutung des Eintragungsvermerkes in Sp. 3 des Bestandsverzeichnisses (s. Rn. 3) ist dort die Eintragung gem. § 44 GBO zu datieren und zu unterschreiben (vgl. Muster Anlage 1 zur WGV Seite 2). Wenn der die Herkunft des Miteigentumsanteils ausweisende Übertragungsvermerk (§ 3 Abs. 5 S. 1 WGV) in den Spalten 5 und 6 des Bestandsverzeichnisses zusätzlich vorgenommen werden sollte, so ist auch dieser zu datieren und zu unterschrei- 23 ben (wie hier Meikel/*Ebeling* § 3 WGV Rn. 4; *a. A. OLG Celle* Rpfleger 1971, 184). Ausreichend gem. § 3 Abs. 5 S. 2 WGV ist jedoch ein Übertragungsvermerk, der in der Spalte 3 angebracht wird.

24 **Fehlt** bei der Anlegung einer Wohnungseigentumsserie in einem der neu anzulegenden Grundbuchblätter die gem. § 44 Abs. 1 S. 1 GBO erforderliche **Datierung** im Bestandsverzeichnis, so ist die Grundbucheintragung gleichwohl wirksam; sie ist lediglich unvollständig. Die unterbliebene Datierung kann von Amts wegen nachgeholt werden, da der Zeitpunkt der unterlassenen Unterzeichnung ohne weiteres anhand der übrigen Eintragungen ermittelt werden kann (Bauer/v. Oefele/*Knothe* § 44 Rn. 25; Meikel/*Ebeling* § 44 Rn. 23). Für das maschinell geführte Grundbuch vgl. §§ 130, 129 Abs. 2 GBO.

25 **Fehlt** bei der Anlegung einer Wohnungseigentumsserie in einem der neu anzulegenden Grundbuchblätter hingegen eine der gem. § 44 Abs. 1 S. 2 GBO erforderlichen Unterschriften im Bestandsverzeichnis, so ist die Eintragung formal wirkungslos und kann zunächst auch keine materiellen Wirkungen entfalten; es liegt noch keine Eintragung im Rechtssinne vor. Vollendet wird die Grundbucheintragung nämlich erst mit der Leistung der – soweit vorgeschrieben – zweiten **Unterschrift** (*OLG Köln* Rpfleger 1980, 477; Bauer/v. Oefele/*Knothe* § 44 Rn. 27; KEHE/*Eickmann* § 44 Rn. 8; Meikel/*Ebeling* § 44 Rn. 25). Die nachträgliche Unterzeichnung der – dann neu zu datierenden (KEHE/*Eickmann* § 44 Rn. 11) – Eintragung im Bestandsverzeichnis ist jedoch nicht ausgeschlossen, da der ursprüngliche Eintragungsantrag bislang noch nicht vollständig erledigt worden ist (Bauer/v. Oefele/*Knothe* § 44 Rn. 34). Die fehlende Unterzeichnung führt nicht zur Gesamtnichtigkeit. Aus diesem Grunde können auch etwaig später eingetretene Verfügungsbeschränkungen bei einem teilenden Bauträger die Nachholung nicht beeinträchtigen, wenn die Voraussetzungen des § 878 BGB vorliegen. Für das maschinell geführte Grundbuch vgl. § 130 GBO, § 75 GBV.

III. Gemeinschaftliches Wohnungs-/Teileigentumsgrundbuch

26 § 7 Abs. 2 WEG eröffnet die Möglichkeit, von der Anlegung besonderer Wohnungs- und Teileigentumsgrundbücher abzusehen, wenn hiervon Verwirrung nicht zu besorgen ist. In diesem Fall ist das Grundbuchblatt in der **Aufschrift** als »gemeinschaftliches Wohnungsgrundbuch« bzw. »gemeinschaftliches Teileigentumsgrundbuch« oder »gemeinschaftliches Wohnungs- und Teileigentumsgrundbuch« zu kennzeichnen. Die Angaben über die Einräumung von Sondereigentum sowie über den Gegenstand und Inhalt des Sondereigentums sind als Bezeichnung des Gemeinschaftsverhältnisses i. S. d. § 47 GBO gemäß § 9 lit. b) GBV in den Spalten 2 und 4 der I. Abteilung einzutragen (vgl. § 7 WGV i. V. m. dem Muster Anlage 2).

27 Die Möglichkeit eines gemeinschaftlichen Grundbuchs kann wegen der Verwirrungsgefahr überhaupt nur bei wenigen Einheiten und einer gleichmäßigen Belastung der Anteile in Betracht kommen. In der Praxis hat § 7 Abs. 2 **keine Bedeutung** erlangt; er ist darüber hinaus wegen des unterbliebenen Verweises in § 8 Abs. 2 auch nur im Falle der vertraglichen Aufteilung gemäß § 3 anwendbar.

C. Schließung des bisherigen Grundbuchblattes

28 Sind die Wohnungs- und Teileigentumsgrundbücher angelegt, ist gemäß § 7 Abs. 1 S. 3 WEG das **Grundbuchblatt** des Grundstücks von Amts wegen zu **schließen**. Dies kann selbstverständlich nur dann gelten, wenn auf dem Grundbuchblatt nicht noch weitere – von der Teilung nicht erfasste – Grundstücke eingetragen sind (§ 6 S. 2 WGV).

29 Auf die Schließung findet § 36 GBV Anwendung. Nach Abschreibung der Miteigentumsanteile in den Sp. 7 und 8 des Bestandsverzeichnisses ist ein entsprechender **Schließungsvermerk** anzubringen. Die beschrifteten Einzelseiten des Grundbuchblattes sind zu durchkreuzen. Das bisherige Grundbuchblatt des Grundstücks soll nicht für eine der neu anzulegenden Einheiten verwendet werden (Bauer/*v. Oefele* AT V Rn. 231; *Bärmann/Pick/Merle* Rn. 14; Weitnauer/*Briesemeister* Rn. 6; anders in Fällen der Unterteilung; siehe dazu Rn. 253).

Das **Grundstück** im Rechtssinne kann jedoch auch künftig noch **Verfügungsgegenstand** sein 30 (*OLG Hamm* DNotZ 2001, 216 = ZMR 2000, 630). So können Eintragungen, die nur am Grundstück als Ganzem möglich sind (z. B. Dienstbarkeiten), nach wie vor erfolgen (vgl. dazu Rn. 43 ff.). Ebenso kann das in Wohnungseigentum aufgeteilte Grundstück nachträglich noch vergrößert oder verkleinert werden (vgl. dazu § 6 Rn. 19 ff. u. 27 ff.; Bamberger/Roth/*Hügel* Rn. 14). Auch ist bei einem bereits in Wohnungseigentum aufgeteilten Objekt aufgrund eines zuvor angeordneten Zwangsversteigerungsverfahrens dem Ersteher wegen § 23 ZVG noch das Grundstück als Ganzes zuzuschlagen, wenn nicht der das Verfahren betreibende Gläubiger seine Zustimmung zur Aufteilung erklärt hat (*Stöber* ZVG § 23 Rn. 2.2 lit. b) m. w. N.). Die abweichende Auffassung von Weitnauer/*Briesemeister* § 3 Rn. 126 berücksichtigt nicht, dass der das Verfahren betreibende Gläubiger eine (u. U. für ihn nachteilige) Veränderung des Versteigerungsobjektes nicht hinnehmen muss. Zur Behandlung der angelegten Wohnungs- und Teileigentumsgrundbücher in diesem Fall siehe § 9 Rn. 27 m. w. N.

D. Folgen der Anlegung

I. Folgen der Anlegung im Verhältnis zu anderen Grundstücken

1. Vereinigung mit einem Grundstück

Ob die **Vereinigung** eines Wohnungs- oder Teileigentumsrechts **mit einem Grundstück** gemäß 31 §§ 890 Abs. 1 BGB, 5 GBO zulässig ist, ist umstritten (**bejahend** *BayObLG* Rpfleger 1994, 108; Bauer/v. Oefele/*Waldner* §§ 5, 6 Rn. 17; *Demharter* § 5 Rn. 5: KEHE/*Eickmann* § 5 Rn. 9; Meikel/*Böttcher* § 5 Rn. 8; Schöner/*Stöber* Rn. 2979; Weitnauer/*Briesemeister* § 3 Rn. 92 unter Aufgabe der bisherigen Meinung; **abl.** *OLG Düsseldorf* MittRhNotK 1963, 595; *OLG Zweibrücken* DNotZ 1991, 605 mit Anm. *Herrmann*; *LG Dortmund* Rpfleger 1992, 478; Staudinger/*Gursky* § 890 BGB Rn. 20; *Riedel* Rpfleger 1966, 81). Die zunehmende Bedeutung des Wohnungseigentums vermag eine solche systemfremde Buchungsart nicht zu rechtfertigen. Dass eine Verbesserung der Verkehrs- oder Beleihungsfähigkeit durch die Vereinigung erreicht werden könnte (so Meikel/*Böttcher* § 5 Rn. 8), ist weder erkennbar noch vermag sie die – auch im Übrigen nicht zulässige (*BayObLG* Rpfleger 1994, 408; *OLG Saarbrücken* OLGZ 1972, 129; *HansOLG Hamburg* NJW 1965, 1765) – Vereinigung eines (rechtlich im Vordergrund stehenden) Miteigentumsanteils mit einem Grundstück zu rechtfertigen. Unklar bleibt auch, welche weitergehenden Vorteile eine Vereinigung bringen könnte, die nicht schon über eine Gesamtbelastung zur Mithaft der beteiligten Objekte erreicht werden.

Im Gegenteil verlangt die Vereinigung eine **auf Dauer ausgerichtete Schaffung einer Rechtsein-** 32 **heit** (vgl. Staudinger/*Gursky* § 890 Rn. 20; MüKo/*v. Oefele* § 11 ErbbauVO Rn. 33 für Erbbaurechte). Diese ist jedoch nicht möglich, wenn die Belastung und die Änderung der beiden Elemente unterschiedlichen Regelungen folgen. So dürfte etwa nach einer solchen Vereinigung mit Schwierigkeiten immer dann zu rechnen sein, wenn eine Neubelastung eines oder aller vereinigten Elemente in Abt. II erfolgen soll, die »das Grundstück« betrifft. Da Rechte »am Grundstück« nur noch auf dem einheitlichen neu gebildeten Belastungsgegenstand eingetragen werden können (vgl. *BGH* Rpfleger 1978, 52 = ZMR 1978, 213; Meikel/*Böttcher* § 5 Rn. 77 m. w. N.), ein Miteigentumsanteil verbunden mit Sondereigentum allein aber nicht Belastungsgegenstand eines solchen Rechtes am Grundstück sein kann, würde in diesen Fällen gar kein einheitliches Verfügungsobjekt vorliegen. Allenfalls unter den Voraussetzungen des § 7 Abs. 2 GBO könnte hier de facto wieder im Wege der Einzelbelastung Abhilfe geschaffen werden. Ebenfalls (so zu Recht Staudinger/*Gursky* § 890 Rn. 20) wäre ein Verzicht auf das Eigentum am Grundstück gemäß § 928 BGB ohne weiteres möglich; ein Verzicht auf das Wohnungseigentum dagegen wäre genauso unzulässig wie ein Verzicht auf einen gewöhnlichen Miteigentumsanteil (*BGH* DNotI-Report 2007, 127; *BayObLG* NJW-RR 1994, 403; *OLG Düsseldorf* NZM 2001, 342).

Eine Vereinigung von Wohnungs- und Teileigentumsrechten mit einem Grundstück lässt sich da- 33 her nur über die **Vereinigung der Grundstücke** erreichen. Die Vereinigung erfordert dann allerdings die Schaffung deckungsgleicher Miteigentumsanteile, die sodann mit den bereits mit Sondereigentum verbundenen Anteilen zusammengeführt werden. Dazu siehe § 6 Rn. 19 ff.

2. Bestandteilszuschreibung zu einem Grundstück oder umgekehrt

34 Die **Zuschreibung** eines Wohnungs- oder Teileigentumsrechts zu einem Grundstück oder auch umgekehrt gemäß §§ 890 Abs. 2 BGB, 6 GBO ist aus den zuvor genannten Gründen ebenfalls für unzulässig zu halten (**a. A.** die h. M. *BayObLG* Rpfleger 1994, 108; *OLG Hamm* NJW-RR 1996, 1100; Bauer / v. Oefele / *Waldner* §§ 5, 6 Rn. 17; *Demharter* § 6 Rn. 5; *Schöner/Stöber* Rn. 2980). Vereinigung und Zuschreibung unterscheiden sich hauptsächlich durch die unterschiedliche Wirkung auf Grundpfandrechte gemäß § 1131 BGB.

3. Vereinigung von Wohnungseigentumsrechten an verschiedenen Grundstücken

35 Eine **Vereinigung** mehrerer Wohnungs- oder Teileigentumsrechte desselben Eigentümers **an verschiedenen Grundstücken** ist nicht möglich (Weitnauer/*Briesemeister* § 3 Rn. 91; *Schöner/Stöber* Rn. 2979; *Demharter* § 5 Rn. 5). Dies liefe im Ergebnis auf die Verbindung von Sondereigentum mit Miteigentumsanteilen an verschiedenen Grundstücken hinaus, was gegen § 1 Abs. 4 WEG verstieße (**a. A.** Bauer / v. Oefele / *Waldner* §§ 5, 6 Rn. 16 a. E.).

4. Vereinigung mit einem gewöhnlichen Miteigentumsanteil und Zuschreibung

36 Ebenfalls ist die **Vereinigung** eines Wohnungs- oder Teileigentumsrechts **mit einem Miteigentumsanteil** an einem Grundstück genauso wenig möglich wie die Vereinigung eines gewöhnlichen Miteigentumsanteils mit einem anderen Miteigentumsanteil (*BayObLG* Rpfleger 1994, 108; *Schöner/Stöber* Rn. 2979). Gleiches ergibt sich auch für die Zuschreibung (Bauer / v. Oefele / *Waldner* §§ 5, 6 Rn. 18; Meikel / *Böttcher* § 6 Rn. 13). Dies gilt auch dann, wenn die Miteigentumsanteile nach § 3 Abs. 5 selbständig gebucht sind (Bauer / v. Oefele / *Waldner* §§ 5, 6 Rn. 18). Eine solche Buchung würde auf die Verbindung von Sondereigentum mit Miteigentumsanteilen an verschiedenen Grundstücken hinauslaufen, da an dem in Wohnungseigentum aufgeteilten Grundstück rechtsgeschäftlich keine isolierten Miteigentumsanteile mit der Anlegung begründet werden dürfen (siehe § 3 Rn. 70).

37 Bei der nachträglichen **Behebung eines Gründungsmangels** hält es der *BGH* für einen denkbaren Lösungsweg, einen sondereigentumslosen Miteigentumsanteil durch Vereinigung oder Zuschreibung gemäß § 890 BGB auf die anderen Anteile zu beseitigen (BGHZ 130, 159 = Rpfleger 1996, 56 = ZMR 1995, 521; BGHZ 109, 179 = Rpfleger 1990, 62 = ZMR 1990, 112).

5. Zubuchung eines gewöhnlichen Miteigentumsanteils

38 Zulässig und in den meisten Fällen auch möglich ist die **Zubuchung** eines gewöhnlichen **Miteigentumsanteils** unter den Voraussetzungen des § 3 Abs. 4 ff. GBO zu einem herrschenden Wohnungs- oder Teileigentumsrecht. Dabei macht der durch das RegVBG vom 20.12.1993 (BGBl I, S. 2182) eingefügte Abs. 7 die Zubuchung von Miteigentumsanteilen an dienenden Grundstücken bei Vorliegen der in Abs. 4 genannten Voraussetzungen zum Regelfall, wenn die Miteigentumsanteile neu gebildet werden (»... das Grundbuchamt *soll in der Regel* ... verfahren«). Zu den mehrfachen Vorteilen einer Zubuchung s. *Demharter* § 3 Rn. 30. Diese Buchungsart lässt Abs. 6 ausdrücklich auch für den Fall zu, dass sich sämtliche herrschenden Einheiten noch im Eigentum des teilenden Bauträgers befinden. Der dienende -gewöhnliche – Miteigentumsanteil kann dabei nicht nur an einem anderen Grundstück, sondern auch an einem Wohnungseigentumsrecht oder Erbbaurecht bestehen. Dies wird z. B. in Betracht kommen bei Wegeanteilen, Anteilen an Mehrfachparkern, Heizkraftwerken oder Hausmeisterwohnungen im Sondereigentum (vgl. *OLG Düsseldorf* Rpfleger 1970, 394; BayObLGZ 1974, 466 = Rpfleger 1975, 90; BayObLGZ 1994, 221 = Rpfleger 1995, 153).

39 Dabei muss **nicht allen** Miteigentümern einer Wohnungseigentümergemeinschaft auch **ein Miteigentumsanteil** am dienenden Objekt zugeordnet werden (*OLG Celle* Rpfleger 1997, 522). Zu beachten ist allerdings, dass im Rahmen der Buchung **sämtliche** Miteigentumsanteile **einheitlich** zugeordnet werden müssen und nicht ein Restanteil ohne Zuordnung verbleibt (*LG Nürnberg-Fürth* Rpfleger 1971, 223 mit Anm. *Meyer-Stolte*; *BayObLG* Rpfleger 1995, 153; Bauer / v. Oefele / *Waldner* § 3 Rn. 33; Meikel / *Ebeling* § 3 WGV Rn. 34; KEHE / *Eickmann* § 3 Rn. 10).

40 Die **Zubuchungserklärung** hat der Eigentümer gegenüber dem Grundbuchgericht abzugeben. Sie unterliegt *nicht* der Form des § 29 GBO (Bauer / v. Oefele / *Waldner* Rn. 36; *Demharter* § 3 Rn. 34;

Meikel/*Nowak* § 3 Rn. 45; **a. A.** KEHE/*Eickmann* § 3 Rn. 10). Es handelt sich insoweit nicht um eine Bewilligung, sondern lediglich um eine Anregung an das Grundbuchgericht. Dieser Anregung wird das Grundbuchgericht umso eher nachkommen können, als sich ihm durch zusätzliche Vorlage von Karten, Plänen o. ä. Lage und Bedeutung der Objekte leichter erschließen.
Die Grundbuch**eintragung** vollzieht sich gem. § 8 GBV. In der Praxis finden sich aus den in Rn. 39 dargestellten Gründen gelegentlich Eintragungen mit einem überdimensionierten Miteigentumsanteil, die ein zwischenzeitliches »Parken« der noch nicht verteilten oder noch nicht verteilbaren Miteigentumsanteile bezwecken. Auf diese Weise kann bei noch nicht abschließender Kenntnis der Gesamtbaumaßnahme bei bestehender Zuordnung eine zeitliche Streckung bis zur endgültigen Aufteilung erreicht werden. **41**

6. Zusammenlegung
Zu weiteren Fragen bei der **Zusammenlegung** von Wohnungs- oder Teileigentumseinheiten miteinander vgl. Rn. 254 ff. **42**

II. Auswirkungen auf Eintragungen in den Abteilungen des Grundbuchs
1. Eintragungen zulasten des aufgeteilten Grundstücks
a) Belastungsgegenstand Grundstück
Im Grundbuch bestehende Eintragungen, deren **Belastungsgegenstand** das gesamte **Grundstück** ist, setzen sich nach Aufteilung an sämtlichen gebildeten Wohnungseigentumseinheiten fort. Im Einzelnen gilt: **43**

Grundpfandrechte und Reallasten werden Gesamtrechte (vgl. §§ 1132 Abs. 1 S. 1, 1192 Abs. 1, 1200 Abs. 1, 1107 BGB). Insoweit sind gemäß § 48 Abs. 1 S. 1 GBO Mithaftvermerke in allen beteiligten Grundbüchern von Amts wegen einzutragen. Gleiches gilt für Neueintragungen. Eingetragene Zwangshypotheken werden, was originär wegen § 867 Abs. 2 ZPO nicht möglich wäre, durch die Aufteilung zu Gesamtzwangshypotheken (*BayObLG* MittBayNot 1996, 108 = Rpfleger 1996, 333). Zustimmungen Drittberechtigter sind für die Aufteilung nicht erforderlich, da die Rechte an sämtlichen Einheiten eingetragen bleiben und den Berechtigten das Objekt nach wie vor in seiner Gesamtheit zur Verfügung steht (allgem. Meinung *BGH* Rpfleger 1968, 114; *OLG Frankfurt a. M.* Rpfleger 1997, 374; Bamberger/Roth/*Hügel* § 4 Rn. 6; *Schöner/Stöber* Rn. 2849). Dies gilt auch für den Fall, dass mit der Aufteilung ein Zustimmungserfordernis gem. § 12 begründet wird (*OLG Frankfurt a. M.* Rpfleger 1996, 340). **44**

Bei **Grunddienstbarkeiten** und **beschränkten persönlichen Dienstbarkeiten** (vgl. §§ 1018, 1090 Abs. 1 BGB) richtet sich der Anspruch auf Nutzung, Unterlassung oder Rechtsausschluss unverändert gegen sämtliche – dann Wohnungs- Eigentümer des belasteten Grundstücks (*Demharter* Anhang zu § 3 Rn. 17; *Schöner/Stöber* Rn. 2849). Eine Zustimmung ist aus diesem Grunde auch hier nicht erforderlich. Eine in der Gemeinschaftsordnung vereinbarte entgegenstehende Regelung – auch ein Sondernutzungsrecht – ändert daran nichts (*Röll* MittBayNot 2002, 397; *Schöner/Stöber* Rn. 2849; anders aber *BayObLG* Rpfleger 2002, 432). **45**

Soweit diese Rechte ihrer Natur nach nicht an dem einzelnen Wohnungs- oder Teileigentum als solchem bestehen können (z. B. Wege- und Leitungsrechte), hat allerdings in diesem Fall die Eintragung gemäß § 4 Abs. 1 WGV in der Weise zu erfolgen, dass die **Belastung des ganzen Grundstücks erkennbar** ist. Die Belastung ist deshalb in sämtlichen für Miteigentumsanteile an dem belasteten Grundstück angelegten Wohnungs- und Teileigentumsgrundbüchern einzutragen, wobei jeweils auf die übrigen Eintragungen zu verweisen ist. Dies gilt auch für Neueintragungen. **46**

Fehlt ein solcher **Gesamtvermerk**, soll die Eintragung nach *BayObLG* Rpfleger 1995, 455 inhaltlich unzulässig i. S. d. § 53 Abs. 1 S. 2 GBO sein und nicht nachträglich vervollständigt werden können. Dem kann nicht gefolgt werden (*Amann* MittBayNot 1995, 267). Ist die Eintragung nämlich in allen Grundbüchern einer Wohnungseigentumsserie erfolgt und lediglich der kenntlich machende Vermerk unterblieben, so liegt materiell-rechtlich doch eine inhaltlich zulässige Gesamteintragung vor. Der fehlende Vermerk kann in diesem Fall ohne weiteres auch später noch nach- **47**

geholt werden (*Amann* MittBayNot 1995, 267; *Böttcher* ZfIR 1997, 321, 323; *Schöner/Stöber* Rn. 2870).

48 Fehlt dagegen die Eintragung eines solchen das gesamte Grundstück belastenden **Rechtes**, weil die **Übernahme** bei der Anlegung der Wohnungs- und Teileigentumsgrundbücher in das Einzelgrundbuch **nicht erfolgt** ist, führt auch die versehentliche Nichtübertragung gem. § 46 Abs. 2 GBO zur Löschung des Rechtes an dem in diesem Grundbuchblatt eingetragenen Miteigentumsanteil (*BGH* Rpfleger 1988, 353; Meikel/*Böhringer* § 46 Rn. 2). Die materiell-rechtlich fehlende Aufhebung des Rechts führt zu einer »fiktiven Löschung« (*Böhringer* BWNotZ 1988, 84, 88). Das Recht besteht außerhalb des Grundbuchs weiter und kann im Wege der Grundbuchberichtigung (§ 894 BGB) mit Gesamtvermerk wieder eingetragen werden, solange nicht zwischenzeitlich ein gutgläubiger Erwerb gem. § 892 BGB entgegensteht. Die **Wiedereintragung** kann jedoch nur auf Antrag (§ 13 GBO) erfolgen; eine Berichtigung von Amts wegen ist unzulässig (BayObLGZ 1988, 124; Bauer/v. Oefele/*Knothe* § 46 Rn. 19; KEHE/*Eickmann* § 46 Rn. 6; *Schöner/Stöber* Rn. 288; **a. A.** offenbar *Demharter* § 46 Rn. 20: eine Nachholung sei nicht mehr möglich). Erfolgt eine solche Antragstellung nicht, bleibt das Grundbuch unrichtig i. S. d. § 53 GBO (BayObLGZ 1995, 413, 419), so dass regelmäßig die Eintragung eines **Amtswiderspruches** in Betracht kommt (*BGH* NJW 1994, 2947; BayObLGZ 1988, 124; *Böhringer* BWNotZ 1988, 84; KEHE/*Eickmann* § 46 Rn. 6; Meikel/*Böhringer* § 46 Rn. 109). Ist jedoch gegen das Erlöschen einer Grunddienstbarkeit oder beschränkten persönlichen Dienstbarkeit (noch) kein Amtswiderspruch eingetragen, führt ein gutgläubiger lastenfreier Erwerb der fehlerhaften Einheit durch einen Dritten zugleich auch zum Erlöschen des Rechts an den übrigen Wohnungseinheiten, da Grundstücksbruchteile mit solchen Rechten nicht wirksam belastet werden können (*Schöner/Stöber* Rn. 2870). Die Wiedereintragung eines solchen Rechts kommt lediglich nur noch an rangbereiter Stelle in Betracht, wenn zwischenzeitlich der Berechtigte eines anderen dinglichen Rechts gutgläubig durch Eintragung den Vorrang erworben hat (*Schöner/Stöber* Rn. 2870).

49 Soweit solche Rechte ihrer Natur nach **an einem einzelnen Wohnungs- oder Teileigentumsrecht bestehen** können (z. B. Wohnungsrechte), werden die übrigen Einheiten bei der Aufteilung entsprechend § 1026 BGB von der Belastung frei. Ein solches Recht besteht nur an demjenigen Wohnungs- oder Teileigentumsrecht fort, auf dessen Raumeinheit es sich erstreckt (*BayObLG* NJW 1957, 1840; *OLG Frankfurt a. M.* DNotZ 1960, 153; *OLG Oldenburg* NJW-RR 1989, 273). Überschreitet jedoch der Ausübungsbereich eines Wohnungsrechtes den Sondereigentums- und Sondernutzungsbereich eines Wohnungseigentums, muss das gesamte Grundstück belastet bleiben (vgl. *OLG Hamm* DNotZ 2001, 216 mit Anm. *von Oefele*). In der Praxis werden daher die Grundbuchgerichte zunächst entsprechende Eintragungen in alle neu für das Grundstück anzulegenden Wohnungseigentums- und Teileigentumsgrundbücher übernehmen, wenn nicht der Nachweis der Übereinstimmung des Ausübungsbereiches bereits bei der Anlegung der neuen Grundbuchblätter (in der Form des § 29 GBO!) geführt wird oder offenkundig ist. An den Nachweis sind strenge Anforderungen zu stellen (*BayObLG* Rpfleger 1992, 57; *BayObLG* Rpfleger 1987, 451; Bauer/v. Oefele/*Knothe* § 46 Rn. 16). Die vorherige Gewährung rechtlichen Gehörs dürfte angezeigt sein (*Demharter* § 46 Rn. 19).

50 Auch bei Neueintragungen von beschränkten persönlichen Dienstbarkeiten und Grunddienstbarkeiten dürfen die Befugnisse des Wohnungseigentümers am gemeinschaftlichen Eigentum mitberührt werden. Die Einräumung eines Wohnungsrechtes gemäß § 1093 BGB erfasst daher mangels anders lautender Bestimmung kraft Gesetzes auch die alleinige Nutzungsbefugnis des Eigentümers an dem zur **Sondernutzung** zugewiesenen Teil des gemeinschaftlichen Eigentums (*BayObLG* Rpfleger 1998, 68). Nicht möglich ist dagegen die Bestellung einer Dienstbarkeit an nur einem Wohnungs- oder Teileigentumsrecht, wenn der Ausübungsbereich sich ausschließlich auf ein eingetragenes Sondernutzungsrecht beziehen soll (*BayObLG* Rpfleger 1997, 431; *OLG Zweibrücken* FGPrax 1999, 44; krit. *v. Oefele* DNotZ 2001, 219 – zum Meinungsstand vgl. § 1 Rn. 113 f. m. w. N.).

51 Gemäß § 4 Abs. 2 WGV hat die Eintragung eines entsprechenden Gesamtbelastungsvermerkes auch bei **Verfügungsbeschränkungen** zu erfolgen, die sich auf das Grundstück als Ganzes beziehen.

Die Regelung des § 4 Abs. 2 WGV findet auf **Nießbrauchsrechte**, **Vorkaufsrechte** (*Panz* BWNotZ   52
1995, 156, 158; Staudinger/*Rapp* § 3 Rn. 26) und **Erwerbsvormerkungen** keine Anwendung.
Nach Aufteilung kann eine Übernahme in die neu angelegten Grundbücher ohne weitere Vermerke erfolgen. Das jeweilige Recht bzw. die Vormerkung kann sich hier auf die einzelnen Miteigentumsanteile verbunden mit Sondereigentum beziehen. Ohne zusätzliche Erklärungen sind auch Vormerkungen zur Sicherung des Anspruchs auf Übertragung eines Miteigentumsanteils und Bildung von Sondereigentum zunächst auf sämtliche neu gebildeten Einheiten zu übernehmen (zur Zulässigkeit solcher Vormerkungen s. § 4 Rn. 20 ff.).

Eine Besonderheit gilt für den Fall, dass am ungeteilten Grundstück bei einem solchen Recht oder   53
einer Erwerbsvormerkung ein **Rangvorbehalt** zur späteren Ausübung durch Eintragung von Grundpfandrechten eingetragen ist. In diesem Fall kann der Rangvorbehalt wegen der ansonsten eintretenden Vervielfältigung nur dergestalt ausgeübt werden, dass sämtliche anzulegenden Wohnungs- und Teileigentumsrechte ausschließlich gemeinsam bis zu dem eingetragenen Höchstbetrag des/der vorbehaltenen Rechte/s zur Verfügung stehen. Bei der Übernahme des Rangvorbehaltes in die Einzelgrundbücher ist dies deshalb entsprechend kenntlich zu machen (*OLG Schleswig* Rpfleger 2000, 11; *LG Köln* Rpfleger 1987, 368). Wegen der oftmals maßgeblichen kostenrechtlichen Erwägungen vgl. *OLG Düsseldorf* Rpfleger 1998, 446; *OLG Hamm* Rpfleger 1997, 85; *KG* Rpfleger 1996, 33; *OLG Zweibrücken* Rpfleger 1996, 217.

b) Belastungsgegenstand Miteigentumsanteil

Im Grundbuch eingetragene Rechte, deren **Belastungsgegenstand** lediglich ein **Miteigentums-**   54
anteil an dem ungeteilten Grundstück ist, setzen sich nach **Aufteilung gemäß § 8** an den entsprechenden Miteigentumsanteilen sämtlicher Wohnungs- und Teileigentumseinheiten fort. Auch hier muss daher ein Zustimmungserfordernis entfallen, da dem Berechtigten in der Summe immer noch der ursprüngliche Miteigentumsanteil haftet. Die vorstehenden Ausführungen mit Ausnahme der für Grunddienstbarkeiten und beschränkten persönliche Dienstbarkeiten dargestellten Besonderheiten gelten insoweit entsprechend.

Erfolgt die **Aufteilung gemäß § 3**, lasten die auf den bisherigen Miteigentumsanteilen eingetra-   55
genen Rechte infolge der Verbindung mit Sondereigentum weiterhin auf den dann inhaltlich geänderten Anteilen. Dies macht die Zustimmung Drittberechtigter gem. §§ 876, 877 BGB erforderlich (*BayObLG* Rpfleger 1986, 177; *OLG Frankfurt a. M.* MittBayNot 1986, 23; Bamberger/Roth/ *Hügel* § 4 Rn. 6; KEHE/*Herrmann* Einl. E 45; *Schöner/Stöber* Rn. 2849; Staudinger/*Rapp* § 3 Rn. 24; Weitnauer/*Briesemeister* § 3 Rn. 75; **a. A.** LG Wuppertal Rpfleger 1987, 366 m. abl. Anm. *Meyer-Stolte*; Bärmann/Pick/Merle § 1 Rn. 83 f.). Auch Vorkaufsrechte bedürfen keiner Neubestellung (*DNotI-Gutachten* DNotI-Report 2002, 59)

2. Rechte zugunsten des aufgeteilten Grundstücks

In Betracht kommen die **subjektiv-dinglichen Rechte** der § 1018 BGB (Grunddienstbarkeiten),   56
§ 1105 Abs. 2 BGB (Reallasten) und § 1103 Abs. 1 BGB (Vorkaufsrechte). Sie werden mit der Aufteilung des herrschenden Grundstücks in Wohnungs- und Teileigentumsrechte gemeinschaftliche Berechtigungen der Inhaber der Miteigentumsanteile (vgl. *BayObLG* Rpfleger 1983, 434 für Grunddienstbarkeit). Evtl. eingetragene »**Herrschvermerke**« gemäß § 9 GBO sind daher im Bestandsverzeichnis sämtlicher für die Miteigentumsanteile an dem herrschenden Grundstück angelegten Wohnungs- und Teileigentumsgrundbücher einzutragen (vgl. § 3 Abs. 7 WGV). Eine Beschränkung auf nur einige der neu angelegten Wohnungs- oder Teileigentumsgrundbücher wäre eine unzulässige Teillöschung des Rechts. Die Löschung bedarf der Bewilligung sämtlicher Miteigentümer (*BayObLG* Rpfleger 1983, 434). Möglich ist aber die Eintragung solcher Rechte zugunsten aller oder einiger Wohnungs- und Teileigentümer mit Angabe eines Beteiligungsverhältnisses.

3. Löschung und Pfandentlassung bei Grundpfandrechten

Ist durch die Aufteilung aus einem eingetragenen Einzelgrundpfandrecht ein Gesamtrecht ent-   57
standen (s. Rn. 44), so ist eine vom eingetragenen Gläubiger erteilte **Löschungsbewilligung** regelmäßig dahingehend auszulegen, dass sie auch einen Teilvollzug durch Eintragung lediglich

§ 7 | Grundbuchvorschriften

einer Pfandfreigabe ermöglicht (*OLG Hamm* Rpfleger 1998, 511; *LG Gera* MittBayNot 2002, 190 mit Anm. *Munzig*; *LG Berlin* Rpfleger 2001, 409; *LG München I* MittBayNot 2001, 484; *LG Chemnitz* MittRhNotK 2000, 433; *Demharter* § 13 Rn. 19; *Meikel/Böttcher* § 27 Rn. 21; *Lotter* MittBayNot 1985, 8; Palandt/Bassenge § 1175 Rn. 3; **a. A.** *Schöner/Stöber* Rn. 2724a). Die Entlassung aus der Mithaft einer oder mehrerer Einheiten kann auf diese Weise sukzessiv bis zur Löschung des Rechtes an der letzten Einheit vollzogen werden. Nur die Löschung bedarf der Zustimmung des an der/den letzten Einheit/en eingetragenen Eigentümers gem. § 27 GBO in der Form des § 29 GBO. Wegen der nicht unumstrittenen Rechtsfrage und der großen Bedeutung für den Umgang mit Globalgrundpfandrechten im Tagesgeschäft sollten finanzierende Gläubiger in die Löschungsbewilligung einen klarstellenden Zusatz aufnehmen, wonach bspw. der beurkundende/beglaubigende Notar berechtigt sein soll, die Löschungsbewilligung auch zum Teilvollzug vorzulegen.

58 Unbestritten ist umgekehrt, dass (auch separate) **Pfandentlassungserklärungen** des eingetragenen Gläubigers mit Eintragung bei der letzten Einheit die Gesamtlöschung eines Grundpfandrechtes ermöglichen. Die Löschung an der letzten Einheit bedarf dann allerdings der Zustimmung des eingetragenen Eigentümers gem. § 27 GBO in der Form des § 29 GBO (*LG Leipzig* NotBZ 2001, 71; *LG Dresden* NotBZ 2000, 273 mit Anm. *Endorf*; *LG Wuppertal* DNotI-Report 2000, 34; *DNotI-Gutachten* DNotI-Report 1999, 53; *Meikel/Böttcher* § 27 Rn. 10; *Schöner/Stöber* Rn. 2724c; Staudinger/*Wolfsteiner* 1996 § 1175 Rn. 3).

4. Dereliktion

59 Ein angelegtes Wohnungs- oder Teileigentumsrecht kann im Gegensatz zu einem ungeteilten Grundstück **nicht** durch **Verzicht** gemäß § 928 BGB aufgegeben werden (*BGH* DNotI-Report 2007, 127; *BayObLG* Rpfleger 1991, 247 = NJW 1991, 1962; *OLG Düsseldorf* ZMR 2001, 129; *OLG Zweibrücken* ZWE 2002, 603 = ZMR 2003, 137; *OLG Celle* MDR 2004, 29; Weitnauer/*Briesemeister* § 3 Rn. 90; **a. A.** *Bärmann/Pick/Merle* § 3 Rn. 79; *MüKo/Kanzleiter* § 928 Rn. 4). Aufgrund der besonderen gemeinschaftsrechtlichen Bindungen beim Wohnungseigentum muss hier erst recht eine einseitige Aufgabe des Eigentums – ebenso wie bei gewöhnlichem Miteigentum – abgelehnt werden. Andernfalls könnte auf diesem Wege eine Teilaufhebung des zwischen den Wohnungseigentümern bestehenden gesetzlichen Schuldverhältnisses erreicht werden (s. § 11 Rn. 20 ff.). Zur Unzulässigkeit der Eigentumsaufgabe bei gewöhnlichem Miteigentum siehe *BGH* (BGHZ 115, 1 = NJW 1991, 2488 = Rpfleger 1991, 495; *BGH* NJW 2007, 2254 = NZM 2007, 535).

5. Umwandlung aus Wohnungserbbaurechten

60 Während der Dauer des Bestehens von Wohnungserbbaurechten kann eine Verbindung von Miteigentumsanteilen an dem Grundstück mit dem Sondereigentum an den Wohnungen, die auch Gegenstand eben dieser Wohnungserbbaurechte sind, nicht vorgenommen werden. Es ist **unzulässig**, Sondereigentum mit einem Mitberechtigungsanteil an einem **Erbbaurecht und gleichzeitig** mit einem Miteigentumsanteil am **Grundstück** zu verbinden. Dies scheitert zum einen daran, dass die sondereigentumsfähigen Gebäudeteile wesentliche Grundstücksbestandteile sein müssen (s. Staudinger/*Rapp* § 5 Rn. 19 m. w. N.), aber aufgrund der Bestimmung des § 12 Abs. 1 S. 1 ErbbauVO als wesentliche Bestandteile des Erbbaurechts gelten. Im Übrigen läge auch Unvereinbarkeit mit § 1 Abs. 4 vor (*Rapp* MittBayNot 1999, 376, 377; *Bärmann/Pick/Merle* § 30 Rn. 56).

61 Die Aufhebung des Erbbaurechtes führt **nicht** dazu, dass sich die Wohnungserbbaurechte in Wohnungseigentum **umwandeln**. Dazu bedarf es vielmehr eines Vertrages der Miteigentümer über die Aufteilung des Grundstücks in Wohnungseigentum gem. § 3, 4 (*BayObLG* MittBayNot 1999, 375). Nicht möglich ist deshalb auch die Umwandlung von Wohnungserbbaurechten in Wohnungseigentum über den Weg des § 890 BGB (*Rapp* MittBayNot 1999, 376, 377).

62 Weil Wohnungserbbaurecht und Wohnungseigentum an den selben Räumlichkeiten nicht gleichzeitig nebeneinander bestehen können, muss im Rahmen einer Aufhebung der Wohnungserbbaurechte und Aufteilung des vormals mit dem Erbbaurecht belasteten Grundstücks in Wohnungseigentum eine Gesamtbelastung im Wege der Pfänderstreckung für bisher am Wohnungserbbaurecht eingetragene Grundpfandrechte ausscheiden (offen gelassen von *BayObLG* DNotZ 1995, 61). Die Belastung des Wohnungseigentums erfordert stattdessen eine **Neueintragung** dieser **Rechte** (*BayObLG* DNotZ 1995, 61).

III. Folgen der Anlegung für das Einsichtsrecht

Auch für Wohnungseigentumssachen gelten die Bestimmungen des § 12 GBO. Danach ist bei Darlegung eines berechtigten Interesses die Einsicht in das Grundbuch sowie in die dort in Bezug genommenen Urkunden und die noch nicht erledigten Eintragungsanträge gestattet. Die Bestimmungen des **BDSG** treten insoweit ausdrücklich zurück (vgl. § 45 Nr. 7 BDSG; *Lüke* NJW 1983, 1407; *Lüke/Dutt* Rpfleger 1984, 253). Wegen des Grundsatzes der Priorität der bundesrechtlichen Regelung gilt dies auch gegenüber den einzelnen Landesdatenschutzgesetzen (*Pfeilschifter* WuM 1986, 327; *Böhringer* Rpfleger 1987, 181, 182). 63

Insbesondere hat jeder Wohnungs- und Teileigentümer ein berechtigtes Interesse daran, zu erfahren, wer die übrigen **Miteigentümer** der Gemeinschaft sind (Weitnauer/*Briesemeister* § 7 Rn. 3). Aus diesem Grund ist einem Wohnungseigentümer wegen der durch die Gemeinschaft begründeten Rechtsbeziehungen (§§ 10 ff. WEG) zumindest die Einsicht in die I. und – wegen etwaig eingetragener Verfügungsbeschränkungen – auch in die II. Abteilung eines Wohnungs- oder Teileigentumsgrundbuches zu gestatten (so auch Staudinger/*Rapp* § 7 Rn. 2; enger Schöner/Stöber Rn. 525 Fn. 28; **a. A.** Meikel/*Böttcher* § 12 Rn. 57; KEHE/*Eickmann* § 12 Rn. 6). Noch weitergehender – die Einsichtnahme ist insgesamt jedem Miteigentümer zu gestatten – *OLG Düsseldorf* Rpfleger 1987, 199 und *Böhringer* Rpfleger 1987, 181, 190, der das Einsichtsrecht zugestehen will, sobald ein Wirtschaftsplan aufzustellen ist. 64

Dem **Verwalter** der Wohnungseigentumsanlage steht ein eigenständiges und uneingeschränktes Einsichtsrecht – auch für Abteilung III – zumindest dann zu, wenn Hausgeldrückstände bestehen, für deren Geltendmachung und Durchsetzung die Kenntnis der Belastungs- und Rangsituation unerlässlich ist (KEHE/*Eickmann* § 12 Rn. 6; Meikel/*Böttcher* § 12 Rn. 57). Darüber hinaus muss dem Verwalter ein berechtigtes Interesse an der Einsichtnahme der aktuellen Eigentümerangaben mit evtl. bestehenden Verfügungsbeschränkungen (Abt. I und II) zugestanden werden, weil diese zur ordnungsgemäßen Einberufung und Durchführung der Eigentümerversammlung erforderlich sind. Zur Berechtigung des Verwalters zur Erteilung von Auskünften über einzelne Hausgeldschuldner z. B. durch Listenversendung vgl. *Drasdo* NZM 1999, 542. 65

Wegen der Einsichtsmöglichkeiten für **andere Personen** (z. B. Mieter, Nachbarn, Makler) gelten die allgemeinen Grundsätze für die Einsichtnahmen bei Grundstücken (vgl. dazu *Böhringer* Rpfleger 1987, 181; *ders.* Rpfleger 2001, 331; *Melchers* Rpfleger 1993, 309; *Schreiner* Rpfleger 1980, 51 je m. w. N.). 66

E. Eintragungsverfahren

Auf die Begründung von Wohnungs- und Teileigentum findet das **Verfahrensrecht der GBO** Anwendung. Im Einzelnen müssen folgende Eintragungsvoraussetzungen erfüllt sein: 67

I. Allgemeine Eintragungsvoraussetzungen

1. Antrag

Der verfahrensrechtlich erforderliche **Eintragungsantrag** ist gem. § 13 GBO von dem/den Eigentümer(n) zu stellen. Antragsberechtigt ist dabei jeder einzelne Miteigentümer (*Demharter* § 13 Rn. 45; KEHE/*Herrmann* § 13 Rn. 62; Meikel/*Böttcher* § 13 Rn. 59; Staudinger/*Rapp* Rn. 14). Schriftform ist ausreichend (§ 30 GBO). Ein zeitlich später eingehender Antrag auf Eintragung einer Grundschuld an einem noch zu bildenden Wohnungseigentum darf nicht zurückgewiesen werden, solange nicht der früher gestellte Antrag auf Eintragung des Wohnungseigentums erledigt ist (*OLG Düsseldorf* MittRhNotK 1985, 239; *Schöner/Stöber* Rn. 2956). 68

2. Eintragungsbewilligung

Nachzuweisen ist die **Eintragungsbewilligung** (§ 19 GBO). In ihr ist das zu teilende Grundstück in Übereinstimmung mit dem Grundbuch zu bezeichnen (§ 28 S. 1 GBO). Die Bewilligung ist von sämtlichen Miteigentümern in der Form des § 29 GBO zu erklären. Bei Abgabe einer Teilungserklärung gem. § 8 WEG ist darin regelmäßig die Bewilligung enthalten (*OLG Hamm* Rpfleger 1985, 109). 69

§ 7 | Grundbuchvorschriften

70 Ein weitergehender Nachweis der Einigung über die Einräumung von Sondereigentum gem. § 4 ist bei der vertraglichen Begründung von Wohnungseigentum nicht vorgesehen (*OLG Zweibrücken* OLGZ 1982, 263; *Demharter* Anhang zu § 3 Rn. 41; Weitnauer/*Briesemeister* § 4 Rn. 5; Palandt/*Bassenge* § 7 Rn. 2). Entgegen der h. M. findet § 20 GBO mangels entsprechender Verweisung keine Anwendung; es gilt auch insoweit das **formelle Konsensprinzip** (a. A. Bamberger/Roth/*Hügel* Rn. 6; *Bärmann/Pick/Merle* § 4 Rn. 6; Bauer/v. Oefele/*Kössinger* § 20 Rn. 66; KEHE/*Munzig* § 20 Rn. 15; Meikel/*Böttcher* § 20 Rn. 112; MüKo/*Commichau* § 4 Rn. 5f; *Schöner/Stöber* Rn. 2842; Staudinger/*Rapp* § 4 Rn. 4).

71 In der Praxis werden bei der vertraglichen Einräumung von Sondereigentum jedoch regelmäßig keine Nachweisschwierigkeiten auftreten, da die Form der Auflassung (§ 925 BGB) in jedem Fall gem. § 4 Abs. 2 S. 1 zu wahren ist, so dass beurkundete Erklärungen vorliegen werden (so auch *Schöner/Stöber* Rn. 2842). Im Hinblick darauf, dass oftmals Erwerbsverträge für einzelne Einheiten schon vor Vollzug einer Teilungserklärung beurkundet werden, empfiehlt sich auch im Falle der Vorratsteilung gem. § 8 WEG wegen der Bezugnahmemöglichkeit des § 13 a BeurkG die Beurkundung einer Teilungserklärung (*Schöner/Stöber* Rn. 2846).

72 Gem. § 4 Abs. 2 S. 2 kann Wohnungs- und Teileigentum nicht unter einer Bedingung oder Zeitbestimmung eingeräumt werden. Der Beifügung der Urkunde über das Verpflichtungsgeschäft (§ 925a BGB) bedarf es nicht, da auch insoweit eine entsprechende Verweisung fehlt (*Demharter* Anhang zu § 3 Rn. 16; Weitnauer/*Briesemeister* § 4 Rn. 7).

3. Zustimmungen Dritter

73 Ggf erforderliche Zustimmungen Drittberechtigter sind gem. §§ 876, 877 BGB, § 19 GBO in der Form des § 29 GBO nachzuweisen. Dazu s. im Einzelnen Rn. 44 u. 55.

4. Voreintragung

74 Die Voreintragung der Bewilligenden gem. § 39 GBO ist erforderlich. Sind die künftigen Wohnungseigentümer noch nicht als Miteigentümer des Grundstücks eingetragen, genügt zum Vollzug einer erklärten Auflassung die **unmittelbare Eintragung** der Wohnungseigentümer in den neu anzulegenden Grundbuchblättern (Rn. 8 u. 11).

5. Behördliche Genehmigungen und Bescheinigungen

75 Sowohl die vertragliche Einräumung von Sondereigentum als auch die einseitige Begründung von Wohnungseigentum durch Teilungserklärung bedürfen unter den Voraussetzungen der §§ 1643 Abs. 1, 1821 Abs. 1 Nr. 1, 1908i), 1915 BGB der **familien- bzw. vormundschaftsgerichtlichen Genehmigung**. Die Begründung von Sondereigentum stellt sich als Verfügung über ein Recht an einem Grundstück dar (*Bärmann/Pick/Merle* § 4 Rn. 29f; *Klüsener* Rpfleger 1981, 464; Meikel/*Morvilius* Einl. C Rn. 92; MüKo/*Commichau* § 4 Rn. 17 und § 8 Rn. 11; *Schöner/Stöber* Rn. 2850; Soergel/*Stürner* § 4 Rn. 6 und § 8 Rn. 12; Staudinger/*Rapp* § 4 Rn. 22 und differenzierend zur Teilungserklärung § 8 Rn. 20). Zum **schenkweisen Erwerb** von Wohnungseigentum durch Minderjährige siehe *BGH* (BGHZ 78, 28 = Rpfleger 1980, 463 = ZMR 1981; 53 und Rpfleger 2005, 189); *BayObLG* (Rpfleger 1998, 70 und DNotZ 2004, 378 = Rpfleger 2004, 93) sowie *OLG Köln* (NJW-RR 1998, 363 = Rpfleger 1998, 159) und *OLG Hamm* (Rpfleger 2000, 449 = ZMR 2000, 695; vgl. § 1 Rn. 93 ff.).

76 Zur Grundbucheintragung einer vertraglichen Einräumung von Sondereigentum nach § 3 bedarf es der **Vorlage einer steuerlichen Unbedenklichkeitsbescheinigung** gem. § 22 GrEStG (*LG Saarbrücken* NZM 1998, 924; MüKo/*Commichau* § 4 Rn. 21; *Schöner/Stöber* Rn. 2859; Staudinger/*Rapp* § 4 Rn. 23; **a. A.** *LG Marburg* DNotI-Report 1996, 207; *Bärmann/Pick/Merle* § 4 Rn. 28). Ob eine verhältniswahrende Aufteilung i. S. d. § 6 GrEStG stattfindet oder andere Befreiungstatbestände eingreifen (vgl. *BFH* DNotZ 1981, 426), kann das Grundbuchgericht regelmäßig nicht beurteilen (zur Anwendbarkeit des § 7 GrEStG vgl. auch *Gottwald/Schiffner* MittBayNot 2006, 125, 126). Zur Grundbucheintragung einer Aufteilung gem. § 8 ist **keine Unbedenklichkeitsbescheinigung** nachzuweisen, weil sich hier die vorhandenen Anteile am Ganzen wertmäßig nicht verändern können (MüKo/*Commichau* § 8 Rn. 11; *Schöner/Stöber* Rn. 2858; s. § 8 Rn. 26). Zum separaten Erwerb eines Sondernutzungsrechtes siehe § 2 Abs. 3 Nr. 3 GrEStG.

Für den grundbuchlichen Vollzug kann ein Genehmigungserfordernis nach § 22 BauGB in sog. **77** **Fremdenverkehrsgebieten** bestehen, wenn eine entsprechende Satzung dies vorsieht. Zur Sicherung des Grundbuchvollzuges darf eine Aufteilung nach dem WEG nur eingetragen werden, wenn entweder der Genehmigungsbescheid, ein Negativzeugnis, ein Fiktionszeugnis oder eine Freistellungserklärung der Gemeinde vorgelegt wird (*Grziwotz* DNotZ 2004, 674, 682 auch zu weiteren Neuerungen des EAG Bau).

Nach ganz herrschender Auffassung sind rechtsgeschäftliche Verfügungen jeder Art über Grund- **77a** stücke in einem **Umlegungsverfahren** gem. § 51 BauGB genehmigungsbedürftig (vgl. Ernst/Zinkahn/Bielenberg/Krautzberger/*Otte* § 51 Rn. 4a). Dazu gehört nach zutreffender Ansicht auch die Begründung von Wohnungseigentum, weil sie unabhängig von der Art der Aufteilung (§ 3 oder § 8) eine Inhaltsänderung des Eigentums darstellt (*Schöner/Stöber* Rn. 3865).

Das Gleiche muss dann auch gelten, wenn über das in Wohnungseigentumsrechte aufzuteilende **77b** Grundstück ein **Enteignungsverfahren** eingeleitet worden ist (vgl. §§ 108, 109 BauGB), weil der Verfügungsbegriff dem des § 51 BauGB entspricht (Ernst/Zinkahn/Bielenberg/Krautzberger/*Dyong* § 109 Rn. 18).

In einem förmlich festgelegten **Sanierungsgebiet** bedarf die Begründung von Wohnungseigentum **77c** keiner schriftlichen Genehmigung der Gemeinde (vgl. § 144 BauGB; Bauer/v. Oefele/*Waldner* AT VIII Rn. 117). Nur wenn bei der Teilung gem. § 3 WEG vorab noch eine Anpassung der bereits vorhandenen Miteigentumsanteile an die für die Bildung der Wohnungseigentumsrechte vorgesehenen Bruchteile vorgenommen werden soll, ist diese rechtsgeschäftliche Verfügung gem. § 144 Abs. 2 Nr. 1 BauGB genehmigungspflichtig (vgl. Ernst/Zinkahn/Bielenberg/*Krautzberger* § 144 Rn. 29).

Soweit eine Gemeinde für städtebauliche Entwicklungsmaßnahmen ein **Entwicklungsgebiet** **77d** festgelegt hat, finden die vorstehend unter Rn. 77c genannten Regelungen entsprechende Anwendung (§ 169 Abs. 1 Nr. 3 i. V. m. § 144 Abs. 2 Nr. 1 BauGB).

Die Begründung von Sondereigentum bedarf der Genehmigung gem. § 172 Abs. 1 S. 4 BauGB, **78** wenn eine entsprechende Rechtsverordnung der Landesregierung zur Erhaltung bestimmter **Milieustrukturen** in Wohngebieten und eine gemeindliche Erhaltungssatzung vorliegen (dazu *Hertel* DNotI-Report 1997, 159, 160). Hat ein Bundesland eine solche Verordnung überhaupt nicht erlassen, darf auch kein Negativattest gefordert werden (*OLG Zweibrücken* Rpfleger 1999, 441; *OLG Hamm* Rpfleger 1999, 487).

In den neuen Bundesländern bedarf die vertragliche Begründung von Wohnungseigentum der **79** Genehmigung nach § 2 **Grundstücksverkehrsordnung**, da die dingliche Rechtsänderung auch eine Veränderung des Restitutionsanspruches mit sich bringt (Bamberger/Roth/*Hügel* § 4 Rn. 9 m. w. N.; **a. A.** noch *Böhringer* Rpfleger 1993, 221, 225).

Landesrechtliche Genehmigungserfordernisse durch die **LBauO** sind möglich (vgl. § 9 LBauO **80** BadWürtt).

Die Begründung von Wohnungseigentum ist zulässig, auch wenn das Grundstück der **HöfeOrd-** **81** **nung** unterliegt. Dabei handelt es sich um eine im Gebiet der Länder Hamburg, Niedersachsen, Nordrhein-Westfalen oder Schleswig-Holstein belegene land- oder fortwirtschaftliche Besitzung mit einer zu ihrer Bewirtschaftung geeigneten Hofstelle, die einen bestimmten Wirtschaftswert erreichen muss (§ 1 HöfeO). Die HöfeO untersagt jedoch nicht Verfügungen des Hofeigentümers unter Lebenden. Auch wird die Hofeigenschaft durch die Schaffung von Wohnungs- und Teileigentum allein nicht berührt, so dass der Hofvermerk zunächst auf den neu anzulegenden Wohnungsgrundbüchern einzutragen ist. Erst mit der Übertragung eines Miteigentumsanteils verbunden mit Sondereigentum an dem Hofstellengrundstück gerät die Hofeigenschaft in Fortfall, weil für den Fortbestand das Alleineigentum einer natürlichen Person bzw. das gemeinschaftliche Eigentum von Eheleuten unerlässlich ist (*OLG Köln* ZMR 2007, 390). Auf entsprechendes Ersuchen des Landwirtschaftsgerichts ist dann der Hofvermerk zu löschen (*OLG Oldenburg* Rpfleger 1993, 149 m. Anm. *Hornung*; *OLG Hamm* Rpfleger 1989, 18, *Lange/Wulff/Lüdtke-Handjery* § 1 Rn. 30; **a. A.** *Faßbender/Hötzel/v. Jeinsen/Pikalo* § 1 Rn. 30 u. 58).

Die Bildung von Sondereigentum gem. §§ 3 oder 8 WEG unterfällt keiner Genehmigungspflicht **81a** nach dem **Grundstücksverkehrsgesetz** (Bauer/v. Oefele/*Waldner* AT VIII Rn. 95). Allerdings

§ 7 | Grundbuchvorschriften

kann – unter Berücksichtigung der jeweiligen landesrechtlichen Befreiungsvorschriften (vgl. insoweit die Zusammenstellung bei *Schöner/Stöber* Rn. 3961 ff.) – ein Genehmigungserfordernis gem. § 2 Abs. 2 Nr. 1 GrdstVG dann bestehen, wenn bei der Teilung gem. § 3 vorab noch eine Anpassung der bereits vorhandenen Miteigentumsanteile an die für die Bildung der Wohnungseigentumsrechte vorgesehenen Bruchteile durch rechtsgeschäftliche Verfügung vorgenommen werden soll.

II. Besondere Eintragungsvoraussetzungen

82 Der Eintragungsbewilligung sind als **Anlagen** gem. § 7 Abs. 4 WEG der Aufteilungsplan und die zugehörige Abgeschlossenheitsbescheinigung beizufügen. Es handelt sich um **andere Eintragungsvoraussetzungen** im Sinne des § 29 Abs. 1 S. 2 GBO (*OLG Zweibrücken* MittBayNot 1983, 242; *Demharter* Anh. zu § 3 Rn. 43); beglaubigte Abschriften genügen (*Schöner/Stöber* Rn. 2851). Ihr Fehlen begründet ein Eintragungshindernis, das bei Nichtbeachtung Amtshaftungsansprüche auslösen kann (BGHZ 124, 100 = DNotZ 1995, 37 = Rpfleger 1994, 245). Ebenso darf bei Widersprüchlichkeiten keine Eintragung durch das Grundbuchgericht erfolgen (*BayObLG* Rpfleger 1993, 335).

82a Zu den Möglichkeiten und Besonderheiten bei einer Übertragung der Zuständigkeit für die Ausfertigung der Aufteilungspläne und die Erteilung der Abgeschlossenheitsbescheinigung auf einen Sachverständigen gem. § 7 Abs. 4 S. 3 bis 6 s. Rn. 294 ff.

83 »**Beifügen**« ist in diesem Zusammenhang **nicht beurkundungstechnisch** zu verstehen; die Anlagen können, müssen aber nicht gem. §§ 9 Abs. 1 S. 3, 13, 44 BeurkG mitbeurkundet bzw. der unterschriftsbeglaubigten Teilungserklärung nach § 8 WEG angeheftet werden (*BayObLG* MittBayNot 2003, 127; *Bärmann/Pick/Merle* Rn. 66; *DNotI-Gutachten* DNotI-Report 1999, 17, 18). Vielmehr genügt die Vorlage des Planes und der Abgeschlossenheitsbescheinigung bis zur Anlegung der Wohnungs- und Teileigentumsgrundbücher (*OLG Zweibrücken* MittBayNot 1983, 242). Es muss dann lediglich sichergestellt sein, dass die Zusammengehörigkeit von Plan, Bescheinigung und Bewilligung deutlich wird (*BayObLG* MittBayNot 2003, 127; *OLG Zweibrücken* MittBayNot 1983, 242; *LG Köln* MittRhNotK 1984, 16; Bamberger/Roth/*Hügel* Rn. 7; *DNotI-Gutachten* DNotI-Report 1999, 17, 18; *Peters* BWNotZ 1991, 87, 91f; a. A. die Bestimmungen des BeurkG sind einzuhalten: Bauer/*v. Oefele* AT V Rn. 218; Staudinger/*Rapp* Rn. 15). Beim Aufteilungsplan und der Abgeschlossenheitsbescheinigung können außer einer Verbindung mit Schnur und Siegel auch übereinstimmende Bezeichnungen z. B. mit Aktenzeichen erfolgen (Ziffer 7 S. 3 und 4 der AVV vom 19.3.1974) oder die Bescheinigung auch unmittelbar auf den Plan gesetzt werden (*BayObLG* Rpfleger 1984, 314; *LG Köln* MittRhNotK 1984, 16; *DNotI-Gutachten* DNotI-Report 1999, 17, 19).

1. Aufteilungsplan

84 Der Aufteilungsplan hat für das Wohnungseigentum eine ähnliche **Funktion** wie das Liegenschaftskataster für die Lage eines Grundstücks in der Natur. Er sichert den sachenrechtlichen Bestimmtheitsgrundsatz durch Abgrenzung der Bereiche des Sonder- und Gemeinschaftseigentums (*BGH* ZMR 2004, 206; BGHZ 130, 159 = Rpfleger 1996, 19 = ZMR 1995, 521; *BayObLG* MittBayNot 2003, 127; *HansOLG Hamburg* ZMR 2002, 372; *BayObLG* NJW 1993, 1040; *OLG Frankfurt a. M.* Rpfleger 1980, 391; Staudinger/*Rapp* Rn. 16; Weitnauer/*Briesemeister* Rn. 20).

85 An den Aufteilungsplan sind daher besondere **Sorgfaltsanforderungen** hinsichtlich einer genauen Abgrenzung von Sondereigentum und gemeinschaftlichem Eigentum sowie von Sondereigentum untereinander zu stellen (*OLG Hamm* Rpfleger 1984, 98; *Bub* WE 1991, 124). Dies gilt gleichermaßen für bestehende und noch zu errichtende Gebäude (*BayObLGZ* 1980, 226).

86 Um Lage und Größe der im Sondereigentum und der im gemeinschaftlichen Eigentum stehenden Gebäudeteile ersichtlich machen zu können, setzt sich die nach Abs. 4 Nr. 1 von der Baubehörde mit Unterschrift und Siegel oder Stempel zu versehene Bauzeichnung im Maßstab von mindestens 1:100 (AVV vom 19.3.1974 Nr. 2) regelmäßig zusammen aus **Grundrissen** der einzelnen Stockwerke, **Schnitten** und **Ansichten** des Gebäudes (*BayObLG* DNotZ 1998, 377 = ZMR 1998, 43; Bamberger/Roth/*Hügel* Rn. 8; Weitnauer/*Briesemeister* Rn. 12). Siegel und Unterschrift der Baubehörde müssen sich auch auf letztere erstrecken (*BayObLG* Rpfleger 1980, 435; *LG Lüneburg*

Rpfleger 1979, 314). Die vorgenannten Anforderungen müssen auch für mehrere vermeintlich baugleiche Gebäude gelten, weil die Prüfung der Gleichheit die Kenntnis der Pläne voraussetzt. Nach Nr. 2 der AVV vom 19.3.1974 muss die Bauzeichnung bei bestehenden Gebäuden eine Bestandszeichnung sein und bei noch zu errichtenden Gebäuden den bauaufsichtlichen Vorschriften entsprechen. Befinden sich auf dem zu teilenden Grundbesitz mehrere Gebäude, von denen nicht in allen Sondereigentum begründet wird, genügen neben den Grundrissen für diejenigen Gebäude Schnitt- und Ansichtszeichnungen, in denen Sondereigentum entstehen soll (*OLG Düsseldorf* ZMR 2000, 398; *BayObLG* DNotZ 1998, 377 = ZMR 1998, 43; *BayObLG* Rpfleger 1993, 398; *Demharter* Anh. zu § 3 Rn. 46; *Lotter* MittBayNot 1993, 144; **a. A.** *Bauer / v. Oefele* AT V Rn. 208; *Schöner/Stöber* Rn. 2852 Fn. 10; *LG Lüneburg* Rpfleger 1979, 314).

Die Grundrisszeichnungen sollen sämtliche Geschosse, damit also auch **Kellergeschosse** und **87 Spitzböden** umfassen (*BayObLG* DNotZ 1998, 377 = ZMR 1998, 43). Dem kann mit *F. Schmidt* (MittBayNot 1997, 276; ebenso *Bauer / v. Oefele* AT V Rn. 208; *Erman / Grziwotz* Rn. 3) zumindest für den Fall nicht gefolgt werden, dass der im Gemeinschaftseigentum befindliche Spitzboden schon aufgrund seiner Standhöhe nicht zum dauernden Aufenthalt von Menschen geeignet ist und auch sonst keine weiteren darstellungsbedürftigen Merkmale aufweist. In diesen Fällen ist keine über Schnitt- und Ansichtszeichnungen hinausgehende Notwendigkeit für einen Grundrissplan erkennbar.

Aus dem Teilungsplan muss auch der **Standort des Gebäudes** ersichtlich sein (*Bamberger /* **88** *Roth / Hügel* Rn. 8; *Böhringer* BWNotZ 1998, 4, 9; *Schöner/Stöber* Rn. 2852; **a. A.** *Demharter* Anh. zu § 3 Rn. 46; einschränkend *Weitnauer / Briesemeister* Rn. 20 und ders. § 1 Rn. 8). Weitergehende Anforderungen – insbesondere eine Verpflichtung zur Beibringung eines Lageplanes – verbindet die h. M. damit nicht, wenngleich sie einen Lageplan im Einzelfall durchaus für sinnvoll erachtet oder gar seine Beifügung empfiehlt (*BayObLG* Rpfleger 1990, 204; *Bamberger / Roth / Hügel* Rn. 8; *Bärmann/Pick/Merle* Rn. 71; *Röll* DNotZ 1977, 643; *Schöner/Stöber* Rn. 2852). Richtigerweise bedarf es zur Standortangabe des Gebäudes im Grundstückskomplex über den reinen Wortlaut des Gesetzes hinaus sogar der Vorlage eines **amtlichen Lageplanes** (*OLG Hamm* Rpfleger 1976, 317; *OLG Bremen* Rpfleger 1980, 68 = DNotZ 1980, 489; *Bub* WE 1991, 124, 125; *Böhringer* BWNotZ 1998, 4, 9; *Sauren* Rpfleger 1985, 261, 266; in diesem Sinne wohl auch *Becker/Kümmel/Ott* § 2 Rn. 27; empfohlen auch von *Bauer / v. Oefele* AT V Rn. 207; offen gelassen von *BayObLG* NJW-RR 1990, 332 und *BayObLG* ZWE 2002, 407). Nur auf diese Weise lassen sich auch bei nur einem Baukörper die Grenzen des unbebauten, dem gemeinschaftlichen Gebrauch unterliegenden Grundstücks feststellen. Mögliche Überbausituationen (so zu Recht *Bub* WE 1991, 124, 125; *Böhringer* BWNotZ 1998, 4, 9) oder Verwechslungen (instruktiv *BGH* DNotZ 1995, 37 = Rpfleger 1994, 245) lassen sich auf diese Weise erkennen und vermeiden, so dass sich dieses Verlangen gerade aus dem in § 7 Abs. 4 S. 1 Nr. 1 WEG normierten Zweck ableitet, klare Rechtsverhältnisse zu schaffen (**a. A.** *Schöner/Stöber* Rn. 2852 Fn. 21, die die durch das WEG selbst begründeten Anforderungen zu eng abstecken). Auch die von *Demharter* (Anh. zu § 3 Rn. 46) vertretene Auffassung, der Aufteilungsplan brauche grundsätzlich den Standort der Gebäude auf dem zu teilenden Grundstück nicht auszuweisen, verliert ihre Bestimmtheit, wenn andererseits dem Grundbuchgericht mittels Zwischenverfügung gem. § 18 GBO die Anforderung eines *amtlichen Lageplans* aufgegeben wird, wenn es Grund zu der Annahme hat, dass das Gebäude über die Grundstücksgrenze gebaut ist oder gebaut werden soll (*Demharter* Rpfleger 1983, 133, 136). Offen bleibt, wie anders als durch eben jenen amtlichen Lageplan es zu einer solchen Annahme kommen sollte.

Soll an baulich **selbstständigen Garagen** Sondereigentum begründet werden, sind dem Grund- **89** buchgericht auch für diese Gebäudeteile die in Rn. 86 genannten Unterlagen gem. § 7 Abs. 4 WEG vorzulegen (*OLG Düsseldorf* ZMR 2000, 398; *OLG Hamm* Rpfleger 1977, 308). Soll dagegen das selbständige Garagenbauwerk im Gemeinschaftseigentum verbleiben, sind Ansichten und Schnitte entbehrlich (*BayObLG* WE 1994, 242).

Handelt es sich bei den **Garagen** um **Stellplätze** der in § 3 Abs. 2 S. 2 bezeichneten Art, muss sich **90** aus der Bauzeichnung, gegebenenfalls durch zusätzliche Beschriftung ergänzt, ergeben, wie die Flächen der Garagenstellplätze durch dauerhafte Markierungen ersichtlich sind (AVV Nr. 6; dort auch Einzelheiten zu Möglichkeiten dauerhafter Markierungen; *LG Nürnberg/Fürth* DNotZ 1988,

§ 7 | Grundbuchvorschriften

321 mit abl. Anm. *Röll*). Es handelt sich dabei aber nur um eine vom Grundbuchgericht nicht zu prüfende bautechnische Anforderung (*LG Nürnberg/Fürth* MittBayNot 1997, 373 unter Aufgabe der zuvor genannten Entscheidung; Bauer/*v. Oefele* AT V Rn. 212; *F. Schmidt* MittBayNot 1990, 306; **a. A.** Meikel/*Morvilius* Einl. Rn. C 112 a. E.; *Schöner/Stöber* Rn. 2853).

91 Nach § 7 Abs. 4 S. 1 Nr. 1 sind alle zu demselben Wohnungseigentum gehörenden Einzelräume im Aufteilungsplan **mit** der jeweils gleichen **Nummer** zu **kennzeichnen**. Werden in der Eintragungsbewilligung Nummern für die einzelnen Sondereigentumsrechte angegeben, sollen sie darüber hinaus mit denen des Aufteilungsplanes übereinstimmen (§ 7 Abs. 4 S. 2 WEG). Zweck dieser Regelung ist es, den sachenrechtlichen Bestimmtheitsgrundsatz durch eine eindeutige Abgrenzung des Sondereigentums zu anderen Sondereigentumseinheiten und zum Gemeinschaftseigentum zu gewährleisten (Palandt/*Bassenge* Rn. 3). Dass dies auch dann gelten soll, wenn die Teilungserklärung vor der Grundbucheintragung geändert wird (so aber *BayObLG* Rpfleger 1991, 414), erscheint dagegen überspannt und unzweckmäßig, weil auch eine andere Zuordnung bspw. eines Kellers unmittelbar nach vollzogener Ersteintragung unter Beibehaltung der einmal zugewiesenen Nummer erfolgen kann. Es ist nicht einzusehen, weshalb eine spätere Eintragung einen Zustand zu schaffen vermag, der bei der ursprünglichen Anlegung der Grundbücher unzulässig sein soll (wie hier Erman/*Grziwotz* Rn. 3). Abgrenzungsprobleme oder Verwirrung sind hier nicht zu besorgen (krit auch *Westermeier* MittBayNot 2004, 265). Zumindest berühren vom Notar im Aufteilungsplan angebrachte Umnummerierungsvermerke die einmal bescheinigte und fortbestehende Abgeschlossenheit nicht, so dass die Grundbucheintragung nicht von der Vorlage einer neuen, die nachträglich veränderte Zuordnung der Nebenräume verlautbarenden Abgeschlossenheitsbescheinigung abhängig gemacht werden kann (*LG Chemnitz* MittBayNot 1997, 294). Nach dem Sinn und Zweck gilt das Gebot der einheitlichen Nummerierung nur für selbständige Wohnungs- und Teileigentumseinheiten, nicht dagegen für die von Anfang an zulässige Verbindung grundsätzlich selbständiger Einheiten mit nur einem Miteigentumsanteil (*LG Passau* MittBayNot 2004, 264 mit zust. Anm. *Westermeier*; Bauer/*v. Oefele* AT V Rn. 210). Innerhalb des Wohnungsverbundes genügt auch eine farbliche Umrandung (Weitnauer/*Briesemeister* Rn. 13); eine Einzelnummerierung kann dann insoweit unterbleiben, wenn durch eine einmalige Nummerierung und farbliche Umrandung der ganzen Wohnung eine eindeutige Zuordnung erfolgt (*LG Bayreuth* Rpfleger 1982, 21; Bauer/*v. Oefele* AT V Rn. 210). Eine Nummerierung muss nicht fortlaufend erfolgen; auch Buchstaben können zur Unterscheidung der Einheiten hinzugefügt werden (Hügel/Scheel Rn. 21; Bauer/*v. Oefele* AT V Rn. 211). Letzteres dürfte sich besonders bei Doppel- und Mehrfachparkern empfehlen, wenn die nach h. M. nicht sondereigentumsfähigen Einzelplätze (dazu § 5 Rn. 43) in dem Gesamtteileigentum zu bezeichnen sind.

92 Eine Nummerierung ist jedoch für außerhalb der eigentlichen Wohnung liegende **Nebenräume** (Kellerräume, Speicherräume) unerlässlich (AVV vom 19.3.1974 Nr. 3). Fehlt eine solche und ist die Zuordnung zum Sondereigentum nicht in anderer Weise eindeutig ersichtlich, entsteht durch die Grundbucheintragung kein Sondereigentum; es verbleibt bei gemeinschaftlichem Eigentum (*BayObLG* MittBayNot 1988, 236). Zu weit dürfte die Auslegung des *OLG Köln* (ZMR 1992, 511) gehen, das die ausdrückliche verbale Zuordnung eines Kellerraumes mit Blick auf eine pauschale Planbezugnahme in der Teilungserklärung »wegen Aufteilung, Lage und Größe der im Sondereigentum stehenden Räume« für entbehrlich hält. Gerade wenn andere Deutungsmöglichkeiten nicht mit Sicherheit ausgeschlossen werden können, muss im Anlegungsverfahren wegen des das Grundbuchverfahren beherrschenden Bestimmtheitsgrundsatzes und des Erfordernisses urkundlich eindeutig belegter Eintragungsunterlagen durch Zwischenverfügung die Frage der Zugehörigkeit eines Kellerraumes zu einem bestimmten Sondereigentum zweifelsfrei geklärt werden (zutreffend daher die Vorinstanz *LG Köln* Rpfleger 1992, 478). Umgekehrt folgt aus der Ordnungsfunktion des § 7 Abs. 4 S. 1 Nr. 1 2. Hs WEG nicht, dass Nebenräume, die mit bestimmten Ziffern bezeichnet sind, jeweils den ziffernmäßig entsprechenden Wohnungseigentumseinheiten über den Inhalt der Teilungserklärung hinaus als Sondereigentum zuzuordnen sind (*OLG Düsseldorf* WuM 2004, 110).

93 Soll sich das Sondereigentum einer im Dachgeschoss gelegenen Wohnung auch auf den über der Wohnung im Spitzboden befindlichen **Luftraum** erstrecken, muss die Zugehörigkeit des Luftrau-

mes im darüber liegenden Geschoss durch Eintragung der entsprechenden Nummer der Einheit im Grundrissplan dieses Geschosses zum Ausdruck kommen (*Bub* WE 1991, 124, 125). Andernfalls bedarf die Erstreckung des Sondereigentums auch auf den Luftraum über einer **Kehlbalkenanlage** einer Änderung der Teilungserklärung unter Beifügung neuer Aufteilungspläne mit Abgeschlossenheitsbescheinigung (*OLG Düsseldorf* DNotZ 1995, 82). Zur Mehrdeutigkeit des Begriffs »Dachgeschossraum« (einerseits »Dachgeschoss« – andererseits »Dachraum« mit Pyramide) s. KG (OLG-Report 2006, 418).

Anders als Nebenräume im Keller- oder im Dachgeschoss gehören **Balkone und Loggien** funktional unmittelbar zur Wohnung; sie sind die räumliche Fortsetzung der Wohnung und nur von ihr aus zugänglich. Der Balkon*raum* ist damit nicht nur sondereigentums*fähig* (so aber die ganz h. M. vgl. *Bärmann/Pick/Merle* § 5 Rn. 27; *Bamberger/Roth/Hügel* § 5 Rn. 9; *MüKo/Commichau* § 5 Rn. 20; *Sauren* § 1 Rn. 9; *Weitnauer/Briesemeister* § 5 Rn. 11; s. auch § 5 Rn. 28 je m. w. N.; **a. A.** wohl nur *Staudinger/Rapp* § 5 Rn. 7 u. Rn. 25: Balkon ist stets Gemeinschaftseigentum), sondern zwingend als Teil der im Sondereigentum befindlichen Wohnung anzusehen, weil er deren wesentlicher Bestandteil i. S. d. § 94 BGB ist. Die Bezeichnung als Balkon ohne weitere Differenzierung erfasst regelmäßig nur den Luftraum; es ist unschädlich, wenn dabei nicht hinsichtlich der einzelnen Bauteile unterschieden wird (*OLG Düsseldorf* ZMR 1999, 350; *BayObLG* ZMR 1999, 59). Das kann auch hinsichtlich der vereinbarten Instandhaltungspflichten gelten (*BayObLG* NZM 2004, 106). Davon abzugrenzen ist das Bauelement Balkon als in seiner konstruktiven Substanz zwingend gemeinschaftlicher Gebäudeteil. Einzelne Räume einer einheitlichen Wohnung können aber nicht im Gemeinschaftseigentum stehen. Der Aufteilungsplan darf den Balkon als Raum auch wegen der ansonsten gegebenen Zugangsproblematik (*BayObLG* MittBayNot 2001, 480) nicht als Gemeinschaftseigentum ausweisen. Vor diesem Hintergrund spricht *J. H. Schmidt* (MietRB 2005, 83, 84) von einem »faktischen Sondernutzungsrecht«. Ist eine entsprechende Nummerierung unterblieben, gehört der Balkonraum gleichwohl **kraft Gesetzes** zum **Sondereigentum der Gesamtwohnung** (*Diester* Wichtige Rechtsfragen des Wohnungseigentums, Rn. 109 ff.; grundlegend *F. Schmidt* MittBayNot 1985, 240 u. MittBayNot 2001, 442; ebenso *Bielefeld* Der Wohnungseigentümer S. 30; a. A. § 3 Rn. 80). Abzulehnen sind deshalb die Entscheidungen des *LG Frankfurt a. M.* (NJW-RR 1990, 1238 = WE 1991, 124 m. abl. Anm. *Bielefeld*) und des *OLG Frankfurt a. M.* (Rpfleger 1997, 374), in denen die Zuordnung eines Balkons zum Sondereigentum wegen fehlender ausdrücklicher Zuweisung zum Sondereigentum bzw. wegen fehlender Bezeichnung in der Teilungserklärung und im Aufteilungsplan verneint wurde (Unbehagen über die letztgenannte Entscheidung äußern auch *Schöner/Stöber* Rn. 2852 Fn. 15). 94

Eine **gleich lautende Nummerierung für Wohnungs- und Teileigentumseinheiten** (WE 1 – TE 1 usw.) sollte wegen der bestehenden Verwechslungsgefahr nicht erfolgen (*Staudinger/Rapp* Rn. 20; *Soergel/Stürner* Rn. 9; **a. A.** *OLG Zweibrücken* OLGZ 1982, 263; *Bub* WE 1991, 124, 125). Auch wenn die Teilungserklärung den Gegenstand des jeweiligen Sondereigentums eindeutig beschreiben sollte, können Verwechslungsprobleme entstehen, wenn nicht alle mit derselben Nummer bezeichneten Räumlichkeiten auch zum Sondereigentum erklärt worden sind (vgl. *OLG Düsseldorf* ZMR 2000, 398) oder spätere Veränderungen vollzogen werden sollen. Insbesondere aber vor dem Hintergrund des Trends zu simplifizierenden Beschreibungen (»Sondereigentum Nr. 1«; s. Rn. 16) erscheinen Doppelnummerierungen in derselben Wohnungseigentumsanlage als nicht akzeptabel. 95

Die Angabe von **Wohnungsgrößen** ist nicht erforderlich (*Schöner/Stöber* Rn. 2852). Sie kann mitunter Anlass zu Fehlinterpretationen geben und sollte deshalb unterbleiben (*Röll* DNotZ 1996, 294). Im Einzelfall lassen sich die Größen ggf. aus den maßstabgerechten Plänen errechnen. Für den einen Kaufvertrag beurkundenden Notar besteht regelmäßig keine Verpflichtung zur Ermittlung der Wohnungsgröße (*BGH* ZMR 1999, 565). Im Übrigen s. Rn. 17. 96

In der Praxis finden vielfach **vorläufige Aufteilungspläne** Verwendung. Für diese gelten zunächst die dargestellten Grundsätze ebenfalls. Die Bestimmtheit des Grundbuchinhalts erfordert es, dass der Entwurf des Aufteilungsplanes völlig identisch ist mit der von der Baubehörde mit Unterschrift und Siegel oder Stempel versehenen Bauzeichnung nach § 7 Abs. 4 S. 1 Nr. 1 WEG. Die Überprüfung der **Identität** hat das Grundbuchgericht grundsätzlich selbst vorzunehmen 97

§ 7 | Grundbuchvorschriften

(*BayObLG* Rpfleger 2003, 289 mit Anm. *Morhard* MittBayNot 2003, 128 u. Anm. *F. Schmidt* DNotZ 2003, 277). Einer zusätzlichen Identitätserklärung bedarf es dazu nicht (Bauer/*v. Oefele* AT V Rn. 221; *Hügel*/Scheel Rn. 100). Einer solchen Erklärung käme keinerlei weitergehende materiell-rechtliche Wirkung zu; sie entbände das Grundbuchgericht auch nicht von seiner eigenen Prüfungspflicht (*BayObLG* Rpfleger 2003, 289; *Demharter* § 20 Rn. 32). Widersprechen sich demnach vorläufiger und amtlich bestätigter Aufteilungsplan, bedarf es zur Festlegung, auf welcher Grundlage die Aufteilung vorgenommen werden soll, eines formgerechten Nachtrages zur Teilungserklärung (*BayObLG* Rpfleger 2003, 289; Bauer/*v. Oefele* AT V Rn. 221; *Hügel* NotBZ 2003, 147, 150). Eine evtl Bevollmächtigung muss daher die Befugnis zur Änderung der Eintragungsbewilligung erkennen lassen; die bloße Berechtigung zur Abgabe einer verfahrensrechtlichen Identitätserklärung genügt nicht (*BayObLG* Rpfleger 2003, 289; *Hügel* NotBZ 2003, 147, 151 auch zu den mit einer Vollmachtserteilung verbundenen Schwierigkeiten; *Kersten/Bühling* § 65 Rn. 41 M). Eine **Verpflichtung des Notars** zur Überprüfung der formellen Anforderungen auf ihre inhaltliche Richtigkeit besteht nicht (*OLG Koblenz* RNotZ 2002, 116).

98 Unbedingt zu beachten ist bei einer Nachtragsbeurkundung im vorstehenden Sinne, dass solche Nachträge zur Teilungserklärung für gewöhnlich auch entsprechende **Nachträge für bereits abgeschlossene Erwerbsverträge** erforderlich machen werden (*BayObLG* Rpfleger 1991, 414; *Basty* NotBZ 1999, 237).

2. Abgeschlossenheitsbescheinigung

99 Die nach § 7 Abs. 4 S. 1 Nr. 2 der Eintragungsbewilligung beizufügende Abgeschlossenheitsbescheinigung hat die **Funktion**, dem Grundbuchgericht die Beachtung des in § 3 Abs. 2 S. 1 normierten Abgeschlossenheitserfordernisses urkundlich zu belegen. Damit ist jedoch keine Aussage über eine baurechtlich zulässige Nutzung verbunden (*BVerwG* DNotZ 1988, 702). Sogar ein Bauverbot ist ohne Belang für die Begründung von Wohnungseigentum (*BGH* Rpfleger 1990, 159). Dem Grundbuchgericht soll vielmehr die Prüfung bautechnischer und baurechtlicher Fragen erspart werden (*BVerwG* NJW 1997, 71; *Trautmann* ZWE 2004, 318, 319). Aus diesem Grunde darf grundsätzlich auch nicht nachgeprüft werden, ob die Baubehörde die Erfüllung bautechnischer Anforderungen an Wohnungstrenndecken und -wände beachtet hat (*BGH* Rpfleger 1990, 159).

100 Zum Begriff der Abgeschlossenheit s. ausführlich § 3 Rn. 64 ff.

101 Das WEG sieht als einzige Form des Nachweises für die Abgeschlossenheit die Bescheinigung nach § 7 Abs. 4 S. 1 Nr. 2 WEG vor. **Andere Formen des Nachweises** über das Vorliegen einer Abgeschlossenheit (z. B. Ermittlungen oder Beweiserhebungen) sind dem Grundbuchgericht versagt (*BayObLG* Rpfleger 1990, 457; Meikel/*Böttcher* Einl. H 99 b; Staudinger/*Rapp* Rn. 28). Dies kann jedoch nach allgemeinen Grundsätzen dann nicht gelten, wenn die Voraussetzungen der Abgeschlossenheit für das Grundbuchgericht i. S. v. § 29 Abs. 1 S. 2 GBO z. B. aufgrund früherer Antragstellungen ausnahmsweise offenkundig oder aktenkundig sind (zutreffend *Bub* WE 1991, 150, 154).

102 Das Grundbuchgericht hat die Vorlage einer Abgeschlossenheitsbescheinigung zur Begründung von Wohnungs- und Teileigentum zu fordern (*BGH* Rpfleger 1994, 245; *BayObLG* Rpfleger 1990, 457). Erfolgt eine **Grundbucheintragung**, obwohl die **Anforderungen** für eine Abgeschlossenheit oder gar die Bescheinigung selbst **nicht vorliegen**, entsteht Sondereigentum gleichwohl wirksam nach dem in Bezug genommenen Plan. Das Abgeschlossenheitserfordernis ist als Sollvorschrift ausgestaltet; von seiner Nichtbeachtung – gleich aus welchem Grunde – kann nicht der Bestand dinglicher Rechte abhängen (BGHZ 110, 36 = Rpfleger 1990, 159; *OLG Köln* Rpfleger 1994, 348 = ZMR 1994, 230; *Röll* Rpfleger 1983, 380).

103 Die Bescheinigung selbst ist **kein Verwaltungsakt** (*BVerwG* Rpfleger 1988, 256; Bauer/*v. Oefele* AT V Rn. 214; *Müller* Rn. 16; Staudinger/*Rapp* Rn. 25; Weitnauer/*Briesemeister* Rn. 14; **a. A.** *Becker* NJW 1991, 2742; *Trautmann* FS Merle 2000, 313, 323 für Neubauten); es handelt sich um eine sog. Wissenserklärung (*BVerwG* NJW 1997, 71). Ihr **Widerruf** oder ihre **Kraftloserklärung** sollen zumindest dann für das Grundbuchgericht unbeachtlich sein, wenn sie auf der Nichteinhaltung bautechnischer Anforderungen beruhen (*BayObLG* Rpfleger 1990, 457; *Müller* Rn. 16; **a. A.** *Böttcher* Rpfleger 1990, 486, 497). Stimmen aber der tatsächliche und der im Grundbuch eingetragene Bau-

tenstand nicht mehr überein, kann die Baubehörde die Abgeschlossenheitsbescheinigung für kraftlos erklären; eine Grundbuchberichtigung kann jedoch nicht gefordert werden (*BVerwG* NJW 1997, 71; Staudinger/*Rapp* Rn. 27). Wird die Kraftloserklärung dem Grundbuchgericht vor Vollzug der Aufteilung bekannt, darf diese nicht mehr eingetragen werden (Staudinger/*Rapp* Rn. 27).

Es ist zulässig, die Abgeschlossenheitsbescheinigung **auf den** Aufteilungs**plan** zu setzen (*Bay-ObLG* Rpfleger 1984, 314). Zu Form und Inhalt der Abgeschlossenheitsbescheinigung s. i. ü. die AVV vom 19.3.1974 (Anhang II). 104

III. Prüfungsrecht und Prüfungspflicht des Grundbuchgerichtes

1. Allgemeine Eintragungsvoraussetzungen

Das Grundbuchgericht hat im Eintragungsverfahren zu prüfen, ob Wohnungseigentum nach den vorliegenden Unterlagen wirksam begründet werden kann. Das erfordert zunächst wie in jedem Grundbuchverfahren die Beachtung der **allgemeinen Eintragungsvoraussetzungen** (Bamberger/Roth/*Hügel* Rn. 12; Bauer/*v. Oefele* AT V Rn. 204; dazu s. i. E. Rn. 68 ff.). 105

2. Besondere Eintragungsvoraussetzungen

Das Grundbuchgericht hat weiterhin zu prüfen, ob die Regelungen der Teilungserklärung/des Teilungsvertrages und die mitbeurkundeten Vereinbarungen rechtmäßig sind; sie dürfen nicht gegen **zwingendes Recht** verstoßen. Das Grundbuchgericht darf nicht sehenden Auges dabei mitwirken, das Grundbuch unrichtig zu machen (BGHZ 99, 90 = DNotZ 1988, 24 = Rpfleger 1987, 106; BayObLG ZMR 1999, 773; MüKo/*Commichau* Rn. 10; *Sauren* Rn. 9). 106

Teilungsvertrag/Teilungserklärung, **Aufteilungsplan** und **Abgeschlossenheitsbescheinigung** müssen **übereinstimmen** (Bauer/*v. Oefele* AT V Rn. 219; *Hügel*/Scheel Rn. 101). Bei Abweichungen und Widersprüchen hat das Grundbuchgericht die Anlegung der Wohnungs- und Teileigentumsgrundbücher abzulehnen (BGHZ 130, 159 = Rpfleger 1996, 19; *BayObLG* Rpfleger 1993, 335). Zu Divergenzfällen s. Rn. 194 ff. 107

a) Gegenständliche Prüfung

Wohnungs- und Teileigentum kann nur begründet werden, wenn das Sondereigentum mit Miteigentum an nur **einem Grundstück** im Rechtssinne verbunden ist (§ 1 Abs. 4). Ggf. ist vor der Aufteilung noch eine Vereinigung (§ 890 Abs. 1 BGB) oder eine Bestandteilszuschreibung (§ 890 Abs. 2 BGB) erforderlich. Besteht Grund zu der Annahme, dass das Gebäude über die Grundstücksgrenze gebaut ist oder gebaut werden soll, darf das Grundbuchgericht die Eintragung nur vornehmen, wenn ihm in der Form des § 29 GBO nachgewiesen ist, dass entweder kein **Überbau** vorliegt oder der übergebaute Gebäudeteil wesentlicher Bestandteil des Stammgrundstücks ist (*Demharter* Rpfleger 1983, 133, 136f). Dazu siehe Rn. 13. 108

Das zu bildende Sondereigentum muss nach den Bestimmungen des WEG **sondereigentumsfähig** sein. Das setzt Raumeigentum in einem Gebäude voraus (s. dazu ausführlich § 3 Rn. 106 ff.). Dabei muss die Beschreibung dem sachenrechtlichen Bestimmtheitsgrundsatz genügen und eindeutig sein. An Teilen eines Raumes kann mangels baulicher Abgrenzung Sondereigentum nicht begründet werden (*OLG Koblenz* WE 1992, 19 m. Anm. *Merle*). Zu Abgeschlossenheitsfragen s. auch Rn. 153 ff. 109

Die Summe aller gebildeten Miteigentumsanteile muss wieder **ein Ganzes** ergeben. S. dazu Rn. 7 u. 185 ff. 110

Mit jedem gebildeten **Miteigentumsanteil** ist ein **Sondereigentumsrecht** zu **verbinden**; umgekehrt ist auch Sondereigentum ohne einen Miteigentumsanteil nicht möglich (§ 3 Abs. 1, § 8 Abs. 1: »jeder Anteil«; vgl. § 6). **Isolierte Miteigentumsanteile** können rechtsgeschäftlich nicht begründet werden (BGHZ 109, 179 = NJW 1990, 447; Bamberger/Roth/*Hügel* § 3 Rn. 2; *Bärmann*/Pick/Merle § 3 Rn. 9; Staudinger/*Rapp* § 3 Rn. 6; Weitnauer/*Briesemeister* § 3 Rn. 22). 111

Ebenso darf durch die Aufteilung **kein Mitsondereigentum** einer Gruppe von Wohnungseigentümern an Räumen oder Einrichtungen entstehen (z. B. an Fahrstühlen, Heizungsanlagen oder einzelnen Wohnungen vorgelagerten Fluren), die dem gemeinschaftlichen Gebrauch aller dienen 112

§ 7 I Grundbuchvorschriften

(BGHZ 130, 159, 168 = NJW 1995, 2851 = Rpfleger 1996, 19 = ZMR 1995, 521; *BayObLG* Rpfleger 1988, 102; *BayObLG* Rpfleger 1996, 240; *BayObLG* Rpfleger 2000, 326 = ZMR 2000, 622; *OLG Schleswig* DNotZ 2007, 620 m. zust. Anm. *Commichau*; Bamberger / Roth / *Hügel* § 5 Rn. 8; KEHE / *Herrmann* Einl. E 25; *Schöner/Stöber* Rn. 2824). **Dinglich verselbständigte Untergemeinschaften** verbieten sich schon allein wegen § 93 BGB (Weitnauer / *Briesemeister* § 3 Rn. 32; **a. A.** Bärmann/Pick/ Merle § 7 Rn. 38: auf jeden Fall aber **keine Grundbucheintragung** möglich). Sonderregelungen lassen sich durch Sondernutzungsrechte oder Sonderstimmrechte erreichen. Denkbar wäre allenfalls kraft Gesetzes entstehendes **Nachbareigentum** an trennenden Gebäudeteilen (z. B. nichttragende Zwischenwände) oder Versorgungseinrichtungen (z. B. gemeinsame Wasserzu- und -ableitungen), die nicht zum gemeinschaftlichen Eigentum aller Miteigentümer gehören (BGHZ 146, 241 = FGPrax 2001, 65; *OLG Zweibrücken* Rpfleger 1987, 106; *OLG Schleswig* DNotZ 2007, 620; Weitnauer / *Briesemeister* § 3 Rn. 34; a. A. *Commichau* DNotZ 2007, 622, 624).

113 Unzulässig ist auch die Bildung von **Unterwohnungseigentum** nach Art eines Untererbbaurechtes, weil Wohnungseigentum kein grundstücksgleiches Recht sondern besonders ausgestaltetes Miteigentum ist (*OLG Köln* Rpfleger 1984, 268; Weitnauer / *Briesemeister* § 3 Rn. 33).

114 Teile des Gebäudes, die für dessen Bestand oder Sicherheit erforderlich sind, sowie Anlagen und Einrichtungen, die dem gemeinschaftlichen Gebrauch der Wohnungseigentümer dienen, sind **zwingend Gemeinschaftseigentum** (§ 5 Abs. 2). Aus diesem Grunde kann z. B. an einer Doppelhaushälfte insgesamt- also unter Einbeziehung der konstruktiven Teile – Sondereigentum nicht wirksam begründet werden (BGHZ 50, 56; *BGH* NJW-RR 2001, 800; *OLG Düsseldorf* FGPrax 2004, 267). Vgl. i. ü. die ausführliche alphabetische Aufstellung in § 5 Rn. 27 ff. Zur Zugangsproblematik s. ferner Rn. 161.

b) Inhaltliche Prüfung des Teilungsvertrages/der Teilungserklärung

115 Die beantragte Aufteilung in Wohnungseigentum muss **rechtmäßig** sein. Andernfalls würde das Grundbuch durch die Eintragung unrichtig; dabei darf das Grundbuchgericht aber nicht mitwirken. Daraus leitet sich die **Verpflichtung des Grundbuchgerichts** zur Prüfung derjenigen Bestimmungen ab, die nach §§ 5 Abs. 4; 8 Abs. 2, 10 ff. WEG als **Inhalt des Sondereigentums** in das Grundbuch eingetragen werden sollen. Soweit solche Regelungen nicht durch eine Grundbucheintragung verdinglicht werden sollen, verbleibt es bei der bloß schuldrechtlichen Regelung. Diese werden dann nicht zum Inhalt des Sondereigentums; sie sind daher vom Grundbuchgericht auch nicht zu überprüfen (*OLG Köln* Rpfleger 1982, 61 m. krit. Anm. *Meyer-Stolte*, der auf § 139 BGB hinweist).

116 Die beantragte Eintragung einer Vereinbarung (in ihrer Mehrheit: Gemeinschaftsordnung) ist **insgesamt abzulehnen**, wenn auch nur eine einzige Bestimmung unzulässig ist (*BayObLG* Rpfleger 1986, 220; *OLG Köln* NJW-RR 1989, 780; Weitnauer / *Briesemeister* Rn. 32). Wird daraufhin ein Teilvollzug der Urkunde beantragt, hat der Eintragungsvermerk im Bestandsverzeichnis die eingeschränkte Bezugnahme deutlich zu machen, damit die nicht eingetragenen Bestimmungen eindeutig feststellbar sind (vgl. BGHZ 130, 159, 167 = Rpfleger 1996, 19 = ZMR 1995, 521; Staudinger / *Rapp* Rn. 33).

117 Erfolgt die **Anlegung** der Grundbücher in Unkenntnis eines Gesetzesverstoßes, so liegt ein **Gründungsmangel** vor. Diejenigen Vereinbarungen, die gegen zwingende Bestimmungen verstoßen, sind unwirksam. I. ü. bleibt die Begründung des Wohnungseigentums aber wirksam; an die Stelle der unwirksamen Regelung treten die gesetzlichen Bestimmungen (Staudinger / *Rapp* Rn. 34).

(1) Prüfung des § 134 BGB

118 Bestimmungen, die wegen Verstoßes gegen ein gesetzliches Verbot nichtig sind, können nicht zum Inhalt des Sondereigentums gemacht werden. Damit können all diejenigen Regelungen nicht in das Grundbuch eingetragen werden, mit denen von zwingenden gesetzlichen Bestimmungen abgewichen werden soll. **Zwingendes Recht des WEG** im Bereich der Gemeinschaftsordnung ist:

- § 10 Abs. 2 S. 3: Grundsätzlicher Abänderungsanspruch der Wohnungseigentümer
- § 11: Grundsätzliche Unauflöslichkeit der Gemeinschaft

–	§ 12 Abs. 2:	Versagung einer vereinbarten Veräußerungszustimmung nur aus wichtigem Grund (s. zur unwirksamen Bestimmung, wonach die Zustimmung zur Veräußerung bei Hausgeldrückständen verweigert werden kann *LG Frankfurt a. M.* NJW-RR 1988, 598)
–	§ 12 Abs. 4 S. 2:	Möglichkeit zur mehrheitlichen Aufhebung einer vereinbarten Veräußerungsbeschränkung
–	§ 16 Abs. 5:	Möglichkeit zur mehrheitlichen Änderung der Kostenverteilung
–	§ 18 Abs. 4:	Keine Beschränkung des Anspruchs auf Entziehung
–	§ 20 Abs. 2:	Kein vollständiger Ausschluss der Verwalterbestellung (zulässig ist aber eine Regelung, wonach vorerst noch kein Verwalter bestellt werden soll, *LG Köln* MittRhNotK 1981, 200. Nichtig ist dagegen eine Regelung, wonach nur ein Wohnungseigentümer zum Verwalter bestellt werden darf, *BayObLG* Rpfleger 1995, 155)
–	§ 22 Abs. 2 S. 2:	Möglichkeit zur Änderung der Kostenverteilung bei Modernisierungsmaßnahmen mit doppelt qualifizierter Mehrheit
–	§ 23 Abs. 3:	Einstimmigkeit einer schriftlichen Beschlussfassung
–	§ 24 Abs. 2:	Minderheitenrecht zur Einberufung der Versammlung (vgl. *Häublein* ZMR 2003, 235 m. w. N.)
–	§ 26 Abs. 1:	Maximaldauer der Verwalterbestellung und Beschränkungen
–	§ 27 Abs. 4:	Keine Einschränkung bestimmter Verwalteraufgaben
–	§ 27 Abs. 5 S. 1:	Trennung der Gemeinschaftsgelder vom sonstigen Vermögen
–	§ 43 ff.:	Gerichtliches Verfahren

Weiterhin ist zwingend zu beachten, dass eine ansonsten zulässige (*BGH* Rpfleger 1994, 498) Vereinbarung über die **Haftung** des in die Gemeinschaft eintretenden Erwerbers für Hausgeldrückstände bei einem **Ersteher** nach der Zuschlagserteilung gegen § 56 S. 2 ZVG verstößt (BGHZ 99, 358 = Rpfleger 1987, 208 = ZMR 1987, 273). **119**

Ebenfalls nichtig ist ein genereller, wenn auch zeitlich begrenzter **Stimmrechtsausschluss** (*OLG Köln* NZM 1999, 846). **120**

Nichtig ist eine in der Gemeinschaftsordnung vorweg genommene **Ermächtigung zur Schaffung neuen Wohnungseigentums** durch Umwandlung von Gemeinschaftseigentum in Sondereigentum. Eine solche Bestimmung betrifft das sachenrechtliche Grundverhältnis und kann nicht in einer den Sondernachfolger bindenden Weise als Inhalt des Sondereigentums gem. § 10 Abs. 1 u. 2 vereinbart werden (*BGH* NZM 2003, 480 = ZMR 2003, 748; *BayObLG* DNotZ 1998, 379 = Rpfleger 1998, 19; *BayObLG* NZM 2000, 668 = ZMR 2000, 316; *BayObLG* NZM 2002, 70 = ZMR 2002, 283; *KG* NZM 1999, 258; *Armbrüster* ZMR 2005, 244, 247; *Demharter* Anh. zu § 3 Rn. 91; *Hügel* RNotZ 2005, 149, 151; *Krause* NotBZ 2001, 433, 434 u. 437 f.; Meikel/*Böttcher* Einl. I Rn. 15f; *Müller* Rn. 85; *Schöner/Stöber* Rn. 2967c). **121**

Darüber hinaus gewährt das WEG den Wohnungseigentümern **weitgehende Gestaltungsfreiheit**. Zulässig sind daher Vereinbarungen jeder Art (§§ 5 Abs. 4, 8 Abs. 2, 10 Abs. 2 u. Abs. 3 WEG), sofern sie nur das Verhältnis der Wohnungseigentümer untereinander betreffen (Bamberger/Roth/*Hügel* § 10 Rn. 9) und nicht gegen die §§ 138, 242, 315 BGB verstoßen. Wegen der großen praktischen Bedeutung seien deshalb an dieser Stelle beispielhaft nur folgende zulässige Regelungen genannt: **122**

Zulässig ist etwa ein **Überschreiten** der 70%-Regelung nach der **HeizkostenV** vom 20.1.1989 (BGBl I S. 115). Zwar findet die HeizkostenV auf das Wohnungseigentum Anwendung (§ 3 HeizkostenV), wenn die Wohnungseigentümer eine entsprechende Regelung getroffen haben (*OLG Köln* ZMR 2005, 77); aufgrund der Bestimmung in § 10 HeizkostenV ist jedoch eine abweichende Vereinbarung möglich (vgl. *OLG Düsseldorf* NJW-RR 1986, 179; § 10 HeizkostenVO Rn. 8 f.). **123**

Zulässig ist die Vereinbarung von **Geldstrafen**, die bei näher bezeichneten Zuwiderhandlungen durch Mehrheitsbeschluss verhängt werden können (*BayObLG* NJW-RR 1986, 179 = ZMR 1985, 421). **124**

Zulässig ist die Vereinbarung von **Verzugszinsen** für rückständige Hausgeldbeiträge (BGHZ 115, 151 = Rpfleger 1991, 413 = ZMR 1991, 398). **125**

§ 7 | Grundbuchvorschriften

126 **Zulässig** ist zwar eine **Verpflichtung** in der Gemeinschaftsordnung zur Abgabe einer **Unterwerfungserklärung unter die sofortige Zwangsvollstreckung** (§ 794 Abs. 1 Nr. 5 ZPO) hinsichtlich des zu zahlenden Hausgeldes (*KG* ZMR 1997, 644; *OLG Celle* NJW 1955, 953; *Bärmann/Pick/Merle* § 10 Rn. 45; Weitnauer/*Lüke* § 10 Rn. 42), sie erweist sich jedoch im Ergebnis als wenig effektiv (*Wolfsteiner* FS Wenzel 2005, 59, 60 ff.). Erfolgt die Unterwerfung unter die sofortige Zwangsvollstreckung selbst bereits im Teilungsvertrag (was wegen der noch bestehenden Personenidentität in einer Teilungserklärung gem. § 8 WEG nicht möglich ist!), ist auf die Einhaltung der notwendigen Beurkundungsform zu achten. Zu beachten ist allerdings, dass **nicht die Unterwerfung selbst** – wohl aber die Verpflichtung hierzu – **zum Inhalt des Sondereigentums** gemacht werden kann. Es gibt keine verdinglichte Zwangsvollstreckungsunterwerfung zulasten Dritter (*Wolfsteiner* FS Wenzel 2005, 59, 66 ff.; *ders.* MittBayNot 1998, 49, 50, dort auch zu Klauselproblemen nach einer erfolgten Unterwerfung). Auch Vollmachtslösungen scheiden in diesem Bereich aus (*Wolfsteiner* FS Wenzel 2005, 59, 67 f.).

127 **Zulässig** ist die Vereinbarung einer **Öffnungsklausel**, nach der die Gemeinschaftsordnung mehrheitlich abgeändert werden kann, wenn für die beschlossene Regelung ein sachlicher Grund vorliegt und einzelne Wohnungseigentümer gegenüber dem früheren Rechtszustand nicht unbillig beeinträchtigt werden (BGHZ 95, 137 = NJW 1985, 2832; *OLG Hamm* ZWE 2000, 425 = ZMR 2000, 483). Die Öffnungsklausel kann dabei **auch umfassend** vereinbart werden (*OLG Düsseldorf* Rpfleger 2004, 347 = ZMR 2004, 284 m. Anm. *Schneider* und m. w. N., dort auch zur Frage evtl Drittzustimmungen). Nachdem der Gesetzgeber die Eintragungsfähigkeit und -bedürftigkeit der aufgrund einer solchen Klausel gefassten Regelungen mit der Novellierung des § 10 Abs. 4 S. 2 (G v. 26.03.2007 – BGBl. I S. 370) nunmehr ausdrücklich verneint hat (**a. A.** *Hügel/Elzer* § 3 Rn. 143; vgl. ausführlich § 10 Rn. 326 ff.), ist eine Aushöhlung des Wohnungseigentums durch nicht im Grundbuch verlautbarte Regelungen wohl nicht mehr zu verhindern.

128 **Zulässig** ist eine Vereinbarung von Sondernutzungsrechten an Wohnungen, die mit dem Teileigentum an Kellern oder Garagen verbunden sind (»**Kellermodell**«). Zu den Hintergründen für das Aufkommen dieses Modells vgl. *Pause* NJW 1990, 3178. Nach überwiegender und zutreffender Auffassung sind solche Vereinbarungen **nicht nichtig**, weil sie **keine Gesetzesumgehung** darstellen (*BayObLG* Rpfleger 1992, 154 m. Anm. *Eckardt*; *OLG Hamm* Rpfleger 1993, 445; *Bauer/v. Oefele* AT V Rn. 143; *Pause* NJW 1990, 3178; *ders.* NJW 1992, 671; *Schneider* Rpfleger 1991, 499; *Blum* MittRhNotK 1992, 109; *F. Schmidt* WE 1992, 2; *Schöner/Stöber* Rn. 2910a; **a. A.** *LG Braunschweig* Rpfleger 1991, 201 m. zust. Anm. *Schäfer* Rpfleger 1991, 307; *LG Hagen* NJW-RR 1993, 402; *Bärmann/Pick/Merle* § 1 Rn. 34; Staudinger/*Rapp* § 5 Rn. 18; *Häublein* Sondernutzungsrechte und ihre Begründung im Wohnungseigentumsrecht S. 100, 106). Entgegen der Ansicht von Weitnauer/*Briesemeister* (§ 3 Rn. 60) und des *OLG Hamm* (Rpfleger 1993, 445) handelt es sich nicht lediglich um eine temporäre Erscheinung. Das Bedürfnis für Kellermodelle ist mit der Entscheidung des *GmS-OGB* (BGHZ 119, 42 = NJW 1992, 3290 = Rpfleger 1993, 238 = ZMR 1993, 25) keineswegs entfallen (vgl. nur *OLG Düsseldorf* Rpfleger 2001, 534, 535 m. Anm. *Schneider*).

(2) Prüfung des § 138 BGB und der §§ 242, 315 BGB

129 Es ist allgemein anerkannt, dass Teilungsverträge gem. § 3 WEG und Teilungserklärungen gem. § 8 WEG einer **Inhaltskontrolle** nach §§ 138, 242, 315 BGB unterliegen (*BGH* NJW 1994, 2950, 2952; *BGH* Rpfleger 1987, 106 = NJW 1987, 650; *OLG Frankfurt a. M.* NZM 2004, 231; *BayObLG* NJW-RR 1996, 1037; *BayObLG* NJW-RR 1992, 83; *BayObLG* Rpfleger 1990, 160 m. Anm. *Böttcher*; *OLG Köln* Rpfleger 1989, 405 m. Anm. *Böttcher*; *OLG Karlsruhe-Freiburg* Rpfleger 1987, 412; Bamberger/Roth/*Hügel* § 10 Rn. 9; *Bärmann/Pick/Merle* § 8 Rn. 16; Weitnauer/*Briesemeister* Rn. 24 u. 29).

130 Dies hat grundsätzlich **auch für das Anlegungsverfahren** bei dem Grundbuchgericht zu gelten (so zu Recht *OLG Frankfurt a.M.* Rpfleger 1998, 336; *BayObLG* Rpfleger 1997, 375 = ZMR 1997, 369; *OLG Zweibrücken* MittBayNot 1994, 44; *Bärmann/Pick/Merle* § 7 Rn. 76; *Demharter* Anh. zu § 3 Rn. 25; Erman/*Grziwotz* Rn. 6; Meikel/*Morvilius* Einl. C 113; Meikel/*Böttcher* Einl. H 84; MüKo/*Commichau* Rn. 11; KEHE/*Hermann* Einl. E 87; *Schöner/Stöber* Rn. 2815; **a. A.** Prüfung nur im Verfahren gem. § 43 ff.: *Bauer/v. Oefele* AT V Rn. 113; Staudinger/*Rapp* Rn. 38; Weitnauer DNotZ

1989, 430). Ein Antrag muss nämlich abgelehnt werden, wenn feststeht, dass die mit der Eintragung begehrte Rechtsänderung sittenwidrig ist oder gegen Treu und Glauben verstößt. Für eine solche Eintragung fehlt das Rechtsschutzinteresse (*Böttcher* Rpfleger 1990, 486, 492).

Davon zu unterscheiden ist die Frage, *wie* diese Prüfung des Grundbuchgerichts durchgeführt werden kann. Auch insoweit findet die in Grundbuchsachen geltende **Beweismittelbeschränkung** auf die nach dem Verfahrensrecht zur Verfügung stehenden Erkenntnismöglichkeiten Anwendung. Die Prüfung hat sich damit auf öffentliche Urkunden und offenkundige Tatsachen zu beschränken. Erfordert die Prüfung – insbesondere im Rahmen des § 242 BGB – eine wertende Beurteilung unter Berücksichtigung aller Umstände, so ist das Grundbuchgericht dazu im Eintragungsverfahren in der Regel nicht in der Lage. Es muss dann eine Überprüfung im Einzelfall dem Wohnungseigentumsgericht im Verfahren gem. § 43 ff. vorbehalten bleiben (*BayObLG* Rpfleger 1997, 375; *OLG Frankfurt a.M.* Rpfleger 1998, 336; *Bärmann/Pick/Merle* Rn. 76; *Demharter* Anh. zu § 3 Rn. 25). Gelangt das Grundbuchgericht deshalb im Rahmen seiner Prüfung nicht zu der vollen Überzeugung, dass die Eintragung wegen eines Verstoßes gegen die §§ 138, 242, 315 BGB unrichtig wird, muss es den Antrag vollziehen. Nur wenn das Grundbuchgericht sichere Kenntnis davon hat, dass die beantragte Eintragung sittenwidrig ist oder gegen Treu und Glauben verstößt, hat es den Eintragungsantrag – ggf. nach vorheriger Zwischenverfügung – zurückzuweisen (Meikel/*Böttcher* Einl. H 84). Bloße Zweifel genügen jedoch nicht (*BayObLG* Rpfleger 1997, 375; *OLG Frankfurt a.M.* Rpfleger 1998, 336; *Demharter* Anh. zu § 13 Rn. 29). Zweckmäßigkeitserwägungen hat das Grundbuchgericht dabei nicht anzustellen (*LG Mainz* MittRhNotK 2000, 168). Im Einzelnen gilt daher:

Sittenwidrig ist eine **Knebelung** der Wohnungseigentümer über das vom Grundcharakter des Wohnungseigentums gebildete, besonders gestaltete Gemeinschaftsverhältnis hinaus, wenn dadurch das Mitgliedschaftsrecht der Wohnungseigentümer ausgehöhlt wird. Dies ist bei einem in der Teilungserklärung gem. § 8 enthaltenen **Vermietungsmonopol** zugunsten eines zentralen Vermieters der Fall, wenn Kontroll- und Eingriffsrechte der Wohnungseigentümer nicht bestehen (*OLG Karlsruhe-Freiburg* Rpfleger 1987, 412).

Dagegen verstößt eine vom teilenden Eigentümer in der Gemeinschaftsordnung aufgestellte Regelung **nicht gegen Treu und Glauben**, wonach ein Wohnungseigentümer im Fall der Vermietung seines Wohnungseigentums verpflichtet ist, die **Verwaltung des Sondereigentums** dem Wohnungseigentumsverwalter **zu übertragen** (*BayObLG* MittBayNot 1995, 388).

Sittenwidrig ist ferner eine Regelung in einer Teilungserklärung gem. § 8, die sich als grobe **Missachtung des Gleichheitsgrundsatzes** gem. Art. 3 Abs. 1 GG darstellt und bestimmte Personengruppen willkürlich benachteiligt. Ein Beispiel stellt folgende vom *OLG Zweibrücken* (MittBayNot 1994, 44) als sittenwidrig eingestufte Klausel dar: »Das Sondereigentum ist veräußerlich. Zur Veräußerung und Vermietung eines Sondereigentums ist keine Zustimmung der anderen Sondereigentümer erforderlich. Die Zustimmung ist jedoch bei einer Veräußerung und Vermietung an Ausländer, kinderreiche Familien (= mehr als zwei Kinder) oder Wohngemeinschaften (= mehr als 3 Personen) erforderlich.«

Als **Verstoß gegen § 242 BGB** hat das *BayObLG* (Rpfleger 1990, 160 m. Anm. *Böttcher*) folgende Bestimmung in der Gemeinschaftsordnung angesehen: »Wenn nicht innerhalb von 14 Tagen nach der Absendung der **Abrechnung** ein schriftlicher, begründeter Widerspruch von mehr als der Hälfte der Wohnungseigentümer eingelegt ist, gilt die Abrechnung als anerkannt.« Eine solche Klausel würde dem einzelnen Wohnungseigentümer praktisch jede Möglichkeit nehmen, die Abrechnung des Verwalters überprüfen zu lassen, und sei diese auch noch so unrichtig. Denn die **Genehmigungsfiktion** soll schon dann eintreten, wenn nicht mehr als die Hälfte der Wohnungseigentümer gegen die Abrechnung schriftlichen, begründeten Widerspruch erhebt. Insbesondere bei größeren Gemeinschaften wird dies aber erfahrungsgemäß so gut wie nie der Fall sein, sodass eine solche Bestimmung die personenrechtliche Gemeinschaftsstellung der Wohnungseigentümer zu sehr aushöhlt.

Ebenfalls **gegen § 242 BGB verstößt** eine Regelung in der Gemeinschaftsordnung, wonach die Wohnungseigentümergemeinschaft nur Verträge mit **Versicherungsgesellschaften** abschließen darf, wenn diese dem Verwalter genehm sind, um ihm auf diese Art Provisionsansprüche zu sichern (*Röll* DNotZ 1978, 720, 723; Meikel/*Böttcher* Einl. H 84).

137 Mit dem Grundsatz von **Treu und Glauben** ebenfalls **nicht vereinbar** ist folgende vom teilenden Eigentümer einseitig in die Gemeinschaftsordnung aufgenommene Regelung über den **Abstimmungsmodus**: »Stellen ein Wohnungseigentümer oder der Verwalter vor oder nach einer Abstimmung ein entsprechendes Verlangen, so sind die Stimmen nicht nach Köpfen, sondern nach dem Verhältnis der Miteigentumsanteile zu bewerten« (*LG Regensburg* Rpfleger 1991, 244 m. zust. Anm. *R. Schmid*). Die Teilnehmer einer Eigentümerversammlung können nicht darauf vertrauen, dass ein einmal gefasster Beschluss aufgrund einer vor einer Abstimmung festgelegten alternativen Zählweise tatsächlich gültig ist. Das Bestehen bzw. der Umfang des Stimmrechts eines Wohnungseigentümers muss aber *vor* der Abstimmung zu dem jeweiligen Punkt der Tagesordnung zuverlässig feststellbar sein.

138 Eine Klausel in der Gemeinschaftsordnung **verstößt gegen § 242 BGB**, wenn ein Wohnungseigentümer, der mit seinen Hausgeldzahlungen im Rückstand ist, allein aus diesem Grund von der **Teilnahme an der Eigentümerversammlung ausgeschlossen** werden soll (*LG Regensburg* Rpfleger 1991, 244 m. zust. Anm. *R. Schmid*; *Sauren* § 25 Rn. 46; Weitnauer/*Lüke* § 25 Rn. 27). Es handelt sich bei der Teilnahme um ein wesentliches mit dem Wohnungseigentum verbundenes Eigentümerrecht. **Streitig** ist dagegen, ob ein **Ruhen des Stimmrechts** für den Fall vereinbart werden kann, dass ein Wohnungseigentümer seiner Pflicht zur Zahlung des Hausgeldes nicht nachkommt (möglich: *Bärmann/Pick/Merle* § 25 Rn. 156; Weitnauer/*Lüke* § 25 Rn. 27; verstößt zumindest bei einmaligen oder kurzfristigen Rückständen gegen § 242 BGB: *Sauren* § 25 Rn. 46).

138a Offen gelassen hat der *BGH* (DNotZ 2007, 39 = NJW 2007, 213 = ZMR 2007, 284), ob eine in der Teilungserklärung enthaltene Verpflichtung der Wohnungseigentümer, einen Betreuungsvertrag mit einer zeitlichen Bindung von mehr als zwei Jahren abzuschließen, bereits aufgrund einer Inhaltskontrolle gem. § 307 ff. BGB (zur Problematik vgl. Rn. 142 ff.) oder wegen eines Verstoßes gegen § 242 BGB unwirksam ist. Zwar kann der teilende Eigentümer in der Teilungserklärung eine Gebrauchsregelung vorgeben, wonach Wohnungen nur im Sinne des **Betreuten Wohnens** genutzt werden dürfen, jedoch darf eine diesbezügliche Verpflichtung für die Wohnungseigentümer zu keiner weitergehenden Bindung als der nach § 309 Nr. 9 a BGB zugelassenen Bindung führen. Zu wohnungseigentumsrechtlichen und steuerrechtlichen Aspekten des Betreuten Wohnens vgl. auch *Kahlen* ZMR 2007, 671 ff.

139 **Nicht gegen § 242 BGB verstößt** folgende **Vertretungsregelung** in der Gemeinschaftsordnung: »Jeder Wohnungseigentümer kann sich in der Eigentümerversammlung nur durch seinen Ehegatten, einen Wohnungseigentümer oder den Verwalter vertreten lassen« (BGHZ 99, 90 = Rpfleger 1987, 106; *OLG Karlsruhe/Freiburg* Rpfleger 2006, 647 = ZMR 2006, 795 ausdrücklich auch für eine Teilung gem. § 8 WEG; vgl. auch BGHZ 121, 236 = ZMR 1993, 287 dort auch zur – eingeschränkten – Möglichkeit der Hinzuziehung eines Beraters).

140 Ebenfalls **nicht gegen § 242 BGB verstößt** die von dem teilenden Alleineigentümer als **Vetorecht** getroffene Regelung in der Gemeinschaftsordnung einer aus drei Wohnungen bestehenden Wohnanlage, dass für das Stimmrecht die unterschiedliche Größe der Miteigentumsanteile maßgebend ist, gegen seine Stimme aber ein Eigentümerbeschluss nicht gefasst werden kann, solange ihm auch nur eine Wohnung gehört (*BayObLG* Rpfleger 1997, 375 = ZMR 1997, 369).

141 **Nicht rechtsmissbräuchlich** ist eine in der Gemeinschaftsordnung enthaltene Regelung, wonach der teilende Bauträger bis zur Veräußerung der letzten Eigentumswohnung befugt ist, am Gemeinschaftseigentum weitere **Sondernutzungsrechte**, deren Ausübungsbereich in der Gemeinschaftsordnung **nicht näher beschrieben** ist, zu begründen. Nach Auffassung des *OLG Frankfurt a. M.* (Rpfleger 1998, 336 = ZMR 1998, 365) ist den Erwerbern von Wohnungs- und Teileigentumsrechten trotz einer in die Entscheidung eingeflossenen Berücksichtigung einer evtl. Missbrauchsgefahr die uneingeschränkte Befugnis des Bauträgers zur Begründung von Sondernutzungsrechten zumutbar. Ergeben sich aus der Grundakte keine sicheren Anhaltspunkte dafür, dass die spätere Begründung eines Sondernutzungsrechts an einer Treppenhausfläche die übrigen Wohnungseigentümer in einem Umfang beeinträchtigt, der sich als ein gegen Treu und Glauben verstoßender Fehlgebrauch der dem Bauträger in der Gemeinschaftsordnung verliehenen Befugnis darstellen würde, kann ein solches Sondernutzungsrecht auch noch nach Eintragung einer Auflassungsvormerkung für den ersten Erwerber eines Wohnungseigentums allein begründet werden. Vgl. demgegenüber aber *LG Düsseldorf* (Rpfleger 1999, 217), das in der dem teilenden Eigentümer in der Teilungserklärung eingeräumten Befugnis zur jederzeitigen Änderung der Teilungserklärung und einer entsprechend in den Erwerbsverträgen erteilten Vollmacht ein einseitiges Leistungsbestimmungsrecht sah und die Vollmachtsklausel wegen Verstoßes gegen das (damalige) AGBG für unwirksam hielt.

(3) Prüfung der §§ 305 ff. BGB

Die Vorschriften über **Allgemeine Geschäftsbedingungen** (jetzt § 305 ff. BGB) werden von der h. M. zu Recht auf Teilungsverträge gem. § 3 WEG und einseitige Teilungserklärungen gem. § 8 **nicht** angewendet. 142

Bei der **vertraglichen Begründung** von Wohnungseigentum wird eine einvernehmlich aufgestellte Gemeinschaftsordnung wohl nie die Voraussetzungen für die Anwendung von Allgemeinen Geschäftsbedingungen erfüllen (allg. M. *Ertl* DNotZ 1981, 149, 151; *Meikel/Böttcher* Einl. H 127; *Röll* DNotZ 1978, 720, 721; *Ulmer* FS Weitnauer 1980 S. 205, 209; *Weitnauer/Briesemeister* Rn. 25). Es mangelt bereits an einer einseitigen Setzung bei Errichtung der Gemeinschaftsordnung. Darüber hinaus wird weder die Gemeinschaftsordnung vorformuliert sein, noch werden die gleichen Bestimmungen in einer Vielzahl von Verträgen mit anderen Wohnungseigentümern verwendet. 143

Bei der **einseitigen Begründung** von Wohnungseigentum scheint der Wortlaut der §§ 305 ff. zunächst eine Anwendung der Bestimmungen nahe zu legen. So wird i. d. R. ein Bauträger eine vorformulierte Gemeinschaftsordnung in einer Vielzahl von Fällen zur einseitigen Errichtung der Teilungserklärung verwenden und aus diesem Grund ein Aushandeln i. S. d. § 305 Abs. 1 S. 3 unmöglich sein. Daraus wird z. T. die **unmittelbare Anwendung der § 305 ff.** auf die einseitig errichtete Gemeinschaftsordnung gefolgert, weil diese mit der Übertragung eines Wohnungseigentums auf einen Erwerber Vertragsqualität erhalte (*Eickmann* Rpfleger 1978, 1, 5; *Stürner* BWNotZ 1977, 106, 111). Dies ist jedoch **nicht zutreffend**. Der Grund für die Anwendung der Bestimmungen der Gemeinschaftsordnung liegt gerade nicht in einer vertraglichen Regelung der Erwerbsparteien; ihre Anwendung ist vielmehr ein inhaltsbestimmendes Merkmal der durch den Erwerb kraft Gesetzes entstehenden Eigentümergemeinschaft (*Meikel/Böttcher* Einl. H 128; *Staudinger/Rapp* Rn. 35; *Weitnauer/Briesemeister* Rn. 25). Die Eintragung der Gemeinschaftsordnung als Inhalt des Sondereigentums macht diese zum Inhalt des Wohnungseigentums und damit zum Inhalt eines dinglichen Rechts. Die Anwendung des Rechts Allgemeiner Geschäftsbedingungen ist jedoch für die Gestaltung der Bedingungen von schuldrechtlichen Austauschverträgen vorgesehen (*Weitnauer/Briesemeister* Rn. 26). 144

Auch eine **analoge Anwendung** der Bestimmungen §§ 305 ff. auf Gemeinschaftsordnungen **scheidet aus**. (*OLG Frankfurt a. M.* Rpfleger 1998, 336; *OLG Hamburg* FGPrax 1996, 132; *BayObLG* NJW-RR 1992, 83; *Bamberger/Roth/Hügel* § 10 Rn. 9; *Bärmann/Pick/Merle* § 8 Rn. 16; *Bauer/v. Oefele* AT V Rn. 111; *Brambring/Schippel* DNotZ 1977, 131, 139; *Demharter* Anh. zu § 3 Rn. 26; *Ertl* DNotZ 1981, 149; *KEHE/Herrmann* Einl. E 88; *Meikel/Morvilius* Einl. Rn. C 113; *MüKo/Commichau* Rn. 11; *Palandt/Bassenge* § 10 Rn. 2; *Röll* Rpfleger 1997, 108; *F. Schmidt* MittBayNot 1979, 139; *Schöner/Stöber* Rn. 2815; *Staudinger/Kreuzer* § 10 Rn. 74; *Staudinger/Rapp* Rn. 35; *Weitnauer/Briesemeister* Rn. 28; **a. A.** *LG Magdeburg* Rpfleger 1997, 108; *Erman/Grziwotz* Rn. 6; *Meikel/Böttcher* Einl. H 128; *Ulmer* FS Weitnauer 1980, 205; **offen gelassen** von *BGH* DNotZ 2007, 39 = NJW 2007, 213 = ZMR 2007, 284: »Betreutes Wohnen«; BGHZ 151, 164 = DNotZ 2002, 945 = ZMR 2002, 766; *BGH* Rpfleger 1987, 106; *OLG Düsseldorf* NJW-RR 1990, 154; *OLG Köln* Rpfleger 1989, 405 m. Anm. *Böttcher*; *OLG Karlsruhe-Freiburg* Rpfleger 1987, 412). Bestimmungen einer Gemeinschaftsordnung wirken sich nicht einseitig zulasten einer Vertragspartei sondern im Regelfall wechselseitig auf die Mitglieder der Gemeinschaft aus, wobei das Bestreben eines Bauträgers regelmäßig auf ein schnelles Ausscheiden aus der Gemeinschaft gerichtet sein wird. Vieles spricht deshalb für eine Anwendung des Ausschlusstatbestandes des § 310 Abs. 4 BGB auch auf die wohnungseigentumsrechtliche Gemeinschaftsordnung (*Ertl* DNotZ 1981, 149, 163; *Röll* DNotZ 1978, 145

720, 722; Weitnauer/*Briesemeister* Rn. 25). Hier wie bei den dort genannten gesellschaftsrechtlichen Verträgen kommt es maßgeblich auf die Ausgestaltung eines längerfristig angelegten Dauerschuldverhältnisses der Beteiligten mit satzungsähnlichem Charakter und nicht auf die Regelung eines kurzfristigen Austauschverhältnisses mit dem dort typischerweise vorhandenen Konfliktpotential an (**a. A.** *Ulmer* FS Weitnauer 1980, 205, 215 ff.). Ein weitergehendes Bedürfnis für eine analoge Anwendung ist auch nicht erkennbar, wenn nach dem hier vertretenen Standpunkt (Rn. 129 f.) eine Überprüfung unter dem Gesichtspunkt der §§ 242, 315 BGB für zulässig gehalten wird (so auch *BayObLG* NJW-RR 1992, 83; in diese Richtung auch BGHZ 151, 164 = DNotZ 2002, 945 = ZMR 2002, 766).

c) Prüfung der Aufteilungspläne und der Abgeschlossenheitsbescheinigung

145a Zu den Möglichkeiten und Besonderheiten bei einer Übertragung der Zuständigkeit für die Ausfertigung der Aufteilungspläne und die Erteilung der Abgeschlossenheitsbescheinigung auf einen Sachverständigen gem. § 7 Abs. 4 S. 3 bis 6 s. Rn. 294 ff.

(1) Aufteilungspläne

146 Es handelt sich bei dem Aufteilungsplan um eine andere Voraussetzung der Eintragung i. S. d. § 29 Abs. 1 S. 2 GBO (*Demharter* § 29 Rn. 15). Das Grundbuchgericht hat deshalb das Vorliegen eines den gesetzlichen Anforderungen genügenden **Aufteilungsplanes** mit der Bescheinigung über die Abgeschlossenheit zu prüfen. Mithin besteht eine **Prüfungspflicht** des Grundbuchgerichts, ob der Aufteilungsplan § 7 Abs. 4 S. 1 Nr. 1 entspricht (*Hügel*/Scheel Rn. 104; Weitnauer/ *Briesemeister* Rn. 20).

147 Die Prüfung hat sich in sachlicher Hinsicht unter Berücksichtigung aller Rn. 86 ff. dargestellten Einzelheiten auf die **Vollständigkeit** der vorgelegten Pläne, eine ordnungsgemäße **Nummerierung** sowie die **Zusammengehörigkeit** der Pläne mit der beigefügten Abgeschlossenheitsbescheinigung zu erstrecken. Wegen des sachenrechtlichen Bestimmtheitsgrundsatzes müssen die Aufteilungspläne zwingend mit der Abgeschlossenheitsbescheinigung und dem Teilungsvertrag/der Teilungserklärung (§ 7 Abs. 4 S. 2) überein stimmen (*BayObLG* Rpfleger 2003, 289). Bei Abweichungen oder Widersprüchen hat das Grundbuchgericht eine Anlegung der Wohnungs- und Teileigentumsgrundbücher abzulehnen (BGHZ 130, 159 = Rpfleger 1996, 19 = ZMR 1995, 521; *OLG Köln* NJW-RR 1993, 204).

148 Wird bei Errichtung der Teilungserklärung/des Teilungsvertrages ein **vorläufiger Aufteilungsplan** verwendet, hat das Grundbuchgericht die **Identität** mit dem nachträglich vorgelegten amtlichen Aufteilungsplan selbst zu prüfen und festzustellen (*BayObLG* Rpfleger 2003, 289 mit Anm. *Morhard* MittBayNot 2003, 128 u. Anm. *F. Schmidt* DNotZ 2003, 277; *Hügel* NotBZ 2003, 147). Zur Verwendung vorläufiger Pläne und dem – nicht gerechtfertigten – Verlangen nach einer Identitätserklärung s. Rn. 97.

149 Der Aufteilungsplan muss **in sich widerspruchsfrei** sein (*BayObLG* Rpfleger 1993, 335). Es dürfen keine offensichtlichen Widersprüche oder Unrichtigkeiten vorliegen wie z. B. seitenverkehrte Ansichten oder Widersprüche zwischen Grundrissen und Schnitten.

150 Formal kommt als Nachweismittel gem. § 29 Abs. 1 S. 2 GBO nur eine öffentliche Urkunde in Betracht (*Demharter* § 29 Rn. 26). Weder § 7 Abs. 4 noch die AVV für die Ausstellung von Bescheinigungen lassen **andere** als zeichnerische **Möglichkeiten des Nachweises** zu. Insbesondere scheiden nach der derzeitigen Rechtslage damit **elektronische Formen** der Darstellung als Nachweis aus. Das Gesetz über die Verwendung elektronischer Kommunikationsformen in der Justiz (JKomG) vom 22.3.2005 (BGBl I S. 837) betrifft nicht die Grundbuchordnung und das Wohnungseigentumsgesetz. Dem Urkundenbegriff widerspricht es allerdings, wenn in Teilen gefertigte Einzelpläne durch jederzeit lösbare Verbindungen (z,B. mittels Klebestreifen oder Klebestiften) zusammengefügt werden. Wegen der großen Bedeutung für die Abgrenzung der Eigentumssphären sind dauerhafte Verbindungen unerlässlich, wobei die Zusammengehörigkeit auch urkundstechnisch zu verdeutlichen ist (vgl. § 44 BeurkG). **Fotographien** sind als urkundlicher Nachweis i. S. d. § 415 ff. ZPO nicht geeignet (*a. A.* Wurm/Wagner/Zartmann/*H. Götte* Kap. 41 Rn. 49 für Ansichten bei bestehenden Gebäuden). Das Recht des Urkundenbeweises ist formalisiert, indem die freie Beweiswürdigung (§ 286 ZPO) zugunsten einer formellen Beweiskraft eingeschränkt ist; Fotographien sind jedoch Gegenstand des Augenscheins (vgl. BGHZ 65, 300 = Rpfleger 1976, 93).

(2) Abgeschlossenheitsbescheinigung
Auch die gem. § 7 Abs. 4 S. 1 Nr. 2 der Eintragungsbewilligung beizufügende Abgeschlossenheitsbescheinigung ist eine andere Eintragungsvoraussetzung i. S. d. § 29 Abs. 1 S. 2 GBO. Sie ist nach heute ganz h. M. **für das Grundbuchgericht nicht bindend** (*OLG Hamm* MittBayNot 1998, 186; *OLG Düsseldorf* ZMR 1997, 662; *BayObLG* Rpfleger 1990, 114; Bamberger/Roth/*Hügel* Rn. 13; *Bärmann/Pick/Merle* Rn. 75; Bauer/v. Oefele AT V Rn. 224; *Müller* Rn. 13; MüKo/*Commichau* Rn. 8; *Schneider* Rpfleger 1991, 499; Staudinger/*Rapp* Rn. 31; Weitnauer/*Briesemeister* Rn. 21 f; **a. A.** noch *LG Frankfurt a. M.* NJW 1971, 759; *Becker* NJW 1991, 2742, 2746). Dieses hat vielmehr für das Eintragungsverfahren in eigener Verantwortung zu prüfen, ob die Baubehörde § 3 Abs. 2 S. 1 richtig ausgelegt hat (*GmS-OGB* BGHZ 119, 42 = NJW 1992, 3290 = Rpfleger 1993, 238 = ZMR 1993, 25). Dies gilt auch dann, wenn es sich bei der betreffenden Vorschrift um eine »Sollvorschrift« handelt, denn das Grundbuchgericht darf nicht sehenden Auges gegen geltendes Recht verstoßen, auch wenn ein Verstoß nicht unmittelbar zur Unwirksamkeit der Eintragung führt (*BayObLG* Rpfleger 1984, 407; *BayObLG* DNotZ 1990, 260; *Bub* WE 1991, 150. 155; *Schöner/Stöber* Rn. 2856 a. E.); es entsteht aufgrund einer dem Aufteilungsplan entsprechenden Eintragung gleichwohl Sondereigentum (*BayObLG* Rpfleger 1980, 295; *BayObLG* Rpfleger 1991, 414).

Das Grundbuchgericht ist demnach **berechtigt selbständig nachzuprüfen**, ob eine ordnungsgemäße Bescheinigung über die Abgeschlossenheit vorliegt, die nicht **offenkundig unrichtig** oder im Verhältnis zum Aufteilungsplan **widersprüchlich** ist (BGHZ 110, 36 = Rpfleger 1990, 159; *BayObLG* Rpfleger 1984, 407; *Bärmann/Pick/Merle* Rn. 75; *Demharter* Anh. zu § 3 Rn. 45; *Diester* Rpfleger 1965, 193, 197; *Schöner/Stöber* Rn. 2856). Ist der in der Abgeschlossenheitsbescheinigung in Bezug genommene Aufteilungsplan widersprüchlich oder steht er in Widerspruch zu der Eintragungsbewilligung, so liegt keine das Grundbuchgericht bindende Abgeschlossenheitsbescheinigung vor (*BayObLG* Rpfleger 1993, 335; *Demharter* Anh. zu § 3 Rn. 45). Das Grundbuchgericht wird seine Prüfung auf **Rechtsfragen** im Zusammenhang mit der räumlichen Aufteilung des Gebäudes zu beschränken haben; die Prüfung bautechnischer Anforderungen bleibt dem Grundbuchgericht mangels eigener Erkenntnismöglichkeiten dagegen versagt (*BayObLG* Rpfleger 1990, 114; Bamberger/Roth/*Hügel* Rn. 13; Bauer/v. Oefele AT V Rn. 224; *Trautmann* FS Merle 2000, 313, 322). Deshalb hat das Grundbuchgericht mit Sicherheit keine Berechtigung und auch keine Verpflichtung zur Prüfung, ob die tatsächliche Bauausführung mit dem Plan oder der Bescheinigung übereinstimmt (*Schöner/Stöber* Rn. 2856; Weitnauer/*Briesemeister* Rn. 21). Jedoch ergibt sich aus dem zuvor Gesagten für das Grundbuchgericht durchaus die **Verpflichtung** zu einer sog. **Evidenzkontrolle** (*GmS-OGB* BGHZ 119, 42 = NJW 1992, 3290 = Rpfleger 1993, 238 = ZMR 1993, 25: »das Grundbuchamt... hat vielmehr in eigener Verantwortung zu prüfen, ob die Baubehörde § 3 Abs. 2 S. 1 richtig ausgelegt hat«; *OLG Düsseldorf* ZMR 1997, 662 = FGPrax 1998, 12; *Bub* WE 1991, 150, 155; *Demharter* Anh. zu § 3 Rn. 44; Staudinger/*Rapp* Rn. 31; großzügiger allerdings Bamberger/Roth/*Hügel* Rn. 13, der auf »pflichtgemäßes Ermessen« bei der Prüfung abstellen möchte und Weitnauer/*Briesemeister* Rn. 21, der in der Vornahme einer Eintragung aufgrund der vorgelegten Bescheinigung keine Pflichtverletzung sieht). Die Abgeschlossenheitsbescheinigung soll dem Grundbuchgericht aber lediglich die Prüfung erleichtern (zutreffend *Demharter* Anh. zu § 3 Rn. 44; Erman/*Grziwotz* Rn. 7), indem bautechnische und baurechtliche Fragen ausgeklammert werden können (*BVerwG* NJW 1997, 71, 74; *Trautmann* ZWE 2004, 318, 319), sie soll sie nicht entbehrlich machen (so aber Bamberger/Roth/*Hügel* Rn. 13). Ermittlungspflichten für das Grundbuchgericht bestehen dagegen infolge der Beweismittelbeschränkung im Grundbuchverfahren nicht.

In der Praxis lassen sich insbesondere bei der Auslegung der §§ 3 Abs. 2 und 5 Abs. 2 durch die Baubehörden **typische** Beispiele für **Fehlerquellen in Abgeschlossenheitsbescheinigungen** zeigen:

– durch eine Nichtbeachtung der Nr. 4 i. V. m. Nr. 5a) der AVV vom 19.3.1974, wonach bei Wohnungen die »Wasserversorgung, Ausguss und **WC** (…) **innerhalb der Wohnung** liegen (müs-

§ 7 | Grundbuchvorschriften

sen)« (*BayObLG* Rpfleger 1984, 407, 408). Insbesondere bei Altbauten wie z. B. in sog. Zechenhaussiedlungen kann dies bisweilen ein Problem darstellen (vgl. *LG Duisburg* vom 30.7.1998 – 24 T 189/98 – n. v.). Als Lösung bietet sich in diesen Fällen die Begründung von Teileigentum ggf. unter Einräumung eines gemeinschaftlichen Sondernutzungsrechtes an den Sanitäreinrichtungen an (MüKo/*Commichau* § 3 Rn. 68). Das auf Wohnungen abgestellte Erfordernis einer innerhalb der Einheit gelegenen Toilette gilt nämlich **nicht** »sinngemäß« (AVV Nr. 5b)) für ein Teileigentum (*OLG Düsseldorf* ZMR 1997, 662 für ein Ladenlokal; *Röll* Rpfleger 1986, 381; tlw. **a. A.** *Müller* Rn. 19);

155 – durch eine Bescheinigung der Abgeschlossenheit von **oberirdischen Pkw-Stellplätzen** (*LG Regensburg* MittBayNot 1990, 43);

156 – durch eine Bescheinigung der Abgeschlossenheit von **Carports** (*BayObLG* Rpfleger 1986, 217);

157 – durch eine Bescheinigung der Abgeschlossenheit von **Pkw-Stellplätzen** auf dem nicht überdachten **Oberdeck eines Garagengebäudes** (vgl. *Sauren* Rpfleger 1999, 14; s. dazu ausführlich § 5 Rn. 64; a. A. § 3 Rn. 71 m. w. N.);

158 – durch die Bescheinigung der Abgeschlossenheit eines einzelnen Stellplatzes in einer **Doppelstockgarage** (vgl. *Frank* MittBayNot 1994, 512; s. dazu ausführlich § 3 Rn. 72 ff. m. w. N.);

159 – durch eine Bescheinigung der Abgeschlossenheit von **Terrassen**, die zum Gemeinschaftseigentum hin keine eindeutige Abgrenzung aufweisen (*BayVGH* ZMR 1998, 469; *OLG Köln* Rpfleger 1982, 278);

160 – durch eine Bescheinigung der Abgeschlossenheit für einen **Raum**, der gem. § 5 Abs. 2 grundsätzlich **zwingend** nur im **Gemeinschaftseigentum** stehen kann (für einen Heizungsraum, wenn die Anlage ausschließlich Wohnungen in der Wohnungseigentumsanlage versorgt BGHZ 73, 302 = Rpfleger 1979, 255 = ZMR 1981, 123 Ls; BGHZ 109, 179 = Rpfleger 1990, 62 = ZMR 1990, 112; *BayObLG* Rpfleger 1980, 230; *BayObLG* DNotZ 1992, 490; *BayObLG* WE 1993, 254; *DNotI-Gutachten* DNotI-Report 1997, 18; **a. A.** *Röll* Rpfleger 1992, 94; Weitnauer/*Briesemeister* § 5 Rn. 24; **a. A.** für einen Raum mit Wasser- und Gaszählern auch *SaarlOLG* MittRhNotK 1998, 361);

161 – durch eine Bescheinigung der Abgeschlossenheit für Räume, die den **einzigen Zugang** zu gemeinschaftlichen Einrichtungen (z. B. Heizungsanlage, Kellerausgang) oder Räumen (Heizungsraum, Geräteraum) bilden (*BGH* NJW 1991, 2909 = Rpfleger 1991, 454; *BayObLG* Rpfleger 1980, 477; *BayObLG* Rpfleger 1986, 220; *BayObLG* DNotZ 1992, 490; *BayObLG* Rpfleger 1995, 409; *OLG Düsseldorf* Rpfleger 1999, 387 = ZMR 1999, 499; *BayObLG* MittBayNot 2004, 192; **a. A.** *Röll* Rpfleger 1992, 94; dem zuneigend *DNotI-Gutachten* DNotI-Report 1997, 18, 19). Diese Räumlichkeiten sind ebenso wenig sondereigentumsfähig wie die von ihnen erschlossenen Räume selbst. Eine Ausnahme besteht allerdings dann, wenn aus jeder der Sondereigentumseinheiten ein gesonderter Zugang möglich ist (*LG Landau* Rpfleger 1985, 437) oder der vom Zugang erschlossene Raum seiner Beschaffenheit nach (z. B. Spitzboden) nicht dem ständigen Mitgebrauch aller Wohnungseigentümer dient (*BayObLG* NJW-RR 1992, 81; *BayObLG* NJW-RR 1995, 908 = ZMR 1995, 371; *BayObLG* NJW-RR 2001, 801 = ZMR 2001, 562; s. auch § 5 Rn. 15 m. w. N.). Ausnahmsweise ist ein Zugang (z. B. auch ein weiteres Treppenhaus) dann sondereigentumsfähig, wenn er nur zu einer Sondereigentumseinheit führt (*OLG Köln* OLGZ 1993, 43).

162 Dem Grundbuchgericht muss zur Begründung von Wohnungseigentum zwingend eine Abgeschlossenheitsbescheinigung vorliegen; das **Fehlen** stellt ein absolutes **Hindernis** für die Eintragung dar (*BayObLG* WE 1990, 102; *BayObLG* Rpfleger 1990, 457), es sei denn, die Voraussetzungen sind nach der hier vertretenen Auffassung ausnahmsweise offenkundig oder aktenkundig (s. Rn. 101). Die vorgelegte Bescheinigung muss das aufzuteilende Grundstück in Übereinstimmung mit dem Grundbuch genau bezeichnen. Dies kann zur **Ergänzung** bzw. **Anpassung** einer bereits erteilten Bescheinigung nötigen, wenn bspw. infolge der Aufteilung eines größeren Grundstücks inzwischen mehrere kleinere Nachfolgegrundstücke im Grundbuch eingetragen sind, die Bescheinigung aber noch das Ursprungsgrundstück bezeichnet (instruktiv BGHZ 124, 100 = DNotZ 1995, 37 = Rpfleger 1994, 245 auch zu möglichen Amtshaftungsansprüchen infolge Nichtbeachtung).

Umgekehrt kann einem Eintragungsantrag jedoch entsprochen werden, wenn sich die vorgelegte Abgeschlossenheitsbescheinigung auf ein genau beschriebenes Grundstück bezieht, im Zuge der Begründung von Wohnungseigentum jedoch noch ein weiteres *unbebautes* Grundstück in die Teilung einbezogen werden soll (so jetzt auch *LG Duisburg* v. 22.06.2007 – 7 T 125/07; ZMR Heft 11/07 m. Anm. *Schneider*). Eine Ergänzung der Bescheinigung für diesen Fall zu fordern, wäre bloße Förmelei, weil sich an den bereits bescheinigten maßgeblichen Rechtsverhältnissen und den vorliegenden Aufteilungsplänen durch die Einbeziehung keine Änderungen ergeben können und das in Wohnungseigentum aufzuteilende Objekt insgesamt ohnehin schon eindeutig erkennbar und bezeichnet ist. Eine weitergehende Bescheinigung könnte nicht mehr an Abgeschlossenheit ausweisen als die bisher schon vorliegende; an der Abgrenzung des Sondereigentums gegenüber dem Gemeinschaftseigentum ändert sich ebensowenig etwas wie an den Zugangsmöglichkeiten oder an den bisherigen Ausstattungsstandards (vgl. § 3 Rn. 64 ff.). Sogar die nachträgliche Einbeziehung eines *bebauten* Grundstücks ist nach diesen Grundsätzen zu behandeln, solange das Bauwerk mangels ausdrücklicher Zuordnung zum Sondereigentum nach der Regelung des § 1 Abs. 5 im Gemeinschaftseigentum verbleibt. An der Abgeschlossenheit kann sich nämlich mit Sicherheit dann ebenfalls nichts durch die Einbeziehung ändern, wenn es sich um freistehende Baulichkeiten auf dem hinzukommenden Grundstück handelt. Nur wenn Gebäude auf dem einzubeziehenden Grundstück unmittelbar an bereits vorhandenes und als abgeschlossen bescheinigtes Sondereigentum angrenzen, könnte sich im Einzelfall die Abgrenzung gegenüber dem – neuen – Gemeinschaftseigentum als kritisch erweisen. Die bisher vorliegende Abgeschlossenheitsbescheinigung brauchte nämlich insoweit keine Aussage über eine Abgrenzung gegenüber dem früheren Nachbargrundstück zu treffen (vgl. *BayObLG* NJW-RR 1991, 593; *LG Düsseldorf* MittRhNotK 1985, 126). Gleichwohl kann in solchen Fällen eine ergänzte oder gar neue Abgeschlossenheitsbescheinigung nicht gefordert werden. Der teilende Eigentümer wäre nämlich ohne weiteres in der Lage, aufgrund der bisher vorliegenden Abgeschlossenheitsbescheinigung die Aufteilung in Wohnungseigentumsrechte im verkürzten Umfang vornehmen zu lassen. Unmittelbar nach der Anlegung der Wohnungsgrundbücher könnte sodann die nachträgliche Einbeziehung des weiteren – bisher selbständigen – Grundstücks im Wege der Vereinigung oder Bestandteilszuschreibung beantragt werden. Wählte er diesen Weg, könnte eine ergänzte oder gar neuerliche Abgeschlossenheitsbescheinigung aber nicht mehr gefordert werden, weil das einmal wirksam begründete Wohnungseigentum durch die – möglicherweise bestehende – Beeinträchtigung seiner Abgeschlossenheit nicht wieder in Wegfall gebracht werden kann (*BGHZ* 110, 36 = NJW 1990, 1111 = Rpfleger 1990, 159; *OLG Köln* Rpfleger 1994, 348 = ZMR 1994, 230). Ist der teilende Eigentümer aber in der Lage, dasselbe Ergebnis durch eine der Aufteilung unmittelbar nachfolgende Antragstellung bei ansonsten gleichen Eintragungsvoraussetzungen zu erreichen, kann das Verlangen nach einer ergänzten oder neuerlichen Abgeschlossenheitsbescheinigung vor Eintragung der Aufteilung nicht gerechtfertigt sein. Bei dieser Konstellation verstößt auch das Grundbuchgericht nicht gegen die ihm obliegende Einhaltung gesetzlicher Bestimmungen, wenn es von der Beibringung einer ergänzten Abgeschlossenheitsbescheinigung absieht (s. dazu im Einzelnen auch *Schneider* ZMR 2007, Heft 11 in Anm. zu *LG Duisburg* v. 22.06.2007 – 7 T 125/07).

Geht die Bescheinigung der Abgeschlossenheit für weitere in den Plänen dargestellte Räumlichkeiten über die in der Eintragungsbewilligung ausdrücklich erfolgte Zuordnung zum Sondereigentum hinaus, führt dies nicht zu einem Widerspruch. Nicht alle bescheinigten Einheiten *müssen* auch zum Sondereigentum erklärt werden. Aufgrund einer solchen **weitergehenden Bescheinigung** kann an den betreffenden Räumlichkeiten auch die Begründung von Sondernutzungsrechten in Betracht kommen. Eine neue Abgeschlossenheitsbescheinigung oder gar ein neuer Aufteilungsplan kann wegen der »überschüssigen« sondereigentumsfähigen Einheiten nicht verlangt werden (*DNotI-Gutachten* DNotI-Report 2002, 68). 163

Bei der Begründung von Wohnungseigentum braucht die Abgeschlossenheit einer **Garage**, die zu einem Wohnungseigentum gehört, **nicht** neben der Abgeschlossenheit des Wohnungseigentums **gesondert bescheinigt** zu werden, wenn durch eine einheitliche Bezifferung auf den Aufteilungsplan Bezug genommen wird (*LG Wuppertal* MittRhNotK 1988, 123). 164

§ 7 | Grundbuchvorschriften

165 Für die Abgeschlossenheit der **Räume**, die zu einem Sondereigentum gehören, ist es unschädlich, wenn sich diese **auf mehreren Etagen** befinden, sofern sie dort nur einen eigenen abschließbaren Zugang zum gemeinschaftlichen Treppenhaus haben (*LG Bielefeld* Rpfleger 2000, 387).

166 Wird dem Grundbuchgericht **vor Vollzug** der Aufteilung die **Kraftloserklärung der Abgeschlossenheitsbescheinigung** bekannt, die nicht auf der bloßen Nichteinhaltung bautechnischer Anforderungen beruht, so darf die Aufteilung nicht mehr eingetragen werden (*Müller* Rn. 16; Staudinger/*Rapp* Rn. 27).

IV. Grundbucheintragung und Bezugnahmemöglichkeiten

1. Allgemeine Grundsätze

167 Zur näheren Bezeichnung des Gegenstandes und des Inhalts des Sondereigentums wird bei der Grundbucheintragung regelmäßig gem. § 7 Abs. 3 auf die Eintragungsbewilligung Bezug genommen, die ihrerseits wiederum auf die Abgeschlossenheitsbescheinigung mit den Aufteilungsplänen Bezug nimmt – sog. **doppelte Bezugnahme** (vgl. i. e. die Ausführungen zur Grundbuchanlegung Rn. 4 ff.).

168 Dabei ist es unschädlich, wenn die Eintragungsbewilligung **global** auf die Gemeinschaftsordnung **Bezug** nimmt, auch wenn dort neben abweichenden und ergänzenden Regelungen mit dem Gesetz deckungsgleiche Bestimmungen enthalten sind (*OLG Hamm* Rpfleger 1997, 305).

169 Sollen lediglich Teile der Gemeinschaftsordnung zur Eintragung kommen, hat der Eintragungsvermerk im Bestandsverzeichnis die **eingeschränkte Bezugnahme** deutlich zu machen, damit die nicht eingetragenen Bestimmungen eindeutig feststellbar sind (vgl. BGHZ 130, 159, 167 = Rpfleger 1996, 19 = ZMR 1995, 521; Staudinger/*Rapp* Rn. 33).

170 Gem. § 5 Abs. 1 S. 1 WGV sind Veränderungen, die sich auf den Bestand des Grundstücks, die Größe des Miteigentumsanteils oder den Gegenstand oder den Inhalt des Sondereigentums beziehen, in den Spalten 6 und 8 des Bestandsverzeichnisses einzutragen. In der Praxis finden sich jedoch vielfach von dieser Vorschrift und den Eintragungsmustern (vgl. Anl. 1 S. 3 zur WGV) **abweichende Grundbucheintragungen**. Insbesondere in großstädtischen Ballungsräumen mit einer Vielzahl großer Wohnungs- und Teileigentumsanlagen genügt die veraltete WGV nicht mehr den modernen Anforderungen an eine effiziente und nachvollziehbare Grundbuchführung auch bei größeren Anlagen (MüKo/*Röll* 3. Aufl. Vor § 1 Rn. 8 Fn. 12 nennt Beispiele für Wohnungseigentumsanlagen mit über 1.000 Einheiten). Häufig finden sich deshalb Eintragungen von Veränderungen nicht wie eigentlich vorgesehen in den Spalten 6 und 8 des Bestandsverzeichnisses; sie erfolgen stattdessen in den Hauptspalten des Bestandsverzeichnisses (vgl. auch für die Eintragung von Sondernutzungsrechten *Kreuzer* FS Merle 2000, S. 203, 219). Solchermaßen vorgenommene Grundbucheintragungen sind gleichwohl wirksam.

171 Die in Bezug genommenen Eintragungsbewilligungen und Aufteilungspläne mit Abgeschlossenheitsbescheinigung werden für die jeweilige Anlage üblicherweise zu den Grundakten des ersten Grundbuchblattes der neuen Wohnungseigentumsserie genommen und dort **aufbewahrt** (§ 24 Abs. 3 GBV). Zweckmäßigerweise wird zur Wahrung der berechtigten Eigentümerinteressen des dort eingetragenen Miteigentümers für die Aufbewahrung ein separater Aktenband vorzusehen sein.

2. Eintragung von Veräußerungsbeschränkungen gemäß § 12 WEG

172 Zur näheren Bezeichnung des Inhalts des Sondereigentums kann bei der Grundbucheintragung gem. §§ 7 Abs. 3, 8 Abs. 2 auf die Eintragungsbewilligung Bezug genommen werden. Vereinbarte Veräußerungsbeschränkungen gem. § 12 sind jedoch **ausdrücklich** im Grundbuch **einzutragen** (§ 3 Abs. 2 WGV). Der Umfang des Eintragungsvermerkes ergibt sich allerdings nicht ausdrücklich aus der genannten Vorschrift. Die Eintragung wird zu berücksichtigen haben, dass in der Praxis Veräußerungsbeschränkungen vielfach mit Ausnahmen verbunden sein werden, die z. B. den teilenden Eigentümer (vgl. § 61), bestimmte Verwandte oder Finanzierungsgläubiger vom Erfordernis einer vereinbarten Veräußerungsbeschränkung ausnehmen.

173 Nach inzwischen wohl herrschender Auffassung bedarf es bei der Grundbucheintragung nicht der Wiedergabe einer vereinbarten Veräußerungsbeschränkung gem. § 12 im vollen Wortlaut

mit allen Einzelheiten. Vielmehr kann die Eintragung dergestalt erfolgen, dass auf die Tatsache des **Vorhandenseins** einer Veräußerungsbeschränkung selbst mit ihrem wesentlichen Inhalt in dem Eintragungstext **ausdrücklich** hinzuweisen ist. Wegen der näheren **Einzelheiten** (wie z. B. vereinbarten Ausnahmeregelungen, Angaben zum Zustimmungsberechtigten, Möglichkeiten der Ersetzung, Form der Zustimmung) kann dann zulässigerweise auf die Eintragungsbewilligung **Bezug** genommen werden (*Demharter* Anh. zu § 3 Rn. 51; *Diester* Rpfleger 1968, 207 unter Aufgabe von Rpfleger 1968, 41; KEHE/*Eickmann* § 3 WGV Rn. 8; Staudinger/*Kreuzer* § 12 Rn. 10; *Weitnauer* Rpfleger 1968, 205; Weitnauer/*Lüke* § 12 Rn. 8; vgl. auch das Muster Anl. 1 zur WGV S. 2; **a. A.** – für eine ausdrückliche Eintragung zumindest der wesentlichen Ausnahmen – *LG Kempten* Rpfleger 1968, 58; *Bärmann/Pick/Merle* § 12 Rn. 16; *Bauer/v. Oefele* AT V Rn. 237f; *Schöner/Stöber* Rn. 2902; – noch für eine vollständige Eintragung aller Einzelheiten – *OLG Saarbrücken* Rpfleger 1968, 57; *LG Marburg* Rpfleger 1960, 336 m. Anm. *Haegele*; *LG Mannheim* Rpfleger 1963, 301; *AG Göppingen* Rpfleger 1966. 14 m. Anm. *Haegele*). Die hier beschriebene Art der Grundbucheintragung ähnelt damit der Eintragung von Bedingungen und Befristungen, bei denen ebenfalls nur die Tatsache ihres Bestehens einzutragen ist, im Übrigen aber wegen der näheren Modalitäten jedoch auf die Eintragungsbewilligung Bezug genommen werden kann (KEHE/*Eickmann* § 3 WGV Rn. 8; Weitnauer/*Lüke* § 12 Rn. 8).

Die Aufnahme der wesentlichen Ausnahmen vom Zustimmungserfordernis ist bisweilen mit der Berücksichtigung berechtigter Gläubigerinteressen begründet worden (s. die vorstehenden Nachweise). In der heutigen Grundbuchpraxis wird dagegen – unbeschadet der Zulässigkeit eines verkürzten Eintragungsvermerkes – schon allein aus Gründen einer schnelleren Nachprüfbarkeit im Veräußerungsfalle der unmittelbaren Eintragung von Ausnahmetatbeständen der Vorzug zu geben sein, da andernfalls erst eine zeit- und arbeitsaufwändige Einsichtnahme in die zugrunde liegende, regelmäßig aber nicht in der Einzelakte (vgl. Rn. 171) befindliche Vereinbarung erfolgen müsste. Dies gilt insbesondere angesichts einer zunehmenden Zahl von älteren Teilungserklärungen. Als **Eintragungsvorschlag** wird daher folgende Formulierung für zweckmäßig gehalten, die im Vereinbarungsfalle – ggf. auch selektiv – mit den Mitteln der modernen Datenverarbeitungstechnik gut zu handhaben ist: | 174

»Zur Veräußerung bedarf es der Zustimmung des Verwalters.
Dies gilt nicht im Falle
– der Erstveräußerung durch den teilenden Eigentümer;
– der Veräußerung an Ehegatten, Verwandte in gerader Linie oder Verwandte zweiten Grades in der Seitenlinie;
– der Veräußerung durch den Insolvenzverwalter oder im Wege der Zwangsvollstreckung;
– der Veräußerung durch Gläubiger dinglich gesicherter Darlehen, wenn sie ein von ihnen erworbenes Raumeigentum weiterveräußern.«

Zu den Rechtswirkungen einer nicht ausdrücklich oder nur unvollständig erfolgten Grundbucheintragung s. § 12 Rn. 17 f. | 175

3. Eintragung von Sondernutzungsrechten

Unter einem Sondernutzungsrecht versteht man gemeinhin die verdinglichte Rechtsstellung eines Wohnungseigentümers auf der Grundlage der §§ 5 Abs. 4, 10 Abs. 2, 15 Abs. 1, die den Inhaber (positiv) abweichend von § 13 Abs. 2 zum alleinigen Gebrauch des gemeinschaftlichen Eigentums unter Ausschluss der übrigen Wohnungseigentümer (negative Komponente) berechtigt. Materiell-rechtlich handelt es sich um Vereinbarungen der Wohnungseigentümer soweit keine Öffnungsklausel zugrunde liegt. Sondernutzungsrechte sind somit **eintragungsfähig**; der Eintragung in das Grundbuch bedürfen sie lediglich zur Erlangung der Erstreckungswirkung des § 10 Abs. 3, ein dingliches Recht entsteht durch die Eintragung nicht (BGHZ 145, 158 = Rpfleger 2001, 19 = ZMR 2000, 771; s. i. e. ausführlich § 13 Rn. 27). | 176

Die Behandlung von Sondernutzungsrechten ist grundsätzlich nicht Sache des Aufteilungsplanes (Bauer/*v. Oefele* AT V Rn. 213). Aufteilungsplan und Abgeschlossenheitsbescheinigung beziehen sich regelmäßig nicht auf evtl vereinbarte Sondernutzungsrechte (Bauer/*v. Oefele* AT V Rn. 222). Gleichwohl kann selbstverständlich **auf den Aufteilungsplan Bezug genommen** werden. Dies | 177

§ 7 | Grundbuchvorschriften

gilt im besonderen Maße auch für den nach der hier vertretenen Auffassung erforderlichen amtlichen Lageplan, der dann zugleich eine maßstabgerechte Wiedergabe erlaubt. Voraussetzung ist in diesem Fall allerdings die beurkundungsrechtliche Beifügung als Bestandteil zur Teilungserklärung/zum Teilungsvertrag gem. §§ 9 Abs. 1 S. 2 u. 3, 13 Abs. 1 BeurkG, soweit nicht ausnahmsweise eine Bezugnahme gem. § 13 a BeurkG möglich ist (Bauer/v. Oefele AT V Rn. 222; Böhringer BWNotZ 1993, 153, 158). Ein Anknüpfen an den Lageplan ist jedoch nicht zwingend.

178 Allerdings unterliegen auch Sondernutzungsrechte dem das Grundbuchverfahren allgemein beherrschenden **Bestimmtheitsgrundsatz**, da sie als Inhalt des Sondereigentums Gegenstand der Grundbucheintragung sind (Schneider Rpfleger 1998, 9, 15). Dieser Grundsatz verlangt klare und eindeutige Eintragungen und damit als Eintragungsgrundlage ebenso eindeutige Erklärungen hinsichtlich des betroffenen Grundstücks, des Berechtigten und des Umfangs sowie des Inhaltes eines einzutragenden Rechts (BayObLG Rpfleger 1985, 488; BayObLG Rpfleger 1989, 194). Mangels Bestimmtheit entsteht kein Sondernutzungsrecht (BayObLG DNotZ 1994, 244). Zu errichtende Pkw-Einstellplätze müssen daher in der Teilungserklärung – ggf. durch Bezugnahme – nach Lage und Größe beschrieben sein (LG Bielefeld Rpfleger 1993, 241; **a. A.** KG WE 1996, 388 im Falle der Zuordnung sämtlicher auf einem Grundstück befindlichen Pkw-Einstellplätze).

179 An die Bezeichnung einer Grundstücksfläche sind aber keine anderen **Anforderungen** zu stellen als in sonstigen Fällen, bei denen es darum geht, dass Eintragungen in Bezug auf einen Grundstücksteil erfolgen sollen (BayObLG MittRhNotK 1986, 77). Zur eindeutigen Bezeichnung eines Sondernutzungsrechtes kann daher ggf. auch ein **separater Sondernutzungsplan** als Bestandteil der Aufteilung – und eines Erwerbsvertrages – beigefügt werden (BGHZ 150, 334 = Rpfleger 2002, 513 = ZMR 2002, 763; BayObLG NotBZ 2005, 158 Ls; OLG Frankfurt a. M. Rpfleger 1998, 336; BayObLG MittBayNot 1986, 77). Dabei genügt jedoch eine Bestimmbarkeit der Sondernutzungsfläche (BayObLG Rpfleger 1994, 294 = ZMR 1994, 231). Insoweit sollen dann die gleichen Grundsätze wie bei der Kennzeichnung von Sondereigentum gelten (OLG Düsseldorf ZMR 2004, 611; **a. A.** Bamberger/Roth/Hügel § 15 Rn. 13). Für eine hinreichende Bestimmbarkeit wird jedoch ein Skizze nur dann genügen, wenn im Streitfall durch Vermessung vor Ort die Grenzen in der Natur festgelegt werden können (BayObLG MittBayNot 1992, 266 für ein nicht im Grundbuch vermerktes Sondernutzungsrecht).

179a Auch eine eindeutige **Beschreibung** der Sondernutzungsrechte **in Worten** ist möglich, wobei auf Merkmale in der Natur (wie z. B. Bäume, Hecken, Zäune, Pfähle, Pflöcke oder Gräben) verwiesen werden kann. Diese Anhaltspunkte in der Natur müssen nicht unabänderlich sein. Ebenso kann auf Merkmale innerhalb eines Gebäudes dann Bezug genommen werden, wenn sie mit dem Gebäude dauerhaft verbunden sind (BayObLG MittRhNotK 1986, 77 unter ausdrücklichem Hinweis auf die zu Grunddienstbarkeiten ergangenen BGH-Entscheidungen BGHZ 59, 11; NJW 1981, 1781; NJW 1982, 1039). Zulässig ist danach der Verweis auf vorhandene Lattenverschläge zur Beschreibung von Kellerräumen und Bezeichnungen wie »das erste Drittel des hergestellten Kellerraumes vom Abgang her gesehen« oder für einen »Freiraum unter der Treppe im Bereich des Erdgeschosses«. Zur näheren Bestimmung einer Sondernutzungsfläche kann auch eine Quadratmeterangabe erfolgen (BayObLG Rpfleger 1989, 194).

180 §§ 7 Abs. 3, 8 Abs. 2 WEG erlauben zur näheren Bezeichnung des Inhalts des Sondereigentums **grundsätzlich** eine **Bezugnahme** auf die Eintragungsbewilligung. Dies gilt auch für vereinbarte Sondernutzungsrechte (KG NJW-RR 1997, 205; OLG Hamm Rpfleger 1985, 109; LG Köln Rpfleger 1990, 205). Erfolgen nach Anlegung der Wohnungs- und Teileigentumsgrundbücher Veränderungen beim Inhalt des Sondereigentums, sind diese gem. § 3 Abs. 5 WGV in den Spalten 5 bis 8 des Bestandsverzeichnisses einzutragen; wobei auch hier eine allgemeine Bezugnahme ausreichend ist (OLG Köln Rpfleger 1985, 110).

181 Die Eintragung eines Sondernutzungsrechtes in das Grundbuch lediglich unter **Bezugnahme** stellt jedoch **im Rechtsverkehr** die Quelle von nicht zu unterschätzenden **Schwierigkeiten, Gefahren und Schäden** dar. Je mehr Veränderungen des Inhalts des Sondereigentums nur unter Bezugnahme auf die Bewilligung eingetragen werden, um so schwieriger wird auch für den Fachmann die Feststellung, ob, wem und woran ein Sondernutzungsrecht zusteht (Ertl Rpfleger 1979, 81, 83 mit der sehr instruktiven Schilderung eines Falles, in dem eine Hausmeisterwohnung, der

bei Zuschlag Sondernutzungsrechte an mehreren Kfz-Stellplätzen auf Vorrat zugeordnet waren, zum reinen Wohnungswert ohne Berücksichtigung des Wertes der Stellplätze versteigert wurde, weil der wahre Grundbuchinhalt hinter einem rechtlich zwar einwandfreien, aber nichts sagenden Eintragungsvermerk verborgen war). Insbesondere dürfte die Abwicklung von Bauträgerprojekten mit **gestreckten Zuordnungen** von Sondernutzungsrechten wegen der damit verbundenen Überwachungs- und Prüfungspflichten (vgl. dazu *OLG Düsseldorf* Rpfleger 2001, 534; *OLG Köln* Rpfleger 2001, 535 je m. Anm. *Schneider*) heutzutage kaum noch ohne ausdrückliche Vermerke durchführbar sein (vgl. insoweit auch die Vorschläge zur Einführung eines Zentralgrundbuches bei *v. Oefele/Schneider* DNotZ 2004, 740, 742 f.). Im Einzelfall wird dabei die ausdrückliche Eintragung in das Grundbuch nicht nur als zweckmäßig (*BayObLG* Rpfleger 1986, 132, 135; Meikel/*Ebeling* § 3 WGV Rn. 28 a. E. S. 1170) sondern sogar als Wirksamkeitsvoraussetzung angesehen (*Häublein* Sondernutzungsrechte S. 290 f.). Bei größeren Wohnungseigentumsanlagen werden zur besseren Übersicht **Übertragungsvermerke** empfohlen (*Ertl* Rpfleger 1979, 81, 84; *Schöner/Stöber* Rn. 2965). Für unübersichtlich gewordene Grundbücher, in denen bisher Eintragungen über Sondernutzungsrechte und ihre Veränderungen nur unter Bezugnahme auf die Bewilligung vorgenommen wurden, bietet sich die Eintragung eines **Klarstellungsvermerkes** nach den dafür in der Rechtsprechung entwickelten Grundsätzen an (*Ertl* Rpfleger 1979, 81, 84 a. E.). Ist allerdings im Grundbuch ein Sondernutzungsrecht als Inhalt des Sondereigentums an einer Wohnung bereits wirksam durch eine Bezugnahme auf die Teilungserklärung eingetragen, soll kein Anspruch der Berechtigten mehr auf eine weitergehende und ausdrückliche Verlautbarung des Sondernutzungsrechts im Grundbuch bestehen (*OLG München* Rpfleger 2007, 70; *OLG Zweibrücken* ZMR 2007, 490). Das Grundbuchgericht wird allerdings – auch im eigenen Interesse – gut beraten sein, einen solchen Antrag jenseits der formaljuristisch zutreffenden und ausreichenden Eintragungweise wohlwollend im Lichte der vorstehenden Ausführungen zu prüfen.

182 Es handelt sich bei § 7 Abs. 3 WEG lediglich um eine Kann-Vorschrift. Sie stellt die Art der Eintragung in das Ermessen des Grundbuchrechtspflegers. Eine ausdrückliche Eintragung ist nur für eine vereinbarte Veräußerungsbeschränkung gem. § 12 vorgeschrieben (s. Rn. 172). Dieses Ermessen erfährt auch insoweit durch die Neufassung des § 44 Abs. 2 GBO (RegVBG v. 20.12.1993 = BGBl I S. 2182) keine Einschränkung, als es dem Rechtspfleger dadurch nicht verboten ist, nach seinem Ermessen für erforderlich gehaltene klarstellende Zusätze in den Eintragungsvermerk aufzunehmen, wenn diese wegen der damit verbundenen Klarheit und Sicherheit zweckmäßig sind (*Demharter* FGPrax 1999, 46; *Demharter* § 44 Rn. 31 und 37; *Schöner/Stöber* Rn. 271 a. E. und 2915). Nach *LG Köln* (Rpfleger 1992, 479) ist auf besonderen Antrag der Beteiligten die Tatsache der Vereinbarung von Sondernutzungsrechten ausdrücklich im Grundbuch zu vermerken. Es handelt sich bei § 44 Abs. 2 GBO auch lediglich um eine Ordnungsvorschrift; ein Verstoß führt daher nicht zur Nichtigkeit der Grundbucheintragung (Bauer/v. Oefele/*Knothe* § 44 Rn. 46; *Demharter* § 44 Rn. 37).

183 Demgemäß wird für Sondernutzungsrechte nach heute ganz h. M. die **Aufnahme ausdrücklicher Eintragungsvermerke** nicht nur für zulässig gehalten, sondern zu Recht auch befürwortet (*OLG Frankfurt a.M.* NJW-RR 1996, 1168, 1169; *BayObLG* DNotZ 1994, 244, 245; *OLG Hamm* Rpfleger 1985, 109; *OLG Köln* Rpfleger 1985, 110; *BayObLG* MittBayNot 1985, 74, 78; *LG Köln* Rpfleger 1992, 479; *LG Köln* Rpfleger 1990, 205; Bamberger/Roth/*Hügel* Rn. 4; Bauer/v. Oefele AT V Rn. 239; Bauer/v. Oefele/*Knothe* § 44 Rn. 44; *Demharter* § 44 Rn. 31; Erman/*Grziwotz* Rn. 2; *Ertl* Rpfleger 1979, 81; KEHE/*Eickmann* § 3 WGV Rn. 7; (zögerlich) *Kreuzer* FS Merle 2000, 203, 216 ff.; Meikel/*Ebeling* § 3 WGV Rn. 28 a. E.; MüKo/*Commichau* Rn. 26; *Noack* Rpfleger 1976, 193, 196; *Nieder* BWNotZ 1984, 49, 52; *F. Schmidt* MittBayNot 1985, 237, 242; *Schneider* Rpfleger 1998, 53, 64; *Schöner/Stöber* Rn. 2915 u. 2961; Weitnauer/*Lüke* § 15 Rn. 33; eine Eintragungs*pflicht* vertreten Niedenführ/Schulze 7. Aufl. Rn. 36; **a. A.** wohl nur *Schnauder* FS Bärmann u. Weitnauer 1990, S. 567, 583 f.; Staudinger/*Rapp* Rn. 9, die den Eindruck eines eigenständigen mit dem herrschenden Wohnungseigentum verbundenen dinglichen Rechts vermeiden wollen und auf zusätzliche Fehlerquellen bei der ausdrücklichen Eintragung verweisen).

184 Die bisher gemachten **Eintragungsvorschläge** beziehen sich entweder auf »verkehrsfähige«, also innerhalb der Gemeinschaft selbständig übertragbare Sondernutzungsrechte (*F. Schmidt* MittBay-

§ 7 | Grundbuchvorschriften

Not 1985, 237, 242) oder auf solche »von besonderem Wert« (*Ertl* Rpfleger 1979, 81, 83 f.; ihm folgend *Schöner/Stöber* Rn. 2915 für »wesentliche« Sondernutzungsrechte und Weitnauer/*Lüke* § 15 Rn. 36). Die Einschränkungen erscheinen angesichts der in diesem Bereich stattfindenden Entwicklungen nicht mehr gerechtfertigt, weil sie unscharf bleiben. Für zweckmäßig wird es deshalb gehalten, die Tatsache der Vereinbarung von Sondernutzungsrechten schlagwortartig wegen des damit verbundenen Nutzungsausschlusses für die Wohnungseigentümer (negative Komponente: *BGH* Rpfleger 1979, 57; *OLG Hamm* WE 1999, 138) in sämtlichen Grundbüchern der betreffenden Wohnungseigentumsanlage zu vermerken. Der Vermerk könnte bspw. lauten:

»*Es sind Sondernutzungsrechte begründet hinsichtlich der mit STP 1 bis STP 20 bezeichneten Pkw-Stellplätze.*«

Der Vermerk über die positive Zuordnung eines solchen Sondernutzungsrechtes braucht dann lediglich in dem begünstigten Grundbuchblatt vermerkt zu werden und könnte bspw. lauten:

»*Dem jeweiligen Eigentümer dieser Einheit steht das Sondernutzungsrecht an dem Pkw-Stellplatz STP 8 zu.*«

Im Falle einer aufschiebend bedingten Zuordnung von Sondernutzungsrechten (dazu *Schöner/Stöber* Rn. 2913a; *Schneider* Rpfleger 2001, 536) könnte der entsprechende Vermerk über den Ausschluss bspw. lauten:

»*Unter der aufschiebenden Bedingung, dass der zur jeweiligen Sondernutzung an den Pkw-Stellplätzen STP 1 bis STP 20 berechtigte Sondereigentümer in näher festgelegter Form bestimmt wird, sind die jeweils anderen Sondereigentümer von der Nutzung der genannten Stellplätze ausgeschlossen.*«

Gerade mit den Mitteln der modernen Datenverarbeitungstechnik lassen sich solche aussagekräftigen Eintragungsvermerke gut bewerkstelligen. Die näheren Modalitäten werden – ähnlich wie bei der Veräußerungsbeschränkung gem. § 12 – durch die allgemeine Bezugnahme zum Inhalt der Grundbucheintragung gemacht.

F. Divergenzfragen
I. Mängel der Grundbucheintragung
1. Additionsfehler

185 Die **Addition** sämtlicher Miteigentumsanteile muss wieder **ein Ganzes** ergeben. Fehler können beim Vollzug der Teilungserklärung sowohl zu einer in der Summe nicht vollständigen Aufteilung als auch zu einer Überverteilung führen. Die Ursache kann in einer bei der Antragstellung vorgelegten und schon mit dem Mangel behafteten Urkunde oder auch in einem fehlerhaften Eintragungsvorgang liegen.

186 Soweit es sich um einen **offensichtlichen Schreib- oder Rechenfehler** bei der Gesamtberechnung der Miteigentumsanteile handelt, kann mit *Röll* (MittBayNot 1996, 175) davon ausgegangen werden, dass die Unrichtigkeit des Grundbuches im Wege der Umdeutung beseitigt werden kann, wenn die Aufteilung ersichtlich für alle Einheiten nach einem nachvollziehbaren Maßstab (z. B. dem Verhältnis der Wohnflächen) erfolgen sollte (so auch Staudinger/*Rapp* § 3 Rn. 47 und Rn. 82). Durch Angleichung der fehlerhaften Zahlen (z. B. 999/1.000stel oder 1.001/1.000stel) im Nenner der Gesamtanteile (in z. B. 999/999stel oder 1.001/1.001stel) kann eine dem Willen des Aufteilenden entsprechende Gesamtaufteilung erreicht werden. Es handelt sich um eine Grundbuchberichtigung, zu der dann keine Zustimmungen Drittberechtigter erforderlich sind, da der Rechenfehler mit der Eintragung offenkundig angelegt ist (*Röll* MittBayNot 1996, 175, 176). Die Gewährung rechtlichen Gehörs vor Durchführung der Berichtigung dürfte allerdings angezeigt sein.

187 Kann eine **Korrektur** der Miteigentumsanteile **nicht** in dem zuvor dargestellten Sinne erfolgen, ergibt sich für den Fall der **Unterverteilung** ein sog. isolierter Miteigentumsanteil. Zu dessen Behandlung siehe § 3 Rn. 97 ff. Im Falle der **Überverteilung** ist die Aufteilung insgesamt unwirksam. Eine Grundbucheintragung, die mehr als 1/1 als Eigentum eines Grundstücks ausweist,

ist rechtlich unmöglich mit der Folge, dass insoweit auch ein gutgläubiger Erwerb infolge der Doppelbuchung ausgeschlossen ist (Staudinger/*Rapp* § 3 Rn. 47 a m. w. N.).

Beruht die unrichtige Eintragung des Miteigentumsanteils auf einem Versehen des Grundbuchgerichts (z. B. einem »Zahlendreher«), so kann der Mangel im Wege der **Schreibfehlerberichtigung** jedenfalls solange von Amts wegen behoben werden, als dadurch nicht in Rechte Dritter eingegriffen wird (*Schöner/Stöber* Rn. 290 ff.).

2. Unvollständige Aufteilungen

Wird bei der Anlegung der Wohnungseigentumsgrundbücher ein **Miteigentumsanteil samt Sondereigentum vergessen**, ist die unterbliebene Komplettaufteilung nachholbar. Im Wege ergänzender Vertragsauslegung ist der Mangel durch nachholende Verbindung des Miteigentumsanteils mit Sondereigentum zu heilen (Staudinger/*Rapp* § 3 Rn. 82). Zur Nachholung, wenn der Mangel auf einer **fehlenden Datierung** oder **fehlenden Unterzeichnung** einer schon vorbereiteten Grundbucheintragung beruht s. Rn. 24 f.

3. Zuordnung eines nicht sondereigentumsfähigen Raumes zum Sondereigentum

Ordnet die Grundbucheintragung einen nicht sondereigentumsfähigen Raum (z. B. Keller mit gemeinschaftlicher Heizungsanlage) dem Sondereigentum zu, so kann insoweit Sondereigentum nicht wirksam begründet werden (BGHZ 109, 179 = Rpfleger 1990, 62). Es handelt sich um eine inhaltlich unzulässige Eintragung, die gemäß § 53 Abs. 1 S. 2 GBO von Amts wegen zu löschen ist (*BayObLG* DNotZ 2000, 205). Ist darüber hinaus für die betreffende Einheit kein weiteres Sondereigentum eingetragen, entsteht ein sog. isolierter Miteigentumsanteil (zu dessen Beseitigung vgl. BGHZ 130, 159 = Rpfleger 1996, 19 = ZMR 1995, 521 und *BGH* Rpfleger 2004, 207 = ZMR 2004, 206). Grundbuchmäßig ist in diesem Fall die Verbindung des Miteigentumsanteils mit den als Sondereigentum ausgewiesenen Räumen unter entsprechender Rötung in Sp 3 des Bestandsverzeichnisses als inhaltlich unzulässig zu löschen (*Demharter* Anh. zu § 3 Rn. 12; weitergehend, dem isolierten Miteigentumsanteil die Buchungsfähigkeit absprechend, aber wegen der jederzeit bestehenden Beseitigungsmöglichkeiten nicht zutreffend *OLG Hamm* DNotZ 1992, 492 = Rpfleger 1990, 509 Ls).

4. Eintragung eines nicht abgeschlossenen Raumes als Sondereigentum

Ein Verstoß gegen das Abgeschlossenheitserfordernis des § 3 Abs. 2 führt nicht zur Nichtigkeit der entsprechenden Grundbucheintragung; es handelt sich insoweit lediglich um eine Ordnungsvorschrift. Sondereigentum gemäß dem Aufteilungsplan entsteht auch dann, wenn die Abgeschlossenheitsvoraussetzungen in Wirklichkeit nicht vorliegen (*BayObLG* Rpfleger 1980, 295; *BayObLG* Rpfleger 1991, 414; *OLG Köln* Rpfleger 1994, 348).

5. Unrichtige Angabe der Zweckbestimmung

Ist die Art der **Zweckbestimmung** in der Grundbucheintragung **unrichtig** angegeben worden (Wohnungseigentum statt wie vereinbart Teileigentum oder umgekehrt), so ist gleichwohl wirksam Sondereigentum entstanden. § 7 Abs. 1 verlangt lediglich Eintragung des zu einem Miteigentumsanteil gehörenden Sondereigentums, nicht dessen zutreffende Bezeichnung der Räume als Wohnungs- oder Teileigentum. Es handelt sich um eine Unrichtigkeit tatsächlicher Art, die durch Richtigstellung von Amts wegen beseitigt werden kann (*Schöner/Stöber* Rn. 2872b; a. A. *BayObLG* Rpfleger 1998, 242; Meikel/*Morvilius* Einl. C 127a). Im Übrigen s. Rn. 284.

6. Angabe unrichtiger Wohnungsgrößen

Zu unrichtig angegebenen Wohnungsgrößen s. Rn. 17 u. 96.

II. Abweichungen zwischen Teilungsurkunde, Aufteilungsplan und Abgeschlossenheitsbescheinigung

1. Widersprüchliche Angaben hinsichtlich des Gegenstandes von Sondereigentum

Für die Auslegung einer nicht eindeutigen Grundbucheintragung sind sowohl die in Bezug genommene Eintragungsbewilligung als auch der in Bezug genommene Aufteilungsplan heranzuziehen. Stimmen die wörtliche Beschreibung des Gegenstandes von Sondereigentum im Text der

Teilungserklärung und die Angaben im Aufteilungsplan nicht überein, so ist grundsätzlich keiner der sich **widersprechenden Erklärungsinhalte** vorrangig und deshalb Sondereigentum nicht entstanden (*BGH* ZMR 2004, 206; BGHZ 130, 159 = DNotZ 1996, 289 mit krit Anm. *Röll* = Rpfleger 1996, 19 = ZMR 1995, 521; *BGH* ZMR 1993, 25; *OLG Hamm* Rpfleger 2003, 574 = ZMR 2004, 369; *HansOLG Hamburg* ZMR 2000, 628; *BayObLG* ZMR 1999, 773; *OLG Karlsruhe* ZMR 1993, 474; *OLG Köln* NJW-RR 1993, 204; *BayObLG* ZMR 1992, 65; *OLG Stuttgart* ZMR 1990, 190; *Bärmann/Pick/Merle* Rn. 67; *Müller* Rn. 26; Weitnauer / *Briesemeister* § 3 Rn. 19). Betrifft der offene Widerspruch das gesamte Sondereigentum einer Einheit, so entsteht ein sog. isolierter Miteigentumsanteil. Die Wirksamkeit der Begründung der übrigen Einheiten wird dadurch nicht berührt (BGHZ 130, 159 = Rpfleger 1996, 19 = ZMR 1995, 521 auch zur Änderungsverpflichtung der Wohnungseigentümer in einem solchen Fall).

2. Fehlende Kennzeichnung von Sondereigentum im Aufteilungsplan

195 Trotz einer anders lautenden Teilungserklärung verbleibt es bei gemeinschaftlichem Eigentum, wenn der Aufteilungsplan entweder den beschriebenen Raum überhaupt nicht erkennen lässt (*OLG Frankfurt a. M.* OLGZ 1989, 50) oder ein solcher Raum zwar vorhanden, aber nicht mit einer der Wohnung entsprechenden Nummerierung oder farblichen Markierung versehen ist (*BayObLG* Rpfleger 1982, 21) und bei der Begründung des Sondereigentums der Widerspruch nicht ausdrücklich ausgeräumt wurde (*OLG München* NZM 2006, 704 = ZWE 2006, 103 Ls).

196 Zu den Besonderheiten einer fehlenden Kennzeichnung bei **Balkonen** s. Rn. 94. Nicht zutreffend ist nach der hier vertretenen Auffassung die Ansicht des *OLG Frankfurt a. M.* (Rpfleger 1997, 374), wonach bei einer fehlenden Nummerierung insoweit kein Sondereigentum am Balkonraum entstehen soll (wie hier *F. Schmidt* MittBayNot 2001, 442; wohl auch *Schöner/Stöber* Rn. 2852 Fn. 15).

3. Fehlende Zuordnung von Sondereigentum in der Teilungsurkunde

197 Die Begründung von Sondereigentum setzt eine entsprechende **rechtsgeschäftliche Zuordnungserklärung** voraus. Fehlt eine solche, verbleibt der betreffende Raum im Gemeinschaftseigentum (*OLG Düsseldorf* ZMR 2004, 611; *OLG Stuttgart* Rpfleger 1981, 109). Ist in dem Aufteilungsplan ein separat gelegener Raum lediglich mit der gleichen Nummer wie eine Wohnung versehen, so kann an diesem Sondereigentum entstanden sein, wenn zwar in der Teilungserklärung keine ausdrückliche Zuordnung erfolgt ist, jedoch wegen des Gegenstandes und der Lage des Sondereigentums im Übrigen auf den Aufteilungsplan verwiesen wird, so dass der **Zuordnungswille zweifelsfrei** erkennbar ist (*OLG Frankfurt a.M.* Rpfleger 1997, 430 = ZMR 1997, 426 für einen Dachbodenraum; *OLG Zweibrücken* ZMR 1996, 387 für eine Garage; im konkreten Fall allerdings zu weit auslegend *OLG Köln* ZMR 1992, 511 für einen Kellerraum).

198 Im Eintragungsverfahren sind solche **Kennzeichnungsdefizite** jedoch wegen des grundbuchrechtlichen Bestimmtheitsgrundsatzes zur Vermeidung späterer Auslegungsschwierigkeiten zu **beanstanden**, wenn der Zuordnungswille für das Grundbuchgericht mit den im Grundbuchverfahren zur Verfügung stehenden Mitteln nicht eindeutig feststellbar ist. Das formell-rechtliche Eintragungsverfahren verlangt klare und eindeutige Erklärungen (**a. A.** *OLG Frankfurt a.M.* Rpfleger 1997, 430 = ZMR 1997, 426).

199 Kein Widerspruch besteht deshalb trotz einer entsprechenden Kennzeichnung von Räumlichkeiten im Aufteilungsplan, wenn aufgrund einer ausdrücklichen Erklärung anstelle von Sondereigentum an den bezeichneten Räumlichkeiten Sondernutzungsrechte begründet werden sollen (*DNotI-Gutachten* DNotI-Report 2002, 68).

4. Widersprüchliche Angaben zu Sondernutzungsrechten

200 Besteht hinsichtlich vereinbarter Sondernutzungsrechte ein Widerspruch zwischen der Teilungserklärung und dem Lageplan, so soll der Teilungserklärung im Rahmen der vorzunehmenden Auslegung der Vorrang zukommen, da sie der Ort der Vereinbarung ist (*HansOLG Hamburg* ZMR 2003, 445; *HansOLG Hamburg* OLGZ 1990, 308). Dem ist nicht zu folgen, da sowohl bei der Einräumung von Sondereigentum als auch bei der Begründung von Sondernutzungsrechten rechtsgeschäftliche Zuordnungserklärungen erforderlich sind, denen aber kein Vorrang gegenüber einem in Bezug genommen Plan zukommt. Es gelten somit die gleichen Grundsätze wie

für den Gegenstand von Sondereigentum. Lassen sich der Text der Eintragungsbewilligung und die Angaben im Plan auch nicht durch Auslegung in Einklang bringen und verbleibt auf diese Weise ein nicht ausräumbarer Widerspruch, so ist ein Sondernutzungsrecht nicht entstanden (so zutreffend *OLG Frankfurt* ZWE 2006, 243; *BayObLG* NotBZ 2005, 263; *BayObLG* WE 2001, 71; vgl. auch *BayObLG* MittBayNot 2004, 191).

5. Abweichungen hinsichtlich Zweckbestimmungen
Nutzungsangaben im Aufteilungsplan haben grundsätzlich keinen Vorrang gegenüber solchen im Teilungsvertrag (*OLG Frankfurt a. M.* ZMR 1993, 125). Hierzu s. ausführlich § 3 Rn. 41 ff. **201**

6. Widersprüchlicher Aufteilungsplan mit Abgeschlossenheitsbescheinigung
Wenn die als Aufteilungsplan vorgelegten Bauzeichnungen und die darauf Bezug nehmende Abgeschlossenheitsbescheinigung **in sich widersprüchlich** sind und gleichwohl eine Grundbucheintragung erfolgt ist, kann mangels Bestimmtheit kein Sondereigentum entstehen (*BayObLG* Rpfleger 1993, 335). **202**

III. Abweichungen bei der Bauausführung

1. Errichtung des Gebäudes an anderer Stelle
Wird ein **Gebäude** abweichend vom Aufteilungsplan **an anderer Stelle** auf dem Grundstück errichtet, entsteht sachenrechtlich dann Wohnungseigentum mit Sondereigentum in diesem Gebäude, wenn Gemeinschaftseigentum und Sondereigentum zweifelsfrei abgrenzbar sind (*BGH* ZMR 2004, 206; *OLG Karlsruhe* ZMR 1993, 474; *BayObLG* Rpfleger 1990, 204). **203**

2. Änderungen in der Raumaufteilung
Grundrissverschiebungen innerhalb einer Wohnung sind solange unschädlich, wie sich die Wohnung insgesamt von angrenzendem Sonder- und Gemeinschaftseigentum abgrenzen lässt (*OLG Hamm* Rpfleger 1986, 374, 375; *BayObLG* Rpfleger 1982, 21). Abweichungen in der Bauausführung innerhalb einer mit dem Aufteilungsplan übereinstimmenden Einheit hat das Grundbuchgericht daher nicht zu prüfen (*OLG Köln* Rpfleger 1982, 374). Zu Unterteilungen s. Rn. 242 ff. **204**

3. Sonstige Abweichungen
Zu sonstigen Änderungen in der Bauausführung s. § 3 Rn. 85 ff. **205**

G. Nachträgliche Veränderungen beim Wohnungs-/Teileigentum

Die Bestimmungen des § 7 WEG gelten grundsätzlich auch für später einzutragende **Veränderungen** des Bestandes von Wohnungs-/Teileigentumseinheiten (Staudinger/*Rapp* Rn. 1). Zur Zulässigkeit vgl. auch § 6 Rn. 3. Im Einzelnen sind die dargestellten Veränderungen auch kombiniert denkbar. In solchen Fällen muss zur Durchführung in die einzelnen Elemente untergliedert werden. Zum Vollzug sind dann alle für die einzelnen Änderungselemente nötigen Voraussetzungen zu erfüllen, wobei die umfassendere Form einheitlich für alle Elemente der Veränderung genügt (*BayObLG* Rpfleger 1993, 444; Bauer/*v. Oefele* AT V Rn. 376). **206**

Allgemein gilt, dass für die **Veränderung von Miteigentumsanteilen** eine Auflassung gem. §§ 873, 925 BGB erforderlich ist, für die verfahrensrechtlich § 20 GBO gilt (*BayObLG* Rpfleger 1993, 444; Bauer/*v. Oefele* AT V Rn. 341; *Demharter* Anh. zu § 3 Rn. 78). **207**

Soweit nur der **Gegenstand des Sondereigentums** von der Änderung betroffen ist, erfordert dies lediglich eine Einigung in Form der Auflassung gem. § 4 Abs. 1 u. 2, für die jedoch nach der hier vertretenen Auffassung verfahrensrechtlich § 20 GBO keine Anwendung findet (ebenso *Demharter* Anh. zu § 3 Rn. 78; vgl. dazu Rn. 70 auch zur h. M.). **208**

Betreffen die Änderungen ausschließlich den **Inhalt des Sondereigentums**, wendet die h. M. §§ 877, 873 BGB auf die Grundbucheintragung an (s. nur BayObLG Rpfleger 1998, 19 in ständiger Rechtsprechung m. w. N.; *Bärmann/Pick/Merle* § 10 Rn. 54; Bauer/*v. Oefele* AT V Rn. 318; *Demharter* Anh. zu § 3 Rn. 78; Meikel/*Morvilius* Einl. C 122; *Röll* Rpfleger 1980, 90). Zutreffenderweise handelt es sich bei den entsprechenden Grundbucheintragungen jedoch um berichtigende Eintra- **209** gungen (dazu ausführlich *Schneider* ZfIR 2002, 108, 116 ff. m. w. N.; wie hier *Böhringer* NotBZ 2003, 285, 289; KEHE / *Munzig* § 22 Rn. 41; Meikel / *Böttcher* § 22 Rn. 7), auf die weder § 873 BGB (Weitnauer / *Lüke* § 10 Rn. 29 u. 35) noch § 4 Abs. 1 u. 2, § 925 BGB Anwendung finden (*BayObLG* Rpfleger 1998, 19 m. w. N.; *Demharter* Anh. zu § 3 Rn. 78). Die Bestimmungen über das Gemeinschaftsverhältnis stellen schuldrechtliche Regelungen der Wohnungseigentümer dar, die außerhalb des Grundbuchs wirksam entstehen, geändert und aufgehoben werden können; sie verlieren durch die Eintragung nicht ihren schuldrechtlichen Charakter und werden auch nicht zu dinglichen Rechten (BGHZ 145, 133 = Rpfleger 2001, 69 = ZMR 2001, 119; *BGH* Rpfleger 1984, 408; Staudinger / *Ertl* 12. Aufl. Vorbem. zu § 873 Rn. 44; *Weitnauer* DNotZ 1990, 385, 387 f.; *Ertl* DNotZ 1988, 4, 16 f.). Der in § 10 Abs. 3 vorgesehenen Grundbucheintragung kommt nach diesem Verständnis nur die Funktion der Erstreckung des schuldrechtlichen Bandes bezüglich belastender Regelungen gegenüber dem in die Gemeinschaft eintretenden Sondernachfolger zu (*Schnauder* FS Bärmann und Weitnauer 1990, 567, 595; *Weitnauer* / *Lüke* § 10 Rn. 29). Eine Unrichtigkeit des Grundbuchs ist demnach dann gegeben, wenn eine im Grundbuch eingetragene Vereinbarung mit Wirkung gegenüber allen derzeitigen Wohnungseigentümern außerhalb des Grundbuchs nachweislich aufgehoben ist oder so nicht mehr besteht (*BayObLG* DNotZ 1990, 381; *BayObLG* Rpfleger 1991, 308; *OLG Frankfurt a. M.* MittRhNotK 1996, 269; KEHE / *Munzig* § 22 Rn. 41; **a. A.** *Demharter* DNotZ 1991, 28, 30, der auf eine anders lautende bindende Regelung abstellt). Die Berichtigung solchermaßen verdinglichter Regelungen erfolgt also hinsichtlich der unrichtig eingetragenen Erstreckungswirkung des § 10 Abs. 3 (*Schneider* ZfIR 2002, 108, 118; *Böhringer* NotBZ 2003, 285, 289). Verfahrensrechtlich ist deshalb in diesen Fällen ein Unrichtigkeitsnachweis entsprechend § 22 GBO bzw. eine Berichtigungsbewilligung entsprechend § 19 GBO vorzulegen (*BayObLG* Rpfleger 1979, 108; Bauer / v. Oefele / *Kohler* § 22 Rn. 46; *Ertl* DNotZ 1979, 267, 286).

I. Änderungen durch den teilenden Alleineigentümer

210 Im Falle der Aufteilung gemäß § 8 WEG kann auch noch nach Anlegung der Wohnungs- / Teileigentumsgrundbücher der teilende Alleineigentümer **Veränderungen** sowohl hinsichtlich der Größe der Miteigentumsanteile als auch hinsichtlich der Zuordnung zum Gemeinschafts- oder Sondereigentum oder der Bestimmungen über das Verhältnis der zukünftigen Wohnungseigentümer untereinander vornehmen. Die Möglichkeit zur einseitigen Änderung besteht im Hinblick auf §§ 876, 877 BGB bis zur Eintragung der ersten Erwerbsvormerkung oder der ersten Einzelbelastung (*BayObLG* DNotZ 1990, 381 = Rpfleger 1989, 503 Ls; *BayObLG* MittBayNot 1993, 292 = Rpfleger 1994, 17; *BayObLG* Rpfleger 1999, 178 = ZMR 1999, 115; *OLG Düsseldorf* Rpfleger 1997, 305; *OLG Frankfurt a. M.* Rpfleger 1998, 356; Bamberger / Roth / *Hügel* § 8 Rn. 10). Im Interesse einheitlicher Rechtsverhältnisse in der Eigentümergemeinschaft ist die vorherige Zustimmung des Berechtigten aus der Auflassungsvormerkung erforderlich; § 888 BGB findet in diesem Fall keine Anwendung (*BayObLG* Rpfleger 1999, 178; **a. A.** *Häublein* Sondernutzungsrechte, S. 130; *Ott* Sondernutzungsrecht, S. 80). Nicht erforderlich ist dagegen die Zustimmung des zeitgleich mit der Anlegung des Wohnungseigentums eingetragenen Vormerkungsberechtigten (*BayObLG* Rpfleger 1999, 123 = ZMR 1999, 187).

211 Der Bauträger kann bereits in der Teilungserklärung **zur Vornahme** späterer Änderungen **ermächtigt/bevollmächtigt** werden. Die an sich notwendige **Mitwirkung** der übrigen Wohnungs / Teileigentümer kann auf diese Weise bereits in der Teilungserklärung **abbedungen** werden. Die Grundbucheintragung einer solchermaßen vorweggenommenen Zustimmung kann jedoch nur dann Wirkungen gegenüber einem Sondernachfolger im Eigentum gemäß § 10 Abs. 3 WEG entfalten, wenn die Regelung nicht das sachenrechtliche Grundverhältnis der Wohnungseigentümer betrifft. Regelungsgegenstand solcher durch Grundbucheintragung verdinglichten Ermächtigungen / Bevollmächtigungen können daher nicht die Eigentumsverhältnisse sondern nur Fragen des Gemeinschaftsverhältnisses der Wohnungseigentümer sein (*BGH* NZM 2003, 480 = ZMR 2003, 748; *BayObLG* DNotZ 1998, 379 = Rpfleger 1998, 19; *BayObLG* NZM 2000, 668 = ZMR 2000, 316; *BayObLG* Rpfleger 2002, 140 = ZMR 2002, 283; *KG* NZM 1999, 258; *Armbrüster* ZMR 2005, 244, 247; *Demharter* Anh. zu § 3 Rn. 91; *Hügel* RNotZ 2005, 149, 151; *Krause* NotBZ 2001,

433, 434 u. 437 f.; Meikel/*Böttcher* Einl. I Rn. 15 f.; *Müller* Rn. 85; *Schöner/Stöber* Rn. 2967c). Nicht möglich sind daher verdinglichte Ermächtigungen/Bevollmächtigungen zur Umwandlung von Gemeinschafts- in Sondereigentum und umgekehrt, wohl aber zur Umwandlung von Wohnungs- in Teileigentum und umgekehrt (*BayObLG* NZM 2000, 668 = ZMR 2000, 316). Zur Ausgestaltung und zum Umfang solcher Änderungsvorbehalte siehe ausführlich *Krause* NotBZ 2001, 433 und NotBZ 2002, 11 sowie *Armbrüster* ZMR 2005, 244; zur Auseinandersetzung mit der vorgenannten Rechtsprechung und **a. A.** siehe § 3 Rn. 20 ff.

Verfahrensrechtlich ist neben der entsprechenden Antragstellung die Eintragungsbewilligung   212
des aufteilenden Eigentümers gemäß § 19 GBO ausreichend. Ggf. ist der Nachweis der Zustimmung bzw. Bevollmächtigung für einen bereits eingetragenen vormerkungsberechtigten Einzelerwerber oder dinglich Berechtigte zu erbringen (vgl. Rn. 210). Dabei ist zu beachten, dass die in einem notariellen Kaufvertrag dem Verkäufer erteilte und gegenüber dem Grundbuchgericht uneingeschränkte Vollmacht zur Änderung der Teilungserklärung nur das Verhältnis der Erwerber zum Verkäufer betrifft; sie macht die Bewilligung der dinglich Berechtigten nicht entbehrlich (*BayObLG* DNotZ 1996, 297).

Die Vorlage einer neuerlichen **Abgeschlossenheitsbescheinigung** oder ggf. auch abgeänderter   213
Aufteilungspläne ist für die mit gegenständlichen Veränderungen des Sondereigentums verbundenen Eintragungen ebenso erforderlich wie in den nachfolgenden Fallgestaltungen bei einer bestehenden Eigentümergemeinschaft, da der Aufteilungsplan in beiden Fällen die Einhaltung des das Sachen- und Grundbuchrecht beherrschenden Bestimmtheitsgrundsatzes sichert.

Die **Eintragung** im Grundbuch erfolgt wie in den nachfolgenden Fallgestaltungen.   214

II. Gegenständliche Änderungen des Sondereigentums bei bestehender Eigentümergemeinschaft

1. Umwandlung von Gemeinschaftseigentum in Sondereigentum

Eine Umwandlung von Gemeinschaftseigentum in Sondereigentum kann sich auf unterschied-   215
liche Weise vollziehen. Denkbar ist die Überführung lediglich eines bisher im gemeinschaftlichen Eigentum stehenden Raumes (z. B. eines Kellerraumes; vgl. *BGH* Rpfleger 1986, 430) oder bestimmter abgetrennter Teile eines solchen Raumes und Verbindung mit einem bereits vorhandenen und im Übrigen unverändert bleibenden Wohnungseigentum. Aber auch die Bildung völlig neuer Einheiten (z. B. beim nachträglichen Dachgeschossausbau, vgl. *BayObLG* Rpfleger 1993, 488 = ZMR 1993, 423 oder der Errichtung eines weiteren Gebäudes bei einer Mehrhausanlage, vgl. *BayObLG* DNotZ 1995, 607 = ZMR 1994, 576) kann auf diese Weise unter Einbeziehung abgespaltener Miteigentumsanteile in Betracht kommen. Voraussetzung ist allerdings immer, dass die umgewandelten Bereiche grundsätzlich sondereigentumsfähig sind. Zwingendes Gemeinschaftseigentum (§ 5 Abs. 2) kann nicht in Sondereigentum überführt werden. Ein Anspruch eines Wohnungseigentümers auf Umwandlung von Gemeinschaftseigentum in Sondereigentum besteht allerdings nur in besonderen Ausnahmefällen (*OLG Schleswig* OLG-Report 2006, 432 – Baumaßnahmen mit Zustimmung; *OLG Saarbrücken* NZM 2005, 423 – Kellerraum; *KG* ZMR 1998, 368 – Dachboden nach Ausbau).

Bei der Umwandlung von Gemeinschaftseigentum in Sondereigentum handelt es sich um eine   216
gegenständliche Veränderung des Gemeinschafts- und des Sondereigentums. Zur Änderung des sachenrechtlichen Grundverhältnisses ist materiell-rechtlich eine Einigungserklärung sämtlicher Miteigentümer gem. § 4 in Auflassungsform erforderlich (*OLG Saarbrücken* NZM 2005, 423; *OLG Celle* OLG-Report 2004, 79; *KG* ZMR 1998, 368; *OLG Frankfurt a. M.* Rpfleger 1997, 374; *BayObLG* MittBayNot 1994, 41; *BayObLG* Rpfleger 1992, 20; *BayObLG* DNotZ 1990, 37 m. zust. Anm. *Ertl; Bärmann/Pick/Merle* § 5 Rn. 13; *Demharter* Anh. zu § 3 Rn. 91; *Schöner/Stöber* Rn. 2967; *Weitnauer/Briesemeister* § 4 Rn. 4). Die bloße Nachreichung eines geänderten Aufteilungsplanes reicht dafür nicht aus (*BayObLG* Rpfleger 1974, 11). Wegen evtl. erforderlicher Drittzustimmungen s. sogleich.

Eine solche vertragliche Regelung der **sachenrechtlichen Zuordnung** ist von einer inhaltlichen   217
Ausgestaltung des Gemeinschaftsverhältnisses streng zu unterscheiden (*BGH* ZMR 2003, 748;

Hügel RNotZ 2005, 149, 151). Für den Vollzug ist deshalb lediglich eine Änderung der Teilungserklärung durch Vereinbarung der Wohnungseigentümer gem. § 10 Abs. 1 und 2 nicht ausreichend. Aus diesem Grunde kann in Gemeinschaftsordnungen eine vorweg genommene Zustimmung / Ermächtigung zur Vornahme solcher Veränderungen mit einer den Sondernachfolger bindenden Wirkung nicht als Inhalt des Sondereigentums vereinbart und daher auch nicht in das Grundbuch eingetragen werden (*BayObLG* Rpfleger 2002, 140 = ZMR 2002, 283; *BayObLG* Rpfleger 2000, 544 = ZMR 2000, 779; *BayObLG* Rpfleger 1998, 19; *KG* ZMR 1998, 368; Bauer / *v.* Oefele AT V Rn. 356; Meikel / Morvilius Einl. C Rn. 129; *Schöner/Stöber* Rn. 2967; **a. A.** Rapp MittBayNot 1998, 77; *Röll* DNotZ 1998, 345; s. auch Rn. 211). Auch ein Beschluss der Eigentümerversammlung über die Umwandlung von Gemeinschafts- in Sondereigentum ist als Eintragungsgrundlage nicht geeignet; ein solcher Beschluss ist wegen absoluter Unzuständigkeit nichtig (*BayObLG* MittBayNot 1998, 440; *OLG Düsseldorf* NJW-RR 1996, 210; *Müller* Rn. 87).

218   Auch die Einräumung eines **umfassenden Sondernutzungsrechtes** (z. B. bei Errichtung einer Anlage in mehreren Bauabschnitten) mit Bebauungsbefugnis an einer Grundstücksteilfläche des in Wohnungseigentum aufgeteilten Gesamtgrundstücks enthält nicht die vorweggenommene Einigung über die Einräumung von Sondereigentum zugunsten des Sondernutzungsberechtigten an den auf diese Weise entstehenden Räumlichkeiten (*BGH* NJW-RR 2005, 10 = Rpfleger 2005, 17 = ZMR 2005, 59; *OLG Celle* OLG-Report 2004, 79; *BayObLG* Rpfleger 2002, 140 = ZMR 2002, 283; *BayObLG* Rpfleger 2000, 544 = ZMR 2000, 779; *BayObLG* MittBayNot 2000, 551 m. abl. Anm. *Roellenbleg*). Der teilende Bauträger kann sich die Befugnis zur späteren Umwandlung von Gemeinschafts- in Sondereigentum nur durch eine entsprechende Bevollmächtigung in allen Erwerbsverträgen sichern (*BGH* NJW-RR 2005, 10 = Rpfleger 2005, 17 = ZMR 2005, 59; *OLG Celle* OLG-Report 2004, 79; *BayObLG* ZMR 2003, 518; *BayObLG* Rpfleger 2002, 140 = ZMR 2002, 283; *BayObLG* ZMR 2000, 779; *BayObLG* ZMR 2000, 316; Bauer / v. Oefele AT V Rn. 356; **a.A** *Gaier* FS Wenzel 2005, 145).

219   Zu den derzeit noch ungeklärten Rechtsfragen im Zusammenhang mit einer »verdinglichten« Übertragungsverpflichtung der Wohnungseigentümer vgl. *Hügel* RNotZ 2005, 149, 151 f.).

220   Ebenfalls kann Sondereigentum ohne Einigung und Eintragung nicht entstehen nach den Regeln des entschuldigten oder erlaubten **Überbaus** (*BayObLG* Rpfleger 1993, 448 m. Anm. *Röll* MittBayNot 1993, 265 str.; vgl. § 1 Rn. 210 m. w. N.). Auch eine **tatsächliche Erweiterung** des Sondereigentums auf gemeinschaftliches Eigentum bewirkt **keine Rechtserweiterung** (*KG* ZMR 2004, 377; *KG* ZMR 2001, 849; *Briesemeister* ZWE 2004, 310).

221   **Verfahrensrechtlich** ist zu unterscheiden:
Nach der hier vertretenen Auffassung bedarf es auch für den Vollzug der Umwandlung nur der Vorlage einer entsprechenden **Eintragungsbewilligung** sämtlicher betroffenen Wohnungseigentümer in der Form des § 29 GBO (vgl. Rn. 208; Rn. 70), wenn lediglich Sondereigentum mit einem vorhandenen und ansonsten unverändert bleibenden Wohnungseigentum verbunden wird. Der aufnehmende Wohnungseigentümer ist daher nicht betroffen. Da sich in diesem Fall die Änderung nur auf das Sondereigentum bezieht, ist für die Grundbucheintragung der Nachweis der Einigung entsprechend § 20 GBO nicht erforderlich (*Demharter* Anh. zu § 3 Rn. 78). Der Unterschied zur h. M. ist jedoch in der Praxis gering, wenn man berücksichtigt, dass das Grundbuchgericht jedenfalls nicht sehenden Auges in Kenntnis einer fehlenden oder unwirksamen Einigung die Eintragung vollziehen darf (deshalb die nachweisrechtliche Frage offen lassend *BayObLG* DNotZ DNotZ 1990, 37).

222   Wird dagegen gemeinschaftliches Eigentum dergestalt in Sondereigentum umgewandelt, dass mit neu entstehendem Sondereigentum abgespaltene Miteigentumsbruchteile zur **Schaffung neuer Einheiten** verbunden werden, richtet sich der gegenüber dem Grundbuchgericht zu führende Nachweis nach §§ 873, 925 BGB; verfahrensrechtlich findet dann **§ 20 GBO** Anwendung (*Demharter* Anh. zu § 3 Rn. 78; s. Rn. 207).

223   **Zustimmungserklärungen dinglich Berechtigter** in der Form des § 29 GBO sind in beiden dargestellten Fällen erforderlich, soweit die Umwandlung für sie eine Beeinträchtigung ihres Belastungsgegenstandes durch Aufgabe gemeinschaftlichen Eigentums mit sich bringt (§§ 876, 877 BGB, § 19 GBO). Nicht betroffen sind daher Inhaber von Gesamtrechten an allen Einheiten bzw. am ganzen Grundstück, da sich deren Rechtsposition insgesamt nicht verändert (*OLG Frank-*

furt a. M. Rpfleger 1997, 374, 375; Bauer / *v. Oefele* AT V Rn. 358; *Böhringer* BWNotZ 1993, 153, 158f). Ebenfalls nicht betroffen sind dinglich Berechtigte am aufnehmenden Wohnungseigentum (*Schöner/Stöber* Rn. 2967). In der Zustimmungserklärung ist die verfahrensrechtliche Bewilligung zu einer erforderlichen Pfandentlassung hinsichtlich des umgewandelten Gemeinschaftseigentums zu sehen (*LG Bremen* Rpfleger 1985, 106 m. abl. Anm. *Meyer-Stolte*).

Diese Grundsätze sollen auch dann gelten, wenn bei der Umwandlung von Gemeinschafts- in Sondereigentum dem hinzuerwerbenden Wohnungseigentümer **bereits** ein **Sondernutzungsrecht** an dem in Sondereigentum überführten Gegenstand eingeräumt war. Grundpfandrechtsgläubiger der abgebenden Einheiten sollen danach in ihrer Rechtsposition betroffen sein, weil der Verlust des Miteigentums weit einschneidender sei als der Ausschluss vom Mitgebrauch. Die Grundpfandrechtsgläubiger erlitten eine Schmälerung des Haftungsobjektes und dadurch einen weitergehenden Rechtsverlust, als er schon durch die Begründung von Sondernutzungsrechten eingetreten war. Zustimmungserklärungen Drittberechtigter sollen demnach auch in diesem Fall nicht entbehrlich sein (*BayObLG* Rpfleger 2002, 140 = ZMR 2002, 283; *BayObLG* WE 1996, 155; *BayObLG* MittRhNotK 1993, 224; *BayObLG* Rpfleger 1992, 20; Bauer / *v. Oefele* AT V Rn. 358; *Demharter* Anh. zu § 3 Rn. 65; *Schöner/Stöber* Rn. 2967). Dinglich Berechtigte der abgebenden Einheiten finden jedoch von vornherein einen um das Mitbenutzungsrecht reduzierten Haftungsgegenstand vor, so dass es für sie keinen Unterschied macht, ob der der Haftung nicht unterliegende Bereich im Sondereigentum eines anderen Miteigentümers steht, oder ob diesem ein Sondernutzungsrecht daran gebührt. Aus der Sicht eines Gläubigers und der Werthaltigkeit des Pfandobjekts ist es unerheblich, ob ein Sondernutzungsrecht oder Sondereigentum für die Wertbestimmung maßgeblich ist. Weder die Beleihbarkeit noch die Sicherheit des Rechtsverkehrs werden beeinträchtigt, wenn beide Fälle im Hinblick auf § 19 GBO und §§ 877, 876 BGB gleich behandelt werden (*F. Schmidt* WE 1996, 157, 159; *Schneider* Rpfleger 1998, 53, 59). Ebenso sollte eine Zustimmung dinglich Berechtigter zur nachträglichen Begründung von Sondereigentum durch Umwandlung entbehrlich sein, wenn bereits in der Teilungserklärung diejenigen Teile des Gemeinschaftseigentums, die später bebaut werden sollen, dem zum Bau berechtigten Eigentümer als Sondernutzungsrecht zugewiesen sind (Münchner Vertragshandbuch / *F. Schmidt* Bd. 6 VIII 3 Nr. 5; *Rapp* MittBayNot 1998, 77; *Schöner/Stöber* Rn. 2967c). 224

Nachverpfändungserklärungen werden nach h. M. nur dann für erforderlich gehalten, wenn hinzuerworbene Miteigentumsanteile am aufnehmenden Wohnungseigentum dort bereits eingetragenen Rechten unterstellt werden müssen (*Demharter* Anh. zu § 3 Rn. 88; s. § 6 Rn. 8 auch zur a. A.). Dagegen erstrecken sich bereits eingetragene Belastungen am aufnehmenden Wohnungseigentum kraft Gesetzes auf später hinzuerworbenes isoliertes Sondereigentum (*LG Düsseldorf* MittRhNotK 1986, 78; *Schöner/Stöber* Rn. 2967; *Streuer* Rpfleger 1992, 181). 225

Zur Eintragung der Umwandlung von Gemeinschaftseigentum in Sondereigentum ist grundsätzlich ein **geänderter Aufteilungsplan** mit **Abgeschlossenheitsbescheinigung** vorzulegen (*BayObLG* Rpfleger 1998, 194). Abweichungen von dem ursprünglichen Aufteilungsplan sind dabei unbeachtlich, solange sie lediglich von der Umwandlung nicht betroffene Räume oder Gebäudeteile betreffen (*LG Traunstein* MittBayNot 1995, 297). 226

Die Vorlage einer steuerlichen **Unbedenklichkeitsbescheinigung** ist grundsätzlich gem. § 22 GrEStG erforderlich (Boruttau / *Viskorf* § 2 Rn. 212; **a. A.** Meikel/*Morvilius* Einl. C Rn. 129, der auf eine Veränderung der Miteigentumsanteile des erwerbenden Wohnungseigentümers und damit dessen wertmäßige Beteiligung am gemeinschaftlichen Grundstück im Hinblick auf § 7 Abs. 1 GrEStG abstellt). 227

Die **Eintragung** der Umwandlung gemeinschaftlichen Eigentums in Sondereigentum hat in allen für das Grundstück angelegten Wohnungs- und Teileigentumsgrundbüchern zu erfolgen (*BayObLG* Rpfleger 1998, 194; *Schöner / Stöber* Rn. 2967; **a. A.** Meikel/*Ebeling* § 3 WGV Rn. 20). Entstehen durch die Umwandlung bei gleichzeitiger Verbindung mit Miteigentumsanteilen neue Wohnungs- oder Teileigentumseinheiten, hat insoweit nach § 7 Abs. 1 S. 1 die Anlegung neuer Grundbücher nach den in Rn. 4 ff. dargestellten Grundsätzen zu erfolgen. Zugleich ist in diesem Fall gem. § 7 Abs. 1 S. 2 die weitergehende Beschränkung der bereits eingetragenen Miteigentumsanteile durch die Einräumung des zu dem neu geschaffenen Miteigentumsanteil gehörenden Son- 228 dereigentumsrechts einzutragen. Die Eintragung ist gem. § 3 Abs. 5 WGV in den Spalten 5 und 6 des Bestandsverzeichnisses vorzunehmen.

2. Umwandlung von Sondereigentum in Gemeinschaftseigentum

229 Auch die Umwandlung von Sonder- in Gemeinschaftseigentum kann sich bei fortbestehender Eigentümergemeinschaft auf unterschiedliche Weise vollziehen. So kann nach Anlegung der Wohnungsgrundbücher eine nachträgliche Änderung der **Zuordnung einzelner Gebäudeteile** zum Sondereigentum erfolgen. Denkbar ist aber auch die **Aufhebung einer vollständigen Sondereigentumseinheit** und Überführung des bisherigen Sondereigentums in das Gemeinschaftseigentum (z. B. zur Schaffung einer Hausmeisterwohnung oder eines Geräteraumes für Gartenmaterialien).

230 Auch bei der Umwandlung von Sondereigentum in Gemeinschaftseigentum handelt es sich um eine **gegenständliche Veränderung** des Gemeinschafts- und des Sondereigentums. Zur Änderung des sachenrechtlichen Grundverhältnisses ist daher wie im umgekehrten Fall materiellrechtlich eine Einigungserklärung sämtlicher Miteigentümer gem. § 4 in Auflassungsform erforderlich (BGHZ 139, 352 = Rpfleger 1999, 66; *BayObLG* Rpfleger 1998, 19; *BayObLG* Rpfleger 1996, 240 = ZMR 1996, 285; *Demharter* Anh. zu § 3 Rn. 93; Müller Rn. 85; *Schöner/Stöber* Rn. 2967; Weitnauer/*Briesemeister* § 4 Rn. 2). Gemeinschaftliches Eigentum kann niemandem aufgedrängt werden (*OLG München* Rpfleg 2007, 459; *BayObLG* Rpfleger 1998, 19). Aus diesem Grunde ist auch ein einseitiger Verzicht auf das Sondereigentum analog § 928 BGB nicht zulässig (in diesem Sinne auch Becksches Notarhandbuch/*Rapp* A III Rn. 104). Wegen evtl erforderlicher Drittzustimmungen s. sogleich.

231 In Gemeinschaftsordnungen kann eine **vorweg genommene Zustimmung/Ermächtigung** zur Vornahme solcher Veränderungen mit einer den Sondernachfolger bindenden Wirkung nicht als Inhalt des Sondereigentums vereinbart und daher auch nicht in das Grundbuch eingetragen werden (*BayObLG* Rpfleger 2002, 140 = ZMR 2002, 283; *BayObLG* Rpfleger 2000, 544; *BayObLG* Rpfleger 1998, 19; KG FGPrax 1998, 94; **a. A.** *Röll* DNotZ 1998, 345; vgl. Rn. 211, 217). Hat der teilende Bauträger sich die Befugnis zur späteren Umwandlung von Sonder- in Gemeinschaftseigentum durch eine entsprechende Bevollmächtigung in allen Erwerbsverträgen gesichert, wird zu beachten sein, dass die von den Erwerbern erteilten Vollmachten nur das Verhältnis des Erwerbers zum Veräußerer betreffen; sie machen nicht die Bewilligung der dinglich Berechtigten entbehrlich (*BayObLG* ZMR 1998, 299).

232 **Verfahrensrechtlich** ist wiederum zu unterscheiden:
Nach der hier vertretenen Auffassung bedarf es für den Vollzug der Umwandlung von Sonder- in Gemeinschaftseigentum der Vorlage einer entsprechenden **Eintragungsbewilligung** der rechtlich allein betroffenen verlierenden Wohnungseigentümer in der Form des § 29 GBO (vgl. Rn. 208, 221), wenn lediglich Teile ihres Sondereigentums in Gemeinschaftseigentum überführt werden (*BayObLG* ZMR 1998, 299). Die aufnehmenden Wohnungseigentümer sind rechtlich nicht betroffen. Da sich in diesem Fall die Änderung nur auf das Sondereigentum bezieht, ist für die Grundbucheintragung der Nachweis der Einigung entsprechend § 20 GBO nicht erforderlich (*Demharter* Anh. zu § 3 Rn. 78). Der Unterschied zur h. M. ist jedoch in der Praxis gering, wenn man berücksichtigt, dass das Grundbuchgericht jedenfalls nicht sehenden Auges in Kenntnis einer fehlenden oder unwirksamen Einigung die Eintragung vollziehen darf (die nachweisrechtliche Frage offen lassend *BayObLG* DNotZ 1990, 37).

233 Wird dagegen Sondereigentum dergestalt in gemeinschaftliches Eigentum umgewandelt, dass lediglich ein isolierter Miteigentumsanteil verbleiben würde, handelt es sich faktisch um die **Aufhebung** eines einzelnen Wohnungseigentums. Der verbleibende Miteigentumsanteil muss dann im Wege der Auflassung mit einem oder mehreren/allen anderen Anteil/en verbunden werden. Ein isolierter Miteigentumsanteil kann rechtsgeschäftlich nämlich nicht begründet werden (BGHZ 109, 179 = Rpfleger 1990, 62 = ZMR 1990, 112) und soll nach allerdings bestrittener Auffassung des *OLG Hamm* (DNotZ 1992, 492 m. abl. Anm. *Hauger* = Rpfleger 1990, 509 Ls) mangels eines damit noch verbundenen Anwartschaftsrechts sogar seine Buchungsfähigkeit im Grundbuch verlieren (insoweit zu Recht **a. A.** jetzt *OLG Hamm* Rpfleger 2007, 137 = ZMR 2007, 213; *Dem-*

harter Anh. zu § 3 Rn. 12). Die Übertragung des Miteigentumsanteils richtet sich dann nach §§ 873, 925 BGB; verfahrensrechtlich findet in diesem Fall **§ 20 GBO** Anwendung (*Demharter* Anh. zu § 3 Rn. 78; vgl. Rn. 207).

Zustimmungserklärungen dinglich Berechtigter in der Form des § 29 GBO sind in beiden dargestellten Fällen erforderlich, soweit die Umwandlung für sie eine Beeinträchtigung ihres Belastungsgegenstandes durch Aufgabe von Sondereigentum mit sich bringt (§§ 876, 877 BGB, § 19 GBO). Nicht betroffen sind daher auch hier Inhaber von Gesamtrechten an allen Einheiten bzw. am ganzen Grundstück, da sich deren Rechtsposition insgesamt nicht verändert (*Böhringer* BWNotZ 1993, 153, 158 f.; *Schöner/Stöber* Rn. 2967) und andernfalls nach Überführung in Gemeinschaftseigentum bei sämtlichen Einheiten eine Nachverpfändung erfolgen müsste, da eine real gespaltene Belastung des gemeinschaftlichen Eigentums nicht möglich ist. Nicht betroffen sind aber auch die dinglich Berechtigten an den aufnehmenden Einheiten, da die Vergrößerung des Gemeinschaftseigentums das jeweilige Pfandobjekt rechtlich nicht nachteilig berührt. Eine Erhöhung der Unterhaltslast, die sich aus der Vergrößerung des Gemeinschaftseigentums u. U. ergibt, hat für die dinglich Berechtigten keine rechtliche, sondern allenfalls eine wirtschaftliche Beeinträchtigung zur Folge. In einem solchen Fall ist jedoch die Zustimmung der dinglich Berechtigten nicht erforderlich (*BayObLG* MittBayNot 1998, 180 = ZMR 1998, 299). In der Zustimmungserklärung ist die verfahrensrechtliche Bewilligung zu einer erforderlichen Pfandentlassung hinsichtlich des umgewandelten Sondereigentums zu sehen (*LG Bremen* Rpfleger 1985, 106 m. abl. Anm. *Meyer-Stolte*). 234

Nachverpfändungserklärungen werden nach h. M. nur dann erforderlich, wenn im Falle der vollständigen Umwandlung des Sondereigentums der verbleibende isolierte Miteigentumsanteil mit anderen Einheiten zu verbinden ist. Der jeweils hinzuerworbene Miteigentumsanteil muss dann den dort bereits eingetragenen dinglichen Einzelrechten unterstellt werden (*Demharter* Anh. zu § 3 Rn. 88; s. § 6 Rn. 8 auch zur **a. A.**). Soweit der Miteigentumsanteil bereits mit denselben Rechten wie die aufnehmende Einheit belastet ist, entfallen Pfandentlassung und Nachverpfändung. In diesem Fall genügt die bloße Übertragung des belasteten Miteigentumsanteils. Im Übrigen erlöschen die Belastungen am aufgehobenen Sondereigentum (*Demharter* Anh. zu § 3 Rn. 94). 235

Zur Eintragung der Umwandlung von Sonder- in Gemeinschaftseigentum in das Grundbuch ist grundsätzlich ein **geänderter Aufteilungsplan mit Abgeschlossenheitsbescheinigung** erforderlich (*BayObLG* DNotZ 1999, 208). Dem Zweck der Abgeschlossenheitsbescheinigung und des damit verbundenen Aufteilungsplanes genügt es jedoch, wenn die Beschreibung der Änderung in der Eintragungsbewilligung im Zusammenhang mit dem bereits vorhandenen und in Bezug genommenen Aufteilungsplan eindeutig ist. Umfang und Ausmaß der gegenständlichen Änderungen beim Sondereigentum und beim gemeinschaftlichen Eigentum müssen auf diese Weise allerdings zweifelsfrei festgestellt werden können. Da die Abgeschlossenheit der übrigen Sondereigentumseinheiten von der Umwandlung nicht berührt wird, wäre es bloßer Formalismus, in einem solchen Fall einen geänderten behördlichen Aufteilungsplan zu verlangen (*BayObLG* DNotZ 1999, 208). Auf diese Weise kann z. B. die Überführung einer vollständigen Sondereigentumseinheit in Gemeinschaftseigentum ohne eine Ergänzung der Abgeschlossenheitsbescheinigung lediglich auf der Grundlage der vorhandenen Aufteilungspläne erfolgen. Zu beachten ist dabei allerdings, dass in einem solchen Fall kein isolierter Miteigentumsanteil verbleiben darf; der frei werdende Miteigentumsanteil ist daher mit anderen Miteigentumsanteilen im Wege der Auflassung gem. §§ 873, 925 BGB zu verbinden. 236

Betrifft die Umwandlung von Sondereigentum in Gemeinschaftseigentum lediglich einen **Teil eines bisher abgeschlossenen Wohnungseigentums**, ist zu differenzieren: 237

Handelt es sich bei der Überführung in gemeinschaftliches Eigentum nicht um einen genau bestimmten Raum oder um einen bisher zu einer abgeschlossenen Wohnung gehörenden Raum, muss es bei dem grundsätzlichen **Erfordernis einer neuerlichen Abgeschlossenheitsbescheinigung mit entsprechenden Aufteilungsplänen** verbleiben. Gegenstand und Umfang des geänderten Sondereigentums bedürfen in diesen Fällen einer neuerlichen Prüfung und Festlegung. Eine Ausnahme kann wiederum nur dann gelten, wenn es sich bei dem bisher zum Sondereigentum gehörigen Raum um einen außerhalb der eigentlichen Wohnung gelegenen **räumlich abgetrennten Nebenraum** handelt (z. B. einen Kellerraum im Kellergeschoss oder einen Abstellraum im Spitzboden). In diesem Fall können Umfang und Ausmaß der gegenständlichen Änderungen beim Sondereigentum wiederum eindeutig festgestellt werden, ohne dass die Abgeschlossenheit der übrigen Einheiten tangiert würde. Auch hier ist daher ein geänderter Aufteilungsplan ausnahmsweise nicht erforderlich (*BayObLG* DNotZ 1999, 208).

238 Ist für den jeweiligen Eigentümer eines Wohnungs- oder Teileigentums ein **Sondernutzungsrecht** eingeräumt und im Grundbuch vermerkt, so wird dieses durch eine teilweise Überführung von Sondereigentum in Gemeinschaftseigentum grundsätzlich nicht berührt, es sei denn, dass ausdrücklich etwas anderes bestimmt wird. Ein zugeordnetes Sondernutzungsrecht erlischt jedoch durch den vollständigen Wegfall der berechtigten Einheit, wenn diese rechtsgeschäftlich in Gemeinschaftseigentum umgewandelt wird.

239 Die Vorlage einer steuerlichen **Unbedenklichkeitsbescheinigung** wird gem. § 22 GrEStG für erforderlich gehalten, wenn sich die wertmäßige Beteiligung der erwerbenden Wohnungseigentümer am gemeinschaftlichen Grundstück ändert (vgl. Boruttau / *Viskorf* § 2 Rn. 11 und Rn. 212 für den umgekehrten Fall; **a. A.** Meikel/*Morvilius* Einl. C Rn. 129, der auf eine Veränderung der Miteigentumsanteile im Hinblick § 7 Abs. 1 GrEStG abstellt).

240 Die **Eintragung** der Umwandlung von Sondereigentum in gemeinschaftliches Eigentum hat in allen für das Grundstück angelegten Wohnungs- und Teileigentumsgrundbüchern zu erfolgen (*BayObLG* Rpfleger 1998, 194; Schöner/Stöber Rn. 2967; **a. A.** Meikel/*Ebeling* § 3 WGV Rn. 20). Fällt durch die Umwandlung eine bisherige Wohnungs- oder Teileigentumseinheit vollständig weg, hat insoweit die Schließung des betreffenden Grundbuches nach § 34 lit. a) GBV zu erfolgen. Zugleich ist in diesem Fall gem. § 7 Abs. 1 S. 2 die reduzierte Beschränkung der bereits eingetragenen Miteigentumsanteile durch den Wegfall des zu dem übertragenen Miteigentumsanteil gehörenden Sondereigentumsrechts einzutragen. Die Eintragung ist gem. § 3 Abs. 5 WGV vorzunehmen.

3. Umwandlung von Wohnungseigentum in Teileigentum und umgekehrt

241 Es handelt sich hierbei nicht um eine *gegenständliche* sondern um eine *inhaltliche* Änderung des Sondereigentums. S. dazu ausführlich Rn. 284 auch m. w. N. zur **a. A.**

4. Unterteilung von Wohnungs- und Teileigentumseinheiten

242 Wohnungs- und Teileigentümer können ihr Eigentum in mehrere selbstständige Einheiten **unterteilen** (allgem. Meinung BGHZ 49, 250 = Rpfleger 1968, 114; BGHZ 73, 150 = Rpfleger 1979, 96 = ZMR 1979, 312; *BayObLG* Rpfleger 1986, 177; *BayObLG* Rpfleger 1991, 455; *OLG Düsseldorf* MittRhNotK 1990, 81; *OLG Braunschweig* ZMR 1978, 380; *Demharter* Anh. zu § 3 Rn. 73; Meikel /*Böttcher* § 7 Rn. 111; *Röll* DNotZ 1993, 158; *Schöner/Stöber* Rn. 2975 ff.). Dazu bedarf es materiell-rechtlich einer formlosen Aufteilungserklärung hinsichtlich des bisherigen Miteigentumsanteils in entsprechender Anwendung des § 8 durch den oder die eingetragenen Eigentümer (*LG Frankfurt a. M.* Rpfleger 1989, 281; Meikel/*Ebeling* § 3 WGV Rn. 21). Zugleich sind die neu entstehenden Miteigentumsanteile mit dem Sondereigentum an bereits vorhandenen und in sich abgeschlossenen Raumeinheiten oder an neu aus dem bisherigen Sondereigentum gebildeten Raumeinheiten zu verbinden. Die Unterteilung kann, sie muss aber nicht verknüpft sein mit einer gleichzeitigen Abveräußerung einer der neu gebildeten Einheiten. Wegen evtl. erforderlicher Drittzustimmungen s. sogleich. Möglich muss aber auch die Unterteilung einer Einheit durch Bruchteilseigentümer analog § 3 sein (Bauer /*v. Oefele* AT V Rn. 361).

243 Die **Unterteilung** muss **vollständig** erfolgen. Es dürfen weder Teile des bisherigen Sondereigentums ohne Verknüpfung mit einem Miteigentumsanteil übrig bleiben (Eingangsflurproblem, vergessene Nebenräume), noch darf bisher gemeinschaftliches Eigentum in die Unterteilung ohne Mitwirkung der anderen Wohnungseigentümer einbezogen werden. In beiden Fällen bedürfte es einer entsprechenden Umwandlung des bisherigen Sonder- bzw. Gemeinschaftseigentums (dazu Rn. 229 ff. u. Rn. 205 ff.). Kann eine solche Umwandlung mangels Zustimmung der übrigen Eigentümer und der dinglich Berechtigten nicht erfolgen, ist die vorgesehene Unterteilung nicht möglich (BGHZ 139, 352 = Rpfleger 1999, 66; *OLG München* Rpfleger 2007, 459; *BayObLG* Rpfleger

1996, 240 = ZMR 1996, 285; Becksches Notar-Handbuch/*Rapp* A III Rn. 83; **a. A.** *Röll* DNotZ 1998, 79, der eine Umwandlung der nicht berücksichtigten Räume in Gemeinschaftseigentum annimmt, ebenso jetzt auch *Gaier* FS Wenzel 2005, 145). Erfolgte gleichwohl eine Eintragung im Grundbuch, führt die unterbliebene Umwandlung nicht lediglich zu einer ggf. durch gutgläubigen Erwerb heilbaren Unrichtigkeit des Grundbuchs (so aber *Böttcher* BWNotZ 1996, 80, 87; *Röll* MittBayNot 1988, 22). Eine solche Eintragung ist vielmehr inhaltlich unzulässig und damit nichtig (*BGH* Rpfleger 2005, 17 = ZMR 2005, 59; *OLG München* OLG-Report 2007, 551 = Rpfleger 2007, 459; *BayObLG* Rpfleger 1996, 240; *BayObLG* Rpfleger 1988, 102; *BayObLG* Rpfleger 1988, 256; *Demharter* Anh. zu § 3 Rn. 73; Meikel/*Morvilius* Ein C Rn. 139; *Müller* Rn. 41; *Schöner/Stöber* Rn. 2976a). Die Eintragung eines Amtswiderspruches scheidet damit aus (*BayObLG* Rpfleger 1988, 256; *BayObLG* ZMR 1999, 46; a. A. ohne nähere Begründung *OLG München* Rpfleger 2007, 459). Die Unterteilung muss jedoch nicht insgesamt nichtig sein. Lässt sich die Einbeziehung gemeinschaftlichen Eigentums auf eine bestimmte durch die Unterteilung neu gebildete Einheit beschränken, liegt unter Berücksichtigung des § 139 BGB nur insoweit eine inhaltlich unzulässige Eintragung vor (*BayObLG* ZMR 1999, 46).

Verfahrensrechtlich bedarf es der Vorlage einer entsprechenden Bewilligung zur Unterteilung der bisherigen Einheit (§ 19 GBO) seitens des teilenden Eigentümers in der Form des § 29 GBO. **244**

Eine **Zustimmung der übrigen Wohnungs- und Teileigentümer** ist zum Vollzug der bloßen Unterteilung ohne gleichzeitige Abveräußerung nicht nachzuweisen (*BGH* Rpfleger 2005, 17 = ZMR 2005, 59; BGHZ 49, 250; *Böttcher* BWNotZ 1996, 80, 87; Meikel/*Morvilius* Einl. C Rn. 138c). Dies gilt auch im Hinblick auf eine möglicherweise erforderliche Zustimmung zu **baulichen Veränderungen** im Rahmen der Unterteilung gem. § 22 Abs. 1. Dabei handelt es sich um tatsächliche Maßnahmen und nicht um Rechtsänderungen (*BayObLG* DNotZ 1999, 210; *LG Würzburg* MittBayNot 1996, 302; Meikel/*Morvilius* Einl. C Rn. 138c; *Röll* MittBayNot 1996, 275; *Schöner/Stöber* Rn. 2977a). **245**

Keine Beeinträchtigungen der übrigen Miteigentümer ergeben sich für die bloße Aufteilung **aus den** durch die Unterteilung entstehenden **Stimmrechtsverhältnissen**. Aus der Summe der durch die Unterteilung entstehenden Wohnungseigentumsrechte können grundsätzlich nicht mehr Befugnisse erwachsen, als aus dem ungeteilten Wohnungseigentum. Dies gilt unabhängig vom geltenden Stimmrechtsprinzip (Meikel/*Morvilius* Einl. C Rn. 138a; *Müller* Rn. 42), es sei denn, die Gemeinschaftsordnung lässt eine Erhöhung der Stimmenzahl zu (*OLG Köln* NZM 2005, 148; *OLG Köln* WE 1992, 259; *BayObLG* NJW-RR 1991, 910). Wegen der Auswirkungen einer Unterteilung auf das Stimmrecht bei gleichzeitiger Veräußerung der gebildeten Einheiten vgl. ausf. *Gottschalg* (NZM 2005, 88), Meikel/*Morvilius* (Einl. C Rn. 141), *Müller* (Rn. 43 ff.) und § 8 Rn. 70 ff. **246**

Auch **dinglich Berechtigte** an der unterteilten Einheit sind bei einer Unterteilung entsprechend § 8 grundsätzlich nicht beeinträchtigt. Dort eingetragene Rechte werden entweder nach den Rn. 44 ff. dargestellten Grundsätzen zu Gesamtrechten oder bestehen an jeder der neu entstandenen Einheiten als Einzelrecht fort (*Demharter* Anh. zu § 3 Rn. 74). Für dingliche Rechte, die zum Besitz der zu unterteilenden Einheit berechtigen (wie z. B. Wohnungsrechte gem. § 1093 BGB oder Dauerwohnrechte gem. § 31), soll dies nicht gelten, wenn sie durch die Umgestaltung beeinträchtigt würden (*Böttcher* BWNotZ 1996, 80, 87; Meikel/*Morvilius* Einl. C Rn. 138c). Dabei wird jedoch übersehen, dass die Beeinträchtigung durch die – nur möglicherweise – stattfindenden *tatsächlichen* baulichen Maßnahmen, nicht aber durch die *rechtliche* Unterteilung als solche, verursacht würde. Die Beeinträchtigung dinglicher Rechte durch tatsächliche Veränderungen des Belastungsgegenstandes ist jedoch nicht vom Grundbuchgericht zu beachten. Ein Nachweis der Zustimmung solcher Berechtigten gegenüber dem Grundbuchgericht ist daher für den Vollzug der Unterteilung nicht erforderlich, zumal die Vornahme der möglicherweise stattfindenden baulichen Veränderungen zeitlich auch erst nach dem Grundbuchvollzug liegen kann. Erfasst nach der Unterteilung eine der genannten dinglich Berechtigungen nicht mehr sämtliche durch die Unterteilung entstandenen Einheiten, werden die nicht mehr belasteten entsprechend § 1026 BGB von der Belastung frei (*Demharter* Anh. zu § 3 Rn. 74). **247**

Für die Unterteilung kann nach h. M. ein **Zustimmungsvorbehalt** entsprechend § 12 vereinbart werden (BGHZ 49, 250 = Rpfleger 1968, 114; *BayObLG* Rpfleger 1986, 177; *BayObLG* Rpfleger 1991, **248**

§ 7 | Grundbuchvorschriften

455; Bauer / v. Oefele AT V Rn. 366; Demharter Anh. zu § 3 Rn. 75; Meikel / Morvilius Einl. C Rn. 138; vgl. § 8 Rn. 69 und § 12 Rn. 52 m. w. N.).

249 Zur Unterteilung ist die Vorlage eines geänderten **Aufteilungsplanes** mit entsprechender **Abgeschlossenheitsbescheinigung** erforderlich. Es reicht aus, wenn sich der Nachtrag auf die veränderten Einheiten bezieht (Hügel RNotZ 2005, 149, 153; MüKo / Commichau § 3 Rn. 70). Die Vorlage ist auch dann erforderlich, wenn durch die Unterteilung eine vormalige Vereinigung wieder rückgängig gemacht und der frühere Rechtszustand wieder hergestellt werden soll (BayObLG Mitt-BayNot 1994, 224; krit. Bauer / v. Oefele AT V Rn. 367). Die Vorlage eines Unterteilungsplanes ist jedoch entbehrlich, wenn bereits der ursprüngliche Aufteilungsplan bisher mit demselben Miteigentumsanteil verbundene selbständige Raumeinheiten ausweist, deren Abgeschlossenheit auch seinerzeit bescheinigt worden ist (OLG Zweibrücken ZMR 2001, 663). Bei der Bezeichnung der neu gebildeten Einheiten kann die bisherige Nummerierung für eine der neu gebildeten Einheiten weiter verwendet werden (LG Lübeck Rpfleger 1988, 102).

250 Ist mit dem unterteilten Wohnungseigentum ein **Sondernutzungsrecht** für den jeweiligen Eigentümer verbunden, steht dieses nach der Unterteilung den jeweiligen Eigentümern der neu entstandenen Einheiten als gemeinschaftliches Sondernutzungsrecht zu, wenn nichts anderes bestimmt ist (Bauer / v. Oefele AT V Rn. 364; **a. A.** Becksches Notar-Handbuch / Rapp A III Rn. 90; Meikel / Morvilius Einl. C 142, die zunächst klären wollen, wem dieses Sondernutzungsrecht zustehen soll; davon kann jedoch die Zulässigkeit der Unterteilung nicht abhängig gemacht werden). Für das Gemeinschaftsverhältnis der mehreren Sondernutzungsberechtigten gelten § 741 ff. BGB (BayObLG WE 1994, 12). Eine ausdrückliche Angabe des Beteiligungsverhältnisses und die entsprechende Eintragung in das Grundbuch sind nicht erforderlich, da § 47 GBO sich nur auf dingliche Rechte bezieht (Becksches Notar-Handbuch / Rapp A III Rn. 132; Röll Rpfleger 1996, 322, 323; Schneider Rpfleger 1998, 9, 14).

251 Die Vorlage einer steuerlichen **Unbedenklichkeitsbescheinigung** ist für die Eintragung einer weiteren Aufteilung ebenso wenig erforderlich wie bei einer originären Aufteilung gem. § 8 (s. dazu Rn. 76).

252 Allerdings kann die Unterteilung in Gebieten mit Fremdenverkehrsfunktionen einer **Genehmigungspflicht** gem. § 22 BauGB unterliegen (s. Rn. 77 u. § 8 Rn. 26). Auch kann eine Genehmigung gem. § 172 BauGB zur Erhaltung der Zusammensetzung der Wohnbevölkerung in Betracht kommen, wenn in dem jeweiligen Bundesland eine entsprechende Rechtsverordnung erlassen worden ist (s. dazu Rn. 78).

253 Die **Eintragung** der Unterteilung kann dergestalt erfolgen, dass für sämtliche neu entstehenden Einheiten neue Grundbuchblätter angelegt werden und das bisherige Grundbuch der geteilten Einheit geschlossen wird. Denkbar ist aber auch die Fortführung des bisherigen Grundbuchs für eine Einheit (BayObLG Rpfleger 1988, 256) und Anlegung neuer Grundbücher für die übrigen Einheiten. In jedem Fall ist bei den von der Unterteilung nicht betroffenen Einheiten im Hinblick auf §§ 7 Abs. 1 S. 2, 8 Abs. 2 WEG die weitergehende Beschränkung der dort gebuchten Miteigentumsanteile durch die neu gebildeten Sondereigentumsrechte zu vermerken.

5. Zusammenlegung von Wohnungs- und Teileigentumseinheiten

a) Zusammenschreibung

254 Ein Wohnungseigentümer kann in entsprechender Anwendung des § 4 Abs. 1 GBO zwei oder mehrere ihm gehörende Wohnungseigentumsrechte auf einem Grundbuchblatt unter Aufrechterhaltung der bestehenden Verbindung der jeweiligen Miteigentumsanteile mit den einzelnen Sondereigentumsrechten zusammenschreiben lassen (Demharter § 4 Rn. 3; Bärmann/Pick/Merle § 7 Rn. 18; Weitnauer / Briesemeister § 7 Rn. 37). Es handelt sich um die buchungstechnische Zusammenfassung mehrerer gleichwohl selbständig bleibender Wohnungseigentumsrechte.

255 **Verfahrensrechtlich** bedarf es zur Zusammenschreibung weder eines Antrages noch einer Bewilligung des Eigentümers oder gar eines Dritten. Einem Antrag kommt nur die Bedeutung einer Anregung zu. Die Zusammenschreibung geschieht von Amts wegen; die Entscheidung liegt im Ermessen des Grundbuchgerichts (Demharter § 4 Rn. 7).

Durch die Zusammenschreibung darf **keine Verwirrung** zu besorgen sein (vgl. § 4 Abs. 1 GBO). 256
Ob eine Zusammenschreibung Verwirrung befürchten lässt, richtet sich nach den Umständen des
Einzelfalls. Die Gefahr der Unübersichtlichkeit und damit der Verwirrung kann sich u. U. auch
aus der Zusammenschreibung allzu vieler Einheiten oder aus der Verschiedenheit der jeweiligen
Einzelbelastungen ergeben (*Demharter* § 4 Rn. 6). Nach KEHE / Eickmann (§ 7 WGV Rn. 3) dürfte
das allgemeine Gebot der Übersichtlichhaltung des Grundbuchs eine solche Buchung regelmäßig
ausschließen.

b) Vereinigung

Demgegenüber kann ein Wohnungseigentümer zwei oder mehrere ihm am selben Grundstück 257
zustehende Wohnungseigentumsrechte in entsprechender Anwendung des § 890 Abs. 1 BGB
durch Zusammenlegung der Miteigentumsanteile und Verbindung des neuen Anteils mit allen
zu den bisherigen Einheiten gehörenden, im Sondereigentum stehenden Räumen zu einem einheitlichen Wohnungseigentum **vereinigen** (*BayObLG* ZMR 1999, 266; *BayObLG* MittRhNotK 2000,
210 = ZMR 2000, 468; *OLG Hamm* MittRhNotK 1999, 344 = ZMR 2000, 244; *KG* Rpfleger 1989, 500;
Bauer / v. Oefele AT V Rn. 370; *Bärmann/Pick/Merle* § 1 Rn. 125; *Demharter* § 5 Rn. 5 GBO; **a. A.**
Streuer Rpfleger 1992, 181, 184, der in der Vereinigung eine Umkehrung der Aufteilung entsprechend § 8 sieht). Das Gleiche hat für die Vereinigung von Wohnungserbbaurechten zu gelten
(*OLG Hamm* DNotZ 2007, 226). Der Vorgang lässt sich als »gemischte real-ideelle« Veränderung
begreifen, wenn gleichzeitig eine gegenständliche Zusammenführung angestrebt wird. Die sachenrechtliche Vereinigung zeitigt Konsequenzen sowohl hinsichtlich eines nach vollzogener
Vereinigung ausgeschlossenen steuerlichen Objektverbrauches (vgl. *BFH* NJW 1992, 2504) als
auch hinsichtlich der Erhebung einer objektbezogenen Verwaltervergütung (vgl. Staudinger / *Bub*
§ 16 Rn. 31). Materiell-rechtlich bedarf es einer entsprechenden einseitigen Vereinigungserklärung seitens des / der Eigentümer gem. § 890 Abs. 1 BGB (**a. A.** *Streuer* Rpfleger 1992, 181 f., der
auf § 8 Abs. 1 abstellt). Wegen evtl. erforderlicher Drittzustimmungen s. sogleich.

Verfahrensrechtlich bedarf es zur Eintragung der Vereinigung neben der erforderlichen Antrag- 258
stellung einer entsprechenden Bewilligung des eingetragenen Eigentümers (§ 19 GBO) in der
Form des § 29 GBO. Voraussetzung ist, dass bei sämtlichen von der Vereinigung betroffenen Einheiten derselbe Eigentümer im Grundbuch eingetragen ist oder zumindest gleichzeitig mit der
Vereinigung eingetragen wird.

Durch die Vereinigung darf **keine Verwirrung** zu besorgen sein (vgl. § 5 Abs. 1 S. 1 GBO). Dies 259
wäre z. B. dann der Fall, wenn die an der Vereinigung beteiligten Wohnungseigentumsrechte hinsichtlich eines Verwertungsrechtes eine unterschiedliche Belastung ausweisen würden (*Bärmann/
Pick/Merle* § 7 Rn. 21; *Meyer-Stolte* Rpfleger 1989, 502; *Streuer* Rpfleger 1992, 181, 185; a. A. für eine
unterschiedliche Belastung in Form eines aufgeteilten Erbbauzinses bei der Vereinigung von
Wohnungserbbaurechten *OLG Hamm* DNotZ 2007, 226). Zu weiteren Fragen in diesem Zusammenhang vgl. *Stöber* MittBayNot 2001, 281 m. w. N. Keine Verwirrung ist insbesondere dadurch
zu besorgen, dass im Falle einer Vereinigung die beteiligten Sondereigentumseinheiten eine
unterschiedliche Nummerierung aufweisen (*BayObLG* MittBayNot 2000, 319; *Schöner/Stöber*
Rn. 2979).

Keine Schwierigkeiten bereitet bei Wohnungseigentumsrechten § 5 Abs. 2 S. 1 GBO. Danach sol- 260
len die an der Vereinigung beteiligten Grundstücke **unmittelbar aneinander grenzen**. Dies kann
für Wohnungseigentumsrechte nicht gelten, da die zu vereinigenden Einheiten wegen § 1 Abs. 4
ohnehin am selben Grundstück bestehen müssen und bereits bei der Begründung von Wohnungseigentum die Verbindung eines Miteigentumsanteils mit zwei oder mehreren Sondereigentumsrechten möglich ist, die zwar im selben Objekt, nicht aber unmittelbar nebeneinander liegen
müssen (*Böttcher* BWNotZ 1996, 80, 89; Meikel / *Morvilius* Einl. C 144a).

Zustimmungen gemäß § 19 GBO, §§ 876, 877 BGB seitens der übrigen Wohnungseigentümer oder 261
deren dinglich Berechtigter sind für die Eintragung der Vereinigung in das Grundbuch nicht erforderlich; sie sind rechtlich von der Vereinigung nicht betroffen (*HansOLG Hamburg* ZMR 2004,
529; *BayObLG* ZMR 2000, 468; *BayObLG* ZMR 1999, 266; *OLG Hamm* MittRhNotK 1999, 344). Auch
die an den vereinigten Einheiten eingetragenen dinglich Berechtigten brauchen nicht zuzustim-

men. Dies gilt auch dann, wenn es sich um Einzelrechte an nicht allen vereinigten Einheiten handelt (a. A. *Streuer* Rpfleger 1992, 181, 185, der irrig davon ausgeht, dass Vereinigungen zwangsläufig auch zu Verschmelzungen im Bereich des Sondereigentums führen). Die Vereinigung allein ändert nämlich grundsätzlich nicht den ursprünglichen Belastungsgegenstand dinglicher Rechte; sie bestehen an dem Miteigentumsanteil verbunden mit dem ursprünglichen Sondereigentum fort, an dem sie bisher eingetragen waren (wie hier Bauer / v. Oefele AT V Rn. 372 m. Fn. 953; Meikel / *Ebeling* § 3 WGV Rn. 22). Demnach ist es durchaus denkbar, dass mit einem vereinigten Miteigentumsanteil mehrere selbständige Wohnungen als Sondereigentum verbunden sind (vgl. *KG* Rpfleger 1989, 500 m. zust. Anm. *Meyer-Stolte*; Weitnauer / *Briesemeister* § 3 Rn. 91).

262 Nach Köhler / Bassenge / *Fritsch* Teil 20 Rn. 19 soll die Vereinbarung eines entsprechenden Zustimmungsvorbehaltes gemäß § 12 für die Fälle einer Vereinigung möglich sein. In diese Richtung wohl auch *Bärmann/Pick/Merle* § 7 Rn. 20. Diese Ansicht ist abzulehnen; vgl. i. E. § 12 Rn. 56.

263 Die durch die Vereinigung entstehende Wohnung braucht nicht insgesamt in sich abgeschlossen zu sein (jetzt h. M. *BGH* BGHZ 146, 241 = ZMR 2001, 289; *BayObLG* MittRhNotK 2000, 210; *BayObLG* ZMR 1999, 266; *KG* Rpfleger 1989, 500; *LG Wiesbaden* Rpfleger 1989, 194; *Demharter* § 5 Rn. 5 GBO; Meikel / *Morvilius* Einl. C Rn. 143; a. A. noch *OLG Stuttgart* OLGZ 1977, 430; *HansOLG Hamburg* Rpfleger 1966, 79 – ausdrücklich nicht mehr aufrechterhalten durch *HansOLG Hamburg* ZMR 2004, 529; s. auch § 8 Rn. 84 ff.). Zur Eintragung der Vereinigung im Grundbuch ist die Vorlage einer neuen **Abgeschlossenheitsbescheinigung** und eines neuen **Aufteilungsplanes** bezüglich der Gesamtheit des zusammengelegten Sondereigentums **nicht erforderlich** (*LG Wiesbaden* Rpfleger 1989, 194). Dies gilt auch dann, wenn mit der rechtlichen Vereinigung eine bauliche Zusammenlegung zweier bisher selbständiger Einheiten verbunden ist (*HansOLG Hamburg* ZMR 2004, 529 = Rpfleger 2004, 620 – Aufgabe von Rpfleger 1966, 79). Selbst wenn die anderen Wohnungseigentümer z. B. dem Durchbruch einer tragenden Wand zum Zwecke der baulichen Zusammenlegung nicht zugestimmt haben sollten (vgl. § 22 Abs. 1 WEG), ist das Grundbuchgericht nicht gehindert, die rechtliche Vereinigung der Miteigentumsanteile in das Grundbuch einzutragen. Durch die Eintragung wird das Grundbuch nämlich nicht unrichtig. Die dingliche Rechtslage wird durch einen möglicherweise (im WEG-Verfahren zu prüfenden) unzulässigen tatsächlichen Eingriff in das Gemeinschaftseigentum nicht verändert (Becksches Notar-Handbuch / *Rapp* A III Rn. 95d). Auch die nachträgliche Aufhebung der Abgeschlossenheit von zwei Wohneinheiten durch Zusammenlegung berührt weder den Bestand noch den Umfang des in der Teilungserklärung ausgestalteten Wohnungseigentums (*HansOLG Hamburg* ZMR 2004, 529). Zur Befugnis eines Eigentümers aneinander grenzender Wohnungen, zur Verbindung die Trennwand auch dann zu durchbrechen, wenn es sich um eine tragende Wand handelt, siehe jetzt *BGH* (BGHZ 146, 241 = ZMR 2001, 289 und *BayObLG* BayObLGZ 2000, 252; **a. A.** noch *OLG Köln* WE 1995, 221; *BayObLG* ZMR 1996, 618; *KG* NJW-RR 1997, 587; *OLG Zweibrücken* ZMR 2000, 254).

264 Besteht ein **Sondernutzungsrecht** nur für eines der vereinigten Wohnungseigentumsrechte, so tritt in entsprechender Anwendung der Grundsätze für die Grunddienstbarkeit keine automatische Erstreckung der Berechtigung auf das andere, bisher nicht begünstigte Wohnungseigentum ein (Becksches Notar-Handbuch / *Rapp* A III Rn. 93; Meikel / *Morvilius* Einl. C Rn. 145).

265 Die **Eintragung** der Vereinigung in den Grundbüchern der betroffenen Einheiten kann aufgrund des zwingend entstehenden einheitlichen Miteigentumsanteils nur dergestalt erfolgen, dass die bisherigen separat gebuchten Einheiten auf ein gemeinsames Grundbuchblatt zusammengeführt werden (vgl. den Eintragungsvorschlag bei Meikel / *Ebeling* § 3 WGV Rn. 22). Nach der Übertragung kann dann die Buchung unter einer neuen gemeinsamen lfd. Nummer im Bestandsverzeichnis erfolgen. Die vom *KG* (Rpfleger 1989, 500, 502 m. Anm. *Meyer-Stolte*) dargestellte Vereinigung ohne Verschmelzung der Miteigentumsanteile unter Beibehaltung eigenständiger Einheiten unter einer lfd. Nummer im Bestandsverzeichnis ist abzulehnen (Bauer / *v. Oefele* AT V Rn. 373; Becksches Notar-Handbuch / *Rapp* A III Rn. 92; *Böttcher* BWNotZ 1996, 80, 89; *Streuer* Rpfleger 1992, 181, 185, der allerdings auch von einem Verschmelzen der Sondereigentumsrechte ausgeht). Die übrigen im Rahmen der Vereinigung nicht mehr benötigten Grundbuchblätter der bisherigen Einzeleinheiten können alsdann geschlossen werden. Die Schließung ist wegen § 7 Abs. 1 S. 2

WEG allerdings auch in den übrigen zur Wohnungseigentumsserie gehörenden Grundbuchblättern korrespondierend zu vermerken.

Neben der Vereinigung in entsprechender Anwendung des § 890 Abs. 1 BGB kann auch eine **Bestandteilszuschreibung** in entsprechender Anwendung des § 890 Abs. 2 BGB i. V. m. § 6 GBO in Betracht kommen (*Streuer* Rpfleger 1992, 181, 186; *Weitnauer/Briesemeister* § 3 Rn. 91; *Schöner/Stöber* Rn. 2980). Das zuvor Gesagte gilt entsprechend. Grundpfandrechte erstrecken sich wegen § 1131 S. 1 BGB auf die zugeschriebene Einheit. 266

Zu weiteren Fragen im Zusammenhang mit der Vereinigung / Bestandteilszuschreibung unterschiedlicher Objekte vgl. Rn. 31 ff. 267

6. Abspaltungen bei Wohnungs- und Teileigentumseinheiten

Werden Sondereigentumsräume von einer abgeschlossenen Wohnung ohne »Mitnahme« von Miteigentumsanteilen abgetrennt und einer anderen Einheit zugeordnet, handelt es sich um eine **Gegenstandsänderung** der beteiligten Einheiten gem. §§ 877, 873 BGB, für deren Vollzug materiell-rechtlich lediglich die Einigungserklärung der beteiligten Wohnungseigentümer entsprechend § 4 in der Form des § 925 BGB erforderlich ist. Einer Mitwirkung der übrigen Wohnungseigentümer bedarf es nicht (*OLG Köln* ZMR 2007, 555; *OLG Zweibrücken* ZMR 2001, 663). Die isolierte Übertragung von Sondereigentum kann sogar dergestalt erfolgen, dass ein vollständiger Austausch des Sondereigentums stattfindet (*BayObLG* Rpfleger 1984, 268). Wegen evtl. erforderlicher Drittzustimmungen s. sogleich. 268

Verfahrensrechtlich bedarf es für den Vollzug der Gegenstandsänderung neben einer entsprechenden Antragstellung nach der hier vertretenen Auffassung lediglich einer Eintragungsbewilligung des Eigentümers der verkleinerten Einheit gem. § 19 GBO; diese ist regelmäßig in der Einigungserklärung enthalten, wenn nicht etwas anderes bestimmt worden ist. Nachweis und Prüfung der materiell-rechtlichen Einigung sind mangels entsprechenden Verweises auf § 20 GBO entbehrlich (vgl. Rn. 208). 269

Sofern nichts anderes entsprechend § 12 vereinbart worden ist, bedarf es keiner Mitwirkung der übrigen Sondereigentümer oder des Verwalters (s. § 12 Rn. 46 m. w. N.). 270

Ein Nachweis der **Zustimmung der übrigen Sondereigentümer** ist selbst dann nicht erforderlich, wenn im Zuge der Abspaltung **bauliche Veränderungen** innerhalb einer Sondereigentumseinheit vorgenommen werden, die in das Gemeinschaftseigentum eingreifen (z. B. Deckendurchbruch zur Verbindung eines abgespaltenen Raumes). Die baulichen Maßnahmen ändern weder die Abgrenzung zwischen Sonder- und Gemeinschaftseigentum, noch wird das Gemeinschaftseigentum in seiner *rechtlichen* Ausgestaltung inhaltlich verändert. Die dingliche Rechtsstellung der übrigen Wohnungseigentümer ist daher i. S. d. § 19 GBO *rechtlich* nicht betroffen. Die *tatsächliche* Durchführung von Baumaßnahmen unterfällt jedoch nicht der Prüfungskompetenz des Grundbuchgerichts, da Baumaßnahmen nicht zu einer Änderung der rechtlichen Zuordnung und damit zur Unrichtigkeit des Grundbuches führen können (*BayObLG* ZMR 1998, 242; *Kolb* MittRhNotK 1996, 254, 255; *Röll* MittBayNot 1996, 275, 276; *ders.* MittBayNot 1998, 81; *Schöner/Stöber* Rn. 2977a). Die Änderung der Raumzuordnung kann daher im Grundbuch stets ohne Rücksicht auf die tatsächliche Bauausführung vollzogen werden (*Schöner/Stöber* Rn. 2977a). Etwaige Beseitigungsansprüche gemäß §§ 22 Abs. 1, 14 Nr. 1 WEG, § 1004 Abs. 1 BGB bleiben unberührt. Die Erteilung einer gem. § 22 WEG erforderlichen Zustimmung ist vom Grundbuchgericht nicht zu prüfen. Zur Befugnis eines Eigentümers aneinander grenzender Wohnungen, zwecks Verbindung die Trennwand auch dann zu durchbrechen, wenn es sich um eine tragende Wand handelt, siehe jetzt *BGH* (BGHZ 146, 241 = ZMR 2001, 289) und *BayObLG* (BayObLGZ 2000, 252); a. A. noch *OLG Köln* (WE 1995, 221); *BayObLG* (ZMR 1996, 618); *KG* (NJW-RR 1997, 587); *OLG Zweibrücken* (ZMR 2000, 254). 271

Daneben sind dem Grundbuchgericht **Zustimmungserklärungen** beeinträchtigter dinglich Berechtigter gemäß § 19 GBO, §§ 876, 877 BGB am verlierenden Sondereigentum vorzulegen (vgl. *BayObLG* DNotZ 1999, 210). Eine Beeinträchtigung kann nur dann in Betracht kommen, wenn es sich um Rechte handelt, die nicht insgesamt und gleichrangig auf den beteiligten Einheiten lasten. Zur Zustimmungspflicht vgl. im Übrigen Rn. 44 ff.; § 3 Rn. 25. Die erforderliche Zustim- 272 mungserklärung eines dinglich Berechtigten enthält dabei regelmäßig auch die Bewilligung zur Pfandentlassung hinsichtlich des abzuschreibenden Sondereigentums (*LG Bremen* Rpfleger 1985, 106 mit abl. Anm. *Meyer-Stolte*; *Böttcher* BWNotZ 1996, 80, 86; *Streuer* Rpfleger 1992, 181, 182; vgl. auch für einen abgespaltenen Miteigentumsanteil *OLG Hamm* Rpfleger 1998, 514).

273 Eine rechtsgeschäftliche **Nachverpfändung** für Rechte, die am aufnehmenden Sondereigentum bereits eingetragen sind, ist nicht erforderlich (*LG Düsseldorf* MittRhNotK 1986, 78; *Böttcher* BWNotZ 1996, 80, 86; *Demharter* Anh. zu § 3 Rn. 88; *Meikel/Ebeling* § 3 WGV Rn. 25; *Streuer* Rpfleger 1992, 181, 182; *Schöner/Stöber* Rn. 2970). Die Einbeziehung in die Mithaft vollzieht sich kraft Gesetzes. Eine bisweilen geforderte Nachverpfändung oder Bestandteilszuschreibung (Becksches Notar-Handbuch/*Rapp* A III Rn. 97; *Nieder* BWNotZ 1984, 49, 50; *Böhringer* BWNotZ 1990, 105, 110; *F. Schmidt* MittBayNot 1985, 237, 244; *Streblow* MittRhNotK 1987, 141, 152) scheitert schon an der rechtlichen Unselbständigkeit des Sondereigentums (§ 6 Abs. 1). Sondereigentum allein kann weder selbständig gebucht noch belastet werden. Darüber hinaus würde eine Bestandteilszuschreibung gem. § 890 Abs. 2 nicht die Probleme der Einbeziehung von Rechten in der II. Abteilung des Grundbuchs lösen, da § 1131 BGB insoweit keine Anwendung findet.

274 Grundsätzlich ist für alle betroffenen Wohnungen eine neue **Abgeschlossenheitsbescheinigung** und regelmäßig ein neuer **Aufteilungsplan** vorzulegen (*BayObLG* DNotZ 1999, 210). Eine Ausnahme kann nur zugelassen werden, wenn von der Abspaltung lediglich Nebenräume außerhalb des eigentlichen Wohnungsabschlusses (z. B. beim Kellertausch) betroffen sind (*OLG Zweibrücken* MittBayNot 2001, 318; *Nieder* BWNotZ 1984, 49, 50; *Schöner/Stöber* Rn. 2968). In einem solchen Fall ändert sich weder an der Abgeschlossenheit der beteiligten Einheiten noch an der zeichnerischen Darstellung der Räume etwas (diesen Fall hat offensichtlich Becksches Notarhandbuch/*Rapp* A III Rn. 99 im Auge, wenn er einen neuen Aufteilungsplan für entbehrlich hält).

275 Sind mit den an der Abspaltung beteiligten Wohnungs- und Teileigentumseinheiten **Sondernutzungsrechte** verbunden, verbleiben diese grundsätzlich bei der Resteinheit, wenn nichts anderes bestimmt ist (**a. A.** Becksches Notarhandbuch/*Rapp* A III Rn. 99 u. 101, es ist klarzustellen, ob die Sondernutzungsrechte jeweils bei der bisherigen Einheit verbleiben sollen; davon kann jedoch die Zulässigkeit der Abspaltung nicht abhängig gemacht werden.).

276 Die Vorlage einer steuerlichen **Unbedenklichkeitsbescheinigung** ist gem. § 22 GrEStG erforderlich (vgl. Boruttau/*Viskorf* § 2 Rn. 217).

277 Die **Eintragung** im Grundbuch erfolgt nur in den für die beteiligten Einheiten gebildeten Grundbuchblättern (§ 3 Abs. 5 WGV); in den Grundbuchblättern der übrigen Wohnungseigentümer vollziehen sich keine Änderungen. Zur näheren Bezeichnung kann auch hier auf die Eintragungsbewilligung Bezug genommen werden (§ 7 Abs. 3). Eintragungen in Abt. I erfolgen nicht (wie hier *Schöner/Stöber* Rn. 2970).

III. Sonstige Veränderungen der Wohnungs- und Teileigentumsrechte

1. Inhaltliche Veränderungen des Sondereigentums

a) Eintragungsvoraussetzungen

278 Gem. §§ 5 Abs. 4, 8 Abs. 2, 10 Abs. 2 u. 3 WEG können **Vereinbarungen** der Wohnungseigentümer über ihr Verhältnis untereinander durch Grundbucheintragung zum **Inhalt des Sondereigentums** gemacht werden. Der Eintragung in das Grundbuch bedürfen solche Regelungen der Gemeinschaftsordnung allerdings lediglich zur Erlangung der Erstreckungswirkung des § 10 Abs. 3 (vgl. Rn. 209).

279 Materiell-rechtlich genügt zur **Entstehung** eine formlose Vereinbarung aller Wohnungseigentümer. Verfahrensrechtlich ist zur Eintragung in das Grundbuch mit der Aufteilung in Wohnungseigentum eine entsprechende Bewilligung gem. § 19 GBO in der Form des § 29 GBO erforderlich; weder § 4 noch § 20 GBO finden insoweit Anwendung (*Bärmann/Pick/Merle* § 4 Rn. 18; *Demharter* Anh. zu § 3 Rn. 78; KEHE/*Munzig* § 20 Rn. 120; Weitnauer/*Briesemeister* § 4 Rn. 4). Auf die gleiche Weise können solchermaßen getroffene Vereinbarungen auch **nachträglich geändert oder aufgehoben** werden (Bauer/*v. Oefele* AT V Rn. 318). Bei der Eintragung einer Änderung oder Aufhebung von Gemeinschaftsregelungen in das Grundbuch handelt es sich sachlich entgegen

der h. M. um eine Grundbuchberichtigung (*Schneider* ZfIR 2002, 108, 116 ff.; *Böhringer* NotBZ 2003, 285, 289; s. Rn. 209). Wegen evtl. erforderlicher Drittzustimmungen s. sogleich.

Verfahrensrechtlich ist deshalb in diesen Fällen nach der hier vertretenen Auffassung mit der Antragstellung ein Unrichtigkeitsnachweis entsprechend § 22 GBO bzw. eine Berichtigungsbewilligung entsprechend § 19 GBO vorzulegen (s. dazu Rn. 209 m. w. N.). Die Bewilligung ist von sämtlichen *betroffenen* Miteigentümern in der Form des § 29 GBO abzugeben. Insoweit zeigt sich hier in der Praxis kein Unterschied zur h. M. (vgl. *Demharter* Anh. zu § 3 Rn. 86 m. w. N.). Im Gegensatz dazu wird allerdings bisweilen von der eine konstitutive Eintragung annehmenden h. M. in Überdehnung des Bewilligungsprinzips auch der Nachweis einer Inhaltsänderung durch Vorlage einer Bewilligung *sämtlicher* Wohnungseigentümer gefordert (vgl. Bauer / *v. Oefele* AT V Rn. 318 m. w. N. 280

Die Mitwirkung der Wohnungs- und Teileigentümer ist nur dann entbehrlich, wenn in der Gemeinschaftsordnung eine vorweg genommene **Zustimmung/Ermächtigung** zur Vornahme solcher Veränderungen mit einer den Sondernachfolger bindenden Wirkung als Inhalt des Sondereigentums vereinbart und auch in das Grundbuch eingetragen worden ist (*BayObLG* NZM 2002, 24; *BayObLG* Rpfleger 2000, 544; *BayObLG* Rpfleger 1998, 19; *KG* FGPrax 1998, 94; KEHE/*Herrmann* Einl. E 55). Ist die Vereinbarung im Grundbuch eingetragen, wird sie nach § 5 Abs. 4 WEG zum Inhalt des Sondereigentums und wirkt damit gem. § 10 Abs. 3 WEG auch gegenüber Sondernachfolgern. Sie betrifft nicht das sachenrechtliche Grundverhältnis sondern lediglich die Ausgestaltung des Gemeinschaftsverhältnisses. 281

Zur Grundbucheintragung einer inhaltlichen Änderung bedarf es der **Zustimmung dinglich Berechtigter** gem. §§ 877, 876 BGB, § 19 GBO immer dann, wenn das Recht des Dritten auch nur möglicherweise rechtlich betroffen wird; bloße wirtschaftliche Nachteile genügen dagegen nicht (BGHZ 91, 346 = Rpfleger 1984, 408). Inhaber von dinglichen Rechten am gesamten Grundstück oder sämtlichen Wohnungs- und Teileigentumseinheiten sind demnach von einer Änderung nicht betroffen (*OLG Frankfurt a. M.* Rpfleger 1996, 340; *BayObLG* Rpfleger 1979, 111; *BayObLG* Rpfleger 1974, 314; *Demharter* Anh. zu § 3 Rn. 79; Meikel/*Morvilius* Einl. C 122a). Eine Zustimmung dinglich Berechtigter ist auch dann entbehrlich, wenn in der Gemeinschaftsordnung eine vorweg genommene Zustimmung / Ermächtigung zur Vornahme solcher Veränderungen mit einer den Sondernachfolger bindenden Wirkung als Inhalt des Sondereigentums vereinbart und in das Grundbuch eingetragen worden ist (*BayObLG* NZM 2002, 24; *BayObLG* Rpfleger 1989, 325). Mit dem Inkrafttreten des Gesetzes zur Änderung des Wohnungseigentumsgesetzes und anderer Gesetze am 01.07.2007 (BGBl. I S. 370) sind unter den Voraussetzungen des § 5 Abs. 4 S. 2 u. 3 WEG die bisher erforderlichen Zustimmungen von Grundpfandrechts- und Reallastberechtigten entbehrlich geworden. Wegen der Einzelheiten s. § 5 Rn. 104 ff. 282

b) Häufige Anwendungsfälle

(1) Änderungen der Kostenverteilung, einer vereinbarten Veräußerungsbeschränkung oder eines vereinbarten Sondernutzungsrechtes

In der **Praxis** kommt neben der Änderung von **Kostenverteilungsschlüsseln** (dazu § 16 Rn. 40) und der Änderung einer vereinbarten **Veräußerungsbeschränkung** gem. § 12 (dazu § 12 Rn. 66) der Änderung und Aufhebung von **Sondernutzungsrechten** (§§ 13 Abs. 2, 15 Abs. 1) eine herausragende Bedeutung zu. Wegen der damit im Einzelnen verbundenen Fragestellungen vgl. ausführlich *Häublein* Sonderutzungsrechte; *Kreuzer* FS Merle 2000, 203 ff.; *Ott* Sondernutzungsrecht; *Schneider* Rpfleger 1998, 53 ff.; § 13 Rn. 27 ff. 283

(2) Umwandlung von Wohnungseigentum in Teileigentum und umgekehrt

Auch die **Umwandlung von Wohnungseigentum in Teileigentum und umgekehrt** gehört hierher (z. B. Umwandlung von Teileigentum an Büro- und Hobbyräumen, Ladenlokalen und Speichern in Wohnungseigentum und umgekehrt). Ist in der Teilungsurkunde die Nutzung von Räumen als Wohnungs- oder Teileigentum geregelt, sieht die h. M. darin eine Zweckbestimmung im weiteren Sinne mit Vereinbarungscharakter gem. § 10 Abs. 2 S. 2, die nur durch eine Vereinbarung aller Wohnungseigentümer unter Mitwirkung der dinglich Berechtigten (s. Rn. 282) geändert 284 werden kann (*HansOLG Hamburg* ZMR 2000, 627; *BayObLG* Rpfleger 1998, 19; *BayObLG* Rpfleger 1989, 325; *BayObLG* Rpfleger 1986, 177; *Böttcher* BWNotZ 1996, 80, 82; *F. Schmidt* WE 1996, 212; *Schöner/Stöber* Rn. 2872d; Staudinger/*Rapp* § 1 Rn. 11; **a. A.** § 3 Rn. 20 ff. m. w. N.). Ein Mehrheitsbeschluss ist mangels Beschlusskompetenz nichtig (*KG* ZMR 2007, 299; *KG* ZMR 2005, 223; *OLG Köln* ZMR 1997, 376; Meikel/*Morvilius* Einl. C 125). Eine solche Änderung bewirkt eine Umwidmung des zuvor festgelegten Gebrauchszweckes und stellt sich somit als Inhaltänderung des Sondereigentums gem. §§ 5 Abs. 4, 10 Abs. 2 u. 3 dar (*KG* ZMR 2007, 299; *BayObLG* NZM 2005, 263; *HansOLG Bremen* ZWE 2002, 184; *BayObLG* NZM 2002, 24; *OLG Köln* ZMR 1997, 376; *Hügel* FS Bub 2007, 137; *ders.* RNotZ 2005, 149, 154; MüKo/*Commichau* § 1 Rn. 44; *Müller* Rn. 68; Weitnauer/*Briesemeister* § 1 Rn. 39). Es handelt sich also nicht um eine gegenständliche Veränderung der Eigentumszuordnung durch Abänderung des dinglichen Begründungsaktes (so aber unzutreffend *KG* ZMR 2005, 223; *KG* ZMR 2002, 72; *BayObLG* ZMR 1997, 537; *BayObLG* WE 1995, 157 m. abl. Anm. *Weitnauer*; Köhler/Bassenge/*Kümmel* Teil 11 Rn. 268; *Ott* ZfIR 2005, 129, 130 f.; *Wenzel* ZWE 2006, 62; § 3 Rn. 2), sondern um eine Vereinbarung der Wohnungseigentümer über ihr Verhältnis untereinander. Zum Vollzug ist materiell-rechtlich deshalb auch keine Einigung in Auflassungsform gem. § 4 erforderlich (*BayObLG* Rpfleger 1998, 19; *Hügel* RNotZ 2005, 149, 154; MüKo/*Kanzleiter* § 925 Rn. 4). Konsequenterweise kann von den Vertretern der Auffassung, die in einer Änderung des Gebrauchszwecks eine Änderung des notwendigen Teils des dinglichen Akts zur Begründung von Wohnungs- und Teileigentum sehen wollen, eine vorweggenommene Bevollmächtigung/Ermächtigung zur Vornahme solcher Veränderungen mit einer den Sondernachfolger bindenden Wirkung als Inhalt des Sondereigentums nicht anerkannt werden (*Ott* ZfIR 2005, 129, 132). Vgl. auch § 1 Rn. 42 ff.

285 Ein ergänzter **Aufteilungsplan** wird für die Eintragung der Umwandlung von Wohnungs- in Teileigentum oder umgekehrt solange nicht benötigt, wie Lage und Umfangsgrenzen des bisherigen Sondereigentums unverändert bleiben (*HansOLG Bremen* ZWE 2002, 184; *Hügel* RNotZ 2005, 149, 155). Die bloße Umwidmung verändert diese nicht.

286 Allerdings wird die Nachreichung einer berichtigten **Abgeschlossenheitsbescheinigung** selbst bei unveränderter Lage des Sondereigentums dann erforderlich sein, wenn eine Umwandlung von Teileigentum in Wohnungseigentum vorgenommen werden soll. In diesem Fall sind nämlich die besonderen Anforderungen an die Ausstattung eines Wohnungseigentums (s. Nr. 5 der AVV vom 19.3.1974) nachzuweisen (Becksches Notarhandbuch/*Rapp* A III Rn. 110; *Hügel* RNotZ 2005, 149, 155; wohl auch MüKo/*Commichau* Rn. 40).

287 Nur eine **scheinbare Umwandlung** liegt vor, wenn mit einem Wohnungseigentum Nebenräume verbunden sind (z. B. eine Garage), die im Falle einer Abtrennung nur als Teileigentum eingetragen werden können. Ist wegen des vermeintlich überwiegenden Charakters (zur Problematik siehe Rn. 5) die Eintragung als Wohnungseigentum erfolgt, so ist die Garage bei einer späteren Unterteilung gleichwohl als Teileigentum einzutragen. Hierfür ist die Zustimmung der übrigen Miteigentümer nicht erforderlich (BGHZ 73, 150 = Rpfleger 1979, 96 = ZMR 1979, 312; Becksches Notarhandbuch/*Rapp* A III Rn. 111; Meikel/*Morvilius* Einl. C Rn. 127).

c) Eintragung

288 Die **Eintragung** von Veränderungen der Gemeinschaftsordnung hat als Inhaltsänderung des Sondereigentums bei sämtlichen Einheiten einer Wohnungs-/Teileigentumsanlage zu erfolgen. Bei der Eintragung kann gem. § 7 Abs. 3 auf die Bewilligung Bezug genommen werden. Lediglich die Änderung oder Aufhebung einer Veräußerungsbeschränkung gem. § 12 sind ausdrücklich in das Grundbuch einzutragen (entsprechend § 3 Abs. 2 WGV; Bauer/*v. Oefele* AT V Rn. 321). Die Eintragung von Veränderungen des Inhalts des Sondereigentums hat gem. § 3 Abs. 5 WGV in den Spalten 5 bis 8 des Bestandsverzeichnisses zu erfolgen. Wegen der bei Sondernutzungsrechten bestehenden Besonderheiten s. Rn. 180 ff. Bei einer Umwandlung von Wohnungs- in Teileigentum oder umgekehrt ist weiterhin noch die Aufschrift des Grundbuchblattes zu berichtigen.

2. Änderung der Miteigentumsanteile
Dazu s. § 6 Rn. 4 ff.   289

3. Veränderungen am aufgeteilten Grundstück
Dazu s. § 6 Rn. 19 ff.   290

H. Öffnungsklausel zugunsten der Bundesländer zur Zuständigkeitsbestimmung für die Ausfertigung des Aufteilungsplans und die Bescheinigung der Abgeschlossenheit (§ 7 Abs. 4 S. 3 bis 6)

– unbesetzt –   291–292

Die am 01.07.2007 in Kraft getretene Novelle setzt die allgemeine Deregulierung des Baurechts 293 fort. Die Bauordnungen der Bundesländer sehen nämlich entweder gar kein oder nur ein vereinfachtes Genehmigungsverfahren vor, so dass die Baubehörden mit den entsprechenden Bauprojekten anlässlich der Erteilung der Abgeschlossenheitsbescheinigung erstmals befasst werden. Die Änderung hält jedoch zu Recht grundsätzlich an den Erfordernissen der Abgeschlossenheit und des geprüften Aufteilungsplanes fest (zu den Hintergründen und der Auseinandersetzung mit den anderslautenden Bestrebungen des Bundesrates s. Vorauflage Rn. 291 ff.). Mit § 7 Abs. 4 S. 3 bis 6 wurde lediglich eine **Öffnungsklausel** eingeführt, wonach die Landesregierungen durch Rechtsverordnung bestimmen können, dass der Aufteilungsplan und die Abgeschlossenheit von einem öffentlich bestellten oder anerkannten Sachverständigen für das Bauwesen statt von der Baubehörde ausgefertigt und bescheinigt werden. Dabei obliegt es ggf. den Bundesländern auch zu bestimmen, ob eine vorgesehene Übertragung auf Sachverständige generell oder nur für bestimmte Fälle erfolgen soll. So könnte z. B. die Zuständigkeit für Sachverständige auf Fälle der Umwandlung von Miet- in Eigentumswohnungen oder auf genehmigungsfreie Bauvorhaben beschränkt werden (vgl. Entwurf eines Gesetzes zur Änderung des Wohnungseigentumsgesetzes und anderer Gesetze v. 09.03.2006 – BT-Drs. 16/887, S. 17). Bei einem genehmigungsfreien Bauvorhaben darf der Sachverständige die Abgeschlossenheitsbescheinigung allerdings erst erteilen, wenn die Unterlagen bei der Baubehörde eingegangen sind und mit dem Bauvorhaben nach Ablauf der Wartezeit begonnen werden darf (ebda). Abs. 4 S. 6 räumt den Bundesländern die Möglichkeit zur Subdelegation der Ermächtigung auf die Landesbauverwaltungen ein.

Die Neuregelung stellt auf einen »öffentlich bestellten oder anerkannten **Sachverständigen**« ab. 294 Auf diese Weise soll die vom Gesetzgeber gewünschte Unabhängigkeit gegenüber dem teilenden Eigentümer gewährleistet bleiben. Das Gesetz unterscheidet also nicht zwischen den etwa von einer Industrie- und Handelskammer öffentlich bestellten (§ 404 Abs. 2 ZPO) und den nach den landesrechtlichen Bauvorschriften staatlich anerkannten Sachverständigen. Auch soweit die Bauvorschriften der Länder Sachverständige nach Fachbereichen unterscheiden, ist dies in diesem Zusammenhang nicht von Bedeutung, da die für den Aufteilungsplan und die Abgeschlossenheitsbescheinigung erforderlichen Kenntnisse bei den Sachverständigen aller Fachbereiche vorhanden sein sollen. Die Anerkennung als »Sachverständiger für das Bauwesen« richtet sich nach den geltenden Bestimmungen des Bundes und der Länder, etwa gemäß § 36 GewO (Öffentliche Bestellung von Sachverständigen) in Verbindung mit den landesrechtlichen Vorschriften. Insoweit bedurfte es nicht der Benennung einzelner Berufe (vgl. Entwurf eines Gesetzes zur Änderung des Wohnungseigentumsgesetzes und anderer Gesetze v. 09.03.2006 – BT-Drs. 16/887, S. 17).

Der Tätigkeitsbereich eines Sachverständigen ist dabei räumlich nicht eingegrenzt. Sofern ein 295 Bundesland von der Öffnungsklausel Gebrauch macht, werden auch öffentlich bestellte oder anerkannte Sachverständige für das Bauwesen aus anderen Bundesländern in diesem Bundesland tätig werden dürfen (vgl. Beschlussempfehlung und Bericht des Rechtsausschusses (6. Ausschuss) v. 13.12.2006 zu dem Gesetzentwurf der Bundesregierung – BT-Drs. 16/3843).

Bei der privatrechtlichen Wahrnehmung der bisherigen Aufgaben der Baubehörden durch einen Sachverständigen sind die Bestimmungen der **AVV** vom 19.3.1974 für die Ausstellung von Bescheinigungen gemäß § 7 Abs. 4 Nr. 2 und § 32 Abs. 2 Nr. 2 (Anhang II.2) **entsprechend** anzuwenden (§ 7 Abs. 4 S. 4). Aufteilungsplan und Abgeschlossenheitsbescheinigung bedürfen in diesem

§ 7 | Grundbuchvorschriften

Fall jedoch **nicht** der Form des § 29 GBO. Die Regelung des § 7 Abs. 4 S. 5 geht damit der allgemeinen grundbuchrechtlichen Vorschrift des § 29 GBO als lex specialis vor. Die Anlagen zur Eintragungsbewilligung müssen lediglich von dem Sachverständigen unterschrieben und mit seinem Stempel versehen und einheitlich bezeichnet sein (vgl. Nr. 7 der AVV vom 19.3.1974 für die Ausstellung von Bescheinigungen gemäß § 7 Abs. 4 Nr. 2 und § 32 Abs. 2 Nr. 2 – BAnz. Nr. 58 v. 23.03.1974). Sie müssen nicht als öffentliche Urkunden erstellt werden. Es bedarf auch nicht des Nachweises, dass sie von einem Sachverständigen erstellt oder bescheinigt worden sind. Die öffentliche Beglaubigung der Unterschrift des Sachverständigen ist ebenfalls entbehrlich (vgl. Beschlussempfehlung und Bericht des Rechtsausschusses v. 13.12.2006 zu dem Gesetzentwurf der Bundesregierung – BT-Drs. 16/3843).

Im übrigen bleiben die Anforderungen an den Aufteilungsplan und die Abgeschlossenheitsbescheinigung ebenso unberührt wie das Prüfungsrecht des Grundbuchgerichts (s. dazu Rn. 105 ff.; Rn. 145 a ff.). Zur Vermeidung von Rückfragen dürfte es sich empfehlen, bei den in Betracht kommenden Gerichten Listen der öffentlich bestellten oder anerkannten Sachverständigen für das Bauwesen zum Nachweis ihrer Eigenschaft zu führen.

296 Im Ergebnis bewirkt die Änderung von § 7 Abs. 4 nur eine Entlastung der Bauverwaltung; für die Wohnungswirtschaft ist sie von geringerer Bedeutung (*Abramenko* § 1 Rn. 17). Entsprechende Rechtsverordnungen aus den Bundesländern sind bis zur Drucklegung dieser Auflage noch nicht bekannt geworden.

I. Reformvorschlag: Einführung eines Zentralgrundbuches

I. Anlass

297 Ein zentraler Punkt in der Diskussion zur Novellierung des WEG nach der sog. Jahrhundertentscheidung des *BGH* vom 20.9.2000 (Rpfleger 2001, 19 = ZMR 2000, 771) war die Frage nach der Eintragung von Beschlüssen der Wohnungseigentümer in das Grundbuch. Die Eintragungsfähigkeit und -bedürftigkeit von Beschlüssen, die Regelungen im vereinbarungs- oder gesetzesändernden Bereich aufgrund einer rechtsgeschäftlichen Öffnungsklausel zum Gegenstand haben, wurde zu Recht vor der Novellierung von der h. M. befürwortet (vgl. u. a. *Wenzel* ZWE 2004, 130, 135 ff.; *Bärmann/Pick/Merle* § 23 Rn. 20; Weitnauer / *Briesemeister* § 10 Rn. 57 je m. w. N.; dazu s. ausführlich Vorauflage § 10 Rn. 297 ff.; zur Kritik an der jetzt Gesetz gewordenen systemwidrigen Regelung des § 10 Abs. 4 S. 2 s. *Hügel* DNotZ 2007, 326, 349). Die sich dadurch möglicherweise für die Grundbuchgerichte abzeichnende Mehrbelastung war neben einer Reihe weiterer Erleichterungen *ein* Anlass für Überlegungen zur Einführung eines sog. Zentralgrundbuches.

II. Dogmatischer Ansatz

298 Das Zentralgrundbuch spiegelt die **Doppelnatur des Wohnungseigentums** wider: Eintragungen, die das Grundstück als Ganzes oder die Gemeinschaft betreffen, erfolgen im Zentralgrundbuch; Eintragungen die lediglich die einzelne Einheit betreffen, erfolgen im jeweiligen Einzelgrundbuch (*von Oefele* WE 2002, 196; *Schneider* Rpfleger 2003, 70). Das Zentralgrundbuch wird gleichsam als Grundbuchblatt »0« vor die für die jeweiligen Sondereigentumsrechte anzulegenden Einzelgrundbücher geschaltet (ebenso *Kreuzer* ZWE 2003, 145, 153). Einzelgrundbuch und Zentralgrundbuch bilden das Grundbuch im Sinne des BGB.

III. Aufbau und Inhalt der Grundbücher

299 Im Verlaufe der Diskussion zeigte sich schnell, dass auch andere Eintragungsbereiche von der Einführung eines Zentralgrundbuches profitieren können. Im Einzelnen ergeben sich nach den bisherigen Überlegungen folgende Strukturen:

300 Im **Bestandsverzeichnis** des **Zentralgrundbuches** werden neben den Angaben über das in Wohnungseigentum aufgeteilte Grundstück die Grundbuchblätter sämtlicher zu der jeweiligen Serie gehörenden Wohnungs- und Teileigentumseinheiten bezeichnet. Weiterhin erfolgen im Hinblick auf Gegenstand und Inhalt des Sondereigentums Bezugnahmen auf die zugrunde liegenden Eintragungsbewilligungen und Aufteilungspläne. Fakultativ können Vermerke über die gestreckte Zuordnung von Sondernutzungsrechten erfolgen. Spätere Änderungen der Teilungserklärung / Gemeinschaftsordnung brauchen lediglich im Bestandsverzeichnis des Zentralgrundbuches vermerkt zu werden.

Im **Bestandsverzeichnis** der **Einzelgrundbücher** erfolgt wie bisher die Beschreibung der jeweiligen Sondereigentumseinheit. Evtl. vereinbarte Veräußerungsbeschränkungen und zugeordnete Sondernutzungsrechte sind hier zu vermerken. Im Übrigen wird wegen der Beschränkung des Miteigentums, der im Hinblick auf Gegenstand und Inhalt des Sondereigentums in Bezug genommenen Eintragungsbewilligungen und Aufteilungspläne auf die Eintragung im Zentralgrundbuch verwiesen. Spätere Änderungen der Teilungserklärung / Gemeinschaftsordnung brauchen wegen der in allen Einzelgrundbüchern erfolgten Bezugnahme hier nicht mehr vermerkt zu werden. 301

Abteilung I des Zentralgrundbuches dient der – neuen – Eintragung des WEG-Verwalters. Die vorhandene Spalteneinteilung wird als Verwalterverzeichnis mit Angaben zur Dauer und Grundlage der Bestellung genutzt. In den Einzelgrundbüchern ändert sich nichts. 302

Abteilung III des **Zentralgrundbuches** kann unter Verwendung der vorhandenen Spalteneinteilung als Haftungsverzeichnis für Rechte verwendet werden, die als Globalrecht das gesamte Grundstück bzw. sämtliche Miteigentumsanteile belasten. Für die Grundpfandrechte erfolgt nur noch hier die maßgebliche Angabe der aktuellen Mithaftstellen. 303

In der **III. Abteilung** der **Einzelgrundbücher** erfolgt wie bisher die Eintragung der Globalfinanzierungsrechte und der Einzelrechte an der jeweiligen Sondereigentumseinheit. Anstelle der bisherigen laufend anzupassenden Angaben hinsichtlich der aktuellen Mithaftstellen wird insoweit lediglich auf die Eintragung im Zentralgrundbuch Bezug genommen. 304

Grundsätzlich könnte auch im Hinblick auf die das gesamte Grundstück oder sämtliche Miteigentumsanteile belastenden Eintragungen in der **II. Abteilung** entsprechend verfahren werden (zur differenzierenden Betrachtung siehe insoweit *von Oefele/Schneider* DNotZ 2004, 740, 749). 305

Eine ausführliche Darstellung der **Eintragungsmöglichkeiten** und des damit verbundenen Entlastungspotentials findet sich bei *von Oefele/Schneider* DNotZ 2004, 740. **Eintragungsvorschläge** finden sich bei *Schneider* Rpfleger 2003, 70. 306

IV. Wirkungen

Die mit der Einführung des Zentralgrundbuches insbesondere für Gerichte und Notare verbundene **Arbeits- und Kostenersparnis** im Vergleich zur derzeitigen Praxis geht einher mit einer deutlich verbesserten **Grundbuchklarheit** und gesteigerten **Rechtssicherheit** bei gleichzeitiger **Reduzierung von Haftungsrisiken**. Hervorzuheben ist insbesondere, dass die Einführung des Zentralgrundbuches nicht nur sachlich ohne nennenswerte Mehrkosten weitgehend **mit den vorhandenen Mitteln** erfolgen könnte sondern auch personell nicht mit Mehrbelastungen zu rechnen ist (*von Oefele/Schneider* DNotZ 2004, 740). 307

V. Stand der Diskussion

Die Überlegungen zur Einführung des Zentralgrundbuches für Wohnungseigentumssachen sind ganz überwiegend auf **Zustimmung** gestoßen (*Drasdo* ZWE 2003, 170; *Kreuzer* ZWE 2003, 145, 153 f.; *Armbrüster* DNotZ 2003, 493, 514; *ders.* ZWE 2003, 355, 360; *Köhler/Bassenge/Häublein* Anwaltshandbuch Wohnungseigentumsrecht 2004, Teil 12 Rn. 76; *Röll* ZWE 2000, 13, 16; *Schmidt-Ränsch* in Protokoll der 23. Sitzung des Rechtsausschusses vom 18.9.2006, S. 185 ff.; *Wenzel* zit. nach Deckert NZM 2004, 91; MüKo/*Commichau*, § 7 Rn. 14 ff. WEG; *Weitnauer* 9. Aufl. Vorwort VI; Stellungnahme des BfW WE 2002, 61; Stellungnahme der Bundesnotarkammer ZWE 2003, 346, 354f; Entschließung des 31. Deutschen Rechtspflegertages RpflBl 2004, 47; **a. A.** wohl nur *Demharter* Rpfleger 2007, 121 mit Erwiderung *v. Oefele/Schneider* ZMR 2007, 753). 308

Der Gesetzgeber **berücksichtigt** dagegen die Vorschläge ausdrücklich **nicht**. Der noch im Regierungs-Entwurf eines Gesetzes zur Änderung des Wohnungseigentumsgesetzes und anderer Gesetze v. 09.03.2006 – BT-Drs. 16 / 887, S. 13 geäußerten Befürchtung, die Einheitlichkeit des Rechts 309

§ 8 | Teilung durch den Eigentümer

könnte durch die Einführung des Zentralgrundbuches aufgegeben werden, dürfte mit den inzwischen vorliegenden Ergebnissen der Untersuchungen von *v. Oefele/Schneider* (DNotZ 2004, 740 und ZMR 2007, 753) die Grundlage entzogen sein. Der weiterhin erfolgende Hinweis auf ein erst noch zu entwickelndes Datenbankgrundbuch vermag ebenfalls nicht zu überzeugen (vgl. *Schneider* ZMR 2005, 15, 18).

Gerade im Hinblick auf die offenbar mit Schwierigkeiten verbundenen Bemühungen zur Schaffung eines Datenbankgrundbuchs wird die Einführung des Zentralgrundbuchs zum frühest möglichen Zeitpunkt unverändert für sinnvoll und umsetzbar gehalten.

J. Gerichtsgebühren

310 Für die **Eintragung** der vertraglichen Einräumung von Sondereigentum gem. §§ 3, 4 und für die Anlegung der Wohnungsgrundbücher im Falle des § 8 wird die **Hälfte der vollen Gebühr** erhoben (§ 76 Abs. 1 S. 1 KostO). Nach Abs. 1 S. 2 wird die Gebühr auch dann besonders erhoben, wenn die Eintragung von Miteigentum und die Eintragung des Sondereigentum gleichzeitig beantragt werden.

311 Der **Geschäftswert** bestimmt sich nach § 21 Abs. 2 KostO und beläuft sich auf die **Hälfte des Grundstückswertes** (§ 19 Abs. 2 KostO). Wird das Wohnungseigentum gebildet, bevor die beabsichtigte Bebauung erfolgt ist, bemisst sich der Wert nach der Hälfte des Grundstückswertes zuzüglich der Hälfte der voraussichtlichen Baukosten (*BayObLG* JurBüro 1982, 899). Bei einem bereits bebauten Grundstück ist der halbe Verkehrswert nach völliger Fertigstellung maßgebend (*OLG Karlsruhe* JurBüro 1998, 364; *BayObLG* Rpfleger 1997, 42; *BayObLG* Rpfleger 1992, 22). Steht im Zeitpunkt des Kostenansatzes fest, dass die Bebauung unterbleiben wird, ist gleichwohl der geschätzte Wert des Grundstücks im bebauten Zustand zugrunde zu legen (*OLG Zweibrücken* Rpfleger 2004, 321). Auf die einer Begründung des Wohnungseigentums u. U. vorhergehenden Erwerbsgeschäfte, um zu dem für die Begründung erforderlichen Bruchteilsverhältnis oder Alleineigentum zu gelangen, finden daneben die allgemeinen Vorschriften der KostO Anwendung.

312 Für die Eintragung von **Änderungen des Inhalts** des Sondereigentums gilt § 64 KostO für jede betroffene Einheit entsprechend (§ 76 Abs. 2 KostO). Eine Inhaltsänderung ist auch die Umwandlung von Wohnungs- in Teileigentum und umgekehrt (KLBR/*Lappe* § 76 Rn. 23). Der **Geschäftswert** bestimmt sich in diesen Fällen nach § 30 KostO i. V. m. § 64 Abs. 4 KostO. Die Grundbucheintragung bzgl. der negativen Komponente bei einem aufschiebend bedingten Sondernutzungsrecht wird als Nebengeschäft nach § 35 KostO zu behandeln sein (*Mümmler* JurBüro 1993, 464).

313 Eine **Änderung** der eingetragenen **Miteigentumsanteile** richtet sich nach § 60 f. KostO.

314 Für eine weitere **Unterteilung** durch Erklärung des Eigentümers entsprechend § 8 ist die Hälfte der vollen Gebühr nach § 76 Abs. 1 S. 1 KostO zu erheben (Göttlich/Mümmler/Assenbacher/ *Matthias* S. 1121; a. A. KLBR/*Lappe* = die Gebühr berechnet sich nach § 67 Abs. 1 Nr. 4 KostO). Der Wert bemisst sich wiederum gem. § 21 Abs. 2 KostO nach dem Wert der bisherigen Einheit.

§ 8 Teilung durch den Eigentümer

(1) Der Eigentümer eines Grundstücks kann durch Erklärung gegenüber dem Grundbuchamt das Eigentum an dem Grundstück in Miteigentumsanteile in der Weise teilen, daß mit jedem Anteil das Sondereigentum an einer bestimmten Wohnung oder an nicht zu Wohnzwecken dienenden bestimmten Räumen in einem auf dem Grundstück errichteten oder zu errichtenden Gebäude verbunden ist.

(2) Im Falle des Absatzes 1 gelten die Vorschriften des § 3 Abs. 2 und der §§ 5, 6, § 7 Abs. 1, 3 bis 5 entsprechend. Die Teilung wird mit der Anlegung der Wohnungsgrundbücher wirksam.

Literatur

Armbrüster Änderungsvorbehalte und -vollmachten zugunsten des aufteilenden Bauträgers, ZMR 2005, 244; *Becker* Die Einpersonen-Eigentümergemeinschaft, FS Seuß (2007), 19; *Bielefeld* Unterteilung und Veräußerung von Wohnungseigentum, FS Merle 2000, 73; *Bornemann* Der Erwerb von Sondernutzungsrechten im Wohnungseigentumsrecht, 2000; *Bornheimer* Das Stimmrecht im Wohnungseigentumsrecht, 1993; *Bub* Gestaltung der Teilungserklärung und Gemeinschaftsordnung, WE 1993, 185 und 212; *Briesemeister* Das Stimmrecht bei unterteiltem Wohnungseigentum – oder: Kann es nach dem Gesetz einen »halben« Wohnungseigentümer geben?, FS Seuß (2007), S. 39; *ders.* Stimmrecht nach Unterteilung von Wohnungseigentum, NZM 2000, 992; *Demharter* Isolierter Miteigentumsanteil beim Wohnungseigentum, NZM 2000, 1196; *Elzer* Umwandlung von Gemeinschafts- in Sondereigentum, MietRB 2007, 78; *Ertl* Alte und neue Probleme der Gemeinschaftsregelungen des WEG, DNotZ 1979, 267; *Galster* Vorstellung und Kommentierung der Teilungserklärung, WE 1995, 290; *Giese* Umwandlung von Mietwohnungen in Eigentumswohnungen, BB 1986, 1271; *Gottschalg* Stimmrechtsfragen in der Wohnungseigentümerversammlung, NZM 2005, 88; *Häublein* Sondernutzungsrechte und ihre Begründung im Wohnungseigentumsrecht, 2003; *ders.* Gestaltungsprobleme bei der abschnittsweisen Errichtung von Mehrhausanlagen, DNotZ 2000, 442; *ders.* Rechtliche Probleme im Zusammenhang mit der Begründung, der Übertragung und der Aufhebung von Sondernutzungsrechten, Potsdamer Tage rund um das Wohnungseigentum 2000, 27; *Heismann* Die werdende Wohnungseigentümergemeinschaft – ein traditionelles Rechtsinstitut des WEG auf dem dogmatischen Prüfstand, ZMR 2004, 10; *ders.* Die werdende Wohnungseigentümergemeinschaft – Die ungewisse Zukunft eines traditionelles Rechtsinstituts, 2003; *Hügel* Das unvollendete oder substanzlose Sondereigentum, ZMR 2004, 549; *Kümmel* Die Bindung der Wohnungseigentümer und deren Sondernachfolger an Vereinbarungen, Beschlüsse und Rechtshandlungen nach § 10 WEG, 2002; *Lotz-Störmer* Stimmrechtsausübung und Stimmrechtsbeschränkungen im Wohnungseigentumsrecht, 1993; *Merle* Das Wohnungseigentum im System des bürgerlichen Rechts, 1979; *Ott* Das Sondernutzungsrecht im Wohnungseigentum, 2000; *Rapp* Verdinglichte Ermächtigungen in der Teilungserklärung, MittBayNot 1998, 77; *Röll* Ermächtigung zur Begründung von Sondereigentum in der Gemeinschaftsordnung, ZWE 2000, 446; *ders.* Das Eingangsflurproblem bei der Unterteilung von Eigentumswohnungen, DNotZ 1998, 345; *ders.* Vereinigung und Bestandteilszuschreibung im Wohnungseigentum, FS Seuß 1997, S. 253; *ders.* Einmannbeschlüsse im Wohnungseigentum, WE 1996, 370; *ders.* Die Unterteilung von Eigentumswohnungen, DNotZ 1993, 158; *ders.* Teilungsplanwidriger Bau von Eigentumswohnungen, MittBayNot 1991, 240; *ders.* Die Rechtsprechung des BGH zur faktischen Gemeinschaft und ihre Auswirkungen auf die Praxis des Wohnungseigentums NJW 1989, 1070; *ders.* Die Teilungserklärung und das Gesetz zur Änderung und Ergänzung beurkundungsrechtlicher Vorschriften, MittBayNot 1980, 1; *ders.* Die Änderung der Teilungserklärung, Rpfleger 1976, 283; *ders.* Teilungserklärung und Entstehung von Wohnungseigentum, 1975; *F. Schmidt* (Un)zeitgemäße Betrachtungen – § 8 WEG im Wandel der Zeiten, FS Bub, S. 221; *Schneider* Sondernutzungsrechte im Grundbuch, Rpfleger 1998, 53; *Schweiger* Sondernutzungsrechte im Wohnungseigentum, 1987; *Ulmer* AGBG und einseitig gesetzte Gemeinschaftsordnungen von Wohnungseigentümer, Festgabe für Weitnauer 1980, S. 205; *Wedemeyer* Stimmrecht nach Unterteilung von Wohnungseigentum, NZM 2000, 638; *Wenzel* Aktuelle Entwicklungen in der Rechtsprechung des BGH zum Recht des Wohnungseigentums, DNotZ 1993, 297.

Inhaltsverzeichnis

A. Allgemeines	1
B. Begriff des Grundstückseigentümers	4
C. Anforderungen der Begründung von Wohnungseigentum	5
I. Erklärung gegenüber dem Grundbuchamt	6
II. Anlagen zur Teilungserklärung	7
1. Aufteilungsplan	7
2. Abgeschlossenheitsbescheinigung	8
III. Inhalt der Teilungserklärung	9
1. Bestimmung der Höhe und Anzahl der Miteigentumsanteile	9
a) Sittenwidriges Verhalten	10
b) Anspruch auf Änderung der Miteigentumsanteile	11
c) Überdimensionale Miteigentumsanteile (abschnittsweise Errichtung von Wohnungseigentumsanlagen)	12
2. Bestimmung von Sonder- und Gemeinschaftseigentum	13
3. Zweckbestimmungen	14
IV. Eintragung im Grundbuch	15
V. Gebäude	17
D. Teilungserklärung	19
I. Begriff und Inhalt	19
II. Form	21
III. Zustimmung Dritter	23
1. Grundsatz	23

§ 8 | Teilung durch den Eigentümer

	2. Ausnahme	24
	3. Unbedenklichkeitsbescheinigung des Finanzamts	25
IV.	Aufhebung	26
V.	Änderung	27
	1. Änderungen vor Entstehung der Gemeinschaft	28
	a) Änderungen durch eine »schuldrechtliche« Bestimmung	29
	b) Änderungen durch einen »Ein-Mann-Beschluss«	30
	2. Nach Entstehung der Gemeinschaft	31
	a) Sämtliche Wohnungseigentümer	31
	b) Änderungen durch den ehemaligen Alleineigentümer	32
	aa) Änderungsvollmacht des Alleineigentümers in den Erwerbsverträgen	33
	bb) Keine Bindung von Sondernachfolgern an eine Änderungsvollmacht	36
	3. Zustimmung Dritter	38
	4. Anspruch auf Änderung	39
VI.	Inhaltskontrolle	40
VII.	Auslegung	41
	1. Allgemeines	41
	2. Widersprüche zwischen den einzelnen Teilen der Teilungserklärung	43
E.	**Gemeinschaftsordnung**	**44**
I.	Rechtscharakter	46
II.	Notwendigkeit	50
III.	Änderungen	51
	1. Änderungen durch den Alleineigentümer	52
	a) Keine Änderung durch einen schuldrechtlichen Vorschlag	53
	b) Keine Änderung durch einen »Ein-Mann-Beschluss«	54
	aa) Grundsatz	54
	bb) Einpersonen-Eigentümergemeinschaft?	55
	cc) Vollmachten; »Änderungsvorbehalte«	56
	2. Zustimmung Dritter	57
	3. Nach Entstehung der Gemeinschaft	58
	4. Inhaltskontrolle	59
	a) Allgemeines	59
	b) Gesetzesverstöße	60
	c) Verstöße gegen Treu und Glauben	61
	aa) Ausgangslage	61
	bb) Maßstab für eine Inhaltskontrolle	62
F.	**Unterteilung**	**63**
I.	Voraussetzungen	65
	1. Beliebig viele Bruchteile	65
	2. Verbindung der neuen Miteigentumsanteile mit Sondereigentum	66
	3. Zustimmung	67
	a) Betroffenheit des Gemeinschaftseigentums	68
	b) Vereinbarte Zustimmungsbedürftigkeit	69
	c) Veränderung des Stimmrechts	70
	aa) Wertstimmrecht	71
	bb) Kopf- und Objektstimmrecht	72
	cc) Anspruch auf Änderung des Stimmrechts	74
	d) Gründungsmängel	75
II.	Teileigentum	76
III.	Unterteilung eines Teileigentums in Teil- und Wohnungseigentum oder umgekehrt	77
IV.	Fehler bei der Unterteilung	78
	1. »Übergriff« auf das Gemeinschaftseigentum	78
	2. »Aufgedrängtes Gemeinschaftseigentum«	79
	3. »Isoliertes Sondereigentum«	80
G.	**Vereinigung**	**81**
I.	Einführung	81
II.	Mitwirkung der anderen Wohnungseigentümer	82
	1. Vereinigung ohne bauliche Maßnahmen	82
	2. Vereinigung mit baulichen Maßnahmen	83
	a) Abgeschlossenheit	84
	b) Keine tragende Wand (Umgestaltung des Sondereigentums)	85
	c) Tragende Wand (Veränderung des Gemeinschaftseigentums)	86

III. Vereinigung von Räumen; Abspaltung von Räumen	88
IV. Grundbuch	89
H. Übertragung einzelner Räume	90
I. Allgemeines	90
II. Mitwirkung anderer Wohnungseigentümer und Dritter	91
III. Aufteilungsplan und Abgeschlossenheit	92
I. Wirkung	93
I. Entstehung des Sondereigentums	94
II. Entstehung und Ende der Eigentümergemeinschaft	97
1. Grundsatz	97
2. Werdende Wohnungseigentümergemeinschaft	99
III. Entstehung des Verbandes Wohnungseigentümergemeinschaft	101
J. Kosten und Gebühren	102
I. Grunderwerbsteuer	102
II. Geschäftswert, Notar- und Grundbuchkosten	103

A. Allgemeines

Wohnungs- bzw. Teileigentum (Raumeigentum) kann gem. § 2 WEG neben der gegenseitigen vertraglichen Einräumung von Sondereigentum Mehrerer nach § 3 WEG auch durch eine einseitige Erklärung des Alleineigentümers – meist eines Bauträgers – begründet werden. Die Begründung von Raumeigentum durch Teilung ist Gegenstand von § 8 WEG. Diese Bestimmung ermöglicht es einem Alleineigentümer oder an dessen Stelle einem Verfügungsberechtigten über das Grundstück, etwa einem Testamentsvollstrecker, Nachlassverwalter oder einem Insolvenzverwalter (*BayObLG* BayObLGZ 1957, 108 zum Konkursverwalter), entgegen des in §§ 1114 BGB, 864 Abs. 2 ZPO, 1 Abs. 3 ErbbRVO verkörperten Rechtsgedankens (s. dazu § 3 Rn. 1), **Miteigentum** an einem Grundstück und **Alleineigentum** an Teilen eines auf dem Grundstück errichteten oder noch zu errichtenden Gebäudes miteinander zu **verbinden**. Weil das Gesetz zur Förderung des Wohnungsbaus und wirtschaftlich vernünftig eine Teilung auch in Bezug auf noch zu errichtende Gebäude erlaubt, können vor allem Bauträger bereits vor Baubeginn oder während des Baus die noch in ihrer Hand vereinigten Miteigentumsanteile einzeln veräußern. Die dadurch ggf. entstehenden Probleme mit »stecken gebliebenen« Bauwerken sind selten und in jedem Falle hinzunehmen (s. § 22 Rn. 169 ff.). Die mit § 8 WEG verbundenen Vorteile überwiegen klar die Risiken. Für eine Besicherung der Käufer sorgt u.a die Makler- und Bauträgerverordnung.

Zur Begründung von Wohnungseigentum im Wege des § 8 WEG ist das Grundstück erstens in **Miteigentumsanteile** aufzuteilen. Betrifft die Teilung mehrere Grundstücke, müssen diese nach § 1 Abs. 4 WEG vorher oder gemeinsam mit der Teilung (*OLG Saarbrücken* NJW 1972, 691) gem. § 890 BGB zu einem Grundstück vereinigt werden. Jeder **Miteigentumsanteil** ist zweitens mit einem oder mehreren **Wohnungs-** (Sondereigentum an einer bestimmten Wohnung) oder mit einem oder mehreren **Teileigentumseinheiten** (nicht zu Wohnzwecken dienende Räume) in einem auf dem Grundstück bereits errichteten oder an einem noch zu errichtenden Gebäude zu **verbinden**. Drittens ist vom Alleineigentümer der **Gegenstand von Gemeinschafts- und Sondereigentum** zu bestimmen. Das Grundstück, an dem Wohnungseigentum begründet werden soll, kann auch ein Hofgrundstück sein. Durch die Bildung von Wohnung- oder Teileigentum geht allerdings **die Hofeigenschaft verloren** (*OLG Hamm* NJW-RR 1989, 141 = DNotZ 1989, 448), sofern der Alleineigentümer eine Einheit auf einen Dritten überträgt (*OLG Köln* ZMR 2007, 390 auch mit Nachw. zur Gegenansicht; *OLG Oldenburg* NJW-RR 1993, 1235). § 8 WEG ist nicht, auch nicht entsprechend, auf den Fall anwendbar, dass nicht Grundstückseigentum in Miteigentumsanteile aufgespalten wird, sondern **, selbstständiges Gebäudeeigentum**, das gem. Art. 233 §§ 2b, 4 und 8 EGBGB fortbesteht (*OLG Jena* Rpfleger 1996, 194 = ZMR 1996, 94). Eine Teilung nach § 8 WEG (oder eine Unterteilung, *BGH* ZfIR 2004, 1006 = ZMR 2005, 59 = NJW 2005, 10; dazu Rn. 63 ff.) kann aber dazu genutzt werden, z. B. eine spätere Auseinandersetzung von Erben vorzubereiten, weil eine Pflicht, die Miteigentumsanteile nach der Teilung zu veräußern, nicht besteht (*BayObLG* ZMR 2005, 464 mit Anm. *Elzer*).

§ 8 | Teilung durch den Eigentümer

3 Diese Möglichkeit einer Aufteilung der Miteigentumsanteile auf »Vorrat« mit der Absicht und dem Zweck, die entstandenen Teile später an Dritte zu veräußern und zu übertragen (Vorratsteilung) und mit der Möglichkeit, die Miteigentumsanteile einzeln zu belasten, hat in der Praxis seit Jahrzehnten eine **überragende Bedeutung** (Bamberger/Roth/*Hügel* Rn. 1; *Röll* Teilungserklärung, S. 13). Die Vorratsteilung hat sich deutlich gegenüber der vertraglichen Einräumung nach § 3 WEG durchgesetzt und ist der Regelfall für die Begründung von Raumeigentum geworden. Wie es der Aufbau des Gesetzes und § 8 Abs. 2 S. 1 WEG zeigen, der u. a. auf § 3 Abs. 2 WEG verweist, ist zwar § 3 WEG die **grundlegende Vorschrift**. Diese »Reihenfolge« entspricht aber nicht mehr den praktischen Bedürfnissen. Seit langem wird Raumeigentum ganz überwiegend durch Teilungserklärung des Bauträgers nach § 8 WEG gebildet (s. bereits *BGH* BGHZ 95, 137, 141 = ZMR 1986, 19 = MDR 1986, 138). Eine gewisse Renaissance hat § 3 WEG zwar durch die mittlerweile wieder verebbenden **Bauherrenmodelle** und **Bauerrichtungsverträge** erlebt (dazu Weitnauer/*Briesemeister* Nach § 3). Bei der Reform des Wohnungseigentumsgesetz hätte es sich aber angeboten, das Gesetz an die Praxis anzupassen und die Vorratsteilung auch als gesetzlichen Regelfall und Standardfall zu begreifen (a. A. *Schmidt* FS Bub, S. 221, 223). Auf die Begründung eines Wohnungserbbaurechts durch einen Erbbauberechtigten ist § 8 WEG im Übrigen entsprechend anwendbar, § 30 Abs. 2 und Abs. 3 WEG.

B. Begriff des Grundstückseigentümers

4 Grundstückseigentümer i. S. von § 8 WEG kann eine natürliche oder juristische Person sein. In Betracht kommt auch, dass eine Gemeinschaft zur gesamten Hand (Erbengemeinschaft [so in *BGH* ZMR 2004, 206 = NJW 2004, 1798 = MDR 2004, 439], eine eheliche Gütergemeinschaft), eine GbR, eine KG, OHG oder eine Bruchteilsgemeinschaft (*BayObLG* BayObLGZ 1969, 82) Grundstückseigentümer ist. Eine Gemeinschaft zur gesamten Hand setzt sich bei einer Aufteilung am Raumeigentum fort (*OLG Zweibrücken* MittBayNot 1983, 242, 243; *BayObLG* BayObLGZ 1969, 82). Die notwendigen Erklärungen, z. B. §§ 1424 Abs. 1, 2040 Abs. 1 BGB, sind deshalb von allen Gemeinschaftern als Grundstückseigentümern abzugeben. Wie bei einer Begründung nach § 3 WEG (s. dazu *LG Bielefeld* Rpfleger 1985, 189), muss der Aufteilende auch nach § 8 WEG freilich **noch nicht** Eigentümer des Grundstücks sein. Es reicht, wenn er es zur Zeit der Anlegung der Wohnungsgrundbücher – ggf. zeitgleich – wird (*OLG Düsseldorf* DNotZ 1976, 168).

C. Anforderungen der Begründung von Wohnungseigentum

5 Grundsätzlich gelten für den Alleineigentümer bei der Begründung von Wohnungseigentum **dieselben Anforderungen** wie für die Miteigentümer bei einer Begründung nach § 3 WEG (s. dazu § 3 Rn. 8 ff.). § 8 Abs. 2 WEG erklärt die Bestimmung des § 3 Abs. 2 WEG ebenso wie §§ 5, 6, 7 Abs. 1, 3 bis 5 WEG für die Aufteilung **entsprechend** anwendbar. Es gilt aber auch einige Besonderheiten zu beachten.

I. Erklärung gegenüber dem Grundbuchamt

6 Die Aufteilung bedarf **keiner Einigung** des oder der Alleineigentümer. Nach § 8 Abs. 1 WEG genügt die im Prinzip formfreie Erklärung gegenüber dem Grundbuchamt, das Eigentum an dem Grundstück in Miteigentumsanteile in der Weise zu teilen, dass mit jedem Anteil Wohnungs- oder Teileigentum verbunden ist. Zur Eintragung selbst bedarf es gem. § 13 Abs. 1 S. 1 GBO freilich eines schriftlichen **Eintragungsantrages** (ersatzweise kann der Antrag auch zu Protokoll der Geschäftsstelle erklärt werden) und der **Eintragungsbewilligung** nach § 19 GBO (s. zum Eintragungsverfahren ausführlich *Schneider* ZfIR 2002, 108, 115 ff.). Der **Teilungserklärung** (s. Rn. 19) sind nach §§ 8 Abs. 2, 7 Abs. 4 Nr. 1 und Nr. 2 WEG als **Anlagen** ein Aufteilungsplan und eine Abgeschlossenheitsbescheinigung beizufügen. Der **sachenrechtlichen** Teilungserklärung wird in der Praxis außerdem fast ausnahmslos eine – freilich nicht notwendige – **schuldrechtliche** Gemeinschaftsordnung beigefügt (s. Rn. 44 ff.).

II. Anlagen zur Teilungserklärung

1. Aufteilungsplan
Der Eintragungsbewilligung (§ 19 GBO) gegenüber dem Grundbuchamt ist gem. §§ 8 Abs. 2 S. 1, 7 Abs. 4 Nr. 1 WEG als Anlage ein **Aufteilungsplan** beizufügen. Zu den Einzelheiten s. § 3 Rn. 57 ff. und § 7 Rn. 84 ff.

2. Abgeschlossenheitsbescheinigung
Sondereigentum kann ferner nur eingeräumt werden, wenn die Wohnungen oder sonstige Räume in sich **abgeschlossen** sind (s. hierzu § 3 Rn. 60 ff.). Mit der Eintragungsbewilligung ist daher nach § 7 Abs. 4 Nr. 2 WEG eine **Abgeschlossenheitsbescheinigung** vorzulegen. Zu den Einzelheiten siehe auch § 7 Rn. 99 ff.

III. Inhalt der Teilungserklärung

1. Bestimmung der Höhe und Anzahl der Miteigentumsanteile
Der Alleineigentümer muss wie die Miteigentümer nach § 3 WEG die **Größe** und die Anzahl **der** den jeweiligen Sondereigentumseinheiten zugeordneten **Miteigentumsanteile** bestimmen. Das Gesetz enthält dabei auch in § 8 WEG **keine Bestimmung** darüber, welche Größe Miteigentumsanteile haben müssen, wie ihre Anzahl zu sein hat und ob und wie sie im Verhältnis zum Sondereigentum und etwaigen Sondernutzungsrechten stehen. In der **Bemessung der Miteigentumsanteile** ist der Alleineigentümer ebenso wie die Miteigentümer nach § 3 WEG grundsätzlich frei (s. ausführlich § 3 Rn. 12 ff.).

a) Sittenwidriges Verhalten
Besonderheit der Begründung nach § 8 WEG ist, dass der Alleineigentümer die Miteigentumsanteile originär und ohne Kontrolle Dritter bestimmt. Ein **sittenwidriges Verhalten** des Alleineigentümers bei der Bestimmung der Größe der Miteigentumsanteile kommt dabei in Betracht, wenn er die Wertverhältnisse so festlegt, dass den Inhabern einzelner Sondereigentumsrechte eine geringere, durch keine Umstände begründete Beteiligung an den gemeinsamen Kosten und Lasten verschafft wird (*BayObLG* ZMR 1999, 52; *Röll* DNotZ 1978, 723). Die Annahme **sittenwidrigen Verhaltens** liegt besonders dann nahe, wenn das bevorzugte Sondereigentum zeitweise oder dauerhaft dem **Alleineigentümer** zusteht.

b) Anspruch auf Änderung der Miteigentumsanteile
Sofern Einigkeit besteht, können die Wohnungseigentümer nach Entstehung der Gemeinschaft der Wohnungseigentümer die Miteigentumsanteile ändern (s. § 3 Rn. 16). Hat der Alleineigentümer die Höhe der Miteigentumsanteile unbillig und gleichsam sittenwidrig bestimmt, können die von ihm Kaufenden ferner nach §§ 242, 313 BGB i. V. m. dem Gemeinschaftsverhältnis ausnahmsweise einen Anspruch auf Änderung der Miteigentumsanteile haben (*BayObLG* ZWE 2000, 171, 172 = ZMR 1999, 842; BayObLGZ 1985, 47, 50 ff. = ZMR 1985, 132; *OLG Hamm* ZMR 2000, 244, 245 = ZWE 2000, 44, 45). Ein Anspruch auf Abänderung der Miteigentumsanteile kommt vor allem in Betracht, wenn eine **nicht sachgerechte Festlegung** der Miteigentumsanteile gegeben ist und darüber hinaus **außergewöhnliche Umstände** ein Festhalten an der geltenden Regelung als unbillig und als gegen Treu und Glauben verstoßend erscheinen lassen (*OLG Düsseldorf* ZMR 2002, 292, 294; *BayObLG* BayObLGZ 1991, 396, 398 = BayObLGReport 1992, 27 = MDR 1992, 673). Ein weiteres Indiz für einen Änderungsanspruch ist gegeben, wenn der Alleineigentümer die tatsächlichen Wertverhältnisse gekannt und die Miteigentumsanteile dennoch abweichend von den Wertverhältnissen mit dem Ziel festgelegt hat, dem Inhaber einzelner Teileigentumsrechte eine geringere Beteiligung an den gemeinsamen Kosten und Lasten zu verschaffen (*BayObLG* ZMR 1999, 52). Der Anspruch aus §§ 242, 313 BGB i. V. m. dem Gemeinschaftsverhältnis wird durch § 10 Abs. 2 S. 3 WEG nicht ausgeschlossen (§ 3 Rn. 17). Da der Gesetzgeber nicht verlangt, dass die Miteigentumsanteile nach dem Wert oder der Größe des Wohnungs- oder Teileigentums festgelegt werden, und durch eine Änderung der Miteigentumsanteile in den Kernbereich des Wohnungseigentums eingegriffen wird, ist eine Änderung der Miteigentumsanteile

§ 8 | Teilung durch den Eigentümer

nicht gerechtfertigt, wenn sich die **Änderung des Kostenverteilungsschlüssels** anbietet (*BayObLG* ZWE 2000, 171, 172 = ZMR 1999, 842; BayObLGReport 1997, 10; BayObLGZ 1991, 396, 399 = BayObLGReport 1992, 27 = MDR 1992, 673) und bereits dadurch die Unbilligkeit behoben werden kann. Bei der Prüfung, ob die Voraussetzungen für eine Änderung der Miteigentumsanteile oder nur des Kostenverteilungsschlüssels vorliegen, war nach der Rechtsprechung bislang ein **strenger Maßstab** anzulegen (*OLG Düsseldorf* ZMR 2002, 292, 294; *BayObLG* ZWE 2000, 171, 172 = ZMR 1999, 842; BayObLGZ 1998, 199, 204; BayObLGReport 1995, 9 = NJW-RR 1995, 529, 530 = WE 1995, 343, 344). Die obergerichtliche Rechtsprechung verwies darauf, dass die Regelung über die Kostenverteilung in der Gemeinschaftsordnung **grundsätzlich bindend** sei. Diese Argumentation trifft zwar angesichts des § 16 Abs. 3 WEG nicht mehr zu. Dennoch sollte von der Möglichkeit, die Privatautonomie zu durchbrechen und eine vertragliche Regelung zu erzwingen, nur mit **Vorsicht Gebrauch** gemacht werden. Zu diesen Fragen s. auch § 3 Rn. 17 sowie § 10 Rn. 42 f.).

c) Überdimensionale Miteigentumsanteile (abschnittsweise Errichtung von Wohnungseigentumsanlagen)

12 Bei der so genannten **abschnittsweisen Errichtung von Wohnungseigentumsanlagen** kann der ehemalige Alleineigentümer (meistens ein Bauträger) ein Interesse daran haben, die Aufteilung der weiter zu errichtenden Einheiten **hinauszuzögern**. Neben der »großen« (= sofortige endgültige Aufteilung) und der »kleinen Aufteilung« (s. *Rapp* in Beck'sches Notarhandbuch, A III Rn. 36 ff.) wird zu diesem Zweck auch die Aufteilung mit Hilfe eines »**überdimensionalen Miteigentumsanteils**« genutzt (*Rapp* in Beck'sches Notarhandbuch, A III Rn. 38 ff.; *Häublein* DNotZ 2000, 442, 444). Dem Alleineigentümer wird in diesem Falle das Recht eingeräumt, an Räumen auf dem Grundstück **zukünftig zu errichtender** Wohnhäuser Sondereigentum zu begründen (dazu Rn. 33 ff.). Ferner wird einer im Eigentum des ehemaligen Alleineigentümers bereits stehenden Wohneinheit ein »überdimensionaler« Miteigentumsanteil zugewiesen. Im Rahmen des weiteren Bauverlaufs kann der Alleineigentümer Bruchteile dieses Miteigentumsanteils mit dem Sondereigentum an den Räumen in den später errichteten Gebäuden verbinden und so für spätere Erwerber Wohneigentum begründen.

2. Bestimmung von Sonder- und Gemeinschaftseigentum

13 Der Alleineigentümer muss mit der Teilungserklärung ferner **Gegenstand und Grenzen des Sondereigentums** (Wohnungs- oder Teileigentum) sowie des **Gemeinschaftseigentums** bestimmen. Zu den damit in Zusammenhang stehenden Fragen s. auch § 3 Rn. 11.

3. Zweckbestimmungen

14 Wie die Miteigentümer nach § 3 WEG, so muss auch der Alleineigentümer nach § 8 WEG für jedes Sondereigentum bestimmen, ob es ein **Wohnungs- oder ein Teileigentum** sein soll (Zweckbestimmungen im weiteren Sinne). Diese Bestimmung ist nach hier vertretener Ansicht eine sachenrechtliche Regelung und daher keine Vereinbarung i. S. v. § 10 Abs. 2 S. 2 und Abs. 3 WEG (str.; s. dazu § 3 Rn. 20 ff.). Hält es der Alleineigentümer für richtig, kann er ferner nach § 15 Abs. 1 WEG **schuldrechtliche Gebrauchsregelungen** anlegen (Zweckbestimmungen im engeren Sinne). Er kann z. B. anordnen, dass in einem bestimmten Teileigentum nur ein Büro oder ein Laden zulässig ist und damit die Möglichkeiten des entsprechenden Teileigentümers, sein Teileigentum zu nutzen, einschränken.

IV. Eintragung im Grundbuch

15 Die **Teilung** selbst wird nach § 8 Abs. 2 S. 2 WEG mit **Anlegung der Wohnungsgrundbücher** und ihrer Eintragung im Grundbuch **wirksam**. Der Alleineigentümer wird durch die Teilung – wie bei der Realteilung eines Grundstücks – Inhaber mehrerer ihm jeweils zustehender Eigentumsrechte. Eine Gemeinschaft der Wohnungseigentümer entsteht durch die Teilung selbst **noch nicht** (dazu Rn. 97 ff.). Bevor wenigstens ein Käufer eine rechtlich geschützte Position inne hat (werdender Eigentümer), besteht keine »**Ein-Mann-Gemeinschaft**« (Rn. 99). So lange sämtliche Wohnungseigentumsrechtrechte noch in einer Hand liegen und also vereinigt sind (oder i. S. v. § 10 Abs. 7 S. 4 WEG wiedervereinigt sind, § 10 Rn. 450), gibt es **keine** Gemeinschaft

(ggf. mehr). Der Alleineigentümer kann daher weder etwas mit sich selbst vereinbaren (Rn. 46) noch etwas beschließen (zur Problematik von »Ein-Mann-Beschlüssen« s. Rn. 30 und 54). Ferner kann auch **noch nicht** von Gemeinschafts- und Sondereigentum im Rechtssinne gesprochen werden. **Gemeinschaftliches Eigentum** – Eigentum das mehreren Eigentümern als Miteigentümer zugeordnet ist – ist erst dann vorstellbar, wenn **Mehrere dieses auch inne haben**, mag einer der Eigentümer auch nur ein »werdender« (Rn. 99) sein.

Ein **gemeinschaftliches Grundbuchblatt** ist gem. § 8 Abs. 2 S. 1 WEG i. V. m. mit § 7 WEG **unzulässig**: § 8 WEG verweist nicht auf § 7 Abs. 2 WEG. Bei einem Verstoß ist die Teilung zwar ordnungswidrig, aber wirksam (Weitnauer/*Briesemeister* Rn. 12). § 8 WEG ist insoweit eine bloße Ordnungsvorschrift. Im Interesse des Rechtsverkehrs und der Rechtssicherheit muss ein dennoch angelegtes gemeinschaftliches Grundbuchblatt wirksam sein. Zum grundbuchrechtlichen Vollzug einer Teilungserklärung s. im Übrigen die Wohnungsgrundbuchverfügung in Form der Neufassung vom 24.1.1995, gültig ab 10.2.1995 (BGBl I 1995, 134). Zum Beschrieb s. § 3 Rn. 110. 16

V. Gebäude

Gegenstand des Sondereigentums können Räume in einem errichteten, aber auch in einem noch zu errichtenden Gebäude sein. Zum **Begriff des Gebäudes** s. § 3 Rn. 106. Solange sich der zu dem jeweiligen Sondereigentum bestimmte Raum in einem noch nicht errichteten Gebäude befindet und also noch nicht gebaut und damit noch nicht vorhanden ist, befindet sich das Sondereigentum in einem Zustand, der einer **Anwartschaft** ähnelt (s. Rn. 94). Mit der Veräußerung des Sondereigentums durch den teilenden Eigentümer entsteht deshalb ein **Anwartschaftsrecht** des Erwerbers gegenüber dem Veräußerer auf Herstellung der »Substanz« des Sondereigentums (*OLG Hamburg* ZMR 2002, 372, 373 = OLGReport Hamburg 2002, 342, 343; *BayObLG* ZMR 2002, 291, 292). 17

Zulässig ist, dass der Erwerber selbst die Herstellung des unfertigen Sondereigentums übernimmt und das Vollrecht selbst zur Entstehung bringt. Die Rechte der übrigen Wohnungseigentümer sind dann entsprechend beschränkt (*OLG Hamburg* ZMR 2002, 372, 373 = OLGReport Hamburg 2002, 342, 343; *OLG Hamm* NJW-RR 1987, 842, 843; *OLG Frankfurt a. M.* OLGZ 1978, 295). Geht ein Raum unter, z. B. wenn das Wohngebäude zerstört wird, bleibt das **Sondereigentum bestehen**, wird aber wieder zu einer bloßen Anwartschaft. Zu den Ansprüchen des Eigentümers, der bei einem Untergang der Substanz des Sondereigentums im Ergebnis Inhaber »nachträglich« isolierten Miteigentums wird, s. § 11 Rn. 13 ff. 18

D. Teilungserklärung

I. Begriff und Inhalt

Unter einer **Teilungserklärung** i. S. von § 8 WEG ist die einseitige und empfangsbedürftige Willenserklärung des Alleineigentümers, der Alleineigentümer oder des Verfügungsberechtigten gegenüber dem Grundbuchamt zu verstehen, das Eigentum an einem Grundstück in Miteigentumsanteile zu teilen, die nach § 6 WEG zwingend **jeweils** mit einem oder mehreren Wohnungs- oder Teileigentumseinheiten verbunden sind. Eine rechtsgeschäftliche Aufteilung, die einen Miteigentumsanteil nicht mit Sondereigentum verbindet, ist nach § 6 WEG unzulässig; ein **isolierter Miteigentumsanteil** kann aber faktisch entstehen (s. dazu § 3 Rn. 97 ff.). 19

Die Teilungserklärung i. S. des § 8 WEG ist nicht mit der **Gemeinschaftsordnung** (s. Rn. 44) durcheinander zu werfen. Zur Abgrenzung wird in der Praxis teilweise von der »Teilungserklärung im engeren Sinne« gesprochen. Damit ist dann die Teilungserklärung i. S. d. Gesetzes gemeint. Davon unterschieden wird die »Teilungserklärung im weiteren Sinne«. Damit ist die schuldrechtliche, aber verdinglichte Sammlung der Vereinbarungen der Wohnungseigentümer, die Gemeinschaftsordnung, gemeint. Nicht zur Teilungserklärung gehören »als dritter Teil« erste Erklärungen des Alleineigentümers über **konkrete Verwaltungsentscheidungen**, wie die Ernennung des ersten Verwalters, die Bestimmung einer Hausordnung oder erste Festsetzungen des Wohngeldes. Solche Entscheidungen sind nach noch unsicherer Ansicht als Vereinbarungen in Be- 20 schlussangelegenheiten zu verstehen (§ 10 Rn. 75 ff.). Ihre Besonderheit besteht jedenfalls darin, dass sie durch Beschluss geändert werden können (s. auch *Wenzel* FS Bub, S. 249, 267 m. w. N.).

II. Form

21 Die Teilungserklärung ist Ausfluss des Verfügungsrechts des Alleineigentümers und damit rein materiell-rechtlicher Natur (Weitnauer/*Briesemeister* Rn. 4). Auf die Teilungserklärung sind somit die allgemeinen Regelungen des BGB, z. B. §§ 104 ff., 1821 BGB, anwendbar. Die Teilungserklärung eines Nichtberechtigten gem. § 180 S. 1 BGB (einseitiges Rechtsgeschäft) muss allerdings nicht nichtig sein. Die Teilungserklärung selbst ist zwar materiell formfrei, muss aber für den grundbuchrechtlichen Vollzug nach § 29 GBO in Form einer **öffentlichen** oder **öffentlich beglaubigten** Urkunde (§ 129 BGB) abgegeben werden. In der Praxis ist die notarielle Beurkundung der Teilungserklärung nach §§ 129 Abs. 2, 128 BGB im Hinblick auf § 13 a Abs. 1 S. 1 BeurkG üblich und sinnvoll (*Bub* WE 1993, 185, 186; *Röll* MittBayNot 1980, 1; s. auch *BGH* NJW 1979, 1495, 1498 = NJW 1979, 1495). Bei Verfügungsverträgen vor Vollzug der Teilungserklärung und vor Anlegung der Wohnungsgrundbücher kann dann auf die noch einzutragende sachenrechtliche Teilungserklärung und die ggf. mit ihr verbundene schuldrechtliche Gemeinschaftsordnung (als Teil der Teilungserklärung) Bezug genommen werden. Durch eine solche **Bezugnahme** wird der Inhalt der Teilungserklärung und der Inhalt der Gemeinschaftsordnung zum Teil des Verfügungsvertrages. Eine Identität derjenigen Personen, die an der Verweisungsurkunde beteiligt sind und derjenigen Personen, die Erklärungen in der verweisenden Urkunde abgeben, ist nicht erforderlich (*OLG Düsseldorf* FGPrax 2003, 88 = Rpfleger 2003, 176). Nach § 13 a Abs. 1 S. 3 BeurkG soll der Notar aber nur beurkunden, wenn den Beteiligten die andere Niederschrift zumindest in beglaubigter Abschrift bei der Beurkundung vorliegt.

22 Die Teilungserklärung kann nicht bedingt oder befristet abgegeben werden und muss das Sondereigentum gegen das gemeinschaftliche Eigentum **klar** und **nachvollziehbar** abgrenzen. Nach § 47 GBO müssen außerdem die Miteigentumsanteile der Berechtigten **in Bruchteilen** angegeben oder das für die Gemeinschaft maßgebende Rechtsverhältnis bezeichnet werden. Die Formvorschrift des § 4 WEG ist nicht einzuhalten.

III. Zustimmung Dritter

1. Grundsatz

23 Die Teilung nach § 8 WEG ist **keine** inhaltliche Änderung des Alleineigentums, sondern **Teilung des Vollrechts**. Die Bestimmungen der §§ 877, 876 BGB sind somit grundsätzlich **nicht anwendbar** (*BGH* DNotZ 1979, 96; DNotZ 1979, 168, 170; *Ertl* DNotZ 1979, 267, 278). Die Zustimmung eines Dritten zur Teilungserklärung ist **grundsätzlich nicht erforderlich** (*OLG Frankfurt a. M.* ZMR 1997, 367, 369; FGPrax 1996, 139 = NJW-RR 1996, 918 = Rpfleger 1996, 340; *OLG Oldenburg* MDR 1989, 263; *BayObLG* Rpfleger 1986, 177; *OLG Stuttgart* NJW 1954, 682 = DNotZ 1954, 252; *Diester* Rpfleger 1954, 569; a. A. *Werhan* DNotZ 1954, 255). Eine unterschiedliche Belastung der Bruchteile des Alleineigentümers ist nach § 1114 BGB jedenfalls grundsätzlich nicht vorstellbar (ggf. gilt etwas anderes etwa bei Bruchteilseigentümern, wenn gegen einen Bruchteilseigentümer bereits eine Zwangsvollstreckungsmaßnahme veranlasst ist – etwa bei Eheleuten). Der **Haftungsgegenstand als Ganzes bleibt unverändert** (*OLG Frankfurt a. M.* ZMR 1997, 367, 369; FGPrax 1996, 139 = NJW-RR 1996, 918 = Rpfleger 1996, 340; *BayObLG* Rpfleger 1986, 177), denn die Summe aller Wohnungseigentumsrechte ist mit dem ungeteilten Grundstück identisch. Grundpfandrechte werden durch die Aufteilung zu **Gesamtbelastungen** (*BayObLG* BayObLGZ 1958, 273; *OLG München* MDR 1972, 239; *OLG Stuttgart* NJW 1954, 682; *LG Köln* Rpfleger 1987, 368). Die Bestimmung des § 875 BGB ist nicht einschlägig (*Ertl* DNotZ 1979, 267, 278). Wurde die Verfügungsbefugnis des Grundstückseigentümers nach Beantragung des Vollzugs der Teilungserklärung und der Eintragung von Auflassungsvormerkungen durch die Eröffnung des Gesamtvollstreckungsverfahren beschränkt, hindert dies in analoger Anwendung des § 878 BGB nicht die Vornahme der beantragten Grundbucheintragungen (*LG Leipzig* ZfIR 2000, 232 = MittBayNot 2000, 324; s. *LG Köln* MittRhNotK 1985, 16).

2. Ausnahme

Eine Zustimmung kann nur ausnahmsweise erforderlich sein, etwa wenn durch den Bau des Wohngebäudes **ein Wegerecht** verletzt werden würde. Ferner kann das Wirksamwerden einer Veräußerungsbeschränkung zur Anwendung des § 878 BGB auf die zu diesem Zeitpunkt dem Grundbuchamt bereits vorliegenden Eigentumsumschreibungsanträge anderer Wohnungseigentumserwerber führen (*OLG Hamm* NJW-RR 1994, 975 = MDR 1994, 1004 = OLGZ 1994, 519).

3. Unbedenklichkeitsbescheinigung des Finanzamts

Eine **Unbedenklichkeitsbescheinigung des Finanzamts** ist nicht notwendig (*Schöner/Stöber* Rn. 2585). In Sonderfällen kann aber eine behördliche Genehmigung nach § 22 Abs. 1 S. 1 BauGB oder nach § 144 BauGB erforderlich werden (s. dazu und die Möglichkeit der Umgehung durch die Bruchteilsgemeinschaft *Frind* ZMR 2001, 429).

IV. Aufhebung

Der Alleineigentümer kann seine Teilungserklärung nach § 9 Abs. 1 S. 3 WEG jederzeit gegenüber dem Grundbuchamt **zurücknehmen** und damit die Teilung und die Entstehung von Wohnungseigentum wieder **aufheben**. Unerheblich ist, ob der Alleineigentümer eine bereits vollzogene Aufteilung lediglich rückgängig machen möchte oder erst nachträglich sämtliche Einheiten rechtsgeschäftlich oder im Wege der Zwangsvollstreckung erworben hat (§ 9 Rn. 26).

V. Änderung

Nach Abgabe der Teilungserklärung kann diese wieder geändert werden. Änderungsbedarf zeigt sich häufig bei **missglückter Schaffung** von Sondereigentum (s. § 11 Rn. 13) und bei Umwidmung von Wohnungs- in Teileigentum oder von Gemeinschafts- in Sondereigentum (*BayObLG* NJW-RR 1992, 208), selten bei ungerechten Kostenverteilungsschlüsseln durch Änderung der Miteigentumsanteile (s. Rn. 11 ff.). Die Änderung tritt grundsätzlich mit der Einigung aller Wohnungseigentümer in der erforderlichen Form ein, eines Antrages gegenüber dem Grundbuchamt und der Eintragung der Änderung im Grundbuch.

1. Änderungen vor Entstehung der Gemeinschaft

Vor Entstehung der Gemeinschaft der Wohnungseigentümer kann der Alleineigentümer seine Teilungserklärung durch eine einfache einseitige Erklärung in der Form des § 29 GBO **beliebig ändern** und seinen Bedürfnissen – oder denen künftiger Erwerber – anpassen, sofern die Voraussetzungen der §§ 3 Abs. 2, 7 Abs. 4 WEG vorliegen (*OLG Düsseldorf* ZMR 2001, 650, 651; *BayObLG* ZMR 1984, 483; NJW 1974, 2134). Ein Alleineigentümer ist an seine vorher abgegebene Erklärung **nicht i. S. von § 873 BGB** gebunden. Wenn der Eigentümer nach § 9 Abs. 1 Nr. 3 WEG die Teilungserklärung durch einseitige Erklärung aufheben kann (Rn. 26 und § 9 Rn. 12), kann er als »Minus« hierzu auch Änderungen erklären (*OLG Düsseldorf* ZMR 2001, 650, 651; *Diester* NJW 1971, 1153, 1158).

a) Änderungen durch eine »schuldrechtliche« Bestimmung

Eine Änderung muss als »actus contrarius« durch eine Erklärung erfolgen, die auch im **Grundbuch eingetragen** wird. Eine Änderung der Teilungserklärung außerhalb des Grundbuchs ist für den Alleineigentümer nicht bindend, für Sondernachfolger **bedeutungslos**. Eine Änderung der Teilungserklärung außerhalb des Grundbuchs geht stets **ins Leere** und bindet Sondernachfolger nicht – auch nicht, wenn ein Sondernachfolger die Änderungsbestimmung kennt (*BayObLG* WE 1990, 214, 215). Eine Änderung z. B. in einem **Testament**, die nicht im Grundbuch vollzogen wird, fehlt eine Außenwirkung und ist damit ohne eine Wirkung (a. A. *BayObLG* ZMR 2005, 464 mit Anm. *Elzer*).

b) Änderungen durch einen »Ein-Mann-Beschluss«

Auch die Änderung einer verdinglichten Bestimmung des Alleineigentümers durch einen »Ein-Mann-Beschluss« ist nicht möglich. Beschlüsse des Alleineigentümers sind nach derzeit ganz h. M. **nicht vorstellbar** (s. dazu ausführlich Rn. 54) und wären – wollte man sie anerkennen – je-

§ 8 | Teilung durch den Eigentümer

denfalls in diesem Falle, nämlich der Änderung der sachenrechtlichen Grundlagen des Raumeigentums, als Eingriff in den dinglichen Kernbereich des Raumeigentums (s. dazu § 10 Rn. 225 ff.) im Übrigen stets und **ohne weiteres nichtig**.

2. Nach Entstehung der Gemeinschaft

a) Sämtliche Wohnungseigentümer

31 Nach Entstehung der Gemeinschaft der Wohnungseigentümer oder einer werdenden Wohnungseigentümergemeinschaft (dazu § 10 Rn. 21 ff.), ist eine Änderung der Teilungserklärung grundsätzlich nur dann möglich, wenn sämtliche (ggf. werdenden) Eigentümer der Änderung der Teilungserklärung zustimmen (*BGH* ZfIR 2004, 1006, 1007 = ZMR 2005, 59 = NJW 2005, 10; *BayObLG* ZMR 2003, 857, 858 = ZfIR 2003, 641; DNotZ 1999, 667; Rpfleger 1994, 17 = ZMR 1994, 483; BayObLGZ 1974, 217, 219; *Heismann* S. 215 ff.).

b) Änderungen durch den ehemaligen Alleineigentümer

32 Die Befugnis des Alleineigentümers zur einseitigen Änderung der Teilungserklärung **erlischt mit Entstehung der Eigentümergemeinschaft** (*BGH* ZfIR 2004, 1006, 1007 = ZMR 2005, 59 = NJW 2005, 10; *KG* ZMR 2007, 384, 386). Sind die Voraussetzungen eines **werdenden Wohnungseigentümer** gegeben (dazu § 10 Rn. 21 ff.), endet die einseitige Änderungsbefugnis bereits mit Eintritt dieser Voraussetzungen (*KG* ZMR 2004, 54; *BayObLG* ZMR 2003, 857 = ZfIR 2003, 641; NZM 1999, 126; WE 1995, 90; *OLG Düsseldorf* ZMR 2001, 650, 651).

aa) Änderungsvollmacht des Alleineigentümers in den Erwerbsverträgen

33 Will der Alleineigentümer auch **nach Entstehung** der (ggf. werdenden) Eigentümergemeinschaft das Recht behalten, die Teilungserklärung noch einseitig und ohne Mitwirkung der anderen Wohnungseigentümer zu verändern, kann er sich in den jeweiligen **Erwerbsverträgen** eine Änderungsvollmacht einräumen lassen oder den Erwerber zu einer Mitwirkung verpflichten (*OLG Hamburg* ZMR 2003, 697, 698; *BayObLG* ZMR 2002, 953, 954 = NJW-RR 2002, 443, 444; DNotZ 1994, 233; BayObLGZ 1993, 259; WE 1990, 132; *OLG Hamm* ZWE 2000, 83; *OLG Frankfurt a. M.* ZMR 1998, 365 = Rpfleger 1998, 336; *Armbrüster*, ZMR 2005, 244, 248; *Hügel* DNotZ 2003, 517, 525; *Basty* NotBZ 1999, 233, 236; s. auch *BGH* ZMR 2003, 748, 749 = NZM 2003, 480 = NJW 2003, 2165 und § 3 Rn. 48 ff.). Für eine solche Vollmacht gelten die allgemeinen Grenzen (vor allem der Bestimmtheitsgrundsatz und die Kontrolle anhand von §§ 305 ff. BGB; dazu *Krause* NotBZ 2003, 11 ff.). Wegen der Gefahr, dass eine Einheit weiterveräußert werden könnte, wird der Anspruch des Bauträgers auf Bildung von Sondereigentum häufig durch eine **Vormerkung** gesichert. Findet sich in dem Ersterwerbsvertrag eine Vollmacht für den Bauträger, wird der Ersterwerber häufig verpflichtet, im Falle der Weiterveräußerung für eine **Vollmacht des Zweiterwerbers** für den Bauträger zu sorgen (*Elzer* MietRB 2007, 78, 81). Die Vollmacht ist dabei jeweils grundsätzlich unwiderruflich und schließt das Recht ein, eine Untervollmacht zu erteilen. Sie umfasst in der Regel die Rechtsmacht, den Teilungsvertrag zu ändern und die Auflassung zu erklären. Ferner ist ggf. die Änderung weiterer Verträge ihr Gegenstand.

34 Eine Vollmacht wird häufig vereinbart, um dem Alleineigentümer die Möglichkeit zu geben, den Bedürfnissen weiterer Erwerber angemessen entsprechen zu können. Im Vordergrund steht zwar die **Zuweisung eines Sondernutzungsrechtes** (s. hierzu Rn. 52, da es sich um eine Änderung einer Vereinbarung und nicht der Teilungserklärung handelt). In Betracht kommt aber eine spätere Umwidmung zwischen **Sonder- und Gemeinschaftseigentum** (vor allem bei einer abschnittsweisen Herstellung der Anlage, dazu Rn. 12) oder von Teil- in Wohnungseigentum. Nach dem **Bestimmtheitsgrundsatz** und dem Gebot der Klarheit der Grundbucheintragungen ist zu fordern, dass die dem Alleineigentümer hierfür eingeräumte Befugnis **eindeutig bestimmt** ist (*OLG Frankfurt a. M.* ZMR 1998, 365, 367; *BayObLG* DNotZ 1997, 473; 1996, 297; *OLG Düsseldorf* FGPrax 1997, 129 = ZfIR 1997, 302; *KG* FGPrax 1996, 178 = WE 1996, 388; s. dazu ausführlich *Armbrüster* ZMR 2005, 244, 248, 249; instruktiv *Krause* NotBZ 2003, 11 ff.). Wegen der Gefahr, dass eine Einheit weiterveräußert werden könnte, wird der Anspruch häufig durch eine **Vormerkung** gesichert (*Elzer* MietRB 2007, 78, 81).

Das Grundbuchamt kann entsprechende Vollmachten **selbstständig prüfen** (*BayObLG* ZMR 35
2002, 953, 954). Die Prüfungskompetenz beschränkt sich allerdings auf offensichtliche Verstöße,
weil eine umfassende Kontrolle die Prüfungsmöglichkeiten des Grundbuchamts, wie sie von
der Grundbuchordnung vorgegeben sind, übersteigen würde (*BayObLG* ZMR 2002, 953, 954).

bb) Keine Bindung von Sondernachfolgern an eine Änderungsvollmacht
Die vorweggenommene Zustimmung oder die Ermächtigung, Gemeinschafts- in Sondereigen- 36
tum (oder Teil- in Wohnungseigentum, str.) umzuwandeln, kann nicht mit einer Sondernachfolger nach § 10 Abs. 2 S. 2, Abs. 3, 5 Abs. 4 S. 1 WEG **bindenden Wirkung** als Inhalt des Sondereigentums vereinbart und daher auch **nicht** in das Grundbuch eingetragen werden (*BGH* ZMR 2003, 748, 749 = NZM 2003, 480 = NJW 2003, 2165; *BayObLG* ZMR 2002, 283, 284; ZMR 2000, 779, 780; ZMR 2000, 316, 317; BayObLGZ 1997, 233 = WE 1998, 151 = MittBayNot 1998, 99 = WuM 1997, 512; *Hügel* ZfIR 2004, 1009, 1011; kritisch *Röll* ZWE 2000, 446, 447; a. A. *Röll* DNotZ 1998, 345, 346; *Rapp* MittBayNot 1998, 77, 79; s. auch *Wenzel* ZWE 2004, 5, 6).

Ein Vertrag über die Eigentumsverhältnisse, also die sachenrechtliche Zuordnung von Gemein- 37
schafts- und Sondereigentum, die Frage, ob Teil- oder Wohnungseigentum vorliegt oder z. B.
die Frage, ob Gemeinschaftseigentum in Sondereigentum umgewandelt werden soll, ist von
der mit § 10 WEG angesprochenen inhaltlichen Ausgestaltung des Gemeinschaftsverhältnisses
zu unterscheiden und **keine Vereinbarung im dortigen Sinne** (*BGH* ZfIR 2004, 1006, 1007 = ZMR 2005, 59 = NJW 2005, 10; ZMR 2003, 748, 749 = NZM 2003, 480 = NJW 2003, 2165; *BayObLG* BayObLGZ 2001, 279, 283 = NZM 2002, 70; *KG* ZMR 1999, 204, 205; *Häublein* DNotZ 2000, 442, 451).

3. Zustimmung Dritter
Für eine **Änderung der Teilungserklärung** ist – soweit sie nicht der Alleineigentümer noch allein 38
vornimmt – in den meisten Fällen die **Zustimmung Dritter** notwendig (*BGH* BGHZ 91, 343, 346 = MDR 1984, 830 = JZ 1984, 1113 mit Anm. *Weitnauer*; *BayObLG* ZMR 2002, 773; BayObLGZ 1974, 217; *Elzer* MietRB 2007, 78, 82). Zustimmungsbedürftig ist etwa die **Änderung der Miteigentumsanteile** (hier kann außerdem eine Unbedenklichkeitsbescheinigung des Finanzamts notwendig sein) oder die Änderung (Umwidmung) von Sonder- in Gemeinschaftseigentum. In Sonderfällen kann ferner eine behördliche Genehmigung nach dem BauGB erforderlich werden, s. dazu Rn. 26. Eine Zustimmung scheidet nur dann aus, wenn jede rechtliche, nicht bloß eine wirtschaftliche Beeinträchtigung ausgeschlossen ist (*BGH* BGHZ 91, 343, 346 = MDR 1984, 830 = JZ 1984, 1113 mit Anm. *Weitnauer*). Im Übrigen s. ausführlich § 10 Rn. 167 ff. Die dort getroffenen Aussagen gelten hier **entsprechend**. Die Erleichterungen des § 5 Abs. 4 S. 2 und S. 3 WEG **gelten nicht**, da diese nur für Vereinbarungen i. S. von § 10 WEG anwendbar sind.

4. Anspruch auf Änderung
Zum **Anspruch auf Änderung der Teilungserklärung** s. zum einen § 3 Rn. 52 ff. und zum ande- 39
ren bei § 10 Rn. 183 ff. in Zusammenhang mit einem Anspruch auf Änderung der Gemeinschaftsordnung. Die Voraussetzungen für einen Anspruch auf Änderung des Teilungsvertrages (der Teilungserklärung) sind mit denen auf Änderung der Gemeinschaftsordnung weitgehend identisch. Die Voraussetzungen sind hier aber, also bei den sachenrechtlichen Grundlagen, **noch strenger** als bei Änderung einer Vereinbarung zu prüfen.

VI. Inhaltskontrolle
Die **sachenrechtliche Teilungserklärung** (im engeren Sinne) unterliegt **keiner** Inhaltskontrolle 40
des Grundbuchamtes. Die Teilungserklärung kann aber von den Wohnungseigentümern in einem Gerichtsverfahren zur Überprüfung gestellt werden. Für die Prüfung des sachrechtlichen Teils auf inhaltliche Mängel gibt es freilich zumeist kein Bedürfnis. Etwas anderes kann im Einzelfall für die Bestimmung der Größe der Miteigentumsanteile gelten (s. Rn. 11). Eine Inhaltskontrolle ist hingegen für die Vorschläge des Alleineigentümers für das Verhältnis der (künftigen) Wohnungseigentümer untereinander geboten (Gemeinschaftsordnung). Für diese Anordnungen ist eine Kontrolle anhand von § 242 BGB möglich, s. dazu Rn. 58 und § 10 Rn. 222.

§ 8 | Teilung durch den Eigentümer

VII. Auslegung

1. Allgemeines

41 Die **Auslegung der Teilungserklärung** hat den für Grundbucheintragungen maßgeblichen Regeln zu folgen (*Wenzel* DNotZ 1993, 297). Nach der obergerichtlichen Rechtsprechung ist deshalb bei der Auslegung der Teilungserklärung vorrangig auf ihren Wortlaut und Sinn, wie er sich für einen unbefangenen Betrachter als nächstliegende Bedeutung des Eingetragenen ergibt, abzustellen (*BGH* BGHZ 130, 159 = ZMR 1995, 521 = NJW 1995, 2851; *BGHZ* 113, 374, 379 = ZMR 1991, 230, 231). S. dazu ausführlich § 3 Rn. 39 ff.

42 Damit kommt es für die Auslegung **nicht auf den Willen des Erklärenden** an, sondern auf das, was jeder gegenwärtige und zukünftige Betrachter als objektiven Sinn der Erklärung ansehen muss (*BGH* BGHZ 113, 374, 379 = ZMR 1991, 230, 231; BGHZ 47, 191, 195; *OLG Düsseldorf* ZMR 2002, 214, 215; *BayObLG* WE 1994, 17; 1993, 285; *OLG Hamm* WE 1993, 318). Umstände außerhalb der Eintragung und der in ihr in Bezug genommenen Eintragungsbewilligung dürfen nur insoweit herangezogen werden, als sie nach den besonderen Umständen des Einzelfalles für jedermann ohne weiteres erkennbar sind (*BGH* BGHZ 113, 374, 378 = ZMR 1991, 230; BGHZ 92, 351, 355 = NJW 1985, 385; BGHZ 47, 190, 195; *OLG Karlsruhe* WuM 2001, 140, 141).

2. Widersprüche zwischen den einzelnen Teilen der Teilungserklärung

43 Zu Widersprüchen zwischen Teilungserklärung und Gemeinschaftsordnung oder zwischen der Gemeinschaftsordnung und dem Aufteilungsplan s. § 3 Rn. 41 ff.

E. Gemeinschaftsordnung

44 Gemeinschaftsordnung und Teilungserklärung sind begrifflich streng voneinander zu trennen (s. bereits Rn. 20): Während die Teilungserklärung eine **einseitige Erklärung** des Alleineigentümers gegenüber dem Grundbuchamt mit sachenrechtlichen Inhalt ist und im Grundbuch eingetragen werden muss, ist die Gemeinschaftsordnung eine **bloß begriffliche Zusammenfassung** der Vereinbarungen und Organisationsbeschlüsse der Wohnungseigentümer (s. auch *Bornemann* S. 167 und *Schweiger* S. 170).

45 In der Praxis ist es seit langem üblich, dass der Alleineigentümer neben der Teilungserklärung im engeren Sinne solche rein schuldrechtlichen Bestimmungen für das Verhältnis der Wohnungseigentümer untereinander trifft (Teilungserklärung im weiteren Sinne). Dem teilenden Eigentümer steht es nach §§ 8 Abs. 2, 5 Abs. 4 WEG i. V. m. §§ 15 Abs. 1, 10 Abs. 2 und Abs. 3 WEG frei, von ihm für richtig erachtete Regelungen für das spätere Verhältnis der Wohnungseigentümer untereinander durch Eintragung in das Grundbuch zum **Inhalt des Sondereigentums** zu machen (*BGH* ZMR 2007, 284, 286; BGHZ 157, 322, 330 [Parabolantenne] = ZMR 2004, 438, 441; *BGH* BGHZ 99, 90, 94 = NJW 1987, 650 = WuM 1987, 92; *BGH* BGHZ 73, 145, 147 = ZMR 1979, 380; *BayObLG* BayObLGZ 1974, 172, 176 = NJW 1974, 1910; *OLG Hamm* Rpfleger 1975, 401, 402), z. B. eine Gebrauchsregelung i. S. v. § 15 Abs. 1 WEG (*BGH* ZMR 2007, 284, 286), und damit für das künftige Verhältnis der Wohnungseigentümer untereinander vorzuschlagen.

I. Rechtscharakter

46 Die vom Alleineigentümer einseitig getroffenen und durch Eintragung in das Grundbuch verdinglichten Bestimmungen sind allerdings **weder Vereinbarung noch Beschluss**: Niemand kann mit sich selbst einen Vertrag schließen (*Röll* ZWE 200, 343, 344). Da es sich bei einer Vereinbarung stets um ein mehrseitiges Rechtsgeschäft handelt, ist der der Teilungserklärung beigegebene »schuldrechtliche Teil« zunächst bloßer **Vorschlag** für **künftige Vereinbarungen** der vor Eintragung eines weiteren Eigentümers noch nicht entstandenen Eigentümergemeinschaft (*Elzer* ZMR 2005, 465; i. E. ebenso *Wenzel* FS Bub, S. 249, 261). Zur Rechtsqualität s. vor allem § 10 Rn. 162 bis 164.

47 Für diese Vorschläge fingiert (unterstellt) § 8 Abs. 2 WEG durch seine Verweisung auf § 5 Abs. 4 WEG allerdings, dass sie einer Vereinbarung **gleichstehen** (*BGH* ZMR 2001, 119 = MDR 2001, 80 = NJW 2000, 3643 = NZM 2000, 1187; ZfIR 2000, 884; *BGH* BGHZ 73, 145, 147 = ZMR 1979, 380;

BGHZ 37, 203, 206 ff.; *BayObLG* NZM 2001, 753 = ZMR 2001, 210; NJW-RR 1989, 273; BayObLGZ 1987, 291, 295 = WuM 1988, 90; BayObLGZ 1982, 9, 12). Sie sind daher jedenfalls **wie eine Vereinbarung** zu behandeln. Auch die vom Alleineigentümer gesetzten Bestimmungen können aus diesem Grunde nur wieder durch eine Vereinbarung geändert oder aufgehoben werden (a. A. *Röll* ZWE 2000, 343, 344: Beschluss).

Anders als die Teilungserklärung im engeren Sinne (§ 8 Abs. 2 S. 2 WEG) werden die von dem teilenden Eigentümer zunächst einseitig aufgestellten Regelungen allerdings erst dann zu einem **voll wirksamen**, die späteren Wohnungseigentümer nach § 10 Abs. 3 WEG bindenden Rechtsgeschäft, nachdem eine – ggf. auch eine faktische oder werdende – Eigentümergemeinschaft entstanden ist und also die sachenrechtliche Teilungserklärung und die mit ihr beurkundeten schuldrechtlichen Regelungen **nicht mehr einseitig abgeändert werden können** (*BGH* ZMR 2001, 119 = MDR 2001, 80 = NJW 2000, 3643 = ZfIR 2000, 884). Erst wenn also wenigstens ein weiterer Wohnungseigentümer die Vorschläge des Alleineigentümers (zumeist konkludent) akzeptiert und sich ihnen durch den Erwerbsvertrag **unterwirft** (*BayObLG* NJW 1973, 151, 153; *Ulmer* S. 205, 210), also auf ihrer Grundlage Eigentum rechtsgeschäftlich oder originär in der Zwangsversteigerung erworben hat (oder eine wenigstens geschützte Eigentumsposition erreicht hat), kann von einer Vereinbarung oder einer **Gesamtheit von Vereinbarungen** zwischen mehreren Wohnungseigentümern ausgegangen werden (vgl. auch *BGH* BGHZ 157, 322, 331 [Parabolantenne] = ZMR 2004, 438). Die vom Alleineigentümer im voraus festgestellte Ordnung des Gemeinschaftsverhältnisses ist für Erwerber verbindlich, ohne dass es einer weiteren vertraglichen Vereinbarung bedürfte (*OLG Oldenburg* ZMR 1978, 245, 247; *KG* NJW 1956, 1679, 1680). 48

Auf die **genaue oder auch nur ungefähre Kenntnis** des neuen Wohnungseigentümers über den Inhalt der vom Alleineigentümer einseitig bestimmten Regelungen, auf eine Mitwirkung des Sondernachfolgers oder auf eine konkrete Einbeziehung der Teilungserklärung in den Kaufvertrag (*BGH* BGHZ 157, 322, 330 [Parabolantenne] = ZMR 2004, 438; NJW 1994, 1347; *BayObLG* ZMR 2002, 607 = ZWE 2002, 357; *Kümmel* Bindung, S. 52), kommt es **nicht** an. Auch die vom Alleineigentümer getroffenen Regelungen gelten **kraft Gesetzes** gegenüber jedem Sondernachfolger wie eine Satzung (a. A. *Wenzel* FS Bub, S. 249, 261). Der Sondernachfolger muss daher auch solche Reglungen gegen sich gelten lassen, die er kennen konnte, aber nicht kennt (*BayObLG* ZMR 2002, 607 = ZWE 2002, 357). Die Regelungen gelten ferner nach dem Grundsatz des »venire contra factum proprium« auch dann, wenn der Sondernachfolger die Regelungen ablehnt und sich ihnen nicht unterwirft (*Ertl* DNotZ 1979, 267, 271). Etwas anderes gilt nur dann, wenn die Wohnungs- und Teileigentumsblätter noch nicht angelegt sind. Die Erwerber sind dann nicht nach § 10 Abs. 3 WEG gebunden. Eine Bindung ist dann aber durch Einbeziehung der Gemeinschaftsordnung in den jeweiligen **Kaufvertrag** vorstellbar. 49

II. Notwendigkeit

Der Alleineigentümer kann – wie die Miteigentümer nach § 3 WEG – der Teilungserklärung für das Verhältnis der Wohnungseigentümer untereinander eine Gemeinschaftsordnung beifügen. Die Gemeinschaftsordnung ist aber wie auch bei einem Teilungsvertrag nach § 3 WEG **keine** Tatbestandsvoraussetzung für die wirksame Teilung und damit der Teilungserklärung (s. § 3 Rn. 111). Fehlt es ausnahmsweise an einer Gemeinschaftsordnung (vgl. *F. Schmidt* MittBayNot 1981, 12), so gelten **ohne weiteres** die gesetzlichen Bestimmungen. 50

III. Änderungen

Die »Gemeinschaftsordnung« kann **nicht** geändert werden. Geändert werden können nur die verdinglichten und die schuldrechtlichen Vereinbarungen oder die Beschlüsse, die z. B. zulässigerweise in die Handlungsorganisation der Gemeinschaft der Wohnungseigentümer eingreifen, und deren Inbegriff die Gemeinschaftsordnung darstellt. Für die Änderungen von Vereinbarungen – auch die mögliche Zustimmung Dritter – s. daher vor allem § 10 Rn. 167 ff. 51

§ 8 | Teilung durch den Eigentümer

1. Änderungen durch den Alleineigentümer

52 Solange nur der **Vorschlag für eine Gemeinschaftsordnung** vorhanden und kein weiterer (werdender) Eigentümer an seine Seite getreten ist, behält der teilende Alleineigentümer die Befugnis zur **einseitigen Änderung** der von ihm vorgeschlagenen Regelungen (*BGH* ZMR 2001, 119 = MDR 2001, 80 = NJW 2000, 3643 = ZfIR 2000, 884; *OLG Düsseldorf* ZMR 2002, 386; *BayObLG* NZM 1999, 126; WE 1995, 90). Der teilende Alleineigentümer kann auch nach der Teilung z. B. Sondernutzungsrechte **einseitig** durch entsprechende Regelung begründen und durch ihre Eintragung in das Grundbuch für Sondernachfolger verbindlich machen (*OLG Frankfurt a. M.* ZMR 1998, 365, 366; *BayObLG* WE 1997, 235 = Rpfleger 1997, 63; BayObLGZ 1985, 124 = DNotZ 1986 = MittBayNot 1985, 74; *OLG Düsseldorf* ZMR 1993, 179 = Rpfleger 1993, 193; *Schneider* Rpfleger 1998, 53, 61).

a) Keine Änderung durch einen schuldrechtlichen Vorschlag

53 Ein bloß **schuldrechtlicher Vorschlag** des Alleineigentümers für eine Regelung, die nicht nach § 10 Abs. 3 WEG im Grundbuch eingetragen wird, ist für Sondernachfolger allerdings **rechtlich unbeachtlich** (*KG* ZMR 2007, 384, 386; s. bereits Rn. 31 für die Änderung der Teilungserklärung). Freilich ist – wie stets – vorstellbar, dass ein Sondernachfolger später ausdrücklich oder **konkludent** einer entsprechenden Regelung »zustimmt« und damit eine auch ihn bindende Vereinbarung entsteht (*BayObLG* ZMR 2001, 210; *OLG Düsseldorf* NJWE 1997, 229; kritisch *KG* ZMR 2002, 300).

b) Keine Änderung durch einen »Ein-Mann-Beschluss«

aa) Grundsatz

54 Trifft der Alleineigentümer »beschlussweise« eine Anordnung, kann diese nach noch h. M. **nicht als Beschluss** verstanden werden (s. aber *F. Schmidt* FS Bub, S. 221, 236). Der Beschluss im Wohnungseigentumsrecht ist grundsätzlich ein Regelungsinstrument der Wohnungseigentümer. Sind noch sämtliche Anteile in der Person des Alleineigentümers vereinigt und ist auch noch keine werdende Eigentümergemeinschaft entstanden, gibt es keine Gemeinschaft der Wohnungseigentümer, die ihre Angelegenheiten durch einen Beschluss regeln könnte oder müsste. Jedenfalls nach bisheriger Sichtweise sind »Beschlüsse« des Alleineigentümers daher als **Nichtbeschlüsse** (juristisches Nihil) anzusehen und **ohne weiteres** unbeachtlich (*BGH* NJW 2002, 3240, 3243 = ZMR 2002, 766 = NZM 2002, 788; *OLG München* ZMR 2006, 308 = NZM 2006, 347; *OLG Düsseldorf* ZMR 2006, 463, 464 = ZfIR 2006, 106, 107 mit Anm. *Häublein* = ZWE 2006, 142 mit Anm. *Kreuzer* = Info M 2006, 31 mit Anm. *Elzer*; *BayObLG* ZMR 2003, 521, 522 = NJW-RR 2003, 874; *OLG Frankfurt a. M.* OLGZ 1986, 40; *LG Frankfurt a. M.* ZMR 1989, 351; offen gelassen von *OLG Düsseldorf* ZMR 2001, 650, 651; a. A. *Ertl* WE 1996, 370; *Röll* WE 1996, 370; *ders.* NJW 1989, 1070, 1072). Anders als im GmbH-Recht fehlt für den Bereich des Wohnungseigentums eine gesetzliche Regelung, die eine andere Sichtweise erlaubt. § 23 Abs. 1 WEG geht ersichtlich von einer Versammlung **der** Wohnungseigentümer, nicht des oder eines Wohnungseigentümers, aus (a. A. *Ertl* WE 1996, 370). § 23 Abs. 3 WEG setzt die Zustimmung sämtlicher Wohnungseigentümer voraus, nicht die eines einzelnen Wohnungseigentümers. Dem teilenden Eigentümer sind ferner die Befugnisse nach § 8 Abs. 2 S. 1 i. V. m. § 5 Abs. 4 und § 10 Abs. 3 eingeräumt, mit denen er vollständig und allein sämtliche Anordnungen auch ohne Beschluss treffen kann, so dass bislang auch **kein Bedarf** für die Anerkennung von »Eigentümerversammlungen« des teilenden Eigentümers mit entsprechender Beschlusskompetenz besteht (*BayObLG* ZMR 2003, 521, 522 = NJW-RR 2003, 874; a. A. *F. Schmidt* FS Bub, S. 221, 238). Zudem gebietet es der **Schutz der Erwerber**, dass deren künftiges Rechtsverhältnis mit den im Grundbuch eingetragenen Vereinbarungen **abschließend geregelt** ist, solange nicht Versammlungen von Wohnungseigentümern stattgefunden haben. Die Unbeachtlichkeit des »Ein-Mann-Beschlusses« gilt auch für Beschlüsse desjenigen, der vollständig in die Rechtsstellung des aufteilenden Alleineigentümers eingetreten ist oder als Zwangsverwalter dessen Rechte ausübt (*OLG München* ZMR 2006, 308, 309 = NZM 2006, 347).

bb) Einpersonen-Eigentümergemeinschaft?

Der »Ein-Mann-Beschluss« wäre vorstellbar, wenn der Verband Wohnungseigentümergemein- 55
schaft und / oder die Gemeinschaft der Wohnungseigentümer aus einem **einzigen Wohnungs-
eigentümer** bestehen könnten (*Becker* FS Seuß (2007), S. 19, 36). Für die Anerkennung einer solchen »Einpersonen-Eigentümergemeinschaft« sprechen aus dogmatischer Sicht manche Gründe
(*Becker* FS Seuß (2007), S. 19 ff.; *Meffert* ZMR 2007, 153, 154). Zum einen würde es diese Sichtweise
erlauben, dass bereits der Alleineigentümer Angelegenheiten außerhalb des Grundbuchs, aber
mit Wirkung gegen die Sondernachfolger regelt. Zum anderen erledigten sich die bisherigen dogmatischen Verwerfungen, wie mit Vereinbarungen in Beschlussangelegenheiten zu verfahren ist
(§ 10 Rn. 75 ff.). Diese Ansicht könnte es auch wenigstens leichter erklären, wie bereits vom Alleineigentümer geschlossene Verträge auf den Verband »übergehen«. Dennoch kann dieser Ansicht zurzeit noch **nicht gefolgt werden**. Sie steht nämlich **nicht** auf dem Boden des Gesetzes.
Nach § 10 Abs. 7 S. 4 WEG geht das Verwaltungsvermögen des Verbandes Wohnungseigentümergemeinschaft auf den Eigentümer des Grundstücks über, wenn sich sämtliche Wohnungseigentumsrechte in einer Person vereinigen. Das Gesetz geht mithin ohne weiteres davon aus, dass
der Verband »untergeht«, wenn er nicht mehrere Mitglieder hat. Diese Anordnung ist zwar
ggf. verfehlt (*Riecke* ZfIR 2006, 334, 336; siehe auch *Häublein* ZfIR 2006, 107, 108; a. A. *Wenzel*
ZWE 2006, 462). Solange § 10 Abs. 7 S. 4 WEG nicht aufgehoben ist, ist er aber zu beachten. Außerdem ignoriert die Idee einer Einpersonen-Eigentümergemeinschaft, dass es neben dem Verband stets mehrere die Gemeinschaft der Wohnungseigentümer repräsentierende Miteigentümer
i. S. v. §§ 741 ff., 1008 ff. BGB geben muss. Ein Verband Wohnungseigentümergemeinschaft hat –
bevor es nicht Gemeinschaftseigentum gibt und bevor es nicht mehrere Wohnungseigentümer
gibt, deren Interesse er nach außen zu vertreten hat – keinen Platz im Wohnungseigentumsrecht
(so auch *Wenzel* FS Bub, S. 249, 263 / 264).

cc) Vollmachten; »Änderungsvorbehalte«

Der Alleineigentümer kann sich in den jeweiligen Kaufverträgen **Vollmachten zur Änderung** der 56
schuldrechtliche, vor allem der dinglichen Vereinbarungen einräumen lassen (so genannte Änderungsvorbehalte), auch nach Entstehung der Eigentümergemeinschaft einseitig Regelungen zur
Gemeinschaftsordnung zu treffen (*BGH* NJW 2002, 2247 = BGHReport 2002, 667 = MDR 2002,
1001 = ZMR 2002, 763; NJW 1986, 845 = DNotZ 1986, 274 = MDR 1986, 303; *BayObLG* ZMR 2005,
300, 301; *Armbrüster* ZMR 2005, 244, 245; *Häublein* Sondernutzungsrechte, S. 275 ff.). Es ist z. B. vorstellbar, dass sich der Alleineigentümer das Recht vorbehält, zu einem späteren Zeitpunkt **weitere
Sondernutzungsrechte zu begründen** (*BayObLG* ZMR 2005, 300, 301; ZWE 2002, 78, 81; *OLG
Frankfurt a. M.* FGPrax 1998, 85 = NZM 1998, 408, *Armbrüster* ZMR 2005, 244, 245; s. ausführlich
Häublein Sondernutzungsrechte, S. 275 ff. und *Bornemann* Erwerb, S. 169 ff.). Stattdessen kann
der teilende Eigentümer allerdings die Sondernutzungsrechte auch bereits in der Teilungserklärung begründen und einer in seinem Eigentum möglichst lange verbleibenden Einheit (etwa
einem geringwertigen Teileigentum, z. B. einer Garage) zuweisen (*KG* ZMR 2007, 384, 387). Ferner
kann der teilende Eigentümer in der Teilungserklärung alle Erwerber von dem gemeinschaftlichen Gebrauch an bestimmten Flächen ausschließen mit der Folge, dass er allein im Rahmen
der Bestimmung zur Nutzung dieser Flächen berechtigt bleibt (*KG* ZMR 2007, 384, 387; *Häublein*
Sondernutzungsrechte, S. 277, 279). Eine dritte Möglichkeit besteht darin, dass die Erwerber unter
der aufschiebenden Bedingung (§ 158 Abs. 1 BGB) einer Zuweisung eines Sondernutzungsrechts
von der Mitnutzung bestimmter Teile des gemeinschaftlichen Eigentums ausgeschlossen werden
(*KG* ZMR 2007, 384, 387; *BayObLG* NJW-RR 1986, 93; *Häublein* Sondernutzungsrechte, S. 277).

2. Zustimmung Dritter

Begründungsvorbehalte können nicht in einer die **dinglich Berechtigten** bindenden Weise als In- 57
halt des Sondereigentums vereinbart werden (*BayObLG* ZMR 2005, 300, 301). Dies wäre ein unzulässiger Vertrag zu Lasten Dritter. Soll daher eine verdinglichte Vereinbarung geändert werden
und liegt kein Fall des § 5 Abs. 4 S. 2 oder S. 3 WEG vor, müssen Dritte einer Änderung zustimmen
(s. dazu u. a. § 10 Rn. 167 ff.).

§ 8 I Teilung durch den Eigentümer

3. Nach Entstehung der Gemeinschaft

58 Nach **Entstehung der Gemeinschaft der Wohnungseigentümer** (bzw. der werdenden Gemeinschaft) können die Wohnungseigentümer Vereinbarungen grundsätzlich nur **gemeinsam ändern** (*KG* ZMR 2007, 384, 386; a. A. *Röll* ZWE 2000, 343, 344).

4. Inhaltskontrolle

a) Allgemeines

59 Das Grundbuchamt muss bei der Beurkundung einer Vereinbarung nach § 5 Abs. 4 S. 1 WEG prüfen, ob diese gegen ein **gesetzliches Verbot** (Rn. 60) oder gegen **Treu und Glauben** verstößt (Rn. 61). Das Grundbuchamt darf nicht »sehendes Auges« dabei mitwirken, das Grundbuch unrichtig zu machen (s. § 7 Rn. 106 ff.). Das Grundbuchamt darf eine Eintragung allerdings nur dann ablehnen, wenn **zweifelsfrei** feststeht, dass das Grundbuch durch die Eintragung unrichtig würde. Die bloße »Besorgnis« einer Unrichtigkeit genügt nicht (*OLG Frankfurt a. M.* ZMR 1998, 365, 367 = Rpfleger 1998, 336). Sofern die Prüfung eine **wertende Beurteilung** unter Berücksichtigung aller Umstände erfordert, ist das Grundbuchamt dazu wegen der Beweismittelbeschränkung im Eintragungsantragsverfahren schon gar **nicht in der Lage**. Wenn das Grundbuchgericht allerdings sichere Kenntnis davon hat, dass die beantragte Eintragung das Grundbuch unrichtig machen würde, hat es den Eintragungsantrag – ggf. nach vorheriger Zwischenverfügung – zurückzuweisen. Gelangt das Grundbuchgericht indes nicht zu der vollen Überzeugung, dass eine beabsichtigte Eintragung unrichtig wird, muss es den **Antrag vollziehen** (*OLG Frankfurt a. M.* ZMR 1998, 365, 367 = Rpfleger 1998, 336; *BayObLG* ZMR 1997, 369 = Rpfleger 1997, 375; *OLG Frankfurt a. M.* Rpfleger 1998, 336). Die Frage, ob eine solche Vereinbarung das Grundbuch unrichtig macht, muss dann unter den Wohnungseigentümern in einem Verfahren nach § 43 Nr. 1 WEG geklärt werden (*BayObLG* ZMR 1997, 369 = Rpfleger 1997, 375; *OLG Düsseldorf* DNotZ 1973, 552).

b) Gesetzesverstöße

60 Das Grundbuchamt hat zum einen zu prüfen, ob eine Vereinbarung gegen **zwingende gesetzliche Vorschriften** verstößt und deshalb **nach § 134 BGB nichtig** ist (*BayObLG* ZMR 1997, 369 = Rpfleger 1997, 375; *OLG Hamburg* FGPrax 1996, 132 = ZMR 1996, 443; *OLG Zweibrücken* MittBayNot 1994, 447; § 7 Rn. 118). Zur Frage, welche Bestimmungen des Wohnungseigentumsgesetzes als zwingend angesehen werden s. § 7 Rn. 118 und § 10 Rn. 211 ff.).

c) Verstöße gegen Treu und Glauben

aa) Ausgangslage

61 Zum anderen ist es eine Aufgabe des Grundbuchamtes, bei der Beurkundung von Vereinbarungen zu prüfen, ob diese gegen **Treu und Glauben** (§ 242 BGB; Rn. 62) verstoßen. Ein inhaltliches Ungleichgewicht und gleichsam eine Äquivalenzstörung liegen dabei nicht ganz fern, weil die Formulierung der Vereinbarungen in der Regel **vollständig in den Händen von Bauträgern** liegt. Vor allem Bauträger bestimmen in der Teilungserklärung auf Grund der Rechtsmacht, die ihnen §§ 8 Abs. 2, 5 Abs. 4 S. 1 und § 10 Abs. 2 und Abs. 3 WEG einräumen, in welchem **gewillkürten Rechtsverhältnis** die künftigen Wohnungseigentümer in Abweichung von den gesetzlichen Bestimmungen und Leitideen leben werden. Diese einseitig gesetzten und stets von einem subjektiven Interesse geleiteten Regelungen können sich im Zusammenleben der Wohnungseigentümer als **von Anfang an** verfehlt oder unzweckmäßig erweisen, etwa weil sie zu wenig auf die Besonderheiten der jeweiligen Wohnungseigentümergemeinschaft abgestimmt sind (*BGH* BGHZ 95, 137, 141 = ZMR 1986, 19). Ferner kommt es vor allem bei Großanlagen vor, dass diese nicht wie geplant fertiggestellt werden. Hierdurch kann der in der Gemeinschaftsordnung noch vorgesehene Lasten- und Kostenverteilungsschlüssel unbillig werden – wenn hier auch § 16 Abs. 3 WEG **Erleichterung verschaffen kann** (s. § 16 Rn. 56 ff.). Auch können neuere Erfahrungen, technische Entwicklungen oder eine Umstellung der Lebensgewohnheiten eine Anpassung an die geänderten Verhältnisse erforderlich machen (*BGH* BGHZ 95, 137, 141 = ZMR 1986, 19; *Bub* PiG 32, 53, 57 ff.; *F. Schmidt* PiG 32, 67, 74). Im letzten Jahrzehnt trat Änderungsbedarf z. B. bei der **Begründung von Sondernutzungsrechten** und vor allem bei der **dauerhaften Änderung von Kosten-**

verteilungsschlüsseln auf (diese Not fängt für letztere wie ausgeführt jetzt § 16 Abs. 3 WEG auf, s. § 16 Rn. 56 ff.). Die von den Bauträger-Alleineigentümern vorgeschlagenen **Bestimmungen** unterliegen u. a. aus diesen Gründen ebenso wie auch die Vereinbarungen der Miteigentümer (s. § 3 Rn. 121) einer behutsamen **Inhaltskontrolle** (*BGH* ZMR 2007, 284, 286; BGHZ 157, 322, 331 [Parabolantenne] = ZMR 2004, 438, 441; BGHZ 151, 164, 173 = ZMR 2002, 766; BGHZ 99, 90, 94 = NJW 1987, 650 = WuM 1987, 92; *BayObLG* NJW 1973, 151, 152). Zwar ist auch bei der Überprüfung der von einem Einzelnen vorgeschlagenen Bestimmungen stets **große Zurückhaltung** geboten. Ein »Gefälle« und eine überragende Machtstellung des teilenden Eigentümers gegenüber den von ihm Erwerbenden kann aber in engen Ausnahmefällen anerkannt werden. Bei der Begründung von Wohnungseigentum nach § 8 WEG ist aber eher als nach einer Begründung nach § 3 WEG vorstellbar, dass eine Vereinbarung letztlich **grob einseitig** ist und die anderen Wohnungseigentümer benachteiligt.

bb) Maßstab für eine Inhaltskontrolle

Maßstab für eine Inhaltskontrolle ist § 242 BGB und sind nicht die Bestimmungen der §§ 305 ff. BGB (*Ertl* DNotZ 1981, 149; a. A. *Ulmer* S. 205, 217 noch zum AGBG: höheres Schutzbedürfnis). Dieses Verständnis findet seine Begründung darin, dass angesichts der besonderen Verhältnisse im Bereich des Wohnungseigentums die Anwendung der §§ 305 ff. BGB bereits nicht angezeigt ist. Für eine Kontrolle nach §§ 305 ff. BGB neben einer Angemessenheitsprüfung gem. § 242 BGB gibt es regelmäßig kein Bedürfnis. Die im Bereich des **formellen Konsensprinzips** als Eintragungsgrundlage allein in Betracht kommende Eintragungsbewilligung des Alleineigentümers ist außerdem eine **einseitige Erklärung**. Schon dies **verbietet eine Anwendung** von §§ 305 ff. BGB (*OLG Frankfurt a. M.* ZMR 1998, 365, 367). In der Rechtsprechung der Obergerichte wird die Anwendbarkeit der §§ 305 ff. BGB auf Gemeinschaftsordnungen deswegen entweder ausdrücklich **verneint** (*OLG Hamburg* FGPrax 1996, 132 = ZMR 1996, 443; *BayObLG* NJW-RR 1992, 83 = WE 1992, 140 = WuM 1991, 365) oder jedenfalls ausdrücklich **offen gelassen** (z. B. *BGH* ZMR 2007, 284, 286; BGHZ 157, 322, 331 [Parabolantenne] = ZMR 2004, 438, 441; BGHZ 151, 164, 174 – ZMR 2002, 766; NJW 1994, 2950, 2952 – MDR 1994, 580 = ZMR 1994, 271; *OLG Düsseldorf* NJW-RR 1990, 154; *OLG Karlsruhe* NJW-RR 1987, 651 = Rpfleger 1987, 412; *OLG Köln* NJW-RR 1989, 780 = Rpfleger 1989, 405). Es ist allerdings keine Aufgabe des Grundbuchamts zu erforschen, ob die Interessen der Wohnungseigentümer in gebührendem Maße berücksichtigt sind oder ob die Rechtsstellung der Wohnungseigentümer in unangemessener Weise ausgehöhlt wird (*OLG Düsseldorf* DNotZ 1973, 552). S. zu diesen Fragen vor allem auch § 10 Rn. 219 ff.

F. Unterteilung

Ein Wohnungseigentümer kann als Ausfluss seines Rechtes nach § 903 S. 1 BGB mit seinem Eigentum nach Belieben verfahren und andere von jeder Einwirkung ausschließen (*BGH* ZfIR 2004, 1006, 1007 = ZMR 2005, 59 = NJW 2005, 10; *Merle* System, S. 184; s. auch § 7 Rn. 63 ff.). Er kann entsprechend § 8 Abs. 1 WEG (*BGH* ZfIR 2004, 1006, 1007 = ZMR 2005, 59 = NJW 2005, 10; *Röll* DNotZ 1993, 158, 162) oder analog § 7 GBO (so *Weitnauer / Briesemeister* Rn. 3), jedenfalls aber in der Form der §§ 8 Abs. 2, 3 Abs. 2, 7 Abs. 4 WEG (*BayObLG* DNotZ 1999, 194; *BayObLG* NZM 1998, 440 = NJW-RR 1999, 8; *Röll* DNotZ 1993, 158, 162), sein Wohnungs- oder Teileigentum **einseitig ohne Mitwirkung der anderen Wohnungseigentümer** unter Aufteilung der bisherigen Raumeinheit in mehrere (zwei oder mehrere) in sich wiederum abgeschlossene Raumeinheiten unterteilen und veräußern (*BGH* ZfIR 2004, 1006, 1007 = ZMR 2005, 59 = NJW 2005, 10; BGHZ 73, 150, 152 = ZMR 1979, 312 = NJW 1979, 870 = MDR 1979, 389; BGHZ 49, 250, 253 [Unterteilung] = NJW 1968, 499; *BayObLG* NJW-RR 1991, 910 = WE 1992, 55; *OLG Schleswig* MDR 1965, 46; *Röll* Teilungserklärung, S. 38; *Meier-Kraut* MittBayNot 1974, 16). Werden aus einem Anteil mehrere Anteile gebildet, liegt dann eine gemischt real-ideelle Aufteilung vor (*BGH* ZfIR 2004, 1006, 1007 = ZMR 2005, 59 = NJW 2005, 10; BGHZ 49, 250, 252 [Unterteilung] = NJW 1968, 499). Bleibt die Einheit hingegen real ungeteilt, liegt eine bloß ideelle Unterteilung vor (*Gaier* FS Wenzel, 145, 146). Ein Wohnungseigentümer kann die durch Unterteilung entstandenen Einheiten später wiederum zu einer Wohnungseigentumseinheit vereinigen.

§ 8 | Teilung durch den Eigentümer

64 Durch Unterteilung eines Wohnungs- bzw. Teileigentumsrechts entstehen **nicht mehr Befugnisse**, als sie dem Wohnungseigentümer vor Unterteilung und Veräußerung zugestanden haben. Der durch die Teilungserklärung bestimmte Status der Wohnungseigentümer darf durch die Unterteilung **nicht beeinträchtigt** werden (*BGH* BGHZ 160, 354, 367 [Kostenverteilungsschlüssel] = ZMR 2004, 834; BGHZ 73, 150, 152 = ZMR 1979, 312 = NJW 1979, 870 = MDR 1979, 389; *OLG Hamm* ZMR 2002, 859; *KG* ZMR 2000, 191, 192; ZMR 1999, 426; *BayObLG* WE 1992, 55, 56 = NJW-RR 1991, 910; *OLG Düsseldorf* WE 1990, 170 = NJW-RR 1990, 521). Der bloß unterteilende Eigentümer hat z. B. keine Möglichkeit, einseitig (neue) Bestimmungen für das Gemeinschaftsverhältnis zu treffen. Und er hat auch keine Möglichkeit, auf die Stimmenverhältnisse der Versammlung der Wohnungseigentümer einzuwirken und diese zu Lasten der anderen Wohnungseigentümer zu verändern (*BGH* BGHZ 160, 354, 367 [Kostenverteilungsschlüssel] = ZMR 2004, 834; BGHZ 73, 150, 155 = ZMR 1979, 312 = NJW 1979, 870 = MDR 1979, 389; s. noch Rn. 70 ff.).

I. Voraussetzungen

1. Beliebig viele Bruchteile

65 Die Unterteilung eines Wohnungs- oder Teileigentums in **beliebig viele Bruchteile** ist durch Teilung sowohl der ideellen Miteigentumsanteile als auch der real bestehenden Sondereigentumseinheit möglich (*BGH* BGHZ 49, 250, 252 [Unterteilung] = NJW 1968, 499; *KG* ZMR 2000, 191, 192; *BayObLG* NJW-RR 1995, 783).

2. Verbindung der neuen Miteigentumsanteile mit Sondereigentum

66 Neues Raumeigentum kann allerdings nur dann entstehen, wenn mit jedem Miteigentumsanteil wieder ein sondereigentumsfähiger Raum i. S. des § 5 Abs. 1 WEG i. V. m. § 8 Abs. 2 WEG verbunden wird (*BayObLG* NJW-RR 1995, 783; *Demharter* BGH-Report 2004, 1612, 1613). Bei einer Unterteilung müssen daher **sämtliche** bisher im Sondereigentum stehende Räume mit dem Miteigentumsanteilsanteil eines der neu entstandenen Wohnungs- bzw. Teileigentumsrechte verbunden werden; andererseits dürfen auch nur solche Räume als Sondereigentum mit einem Miteigentumsanteil verbunden werden (*BayObLG* BayObLGZ 1998, 70 = ZMR 1999, 46 ff.). Sondereigentum kann ebenso wie ein Miteigentumsanteil an einem Grundstück nicht entsprechend § 928 Abs. 1 BGB durch **teilweisen Verzicht** gegenüber dem Grundbuchamt »aufgegeben« werden (*BGH* ZMR 2007, 795, 796 mit Anm. *Elzer*; Rn. 79 f. und allgemein § 11 Rn. 20 ff.).

3. Zustimmung

67 Einer Zustimmung der **übrigen Wohnungseigentümer** oder **Dritter** zu einer Unterteilung bedarf es nach h. M. grundsätzlich nicht (*BGH* ZfIR 2004, 1006, 1008 = ZMR 2005, 59 = NJW 2005, 10; NJW 1998, 3711; BGHZ 73, 150, 152 = ZMR 1979, 312 = NJW 1979, 870 = MDR 1979, 389; BGHZ 49, 250, 256 [Unterteilung] = NJW 1968, 499 = JZ 1968, 562 = MDR 1968, 396; *KG* ZMR 2000, 191, 192). Eine Zustimmung kann aber in bestimmten Fällen erforderlich werden.

a) Betroffenheit des Gemeinschaftseigentums

68 Eine Zustimmung ist zum einen erforderlich, wenn aus der bisherigen Raumeinheit nicht mehrere in sich wieder abgeschlossene Einheiten entstehen, sondern ein Teil der bisher sondereigentumsfähigen Räume und Gebäudeteile in **gemeinschaftliches Eigentum überführt** werden muss (*Elzer* MietRB 2007, 78, 80). Dies ist z. B. der Fall, wenn der **Eingangsflur** der früheren größeren Wohnung außerhalb der Ummauerung beider kleinerer Wohnungen bleibt. In diesem Falle kann der Aufteilende nicht allein handeln, sondern die anderen Wohnungseigentümer (*BGH* NJW 1998, 3711 = ZMR 1999, 182) und ggf. dinglich Berechtigte (*BayObLG* DNotZ 1999, 665) müssen – wie stets bei Änderung der sachenrechtlichen Grundlagen (Rn. 39) – zustimmen. Die Änderung bedarf dann auch der für die **Auflassung vorgeschriebenen Form** (*Hauger* Immobilienrecht 1998, 31, 33).

b) Vereinbarte Zustimmungsbedürftigkeit

69 Eine Zustimmung ist zum anderen notwendig, wenn die Eigentümer in entsprechender Anwendung von § 12 WEG vereinbart haben, eine Unterteilung von der **Zustimmung anderer Woh-**

nungseigentümer oder eines Dritten abhängig zu machen (*BGH* BGHZ 49, 250, 257 [Unterteilung] = NJW 1968, 499; a. A. Weitnauer/*Briesemeister* Rn. 3); diese Zustimmung darf aber entsprechend § 12 Abs. 2 WEG nur aus einem **wichtigen Grunde** versagt werden (*BGH* BGHZ 49, 250, 257 [Unterteilung] = NJW 1968, 499).

c) Veränderung des Stimmrechts

Eine Unterteilung kann sich auf das **Stimmrecht** des unterteilenden Eigentümers und der von ihm erwerbenden künftigen Eigentümer in der Versammlung der Eigentümer auswirken und deshalb zustimmungsbedürftig sein. Zu unterscheiden ist insoweit nach Kopf-, Wert- und Objektstimmrecht (dazu im Einzelnen *Briesemeister* FS Seuß (2007), S. 39 ff.). **70**

aa) Wertstimmrecht

Keine Schwierigkeiten entstehen, wenn die Wohnungseigentümer zulässiger Weise (*BayObLG* ZMR 2002, 527, 528) eine von § 25 Abs. 2 S. 1 WEG **abweichende Vereinbarung** getroffen haben, wonach sich das Stimmrecht nicht nach der Anzahl der Wohnungseigentümer, sondern nach der Höhe der Miteigentumsanteile (Wertstimmrecht) richten soll (§ 25 Rn. 53). In diesem Falle bestimmt sich das Stimmrecht entsprechend § 745 Abs. 1 S. 2 BGB und den allgemeinen Regelungen nach **Größe oder Anzahl** der im Grundbuch gem. § 47 GBO eingetragenen Miteigentumsanteile. Die übrigen Wohnungseigentümer werden hier durch eine Unterteilung nicht beeinträchtigt (*Wedemeyer* NZM 2000, 638, 639); ihre Stimme hat in der Versammlung auch nach der Unterteilung denselben Erfolgswert. Gesamtstimmenzahl und Gewicht **bleiben unverändert**. **71**

bb) Kopf- und Objektstimmrecht

Etwas anderes gilt, wenn ein Objektstimmrecht vereinbart ist oder die Eigentümer bei dem gesetzlichen Kopfstimmrecht nach § 25 Abs. 1 S. 1 WEG geblieben sind. In beiden Fällen könnte durch eine Unterteilung die Mehrheit in der Versammlung bzw. der Erfolgswert einer Stimme und damit in **unzulässiger Weise der Status** der anderen Eigentümer verändert werden. Auch nach einer Unterteilung muss aber die ursprüngliche Stimmenzahl grundsätzlich gleich bleiben (dies gilt freilich nicht, wenn einem Eigentümer mehrere Wohnungen gehören: veräußert er davon eine, haben die Sondernachfolger ein eigenes Stimmrecht, vgl. *BayObLG* ZMR 2002, 527, 528). Der unterteilende Eigentümer hat es anders als der Eigentümer, der mehrere der ursprünglich aufgeteilten Einheiten erworben hat und diese einzeln abverkauft, nicht in der Hand, die Mehrheiten der Eigentümerversammlung einseitig zu ändern. Eine »Stimmvermehrung« muss **weder bei gesetzlichem Kopfstimmrecht** (*BGH* BGHZ 160, 354, 367 [Kostenverteilungsschlüssel] = ZMR 2004, 834; BGHZ 73, 150, 155 = ZMR 1979, 312 = NJW 1979, 870 = MDR 1979, 389; *OLG Stuttgart* ZMR 2005, 478; *Wedemeyer* NZM 2000, 638, 640; a. A. *OLG Düsseldorf* ZMR 2004, 696, 697; *KG* ZMR 2000, 191, 192 = NZM 2000, 671; Weitnauer/*Briesemeister* § 3 Rn. 104 und Rn. 3; *Gottschalg* NZM 2005, 88, 89; *Weitnauer* WE 1988, 3, 4) noch **beim Objektstimmrecht** hingenommen werden (*BGH* BGHZ 160, 354, 367 [Kostenverteilungsschlüssel] = ZMR 2004, 834; *OLG Hamm* ZMR 2002, 859; *KG* NZM 1999, 850, 852; *OLG Köln* WE 1992, 259, 260; *BayObLG* NJW-RR 1991, 910; *OLG Düsseldorf* MDR 1990, 633 = NJW-RR 1990, 521; *Wedemeyer* NZM 2000, 638, 640). Eine **Stimmrechtsvermehrung** der im Zeitpunkt der Teilungserklärung vorhandenen Stimmrechte durch Unterteilung von Wohnungseigentumseinheiten ist **nicht möglich**, weil dadurch in unzulässiger Weise der Status der übrigen Wohnungseigentümer verändert werden würde (*BGH* BGHZ 160, 354, 367 [Kostenverteilungsschlüssel] = ZMR 2004, 834; *OLG Hamm* ZMR 2002, 659; *BayObLG* WE 1992, 55 = NJW-RR 1991, 910; *OLG Köln* WE 1992, 259). **72**

Entsprechend § 25 Abs. 2 S. 2 WEG ist davon auszugehen, dass der teilende Wohnungseigentümer zusammen mit den Erwerbern einer neu geschaffenen Einheit **nur eine Stimme** hat. Eine **Spaltung nach Bruchteilen** oder eine **Quotelung** kommen insoweit aber nicht in Betracht (a. A. *BGH* BGHZ 160, 354, 367 [Kostenverteilungsschlüssel] = ZMR 2004, 834; *KG* ZMR 1999, 427, 428; *OLG Düsseldorf* OLGZ 1990, 152 = NJW-RR 1990, 521 = WE 1990, 170; *Gottschalg* NZM 2005, 88, 89). Dies würde dem geltenden Kopfprinzip **widersprechen** und würde zu einer Belastung der Eigentümerversammlung und des Versammlungsleiters führen. Das Problem, wie das Stimmrecht einheitlich auszuüben ist, ist vielmehr **Sache der Unterteilers** und der Inhaber der neu geschaffenen **73**

§ 8 | Teilung durch den Eigentümer

Raumeigentumsrechte. Haben diese hierüber keine »Vereinbarung« i. S. v. § 745 BGB getroffen, ist § 10 Abs. 2 S. 2 WEG nicht, auch nicht analog, anwendbar (s. § 10 Rn. 14 zu gemeinsamen Gebrauchsrechten), kann § 745 Abs. 1 S. 2 BGB (Anteilsprinzip) dennoch **entsprechend angewandt** werden.

cc) Anspruch auf Änderung des Stimmrechts

74 Eigentümer, die ein durch Unterteilung entstandenes Raumeigentum erworben haben, können ggf. aus §§ 242, 313 BGB i. V. m. mit dem Gemeinschaftsverhältnis (s. § 10 Rn. 41 ff.) einen **Änderungsanspruch** auf Veränderung und Anpassung der Stimmrechte haben. Außerdem ist vorstellbar, einen Änderungsanspruch im Wege der ergänzenden Auslegung (s. § 10 Rn. 203) der Vereinbarung, die das Stimmrecht abgeändert hat, zu ermitteln (*BGH* BGHZ 160, 354, 367 [Kostenverteilungsschlüssel] = ZMR 2004, 834). In der Regel wird diese Auslegung aber **ergebnislos** sein.

d) Gründungsmängel

75 Gründungsmängel, die sich auf die **Einräumung von Sondereigentum beschränken**, lassen die Aufteilung in Miteigentumsanteile **unberührt** (s. allgemein § 3 Rn. 32 ff.). Eine solche Interessenlage ist auch bei einer **fehlerhaften** Unterteilung gegeben (*BGH* ZfIR 2004, 1006, 1008 = ZMR 2005, 59 = NJW 2005, 10; *BayObLG* ZMR 1999, 46, 47; a. A. *Gaier* FS Wenzel, 145, 150 ff.). Bei einer Unterteilung besteht ebenfalls ein **schützenswertes Interesse** der Beteiligten daran, dass ein gegenständlich beschränkter Gründungsmangel ohne Folgen für das Entstehen von Raumeigentum an den nicht unmittelbar betroffenen (neuen) Einheiten bleibt. Ob der durch die Unterteilung geschaffene Grundbuchinhalt im Übrigen richtig oder unrichtig ist, richtet sich auch der Wirksamkeit des zugrundeliegenden materiell-rechtlichen Rechtsgeschäfts; diese ist wiederum nach § 139 BGB zu beurteilen (*BayObLG* ZMR 1999, 46, 47).

II. Teileigentum

76 Für Teileigentum i. S. von § 1 Abs. 3 WEG gelten nach § 1 Abs. 6 WEG die Vorschriften über das Wohnungseigentum **entsprechend**. Die Aufteilung von Teileigentum in **mehrere Teileigentumsrechte** ist daher gem. § 1 Abs. 6, Abs. 3 WEG in gleicher Weise wie die von Wohnungseigentum zu beurteilen (*BGH* BGHZ 73, 150 = ZMR 1979, 312 = NJW 1979, 870 = MDR 1979, 389).

III. Unterteilung eines Teileigentums in Teil- und Wohnungseigentum oder umgekehrt

77 Wenn ein Wohnungseigentum in ein **Wohnungseigentum und ein Teileigentum** aufgeteilt wird (oder umgekehrt), kann eine Unterteilung unter dem Gesichtspunkt einer unzulässigen einseitigen Änderung einer **sachenrechtlich festgelegten Zweckbestimmung** (s. dazu ausführlich § 3 Rn. 20) unzulässig sein (*BGH* BGHZ 73, 150, 152 = ZMR 1979, 312 = NJW 1979, 870 = MDR 1979, 389; *OLG Braunschweig* MDR 1976, 1023). Keine Bedenken bestehen jedenfalls dann, wenn die Zweckbestimmung der neuen Raumeinheiten i. S. des § 1 Abs. 2 und Abs. 3 WEG **übereinstimmt** mit dem Zweck, der schon ursprünglich für die **einzelnen Räume** festgelegt war (*BGH* BGHZ 73, 150, 152 = ZMR 1979, 312 = NJW 1979, 870 = MDR 1979, 389). In einem solchen Fall wird bei entsprechender Aufteilung eines ursprünglich einheitlichen Wohnungseigentumsrechts in ein Wohnungseigentumsrecht und ein Teileigentumsrecht die **festgelegte Zweckbestimmung** nur formell geändert, materiell aber wird ihr durch die Aufteilung in ein Wohnungseigentumsrecht und ein Teileigentumsrecht Rechnung getragen. Wird hingegen – und das die Regel – durch die Unterteilung eine intensivere Nutzung ermöglicht, bedarf der Unterteiler die Zustimmung der anderen Wohnungseigentümer und die der Dritter. Hier gilt nicht anderes, wie bei der **Betroffenheit des Gemeinschaftseigentums** (Rn. 68).

IV. Fehler bei der Unterteilung

1. »Übergriff« auf das Gemeinschaftseigentum

Eine Unterteilung kann nur solche Räume erfassen, die zum Sondereigentum des aufgeteilten Raumeigentums gehören (*BGH* ZfIR 2004, 1006 = ZMR 2005, 59 = NJW 2005, 10; *BayObLG* NZM 1998, 440 = NJW-RR 1999, 8; BayObLGZ 1987, 390, 398 = DNotZ 1988, 316). Weisen der Aufteilungsplan und, durch die zulässige Bezugnahme die Teilungserklärung oder die Eintragungsbewilligung auf den Aufteilungsplan, das Grundbuch Räume als Sondereigentum einer der neu gebildeten Einheiten aus, die nach dem ursprünglichen Aufteilungsplan gemeinschaftliches Eigentum sind, so liegt insoweit eine ihrem Inhalt **nach unzulässige Eintragung** vor (*BayObLG* ZMR 1999, 46, 47; a. A. *Röll* DNotZ 1993, 158, 162). Sondereigentum kann dann nicht entstehen und auch **nicht gutgläubig** erworben werden (*BayObLG* ZMR 1999, 46, 48).

78

2. »Aufgedrängtes Gemeinschaftseigentum«

Eine Unterteilung, bei der nicht alle im Sondereigentum stehenden Räume mit einem Miteigentumsanteil verbunden werden, z. B. wenn der Eingangsflur Gemeinschaftseigentum werden soll, ist wegen der damit verbundenen Gefahr des »**aufgedrängten Gemeinschaftseigentum**s« nicht möglich, sofern die anderen Wohnungseigentümer und ggf. zustimmungsberechtigte Dritte damit nicht einverstanden sind (*BGH* BGHZ 139, 352, 356 = MDR 1998, 1471; *OLG München* Rpfleger 2007, 459 = MietRB 2007, 176 mit Anm. *Hügel*; *BayObLG* ZMR 1996, 285, 287 = NJW-RR 1996, 721; *Elzer* MietRB 2007, 78, 84; a. A. *Gaier* FS Wenzel, 145, 152). Es ist rechtlich nicht möglich, den anderen Wohnungseigentümern durch eine Unterteilung ehemaliges Sondereigentum als neues Gemeinschaftseigentum »aufzudrängen« (*BayObLG* ZWE 2000, 69, 71; BayObLGZ 1987, 390, 396 = DNotZ 1988, 316). Gegen eine Aufdrängung von Gemeinschaftseigentum spricht der mit ihr verbundene Effekt einer **Teilaufhebung der Gemeinschaft**. Die Rechte der anderen Wohnungseigentümer sind auch nicht dadurch gesichert, dass der »Alteigentümer« allein die Sorge und Kostentragungspflicht für die jetzt im Gemeinschaftseigentum stehende Fläche trifft. § 5 Abs. 2 WEG ist in Fällen der Aufteilung weder direkt noch analog anwendbar (*Elzer* MietRB 2007, 78, 84). Eine ohne Mitwirkung der anderen Wohnungseigentümer und ohne Mitwirkung Dritter durchgeführte Unterteilung ist **nichtig** (*BayObLG* ZMR 1996, 285 = NJW-RR 1996, 721) und kann **nicht Grundlage** weiterer Eintragungen sein. Die Eintragung kann ferner nicht Grundlage für einen **gutgläubigen Erwerb** nach § 892 BGB sein (*BGH* NJW 1995, 2851, 2854 = MDR 1996, 139; *BayObLG* ZMR 1996, 285 = NJW-RR 1996, 721; BayObLGZ 1987, 390, 393). Vielmehr muss das ehemalige Sondereigentum unter Mitwirkung aller Wohnungseigentümer in Gemeinschaftseigentum »überführt« werden (*BGH* NJW 1998, 3711 = ZMR 1999, 182; s. dazu § 11 Rn. 13 ff.), sofern diese dazu bereit sind. Fehlt es hieran und ist die Eintragung schon erfolgt, ist diese gem. § 53 Abs. 1 S. 2 GBO **von Amts wegen** zu löschen (*BayObLG* ZWE 2000, 69, 71).

79

3. »Isoliertes Sondereigentum«

Eine Unterteilung muss sich stets innerhalb der Grenzen des untergeteilten ursprünglichen Sondereigentums halten (*OLG München* Rpfleger 2007, 459 = MietRB 207, 176 mit Anm. *Hügel*; *BayObLG* BayObLGZ 1987, 390, 394). Wird bei der Unterteilung ein Raum, der bislang zum Sondereigentum gehörte, **vergessen** (isoliertes Sondereigentum), wird dieser **nicht Gemeinschaftseigentum**. Die Unterteilung ist vielmehr **nichtig** (*OLG München* Rpfleger 2007, 459 = MietRB 207, 176 mit Anm. *Hügel*; *BayObLG* Rpfleger 1988, 256 = WE 1988, 102 = DNotZ 1988, 316; *Röll* MittBayNot 1991, 241, 244; Rn. 79). Während bei der Begründung von Wohnungseigentum alles, was nicht Sondereigentum sein kann, nach § 5 Abs. 2 WEG **Gemeinschaftseigentum** wird (*BGH* BGHZ 109, 179, 184 [Heizwerkfall] = ZMR 1990, 112 = NJW 1990, 447; *OLG München* Rpfleger 2007, 459 = MietRB 207, 176 mit Anm. *Hügel*), ist dies bei der **nachträglichen Unterteilung** von Sondereigentum nicht der Fall (*OLG München* v. 3.4.2007 – 32 Wx 33/07; *BayObLG* ZMR 1996, 285, 287 = NJW-RR 1996, 721). Ein Wohnungseigentümer kann den übrigen Wohnungseigentümern nicht einen Teil seines Sondereigentums als Gemeinschaftseigentum »aufdrängen« (Rn. 79).

80

§ 8 | Teilung durch den Eigentümer

G. Vereinigung

I. Einführung

81 Ein Wohnungseigentümer kann – vor allem aus steuerlichen Gesichtspunkten – zwei in seinem Eigentum befindliche Raumeigentumsrechte (und damit gem. § 30 WEG auch mehrerer Wohnungserbbaurechte, s. *OLG Hamm* FGPrax 2007, 62) in entsprechender Anwendung von §§ 8 WEG, 890 Abs. 1 BGB, 5 GBO (dann entsteht ein neues Raumeigentum) oder entsprechend § 890 Abs. 2 BGB i. V. m. § 6 GBO (dann verliert eine Einheit seine Selbstständigkeit) **miteinander vereinigen** (*BayObLG* ZMR 2000, 468, 469; *KG* NJW 1989, 1360; *OLG Hamburg* NJW 1965, 1765). Ein Käufer erwirbt in beiden Fällen nur eine Einheit im steuerrechtlichen Sinne (*BFH* NJW 1992, 2504). Zur Vereinigung von Räumen mit Einheiten anderer Wohnungseigentümer s. Rn. 90 ff. Der Eintragung der Vereinigung steht eine **unterschiedliche Belastung** der Rechte nicht entgegen (*OLG Hamm* FGPrax 2007, 62). Zu einer Vereinigung (s. dazu auch § 7 Rn. 83 ff.) bedarf ein Wohnungseigentümer grundsätzlich **nicht** der Mitwirkung der übrigen Eigentümer (*BGH* BGHZ 141, 241, 245 [Mauerdurchbruch] = ZMR 2001, 289, 291 = NJW 2001, 1212; *BGH* NJW 1976, 1976 = MDR 1977, 41; *OLG Hamm* FGPrax 2007, 62; ZMR 2000, 244, 246; *OLG Hamburg* MietRB 2004, 289, 290; *BayObLG* ZMR 2004, 925; BayObLGZ 2000, 252; ZMR 1999, 266; *KG* NJW-RR 1989, 1360; *Hügel* ZfIR 2004, 1009, 1010).

II. Mitwirkung der anderen Wohnungseigentümer

1. Vereinigung ohne bauliche Maßnahmen

82 Eine Mitwirkung anderer Wohnungseigentümer ist unnötig, wenn das Raumeigentum aus steuerlichen Gründen lediglich rechtlich vereinigt wird und sich **ohne Baumaßnahmen** vollzieht (*Böttcher* Rpfleger 2004, 21, 35).

2. Vereinigung mit baulichen Maßnahmen

83 Eine Mitwirkung ist hingegen vorstellbar, wenn die Vereinigung **mit Baumaßnahmen** verbunden ist.

a) Abgeschlossenheit

84 Das durch die Vereinigung entstehende neue Raumeigentumsrecht braucht nicht **in sich abgeschlossen** zu sein (*BGH* BGHZ 141, 241, 246 [Mauerdurchbruch] = ZMR 2001, 289 = NJW 2001, 1212; *OLG Hamburg* MietRB 2004, 289, 290 = FGPrax 2004, 217 = Rpfleger 2004, 620; *BayObLG* ZMR 2002, 468, 469). Es stellt keinen Nachteil i. S. von § 14 Nr. 1 WEG dar, wenn z. B. durch einen Wanddurchbruch und den Einbau einer Verbindungstür zwischen den beiden angrenzenden Sondereigentumseinheiten die Abgeschlossenheit der Wohnungen (§ 3 Abs. 2 WEG) entfällt (*BGH* BGHZ 141, 241, 246 [Mauerdurchbruch] = ZMR 2001, 289, 291 = NJW 2001, 1212; NJW 1991, 1611, 1612 = ZMR 1991, 185; a. A. *Röll* MittBayNot 1985, 63). Das Erfordernis der Abgeschlossenheit ist nur auf den Schutz derjenigen Wohnungseigentümer gerichtet, deren Wohneinheiten durch die fehlende oder weggefallene Trennung der verschiedenen Bereiche berührt werden, nicht aber auf den Schutz der Belange anderer Wohnungseigentümer (*BayObLG* Rpfleger 1984, 409, 410). Deren subjektive Rechte werden durch eine die Abgeschlossenheit beseitigende, räumliche Verbindung zweier Wohnungen nicht beeinträchtigt.

b) Keine tragende Wand (Umgestaltung des Sondereigentums)

85 Auch wenn bei der Baumaßnahme eine Mauer einer **nicht tragenden Wand** durchbrochen worden ist, ist diese Maßnahme von den übrigen Wohnungseigentümern ohne weiteres hinzunehmen (*BGH* BGHZ 141, 241, 248 [Mauerdurchbruch] = ZMR 2001, 289, 291 = NJW 2001, 1212). Es liegt kein Eingriff in die Substanz des Gemeinschaftseigentums vor (*BayObLG* WE 1997, 118, 119 = ZMR 1996, 618; *OLG Zweibrücken* NJW-RR 1987, 332, 333) noch sind eine Beeinträchtigung der Statik oder sonstige Nachteile ernsthaft zu befürchten.

c) Tragende Wand (Veränderung des Gemeinschaftseigentums)

Wird hingegen eine tragende, im Gemeinschaftseigentum stehende Wand durchbrochen, bedarf der Wohnungseigentümer gem. § 14 Nr. 1 WEG der Zustimmung der anderen Eigentümer. Ein nicht hinnehmbarer Nachteil ist erst dann ausgeschlossen, wenn **kein vernünftiger Zweifel** daran besteht, dass ein wesentlicher Eingriff in die Substanz des Gemeinschaftseigentums unterblieben ist, insbesondere zum Nachteil der übrigen Eigentümer keine Gefahr für die **konstruktive Stabilität** des Gebäudes und dessen **Brandsicherheit** geschaffen wurde (*BGH* BGHZ 116, 392, 396 = ZMR 1992, 167; *BayObLG* FGPrax 1999, 53 = ZMR 1999, 273; *KG* 1997, 587, 589 = ZMR 1997, 197). 86

Eine Klage auf Zustimmung empfiehlt sich bei kleineren Baumaßnahmen **nicht**. Der Wohnungseigentümer könnte nicht auf Zustimmung – die er ja gerade nicht für erforderlich hält – klagen, sondern allenfalls einen deklaratorisch-feststellenden Beschluss anstreben, dass eine zustimmungspflichtige Maßnahme nicht vorliegt. Ggf. beeinträchtigte Wohnungseigentümer können auf Unterlassung klagen. 87

III. Vereinigung von Räumen; Abspaltung von Räumen

Ein Wohnungseigentümer kann von einer seiner Sondereigentumseinheiten einen Teil des Miteigentumsanteils und einen Teil des Sondereigentums **abspalten** und mit einem anderen, in seinem Eigentum stehenden Sondereigentum **verbinden**. Hierzu bedarf er grundsätzlich nicht der Mitwirkung anderer Wohnungseigentümer, ggf. aber der Zustimmung Dritter (*Rapp* in Beck'sches Notarhandbuch, A III Rn. 97). Ein neuer Aufteilungsplan ist entbehrlich (*Rapp* in Beck'sches Notarhandbuch, A III Rn. 96). 88

IV. Grundbuch

Eine grundbuchrechtliche »Absicherung« einer Vereinigung ist möglich, aber **nicht** notwendig. Es steht dem jeweiligen Wohnungseigentümer frei, eine Vereinigung nur tatsächlich durchzuführen ohne daran rechtliche Konsequenzen zu knüpfen. Die Rechte und Pflichten – etwa das Stimmrecht i. S. von § 25 Abs. 2 WEG oder die Kostentragungspflicht nach § 16 Abs. 2 WEG – sind in diesem Falle vor und nach einer Vereinigung gleich. 89

H. Übertragung einzelner Räume

I. Allgemeines

Wohnungseigentümer sind berechtigt, **einzelne Räume** ihres Sondereigentums – insbesondere, aber nicht nur Kellerräume, Abstellräume oder sonstige Nebenräume, Garagen usw. – von einem auf den **anderen übertragen oder untereinander austauschen**, ohne dass es einer gleichzeitigen Änderung der **jeweiligen Miteigentumsanteile** bedarf (*OLG Zweibrücken* ZMR 2001, 663; *BayObLG* DNotZ 1984, 381; *OLG Schleswig* SchlHAnz 1977, 203; *OLG Celle* Rpfleger 1974, 267) – was aber möglich ist. Solche Rechtsgeschäfte unter Wohnungseigentümern werden von § 6 Abs. 1 WEG nicht berührt (*Tasche* DNotZ 1972, 710, 712 ff.; s. auch *BGH* BGHZ 73, 145, 148 ff., 149 für das ähnlich liegende Problem der Übertragung von **Sondernutzungsrechten** innerhalb der Wohnungseigentümer). Die Übertragung bedarf der Form der § 4 Abs. 1, 2 WEG, § 925 BGB. Zur isolierten Änderung von Miteigentumsanteilen zwischen zwei Wohnungseigentümern s. § 3 Rn. 19. 90

II. Mitwirkung anderer Wohnungseigentümer und Dritter

Die **Mitwirkung** anderer Wohnungseigentümer ist für einen Raumtausch oder eine Raumveränderung **nicht erforderlich** (*BGH* NJW 1976, 1976 = MDR 1977, 41; *KG* FGPrax 1998, 9). Wegen § 6 Abs. 2 WEG, §§ 877, 876 BGB ist aber eine Zustimmung der an dem Wohnungs- oder Teileigentum **dinglich Berechtigten** erforderlich, es sei denn, das Sondereigentum wird nicht verkleinert oder sonst nachteilig beeinträchtigt (*BayObLG* DNotZ 1984, 381; *OLG Schleswig* SchlHAnz 1977, 203; *OLG Celle* Rpfleger 1974, 267). 91

§ 8 | Teilung durch den Eigentümer

III. Aufteilungsplan und Abgeschlossenheit

92 Verändern sich durch die Veränderung der Räume die Grenzen des jeweiligen Sondereigentums, bedarf es der Vorlage eines neuen **bestätigten Aufteilungsplans** sowie einer Bescheinigung der Baubehörde über die **Abgeschlossenheit** der neu gebildeten Einheiten (*OLG Zweibrücken* ZMR 2001, 663; *BayObLG* DNotZ 1984, 381, 382; *Rapp* MittBayNot 1996, 344, 348; *Hauger* WE 1991, 66, 67). Eine Abgeschlossenheitsbescheinigung ist nur im Falle der Übertragung eines von vornherein in sich abgeschlossenen Raums (Garage oder Keller) entbehrlich. Grund dafür ist, dass durch die Übertragung hinsichtlich der Aufteilung der einzelnen Räume keine Unklarheit geschaffen wird (*OLG Zweibrücken* ZMR 2001, 663; *OLG Celle* DNotZ 1975, 42, 44). Fehlt die Abgeschlossenheitsbescheinigung, darf Wohnungseigentum durch das Grundbuchamt **nicht begründet** werden (*OLG Zweibrücken* ZMR 2001, 663).

I. Wirkung

93 Die Teilung wird gem. § 8 Abs. 2 S. 2 WEG mit Anlegung sämtlicher Wohnungs- und Teileigentumsgrundbücher **wirksam** (*OLG Hamm* NJW-RR 1990, 335; NJW-RR 1987, 842). Maßgeblich ist die Anlegung des **letzten Wohnungsgrundbuches** (*Galster* WE 1995, 290, 292). Für den Vollzug ist die Eintragungsbewilligung des Alleineigentümers nach § 19 GBO in der Form des § 29 GBO ausreichend. Rechtsfolge einer wirksamen Teilungserklärung ist, dass mit jedem Miteigentumsanteil Sondereigentum verbunden ist. Die Eigentumsverhältnisse am Grundstück setzen sich an jedem einzelnen Wohnungs- bzw. Teileigentum fort.

I. Entstehung des Sondereigentums

94 Das einem bestimmten Miteigentumsanteil zugeordnete **Sondereigentum** an einer bestimmten Wohnung entsteht mit der **Fertigstellung der Wohnung**. Dinglich vollzogen wird die Teilung zwar schon dann, wenn alle vorgesehenen Wohnungsgrundbücher und/oder Teileigentumsgrundbücher angelegt sind. Zu diesem Zeitpunkt besteht dasjenige Sondereigentum, das sich auf den Raum in der erst noch zu errichtenden Wohnung erstreckt, tatsächlich aber nur ein **Miteigentumsanteil am Grundstück** (substanzloses Miteigentum, s. § 3 Rn. 97 ff.). Die Anlegung des Wohnungsgrundbuchs verschafft dem Sondereigentümer freilich eine gesicherte Rechtsposition, die allgemein als eine **Anwartschaft** auf Erlangung von Sondereigentum beschrieben wird (*BGH* BGHZ 110, 36, 39 [Bauverbotsfall] = NJW 1990, 1111; *OLG Hamm* ZMR 2006, 60, 61 = NZM 2006, 142; s. § 3 Rn. 132). Ist ein Wohnungs- oder ein Teileigentum mit Anlegung des Wohnungs- bzw. Teileigentumsgrundbuchs entstanden, wohnt ihm nämlich das Recht zur Herstellung des in der Teilungserklärung vorgesehenen Raums (Gebäudes) unabdingbar inne (*OLG Hamm* ZMR 2006, 60 = NZM 2006, 142; OLGZ 1991, 27; OLGZ 1987, 389; *OLG Frankfurt a. M.* OLGZ 1978, 389), es sei denn, dass die Herstellung des Gebäudes **unmöglich** ist, etwa aus Gründen des öffentlichen Baurechts (*BGH* BGHZ 110, 36, 39 [Bauverbotsfall] = NJW 1990, 1111).

95 Stellt sich heraus, dass das Gebäude oder der Gebäudeteil, in dem sich das Sondereigentum befinden soll, nicht errichtet werden kann oder dass bei der Bauausführung von dem Aufteilungsplan in einer Weise abgewichen worden ist, die es unmöglich macht, die errichteten Räume einer in dem Aufteilungsplan ausgewiesenen Raumeinheit zuzuordnen, **erlischt** das Anwartschaftsrecht (s. § 3 Rn. 133). Es bleibt zwar Wohnungseigentum bestehen. Dieses stellt aber seiner Substanz nur einen isolierten, d. h. nicht mit Sondereigentum verbundenen Miteigentumsanteil am Grundstück dar (*BGH* BGHZ 110, 36, 39 [Bauverbotsfall] = NJW 1990, 1111; *OLG Hamm* ZMR 2006, 60, 61= NZM 2006, 142).

96 Kann oder will der erste Inhaber eines zunächst aus einem bloßen Anwartschaftsrecht bestehenden Sondereigentums das Sondereigentum **nicht mehr selbst errichten**, kann er den mit einem Anwartschaftsrecht auf Erlangung von Sondereigentum verbundenen **substanzlosen Miteigentumsanteil** veräußern (*OLG Hamm* ZMR 2006, 60 = NZM 2006, 142). Ein Anspruch auf Eigentumsverschaffung ist noch vor Vollzug der Teilung **vormerkbar**, wenn der schuldrechtliche Anspruch nach Inhalt und Umfang zweifelsfrei bestimmt oder doch bestimmbar ist (*BayObLG* NJW-RR

1992, 663). Der Anspruch ist bestimmt, wenn das Recht, die im Einzelnen geschuldete Leistung zu bestimmen, dem Vertragspartner (§ 315 BGB) oder einem Dritten (§ 317 BGB) eingeräumt ist (*BayObLG* NJW-RR 1986, 568 = Rpfleger 1986, 174; BayObLGZ 1973, 309, 312). Dies gilt insbesondere dann, wenn das Bestimmungsrecht innerhalb eines festgelegten Höchstrahmens ausgeübt werden muss (*BayObLG* DNotZ 1985, 44). Die Bestimmbarkeit kann auch von der Entschließung einer Behörde abhängig sein, z. B. bei Maßgeblichkeit eines erst aufzustellenden Bebauungsplans (*BayObLG* DNotZ 1985, 44). Das Bestimmungsrecht des Vertragspartners kann außerdem in zulässiger Weise durch das Ergebnis eines Baugenehmigungsverfahrens eingeschränkt sein (*BGH* MittBayNot 1981, 233). Der Erwerber hat auf Grund des Anwartschaftsrechts das Recht, das Gebäude seinerseits zu errichten und damit dem »Vollrecht« des Sondereigentums aus der Anwartschaft heraus zur Entstehung zu verhelfen (*OLG Hamm* ZMR 2006, 60, 61 = NZM 2006, 142; *OLG Hamburg* ZMR 2002, 372, 373 = OLGReport Hamburg 2002, 342, 343; *OLG Frankfurt a. M.* OLGZ 1978, 389).

II. Entstehung und Ende der Eigentümergemeinschaft

1. Grundsatz

Die Eigentümergemeinschaft wird aus **allen im Grundbuch eingetragenen Wohnungseigentü-** 97
mern gebildet. Auch wenn die Wohnungs- oder Teileigentum durch Teilungserklärung nach § 8 WEG begründet wird, ist die eigentliche Gemeinschaft erst mit der **Eintragung eines weiteren Beteiligten** (meist eines Käufers vom Alleineigentümer-Bauträger) im Grundbuch als zweiter Wohnungseigentümer neben dem Alleineigentümer **rechtlich in Vollzug** gesetzt und entstanden (*OLG Düsseldorf* ZMR 2006, 463, 464 = ZfIR 2006, 331 mit Anm. *Riecke*; *BayObLG* ZMR 2005, 462, 463; ZMR 2004, 767, 768; ZMR 2003, 526; ZMR 1995, 38 = NJW-RR 1995, 209; *OLG Hamm* ZMR 2003, 776, 777; *KG* ZMR 2003, 52, 53; *OLG Karlsruhe* ZMR 2003, 374; *Heismann* S. 81 ff.). Bevor wenigstens ein Käufer eine rechtlich geschützte Position inne hat (faktischer Eigentümer), besteht keine »**Ein-Mann-Gemeinschaft**«. So lange die Rechte in einer Hand liegen und vereinigt sind, gibt es **keine** Gemeinschaft (Rn. 56). Zur Problematik von »Ein-Mann-Beschlüssen« s. Rn. 38 und 55.

Der Veräußerer bleibt **bis zur Eigentumsumschreibung** im Grundbuch **rechtlich** Mitglied der Ei- 98
gentümergemeinschaft. Diese rechtliche Zugehörigkeit wird mit der Verpflichtung zur Veräußerung des Raumeigentums (auch wenn der Auflassungsanspruch des Erwerbers durch eine Vormerkung gesichert ist), der Besitzübertragung auf den Erwerber sowie dessen nachfolgende Nutzung der Wohnung **nicht** beendet. Dies hat zur Folge, dass der Veräußerer bis zur Umschreibung des Eigentums im Grundbuch nach § 16 Abs. 2 WEG die **Lasten und Kosten des gemeinschaftlichen Eigentums** zu tragen hat (*BGH* BGHZ 87, 138, 142 = NJW 1983, 1615; *Elzer* ZMR 2007, 714, 715; s. auch § 16 Rn. 200). Aus der Mitgliedschaft des Veräußerers folgt bis zur Umschreibung ferner sein Stimmrecht als Mitverwaltungsrecht i. S. des § 20 Abs. 1 WEG.

2. Werdende Wohnungseigentümergemeinschaft

Wird Wohnungseigentum durch Teilungserklärung begründet, können vom Zeitpunkt der Beur- 99
kundung des Kaufvertrags zwischen den Vertragsparteien bis zur Grundbucheintragung des vom Alleineigentümer erwerbenden Käufers als Wohnungseigentümer Monate verstreichen. Der Zeitraum bis zur rechtlichen Invollzugsetzung der Eigentümergemeinschaft kann sich unter Umständen sogar über **viele Jahre erstrecken**, wenn sich die Eigentumsumschreibung auf die einzelnen Erwerber auf Grund der mit dem Bauträger geschlossenen schuldrechtlichen Verträge wegen rechtlicher Auseinandersetzungen über Gewährleistungsansprüche hinauszögert (*OLG Frankfurt a. M.* v. 15.6.2005 – 20 W 17/03). Erst mit der Grundbucheintragung gebühren dem Erwerber Besitz, Kosten, Lasten und Nutzungen des zu erwerbenden Wohnungseigentums, mag der Erwerber das Wohnungseigentum auch schon lange vorher »übernommen« haben.

Wird Wohnungseigentum vor Entstehen einer Wohnungseigentümergemeinschaft im Rechts- 100
sinne erworben, besteht indes ein **unabwendbares praktisches Bedürfnis** dafür, Erwerber, wenn sie eine gesicherte Rechtsstellung erlangt haben, bis zu ihrer Eintragung im Grundbuch wenigstens als Wohnungseigentümer zu behandeln. Um den von dem teilenden Alleineigentümer kaufenden Erwerber eines Wohnungseigentumsrechtes zu schützen, bejaht die obergerichtliche Rechtsprechung aus diesem Grunde zu Gunsten und zu Lasten des Erwerbers eine antizipierte

§ 8 | Teilung durch den Eigentümer

(vorweggenommene) Anwendung der Vorschriften des Wohnungseigentumsgesetzes und hat das Gebilde des »**werdenden Wohnungseigentümers**« geschaffen (s. zu diesem Fragenkreis ausführlich § 10 Rn. 21 ff.). Die zeitliche Vorverlagerung und die Figur des werdenden Wohnungseigentümers **dienen** dabei **im Kern dazu**, einen rechtlichen Rahmen für eine von den Wohnungseigentumserwerbern vor Eigentumsübergang praktizierte gemeinschaftliche Nutzung des Objekts zur Verfügung zu stellen, für die die schuldrechtlichen Erwerbsverträge keine geeignete Grundlage geben können. Die tatsächliche gemeinschaftliche Nutzung verursacht insbesondere Lasten und Kosten, die im Verhältnis der Nutzer zueinander verteilt werden sollten (*OLG Frankfurt a. M.* v. 15.6.2005 – 20 W 17/03).

III. Entstehung des Verbandes Wohnungseigentümergemeinschaft

101 Der neben der Gemeinschaft der Wohnungseigentümer stehende Verband Wohnungseigentümergemeinschaft (§ 10 Rn. 371 ff.) **entsteht** nach seinem Sinn und Zweck **spätestens**, wenn die Voraussetzungen einer Wohnungseigentümergemeinschaft vorliegen (*Elzer* Info M 2006, 28; *Wenzel* ZWE 2006, 2, 6; *Hügel* DNotZ 2005, 753, 756; s. § 10 Rn. 21 ff.), also mit **Eintragung des zweiten Wohnungseigentümers**. Mit faktischem Beginn des Gemeinschaftslebens – also mit Beginn der »werdenden Wohnungseigentümergemeinschaft« wird es indes notwendig, einen Wirtschaftsplan zu beschließen und entsprechende Wohngeldzahlungen anzufordern. Nur so kann die – rechtlich an sich noch nicht existierende – Gemeinschaft die ab Gebrauch einzelner Wohnungen notwendigerweise zu erfüllenden Aufgaben wahrnehmen (*Hügel/Elzer* § 3 Rn. 93). Neben einer werdenden Wohnungseigentümergemeinschaft ist daher auch **ein werdender Verband Wohnungseigentümergemeinschaft** anzuerkennen. Dieser entsteht in dem Zeitpunkt, ab dem eine werdende Eigentümergemeinschaft anzuerkennen ist (*Hügel/Elzer* § 3 Rn. 93; Vorauflage Rn. 100; kritisch *Sauren* ZWE 2006, 258, 261). Der Verband geht nach § 10 Abs. 7 S. 4 WEG hingegen **unter**, wenn sich **sämtliche Wohnungseigentumsrechte** in einer Person vereinigen, s. § 10 Rn. 377, und also auch die Gemeinschaft der Wohnungseigentümer endet.

J. Kosten und Gebühren

I. Grunderwerbsteuer

102 Die Begründung von Wohnungseigentum im Wege der Teilungserklärung nach § 8 Abs. 1 WEG ist kein »Erwerbsvorgang« i. S. v. § 1 GrEStG. Allein durch die Erklärung des Alleineigentümers gegenüber dem Grundbuchamt verändert sich sachenrechtlich nichts, es findet **kein Wechsel des Rechtsträgers** des Grundstücks statt. Erst mit dem Eintritt eines weiteren Eigentümers entsteht eine Gemeinschaft (Rn. 97) und es kann **erstmals** zwischen Gemeinschaftseigentum – also dem Eigentum mehrerer – und einem Sondereigentum – dem Eigentum eines Einzelnen – gesprochen werden (vgl. *Elzer* ZMR 2005, 465).

II. Geschäftswert, Notar- und Grundbuchkosten

103 Der **Geschäftswert** bestimmt sich im Falle einer Teilungserklärung – wie beim Teilungsvertrag (s. dazu § 3 Rn. 137) – nach § 21 Abs. 2 KostO, also nach der **Hälfte des Grundstückswertes**. Bei der Begründung von Wohnungs- und Teileigentum gem. § 8 WEG ist dabei von einem Grundstückswert im **bebauten Zustand** nach der **völligen Fertigstellung** auszugehen (*OLG Zweibrücken* FGPrax 2004, 51 = ZWE 2004, 182; *OLG Karlsruhe* JurBüro 1998, 364; *BayObLG* Rpfleger 1997, 42 = MDR 1996, 1075 = NJW-RR 1997, 1224). Die Gebühr für die Anlegung von Teileigentumsgrundbüchern bemisst sich auch dann nach dem (geschätzten) Wert des Grundstückes im **bebauten Zustand**, wenn bereits im Zeitpunkt des Kostenansatzes feststeht, dass die beabsichtigte Bebauung unterbleibt (*OLG Zweibrücken* FGPrax 2004, 51 = ZWE 2004, 182). S. im Einzelnen § 7 Rn. 310 ff. Eine nachträgliche Änderung unterfällt §§ 76, 64 KostO. S. im Einzelnen § 7 Rn. 310 ff.

104 Für die **Beurkundung** der Teilungserklärung als **einseitiger Erklärung** erhält der Notar gem. § 36 Abs. 1 KostO anders für die Beurkundung des Teilungsvertrages die volle Gebühr, also eine **10/10 Gebühr**. Wird dem Notar ein **fertige** Teilungserklärung vorgelegt, erhält er nach § 45 Abs. 1

KostO für die Beglaubigung 1/4 der vollen Gebühr, höchstens jedoch einen Betrag von € 130,00. Wird der Notar auf Verlangen der künftigen Wohnungs- und Teileigentümer zum Zwecke des Vollzugs des Geschäfts tätig, so erhält er nach § 146 Abs. 1 KostO neben der Entwurfs- oder Beurkundungsgebühr die Hälfte der vollen Gebühr; beschränkt sich seine Tätigkeit auf die Einholung des Zeugnisses nach § 28 Abs. 1 des Baugesetzbuchs, so erhält er 1/10 der vollen Gebühr.
Für die **Eintragung** der Teilungserklärung in das Grundbuch und für die Anlegung der Wohnungsgrundbücher fällt nach § 76 Abs. 2 KostO eine **halbe Gebühr** an.

Anhang zu § 8 Grundzüge des Bauträgerrechts

Ausgewählte Literatur
Armbrüster, Änderungsvorbehalte und -vollmachten zugunsten des aufteilenden Bauträgers, ZMR 2005, 244 ff.; *Auktor*, Zwang zur Geltendmachung des Nachbesserungsanspruchs des Wohnungseigentümers gegen den Bauträger, NZM 2002, 239 ff.; *Baer*, Gemeinschaftsbezogenheit von Mängelrechten beim Erwerb vom Bauträger, BTR 2006, 113 ff.; *Basty*, Aktuelle Fragen zur Abnahme beim Bauträgervertrag, Immobilienrecht 2002, S. 247 ff.; ders., Regelungen zur Abnahme des Gemeinschaftseigentums im Bauträgervertrag, PiG 74 (2006), 49 ff.; *Briesemeister*, Rechtsfähigkeit der WEG-Gemeinschaft und Verfahren, ZWE 2006, 15 ff.; *Brock*, Bauprozess: Richtige Vorbereitung und Führung durch den Verwalter auf Grundlage des neuen Schuldrechts, WuM 2002, 198 ff.; *Derleder*, Wohnungseigentum unter modernisiertem Werkvertragsrecht, NZM 2003, 81 ff.; *Fritsch*, Die Abnahme des Gemeinschaftseigentums vom Bauträger durch den Verwalter und sonstige Dritte, BauRB, 28 ff.; *Fuchs*, Die Mängelhaftung des Bauträgers bei der Altbausanierung, BauR 2007, 264 ff.; *Gottschalg*, Bauträger-, Verwalter- und Vermieteridentität, NZM 2002, 841 ff.; *Greiner*, Mängel am Gemeinschaftseigentum und Aufrechnung einzelner Erwerber gegen Restforderungen des Bauträgers, ZfBR 2001, 439 ff.; *Groß*, Die Geltendmachung von Mängelansprüchen am Gemeinschaftseigentum, BTR 2003, 217 ff.; *Häublein*, Die Gestaltung der Abnahme gemeinschaftlichen Eigentums beim Erwerb neu errichteter Eigentumswohnungen, DNotZ 2002, 608 ff.; *Hildebrandt*, Die Abnahme des Gemeinschaftseigentums nach der Schuldrechtsreform, BTR 2003, 211 ff.; *Köhler*, das neue WEG, 2007; *Merl*, in Festschrift für Walter Jagenburg zum 65. Geburtstag, 2002, Schuldrechtsmodernisierungsgesetz und werkvertragliche Gewährleistung, S. 596 ff.; *Müller*, Praktische Fragen des Wohnungseigentums, 4. Aufl. 2004; *Ott*, Die Auswirkung der Schuldrechtsreform auf Bauträgerverträge und andere aktuelle Fragen des Bauträgerrechts, NZBau 2003, 233 ff.; ders., Die Verfolgung von Mängelrechten gegen den Bauträger – Wedelt der Schwanz mit dem Hund?, NZM 2007, 505 ff.; *Pause*, Bauträgerkauf und Baumodelle, 4. Aufl. 2004; ders., Die Entwicklung des Bauträgerrechts seit 2001, NZBau 2006, 342 ff.; ders., Hindernisse auf dem Weg zum »großen Schadensersatz« beim Bauträgervertrag, NZM 2007, 234 ff.; *Pause/Vogel*, Auswirkungen der Teilrechtsfähigkeit der Wohnungseigentümergemeinschaft auf die Verfolgung von Mängeln am Gemeinschaftseigentum, NJW 2006, 3670 ff.; dies., Auswirkungen der WEG-Reform auf die Geltendmachung von Mängeln am Gemeinschaftseigentum, BauR 2007, 1298 ff. = ZMR 2007, 575 ff.; *Riesenberger*, Abnahme des gemeinschaftlichen Eigentums – »Was leicht scheint, misslingt oft deshalb«, NZM 2004, 537 ff.; *Schmid*, Die Abnahme des Gemeinschaftseigentums oder: Der einzelne und die anderen Erwerber, BTR 2004, 150 ff. und 217 ff.; *Schmidt*, in: Festschrift für Wolf-Dietrich Deckert zum 60. Geburtstag, 2002, Bauträgervertrag und Abnahme nach der Schuldrechtsmodernisierung, Seite 443 ff.; *C. Schmitz*, Sicherheiten des Erwerbers, PiG 74 (2006), 98 ff.; *Vogel*, Abhängigkeiten zwischen Bauträgervertrag und Vertriebsvertrag, PiG 77 (2007), 109 ff.; *K.-R. Wagner*, Bauträgervertrag und Geschosswohnungsbau – kann die Wohnungseigentümergemeinschaft Abnahme und Gewährleistungsrechte gegenüber dem Bauträger geltend machen?, ZNotP 2004, 4 ff.; *Wendel*, Gewährleistungsrechte der Wohnungseigentümer nach dem Schuldrechtsmodernisierungsgesetz, ZWE 2002, 57 ff.; *Wenzel*, Rechte der Erwerber bei Mängeln am Gemeinschaftseigentum – eine systematische Betrachtung, ZWE 2006, 109 ff.; ders., Der Bereich der Rechtsfähigkeit der Gemeinschaft, ZWE 2006, 462 ff.; ders., Die Zuständigkeit der Wohnungseigentümergemeinschaft bei der Durchsetzung von Mängelrechten der Ersterwerber, NJW 2007 1905 ff.; *Werner/Pastor*, Der Bauprozess, 11. Aufl. 2005.

Inhaltsverzeichnis

A.	Ursprung der bauvertraglichen Ansprüche	1
B.	Ansprüche hinsichtlich des Sondereigentums	3
C.	Ansprüche hinsichtlich des Gemeinschaftseigentums	6
	I. Aktivlegitimation	7
	II. Prozessführungsbefugnis	8
	III. Ausschließliche Zuständigkeit der Gemeinschaft kraft Beschlusses	10
	IV. Keine Aktivlegitimation der Gemeinschaft	12
	V. Art der Gläubigerstellung	13
	VI. Auswirkung der WEG-Reform	15
D.	Ansprüche hinsichtlich Mängeln am Sondernutzungsrecht (SNR)	18

Anhang zu § 8 | Grundzüge des Bauträgerrechts

E. Besonderheiten der Vertragsabwicklung — 20
  I. Einführung — 21
  II. Veränderung der geschuldeten Bauleistung — 22
  III. Änderung der dinglichen Zuordnung — 24
  IV. Abnahme des Gemeinschaftseigentums — 27
  V. Eigennachbesserung eines Sondereigentümers — 34
    1. Einführung — 34
    2. »Unberechtigte« Eigennachbesserung und Ersatzvornahme — 35
    3. Fehlerhafte Nachbesserung und Schäden bei Nachbesserung — 37
    4. Empfehlungen für die Praxis — 39
F. Mängelansprüche des Erwerbers/Wohnungseigentümers — 40
  I. Einführung — 40
  II. Erfüllungsansprüche — 42
  III. Leistungsverweigerungs- und Zurückbehaltungsrechte — 44
  IV. Rückgängigmachung des Erwerbervertrags Rücktritt bzw. Schadensersatz statt der Leistung — 45
  V. Minderung und sog. kleiner Schadensersatz — 46
    1. Grundregel — 46
    2. Ausnahme — 47
    3. Umfang der Minderung — 48
    4. Umfang des Schadensersatzes — 49
    5. Wohnungseigentumsrechtliche Probleme — 50
    6. Sonderproblem: Aufrechnung des rückständigen Erwerbspreises — 52
  VI. Pflichten und Rechte des Verwalters — 53
    1. Pflichten und Haftung des Verwalters — 54
    2. Vergütung des Verwalters — 55
    3. Beschlüsse der Gemeinschaft — 57
  VII. Exkurs: Herausgabe von Unterlagen und Plänen — 58

A. Ursprung der bauvertraglichen Ansprüche

1 Der Erwerbervertrag über ein Wohnungseigentum, regelmäßig mit einem Bauträger abgeschlossen, ist ein sog. typengemischter Vertrag aus kauf- und werkvertraglichen Elementen, der auch Elemente des Auftrags- und Geschäftsbesorgungsrechts enthält (*BGH*, NJW 1996, 925, 926). Hinsichtlich des Grundstücks gilt Kaufrecht gem. §§ 433 ff. BGB, hinsichtlich des Bauwerks im Übrigen Werkvertragsrecht gem. §§ 633 ff. BGB (BGHZ 92, 123 = NJW 1984, 2573 = BauR 1984, 634; *Weitnauer/Briesemeister*, Anh. § 8 WEG Rn. 2 ff.). Die Bezeichnung als »Kaufvertrag« sowie die Ausgestaltung der Mängelrechte nach den Regeln des Kaufvertragsrechts sind rechtlich irrelevant (BGHZ 74, 204 = NJW 1979, 1820 = BauR 1979, 337; BGHZ 74, 258 = NJW 1980, 400 = BauR 1980, 267; BGHZ 101, 350 = NJW 1988, 135 = BauR 1987, 686; BGHZ 108, 164 = NJW 1989, 1537 = BauR 1989, 597; *BGH* BauR 1997, 1030). Zum Schutze des Erwerbers wendet der *BGH* (BGHZ 74, 204 = NJW 1979, 1820 = BauR 1979, 337; NJW 1981, 2344 = BauR 1981, 571; NJW 1982, 2243 = BauR 1982, 493; NJW 1985, 1551 = BauR 1985, 314; BauR 1990, 466) – bisher jedenfalls (nach *Lorenz/Riehm*, LB zum neuen Schuldrecht, Rn. 628 ist dies allerdings methodisch höchst bedenklich) – auch dann Werkvertragsrecht an, wenn Neubauten bei Vertragsschluss ganz oder teilweise fertig gestellt, längere Zeit leer standen, vorübergehend vermietet waren oder als Musterwohnung dienten (zu den Einzelheiten vgl. *Staudinger/Bub*, Bearb. 2005, § 21 WEG Rn. 235 ff.; *Staudinger/Beckmann*, Bearb. 2004, § 433 BGB Rn. 12; *Werner/Pastor*, Rn. 1446 ff.; str; kritisch *Lorenz/Riehm* Rn. 628). Gleiches gilt jedenfalls bei Erwerberverträgen über grundlegend sanierte Altbauten (BGHZ 100, 391 = NJW 1988, 490 = BauR 1987, 439; *BGH* BauR 1988, 464 = NJW 1988, 1972; BGHZ 108, 164 = NJW 1989, 2748 = BauR 1989, 597; *BGH* ZfIR 2005, 134 m. Anm. *Vogel*; *BGH* BauR 2006, 99). Sind Umfang und Bedeutung der Umbauarbeiten mit Neubauarbeiten nicht vergleichbar, haftet der Bauträger nach den Mängelvorschriften des Werkvertragsrechts für Baumängel nur, soweit die Herstellungspflicht verletzt ist; im Übrigen gilt Kaufrecht (*BGH* BauR 2006, 99; dazu und zur Abgrenzung *Fuchs*, BauR 2007, 264, 272 f.). Diese Rechtsprechung ist auch nach der Schuldrechtsreform im Hinblick auf das Wahlrecht des Bauträgers, wie er erfüllt und der Abnahme als »Zäsur« sachgerecht (*Vogel*, ZfIR 2005, 139 m. w. N.).

Der einzelne Erwerber/Wohnungseigentümer kann Erfüllungs- und Mängelansprüche gem. 2
§§ 633 ff. BGB gegenüber dem Auftragnehmer nicht kraft seines Wohnungseigentums geltend machen (*BGH* NJW 1994, 443 = BauR 1994, 105). Die Teilrechtsfähigkeit der Wohnungseigentümergemeinschaft hat hieran nichts geändert (*BGH* Urteil vom 12.4.2007 – VII ZR 236/05, ZMR 2007, 627 = NZM 2007, 403 Tz. 14). Grundlage der Ansprüche ist allein der jeweilige Erwerbervertrag (Frage der Aktivlegitimation [*BGH* NJW 1977, 2173 = BauR 1997, 488; BGHZ 114, 385 = NJW 1991, 2480 = BauR 1991, 606; *Koeble* in: Rechtshandbuch Immobilien, Kap. 22 Rn. 2; *Pause/Vogel*, NJW 2006, 3670 f.; *Werner/Pastor*, Rn. 471]). Auf die Eintragung im Grundbuch als Wohnungseigentümer kommt es somit nicht an (*OLG Frankfurt a. M.* NJW-RR 1993, 339). Ein sog. Zweiterwerber kann nur dann eigene Ansprüche geltend machen, wenn diese ihm entweder – zumindest stillschweigend – abgetreten wurden (*Pause*, Rn. 759) oder er zu ihrer Geltendmachung vom Ersterwerber ermächtigt wurde (so *Staudinger/Bub*, Bearb. 2005, § 21 WEG Rn. 257).
Die neuere Rechtsprechung (*BGH* NJW 1997, 652 = ZfIR 1997, 73; *OLG Düsseldorf* IBR 2004, 206; *OLG Frankfurt a. M.* NJW-RR 1991, 665 = BauR 1991, 516; für Ermächtigung *BGH* NJW 1997, 2173 = BauR 1997, 488; weitergehender *BayObLG* WuM 1990, 178) geht freilich von einer Abtretung durch schlüssiges Verhalten aus, wenn das Wohnungseigentum unter Ausschluss jeglicher Sachmängelhaftung/Mängelansprüche des Ersterwerbers veräußert wurde. Der Zweiterwerber besitzt gegen den Ersterwerber grundsätzlich einen Anspruch auf Abtretung von Erfüllungs- und evtl. noch bestehenden Mängelansprüchen, wenn die Sachmängelhaftung zwischen Erst- und Zweiterwerber ausgeschlossen ist (*Staudinger/Bub*, Bearb. 2005, § 21 WEG Rn. 257; a. A. *Staudinger/Peters*, Bearb. 2000, Anh. III zu § 635 BGB Rn. 18). Erfüllungs- und Mängelansprüche sind nach herrschender und zutreffender Auffassung grundsätzlich abtretbar (zu den Einzelheiten *Staudinger/Peters*, Bearb. 2003, Anh. III zu § 638 BGB Rn. 1 ff., *Kleine-Möller/Merl/Oelmeier*, § 12 Rn. 496 ff.). Abtretbar sind der Erfüllungs- bzw. Nacherfüllungsanspruch gem. § 635, 634 Nr. 1 BGB sowie deren Folgeansprüche aus § 634 Nrn. 2–4 BGB (BGHZ 96, 146 = NJW 1986, 713 = BauR 1986, 98; BGH NJW-RR 1989, 406 = BauR 1989, 199). Dasselbe gilt nach der Rechtsprechung (BGHZ 95, 250 = NJW 1985, 2822 = BauR 1985, 686; teils kritisch *Staudinger/Peters*, Bearb. 2003, Anh. III zu § 638 BGB Rn. 30 f.) für die Minderung und den kleinen Schadensersatzanspruch. Demgegenüber ging die überwiegende Ansicht (*Kleine-Möller/Merl/Oelmeier*, § 12 Rn. 496; *Werner/Pastor*, Rn. 2193; unentschieden BGHZ 68, 118 = NJW 1977, 848; für ein vertragliches Rücktrittsrecht bejahend *BGH* NJW 1973, 1793) davon aus, dass der Anspruch auf Wandlung (jetzt: Rücktritt, § 634 Nr. 3, 636 BGB) nicht abtretbar ist; dasselbe müsste konsequenterweise auch für den großen Schadensersatz gelten. Diese apodiktische Sichtweise erscheint unzutreffend. Inhalt und Umfang einer »Abtretungserklärung« ergeben sich aus einer Vertragsauslegung nach §§ 133, 157 BGB (ebenso *Palandt/Grüneberg*, § 413 BGB Rn. 5, PWW/*Müller* § 413 Rn. 8). Soweit in den Rechten auf Rücktritt und Rückabwicklung im Wege des Schadensersatzes unselbständige, akzessorische Gestaltungsrechte gesehen werden, kann deren Ausübung und damit die Umgestaltung des Vertrages in ein Rückgewährschuldverhältnis jedenfalls dem Zessionar (Zweiterwerber) überlassen werden. Eine so weitgehende Rechtsmacht wird aber regelmäßig nicht gewollt sein, weil dann letztlich sowohl der Erst- als auch der Zweiterwerb rückabgewickelt werden müssten. Das Leistungsverweigerungsrecht gemäß § 320 BGB steht demgegenüber auch nach Abtretung nur dem Zedenten (Ersterwerber) zu (BGHZ 55, 354; BGH BauR 1978, 398 = LM § 320 BGB Nr. 17) da dieser nach wie vor zur Zahlung der Vergütung verpflichtet ist; es ist also nicht übertragbar (*Kleine-Möller/Merl/Oelmeier*, § 12 Rn. 498; *Staudinger/Busche*, Bearb. 2005, § 401 BGB Rn. 43). Kraft Treu und Glauben (§ 242 BGB) ist aber der Zedent zur Ausübung der Einrede jedenfalls dann verpflichtet, wenn hierdurch der Bauträger als Vertragsgegner wegen der Forderung des Zessionars zusätzlich unter Druck gesetzt wird (vgl. *Staudinger/Otto*, Bearb. 2004, § 320 BGB Rn. 16).

B. Ansprüche hinsichtlich des Sondereigentums

Soweit Erfüllungs- und Mängelansprüche das Sondereigentum des einzelnen Wohnungseigentümers betreffen, bestehen grundsätzlich keine Besonderheiten (*Bärmann/Pick* § 13 WEG Rn. 55; 3

Anhang zu § 8 | Grundzüge des Bauträgerrechts

Koeble in: Rechtshandbuch Immobilien, Kap. 22 Rn. 2; zur Abgrenzung eines Mangels am Gemeinschaftseigentums zu einem des Sondereigentums bei optischen und ästhetischen Beeinträchtigung instruktiv *OLG Düsseldorf* BauR 2000, 286 (verneint); zu den Folgen für den einzelnen Erwerber zutreffend *Grziwotz/Koeble-Koeble* 4. Teil Rn. 299 a. E.). Der Erwerber wird ebenso behandelt wie ein Alleineigentümer. Er kann die ihm aus dem Erwerbsvertrag erwachsenden Ansprüche isoliert geltend machen. Auch wenn derselbe Mangel (sog. Serienmangel) bei mehreren Sondereigentumseinheiten gegeben ist (Beispiel: fehlerhafte Verklebung des Teppichbodens), liegt keine Gläubigergemeinschaft i. S. d. §§ 420 ff. BGB vor, da die Erfüllungs- und Mängelansprüche nicht auf eine Leistung, sondern auf mehrere, unabhängig voneinander stehende Leistungen gerichtet sind (vgl. *BGH* NJW 1984, 725 = BauR 1984, 166; *Bärmann/Pick/Merle* § 21 WEG Rn. 5). Oftmals wird es sinnvoll sein, die dem einzelnen Erwerber zustehenden Ansprüche bezüglich des Sondereigentums treuhänderisch an die »Gemeinschaft« abzutreten, die dann einheitlich sowohl Ansprüche hinsichtlich des Gemeinschafts- als auch des Sondereigentums geltend machen kann (*Weitnauer* Anh. § 8 WEG Rn. 87; zur Teilrechtsfähigkeit der WE-Gemeinschaft vgl. jetzt *BGH* ZMR 2005, 547 ff. m. Anm. *Häublein*). Möglich ist auch eine Ermächtigung der »Gemeinschaft«, die Ansprüche im Wege der gewillkürten Prozessstandschaft geltend zu machen (*BGH*, Urteil vom 12.4.2007 – VII ZR 236/05, ZMR 2007, 627 = NZM 2007, 403. Tz. 24). Hierzu kann die Gemeinschaft den Einzelnen freilich nicht zwingen. Nach h. M. (*BGH*, Urteil vom 12.4.2007 – VII ZR 236/05, ZMR 2007, 627 = NZM 2007, 403. Tz. 20 f.; *BayObLG*, NJW-RR 1996, 1102) kann allerdings die Gemeinschaft die Ansprüche durch Beschluss an sich ziehen; dies gilt freilich nur für Mängelansprüche betreffend der Mängel am Gemeinschaftseigentum. Die Gemeinschaft kann dem Erwerber auch nicht die Aufrechnung mit Mängelansprüchen bezüglich des Sondereigentums verwehren. Möglich ist bei einem vereinbarten koordinierten Vorgehen bei Sondereigentumsmängeln, den Verwalter oder die Gemeinschaft zur Geltendmachung im eigenen Namen als Prozessstandschafter gemäß § 185 Abs. 1 BGB zu ermächtigen (vgl. *BGH* NJW-RR 1986, 755 = BauR 1986, 374 = DB 1986, 1330), so dass dieser materiell-rechtlich zur Einziehung ermächtigt ist. Ein Mehrheitsbeschluss, der sich auf Mängel am Sondereigentum bezieht, ist nichtig, da der Gemeinschaft eine entsprechende Beschlusskompetenz fehlt (*BGH*, Urteil vom 12.4.2007 – VII ZR 236/05, ZMR 2007, 627 = NZM 2007, 403 Tz. 23; *Hauger*, NZM 1999, 536, 540; differenzierend *Staudinger/Bub*, Bearb. 2005, § 21 WEG Rn. 260; *OLG Hamm* ZMR 1989, 98: »abgesprochenes gemeinsames Vorgehen«; a. A. noch für das Ineinandergreifen von Mängeln am Sonder- und Gemeinschaftseigentum *BGH* NJW-RR 1986, 755 = BauR 1986, 447).

4 Besonderheiten ergeben sich allerdings dann, wenn sich behebbare Mängel des Gemeinschaftseigentums auf den Bereich des Sondereigentums auswirken (Beispiele: mangelhafte Schalldämmung des Gemeinschaftseigentums führt zur erheblicher Geräuschbelastung im Sondereigentum, undichtes Dach führt zu Feuchtigkeitsschäden in der Wohnung). Nach der Rechtsprechung (BGHZ 74, 259 = NJW 1979, 2207 = BauR 1979, 420; BGHZ 110, 258 = NJW 1990, 1663 = BauR 1990, 353; BGHZ 114, 383 = NJW 1991, 2480 = BauR 1991, 606; *OLG Köln* NJW-RR 1994, 470 = ZMR 1994, 219; vgl. näher *Kniffka* ZfBR 1990, 159, 161) sind auf einen solchen Mangel insgesamt ausschließlich die nachfolgend dargelegten Regeln für Mängel des Gemeinschaftseigentums anwendbar. Die Rechtsprechung begründet dies damit, dass so einerseits den Interessen der Gemeinschaft an der Durchsetzung gemeinschaftsbezogener (vgl. § 10 Abs. 6 S. 3 WEG n. F.) Ansprüche, andererseits auch den Interessen des Bauträgers an einer übersichtlichen Haftungslage Rechnung getragen werden könne. Dies ist überzeugend. In dieser besonderen Fallkonstellation umfasst die Ermächtigung des Verwalters für das Gemeinschaftseigentum im Zweifel auch Ansprüche hinsichtlich des Sondereigentums (*BGH*, NJW-RR 1986, 755 = BauR 1986, 374 = DB 1986, 1330; NJW 1988, 490 = BauR 1987, 439; *OLG Köln* NJW-RR 1994, 470 = ZMR 1994, 219).

5 Der *BGH* hat von dieser Regel bei Mängeln am Gemeinschaftseigentum mit Auswirkungen auf das Sondereigentum aber bei besonderen Fallgestaltungen Ausnahmen von der noch darzustellenden Gemeinschaftsbezogenheit gemacht (*Kniffka* ZfBR 1990, 159, 161; *Koeble* in: Rechtshandbuch Immobilien, Kap. 22 Rn. 22a/22b). Wirkt sich ein unbehebbarer Mangel nur an einem Sondereigentum aus und ist der Gemeinschaft deshalb kein Schaden entstanden, so kann der betroffene Erwerber/Wohnungseigentümer ausnahmsweise auch eigenständig Ansprüche geltend

machen, da ein schützenswertes Interesse der Gemeinschaft an der Wahl eines bestimmten Mängelanrechts nicht vorliegt (BGHZ 110, 258 = NJW 1990, 1663 = BauR 1990, 353, dazu *Doerry* EWiR 1990, 459; ebenso *OLG Frankfurt a. M.* NJW-RR 1991, 665 = BauR 1991, 516, wenn Ansprüche aller anderen Eigentümer verjährt sind; kritisch *Pause* NJW 1993, 553, 555 Fn. 49). Vergleichbares gilt beim Anspruch wegen arglistigen Verschweigens, der seinen Voraussetzungen nach nur bei einem bestimmten Erwerber vorliegen kann (*BGH* NJW 1989, 2534 = BauR 1990, 221). Ist durch den Mangel ein Wohnungseigentümer alleine betroffen, so kann er eigenständig die Zahlung eines Schadensersatzanspruches in Höhe des gesamten Schadens an die Gemeinschaft verlangen, auch wenn die Ansprüche aller anderen Eigentümer verjährt sind; insofern kann er auch allein ein selbständiges Beweisverfahren betreiben (BGHZ 114, 383 = NJW 1991, 2480 = BauR 1991, 606, dazu *Kniffka* EWiR 1991, 773). Diese Ausnahmen sind dogmatisch kaum stringent.

C. Ansprüche hinsichtlich des Gemeinschaftseigentums

Bei Ansprüchen, die das Gemeinschaftseigentum betreffen, sind mehrere Ebenen voneinander zu unterscheiden. 6

I. Aktivlegitimation

Der Auftragnehmer schuldet jedem Erwerber aus dem jeweiligen Erwerbervertrag die vertragsgerechte Herstellung des gesamten Gemeinschaftseigentums. Jeder Ersterwerber ist Inhaber der Ansprüche auf Herstellung des Gemeinschaftseigentums sowie der Beseitigung von Mängeln am Gemeinschaftseigentum; er, und nur er ist aktivlegitimiert (*Koeble* in: Rechtshandbuch Immobilien, Kap. 22 Rn. 2, 4; *Pause/Vogel* NJW 2006, 3670 f.; *Wenzel*, NJW 2007, 1905). Der Zweiterwerber ist aktivlegitimiert, wenn ihm entsprechende Ansprüche abgetreten wurden oder er zu Geltendmachung ermächtigt wurde. 7

II. Prozessführungsbefugnis

Hiervon zu trennen ist die Frage, ob er alleine befugt ist, seine Ansprüche durchzusetzen, sog. Prozessführungsbefugnis (deutlich *Werner/Pastor*, Rn. 471 ff. m. w. N.). Die Besonderheit besteht nämlich darin, dass der Bauträger einer Mehrzahl von Erwerbern gegenübersteht, die intern in der Wohnungseigentümergemeinschaft besonders organisiert sind. Deren Aufgabe ist im Rahmen der »ordnungsmäßigen Instandsetzung des gemeinschaftlichen Eigentums« gemäß § 21 Abs. 5 Nr. 2 WEG nach Auffassung der Rechtsprechung (*BGH*, Urteil vom 12.4.2007 – VII ZR 236/05, ZMR 2007, 627 = NZM 2007, 403. Tz. 16; *BGH*, Urteil vom 12.4.2007 – VII ZR 50/06, ZMR 2007, 630 = NZM 2007, 407. Tz. 22; *BayObLG*, NJW-RR 1989, 1293; *Bärmann/Pick* § 21 WEG Rn. 44; *Staudinger/Bub*, Bearb. 2005, § 21 WEG Rn. 185) auch die erstmalige Herstellung eines mangelfreien Zustandes. Bei der Verfolgung von Ansprüchen, der Ausübung von Wahlrechten (Übergang von Primär- zu Sekundäransprüchen, Schadensersatz oder Minderung), bei der Frage, ob und wie die Mängel beseitigt oder realisierte Geldforderungen gegen den Bauträger fortan verwendet werden sollen, besteht nach den zutreffenden Worten von *Pause* (Rn. 883) ein gewisser Koordinierungsbedarf. Gleichzeitig muss der Bauträger vor einer doppelten Inanspruchnahme miteinander unvereinbarer Ansprüche geschützt werden (*Locher*, Rn. 409; kritisch *Ott*, NZM 2007, 505, 506). Die Rechtsprechung orientiert sich bei der Frage, ob der einzelne Erwerber isoliert Ansprüche durchsetzen kann, daran, ob andere Erwerber hiervon negativ berührt sein könnten (eine Ausnahme hiervon liegt vor, wenn der einzige Mitwohnungseigentümer der Bauträger selbst ist; dann kann der Erwerber alleine die Anspruchsvoraussetzungen herbeiführen und die Aufrechnung mit Minderungsansprüchen erklären; so *BGH* BauR 2002, 81). Denn dann liegt eine so genannte Gemeinschaftsbezogenheit vor. Diese Gemeinschaftsbezogenheit hat auf den Umfang und den Inhalt der bauvertraglichen Erfüllungs- und Mängelansprüche keinen Einfluss (BGHZ 141, 63 = NJW 1999, 895 = BauR 1999, 657 = LM § 635 BGB Nr. 120 m. Anm. *Niedenführ*). Anders sah das jedoch nach Ansicht des V. Zivilsenats des *BGH* (BGHZ 108, 156 = NJW 1989, 2534 = BauR 1990, 221; *BGH* NJW 1996, 1056 = BauR 1996, 401) beim kaufrechtlichen Schadens- 8 ersatzanspruch aus § 463 S. 2 BGB a. F. aus, der auf eine entsprechende Bruchteilsquote beschränkt sei.

9 Als Faustregel gilt daher (vgl. *Schulze-Hagen* BauR 1992, 320, 330; *Staudinger/Peters*, Bearb. 2003, Anh. III zu § 638 BGB Rn. 20 ff.; *Weitnauer* Anh. § 8 WEG Rn. 60 ff.; ff.; sehr kritisch *Weitnauer* JZ 1991, 248, 249):
Ansprüche auf die Erfüllung der Bauerrichtungsverpflichtung nach §§ 633 Abs. 1, 635, 637 BGB und sog. primäre Mängelansprüche, also etwa Ansprüche auf Nacherfüllung gem. § 635 BGB, Kostenvorschuss oder Erstattung von Nachbesserungskosten gem. § 637 Abs. 1 und 3 BGB, kann der einzelne Wohnungseigentümer grundsätzlich selbständig geltend machen und die entsprechenden Voraussetzungen herbeiführen (*BGH* NJW 1985, 1551 = BauR 1985, 314; *Pause/Vogel* ZMR 2007, 577, 580). Namentlich kann er alleine mahnen, Leistungsverweigerungsrechte ausüben und ein selbständiges Beweisverfahren gem. §§ 485 ff. ZPO einleiten. Im Übrigen ist geklärt, dass der einzelne Eigentümer bei behebbaren Mängeln am Gemeinschaftseigentum befugt ist, im Wege des sog. großen Schadensersatz – Gleiches gilt für den Rücktritt bzw. die Wandelung – den Erwerbervertrag insgesamt rückgängig zu machen und damit aus der Eigentümergemeinschaft auszuscheiden (*BGH* BauR 2006, 979, 981). Eine Ausübung des Wahlrechts zur Verfolgung sog. sekundärer Mängelansprüche, also Minderung oder Schadensersatzanspruch gemäß §§ 638, 634 BGB, sowie die nachfolgende Anspruchsstellung kann jedenfalls bei behebbaren Mängeln notwendigerweise nur gemeinschaftlich erfolgen; die Gemeinschaftsbezogenheit folgt zum einem aus der Gefahr eines teilweisen Anspruchsverlustes, zum anderen aus der notwendigen gemeinschaftlichen Entscheidung über die Verwendung der Mittel zur Beseitigung der Mängel (BGHZ 74, 259 = NJW 1979, 2207 = BauR 1979, 420; BGHZ 114, 383 = NJW 1991, 2480 = BauR 1991, 606; *BGH* NJW 1998, 2967 = BauR 1998, 783). Die Gemeinschaftsbezogenheit hat zur Folge, dass der Bauträger mit einzelnen Erwerbern ohne entsprechenden Beschluss der Gemeinschaft wirksam keine Vergleiche über Mängelansprüche bezüglich des Gemeinschaftseigentums schließen kann (*KG* NZBau 2004, 437; *OLG Hamm* BauR 2001, 1765, vgl. *OLG Jena* ZMR 2007, 65).

III. Ausschließliche Zuständigkeit der Gemeinschaft kraft Beschlusses

10 Die Wohnungseigentumsgemeinschaft als teilweise rechtsfähiges Rechtssubjekt kann durch einen entsprechenden Mehrheitsbeschluss gem. § 21 Abs. 3, Abs. 5 Nr. 2 WEG nach überwiegender Ansicht (*BGH* Urteil vom 12.4.2007 – VII ZR 236/05, ZMR 2007, 627 = NZM 2007, 403. Tz. 16; *BGH* Urteil vom 12.4.2007 – VII ZR 50/06, ZMR 2007, 630 = NZM 2007, 407. Tz. 22; *OLG Düsseldorf* NJW-RR 1993, 89 = BauR 1993, 229; *LG München* I, NJW-RR 1996, 333; *Bamberger/Roth-Voit* § 631 BGB Rn. 99; *Grziwotz/Koeble-Koeble* 4. Teil Rn. 310; *Klein-Möller/Merl/Oelmeier* § 12 Rn. 856; *Pause* NJW 1993, 553, 557; *ders*. Rn. 936; a. A. *Groß* BauR 1975, 12, 21; *Staudinger/Bub* § 21 WEG Rn. 262; *ders*. NZM 1999, 530, 533; grds. zur fehlenden Beschlusskompetenz der Eigentümerversammlung im Hinblick auf die Einwirkung auf materiell-rechtliche Positionen der Wohnungseigentümer vgl. *Schmidt/Riecke* ZMR 2005, 252 ff.) die Verfolgung von Ansprüchen hinsichtlich des Gemeinschaftseigentums an sich ziehen und damit dem einzelnen Erwerber die Sachefugnis nehmen; der Beschluss hat damit Außenwirkung. Die Einzelklage des Erwerbers wird damit unbegründet und ist in der Hauptsache für erledigt zu erklären (a. A. *Koeble* FS Soergel, 1993, S. 125, 127). Der *BGH* hat diese Frage nun ausdrücklich entschieden (*BGH*, Urteil vom 12.4.2007 – VII ZR 236/05, ZMR 2007, 627 = NZM 2007, 403. Tz. 16/20 f.). Ein (bestandskräftiger und wirksamer) Beschluss hat wegen der Gefahr im Ergebnis »widerstreitender Entscheidungen« zum Schutze des Bauträgers notwendigerweise auch Außenwirkung. Der Eingriff in die Individualrechte des Erwerbers ist dem Erwerb von Wohnungseigentum immanent (*BGH*, Urteil vom 12.4.2007 – VII ZR 236/05, ZMR 2007, 627 = NZM 2007, 403. Tz. 22; *Wenzel* ZWE 2006, 109, 111). Der Erwerber und sein Rechtsnachfolger sind an bestandskräftige Beschlüsse gebunden (*OLG München* NJW-RR 2002, 1454 = NZM 2002, 826). Zu beachten ist, dass ein solcher Beschluss keine Rückwirkung besitzt; er wirkt ex nunc, so dass vorangegangen Rechtshandlungen einzelner Eigentümer wirksam bleiben (BGHZ 74, 258 = NJW

1979, 2207 = BauR 1979, 420; BGHZ 114, 383 = NJW 1991, 2480 = BauR 1991, 606; *Kleine-Möller/ Merl/Oelmeier* § 12 Rn. 855; *Pause* NJW 1993, 553, 559). Unseres Erachtens hat die Gemeinschaft keinesfalls (vgl. *Schmidt/Riecke* ZMR 2005, 252 ff.) die Beschlusskompetenz, dem Erwerber seine entstandenen und ausgeübten Rechte auf Rückgängigmachung des Vertrags (Rücktritt oder Schadensersatz statt der Leistung) aus dem individuellen Vertrag zu nehmen.

Die Gemeinschaft der Wohnungseigentümer entscheidet über die Geltendmachung von Erfüllungs- und Mängelansprüchen durch Mehrheitsbeschluss gemäß § 21 Abs. 3 WEG. Die Mitglieder einer sog. werdenden bzw. faktischen Eigentümergemeinschaft (*Heismann* ZMR 2004, 10) bei Begründung von Wohnungseigentum nach § 8 WEG verdrängen den Bauträger bei der Stimmrechtsausübung in der Wohnungseigentümerversammlung auch nach Invollzugsetzen der Gemeinschaft (*BayObLG* NJW 1990, 3216; NJW 1993, 603; *Pause* NJW 1993, 553, 558, vgl. *Deckert* WE 2000, 28 und ZMR 2005, 335 gegen *OLG Köln* NJW-RR 1999, 959 sowie ZMR 2004, 859; wie hier jetzt *OLG Köln* ZMR 2006, 383). Soweit der Bauträger im Übrigen noch Eigentümer einzelner Wohnungen geblieben ist, ist er wegen Interessenkollision nach § 25 Abs. 5 Var. 1 WEG nicht stimmberechtigt (*BayObLG* ZMR 2001, 826; *BayObLG* NJW 1993, 603, 604; *BayObLG* ZMR 1986, 249; *Pause* Rn. 947; *Pause/Vogel* ZMR 2007, 577, 583). 11

IV. Keine Aktivlegitimation der Gemeinschaft

Die beschriebene Zuständigkeit der Wohnungseigentümergemeinschaft ist dogmatisch nicht unproblematisch. Die Erfüllungs- und Mängelansprüche stehen dem jeweiligen Ersterwerber zu; dies gilt auch dann, wenn die Wohnungseigentümerversammlung entsprechende Beschlüsse gefasst hat (*Wenzel* RWS-Forum Immobilienrecht, 1998, 51, 59). Auch nach Weiterveräußerung an den Zweiterwerber bleibt er Vertragspartner des Bauträgers (*Kellmann* NJW 1980, 400 f.). Die Gemeinschaft, der er nach Grundbuchumschreibung nicht mehr angehört, trifft dann ggf. einen Beschluss über einen ihm individuell und unabhängig von der Gemeinschaft zustehenden Anspruch; mit anderen Worten verliert er durch die Veräußerung sein Mitwirkungsrecht (*Pause* Rn. 887; *Koeble* FS Soergel, S. 125, 130). 12

V. Art der Gläubigerstellung

Eine von der Aktivlegitimation und Prozessführungsbefugnis wiederum zu differenzierende Frage ist, an wen Erfüllung der jeweiligen Ansprüche verlangt werden kann. Welche Form der Gläubigermehrheit zwischen den einzelnen Erwerbern vorliegt, ist außerordentlich streitig (vgl. *Koeble* in: Rechtshandbuch Immobilien, Kap. 22 Rn. 9; *Bärmann/Pick/Merle* § 21 WEG Rn. 6 m. w. N.); der dogmatische Streit ist im Ergebnis aber auch wenig fruchtbar. Neben der Mitgläubigerschaft (§ 432 BGB) kommt noch Gesamtgläubigerschaft (§ 428 BGB) in Betracht. Für die Gesamtgläubigerschaft hatte sich beiläufig eine ältere *BGH*-Entscheidung (BGHZ 74, 258 = NJW 1979, 2207 = BauR 1979, 420) entschieden, dies hat der *BGH* aber später wohl verneint (*BGH* NJW 1985, 1551 = BauR 1985, 314). Neuerdings lässt die Rechtsprechung (*BGH* BauR 2005, 1623, 1624; *BGH* BauR 2004, 1148, 1149 f.; *BGH* NJW 1992, 435 = BauR 1992, 88; NJW 1992, 1881 = BauR 1992, 373) die Frage ausdrücklich offen. Neuere Stimmen (*OLG Karlsruhe* BauR 1990, 622; *BayObLG* NJW 1973, 1086; *Bärmann/Pick/Merle* § 21 WEG Rn. 6; *Koeble* in: Rechtshandbuch Immobilien, Kap. 22 Rn. 9, 22; *Niedenführ* LM § 633 BGB Nr. 97/98 Bl. 3; *Pause* NJW 1993, 553, 555, 560, der jedoch zwischen Minderung und kleinen Schadensersatzanspruch differenziert; *Schmid* BTR 2004, 150, 153; *Schilling* BauR 1986, 449, 450; *Wenzel* ZWE 2006, 109, 110; in diese Richtung *BGH* NJW 1997, 2173 = BauR 1997, 488; ZfIR 2000, 44) gehen jedenfalls bei den gemeinschaftsbezogenen Ansprüchen von Mitgläubigerschaft aus. In diesem Falle kann nach Ansicht des *BGH* (ZfIR 2000, 44) der einzelne Erwerber allerdings ermächtigt werden, die Zahlung des Schadensersatzes an sich zu verlangen. Für diejenigen Ansprüche, die der Eigentümer grundsätzlich auch alleine geltend machen kann, hat der *BGH* (NJW 1992, 1881 = BauR 1981, 373) zunächst offen gelassen, ob auf Leistung an alle zu klagen ist, dieses aber neuerdings (*BGH*, Urteil vom 12.4.2007 – VII ZR 50/06, ZMR 2007, 630 = NZM 2007, 407 Tz. 18) bejaht. 13

14 Eine Gesamtgläubigerschaft entspricht nicht der Interessenlage beider Vertragsparteien. Die anderen Erwerber liefen Gefahr, ihre Ansprüche zu verlieren, wenn die in Geld gewandelte Leistung (Kostenvorschuss, Fremdnachbesserungskosten) an einen Miterwerber erbracht wird. Sie trügen damit das volle Insolvenzrisiko ihrer Miterwerber. Andererseits könnte jeder Erwerber dem Bauträger gegenüber das volle Leistungsverweigerungsrecht aus § 320 BGB geltend machen. Dies hätte zur Folge, dass auch bei recht wenigen Mängeln ein erheblicher Teil der Gesamtvergütung zurückbehalten werden könnte.

VI. Auswirkung der WEG-Reform

15 Die dargestellte Differenzierung zwischen Aktivlegitimation und Prozessführungsbefugnis der Erwerber bei Mängelansprüchen am Gemeinschaftseigentum war nicht zweifelsfrei (vgl. Vorauflage, Rn. 15 ff.). Dies gilt insbesondere für die angenommene Zuständigkeit der Wohnungseigentümergemeinschaft und der Bindungswirkung ihrer Beschlüsse im Verhältnis zum Bauträger. *Baer* (*Baer*, BTR 2006, 113 ff.) hat dies grundlegend und tiefgründig in Frage gestellt. Auch war nach der Grundsatzentscheidung vom 20.9.2000 (BGHZ 145, 158 ff. = ZMR 2000, 771 = MDR 2000, 1367 = NJW 2000, 3500) unklar, ob die Gemeinschaft nach § 21 Abs. 5 Nr. 2 WEG eine entsprechende Beschlusskompetenz besitzt (vgl. *Baer*, BTR 2006, 113, 115; *Pause*, PiG 74 (2006), 67, 75; *Pause/Vogel*, NJW 2006, 3670, 3671; *Schmidt/Riecke* ZMR 2005, 252 ff.; *Vogel*, IBR 2005, 20; a. A. *Wenzel*, ZWE 2006, 109, 113) Die VII. Zivilsenat des Bundesgerichtshofs (*BGH*, Urteil vom 12.4.2007 – VII ZR 236/05, ZMR 2007, 627 = NZM 2007, 403 Tz. 16 f./20 f.; im Anschluss hieran *BGH* Urteil vom 12.4.2007 – VII ZR 50/06, ZMR 2007, 630 Tz. 22) hat in enger Abstimmung mit dem V. Zivilsenat und im Vorgriff auf die WEG-Reform sowie im Anschluss an *Briesemeister* (*Briesemeister*, ZWE 2006, 15, 16.) eine Beschlusskompetenz nach § 21 Abs. 5 Nr. 2 WEG auch für Mängelansprüche bezüglich von Mängeln am Gemeinschaftseigentum aus den Erwerberverträgen ausdrücklich bejaht. Über gemeinschaftsbezogene Ansprüche dürfe die Gemeinschaft durch Mehrheitsbeschluss entsprechend den Grundsätzen ordnungsmäßiger Verwaltung entscheiden. Die Beseitigung anfänglicher Baumängel berühre die Interessen der Wohnungseigentümer in gleicher Weise wie später, etwa nach Ablauf der Gewährleistungsfrist, auftretende Mängel. Der einzelne Erwerber dürfe seine individuellen Rechte aus dem Vertrag mit dem Bauträger selbständig verfolgen, solange durch sein Vorgehen gemeinschaftsbezogene Interessen der Wohnungseigentümer oder schützenswerte Interessen des Bauträgers nicht beeinträchtigt werden. Ziehe so die Gemeinschaft durch Mehrheitsbeschluss berechtigt Ansprüche aus den Erwerberverträgen »an sich«, entfällt die Sachbefugnis des Erwerbers. Die Gemeinschaft wird allein zuständig. Diese Beschränkung ist dem Vertrag über den Erwerb von Wohneigentum vom Bauträger immanent.

16 § 10 Abs. 6 S. 3 WEG n. F. begründet für Mängelansprüche aus den individuellen Erwerberverträgen bezüglich der Mängel am Gemeinschaftseigentum außergerichtlich eine gesetzliche Ermächtigung und gerichtlich einen Fall der gesetzlichen Prozessstandschaft der Gemeinschaft (*Pause/Vogel*, ZMR 2007, 577, 579 ff.; zweifelhaft für die Rechtslage vor dem 01.07.2007 bereits *BGH* Urteil vom 12.4.2007 – VII ZR 236/05, ZMR 2007, 627 = NZM 2007, 403. Tz. 15; *Wenzel*, ZWE 2006, 109, 113/118). Die Ausübung dieser Rechtsbefugnis setzt außer in Eilfällen eine vorherige Beschlussfassung der Gemeinschaft voraus (*Pause/Vogel*, ZMR 2007, 577, 582; teilweise abweichend *J. H. Schmidt*, NZM 2006, 767, 769). Macht die Gemeinschaft von ihrer so bestehenden Befugnis Gebrauch, können die einzelnen Erwerber im Prozess Zeugen sein. Aus § 10 Abs. 6 S. 3 WEG n. F. folgt im Umkehrschluss, dass die Gemeinschaft vorbereitende und begleitende Beschlüsse nach § 21 Abs. 5 Nr. 2 WEG fassen darf (*Pause/Vogel*, ZMR 2007, 577, 581 f.). Entgegen wohl der Auffassung des historischen Gesetzgebers (BT-Drs. 16/887, S. 61) bleiben die einzelnen Erwerber nach den dargelegten Grundsätzen der Gemeinschaftsbezogenheit solange zur Geltendmachung von Mängelrechten befugt, bis die Gemeinschaft von ihrer gesetzlichen Ausübungsbefugnis Gebrauch macht (*Köhler*, Rn. 103; *Pause/Vogel*, ZMR 2007, 577, 582; für die Rechtslage bis zum 1.7.2007 auch *BGH* Urteil vom 12.4.2007 – VII ZR 236/05, ZMR 2007, 627 = NZM 2007, 403 Tz. 17 f.). Ob und wie die Gemeinschaft die Mängelrechte aus den individuellen Erwerbsverträgen gegen den Bauträger geltend macht, muss sie im Rahmen ordnungsmäßiger Verwaltung entscheiden (zu den

Details s. *Pause/Vogel*, ZMR 2007, 577, 583 f.). Der einzelne Erwerber hat gem. § 21 Abs. 4 WEG einen Anspruch gegen seine Mitwohnungseigentümer auf ordnungsmäßige Verwaltung. Es kann durchaus ordnungsmäßiger Verwaltung entsprechen, wenn die Mängelrechte gegen den Bauträger durch einzelne oder alle Erwerber geltend gemacht werden (*BGH*, Urteil vom 12.4.2007 – VII ZR 236/05, ZMR 2007, 627 = NZM 2007, 403 Tz. 22 a. E.). Kostenargumente aus Sicht des Bauträgers spielen allenfalls eine untergeordnete, mittelbare Rolle bei der Prüfung der Rechtmäßigkeit eines (nicht bestandskräftigen) Beschlusses (*Pause/Vogel*, NJW 2006, 3670, 3672; für die Störerabwehr innerhalb der Gemeinschaft ebenso *AG München*, ZMR 2007, 316; *BGH* NJW 2007, 1464 spricht aber tendenziell dagegen, dass zukünftig noch due Mehrvertretungsgebühr nach § 91 Abs. 1 ZPO erstattungsfähig sein wird).

Nicht abschließend geklärt ist die Frage, wie weit die Zuständigkeit der Gemeinschaft reicht. Die Formulierung der Grundsatzentscheidung vom 12. April 2007 (*BGH*, Urteil vom 12.4.2007 – VII ZR 236/05, ZMR 2007, 627 = NZM 2007, 403 Tz. 20), die Gemeinschaft könne Ansprüche an sich ziehen, soweit die ordnungsmäßige Verwaltung ein gemeinschaftliches Vorgehen erfordere, ist nur bedingt präzise. Sie gibt keinen Erkenntnisgewinn für die Frage, ob und inwieweit die Gemeinschaft dem einzelnen Erwerber den Rücktritt oder die Rückabwicklung im Wege des Schadensersatzes verwehren kann. Diese Rechte sind zwar als einzige nicht gemeinschaftsbezogen (*BGH*, BauR 2006, 979, 981 = NJW 2006, 2254; *BGH* Urteil vom 12.4.2007 – VII ZR 236/05, ZMR 2007, 627 Tz. 18). Insofern fehlt es an der Beschlusskompetenz der Gemeinschaft. Sind die Rechte aus einer vom Erwerber bereits erklärten Rückabwicklung gegen den Bauträger bereits entstanden, können sich die in der Gemeinschaft verbundenen Erwerber trotz Beschlusses nicht so mit dem Bauträger vergleichen, dass die Rückabwicklungsansprüche durch Erfüllungssurrogat erlöschen (*BGH*, BauR 2006, 1747, 1751 = ZMR 2007, 48 m. Anm. *Vogel* zu §§ 634, 635 BGB a. F.; *Wenzel*, ZWE 2006, 109, 115). Hat der »rückabwicklungswillige« Erwerber vor Vergleichsbeschluss und -abschluss nicht die Rückabwicklung gegenüber dem Bauträger erklärt oder die Voraussetzungen hierfür herbeigeführt, ist die Rechtslage unklar. U. E. sprechen die besseren Argumente, dass der Beschluss gem. § 10 Abs. 5 WEG n. F. auch den Erwerber bindet, es sei denn, ihm wurde im Vergleichsbeschluss die Rückabwicklung vorbehalten (*OLG Hamm*, IBR 2007, 209; *Pause/Vogel*, ZMR 2007, 577, 583; *Wenzel*, NJW 2007, 1905, 1908; vgl. ferner *Pause*, NZM 2007, 234, 235 f.; a. A. noch *Wenzel*, ZWE 2006, 109, 115). Denn durch den Vergleich wird der Mangel in rechtlicher Hinsicht »beseitigt«.

D. Ansprüche hinsichtlich Mängeln am Sondernutzungsrecht (SNR)

Da es sich bei den dem Sondernutzungsrecht unterfallenden Teil des Grundstücks und seiner wesentlichen Bestandteile weiter um Gemeinschaftseigentum handelt, sind die Erfüllungs- und Mängelansprüche grundsätzlich gemeinschaftsbezogen, so dass die dargestellten Grundregeln gelten (*OLG Frankfurt*, NJW-RR 1987, 1163; *Pause*, Rn. 573). Dies folgt daraus, dass das Sondernutzungsrecht lediglich eine zwischen den Wohnungseigentümern intern wirkende Regelung ist. Abweichende Regelungen in den Erwerbsverträgen sollen nach Auffassung der Literatur (*Köhler/Bassenge-Fritsch*, 15. Teil Rn. 164 ff.) zulässig sein. Dies ist zweifelhaft, da der Gemeinschaftsbezug hierdurch nicht verloren geht, faktisch also ein unzulässiger Vertrag zu Lasten Dritter, nämlich der Gemeinschaft, entsteht. Etwas anderes könnte dann gelten, wenn das Sondernutzungsrecht in der Teilungserklärung vergleichbar dem Sondereigentum eindeutig ausgestaltet ist, was beispielsweise bei einer Reihenhausanlage üblich ist. So findet sich dort oft folgende Formulierung: *»Soweit nicht zwingende gesetzliche Vorschriften dem entgegen stehen, ist die Gemeinschaftsordnung so auszulegen und anzuwenden, dass jeder Wohnungseigentümer wirtschaftlich als auch rechtlich soweit als möglich so gestellt wird, als ob er Alleineigentümer der ihm zur Sondernutzung zugewiesenen Fläche und der darauf errichteten Sachen wäre.«*

Dann könnte in dieser Regelung eine Ermächtigung nebst Einziehungsermächtigung gesehen werden (in diese Richtung *BGH* ZfIR 2000, 44 = ZfBR 2000, 3). Eine solche Abweichung von der Behandlung des »unbelasteten« Gemeinschaftseigentums ist rechtlich noch nicht ausreichend geklärt. Ob und inwieweit § 10 Abs. 6 S. 3 WEG n. F. hierdurch ausgeschlossen wird, und werden

Anhang zu § 8 | Grundzüge des Bauträgerrechts

kann, ist unklar. Wir empfehlen dringend, vorab entsprechende Beschlüsse der Wohnungseigentümergemeinschaft zu fassen. Die eben vorgestellte Klausel gibt jedenfalls im Innenverhältnis einen grundsätzlichen Anspruch auf eine entsprechende Beschlussfassung.

E. Besonderheiten der Vertragsabwicklung

20 Während der Vertragsabwicklung gibt es nur wenige Besonderheiten, die ausschließlich durch Eigenheiten des Wohnungseigentumsrechts bedingt sind.

I. Einführung

21 Soweit während der Errichtung der Eigentumswohnung die geschuldete Bauleistung im Bereich des Sondereigentums verändert werden soll (sog. Sonderwünsche), gelten grundsätzlich keine Besonderheiten. Ein wohnungseigentumsrechtliches Problem kann allerdings dann entstehen, wenn das zukünftige Gemeinschaftseigentum betroffen ist. Ähnlich problematisch ist es, wenn nachträglich die dingliche Zuordnung einzelner im Gemeinschaftseigentum stehenden Räume verändert werden oder das Gemeinschaftseigentum von den Erwerbern abgenommen werden soll. Besonderheiten können sich ferner ergeben, wenn einzelne Sondereigentümer eigenmächtig am Gemeinschaftseigentum nachbessern lassen.

II. Veränderung der geschuldeten Bauleistung

22 Jeder Erwerber hat einen selbständigen Anspruch auf Errichtung der Wohnanlage in einem seinem Vertrag entsprechenden Zustand. Was genau die geschuldete Bauleistung ist, ergibt sich aus dem Erwerbervertrag in Verbindung mit der mitbeurkundeten Baubeschreibung, den Plänen sowie den Prospekten und Anpreisungen des Bauträgers oder seiner Vertriebsmitarbeiter (Zur Auslegung des Bauträgervertrags und der Bestimmung der geschuldeten Bauleistung vgl. *Vogel*, PiG [2007], 109, 113 ff.). In der Praxis kommt es oft vor, dass während der Bauwerkserrichtung die Baubeschreibung geändert wird, so dass hinsichtlich derselben Eigentumsanlage Erwerberverträge mit zum Teil divergierenden Baubeschreibungen existieren. Dies wirft zahlreiche, zum Teil auch ungelöste Probleme auf.

23 Der Bauträger schuldet nach §§ 631 Abs. 1, 633 Abs. 1 BGB jedem Erwerber individuell die Herstellung des Gemeinschaftseigentums so, wie dies ursprünglich in seinem Erwerbervertrag vereinbart wurde. Änderungen der Bauerrichtungsverpflichtung bedürfen, damit sie nicht vertragswidrig sind, grundsätzlich einer Änderungsvereinbarung zwischen den Vertragsparteien. Soweit sich der Bauträger die Änderung der von ihm geschuldete Bauleistung vorbehält, muss die Vertragsklausel § 308 Nr. 4 BGB sowie über § 310 Abs. 3 BGB der Wertung von Anhang 1 lit. k) zu Art. 3 Abs. 3 der Richtlinie über missbräuchliche Klauseln in Verbraucherverträgen (RiL 93/13/EWG) genügen. Nach Auffassung des BGH müssen Anlass (triftiger Grund), Inhalt und Umfang der Änderungsbefugnis in der Klausel für den Erwerber transparent und mit abstrakten Kriterien vorab zumutbar festgelegt werden (*BGH*, BauR 2005, 1473, 1475; ebenso zuvor *OLG Hamm*, BauR 2005, 1324, 1326; teilweise abweichend *Armbrüster*, ZMR 2005, 244, 250). Übliche Vertragsklauseln genügen diesen Anforderungen nicht.

Zur Vermeidung von Sstreitigkeiten ist es daher empfehlenswert, sofern sich eine Änderung bei sachgerechter Bauprojektierung nicht vermeiden lässt, dass mit allen Erwerbern ein Änderungsvertrag abgeschlossen wird. Dieser Vertrag muss grundsätzlich nach § 311b Abs. 1 S. 1 BGB – wie der Erwerbervertrag – notariell beurkundet werden (*BGH*, NJW 1992, 1897 = BauR 1992, 508; *Koeble* in: Rechtshandbuch Immobilien, Kap. 16 Rn. 5d; *Pause*, Rn. 129; a. A. noch *Brych/Pause*, Rn. 75; *Vogelheim*, BauR 1999, 117, 121). Zwar hat die Rechtsprechung (*BGH*, NJW-RR 1988, 185; ZIP 1999, 143; *MüKo/Kanzleiter*, § 311 b BGB Rn. 58 ff. m. w. N.) bei Änderungen aufgrund unvorhersehbarer Schwierigkeiten bei der Vertragsabwicklung bisweilen Ausnahmen von dem Formerfordernis gemacht. Die Abgrenzung ist aber unsicher. Die Vereinbarung soll weiter nicht beurkundungsbedürftig sein, wenn im Bauträgervertrag bereits die Auflassung erklärt wurde und die Änderungsvereinbarung die Eigentumsverschaffungspflicht nicht berührt (*BGH*, NJW 1996, 452 = ZMR 1996,

122; NJW 1985, 266; *Basty*, Rn. 448; streitig, a. A. *BGH* NJW 1984, 612: Vollzug der Auflassung im Grundbuch erforderlich; *Staudinger/Wufka*, Bearb. 2005, § 311 b BGB Rn. 206 ff. m. w. N.). Die unterlassene Beurkundung birgt aber aufgrund kaum möglicher Abgrenzungen so erhebliche Risiken, dass trotz der finanziellen Belastung (Notargebühren, ggf. Nachlässe des Erwerbspreises, Zeitverlust) generell zu einer Beurkundung zu raten ist. Bis zur Heilung durch Eigentumsumschreibung ist nicht nur ggf. die Änderungsvereinbarung formunwirksam (§§ 125 S. 1, 311 b Abs. 1 S. 2 BGB), sondern gem. § 139 BGB im Zweifel auch der ursprünglich formwirksame Bauträgervertrag (*Vogel*, ZfIR 2005, 139, 140; a. A. die h. M. in der Literatur; zweifelnd *Staudinger/Wufka*, Bearb. 2006, § 311 b BGB Rn. 205). Die Formnichtigkeit der Änderungsvereinbarung wirkt sich praktisch aber nur bei erheblichen baulichen Veränderungen aus.

III. Änderung der dinglichen Zuordnung

Im Regelfall wird bei Abschluss eines Bauträgervertrages über Wohnungseigentum auf die bereits erstellte Teilungserklärung Bezug genommen; der Stand dieser Teilungserklärung wird dann Inhalt des Bauträgervertrags. Während der Veräußerungsphase stellt sich des Öfteren heraus, dass die dingliche Zuordnung geändert werden muss. So will ein Erwerber eine abweichende Einteilung von Gemeinschafts- und Sondereigentum. In der Tiefgarage werden Sondernutzungsrechte an Stellplätzen verschoben, um Erwerbern in fortgeschrittenerem Alter den Alltag zu erleichtern, oder ein Erwerber erwirbt einen zweiten Stellplatz. Selten sind die Fälle, in denen der Inhalt des zugeteilten Eigentums geändert werden soll, etwa wenn ein als Kellerraum bezeichneter Raum (Teileigentum) nunmehr auch zu Wohnzwecken (Wohnungseigentum) benutzt werden darf (vgl. *BayObLG*, DNotZ 1996, 666). 24

Das zu veräußernde Eigentum wird im Normalfall durch den Bauträger gem. § 8 WEG aufgeteilt. Wohnungseigentumsrechtlich kann er die Teilungserklärung nachträglich grundsätzlich einseitig abändern. Auch Berechtigte in Abt. II und Abt. III müssen nicht zustimmen (*BayObLG*, DNotZ 1996, 297). Die Änderungserklärung bedarf wie die Teilungserklärung materiell-rechtlich keiner bestimmten Form, sie muss aber zur Vorlage beim Grundbuchamt gem. § 29 GBO öffentlich beglaubigt werden. Wegen der Möglichkeit, bei Abschluss weiterer Erwerberverträge gem. § 13 a Abs. 1 BeurkG auch auf die Änderungserklärung Bezug nehmen zu können, ist eine Beurkundung allerdings empfehlenswert. Sobald aber zugunsten eines Erwerbers bereits eine Vormerkung im Wohnungsgrundbuch eingetragen ist, kann die Teilungserklärung nur mit Zustimmung des Vormerkungsberechtigten gemäß §§ 877, 876 BGB geändert werden (*BayObLG*, DNotZ 1996, 297, NJW-RR 1993, 1362). Auch sonstige in Abt. II und Abt. III dinglich Berechtigte müssen nunmehr zustimmen (*BayObLG*, DNotZ 1996, 297; ZMR 1998, 241; ZMR 1998, 299; str, vgl. *Böttcher*, ZfIR 1997, 321, 324). Ohne die Zustimmungen erfolgt grundbuchrechtlich kein Vollzug der geänderten Teilungserklärung (vgl. § 19 GBO). Gewisse Erleichterungen bringt hier § 5 Abs. 4 S. 2 und 3 WEG n. F. 25

Soweit in der üblichen Kautelarpraxis dem Veräußerer unter Befreiung von § 181 BGB Vollmacht eingeräumt wird, die Zustimmung zur Teilungserklärung/Gemeinschaftsordnung zu erklären (vgl. *OLG Frankfurt a. M.* NJW-RR 1998, 1707; *BayObLG*, NJW-RR 1995, 612; dazu jetzt *Armbrüster*, ZMR 2005, 244 ff.), sind die dingliche und schuldrechtliche Ebene zu unterscheiden: Schuldrechtlich verändert der Bauträger auf diese Weise die von ihm geschuldete Leistung, so dass entsprechende Änderungsklauseln wieder an § 308 Nr. 4 BGB usw. zu messen sind. Sachenrechtlich genügen solche Vollmachten, da sie aus AGB-rechtlichen Gründen unbestimmte Rechtsbegriffe enthalten müssen, meistens nicht der für Verfügungen erforderlichen Bestimmtheit (*BayObLG*, NJW-RR 1993, 1362; NJW-RR 1997, 586; NJW-RR 1995, 208). Die Problematik lässt sich nur lösen, wenn eine im Außenverhältnis gegenüber dem Grundbuchamt unbeschränkte Vollmacht erteilt wird, die im Innenverhältnis erheblichen Beschränkungen unterworfen ist (*Staudinger/Rapp*, Bearb. 2005, § 8 WEG Rn. 22). Ob eine solche Klausel in ihrer Gesamtheit dem AGB-Recht bzw. der Verbraucherrichtlinie genügt, ist nicht abschließend geklärt; jedoch wird das Grundbuchamt wegen der möglichen Unwirksamkeit der Klausel die Eintragung nicht verweigern dürfen, da ihm bis auf offenkundige Missbrauchsfälle die materielle Prüfungskompetenz fehlt (*OLG München*, 26

NZM 2006, 867; *Pause*, NZBau 2006, 642; vgl. zum Streitgegenstand *Ulmer/Brandner/Hensen*, 10. Aufl. 2006, § 308 Nr. 4 BGB Rn. 10 m. w. N. sowie für Regelungen in der Teilungserklärung *Müller*, Rn. 45; *Staudinger/Rapp*, Bearb. 2005, § 7 WEG Rn. 38). Aufgrund dieser Rechtsunsicherheit ist die Aufnahme einer entsprechenden Vollmachtsklausel problematisch. Es spricht vieles dafür, dass die Entscheidung des BGH (*BGH*, BauR 2005, 1473, 1475). zur Änderung der geschuldeten Bauleistung auch auf die Änderung der dinglichen Zuordnung anwendbar ist (*Riemenschneider*, MittBayNot 2006, 142, 144; *Vogel*, ZMR 2005, 801). Dann müssten Anlass, Inhalt und Umfang der Änderungsbefugnis transparent und für den Erwerber vorab in einem Regelbeispielskatalog zumutbar in der Klausel niederlegt werden. Ist die Änderungsklausel unwirksam oder wird von ihr nicht rechtmäßig Gebrauch gemacht, verstößt der Bauträger gegen seine Vertragspflichten. So berechtigt etwa die Umwandlung der Nachbareinheiten von Wohn- in Teileigentum den Erwerber aufgrund eines gravierend Mangels zur Rückabwicklung (*BGH*, NZM 2005, 753; hierzu instruktiv *Weise*, NJW-Spezial 2005, 504, 505).

IV. Abnahme des Gemeinschaftseigentums

27 Der einzelne Erwerber ist aufgrund des Erwerbervertrages individuell zur Abnahme des Vertragsobjektes (bereits *OLG Köln* NJW 1968, 2063; *Bub*, NZM 1999, 530, 531 m. w. N.) verpflichtet und berechtigt. Sondereigentum und Gemeinschaftseigentum können getrennt abgenommen werden (*BGH*, BauR 1983, 573). Es handelt sich um Teilabnahmen.

28 Aber auch die Abnahme des Gemeinschaftseigentums ist Sache jedes Erwerbers; dies ergibt sich bereits aus § 640 Abs. 1 BGB (*BayObLG*, NJW-RR 2000, 13 = NZM 1999, 862; *Heiermann/Riedl/Rusam*, § 12 VOB/B Rn. 5). Der einzelne Erwerber ist daher zur Teilabnahme ohne Wirkung für die übrigen Erwerber vertraglich verpflichtet. Die Abnahme des Sondereigentums umfasst im Zweifel nicht die Abnahme des Gemeinschaftseigentums (*Bühl*, BauR 1984, 237, 243; *Heiermann/Riedl/Rusam*, § 12 VOB/B Rn. 5; *Staudinger/Peters*, § 640 BGB Rn. 31; *Staudinger/Bub*, Bearb. 2005, § 21 WEG Rn. 243; offen gelassen in *BGH* BauR 1983, 573). Etwas anderes kann im Einzelfall zu Lasten des Sondereigentümers gelten, wenn es sich um Teile des Gemeinschaftseigentums handelt, die ausschließlich in seinem Sondereigentumsbereich liegen (*Basty*, Rn. 467). Für Gemeinschafts- und Sondereigentum laufen damit im Allgemeinen unterschiedliche Verjährungsfristen.

29 So bindet die Abnahme des gemeinschaftlichen Eigentums durch die Mehrheit der Wohnungseigentümer einen späteren Ersterwerber nicht (*BGH*, NJW 1985, 1551 = BauR 1985, 314; *Weitnauer / Briesemeister*, Anh. § 8 WEG Rn. 79 f.). Der Gemeinschaft fehlt vorbehaltlich einer abweichenden Regelung in der Gemeinschaftsordnung auch die erforderliche Beschlusskompetenz, die Modalitäten der Abnahme zu regeln bzw. die Abnahme des Gemeinschaftseigentums »an sich zu ziehen« (*Basty*, PiG 74 (2006), 49, 55; *Fritsch*, BauR 2004, 28, 29; *Köhler/Bassenge-Fritsch*, 15. Teil Rn. 89; *Ott*, NZBau 2003, 233, 241; *Pause*, Rn. 604; *Riesenberger*, NZM 2004, 537, 539; *Schmid*t, FS *Deckert* (2002), 443, 463; *C. Schmitz*, PiG 74 (2006), 98, 142; *Staudinger/Bub*, Bearb. 2005, § 21 WEG Rn. 245; a. A. *BayObLG* NJW-RR 2000, 13 = ZMR 1999, 862; *Bamberger/Roth-Voit*, § 631 BGB Rn. 99). Dies gilt auch nach der WEG-Reform (*Pause/Vogel*, ZMR 2007, 577, 581). Eine auf Basis eines nichtigen Beschlusses erklärte Abnahme des Gemeinschaftseigentums hat daher im Verhältnis zwischen dem einzelnen Erwerber und dem Bauträger keine Rechtswirkungen. Dies bedeutet in der Praxis, dass für jeden Erwerber bezüglich des Gemeinschaftseigentums abweichende Fristen für die Geltendmachung von Mängelansprüchen (§ 634 BGB) laufen können (a. A. etwa *Brambring*, NJW 1987, 97, 102). Der Erwerbervertrag kann aber in Übereinstimmung mit der Gemeinschaftsordnung vorsehen, dass eine gemeinschaftliche – zumeist förmliche – Abnahme zu erfolgen hat. Dies liegt wegen der damit verbundenen Rechtssicherheit im Interesse beider Parteien. Eine Vereinbarung, dass die Abnahme durch den Verwalter, der zugleich der Bauträger ist, erfolgt, hält einer Inhaltskontrolle nach § 307 Abs. 1 BGB nicht stand (*OLG Stuttgart* MDR 1980, 495; *Koeble* in: Rechtshandbuch Immobilien, Kap. 18 Rn. 18; *Riesenberger*, NZM 2004, 537, 539; a. A. *BayObLG*, NZM 2001, 739). Überhaupt ist die Einsetzung des Verwalters oder des Verwaltungsbeirats als diejenigen, die bindend für Erwerber die Abnahme erklären dürfen, nicht nur aus Haftungsgründen problematisch, da ihnen regelmäßig die gebotene Sachkunde fehlen wird und diese Benennung

wesentlich in die Rechtsstellung des Erwerbers eingreift (*Kleine-Möller/Merls/Oelmeier*, § 11 Rn. 134). Entsprechende Vertragsklauseln sind daher unwirksam.
Wir halten es für sinnvoller und AGB-rechtlich für zulässig, wenn die Abnahme des Gemeinschaftseigentums durch einen vereidigten und öffentlich bestellten Bausachverständigen vorbereitet wird, den die »werdende« Gemeinschaft in ihrer ersten Versammlung selbst auswählt (*Pause*, NJW 1993, 553, 555; *ders.*, Rn. 599 der eine Benennung bereits im Bauträgervertrag für wirksam hält (zweifelhaft, da sich dann der Bauträger einen ihm genehmen Sachverständigen auswählen könnte); kritisch auch *Werner/Pastor*, Rn. 509). Der Beauftragung und der Vorbereitung der Abnahmeerklärung des Sachverständigen steht das RBerG – bzw. demnächst das RechtsdienstleistungsG – nicht entgegen (ebenso *Häublein*, DNotZ 2002, 608, 622; *Pause*, Rn. 600; a. A. mit beachtlichen Argumenten *Basty*, BTR 2002, 12, 13 f.; *ders.*, Immobilienrecht 2002, 247, 258 ff.; *Hildebrandt*, BTR 2003, 211, 214; *Riesenberger*, NZM 2004, 537, 539). Eine etwaige rechtsgeschäftliche Abnahmeerklärung ist ein Hilfsgeschäft. Im Vordergrund steht die technische Überprüfung der erbrachten Bauleistung. Um letzte Risiken zu vermeiden, ist die Beauftragung eines größeren Sachverständigenbüros empfehlenswert, welches eine Erlaubnis nach dem Rechtsberatungsgesetz besitzt (z. B. TÜV, Dekra pp.). *Basty* hält den vollständigen Ausschluss der Möglichkeit, dass der einzelne Erwerber selbst das Gemeinschaftseigentum abnimmt, mit beachtlichen Argumenten gem. § 307 Abs. 2 Nr. 2 BGB für unwirksam (*Basty*, PiG 74 (2006), 49, 58). Hieran ist zutreffend, dass es für den vollständigen Ausschluss des »Abnahmerechts« auch aus Sicht des Bauträgers keinen rechtfertigenden Grund gibt, weil der Erwerber zur Abnahme des Gemeinschaftseigentums verpflichtet ist, wenn die Leistung des Bauträgers objektiv abnahmereif. *Basty* schlägt unter Berufung auf eine Entscheidung des BGH (*BGH*, BauR 1992, 232, 233). vor, dass der Sachverständige, der von den Erwerbern letztlich ausgewählt wird, nur die technische Abnahme erklärt, jeder Erwerber hierüber ein Protokoll erhält und vom Bauträger – bei Feststellung der Abnahmereife – aufgefordert wird, die Abnahme des Gemeinschaftseigentum zu erklären; erklärt sich der Erwerber binnen bestimmter, angemessener Frist nicht, gilt das Gemeinschaftseigentum verbindlich als abgenommen, worauf der Erwerber nochmals bei Protokollübersendung hinzuweisen ist (*Basty*, PiG 74 [2006], 49, 65 f.). An diesem Vorschlag ist sicherlich bestechend, dass er für beide Parteien des Bauträgervertrags und die Gemeinschaft fair und praktisch umsetzbar ist. Allerdings überwiegen auch nach Basty die generellen Zweifel an einer gemeinschaftlichen Abnahme. Basty hält zutreffend eine gemeinsame Abnahme für zweifelhaft, weil der Bauträger aufgrund zwischenzeitlicher Änderungen der Bausführung, die von einer Änderungsbefugnis im Innenverhältnis nicht gedeckt sein müssen, nicht jedem Erwerber die identische Ausführung des Gemeinschaftseigentums schuldet (*Basty*, PiG 74 (2006), 49, 53).
Sofern die Gemeinschaftsordnung und der Bauträgervertrag die Abnahme zur »gemeinsamen Sache« machen, müssen sowohl der Bauträgervertrag und als auch die Gemeinschaftsordnung überstimmende Regelungen enthalten, dass der Erwerber dem ausgewählten Sachverständigen bei fehlender entgegenstehender Erklärung Abnahmevollmacht erteilt und ggf. vor Vollzug einer werdenden Wohnungseigentümergemeinschaft der Erwerbergemeinschaft die Rechtsmacht verliehen wird, durch Mehrheitsbeschluss den Sachverständigen auszuwählen. Hält man eine unmittelbare Vollmacht an den Sachverständigen für wirksam, so ist die erteilte Vollmacht vom Erwerber jederzeit frei widerruflich (§ 671 Abs. 1 BGB; zutreffend *OLG Koblenz* BauR 2003, 546 = ZfIR 2002, 897; a. A. *Pause*, Rn. 601). Ein Ausschluss der Widerruflichkeit führt dazu, dass der Erwerber mangels Bestehen einer treuhänderähnlichen Stellung des Sachverständigen an dessen Erklärung ABG-rechtlich nicht wirksam gebunden werden kann (*OLG Koblenz* BauR 2003, 546 = ZfIR 2002, 897; *Basty*, PiG 74 (2006), 49, 59). Jedenfalls ist ein Widerruf aus wichtigem Grund immer möglich (*OLG Hamm*, ZfIR 2004, 644).
Eine stillschweigende Abnahme ist auch hinsichtlich des Gemeinschaftseigentums möglich, wobei für eine widerspruchslose Ingebrauchnahme wegen des Umfanges der Überprüfung eine längere Benutzungszeit erforderlich ist (*BGH*, NJW 1985, 731 = BauR 1985, 200; *Kleine-Möller/Merl/Oelmeier*, § 11 Rn. 135; *Pause*, NJW 1993, 553, 556). Enthält der Bauträgervertrag eine unwirksame Vollmachtsklausel und wird auf deren Grundlage vermeintlich die Abnahme erklärt, so kommt i. d. R. eine stillschweigende Abnahme durch die einzelnen Erwerber nicht in Betracht; aus Sicht

Anhang zu § 8 | Grundzüge des Bauträgerrechts

eines objektiven Dritten bestand für den Bauträger aufgrund der Unkenntnis der Erwerber über die fehlende Bindung der Abnahmeerklärung kein Anlass, dass dieser abermals (!) die Abnahme erklärt (wie hier *Fritsch*, BauRB 2004, 28, 30; *Häublein*, DNotZ 2002, 608, 609; a. A. und unvertretbar *BayObLG*, NZM 2001, 539).
Die Vereinbarung der VOB/B als »Ganzes« und damit die einer fiktiven Abnahme nach § 12 Nr. 5 VOB/B ist in einem Bauträgervertrag nicht möglich. Im Musterteil (dort Rn. 10) ist eine Abnahmefiktion enthalten, die entgegen den in der Vertragspraxis verwendeten Klauseln den Anforderungen von §§ 308 Nr. 5a), 309 Nr. 8b) ff. BGB genügen dürfte. Die Vereinbarkeit mit § 307 Abs. 2 Nr. 1 BGB ist ungeklärt, da das gesetzliche Leitbild in § 640 BGB eine Willenserklärung vorsieht und die Abnahmewirkungen auch bei einer nicht abnahmereifen Leistung eintreten würden. Hieran hat die Einfügung von § 640 Abs. 1 S. 3 BGB durch das »Gesetz zur Beschleunigung fälliger Zahlungen« nichts geändert, da der Gesetzgeber die Wirkungen der Abnahme nur eintreten lässt, wenn die Bauleistung **objektiv abnahmereif war** (vgl. den Gesetzeswortlaut: »obwohl er dazu verpflichtet ist«). Auf das Abnahmesurrogat in § 640 Abs. 1 S. 3 BGB sollte sich der Auftragnehmer nicht verlassen. Die Wirkungen der Abnahme treten nicht ein, wenn sich nachträglich herausstellt, dass zum Zeitpunkt des Abnahmeverlangens nicht unwesentliche Mängel vorlagen. Der eigentliche Vorteil der Neuregelung liegt darin, dass der Gesetzgeber einige Rechtsfolgen der unberechtigten Abnahmeverweigerung nunmehr geregelt hat. Ob die Bauträgerleistung objektiv erst dann abnahmereif ist, wenn der Erwerber lastenfreies Eigentum erlangt hat, ist ungeklärt (dafür: *Thode*, NZBau 2002, 297, 301 f.; *Vorwerk*, BauR 2003, 1, 7 f.; dagegen: *Pause*, Rn. 579). Hierfür spräche die Formulierung von § 633 Abs. 1 BGB (»frei von Sach- und Rechtsmängeln zu verschaffen«).

30 Die Fertigstellungsbescheinigung gem. § 641 a BGB steht ebenfalls weitgehend einer Abnahme gleich. Sie ist nicht geeignet, dem Bauträger die Durchsetzung seiner Vergütungsforderung zu erleichtern. Sie nutzt dem Bauträger nur, wenn das Verfahren zur Erteilung der Fertigstellungsbescheinigung penibel eingehalten wird und die Bauleistung frei von Mängeln ist. Ungeklärt ist weiter, ob die gesetzliche Regelung überhaupt in der Praxis sachgerecht umgesetzt werden kann. Angesichts der ungeklärten Fragen und des Kostenrisikos kann im Regelfall eine Begutachtung nach § 641 a BGB dem Auftragnehmer nicht empfohlen werden.

31 Fraglich ist, ob die in der Kautelarpraxis üblichen Vereinbarungen in den Erwerberverträgen, die einen späteren Erwerber, sog. Nachzügler, an die Wirkungen und das Ergebnis einer bereits durchgeführten Abnahme binden, wirksam sind. Die Literatur (Beck'scher VOB-Kommentar/*I. Jagenburg*, Vor § 12 VOB/B Rn. 46; *Pause*, Rn. 608 f.; *Jagenburg*, NJW 1992, 282, 290 f.; *Pause*, NJW 1993, 553, 556; *Schulze-Hagen*, BauR 1992, 320, 327; *Staudinger/Bub*, Bearb. 2005, § 21 WEG Rn. 238; a. A. *Klaßen/Eiermann*, Rn. 238) bejaht dies. *BGH*-Rechtsprechung hierzu gibt es noch nicht (entgegen *Reithmann*, DNotZ 1991, 133 [135] sowie *Reithmann/Meichssner/v. Heymann*, Kap. B Rn. 36 besagt die Entscheidung BGH NJW 1990, 1663 = BauR 1990, 353 nichts anderes). Solche Klauseln sind unwirksam. Zunächst erkennt auch die Literatur an, dass ihre Klauselvorschläge jedenfalls dann an § 309 Nr. 8 b ff.) BGB scheitern, wenn zwischen Fertigstellung und Veräußerung der Wohnung durch den Bauträger nur wenige Monate liegen (*Pause*, Rn. 610; *Staudinger/Bub*, Bearb. 2005, § 21 WEG Rn. 238). »Neu« ist die Wohnung im Ganzen aber auch, wenn sie nur kurzfristig (ca. 2 Jahre) vermietet war oder über 2 1/2 Jahre leer stand; insoweit korrespondieren die Einordnung als Werkvertrag sowie der Neuheitsbegriff des früheren AGBG (ebenso *Klumpp*, NJW 1993, 372, 373; a. A. *Ulmer/Brandner/Hensen*, 11. Aufl. 2006, § 309 Nr. 8 BGB Rn. 25; *Wolf/Horn/Lindacher*, § 11 Nr. 10 AGBG Rn. 3; vermittelnd *Staudinger/Coester-Waltjen*, Bearb. 2006, § 309 Nr. 8 BGB Rn. 25). Ob zudem die sog. Verbraucherrichtlinie (Richtlinie über missbräuchliche Klauseln in Verbraucherverträgen – RiL 93/13/EWG) eine solche Betrachtungsweise fordert, ist offen. Jedenfalls nimmt die Klausel dem Erwerber das Recht, die Leistung bezüglich des Gemeinschaftseigentums bei Übergabe auf ihre Vertragsgemäßheit selbst zu prüfen. Der Mustervorschlag berücksichtigt dies.

32 Mängel des Gemeinschaftseigentums könnten sich gerade auf das durch den Nachzügler erworbene Sondereigentum besonders auswirken. Wegen § 310 Abs. 3 Nr. 1 BGB (s. im Einzelnen *MüKo-Basedow* § 310 Rn. 18 ff., 53 ff.; *Wolf/Horn/Lindacher*, § 24 a AGBG Rn. 33) ändert hieran eine

ausführliche Belehrung des Notars nichts (so aber *Kaufhold*, DNotZ 1998, 254, 263; *Schmidt* in: Münchener Vertragshandbuch, Bd. IV/1, 4. Aufl., S. 406). Angesichts der auch mit einer modifizierten Klausel verbundenen Unsicherheiten läuft der Bauträger bei den üblichen Vertragsmustern, in denen er indirekt auf eine erneute Abnahme des Gemeinschaftseigentums verzichtet, Gefahr, dass sich der Bauträgervertrag mangels Abnahme jahrelang noch in der Erfüllungsphase befindet.

Bei sog. Mehrhausanlagen, die sukzessive in mehreren Bauabschnitten errichtet werden, stellen sich die eben aufgezählten Probleme noch dringlicher. Da auch hier sämtliche Erwerber grundsätzlich aktivlegitimiert sind, Mängel am Gemeinschaftseigentum geltend zu machen, wäre eine Angleichung der Mängelverjährungsfrist sachgerecht. Ob dies in dieser Fallkonstellation möglich ist, ist ungeklärt. Wegen weiterer Probleme während der gemeinschaftlichen Verwaltung (vgl. BGHZ 92, 18 = BauR 1984, 655 sowie *Staudinger/Bub*, Bearb. 2005, § 16 WEG Rn. 41 zum gerechten Verteilungsschlüssel und *BayObLG*, NJW-RR 1988, 274 zur getrennten Instandhaltungsrücklage) ist es sehr empfehlenswert, größere Objekte von vornherein in mehrere Wohnungseigentümergemeinschaften zu unterteilen (ebenso *Pause*, NJW 1993, 553, 556). Ist dies nicht möglich, könnten Untergemeinschaften begründet und die Herstellungspflichten des Bauträgers gegenüber den Erwerbern auf die ordnungsgemäße Herstellung des Gemeinschaftseigentums ihrer Untergemeinschaft beschränkt werden; ob eine solche Begrenzung bei transparenter Vertragsgestaltung und ausgiebiger Belehrung in Verbraucherverträgen einer Inhaltskontrolle standhält, ist ungeklärt, aber wohl zu bejahen. 33

V. Eigennachbesserung eines Sondereigentümers

1. Einführung

Viele Erwerber bessern in Unkenntnis der werkvertraglichen Mängelvorschriften (insbes. § 637 BGB) ohne den Bauträger in Verzug zu setzen Mängel nach. Soweit es sich um Mängel am Sondereigentum handelt, gelten keine Besonderheiten. Problematisch wird eine solche Eigennachbesserung im Bereich des Gemeinschaftseigentums. Ebenfalls problematisch ist es, wenn der Erwerber nach ordnungsgemäßer Fristsetzung gem. § 637 BGB ein Drittunternehmen mit der Sanierung beauftragt und dieses mangelhaft arbeitet (Stichwörter: »Sanierung der Sanierung«) oder es im Zusammenhang mit Nachbesserungsarbeiten zu Schäden am Gemeinschaftseigentum kommt. 34

2. »Unberechtigte« Eigennachbesserung und Ersatzvornahme

Lässt der einzelne Erwerber nachbessern, ohne dass die Voraussetzungen von §§ 634 ff. BGB herbeigeführt sind, so hat er auch nach der Schuldrechtsreform gegenüber dem Bauträger keinen Anspruch auf Ersatz der Nacherfüllungskosten (*Kniffka*, BauR 2005, 1024, 1025). Auch gegenüber den Miterwerbern und damit der Gemeinschaft besteht ein solcher Anspruch nicht, denn das Verhalten des einzelnen Erwerbers hat dazu geführt, dass die Miterwerber nicht mehr in der Lage sind, ihrerseits vom Bauträger Kostenersatz zu verlangen. Müssten sich die Miterwerber auf diese Weise anteilig an den Nacherfüllungskosten beteiligen, entstünde ihnen ein Schaden. Der einzelne Erwerber kann aus keinem Rechtsgrund Beteiligung verlangen, da er durch seine Vorgehensweise seine gemeinschaftlichen Mitwirkungspflichten aus § 14 WEG (*Weitnauer/Lüke*, § 21 WEG Rn. 48) verletzt hat. Die Voraussetzungen der Geschäftsführung ohne Auftrag und des Bereicherungsrechts liegen nicht vor. 35

Zwar ist der einzelne Erwerber im Verhältnis zum Bauträger bei dessen Verzug (bzw. Ablauf einer ihm gesetzten angemessenen Frist) berechtigt, die Nachbesserung in eigener Regie durchführen zu lassen. Wohnungseigentumsrechtlich handelt es sich aber um eine Maßnahme, die wiederum der gemeinschaftlichen Verwaltung gem. § 21 Abs. 3, Abs. 5 Nr. 2 WEG unterliegt (*Staudinger/Bub*, Bearb. 2005, § 21 WEG Rn. 233; *Bärmann/Pick/Merle*, § 21 WEG Rn. 9). Daher hat die Gemeinschaft im Innenverhältnis (!) über die Ersatzvornahme vorher zu beschließen (*Brych/Pause*, Rn. 679; anders wohl jetzt *Pause*, Rn. 912). Die Ablehnung eines Beschlusses, beweisverwertbar festgestellte Baumängel sachgerecht zu sanieren, entspricht im Regelfall nicht den Grundsätzen ordnungsmäßiger Verwaltung (*Bärmann/Pick/Merle*, § 21 WEG Rn. 128; *Weitnauer/Lüke*, § 21 WEG 36

Anhang zu § 8 | Grundzüge des Bauträgerrechts

Rn. 33). Wegen der finanziellen Tragweite ist es empfehlenswert, dass die Gemeinschaft vertreten durch den Verwalter einen entsprechenden Auftrag vergibt. Weigert sich die Gemeinschaft, Mängel am Gemeinschaftseigentum zu sanieren und wird hierdurch das Sondereigentum beschädigt, so hat der Sondereigentümer einen verschuldensabhängigen Anspruch auf Schadensersatz gegen die Gemeinschaft (*OLG Frankfurt a. M.* OLGZ 1985, 114; *BayObLG*, NJW 1986, 3145; GE 1997, 1403; *Bassenge*, Rn. 154; *Deckert*, Gruppe 6, S. 154 ff.). Hat die Wohnungseigentümergemeinschaft die Nichtvornahme der Mängelbeseitigung beschlossen, so kann aus diesem Verhalten nur dann ein Schadensersatzanspruch hergeleitet werden, wenn der Beschluss binnen der Anfechtungsfrist des § 46 Abs. 1 S. 2 WEG n. F. (früher § 23 Abs. 4 S. 2 WEG a. F.) angefochten wird (*KG*, NJW RR 1991, 402; *Bassenge*, Rn. 156). Hierbei kommt es für die Beschlussqualität nicht mehr so entscheidend darauf an, ob der Beschlussantrag positiv oder negativ formuliert war (vgl. *Wenzel* in FS Derleder, 2005, 315 = ZMR 2005, 413). Bei mehrheitlicher Ablehnung eines Antrages auf Vornahme von Mängelbeseitigungsarbeiten liegt nach h. M. ein sog. Negativbeschluss vor, der ebenfalls anfechtbar ist, auch wenn seine Aufhebung nicht zum positiven Ergebnis führt (*Riecke/Schmidt*, S. 97 zu BGH ZMR 2001, 809). Enthält der antragsablehnende Beschluss zeitlich eine bindende Regelung, ist er in jedem Fall anfechtbar (vgl. *Staudinger/Bub*, Bearb. 2005, § 23 WEG Rn. 154).

3. Fehlerhafte Nachbesserung und Schäden bei Nachbesserung

37 Bessert der durch einen einzelnen Erwerber beauftragte Drittunternehmer mangelhaft nach, so bestehen gegen ihn seinerseits Mängelansprüche; diese stehen allerdings nur dem einzelnen Erwerber zu. Im Übrigen bestehen keine Besonderheiten. Der einzelne Erwerber kann aber kraft gemeinschaftlicher Treuepflicht gehalten sein, entweder die ihm so erwachsenden Ansprüche an die Gemeinschaft abzutreten oder die Ansprüche geltend zu machen.

38 Schädigt der beauftragte Unternehmer bei Nachbesserung das Sondereigentum eines Miterwerbers, so haftet der beauftragende Erwerber dem Miterwerber hierfür nach § 278 BGB (vgl. *BGH* NJW 1999, 2108 = BauR 1999, 1032 m. Anm. *Riecke*, MDR 1999, 925 und *Vogel*, IBR 1999, 322 sowie *Armbrüster*, WE 1999, Heft 12, 9, 4; bereits *BayObLG*, NJW-RR 1992, 1102; WE 1995, 189; *Sauren*, § 14 WEG Rn. 13). Die Pflicht zur ordnungsgemäßen Instandsetzung umfasst neben der Beseitigung anfänglicher Mängel auch die entsprechende Bauleistung mit Hilfe von Fachkräften. Zwischen den Wohnungseigentümern besteht nach §§ 10 Abs. 2 S. 1 WEG, 741 ff. BGB ein gesetzliches Schuldverhältnis, so dass § 278 BGB anwendbar ist. Allerdings muss sich der Geschädigte dieses Verschulden gem. §§ 254, 278 BGB als Mitverschulden quotal anrechnen lassen (*BGH*, NJW 1999, 2108 = BauR 1999, 1032; *BayObLG*, NJW-RR 1992, 1102); mangels abweichender Regelung in der Teilungserklärung bestimmt sich der Umfang anhand des Miteigentumsanteils (*Riecke*, MDR 1999, 925, 926). Aus der genannten BGH-Entscheidung folgt weiterhin, dass zu Lasten des handelnden Sondereigentümers bezüglich des Verschuldens eine Beweislastumkehr stattfindet (*Armbrüster*, WE 1999, Heft 12, 4, 5).

4. Empfehlungen für die Praxis

39 Aufgrund der eben dargelegten »Haftungsfallen« schlagen wir generell vor, bei der Verfolgung von Herstellungs- und Mängelansprüchen außer in dem Falle der Notgeschäftsführung gemäß § 21 Abs. 2 WEG nur gemeinschaftlich zu handeln. Dies ist schon deshalb sinnvoll, weil der Verwalter mit Hilfe eines Privatgutachters und eines Rechtsanwaltes eher in der Lage sein wird, abzuschätzen, ob entweder durch ein selbständiges Beweisverfahren gemäß §§ 485 ff. ZPO zunächst Beweise gesichert werden sollten oder ob und wie (Ausführungsmethode, Vertragsmanagement, Solvenz des Bauträgers) wegen der Eilbedürftigkeit sogleich ein Nachbesserungsauftrag vergeben werden kann. Nötigenfalls (unterschiedliche Verjährungsfristen, keine Einigung der Wohnungseigentümer) kann ein einzelner Erwerber/Sondereigentümer ermächtigt und beauftragt werden, isoliert entsprechend gegen den Bauträger vorzugehen.

F. Mängelansprüche des Erwerbers/Wohnungseigentümers

I. Einführung

Auch nach der Schuldrechtsreform sind die Ansprüche auf »kleinen« Schadensersatz und Minderung gemeinschaftsbezogen und können grundsätzlich gemeinschaftlich nach vorherigem Beschluss als Gestaltungsrecht herbeigeführt und geltend gemacht werden (*Groß*, BTR 2003, 217; *Kniffka/Koeble*, 11. Teil, Rn. 259; *Merl*, FS Jagenburg (2002), 597 [606]; *Weitnauer/Briesemeister*, § 8 WEG Rn. 76; *Wendel*, ZWE 2002, 57, 60; dies ist teilweise zweifelhaft, vgl. *Pause/Vogel*, ZMR 2007, 577, 580 f.). 40

Soweit der Sondereigentümer ausschließlich Mängel im Bereich des Sondereigentums aufgrund des Erwerbsvertrages rügt, gibt es keine wohnungseigentumsrechtliche Besonderheiten. Solche Mängel können aber gemeinschaftlich durch alle Erwerber oder durch die Gemeinschaft im Wege gewillkürter Prozessstandschaft geltend gemacht werden. 41

Bei Mängeln zumindest auch am Gemeinschaftseigentum stellt sich das Problem der materiellen Berechtigung des einzelnen Erwerbers sowie des Einflusses eventueller Rechtsverluste der Mitwohnungseigentümer sei es durch Verjährung, Verzicht oder Umwandlung von primären in sekundäre Mängelansprüche. Den Verwalter trifft insofern jedenfalls aus §§ 675, 666 BGB die Pflicht, auf die ihm bekannten, grundlegenden Planungs- und Ausführungsmängel des verwalteten Objektes hinzuweisen (*BGH*, NJW 1998, 680 = BauR 1998, 196 m. Anm. *Riecke*, MDR 1998, 208; umfassend *Bub*, NZM 1999, 530 ff.). Er hat zudem darauf hinzuwirken, dass zweckentsprechende Beschlüsse gefasst werden (*Bub*, NZM 1999, 530, 531). Aufgrund der Ausübungsermächtigung in § 10 Abs. 6 S. 3 WEG n. F. treffen den Verwalter darüber hinaus zahlreiche neue Pflichten (Aufklärung, Beratung usw.; *Pause/Vogel*, ZMR 2007, 577, 583).

Beachte: Für Bauträgerverträge, die bis zum 31. Dezember 2001 abgeschlossen wurden, gilt das alte Gewährleistungsrecht fort (Art. 229 § 5 S. 1 EGBGB). Der gesetzliche Anknüpfungspunkt (Datum des Vertragsabschlusses) kann dazu führen, dass bei einer Wohnungseigentumsanlage unterschiedliches Recht anzuwenden ist. Problematisch kann dies bei der Herbeiführung und Geltendmachung sekundärer Gewährleistungs- bzw. Mängelansprüche sein.

II. Erfüllungsansprüche

Der Erfüllungs- und der Nacherfüllungsanspruch stehen im Regelfall aus eigenem Recht dem Ersterwerber oder aus abgetretenem Recht dem Zweiterwerber gegenüber dem Bauträger zu. Lag der Mangel am Gemeinschaftseigentum bereits zum Zeitpunkt der Abnahme des Gemeinschaftseigentums vor, so besteht ein Nacherfüllungsanspruch nur, soweit bekannte Mängel gemäß § 640 Abs. 2 BGB konkret vorbehalten wurden (BGHZ 77, 134 = NJW 1980, 1952 = BauR 1980, 460). Anspruchsberechtigter des Nacherfüllungsanspruchs bleibt der einzelne Erwerber. Er kann den Anspruch alleine, also ohne Mitwirkung der Gemeinschaft gegen den Bauträger geltend machen (*Derleder*, NZM 2003, 81, 83; *Groß*, BTR 2003, 217; *Ott*, NZBau 2003, 233, 240; *Wenzel*, ZWE 2006, 109, 113). Ein vorheriger Beschluss der Wohnungseigentümergemeinschaft ist nicht erforderlich (BGHZ 68, 372 = NJW 1977, 1336 = BauR 1977, 271; *BGH* NJW 1988, 1718 = BauR 1988, 336). Hat die Gemeinschaft den Nacherfüllungsanspruch gem. § 10 Abs. 6 S. 3 WEG n. F. durch Beschluss »an sich gezogen«, ist der Erwerber zwar Gläubiger des Anspruchs, aber nicht mehr sachbefugt (*BGH*, Urteil vom 12.4.2007 – VII ZR 236/05, ZMR 2007, 627 = NZM 2007, 403 Tz. 20 f.; *Pause/Vogel*, ZMR 2007, 577, 582; *Wenzel*, NJW 2007, 1905, ^905 spricht von »gekorener Ausübungsbefugnis«). Seit der Rechtsfähigkeit der Gemeinschaft kommen Erfüllungs- und Nacherfüllungsansprüche nur noch noch im Zusammenhang mit der erstmaligen Herstellung eines ordnungsgemäßen Zustandes der Wohnanlage in Betracht. Beauftragt der Verwalter einen Bauunternehmer mit Bauleistungen im Bereich des Gemeinschaftseigentums, wird die Gemeinschaft als solche Vertragspartner. Nur ihr stehen Mängelansprüche aus dem Vertrag zu. Der Nacherfüllungsanspruch steht jedem Erwerber in voller Höhe zu; mit anderen Worten, der Mangel ist in vollem Umfang zu beseitigen (*Staudinger/Peters*, Bearb. 2003, Anh. III zu § 638 BGB Rn. 25). Der Bauträger kann nicht einwenden, die Nacherfüllung sei rechtlich unverhältnismäßig, weil die 42 übrigen Erwerber aufgrund von Verjährung keine Mängelansprüche mehr geltend machen können (*BGH*, NJW 1985, 1551 = BauR 1985, 314; BGHZ 114, 383 = NJW 1991, 2480 = BauR 1991, 606).

Ebenso wie beim Erfüllungs- und Nacherfüllungsanspruch wird auch beim Anspruch auf Kostenvorschuss von einem Anspruch des einzelnen Wohnungseigentümers ausgegangen; der Erwerber kann ihn also zunächst selbst geltend machen (BGHZ 68, 372 = NJW 1977, 1336 = BauR 1977, 271; BGHZ 81, 35 = NJW 1981, 1841 = BauR 1981, 467; *Derleder*, NZM 2003, 81, 84; a. A. *Staudinger/Bub*, Bearb. 2005, § 21 WEG Rn. 265 m. w. N.; *Wenzel*, ZWE 2006, 109, 115, der die Selbstvornahme als Gestaltungsrecht ansieht). Die hierfür erforderliche Aufforderung zur Mangelbeseitigung kann ebenfalls durch jeden Erwerber alleine erfolgen; sie hat dann jedoch nur Rechtswirkung für und gegen den Mahnenden (*Kleine-Möller/Merl/Oelmeier*, § 12 Rn. 851; *Staudinger/Bub*, Bearb. 2005, § 21 WEG Rn. 265). Er kann jedoch – außer bei entsprechender Ermächtigung der Gemeinschaft (*OLG Köln* NJW-RR 1994, 470). – die Zahlung des Kostenvorschusses nur zu Händen der Gemeinschaft fordern, damit eine zweckgerichtete Mittelverwendung gewährleistet ist (*BGH*, Urteil vom 12.4.2007 – VII ZR 236/05, ZMR 2007, 627 = NZM 2007, 403 Tz. 18; BGHZ 114, 383 = NJW 1991, 2480 = BauR 1991, 606 (zum kleinen Schadensersatzanspruch gem. § 635 BGB); *BGH* NJW 1997, 2173 = BauR 1997, 488; *OLG Stuttgart* BauR 2003, 1394; *Ehmann/Breitfeld*, JZ 1992, 318; *Greiner*, ZfBR 2001, 439, 440; *Köhler/Bassenge-Fritsch*, 15. Teil Rn. 101; *Wenzel*, Immobilienrecht 1998, 51 [53]; einer Ermächtigung steht es gleich, wenn alle Erwerber ihre Ansprüche gegen den Bauträger an einen Erwerber abtreten, weil in der Abtretung als »Minus« auch die Ermächtigung zum Einzug und zur Ausübung von Wahlrechten enthalten ist, so BGH BauR 2001, 798.). Gleichwohl ist die Gemeinschaft befugt, über den Vorschuss- und Kostenersatzanspruch durch Beschluss zu entscheiden, weil die gemeinschaftliche Verwaltung tangiert ist (im einzelnen *Pause/Vogel*, ZMR 2007, 577, 580).

Der Bauträger kann gegen den Vorschussanspruch aus § 637 Abs. 3 BGB nicht mit Restvergütungsforderungen gegenüber anderen Sondereigentümern aufrechnen; wegen der Gemeinschaftsbezogenheit fehlt es an der für §§ 387 ff. BGB erforderlichen Gegenseitigkeit (*OLG Nürnberg*, BauR 1999, 1464; *OLG Karlsruhe* BauR 1990, 622, *Staudinger/Bub*, § 21 WEG Rn. 269 a. E.). Dasselbe gilt, wenn der klagende Sondereigentümer selbst einer der säumigen Zahler ist; anderenfalls wäre der besondere Zweck des Kostenvorschusses, seine Verwendung zur Mangelbeseitigung, nicht gewährleistet, da der Sondereigentümer aus eigener Tasche intern die notwendigen Mittel nachlegen müsste (*BGH*, NJW 1992, 435 = BauR 1992, 88; *Greiner*, ZfBR 2001, 439, 440; *Koeble* in: Rechtshandbuch Immobilien, Kap. 22 Rn. 23a; a. A. offenbar *OLG Frankfurt*, NJW-RR 1993, 339).

43 Hat der einzelne Erwerber die Mängel am Gemeinschaftseigentum ordnungsgemäß beseitigt, kann er ausnahmsweise zu seinen Händen den Aufwendungsersatzanspruch geltend machen (*BGH*, BauR 2005, 1623, 1624). Die Rechte der übrigen Erwerber und der Gemeinschaft werden hierdurch nicht tangiert. Bleibt die Gemeinschaft untätig, kann der einzelne Erwerber so im Ergebnis – wenn auch bei Übernahme des Bonitäts- und Insolvenzrisikos des Bauträgers – die Mangelbeseitigung auf Kosten des Bauträgers erreichen (*Pause/Vogel*, ZMR 2007, 577, 580).

III. Leistungsverweigerungs- und Zurückbehaltungsrechte

44 Da bei Baumängeln im Regelfall ein Leistungsverweigerungsrecht gemäß § 320 BGB vor Abnahme mindestens in Höhe des zwei- bis dreifachen Betrages der Mängelbeseitigungskosten bejaht wurde, kann auch der einzelne Erwerber gegenüber dem Bauträger Zahlungen wegen Mängeln am Gemeinschaftseigentum zurückhalten (*BGH*, NJW 1998, 2967 = BauR 1998, 783; *Kleine-Möller/Merl/Oelmeier*, § 12 Rn. 858). Nach Abnahme folgt dies aus § 641 Abs. 3 BGB, wobei das Leistungsverweigerungsrecht mindestens in Höhe des Dreifachen der Mängelbeseitigungskosten besteht. Nicht abschließend geklärt ist, ob er nur den dreifachen quotal auf seinen Miteigentumsanteil entfallen Mängelbeseitigungsbetrag zurückhalten kann oder gar den dreifachen Betrag der gesamten Mängelbeseitigungskosten am Gemeinschaftseigentum (vgl. nur *Werner/*

Pastor, Rn. 482 m. w. N.). Es ist zu unterscheiden: Macht nur ein Erwerber von dem Leistungsverweigerungsrecht Gebrauch, so kann er dies in unbeschränkter Höhe (*BGH*, NJW 1998, 2967 = BauR 1998, 783; a. A. *Koeble*, FS Soergel (1993), S. 125, 126). Machen aber mehrere Erwerber von ihrer Einrede Gebrauch, so verteilt sich die Zurückbehaltungssumme gemäß § 242 BGB anteilig auf diese Erwerber (*Pause*, Rn. 909; *Deckert*, ZfBR 1984, 161, 166; *Heiermann/Riedl/Rusam*, § 13 VOB/B Rn. 8; in diese Richtung BGH NJW 1984, 725 = BauR 1984, 166; a. A. *Groß*, BauR 1975, 12, 22). Hiermit ist bezweckt, einen verstärkten Zwang auf den Bauträger zur Mängelbeseitigung durch das Leistungsverweigerungsrecht auszuüben. Dass grundsätzlich jeder einzelne Erwerber nicht nur eine seinem Miteigentumsanteil entsprechende Quote an den Mängelbeseitigungskosten zurückhalten darf, ergibt sich aus der Rechtsprechung des VII. Senats des *BGH* (zuletzt BGHZ 141, 63 = NJW 1999, 1705 = BauR 1999, 657 in Ergänzung zu BGHZ 114, 383 = NJW 1991, 2480 = BauR 1991, 606), der dem Erwerber einen vollen Schadensersatzanspruch zugesteht. Die Beschränkung aus Treu und Glauben stellt lediglich sicher, dass die Gesamtsumme der zurückbehaltenen Beträge das Dreifache der erforderlichen Kosten nicht übersteigt; anderenfalls wäre der Druck auf den Bauträger unangemessen und die Erwerber »übersichert« (*Deckert*, ZfBR 1984, 161, 166; *Kleine-Möller/Merl/Oelmeier*, § 12 Rn. 858; *Kniffka*, ibr-online-Kommentar Bauvertragsrecht, Stand: 04.01.2007, § 641 BGB Rn. 77). In der praktischen Umsetzung obliegt es dem Bauträger, den einzelnen Erwerber mitzuteilen, welche weiteren Erwerber ebenfalls wegen Mängeln am Gemeinschaftseigentum Erwerbspreise zurückhalten und aufgrund welcher Tatsachen und auf welche Höhe sich die Leistungsverweigerungsrechte reduzieren.

IV. Rückgängigmachung des Erwerbervertrags Rücktritt bzw. Schadensersatz statt der Leistung

Die Voraussetzungen dieser Ansprüche aus §§ 634 Nr. 3, 636, 323, 326 Abs. 5 BGB kann der Erwerber ohne Mitwirkung der Gemeinschaft herbeiführen (*BGH*, BauR 2006, 979, 981; *Bamberger/Roth-Voit*, § 631 BGB Rn. 105; *Brock*, WuM 2002, 195, 197; *Derleder*, NZM 2003, 81, 86; *Köhler*, MDR 2005, 1148, 1149; *Merl*, FS Jagenburg (2002), 597, 606; *Pause*, Rn. 920; *Wendel*, ZWE 2002, 57, 60). Hierdurch werden die schutzwürdigen Belange der Gemeinschaft oder des Bauträgers nicht berührt. Dem Erwerber wird der bereits entstandene Rückabwicklungsanspruch nicht dadurch genommen, dass die Gemeinschaft wegen vorhandener Mängel Gestaltungsrechte (§§ 281 Abs. 4, 638 Abs. 1 BGB) ausübt, z. B. die Minderung erklärt (*BGH*, BauR 2006, 979, 981; *Pause*, Rn. 921; *ders.*, NZBau 2002, 648, 653). Der zugrunde liegende Beschluss ist insofern mangels Beschlusskompetenz teilnichtig, als er dem Erwerber das entstandene Recht zur Rückabwicklung genommen wird. Rücktritt oder Schadensersatz statt der Leistung sind nicht gemeinschaftsbezogen. Sind diese Mängelrechte des Erwerbers durch Ausübung seines Gestaltungsrechts noch nicht entstanden, bindet ein beschlossener Vergleich oder eine beschlossene Minderung auch den Erwerber, der nicht rechtzeitig von seinem Gestaltungsrecht Gebrauch gemacht hat. Denn mit dem Vergleich bzw. der Ausübung der Minderung erlischt der Nacherfüllungsanspruch. Hierauf hat der Verwalter »ausstiegswillige Erwerber« hinzuweisen (*Pause/Vogel*, ZMR 2007, 577, 583).

V. Minderung und sog. kleiner Schadensersatz

1. Grundregel

Die Befugnis zur Fristsetzung mit dem Ziel, ein Minderungsverlangen geltend zu machen, birgt die Gefahr doppelter Inanspruchnahme des Bauträgers in sich, so lange noch ein anderer Erwerber Nacherfüllung verlangen kann. Die Fristsetzung bei behebbaren Mängeln gerichtet auf ein künftiges Minderungsverlangen oder die Geltendmachung des kleinen Schadensersatzes kann somit als eine Art Gestaltungsrecht von den Wohnungseigentümern nur gemeinschaftlich und einheitlich ausgeübt werden. Dies entspricht der Rechtsprechung des 7. Zivilsenats des *BGH* (VII ZR 236/05, ZMR 2007, 627 = NZM 2007, 403 Tz. 19; BauR 2006, 979, 981; NJW 1998, 2967 = BauR 1998, 783). Der *BGH* (BGHZ 74, 258 = NJW 1979, 2207 = BauR 1979, 420; BGHZ 114, 383 = NJW 1991, 2480 = BauR 1981, 606; *Bärmann/Pick/Merle*, § 21 WEG Rn. 13 f.; *Pause*, NJW 1993,

553, 557; *Wenzel*, NJW 2007, 1905, 1907 spricht von »geborener Ausübungsbefugnis«) hat bereits mehrfach betont, es sei allein Angelegenheit der Gemeinschaft, zwischen Minderung und Schadensersatz, der nicht auf Rückgängigmachung des einzelnen Erwerbsvertrages gerichtet ist, zu wählen und die entsprechenden Anspruchsvoraussetzungen herbeizuführen. Dies wird aus der Gemeinschaftsbezogenheit dieser Rechte hergeleitet. Die Rechtsausübung des einzelnen Erwerbers ist dadurch beschränkt, dass ihm keine Befugnis zusteht, aus seinem Erwerbervertrag heraus Einfluss auf die Rechte der anderen Wohnungseigentümer zu nehmen. Diese herrschende Meinung wird etwa von Bub (*Staudinger/Bub*, Bearb. 2005, § 21 WEG Rn. 285 ff. m. w. N.; ders, NZM 1999, 530, 534; ähnlich *Hauger*, NZM 1999, 536, 540 f.; kritisch auch *Baer*, BTR 2006, 113 ff.) abgelehnt. Er vertritt die Auffassung, Ansprüche der Erwerber auf Minderung und kleinen Schadensersatz seien nicht auf ein und dieselbe Leistung gerichtet und auch nicht auf eine teilbare Leistung. Insoweit bezieht er sich auf die Rechtsprechung des 5. Zivilsenats des *BGH* (BGHZ 108, 156 = NJW 1989, 2534 = BauR 1990, 221) für den kaufrechtlichen Schadensersatzanspruch. Die Rechtsprechung des 7. Zivilsenats im Bauvertragsrecht (BauR 2005, 1473, 1476; BGHZ 141, 63 = NJW 1999, 1705 = BauR 1999, 657; *OLG Karlsruhe* BauR 1990, 622) ist vorzugswürdig, da einerseits dem Erwerber der volle Schadensersatzanspruch zugestanden, andererseits grundsätzlich nur die Gemeinschaft als empfangszuständig angesehen wird, so dass eine effektive Mittelverwendung für das Gemeinschaftseigentum sichergestellt ist. Dass die Voraussetzungen für Minderung oder »kleinem Schadensersatz« nur gemeinschaftlich herbeigeführt werden können, folgt freilich nicht aus § 638 Abs. 2 BGB (zutreffend *Erman/Schwenker*, § 638 BGB Rn. 5; *Staudinger/Bub*, Bearb. 2005, § 21 WEG Rn. 286; a. A. *Derleder*, NZM 2003, 81, 86; *Wagner*, ZNotP 2004, 4, 9). Diese Norm setzt voraus, dass mehrere Erwerber einen Vertrag mit dem Bauträger abgeschlossen haben.

Die Auffassung des VII. Zivilsenats ist für den Bauträger evident ungünstiger, da er noch von der Gemeinschaft der Wohnungseigentümer auf den vollen Betrag von Minderung oder Schadensersatz in Anspruch genommen werden kann, auch wenn bei einzelnen Erwerbern Forderungen bereits verjährt sind. Hier kann dem Bauträger im Einzelfall ein Ausgleichsanspruch zustehen, wenn die Ansprüche Einzelner durch Abgeltungsvereinbarung oder außergerichtlichen Vergleich (zur Bindungswirkung eines Vergleiches durch die WEG-Gemeinschaft nach bestandskräftigem Beschluss gegenüber dem Zweiterwerber *LG München* NJW-RR 1996, 333) erloschen sind. Dies ist eine Auslegungsfrage eines solchen Vertrages. Bei der Verjährung besteht dagegen die Erfüllbarkeit fort. Eine ungerechtfertigte, von der Rechtsordnung möglicherweise nicht gedeckte Bereicherung träte hier nicht ein.

2. Ausnahme

47 Eine Ausnahme von der zwingenden Gemeinschaftsgebundenheit gilt, wenn der Sondereigentümer kraft Gemeinschaftsordnung oder ausdrücklicher Ermächtigung bindend das Wahlrecht zwischen Minderung und Schadensersatz ausüben kann (*BGH*, ZfIR 2000, 44 = ZfBR 2000, 3; *OLG München* ZMR 2007, 725 verneint insofern auch die Beschlusskompetenz der Gemeinschaft). In einem solchen Fall der Einzelklagebefugnis kann der Erwerber bei entsprechender Ermächtigung auch Schadensersatzzahlungen an sich selbst verlangen (BGHZ 114, 383 = NJW 1991, 2480 = BauR 1991, 606). Auch eine im Laufe des Prozesses erteilte Ermächtigung räumt den klagenden Sondereigentümern ein die restlichen Wohnungseigentümer bindendes Wahlrecht ein (BGHZ 110, 258 = NJW 1990, 1663 = BauR 1990, 353). Bei einer sog. Mehrhausanlage kann der klagende Sondereigentümer, wenn ihm schon nach der Teilungserklärung an seinem Sondereigentum »Reihenhaus« das alleinige Nutzungs-, Instandsetzungs-, Instandhaltungs- u. Verwaltungsrecht zusteht, sowohl bei Mängeln am Sondereigentum als auch bei solchen, hinsichtlich des für die einzelnen Häuser abgrenzbaren Gemeinschaftseigentums und der den jeweiligen Reihenhäusern zugewiesenen alleinigen Nutzungsflächen seine Ansprüche dergestalt geltend machen, dass er Zahlung an sich selbst und nicht lediglich an die Eigentümergemeinschaft fordern darf (vgl. *BGH* ZfIR 2000, 44 = ZfBR 2000, 3). Problematisch ist in der Praxis, dass Ermächtigungsbeschlüssen oft die notwendige Eindeutigkeit fehlt, welche Rechte der Handelnde geltend machen darf (*OLG Celle* BauR 2001, 1753).

3. Umfang der Minderung

Die Berechnung des Umfanges der Minderung erfolgt grundsätzlich entsprechend den allgemeinen Grundsätzen gemäß §§ 634, 638 BGB. Sie bezieht sich daher auf die Gesamtbeeinträchtigung durch den Mangel am Gemeinschaftseigentum (BGHZ 114, 383 = NJW 1991, 2480 = BauR 1991, 606; *Bärmann/Pick/Merle*, § 21 WEG Rn. 17; für den Schadensersatzanspruch aus § 635 BGB: BGHZ 141, 63 = NJW 1999, 1705 = BauR 1999, 657) und entgegen der wohl h. M. nicht auf eine entsprechende Miteigentumsquote (*Brych/Pause*, Rn. 686 unter Berufung auf die kaufrechtlichen Entscheidungen des V. Zivilsenats BGHZ 108, 383 = NJW 1989, 2534 = BauR 1990, 221; *BGH* NJW 1996, 1056 = BauR 1996, 401; aufgegeben durch *Pause*, Rn. 919). Für die Gemeinschaft kann daher – in welcher Prozesskonstellation auch immer – Minderung eines letztlich fiktiven »Gesamterwerbspreises« verlangt werden. Der so erlangte Geldbetrag muss entweder durch die Gemeinschaft im Innenverhältnis entsprechend der Erwerbspreisanteile oder nach den Miteigentumsanteilen (in diese Richtung BGHZ 81, 35 = NJW 1981, 1841 = BauR 1981, 467; *BGH* NJW 1983, 453 = BauR 1983, 84) verteilt werden. Richtigerweise muss hierbei auch der konkrete Minderwert betroffener Einheiten besonders berücksichtigt werden (zutreffend *Pause*, Rn. 961). Etwas anderes gilt freilich, wenn die Gemeinschaft zusammen die Voraussetzungen für die Minderung herbeigeführt, Minderung gewählt hat und sodann jedem Erwerber freigestellt hat, ob er individuell seinen Anteil geltend machen will. In diesem Fall bemisst sich die Minderung auch nur nach dem jeweiligen Erwerbspreis im Verhältnis zur Belastung durch die Mängel (*BGH*, NJW 1983, 453 = BauR 1983, 84; BGHZ 114, 383 = NJW 1991, 2480 = BauR 1991, 606; *Deckert*, ZfBR 1984, 161, 164; *Koeble* in: Rechtshandbuch Immobilien, Kap. 22 Rn. 19). Insgesamt verändert sich dadurch eine Gesamtminderungssumme nicht; macht die Gemeinschaft insgesamt Minderung geltend, entspricht es der Billigkeit, wenn der Betrag im Innenverhältnis ausschließlich nicht nach Miteigentumsanteilen, sondern zusätzlich nach dem Grad der Belastung verteilt wird (*Kniffka*, ZfBR 1990, 159, 162).

4. Umfang des Schadensersatzes

Wie bereits dargelegt, kann der Erwerber – soweit er hierzu berechtigt ist – vollen Schadensersatz gem. § 634, 636 BGB verlangen (BGHZ 141, 63 = NJW 1999, 1705 = BauR 1999, 657). Dies folgt daraus, dass der Bauträger dem Erwerber die vollständige und mangelfreie Herstellung des gesamten Gemeinschaftseigentums schuldet. Die Rechtsprechung des V. Zivilsenats (BGHZ 108, 383 = NJW 1989, 2534 = BauR 1990, 221; *BGH* NJW 1996, 1056 = BauR 1996, 401) zum Anspruch aus § 463 S. 1 BGB a. F. findet im Baurecht keine Anwendung (*Greiner*, ZfBR 2001, 439, 443 f.; a. A. *Wenzel*, RWS-Forum Immobilienrecht, 1998, 51, 57; *ders.*, NZM 2000, 65, 66). Dies ist konsequent, da der Käufer von dem Verkäufer lediglich einen Anteil am Gemeinschaftseigentum erworben hat; ihm wurde die Ordnungsgemäßheit des gesamten Miteigentums nicht versprochen (ebenso *Niedenführ*, LM § 635 BGB Nr. 120; a. A. *Lauer*, IBR 1999, 219). Unterlässt die Gemeinschaft jahrelang die Sanierung eines ihr bekannten Mangels, kann sich der Bauträger ggf. auf ein Mitverschulden bezüglich der Folgeschäden berufen (*OLG Celle* BauR 2001, 650).

5. Wohnungseigentumsrechtliche Probleme

Die Gemeinschaft kann die zur Prozessführung erforderlichen finanziellen Mittel durch Sonderumlage erheben. An dieser muss sich anteilig der Bauträger beteiligen, wenn er noch Eigentümer einzelner Einheiten ist und die Ansprüche gegen ihn durchgesetzt werden sollen (*BayObLG*, ZMR 2001, 826).

Hier ergeben sich allerdings im Innenverhältnis unter den Wohnungseigentümern Probleme, wie die erlangten Beträge zu verwalten, verwenden oder auszukehren sind. Jedenfalls dann, wenn der Betrag nicht kurzfristig zur Sanierung verwendet wird, ist er an die Wohnungseigentümer im Verhältnis der nominellen Erwerbspreise auszukehren (*Wenzel*, ZWE 2006, 109, 118). Nach Auffassung des Kammergerichts (*KG*, NZBau 2004, 437) muss der einzelne Erwerber jedenfalls den Betrag eines von den übrigen Erwerbern/Gemeinschaft nachgenehmigten Vergleichs an die Gemeinschaft herausgeben, der auf das Gemeinschaftseigentum entfällt.

6. Sonderproblem: Aufrechnung des rückständigen Erwerbspreises

52 Nicht abschließend geklärt war, ob der Erwerber mit einem Vorschussanspruch aus § 637 Abs. 3 BGB gegen den Restvergütungsanspruch des Bauträgers aufrechnen kann. Die überwiegende Ansicht (*OLG München* IBR 2002, 22 (Revision durch, *BGH* Beschl. v. 8.11.2001 – VII ZR 495/99 nicht angenommen); *LG München* NJW-RR 1990, 30; *OLG Frankfurt a. M.* NJW-RR 1993, 329 = BauR 1993, 124; *LG Marburg*, Anerkenntnisurteil v. 27.10.1999 – 1 O 218/97 (unveröffentlicht); *Pause*, Rn. 955 f.) bejaht dies mit der Argumentation, dass der Vorschussanspruch individualvertraglicher Natur sei. Der Erwerber müsse allerdings den erlangten Betrag an die Gemeinschaft zu Händen des Verwalters zur zweckentsprechenden Verwendung abführen. Dies ist – so auch *Bub* (*Kleine-Möller/Merl/Oelmeier*, § 12 Rn. 853; *Staudinger/Bub*, Bearb. 2005, § 21 WEG Rn. 256) – bedenklich. Auf diese Weise trügen die übrigen Erwerber hinsichtlich der Mängel am Gemeinschaftseigentum nicht nur das Risiko der Insolvenz des Bauträgers, sondern zusätzlich auch das des aufrechnenden Erwerbers. Außerdem kann der Erwerber mit dem Vorschussanspruch, der zwar auf seinem individuellen Erwerbsvertrag beruht, nur Zahlung an die Gemeinschaft fordern. Die Aufrechnung ist daher weder für den Erwerber noch den Bauträger möglich (*BGH* ZMR 2007, 630 Rn. 75; *Thode*, IBR 2007, 488).

VI. Pflichten und Rechte des Verwalters

53 Dem Verwalter kommt bei der Verfolgung von Mängelansprüchen bezüglich des Gemeinschaftseigentums in der Praxis eine entscheidende Rolle zu.

1. Pflichten und Haftung des Verwalters

54 Der Verwalter ist verpflichtet, die für die ordnungsmäßige Instandhaltung und Instandsetzung des gemeinschaftlichen Eigentums erforderlichen Maßnahmen zu treffen (§ 27 Abs. 1 Nr. 2 WEG). Zur Instandsetzung gehört auch die Behebung von anfänglichen Baumängeln am Gemeinschaftseigentum. Weil es aber in erster Linie Sache der Wohnungseigentümer selbst ist, für die Behebung der Baumängel zu sorgen (§ 21 Abs. 1 und 5 Nr. 2 WEG), beschränkt sich die Verpflichtung des Verwalters grundsätzlich darauf, Baumängel feststellen zu lassen, die Wohnungseigentümer darüber zu unterrichten und eine Entscheidung der Gemeinschaft über das weitere Vorgehen herbeizuführen (*OLG Düsseldorf*, NJW 2007, 161; *BayObLG*, ZMR 2001, 558 = NJW-RR 2001, 388; *BayObLG*, NZM 2002, 957 = ZMR 2002, 956; *BayObLG*, ZMR 2003, 216; *OLG Düsseldorf* ZMR 2002, 857; näher *Gottschalg*, NZM 2003, 457, 459 f.). Verletzt der Verwalter diese Verpflichtung schuldhaft und hat dies zur Folge, dass Mängelansprüche nicht mehr durchgesetzt werden können, haftet der Verwalter für den dadurch den Wohnungseigentümern entstandenen Schaden aus Verletzung des Verwaltervertrags.

Konkret bedeutet dies, dass der Verwalter rechtzeitig vor Ablauf der Mängelgewährleistung die Wohnungseigentümer auf diese Verjährung von Ansprüchen aus den Erwerberverträgen hinweisen muss, wenn ihm die Abnahme des Gemeinschaftseigentums bekannt ist. Er muss durch knappe Information über die Folgen des Ablaufs der Verjährungsfrist die Wohnungseigentümer dahin sensibilisieren, dass eine rechtzeitige Begehung des Objekts durch einen Bausachverständigen sinnvoll wäre; hierbei sind zuvor Feststellungen tatsächlicher (Begehungen mit dem Beirat, Termine in Sondereigentumseinheiten usw.) und rechtlicher (Beschaffung von Erwerberverträgen, Abnahmeprotokollen, Mängelrügen usw.) Art erforderlich. In einem weiteren Schritt muss er der Gemeinschaft hierzu einen vollziehbaren Beschlussvorschlag unterbreiten. Aufgrund der originären Zuständigkeit der Gemeinschaft nach der WEG-Reform sowie der zahlreichen rechtlich ungeklärten Fragen ist die Hinzuziehung eines Sachverständigen und eines Rechtsanwalts zur Vorbereitung der Versammlung sowie des Beschlussvorschlags nahezu unabdingbar geworden (*Pause/Vogel*, ZMR 2007, 577, 583). Haben sich bereits Mängel gezeigt oder stellt sie ein von der Gemeinschaft beauftragter Privatgutachter fest, so erschöpfen sich die Pflichten des Verwalters darin, rechtzeitig eine (notfalls außerordentliche) Eigentümerversammlung anzuberaumen und sachgerechte Beschlussvorschläge zur außergerichtlichen und gerichtlichen Anspruchsverfolgung gegen den Bauträger zu unterbreiten, hierbei einem einzuschaltenden Rechtsanwalt Vollmacht zu erteilen und die Finanzierung des Vorgehens (z. B. durch Entnahme aus der Instandhaltungsrücklage) sicherzustellen. Informiert der Verwalter nach Sachverhaltserforschung über die Existenz von Mängeln die Wohnungseigentümer und ermöglicht er eine Entscheidung der Gemeinschaft, so haftet er nicht, wenn diese untätig bleibt (BayObLGR 2004, 124 = BauR 2003, 1941; weitergehend wohl *Bauriedl*, ZMR 2006, 252, 254 f.). Ist der Verwalter zugleich der Bauträger, so kommt dessen Haftung auch dann in Betracht, wenn er Mängelansprüche schuldhaft verjähren lässt (*BayObLG*, ZMR 2001, 558 = NZM 2001, 388; dazu *Gottschalg*, NZM 2002, 841, 844). Dann verjähren Ansprüche gegen ihn in der regelmäßigen Verjährungsfrist (§ 195 BGB).

2. Vergütung des Verwalters

Die Betreuung der Gemeinschaft bzw. mittelbar der Erwerber / Wohnungseigentümer im Rahmen der Verfolgung von Mängelansprüchen erfordert erhebliche organisatorische Leistungen des Verwalters, die zeit- und haftungsträchtig sind. Eine Zusatzvergütung steht ihm nur zu, wenn diese vereinbart wurde, weil nach der WEG-Novelle gem. § 10 Abs. 6 S. 3 WEG n. F. die Rechte aus den Erwerbsverträgen grundsätzlich zu dem gesetzlichen Aufgabenbereich des Verwalters gehören. Zahlreiche Klauseln in den üblichen Verwalterverträgen genügen nicht den Anforderungen des Transparenzgebots in § 307 Abs. 1 S. 2 BGB. 55

Es soll aber ordnungsmäßiger Verwaltung entsprechen, dem Verwalter nachträglich eine Sondervergütung für dessen Leistungen im Rahmen einer umfangreichen Sanierung zuzubilligen (*OLG Köln* OLGR 2001, 233 = NZM 2001, 470; *Pause*, Rn. 711). Nichts anderes kann konsequenterweise aufgrund einer erheblichen Äquivalenzstörung des Verwaltervertrags für die Vorbereitung und Begleitung der Verfolgung von Mängelansprüchen aus den Erwerberverträgen gelten. 56

3. Beschlüsse der Gemeinschaft

Nach herrschender Auffassung gehört die erstmalige ordnungsgemäße Herstellung des Gemeinschaftseigentums und damit die Beseitigung von anfänglichen Baumängeln zur Instandsetzung des Gemeinschaftseigentums (§ 21 Abs. 5 Nr. 2 WEG) (*BGH*, Urteil 12.4.2007 – VII ZR 236/05 ZMR 2007, 627 = NZM 2007, 403 Tz. 20 ff.; *BGH* Urteil vom 12.4.2007 – VII ZR 50/06, ZMR 2007, 630 Tz. 22; *BayObLG*, ZMR 2003, 436; *OLG Schleswig* ZMR 2003, 876). Dies gilt jedenfalls nach der WEG-Reform (*Pause/Vogel*, ZMR 2007, 577, 581). Die Gemeinschaft kann über entsprechende Maßnahmen (Art und Weise der Anspruchsdurchsetzung, Verfolgung nur von erheblichen Mängeln, Minderung anstelle von Sanierung, Geltendmachung durch die Gemeinschaft oder alle bzw. einzelne Erwerber usw.) im Rahmen ordnungsmäßiger Verwaltung entscheiden; sie hat insofern ein weites Ermessen (*OLG Düsseldorf* NJW-RR 2003, 1099; *BayObLG*, ZMR 2002, 530; *OLG Köln* ZMR 2002, 972; LG Dresden, ZMR 2007, 491; sehr lesenswert hierzu *Wenzel*, NJW 2007, 1905, 1907 f.). Nach der WEG-Novelle wird im Rahmen der Überprüfung des Ermessens eine erhebliche Rolle spielen, ob den Mitgliedern der Gemeinschaft bei Beschlussfassung die wesentlichen tatsächlichen und rechtlichen Gesichtspunkte, die gegeneinander abzuwägen sind, bekannt waren (*Pause/Vogel*, ZMR 2007, 577, 583). Es findet daher im wohnungseigentumsrechtlichen Beschlussanfechtungsverfahren (§§ 43 Nr. 4, 46 WEG n. F.) nur eine gerichtliche Ermessenskontrolle statt. Das Gericht ist nicht befugt, seine Sacherwägungen an die Stelle derjenigen der Gemeinschaft zu setzen, es sei denn, nur das Ergreifen einer ganz bestimmten Maßnahme entspricht ordnungsmäßiger Verwaltung (vgl. *Riecke/Schmidt/Elzer* Rn. 1005). Anfechtbar ist ein Beschluss zur gerichtlichen Durchsetzung von Mängelansprüchen, wenn eine Klage keine hinreichenden Erfolgsaussichten besitzt (*BayObLG*, NJW-RR 2000, 13 = NZM 2000, 13). Erforderlich ist also vor Beschlussfassung eine sorgfältige Analyse der Rechtslage (*BayObLG*, NJW-RR 2000, 379 (zur Genehmigung eines Vergleichs)). Andererseits entsprechen Beschlüsse, in denen ohne Gegenleistung auf schlüssig erscheinende Mängelansprüche verzichtet werden, nicht ordnungsmäßiger Verwaltung; sie sind anfechtbar (vgl. *OLG Düsseldorf* NJW-RR 2000, 381 = ZMR 2000, 243). 57

VII. Exkurs: Herausgabe von Unterlagen und Plänen

58 Die Nebenansprüche auf Einsicht und Herausgabe von Zeichnungen oder Subunternehmerrechnungen, statischen Berechnungen, Plänen und sonstigen Bauunterlagen sind für die Beurteilung der Verantwortlichkeit von Baumängeln und zur Beweissicherung oft von großer Bedeutung. Hierbei macht es keinen Unterschied, ob nach dem Bauträgervertrag die Erstellung oder Beschaffung dieser Unterlagen vom Pauschalpreis mit abgegolten war oder gesondert zu vergüten ist.

59 Ob sich aus dem Bauträgervertrag gemäß den Rechtsgrundsätzen in §§ 445, 444 BGB a. F. i. V. m. § 810 BGB analog zumindest ein Anspruch des Erwerbers (Käufer / Auftraggeber) auf Einsicht in sämtliche Bauunterlagen, angefangen von der Baugenehmigung samt Plänen und Statik sowie weiteren Unterlagen (z. B. Entwässerungspläne, Installationspläne, Betriebs- u. Bedienungsanleitungen etc.) ergab, war höchst streitig (vgl. *Pause*, Rn. 470 ff. m. w. N.). Entgegen der in der Rechtsprechung vereinzelt vertretenen Auffassung (*OLG Hamm* NJW 1975, 694; *OLG München* BauR 1992, 95) wird man einen Herausgabeanspruch bejahen können, wenn die Unterlagen bei Behörden nicht ohne weiteres zu beschaffen sind, da diese Unterlagen für den bestimmungsgemäßen Gebrauch und die ordnungsmäßige Verwaltung (Instandhaltung und Instandsetzung) des Objekts unabdingbar sind. Die Überlassung dieser Unterlagen gehört dann zum vom Bauträger geschuldeten funktionellen Werkerfolg. Die Praxisrelevanz dieses Problems ist von vornherein begrenzt, da die Bauträger sich typischerweise durch Abtretung der ihnen gegen eigene Subunternehmer zustehenden Ansprüche partiell von der Mängelhaftung frei zeichnen, was hinsichtlich der Haftungsbeschränkung unwirksam ist. Ein Anspruch auf Herausgabe von zusätzlichen Unterlagen (Verträge, Leistungsverzeichnisse, Zeichnungen, Prüfberichte, Rechnungen usw.) ergibt sich dann aus § 402 BGB.

60 Wegen der Gemeinschaftsbezogenheit des Anspruchs besteht kein Recht des einzelnen Erwerbers, die Herausgabe der Unterlagen an sich selbst zu verlangen, es sei denn, er wäre hierzu von der Eigentümergemeinschaft durch Beschluss ausdrücklich ermächtigt. Nach der obligatorischen Wahl eines WEG-Verwalters (vgl. § 20 Abs. 2 WEG) wird man einen Anspruch auf Herausgabe der Bauunterlagen an den Verwalter bejahen können.

§ 9 Schließung der Wohnungsgrundbücher

(1) Die Wohnungsgrundbücher werden geschlossen:

1. von Amts wegen, wenn die Sondereigentumsrechte gemäß § 4 aufgehoben werden;

2. auf Antrag sämtlicher Wohnungseigentümer, wenn alle Sondereigentumsrechte durch völlige Zerstörung des Gebäudes gegenstandslos geworden sind und der Nachweis hierfür durch eine Bescheinigung der Baubehörde erbracht ist;

3. auf Antrag des Eigentümers, wenn sich sämtliche Wohnungseigentumsrechte in einer Person vereinigen.

(2) Ist ein Wohnungseigentum selbständig mit dem Rechte eines Dritten belastet, so werden die allgemeinen Vorschriften, nach denen zur Aufhebung des Sondereigentums die Zustimmung des Dritten erforderlich ist, durch Absatz 1 nicht berührt.

(3) Werden die Wohnungsgrundbücher geschlossen, so wird für das Grundstück ein Grundbuchblatt nach den allgemeinen Vorschriften angelegt; die Sondereigentumsrechte erlöschen, soweit sie nicht bereits aufgehoben sind, mit der Anlegung des Grundbuchblatts.

Schließung der Wohnungsgrundbücher | § 9

Literatur
DNotI-Gutachten Mietervorkaufsrecht nach Schließung der Wohnungsgrundbücher, DNotI-*Report* 2006, 48; *Kreuzer* Aufhebung von Wohnungseigentum NZM 2001, 123 (mit umfangreichen Formulierungsvorschlägen auch zur Wertberechnung); *Meyer-Stolte* Übertragung von Grundpfandrechten bei Schließung der Wohnungsgrundbücher (Anm. zur Entscheidung des *OLG Schleswig* vom 25.10.1990 – 2 W 20/90 –) Rpfleger 1991, 150; *Röll* Die Aufhebung von Wohnungseigentum an Doppelhäusern DNotZ 2000, 749.

Inhaltsverzeichnis

A. Allgemeines	1
B. Schließung der Wohnungs- und Teileigentumsgrundbücher	2
I. Aufhebung der Sondereigentumsrechte	2
II. Gegenstandsloswerden der Sondereigentumsrechte	6
III. Vereinigung aller Wohnungseigentumsrechte	12
C. Folgen der Beendigung der Wohnungs- und Teileigentumsrechte	15
I. Rechtsbeziehungen der Eigentümer	15
II. Eingetragene Rechte Dritter	16
1. Gesamtbelastungen	17
2. Einzelbelastungen	18
III. Vorkaufsrecht für Mieter	25
IV. Rückgängigmachung von Vereinigung und Zuschreibung	26
D. Schließung nach allgemeinen Grundsätzen	27
E. Schließungsverfahren	28
I. Schließung	28
II. Anlegung eines Grundstücksgrundbuches	29
III. Sonstige Nachweise	31
IV. Gemeinschaftliches Wohnungsgrundbuch	33
F. Gerichtsgebühren	35

A. Allgemeines

Die Vorschrift des § 9 regelt abschließend die rechtsgeschäftlichen Tatbestände, deren Vorliegen zur Beendigung des Wohnungs- und Teileigentums und der damit verbundenen Schließung der Wohnungs- und Teileigentumsgrundbücher führen. Abgesehen von der eigentlich überflüssigen Regelung des Abs. 1 Nr. 2 stellen die Abs. 1 Nr. 1 und Nr. 3 die komplementären Bestimmungen zur vertraglichen bzw. einseitigen Begründung von Wohnungseigentum dar. Daneben kommt noch eine Schließung nach allgemeinen Grundsätzen in Betracht. **1**

B. Schließung der Wohnungs- und Teileigentumsgrundbücher

I. Aufhebung der Sondereigentumsrechte

Nach § 9 Abs. 1 Nr. 1 werden die Wohnungsgrundbücher geschlossen, wenn die **Sondereigentumsrechte** gem. § 4 **aufgehoben** worden sind. Das erfordert eine Einigung der Beteiligten über den Eintritt der Rechtsänderung und die Eintragung in das Grundbuch. Der Grundbucheintragung kommt in diesem Fall daher konstitutive Bedeutung zu (*Staudinger/Rapp* Rn. 2). Die Einigung bedarf der für die Auflassung vorgeschriebenen Form (vgl. § 925 BGB); sie ist bedingungs- und befristungsfeindlich (§ 4 Abs. 2). Nach § 4 Abs. 3 bedarf das zugrunde liegende Verpflichtungsgeschäft der Form des § 311 b Abs. 1 BGB. **2**

Nicht hierher gehören die Fälle der Aufhebung einzelner Sondereigentumseinheiten; hierzu § 7 Rn. 233. § 9 geht von einer vollständigen Beendigung des Sondereigentums aus. Zur teilweisen Aufhebung des Sondereigentums durch Abtrennung eines Grundstücksteils siehe § 6 Rn. 27 ff. **3**

Damit die Aufhebung in das Grundbuch eingetragen werden kann, ist **verfahrensrechtlich** gegenüber dem Grundbuchgericht neben der Antragstellung nicht der Nachweis der materiellen Einigung zu führen. § 20 GBO ist nicht entsprechend für anwendbar erklärt; es gilt daher auch in diesem Fall das formelle Konsensprinzip (*Demharter* Anhang zu § 3 Rn. 101; ebenso auch für den umgekehrten Fall der vertraglichen Einräumung von Sondereigentum *OLG Zweibrücken* **4**

§ 9 | Schließung der Wohnungsgrundbücher

OLGZ 1982, 263; Weitnauer/*Briesemeister* § 4 Rn. 5; **a. A.** *Bärmann/Pick/Merle* § 4 Rn. 6; KEHE/*Munzig* § 20 Rn. 15; Meikel/*Ebeling* § 3 WGV Rn. 36; MüKo/*Commichau* § 4 Rn. 5 f.; *Schöner/Stöber* Rn. 2995; Staudinger/*Rapp* § 4 Rn. 4). Beizubringen sind demnach lediglich **Eintragungsbewilligungen** sämtlicher Wohnungseigentümer in der Form des § 29 GBO. Ebenso können die Erklärungen über die Aufhebung des Sondereigentums ohne Vorlegung oder gleichzeitige Errichtung der Urkunde über das Kausalgeschäft entgegengenommen werden, da § 925 a BGB nicht für entsprechend anwendbar erklärt worden ist (*Demharter* Anhang zu § 3 Rn. 100; Palandt/*Bassenge* § 4 Rn. 2; Weitnauer/*Briesemeister* § 4 Rn. 7; **a. A.** *Bärmann/Pick/Merle* § 4 Rn. 8 und 9 Rn. 4; MüKo/*Commichau* § 4 Rn. 27; Staudinger/*Rapp* § 4 Rn. 4).

5   Die Aufhebung der Sondereigentumsrechte führt von Amts wegen zur Schließung der Wohnungs- und Teileigentumsgrundbücher. Zum Eintragungsverfahren siehe Rn. 28 ff.

II. Gegenstandsloswerden der Sondereigentumsrechte

6   Wird das in Wohnungseigentum aufgeteilte Gebäude **völlig zerstört**, werden die Sondereigentumsrechte gegenstandslos. Das Gegenstandsloswerden führt jedoch nicht automatisch auch zum Erlöschen der Sondereigentumsrechte und zur Beendigung der Gemeinschaft (s. § 11 Rn. 9 und 24, 25). Die Vorschriften über die Gemeinschaft (§ 10 ff. WEG) bleiben zunächst genauso anwendbar wie auch noch eine Anwartschaft auf Wiedererrichtung des Gebäudes auf der Grundlage des Teilungsplanes besteht (vgl. § 11 Rn. 9 ff.). Haben die Wohnungseigentümer für diesen Fall vereinbart, dass keine Verpflichtung zum Wiederaufbau bestehen soll, kann stattdessen ausnahmsweise die Aufhebung der Gemeinschaft verlangt werden (vgl. §§ 11 Abs. 1 S. 3, 22; § 11 Rn. 24). § 9 Abs. 1 Nr. 2 bietet den Wohnungseigentümern nunmehr die Möglichkeit, anstelle der an sich nach § 9 Abs. 1 Nr. 1 erforderlichen Einigungserklärung in der Form der Auflassung die Löschung der Sondereigentumsrechte in diesem besonderen Fall durch bloße Antragstellung zu bewirken.

7   **Verfahrensrechtlich** bedarf es daher der Vorlage eines entsprechenden Antrages sämtlicher Wohnungseigentümer. Der Antrag bedarf allerdings als sog. gemischter Antrag (vgl. § 30 GBO) der Form des § 29 GBO, da er zugleich die sachlichrechtliche Erklärung beinhaltet (*Demharter* Anhang zu § 3 Rn. 105; Meikel/*Ebeling* § 3 WGV Rn. 36; Weitnauer/*Briesemeister* Rn. 4).

8   Weiterhin ist der Nachweis der völligen Zerstörung des Gebäudes durch eine **Bescheinigung** der Baubehörde führen. Die Allgemeine Verwaltungsvorschrift über die Ausstellung von Bescheinigungen gem. § 7 Abs. 4 Nr. 2 und § 32 Abs. 2 Nr. 2 WEG vom 19.3.1974 (Anhang II.2) trifft insoweit keine Bestimmungen. Nicht verlangt werden kann, dass die Baubehörde bei Erteilung der Bescheinigung zu prüfen hat, ob eine Wiederaufbaupflicht besteht (so aber *Bärmann/Pick/Merle* Rn. 4). Spätestens aus der Antragstellung aller Wohnungseigentümer ergibt sich nämlich, dass eine Verpflichtung zum Wiederaufbau nicht besteht.

9   Bei **Nichterrichtung** des Gebäudes scheidet eine Anwendung des § 9 Abs. 1 Nr. 2 aus, da die erforderliche Bescheinigung der Baubehörde über die völlige Zerstörung nicht beigebracht werden kann (*Bärmann/Pick/Merle* Rn. 6).

10 Auch das **Auseinanderfallen** von tatsächlicher Bauausführung und im Grundbuch eingetragenem Aufteilungsplan führt nicht dazu, dass die Wohnungsgrundbücher zu schließen sind (*OLG Düsseldorf* Rpfleger 1970, 26; Weitnauer/*Briesemeister* Rn. 4). Hier besteht vielmehr regelmäßig ein Anspruch auf Anpassung der Bauausführung an den im Grundbuch verlautbarten Aufteilungsplan (*KG* ZMR 2001, 849; Weitnauer/*Briesemeister* Rn. 4; s. auch § 3 Rn. 52).

11 Auch ein **Verzicht** auf das Wohnungseigentum gem. § 928 BGB ist nicht möglich (vgl. § 7 Rn. 59 und § 11 Rn. 20).

III. Vereinigung aller Wohnungseigentumsrechte

12 Vereinigen sich **sämtliche Wohnungseigentumsrechte** in der Hand eines Eigentümers, kann die Schließung der Wohnungsgrundbücher allein auf seinen Antrag hin erfolgen. Unerheblich ist dabei, ob der Eigentümer eine bereits vollzogene Aufteilung lediglich rückgängig machen möchte (*OLG Düsseldorf* ZMR 2001, 650) oder erst nachträglich sämtliche Einheiten rechtsgeschäftlich

oder im Wege der Zwangsvollstreckung erworben hat (Staudinger/*Rapp* Rn. 8; *Bärmann/Pick/ Merle* Rn. 8). Wie im umgekehrten Fall des § 8 Abs. 1 WEG können auch hier Personenmehrheiten die Schließung beantragen; unabdingbare Voraussetzung ist lediglich, dass für sämtliche Einheiten dasselbe Beteiligungsverhältnis gem. § 47 GBO besteht.

Nicht hierher gehören die Fälle einer Vereinigung einzelner Sondereigentumseinheiten; hierzu vgl. § 7 Rn. 257 ff. 13

Verfahrensrechtlich ist auch für die Schließung nach § 9 Abs. 1 Nr. 3 ein entsprechender Antrag des bzw. der Wohnungseigentümer in der Form des § 29 GBO erforderlich (vgl. Rn. 7). 14

C. Folgen der Beendigung der Wohnungs- und Teileigentumsrechte
I. Rechtsbeziehungen der Eigentümer

Die Aufhebung des Wohnungseigentums gem. § 9 Abs. 1 Nr. 1 i. V. m. § 4 lässt eine **gewöhnliche Bruchteilsgemeinschaft** nach § 741 ff., 1008 BGB entstehen. Sämtliche Regelungen und Beschränkungen aus der vormaligen Wohnungseigentümergemeinschaft entfallen ersatzlos. Dies gilt auch für evtl. eingeräumte Sondernutzungsrechte, die sich nicht als Benutzungsregelungen gem. §§ 745, 1010 BGB fortsetzen (Staudinger/*Rapp* Rn. 11 f.). 15

Das Gleiche gilt für den Fall der Schließung der Wohnungsgrundbücher wegen Gegenstandslosigkeit aller Sondereigentumsrechte (§ 9 Abs. 1 Nr. 2).

Werden die Wohnungsgrundbücher infolge Vereinigung aller Wohnungseigentumsrechte geschlossen, entsteht normales Grundeigentum des Alleineigentümers bzw. normales Grundeigentum der in sämtlichen Wohnungsgrundbüchern eingetragenen Eigentümergemeinschaft.

Die mit dem Wegfall der Wohnungs- und Teileigentumsrechte verbundene Beendigung der Wohnungseigentümergemeinschaft führt darüber hinaus auch zum **Erlöschen des Verbandes** der Wohnungseigentümer. Ausdrücklich hat der Gesetzgeber dies jedoch nur für den Fall der Vereinigung sämtlicher Wohnungseigentumsrechte in der Hand eines Eigentümers geregelt. Gem. § 10 Abs. 7 S. 4 WEG geht dann bereits mit der Vereinigung (also noch vor Schließung der Wohnungsgrundbücher) das Verwaltungsvermögen im Wege der Gesamtrechtsnachfolge auf den Eigentümer des Grundstücks über. Nichts anderes kann jedoch nach dem Sinn und Zweck der Regelung gelten, wenn eine gewöhnliche Bruchteilsgemeinschaft gem. § 9 Abs. 1 Nr. 1 u. 2 entstanden ist. Auch in diesen Fällen ist für einen Fortbestand des Verbandes der bisherigen Wohnungseigentümer kein Raum mehr; das Verbandsvermögen geht deshalb auch insoweit in analoger Anwendung des § 10 Abs. 7 S. 4 WEG auf die Miteigentümer des Grundstücks über (ebenso *Hügel*/Elzer § 3 Rn. 164). Zur Verteilung des Verbandsvermögens in diesen Fällen s. § 17 Rn. 4 ff. 15a

II. Eingetragene Rechte Dritter

Mit Beendigung des Sondereigentums sind Belastungen des Grundstücks als solche und Belastungen der einzelnen Wohnungseigentumsrechte als Belastungen des entsprechenden Miteigentumsanteils in die II. und III. Abteilung des neu anzulegenden Grundstücksgrundbuches zu übertragen (*OLG Schleswig* Rpfleger 1991, 150; *OLG Frankfurt a. M.* DNotZ 2000, 778; *Demharter* Anhang zu § 3 Rn. 102; *Schöner/Stöber* Rn. 2996). 16

1. Gesamtbelastungen

Sind dingliche Rechte am aufgeteilten Grundstück oder an sämtlichen Wohnungseigentumsrechten als Gesamtrechte eingetragen, bedarf die Beendigung des Sondereigentums schon nach dem Wortlaut des § 9 Abs. 2 **nicht** der **Zustimmung** dieser Rechtsinhaber. Da die Rechte sich inhaltsgleich am ungeteilten Grundstück fortsetzen, sind die Berechtigten in diesem Fall ebenso wenig betroffen, wie sie umgekehrt von der Aufteilung in Wohnungseigentum betroffen sind (vgl. *OLG Frankfurt a. M.* Rpfleger 1997, 374). 17

§ 9 I Schließung der Wohnungsgrundbücher

2. Einzelbelastungen

18 Der Wegfall der Sondereigentumsrechte führt zu einer inhaltlichen Veränderung der Miteigentumsanteile (Weitnauer / *Briesemeister* Rn. 6; *Staudinger/Rapp* Rn. 14). Dies macht gem. §§ 877, 876 BGB die **Zustimmung** der dinglichen Rechtsinhaber an den Einzelbelastung erforderlich *OLG Frankfurt a. M.* Rpfleger 1990, 292; *OLG Zweibrücken* Rpfleger 1986, 93).

19 Die Zustimmung zur inhaltlichen Veränderung durch die Einzelberechtigten kann jedoch nur dann zur Übertragung der Belastung in das neu anzulegende Grundstücksgrundbuch führen, wenn das betreffende dingliche Recht auch **an einem gewöhnlichen Miteigentumsanteil** bestehen kann. Dies trifft auf Grundpfandrechte (vgl. §§ 1114, 1192 Abs. 1, 1200 Abs. 1 BGB), Reallasten (vgl. § 1106 BGB), Vorkaufsrechte (vgl. § 1095 BGB) und Nießbrauchsrechte (vgl. § 1066 BGB) zu. Mehrere auf verschiedenen Wohnungseigentumseinheiten lastende Einzelgrundpfandrechte können dabei nicht ohne Nachverpfändungs- und Rangerklärungen zu einem Einheitsgrundpfandrecht zusammengefasst werden (zutreffend *Meyer-Stolte* Rpfleger 1991, 150). Es mangelt an der dafür erforderlichen Ranggleichheit bzw. Rangaufeinanderfolge (**a. A.** *OLG Schleswig* Rpfleger 1991, 150).

20 Soweit ein dingliches Recht seiner Art nach **nicht an einem Miteigentumsanteil** bestehen kann (Grunddienstbarkeit, beschränkte persönliche Dienstbarkeit), geht ein solches Recht mit dem Wegfall des Sondereigentums unter und kann durch Nichtmitübertragung gem. §§ 84 ff., 46 Abs. 2 GBO von Amts wegen gelöscht werden (*Demharter* Anhang zu § 3 Rn. 102; *Schöner/Stöber* Rn. 2996). In diesem Fall bewirkt die Zustimmung des Berechtigten zur Beendigung des Sondereigentums also die Löschung seines Rechts.

21 Soll dagegen ein solches Recht (z. B. ein Wohnungsrecht gem. § 1093 BGB) fortbestehen, bedarf es der vorherigen **Erstreckung** auf das gesamte Grundstück (*Schöner/Stöber* Rn. 2996; Staudinger / *Rapp* Rn. 15). Hierfür sind verfahrensrechtlich entsprechende Eintragungsbewilligungen der übrigen Miteigentümer erforderlich (§§ 19, 29 GBO). Weitnauer / *Briesemeister* (Rn. 6) nehmen in diesem Zusammenhang ohne weiteres eine Rückverlegung des Rechtes auf das gesamte Grundstück an. Dem kann wegen Verstoßes gegen den Bewilligungsgrundsatz (§ 19 GBO) nicht gefolgt werden (ebenso Staudinger / *Rapp* Rn. 15). Darüber hinaus könnte das Recht auch erstmalig an dem belasteten Wohnungseigentum zur Eintragung gekommen sein, so dass die übrigen Anteile bisher noch nicht mit diesem Recht belastet waren.

22 Die bei einer solchen Erstreckung auftretenden **Rangfragen** sind nach den allgemeinen Grundsätzen zu beantworten. Danach ist zur Schaffung eines einheitlichen **Vorranges** für die Dienstbarkeit verfahrensrechtlich die Mitwirkung der übrigen an den nachverpfändeten Anteilen bereits eingetragenen Berechtigten gem. § 19 GBO, § 880 Abs. 1 BGB erforderlich (in diesem Sinne wohl auch MüKo / *Commichau* Rn. 14). Ggf. ist nach Maßgabe des § 880 Abs. 2 S. 2 BGB auch die Zustimmung der übrigen Miteigentümer zur Rangänderung erforderlich, die wohl nicht ohne weiteres in deren Eintragungsbewilligungen oder Antragstellungen erblickt werden kann. Werden entsprechende Rangrücktrittserklärungen zugunsten des zu erstreckenden Rechtes nicht abgegeben, ist die Eintragung eines das Grundstück insgesamt vorrangig belastenden Rechts nicht möglich; die Rechtsstellung der vorgehenden Berechtigten hat unberührt zu bleiben. Eine Eintragung könnte dann allenfalls noch rangbereit mit einem »schiefen« Rang in Betracht kommen (*KGJ* 36 A 237, 238). Das uneinheitliche Rangverhältnis wäre im Grundstücksgrundbuch bei allen beteiligten Rechten kenntlich zu machen (vgl. § 18 GBV). Anders als im Falle einer Bestandteilszuschreibung (§§ 890 Abs. 2, 1131 BGB), die ähnliche Rangfragen aufwerfen kann, besteht für das Grundbuchgericht bei der Erstreckung nicht die Möglichkeit, die Eintragung mit der Begründung abzulehnen, es sei Verwirrung zu besorgen (vgl. demgegenüber für die Zuschreibung § 6 GBO; Staudinger / *Wolfsteiner* 2002 § 1114 Rn. 8).

23 Nicht gefolgt werden kann der Ansicht von MüKo / *Commichau* § 9 Rn. 12 und Staudinger / *Rapp* § 9 Rn. 14, wonach auch bei Grundpfandrechten der **Alleineigentümer** die Einzelbelastungen am Miteigentumsanteil auf das gesamte Objekt (bzw. den gesamten vereinigten Miteigentumsanteil eines Miteigentümers) erstrecken muss, da diese ansonsten erlöschen. Der zur Begründung herangezogene § 1114 BGB verbietet lediglich eine Neubelastung von Anteilen mit Grundpfandrechten, wenn nicht der Anteil im Anteil eines Miteigentümers besteht. Er trifft aber keine Aus-

sage über das rechtliche Schicksal von bereits zulässigerweise eingetragenen Belastungen, wenn der ursprünglich belastete Miteigentumsanteil verbunden mit Sondereigentum später wegfällt. Der Wegfall des Sondereigentums führt lediglich zu einer inhaltlichen Veränderung der Miteigentumsanteile. Diese Fallgestaltung entspricht damit durchaus einem zulässigerweise an einem bloßen ideellen Anteil begründeten Grundpfandrecht. Fällt hier später der belastete Anteil weg, so braucht **keine Nachverpfändung** zu erfolgen. Es ist anerkannt, dass das ursprünglich zulässigerweise an diesem Anteil begründete Recht dort weiterhin unverändert lastet (RGZ 94, 154, 157; *BayObLG* Rpfleger 1971, 316; *BayObLG* Rpfleger 1996, 333 = DNotZ 1997, 391; MüKo/*Eickmann* § 1114 Rn. 14; Palandt/*Bassenge* § 1114 Rn. 1; Soergel/*Konzen* § 1114 Rn. 2; Staudinger/*Wolfsteiner* § 1114 Rn. 8). Nichts anderes kann für ein Wohnungseigentum gelten. Die Belastung eines vormaligen Wohnungseigentums mit einem Grundpfandrecht setzt sich nach Beendigung des Sondereigentums an dem bloßen Miteigentumsanteil fort, auf dem es auch schon vorher lastete. Dabei ist unerheblich, ob der Miteigentumsanteil jetzt in der Hand des Alleineigentümers oder in einem größeren Anteil aufgegangen ist. Es kann nämlich für den Bestand eines lediglich an *einem* Wohnungseigentum eingetragenen Grundpfandrechtes keinen Unterschied machen, ob der Eigentümer, der letztlich sämtliche Wohnungseigentumsrechte in seiner Hand vereinigt, die Teilung aufhebt oder ob sich zunächst die Aufhebung durch Einigung aller Miteigentümer und Eintragung vollzieht und sodann ein Miteigentümer sämtliche Anteile übernimmt. In beiden Fällen besteht die Belastung an dem früheren Miteigentumsanteil fort, wenn der Gläubiger jeweils der Inhaltsänderung zugestimmt hat. Pfandunterstellungen und Rangregulierungen mögen durchaus zweckmäßig erscheinen, können aber nicht gefordert werden (so aber MüKo/*Commichau* § 9 Rn. 12 und Staudinger/*Rapp* § 9 Rn. 14).

Die Beendigung des Sondereigentums kann mit einer **Realteilung** des vormals in Wohnungseigentum aufgeteilten Grundstücks einhergehen (typisch: Umwandlung von Wohnungseigentum an **Doppelhäusern** in Normaleigentum). Dazu ist weiterhin die Teilung des Grundstücks (ggf. nach Landesrecht genehmigungspflichtig; vgl. hierzu die Aufstellung bei *Schöner/Stöber* Rn. 3819) sowie die rechtsgeschäftliche Übertragung des jeweiligen Hälfteanteils an den jeweils anderen Miteigentümer im Auflassungswege erforderlich. Hinzukommen muss dann noch die Pfandfreigabe hinsichtlich derjenigen Rechte, die am jeweils zu übertragenden Anteil zulasten des Veräußerers eingetragen sind sowie eine Nachverpfändung des jeweils hinzuerworbenen Anteils für die auf dem bisherigen Anteil jeweils verbliebenen Rechte (*Kreuzer* NZM 2001, 123, 124; *Röll* DNotZ 2000, 749; *Schöner/Stöber* Rn. 2997). Einer vorherigen Erstreckung auf das Gesamtgrundstück bedarf es dagegen nicht (so aber OLG Frankfurt a.M. DNotZ 2000, 778 mit krit. Anm. *Volmer* ZfIR 2000, 285). 24

III. Vorkaufsrecht für Mieter

Ein **Vorkaufsrecht** für Mieter kann nach § 577 BGB in Betracht kommen. Durch die Schließung des Wohnungs- oder Teileigentumsgrundbuchs **erlischt** allerdings das Vorkaufsrecht eines Mieters aus § 577 BGB grundsätzlich hinsichtlich eines späteren Verkaufs (*DNotI-Gutachten* DNotI-Report 2006, 48). Das Vorkaufsrecht kann jedoch dann erneut eingreifen, wenn im unmittelbaren zeitlichen Zusammenhang mit der Veräußerung eine Neuaufteilung auf der Grundlage der ursprünglichen oder einer bereits vorliegenden Aufteilung erfolgen soll (*Langhein*, DNotZ 1993, 650, 661; *Schilling/Meyer*, ZMR 1994, 497, 503; *Wirth*, MittBayNot 1998, 8, 12; MüKo/*Voelskow* § 577 Rn. 3; Staudinger/*Rolfs* § 577 Rn. 25; a. A. Bub/Treier/*Reinstorf*, Handbuch der Geschäfts- und Wohnraummiete, Abschn. II Rn. 896c: Mietervorkaufsrecht erst beim Weiterverkauf der umgewandelten Wohnungen). Kein Vorkaufsrecht des Mieters besteht, wenn zum Zeitpunkt des Vertragsabschlusses noch Wohnungseigentum besteht, jedoch vor Eigentumsübertragung die Wohnungsgrundbücher geschlossen werden sollen und Kaufgegenstand das nicht aufgeteilte Grundstück ist (*DNotI-Gutachten* DNotI-Report 2006, 48; **a. A.** *Langhein* (DNotZ 1993, 650, 661). 25

IV. Rückgängigmachung von Vereinigung und Zuschreibung

26 Besteht das ursprünglich in Wohnungseigentum aufgeteilte Grundstück aus mehreren Flurstücken, sind diese mit der Aufteilung in Wohnungseigentum durch Vereinigung oder Bestandteilszuschreibung gem. § 890 BGB zu einem Grundstück im Rechtssinne zusammengefasst worden (§ 1 Abs. 4; für vor 1973 begründetes Wohnungseigentum gilt die Vereinigungsfiktion des Art. 3 § 1 Abs. 1 des WEG-ÄndG vom 30.7.1973 – BGBl. I 910). Die Beendigung der Sondereigentumsrechte führt jedoch nicht automatisch auch zu einer Beendigung der Vereinigung oder Zuschreibung. Hierzu ist vielmehr eine auf **Teilung** des noch eine Rechtseinheit bildenden Grundstücks gerichtete Erklärung des bzw. der Eigentümer in der Form des § 29 GBO **erforderlich** (so zu Recht *Meyer-Stolte* Rpfleger 1991, 150, 151). Wegen der insoweit evtl. erforderlichen landesrechtlichen Genehmigungen vgl. *Schöner/Stöber* Rn. 3819.

D. Schließung nach allgemeinen Grundsätzen

27 Eine Schließung der Wohnungsgrundbücher kann auch dann in Betracht kommen, wenn die **Aufteilung** in Wohnungseigentumsrechte erst **nach** einer **Beschlagnahme** in einem Zwangsversteigerungsverfahren erfolgt ist. Da ohne Zustimmung des betreibenden Gläubigers ihm gegenüber die Aufteilung in Wohnungseigentumsrechte unwirksam ist (§ 23 ZVG), kann der Zuschlag in diesem Fall nur auf das ursprüngliche Grundstück in seiner Gesamtheit erteilt werden (*LG Würzburg/AG Würzburg* Rpfleger 1989, 117 m. zust. Anm. *Meyer-Stolte*; *Böttcher* § 23 Rn. 11; *Dassler/Muth* § 23 Rn. 11; *Dassler/Schiffhauer* § 63 Rn. 5; *Eickmann* EWiR 1987, 627; *Köhler/Bassenge/Klose* Teil 19 Rn. 448; *Stöber* ZVG § 23 Rn. 2.2 lit. b); **a. A.** *OLG Frankfurt a.M.* OLGZ 1987, 266; *LG Essen* Rpfleger 1989, 116; *Weitnauer/Briesemeister* § 3 Rn. 126). Die Zustimmungserklärung des Gläubigers ist gegenüber dem Versteigerungsgericht, nicht gegenüber dem Grundbuchgericht zu erbringen. An die Stelle der sonst erforderlichen Eigentümererklärungen tritt das entsprechende Ersuchen des Zwangsversteigerungsgerichts gem. § 130 Abs. 1 S. 1 ZVG. Um die Eintragung des neuen Eigentümers bei dem Grundstück vornehmen zu können, ist die Anlegung der Wohnungsgrundbücher durch Schließung wieder rückgängig zu machen und ein Grundstücksgrundbuch anzulegen. Zwischenzeitlich eingetragene Rechte an einzelnen Wohnungseigentumseinheiten sind nach dem Ersuchen des Zwangsversteigerungsgerichtes zu behandeln.

E. Schließungsverfahren

I. Schließung

28 Die **Schließung** der Wohnungs- und Teileigentumsgrundbücher erfolgt nach Maßgabe der §§ 1 WGV, 36 GBV. Danach sind sämtliche Seiten der Blätter, soweit sie Eintragungen enthalten, rot zu **durchkreuzen**. Ferner ist ein **Schließungsvermerk**, in dem der Grund der Schließung anzugeben ist, in der Aufschrift anzubringen. Im Falle der Beendigung des Sondereigentums durch Aufhebung ist wegen der mit der Eintragung eintretenden Rechtsänderung zusätzlich die Eintragung der Aufhebung in den Sp. 7 und 8 des Bestandsverzeichnisses erforderlich (wie hier *Demharter* Anhang zu § 3 Rn. 102, der allerdings die erforderliche Eintragung in Sp. 6 des Bestandsverzeichnisses vornehmen will; Meikel/*Ebeling* § 3 WGV Rn. 37, der allerdings eine separate Eintragung im Falle des § 9 Abs. 1 Nr. 1 für entbehrlich hält).

II. Anlegung eines Grundstücksgrundbuches

29 Nach Schließung der Wohnungs- und Teileigentumsgrundbücher wird für das Grundstück nach den allgemeinen Vorschriften ein neues Grundbuchblatt angelegt (vgl. § 6 GBV). Dabei ist im Bestandsverzeichnis des neu angelegten Grundbuchs für das Grundstück zu vermerken, dass das Grundstücksgrundbuch nach Schließung der zu bezeichnenden Wohnungs- und Teileigentumsgrundbücher neu angelegt worden ist (MüKo/*Commichau* Rn. 16).

Die Anlegung des Grundstücksgrundbuches bewirkt gem. § 9 Abs. 3 das Erlöschen der Sonder- 30
eigentumsrechte, soweit diese nicht bereits gem. § 9 Abs. 1 Nr. 1 i. V. m. § 4 aufgehoben worden
sind.

III. Sonstige Nachweise

Wie im umgekehrten Fall einer vertraglichen Einräumung gem. § 3 ist auch für die Aufhebung 31
gem. § 9 Abs. 1 Nr. 1 i. V. m. § 4 die Vorlage einer steuerlichen **Unbedenklichkeitsbescheinigung**
erforderlich (Bauer/v. Oefele AT V Rn. 406; wohl auch Staudinger/Rapp Rn. 12). Gleiches gilt für
die Schließung der Grundbücher im Falle des § 9 Abs. 1 Nr. 2, da auch hier ein Eigentumsübergang am Sondereigentum stattfindet (Bauer/v. Oefele AT V Rn. 406). Im Falle des § 9 Abs. 1
Nr. 3 ist eine solche Unbedenklichkeitsbescheinigung auch dann entbehrlich, wenn die Löschung
der Sondereigentumsrechte von mehreren Miteigentümern betrieben wird. In diesem Fall sind
die Miteigentümer an allen Einheiten genauso berechtigt, wie sie es an dem ungeteilten Grundstück sind; es findet also kein Erwerb statt.

Zur geänderten Auffassung der Finanzverwaltung im Hinblick auf eine entsprechende Anwendbarkeit des § 7 GrEStG auch in den Fällen einer Aufhebung des Wohnungseigentums mit anschließender Realteilung (dazu vgl. Rn. 24) s. nunmehr Gottwald/Schiffner (MittBayNot 2006,
125, 127) sowie das Schreiben des Bayerischen Staatsministeriums der Finanzen vom 19.09.2005 (Mitt-
BayNot 2006, 179).

Sind an der Aufhebung oder Löschung der Sondereigentumsrechte Minderjährige beteiligt, wird 32
aus denselben Gründen wie bei der Anlegung der Wohnungs- und Teileigentumsgrundbücher
die Vorlage einer **vormundschafts- bzw. familiengerichtlichen Genehmigung** für erforderlich
gehalten. Gleiches gilt auch für Vormünder und Betreuer. Siehe dazu § 7 Rn. 75.

IV. Gemeinschaftliches Wohnungsgrundbuch

Wird ein gemeinschaftliches Wohnungsgrundbuch geführt, ist die Aufhebung des Sondereigen- 33
tums gem. § 9 Abs. 1 Nr. 1 in der Sp. 4 der I. Abteilung einzutragen (Demharter Anh. zu § 3
Rn. 103). Die Bezeichnung als gemeinschaftliches Wohnungs- oder Teileigentumsgrundbuch in
der Aufschrift wird genauso gerötet wie sämtliche sich auf das bisherige Sondereigentum beziehenden Eintragungen.

Die Fälle des Erlöschens des Sondereigentums nach § 9 Abs. 1 Nr. 2 und 3 sind entsprechend zu 34
behandeln. Einzutragen ist statt der bei Einzelblättern erfolgenden Schließung der Wohnungsgrundbücher die Eintragung des Erlöschens der Sondereigentumsrechte (Demharter Anhang zu
§ 3 Rn. 107; Weitnauer/Briesemeister Rn. 10 f.).

F. Gerichtsgebühren

Für die Eintragung der Aufhebung von Sondereigentum gem. § 4 Abs. 1 und für die Anlegung 35
des Grundbuchblattes für das Grundstück gem. § 9 Abs. 1 Nr. 2 und 3 i. V. m. Abs. 3 wird die
Hälfte der vollen Gebühr gem. § 76 Abs. 3 KostO erhoben (vgl. OLG Zweibrücken Rpfleger 2004,
321).

Der Geschäftswert bestimmt sich nach § 21 Abs. 2 KostO und beläuft sich auf die **Hälfte des** 36
Grundstückswertes (§ 19 Abs. 2 KostO). Wird das Wohnungseigentum aufgehoben, bevor die
beabsichtigte Bebauung erfolgt ist, so bezieht sich die Aufhebung wertmäßig auf das bebaute
Grundstück. Übersteigt ein auf diese Weise ermittelter Wert die vom BVerfG NJW 1984, 1871 als
Obergrenze gezogene wirtschaftliche Bedeutung für den Kostenschuldner, soll ein Teilwert der
Baukosten gem. § 30 Abs. 1 KostO anzusetzen sein (KLBR/Lappe § 76 Rn. 28: denkbar 10%). Er-
folgt zugleich mit der vertragsmäßigen Aufhebung der Wohnungseigentumsrechte die Überführung des Grundstücks in Alleineigentum, so handelt es sich um zwei selbständige Geschäfte.
Dabei ist nur für die Aufhebung der Wohnungseigentumsrechte § 21 maßgebend; für die Veräußerung finden i. ü. die allgemeinen Vorschriften der KostO Anwendung.

2. Abschnitt Gemeinschaft der Wohnungseigentümer

§ 10 Allgemeine Grundsätze

(1) Inhaber der Rechte und Pflichten nach den Vorschriften dieses Gesetzes, insbesondere des Sondereigentums und des gemeinschaftlichen Eigentums, sind die Wohnungseigentümer, soweit nicht etwas anderes ausdrücklich bestimmt ist.

(2) Das Verhältnis der Wohnungseigentümer untereinander bestimmt sich nach den Vorschriften dieses Gesetzes und, soweit dieses Gesetz keine besonderen Bestimmungen enthält, nach den Vorschriften des Bürgerlichen Gesetzbuches über die Gemeinschaft. Die Wohnungseigentümer können von den Vorschriften dieses Gesetzes abweichende Vereinbarungen treffen, soweit nicht etwas anderes ausdrücklich bestimmt ist. Jeder Wohnungseigentümer kann eine vom Gesetz abweichende Vereinbarung oder die Anpassung einer Vereinbarung verlangen, soweit ein Festhalten an der geltenden Regelung aus schwerwiegenden Gründen unter Berücksichtigung aller Umstände des Einzelfalles, insbesondere der Rechte und Interessen der anderen Wohnungseigentümer, unbillig erscheint.

(3) Vereinbarungen, durch die die Wohnungseigentümer ihr Verhältnis untereinander in Ergänzung oder Abweichung von Vorschriften dieses Gesetzes regeln, sowie die Abänderung oder Aufhebung solcher Vereinbarungen wirken gegen den Sondernachfolger eines Wohnungseigentümers nur, wenn sie als Inhalt des Sondereigentums im Grundbuch eingetragen sind.

(4) Beschlüsse der Wohnungseigentümer gemäß § 23 und gerichtliche Entscheidungen in einem Rechtsstreit gemäß § 43 bedürfen zu ihrer Wirksamkeit gegen den Sondernachfolger eines Wohnungseigentümers nicht der Eintragung in das Grundbuch. Dies gilt auch für die gemäß § 23 Abs. 1 aufgrund einer Vereinbarung gefaßten Beschlüsse, die vom Gesetz abweichen oder eine Vereinbarung ändern.

(5) Rechtshandlungen in Angelegenheiten, über die nach diesem Gesetz oder nach einer Vereinbarung der Wohnungseigentümer durch Stimmenmehrheit beschlossen werden kann, wirken, wenn sie auf Grund eines mit solcher Mehrheit gefaßten Beschlusses vorgenommen werden, auch für und gegen die Wohnungseigentümer, die gegen den Beschluß gestimmt oder an der Beschlußfassung nicht mitgewirkt haben.

(6) Die Gemeinschaft der Wohnungseigentümer kann im Rahmen der gesamten Verwaltung des gemeinschaftlichen Eigentums gegenüber Dritten und Wohnungseigentümern selbst Rechte erwerben und Pflichten eingehen. Sie ist Inhaberin der als Gemeinschaft gesetzlich begründeten und rechtsgeschäftlich erworbenen Rechte und Pflichten. Sie übt die gemeinschaftsbezogenen Rechte der Wohnungseigentümer aus und nimmt die gemeinschaftsbezogenen Pflichten der Wohnungseigentümer wahr, ebenso sonstige Rechte und Pflichten der Wohnungseigentümer, soweit diese gemeinschaftlich geltend gemacht werden können oder zu erfüllen sind. Die Gemeinschaft muss die Bezeichnung »Wohnungseigentümergemeinschaft« gefolgt von der bestimmten Angabe des gemeinschaftlichen Grundstücks führen. Sie kann vor Gericht klagen und verklagt werden.

(7) Das Verwaltungsvermögen gehört der Gemeinschaft der Wohnungseigentümer. Es besteht aus den im Rahmen der gesamten Verwaltung des gemeinschaftlichen Eigentums gesetzlich begründeten und rechtsgeschäftlich erworbenen Sachen und Rechten sowie den entstandenen Verbindlichkeiten. Zu dem Verwaltungsvermögen gehören insbesondere die Ansprüche und Befugnisse aus Rechtsverhältnissen mit Dritten und mit Wohnungseigentümern sowie die eingenommenen Gelder. Vereinigen sich sämtliche Wohnungseigentumsrechte in einer Person, geht das Verwaltungsvermögen auf den Eigentümer des Grundstücks über.

(8) Jeder Wohnungseigentümer haftet einem Gläubiger nach dem Verhältnis seines Miteigentumsanteils (§ 16 Abs. 1 Satz 2) für Verbindlichkeiten der Gemeinschaft der Wohnungseigentümer, die während seiner Zugehörigkeit zur Gemeinschaft entstanden oder während dieses Zeitraums fällig geworden sind; für die Haftung nach Veräußerung des Wohnungseigentums ist § 160 des Handelsgesetzbuches entsprechend anzuwenden. Er kann gegenüber einem Gläubiger neben den in seiner Person begründeten auch die der Gemeinschaft zustehenden Einwendungen und Einreden geltend machen, nicht aber seine Einwendungen und Einreden gegenüber der Gemeinschaft. Für die Einrede der Anfechtbarkeit und Aufrechenbarkeit ist § 770 des Bürgerlichen Gesetzbuches entsprechend anzuwenden. Die Haftung eines Wohnungseigentümers gegenüber der Gemeinschaft wegen nicht ordnungsmäßiger Verwaltung bestimmt sich nach Satz 1.

Literatur
Abramenko Das Verlangen auf Abänderung einer Vereinbarung nach § 10 Abs. 2 S. 3 WEG n. F.: Eine versteckte Beschlusskompetenz, ZMR 2007, 424; *ders.* Die Gläubiger der Wohnungseigentümergemeinschaft und ihr Schutz. Kritische Anmerkungen zur »Gegenäußerung der Bundesregierung«, ZMR 2006, 496; *ders.* Die Teilrechtsfähigkeit der Wohnungseigentümergemeinschaft: Aktuelle Diskussionen und Probleme, ZMR 2006, 409; *ders.* Die Entfernung des zahlungsunfähigen oder unzumutbaren Miteigentümers aus der Gemeinschaft, ZMR 2006, 338; *ders.* Parteien und Zustandekommen des Verwaltervertrags nach der neuen Rechtsprechung zur Teilrechtsfähigkeit der Wohnungseigentümergemeinschaft, ZMR 2006, 6; *ders.* Zu den praktischen Auswirkungen der neuen Rechtsprechung zur Teilrechtsfähigkeit der Wohnungseigentümergemeinschaft auf das Verfahrensrecht, ZMR 2005, 749; *ders.* Praktische Auswirkungen der neuen Rechtsprechung zur Teilrechtsfähigkeit der Wohnungseigentümergemeinschaft auf das materielle Wohnungseigentumsrecht, ZMR 2005, 585; *ders.* Anmerkungen zum Entwurf eines Gesetzes zur Änderung des WEG, ZMR 2005, 22; *Armbrüster* Der Verwalter als Organ der Gemeinschaft und Vertreter der Wohnungseigentümer, ZWE 2006, 470; *ders.* Gläubigerschutz bei der Wohnungseigentümergemeinschaft, ZMR 2006, 653; *ders.* Auswirkungen der Rechtsfähigkeit der Gemeinschaft der Wohnungseigentümer auf die Reform des WEG, ZWE 2006, 53; *ders.* Rechtsfähigkeit und Haftungsverfassung der Wohnungseigentümergemeinschaft ZWE 2005, 369; *ders.* Parallelen zwischen Wohnungseigentumsrecht und Gesellschaftsrecht, FS Wenzel (2005), 85; *ders.* Zum Gesetzentwurf einer WEG-Reform, AnwBl 2005, 16; *ders.* Kollisionen zwischen Gemeinschaftsordnung und Mietvertrag, ZWE 2004, 217; *ders.* Überlegungen zur Reform des Wohnungseigentumsrechts, DNotZ 2003, 493; *ders.* Die Treuepflicht der Wohnungseigentümer, ZWE 2002, 333; *Bärmann* Zur Dogmatik des gemeinen Raumeigentums, AcP 155, 1; *Becker* Das neue WEG-Vermögensverwaltung durch die Eigentümergemeinschaft; MietRB 2007, 180; *ders.* Die Einpersonen-Eigentümergemeinschaft, FS Seuß (2007), 19; *ders.* Beschlusskompetenz kraft Vereinbarung – sog. Öffnungsklausel, ZWE 2002, 341; *ders.* Der gerichtliche Vergleich in Wohnungseigentumssachen als Rechtsgeschäft der Wohnungseigentümer, ZWE 2002, 429; *Becker/Kümmel* Die Grenzen der Beschlusskompetenz der Wohnungseigentümer, ZWE 2001, 128; *Becker/Kümmel/Ott* Die rechtsfähige Eigentümergemeinschaft (Teil 1): Rechtsnatur, Entstehen und Beendigung, MietRB 2006, 225; *dies.* Die rechtsfähige Eigentümergemeinschaft (Teil 2): Vermögensorganisation, MietRB 2006, 252; *dies.* Die rechtsfähige Eigentümergemeinschaft (Teil 3): Vertretungs- und Haftungsfragen, MietRB 2006, 276; *Belz* Bestandskraft du vereinbarungsersetzende Wirkung eines Mehrheitsbeschlusses in Wohnungseigentumssachen, WE 1997, 254; *Bielefeld* Teilrechtsfähigkeit der Wohnungseigentümergemeinschaft, DWE 2006, 18; *ders.* Worüber können die Wohnungseigentümer entscheiden? WE 2003, 77, 117; *ders.* Die Abkehr von der Ersatzvereinbarung und ihre Folgen, WE 2000, 140; *Böhringer* Zur Grundbuchfähigkeit der Wohnungseigentümergemeinschaft, Rpfleger 2006, 53; *Böttcher* Die wohnungseigentumsrechtliche Öffnungsklausel im Grundbuchverfahren, RpflStud 2002, 147; *Bonifacio* Die Auslegung von Beschlüssen der Wohnungseigentümer unter Berücksichtigung der Bedeutung der Versammlungsniederschrift, ZMR 2006, 583; *ders.* Der Entwurf einer wohnungseigentumsrechtlichen Anfechtungsklage nach der ZPO – Königs- oder Irrweg?, ZMR 2005, 327; *ders.* Zum Anspruch auf Änderung der Teilungserklärung ZMR 2004, 728; *Bork* Wider die Rechtsfähigkeit der Wohnungseigentümergemeinschaft – eine resignierende Polemik, ZIP 2005, 1205; *ders.* Allgemeiner Teil des Bürgerlichen Gesetzbuchs, 2001; *Bornemann* Der Erwerb von Sondernutzungsrechten im Wohnungseigentumsrecht, 2000; *Brauner* die Vertretungsmacht des Verwalters im Wohnungseigentumsrecht, 1998; *Briesemeister* Das Haftungssystem der Wohnungseigentümergemeinschaft nach der WEG-Refom, NZM 2007, 225; *ders.* Rechtsfähigkeit der WEG-Gemeinschaft und Verfahren, ZWE 2006, 15; *Bub/Petersen* Zur Teilrechtsfähigkeit der Wohnungseigentümergemeinschaft, NJW 2005, 2590; *Bub* Das Verwaltungsvermögen, ZWE 2007, 2; *ders.* Rechtsfähigkeit der Wohnungseigentümergemeinschaft, ZWE 2002, 103; *ders.* Beschränkung der Verwalterbestellung durch Übertragung der Zustimmungsberechtigung im Falle der Veräußerung gem. § 12 WEG, NZM 2001, 502; *ders.* Selbstverwaltung bei veränderten Verhältnissen, PiG 32, 53; *Buck* Mehrheitsentscheidungen mit Vereinbarungsinhalt im Wohnungseigentumsrecht, 2001; *ders.* Vereinbarungsersetzende Mehrheitsentscheidung, WE 1995, 142; *Casser* Wichtige Verhaltenstipps zur »Zitterbeschluss«-Rechtsprechung des *BGH* für Verwalter und Wohnungseigentümergemeinschaften, NZM 2001, 514; *Coester* Die »werdende Eigentümergemeinschaft« im Wohnungseigentumsgesetz, NJW 1990, 3184; *Deckert* Zum rechtlichen Status einer werdenden Eigentümergemeinschaft, ZMR 2005, 335; *ders.* Erweiterung der Befugnisse

des Verwalters durch Verwaltervertrag ZWE 2003, 247; *ders.* »Si tacuisses ...«: Folgen der Zitterbeschluss-Rechtsprechung des *BGH* in der Praxis, NZM 2002, 414; *ders.* Entscheidungsvarianten im Wohnungseigentumsrecht, ZMR 2002, 21; *ders.* Anspruch auf Zustimmung zur Änderung der Gemeinschaftsordnung, PiG 63 [2002], 227; *ders.* Formulierungsvorschlag für einer »Öffnungsklausel« NZM 2001, 613; *ders.* Nichtige »Zitterbeschlüsse«?, NZM 2000, 361; *ders.* Allstimmiger Beschluss oder Vereinbarung, WE 1998, 2; *ders.* Unterlassung und Beseitigung baulicher Veränderungen, WE 1997, 97; *Derleder* Die Änderung der Kostenverteilung in Wohnungseigentumsanlagen, NJW 2004, 3754; *ders.* Die Rechtsfähigkeit von Wohnungseigentümergemeinschaften für externe Verpflichtungen und Rechte, ZWE 2002, 193 und 250; *Derleder/Fauser* Die Haftungsverfassung der Wohnungseigentümergemeinschaft nach neuem Recht, ZWE 2007, 2; *Demharter* Die rechtsfähige Wohnungseigentümergemeinschaft – wer ist verfahrens- und materiell-rechtlich Berechtigter? NZM 2006, 81; *ders.* Grundbuchfähigkeit der rechtsfähigen Wohnungseigentümergemeinschaft, NZM 2005, 601; *ders.* Entscheidung zur Beschlusskompetenz der Wohnungseigentümer, NZM 2000, 1153; *ders.* Ändert oder überlagert der unangefochtene Mehrheitsbeschluss die Gemeinschaftsordnung?, MittBayNot 1996, 417; *Diester* Anspruch des Wohnungseigentümers auf Änderung der Gemeinschaftsordnung; NZM 2005, 288; *Dreyer* Mängel bei der Begründung von Wohnungseigentum, DNotZ 2007, 594; *Drasdo* Rechtsfähigkeit der Wohnungseigentümergemeinschaft, NJW 2004, 1988; *Elzer* Die WEG-Novelle 2007, WuM 2007, 295; **ders.** Ermessen im Wohnungseigentumsrecht, ZMR 2006, 85; *ders.* Die Teilrechtsfähigkeit der Wohnungseigentümer-Gemeinschaft, MietRB 2005, 248; *ders.* Vom Zitter- zum Zwitterbeschluss – oder: Der unvollkommene Raub, ZMR 2005, 683; *ders.* Die WE-Gemeinschaft ist teilrechtsfähig, WE 2005, 196; *ders.* Dauerschuldverhältnisse und Sondernachfolge im Wohnungseigentumsrecht, ZMR 2004, 873; *ders.* Von der Verdinglichung verwaltungsbezogener Verträge der Wohnungseigentümergemeinschaft mit Dritten – oder ein Lehrstück zu § 10 WEG, ZMR 2004, 633; *Ertl* Gutgläubiger Erwerb von Sondernutzungsrechten?, FS Seuß (1987), S. 150; *Fauser* Die Haftungsverfassung der Wohnungseigentümergemeinschaft nach dem neuen WEG, 2007; *Gaier* Zustimmung dinglich Berechtigter zur Eintragung einer Öffnungsklausel im Grundbuch, ZWE 2005, 39; *Grebe* Wege zur Abänderung der Gemeinschaftsordnung im Wohnungseigentumsrecht, DNotZ 1988, 275; *ders.* Rechtsgeschäftliche Änderungsvorbehalte im Wohnungseigentumsrecht, DNotZ 1987, 5; *Göken* Die Mehrhausanlage im Wohnungseigentumsrecht, 1999; *Gottschalg* Stimmrechtsfragen in der Wohnungseigentümerversammlung, NZM 2005, 88; *Häublein* Wohnungseigentum, quo vadis?, ZMR 2006, 1; *ders.* Bindung des Erwerbers an Vereinbarungen der Wohnungseigentümer durch notariellen Erwerbsvertrag, DNotZ 2005, 741; *ders.* Die rechtsfähige Wohnungseigentümergemeinschaft – Vorzüge eines Paradigmenwechsels – dargestellt am Beispiel der Haftung für Verwaltungsschulden –, FS Wenzel (2005), 175 ff.; *ders.* Sondernutzungsrechte und ihr Begründung im Wohnungseigentumsrecht, 2003; *ders.* Zum Begriff der Angelegenheit i. S. d. § 23 Abs. 1 WEG, ZWE 2001, 2; *ders.* Bindung von Sondernachfolgern an einen gerichtlichen Vergleich der Wohnungseigentümer, ZMR 2001, 165; *ders.* Begründung von Sondernutzungsrechten durch bestandskräftigen Mehrheitsbeschluss?, ZMR 2000, 423; *Hauger* Zum Anspruch auf Änderung des Kostenverteilungsschlüssels WE 1997, 211; *Heismann* Die werdende Wohnungseigentümergemeinschaft – ein traditionelles Rechtsinstitut des WEG auf dem dogmatischen Prüfstand, ZMR 2004, 10; *ders.* Die werdende Wohnungseigentümergemeinschaft – Die ungewisse Zukunft eines traditionellen Rechtsinstituts, 2003; *Hess* Grundfragen und Entwicklungen der Parteifähigkeit, ZZP 117 (2004), 267; *Hinz* Reform des Wohnungseigentumsrechts – Eine Stellungnahme aus amtsrichterlicher Sicht, ZMR 2005, 271; *Hügel* Das neue Wohnungseigentumsrecht, ZAP 2007, 305; *ders.* Die Teilrechtsfähigkeit der Wohnungseigentümergemeinschaft und ihre Folgen für die notarielle Praxis, DNotZ 2005, 753; *ders.* Der »Eintritt« in schuldrechtliche Vereinbarungen, FS Wenzel (2005), 219; *ders.* Bestandskraft von Mehrheitsvereinbarungen, ZfIR 2003, 885; *ders.* Vereinbarungen aufgrund so genannter Öffnungsklauseln, ZWE 2002, 503; *ders.* Die Mehrheitsvereinbarung im Wohnungseigentum, DNotZ 2001, 176; *ders.* Die Gestaltung von Öffnungsklauseln, ZWE 2001, 578; *Jennißen* Vereinbarungen zur wirtschaftlichen Verwaltung der Eigentümergemeinschaft, MietRB 2004, 220; *Keuter* Die Hausordnung – Ein Brennpunkt der Verwaltungspraxis, FS Deckert (2002), 199; *Klein* Rechtsfähigkeit und Haftung, ZWE 2006, 58; *Kreuzer* Der verstorbene WE-Verband, ZMR 2006, 15; *ders.* Änderung von Teilungserklärung und Gemeinschaftsordnung, PiG 63, 249; *ders.* Änderung der Teilungserklärung und Gemeinschaftsordnung, ZWE 2002, 285; *Köhler* Änderung des Wohnungseigentumsgesetzes?, ZMR 2005, 19; *Kümmel* Die Bindung der Wohnungseigentümer und deren Sondernachfolger an Vereinbarungen, Beschlüsse und Rechtshandlungen nach § 10 WEG, 2002; *ders.* Die Anfechtbarkeit nicht ordnungsmäßiger Beschlüsse der Wohnungseigentümer, ZWE 2001, 516; *ders.* Der einstimmige Beschluss als Regelungsinstrument der Wohnungseigentümer, ZWE 2001, 52; *ders.* Die Bindung der Wohnungseigentümer und deren Sondernachfolger an gesetzes- und vereinbarungsändernde Mehrheitsbeschlüsse, ZWE 2000, 387; *Lehmann* Der Begriff der Rechtsfähigkeit, AcP 2007, 225; *Lehmann-Richter* Zum Schadensersatz wegen Beschädigung des Gemeinschafts- und Sondereigentums unter besonderer Berücksichtigung der Ansprüche des Rechtsnachfolgers, ZWE 2007, 413; *Lüke* Die Abwicklung von Verträgen der Wohnungseigentümer mit Dritten, WE 1995, 74; *Maroldt* Die rechtsfähige Gemeinschaft der Wohnungseigentümer, ZWE 2005, 361; *ders.* Die Folgen einer Rechtsfähigkeit der Gemeinschaft der Wohnungseigentümer, 2004; *ders.* Folgen der Rechtsfähigkeit der Gemeinschaft der Wohnungseigentümer, ZWE 2004, 42; *ders.* Zur Rechtsfähigkeit der Wohnungseigentümergemeinschaft, ZWE 2002, 387; *Merle* Zur Vertretung der Gemeinschaft durch die Wohnungseigentümer FS Bub, S. 173; *ders.* Entgelte für die Nutzung von Gemeinschaftseigentum und Mehrheitsbeschluss, ZWE 2006, 128; *ders.* Organbefugnisse und Organpflichten des Verwalters bei Passivprozessen der Gemeinschaft der Wohnungseigentümer, ZWE 2006, 21; *ders.* Die Vereinbarung als mehrseitiger Vertrag, FS Wenzel (2005), 251; *ders.* Gemeinschaftsordnung und Rechtsstellung des Verwalters, ZWE 2001, 145; *ders.* Zur Rechtslage nach der Entscheidung des *BGH* vom 20. September 2000, WE 2001, 45; *ders.* Das Wohnungseigentum im System des bürgerlichen Rechts, 1979; *ders.* Bestellung und Abberufung des Verwalters nach § 26 des Wohnungseigentumsgesetzes, 1977; *Müller* Die Verteilung der Verwaltervergütung – Änderung des Kostenverteilungsschlüssels durch den Verwaltervertrag?, ZWE 2004, 333; *Neumann* Die »Teilrechtsfähigkeit« der Wohnungseigentümergemeinschaft, WuM 2006, 489; *Ott* Zur Bindung von Sondernachfolgern an Verträge der Wohnungseigentümer mit Dritten ZMR 2002, 169; *ders.* Zur Rechtsfähigkeit der Wohnungseigentümergemeinschaft, ZMR 2002, 97; *ders.* Zur Eintragung von Mehrheitsbeschlüssen im Grundbuch bei sogenannter Öffnungsklausel, ZWE 2001, 466; *ders.* Das Sondernutzungsrecht im Wohnungseigentum, 2000; *Paefgen* Gläubigerschutz in der WEG-Novelle, ZfIR 2006, 529; *Pause/Vogel* Auswirkungen der Teilrechtsfähigkeit der Wohnungseigentümergemeinschaft auf die Verfolgung von Mängeln am Gemeinschaftseigentum gegenüber dem Bauträger, NJW 2006, 3670; *Prüfer* Schriftliche Beschlüsse, gespaltene Jahresabrechnungen – ein Beitrag zu den Grenzen der Privatautonomie im Wohnungseigentumsrecht, 2001; *ders.* Grenzen der Privatautonomie im Wohnungseigentumsrecht, ZWE 2001, 398; *von Oefele/Schneider* Zur Einführung des Zentralgrundbuchs durch die WEG-Reform, DNotZ 2004, 740; *Raiser* Die Rechtsnatur der Wohnungseigentümergemeinschaft, ZWE 2005, 365; *ders.* Rechtsfähigkeit der Wohnungseigentümergemeinschaft, ZWE 2001, 173; *Rapp* Verdinglichte Ermächtigungen in der Teilungserklärung MittBayNot 198, 77; *Röll/Sauren* Wohnungseigentümer und Verwalter, 8. Auflage, 2002; *Röll* Änderung der Gemeinschaftsordnung nur durch Vereinbarung: Konsequenzen für die Zukunft, DNotZ 2000, 898; *ders.* Das Verwaltungsvermögen der Wohnungseigentümergemeinschaft, NJW 1987, 1049; *ders.* Vereinbarungen über Änderungen der Gemeinschaftsordnung durch Mehrheitsbeschluss, DNotZ 1982, 731; *Rühlicke* Gesamthand, rechtsfähige Personengemeinschaft, juristische Person und Wohnungseigentümergemeinschaft, ZWE 2007, 261; *ders.* Verfassungsrechtliche Anforderungen an die Ausdehnung von Mehrheitskompetenzen im WEG, ZMR 2002, 713; *Pauly* Zur Frage der Rechtsfähigkeit der Wohnungseigentümergemeinschaft und ihre Auswirkungen auf die Praxis, WuM 2002, 531; *Sauren* Ausnahmen für öffentliche Abgaben im neuen Haftungssystem des *BGH* zum WEG?, ZMR 2006, 750; *ders.* WEG-Novelle 2005/2006 – Ein erster Überblick, MietRB 2005, 137; *Schmack/Kümmel* Der einstimmige Beschluss als Regelungsinstrument der Wohnungseigentümer, ZWE 2000, 433; *Schmid* Das WEG entdeckt das Mietrecht, ZMR 2005, 27; *Schmidt/Riecke* Anspruchsbegründung und Anspruchsvernichtung durch Mehrheitsbeschluss – kann die Wohnungseigentümergemeinschaft mit Miteigentümern »kurzen Prozess« machen?, ZMR 2005, 252; *F. Schmidt* (Un)zeitgemäße Betrachtungen – § 8 WEG im Wandel der Zeiten, FS Bub (2007), 221; *Schnauder* Die Relativität der Sondernutzungsrechte, FS Bärmann und Weitnauer (1990), 567; *Schneider* Beschlussbuch oder Grundbuch?, ZMR 2005, 15; *ders.* Auswirkungen der »Jahrhundertentscheidung« im Wohnungseigentumsrecht auf das Grundbuchverfahren, Rpfleger 2002, 503; *ders.* Zur Grundbucheintragung von Regelungen der Wohnungseigentümer ZMR 2002, 100; *ders.* Sondernutzungsrechte im Grundbuch, Rpfleger 1998, 9 und 53; *Schuschke* Geltendmachung von Ansprüchen der Gesamtheit der Wohnungseigentümer durch Dritte im Wege gewillkürter Prozessstandschaft, NZM 2005, 81; *ders.* Die Regelungsinstrumente der Wohnungseigentümergemeinschaft, NZM 2001, 497; *Schwörer* Parteifähigkeit der Wohnungseigentümergemeinschaft, NZM 2002, 421; *Seuß* Faktische Wohnungseigentümer, FS für Bärmann und Weitnauer (1990), 599; *Ulmer* AGB-Gesetz und einseitig gesetzte Gemeinschaftsordnungen von Wohnungseigentümern Festgabe für Weitnauer (1980), 205; *Wendel* Der Anspruch auf Zustimmung zur Änderung der Gemeinschaftsordnung, 2002; *Wenzel* Vereinbarung in Beschlussangelegenheiten? – Zur Rechtsnatur der Verwalterbestellung in der Gemeinschaftsordnung, FS Bub (2007), 249; *ders.* Der Bereich der Rechtsfähigkeit der Gemeinschaft, ZWE 2006, 462; *ders.* Die Wohnungseigentümergemeinschaft – ein janusköpfiges Gebilde aus Rechtssubjekt und Miteigentümergemeinschaft?, NZM 2006, 321; *ders.* Die Teilrechtsfähigkeit und die Haftungsverfassung der Wohnungseigentümergemeinschaft – eine Zwischenbilanz, ZWE 2006, 2; *ders.* Die Teilrechtsfähigkeit und die Haftungsverfassung der Wohnungseigentümergemeinschaft, ZWE 2006, 2; *ders.* Die neuere Rechtsprechung des *BGH* zum Recht des Wohnungseigentums, ZWE 2006, 62; *ders.* Die Verfolgung von Beseitigungsansprüchen durch die Wohnungseigentümergemeinschaft, ZMR 2006, 245; *ders.* Die neuere Rechtsprechung des *BGH* zum Recht des Wohnungseigentums, ZNotP 2005, 42; *ders.* Anspruchsbegründung durch Mehrheitsbeschluss?, NZM 2004, 542; *ders.* Öffnungsklauseln und Grundbuchpublizität, ZWE 2004, 130; *ders.* Beschluss oder Vereinbarung, NZM 2003, 217 = FS Deckert (2002), 517; *ders.* Die Entscheidung des Bundesgerichtshofes zur Beschlusskompetenz der Wohnungseigentümerversammlung und ihr Folgen, ZWE 2001, 226; *ders.* Die Befugnis des Verwalters zur Anfechtung des Abberufungsbeschlusses, ZWE 2001, 510; *ders.* Der vereinbarungsersetzende, vereinbarungswidrige und vereinbarungsändernde Mehrheitsbeschluss ZWE 2000, 2 = NZM 2000, 257; *ders.* Die Bestandskraft von Mehrheitsbeschlüssen der Wohnungseigentümer mit Vereinbarungsinhalt, FS für Hagen (1999), 231; *Zieglmeier* Auswirkungen der Teilrechtsfähigkeit auf das kommunale Abgabenrecht, MietRB 2006, 337.

Inhaltsverzeichnis

A. Einleitung		1
B. Inhaber der Rechte und Pflichten nach den Vorschriften des WEG		3
I.	Allgemeines	3
II.	Rechte nach dem WEG	4
III.	Pflichten nach dem WEG	5

§ 10 | Allgemeine Grundsätze

C.	Verhältnis der Wohnungseigentümer untereinander	6
I.	Allgemeines	6
II.	Begriff des Wohnungseigentümers und der Wohnungseigentümergemeinschaft	7
	1. Begriff des Wohnungseigentümers	7
	a) Allgemeines	7
	b) Miteigentümer	8
	c) Verkauftes Wohnungseigentum	9
	aa) Veräußerer	9
	bb) Erwerber	10
	2. Gemeinschaft der Wohnungseigentümer (Eigentümergemeinschaft)	11
	a) Teilungsvertrag	11
	b) Teilungserklärung	12
	3. »Untergemeinschaft« von Wohnungseigentümern?	13
	a) »Untergemeinschaft« an einem sondereigentumsfähigen Gegenstand	14
	b) »Untergemeinschaft« und Mehrhausanlagen	16
	aa) Grundsatz	16
	bb) Gewillkürte Vereinbarungs- oder Beschlussmacht	17
	4. »Übergemeinschaften« und »Dachgemeinschaften«	18
	5. Wirtschaftsgemeinschaft von Wohnungseigentümern	19
	6. »Ein-Mann-Gemeinschaft«	20
III.	Werdender Wohnungseigentümer und werdende Gemeinschaft der Wohnungseigentümer	21
	1. Problemstellung	21
	2. Begriffe	22
	3. Voraussetzungen (Entstehung)	23
	4. Rechte und Pflichten	25
	5. Ende der Rechtsstellung	27
IV.	Zweiterwerber	29
	1. Grundsatz	29
	2. Ermächtigung	31
V.	Miteigentümer eines isolierten Miteigentumsanteils	32
VI.	Anwendung des Wohnungseigentumsgesetzes vor Anlegung der Wohnungsgrundbücher	33
VII.	Das Gemeinschaftsverhältnis der Wohnungseigentümer	40
	1. Allgemeines	40
	2. Einzelheiten	41
	a) Änderungen des Teilungsvertrages / der Teilungserklärung und von Vereinbarungen und Bestimmungen	43
	b) Gebot der gegenseitigen Rücksichtnahme	44
	3. Sonstiges	46
VIII.	Verhältnis des Wohnungseigentumsgesetzes zu den Regelungen der §§ 741 ff., 1008 ff. BGB	48
	1. §§ 741 ff. BGB	49
	2. §§ 1008–1011 BGB	51
	a) Grundsatz	51
	b) § 1009 BGB	52
	c) § 1010 BGB	53
	d) § 1011 BGB	54
	aa) Grundsatz	54
	bb) Ausnahmen	55
	3. Mehrere Eigentümer eines Wohnungs- oder Teileigentums	56
	4. Gegenstände des Verwaltungsvermögens	57
	5. Weitere Vorschriften	58
IX.	Verhältnis der Bestimmungen der Wohnungseigentümer zu Dritten	59
	1. Grundsatz	59
	a) Vereinbarungen der Wohnungseigentümer untereinander	59
	b) Beschlüsse der Wohnungseigentümer	60
	2. Ausnahmen	61
	a) Bindung von Funktionsträgern	62
	b) Bindung von Nutzern eines Sondereigentums	64
	c) Sachenrechtliche Grundlagen	67
X.	Die Regelungsinstrumente des Wohnungseigentumsgesetzes	68
	1. Vereinbarung und Beschluss	68
	2. Wechsel der Instrumente	71
	3. »Ort« einer Vereinbarung und eines Beschlusses	73
	4. Vereinbarungen in Beschlussangelegenheiten	75

				a) Einführung	75
				b) Rechtliche Qualifizierung	77
				aa) Beschluss?	77
				bb) Andere Einordnungen	79
				cc) Vereinbarungen in Beschlussangelegenheiten	81
				(1) Beschlussangelegenheiten	82
				(2) Versteckte Öffnungsklausel	83
				c) Einzelfälle	85
				aa) Bestellung des Verwalters	85
				bb) Hausordnung	86
			5. Von Dritten gesetzte Inhalte		87
D.	Vereinbarungen nach § 10 Abs. 2 S. 2 WEG				92
	I.	Allgemeines			92
	II.	Zustandekommen			93
	III.	Gegenstand			95
	IV.	Gesetzeswiederholende Vereinbarungen			97
	V.	Verträge gegenüber Dritten			98
	VI.	Sachenrechtliche Zuordnungen			99
	VII.	Gemeinschaftsordnung			103
	VIII.	Möglichkeit einer Vereinbarung			104
	IX.	Erforderlichkeit einer Vereinbarung (Kompetenzlehre)			106
		1. Gesetzes- oder vereinbarungsändernde Beschlüsse			110
		2. Vereinbarungsersetzende Beschlüsse			113
		3. Gesetzes- oder vereinbarungswidriger Beschluss			116
		4. Unterscheidung und Einzelfälle (Lehre von den Beschlusskompetenzen)			117
			a) Verhältnis untereinander		119
			b) »Regelung« versus Einzelfallmaßnahme		121
			c) Änderung oder Ergänzung		123
			d) Einzelfälle und Rechtsprechung		125
				aa) Kosten	126
				(1) § 16 Abs. 3 WEG	127
				(2) § 16 Abs. 4 WEG	128
				(3) § 21 Abs. 7 WEG	129
				bb) Persönliche Leistungsverpflichtungen	130
				cc) Wirtschaftsplan	134
				dd) Sondernutzungsrechte und Gebrauchsrechte	136
				ee) Bauliche Veränderungen	140
				ff) Sonstiges	141
	X.	Verdinglichte und schuldrechtliche Vereinbarungen			143
		1. Verdinglichte Vereinbarungen			144
			a) Allgemeines		144
			b) Rechtscharakter eingetragener Vereinbarungen		146
		2. Schuldrechtliche Vereinbarungen			148
			a) Allgemeines		148
			b) Begünstigende schuldrechtliche Vereinbarungen		149
			c) Rechtsgeschäftlicher Eintritt in schuldrechtliche Vereinbarungen		150
				aa) Willenserklärung des Sondernachfolgers gegenüber den anderen Wohnungseigentümern	150
				bb) Klausel im Erwerbsvertrag	152
			d) Wegfall der Bindung analog § 139 BGB		153
	XI.	Wirksamkeitsvoraussetzungen einer Vereinbarung			155
		1. Formvorschriften			155
		2. Konkludente Vereinbarungen			157
	XII.	Eintragung in das Grundbuch			159
	XIII.	»Begründung« (Entstehung) einer Vereinbarung			160
		1. Allgemeines			160
		2. Vereinbarung und Teilungsvertrag			161
		3. Vereinbarung und Teilungserklärung			162
	XIV.	Bestimmung des Inhalts einer Vereinbarung durch Dritte			164
		1. Grundsatz			164
		2. Bestimmungen eines Wohnungseigentümers oder eines Dritten			165
		3. Öffnungsklausel			166
	XV.	Zustimmung Dritter			167

§ 10 | Allgemeine Grundsätze

	1. Allgemeines	167
	a) Grundsatz	167
	b) Entbehrlichkeit	169
	2. Begriff des »Dritten«	170
	a) Grundsatz	170
	b) Gesamtgläubiger	171
	c) § 5 Abs. 4 S. 2 und S. 3 WEG	172
	3. Unschädlichkeitszeugnisse	173
	4. Einzelfälle	174
XVI.	Unvollständige, widersprüchliche und unbestimmte Vereinbarungen	176
	1. Unvollständige Vereinbarungen	176
	2. Widersprüchliche Vereinbarungen	178
	3. Unbestimmte Vereinbarungen	179
XVII.	Auslegung von Vereinbarungen	180
XVIII.	Änderung und Erzwingung von Vereinbarungen; Änderung des dispositiven Gesetzes	182
	1. Grundsatz	182
	2. Änderungen durch »erzwungene« Vereinbarung gem. § 10 Abs. 2 S. 3 WEG	183
	a) Allgemeines	183
	b) Anwendungsbereich	185
	c) Verhältnis zu anderen Vorschriften	186
	aa) Vereinbarte Öffnungsklauseln	187
	bb) Gesetzliche Öffnungsklauseln	188
	(1) § 16 Abs. 3 WEG	189
	(2) § 16 Abs. 4 WEG	190
	(3) § 21 Abs. 7 WEG	191
	d) Anspruchsinhaber	192
	e) Anspruchsgegner	193
	f) Voraussetzungen	194
	aa) Schwerwiegende Gründe und Unbilligkeit	194
	bb) Interessen und Rechte der anderen Wohnungseigentümer	195
	cc) Abwägung im Einzelnen	196
	g) Grenzen	197
	h) Rechtsfolge	198
	i) Klage auf Änderung	199
	aa) Klageantrag	199
	bb) Rechtsschutzbedürfnis	200
	cc) Wirksamkeit	201
	j) Einrede in anderen Verfahren?	202
	3. Änderung durch ergänzende Auslegung	203
	4. Änderung einer Vereinbarung durch Beschluss	205
	a) Grundsatz	205
	b) Ausnahme	208
XIX.	Privatautonomie	209
	1. Grundsatz	209
	2. Schranken	210
	a) Ausdrücklich zwingendes Recht des WEG	211
	b) Durch Auslegung als zwingend »erkanntes« Recht	215
	aa) Einführung	215
	bb) Bewertung	217
	c) Schranken des bürgerlichen Rechts	219
	aa) Einführung	219
	bb) §§ 134, 138 BGB	221
	cc) § 242 BGB	222
	d) Folge eines Verstoßes	223
	aa) Grundsatz: vollständige Nichtigkeit	223
	bb) Teilweise Nichtigkeit	224
	3. Kernbereich des Wohnungseigentums	225
	a) Einführung	225
	b) Anwendungsbereich	226
	c) Inhalt und Grenzen	228
	d) Systematisierung	229
	aa) Dinglicher Kernbereich	230
	bb) Mitgliedschaftlicher Kernbereich	231

	(1) Übertragung von Entscheidungskompetenzen / Ausschluss von Verwaltungsrechten	232
	(2) Beschränkung von Grundrechten	233
e)	Vereinbarungen	235
4. Einzelheiten – mögliche Gegenstände einer Vereinbarung		239
a)	Regelungen zum Verband	241
b)	Gebrauchsregelungen nach §§ 13 ff. WEG	242
	aa) Allgemeines	242
	bb) Sondernutzungsrechte am Gemeinschaftseigentum	244
c)	Haftungsverfassung	245
	aa) Erwerberhaftung	245
	bb) Unterwerfung unter die sofortige Zwangsvollstreckung	247
	cc) Sonderzahlungen	248
	dd) Kostenverteilungsschlüssel	249
	ee) Weitere Regelungen	250
d)	Eigentümerversammlung	252
e)	Funktionsträger	254
	aa) Verwalter	255
	bb) Verwaltungsbeirat	257
f)	Öffnungsklauseln für Mehrheitsbeschlüsse	260
g)	Sonstiges	261
	aa) § 11 WEG: Auflösung der Gemeinschaft der Wohnungseigentümer	261
	bb) § 12 WEG: Veräußerungsbeschränkung	262
	cc) § 21 WEG: Verwaltungsvereinbarungen	263
	dd) § 22 WEG: Bauliche Veränderungen	264
	ee) §§ 43 ff. WEG	265
	ff) HeizkostenV	266
XX. Vereinbarungsregister		267
XXI. Abgrenzung Vereinbarung und allstimmiger Beschluss		268
1. Einführung		268
2. Abgrenzung nach dem nach dem Gegenstand der getroffenen Regelung		269
3. Abgrenzung nach dem Zustandekommen		270
4. Verbleibende Zweifel		271
5. Umdeutung		272
XXII. Gewillkürte Öffnungsklauseln (Vereinbarungen in Beschlussangelegenheiten)		273
1. Allgemeines		273
2. Begriff		275
3. Reichweite und Inhalt einer Öffnungsklausel		277
a)	Gegenstand	278
	aa) Konkrete Öffnungsklausel	278
	bb) Allgemeine (umfassende) Öffnungsklausel	279
	(1) Grundsatz	279
	(2) Sondernutzungsrechte	280
	(3) Sachenrechtlicher Bestimmtheitsgrundsatz	281
b)	Beschlussverfahren	282
c)	Person	285
4. Entstehung		286
5. »Rechtsqualität« einer auf einer Öffnungsklausel beruhenden Entscheidung		287
a)	Herrschende Einordnung	287
b)	Kritik	289
6. Grenzen		291
a)	Allgemeine Grenzen	292
b)	Sachlicher Grund	293
c)	Sachenrechtliche Grundlagen	294
d)	Kernbereich der Mitgliedschaft (Sondernutzungsrechte)	297
e)	Geltendmachung der Grenzüberschreitung	298
	aa) Beschlussmängel	298
	bb) Vereinbarungsmängel	299
7. Zustimmung Dritter		302
a)	Eintragung der Öffnungsklausel	302
b)	Auf einer Öffnungsklausel beruhende Beschlüsse	304
8. Eintragungsfähigkeit und Eintragungsbedürftigkeit; § 10 Abs. 4 S. 2 WEG		305

§ 10 | Allgemeine Grundsätze

E.	**Bindung von Sondernachfolgern nach § 10 Abs. 3 WEG**	306
	I. Einführung	306
	II. Sinn und Zweck	308
	III. Begriff des Sondernachfolgers	309
	IV. Voraussetzung der Bindung	311
	V. Eintritt der Bindung	313
	VI. Guter Glaube an eingetragene Vereinbarungen	315
	VII. Eintragungsbedürftigkeit	318
	VIII. Eintragungsfähigkeit	319
	1. Vereinbarungen i. S. v. § 10 Abs. 2 S. 2 WEG	319
	2. Vereinbarungen in Beschlussangelegenheiten	320
F.	**Bindung an Beschlüsse und gerichtliche Entscheidungen nach § 10 Abs. 4 WEG**	322
	I. Sinn und Zweck	322
	II. Beschlüsse i. S. v. § 10 Abs. 4 S. 1 WEG	323
	1. Allgemeines	323
	2. Überblick	324
	III. Beschlüsse i. S. v. § 10 Abs. 4 S. 2 WEG	326
	1. Einführung	326
	a) Auf § 23 Abs. 1 WEG beruhende Beschlüsse	326
	b) Auf einer gesetzlichen Öffnungsklausel beruhende Beschlüsse	327
	2. Kritik	329
	IV. Bindung an eine gerichtliche Entscheidung	330
	V. Gerichtliche Verfahren i. S. v. § 43 WEG	334
	VI. Gerichtliche Vergleiche	336
	1. Allgemeines	336
	2. Bindung des Sondernachfolgers	338
	a) Beschluss	339
	b) Verdinglichung	342
	VII. Vernichtung der Bindungswirkung einer Entscheidung nach § 43 WEG	346
	1. Grundsatz	346
	2. Ausnahme: Regelungsstreit	347
	VIII. Entscheidungen in Verfahren jenseits von § 43 WEG	348
G.	**Bindung des Sondernachfolgers jenseits von § 10 Abs. 3 und Abs. 4 WEG**	349
	I. Einführung	349
	II. Zustimmung, Verzicht und Verwirkung	350
	1. Zustimmung zu einer baulichen Veränderung i. S. v. § 22 Abs. 1 WEG	350
	2. Verwirkung	351
	3. Verzicht	352
	4. Zwangsversteigerung	353
	5. Kritik	354
	III. Haftung für eine störende Maßnahme des Rechtsvorgängers	356
	IV. Miet- und Sachversicherungsverträge	359
H.	**Bindung an Rechtshandlungen, § 10 Abs. 5 WEG**	361
	I. Einführung und Funktion	361
	II. Inhalt	363
	1. Wohnungseigentümer	363
	2. Verband Wohnungseigentümergemeinschaft	364
	III. Rechtshandlungen	365
	IV. Regelungsunterworfene	367
	1. Überstimmte und abwesende Wohnungseigentümer	367
	2. Sondernachfolger	368
	V. Rechtsfolgen	369
	VI. Grenzen	370
I.	**Der Verband Wohnungseigentümergemeinschaft**	371
	I. Einführung	371
	1. Allgemeines	371
	2. Gemeinschaft der Wohnungseigentümer: »Verband Wohnungseigentümergemeinschaft«	373
	3. Verband und Wohnungseigentümer	374
	4. Verband und Gemeinschaft der Wohnungseigentümer (Trennungstheorie)	375
	II. Beginn und Untergang	377
	III. Verbandszweck, Mitglieder und Förderung des Verbandszweckes	379
	1. Zweck	379

	a) Allgemeines	379
	b) Gegensätze der Interessen	380
	2. Mitglieder	381
	a) Allgemeines	381
	b) Sonderrechtsbeziehung	382
IV.	Name des Verbandes (Bezeichnung im Rechtsverkehr)	384
V.	Der Bereich der Rechtsfähigkeit des Verbandes	385
	1. Grundsatz	385
	2. Einzelheiten	386
	a) Erbfähigkeit	387
	b) Grundbuchfähigkeit, Erwerb von Immobilien und grundstücksgleichen Rechten	388
	c) Scheck- und Wechselfähigkeit	389
	d) Testier- und Insolvenzfähigkeit	390
	e) Öffentliches Recht	391
	f) Steuerrecht	392
	3. Ultra-vires-Lehre	393
VI.	Handlungsorganisation des Verbandes Wohnungseigentümergemeinschaft	394
	1. Allgemeines	394
	2. Willensbetätigung für den Verband Wohnungseigentümergemeinschaft	395
	a) Durch den Verwalter	395
	aa) Gesetzliche Rechte	395
	bb) Gewillkürte Rechte	397
	b) Durch die Wohnungseigentümer	398
	3. Willensmanifestation	401
	a) Eigene Rechte und Pflichten des Verbandes	402
	b) Vom Verband auszuführende Rechte und Pflichten	403
	c) Aufgaben des Verwalters bei der Willensmanifestation	404
	4. Aufsicht	405
	5. Haftung für Organe	406
VII.	§ 10 Abs. 6 S. 2 WEG	408
	1. Allgemeines	408
	2. »Pflicht« zum Vertragsschluss	409
	3. Pflichtverletzungen und Schlechtleistung	410
VIII.	Ausübungsbefugnis des Verbandes	411
	1. Einführung	411
	2. Rechtsfolge	413
	a) Materielle Rechte	413
	b) Prozess	414
	3. Gemeinschaftsbezogene und sonstige Rechte und Pflichten	415
	a) Ausübungsbefugnis für »gemeinschaftsbezogene« Rechte	416
	aa) Allgemeines	416
	bb) Ausübungsbefugnis der Wohnungseigentümer	419
	b) Ausübungsbefugnis für »gemeinschaftsbezogene« Pflichten	420
	aa) Allgemeines	420
	bb) Pflichtenstellung der Wohnungseigentümer	422
	c) Ausübungsbefugnis für sonstige Rechte (Vergemeinschaftung)	425
	aa) Ansprüche auf Beseitigung und Unterlassung	426
	bb) Ansprüche wegen Mängeln des Gemeinschafseigentums	427
	cc) Enteignung von Gemeinschaftseigentum	429
	dd) Rechtestellung der Wohnungseigentümer	430
	d) Ausübungsbefugnis für sonstige Pflichten (Vergemeinschaftung)	431
IX.	Der Verband als Verbraucher	432
X.	Der Verband als Unternehmer	433
XI.	Verband als Grundeigentümer und Inhaber grundstücksgleicher Rechte	434
XII.	Verfahrensrechtliches	437
	1. Parteifähigkeit	437
	2. Prozessfähigkeit	438
	3. Gerichtsstand	439
	4. Bezeichnung im Prozess	440
	5. Alttitel	441
	6. Rechtskraft	442
	7. Sonstiges	443

§ 10 | Allgemeine Grundsätze

J.	**Verwaltungsvermögen**	**447**
I.	Zuordnung	447
	1. Grundsatz	447
	2. Vermögen vor Entstehung des Verbandes	448
	3. Zuordnung nach einem Untergang des Verbandes (§ 10 Abs. 7 S. 4 WEG)	450
	a) Gesetzliche Konzeption	450
	b) Kritik	451
II.	Gegenstände des Verwaltungsvermögens	452
	1. Allgemeines	452
	2. Einzelheiten	453
	a) »Gesetzlich begründete« und »rechtsgeschäftlich erworbene« Sachen und Rechten	454
	b) Entstandene Verbindlichkeiten	455
	aa) Verträge des Verbandes	455
	bb) Ansprüche der Wohnungseigentümer untereinander	456
	c) Ansprüche und Befugnisse aus Rechtsverhältnissen sowie eingenommene Gelder	458
	d) Verwaltungsunterlagen	460
	e) Mieten	461
	f) Sach- und Rechtsfrüchte	462
	g) Sonstiges	463
III.	Keine Gegenstände des Verwaltungsvermögens	464
	1. Gemeinschafts- und Sondereigentum	464
	2. Schadensersatzansprüche der Wohnungseigentümer	465
	a) Allgemeines	465
	b) Verbuchung	466
	c) Umwidmung	467
IV.	Kein Verbandsvermögen	468
K.	**Haftung**	**469**
I.	Allgemeines	469
	1. Überblick	469
	2. Durchgriffshaftung	474
II.	Verbindlichkeiten	476
	1. Rechtsgeschäftliche und gesetzliche Ansprüche	477
	a) Grundsatz	477
	b) Zahlung in Geld	478
	2. Entstehung der Verbindlichkeit	479
	a) Entstehung	480
	b) Fälligkeit	482
	c) Grenzen	484
	3. Zeitlich begrenzte Haftung eines ausscheidenden Wohnungseigentümers (doppelte Nachhaftungsbegrenzung)	485
	a) Voraussetzungen	485
	b) Rechtsfolge	488
	c) Abdingbarkeit	489
	4. Erwerb von Wohnungseigentum nach Entstehung und Fälligkeit	490
	5. Höhe der Haftung	491
	a) Grundsatz: Haftung pro rata	491
	b) Ausnahme: gesetzlich angeordnete oder vertraglich vereinbarte Gesamtschuld	494
	aa) Vertraglich vereinbarte Gesamtschuld	495
	bb) Gesetzliche Gesamtschuld	496
III.	Verpflichtete	499
IV.	Gläubiger	501
	1. Grundsatz	501
	2. Wohnungseigentümer als Gläubiger	502
	a) Drittgläubigerforderungen	502
	b) Sozialverbindlichkeiten	503
	c) Begrenzung durch Treuepflicht	504
V.	Einwände nach § 10 Abs. 8 S. 2 und S. 3 WEG	505
	1. Einwände und Einwendungen des Verbandes und des Wohnungseigentümer gegenüber dem Gläubiger	505
	2. Einwendungen und Einreden des Inanspruchgenommenen gegenüber dem Verband	509
VI.	Haftung eines Wohnungseigentümers gegenüber dem Verband Wohnungseigentümergemeinschaft	510
	1. Grundsatz	510

		2. Schadensersatz	511
		a) Verzögerungsschaden	512
		b) Schadensersatz statt der Leistung	513
		3. § 10 Abs. 8 S. 4 WEG: Begrenzung auf den Miteigentumsanteil	515
		a) Grundsatz	515
		b) Wirtschaftsplan und Jahresabrechnung	516
		c) Sonderumlagen	517
		d) Höhe	518
		4. Ehemalige Wohnungseigentümer	519
	VII.	Bauhandwerkerhypothek	520
		3. Rechtsfolge	521
	VIII.	Verfahrensrecht	522
	IX.	Abdingbarkeit	525

A. Einleitung

Der zweite Abschnitt des Wohnungseigentumsgesetzes widmet sich der **Gemeinschaft der Wohnungseigentümer**. Wie § 10 Abs. 2 S. 1 WEG mit seiner Verweisung auf die Vorschriften des Bürgerlichen Gesetzbuches über die Gemeinschaft deutlich macht, ist die Gemeinschaft der Wohnungseigentümer ihrer rechtlichen Konstruktion nach eine **bloße Bruchteilsgemeinschaft** nach §§ 741 ff., 1008 ff. BGB. Da die Vorschriften über die BGB-Gemeinschaft indes für eine Gemeinschaft nicht ausreichend sind, bei der u. a. durch das Nebeneinander von Gemeinschafts- und von Sondereigentum, den Eigentümlichkeiten des gemeinsamen Gebrauchs (und den dadurch verursachten Kosten und Lasten), einem Vermögen neben dem Gemeinschaftseigentum und vielfältigen, im gemeinsamen Interesse geschlossenen Verträgen besondere Regelungskonflikte auftreten müssen, sind mit §§ 10 ff. WEG **stärker detaillierte Sondervorschriften** geschaffen worden. Diese Anordnungen sind zwingend notwendig, weil eine Eigentumswohnanlage mit den Bestimmungen der §§ 741 ff. BGB nicht verwaltbar und zum »Chaos« verdammt wäre (vgl. auch *Röll* FS Seuß [1987], S. 233, 237). Die bürgerlich-rechtlichen Vorschriften bilden zwar ein in sich geschlossenes System, sind aber zu knapp und abstrakt, um Grundlage für die ordnungsmäßige und auf Dauer angelegte Verwaltung von Gemeinschaftseigentum zu sein (*Weitnauer* FS Seuß [1987], S. 305, 307). Das Bürgerliche Gesetzbuch geht von der durch **Zufall entstehenden Gemeinschaft** aus (»communio incidens«). Das Wohnungseigentumsgesetz muss hingegen annehmen, dass die Gemeinschaft bewusst entstanden und auf Dauer angelegt ist. Die Vorschriften des Bürgerlichen Gesetzbuches über die Gemeinschaft können der nach § 11 WEG dem Grunde nach ewig **angelegten Gemeinschaft der Wohnungseigentümer** (§ 11 Rn. 1) also keinesfalls gerecht werden. Durch seine Sondervorschriften unterscheidet sich die Gemeinschaft der Wohnungseigentümer im Ergebnis sogar ganz wesentlich von der Bruchteilsgemeinschaft, auch der an einem Grundstück nach §§ 741 ff., 1008 ff. BGB (*BGH* BGHZ 121, 22, 25 = MDR 1993, 445 = NJW 1993, 727 = ZMR 1993, 173). 1

Von der Gemeinschaft der Wohnungseigentümer ist – ungeachtet der verwirrenden Begrifflichkeit des Gesetzes – der **Verband Wohnungseigentümergemeinschaft** zu unterscheiden (dazu Rn. 371 ff.). Soweit durch § 10 Abs. 6 S. 1 WEG »die Gemeinschaft der Wohnungseigentümer« für rechtsfähig erklärt wird, ist damit nach hier vertretener, aber noch streitiger Auffassung nicht die durch §§ 10 Abs. 2 S. 1, 11 Abs. 1 S. 1, 17 S. 1, 18 Abs. 1 WEG angesprochene Gemeinschaft der Wohnungseigentümer, sondern ein neben dieser Gemeinschaft stehender Verband mit eigenen Rechten, z. B. einem eigenen Vermögen, und eigenen Pflichten gemeint. Zur klareren Unterscheidung wird hier die »rechtsfähige Gemeinschaft der Wohnungseigentümer« mit »Verband Wohnungseigentümergemeinschaft« angesprochen, die besonders ausgestaltete Bruchteilsgemeinschaft nach §§ 10 Abs. 2 S. 1 WEG, 741 ff., 1008 ff. BGB hingegen mit »Gemeinschaft der Wohnungseigentümer«. 2

B. Inhaber der Rechte und Pflichten nach den Vorschriften des WEG

I. Allgemeines

3 § 10 Abs. 1 WEG stellt gleichsam als Leitsatz und Richtschnur fest, dass **Inhaber der Rechte** und **Träger Pflichten** nach den Vorschriften des Wohnungseigentumsgesetzes die Wohnungseigentümer sind. Die hierin liegende **klarstellende Feststellung** ist mit dem Gesetz zur Änderung des Wohnungseigentumsgesetzes und anderer Gesetzes vom 26.3.2007 (BGBl. I S. 370) eingeführt worden, um die **Rechtskreise der Wohnungseigentümer** und des neben diesen stehenden, mit eigenen Rechten und Pflichten ausgestatteten **Verband Wohnungseigentümergemeinschaft** voneinander **abzugrenzen**. Die Vorschrift will im Wesentlichen einem **Missverständnis** vorbeugen, dass darin bestehen könnte, dass nicht nur das Verwaltungsvermögen, sondern auch die Eigentumsrechte am Gemeinschafts- und Sondereigentum dem Verband Wohnungseigentümergemeinschaft zustehen (BT-Drucks. 16/887 S. 60). Eine Abschichtung erfolgt dabei sowohl in Richtung der aus dem Wohnungseigentumsgesetz folgenden **Rechte** als auch der aus dem Eigentum hervorgehenden **Pflichten**. Die Abschichtung macht deutlich, dass Wohnungseigentum weiterhin als »echtes Eigentum« (dazu § 3 Rn. 2) zu verstehen ist. Gemeinschafts- und Sondereigentum einerseits und die zwischen den Wohnungseigentümern bestehende Sonderverbindung (Rn. 40 ff.) andererseits führen also nicht dazu, die Gemeinschaft der Wohnungseigentümer oder den Verband Wohnungseigentümergemeinschaft als eine **besondere Gesellschaftsform** anzusehen (*Dreyer* DNotZ 2007, 594, 600; s. dazu auch § 3 Rn. 6). Es fehlt bei der Gemeinschaft der Wohnungseigentümer vor allem an einem **gemeinsamen Zweck**, zu dessen Verfolgung sich die Wohnungseigentümer vertraglich zusammengeschlossen haben.

II. Rechte nach dem WEG

4 Soweit das Wohnungseigentumsgesetz **Rechte und Ansprüche** begründet, stehen diese – soweit das Gesetz nicht ausdrücklich etwas anderes anordnet – den Wohnungseigentümern zu. § 10 Abs. 1 WEG streicht dabei heraus, dass das Miteigentum am Grundstück und das weitere Gemeinschaftseigentum vom Verwaltungsvermögen i. S. d. § 10 Abs. 7 WEG **abzugrenzen** ist und anders als dieses (dazu Rn. 447 ff.), **vermögensrechtlich** den Wohnungseigentümern als Miteigentümern zugeordnet ist. Da nach § 6 Abs. 1 WEG das Gemeinschafts- und das Sondereigentum miteinander untrennbar verbunden sind, steht auch das Sondereigentum vermögensrechtlich nur den einzelnen Wohnungseigentümern, nicht dem Verband zu (es sei denn, dieser ist selbst Wohnungseigentümer). Anders als in anderen Verbänden, etwa der Gesellschaft bürgerlichen Rechts nach §§ 705 ff. BGB, der Aktiengesellschaft oder der GmbH, steht das Grundstück vermögensrechtlich den Verbandsmitgliedern **gleichsam als Sondervermögen** zu, nicht aber dem aus den Wohnungseigentümern gebildeten Verband. Der Verband kann zwar auch Vermögensträger sein. Das Gesetz weist ihm aber zum Zwecke der Verwaltung (gemeint als Vertretung nach außen) nur das Verwaltungsvermögen, nicht aber den Verwaltungsgegenstand selbst (dazu § 20 Rn. 84), das Gemeinschaftsvermögen, zu.

III. Pflichten nach dem WEG

5 Die aus dem Wohnungseigentum herrührenden **besonderen Eigentümerpflichten** eines Wohnungs- oder Teileigentümers, z. B. die Verkehrspflichten wegen des Gemeinschaftseigentums (dazu Rn. 422), ruhen auf den **Schultern der Wohnungseigentümer**, soweit nichts anderes angeordnet ist. Eine solche Anordnung enthält das Wohnungseigentumsgesetz **im Wesentlichen** für den Verband Wohnungseigentümergemeinschaft (daneben auch teilweise für den Verwalter, soweit dieser im Aufgabenbereich der Wohnungseigentümer tätig wird). Durch § 10 Abs. 6 S. 3 WEG bestimmt das Gesetz, dass der Verband und nicht die Wohnungseigentümer verpflichtet ist, die **gemeinschaftsbezogenen Pflichten** in Bezug auf das Gemeinschaftseigentum gegenüber Dritten **auszuüben** und damit **wahrzunehmen**. Der Verband wird durch die Anordnung des § 10 Abs. 6 S. 3 WEG zwar nicht zum Pflichtenträger. Die Pflichten ruhen ebenso wie die aus dem Eigentum folgende Rechte, z. B. Unterlassungsansprüche, **weiterhin** auf den Wohnungseigentü-

mern. Der Verband ist aber von Gesetzes wegen verpflichtet, die ihm fremden, aber gemeinschaftsbezogenen Pflichten in Bezug auf das **Gemeinschaftseigentum** – für das Sondereigentum besitzt der Verband keine Pflichten noch sind diese von ihm auszuüben; die Pflichten des Sondereigentums ruhen allein auf den jeweiligen Sondereigentümern – im Namen und mit Wirkung gegen die Wohnungseigentümer auszuüben.

C. Verhältnis der Wohnungseigentümer untereinander

I. Allgemeines

Das Verhältnis der Wohnungseigentümer untereinander als Gemeinschafter an einem Miteigentum, als gemeinsame, aber auch als »singuläre« Eigentümer bestimmt sich primär nach dem Wohnungseigentumsgesetz und den gewillkürten Bestimmungen der Wohnungseigentümer, subsidiär hingegen nach den Vorschriften des Bürgerlichen Gesetzbuches über die Gemeinschaft an einem Grundstück in §§ 741 ff., 1008 ff. BGB (Rn. 1). Nach der Systematik des Bürgerlichen Gesetzbuches werden die besonderen Vorschriften in Bezug auf das Gemeinschaftsverhältnis und auf die daraus hervorgehenden Ansprüche **ihrerseits ergänzt** durch die für Schuldverhältnisse **allgemein geltenden Bestimmungen** (*BGH* BGHZ 115, 151, 155 [Zinsen] = NJW 1991, 2637 = ZMR 1991, 398). Sind über die gesetzlichen Bestimmungen hinaus Regelungen zum Gemeinschaftsverhältnis erforderlich und können sich die Wohnungseigentümer darüber nicht einigen, ist eine **Vereinbarung** ggf. nach § 10 Abs. 2 S. 3 WEG erzwingbar (Rn. 183 ff.). Ist hingegen eine Entscheidung mit **Beschlusscharakter** intendiert, ist ein **Regelungsstreit** zu suchen. In diesem entscheidet nach §§ 21 Abs. 4 und Abs. 8, 43 Nr. 1 WEG das WEG-Gericht nach billigem Ermessen (*BGH* BGHZ 130, 304, 312 = ZMR 1995, 483) im Rahmen der materiell-rechtlichen und verfahrensrechtlichen Vorschriften des Wohnungseigentumsgesetzes. 6

II. Begriff des Wohnungseigentümers und der Wohnungseigentümergemeinschaft

1. Begriff des Wohnungseigentümers

a) Allgemeines

Wohnungseigentümer (Teileigentümer) i. S. d. Gesetzes ist, wer zu Recht im **Wohnungsgrundbuch eingetragen** ist *(BGH* BGHZ 106, 113, 118/119 = MDR 1989, 435 = NJW 1989, 1087; *OLG Frankfurt a. M.* OLGReport Frankfurt 2005, 423, 426; *KG* KGReport 2001, 377, 378; *OLG Hamm* ZMR 2000, 128, 129; *OLG Saarbrücken* ZMR 1998, 595, 596; *BayObLG* NJW 1990, 3216; *Heismann* ZMR 2004, 10). Wird in der Gemeinschaftsordnung (dazu § 3 Rn. 111) einheitlich der Begriff Wohnungseigentümer genutzt, ist davon auszugehen, dass damit auch Teileigentümer angesprochen sind (*OLG Hamm* IMR 2007, 257 mit Anm. *Ott*). Ungeachtet der Eintragung einer Person im Grundbuch ist diese ausnahmsweise nicht »Wohnungseigentümer«, wenn die Eintragung im Grundbuch mit der wahren Rechtslage **nicht übereinstimmt**. Der bloße Bucheigentümer (**Scheinwohnungseigentümer**) kann nicht als Wohnungseigentümer verstanden werden (*BGH* ZMR 1995, 37, 38 = MDR 1994, 1206 = WE 1995, 57 = NJW 1994, 3352; *OLG Stuttgart* MietRB 2006, 106, 107; *OLG Düsseldorf* ZMR 2005, 719; *KG* KGReport 2001, 377, 378; *Kühnemund* ZMR 2005, 747). Bucheigentümer ist z. B. derjenige, der den Erwerb von Wohnungs- oder Teileigentum nach §§ 119 ff. BGB wirksam angefochten hat, auch wenn er noch im Grundbuch eingetragen ist. **Umgekehrt** ist Wohnungseigentümer auch, wer durch Erbfall oder durch Zuschlag in der Zwangsversteigerung gem. § 90 Abs. 1 ZVG **außerhalb des Grundbuchs** Wohnungseigentum erwirbt (*BayObLG* ZMR 2004, 524). Wohnungseigentümer ist schließlich der, der (zunächst) nur isoliertes (substanzloses) Miteigentum erworben hat (s. § 3 Rn. 103 m. w. N.). Der Ansicht, dass ein bloßer Miteigentümer kein Wohnungseigentümer sein kann, ist nicht zu folgen (so jüngst aber – freilich sich selbst widersprechend – *Dreyer* DNotZ 2007, 594, 602 und 612). Das wäre nur richtig, wenn der Inhaber isolierter Miteigentumsanteile kein Wohnungseigentum innehätte, was nur überzeugen kann, wenn man der irritierenden und mit Blick auf §§ 6 und 9 WEG nicht ansatzweise überzeugenden These folgte, Wohnungseigentum sei nur das Sondereigentum (a. A. *Dreyer* DNotZ 2007, 594, 597/598). 7

b) Miteigentümer

8 Steht ein Wohnungseigentum **mehreren gemeinschaftlich** zu (z. B. nach §§ 741 ff. BGB, bei einer Erbengemeinschaft oder bei Eheleuten), ist **jeder von ihnen** Wohnungseigentümer i. S. v. §§ 10 ff. WEG *(Häublein* DNotZ 2004, 634, 635; a. A. *KG* DNotZ 2004, 634). Daraus folgt z. B., dass jeder Mitberechtigte eines Wohnungseigentums getrennt einzuladen ist *(KG* NJW-RR 1996, 844, 845) oder jeder Mitberechtigte in seiner Person das Gemeinschaftseigentum nutzen kann.

c) Verkauftes Wohnungseigentum

aa) Veräußerer

9 Der Veräußerer einer Eigentumswohnung **bleibt bis zur Eigentumsumschreibung** auf den Erwerber im Grundbuch rechtlich **Mitglied der Gemeinschaft der Wohnungseigentümer** und damit **Wohnungseigentümer** i. S. d. Gesetzes *(Elzer* ZMR 2007, 714, 715; str.). Die rechtliche Zugehörigkeit des Veräußerers wird mit seiner Verpflichtung zur Veräußerung des Wohnungseigentums (auch wenn der Auflassungsanspruch des Erwerbers durch eine Vormerkung gesichert ist), der Besitzübertragung auf einen Erwerber sowie dessen nachfolgende Nutzung der Wohnung **nicht beendet**. Der Veräußerer hat **bis zur Umschreibung des Eigentums im Grundbuch** nach § 16 Abs. 2 WEG die Lasten und Kosten des gemeinschaftlichen Eigentums zu tragen, auch wenn er das Wohnungseigentum veräußert hat, nicht mehr nutzt und für den Erwerber eine Auflassungsvormerkung eingetragen ist *(BGH* BGHZ 87, 138, 142 = NJW 1983, 1615 = WE 1983, 93). Vor allem die Rechtssicherheit erfordert, dass der eingetragene Wohnungseigentümer als »Wohnungseigentümer« **weiterhin verpflichtet** bleibt (a. A. *Röll* NJW 1983, 1616, 1617). Der Eintragung im Grundbuch können die anderen entnehmen, wer Wohnungseigentümer und damit Träger der mit dem Raumeigentum verbundenen Pflichten ist. Dem veräußernden Wohnungseigentümer bleibt es unbenommen, durch entsprechende Ausgestaltung des Veräußerungsvertrags für die von ihm zu tragenden Lasten und Kosten beim Erwerber Rückgriff zu nehmen (dazu auch § 16 Rn. 200). Aus der Mitgliedschaft des Veräußerers folgt bis zur Umschreibung ferner sein Stimmrecht als Mitverwaltungsrecht i. S. d. § 20 Abs. 1 WEG.

bb) Erwerber

10 Bis zur Umschreibung im Grundbuch ist der Erwerber eines Wohnungseigentums **kein Wohnungseigentümer** i. S. d. Gesetzes. Vor allem um bestimmte Erwerber vor nachteiligen Veränderungen während der Zeit, in der sie noch nicht Wohnungseigentümer sind, zu schützen, bedient sich die h. M. allerdings des Begriffes des »**werdenden Wohnungseigentümers**« (dazu ausführlich Rn. 21 ff.). Dabei wird als schutzbedürftig nur der »Ersterwerber« verstanden. Das ist der Erwerber, der ein Sondereigentum vom aufteilenden Eigentümer erwirbt bevor eine Gemeinschaft der Wohnungseigentümer entstanden ist (Rn. 22). Ein Erwerber, der ein Sondereigentum nach diesem Zeitpunkt erwirbt, wir hingegen als nicht schutzbedürftiger »Zweiterwerber« verstanden (Rn. 29). Dass ggf. auch er seine Rechtsposition vom aufteilenden Eigentümer erwirbt, macht ihn nicht in besonderer Weise schutzbedürftig. Seine Interessen gegenüber dem Aufteiler werden durch die anderen Wohnungseigentümer gewahrt.

2. Gemeinschaft der Wohnungseigentümer (Eigentümergemeinschaft)

a) Teilungsvertrag

11 Wird Wohnungs- oder Teileigentum durch einen Teilungsvertrag mehrerer Miteigentümer nach § 3 Abs. 1 WEG begründet, entsteht die Gemeinschaft der Wohnungseigentümer mit **Anlegung der Wohnungsgrundbücher** und der **Eintragung der Vertragsparteien** als Wohnungseigentümer *(BayObLG* NJW-RR 2000, 1540 = NZM 2000, 655). Bei der Begründung von Wohnungseigentum nach § 3 WEG werden nach Vorlage des Teilungsvertrages an das Grundbuchamt in Verbindung mit einem Eintragungsantrag sämtliche Miteigentümer sogleich als Wohnungseigentümer ins Grundbuch eingetragen (s. § 3 Rn. 127). Vor Anlegung der Wohnungsgrundbücher entsteht **keine werdende** Wohnungseigentümergemeinschaft *(BayObLG* ZMR 2002, 610; ZMR 2000, 623 = NJW-RR 2000, 1540; NJW-RR 1992, 597, 598; *KG* ZMR 2001, 656, 657; NJW-RR 1986, 1274 = WuM 1986, 357 = ZMR 1986, 295; *Heismann* ZMR 2004, 10, 13; s. § 3 Rn. 128). Gibt es für die An-

wendung der Vorschriften des Wohnungseigentumsgesetzes, vor allem für eine Anwendung der künftigen Gemeinschaftsordnung ein Bedürfnis, können auf die Verbindung der Miteigentümer die für die spätere Wohnungseigentümergemeinschaft geltenden Regelungen allerdings ggf. entsprechend angewandt werden (s. § 3 Rn. 129).

b) Teilungserklärung

Wird Wohnungs- oder Teileigentum durch eine Teilungserklärung nach § 8 WEG begründet, ist die Gemeinschaft der Wohnungseigentümer mit der Eintragung eines weiteren Beteiligten im Grundbuch als zweiter Wohnungseigentümer neben dem Alleineigentümer **rechtlich in Vollzug** gesetzt und als **Gemeinschaft der Wohnungseigentümer** entstanden (*BayObLG* ZMR 2004, 767, 768; ZMR 1995, 38 = NJW-RR 1995, 209; *OLG Hamm* ZMR 2003, 776, 777; *KG* ZMR 2003, 52, 53). Vor diesem Zeitpunkt ist eine »**werdende Gemeinschaft der Wohnungseigentümer**« vorstellbar. Diese ist anzunehmen, wenn es neben dem aufteilenden Wohnungseigentümer Ersterwerber (zum Begriff Rn. 22) gibt. Der aufteilende Eigentümer und die Ersterwerber bilden eine werdende Gemeinschaft von Wohnungseigentümern. Weil es an einer Wohnungseigentumsanlage nicht zwei Gemeinschaften von Wohnungseigentümern geben kann, endet eine solche werdende Gemeinschaft **mit Eintragung** des ersten Erwerbers im Grundbuch (*OLG Düsseldorf* ZMR 2007, 126; *OLG Hamm* OLGReport Hamm 2003, 183, 184; *OLG Düsseldorf* OLGReport Düsseldorf 1998, 197 = NJW-RR 1999, 163; *BayObLG* NJW 1990, 3216; a. A. *LG Ellwangen* NJW-RR 1996, 973; *Heismann* ZMR 2004, 10, 13; *Coester* NJW 1990, 3184, 3185: mit Eintragung des letzten Erwerbers). Es kommt also nicht zu einem Nebeneinander von werdender und entstandener Gemeinschaft. Die Ersterwerber verlieren durch den Untergang der werdenden Gemeinschaft aber nicht ihre Rechte und nicht ihre Stellung als werdende Wohnungseigentümer (dazu im Zusammenhang Rn. 27 f.). Sie sind vielmehr als werdende Wohnungseigentümer **Mitglied der entstandenen Gemeinschaft** der Wohnungseigentümer.

3. »Untergemeinschaft« von Wohnungseigentümern?

Neben der Gemeinschaft der Wohnungseigentümer gibt es weder eine »Untergemeinschaft« von Wohnungseigentümern an einem sondereigentumsfähigen Gegenstand noch eine »Untergemeinschaft« an einem bestimmten Wohnhaus, z. B. wenn eine Mehrhausanlage vorliegt. Vereinbarungen nach § 10 Abs. 2 WEG können dem Grunde nach nur sämtliche **Wohnungseigentümer** treffen (s. Rn. 31 ff.).

a) »Untergemeinschaft« an einem sondereigentumsfähigen Gegenstand

Das Wohnungseigentumsgesetz kennt **keine Mischform** aus Bruchteils- und Eigentümergemeinschaft. Mehrere Eigentümer eines Sondereigentums – z. B. an einem Wohnungs- oder einem Teileigentum (etwa einem Doppelparker oder an Stellplätzen) – bilden daher **keine** (Unter)eigentümergemeinschaft (*Ott* Sondernutzungsrecht, S. 10). Miteigentümer eines Sondereigentums bilden vielmehr eine bloße **Bruchteilsgemeinschaft** nach §§ 741 ff., 1008 ff. BGB (*BGH* NZM 2005, 238 = NZG 2005, 131 = NJW-RR 2005, 308 = DNotZ 2005, 207 mit Anm. *Wolfsteiner*; NZM 2000, 1063, 1064 = NJW-RR 2001, 6; *OLG Frankfurt a. M.* NZM 2007, 490, 491; NZM 2001, 527; *OLG Karlsruhe* Info M 2006, 298; *KG* MietRB 2004, 235; *OLG Jena* ZWE 2000, 232 = FGPrax 2000, 7; *BayObLG* NJW-RR 1994, 1427; s. auch *Hügel* NZM 2004, 766, 767 zum Miteigentum an einer Doppelstockgarage und § 3 Rn. 72 ff.). Die Bruchteilsgemeinschaft ist **nicht Rechtsträgerin** des Sondereigentums. Das Sondereigentum gehört vielmehr den Mitgliedern der Bruchteilsgemeinschaft, den Miteigentümern. Eine gesamthänderische Bindung nach § 719 BGB gibt es nicht. Für die Bruchteilsgemeinschaft gilt im Innenverhältnis das **jeweilige Gemeinschaftsrecht** und nicht das Wohnungseigentumsgesetz (*BGH* NZM 2000, 1063, 1064 = NJW-RR 2001, 6; *OLG Frankfurt a. M.* NZM 2007, 490, 491).

Schließen die Mitberechtigten an einem Wohnungs- oder Teileigentum untereinander einen Vertrag, liegt **keine Vereinbarung** i. S. v. § 10 Abs. 2 S. 2 WEG vor. Eine Vereinbarung können grundsätzlich nur **alle Eigentümer** treffen. Eine Regelung unter den Mitberechtigten wegen des Sondereigentums (s. Rn. 14), aber auch in Bezug auf das Gemeinschaftseigentum ist keine Vereinbarung i. S. d. Wohnungseigentumsgesetzes (*KG* DNotZ 2004, 634; kritisch *Häublein* DNotZ 2004, 634,

§ 10 | Allgemeine Grundsätze

636). Weder die Wohnungseigentümer als Ganzes noch die Miteigentümergemeinschaft an einem Sondereigentum können über dieses Vereinbarungen i. S. v. §§ 10 Abs. 2, 15 Abs. 1 WEG oder entsprechend diesen Bestimmungen treffen (*LG Düsseldorf* MittRhNotK 1987, 163; *Hügel* NotBZ 2000, 349 = ZWE 2001, 42; a. A. *OLG Frankfurt a. M.* Rpfleger 2000, 212; *OLG Jena* FGPrax 2000, 7; *BayObLG* NJW-RR 1994, 1427; *OLG Hamm* DNotZ 1985, 442 = MDR 1985, 324; *von Oefele* MittBayNot 2000, 441). Für eine andere Sichtweise besteht schon **kein Bedarf**. Die Bindung eines Sondernachfolgers innerhalb der Mitberechtigten ist ohne weiteres vertraglich herstellbar. Der gleichsam dingliche Schutz des § 10 Abs. 3 WEG ist unnötig. Der Schutz nach § 1010 Abs. 2 BGB ist völlig ausreichend. Bestimmungen der Miteigentümer sind allerdings nach § 1010 BGB möglich (*OLG Karlsruhe* Info M 2006, 298 mit Anm. *Möhrle*). Für eine Miteigentümergemeinschaft gilt auch nicht § 11 WEG (*BGH* NJW-RR 2001, 6). Für Ansprüche unter den Bruchteilseigentümern ist das Prozessgericht zuständig (*OLG Karlsruhe* Info M 2006, 298 mit Anm. *Möhrle*).

b) »Untergemeinschaft« und Mehrhausanlagen
aa) Grundsatz

16 In der Praxis bestehen Wohnungseigentumsanlagen zum Teil aus mehreren Häusern (**Mehrhausanlagen**). Die jeweiligen Häuser sind dabei nicht als Untergemeinschaften i. S. d. Gesetzes zu verstehen. Die Wohnungs- und Teileigentümer sämtlicher Häuser einer Mehrhausanlage bilden vielmehr stets eine **einzige Gemeinschaft von Wohnungseigentümern**. In Mehrhausanlagen gibt es auch nur **einen Verband Wohnungseigentümergemeinschaft**. Die Gemeinschaft eines einzelnen Hauses ist keine Gemeinschaft i. S. v. § 10 Abs. 6 S. 1 WEG und ist auch **nicht rechtsfähig** (*Wenzel* NZM 2006, 321, 324; *Jennißen* NZM 2006, 203, 206; *Hügel/Elzer* § 3 Rn. 26). Die Gemeinschaft eines einzelnen Hauses einer Mehrhausanlage ist kein »selbständiger Tochterverband«, sondern unselbständiger **Teil der Gesamtgemeinschaft**. Diese Gemeinschaft hat niemals originär-eigene, sondern stets nur von der Gesamtgemeinschaft **abgeleitete Satzungs- und Organisationsbefugnisse** (*Wenzel* NZM 2006, 321, 324). Um die Angelegenheiten dieser Eigentümer zu regeln, bedarf es also grundsätzlich einer **Eigentümerversammlung sämtlicher Wohnungseigentümer**. Auch in einer Mehrhausanlage kommt eine Vereinbarung grundsätzlich nur dann zustande, wenn ihr alle Wohnungseigentümer sämtlicher Häuser zustimmen (*OLG Düsseldorf* ZMR 2003, 765; *OLG Hamm* DNotZ 1985, 442 = MDR 1985, 324; *AG Fürth* MietRB 2005, 39). Schließlich bedürfen auch Beschlüsse der Mehrheit in einer Eigentümerversammlung, zu der sämtliche Wohnungs- und Teileigentümer geladen worden sind. Ein Beschluss z. B. nur der Eigentümer eines von mehreren Mehrfamilienhäusern einer Wohnungseigentumsanlage ist nichtig (*OLG Köln* NZM 2005, 550, 551).

bb) Gewillkürte Vereinbarungs- oder Beschlussmacht

17 Die Wohnungseigentümer eines einzelnen Hauses einer größeren Anlage können Angelegenheiten mit Wirkung für alle Wohnungseigentümer vertraglich bestimmen, sofern eine Vereinbarung i. S. d. § 23 Abs. 1 WEG dieses erlaubt (Öffnungsklausel). Eine Vereinbarung kann ggf. darin gesehen werden, dass eine Bestimmung abweichend von § 16 Abs. 2 WEG eine **Kostentrennung z. B. nach Gebäuden** vorsieht (*OLG Stuttgart* FGPrax 1997, 17; WE 1980, 62; dazu mit Formulierungsvorschlag *Hügel/Elzer* § 3 Rn. 29 ff.). Aus dieser Vereinbarung kann dann im Wege der Auslegung entnommen werden, ob und inwieweit bestimmte Kosten oder Kostengruppen von den Bewohnern eines Wohngebäudes allein zu tragen sind. Daraus kann dann ferner unter Umständen auch eine Beschlusszuständigkeit (**versteckte Öffnungsklausel**) einer »Teileigentümerversammlung« für bestimmte Punkte abgeleitet werden (*OLG Düsseldorf* ZMR 2004, 451, 452; *BayObLG* ZMR 2004, 356, 357; ZMR 2001, 209, 210; *OLG Köln* ZMR 2000, 865). Eine die Verwaltungskompetenzen der anderen Wohnungseigentümer vollständig verdrängende Vereinbarung ist allerdings nur in eng umgrenzten Ausnahmefällen anzuerkennen, wenn nämlich ausgeschlossen ist, dass die übrigen Eigentümer von einer Angelegenheit betroffen werden können (*OLG Schleswig* OLGReport Schleswig 2000, 227 = WuM 2000, 370; *OLG Köln* WuM 1998, 177, 178 = WE 1998, 190; *BayObLG* BayObLGReport 1994, 34 = WuM 1994, 567). Eine Beschlussfassung nur der Wohnungseigentümer eines Hauses ist z. B. nicht möglich und nichtig über die Jahresabrechnung

einer Anlage, über Maßnahmen, die das Erscheinungsbild eines die Anlage prägenden Hauses verändern, oder über Bestellung von Verwaltung und Verwaltungsbeirat (*OLG Zweibrücken* OLGReport Zweibrücken 2004, 585, 586).

4. »Übergemeinschaften« und »Dachgemeinschaften«
Ein Vertrag, durch den die Miteigentümer **zweier selbstständiger Eigentümergemeinschaften** 18 ein gemeinsames Verwaltungs- und Wirtschaftswesen unter Verdrängung der gesetzlichen Verwaltungsbefugnisse der einzelnen Gemeinschaft vereinbaren (Übergemeinschaft, Dachgemeinschaft), ist wegen Verstoß gegen zwingende Vorschriften des Wohnungseigentumsrechts und Umgehung des **sachenrechtlichen Typenzwangs** nichtig (*OLG Hamm* NZM 2004, 787 = ZMR 2005, 721; *OLG Düsseldorf* ZMR 2003, 765, 766 = NZM 2003, 446 = FGPrax 2003, 121; *OLG Köln* ZMR 2000, 561). Eine solche Gemeinschaft ist keine Gemeinschaft von Wohnungseigentümern i. S. d. Gesetzes.

5. Wirtschaftsgemeinschaft von Wohnungseigentümern
Schließen sich mehrere Eigentümergemeinschaften zu einer **Wirtschaftsgemeinschaft** zusam- 19 men, z. B. um gemeinsam einen Ferienwohnpark zu betreiben, findet auch auf diese nicht das Recht des Wohnungseigentumsgesetzes, sondern das Recht der **Gesellschaft nach bürgerlichen Recht** Anwendung (*OLG Köln* ZMR 2000, 561; *BayObLG* ZMR 1999, 418). Streitigkeiten über Beschlüsse einer Wirtschaftsgemeinschaft sind vor den ordentlichen Gerichten und nicht in einem Verfahren nach § 43 WEG auszutragen (*BayObLG* ZMR 1995, 495 = WE 1996, 195).

6. »Ein-Mann-Gemeinschaft« (»Ein-Personen-Gemeinschaft«)
Weder die Gemeinschaft der Wohnungseigentümer noch der Verband Wohnungseigentümerge- 20 meinschaft können aus **einem einzigen Wohnungseigentümer** bestehen (a. A. mit beachtlichen Argumenten *Becker* FS Seuß [2007], S. 19 ff.; § 8 Rn. 55). Für die Gemeinschaft der Wohnungseigentümer ergibt sich dieses aus allgemeinen Überlegungen: So lange die Rechte in einer Hand liegen und vereinigt sind, gibt es keine Gemeinschaft Mehrerer, sondern nur einen Einzelnen. Bevor nicht wenigstens ein Käufer eine rechtlich geschützte Position inne hat (werdender Wohnungseigentümer, s. Rn. 21 ff.), besteht keine »Ein-Mann-Gemeinschaft«. Für den Verband folgt diese Sichtweise aus § 10 Abs. 7 S. 4 WEG. Nach dieser Bestimmung geht das Verwaltungsvermögen des Verbandes Wohnungseigentümergemeinschaft auf den Eigentümer des Grundstücks über, wenn sich sämtliche Wohnungseigentumsrechte in einer Person vereinigen (Rn. 450). Das Gesetz geht damit mittelbar davon aus, dass der Verband »untergeht«, wenn der Verband nicht mehrere Mitglieder hat (Rn. 377). Zur Problematik von »Ein-Mann-Beschlüssen« s. ausführlich § 8 Rn. 54 ff. und Rn. 30.

III. Werdender Wohnungseigentümer und werdende Gemeinschaft der Wohnungseigentümer

1. Problemstellung
Wird Wohnungseigentum gem. § 8 WEG durch Teilungserklärung begründet, können vom Zeit- 21 punkt der Beurkundung des Kaufvertrags bis zur Grundbucheintragung des vom Alleineigentümer erwerbenden Käufers als Wohnungseigentümer **Monate verstreichen**. Der Zeitraum bis zur rechtlichen Invollzugsetzung der Eigentümergemeinschaft kann sich unter Umständen sogar über viele Jahre erstrecken, wenn sich nämlich die Eigentumsumschreibung auf die einzelnen Erwerber auf Grund der mit dem Bauträger geschlossenen schuldrechtlichen Verträge wegen rechtlicher Auseinandersetzungen über Gewährleistungsansprüche hinauszögert. Wird Wohnungseigentum erworben, bevor eine Gemeinschaft der Wohnungseigentümer entsteht, besteht indes ein **unabwendbares praktisches** Bedürfnis dafür, bestimmten Erwerbern (den **Ersterwerbern**, Rn. 22) dann, wenn sie eine gesicherte Rechtsstellung erlangt haben, bis zu ihrer Eintragung im Grundbuch wenigstens »als Wohnungseigentümer« zu behandeln. Um den von dem teilenden Eigentümer kaufenden Erwerber eines Wohnungseigentumsrechtes zu schützen, bejaht die obergerichtlichen Rechtsprechung aus diesem Grunde zu Gunsten und zu Lasten des Ersterwerbers eine **antizipierte Anwendung** der Vorschriften des Wohnungseigentumsgesetzes und hat das Ge-

§ 10 | Allgemeine Grundsätze

bilde und die Rechtsfigur des »werdenden Wohnungseigentümers« geschaffen (vgl. *OLG München* ZMR 2006, 308, 309; *OLG Hamm* ZMR 2005, 219; ZMR 2003, 776, 778; *OLG Köln* ZMR 2004, 859, 860; *BayObLG* BayObLGZ 1990, 101, 105; *Heismann* ZMR 2004, 10; offen gelassen von *BGH* BGHZ 87, 138, 141 = NJW 1983, 1615 = WE 1983, 93; kritisch *OLG Saarbrücken* NZM 2002, 610, 611 = NJW-RR 2002, 1236; s. a. *BGH* ZMR 2004, 206 = NZM 2004, 103 = NJW 2004, 1798). Die **zeitliche Vorverlagerung** und die Figur des werdenden Wohnungseigentümers dienen im Kern dabei dazu, einen rechtlichen Rahmen für eine von den Wohnungseigentumserwerbern vor Eigentumsübergang praktizierte gemeinschaftliche Nutzung des Objekts zur Verfügung zu stellen, für die die schuldrechtlichen Erwerbsverträge keine geeignete Grundlage geben können.

2. Begriffe

22 Wenn der teilende Alleineigentümer vor Entstehung der Gemeinschaft eine Wohneinheit verkauft (für den Zeitpunkt danach s. Rn. 28), spricht man von einem **Ersterwerb** (*KG* ZMR 2003, 54; *OLG Saarbrücken* NZM 2002, 610 = NJW-RR 2002, 1236). Der Erwerber ist ein so genannter **Ersterwerber**. Auf den verkaufenden Alleineigentümer und diesen Ersterwerber sind unter bestimmten Voraussetzungen die Vorschriften des Wohnungseigentumsgesetzes entsprechend anwendbar (*BayObLG* ZMR 2003, 516 = ZfIR 2003, 342; *BayObLGZ* 1990, 101, 102; *KG* ZMR 2003, 53, 54 = NJW-RR 2003, 589; ZMR 1986, 295; a. A. *OLG Saarbrücken* NZM 2002, 610 = NJW-RR 2002, 1236; FGPrax 1998, 97 = NJW-RR 1998, 1094 = ZMR 1998, 595). Sind die Voraussetzungen erfüllt, sieht man den oder die Ersterwerber – obwohl sie noch nicht im Wohnungsgrundbuch eingetragen sind – als **werdende Wohnungseigentümer** an. Die werdenden Wohnungseigentümer bilden gemeinsam mit dem aufteilenden Alleineigentümer eine **werdende Gemeinschaft der Wohnungseigentümer**.

3. Voraussetzungen (Entstehung)

23 Von einem werdenden Wohnungseigentümer und einer werdenden Gemeinschaft der Wohnungseigentümer ist zu sprechen, wenn folgende Voraussetzungen vorliegen:

24
– zwischen Alleineigentümer und Erwerber muss ein **gültiger Erwerbsvertrag** vorliegen (*OLG Düsseldorf* ZMR 2006, 57, 59);
– nach dem Werk-/Kaufvertrag ist ein **Übergang** von Lasten und Nutzungen auf den Besteller/Käufer erfolgt;
– der Käufer muss die Wohnung in **Besitz** genommen haben (*OLG Düsseldorf* ZMR 2006, 57, 59; *BayObLG* ZMR 2000, 516, 517). Erst mit der tatsächlichen Nutzung der Wohnung durch den Erwerber entsteht das Bedürfnis nach Anwendung der Vorschriften des Wohnungseigentumsgesetzes. Erst ab diesem Zeitpunkt ergibt sich z. B. die Notwendigkeit, laufende Kosten des gemeinschaftlichen Eigentums, wie Heizung, Warm- und Kaltwasser, Abwasserbeseitigung und Müllabfuhr, zwischen dem bisherigen Alleineigentümer und dem Erwerber, der seine Wohnung bezogen hat, aufzuteilen (*BayObLG* ZMR 2003, 516, 517); etwas anderes gilt indes, wenn das Wohngebäude noch nicht entstanden ist;
– für den Besteller/Käufer muss eine **Auflassungsvormerkung** im Wohnungsgrundbuch eingetragen sein (*OLG München* ZMR 2006, 308, 309; *OLG Karlsruhe* ZMR 2003, 374, 375);
– die **Wohnungsgrundbücher** müssen **angelegt** sein (*OLG Hamm* ZMR 2003, 776; ZMR 2000, 128, 129; *KG* ZMR 1986, 295; *Jennißen* Verwalterabrechnung, VIII Rn. 5; str.).

4. Rechte und Pflichten

25 Die Mitglieder einer werdenden Gemeinschaft von Wohnungseigentümern – auch der noch allein **eingetragene Alleineigentümer** – haben **die gleichen Rechte und Pflichten** wie Wohnungseigentümer. Überblick:

26
– **Vereinbarungen**: Ein werdender Wohnungseigentümer kann gemeinsam mit dem ehemaligen Alleineigentümer und ggf. weiteren Wohnungseigentümern **Vereinbarungen** treffen, die unmittelbar, jedenfalls aber später als solche i. S. d. § 10 Abs. 2 S. 2 WEG anzusehen sind.
– **Gebrauchsrechte**: Einem werdenden Wohnungseigentümer stehen **sämtliche Gebrauchsrechte** i. S. v. §§ 13 und 14 WEG zu.

- **Kosten und Lasten**: Ein werdender Wohnungseigentümer ist unmittelbar, wenigstens aber in entsprechender Anwendung von § 16 WEG zur Zahlung von Wohngeldern, Sonderumlagen und Zahlungen auf eine Jahresabrechnung verpflichtet (*OLG Köln* ZMR 2006, 383; ZMR 2004, 859, 860; *OLG Karlsruhe* OLGReport Karlsruhe 2004, 263; § 16 Rn. 199).
- **Beseitigungs-** bzw. **Unterlassungsansprüche**: Der werdende Wohnungseigentümer besitzt Beseitigungs- und Unterlassungsansprüche aus § 1004 BGB i. V. m. § 15 Abs. 3 WEG (*OLG Hamm* ZMR 2005, 219).
- **Eigentümerversammlung**: Der werdende Wohnungseigentümer ist zu einer **Eigentümerversammlung zu laden** und besitzt dort sämtliche Teilnahme- und Stimmrechte (*KG* KGReport 2004, 282, 283 = ZMR 2004, 460 = ZWE 2005, 107; *OLG Hamm* WuM 2000, 319; *BayObLG* FGPrax 1998, 17) für sämtliche vorstellbaren Beschlussgegenstände.
- **WEG-Verfahren**: Ein werdender Wohnungseigentümer kann seine Rechte in einem **WEG-Verfahren nach § 43 WEG** wahrnehmen (*OLG Hamm* ZMR 2005, 219; *OLG Karlsruhe* ZMR 2003, 374, 375), ist Beklagter einer Anfechtungsklage nach § 46 Abs. 1 S. 1 WEG (*Hügel/Elzer* § 13 Rn. 125) und in anderen Verfahren ggf. gem. § 48 Abs. 1 S. 1 WEG **beizuladen**.

5. Ende der Rechtsstellung

Wenn eine Gemeinschaft der Wohnungseigentümer mit der Eintragung eines weiteren Beteiligten im Grundbuch als zweiter Wohnungseigentümer neben dem Alleineigentümer **rechtlich in Vollzug** gesetzt und als **Gemeinschaft der Wohnungseigentümer** entsteht (dazu Rn. 12), verliert ein Erstwerber **nicht seinen Status** als »werdender Wohnungseigentümer« (*OLG Köln* ZMR 2006, 383; *OLG Karlsruhe* OLGReport Karlsruhe 2004, 263). Vor allem das Erfordernis einer ordnungsmäßigen Verwaltung der Gemeinschaft der Wohnungseigentümer steht **der Annahme entgegen**, dass der entsprechende Eigentümer die Rechtsstellung als werdender Wohnungseigentümer wieder verliert (*BayObLG* ZMR 1998, 101 = WuM 1998, 178, 179; NJW-RR 1997, 1443, 1444; grundlegend BayObLGZ 1990, 101, 105 = NJW 1990, 3216). Mit der Entstehung einer Gemeinschaft von Wohnungseigentümern sind auf die bisherigen Mitglieder der werdenden Wohnungseigentümergemeinschaft, soweit sie nicht durch Eintragung im Grundbuch zu Volleigentümern geworden sind, vielmehr die Vorschriften des Wohnungseigentumsgesetzes direkt, wenigstens aber weiterhin **entsprechend** anzuwenden (*OLG Köln* ZMR 2006, 383). 27

Mit Invollzugsetzung der Gemeinschaft der Wohnungseigentümer **endet** zwar die bis dahin bestehende faktische Wohnungseigentümergemeinschaft (Rn. 12). Der »Untergang« der werdenden Wohnungseigentümergemeinschaft hat aber nicht zwingend zur Folge, dass ihre bisherigen Mitglieder die ihnen eingeräumten Rechte und Pflichten als Wohnungseigentümer verlieren und erst wieder mit ihrer Eintragung im Grundbuch erlangen. Ein Wechsel der rechtlichen Befugnisse und damit in der Person der für die Gemeinschaft maßgebenden Mitglieder dient **nicht der Kontinuität** und einer ordnungsgemäßen Verwaltung (*OLG Köln* ZMR 2006, 383; *OLG Karlsruhe* OLGReport Karlsruhe 2004, 263; *BayObLG* NJW-RR 1997, 1443, 1444; BayObLGZ 1990, 101, 105 = NJW 1990, 3216). Der werdende Wohnungseigentümer ist mithin ungeachtet der Entstehung einer Gemeinschaft von Wohnungseigentümern z. B. berechtigt, ein Stimmrecht wahrzunehmen und verpflichtet, das **beschlossene Wohngeld** zu zahlen (*Deckert* ZMR 2005, 335 ff.; *ders.* WE 2002, 4). 28

IV. Zweiterwerber

1. Grundsatz

Verkauft ein Wohnungseigentümer – auch der ehemalige Alleineigentümer – einer bereits vollständig und rechtlich in Vollzug gesetzten Gemeinschaft der Wohnungseigentümer sein Wohnungseigentum, spricht man i. S. d. Wohnungseigentumsgesetzes von einem **Zweiterwerb** (*OLG Saarbrücken* NZM 2002, 610 = NJW-RR 2002, 1236). Im Bauträgerrecht (vgl. dazu Anhang § 8) wird auch dieser Erwerber allerdings als ein Ersterwerber verstanden. Auf den Zweiterwerber i. S. d. Wohnungseigentumsgesetzes sind die Vorschriften des 2. und 3. Abschnitts des WEG nicht anwendbar (*BGH* BGHZ 106, 113, 118 = NJW 1989, 1087 = MDR 1989, 435; BGHZ 107, 285, 287 = ZMR 1989, 434 = NJW 1989, 2697; *BayObLG* ZMR 2004, 767, 768; ZMR 2003, 516, 517; *KG* 29

ZMR 2004, 460 = NJW-RR 2004, 878 = FGPrax 2004, 112 = MietRB 2005, 10 mit Anm. *Hogenschurz* = ZWE 2005, 110 mit Anm. *Kümmel*; *Heismann* ZMR 2004, 10, 12). Zweiterwerber bilden mit den bereits eingetragenen Wohnungseigentümern vor ihrer Eintragung **keine Gemeinschaft** (*Gottschalg* NZM 2005, 88, 90).

30 Vor seiner Eintragung im Grundbuch hat der Zweiterwerber weder ein eigenes Stimmrecht noch ein Klagerecht (*BGH* BGHZ 106, 113, 118 = NJW 1989, 1087 = MDR 1989, 435). Er schuldet auch kein Wohngeld (*BGH* BGHZ 106, 113, 119 = NJW 1989, 1087 = MDR 1989, 435). Eine Haftung des Zweiterwerbers kann sich nur aus seinem Erwerbsvertrag ergeben.

2. Ermächtigung

31 Der Zweiterwerber kann allerdings **originäre Eigentümerbefugnisse** ausüben, wenn er hierzu vom Veräußerer **ermächtigt** wird (*KG* ZMR 2004, 460 = NJW-RR 2004, 878 = FGPrax 2004, 112 = MietRB 2005, 10 mit Anm. *Hogenschurz* = ZWE 2005, 110 mit Anm. *Kümmel*). Der Zweiterwerber kann etwa in Prozessstandschaft für den verkaufenden Wohnungseigentümer (Verkäufer) zur Geltendmachung von dessen Rechten, z. B. Beseitigungs- und Unterlassungsansprüchen, berechtigt sein (*BayObLG* WE 1998, 149). Die Beschlussanfechtungsfrist des § 46 Abs. 1 S. 2 WEG wird aber nur gewahrt, wenn der Prozessstandschafter innerhalb der Frist hinreichend deutlich macht, dass er nicht aus eigenem Recht, sondern für den Veräußerer das gerichtliche Verfahren durchführt (*KG* ZMR 2004, 460 = NJW-RR 2004, 878 = FGPrax 2004, 112 = MietRB 2005, 10 mit Anm. *Hogenschurz* = ZWE 2005, 110 mit Anm. *Kümmel*; NJW-RR 1995, 147 = ZMR 1994, 524; *OLG Celle* ZWE 2001, 34).

V. Miteigentümer eines isolierten Miteigentumsanteils

32 Ist vorübergehend oder dauerhaft kein Sondereigentum entstanden (s. dazu § 3 Rn. 97 ff.) und hat also ein Käufer nur isolierte, nicht mit Sondereigentum verbundene Miteigentumsanteile erworben (**isoliertes Miteigentum**), finden für seine Rechte und Pflichten – wie bei einer werdenden Gemeinschaft der Wohnungseigentümer – die Bestimmungen des WEG direkt und unmittelbar – und nicht entsprechend – Anwendung (*Hügel* ZMR 2004, 549, 553; *Weitnauer* WE 1991, 123; *Hauger* DNotZ 1992, 502; a. A. *BGH* ZfIR 2004, 1006, 1007 = ZMR 2005, 59 = NJW 2005, 10; *OLG Köln* ZMR 2004, 623, 624; s. auch *OLG Hamm* OLGZ 1991, 27, 31 = NJW-RR 1991, 335 und ausführlich § 3 Rn. 97 ff.).

VI. Anwendung des Wohnungseigentumsgesetzes vor Anlegung der Wohnungsgrundbücher

33 Vor Anlegung der Wohnungsgrundbücher besteht zwischen den Miteigentümern oder dem Alleineigentümer und etwaigen Erwerbern eine bloße Gemeinschaft oder Gesellschaft bürgerlichen Rechts, auf die die Bestimmungen des Wohnungseigentumsgesetzes grundsätzlich nicht – auch nicht entsprechend – angewendet werden können (*KG* ZMR 1986, 295; *BayObLG* NJW 1974, 2134, 2136; *OLG Hamm* MDR 1968, 413). S. dazu auch § 3 Rn. 128 ff.

34–39 unbesetzt

VII. Das Gemeinschaftsverhältnis der Wohnungseigentümer

1. Allgemeines

40 Sämtliche Wohnungseigentümer sind Miteigentümer des gemeinschaftlichen Eigentums und grundsätzlich Alleineigentümer des Sondereigentums. Das Wohnungseigentumsgesetz lässt es aber nicht zu, diese beiden Eigentumssphären voneinander zu trennen. Nach § 6 WEG ist das Sondereigentum vielmehr unselbstständig und kann ohne den Miteigentumsanteil, zu dem es »gehört«, nicht veräußert oder belastet werden. Aus dieser notwendigen Verbindung folgt, dass die Wohnungseigentümer in ihrer **doppelten Rechte- und Pflichtenstellung** zueinander als Eigentümer in einer **besonderen schuldrechtlichen Sonderbeziehung** stehen, dem auf einem gesetzlichen Schuldverhältnis beruhenden **Gemeinschaftsverhältnis** (*BGH* NJW 2007, 432, 433 = ZMR 2007, 464; WuM 2007, 33; NZM 2002, 663, 664; MDR 1999, 924; ZMR 1991, 398 = MDR 1991,

864; *OLG Stuttgart* NZM 2006, 141; *OLG Hamm* ZMR 2005, 808; *OLG Hamburg* ZMR 2005, 392, 393; *Armbrüster* FS Wenzel, S. 85, 91). Das die Wohnungseigentümer verbindende Gemeinschaftsverhältnis beginnt mit Entstehung der Wohnungseigentümergemeinschaft (s. § 3 Rn. 127 und § 8 Rn. 97). In dem Gemeinschaftsverhältnis »wurzeln« für die Wohnungseigentümer wie zwischen den Gesellschaftern einer Personengesellschaft (vgl. *BGH* NJW-RR 2007, 832 = ZIP 2007, 812; WM 2007, 1333 = ZIP 2007, 1368; NJW-RR 2005, 263, 264 = NZG 2005, 129 = MDR 2005, 282) umfassende **Treue- und Rücksichtnahmepflichten** i. S. v. § 241 Abs. 2 BGB, die den Wohnungseigentümern ein Mindestmaß an Loyalität **untereinander** abverlangen (*BGH* BGHZ 163, 154, 175 [Teilrechtsfähigkeit] = ZMR 2005, 547). Die auf dem Gemeinschaftsverhältnis ruhenden Treue- und Rücksichtnahmepflichten folgen wie dieses selbst den Regelungen des Wohnungseigentumsgesetzes und den gem. § 10 Abs. 2 S. 1 WEG ergänzend anwendbaren Bestimmungen des Bürgerlichen Gesetzbuches über die Bruchteilsgemeinschaft (*BGH* BGHZ 160, 354, 358 [Kostenverteilungsschlüssel] = ZMR 2004, 834 = NJW 2004, 3413 = NZM 2004, 870 = MDR 2004, 1403 mit Anm. *Riecke/Schmidt*; ZMR 2002, 762, 763 = NJW 2002, 2712; BGHZ 141, 224, 228 = ZMR 1999, 647; BGHZ 115, 151, 155 [Zinsen] = ZMR 1991, 398; BGHZ 109, 179 = NJW 1990, 447 = ZMR 1990, 112; *BayObLG* NZM 2004, 713; ZMR 1999, 52; NJW 1986, 3145; *OLG Hamburg* ZMR 2004, 933, 934; *OLG Düsseldorf* NJW-RR 1995, 1165; *Armbrüster* ZWE 2001, 333 ff.; *Kümmel* Bindung, S. 3). Das Gemeinschaftsverhältnis und die aus ihm folgende Sonderrechtsbeziehung sind als **subsidiäres** ungeschriebenes **Recht** anzuwenden, wenn die Eigentümer keine abweichenden Vereinbarungen getroffen haben. Der **Schwerpunkt** dieses aushilfsmäßigen Rechtskreises ist darin zu sehen, das Gemeinschaftsrecht und die Gesetzesbestimmungen auszugestalten und gemeinschaftsrechtlich auszuformen.

2. Einzelheiten

Aus dem Gemeinschaftsverhältnis können den Wohnungseigentümern im Rahmen ihrer Vereinbarungen und Beschlüsse sowie des Gesetzes **vielfältige unbenannte Rechte und Pflichten** erwachsen (*BayObLG* ZMR 1995, 495, 497; s. dazu vor allem *Armbrüster* ZWE 2002, 333, 338). Diese Pflichten korrespondieren jeweils mit dem Anspruch der anderen Wohnungseigentümer auf eine ordnungsmäßige Verwaltung aus § 21 Abs. 4 WEG und auf einen ordnungsmäßigen Gebrauch nach § 15 Abs. 3 WEG. Sie sind vor Gericht einklagbar. 41

unbesetzt 42

a) Änderungen des Teilungsvertrages/der Teilungserklärung und von Vereinbarungen und Bestimmungen

Das Gemeinschaftsverhältnis kann den Anspruch eines Wohnungseigentumers begründen, dass eine bestehende Regelung oder ein bestehender Zustand **abgeändert** wird, wenn außergewöhnliche Umstände ein Festhalten an der getroffenen Regelung oder an dem bestehenden (rechtmäßigen) Zustand als grob unbillig und damit als gegen Treu und Glauben verstoßend erscheinen lassen (*BGH* BGHZ 95, 137, 143 = ZMR 1986, 19 = MDR 1986, 138 = NJW 1985, 2832; *BayObLG* WuM 1994, 637; *KG* WuM 1991, 366; *OLG Karlsruhe* OLGZ 1985, 133, 137). Aus dem Gemeinschaftsverhältnis kann vor allem eine Pflicht erwachsen, der **Änderung der sachenrechtlichen Grundlagen**, etwa einer Änderung der Miteigentumsanteile (*BayObLG* ZMR 1999, 52, s. § 8 Rn. 11), oder eine Abweichung vom dispositiven Gesetz, etwa der Berechnung des Stimmrechts (*BGH* BGHZ 160, 354 [Kostenverteilungsschlüssel] = ZMR 2004, 834 = NJW 2004, 3413 = NZM 2004, 870 = MDR 2004, 1403 mit Anm. *Riecke/Schmidt*) zuzustimmen. Ferner kann die Verpflichtung erwachsen, Gemeinschafts- in Sondereigentum **umzuwidmen** (*OLG Saarbrücken* OLGReport Saarbrücken 2005, 282, 284; *OLG Hamm* NZM 2000, 659; MittRhNotK 1999, 344; *Armbrüster* ZMR 2005, 244, 48). Für einen Umwidmungsanspruch ist das Gericht nach § 43 WEG zuständig (a. A. *Drabek* ZWE 2006, 40). Soweit früher die **Änderung einer Vereinbarung** auf das Gemeinschaftsverhältnis gestützt wurde (vgl. *BGH* BGHZ 109, 179 = NJW 1990, 447 = ZMR 1990, 112; NJW 1985, 2832; *BayObLG* ZMR 2004, 685, 686; *BayObLG* BayObLGReport 2003, 355; ZMR 2001, 997; *Kreuzer* PiG 63, 249, 255) ist jetzt § 10 Abs. 2 S. 3 WEG als **Spezialnorm anzuwenden** (s. ausführlich Rn. 183 ff.). 43

b) Gebot der gegenseitigen Rücksichtnahme

44 Aus dem Gemeinschaftsverhältnis erwächst den Wohnungseigentümer die Pflicht, aufeinander **Rücksicht zu nehmen** (*BGH* NJW 2007, 432, 433 = ZMR 2007, 188 = MDR 2007, 578; WuM 2007, 33, 34 = NJW 2007, 292 = NZM 2007, 88 = ZMR 2007, 464; *OLG Frankfurt a. M.* IBR 2006, 1174 mit Anm. *Elzer* = ZWE 2006, 105 = OLGReport Frankfurt 2006, 524; *BayObLG* NJW 2002, 71, 72; DWE 1995, 28 = WE 1995, 345; BayObLGZ 82, 90, 95; ZMR 1972, 227; *KG* ZMR 1990, 151; ZMR 1985, 345). Ansatzweise hat die Beschränkung, aufeinander Rücksicht zu nehmen, in §§ 13 und 14 WEG ihren Ausdruck gefunden. Die aus dem Gemeinschaftsverhältnis erwachsenden immanenten Schranken des Eigentums, die letztlich auf der Sozialbindung jeglichen Eigentums (Art. 14 Abs. 2 GG) beruhen und die im allgemeinen Grundstücksrecht **vielfältigen Niederschlag** gefunden haben (vgl. §§ 905 ff. BGB, insbesondere § 917 BGB sowie die landesrechtlichen Nachbarschaftsgesetze), sind in einer Wohnungseigentümergemeinschaft auf Grund der Kombination von Sondereigentum und Gemeinschaftseigentum zwangsläufig von einem **großen Gewicht** und bedeutender als unter benachbarten Volleigentümern (*OLG Saarbrücken* OLGReport Saarbrücken 2004, 526, 527; *OLG Stuttgart* ZMR 2001, 730/731). Aus dem Gemeinschaftsverhältnis kann deshalb auch die Pflicht erwachsen, auf die anderen Eigentümer **Rücksicht** zunehmen. Ob und inwieweit Pflichten zur gegenseitigen Rücksichtnahme bestehen, ist unter Berücksichtigung der Umstände des Einzelfalls und der Interessenlage der Wohnungseigentümer zu bestimmen (*BGH* NJW 2007, 432, 433 = ZMR 2007, 188 = MDR 2007, 578). Teil des Gebots der Rücksichtnahme ist z. B.:

45
- das Verbot, sein Eigentum **nicht aufzugeben** (s. § 11 Rn. 20);
- die Verpflichtung der Wohnungseigentümer, die tatsächliche **Bauausführung** an die Rechtslage oder die Rechtslage an die tatsächliche Bauausführung **anzupassen** (*KG* ZMR 2001, 849, s. § 3 Rn. 102);
- die Pflicht, in bestimmten Fällen **Rechte nicht auszuüben**, z. B. sich einer Vereinbarung jenseits von § 10 Abs. 3 WEG zu unterwerfen (*OLG Düsseldorf* WE 1997, 191, 192; Weitnauer/*Lüke* Rn. 31; s. Rn. 349 ff.);
- die Verpflichtung, nicht den schädigenden Wohnungseigentümer auf Schadensausgleich in Anspruch zu nehmen, wenn der geltend gemachte Schaden Bestandteil des versicherten Interesses ist, der Gebäudeversicherer nicht Regress nehmen könnte und nicht besondere Umstände vorliegen, die ausnahmsweise eine Inanspruchnahme des Schädigers durch den Geschädigten rechtfertigen (*BGH* WuM 2007, 33, 34 = NJW 2007, 292 = NZM 2007, 88 = ZMR 2007, 464);
- die Verpflichtung, bestimmte **Nutzungen** zu **dulden** (*OLG Hamburg* ZMR 2004, 933, 934);
- die Pflicht, Rechte so auszuüben, dass »streitfördernde Begegnungen« (*BayObLG* ZMR 2005, 213, 214) vermieden werden;
- die Pflicht, eine faire und angemessene **Hausordnung aufzustellen** (*Elzer* ZMR 2006, 1174);
- die **Verpflichtung** eines Wohnungseigentümers, der an einer Gartenfläche einem Sondernutzungsrecht hat, dem benachbarten Miteigentümer, der keinen äußeren Zugang zu seiner ebenfalls im Sondernutzungsrecht stehenden Gartenfläche hat, zu deren ordnungsgemäßer Bewirtschaftung zu bestimmten Zeiten **Durchgang zu gewähren** (*OLG Frankfurt a. M.* IBR 2006, 1174 mit Anm. *Elzer* = ZWE 2006, 105 = OLGReport Frankfurt 2006, 524; *OLG Saarbrücken* OLGReport Saarbrücken 2004, 526, 527; *OLG Stuttgart* ZMR 2001, 730, 731);
- die Verpflichtung, eine **Sondernutzungsfläche** gegen Zahlung eines Ausgleichs den Wohnungseigentümern zur Bereitstellung von Besucherparkplätzen oder einem Kinderspielplatz zu **überlassen** (*BayObLG* ZMR 2002, 368; *KG* ZMR 1999, 356, 357);
- die Verpflichtung, einen auf Wartung/Kontrolle oder Notfälle beschränkten **Zugang** zu einem im Sondereigentum eines anderen Wohnungseigentümers stehenden Tankraum durch sein Sondereigentum zu dulden (*OLG Frankfurt a. M.* OLGReport Frankfurt 2005, 199, 201);
- das Rücksichtnahmegebot ist ferner rechtlicher Anknüpfungspunkt für die Interessenabwägung, welche Abstände Anpflanzungen zur Grenze einer Sondernutzungsfläche einzuhalten haben (*OLG Hamm* OLGReport Hamm 2003, 61, 62) und für das Teilnahmerecht Dritter (Begleiter) an einer Eigentümerversammlung (dazu *Elzer* in Jenißen § 24 Rn. 64 m. w. N.).

3. Sonstiges

Aus dem Gemeinschaftsverhältnis kann den Wohnungseigentümer ferner die Pflicht erwachsen, 46
- Gründungsmängel zu beheben (s. § 3 Rn. 32 ff.) oder die Gemeinschaft der Wohnungseigentü- 47
mer (ggf. teilweise) bei Unterbleiben des Wiederaufbaus, bei isolierten Miteigentumsanteilen oder bei unveräußerbarem und unnutzbarem Wohnungseigentum aufzuheben (s. dazu jeweils § 11 Rn. 14 ff.);
- den Verband Wohnungseigentümergemeinschaft die finanzielle Grundlage zur Begleichung der laufenden Verpflichtungen durch Beschlussfassung über einen entsprechenden Wirtschaftsplan, seine Ergänzung (Deckungsumlage) oder die Jahresabrechnung zu verschaffen (*BGH* BGHZ 163, 154, 175 [Teilrechtsfähigkeit] = ZMR 2005, 547; Rn. 510 ff.);
- das Gemeinschaftseigentum instand zu setzen (*OLG Hamm* ZMR 2005, 808 m. w. N.) und geeignete Maßnahmen nicht zu verzögern (s. auch § 20 Rn. 99).
- an einer ordnungsmäßigen Verwaltung des gemeinschaftlichen Eigentums mitzuwirken (*BGH* NJW 1999, 2108, 2109 = ZMR 1999, 647). Diese Pflicht korrespondiert mit dem Anspruch der anderen Wohnungseigentümer aus § 21 Abs. 4 WEG auf eine ordnungsmäßige Verwaltung. Ein Eigentümer kann z. B. gerichtlich gegen seinen Willen gezwungen werden, einen bestimmten Beschluss mitzufällen oder einer Vereinbarung zuzustimmen. Die Teilnahme an der Eigentümerversammlung ist aber z. B. freiwillig und nicht erzwingbar (*Elzer* in Jennißen § 24 Rn. 64 m. w. N.);
- das Stimmrecht nicht auszuüben.

VIII. Verhältnis des Wohnungseigentumsgesetzes zu den Regelungen der §§ 741 ff., 1008 ff. BGB

Soweit das Wohnungseigentumsgesetz keine besonderen Bestimmungen enthält und die Wohnungseigentümer keine gewillkürten Reglungen getroffen haben, bestimmt sich das Verhältnis der Wohnungseigentümer **subsidiär** gem. § 10 Abs. 2 S. 1 WEG nach den Vorschriften des Bürgerlichen Gesetzbuches über die Gemeinschaft. 48

1. §§ 741 ff. BGB

Das Wohnungseigentumsgesetz lehnt sich an das Recht der Gemeinschaft i. S. d. Bürgerlichen Gesetzbuches an, weicht im Ergebnis aber **ganz erheblich** von den Vorschriften der §§ 741 ff. BGB ab. Das Wohnungseigentumsgesetz beschreibt tatsächlich eine sehr eigenständige, eigenwillige und letztlich vorbildlose Form einer Gemeinschaft an einem Miteigentum. Bereits § 742 BGB, der die Zweifelsregelung aufstellt, dass den Teilhabern **gleiche Anteile** zustehen, ist deshalb nicht anwendbar. § 16 Abs. 1 S. 2 WEG bestimmt, dass sich der Anteil nach dem gem. § 47 GBO im Grundbuch eingetragenen Verhältnis der Miteigentumsanteile bestimmt. Auch für § 742 BGB ist mit Blick auf § 16 Abs. 1 und Abs. 2 WEG offensichtlich kein Platz (a. A. Weitnauer/*Lüke* Rn. 3). § 743 Abs. 1 BGB wird durch die sachlich allerdings weitgehend übereinstimmende Regelung des § 16 Abs. 1 S. 2 WEG verdrängt. Anstelle von § 743 Abs. 2 BGB hat das Wohnungseigentumsgesetz für den Gebrauch in §§ 13 Abs. 2, 14 und 15 WEG **eigenständige Regelungen** gefunden. Die **Vorschriften über die Verwaltung** in §§ 744–746 BGB und den Gebrauch werden durch §§ 20–29 WEG ersetzt, insbesondere werden §§ 745 und 746 BGB durch die Vorschriften der §§ 15 Abs. 2, Abs. 3, 20 ff. WEG verdrängt. Vor allem § 23 WEG trifft Sonderbestimmungen für den Beschluss. Im Gegensatz zu § 746 BGB trifft das Wohnungseigentumsgesetz für Vereinbarungen und Beschlüsse in § 10 Abs. 3 und Abs. 4 WEG eine differenzierende Regelung (verkannt von *LG Koblenz* ZMR 2001, 228). § 746 BGB ist richtiger Ansicht nach nicht einmal zu Gunsten eines Sondernachfolgers anwendbar, auch dann nicht, wenn eine Vereinbarung **nicht** verdinglicht ist (s. zu diesem Themenkreis Rn. 148 ff. sowie *Ott* Sondernutzungsrecht, S. 47 ff.). Die Vorschrift des § 747 BGB ist anwendbar (Weitnauer/*Lüke* Rn. 6); §§ 749–751 BGB werden hingegen durch § 11 WEG ersetzt. §§ 752–758 BGB sind wieder anwendbar, nämlich dann, wenn ausnahmsweise eine Aufhebung der Gemeinschaft möglich ist (s. dazu § 11 Rn. 3 ff.). **Überblick:** 49
- § 10 Abs. 3, Abs. 4 WEG entspricht §§ 746, 1010 BGB; 50
- § 13 Abs. 2 S. 1 WEG entspricht § 743 Abs. 2 BGB;

§ 10 | Allgemeine Grundsätze

- §§ 15 Abs. 2, 21 Abs. 3 WEG entsprechen § 745 Abs. 1 BGB;
- §§ 15 Abs. 3, 21 Abs. 4 WEG entsprechen § 745 Abs. 2 BGB;
- § 16 Abs. 1 WEG entspricht § 743 Abs. 1 BGB;
- § 16 Abs. 2 WEG entspricht § 748 BGB;
- § 21 Abs. 1 WEG entspricht § 744 Abs. 1 BGB;
- § 21 Abs. 2 WEG entspricht § 744 Abs. 2 BGB;
- § 22 Abs. 1 WEG entspricht § 745 Abs. 3 BGB.

2. §§ 1008–1011 BGB

a) Grundsatz

51 Das Gemeinschaftseigentum, im Wesentlichen das Grundstück, steht den Wohnungs- und Teileigentümern nach Bruchteilen zu (Rn. 3 ff.). Aus diesem Grunde gelten nach § 10 Abs. 2 S. 1 WEG i. V. m. § 1008 BGB die Vorschriften der §§ 1009–1011 BGB, soweit das Wohnungseigentumsgesetz von diesen nicht abweicht. Da das Wohnungseigentumsgesetz fast an allen Stellen von §§ 1009–1011 BGB abweicht, kommt diesem in Bezug auf Wohnungseigentum indes kaum eine Bedeutung zu.

b) § 1009 BGB

52 § 1009 BGB stellt für das von den Wohnungseigentümern als Miteigentümern gehaltene Grundstück klar, dass nicht nur das Sondereigentum, sondern auch das Grundstück als Gemeinschaftseigentum zu Gunsten eines einzelnen oder mehrere Wohnungseigentümer belastet werden kann. Außerdem ist nach § 1009 BGB die Belastung des Gemeinschaftseigentums zu Gunsten des jeweiligen Eigentümers eines **anderen Grundstücks** sowie die Belastung eines anderen Grundstücks zu Gunsten der jeweiligen Wohnungseigentümer nicht dadurch ausgeschlossen, dass das andere Grundstück einem Wohnungseigentümer gehört.

c) § 1010 BGB

53 Die Bestimmung des § 1010 Abs. 1 BGB, wonach die Miteigentümer ihre schuldrechtlichen Bestimmungen als Belastung des Anteils im Grundbuch eintragen lassen können, wird durch §§ 10 Abs. 3, 5 Abs. 4 S. 1 WEG sowie durch § 10 Abs. 4 WEG verdrängt. § 1010 Abs. 2 BGB, der Besonderheiten bei der Aufhebung der Gemeinschaft regelt und bestimmt, nämlich dass §§ 755 und 756 BGB nur anwendbar sind, wenn sie eingetragen sind, ist wegen § 11 WEG und der dort angeordneten Unauflöslichkeit (§ 11 Rn. 1) in der Regel bedeutungslos. Im Übrigen ist eine Anwendbarkeit vorstellbar, aber jedenfalls nicht praxisnah.

d) § 1011 BGB

aa) Grundsatz

54 Dem Wohnungseigentumsgesetz liegt als Rechtsidee zu Grunde, dass die Rechte und Pflichten der Wohnungseigentümer in Bezug auf das Gemeinschaftseigentum ein gemeinsames Vorgehen erfordert. Die Rechte und Pflichten der Wohnungseigentümer als Miteigentümer des Gemeinschaftseigentums haben daher im Vergleich zu den Vorschriften des BGB über die Gemeinschaft eine viel **stärker detaillierte Regelung** erfahren (*BGH* BGHZ 150, 109, 115 [Nießbraucher] = ZMR 2002, 440 = MDR 2002, 1003 = BGHReport 2002, 446 = NJW 2002, 1647). Im Wohnungseigentumsgesetz wird außerdem gegenüber der Bruchteilsgemeinschaft eine **Gemeinschaftsbezogenheit** stark betont. Während z. B. bei »normalen« Bruchteilsgemeinschaften jeder Miteigentümer wegen gemeinschaftlichen (auf Geld gerichteten) Ansprüchen individuell vorgehen kann (*BGH* NJW 1983, 2020), muss ein solches Vorgehen in Bezug auf Ansprüche wegen des Gemeinschaftseigentums i. S. d. Wohnungseigentumsgesetzes ausgeschlossen sein. Im Wohnungseigentumsgesetz muss es grundsätzlich Sache der Gemeinschaft der Wohnungseigentümer bleiben, darüber zu beschließen, ob sie einen Anspruch für gegeben hält und ob dieser Anspruch gerichtlich durchgesetzt werden soll (vgl. *BGH* NJW 1993, 727 = ZMR 1993, 173 = MDR 1993, 445; BGHZ 116, 392, 395 = ZMR 1992, 167 = MDR 1992, 484 = NJW 1992, 978; *BayObLG* ZMR 2005, 303; ZMR 2003, 692). § 10 Abs. 6 S. 3 WEG weist u. a. aus diesem Grunde dem Verband Wohnungseigentümergemeinschaft die Aufgabe zu, anstelle der Rechtsinhaber deren gemeinschaftsbezogene (zum Begriff

s. Rn. 416) Rechte und Pflichten nach außen geltend zu machen und durchzusetzen. § 1011 BGB, nach dem jeder Miteigentümer die Ansprüche aus dem Gemeinschaftseigentum **Dritten gegenüber** in Ansehung der ganzen Sache selbstständig und unter Beachtung des § 432 BGB geltend machen kann, wird dadurch **fast vollständig verdrängt**. Anders lautende Rechtsprechung (vgl. *BGH* BGHZ 116, 392, 394 = ZMR 1992, 167; *OLG Schleswig* NZM 2001, 1035; *OLG Zweibrücken* ZMR 2001, 734) ist im Wesentlichen durch das Gesetz zur Änderung des Wohnungseigentumsgesetzes und anderer Gesetze vom 26.3.2007 (BGBl. S. 370) überholt.

bb) Ausnahmen

Auch im »reformierten« Recht kann ein Wohnungseigentümer allerdings **ausnahmsweise** auch allen Miteigentümern gemeinsam zustehende Rechte **allein durchsetzen**. Dies betrifft zum einen **Mängelrechte** gegenüber Dritten – vor allem gegenüber dem das Gemeinschaftseigentum herstellenden oder verändernden Bauträger (s. dazu Anhang § 8) – soweit die Wohnungseigentümer die Geltendmachung nicht im Wege des Beschlusses »vergemeinschaftet« haben (Rn. 425 ff.). Zum anderen ist eine auf gemeinsame Rechte gestützte individuelle Rechtsverfolgung für **Beseitigungs- und Unterlassungsansprüche** vorstellbar. Zwar können auch diese vergemeinschaftet werden (Rn. 426). Die Vergemeinschaftung steht einer bereits erfolgten oder später geplanten Rechtsverfolgung nach der freilich inkonsequenten Rechtsprechung aber nicht entgegen (Rn. 430). Fraglich ist, ob die Wohnungseigentümer die »Gemeinschaftsbezogenheit« eines Rechtes aufheben können und also abweichend von dem durch § 10 Abs. 6 S. 3 WEG ausgedrückten Grundsatz bestimmen können, dass nicht der Verband Wohnungseigentümergemeinschaft, sondern ein Einzelner von ihnen gemeinschaftsbezogene Rechte geltend machen und durchsetzen kann.

3. Mehrere Eigentümer eines Wohnungs- oder Teileigentums

Mehrere Eigentümer eines Wohnungs- oder Teileigentums bilden eine Miteigentümergemeinschaft i. S. v. §§ 741 ff., 1008 BGB, keine Wohnungseigentümergemeinschaft oder Untergemeinschaft (Rn. 14).

4. Gegenstände des Verwaltungsvermögens

Die Vorschriften der §§ 741 ff., 1008 ff. BGB sind nicht auf die Gegenstände des Verwaltungsvermögens anwendbar. Das Verwaltungsvermögen ist nach § 10 Abs. 7 S. 1 WEG dem von den Wohnungseigentümern zu unterscheidenden rechtsfähigen Verband Wohnungseigentümergemeinschaft zugewiesen.

5. Weitere Vorschriften

Die Vorschriften des Bürgerlichen Gesetzbuchs über den Verein oder die Gesellschaft bürgerlichen Rechts (GbR) nach §§ 705 ff. BGB sind ebenso wie das übrige Verbandsrecht auf die entstandene Wohnungseigentümergemeinschaft **nicht anwendbar**. Eine Anwendung ist indes auf eine Gemeinschaft »künftiger« Eigentümer nach § 3 WEG (s. § 3 Rn. 129 f.) sowie auf Wirtschaftsgemeinschaften (s. Rn. 19) geboten. Soweit die Wohnungseigentümer gegenüber Dritten – z. B. wenn sie gemeinsam ein marodes Wohnungseigentum erworben haben – als Gesellschaft bürgerlichen Rechts auftreten oder einen Verband gründen – etwa eine Verwaltungsgesellschaft (dazu *Elzer* ZMR 2004, 873, 880/881), findet das Wohnungseigentumsgesetz keine Anwendung.

IX. Verhältnis der Bestimmungen der Wohnungseigentümer zu Dritten

1. Grundsatz

a) Vereinbarungen der Wohnungseigentümer untereinander

Die Vereinbarungen der Wohnungseigentümer berechtigen und verpflichten grundsätzlich nur Wohnungseigentümer (*BayObLG* ZMR 2005, 300, 301). Vereinbarungen i. S. v. § 10 Abs. 2 WEG bestimmen das Verhältnis der Wohnungseigentümer untereinander (*KG* KGReport 2004, 316) und entfalten nur in diesem »Binnenbereich« eine Wirkung (*Hügel* NZM 2004, 766, 767). Vereinbarungen der Wohnungseigentümer richten sich mithin grundsätzlich nicht an Dritte (*Bub* NZM 2002, 502, 505). Etwa ein durch eine Vereinbarung begründetes **Sondernutzungsrecht** kann nur einem

Wohnungseigentümer, **nicht** einem **Dritten** (*BGH* BGHZ 73, 145, 149 [Kfz-Stellplatz] = NJW 1979, 548 = ZMR 1979, 380) im Wege der Vereinbarung eingeräumt werden. Ferner können dinglich Berechtigte nicht an eine Vereinbarung, z. B. einem Begründungsvorbehalt (s. § 8 Rn. 56 und 57), gebunden sein (*BayObLG* ZMR 2005, 300, 301). Zu einer **Außenwirkung** einer Vereinbarung der Wohnungseigentümer kommt es grundsätzlich erst dann, wenn eine Vereinbarung – nach § 10 Abs. 6 S. 3 WEG grundsätzlich vom Verband Wohnungseigentümergemeinschaft– **ausgeführt** wird.

b) Beschlüsse der Wohnungseigentümer

60 Die Wohnungseigentümer können keine **Beschlüsse zu Lasten Dritter** zu fällen (*OLG Zweibrücken* ZMR 2007, 397). Ansprüche oder Pflichten **außen stehender Dritter** – z. B. die Pflichten künftiger Eigentümer oder bloßer Bucheigentümer – können nicht zum Gegenstand eines **Beschlusses** gemacht werden (*BGH* BGHZ 142, 290, 297 = MDR 2000, 21 mit Anm. *Riecke* = NJW 1999, 3713 = ZMR 1999, 834; ZMR 1995, 37, 38 = MDR 1994, 1206 = WE 1995, 57 = NJW 1994, 3352; *OLG Zweibrücken* ZMR 2007, 397; *BayObLG* ZMR 2005, 299; NJW-RR 2004, 1668; ZMR 2002, 142; *KG* ZMR 2001, 728, 729). Umgekehrt können Dritte, z. B. Mieter, aus den Beschlüssen der Eigentümer auch **keine Rechte herleiten** (*BayObLG* WE 1990, 74).

2. Ausnahmen

61 Ausnahmsweise können jedenfalls verdinglichte, nach h. M. aber auch schuldrechtliche Vereinbarungen und Beschlüsse Dritte »binden« und ihr Verhalten steuern. Als Zurechnungsendpunkte in Betracht kommen neben den **Funktionsträgern** des gemeinschaftlichen Eigentums vor allem andere **Nutzer eines Sondereigentums** wie Mieter (vgl. dazu Anhang § 13, § 15 und § 16) und Gäste.

a) Bindung von Funktionsträgern

62 Vereinbarungen und Beschlüsse **binden** neben den Wohnungseigentümern **unmittelbar** auch die Funktionsträger des gemeinschaftlichen Eigentums und die Organe des Verbandes Wohnungseigentümergemeinschaft. Vereinbarungen und Beschlüsse in Bezug auf das Gemeinschaftseigentum bedürfen für eine Bindung etwa des Verwalters **keiner weiteren Ausführung** oder einer besonderen Regelung (*Elzer* ZMR 2006, 85, 88). Für Organisationsmaßnahmen ergibt sich diese Sichtweise ohne weiteres aus § 24 Abs. 2 WEG. Danach muss die Versammlung der Wohnungseigentümer von dem Verwalter in den durch Vereinbarung bestimmten Fällen einberufen werden. Die Bindung ergibt sich **vor allem** aber aus § 21 Abs. 4 WEG. Danach kann jeder Eigentümer von dem in § 20 WEG aufgezählten und an der Verwaltung beteiligten Funktionsträgern eine Verwaltung verlangen, die den Vereinbarungen und Beschlüssen entspricht. Aus § 21 Abs. 4 WEG ist ganz **allgemein abzuleiten**, dass der Verwalter, aber auch der Verwaltungsbeirat, **sämtliche Vereinbarungen und Beschlüsse** bei der Durchführung der Verwaltung beachten muss, soweit diese Aussagen über die Art und Weise der Durchführung ihrer jeweiligen Ämter enthalten (**Organisationsvereinbarungen**). Ist in einer Vereinbarung etwa bestimmt, dass die jährliche Eigentümerversammlung im ersten Quartal abzuhalten ist, bindet dies den Verwalter auch ohne entsprechenden Beschluss (*Deckert* ZWE 2003, 247, 251; *Merle* ZWE 2001, 145). Ist in der Gemeinschaftsordnung eine verbindliche Einberufungsfrist vereinbart worden, ist der Verwalter auch hieran gebunden (*BayObLG* BayObLGReport 2005, 318, 319). Einer entsprechenden Aufnahme in den Verwaltervertrag bedarf es nach § 21 Abs. 4 WEG nicht (a. A. *Bub* NZM 2001, 502, 505). Ebenso ist der Verwalter daran gebunden, wenn etwa für die Niederschrift der Versammlung eine bestimmte Form vereinbart worden ist (*BGH* ZMR 1998, 171, 172; *Gottschalg* ZWE 2003, 225, 228) oder die Fälligkeit der Wohngelder durch eine Vereinbarung geregelt ist (*Jennißen* Verwalterabrechnung, VI. Rn. 30).

63 Das Gleiche gilt im Ergebnis für solche Vereinbarungen, die nicht den Inhalt des Amtes der Funktionsträger näher ausgestalten, sondern diese zu einem bestimmten Verhalten verpflichten (**Durchführungsvereinbarungen**). Nach § 27 Abs. 1 Nr. 1 WEG muss der Verwalter zwar nur Beschlüsse durchführen. Diese Vorschrift ist aber nach ihrem Sinn und Zweck und im Kontext mit § 21 Abs. 4 WEG und der daraus folgenden Bindung erst Recht auf die Durchführung sowohl der

ursprünglichen oder »verdinglichten« Vereinbarungen (*BayObLG* BayObLGZ 2004, 15, 18 = ZMR 2004, 601, 602; *Elzer* ZMR 2006, 85, 88/89) als auch auf alle übrigen schuldrechtlichen Vereinbarungen anzuwenden (*Deckert* ZWE 2003, 247, 250). An eine Vereinbarung, mit der die Wohnungseigentümer eine **ihnen** gesetzlich obliegende Pflicht auf einen Funktionsträger übertragen wollen, ist dieser aber ohne sein Einverständnis nicht gebunden (*BayObLG* ZMR 2005, 137 = NJW-RR 2005, 100; a. A. *OLG Frankfurt a. M.* OLGZ 1993, 188, 190).

b) Bindung von Nutzern eines Sondereigentums

Nach der Rechtsprechung kann der Mieter, Pächter oder anderer berechtigter Nutzer eines Sondereigentums an Bestimmungen der Wohnungseigentümer gebunden sein. Im Ausgangspunkt besteht weitgehend Einigkeit, dass vor allem Mieter gegenüber den Wohnungseigentümern wegen vom Sondereigentum ausgehender Beeinträchtigungen keine weitergehenden Rechte haben können, als ihr Vermieter. Streitig ist indes, ob es einen Unterschied macht, ob Rechte gegen einen Mieter aus dem Gesetz, aus einer verdinglichten Vereinbarung, aus einer schuldrechtlichen Vereinbarung oder aus einem Beschluss abgeleitet werden. Während die h. M. diese Fälle gleich behandelt (*BGH* ZMR 1996, 147, 149 = NJW 1996, 714; *KG* NJW-RR 1997, 713; *Elzer* MietRB 2006, 75), will eine Mindermeinung nur dem Gesetz, verdinglichten Vereinbarungen und auf einer Öffnungsklausel beruhenden Entscheidungen eine dingliche Wirkung gegenüber Mietern beimessen (*Armbrüster/Müller* FS Seuß [2007], S. 3, 7 ff.; *dies.* ZMR 2007, 321, 323). 64

Etwa ein Mieter ist **unmittelbar** an eine Vereinbarung oder einen Beschluss gebunden, soweit die vereinbarte oder beschlossene »Eigentümer-Hausordnung« **Teil des Mietvertrages** ist (*BGH* ZMR 2004, 335 = NJW 2004, 775; ZMR 1991, 290, 293 = WuM 1991, 381, NJW 1991, 1750). Zur Einbeziehung genügt die Erwähnung (Bezugnahme) der Eigentümer-Hausordnung in einzelnen Paragrafen des Mietvertrages (*OLG Frankfurt a. M.* WuM 1988, 399 = NJW 1989, 41) oder ihre Beifügung als Anlage des Mietvertrages. Streitig ist allerdings, ob eine Bindung nur individualvertraglich getroffen werden kann. Dies ist zu verneinen. Eine Eigentümer-Hausordnung ist für den Mieter nicht überraschend. Probleme können außerdem entstehen, wenn die Eigentümer-Hausordnung von den Wohnungseigentümern geändert wird. Es ist z. B. vorstellbar, dass die Wohnungseigentümer nachträglich ein umfassendes Hundehaltungsverbot anordnen (wie in *OLG Hamm* ZMR 2005, 897). Dann fragt sich, ob der Mieter vertraglich nur der zum Vertragsschluss geltenden Hausordnung (statische Bindung; *Bub* WE 1989, 122, 124) oder der jeweils geltenden Hausordnung (dynamische Bindung; *Armbrüster* ZWE 04, 217, 224) unterworfen sein soll. Was gilt, ist eine Frage der Auslegung. Ohne Änderungsvorbehalt – es ist möglich, dass dem vermietenden Sondereigentümer vertraglich vorbehalten sein soll, die Hausordnung einseitig gem. § 315 BGB zu ändern – und ohne dynamische Verweisung gilt im Zweifel im Verhältnis des vermietenden Sondereigentümer und seines Mieters nur die zwischen ihnen vereinbarte Hausordnung. 65

Fehlen vertragliche Regelungen, ist der Mieter nicht direkt an die Eigentümer-Hausordnung gebunden. Er ist durch das Fehlen in seiner Gebrauchsausübung in Bezug auf das Sonder- und Gemeinschaftseigentum und in der Steuerung seines Verhaltens aber auch **nicht frei**. Denn die Mieterrechte werden durch die Schranken des Gemeinschaftsverhältnisses sehr wohl und sehr unvermittelt beschränkt. Die Eigentümer-Hausordnung trifft den Mieter gleichsam als Reflex. Die Regelungen des Wohnungseigentumsrechts sprengen im Grundsatz jede mietvertragliche Regelung (*Armbrüster* ZWE 2004, 217, 219). Kein Wohnungseigentümer kann einem Mieter im Grundsatz gegenüber den anderen Wohnungseigentümern im Verhältnis zu den anderen Wohnungseigentümern weitergehende Rechte einräumen, als sie ihm selbst zustehen (*OLG Düsseldorf* NJW-RR 1995, 1165 = WuM 1995, 497) oder zustehen könnten. Durch eine schuldrechtliche Vermietung können sachenrechtlich geschützte Eigentümerpositionen nicht eingeschränkt werden. Mieter besitzen keine originären Rechte an der Mietsache, sondern leiten ihre Rechtsstellung in Bezug auf Gemeinschafts- oder Sondereigentum stets von einem Wohnungseigentümer ab (*KG* ZMR 2002, 458, 459; ZMR 2001, 1007, 1008 = ZWE 2001, 497 = NZM 2001, 761). Dieser kann (und darf) durch einen Mietvertrag aber nur solche Rechte einräumen (weitergeben), die ihm selbst zukommen (*OLG Düsseldorf* NJW-RR 1995, 1165 = WuM 1995, 497). Um andere, weitere 66

Rechte geschützt abzugeben und also den Inhalt des Eigentums der anderen Wohnungseigentümer i. S. v. §§ 13 Abs. 1 WEG, 903 BGB gleichsam sachenrechtlich zu definieren, fehlt dem vermietenden Sondereigentümer – wie jedem anderen Wohnungseigentümer auch – schlicht eine Rechtsmacht. Auch ein Dritter darf ein Sondereigentum baulich nur so nutzen und nur so gebrauchen, wie es jeweils gem. § 15 WEG i. V. m. §§ 13 und 14 WEG bestimmt ist (*BVerfG* ZMR 2006, 453 mit Anm. *Elzer*). Eine Bindung der anderen Wohnungseigentümer an einen von ihnen Bestimmungen abweichenden Mietvertrag scheitert mithin an dem allgemeinen Grundsatz, dass der vermietende Sondereigentümer keine Verträge zu Lasten Dritter schließen kann. Soweit eine Nutzungsart nicht vom Inhalt des Sondereigentums getragen wird, werden die anderen Miteigentümer in ihrem Eigentumsrecht verletzt und haben nach h. M. einen **dinglichen Abwehranspruch** aus § 1004 BGB mit absoluter Wirkung gegen **jeden zweckwidrig Nutzenden** (*BVerwG* NVwZ 1998, 954, 955; *BGH* NJW-RR 1995, 715 = ZMR 1995, 480; *KG* ZMR 2002, 269 = KGReport Berlin 2002, 269; ZMR 1997, 315, 316). Die Wohnungseigentümer haben die Möglichkeit, gegen störende Eigentümer nach §§ 1004 BGB, 15 Abs. 3 WEG vorzugehen (*BGH* NJW-RR 1995, 715 = ZMR 1995, 480; 1992, 1492, 1493; *OLG Celle* ZMR 2004, 689; *OLG Hamm* ZMR 2002, 622; NJW-RR 1993, 786; *OLG Karlsruhe* NJW-RR 1994, 146; *KG* NJW-RR 1989, 140; *Drasdo* NJW-Spezial 2005, 1; *Hannemann* NZM 2004, 531, 533; s. a. § 15 Rn. 23). Sie können daneben aber auch unmittelbar **gegen den Mieter des störenden Eigentümers** vorgehen und von ihm als Individualanspruch (*BayObLG* ZMR 2004, 445) die Beseitigung von Störungen verlangen, die über die Vereinbarungen der Eigentümer hinaus gehen (*BGH* ZMR 1996, 147 = NJW 1996, 714 = WuM 1996, 105; NJW-RR 1995, 715 = ZMR 1995, 480; *KG* NZM 2005, 382; ZMR 2002, 458; NJW-RR 1989, 140; *OLG Karlsruhe* NJW-RR 1994, 146; *OLG München* ZMR 1992, 307; *Hannemann* NZM 2004, 531, 533; a. A. *Schuschke* NZM 1998, 176).

c) Sachenrechtliche Grundlagen

67 Eine weitere Ausnahme gilt für Vereinbarungen i. S. v. § 5 Abs. 3 WEG, die die sachenrechtlichen Grundlagen des Gemeinschafts- und Sondereigentums regeln. Soweit durch diese der Gegenstand des Wohnungseigentums bestimmt ist, haben sich Dritte daran auszurichten, z. B. für die Frage, wem sie Unterlassung oder Mängelbeseitigung schulden. Entsprechendes gilt, soweit eine Vereinbarung die Höhe der Miteigentumsanteile anordnet für Ansprüche Dritter nach § 10 Abs. 8 S. 1 WEG. Vorstellbar ist ferner, dass im Einzelfall auch eine Vereinbarung i. S. v. § 10 Abs. 2 WEG »sachenrechtliche Implikationen« besitzt. Z. B. können einem Sondernutzungsberechtigten gegenüber Dritten die aus dem von ihm gehaltenen Gemeinschaftseigentum erwachsenden Abwehrrechte ggf. allein zustehen, etwa ein Anspruch auf Unterlassung (s. dazu *Ott* Sondernutzungsrechte, S. 132). Ob dies der Fall ist, ist eine Frage des Inhaltes des konkreten Sondernutzungsrechtes und seiner Auslegung.

X. Die Regelungsinstrumente des Wohnungseigentumsgesetzes

1. Vereinbarung und Beschluss

68 Anders als das Bürgerliche Gesetzbuch im Recht der Gemeinschaft nach §§ 741 ff. BGB und auch anders als im übrigen Verbandsrecht, nach dem Gemeinschafter ihr Verhältnis umfassend durch Beschluss bestimmen können, **differenziert** das Wohnungseigentumsgesetz zwischen einerseits **Vereinbarungen** und andererseits **Beschlüssen**. Die Wohnungseigentümer können ihre Angelegenheiten entweder durch Beschluss oder Vereinbarung regeln. Vereinbarung und Beschluss unterscheiden sich dabei jedenfalls dogmatisch ganz grundsätzlich (*Schmack/Kümmel* ZWE 2000, 433, 434; *Merle* Verwalter, S. 53; *Suilmann* Beschlussmängelverfahren, S. 16 ff.) und sind im Grundsatz – ungeachtet einer gewissen Austauschbarkeit (Rn. 71) – lehrhaft streng auseinander zuhalten. Die **wesentlichen Unterscheidungskriterien** sind (zur Abgrenzung der Vereinbarung zum allstimmigen Beschluss s. Rn. 268 ff.):

69 – **Kompetenz**: Die Wohnungseigentümer haben – soweit nicht ausdrücklich etwas anderes bestimmt ist – die Kompetenz, jede Angelegenheit vertraglich anders als im Gesetz bestimmt zu regeln. Die Ordnung einer Sache im Wege des Beschlusses ist dagegen nur vorstellbar, wenn hierfür eine gesetzliche oder gewillkürte Kompetenz besteht.

- **Zustandekommen**: Vereinbarungen sind Verträge und kommen im Grunde dadurch zustande, dass sämtliche Wohnungseigentümer eine Regelung wollen. Beschlüsse sind hingegen Akte eigener Art und kommen grundsätzlich in einer Eigentümerversammlung durch eine auf eine Abstimmungsfrage abgegebene Willenserklärung gegenüber dem Versammlungsleiter und dessen Feststellung und Verkündung des Abstimmungsergebnisses zustande.
- **Bindungswirkung**: Ein Sondernachfolger hat grundsätzlich die Wahl, ob er eine Vereinbarung gegen sich gelten lassen will. Etwas anderes gilt nur dann, wenn die Vereinbarung »verdinglicht« und also nach § 5 Abs. 4 S. 1 WEG zum Inhalt des Sondereigentums gemacht wurde (in diesem Falle »wirken« Vereinbarungen nach § 10 Abs. 3 WEG gegen einen Sondernachfolger). Beschlüsse binden nach § 10 Abs. 4 WEG einen Sondernachfolger hingegen in jedem Falle. Eine Wahl, ob er eine Bindung will, besteht nicht.
- **Angreifbarkeit**: Vereinbarungen können nicht »angegriffen« werden. Sie können unwirksam sein. Vorstellbar ist ferner, dass die ihnen zu Grunde liegenden Willenserklärungen angegriffen werden. Eine wirkliche Anfechtungsmöglichkeit besteht aber nicht (s. aber § 10 Abs. 2 S. 3 WEG, Rn. 182). Beschlüsse unterliegen demgegenüber der Anfechtungsklage nach §§ 43 Nr. 4, 46 Abs. 1 S. 1 WEG.
- **Gegenstand**: Vereinbarungen haben idealtypisch das Grundverhältnis der Wohnungseigentümer untereinander zum Gegenstand. Beschlüsse bestimmen dagegen den ordnungsmäßigen Gebrauch und die ordnungsmäßige Verwaltung im Einzelfall.

Entsteht eine Gemeinschaft von Wohnungseigentümern, steht die Vereinbarung im Vordergrund. **70** Nach Begründung von Gemeinschafts- und Sondereigentum ist hingegen der Beschluss das vorherrschende Instrument. Vereinbarung und Beschluss sind Instrumente der Wohnungseigentümer, nicht der Gemeinschaft der Wohnungseigentümer. Neben Vereinbarung und Beschluss sieht das Wohnungseigentumsgesetz keine weiteren Regelungsinstrumente vor. Ein drittes Regelungsinstrument, etwa eine Mehrheitsvereinbarung, eine Bestimmung ohne »Vereinbarungscharakter«, die aber kein Beschluss ist, oder ein besonderer, nämlich allstimmiger Beschluss (*Kümmel* ZWE 2001, 52, 53; *ders.* Bindung, S. 30 ff.; *Kümmel/Schmack* ZWE 2001, 58; *dies.* ZWE 2000, 433, 434; ein allstimmiger Beschluss ist nur ein – freilich besonderer – Beschluss; Weitnauer/*Lüke* Rn. 28; *Röll* ZWE 2001, 55), eine Zustimmung zu baulichen Veränderungen i. S. v. § 22 Abs. 1 WEG, die nicht in einem Beschluss besteht, steht den Eigentümern nicht zur Verfügung (»tertium non datur«; str. für § 22 Abs. 1 WEG). Für ein solches drittes Regelungsinstrument besteht schon kein Bedürfnis. Vereinbarung und Beschluss sind umfassend und ausreichend, sämtliche Angelegenheiten der Eigentümer einer sachgerechten Regelung zuzuführen. Es gibt deshalb nach hier vertretener Auffassung weder eine beschlossene Vereinbarung (Mehrheitsvereinbarung, Rn. 273 ff.) noch einen vereinbarten Beschluss (Vereinbarungen mit Beschlussinhalt; s. dazu Rn. 75). Beschließen die Eigentümer über eine Angelegenheit, liegt ein Beschluss vor. Das gilt auch dann, wenn der Gegenstand des Beschlusses grundsätzlich vereinbart werden müsste. Vereinbaren die Eigentümer hingegen etwas, liegt eine Vereinbarung vor; auch dann, wenn der Gegenstand auch beschlossen werden könnte. Auslegungsfragen sind ebenso wie formale Probleme nicht dadurch zu lösen, dass weitere Regelungsinstrumente »erfunden« werden (s. dazu noch Rn. 75 ff.).

2. Wechsel der Instrumente

Vereinbarung und Beschluss stehen den Wohnungseigentümern zwar **nicht in gleicher Weise** als **71** Regelungsinstrumente zur Verfügung (*Wenzel* ZWE 2001, 226, 233). Die Vereinbarung geht dem Beschluss nach der Struktur des Gesetzes, den allgemeinen Regelungen und des auch das Wohnungseigentumsgesetz beherrschenden Vertragsprinzips vor. Die Vereinbarung ist die »höhere Norm« (*Lüke* ZfIR 2000, 881; *Rapp* DNotZ 2000, 864, 865; *Suilmann* Beschlussmängelverfahren, S. 17, a. A. *Wenzel* FS Bub, S. 249, 255). Die Eigentümer können die Regelungsinstrumente Beschluss und Vereinbarung indes in weitem Umfang **wechseln** (s. auch *Häublein* ZMR 2000, 423, 425). Die Eigentümer haben von der höheren Bestimmung (Vereinbarung) zur geringeren Regelung (Beschluss) hin das Recht, die **Form frei zu wählen**. Die Vereinbarung ist zwar gleichsam die »intensivste Form der Beschlussfassung« (*Schmack/Kümmel* ZWE 2000, 433, 445; *Merle* Verwalter,

S. 51). Es steht Eigentümern daher etwa **frei, Angelegenheiten zu vereinbaren**, die nach dem Gesetz bloß beschlossen werden müssen (*Wenzel* ZWE 2004, 130, 136; *ders.* ZWE 2001, 226, 213; *Schuschke* NZM 2001, 497, 498; *Lüke* ZfIR 2000, 881, 883; *Merle* Verwalter, S. 51 für § 26 WEG; a. A. *Wenzel* FS Bub, S. 249, 255; s. dazu Rn. 75 ff.). Umgekehrt können sie aber auch über den Inhalt einer Vereinbarung beschließen, soweit eine Vereinbarung (**Öffnungsklausel**) diese Angelegenheit einer Bestimmung durch Beschluss öffnet. Zwischen Vereinbarung und Beschluss besteht also vor allem in Richtung auf den Beschluss hin eine gewisse **Austauschbarkeit** (kritisch *Häublein* ZMR 2000, 423, 425; *Lüke* ZfIR 2000, 883). Diese Austauschbarkeit ist – wie u. a. § 15 Abs. 1 und Abs. 2 WEG zeigen – im Gesetz angelegt und hinzunehmen, führt aber zu Abgrenzungsproblemen (s. vor allem Rn. 75 ff. zu Vereinbarungen in Beschlussangelegenheiten und Rn. 269 zur Abgrenzung von Vereinbarung und allstimmigen Beschluss).

72 Soweit die ständige Rechtsprechung neben Vereinbarungen und Beschlüssen sprachlich ungenau und unnötig von »**Zweckbestimmungen mit Vereinbarungscharakter**« spricht, sind Vereinbarungen i. S. v. §§ 15 Abs. 1, 10 Abs. 2 S. 2 WEG gemeint. Die Prüfung, ob eine Bestimmung »Vereinbarungscharakter« besitzt, ist offensichtlich müßig. Zu fragen ist allein, ob eine Regelung der Wohnungseigentümer eine Vereinbarung oder einen Beschluss darstellt. Ist eine Bestimmung keine Vereinbarung, liegt ein – ggf. nicht ordnungsmäßiger oder unwirksamer – Beschluss vor. Liegt eine Vereinbarung vor, ist sie auch dann eine solche, wenn sie keinen »Vereinbarungscharakter« besitzt oder unwirksam ist.

3. »Ort« einer Vereinbarung und eines Beschlusses

73 Vereinbarungen finden sich vor allem als **schuldrechtlicher Bestandteil** des Teilungsvertrages oder der Teilungserklärung (s. dazu § 3 Rn. 111 ff. und § 8 Rn. 44 ff.). In diesen Fällen sprechen wir von **verdinglichten Vereinbarungen** (dazu noch Rn. 144). Spätere Vereinbarungen können, müssen aber nicht im Grundbuch eingetragen sein. Sind sie nicht eingetragen worden, sprechen wir von **schuldrechtlichen Vereinbarungen** (dazu noch Rn. 148). Während die verdinglichten Vereinbarungen Gegenstand des Sondereigentums sind und im Grundbuch nachgelesen werden können, ist für die schuldrechtlichen Vereinbarungen keine besondere Sammlung vorgesehen (Rn. 267). Nach § 24 Abs. 7 S. 2 WEG sind sie auch nicht Teil der Beschluss-Sammlung. Eine Vereinbarung kann beim Ersterwerber **Teil eines Werk- oder Kaufvertrages** zwischen dem Alleineigentümer und diesem sein (s. *KG* ZMR 2005, 75, 76). Auch in diesem Falle ergibt eine Auslegung im Regelfall aber, dass keine Vereinbarung anzunehmen ist. Jedenfalls sind Sondernachfolger an diese Regelungen nicht gebunden (*KG* ZMR 2005, 75, 76).

74 Beschlüsse werden – soweit die Wohnungseigentümer nicht nach § 23 Abs. 3 WEG schriftlich beschließen – in einer Eigentümerversammlung gefällt. Bloß mehrheitliche Entscheidungen außerhalb der Eigentümerversammlung können nicht als Beschluss verstanden werden. Diese sind als ein »Nichtbeschluss« anzusehen.

4. Vereinbarungen in Beschlussangelegenheiten

a) Einführung

75 In manchen Teilungserklärungen und Teilungsverträgen finden sich **konkrete Entscheidungen** in Verwaltungsangelegenheiten und solche für den Gebrauch. Bei den hier ins Auge gefassten Regelungen handelt es sich vor allem um Bestimmungen zum Zusammenleben der Wohnungseigentümer, die zusammenfassend »Hausordnung« genannt werden. Typisch sind etwa Maßnahmen zum Gebrauch des Sonder-, aber auch des Gemeinschaftseigentums. Eine solche Regelung ist z. B. die Anordnung, dass und ggf. wie Tiere gehalten werden dürfen oder die Anordnung, ob auf dem Balkon Wäsche getrocknet werden oder wie das Treppenhaus genutzt werden darf. Neben diesen Gebrauchsbestimmungen finden sich aber auch konkrete Bestimmung zur Verwaltung nach §§ 20 ff. WEG. Vor allem wird regelmäßig bereits **in der Teilungserklärung** der erste Verwalter bestimmt. Ferner finden sich dort z. T. Vorschriften zum Verwaltervertrag, etwa das zu vereinbarende Verwalterhonorar.

76 Einigkeit herrscht im Wesentlichen darüber, dass sowohl die Bestimmungen zum Gebrauch als auch solche zur Verwaltung grundsätzlich wieder **im Wege des Beschlusses** abänderbar sein soll-

ten. Wären die Bestimmungen als verdinglichte Vereinbarungen anzusehen, die nur wieder im Wege einer Vereinbarung abgeändert werden könnten, würde das Gemeinschaftsverhältnis zum einen versteinern. Zum anderen wären manche **Bestimmungen** auch **unwirksam**. Das gilt vor allem für die Bestimmung des ersten Verwalters. Nach § 26 Abs. 1 S. 5 WEG sind nämlich »andere Beschränkungen der Bestellung oder Abberufung des Verwalters« und im Prinzip also auch eine Vereinbarung, die nur wieder durch eine Vereinbarung – nicht aber durch einen in § 26 Abs. 1 S. 1 WEG aber vorgesehenen Beschluss – abgeändert werden könnte, nicht zulässig.

b) Rechtliche Qualifizierung

aa) Beschluss?

Weil allgemein angestrebt wird, den Wohnungseigentümern die Rechtsmacht einzuräumen, die im Grundbuch eingetragenen konkreten Entscheidungen in Verwaltungsangelegenheiten und solchen des Gebrauchs im Wege des Beschlusses wieder zu ändern, läge es nahe, diese Entscheidungen auch als **Beschluss zu verstehen** (so u. a. *F. Schmidt* FS Bub, S. 221, 236; *Ertl* WE 1996, 370; *Bub* WE 1993, 185; *Röll* MittBayNot 1980, 1: vorweggenommene Eigentümerbeschlüsse). Dieser Sichtweise stehen indes **erhebliche dogmatische Bedenken** entgegen, die es letztlich nicht erlauben, diese Ansicht zu vertreten. Dabei ist zwischen Teilungserklärungen und Teilungsverträgen zu unterscheiden (*Elzer* ZMR 2006, 733, 734).

77

Dass der Alleineigentümer keine Beschlüsse fassen kann, ist ganz überwiegend anerkannt und entspricht ganz h. M. Der aufteilende Eigentümer kann nach dem Wohnungseigentumsgesetz gar nicht anders regelnd tätig werden als durch eine freilich nur vorgeschlagene Vereinbarung (vgl. dazu auch *Häublein* Sondernutzungsrechte, S. 193, 194; § 8 Rn. 46 ff.). Nicht so leicht liegt es bei einer Entscheidung von Miteigentümern im Teilungsvertrag. Zwar sind auch diese – solange Wohnungseigentum nicht entstanden ist – nicht in der Lage, Beschlüsse zu fassen. Man könnte aber erwägen, in ihren Entscheidungen wenigstens »antizipierte Beschlüsse« zu sehen (so im Ergebnis *Wenzel* FS Bub, S. 249, 267). Der Preis für diese Sicht der Dinge ist aber zu hoch. Zum einen müsste man es erlauben, dass Beschlüsse im Grundbuch einen Platz haben, was aber ganz überwiegend abgelehnt wird. Ferner müsste man es zulassen, dass bestimmte Beschlüsse auch ohne Feststellung und Verkündung entstehen können. Dem steht indes § 24 Abs. 7 S. 2 WEG entgegen, der einen Beschluss nur als Beschluss ansieht, wenn er verkündet ist.

78

bb) Andere Einordnungen

Da die Einordnung als Beschluss im Ergebnis **nicht überzeugen kann**, eine Erkenntnis der Entscheidungen als Vereinbarung Rechtsprechung wie Schrifttum aber noch nicht als möglich erscheint, werden die in den Blick genommenen Entscheidungen letztlich als etwas »Drittes« eingeordnet. Die rechtliche Einteilung erfolgt dabei – ohne Anspruch auf Vollständigkeit – in erfindungsreichen Einkleidungen und Begriffsschöpfungen. Zur Qualifizierung der gemeinsam mit Teilungsvertrag und Teilungserklärung beurkundeten konkreten Entscheidungen zum Gebrauch oder zur Verwaltung heißt es u. a.:

79

– sie seien keine Vereinbarung »im rechtlichen Sinne«;
– ihnen fehle ein »Vereinbarungscharakter« (*BayObLG* BayObLGZ 1991, 421, 422; ZMR 1976, 310; Rpfleger 1975, 367; *OLG Frankfurt a. M.* OLGZ 1990, 414, 415 = NJW-RR 1990, 1430; *OLG Oldenburg* ZMR 1978, 245);
– sie seien kein »formeller (Satzungs-)Bestandteil der Gemeinschaftsordnung« (*BayObLG* BayObLGZ 1975, 210; Bärmann/*Pick*/Merle Rn. 44 und Bärmann/*Pick*/*Merle* § 23 Rn. 27);
– sie wären »Ordnungsvorschrift von lediglich formaler Bedeutung«;
– sei seien keine Vereinbarung im »materiellen Sinne« (*BayObLG* NJW 1974, 2134; *Wenzel* ZWE 2001, 226, 237 für die Hausordnung);
– sie könnten der Sache nach nicht als »verdinglichte Dauer-Vereinbarungen« i. S. d. § 10 Abs. 2 WEG angesehen werden (*Deckert* ZMR 2002, 21, 26);
– sie stellten einen »unechten Bestandteil der Gemeinschaftsordnung« dar;
– sie wären »Entschluss« (*Wenzel* FS Bub, S. 249, 268; Bärmann/*Pick*/*Merle* § 23 Rn. 27 und § 26 Rn. 69; a. A. *Merle* Verwalter, S. 21).

80

cc) Vereinbarungen in Beschlussangelegenheiten

81 Der h. M. ist zu folgen, soweit sie die problematischen Entscheidungen **nicht als Beschluss** ansieht. Unglücklich ist indes, den Begriff der Vereinbarung zu »meiden« und sich statt dessen einer rechtlichen Qualifizierung zu bedienen, die dem Gesetz fremd ist. Viel näher liegt es, die Entscheidungen als Vereinbarungen anzusehen, nämlich als **Vereinbarungen in Beschlussangelegenheiten**. Vereinbarungen in Beschlussangelegenheiten sind dabei im Ergebnis nicht anderes als Vereinbarungen bei denen unausgesprochen (schlüssig) grundsätzlich eine **Öffnung** gegenüber **dem Beschluss gewollt und erwünscht** ist. Die Besonderheit von Vereinbarungen in Beschlussangelegenheiten besteht also im Wesentlichen in zwei Momenten.

(1) Beschlussangelegenheiten

82 Die Besonderheit besteht zum einen darin, dass Vereinbarungen in Beschlussangelegenheiten in einer Angelegenheit getroffen werden, für die das Wohnungseigentumsgesetz es den Wohnungseigentümern eigentlich und sogar vorrangig ermöglicht, diese im **Wege des Beschlusses** zu ordnen. Dass die Wohnungseigentümer dort, wo sie ihre Angelegenheiten durch Beschluss regeln können, auch Vereinbarungen schließen können, entspricht allerdings allgemeinen Grundsätzen (Rn. 71). Sofern man für diese Vereinbarungen nicht anerkennen will, dass sie solche i. S. v. § 10 Abs. 2 S. 2 WEG sind (i. d. S. *Wenzel* FS Bub, S. 249, 261), ist § 10 Abs. 3 WEG wenigstens analog anzuwenden.

(2) Versteckte Öffnungsklausel

83 Die Besonderheit von Vereinbarungen in Beschlussangelegenheiten besteht zum anderen und **vor allem darin**, dass sie – obwohl sie Vertrag sind –, im Wege des Beschlusses geändert werden können. Diese Sichtweise, dass nämlich eine Vereinbarung »beschlussoffen« ist, ist dem Gesetz allerdings keinesfalls fremd und ihm sogar immanent. Das Gesetz erlaubt es den Wohnungseigentümern nämlich durch § 23 Abs. 1 WEG ausdrücklich, das Gesetz und ihre Vereinbarungen der Änderung durch Beschluss zu öffnen. Die Besonderheit der Vereinbarungen in Beschlussangelegenheiten besteht also nur darin, dass sie es zwar **nicht ausdrücklich** erlauben, auch durch Beschluss geändert zu werden. Der Wille der Wohnungseigentümer für eine beschlussweise Änderung kann sich bei ihnen aber im **Wege der Auslegung** ergeben (*Elzer* ZMR 2006, 733, 734). In Einzelfall muss dabei ausgelegt werden, ob die Vereinbarung etwas regelt, was von besonderer Bedeutung für die Eigentümer ist und sie daher eine **beschlussfeste Regelung** darstellt. Dies kann z. B. der Fall sein, wenn eine Gebrauchsregelung für die Wohnungseigentümer einer bestimmten Anlage »von hohem Wert« ist. Die Auslegung kann aber auch ergeben, dass die Vereinbarung nach § 23 Abs. 1 WEG »beschlussoffen« sein soll (vgl. *OLG Oldenburg* ZMR 1978, 245; *Elzer* ZMR 2006, 733, 734; *Bärmann/Pick/Merle* § 21 Rn. 93; a. A. *Keuter* FS Deckert, S. 199, 205). Für eine Auslegung entscheidend ist, ob die Vereinbarung erkennbar **rechtsgestaltende Wirkung** für alle Zukunft entfalten und deshalb nur einstimmig abgeändert werden sollte (*OLG Oldenburg* ZMR 1978, 245; *BayObLG* BayObLGZ 1975, 201, 204 = Rpfleger 1975, 367).

84 Im Zweifel ist aus Gründen der Praktikabilität (vor allem: Veränderbarkeit) anzunehmen, dass eine Vereinbarung in Beschlussangelegenheiten **beschlussoffen** ist und also konkludent eine **Öffnung für Beschlussmacht** i. S. v. § 23 Abs. 1 WEG enthält (so auch im Ergebnis die h. M. *BayObLG* ZMR 2002, 64 = MDR 2001, 1345; NZM 1998, 239 = ZMR 1998, 356; BayObLGZ 1991, 421, 422 = BayObLGReport 1992, 27 = MDR 1992, 373; *OLG Frankfurt a. M.* OLGZ 1990, 414, 415 = ZMR 1991, 113; *Deckert* PiG 15, 117, 121).

c) Einzelfälle

aa) Bestellung des Verwalters

85 Die Miteigentümer im Teilungsvertrag oder der Alleineigentümer in der Teilungserklärung können nach h. M. den ersten Verwalter bestimmen (*BGH* BGHZ 151, 164, 173 = ZMR 2002, 766 = MDR 2002, 1427 = ZWE 2002, 570 = NJW 2002, 3240; *OLG Düsseldorf* ZWE 2001, 386, 387 = ZMR 2001, 650; *BayObLG* NJW-RR 1994, 784; BayObLGZ 1974, 275, 278 = NJW 1974, 2134; *KG* OLGZ 1976, 266, 268; *Hügel/Scheel* Teil 9 A III 1 d; a. A. *Deckert* FS Bub, S. 37, 53). Diese Bestimmung ist als eine Vereinbarung in Beschlussangelegenheiten anzusehen, die sich – zumeist ver-

steckt – dem Beschluss i. S. v. § 23 Abs. 1 WEG öffnet (vgl. (vgl. auch *BayObLG* ZMR 1994, 483). Die Wohnungseigentümer sind also befugt, diese Vereinbarung im Wege des Beschlusses zu ändern (h. M., vgl. *BayObLG* BayObLGZ 74, 275, 279 = NJW 1974, 2134, 2135; *LG Dortmund* MDR 1966, 843, 844 = Rpfleger 1965, 335; *Wenzel* FS Bub, S. 249, 267; Bärmann/Pick/*Merle* § 26 Rn. 59; Weitnauer/*Lüke* § 26 Rn. 21; Staudinger/*Bub* § 26 Rn. 417).

bb) Hausordnung

Die Miteigentümer im Teilungsvertrag oder der Alleineigentümer in der Teilungserklärung können nach h. M. eine »Hausordnung« bestimmen. Hierunter ist die Verkörperung sämtlicher hausbezogener Gebrauchs- und Verwaltungsregelungen für das gemeinschaftliche, aber auch das jeweilige Sondereigentum zu verstehen (*BayObLG* ZMR 2004, 924; *OLG Schleswig* ZMR 2002, 865, 869; *OLG Karlsruhe* ZMR 1999, 281, 282; *Elzer* ZMR 2006, 733). Nach ganz h. M. können die Wohnungseigentümer diese Hausordnung grundsätzlich durch einen Beschluss ändern (*BayObLG* BayObLGZ 1991, 421, 422 = NJW-RR 1992, 343 = MDR 1992, 373; ZMR 1976, 310; *OLG Frankfurt a. M.* OLGZ 1990, 414, 415 = NJW-RR 1990, 1430; *OLG Oldenburg* ZMR 1978, 245; differenzierend Bärmann/Pick/*Merle* § 21 Rn. 93). Dem ist zuzustimmen, wenn eine Auslegung ergibt, dass die Vereinbarungen beschlussoffen sein sollen und also eine Öffnungsklausel anzuerkennen ist (*Elzer* ZMR 2006, 733, 734). Eine Auslegung kann indes auch ergeben, dass diese Regelungen **nicht abdingbar** sein sollen.

86

5. Von Dritten gesetzte Inhalte

Die Eigentümer können vereinbaren, dass Dritte – meistens der Verwalter – entsprechend §§ 315, 317 BGB einen Teil ihrer Vereinbarungen nach billigem Ermessen – ggf. anhand vorgegebener Parameter – bestimmen sollen (*Elzer* ZMR 2006, 85, 90). Soweit Dritte in rechtmäßiger Weise Kompetenzen der Wohnungseigentümer ausüben, handelt es sich bei den von ihnen getroffenen Bestimmungen um eine in Vertretung der Wohnungseigentümer getroffene **vertragliche Regelung und damit um eine Vereinbarung** (offen gelassen von *KG* NZM 2004, 910, 911 [Doorman]). Dies ist etwa anzunehmen, wenn z. B. der Verwalter die Kompetenz übertragen bekommen hat:
– autonom für die Eigentümer den Kostenverteilungsschlüssel zu bestimmen (so auch *Hügel* MietRB 2005, 12);
– Gebrauchs- und Nutzungsregelungen zu bestimmen;
– die Inhalte der Hausordnung festzulegen;
– die Entscheidung zu treffen, wie ein Teileigentum gewerblich zu nutzen ist.

87

88

Soweit der Dritte durch seine Bestimmung eine Vereinbarung in Beschlussangelegenheiten trifft, können die Eigentümer diese Vereinbarung nach h. M. ohne weiteres durch **Beschluss wieder ändern** (so der Sache nach *KG* ZMR 1992, 68, 69 = WE 1992, 110 und *BayObLG* NJW-RR 1992, 343 zur Hausordnung; s. a. *BayObLG* ZMR 2004, 133 zur Zustimmung zu Vermietung und *KG* ZMR 1998, 657, 658 zur Zustimmung zu einer baulichen Veränderung; Weitnauer/*Lüke* § 21 Rn. 26; a. A. *Keuter* FS Deckert, S. 199, 205 für die Hausordnung). Dem ist **im Grundsatz** zu folgen. Den Eigentümern steht es prinzipiell frei, gem. § 10 Abs. 2 S. 2 WEG von der gesetzlichen Handlungsorganisation abweichende Bestimmungen zu treffen. Soweit das Wohnungseigentumsgesetz nicht zwingend ist, können die Wohnungseigentümer in den vom Gesetz und den allgemeinen Vorschriften und Besonderheiten des Wohnungseigentumsrechts gezogenen Grenzen, Befugnisse sowohl auf den Verwalter als auch auf den Verwaltungsbeirat übertragen (s. § 20 Rn. 41 ff.). Ob sie neben dem Organ, dem sie Befugnisse übertragen haben, weiterhin selbst zuständig sind, ist danach zu beurteilen, ob die Kompetenzverlagerung **konkurrierend** oder **verdrängend** gemeint ist. Ist eine Konkurrenz gewollt, enthält die Verlagerung eine versteckte Öffnungsklausel.

89

Wird etwa einem Verwalter eine bestimmte Befugnis übertragen, ist stets zu ermitteln, ob die Rechtsmacht des Verwalters die Macht der Eigentümer verdrängen soll oder nur zusätzlich neben diese tritt (*Elzer* ZMR 2005, 882, 883). Ist eine **konkurrierende Verlagerung** festzustellen, ist anzunehmen, dass die Eigentümer weiterhin auch eigene Entscheidungen im jeweiligen Kompetenzbereich treffen können (*BGH* NJW 1996, 1216, 1217 = WE 1996, 265 = ZMR 1996, 787; *KG* ZMR 1998, 657; *Elzer* ZMR 2005, 882, 883). Ist eine verdrängende Verlagerung anzunehmen, entfällt die Eigentümerkompetenz (*Elzer* ZMR 2006, 882, 883). Welche Form der Kompetenzverlagerung vor-

90

liegt, ist eine Frage der Auslegung. Damit Dritte den Wohnungseigentümern nicht gegen deren Mehrheitswillen Regeln vorschreiben können, sollte im Zweifel von einer konkurrierenden Verlagerung ausgegangen werden.

91 Soweit der Dritte aber eine vertragliche Bestimmung trifft, für die im Übrigen keine Beschlusskompetenz besteht und auch eine versteckte Öffnungsklausel einen abändernden Beschluss der Eigentümer nicht erlaubt, ist eine Entscheidung der Wohnungseigentümer nicht möglich und **nichtig** (*Elzer* ZMR 2006, 882, 883).

D. Vereinbarungen nach § 10 Abs. 2 S. 2 WEG

I. Allgemeines

92 Eine Vereinbarung i. S. v. § 10 Abs. 2 und Abs. 3 WEG ist ein Vertrag der Eigentümer in Bezug auf den Gebrauch oder die Verwaltung des Gemeinschafts- oder Sondereigentums (*BGH* NJW 1984, 612, 613 = DNotZ 1984, 238). Vertragsschließende sind grundsätzlich sämtliche Eigentümer, ggf. vertreten durch einen gewillkürten oder gesetzlichen Vertreter. Der Grundsatz, dass sämtliche Wohnungseigentümer eine Vereinbarung schließen müssen, gilt auch für **Mehrhausanlagen** (s. Rn. 16). Eine Ausnahme ist nur bei der Änderung einer Vereinbarung durch Übertragung eines Sondernutzungsrechtes von einen auf den anderen Eigentümer zu machen. Die bereits von dem Gebrauch des Gemeinschaftseigentums ausgeschlossenen Eigentümer müssen der Übertragung nicht zustimmen (*BGH* BGHZ 73, 145, 149 = MDR 1979, 299 = NJW 1979, 548; *OLG Köln* ZMR 1993, 428, 429; *Ott* Sondernutzungsrecht, S. 145 ff.; *Bornemann* Erwerb, S. 176 ff.). Schließen die Wohnungseigentümer einen Vertrag über die Rechte und Pflichten des Verbandes Wohnungseigentümergemeinschaft oder über die Befugnisse der Funktionsträger des Verbandes, ist hierin keine Vereinbarung i. S. v. § 10 Abs. 2 und Abs. 3 WEG zu sehen.

II. Zustandekommen

93 Der vom Wohnungseigentumsgesetz bevorzugte Begriff der »Vereinbarung« ist ein anderes Wort für Vertrag. Als Verträge kommen Vereinbarungen grundsätzlich durch korrespondierende, einander entsprechende Willenserklärungen zu Stande. Eine Vereinbarung kann allerdings auch dadurch geschlossen werden, dass die Wohnungseigentümer **sukzessive einem Vertragstext** (einer Vorlage) **zustimmen** (*KG* WE 1989, 135; zum Vertragsschluss durch Zustimmung zu einem Text s. *Merle* FS Wenzel, S. 251, 255 ff. und Staudinger / *Bork* Vorbem. zu §§ 145 ff. Rn. 38). Man kann insoweit von einem »Beitritts-«, »Adhäsions-« (Bärmann / *Pick* / Merle Rn. 26) oder »schuldrechtlichen Kollektivvertrag« sprechen (*OLG Köln* DNotZ 2002, 223, 227 = ZMR 2002, 73). Die Bestimmungen der §§ 145 ff. BGB sind für diesen Fall zwar nicht gedacht, können aber analog herangezogen werden (Staudinger / *Bork* Vorbem. zu §§145 ff. Rn. 38 m. w. N. auch zur Gegenansicht). Zur Form von Vereinbarungen s. Rn. 155.

94 Fehlt bei einer Vereinbarung die Zustimmung eines Wohnungseigentümers, ist diese auch **nicht zustande gekommen**. Eine solche »fehlgeschlagene« Vereinbarung kann nicht im Wege der Auslegung und Umdeutung als Beschluss verstanden werden (*Wenzel* NZM 2003, 217, 220; *Schuschke* NZM 2001, 497, 499; offen gelassen von *BGH* BGHZ 151, 164, 175 = ZMR 2002, 766 = MDR 2002, 1427 = ZWE 2002, 570 = NJW 2002, 3240). Nicht die Vereinbarung, wohl aber die ihr zu Grunde liegende Willenserklärung unterliegt den **allgemeinen Vorschriften** des Bürgerlichen Gesetzbuches. Jeder Wohnungseigentümer kann daher seine Willenserklärung z. B. nach §§ 119 ff. BGB anfechten (*Schuschke* NZM 2001, 497, 499). Ferner sind etwa §§ 133, 157, 242 BGB einschlägig (s. zu § 242 BGB und den daraus etwa erwachsenden Treuepflichten Rn. 40). §§ 320 ff. BGB sind allerdings nur insoweit anwendbar, wie sie auf die Besonderheiten des Wohnungseigentumsgesetzes Rücksicht nehmen. Etwa die Einrede des nichterfüllten Vertrages scheidet aus. Auch eine Dereliktion ist nicht möglich (vgl. § 11 Rn. 20).

III. Gegenstand

Gegenstand einer Vereinbarung i. S. v. § 10 Abs. 2 und Abs. 3 WEG ist das Verhältnis der Wohnungseigentümer untereinander in Ergänzung oder Abweichung von Vorschriften des Wohnungseigentumsgesetzes sowie die Abänderung oder Aufhebung solcher Vereinbarungen. Vereinbarungen der Wohnungseigentümer haben **idealtypisch** eine Bestimmung zum Inhalt, die abstrakt-allgemein und rechtsgestaltend eine unbestimmte Anzahl von Einzelfällen betrifft, indem sie für diese das Gesetz oder eine andere Vereinbarung ändern oder ergänzen. Vereinbarungen sind also im Grundsatz – wie auch das Gesetz – regelmäßig auf Dauer angelegt und auf die Zukunft ausgelegt. Auf solche Materien sind Vereinbarungen nach den allgemeinen Grundsätzen aber **nicht** beschränkt. Nach dem Gesetz ist nicht ausgeschlossen, dass die Eigentümer auch etwas vereinbaren, was bereits im Gesetz selbst geregelt ist (s. Rn. 97). 95

Ferner sind **Vereinbarungen in Beschlussangelegenheiten**, also solche Materien, für die den Wohnungseigentümern bereits nach dem Gesetz eine Beschlussmacht eingeräumt und die durch Beschluss regelbar ist, vorstellbar und durchaus üblich (s. Rn. 75 ff.). 96

IV. Gesetzeswiederholende Vereinbarungen

Wiederholt eine durch eine Vereinbarung getroffene Bestimmung ganz oder teilweise das Gesetz, etwa die Anordnung des § 16 Abs. 2 WEG, ist auszulegen, ob diese Bestimmung als ein **dynamischer Hinweis** auf die jeweilige gesetzliche Regelung zu verstehen ist oder als Gegenstand einer selbstständigen **Vereinbarung** angesehen werden muss (*OLG Frankfurt a. M.* OLGZ 1983, 180; *BayObLG* BayObLGZ 1972, 150 = NJW 1972, 1376 = ZMR 1972, 313). Diese Frage ist vor allem, aber nicht nur dann zu klären, wenn sich das Gesetz geändert hat. In der Rechtsprechung wird die Ansicht vertreten, dass durch einen bloßen Hinweis auf eine gesetzliche Regelung dessen Inhalt **nicht** vereinbart wird (*OLG Frankfurt a. M.* OLGZ 1983, 180; BayObLGZ 1972, 150 = NJW 1972, 1376 = ZMR 1972, 313). Dem ist nicht zu folgen. In Anlehnung an die Rechtsprechung des Bundesgerichtshofes zu den gesetzlichen Kündigungsfristen im Mietrecht (*BGH* ZMR 2003, 655) wird man **im Zweifel** annehmen müssen, dass die Eigentümer die bei Vertragsschluss geltende, gesetzliche Regelung durch die Wiederholung im Teilungsvertrag / der Teilungserklärung in ihren **Parteiwillen** aufnehmen (arg. § 307 Abs. 3 BGB). Gesetzliche Vorschriften, die Gegenstand vertraglicher Vereinbarung werden, erhalten dadurch einen von der gesetzlichen Regelung losgelösten, **vertraglichen** Geltungsgrund. 97

V. Verträge gegenüber Dritten

Schließen die Wohnungseigentümer einen Vertrag über andere Materien als gerade ihr Innenverhältnis als Eigentümer, z. B. eine Regelung zur Benutzung eines Nachbargrundstücks, ist dieser Vertrag keine Vereinbarung i. S. v. § 10 Abs. 2 S. 2 WEG (*OLG Hamburg* Rpfleger 1980, 112; *BayObLG* Rpfleger 1979, 420; *OLG Frankfurt a. M.* Rpfleger 1975, 179). Um die Verhältnisse der Wohnungseigentümer zu einem Dritten zu ordnen, bedarf es grundsätzlich (s. Rn. 64) eines **weiteren** gegenüber diesem vorgenommenen **Rechtsgeschäfts**. Allerdings können Verträge gegenüber Dritten **zugleich** eine Vereinbarung der Wohnungseigentümer sein (s. auch Rn. 119). Ferner bedarf das Innenverhältnis der Wohnungseigentümer gegenüber ihren Funktionsträgern keines weiteren Rechtsgeschäftes (s. Rn. 62). 98

VI. Sachenrechtliche Zuordnungen

Ein Vertrag über die Eigentumsverhältnisse des Gemeinschafts- und Sondereigentums, also über die Frage 99

- ob Gemeinschaftseigentum in Sondereigentum (oder umgekehrt) umgewandelt werden soll, 100
- ob die Miteigentumsquoten zu ändern sind (*OLG Saarbrücken* NZM 2005, 423; *OLG Celle* OLGReport Celle 2004, 79) oder
- ob Teil- oder Wohnungseigentum vorliegt und ob und ggf. wie die Qualifizierung geändert wird (insoweit str, s. § 3 Rn. 20 ff.),

§ 10 | Allgemeine Grundsätze

101 ist von der mit § 10 WEG angesprochenen inhaltlichen Ausgestaltung des Gemeinschaftsverhältnisses zu unterscheiden und **keine Vereinbarung** im dortigen Sinne (*BGH* ZfIR 2004, 1006, 1007 = ZMR 2005, 59 = NJW 2005, 10; NJW 2003, 2165, 2166 = NZM 2003, 480 = MDR 2003, 864 = ZWE 2003, 263 mit Anm. *Hügel* = MietRB 2003, 1; *OLG Saarbrücken* NZM 2005, 423 = MietRB 2005, 151 mit Anm. *Hügel*; *OLG Celle* OLGReport 2004, 79; *BayObLG* BayObLGZ 2001, 279, 283 = NZM 2002, 70; NZM 2000, 668; *KG* ZMR 1999, 204, 205; *Häublein* DNotZ 2000, 442, 451; a. A. *Röll* DNotZ 1998, 346). Wie ein Vergleich zwischen § 5 Abs. 3 und Abs. 4 WEG zeigt, trennt das Gesetz zwischen den **Innenbeziehungen der Wohnungseigentümer** einerseits und **sachenrechtlichen Fragen** andererseits. Es knüpft an diese Unterscheidung auch verschiedene Rechtsfolgen (*Häublein* DNotZ 2000, 442, 450): Während nach § 5 Abs. 3 WEG für eine Veränderung der sachenrechtlichen Zuordnung eine Einigung der Wohnungseigentümer **und** die Grundbucheintragung erforderlich ist, bedarf es für die Wirksamkeit einer Vereinbarung über das Innenverhältnis gem. § 10 Abs. 3 WEG nur dann einer Eintragung, wenn auch Sondernachfolger an eine Vereinbarung gebunden werden sollen. Vereinbarungen, durch die ein Wohnungseigentümer die Miteigentumsanteile ändern (*OLG Saarbrücken* NZM 2005, 423 = MietRB 2005, 151 mit Anm. *Hügel*), Gemeinschafts- in Sondereigentum umwandeln, oder nach denen die vorweggenommene Zustimmung zu einer solchen Umwandlung erteilt ist, unterfallen damit nicht § 10 Abs. 3 WEG (*BGH* NJW 2003, 2165, 2166 = NZM 2003, 480 = MDR 2003, 864 = ZWE 2003, 263 mit Anm. *Hügel* = MietRB 2003, 10; *BayObLG* BayObLGZ 2001, 279, 283; *KG* NZM 1998, 581, 582; *Kümmel* Bindung, S. 6; *Häublein* DNotZ 2000, 442, 450). Ein Vertrag über die sachenrechtliche Zuordnung wirkt nicht nach § 10 Abs. 3 WEG gegen Sondernachfolger (*BGH* NJW 2003, 2165, 2166 = NZM 2003, 480 = MDR 2003, 864 = ZWE 2003, 263 mit Anm. *Hügel* = MietRB 2003, 1; *BayObLG* BayObLGZ 2001, 279, 283; *KG* NZM 1998, 581, 582; *Häublein* DNotZ 2000, 442, 450).

102 Die Rechtverhältnisse an einem **anderen** Grundstück, das nicht im gemeinschaftlichen Eigentum steht, können nicht Gegenstand einer Regelung des Gemeinschaftsverhältnisses sein, sei es in der Form einer Vereinbarung (§ 10 Abs. 2 WEG), sei es als Beschlussfassung der Wohnungseigentümer (§ 23 WEG), sei es durch gerichtliche Entscheidung (*OLG Hamm* ZMR 2006, 707, 708; FGPrax 2004, 210; NJW-RR 1997, 522; *OLG Düsseldorf* FGPrax 2003, 121).

VII. Gemeinschaftsordnung

103 Sämtliche Vereinbarungen und alle Organisationsbeschlüsse bilden die Gemeinschaftsordnung (s. dazu ausführlich § 3 Rn. 111 ff. und § 8 Rn. 44 ff.). Die Gemeinschaftsordnung ist dabei der »Sammelbegriff« unter dem alle – auch die nicht eingetragenen –Vereinbarungen (auch solche in Beschlussangelegenheiten) und Organisationsbeschlüsse der Wohnungseigentümer zu verstehen sind.

VIII. Möglichkeit einer Vereinbarung

104 Die Wohnungseigentümer haben nach § 10 Abs. 2 S. 2 WEG keine Möglichkeit, durch eine Vereinbarung **zwingendes Recht** abzuändern oder zu ergänzen. Eine entsprechende Vereinbarung wäre ebenso wie ein Beschluss nach § 134 BGB nichtig. Die Wohnungseigentümer sind gem. § 10 Abs. 2 S. 2 WEG aber prinzipiell berechtigt, sämtliche dispositiven gesetzlichen Regelungen – und natürlich ihre eigenen Vereinbarungen – im Wege der Vereinbarung zu ergänzen oder abweichend zu vereinbaren.

105 Die Wohnungseigentümer sind freilich auf eine Änderung und Ergänzung von Gesetz und Vereinbarungen nicht beschränkt. Ihnen steht es frei, die »Handlungsform« Vereinbarung auch dann zu wählen, wenn sie für den Regelungsgegenstand auch eine **Beschlusskompetenz** besitzen. In allen Beschlussmaterien ist auch eine Vereinbarung möglich (Rn. 71). Eine solche Vereinbarung ist aber i. d. R. nicht beschlussfest (s. Rn. 75 ff.). Ist im Einzelfall zweifelhaft, welche Entscheidungsform vorliegt, muss durch Auslegung ermittelt werden, was vorliegt (s. dazu § 3 Rn. 122).

IX. Erforderlichkeit einer Vereinbarung (Kompetenzlehre)

Eine der Kernfragen des Wohnungseigentumsrechtes ist es, ob die Eigentümer eine Angelegenheit beschließen können oder ob für diese eine **Vereinbarung notwendig** ist (*Hügel* MietRB 2004, 294, 295). Diese Klärung ist nicht nur bestimmend für die Frage, welches Instrument in einer Angelegenheit zu wählen ist, sondern auch für die Fragen, ob ein Vertrag (z. B. ein Vergleich) nach außen nur von allen Eigentümern geschlossen werden kann, ob Mehrheitsmacht greift (s. *KG* MietRB 2004, 294, 295) oder ob und ggf. wie eine Bestimmung anzugreifen ist. **Überblick:** 106

– Eine erste Gruppe von Angelegenheiten kann – sofern nichts anderes vereinbart ist – nur vereinbart, hingegen nicht beschlossen werden. Wollen die Wohnungseigentümer die Sache dennoch durch Beschluss ordnen, ist der Beschluss nichtig (gesetzes- oder vereinbarungsändernder Beschluss). 107
– Eine zweite Gruppe von Angelegenheiten kann vereinbart, aber auch beschlossen werden. Die Besonderheit besteht hier darin, dass die Wahl des Rechtsinstrumentes Beschluss nicht ordnungsmäßig ist, weil die Wohnungseigentümer im Wege der Vereinbarung hätten handeln müssen (vereinbarungsersetzender Beschluss). Ein ordnungswidriger Beschluss ist anfechtbar.
– Eine dritte Gruppe von Angelegenheiten kann sowohl vereinbart als auch beschlossen werden (Vereinbarungen mit Beschlussinhalt, Rn. 75). Ein ordnungswidriger Beschluss ist nur anfechtbar. Die Vereinbarung ist nicht beschlussfest.

Aus den Bestimmungen der §§ 10, 23 WEG folgt der **Grundsatz**, dass die Eigentümer eine Angelegenheit regelmäßig vereinbaren, sie also vertraglich regeln müssen. Diese Anordnung entspricht dem allgemeinen Recht, nicht dem Gesellschaftsrecht: Ein rechtsgeschäftliche Bindung ist grundsätzlich das Ergebnis eines Schuldverhältnisses zwischen sämtlichen Parteien. Nur kraft eines Schuldverhältnisses ist der Gläubiger berechtigt, von dem Schuldner eine Leistung zu fordern. Die Möglichkeit, jemanden an die Entscheidung eines oder mehrerer anderer zu binden, **bedarf besonderer Legitimation**. Diese Begrenzung von Mehrheitsmacht, die bereits den allgemeinen Regelungen zu entnehmen ist, wird durch § 23 Abs. 1 WEG **nochmals herausgestrichen.** Eine Angelegenheit kann danach nur beschlossen werden, wenn die Eigentümer hierzu befugt sind (*BGH* BGHZ 145, 158, 168 [Zitterbeschluss] = NJW 2000, 3500 = ZMR 2000, 771; *Kümmel* ZWE 2000, 387, 390; *Rapp* DNotZ 2000, 864, 866). 108

Eine Legitimation für **Beschlussmacht** kann unmittelbar aus dem **Gesetz** folgen. Die Wohnungseigentümer können gem. § 23 Abs. 1 WEG Beschlussmacht aber auch vereinbaren (Öffnungsklausel, s. Rn. 273 ff.). Eine Frage der Mehrheitsmacht ist eine solche Legitimation nicht. In einer Zweitversammlung kann auch ein einzelner Eigentümer Beschlüsse fassen, es sei denn, etwas anderes ist vereinbart. 109

1. Gesetzes- oder vereinbarungsändernde Beschlüsse,

Die Wohnungseigentümer können ihre Angelegenheiten **nur durch eine Vereinbarung vertraglich regeln**, wenn eine dispositive gesetzliche Bestimmung (*Becker/Kümmel* ZWE 2001, 128, 135; *Merle* ZWE 2001, 49, 51) oder eine Vereinbarung abgeändert werden sollen (*BGH* BGHZ 145, 158, 168 [Zitterbeschluss] = NJW 2000, 3500 = ZMR 2000, 771; kritisch *Häublein* ZWE 2001, 2, 5 ff.). Ein Beschluss (»Zitterbeschluss«, »Pseudovereinbarung«), der an Stelle einer Vereinbarung das dispositive Gesetz oder eine Vereinbarung der Wohnungseigentümer für ihr Verhältnis untereinander als Regelung auf Dauer ändern oder aufheben will (**gesetzes- oder vereinbarungsändernder Beschluss**), ist nach den Strukturen des Wohnungseigentumsgesetzes nichtig. Die Nichtigkeit eines dennoch gefassten Beschlusses entspricht der Wirkung von fehlerhaften Rechtsgeschäften im übrigen Recht: Auch dort ist ein Rechtsgeschäft eines z. B. nicht Geschäftsfähigen oder ein solches, das gegen die guten Sitten oder ein Rechtsgeschäft, oder das – wie hier – gegen das Gesetz verstößt, nicht bloß anfechtbar, sondern nach §§ 105 ff., 134, 138 BGB nichtig (so auch *Kümmel* ZWE 2000, 387, 390). 110

Gesetzesändernden Charakter haben etwa Beschlüsse, nach denen die Kosten **der Instandsetzung des gemeinschaftlichen Eigentums dauerhaft** abweichend von § 16 Abs. 2 WEG nicht nach dem Verhältnis der Miteigentumsanteile, sondern nach einem anderen als dem gesetzlichen Kostenverteilungsschlüssel auf die Wohnungseigentümer umzulegen sind (§ 16 Abs. 4 WEG gibt 111

§ 10 | Allgemeine Grundsätze

nur für den Einzelfall eine Beschlusskompetenz). Vereinbarungsändernd ist etwa die Änderung des vereinbarten Objektprinzips in ein Wertprinzip.

112 Zulässig ist hingegen die **Ergänzung** des Gesetzes durch einen Beschluss (*Häublein* ZWE 2001, 2, 7; a. A. *Schmack/Kümmel* ZWE 2000, 433, 441), soweit das Gesetz nicht abschließend ist.

2. Vereinbarungsersetzende Beschlüsse

113 Eine Vereinbarung ist auch dann erforderlich, wenn die Wohnungseigentümer keine Öffnungsklausel vereinbart haben und eine Maßnahme den Gebrauch i. S. v. § 15 Abs. 2 WEG, die Verwaltung gem. § 21 Abs. 3 WEG oder eine Maßnahme der Instandhaltung oder Instandsetzung des gemeinschaftlichen Eigentums nach § 22 Abs. 1 WEG betrifft und **nicht ordnungsmäßig** ist. Auch in diesen Fällen räumt das Gesetz den Eigentümern keine Beschlusskompetenz ein. Ein dennoch gefasster Beschluss (**vereinbarungsersetzender Beschluss**) ist allerdings nicht nichtig, sondern als nicht ordnungsmäßig nur anfechtbar (*BGH* BGHZ 145, 158 [Zitterbeschluss] = NJW 2000, 3500 = ZMR 2000, 771; *Hagen* FS Wenzel, S. 201, 210 ff.; *Wenzel* ZWE 2001, 226, 234; *ders.* ZWE 2000, 2, 4; *Buck* WE 1998, 90, 92).

114 Die Anfechtbarkeit folgt allerdings nicht aus dem Gesetz. Nach den Wertungen des Wohnungseigentumsgesetzes müsste auch ein vereinbarungsersetzender Beschluss nichtig sein, weil **keine Beschlusskompetenz** besteht (s. nur *Lüke* ZfIR 2000, 881, 883 und *Rapp* DNotZ 2000, 864, 867) und der Beschluss nur umfassendes Regelungsinstrument für die Verwaltung, nicht für den Gebrauch ist (*Häublein* ZWE 2001, 2, 4). Die Anfechtbarkeit ist aber das Ergebnis der **praktisch gebotenen Abwägung** von Rechtsklarheit, Rechtssicherheit und Praktikabilität. Da die Frage, wann eine Maßnahme des Gebrauchs, der Verwaltung und der Instandhaltung ordnungsmäßig ist, stets von den Umständen des Einzelfalles abhängt und in der Praxis der Gerichte, vor allem der Amtsgerichte, fast immer schwierig zu entscheiden ist, sollte hier die Frage der Nichtigkeit nicht von dem unbestimmten Rechtsbegriff der »Ordnungsmäßigkeit« abhängen (*Schmack/Kümmel* ZWE 2000, 433, 442). Die Eigentümer besitzen in diesen Fällen also zwar keine Kompetenz, durch Beschluss zu entscheiden; der Kompetenzverstoß führt aber nach einer **Abwägung** zwischen Rechtsklarheit, Rechtssicherheit und der Tiefe des Verstoßes nur zur Anfechtbarkeit.

115 Vereinbarungsersetzende Beschlüsse sind wie jeder andere Beschluss, für den das Gesetz oder eine Vereinbarung Beschlussmacht einräumen, nur nach allgemeinen Grundsätzen nichtig.

3. Gesetzes- oder vereinbarungswidriger Beschluss

116 Werden das dispositive Gesetz oder eine Vereinbarung im Einzelfall falsch angewandt und verstößt also ein Beschluss gegen das Gesetz oder eine Vereinbarung (**gesetzes- oder vereinbarungswidriger Beschluss**), bezweckt die Maßnahme aber keine Regelung, die **Grundlage mehrerer Entscheidungen** oder **Legitimation mehrfachen Handelns** ist, ist ein Beschluss nicht ordnungsmäßig i. S. v. § 21 Abs. 4 WEG (s. a. *Wenzel* ZWE 2004, 130, 131). Es besteht in diesen Fällen aber eine Beschlusskompetenz. Der Beschluss »erschöpft« sich nämlich in seinem Vollzug. Er hat keine Änderung des Grundverhältnisses zum Inhalt und Ziel. Nach dem Gesetz ist eine Vereinbarung nicht erforderlich. Ein gesetzes- oder vereinbarungswidriger Beschluss ist nicht nichtig, sondern nur anfechtbar (*BGH* BGHZ 145, 158, 159 [Zitterbeschluss] = NJW 2000, 3500 = ZMR 2000, 771; *OLG Hamm* ZMR 2005, 306, 308; *BayObLG* GE 2004, 1596, 1597 = *BayObLG* ZMR 2004, 763).

4. Unterscheidung und Einzelfälle (Lehre von den Beschlusskompetenzen)

117 Für die Frage, wann ein Beschluss »gesetzes- oder vereinbarungsändernd« und wann er bloß »gesetzes- oder vereinbarungswidrig ist« – also wann er nichtig und wann er anfechtbar ist (**Lehre von den Beschlusskompetenzen**) –, wann also das Gesetz **eine Vereinbarung als Instrument erfordert** und wann ein Beschluss die richtige, jedenfalls aber mögliche Handlungsform ist, ist von den in § 10 Abs. 2 S. 2 WEG genannten **drei Prüfsteinen** auszugehen (*Wenzel* FS Bub, S. 249, 255 ZWE 2004, 226, 233; s. a. *Hagen* FS Wenzel, S. 201, 210 ff.). Eine Vereinbarung ist danach zur Regelung einer Angelegenheit erforderlich und ein Beschluss nichtig, wenn

118 – die Wohnungseigentümer für ihr Verhältnis untereinander
   – eine Regelung treffen

– in »Änderung oder Ergänzung« verbindlicher Normen (gesetzlicher Bestimmungen bzw. anderer Vereinbarungen).

a) Verhältnis untereinander

Das Merkmal »Verhältnis untereinander« grenzt Vereinbarungen von Verträgen der Wohnungseigentümer mit Dritten oder mit Bezug auf den Verband ab. Solche Verträge sind nicht dazu bestimmt, wie eine Satzung das Innenverhältnis der Wohnungseigentümer zu regeln. Solche Verträge können freilich **Rückwirkungen für das Innenverhältnis** entfalten und also zugleich **auch** eine Vereinbarung sein. Eine Beschlusskompetenz ist also keinesfalls sicher (s. aber *Wenzel* ZWE 2001, 226, 233).

Wichtigstes Beispiel hierfür sind der Verwaltervertrag und der gerichtliche Vergleich mit einem **Nichteigentümer**. Beide Verträge sind zweifellos solche mit Dritten und dienen nicht dem Verhältnis der Wohnungseigentümer untereinander. In beiden können die Wohnungseigentümer aber auch **für ihr Innenverhältnis** Regelungen treffen (*Wenzel* FS Bub, S. 249, 255). So können sie für sich im Verwaltervertrag z. B. bestimmte Verzugsbestimmungen treffen oder die Fälligkeit und den kalendermäßigen Verzug mit ihren monatlichen Beitragsvorschüssen festlegen (*KG* ZMR 2000, 60, 61; *BayObLG* WE 1994, 137 = WuM 1995, 56), in einem gerichtlichen Vergleich hingegen etwa einen ordnungsmäßigen Gebrauch vereinbaren.

b) »Regelung« versus Einzelfallmaßnahme

Treffen die Wohnungseigentümer eine Regelung, ist damit bezweckt, künftig sich in einer unbekannten Vielzahl von Fällen in gleicher Weise zu verhalten. Eine Regelung dient als eine Legitimationsgrundlage für weitere, künftige Entscheidungen. Eine Regelung setzt gleichsam Recht und greift in das Grundverhältnis der Eigentümer ein (*Wenzel* ZWE 2004, 130, 131; *ders.* ZWE 2001, 226, 234). Eine »Regelung« ist von einer Einzelfallmaßnahme zu unterscheiden. Eine Einzelfallmaßnahme erschöpft sich in ihrem Vollzug oder ist Grundlage für eine einzige, ggf. spätere Handlung. Prüfsteine zur Unterscheidung der beiden Begriffe können sein:

– ob es sich bei einer Angelegenheit um das andauernde Verhältnis der Wohnungseigentümer untereinander oder um einen konkreten Einzelfall handelt;
– ob eine Angelegenheit dauerhaft geregelt oder nur im Einzelfall entschieden wird;
– ob eine Angelegenheit dauerhaft abweichend vom Gesetz oder einer Vereinbarung gehandhabt werden soll;
– ob im Einzelfall von einer an sich geltenden Bestimmung abgewichen werden soll.

c) Änderung oder Ergänzung

Ob eine Bestimmung etwas ändert oder ergänzt, ist danach zu bestimmen, ob es bereits eine gesetzliche Vorschrift oder eine Vereinbarung gibt, die die zu regelnde Angelegenheit anders regelt oder teilweise zum Gegenstand hat (s. *Kümmel* Bindung, S. 35 ff.). Eine Kontrollüberlegung ist, was gilt, wenn die neue Bestimmung hinweggedacht wird: Eine vom Gesetz abweichende oder eine diese ergänzende Bestimmung ist dann daran zu erkennen, dass an ihre Stelle die originäre und »nackte« gesetzliche Regelung tritt (*Becker/Kümmel* ZWE 2001, 128, 131) oder eine zunächst verdrängte vertragliche Regelung treten soll.

Etwa eine in der Teilungserklärung enthaltene Regelung, wonach das Sondereigentum im Interesse des friedlichen Zusammenlebens der Hausgemeinschaft so auszuüben ist, dass weder einem anderen Miteigentümer noch einem Hausbewohner über das bei einem geordneten Zusammenleben unvermeidliche Maß hinaus ein Nachteil erwächst und dass dies insbesondere für die Tierhaltung und die Musikausübung gilt, hindert die Wohnungseigentümer nicht, durch Mehrheitsbeschluss im Rahmen des ordnungsmäßigen Gebrauchs über eine Einschränkung oder ein Verbot der Tierhaltung zu entscheiden (*OLG Düsseldorf* FGPrax 2005, 112).

d) Einzelfälle und Rechtsprechung

Seit der Kehrtwendung des Bundesgerichtshofes in seiner Entscheidung zu den sog. »Zitterbeschlüssen« (*BGH* BGHZ 145, 158 ff. [Zitterbeschluss] = NJW 2000, 3500 = ZMR 2000, 771) sind Rechtsprechung und Schrifttum bemüht herauszuarbeiten, wann die Wohnungseigentümer für eine Angelegenheit eine Beschlusskompetenz besitzen, wann diese fehlt, einen dennoch gefassten

§ 10 | Allgemeine Grundsätze

Beschluss aber nur anfechtbar macht und wann eine gegen das gesetzliche Kompetenzgefüge verstoßende Beschlussfassung nichtig ist. Eine abschließende Klärung und sichere Abgrenzung gelang noch nicht und wird auch weiterhin schwierig sein (s. auch *Hügel* MietRB 2004, 294, 295). Die Rechtsprechung zu dieser Problematik bis zum 1.7.2007 sowie die veröffentlichten Stellungnahmen (z. B. *Drasdo* Wohnungseigentümerversammlung, Rn. 744 ff., *Bielefeld* WE 2003, 79 ff. und 117 ff.; *Wenzel* ZWE 2001, 226, 236 ff.) kann ferner nur mit Vorsicht zur Lösung von Fällen genutzt werden. Angesichts der durch das Gesetz zur Änderung des Wohnungseigentumsgesetzes und anderer Gesetze vom 26.3.2007 (BGBl. I S. 370) **neu hinzugekommenen Beschlusskompetenzen** sind eine Vielzahl **früherer Entscheidungen** und Ansichten, vor allem solche zwischen 2001 und 2007, **überholt** (s. dazu den Überblick Vorauflage Rn. 123 ff.).

aa) Kosten

126 Ob ein Kostenbeschluss **ordnungsmäßig, ordnungswidrig oder nichtig** ist, bemisst sich nach den allgemeinen Vorschriften, wann ein Beschluss ordnungsmäßig ist sowie danach, ob die Maßnahme unter §§ 16 Abs. 3, 21 Abs. 7 WEG subsumiert werden kann oder aber dem Anwendungsbereich des § 16 Abs. 4 WEG unterfällt. Soweit die Wohnungseigentümer nämlich entgegen des in § 16 Abs. 4 WEG normierten »Einzelfalls« eine dauerhafte Kostenregelung treffen, ist diese weiterhin nichtig und nicht nur anfechtbar (dazu § 16 Rn. 119).

(1) § 16 Abs. 3 WEG

127 Die Wohnungseigentümer besitzen seit dem 1.7.2007 (zur früheren Rechtslage s. *OLG Düsseldorf* ZMR 2004, 528, 529 = WuM 2003, 518; ZMR 2001, 721; ZMR 2001, 837; *OLG Köln* ZMR 2003, 832; *BayObLG* ZMR 2001, 297; *Wenzel* ZWE 2001, 226, 235) nach § 16 Abs. 3 WEG die Kompetenz, im Wege des Beschlusses den gesetzlichen oder einen vereinbarten oder beschlossenen Kostenverteilungsschlüssel für die Betriebskosten des Gemeinschafts- und des Sondereigentums sowie für die Verwaltungskosten abzuändern (dazu § 16 Rn. 56 ff.).

(2) § 16 Abs. 4 WEG

128 Die Wohnungseigentümer können im **Einzelfall** zur Instandhaltung oder Instandsetzung i. S. d. § 21 Abs. 5 Nr. 2 WEG oder zu baulichen Veränderungen oder Aufwendungen i. S. d. § 22 Abs. 1 und 2 WEG durch Beschluss die Kostenverteilung regeln (dazu § 16 Rn. 93 ff.). Bestimmen die Wohnungseigentümer im Wege des Beschlusses, dass eine Kostenregelung **dauerhaft** geltend soll, ist der Beschluss in Ermangelung einer Kompetenz vollständig **nichtig** (§ 16 Rn. 99). Sieht z. B. eine Vereinbarung für Gebäude und Tiefgaragen gesonderte Kostenverteilungsschlüssel vor, ist ein Beschluss nichtig, nach dem künftig nur noch eine Instandhaltungsrückstellung unter Anwendung des für das Gebäude geltenden Kostenverteilungsschlüssels angesammelt wird (*BayObLG* FGPrax 2002, 254 = ZMR 2003, 213).

(3) § 21 Abs. 7 WEG

129 Die Wohnungseigentümer können nach § 21 Abs. 7 WEG »die Regelung der Art und Weise von Zahlungen, der Fälligkeit und der Folgen des Verzugs sowie die Kosten für eine besondere Nutzung des gemeinschaftlichen Eigentums oder für einen besonderen Verwaltungsaufwand mit Stimmenmehrheit beschließen« (dazu § 21 Rn. 282 ff.). Ein Beschluss, der allgemein den **Verzugszins** für Wohngeldschulden abweichend vom Gesetz festlegt, ist wirksam (zum früheren Recht *BayObLG* ZMR 2003, 365). Auch ein Beschluss, einzelne Teileigentumseinheiten entgegen dem in der Gemeinschaftsordnung festgelegten Kostenverteilungsschlüssel mit einer **einmaligen Sonderumlage** wegen erhöhten Wasserverbrauchs zu belasten, ist wirksam (s. bereits *BayObLG* ZMR 2003, 590; ZMR 2001, 822; *OLG Köln* OLGReport Köln 2002, 335; *Wenzel* ZWE 2001, 226, 236). Wenn einem Sondereigentümer bestimmte Verwaltungskosten – z. B. Gutachterhonorare – in der Jahresabrechnung gem. § 28 WEG auferlegt werden, ist der entsprechende Beschluss – sofern er angekündigt ist (s. § 16 Rn. 82) – wirksam (s. auch *BayObLG* ZMR 2006, 217, 218; *KG* ZMR 2003, 874, 875; 2001, 307, 308). Bestimmt eine Vereinbarung die Kostenverteilung nach dem Verhältnis der Miterbbaurechts- bzw. Teilerbbaurechtsanteile, stellt die Auferlegung einer Gebühr für die Saunanutzung einen wirksamen Beschluss dar (zum früheren Recht *OLG Düsseldorf* ZMR 2004, 528 = FGPrax 2003, 158 = OLGReport Düsseldorf 2003, 377; *Merle* ZWE 2006, 128, 129). Die Woh-

nungseigentümer haben auch die Befugnis, durch Beschluss eine **allgemeine Bestimmung** über die Fälligkeit von Beitragsforderungen zu treffen, die über den zeitlichen Geltungsbereich des für das jeweilige Kalenderjahr beschlossenen Wirtschaftsplans hinausgeht (zum früheren Recht BGH BGHZ 156, 279, 293 [Verfallklausel] = NJW 2003, 3550 = ZMR 2003, 943 = NZM 2003, 946). Die Eigentümer können nach § 21 Abs. 7 WEG ferner das **Lastschriftverfahren** durch **Beschluss** einführen (*BayObLG* NJW-RR 2002, 1665 = ZMR 2002, 607; s. dazu *Riecke/Schmidt/Elzer* Rn. 153 ff.). Im Rahmen ihrer Beschlusskompetenz können die Wohnungseigentümer die Zahlung der Wohngelder als »Sammelüberweisungen« verbieten und Einzelüberweisungen unter Angabe der Wohnung, für welche die Zahlung geleistet wird, verlangen (*OLG Düsseldorf* ZMR 2001, 723). Auch ein Beschluss, wonach ein Wohnungseigentümer, der mit zwei Hausgeldraten in Verzug gerät, für das betreffende Wirtschaftsjahr den gesamten Jahresrestbetrag sofort zu zahlen hat, ist wirksam (*BGH* BGHZ 156, 279, 290 [Verfallklausel] = NJW 2003, 3550 = ZMR 2003, 943 = NZM 2003, 946; a. A. zum früheren Recht *OLG Zweibrücken* OLGReport Zweibrücken 2002, 422 = ZWE 2002, 542, 544; *OLG Hamm* WE 1996, 33, 37). Die Fälligkeit von Beitragsvorschüssen aus dem konkreten Wirtschaftsplan unterliegt der Beschlusskompetenz der Wohnungseigentümer (s. bereits *Merle* ZWE 2003, 290; *Greiner* ZMR 2002, 647; *Wenzel* ZWE 2001, 226, 237).

bb) Persönliche Leistungsverpflichtungen

Die Wohnungseigentümer besitzen nach heute h. M. keine Kompetenz, eine **persönliche Leistungspflicht** im Wege des Beschlusses zu begründen (*BGH* BGHZ 163, 154, 173 [Teilrechtsfähigkeit] = ZMR 2005, 547; *OLG Zweibrücken* NJW 2007, 2417 = ZMR 2007, 646 = NZM 2007, 572 = ZWE 2007, 315 mit Anm. *Drabek* = IMR 2007, 256 mit Anm. *Elzer*; *AG Neukölln* ZMR 2005, 315, 316; *Schmidt/Riecke* ZMR 2005, 252, 258 ff.; *Wenzel* NZM 2004, 542, 543; offen gelassen von *OLG Köln* ZMR 2005, 229, 230 und *OLG Düsseldorf* OLGReport Düsseldorf 2005, 297, 299), soweit nicht eine Verpflichtung bereits aus dem **Gesetz** oder einer **Vereinbarung** folgt. Nach überkommener Rechtsprechung ist eine **Anspruchsbeschaffung** oder **Anspruchsvernichtung** (*BayObLG* ZMR 2005, 65, 66; ZMR 1994, 430) durch Beschluss hingegen möglich und jedenfalls nicht nichtig (*BayObLG* NZM 2004, 388; ZMR 2003, 433; ZMR 1996, 623; *OLG Köln* ZMR 2004, 939, 940; ZMR 2004, 215; *OLG Hamburg* ZMR 2003, 447). 130

Die Wohnungseigentümer sind nicht legitimiert, **außerhalb des Bereichs der Kosten und Lasten** des gemeinschaftlichen Eigentums Ansprüche durch Beschluss der Mehrheit von ihnen entstehen zu lassen. Sie können zwar beschließen, ob und in welchem Umfang ein Leistungsanspruch gegen einen Miteigentümer geltend gemacht werden soll, nicht dagegen auch einen entsprechenden Anspruch ohne gesetzlichen Schuldgrund konstituieren. Das gilt namentlich für Beschlüsse, die einem Wohnungseigentümer die Beseitigung bestimmter baulicher Veränderungen aufgeben, und zwar unabhängig davon, ob die betreffende Baumaßnahme rechtmäßig war oder nicht (*OLG Zweibrücken* NJW 2007, 2417 = ZMR 2007, 646 = NZM 2007, 572 = ZWE 2007, 315 mit Anm. *Drabek* = IMR 2007, 256 mit Anm. *Elzer*; *Schmidt/Riecke* ZMR 2005, 252, 260; *Wenzel* NZM 2004, 542, 544; vgl. auch *Briesemeister* ZWE 2003, 307 ff.). Gegenstand einer nichtigen Anspruchsbegründung können z. B. **Zahlungspflichten** sein, vor allem Schadensersatzansprüche, **Beseitigungspflichten**, vor allem die Entfernung baulicher Veränderungen und aktive **Instandsetzungs- und Gebrauchspflichten**. Für die sog. »tätige Mithilfe« muss unterschieden werden, ob eine Pflicht begründet oder nur ausgestaltet werden soll (dazu im Zusammenhang § 16 Rn. 167). 131

Ob etwas anderes angenommen werden kann, wenn ein Wohnungseigentümer einer beschlossenen Regelung **ausdrücklich zustimmt** und dadurch eine Bindung herbeiführt, ist noch offen. Es ist jedenfalls vorstellbar, dass sich ein Wohnungseigentümer der Bindung auch einer bloßen Mehrheitsentscheidung unterwirft und auf die Geltendmachung weiterer Ansprüche verzichtet (*AG Neukölln* ZMR 2005, 315, 316; zu materiellen Bindungsverträgen *Jacoby* Der Musterprozessvertrag, S. 92). Auch ein **entsprechender prozessualer Bindungsvertrag** ist vorstellbar (*Jacoby* Der Musterprozessvertrag, S. 121). 132

Ob die Wohnungseigentümer selbstständige Leistungspflichten begründen wollen, setzt immer eine eindeutige Feststellung voraus, dass das Bewusstsein und der Wille der Mehrheit bei der Beschlussfassung dahin gingen, die Sonderverpflichtung gerade durch den Beschluss konstitutiv, 133

§ 10 | Allgemeine Grundsätze

also unabhängig von möglichen gesetzlichen Ansprüchen, festzulegen (*OLG Zweibrücken* NJW 2007, 2417 = ZMR 2007, 646 = NZM 2007, 572 = ZWE 2007, 315 mit Anm. *Drabek* = IMR 2007, 256 mit Anm. *Elzer*; *OLG Hamm* ZWE 2006, 228, 231 mit Anm. *Becker* = ZMR 2006, 630). Ob Letzteres der Fall ist, muss im jeweiligen Einzelfall nach Wortlaut und Sinn des Mehrheitsbeschlusses durch Auslegung ermittelt werden.

cc) Wirtschaftsplan

134 Ein Beschluss, der unabhängig von einem konkreten Wirtschaftsplan generell die Fortgeltung eines **jeden** Wirtschaftsplanes (Fortgeltung aller künftigen Wirtschaftspläne) zum Gegenstand hat, ist nichtig (*KG* ZMR 2005, 221, 222 = KGReport 2004, 350, 352; *BayObLG* ZMR 2003, 279; *OLG Düsseldorf* ZMR 2003, 862 = NZM 2003, 810; *AG Neukölln* WE 2003, 111). Ein solcher Beschluss wird in aller Regel aber so ausgelegt werden können, dass er **nur die nächsten Jahre** erfasst. Dann ist er wirksam. Der Beschluss, dass die Eigentümer auf die Genehmigungsbedürftigkeit von Einzelabrechnungen (Einzelwirtschaftsplan und Einzeljahresabrechnung) »verzichten« ist als Verstoß gegen § 28 Abs. 5, Abs. 1 S. 2 Nr. 2 WEG nichtig (*BayObLG* FGPrax 2005, 59, 61). Eine entsprechende Vereinbarung wäre möglich (*BayObLG* NZM 1999, 1058).

135 Ein Beschluss über die Fortgeltung eines **einzelnen** Wirtschaftsplans bis zur Beschlussfassung über den nächsten Wirtschaftsplan **widerspricht nicht** Grundsätzen ordnungsmäßiger Verwaltung und übersteigt nicht die Beschlusskompetenz der Wohnungseigentümer (*KG* ZMR 2005, 221, 222 = KGReport 2004, 350, 352; NJW 2002, 3482 = ZMR 2002, 460; *BayObLG* ZMR 2003, 280; *OLG Düsseldorf* ZMR 2003, 767 = NZM 2003, 854; ZMR 2002, 460; WE 1993, 221; *Wenzel* ZWE 2001, 226, 237). § 28 Abs. 1 WEG steht nicht entgegen. Er sagt nur, dass jeweils für ein Kalenderjahr ein Wirtschaftsplan aufzustellen ist, dass also von einer einjährigen Wirtschaftsperiode auszugehen ist. Dem Gesetz ist aber kein Verbot zu entnehmen, dass nicht schon für die folgende Wirtschaftsperiode Vorsorge getroffen wird, damit keine Karenzzeiten hinsichtlich der monatlichen Beitragsvorschüsse entstehen (*Wenzel* ZWE 2001, 226, 237). Erst eine mehrheitlich beschlossene generelle Fortgeltung aller künftigen Wirtschaftspläne übersteigt die Beschlusskompetenz (*KG* ZMR 2005, 221, 222 = KGReport 2004, 350, 352; *BayObLG* ZMR 2003, 279; *OLG Düsseldorf* ZMR 2003, 862 = NZM 2003, 810; s. Rn. 129).

dd) Sondernutzungsrechte und Gebrauchsrechte

136 Durch einen Beschluss können die Wohnungseigentümer nach ganz h. M. kein Sondernutzungsrecht begründen (*BGH* BGHZ 145, 158 [Zitterbeschluss] = NJW 2000, 3500 = ZMR 2000, 771; *BayObLG* FGPrax 2005, 106, 107; *OLG Hamm* ZMR 2005, 400; *OLG Düsseldorf* ZMR 2004, 931, 932; ZMR 2003, 955; *OLG Hamburg* ZMR 2003, 442; *OLG Frankfurt a. M.* WE 2001, 29; *OLG Köln* ZMR 2001, 572; kritisch *Becker/Kümmel* ZWE 2001, 128, 136). Ein Beschluss ist umgekehrt auch nichtig, wenn er ein **Sondernutzungsrecht beschränkt** (*BayObLG* ZMR 2005, 383, 384).

137 Problematisch bei dieser Ansicht ist, dass es bei der Einrichtung eines Sondernutzungsrechtes wie bei der Vermietung von Gemeinschaftseigentum (s. dazu *BGH* BGHZ 144, 386 ff. = ZMR 2000, 845 = MDR 2000, 1182 = NJW 2000, 3211; *OLG Hamburg* ZMR 2003, 444), letztlich nicht um einen Gebrauchsentzug, sondern um eine **Regelung des Gebrauchs** geht, die aber **beschlossen** werden kann (*Buck* NZM 2000, 644, 649; *ders.* WE 1998, 90). Eine Trennung zwischen zu **vereinbarenden Sondernutzungsrechten** und **beschließbaren Gebrauchsregelungen** (z. B. anhand der Prüfsteine Ausschließlichkeit, Bestimmtheit, Dauer, Gegenleistung, Kompensation oder Widerruflichkeit) ist letztlich **gekünstelt** und **praktisch willkürlich** (a. A. *Wenzel* ZWE 2001, 226, 231). Die Überlegung, ein Beschluss über die Vermietung des Gemeinschaftseigentums schaffe bloß die Voraussetzung dafür, das Räume im Gemeinschaftseigentum vermietet werden können, entziehe aber nicht den Wohnungseigentümern das Recht zum Mitgebrauch und regele nur die Art und Weise der Ausübung (*BGH* BGHZ 144, 386, 389 = ZMR 2000, 845 = MDR 2000, 1182 = NJW 2000, 3211), ist **nicht überzeugend**. Diese Überlegung kann für die Begründung von Sondernutzungsrechten gleichfalls ins Feld geführt werden.

138 Auch sind die Ergebnisse willkürlich: Vermieten die Eigentümer z. B. Parkflächen an die Eigentümer A–D für unbestimmte oder bestimmte Zeit (in einem Fall des *OLG Frankfurt a. M.* OLGReport Frankfurt 2005, 334, 335, für 30 Jahre!), so kann dies beschlossen werden (*OLG Frankfurt a. M.*

OLGReport Frankfurt 2005, 334, 335, verneinte aber eine Beschlusskompetenz). Werden A–D an den Parkflächen aber für fünf Jahre Sondernutzungsrechte eingeräumt, muss dies nach h. M. vereinbart werden. Die Entgeltlichkeit der Vermietung ist dabei kein wesenstypisches Unterscheidungsmerkmal zwischen Mietgebrauch und Sondernutzung. Auch Sondernutzungsrechte können von einer Gegenleistung abhängig gemacht werden, z. B. der Übernahme von Gartenpflege (*OLG Düsseldorf* ZWE 2000, 421). Eine Regelung des Gebrauchs stellt auch dar, wenn die Eigentümer das Maß der Mitbenutzung regeln.

Die Wohnungseigentümer sind etwa nicht gehindert, neben anderen Formen der Konkretisierung in zeitlicher und sachlicher Hinsicht den gemeinschaftlichen Gebrauch auch in Form einer **gegenseitigen räumlichen Abgrenzung der Nutzungsbereiche** zu regeln. In dieser Weise kann auch eine bestimmte Teilfläche einzelnen Wohnungseigentümern zugewiesen werden, sofern die getroffene Regelung dem gleichrangigen Nutzungsrecht aller Miteigentümer Rechnung trägt. So handelt es sich beispielsweise nicht um einen Ausschluss vom Mitgebrauch, sondern um eine Konkretisierung des gemeinschaftlichen Gebrauchs, wenn jedem Wohnungseigentümer ein bestimmter Stellplatz zur dauerhaften oder befristeten Nutzung zugewiesen wird (*Wenzel* ZWE 2001, 226, 230). Ebenso verhält es sich mit der räumlichen Aufteilung der Gartenfläche des gemeinschaftlichen Grundstücks: Die Regelung geht von der gleichrangigen Nutzungsberechtigung aller Miteigentümer an der Gesamtfläche aus und beschränkt sich auf eine räumliche Abgrenzung der Nutzungsberechtigung, die in dem gleichen Maße, in dem sie bestimmte Miteigentümer von der Nutzung einer Teilfläche ausschließt, diesen hinsichtlich des ihnen zugewiesenen Teilstücks zu Gute kommt (*OLG Hamm* FGPrax 2005, 113, 114). 139

ee) Bauliche Veränderungen

Mehrheitsbeschlüsse über bauliche Veränderungen i. S. v. § 22 Abs. 1 WEG, die das in § 14 Nr. 1 WEG bestimmte Maß überschreiten, sind **anfechtbar** (*OLG Hamm* ZMR 2005, 566, 567; *OLG Köln* NZM 2002, 454; NZM 2001, 293; *OLG Schleswig* NZM 2002, 962; *BayObLG* ZMR 2001, 292). Aus § 22 Abs. 1 WEG folgt aber eine grundsätzliche Beschlusskompetenz. Nach dieser Vorschrift können bauliche Veränderungen Gegenstand der Beschlussfassung der Eigentümerversammlung sein. Ob dafür ein Beschluss ausreicht, ist eine Frage der Ordnungsmäßigkeit der Beschlussfassung bezogen auf die konkreten Umstände und damit der Rechtmäßigkeit der getroffenen Regelung des Einzelfalls. Die Überschreitung der rechtlichen Grenzen durch die im Einzelfall getroffene Regelung kann nur die Anfechtbarkeit des Eigentümerbeschlusses begründen. 140

ff) Sonstiges

Weitere Beispiele für die Abgrenzung der Beschlusskompetenz und der Vereinbarungsnotwendigkeit sind etwa folgende Entscheidungen: 141

– ein **Beschluss, der feststellt**, dass ein rechtskräftig titulierter Anspruch auf Beseitigung einer baulichen Veränderung trotz gewisser Maßabweichungen erfüllt ist, ist nichtig (*OLG Hamm* ZMR 2001, 654); 142

– der **vollständige Entzug** der in § 14 Nr. 4 Hs. 2 WEG ausdrücklich vorgesehenen Entschädigung des beeinträchtigten Sondereigentümers oder Sondernutzungsberechtigten hat einen gesetzesändernden Inhalt. Eine solche Regelung ist dem Mehrheitsprinzip von vornherein ebenso wenig zugänglich wie die Veränderung einer Vereinbarung (*OLG Düsseldorf* ZMR 2006, 459, 460);

– eine **beschlossene »Hausordnung«** ist insoweit teilweise nichtig, als sie eine Haftung für Verschulden durch den Verursacher, also auch **ohne** Verschulden, vorsieht (*BayObLG* ZMR 2002, 526);

– ein Beschluss, wonach die ursprünglich lose Verlegung der – durch eine Vereinbarung dem Sondereigentum zugewiesenen – Bodenbeläge auf den Balkonen nicht geändert werden darf und im Zuge einer Erneuerung der Abdichtung wieder hergestellt werden muss, greift in das Sondereigentum des betroffenen Wohnungseigentümers ein und ist nichtig (*OLG Düsseldorf* ZMR 2002, 613);

- ein Beschluss, der für **Beschlussanträge** der Wohnungseigentümer die **Schriftform** und eine schriftliche Begründung vorschreibt, überschreitet die Beschlusskompetenz (*KG* ZMR 2002, 863);
- ein **generelles Haustierhaltungsverbot** ist nichtig (*OLG Saarbrücken* ZMR 2007, 308);
- die **Stilllegung eines Müllschluckers** ist einem Beschluss als **vollständiger Gebrauchsentzug** nicht zugänglich (*OLG Frankfurt a. M.* NZM 2004, 910; *BayObLG* ZMR 2002, 607; a. A. noch *BayObLG* WuM 1996, 488 und jetzt *Hagen* FS Wenzel, S. 201, 208). Ein solcher Gebrauchsentzug ändert § 13 Abs. 2 WEG ab und hat gesetzesändernden Inhalt. Gleiches hat für die Abschaffung einer Heizungsanlage oder einer Antenne zu gelten. Überzeugend ist dies nicht: Wann ein Gebrauchsentzug vorliegt und wann ein Gebrauch bloß geregelt wird, kann nicht sinnvoll unterschieden werden. Sachgerecht ist auch hier, nur eine **Anfechtbarkeit** anzunehmen (*Hagen* FS Wenzel, S. 201, 208);
- ein Beschluss, der die Möglichkeit einer **Eventualeinberufung der Wohnungseigentümerversammlung** regelt, ist nichtig (*LG Mönchengladbach* NZM 2003, 245);
- ein Beschluss, der eine nach einer Vereinbarung zulässige **gewerbliche Nutzung eines Teileigentums** einschränkt, ist mangels Beschlusskompetenz nichtig (*OLG Düsseldorf* ZMR 2003, 861);
- die Eigentümer können beschließen, primäre **Mängelrechte am Gemeinschaftseigentum** durch Beschluss zum Gegenstand der gemeinschaftlichen Verwaltung zu machen (Rn. 427);
- das partielle **Verbot der Haltung bestimmter Hunderassen** (etwa Kampfhunde und Kampfhundmischlinge) unterliegt als Gebrauchsregelung i. S. d. § 15 Abs. 2 WEG der Beschlusskompetenz der Wohnungseigentümer (*KG* WuM 2003, 583);
- ein Beschluss, wonach maschinelles Wäschewaschen in der Wohnung verboten ist, greift in den **Kernbereich des Wohnungseigentums** ein, und bedarf einer Vereinbarung (*OLG Frankfurt a. M.* NJW-RR 2002, 82). Entsprechendes gilt für ein nur beschlossenes völliges Musizierverbot oder ein beschlossenes völliges Bade- und Duschverbot. Zu diesen Fragen auch Rn. 224 ff.;
- ein Beschluss, der eine **Sonderumlage für die Finanzierung** von Anwaltskosten unter Verstoß gegen § 16 Abs. 8 WEG zum Inhalt hat, ist als konkrete Einzelfallregelung anfechtbar (*BayObLG* ZMR 2004, 763 = GE 2004, 1596, 1597). Die nur vorläufige Aufbringung der Kosten eines WEG-Verfahrens gehört nicht zu den Kosten der Verwaltung (*BayObLG* ZMR 2004, 763). Ein hiergegen verstoßender Mehrheitsbeschluss ist rechtswidrig, aber nicht nichtig (*LG Düsseldorf* ZMR 2006, 235).

X. Verdinglichte und schuldrechtliche Vereinbarungen

143 Für eine rechtliche Beurteilung und für die Bindung von Sondernachfolgern sind im Grundbuch nach §§ 10 Abs. 3, 5 Abs. 4 S. 1 WEG eingetragene »verdinglichte« Vereinbarungen und »schuldrechtliche« Vereinbarungen, also Verträge, deren Inhalt im Grundbuch nicht zum Inhalt des Sondereigentums gemacht wurde, zu unterscheiden (*OLG Hamburg* ZMR 2002, 216, 217).

1. Verdinglichte Vereinbarungen

a) Allgemeines

144 Eine Vereinbarung ist i. S. d. Wohnungseigentumsgesetzes »verdinglicht« (s. zu diesem schillernden Begriff im Übrigen *Dulkeit* Die Verdinglichung obligatorischer Rechte, 1951; *Canaris* Die Verdinglichung obligatorischer Rechte, FS Flume 1978, S. 371 ff.; *Weitnauer* Verdinglichte Schuldverhältnisse, FS Larenz [1983], S. 705 ff.), wenn sie gem. §§ 10 Abs. 3, 5 Abs. 4 S. 1 WEG als Inhalt des Sondereigentums im Grundbuch eingetragen worden ist. Primäre Folge der Eintragung ist gem. § 10 Abs. 3 WEG die **Bindung von Sondernachfolgern**. Die »Verdinglichung« einer Vereinbarung meint, dass **Sondernachfolger** eine Vereinbarung gegen sich gelten lassen müssen: gegen die Vertragsschließenden wirkt eine Vereinbarung auch ohne ihre Eintragung. Die Eintragung einer Vereinbarung ist keine Voraussetzung für eine Bindung der vertragsschließenden Wohnungseigentümer.

Wird eine Vereinbarung nicht eingetragen, bindet sie Sondernachfolger nicht kraft Gesetzes. Eine 145
»Bindung« – also die Teilnahme des Sondernachfolgers am Vertrag, sein »Vertragsschluss« – ist aber vertraglich herstellbar: Ein Sondernachfolger kann sich einer nicht verdinglichten »Gemeinschaftsordnung« ausdrücklich oder konkludent unterwerfen (Rn. 150). Dies ist vor allem für eine den Sondernachfolger **begünstigende Regelung** anzunehmen (Rn. 149).

b) Rechtscharakter eingetragener Vereinbarungen
Wird eine Vereinbarung zum »Inhalt« eines Sondereigentums gemacht, erhält sie eine **dingliche** 146
Wirkung (*Hügel*/Scheel Teil 5 A II 3 [Rn. 14]). Diese gesetzlich angeordnete Wirkung ändert nichts daran, dass eine verdinglichte Vereinbarung als ein **bloßer schuldrechtlicher Vertrag** anzusehen ist (*BayObLG* ZMR 2002, 283, 285; *Weitnauer/Briesemeister* § 6 Rn. 33; *Häublein* Sondernutzungsrechte, S. 32 ff., 49 ff. m. w. N.; s. auch *Rapp* FS Wenzel, S. 271, 279 ff.; *Schneider* ZfIR 2002, 108, 117). Eine Vereinbarung wird durch ihre Eintragung nicht zu einem Sachenrecht eigener Art oder einer Belastung i. S. d. §§ 873 ff., 877 BGB (*Häublein* Sondernutzungsrechte, S. 29 ff.; a. A. *Ott* Sondernutzungsrecht, S. 15 ff.). Wird eine Vereinbarung eingetragen, wird sie weder ein dingliches noch gar ein grundstücksgleiches Recht. Etwa die Eintragung eines Sondernutzungsrechtes im Grundbuch führt zwar zu einer Inhaltsänderung sämtlicher Wohnungseigentumsrechte, so dass hierzu analog §§ 877, 873 BGB eine **Einigung aller Wohnungseigentümer** erforderlich ist (s. auch *BGH* BGHZ 145, 133 ff. [Aufhebung Sondernutzungsrecht] = ZMR 2001, 119 = MDR 2001, 80 = ZWE 2001, 63 = NJW 2000, 3643). Die Eintragung einer Vereinbarung ändert nichts an ihrem schuldrechtlichen Charakter (*BGH* BGHZ 145, 133, 137 [Aufhebung Sondernutzungsrecht] = ZMR 2001, 119 = MDR 2001, 80 = ZWE 2001, 63 = NJW 2000, 3643; *BayObLG* DNotZ 1998, 125, 127; *Häublein* ZMR 2001, 120, 121; *Bornemann* Erwerb S. 95 ff.; *Schnauder* FS Bärmann und Weitnauer, S. 567, 577 ff.; a. A. *Ott* ZMR 2002, 7, 9).

Die Eintragung einer Vereinbarung im Grundbuch bewirkt keine Inhaltsänderung (*Schnauder* FS 147
Bärmann und Weitnauer, S. 567, 581 m. w. N.; a. A. *Ott* ZMR 2002, 7, 9). Durch die Eintragung wird eine Vereinbarung weder ein Sachenrecht noch eine dingliche Belastung. Eine Inhaltsänderung der Vereinbarung ist durch eine Eintragung weder beabsichtigt noch durch sie möglich: Die Eigentümer sind an Vereinbarungen auch ohne Eintragung gebunden und haben an einer Änderung des »Rechtscharakters« einer ihrer Vereinbarungen kein rechtliches oder wirtschaftliches Interesse. Die Eintragung ist allein als notwendiges Tatbestandsmerkmal zur Bindung eines Sondernachfolgers nach § 10 Abs. 3 WEG an den Inhalt des Sondereigentums zu verstehen. Diese Wirkung der Eintragung ohne gleichzeitige Modifizierung sachenrechtlicher Befugnisse ist dem Recht durchaus geläufig. Deutlich wird dies etwa am **Beispiel des Erbbaurechts**: So können der Erbbauberechtigte und der Grundstückseigentümer gem. § 2 ErbbRVO bestimmte Vereinbarungen zum Inhalt des Erbbaurechts machen. Diese Vereinbarungen haben auch als Inhalt des Erbbaurechts keinerlei Einfluss auf die sachenrechtliche Befugnis des Erbbauberechtigten, auf einem fremden Grundstück ein Gebäude zu errichten und dieses zu nutzen. Stattdessen bewirkt die Inhaltsänderung des Erbbaurechts, dass eine Vereinbarung zwischen Grundstückseigentümer und Erbbauberechtigten nicht nur im Verhältnis dieser beiden Vertragspartner wirkt, sondern auch deren Rechtsnachfolger bindet (wie hier im Ergebnis mit weiteren Beispielen *Ott* ZMR 2002, 7, 9). § 10 Abs. 3 WEG führt nicht zu einer Veränderung der sachenrechtlichen Befugnisse, sondern es werden bloß bereits im Übrigen verbindliche Vereinbarungen über die vertragsschließenden Personen hinaus für deren Sondernachfolger verbindlich. Nur hierin besteht die »Verdinglichung« einer Vereinbarung.

2. Schuldrechtliche Vereinbarungen

a) Allgemeines
Eine schuldrechtliche unterscheidet von einer verdinglichten Vereinbarung darin, dass sie nicht 148
Sondernachfolger, wohl aber die Rechtssubjekte berechtigt und verpflichtet, die sie geschlossen haben. Die Vertragsschließenden selbst binden schuldrechtliche ebenso wie verdinglichte Vereinbarungen (*OLG München* OLGReport München 2005, 607). Aus einer formlosen Vereinbarung kann in bestimmten Fällen sogar die **Pflicht zur Mitwirkung** bei der Eintragung der Vereinba-

rung in die Wohnungsgrundbücher folgen (*OLG München* OLGReport München 2005, 607, 608; *BayObLG* ZMR 2005, 382). Schuldrechtliche Vereinbarungen sind auch ohne Eintragung der »Gemeinschaftsordnung« zuzurechnen.

b) Begünstigende schuldrechtliche Vereinbarungen

149 Nach der Rechtsprechung sollen solche schuldrechtliche Vereinbarungen, die einem Sondernachfolger »günstig« sind (wobei allerdings nicht geklärt wird, was unter »günstig« im Einzelnen zu verstehen ist), gegenüber diesem ausnahmsweise auch **ohne Eintragung entsprechend § 746 BGB** wirken (*OLG Frankfurt a. M.* ZWE 2006, 489, 491; *OLG Düsseldorf* ZMR 2001, 649; *OLG Hamm* ZMR 1998, 718 = NZM 1998, 873 = FGPrax 1998, 175, 176; *BayObLG* ZMR 1997, 427; WuM 1994, 222 = NJW-RR 1994, 781; WE 1992, 229; offen gelassen von *BayObLG* ZMR 2002, 528, 529; a. A. *Ott* Sondernutzungsrecht, S. 48 ff.; *Kümmel* Bindung, S. 38). Ein Sondernachfolger soll sich etwa auf eine schuldrechtliche Vereinbarung berufen können, nach der sein Rechtsvorgänger von den Kosten und Lasten i. S. v. § 16 Abs. 2 WEG befreit ist. Diese Rechtsprechung überzeugt weder in den Ergebnissen noch in der Begründung und ist daher **abzulehnen** (*Ott* Sondernutzungsrecht, S. 48 ff.; *ders.* WE 1999, 80; *Kümmel* Bindung, S. 38). Die Rechtsprechung beruht auf einer unzutreffenden entsprechenden Anwendung von § 746 BGB (*Kümmel* Bindung, S. 38), der im Wohnungseigentumsgesetz nicht anwendbar ist. Der Streit ist indes **nie entscheidungserheblich**. Ein Sondernachfolger kann sich jeder schuldrechtlichen Vereinbarung freiwillig »unterwerfen« und in sie rechtsgeschäftlich eintreten (*OLG München* OLGReport München 2005, 607, 608; s. Rn. 150). Von einem solchen, ggf. konkludenten Eintritt ist bei einer einen Sondernachfolger wirtschaftlich und rechtlich begünstigenden Vereinbarung stets auszugehen.

c) Rechtsgeschäftlicher Eintritt in schuldrechtliche Vereinbarungen

aa) Willenserklärung des Sondernachfolgers gegenüber den anderen Wohnungseigentümern

150 Ein Sondernachfolger kann sich an einer schuldrechtlichen Vereinbarung durch eine Willenserklärung gegenüber sämtlichen anderen Wohnungseigentümern ausdrücklich oder konkludent rechtsgeschäftlich »unterwerfen« (*KG* NJW-RR 1997, 1304; *OLG Düsseldorf* WE 1997, 191, 192) und so zum Vertragsschließenden werden (*BGH* ZMR 2004, 522, 523; *BayObLG* FGPrax 2005, 106, 107; *OLG Zweibrücken* NZM 2005, 343 = FGPrax 2005, 149 = MietRB 2005, 150; *OLG Hamburg* ZMR 2002, 216, 217; *OLG Hamm* ZMR 1996, 671, 674; NJW-RR 1993, 1295, 1296; *Häublein* DNotZ 2005, 741, 746). Der Sondernachfolger kann z. B. in die mit seinem Vorgänger getroffene schuldrechtliche Sondernutzungsvereinbarung eintreten (*OLG Köln* DNotZ 2002, 223, 225; *Wenzel* ZWE 2000, 550, 553; Rn. 149). Diese Art der Bindung setzt freilich stets voraus, dass der Sondernachfolger eine Regelung **positiv kennt** und sich ihr rechtsgeschäftlich unterwerfen will, sie also gegen sich gelten lassen will (*OLG Zweibrücken* NZM 2005, 343 = FGPrax 2005, 149 = MietRB 2005, 150; *OLG Köln* ZMR 2002, 73, 75; *BayObLG* NZM 2001, 753; *OLG Hamm* ZMR 1996, 671, 674; NJW-RR 1993, 1295, 1296).

151 Entscheidet sich ein Sondernachfolger dazu, einer schuldrechtlichen Vereinbarung beizutreten, bedarf es keiner **Zustimmung oder einer Genehmigung** der anderen Wohnungseigentümer, etwa entsprechend § 415 Abs. 1 S. 1 BGB oder nach einem dreiseitigen Vertrag eigener Art (a. A. im Ansatz *Hügel* FS Wenzel, S. 219 ff.). Weder müssen die anderen Eigentümer das Ausscheiden des Rechtsvorgängers genehmigen noch können sie dem Sondernachfolger einen Eintritt verwehren. Das Vertragsrecht des Bürgerlichen Gesetzbuches ist nur anzuwenden, soweit es mit den Besonderheiten des WEG vereinbar ist. Das ist hier nicht der Fall. Eine Rechtsbeziehung zu außerhalb der Gemeinschaft stehenden Dritten kann durch eine Vereinbarung grundsätzlich nicht bestimmt werden. Bei einer Vereinbarung handelt es sich immer nur um das »Innenrecht« der Gemeinschaft der Wohnungseigentümer. Verlangte man bei dem Eintritt eines Sondernachfolgers in bloßes Binnenrecht einen Willensakt der anderen Wohnungseigentümer, könnte der Eintritt auch verweigert werden (kritisch auch *Häublein* DNotZ 2005, 741, 744). Dafür gäbe es einerseits kein Bedürfnis. Und andererseits müsste dann ein ausgeschiedener Wohnungseigentümer in Ermangelung eines Austausches der Vertragsschließenden (gleichsam als actus contrarius) am

»Binnenrecht« festgehalten werden können. Nämlich dann, wenn die anderen Eigentümer seinem Ausscheiden nicht »zustimmen«. Hierfür besteht aber weder ein rechtliches noch ein wirtschaftliches oder irgendein anderes Interesse. Wenn sich aber ein Rechtsvorgänger beliebig der Bindung durch eine Binnenrechtsnorm entziehen kann, muss sein Sondernachfolger eine Bindung auch ohne Willensakt der anderen Eigentümer herstellen können.

bb) Klausel im Erwerbsvertrag

In der notariellen Praxis finden sich bei der Beurkundung von Erwerbsverträgen über ein Wohnungseigentum teilweise Klauseln, mit denen eine Bindung an schuldrechtliche Vereinbarungen hergestellt werden soll (»Der Erwerber tritt mit dem Tage des Besitzübergangs in alle auch nur schuldrechtlich wirkenden hierdurch begründeten Rechte und Pflichten ein«). Ob hierdurch indes eine Bindung an die schuldrechtlichen Vereinbarungen der Wohnungseigentümer hergestellt werden kann, ist zweifelhaft (s. dazu *BayObLG* ZMR 2001, 210, 211; *Hogenschurz* MietRB 2005, 150, 151; *Hügel* FS Wenzel, S. 219, 234; *Häublein* DNotZ 2005, 741, 746) und empfiehlt sich jedenfalls nicht (*Häublein* DNotZ 2005, 741, 751 ff.). Problematisch ist insbesondere, dass die einzelnen Vereinbarungen nicht benannt werden und die Erklärung dadurch denkbar unbestimmt ist. Es fehlt meistens auch an der positiven Kenntnis der Vereinbarungen (zu diesem Kriterium s. Rn. 150). Durch die kaufvertraglich geregelte allgemeine Übernahme tritt ein Sondernachfolger etwa nicht ohne weiteres in die Vereinbarung schuldrechtlich wirkender Sondernutzungsrechte ein (*BayObLG* FGPrax 2005, 106, 107).

d) Wegfall der Bindung analog § 139 BGB

Eine schuldrechtliche Vereinbarung soll nach einigen Stimmen ohne weiteres untergehen und hinfällig werden, wenn ein neuer Wohnungseigentümer in die Gemeinschaft der Wohnungseigentümer eintritt und der bisherigen schuldrechtlichen Vereinbarung nicht beitritt (*BayObLG* FGPrax 2005, 106, 107; *OLG Zweibrücken* MietRB 2005, 150, 151; *OLG Köln* ZMR 2002, 73, 75 = MDR 2001, 1404, 1405). Dem ist nicht zu folgen. Diese Ansicht ist zu holzschnittartig. Unterwirft sich ein Sondernachfolger einer schuldrechtlichen Vereinbarung nicht, ist vielmehr zu untersuchen, ob die übrigen Wohnungseigentümer weiterhin an diese als vertragliche Regelung jenseits von § 10 Abs. 2 und 3 WEG gebunden sind (*Häublein* DNotZ 2004, 227, 231; *ders.* Sondernutzungsrecht, S. 270, 271; *Kümmel* Bindung, S. 70 ff.; a. A. *BayObLG* NJW-RR 2003, 9, 10). Es kann nicht ohne weiteres vorgegeben werden, dass eine Vereinbarung unter den anderen Eigentümern analog § 139 BGB ex nunc (*OLG Hamm* WE 1997, 32, 34) **hinfällig wird** (*Häublein* DNotZ 2004, 227, 231; *ders.* Sondernutzungsrecht, S. 270, 271; a. A. *Fisch* MittRhNotK 1999, 213, 231). Es ist vielmehr zu fragen, ob die Vereinbarung als Vertrag von den Wohnungseigentümern auch unter der Bedingung geschlossen worden wäre, dass nicht alle Eigentümer an sie gebunden sind. Ferner ist zu untersuchen, ob die Regelung ihren originären oder jedenfalls irgendeinen Zweck behält, wenn nicht alle Eigentümer an sie gebunden sind (*Kümmel* Bindung, S. 72). Nach einer solchen Abwägung ist es möglich, dass die Bindung analog § 139 BGB entfällt. Es ist aber auch vorstellbar, dass die Bindung – ganz oder teilweise – bestehen bleibt (*OLG Frankfurt a. M.* ZWE 2006, 489, 491 mit Anm. *Becker*; *BayObLG* NJW-RR 2003, 9, 10; WuM 1994, 222, 223).

Entscheidend ist, ob die Regelung im Verhältnis zu allen Wohnungseigentümern nur **einheitlich beurteilt** werden kann (*OLG Hamburg* ZMR 2006, 220; *BayObLG* ZMR 2002, 528, 529) und ob ihr auch dann ein Sinn und Zweck verbleibt, wenn nicht alle Wohnungseigentümer gebunden sind (*OLG Hamburg* ZMR 2002, 216, 217; *OLG Köln* ZMR 2002, 73, 75 = MDR 2001, 1404, 1405; *Müller* ZMR 2000, 473, 474). Etwa ein durch eine schuldrechtliche Vereinbarung begründetes, aber nicht im Grundbuch eingetragenes Sondernutzungsrecht (sog. schuldrechtliches Sondernutzungsrecht) erlischt, wenn ein Sondernachfolger in die Gemeinschaft eintritt und der bisherigen schuldrechtlichen Vereinbarung nicht beitritt (*BayObLG* FGPrax 2005, 106, 107; *OLG Köln* ZMR 2002, 73, 75 = MDR 2001, 1404, 1405; offen gelassen von *BGH* BGHZ 145, 133, 139 [Aufhebung Sondernutzungsrecht] = ZMR 2001, 119 = MDR 2001, 80 = ZWE 2001, 63 = NJW 2000, 3643). Auch eine schuldrechtliche Öffnungsklausel wird durch den Eintritt eines Sondernachfolgers hinfällig (*Wenzel* ZWE 2004, 130, 132). Ist eine Vereinbarung hinfällig geworden, ist zwischen den Wohnungseigentümer wieder die sich aus dem Gesetz ergebende Regelung gültig (*OLG Hamburg*

ZMR 2006, 220; *BayObLG* ZMR 2002, 528, 529; Weitnauer/*Lüke* Rn. 31), hingegen nicht eine frühere Vereinbarung (a. A. Weitnauer/*Lüke* Rn. 31 und *Kümmel* Bindung, S. 70), es sei denn, diese Wirkung wäre vereinbart worden.

XI. Wirksamkeitsvoraussetzungen einer Vereinbarung
1. Formvorschriften

155 Vereinbarungen unterliegen keinen Formvorschriften (*BGH* NJW 1984, 612, 613 = DNotZ 1984, 238; *OLG Frankfurt a. M.* ZWE 2006, 489, 491; *BayObLG* FGPrax 2005, 106, 107; NZM 2004, 587; ZfIR 2002, 645; BayObLGZ 1998, 32, 34 = ZMR 1998, 359 = NJW-RR 1998, 947; *OLG Hamburg* ZMR 2003, 697, 699; *OLG Düsseldorf* ZMR 2001, 649, 650; *OLG Hamm* ZMR 1998, 718, 719; *Wenzel* FS Bub, S. 245, 253; *Bornemann* Erwerb, S. 112 m. w. N.).

156 Etwa §§ 925 BGB oder § 4 WEG sind nicht anwendbar (*Ertl* DNotZ 1979, 267, 278). Auch die Bestimmung des § 23 Abs. 3 WEG, nach der schriftliche Beschlüsse nur dann gültig sind, wenn ihnen schriftlich zugestimmt wird, ist auf Vereinbarungen weder unmittelbar noch analog anwendbar. Das Gesetz verlangt nicht, dass Vereinbarungen in einer Versammlung der Wohnungseigentümer getroffen werden (*BayObLG* ZMR 2002, 848, 849). Für den Nachweis, dass eine Vereinbarung zustande gekommen ist, ist ferner eine Niederschrift entbehrlich, wie sie § 24 Abs. 6 WEG vorsieht (*BayObLG* ZMR 2002, 848, 849).

2. Konkludente Vereinbarungen

157 Vereinbarungen können h. M. nach auch durch schlüssiges (konkludentes) Verhalten geschlossen werden (*OLG München* MDR 2007, 827 = IMR 2007, 224 mit Anm. *Elzer*; NJW-RR 2007, 375, 376 = ZMR 2006, 955 mit Anm. *Elzer*; *BayObLG* FGPrax 2005, 106, 107 ZMR 2001, 987; WuM 1994, 222; 1993, 751; *OLG Hamm* ZMR 1998, 718 = NZM 1998, 873; *Wenzel* FS Bub, S. 249, 253; Weitnauer/*Lüke* Rn. 29; *Häublein* Sondernutzungsrechte, S. 75). Allerdings stellt nicht jede allseitige Übereinkunft der Wohnungseigentümer eine schlüssige Vereinbarung dar. An das Zustandekommen einer schlüssigen Vereinbarung sind vielmehr strenge Anforderungen zu stellen (*Häublein* Sondernutzungsrechte, S. 69). Ob die Wohnungseigentümer eine Vereinbarung konkludent schließen wollen, ist stets eine Frage des Einzelfalls und durch **Auslegung** zu ermitteln.

158 Entscheidend ist, ob die Wohnungseigentümer **bewusst** eine **dauerhafte Regelung** schaffen oder bewusst dauerhaft eine **Änderung herbeiführen** wollten (*OLG München* NJW-RR 2007, 375, 376; *OLG Hamburg* ZMR 2006, 298, 299; *BayObLG* ZMR 2001, 987; KG WuM 1989, 449, 450 = ZMR 1989, 346; *OLG Köln* WE 1997, 197 = WuM 1997, 59). Dafür muss feststehen, dass sämtliche Wohnungseigentümer eine jahrelange Praxis in dem Bewusstsein ausüben, die bisherige Regelung ändern und durch eine neue ersetzen zu wollen. Die entsprechend zu ändernde Vereinbarung muss den Eigentümern dabei positiv bekannt sein. Durch eine bloß jahrelange entgegengesetzte Praxis wird eine Vereinbarung nur geändert, wenn **feststeht**, dass sämtliche Wohnungseigentümer sie in dem Bewusstsein vornehmen, diese – z. B. den vereinbarten Kostenverteilungsschlüssel – zu ändern und durch einen neuen zu ersetzen (*OLG München* MDR 2007, 827 = IMR 2007, 224 mit Anm. *Elzer*; *BayObLG* NZM 2001, 754, 756, NJW 1986, 385, 386, *OLG Zweibrücken* FGPrax 1999, 140, 141; ZMR 1999, 853, 854). Die entsprechende zu ändernde Vereinbarung muss den Wohnungseigentümern **positiv** bekannt sein (*BayObLG* ZMR 2005, 379, 380; NZM 2004, 587; ZMR 1994, 68, 70). Im **bloßen Dulden** von Verstößen gegen eine bisherige Regelung ist keine (neue) Vereinbarung zu sehen (*BayObLG* ZMR 2001, 987; KG WuM 1989, 449, 450 = ZMR 1989, 346). Bloßes Schweigen ist in der Regel keine Willenserklärung, sondern das **Gegenteil einer Erklärung**. Wer schweigt, setzt – soweit nichts anderes angeordnet ist – keinen Erklärungstatbestand und bringt weder Zustimmung noch Ablehnung zum Ausdruck (*OLG München* MDR 2007, 827 = IMR 2007, 224 mit Anm. *Elzer*). Bei Vereinbarungen über die **Kostenverteilung** ist etwa zu verlangen, dass vor der stillschweigenden Willenskundgebung die Eigentümer in Kenntnis ihrer Vereinbarungen und über den Gegenstand beraten haben (*OLG Hamburg* ZMR 2006, 298, 299; ZMR 2003, 870; *OLG Zweibrücken* ZMR 1999, 853, 854; KG ZMR 1989, 346, 347).

XII. Eintragung in das Grundbuch

Eine Vereinbarung muss nicht in das Grundbuch eingetragen werden. Die Eintragung in das Grundbuch ist keine Wirksamkeitsvoraussetzung für die Gültigkeit einer Vereinbarung. Die Eintragung einer Vereinbarung ist allein eine Tatbestandsvoraussetzung für die Bindung von Sondernachfolgern nach § 10 Abs. 3 WEG. 159

XIII. »Begründung« (Entstehung) einer Vereinbarung

1. Allgemeines

Die Wohnungseigentümer können zu jedem beliebigen Gegenstand, zu jedem erdenklichen Zeitpunkt und an jedem Ort, z. B. in der Eigentümerversammlung, eine Vereinbarung schließen. In der Praxis schließen die Wohnungseigentümer nach der Entstehung von Wohnungseigentum allerdings nur selten eine Vereinbarung. Eine Vereinbarung scheitert zumeist daran, dass es nicht gelingt, sämtliche Wohnungseigentümer auf einen Vertragstext zu einigen. Jedenfalls als Vereinbarung zu verstehende Bestimmungen werden daher in der Mehrzahl bereits zu einem sehr frühen Zeitpunkt »angelegt« und dann gemeinsam mit dem Teilungsvertrag und der Teilungserklärung beurkundet. 160

2. Vereinbarung und Teilungsvertrag

Die Miteigentümer sind befugt, sich für ihr Verhältnis als Wohnungseigentümer untereinander Regelungen zu geben und diese nach § 5 Abs. 4 S. 1 WEG zum Inhalt des Sondereigentums zu machen. Zum Zeitpunkt der Beurkundung der Regelungen ist zwar zumeist noch keine Gemeinschaft von Wohnungseigentümern entstanden. Die gemeinsam mit dem Teilungsvertrag beurkundeten Bestimmungen sind aber jedenfalls im Zeitpunkt der Entstehung von Wohnungseigentum als vertragliche Regelung und als Vereinbarung i. S. d. Wohnungseigentumsgesetzes zu verstehen. 161

3. Vereinbarung und Teilungserklärung

Der aufteilende Alleineigentümer ist nach §§ 8 Abs. 2 S. 1, 5 Abs. 4 S. 1 WEG befugt (und macht davon regelmäßig Gebrauch), von ihm erdachte und für richtig erachtete Bestimmungen zum Inhalt des Sondereigentums zu machen. Solange es keine weiteren Eigentümer gibt, können diese Bestimmungen nicht als eine Vereinbarung, nicht als ein Vertrag verstanden werden. Die einseitige Bestimmung des Alleineigentümers kann kein »Vertrag« sein (*Hügel*/Scheel Teil 5 II 2 Rn. 11; *Häublein* Sondernutzungsrecht, S. 193). Die vom Alleineigentümer für richtig erachteten Regelungen sind stets **einseitig gesetzt**. Ein Aushandeln oder ein Einvernehmen kommen bereits begrifflich nicht in Betracht. Ein Vertrag setzt mindestens zwei Willenserklärungen voraus (*Bork* Allgemeiner Teil des BGB, Rn. 656). Die vom Alleineigentümer gesetzten Bestimmungen sind daher, solange es keine weiteren Wohneigentümer gibt, **bloße Vorschläge** für eine Vereinbarung (*Elzer* ZMR 2005, 465; *Hügel*/Scheel Teil 5 II 2 Rn. 11; *BayObLG* ZMR 1994, 483, spricht anschaulich von Erklärungen mit »Vereinbarungswirkung«, *KG* NJW-RR 1994, 402, von Regelungen die »Vereinbarungscharakter« haben). Von einer Vereinbarung als **mehrseitigem Rechtsgeschäft** kann erst ausgegangen werden, wenn zumindest ein weiterer Wohnungseigentümer im Wohnungsgrundbuch eingetragen worden ist und durch seinen Kauf konkludent den Vertragsregelungen zustimmt (*Ulmer* Festgabe für Weitnauer, S. 205, 211). Die Rechtsprechung verlegt diesen Zeitpunkt aus Schutzgründen vor und nimmt durch die Figur des »werdenden Wohnungseigentümers« in jedenfalls vertretbarer Weise eine Bindung an die einseitig gesetzten Bestimmungen bereits mit Eintragung einer Auflassungsvormerkung an (*BayObLG* ZMR 1999, 115 = NZM 1999, 126). 162

Problematisch ist indessen auch bei diesem Verständnis, dass eine **Bindung** an die vom Alleineigentümer vorgeschlagenen Regelungen **kraft Gesetzes eintritt**, wenn und solange diese gem. §§ 10 Abs. 3, 5 Abs. 4 S. 1 WEG im Grundbuch eingetragen sind (*BGH* BGHZ 99, 358 [Erwerberhaftung] = MDR 1987, 485 = NJW 1987, 1638 = ZMR 1989, 291 = JR 1988, 205 mit Anm. *Pick*). Der Unterschied zwischen einer solchen Ausgestaltung des Sondereigentums und einer »normalen« vertraglichen Regelung zeigt sich etwa darin, dass auf Grund der sachenrechtlichen Gestaltung 163 der Sondernachfolger persönlich mit seinem ganzen Vermögen haftet, ohne dass es einer **schuldrechtlichen Übernahme** bedarf (*BGH* BGHZ 88, 302, 306 = NJW 1984, 308 = MDR 1985, 1017). Tritt die Bindung einer Partei kraft Gesetzes ein, und nicht weil es die Parteien übereinstimmend so wollen, liegt nach allgemeinen Verständnis gar kein Vertrag vor (*Bork* Allgemeiner Teil des BGB, Rn. 656). Die in § 10 Abs. 3 WEG bestimmte **Bindungswirkung**, ist deshalb nicht so sehr Folge des rechtsgeschäftlichen Willens des Alleineigentümers und des von diesem erwerbenden Bestellers oder Käufers, sondern gleichsam **dingliche Belastung** eigener Art (Staudinger / *Gursky* § 1010 BGB Rn. 5; *BayObLG* NJW 1973, 151, 152 spricht von Unterwerfung). Soweit der Alleineigentümer die Gemeinschaftsordnung »setzt«, haben die dort bestimmten Satzungsregelungen (so *BGH* BGHZ 88, 302, 305 = NJW 1984, 308 = MDR 1985, 1017 m. w. N.) daher eher **Rechtsnormencharakter** (*Elzer* ZMR 2005, 465; s. dazu § 8 Rn. 46 ff. und *Merle* FS Wenzel, S. 251, 253). Nach a. A. bestimmt der Alleineigentümer nach §§ 8 Abs. 2, 5 Abs. 4 S. 1 WEG den Inhalt seines Eigentums (so *Wenzel* FS Bub, S. 249, 261). Wozu der Alleineigentümer indes ein Interesse haben sollte, sich schriftliche Regeln für sein eigenes Verhalten zu geben, bleibt dunkel. Die Bestimmungen haben nur einen Wert für Dritte.

XIV. Bestimmung des Inhalts einer Vereinbarung durch Dritte

1. Grundsatz

164 Eine Vereinbarung kann auch dadurch geschlossen werden, dass für die Wohnungseigentümer ein Dritter den Inhalt einer Vereinbarung bestimmt. Dies ist nach hier vertretener, indes noch nicht allgemeiner Auffassung wenigstens auf drei Wegen möglich und üblich: Erstens kann einer der Wohnungseigentümer berechtigt sein. Zweitens kann ein außenstehender Dritter – meist der Verwalter – für die Wohnungseigentümer vertraglich Bestimmungen setzen. Und drittens sind Öffnungsklauseln ein Einfallstor für diesen Weg.

2. Bestimmungen eines Wohnungseigentümers oder eines Dritten

165 Die Wohnungseigentümer können einen Einzelnen von ihnen (meist, aber nicht nur den ehemaligen Alleineigentümer) im Wege der Vereinbarung das Recht vorbehalten, Bestimmungen zur Regelung des Gemeinschaftsverhältnisses nach §§ 315 ff. BGB zu treffen (*BGH* ZMR 1986, 90 = NJW 1986, 845 = MDR 1986, 303; *OLG München* IMR 2007, 289 mit Anm. *Briesemeister*). Hat sich der teilende Eigentümer die Berechtigung vorbehalten, Vereinbarungen jederzeit zu ändern und auch bauliche Veränderungen vorzunehmen und wird in die Kaufverträge mit den Erwerbern der Wohnungen jeweils eine entsprechende Vollmachtsklausel für die Zeit nach dem Erwerb aufgenommen, soll diese Vollmachtsklausel allerdings als allgemeine Geschäftsbedingung gem. § 307 BGB unwirksam sein (*LG Düsseldorf* Rpfleger 1999, 217; zw.). Auch die Bestimmung der Leistung durch einen Dritten, z. B. den Verwalter, befugt diesen i. S. d. § 317 Abs. 1 BGB einen Vertragsinhalt der vertragschließenden Wohnungseigentümer rechtsgestaltend zu bestimmen, zu erweitern oder zu ergänzen (ähnlich *Hügel* MietRB 2005, 12; a. A. *Armbrüster* FS Wenzel, 85, 89). Sollen nachträgliche Vereinbarungen als Inhalt des Sondereigentums im Grundbuch eingetragen werden, ist die **Zustimmung** der nachteilig betroffenen **dinglich Berechtigten** und der Berechtigten einer Auflassungsvormerkung erforderlich (*BayObLG* ZMR 2005, 300, 301; übersehen von *OLG München* IMR 2007, 289 mit Anm. *Briesemeister*).

3. Öffnungsklausel

166 Nach hier vertretener **Mindermeinung** sind ferner die Bestimmungen, die die Wohnungseigentümer durch einen auf § 23 Abs. 1 WEG beruhenden Beschluss einwirken, als eine **Vereinbarung** anzusehen (dazu Rn. 287).

XV. Zustimmung Dritter

1. Allgemeines

a) Grundsatz

Wenn die Wohnungseigentümer eine Vereinbarung in das Grundbuch eintragen lassen wollen, 167
z. B. ein Sondernutzungsrecht, ist es möglich, dass ein Dritter der Eintragung nach § 19 GBO zustimmen muss. Betroffen i. S. d. § 19 GBO ist dabei jeder, dessen grundbuchmäßiges Recht durch die beantragte Eintragung **nicht nur wirtschaftlich, sondern allein rechtlich beeinträchtigt** wird oder beeinträchtigt werden kann (*BGH* BGHZ 145, 133, 136 [Aufhebung Sondernutzungsrecht] = ZMR 2001, 119 = MDR 2001, 80 = ZWE 2001, 63 = NJW 2000, 3643; BGHZ 91, 343, 346 = MDR 1984, 830 = JZ 1984, 1113 mit Anm. *Weitnauer*; *OLG Celle* OLGReport Celle 2004, 79, 81; *BayObLG* ZMR 2002, 283, 284; ZMR 2000, 779, 780; WuM 1997, 512, 513; BayObLGReport 1993, 49 = ZMR 1993, 423, 424; NJW-RR 1992, 208, 209; *OLG Köln* ZMR 1998, 520, 522). Die Begründung, Änderung oder Ergänzung einer Vereinbarung ist daher grundsätzlich nur dann zulässig, wenn ihr die rechtlich betroffenen Grundbuchgläubiger zustimmen (*BGH* BGHZ 91, 343, 346 = MDR 1984, 830 = JZ 1984, 1113 mit Anm. *Weitnauer*; *BayObLG* ZMR 2002, 773) und kein Fall des § 5 Abs. 4 S. 2 WEG vorliegt. Zwar ist »ein Recht an einem Grundstück« i. S. der §§ 876, 877 BGB nur ein beschränktes dingliches Recht und nicht auch das Eigentum. Aus der Verweisung in § 9 Abs. 2 WEG auf die »allgemeinen Vorschriften« ergibt sich aber, dass auf eine Inhaltsänderung des Wohnungseigentums i. S. v. §§ 10 Abs. 2 S. 2, 5 Abs. 4 WEG die §§ 876, 877 BGB direkt, jedenfalls aber entsprechend anwendbar sind (*BGH* BGHZ 91, 343, 345 ff. = MDR 1984, 830 = JZ 1984, 1113 mit Anm. *Weitnauer*; *BayObLG* MDR 1981, 56 = MittBayNot 1980, 210; *OLG Stuttgart* BWNotZ 1975, 93; *OLG Frankfurt a. M.* Rpfleger 1975, 309; *Schneider* ZfIR 2002, 108, 120; *Ott* Sondernutzungsrecht, S. 66 ff. und 92 ff.; *Bornemann* Erwerb, S. 117 ff.; differenzierend *Häublein* Sondernutzungsrechte, S. 120 ff.). 168

b) Entbehrlichkeit

Aus dem Schutzzweck der §§ 877, 876 S. 1 BGB folgt, dass die Zustimmung eines **Drittberechtigten entbehrlich** ist, wenn seine dingliche Rechtsstellung durch eine Änderung nicht beeinträchtigt wird (*BGH* BGHZ 91, 343, 346 = MDR 1984, 830 = JZ 1984, 1113 mit Anm. *Weitnauer*; *OLG Neustadt* DNotZ 1964, 344, 346; *BayObLG* NJW 1960, 1155; *Ott* Sondernutzungsrecht, S. 67). Die Zustimmungsverpflichtung besteht nur, wenn eine Beeinträchtigung des oder der Dritten konkret und objektiv gegeben ist und nicht nur lediglich die Möglichkeit eines Nachteils besteht. Eine Zustimmungspflicht ist ferner dann entbehrlich, wenn ein Wohnungseigentum **lediglich begünstigt** wird (*BayObLG* Rpfleger 1990, 63). Die Zustimmung dinglich Berechtigter ist schließlich dann nicht erforderlich, wenn das betroffene Wohnungseigentum schon vom **Mitgebrauch ausgeschlossen** ist (*BayObLG* Rpfleger 1986, 257) oder wenn ein Sondernutzungsberechtigter das Recht erhält, seinen oberirdischen Stellplatz als Carport oder Garage auszubauen (*OLG Hamm* WE 1997, 382). Nicht zustimmungsbedürftig ist die Änderung der Kostenverteilung (zur früheren Rechtslage s. *Kreuzer* PiG 63, 249, 260 und *BayObLG* ZMR 2004, 683). Für die nachträgliche Eintragung einer Öffnungsklausel im Grundbuch s. Rn. 302. 169

2. Begriff des »Dritten«

a) Grundsatz

Zustimmungsberechtigte Dritte sind die in Abt. II oder Abt. III eingetragenen Berechtigten (s. 170
dazu die Untersuchung von *Ott* Sondernutzungsrecht, S. 68 ff.). **Potenziell zustimmungsberechtigt** sind Grundpfandrechtsgläubiger (Berechtigte einer Grundschuld, einer Rentenschuld oder einer Hypothek) und Inhaber von Reallasten, Wohnungs- oder Nießbrauchsrechten. Ferner sind potenziell zustimmungsberechtigt die Berechtigten aus einer Vormerkung, wenn sie als spätere Eigentümer bei der Vereinbarung beteiligt wären (*BayObLG* BayObLGZ 1998, 255), außerdem die Inhaber von Dienstbarkeiten, wenn eine Dienstbarkeit **nicht am ganzen Grundstück** eingetragen ist (Rn. 171).

§ 10 | Allgemeine Grundsätze

b) Gesamtgläubiger

171 Ein **Gesamtgläubiger ist kein Dritter**. Er kann stets das Grundstück als Ganzes zur Versteigerung bringen (*OLG Frankfurt a. M.* NJW-RR 1996, 918; *BayObLG* Rpfleger 1978, 375, 376; NJW 1958, 2016 = DNotZ 1959, 91). Wird ein Grundstück aufgeteilt, ändert sich durch die Aufteilung in Sondereigentumsrechte mit Vereinbarung einer Veräußerungsbeschränkung an dem Haftungsobjekt – dem Grundstück als Ganzem – nichts. Gesamtgläubiger können nach §§ 1132 Abs. 1 BGB, 63 ZVG nicht nur jedes einzelne Sondereigentum, sondern – im Wege des Gesamtausgebots – auch alle Sondereigentumsrechte zusammen, also das ganze Grundstück, in einem einzigen Verfahren versteigern lassen.

c) § 5 Abs. 4 S. 2 und S. 3 WEG

172 Ist das Wohnungseigentum mit der **Hypothek, Grund- oder Rentenschuld** oder **der Reallast eines Dritten** belastet, ist eine Zustimmung des Inhabers dieser Rechte gem. § 5 Abs. 4 S. 2 WEG nur dann erforderlich, wenn ein **Sondernutzungsrecht** begründet oder ein mit dem Wohnungseigentum verbundenes Sondernutzungsrecht aufgehoben, geändert oder übertragen wird. Bei der Begründung eines Sondernutzungsrechts ist die Zustimmung eines Dritten i. S. v. § 9 Abs. 4 S. 2 WEG nach § 5 Abs. 4 S. 3 WEG außerdem dann nicht erforderlich, wenn durch die Vereinbarung gleichzeitig das zu seinen Gunsten belastete Wohnungseigentum mit einem Sondernutzungsrecht verbunden wird. Liegen die Vorraussetzungen des § 5 Abs. 4 S. 2, S. 3 WEG nicht vor, müssen die Zustimmungen sämtlicher jeweilig dinglich Berechtigter eingeholt werden. Dies betrifft vor allem die Fälle, in denen ein Recht in Abt. II des Grundbuchs eingetragen ist, **wie beschränkte persönliche Dienstbarkeiten, Grunddienstbarkeiten, ein Nießbrauch, ein Wohnungsrecht sowie Dauerwohn- und Dauernutzungsrechte**. Die Anzahl solcher Rechte ist indes im Vergleich zu Grundpfandrechten gering. Insbesondere Dienstbarkeiten und Vorkaufsrechte lasten auch meist am Grundstück selbst und können durch eine Vereinbarung der Wohnungseigentümer **nicht berührt** werden (*Hügel/Elzer* § 1 Rn. 27; *Röll* MittBayNot 2002, 399; a. A. *BayObLG* MittBayNot 2002, 397 = NJW-RR 2002, 1526).

3. Unschädlichkeitszeugnisse

173 Die Ländergesetze zum Unschädlichkeitszeugnis (vgl. Art. 120 EGBGB; s. die Auflistung bei *Meikel/Böttcher* § 27 GBO Rn. 103) können teilweise **direkt** (vgl. Art. 1 Abs. 2 BayUZG), jedenfalls aber über ihren Wortlaut hinaus **analog** im Bereich des Wohnungseigentums auf Fälle angewendet werden, die der Veräußerung einer belasteten Grundstücksteilfläche vergleichbar sind (*BayObLG* ZMR 2005, 300, 301; *Lüke* ZfIR 2005, 326, 327; *Demharter* MittBayNot 2004, 17; *Meikel/Böttcher* § 27 GBO Rn. 99), z. B. auf die Veräußerung eines Teils des Miteigentumsanteils oder eines Teils des gemeinschaftlichen Grundstücks, aber auch auf die Umwandlung von Gemeinschaftseigentum in Sondereigentum (z. B. *BayObLG* ZMR 2004, 683, 684 = DNotZ 2003, 936; kritisch *OLG Köln* ZMR 1993, 428, 429). Ein Unschädlichkeitszeugnis kann daher die Zustimmung zur Änderung einer Vereinbarung **überflüssig machen** (*Weitnauer/Lüke* § 15 Rn. 38).

4. Einzelfälle

174 Die **Zustimmung** eines Dritten bei Eintragung einer Vereinbarung nach § 19 GBO kommt danach im **Einzelfall** in Betracht:

175 – bei der **Beschränkung von Nutzungsbefugnissen** (*Kreuzer* PiG 63, 249, 260);
– bei der **Änderung von Stimmrechten** (*LG Aachen* Rpfleger 1986, 258);
– nach § 5 Abs. 4 S. 2 WEG – soweit nicht der Ausnahmefall des Satzes 3 einschlägig ist – bei der **Begründung oder Aufhebung von Sondernutzungsrechten** (*BGH* BGHZ 145, 133, 136 [Aufhebung Sondernutzungsrecht] = ZMR 2001, 119 = MDR 2001, 80 = ZWE 2001, 63 = NJW 2000, 3643; BGHZ 91, 343, 346 = NJW 1984, 2409; *BayObLG* ZMR 2002, 773; *OLG Köln* Rpfleger 2001, 535; ZMR 1993, 428, 429; *LG Aachen* MittRhNotK 1986, 100; a. A. *Ertl* DNotZ 1979, 267, 278, 282). Die Einräumung eines Sondernutzungsrechts führt zu einer Gebrauchsbeschränkung des belasteten Wohnungseigentums und somit auch zu einer möglichen Wertminderung. Regeln die Wohnungs- und Teileigentümer z. B. durch Vereinbarung den Gebrauch des gemeinschaftlichen Eigentums in der Weise, dass bestimmten Miteigentümern jeweils das Sondernutzungs-

recht an einem bestimmten Kraftfahrzeugabstellplatz (oder an mehreren Plätzen) eingeräumt wird, so ist zur Eintragung dieser Vereinbarung in das (Wohnungs-, Teileigentums-)Grundbuch eine Zustimmung erforderlich (*BGH* BGHZ 91, 343, 346 = NJW 1984, 2409);
– bei der Einführung einer **Veräußerungsbeschränkung nach § 12 WEG** (*Kreuzer* PiG 63, 249, 260); hingegen nicht bei ihrer Aufhebung nach § 12 Abs. 4 S. 1 WEG;
– für etwaige Zustimmungsrechte bei einer **Unterteilung** s. § 8 Rn. 67.

XVI. Unvollständige, widersprüchliche und unbestimmte Vereinbarungen

1. Unvollständige Vereinbarungen

Ist eine Vereinbarung **unvollständig** geblieben, kann sie durch eine weitere Vereinbarung, aber auch durch einen **Beschluss** ergänzt werden (*KG* FGPrax 2005, 144, 145 = NZM 2005, 425; *Jennißen* NJW 2004, 3527, 3530). Über eine unvollständige Vereinbarung können die Wohnungseigentümer – anders als über das »ob« – mit Stimmenmehrheit beschließen (*BayObLG* ZMR 2005, 891 mit Anm. *Elzer*). Eine Vereinbarung ist z. B. unvollständig geblieben, wenn   176
– die Verteilung der Bewirtschaftungskosten nach anteiligen Wohn- oder Nutzflächen vorgesehen ist, ohne zu klären, von welchen Wohn- oder Nutzflächen auszugehen ist. In diesem Falle können die Eigentümer die Vermessung und die genaue Festlegung der anteiligen Wohn- und Nutzflächen beschließen (*KG* ZMR 2002, 376; s. auch *OLG Hamburg* ZMR 2004, 614, 615);   177
– in der Teilungserklärung die Verpflichtung enthalten ist, Stellplätze zu errichten, aber ungeregelt geblieben ist, an welcher Stelle oder in welcher Weise die Stellplätze errichtet werden sollen (s. auch *BayObLG* BayObLGZ 2004, 15, 18 = ZMR 2004, 601 für einen Lifteinbau);
– vereinbart ist, dass sich ein ausbauberechtigter Eigentümer ab Bezugsfertigkeit zu 100% Wohngeld zu zahlen ist, aber offen ist, wann »Bezugsfertigkeit« anzunehmen ist (*KG* ZMR 2005, 647, 648; NJW-RR 2002, 374 = ZMR 2002, 147);
– die Eigentümer über die Öffnungszeiten eines Biergartens auf einer Sondernutzungsfläche beschließen (*BayObLG* ZMR 2001, 823, 824).

2. Widersprüchliche Vereinbarungen

Ist eine Vereinbarung **widersprüchlich**, z. B. wenn der vereinbarte Kostenverteilungsschlüssel nicht praktizierbar und durchführbar ist, ist die eine Ergänzung einer Vereinbarung ausgeschlossen. Ist eine Vereinbarung widersprüchlich, findet das subsidiäre Gesetz Anwendung (*KG* WuM 2003, 44).   178

3. Unbestimmte Vereinbarungen

Eine Vereinbarung ist unwirksam, wenn sie **unbestimmt** ist. Verbleiben bei einer vom Gesetz abweichenden Vereinbarung **Zweifel**, ist nach der **gesetzlichen Regelung** zu verfahren (*OLG Köln* IMR 2006, 55 mit Anm. *Elzer*; *OLG Frankfurt a. M.* OLGReport Frankfurt 2005, 7, 10; *OLG Köln* OLGReport Köln 2002, 91; *BayObLG* ZMR 1999, 48, 49). Etwa eine Bestimmung, dass Beschlüsse in der Wohnungseigentümerversammlung grundsätzlich nur mit 3/4 Mehrheit zustande kommen und nur bei »Angelegenheiten, denen keine erhebliche Bedeutung zukommt, die einfache Mehrheit genügt«, ist unwirksam, weil die Abgrenzungskriterien völlig unbestimmt sind (*KG* FGPrax 1998, 135 = MDR 1998, 1218 = WuM 1998, 436 = NZM 1998, 520). Können Kosten nicht sicher dem Gemeinschafts- oder dem Sondereigentum zugeordnet werden, gilt für sie – auch wenn sie teilweise dem Sondereigentum zuzuordnen sind – der gesetzliche Kostenverteilungsschlüssel des § 16 Abs. 2 WEG (s. § 16 Rn. 275).   179

XVII. Auslegung von Vereinbarungen

Eine **verdinglichte Vereinbarung** (Rn. 144) ist nach h. M. mit Blick auf § 10 Abs. 3 WEG **wie eine Grundbucheintragung** auszulegen. Für die Einzelheiten ist insoweit auf die Auslegung der Teilungserklärung und des Teilungsvertrages zu verweisen (dazu ausführlich § 3 Rn. 39).   180
Etwas anderes gilt indes für eine nur **schuldrechtliche Vereinbarung** (Rn. 148). Da diese einen Sondernachfolger nicht bindet, ist sie wie jeder andere Vertrag nach den allgemeinen Bestimmungen auszulegen, §§ 133, 157 BGB.   181

§ 10 | Allgemeine Grundsätze

XVIII. Änderung und Erzwingung von Vereinbarungen; Änderung des dispositiven Gesetzes

1. Grundsatz

182 Wohnungseigentum wird seit Jahrzehnten in Ausnahmefällen durch einen Teilungsvertrag nach § 3 WEG, ganz überwiegend aber durch eine Teilungserklärung nach § 8 WEG gebildet (s. bereits *BGH* BGHZ 95, 137, 141 = ZMR 1986, 19 = MDR 1986, 138 = NJW 1985, 2832). Die Ausgestaltung des Gemeinschaftsverhältnisses liegt damit im Regelfall fast vollständig in den Händen des jeweiligen früheren Alleineigentümers (fast immer eines Bauträgers), wenn er nämlich von seiner Möglichkeit Gebrauch macht, als Teil seiner Teilungserklärung auch Bestimmungen zur Gemeinschaftsordnung zu treffen (s. § 8 Rn. 44 ff.). Diese einseitig gesetzten Regelungen können sich im Zusammenleben der Wohnungseigentümer als von Anfang an verfehlt oder unzweckmäßig erweisen, etwa weil sie zu wenig auf die Besonderheiten der jeweiligen Wohnungseigentümergemeinschaft abgestimmt sind. Oder ein **Änderungsbedarf** tritt später zu Tage, etwa nach einem Ausbau von weiteren Flächen, durch moderne Haustechnik, neue Abrechnungsmethoden, Nutzungsänderungen, Unterteilungen oder durch eine behördliche Auflage (*Kreuzer* PiG 63, 249, 257; *Deckert* PiG 63, 227, 235). Es kommt auch vor, dass eine Wohnanlage anders und also nicht wie nach dem Aufteilungsplan oder der Teilungserklärung oder dem Teilungsvertrag geplant fertig gestellt wird (s. § 3 Rn. 85 ff.). Durch eine Abweichung kann etwa der in der Gemeinschaftsordnung vorgesehene Lasten- und Kostenverteilungsschlüssel unbillig werden (*BGH* BGHZ 95, 137, 141 = ZMR 1986, 19 = MDR 1986, 138 = NJW 1985, 2832). Schließlich können neuere Erfahrungen, soziologische und politisch-wirtschaftliche Veränderungen, technische Entwicklungen oder auch eine Umstellung der Lebensgewohnheiten eine Anpassung der Gemeinschaftsordnung an geänderte Verhältnisse erforderlich machen (*Bub* PiG 32, 53, 57 ff.; *F. Schmidt* PiG 32, 67, 74). In allen diesen Momenten zeigt sich ein bedeutender Änderungsbedarf. Erkennen die Wohnungseigentümer die Notwendigkeit für die Änderung einer Vereinbarung oder steht das dispositive Gesetz dem gedeihlichen Zusammenleben der Wohnungseigentümer entgegen, können die Wohnungseigentümer das Gesetz oder die entsprechende Vereinbarung – soweit keine vereinbarte Öffnungsklausel besteht (s. dazu Rn. 273) oder die anerkannten gesetzlichen Öffnungsklauseln (vor allem §§ 12 Abs. 4 S. 1, 16 Abs. 3 und Abs. 4, 21 Abs. 7 WEG) einen Eingriff auch in eine Vereinbarung erlauben – nach § 10 Abs. 2 S. 2 WEG prinzipiell **nur durch eine Vereinbarung** ändern (s. *BGH* BGHZ 156, 192, 198 [Kaltwasser] = ZMR 2003, 937, 939 = NJW 2003, 3476; BGHZ 145, 158, 163 [Zitterbeschluss] = NJW 2000, 3500 = ZMR 2000, 771; BGHZ 145, 133, 136 [Aufhebung Sondernutzungsrecht] = ZMR 2001, 119 = MDR 2001, 80 = ZWE 2001, 63 = NJW 2000, 3643; *BayObLG* ZMR 2005, 379, 380; *OLG Düsseldorf* NZM 2001, 760 = ZMR 2001, 721; *Wenzel* ZWE 2000, 2, 6 = NZM 2000, 257, 261; *Lüke/Becker* DNotZ 1996, 676). Etwa ein Sondernutzungsrecht kann nicht durch einseitigen Verzicht, sondern nur durch eine Vereinbarung gem. § 10 Abs. 2 WEG aufgehoben werden (*BGH* BGHZ 145, 133, 136 [Aufhebung Sondernutzungsrecht] = ZMR 2001, 119 = MDR 2001, 80 = ZWE 2001, 63 = NJW 2000, 3643; *Lüke/Becker* DNotZ 1996, 676; s. § 11 Rn. 21). Dasselbe gilt für die Änderung einer gesetzlichen Bestimmung (*Wenzel* ZWE 2001, 226, 233; a. A. *Häublein* ZWE 2001, 2, 7), z. B. des § 16 Abs. 2 WEG in Bezug auf dauerhafte Kostenregelungen zur Instandhaltung. Ist eine Gemeinschaft der Wohnungseigentümer freilich erst einmal entstanden, kommen Vereinbarungen selten freiwillig zustande (Rn. 160). Aus diesem Grunde wurde stets nach Wegen gesucht, Vereinbarungen anders als gerade wieder durch eine Vereinbarung zu ändern. Das hierzu probate Mittel und Ventil war bis zum Ende des letzten Jahrhunderts der sog. »**Zitterbeschluss**«: Anstelle einer an sich nach dem Gesetz notwendigen Vereinbarung regelten die Wohnungseigentümer eine Angelegenheit durch bloßen Beschluss. Die Praxis ging so weit, dass selbst beim Einverständnis aller Wohnungseigentümer ein Beschluss gefasst wurde, um sich die mit der Eintragung einer Vereinbarung im Grundbuch verbundenen Kosten zu ersparen. Diese Handhabung führte dazu, dass die Grenze zwischen Vereinbarung und Beschluss verwischt und der Zweck einer Vereinbarung, Sondernachfolger nur durch eine Eintragung im Grundbuch zu binden, vereitelt wurde. Die Gemeinschaft war allerdings stets in der Lage, angemessen, kostengünstig und flexibel auf Veränderungen mehrheitlich zu reagieren.

2. Änderungen durch »erzwungene« Vereinbarung gem. § 10 Abs. 2 S. 3 WEG

a) Allgemeines

Kommt es zwischen den Wohnungseigentümern zu keiner einvernehmlichen Änderung des dispositiven Gesetzes oder einer Vereinbarung, gibt der offensichtlich an § 313 Abs. 1 BGB (*Kreuzer* FS Seuß [2007], S. 155, 161) angelehnte § 10 Abs. 2 S. 3 WEG jedem Wohnungseigentümer einen **Anspruch** darauf, eine vom Gesetz **abweichende Vereinbarung** oder die **Anpassung einer Vereinbarung** zu verlangen, soweit ein Festhalten an der geltenden Regelung aus **schwerwiegenden Gründen** unter Berücksichtigung aller Umstände des Einzelfalles, insbesondere der Rechte und Interessen der anderen Wohnungseigentümer, **unbillig** erscheint. Dieser Änderungsanspruch ist durch das Gesetz zur Änderung des Wohnungseigentumsgesetzes und anderer Gesetze vom 26.3.2007 (BGBl. I S. 370) in § 10 Abs. 2 S. 3 WEG kodifiziert worden. Der Änderungsanspruch als solcher war indes seit langem anerkannt und wurde bis zur Änderung des Gesetzes – allerdings mit anderen Voraussetzungen – aus §§ 242, 313 BGB i. V. m. mit dem Gemeinschaftsverhältnis der Wohnungseigentümer hergeleitet (*BGH* BGHZ 130, 304, 312 = MDR 1995, 1112 = NJW 1995, 2791 = ZMR 1995, 483; BGHZ 95, 137, 142 = NJW 1985, 2832 = ZMR 1986, 19 = MDR 1986, 138 = NJW 1985, 2832; *BayObLG* ZMR 2001, 824 = BayObLGZ 2001, 99, 103; BayObLGZ 1987, 66, 72; BayObLGZ 1984, 50, 54; *OLG Schleswig* ZMR 2006, 889, 890; *Vorauflage* Rn. 189 ff. m. w. N.).

183

Bei der Prüfung, ob die Voraussetzungen des § 10 Abs. 2 S. 3 WEG erfüllt sind (dazu Rn. 194 ff.), ist nach der hier für richtig erachteten, aber nicht abgesicherten Auffassung ein weiterhin **strenger Maßstab** anzulegen (s. dazu für das frühere Recht *BGH* BGHZ 156, 192, 196 [Kaltwasser] = ZMR 2003, 937 = NJW 2003, 3476; BGHZ 95, 137, 142 = ZMR 1986, 19 = MDR 1986, 138 = NJW 1985, 2832; *KG* ZMR 2004, 620, 621; NJW-RR 1991, 1169, 1170; NJW-RR 1994, 525; *BayObLG* ZMR 2001, 997 = ZWE 2001, 31; WuM 1996, 297 = WE 1997, 37). Zwar ist nicht zu verkennen, dass der Gesetzgeber durch die Schaffung des § 10 Abs. 2 S. 3 WEG die bisher für richtig erachteten **Maßstäbe senken** und den Wege, eine Vereinbarung zu erzwingen, **erleichtern** wollte (BT-Drucks. 16/887 S. 17 ff.). Die gesetzlichen Regelungen und die von den Wohnungseigentümern getroffenen Vereinbarungen sollen deren Zusammenleben aber erleichtern und vereinfachen. Eine häufige, gar erzwungene Revision ist damit schwer in Einklang zu bringen und häufig unerträglich. Mit einer ungerechten Vereinbarung für einen Wohnungseigentümer im Einzelfall verbundenen Nachteile sollten im Interesse der Klarheit und Einfachheit der Verwaltung wenigstens im Zweifel in Kauf genommen werden. Die Anerkennung eines auf § 10 Abs. 2 S. 3 WEG gestützten Änderungsanspruches ist zwar notwendig, aber ganz **grundsätzlich problematisch**. Im Prinzip ist davon auszugehen, dass Vertragspartner durch beiderseitiges Bemühen, die eigenen individuellen und subjektiven, also von der Rechtsordnung nicht bewertbaren Interessen, automatisch insoweit angleichen, dass eine Vertragsgerechtigkeit für beide Vertragspartner erzielt wird (Richtigkeitswahrscheinlichkeit). Jeder potenzielle Wohnungseigentümer kann auf den Kauf verzichten und sich so behaupteten ungemessenen »Vertragsklauseln« entziehen. Regelmäßig besteht für ihn eine Alternative zum Vertragsschluss. Die Kehrseite dieser **Freiheit zum Kontrahieren** ist, dass der künftige Wohnungseigentümer selbst darauf achten muss, dass und wie seine Interessen berücksichtigt sind. Eine Überprüfung vertraglicher Vorschriften ist im Grundsatz nur dort vorstellbar, wo es für den Vertragspartner keine Alternative zum Abschluss gibt (z. B. die Mitgliedschaft in einem Monopolverein) oder wo es eine strukturelle Unterlegenheit i. S. v. Unter- und Überordnung gibt (dann können §§ 305 ff. BGB greifen). Ohne eine »Ungleichgewichtslage« muss die gerichtliche Änderung einer Vereinbarung oder ihre Überprüfung auf Angemessenheit im **Grundsatz ausscheiden**, jedenfalls die Ausnahme bleiben.

184

b) Anwendungsbereich

Das Gesetz erlaubt durch den in § 10 Abs. 2 S. 3 WEG garantierten Abänderungsanspruch eine Änderung, also einen Eingriff in das dispositive Gesetz sowie eine Erzwingung einer Vereinbarung oder die Änderung einer bestehenden. Während deutlich ist, was mit dem dispositiven Gesetz gemeint sein muss, ist unsicher, was der Begriff »Vereinbarung« anspricht. Das Wohnungseigentumsgesetz kennt **zwei Arten von Vereinbarungen**: Solche, die das sachenrechtliche Grundverhältnis regeln, und solche die sich zum Gemeinschaftsverhältnis äußern (*Wenzel* FS

185

§ 10 | Allgemeine Grundsätze

Bub, S. 249, 261, spricht daneben noch Vereinbarungen in weiteren Sinne an, die von den vorgenannten zu unterscheiden seien. Wäre dem zu folgen, so wäre § 10 Abs. 2 S. 3 WEG auf diese allenfalls entsprechend anwendbar). Nach seiner systematischen Stellung in Absatz 2 des § 10 WEG sowie im Abschnitt über die Gemeinschaft der Wohnungseigentümer und nach seiner Entstehungsgeschichte, die ausdrücklich auf Vereinbarungen i. S. v. § 10 WEG abstellt (vgl. BT-Drucks. 16/887 S. 17 ff.), kann durch § 10 Abs. 2 S. 3 WEG nur eine Vereinbarung erzwungen werden, die das **Gemeinschaftsverhältnis betrifft** (Niedenführ / *Kümmel* Rn. 43; *Hügel/Elzer* § 3 Rn. 128). Eine Änderung der sachenrechtlichen Grundlagen kann nur über den bereits bislang anerkannten Anspruch hergeleitet werden, der aus dem die Wohnungseigentümer verbindenden Grundverhältnis hergeleitet wird (Rn. 43).

c) Verhältnis zu anderen Vorschriften

186 § 10 Abs. 2 S. 3 WEG steht in einer »Anspruchsnormenkonkurrenz« mit gem. § 23 Abs. 1 WEG **vereinbarten** und mit **gesetzlichen Öffnungsklauseln** (das sind vor allem: §§ 12 Abs. 4 S. 1, 16 Abs. 3 und Abs. 4, 21 Abs. 7 WEG). Auch vereinbarte oder gesetzliche Öffnungsklauseln erlauben – soweit ihr Anwendungsbereich erfasst ist – die Änderung einer Vereinbarung.

aa) Vereinbarte Öffnungsklauseln

187 Eine vereinbarte Öffnungsklausel schließt den Anspruch aus § 10 Abs. 2 S. 3 WEG nicht aus. Eine Konkurrenz kommt ohnehin nur in Betracht, soweit der Anwendungsbereich einer vereinbarten Öffnungsklausel reicht. Nur wenn diese unbeschränkt ist und sämtliche Gegenstände betrifft (allgemeine Öffnungsklausel; Rn. 279), kann § 10 Abs. 2 S. 3 WEG stets betroffen sein. Wenn im Einzelfall eine Konkurrenz in Betracht kommt, muss für das Verhältnis zwischen einer vereinbarten Öffnungsklausel und § 10 Abs. 2 S. 3 WEG das gelten, was zwischen einer vereinbarten Öffnungsklausel und dem auf dem die Wohnungseigentümer verbindenden Gemeinschaftsverhältnis beruhenden Anspruch auf Änderung einer Vereinbarung galt. Dort war anerkannt, dass die Möglichkeit der Abänderung durch Beschluss die Erzwingung einer Vereinbarung jedenfalls prinzipiell **nicht verdrängt** (*OLG Schleswig* ZMR 2006, 889, 890; s. auch *OLG Frankfurt a. M.* NZM 2001, 140). Allerdings ist nicht zu verkennen, dass es vorstellbar ist, dass die Tatbestandsvoraussetzungen für eine auf einer vereinbarten Öffnungsklausel beruhenden Bestimmung **geringer sind** als die nach § 10 Abs. 2 S. 3 WEG. In diesem Falle besteht für eine auf § 10 Abs. 2 S. 3 WEG gestützte Klage aus denselben Gründen wie im Verhältnis zu § 16 Abs. 3 WEG **kein Rechtsschutzbedürfnis** (Rn. 189).

bb) Gesetzliche Öffnungsklauseln

188 Für das Verhältnis zwischen § 10 Abs. 2 S. 3 WEG und den **gesetzlichen Öffnungsklauseln** sollte unterschieden werden.

(1) § 16 Abs. 3 WEG

189 Nach an dieser Stelle vertretener, noch nicht abgesicherter Ansicht wird § 10 Abs. 2 S. 3 WEG von § 16 Abs. 3 WEG **vollständig verdrängt** (vgl. *Hügel/Elzer* § 3 Rn. 131; a. A. *Abramenko* § 3 Rn. 39; s. auch BT-Drucks. 16/887 S. 19/20). Die Vorschrift des § 16 Abs. 3 WEG erlaubt es den Wohnungseigentümern, im Wege des Beschlusses den geltenden Kostenverteilungsschlüssel zu ändern (§ 16 Rn. 56). Wird kein Beschluss nach § 16 Abs. 3 WEG gefasst, kann jeder Wohnungseigentümer gestützt auf § 21 Abs. 4 oder Abs. 4 und 8 WEG auf eine Abänderung klagen (§ 16 Rn. 78). Eine solche Klage hat Erfolg, wenn sich das Ermessen der Wohnungseigentümer reduziert hat und nur noch die Änderung des geltenden Kostenverteilungsschlüssels ordnungsmäßiger Verwaltung entspricht (a. A. im Ansatz und zu allgemein *Abramenko* ZWE 2007, 336, 337). Eine Ermessensreduktion ist dabei wohl dann anzunehmen, wenn (auch) die Voraussetzungen des § 10 Abs. 2 S. 3 WEG vorliegen (§ 16 Rn. 78). Der Vorrang des Weges über §§ 16 Abs. 3, 21 Abs. 4 WEG und **das fehlende Rechtsschutzbedürfnis** (*Hügel/Elzer* § 3 Rn. 130) für eine auf § 10 Abs. 2 S. 3 WEG gestützte Klage leitet sich indes daraus ab, dass das Gesetz nur unter den in § 16 Abs. 3 WEG genannten Voraussetzungen eine **dauerhafte Veränderung** des geltenden Kostenverteilungsschlüssels gewährt. Diese Vorgaben könnten **unterlaufen** werden, wenn eine Veränderung auch über § 10 Abs. 2 S. 3 WEG möglich wäre. Zudem wäre eine Abänderung über § 10 Abs. 2 S. 3

Allgemeine Grundsätze | § 10

WEG stets nur von vorübergehender Natur, da auf Grund § 16 Abs. 5 WEG die Beschlusskompetenzen in § 16 WEG nicht durch eine Vereinbarung eingeschränkt oder ausgeschlossen werden können. Schließlich scheint nach der Normenhierachie die Erzwingung eines Beschlusses erträglicher als die einer Vereinbarung. Ein Interesse gerade an einer Vereinbarung – z. B. um diese im Grundbuch eintragen zu lassen, weil der Beschluss-Sammlung keine Publizität zukommt und aus Beweisgründen – scheint angesichts der immer währenden Abänderungsmöglichkeit und der dadurch zu beobachtenden Entwertung des Grundbuches nicht schützenswert.

(2) § 16 Abs. 4 WEG

Zwischen § 16 Abs. 4 WEG und § 10 Abs. 2 S. 3 WEG besteht eine Konkurrenz, soweit es um einen **Einzelfall** geht (zum Begriff des Einzelfalls s. § 16 Rn. 97). Soweit ein Wohnungseigentümer im Einzelfall zur Instandhaltung oder Instandsetzung i. S. d. § 21 Abs. 5 Nr. 2 WEG oder zu baulichen Veränderungen oder Aufwendungen i. S. d. § 22 Abs. 1 und 2 WEG eine Regelung anstrebt, ist – wie bei § 16 Abs. 3 WEG und aus denselben Gründen – der Weg über einen Kostenbeschluss vorrangig. Auch hier gilt, dass die Voraussetzungen des § 16 Abs. 4 WEG nicht unterlaufen werden dürfen. Etwas anderes gilt hingegen, soweit eine **Dauerregelung** angestrebt wird. Eine dauerhafte Regelung zu den Kosten einer der in § 16 Abs. 4 WEG genannten Angelegenheiten kann nur über § 10 Abs. 2 S. 3 WEG erzwungen werden. Ein Beschluss nach § 16 Abs. 4 WEG wäre nichtig (Rn. 49). Nur über § 10 Abs. 2 S. 3 WEG lässt sich ferner eine dauerhafte Herabsenkung der Anforderungen des § 16 Abs. 4 WEG – soweit dieser als dispositiv angesehen wird – erreichen. 190

(3) § 21 Abs. 7 WEG

Die Wohnungseigentümer können gem. § 21 Abs. 7 WEG u. a. beschließen, dass ein Wohnungseigentümer als »Nutzer« des Gemeinschaftseigentums oder als »Verursacher« besonderer Kosten »etwas«, das über das hinausgeht, was er gem. §§ 16 Abs. 2 und Abs. 5 WEG ohnehin schuldet, leisten muss. Für »besondere Kosten« ist auch § 21 Abs. 7 WEG in seinem Anwendungsbereich gegenüber § 10 Abs. 2 S. 3 WEG die besondere Vorschrift (»lex specialis«) und verdrängt diesen nach den allgemeinen Grundsätzen (*Hügel/Elzer* § 8 Rn. 63; s. auch *Abramenko* § 2 Rn. 10). Für die Erzwingung einer Vereinbarung, eines Vertrages gibt es kein Rechtsschutzbedürfnis, wenn es für den Regelungsgegenstand auch eine **Beschlusskompetenz gibt**. 191

d) Anspruchsinhaber

Anspruchsinhaber des Anspruches aus § 10 Abs. 2 S. 3 WEG ist nach dessen Wortlaut jeder Wohnungseigentümer, auch ein werdender Wohnungseigentümer (s. zum Begriff des Wohnungseigentümers Rn. 7). Ein Zweiterwerber kann den Abänderungsanspruch geltend machen, sofern er zur Geltendmachung ermächtigt ist (Rn. 33). Ein Dritter kann aus § 10 Abs. 2 S. 3 WEG keine Ansprüche herleiten. Auch die Funktionsträger der Wohnungseigentümer oder des Verbandes Wohnungseigentümergemeinschaft noch der Verband selbst besitzen einen Anspruch auf Änderung des Gesetzes oder einer Vereinbarung. 192

e) Anspruchsgegner

Anspruchsgegner des Anspruches aus § 10 Abs. 2 S. 3 WEG sind die Wohnungseigentümer, auch ein werdender, die sich der erstrebten **Vereinbarung entgegenstellen**. Erfüllen die Anspruchsgegner den Anspruch auf Abänderung nicht freiwillig, obwohl die Voraussetzungen vorliegen, können die sich weigernden Wohnungseigentümer – soweit man wie hier die Klage auf Zustimmung für die richtige Klageart hält (dazu Rn. 199) – im **Wege der Leistungsklage** auf Zustimmung zur Änderung in Anspruch genommen werden. Dritte müssen der Änderung zustimmen, wenn – was zu empfehlen ist – die erstrittene Vereinbarung in das Wohnungsgrundbuch eingetragen werden soll und sie nach den allgemeinen Bestimmungen zustimmungsbefugt sind (dazu Rn. 167; a. A. *BayObLG* NJW-RR 1987, 714, 715). 193

§ 10 | Allgemeine Grundsätze

f) Voraussetzungen

aa) Schwerwiegende Gründe und Unbilligkeit

194 Jeder Wohnungseigentümer kann eine vom Gesetz abweichende Vereinbarung oder die Anpassung einer Vereinbarung verlangen, soweit ein **Festhalten** an der geltenden Regelung aus **schwerwiegenden Gründen** unter Berücksichtigung aller Umstände des Einzelfalles, insbesondere der Rechte und Interessen der anderen Wohnungseigentümer, **unbillig** erscheint. Ein Änderungsanspruch kommt damit nicht mehr nur dann in Betracht, wenn eine bestehende Regelung bei Anlegung eines strengen Maßstabs nicht sachgerecht erscheint und zu grob unbilligen, mit Treu und Glauben (§ 242 BGB) nicht zu vereinbarenden Ergebnissen führt (zum früheren Maßstab s. nur *BGH* NJW 2006, 3426, 3427 = ZMR 2007, 46 = ZWE 2006, 486 mit Anm. *F. Schmidt* = Info M 2007, 29 mit Anm. *Elzer*; BGHZ 160, 354, 358 [Kostenverteilungsschlüssel] = ZMR 2004, 834 = NJW 2004, 3413 = NZM 2004, 870 = MDR 2004, 1403 mit Anm. *Riecke/Schmidt*; BGHZ 156, 192, 196/202 [Kaltwasser] = ZMR 2003, 937 = NJW 2003, 3476; BGHZ 130, 304, 312 = MDR 1995, 1112 = NJW 1995, 2791 = ZMR 1995, 483; BGHZ 95, 137, 142 = ZMR 1986, 19 = MDR 1986, 138 = NJW 1985, 2832; *KG* ZfIR 2004, 677, 679; ZMR 2004, 620, 621; FGPrax 2004, 7; ZMR 1999, 64, 65; *OLG Düsseldorf* ZMR 2004, 767, 768 = NZM 2003, 854; 2002, 68; NJW-RR 2002, 731 = ZMR 2002, 68; WE 1999, 188; *OLG Hamburg* ZMR 2004, 291, 294; *BayObLG* ZWE 2001, 320 = ZMR 2001, 473; *OLG Köln* WuM 1998, 621, 622; *OLG Hamm* WE 1995, 127, 128). Der Gesetzgeber hat die von der Rechtsprechung bislang **aufgestelltem Hürden bewusst gesenkt** (BT-Drucks. 16/887 S. 17 ff.). Die **Senkung der Eingriffsschwelle** wird dadurch zum Ausdruck gebracht, dass statt auf die bislang erforderlichen »außergewöhnlichen Umstände« nunmehr auf »schwerwiegende Gründe« abgestellt wird. Diese liegen eher vor als außergewöhnliche Umstände (*Hügel/Elzer* § 3 Rn. 125). Zudem muss die bestehende Regelung nicht mehr grob unbillig sein und damit gegen Treu und Glauben verstoßen. Ausreichend ist vielmehr, dass ein Festhalten an der geltenden Regelung unbillig erscheint. Der Wortlaut macht deutlich, dass für den Betroffenen kein so großer Nachteil erforderlich ist wie bei dem bisherigen Maßstab der groben Unbilligkeit (BT-Drucks. 16/887 S. 19; *Hügel/Elzer* § 3 Rn. 125).

bb) Interessen und Rechte der anderen Wohnungseigentümer

195 Die Gründe, die einen Wohnungseigentümer dazu bewegen, eine Änderung zu verlangen, sind mit den **Interessen** und **Rechten** der anderen Wohnungseigentümer **abzuwägen**. Das Interesse der die gewollte Vereinbarung ablehnenden Wohnungseigentümer liegt jedenfalls darin, am Geltenden aus verschiedenen rechtlichen und wirtschaftlichen Motiven festzuhalten. Welche Gründe das sind und wie schwer sie wiegen, muss eine Frage des Einzelfalls sein. Welche »Rechte« der anderen Wohnungseigentümer mitabzuwägen sind, sagt das Gesetz nicht. Nahe liegt, die Rechte darin zu sehen, dass die anderen Wohnungseigentümer durch die in Frage stehende gesetzliche Vorschrift oder die in Frage stehende Vereinbarung eine **geschützte Rechtsposition** und »wohlerworbene« Rechte erlangt haben. Sind diese Rechte und Rechtspositionen schutzbedürftig, so ist zu klären, wie sie sich zum festgestellten Änderungsinteresse des Verlangenden und die auf seiner Seite stehenden schwerwiegenden Gründe verhalten. Das Gesetz äußert sich weiter nicht dazu, ob die Gründe des Verlangenden die Gründe der Gegenseite **überwiegen müssen**. Diese Sichtweise liegt indes nahe, weil im Grundsatz und im Zweifel eine Vereinbarung nach allgemeinen Erwägungen und Schutz des Rechtsfriedens »halten« muss. Sind mithin die für und gegen eine Änderung sprechenden Gründe **annähernd gleich groß**, muss ein Änderungsanspruch ausscheiden. Erst wenn die Gründe des Verlangenden die Gründe und Interessen der der Veränderung ablehnend gegenüber stehenden Wohnungseigentümer deutlich überwiegen, müssen die Interessen ggf. sogar der Mehrheit der Wohnungseigentümer hintanstehen (s. bereits Rn. 184 und ferner Rn. 196).

cc) Abwägung im Einzelnen

196 Bei der Prüfung eines Änderungsanspruches sind die **gesamten Umstände** des Einzelfalls **abzuwägen** (zum früheren Recht vgl. nur *BGH* BGHZ 160, 354, 359 [Kostenverteilungsschlüssel] = ZMR 2004, 834 = NJW 2004, 3413 = NZM 2004, 870 = MDR 2004, 1403 mit Anm. *Riecke/Schmidt*).

Die Frage, ob schwerwiegende Gründe vorliegen und ob die bestehende Regelung unbillig erscheint, lässt sich dabei nicht allgemein und nicht abstrakt beantworten. Die Feststellung einer Unbilligkeit kann nicht das Ergebnis einer starren Schranke, sondern stets nur Folge einer **sorgfältigen Abwägung im Einzelfall** sein, die sämtliche Besonderheiten der entsprechenden Wohnanlage berücksichtigt. Die erzwungene Änderung einer Vereinbarung sollte vor allem dann erwogen werden, wenn sich eine Regelung im Zusammenleben der Wohnungseigentümer als von Anfang an oder jedenfalls später als deutlich **verfehlt** oder **unzweckmäßig erweist**, etwa weil sie zu wenig auf die Besonderheiten der jeweiligen Eigentümergemeinschaft abgestimmt ist (*BGH* BGHZ 130, 304, 313 = MDR 1995, 1112 = NJW 1995, 2791 = ZMR 1995, 483; *BayObLG* ZMR 2003, 949 = DNotZ 2004, 147). Bei dem Änderungsanspruch des § 10 Abs. 2 S. 3 WEG ist ferner der **Vertrauensgrundsatz** zu berücksichtigen (zur früheren Rechtslage s. *BayObLG* ZMR 2003, 949, 950; ZMR 2001, 997). Insbesondere der Vertrauensgrundsatz ist in der Regel ein gewichtiges Argument für die **Beibehaltung** einer einmal getroffenen Regelung: Jeder Wohnungseigentümer muss doch grundsätzlich darauf vertrauen können, dass wohnungseigentumsrechtlich getroffene Regelungen (Vereinbarungen) **nicht** ohne seine Zustimmung geändert werden. Ein Änderungsanspruch ist auch nicht bereits dann gegeben, wenn **einseitige Erwartungen** eines Wohnungseigentümers nicht erfüllt worden sind oder wenn eine Entwicklung **allein im Risikobereich eines Wohnungseigentümers** fällt.

g) Grenzen

Die Anerkennung eines gesetzlichen Änderungsanspruches kann nicht dazu führen, dass **jede Vereinbarung** gesetzlich erzwungen werden kann. Jedenfalls eine allgemeine, aber auch eine konkrete Öffnungsklausel kann durch § 10 Abs. 2 S. 3 WEG **nicht erzwungen** werden. Ferner gelten auch für den Anspruch aus § 10 Abs. 2 S. 3 WEG die allgemeinen Grenzen, denen die Wohnungseigentümer in ihrer im Übrigen bestehenden Privatautonomie unterworfen sind (dazu Rn. 209 ff.).

197

h) Rechtsfolge

§ 10 Abs. 2 S. 3 WEG gibt jedem Wohnungseigentümer **einen gesetzlichen Anspruch**, von den anderen Wohnungseigentümern eine vom Gesetz abweichende Vereinbarung oder die Anpassung einer Vereinbarung zu verlangen. Ungeregelt geblieben ist **der Inhalt des** von den anderen Wohnungseigentümern **zu erfüllenden Anspruchs**, obwohl im Einzelfall höchst streitig sein kann, welchen Inhalt eine »billige« Regelung denn haben muss. In vielen Fällen wird sich erweisen, dass durchaus verschiedene Inhalte »angemessen« sind. Das Regelungsproblem ist mithin dasselbe wie in § 313 Abs. 1 BGB. Auch dort ist gesetzlich **nicht bestimmt**, welchen Inhalt eine zumutbare Regelung haben muss. Die Rechtsfolge bestimmt sich wohl nach derselben Interessenabwägung, die für die Gewährung von Abhilfe dem Grunde nach entscheidend ist. Es ist also die Rechtsfolge zu bestimmen ist, die die schutzwürdigen Interessen beider Seiten in ein **angemessenes Gleichgewicht** bringt.

198

i) Klage auf Änderung

aa) Klageantrag

Lässt sich zwischen den Wohnungseigentümern **kein Einvernehmen** darüber erzielen, eine Vereinbarung zu ändern oder zu schaffen, und besteht auch kein anderer Weg für eine Änderung (dazu Rn. 186 ff.), muss ein änderungswilliger Wohnungseigentümer die anderen Eigentümer nach § 43 Nr. 1 WEG vor dem örtlich zuständigen Gericht im Wege einer Leistungsklage auf **Zustimmung** zu der **konkret** zu benennenden Vereinbarung **verklagen** (vgl. auch *OLG München* ZWE 2006, 39 mit Anm. *Drabek*). Besitzt ein Wohnungseigentümer einen Anspruch auf Änderung einer Vereinbarung, kann das Gericht nur die anderen Wohnungseigentümer dazu verpflichten, der **Änderung zuzustimmen**, wie sie vom Anspruchsinhaber vorgeschlagen wird. Das Gericht besitzt nämlich keine subsidiäre Befugnis, eine Vereinbarung nach eigenem billigem Ermessen zu ändern und selbst den Inhalt zu bestimmen. § 21 Abs. 8 WEG ist nicht anwendbar und ein **unbestimmter Klageantrag** auf Bestimmung des Inhalts einer Vereinbarung nach billigem Ermessen des Gerichts ist mithin **unzulässig**. § 21 Abs. 8 WEG hat nämlich nach seiner systematischen

199

§ 10 | Allgemeine Grundsätze

Stellung und seiner Entstehung aus § 43 Abs. 2 WEG die Wirkungen eines Beschlusses im Blick. Der Richter hat die in Frage kommenden Anpassungsmöglichkeiten mit den Parteien zu **erörtern** (§ 139 ZPO) und auf sachgerechte Antragstellung **hinzuwirken** (s. a. *BGH* NJW 1978, 695 = WM 1978, 167; Jauernig / *Stadler* § 313 BGB Rn. 30). Der Klageantrag kann sich nicht unmittelbar auf **Feststellung der neuen oder geänderten Vereinbarung** richten. Diese Sichtweise entspräche zwar der ganz h. M. für den ähnlich formulierten § 313 BGB (*Heinrichs* FS Heldrich, S. 182, 198; *Dauner-Lieb/Dötsch* NJW 2003, 924; *Schmidt-Kessel/Baldus* NJW 2002, 2076, 2077; PWW / *Medicus* § 313 Rn. 20; Jauernig / *Stadler* § 313 Rn. 30; a. A. *Wieser* JZ 2004, 654, 655: Stufenklage analog § 254 ZPO mit zunächst unbestimmten Klageantrag). Sie ist aber für das Wohnungseigentumsrecht **nicht übertragbar**. § 313 BGB hat im Wesentlichen Austauschbeziehungen im Blick. Die Vereinbarungen der Wohnungseigentümer regeln aber keinen Austausch, sondern sind Satzungsrecht und bestimmen das Binnenleben einer Vielzahl. Für dieses Binnenleben muss stets mit der notwendigen Gewissheit und Klarheit feststehen, was gilt. Bei einer anderen Sichtweise würden auch das Grundbuch und die dort zum Inhalt des Sondereigentums gemachten Vereinbarungen entwertet werden.

bb) Rechtsschutzbedürfnis

200 Voraussetzung für ein **Rechtsschutzbedürfnis** ist, dass der Kläger zuvor an die anderen Wohnungseigentümer herangetreten und diese um Abschluss der gewollten Vereinbarung und Einigung gebeten hat (*Abramenko* ZMR 2007, 424).

cc) Wirksamkeit

201 Der Anspruch auf Abänderung bewirkt nicht die Änderung selbst (*OLG München* NJW-RR 2007, 375, 377 = ZMR 2006, 955 mit Anm. *Elzer*). Eine gerichtlich erzwungene Zustimmung ist im Interesse an einer klaren Bestimmung des Zeitpunkts, ab dem die neue Regelung gilt, erst mit der **rechtskräftigen** gerichtlichen Entscheidung **vollzogen** (*BGH* BGHZ 130, 304, 312 = MDR 1995, 1112 = NJW 1995, 2791 = ZMR 1995, 483; *OLG München* NJW-RR 2007, 375, 377 = ZMR 2006, 955 mit Anm. *Elzer*; ZMR 2006, 952, 953 = ZWE 2007, 157 = MietRB 2006, 323 mit Anm. *Gottschalg*; *BayObLG* ZMR 2002, 65, 66; NZM 2000, 287; NJW-RR 1992, 342, 343; NJW-RR 1990, 1483; *KG* ZMR 1992, 509, 510 = WuM 1992, 560; NJW-RR 1991, 1169, 1170; *OLG Düsseldorf* NJW 1985, 2837, 2838). Soll eine erzwungene Vereinbarung gegenüber Sondernachfolgern nach § 10 Abs. 3 WEG **Bestand** haben, muss die neue oder geänderte Vereinbarung in das Grundbuch **eingetragen** werden. Unterbleibt eine Eintragung, wird auch eine erstrittene Vereinbarung mit Eintritt eines Sondernachfolgers »hinfällig« (Rn. 153).

j) Einrede in anderen Verfahren?

202 Wenn ein Wohnungseigentümer gem. § 10 Abs. 2 S. 3 WEG einen Anspruch auf Änderung einer Vereinbarung besitzt, konnte dieser nach bislang h. M. diesen Anspruch jedenfalls nicht in einem **Beschlussanfechtungsverfahren** nach § 46 Abs. 1 S. 1 WEG gegen einen auf die Vereinbarung gestützten Beschluss einredeweise geltend machen (*BGH* BGHZ 130, 304, 313 = MDR 1995, 1112 = NJW 1995, 2791 = ZMR 1995, 483; *OLG Frankfurt a. M.* ZMR 2007, 291, 293; ZMR 2006, 873, 874; *KG* NZM 2005, 425; *OLG Hamburg* NZM 2001, 133, 1134 = ZMR 2001, 843 = ZWE 2002, 186) – und auch nicht gegenüber einer Feststellungsklage (*OLG München* ZMR 2006, 955, 957 mit Anm. *Elzer*). Teilweise für möglich erachtet wurde indes eine Einrede gegenüber einem **Unterlassungsanspruch** (*OLG Hamburg* NZM 2001, 133, 1134 = ZMR 2001, 843 = ZWE 2002, 186) oder gegenüber einem **Zahlungsanspruch** (*OLG Celle* NZM 1998, 577 = WE 1998, 180). Richtig ist, dass eine Vereinbarung solange gilt, bis sie wirksam **abgeändert** worden ist (Rn. 201). Es ist aber nicht zu verkennen, dass für § 313 BGB, dem der § 10 Abs. 2 S. 3 WEG dem Wortlaut nach nachempfunden ist, **überwiegend vertreten** wird, dass ein »Anspruch auf Anpassung« **nicht einklagbar** ist. Ein auf § 313 BGB gestützter Klageantrag geht unmittelbar auf die nach dem geänderten Vertragsinhalt geschuldete Leistung, nicht erst auf Zustimmung zu einer Vertragsänderung (BT-Drucks. 14/6040 S. 176; s. Rn. 199). Dementsprechend wird auch vertreten, dass sich benachteiligte Beklagte im Prozess auf die **Rechtslage berufen** dürfen, die durch die Anpassung gälte (PWW / *Medicus* § 313 BGB Rn. 20 m. w. N.). Diese Ansicht ist auf das **Wohnungseigentumsrecht** teilweise

Allgemeine Grundsätze | § 10

(zum Klageantrag s. Rn. 199) **übertragbar**. Jedenfalls bei Unterlassungsansprüchen besteht kein Bedürfnis, die einredeweise Geltendmachung eines Anspruch auf Abänderung **wegen unzulässiger Rechtsausübung** nicht zuzulassen (so bereits OLG Hamburg NZM 2001, 133, 1134 = ZMR 2001, 843 = ZWE 2002, 186). Durch die grundsätzliche Beiladung der anderen Wohnungseigentümer nach § 48 WEG ist tatsächlich soweit es sich noch um ein Verfahren des Verbandes gegen einen Wohnungseigentümer handelt – wo also eine Einrede vor allem gegenüber Zahlungsansprüchen des Verbandes ausscheiden muss – grundsätzlich sichergestellt, dass sich alle Wohnungseigentümer an dem Diskurs, ob es einen Anspruch auf Abänderung gibt und welchen Inhalt das reformierte gewillkürte Recht haben soll, beteiligen.

3. Änderung durch ergänzende Auslegung

Ein Änderungsanspruch soll sich auch aus einer **ergänzenden Auslegung** der Vereinbarungen der Wohnungseigentümer ergeben können (BGH BGHZ 160, 354, 361 ff. [Kostenverteilungsschlüssel] = ZMR 2004, 834 = NJW 2004, 3413 = NZM 2004, 870 = MDR 2004, 1403 mit Anm. *Riecke/Schmidt*; OLG Hamburg ZMR 2006, 220, 221; OLG Köln ZMR 2004, 59, 60; *Wendel* Anspruch auf Zustimmung S. 5 ff.; s. dazu auch *Hügel* ZWE 2005, 80, 81). Diese Ansicht hätte den Vorteil, **leicht eine Anpassung** an veränderte Umstände ohne die scharfen Voraussetzungen einer Unbilligkeit zu ermöglichen. Dennoch ist diesem Ansatz **nicht** zu folgen. Richtig ist zwar, das bewusste und unbewusste anfängliche oder nachträgliche Regelungslücken einer Gemeinschaftsordnung ggf. durch Heranziehung der Regeln der ergänzenden (Vertrags-)Auslegung geschlossen werden können (BGH BGHZ 160, 354, 362 [Kostenverteilungsschlüssel] = ZMR 2004, 834 = NJW 2004, 3413 = NZM 2004, 870 = MDR 2004, 1403 mit Anm. *Riecke/Schmidt*). Ergibt aber eine ergänzende Auslegung, dass die Gemeinschaftsordnung selbst durch »Zuendedenken« der vorhandenen Regelungen, Wertungen und Grundentscheidungen (s. dazu ausführlich *Bork* Allgemeiner Teil des BGB, Rn. 532 ff.) bereits eine angemessene Regelung für den Fall getroffen hat, dass es zu einer Wandlung der Verhältnisse kommt, bedarf es keines **Anspruchs auf Änderung**. Diesen gibt es nicht. Die Änderung tritt nach dem (ermittelten) Willen der Vertragsschließenden vielmehr **automatisch ex tunc**, und nicht erst ex nunc ein (a. A. BGH BGHZ 160, 354, 366 [Kostenverteilungsschlüssel] = ZMR 2004, 834 = NJW 2004, 3413 = NZM 2004, 870 = MDR 2004, 1403 mit Anm. *Riecke/Schmidt*; s. a. *Armbrüster* ZMR 2002, 464, 465). Die Vertragsschließenden haben in diesem Fall nur einen Anspruch, dass – ggf. durch ein Gericht – **festgestellt wird**, dass sich die »Gemeinschaftsordnung« automatisch den geänderten Umständen angepasst hat. Dogmatisch hat die ergänzende Auslegung daher ihren Platz, **bevor** über einen Änderungsanspruch nachgedacht werden kann.

Für eine ergänzende Auslegung ist im Übrigen in **mehreren Schritten** vorzugehen. Zunächst muss festgestellt werden, ob eine in der Gemeinschaftsordnung enthaltene Vereinbarung die Änderung der Verhältnisse nicht geregelt hat, aber nach Sinn und Zweck hätte regeln sollen (**Feststellung der Regelungslücke**; BGH BGHZ 169, 215 = WuM 2007, 30 = NJW 2007, 509). Eine solche Lücke liegt u. a. dann vor, wenn sich die bei Vertragsschluss bestehenden rechtlichen Verhältnisse nachträglich geändert haben (BGH BGHZ 169, 215 = WuM 2007, 30 = NJW 2007, 509). Im Anschluss ist zu fragen, ob das Wohnungseigentumsgesetz selbst eine angemessene Regelung bereit hält (**Notwendigkeit der Lückenfüllung**). Denn die Lücke einer Gemeinschaftsordnung kann im Wege ergänzender Vertragsauslegung nur dann geschlossen werden, wenn konkrete gesetzliche Regelungen zur Ausfüllung der Lücke nicht zur Verfügung stehen (s. allgemein BGH NJW 1984, 1177). In einem dritten Schritt ist zu fragen, welche Regelung die Miteigentümer oder der teilende Eigentümer bei einer angemessenen Abwägung der berührten Interessen nach Treu und Glauben redlicherweise getroffen hätten, wenn sie oder er den nicht geregelten Fall bedacht hätten (**eigentliche Lückenfüllung**; s. dazu BGH BGHZ 169, 215 = WuM 2007, 30 = NJW 2007, 509). Lassen sich hinreichende Anhaltspunkte für den hypothetischen Willen des oder der Erklärenden nicht finden, etwa weil mehrere gleichwertige Auslegungsmöglichkeiten in Betracht kommen, scheidet eine ergänzende Auslegung aus. Im Übrigen findet die ergänzende Auslegung ihre **Grenze** in dem Willen des oder der Erklärenden, wie er in der – wenn auch lückenhaften – Gemeinschaftsordnung zum Ausdruck kommt. Die Auslegung darf nicht zu einer Erweiterung des Vertragsgegenstandes führen, sondern muss sich als zwingende selbstverständliche Folge aus dem Gesamtzusammenhang des Vereinbarten ergeben, so dass ohne sie das Ergebnis in offenbarem Widerspruch zu dem nach dem Inhalt des Vertrages tatsächlich Vereinbarten stehen würde (*BGH NJW* 1998, 1480 = *MDR* 1998, 608). Zu einer Abänderung oder Erweiterung des Regelungsgegenstandes darf eine ergänzende Auslegung nicht führen.

4. Änderung einer Vereinbarung durch Beschluss

a) Grundsatz

205 Eine Vereinbarung kann grundsätzlich nicht durch einen **Beschluss geändert werden**. Ein entsprechender Beschluss ist nach h. M. nicht nur ordnungswidrig und damit anfechtbar, er ist nichtig (*BGH* BGHZ 145, 158 [Zitterbeschluss] = ZMR 2000, 771 = NJW 2000, 3500; *OLG Düsseldorf* ZMR 2003, 955; *KG* WuM 2003, 583; *OLG Hamburg* ZMR 2003, 442; *BayObLG* ZMR 2001, 297; *OLG Hamm* NZM 2001, 543 = ZMR 2001, 654; *OLG Köln* NZM 2001, 543; *OLG Frankfurt a. M.* WE 2001, 29).

206 Ist ein vereinbarungs- oder gesetzesändernder Beschluss in der Zeit vor Kehrtwende der Rechtsprechung (dem 20.9.2000) gefasst worden, ist er **auch dann nichtig**, wenn er unangefochten geblieben und bisher als bestandskräftig angesehen worden war (offen gelassen von *OLG Stuttgart* ZMR 2001, 664, 665). Zur Klarstellung kann ein solcher nichtiger Beschluss **ohne weiteres** durch einen Beschluss »aufgehoben« werden (*OLG Stuttgart* ZMR 2001, 664, 665; *OLG Karlsruhe* ZMR 2000, 700, 701). In Einzelfällen kann es allerdings zu einem **Vertrauensschutz** für in der Vergangenheit – also vor Oktober 2000 – gefasste vereinbarungs- bzw. gesetzesändernde Beschlüsse kommen, deren Regelungsgegenstand **noch nicht abgeschlossen** ist (*BGH* BGHZ 145, 158, 169 [Zitterbeschluss] = ZMR 2000, 771 = NJW 2000, 3500; a. A. *Röll* DNotZ 2000, 898, 900). Es kommt darauf an, inwieweit den Wohnungseigentümern im Vertrauen auf den vom Bundesgerichtshof bis zum Herbst 2000 uneingeschränkt aufgestellten Rechtssatz, dass bestandskräftige Mehrheitsbeschlüsse mit Vereinbarungsinhalt gültig sind, rechtlich **schützenswerte Positionen** entstanden sind, deren Beseitigung ex tunc zu unzumutbaren Härten führen würde. In diesen Fällen ist im Einzelfall zu prüfen, ob die Folgen der Grundsatzentscheidung unter dem Gesichtspunkt von Treu und Glauben ausnahmsweise nur für die Zukunft gelten können (*BGH* BGHZ 145, 158, 169 [Zitterbeschluss] = ZMR 2000, 771 = NJW 2000, 3500; BGHZ 132, 6, 11 = NJW 1996, 924; BGHZ 132, 119, 131 = NJW 1996, 1467). Bestandsschutz ist etwa anzunehmen, wenn Wohnungseigentum im Vertrauen auf einen Beschluss, der das vereinbarte Zustimmungserfordernis nach § 12 WEG aufhob, ohne Zustimmung veräußert wurde. Einer Rückabwicklung steht der Einwand des Rechtsmissbrauchs entgegen, denn der Veräußerer hat einen Anspruch auf nachträgliche Zustimmung. Darüber hinaus ist auf den im Vertrauen auf den Wegfall des Zustimmungserfordernisses tatsächlich vollzogenen Eigentumswechsel eine schützenswerte Position entstanden, die es gebietet, die Nichtigkeit des Eigentümerbeschlusses nicht ex tunc, sondern ex nunc eingreifen zu lassen mit der Folge, dass die Zustimmung nur bei künftigen Veräußerungen einzuholen ist (*Wenzel* ZWE 2001, 226, 229).

207 Für lediglich vereinbarungs- und gesetzeswidrige sowie vereinbarungs- und gesetzesersetzende Beschlüsse gibt es hingegen keine Probleme, da sie ihrer Natur nach einzelfallbezogen sind und daher ihren Abschluss in der Vergangenheit gefunden haben. Diese Beschlüsse sind wirksam.

b) Ausnahme

208 Die Änderung einer Vereinbarung im Wege des Beschlusses ist möglich und zulässig, soweit **eine gewillkürte Öffnungsklausel** nach § 23 Abs. 1 WEG oder eine **gesetzliche Öffnungsklausel** (etwa §§ 12 Abs. 4, 16 Abs. 3 und Abs. 4, 21 Abs. 7 WEG) eine Änderung erlaubt. Ferner können Vereinbarungen in Beschlussangelegenheiten durch Beschluss geändert werden (Rn. 75). Das Ermessen, im Wege des Mehrheitsbeschlusses Vereinbarungen zu ändern, ist allerdings begrenzt (*BGH* BGHZ 127, 99, 106 = NJW 1994, 3230 = ZMR 1995, 34; BGHZ 74, 258, 268; BGHZ 54, 65, 68). Nach teilweise vertretener, aber unsicherer Ansicht müssen die Eigentümer, wenn sie auf Grund einer Öffnungsklausel eine Vereinbarung ändern, dies außerdem deutlich zum Ausdruck bringen (*OLG Düsseldorf* ZMR 2004, 848, 849).

XIX. Privatautonomie

1. Grundsatz

Im Wohnungseigentumsgesetz von zentraler Bedeutung ist die durch § 10 Abs. 2 S. 2 WEG deklaratorisch klargestellte **Privatautonomie**. Nach § 10 Abs. 2 S. 2 WEG können die Wohnungseigentümer von den Vorschriften des Wohnungseigentumsgesetzes **abweichende Vereinbarungen** (Verträge) treffen, soweit nicht »ausdrücklich etwas anderes« bestimmt ist. Durch die **weitgehende Öffnung des positiven, nachgiebigen Rechts** wird den Wohnungseigentümern in einem sehr ausgedehnten Umfang gestattet, ihre Verhältnisse privatautonom und dem Einzelfall angemessen zu regeln. Die Gestaltungsfreiheit der Wohnungseigentümer gilt sowohl dann, wenn Wohnungseigentum durch vertragliche Einräumung von Sondereigentum nach § 3 Abs. 1 WEG begründet wird, als auch dann, wenn der ehemalige Grundstückseigentümer die Gemeinschaftsordnung gem. §§ 8 Abs. 2, 5 Abs. 4 WEG vorgeschlagen hat (*BayObLG* BayObLGZ 1978, 377, 380, 381; BayObLGZ 1974, 172, 176; *OLG Hamm* Rpfleger 1975, 401, 402).

209

2. Schranken

Die durch § 10 Abs. 2 S. 2 WEG angesprochene **Vertragsfreiheit** der Wohnungseigentümer ist ausdrücklich **nicht umfassend ausgestaltet**. Die Privatautonomie wird wenigstens durch die als solches »ohne weiteres« erkennbaren zwingenden Normen des Wohnungseigentumsgesetzes begrenzt (Rn. 211 ff.). Darüber hinaus verstehen Rechtsprechung und Schrifttum den Wortlaut des § 10 Abs. 2 S. 2 WEG in dem Sinne, dass sich eine **Unabänderbarkeit** auch durch **Auslegung** einer Vorschrift ergründen und entdecken lässt. Dem ist im Grundsatz zu folgen, wenn auch nicht zu verkennen ist, dass eine Auslegung zwangsläufig dazu führt, dass im Einzelfall durch die Auslegenden verschiedene Ergebnisse für die Frage einer Abänderbarkeit erzielt werden. Wesentlich ist in jedem Falle, dass auch nach einer Auslegung die Gestaltungsfreiheit der Wohnungseigentümer nicht mehr als gerade notwendig eingeengt werden darf (vgl. *BGH* BGHZ 99, 90, 93 = NJW 1987, 650 = JZ 1987, 465 mit Anm. *Weitnauer*; BGHZ 95, 137, 140 = ZMR 1986, 19 = MDR 1986, 138 = NJW 1985, 2832).

210

a) Ausdrücklich zwingendes Recht des WEG

Das Wohnungseigentumsgesetz selbst begrenzt die Gestaltungsfreiheit der Wohnungseigentümer bereits nach seinem Wortlaut und bestimmt i. S. v. § 10 Abs. 2 S. 2 WEG an **folgenden Stellen** etwas anderes (s. aber noch Rn. 216 und 218):

211

- **§ 11 Abs. 1 S. 2 WEG**: Eine abweichende Vereinbarung ist nur für den Fall zulässig, dass das Gebäude ganz oder teilweise zerstört wird und eine Verpflichtung zum Wiederaufbau nicht besteht.

212

- **§ 12 Abs. 2 S. 1 WEG**: Die Zustimmung zu einer Veräußerung darf nur aus einem wichtigen Grunde versagt werden.
- **§ 12 Abs. 4 S. 2 WEG**: Diese Befugnis einer Aufhebung einer Veräußerungsbeschränkung kann durch Vereinbarung der Wohnungseigentümer nicht eingeschränkt oder ausgeschlossen werden.
- **§ 16 Abs. 5 WEG**: Die Befugnisse i. S. Absätze 3 und 4 des § 16 WEG können durch Vereinbarung der Wohnungseigentümer nicht eingeschränkt oder ausgeschlossen werden.
- **§ 18 Abs. 4 WEG**: Der in § 18 Abs. 1 WEG bestimmte Anspruch kann durch Vereinbarung der Wohnungseigentümer nicht eingeschränkt oder ausgeschlossen werden.
- **§ 20 Abs. 2 WEG**: Die Bestellung eines Verwalters kann nicht ausgeschlossen werden.
- **§ 22 Abs. 2 S. 2 WEG**: Die Befugnis i. S. d. § 22 Abs. 1 S. 1 kann durch Vereinbarung der Wohnungseigentümer nicht eingeschränkt oder ausgeschlossen werden.
- **§ 26 Abs. 1 S. 5 WEG**: Andere als in § 26 Abs. 1 WEG genannte Beschränkungen der Bestellung oder Abberufung des Verwalters sind nicht zulässig.
- **§ 26 Abs. 2 Hs. 2 WEG**: Die Bestellung eines Verwalters bedarf eines erneuten Beschlusses der Wohnungseigentümer, der frühestens ein Jahr vor Ablauf der Bestellungszeit gefasst werden kann.

§ 10 | Allgemeine Grundsätze

- **§ 27 Abs. 4 WEG**: Die dem Verwalter nach den Absätzen 1 bis 3 des § 27 WEG zustehenden Aufgaben und Befugnisse können durch Vereinbarung der Wohnungseigentümer nicht eingeschränkt oder ausgeschlossen werden.

213 Systematisiert man diese **gesetzlichen Abänderungsverbote**, so lässt sich erkennen, dass sie keinem einheitlichen Zweck dienen. Tatsächlich lassen sich wenigstens **drei Bereiche** voneinander unterscheiden:

214 – **Schutz des Verwalters**: Dem Schutz der Rechtsfigur »Verwalter« dienen die Verbote des § 20 Abs. 2 WEG, des § 26 Abs. 1 S. 5 WEG und des § 27 Abs. 4 WEG. Der Schutz erklärt sich vor dem Hintergrund, dass das Stockwerkseigentum keinen Verwalter kannte und die dort auftretenden Probleme ihre Quelle vor allem im Fehlen einer dritten, zwischen die Eigentümer tretenden Person hatten.

- **Schutz der Beschlusskompetenz**: Dem Schutz der Beschlusskompetenzen der Wohnungseigentümer gegenüber dem Vertragsprinzip dienen §§ 12 Abs. 4 S. 2, 16 Abs. 5, 18 Abs. 4, 22 Abs. 2 S. 2 und 26 Abs. 1 S. 5 WEG. Das Gesetz erkennt in diesen Materien und Gegenständen und den für diese eingeräumten Beschlusskompetenzen so wichtige Aufgabenkreise, dass es dem Vertragsprinzip zum Schutz der Wohnungseigentümer eine klare Absage erteilt. Nahe liegt es in Analogie hierzu, **sämtliche Beschlusskompetenzen** als geschützt anzusehen (s. Vorauflage Rn. 75 ff.). In diesem Falle wären die erst zum 1.7.2007 in Kraft getretenen Anordnungen der §§ 12 Abs. 4 S. 2, 16 Abs. 5 und 22 Abs. 2 S. 2 WEG allerdings überflüssig gewesen. Jedenfalls im reformierten Recht ist deshalb wohl zu zuzugestehen, dass die Wohnungseigentümer ihre Beschlussmacht im Übrigen, also vor allem §§ 15 Abs. 2, 21 Abs. 3 WEG, beschränken könnten (so auch *Merle* ZWE 2007, 321, 322; skeptisch auch *Wenzel* FS Bub, S. 249, 252/253). Dabei darf aber nicht verkannt werden, dass im Einzelfall etwas anderes gelten muss, z. B. ist § 21 Abs. 7 WEG als geschützte Kompetenz anzusehen (*Hügel/Elzer* § 8 Rn. 72; a. A. *Häublein* FS Bub, S. 113, 116; *Merle* ZWE 2007, 321, 322).

- **Schutz der Verkehrsfähigkeit**: Dem Schutz der Verkehrsfähigkeit des Wohnungseigentums dienen §§ 11 Abs. 1 S. 2 und 12 Abs. 2 S. 1 WEG. Während der eine im Grundsatz die Unauflöslichkeit der Gemeinschaft postuliert, sorgt der andere dafür, dass einem Verkauf nicht zu hohe Schranken entgegengestellt werden. Unterstützend ist deshalb auch die gesetzliche Öffnungsklausel in § 12 Abs. 4 S. 2 WEG zu sehen. Hierher gehört außerdem § 26 Abs. 2 Hs. 2 WEG.

b) Durch Auslegung als zwingend »erkanntes« Recht

aa) Einführung

215 Nach h. M. kann sich auch **im Wege der Auslegung** ergeben, dass eine Vorschrift des Wohnungseigentumsgesetzes **ausdrücklich zwingend** ist. Eine Bestimmung ist dabei ohne dass das dem Wortlaut zu entnehmen wäre »als ausdrücklich« zwingend zu verstehen, wenn sich der zwingende Charakter aus der Natur der Bestimmung, aus dem mit ihr verfolgten Zweck oder aus der Natur des Wohnungseigentums und der sich hieraus ergebenden Beziehungen der Wohnungseigentümer untereinander ergibt. Zwingende Vorschriften sind danach u. a. folgende Regelungen (s. dazu etwa Staudinger/*Kreuzer* Rn. 22 ff.; *Deckert* ZWE 2003, 247, 255):

216 – **§ 1 Abs. 4 WEG**: Bildung von Wohnungseigentum nur an einem Grundstück;
- **§ 5 Abs. 2 WEG**: bestimmte Teile müssen Gemeinschaftseigentum sein;
- **§ 6 WEG**: Unselbstständigkeit des Wohnungseigentums;
- **§ 23 Abs. 3 WEG**: Schriftliche Beschlüsse können nur einstimmig gefasst werden, soweit nicht in einer Mehrhausanlage etwas anderes vereinbart ist;
- **§ 28 WEG**: Abrechnung, Wirtschaftsplan, Rechnungslegung;
- **§§ 43 ff. WEG**: Zuständigkeit und Verfahren in Wohnungseigentumssachen.

bb) Bewertung

217 Die Ansicht, dass eine wohnungseigentumsrechtliche Bestimmung auch dann als zwingend zu verstehen sein kann, wenn eine Auslegung und Sinn und Zweck der Vorschrift eine Unabänderbarkeit gebieten, überzeugt. Für die Frage, ob eine Bestimmung des Wohnungseigentumsgesetzes im Wege der Auslegung als zwingend anzusehen ist, sollte allerdings noch mehr als bislang sys-

tematisiert und differenziert werden. Dabei ist zunächst in den Blick zu nehmen, dass der Wortlaut des § 10 Abs. 2 S. 2 WEG wahrscheinlich missverständlich ist. Wenn es dort heißt, dass die Wohnungseigentümer »von den Vorschriften dieses Gesetzes« abweichende Vereinbarungen treffen können, gilt es zu erkennen, dass sich diese Anordnung im Bereich des dritten Abschnitts über die Gemeinschaft der Wohnungseigentümer befindet. Es bietet sich insoweit im Wege der Auslegung ohne weiteres an, in und durch § 10 Abs. 2 S. 2 WEG **nur eine Möglichkeit** zu sehen, gewillkürtes **Recht im Bereich der §§ 10 bis 29 WEG** zu setzen. Eine Befugnis, andere Vorschriften des Gesetzes zu ändern, lässt sich also nicht aus § 10 Abs. 2 S. 2 WEG herleiten, sondern muss sich auf **andere Grundsätze** stützen. Ein grundsätzliches Abänderungsverbot im Bereich der §§ 1 bis 9 WEG folgt dabei aus der Überlegung, das dort sachenrechtliche und öffentlich-rechtliche Vorschriften geregelt sind. Die Wohnungseigentümer haben deshalb **keine Befugnis**, andere Wege der Begründung von Wohnungseigentum jenseits von §§ 3 und 8 WEG zu entwickeln. Eine Befugnis der Wohnungseigentümer besteht umgekehrt vielmehr nur dort, wo das Gesetz eine Befugnis zur Änderung einräumt. Im Rahmen der §§ 1 bis 9 WEG können die Wohnungseigentümer deshalb nur die Höhe der Miteigentumsanteile, den Gegenstand von Gemeinschafts- und Sondereigentum – soweit sich dem das Gesetz nicht entgegenstellt – die Frage, ob ein Sondereigentum Wohnungs- oder Teileigentum sein soll, bestimmen. Sämtliche weiteren Vorschriften sind einem Zugriff der Wohnungseigentümer verwehrt. Im Bereich der §§ 31 bis 42 WEG (den Bestimmungen zum **Dauerwohn- und Dauernutzungsrecht**) gilt dies wenigstens für die §§ 31 Abs. 1 S. 1, Abs. 2 und Abs. 3, 32, 33 Abs. 1, 36 Abs. 2 und Abs. 3 sowie § 41 Abs. 3 WEG. Für das **Verfahrensrecht**, also §§ 43 bis 50 WEG folgt ein Abänderungsverbot aus der Überlegung, dass es sich um Verfahrensvorschriften und also um **öffentliches Recht** handelt. Allerdings ist es im Verfahrensrecht durchaus möglich, Prozessverträge zu schließen (dazu *Jacoby* Der Musterprozessvertrag). Ferner erlaubt das Gesetz selbst in § 45 Abs. 2 S. 1 WEG (Bestellung eines Ersatzzustellungsvertreters) eine gewillkürte Bestimmung der Wohnungseigentümer. Zu erwägen ist daher vor allem (zum Schiedsverfahren s. noch Rn. 265), ob die Wohnungseigentümer für § 46 WEG eine Übernahme des kapitalgesellschaftsrechtlichen Systems vereinbaren können mit der Folge, dass an ihrer Stelle der Verband Wohnungseigentümergemeinschaft Beklagter der Anfechtungsklage ist (*Hügel/Elzer* § 13 Rn. 128). In dem Gesellschaftsvertrag einer in der Form einer Kommanditgesellschaft geführten Publikumsgesellschaft kann z. B. bestimmt werden, dass Streitigkeiten der Gesellschafter über die Frage, ob jemand Mitglied der Gesellschaft ist oder nicht, mit der Gesellschaft selbst und nicht unter den Gesellschaftern ausgetragen werden (*BGH* MDR 2003, 1961 = NJW 2003, 1729 mit Anm. *Armbrüster* LMüKo 2003, 106). Eine Abkehr von dieser Meinung und die Bestimmung des Verbandes Wohnungseigentümergemeinschaft als Beklagter hätten vor allem den Vorzug für sich, dass es für die Frage, wer Beklagter ist, nicht mehr auf die jeweiligen Wohnungseigentümer ankäme. Ob eine Vorschrift des Wohnungseigentumsgesetzes im Bereich der §§ 10 bis 29 WEG im Übrigen als zwingend anzusehen ist, muss hingegen anhand des **Sinnes und Zweckes** der gesetzlichen Abänderungsverbote gemessen werden. Es ist u. a. zu fragen, ob eine **gleiche Schutzbedürftigkeit** auch bei anderen Vorschriften besteht. Eine Bestimmung ist deshalb dann als zwingend zu verstehen, wenn sich dieses aus der Natur der Bestimmung, aus dem mit ihr verfolgten Zweck oder aus der Natur des Wohnungseigentums und der sich hieraus ergebenden Beziehungen der Wohnungseigentümer untereinander ergibt. Legt man diesen Maßstab zu Grunde, erscheinen z. B. auch folgende Vorschriften des Wohnungseigentumsgesetzes nach Sinn und Zweck als **zwingend** und **nicht abdingbar**:

- **§§ 1 bis 9 und §§ 43 WEG**: sind jedenfalls grundsätzlich nicht abdingbar (Rn. 217);
- **§ 10 Abs. 6 bis Abs. 8 WEG**: sind nach Sinn und Zweck – und weil dort keine Angelegenheiten der Wohnungseigentümer bestimmt sind – nicht abdingbar (*Abramenko* § 6 Rn. 34), auch nicht § 10 Abs. 6 S. 3 WEG;
- **§ 16 Abs. 5, Abs. 7 und Abs. 8 WEG**: sind nach ihrem Sinn und Zweck (Schutz) nicht abdingbar (zu § 16 Abs. 8 WEG *OLG Köln* OLGReport Köln 2003, 241; a. A. *KG* DWE 1989, 3);
- **§ 20 und 21 WEG**: Jeder Wohnungseigentümer hat ein Recht auf Mitverwaltung;
- **§ 21 Abs. 7 WEG**: Die Befugnisse nach dieser Vorschrift sind nach Sinn und Zweck nicht abänderbar (a. A. *Merle* GE 2007, 468, 1169);

218

§ 10 | Allgemeine Grundsätze

- § 23 Abs. 1 WEG: Ist nicht mit dem Ziel abdingbar, nur noch schriftliche Beschlüsse zu erlauben. Eine solche Bestimmung verstieße teilweise gegen das Gesetz, nämlich §§ 16 Abs. 5, 22 Abs. 2 S. 2 WEG, und wäre im Übrigen wegen Verstoßes gegen den Kernbereich des Wohnungseigentums, das jedenfalls die Möglichkeit einer Mitverwaltung in und durch die Eigentümerversammlung verlangt, nichtig;
- § 23 Abs. 3 WEG: Ist im Interesse des Minderheitenschutzes insoweit als zwingende Vorschrift anzusehen, soweit die Zustimmungen aller Wohnungseigentümer erforderlich sind (*OLG Hamm* WE 1993, 24, 25; *BayObLG* MDR 1981, 320, 321; BayObLGZ 1980, 331, 340; *F. Schmidt* PiG 59, 125, 126; zweifelnd *OLG Schleswig* OLGReport Schleswig 2006, 619, 620 = NZM 2006, 822 = ZWE 2007, 51);
- § 24 Abs. 1 WEG: Auf eine Eigentümerversammlung kann ebenso nicht verzichtet werden, wie auch eine Anordnung, nur alle 10 Jahre zusammenzukommen nichtig wäre. Dies folgt aus §§ 16 Abs. 5, 22 Abs. 2 S. 2 WEG. Eine Vereinbarung, die vollständig auf die Abhaltung eine Eigentümerversammlung verzichten und etwa den Weg des § 23 Abs. 3 WEG als Regelweg für die Beschlussfassung bestimmen wollte, verstieße daher gegen das Gesetz. Eine solche Vereinbarung wäre ferner wegen eines Verstoßes gegen den Kernbereich der Mitgliedschaft unwirksam;
- § 24 Abs. 2 WEG: Das Minderheitenrecht des § 24 Abs. 2 Variante 2 WEG ist – wie auch im Gesellschaftsrecht – nicht zum Nachteil der Wohnungseigentümer einschränkbar (*BayObLG* BayObLGZ 1972, 314, 319 = MDR 1973, 49 = NJW 1973, 151; *Bub* FS Seuß [2007], S. 53, 59; *Häublein* ZMR 2003, 233, 235;
- § 24 Abs. 3 WEG: Wie das Minderheitenrecht des § 24 Abs. 2 WEG ist auch das Einberufungsrecht des Verwaltungsbeirats nach § 24 Abs. 3 WEG nicht zum Nachteil der Wohnungseigentümer einschränkbar (*Häublein* ZMR 2003, 233, 235; a. A. *OLG Frankfurt a. M.* OLGReport Frankfurt 2005, 95, 96; *OLG Köln* OLGReport 1996, 209, 210 = WE 1996, 311 = WuM 1996, 246);
- § 24 Abs. 7 und Abs. 8 WEG: Nach Sinn und Zweck der durch § 24 Abs. 7 S. 1 WEG angeordneten Beschluss-Sammlung ist davon auszugehen, dass ihre Führung nicht disponibel ist und also weder durch einen Beschluss noch durch eine Vereinbarung abdingbar ist (a. A. *Merle* GE 2007, 636);
- § 26 Abs. 1 WEG: Es können nicht mehrere Verwalter nebeneinander bestellt werden (Staudinger / *Bub* § 26 Rn. 66). Personenmehrheiten oder eine Gesellschaft bürgerlichen Rechts können nicht Verwalter sein (*BGH* ZMR 2006, 375 = NZM 2006, 263 = DNotZ 2006, 523 = Info M 2006, 91 mit Anm. *Elzer*; BGHZ 107, 268, 272 = NJW 1989, 2059 = MDR 1989, 897);
- § 29 WEG: Ein Verwalter kann nicht zugleich Beirat sein (Staudinger / *Kreuzer* Rn. 22).

c) Schranken des bürgerlichen Rechts

aa) Einführung

219 Verbänden steht es nach den allgemein für richtig erachteten Grundsätzen nicht frei, ihre Mitglieder willkürlichen oder unbilligen, Treu und Glauben i. S. v. § 242 BGB widerstreitenden Satzungsgestaltungen zu unterwerfen. Zwar sind die von einer Satzung betroffenen Mitglieder auf Grund ihrer Mitwirkungsrechte – anders als die Gegner des Verwenders Allgemeiner Geschäftsbedingungen – an der inhaltlichen Gestaltung des Verbandsrechts beteiligt, zumindest nicht davon ausgeschlossen. Dies gilt jedoch in vollem Umfang nur für diejenigen, die auf Grund bereits bestehender »Mitgliedschaft« an der Setzung dieses Rechts beteiligt sind. Später Hinzutretende haben regelmäßig wenig Möglichkeiten, eine Änderung des bestehenden Satzungsrechts zu erreichen. Die Kontrolle verbandsinterner, die Rechtsstellung der Mitglieder regelnder Normen ist daher jedenfalls für Vereine oder Verbände mit überragender Machtstellung im wirtschaftlichen oder sozialen Bereich zulässig und erforderlich (*BGH* BGHZ 105, 306, 316 = NJW 1989, 1724 = MDR 1989, 328; BGHZ 104, 50, 52 = NJW 1988, 1903 = WM 1988, 939 = DNotZ 1988, 788). Der Satzungsautonomie ist dabei nicht nur gegenüber außen stehenden Dritten, sondern auch im Verhältnis zu den Vereinsangehörigen selbst gem. § 242 BGB Grenzen gesetzt (*BGH* BGHZ 105, 306, 317 = NJW 1989, 1724 = MDR 1989, 328).

An diese **Verbandsgrundsätze angelehnt**, unterliegen auch die Vereinbarungen der Wohnungs- 220
eigentümer nach h. M. einer Kontrolle. Dem ist im Grundsatz auch zu folgen, weil nicht zu verkennen ist, dass insbesondere von Bauträgern erdachte Regelungen unbillig sein können und es häufig auch sind. Eine Inhaltskontrolle ist als tiefer Eingriff in die Privatautonomie und Gestaltungsfreiheit der Wohnungseigentümer freilich nur unter **großer Zurückhaltung** vorstellbar. Ein Schutz Dritter kommt von vornherein nicht in Betracht. Ein Schutz einer Minderheit ist nicht notwendig, da Vereinbarungen stets der Zustimmung aller Wohnungseigentümer bedürfen. Für einen Schutz der Wohnungseigentümer **vor sich selbst** besteht hingegen regelmäßig gar kein Anlass. Eine Inhaltskontrolle ist deshalb nur dann unausweichlich, wenn sich die Wohnungseigentümer – vor allem die, die später hinzutreten – vor dem Erwerb des Wohnungseigentums nicht ausreichend Gewissheit darüber verschaffen konnten, ob die Gemeinschaftsordnung sie belastende Beschränkungen enthält (s. dazu *BGH* BGHZ 157, 322, 330 [Parabolantenne] = ZMR 2004, 438 = NJW 2004, 937) und eine interessensgerechte Regelung fehlt. Für eine »Inhaltskontrolle« sollte daher zwischen solchen Vereinbarungen, die die Wohnungseigentümer nach § 3 WEG oder nach Entstehung der Wohnungseigentümergemeinschaft geschlossen haben, und solchen, die der teilende Eigentümer nach § 8 WEG vorgeschlagen hat, unterschieden werden. Während im ersteren Falle **regelmäßig vermutet werden kann**, dass die Wohnungseigentümer eine interessensgerechte, jedenfalls aber eine den widerstreitenden Interessen angemessene und vertretbare Regelung gefunden haben, ist es im zweiten Fall vorstellbar, dass der teilende Eigentümer grob einseitige und die anderen Wohnungseigentümer **benachteiligende Bestimmungen** vorgeschlagen hat (s. § 8 Rn. 59 ff.). Freilich ist auch bei der Annahme, dass eine vom teilenden Eigentümer vorgeschlagene Gemeinschaftsordnung nach § 242 BGB nichtig ist, große Zurückhaltung geboten: Auch in dieser Situation kann ein »Gefälle« zwischen den Vertragsschließenden, eine überragende Machtstellung des teilenden Eigentümers nur in engen Ausnahmefällen anerkannt werden.

bb) §§ 134, 138 BGB
Eine Vereinbarung ist nichtig, wenn er sie gegen die guten Sitten (§ 138 BGB) oder gegen ein zwin- 221
gendes gesetzliches Verbot (§ 134 BGB) verstößt. Etwa ein vereinbartes Vermietungsverbot verstößt ebenso wie das Verbot des Abstellens eines Rollstuhls im Flur (s. *OLG Düsseldorf* ZMR 1984, 161) gegen § 138 BGB, die vereinbarte Vergabe von Instandsetzungsarbeiten an Schwarzarbeiter oder die Vereinbarung, dass ein nach § 56 S. 2 ZVG originär erwerbender Eigentümer Wohngeldrückstände bezahlen soll, gegen § 134 BGB. Auch ein generelles Haustierhaltungsverbot ist gem. § 134 BGB nichtig, weil es gegen den zwingenden Regelungsgehalt des § 13 Abs. 1 WEG verstößt. Verfolgt ein beherrschender Wohnungseigentümer in sachwidriger Weise eigene Zwecke auf Kosten der Gemeinschaft, kann auch die Ausnutzung seiner Stimmenmehrheit im Einzelfall gegen die guten Sitten verstoßen und ausnahmsweise gem. § 138 Abs. 1 BGB zur Nichtigkeit eines Beschlusses führen (*OLG Schleswig* ZMR 2006, 315, 316 = MietRB 2006, 132 mit Anm. *Elzer; BayObLG* ZMR 2001, 366, 368; MDR 1986, 413).

cc) § 242 BGB
Die von den Bauträger-Alleineigentümern vorgeschlagenen **Bestimmungen** unterliegen ebenso 222
wie auch die Vereinbarungen der Miteigentümer (s. § 3 Rn. 121) einer behutsamen Inhaltskontrolle nach Treu und Glauben (*BGH* ZMR 2007, 284, 286; BGHZ 157, 322, 331 [Parabolantenne] = ZMR 2004, 438 = NJW 2004, 937; BGHZ 151, 164, 173 = ZMR 2002, 766; BGHZ 99, 90, 94 = NJW 1987, 650 = JZ 1987, 465 mit Anm. *Weitnauer; BayObLG* NJW 1973, 151, 152; § 8 Rn. 61 ff.). Maßstab für eine Inhaltskontrolle ist dabei § 242 BGB und sind nicht die Bestimmungen der §§ 305 ff. BGB (§ 8 Rn. 61 ff.). In der Rechtsprechung der Obergerichte wird die Anwendbarkeit der §§ 305 ff. BGB auf Gemeinschaftsordnungen entweder verneint (*OLG Hamburg* FGPrax 1996, 132 = ZMR 1996, 443; *BayObLG* NJW-RR 1992, 83 = WE 1992, 140 = WuM 1991, 365) oder jedenfalls ausdrücklich offen gelassen (z. B. *BGH* ZMR 2007, 284, 286; BGHZ 157, 322, 331 [Parabolantenne] = ZMR 2004, 438 = NJW 2004, 937; BGHZ 151, 164, 174 = ZMR 2002, 766; NJW 1994, 2950, 2952 = MDR 1994, 580 = ZMR 1994, 271; *OLG Düsseldorf* NJW-RR 1990, 154; *OLG Karlsruhe* NJW-RR 1987, 651 = Rpfleger 1987, 412; *OLG Köln* NJW-RR 1989, 780 = Rpfleger 1989, 405).

§ 10 | Allgemeine Grundsätze

d) Folge eines Verstoßes

aa) Grundsatz: vollständige Nichtigkeit

223 Vereinbarungen, die gegen die zwingenden Bestimmungen des Wohnungseigentumsgesetzes, gegen Treu und Glauben (§ 242 BGB) oder die Schranken des Bürgerlichen Rechts nach §§ 138, 315 BGB verstoßen, sind nach § 134 BGB grundsätzlich **nichtig** (*BGH* NJW 1994, 2950 = MDR 1994, 580 = ZMR 1994, 271; BGHZ 107, 268, 271 = NJW 1989, 2059 = MDR 1989, 897; BGHZ 99, 358, 362 [Erwerberhaftung] = MDR 1987, 485 = NJW 1987, 1638 = ZMR 1989, 291 = JR 1988, 205 mit Anm. *Pick*). Ein nichtiges Rechtsgeschäft lässt die gewollten Rechtswirkungen von Anfang an nicht eintreten. Die Nichtigkeit wirkt grundsätzlich für und gegen alle, bedarf keiner Geltendmachung und ist im gerichtlichen Verfahren von Amts wegen zu berücksichtigen (*BGH* BGHZ 107, 268, 269 = NJW 1989, 2059 = MDR 1989, 897). Eine Nichtigkeit kann zwar in einem gerichtlichen Verfahren nach § 43 WEG ausdrücklich festgestellt werden; eine solche Entscheidung hat aber nur **deklaratorische Bedeutung** (*BGH* BGHZ 107, 268, 270 = NJW 1989, 2059 = MDR 1989, 897; *BayObLG* WuM 1992, 642).

bb) Teilweise Nichtigkeit

224 Verstößt eine Vereinbarung gegen ein partiell wirkendes Abänderungsverbot, kann sie im Übrigen wirksam sein. Dies ist vor allem bei Vereinbarungen vorstellbar, die gegen § 16 Abs. 5 WEG verstoßen. Soweit eine Vereinbarung noch **andere Inhalte** hat, werden diese von § 16 Abs. 5 WEG **nicht berührt** und sind weiterhin wirksam. Verlangt etwa eine Vereinbarung für sämtliche Beschlüsse eine qualifizierte Mehrheit, wird diese Einschränkung außerhalb von § 16 WEG jedenfalls nicht von § 16 Abs. 5 WEG begrenzt. Besteht in einer Anlage eine allgemeine Öffnungsklausel mit ³/₄-Mehrheit, hat diese Mehrheit **außerhalb** von §§ 16 Abs. 3 und 12 Abs. 4 Bedeutung (*Häublein* ZMR 2007, 409, 412; § 16 Rn. 54).

3. Kernbereich des Wohnungseigentums

a) Einführung

225 Nach Ansicht der Rechtsprechung bedarf es im Wohnungseigentumsrecht – wie auch im Gesellschaftsrecht (vgl. dazu etwa *BGH* NJW-RR 2005, 39 = ZNotP 2005, 29 und *K. Schmidt* § 16 III 3 b bb) – eines **Kernbereichs von Rechten und Pflichten**, in die die Wohnungseigentümer durch eine **gewillkürte Bestimmung nicht** eingreifen können (*BGH* BGHZ 145, 158, 165 [Zitterbeschluss] = NJW 2000, 3500 = ZMR 2000, 771; BGHZ 129, 329, 333 = ZMR 1995, 416 = MDR 1995, 895 = JR 1996, 235 mit Anm. *Buck*; BGHZ 127, 99, 105 = NJW 1994, 3230 = ZMR 1995, 34; *Bub* FS Seuß [2007], S. 53, 58 ff.). Für die Behauptung eines solchen Bereichs gab es zwar vor allem vor der Kehrtwende des Bundesgerichtshofes in seiner Grundsatzentscheidung zu den Zitterbeschlüssen (*BGH* BGHZ 145, 158 ff. [Zitterbeschluss] = NJW 2000, 3500 = ZMR 2000, 771) ein Bedürfnis. War der Kernbereich verletzt, konnte nach der Lehre im Einzelfall ein Zitterbeschluss (Pseudovereinbarung), aber auch eine Vereinbarung als nichtig angesehen werden. Etwa das Kammergericht sah es als nicht möglich an, ein Sondernutzungsrecht durch Beschluss zu begründen und sah **hierin** einen Verstoß gegen den dinglichen Kernbereich (*KG* ZMR 1999, 194, 195). Es ist indes nicht zu verkennen, dass es wohl auch weiterhin eines subsidiären **Korrektivs** für besonders einschneidende Eingriffe in die gesetzlichen und die vereinbarten Rechte und Pflichten der Wohnungseigentümer – und zum Minderheitenschutz – gibt. Es geht dabei im Wesentlichen jeweils darum, **Legitimationsdefizite** zu verhindern oder auszugleichen (*Bub* FS Seuß [2007], S. 53, 59).

b) Anwendungsbereich

226 Die Kernbereichslehre wird vor allem in vier Bereichen zur Bemakelung einer gewillkürten Bestimmung genutzt:

227 – Für Verfahrensbeschlüsse, die **auf Grund einer Öffnungsklausel** ergehen (s. dazu Rn. 273 ff.).
– Für **vereinbarungsersetzende Beschlüsse** nach §§ 15 Abs. 2, 21 Abs. 3 und 22 Abs. 1 WEG (s. hierzu *Wenzel* NZM 2000, 260; *Kreuzer* WE 1997, 362, 364).

- Für **Vereinbarungen**, die Eigentümer von der **Verwaltung ausschließen** (s. dazu *Gottschalg* ZWE 2000, 50, 51 und § 20 Rn. 51).
- Für **Vereinbarungen**, die in die **sachenrechtlichen Grundlagen** eingreifen.

c) Inhalt und Grenzen

Was den Kernbereich des Wohnungseigentums darstellt, was sein Inhalt, aber auch seine Grenzen **228** und sein Anwendungsbereich sind, ist noch ungeklärt (*Gottschalg* ZWE 2000, 50, 51). Die Kernbereichslehre besitzt weder klare Konturen noch eine klare Begrifflichkeit. Die Gerichte prüfen u. a., ob ein »Kernbereich der Mitgliedschaft« verletzt ist (*AG Nürnberg* ZMR 2006, 83), ob der »dingliche Kernbereich des Wohnungseigentumsrechts« (*BGH* BGHZ 127, 99, 105 = NJW 1994, 3230 = ZMR 1995, 34) oder schlicht der »Kernbereich des Wohnungseigentums« (*AG Halle-Saalkreis* ZMR 2006, 160, 161; *AG Saarbrücken* ZMR 2005, 319, 320) betroffen ist. Die zum Teil vertretene Umschreibung, der Kernbereich des Wohnungseigentums sei der »wesentliche Inhalt der Nutzung von Wohnungseigentum« ist für eine Subsumierung unbrauchbar und tauscht jedenfalls einen diffusen Begriff gegen einen anderen aus. Was wesentlich ist, gilt es ja gerade näher einzugrenzen. Eine begriffliche Fassung erschwert außerdem, dass der Inhalt der Lehre – um sich weitere Fälle nicht zu verbauen – ggf. unbeantwortet und offen bleiben muss (s. auch *Wenzel* ZWE 2000, 2; *Demharter* MittBayNot 1996, 417; *Buck* JR 1996, 237, 241).

d) Systematisierung

Zum Kernbereich des Wohnungseigentums gehören der sachenrechtlich und dinglich geschützte **229** Bereich (**dinglicher Kernbereich**; vgl. *BayObLG* WE 1999, 76; MittRhNotK 1997, 360; MittBayNot 1996, 417; *KG* WE 1998, 306; *OLG Düsseldorf* WE 1996, 68, 70; *Schneider* ZfIR 2002, 108, 118; *Kreuzer* WE 1997, 362, 364; *ders.* MittBayNot 1997, 136, 139). Ferner sind dazu die unmittelbar aus dem Eigentum fließenden zentralen Verwaltungs- und Mitbestimmungsrechte (**mitgliedschaftlicher Kernbereich**) zu zählen (*Schneider* ZfIR 2002, 108, 118).

aa) Dinglicher Kernbereich

Zum dinglichen Kernbereich gehören vor allem **Veränderungen der sachenrechtlichen Grund-** **230** **lagen** des Wohnungseigentums (*Buck* WE 1998, 90, 93; *Demharter* MittBayNot 1996, 417), also die Aufhebung oder Änderung der Miteigentumsanteile oder des Sondereigentums, die nachträgliche Umwandlung von Gemeinschafts- in Sondereigentum (*OLG Düsseldorf* WE 1996, 68, 70; *BayObLG* WuM 1994, 97) oder die Umwidmung von Teil- in Wohnungseigentum und umgekehrt (s. § 3 Rn. 20 ff.); daneben der **Schutz des Sondereigentums** (*Gottschalg* ZWE 2002, 50, 51).

bb) Mitgliedschaftlicher Kernbereich

Für den mitgliedschaftlichen Kernbereich sind die **Übertragung von Entscheidungskompeten-** **231** **zen** und der **Ausschluss von Mitverwaltungsrechten** sowie die Beschränkung von Grundrechten zu unterscheiden.

(1) Übertragung von Entscheidungskompetenzen/Ausschluss von Verwaltungsrechten

Jeder Wohnungseigentümer besitzt nach §§ 20 ff. WEG das Recht, an der Verwaltung als ein dem **232** Wohnungseigentum immanentes, allen Wohnungseigentümern gleichberechtigt zustehendes Recht teilzunehmen. Einschränkungen des Selbstverwaltungsrechts sind nichtig, wenn dadurch der Kernbereich der personenrechtlichen Gesellschafterstellung zueinander dauerhaft ausgehöhlt wird (*BGH* BGHZ 99, 90, 94 = NJW 1987, 650 = JZ 1987, 465 mit Anm. *Weitnauer*; BGHZ 73, 146, 150 = MDR 1979, 299 = NJW 1979, 548 = DNotZ 1979, 168). Die Eigentümer können ferner nicht beschließen, dem Verwalter die Bestimmung und Änderung des Kostenverteilungsschlüssels zu übertragen (offen gelassen von *KG* NZM 2004, 910, 911 [Doorman]). Auch die Übertragung der Entscheidungskompetenz über die Frage der Erneuerung oder Reparatur einer zentralen Heizungs- und Warmwasseranlage auf einen aus zwei Wohnungseigentümern bestehenden »Arbeitskreis« verletzt die Organisationsstrukturen des Wohnungseigentumsrechts. Gleiches gilt für die Übertragung der Genehmigung der Jahresabrechnung auf den Verwaltungsbeirat (*OLG Hamburg* ZMR 2003, 773, 774; *LG Berlin* ZMR 1984, 424, 425; a. A. *Strecker* ZWE 2004, 228, 229); auch sie kann nicht beschlossen werden. Die Eigentümer können ferner nicht bestimmen, dass

§ 10 | Allgemeine Grundsätze

ein anderer Eigentümer von der Verwaltung völlig ausgeschlossen wird (*Gottschalg* ZWE 2002, 50, 51). Abdingbar ist auch nicht das Recht der Minderheit, gem. § 24 Abs. 2 WEG die Einberufung einer Versammlung verlangen zu können (*BayObLG* BayObLGZ 1972, 314, 319 = MDR 1973, 49 = NJW 1973, 151; Rn. 218). Das Stimmrecht, nicht aber das Teilnahmerecht an der Eigentümerversammlung kann an einen Zahlungsrückstand gekoppelt werden (*LG Stralsund* NZM 2005, 709 = NJW-RR 2005, 313).

(2) Beschränkung von Grundrechten

233 Grundrechte sind teilweise »verzichtbar« (*BGH* BGHZ 157, 322, 335 [Parabolantenne] = ZMR 2004, 438 = NJW 2004, 937), ein Eingriff in den jeweiligen Schutzbereich ist dann rechtmäßig. Die Einschränkung eines Grundrechts kann nicht beschlossen, wohl aber grundsätzlich vereinbart werden (*BGH* BGHZ 157, 322, 335 [Parabolantenne] = ZMR 2004, 438 = NJW 2004, 937, 941). Beispiele:

234
- ein **völliges Musizierverbot** kann nicht beschlossen werden (*BGH* BGHZ 139, 288 = NJW 1998, 3713 = ZMR 1999, 41; *OLG Zweibrücken* MDR 1990, 1121; *OLG Hamm* NJW-RR 1986, 500, 501; NJW 1981, 465 = WE 1981, 128 = Rpfleger 1981, 149 = MDR 1986, 501; *OLG Frankfurt a. M.* OLGZ 1984, 407 = NJW 1985, 2138; *BayObLG* BayObLGZ 1985, 1, 5 = ZMR 1985, 208), aber – mit Einschränkungen – vereinbart werden;
- ein **generelles Haustierhaltungsverbot** kann nicht vereinbart werden (*OLG Saarbrücken* ZMR 2007, 308; zw.); jedenfalls das **Verbot der Hundehaltung** kann vereinbart werden (*BGH* BGHZ 129, 329, 333 = ZMR 1995, 416 = MDR 1995, 895 = JR 1996, 235 mit Anm. *Buck*; *OLG Düsseldorf* ZMR 1998, 45, 46); die Möglichkeit der Hundehaltung gehört nicht zum wesentlichen Inhalt der Nutzung von Wohnungseigentum, wie nicht zuletzt daraus folgt, dass in der überwiegenden Zahl von Wohnungen keine Hunde gehalten werden. Für andere Tiere – wenn es nicht Nutztiere wie ein Blindenhund sind – kann nichts anderes gelten. Ein »Grundrecht auf den Papagei« ist schwer vorstellbar;
- ein **generelles Verbot** von **Parabolantennen** gegenüber ausländischen Wohnungseigentümern kann bei einem berechtigten Interesse vereinbart, aber nicht stets beschlossen werden (*BGH* BGHZ 157, 322, 333 [Parabolantenne] = ZMR 2004, 438 = NJW 2004, 937);
- ein **völliges Bade- und Duschverbot** kann weder vereinbart noch beschlossen werden (*BayObLG* WE 1992, 60);
- ein Mehrheitsbeschluss, der den **Betrieb einer Waschmaschine** und das Trocknen von Wäsche innerhalb des Sondereigentums untersagt, ist nichtig (*OLG Frankfurt a. M.* NJW-RR 2002, 82); Entsprechendes gilt für eine Vereinbarung.

e) Vereinbarungen

235 Sinn und Zweck der Kernbereichslehre ist es, bestimmte Angelegenheiten einer Vereinbarung vorzubehalten. Eine Vereinbarung i. S. v. § 10 Abs. 2 S. 2 WEG ist daher grundsätzlich (s. aber bereits Rn. 234) auch dann wirksam, wenn es ein Beschluss nicht wäre (*BGH* BGHZ 157, 322, 334 [Parabolantenne] = ZMR 2004, 438 = NJW 2004, 937; BGHZ 145, 158, 165 = ZMR 2000, 771; 129, 329, 333 = ZMR 1995, 416 = NJW 1995, 2036; BGHZ 127, 99, 105 = NJW 1994, 3230 = ZMR 1995, 34; BGHZ 99, 90, 94 = NJW 1987, 650 = JZ 1987, 465 mit Anm. *Weitnauer*; BGHZ 73, 145, 150 = MDR 1979, 299 = NJW 1979, 548 = DNotZ 1979, 168; *Demharter* MittBayNot 1996, 417).

236 Die Gestaltungsfreiheit für eine Vereinbarung endet aber dort, wo die **personenrechtliche Gemeinschaftsstellung** der Wohnungseigentümer gleichsam ausgehöhlt wird (*F. Schmidt* ZWE 2001, 137, 128). Etwa die Übertragung sämtlicher Entscheidungskompetenzen der Eigentümer auf einen Dritten – verdrängend oder konkurrierend – ist aus diesem Grunde z. B. nichtig (*Strecker* ZWE 2004, 337, 342, 343). Das Gesetz geht in §§ 20 ff. WEG ferner davon aus, dass die Wohnungseigentümer die notwendigen Entscheidungen über das »Ob« und das »Wie« der Verwaltung grundsätzlich selbst und gemeinschaftlich treffen muss (*OLG Düsseldorf* ZMR 2003, 126, 127 = NZM 2002, 1031; a. A. *KG* ZMR 2004, 622, 623). Aus diesem Grunde ist etwa auch der **völlige Ausschluss** von Mitverwaltungsrechten – z. B. des Stimmrechts – nichtig (*BGH* BGHZ 93, 90, 94 = NJW 1987, 650 = JZ 1987, 465 mit Anm. *Weitnauer*; *OLG Hamm* WE 1990, 70; 70; *BayObLG* Rpfleger

1965, 224, 226) wie ein Verzicht an Verwaltung (*LG München I* Rpfleger 1978, 381, 382; *Strecker* ZWE 2004, 337, 344).

Die Teilnahme an der Eigentümerversammlung eines zulässigerweise nach dem Wohnungseigentumsgesetz, dem Bürgerlichen Gesetzbuch und der Gemeinschaftsordnung Bevollmächtigten gehört **zum unantastbaren Kernbereich der Mitgliedschaft** des vollmachtgebenden Wohnungseigentümers (*OLG Saarbrücken* ZMR 2004, 67). Durch die Verlagerung von Kompetenzen dürfen auch keine **gesetzlich geschützten Minderheitsrechte** oder Anfechtungsmöglichkeiten verletzt werden. Die in einer Vereinbarung niedergelegte Ermächtigung des Wohnungseigentumsverwalters, die Verwaltung ohne Mitspracherecht der Wohnungseigentümer auf einen Dritten zu übertragen, wäre z. B. nichtig. Nichtig ist auch eine Vereinbarung mit der die Wohnungseigentümer gezwungen werden sollen, Verträge mit **mehr als zweijähriger Bindung** einzugehen (*BGH* ZMR 2007, 284 = MietRB 2007, 68 mit Anm. *Hügel* = Info M 2007, 25 mit Anm. *Elzer*). 237

Etwas anderes gilt nur im Ergebnis für solche Vereinbarungen, die den **sachenrechtlichen Teil** des Teilungsvertrages oder der Teilungserklärung ändern wollen. Solche Vereinbarungen (z. B. eine Vereinbarung die Gemeinschafts- in Sondereigentum umwandeln will) wären zwar auch als Eingriff in den Kernbereich des Wohnungseigentums nichtig. Darauf kommt es aber nicht an, weil diese Vereinbarungen bereits nach § 4 WEG **formnichtig** sind. 238

4. Einzelheiten – mögliche Gegenstände einer Vereinbarung

Im Rahmen der vom Wohnungseigentumsgesetz und dem Bürgerlichen Recht aufgestellten Schranken sind den Wohnungseigentümern für eine Vereinbarung **keine Grenzen** gesetzt. Anders als nach §§ 746, 1010 BGB sind die Wohnungseigentümer nicht auf gewillkürte Regelungen zur Verwaltung und Benutzung beschränkt. Mögliche Vereinbarungen und damit die Gegenstände einer Gemeinschaftsordnung lassen sich aber **danach systematisieren**, von welchen gesetzlichen Bestimmungen am häufigsten abgewichen wird oder welche Bestimmungen die Wohnungseigentümer häufig ergänzen. Die wohl erheblichsten Abweichungen und Ergänzungen des Interessensausgleichs, wie ihn das Gesetz gefunden und geregelt hat, sind vor allem in folgenden Bereichen vorstellbar. 239

– zu den Rechten und Pflichten des Verwalters in Bezug auf den **Verband Wohnungseigentümergemeinschaft** und zum Verband selbst; 240
– zum **Gebrauch des Gemeinschafts- und Sondereigentums** (z. B. Sondernutzungsrechte);
– zur **Haftungsverfassung**;
– zur **Eigentümerversammlung**;
– im Zusammenhang mit dem **Verwalter** und dem **Verwaltungsbeirat**;
– eine hohe praktische Relevanz haben schließlich **Öffnungsklauseln** (s. zu diesen Rn. 273 ff.).

a) Regelungen zum Verband

Die Wohnungseigentümer können nach § 27 Abs. 3 S. 1 Nr. 7 WEG den Verwalter durch Vereinbarung ermächtigen, sonstige Rechtsgeschäfte und Rechtshandlungen im Namen des Verbandes mit Wirkung für und gegen ihn wahrzunehmen. In Betracht kommen vor allem das Recht, Aktivverfahren des Verbandes zu führen, z. B. Wohngeldklagen, sowie für diese Klagen Verträge mit Rechtsanwälten zu schließen. Soweit einige vertreten, dass es sich nicht um Vereinbarungen i. S. des Gesetzes handelt (so z. B. *Wenzel* FS Bub, S. 249, 256), ist dem nicht zu folgen. Auch Regelungen zum Verband sind Vereinbarungen i. S. d. Gesetzes (so auch i. E. *Merle* FS Bub, S. 173, 184). 241

b) Gebrauchsregelungen nach §§ 13 ff. WEG

aa) Allgemeines

Die Wohnungseigentümer können nach § 15 Abs. 1 WEG für ihr Verhältnis untereinander **Gebrauchsregelungen** für das **Gemeinschafts-, aber auch für das Sondereigentum** vereinbaren. Diese Gebrauchsbestimmungen werden in Abgrenzung zur Bestimmung eines Sondereigentums als Wohnungs- oder Teileigentum (»Zweckbestimmungen im weiteren Sinne«) gemeinhin als »**Zweckbestimmungen im engeren Sinne**« verstanden. Die Wohnungseigentümer können beispielsweise bestimmen, dass gewisse Räume nur zu bestimmten Zwecken genutzt werden dürfen (s. dazu § 3 Rn. 8 und § 15 Rn. 2 ff.). Etwa die Vereinbarung einer bestimmten Nutzung, z. B. die 242

§ 10 | Allgemeine Grundsätze

Beschreibung eines Sondereigentums oder eines Teiles davon als »Praxis«, »Lagerraum«, »Gaststätte«, »Speicher«, »Archivraum« oder »Hobbyraum«, ist eine **vereinbarte Gebrauchsregelung**. Zur Sicherung dieser Gebrauchsrechte können die Wohnungseigentümer Schadensersatzansprüche vereinbaren (*Bub* WE 1993, 212). Die Wohnungseigentümer können auch den Gebrauch einer Parabolantenne im Wege der Vereinbarung verbieten (Rn. 234 und *Derleder* ZWE 2006, 220, 223). Nach § 242 BGB kann eine solche Vereinbarung allerdings unwirksam sein, wenn es für das Festhalten insbesondere an einem generellen Verbot an einem berechtigten Interesse fehlt (*BGH* BGHZ 157, 322, 328 [Parabolantenne] = ZMR 2004, 438 = NJW 2004, 937 [Parabolantenne]). Zulässig ist auch eine Vereinbarung, die Nutzung von Gemeinschaftseigentum von der Zustimmung des Verwalters abhängig zu machen (*BayObLG* NJW-RR 1989, 273 = MittRhNotK 1989, 82) oder die Verpflichtung, sich an eine Sammelheizung oder ein Breitbandkabel anzuschließen.

243 Üblich sind ferner **Benutzungs-, aber auch Verwaltungsregelungen** für das Gemeinschafts-, aber auch für das Sondereigentum, z. B. für die Nutzung der Waschküche, des Treppenhauses, des Fahrstuhls, der Garagen oder eines gemeinsamen Schwimmbades sowie Regelungen zu den Ruhezeiten, zur Haltung von Haustüren oder zur Abschluss der Eingangstür. Diese Bestimmungen werden gemeinhin unter dem Begriff der »Hausordnung« zusammengefasst (*Elzer* ZMR 2006, 733). Dogmatisch können sie – sofern sie gemeinsam mit dem Teilungsvertrag oder der Teilungserklärung beurkundet werden – nur als Vereinbarung verstanden werden (dazu Rn. 75 ff.). Dies hindert es indes nicht, dass sie ggf. durch einen Beschluss geändert werden können (Rn. 86).

bb) Sondernutzungsrechte am Gemeinschaftseigentum

244 Die Wohnungseigentümer können einem Eigentümer im Wege der Vereinbarung ein **Sondernutzungsrecht** am Gemeinschaftseigentum einräumen (s. § 13 Rn. 27 ff.). Durch ein Sondernutzungsrecht wird eine Fläche des Gemeinschaftseigentums **positiv** einem Wohnungseigentümer zugewiesen. Zugleich werden die anderen Wohnungseigentümer **negativ** vom Gebrauch dieser Fläche ausgeschlossen.

c) Haftungsverfassung

aa) Erwerberhaftung

245 Die Wohnungseigentümer können vereinbaren, dass der rechtsgeschäftliche Erwerber für in der Person seines Rechtsvorgängers bereits entstandene und fällige Zahlungsrückstände gemeinsam mit diesem gesamtschuldnerisch haftet (*BGH* NJW 1994, 2950, 2952 = MDR 1994, 580 = ZMR 1994, 271; *BGH* BGHZ 99, 358, 361 [Erwerberhaftung] = MDR 1987, 485 = NJW 1987, 1638 = ZMR 1989, 291 = JR 1988, 205 mit Anm. *Pick*; *OLG Düsseldorf* MDR 1997, 820). Die Haftung wird unmittelbar mit der Eintragung des Sondernachfolgers im Grundbuch ausgelöst, ohne dass es einer schuldrechtlichen Übernahme bedürfte (*BGH* BGHZ 99, 358, 361 = ZMR 1987, 273; BGHZ 88, 302, 308 = NJW 1984, 308 = MDR 1985, 1017). Eine solche Haftungserstreckung verstößt nicht gegen das Verbot des Vertrags zu Lasten Dritter. Mit Aufnahme einer Haftungsklausel wird nicht unmittelbar die Verpflichtung des rechtsgeschäftlichen Erwerbers begründet. Die Haftung erfordert nämlich **zusätzlich** seinen freiwilligen Erwerb des Wohnungseigentums, zu dessen Inhalt die dinglich wirkende Vereinbarung zählt. Die Wirkung gemeinschaftsbezogener Regelungen gegen den Sondernachfolger ist in § 10 Abs. 3 WEG vorgesehen und damit die Zulässigkeit (rechtsgeschäftlicher) einer Belastung künftiger Wohnungseigentümer vorausgesetzt (*BGH* NJW 1994, 2950, 2952 = MDR 1994, 580 = ZMR 1994, 271).

246 Eine Vereinbarung, dass auch der Erwerber einer Eigentumswohnung oder eines Teileigentums im **Wege der Zwangsversteigerung** für Wohngeldrückstände des Voreigentümers haftet, verstieße allerdings gegen § 56 S. 2 ZVG und wäre gem. § 134 BGB nichtig (*BGH* BGHZ 99, 358, 361 [Erwerberhaftung] = MDR 1987, 485 = NJW 1987, 1638 = ZMR 1989, 291 = JR 1988, 205 mit Anm. *Pick*; *KG* ZMR 2003, 292, 293; ZMR 2002, 860; *OLG Düsseldorf* WuM 1996, 119). Denn § 56 S. 2 ZVG ist – in den Grenzen des § 59 Abs. 1 ZVG – **zwingendes** Recht. Eine Mithaftung wirkte sich wirtschaftlich wie eine dem Betrag nach unbegrenzte Vorlast zu Gunsten der anderen Miteigentümer aus (*BGH* BGHZ 88, 302, 308 = NJW 1984, 308 = MDR 1985, 1017). Insbesondere wenn nicht genau feststeht, wie hoch die Rückstände sind, wird kaum ein Interessent auf das Ausgebot

Allgemeine Grundsätze | § 10

mit der abweichenden Bedingung bieten. Gegen diese gesetzliche Interessenbewertung würde es verstoßen, wenn es in der Rechtsmacht der Wohnungseigentümer stünde, die Mithaftung des Erstehers für die Hausgeldrückstände im Voraus festzulegen.

bb) Unterwerfung unter die sofortige Zwangsvollstreckung

Es ist zulässig, wenn eine Vereinbarung die Unterwerfung der Wohnungseigentümer unter die **sofortige Zwangsvollstreckung** nach § 794 Abs. 1 Nr. 5 ZPO wegen des Wohngeldes vorsieht (dazu ausführlich § 16 Rn. 249). 247

cc) Sonderzahlungen

Die Wohnungseigentümer können für Zuwiderhandlungen, etwa bei zögerlicher Zahlung des Wohngeldes (*BayObLG* WE 1988, 200), eine »Vertragsstrafe« – z.B. eine Mahngebühr oder einen höheren Zinssatz – vereinbaren. Die Eigentümer können sich im Wege der Vereinbarung ferner jenseits von § 21 Abs. 7 WEG verpflichten, dem Verwalter den durch eine Mahnung fälliger Forderungen – etwa Wohngelder oder des Saldos aus einer Jahresabrechnung – Mehraufwand pauschal zu vergüten. 248

dd) Kostenverteilungsschlüssel

Die Eigentümer müssen – da § 16 Abs. 2 WEG insoweit nicht gilt (§ 16 Rn. 27) – für die im Sondereigentum anfallenden, aber gemeinsam abgerechneten Betriebs- und Verwaltungskosten einen Kostenverteilungsschlüssel bestimmen. Dies kann im Wege der Vereinbarung, aber auch im Wege des Beschlusses erfolgen. Fehlt es an einer Bestimmung, gilt § 16 Abs. 2 WEG entsprechend (§ 16 Rn. 274). Für das Gemeinschaftseigentum bestimmt § 16 Abs. 2 WEG einen subsidiären Kostenverteilungsschlüssel. Wollen die Wohnungseigentümer hiervon abweichen, können sie auch für das Gemeinschaftseigentum einen gewillkürten Kostenverteilungsschlüssel vereinbaren (s. § 16 Abs. 3 WEG). Zulässig sind z.B. ein Schlüssel nach Wohn- und Nutzflächen (*BayObLG* WuM 1992, 155) oder eine Abrechnung nach Verbrauch (*BGH* BGHZ 156, 192, 198 [Kaltwasser] = ZMR 2003, 937, 939 = NJW 2003, 3476; *BayObLG* WuM 1992, 156, 157). Solche Vereinbarungen sind allerdings jeweils nicht beschlussfest und können – sofern dessen Voraussetzungen vorliegen – im Wege des Beschlusses nach § 16 Abs. 3 WEG geändert werden. 249

ee) Weitere Regelungen

Der Fantasie der Wohnungseigentümer mit Blick auf die Haftungsverfassung sind neben den benannten Bereichen keine Grenzen gesetzt. Vorstellbar und in der Praxis üblich sind ferner u.a. folgende Regelungen: 250

– Bestimmungen zur Fälligkeit der Wohngeldzahlungen; 251
– die Anordnung, das ein beschlossener Wirtschaftsplans fortgilt (s. Rn. 135);
– der vollständige Ausschluss der Aufrechnung (§ 16 Rn. 254);
– die Vereinbarung eines Anspruchs auf tätige Mithilfe in Form von aktiven Instandsetzungs- und Gebrauchspflichten (§ 16 Rn. 167);
– die Übertragung der Instandhaltungs- und Instandsetzungskosten für das Gemeinschaftseigentum, z.B. für die Fenster, die Wohnungseingangstüren oder den Balkon, auf einen Wohnungseigentümer (§ 16 Rn. 222);
– die Bestimmung, dass in einer Mehrhausanlage eine Kostentrennung zu erfolgen hat (Rn. 17).

d) Eigentümerversammlung

Die Wohnungseigentümer können in vielfältiger Weise auch von dem gesetzlichen Modell der Eigentümerversammlung abweichende Bestimmungen treffen. In Betracht kommen u.a. Regelungen für folgende Bereiche: 252

– **Einberufung der Eigentümerversammlung**: Die Wohnungseigentümer können nach § 24 Abs. 2 WEG neben den gesetzlich geregelten Fällen solche Sachlagen bestimmen, in denen der Verwalter eine Eigentümerversammlung einberufen muss (*BayObLG* WuM 1989, 459, 460); 253
– **Eventualversammlung**: Die Wohnungseigentümer können vereinbaren, dass sogleich mit der Ersteinladung zur Eigentümerversammlung für den Fall, dass die Erstversammlung beschlussunfähig sein sollte, zu einer zweiten Eigentümerversammlung (Eventualversammlung)

am gleichen Tag eine halbe Stunde nach dem Termin der Erstversammlung einzuladen ist (*KG* NZM 2001, 105, 107; *OLG Köln* OLGReport Köln 1999, 120 = MDR 1999, 799; *LG Offenburg* WuM 1993, 710);
- **Auszählung der Stimmen**: Durch Vereinbarung kann geregelt werden, dass der Leiter einer Eigentümerversammlung sämtliche Abstimmungsergebnisse feststellen muss und die sog. Subtraktionsmethode unzulässig ist (*BGH* BGHZ 152, 63, 65 = ZMR 2002, 936 = NJW 2002, 3629);
- **Stimmrecht**: Die Wohnungseigentümer können durch Vereinbarung das Ruhen des Stimmrechts bei einem Rückstand mit Wohngeldzahlungen bestimmen (*BayObLG* ZMR 2003, 519, 520 = BayObLGReport 2003, 129; BayObLGZ 1965, 34, 42 = NJW 1965, 821; *KG* ZMR 1994, 171 = KGReport 1994, 16 = MDR 1994, 274; OLGZ 1986, 179 = WM 1986, 150 = ZMR 1986, 127; offen gelassen von *OLG Düsseldorf* OLGReport Düsseldorf 1999, 137, 138). Das mitgliedschaftsrechtliche Element des Wohnungseigentums verbietet allerdings den **allgemeinen Stimmrechtsausschluss** eines Wohnungseigentümers als seinem elementaren Mitverwaltungsrecht im Sinne des § 20 Abs. 1 WEG (*OLG Hamm* Rpfleger 1975, 401, 402; *BayObLG* BayObLGZ 1965, 34, 42; Rn. 236);
- **Stimmrechtsprinzipien**: Die Wohnungseigentümer können – außer wegen der Beschlüsse nach §§ 18 Abs. 3, 12 Abs. 4, 16 Abs. 4 und 22 Abs. 2 WEG – eine von § 25 Abs. 2 S. 1 WEG abweichende Bestimmung treffen und ein anderes Stimmrechtsprinzip (*BayObLG* DNotZ 1999, 215; WuM 1989, 527) – etwa das Objekt- oder Realprinzip (jedem Sondereigentum kommt eine Stimme zu) oder das Wertprinzip (nach diesem bestimmt sich das Stimmengewicht nach den Miteigentumsanteilen) – oder ein *Vetorecht* (BayObLG ZMR 1997, 369) vereinbaren;
- **Gültigkeit von Beschlüssen**: Die Wohnungseigentümer können vereinbaren, dass zur Gültigkeit eines Beschlusses der Eigentümerversammlung die Protokollierung erforderlich ist und das Protokoll von zwei von der Eigentümerversammlung bestimmten Wohnungseigentümern zu unterzeichnen ist (*BGH* BGHZ 136, 187, 190 = MDR 1997, 919 = NJW 1997, 2956 = ZMR 1997, 531);
- **Beschlussfähigkeit**: Die Regelung, von dem in § 25 Abs. 4 S. 1 WEG genannten Quorum abzusehen, ist möglich (*OLG Hamburg* ZMR 1989, 230);
- **Vertreterklausel**: Die Vereinbarung, nach der sich Wohnungseigentümer in der Eigentümerversammlung nur durch ihren Ehegatten, einen Wohnungs- oder Teileigentümer oder den Verwalter derselben Wohnanlage vertreten lassen können, ist grundsätzlich wirksam. Weder das Wohnungseigentumsgesetz noch §§ 741 ff. BGB enthalten Bestimmungen darüber, ob und inwieweit sich Wohnungseigentümer bei Abstimmungen vertreten lassen können. Anders als im Vereinsrecht (§ 38 S. 2 BGB) ist daher in einer Eigentümerversammlung Stellvertretung i. S. d. §§ 164 ff. BGB grundsätzlich möglich (*BGH* BGHZ 99, 90, 93 = NJW 1987, 650 = JZ 1987, 465 mit Anm. *Weitnauer*; *BayObLG* BayObLGZ 1981, 161, 164; BayObLGZ 1981, 220, 224; *OLG Celle* NJW 1958, 307, 308). Allerdings können im Einzelfall **Ausnahmen** wegen Unzumutbarkeit nach Treu und Glauben geboten sein (*BGH* BGHZ 99, 90, 96 = NJW 1987, 650 = JZ 1987, 465 mit Anm. *Weitnauer*);
- **Mehrhausanlagen**: Die Verwaltung des gemeinschaftlichen Eigentums steht gem. §§ 20 Abs. 1, 21 Abs. 1 WEG allen Wohnungseigentümern gemeinsam zu. Soweit sie über die ordnungsmäßige Verwaltung durch Stimmenmehrheit beschließen, sind daher **alle Wohnungseigentümer** gem. § 25 Abs. 1 und Abs. 2 WEG stimmberechtigt. Eine Ausnahme hiervon soll nach h. M. in den Fällen gelten, in denen bei einem Beschlussgegenstand eine genau abgrenzbare Gruppe von Wohnungseigentümern betroffen ist (*OLG München* FGPrax 2007, 74, 76 = OLGReport München 2007, 73 = MietRB 2007, 40 = WuM 2007, 34; *OLG Zweibrücken* OLGReport Zweibrücken 2004, 585, 586; *BayObLG* ZMR 2003, 519, 521). Dem ist zuzustimmen, soweit eine **Vereinbarung** bestimmte – regelmäßig untergeordnete – Angelegenheiten z. B. nur den Bewohnern eines Hauses einer **Mehrhausanlage** zuweist und geregelt ist, dass die jeweiligen Wohnungseigentümer der einzelnen Haus- oder Innengemeinschaft gesondert abstimmen (*OLG Düsseldorf* OLGReport Düsseldorf 2006, 33, 35; *OLG München* OLGReport München 2005, 529). Eine solche Vereinbarung ist aber nur dann zulässig, wenn **ausgeschlossen** ist, dass die übrigen Eigentümer von einer Angelegenheit betroffen werden können;

– **Zugangsfiktion**: Eine Vereinbarung, wonach eine an die dem Ladenden zuletzt genannte Adresse abgesendete Ladung als zugegangen gilt (**Zugangs- bzw. Ladungsfiktion**), ist wirksam (*OLG Hamburg* ZMR 2006, 704, 705; *OLG Frankfurt a. M.* OLGReport Frankfurt 2005, 423, 425).

e) Funktionsträger

Den Wohnungseigentümern steht es gem. § 10 Abs. 2 S. 2 WEG auch frei, von der gesetzlichen Handlungsorganisation des § 20 WEG (s. dazu § 20 Rn. 91 ff.) abweichende Bestimmungen zu treffen. Soweit das Gesetz nicht zwingend ist, können die Wohnungseigentümer in den vom Gesetz und den allgemeinen Vorschriften und Besonderheiten des Wohnungseigentumsrecht gezogenen Grenzen, Befugnisse sowohl auf den Verwalter (*Deckert* ZWE 2003, 247, 253; *Lüke* WE 1996, 372, 373) als auch auf den Verwaltungsbeirat übertragen (*OLG Düsseldorf* ZMR 2001, 303, 304; 1997, 605 = WM 1997, 639 = WE 1998, 37; *OLG Frankfurt a. M.* OLGZ 1988, 188, 189; *Strecker* ZWE 2004, 337, 341) oder neue Funktionsträger (z. B. einen Bauausschuss, *OLG Celle* ZMR 2001, 642, 643) schaffen. Einer Einschränkung der Verwalterbefugnisse setzt vor allem § 27 Abs. 4 WEG Grenzen. s. dazu im Einzelnen § 20 Rn. 50 ff.

aa) Verwalter

Eine Vereinbarung, die über die Bestimmungen des § 26 Abs. 1 S. 2, Abs. 2 WEG enthaltenen Beschränkungen hinausgeht, ist nichtig. So ist die Beschränkung des Personenkreises, wer Verwalter werden kann, ebenso nichtig (*BayObLG* NJW-RR 1995, 271) wie qualifizierte Mehrheitserfordernisse (*BayObLG* WE 1995, 30). Die Eigentümer können auch nicht beschlussfest vereinbaren, wer Verwalter sein soll (s. dazu auch *OLG Düsseldorf* ZMR 2001, 650, 651; *BayObLG* WE 1995, 90). Die Eigentümer können im Wege der Vereinbarung die Abberufung des Verwalters auf das Vorliegen eines wichtigen Grundes beschränken (*BGH* BGHZ 151, 164, 172 = ZMR 2002, 766 = MDR 2002, 1427 = ZWE 2002, 570 = NJW 2002, 3240; *BayObLG* NJW 1974, 2134). Die Vereinbarung ist aber nichtig, wenn sie nicht die gesetzlichen Vorgaben aus § 26 Abs. 1 Sätze 2 und 3 WEG beachtet. Die Wohnungseigentümer können ferner vereinbaren, dem Verwalter ein Bestimmungsrecht i. S. v. §§ 315 ff. BGB zu erteilen. Es ist etwa möglich, dass der Verwalter für die auf dem Grundstück errichteten Kfz-Abstellplätze eine Gebrauchs- und Nutzungsregelung bestimmen und gegenüber der Gemeinschaft der Wohnungseigentümer rechtsverbindlich festlegen kann (*OLG Frankfurt a. M.* MDR 1997, 1017). S. im Einzelnen § 20 Rn. 54 ff.

bb) Verwaltungsbeirat

Die Wohnungseigentümer können vereinbaren, dass die Bestellung eines Verwaltungsbeirats abweichend von § 29 Abs. 1 S. 1 WEG nur von sämtlichen Wohnungseigentümern getroffen werden kann (*BayObLG* ZMR 2005, 379, 380 = NZM 2004, 587; NJW-RR 1994, 338 = ZMR 1994, 69, 70). Die Wohnungseigentümer können ferner im Wege der Vereinbarung bestimmen, dass auch ein Nichteigentümer Mitglied des Beirats sein soll (*Häublein* ZMR 2003, 233, 237).

Der Verwaltungsbeirat kann durch Vereinbarung ermächtigt werden, den Verwaltervertrag frei auszuhandeln und abzuschließen (*OLG Köln* MDR 1998, 36, 37).

Die Beschlussfassung über die Jahresabrechnung und den Wirtschaftsplan kann hingegen nicht auf den Verwaltungsbeirat übertragen werden (offen gelassen von *OLG Hamburg* ZMR 2003, 777). Die Verlagerung der Beschlusskompetenz von der Eigentümerversammlung auf den Verwaltungsbeirat führt zu einer unzulässigen Einschränkung der Selbstverwaltungsbefugnisse der Eigentümer.

f) Öffnungsklauseln für Mehrheitsbeschlüsse

Die Eigentümer können eine **allgemeine** oder eine **bestimmte** (konkrete) **Öffnungsklausel** vereinbaren und alle oder bestimmte Vereinbarungen gegenüber einer einfachen, besser aber einer qualifizierten Mehrheitsentscheidung (z. B. $3/4$ aller Eigentümer) öffnen. S. dazu ausführlich Rn. 273 ff.

§ 10 | Allgemeine Grundsätze

g) Sonstiges

aa) § 11 WEG: Auflösung der Gemeinschaft der Wohnungseigentümer

261 Wohnungseigentümer können für bestimmte Fälle die Aufhebung der Gemeinschaft der Wohnungseigentümer vereinbaren (s. § 11 Rn. 24 ff.).

bb) § 12 WEG: Veräußerungsbeschränkung

262 Die Wohnungseigentümer können nach § 12 Abs. 1 WEG vereinbaren, dass ein Wohnungseigentümer zur Veräußerung seines Wohnungseigentums der Zustimmung der anderer Wohnungseigentümer oder eines Dritten, z. B. des Verwalters, bedarf. Durch Vereinbarung kann dem Wohnungseigentümer in diesem Falle für bestimmte Fälle ein Anspruch auf Erteilung der Zustimmung eingeräumt werden. Ist eine solche Vereinbarung getroffen worden, ist eine Veräußerung des Wohnungseigentums und ein Vertrag, durch den sich der Wohnungseigentümer zu einer solchen Veräußerung verpflichtet, unwirksam, solange nicht die erforderliche Zustimmung erteilt ist. Einer rechtsgeschäftlichen Veräußerung steht dabei eine Veräußerung im Wege der Zwangsvollstreckung oder durch den Insolvenzverwalter gleich.

cc) § 21 WEG: Verwaltungsvereinbarungen

263 Eine Vereinbarung, eine bestimmte Versicherung abzuschließen, ist zulässig.

dd) § 22 WEG: Bauliche Veränderungen

264 Die Wohnungseigentümer können vereinbaren, dass bauliche Veränderungen in jedem Falle der Zustimmung sämtlicher Eigentümer bedürfen, also auch dann, wenn bestimmte Wohnungseigentümer nicht i. S. v. § 14 Nr. 1 WEG benachteiligt sind (*BayObLG* MietRB 2004, 326). Die Eigentümer können eine bauliche Veränderung auch (in der Regel zusätzlich) von der Zustimmung des Verwalters abhängig machen (*OLG Köln* MDR 2004, 683).

ee) §§ 43 ff. WEG

265 Für Wohnungseigentumssachen kann die staatliche Gerichtsbarkeit durch eine Schiedsvereinbarung (*BayObLG* BayObLGZ 1973, 1; *Weitnauer/Mansel* § 43 Rn. 34; s. dazu *Suilmann* WE 1997, 337) und auch durch eine Schlichtungsvereinbarung ausgeschlossen werden (*BayObLG* WE 1996, 237). Ein entsprechender Beschluss wäre jeweils nichtig (*Weitnauer/Mansel* § 43 Rn. 35; *Wenzel* FS Hagen, S. 231, 239). Eine Anfechtungsklage kann indes nicht schiedsfähig sein (*Hügel/Elzer* § 13 Rn. 179). Wie auch bei der aktienrechtlichen Anfechtungsklage (*BGH* BGHZ 132, 278, 281) gibt es durchgreifende Bedenken gegen die Schiedsfähigkeit einer Anfechtungsklage, die nur durch eine gesetzliche Regelung überwunden werden könnten. Die Bedenken gegen die Schiedsfähigkeit von Beschlussmängelstreitigkeiten ergeben sich vor allem aus dem Gesichtspunkt, dass die in Rechtsstreitigkeiten dieser Art ergehenden, der Klage stattgebenden Entscheidungen über die nur zwischen den Parteien wirkende Rechtskraft des § 325 Abs. 1 ZPO hinaus für und gegen alle Wohnungseigentümer und Verbandsorgane wirken, auch wenn sie an dem Verfahren nicht als Partei teilgenommen haben, § 48 WEG. Es handelt sich dabei um eine Sonderbestimmung des WEG, die nicht ohne weiteres aus dem Zusammenhang mit den sie ergänzenden verfahrensrechtlichen Vorschriften herausgelöst und auf den Spruch eines privaten Schiedsgerichts übertragen werden kann. Ein schiedsgerichtliches Verfahren bietet vor allem das Deutsche Ständige Schiedsgericht für Wohnungseigentum in Berlin an. Für eine Schlichtung im Rahmen eines Vorschaltverfahrens kommt der Beirat in Betracht. Die Wohnungseigentümer können etwa den ehemaligen Alleineigentümer oder einen Dritten ermächtigen, für sie nach §§ 315, 317 BGB vertragliche Bestimmungen – z. B. die Hausordnung – zu treffen.

ff) HeizkostenV

266 Die Wohnungseigentümer können weder durch eine Vereinbarung noch durch einen Beschluss, z. B. nach § 16 Abs. 3 (dazu Rn. 56 ff.) die HeizkostenV abbedingen. Die HeizkostenV ist gemäß deren § 3 S. 1 grundsätzlich **zwingend**. Eine entgegenstehende Vereinbarung oder ein entsprechender Beschluss sind deshalb nichtig (*OLG Hamm* ZMR 1995, 173, 175; *AG Hamburg-Blankenese* ZMR 2004, 544, 545; a. A. *BayObLG* NZM 2005, 106; *Schmidt-Futterer/Lammel* § 3 HeizkostenV Rn. 11; s. auch *AG Königstein* ZMR 2005, 315).

XX. Vereinbarungsregister

Die Wohnungseigentümer können sich – sofern das nicht vereinbart oder beschlossen ist – in Ermangelung eines gesetzlich angeordneten Vereinbarungsregisters keinen zuverlässigen Überblick über die ihre Anlagen betreffenden Vereinbarungen verschaffen. Das Grundbuch gibt nur über die verdinglichten Vereinbarungen Auskunft. Für die (ggf. konkludent geschlossenen) schuldrechtlichen Vereinbarungen gibt es kein entsprechendes Verzeichnis. Der Gesetzgeber hat hierauf verzichtet, weil den Vertragschließenden etwaige Regelungen bekannt sind und Sondernachfolger nach § 10 Abs. 3 WEG an schuldrechtliche Vereinbarungen nicht gebunden sind. De lege ferenda wäre dennoch zu erwägen, ob ein vom Verwalter geführtes Vereinbarungsregister wie die Beschluss-Sammlung gerade in Zweifelsfällen (vor allem bei konkludenten Vereinbarungen) Klarheit verschaffen könnte. Dies bietet sich vor allem für gerichtliche Vergleiche an. 267

XXI. Abgrenzung Vereinbarung und allstimmiger Beschluss

1. Einführung

Obwohl sich Vereinbarungen und Beschlüsse u. a. nach Gegenstand, Zustandekommen, Angreifbarkeit, Bindungswirkung und Kompetenz **grundlegend voneinander unterscheiden** (dazu Rn. 68), kann es im Einzelfall zweifelhaft sein, welche Entscheidungsform konkret vorliegt. Eine Unterscheidung ist dann notwendig und angezeigt, wenn in einer Eigentümerversammlung sämtliche Wohnungseigentümer anwesend oder vertreten sind und sämtliche Stimmberechtigten einem Beschlussantrag zustimmen (allstimmiger Beschluss; eine solche »Allstimmigkeit« kann z. B. nach § 22 Abs. 1 WEG erforderlich sein). Auf welche Weise die Unterscheidung erfolgen muss, die Auslegung, welches Regelungsinstrument vorliegt, ist noch umstritten. Das Problem einer Auslegung besteht darin, dass eine Deutung nicht daran anknüpfen kann, wer an der Angelegenheit beteiligt war. Denn sowohl bei einer Vereinbarung als auch ein bei einem allstimmigen Beschluss sind ja sämtliche Wohnungseigentümer an der Bestimmung beteiligt. Und auch die gewählte Form – besser die Formlosigkeit – ist kein gültiges Unterscheidungskriterium. Eine schuldrechtliche Vereinbarung bedarf ebenso wie ein allstimmiger Beschluss – soweit er nicht schriftlich ist, vgl. § 23 Abs. 3 WEG – keiner besonderen Form. Ferner ist eine Auslegung nach inhaltlichen (materiellen) Kriterien nicht möglich (*Wenzel* NZM 2003, 217, 218). Vereinbarungen müssen nicht stets abstrakt-generelle Bestimmungen zur Regelung einer Vielzahl von Einzelfällen, Beschlüsse hingegen nicht konkret-individuelle Entscheidungen für eine bestimmte Maßnahme sein. Da die Wohnungseigentümer grundsätzlich sämtliche, einem Beschluss zugänglichen Materien auch vereinbaren können, kann aus einem Leitbild, was zu vereinbaren und was zu beschließen ist, nicht geschlossen werden, welches Regelungsinstrument die Wohnungseigentümer im Einzelfall gewählt haben. Schließlich kann auch die Frage der Dauer und Intensität einer Regelung nur Indiz dafür sein, welches Regelungsinstrument vorliegt (*OLG Düsseldorf* ZMR 2001, 649, 650 = DWE 2001, 152). Eine **Differenzierung** erübrigt sich allerdings, wenn ein **Vertreter** nur einem Beschlussantrag, nicht aber einem Vertrag nach dem Umfang seiner Vollmacht zustimmen darf. 268

2. Abgrenzung nach dem nach dem Gegenstand der getroffenen Regelung

Nach noch gefestigter, aber zweifelhafter Rechtsprechung ist die Abgrenzung zwischen einer Vereinbarung und einem allstimmigen (allseitigen) Beschluss **nach dem Gegenstand** der getroffenen Regelung vorzunehmen (*OLG Hamm* ZMR 2005, 400 m. w. N.). Eine Regelung ist danach als Beschluss zu qualifizieren, wenn ihr Gegenstand einem solchen zugänglich ist. Demgegenüber ist eine Vereinbarung als gewollt anzusehen, wenn ihr Gegenstand eine solche »erfordert«, also für eine Regelung durch Beschluss **keine Kompetenz** besteht (*OLG Hamm* ZMR 2005, 400; WE 1997, 32 = FGPrax 1997, 15 = ZMR 1996, 671, 676; *BayObLG* NJW-RR 2003, 9, 10 = ZMR 2002, 848, 850; BayObLGZ 2001, 73, 76; NJW-RR 1992, 81, 83 = ZMR 1991, 489 = WE 1992, 233; NJW-RR 1990, 1102, 1103; BayObLGZ 1978, 377, 381; BayObLGZ 1974, 172, 176; *OLG Zweibrücken* FGPrax 2001, 183 = ZMR 2001, 735; WE 1997, 234; *OLG Düsseldorf* ZMR 2001, 649, 650 = DWE 2001, 152). Diese Art und Weise der Abgrenzung besitzt für die Wohnungseigentümer Vor- und Nachteile. 269

§ 10 | Allgemeine Grundsätze

Die Einordnung als Vereinbarung vermeidet einerseits dort eine Nichtigkeit, wo für einen Gegenstand keine Beschlusskompetenz besteht und die Regelung durch Beschluss unwirksam wäre. Die Einordnung als Beschluss erlaubt es andererseits, nach § 10 Abs. 4 WEG die Bindung eines Sondernachfolgers an eine Entscheidung auch ohne Eintragung in die Wohnungseigentumsgrundbücher anzunehmen. Als Vereinbarung verstanden wäre eine nicht eingetragene Regelung hingegen hinfällig (Rn. 153 f.).

3. Abgrenzung nach dem Zustandekommen

270 Eine Abgrenzung nach dem Gegenstand der getroffenen Regelung mag im Einzelfall für die Wohnungseigentümer vorteilhaft sein, überzeugt aber nicht in ihren Ergebnissen. Im Ausgangspunkt unstreitig ist, dass sich Vereinbarungen und Beschlüsse nach ihrem **Zustandekommen** grundlegend unterscheiden. Wenn die Wohnungseigentümer sich für ein bestimmtes Regelungsinstrument entschieden haben, sind sie daran ungeachtet damit verbundener Nachteile festzuhalten. Eine Austauschbarkeit ist nicht vorstellbar. Ob die Wohnungseigentümer sich zur Regelung ihrer Rechtsbeziehungen eines – wenn auch möglicherweise nicht wirksamen – Beschlusses oder einer Vereinbarung bedienen, hängt **allein von ihrem Willen** ab (*Häublein* ZMR 2000, 423, 425). Für eine Auslegung ist daher allein maßgeblich, welche Entscheidungsform die Wohnungseigentümer **wählten wollten** (*Wenzel* FS Bub, S. 249, 258; *Merle* Verwalter, S. 54; a. A. *Wenzel* ZWE 2000, 2, 3) und wie die äußeren Umstände zu werten sind, also wie die Entscheidung zustande gekommen ist (*OLG Köln* NJW-RR 1992, 598; *Wenzel* NZM 2003, 17, 219; *Häublein* ZRM 2000, 423, 425). Hierfür kann die Niederschrift (*Wenzel* FS Deckert, S. 517, 524), aber auch die Beschluss-Sammlung ein Indiz sein (*Wenzel* FS Deckert, S. 517, 523). Hat der Versammlungsleiter zu einer Abstimmung über einen Beschlussantrag aufgerufen, der in der Tagesordnung angekündigt war, und stellt er nach der Abstimmung das Ergebnis fest und verkündet es, liegt ein Beschluss vor (*Wenzel* FS Deckert, S. 517, 523). Dies ist auch dann anzunehmen, wenn es an einer Beschlusskompetenz fehlt und der Beschluss allstimmig ist. Wollten die Wohnungseigentümer einen Vertrag schließen, ist dieser auch dann anzunehmen, wenn dieser durch einen Sondernachfolger »hinfällig« wird (Rn. 269 und Rn. 153 f.), ein Beschluss hingegen nach § 10 Abs. 4 WEG zu einer Bindung führen würde. Heißt es in der Niederschrift, dass die Wohnungseigentümer einen Beschluss gefällt haben, liegt hierin ein wichtiges Indiz für die Tatsache, dass die Wohnungseigentümer über einen Beschlussgegenstand abgestimmt und einen Beschluass gefasst haben (a. A. *BayObLG* NJW-RR 1992, 81, 83 = ZMR 1991, 489 = WE 1992, 233; *OLG Karlsruhe* MDR 1983, 672).

4. Verbleibende Zweifel

271 Kann im Wege der Auslegung nicht zweifelsfrei ermittelt werden, welche Entscheidungsform die Wohnungseigentümer im Auge hatten, ist nach dem **Günstigkeitsprinzip** subsidiär zu prüfen, ob die konkrete Angelegenheit durch Beschluss geregelt werden konnte oder ob eine Vereinbarung notwendig war. Nach dem Günstigkeitsprinzip haben die Eigentümer dann die Entscheidungsform gewählt, in der sie ihren Willen durchsetzen konnten.

5. Umdeutung

272 Haben die Eigentümer eine Vereinbarung schließen wollen, haben aber sich aber nicht sämtliche Wohnungseigentümer an diesem Vertrag beteiligt, ist die Vereinbarung auch dann unwirksam, wenn sie als Beschluss wirksam wäre (*Wenzel* NZM 2003, 217, 220; offen gelassen von *BGH* BGHZ 151, 164, 175 = ZMR 2002, 766 = MDR 2002, 1427 = ZWE 2002, 570 = NJW 2002, 3240). Eine nicht zustande gekommene Vereinbarung kann nicht nach § 140 BGB in einen Beschluss umgedeutet werden. Haben die Eigentümer hingegen einen Beschluss fällen wollen, und haben sämtliche Wohnungseigentümer diesem Beschluss zugestimmt, ist dieser, wenn es an einer Beschlusskompetenz fehlt, nichtig und kann wegen der weiter gehenden Wirkungen einer Vereinbarung auch nicht in eine solche umgedeutet werden (*OLG Köln* NJW-RR 1992, 598; *Wenzel* FS Bub, S. 249, 259; *Schuschke* NZM 2001, 497, 499 in Fn. 25; *Kreuzer* WE 1997, 362, 363 in Fn. 24).

XXII. Gewillkürte Öffnungsklauseln (Vereinbarungen in Beschlussangelegenheiten)

1. Allgemeines

Nach dem Gesetz sind Angelegenheiten der Gemeinschaft der Wohnungseigentümer grundsätzlich durch Vereinbarungen und also einstimmig zu regeln. Die Wohnungseigentümer können wie grundsätzlich auch im Gesellschaftsrecht (dazu s. *Lutter/Hommelhoff* § 53 GmbHG Rn. 28a; *Baumbach/Hueck* § 53 GmbHG Rn. 26) nach § 23 Abs. 1 WEG indes vereinbaren, dass auch dort ein Beschluss zulässig ist, wo das Gesetz eine Vereinbarung vorsieht (*BGH* BGHZ 145, 158, 168 [Zitterbeschluss] = NJW 2000, 3500 = ZMR 2000, 771; grundlegend BGHZ 95, 137, 140 = ZMR 1986, 19 = MDR 1986, 138 = NJW 1985, 2832). Die Bedeutung solcher das Gesetz und die weiteren Vereinbarungen dem Beschluss und damit der Mehrheitsmacht öffnenden Vereinbarungen ist wegen der Entscheidung des Bundesgerichtshofes zu den Zitterbeschlüssen (*BGH* BGHZ 145, 158 [Zitterbeschluss] = NJW 2000, 3500 = ZMR 2000, 771) vor allem zwischen 2000 und 2007 als sehr hoch angesehen und häufig beschrieben worden, mittlerweile aber wieder gesunken.

273

Ein praktisches Bedürfnis für eine **gewillkürte Öffnungsklausel** gibt es seit dem Gesetz zur Änderung des Wohnungseigentumsgesetzes und anderer Gesetze vom 26.3.2007 (BGBl. I S. 370) jedenfalls **dort nicht mehr**, wo bereits das Gesetz selbst in jedenfalls dogmatisch fragwürdiger Weise und in Durchbrechung des Vertragsprinzips die erwünschte Beschlussmacht in Angelegenheiten des Alltags sichert. Eine Mehrheitsmacht ist dabei durch **gesetzliche Öffnungsklausel** in §§ 12 Abs. 4 S. 1, 16 Abs. 3 und Abs. 4 sowie 21 Abs. 7 WEG für die von der Praxis als wichtigsten erkannten Gegenständen eingeführt und durch »Abänderungsverbote« (§ 12 Abs. 4 S. 2, 16 Abs. 5, 22 Abs. 2 S. 2 WEG) noch abgesichert worden. Öffnungsklauseln haben vor diesem Hintergrund vor allem dort noch eine Bedeutung, wo ihre Anwendung stets **in besonderer Weise zweifelhaft** war, nämlich bei der bloß mehrheitlich bestimmten **Begründung von Sondernutzungsrechten** (dazu Rn. 282 und Rn. 297). Eine besondere praktische Bedeutung besteht ferner für eine **dauerhafte Änderung der Kostenverteilung** bei einer Instandhaltung oder Instandsetzung i. S. d. § 21 Abs. 5 Nr. 2 WEG oder bei einer baulichen Veränderung oder Aufwendung i. S. d. § 22 Abs. 1 und 2 WEG.

274

2. Begriff

Den Wohnungseigentümern wird durch § 23 Abs. 1 WEG die Befugnis eingeräumt, eine Vereinbarung zu schließen, die es den Eigentümern erlaubt, auch über den Inhalt solcher Angelegenheiten zu beschließen, die nach dem Gesetz eine Vereinbarung erfordern. Eine solche Vereinbarung wird als eine **gewillkürte Öffnungsklausel** verstanden. Nach einigen Unsicherheiten wird es heute **allgemein als zulässig** angesehen, gestützt auf § 23 Abs. 1 WEG Vereinbarungsgegenstände gegenüber einer Mehrheitsmacht und also dem Beschluss zu öffnen (*BGH* BGHZ 145, 158, 168 [Zitterbeschluss] = NJW 2000, 3500 = ZMR 2000, 771, 774; BGHZ 95, 137, 140 = ZMR 1986, 19 = MDR 1986, 138 = NJW 1985, 2832; *OLG Düsseldorf* ZMR 2004, 284; a. A. vor Klärung des Bundesgerichtshofes *OLG Köln* Rpfleger 1982, 278 = MDR 1982, 757 = DNotZ 1982, 731).

275

Keine Öffnungsklausel ist die Regelung, dass z. B. der Alleineigentümer nach Entstehung der Gemeinschaft der Wohnungseigentümer in die **sachenrechtlichen Grundlagen** eingreifen, etwa Gemeinschafts- in Sondereigentum umwidmen darf. Will der Alleineigentümer auch nach Entstehung der Eigentümergemeinschaft das Recht behalten, die Teilungserklärung einseitig zu verändern, kann er sich in den **Erwerbsverträgen** zwar eine entsprechende Vollmacht einräumen lassen (*OLG Hamburg* ZMR 2003, 697, 698; *BayObLG* ZMR 2002, 953, 954; *OLG Hamm* ZWE 2000, 83; s. ausführlich § 8 Rn. 32 ff.). Ein Vertrag über die Eigentumsverhältnisse, also die sachenrechtliche Zuordnung von Gemeinschafts- und Sondereigentum, die Frage, ob Teil- oder Wohnungseigentum vorliegt oder z. B. die Frage, ob Gemeinschaftseigentum in Sondereigentum umgewandelt werden soll, ist aber von der mit § 10 WEG angesprochenen inhaltlichen Ausgestaltung des Gemeinschaftsverhältnisses zu unterscheiden und **keine Vereinbarung** im dortigen Sinne (*BGH* ZfIR 2004, 1006, 1007 = ZMR 2005, 59 = NJW 2005, 10; NZM 2003, 480 = NJW 2003, 2165, 2166; *BayObLG* BayObLGZ 2001, 279, 283 = NZM 2002, 70; *KG* ZMR 1999, 204, 205; *Häublein* DNotZ 2000, 442, 451).

276

3. Reichweite und Inhalt einer Öffnungsklausel

277 Unter dem Begriff der »Öffnungsklausel« verbergen sich denklogisch eine Vielzahl möglicher Vereinbarungen. Es ist allerdings möglich, die in der Praxis vorkommenden Klauseln zu systematisieren.

a) Gegenstand

aa) Konkrete Öffnungsklausel

278 Eine Öffnungsklausel kann sich auf bestimmte Bereiche beschränken (*BayObLG* WE 1988, 140). Dann wird von einer **konkreten Öffnungsklausel** gesprochen. Vorstellbar und praktisch gar nicht selten ist ferner eine **punktuelle Öffnungsklausel** (*Häublein* FS Bub, S. 113, 122; *Kreuzer* FS Seuß [2007], S. 155, 157; *Müller* ZWE 2004, 333). Die Wohnungseigentümer können etwa für einen ganz konkreten Gegenstand, z. B. die Instandsetzungs- und Instandhaltungskosten der Fenster, eine Beschlusskompetenz einführen. Für die Frage, welche Reichweite eine konkrete und vor allem eine punktuelle Öffnungsklausel haben, ist der **sachenrechtliche Bestimmtheitsgrundsatz** zu beachten (*Schneider* ZMR 2004, 286; *Wenzel* FS für Deckert, S. 517, 527). Wird hiergegen verstoßen, kann die Öffnungsklausel **nichtig** sein.

bb) Allgemeine (umfassende) Öffnungsklausel

(1) Grundsatz

279 Nach h. M. können die Wohnungseigentümer gestützt auf §§ 10 Abs. 2 S. 2, 23 Abs. 1 WEG auch eine Beschlusskompetenz für **sämtliche Angelegenheiten** begründen, wo nach dem Gesetz nur eine Vereinbarung möglich ist. Eine solche **allgemeine Öffnungsklausel** erfasst alle Gegenstände, die im Übrigen zu vereinbaren wären (*Häublein* FS Bub, S. 113, 122; *Schneider* ZMR 2004, 286; *ders.* Rpfleger 2002, 503, 504; *Becker* ZWE 2002, 341, 342; *Casser* NZM 2001, 514, 517; *Röll* DNotZ 2000, 898, 902; *Buck* Mehrheitsentscheidungen, S. 62 m. w. N.; kritisch *Hügel* ZWE 2001, 578, 580; a. A. *Rapp* DNotZ 2000, 864, 868; *Wudy* MittRhNotK 2000, 383, 389; *Rastätter* BWNotZ 1988, 134, 141). Diese Auffassung ist – jedenfalls wenn man der hier vertretenen Mindermeinung der rechtlichen Einordnung des § 23 Abs. 1 WEG folgt (dazu Rn. 289) – überzeugend. Ein Zwang, eine allgemeine Öffnungsklausel gegenständlich zu beschränken, ist dem Gesetz nicht zu entnehmen (*Schneider* Rpfleger 2002, 503, 504). Eine gegenständliche Beschränkung wäre sogar fragwürdig, wenn man durch die Zulassung allgemeiner Öffnungsklauseln einen Weg aufzeigen will, auf veränderte, im Einzelnen nicht vorhersehbare Anforderungen auch noch nach vielen Jahren flexibel zu reagieren (*Schneider* ZMR 2004, 286).

(2) Sondernutzungsrechte

280 Eine allgemeine Öffnungsklausel erlaubt es nach h. M. auch, ein **Sondernutzungsrecht** zu begründen (*Hügel/Elzer* § 3 Rn. 139; *Gaier* ZWE 2005, 39, 40; *Wenzel* ZNotP 2004, 170, 171; *ders.* FS Deckert, S. 517, 528; *Häublein* Sondernutzungsrechte, S. 215 ff.; *Hügel* DNotZ 2001, 176, 183; *Merle* DWE 1986, 2, 3; a. A. *OLG Köln* ZMR 1998, 373 = WE 1998, 193, 194; *Becker* ZWE 2002, 341, 345). Dem ist zu folgen, wenn man wie hier annimmt, dass die auf einer Öffnungsklausel beruhende Vereinbarung in das Grundbuch einzutragen ist (dazu Rn. 304). Denn dann ist ein Erwerber teilweise geschützt und kann jedenfalls dem Grundbuch ohne weiteres die Rechtslage entnehmen. Folgt man indes der h. M., die eine Eintragung nicht für erforderlich noch angesichts § 10 Abs. 4 S. 2 WEG für möglich erachtet, liegt hingegen nahe, in der Begründung eines Sondernutzungsrechtes durch einen auf einer Öffnungsklausel beruhenden Beschluss einen **Eingriff in den dinglichen Kernbereich des Wohnungseigentums** zu sehen (vgl. Rn. 297).

(3) Sachenrechtlicher Bestimmtheitsgrundsatz

281 Bei der Formulierung einer allgemeinen Öffnungsklausel ist – anders als im Gesellschaftsrecht (dazu *BGH* NJW 1978, 1382; BGHZ 8, 35, 41) und anders als bei konkreten und punktuellen Öffnungsklauseln (Rn. 278) – der sachenrechtliche Bestimmtheitsgrundsatz nicht zu beachten. Eine Öffnungsklausel muss aus diesem Grunde keine »Fallgruppen« nennen, in denen eine Beschlussmacht möglich ist. Auch eine weit gefasste Öffnungsklausel berührt nicht die Frage der grundbuchrechtlichen Bestimmtheit (*Schneider* ZMR 2004, 286).

b) Beschlussverfahren

Die Wohnungseigentümer können nach § 23 Abs. 1 WEG für einen, grundsätzlich – nämlich soweit kein gesetzliches Abänderungsverbot wie § 16 Abs. 5 WEG entgegensteht (dazu Rn. 292) – aber auch für alle ihre Beschlüsse **Wirksamkeitsvoraussetzungen** (das sind die Bedingungen, die vorliegen müssen, damit ein Beschluss zustande kommen kann) oder **Unwirksamkeitsgründe** einführen (das sind Bedingungen, die einen Beschluss nichtig oder anfechtbar machen). Es kann etwa vereinbart werden, dass ein Beschluss zu seiner Entstehung beurkundet werden oder notwendig in ein »Protokollbuch« (*OLG Köln* OLGReport Köln 2007, 136 = FGPrax 2007, 19 = ZMR 2007, 388) aufgenommen werden muss. Ferner kann bestimmt sein, dass einem auf der Öffnungsklausel beruhenden Verfahrensbeschluss ¾ sämtlicher Wohnungseigentümer oder der auf einer Eigentümerversammlung anwesenden Wohnungseigentümer zustimmen müssen. **282**

Noch **nicht vollständig geklärt** ist, wie es sich auswirkt, wenn ein solches **Quorum** bei der Abstimmung über einen bestimmten Beschlussantrag **nicht erreicht wird**, der Versammlungsleiter aber dennoch einen positiven Beschluss verkündet. Nach ganz h. M. ist ein auf einer Öffnungsklausel beruhender Beschluss, der die gesetzliche Mehrheit nicht erreicht, aber dennoch vom Versammlungsleiter festgestellt und **pflichtwidrig verkündet** wird, anfechtbar, aber nicht nichtig (*Becker* ZWE 2002, 341, 343). Die unrichtige Feststellung des Abstimmungsergebnisses stellt danach keinen Nichtigkeits-, sondern lediglich einen **Anfechtungsgrund** dar (*BGH* BGHZ 148, 335, 351 = ZMR 2001, 809 = NJW 2001, 3339 = MDR 2001, 1283 = BGHReport 2001, 863). Für diese Ansicht ist u. a. ausschlaggebend, dass ein bestimmtes Quorum für die Beschlussmacht der Wohnungseigentümer nicht kompetenzbegründend sein könne. Es läge bei einem Verstoß gegen das notwendige Quorum nicht anders als bei der Frage, ob die »Ordnungsmäßigkeit« kompetenzbegründend ist. **283**

Dem kann nach hier vertretener Minderansicht **nicht zugestimmt** werden (ausführlich *Elzer* ZWE 2007, 165, 171 ff.). Wer der Verkündung eine konstitutive Wirkung nicht nur für die Entstehung eines Beschlusses und also als eine von mehreren Wirksamkeitsvoraussetzung verstehen will, sondern der Verkündung auch eine Funktion für die Fixierung eines angeblichen Beschlussergebnisses zuweisen will, und ihr so die Aufgabe zuschreibt, das wahre Abstimmungsergebnis abzudecken und dieses – jedenfalls nach Ablauf der Anfechtungsfrist – sogar zu vernichten, muss belegen, woher das **rechtliche Können** für diese Wirkungen kommen soll. Weder das Gesetz noch der Mehrheitswille – etwa der der Wohnungseigentümer – können für eine rechtliche Legitimation herhalten. Das Gesetz räumt dem Versammlungsleiter diese Rechtsmacht nicht ein. **284**

c) Person

Es kann bestimmt werden, dass die Wohnungseigentümer in einer Versammlung die Angelegenheit regeln müssen. Vorstellbar ist aber auch, dass einzelne Wohnungseigentümer, ein Wohnungseigentümer, aber auch ein Dritter die Bestimmung treffen darf, z. B. gibt es Bestimmungen, dass der Verwalter oder der ehemalige Alleineigentümer die Vereinbarungen der Wohnungseigentümer ergänzen darf (*BGH* NJW 2002, 2247 = MDR 2002, 1001 = ZMR 2002, 763; BGHZ 150, 334, 336 = NJW 1986, 845 = DNotZ 1986, 274 = MDR 1986, 303; s. § 8 Rn. 56). Ferner ist es in der Praxis sehr üblich, dass der Alleineigentümer auch nach Entstehung der Gemeinschaft der Wohnungseigentümer **weitere Sondernutzungsrechte** begründen darf (*OLG Frankfurt a. M.* FGPrax 1998, 85 = NZM 1998, 408; *BayObLG* ZWE 2002, 78, 81; Rpfleger 1990, 63; MittBayNot 1985, 74, 76; s. dazu ausführlich *Häublein* Sondernutzungsrechte, s. 275 ff.). **285**

4. Entstehung

Öffnungsklauseln können von den Wohnungseigentümern **ausdrücklich vereinbart** werden, indem bestimmte Angelegenheiten, die sonst nur durch Vereinbarung geregelt werden könnten, einem Verfahrensbeschluss zugänglich gemacht werden. Öffnungsklauseln können sich aber auch durch eine Auslegung ergeben (*KG* ZMR 2002, 147, 148; *BayObLG* WE 2001, 424; *BayObLG* ZWE 2001, 424 = ZMR 2001, 10 = WE 2001, 424; BayObLGZ 89, 437; s. dazu auch Rn. 83). **286**

5. »Rechtsqualität« einer auf einer Öffnungsklausel beruhenden Entscheidung

a) Herrschende Einordnung

287 Nach wohl h. M. ist eine Entscheidung, die auf einer Öffnungsklausel beruht, **Beschluss** (*BGH* BGHZ 95, 137, 140 = ZMR 1986, 19 = MDR 1986, 138 = NJW 1985, 2832; *Wenzel* ZWE 2004, 130, 136; *ders.* FS für Deckert, S. 517, 530; *Häublein* Sondernutzungsrechte, S. 223; *Becker* ZWE 2002, 341; *Schneider* ZfIR 2002, 108; *Ott* ZWE 2001, 466, 469; *Röll* DNotZ 2000, 901; *Grebe* DNotZ 1987, 5, 16; a. A. *Hügel*/Scheel Teil 5 Rn. 64; *Hügel/Elzer* § 3 Rn. 136 ff.; *Elzer* in Jennißen § 23 Rn. 10; *Hügel* ZWE 2001, 578, 580; *ders.* DNotZ 2001, 176, 187). Nach Rechtsprechung und Schrifttum ist es durch § 23 Abs. 1 WEG möglich, dass sich die Wohnungseigentümer weitere Beschlusskompetenzen einräumen. Auf dieser **Sichtweise aufbauend**, ordnet § 10 Abs. 4 S. 2 WEG an, dass gem. § 23 Abs. 1 WEG auf Grund einer Vereinbarung gefasste Beschlüsse, die vom Gesetz abweichen oder eine Vereinbarung ändern, auch **ohne eine Eintragung** in das Grundbuch gegen einen Sondernachfolger wirken (dazu s. a. Rn. 326 ff.). Der Gesetzgeber sah sich zur Formulierung des § 10 Abs. 4 S. 2 WEG veranlasst, um die **Rechtslage klarzustellen** (BT-Drucks. 16/887 S. 20). Die Eintragung eines auf einer Öffnungsklausel beruhenden Beschlusses liefe dem Zweck des § 10 Abs. 4 WEG zuwider. Müssten Beschlüsse eingetragen werden, bestünde die Gefahr, dass es zu einer Überlastung des Grundbuchamtes käme und damit dessen Funktionsfähigkeit beeinträchtigt würde. Auch führten weitere Eintragungen zu einer Unübersichtlichkeit und damit zu einer Minderung des Informationsgehalts des Grundbuchs. Gerade dies soll aber mit der Regelung des § 10 Abs. 3 WEG vermieden werden (BT-Drucks. 16/887 S. 20).

288 Soweit der Beschluss das Gesetz oder eine Vereinbarung ändert, bestimmt er, was in dieser Angelegenheit gilt. Soweit die Änderung nur teilweise erfolgt, gelten Beschluss und geänderte Bestimmung nebeneinander. Dass das Gesetz oder eine Vereinbarung geändert wurden, ist allein – soweit eine Eintragung erfolgt ist – der Beschluss-Sammlung zu entnehmen. Ein Vertrauen etwa auf den Bestand des Grundbuches nach § 892 Abs. 1 S. 1 BGB ist ausgeschlossen (*Hügel/Elzer* § 8 Rn. 24).

b) Kritik

289 Nach hier vertretener **Mindermeinung** ist zwischen »Verfahren« und »Ergebnis des Verfahrens« zu unterscheiden. Eine Öffnungsklausel erlaubt danach eine Änderung der Gemeinschaftsordnung, eine Änderung der Satzung der Wohnungseigentümer durch Beschluss. § 23 Abs. 1 WEG beschreibt dabei nur das Verfahren, wie eine Vereinbarung der Wohnungseigentümer zu ändern ist. Auf die Leistungsbestimmung sind §§ 23 bis 25 WEG anzuwenden. Der Beschlussweg selbst ist aber nur **Verfahrensregelung**, die Gestaltungsweise wie die Leistungsbestimmung erfolgt. Die durch den Beschluss gestaltete Bestimmung, die Regelung auf die der Beschluss einwirkt, ist und bleibt selbstverständlich eine **Vereinbarung** bzw. die Änderung oder Ergänzung einer Vereinbarung und kein Beschluss (*Hügel* ZWE 2001, 578, 580; *ders.* DNotZ 2001, 176, 187). Diese Sichtweise entspricht **§ 53 Abs. 1 GmbHG**, der auch die **Änderung eines Vertrages durch Beschluss** erlaubt. Der Zweck eines auf § 23 Abs. 1 WEG beruhenden Verfahrensbeschlusses liegt nach hiesiger Ansicht also darin, mehrheitlich den **Inhalt einer Vereinbarung** zu bestimmen, zu ändern oder zu ergänzen. Der Beschluss selbst wird dadurch – wie vor allem § 10 Abs. 4 S. 2 WEG zeigt – **nicht** zu einer Vereinbarung, sondern bleibt Gestaltungserklärung und Verfahrensweg. Den gestaltungsberechtigten Wohnungseigentümern wird es durch eine Öffnungsklausel aber ermöglicht, entsprechend § 315 BGB den Inhalt einer Vereinbarung über einen Beschluss zu gestalten. Der Weg wie die Leistungsbestimmung erfolgt, die **Verfahrensweise** – man kann auch von der **Gestaltungsweise** sprechen – ist keine Vereinbarung (s. für das allgemeine Recht nur Palandt/*Heinrichs* § 315 BGB Rn. 11 und Staudinger/*Rieble* § 315 BGB Rn. 73; s. für die Bestimmung durch den Alleineigentümer *BGH* ZMR 1986, 90 = NJW 1986, 845 = MDR 1986, 303; *Häublein* Sondernutzungsrechte, S. 300, 301; *Weitnauer* JZ 1984, 1115, 1116 und – ablehnend – *Ott* Sondernutzungsrecht, S. 55). Das Verfahren, eine Leistungsbestimmung zu treffen, kann natürlich auch selbst ein Vertrag sein. Vorstellbar ist aber auch ein Beschluss oder die Willenserklärung eines Wohnungseigentümers oder eines Dritten, etwa des Bauträgers oder des Verwalters.

Allgemeine Grundsätze | § 10

Der Vorzug der hier vertretenen Auffassung zeigt sich, wenn die Wohnungseigentümer bestimmen, dass ein Dritter – in der Praxis ist es vor allem der Verwalter, s. ausführlich zu den Einzelheiten § 20 Rn. 53 ff. – für sie nach § 317 BGB eine vertragliche Bestimmung treffen soll. Vorstellbar ist etwa, dass der Verwalter nach billigem Ermessen eine von § 16 Abs. 2 WEG abweichende Kostentragungsregelung treffen soll oder ermächtigt wird, Einzelheiten der Hausordnung zu bestimmen. Auch hierin ist jeweils eine Öffnungsklausel zu sehen. Die Bestimmung des Verwalters ergänzt nämlich die vertraglichen Regelungen der Wohnungseigentümer. Die Leistungsbestimmung selbst ist Willenserklärung, wirkt aber auf die vertraglichen Regelungen der Wohnungseigentümer ein.

6. Grenzen

Mehrheitsmacht über Angelegenheiten, die nach dem Gesetz nur vereinbart werden könnten, ist gefährlich. Die auf eine Vereinbarung vertrauenden Eigentümer können durch eine bloße Mehrheitsentscheidung in ihren Erwartungen und Hoffnungen getäuscht werden und nicht unerheblichen persönlichen, aber auch wirtschaftlichen Schaden erleiden. Eine grundsätzlich zulässige Mehrheitsmacht bedarf deswegen nach h. M. eines **Korrektivs** (*Hagen* FS Wenzel, S. 201, 217 ff.).

a) Allgemeine Grenzen

Ein auf einer Öffnungsklausel beruhender Beschluss unterliegt den gleichen allgemeinen Schranken wie jeder andere Beschluss, z. B. §§ 134, 138 BGB (*Ott* ZWE 2001, 466, 467; *Buck* WE 1995, 142, 144) oder dem Bestimmtheitsgebot. Besondere Schranken bilden seit 1.7.2007 die **gesetzlichen Abänderungsverbote** der §§ 12 Abs. 4 S. 2, 16 Abs. 5, 22 Abs. 2 S. 2 WEG. Bestimmte Befugnisse können nach diesen Verboten auch durch eine Vereinbarung der Wohnungseigentümer nicht eingeschränkt oder ausgeschlossen werden. Bestimmt eine Öffnungsklausel für sämtliche Beschlüsse **besondere Anforderungen**, z. B. eine ³/₄-Mehrheit (Rn. 282), ist diese etwa gegenüber einem Beschluss nach § 16 Abs. 3 WEG im Wege einer geltungserhaltenden Reduktion teilweise unwirksam (*Häublein* FS Bub, S. 113, 122; s. Rn. 224 und § 16 Rn. 54). Einen Anlass anzunehmen, dass die vereinbarten Beschlussanforderungen wegen eines Verstoßes gegen die gesetzlichen Abänderungsverbote insgesamt unwirksam werden, besteht nicht (*Häublein* FS Bub, S. 113, 124).

b) Sachlicher Grund

Nach der Rechtsprechung (*BGH* BGHZ 127, 99, 105 = NJW 1994, 3230 = ZMR 1995, 34; BGHZ 95, 137, 139 = ZMR 1986, 19 = MDR 1986, 138 = NJW 1985, 2832; *OLG Hamm* ZMR 2007, 293, 294; ZMR 2004, 852; *OLG Düsseldorf* ZMR 2006, 296, 297; BayObLGZ 2003, 310, 313 = ZMR 2004, 211, 212; 1990, 107, 109; *OLG Köln* ZMR 2002, 467; **kritisch** *Hügel* ZWE 2001, 578, 579; *Buck* Mehrheitsentscheidungen, S. 63; ders. WE 1995, 142, 145; **ablehnend** *Elzer* ZMR 2007, 237, 240/241; *Grebe* DNotZ 1987, 5, 15; *Häublein* Sondernutzungsrechte, S. 212) darf von einer Öffnungsklausel zur Änderung einer Vereinbarung nur Gebrauch gemacht werden, wenn ein **sachlicher Grund** zur Änderung oder Ergänzung des Gesetzes oder einer Vereinbarung vorliegt und einzelne Wohnungseigentümer gegenüber dem früheren Rechtszustand **nicht unbillig benachteiligt** werden. Während der sachliche Grund danach fragt, warum die abzuändernde gesetzliche oder vereinbarte Regelung nicht mehr geeignet ist, die Angelegenheiten der Gemeinschaft angemessen zu regeln, wird mit dem Merkmal der »Billigkeit« eine Ermessenskontrolle i. S. v. §§ 315 ff. BGB und ein der Treuepflicht der Eigentümer untereinander (s. dazu Rn. 40 ff.) entspringender Minderheitenschutz (*Buck* WE 1995, 142, 144) eingeführt. Vor allem die durch eine Vereinbarung bislang geschützten Interessen einer ggf. überstimmten Minderheit sind angemessen zu berücksichtigen (*OLG Hamm* ZWE 2000, 424, 426). Ein **Kostenverteilungsschlüssel** kann etwa nur dann nur einen auf einer Öffnungsklausel beruhenden Mehrheitsbeschluss geändert werden, wenn sich die Verhältnisse gegenüber früher in **wesentlichen Punkten** geändert haben oder sich die ursprüngliche Regelung **nicht bewährt** hat (*OLG Hamm* ZWE 2000, 424, 426). Der Umstand allein, dass die gesetzliche Regelung unzweckmäßig ist, soll nicht genügen, um von ihr abzuweichen, auch nicht die hypothetische Erwägung, dass die Wohnungseigentümer oder der teilende Eigentümer, wenn sie den Fall bedacht hätten, ihn anders geregelt haben würden (*OLG Düsseldorf* ZMR 2006, 296, 297).

c) Sachenrechtliche Grundlagen

294 Eine Öffnungsklausel kann keine Beschlussmacht für eine Änderung der **sachenrechtlichen Grundlagen** einführen (*Ott* ZWE 2001, 466, 467). Ein auf einer Öffnungsvereinbarung beruhender Beschluss, der

295 – Gemeinschafts- in Sondereigentum überführen oder Sondereigentum anders zuordnen will (s. *BayObLG* NZM 1998, 973; NJW-RR 1990, 660, 662; *OLG Düsseldorf* NJWE 1997, 81; *OLG Stuttgart* NJW-RR 1986, 815; *AG München* ZMR 1997, 326),
– in das Sondereigentum eingreift (z. B. einen Zugang schließt, *OLG Düsseldorf* WuM 1996, 441) oder
– Teil- in Wohnungseigentum (str; s. dazu § 3 Rn. 20 ff.) umwidmet,

296 ist nichtig. Solche Entscheidungen könnten auch durch eine Vereinbarung i. S. v. § 10 Abs. 2 S. 2 WEG nicht getroffen werden (*Ott* ZWE 2001, 466, 467; s. Rn. 99).

d) Kernbereich der Mitgliedschaft (Sondernutzungsrechte)

297 Ein auf einer Öffnungsklausel beruhender Beschluss ist ferner nichtig, wenn er gegen den Kernbereich des Wohnungseigentums verstößt (*OLG Köln* ZMR 1998, 373 = WE 1998, 193, 194; *Ott* ZWE 2001, 466, 467; *Hauger* PiG 39, 225, 229; *Buck* WE 1995, 142, 144; s. dazu ausführlich Rn. 225 ff.). Die Kernbereichslehre hat hier heute sogar einen ihrer Schwerpunkte. Soweit man mit der h. M. gegen die hier vertretene Mindermeinung auf einer Öffnungsklausel beruhende Entscheidungen im Ergebnis als Beschluss anordnet, liegt es dabei nahe, in der **Begründung eines Sondernutzungsrechtes** durch einen auf einer Öffnungsklausel beruhenden Beschluss einen Eingriff in den dinglichen Kernbereich des Wohnungseigentums zu sehen (vgl. *OLG Köln* ZMR 1998, 373 = WE 1998, 193, 194; a. A. *Böttcher* RpflStud 2002, 147, 148). Die Begründung eines die anderen Wohnungseigentümer von der Nutzung eines nicht unbeachtlichen Teils des Gemeinschaftseigentums ausschließenden Sondernutzungsrechts geht nämlich über eine Verschiebung der Grenzen der Nutzungsberechtigung hinaus und schafft eine grundlegend neue und daher nur vertraglich (einvernehmlich) mögliche Neuordnung des Gemeinschaftsrechts (*OLG Köln* ZMR 1998, 373 = WE 1998, 193, 194).

e) Geltendmachung der Grenzüberschreitung

aa) Beschlussmängel

298 Sieht man mit der h. M. eine auf einer Öffnungsklausel beruhende Entscheidung als einen Beschluss an, ist dieser anfechtbar, soweit er die zulässigen Grenzen überschreitet. Liegt ein Eingriff in den dinglichen Kernbereich des Wohnungseigentums vor, ist der entsprechende Beschluss nichtig.

bb) Vereinbarungsmängel

299 Sieht man mit der hier vertretenen Mindermeinung eine auf einer Öffnungsklausel beruhende Entscheidung als eine Vereinbarung an, kommt es für die Überprüfung der Bestimmung auf die Fassung der Öffnungsklausel an.

300 – Die Öffnungsklausel kann es erlauben, dass die Bestimmung eines Vereinbarungsinhaltes nach **freiem Belieben** erfolgen darf. In diesem Falle kann ein Beschluss vom Gericht nur dahingehend überprüft werden, ob das Beschlussverfahren entsprechend §§ 23 ff. WEG eingehalten worden ist und ob keine Nichtigkeit vorliegt. Will ein Wohnungseigentümer geltend machen, dass die Verfahrensvorschriften nicht eingehalten worden sind und die Bestimmung unter formellen Mängeln leidet, sind seine Einwände analog § 46 Abs. 1 S. 2 WEG binnen eines Monats geltend zu machen. Die Frage, ob der **Verfahrensbeschluss** nichtig ist, kann hingegen jederzeit und auch nach Ablauf der Monatsfrist überprüft werden.
– Soll die Mehrheit den Vereinbarungsinhalt nach billigem Ermessen i. S. v. § 21 Abs. 4 WEG bestimmen – hiervon ist im Zweifel auszugehen – ist die getroffene Bestimmung für die Vertragschließenden **nicht verbindlich**, wenn sie **offenbar unbillig** ist. Die Frage, ob die Bestimmung unbillig ist, obliegt vollständig der richterlichen Überprüfung. Die dahin gehende Feststellung trifft das Gericht nach §§ 46 Abs. 1, 43 Nr. 4 WEG analog (s. auch § 315 Abs. 3 BGB). Wie auch bei der Feststellung der Nichtigkeit eines Beschlusses muss die Frist des § 46 Abs. 1 S. 2 WEG –

außer bei der bloßen Behauptung formaler Mängel des Beschlusses – dabei **nicht** eingehalten werden (a. A. *Hügel* ZfIR 2003, 885, 890). Es geht in diesem Verfahren nicht um die nach dem Gesetz nur zeitlich beschränkt mögliche Aufhebung eines Beschlusses infolge seiner Anfechtung, also um eine richterliche Gestaltung. Es geht vielmehr um eine jederzeit zu treffende deklaratorische Feststellung des Gerichts, dass eine Regelung unbillig ist. Die Gefahr, dass eine bis dahin als wirksam angesehene Regelung nachträglich als unwirksam begriffen wird, wohnt Mehrheitsmacht stets inne: Auch ein nichtiger Beschluss kann noch nach Jahren als nichtig erkannt werden. Ist sich ein Wohnungseigentümer über die Wirksamkeit einer Bestimmung nicht sicher oder will er rasch Klarheit, kann er jederzeit eine Feststellungsklage i. S. v. § 256 ZPO erheben. Ein lange nach der Beschlussfassung gestellter Antrag kann außerdem im Einzelfall unbegründet sein, wenn sich innerhalb der Gemeinschaft durch Zeitablauf ein schützenswertes Vertrauen auf die geänderte Rechtslage gebildet hat (Verwirkung). Es ist etwa vorstellbar, dass ein Wohnungseigentümer im Vertrauen auf das ihm eingeräumte Sondernutzungsrecht erhebliche Vermögensdispositionen getroffen hat. Eine Überprüfung kann ferner an der Treuepflicht und dem Rücksichtnahmegebot der Wohnungseigentümer scheitern.

Ist die Bestimmung des Vertragsinhalts durch Beschluss unbillig und können die Wohnungseigentümer selbst keine Regelung finden, kann subsidiär das Wohnungseigentumsgericht eine Leistungsbestimmung treffen. Das Gleiche gilt, wenn die Mehrheit der Eigentümer in der Eigentümerversammlung über einen auf einer Öffnungsklausel beruhenden Beschlussantrag nicht abstimmt oder die Abstimmung verzögert. **301**

7. Zustimmung Dritter

a) Eintragung der Öffnungsklausel

Dritte – z. B. eingetragene Grundpfandrechtsgläubiger – müssen nach h. M. **nicht analog** §§ 877, 876 BGB zustimmen, wenn eine Öffnungsklausel eingetragen werden soll (*Gaier* ZWE 2005, 39, 42; *Wenzel* ZWE 2004 130, 134; *Schneider* Rpfleger 2002, 503, 504; *Hügel* ZWE 2002, 503, 505; *Ott* ZWE 2001, 466, 467; a. A. *Becker* ZWE 2002, 341, 345; *Schmack* ZWE 2001, 89, 91). Unerheblich sei, ob die Öffnungsklausel bereits im Teilungsvertrag oder in der Teilungserklärung geregelt ist oder erst später vereinbart und nach § 10 Abs. 3 WEG eingetragen werde (*OLG Düsseldorf* ZMR 2004, 284; *Hügel* ZWE 2002, 503, 504; *Schneider* Rpfleger 2002, 503). Für die nachträgliche Eintragung einer Öffnungsklausel in das Grundbuch seien zwar gem. § 19 GBO die Bewilligungen sämtlicher eingetragener Miteigentümer erforderlich. Die Eintragung bedürfe aber nicht der Zustimmung eines Drittberechtigten, da dessen dingliche Rechtsposition **durch die Öffnungsklausel** noch nicht beeinträchtigt würden (*OLG Düsseldorf* ZMR 2004, 284, 285; *Schneider* ZMR 2004, 286, 287; *Kreuzer* PiG 63, 249, 261). Eine Öffnungsklausel stelle keine beeinträchtigende Inhaltsänderung des jeweiligen Sondereigentums i. S. d. §§ 877, 876 S. 1 BGB dar. **302**

Dieser Ansicht kann **nicht gefolgt** werden (wie hier *Becker* ZWE 2002, 341, 345; *Schmack* ZWE 2001, 89, 91). Zwar ist der h. M. einzuräumen, dass in der Einräumung selbst noch keine konkrete Rechtsposition der Zustimmungsberechtigten verletzt wird. Die Eintragung der Öffnungsklausel ist indes – jedenfalls auf Boden der h. M. – der **einzige Zeitpunkt**, in welchem eine Kontrolle vor allem der Grundpfandrechtsgläubiger noch vorstellbar ist. Denn den auf Grund einer Öffnungsklausel gefassten Beschlüssen müssen Dritte eben nicht zustimmen. Eine Kontrolle und ein Gläubigerschutz wäre nur dann zu erreichen, wenn man – wie hier – den auf einer Öffnungsklausel beruhenden Beschluss als eine **Verfahrensvorschrift** begreift. In diesem Falle können die Dritten bei Eintragung der durch einen Beschluss »geborenen« Vereinbarung ihre Rechte angemessen schützen. Nur also wenn man dem hier favorisierten Weg folgt, lässt sich ohne weiteres begründen, warum die Dritten jedenfalls der Eintragung der Öffnungsklausel nicht zustimmen müssen. **303**

b) Auf einer Öffnungsklausel beruhende Beschlüsse

Dritte müssen auf dem Boden der heute h. M. den Angelegenheiten, die **auf Grund** der Öffnungsklausel beschlossen werden können, nicht zustimmen. Zwar ist eine Betroffenheit Dritter i. S. v. §§ 876, 877 **ohne weiteres möglich**, z. B. bei der Begründung eines Sondernutzungsrechtes. Ein Beschluss wird aber nicht eingetragen, so dass § 19 GBO keine Wirkung entfalten kann. Sieht **304** man demgegenüber die auf einer Öffnungsklausel beruhende Entscheidung als Vereinbarung an, müssen Dritte dieser bei einer Verdinglichung zustimmen (so die h. M. vor dem 1.7.2007, vgl. nur *Gaier* ZWE 2005, 39, 44; *Wenzel* ZWE 2004, 130, 134; *Schneider* ZMR 2004, 286, 287; ZfIR 2002, 108, 121; *Ott* ZWE 2001, 466, 470; *Hügel* ZWE 2001, 578, 583; *Buck* Mehrheitsentscheidungen, S. 111; *ders.* WE 1995, 141, 146 m. w. N.).

8. Eintragungsfähigkeit und Eintragungsbedürftigkeit; § 10 Abs. 4 S. 2 WEG

305 Nach h. M. sind auf einer Öffnungsklausel beruhende Entscheidungen **Beschluss**. Sie sind daher – wie § 10 Abs. 4 S. 2 WEG danach klarstellt – weder eintragungsfähig noch eintragungsbedürftig (dazu Rn. 326 ff.). Wer dagegen annimmt, dass es sich um **Vereinbarungen** handelt, wird eine Eintragung nicht verlangen, für die Bindung eines Sondernachfolgers mit Blick auf §§ 10 Abs. 3, 5 Abs. 4 S. 1 WEG aber für richtig erachten.

E. Bindung von Sondernachfolgern nach § 10 Abs. 3 WEG

I. Einführung

306 Anders als Beschlüsse und gerichtliche Entscheidungen (zu diesen s. Rn. 322 ff. und Rn. 330 ff.) binden Vereinbarungen der Wohnungseigentümer Sondernachfolger ohne eine Eintragung grundsätzlich nicht. Vereinbarungen sind nur zwischen den vertragsschließenden Wohnungseigentümern verbindlich (vgl. auch § 1010 Abs. 1 BGB). Dies gilt auch für begünstigende Vereinbarungen (Rn. 149).

307 Für Beschlüsse der Wohnungseigentümer (s. Rn. 322) und Entscheidungen der Gerichte (dazu Rn. 330) kehrt das Wohnungseigentumsgesetz hingegen bewusst zu den Bestimmungen über die Gemeinschaft in § 1010 Abs. 1 BGB und zum Prinzip des § 746 BGB zurück. Wie auch dort, wonach Bestimmungen der Teilhaber über die Verwaltung und Benutzung des gemeinschaftlichen Gegenstandes auch für und gegen Sondernachfolger wirken, binden gem. § 10 Abs. 4 WEG Beschlüsse und Gerichtsentscheidungen Sondernachfolger auch ohne Eintragung. Die Bindung eines Sondernachfolgers an Vereinbarungen tritt **demgegenüber** nur dann ein, wenn eine Vereinbarung nach §§ 10 Abs. 3, 5 Abs. 4 S. 1 WEG – gleichsam als »Realobligation« – zum Inhalt eines Sondereigentums gemacht wurde und im Grundbuch eingetragen ist. § 10 Abs. 3 WEG, der sich an den Grundgedanken des § 1010 BGB, vor allem aber an den jüngeren § 2 ErbbauVO anlehnt (s. *Weitnauer* DNotZ 1990, 385, 387), macht die Bindung eines Sondernachfolgers an eine Vereinbarung nur von ihrer **Eintragung im Grundbuch** abhängig. Der Normbereich des § 10 Abs. 3 WEG ist damit **einerseits weiter** als § 1010 BGB, weil er jede Regelung des Gemeinschaftsverhältnisses betrifft ohne die sachlichen Beschränkungen der §§ 746 ff. BGB (Verwaltung und Benutzung), **andererseits auch enger**, weil Beschlüsse unter § 10 Abs. 4 WEG fallen und also auch ohne »Verdinglichung« Sondernachfolger binden (*Schnauder* FS Bärmann und Weitnauer, S. 567, 579). Die Bindung des Sondernachfolgers tritt **kraft Gesetzes** ein, wenn und solange eine Vereinbarung im Grundbuch eingetragen ist. Ein entgegenstehender Wille des Erwerbenden ist unbeachtlich (s. Rn. 314). Die Bindung ist daher nicht Folge eines rechtsgeschäftlichen Willens, sondern gleichsam **dingliche Belastung eigener Art** (s. Rn. 163).

II. Sinn und Zweck

308 § 10 Abs. 3 WEG verfolgt **zwei Ziele**. Zum einen den Schutz des Sondernachfolgers. Er soll gegen sich nur solche Vereinbarungen gelten lassen müssen, die nach §§ 10 Abs. 3, 5 Abs. 4 WEG zum Inhalt des Sondereigentums gemacht worden sind und die er dort nachlesen konnte. Und zum andern, und das ist ebenso wichtig, schützt § 10 Abs. 3 WEG die Eigentümer gegen einen »Wegerwerb« ihrer Satzung (*Schneider* ZfIR 2002, 108, 113). Solange und soweit diese »verdinglicht« worden ist, gilt sie gegen jeden Eigentümer, auch gegen den, der sich der Gemeinschaft der Wohnungseigentümer erst später durch Kauf eines Wohnungseigentums »anschließt«.

III. Begriff des Sondernachfolgers

Der Begriff »Sondernachfolger« ist an §§ 746, 1010 Abs. 1 BGB angelehnt. Sondernachfolger ist deshalb, wer durch Rechtsgeschäft (z. B. Kauf oder Schenkung) oder durch Zuschlag in der Zwangsversteigerung Wohnungseigentum erwirbt (*BayObLG* WE 1988, 202).

Kein Sondernachfolger i. S. v. § 10 Abs. 3, Abs. 4 WEG ist, wer Wohnungseigentum durch Vereinbarung von Gütergemeinschaft erwirbt. Ferner ist der Gesamtrechtsnachfolger (§ 1922 Abs. 1 BGB) oder Sonderrechtsnachfolger (§ 56 Abs. 1 SGB I) kein Sondernachfolger. Auf Erben geht gem. § 1922 Abs. 1 BGB das Vermögen des Wohnungseigentümers als Ganzes über. Nach dem Gesetz tritt der Erbe in alle Rechte und Pflichten des Erblassers ein und ist wie dieser an sämtliche Vereinbarungen der Wohnungseigentümer und Beschlüsse der Eigentümerversammlung gebunden. Die Bindung an die für den Rechtsvorgänger verbindlichen Bestimmungen folgt aus der Tatsache der Gesamtrechtsnachfolge auch ohne besondere Anordnung. Kein Sondernachfolger ist schließlich, wer Wohnungseigentum nach §§ 190 ff. UmwG durch Formwechsel unter Wahrung seiner Identität, Verschmelzung oder ähnliche Fälle der Gesamtrechtsnachfolge erwirbt.

IV. Voraussetzung der Bindung

Vereinbarungen, durch die die Wohnungseigentümer ihr Verhältnis untereinander in Ergänzung oder Abweichung von Vorschriften des WEG regeln, sowie die Abänderung oder Aufhebung solcher Vereinbarungen **wirken** gegen Sondernachfolger, wenn sie als Inhalt des Sondereigentums im Grundbuch **eingetragen** sind (*BayObLG* ZfIR 2005, 658 = DNotZ 2005, 789; WE 1990, 214, 215; *OLG Zweibrücken* NZM 2005, 343 = FGPrax 2005, 149). Eine Bindung findet nicht bereits dann statt, wenn der Sondernachfolger den Inhalt einer Vereinbarung z. B. aus seinem oder einem anderen Kaufvertrag kennt (*OLG Zweibrücken* NZM 2005, 343 = FGPrax 2005, 149; *KG* ZMR 2001, 656; *OLG Hamm* ZMR 1996, 671, 673; *BayObLG* WE 1990, 214, 215) oder kennen könnte, diese Vereinbarung aber nicht, oder noch nicht im Grundbuch eingetragen ist (*OLG Düsseldorf* WE 1997, 191, 192; OLGZ 1978, 349; *OLG Hamm* NJW-RR 1993, 1295; *BayObLG* WM 1989, 528; *Weitnauer* WE 1994, 60; *a. A. Ertl* DNotZ 1979, 267, 271).

Ohne Eintragung ist ein Sondernachfolger auch dann nicht an eine Vereinbarung gebunden, wenn die Eintragung nur versehentlich bei Neuanlegung eines Grundbuchblatts nicht wieder eingetragen wurde (a. A. *OLG Hamm* WE 1993, 250 = NJW-RR 1993, 1295). Auch durch die **kaufvertraglich** geregelte allgemeine Übernahme nur schuldrechtlich wirkender Rechte und Pflichten »tritt« ein Sondernachfolger nicht ohne weiteres in die Vereinbarung z. B. schuldrechtlich wirkender Sondernutzungsrechte ein (*BayObLG* ZfIR 2005, 658 = DNotZ 2005, 789). Eine Bindung an Vereinbarungen jenseits von § 10 Abs. 3 WEG kann nur **rechtsgeschäftlich** herbeigeführt werden (*OLG Zweibrücken* NZM 2005, 343 = FGPrax 2005, 149; *OLG Hamm* ZMR 1996, 671, 674; NJW-RR 1993, 1295, 1296; *Häublein* DNotZ 2005, 741, 746). Im Regelfall wird dazu allerdings eine einseitige Erklärung des Erwerbers ausreichen (s. Rn. 150 f.).

V. Eintritt der Bindung

Der Sondernachfolger wird spätestens mit dem Entstehen des Wohnungseigentumsrechts in seiner Person gebunden, also mit seiner **Eintragung im Grundbuch**. Der werdende Wohnungseigentümer wird bereits dann gebunden, wenn die Voraussetzungen für dieses Institut vorliegen (dazu Rn. 21 ff.). Die Bindung an eine eingetragene Vereinbarung ist nicht rechtsgeschäftlich – es bedarf keiner »Zustimmung« (s. dazu *Hügel* FS Wenzel, S. 219 ff. und *Merle* FS Wenzel, S. 251 ff.) –, sondern tritt **von Gesetzes wegen** ein und ist an keine weiteren Voraussetzungen geknüpft (s. bereits Rn. 163). Der Unterschied zwischen einer solchen Ausgestaltung des Sondereigentums und einer nur schuldrechtlichen Vereinbarung zeigt sich darin, dass auf Grund der sachenrechtlichen Gestaltung der Sondernachfolger persönlich mit seinem ganzen Vermögen haftet, **ohne dass es einer schuldrechtlichen Übernahme bedarf** (*BGH* BGHZ 99, 358, 361 [Erwerberhaftung] = MDR 1987, 485 = NJW 1987, 1638 = ZMR 1989, 291 = JR 1988, 205 mit Anm. *Pick*; BGHZ 88, 302, 308 = NJW 1984, 308 = MDR 1985, 1017).

§ 10 | Allgemeine Grundsätze

314 Ob ein Sondernachfolger ggf. nicht ins Grundbuch Einsicht genommen hat oder sich beim Verwalter oder bei seinem Rechtsvorgänger über Ausmaß und Inhalt etwaiger Beschlüsse und gerichtlicher Entscheidungen informiert hat, ist für die Bindung nach §§ 10 Abs. 3, 5 Abs. 4 S. 1 WEG irrelevant. Die Wirkung des § 10 Abs. 3 WEG tritt auch dann ein, wenn der Sondernachfolger in Bezug auf ihn belastende oder begünstigende Regelungen gutgläubig ist. Der Sondernachfolger muss auch solche Regelungen gegen sich gelten lassen, die er nicht kennt oder sogar nicht kennen kann (*BayObLG* ZMR 2002, 607 = ZWE 2002, 357; Staudinger/*Langhein* § 746 BGB Rn. 2) oder solche Regelungen, die er gar ablehnt.

VI. Guter Glaube an eingetragene Vereinbarungen

315 Eine eingetragene Vereinbarung ist ein schuldrechtliches Geschäft. Sie ist weder ein dingliches noch gar ein grundstücksgleiches Recht (*BGH* BGHZ 145, 133, 137 [Aufhebung Sondernutzungsrecht] = ZMR 2001, 119 = MDR 2001, 80 = ZWE 2001, 63 = NJW 2000, 3643; Rn. 146). Ob daher eine nichtige, aber eingetragene Vereinbarung (etwa, weil ihr Dritte nicht zugestimmt haben, einer der Vertragsschließenden geisteskrank oder einer der Vertragsschließenden nicht Eigentümer war) **Grundlage eines guten Glaubens** sein kann, ist unsicher.

316 – Jedenfalls wenn Wohnungseigentum durch Zuschlag in der Zwangsversteigerung erworben wird, kommt ein **gutgläubiger Erwerb** nicht in Betracht (*BayObLG* ZMR 1994, 231, 233). Der öffentliche Glaube des Grundbuchs gilt nur für den Erwerb durch Rechtsgeschäft (Verkehrsgeschäft; s. nur *BGH* NZM 2007, 686, 687; NJW-RR 2006, 1242, 1245). Der Eigentumserwerb durch Zuschlag in der Zwangsversteigerung ist aber originärer Erwerb.
– Diskutiert werden kann aber ein gutgläubiger Erwerb, wenn ein Eigentümer **rechtsgeschäftlich Wohnungseigentum erwirbt**. Zu erwägen ist, ob ein Erwerber z. B. Inhaber eines Sondernutzungsrechts wird, wenn dieses zu Unrecht im Grundbuch eingetragen ist. Die wohl h. M. bejaht in diesem Falle einen Erwerb (*BayObLG* WE 1990, 176 = DNotZ 1990, 318 [Spitzboden]; *OLG Stuttgart* NJW-RR 1986, 318 = OLGZ 1986, 35; *LG Stuttgart* WE 1994, 119; Köhler/Bassenge/*Häublein* Teil 12 Rn. 151; *Röll* FS Seuß [1987], S. 233, 238; offen gelassen von *OLG München* IMR 2007, 289 mit Anm. *Briesemeister*; *BayObLG* ZMR 1994, 231, 233; a. A. *OLG Hamm* NJW-RR 1993, 1295; Weitnauer/*Lüke* § 15 Rn. 35; *Weitnauer* ZdWBay 1994, 430; *ders.* DNotZ 1990, 385, 392; *Demharter* DNotZ 1991, 28). Skeptisch stimmt, dass zwar der Erwerb des Wohnungseigentums ein Verkehrsgeschäft ist. Die Vereinbarung selbst wird aber nicht »erworben«. Die Bindung eines Sondernachfolgers an eine Vereinbarung ist keine rechtsgeschäftliche Folge, sondern eine **Anordnung kraft** Gesetzes. Auch § 892 BGB ist wohl nicht anwendbar. Schuldrechtliche Vereinbarungen sind auch außerdem kein »Recht« an einem Grundstück. Ferner ist § 893 Var. 2 BGB nicht anwendbar. Der Ausschluss der anderen Eigentümer vom Gemeinschaftsgebrauch ist keine Verfügung im dortigen Sinne.

317 Ein Guter Glaube kann allerdings erwogen werden, wenn die Eigentümer eine entsprechende Regelung getroffen haben, diese aber nach den grundbuchrechtlichen Vorschriften **versehentlich falsch eingetragen** wurde (Weitnauer/*Lüke* Rn. 31).

VII. Eintragungsbedürftigkeit

318 Vereinbarungen sind wirksam, auch wenn sie nicht eingetragen sind. Keine Vereinbarung ist eintragungs**bedürftig**. Ist eine Vereinbarung nicht eingetragen, bindet sie als schuldrechtliche Vereinbarung Sondernachfolger aber nicht normativ, sondern allenfalls rechtsgeschäftlich.

VIII. Eintragungsfähigkeit

1. Vereinbarungen i. S. v. § 10 Abs. 2 S. 2 WEG

319 Eine Vereinbarung ist jedenfalls dann eintragungsfähig, wenn durch sie die Wohnungseigentümer ihr Verhältnis untereinander in Ergänzung oder Abweichung von Vorschriften des Wohnungseigentumsgesetzes regeln, sowie die Abänderung oder Aufhebung solcher Vereinbarungen. Damit sind sämtliche Vereinbarungen eintragungsfähig, die das dispositive Gesetzesrecht

oder andere Vereinbarungen abändern und den Bedürfnissen der Gemeinschaft anpassen bzw. bestehende gesetzliche Bestimmungen und in anderen Vereinbarungen getroffene Regelungen erweitern und ergänzen (*Schmack/Kümmel* ZWE 2000, 433, 443).

2. Vereinbarungen in Beschlussangelegenheiten

Streitig ist, ob auch Vereinbarungen in Beschlussangelegenheiten (zum Begriff vgl. Rn. 74 ff.) eintragungsfähig sind. Während die wohl h. M. die Eintragungsfähigkeit bejaht (*BayObLG* Rpfleger 1974, 314; *Schmack/Kümmel* ZWE 2000, 433, 436; *F. Schmidt* PiG 32, 67, 71) und die Praxis der Grundbuchämter – soweit ersichtlich – keine Probleme mit diesen Vereinbarungen hat und diese stets mitbeurkundet und einträgt, verneint eine **Mindermeinung** die Eintragungsfähigkeit solcher Vereinbarungen (*Wenzel* FS Bub, S. 249, 256; *ders.* ZWE 2001, 226, 213; *Kümmel* Bindung, S. 33, 34). Nach der Mindermeinung bezwecken Vereinbarungen in Beschlussangelegenheiten weder eine Änderung noch Ergänzung des dispositiven Rechts oder anderer Vereinbarungen. Die Bindung eines Sondernachfolgers über § 10 Abs. 3 WEG sei nicht notwendig, weil die Wohnungseigentümer über diese Materien auch beschließen könnten und eine Bindung daher auf § 10 Abs. 4 WEG herbeigeführt werden könnte. Eine Eintragung dieser Vereinbarungen sei nicht möglich. Ferner sei eine Bindung nach § 10 Abs. 3 WEG nicht vorstellbar (*Wenzel* FS Bub, S. 249, 256).

320

Zu folgen ist der h. M. Gegen die Mindermeinung spricht, dass es für die Beurkundung von Vereinbarungen in Beschlussangelegenheiten ein **Bedürfnis** gibt. Insbesondere der Verwalter sollte so früh wie möglich feststehen. Ferner ist es sachgerecht, mit dem Teilungsvertrag oder der Teilungserklärung konkrete Entscheidungen zum Gebrauch und zur Verwaltung (»Hausordnung«) zu schaffen.

321

F. Bindung an Beschlüsse und gerichtliche Entscheidungen nach § 10 Abs. 4 WEG

I. Sinn und Zweck

Im Falle eines Eigentümerwechsels besteht ein Problem darin, dass der Sondernachfolger jedenfalls durch ein **Rechtsgeschäft der Wohnungseigentümer** nicht an eine beschlussweise getroffene Entscheidung (Verbot des Beschlusses zu Lasten eines Dritten) und auch nicht an ein zwischen den Wohnungseigentümern ergangenes Urteil in einer Wohnungseigentumssache gebunden wäre. Konkrete, im Wege des Beschlusses getroffene Regelungen zur Verwaltung und zum Gebrauch und gerichtlich getroffene Entscheidungen sollten durch eine Rechtsnachfolge aber **nicht vereitelt** oder **hinfällig** werden. Jedenfalls eine von den Wohnungseigentümern im Rahmen ihrer Beschlusskompetenz getroffene Bestimmung darf ebenso wie eine Entscheidung in einer Wohnungseigentumssache – die außer nach § 43 Nr. 5 WEG jedenfalls dem Grunde nach, stets die Rechtsbeziehung Mehrerer bestimmt – nicht durch jeden Eigentümerwechsel erneut in Frage gestellt und überprüft werden können. Um der darin liegenden Gefahr des **Auseinanderfallens der Rechte und Pflichten** der Wohnungseigentümer untereinander **entgegenzutreten**, ordnet § 10 Abs. 4 S. 1 WEG **negativ** an, dass eine gerichtliche Entscheidung in einem Rechtsstreit gem. § 43 WEG und auch ein Beschluss der Wohnungseigentümer zu ihrer Wirksamkeit gegen den Sondernachfolger eines Wohnungseigentümers nicht der Eintragung in das Grundbuch bedürfen. Positiv »übersetzt« bedeutet das, dass ein Sondernachfolger auch solche Judikate und Beschlüsse als für sich verbindlich hinnehmen muss, in denen er keine Partei war und an deren Beschlussfassung er nicht beteiligt war. Diese Anordnung ist vor allem deshalb zu ertragen und verfassungsrechtlich nicht zu beanstanden, weil der Sondernachfolger in der vom Verwalter nach § 24 Abs. 7 S. 1 WEG geführten **Beschluss-Sammlung** die auch ihn bindenden Beschlüsse und Entscheidungen grundsätzlich nachlesen kann.

322

II. Beschlüsse i. S. v. § 10 Abs. 4 S. 1 WEG

1. Allgemeines

An »normale« Beschlüsse sind Sondernachfolger gem. § 10 Abs. 4 WEG auch **ohne Eintragung** im Grundbuch gebunden. Die **Rechtfertigung** hierfür lag bislang darin, dass es sich stets um letztlich **untergeordnete Punkte** handelte. Das **System** hat indes durch die gesetzlichen Öf-

323

§ 10 | Allgemeine Grundsätze

nungsklauseln, von denen vor allem § 16 Abs. 3 WEG keine unwesentliche, sondern eine für das Zusammenleben der Wohnungseigentümer elementare Frage berührt, **zerstört** – sofern man den Gesetzeswortlaut entsprechend anpasst (Rn. 327 f.). Wenigstens diese Beschlüsse sollten im Interesse einer allgemeinen Klarheit einer **Eintragung bedürfen**. Dieses wäre auch ohne weiteres möglich, wenn man nämlich solche Beschlüsse als Vereinbarung verstünde. Dieser Gedanke liegt zwar nicht fern, weil auch Entscheidungen, die auf einer gewillkürten Öffnungsklausel beruhen, als Vereinbarung verstanden werden können (s. Rn. 289). Es kann aber wohl nicht erwartet werden, dass die h. M. diesem Gedanken eine breitere Beachtung schenkt.

2. Überblick

324 Nach § 10 Abs. 4 S. 1 WEG bedürfen Beschlüsse nach folgenden Vorschriften für eine Bindung **keiner Eintragung**:

325
- § 12 Abs. 4 S. 1 WEG: Veräußerungsbeschränkungen;
- § 15 Abs. 2 WEG: Gebrauch des Gemeinschafts- und des Sondereigentums;
- § 16 Abs. 3 WEG: Kostenverteilungsschlüssel;
- § 16 Abs. 4 S. 1 WEG: Kosten einer Maßnahme der Instandhaltung oder Instandsetzung i. S. d. § 21 Abs. 5 Nr. 2 WEG oder einer baulichen Veränderung oder Aufwendung i. S. d. § 22 Abs. 1 und 2 WEG;
- § 18 Abs. 3 S. 1 WEG: Entziehung des Wohnungseigentums;
- § 21 Abs. 3 WEG: ordnungsmäßige Verwaltung des Gemeinschaftseigentums nach § 21 Abs. 3 bis Abs. 5 WEG, z. B. die Aufstellung einer Hausordnung, die ordnungsmäßige Instandhaltung und Instandsetzung des gemeinschaftlichen Eigentums oder Versicherungen;
- § 21 Abs. 7 WEG: Verwaltungskostenbeschlüsse;
- § 22 Abs. 1 S. 1 WEG: Bauliche Veränderungen und Aufwendungen, die über die ordnungsmäßige Instandhaltung oder Instandsetzung des gemeinschaftlichen Eigentums hinausgehen;
- § 22 Abs. 2 S. 1 WEG: Modernisierungsmaßnahmen;
- § 24 Abs. 5 WEG: Vorsitz in der Eigentümerversammlung;
- § 24 Abs. 8 S. 2 WEG: Führung der Beschluss-Sammlung;
- § 26 Abs. 1 S. 1 WEG: Bestellung und Abberufung des Verwalters;
- § 27 Abs. 2 Nr. 3 WEG: Geltendmachung von Ansprüchen durch den Verwalter;
- § 27 Abs. 3 S. 1 Nr. 7 WEG: Erweiterung der gesetzlichen Befugnisse des Verwalters;
- § 27 Abs. 3 S. 3 WEG: Vertretung des Verbandes Wohnungseigentümergemeinschaft;
- § 28 Abs. 4 WEG: Rechnungslegung des Verwalters;
- § 28 Abs. 5 WEG: Wirtschaftsplan und Jahresabrechnung;
- § 29 Abs. 1 S. 1 WEG: Bestellung eines Verwaltungsbeirats;
- § 45 Abs. 2 S. 1 WEG: Bestellung eines Ersatzzustellungsvertreters.

III. Beschlüsse i. S. v. § 10 Abs. 4 S. 2 WEG

1. Einführung

a) Auf § 23 Abs. 1 WEG beruhende Beschlüsse

326 Ein Sondernachfolger ist nach dem mit dem Gesetz zur Änderung des Wohnungseigentumsgesetzes und anderer Gesetzes vom 26.3.2007 (BGBl. I S. 370) in das Wohnungseigentumsgesetz eingefügten § 10 Abs. 4 S. 2 WEG **auch ohne Eintragung** an solche Beschlüsse gebunden, die vom Gesetz abweichen oder eine Vereinbarung ändern und auf einer **Öffnungsklausel** nach § 23 Abs. 1 WEG **beruhen**. Der Gesetzgeber erklärt mit dieser Anordnung der bislang h. M. eine Absage. Nach der seit etwa 2002 überwiegend vertretenen Auffassung waren auf § 23 Abs. 1 WEG beruhende Beschlüsse ausnahmsweise **eintragungsfähig** und – um gegenüber Sondernachfolgern zu wirken – sogar **eintragungsbedürftig** (s. nur *von Oefele/Schneider* ZMR 2007, 753; *dies.* DNotZ 2004, 740; *Wenzel* ZWE 2004, 130, 135/137; *ders.* FS Deckert, S. 517, 529; *Böttcher* Rpfleger 2004, 21, 31; *Ott* ZWE 2001, 466, 469; *Röll* Rpfleger 2003, 277, 278; *ders.* ZWE 2000, 13, 16; *Schneider* ZfIR 2002, 18, 112; *Buck* WE 1996, 94, 96; *ders.* WE 1995, 141, 145). Um dieses Ergebnis zu erreichen, wurde der Anwendungsbereich des § 10 Abs. 3 WEG teleologisch reduziert (*Ott* ZWE 2001, 466,

468; *Buck* Mehrheitsentscheidungen, S. 98; s. auch Kümmel *Bindung*, S. 29 und S. 73) und der des § 10 Abs. 2 WEG im Wege der Analogie erweitert. Dieser Sichtweise tritt der Gesetzgeber durch § 10 Abs. 4 S. 2 WEG entgegen. Nach Ansicht des Gesetzgebers liefe eine Eintragung dieser Beschlüsse dem Zweck des § 10 Abs. 4 WEG zuwider (BT-Drucks. 16/887 S. 20). Müssten solche Beschlüsse eingetragen werden, bestünde die Gefahr, dass es zu einer Überlastung des Grundbuchamtes käme und damit dessen Funktionsfähigkeit beeinträchtigt würde. Auch führten weitere Eintragungen zu einer Unübersichtlichkeit und damit zu einer Minderung des Informationsgehalts des Grundbuchs.

b) Auf einer gesetzlichen Öffnungsklausel beruhende Beschlüsse

Nach dem Wortlaut des Gesetzes könnte man erwägen, ob solche Beschlüsse, die auf einer der gesetzlichen Öffnungsklausel beruhen und die vom Gesetz abweichen oder eine Vereinbarung ändern, für eine Bindung des Sondernachfolgers einer **Eintragung** bedürfen. 327

Diese Sichtweise wäre zwar unbedingt zu begrüßen. Nach Sinn und Zweck des § 10 Abs. 4 S. 2 WEG ist der Wortlaut des Gesetzes allerdings als **offensichtlicher Redaktionsfehler** anzusehen. Es wäre nicht einzusehen, warum nur die Beschlüsse nach §§ 12 Abs. 4 S. 1, 16 Abs. 3 und Abs. 4 und § 21 Abs. 7 WEG zu ihrer Wirksamkeit einer Eintragung bedürften, auf einer gewillkürten Öffnungsklausel beruhende Beschlüsse hingegen nicht. § 10 Abs. 4 S. 2 WEG sollte daher so gelesen werden, dass jeder auf einer gewillkürten oder gesetzlichen Öffnungsklausel beruhender Beschluss für eine Wirkung gegen Sondernachfolger keiner Eintragung bedarf. 328

2. Kritik

Dem Gesetzgeber ist ohne weiteres darin zu folgen, dass auf einer Öffnungsklausel beruhende Entscheidungen ein (Verfahrens-)Beschluss sind und sich daher eine **Eintragung** eines solchen Beschlusses im Grundbuch **verbietet**. Beschlüsse sind weder eintragungsbedürftig noch eintragungsfähig (*BGH* BGHZ 127, 99, 104 = NJW 1994, 3230 = ZMR 1995, 34). Das Grundbuch darf nicht unnötig mit Regelungen belastet werden, die von **untergeordneter** Bedeutung und kurzer Dauer sind. Vielfache Eintragungen würden die Funktionsfähigkeit des Grundbuchamtes beeinträchtigen. Auch führten weitere Eintragungen zu einer Unübersichtlichkeit und damit zu einer Minderung des Informationsgehalts des Grundbuchs. Fraglich ist indes, ob statt des Beschlusses der geschaffene oder geänderte Rechtstatbestand, auf den ein Verfahrensbeschluss einwirkt, im Grundbuch einzutragen ist. Das ist nach hier vertretener **Mindermeinung** zu bejahen (dazu Rn. 304 und 305). 329

IV. Bindung an eine gerichtliche Entscheidung

Nach § 325 Abs. 1 ZPO wirkt das rechtskräftige Urteil in einem Verfahren i. S. v. § 43 WEG nur für und gegen die Parteien des Rechtsstreit sowie die Personen, die nach dem Eintritt der Rechtshängigkeit Rechtsnachfolger der Parteien geworden sind oder den Besitz der in Streit befangenen Sache in solcher Weise erlangt haben, dass eine der Parteien oder ihr Rechtsnachfolger mittelbarer Besitzer geworden ist (**subjektive Grenzen der Rechtskraft**). Käme es zu einem Eigentümerwechsel nach rechtskräftigem Abschluss eines WEG-Verfahrens, wäre danach ein Sondernachfolger an die dort erzielten Ergebnisse nicht gebunden. Er wäre z. B. ggf. berechtigt, vom Gemeinschaftseigentum einen Gebrauch zu machen, der den anderen Wohnungseigentümern durch die gerichtliche Entscheidung untersagt ist. 330

Um diesen **Auseinanderfallen der Rechte und Pflichten** der Wohnungseigentümer untereinander **entgegenzutreten**, ordnet § 10 Abs. 4 S. 1 WEG negativ an, dass eine gerichtliche Entscheidung in einem Rechtsstreit gem. § 43 WEG zu ihrer Wirksamkeit gegen den Sondernachfolger eines Wohnungseigentümers nicht der Eintragung in das Grundbuch bedarf (zum Recht vor dem 1.7.2007 unter Geltung des FGG vgl. *OLG Düsseldorf* ZMR 2005, 217, 218; *BayObLG* ZMR 2005, 213; ZMR 2005, 63, 64; ZMR 1998, 359; NJW-RR 1994, 1425; *Hügel* ZWE 2002, 503; *Kümmel* Bindung, S. 25). Positiv übersetzt bedeutet § 10 Abs. 4 S. 1 WEG, dass ein Sondernachfolger auch solche Judikate als für sich verbindlich annehmen muss, in denen er keine Partei war. 331

332 Die Besonderheit des Wohnungseigentumsrechtes gegenüber den in § 325 ZPO angeordneten Wirkungen besteht im Übrigen darin, dass
333 – das rechtskräftige Urteil nach § 48 Abs. 3 WEG auch für und gegen alle **beigeladenen Wohnungseigentümer** und ihre Rechtsnachfolger sowie einen beigeladenen Verwalter wirkt;
– dann, wenn eine Anfechtungsklage nach § 46 WEG **fehlerhaft als unbegründet abgewiesen** wird, gem. § 48 Abs. 4 WEG auch nicht mehr geltend gemacht werden kann, der Beschluss sei nichtig (zum früheren Recht OLG *Düsseldorf* ZMR 2006, 141, 142 = NJW-RR 2005, 1095; *OLG Zweibrücken* FGPrax 2005, 18 m. w. N.; *BayObLG* FGPrax 2003, 217, 218 = ZMR 2003, 763, 764; BayObLGZ 1980, 29). Nach Erlass einer Entscheidung in einem Anfechtungsrechtsstreit kann ein Eigentümer ferner nicht mehr geltend machen, es gäbe überhaupt keinen Beschluss (*BayObLG* ZMR 2005, 63, 64). Um diese umfassende Wirkung annehmen zu können, muss sich das Gericht allerdings mit dem Beschlussgegenstand **auseinandergesetzt** haben. Wird eine Anfechtungsklage bereits wegen Versäumung der in § 46 Abs. 1 S. 1 WEG angeordneten materiellen Anfechtungsfrist abgewiesen, ist § 48 Abs. 4 WEG **teleologisch zu reduzieren** (*Hügel/Elzer* § 8 Rn. 14; a. A. für das Recht vor dem 1.7.2007 OLG *Düsseldorf* ZMR 2006, 141, 142 = NJW-RR 2005, 1095). Eine Untersuchung des Beschlussgegenstandes hat dann nicht stattgefunden. Das Gleiche muss für abweisende Versäumnisurteile gelten.

V. Gerichtliche Verfahren i. S. v. § 43 WEG

334 Eine Entscheidung des Wohnungseigentumsgerichts i. S. v. § 10 Abs. 4 S. 1 WEG kann in folgenden Verfahren ergehen:
335 – § 43 Nr. 1 WEG: Streitigkeiten über die sich aus der Gemeinschaft der Wohnungseigentümer und aus der Verwaltung des gemeinschaftlichen Eigentums ergebenden Rechte und Pflichten der Wohnungseigentümer untereinander;
– § 43 Nr. 2 WEG: Streitigkeiten über die Rechte und Pflichten zwischen der Gemeinschaft der Wohnungseigentümer und Wohnungseigentümern;
– § 43 Nr. 3 WEG: Streitigkeiten über die Rechte und Pflichten des Verwalters bei der Verwaltung des gemeinschaftlichen Eigentums;
– § 43 Nr. 4 WEG: Streitigkeiten über die Gültigkeit von Beschlüssen der Wohnungseigentümer;
– § 43 Nr. 5 WEG: Klagen Dritter, die sich gegen die Gemeinschaft der Wohnungseigentümer oder gegen Wohnungseigentümer richten und sich auf das gemeinschaftliche Eigentum, seine Verwaltung oder das Sondereigentum beziehen;
– § 43 Nr. 6 WEG: Mahnverfahren, wenn die Gemeinschaft der Wohnungseigentümer Antragstellerin ist.

VI. Gerichtliche Vergleiche

1. Allgemeines

336 § 10 Abs. 4 S. 1 WEG enthält keine § 19 Abs. 3 WEG entsprechende Anordnung, dass ein gerichtlicher Vergleich einem Urteil gleich steht. Zu den gerichtlichen Entscheidungen i. S. d. § 10 Abs. 4 S. 1 WEG gehören daher **keine** vor einem Gericht geschlossenen **Prozessvergleiche** (*OLG Zweibrücken* ZMR 2001, 734, 735; *BayObLG* BayObLGZ 1990, 15, 18 = NJW-RR 1990, 594, 596; *Drasdo* Eigentümerversammlung, Rn. 845; a. A. *LG Koblenz* ZMR 2001, 230; *AG Mayen* ZMR 2001, 228; *Becker* ZWE 2002, 429). Ein Prozessvergleich ist keine gerichtliche Entscheidung, sondern einerseits materiell-rechtlicher Vertrag der Wohnungseigentümer und andererseits Prozesshandlung (s. allgemein *BGH* NJW 1999, 2806; NJW 1989, 2565; BGHZ 79, 71, 74 = MDR 1981, 492; BGHZ 28, 171, 172 = NJW 1958, 1970; *BVerwG* DVBl 2001, 642; NJW 1988, 662; *Drasdo* Eigentümerversammlung, Rn. 846). Ein Prozessvergleich steht zwar in manchen Beziehungen einer rechtskräftigen Entscheidung gleich. Er wird damit aber nicht zu einer gerichtlichen Entscheidung i. S. d. Gesetzes (*OLG Zweibrücken* ZMR 2001, 734, 735; *BayObLG* BayObLGZ 1990, 15, 18 = NJW-RR 1990, 594, 596), sondern bleibt allein ein Vertrag der Wohnungseigentümer und Rechtsgeschäft der Prozessparteien (*BGH* BGHZ 86, 184, 186 = NJW 1983, 996).

Im Einzelfall vorstellbar ist freilich, dass eine Auslegung den Willen der Vertragsschließenden ergibt, auch einem Sondernachfolger Rechte aus einem Vergleich einzuräumen. Wird z. B. ein Vergleich geschlossen, der einem Sondereigentümer einen Anspruch aus §§ 1004 BGB i. V. m. § 15 Abs. 3 WEG einräumt, und ist zum Zeitpunkt des Vertragsschlusses bereits beiden Parteien bekannt, dass der Sondereigentümer sein Wohnungseigentum verkaufen möchte, kann der Wille der Vertragsschließenden dahin gehen, dass der Unterlassungsanspruch auf den Sondernachfolger übergeht (so für das BGB *BGH* IBR 2006, 173). 337

2. Bindung des Sondernachfolgers

Ein Prozessvergleich als Verfahrenshandlung kann etwaige Sondernachfolger der am Prozessvergleich beteiligten Parteien nicht nach § 10 Abs. 4 S. 1 WEG als gerichtliche Entscheidung binden. Der Prozessvergleich bindet nur die an seinem Abschluss Beteiligten, es sei denn, dass seine Regelung als Vereinbarung **verdinglicht** oder ein **inhaltsgleicher Beschluss** gefasst wird (*BayObLG* BayObLGZ 1990, 15, 18; *Häublein* ZMR 2001, 165, 166; s. auch *Becker* ZWE 2002, 429, 430). 338

a) Beschluss

Die Bindung eines Sondernachfolgers an das Ergebnis eines Vergleichs ist vorstellbar, wenn die Wohnungseigentümer den Inhalt des Vergleichs – wenn hierzu eine bloße Mehrheitskompetenz besteht (*KG* ZMR 2005, 224, 225 = MietRB 2004, 294, 295) – auch **beschließen** (*BayObLG* BayObLGZ 1990, 15; *Drasdo* Eigentümerversammlung, Rn. 846). Zwar ist ein Prozessvergleich nicht zugleich ein Beschluss (a. A. *LG Koblenz* ZMR 2001, 228). Hierzu fehlt es bereits an den Voraussetzungen der §§ 23, 24 WEG. Es ist allerdings möglich, dass 339

– die Wohnungseigentümer den Inhalt eines Vergleichs (nochmals) in einer Eigentümerversammlung – wenn möglich – mehrheitlich beschließen, 340
– alle Wohnungseigentümer vor Gericht erschienen oder vertreten sind (Universalversammlung) und in Kenntnis des Einberufungsmangels mit einem Beschluss einverstanden sind (*KG* OLGZ 1974, 399) oder
– alle Wohnungseigentümer dem Vergleich schriftlich gem. § 23 Abs. 3 WEG zustimmen.

Die Bindung des Sondernachfolgers an den Vergleichsinhalt folgt dann aus § 10 Abs. 4 S. 1 WEG in der Variante »Beschlüsse«. 341

b) Verdinglichung

Die Wohnungseigentümer können die Bindung eines Sondernachfolgers an den Inhalt eines Vergleichs auch über § 10 Abs. 3 WEG herstellen (*Drasdo* Eigentümerversammlung Rn. 846). Da der gerichtliche Vergleich wegen seiner Doppelnatur auch materiell-rechtliches Rechtsgeschäft ist, kann er (zugleich) als eine schuldrechtliche Vereinbarung der Wohnungseigentümer angesehen werden. Eine Vereinbarung kann z. B. durch Zustimmung aller im Termin anwesenden Wohnungseigentümer zu einem gerichtlichen Vergleich geschlossen werden (*OLG Köln* ZMR 2004, 59 = NZM 2003, 400). Eine einfachere Lösung besteht darin, dass ein anwesender Beteiligter als vollmachtloser Vertreter für die restliche Eigentümergemeinschaft auftritt und sich als solcher – für den Fall fehlender Vollmachtserteilung – ein Vergleichswiderrufsrecht einräumen lässt (*Riecke* ZMR 1999, 493). 342

Um eine Vereinbarung anzunehmen können, müssen sich nicht alle Wohnungseigentümer am Verfahren aktiv beteiligt haben (*OLG Köln* ZMR 2004, 59, 60 = NZM 2003, 400). Werden Wohnungseigentümer vor Gericht von einem dazu nach § 27 Abs. 2 Nr. 2 oder Nr. 3 WEG ermächtigten Verwalter vertreten oder tritt für die Wohnungseigentümer ein Rechtsanwalt auf, können sowohl der Verwalter als auch ein Rechtsanwalt nach § 81 ZPO sämtliche Wohnungseigentümer beim Vertragsschluss vertreten. Die entsprechenden Verfahrensvollmachten erstrecken sich neben den notwendigen Verfahrenshandlungen auch auf die materiell-rechtlichen Erklärungen für die Wohnungseigentümer (*KG* ZMR 2002, 72). Die von den Wohnungseigentümern erteilte Verfahrensvollmacht des Verwalters und des von ihm bevollmächtigten Rechtsanwalts in einem Schadensersatzverfahren gegen einen Wohnungseigentümer umfasst allerdings nicht die Änderung des sachenrechtlichen Grundverhältnisses gem. §§ 4 und 5 WEG im Vergleichswege (*KG* ZMR 2002, 72, 73). 343

§ 10 | Allgemeine Grundsätze

344 Wenn an dem Rechtsstreit ein Dritter beteiligt war, etwa der Verwalter oder ein Energieversorger, handelt es sich nicht eigentlich um eine Vereinbarung i. S. v. § 10 Abs. 2 S. 2 WEG. Eine solche ist nur anzunehmen, wenn die Wohnungseigentümer einen Vertrag schließen, um ihr Verhältnis untereinander zu bestimmen. Verträge mit Dritten sind keine solchen Verträge. In diesem Falle müssen die Wohnungseigentümer den Inhalt grundsätzlich erneut vereinbaren und zur Eintragung bringen. Allerdings kann sich im Wege der Auslegung ergeben, dass die Wohnungseigentümer **zugleich** und neben einem Vertrag mit einem Dritten eine Regelung über ihr Innenverhältnis untereinander treffen wollten. Zur Klarstellung, dass zwei Verträge mit verschiedenen Vertragsparteien vorliegen, empfiehlt sich hier eine entsprechende Protokollierung.

345 An eine solche bloß schuldrechtliche Vereinbarung sind Sondernachfolger gebunden, wenn sie in das Grundbuch eingetragen wird oder sich der Sondernachfolger der Vereinbarung – ggf. konkludent – »unterwirft« (*OLG Zweibrücken* ZMR 2001, 734, 735; die gerichtliche Protokollierung kann dabei gem. § 127 a BGB die notarielle Beurkundung ersetzen). Eine Bindung nach § 10 Abs. 4 S. 1 WEG in der Variante »Beschlüsse« ist hingegen nicht vorstellbar (a. A. *Becker* ZWE 2002, 429, 436).

VII. Vernichtung der Bindungswirkung einer Entscheidung nach § 43 WEG

1. Grundsatz

346 Die Wohnungseigentümer können die durch § 10 Abs. 4 S. 1 WEG angeordnete Bindung an gerichtliche Entscheidungen i. S. v. § 43 WEG nicht »wegvereinbaren« oder »wegbeschließen«. Über den **Verfahrensgegenstand** der gerichtlichen Entscheidung kann zwischen den Wohnungseigentümern, den Parteien des Rechtsstreits und ihren Sondernachfolgern (§ 10 Abs. 4 S. 1 WEG, § 325 Abs. 1 ZPO) **keine weitere Entscheidung** mehr getroffen werden. Eine rechtskräftige Gerichtsentscheidung außerhalb eines Regelungsstreites (dazu Rn. 347) kann weder durch einen Beschluss (*OLG Hamm* ZMR 2001, 654; *BayObLG* NJW-RR 1994, 1424, 1425) noch durch eine schuldrechtliche oder dingliche Vereinbarung geändert werden (a. A. *BayObLG* NJW-RR 1994, 1424, 1425). Über eine rechtskräftige Gerichtsentscheidung können die Parteien später **nicht** disponieren. Ist z. B. ein Eigentümer durch rechtskräftigen Beschluss verpflichtet worden, Dachflächenfenster zurückzubauen und den früheren Zustand wiederherzustellen, können die Eigentümer nicht beschließen, dass der verpflichtete Eigentümer den Zustand nicht herstellen muss. Sie können auch nicht feststellen, dass der Anspruch aus dem Titel erfüllt ist (*OLG Hamm* ZMR 2001, 654).

2. Ausnahme: Regelungsstreit

347 Hat ein Wohnungseigentumsgericht in einer sog. **Regelungsstreitigkeit** nach §§ 21 Abs. 8, 43 Nr. 1 WEG eine Entscheidung getroffen, können die Wohnungseigentümer hierüber weiterhin disponieren. Die Wohnungseigentümer sind nicht daran gehindert, eine gerichtliche Regelung durch eine anderweitige Regelung zu ersetzen (*KG* ZMR 1996, 392, 393 = NJW-RR 1996, 779). Sowohl nach § 15 Abs. 3 WEG als auch nach § 21 Abs. 4 WEG ist eine richterliche Gestaltung in Ersetzung des Selbstorganisationsrechts der Eigentümer **nur solange vorstellbar**, wie die Eigentümer keine eigene Regelung finden. Im Gesetz heißt es für die richterliche Kompetenz jeweils, dass nur dann eine Gestaltung stattfindet, »soweit« sich eine Regelung nicht bereits aus dem Gesetz, den Vereinbarungen oder Beschlüssen ergibt. Die Eigentümer können also abweichend von der gerichtlichen Entscheidung eine andere Regelung treffen (*Elzer* ZMR 2006, 733, 736; Staudinger / *Bub* § 21 Rn. 127).

VIII. Entscheidungen in Verfahren jenseits von § 43 WEG

348 An gerichtliche Entscheidungen in einem Verfahren jenseits von § 43 WEG ist ein Sondernachfolger im Rahmen von § 325 Abs. 1 ZPO, nicht aber nach dem Wohnungseigentumsgesetz gebunden.

G. Bindung des Sondernachfolgers jenseits von § 10 Abs. 3 und Abs. 4 WEG

I. Einführung

Eine Bindung eines Sondernachfolgers an eine Maßnahme der Wohnungseigentümer ohne Eintragung und jenseits von § 10 Abs. 3 und Abs. 4 WEG sieht das Gesetz nicht vor. Ungeachtet dessen ist die Rechtsprechung in vielerlei Hinsicht bislang bemüht, gleichsam eine Bindung zu behaupten. Vertreten wird dies vor allem für eine außerhalb einer Eigentümerversammlung gegebene Zustimmung zu einer baulichen Veränderung nach § 22 Abs. 1 WEG, für eine Verwirkung oder einen Verzicht. Ähnliche Fragen stellen sich bei der Haftung eines Sondernachfolgers für eine störende Maßnahme seines Rechtsvorgängers sowie für Verträge der Wohnungseigentümer mit Dritten.

349

II. Zustimmung, Verzicht und Verwirkung

1. Zustimmung zu einer baulichen Veränderung i. S. v. § 22 Abs. 1 WEG

Nach h. M. kann die in § 22 Abs. 1 WEG vorausgesetzte Zustimmung nicht nur in einer Eigentümerversammlung, sondern auch außerhalb dieser gegenüber dem »Bauherrn« erteilt werden. Wurde eine solche Zustimmung erteilt, wird auch ohne Vollzug eine Bindung des Sondernachfolgers angenommen (*OLG Hamm* ZMR 1996, 390 = WE 1996, 351; *BayObLG* NJW-RR 1993, 1165, 1166; *Ott* ZWE 2002, 61, 65; s. § 22 Rn. 31), jedenfalls dann, wenn die Maßnahme »bereits ins Werk gesetzt wurde« (*KG* ZMR 2005, 75, 77; *OLG Schleswig* ZWE 2002, 138, 141 = NZM 2001, 1035; *BayObLG* ZWE 2001, 609, 611; BayObLGZ 1998, 32, 34; *OLG Düsseldorf* ZMR 1997, 657; *OLG Hamm* MDR 1991, 1172 = NJW-RR 1991, 910, 911; s. a. *Häublein* ZMR 2001, 734). Ist eine Maßnahme – zumindest teilweise – ins Werk gesetzt, könne der Erwerber nämlich diese erkennen und zur Grundlage einer Kaufentscheidung machen.

350

2. Verwirkung

Der rechtsgeschäftliche Sondernachfolger ist nach h. M. daran gebunden, dass sein Rechtsvorgänger in seiner Person ein Recht verwirkt hat (*OLG Hamburg* ZMR 2006, 465, 467; *BayObLG* ZMR 2005, 66, 67; NJW-RR 1993, 1165; NJW-1992, 81, 83; NJW-RR 1991, 104; *OLG Düsseldorf* ZMR 2004, 610, 61; WuM 1997, 517, 519; *OLG Köln* ZMR 1998, 459, 460 = NZM 1998, 872; *OLG Stuttgart* ZMR 1998, 803, 804; *KG* WuM 1994, 38, 39; s. aber *OLG Celle* v. 4.6.2007 – 4 W 108/07). Zur Begründung wird angenommen, dass der Rechtsnachfolger des Voreigentümers keine weitergehenden Rechte haben kann, als diesem zustanden (*OLG Hamburg* ZMR 2006, 465, 467; *OLG Köln* OLGReport Köln 2003, 254, 255; NJW-RR 98, 1625; *OLG Zweibrücken* ZMR 2001, 734, 736; *OLG Stuttgart* ZMR 1998, 803, 804; *BayObLG* ZMR 1991, 489; *KG* NJW-RR 1989, 976 = ZMR 1989, 346, 347). Aus der Sicht eines Erwerbers von Wohnungseigentum wirke sich eine zuvor geschehene Veränderung der Gemeinschaftsanlage praktisch so aus, dass im Verhältnis zu ihm keine nachträgliche Veränderung i. S. d. § 22 WEG anzunehmen ist, sondern eine der Errichtung und planmäßigen Erstausstattung der Anlage gleichzusetzende Gegebenheit, was deshalb gerechtfertigt sei, weil der Erwerber nur den gegenwärtigen tatsächlichen Zustand der Wohnanlage sieht und regelmäßig nicht auf der Wiederherstellung eines möglicherweise abweichenden ursprünglichen Zustand bestehen kann, der längst überholt ist (*OLG Köln* OLGReport Köln 2003, 254, 255; *KG* NJW-RR 1989, 976 = ZMR 1989, 346, 347).

351

3. Verzicht

Ein rechtsgeschäftlicher Sondernachfolger kann nach h. M. ein aus dem Eigentum erwachsendes Recht nicht mehr geltend machen, z. B. einen Beseitigungs- oder Unterlassungsanspruch, wenn sein Rechtsvorgänger auf dieses Recht i. S. v. § 397 BGB verzichtet hatte (*BayObLG* ZMR 2001, 48, 49; ZMR 2000, 38, 39).

352

4. Zwangsversteigerung

Für den Erwerb eines Wohnungseigentums in der Zwangsversteigerung ist hingegen h. M., dass der Ersteigerer an der Durchsetzung etwaiger Ansprüche nicht durch einen etwaigen Verzicht des früheren Wohnungseigentümers (§ 397 BGB) oder durch eine in seinem Verhalten begründete

353

§ 10 | Allgemeine Grundsätze

Verwirkung (§ 242 BGB) gehindert ist. Der Erwerber in der Zwangsvollstreckung kann ohne weiteres **mehr** Rechte als der alte Wohnungseigentümer haben (*BayObLG* ZMR 2004, 524, 525; *J.-H. Schmidt* MietRB 2004, 293, 294). Anders als der Alteigentümer kann der Ersteigerer z. B. noch ein Recht auf erstmalige Herstellung eines dem Aufteilungsplan entsprechenden Zustandes oder einen Beseitigungsanspruch haben.

5. Kritik

354 Nach hier vertretener Mindermeinung ist eine Zustimmung zu einer baulichen Veränderung außerhalb einer Eigentümerversammlung bedeutungslos und kann bereits aus diesem Grunde einen Sondernachfolger nicht binden (*Elzer* ZWE 2007, 165, 176; *Hügel/Elzer* § 7 Rn. 16). Aber auch die Bindung eines Sondernachfolgers an eine Verwirkung oder einen Verzicht ist ungeachtet eines nicht zu verkennenden praktischen Bedürfnisses in **Ermangelung einer Rechtsgrundlage** abzulehnen. Es ist nicht zu erkennen, dass für den rechtsgeschäftlichen Erwerber etwas anderes als für den Ersteigerer (Rn. 353) gelten kann. Auch bei dem rechtsgeschäftlichen Sondernachfolger ist nicht denkbar, dass er Rechte, die ihm das absolute Recht Wohnungseigentum (s. § 3 Rn. 2) vermittelt, verloren können haben soll, weil sein Rechtsvorgänger aus dem Eigentum erwachsene Rechte nicht geltend gemacht hat oder sogar auf diese verzichtet hat. Eine Bindung an eine Vereinbarung jenseits von § 10 Abs. 3 WEG ist nur vorstellbar, wenn ein Sondernachfolger rechtsgeschäftlich in eine Vereinbarung eintritt (dazu Rn. 150 f.). Eine Verwirkung oder ein Verzicht sind hingegen nur in der Person des Sondernachfolgers vorstellbar. Ferner ist vorstellbar, dass der Sondernachfolger aus dem ihn mit den anderen Wohnungseigentümern verbindenden Gemeinschaftsverhältnis gehalten ist, auf deren Interessen Rücksicht zu nehmen und vor allem Abwehrrecht nicht wahrzunehmen (im Ergebnis so auch *Ott* ZWE 2002, 61, 65). Solche Fälle sind aber nur ausnahmsweise anzunehmen und können nicht dazu führen, das gesetzliche Gefüge auszuhebeln (*OLG Hamm* NZM 2000, 663). **Beispiele:**

355 – Im Einzelfall kann es etwa rechtsmissbräuchlich sein, wenn sich ein Sondernachfolger darauf beruft, dass eine Vereinbarung keine Bindung entfaltet, wenn er diese Vereinbarung vor Erwerb kannte (*OLG Düsseldorf* WE 1997, 191, 192; *Weitnauer/Lüke* Rn. 31).
 – Der Anspruch eines Sondernachfolgers kann im Einzelfall gem. § 242 BGB ferner dann ausgeschlossen sein, wenn dessen Erfüllung den anderen Wohnungseigentümern bei Berücksichtigung aller Umstände nach Treu und Glauben nicht zuzumuten ist (*BayObLG* ZMR 2004, 524, 525; ZMR 2002, 954; ZMR 1999, 846; BayObLGZ 1989, 470, 473).
 – Insbesondere kann die Gefahr erheblicher Bauschäden den Einwand von Treu und Glauben begründen (*BayObLG* ZMR 2004, 524, 525; ZMR 2002, 854: Entfernung eines Stützpfeilers). Auch diese Bindung hat aber mit einer Bindung nach § 10 Abs. 4 WEG nichts zu tun.

III. Haftung für eine störende Maßnahme des Rechtsvorgängers

356 Die Haftung für eine störende Maßnahme – z. B. eine widerrechtliche bauliche Veränderung oder die Beschädigung der im gemeinschaftlichen Eigentum stehenden Deckenkonstruktion – geht **nicht** auf Sondernachfolger über (*KG* v. 19.3.2007 – 24 W 317/06; *OLG Hamburg* ZMR 2006, 377, 378; *OLG Hamm* OLGReport Hamm 2005, 43 = ZMR 2005, 306, 307; *OLG Köln* NJW-RR 2004, 88; a. A. *Deckert* WE 1997, 97). Eine Rechtsnachfolge in Wiederherstellungsansprüche aus einer Handlungsstörung ist nicht vorstellbar, weil es im Wohnungseigentumsrecht an einer gesetzlichen Überleitung von Verbindlichkeiten aus Rechtsverstößen eines Rechtsvorgängers auf den Nachfolger fehlt (*OLG Celle* ZMR 2004, 689, 691; *OLG Köln* NJW-RR 2004, 88 = ZMR 2004, 707; NZM 1998, 1015; *BayObLG* WE 1998, 276 = WuM 1998, 116; *KG* NJW-RR 1991, 1421 = WE 1991, 324; *Hügel* MietRB 2005, 71, 72; a. A. *Deckert* WE 1997, 97). Anders liegt es nur bei einer Gesamtrechtsnachfolge gem. § 1922 Abs. 1 BGB (*OLG Hamburg* ZMR 2006, 377, 378; *OLG Celle* ZMR 2004, 689, 691). Als **Handlungsstörer** einer rechtswidrigen Baumaßnahme (das ist, wer eine Maßnahme durch eigene Handlung oder pflichtwidrige Unterlassung adäquat verursacht, *BGH* NZM 2007, 130 = ZMR 2007, 188; NJW 2005, 1366; *KG* ZMR 2006, 528, 529) ist **allein** der im Zeitpunkt der Baumaßnahmen eingetragene Wohnungseigentümer dafür verantwortlich, eine eigenmächtige bauliche Veränderung zurückzubauen.

357 Der Anspruch auf Beseitigung gem. §§ 1004 Abs. 1 BGB, 15 Abs. 3 WEG ist daher gegen denjenigen geltend zu machen, während dessen Eigentumszeit die baulichen Maßnahmen veranlasst worden sind (*OLG Düsseldorf* ZMR 2006, 622, 624; *OLG Celle* ZMR 2004, 689, 691; *OLG Köln* NJW-RR 2004, 88 = ZMR 2004, 707; *KG* NJW-RR 1991, 1421 = WuM 1991, 516), soweit die Maßnahmen nicht vom Mieter stammen und der Eigentümer für diesen nicht einzustehen hat, weil er ihm das Sondereigentum nicht mit der Erlaubnis zum Stören überlassen hat oder er dessen Störungen versucht hat, zu unterbinden (*BGH* ZMR 2006, 357; BGHZ 144, 299, 204 = ZMR 2000, 743, 746). Der **Sondernachfolger** des Handlungsstörers ist aber als **Zustandsstörer** (das ist, wer nicht selbst handelt, durch dessen maßgeblichen Willen aber der eigentumsbeeinträchtigende Zustand aufrecht erhalten wird, von dessen Willen also die Beseitigung des Zustandes abhängt, *BayVerfGH* NZM 2005, 494; *KG* ZMR 2006, 528, 529) verpflichtet, die Beseitigung zu **dulden** (*KG* v. 19.3.2007 – 24 W 317/06; ZMR 2006, 528, 529; *OLG Hamburg* ZMR 2007, 61; *BayObLG* WuM 2003, 481; NJW-RR 2002, 660). Der Anspruch auf Unterlassung einer Störung **steht jedem Wohnungseigentümer** zu. Will ein Einzelner nicht allein vorgehen, können sowohl außergerichtliche Maßnahmen als auch die Erhebung einer Klage durch eine beschlussweise Vergemeinschaftung zu einer Aufgabe des Verbandes Wohnungseigentümergemeinschaft gemacht werden (*Hügel/Elzer* § 3 Rn. 181 m. w. N.; Rn. 426). Vom Sondernachfolger kann außerdem **Unterlassung** der Nutzung und ggf. die **Zahlung einer Nutzungsentschädigung** verlangt werden (*OLG Köln* NJW-RR 2004, 88 = ZMR 2004, 707). Im Einzelfall kann der Duldungsanspruch auch verwirkt sein oder seine Durchsetzung rechtsmissbräuchlich (*Hügel* MietRB 2005, 71, 72).

358 Ist das Sondereigentum vermietet, kann der Gestörte den Mieter des Sondereigentümers als Zustandsstörer auf Duldung in Anspruch nehmen (*BGH* NZM 2007, 130 = ZMR 2007, 188). Der Mieter ist gem. § 1004 Abs. 1 S. 1 BGB verpflichtet, z. B. einen Rückbau zu dulden. Der Mieter beherrscht die Quelle der Störung und hat die Möglichkeit zu deren Beseitigung, jedenfalls aber – was ausreicht – die Pflicht zur Duldung des Rückbaus (*BGH* NZM 2007, 130, 131 = ZMR 2007, 188, mit Anm. *Elzer*). Ein gegen den Vermieter gerichteter Eigentumsstörungsanspruch beschränkt das Recht des Mieters an dem ungestörten Besitz der Wohnung und verpflichtet ihn, die Beseitigung einer von der Wohnung ausgehenden Störung zu dulden. Dass der Mietvertrag den Mieter zur Nutzung in dem bestehenden Zustand berechtige, führt zu keiner anderen Beurteilung. Der Mietvertrag wirkt nur im Verhältnis zwischen den Mietvertragsparteien (*BGH* NZM 2007, 130, 131 = ZMR 2007, 188; MDR 1996, 355 = NJW 1996, 714).

IV. Miet- und Sachversicherungsverträge

359 Für Miet- und Sachversicherungsverträge und teilweise auch für Dauerwohn- und Dauernutzungsrechte i. S. v. §§ 31 ff. WEG nimmt das Gesetz außerhalb von § 10 Abs. 3 und Abs. 4 WEG ausnahmsweise einen Vertragsübergang mit Veräußerung von Wohnungseigentum und damit gleichsam eine Bindung des Sondernachfolgers von Gesetzes wegen an.

360 – Der Sondernachfolger wird nach § 566 BGB Vermieter für im Gemeinschaftseigentum stehende vermietete Räume, z. B. für die Hausmeisterwohnung oder für Kellerräume, sofern die Wohnungseigentümer als Vermieter von Gemeinschaftseigentum auftreten konnten (s. dazu Rn. 416 ff.).

– Waren Gegenstände des Gemeinschaftseigentums durch die Eigentümer und nicht durch den Verband Wohnungseigentümergemeinschaft versichert (was die Regel ist), tritt an Stelle des Veräußerers der Erwerber in die während der Dauer seines Eigentums aus dem Versicherungsverhältnis sich ergebenden Rechte und Pflichten des Versicherungsnehmers ein, § 69 VVG.

– Wird ein Dauerwohn- oder Dauernutzungsrecht veräußert, tritt der Erwerber nach § 38 Abs. 2 WEG an Stelle des Veräußerers in die sich während der Dauer seiner Berechtigung aus dem Rechtsverhältnis zu dem Eigentümer ergebenden Verpflichtungen ein.

H. Bindung an Rechtshandlungen, § 10 Abs. 5 WEG

I. Einführung und Funktion

361 Die Bestimmung des § 10 Abs. 5 WEG stellt klar, dass Rechtshandlungen in Angelegenheiten, über die nach dem Wohnungseigentumsgesetz oder nach einer Vereinbarung durch Stimmenmehrheit beschlossen werden kann, auch für und gegen die Wohnungseigentümer wirken, die gegen den Mehrheitsbeschluss gestimmt oder an der Beschlussfassung nicht mitgewirkt haben (BR-Drucksache 75/51). Aufgabe von § 10 Abs. 5 WEG war es darüber hinaus bislang, dem Ergebnis einer bloß mehrheitlichen Willensbildung der Wohnungseigentümer im Innenverhältnis möglichst leicht auch im **Außenverhältnis** Geltung zu verschaffen (*Kümmel* Bindung, S. 78, 79). Müssten im Außenverhältnis **alle Wohnungseigentümer** Mehrheitsbeschlüsse realisieren, wären die Vorteile des Mehrheitsprinzips ausgehöhlt. Ohne § 10 Abs. 5 WEG blieb es im früheren Recht im Außenverhältnis beim Vertragsprinzip. Für diese Erleichterung besteht durch die Entdeckung des Verbandes Wohnungseigentümergemeinschaft allerdings nur noch in **Ausnahmefällen** ein Bedürfnis, nämlich dann, wenn ausnahmsweise die **Wohnungseigentümer in ihrer Gesamtheit**, hingegen nicht der Verband Wohnungseigentümergemeinschaft Vertragspartner gegenüber einem Dritten werden. Ein solcher Fall ist nicht in einem Vertragsschluss des Verwalters mit einem Rechtsanwalt nach § 27 Abs. 2 Nr. 2 WEG zu sehen. In diesem Falle werden nicht sämtliche Wohnungseigentümer nach außen gebunden. Vorstellbar ist aber eine Anwendung bei einer Klage eines Dritten gegen die Wohnungseigentümer, z. B. eines Nachbarn.

362 Keine Aufgabe von § 10 Abs. 5 WEG ist es, überstimmte Wohnungseigentümer oder solche, die an der Beschlussfassung nicht mitgewirkt haben, überhaupt an die Beschlüsse zu binden. Diese Bindung eines Beschlusses folgt bereits aus den **allgemeinen Rechtsgrundsätzen und der Rechtsnatur von Beschlüssen**. Die Besonderheit eines Beschlusses ist es gerade, dass er regelmäßig auch die überstimmten Mitglieder der Gemeinschaft bindet. Dies ist eine allgemeine Folge eines Beschlusses. Sie folgt nicht aus § 10 Abs. 5 WEG (s. nur *Bork* Allgemeiner Teil des BGB, Rn. 437).

II. Inhalt

1. Wohnungseigentümer

363 Überstimmte oder bei der Beschlussfassung abwesende Wohnungseigentümer werden durch § 10 Abs. 5 WEG an Rechtshandlungen in Ausführung eines nur mehrheitlich gefassten Beschlusses i. S. v. § 27 Abs. 1 Nr. 1 WEG »gebunden«. Daneben gibt § 10 Abs. 5 WEG dem, der einen Eigentümerbeschluss **im Namen der Wohnungseigentümer** ausführt, eine gesetzliche Vertretungsmacht (*Merle* ZWE 2006, 21, 24; *ders.* Verwalter, S. 48; *Keith* PiG 14, 17). Der Umfang der Vertretungsmacht, ist dem auszuführenden Beschluss zu entnehmen (*Kümmel* Bindung, S. 78 ff.).

2. Verband Wohnungseigentümergemeinschaft

364 Für den Verband Wohnungseigentümergemeinschaft besitzt § 10 Abs. 5 WEG keine Funktion. Eine Rechtsmacht des Verwalters, etwa den Verband Wohnungseigentümergemeinschaft in Aktivprozessen zu vertreten, sofern und soweit das Verfahren einen Beschluss betrifft, den der Verwalter auszuführen hatte, kann § 10 Abs. 5 WEG nicht entnommen werden (s. a. *Merle* ZWE 2006, 21, 24/25).

III. Rechtshandlungen

365 Unter einer **Rechtshandlung** i. S. v. § 10 Abs. 5 WEG ist jedes rechtlich bedeutsame menschliche Verhalten zu verstehen, mit dem die Rechtsordnung Rechtsfolgen verbindet. In Wohnungseigentumsgesetz können das Rechtsgeschäfte, rechtsgeschäftähnliche Handlungen und Prozesshandlungen sein. Realakte fallen nicht hierunter, weil über sie nicht durch Stimmenmehrheit beschlossen werden kann. Unter Rechtshandlungen i. S. v. § 10 Abs. 5 WEG sind damit **sämtliche Rechtsgeschäfte** zu verstehen, die nach dem Willen der Wohnungseigentümer auf Grund eines Mehrheitsbeschlusses durchgeführt werden. Als Rechtsgeschäfte kommen vor allem der Abschluss von Verträgen, z. B. mit einem Rechtsanwalt in Betracht.

Eine Rechtshandlung ist auch die **Erhebung einer Klage** sämtlicher Wohnungseigentümer (*OLG* 366
München NJW-RR 2002, 1454; *Merle* ZWE 2006, 21, 24; *Keith* PiG 14, 15).

IV. Regelungsunterworfene

1. Überstimmte und abwesende Wohnungseigentümer

Die auf Grund eines Mehrheitsbeschlusses vorgenommenen Rechtshandlungen wirken nach 367
dem Gesetz für und gegen die Wohnungseigentümer, die gegen den Beschluss gestimmt oder
an der Beschlussfassung nicht mitgewirkt haben.

2. Sondernachfolger

Die früher vertretene h. M. nahm in Erweiterung des Wortlauts daneben an, dass auch Sonder- 368
nachfolger solche Wohnungseigentümer sein können, die »an der Beschlussfassung nicht mitgewirkt haben« (*BayObLG* NJW-RR 2000, 1611; Rpfleger 1998, 70, 71; *BayObLGZ* 1986, 368 = ZMR
1987, 60; *OLG Frankfurt a. M.* WE 1997, 165; *OLG Düsseldorf* NJWE 1996, 273; *OLG Oldenburg*
WE 1994, 218; *KG* WE 1994, 54 = ZMR 1994, 579; *Wenzel* ZNotP 2005, 42, 47; *Müller* ZWE 2004,
333, 334). Diese Ansicht ist heute nicht mehr vertretbar (*BGH* BGHZ 163, 154, 168 [Teilrechtsfähigkeit] = ZMR 2005, 547; *Elzer* ZMR 2004, 873, 875; *ders.* ZMR 2004, 633, 636). Sind ausnahmsweise
die Wohnungseigentümer selbst persönlich Vertragspartner eines Dritten, kann der Verwalter (sofern er hierzu Vertretungsmacht besitzt; ggf. greift § 177 BGB), um einen Vertragsübergang zu bewirken, bei dem Vertragsschluss über ein Dauerschuldverhältnis vereinbaren, dass aufseiten der
Wohnungseigentümer stets der jeweilige im Grundbuch eingetragene Eigentümer einer Einheit
Vertragspartner ist und dass ein ehemaliger Eigentümer automatisch mit dem Übergang des
Wohnungseigentums als Partei ausscheidet (*Wenzel* ZNotP 2005, 42, 47).

V. Rechtsfolgen

§ 10 Abs. 5 WEG ordnet wie § 164 BGB an, dass eine Rechtshandlung für und gegen die nicht be- 369
teiligten oder überstimmten Wohnungseigentümer »wirkt«. Die Bestimmung rechnet Willenserklärungen des Handelnden – etwa des Verwalters – nicht diesem, sondern den von ihm Vertretenen zu. Zum anderen räumt § 10 Abs. 5 WEG dem für die Durchführung des Beschlusses Berufenen – das ist grundsätzlich der Verwalter, arg. § 27 Abs. 1 Nr. 1 WEG; es können aber auch ein
durch den Beschluss benannter Wohnungseigentümer oder die Mitglieder des Beirats sein – eine
Vollmacht ein. Der Durchführende ist nach § 10 Abs. 5 WEG außerdem berechtigt und verpflichtet, jedenfalls Beschlüsse der Wohnungseigentümer durchzuführen und auch ohne besondere Bevollmächtigung berechtigt, die Wohnungseigentümer nach § 10 Abs. 5 WEG vertreten (*BayObLG*
NJW 1974, 2136; *Kümmel* Bindung, S. 96, 97).

VI. Grenzen

Eine Bindung nach § 10 Abs. 5 WEG ist abzulehnen, wenn der anordnende Beschluss nichtig ist 370
und wenn die Handlung nicht kausal auf den Beschluss zurückzuführen ist, ihn also nicht umsetzt. Allerdings sind ggf. §§ 177 ff. BGB oder § 32 FGG analog anwendbar (s. *Kümmel* Bindung,
S. 104 ff.). Die Bindung entfällt auch nur ex nunc.

I. Der Verband Wohnungseigentümergemeinschaft

I. Einführung

1. Allgemeines

Neben den Wohnungseigentümern und neben der Gemeinschaft der Wohnungseigentümer nach 371
§ 10 Abs. 2 S. 1 WEG, §§ 741 ff., 1008 BGB steht gleichsam als Verwaltungstreuhänder (*Becker*
MietRB 2007, 180, 181; *Elzer* MietRB 2006, 196) der **Verband Wohnungseigentümergemeinschaft**.
Dieser Verband ist – gegenständlich beschränkt (dazu Rn. 385 ff.) **rechtsfähig**. Er ist gem. § 10
Abs. 6 S. 1 WEG Träger subjektiver Rechte und Pflichten und damit zwar keine juristische Person,
wohl aber rechtsfähige Personengesellschaft i. S. v. § 14 Abs. 2 BGB. Der Verband ist kein »Organ«

§ 10 | Allgemeine Grundsätze

der Wohnungseigentümer (a. A. *Armbrüster* ZWE 2006, 470, 471). Die Wohnungseigentümer sind nach den Bestimmungen des § 27 Abs. 3 S. 2 und S. 3 WEG vielmehr subsidiäres Organ des Verbandes (s. Rn. 398 ff.). Durch seine gesetzliche Ausformung ist der Verband Wohnungseigentümergemeinschaft eine »kleine Schwester« der Gesellschaft bürgerlichen Rechts, der offenen Handelsgesellschaft (oHG) oder der Kommanditgesellschaft (KG). Soweit der Bundesgerichtshof den Verband Wohnungseigentümergemeinschaft zunächst anders eingeordnet hat (*BGH* BGHZ 163, 154, 170 [Teilrechtsfähigkeit] = ZMR 2005, 547), liegt das u. a. an seiner mittlerweile überholten (s. Rn. 375) Sicht der »personellen Identität« von Wohnungseigentümern und Verband. Rechte und Pflichten des Verbandes Wohnungseigentümergemeinschaft sind im Wohnungseigentumsgesetz nur angedeutet. Weiterungen sind indes nicht vorstellbar, will man das Wohnungseigentum als echtes Eigentum nicht weiter zurückdrängen. Dem Verband stehen **Rechte und Pflichten** daher nur dann zu, wenn es das Wohnungseigentumsgesetz **ausdrücklich** bestimmt. Nicht rechtsfähiger Verband ist eine so genannte »Untergemeinschaft« (dazu Rn. 16). In Mehrhausanlagen gibt es auch nur **einen Verband Wohnungseigentümergemeinschaft** (Rn. 16). Die Wohnungseigentümer des Hauses einer Mehrhausanlage oder einer anderen »Untergliederung« bilden keinen »Unterverband«. **Überblick:**

372 – **§ 10 Abs. 6 S. 1 WEG**: Der Verband ist Rechtsträger und kann gegenüber Dritten, aber auch gegenüber den Wohnungseigentümern Rechte erwerben und Pflichten eingehen. Voraussetzung ist zwar, dass der Verband »im Rahmen der gesamten Verwaltung des gemeinschaftlichen Eigentums« handelt. Hierin liegt indes letztlich keine Beschränkung des »Könnens«, sondern nur des »Dürfens« (Rn. 393). Die Verbandsmitglieder schulden dem Verband u. a. Treue und eine angemessene vermögensrechtliche Ausstattung.

– **§ 10 Abs. 6 S. 2 und S. 5, Abs. 7 WEG**: Der Verband übt seine eigenen Rechte aus, kann z. B. Verträge schließen und klagen sowie Vermögen ansammeln und verwalten.

– **§ 10 Abs. 6 S. 3 Hs. 1 WEG**: Der Verband übt Rechte der Wohnungseigentümer aus, soweit diese gemeinschaftsbezogen sind. Hierzu gehören jedenfalls nach § 18 Abs. 1 S. 2 WEG die Ausübung des Entziehungsrechts und nach § 19 Abs. 1 S. 2 WEG die Ausübung der Zwangsvollstreckung aus einem Entziehungsurteil sowie andere, aber unbenannte Rechte (s. Rn. 416 ff.). Der Verband nimmt ferner die gemeinschaftsbezogenen Pflichten der Wohnungseigentümer wahr (s. Rn. 420 ff.).

– **§ 10 Abs. 6 S. 3 Hs. 2 WEG**: Der Verband nimmt Rechte der Wohnungseigentümer wahr, soweit diese gemeinschaftlich geltend gemacht werden können und ihm die Ausübung übertragen wird. Der Verband nimmt außerdem bestimmte Pflichten der Wohnungseigentümer wahr, soweit diese gemeinschaftlich zu erfüllen sind und ihm die Ausübung übertragen wird. Eine solche gewillkürte Zuweisung von Rechten und Pflichten wird hier jeweils als »Vergemeinschaftung« begriffen (s. Rn. 425 ff.).

– **§ 10 Abs. 7 S. 3 WEG**: Dem Verband steht das Wohngeld zu; § 16 Abs. 2 WEG – der etwas anderes anordnet – gilt als älteres Recht nicht (§ 16 Rn. 238).

– **§ 27 Abs. 3 S. 1 Nr. 3 WEG**: Der Verband hat für die laufenden Maßnahmen der erforderlichen ordnungsmäßigen Instandhaltung und Instandsetzung i. S. v. § 27 Abs. 1 Nr. 2 WEG Verträge mit Dritten zu schließen.

– **§ 27 Abs. 3 S. 1 Nr. 4 WEG**: Der Verband hat nach dieser Bestimmung erstens in dringenden Fällen zur Erhaltung des gemeinschaftlichen Eigentums Verträge zu schließen, zweitens Lasten- und Kostenbeiträge, Tilgungsbeträge und Hypothekenzinsen anzufordern, in Empfang zu nehmen und abzuführen, soweit es sich um gemeinschaftliche Angelegenheiten der Wohnungseigentümer handelt, drittens alle Zahlungen und Leistungen zu bewirken und entgegenzunehmen, die mit der laufenden Verwaltung des gemeinschaftlichen Eigentums zusammenhängen und viertens im eigenen Namen die Erklärungen abzugeben und Verträge zu schließen, die zur Vornahme der in § 21 Abs. 5 Nr. 6 WEG bezeichneten Maßnahmen (Herstellung einer Fernsprechteilnehmereinrichtung, einer Rundfunkempfangsanlage oder eines Energieversorgungsanschlusses zugunsten eines Wohnungseigentümers) erforderlich sind.

2. Gemeinschaft der Wohnungseigentümer: »Verband Wohnungseigentümergemeinschaft«

§ 10 Abs. 6 S. 1 WEG erklärt die »Gemeinschaft der Wohnungseigentümer« dem Grunde nach für rechtsfähig. Der hier, aber auch in §§ 27 Abs. 1 und Abs. 3 S. 1 sowie 43 Nr. 2 WEG gewählte, von der Diktion des Bundesgerichtshofes abweichende Begriff der »Gemeinschaft der Wohnungseigentümer« anstelle von »Verband« ist **elend gewählt** und **labyrinthisch**. Das Gesetz nutzt den Begriff »Gemeinschaft« bereits in §§ 11 Abs. 1 S. 1, 17 S. 1, 18 Abs. 1 S. 1, 43 Nr. 1 WEG. Gemeint ist dort nach hier vertretener Ansicht stets die von der Gemeinschaft der Wohnungseigentümer i. S. v. § 10 Abs. 6 S. 1 WEG zu **unterscheidende** Bruchteilsgemeinschaft nach §§ 741 ff. BGB (s. Rn. 375). Hier und im Weiteren wird daher stets vom **Verband Wohnungseigentümergemeinschaft** gesprochen, soweit die rechtsfähige Gemeinschaft der Wohnungseigentümer gemeint ist. Werden die Wohnungs- oder Teileigentümer angesprochen, ist von Wohnungseigentümern oder Eigentümern die Rede; im Übrigen wird von der Bruchteilsgemeinschaft gesprochen (*Wenzel* NZM 2006, 321 spricht in Bezug auf diese von »Miteigentümergemeinschaft«; ihm folgend *Abramenko* ZMR 2006, 409). Dieser **differenzierende Sprachgebrauch** ist im Übrigen nicht willkürlich, sondern sinnvoll und sollte sich allgemein durchsetzen. Im älteren Sprachgebrauch ist der Begriff »Verband« stets zur Bezeichnung von körperschaftlich verfassten Personenzusammenschlüssen verwendet worden.

373

3. Verband und Wohnungseigentümer

Wohnungseigentümer und Verband sind – ungeachtet der noch streitigen rechtlichen Einordnung des Verbandes und seines Verhältnisses zur Bruchteilsgemeinschaft der Wohnungseigentümer am Gemeinschaftseigentum – zweifellos voneinander zu **unterscheidende Rechtssubjekte** mit eigenen Rechten und Pflichten. Die Wohnungseigentümer handeln nicht »durch« den Verband oder »als« Verband (*Rühlicke* ZWE 2007, 261, 269; a. A. *Jennißen* NZM 2006, 203, 204; *Wenzel* ZWE 2006, 2, 6; *ders.* NZM 2006, 245, 246). Die Wohnungseigentümer stehen neben dem Verband. § 10 Abs. 6 S. 1 WEG verdeutlicht die gewollt **eigenständige Stellung** des Verbandes Wohnungseigentümergemeinschaft gegenüber den Wohnungseigentümern durch das Wort »selbst«. Die eigenständige Stellung folgt ferner u. a. aus § 10 Abs. 7 S. 1 WEG, der das Verwaltungsvermögen vermögensrechtlich dem Verband, nicht den Wohnungseigentümern zuweist und aus § 10 Abs. 8 S. 1 WEG, der anordnet, dass die Wohnungseigentümer Dritten gegenüber neben dem Verband haften. Hinweis auf zwei Rechtssubjekte ist ferner § 43 Nr. 2 WEG.

374

4. Verband und Gemeinschaft der Wohnungseigentümer (Trennungstheorie)

Der Verband Wohnungseigentümergemeinschaft als Rechtssubjekt ist nach der hier zu Grunde gelegten und mittlerweile herrschenden **Trennungstheorie** systematisch von der nicht rechtsfähigen Gesamtheit der Wohnungseigentümer als Teilhaber der Bruchteilsgemeinschaft nach §§ 10 Abs. 2 S. 1 WEG, 741 ff., 1008 ff. BGB zu **unterscheiden** und von dieser **abzugrenzen** (*BGH* MietRB 2007, 174 mit Anm. *Reichert*: mit dem Verband und der Miteigentümergemeinschaft existieren »**zwei unterschiedliche Zuordnungsobjekte**«; vgl. ferner *Rühlicke* ZWE 2007, 261, 266 / 267; *Hügel/Elzer* § 3 Rn. 9 ff.; *Abramenko* ZMR 2006, 409; *Jennißen* NZM 2006, 203; *Elzer* ZMR 2006, 626; *Hügel* DNotZ 2005, 753, 760; *Fauser* Haftungsverfassung, S. 34 ff.; a. A. die Vertreter der **Einheitstheorie**, etwa *Armbrüster* ZWE 2006, 470, 471; *Wenzel* ZWE 2006, 462, 463; *ders.* ZWE 2006, 2, 6; *Bub* ZWE 2007, 15, 19; *ders.* ZWE 2006, 253, 257; *Häublein* FS Wenzel, S. 175, 198 / 199). Die **Trennungstheorie** und das ihr zu Grunde liegende, stark separierende Verständnis entspricht allerdings nicht der Sichtweise, die dem Gesetz letztlich zu Grunde liegt – dieses differenziert kaum und lässt ein Verständnis der Fragen nicht erkennen – und auch nicht der, die Rechtsprechung und Wissenschaft ursprünglich bewog, dem Verband Rechtsfähigkeit »zuzuerkennen«. Denn man unterschied aus praktischen Erwägungen nicht hinreichend genug zwischen dem Bruchteilseigentum am Grundstück und dem Eigentum am Verwaltungsvermögen. Rechtsprechung wie Schrifttum versuchten vielmehr, das Verwaltungsvermögen als »Anhängsel« des Gemeinschaftseigentums und damit als kein »Sondervermögen« zu begreifen (s. dazu *Wicke* ZfIR 2005, 301 ff. und *Elzer* ZMR 2004, 873, 877). Auch den wegweisenden Überlegungen des V. Zivilsenats des Bundesgerichtshofes zu Rechtsfähigkeit des Verbandes lag die Ansicht zu Grunde, es

375

gebe eine Gemeinschaft der Eigentümer, die sich – gleichsam janusköpfig – in Bezug auf die verschiedenen Vermögensmassen jeweils eines anderen »Hutes« bediene: für das Verwaltungsvermögen den der Rechtsfähigkeit, für das Gemeinschaftseigentum hingegen den der Bruchteilsgemeinschaft. Die Idee der »Wohnungseigentümer als Verband« ist indes mit allgemeinen Überlegungen einerseits **nur schwer in Einklang** zu bringen (s. *Vorauflage* Rn. 34) – und stößt andererseits praktisch wie dogmatisch jedenfalls an Grenzen: Da der Verband nach § 10 Abs. 6 S. 3 WEG vor allem für das ihm fremde »Gemeinschaftseigentum« Aufgaben besitzt, fiele es ohne eine klare Unterscheidung der jeweiligen Zuordnungsobjekte schwer, die jeweiligen Pflichten und Rechte des Verbandes und der Wohnungseigentümer untereinander punktgenau voneinander abzugrenzen. Jedenfalls die Idee der »Wohnungseigentümer als Verband« würde eine völlig neue verbandsrechtliche Dimension darstellen, die in Wahrheit nicht mehr die Wohnungseigentümergemeinschaft als rechtsfähigen Verband »sui generis« erscheinen ließe, sondern die Wohnungseigentümer als natürliche Person (Menschen) sui generis (*Rühlicke* ZWE 2007, 261, 267 weist als Parallele insoweit zu Recht auf die freilich überwundene Gesamthandslehre hin). Die Sichtweise eines eigenständigen, **neben** die Bruchteilsgemeinschaft tretenden Verbandes ist letztlich sogar **zwingend**, um den Verband Wohnungseigentümergemeinschaft als Verband besonderer Art bruchlos in das System des deutschen Gesellschaftsrechts einzupassen und die Sorge des Verbandes um das Gemeinschaftseigentum einerseits und die sachenrechtliche Zuordnung des Gemeinschaftseigentums zu den Wohnungseigentümern andererseits überhaupt erklären zu können.

376 Ungeachtet letztlich doch eher **semantischer Unterschiede** besteht im Übrigen Einigkeit darüber, dass, wie auch immer man zu einer Separierung zwischen Verband und Bruchteilsgemeinschaft steht, stets im Einzelnen geklärt werden muss, welche Rechte und Pflichten jeweils den Eigentümern, der Bruchteilsgemeinschaft und dem Verband zugeordnet werden können. Einigkeit besteht weiter darin, dass das Gemeinschaftseigentum allein den Eigentümern als Bruchteilsgemeinschaft, die dem Verband durch das Gesetz originär zugewiesenen oder rechtsgeschäftlich erworbenen Rechte oder die hieran jeweils anknüpfenden Pflichten hingegen dem Verband zugeschrieben sind. **Problematisch ist daher allein**, welche Funktionen (Rechte, aber auch Pflichten) dem Verband in Bezug auf das von ihm bloß verwaltete, also fremde Gemeinschaftseigentum zukommen. Während die einen solche **Zuordnungsprobleme** danach lösen wollen, ob »das Verwaltungsvermögen oder das Miteigentum« betroffen sind (z. B. *Abramenko* ZMR 2006, 409; *Armbrüster* ZWE 2005, 369, 374; *Hügel* DNotZ 2005, 753, 758), wollen die anderen nach »Rechtskreisen« unterscheiden (*Wenzel* ZWE 2006, 2, 6; *ders.* NZM 2006, 321, 322). Eine Zuordnung nach Rechtskreisen ist dabei ebenso wie die Frage danach, ob eine Aufgabe eine »Art Geschäftsführung in Bezug auf die Verwaltung des Gemeinschaftseigentums« ist (*Wenzel* ZWE 2006, 462, 464), jedenfalls im Ergebnis zielführender und jeder anderen Unterscheidung in ihrer systematischen Kraft **deutlich überlegen** (a. A. *Abramenko* ZMR 2006, 409, 410).

II. Beginn und Untergang

377 Im Falle der Begründung nach § 3 WEG entsteht der Verband Wohnungseigentümergemeinschaft mit der **Eintragung** der Wohnungseigentümer im Grundbuch (s. § 3 Rn. 127; *Kreuzer* ZMR 2006, 15, 17; *Wenzel* ZWE 2006, 2, 76; *Hügel* DNotZ 2005, 753, 755). Im Falle einer Begründung durch Teilungserklärung gem. § 8 WEG entsteht der Verband hingegen nach seinem Sinn und Zweck **spätestens**, wenn die Voraussetzungen einer Wohnungseigentümergemeinschaft vorliegen (*Elzer* Info M 2006, 28; *Wenzel* ZWE 2006, 2, 6; *Hügel* DNotZ 2005, 753, 756; s. § 10 Rn. 21 ff.), also mit **Eintragung des zweiten Wohnungseigentümers**. Mit faktischem Beginn des Gemeinschaftslebens – also mit Beginn der »werdenden Wohnungseigentümergemeinschaft« –, wird es indes notwendig, einen Wirtschaftsplan zu beschließen und entsprechende Wohngeldzahlungen anzufordern. Nur so kann die – rechtlich an sich noch nicht existierende – Gemeinschaft die ab Gebrauch einzelner Wohnungen notwendigerweise zu erfüllenden Aufgaben wahrnehmen (*Hügel/Elzer* § 3 Rn. 93). Neben einer werdenden Wohnungseigentümergemeinschaft ist daher auch **ein werdender Verband Wohnungseigentümergemeinschaft** anzuerkennen. Dieser entsteht in dem Zeit-

punkt, ab dem auch eine werdende Eigentümergemeinschaft anzuerkennen ist (*Hügel/Elzer* § 3 Rn. 93; *Vorauflage* § 3 Rn. 100; kritisch *Sauren* ZWE 2006, 258, 261).

Der Verband endet, wenn die Gemeinschaft der Wohnungseigentümer endet. Die Gemeinschaft 378 der Wohnungseigentümer endet, wenn es nur noch einen Eigentümer gibt, sich also sich **sämtliche Wohnungseigentumsrechte** in einer Person vereinigen. Für das dem Verband zugeordnete Verwaltungsvermögen ordnet § 10 Abs. 7 S. 4 WEG in diesem Falle einen Übergang von Rechten und Pflichten des Verbandes auf den verbleibenden Eigentümer im Wege einer Universalsukzession an. Dies gilt auch dann, wenn der verbleibende Wohnungseigentümer keinen Antrag auf Schließung der Wohnungsgrundbücher stellt. Zu Gründungsmängeln s. § 3 Rn. 32 ff.

III. Verbandszweck, Mitglieder und Förderung des Verbandszweckes

1. Zweck

a) Allgemeines

Der gesetzlich vorgegebene, nicht abdingbare Zweck des Verbandes Wohnungseigentümergemeinschaft liegt nach §§ 10 Abs. 6 S. 3, 27 Abs. 3 S. 1 Nr. 3 und 4 WEG darin, wie ein Treuhänder 379 die **Handlungsfähigkeit** der jeweiligen Wohnungseigentümer im Rechtsverkehr bei der vermögensrechtlichen Verwaltung ihres gemeinschaftlichen Eigentums zwar nicht zu ermöglichen, aber zu **erleichtern** sowie Pflichten der Wohnungseigentümer auszuüben, soweit diese auf allen Wohnungseigentümern als Eigentümern des Gemeinschaftseigentums ruhen. Die Erleichterung liegt zum einen darin, dass die Zuordnung von Pflichten zum Verband es für Dritte deutlich erkennen lässt, wer ihr Vertragspartner ist. Ferner erlaubt es die Rechtsfigur des Verbandes, systematisch bruchlos eine Zuordnung des Verwaltungsvermögens zu beschreiben. In Bezug auf die Verbandsaufgaben ist von einer **Vertretung der Wohnungseigentümer** zu sprechen, wohingegen der Begriff »Geschäftsführung« den Kern nicht trifft (a. A. *Wenzel* ZWE 2006, 462, 463). Der Verband führt die Geschäfte der Wohnungseigentümer nicht. Die Geschäfte werden von diesen allein geführt oder – wie § 27 Abs. 1 WEG klar anordnet – vom Verwalter. § 10 Abs. 6 S. 3 WEG drückt die Verbandszwecke dadurch aus, dass er dem Verband die Ausübung der gemeinschaftsbezogenen Rechte und Pflichten der Wohnungseigentümer überbürdet oder eine Übertragung anderer gemeinsamer Rechte und Pflichten erlaubt (Vergemeinschaftung). Keine Aufgabe des Verbandes ist es, das gemeinschaftliche Eigentum für die Wohnungseigentümer zu »**verwalten**« (a. A. *Armbrüster* ZWE 2006, 470, 472; *Wenzel* ZWE 2006, 462, 463; *ders.* ZWE 2006, 2, 6; *ders.* NZM 2006, 321, 322), jedenfalls dann, wenn man hierunter eine Geschäftsführung versteht. Auch die »Stärkung« der Handlungsfähigkeit der Wohnungseigentümer oder eine »Sicherung« der Handlungsfähigkeit der Wohnungseigentümer sind **keine Verbandszwecke** (a. A. *Wenzel* ZWE 2006, 462, 464). Die Wohnungseigentümer könnten und können ohne weiteres auch ohne den Verband agieren und bedürfen keiner Stärkung oder Sicherung.

b) Gegensätze der Interessen

Die Interessen des Verbandes und die der Wohnungseigentümer in ihrer Gesamtheit sind stets 380 identisch (*Hügel/Elzer* § 9 Rn. 7). Wenn der Wille der Wohnungseigentümer – nicht der Verbandswille – durch Beschluss gebildet wird und der Beschluss nicht i. S. v. § 21 Abs. 4 WEG ordnungsmäßig ist, ist indes vorstellbar, dass der durch den Beschluss gebildete Wille mit dem Verbandsinteresse kollidiert. Bestimmt z. B. der ehemalige Alleineigentümer und jetzige Mehrheitseigentümer zu niedrige Wohngelder, sind Verbandsinteressen verletzt (*Hügel/Elzer* § 9 Rn. 7).

2. Mitglieder

a) Allgemeines

Mitglieder des Verbandes Wohnungseigentümergemeinschaft sind **sämtliche aktuellen Woh-** 381 **nungseigentümer** (zum Begriff s. Rn. 7). Die Besonderheit besteht dabei darin, dass die Mitgliedschaft jedem Wohnungseigentümer kraft Gesetzes »anwächst«, es also weder eines Beitritts, einer Rechtsnachfolge oder einer Beteiligung an der »Gründung« des Verbandes bedarf. Ein Wohnungseigentümer kann eine Mitgliedschaft auch nicht durch eine rechtsgeschäftliche Erklärung

§ 10 | Allgemeine Grundsätze

verhindern. Die Mitgliedschaft im Verband endet mit der Eintragung eines neuen Wohnungseigentümers im Wohnungsgrundbuch.

b) Sonderrechtsbeziehung

382 Die Mitgliedschaft eines Wohnungseigentümers im Verband begründet zwischen Wohnungseigentümer und Verband von Gesetzes wegen eine schuldrechtliche **Sonderrechtsbeziehung** (allgemein vgl. *K. Schmidt* § 19 III 1a). Aus dieser Beziehung erwachsen den Wohnungseigentümern wie allen Mitgliedern einer Körperschaft von Gesetzes wegen dem Verband gegenüber vor allem **Treue- und Rücksichtnahmepflichten** (*BGH* BGHZ 163, 154, 175 [Teilrechtsfähigkeit] = ZMR 2005, 547; *Abramenko* ZMR 2005, 585, 586) sowie **Leistungspflichten** (Sozialpflichten), dem Verband demgegenüber Leistungspflichten. **Überblick:**

383 – Die Wohnungseigentümer als Verbandsmitglieder müssen vor allem die Grundlagen schaffen, damit der Verband seine in Bezug auf den Verbandszweck eingegangenen Pflichten erfüllen kann. Sie sind daher zum einen verpflichtet, dem Verband eine ausreichende Handlungsorganisation zu geben (**Mitwirkungspflicht**). Diese Pflicht wird durch Bestellung eines Verwalters oder durch Mitwirkung im Rahmen des § 27 Abs. 3 S. 2 WEG erfüllt. Ferner treffen die Wohnungseigentümer **Handlungspflichten**, z. B. müssen sie einen Beschluss über einen Wirtschaftsplan anfechten, wenn dieser unterkapitalisiert ist (Rn. 514), oder – was besser ist – eine Sonderumlage beschließen. Als wichtigste Pflicht trifft die Wohnungseigentümer die **Beitragspflicht**. Zur Beitragspflicht gehört die Pflicht, dem Verband die **finanzielle Grundlage** zur Begleichung der laufenden Verpflichtungen durch Beschlussfassung über einen Wirtschaftsplan, seine Ergänzung (Sonderumlage) oder die Jahresabrechnung zu verschaffen (s. Rn. 510 ff.). Der Verband hat hierauf ebenso einen Anspruch wie auch dem einzelnen Wohnungseigentümer nach § 21 Abs. 4 WEG ein solcher Anspruch gegen die übrigen Wohnungseigentümer zusteht. Den Wohnungseigentümern ist es ferner als Ausfluss ihrer dem Verband geschuldeten Treuepflicht nicht erlaubt, dem Verband **notwendige Mittel zu entziehen**. Verletzen die Wohnungseigentümer diese Pflicht, machen sie sich nach § 280 Abs. 1 S. 1 BGB schadensersatzpflichtig (*BGH* BGHZ 163, 154, 175 [Teilrechtsfähigkeit] = ZMR 2005, 547; *Abramenko* ZMR 2005, 585, 586; s. Rn. 510 ff.). Als **Mitgliedschaftsrechte** sind die Rechte der Wohnungseigentümer zu begreifen, an der **Willensbildung des Verbandes** teilzunehmen sowie einen **Anteil am Verwaltungsvermögen** zu haben, soweit dieses ausgekehrt wird, z. B. die vom Verband erwirtschafteten Mieten (Rn. 462).

– Der Verband schuldet den Wohnungseigentümern aus der sie verbindenden Sonderrechtsbeziehung gem. § 10 Abs. 6 S. 3 WEG vor allem die Durchführung der geborenen und der gekorenen Ausübungsbefugnisse. Ferner ist der Verband nach Sinn und Zweck seiner durch § 10 Abs. 6 S. 1 WEG garantierten Rechtsfähigkeit verpflichtet, sämtliche Verträge mit Bezug auf das Gemeinschaftseigentum zu schließen. Ist das Gemeinschaftseigentum instand zu setzen, hat der Verband etwa die **Pflicht**, nach Beschlussfassung der Wohnungseigentümer entsprechende Verträge mit Dritten zu schließen (vgl. auch *Becker* MietRB 2007, 180, 184). Der Verband trägt schließlich das Verwaltungsvermögen für die Wohnungseigentümer.

IV. Name des Verbandes (Bezeichnung im Rechtsverkehr)

384 Der Verband Wohnungseigentümergemeinschaft muss, soweit er im Rechtsverkehr auftritt, nach § 10 Abs. 6 S. 4 WEG die Bezeichnung »Wohnungseigentümergemeinschaft« gefolgt von der bestimmten Angabe des gemeinschaftlichen Grundstücks führen (s. dazu *Demharter* ZWE 2005, 357, 359). Die Kennzeichnung des Grundstücks kann durch die **postalische Anschrift** oder die **Grundbuchbezeichnung** erfolgen (BT-Drucks. 16/887 S. 62; *Hügel/Elzer* § 3 Rn. 56). Beide Varianten sind geeignet, eine eindeutige Identifizierung entsprechend § 15 GBV zu bieten. Möglich ist somit eine Bezeichnung »Wohnungseigentümergemeinschaft Sonnenallee 23, 12345 Berlin« (*Demharter* NZM 2005, 601, 602). Eine Bezeichnung mit »Wohnungseigentümergemeinschaft Gemarkung Berlin-Mitte, Flur 2, Flurstücke 165« entspricht aber auch diesen Anforderungen (*Hügel/Elzer* § 3 Rn. 56). Fehlen die Angaben, kann der Verwalter nach § 164 BGB selbst Partei werden. Die »bestimmte Angabe des gemeinschaftlichen Grundstücks« entspricht zwar teilweise der in

§ 44 Abs. 1 S. 1 Hs. 1 WEG geforderten Angabe für die Bezeichnung der Wohnungseigentümer in der Klageschrift. Der Zusatz »Wohnungseigentümergemeinschaft«, die nur der Verband Wohnungseigentümergemeinschaft führen darf, stellt im Einzelfall aber klar, welcher Rechtsträger handelt.

V. Der Bereich der Rechtsfähigkeit des Verbandes

1. Grundsatz

Der **Verband Wohnungseigentümergemeinschaft** ist nach § 10 Abs. 6 S. 1 WEG im Rahmen der »gesamten Verwaltung« – also für bestimmte Bereiche (der Begriff »teilrechtsfähig« sollt vermieden werden, *Lehmann* AcP 2007, 225, 238) – **rechtsfähig** (zum früheren Recht *Vorauflage* Rn. 39 ff.). und kann in Anlehnung an §§ 14 Abs. 2 BGB, 124 Abs. 1 HGB im Rahmen der gesamten Verwaltung des gemeinschaftlichen Eigentums gegenüber Dritten und Wohnungseigentümern selbst Rechte erwerben und Pflichten eingehen. Das Gesetz vermeidet in § 10 Abs. 6 S. 1 WEG zur Beschreibung dieser Fähigkeit bewusst den in §§ 14 Abs. 2 BGB, 124 Abs. 1 HGB gewählten Begriff »Verbindlichkeit«. Er könnte nämlich unter Umständen zu Unrecht enger als der Begriff »Pflicht« verstanden werden und daher ggf. zu Missverständnissen führen. Mit der Formulierung »gesamte Verwaltung« ist durch § 10 Abs. 6 S. 1 WEG deshalb angeordnet, dass der Verband Wohnungseigentümergemeinschaft nicht nur in Teilbereichen, sondern immer dann, wenn er zu Gunsten der Wohnungseigentümer, aber auch zu ihren Lasten, jedenfalls aber in Bezug auf das gemeinschaftliche Eigentum handelt, rechtsfähig ist. Von Gesetzes wegen erfasst werden also alle Maßnahmen, bei denen der Verband für das gemeinschaftliche Eigentum und damit für die Eigentümer handelt. Allein dieses Begriffsverständnis wäre indes zu eng. Da der Verband nach § 10 Abs. 6 S. 1 WEG eigene Rechte erwerben kann, muss er auch rechtsfähig sein, wenn er diese einfordert und wahrnimmt. Diese Rechtewahrung muss mit der Verwaltung des Gemeinschaftlichen Eigentums nichts zu haben. Klagte der Verband etwa Mängel eines von ihm erworbenen Gegenstandes ein, das Teil des Verwaltungsvermögens ist, ist ein Handeln für das Gemeinschaftseigentum nicht zu erkennen und dennoch Rechtsfähigkeit anzunehmen. Eine Rechtsfähigkeit ist daher auch dort anzunehmen, wo der Verband eigene Rechte durchsetzt, wie z. B. bei der Einforderung der ihm nach §§ 16 Abs. 2, 28 Abs. 5 WEG zustehenden Beiträge gegen einen Eigentümer, als auch dann, wenn er Rechte der Wohnungseigentümer wahrnimmt, z. B. wegen ihrer Gemeinschaftsbezogenheit oder nach Vergemeinschaftung eines sonstigen Rechts des Gebrauchs. Unerheblich ist ferner, ob eine Angelegenheit die Verwaltung des gemeinschaftlichen oder aber den Gebrauch des gemeinschaftlichen oder des Sondereigentums betrifft.

385

2. Einzelheiten

Untersucht man die Fähigkeiten, die unter dem Begriff der Rechtsfähigkeit zusammengefasst werden, gilt für den Verband Wohnungseigentümergemeinschaft Folgendes:

386

a) Erbfähigkeit

Der Verband Wohnungseigentümergemeinschaft ist erbfähig (*Wenzel* ZWE 2006, 2, 7; *Abramenko* ZMR 2005, 585, 589; *Demharter* NZM 2005, 601; *Elzer* MietRB 2005, 248, 250).

387

b) Grundbuchfähigkeit, Erwerb von Immobilien und grundstücksgleichen Rechten

Der Verband Wohnungseigentümergemeinschaft ist grundbuchfähig (*BGH* BGHZ 163, 154, 169 [Teilrechtsfähigkeit] = ZMR 2005, 547; *Hügel/Elzer* § 3 Rn. 55; *Häublein* FS Seuß [2007], S. 125, 133; *Böhringer* Rpfleger 2006, 53, 55; *Hügel* DNotZ 2005, 753, 767/768; *Demharter* NZM 2005, 601; *Bub/Petersen* NJW 2005, 2590, 2592; *Rapp* MittBayNot 2005, 449, 458). Die Eintragung des Verbandes hat nach § 10 Abs. 6 S. 4 WEG i. V. m. § 15 GBV zu erfolgen (*Hügel/Elzer* § 3 Rn. 56). Bisherige Grundbucheintragungen können – soweit sie diesem zuzuordnen sind – auf den Verband **umgeschrieben** werden (*Böhringer* Rpfleger 2006, 53, 55/56). Lautet eine Eintragung auf die Wohnungseigentümer, z. B. eine Zwangssicherungshypothek, und steht die der Hypothek zu Grunde liegende Forderung dem Verband zu, kann das Grundbuch über eine Berichtigung des Titels analog § 727 ZPO richtig gestellt werden (*Schmidt* NotBZ 2005, 309, 313). Zum Verband als Grundeigentümer s. Rn. 434.

388

c) Scheck- und Wechselfähigkeit

389 Der Verband Wohnungseigentümergemeinschaft ist scheck- und wechselfähig (*Wenzel* ZWE 2006, 2, 7; *Abramenko* ZMR 2005, 585, 589; *Hügel* DNotZ 2005, 753, 755; *Elzer* MietRB 2995, 248, 250; *Pauly* WuM 2002, 531, 533; zweifelnd *Raiser* ZWE 2001, 173, 178).

d) Testier- und Insolvenzfähigkeit

390 Der Verband Wohnungseigentümergemeinschaft ist weder testierfähig noch gem. § 11 Abs. 3 WEG insolvenzfähig (dazu § 11 Rn. 30 ff.).

e) Öffentliches Recht

391 Der Verband Wohnungseigentümergemeinschaft ist grundrechtsfähig und kann etwa Verfassungsbeschwerden erheben. Er kann Beteiligter von Verwaltungsverfahren (§ 11 Nr. 2 VwVfG) und Prozessen vor Verwaltungs- und Finanzgerichten sein (§ 61 Nr. 2 VwGO). Er kann außerdem **ordnungsrechtlich** auch als »Störer« in Anspruch genommen werden.

f) Steuerrecht

392 Der Verband Wohnungseigentümergemeinschaft ist weder einkommensteuer- noch körperschaftssteuerpflichtig, da diese Steuerpflichten nur natürliche oder juristische Personen treffen (§ 1 EStG, § 1 KStG). Steuerpflichtig und damit Steuerschuldner etwaig erzielter Einkünfte, z. B. aus Vermietung des Gemeinschaftseigentums, sind nach § 15 Abs. 1 Nr. 2 EStG die **Wohnungseigentümer**. Gewerbe- und Umsatzsteuern (§ 1 Abs. 1 Nr. 3 UStG, § 5 Abs. 1 S. 3 GewStG) schuldet der Verband hingegen selbst. Zum Verband als Unternehmer s. a. Rn. 433.

3. Ultra-vires-Lehre

393 Tritt der Verband Wohnungseigentümergemeinschaft gegenüber Dritten im Rechtsverkehr auf, obwohl sein Handeln nicht vom Verbandszweck (Rn. 380) gedeckt ist, ist er dennoch als rechtsfähig zu behandeln. Die aus dem angloamerikanischen Rechtskreis stammende »ultra-vires-Lehre« (ultra-vires-doktrin), die außerhalb des Verbandszweckes eines Rechtsfähigkeit verneint (dazu *Lehmann* AcP 2007, 225, 236; *Jacoby* Das private Amt, § 10 B I), ist wie auch im übrigen Verbandsrecht (*Flume* Juristische Person, § 10 II 2 d; *K. Schmidt* § 8 V 2 c) im Privatrecht (*Lehmann* AcP 2007, 225, 236) und im Wohnungseigentumsrecht nicht anzuwenden (*Rühlicke* ZWE 2007, 261, 269; *Elzer* WuM 2007, 295, 296; *Wenzel* ZWE 2006, 462, 469; a. A. *BGH* BGHZ 20, 119 für Rechtsgeschäfte, die eine juristische Person des öffentlichen Rechts durch ihre Organe außerhalb des durch Gesetz oder Satzung bestimmten Wirkungskreises der juristischen Person vornimmt). Der Verbandszweck begrenzt nur das rechtliche Dürfen, nicht das Können des Verbandes. Dies folgt vor allem aus der Verkehrsschutzfunktion der Rechtsfähigkeit (*K. Schmidt* § 8 V 2 c).

VI. Handlungsorganisation des Verbandes Wohnungseigentümergemeinschaft

1. Allgemeines

394 Originäre Organe des Verbandes Wohnungseigentümergemeinschaft sind nach § 27 Abs. 3 S. 1 und S. 2 WEG der Verwalter und die Wohnungseigentümer. Neben diesen Organen können von den Wohnungseigentümern weitere Organe vereinbart werden (s. § 20 Rn. 70 f.).

2. Willensbetätigung für den Verband Wohnungseigentümergemeinschaft

a) Durch den Verwalter

aa) Gesetzliche Rechte

395 Der Verband wird von Gesetzes wegen nur dann vom Verwalter vertreten, soweit das Gesetz diesem in § 27 Abs. 3 S. 1 Nr. 1 bis Nr. 6 WEG für den Verband eine Vertretungsmacht einräumt.
Überblick:

396 – **§ 27 Abs. 3 S. 1 Nr. 1 WEG**: Der Verwalter ist berechtigt, im Namen des Verbandes und mit Wirkung für und gegen ihn Willenserklärungen und Zustellungen entgegen zu nehmen;
– **§ 27 Abs. 3 S. 1 Nr. 2 WEG**: Der Verwalter ist berechtigt, im Namen des Verbandes und mit Wirkung für und gegen ihn Maßnahmen zu treffen, die zur Wahrung einer Frist oder zur Abwendung eines sonstigen Rechtsnachteils erforderlich sind, insbesondere einen gegen den Verband

gerichteten Rechtsstreit gem. § 43 Nr. 2 oder Nr. 5 WEG im Erkenntnis- und Vollstreckungsverfahren zu führen (**Passivrechtsstreite**);

– **§ 27 Abs. 3 S. 1 Nr. 3 und 4 WEG**: Der Verwalter ist berechtigt, im Namen des Verbandes und mit Wirkung für und gegen ihn Verträge zu schließen. Diese Verträge müssen dem Zweck dienen, von den Wohnungseigentümern beschlossene laufende Maßnahmen der Instandhaltung und Instandsetzung gem. § 27 Abs. 1 Nr. 2 WEG umzusetzen. Oder sie müssen dem Zweck dienen, die von den Wohnungseigentümern beschlossenen Maßnahmen gem. § 27 Abs. 1 Nr. 3 bis Nr. 5 und Nr. 8 WEG umzusetzen;

– **§ 27 Abs. 3 S. 1 Nr. 5 WEG**: Der Verwalter ist berechtigt, im Namen des Verbandes und mit Wirkung für und gegen ihn im Rahmen der Verwaltung der eingenommenen Gelder Konten zu führen;

– **§ 27 Abs. 3 S. 1 Nr. 6 WEG**: Der Verwalter ist berechtigt, im Namen des Verbandes und mit Wirkung für und gegen ihn mit einem Rechtsanwalt wegen eines Rechtsstreits gem. § 43 Nr. 2 oder Nr. 5 WEG eine Vergütungsvereinbarung i. S. v. § 27 Abs. 2 Nr. 4 WEG zu schließen.

bb) Gewillkürte Rechte

Nach § 27 Abs. 3 S. 1 Nr. 7 WEG ist der Verwalter auch dann **berechtigt**, im Namen des Verbandes Wohnungseigentümergemeinschaft und mit Wirkung für und gegen ihn sonstige Rechtsgeschäfte und Rechtshandlungen vorzunehmen, soweit er hierzu durch eine Vereinbarung oder einen Beschluss der Wohnungseigentümer **ermächtigt** worden ist. Als Gegenstand einer solchen Rechteeinräumung kommt zwar vor allem die Ermächtigung für die Führung eines Aktivprozesses des Verbandes in Betracht. Nach seinem Wortlaut und auch nach seiner Entstehungsgeschichte erlaubt es § 27 Abs. 3 S. 1 Nr. 7 WEG aber, die Vertretungsmacht des Verwalters für den Verband Wohnungseigentümergemeinschaft **umfassend** zu gestalten und der eines Organs einer juristischen Person oder der einer rechtsfähigen Personengesellschaft gleichzustellen (BT-Drucks. 16/887 S. 71; *Merle* ZWE 2006, 365, 369; *Hügel/Elzer* § 11 Rn. 93). 397

b) Durch die Wohnungseigentümer

Wenn ein Verwalter fehlt oder wenn ein Verwalter nicht zur Vertretung berechtigt ist, wird der Verband gem. § 27 Abs. 3 S. 2 WEG von allen Wohnungseigentümern vertreten (dazu *Merle* FS Bub, S. 173 ff.). Ein Verwalter kann aus rechtlichen und aus tatsächlichen Gründen fehlen. Beide Gründe sind regelmäßig eng auszulegen. Eine bloße Unsicherheit oder eine treuwidrige oder unzweckmäßige Ausübung des Verwalteramtes genügen nicht. Ein Verwalter fehlt z. B. aus rechtlichen Gründen, wenn ein Verwalter nicht bestellt wurde, die Amtszeit des ordentlich Bestellten abgelaufen ist, § 26 Abs. 1 S. 2 WEG, der alte Verwalter seine Bestellung niederlegt, der alte Verwalter wegen Todes, Abberufung oder einer auflösenden Bedingung seine Eigenschaft als Verwalter rechtlich verloren hat oder wenn der alte Verwalter geschäftsunfähig oder beschränkt geschäftsfähig (geworden) ist. Dem Verwalter fehlt eine Berechtigung, den Verband zu vertreten, wenn es zu einer Interessenskollision käme. Ferner gehören hierher die Fälle des § 181 BGB. 398

Die Wohnungseigentümer können die für den Verband verbindlichen Erklärungen als Gesamtvertreter nur gemeinsam bewirken (*Merle* FS Bub, S. 173, 176). Willensmängel, Kenntnis oder »Kennen müssen« eines der mehreren Handelnden, wirken für und gegen den Verband (Gesamtvertretung). Soll und muss dem Verband etwas zugestellt werden, etwa ein Beschluss oder ein Urteil oder eine Rechnung, genügt hierfür gem. § 170 Abs. 3 ZPO die Zustellung an **einen** Wohnungseigentümer. 399

Die Wohnungseigentümer können nach § 27 Abs. 3 S. 3 WEG mehrheitlich beschließen, einen oder mehrere Wohnungseigentümer zur Vertretung des Verbandes zu ermächtigen (*Merle* FS Bub, S. 172, 177). Die Ermächtigung ist ihrer Rechtsnatur nach nicht einfache Vollmacht, sondern macht den Ermächtigten partiell zum organschaftlichen Alleinvertreter des Verbandes. Die Erteilung der Ermächtigung erfolgt durch formlose, auch stillschweigende Erklärung an den oder die zu Ermächtigenden. Die Ermächtigung kann jederzeit widerrufen werden, auch ohne einen wichtigen Grund. 400

§ 10 | Allgemeine Grundsätze

3. Willensmanifestation

401 Die Willensmanifestation des Verbandes liegt vornehmlich in den Händen der Wohnungseigentümer. Bei der Willensmanifestation muss allerdings zwischen den Rechten und Pflichten des Verbandes und den von ihm auszuführenden Rechten unterschieden werden.

a) Eigene Rechte und Pflichten des Verbandes

402 Bei den dem Verband originär zustehenden Rechten handelt es sich um solche, die ihm aus Verträgen oder von Gesetzes wegen zustehen. In diesem Bereich muss z. B. entschieden werden, ob und ggf. wie der Verband an einer von ihm erworbenen Sache Mängelrechte ausübt, ob er eine Straftat anzeigt, oder ob er gegen einen Dritten einen Herausgabeanspruch geltend macht.

b) Vom Verband auszuführende Rechte und Pflichten

403 Bei den vom Verband gem. § 10 Abs. 6 S. 3 WEG auszuführenden Rechten und Pflichten der Wohnungseigentümer ist zwischen den geborenen und gekorenen Aufgaben zu unterscheiden. Soweit der Verband nach § 10 Abs. 6 S. 3 Variante 1 WEG geborene Ausführungsrechte besitzt, können die Wohnungseigentümer für den Verband entscheiden, ob und ggf. wie er seine Rechte und Pflichten wahrnimmt. Die Verbandsrechte und -pflichten können die Wohnungseigentümer nicht an sich ziehen (a. A. im Ergebnis *OLG München* MietRB 2007, 204). Eine Rechtsmacht, Rechte Dritter auf sich zu verlagern, haben sie auch nicht im Wege der Vereinbarung. Bei den gekorenen Rechten und Pflichten müssen sie hingegen darüber entscheiden, ob sie die Rechte und Pflichten selbst wahrnehmen, ob das der Verband tun soll und wenn ja wie.

c) Aufgaben des Verwalters bei der Willensmanifestation

404 Im Rahmen der Bildung des Verbandswillens besitzt der Verwalter keine gesetzlichen Befugnisse. Aufgabe des Verwalters ist es, soweit seine Befugnisse reichen, den von den Wohnungseigentümern gebildeten Verbandeswillen nach außen – also gegenüber Dritten – nach § 27 Abs. 1 Nr. 1 WEG durchzusetzen, indem er den Verband in diesem Bereich nach § 27 Abs. 3 S. 1 WEG vertritt. Man wird allerdings anerkennen müssen, dass die Wohnungseigentümer ihre Kompetenz, den Verbandswillen zu bilden, jedenfalls teilweise auf den Verwalter mit dessen Einverständnis übertragen können. Darf etwa der Verwalter bis zu einer Summe von € 3.000,00 die laufenden Maßnahmen der erforderlichen ordnungsmäßigen Instandhaltung und Instandsetzung gem. § 27 Abs. 1 Nr. 2 WEG ohne Rücksprache mit den Wohnungseigentümern treffen, liegt hierin eine teilweise Kompetenzverlagerung der Willensmanifestation.

4. Aufsicht

405 Die **Aufsicht** über die Willensbetätigung des Verwalters für den Verband obliegt **niemanden** im Hauptsächlichen – sofern die Wohnungseigentümer dafür keine besondere Stelle geschaffen haben. Ggf. kann dem Bund diese Aufgabe angetragen werden. Zu seinen gesetzlichen Aufgaben gehört die Aufsicht nicht (s. auch *Jennißen* Der WEG-Verwalter, Rn. 468).

5. Haftung für Organe

406 Schuldhaftes Verhalten seiner Organe wird dem Verband nach § 31 BGB, solches seiner Erfüllungsgehilfen nach § 278 BGB zugerechnet.

407 unbesetzt

VII. § 10 Abs. 6 S. 2 WEG

1. Allgemeines

408 Der Verband besitzt aus den von ihm eingegangenen Rechtsgeschäften Rechte und kann Verpflichteter sein. Er kann also im eigenen Namen Verträge mit Dritten schließen und Partei vertraglicher Schuldverhältnisse werden und aus diesen berechtigt, z. B. wegen Mängeln (*Vorauflage* Rn. 39; *Vogel/Pause* NJW 2006, 3670, 3671), oder verpflichtet sein (*Derleder* ZWE 2002, 250, 251; *Bub* ZWE 2002, 103, 111). Der Verband kann bewegliche Sachen erwerben – seien sie fest, flüssig oder gasförmig – etwa Einrichtungsgegenstände, Reinigungsmittel, Gartengeräte, Heizöl, Gasvorräte (*Wenzel* NZM 2006, 321, 323) oder Partei eines Dauerschuldverhältnisses (z. B. Energielie-

Allgemeine Grundsätze | § 10

ferungsverträge, Versicherungsverträge, Bankverträge oder der Verwaltervertrag) werden. Zum Verband als Inhaber unbeweglicher Sachen Rn. 434.

2. »Pflicht« zum Vertragsschluss
Das Gesetz regelt in § 10 Abs. 6 S. 3 WEG die Frage, wann ein **gesetzliches Recht** vom Verband auszuüben ist oder ausgeübt werden kann (Rn. 411 ff.). Eine Regelung darüber, wann der Verband auch ohne Ausübungsbefugnis **rechtsgeschäftlich** für die Wohnungseigentümer handeln muss und anstelle der Wohnungseigentümer einen Vertrag schließt, z. B. mit einem Reinigungsunternehmen, dem Verwalter oder einem Werkunternehmer, auch wenn es nicht um die Durchsetzung eines gesetzlichen Rechts geht, besteht nicht. Eine entsprechende allgemeine Anordnung, die Wohnungseigentümer zu vertreten, wenn sämtliche Wohnungseigentümer in Bezug auf das Gemeinschaftseigentum mit einem Dritten einen Vertrag schließen müssten, hält das Gesetz offensichtlich für entbehrlich. Eine **Pflicht zum Vertragsschluss** des Verbandes gegenüber Dritten ist dem Gesetz nur ansatzweise, nämlich über § 27 Abs. 3 S. Nr. 3 und Nr. 4 WEG zu entnehmen. Eine darüber hinaus gehende Regelung ist unterblieben, obwohl ein »Einsatz« des Verbandes, sein Tun Dritten gegenüber – wie das Gesetz selbst anerkannt – im Rahmen der gesamten Verwaltung und also im Rahmen sämtlicher Verwaltungsangelegenheiten (zum Begriff s. § 20 Rn. 72 und 73) vorstellbar, sinnvoll und nach Sinn und Zweck erforderlich ist. Diese Zurückhaltung überrascht, weil sich mit Verband und Wohnungseigentümern zwei Träger von Rechten und Pflichten gegenüberstehen. Dennoch ist eine Bestimmung wohl entbehrlich. Denn ob der Verband handelt, bestimmen die Wohnungseigentümer. Die Wohnungseigentümer handeln bei Rechtsgeschäften in Bezug auf das Gemeinschaftseigentum gleichsam »durch den Verband«, der sich vor diese stellt, aber keine eigenen, gegenläufigen Interessen wahrnimmt. Eine Pflicht zum Vertragsschluss des Verbandes ist daher dann anzunehmen, wenn die Wohnungseigentümer diese Pflicht bestimmen oder die Umstände einen **Vertragsschluss durch den Verband erfordern**. Diese Ansicht führt z. B. dazu, dass der Verband auch für solche Verträge, die nach einer überkommenen Sichtweise von den Wohnungseigentümern als Grundstückseigentümern geschlossen wurden, etwa einem Versorgungsvertrag, heute als Vertragspartei anzusehen ist. Für einen solche Vertragsschluss spricht stets entscheidend, dass die Mittel, die zum Ausgleich der dem Dritten geschuldeten Entgelte dienen, nach § 10 Abs. 7 WEG vermögensrechtlich dem Verband zugeordnet sind. Ferner, dass der Dritte die einzelnen Wohnungseigentümer zumeist gar nicht kennt, diese häufig wechseln und der Dritte kein anzuerkennendes Bedürfnis hat, einzelne Wohnungseigentümer in eine gesamtschuldnerische Haftung zu nehmen. Die § 10 Abs. 8 S. 1 WEG angeordnete Haftung nach Miteigentumsanteilen ist für seine Belange grundsätzlich ausreichend. Für einen freilich ausdrücklich (nicht nur konkludent durch Gasabnahme) geschlossenen Gaslieferungsvertrag hat der Bundesgerichtshof etwa entschieden, dass Vertragspartner des Gaslieferanten der Verband ist (*BGH* NZM 2007, 363). **409**

3. Pflichtverletzungen und Schlechtleistung
Noch offen ist, ob bei einer Vertragsverletzung im Verhältnis des Vertragspartners zum Verband auch Ansprüche der einzelnen Wohnungseigentümer – und wenn ja, welche – möglich sind, soweit dies nicht ausdrücklich bestimmt ist. Einerseits ist vorstellbar, einen Vertrag des Verbandes mit einem Dritten als **echten Vertrag zu Gunsten Dritter** (nämlich der einzelnen Wohnungseigentümer) einzuordnen (so zum Verwaltervertrag u. a. *OLG München* NJW 2007, 227 = NZM 2007, 92 = ZMR 2007, 220 = MDR 2007, 581; ZMR 2006, 954 = NZM 2006, 934; s. dazu auch Rn. 454 und § 26 Rn. 37). Durch einen solchen Vertrag erwirbt der Dritte gem. § 328 Abs. 1 BGB unmittelbar das Recht, Leistung zu fordern. Die Wohnungseigentümer hätten also unmittelbare Leistungs-, selbstverständlich bei Pflichtverletzungen aber auch Sekundäransprüche gegen den Verwalter. Vorstellbar ist indes auch, einen Vertrag des Verbandes mit einem Dritten als Vertrag **mit Schutzwirkung zu Gunsten Dritter** zu verstehen (so *OLG Düsseldorf* NJW 2007, 161 = ZMR 2007, 56 = NZM 2007, 137 = ZWE 2007, 92, *Wenzel* ZWE 2006, 462, 464; *ders*, 2006, 321, 322; *Vorauflage* Rn. 39 [Verträge]). Das hätte zur Folge, dass der Anspruch auf die Hauptleistung allein dem Verband zusteht und die Wohnungseigentümer nur in der Weise in die vertraglichen Sorgfalts- und Obhutspflichten einbezogen sind, dass sie bei deren Verletzung vertragsähnliche Schadensersatzansprü- **410**

che geltend machen könnten. Hierin liegt eine deutlich schwächere Stellung. Der Drittschutz erstreckt sich zwar nicht nur auf Körper-, sondern auch auf Sach- und Vermögensschäden. Allerdings ist bei der Prüfung, ob auch diese Schäden in den Schutz des Vertrags einzubeziehen sind, ein strenger Maßstab anzulegen. Außerdem ist der Drittschutz vom Hauptvertrag abhängig. Ggf. liegt die Lösung auch in einer Schadensliquidation im Drittinteresse (*Vorauflage* Rn. 39 [Verträge]). **Überzeugend** scheint es im Regelfall anzunehmen, dass – soweit nicht anderes vereinbart ist – Verträge des Verbandes mit Dritten (außer den Verwaltervertrag) als solche mit **Schutzwirkung zu Gunsten Dritter** zu verstehen.

VIII. Ausübungsbefugnis des Verbandes

1. Einführung

411 Der Verband Wohnungseigentümergemeinschaft übt nach § 10 Abs. 6 S. 3 WEG kraft Gesetzes ohne jede Mitwirkung der Wohnungseigentümer die gemeinschaftsbezogenen Rechte der Wohnungseigentümer aus und nimmt die gemeinschaftsbezogenen Pflichten der Wohnungseigentümer wahr (**Ausübungsbefugnis**). Daneben ist vorstellbar, dass der Verband sonstige Rechte und Pflichten der Wohnungseigentümer ausübt. Für sonstige Rechte und Pflichten besteht aber nur eine Ausübungsbefugnis, soweit diese nach einem entsprechenden Beschluss vom Verband auszuüben oder zu erfüllen sind. Gegenstand des § 10 Abs. 6 S. 3 WEG ist es danach, einen Gesichtspunkt der positiven Eigentümerbefugnisse, nämlich das eigene Eigentum in allen Belangen zu verwalten, abzuspalten und auf ein von den Wohnungseigentümern zu unterscheidendes Rechtssubjekt zur Ausübung zu übertragen. Sinn und Zweck dieser Teilrechtsübertragung ist es, Rechte und Pflichten im Rechtsverkehr **leichter durchzusetzen** und **klarer zuzuordnen**. Die Ausgliederung der Ausübungsbefugnis auf den Verband ist dabei als eine noch zulässige und verfassungsmäßige Einschränkung des § 903 Abs. 1 BGB (»soweit«) zu verstehen. Die alleinige, die Macht der Wohnungseigentümer insoweit zum Teil verdrängende Ausübungsbefugnis des Verbandes ist nicht dahin misszuverstehen, dass der Verband auch bestimmen kann, ob er handelt. Die Befugnis zu bestimmen, ob der Verband ein Recht ausüben soll, steht allein den Wohnungseigentümern zu. Haben die Wohnungseigentümer beispielsweise gemeinsam einen Schadensersatzanspruch wegen der Beeinträchtigung des gemeinschaftlichen Eigentums gegen Dritte Rn. (s. Rn. 418), müssen also sie zunächst entscheiden, ob der Verband tätig werden soll. Ist diese Entscheidung aber getroffen, kann der Verband ohne weiteres – ohne Ermächtigung, es sei denn, es geht um ein sonstiges Recht – seine Pflichten wahrnehmen. Da § 10 Abs. 6 S. 3 WEG nur einen Teil der originären Eigentümerrechte dem Verband Wohnungseigentümergemeinschaft zuschreibt – nämlich die Ausübung eines ihnen zustehenden Rechtes –, unternimmt er letztlich keinen Angriff auf das Wohnungseigentum als echtes Eigentum (s. dazu 3 Rn. 2).

412 Eine auf bestimmte Bereiche beschränkte Ausübungsbefugnis für fremde Rechte ist auch keine singuläre Erscheinung und im deutschen Recht auch nicht neu (s. auch *Wenzel* ZWE 2006, 462, 466, der auf § 265 Abs. 2 S. 1 ZPO und § 1422 BGB verweist). Insbesondere eine **rechtsgeschäftliche** Ausübungsermächtigung (Einziehungsermächtigung) die einem Dritten erlaubt, ein fremdes Recht im eigenen Namen auszuüben, ist heute **gewohnheitsrechtlich** anerkannt (grundlegend *BGH* BGHZ 4, 153, 164; PWW / *Frensch* § 182 BGB Rn. 14; *Bork* Allgemeiner Teil des BGB, Rn. 1732) – und findet sich auch im Gesetz. Ein praktischer Anwendungsfall ist z. B. die Ermächtigung zur Ausübung eines Kündigungsrechts (*BGH* NJW 1998, 896, 897; PWW / *Riecke* § 542 BGB Rn. 9) oder die Überlassung der Ausübung des Nießbrauchs nach § 1059 S. 2 BGB. Eine gesetzliche Ausübungsbefugnis findet sich in §§ 1052 Abs. 1 S. 1, 1070 Abs. 2 S. 1, 1092 Abs. 1 S. 2 BGB. Einer Ausübungsbefugnis ähnlich sind die **Verwaltungsbefugnisse** des Insolvenzverwalters für die Insolvenzmasse.

2. Rechtsfolge

a) Materielle Rechte

413 Die vom Verband auszuübenden Rechte bleiben Bestandteil des jeweiligen Eigentümervermögens. Der Verband als Ausübungsbefugter erlangt auf Grund der Ausübungsbefugnis aber die

Befugnis, ihm fremde Forderungen im eigenen Namen einzufordern. Er kann ferner im Zweifel alle Erklärungen abgeben, die im Zusammenhang mit der Erfüllung notwendig werden. Das Recht, über ein **Recht der Wohnungseigentümer zu verfügen**, besitzt der Verband als bloßer Ausübungsbefugter indes nicht (a. A. *Becker* MietRB 2007, 180, 183). Mangels Rechtszuständigkeit kann der Verband Wohnungseigentümergemeinschaft – anders als bei dem ihn zugeordneten Verwaltungsvermögen i. S. v. § 10 Abs. 7 WEG – nicht über das von ihm bloß verwaltete Gemeinschaftseigentum verfügen – auch nicht im Prozess im Rahmen eines Vergleichs (a. A. *Becker* MietRB 2007, 180, 183). Der Verband kann die ihm fremden Rechte **stets nur ausüben**, nicht verwerten oder aufgeben. Auch eine Einziehungsermächtigung umfasst grundsätzlich nicht die Befugnis zur Abtretung der Forderung an einen Dritten (*BGH* BGHZ 82, 283, 288; BGHZ 66, 150, 152; BGHZ 32, 357, 360; Staudinger / *Busche* Einl. zu §§ 398 BGB ff. Rn. 128).

b) Prozess
Da für ihn eine gesetzliche Pflicht zur Geltendmachung fremder Forderungen besteht, kann der 414 Verband Wohnungseigentümergemeinschaft eine Wohnungseigentümerforderung **im eigenen Namen** einklagen. Nur durch die rechtliche Möglichkeit, die Klage zu erheben, erlangt die Ausübungsbefugnis die ihr eigentlich zukommende Bedeutung (s. a. *BGH* BGHZ 150, 94, 101). Im Prozess ist der Verband Wohnungseigentümergemeinschaft, soweit er auch dort die Rechte der Eigentümer ausübt, gesetzlicher **Prozessstandschafter** (*BGH* ZMR 2007, 627, 628 = NZM 2007, 403 = NJW 2007, 1952 = NotBZ 2007, 204; *Becker* MietRB 2007, 180, 812; We*nzel* ZWE 2006, 109, 118; *Elzer* MietRB 2006, 195). Durch die Ausübungsbefugnis ist die früher notwendige Ermächtigung der Eigentümer für eine Prozessführung des Verbandes Wohnungseigentümergemeinschaft (s. dazu *Elzer* MietRB 2006, 195) **entbehrlich** geworden. Ein von ihm für die Wohnungseigentümer erstrittenes Urteil entfaltet gegen diese Rechtskraft (*BGH* NJW 1979, 924, 925). Im Prozess können die Wohnungseigentümer als Zeugen gehört werden (s. Staudinger / *Busche* Einl. zu §§ 398 BGB ff. Rn. 132). Eine Prozessstandschaft ist allerdings nicht auf Beklagtenseite vorstellbar. Es gibt keine **passive Prozessstandschaft** (*BGH* BGHZ 78, 166, 169 = NJW 1981, 282; *BayObLG* BayObLGZ 1975, 233, 238 = ZMR 1976, 313).

3. Gemeinschaftsbezogene und sonstige Rechte und Pflichten
Das Gesetz unterscheidet für die Ausübungsbefugnis zwischen gemeinschaftsbezogenen **Rech-** 415 **ten** und gemeinschaftsbezogenen **Pflichten** einerseits und sonstigen Rechten und Pflichten andererseits. Während es die gemeinschaftsbezogenen Rechte und Pflichten originär der Ausübungsbefugnis des Verbandes zuweist, bedarf es für die sonstigen Rechte und Pflichten zur Begründung einer Ausübungsbefugnis des Verbandes eines weiteren Aktes, zumeist eines Beschlusses, der hier als Vergemeinschaftung verstanden wird.

a) Ausübungsbefugnis für »gemeinschaftsbezogene« Rechte

aa) Allgemeines
Der Begriff der Gemeinschaftsbezogenheit ist vom Bundesgerichtshof im Bauträgerrecht (dazu 416 Anhang § 8) zum Schutz divergierender Mängelrechte von Erwerbern am Gemeinschaftseigentum entwickelt worden (vgl. grundlegend *BGH* BGHZ 74, 258, 265). Sinn und Zweck war es, die Ausübung eines Rechts, das jeden einzelnen Wohnungseigentümer zusteht, zum Schutz der anderen Wohnungseigentümer und zum Schutz des den Wohnungseigentümern wegen dieses Rechtes gegenüber tretenden Dritten zu koordinieren. Ein Recht ist danach nicht bereits dann gemeinschaftsbezogen, wenn es gemeinschaftlich geltend gemacht werden kann. Diese Voraussetzung ist zwar notwendig, aber nicht ausreichend. Wie § 10 Abs. 6 S. 3 2. Variante WEG zeigt, bedarf es für Rechte, die gemeinschaftlich geltend gemacht werden können, vielmehr einer gewillkürten Bestimmung, dass der Verband insoweit für die Wohnungseigentümer tätig werden soll. Im Sinne des Gesetzes »gemeinschaftsbezogen« sind nur die Rechte, die zum Schutze der Wohnungseigentümer und zum Schutze Dritter **gemeinsam geltend gemacht werden müssen**. Es muss sich um solche Individualrechte handeln, für die nach einer wertenden Betrachtung unter Berücksichtigung sämtlicher Umstände eine **ausschließliche Verwaltungszuständigkeit der Gesamtheit der Wohnungseigentümer** bestehen muss. Ist eine Angelegenheit in diesem Sinne

§ 10 | Allgemeine Grundsätze

»gemeinschaftsbezogen«, enthält § 21 Abs. 1 WEG gegenüber den allgemeinen Bestimmungen des bürgerlichen Rechts in §§ 741 ff., 1008 ff. BGB, vor allem aber in § 432 BGB, eine **Sonderregelung** (*BGH* ZMR 1997, 308, 309; BGHZ 121, 22, 24 = MDR 1993, 445 = NJW 1993, 727 = ZMR 1993, 173; BGHZ 115, 253, 257 = ZMR 1992, 30, 31; BGHZ 111, 148, 150; 106, 222, 227 = MDR 1989, 436 = NJW 1989, 1091), die eine individuelle Durchsetzung von Rechten **ausschließt** und ein gemeinsames Vorgehen erzwingt.

417 Ob eine solche ausschließliche, dem Verband als **Verwaltungstreuhänder** (*Becker* MietRB 2007, 180, 181; *Elzer* MietRB 2006, 196) zugeordnete Verwaltungszuständigkeit für ein Recht besteht oder auch ein Vorgehen einzelner Wohnungseigentümer vorstellbar ist, ist § 10 Abs. 6 S. 3 WEG selbst nicht zu entnehmen, sondern wird von diesem **vorausgesetzt**. Ob für ein Recht eine ausschließliche Verwaltungszuständigkeit besteht, ist daher stets durch Auslegung auch der übrigen Vorschriften des Wohnungseigentumsgesetzes und anhand der Interessenlage der Gesamtheit der Wohnungseigentümer nach billigem Ermessen zu ermitteln (vgl. *BGH* BGHZ 121, 22, 24 = MDR 1993, 445 = NJW 1993, 727 = ZMR 1993, 173; BGHZ 116, 392, 395 = ZMR 1992, 167, 168). In die **ausschließliche** Verwaltungszuständigkeit der Gesamtheit der Wohnungseigentümer und damit unter die Ausübungsbefugnis des Verbandes Wohnungseigentümergemeinschaft fallen nach heutiger Sichtweise danach folgende Rechte der Wohnungseigentümer:

418 – **Ausübung und Durchsetzung des Entziehungsrechts**: Die Ausübung und Durchsetzung des Entziehungsrechts gem. §§ 18 Abs. 1 S. 2, 19 Abs. 1 S. 2 WEG steht dem Verband zu, soweit es sich nicht um eine Gemeinschaft handelt, die nur aus zwei Wohnungseigentümern besteht (vgl. auch *Wenzel* NZM 2006, 321, 323; zum früheren Recht *Abramenko* ZMR 2005, 585; *Elzer* MietRB 2005, 248, 249; *Jennißen* NZM 2006, 203, 205).

– **Durchsetzung der Duldung des Zugangs zu einem Sondereigentum**: Die Durchsetzung der Duldung des Zugangs zu einem Sondereigentum gem. § 14 Nr. 4 WEG, z. B. für den Fall, dass ein Wohnungseigentümer in gemeinschaftliche Versorgungsleitungen eingegriffen hat und es dabei zu einem Schaden gekommen ist, ist i. S. d. Gesetzes gemeinschaftsbezogen (Staudinger/ *Bub* § 21 Rn. 227).

– **Notwegerecht**: Die Durchsetzung eines Notwegerechts ist i. S. d. Gesetzes gemeinschaftsbezogen (Niedenführ/*Kümmel* Rn. 60; so auch im Ergebnis *BGH* ZMR 2007, 46 mit Anm. *Elzer* Info M 2007, 29).

– **Schadensersatzanspruch wegen Beeinträchtigung des Gemeinschaftseigentums**: Ein den Wohnungseigentümern gemeinsam zustehender **Schadensersatzanspruch** wegen der Beeinträchtigung des gemeinschaftlichen Eigentums gegen Dritte (*BGH* BGHZ 121, 22, 24 = MDR 1993, 445 = NJW 1993, 727 = ZMR 1993, 173; a. A. *Heerstraßen* Schuldverhältnisse, S. 240), aber auch gegen einen einzelnen Wohnungseigentümer ist gemeinschaftsbezogen i. S. d. Gesetzes. Eigentumsrechtlich steht der Anspruch zwar den Wohnungseigentümern zu (KK-Mietrecht/*Riecke*/*Elzer* Teil 12 Rn. 70). Ein solcher Schadensersatzanspruch ist aber außergerichtlich und gerichtlich vom Verband geltend zu machen (KK-Mietrecht/*Riecke*/*Elzer* Teil 12 Rn. 12). Nach hier vertretener Auffassung kann dieser sämtlichen Wohnungseigentümer zustehender Anspruch nicht durch Beschluss zum Verwaltungsvermögen des Verbandes gemacht werden. Mit Einziehung würde der Verband – anders als der im fremden Namen handelnde Bevollmächtigte – allerdings **Eigentümer** des eingezogenen Betrages. Die eingezogenen Mittel dürfen daher nicht mit dem Verwaltungsvermögen **vermengt** werden: ansonsten drohte ein Zugriff der Verbandsgläubiger. Für die allein den Eigentümern zustehenden Ansprüche, muss ein »zweites Verwaltungsvermögen« angesammelt werden (KK-Mietrecht/*Riecke*/*Elzer* Teil 12 Rn. 17 und Rn. 70).

– **Schadensersatzanspruch gegen einen den Wohnungseigentümern Verpflichteten**: Der Schadensersatzanspruch gegen einen den Wohnungseigentümern Verpflichteten, z. B. im Einzelfall ein Anspruch der Wohnungseigentümer gegen den Verwalter oder einen Werkunternehmer, ist i. S. d. Gesetzes gemeinschaftsbezogen (*BGH* BGHZ 106, 222, 224 ff.; *Becker* MietRB 2007, 180, 182).

– **Vermietung von Gemeinschaftseigentum**: Die Vermietung von Gemeinschaftseigentum ist gemeinschaftsbezogen i. S. d. Gesetzes. Sie hat daher im Namen des Verbandes Wohnungs-

eigentümergemeinschaft, nicht im Namen der Wohnungseigentümer zu erfolgen (*Wenzel* NZM 2006, 321, 322; KK-Mietrecht/*Riecke/Elzer* Teil 12 Rn. 12; s. bereits *OLG Karlsruhe* OLGReport Karlsruhe 2004, 214, 215). Da die Mieten dem Vermieter, nicht dem Grundstückseigentümer zustehen, gehören eingenommene Mieten zum Verwaltungsvermögen (s. Rn. 418). Der Verband muss sie aber grundsätzlich über die Jahresabrechnung wieder auskehren (KK-Mietrecht/*Riecke/Elzer* Teil 12 Rn. 12), es sei denn, die Wohnungseigentümer beschlössen etwas anderes.
– **Mängelansprüche wegen Mängeln des Gemeinschaftseigentums**: Die Minderung und der kleine Schadensersatz wegen Mängeln des Gemeinschaftseigentums sind i. S. d. Gesetzes gemeinschaftsbezogen (*BGH* ZMR 2007, 627, 629 = NZM 2007, 403 = NJW 2007, 1952 = NotBZ 2007, 204). Auch die Voraussetzungen für diese Rechte kann allein der Verband Wohnungseigentümergemeinschaft schaffen (*BGH* ZMR 2007, 627, 629 = NZM 2007, 403 = NJW 2007, 1952 = NotBZ 2007, 204; BauR 2006, 979, 981 = WE 2007, 56 = ZMR 2006, 537, 538 = InfoM 2006, 302 mit Anm. *Elzer*; BauR 1998, 783 = ZfBR 1998, 245).

bb) Ausübungsbefugnis der Wohnungseigentümer

Die Wohnungseigentümer sind ungeachtet der Ausübungsbefugnis des Verbandes Inhaber ihrer 419 als gemeinschaftsbezogen verstandenen Rechte. Die Änderung der Zuordnung von der Gesamtheit der Wohnungseigentümer zum Verband Wohnungseigentümergemeinschaft führt zu keinem Inhaberwechsel. Die Ausübungsbefugnis des Verbandes Wohnungseigentümergemeinschaft für die ihn fremden Rechte der Wohnungseigentümer wirkt rein schuldrechtlich (s. allgemein *BGH* BGHZ 55, 111, 115; PWW/*Eickmann* § 1059 Rn. 5). Durch die gesetzliche Übertragung ihrer Verwaltungsbefugnisse auf den Verband Wohnungseigentümergemeinschaft sind die Eigentümer aber **nicht mehr in der Lage**, neben oder anstelle des Verbandes bei gemeinschaftsbezogenen Rechten zu handeln (BT-Drucks. 16/887 S. 61; *Rühlicke* ZWE 2007, 261, 268; *Becker* MietRB 2007, 180, 182; *kritisch* Müller Info M 2006, 63 »Einengung der Eigentümerbefugnisse«; anders bei einer Einziehungsermächtigung: dort kann der Ermächtigende weiter verfügen, s. Staudinger/*Busche* Einl. zu §§ 398 BGB ff. Rn. 132).

b) Ausübungsbefugnis für »gemeinschaftsbezogene« Pflichten

aa) Allgemeines

Eine sämtlichen Wohnungseigentümern obliegende Pflicht ist i. S. d. Gesetzes »gemeinschaftsbezogen«, wenn die Pflicht im Interesse der Wohnungseigentümer oder zum Schutz oder im Interesse eines Dritten zwingend von allen Wohnungseigentümern **gemeinsam zu erfüllen** ist. Es muss sich also um eine solche Pflicht handeln, für die eine ausschließliche Verwaltungszuständigkeit der Gesamtheit der Wohnungseigentümer besteht. Zu im diesen Sinne verstandenen gemeinschaftsbezogenen Pflichten gehören u. a.: 420
– **Ansprüche eines Nachbarn**: Macht ein Nachbar der Wohnungseigentümer Ansprüche geltend, die an eine **Instandsetzungspflicht** anknüpfen, ist auch der Verband Verpflichteter (*LG Würzburg* WuM 2006, 531, 532); geht vom Gemeinschaftseigentum eine Störung aus, ist auch der Verband Wohnungseigentümergemeinschaft in Anspruch zu nehmen (*Wenzel* ZWE 2006, 462, 468); 421
– **Aufwendungsersatzansprüche des Verwalters**: Macht der Verwalter Aufwendungsersatzansprüche wegen des Gemeinschaftseigentums geltend, ist dieser i. S. d. Gesetzes gemeinschaftsbezogen und vermögensrechtlich **auch vom** Verband auszugleichen (*Elzer* ZMR 2006, 628, 629; *Wenzel* ZWE 2006, 462, 468);
– **Schadensersatzansprüche der Eigentümer untereinander**: Schadensersatzansprüche der Eigentümer untereinander z. B. aus § 14 Nr. 4 Hs. 2 WEG oder aus § 21 Abs. 4 WEG i. V. m. §§ 280, 241 BGB wegen nicht rechtzeitiger oder nicht erfolgter Beschlussfassung sind i. S. d. Gesetzes gemeinschaftsbezogen und vermögensrechtlich vom Verband auszugleichen (*Becker* MietRB 2007, 180, 184; *Elzer* ZMR 2006, 628, 629; *Wenzel* ZWE 2006, 462, 468; *Lehmann-Richter* ZWE 2006, 413, 417);
– **Verkehrspflichten**: Die Verkehrspflichten für das Gemeinschaftseigentum hat nach § 10 Abs. 6 S. 3 Variante 2 WEG auch der Verband Wohnungseigentümergemeinschaft wahrzunehmen

§ 10 | Allgemeine Grundsätze

(*Becker* MietRB 2007, 180, 184; *Wenzel* NZM 2006, 321, 323; *Elzer* ZMR 2006, 228; a. A. Niedenführ / *Kümmel* Rn. 76).

bb) Pflichtenstellung der Wohnungseigentümer

422 Wie für die gemeinschaftsbezogenen Rechte, stellt sich auch für die gemeinschaftsbezogenen Pflichten – aber verstärkt, weil es hier auch um gegenüber Dritten bestehende Pflichten geht und also neben dem Rechtskreis der Wohnungseigentümer der Rechtskreis Dritter berührt ist – die Frage, wie die Pflichtenstellung des Verbandes sich auf die Pflichtenstellung der Wohnungseigentümer auswirkt. Die Lösung hängt mit der Frage zusammen, welcher Zweck darin liegt, die Ausübung gemeinschaftsbezogener Pflichten zu einer Aufgabe des Verbandes zu machen und wie die »Wahrnehmung« von Eigentümerpflichten durch den Verband Wohnungseigentümergemeinschaft zu verstehen, worin diese also zu sehen ist. In Betracht kommen:

423 – eine schwache nicht einklagbare bloße Obliegenheit des Verbandes, fremde Pflichten wahrzunehmen;
– ein bestärkender Schuldbeitritt des Verbandes neben den Wohnungseigentümern;
– eine befreiende Schuldübernahme anstelle der eigentlich Verpflichteten.

424 In Richtung einer vollständig befreienden Schuldübernahme gehen letztlich solche Ansichten, die bestimmte Pflichten **allein** dem Verband zuweisen (etwa *OLG Frankfurt a. M.* ZMR 2006, 625; offen *OLG München* v. 13.8.2007 – 34 Wx 144/06; a. A. *Rühlicke* ZWE 2007, 261, 268/269). Sie verlagern damit eine originäre Eigentümerpflicht allein auf den Verband Wohnungseigentümergemeinschaft. Dem ist nicht zu folgen. Der **Dritte** ist gegenüber den Wohnungseigentümern, soweit diese eine Pflicht gemeinsam erfüllen müssen, **nicht schutzbedürftig**. Im Gegenteil erleichtert den Dritten eine Vielzahl von Schuldnern die Durchsetzung seiner Rechte. Vor diesem Hintergrund ist zwar richtig, dass eine bloße Obliegenheit des Verbandes letztlich zu schwach wäre und Sinn und Zweck des § 10 Abs. 6 S. 3 WEG, die Verwaltung zu erleichtern, keinesfalls gerecht werden würde. Eine solche Auslegung verfehlte den Mut des Bundesgerichtshofes und den ihm folgenden gesetzgeberischen Impetus. Es liegt aber nahe, dass der Verband gegenüber Dritten, aber auch gegenüber Wohnungseigentümern i. S. e. Schuldmitübernahme (einer vervielfältigenden oder verstärkenden Schuldübernahme) nur **neben**, nicht anstelle den weiterhin **auch** verpflichteten Wohnungseigentümern haftet (*Elzer* ZMR 2006, 628, 630; *ders.* ZMR 2006, 228, 229). Dieses Modell ist **gläubigerfreundlich** und **sachgerecht**. Und es entspricht der durch § 10 Abs. 8 S. 1 Hs. 1 WEG angeordneten kumulativen Haftung. Nach hier vertretener Auffassung bleiben die Wohnungseigentümer im Ergebnis daher für die gemeinschaftsbezogenen Pflichten **neben dem Verband** selbst **verpflichtet**, z. B. verkehrspflichtig, weil § 10 Abs. 6 S. 3 Variante 1 WEG – anders als bei Rechten – im Hinblick auf Pflichten nicht die Funktion zugeschrieben werden kann, einem Dritten einen **Schuldner zu entziehen** (*Elzer* ZMR 2006, 228, 229; *Jennißen* NZM 2006, 203, 205; offen *Bärmann/Pick* Rn. 43; s. a. *BayVGH* NZM 2006, 595 = ZMR 2006, 729; a. A. *Rühlicke* ZWE 2007, 261, 268; *Fritsch* ZWE 2005, 384, 386). Der Sinn und Zweck der Ausübungsbefugnis, gerade für Dritte den Umgang mit den Wohnungseigentümer zu erleichtern (Rn. 379), erfordert es nicht, nur den Verband als Verpflichteten anzusehen.

c) Ausübungsbefugnis für sonstige Rechte (Vergemeinschaftung)

425 Sonstige Rechte i. S. v. § 10 Abs. 6 S. 3 Variante 2 WEG sind solche, die »gemeinschaftlich geltend gemacht werden können«. Es handelt sich also zwar um Rechte, die sämtlichen Wohnungseigentümern zustehen, oder Pflichten, die von sämtlichen Wohnungseigentümer wahrzunehmen sind. Die allgemeinen Regelungen erfordern es aber nicht, dass das Recht zwingend von sämtlichen Wohnungseigentümern – und also für sie durch den Verband – wahrzunehmen sind. Ein gemeinschaftliches Recht in diesem Sinne ist nur dann vom Verband durchzusetzen oder eine Pflicht ist von diesem zu erfüllen, wenn die Wohnungseigentümer eine Ausübung des Verbandes für richtig erachten. Für eine solche **Vergemeinschaftung** besteht nach heute h. M. eine Beschlusskompetenz.

aa) Ansprüche auf Beseitigung und Unterlassung

Insbesondere Ansprüche auf Beseitigung und Unterlassung einer Störung oder der Beseitigung **426** einer unzulässigen baulichen Veränderung nach §§ 15 Abs. 3 WEG, 1004 Abs. 1 BGB sind nach einer Vergemeinschaftung durch den Verband auszuüben (*Wenzel* ZWE 2006, 2, 6). Die Abwehr von Störungen innerhalb der Wohnungseigentümergemeinschaft betrifft zwar nicht den Rechtsverkehr des Verbandes. Sie ist Angelegenheit der Wohnungseigentümer als Einzelpersonen mit der Folge, dass Verfahrensbeteiligte die einzelnen Wohnungseigentümer sind. Nur die Eigentümer selbst sind Anspruchsinhaber oder -gegner und damit im Verfahren aktiv- oder passivlegitimiert (*BGH* ZMR 2006, 457 = NZM 2006, 465 = NJW 2006, 2187 = IMR 2006, 13 mit Anm. *Elzer*; *Elzer* MietRB 2006, 75, 84; *Abramenko* ZMR 2005, 585). Dass jedem Wohnungseigentümer insoweit auch ein Individualanspruch zusteht oder dass dieser von einem einzelnen Wohnungseigentümer in einem Rechtsstreit bereits geltend gemacht wird, hindert die Wohnungseigentümer aber nicht, die Verfolgung des Abwehranspruchs zu einer Aufgabe des Verbandes zu machen (*BGH* ZMR 2006, 457 = NZM 2006, 465 = NJW 2006, 2187 = IMR 2006, 13 mit Anm. *Elzer*; *Armbrüster* ZWE 2006, 470, 473). Außerprozessual übt dann der Verband die Rechte der Eigentümer als Verwaltungstreuhänder aus. Im Prozess ist der Verband Wohnungseigentümergemeinschaft nach einer Vergemeinschaftung durch § 10 Abs. 6 S. 3 WEG als gesetzlicher Verfahrensstandschafter anzusehen, der als eigenes Rechtssubjekt ihm fremde Abwehrrechte geltend macht (*OLG München* ZMR 2006, 386 = OLGReport München 2006, 251; ZMR 2006, 304 mit Anm. *Demharter* = NZM 2006, 345, 346; *Elzer* MietRB 2006, 75, 84). Die notwendige Rechtskrafterstreckung sichert die notwendige Beiladung nach § 48 Abs. 1 S. 1, Abs. 3 WEG.

bb) Ansprüche wegen Mängeln des Gemeinschafseigentums

Ist ein Mängelrecht nicht i. S. d. Gesetzes gemeinschaftsbezogen (dazu Rn. 416), werden also **427** durch seine Durchsetzung gemeinschaftsbezogene Interessen der Wohnungseigentümer oder schützenswerte Interessen des Veräußerers nicht beeinträchtigt, kann jeder Wohnungseigentümer dieses Mängelrecht zunächst **individuell durchsetzen** und selbstständig – ggf. im Namen sämtlicher Wohnungseigentümer – **verfolgen** (*BGH* ZMR 2007, 627, 629 = NZM 2007, 403 = NJW 2007, 1952 = NotBZ 2007, 204).

Die Wohnungseigentümer besitzen nach § 21 Abs. 1 und Abs. 5 Nr. 2 WEG aber eine Kompetenz, **428** auch die gemeinschaftlichen aber nicht gemeinschaftsbezogenen Mängelrechte im Wege des Beschlusses zu **vergemeinschaften**, soweit die ordnungsgemäße Verwaltung ein gemeinschaftliches Vorgehen erfordert (*BGH* ZMR 2007, 627, 629 = NZM 2007, 403 = NJW 2007, 1952 = NotBZ 2007, 204). Die ordnungsgemäße Verwaltung erfordert es sogar **in aller Regel**, einen gemeinschaftlichen Willen darüber zu bilden, wie die ordnungsgemäße Herstellung des Gemeinschaftseigentums zu bewirken ist. Das gilt nicht nur im Hinblick auf den Erfüllungs- oder Nacherfüllungsanspruch, sondern auch im Hinblick auf die Ansprüche auf Vorschuss oder Aufwendungsersatz, die davon **abhängen**, wie die Selbstvornahme bewirkt wird. Die Möglichkeit einer Vergemeinschaftung ist jedem Erwerbsvertrag über Wohnungseigentum **immanent**. Durch die Vergemeinschaftung werden diese Rechte i. S. v. § 10 Abs. 6 S. 3 Var. 2 WEG (sonstige Rechte der Wohnungseigentümer) dem Verband Wohnungseigentümergemeinschaft zur Ausführung übertragen. Die Übertragung begründet dann eine alleinige Zuständigkeit des Verbandes. In einem Verfahren muss der Antrag nach Vergemeinschaftung berücksichtigen, dass ein etwaiger **Schadensersatzanspruch** nicht gem. § 10 Abs. 7 WEG dem Verband, sondern den Wohnungseigentümern **zusteht**. Die Eigentümer müssen also nicht erst beschließen, dass die Leistung an sie erfolgen soll (a. A. *Wenzel* ZWE 2006, 109, 113).

cc) Enteignung von Gemeinschaftseigentum

Ein sonstiges Recht ist auch das Recht der Wohnungseigentümer, gemeinsam gegen eine **Enteig-** **429** **nung** von Gemeinschaftseigentum vorzugehen (*OLG Karlsruhe* NZM 2001, 768; *Staudinger/Wenzel* Vorbemerkungen zu §§ 43–50 WEG Rn. 3).

dd) Rechtestellung der Wohnungseigentümer

430 Unsicherheit besteht darüber, wie sich die Vergemeinschaftung eines Rechtes auf die Rechtsstellung des Einzelnen auswirkt (dazu auch *Becker* MietRB 2007, 180, 183). Jedenfalls die Vergemeinschaftung eines Mängelrechtes schließt nach h. M. ein selbstständiges Vorgehen der Erwerber aus (Rn. 428). Hat ein Wohnungseigentümer bereits individuell gegen einen Bauträger (s. Anhang § 8) geklagt, muss er seine Klage in der Hauptsache für erledigt erklären. Alternativ kommt ein gewillkürter Klägerwechsel in Betracht. Bei einem vergemeinschafteten Abwehrrecht soll der Einzelne hingegen weiterhin berechtigt sein, dass Recht individuell durchzusetzen (BT-Drucks. 16/887, S. 62; a. A. *Wenzel* NZM 2006, 321, 323). Richtig scheint zu sein, wie bei einer geborenen Ausübungsbefugnis des Verbandes eine **ausschließliche Zuständigkeit des Verbandes** anzunehmen (so auch im Ergebnis *Wenzel* NZM 2006, 321, 323).

d) Ausübungsbefugnis für sonstige Pflichten (Vergemeinschaftung)

431 § 10 Abs. 6 S. 3 Var. 2 WEG erlaubt es den Wohnungseigentümern, auch gemeinschaftliche, aber nicht gemeinschaftsbezogene Pflichten zur Erfüllung auf den Verband zu übertragen. Welche Pflichten zwar gemeinschaftlich, aber nicht gemeinschaftsbezogen i. S. d. Gesetzes sind und ob es für diese Variante überhaupt Anwendungsfälle gibt, ist noch ungeklärt (Niedenführ / *Kümmel* Rn. 65). Vorstellbar sind ggf. öffentlich-rechtliche Pflichten, z. B. gegenüber einem Nachbarn.

IX. Der Verband als Verbraucher

432 Wie eine Gesellschaft nach bürgerlichem Recht (dazu *BGH* BGHZ 149, 80, 82 ff. = NJW 2002, 368; *K. Schmidt* JuS 2006, 1, 4) kann der Verband Wohnungseigentümergemeinschaft Verbraucher i. S. v. § 13 WEG sein (*Armbrüster* GE 2007, 420, 424; *ders.* ZWE 2007, 290, 291; Niedenführ / *Kümmel* Rn. 55; s. auch *LG Düsseldorf* v. 11.9.2007 – 290 II ZS / 07 WEG; a. A. *LG Rostock* ZMR 2007, 731, 732 = ZWE 2007, 292 mit Anm. *Armbrüster* ZWE 2007, 290; PWW / *Prütting* § 14 BGB Rn. 6; s. a. Staudinger / *Rapp* Einl. WEG Rn. 73a). Insbesondere weil der Verband keine gewerbliche oder selbstständige Tätigkeit ausübt, ist er als Verbraucher anzusehen. Das gilt auch dann, wenn dem Verband einige oder ggf. sogar nur Wohnungseigentümer angehören, die selbst Unternehmer sind. Zum Schutz Dritter können die Verbraucherschutzregeln ggf. in solchen Fällen, in denen kein Mitglied, wenn es den Vertrag allein geschlossen hätte, Verbraucher wäre, gem. § 242 BGB mangels Schutzbedürfnisses nicht anzuwenden sein (vgl. *BGH* NJW 2005, 1039).

X. Der Verband als Unternehmer

433 Der Verband Wohnungseigentümergemeinschaft ist nicht als umsatzsteuerpflichtiger Leistungsempfänger i. S. v. § 13 b Abs. 1, Abs. 2 UStG anzusehen (*Armbrüster* ZWE 2007, 290, 291; Niedenführ / *Kümmel* Rn. 55). Zwar ist der Verband Empfänger der (Werk-)Leistung. Der Verband bietet gegenüber den Wohnungseigentümern aber keine Leistung gegen Entgelt an. Auch der wiederkehrende Abschluss von Werkverträgen genügt nicht, um die Unternehmereigenschaft zu bejahen (*Armbrüster* GE 2007, 420, 424).

XI. Verband als Grundeigentümer und Inhaber grundstücksgleicher Rechte

434 Der Verband kann neben beweglichen Sachen auch unbewegliche Sachen zu Eigentum erwerben (Hügel/*Elzer* § 3 Rn. 82; *Abramenko* ZMR 2006, 338, 340; *Wenzel* NZM 2006, 321, 323; *ders.* ZWE 2006, 2, 7; *Jennißen* NZM 2006, 203, 205); auch Wohnungs- oder Teileigentum in der von ihm nach außen vertretenen Anlage (Hügel/*Elzer* § 3 Rn. 72 und § 9 Rn. 7; *Häublein* FS Seuß [2007], S. 125, 139; *Jennißen* NZM 2006, 203, 205; *Wenzel*, ZWE 2006, 2, 6). Sofern der Verband Wohnungs- oder Teileigentum in der von ihm nach außen vertretenen Anlage erwirbt, ist noch unentschieden, ob er dann wir jeder andere Wohnungseigentümer zu behandeln ist. Zu klären ist z. B., welche Auswirkungen eine Insich-Mitgliedschaft auf die **Außenhaftung** nach § 10 Abs. 8 S. 1 WEG hat und ob der Verband als Wohnungseigentümer **Wohngeld** schuldet. Ferner ist zu hinterfragen, ob der Verband als Wohnungseigentümer zu den Eigentümerversammlungen zu laden ist und ob er ein Stimmrecht besitzt (dazu Hügel/*Elzer* § 9 Rn. 7). Ist der Verband Wohnungseigentümer, wächst

sein Sondereigentum der Haftungsmasse Verwaltungsvermögen zu. Gläubiger können in dieses Sondereigentum vollstrecken.

Streitig ist, ob der Erwerb von Immobilienvermögen eine Maßnahme **ordnungsmäßiger Verwaltung** ist und daher beschlossen werden kann, oder ob es dazu einer Vereinbarung bedarf (für **Beschluss**: *Hügel/Elzer* § 3 Rn. 74; *Schneider* ZMR 2006, 813, 815; *Abramenko* ZMR 2006, 338, 340; *Wenzel* NZM 2006, 321, 323; für **Vereinbarung**: *LG-Nürnberg-Fürth* ZMR 2006, 812, 813; *Jennißen* NZM 2006, 203, 205). 435

Der Verband kann auch Inhaber von grundstücksgleichen Rechten sein oder eines Dauerwohn- oder Dauernutzungsrecht i. S. v. §§ 31 ff. WEG. Der Verband kann sowohl eine (Sicherungs-)Hypothek als auch eine Grundschuld erwerben (*Hügel/Elzer* § 3 Rn. 57; *Hügel* DNotZ 2005, 753, 769; *Wilsch* RNotZ 2005, 536, 358; *Rapp* MittBayNot 2005, 449, 458). Voraussetzung ist, dass die Bestellung der Grundschuld mit der Verwaltung des gemeinschaftlichen Eigentums in einem unmittelbaren Zusammenhang steht. Dies wird man dann bejahen können, wenn die zu sichernde Verbindlichkeit sich aus der Verwaltung des gemeinschaftlichen Eigentums ergibt (*Hügel* DNotZ 2005, 753, 767; *Rapp* MittBayNot 2005, 449, 458). Der Verband kann auch eine beschränkte persönliche Dienstbarkeit erwerben (*Wenzel* ZWE 2006, 2, 7), wenn das zu sichernde Recht dem Verwaltungsvermögen zuzurechnen ist (*Hügel/Elzer* § 3 Rn. 67; *Hügel* DNotZ 2005, 753, 770; *Rapp* MittBayNot 2005, 449, 458). Praktisch ist dies z. B. dann, um nicht eingehaltene Grenzabstände auf dem Nachbargrundstück dinglich abzusichern oder von den Erwerbern gewünschte Stellplätze auf jenem Grundstück zu realisieren (*Hügel* DNotZ 2005, 753, 769). 436

XII. Verfahrensrechtliches

1. Parteifähigkeit

Der Verband Wohnungseigentümergemeinschaft ist in Anlehnung an § 124 Abs. 1 HGB gem. § 10 Abs. 6 S. 5 WEG sowohl gegenüber Dritten als auch, z. B. in einem Verfahren nach § 43 Nr. 2 WEG, gegenüber den Wohnungseigentümern parteifähig (*Elzer* ZAP 2007, 325). Der Verband kann also als solcher klagen und verklagt werden, ohne dass es grundsätzlich auf den aktuellen »Mitgliederbestand« ankommt. 437

2. Prozessfähigkeit

Der Verband ist prozessfähig. Der Verband wird vor Gericht in Passivverfahren gesetzlich durch den Verwalter nach § 27 Abs. 3 S. 1 Nr. 2 WEG vertreten. Fehlt ein Verwalter, ist er in einem Aktivverfahren nach § 27 Abs. 3 S. 1 Nr. 7 WEG nicht ermächtigt worden oder ist der Verwalter wegen einer Interessenkollision ausnahmsweise nicht zur Vertretung des Verbandes Wohnungseigentümergemeinschaft berechtigt, vertreten nach § 27 Abs. 2 S. 2 WEG alle Wohnungseigentümer den Verband (so bereits zum früheren Recht *Bub/Petersen* NZM 2005, 2590, 2591; *Häublein* ZIP 2005, 1720, 1725; *Elzer* ZMR 2004, 873, 880). Die Wohnungseigentümer können gem. § 27 Abs. 3 S. 3 WEG außerdem beschließen, einen oder mehrere Wohnungseigentümer zur Vertretung des Verbandes zu ermächtigen. Will der Verband klagen, bedarf es eines besonderen Beschlusses, dass geklagt werden soll. Anstelle der anderen Wohnungseigentümer oder des Verwalters kann ein Wohnungseigentümer im Wege der Prozessstandschaft zur Durchsetzung von Ansprüchen des Verbandes ermächtigt werden (*Elzer* ZAP 2007, 325, 334 m. w. N.). Unsicher ist noch, ob auch dem Verwalter eine Prozeßstandschaft für den Verband zu erlauben ist. Weder ein Bedürfnis noch die Voraussetzungen hierfür dürften regelmäßig vorliegen (*Elzer* ZAP 2007, 325, 335 m. w. N.; *ders.* ZMR 2005, 886, 888; a. A. *OLG Hamburg* ZMR 2007, 59, 60). 438

3. Gerichtsstand

Für Streitigkeiten über Rechte und Pflichten zwischen dem Verband Wohnungseigentümergemeinschaft und den Wohnungseigentümern ist gem. § 43 WEG i. V. m. § 23 Nr. 2 Buchstabe c GVG das Amtsgericht ausschließlich sachlich und örtlich zuständig, in dessen Bezirk das Grundstück liegt. Für gegen den Verband gerichtete Klagen Dritter ist danach zu unterscheiden, ob die Wertgrenze des § 23 Nr. 1 GVG erreicht wird, oder ob § 71 Abs. 1 GVG einschlägig ist (*Hügel/Elzer* § 13 Rn. 285). Die Entscheidungen über Berufungen und Beschwerden gegen die erstinstanz- 439

§ 10 | Allgemeine Grundsätze

lichen Entscheidungen der Amtsgerichte in Verfahren nach § 43 WEG obliegen grundsätzlich dem Landgericht (*Hügel/Elzer* § 13 Rn. 14 ff.).

4. Bezeichnung im Prozess

440 Der Verband Wohnungseigentümergemeinschaft muss, wenn er klagt oder verklagt wird, nach § 10 Abs. 6 S. 4 WEG die Bezeichnung »Wohnungseigentümergemeinschaft« gefolgt von der bestimmten Angabe des gemeinschaftlichen Grundstücks führen, z. B. nach der postalischen Anschrift oder nach der Grundbucheintragung (Rn. 384).

5. Alttitel

441 Ist der Verband in einer Angelegenheit als Rechtsinhaber anzusehen, sind aber die Wohnungseigentümer noch Titelinhaber, müssen solche Titel nach §§ 724, 727 ZPO auf den Verband Wohnungseigentümergemeinschaft als Rechtsnachfolger umgeschrieben werden (*Abramenko* ZMR 2006, 409, 413; *Böhringer* Rpfleger 2006, 53, 55). Eine Berichtigung des Rubrums »von Amts wegen« durch das zuständige Vollstreckungsorgan, etwa das Vollstreckungsgericht, scheidet aus. Eine Prüfung vor der Zwangsvollstreckung ist bereits deshalb unumgänglich, weil nicht alle von den Eigentümern erlangte Titel auf den Verband Wohnungseigentümergemeinschaft umschreibbar sind. Eine Umschreibung scheidet aus, wenn der Anspruch auch nach der Entdeckung des Verbandes vermögensrechtlich den Wohnungseigentümern zugewiesen ist. Eine Zuordnung auf den Verband ist auf die Teilbereiche des Rechtslebens beschränkt, bei denen die Wohnungseigentümer im Rahmen der Verwaltung des gemeinschaftlichen Eigentums als Gemeinschaft am Rechtsverkehr teilnehmen, wie dies insbesondere bei Rechtsgeschäften oder Rechtshandlungen im Außenverhältnis der Fall ist. Steht den Wohnungseigentümern als Gesamtgläubigern etwa ein gesetzlicher Störungsbeseitigungsanspruch zu, kann ein Alttitel nicht auf den Verband übertragen werden (*BGH* NJW 2007, 518).

6. Rechtskraft

442 Die Rechtskraft früherer Entscheidungen wirkt nach § 325 ZPO für und gegen den Verband Wohnungseigentümergemeinschaft, soweit das Verfahren Fragen behandelt hat, für die der Verband zuständig ist (*Briesemeister* ZWE 2006, 15, 18; *Hügel/Elzer* § 13 Rn. 292). Ein vom Verband Wohnungseigentümergemeinschaft für die Wohnungseigentümer erstrittenes Urteil entfaltet hingegen gegen die Wohnungseigentümer Rechtskraft. Ein gegen den Verband Wohnungseigentümergemeinschaft ergangenes Urteil wirkt also gegen jeden Wohnungseigentümer (*BGH* MDR 1998, 1240, 1241 für § 128 HGB) nicht aber gegen einen bereits ausgeschiedenen (*Hügel/Elzer* § 13 Rn. 292). Das Urteil nimmt dem Wohnungseigentümer die Einwendungen, die dem Verband Wohnungseigentümergemeinschaft durch das Urteil abgesprochen worden sind. Umgekehrt kann sich ein Wohnungseigentümer gegenüber dem Gläubiger wegen der Akzessorietät seiner Haftung auf ein zu Gunsten des Verbandes Wohnungseigentümergemeinschaft ergangenes Urteil berufen. Ein im Verfahren des Verbandsgläubigers gegen den Wohnungseigentümer ergangenes Urteil wirkt hingegen weder für noch gegen den Verband Wohnungseigentümergemeinschaft (*Hügel/Elzer* § 13 Rn. 292).

7. Sonstiges

443 Verband Wohnungseigentümergemeinschaft und Wohnungseigentümer sind verschiedene Prozessparteien (*Elzer* ZAP 2007, 325, 335 m. w. N.). Im Prozess des Verbandes Wohnungseigentümergemeinschaft gegen Dritte können die Wohnungseigentümer als Zeugen gehört werden. Werden der Verband und ein Wohnungseigentümer gemeinsam verklagt, sind sie nur einfache Streitgenossen i. S. d. § 59 ZPO (*Hügel/Elzer* § 13 Rn. 293). Dies gilt auch dann, wenn der Wohnungseigentümer sich nicht mit persönlichen Einwendungen verteidigt. Die für die Stellung der Streitgenossen im Verfahren wesentliche Entscheidung, ob notwendige oder einfache Streitgenossenschaft vorliegt, darf nicht von den Zufälligkeiten der Prozessführung, nämlich davon abhängen, ob ein Wohnungseigentümer sich im Einzelfall mit persönlichen Einwendungen verteidigt oder nicht.

Allgemeine Grundsätze | § 10

Verband und Wohnungseigentümer können auch **gegeneinander** prozessieren, z. B. bei einer   444
Wohngeldklage oder wenn der Verband als **gesetzlicher Prozessstandschafter** der Eigentümer
(Rn. 414) auftritt oder in einem Verfahren nach § 43 Nr. 2 WEG. Zur Bezeichnung des Verbandes
in der Klageschrift s. Rn. 384. Der Verband Wohnungseigentümergemeinschaft kann **einzelne
Wohnungseigentümer** ermächtigen, ihm zustehende Ansprüche geltend zu machen (*BGH*
ZMR 2007, 465, 466; dies braucht nicht ausdrücklich zu geschehen (*BGHZ* ZMR 2007, 465, 466;
ZMR 2005, 884, 886 = NJW 2005, 3146).

Dem Verband Wohnungseigentümergemeinschaft als parteifähiger Vereinigung i. S. d. § 116 ZPO   445
Ziff. 2 ZPO kann **Prozesskostenhilfe** gewährt werden (*LG Berlin* ZMR 2007, 145 mit Anm. *Meffert*). Das setzt neben der gem. § 114 ZPO erforderlichen Erfolgsaussicht der Rechtsverfolgung
oder Rechtsverteidigung und dem Fehlen von Mutwillen voraus, dass weder der Verband
noch die wirtschaftlich Beteiligten – die Wohnungseigentümer – die Kosten aufbringen können.
Darüber hinaus darf Prozesskostenhilfe nur bewilligt werden, wenn die Unterlassung der Rechtsverfolgung oder Rechtsverteidigung dem allgemeinen Interesse zuwider laufen würde.

Eine Zwangsvollstreckung in das Verwaltungsvermögen setzt einen gegen den Verband Woh-   446
nungseigentümergemeinschaft gerichteten Titel voraus; ein Titel gegen einen oder die Wohnungseigentümer reicht nicht aus, sondern ermöglicht nur die Vollstreckung in deren Vermögen,
§ 10 Abs. 8 WEG. Für die Zwangsvollstreckung gegen einen in Anspruch genommenen jetzigen
oder früheren Wohnungseigentümer ist ein gegen ihn gerichteter Titel erforderlich. Ein Titel gegen den Verband genügt nicht (BT-Drucks. 16/887 S. 67; s. a. § 129 Abs. 4 HGB). Zustellungen an
den Verband haben gem. § 27 Abs. 3 S. 1 Nr. 1 WEG an den Verwalter zu erfolgen.

J. Verwaltungsvermögen

I. Zuordnung

1. Grundsatz

§ 10 Abs. 7 S. 1 WEG ordnet das vom Gemeinschaftseigentum zu unterscheidende Verwaltungs-   447
vermögen vermögensrechtlich als Rechtsträger allein dem Verband Wohnungseigentümergemeinschaft zu (so bereits zum alten Recht *Vorauflage* § 10 Rn. 56 und § 11 Rn. 27). Träger des Vermögens einschließlich der gemeinschaftlichen Forderungen und Verbindlichkeiten und also unabhängig vom Wechsel der Wohnungseigentümer (*Elzer* ZMR 2004, 873, 877) ist der Verband
Wohnungseigentümergemeinschaft. An den einzelnen Gegenständen des Verwaltungsvermögens bestehen **keine Bruchteilsgemeinschaften** i. S. v. §§ 741 ff. BGB. Das Verwaltungsvermögen
ist nach dem klaren Wortlaut des Gesetzes auch **nicht** i. S. v. §§ 705 ff. BGB **gesamthänderisch** gebunden (a. A. *Bub* ZWE 2007, 15, 19; *Fauser* Haftungsverfassung, S. 338) und steht auch nicht einer
besonderen Rechtsgemeinschaft nach §§ 741 ff. BGB und also sämtlichen Wohnungseigentümern
zu (a. A. *Bub* ZWE 2007, 15, 17: »keine von den Wohnungseigentümern unabhängige Rechtspersönlichkeit«). Rechte in Bezug auf das Verwaltungsvermögen hat **nur** der – von der die Wohnungseigentümer verbindenden Bruchteilsgemeinschaft zu unterscheidende – Verband Wohnungseigentümergemeinschaft. Kein Wohnungseigentümer kann daher über einen »Anteil«
des ihm juristisch fremden Verwaltungsvermögens verfügen oder verlangen, dass das Verwaltungsvermögen aufgelöst wird. Kein Gläubiger eines Wohnungseigentümers kann auf das Verwaltungsvermögen zugreifen, z. B. im Wege der Zwangsvollstreckung. Im Falle der Aufhebung
der Gemeinschaft der Wohnungseigentümer und damit mit Untergang des Verbandes muss
das Verwaltungsvermögen analog § 17 WEG oder analog § 16 Abs. 2 WEG bzw. eines vereinbarten Kostenverteilungsschlüssels auseinandergesetzt werden (s. § 17 Rn. 4 ff.).

2. Vermögen vor Entstehung des Verbandes

Soweit Vermögenswerte nach Entstehung des Verbandes »entstehen« und/oder begründet wer-   448
den, z. B. Beitragsansprüche aus §§ 16 Abs. 2, 28 Abs. 5 WEG, ist die vermögensrechtliche Zuordnung zum Verband Wohnungseigentümergemeinschaft unproblematisch. Solange der Verband
Wohnungseigentümergemeinschaft **noch nicht** entstanden ist, steht das nach Entstehung des

§ 10 | Allgemeine Grundsätze

Verbandes als Verwaltungsvermögen zu verstehende Vermögen hingegen dem Alleineigentümer oder den Miteigentümern zu.

449 Wie Vermögensgegenstände, die zwar dem Verwaltungsvermögen zuzuordnen sind, zunächst aber im Eigentum eines Dritten stehen, auf den Verband »übergehen«, ist im Wohnungseigentumsgesetz nicht geregelt worden (zum selben Problem bei einem vorübergehenden Untergang Rn. 450). Vor allem die Verwaltungsunterlagen stehen zunächst teilweise im Eigentum des Alleineigentümers oder der Miteigentümer. Ein Eigentumswechsel ist nicht von Gesetzes wegen, sondern nur – ggf. konkludent – rechtsgeschäftlich vorstellbar, also durch Einigung und Übergabe (Niedenführ/*Kümmel* Rn. 78; a. A. BT-Drucks. 16/887 S. 63). Hat bereits der Alleineigentümer mit einem Verwalter oder anderen Dritten, z. B. einem Reinigungsunternehmen, einen auf die Verwaltung des Gemeinschaftseigentums bezogenen Vertrag geschlossen, kann ein Wechsel der Vertragsparteien gem. §§ 414 ff. BGB vollzogen werden. Im Wege der Auslegung lässt sich möglicherweise ein Wille der Vertragsparteien entnehmen, den Wechsel mit Entstehung des Verbandes ohne weiteres zu vollziehen.

3. Zuordnung nach einem Untergang des Verbandes (§ 10 Abs. 7 S. 4 WEG)

a) Gesetzliche Konzeption

450 Vereinigen sich sämtliche Wohnungseigentumsrechte in einer Person, geht das Verwaltungsvermögen nach § 10 Abs. 7 S. 4 WEG auf den Eigentümer des Grundstücks über (so bereits *Kreuzer* ZMR 2006, 15, 18) – und damit der Verband unter. Mit »Übergang« ist der Wechsel der **Aktiva und der Passiva** i. S. v. § 10 Abs. 7 S. 3 WEG gemeint. Nach Sinn und Zweck findet durch § 10 Abs. 7 S. 4 WEG eine § 1922 BGB vergleichbare **Universalsukzession** statt. Auch **Verträge des Verbandes** – die Teil des Verwaltungsvermögens sind (*Elzer* ZMR 2004, 873) – gehen auf den verbleibenden Alleineigentümer über. Dieser muss also Verträge erfüllen und wird aus diesen berechtigt. Entsteht der Verband erneut, stellt sich wie auch bei seiner ersten Entstehung (Rn. 449), die Frage, wie die jetzt den verbliebenen Alleineigentümer mit den jeweiligen Vertragspartnern verbindenden Verträge auf den Verband übergehen. Die »**Amtsstellung**« des Verwalters und des Beirats enden automatisch. Zu den Folgen der Beendigung der Wohnungs- und Teileigentumsrechte s. ausführlich § 9 Rn. 15. Zu den eingetragenen Rechten Dritter § 9 Rn. 16 ff.

b) Kritik

451 Die Anordnung des § 10 Abs. 7 S. 4 WEG ist weder geboten noch ist sie sachgerecht (so auch *Schmidt-Ränsch* in seiner Stellungnahme gegenüber dem Rechtsausschuss; *Becker/Kümmel/Ott*, Aktualisierung Juli 2006, S. 7; a. A. *Wenzel* FS Bub, S. 249, 264; *ders.* ZWE 2006, 462). Die Rechtsfähigkeit muss zwar enden, wenn sich jegliches Wohnungseigentum auf einen Eigentümer reduziert, etwa durch einen Erbfall, und dieser Eigentümer einen Antrag nach § 9 Abs. 1 Nr. 3 WEG stellt. Ob der Verband Wohnungseigentümergemeinschaft aber auch dann untergehen muss, wenn sich nur **vorübergehend** sämtliche Wohnungseigentumsrechte in der Hand eines Eigentümers vereinigen, dieser aber keinen Antrag auf Schließung der Wohnungsgrundbücher stellt, ist zweifelhaft. Diese Frage hängt eng damit zusammen, ob im Wohnungseigentumsrecht eine Ein-Personengemeinschaft angenommen werden kann (dazu § 8 Rn. 55 sowie *Becker* FS Seuß [2007], S. 19 ff.; Sympathien hierfür äußert *Häublein* ZfIR 2006, 107, 108). Sachgerechter erschiene es, dass der Verband in diesem Falle nicht untergeht (so auch *Riecke* ZfIR 2006, 334, 336). Zwar geht zweifellos die neben dem Verband Wohnungseigentümergemeinschaft stehende Bruchteilsgemeinschaft i. S. v. §§ 741 ff. BGB durch eine Vereinigung aller Anteile bei einem Eigentümer unter. Der rechtsfähige Verband Wohnungseigentümergemeinschaft müsste aber nicht durch eine Vereinigung erlöschen. Denn im Regelfall werden sämtliche Verträge – vor allem, aber nicht nur der des Verwalters – mit dem Verband geschlossen. Nähme man an, dass der Verband bei einer Totalvereinigung wenigstens dann, wenn ein Wiederaufleben nahe liegt, fortbesteht, müssten nicht sämtliche Verträge erlöschen und später wieder neu geschlossen werden. Auch das Amt des Verwalters könnte bestehen bleiben. Dass ein Verband nur einen Gesellschafter hat, ist im Gesellschaftsrecht seit langem vertraut.

II. Gegenstände des Verwaltungsvermögens

1. Allgemeines

Das Verwaltungsvermögen besteht gem. § 10 Abs. 7 S. 2 WEG aus den im Rahmen der gesamten Verwaltung des gemeinschaftlichen Eigentums »gesetzlich begründeten« und »rechtsgeschäftlich erworbenen« Sachen und Rechten sowie den entstandenen Verbindlichkeiten. Zu dem Verwaltungsvermögen zu zählen sind ferner die Ansprüche und Befugnisse aus Rechtsverhältnissen mit Dritten und mit Wohnungseigentümern sowie die eingenommenen Gelder, § 10 Abs. 7 S. 3 WEG. 452

2. Einzelheiten

Für die Gegenstände des Verwaltungsvermögen ist im Einzelnen zu differenzieren. Allerdings unterfallen die Ansprüche teilweise mehreren Sätzen des § 10 Abs. 7 WEG. Ein klare Unterscheidung erübrigt sich aber stets. 453

a) »Gesetzlich begründete« und »rechtsgeschäftlich erworbene« Sachen und Rechte

Die Anordnung des § 10 Abs. 7 S. 2 WEG, dass der Verband Wohnungseigentümergemeinschaft Inhaber der »gesetzlich begründeten« und »rechtsgeschäftlich erworbenen« Sachen und Rechte ist, ist deklaratorisch. Es versteht sich von selbst und bedurfte keines gesetzlichen Befehls, dass der rechtsfähige Verband Inhaber der Sachen und Rechte ist, die er durch Vertrag erworben hat oder die ihm von Gesetzes wegen etwa nach §§ 280 ff., 434, 634, 677, 812 ff., 823 ff., 985 ff. BGB zustehen. Zum Verwaltungsvermögen i. d. S. zu zählen sind etwa die gesetzlichen und vertraglichen Rechte aus den Verträgen, die der **Verband** geschlossen hat, z. B. aus einem Kauf- oder Werkvertrag oder aus dem Verwaltervertrag (*Abramenko* ZMR 2006, 6, 8; *Wenzel* ZWE 2006, 2, 7). Ein etwaiger Schadensersatzanspruch aus dem Verwaltervertrag steht allein dem Verband zu. Die Wohnungseigentümer haben daneben aber auch eigene Ansprüche, soweit man den Verwaltervertrag als echten Vertrag zu Gunsten Dritter versteht (dazu u. a. Rn. 410; ferner § 26 Rn. 37 sowie *Jennißen* Der WEG-Verwalter Rn. 94). 454

b) Entstandene Verbindlichkeiten

aa) Verträge des Verbandes

Dem Verband Wohnungseigentümergemeinschaft zugeordnet sind auch die »entstandenen Verbindlichkeiten«. Hiermit sind jedenfalls die Verbindlichkeiten des Verbandes aus Verträgen und seine gesetzliche Haftung, etwa für seine Organe, angesprochen, also seine **Außenhaftung**. Auch diese Regelung ist rein deklaratorisch. 455

bb) Ansprüche der Wohnungseigentümer untereinander

Der Verband Wohnungseigentümergemeinschaft ist Anspruchsgegner für die Rückforderung zuviel bezahlter Wohngelder (*OLG München* OLGReport München 2006, 369). Unter »entstandenen Verbindlichkeiten« sind ferner solche zu verstehen, die die Wohnungseigentümer von Gesetzes wegen untereinander geltend machen können und solche, die Dritte eigentlich gegen die Wohnungseigentümer richten müssten (*Elzer* ZMR 2006, 628, 630; *ders.* ZMR 2006, 228, 229; Niedenführ/*Kümmel* Rn. 74). Die hiermit angesprochenen Ansprüche finden ihre Grundlage in §§ 14 Nr. 4 Hs. 2, 21 Abs. 2 oder 21 Abs. 4 WEG, 677 ff. und 812 ff. BGB. Nach diesen Bestimmungen kann ein Wohnungseigentümer gegen die anderen Wohnungseigentümer zum Teil sogar verschuldensunabhängige Ansprüche geltend machen (im Einzelnen § 16 Rn. 10 ff.). 456

Nach hier vertretener Auffassung müssen solche Ansprüche allerdings nur **auch vom Verband** nach § 10 Abs. 6 S. 3 WEG ausgeglichen werden (*Elzer* ZMR 2006, 628, 630; *ders.* ZMR 2006, 228, 229; Rn. 422 ff.). 457

c) Ansprüche und Befugnisse aus Rechtsverhältnissen sowie eingenommene Gelder

Zum Verwaltungsvermögen gehören die Ansprüche und Befugnisse aus Rechtsverhältnissen. Hiermit sind – nochmals – die rechtsgeschäftlichen und gesetzlichen Rechte angesprochen, die der Verband gegenüber Dritten und den Wohnungseigentümern erwirbt oder besitzt. Die gegenüber den Wohnungseigentümern erworbenen Ansprüche sind vor allem die auf dem Wirtschafts- 458

§ 10 | Allgemeine Grundsätze

plan, einer Sonderumlage oder einer Jahresabrechnung nach §§ 16 Abs. 2, 28 Abs. 5 WEG begründeten Ansprüche auf Zahlung sowie gesetzliche auf Schadensersatz nach § 280 BGB (s. dazu Rn. 510 ff.). Außerdem gehören zum Verwaltungsvermögen die »eingenommenen Gelder«. Zum Verwaltungsvermögen zählen also neben der Instandhaltungsrückstellung i. S. v. § 21 Abs. 5 Nr. 4 WEG die Beträge auf Bankkonten (Giro- oder Sparkonten, Depots), auf denen die von den Wohnungseigentümern (oder für sie von Dritten) für die Verwaltung gezahlten Beiträge liegen (*BGH* BGHZ 163, 154, 174 [Teilrechtsfähigkeit] = ZMR 2005, 547).

459 Zu den dem Verband zugeordneten Beiträgen gehören auch die Ansprüche gegen einen Sondernachfolger, wenn die Wohnungseigentümer **vereinbart** haben, dass der rechtsgeschäftliche Erwerber für in der Person seines Rechtsvorgängers bereits entstandene und fällige Zahlungsrückstände gemeinsam mit diesem gesamtschuldnerisch haftet (*BGH* NJW 1999, 2950, 2952; *BGHZ* 99, 358, 361 [Erwerberhaftung] = MDR 1987, 485 = NJW 1987, 1638 = ZMR 1989, 291 = JR 1988, 205 mit Anm. *Pick*; *OLG Düsseldorf* MDR 1997, 820; Rn. 295). Die Haftung wird dann unmittelbar mit der Eintragung des Sondernachfolgers im Grundbuch ausgelöst, ohne dass es einer schuldrechtlichen Übernahme bedürfte.

d) Verwaltungsunterlagen

460 Die Verwaltungsunterlagen, z. B. Pläne, Verträge, Policen, Schließscheine, Protokolle und die Beschluss-Sammlung (*Elzer* WE 2007, 198), Kontenblätter, Journale, Rechnungen, Belege, Jahresabrechnungen und Wirtschaftspläne sind Bestandteil des Verwaltungsvermögens (*OLG München* OLGReport München 2006, 286, 287). Die Geltendmachung eines Anspruchs gegen den Verwalter auf Herausgabe der Verwaltungsunterlagen nach § 667 BGB gehört zur Verwaltung des gemeinschaftlichen Eigentums der Wohnungseigentümer (*OLG München* OLGReport München 2006, 286, 287; *Reichert* MietRB 2006, 46). Einen etwaigen Herausgabeanspruch an den Verwaltungsunterlagen bei einem Verwalterwechsel muss der Verband geltend machen (*Reichert* MietRB 2006, 46).

e) Mieten

461 Die Vermietung des Gemeinschaftseigentums ist eine Ausübungsbefugnis des Verbandes Wohnungseigentümergemeinschaft (Rn. 418). Mieten stehen allein ihm zu (*Wenzel* NZM 2006, 321, 322; *ders.* ZWE 2006, 2, 6; KK-Mietrecht / *Riecke/Elzer* Teil 12 Rn. 12; Niedenführ / *Kümmel* Rn. 73). Die Zuordnung zum Verband folgt außerdem aus §§ 10 Abs. 7, 16 Abs. 2 WEG. Mieten werden als dem Verband danach zugewiesene Früchte des Gemeinschaftseigentums verstanden (s. allgemein *BGH* NJW 1986, 1341; PWW / *Volzmann-Stickelbrock* § 99 BGB Rn. 4). Der Verband muss Mieteinnahmen aber nach **bereicherungsrechtlichen Grundsätzen** grundsätzlich über die Jahresabrechnung wieder an die Wohnungseigentümer auskehren (KK-Mietrecht / *Riecke/Elzer* Teil 12 Rn. 12), es sei denn, die Wohnungseigentümer beschlössen durch **Umwidmung** zulässiger Weise etwas anderes, z. B. eine Erhöhung der Instandhaltungsrückstellung. Hier gilt nichts anderes, als bei der Umwidmung der Mittel einer Sonderumlage (s. dazu *Elzer* MietRB 2006, 141 ff.): auch dort können die Wohnungseigentümer beschließen, Mittel anders, als zunächst beschlossen, zu verwenden (*KG* ZMR 2005, 309, 310).

f) Sprach- und Rechtsfrüchte

462 Inhaber der **Sach- und Rechtsfrüchte** – des Bezugsrechts – sind die **Wohnungseigentümer als Grundstückseigentümer** in Bruchteilsgemeinschaft (§ 10 Abs. 1 WEG), nicht der Verband Wohnungseigentümergemeinschaft. Die **Früchte des Gemeinschaftseigentums** gehören – wie mittelbar auch § 10 Abs. 1 WEG zeigt – nicht zum Verbandsvermögen i. S. von § 10 Abs. 7 WEG (str.). Vereinnahmt der Verband die Sach- und Rechtsfrüchte dennoch, ist wie mit Mieten zu verfahren (s. auch KK-Mietrecht / *Riecke/Elzer* Teil 21 Rn. 12; s. Rn. 461).

g) Sonstiges

463 Teile des Verwaltungsvermögens sind ferner Gerätschaften oder Werkzeug, nicht aber **Zubehör** des Gemeinschaftseigentums (a. A. Niedenführ / *Kümmel* Rn. 68; *Bork* ZInsO 2005, 1067, 1068). Zubehör ist vermögensrechtlich den Wohnungseigentümern als **Grundeigentümern** zugewiesen, vgl. §§ 311c, 314, 498 Abs. 1, 926 Abs. 1, 1031, 1062, 1096, 1120 ff., 1135, 1932 Abs. 1 und 2164 Abs. 1 BGB.

III. Keine Gegenstände des Verwaltungsvermögens

1. Gemeinschafts- und Sondereigentum

Vom Verwaltungsvermögen zu unterscheiden sind das Gemeinschafts- und Sondereigentum i. S. v. § 1 Abs. 2, Abs. 3 und Abs. 5 WEG. Inhaber des Gemeinschaftseigentums sind die Wohnungseigentümer als Bruchteilsgemeinschaft nach §§ 741 ff., 1008 ff. BGB (*Bub* ZWE 2007, 15, 18). Inhaber des Sondereigentums ist der jeweilige Sondereigentümer. Insbesondere das Grundstück und sein Zubehör, aber auch sämtliche im Gemeinschaftseigentum stehenden Teile, Anlagen und Einrichtungen sind vermögensrechtlich nur und ausschließlich den Wohnungseigentümern zugewiesen. 464

2. Schadensersatzansprüche der Wohnungseigentümer

a) Allgemeines

Zum Verwaltungsvermögen gehören ferner nicht **Schadensersatzansprüche** wegen Beschädigung des Gemeinschaftseigentums oder die aus den Baumängelgewährleistungsrechten wegen aus dem Gemeinschaftseigentum resultierenden und das Gemeinschaftseigentum betreffenden Schadensersatzansprüchen (*Wenzel* ZWE 2006, 2, 18; Niedenführ/*Kümmel* Rn. 73; a. A. *Bork* ZInsO 2005, 1067, 1069). Eigentumsrechtlich steht ein solcher Anspruch allein den **Wohnungseigentümern** zu (*Lehmann-Richter* ZWE 2007, 413, 414/415). Soweit § 10 Abs. 7 S. 3 WEG »eingenommene Gelder« anspricht, sind das allein solche, die der Verband aus dem **ihm** zustehenden Rechten erlangt. 465

b) Verbuchung

Der den Wohnungseigentümern zustehende Schadensersatzanspruch darf **nicht** mit dem Verwaltungsvermögen vermengt werden. Etwaig vom Verband im Rahmen seiner Ausübungsbefugnis eingezogene Mittel sind daher an die einzelnen Wohnungseigentümer oder Erwerber in Höhe ihrer Quote (Miteigentumsanteil oder Kostentragungsquote) auszukehren (*Wenzel* ZWE 2006, 2, 18) und **nicht** dem Verwaltungsvermögen zuzuschlagen. Bei einer anderen, nicht ordnungsmäßigen Handhabung drohte ein Zugriff der Verbandsgläubiger. Für die allein den Eigentümern zustehenden Ansprüche, muss daher ein »**zweites Verwaltungsvermögen**« angesammelt werden (KK-Mietrecht/*Riecke*/*Elzer* Teil 12 Rn. 17 und Rn. 70). 466

c) Umwidmung

Erlangte, dem Verband aber fremde Mittel können zwar durch eine Vereinbarung, aber **nicht** durch Beschluss zum Verwaltungsvermögen des Verbandes gemacht werden (Staudinger/*Bub* § 21 Rn. 288). Die Wohnungseigentümer selbst besitzen keine Beschlussmacht, den einem jeden Einzelnen zustehenden Schadensersatzanspruch zu **vergemeinschaften** (s. auch Rn. 418 Stichwort Schadensersatzanspruch). Ein entsprechender Beschluss wäre als gesetzesändernd (Enteignung) **nichtig**. Es gilt nichts anderes, als bei einer »Anspruchsverrichtung« durch Beschluss. Auch diese ist nach moderner Ansicht nichtig (vgl. *J. H. Schmidt/Riecke* ZMR 2005, 252, 265 ff.). 467

IV. Kein Verbandsvermögen

Der Verband Wohnungseigentümergemeinschaft hat zwar die Fähigkeit, Verbandsvermögen zu erwerben. Rechtlich notwendig ist das aber **nicht**. Es ist vorstellbar, dass der Verband kein Verwaltungsvermögen hat, etwa dann, wenn § 28 WEG abbedungen wurde (*Becker/Kümmel/Ott*, Aktualisierung Juli 2006, S. 6). Zur Ausübung der gemeinschaftsbezogenen Rechte und Pflichten ist er aber auch in diesem Falle **allein** berechtigt. 468

K. Haftung

I. Allgemeines

1. Überblick

469 Ein Gläubiger des Verbandes Wohnungseigentümergemeinschaft hat für die am oder nach dem 1.7.2007 entstandenen Verbindlichkeiten (Niedenführ/*Kümmel* Rn. 81) des Verbandes nach § 10 Abs. 8 S. 1 Hs. 1 WEG die **Wahl**, wegen der Verbindlichkeiten des Verbandes – das sind: die Verbandsschulden, nicht die Schulden der Wohnungseigentümer – nicht nur den Verband selbst, sondern in dem **gesetzlich bestimmten Maße** auch jetzige und sogar frühere Miteigentümer des Gemeinschaftseigentums samtverbindlich **anteilig** in Anspruch zu nehmen. § 10 Abs. 8 S. 1 Hs. 1WEG ordnet als Parallelvorschrift zu § 128 S. 1 HGB die **Haftung** der Eigentümer **neben dem Verband** Wohnungseigentümergemeinschaft an. Haftung i. S. v. § 10 Abs. 8 S. 1 Hs. 1 WEG meint, dass der in Anspruch genommene jetzige oder ehemalige Wohnungseigentümer für eine Verpflichtung des Verbandes **einstehen** muss. Der durch § 10 Abs. 8 S. 1 Hs. 1 WEG beschränkte Durchgriff auf die den Verband tragenden Eigentümer und deren anteilige Mithaftung soll es Gläubigern vor allem erleichtern, gegen den Verband gerichtete Verbindlichkeiten durchzusetzen (BT-Drucks. 16/887 S. 65). Die Außenhaftung lindert die Durchsetzung einer Forderung gegenüber dem Verband, da sie ohne Rücksicht auf das Innenverhältnis zwischen Verband und Wohnungseigentümern besteht. Die gesetzlich angeordnete anteilsmäßige Haftung stärkt außerdem die Kreditfähigkeit des Verbandes Wohnungseigentümergemeinschaft (dazu *J. H. Schmidt* ZMR 2007, 90 ff.), schützt die Funktionsfähigkeit der Gemeinschaft und motiviert die Wohnungseigentümer schließlich, ihren Verpflichtungen im Innenverhältnis fristgerecht und freiwillig zu entsprechen (kritisch *Paefgen* ZfIR 2006, 529, 532: er bevorzugt ein Modell der **Verlustdeckungshaftung** wie in der Vor-GmbH).

470 Das Wohnungseigentumsgesetz gestaltet die Haftung der Wohnungseigentümer in § 10 Abs. 8 S. 1 Hs. 1WEG ähnlich wie die eines Gesellschafters nach §§ 128, 129 HGB aus:

471 – **persönlich**: die jeweilig in Anspruch genommene Person haftet mit ihrem Privatvermögen;
– **unbeschränkt**: die jeweilig in Anspruch genommene Person haftet mit ihrem ganzem Privatvermögen;
– **im Außenverhältnis unbeschränkbar**: die Wohnungseigentümer können die Außenhaftung nicht abbedingen;
– **primär**: die jeweilig in Anspruch genommene Person haftet direkt und kann **nicht einwenden**, der Gläubiger müsse zunächst den Verband in Haftung nehmen (die Wohnungseigentümer haben nicht das Recht der Einrede der Vorausklage, s. a. *Derleder/Fauser* ZWE 2007, 2, 5);
– **akzessorisch**: die jeweilig in Anspruch genommene Person kann auch die Einwände des Verbandes Wohnungseigentümergemeinschaft erheben;
– **anteilig in Höhe seines Miteigentumsanteils**: es besteht keine Gesamtschuld, sondern eine auf den Miteigentumsanteil beschränkte anteilige Haftung; die Wohnungseigentümer haften »wie ein Gesamtschuldner«, sie sind aber keine (Niedenführ/*Kümmel* Rn. 80; *Derleder/Fauser* ZWE 2007, 2, 5).

472 Der Verband Wohnungseigentümergemeinschaft ist durch § 10 Abs. 6 S. 1 WEG als selbstständiger Träger von Rechten und Pflichten ausgestaltet. Die Wohnungseigentümer haften nach § 10 Abs. 8 S. 1 Hs. 1WEG also für eine **fremde** Schuld. Damit ist es zwar (auch) Sache des Verbandes Wohnungseigentümergemeinschaft, Verbindlichkeiten zu erfüllen; das bedeutet jedoch nicht, dass der in Anspruch genommene jetzige oder frühere Wohnungseigentümer einen Gläubiger auf die vorherige Inanspruchnahme des Verbandes Wohnungseigentümergemeinschaft und das Verwaltungsvermögen i. S. v. § 10 Abs. 7 S. 2 WEG verweisen könnte. Jeder nach § 10 Abs. 8 S. 1 Hs. 1WEG Haftende hat einem Verbandsgläubiger nach § 10 Abs. 8 S. 1 Hs. 1WEG anteilsmäßig **originär** und **nicht nur subsidiär** für sämtliche Verbandsschulden einzustehen (*Derleder/Fauser* ZWE 2007, 2; Niedenführ/*Kümmel* Rn. 79). Die Außenhaftung setzt nicht voraus, dass ein Gläubiger zunächst erfolglos versucht hat, gegen den Verband zu vollstrecken. Die Einrede der Vorausklage ist nicht möglich (s. Rn. 505). Nur wenn der **Gläubiger ein Wohnungseigentümer**

Allgemeine Grundsätze | § 10

ist, gebietet es die zwischen den Wohnungseigentümern bestehende Treuepflicht (s. Rn. 40 ff.), sich zunächst an den Verband Wohnungseigentümergemeinschaft zu halten (s. Rn. 502 ff.).

Nach ihrem Sinn und Zweck ist die in § 10 Abs. 8 S. 1 Hs. 1 WEG angeordnete teilschuldnerische Außenhaftung sowohl dem Grunde als auch der Höhe nach analog § 128 S. 2 HGB **zwingend** und durch Vereinbarung **nicht abdingbar** (Rn. 525). Werden die Wohnungseigentümer nicht für Verbindlichkeiten des Verbandes Wohnungseigentümergemeinschaft, sondern als **Grundstückseigentümer** in Anspruch genommen (z. B. von Versorgungsträgern), kommt ggf. eine landesrechtlich **angeordnete Gesamtschuld** in Betracht Rn. (s. Rn. 496). 473

2. Durchgriffshaftung

Neben dem Anspruch auf anteilige Haftung aus § 10 Abs. 8 Hs. S. 1 WEG kann unter Umständen eine entsprechende Anwendung der im Körperschaftsrecht entwickelten Grundsätze zur **Durchgriffshaftung** analog § 826 BGB in Betracht kommen (*BGH* BGHZ 163, 154, 176 [Teilrechtsfähigkeit] = ZMR 2005, 547; *BAG* NJW 2005, 2172, 2174; *BGH* NJW 2002, 3024, 3025; *Klein* ZWE 2006, 58, 61; *Abramenko* ZMR 2005, 585, 587; *Elzer* WE 2005, 196, 197; kritisch *Armbrüster* ZWE 2005, 369, 377: »passt nicht«). Dies ist z. B. anzunehmen, wenn die Wohnungseigentümer den Verband sittenwidrig die nötigen Mittel zur Bewirtschaftung vorenthalten und – vor allem – ihm diese Mittel wieder entzogen haben. 474

Dieser Anspruch ist für Gläubiger deshalb interessant, weil der schuldende Wohnungseigentümer nicht nur anteilig, sondern gem. §§ 826, 840 Abs. 1 BGB auf die **gesamte Höhe** des dem Verband vorenthaltenen Vermögensvorteils in Anspruch genommen werden kann. Ein Gläubiger kann außerdem jederzeit auch gegen den Verband selbst vorgehen. Überdies kann jeder Gläubiger die Innenansprüche des Verbandes – vor allem etwaige Schadensersatzansprüche gem. §§ 280 Abs. 1 S. 1, 281 BGB (dazu Rn. 510 ff.) – gegen die jetzigen oder früheren Wohnungseigentümer nach §§ 829, 835 ZPO pfänden und sich überweisen lassen. 475

II. Verbindlichkeiten

Voraussetzung der anteiligen Eigentümeraußenhaftung ist, dass sich eine Verbindlichkeit (auch) gegen den Verband richtet. Eine gegen einen Wohnungseigentümer gerichtete Verbindlichkeit, z. B. wegen der Verletzung der ihm für sein Sondereigentum oder ein ihm eingeräumtes Sondernutzungsrecht obliegenden Verkehrspflichten, genügt nicht. Auch eine eigene Verbindlichkeit des Verwalters löst die Haftung des § 10 Abs. 8 S. 1 Hs. 1 WEG nicht aus. 476

1. Rechtsgeschäftliche und gesetzliche Ansprüche

a) Grundsatz

Als Verbindlichkeit i. S. v. § 10 Abs. 8 S. 1 Hs. 1 WEG sind sowohl rechtsgeschäftlich begründete als auch gesetzliche Ansprüche anzusehen, soweit sie sich gegen den Verband richten. Dem Gesetzeswortlaut ist eine Beschränkung auf vertraglich begründete Verbindlichkeiten nicht zu entnehmen. Eine solche Einengung wäre auch nicht sachgerecht. Soweit der Verband einem gesetzlichen Anspruch ausgesetzt ist, z. B. nach §§ 31, 677 ff., 812, 823, 985, 1004 BGB, haften die Wohnungseigentümer daher auch hierfür anteilig (BT-Drucks. 16/887 S. 66). 477

b) Zahlung in Geld

Gegenstand einer Verbindlichkeit können sämtliche Ansprüche aus einem Vertrag, aber auch aus ungerechtfertigter Bereicherung, Delikt, Gefährdungshaftung und sonstigem privaten oder öffentlichen Recht, etwa Steuerschulden, sein. Unproblematisch ist dabei, wenn der jetzige oder ein ehemaliger Wohnungseigentümer für eine Geldschuld des Verbandes Wohnungseigentümergemeinschaft anteilig in Haft genommen wird. Schwierig kann es nur sein, wenn der Verband ein Tun oder Unterlassen schuldet. Hierfür ist grundsätzlich **nicht** nach § 10 Abs. 8 S. 1 Hs. 1 WEG **einzustehen**: Die Wohnungseigentümer haften für Verbindlichkeiten nicht wie der Verband in **natura**, sondern müssen für die Verbindlichkeiten des Verbandes nur durch Zahlung einstehen. Die gesetzlich angeordnete **anteilmäßige Haftung** – das »Einstehen müssen« – lässt die Annahme einer Haftung in natura nicht zu. Ein anteiliges Tun oder Handeln wird regelmäßig nicht 478

§ 10 | Allgemeine Grundsätze

der Verbandsschuld entsprechen. Schuldet der vermietende Verband einem Mieter z. B. die Instandsetzung der Mietsache, kann der Wohnungseigentümer daher nur auf anteilige Zahlung der Kosten für eine Ersatzvornahme oder auf anteiligen Schadensersatz in Anspruch genommen werden (a. A. für das Handelsrecht *BGH* BGHZ 73, 217). Schuldet der Verband Wohnungseigentümergemeinschaft Unterlassung oder Duldung, haften die Wohnungseigentümer nur auf Geldersatz. Und auch auf Abgabe einer Willenserklärung namens des Verbandes Wohnungseigentümergemeinschaft kann kein Wohnungseigentümer persönlich in Anspruch genommen werden. Etwas anderes kann dort gelten, wo eine Verbandsschuld auch vom Wohnungseigentümer erfüllt werden kann. Im Einzelfall muss abgewogen werden. Ein Anspruch in natura kommt etwa in Betracht, wenn ein in Anspruch genommener Wohnungseigentümer dem Verband zur Leistung verpflichtet ist.

2. Entstehung der Verbindlichkeit

479 Eine Haftung nach § 10 Abs. 8 S. 1 Hs. 1 WEG setzt voraus, dass die Verbindlichkeit **entstanden** oder während des Zeitraums **fällig** geworden ist, in dem die in Anspruch genommene Person Mitglied der Wohnungseigentümergemeinschaft i. S. v. §§ 10 Abs. 2 S. 1 WEG, 741 ff., 1008 ff. BGB war. Fälligkeit und Entstehung der Verbindlichkeit bestimmen sich im Verhältnis des Gläubigers zum Verband. **Primärer Haftungsgrund** ist die zeitlich stets früher liegende Entstehung eines Anspruchs. Auf die Fälligkeit einer Verbindlichkeit kommt es also vor allem in den Fällen an, in denen ein Wohnungseigentümer sein Sondereigentum erst nach Entstehung des Anspruches erwirbt.

a) Entstehung

480 Ein Anspruch ist in dem Augenblick i. S. v. § 199 Abs. 1 Nr. 1 BGB **entstanden**, in dem er erstmals geltend gemacht und ggf. durch Klage durchgesetzt werden kann (*BGH* MDR 2000, 1387 = NJW-RR 2000, 647, 648; BGHZ 55, 340, 341). Nicht erforderlich ist, dass der Anspruch bereits beziffert wird und Gegenstand einer Leistungsklage sein kann (*BGH* MDR 1990, 232; BGHZ 79, 176, 178). In der Regel fallen damit, sofern keine besonderen Absprachen getroffen sind, der Zeitpunkt der Fälligkeit und der der Entstehung **zusammen** (*BGH* MDR 2000, 383, 384; BGHZ 113, 188, 193 = MDR 1991, 524; BGHZ 53, 222, 225 = MDR 1970, 500). Völlig deckungsgleich sind die Begriffe »Fälligkeit« und »Entstehung« eines Anspruches allerdings nicht (PWW / *Kesseler* § 199 BGB Rn. 3). Ist ein Anspruch entstanden, aber noch nicht fällig, besteht z. B. die Möglichkeit, eine verjährungsunterbrechende Feststellungsklage zu erheben (*BGH* NJW 1982, 1288; WM 1981, 245, 246; BGHZ 73, 363, 365 = NJW 1979, 1550; PWW / *Kesseler* § 199 BGB Rn. 3).

481 »Entstehung« ist **enger** zu verstehen als »Begründung« i. S. v. § 38 Hs. 2 InsO. Die »Begründung« einer Forderung liegt **vor** ihrer »Entstehung«. Begründet ist eine Verbindlichkeit oder Forderung nach überkommenem Verständnis, sobald ihr Rechtsgrund gelegt ist (*BGH* NJW 2003, 1803, 1804). Für die »Begründung« einer Forderung ist erforderlich, aber auch ausreichend, wenn vom anspruchsbegründenden Tatbestand so viele Merkmale verwirklicht sind, dass der Gläubiger eine gesicherte Anwartschaft an der Forderung hat, der Schuldner ihr Entstehen also nicht mehr einseitig verhindern kann (*BFH* NJW 1984, 88 = ZIP 1983, 1120). »Entstehung« verlangt hingegen, dass **alle** anspruchsbegründenden Tatbestandsvoraussetzungen erfüllt sind. Diese Unterscheidung hat z. B. für Dauerschuldverhältnisse eine Bedeutung.

b) Fälligkeit

482 Unter »Fälligkeit« wird im Allgemeinen der Zeitpunkt verstanden, von dem ab der Gläubiger die Leistung fordern kann. Dieser Zeitpunkt kann durch **Gesetz** oder durch **Parteivereinbarung** bestimmt sein (PWW / *Jud* § 271 BGB Rn. 3). Vereinbarungen über die Leistungszeit sind zulässig, soweit das Gesetz keine zwingende Vorgabe enthält. Sie können ausdrücklich oder stillschweigend getroffen werden. Bei Vereinbarungen durch AGB ist § 308 Nr. 1 BGB zu beachten. Haben die Parteien nichts vereinbart und fehlt es auch an gesetzlichen Vorschriften, so ist eine vertraglich oder gesetzlich geschuldete Leistung nach § 271 Abs. 1 BGB sofort fällig und erfüllbar.

483 Den Beginn der Fälligkeit kann der **Gläubiger** in Fällen beeinflussen, in denen die Fälligkeit des Anspruchs von einer zu seinen Gunsten vereinbarten Potestativbedingung oder von vereinbarter

Rechnungsstellung abhängt (*BGH* MDR 2000, 1387 NJW-RR 2000, 647, 648; MDR 1990, 232 = WM 1990, 73, 74; BGHZ 55, 340 = MDR 1971, 478; BGHZ 53, 222, 225 = MDR 1970, 500). Insbesondere in diesen Fällen, in denen also die Parteien die Fälligkeit durch Vereinbarung hinausgeschoben haben, fallen »Entstehung« und »Fälligkeit« auseinander. Wird die Fälligkeit vom Verband Wohnungseigentümergemeinschaft und Gläubiger **kollusiv** hinausgezögert, um dadurch einen weiteren Schuldner zu gewinnen, kann das **treuwidrig** sein und Ansprüche gem. § 242 BGB ausschließen. Hierfür ist der Wohnungseigentümer beweispflichtig.

c) Grenzen
§ 10 Abs. 8 S. 1 Hs. 1 WEG betrifft nur Verbindlichkeiten des Verbandes Wohnungseigentümergemeinschaft aus einem Rechtsgeschäft wegen des Gemeinschaftseigentums, nicht solche aus anderen Ansprüche, wie z. B. aus einem Schuldbeitritt. § 10 Abs. 8 S. 1 Hs. 1 WEG betrifft ferner nicht Ansprüche aus einem anderem Rechtsgrund, z. B. aus eigener persönlicher Sicherung für Verbindlichkeit des Verbandes wie Bürgschaft. **484**

3. Zeitlich begrenzte Haftung eines ausscheidenden Wohnungseigentümers (doppelte Nachhaftungsbegrenzung)

a) Voraussetzungen
Für Verbandsverbindlichkeiten ordnet § 10 Abs. 8 S. 1 Hs. 2 WEG entsprechend § 160 HGB eine **doppelte Nachhaftungsbegrenzung** an (Fünfjahresgrenze und Erfordernis der besonderen Feststellung oder Vollstreckungshandlung). Scheidet ein Wohnungseigentümer aus der Gemeinschaft der Wohnungseigentümer i. S. v. §§ 741 ff. BGB aus, haftet er gem. § 10 Abs. 8 S. 1 Hs. 2 WEG i. V. m. § 160 HGB nur für solche Verbindlichkeiten des Verbandes Wohnungseigentümergemeinschaft, die während seiner Zugehörigkeit zur Gemeinschaft fällig geworden sind oder vor **Ablauf von fünf Jahren nach seinem Ausscheiden** fällig werden, wenn **485**

– er die Verbindlichkeit **schriftlich anerkannt** (§ 10 Abs. 8 S. 1 Hs. 2 WEG i. V. m. § 160 Abs. 2 HGB), oder **486**

– die Verbindlichkeit gegen ihn **rechtskräftig festgestellt** worden ist (§ 197 Abs. 1 Nr. 3 BGB), oder

– die Verbindlichkeit Inhalt eines **vollstreckbaren Vergleichs** oder **vollstreckbaren Urkunden** ist (§ 197 Abs. 1 Nr. 4 BGB), oder

– die Verbindlichkeit durch eine in einem **Insolvenzverfahren** erfolgte Feststellung **vollstreckbar geworden ist** (§ 197 Abs. 1 Nr. 5 BGB), oder

– eine gerichtliche oder behördliche **Vollstreckungshandlung** vorgenommen oder beantragt wird; bei öffentlich-rechtlichen Verbindlichkeiten genügt der Erlass eines Verwaltungsakts.

Die **Fünf-Jahres-Frist** beginnt mit dem Ende des Tages, an dem der Sondernachfolger im Wohnungsgrundbuch eingetragen wird oder der Zuschlag bei einer Zwangsversteigerung erfolgt ist. Maßnahmen der Rechtsverfolgung und andere Umstände hemmen den Fristablauf, weil die für die Verjährung geltenden §§ 204, 206, 210, 211 und 212 Abs. 2 und Abs. 3 BGB entsprechend anzuwenden sind. **487**

b) Rechtsfolge
Ohne Feststellung, Vollstreckungshandlung, schriftliches Anerkenntnis usw. **haftet** der Wohnungseigentümer ohne Rücksicht auf den Rechtsgrund eines Anspruchs, seinen Entstehungszeitpunkt oder seinen Charakter als Dauerverbindlichkeit **nicht** für eine Verbandsverbindlichkeit. **488**

c) Abdingbarkeit
§ 10 Abs. 8 S. 1 Hs. 2 WEG ist nicht zwingend. Der aus der Gemeinschaft ausgeschiedene Wohnungseigentümer kann daher mit einem Verbandsgläubiger eine Nachhaftungsbegrenzung vereinbaren. **489**

4. Erwerb von Wohnungseigentum nach Entstehung und Fälligkeit
Wird ein Wohnungseigentum erst nach Fälligkeit und Entstehung einer Verbindlichkeit erworben, kommt eine **Außenhaftung** nicht in Betracht. Es ist indes vorstellbar, dass die Wohnungseigentümer eine Sonderumlage zur Nachfinanzierung einer bereits entstandenen und fälligen **490**

§ 10 | Allgemeine Grundsätze

Verbindlichkeit beschließen (müssen) und es also wenigstens zu einer Innenhaftung kommt: An der Sonderumlage hat sich nämlich jeder Wohnungseigentümer (**auch**: Zwangsverwalter und Insolvenzverwalter, soweit die Fälligkeit in ihren Bestellungszeitraum fällt; str. s. § 16 Rn. 233 ff.). zu beteiligen, auch wenn er von der zu finanzierenden Maßnahme keinen Vorteil hat, etwa die Herstellung eines Daches des Nachbarhauses einer Mehrhausanlage (im Einzelnen *Elzer* MietRB 2006, 141, 147/148). Diesen Innenanspruch kann ein Gläubiger pfänden.

5. Höhe der Haftung

a) Grundsatz: Haftung pro rata

491 Der jeweils in Anspruch genommene jetzige oder frühere Wohnungseigentümer haftet für Verbindlichkeiten des Verbandes Wohnungseigentümergemeinschaft anteilsmäßig **nur nach der Quote**, die er am Gemeinschaftseigentum hat oder hatte (Miteigentumsanteil). Ist die Verbandsschuld **zurückgeführt** – egal von wem –, bezieht sich die Haftung eines Wohnungseigentümers nur auf die **restliche Verbindlichkeit** (a. A. *Derleder/Fauser* ZWE 2007, 2 und *Niedenführ/Kümmel* Rn. 80 für den Fall, dass ein Wohnungseigentümer die Verbindlichkeit berichtigt hat). Bestand z. B. die Außenverbindlichkeit i. H. v. 40.000,00 EUR und haftete ein Wohnungseigentümer mit 100/1000 Miteigentumsanteile bislang auf 4.000,00 EUR, beschränkt sich die Haftung auf 400,00 EUR, wenn der Verband oder ein Dritter die Schuld um 36.000,00 EUR abgetragen hat. Geschieht dies nach einer Klageerhebung, ist der Rechtsstreit insoweit nach § 91 a ZPO für erledigt zu erklären. Hat ein Wohnungseigentümer den Anspruch eines Gläubigers erfüllt, muss er grundsätzlich im **Innenverhältnis** Regress suchen, z. B. durch Aufrechnung (§ 16 Rn. 258). Er kann aber auch selbst einen Anspruch aus § 10 Abs. 8 S. 1 Hs. 1WEG haben Rn. (s. Rn. 502). Ferner ist vorstellbar, dass ein Wohnungseigentümer einen Freistellungsanspruch analog § 110 HGB besitzt (*Derleder/Fauser* ZWE 2007, 2, 7).

492 Haben sich die Miteigentumsteile durch eine Unterteilung (s. § 8 Rn. 63 ff.) verringert oder durch eine Verbindung (s. § 8 Rn. 81 ff.) erhöht, richtet sich eine Haftung nach dem Zeitpunkt, in dem die jeweils geltenden **haftungsbegründenden Voraussetzungen** entstanden sind (Entstehung oder Fälligkeit). Liegt die Unterteilung nach dem Zeitpunkt, haftet der Entsprechende also in Höhe seiner früheren Miteigentumsanteile. Die Haftung im Außenverhältnis nach Miteigentumsanteilen kann der gesetzlichen Regelung im Innenverhältnis (§ 16 Abs. 2 WEG) entsprechen. Dies ist aber nicht immer der Fall (missverständlich BT-Drucks. 16/887 S. 65). Haben die Eigentümer den für das Innenverhältnis geltenden Maßstab zulässiger Weise gem. § 16 Abs. 3 WEG geändert und die Kostentragungspflicht z. B. nach Wohnfläche geregelt, haftet der in Anspruch genommene jetzige oder frühere Wohnungseigentümer im Außen- und Innenverhältnis nach **verschiedenen** Maßstäben.

493 Sind die Miteigentumsanteile ausnahmsweise **unbillig** bestimmt worden, besteht ungeachtet der Regelung des § 10 Abs. 2 S. 3 WEG – die nur für die Änderung einer schuldrechtlichen Vereinbarung, aber nicht für die sachenrechtlichen Grundlagen nach §§ 3 und 8 WEG gilt – weiterhin ein einklagbarer Anspruch auf Änderung der ehemals bestimmten Höhe der Miteigentumsanteile (s. dazu Rn. 185 und § 3 Rn. 17).

b) Ausnahme: gesetzlich angeordnete oder vertraglich vereinbarte Gesamtschuld

494 § 10 Abs. 8 S. 1 Hs. 1WEG ordnet eine Haftung für Verbandsschulden an und knüpft also nicht daran an, dass die Wohnungseigentümer persönlich einem Dritten schulden. Ein Verbandsgläubiger ist deshalb durch § 10 Abs. 8 S. 1 Hs. 1WEG nicht daran gehindert, jeden Wohnungseigentümer als Gesamtschuldner **in voller Höhe** der Verbandschulden in Anspruch nehmen, soweit diese Haftung **vertraglich vereinbart** oder **gesetzlich bestimmt** ist.

aa) Vertraglich vereinbarte Gesamtschuld

495 Eine vertraglich vereinbarte Gesamtschuld ist dann anzunehmen, wenn sich die Wohnungseigentümer ausnahmsweise persönlich neben dem Verband verpflichtet haben. Dies wird z. T. für den Verwaltervertrag angenommen (so etwa *Jennißen* Der WEG-Verwalter Rn. 94; *Müller* FS Bub (2007), S. 217, 221). Der Verwalter kann sie hierbei nur vertreten, wenn ihm die Wohnungseigentümer eine entsprechende Vertretungsmacht ausnahmsweise **eingeräumt** haben.

bb) Gesetzliche Gesamtschuld

Praktisch häufiger sind die Fälle einer **gesetzlich angeordneten Gesamtschuld**. Die Teilrechtsfähigkeit der Wohnungseigentümergemeinschaft **hindert z. B. nicht** die Geltung einer im kommunalen Abgabenrecht statuierten gesamtschuldnerischen Haftung der Wohnungseigentümer für Grundbesitzabgaben (*BVerwG* ZMR 2006, 242, 244; *KG* ZMR 2007, 67; ZMR 2006, 636; *VGH Baden-Württemberg* ZMR 2006, 818, 819; VG Stuttgart v. 20.6.2007 – 2 K 3733/07; *Elzer* ZMR 2006, 786, 787; *ders.* MietRB 2005, 248, 252; *Ziegelmeier* MietRB 2006, 337, 339; *Niedenführ/Kümmel* Rn. 87; offen gelassen von *BGH* ZMR 2006, 785 mit Anm. *Elzer*; a. A. *BayVGH* ZMR 2007, 316, 319; *Sauren* ZMR 2006, 750, 751). Soweit der Bundesgerichtshof für die Begründung einer Haftung neben dem Verband entweder die Übernahme einer persönlichen Schuld oder »eine ausdrückliche Anordnung des Gesetzgebers« verlangt (*BGH* BGHZ 163, 154, 174 [Teilrechtsfähigkeit] = ZMR 2005, 547), steht dies einer Veranlagung der einzelnen Wohnungseigentümer, die im kommunalen Abgabenrecht verankert ist, nicht entgegen. Entsprechendes gilt, wenn eine kommunale Satzung wie z. B. in Berlin eine gesamtschuldnerische **Haftung für die Wasserkosten** (s. a. *KG* ZMR 2007, 67), die **Straßenreinigung** oder die **Müllabfuhr** anordnet (vgl. etwa *KG* KGReport 2007, 1 = ZMR 2007, 136; ZMR 2006, 636; *Ziegelmeier* MietRB 2006, 337, 339; *Elzer* MietRB 2005, 248, 252). Verträge die das in Wohnungseigentum aufgeteilte Grundstück betreffen, sind nicht notwendig mit der Wohnungseigentümergemeinschaft als teilrechtsfähigem Verband geschlossen. Entscheidend ist, dass der jeweilige Landesgesetzgeber mit der Anknüpfung der Haftung an das gemeinschaftliche Grundeigentum oder den gemeinschaftlichen Abfallbesitz der Grundeigentümer auch den Zugriff auf deren Vermögen als Haftungsmasse eröffnet hat.

§ 10 Abs. 8 S. 1 Hs. 1 WEG verdrängt diese Haftung nicht. Er ordnet zwar ausdrücklich eine Haftung der Wohnungseigentümer pro rata an. Er ist aber **nicht abschließend** (*Elzer* ZMR 2006, 786, 787; *Sauren* ZMR 2006, 750, 751; offen gelassen von *Ziegelmeier* MietRB 2006, 337, 340). Bundesrecht verdrängt landesrechtliche Regelungen nur, soweit der Bund von seinem Gesetzgebungsrecht auch Gebrauch gemacht hat. Gebrauch machen in diesem Sinne bedeutet den Erlass gesetzlicher Vorschriften, die selbst materiell – gegebenenfalls auch negativ – die entsprechende Sachmaterie gestalten (*BVerwG* NVwZ 2004, 347, 348).

Neben den Wohnungseigentümern haftet **auch der Verband Wohnungseigentümergemeinschaft** (str. *Elzer* ZMR 2006, 786, 787; vgl. auch *BayVGH* IMR 2007, 18). Aus § 10 Abs. 6 S. 3 WEG folgt, dass – obwohl die Wohnungseigentümer Schuldner sind – im Verhältnis zwischen Wohnungseigentümern und Verband jedenfalls auch der Verband die Schulden der berichtigen muss (*Abramenko* IMR 2007, 18). Dem Gläubiger steht ein **Wahlrecht** zu, welchen Schuldner er in Anspruch nimmt.

III. Verpflichtete

Der Anspruch nach § 10 Abs. 8 S. 1 WEG kann sich gegen jeden jetzigen, aber auch jeden früheren Wohnungseigentümer richten. Einzige Anspruchsvoraussetzung ist insoweit, dass die Verpflichtung des Verbandes gegenüber dem Gläubiger zu einem Zeitpunkt **entstanden** oder **fällig** geworden ist, während der der Inanspruchgenommene der Wohnungseigentümergemeinschaft angehört hat.

Durch das Nebeneinander von »Fälligkeit« und »Entstehung« ist möglich, dass für eine bestimmte Verbindlichkeit neben dem Verband ein ehemaliger, aber auch ein aktueller Wohnungseigentümer **samtverbindlich** haftet. In einem Klageantrag bestimmt sich die Haftung dann nach Höhe der Miteigentumsanteile. Zwischen dem Verband Wohnungseigentümergemeinschaft und den Wohnungseigentümern besteht hingegen **kein Gesamtschuldverhältnis** (s. *BGH* NJW 2001, 1056, 1061 für die Gesellschaft bürgerlichen Rechts). Der Wohnungseigentümer haftet nur »wie ein Gesamtschuldner«. §§ 420 ff. BGB sind nicht anzuwenden, was insbesondere für den Rückgriff des einen Verbandsgläubiger befriedigenden Wohnungseigentümers von Bedeutung ist. Die für die Forderung bestehenden Sicherheiten gehen anders als bei einem zahlenden Gesamtschuldner **nicht** auf ihn über.

IV. Gläubiger

1. Grundsatz

501 Gläubiger und Anspruchsinhaber des Anspruches nach § 10 Abs. 8 S. 1 Hs. 1 WEG kann jeder **Schuldforderer** des Verbandes Wohnungseigentümergemeinschaft sein.

2. Wohnungseigentümer als Gläubiger

a) Drittgläubigerforderungen

502 Eine Haftung gegenüber einem anderen Wohnungseigentümer als Gläubiger kommt wie bei § 128 HGB für so genannte **Drittgläubigerforderungen** in Betracht. Das sind Ansprüche, die ihre Grundlage in einem Rechtsverhältnis haben, das mit der »Gemeinschaftsordnung« und den Ansprüchen der Wohnungseigentümer untereinander **nichts** zu tun hat. Es muss sich um Forderungen handeln, die der Verband Wohnungseigentümergemeinschaft in gleicher Weise mit einem Dritten eingehen könnte. Drittansprüche sind danach etwa Ansprüche aus Kauf-, Miet-, Pacht- und Darlehensverträgen zwischen Verband und Wohnungseigentümer. Drittgläubigerforderung ist ferner ein **Aufwendungsersatzanspruch** eines nach § 10 Abs. 8 S. 1 Hs. 1 WEG selbst in Anspruch genommenen Wohnungseigentümers (so für die Gesellschaft bürgerlichen Rechts *BGH* NJW 1988, 1375, 1376). Dazu § 16 Rn. 10 ff.

b) Sozialverbindlichkeiten

503 Für **Sozialverbindlichkeiten** (Sozialansprüche; Sozialverpflichtungen) können die Wohnungseigentümer grundsätzlich nicht nach § 10 Abs. 8 S. 1 Hs. 1WEG haften, solange der Verband Wohnungseigentümergemeinschaft besteht. Eine solche Haftung schließt § 16 Abs. 2 WEG als lex specialis aus.

c) Begrenzung durch Treuepflicht

504 Ist ein Wohnungseigentümer ausnahmsweise Gläubiger, gebietet es die zwischen den Wohnungseigentümern bestehende Treuepflicht (Rn. 40 ff.), dass sich der Gläubiger – wie auch bei einem Rückgriff gem. § 426 Abs. 1 BGB – **zunächst** an den Verband Wohnungseigentümergemeinschaft halten muss und seine jetzigen oder früheren Miteigentümer erst dann in Anspruch nehmen darf, wenn aus dem Verwaltungsvermögen keine Befriedigung zu erwarten ist (§ 16 Rn. 7 ff.; allgemein *BGH* MDR 2002, 593, 594; BGHZ 103, 72, 76 = MDR 1988, 569 = NJW 1988, 1375, 1376; NJW 1981, 1095, 10; NJW 1980, 339, 340). Die unmittelbare Inanspruchnahme begründet eine aufschiebende **Einrede** des anderen Wohnungseigentümers.

V. Einwände nach § 10 Abs. 8 S. 2 und S. 3 WEG

1. Einwände des Verbandes und des Wohnungseigentümer gegenüber dem Gläubiger

505 Der in Anspruch genommene Wohnungseigentümer kann nach § 10 Abs. 8 S. 2 Hs. 1 WEG gegenüber einem Gläubiger neben den in **seiner Person** begründeten auch die dem **Verband Wohnungseigentümergemeinschaft** zustehenden Einwendungen und Einreden (Einwände) geltend machen (s. a. § 129 HGB). Ein verklagter Wohnungseigentümer kann sich also z. B. sowohl auf eine ihm selbst gewährte Stundung, einen Vergleich oder einen Haftungsausschluss berufen als auch Verjährung, Verwirkung oder Unmöglichkeit einwenden oder Erfüllung geltend machen oder eine mit dem Verband vereinbarte Stundung ins Feld führen. Die **Einrede der Vorausklage** aus § 771 S. 1 BGB ist ihm aber versperrt: Der Wohnungseigentümer haftet nicht subsidiär wie ein Bürge.

506 Für die aufschiebenden Einreden der **Anfechtbarkeit** und **Aufrechenbarkeit**, aber auch für **sonstige Gestaltungsrechte** (etwa ein Wahlrecht gem. § 263 BGB, Rücktritt nach §§ 346, 323 BGB oder Rückgaberechte nach §§ 355 ff. BGB) ist gem. § 10 Abs. 8 S. 3 WEG die Bestimmung des § 770 Abs. 1 und Abs. 2 BGB entsprechend anzuwenden. Das nach § 770 Abs. 1 BGB bestehende Leistungsverweigerungsrecht setzt eine Anfechtungsmöglichkeit des Verbandes Wohnungseigentümergemeinschaft nach §§ 119 ff. BGB wegen Irrtums, Täuschung oder Drohung voraus. Die Einrede der Aufrechnungsbefugnis nach § 770 Abs. 2 BGB verlangt hingegen einen **fälligen**, gleichartigen und klagbaren Anspruch des Verbandes gegen den Gläubiger (Gegenforderung).

Hinzukommen muss die Aufrechnungsbefugnis des Gläubigers. Erlischt die Aufrechnungsbefugnis des Gläubigers, verliert der Inanspruchgenommene auch sein Leistungsverweigerungsrecht. Und auch wenn der Verband Wohnungseigentümergemeinschaft oder der Gläubiger auf das Gestaltungsrecht verzichtet haben, verliert der Inanspruchgenommene sein Leistungsverweigerungsrecht, weil dieses vom Bestand des jeweiligen Gestaltungsrechts abhängig ist (s. ferner BGH NJW 1996, 658).

Zwischen der Haftung eines Wohnungseigentümers nach § 10 Abs. 8 S. 1 Hs. 1 WEG und der Verbandsschuld besteht eine enge Verbindung, die sich grundsätzlich nach dem jeweiligen Stand der Verbandsschuld richtet, § 10 Abs. 8 S. 2 WEG. Erweiterungen der Verbandsschuld gehen ohne weiteres zu Lasten des Wohnungseigentümers. Der Wohnungseigentümer kann außerdem Einwendungen und Einreden nicht mehr erheben, wenn sie dem Verband nicht mehr zustehen (s. a. BGH MDR 1998, 1240, 1241; BGHZ 104, 76, 78 = MDR 1988, 773; BGHZ 73, 217, 224 = MDR 1979, 648). Insbesondere wirkt eine Unterbrechung der Verjährung der Verbandsschuld zu Lasten des Wohnungseigentümers. 507

Beruft sich der in Anspruch genommene Wohnungseigentümer auf eine Einrede aus §§ 10 Abs. 8 S. 3 WEG, 770 Abs. 1 oder 2 BGB, ist die Klage des Gläubigers, soweit die Forderungen sich decken, als »derzeit« unbegründet abzuweisen. Bringt der Verband die Hauptschuld durch rechtsgestaltende Erklärung zum Erlöschen, tritt deshalb im Verhältnis des Gläubigers zum Wohnungseigentümer nicht erst dadurch Erledigung ein. Die Einreden i. S. v. § 770 BGB sind **dilatorischer Natur**. Leistungen des Wohnungseigentümers in Unkenntnis einer solchen Einrede können weder nach § 813 Abs. 1 S. 1 BGB noch aus anderen Gründen zurückverlangt werden. 508

2. Einwendungen und Einreden des Inanspruchgenommenen gegenüber dem Verband

Auf seine Einwendungen und Einreden gegenüber Verband Wohnungseigentümergemeinschaft kann sich der Inanspruchgenommene nach § 10 Abs. 8 S. 2 Hs. 2 WEG nicht berufen. Er kann vor allem nicht einwenden, sich im Innenverhältnis wegen der Außenverbindlichkeit an einer Sonderumlage beteiligt oder sein Wohngeld oder einen Abrechnungssaldo bereits bezahlt zu haben. Auch ein etwaiges Zurückbehaltungsrecht gegenüber dem Verband ist ebenso wie eine Aufrechnung im Verhältnis zum Verband als Einwand ausgeschlossen. Der Gläubiger wird durch diese Regelung bewusst mit Fragen aus dem Innenverhältnis zwischen Wohnungseigentümer und Verband Wohnungseigentümergemeinschaft nicht belastet. 509

VI. Haftung eines Wohnungseigentümers gegenüber dem Verband Wohnungseigentümergemeinschaft

1. Grundsatz

Die Wohnungseigentümer treffen wie alle Mitglieder einer Körperschaft Treuepflichten, die ein Mindestmaß an Loyalität dem Verband gegenüber erfordern (dazu Rn. 382/383). Hierzu gehört die Pflicht, dem Verband die **finanzielle Grundlage** zur Begleichung der laufenden Verpflichtungen durch Beschlussfassung über einen entsprechenden Wirtschaftsplan, seine Ergänzung (Sonderumlage) oder die Jahresabrechnung zu verschaffen. Anderseits schulden die Wohnungseigentümer die rechtzeitige Erfüllung der gegen sie so begründeten Forderungen. 510

2. Schadensersatz

Begründen die Wohnungseigentümer unter Verstoß gegen § 21 Abs. 4 WEG und den dort niedergelegten Grundsatz einer ordnungsmäßigen Verwaltung schuldhaft keine oder keine ausreichenden Ansprüche und eröffnen sie also nicht oder nicht ausreichend gem. §§ 16 Abs. 2, 28 Abs. 5 WEG Forderungen, kann der Verband sie zwar nicht unmittelbar auf Zahlung in Anspruch nehmen. Ihm steht aber – wie § 10 Abs. 8 S. 4 WEG zeigt – ein Anspruch auf Schadensersatz wegen Pflichtverletzung nach § 280 Abs. 1 BGB zu (*BGH* BGHZ 163, 154, 175 [Teilrechtsfähigkeit] = ZMR 2005, 547; *Abramenko* ZMR 2005, 585, 586). 511

§ 10 | Allgemeine Grundsätze

a) Verzögerungsschaden

512 Verzögern die Wohnungseigentümer ihre Beschlussfassung und entsteht dem Verband dadurch ein Schaden, etwa in Gestalt von Verzugszinsen, müssen die die Verzögerung tragenden Wohnungseigentümer diesen Schaden unter den Voraussetzungen von §§ 280 Abs. 1 und 2, 286 BGB ersetzen. Dieser Anspruch ist für Gläubiger des Verbandes nach §§ 829, 835 ZPO pfändbar.

b) Schadensersatz statt der Leistung

513 Verweigern die Wohnungseigentümer schuldhaft (das Verschulden wird nach § 280 Abs. 1 S. 2 BGB vermutet; a. A. *Fauser* Haftungsverfassung, S. 296; er verzichtet auf ein Verschulden zw.) die zur ordnungsmäßigen Verwaltung i. S. v. § 21 Abs. 4 WEG erforderliche Beschlussfassung oder beschließen sie eine Forderung, die zu gering bemessen ist, entsteht dem Verband ein über die Folgen der verzögerten Erfüllung seiner eigenen Verbindlichkeiten gegenüber Dritten hinausgehender Schaden. Diesen Schaden kann der Verband als Schadensersatz statt der Leistung unter den Voraussetzungen der §§ 280 Abs. 1 und 3, 281 BGB geltend machen (*BGH* BGHZ 163, 154, 175 [Teilrechtsfähigkeit] = ZMR 2005, 547). Fassen die Wohnungseigentümer trotz Aufforderung und Setzung einer angemessenen Frist – zumeist durch den Verwalter als Organ des Verbandes – keinen Beschluss über die Zuführung von Mitteln, hat jeder einzelne Wohnungseigentümer dem Verband Schadensersatz zu leisten.

514 Ein Verschulden des einzelnen Wohnungseigentümers liegt auch dann vor, wenn er zwar mit der Minderheit für einen entsprechenden Beschluss gestimmt hat, dann aber **untätig** bleibt (*BGH* BGHZ 163, 154, 176 [Teilrechtsfähigkeit] = ZMR 2005, 547). Seine Treuepflicht gebietet es in diesem Falle, den Negativbeschluss nach §§ 43 Nr. 4, 46 Abs. 1 Nr. 1 WEG anzufechten und im Wege der Klagehäufung nach § 260 ZPO zugleich die anderen Eigentümer auf Zustimmung zu einem von ihm vorzulegenden Entwurf für eine Jahresabrechnung, einen Wirtschaftsplan oder eine Sonderumlage gem. § 43 Nr. 2 WEG oder in einem Regelungsstreit (s. dazu *Elzer* ZMR 2006, 85, 93) nach § 21 Abs. 8 WEG ohne Vorlage eines entsprechenden Entwurfes in Anspruch zu nehmen.

3. § 10 Abs. 8 S. 4 WEG: Begrenzung auf den Miteigentumsanteil

a) Grundsatz

515 Im Grundsatz könnte der Verband von jedem Wohnungseigentümer den Betrag verlangen, den der Verband bei ordnungsmäßiger Beschlussfassung von den Wohnungseigentümern **insgesamt** hätte einfordern können: Haben mehrere denselben Schaden in gleicher Weise schuldrechtlich zu verantworten, haften sie grundsätzlich als Gesamtschuldner. Diese Folge schränkt § 10 Abs. 8 S. 4 WEG unter Verdrängung des § 426 BGB (vgl. *Briesemeister* NZM 2007, 225, 227) allerdings bewusst ein. Die Haftung eines Wohnungseigentümers gegenüber dem Verband Wohnungseigentümergemeinschaft wegen nicht ordnungsmäßiger Verwaltung i. S. v. § 21 Abs. 4 WEG bestimmt sich danach gem. § 10 Abs. 8 S. 1 WEG. Ein Wohnungseigentümer haftet also auch im Innenverhältnis gegenüber dem Verband nur in **Höhe seines Miteigentumsanteils** und nicht auf das Ganze.

b) Wirtschaftsplan und Jahresabrechnung

516 Wird ein Wohnungseigentümer wegen eines unterlassenen Wirtschaftsplanbeschlusses vom Verband in Anspruch genommen, schuldet er nur die anteilig nach seinem Miteigentumsanteil am Gemeinschaftseigentum berechnete Quote am Gesamtwirtschaftsplan. Gibt es z. B. vier Wohnungseigentümer mit je 250/1000 Miteigentumsanteile und hätte es nach § 21 Abs. 4 WEG eines Beschlusses über den Wirtschaftsplan in Höhe von 40.000,00 EUR bedurft, kann der Verband von einem jetzigen oder ehemaligen Wohnungseigentümer 10.000,00 EUR Schadensersatz verlangen. Entsprechendes gilt für die Jahresabrechnung. Hier kommt außerdem eine anteilige Haftung wegen der Beträge in Betracht, die die Prognose des Wirtschaftsplans überstiegen (Abrechnungsspitze).

c) Sonderumlagen

517 Eine Haftungsbegrenzung kommt auch bei unterbliebenen, aber eigentlich notwendigen Sonderumlagenbeschlüssen in Betracht. Der jeweilige Wohnungseigentümer haftet auch hier nur in Höhe seines Miteigentumsanteils. Gibt es z. B. vier Wohnungseigentümer mit je 250/1000 Mit-

eigentumsanteile und hätte es nach § 21 Abs. 4 WEG eines Beschlusses über eine Sonderumlage in Höhe von 10.000,00 EUR bedurft, kann der Verband von einem jetzigen oder ehemaligen Wohnungseigentümer nur jeweils 2.500,00 EUR Schadensersatz verlangen. Ist die Sonderumlage wegen Hausgeldausfällen notwendig, kann der Wohnungseigentümer nicht einwenden, dass er seine Hausgelder gezahlt hat. Eine entsprechende Verteidigung wäre ihm auch im Falle der Beschlussfassung nicht möglich gewesen. Im Einzelfall wird es schwierig sein festzustellen, für welche Gegenstände eine Sonderumlage notwendig war und auf welche Forderungen ein Wohnungseigentümer bereits gezahlt hat.

d) Höhe

Die ordnungsgemäße Finanzausstattung des Verbandes verlangt es bei der Berechung des Schadensersatzes von der **tatsächlichen Lage**, nicht etwa von Soll-Guthaben und Soll-Leistungen der Wohnungseigentümer auszugehen (*Abramenko* ZMR 2005, 585, 587). **Absehbare weitere Ausgaben** sind somit bei der Finanzplanung ebenso zu berücksichtigen wie die bekannte **Leistungsunfähigkeit einzelner Eigentümer** (*Elzer* WuM 2007, 295, 297). Wenn etwa ein Verband € 100.000,00 Außenstände hat und ihm 100 Wohnungseigentümer zu je 10/1000 Miteigentumsanteile angehören, wäre es ein Irrtum, dass jeder Wohnungseigentümer stets nur auf € 1.000,00 haftet, wenn es zu keiner fiktiven Sonderumlage kommt. Dies kann zwar so sein, nämlich dann, wenn alle Wohnungseigentümer auch Mittel besitzen. In diesem Falle wird es indes kaum zu einem Geldmangel eines Verbandes kommen. Wahrscheinlicher ist, dass z. B. 50 Wohnungseigentümer keine Gelder aufbringen können. Dann aber ist die Sonderumlage nicht mit € 100.000,00 anzusetzen, da ja mit einem Ausfall zu rechnen ist. Die fiktive Sonderumlage ist vielmehr mit € 200.000,00 zu bemessen, jeder Wohnungseigentümer haftet also auf € 2.000,00. Auf die Spitze getrieben bedeutet das, dass dann, wenn nur ein Wohnungseigentümer liquide ist, die Sonderumlage auf € 10.000.000,00 anzusetzen ist, der einzelne Wohnungseigentümer also auf € 100.000,00 haftet.

518

4. Ehemalige Wohnungseigentümer

Nach Sinn und Zweck muss die Wohltat des § 10 Abs. 8 S. 4 WEG im Übrigen auch ehemaligen Wohnungseigentümern zu Gute kommen, die wegen einer Pflichtwidrigkeit während der Zugehörigkeit zum Verband in Anspruch genommen werden. Es gibt keinen Anlass, einen ehemaligen Wohnungseigentümer höher als jetzige Wohnungseigentümer haften zu lassen. Der Gesetzeswortlaut ist insoweit teleologisch zu erweitern.

519

VII. Bauhandwerkerhypothek

Aus der anteiligen Außenhaftung in § 10 Abs. 8 S. 1 WEG folgt, dass sich die Wohnungseigentümer als Eigentümer des Grundstücks von einem Bauwerkunternehmer im Bereich der dinglichen Haftung nach § 242 BGB **wie ein Besteller** behandeln lassen müssen (BT-Drucks. 16/887 S. 66; *Niedenführ/Kümmel* Rn. 83; a. A. zum früheren Recht *Demharter* ZWE 2005, 357, 358; *Bork* ZIP 2005, 1205, 1207). Nach dem Wortlaut des § 648 BGB kann der Bauwerkunternehmer die Einräumung einer Sicherungshypothek zwar nur dann verlangen, wenn Besteller und Grundstückseigentümer im Zeitpunkt der Geltendmachung des Anspruchs unter formaler Betrachtung rechtlich dieselbe Person sind (*OLG Hamm* BauR 1999, 407). Eine Übereinstimmung nach wirtschaftlicher Betrachtungsweise genügt i. d. R. nicht (*BGH* BGHZ 102, 95, 102 = MDR 1988, 220 = NJW 1988, 255; *OLG Celle* NJW-RR 2003, 236 = MDR 2003, 504; *OLG Frankfurt* MDR 2001, 1405). Im Wohnungseigentumsrecht gilt indes etwas anderes. Denn es ist nicht ausgeschlossen, dass sich ein Grundstückseigentümer nach Lage des Einzelfalls gem. § 242 BGB **wie ein Besteller** behandeln lassen muss, soweit der Unternehmer wegen des ihm zustehenden Werklohns Befriedigung aus dem Grundstück sucht. Auch im Verhältnis zwischen dem Bauunternehmer und dem Grundstückseigentümer, der nicht Auftraggeber ist, gelten die allgemeinen Grundsätze von Treu und Glauben (§ 242 BGB). Die Identität von Grundstückseigentümer und Besteller muss zurücktreten, wenn »die Wirklichkeit des Lebens und die Macht der Tatsachen« es gebieten, die personen- und vermögensrechtliche Selbstständigkeit von Besteller und Eigentümer hintanzusetzen (*BGH* BGHZ 102, 95, 103 = MDR 1988, 220 = NJW 1988, 255; BGHZ 78, 318, 333; BGHZ 54, 222, 224).

520

§ 10 | Allgemeine Grundsätze

Die förmliche Verschiedenheit darf nicht dazu führen, dem Bauhandwerker die ihm redlicherweise zustehende Sicherheit vorzuenthalten. Im Falle des Wohnungseigentums sind es die Wohnungseigentümer, die über den Abschluss eines Bauhandwerkervertrages entscheiden. Sie haben eine wirtschaftlich und rechtlich beherrschende Stellung. Hinzu kommt, dass allein die Wohnungseigentümer – nicht der Verband – einen Nutzen aus einer entsprechenden Bauleistung haben. Schon diese Umstände legen es nahe, dass sich die Wohnungseigentümer im Bereich der dinglichen Haftung gemäß § 242 BGB wie Besteller behandeln lassen müssen. Wenn § 10 Abs. 8 S. 1 Hs. 1 WEG bestimmt, dass die Wohnungseigentümer dem Unternehmer auch im Außenverhältnis haften, wird noch deutlicher, dass es gerechtfertigt ist, die Wohnungseigentümer auch im Rahmen des § 648 BGB haften zu lassen und dem Werkunternehmer einen Anspruch auf Einräumung einer Sicherungshypothek zuzuerkennen.

3. Rechtsfolge

521 Der Anspruch auf Einräumung der Sicherungshypothek besteht im Prinzip am Hausgrundstück. Auf Grund der in § 10 Abs. 8 S. 1 Hs. 1 WEG angeordneten nur **anteiligen Haftung** steht dem Sicherungsberechtigten aber nur gegen jeden einzelnen Wohnungseigentümer ein Sicherungsanspruch in Höhe des auf diesen entfallenden Anteils an der Gesamtforderung zu; eine **Gesamthypothek** ist nicht möglich.

VIII. Verfahrensrecht

522 Will ein Gläubiger in das Verbandsvermögen vollstrecken, benötigt er einen gegen den Verband Wohnungseigentümergemeinschaft gerichteten Titel. Für die Zwangsvollstreckung gegen den in Anspruch genommenen jetzigen oder früheren Wohnungseigentümer ist hingegen ein gegen ihn gerichteter Titel erforderlich. Ein Titel gegen den Verband genügt nicht (BT-Drucks. 16/887 S. 67; s. a. § 129 Abs. 4 HGB). Die Klage gegen den Verband Wohnungseigentümergemeinschaft und gegen die Wohnungseigentümer wegen einer Verbindlichkeit kann getrennt erhoben oder miteinander verbunden werden. Werden der Verband Wohnungseigentümergemeinschaft und ein Wohnungseigentümer gemeinsam verklagt, sind sie **einfache Streitgenossen** i. S. d. § 59 ZPO (so für § 128 HGB *BGH* NJW 1988, 2113; BGHZ 54, 251, 254 = NJW 1970, 1740); auch dann, wenn sich der Wohnungseigentümer sich nicht mit persönlichen Einwendungen verteidigt. Die für die Stellung der Streitgenossen im Verfahren wesentliche Entscheidung, ob notwendige oder einfache Streitgenossenschaft vorliegt, darf nicht von den Zufälligkeiten der Prozessführung, nämlich davon abhängen, ob ein Gesellschafter sich im Einzelfall mit persönlichen Einwendungen verteidigt oder nicht. Gründe der Rechtssicherheit und Klarheit gebieten es vielmehr, nur einfache Streitgenossenschaft anzunehmen (*BGH* NJW 1988, 2113; BGHZ 54, 251, 255 = NJW 1970, 1740). Ergeht ein der Leistungsklage stattgebendes Urteil gegen Verband und Wohnungseigentümer, so werden sie – obwohl kein Fall der Gesamtschuld vorliegt – anteilig als wären sie Gesamtschuldner verurteilt. Die Kostenfolge richtet sich nach § 100 Abs. 4 ZPO.

523 Aus der **notwendigen Trennung** von Verbandsprozess und Klage gegen den Wohnungseigentümer folgt, dass ein persönlich verklagter Wohnungseigentümer nicht die Einrede der anderweitigen Rechtshängigkeit (§ 261 Abs. 3 Nr. 1 ZPO) erheben kann, weil bereits ein Prozess gegen den Verband Wohnungseigentümergemeinschaft anhängig ist (s. a. *BGH* BGHZ 62, 133 = NJW 1974, 338). Jeder Wohnungseigentümer kann dem Verband Wohnungseigentümergemeinschaft oder dessen Prozessgegner als Streithelfer beitreten. Das Bestehen einer Verbandsverbindlichkeit führt i. d. R. dazu, dass einer gleichlautenden Feststellungsklage gegen einen Wohnungseigentümer das Rechtsschutzbedürfnis fehlt, weil zum einen das Urteil gegen die Gesellschaft auch den Gesellschafter hinsichtlich der Einwendungen der Gesellschaft analog § 129 Abs. 1 HGB bindet und zum anderen ein Feststellungsurteil kein zur Zwangsvollstreckung geeigneter Titel ist.

524 Der Gerichtsstand ist für den Verband Wohnungseigentümergemeinschaft und für die Wohnungseigentümer selbstständig. Eine Gerichtsstandsvereinbarung zwischen einem Gläubiger und dem Verband Wohnungseigentümergemeinschaft gilt in der Regel aber auch im Verhältnis zum anteilig haftenden Wohnungseigentümer, wenn dieser auf die Erfüllung einer Verbandsschuld in Anspruch genommen wird, weil sich dessen Haftung aus § 10 Abs. 8 S. 1 Hs. 1 WEG

nach dem Inhalt der Schuld der Gesellschaft richtet (*BGH* NJW 1981, 2644, 2646). Ebenso bindet der vom Verband Wohnungseigentümergemeinschaft geschlossene Schiedsvertrag nicht nur diese selbst, sondern auch den anteilig haftenden Wohnungseigentümer. Ein gegen den Verband Wohnungseigentümergemeinschaft ergangenes Urteil wirkt gegen jeden Wohnungseigentümer (Niedenführ/*Kümmel* Rn. 96; s. a. *BGH* MDR 1998, 1240, 1241 für § 128 HGB), nicht aber gegen eine bereits ausgeschiedenen (*BGH* BGHZ 44, 229 = NJW 1966, 499). Das Urteil nimmt dem Wohnungseigentümer die Einwendungen, die dem Verband Wohnungseigentümergemeinschaft durch das Urteil abgesprochen worden sind. Umgekehrt kann sich ein Wohnungseigentümer gegenüber dem Gläubiger wegen der Akzessorietät seiner Haftung auf ein zu Gunsten des Verbandes Wohnungseigentümergemeinschaft ergangenes Urteil berufen. Ein im Verfahren des Verbandsgläubigers gegen den Wohnungseigentümer ergangenes Urteil wirkt hingegen weder für noch gegen den Verband Wohnungseigentümergemeinschaft.

IX. Abdingbarkeit

Nach ihrem Sinn und Zweck ist die in § 10 Abs. 8 S. 1 Hs. 1 WEG angeordnete teilschuldnerische Außenhaftung sowohl dem Grunde als auch der Höhe nach analog § 128 S. 2 HGB **zwingend** und durch Vereinbarung **nicht abdingbar** – es sei denn, ein Gläubiger stimmt sich gegenüber einer Reduzierung oder Abbedingung zu. Gesetzliche Regelungen, die das Außenverhältnis betreffen, können grundsätzlich nicht durch entsprechende Regelungen im Innenverhältnis abgeändert werden. Gläubiger, die mit dem Verband Wohnungseigentümergemeinschaft in Kontakt treten, müssen sich auf sichere Haftungsregelungen verlassen können. Sie müssen das Risiko abschätzen können, wenn sie es auf sich nehmen, mit dem Verband in Kontakt zu treten. Die Rechtssicherheit gebietet es, gesetzliche Vorschriften, die das Außenverhältnis berühren, nicht zur Disposition der Wohnungseigentümer zu stellen. Die Eigentümer können deshalb nicht zu Lasten der Verbandsgläubiger den gesetzlich bestimmten Haftungsmaßstab, die Haftung nach Höhe der gem. §§ 3 oder 8 WEG bestimmten Miteigentumsanteile, ändern. Es ist aber vorstellbar, dass die Haftung **rechtsgeschäftlich** ausgeschlossen wird, indem der Gläubiger des Verbandes auf einen Durchgriff verzichtet und verspricht, nur auf das Verwaltungsvermögen zuzugreifen. Für eine derartige, den Wohnungseigentümern bloß vorteilhafte Vereinbarung besitzt der Verwalter Vertretungsmacht; jedenfalls kann sein Handeln nach § 177 BGB geheilt werden. Die Wohnungseigentümer können außerdem im Wege der Vereinbarung für das **Innenverhältnis** eine Haftung nach § 10 Abs. 8 S. 1 Hs. 1 WEG ganz ausschließen oder einen anderen Haftungsmaßstab bestimmen. Dies kann zu einem Freistellungsanspruch führen. Sofern die Höhe der jeweiligen Miteigentumsanteile unbillig festgesetzt worden sind, kann ggf. die Bestimmung, welcher Einheit welche Miteigentumsanteile zugeordnet sind, geändert werden. 525

Die Vorschrift des § 10 Abs. 8 S. 4 WEG ist abdingbar. Gründe, die es gebieten, eine Unabdingbarkeit abzunehmen, sind nicht erkennbar. 526

§ 11 Unauflöslichkeit der Gemeinschaft

(1) Kein Wohnungseigentümer kann die Aufhebung der Gemeinschaft verlangen. Dies gilt auch für eine Aufhebung aus wichtigem Grund. Eine abweichende Vereinbarung ist nur für den Fall zulässig, daß das Gebäude ganz oder teilweise zerstört wird und eine Verpflichtung zum Wiederaufbau nicht besteht.

(2) Das Recht eines Pfändungsgläubigers (§ 751 des Bürgerlichen Gesetzbuchs) sowie das im Insolvenzverfahren bestehende Recht (§ 84 Abs. 2 der Insolvenzordnung), die Aufhebung der Gemeinschaft zu verlangen, ist ausgeschlossen.

(3) Ein Insolvenzverfahren über das Verwaltungsvermögen der Gemeinschaft findet nicht statt.

§ 11 | Unauflöslichkeit der Gemeinschaft

Literatur

Armbrüster Überlegungen zur Reform des Wohnungseigentumsrechts, DNotZ 2003, 493; *Becker* Die Unauflöslichkeit der Gemeinschaft, WE 1998, 128; *Bork* Die Insolvenz der Wohnungseigentümergemeinschaft, ZinsO 2006, 1067; *Briesemeister* Die Dereliktion von Wohnungseigentum, ZWE 2007, 218; *Drasdo* Das Dilemma ist da – Streit um die Insolvenzfähigkeit der Wohnungseigentümergemeinschaft, NZI 2006, 209; *Gundlach/Frenzel/Schmidt* Die Wohnungseigentümergemeinschaft in der Insolvenz, NZI 2006, 437; *dies.* Die Insolvenzfähigkeit der Wohnungseigentümergemeinschaft, DZWir 2006, 149; *Häublein* Insolvenzverfahren über das Vermögen der Wohnungseigentümergemeinschaft?, ZWE 2006, 205; *Hügel* Zuordnung eines Sondernutzungsrechtes zum Miteigentumsanteil an einer Eigentumswohnung, NZM 2004, 766; *Hoffmann* Zwangsvollstreckung in Miteigentumsanteile an Grundstücken, JuS 1969, 20; *Köster/Sankol* Die Insolvenzfähigkeit der Wohnungseigentümergemeinschaft, ZfIR 2006, 741; *Kreuzer* Aufhebung von Wohnungseigentum, NZM 2001, 123; *Lüke* Insolvenz des Wohnungseigentümers, ZWE 2006, 370; *Merle* Das Wohnungseigentum im System des bürgerlichen Rechts, 1979; *Müller* Zwangsversteigerung von Wohnungseigentum, ZWE 2006, 378; *Ott* Zur Aufhebung im Grundbuch eingetragener Vereinbarungen der Wohnungseigentümer, ZMR 2002, 7; *Paefgen* Gläubigerschutz in der WEG-Novelle, ZfIR 2006, 529; *ders.* Der »werdende« Wohnungseigentümer, Rpfleger 1985, 261.

Inhaltsverzeichnis

A. Grundsatz der »Unauflöslichkeit«	1
I. Einseitige Aufhebung	1
II. Einvernehmliche Aufhebung	2
1. Allgemeines	2
a) Vertragliche Aufhebung	4
b) Zuständigkeit	7
2. Zustimmung dinglich Berechtigter	8
III. Zerstörung des Wohngebäudes	9
1. Allgemeines	9
2. Wiederaufbaupflicht	10
3. Anspruch auf Aufhebung bei Unterbleiben des Wiederaufbaus	11
IV. Nachträgliche Herstellung und (Teil-)Aufhebung der Gemeinschaft	12
1. Teilweise Isolierung: Erstmalige Herstellung der vollständigen Gemeinschaft	14
2. Teilweise Isolierung: Teilaufhebung der Gemeinschaft der Wohnungseigentümer	16
3. Sonderfall: Sämtliche Miteigentumsteile sind isoliert	19
B. Dereliktion (Verzicht)	20
I. Wohnungseigentumsrechte	20
II. Sondernutzungsrechte	22
C. Miteigentümergemeinschaft an einem Wohnungseigentum	23
D. Ausnahmen von § 11 WEG	24
I. Zerstörung des Gebäudes	25
II. Verpflichtung zum Wiederaufbau	26
E. Aufhebung der Gemeinschaft durch Pfändungsgläubiger und Insolvenzverwalter	27
I. Grundsatz	27
II. Aufhebungsvertrag oder Aufhebungsanspruch	28
III. Aufhebung des Verbandes	29
F. Insolvenz des Verbandes Wohnungseigentümergemeinschaft	30
I. Grundsatz	30
II. Der Verband als Wohnungseigentümer	33

A. Grundsatz der »Unauflöslichkeit«

I. Einseitige Aufhebung

1 Nach dem Leitmodell des § 749 Abs. 1 BGB kann der Miteigentümer eines Grundstücks nach Bruchteilen (§ 1008 BGB) – soweit nicht etwas anderes für immer oder auf Zeit vereinbart ist (zu einer Einschränkung aus Treu und Glauben und den Grenzen des § 749 BGB s. *BGH* NZG 2005, 131) – **jederzeit die Aufhebung** der Gemeinschaft verlangen, insbesondere die Versteigerung des unteilbaren Grundstücks gem. §§ 753 Abs. 1 S. 1 BGB, 180 ff. ZVG (*BGH* MDR 2006, 832 = NJW 2006, 849, 850; BGHZ 90, 207, 215 = MDR 1984, 486 = NJW 1984, 1968, 1970; RG RGZ 108, 422, 424). Diese Möglichkeit der **jederzeitigen Aufhebbarkeit** einer Bruchteilsgemeinschaft entspricht **nicht den Bedürfnissen** der zu einer Gemeinschaft verbundenen Wohnungseigentümer. Wie auch die Bestimmung des Art. 131 EGBGB zeigt, vertragen es vor allem die Verkehrsfähigkeit und Attraktivität gemeinschaftlichen Grundstückseigentums nicht, dass ein Einzelner jederzeit, jedenfalls aber aus wichtigem Grund, die Aufhebung der Gemeinschaft betreiben und die im Wohnungseigentum (oder im Falle des Art. 131 EGBGB des Stockwerkeigentums) verkörperten Werte einseitig »sprengen« kann (s. bereits BR-Drucksache 75/71). Die Gemeinschaft der Miteigentümer an einem Grundstück ist vielmehr ebenso wie die Eigentümergemeinschaft auf **Dauer** angelegt. Keinem Wohnungseigentümer darf es daher im Grundsatz möglich sein, die Aufhebung der Gemeinschaft der Wohnungseigentümer i. S. v. § 10 Abs. 2 S. 1 WEG i. V. m. §§ 741 ff., 1008 ff. BGB zu verlangen. Garant und Bürge für dieses Interesse ist der nach § 11 Abs. 1 S. 3 WEG ausdrücklich **unabdingbare** § 11 Abs. 1 S. 1 WEG. Vor allem diese Bestimmung vermittelt dem einzelnen Wohnungseigentümer eine **gesicherte Rechtsstellung** (*BGH* BGHZ 150, 109, 115 [Nießbraucher] = ZMR 2002, 440, 442 = MDR 2002, 1003 = BGHReport 2002, 446 = NJW 2002, 1647; *Armbrüster* DNotZ 1999, 562, 570) und ist damit eine der wichtigsten Vorschriften für die Verkehrsfähigkeit von Wohnungseigentum und die hohe Wertschätzung, die es heute auszeichnet. **Sachenrechtlich** wird die durch § 11 WEG primär angestrebte Beständigkeit von **§ 6 WEG flankiert**. Danach kann Sondereigentum ohne den Miteigentumsanteil, zu dem es gehört, nicht veräußert oder belastet werden. Rechte an dem Miteigentumsanteil erstrecken sich außerdem auf das zu ihm gehörende Sondereigentum. Auch diese Vorschriften wollen das Wohnungseigentum als Einheit erhalten. Vor allem aber ohne § 11 WEG hätte das Wohnungseigentum nicht seine heutige Bedeutung erlangen können. Anders als im Recht der Gemeinschaft kann danach grundsätzlich kein Eigentümer **einseitig** die Aufhebung der Gemeinschaft verlangen (**indivison forcé**) – auch nicht mittelbar durch Verzicht (Rn. 20). Will ein Wohnungs- oder Teileigentümer aus der Gemeinschaft der Wohnungseigentümer ausscheiden, ist dies nur durch Veräußerung des Wohnungseigentums möglich. Dies gilt nach § 11 Abs. 1 S. 2 WEG – anders als nach § 749 Abs. 2 S. 1 BGB – auch für eine **Aufhebung aus wichtigem Grund**. Eine Vereinbarung, die diesem Inhalt des § 11 WEG entgegensteht und einem Wohnungseigentümer das Recht einräumt, einseitig die Aufhebung der Gemeinschaft zu verlangen, ist ebenso wie ein entsprechender Beschluss gem. § 134 BGB nichtig (*BayObLG* BayObLGZ 1979, 414, 422 = Rpfleger 1980, 110; *RGRK/Augustin* Rn. 2). § 11 Abs. 1 S. 1 und 2 WEG stellt auf diese Weise sicher, dass die Gemeinschaft nicht durch die Initiative Einzelner aufgelöst werden muss und dass das die Eigentümer verbindende gesetzliche Schuldverhältnis (s. § 10 Rn. 40 ff.) jedenfalls nicht einseitig beendet werden kann (*OLG Zweibrücken* ZMR 2003, 137 = ZWE 2002, 603).

II. Einvernehmliche Aufhebung

1. Allgemeines

§ 11 WEG bestimmt **nicht**, dass die Gemeinschaft der Wohnungseigentümer **unauflöslich** ist. Es gibt keine »ewig« währende Verpflichtung, eine Gemeinschaft der Wohnungseigentümer aufrechtzuerhalten – insbesondere nicht dann, wenn es in der Realität kein Sondereigentum gibt. Nach Sinn und Zweck will § 11 WEG nur verhindern, dass ein Einzelner (oder ein Pfändungsgläubiger bzw. Insolvenzverwalter eines Wohnungseigentümers; s. Rn. 30) **einseitig** die Aufhebung der Eigentümergemeinschaft zur Unzeit und gegen den Willen der anderen Wohnungseigentümer betreibt. Eine Aufhebung der Eigentümergemeinschaft kommt deshalb wenigstens in **drei Fällen** (s. dazu auch Rn. 16) in Betracht:

– nach § 9 Abs. 1 WEG (s. dazu § 9 Rn. 2);
– durch eine entsprechende ursprüngliche oder nachträgliche Vereinbarung (s. Rn. 9 ff.);
– durch ein einseitiges Verlangen im Falle von § 11 Abs. 1 S. 3 WEG (s. Rn. 24 ff.).

a) Vertragliche Aufhebung

Die Wohnungseigentümer sind vor allem nicht daran gehindert, die Gemeinschaft **einvernehmlich durch reale Grundstücksteilung** aufzuheben (*BayObLG* WE 1984, 124; BayObLGZ 1979, 414 = Rpfleger 1980, 110). Wie §§ 4 Abs. 1 und 9 Abs. 1 Nr. 1 WEG zeigen, können die Wohnungseigentümer jederzeit einen Vertrag mit dem Zweck schließen, die Sondereigentumsrechte und damit die Eigentümergemeinschaft aufzuheben. Solch ein Vertrag bedarf der Form der §§ 311b Abs. 1

§ 11 | Unauflöslichkeit der Gemeinschaft

S. 1, 925 Abs. 1 S. 1 BGB (a. A. Weitnauer / *Lüke* Rn. 4; differenzierend Staudinger / *Kreuzer* Rn. 15), weil § 4 Abs. 3 WEG **entsprechend anwendbar** ist.

5 Die Wohnungseigentümer können sich bereits bei Begründung der Gemeinschaft verpflichten, diese zu einem fixen Zeitpunkt oder bei Eintritt einer Bedingung aufzuheben. Eine entsprechende Vereinbarung kann aber auch zu jedem späteren Zeitpunkt geschlossen werden. Ein solcher Vertrag widerspricht nicht dem Rechtsgedanken des § 11 WEG: Dieser will nur verhindern, dass eine Auflösung der Gemeinschaft gegen den Willen auch nur eines Eigentümers möglich ist (*BayObLG* BayObLGZ 1979, 414 = Rpfleger 1980, 110). Im Falle der Aufhebung bestimmt sich der Anteil der Miteigentümer – soweit nichts anderes vereinbart ist – gem. § 17 S. 1 WEG nach dem Verhältnis des Wertes ihrer Wohnungseigentumsrechte zur Zeit der Beendigung der Gemeinschaft. Hat sich der Wert eines Miteigentumsanteils durch Maßnahmen verändert, denen der Wohnungseigentümer gem. § 22 Abs. 1 WEG nicht zugestimmt hat, so bleibt eine solche Veränderung bei der Berechnung des Wertes dieses Anteils nach § 17 S. 2 WEG außer Betracht. S. dazu § 17 Rn. 2.

6 Wenn ein »Aufhebungsvertrag« besteht, sind sämtliche Eigentümer verpflichtet, bei einem Antrag auf Erteilung der behördlichen Teilungsgenehmigung mitzuwirken. Die Aufhebung kann durch Realteilung, aber auch nach §§ 752–758 BGB, 180 ff. ZVG erfolgen.

b) Zuständigkeit

7 Weigert sich ein Wohnungseigentümer, an einer vereinbarten Aufhebung teilzunehmen, ist der **Anspruch** der anderen Wohnungseigentümer **auf Zustimmung** zur Aufhebung im Verfahren nach § 43 Nr. 1 WEG vor dem **Wohnungseigentumsgericht** zu verfolgen (*BayObLG* WuM 1999, 231, 232; WE 1984, 124 [LS]; BayObLGZ 1979, 414, 418 = Rpfleger 1980, 110). Davon zu unterscheiden sind die Ansprüche, die sich **aus der Aufhebung** der Gemeinschaft, vor allem gem. §§ 752 ff. ZPO, ergeben können. Für diese Ansprüche ist das Prozessgericht zuständig. Sie können erst erfolgreich geltend gemacht werden, nachdem die Verpflichtung zur Aufhebung der Gemeinschaft **rechtskräftig** ausgesprochen worden ist (*BayObLG* WuM 1999, 231, 232).

2. Zustimmung dinglich Berechtigter

8 Sind von einer vertraglich vereinbarten Aufhebung der Gemeinschaft die Rechte dinglich Berechtigter betroffen, müssen auch diese dem Aufhebungsvertrag zustimmen (allgemein *OLG Frankfurt a. M.* ZMR 1990, 229 = NJW-RR 1990, 1042; *OLG Düsseldorf* DNotZ 1990, 42; *BayObLG* BayObLGZ 1958, 273, 277). Ist das Gesamtgrundstück belastet, besteht das Recht fort und eine Zustimmung ist entbehrlich (Soergel / *Stürner* Rn. 32). Bei Einzelbelastungen der jeweiligen Miteigentumsanteile ist zu prüfen, ob sie ihrem Inhalt nach an einem Miteigentumsanteil nach Bruchteilen bestehen können.

III. Zerstörung des Wohngebäudes

1. Allgemeines

9 Wird das Gebäude ganz oder teilweise zerstört, besteht die Eigentümergemeinschaft fort. Wie insbesondere § 9 Abs. 1 Nr. 2 WEG zeigt, wandelt sich die Gemeinschaft bei einer Zerstörung des Wohngebäudes nicht (wieder) in eine Bruchteilsgemeinschaft gem. §§ 741 ff. BGB um, sondern bleibt eine **voll entstandene Eigentümergemeinschaft** (Staudinger / *Kreuzer* Rn. 10) deren Mitglieder freilich in Ermangelung einer Substanz allesamt nur **isolierte Miteigentumsanteile** besitzen (vgl. Rn. 13 und § 3 Rn. 97 ff.). Die Wohnungsgrundbücher werden indes nur dann geschlossen, wenn sämtliche Wohnungseigentümer eine Schließung beantragen, alle Sondereigentumsrechte durch völlige Zerstörung des Gebäudes gegenstandslos geworden sind und der Nachweis hierfür durch eine Bescheinigung der Baubehörde erbracht ist. Diese Situation kann unbefriedigend sein und nicht den Interessen der Beteiligten entsprechen. Die Wohnungseigentümer können sich daher abweichend vom Grundsatz des § 11 Abs. 1 S. 1 WEG im Wege der Vereinbarung (entweder bereits als Teil der »Gemeinschaftsordnung« oder nachträglich) gem. § 11 Abs. 1 S. 3 WEG das **Recht einräumen**, die Aufhebung der Gemeinschaft zu verlangen, wenn das Gebäude ganz oder teilweise zerstört ist und eine Verpflichtung zum Wiederaufbau nicht ver-

einbart ist. Außerdem besteht daneben analog § 11 Abs. 1 S. 3 WEG ein Aufhebungsanspruch (s. im Einzelnen Rn. 24).

2. Wiederaufbaupflicht
Fehlt es an einer Aufhebungsvereinbarung, gibt es im Falle der vollständigen oder teilweisen Zerstörung des Wohngebäudes eine **Wiederaufbaupflicht** in zwei Fällen. Zum einen, wenn die Wohnungseigentümer eine Wiederaufbaupflicht vertraglich bestimmt haben. Zum anderen besteht eine Wiederaufbaupflicht nach § 22 Abs. 2 WEG dann, wenn der Schaden durch eine Versicherung oder in anderer Weise gedeckt ist. In diesem Falle kann von jedem Wohnungseigentümer der Wiederaufbau gem. § 21 Abs. 4 WEG verlangt werden. 10

3. Anspruch auf Aufhebung bei Unterbleiben des Wiederaufbaus
Besteht keine Wiederaufbaupflicht und einigen sich die Wohnungseigentümer auch nicht darauf, das Gebäude wieder aufzubauen, kann es in **Ausnahmefällen** auch ohne entsprechende Vereinbarung einen **Anspruch** auf Mitwirkung zur **Aufhebung** der Gemeinschaft der Wohnungseigentümer aus §§ 242, 313 BGB i. V. m. mit dem die Eigentümer verbindenden Gemeinschaftsverhältnis geben (s. § 10 Rn. 40 ff.) geben (*BayObLG* ZMR 2002, 291, 292; *Röll* WE 1997, 94, 95). Anderenfalls würde das Grundstück für immer »brachliegen« und wäre für die Eigentümer wertlos. S. dazu auch noch Rn. 19 für den Fall allseitigen isolierten Miteigentums. 11

IV. Nachträgliche Herstellung und (Teil-)Aufhebung der Gemeinschaft
Gelingt Sondereigentum zunächst nicht zum Vollrecht, ist z. B. das Gebäude noch nicht errichtet, oder geht das Gebäude nach seiner Errichtung unter (Rn. 9), besitzen die Wohnungseigentümer rechtlich gesehen grundsätzlich nur Eigentum am Gemeinschaftseigentum verbunden mit einer Anwartschaft auf Erwerb von Sondereigentum. Solche Miteigentumsanteile, die mit einem nicht zum Vollrecht erstarkten Sondereigentum verbunden sind, werden als **isolierte**, sondereigentumslose bzw. substanzlose **Miteigentumsanteile** bezeichnet (s. zum Begriff und den Problemen ausführlich § 3 Rn. 97 ff.). Es gilt nichts anderes, wenn nur ein oder einige wenige Sondereigentumseinheiten nicht entstanden sind, die anderen **Miteigentumsanteile** aber entstanden und mit Sondereigentum verbunden sind (§ 3 Rn. 97 ff.). Die »Isolierung« endet, wenn das Gebäude (wieder) entsteht. 12

Ein Problem besteht darin, dass solche Wohnungseigentümer den anderen Wohnungseigentümern nach Sinn und Zweck der §§ 10 ff. WEG ohne Gebäude **nicht auf Dauer** gemeinschaftlich verbunden bleiben können. Um eine solche Gemeinschaft erstmalig vollständig herzustellen, ist primär stets zu versuchen, den »Gründungsfehler« zu heilen, die Isolierung zu beenden und also dem sondereigentums- bzw. substanzlosen Miteigentumsanteil voll entstandenes Sondereigentum zuzuführen. Ist eine solche Heilung **ausnahmsweise aber nicht möglich** oder jedenfalls nicht zumutbar – z. B. wenn das Wohngebäude wieder abgerissen werden müsste – ist subsidiär auch eine **Teilaufhebung der Gemeinschaft** vorstellbar. 13

1. Teilweise Isolierung: Erstmalige Herstellung der vollständigen Gemeinschaft
Besteht teilweise ein isolierter Miteigentumsanteil, begründet dies für alle Miteigentümer gem. § 242 BGB (*BayObLG* ZMR 1998, 582) i. V. m. ihrem Gemeinschaftsverhältnis (*BayObLG* ZMR 2001, 40) originär die **Verpflichtung**, den fehlerhaften **Gründungsakt** so zu **ändern**, dass der sondereigentumslose Miteigentumsanteil nicht weiter bestehen bleibt (*BGH* NJW 2004, 1798 = ZMR 2004, 206, 208; BGHZ 130, 159, 169 = ZMR 1995, 521; BGHZ 109, 179, 185 = ZMR 1990, 112; *Wenzel* DNotZ 1993, 297, 300) und das Sondereigentum durch vertragliche Einräumung an den betroffenen Gebäudeteilen **erstmals begründet** wird. Diese Mitwirkungspflicht setzt allerdings voraus, dass nach dem Gründungsakt überhaupt Sondereigentum entstehen sollte. Besteht eine Mitwirkungspflicht, sind z. B. Teilungserklärung und Aufteilungsplan so abzuändern, dass zu Gunsten des Inhabers der isolierten Miteigentumsanteile erstmals **Sondereigentum** an Räumen im Dachgeschoss **entsteht** (*BGH* ZfIR 2004, 1006, 1008 = ZMR 2005, 59 = NJW 2005, 10; ZMR 2004, 206, 207 = NJW 2004, 1798 = MDR 2004, 439; BGHZ 130, 159, 168 = ZMR 1995, 521 = NJW 1995, 2851, 2853; BGHZ 109, 179, 185 [Heizwerkfall] = ZMR 1990, 112 = NJW 1990, 447; *Röll* Teilungserklärung, 14

§ 11 | Unauflöslichkeit der Gemeinschaft

S. 52) oder eine **Trennwand verschoben** wird und dadurch Sondereigentum so entsteht, wie es im Aufteilungsplan vorgesehen ist (*BayObLG* ZMR 2001, 988, 989; *KG* ZMR 2001, 849).

15 Der benachteiligte Miteigentümer kann die übrigen Eigentümer notfalls auf die Zustimmung zu einer entsprechenden Abänderung – ggf. gegen eine **Ausgleichszahlung** (*BayObLG* ZMR 2001, 988, 989; ZMR 2000, 464; ZMR 1998, 794, s. auch § 17 Rn. 9) – vor dem Wohnungseigentumsgericht in Anspruch nehmen (*BGH* BGHZ 130, 159, 169 = ZMR 1995, 521, 524; NJW 1991, 2909 = MDR 1992, 50 = DNotZ 1992, 225 = Rpfleger 1991, 454; *BayObLG* ZMR 2001, 40; *Wenzel* DNotZ 1993, 297, 299). Der Beschluss ersetzt dann nach § 894 ZPO die fehlenden Erklärungen. Liegt z. B. Gemeinschaftseigentum vor, weil das mit den Miteigentumsanteilen von zwei Speichern verbundene Sondereigentum wegen eines **Widerspruchs zwischen Teilungserklärung** und **Aufteilungsplan** nicht entstanden ist (s. dazu § 3 Rn. 41), besteht ein gegen die übrigen Wohnungs- und Teileigentümer gerichteter Anspruch auf **Begründung von Sondereigentum**, das mit den isolierten Miteigentumsanteilen verbunden werden kann (*BayObLG* ZMR 2001, 40, 41). Welche Sondereigentumsflächen den einzelnen Miteigentumsanteilen zuzuweisen sind, bemisst sich nach den Grundsätzen von Treu und Glauben unter Berücksichtigung des Interesses der Gesamtheit der Miteigentümer nach billigem Ermessen.

2. Teilweise Isolierung: Teilaufhebung der Gemeinschaft der Wohnungseigentümer

16 Im Einzelfall kann eine **Heilung ausgeschlossen** und die Isolierung nicht zu beenden sein. Dies ist etwa vorstellbar, wenn nach dem Teilungsvertrag oder der Teilungserklärung Sondereigentum entstehen sollte, an dem nach § 5 Abs. 2 WEG **zwingend Gemeinschaftseigentum** bestehen muss (*BGH* BGHZ 109, 179, 184 [Heizwerkfall] = ZMR 1990, 112 = NJW 1990, 447; *OLG Schleswig* ZMR 2006, 886, 887; *OLG Hamburg* MietRB 2004, 290). Ferner ist z. B. möglich, dass baurechtliche Vorschriften (siehe dazu etwa *OLG Braunschweig* OLGReport Braunschweig 1994, 257) die Einräumung von Sondereigentum und damit eine Heilung endgültig ausschließen und auch keine Fertigstellungspflicht besteht. Schließlich findet ein Heilungsanspruch wie auch ein Anspruch auf erstmalige Herstellung eines den Plänen entsprechenden Zustands seine Grenze in dem Rechtsgedanken des § 242 BGB i. V. m. mit dem Gemeinschaftsverhältnis (*BayObLG* BayObLGZ 1989, 470, 473). Ein Wohnungseigentümer kann die Heilung daher nicht verlangen, wenn dies den übrigen Wohnungs- und Teileigentümern bei Berücksichtigung aller Umstände nach Treu und Glauben nicht zumutbar ist (*BayObLG* ZMR 2001, 469, 471; WE 1997, 73; BayObLGZ 1989, 470, 473 für den Anspruch auf erstmalige Herstellung).

17 In diesen Fällen hat der Inhaber isolierter Miteigentumsanteile, aber auch jeder andere Wohnungseigentümer einen einklagbaren Anspruch darauf, dass die isolierten Miteigentumsanteile durch entsprechende Vereinbarung auf die verbleibenden Eigentümer durch Vereinigung oder Zuschreibung (§ 890 BGB) übertragen werden (*BGH* ZfIR 2004, 1006, 1008 = ZMR 2005, 59 = NJW 2005, 10; BGHZ 109, 179, 185 [Heizwerkfall] = ZMR 1990, 112; *OLG Schleswig* ZMR 2006, 886, 887; *Hügel* ZfIR 2004, 1009, 1010) und er aus der Gemeinschaft ausscheidet (**Teilaufhebung der Gemeinschaft**). Es besteht insoweit ein schuldrechtlicher Anspruch nach § 242 BGB i. V. m. dem Gemeinschaftsverhältnis bzw. ein Anspruch entsprechend § 11 Abs. 1 S. 3 WEG, dass der isolierte Miteigentumsanteil unter »Aufhebung« des nicht entstandenen Sondereigentums (bzw. die entsprechend bereits entstandene Anwartschaft) den anderen Wohnungseigentümern anteilig – im Zweifel im Verhältnis der Miteigentumsanteile – **zugeschlagen** wird (*BGH* ZfIR 2004, 1006, 1008 = ZMR 2005, 59 = NJW 2005, 10; ZMR 2004, 206; BGHZ 130, 159, 170 = ZMR 1995, 521 = NJW 1995, 2851; *BayObLG* ZMR 2002, 291, 292 = ZWE 2001, 605, 606).

18 Diese Lösung kommt vor allem in den Fällen **der Sonderrechtsunfähigkeit von Gebäudeteilen** (§ 5 Abs. 2 WEG) in Betracht (*BGH* BGHZ 130, 159, 170 = ZMR 1995, 521 = NJW 1995, 2851). Ferner dann, wenn eine Tiefgarage nicht errichtet wird und die Wohnungseigentümer kein Interesse an ihrer Erstellung haben. Auch dann kann es nach Treu und Glauben geboten sein, den bestehenden Zustand in der Weise zu bereinigen, dass die Wohnungseigentümer ohne Zahlung eines Wertausgleichs die Miteigentumsanteile übernehmen, die mit dem Sondereigentum an der Tiefgarage verbunden sind, und dass das Sondereigentum endgültig »aufgehoben«, besser niemals zur Entstehung gebracht wird (*BayObLG* ZMR 2002, 291, 292).

3. Sonderfall: Sämtliche Miteigentumsteile sind isoliert

Die Einräumung von Sondereigentum nach § 3 Abs. 1 WEG kann im Einzelfall auch **vollständig fehlschlagen**. Die Situation ist dann nicht anders, als wäre das Wohngebäude zerstört worden (s. auch Rn. 9). Es entstehen dann zunächst **ausschließlich isolierte Miteigentumsanteile** (a. A. *BayObLG* ZMR 2002, 291, 292), jeweils verbunden mit einer Anwartschaft auf Sondereigentum (s. ausführlich § 3 Rn. 132). Eine solche Gemeinschaft kann nicht dauerhaft bestehen (s. bereits Rn. 9). Scheitert die Einräumung von Sondereigentum z. B. aus baurechtlichen Gründen endgültig (*BGH* BGHZ 110, 36, 40 [Bauverbotsfall] = NJW 1990, 1111 = MDR 1990, 325) – das ist nicht anzunehmen bei bloßer Aufgabe der Bauabsicht – erlöschen die **Anwartschaftsrechte** (*OLG Hamm* WE 1991, 31 = NJW-RR 1991, 335) und jeder Wohnungs- bzw. Teileigentümer kann nach §§ 242, 313 BGB i. V. m. mit dem Gemeinschaftsverhältnis bzw. entsprechend § 11 Abs. 1 S. 3 WEG verlangen, dass die **Eigentümergemeinschaft aufgelöst** wird (*OLG Braunschweig* OLGReport Braunschweig 1994, 257; *Weitnauer/Lüke* Rn. 9; *Bamberger/Roth/Hügel* Rn. 5). Etwaige Dritte müssen dem nicht zustimmen. Jedenfalls haben sie gem. § 242 BGB grundsätzlich kein Recht, die Auflösung der Gemeinschaft **zu verhindern** und die Eigentümer am Wohnungseigentum festzuhalten.

19

B. Dereliktion (Verzicht)

I. Wohnungseigentumsrechte

Weder kann ein Miteigentumsanteil an einem Grundstück entsprechend § 928 Abs. 1 BGB durch Verzicht »aufgegeben« werden (*BGH* ZMR 2007, 793; BGHZ 115, 1, 7 = NJW 1991, 2488; a. A. *OLG Düsseldorf* ZMR 2007, 208; *Reichard* FS für Otte, S. 265, 284; *Kanzleiter* NJW 1996, 905, 906) noch ist die Eintragung des Verzichts auf ein Wohnungs- oder Teileigentum in das Grundbuch zulässig (*BGH* ZMR 2007, 795, 796 mit Anm. *Elzer*; *OLG Celle* MDR 2004, 29; *OLG Zweibrücken* ZMR 2003, 137; *OLG Düsseldorf* ZMR 2001, 129 = NJW-RR 2001, 233; *BayObLG* NJW 1991, 1962; *KG* NJW 1989, 42; *Briesemeister* ZWE 2007, 218; a. A. *OLG Düsseldorf* ZMR 2007, 382 = NZM 2007, 219; *Kanzleiter* NJW 1996, 905, 907). Weil das Miteigentum am Grundstück nach § 6 Abs. 1 WEG nicht vom Sondereigentum (Wohnungs- und Teileigentum) getrennt werden kann, führt die Rechtsprechung, dass die Eintragung des Verzichts auf den Miteigentumsanteil an einem Grundstück in das Grundbuch unzulässig ist (*BGH* ZMR 2007, 793; BGHZ 115, 1, 7 = NJW 1991, 2488), **notwendiger Weise** dazu, dass auch ein Wohnungs- und Teileigentum nicht durch Verzicht aufgegeben werden können (*BGH* ZMR 2007, 795, 796 mit Anm. *Elzer*).

20

Eine Dereliktion käme einer nach § 11 Abs. 1 S. 1 WEG unzulässigen **einseitigen (Teil-)aufhebung** der Gemeinschaft der Wohnungseigentümer gleich (*BGH* ZMR 2007, 795, 796 mit Anm. *Elzer*). Kein Wohnungseigentümer darf sich auf diese Weise und einseitig seinen gemeinschaftlichen Verpflichtungen entziehen. Art. 14 GG steht dem nicht entgegen, weil jeder Wohnungseigentümer durch den Erwerb von Wohnungseigentum sich bestimmter Rechte, u. a. des Rechts, frei über sein Eigentum zu verfügen, begibt (*BGH* ZMR 2007, 795, 796 mit Anm. *Elzer*; zweifelnd *OLG Düsseldorf* ZMR 2007, 382, 383 = NZM 2007, 219). Einem Verzicht steht ferner entgegen, dass jedenfalls die gesetzliche Regel des § 16 Abs. 2 WEG zum Umfang der Kosten- und Lastentragungspflicht unterlaufen werden würde. Bei einem Verzicht müssten die verbleibenden Eigentümer zwangsläufig einen **höheren Anteil** an den Lasten und Kosten tragen, ohne dass ihnen – mangels einer gesetzlich angeordneten Anwachsung – ein höherer Miteigentumsanteil an dem gemeinschaftlichen Grundstück zustünde (*BGH* ZMR 2007, 795, 796 mit Anm. *Elzer*). Eine Rechtfertigung für diese gesetzeswidrige Mehrbelastung gibt es nicht. Schließlich gibt es kein Bedürfnis für die Zulässigkeit eines Verzichts. Denn ein Wohnungseigentümer ist durch § 11 WEG nicht daran gehindert, die Gemeinschaft der Wohnungseigentümer zu verlassen. Zum einen kann er – soweit es hierfür einen Markt gibt – sein Wohnungseigentum veräußern. Ist das Wohnungseigentum hingegen **wertlos** (»Schrottimmobilie«) oder **dauerhaft nicht nutzbar** – z. B. weil Sondereigentum nicht entstanden ist oder in seinem Zustand völlig unbrauchbar – kann ein Wohnungseigentümer nach §§ 242, 313 BGB i. V. m. dem Gemeinschaftsverhältnis der Eigentümer eine (ggf. teilweise) **Aufhebung der Eigentümergemeinschaft** verlangen (*BGH* ZMR 2007, 795, 796 mit Anm. *Elzer*; Vorauflage Rn. 20). Ein solcher Fall ist etwa bei noch unausgebauten und z. B. aus bau-

21

§ 11 | Unauflöslichkeit der Gemeinschaft

rechtlichen Gründen auch **nicht ausbaubaren Dachgeschossflächen** als Gegenstand des Wohnungseigentums vorstellbar (*Elzer* ZMR 2007, 797).

II. Sondernutzungsrechte

22 Ein **Sondernutzungsrecht** kann nicht durch einen einseitigen Verzicht, sondern nur im Wege eines »actus contrarius« zu seiner Begründung und also nur durch eine Vereinbarung gem. § 10 Abs. 2 WEG aufgehoben werden (*BGH* ZMR 2001, 119; *Lüke/Becker* DNotZ 1996, 676). Das gilt auch dann, wenn das Sondernutzungsrecht in der Gemeinschaftsordnung einer Teilungserklärung durch den Alleineigentümer angelegt wurde. Denn die in der Teilungserklärung getroffenen Bestimmungen stehen ab dem Zeitpunkt, ab dem die Bestimmung von dem teilenden Eigentümer nicht mehr einseitig abgeändert werden kann, einer Vereinbarung gleich (s. dazu ausführlich § 8 Rn. 47). An der **Löschung** der entsprechenden Vereinbarung als Grundbucheintrag müssen die **übrigen Eigentümer** gem. §§ 877, 873 BGB, 10 Abs. 2, 15 Abs. 1, 5 Abs. 4 WEG nach Ansicht des Bundesgerichtshofes **nicht mitwirken** (*BGH* ZMR 2001, 119). Dieser Ansicht ist aber nicht zu folgen (wie hier *OLG Hamm* ZMR 1997, 34, 35; *OLG Düsseldorf* NJW-RR 1996, 1418 = ZMR 1995, 491; *Ott* ZMR 2002, 7, 10). Ließe man es zu, den Grundbucheintrag ohne Mitwirkung der übrigen Wohnungseigentümer löschen zu lassen, könnte ein Sondernutzungsrecht **mittelbar doch** durch einseitigen Verzicht aufgehoben werden. Weil ein nicht im Grundbuch eingetragenes Sondernutzungsrecht (so genanntes **schuldrechtliches Sondernutzungsrecht**) nämlich erlischt, wenn ein Sondernachfolger in die Gemeinschaft eintritt und einer schuldrechtlichen Vereinbarung nicht beitritt (*OLG Köln* ZMR 2002, 73, 75 = MDR 2001, 1404, 1405; s. weiter § 10 Rn. 148 ff.), bedürfte es für die Aufhebung im Ergebnis doch keiner Vereinbarung (dieser Aspekt wird von *BGH* ZMR 2001, 119, 120 ggf. übersehen). Ohne Löschungsbewilligung der anderen Eigentümer könnte der Sondernutzungsberechtigte also einen einem Verzicht entsprechenden Zustand einseitig und zu Lasten der anderen Eigentümer erreichen, z. B. indem er ein Sondernutzungsrecht an einer Dachgeschossfläche zunächst löschen lässt und dann auf einen Dritten überträgt (wie hier im Ergebnis *Häublein* ZMR 2001, 120, 122).

C. Miteigentümergemeinschaft an einem Wohnungseigentum

23 § 11 WEG steht der Anordnung einer Teilungsversteigerung eines Wohnungseigentums **mehrerer Miteigentümer** nicht entgegen (*LG Hamburg* ZMR 2002, 625, 626; *LG Berlin* Rpfleger 1976, 149). Bereits von seinem Gegenstand her ist die Aufhebung einer bloßen Miteigentümergemeinschaft nach §§ 741 ff., 1008 BGB von § 11 WEG nicht erfasst. Mehrere Eigentümer eines Wohnungseigentums bilden auch **keine (Unter)Gemeinschaft** im Sinne des Wohnungseigentumsgesetzes, sondern eine **bloße Miteigentümergemeinschaft** gem. §§ 741 ff., 1008 BGB (*BGH* NZG 2005, 265; s. dazu § 10 Rn. 13 ff. und *Hügel* NZM 2004, 766).

D. Ausnahmen von § 11 WEG

24 Wird das Wohngebäude zerstört, hat nach dem Gesetz grundsätzlich kein Wohnungseigentümer das Recht, die Aufhebung der Gemeinschaft der Wohnungseigentümer zu verlangen. Die Eigentümergemeinschaft besteht auch bei Zerstörung des Gebäudes als ideelle Berechtigung zunächst fort (Rn. 9). Diese Situation kann unbefriedigend sein, weil dem Sinne nach (nachträglich) **isoliertes Miteigentum** vorliegt. Die Miteigentumsanteile an allen Einheiten sind zwar (noch) mit ideellem Sondereigentum verbunden, weil die tatsächliche Zerstörung zunächst nicht zu einer rechtlichen Vernichtung führt. Die Miteigentumsanteile werden aber jedenfalls **praktisch substanzlos**. Die Wohnungseigentümer können aus diesen Gründen nach § 11 Abs. 1 S. 3 WEG ein **Recht auf Aufhebung** vereinbaren (ein entsprechender Beschluss wäre als »gesetzesändernd« nichtig, *BayObLG* ZMR 1996, 98 = WuM 1996, 495). Eine solche Vereinbarung über die Aufhebung der Gemeinschaft ist für den Fall zulässig, dass das Gebäude ganz oder teilweise zerstört wird und eine Verpflichtung zum Wiederaufbau nicht besteht. Haben die Wohnungseigentümer eine solche Vereinbarung **vergessen**, besteht außerdem aus §§ 242, 313 BGB i. V. m. dem Gemeinschaftsverhältnis oder entsprechend § 11 Abs. 1 S. 3 WEG ein Anspruch auf Aufhebung der Gemeinschaft

(s. bereits Rn. 9). Besteht eine Aufhebungsvereinbarung bzw. ein Aufhebungsanspruch, können ausnahmsweise auch Pfändungsgläubiger und Insolvenzverwalter die Aufhebung verlangen bzw. den Aufhebungsanspruch selbstständig pfänden (*BGH* BGHZ 90, 207, 215 = NJW 1984, 1968; *OLG Hamm* NJW-RR 1992, 665; s. Rn. 31).

I. Zerstörung des Gebäudes

Die Eigentümergemeinschaft kann an einem noch zu errichtenden Gebäude entstehen (s. § 3 Rn. 107 und § 8 Rn. 16). Aus diesem Grunde geht die Eigentümergemeinschaft mit der Zerstörung des Gebäudes auch nicht unter: sie setzt sich vielmehr nach dem Willen des Gesetzgebers auch ohne Gebäude zunächst fort. Ist das Gebäude allerdings zu **mehr als der Hälfte seines Wertes zerstört** und ist der Schaden auch nicht durch eine Versicherung oder in anderer Weise gedeckt, kann der Wiederaufbau nach § 22 Abs. 2 WEG aber jedenfalls **nicht beschlossen** oder als Maßnahme ordnungsmäßiger Verwaltung **verlangt** werden. Diese Regelung, die vor allem die Vermögensinteressen der Eigentümer schützen will, ist **abdingbar** (*KG* ZMR 1997, 534 = WuM 1997, 698; *BayObLG* ZMR 1996, 98). In diesem Falle kann der Wiederaufbau auch **mehrheitlich beschlossen** oder als Maßnahme ordnungsmäßiger Verwaltung im Einzelfall verlangt werden.

25

II. Verpflichtung zum Wiederaufbau

Die Wohnungseigentümer können einerseits vereinbaren, das Gebäude im Falle seiner teilweisen oder vollständigen Zerstörung in jedem Falle wieder aufzubauen. Eine Verpflichtung zum Wiederaufbau besteht andererseits, wenn der Schaden durch eine Versicherung oder in anderer Weise gedeckt ist, § 22 Abs. 2 WEG. Die **Aufhebung der Gemeinschaft** ist in diesen beiden Fällen **ausgeschlossen**.

26

E. Aufhebung der Gemeinschaft durch Pfändungsgläubiger und Insolvenzverwalter

I. Grundsatz

Ebenso wie jeder Wohnungseigentümer, kann gem. § 11 Abs. 2 WEG auch ein Pfändungsgläubiger abweichend von § 751 S. 2 BGB **nicht** die Aufhebung der Gemeinschaft verlangen. Da es nach § 11 Abs. 1 WEG grundsätzlich keinen Aufhebungsanspruch eines Wohnungseigentümers gibt, kann ein solcher auch nicht gepfändet werden. Auch ein möglicher Anspruch auf Pfändung des Anteils an der Gemeinschaft kann frühestens nach Aufhebung der Gemeinschaft realisiert werden (Weitnauer/*Briesemeister* § 3 Rn. 124). Entsprechendes gilt für den Insolvenzverwalter (*OLG Düsseldorf* NJW 1970, 1137 zum Konkursverwalter): Entgegen § 84 InsO kann auch der Insolvenzverwalter nicht die Aufhebung verlangen. Für Gläubiger verbleiben daher grundsätzlich nur die allgemeinen Möglichkeiten der Zwangsvollstreckung in unbewegliche Sachen gem. § 866 Abs. 1 ZPO und den Vorschriften des ZVG: Zwangsversteigerung, Zwangsverwaltung oder Eintragung einer Zwangshypothek. Besonderheiten ergeben sich nicht (Weitnauer/*Briesemeister* § 3 Rn. 124).

27

II. Aufhebungsvertrag oder Aufhebungsanspruch

Etwas anderes gilt, wenn die Wohnungseigentümer einen Aufhebungsvertrag (s. Rn. 4 ff.) geschlossen haben oder ein außerordentlicher Aufhebungsanspruch (s. Rn. 24) besteht. In diesen Fällen kann auch ein Pfändungsgläubiger oder der Insolvenzverwalter die Aufhebung verlangen (Staudinger/*Kreuzer* Rn. 16; Weitnauer/*Lüke* Rn. 10). Der Gläubiger des Wohnungseigentümers kann dessen Anspruch auf Aufhebung der Gemeinschaft der Wohnungseigentümer (Versteigerung des ganzen Grundstücks gem. §§ 180 ff. ZVG) sowie auf Teilung und Auszahlung des Erlöses gem. §§ 857, 829 ZPO **pfänden** und sich nach § 835 ZPO **überweisen** lassen (*BGH* MDR 2006, 832 = NJW 2006, 849, 850; BGHZ 154, 64, 69; BGHZ 90, 207, 215 = NJW 1984, 1968). Der Anspruch auf Auseinandersetzung kann jedenfalls dem zur Ausübung überlassen werden (§ 857 Abs. 3

28

§ 11 | Unauflöslichkeit der Gemeinschaft

ZPO), dem auch das übertragbare künftige Recht auf den dem Miteigentumsanteil entsprechenden Teil des Versteigerungserlöses abgetreten worden ist (*BGH* NJW 2006, 849, 850). Deshalb kann auch der Aufhebungsanspruch auf eine den Anteilen entsprechende Teilung und Auskehrung des Versteigerungserlöses gepfändet und überwiesen werden (*BGH* BGHZ 90, 207, 215 = NJW 1984, 1968; *OLG Köln* OLGZ 1969, 338; *LG Hamburg* ZMR 2002, 625, 626; MDR 1977, 1019; a. A. *KG* NJW 1953, 1832; *Hoffmann* JuS 1969, 20, 23). Bei der Zerstörung des Gebäudes erstrecken sich Pfandrechte im Übrigen auf etwaige Versicherungssummen.

III. Aufhebung des Verbandes

29 Ein Gläubiger des Verbandes Wohnungseigentümergemeinschaft kann **entsprechend § 11 Abs. 2 WEG** nicht verlangen, dass der **Verband aufgelöst** wird. Dies gilt auch dann, wenn für die Gemeinschaft der Wohnungseigentümer ein Aufhebungsvertrag oder ein außerordentlicher Aufhebungsanspruch bestehen. Ein Verbandsgläubiger kann aber den Anspruch pfänden, den jeder Wohnungseigentümer ideell am Verwaltungsvermögen besitzt (§ 17 Rn. 4 ff.).

F. Insolvenz des Verbandes Wohnungseigentümergemeinschaft

I. Grundsatz

30 Der Verband Wohnungseigentümergemeinschaft ist nach § 11 Abs. 3 WEG **nicht insolvenzfähig**. Dies gilt auch dann, wenn der Verband Träger eines erheblichen Vermögens ist. Mit dieser Anordnung erteilt das Gesetz denjenigen, die nach Entdeckung des in bestimmten Belangen rechtsfähigen Verbandes Wohnungseigentümergemeinschaft die Insolvenzfähigkeit des Verbandes vertreten hatten, ein dogmatisch unbefriedigende (vgl. zur Insolvenzfähigkeit **als notwendigen Folge** der Rechtsfähigkeit nur *Fischer* NZI 2005, 586 ff.; *Bork* ZInsO 2005, 1067 ff.; *ders.* ZIP 2005, 1205 ff.; Vorauflage § 10 Rn. 39; a. A. *Häublein* ZIP 2005, 1720, 1728 ff.), aber ungemein praktische Absage (*Elzer* WuM 2007, 295, 298).

31 Zu Beginn der gesetzgeberischen Verarbeitung der Entdeckung des Verbandes Wohnungseigentümergemeinschaft wies der Gesetzgeber allerdings noch darauf hin, dass es auf Grund der Teilrechtsfähigkeit des Verbandes auch zu seiner **Insolvenz kommen kann** (so auch *AG Mönchengladbach* NJW 2006, 1071; a. A. *LG Dresden* NJW 2006, 2710; *AG Dresden* NJW 2006, 1071). Aus diesem Grunde bedürfe es wegen der Besonderheiten des Wohnungseigentumsrechts auch »ergänzender Regelungen« (BT-Drucks. 16/887 S. 57). Vorgeschlagen wurde, § 11 WEG zwei Absätze mit folgendem Inhalt anzufügen: »Die Eröffnung des Insolvenzverfahrens über das Verwaltungsvermögen der Gemeinschaft der Wohnungseigentümer führt nicht zu deren Auflösung. Die Schlussverteilung in dem Insolvenzverfahren erfolgt, sobald die Verwertung der Insolvenzmasse einschließlich der in den ersten drei Monaten nach der Eröffnung des Insolvenzverfahrens fälligen Beitragsvorschüsse und Sonderumlagen beendet ist. § 93 der Insolvenzordnung ist entsprechend anzuwenden. Der Verwalter ist nicht verpflichtet, die Eröffnung des Insolvenzverfahrens zu beantragen«.

32 Die heutige Gesetzesfassung ist erst das Ergebnis der Anhörung der Sachverständigen im Rechtsausschuss des Bundestages im Herbst 2006 (*Elzer* WuM 2007, 295, 298). Nach Anhörung der Sachverständigen, die sich überwiegend gegen die vorgeschlagene Regelung der Insolvenzfähigkeit der Gemeinschaft der Wohnungseigentümer ausgesprochen haben, hatte der Ausschuss vorgeschlagen, die Insolvenzfähigkeit auszuschließen (BT-Drucks. 16/3843 S. 25). Aus Sicht des Ausschusses sprachen der Aufwand und die Kosten eines Insolvenzverfahrens nicht in einem angemessenen Verhältnis zu den erwarteten Vorteilen. Durch Verneinung der Insolvenzfähigkeit würden auch Schwierigkeiten vermieden, zu denen es in der Praxis wegen der sich zum Teil überschneidenden Tätigkeiten des Insolvenzverwalters und des Wohnungseigentumsverwalters ansonsten gekommen wäre (den Gründen zustimmend *Hügel/Elzer* § 3 Rn. 97).

II. Der Verband als Wohnungseigentümer

Der Verband Wohnungseigentümergemeinschaft kann **Grundeigentum** erwerben (§ 20 Rn. 86), 33
vor allem **Wohnungs- und Teileigentum** in der von ihm vertretenen Anlage. Zu erwägen ist,
ob für dieses Vermögen, das in keiner Beziehung zu den anderen Wohnungseigentümern steht
und die Unauflöslichkeit der Gemeinschaft der Wohnungseigentümer nicht berührt, ein Insolvenzverfahren vorstellbar ist. Jedenfalls nach hier vertretener Auffassung gibt es keine Gründe,
den Verband insoweit wegen dieses Sondervermögens zu privilegieren. § 11 Abs. 3 WEG steht
der Annahme einer Insolvenzfähigkeit nicht entgegen, weil er nur den Verband als Ganzes, nicht
aber ein von diesem isolierbares »Sondervermögen« im Blick hat.

§ 12 Veräußerungsbeschränkung

(1) Als Inhalt des Sondereigentums kann vereinbart werden, daß ein Wohnungseigentümer zur Veräußerung seines Wohnungseigentums der Zustimmung anderer Wohnungseigentümer oder eines Dritten bedarf.

(2) Die Zustimmung darf nur aus einem wichtigen Grunde versagt werden. Durch Vereinbarung gemäß Absatz 1 kann dem Wohnungseigentümer darüber hinaus für bestimmte Fälle ein Anspruch auf Erteilung der Zustimmung eingeräumt werden.

(3) Ist eine Vereinbarung gemäß Absatz 1 getroffen, so ist eine Veräußerung des Wohnungseigentums und ein Vertrag, durch den sich der Wohnungseigentümer zu einer solchen Veräußerung verpflichtet, unwirksam, solange nicht die erforderliche Zustimmung erteilt ist. Einer rechtsgeschäftlichen Veräußerung steht eine Veräußerung im Wege der Zwangsvollstreckung oder durch den Insolvenzverwalter gleich.

(4) Die Wohnungseigentümer können durch Stimmenmehrheit beschließen, dass eine Veräußerungsbeschränkung gemäß Absatz 1 aufgehoben wird. Diese Befugnis kann durch Vereinbarung der Wohnungseigentümer nicht eingeschränkt oder ausgeschlossen werden. Ist ein Beschluss gemäß Satz 1 gefasst, kann die Veräußerungsbeschränkung im Grundbuch gelöscht werden. Der Bewilligung gemäß § 19 der Grundbuchordnung bedarf es nicht, wenn der Beschluss gemäß Satz 1 nachgewiesen wird. Für diesen Nachweis ist § 26 Abs. 3 entsprechend anzuwenden.

Literatur
Böttcher Verfügungsbeschränkungen Rpfleger 1985, 1, 5; *Bub* Beschränkung der Verwalterbestellung durch Übertragung der Zustimmungsberechtigung im Falle der Veräußerung gem. § 12 WEG NZM 2001, 502; *Deckert* Die Vereinbarung der Verwalterzustimmung zur Wohnungsveräußerung WE 1998 82; *Diester* Grenzen der Anwendbarkeit des § 12 WEG Rpfleger 1974, 245; *DNotI-Gutachten* Verwalterzustimmung durch Bevollmächtigten DNotI-Report 1995, 148; *DNotI-Gutachten* Nachweis der Verwaltereigenschaft bei Verwalterzustimmung DNotI-Report 1997, 57; *DNotI-Gutachten* Zustimmungserfordernis zur Veräußerung von Wohneigentum nicht im Grundbuch eingetragen DNotI-Report 2005, 20; *DNotI-Gutachten* Rückwirkende Verwalterbestellung DNotI-Report 2006, 62; *Drasdo* Die Aufhebung der Veräußerungsbeschränkung nach § 12 WEG RNotZ 2007, 264; *Fabis* Die Neuregelung des WEG – Inhalt und Auswirkungen auf die notarielle Praxis RNotZ 2007, 369; *Gottschalg* Haftungsrisiken des WEG-Verwalters bei Entscheidung über die Zustimmung zur Veräußerung FS Deckert 2002, 161; *Hallmann* Probleme der Veräußerungsbeschränkung nach § 12 WEG MittRhNotK 1985, 1; *Häublein* Die Stärkung der Mehrheitsmacht durch zwingende Beschlusskompetenz – Überlegungen zu den Abänderungsverboten im novellierten WEG FS Bub 2007, S. 113; *Hügel* Sicherheit durch § 12 WEG bei der abschnittsweisen Errichtung von Mehrhausanlagen DNotZ 2003, 517; *Kahlen* Schadensersatz wegen versagter Veräußerungszustimmung ZMR 1986, 76; *Liessem* Zur Verwalterzustimmung bei Veräußerung von Wohnungseigentum NJW 1988, 1306; *Müller* Veräußerungsbeschränkung nach § 12 WEG und ihre praktische Durchführung WE 1998, 458; *Nies* Zustimmung des WEG-Verwalters gem. § 12 WEG bei Ausübung des Vorkaufsrechts durch den Mieter einer in Wohnungseigentum umgewandelten Wohnung NZM 1998, 179; *Reuter* Divergenz zwischen Eintragungsvermerk und Eintragungsbewilligung MittBayNot 1994, 105; *Röll* Vereinbarung über die Zustimmung zur Veräußerung von Wohnungseigentum in der Gemeinschaftsordnung MittBayNot 1987, 98; *Schmedes* Bedarf die Übertragung eines ideellen Anteils an einer Eigentumswohnung auf den anderen Anteilsberechtigten der Zustimmung der übrigen Wohnungseigentümer? Rpfleger 1974, 421; *F. Schmidt* Die Person des Erwerbers bei der Veräußerung DWE 1998, 5; *Sohn* Die Veräußerungsbeschränkung im Wohnungseigentumsrecht PiG Bd. 12; *ders.* Befreiung des Verwalters vom Verbot des Selbstkontrahierens? NJW

§ 12 | Veräußerungsbeschränkung

1985, 3060; *ders.* Die Zustimmung des Verwalters bei Veräußerung der eigenen Wohnung WE 1986, 19; *Vitzthum* Zur Veräußerungsbeschränkung des § 12 WEG WE 1984, 70; *Wilsch* Die Aufhebung von Veräußerungsbeschränkungen nach §§ 12 Abs. 4 WEG NotBZ 2007, 305; *Wochner* Übersendung der Zustimmung des Wohnungsverwalters unter Treuhandauflage ZNotP 1998, 489.

Inhaltsverzeichnis

A. Allgemeines	1
B. Begründung der Veräußerungsbeschränkung	4
I. Veräußerungsbeschränkung als Inhalt des Sondereigentums	4
1. Vereinbarung mit der Begründung von Wohnungs- und Teileigentum	4
2. Nachträgliche Vereinbarung der Veräußerungsbeschränkung	6
3. Inhaltliche Ausgestaltung	8
II. Grundbucheintragung	11
1. Bedeutung der Eintragung	11
2. Art der Eintragung	13
3. Umfang der Eintragung	14
4. Fehler bei der Eintragung	15
C. Anwendungsbereich	19
D. Änderung und Aufhebung der Veräußerungsbeschränkung	66
I. Änderung der Veräußerungsbeschränkung	66
II. Aufhebung der Veräußerungsbeschränkung	67
1. Grundsatz	67
2. Aufhebung der Veräußerungsbeschränkung durch Mehrheitsbeschluss	68
a) Aufhebung der Veräußerungsbeschränkung durch Mehrheitsbeschluss vor dem 01.07.2007	68
b) Aufhebung der Veräußerungsbeschränkung durch Mehrheitsbeschluss seit dem 01.07.2007	68a
c) Teilweise Aufhebung der Veräußerungsbeschränkung durch Mehrheitsbeschluss seit dem 01.07.2007	68i
d) Keine beschlussweise Aufhebung der beschlossenen Aufhebung	68j
3. Zustimmung dinglich Berechtigter	69
E. Sonstige Vereinbarungen eines Zustimmungserfordernisses	70
F. Zustimmungserteilung	73
I. Rechtswirkungen der Erteilung	73
II. Anspruch auf Erteilung der Zustimmung	74
1. Berechtigung	74
2. Mitwirkungspflichten	75
3. Pfändung	76
III. Zustimmungsberechtigte	77
1. Wohnungseigentümer	77
2. Zustimmungsberechtigte Dritte	79
3. Fehlen eines Zustimmungsberechtigten	87
IV. Zustimmungserklärung	88
1. Wirksamkeit der Zustimmungserklärung	88
2. Zeitpunkt der Zustimmung	89
3. Nachweis und Form der Zustimmungserklärung	92
4. Zurückbehaltungsrecht	96
5. Wegfall einer erteilten Zustimmung	97
a) Widerruf	97
b) Anfechtung	100
V. Fehlen einer erforderlichen Zustimmung	101
G. Versagung der Zustimmung	106
I. Grundsatz	106
II. Begriffsbestimmung	108
III. Versagungsgründe	109
IV. Wirkung der Versagung	148
H. Ersetzung der Zustimmung	150
I. Vorschaltverfahren	150
II. Gerichtliche Ersetzung	151
III. Vollstreckung	153

I. Gerichtsgebühren   160

A. Allgemeines

Die Vereinbarung einer Veräußerungsbeschränkung gem. § 12 WEG ermöglicht den Wohnungs- 1
eigentümern, sich **gegen das Eindringen** unerwünschter Personen in die Gemeinschaft zu
schützen (*Schmedes* Rpfleger 1974, 421; Weitnauer/*Lüke* Rn. 1). Ebenso können auf diese Weise
Eigentümergemeinschaften auch vor unerwünschten **Veränderungen** im Kreis der Teilhaber
bewahrt werden (BayObLGZ 1977, 40; Staudinger/*Kreuzer* Rn. 1; Weitnauer/*Lüke* Rn. 1). Ein
zustimmungsberechtigter Verwalter kann sich auf diese Weise **Kenntnis** über die aktuellen **Personen der Eigentümer** in der von ihm verwalteten Anlage verschaffen (MüKo/*Commichau*
Rn. 9).

Von der Möglichkeit wird offensichtlich **regional unterschiedlich** Gebrauch gemacht (vgl. *Hügel* 2
ZWE 2005, 134). Der Abschluss einer solchen Vereinbarung erscheint im Hinblick auf die Möglichkeiten zur Versagung der Zustimmung ineffizient (*Müller* Rn. 154; Staudinger/*Kreuzer* Rn. 3)
und allenfalls für kleinere Gemeinschaften zweckmäßig (Bamberger/Roth/*Hügel* Rn. 2; Bauer/
v. Oefele AT V Rn. 114).

Die Vorschrift ist den Regelungen der §§ 5 bis 8 ErbbauVO nachgebildet und ermöglicht in **Ab-** 3
weichung von § 137 S. 1 BGB eine Beschränkung der Verfügungsmöglichkeiten über das ansonsten frei veräußerliche Wohnungs- oder Teileigentumsrecht. Es handelt sich um eine **absolute**, gegenüber jedermann wirkende **Veräußerungsbeschränkung** (*Bärmann/Pick/Merle* Rn. 47; Weitnauer/*Lüke* Rn. 13).

B. Begründung der Veräußerungsbeschränkung

I. Veräußerungsbeschränkung als Inhalt des Sondereigentums

1. Vereinbarung mit der Begründung von Wohnungs- und Teileigentum

Eine Veräußerungsbeschränkung kann bereits mit der Begründung des Wohnungs- und Teilei- 4
gentums gem. § 5 Abs. 4 WEG zum **Inhalt des Sondereigentums** gemacht werden. Voraussetzung dafür ist im Falle einer Teilung gem. § 3 WEG eine **Vereinbarung** der Miteigentümer oder
im Falle einer Teilung gem. § 8 WEG eine ihr gleichstehende einseitige Setzung durch den/die
aufteilenden Eigentümer (vgl. *BayObLG* Rpfleger 1974, 314, 315) sowie ihre Eintragung in das
Grundbuch.

Eine **Zustimmung dinglich Berechtigter** zur Vereinbarung einer Veräußerungsbeschränkung mit 5
der Aufteilung in Wohnungseigentum ist nicht erforderlich. Soweit durch die Aufteilung ein Gesamtrecht entsteht, haften dem Gläubiger dann sämtliche Einheiten, so dass er nach wie vor das
Gesamtobjekt verwerten kann (*OLG Frankfurt a. M.* Rpfleger 1996, 340; *LG Marburg* Rpfleger 1996,
341; Schöner/Stöber Rn. 2849; Staudinger/*Kreuzer* Rn. 5; krit Weitnauer/*Lüke* Rn. 5 S. 310: die Verwertung der Einzelobjekte kann durchaus erschwert sein). Dies gilt auch, wenn Miteigentümer
ihre Immobilie gem. § 8 WEG in Wohnungs- und Teileigentumsrechte aufteilen und die Miteigentumsanteile unterschiedlich belastet sind, weil im Verwertungsfall mit der Summe der Objekte
wieder der ursprüngliche Belastungsgegenstand zur Verfügung steht (vgl. § 7 Rn. 54). Lediglich
bei einer Teilung gem. § 3 WEG bedürfte die Vereinbarung der Zustimmung gem. §§ 876, 877
BGB, § 19 GBO, soweit dinglich Berechtigte an den einzelnen Miteigentumsanteilen durch die
Veräußerungsbeschränkung in ihrer Rechtsstellung betroffen werden können (*Bärmann/Pick/
Merle* Rn. 25). Eine weitergehende Prüfung ist an dieser Stelle jedoch unter ganzheitlichen Gesichtspunkten entbehrlich. Dinglich Berechtigte an einzelnen Miteigentumsanteilen müssen unter den genannten Voraussetzungen wegen der inhaltlichen Änderung ihres Belastungsgegenstandes nämlich bereits dem Teilungsvertrag als solchem gem. §§ 877, 876 BGB, § 19 GBO
zustimmen (vgl. § 7 Rn. 55), so dass ein separates Zustimmungserfordernis hinsichtlich einer vereinbarten Veräußerungsbeschränkung entfällt. Eine Zustimmung dinglich Berechtigter zur Vereinbarung einer Veräußerungsbeschränkung zugleich mit der Aufteilung in Wohnungseigentum
ist daher in keinem Fall erforderlich.

§ 12 | Veräußerungsbeschränkung

2. Nachträgliche Vereinbarung der Veräußerungsbeschränkung

6 Die **nachträgliche Begründung** einer Veräußerungsbeschränkung stellt sich als **Inhaltsänderung** des Wohnungseigentums dar. Auch sie bedarf einer Vereinbarung sämtlicher Wohnungseigentümer gem. § 10 Abs. 1, 2 und der Eintragung in das Grundbuch. Materiell-rechtlich bestehen keine Formerfordernisse; insbesondere finden § 4 WEG, § 925 BGB, § 20 GBO keine Anwendung. Verfahrensrechtlich ist mindestens Unterschriftsbeglaubigung (§ 29 GBO) für die Grundbucheintragung erforderlich (vgl. § 7 Rn. 209 u. 283 m. w. N.). Die nachträgliche Begründung einer Veräußerungsbeschränkung durch Mehrheitsbeschluss ist mangels Beschlusskompetenz nichtig (BGHZ 145, 158 = Rpfleger 2001, 19 = ZMR 2000, 771; Köhler / Bassenge / *Fritsch* Teil 20 Rn. 11). Vgl. jetzt auch Rn. 68 i.

7 Für die nachträgliche Eintragung einer Veräußerungsbeschränkung in das Grundbuch ist gem. §§ 876, 877 BGB, § 19 GBO die **Zustimmung** aller **dinglich Berechtigten** erforderlich, denen nicht ein Gesamtrecht am ganzen Grundstück oder an allen Wohnungseinheiten zusteht (*OLG Frankfurt a. M.* Rpfleger 1996, 340 unter Abänderung der Vorinstanz *LG Wiesbaden* Rpfleger 1996, 195; Staudinger / *Kreuzer* Rn. 15; **a. A.** *Bärmann/Pick/Merle* Rn. 25 u. § 1 Rn. 86; *Müller* Rn. 135). Seit dem 01.07.2007 entfällt die Zustimmung von Grundpfandrechtsgläubigern und Reallastberechtigten (vgl. § 5 Abs. 4 WEG).

3. Inhaltliche Ausgestaltung

8 Vom **Gegenstand** her kann sich das Zustimmungserfordernis auf einzelne, näher bestimmte Einheiten beschränken. Auf diese Weise kann z. B. die Veräußerung von Wohnungseigentumseinheiten zustimmungspflichtig, die von Teileigentumseinheiten wie z. B. Pkw-Stellplätzen oder Ladenlokalen dagegen zustimmungsfrei gestellt werden (*Bärmann/Pick/Merle* Rn. 30; Staudinger / *Kreuzer* Rn. 5). Nicht möglich soll dagegen eine gegenständliche Beschränkung der Zustimmungspflicht lediglich auf Teile eines Sondereigentums wie z. B. Lagerräume oder Garagen sein (*Bärmann/Pick/Merle* Rn. 18; Staudinger / *Kreuzer* Rn. 5). Dem kann nicht gefolgt werden. Soweit Teile des Sondereigentums veräußert werden können, muss auch die Veräußerung gem. § 12 WEG beschränkt werden können. Besonders deutlich wird dies bei solchen Elementen einer Gesamteinheit, die für sich als separates Wohnungs- oder Teileigentum eintragungsfähig wären und lediglich buchungstechnisch mit nur einem Miteigentumsanteil zu einem Wohnungs- und Teileigentumsrecht verbunden worden sind (in diese Richtung auch *Bärmann/Pick/Merle* Rn. 18 u. 20).

9 Auch vom **Umfang** her kann ein Ausschluss des Zustimmungserfordernisses für bestimmte Veräußerungsfälle erfolgen. § 12 WEG stellt eine Ausnahme vom Grundsatz des § 137 BGB dar. Erweiterungen der Zustimmungspflicht können daher nur in ganz wenigen Ausnahmefällen erfolgen, Beschränkungen auf bestimmte Fallgestaltungen sind jedoch beliebig vereinbar (Bauer / *v. Oefele* AT V Rn. 120). So werden z. B. zweckmäßigerweise die Erstveräußerung, Veräußerungen an Ehegatten und bestimmte nahe Verwandte, sowie zur Erhaltung der Beleihbarkeit auch Veräußerungen im Wege der Zwangsversteigerung oder durch den Insolvenzverwalter vom Zustimmungserfordernis ausgenommen (vgl. Meikel / *Morvilius* Einl. C Rn. 108 und den Formulierungsvorschlag bei § 7 Rn. 174).

10 Wegen der **inhaltlichen Prüfung** der Vereinbarung durch das Grundbuchgericht s. insbesondere § 7 Rn. 134 m. w. N. Eine zur Eintragung in das Grundbuch bewilligte und beantragte Beschränkung des gem. § 12 WEG vereinbarten Zustimmungserfordernisses muss dem grundbuchrechtlichen Bestimmtheitsgrundsatz genügen (*LG Duisburg* ZMR 2007, 145 zum Begriff des Angehörigen i. S. d. § 18 WoFG).

II. Grundbucheintragung

1. Bedeutung der Eintragung

11 Die Grundbucheintragung der Veräußerungsbeschränkung als Inhalt des Sondereigentums wirkt konstitutiv. Abweichend von der Eintragung sonstiger Vereinbarungen i. S. d. § 10 Abs. 3 WEG ist die Eintragung der Veräußerungsbeschränkung im Wohnungs- oder Teileigentumsgrundbuch auch notwendige **Wirksamkeitsvoraussetzung** im Verhältnis der Eigentümer untereinander. Während Vereinbarungen gem. § 10 Abs. 2 S. 2 WEG ansonsten bereits vor der Eintragung in

das Grundbuch Bindungswirkungen zwischen den am Abschluss unmittelbar beteiligten Wohnungseigentümern zeitigen, bedarf die Vereinbarung einer Veräußerungsbeschränkung nicht nur zur Erzeugung der Erstreckungswirkung des § 10 Abs. 3 sondern wegen der mit ihr verbundenen Drittwirkung generell der Eintragung zur Erzeugung von Rechtswirkungen (Bamberger/Roth/*Hügel* Rn. 3; Staudinger/*Kreuzer* Rn. 9 f.; Weitnauer/*Lüke* Rn. 6).

Die Veräußerungsbeschränkung wird mit der Eintragung in das Grundbuch wirksam und **nicht** **12** **erst mit rechtlicher Invollzugsetzung** der Gemeinschaft (*Demharter* Anh. zu § 3 Rn. 36; *F. Schmidt* WE 1994, 239; *Schöner/Stöber* Rn. 2901; **a. A.** *OLG Köln* Rpfleger 1992, 293; *OLG Hamm* Rpfleger 1994, 460; *Bärmann/Pick/Merle* Rn. 5; Bauer/*v. Oefele* AT V Rn. 122; KEHE/*Herrmann* Einl. E 64; Meikel/*Böttcher* Anh. zu §§ 19, 20 Rn. 114; *Müller* Rn. 121; Staudinger/*Kreuzer* Rn. 14). Das Grundbuchgericht hat daher das eingetragene Zustimmungserfordernis auch dann zu beachten, wenn es sich tatsächlich noch um eine »werdende Wohnungseigentümergemeinschaft« handeln sollte. Nach dieser Auffassung braucht eine Anwendung des § 878 BGB auf vorliegende Umschreibungsanträge entgegen der überwiegend vertretenen Ansicht vom Grundbuchgericht jedenfalls im Hinblick auf die Veräußerungsbeschränkung des § 12 WEG nicht in Erwägung gezogen zu werden.

2. Art der Eintragung

Gem. § 7 Abs. 3 i. V. m. § 874 BGB kann bei der Grundbucheintragung wegen des Gegenstandes **13** und des Inhalts des Sondereigentums grundsätzlich auf die Eintragungsbewilligung Bezug genommen werden. Die Eintragung einer vereinbarten Veräußerungsbeschränkung in das Grundbuch hat jedoch gem. § 3 Abs. 2 WGV zu erfolgen. Danach ist im Unterschied zu sonstigen Vereinbarungen der Wohnungseigentümer eine vereinbarte Veräußerungsbeschränkung **ausdrücklich** in das Grundbuch einzutragen. Gleiches gilt für die Eintragung einer Änderung oder Aufhebung von Veräußerungsbeschränkungen (*Schöner/Stöber* Rn. 2958 a. E.).

3. Umfang der Eintragung

Wegen der bei der Grundbucheintragung auftretenden Frage, wie detailliert eine vereinbarte Ver- **14** äußerungsbeschränkung wiederzugeben ist, s. ausführlich § 7 Rn. 172 ff. m. Eintragungsvorschlag.

4. Fehler bei der Eintragung

Ist eine Veräußerungsbeschränkung vereinbart, aber **keine Eintragung** im Grundbuch – auch **15** nicht unter Bezugnahme, dazu sogleich – erfolgt, ist eine Veräußerung nicht wegen fehlender Zustimmung unwirksam (Staudinger/*Kreuzer* Rn. 10). Zu prüfen bleibt in einem solchen Fall, ob der seinerzeitige Eintragungsantrag vollständig vollzogen worden ist oder ob ggf. noch eine Nachholung der Eintragung in Betracht kommen kann. Ohne Grundbucheintragung wirkt die getroffene Vereinbarung einer Veräußerungsbeschränkung zumindest schuldrechtlich im Verhältnis der Wohnungseigentümer (*Bärmann/Pick/Merle* Rn. 16; Erman/*Grziwotz* Rn. 6; Palandt/*Bassenge* Rn. 5; a. A. Staudinger/*Kreuzer* Rn. 12). Ob darüber hinaus zustimmungsfrei erwerbende Eigentümer verpflichtet sind, einer späteren Eintragung des Zustimmungserfordernisses in das Grundbuch zuzustimmen, beurteilt sich nach den übernommenen Verpflichtungen aus der Gemeinschaftsordnung (vgl. zu dieser Frage auch – allerdings unter der Annahme einer konstitutiv wirkenden ausdrücklichen Grundbucheintragung – *DNotI-Gutachten* DNotI-Report 2005, 20).

Zur Nachholung der Eintragung im Fall einer **unzulässigen Löschung** s. Rn. 68. **16**

Ist die Eintragung der Veräußerungsbeschränkung entgegen § 3 Abs. 2 WGV **nicht ausdrücklich,** **17** **sondern lediglich unter Bezugnahme** auf die Eintragungsbewilligung erfolgt, stellt sich die Frage nach der Wirksamkeit der getroffenen Vereinbarung. Nach ganz überwiegender und zutreffender Auffassung handelt es sich bei § 3 WGV lediglich um eine Ordnungsvorschrift mit formell-rechtlichem Charakter, so dass ein Verstoß die materiell-rechtliche Wirksamkeit der getroffenen Vereinbarung bei entsprechender Bezugnahme (§ 874 BGB, § 7 Abs. 3) nicht beeinträchtigt (*LG München II* MittBayNot 1994, 137; Bamberger/Roth/*Hügel* Rn. 3 Fn. 3; Bauer/*v. Oefele* AT V Rn. 238; *Demharter* Anh. zu § 3 Rn. 51; KEHE/*Eickmann* § 3 WGV Rn. 8; Palandt/*Bassenge* Rn. 5;

§ 12 | Veräußerungsbeschränkung

Schöner/Stöber Rn. 2902; Weitnauer / *Lüke* Rn. 7; **a. A.** – der ausdrücklichen Grundbucheintragung komme konstitutive Bedeutung zu – Bärmann/Pick/Merle Rn. 16; Staudinger / *Kreuzer* Rn. 13; Staudinger / *Rapp* § 7 Rn. 8; wohl auch MüKo / *Commichau* Rn. 10; dem zuneigend *DNotI-Gutachten* DNotI-Report 2005, 20). Vereinbarte Veräußerungsbeschränkungen sind als Inhalt eines Rechtes nicht vom Anwendungsbereich der §§ 874 BGB, 7 Abs. 3 WEG ausgenommen. Die Eintragung unter Bezugnahme auf die Bewilligung lässt daher das bestehende Zustimmungserfordernis erkennen. Lediglich auf die Grundbucheintragung ohne Einbeziehung der weiteren in Bezug genommenen Unterlagen verkürzte Einsichtnahmen vermögen keine andere Sichtweise zu rechtfertigen. Es gibt **keinen Vorrang des Eintragungsvermerkes** gegenüber der Eintragungsbewilligung (so aber *Reuter* MittBayNot 1994, 115, der von einem Eintragungsvermerk eine Sensibilisierung zu weiteren Nachforschungen in den Grundakten erwartet. Andernfalls soll gutgläubiger Erwerb möglich sein. Dagegen zu Recht wie hier Bauer / v. Oefele / *Knothe* § 44 Rn. 48). Eigentümereintragungen sind deshalb bei einer nur unter Bezugnahme erfolgten Eintragung der Veräußerungsbeschränkung bis zur Vorlage einer entsprechenden Zustimmung schwebend unwirksam und können unter den Voraussetzungen des § 53 GBO zur Eintragung eines Amtswiderspruches nötigen (vgl. *LG München II* MittBayNot 1994, 137). Die Frage nach einem gutgläubigen zustimmungsfreien Erwerb (§ 892 BGB) stellt sich nach der hier vertretenen Auffassung nicht. Eine unterbliebene ausdrückliche Grundbucheintragung kann deshalb jederzeit nachgeholt werden.

18 Ist die Eintragung einer Veräußerungsbeschränkung zwar ausdrücklich, jedoch in Teilen der vereinbarten Ausnahmetatbestände **nicht in Übereinstimmung mit der Eintragungsbewilligung** erfolgt, muss das vorstehend Ausgeführte entsprechend gelten (vgl. den instruktiven Fall des *LG München II* MittBayNot 1994, 137, wo die ausdrückliche Eintragung eines zusätzlichen, aber nicht bewilligten Ausnahmetatbestandes bei der Grundbucheintragung zu einer zustimmungsfreien Veräußerung führte). Zulässigerweise in Bezug genommene Teile der Eintragungsbewilligung bilden mit dem Eintragungsvermerk eine Einheit, die nur einheitlich gelesen und gewürdigt werden kann (*OLG Düsseldorf* NJW-RR 1987, 1102; Bauer / v. Oefele / *Knothe* § 44 Rn. 48; *Demharter* § 44 Rn. 15). Dabei auftretende Widersprüche können nicht die Grundlage für einen gutgläubigen Erwerb bilden (Bauer / v. Oefele / *Knothe* § 44 Rn. 48; **a. A.** *Reuter* MittBayNot 1994, 115 f.). Auch das *BayObLG* (Rpfleger 2002, 140) hat grundsätzlich keine rechtlichen Bedenken gegen eine Mischform von teilweise ausdrücklicher Eintragung und Bezugnahme im Übrigen (ebenso *Demharter* § 44 Rn. 15), so dass der von Reuter geforderte »Anlass« für eine Einsichtnahme in die zugrunde liegende Eintragungsbewilligung unscharf bleibt.

C. Anwendungsbereich

19 Der **Anwendungsbereich** des § 12 WEG bezieht sich auf rechtsgeschäftliche Verfügungen unter Lebenden (vgl. *BayObLG* Rpfleger 1977, 104). Eine Zustimmungserklärung zum schuldrechtlichen Grundgeschäft erfasst im Hinblick auf Abs. 3 S. 1 auch immer die Zustimmung zur Auflassung (Staudinger / *Kreuzer* Rn. 24).

20 Vereinbarte Veräußerungsbeschränkungen haben sich an dem Ausnahmetatbestand der Regelung zu orientieren, der eine Beschränkung der Verfügungsmöglichkeiten in Abweichung von den allgemeinen Regelungen des BGB ermöglicht. Sie sind daher eng auszulegen (*BayObLG* WuM 1991, 612; *Schmedes* Rpfleger 1974, 421, 422). Eine **Erweiterung des Anwendungsbereiches** kann nur in begründeten Ausnahmefällen in Betracht kommen, auf die jeweils in der folgenden **alphabetischen Übersicht** eingegangen wird.

(reale) Anteilsübertragung	Zur Übertragung realer Teile des Sondereigentums s. Sondereigentum	21
(ideelle) Anteilsübertragung	S. Gesamthandsgemeinschaft bzw. Miteigentumsanteil	
Belastungsbeschränkung	§ 12 ermöglicht nicht die rechtsgeschäftliche Vereinbarung einer als Verfügungsbeschränkung zu beachtenden Belastungsbeschränkung (*Böttcher* Rpfleger 1985, 1, 7; Hügel/*Scheel* Rn. 1039; KEHE/*Herrmann* Einl. E 70; MüKo/*Commichau* Rn. 4; Staudinger/*Kreuzer* Rn. 8; wohl auch Bauer/*v. Oefele* AT V Rn. 119). Die in diesem Zusammenhang als Beleg für die a. A. zitierte Entscheidung des *BGH* (BGHZ 37, 203 = Rpfleger 1962, 373 m. zust. Anm. Diester für Dauerwohn- bzw. Dauernutzungsrecht und Wohnungsrecht i. S. d. § 1093 BGB) gibt jedoch zunächst für eine andere Auffassung nichts her. Für eine Erweiterung des Anwendungsbereiches zu einer dinglich wirkenden Verfügungsbeschränkung besteht nach Sinn und Zweck der Regelung auch kein Anlass. In diese Richtung grundsätzlich auch Weitnauer/*Lüke* (Rn. 3), der allerdings eine entsprechende Anwendung für die Belastung mit einem eigentumsähnlichen Dauerwohnrecht zulassen will. Erst die späteren Entscheidungen des *BGH* zur Vereinbarung einer Veräußerungsbeschränkung bei Unterteilung (BGHZ 49, 250) und zur isolierten Übertragung eines Sondernutzungsrechtes (BGHZ 73, 145) verweisen hinsichtlich der grundsätzlichen Möglichkeit zur Erweiterung des Anwendungsbereiches auf die Entscheidung des *BGH* vom 15.6.1962 (BGHZ 37, 203 = Rpfleger 1962, 373). Ob mit diesem Verweis auch die (quasi rückwirkende) Anerkennung der Möglichkeit einer Belastungsbeschränkung in entsprechender Anwendung des § 12 für die genannten Fälle beabsichtigt war, muss bezweifelt werden (so allerdings wegen der eigentümerähnlichen Stellung des Berechtigten Meikel/*Morvilius* Einl. C Rn. 108; Schoner/*Stöber* Rn. 2907). Wegen des Ausnahmecharakters der Norm kann eine Erweiterung des Anwendungsbereichs lediglich auf die beiden zuletzt genannten Fälle der Unterteilung und der Sondernutzungsrechtsübertragung in Betracht kommen. Zur Vereinbarung von dinglich wirkenden Beschränkungen s. i. Ü. Rn. 70 ff.	22
BGB-Gesellschaft – Anteilsübertragung	s. Gesamthandsgemeinschaft	23
Dauerwohn- und Dauernutzungsrecht	Zur Belastung eines Wohnungseigentums s. Belastungsbeschränkung. Zur Vereinbarung einer Veräußerungsbeschränkung als Inhalt s. § 35.	24
Ehegatte	Ist die Veräußerung an den Ehegatten vom Zustimmungserfordernis ausgenommen, bedarf ein vor Rechtskraft des Ehescheidungsurteils gerichtlich protokollierter Scheidungsvergleich keiner Zustimmung (*OLG Schleswig* Rpfleger 1994, 18). Auch eine erst nach Rechtskraft des Scheidungsurteils erklärte Auflassung bedarf keiner Zustimmung, wenn sie aufgrund einer vorher getroffenen Scheidungsvereinbarung erklärt wird (*KG* Rpfleger 1996, 448; *Demharter* Anh. zu § 3 Rn. 36). Da nach Ehescheidung eine weitergehende Zustimmungsfreiheit nicht besteht, wird es bei Umschreibungsanträgen bisweilen erforderlich sein, zum Nachweis des vereinbarten Befreiungstatbestandes eine entsprechende Personenstandsurkunde vorzulegen.	25

§ 12 | Veräußerungsbeschränkung

		Notaren dürfte in diesem Zusammenhang eine besondere Hinweis- und Belehrungspflicht zukommen.
26	Enteignung	Es handelt sich dabei nicht um eine rechtsgeschäftliche Veräußerung, so dass eine vereinbarte Beschränkung gem. § 12 WEG nicht zur Anwendung kommt (Bamberger/Roth/*Hügel* Rn. 4; *Bärmann/Pick/Merle* Rn. 58).
27	Entziehung	Die Veräußerungsbeschränkung kann für eine Veräußerung aufgrund Entziehung vereinbart werden (Staudinger/*Kreuzer* Rn. 18).
28	Erbauseinandersetzung	Eine Übertragung im Rahmen einer Erbauseinandersetzung bedarf der vereinbarten Zustimmung gem. § 12 WEG (BayObLGZ 1982, 46).
29	Erbfolge	s. Gesamtrechtsnachfolge
30	Erbteilsübertragung	s. Gesamthandsgemeinschaft
31	Erstveräußerung	Im Falle einer vereinbarten Veräußerungsbeschränkung ist auch jede Erstveräußerung von Wohnungs- oder Teileigentum zustimmungspflichtig, sofern nicht ausdrücklich eine Ausnahme vorgesehen ist (BGHZ 113, 374 = Rpfleger 1991, 246 = ZMR 1991, 230). Die frühere Rechtsansicht, die im Falle einer Teilung gem. § 8 WEG die erste Veräußerung zustimmungsfrei lassen wollte, ist überholt. Vgl. hierzu ausführlich § 61 Rn. 3 m. w. N. Für Teilungsverträge gem. § 3 wurde schon seit jeher auch eine Erstveräußerung als zustimmungsbedürftig angesehen (vgl. *BayObLG* Rpfleger 1987, 16; *OLG Hamburg* OLGZ 1982, 53). Eine an sich zustimmungsfreie Erstveräußerung wird nicht dadurch zustimmungspflichtig, dass der teilende Eigentümer mehrere Jahre eine Veräußerung nicht vornimmt. Die zulässige Auslegung eines allgemeinen Befreiungstatbestandes für Veräußerungen seitens des Bauträgers ergibt regelmäßig, dass jede Veräußerung als Erstveräußerung zustimmungsfrei ist, wann auch immer sie erfolgt (*OLG Köln* Rpfleger 1992, 293; *Müller* Rn. 119). Erfolgt die Eigentumsumschreibung auf den Erwerber nach Abtretung des Auflassungsanspruchs unmittelbar vom noch eingetragenen Veräußerer, liegt eine als zustimmungsfrei vereinbarte Erstveräußerung vor, da der Zwischenerwerb nicht vollzogen wurde (*OLG Frankfurt a. M.* WE 1989, 172). Erfolgt die Veräußerung durch den ursprünglich teilenden Eigentümer nach Rückabwicklung der Erstveräußerung, so ist die erneute Veräußerung gem. § 12 Abs. 1 WEG zustimmungsbedürftig, ohne dass es darauf ankäme, inwieweit die Rückabwicklung auf einer gesetzlichen Pflicht des Ersterwerbers beruhte (*KG* Rpfleger 1988, 480; *Müller* Rn. 117). Die wechselseitige Übertragung von Hälfteanteilen auf Miteigentümer, die Wohnungseigentum gebildet haben, ist noch keine Erstveräußerung (*OLG Frankfurt a. M.* Rpfleger 1990, 254). Eine zustimmungsfreie Erstveräußerung kann auch noch durch die Erben des Ersteigentümers erfolgen (*LG Aachen* MittRhNotK 1993, 32).
32	Gesamtrechtsnachfolge, Gesamthandsgemeinschaft, Rechtsübergang kraft Gesetzes	Eine vereinbarte Veräußerungsbeschränkung erfasst nur rechtsgeschäftliche Veräußerungsvorgänge. Keine Veräußerung i. S. d. § 12 WEG sind daher der Erwerb durch Erbfolge, Vereinbarung einer Gütergemeinschaft, Anwachsung bei Gesamthandsgemeinschaften, Verschmelzungen nach dem UmwG (*Bärmann/Pick/Merle* Rn. 58; *Schöner/Stöber* Rn. 2897; **a. A.** *Soergel/Stürner* Rn. 8 für den Eintritt in eine Gesamthandsgemeinschaft).

	Veränderungen im Bestand einer Gesamthandsgemeinschaft fallen ebenfalls nicht unter § 12. Das gilt sowohl für die Übertragung eines Erbanteils (*OLG Hamm* Rpfleger 1979, 461; auch wenn der Nachlass nur noch aus dem Wohnungseigentumsrecht besteht) als auch für die Übertragung eines Anteils an einer Gesellschaft bürgerlichen Rechts (*OLG Hamm* MittBayNot 1989, 152). S. aber auch GmbH & Co KG sowie Personengesellschaft. Die Umwandlung des Gesamthandseigentums einer Erbengemeinschaft in Bruchteilseigentum aller Miterben bedarf keiner Zustimmung gem. § 12 WEG (*LG Lübeck* Rpfleger 1991, 201; a. A. Staudinger / *Kreuzer* Rn. 18). S. auch Gütergemeinschaft.	
GmbH & Co KG	Zur Vollziehung der Eigentumsübertragung von einer GmbH & Co KG auf ihre beiden alleinigen Kommanditisten bedarf es des formgerechten Nachweises einer vereinbarten Veräußerungszustimmung, weil es auf die damit verbundene Umwandlung von Gesamthands- in Bruchteilseigentum nicht ankommt (*OLG Hamm* Rpfleger 2007, 139 = ZMR 2007, 212). Der Schutzzweck der Norm rechtfertigt eine formale Betrachtungsweise (zust. *Franck* HambGE 2007, 52).	32a
Grundpfandrechtsgläubiger	§ 12 WEG erfasst mangels anders lautender Regelung auch eine Veräußerung an den Grundpfandrechtsgläubiger »zur Rettung seines Grundpfandrechts« (*LG Düsseldorf* Rpfleger 1981, 193). Dies gilt selbst dann, wenn die Veräußerung im Wege der Zwangsvollstreckung keiner Zustimmung bedürfte (*Schöner/Stöber* Rn. 2896).	33
Grundstück als Ganzes	Wird das Grundstück als Ganzes veräußert, entfällt ein vereinbartes Zustimmungserfordernis nach dem Schutzzweck. Bei der Veräußerung aller Einheiten brauchen die Mitglieder der Gemeinschaft nicht vor unerwünschten Veränderungen geschützt zu werden, auch wenn für die Veräußerung die Zustimmung eines Dritten vorgesehen ist (Bamberger/Roth/*Hügel* Rn. 6; Bauer/*v. Oefele* AT V Rn. 119; Staudinger/*Kreuzer* Rn. 19; Weitnauer/*Lüke* Rn. 16; einschr Bärmann/Pick/Merle Rn. 26 für den Fall, dass zufälligerweise sämtliche Wohnungseigentümer zur gleichen Zeit jeweils ihr Wohnungseigentum veräußern).	34
Grundstücksteil	Das Vorstehende muss auch für die Veräußerung eines realen Grundstücksteils durch alle Miteigentümer gelten. Ebenso entfällt ein vereinbartes Zustimmungserfordernis, wenn sich sämtliche Anteile in der Hand eines Eigentümers befinden (*Bärmann/Pick/Merle* Rn. 59).	35
Gütergemeinschaft	Die Vereinbarung einer Gütergemeinschaft betrifft nicht eine Veräußerungsbeschränkung i. S. d. § 12 (*Schöner/Stöber* Rn. 2897). S. auch Gesamtrechtsnachfolge. Eine eingetragene Veräußerungsbeschränkung soll die Auseinandersetzung des Gesamtguts bei Aufhebung einer Gütergemeinschaft erfassen (Bauer/*v. Oefele* AT V Rn. 116; Staudinger/*Kreuzer* Rn. 18).	36
Insolvenzverwalter	Soweit nicht anderes bestimmt ist, gilt die Veräußerungsbeschränkung auch für eine Veräußerung durch den Insolvenzverwalter (§ 12 Abs. 3 S. 2 WEG).	37
Juristische Person	Ist eine juristische Person Eigentümerin eines Wohnungseigentums, lösen Rechtsformwechsel keine Zustimmungspflicht gem.	38

§ 12 | Veräußerungsbeschränkung

		§ 12 WEG aus (MüKo/*Commichau* Rn. 6; Staudinger/*Kreuzer* Rn. 19).
39	Miteigentümer	§ 12 WEG erfasst wegen der mit einem Erwerb verbundenen Risiken für die Gemeinschaft auch die Fälle einer Veräußerung an Personen, die bereits zur Gemeinschaft gehören (*OLG Hamm* NZM 2001, 753; *BayObLG* Rpfleger 1982, 177; *KG* Rpfleger 1978, 382; *BayObLG* Rpfleger 1977, 173 = ZMR 1977, 375; *OLG Celle* Rpfleger 1974, 438; *Demharter* Anh. zu § 3 Rn. 36; Weitnauer/*Lüke* Rn. 2; Staudinger/*Kreuzer* Rn. 18). S. auch unter Erstveräußerung.
40	Miteigentumsanteil	Für die Veräußerung eines Miteigentumsanteils am Wohnungs- oder Teileigentum gilt die Beschränkung des § 12 WEG ebenso wie für die Veräußerung einer Einheit als Ganzes (*OLG Frankfurt a. M.* OLGZ 1990, 149; *Böttcher* Rpfleger 1985, 1, 6 *Müller* Rn. 116. Die Veräußerung eines Miteigentumsanteils ohne gleichzeitige Veräußerung von Sondereigentum unterfällt nach dem Schutzzweck ebenfalls einer vereinbarten Veräußerungsbeschränkung (*BayObLG* WE 1986, 30; *OLG Celle* Rpfleger 1974, 438; *Demharter* Anh. zu § 3 Rn. 36; *Müller* Rn. 117; Weitnauer/*Lüke* Rn. 2; a. A. Palandt/*Bassenge* Rn. 3; *Schmedes* Rpfleger 1974, 421); einschränkend Staudinger/*Kreuzer* Rn. 18 nur, wenn die Änderung der Quote Auswirkungen auf das Stimmrecht oder die Lastentragung hat). S. auch Tausch.
41	Nießbrauch	S. Belastungsbeschränkung und Rn. 72.
42	Personengesellschaft	Verfügungen über Anteile an einer Personengesellschaft lösen keine Zustimmungspflicht aus (MüKo/*Commichau* Rn. 6). Zustimmungspflichtig ist aber ein Eigentumswechsel durch Veräußerung der Personengesellschaft im Ganzen (MüKo/*Commichau* Rn. 6). S. auch Gesamthandsgemeinschaft.
43	(bestimmter) Personenkreis	Eine Veräußerungsbeschränkung kann nicht in der Weise erweitert werden, dass eine Veräußerung lediglich an bestimmte Personen erfolgen darf (*BayObLG* MittBayNot 1984, 88 = Rpfleger 1984, 404 Ls; *Demharter* Anh. zu § 3 Rn. 39; MüKo/*Commichau* Rn. 4). Zwar ist eine entsprechende Regelung schuldrechtlich zulässig, sie hat jedoch auch im Falle ihrer Eintragung im Grundbuch nicht die Wirkung einer vom Grundbuchgericht zu beachtenden Veräußerungsbeschränkung (*BayObLG* MittBayNot 1984, 88; *Demharter* Anh. zu § 3 Rn. 39). Allerdings kann durch die Eintragung als Inhalt des Sondereigentums eine Verdinglichung dahingehend erreicht werden, dass Sonderrechtsnachfolger des verfügenden Wohnungseigentümers gem. § 10 Abs. 3 WEG gebunden sind und sich bei Verstoß ggf. Haftungsfolgen aussetzen (*Müller* Rn. 114). S. dazu Rn. 70. Die Vereinbarung eines Zustimmungserfordernisses für den Erwerb durch Kinderreiche oder Ausländer verstößt gegen § 138 BGB (*OLG Zweibrücken* MittBayNot 1994, 44).
44	Quotenänderung	s. Miteigentumsanteil
45	Rückauflassung	Eine vereinbarte Veräußerungsbeschränkung erfasst auch eine Rückübertragung des Eigentums infolge einer einvernehmlichen Aufhebung des Kaufvertrages (*BayObLG* Rpfleger 1977, 104; *Demharter* Anh. zu § 3 Rn. 36). Keiner Zustimmung soll eine Rückübertragung des Eigentums aufgrund Rücktritts (§§ 346 BGB) oder wegen Rechtsgrundlosigkeit des Erwerbs z. B. infolge Anfechtung (§§ 119 ff. BGB) bedürfen

	(*Müller* Rn. 117; *Sohn* PiG 12, 62; Weitnauer/*Lüke* Rn. 2). Dem kann nicht gefolgt werden, da es nicht darauf ankommen kann, ob die Rückabwicklung auf einer gesetzlichen Vorschrift oder einer Rechtspflicht beruht (wie hier *KG* Rpfleger 1988, 480 und Staudinger/*Kreuzer* Rn. 18). Der Hinweis, dass in diesen Fällen ein Anspruch auf Erteilung der Zustimmung bestehen dürfte (*KG* Rpfleger 1988, 480; Staudinger/*Kreuzer* Rn. 18), weil die Rückübertragung die gesetzliche Folge einer Veräußerung ist, der bereits zuvor zugestimmt wurde, macht jedoch eine vereinbarte Zustimmung nicht entbehrlich. Aus Gründen der Rechtssicherheit ist formal am Zustimmungserfordernis festzuhalten, zumal die Anforderungen an einen grundbuchmäßigen Nachweis der Voraussetzungen einer Zustimmungsfreiheit unklar sind (so zu Recht *KG* Rpfleger 1988, 480; Palandt/*Bassenge* Rn. 3).	
Sondereigentum	Die isolierte Übertragung von Sondereigentum ohne einen Miteigentumsanteil bedarf nach dem Schutzzweck einer vereinbarten Zustimmung (*Hallmann* MittRhNotK 1985, 1, 4; Meikel/*Morvilius* Einl. C Rn. 131; *Müller* Rn. 117; Palandt/*Bassenge* Rn. 3; Weitnauer/*Lüke* Rn. 2; **a. A.** *OLG Celle* DNotZ 1975, 42 = Rpfleger 1974, 267; Bauer/*v. Oefele* AT V Rn. 119; *Schöner/Stöber* Rn. 2905; Staudinger/*Kreuzer* Rn. 19). Dies gilt nicht, wenn lediglich Teile des Sondereigentums unter Wohnungseigentumsrechten desselben Eigentümers anders zugeordnet werden (*OLG Celle* MittRhNotK 1981, 196) oder getauschte Teile des Sondereigentums gleich groß sind (Palandt/*Bassenge* Rn. 3). Die Übertragung von Teilen des Sondereigentums verbunden mit Miteigentumsanteilen bedarf einer vereinbarten Zustimmung (Weitnauer/*Lüke* Rn. 2).	46
Sondernutzungsrecht	Die isolierte Übertragung eines Sondernutzungsrechtes kann entsprechend § 12 WEG von einer Zustimmungserklärung der übrigen Wohnungseigentümer oder eines Dritten abhängig gemacht werden (BGHZ 73, 149 = Rpfleger 1979, 57 = ZMR 1979, 380; *Demharter* Anh. zu § 3 Rn. 84; Meikel/*Morvilius* Einl. C Rn. 124). Fehlt eine solche Regelung, ist ein Sondernutzungsrecht innerhalb der Gemeinschaft frei übertragbar (BGHZ 73, 149). Wegen des Ausnahmecharakters einer solchen Regelung kann eine für die Übertragung des Wohnungseigentums getroffene Veräußerungsbeschränkung mangels ausdrücklicher Anordnung nicht die isolierte Übertragung eines Sondernutzungsrechts erfassen.	47
Tausch	Der Tausch von Einheiten soll jedenfalls dann nicht einer vereinbarten Veräußerungsbeschränkung unterfallen, wenn damit keine Änderung der Miteigentumsanteile verbunden ist (*OLG Celle* NJW 1974, 1909; Bärmann/Pick/Merle § 12 Rn. 2; Hügel/*Scheel* Rn. 1043).	48
Teilungsanordnung	Die Erfüllung einer Teilungsanordnung durch Übertragung eines Wohnungseigentums ist zustimmungspflichtig (*BayObLG* Rpfleger 1982, 177; *Demharter* Anh. zu § 3 Rn. 34).	49
Testierfähigkeit	Über die Anordnung einer Veräußerungsbeschränkung gem. § 12 WEG kann keine Beschränkung der Testierfähigkeit erreicht werden (*Hallmann* MittRhNotK 1985, 1, 6; Hügel/*Scheel* Rn. 1039, Bärmann/Pick/Merle Rn. 11).	50
Umwandlung	Rechtsformwechsel nach dem UmwG stellen keine Veräußerungsfälle dar. S. auch Gesamtrechtsnachfolge.	51

§ 12 | Veräußerungsbeschränkung

52	Unterteilung	Die Vereinbarung eines Zustimmungserfordernisses für die Unterteilung einer Einheit analog § 8 WEG ohne gleichzeitige Veräußerung wird in Erweiterung des Anwendungsbereiches von der h. M. zugelassen (BGHZ 49, 250 = Rpfleger 1968, 114; *BayObLG* Rpfleger 1986, 177; *BayObLG* Rpfleger 1991, 455; Bauer / *v. Oefele* AT V Rn. 366 – anders allerdings Rn. 118; *Bärmann/Pick/Merle* § 8 Rn. 41; *Demharter* Anh. zu § 3 Rn. 75; Meikel / *Morvilius* Einl. C Rn. 138; vgl. § 8 Rn. 69; **a. A.** Weitnauer / *Lüke* Rn. 3; Staudinger / *Kreuzer* Rn. 19). Gleiches gilt für die gleichzeitige oder spätere Veräußerung eines der Teilrechte (BGHZ 73, 150 = Rpfleger 1979, 96; *Demharter* Anh. zu § 3 Rn. 75).
53	Veräußerungsbeschränkung	s. (bestimmter) Personenkreis
54	Veräußerungsgebot	s. (bestimmter) Personenkreis
55	Veräußerungsverbot	Ein völliges Veräußerungsverbot ist unwirksam, da es dem Wesen des Wohnungseigentums widerspricht (*BayObLG* DNotZ 1961, 266).
55a	»Verband Wohnungseigentümergemeinschaft«	Erwirbt der »Verband Wohnungseigentümergemeinschaft« zulässigerweise Wohnungseigentum in der von ihm selbst verwalteten Anlage (dazu § 1 Rn. 97 ff.), bedarf es einer an sich vereinbarten Veräußerungszustimmung nicht, da die Wohnungseigentümergemeinschaft nicht vor sich selbst geschützt werden muss (*Schneider* Rpfleger 2007, 175, 178). Etwas anderes hat allerdings dann zu gelten, wenn der »Verband Wohnungseigentümergemeinschaft« Wohnungseigentum in einer fremden, nicht von ihm verwalteten Anlage erwirbt (dazu § 1 Rn. 102), weil er sich insoweit wie jeder andere Fremderwerber behandeln lassen muss.
56	Vereinigung	Die Vereinigung mehrerer Wohnungs- oder Teileigentumseinheiten im Rechtssinne (vgl. § 7 Rn. 262) kann nicht von einem Zustimmungserfordernis abhängig gemacht werden. Eine solche Erweiterung des Anwendungsbereichs ist nicht zulässig, weil sie keinen Veräußerungsfall betrifft (*KG* WE 1990, 22; Palandt/*Bassenge* Rn. 4; **a. A.** Köhler/Bassenge/*Fritsch* Teil 20 Rn. 19; in diese Richtung wohl auch *Bärmann/Pick/Merle* § 7 Rn. 20).
57	Vermächtnis	Die Erfüllung eines Vermächtnisses durch Übertragung eines Wohnungseigentums ist zustimmungspflichtig (*BayObLG* Rpfleger 1982, 177; *Demharter* Anh. zu § 3 Rn. 34).
58	Vermietung	Zur Vereinbarung einer Vermietungsbeschränkung s. Rn. 71.
59	(Freiwillige) Versteigerung	Auch im Falle einer freiwilligen Versteigerung gem. §§ 19, 53 ff. WEG galt mangels einer anders lautenden Regelung eine vereinbarte Veräußerungsbeschränkung (*Demharter* Anh. zu § 3 Rn. 36). § 53 ff. WEG sind mit der Novelle 2007 (BGBl. I S. 370) aufgehoben worden.
60	Verwandte	§ 12 WEG erfasst mangels anders lautender Regelung auch Veräußerungsgeschäfte mit (nahen) Verwandten (KEHE/*Herrmann* Einl. E 66). Ist als Inhalt des Sondereigentums vereinbart, dass ein Eigentümer zur Veräußerung der Zustimmung des Verwalters bedarf, sofern nicht an näher bezeichnete Verwandte veräußert wird, so erfasst diese Privilegierung nicht eine Gesellschaft bürgerlichen Rechts, deren Mitglieder derzeit alle privilegiert wären (*OLG München* NJW 2007, 1536).

Vorkaufsrecht	Die Ausübung eines Vorkaufsrechts durch den Mieter fällt unter eine vereinbarte Veräußerungsbeschränkung (Bauer/v. Oefele AT V Rn. 116; Erman/*Grziwotz* Rn. 8; *Nies* NZM 1998, 179). Vereinbarung eines Vorkaufsrechts i. S. d. § 12 WEG ist dagegen unzulässig (Bauer/*v. Oefele* AT V Rn. 119). Die Vereinbarung rein schuldrechtlich wirkender Vorkaufsrechte im Rahmen der Gemeinschaftsordnung bleibt unbenommen (Weitnauer/*Lüke* Rn. 17).	61
Vormerkung	Die Eintragung einer Erwerbsvormerkung stellt keine Veräußerung dar und ist deshalb nicht zustimmungsbedürftig (*BayObLG* Rpfleger 1964, 374 m. zust. Anm. *Riedel*).	62
Weiterveräußerung	Eine vereinbarte Zustimmungspflicht soll bei der Weiterveräußerung (nicht Erstveräußerung!) dann nicht gelten, wenn der Veräußerer sein Eigentum nicht in erster Linie zu dem Zweck erworben hat, um eine materielle Rechtsstellung aus dem Wohnungs- oder Teileigentum zu erlangen (z. B. bei Weiterveräußerung eines im Teileigentum stehenden Traforaumes vom Verwalter an die Gemeinde zum Zwecke der öffentlichen Stromversorgung; *BayObLG* Rpfleger 1983, 350). Im Ergebnis würde diese Ansicht dazu führen, dass vom Grundbuchgericht im Rahmen des § 12 WEG der Zweck einer Veräußerung zu prüfen wäre. Das widerspricht dem grundbuchrechtlichen Bestimmtheitsgrundsatz (so zu Recht auch *Sauren* Rpfleger 1983, 350; *Böttcher* Rpfleger 1985, 1, 6).	63
Wohnungsrecht	s. Belastungsbeschränkung	64
Zwangsvollstreckung	Soweit nicht anderes bestimmt ist, gilt eine vereinbarte Veräußerungsbeschränkung auch für eine Veräußerung im Wege der Zwangsvollstreckung (§ 12 Abs. 3 S. 2 WEG). Mangels anders lautender Regelung erfasst die vereinbarte Veräußerungsbeschränkung – genauso wie umgekehrt eine mögliche Befreiung für eine »Veräußerung im Wege der Zwangsvollstreckung« – auch die Versteigerung in den Verfahren nach §§ 172, 175, 180 ZVG. Eine notwendige Zustimmungserklärung muss allerdings erst bei der Zuschlagserteilung und nicht schon bei der Anordnung des Verfahrens vorliegen (*LG Berlin* Rpfleger 1976, 149; *Stöber* § 15 Rn. 45.7; s. Rn. 95 u. 105).	65

D. Änderung und Aufhebung der Veräußerungsbeschränkung
I. Änderung der Veräußerungsbeschränkung

Jede **Änderung** einer eingetragenen Veräußerungsbeschränkung gem. § 12 WEG durch Reduzierung bestehender Ausnahmetatbestände bedarf einer entsprechenden **Vereinbarung** der Wohnungs- und Teileigentümer und der Grundbucheintragung. Eine solche Veränderung kann die Zustimmung dinglich Berechtigter zur Eintragung erforderlich machen, weil dadurch der Anwendungsbereich der Veräußerungsbeschränkung gegenständlich oder umfänglich erweitert wird. Zum Kreis der Zustimmungsberechtigten s. insoweit Rn. 7. Umgekehrt bedeutet eine Reduzierung der Veräußerungsbeschränkung selbst z. B. durch Einführung von (weiteren) Ausnahmetatbeständen oder durch gegenständliche Beschränkung auf bestimmte Einheiten (vgl. § 12 Rn. 8 f.) eine teilweise Aufhebung der vereinbarten Veräußerungsbeschränkung. Dazu s. Rn. 68h. 66

§ 12 | Veräußerungsbeschränkung

II. Aufhebung der Veräußerungsbeschränkung

1. Grundsatz

67 Auch die **Aufhebung** einer Veräußerungsbeschränkung gem. § 12 WEG konnte wie ihre Begründung nur **durch Vereinbarung** erfolgen. Dabei entfaltet die Aufhebung des Zustimmungserfordernisses wie jede andere Vereinbarung zwischen den Wohnungseigentümern bereits mit Abschluss der Vereinbarung Wirkung, da insoweit der gesetzliche Regelzustand des § 137 BGB wiederhergestellt wird (MüKo/*Commichau* Rn. 11; Staudinger/*Kreuzer* Rn. 16). Zur erleichterten Aufhebungsmöglichkeit seit dem 01.07.2007 s. nunmehr Rn. 68 a ff.

2. Aufhebung der Veräußerungsbeschränkung durch Mehrheitsbeschluss

a) Aufhebung der Veräußerungsbeschränkung durch Mehrheitsbeschluss vor dem 01.07.2007 (Gesetz zur Änderung des Wohnungseigentumsgesetzes und anderer Gesetze v. 26.03.2007 – BGBl. I S. 370)

68 Eine **Aufhebung durch Beschluss** war vor dem 01.07.2007 nicht möglich; sie wäre mangels entsprechender Beschlusskompetenz nichtig. Ist insbesondere vor der sog. Jahrhundertentscheidung des *BGH* vom 20.9.2000 (BGHZ 145, 158 = Rpfleger 2001, 19 = ZMR 2000, 771) gleichwohl aufgrund eines Aufhebungsbeschlusses die Löschung der Veräußerungsbeschränkung im Grundbuch vorgenommen worden, ist ein solcher vereinbarungsändernder Beschluss nichtig. Die nunmehr mit der Novelle 2007 (BGBl. I S. 370) eingeführte erleichterte Aufhebungsmöglichkeit durch Mehrheitsbeschluss (s. sogleich Rn. 68 a ff.) vermag an dieser Rechtslage nichts zu ändern; insbesondere kann die Nichtigkeit der seinerzeitigen Beschlussfassung durch die Gesetzesänderung nicht rückwirkend beseitigt werden. Der Vertrauensschutz gebietet es allerdings, die Nichtigkeit des Eigentümerbeschlusses nicht ex tunc, sondern ex nunc eingreifen zu lassen mit der Folge, dass die Zustimmung nur bei zukünftigen Veräußerungen wieder einzuholen ist (Köhler/Bassenge/*Fritsch* Teil 20 Rn. 12; *Wenzel* ZWE 2001, 226, 229). In der Zwischenzeit erfolgte Übertragungen ohne Veräußerungszustimmung sind jedoch noch nicht abgeschlossen. Sollte aufgrund der unvollständigen Buchlage insoweit ein gutgläubiger (Dritt-)Erwerb stattgefunden haben (Palandt/*Bassenge* Rn. 5), könnte eine Wiedereintragung der gelöschten Veräußerungsbeschränkung in die Grundbücher jedenfalls nicht ohne erneute Eintragungsbewilligungen vorgenommen werden. Unbenommen bleibt den Wohnungseigentümern, einen nunmehr rechtswirksamen »Zweitbeschluss« zur Aufhebung der Veräußerungsbeschränkung zu fassen.

b) Aufhebung der Veräußerungsbeschränkung durch Mehrheitsbeschluss seit dem 01.07.2007 (Gesetz zur Änderung des Wohnungseigentumsgesetzes und anderer Gesetze v. 26.03.2007 – BGBl. I S. 370)

68a Mit der Gesetzesänderung zum 01.07.2007 hat der Gesetzgeber denjenigen Stimmen, die eine vollständige Abschaffung des § 12 WEG forderten (*Böttcher/Hintzen* ZfIR 2003, 450; *Röll* Rpfleger 2003, 277, 279) bewusst eine Absage erteilt. Wenngleich die Vereinbarung einer Veräußerungsbeschränkung in der Praxis regelmäßig ein wenig effektives Instrument zur Verhinderung des Eindringens unliebsamer Mitglieder in die Gemeinschaft darstellt und mit der Erteilung der Zustimmung in der Form des § 29 GBO erheblicher Zeit- und Kostenaufwand verbunden sein kann (vgl. Entwurf eines Gesetzes zur Änderung des Wohnungseigentumsgesetzes und anderer Gesetze v. 09.03.2006 – BT-Drs. 16/887, S. 21), will der Gesetzgeber es letztlich den Wohnungseigentümern überlassen, ob eine entsprechende Regelung in der Teilungserklärung entfallen soll (vgl. *Abramenko* § 3 Rn. 2). Die durch Abs. 4 S. 1 nunmehr begründete **Beschlusskompetenz zur Aufhebung einer vereinbarten Veräußerungsbeschränkung** erfasst demgemäß nicht nur zukünftige, sondern auch bestehende Eigentümergemeinschaften (vgl. Entwurf eines Gesetzes zur Änderung des Wohnungseigentumsgesetzes und anderer Gesetze v. 09.03.2006 – BT-Drs. 16/887, S. 21). Zur Verhinderung einer anderslautenden einseitigen Bestimmung durch den teilenden Eigentümer stellt Abs. 4 S. 2 sicher, dass die mehrheitliche Aufhebungsbefugnis nicht durch abweichende Vereinbarungen zu Ungunsten der Mehrheit der Wohnungseigentümer eingeschränkt oder ausgeschlossen werden kann.

Der Wegfall der bisher insoweit mehrheitsfesten Ausgestaltung der Gemeinschaftsordnung kann **68b** jedoch für **Altgemeinschaften** mit besonderem Gestaltungsbedarf (wie z. B. bei sog. Familienanlagen, im Betreuten Wohnen, bei Ferienimmobilien und Mehrhausanlagen) mit erheblichen Problemen verbunden sein (*Hügel*/*Elzer* § 4 Rn. 9 ff.). Hat man in der Vergangenheit § 12 WEG nämlich nicht nur an der Person des Erwerbers, sondern auch an einer bestimmten Nutzungskonzeption der Gesamtanlage durch Übernahme anlagentypischer Verpflichtungen ausgerichtet (für Mehrhausanlagen vgl. Rn. 146), kann die mehrheitliche Abschaffung zu einer Beeinträchtigung der Nutzungsmöglichkeiten einzelner Wohnungseigentümer führen. In diesen Fällen könnte allenfalls eine Anfechtung der Mehrheitsentscheidung eine Überprüfung gewährleisten, ob die Beseitigung der Veräußerungsbeschränkung im Hinblick auf die spezifischen Belange der betreffenden Anlage noch ordnungsgemäßer Verwaltung entspricht (*Abramenko* § 3 Rn. 3).

Zur Aufhebung einer vereinbarten Veräußerungsbeschränkung genügt nach dem ausdrück- **68c** lichen Willen des Gesetzgebers – anders als für die doppelt-qualifizierten Beschlüsse nach § 16 Abs. 4 WEG und § 22 Abs. 2 WEG – die einfache Mehrheit der Stimmen in der Eigentümerversammlung. Insoweit finden die allgemeinen Grundsätze für die Ermittlung der **Stimmenmehrheit** Anwendung (vgl. § 25). Danach kann in einer Wohnungseigentümergemeinschaft auch abweichend von dem gesetzlichen Kopfprinzip das Objekt- oder Wertprinzip vereinbart worden sein (vgl. § 25 Rn. 53). Für die Beschlussfassung zur Aufhebung der Veräußerungsbeschränkung gelten dann die für die betreffende Gemeinschaft ggf. abweichend vereinbarten Stimmrechtsverhältnisse (zutr. *Hügel*/*Elzer* § 4 Rn. 12; so auch *Fabis* RNotZ 2007, 369, 375). Entgegen einer anderslautenden Auffassung enthält Abs. 4 S. 2 nämlich kein Verbot der Abdingbarkeit der Stimmrechtsverhältnisse für den Aufhebungsfall (so aber *Drasdo* RNotZ 2007, 264, 265, der bei einem Verstoß gegen das Kopfprinzip Nichtigkeit annimmt; ebenso jetzt *Häublein* FS Bub 2007, 113). Die Bestimmung soll lediglich sicherstellen, dass die Kompetenz zur mehrheitlichen Aufhebung nicht eingeschränkt oder aufgehoben wird; vereinbarte Stimmrechtsvarianten sind dadurch aber nicht ausgeschlossen.

Der Aufhebungsbeschluss i. S. d. Abs. 4 S. 1 bedarf zu seiner **Wirksamkeit** nicht der Grundbuch- **68d** eintragung (*Hügel*/*Elzer* § 4 Rn. 16; vgl. § 10 Rn. 325). Er wird vielmehr mit seiner Verkündung wirksam (vgl. BGHZ 148, 335 = ZMR 2001, 809 = NZM 2001, 961 = NJW 2001, 3339; *OLG Düsseldorf* ZMR 2002, 614; *KG* ZMR 2002, 697; *BayObLG* ZMR 2005, 462). Es kommt also weder auf die Eintragung des Aufhebungsbeschlusses in der Beschlusssammlung (§ 24 Abs. 7 WEG) noch auf die Widergabe in der Versammlungsniederschrift (§ 24 Abs. 6 WEG) an. Auch ein Anfechtungsverfahren hindert die Wirksamkeit des Beschlusses nicht, da dieser nach § 23 Abs. 4 S. 2 WEG bis zu seiner rechtskräftigen Aufhebung durch ein Urteil wirksam ist (*Drasdo* RNotZ 2007, 264, 265).

Die anschließende Grundbucheintragung der Aufhebung einer Veräußerungsbeschränkung stellt **68e** sich somit als **Grundbuchberichtigung** dar. Eine solche Grundbuchberichtigung durch Eintragung eines Beschlusses der Wohnungseigentümer musste – entgegen den anderslautenden Vorstellungen des Gesetzgebers im Rahmen des § 10 Abs. 4 (vgl. § 10 Rn. 326 ff.) – für § 12 WEG durch ausdrückliche Bestimmung in Abs. 4 S. 3 zugelassen werden. Die – deklaratorische – Eintragung einer außerhalb des Grundbuch erfolgten Aufhebung der Veräußerungsbeschränkung vollzieht sich alsdann gem. § 22 GBO. Einer Bewilligung gem. § 19 GBO bedarf es hierfür regelmäßig nicht (Abs. 4 S. 4); sie dürfte in der Praxis auch kaum zu realisieren sein. Der erforderliche **Unrichtigkeitsnachweis** bedarf an sich der Vorlage öffentlicher oder zumindest öffentlich beglaubigter Unterlagen. Gem. Abs. 4 S. 4 u. 5 kann der Nachweis jedoch formgerecht durch Vorlage einer Niederschrift über den Aufhebungsbeschluss in entsprechender Anwendung des § 26 Abs. 3 WEG geführt werden. Dazu müssen die Unterschriften des Vorsitzenden der Eigentümerversammlung sowie eines Wohnungseigentümers und – bei Bestellung eines Verwaltungsbeirates – auch von dessen Vorsitzendem oder seinem Stellvertreter öffentlich beglaubigt sein (§ 24 Abs. 6 WEG).

Da § 12 Abs. 4 WEG für den Nachweis der Grundbuchunrichtigkeit nicht die Bestandskraft des **68f** Aufhebungsbeschlusses voraussetzt (s. Rn. 68d), können sich Konstellationen ergeben, bei denen ein Beschluss über die Aufhebung der Veräußerungsbeschränkung erfolgreich angefochten wird, nachdem bereits die grundbuchmäßige Löschung vollzogen ist. In diesem Fall sind in der Zwischenzeit erfolgte Eigentumsumschreibungen ohne Veräußerungszustimmung voll wirksam,

§ 12 | Veräußerungsbeschränkung

da der Erwerber gutgläubig Eigentum erwirbt (*Abramenko* § 3 Rn. 6; *Wilsch* NotBZ 2007, 305, 309; vgl. auch Rn. 15; a. A. *Drasdo* RNotZ 2007, 264, 267, der unzutr. von einer schwebenden Unwirksamkeit ausgeht). Der anfechtende Wohnungseigentümer kann somit für die Dauer des Verfahrens gem. § 43 Nr. 4 WEG das Eindringen unerwünschter Personen in die Gemeinschaft durch die Anfechtung allein nicht verhindern. Hierzu bedürfte es vielmehr der Eintragung eines Widerspruchs im Wege der Einstweiligen Verfügung nach § 899 Abs. 2 BGB (*Abramenko* § 3 Rn. 6).

68g Da die bestehende Grundbuchunrichtigkeit nur auf Antrag (§ 13 GBO) beseitigt werden kann (eine Amtslöschung ist nicht möglich; zutr. *Wilsch* NotBZ 2007, 305, 306), sind weiterhin Fälle denkbar, bei denen zwar die Aufhebung der Veräußerungsbeschränkung materiell-rechtlich erfolgt ist, der grundbuchmäßige Vollzug insoweit aber noch aussteht. Wird sodann der formgerechte Nachweis über den Wegfall der Veräußerungsbeschränkung gem. § 12 Abs. 4 WEG geführt, könnte eine anstehende Eigentumsumschreibung auch ohne gleichzeitige Löschung der Veräußerungsbeschränkung erfolgen (*Drasdo* RNotZ 2007, 264, 266). **Von einem solchen Verfahren kann aber nur abgeraten werden.** Ein Erwerber ist nämlich nur im Falle der Löschung der Veräußerungsbeschränkung im Grundbuch vor den Wirkungen einer stattgebenden Anfechtung geschützt (s. Rn. 68f). Da es keinen Schutz des guten Glaubens an die wirksame Aufhebung der noch im Grundbuch verlautbarten Veräußerungsbeschränkung gibt und ihre Wirkungen bei einer erfolgreichen Anfechtung ex tunc wieder zu beachten sind (vgl. BGHZ 106, 113 = NJW 1989, 1087 = Rpfleger 1989, 150; *BayObLG* ZMR 2004, 711; *BayObLG* ZMR 2002, 850; *BayObLG* Rpfleger 1976, 364), kann einem Erwerber zur Vermeidung einer u. U. erst viel später erkennbaren schwebenden Unwirksamkeit seiner Eigentumsumschreibung nur geraten werden, vor seiner Eintragung in das Grundbuch auf eine Löschung der noch eingetragenen, aber vermeintlich aufgehobenen Veräußerungsbeschränkung hinzuwirken oder sich den Nachweis der Bestandskraft des Aufhebungsbeschlusses führen zu lassen. An dieser Stelle dürfte den Notaren in der Praxis bei Erkennbarwerden eines noch nicht im Grundbuch vollzogenen Aufhebungsbeschlusses eine besondere Hinweis- und Betreuungspflicht obliegen.

68h Für die Eintragung der Löschung im Grundbuchverfahren ist jeder Wohnungseigentümer als Miteigentümer antragsberechtigt (vgl. Bauer/v. Oefele/*Wilke* § 13 Rn. 29; s. auch *Wilsch* NotBZ 2007, 305, 308; a. A. *Drasdo* RNotZ 2007, 264, 266, der das grundbuchverfahrensrechtliche Antragsrecht als Annex zur mehrheitlichen Aufhebungskompetenz der Wohnungseigentümer begreifen will und dabei zu Unrecht auf die individuellen Möglichkeiten zur Nachweisführung abstellt); die Löschung betrifft nämlich keine Verwaltungsangelegenheit, sondern das sachenrechtliche Grundverhältnis der Wohnungseigentümer. Allerdings reicht die Antragsberechtigung eines Wohnungseigentümers nur so weit, als auch seine Sondereigentumseinheiten betroffen sind. Da eine Begünstigung durch die Aufhebung der Veräußerungsbeschränkung an fremden Einheiten nicht ersichtlich ist, mangelt es im Übrigen an der erforderlichen Antragsberechtigung gem. § 13 GBO. Dies führt in derselben Anlage hinsichtlich § 12 WEG zu beschränkt veräußerlichen und unbeschränkt veräußerlichen Einheiten. Dagegen bestehen jedoch keine Bedenken, weil das Zustimmungserfordernis auch von Anfang an auf einzelne, näher bestimmte Einheiten beschränkt werden könnte (vgl. Rn. 8 u. Rn. 68i; so jetzt auch *Wilsch* NotBZ 2007, 305, 308). Zu Recht weist *Drasdo* allerdings auf die mit einer verzögerten Löschung möglicherweise verbundenen Schwierigkeiten im Zusammenhang mit den erforderlichen Unterschriftsbeglaubigungen hin (a. a. O.), so dass in der Praxis der Aufhebungsbeschluss zweckmäßigerweise mit einer entsprechenden Bevollmächtigung des Verwalters zur ordnungsgemäßen Antragstellung bei dem Grundbuchgericht verbunden werden sollte.

c) Teilweise Aufhebung der Veräußerungsbeschränkung durch Mehrheitsbeschluss seit dem 01.07.2007

68i Kann eine vereinbarte Veräußerungsbeschränkung insgesamt durch Mehrheitsbeschluss aufgehoben werden, so ist auch eine teilweise Beseitigung im Beschlusswege möglich (*Abramenko* § 3 Rn. 15; *Drasdo* RNotZ 2007, 264). So könnte z. B. das Zustimmungserfordernis lediglich auf bestimmte Einheiten (etwa Wohnungseigentum, nicht aber Teileigentum; zu einer solchen Möglichkeit s. grundsätzlich Rn. 8 f.) beschränkt werden. Eine Vereinbarung ist daher insoweit nicht mehr zwingend erforderlich (zu weiteren Veränderungen s. Rn. 66).

d) Keine beschlussweise Aufhebung der beschlossenen Aufhebung
Das Gesetz gewährt den Wohnungseigentümern mit § 12 Abs. 4 WEG lediglich eine Beschlusskompetenz zur Aufhebung einer bestehenden Veräußerungsbeschränkung. Eine Wiedereinführung der Veräußerungsbeschränkung kann nur durch eine entsprechende Vereinbarung aller Wohnungseigentümer erreicht werden; insoweit besteht keine Kompetenz für eine Mehrheitsregelung (*Abramenko* § 3 Rn. 15; *Hügel* / Elzer § 4 Rn. 14). Dies gilt auch für eine Wiedereinführung durch eine Beschlussfassung im Wege eines den Erstbeschluss aufhebenden Zweitbeschlusses, zumal § 10 Abs. 4 S. 1 WEG die Eintragung von Beschlüssen in das Grundbuch untersagt (*Drasdo* RNotZ 2007, 264, 268; *Hügel* / Elzer § 4 Rn. 14; zweifelnd *Sauren* MietRB 2005, 137).

68j

3. Zustimmung dinglich Berechtigter
Für die Eintragung der Aufhebung in das Grundbuch bedarf es nicht der Mitwirkung **dinglich Berechtigter**, da sich nur die Veräußerungsbeschränkung selbst, nicht aber ihre Aufhebung, nachteilig auf das Haftungsobjekt auswirken kann (*LG Bielefeld* Rpfleger 1985, 232; *LG Düsseldorf* MittRhNotK 1983, 221; *Müller* Rn. 135; *BayObLG* Rpfleger 1989, 503 für Wohnungserbbaurechte).

69

E. Sonstige Vereinbarungen eines Zustimmungserfordernisses
Wohnungseigentümer können sich schuldrechtlich wirksam verpflichten, ihr Wohnungseigentum nur mit Zustimmung der übrigen Miteigentümer oder eines Dritten **an bestimmte Personen** zu veräußern (vgl. § 137 S. 2 BGB). Eine solche Regelung kann durch Eintragung als Inhalt des Sondereigentums (§ 5 Abs. 4) dahingehend verdinglicht werden, dass Sonderrechtsnachfolger des verfügenden Wohnungseigentümers gem. § 10 Abs. 3 WEG gebunden sind und sich bei Verstoß ggf. Haftungsfolgen aussetzen (*Müller* Rn. 114 Becker / Kümmel / Ott Rn. 62). Einer Eintragung als Inhalt des Sondereigentums kommt demzufolge nicht die Wirkung einer vom Grundbuchgericht zu beachtenden Veräußerungsbeschränkung i. S. d. § 12 WEG zu (s. Rn. 43). Demzufolge muss eine solche Vereinbarung auch nicht ausdrücklich im Grundbuch vermerkt werden (§ 3 Abs. 2 WGV).

70

Ebenso können Zustimmungserfordernisse hinsichtlich einer **Vermietung oder Verpachtung** des Wohnungseigentums schuldrechtlich vereinbart werden (BGHZ 37, 203 = Rpfleger 1962, 373 m. zust. Anm. *Diester*; zu den näheren Einzelheiten s. § 15 Rn. 6). Auch in diesem Fall kann durch eine Eintragung als Inhalt des Sondereigentums gem. § 5 Abs. 4 WEG eine Verdinglichung erreicht werden. Dadurch wird aber lediglich eine Bindung des Sondernachfolgers gem. § 10 Abs. 3 WEG bewirkt (so auch *Staudinger* / Kreuzer § 12 Rn. 8). Das Fehlen einer vereinbarten Zustimmung beeinträchtigt dagegen in keiner Weise die Wirksamkeit eines abgeschlossenen Vertrages und führt auch nicht zu einer Grundbuchsperre (*Erman* / Grziwotz Rn. 1; *Müller* Rn. 115; *Weitnauer* / Lüke § 15 Rn. 21). Für eine Anwendung des § 12 WEG fehlt es sowohl an einem Verfügungs- als auch an einem Veräußerungstatbestand (*Köhler* / Bassenge / Fritsch Teil 20 Rn. 20). Eine Grundbucheintragung des vereinbarten Zustimmungserfordernisses kann deshalb auch hier im Rahmen der allgemeinen Bezugnahme erfolgen (§ 7 Abs. 3 WEG; § 3 Abs. 2 WGV).

71

Das vorstehend Gesagte muss auch für **andere Fälle der Gebrauchsüberlassung** gelten. Zu denken ist hier insbesondere an schuldrechtliche Vereinbarungen, die die Belastung eines Wohnungs- oder Teileigentums mit einem **Dauerwohn- oder Dauernutzungsrecht** bzw. einem **Wohnungsrecht** gemäß § 1093 BGB mit dinglicher Wirkung beschränken sollen (vgl. BGHZ 37, 203 = Rpfleger 1962, 373; s. Rn. 22 m. w. N. auch zur a. A.). Die Verdinglichung über §§ 5 Abs. 4, 10 Abs. 3 WEG stellt in diesen Fällen lediglich ein inhaltsbestimmendes Merkmal in den Rechtsbeziehungen der Miteigentümer dar. Sachlich handelt es sich auch hier um Gebrauchsregelungen i. S. d. § 15 WEG (*Palandt* / Bassenge Rn. 1). Dadurch wird jedoch im Vereinbarungsfalle die Wirksamkeit der dinglichen Belastung mit einem der genannten Rechte durch das Grundbuchgericht nicht berührt (vgl. *LG Köln* MittRhNotK 1983, 221). Dem Grundbuchgericht gegenüber ist zum Vollzug der Eintragung kein Nachweis einer vereinbarten Zustimmung zu führen; die Verpflichtung zu

72

§ 12 | Veräußerungsbeschränkung

einer schuldrechtlich wirkenden Belastungsbeschränkung bewirkt keine Grundbuchsperre (*Ertl* DNotZ 1979, 267, 274). Dementsprechend kann die Eintragung im Grundbuch unter Bezugnahme auf die Eintragungsbewilligung erfolgen und bedarf nicht der ausdrücklichen Erwähnung im Eintragungsvermerk (§ 7 Abs. 3 WEG; § 3 Abs. 2 WGV). Das Gleiche gilt für eine in der Teilungserklärung enthaltene Bestimmung, dass ein Sondereigentümer zur Einräumung des **Nießbrauchs** an seiner Einheit der Zustimmung der übrigen Sondereigentümer bedarf (*LG Augsburg* Rpfleger 1999, 125).

F. Zustimmungserteilung

I. Rechtswirkungen der Erteilung

73 Ist in der Gemeinschaftsordnung ein Zustimmungserfordernis der anderen Wohnungseigentümer oder eines Dritten für die Veräußerung eines Wohnungs- und Teileigentumsrechts vorgesehen, ist sowohl das schuldrechtliche als auch das dingliche Veräußerungsgeschäft gem. § 12 Abs. 3 S. 1 WEG bis zur Erteilung der Zustimmung **absolut** (nicht nur relativ) **schwebend unwirksam** (BGHZ 33, 76 = Rpfleger 1961, 192 für den vergleichbaren Fall bei einem Erbbaurecht; *OLG Hamm* Rpfleger 2001, 405 = ZMR 2001, 840; *OLG Köln* NJW-RR 1996, 1296; *BayObLG* Rpfleger 1983, 350; Bamberger/Roth/*Hügel* Rn. 12; Meikel/*Böttcher* Anh. zu §§ 19, 20 Rn. 120; MüKo/ *Commichau* Rn. 30; Staudinger/*Kreuzer* Rn. 56; Weitnauer/*Lüke* Rn. 13). Die Wirksamkeit tritt rückwirkend mit der Erteilung der Zustimmung gem. § 184 BGB ein (*LG Frankfurt a. M.* NJW-RR 1996, 1080; Bamberger/Roth/*Hügel* Rn. 12; Bärmann/Pick/Merle Rn. 41; Erman/*Grziwotz* Rn. 7; MüKo/*Commichau* Rn. 31; Palandt/*Bassenge* Rn. 12; Schöner/Stöber Rn. 2904; **a. A.** Weitnauer/ *Lüke* Rn. 13, der unter Berufung auf den Wortlaut des Gesetzes eine Rückwirkung ablehnt; differenzierend Staudinger/*Kreuzer* Rn. 59).

II. Anspruch auf Erteilung der Zustimmung

1. Berechtigung

74 Liegt kein wichtiger Zustimmungsversagungsgrund vor, besitzt der veräußernde Wohnungseigentümer einen Anspruch auf Erteilung der Zustimmung, der ggf. auch einklagbar ist und bei unberechtigter Verweigerung Schadensersatzansprüche auslösen kann (*OLG Hamm* NJW-RR 1993, 279). Der Anspruch auf Erteilung der Zustimmung steht ausschließlich dem Veräußerer des betreffenden Wohnungs- oder Teileigentumsrechts zu, weil dieser durch die Anordnung der Zustimmungspflicht in seiner freien Verfügungsbefugnis beschränkt wird. Dem Erwerber steht demgegenüber kein Anspruch zu (*F. Schmidt* DWE 1998, 5, 7; Staudinger/*Kreuzer* Rn. 51; Weitnauer/*Lüke* Rn. 9). Der Anspruch richtet sich je nach Gestaltung der Veräußerungsbeschränkung gegen die Wohnungseigentümer oder gegen den Verwalter als Dritten (Weitnauer/*Lüke* Rn. 12 S. 316).

2. Mitwirkungspflichten

75 Gleichwohl kann der Erwerber aufgrund der eingegangenen schuldrechtlichen Verpflichtungen verlangen, dass der Veräußerer alles tut, um die erforderliche Zustimmung zu erlangen. Der Veräußerer ist also verpflichtet, dem Verwalter die notwendigen Informationen über die persönlichen und wirtschaftlichen Verhältnisse des Erwerbers zu liefern. Dies wird dem Veräußerer wiederum in vielen Fällen nur möglich sein, wenn der Erwerber seinerseits dem bestehenden **Auskunftsanspruch** des Veräußerers zur Erteilung einer **Selbstauskunft** nachkommt, wozu der Veräußerer ihn zu veranlassen hat (*HansOLG Hamburg* ZMR 2004, 850; *HansOLG Hamburg* ZMR 2003, 866; *OLG Köln* NJW-RR 1996, 1296; KG ZMR 1990, 68; *BayObLG* WE 1983, 26; Müller WE 1998, 458; 459; *F. Schmidt* DWE 1998, 5, 8). Die Erfüllung der Informationpflicht kann zur Vorbedingung für die Erteilung der Zustimmung gemacht werden (*HansOLG Hamburg* ZMR 2004, 850; KG ZMR 1990, 68). Zum Umfang und den Rechtsfolgen einer fehlenden oder verweigerten Selbstauskunft s. ausführlich *F. Schmidt* (DWE 1998, 5, 12). Darüber hinaus trifft den Erwerber eine gewisse Offenbarungspflicht (dazu *F. Schmidt* DWE 1998, 5, 11). Ob zur Erfüllung der Informationspflichten der **Kaufvertrag im Ganzen vorgelegt** werden muss, ist umstritten (bejahend

Liessem NJW 1988, 1306; verneinend *Köhler/Bassenge/Fritsch* Teil 20 Rn. 49), kann sich aber aus der Auslegung der Teilungserklärung ergeben (*HansOLG Hamburg* ZMR 2004, 850).
Weiterhin dürfte die – sicherlich kurzfristig mögliche – Einholung einer Bonitätsauskunft über eine Kreditschutzinformation (»**Schufa-Auskunft**«) im Normalfall nicht angemessen sein, da regelmäßig bereits durch die finanzierenden Banken im Rahmen der Kaufpreisfinanzierung entsprechende Auskünfte veranlasst werden (Erman/*Grziwotz* Rn. 2; **a. A.** erscheint angezeigt: Köhler/*Bassenge/Fritsch* Teil 20 Rn. 49). Ebenfalls zu weitgehend und unangemessen erscheint die Forderung, der Veräußerer müsse dem zustimmungsberechtigten Verwalter ein **polizeiliches Führungszeugnis** über die Person des Erwerbers vorlegen (*Gottschalg* FS Deckert 2002, 161, 166). Den Verwalter trifft grundsätzlich keine Verpflichtung zur Einholung von Erkundigungen über die Person des Erwerbers (*Müller* WE 1998, 458, 459).

3. Pfändung

Im Falle einer Zwangsversteigerung wird der noch im Grundbuch eingetragene Eigentümer an einer Geltendmachung des Anspruchs zur Erlangung der für die Zuschlagserteilung erforderlichen Zustimmungserklärung regelmäßig kein Interesse mehr haben. Der Anspruch auf Erteilung der Zustimmung soll deshalb selbständig zur Ausübung pfändbar sein (Soergel/*Stürner* Rn. 13; Staudinger/*Kreuzer* Rn. 40; Weitnauer/*Lüke* Rn. 12 S. 317; **a. A.** Bärmann/Pick/Merle Rn. 40), wenn auch nicht selbständig abtretbar (*OLG Frankfurt a. M.* WE 1989, 172). Eine **Pfändung** des Anspruchs durch den betreibenden Gläubiger ist jedoch **entbehrlich**. Der Gläubiger kann unmittelbar, ohne vorherige Pfändung und Überweisung den Zustimmungsanspruch geltend machen. Dem die Zwangsversteigerung betreibenden Gläubiger steht ein eigenes Antragsrecht zu, weil durch die Anordnung der Zwangsversteigerung das Wohnungseigentum in seiner Gesamtheit, also mit dem Anspruch auf Zustimmungserteilung erfasst wird (*Bärmann/Pick/Merle* Rn. 5; *Stöber* § 15 Rn. 45. 7; in diesem Sinne jetzt wohl auch Palandt/*Bassenge* Rn. 12 i. V. m. § 8 ErbbVO Rn. 4; **a. A.** Weitnauer/*Lüke* Rn. 12 S. 317). Dies entspricht der vergleichbaren Lage bei der Zwangsvollstreckung in ein Erbbaurecht (BGHZ 100, 107 = Rpfleger 1987, 257; *Streuer* Rpfleger 1994, 59). Ein Insolvenzverwalter kann den Anspruch kraft Gesetzes geltend machen (§ 80 Abs. 1 InsO)

76

III. Zustimmungsberechtigte

1. Wohnungseigentümer

Zustimmungsberechtigt gem. § 12 Abs. 1 WEG können **alle Wohnungseigentümer** oder eine (bestimmte) **Mehrheit** von ihnen, mitunter auch der **Verwaltungsbeirat**, sein. Ein einzelner Wohnungseigentümer wird in der Praxis nur dann als Zustimmungsberechtigter in Betracht kommen, wenn er auch gleichzeitig als Verwalter tätig ist. Die Regelung muss wegen des im Grundbuchverfahren herrschenden Bestimmtheitsgrundsatzes eindeutig erkennen lassen, ob Zustimmungserklärungen aller oder ein ggf. qualifizierter Mehrheitsbeschluss genügen soll (Bauer/*v. Oefele* AT V Rn. 115; *Schöner/Stöber* Rn. 2896). Zur Auslegung, wenn – nicht dem grundbuchrechtlichen Bestimmtheitsgrundsatz entsprechend – die »**Zustimmung der Mehrheit der Hausgemeinschaft**« vereinbart ist s. *BayObLG* (MittBayNot 1987, 96 m. Anm. *Röll* = Rpfleger 1987, 356 Ls). Ist die Veräußerung allgemein von der »**Zustimmung der anderen Wohnungseigentümer**« abhängig gemacht, so sind darunter im Zweifel sämtliche anderen Wohnungseigentümer zu verstehen, weil die Formulierung keine Zulassung des Mehrheitsprinzips erkennen lässt (*Sohn* Die Veräußerungsbeschränkung, S. 23; Palandt/*Bassenge* Rn. 6; Staudinger/*Kreuzer* Rn. 20 **a. A.** Weitnauer/*Lüke* Rn. 5 S. 310, der im Zweifel die für Mehrheitsbeschlüsse der Wohnungseigentümerversammlung erforderliche Mehrheit ausreichen lassen will). Stimmt in einem solchen Fall der Verwalter (als verdeckter Vertreter der Wohnungseigentümer; vgl. BGHZ 112, 240 = ZMR 1991, 61) einer Veräußerung zu, ist gleichwohl der Nachweis einer entsprechenden Bevollmächtigung durch jeden Wohnungseigentümer in grundbuchmäßiger Form zu erbringen.

77

Ist insbesondere in kleineren Eigentümergemeinschaften die Wirksamkeit der Veräußerung von der »**Zustimmung aller übrigen Miteigentümer**« abhängig gemacht und ist diese auch nicht für den Fall der Zwangsversteigerung ausgenommen worden (vgl. Rn. 65), so muss zum Eigentumserwerb durch Zuschlagserteilung (vgl. Rn. 90) selbst dann die Zustimmung sämtlicher anderen

77a

§ 12 | Veräußerungsbeschränkung

Wohnungseigentümer und sogar des Vollstreckungsschuldners vorliegen, wenn dieser zugleich noch Alleineigentümer oder Miteigentümer weiterer Einheiten in derselben Anlage sein sollte. Dabei ist unerheblich, ob wegen der übrigen Beteiligungen möglicherweise ebenfalls Verfahren zur Zwangsversteigerung angeordnet sind. Anders als im Falle rechtsgeschäftlicher Veräußerungen fehlt es bei dieser Konstellation an einer Veräußerungserklärung des Schuldner-Eigentümers, in der man sonst zutreffenderweise eine notwendige Zustimmungserklärung erblicken könnte, soweit er auch noch als Eigentümer weiterer Einheiten zustimmungspflichtig ist.

78 Ist als Inhalt des Sondereigentums vereinbart, dass ein Wohnungseigentümer zur Veräußerung der Zustimmung anderer Wohnungseigentümer bedarf, steht die **Zustimmungsbefugnis** dem **jeweiligen Wohnungseigentümer** zu. Bei einem rechtsgeschäftlichen Eigentumswechsel vor Eingang des Umschreibungsantrags beim Grundbuchgericht soll eine vom Rechtsvorgänger des jeweiligen anderen Wohnungseigentümers erteilte Zustimmung wirkungslos sein (*OLG Celle* NZM 2005, 260; ebenso *OLG Düsseldorf* Rpfleger 1996, 340 für ein nach § 5 ErbbauVO vereinbartes Zustimmungserfordernis, wenn der Eigentumswechsel vor dem Eingang des Umschreibungsantrages bei dem Grundbuchgericht erfolgt; MüKo/*Schramm* § 183 Rn. 6; Staudinger/*Gursky* 2004 § 183 Rn. 28). Erforderlich soll stattdessen die Zustimmung desjenigen sein, der bei Vornahme des Hauptgeschäftes Inhaber der durch das Zustimmungserfordernis geschützten Rechtsposition ist (MüKo/*Schramm* § 183 Rn. 6; Staudinger/*Gursky* 2004 § 183 Rn. 28). Diese Ansicht entspricht der h. M., die nicht auf die rechtsgestaltende Wirkung einer nach Vertragsabschluss erteilten Zustimmungserklärung gem. § 12 WEG abstellt und die Zustimmungsbefugnis grundsätzlich bis zum vollendeten Rechtserwerb voraussetzt, sofern sich der Rechtsverlust nicht im Wege der Gesamtrechtsnachfolge oder nach Zessionsregeln vollzieht. Eine Vorverlagerung des maßgeblichen Zeitpunktes kommt nach dieser Auffassung lediglich unter den Voraussetzungen des § 878 BGB in Betracht (*BGH* Rpfleger 1963, 378; *OLG Hamm* Rpfleger 2001, 405, 406), wenn nicht das Gesetz ausdrücklich Anwendungsfälle unwiderruflicher Einwilligungen nennt (wie z. B. in den sachenrechtlichen Bestimmungen der §§ 876, 880 Abs. 2 u. 3, 1071, 1178 Abs. 2 S. 2, 1183, 1245 Abs. 1 S. 2, 1255 Abs. 2, 1276 Abs. 1 BGB). Folgt man dagegen der im Vordringen befindlichen Rechtsmeinung, die eine einmal (schuldrechtlich) wirksam gewordene nachträgliche Zustimmungserklärung (§ 184 Abs. 1 BGB) wegen ihrer rechtsgestaltenden Wirkung insgesamt sowohl hinsichtlich des schuldrechtlichen als auch hinsichtlich des dinglichen Vertragsteiles für unwiderruflich hält (Bauer/v. Oefele/*Kössinger* § 19 Rn. 199 ff.; Erman/*Grziwotz* Rn. 7; *Kesseler* RNotZ 2005, 543; MüKo/*Commichau* Rn. 35; *F. Schmidt* MittBayNot 1999, 366, 367), kann ein späterer Wechsel des Zustimmungsberechtigten keine Auswirkungen haben. Der durch die Einwilligung begünstigte Veräußerer erlangt durch die vollständige Unwiderruflichkeit auch im dinglichen Bereich eine gesicherte Rechtsposition, die von weiteren Entwicklungen in der Sphäre des Zustimmungsberechtigten unabhängig ist. Der Erwerber eines Wohnungseigentums erwirbt dieses quasi »belastet« mit der von seinem Rechtsvorgänger zu einem bestimmten Erwerbsvorgang erteilten Zustimmung. Die einmal erteilte Zustimmungserklärung behält auf diese Weise insgesamt ihre Wirksamkeit und hat die ursprünglich auf Veräußererseite bestehende Verfügungsbeschränkung beseitigt. Ein rechtsgeschäftlicher Übergang der durch das Zustimmungserfordernis geschützten Rechtsposition auf einen Dritten kann sich dann nicht mehr als nachträgliche Beschränkung der Verfügungsbefugnis des veräußernden Wohnungseigentümers auswirken. Dieses Ergebnis erscheint sachgerecht, weil es eine Aufspaltung der Zustimmungserklärung und den damit verbundenen Verlust der Verfügungsfähigkeit für das dingliche Rechtsgeschäft trotz wirksamer schuldrechtlicher Erklärung vermeidet und das Bestehen eines Zustimmungserfordernisses letztlich nicht von einem vom Veräußerer nicht zu beeinflussenden Zeitpunkt einer anderen Eigentumsumschreibung abhängig macht. Es entspricht darüber hinaus der für eine Zustimmungserteilung durch den Verwalter anerkannten Rechtslage; dort beeinträchtigen weder der Wechsel des zustimmungsberechtigten Vertreters noch der eines vom Verwalter vertretenen Eigentümers die Wirksamkeit einer einmal erteilten Zustimmung (vgl. dazu Rn. 84; *Kesseler* RNotZ 2005, 543, 545 macht zu Recht auf die Risiken der noch herrschenden Rechtsauffassung für den Fall eines Verwalterwechsels aufmerksam). Dies soll nach *Deckert* (WE 1998, 82, 86) sogar dann gelten, wenn infolge Anfechtung des Bestellungsbeschlusses die Legitimation des zustimmenden Verwalters nachträglich wegfällt.

2. Zustimmungsberechtigte Dritte

Als Zustimmungsberechtigte kommen weiterhin außen stehende **dritte Personen**, hier insbesondere der **Verwalter** der Wohnungseigentumsanlage, in Betracht. Auch der gerichtlich bestellte Verwalter ist zur Erteilung einer erforderlichen Zustimmung befugt (*OLG Hamm* DNotZ 1967, 686; *Bärmann/Pick/Merle* Rn. 44). Bei der Zustimmung des Verwalters wird es sich i. d. R. um eine verdeckte Stellvertretung der Wohnungseigentümer handeln, so dass die Zustimmung durch diese ersetzt werden kann (BGHZ 112, 240 = ZMR 1991, 61; *Bamberger/Roth/Hügel* Rn. 8 Fn. 16; *Erman/Grziwotz* Rn. 5). Möglich ist aber auch, dass der Verwalter als Treuhänder zustimmungsbefugt ist (BayObLGZ 1980, 29). 79

Die Zustimmungsberechtigung ist **an die Person** des Verwalters **gebunden**. Ist der Verwalter eine **natürliche Person**, erlischt die Befugnis mit dem Tod und geht nicht auf dessen Erben über (*BayObLG* Rpfleger 2002, 305, 306; *Drasdo* WE 1998, 429, 430 f.). Auch die rechtsgeschäftliche Veräußerung des Handelsgeschäfts eines einzelkaufmännischen Verwalters führt ebenso wenig zum Übergang der Zustimmungsberechtigung (*BayObLG* WuM 1990, 234) wie die Einbringung seines Vermögens in eine neu gegründete GmbH (*BayObLG* ZMR 2001, 366) oder die Umwandlung in Form der Ausgliederung zum Zwecke der Neugründung einer GmbH (*BayObLG* Rpfleger 2002, 305). Ist zum Verwalter eine **Personengesellschaft** bestellt, führt eine Anwachsung oder Übertragung des Kommanditanteils jedenfalls dann nicht zu einem Übergang der Zustimmungsberechtigung, wenn damit das Ausscheiden der natürlichen Person verbunden ist (*BayObLG* ZMR 1987, 230 = Rpfleger 1987, 306 Ls; *OLG Düsseldorf* Rpfleger 1990, 356; *Bärmann/Pick/Merle* § 26 Rn. 77 u. 152 ff.; *Weitnauer/Lüke* § 26 Rn. 25; a. A. noch *LG Düsseldorf* Rpfleger 1985, 358). Eine Gesellschaft bürgerlichen Rechts kann trotz Anerkennung ihrer Rechtsfähigkeit nicht zur Verwalterin nach dem WEG bestellt werden (*BGH* Rpfleger 2006, 257 = ZMR 2006, 375 in Bestätigung der früheren, noch zur vormaligen Rechtsansicht ergangenen Entscheidung BGHZ 107, 268 = Rpfleger 1989, 325 = DNotZ 1990, 34; a. A. *Schäfer* NJW 2006, 2160). Ist der Verwalter eine **juristische Person**, soll die Zustimmungsberechtigung mit dem Verwalteramt übergehen können, weil in diesem Fall das personengebundene Vertrauensverhältnis keine Rolle spielt (*Lüke* ZfIR 2002, 469, 470; *Lutter/Teichmann* § 132 UmwG Rn. 42; *Schöner/Stöber* Rn. 2930 Fn. 54; a. A. *OLG Köln* OLG-Report Köln 2004, 49; *OLG Köln* Rpfleger 2006, 395 = ZMR 2006, 385). 80

Der Verwalter darf jedoch Dritte zur Erteilung der Zustimmung **bevollmächtigen** (*OLG Köln* MittRhNotK 2000, 393; *MüKo/Commichau* Rn. 13; *Schöner/Stöber* Rn. 2933; *Staudinger/Kreuzer* Rn. 23; a. A. *Demharter* Anh. zu § 3 Rn. 35). Dies wird insbesondere dann sogar unumgänglich sein, wenn Verwalter einer Eigentumsanlage eine juristische Person oder eine Personengesellschaft ist. In diesem Fall können Mitarbeiter des Verwalterunternehmens mit der Wahrnehmung der Verwalteraufgaben betraut und zur Entscheidung über die Zustimmungserteilung bevollmächtigt werden (*DNotI-Gutachten* DNotI-Report 1995, 148). Allerdings darf die Übertragung der Zustimmungsbefugnis nicht dergestalt erfolgen, dass die Verwalterstellung insgesamt auf einen (außenstehenden) Dritten übertragen wird. Eine vollständige Übertragung ist nicht mit der besonderen Vertrauensstellung eines Verwalters vereinbar und wäre daher nichtig (*OLG Schleswig* WE 1997, 388; *DNotI-Gutachten* DNotI-Report 1995, 148; Bedenken auch schon in BGHZ 78, 166 = Rpfleger 1981, 97 = ZMR 1981, 125). Gleiches gilt für eine vollständige Übertragung der tatsächlichen Ausübung der Verwaltertätigkeit (BayObLGZ 1990, 173). 81

Ist der die Zustimmung erteilende **Verwalter zugleich Eigentümer** der veräußerten Wohnung, soll nach h. M. **§ 181 BGB** nicht anwendbar sein, weil es sich um eine formale Ordnungsvorschrift handelt und die Erklärung gem. § 182 BGB wahlweise sowohl gegenüber dem Veräußerer als auch gegenüber dem Erwerber abgegeben werden kann (*BayObLG* MittBayNot 1986, 180; *OLG Düsseldorf* Rpfleger 1985, 61; *Bamberger/Roth/Hügel* Rn. 8; *Bärmann/Pick/Merle* Rn. 21; *Demharter* Anh. zu § 3 Rn. 38; *Müller* Rn. 130 a. E.; *Schöner/Stöber* Rn. 2904; *Staudinger/Kreuzer* Rn. 22; offen lassend *BayObLG* Rpfleger 1983, 350). Entsprechendes soll gelten, wenn der **Verwalter zugleich Erwerber** einer Einheit ist (*KG* Rpfleger 2004, 281; *Palandt/Bassenge* Rn. 7). Die h. M. lässt auf diese Weise eine Erklärung des selbst veräußernden oder erwerbenden Verwalters ausreichen, wenn nur der Verwalter die Zustimmung jedenfalls auch gegenüber dem anderen Vertragsteil erklärt. Für Willenserklärungen, die wahlweise auch gegenüber dem Grundbuchgericht abge- 82

§ 12 | Veräußerungsbeschränkung

geben werden können (z. B. die Aufhebungserklärung gem. § 875 Abs. 1 BGB), ist jedoch anerkannt, dass § 181 BGB Anwendung findet, wenn der handelnde Vertreter zugleich materiell Betroffener und damit der eigentliche Erklärungsempfänger ist (BGHZ 77, 7 = Rpfleger 1980, 336; *Demharter* § 19 Rn. 89; Meikel/*Böttcher* Einl. I Rn. 279; *Schöner/Stöber* Rn. 3562). Der das Motiv für § 181 BGB bildende Interessenkonflikt besteht jedoch auch dann, wenn die Erklärung gegenüber verschiedenen privaten Adressaten abgegeben werden kann. Es liegt dann eine einem formalen Insichgeschäft vergleichbare Umgehung des Schutzzweckes vor, wenn der Verwalter zugleich als Veräußerer oder als Erwerber über die Zustimmung zur Veräußerung entscheidet. Eine objektive Prüfung ist wegen der bestehenden Personenidentität nämlich von vornherein ausgeschlossen (so mit Recht *Böttcher* RpflStud 2005, 48). Richtigerweise ist also auf die Zustimmungserklärung des selbst veräußernden oder erwerbenden Verwalters § 181 BGB entsprechend anzuwenden (*LG Traunstein* MittBayNot 1980, 164; *LG Hagen* Rpfleger 2007, 196 m. Anm. *Jurksch*; Meikel/*Böttcher* Einl. I Rn. 283; *Sohn* NJW 1985, 3060; für den veräußernden Verwalter auch Köhler/Bassenge/*Fritsch* Teil 20 Rn. 43).

83 Ist der zur Zustimmungserteilung berufene **Verwalter zugleich als Immobilienmakler** des Erwerbers bzgl. derselben Einheit tätig, so entscheidet er über den Abschluss des Hauptvertrages. Dadurch wird zugleich der Interessenkonflikt zwischen den Gemeinschaftsinteressen einerseits und seinen Privatinteressen andererseits institutionalisiert. Ein Anspruch auf Zahlung der Maklerprovision gem. § 652 BGB ist in einem solchen Fall wegen der bestehenden Verflechtung ausgeschlossen (*BGH* ZMR 2003, 359; m. Anm. *Breihold*; *BGH* NJW-RR 1998, 992; BGHZ 112, 240 = ZMR 1991, 61). Daraus ergibt sich, dass der Verwalter in einem solchen Fall auch die erforderliche Zustimmungserklärung gem. § 12 WEG nicht mehr wirksam erteilen kann (Hügel/*Scheel* Rn. 1052; Köhler/Bassenge/*Fritsch* Teil 20 Rn. 42). Das Gleiche muss gelten, wenn der Verwalter als Makler des Veräußerers tätig wird (*OLG Köln* NZM 2003, 241). Davon unabhängig kann nach der zitierten Rechtsprechung des *BGH* jedoch ein von den Voraussetzungen des § 652 BGB unabhängiges Provisionsversprechen in Betracht kommen. Das Vorgesagte gilt nicht für den gewöhnlichen, nur WE verwaltenden Verwalter (*BGH* ZMR 2003, 431 m. Anm. *Ott* ZWE 2003, 259).

84 Die Zustimmungsberechtigung des Verwalters muss nur im **Zeitpunkt** der Abgabe der Zustimmungserklärung vorliegen, nicht bei der Eigentumsumschreibung. Maßgebend für die Berechtigung ist nicht die Verwalterbestellung bei Abschluss des Kaufvertrages (*LG Wuppertal* MittRhNotK 1982, 207; *LG Mannheim* BWNotZ 1979, 125; Bauer/*v. Oefele* AT V Rn. 115; Hügel/*Scheel* Rn. 1036; Meikel/*Böttcher* Anh. zu §§ 19, 20 Rn. 134; *Schöner/Stöber* Rn. 2904; Staudinger/*Kreuzer* Rn. 21). Zu den auftretenden Fragen, wenn nach einer Zustimmung des neu bestellten Verwalters der entsprechende Bestellungsbeschluss erfolgreich angefochten wurde und dadurch rückwirkende Ungültigkeit eintritt s. *Deckert* (WE 1998, 82, 86).

84a Die Zustimmungsberechtigung des Verwalters soll sich jedoch nicht aus einer rückwirkenden Verwalterbestellung herleiten lassen können (*OLG Hamm* WE 1996, 33, 35 = DWE 1995, 125; *DNotI-Gutachten* DNotI-Report 2006, 62). Hat demnach ein – vermeintlicher – Verwalter seine Zustimmung zur Veräußerung zu einem Zeitpunkt erteilt, zu dem tatsächlich infolge Fristablaufs keine wirksame Bestellung mehr vorlag, soll grundbuchverfahrensrechtlich eine neuerliche Erteilung bzw. Bestätigung der Veräußerungszustimmung durch den Verwalter in der Form des § 29 GBO nach seiner nachgeholten Bestellung erforderlich sein, weil sowohl eine Zustimmungsersetzung durch die Wohnungseigentümer als auch eine Genehmigung seiner Erklärung durch den Verwalter selbst am mangelnden Nachweis in der Form des § 29 GBO scheitere (*DNotI-Gutachten* DNotI-Report 2006, 62). Dem kann jedoch für den Fall nicht gefolgt werden, dass der Verwalter selbst die seinerzeit erteilte Zustimmung nach seiner Wiederbestellung erneut – z. B. durch Vorlage bei dem Notar oder dem Grundbuchgericht – verwendet. Die darin zu sehende Genehmigung scheitert auch nicht an der erforderlichen Form des § 29 GBO; sie ist vielmehr offenkundig und damit den grundbuchrechtlichen Anforderungen genügend (§ 29 Abs. 1 S. 2 GBO).

85 Zu Kosten und **Vergütungsfragen** im Zusammenhang mit der Zustimmungserklärung des Verwalters s. ausführlich *Müller* (WE 1998, 458, 460 f.) u. Staudinger/*Kreuzer* (Rn. 30 ff.).

Die Veräußerung eines Wohnungs- oder Teileigentumsrechts kann nach h. M. nicht von der Zustimmung eines **Grundpfandrechtsgläubigers** abhängig gemacht werden; § 1136 BGB geht als lex specialis vor (Bauer/*v. Oefele* AT V Rn. 115; *Böttcher* Rpfleger 1985, 1, 6; Erman/*Grziwotz* Rn. 5; KEHE/*Herrmann* Einl. E 71; Meikel/*Morvilius* Einl. C Rn. 108; *Schöner/Stöber* Rn. 2898; Staudinger/*Kreuzer* Rn. 20; Weitnauer/*Lüke* Rn. 14; **a. A.** Bamberger/Roth/*Hügel* Rn. 8; *Bärmann/Pick/Merle* Rn. 23; Palandt/*Bassenge* Rn. 6).

3. Fehlen eines Zustimmungsberechtigten

Ist nach der Gemeinschaftsordnung die Veräußerung von der Zustimmung eines Dritten abhängig, ein solcher jedoch (z. B. wegen unterbliebener Bestellung eines Verwalters) **nicht vorhanden**, so bedarf die Veräußerung der Zustimmungserklärung **sämtlicher** Wohnungs- und Teileigentümer in der Form des § 29 GBO (*Deckert* WE 1998, 82, 84; Köhler/Bassenge/*Fritsch* Teil 20 Rn. 39; MüKo/*Commichau* Rn. 16; vgl. auch OLG Saarbrücken DNotZ 1989, 439; OLG Zweibrücken Rpfleger 1987, 157; LG Frankfurt a. M. NJW-RR 1996, 1080; *Bärmann/Pick/Merle* Rn. 21 S. 331; Bauer/*v. Oefele* AT V Rn. 115; *Demharter* Anh. zu § 3 Rn. 35). Übertragen die Wohnungseigentümer die in erster Linie ihnen selbst zukommende Zustimmungsbefugnis auf den Verwalter, so begeben sie sich damit nicht ihres Zustimmungsrechts (*Müller* Rn. 124). Sie bleiben weiterhin berechtigt, selbst eine – auch den Verwalter bindende – Entscheidung über die Zustimmung zu treffen (*Gottschalg* FS Deckert 2002, S. 161, 172; *Liessem* NJW 1988, 1306). Eine Übertragung der Zustimmungsbefugnis auf eine Gruppe von Wohnungseigentümern ist nicht möglich (HansOLG Bremen ZWE 2002, 416). Eine Entscheidung der Wohnungseigentümer könnte im Rahmen ordnungsgemäßer Verwaltung jedoch mehrheitlich getroffen werden (so mit Recht Staudinger/*Kreuzer* Rn. 29; Weitnauer/*Lüke* Rn. 12). Die Erfüllung dieser Anforderung an die ersetzende Beschlussfassung war allerdings gegenüber dem Grundbuchgericht in der Form des § 29 GBO bisher nicht ohne weiteres nachweisbar, so dass es grundsätzlich bei dem Einstimmigkeitserfordernis zu verbleiben hatte. Nunmehr dürfte jedoch im Hinblick auf den in § 12 Abs. 4 WEG zum Ausdruck kommenden Regelungsgedanken der Nachweis einer Bestimmung durch Mehrheitsbeschluss gem. §§ 12 Abs. 4 S. 5 i. V. m. § 26 Abs. 3 WEG zuzulassen sein (ebenso *Abramenko* § 3 Rn. 16 m. w. N.)

IV. Zustimmungserklärung

1. Wirksamkeit der Zustimmungserklärung

Die Zustimmungserklärung zur Veräußerung des Wohnungs- oder Teileigentums ist eine einseitige empfangsbedürftige Willenserklärung. Sie wird gem. § 182 BGB wirksam mit **Zugang** der Erklärung gegenüber dem Veräußerer oder gegenüber dem Erwerber. Die Zustimmungserklärung bezieht sich grundsätzlich nur auf einen bestimmten Vertrag (*BayObLG* DNotZ 1992, 229).

2. Zeitpunkt der Zustimmung

Die Zustimmungserklärung kann **sowohl vor als auch nach Abschluss** des betreffenden Vertrages abgegeben werden. Eine vor Abschluss des Vertrages abgegebene Zustimmung wirkt aber (noch) nicht dinglich (Bauer/*v. Oefele* AT V Rn. 120). Sofern die erforderliche Zustimmung bezogen auf den bestimmten Erwerber bereits vor Vertragsabschluss erteilt worden ist, wird der Veräußerungsvertrag mit seinem Abschluss wirksam (MüKo/*Commichau* Rn. 32).

Erfolgt die Veräußerung im Wege der **Zwangsvollstreckung**, muss eine notwendige Zustimmungserklärung nicht bereits zur Anordnung des Verfahrens vorliegen (LG Berlin Rpfleger 1976, 149; Staudinger/*Kreuzer* Rn. 70; *Stöber* § 15 Rn. 45.7). Unzutreffend ist aber auch die Auffassung, das *Grundbuchgericht* sei bei Vollzug des Umschreibungsersuchens berechtigt und verpflichtet, den Nachweis der Zustimmung in der Form des § 29 GBO zu verlangen (*Bärmann/Pick/Merle* Rn. 55; Weitnauer/*Lüke* Rn. 13). Die Eintragung des Eigentumswechsels im Grundbuch ist lediglich Grundbuchberichtigung (vgl. § 90 Abs. 1 ZVG); maßgeblicher Zeitpunkt für das Vorliegen der Zustimmungserklärung ist deshalb die an die Stelle eines rechtsgeschäftlichen Eigentumserwerbs tretende Zuschlagserteilung seitens des Vollstreckungsgerichts. Das Grundbuchgericht hat den Nachweis der Zustimmung weder zu fordern, noch zu prüfen (LG Berlin Rpfleger 1976, 149; Bauer/v. Oefele § 38 Rn. 43; *Demharter* § 38 Rn. 40; Meikel/*Roth* § 38 Rn. 86; *Schöner/Stöber*

§ 12 | Veräußerungsbeschränkung

Rn. 998; *Stöber* § 15 Rn. 45.7; *Streuer* Rpfleger 2000, 357; 361; s. auch für den vergleichbaren Fall bei einem Erbbaurecht BGHZ 33, 76).

91 Der Zustimmungsanspruch des Veräußerers bedarf einer raschen Verwirklichung (*BayObLG* WE 1984, 60). Besteht kein Anlass für Erkundigungen über die Person des Erwerbers, soll für die Erteilung der Zustimmung nach Vorliegen der Informationen deshalb keine längere **Frist** als 1 Woche zugebilligt werden können (*BayObLG* WE 1984, 60; *Müller* Rn. 128). Demgegenüber hält die h. M. zu Recht einen längeren Zeitraum von ca. 2 Wochen (für die Unterschrift beim Notar ab Informationserteilung: Erman/*Grziwotz* Rn. 3) bzw. von 3 bis 4 Wochen (*Sauren* Rn. 11; *F. Schmidt* DWE 1998, 5, 12; Staudinger/*Kreuzer* Rn. 68) für angemessen. Wird die Zustimmung zu spät erteilt, macht sich der Verwalter u. U. schadensersatzpflichtig (*OLG Düsseldorf* ZMR 2005, 971; *Müller* WE 1998, 458, 460; s. dazu Rn. 94).

3. Nachweis und Form der Zustimmungserklärung

92 Die eingetragene Veräußerungsbeschränkung ist vom Grundbuchgericht **von Amts wegen** zu beachten (*BayObLG* Rpfleger 1983, 350; Bamberger/Roth/*Hügel* Rn. 12; Erman/*Grziwotz* Rn. 7; Schöner/*Stöber* Rn. 2904). Die Zustimmung zur Veräußerung ist dem Grundbuchgericht ohne Vorbehalte und Bedingungen nachzuweisen (*OLG Hamm* Rpfleger 1992, 294; Bamberger/Roth/*Hügel* Rn. 7; Bärmann/Pick/*Merle* Rn. 42), soweit solche nicht im Rahmen der eigenen Erkenntnismöglichkeiten geprüft werden können. Sie kann materiell-rechtlich formfrei oder in einfacher Schriftform erklärt werden; sie muss jedoch dem **Grundbuchgericht** in der **Form des § 29 GBO** nachgewiesen werden (*OLG Hamm* Rpfleger 1989, 451). Der veräußerungswillige Wohnungseigentümer hat einen Anspruch auf Erteilung einer Zustimmungserklärung, die nicht nur hinsichtlich ihrer Form, sondern auch in Bezug auf ihren Inhalt den Vollzug der Eigentumsumschreibung im Grundbuch zweifelsfrei ermöglicht (*Gottschalg* FS Deckert 2002, 161, 165).

93 Erfolgt die **Zustimmung durch Mehrheitsbeschluss** der Wohnungseigentümer, kann dem Grundbuchgericht eine Niederschrift über die Beschlussfassung vorgelegt werden, bei der die Unterschriften der in § 24 Abs. 6 genannten Personen öffentlich beglaubigt sind (*BayObLG* Rpfleger 1962, 107; vgl. auch Rn. 87 a. E.).

94 Hat die **Zustimmung durch den Verwalter** zu erfolgen, ist dieser verpflichtet, die Verwaltereigenschaft nachzuweisen (*DNotI-Gutachten* DNotI-Report 1997, 57, 58). Erklärt der Verwalter die nach der Teilungserklärung erforderliche Zustimmung zur Veräußerung eines Wohnungseigentums zwar rechtzeitig, jedoch ohne den Nachweis seiner Verwaltereigenschaft in grundbuchmäßiger Form zu erbringen, so ist er dem Veräußerer zum Schadensersatz aus dem Gesichtspunkt der Pflichtverletzung (vormals: positive Vertragsverletzung) verpflichtet (*OLG Düsseldorf* ZMR 2003, 956). Der Nachweis der Verwaltereigenschaft kann nicht durch Vorlage des Verwaltervertrages geführt werden (*LG Köln* MittRhNotK 1984, 121). Ist die Bestellung des Verwalters in der Teilungserklärung erfolgt, so kann im Rahmen der Höchstdauer für eine Bestellung gem. § 26 Abs. 1 ohne weiteres vom Fortbestand der Bestellung ausgegangen und von weiteren Nachweisen abgesehen werden, wenn nicht konkrete Tatsachen gegen den Fortbestand der Bestellung sprechen (*BayObLG* MittBayNot 1991, 170; *OLG Oldenburg* Rpfleger 1979, 266; *LG Wuppertal* MittRhNotK 1982, 207). Zum Nachweis der Verwalterbestellung in sonstigen Fällen s. § 26 Abs. 3 i. V. m. § 24 Abs. 6 WEG. Eine nach Ablauf der Bestellungsfrist aber bereits vor der erneuten Bestellung zum Verwalter erteilte Zustimmung gem. § 12 Abs. 1 WEG soll unwirksam sein, weil die Verwalterbestellung im Außenverhältnis keine Rückwirkung entfaltet (*OLG Hamm* WE 1996, 33, 35 = DWE 1995, 125; *DNotI-Gutachten* DNotI-Report 2006, 62; s. aber Rn. 84a).

95 Ist die Zustimmungserklärung im Rahmen eines **Zwangsversteigerungsverfahrens** erforderlich, hat auch das Versteigerungsgericht das Zustimmungserfordernis von Amts wegen zu beachten. Auch in diesem Verfahren kann die Zustimmung zur Veräußerung nicht mit Vorbehalten oder Bedingungen verbunden werden (*Stöber* § 15 Rn. 13.9). Allerdings ist die Zustimmung hier **nicht formbedürftig**. Sie kann gegenüber dem Vollstreckungsgericht schriftlich oder zu Protokoll erklärt werden. Das Vollstreckungsrecht verlangt nicht den Nachweis in der grundbuchrechtlichen Form des § 29 GBO (Dassler/*Schiffhauer* § 81 Rn. 37; Steiner/*Hagemann* §§ 15, 16 Rn. 195; *Stöber* § 15 Rn. 13.9 i. V. m. Rn. 45.7). Zum Vorlagezeitpunkt vgl. Rn. 65.

4. Zurückbehaltungsrecht

Ein **Zurückbehaltungsrecht** an der Zustimmungserklärung gem. § 273 BGB für den erteilenden 96
Verwalter z. B. wegen einer zu zahlenden Aufwandspauschale ist selbst dann **unzulässig**, wenn
die Zahlung einer solchen Pauschale in der Gemeinschaftsordnung vorgesehen sein sollte; der
Zustimmungsanspruch bedarf rascher Klärung (*HansOLG Hamburg* ZMR 2004, 850; *BayObLG*
NJW-RR 1990, 657; *OLG Schleswig* WE 1983, 26; *BayObLG* Rpfleger 1977, 173; *Bärmann/Pick/Merle*
Rn. 34). Das Gleiche hat für eine **Treuhandauflage** bei der Erteilung zu gelten (Erman/*Grziwotz*
Rn. 3; *Wochner* ZNotP 1998, 489).

5. Wegfall einer erteilten Zustimmung

a) Widerruf

Ist eine Zustimmungserklärung schon **vor der Veräußerung** erteilt worden (vgl. *BayObLG* DNotZ 97
1992, 229; *LG Wuppertal* MittRhNotK 1982, 207), so ist sie bis zum Abschluss des Veräußerungsvertrages entsprechend § 183 BGB widerruflich (Bamberger/Roth/*Hügel* Rn. 7; *Bärmann/Pick/Merle* Rn. 42; Erman/*Grziwotz* Rn. 7; MüKo/*Commichau* Rn. 32; Staudinger/*Kreuzer* Rn. 57).
Wird die Zustimmungserklärung **nach Abschluss des Veräußerungsvertrages** erteilt, kann sie 98
hinsichtlich der schuldrechtlichen Regelungen wegen § 184 Abs. 1 BGB nicht mehr widerrufen
werden. Nach einer im Vordringen befindlichen Meinung soll sie deshalb wegen der einheitlichen
Erteilung sowohl hinsichtlich des schuldrechtlichen als auch hinsichtlich des dinglichen Rechtsgeschäfts insgesamt nicht mehr widerruflich sein (Bauer/v. Oefele/*Kössinger* § 19 Rn. 199 ff.; Erman/*Grziwotz* Rn. 7; MüKo/*Commichau* Rn. 35; *F. Schmidt* MittBayNot 1999, 366, 367; zögerlich
Schöner/Stöber Rn. 2904 S. 1224). Demgegenüber geht die h. M. von der Widerrufsmöglichkeit hinsichtlich einer erteilten Zustimmung bis zum vollendeten Rechtserwerb durch Eintragung im
Grundbuch aus. Die zuvor erteilte Zustimmung wird lediglich als widerrufliche Einwilligung
i. S. d. § 183 BGB, nicht aber als rechtsgestaltende Erklärung behandelt (*BGH* Rpfleger 1963, 378
m. Anm. *Haegele*; *OLG Hamm* Rpfleger 2001, 405, 406; MüKo/*Schramm* § 183 Rn. 6; Staudinger/
Gursky 2004 § 183 Rn. 28). In jedem Fall ist ein Widerruf der Zustimmungserklärung unter den Voraussetzungen des § 878 BGB für das Grundbuchgericht unbeachtlich (*BGH* Rpfleger 1963, 378;
OLG Hamm Rpfleger 2001, 405, 406; *Schöner/Stöber* Rn. 2904 S. 1224). Zu den Auswirkungen der
unterschiedlichen Auffassungen im Grundbuchverfahren s. auch Rn. 78.
Wird eine Zustimmungserklärung in einem **Zwangsversteigerungsverfahren** erforderlich, ist sie 99
bis zur Zuschlagserteilung widerruflich (*LG Essen* KTS. 1977, 191; *Schiffhauer* Rpfleger 1986, 326,
343 Abschn. X. 4; *Stöber* § 15 Rn. 13.9 i. V. m. Rn. 45.7).

b) Anfechtung

Haben die Wohnungseigentümer erlaubtermaßen mehrheitlich einen Beschluss über die Zustim- 100
mung gefasst, gilt dieser auch im Falle seiner **Anfechtung** nach § 23 Abs. 4 S. 1 zunächst als wirksam. Da es bis zur Rechtskraft der gerichtlichen Entscheidung bei der schwebenden Wirksamkeit
des Zustimmungsbeschlusses verbleibt (*OLG Hamm* WuM 1997, 289; *OLG Hamm* DNotZ 1992,
232), sind hier Fälle einer Grundbuchunrichtigkeit denkbar (Hügel/*Scheel* Rn. 1037; Köhler/Bassenge/*Fritsch* Teil 20 Rn. 61). Zur Anfechtung einer Verwalterbestellung, wenn dieser bereits eine
Zustimmung zur Veräußerung erteilt hat s. *Deckert* (WE 1998, 82, 86).

V. Fehlen einer erforderlichen Zustimmung

Fehlt eine gem. § 12 erforderliche Zustimmungserklärung für eine rechtsgeschäftliche Veräuße- 101
rung, ist sowohl das schuldrechtliche als auch das dingliche Veräußerungsgeschäft bis zur Erteilung **absolut schwebend unwirksam** (s. Rn. 3).
Zur **Verweigerung** einer erforderlichen Zustimmung s. Rn. 106 ff. 102
Erfolgt hinsichtlich einer notwendigen Zustimmungserklärung **keine Äußerung**, muss die Klä- 103
rung im Verfahren gem. §§ 43 ff. herbeigeführt werden, wenn die übrigen Wohnungseigentümer
oder der Verwalter zustimmungspflichtig sind (zum Rechtsweg vgl. *Bärmann/Pick/Merle* § 43
Rn. 23). Eine analoge Anwendung des Rechtsgedankens aus §§ 108 Abs. 2, 177 Abs. 2, 1366
Abs. 3, 1829 Abs. 2 BGB verbietet sich mangels einer entsprechenden Regelung im WEG (Erman/

§ 12 | Veräußerungsbeschränkung

Grziwotz Rn. 7; Weitnauer/*Lüke* Rn. 13 a. E.; **a. A.** *Bärmann/Pick/Merle* Rn. 43; Hügel/*Scheel* Rn. 1038; Soergel/*Stürner* Rn. 12).

104 Vollzieht das Grundbuchgericht eine rechtsgeschäftliche Veräußerung ohne die erforderliche Zustimmungserklärung gem. § 12 WEG, wird das **Grundbuch unrichtig** (*Bärmann/Pick/Merle* Rn. 46; Schöner/*Stöber* Rn. 2904 S. 1226). Unter den Voraussetzungen des § 53 GBO wird deshalb die Eintragung eines **Amtswiderspruchs** veranlasst sein. Die Rechtswirksamkeit der Grundbucheintragung wird dagegen nicht berührt, wenn zwar eine materiell wirksame Zustimmungserklärung vorliegt, diese aber nicht der Form des § 29 GBO entspricht (Weitnauer/*Lüke* Rn. 13). Der **Anspruch auf Grundbuchberichtigung** aus § 894 BGB steht nicht dem Verwalter oder den übrigen Wohnungseigentümern, sondern nur dem nicht mehr im Grundbuch eingetragenen Veräußerer zu, weil dessen fortbestehendes Eigentum im Grundbuch nicht mehr verlautbart wird (*OLG Frankfurt a. M.* NZM 2004, 233; *OLG Hamm* Rpfleger 2001, 405 = ZMR 2001, 840; Schöner/*Stöber* Rn. 2904 S. 1226; Staudinger/*Kreuzer* Rn. 37; Weitnauer/*Lüke* Rn. 13; **a. A.** *Sauren* Rn. 21). Wird der Verwalter von den Wohnungseigentümern durch Beschluss ermächtigt, den Veräußerer zur Geltendmachung seiner Berichtigungsansprüche anzuhalten, so entspricht dies ordnungsgemäßer Verwaltung (*OLG Hamm* Rpfleger 2002, 20 = ZMR 2002, 146).

105 Ein rechtskräftig gewordener **Zuschlag in der Zwangsversteigerung** heilt das Fehlen einer erforderlichen Zustimmung (*LG Frankenthal* Rpfleger 1984, 183; Erman/*Grziwotz* Rn. 9; Palandt/*Bassenge* Rn. 12; *Streuer* Rpfleger 2000, 357, 361). Der Zuschlag ersetzt nicht lediglich die Erklärungen des Veräußerers (so aber Staudinger/*Kreuzer* Rn. 70, der bezeichnenderweise von einer schwebenden Unwirksamkeit des *Vertrages* spricht und damit die umfassende Reichweite eines hoheitlichen Zuschlages verkennt; nicht zutreffend auch *Bärmann/Pick/Merle* Rn. 55 und Weitnauer/*Lüke* Rn. 13, die eine schwebende Unwirksamkeit des Zuschlages annehmen).

G. Versagung der Zustimmung

I. Grundsatz

106 Eine Zustimmungsversagung ist nur **aus wichtigem Grund** möglich (§ 12 Abs. 2 S. 1). Die Bestimmung des § 12 Abs. 2 S. 1 ist zwingend (*OLG Hamm* NJW-RR 1993, 279; *BayObLG* Rpfleger 1980, 142 = ZMR 1982, 63 Ls; *Bärmann/Pick/Merle* Rn. 32 S. 333; Weitnauer/*Lüke* Rn. 9; vgl. § 7 Rn. 118). Aus der dort geregelten Erweiterungsmöglichkeit des Anspruchs auf Erteilung der Zustimmung wird der Umkehrschluss gezogen, dass von den Wohnungseigentümern keine vom Gesetz abweichenden Gründe für eine Zustimmungsverweigerung vereinbart werden können (*LG Frankfurt a. M.* NJW-RR 1988, 598; *Bärmann/Pick/Merle* Rn. 35). Dadurch ist ausgeschlossen, dass die Wohnungseigentümer in der Gemeinschaftsordnung »wichtige Gründe« für eine Versagung der Zustimmung selbst definieren und auf diese Weise unwichtige Gründe zu wichtigen machen können (vgl. *OLG Hamm* NJW-RR 1993, 279; BayObLGZ 1980, 29; Bamberger/Roth/*Hügel* Rn. 11; *Bärmann/Pick/Merle* Rn. 35).

107 Nicht ausgeschlossen ist allerdings, dass die Wohnungseigentümer im Rahmen ihrer Vereinbarungen nach § 10 Abs. 3 WEG **Fallgruppen** und **Beispiele** vorsehen, die nach ihrer Auffassung regelmäßig als wichtige Gründe für eine Versagung anzusehen sind (*Bärmann/Pick/Merle* Rn. 32 S. 335; *F. Schmidt* DWE 1998, 5, 6; Staudinger/*Kreuzer* Rn. 41; Weitnauer/*Lüke* Rn. 11). Solche können sich auch aus der Zweckbestimmung der Wohnanlage ergeben (vgl. *OLG Düsseldorf* NJW-RR 1997, 268) und daher auch in einem begründeten Ruhebedürfnis bestehen (Erman/*Grziwotz* Rn. 2). Die Grundbucheintragung solcher Vereinbarungen als Inhalt des Sondereigentums gem. §§ 5 Abs. 4, 10 Abs. 2 WEG ist zulässig (Weitnauer/*Lüke* Rn. 11). In der Praxis finden sich solche Regelungen wegen der Einbettung in ein spezifisches Gesamtkonzept insbesondere auch bei sog. Familienanlagen, im Betreuten Wohnen, bei Ferienimmobilien und Mehrhausanlagen, wo die vereinbarte Zustimmungspflicht jedoch oftmals die Einhaltung zusätzlicher Eigentümerverpflichtungen gewährleisten soll (vgl. Rn. 146). Der WEG-Richter wird dadurch aber nicht von seiner eigenen Prüfungspflicht entbunden, ob § 12 WEG durch solche Regelungen nur konkretisiert oder unzulässigerweise mit der Folge der Nichtigkeit eingeengt wird (Staudinger/*Kreuzer* Rn. 41).

II. Begriffsbestimmung

Ein wichtiger Grund liegt nur dann vor, wenn **objektiv im Einzelfall begründete Zweifel** in der Person des Erwerbers (*BayObLG* WE 1995, 375; *OLG Zweibrücken* Rpfleger 1994, 459; *Deckert* WE 1998, 82, 83; Staudinger / *Kreuzer* Rn. 45), nicht des Veräußerers (*OLG Köln* NZM 2004, 879 Ls) bestehen, die erwarten lassen, dass eine Veräußerung zu einer **gemeinschaftswidrigen Gefährdung** für die übrigen Wohnungseigentümer führen wird (*BayObLG* MittBayNot 1972, 291; *Bärmann/Pick/Merle* Rn. 32; Weitnauer / *Lüke* Rn. 10). Dafür bedarf es konkreter Anhaltspunkte (*Deckert* WE 1998, 82, 83; Staudinger / *Kreuzer* Rn. 44); bloße Zweckmäßigkeitserwägungen genügen ebenso wenig (BayObLGZ 1972, 348) wie spekulative Erwägungen (*OLG Zweibrücken* WE 1995, 25). Auf ein Verschulden des Erwerbers kommt es nicht an (*OLG Frankfurt a. M.* ZMR 1994, 124; *BayObLG* NJW-RR 1993, 280). Die Voraussetzungen für die Annahme eines wichtigen Ablehnungsgrundes sind geringer anzusetzen als für die Entziehung eines Wohnungseigentums (*BayObLG* NJW-RR 2002, 659). Belanglose Gegebenheiten, wie sie in jedem Gemeinschaftsverhältnis immer wieder vereinzelt auftreten können, stellen keinen wichtigen Grund dar (*OLG Köln* WE 2001, 103). 108

III. Versagungsgründe

Die Rechtsprechung hat Fallgruppen entwickelt, auf die in der nachfolgenden **alphabetischen Übersicht** eingegangen wird. Gründe für eine Versagung der erforderlichen Zustimmung bestehen demgemäß, wenn ein Erwerbsinteressent **im Hinblick auf seine Person oder seine wirtschaftliche Leistungsfähigkeit** für die Wohnungseigentümergemeinschaft **unzumutbar** ist (*F. Schmidt* WE 1998, 5, 6; Weitnauer / *Lüke* Rn. 10): 109

Abschnittsweise Errichtung	S. Vollmachtserteilung	110
Andere Auffassung	Eine andere Rechtsauffassung des Erwerbers reicht für eine Zustimmungsversagung nicht aus (*BayObLG* WE 1990, 24).	111
Änderung der Kostenverteilung	Die Zustimmungserklärung kann nicht von einer Einwilligung des Erwerbers zu einer Änderung des Kostenverteilungsschlüssels abhängig gemacht werden (*OLG Frankfurt a. M.* WE 1989, 172). S. auch Rn. 113.	112
Auflagen / Bedingungen	Die Zustimmungserklärung kann nicht unter Auflagen oder Bedingungen erteilt werden. Sie muss sowohl der Form als auch dem Inhalt nach den Vollzug der Eigentumsumschreibung im Grundbuch zweifelsfrei ermöglichen (*OLG Hamm* Rpfleger 1992, 294). Unzulässig sind daher eine Verweigerung der Zustimmung mit der Begründung, der Veräußerer müsse erst ein rückständiges Verwalterhonorar begleichen (*Müller* WE 1998, 458, 459) oder die Kosten der formgerechten Zustimmung vorschießen (*Deckert* WE 1998, 82, 84). S. auch Rn. 112.	113
Aufwendungsersatz	Die Zustimmungserklärung kann nicht deshalb verweigert werden, weil der Veräußerer einen Anspruch auf Ersatz von Aufwendungen geltend macht (*BayObLG* WE 1983, 26).	114
Auskunftserteilung	Die Nichterteilung einer Auskunft ist kein wichtiger Grund i. S. d. § 12 (*F. Schmidt* WE 1998, 5, 12).	115
Ausländische Personen	Die Zustimmungserklärung kann nicht verweigert werden, weil der Erwerber eine türkische Ehefrau hat (*BayObLG* WuM 1981, 2156). S. auch Diskriminierung. Der Sitz eines Unternehmens im Ausland stellt für sich allein keinen Versagungsgrund dar (*Becker* ZWE 2001, 362).	116

§ 12 | Veräußerungsbeschränkung

117	Baubehörde	Maßnahmen der Baubehörde gegen einen Erwerber wegen der Verletzung bauordnungsrechtlicher Vorschriften (Veräußerung eines Pkw-Stellplatzes als selbständiges Teileigentum an einen nicht zur Gemeinschaft gehörenden Dritten) rechtfertigen keine Zustimmungsversagung (*BayObLG* WE 1992, 142).
118	Bauliche Veränderung	Eine erforderliche Zustimmung kann nicht mit der Begründung verweigert werden, der Erwerbsinteressent habe die Eingangstür zu seiner Wohnung versetzen lassen, wenn die neue Position der Tür dem Teilungsplan entspricht (*LG Saarbrücken* NZM 1998, 675). S. Eigentümer.
119	Bordell	s. Nutzung
120	Briefkastenfirma	Die Zustimmung zum Erwerb einer nachweislichen Briefkastenfirma kann versagt werden (*Deckert* ETW Gruppe 4 Rn. 1562).
121	Diskriminierung	Kinderreiche Familien, studentische Wohngemeinschaften, Ausländer oder Angehörige anderer Religionsgemeinschaften können über § 12 grundsätzlich nicht vom Erwerb abgehalten werden (vgl. *OLG Zweibrücken* MittBayNot 1994, 44). Zur Nichtigkeit solcher Regelungen s. § 7 Rn. 134. S. auch Ausländer, Kinderreiche, Wohngemeinschaften. Im Einzelfall kann jedoch insbesondere bei kleineren Gemeinschaften wegen ungewöhnlichen und ständig wechselnden Besuchen, ortsunüblicher Lautstärke oder Überbelegung (vgl. *OLG Hamm* OLGZ 1993, 295; *OLG Frankfurt a. M.* ZMR 1994, 378; *OLG Stuttgart* ZMR 1992, 508) eine Zustimmungsversagung in Betracht kommen (Staudinger / *Kreuzer* Rn. 50). Die negativen sozialen, ethischen und charakterlichen Eigenschaften des Erwerbers müssen aber für die anderen Miteigentümer unzumutbar sein; Unerwünschtsein genügt nicht (*AG Mettmann* WE 1990, 312; *F. Schmidt* WE 1998, 5, 7).
122	Drohung	Versucht der Erwerber, eine erforderliche Zustimmung durch Drohung zu erreichen, stellt dies einen Versagungsgrund dar (*OLG Düsseldorf* ZMR 1997, 88).
123	Eidesstattliche Versicherung	Hat ein Erwerbsinteressent bereits die Eidesstattliche Versicherung abgegeben, rechtfertigt dies eine Zustimmungsversagung (*Bärmann/Pick/Merle* Rn. 32 S. 335; Staudinger / *Kreuzer* Rn. 49). S. auch Sicherheiten.
124	Eigentümer	Ist der Erwerbsinteressent bereits Miteigentümer und durch gemeinschaftsschädigendes Verhalten aufgefallen (z. B. eigenmächtiger Umbau), rechtfertigt dies eine Versagung der Zustimmung (*OLG Düsseldorf* ZMR 1992, 68; *Deckert* ETW Gruppe 4 Rn. 1564). Dies gilt auch für erhebliche Hausgeldrückstände (*LG Düsseldorf* WE 1991, 334). S. GmbH und Verein.
125	Erwerbsvormerkung	Eine Versagung der Zustimmung ist trotz einer bereits eingetragenen Erwerbsvormerkung für den Erwerber noch möglich (*OLG Düsseldorf* ZMR 1998, 45).
126	»Genehmer« Erwerber	Die Wohnungseigentümer können nicht verlangen, dass Veräußerungen nur an ihnen genehme Erwerber erfolgen dürfen. Sie müssen vielmehr die Veräußerung an jeden beliebigen Erwerber hinnehmen, wenn kein wichtiger Grund gegen den Erwerb durch diese Person spricht (*OLG Köln* ZfIR 2002, 144; *Bärmann/Pick/Merle* Rn. 32 S. 334). Ein solcher Grund kann in der Zugehörigkeit

	zu einer verbotenen Untergrundorganisation liegen (*Müller* Rn. 151).	
GmbH	Schlechte Erfahrungen mit der Veräußerung an eine andere GmbH können eine Versagung der Zustimmung ebenso wenig rechtfertigen wie die mit einer Veräußerung an eine GmbH generell verbundenen Gefahren (*BayObLG* WE 1989, 67; Staudinger / *Kreuzer* Rn. 49). Dies soll allerdings nicht für eine unterkapitalisierte GmbH gelten (*BayObLG* NJW-RR 1988, 1425; Staudinger / *Kreuzer* Rn. 49). Ist die als Eigentümerin eingetragene GmbH insolvent geworden, soll der Erwerb durch den Geschäftsführer eine Zustimmungsversagung rechtfertigen (*AG Mettmann* WE 1990, 213). S. Eigentümer	127
Hausgeld	Die Zustimmungserklärung kann nicht von einer vorherigen Zahlung des Hausgeldes abhängig gemacht werden (*KG* WE 1990, 86). Ein Rückstand des Veräußerers stellt keinen Versagungsgrund dar (*BayObLG* MittBayNot 1991, 290; *LG Frankfurt a. M.* NJW-RR 1988, 598). Nutzt ein Erwerber die Wohnung bereits als Mieter, kann die Nichtzahlung des vertraglich übernommenen Hausgeldes ein Indiz für die fehlende Zahlungsfähigkeit oder -willigkeit sein und eine Versagung der Zustimmung rechtfertigen (*HansOLG Hamburg* OLGReport Hamburg 2004, 192; *OLG Düsseldorf* ZMR 1997, 430; **a. A.** *Drasdo* WuM 1997, 451; *Müller* WE 1998, 458, 459). Es dürfte Zurückhaltung geboten sein, da in den internen Rechtsbeziehungen zwischen Eigentümer und Mieter Gründe für eine Nichtzahlung bestehen können, die für die Beurteilung der Zahlungsfähigkeit oder -willigkeit nicht maßgeblich sind.	128
Hausordnung	Die Weigerung des Erwerbers, die beschlossene Hausordnung zu befolgen (Haustierhaltung trotz Tierhaltungsverbot), stellt ebenso einen Versagungsgrund dar (*OLG Düsseldorf* ZMR 1998, 45) wie die voraussichtliche Nichteinhaltung der Reinigungsbestimmungen in der Hausordnung (Staudinger / *Kreuzer* 12. Aufl. Rn. 63).	129
Kaufvertrag	Die inhaltliche Gestaltung eines Kaufvertrages berechtigt ebenso wenig zur Versagung der Zustimmung (*OLG Frankfurt a. M.* ZMR 1994, 124) wie vermeintliche Fehler im Kaufvertrag. Die Zustimmung kann deshalb nicht mit der Begründung verweigert werden, der Veräußerer habe Teile des Gemeinschaftseigentums mitverkauft (*KG* ZWE 2002, 131; *Bärmann/Pick/Merle* Rn. 37). Die unzutreffende Erklärung des Veräußerers im Kaufvertrag, es bestünden keine Hausgeldrückstände, stört nicht (*BayObLG* WE 1984, 60).	130
Kinderreiche	S. Diskriminierung	131
Konkurrenzschutz	Konkurrenzschutzerwägungen stellen i. d. R. keinen wichtigen Grund zur Versagung einer vereinbarten Veräußerungszustimmung i. S. d. § 12 Abs. 2 WEG dar (*OLG Frankfurt a. M.* NJOZ 2007, 4189).	131 a
Kostenübernahme	Die Zustimmungserklärung kann nicht von der Kostenübernahme durch den Veräußerer abhängig gemacht werden (*OLG Hamm* WE 1989, 173).	132
Kostenvorschuss	S. Auflagen / Bedingungen	133

§ 12 | Veräußerungsbeschränkung

134	Lärm	Gelegentliches lautes Zuschlagen einer Tür oder zu lautes Radiohören können keine Zustimmungsversagung begründen (*OLG Köln* WE 2001, 103).
135	Lebensgefährte	Die Zustimmung kann versagt werden, wenn der Lebensgefährte des Veräußerers die Wohnung erwerben soll und in der Vergangenheit durch provozierendes, beleidigendes und lärmendes Verhalten immer wieder für Streit mit anderen Wohnungseigentümern gesorgt hat (*BayObLG* ZMR 2002, 289).
136	Meinungsverschiedenheiten	Meinungsverschiedenheiten zwischen dem Erwerber und einem anderen Wohnungseigentümer oder dem Verwalter berechtigen nicht zur Versagung der Zustimmung (*BayObLG* WE 1995, 375; *OLG Frankfurt* NZM 2006, 380). Die Verknüpfung mit der Auseinandersetzung über eine andere, in den bisherigen Verhältnissen begründete Streitfrage widerspricht dem Zweck des § 12 WEG (*OLG Hamm* NJW-RR 1992, 785; *OLG Frankfurt* NZM 2006, 380). Aus belastenden Einzelvorfällen im Zusammenhang mit einer gerichtlichen Auseinandersetzung kann nicht für die Zukunft auf die Unzumutbarkeit eines Erwerbers für die Eigentümergemeinschaft geschlossen werden (*OLG Zweibrücken* ZMR 2006, 219).
137	Mietrückstand	Hat der Erwerbsinteressent bereits als Mieter seine Miete nicht oder nicht rechtzeitig gezahlt, rechtfertigt dies eine Zustimmungsversagung (*OLG Köln* NJW-RR 1996, 1296).
138	Minderjährige	S. Sicherheiten
139	Nutzung	Die Veräußerung einer bisher ohne eine entsprechende Verpflichtung als Hausmeisterwohnung vermieteten Wohnung an einen Erwerber, der sie selbst nutzen möchte, stellt keinen Versagungsgrund dar (BayObLGZ 1972, 348). Die Absicht des Erwerbers, eine bisher geduldete zweckwidrige Nutzung nach dem Erwerb fortzusetzen, rechtfertigt keine Versagung der Zustimmung (*BayObLG* NJW-RR 1990, 657). Die Gefahr einer zweckwidrigen Nutzung als Bordell bei Erwerb einer Wohnung durch eine Prostituierte rechtfertigt die Versagung der Zustimmung (*KG* Rpfleger 1978, 382; *Gottschalg* FS Deckert 2002, 161, 169; *Müller* Rn. 145). Beabsichtigt der Erwerber, die Wohnung dem früheren Eigentümer zur Nutzung zu überlassen, rechtfertigt dies eine Zustimmungsversagung, wenn der frühere Eigentümer wegen Störung des Gemeinschaftsfriedens zur Veräußerung verurteilt wurde (*BayObLG* ZMR 1998, 790). Die Gefahr einer bestimmungswidrigen Nutzung durch einen Gewerbetreibenden, Arzt oder Rechtsanwalt kann eine Zustimmungsversagung rechtfertigen, wenn durch die Änderung des Bestimmungszweckes der bisherige reine Wohncharakter des Gebäudes beeinträchtigt wird (*Bärmann/Pick/Merle* Rn. 32 S. 334; ähnlich Staudinger/*Kreuzer* Rn. 49; vgl. auch *OLG Düsseldorf* WE 1997, 78 und *HansOLG Hamburg* WE 1995, 43).
140	Reparaturarbeiten	Die Nichtvornahme von geforderten Reparaturarbeiten seitens des Erwerbsinteressenten berechtigt nicht zur Zustimmungsversagung (*BayObLG* NJW-RR 1993, 280).
141	Rückstand	S. Hausgeld
142	Sicherheiten	Fehlende Sicherheiten – insbesondere kein eigenes Einkommen oder Vermögen – zur Erfüllung der Hausgeld- und Finanzie-

	rungsverpflichtungen können zur Versagung der Zustimmung führen (*OLG Düsseldorf* ZMR 1997, 430; *OLG Köln* NJW-RR 1996, 1296), wobei das Vermögen des Ehegatten nicht zu berücksichtigen ist, wenn er für die Verbindlichkeiten nicht haftet *LG Köln* ZMR 2000, 704). Zu Minderjährigen als Erwerber s. *KG* (ZMR 1990, 68). S. auch Eidesstattliche Versicherung.	
Streitsucht	Streitsucht rechtfertigt Zustimmungsversagung (*OLG Zweibrücken* NJW-RR 1994, 1103; *OLG Frankfurt* NZM 2006, 380; *Liessem* NJW 1988, 1306).	143
Strohmann	S. Nutzung	144
Verein	Tritt ein Verein als Erwerbsinteressent auf, dessen Vorstand als früherer Miteigentümer Hausgeldrückstände hatte, so rechtfertigt dies eine Zustimmungsversagung (*AG Hannover* NZM 2002, 991). S. Eigentümer.	145
Vollmachtserteilung	Bei der abschnittsweisen Errichtung von Mehrhausanlagen kann die Zustimmung zu einer Veräußerung gem. § 12 WEG nicht davon abhängig gemacht werden, dass der Zweiterwerber auch die vom Ersterwerber erteilte Vollmacht an den Bauträger bestätigt (*Armbrüster* ZMR 2005, 244, 249; *Häublein* NZM 200, 442, 455; *Staudinger/Kreuzer* Rn. 41; a. A. *Hügel* DNotZ 2003, 517, 522 ff.).	146
Wohngemeinschaften	S. Diskriminierung	147

IV. Wirkung der Versagung

Wird eine erforderliche Zustimmung **verweigert**, ist der Vertrag endgültig unwirksam (*OLG Hamm* WE 1993, 52; *Weitnauer/Lüke* Rn. 13). Dies gilt jedoch nicht, wenn eine erforderliche Zustimmung lediglich vorläufig und unter Erteilung von Auflagen verweigert wird (*HansOLG Hamburg* ZMR 2003, 863). Die Zustimmung gilt erst mit der Rechtskraft einer Entscheidung nach § 43 als verweigert (*OLG Hamm* WuM 1997, 289; *Bamberger/Roth/Hügel* Rn. 12). 148

Wird eine erforderliche Zustimmung pflichtwidrig verweigert bzw. verspätet oder nicht den grundbuchmäßigen Anforderungen genügend erteilt, können dem Veräußerer **Schadensersatzansprüche** aus Pflichtverletzung (früher: positiver Vertragsverletzung) zustehen (so *LG Essen* ZMR 1994, 172; *Bärmann/Pick/Merle* Rn. 39) bzw. für entstandenen Verzugsschaden (so *BayObLG* NZM 2003, 481; *BayObLG* WE 1993, 349; *Müller* Rn. 128). Tritt der Käufer wegen der verweigerten Zustimmung vom Kaufvertrag zurück, kann der Veräußerer auch Schadensersatz wegen Nichterfüllung verlangen (*LG Frankfurt a. M.* NJW-RR 1989, 15; *Hügel/Scheel* Rn. 1054). Zur Erteilung der Zustimmung ohne die für einen Grundbuchvollzug erforderlichen Voraussetzungen s. auch Rn. 94. Da der Erwerber weder zu den übrigen Wohnungseigentümern noch zum Verwalter in einer Rechtsbeziehung steht, sind die Genannten dem Erwerber gegenüber nicht zum Schadensersatz verpflichtet (*Weitnauer/Lüke* Rn. 12 S. 317). 149

H. Ersetzung der Zustimmung

I. Vorschaltverfahren

In Betracht kommen kann zunächst ein sog. internes **Vorschaltverfahren**, wenn die Wohnungseigentümer für den Fall der Zustimmungsversagung durch den Verwalter die Anrufung der Eigentümerversammlung vereinbart haben (vgl. *OLG Zweibrücken* NJW-RR 1994, 1103; *OLG Hamm* WE 1993, 52; *Bärmann/Pick/Merle* Rn. 21, *Gottschalg* FS Deckert 2002, S. 161, 164). Auch ohne eine entsprechende Vereinbarung bleiben die Wohnungseigentümer für die Entscheidung zuständig, so dass sie eine den Verwalter bindende Regelung treffen können (vgl. *Bub* NZM 2001, 150

§ 12 | Veräußerungsbeschränkung

502; *Gottschalg* FS Deckert 2002, S. 161, 172; *Müller* Rn. 124) oder eine eigene Entscheidung des Verwalters ersetzen können, soweit die Zustimmung noch nicht erteilt ist (vgl. OLG Hamm ZWE 2002, 42; Weitnauer/*Lüke* Rn. 12 S. 316). Auch ist der Verwalter berechtigt, die Wohnungseigentümer um Erteilung einer Weisung anzugehen, wenn ernsthafte Zweifel bestehen, ob ein wichtiger Grund für die Versagung der Zustimmung vorliegt (*Müller* Rn. 125).

II. Gerichtliche Ersetzung

151 Voraussetzung für eine gerichtliche Ersetzung wäre zunächst die gerichtliche Feststellung der Ungültigkeit eines gegen § 12 Abs. 2 S. 1 WEG verstoßenden Versagungsbeschlusses der Wohnungseigentümer, wenn dieser lediglich anfechtbar wäre. Wegen des zwingenden Charakters der Bestimmung nimmt die h. M. jedoch die Nichtigkeit des die Zustimmung verweigernden Beschlusses an, die allerdings festzustellen ist. Für die Beurteilung des Anspruches kommt es danach auf die tatsächlichen Verhältnisse zum Zeitpunkt der letzten mündlichen Verhandlung in den Tatsacheninstanzen an (*BayObLG* NZM 2003, 481; *OLG Hamm* NJW-RR 1993, 279; *Bärmann/ Pick/Merle* Rn. 44; Köhler/Bassenge/*Fritsch* Teil 20 Rn. 73; **a. A.** *Müller* Rn. 127, offengelassen von *HansOLG Hamburg* ZMR 2005, 565).

152 Wird die Zustimmung zur Veräußerung ohne Vorliegen eines wichtigen Grundes versagt, kann eine **Ersetzung der Zustimmung** im Verfahren gem. § 43 Abs. 1 WEG erfolgen, wenn die Zustimmungsberechtigung den Wohnungseigentümern oder dem Verwalter zusteht; andernfalls war nach h. M. die Zuständigkeit des Prozessgerichts gegeben (*Bärmann/Pick/Merle* Rn. 37; Köhler/ Bassenge/*Fritsch* Teil 20 Rn. 76; Weitnauer/*Lüke* Rn. 12; weitergehend: immer das WEG-Gericht Staudinger/*Kreuzer* 12. Aufl. Rn. 85). Der Antrag muss auf »Verpflichtung zur Erteilung der Zustimmungserklärung« lauten. Passiv legitimiert ist der Verwalter, wenn nicht die Eigentümergemeinschaft die Erklärungskompetenz an sich gezogen hat (Köhler/Bassenge/*Fritsch* Teil 20 Rn. 75).

III. Vollstreckung

153 Eine fehlende Zustimmung kann trotz eines bestehenden Anspruchs **nicht unmittelbar gerichtlich ersetzt** werden (Erman/*Grziwotz* Rn. 3; Weitnauer/*Lüke* Rn. 12; **a. A.** noch *BayObLG* NJW 1973, 152). Die Zustimmungserklärung gilt vielmehr gem. § 894 ZPO mit Rechtskraft der Entscheidung als abgegeben (noch zum alten Recht unter Hinweis auf den früheren § 45 Abs. 3 WEG: *BayObLG* Rpfleger 1977, 172 unter ausdrücklicher Aufgabe der genannten Entscheidung; Erman/*Grziwotz* Rn. 3; Weitnauer/*Lüke* Rn. 12). Ergeht demgemäß die gerichtliche Entscheidung in letzter Instanz, wird diese mit ihrem Erlass rechtskräftig und die Zustimmungserklärung gilt als abgegeben (*OLG Zweibrücken* ZMR 2006, 219). Das Grundbuchgericht kann daher den Eigentumswechsel eintragen, wenn ihm die Auflassung und eine rechtskräftige Verpflichtung zur Erteilung der erforderlichen Zustimmung vorgelegt werden (*Demharter* Anh. zu § 3 Rn. 38).

154–159 unbesetzt

I. Gerichtsgebühren

160 Die **Eintragung** einer Veräußerungsbeschränkung zusammen **mit der Aufteilung** stellt sich als gebührenfreies Nebengeschäft dar, weil die Gebühr des § 76 Abs. 1 KostO alle Eintragungen zum Gegenstand und Inhalt des Sondereigentums abgilt (*K/L/B/R* § 76 Rn. 16).

161 Die **nachträgliche Eintragung** einer Veräußerungsbeschränkung ist als Inhaltsänderung des Sondereigentums gem. § 64 KostO zu behandeln (*K/L/B/R* § 64 Rn. 29). Danach wird gem. § 64 Abs. 1 KostO i. V. m. § 30 Abs. 1 KostO eine halbe Gebühr nach einem im freien Ermessen des Gerichts liegenden Wert (regelmäßig 10 % bis 20 % der veränderten Einheit(en)) zu erheben sein.

162 Die **separate Löschung** einer eingetragenen Veräußerungsbeschränkung wird ebenfalls als Inhaltsänderung des Sondereigentums zu behandeln sein.

163 Der Geschäftswert eines **Verfahrens auf Erteilung der Zustimmung** zur Veräußerung eines Wohnungseigentums wird nach neuerer Auffassung regelmäßig mit 10 % bis 20 % des vereinbarten

Kaufpreises zu bemessen sein (*OLG Zweibrücken* ZMR 2006, 219; *OLG Hamm* WE 1993, 52; *OLG Hamm* Rpfleger 1992, 294; *KG* ZMR 1990, 68; BayObLGZ 1990, 24; Köhler/Bassenge/*Fritsch* Teil 20 Rn. 81; *Müller* Rn. 130; Staudinger/*Kreuzer* Rn. 93; Weitnauer/*Lüke* Rn. 15; **a. A.** – maßgebend sei der volle Kaufpreis – noch *Bärmann/Pick/Merle* Rn. 37; Erman/*Grziwotz* Rn. 3).

§ 13 Rechte des Wohnungseigentümers

(1) Jeder Wohnungseigentümer kann, soweit nicht das Gesetz oder Rechte Dritter entgegenstehen, mit den im Sondereigentum stehenden Gebäudeteilen nach Belieben verfahren, insbesondere diese bewohnen, vermieten, verpachten oder in sonstiger Weise nutzen, und andere von Einwirkungen ausschließen.

(2) Jeder Wohnungseigentümer ist zum Mitgebrauch des gemeinschaftlichen Eigentums nach Maßgabe der §§ 14, 15 berechtigt. An den sonstigen Nutzungen des gemeinschaftlichen Eigentums gebührt jedem Wohnungseigentümer ein Anteil nach Maßgabe des § 16.

Inhaltsverzeichnis

A. Befugnisse beim Gebrauch des Sondereigentums (§ 13 Abs. 1 WEG)	1
I. Grundsatz	1
II. Die Nutzungsmöglichkeiten	2
1. Die Bedeutung der gesetzlichen Beispiele	2
2. Die Vermietung	3
a) Die Stellung des Mieters gegenüber den Eigentümern	4
b) Die Beziehungen zwischen Mieter und vermietendem Eigentümer	5
III. Ansprüche bei der Beeinträchtigung des Sondereigentums	6
1. Ansprüche gegen einzelne Miteigentümer	6
2. Ansprüche gegen die Gemeinschaft	7
a) Die Haftung für Fehler bei Instandhaltung und Instandsetzung	7
b) Die Haftung für Unterlassungen bei Instandhaltung und Instandsetzung	8
c) Die gerichtliche Durchsetzung erforderlicher Maßnahmen	9
d) Die Herausgabe	10
e) Das Verfahren	11
B. Beschränkungen beim Gebrauch des Sondereigentums	12
I. Beschränkungen kraft Gesetzes	12
II. Beschränkungen aus sonstigen Rechten	13
1. Zweckbestimmung des Sondereigentums	13
2. Gebrauchsregelungen	14
III. Der Mitgebrauch des Gemeinschaftseigentums (§ 13 Abs. 2 WEG)	15
1. Arten des Mitgebrauchs	15
a) Unmittelbarer Eigengebrauch	15
b) Vermietung, Verpachtung und sonstige Gebrauchsüberlassung	16
2. Beschränkungen des Mitgebrauchs	17
a) Beschränkungen nach § 14 Nr. 1 WEG	17
b) Gebrauchsregelungen nach § 15 Abs. 2 WEG	18
c) Weitergehende Beschränkungen durch die Gemeinschaftsordnung	19
3. Kosten der Instandhaltung und Instandsetzung des Gemeinschaftseigentums	20
4. Ansprüche bei Beeinträchtigung des Mitgebrauchs am Gemeinschaftseigentum	21
a) Unterlassungs- und Beseitigungsansprüche	21
b) Herausgabeansprüche	22
c) Schadensersatzansprüche	23
d) Ansprüche gegen Außenstehende	24
e) Das Verfahren	25
aa) Unterlassungs- und Herausgabeansprüche	25
bb) Schadensersatzansprüche	26
C. Das Sondernutzungsrecht	27
I. Rechtsnatur	27
1. Der »Normalfall« des Sondernutzungsrechtes für einen Wohnungseigentümer an Gemeinschaftseigentum	27
2. Sonderfälle des Sondernutzungsrechts	28

II. Die Begründung und Übertragung eines Sondernutzungsrechtes	29
1. Die Entstehung mit Teilung des Grundstücks	29
a) Die Zuweisung in der Teilungserklärung	29
b) Die nachträgliche Zuweisung	30
c) Die nachträgliche Begründung von Sondernutzungsrechten	32
d) Die Änderungen durch die Novelle bei Verbindung aller Einheiten mit Sondernutzungsrechten	34
aa) Der Grundfall	34
bb) Die Benachteiligung von Inhabern belastender Rechte	35
2. Die Übertragung von Sondernutzungsrechten	36
III. Der Inhalt des Sondernutzungsrechtes	37
1. Alleinige Nutzung	37
a) Inhalt der Befugnis zur alleinigen Nutzung	37
b) Mitbenutzung durch andere Wohnungseigentümer	38
c) Einschränkungen im Gebrauch der Sondernutzungsflächen bzw. -räume	39
2. Veränderungen durch den Sondernutzungsberechtigten	40
a) Gartenpflege	40
b) Veränderungen der Baulichkeiten	41
c) Reihen- und Doppelhäuser	42
IV. Die Kostentragung für Instandhaltung und Instandsetzung der Räume und Flächen eines Sondernutzungsberechtigten	43
1. Die Grundregel des § 16 Abs. 2 WEG	43
2. Die Ausnahme im Einzelfall nach § 16 Abs. 4 WEG	44
V. Ansprüche bei Störungen oder unzulässiger Nutzung des Sondernutzungsrechtes	45
1. Störungen des Sondernutzungsrechtes	45
2. Unzulässige Nutzung des Sondernutzungsrechtes	46
3. Das Verfahren	47
4. Das Vorgehen gegen Gebrauchsregelungen	49
VI. Die Änderung und Aufhebung von Sondernutzungsrechten	50
1. Die Änderung von Sondernutzungsrechten	50
2. Die Aufhebung von Sondernutzungsrechten	51

A. Befugnisse beim Gebrauch des Sondereigentums (§ 13 Abs. 1 WEG)

I. Grundsatz

1 § 13 Abs. 1 WEG lehnt sich im Wortlaut an § 903 BGB an und macht dadurch klar, dass das Sondereigentum nicht nur als beschränkt dingliches Recht, sondern als echtes Eigentum konzipiert ist (BGHZ 49, 251; NJW 1992, 979). Die (positiven) Befugnisse nach § 13 Abs. 1 WEG zur Nutzung nach Belieben erstrecken sich dabei nur auf die im Sondereigentum stehenden Gebäudeteile und Räume; ansonsten besteht nur eine Berechtigung nach § 13 Abs. 2 WEG (BGHZ 107, 293 f.). Demgegenüber sind die (negativen) Befugnisse zur Abwehr der Einwirkung Dritter gegenüber § 903 BGB insoweit eingeschränkt, als der Wohnungseigentümer andere nicht von jeder Einwirkung ausschließen kann. Dies spiegelt die Duldungspflichten aus dem Gemeinschaftsverhältnis wider, denen der Alleineigentümer eines Grundstücks nicht unterworfen ist (BT-Drucks. 1/252 S. 24).

II. Die Nutzungsmöglichkeiten

1. Die Bedeutung der gesetzlichen Beispiele

2 Die in § 13 Abs. 1 WEG angeführten Möglichkeiten der Nutzung sind nur die wichtigsten, teilweise, wie insbesondere das Bewohnen, selbstverständlichen Beispiele der Nutzung. Dabei ist dem Wohnungseigentümer ohne ausdrückliche Einschränkung durch Gemeinschaftsordnung oder Beschluss jede gesetzlich zulässige Nutzung gestattet, die auch dem Alleineigentümer offen stünde, also etwa die Haustierhaltung (*KG* NJW 1992, 2577 f.) und das Musizieren außerhalb der Ruhezeiten (vgl. *BayObLG* ZMR 2002, 65). Darüber hinaus kann der Eigentümer seine Wohnung bzw. sein Teileigentum auch (in Verbindung mit dem Miteigentumsanteil) veräußern (*OLG Zweibrücken* NJW-RR 1994, 1103) oder dinglich belasten. Möglich ist auch seine bauliche Veränderung, etwa die Auswechselung des Bodenbelags (*OLG Düsseldorf* ZMR 2002, 70), sofern dies andere Miteigentümer nicht beeinträchtigt. Der Gebrauch des Sonder- und besonders des Teileigentums um-

fasst auch die Anbringung ortsüblicher, branchenspezifischer Werbung etwa im Schaufenster für eine zulässigerweise ausgeübte Gewerbetätigkeit (*KG* NJW-RR 1995, 334; *BayObLG* ZMR 2001, 124; *OLG Karlsruhe* ZMR 2002, 219). Der zulässige Gebrauch findet seine Grenzen gemäß § 14 Nr. 1 WEG dort, wo die anderen Miteigentümer in ihrer Nutzung von Sonder- oder Gemeinschaftseigentum mehr als in unvermeidlichem Umfang beeinträchtigt werden. So ist die Aufstellung von Waren oder Ausstellungskästen in gemeinschaftlichen Räumen oder eine zu deutlich verstärkter Inanspruchnahme des Gemeinschaftseigentums führende gewerbliche Nutzung von Sondereigentum etwa als Pension unzulässig (vgl. im Einzelnen u. § 14 Rn. 11 ff.).

2. Die Vermietung

Die in der Praxis bedeutsamste Nutzungsmöglichkeit neben dem Bewohnen ist wohl die Vermietung. Diese kann ähnlich wie die Veräußerung von der Zustimmung des Verwalters oder der Eigentümer(versammlung) abhängig gemacht werden, deren Versagung aber analog § 12 WEG nur aus wichtigem Grund möglich ist (*BayObLG* NJW-RR 1988, 18). Dabei kann die beabsichtigte Nutzung durch den Mieter ein Grund für eine Versagung der Zustimmung sein (*BayObLG* NJW-RR 1988, 18). Die Möglichkeit zur Vermietung des Sondereigentums schließt die Befugnis ein, das Recht zum Mitgebrauch des gemeinschaftlichen Eigentums auf Dritte zu übertragen (*OLG Düsseldorf* ZMR 1996, 97; NJW-RR 2005, 164; ZMR 1998, 182 f.; vgl. im Einzelnen auch u. § 14 Rn. 12). 3

a) Die Stellung des Mieters gegenüber den Eigentümern

Die grundsätzliche Vermietbarkeit des Sondereigentums gemäß § 13 Abs. 1 WEG ermöglicht es, die Nutzung von Sondereigentum und den Mitgebrauch des gemeinschaftlichen Eigentums auf Dritte zu übertragen (*OLG Düsseldorf* ZMR 1996, 150). Gleichwohl bestehen vertragliche Beziehungen nur zwischen Mieter und vermietendem Wohnungseigentümer. Dem Mieter stehen kraft Mietvertrages keine Eigentümerrechte etwa zur Beschlussanfechtung oder zur Geltendmachung von Ansprüchen aus § 21 Abs. 4 WEG wie etwa zur Beseitigung von Baumängeln zu (*OLG Frankfurt a. M.* NJW-RR 1993, 981). Dies ist nur durch Ermächtigung möglich, die sich allerdings u. U. – etwa bei Ortsabwesenheit des Vermieters – im Einzelfall durchaus empfehlen kann (*BayObLG* ZMR 2001, 907). Ansonsten bestehen nur Ansprüche gegen den Vermieter etwa aus §§ 536, 536a, 536c BGB. Ebenso wenig kann sich der Mieter etwa Änderungen von Gebrauchsregelungen aufgrund mietvertraglicher Regelungen widersetzen, da sein Nutzungsrecht gegenüber den Wohnungseigentümern nicht weiter reicht als dasjenige des vermietenden Miteigentümers. Darüber hinaus kann der Mieter natürlich die allgemeinen Rechte etwa aus §§ 823, 1004 BGB gegen Störungen seines Besitzrechtes bzw. Mitbesitzrechtes am Gemeinschaftseigentum auch gegen Eigentümer geltend machen. Umstritten ist, ob die Wohnungseigentümer Ansprüche aus der Gemeinschaftsordnung gegen den Mieter geltend machen können, etwa auf Unterlassung einer nicht zulässigen Nutzung von Sonder- oder Teileigentum. Teilweise wird dies deswegen bejaht, weil die Zweckbestimmungen dingliches Recht seien (*OLG München* NJW-RR 1992, 1493 f.; *OLG Frankfurt a. M.* NJW-RR 1993, 981; *OLG Karlsruhe* NJW-RR 1994, 146 f.; *BayObLG* NJW-RR 1994, 528; *KG* ZMR 2002, 969; NJW-RR 2006, 1239). Diese Konstruktion erscheint indessen gewagt, liefe sie doch darauf hinaus, alleine zwischen den Eigentümern getroffene Vereinbarungen als absolutes Recht anzusehen (so ausdrücklich *OLG München* NJW-RR 1992, 1493 f.; *OLG Karlsruhe* NJW-RR 1994, 146 f.). Dies müsste dann konsequenterweise auch gegen außenstehende Dritte geltend gemacht werden können, etwa bei Beeinträchtigungen der Wohnmöglichkeit oder eines Gewerbebetriebes, was zu einer unzulässigen Ausdehnung absoluter Rechte führen würde. Im Übrigen stünde dann den Miteigentümern aufgrund der Gemeinschaftsordnung eine weitergehende Rechtsmacht zu als dem vermietenden Eigentümer, der alleine aus einem hiergegen verstoßenden, aber nicht zugleich mietvertraglich untersagten Gebrauch seines Mieters keine Rechte gegen diesen herleiten kann (*BGH* ZMR 1996, 148). Eigenständige Abwehr- und Unterlassungsansprüche aus §§ 823, 1004 BGB dürften daher wohl nur dann anzunehmen sein, wenn der Nutzer im Zusammenhang mit dem bestimmungswidrigen Gebrauch auch in das gemeinschaftliche Eigentum eingreift, etwa durch Immissionen oder bauliche Veränderungen (vgl. *KG* NJW-RR 1997, 713 f.; *OLG Köln* ZMR 2001, 66; *OLG Düsseldorf* NJW-RR 2006, 957). Ansonsten fehlt es an einer Anspruchsgrundlage (*OLG München* ZMR 2003, 708 f.; zweifelnd hinsichtlich der h. M. auch *Nieden-* 4 *führ/Kümmel/Vandenhouten* § 14 Rn. 24). Die Ansprüche sollen der kurzen Verjährung nach § 548 BGB unterliegen (*LG Essen* NJW-RR 1998, 874). Dies erscheint zweifelhaft, da zu den Wohnungseigentümern im Unterschied zum vermietenden Miteigentümer gerade keine vertraglichen Beziehungen bestehen. Ferner ist ein mittelbares Einwirken über den vermietenden Miteigentümer insbesondere aus § 14 Nr. 2 WEG möglich (s. u. § 14 Rn. 27 ff.). Ferner bestehen Duldungsansprüche gegen den Mieter (*KG* NJW-RR 2006, 1239 f). Die Mieter, die einen nicht der Teilungserklärung entsprechenden Zustand aufrechterhalten sind nämlich Zustandsstörer (*KG* NJW-RR 2006, 1239; zu den weiteren Möglichkeiten der Wohnungseigentümer gegenüber dem vermietenden Miteigentümer vgl. u. § 14 Rn. 29 ff.).

b) Die Beziehungen zwischen Mieter und vermietendem Eigentümer

5 Dieser Inkongruenz der Regelungsgebiete Wohnungseigentum und Mietrecht entsprechend können durchaus mietrechtliche Ansprüche gegen den vermietenden Wohnungseigentümer bestehen, die wohnungseigentumsrechtlich nicht durchsetzbar sind. Gestattet der Vermieter etwa Hundehaltung, obwohl sie durch die Gemeinschaftsordnung verboten ist, bleibt die Verpflichtung gegenüber dem Mieter wirksam, kann aber gleichwohl zu Sanktionen gegen den vermietenden Miteigentümer führen (vgl. *BayObLG* NJW-RR 1988, 18). Ein Kündigungsrecht deswegen besteht nicht (*BGH* ZMR 1996, 148). Ebenso ist der Mieter bei Mängelrügen oder Ansprüchen auf bauliche Veränderungen nicht an wohnungseigentumsrechtliche Vorgaben gebunden (*KG* NJW-RR 1990, 1167). Insoweit empfiehlt sich eine genaue Abstimmung des Mietvertrages auf die Gemeinschaftsordnung. Entgegenstehende Bestimmungen der Gemeinschaftsordnung rechtfertigen keine Kündigung dem Mieter gegenüber, da deren Vereinbarkeit mit dem Mietvertrag in die Risikosphäre des Vermieters fällt (*BGH* ZMR 1996, 148; *BayObLG* ZMR 1996, 508). Vielmehr ist der vermietende Eigentümer verpflichtet, sich mit allen Mitteln, notfalls unter Zuhilfenahme gerichtlicher Hilfe, um die Zustimmung der Miteigentümer zu der vertraglich gestatteten Nutzung zu bemühen (*KG* NJW-RR 1990, 1167). Der Mieter kann einen hierauf gerichteten Titel erwirken und nach § 888 ZPO vollstrecken (*KG* NJW-RR 1990, 1167). Besonders häufig treten Probleme bei der Abrechnung von Betriebskosten auf, wenn man eine vertragliche Vereinbarung über die Harmonisierung von Jahresabrechnung nach § 28 Abs. 5 WEG und Abrechnung gegenüber dem Mieter nicht für zulässig hält (so *Riecke*, ZMR 2001, 79; *Staudinger/Weitemeyer* § 556 Rn. 113; a. A. *LG Düsseldorf* DWW 1990, 208; *Abramenko* ZMR 1999, 676 ff.). Umgekehrt kann der Mieter Unterlassungsansprüchen aus § 1004 BGB ausgesetzt sein, auch wenn sein störendes Verhalten mietvertraglich gestattet war. Darüber hinaus hat der vermietende Eigentümer dafür zu sorgen, dass auch der Mieter Beeinträchtigungen der anderen Wohnungseigentümer (bzw. ihrer Mieter) unterlässt (§ 14 Rn. 29 ff.).

III. Ansprüche bei der Beeinträchtigung des Sondereigentums

1. Ansprüche gegen einzelne Miteigentümer

6 Da Sondereigentum (zu Ansprüchen wegen der Beeinträchtigung von Gemeinschaftseigentum s. u. § 13 Rn. 12 ff., ferner § 15 Rn. 25 ff.) vollwertiges Eigentum ist, stehen dem Wohnungseigentümer bei dessen Entzug oder Beeinträchtigung die Ansprüche aus §§ 985 ff. BGB und § 1004 BGB zu (*OLG Hamm* ZMR 1999, 508). Daneben bestehen Besitzschutzansprüche aus §§ 858, 861, 862, 866 BGB (*BayObLG* ZMR 2001, 820). Dies umfasst zunächst wie beim Alleineigentümer die – in der Praxis allerdings selteneren – unmittelbaren Eingriffe in das Sondereigentum, etwa die Mitbenutzung einer Heizung, die nur der Versorgung einzelner Einheiten dienen soll (*BayObLG* NJW-RR 2000, 1032). Des Weiteren kann jeder Wohnungseigentümer mittelbare Einwirkungen auf sein Sondereigentum, insbesondere jegliche Arten von Immissionen, abwehren. Zur Zulässigkeit bzw. Erheblichkeit solcher Beeinträchtigungen können die Normen des Nachbarschaftsrechts und drittschützende Normen des öffentlichen Rechtes zwar nicht pauschal analog angewandt werden, da das Verhältnis der Wohnungseigentümer untereinander enger ist und größere Rücksichtnahme gebietet als zwischen sonstigen Nachbarn. Die Wertungen dieser Normen sind jedoch auch im vorliegenden Zusammenhang zu berücksichtigen (vgl. u. Rn. 21 u. § 14 Rn. 3).

Ferner kann der Wohnungseigentümer Schadensersatzansprüche nach §§ 823 Abs. 1 BGB und dann, wenn drittschützende Normen verletzt wurden, auch solche aus § 823 Abs. 2 BGB, ferner aus § 280 BGB wegen der Verletzung von Pflichten aus dem Gemeinschaftsverhältnis geltend machen (*OLG Hamm* ZMR 1996, 42; *BayObLG* NJW-RR 1987, 332; ZMR 2002, 286; zu Schadensersatzansprüchen aufgrund der Vernachlässigung von Instandhaltungspflichten s. u. § 14 Rn. 7f.). Zu ersetzen ist etwa der Mietausfall, wenn die Mieter des beeinträchtigten Wohnungseigentums aufgrund der Störungen die Miete minderten (*KG* NJW-RR 1991, 1117; a. A. *KG* NJW-RR 1988, 587, wonach aber die Mietminderung bei vermietetem Wohnungseigentum keinen Schadensersatzanspruch gegen den Miteigentümer begründen soll, da der Mieter selbst gegen ihn vorgehen kann – zweifelhaft). Sofern die schadensstiftende Nutzung dem Wohnungseigentümer sittenwidrig Schaden zufügen soll, sind sogar reine Vermögensschäden nach § 826 BGB zu ersetzen, wenn etwa ein Miteigentümer durch ruhestörendes oder anstößiges Verhalten in seiner Wohnung Kaufinteressenten vergraulen will (*BayObLG* ZMR 2004, 49). Das Verlangen, ganz geringfügige Beeinträchtigungen wie etwa die kurzfristige Inanspruchnahme des Nachbarparkplatzes beim Öffnen der Wagentüren zu unterlassen, kann als Schikane nach § 226 BGB rechtsmissbräuchlich sein (*BayObLG* ZMR 2001, 821; *OLG München* ZMR 2006, 642). Ebenso scheiden Schäden aus der Ersatzpflicht aus, die nicht vom Schutzzweck der Norm erfasst sind, wenn etwa ein Eigentümer sein Wohnungseigentum aufgrund der Pflichtwidrigkeiten eines anderen Wohnungseigentümers verkauft und dabei Verluste erleidet (*OLG Köln* ZMR 1996, 676). Da die Unterlassung einer unzulässigen Nutzung in jedem Falle eigene Tätigkeiten des jeweiligen Eigentümers voraussetzt, ist die Frage der Haftung des Rechtsnachfolgers hier im Gegensatz zur Beseitigung baulicher Veränderungen (vgl. hierzu *OLG Köln* ZMR 2004, 707) ohne Belang.

Bei all diesen Ansprüchen handelt es sich in jedem Falle um Individualansprüche, deren Geltendmachung auch nach neuem Recht nicht durch ein Vorgehen des Verbandes ausgeschlossen wird. Selbst wenn dem Verband nach § 10 Abs. 6 S. 3 WEG die Ausübung der Rechte gegen den Störer übertragen wird, soll es nach dem ausdrücklich geäußerten Willen des Gesetzgebers bei der »Konkurrenz der Verfolgung von Individual- und gemeinschaftlichen Ansprüchen« (BT-Drucks. 16/887, 62) bleiben (s. *Abramenko* § 6 Rn. 16; *Niedenführ/Kümmel/Vandenhouten* § 10 Rn. 63). Dies erscheint auch unerlässlich, da ansonsten Individualansprüche aus dem Eigentum durch (u. U. bewusst) nachlässige Rechtsverfolgung vereitelt werden könnten. Diese Beschränkung von Eigentümerbefugnissen wäre mit der Ausgestaltung des Wohnungseigentums als echtem Eigentum nicht vereinbar. Sofern es sich um alleine dem einzelnen Eigentümer zustehende Rechte ohne jede Gemeinschaftsbezogenheit handelt, scheidet eine Ausübung durch den Verband gänzlich aus (*Abramenko* § 6 Rn. 18). In der Konsequenz können diese Ansprüche von jedem Wohnungseigentümer ohne Ermächtigung durch die Eigentümerversammlung geltend gemacht werden (*BGH* NJW 1993, 728; *OLG Hamm* ZMR 1999, 508). Daneben ist ein Verfahren des Verbandes möglich, das nach § 147 ZPO mit demjenigen des einzelnen Wohnungseigentümers zu verbinden ist. Gehört das betroffene Sondereigentum mehreren Miteigentümern, kann jeder von ihnen nach § 1011 BGB die Ansprüche alleine geltend machen, die Herausgabe aber nach § 432 BGB nur an alle Miteigentümer verlangen (vgl. *OLG Hamm* ZMR 1999, 509).

2. Ansprüche gegen die Gemeinschaft

a) Die Haftung für Fehler bei Instandhaltung und Instandsetzung

Auch die Gemeinschaft kann für Schäden am Sondereigentum haftbar sein, wenn diese auf einer Schlechterfüllung der Pflicht zur ordnungsgemäßen Instandhaltung des Gemeinschaftseigentums (etwa bei Feuchtigkeitseinbrüchen) beruhen. Nach früherem Recht hafteten dabei die Wohnungseigentümer für die von ihnen mit der Instandsetzung und Instandhaltung beauftragten Unternehmen nach § 278 BGB (*BGH* ZMR 1999, 648 f.; *OLG Hamburg* ZMR 2005, 393). Der geschädigte Wohnungseigentümer musste sich nach § 254 BGB einen Betrag in Höhe seines Anteils an der allgemeinen Kostentragung (§ 16 Abs. 2 WEG) anrechnen lassen (*BGH* ZMR 1999, 649; *BayObLG* ZMR 2001, 47). Dies ist nach neuem Recht jeweils dahingehend zu modifizieren, dass der Anspruch nach § 10 Abs. 6 S. 3 WEG gegen den Verband in passiver Prozessstandschaft zu richten ist. Wer materiell-rechtlich Schuldner ist, der Verband oder die Wohnungseigentümer,

§ 13 | Rechte des Wohnungseigentümers

ist erst für das Vollstreckungsverfahren bedeutsam (*Abramenko* § 6 Rn. 13). Hier ist wohl der Verband nicht nur Prozessstandschafter, sondern auch Schuldner, da er auch Vertragspartner des Handwerkers ist und aus seinem Vermögen für die Maßnahmen der Instandhaltung und Instandsetzung aufkommen muss.

b) Die Haftung für Unterlassungen bei Instandhaltung und Instandsetzung

8   Eine Haftung kann die Gemeinschaft auch dann treffen, wenn sie die gebotene Instandhaltung und Instandsetzung unterlässt (*KG* ZMR 2001, 658). Das setzt allerdings voraus, dass sie und nicht nur den Verwalter (*KG* ZMR 2005, 402) ein Verschulden trifft (*OLG Köln* ZMR 1998, 723; *OLG Hamburg* ZMR 2000, 482; 2003, 133). Der Wohnungseigentümer muss somit entweder alle Miteigentümer über die Sachlage informieren oder aber die Aufnahme eines diesbezüglichen Tagesordnungspunktes auf die nächste Wohnungseigentümerversammlung verlangen (*OLG Düsseldorf* ZMR 1994, 524). Kommt der Verwalter dem nicht nach, muss er die Erweiterung der Tagesordnung – u. U. im Wege der einstweiligen Verfügung nach § 935 ff. ZPO – gerichtlich durchsetzen. Bei der Beschlussfassung über die erforderlichen Maßnahmen haben die Wohnungseigentümer zudem ein bestimmtes Ermessen. Die Wohnungseigentümer können, sofern kein akuter Instandsetzungsbedarf besteht, beschließen, zunächst einen Sachverständigen mit der Feststellung der Schadensursache und den Möglichkeiten ihrer Beseitigung zu beauftragen oder schrittweise zu sanieren (*KG* ZMR 2001, 658). Nur dann, wenn die Wohnungseigentümer über das Begehren keinen Beschluss fassen, einen Antrag ablehnen oder nur ungenügende Maßnahmen ergreifen, kommen bei daraus resultierenden Schäden am Sondereigentum Ersatzansprüche in Betracht (*OLG Hamburg* ZMR 2003, 133). Richtiger Beklagter ist auch in diesen Fällen der Verband, der nach § 10 Abs. 6 S. 3 WEG die gemeinschaftsbezogenen Pflichten der Wohnungseigentümer wahrnimmt. Die Frage nach der materiell-rechtlichen Verpflichtung ist in diesem Zusammenhang von geringerer Bedeutung. Zwar dürfte der Verband, gegen den sich der nicht oder nicht rechtzeitig erfüllte Anspruch auf Durchführung der gebotenen Instandsetzungs- und Instandhaltungsarbeiten richtet, auch materiell-rechtlich der Schuldner des geschädigten Wohnungseigentümers sein. Wegen ihres pflichtwidrigen Verhaltens besteht aber ein Rückgriffsanspruch gegen die Wohnungseigentümer. Für diesen haften sie allerdings wegen der quotalen Begrenzung gemäß § 10 Abs. 8 S. 4 WEG nicht mehr gesamtschuldnerisch. Der geschädigte Wohnungseigentümer kann aber durch Pfändung der Gemeinschaftskonten und hilfsweisen Zugriff auf die Wohnungseigentümer mit den größten Miteigentumsanteilen im Wege der Forderungspfändung auch bei unzulänglichem Verbandsvermögen i. d. R. Befriedigung erzielen (vgl. *Abramenko* § 6 Rn. 27).

c) Die gerichtliche Durchsetzung erforderlicher Maßnahmen

9   Der betroffene Wohnungseigentümer kann auch einen ablehnenden Beschluss anfechten und die Verpflichtung der Wohnungseigentümer zur Durchführung der begehrten Maßnahmen im Verfahren geltend machen. Da es sich hierbei um die innere Willensbildung der Gemeinschaft handelt, ist eine entsprechende Klage auch nach neuem Recht gemäß § 43 Nr. 4 WEG gegen die Wohnungseigentümer, nicht gegen den Verband zu richten. Einem gerichtlichen Vorgehen vor einer Befassung der Wohnungseigentümerversammlung fehlt dagegen regelmäßig das Rechtsschutzbedürfnis, da der einfachere Weg – die Herbeiführung eines Mehrheitsbeschlusses – gar nicht versucht wurde (vgl. *BGH* ZMR 2003, 941; *OLG Hamburg* ZMR 1993, 536 f.). Materiell-rechtlich setzt eine Verpflichtung der Miteigentümer zur Vornahme bestimmter Arbeiten voraus, dass nur die beantragten Arbeiten ordnungsgemäßer Verwaltung entsprechen (*BayObLG* NZM 1999, 506; *OLG Düsseldorf* FGPrax 1999, 94 f.). Denn das Gericht darf in das Recht der Wohnungseigentümer zur autonomen Gestaltung ihrer Beziehungen nur dann eingreifen, wenn die Verweigerung bestimmter Maßnahmen ordnungsgemäßer Verwaltung widerspricht. Bei Schäden am Gemeinschaftseigentum, die das Sondereigentum eines Miteigentümers beeinträchtigen, wird dies indessen häufig der Fall sein. Daneben können deliktische Ansprüche, auch solche aus § 836 BGB bestehen (*OLG Düsseldorf* ZMR 1995, 177).

d) Die Herausgabe

Daneben kann auch die Eigentümergemeinschaft Schuldner eines Herausgabeanspruchs aus § 985 BGB (vgl. *OLG Köln* ZMR 2004, 708) oder von Unterlassungsansprüchen nach § 1004 BGB (*OLG Hamm* ZMR 1999, 509) sein, wenn sie zum Sondereigentum gehörende Räume gemeinschaftlich nutzt. Im Erkenntnisverfahren ist wiederum nach § 10 Abs. 6 S. 3 WEG in jedem Fall der Verband zu verklagen, der zumindest Prozessstandschafter ist (*Abramenko* § 6 Rn. 10 ff.). Da er ähnlich wie bei der Vermietung gemeinschaftlichen Eigentums auch materiell Berechtigter ist, dürfte sich aber auch die Vollstreckung gegen ihn richten. Sofern die Inanspruchnahme des Sondereigentums auf eine Entscheidung des Verwalters im Rahmen seiner Verwaltungstätigkeit zurückgeht, können die Unterlassungsansprüche auch gegen ihn gerichtet werden, da in diesem Falle die Störung auch von seinem Willen abhängig ist und bei einer Mehrheit von Störern ein Unterlassungsanspruch gegen jeden von ihnen besteht (*OLG Hamm* ZMR 1999, 509; *OLG Düsseldorf* ZMR 2006, 462).

e) Das Verfahren

Sämtliche Ansprüche gegen den Verband sind nunmehr im Verfahren nach § 43 Nr. 2 WEG vor dem Zivilgericht geltend zu machen. Da es sich um Individualansprüche handelt, darf sie jeder Wohnungseigentümer ohne Ermächtigung durch die Eigentümerversammlung alleine geltend machen (*BGH* ZMR 1999, 648; *BayObLG* ZMR 1997, 375).

B. Beschränkungen beim Gebrauch des Sondereigentums

I. Beschränkungen kraft Gesetzes

Die Beschränkungen im Gebrauch des Sondereigentums können zunächst aus dem Gesetz folgen. In Betracht kommen für Dritte zunächst Abwehransprüche aus §§ 906 ff. BGB. Insoweit besteht kein Unterschied zu sonstigem Immobiliareigentum. Miteigentümer können Abwehransprüche dagegen aufgrund der Vorrangigkeit dieser Normen nur auf §§ 14, 15 WEG stützen, wobei die Grundsätze der §§ 906 ff. BGB allerdings auch bei der Anwendung der wohnungseigentumsrechtlichen Spezialregelungen zu beachten sind (*BayObLG* NJW-RR 2001, 157; a. A. MüKo/*Commichau*, BGB, § 13 Rn. 3). Daneben können sich gesetzliche Beschränkungen auch aus öffentlich-rechtlichen Vorschriften etwa des Bauordnungs-, Denkmalschutz- oder Immissions- sowie des Nachbarrechtes ergeben, sofern sie Drittschutz bezwecken (*BayObLG* NJW-RR 1996, 463; 2000, 1253). Dies ist etwa bei Vorschriften zur Bewohnbarkeit, die die Nutzer der Einheit selbst schützen sollen, nicht der Fall (*BayObLG* NJW-RR 1996, 463). Auch drittschützende Normen sind allerdings nicht pauschal in analoger Anwendung heranzuziehen. Denn unter den Miteigentümern ist ein erhöhtes Maß an Rücksichtnahme geboten, das über das Nachbarschaftsverhältnis von Grundstückseigentümern hinausgeht (*OLG Hamm* ZMR 2003, 372). Aus diesem Grunde können etwa Ausschlussfristen des Nachbarrechtes für die Geltendmachung der Beseitigung störender Anpflanzungen keine Anwendung finden (*OLG Hamm* ZMR 2003, 373; vgl. auch u. § 14 Rn. 3 u. 9 ff.).

II. Beschränkungen aus sonstigen Rechten

1. Zweckbestimmung des Sondereigentums

Der Gebrauch des Sondereigentums kann ferner durch entgegenstehende Rechte beschränkt werden. Dabei ist vorrangig an Rechte der Miteigentümer zu denken. Die Rechte der Miteigentümer können sich zunächst aus der Gemeinschaftsordnung ergeben, wenn diese zulässigerweise Grenzen für den Gebrauch des Sondereigentums vorsieht, insbesondere durch die Beschränkung der Nutzung einzelner Räume. Grundlegend ist dabei die Unterscheidung zwischen Wohnungseigentum und Teileigentum, die die Möglichkeit der Wohnnutzung mit Vereinbarungscharakter regelt (*KG* ZMR 1998, 309; *OLG Köln* 2001, 662; *BayObLG* ZMR 2004, 925; vgl. im Einzelnen u. § 14 Rn. 12 ff.). Daneben kann die Nutzungsart noch spezieller festgelegt werden (etwa als Abstell- oder Hobbyraum). Die Teilungserklärung kann auch das Erfordernis einer Zustimmung durch Verwalter oder Wohnungseigentümerversammlung zu einer bestimmten Nutzung vorsehen (*OLG Celle* ZMR 2004, 690; *BayObLG* ZMR 2004, 133; vgl. im Einzelnen u. § 15 Rn. 7), wobei eine erweiterte oder zusätzliche Kosten verursachende Nutzung mit einer Vereinbarung des Kostenverteilungsschlüssels verbunden sein kann. Eine Abweichung von solchermaßen bestimmten Nutzungsarten ist ohne Vereinbarung nur dann zulässig, wenn sie bei typisierender Betrachtung keine weitergehende Beeinträchtigung für die anderen Miteigentümer mit sich bringt als die zulässige Nutzung (*BayObLG* ZMR 2004, 686; *OLG Celle* ZMR 2004, 690). So kann die gewerbliche Nutzung dann nicht untersagt werden, wenn sie ohne Publikumsverkehr oder Immissionen möglich ist, etwa bei reiner Bürotätigkeit (*KG* NJW-RR 1995, 333 f.; *OLG Köln* ZMR 2002, 381). Die lang anhaltende Duldung einer teilungserklärungswidrigen Nutzung kann zur Verwirkung von Unterlassungsansprüchen führen (im Einzelnen s. § 15 Rn. 32).

2. Gebrauchsregelungen

14 Die Gemeinschaftsordnung kann aber auch die Nutzung des Wohnungseigentums insgesamt etwa hinsichtlich Tierhaltung, Gewerbeausübung oder Musizieren regeln oder einen für alle Einheiten gleichermaßen verbindlichen Zweck wie etwa betreutes Wohnen vorsehen (vgl. *OLG Hamm* NJW-RR 1986, 501; *BayObLG* ZMR 2002, 606). Derartige Regelungen können die Wohnungseigentümer auch nachträglich durch Vereinbarung gemäß § 15 Abs. 1 WEG oder, wenn Gesetz, Gemeinschaftsordnung oder Vereinbarungen nicht entgegenstehen, gemäß § 15 Abs. 2 WEG durch Mehrheitsbeschluss aufstellen. Zu letzteren gehört typischerweise eine Hausordnung. Daneben können sich Beschränkungen auch aus Verträgen zwischen einzelnen Eigentümern, etwa zu Konkurrenzverboten, ergeben (zu einer entsprechenden Bestimmung in der Gemeinschaftsordnung s. *OLG Hamm* NJW-RR 1986, 1336 f.; *BayObLG* ZMR 1997, 428 f.). Darüber hinaus kann die Teilungserklärung Veräußerungsbeschränkungen gemäß § 12 WEG enthalten. Auch die Vermietung oder sonstige Gebrauchsüberlassung kann in der Teilungserklärung geregelt werden. Rechte Dritter können abgesehen von gesetzlichen Regelungen insbesondere aus Dienstbarkeiten resultieren.

III. Der Mitgebrauch des Gemeinschaftseigentums (§ 13 Abs. 2 WEG)

1. Arten des Mitgebrauchs

a) Unmittelbarer Eigengebrauch

15 Die § 743 Abs. 2 BGB nachgebildete Vorschrift des § 13 Abs. 2 WEG regelt die Mitbenutzung des gemeinschaftlichen Eigentums und die Beteiligung an seinen Nutzungen. Dabei steht der unmittelbare Gebrauch den Wohnungseigentümern ohne abweichende Regelung grundsätzlich unabhängig von den Miteigentumsanteilen in gleichem Umfang zu (*OLG Hamm* ZMR 2001, 222).

b) Vermietung, Verpachtung und sonstige Gebrauchsüberlassung

16 Der gemeinschaftliche Gebrauch kann auch durch Vermietung oder Verpachtung gemeinschaftlicher Flächen an Miteigentümer oder Dritte erfolgen, über die mit Mehrheitsbeschluss befunden werden kann (*BGH* ZMR 2000, 845 f.; *BayObLG* NJW-RR 1992, 599 f.; 2002, 949 f.; vgl. zur Gegenposition noch *OLG Zweibrücken* NJW-RR 1986, 1338). Im Gegensatz zum Sondernutzungsrecht tritt kein dauerhafter Ausschluss der Wohnungseigentümer von der Nutzung ein. Vielmehr treten an die Stelle des unmittelbaren Eigengebrauchs die Mieteinnahmen (*BGH* ZMR 2000, 845; *BayObLG* NJW-RR 1992, 600; 2000, 154; *OLG Hamburg* ZMR 2003, 444 u. 958). Auch wenn diese für den einzelnen Miteigentümer gering sind, kann eine Vermietung ordnungsmäßiger Verwaltung entsprechen, wenn andere Vorteile wie die Gewinnung oder Beibehaltung eines Mieters, der die zusätzliche Fläche benötigt, zu verzeichnen sind (*OLG Hamburg* ZMR 2004, 616). Hier bemisst sich der Anteil an sonstigen Nutzungen wie Miet- bzw. Pachtträgen oder Zinseinkünften nach §§ 13 Abs. 2 S. 2, 16 Abs. 2 WEG, also nach Miteigentumsanteilen. Dieselben Grundsätze gelten beim sonstigen Ausschluss der unmittelbaren Nutzung durch die Wohnungseigentümer. Wird etwa ein Hausmeisterbüro im Gemeinschaftseigentum eingerichtet, so können diese Räumlichkeiten ebenfalls nicht unmittelbar von den Wohnungseigentümern genutzt werden. Ihnen kommt aber durch Ersparnis der Miete eines entsprechenden Raumes wiederum ein mittelbarer Nutzen zu (*OLG Düsseldorf* NJW-RR 2002, 1525 = ZMR 2002, 959 f.).

2. Beschränkungen des Mitgebrauchs

a) Beschränkungen nach § 14 Nr. 1 WEG

Beschränkungen des Mitgebrauchs ergeben sich schon kraft Gesetzes aus § 14 Nr. 1 WEG. Danach darf jeder Wohnungseigentümer nur in solcher Weise vom gemeinschaftlichen Eigentum Gebrauch machen, dass kein Miteigentümer über das unvermeidliche Maß hinaus beeinträchtigt wird. Eine Nutzung durch einen Wohnungseigentümer, die zwar technisch möglich ist, die gleichartige Nutzung durch die Miteigentümer aber ausschließt, ist grundsätzlich unzulässig (zum Anschluss an einen Kamin, der entsprechende Einrichtungen in anderen Wohnungen unmöglich macht, s. *OLG Hamburg* ZMR 2001, 728; zur selben Problematik bei Heizungskörpern *OLG Schleswig* NJW-RR 1993, 24). Es kann aber ordnungsmäßiger Verwaltung entsprechen, einem gebrechlichen oder behinderten Wohnungseigentümer eine erweiterte Nutzung des Gemeinschaftseigentums zuzubilligen, etwa durch Einbau eines Treppenlifts (*BayObLG* ZMR 2004, 210 f.). Darüber hinaus sind Immissionen etwa von Geräuschen und Gerüchen gering zu halten (im Einzelnen s. § 14 Rn. 23 ff.). 17

b) Gebrauchsregelungen nach § 15 Abs. 2 WEG

Häufig wird ein gleichzeitiger Mitgebrauch etwa von Stellplätzen, Waschküche, Trockenböden oder anderen Gemeinschaftseinrichtungen nicht möglich sein. In diesen Fällen können Gebrauchsregelungen nach § 15 Abs. 1, 2 WEG den Mitgebrauch einschränken. Diese können einen zeitlichen Ausschluss vorsehen, etwa durch Zuweisung von Benutzungszeiten für die Waschküche oder durch Turnusregelungen für die Nutzung von Parkplätzen. Denkbar ist auch die mengenmäßige Beschränkung, z. B. die Nutzung des gemeinsamen Parkplatzes durch jeweils nur ein Fahrzeug je Wohneinheit. Schließlich kann auch der qualitative Nutzungsumfang geregelt werden, etwa die Benutzung bestimmter Kellerräume nur zum Abstellen von Fahrrädern (im Einzelnen s. § 15 Rn. 13 ff.). 18

c) Weitergehende Beschränkungen durch die Gemeinschaftsordnung

Die Gemeinschaftsordnung kann dagegen weitergehende Beschränkungen vorsehen, etwa die Mitbenutzung an den Miteigentumsanteilen orientieren oder bestimmten Gemeinschaftszwecken vorbehalten. Häufig sind Zweckbestimmungen, die etwa Kellerräume zum Abstellen von Fahrrädern oder zur Nutzung als Waschküche vorsehen. Denkbar ist auch der generelle Ausschluss bestimmter Nutzungen, etwa das Verbot der Anbringung von Parabolantennen, das aber im Einzelfall gegen Treu und Glauben verstoßen kann (*BGH* ZMR 2004, 441). Eine Beschränkung kann sich aber auch ohne ausdrückliche Regelung in der Gemeinschaftsordnung aus der Natur bestimmter Räumlichkeiten ergeben. So kann bei Mehrhausanlagen die Nutzung der Gemeinschaftsflächen den jeweiligen Hausbewohnern vorbehalten sein (*OLG Düsseldorf* ZMR 1995, 89; *OLG Frankfurt* ZMR 1997, 607). Umgekehrt kann die Mitbenutzung eines nur über Sondereigentum zugänglichen Spitzbodens durch die Miteigentümer ausgeschlossen sein (*OLG Hamburg* ZMR 2001, 999 f.; *OLG Hamm* ZMR 2001, 222; *BayObLG*, NJW-RR 2001, 801). 19

3. Kosten der Instandhaltung und Instandsetzung des Gemeinschaftseigentums

Während der Wohnungseigentümer die Kosten seines Sondereigentums alleine zu tragen hat, werden diejenigen der Instandhaltung und Instandsetzung des Gemeinschaftseigentums gemäß § 16 Abs. 2 WEG nach Miteigentumsanteilen auf die Miteigentümer aufgeteilt. Die Gemeinschaftsordnung kann indessen einen anderen Schlüssel vorsehen. Besonders häufig ist die Aufteilung der Verwalterkosten nach Einheiten. Eine solche Regelung konnte bislang als gesetzes- bzw. vereinbarungsändernde Kostenverteilung nicht durch Mehrheitsbeschluss erfolgen und auch nicht durch Verwaltervertrag verbindlich festgelegt werden. Denn dieser regelt nur das Außenverhältnis der Wohnungseigentümer zum Verwalter; im Innenverhältnis bleiben sie zur Kostentragung nach § 16 Abs. 2 WEG bzw. Gemeinschaftsordnung verpflichtet. Hier schaffen die neuen gesetzlichen Öffnungsklauseln in § 16 Abs. 3, 4 WEG und in § 21 Abs. 7 WEG mehr Spielraum, da sie die Differenzierung der Kostenbeteiligung nach Gebrauch bzw. Möglichkeit des Gebrauchs ermöglichen (s. im Einzelnen *Abramenko* §§ 2 Rn. 7 ff., 3 Rn. 17 ff. u. 4 Rn. 7 ff., 23 ff. u. 39). 20

4. Ansprüche bei Beeinträchtigung des Mitgebrauchs am Gemeinschaftseigentum

a) Unterlassungs- und Beseitigungsansprüche

21 Für die bestimmungswidrige Nutzung des Gemeinschaftseigentums stellen die Abwehransprüche aus § 1004 Abs. 1 S. 1 BGB i. V. m. §§ 14 Nr. 1, 15 Abs. 3 WEG Spezialregelungen dar (*BGH* ZMR 2000, 772; *OLG Düsseldorf* ZMR 2004, 52; *BayObLG* NJW-RR 1988, 271; ZMR 2004, 128). Wie die Beseitigung der Störung durchgeführt wird, steht regelmäßig im Ermessen des Störers, so dass bestimmte Maßnahmen nicht verlangt werden können (*OLG Düsseldorf* NJW-RR 2002, 82; vgl. § 14 Rn. 30 u. § 15 Rn. 26). Ansprüche aus §§ 861 ff. BGB können bei Besitzstörungen einem Miteigentümer gegenüber aufgrund des bloßen Mitbesitzes nicht geltend gemacht werden (§ 866 BGB). Ebenso scheidet ein Selbsthilferecht aus § 910 BGB aus (*OLG Düsseldorf* NJW-RR 2002, 81). Die §§ 906 ff. BGB sind schon deswegen nicht anwendbar, weil es nicht um die Zuführung von Immissionen o. ä. von einem Grundstück auf ein anderes geht (*BayObLG* ZMR 2000, 849; *OLG Düsseldorf* ZMR 2004, 52). Steht das beeinträchtigte Wohnungs- oder Teileigentum mehreren Eigentümern gemeinschaftlich zu, kann jeder Angehörige der Bruchteilsgemeinschaft die Unterlassungsansprüche gemäß § 1011 BGB alleine geltend machen (*BayObLG* NJW-RR 1988, 271).

b) Herausgabeansprüche

22 Sofern nicht nur der Zugang zum Gemeinschaftseigentum behindert, sondern dessen Nutzung ohne Rechtsgrundlage von einzelnen Miteigentümern vollständig entzogen wird, besteht anstelle der Ansprüche aus § 1004 Abs. 1 S. 1 BGB i. V. m. §§ 14 Abs. 1 Nr. 1, 15 Abs. 3 WEG ein Herausgabeanspruch aus §§ 985, 986 BGB an die Gemeinschaft (*BayObLG* NJW-RR 1988, 271; *OLG Hamm* ZMR 1998, 454; *KG* ZMR 2007, 385). Dieser Anspruch kann nicht verwirkt werden. Denn dies liefe auf ein Sondernutzungsrecht desjenigen hinaus, gegen den der Herausgabeanspruch gerichtet ist (*KG* ZMR 2007, 388). Ein Sondernutzungsrecht kann aber nur durch Vereinbarung begründet werden (*BGH* ZMR 2000, 771 ff.), nicht durch den Ablauf einer bestimmten Zeit in Verbindung mit anderen Umständen. Aus diesen Gründen scheidet eine Verwirkung von Herausgabeansprüchen, die Sondernutzungsrechte unter geringeren Voraussetzungen entstehen lässt, aus (*KG* ZMR 2002, 546; vgl. *OLG Hamm* ZMR 2000, 126). Auch den Herausgabeanspruch kann jeder Angehörige einer Bruchteilsgemeinschaft alleine geltend machen (*BayObLG* NJW-RR 1988, 271; vgl. o. Rn. 21). Besitzschutzansprüche gegen Miteigentümer können, da alle Wohnungseigentümer nur Mitbesitzer nach § 866 BGB sind, nur insoweit Erfolg haben, als Wiedereinräumung des Mitbesitzes verlangt wird (*BayObLG* NJW-RR 1990, 1106). Anderes kann nur bei Sondernutzungsrechten gelten, da der einzelne Wohnungseigentümer dann Alleinbesitzer von Gemeinschaftseigentum sein kann (*BayObLG* NJW-RR 1990, 1106).

c) Schadensersatzansprüche

23 Schließlich können Schadensersatzansprüche aus § 823 BGB (*BayObLG* ZMR 2000, 849; 2004, 128) sowie aus § 280 BGB wegen der Verletzung der Pflichten aus dem Gemeinschaftsverhältnis (*OLG Hamm* ZMR 1996, 42; *BayObLG* ZMR 2002, 286) bestehen. Verschulden von Dritten wie Mietern, die ein Miteigentümer an seiner Stelle zur Erfüllung seiner Pflichten aus dem Gemeinschaftsverhältnis einschaltet, muss sich der vermietende Eigentümer nach § 278 BGB zurechnen lassen (*BayObLG* NJW 1970, 1554; *KG* ZMR 2000, 560; 2002, 968; vgl. u. § 14 Rn. 31). Dies gilt nicht bei störendem, aber zulässigem Gebrauch (*OLG München* ZMR 2007, 216).

d) Ansprüche gegen Außenstehende

24 Bei Störungen im Gebrauch des Gemeinschaftseigentums durch Dritte können Unterlassungsansprüche aus §§ 1004, 906 ff. BGB oder die Rechte aus § 985 ff. BGB geltend gemacht werden. Die Herausgabe kann der einzelne Wohnungseigentümer gemäß §§ 1011, 432 BGB allerdings nur an alle Wohnungseigentümer verlangen. Ebenso können Ansprüche aus §§ 823 ff. BGB wegen der Beschädigung gemeinschaftlichen Eigentums bestehen.

e) Das Verfahren

aa) Unterlassungs- und Herausgabeansprüche

Unterlassungsansprüche kann jeder Wohnungseigentümer geltend machen, ohne dass es einer Ermächtigung durch die anderen Wohnungseigentümer bedürfte (*BGH* NJW 1992, 979; *OLG Hamburg* ZMR 1998, 584; *KG* ZMR 2002, 971; *BayObLG* ZMR 2004, 127 f.). Dasselbe gilt für Herausgabeansprüche (*OLG Hamm* ZMR 1998, 454). Diese Individualansprüche können aber nunmehr, da sie gemeinschaftsbezogen sind, nach § 10 Abs. 6 S. 3 WEG auch vom Verband geltend gemacht werden (so richtig *Niedenführ/Kümmel/Vandenhouten* § 13 Rn. 17). Die frühere Rechtsprechung, wonach dies nicht ordnungsmäßiger Verwaltung entsprach, da es sich hierbei gerade nicht um Angelegenheiten der gemeinschaftlichen Verwaltung handelt (*BayObLG* ZMR 1996, 565) und hierdurch die Kosten der Durchsetzung von Individualansprüchen auf die Gemeinschaft abgewälzt werden (vgl. *KG* ZMR 2004, 144; *OLG Frankfurt* a. M. ZMR 2004, 290), ist nach dem klaren Willen des Gesetzgebers durch die Novelle obsolet geworden (*Abramenko* § 6 Rn. 15). Allerdings besteht nach wie vor ein weiter Ermessensspielraum, ob derartige Ansprüche durch den Verband geltend gemacht werden sollen (vgl. *OLG Frankfurt* a. M. ZMR 2004, 290). Als Maßnahme der ordnungsmäßigen Verwaltung kann ein Wohnungseigentümer das Vorgehen des Verbandes daher nur dann verlangen, wenn nur dieses ordnungsmäßiger Verwaltung entspricht. Im Übrigen steht dem Kläger dann die Möglichkeit eines eigenen Vorgehens gegen die unerwünschte Nutzung offen (vgl. *BayObLG* ZMR 2004, 446), was gegenüber einem doppelten Verfahren gegenüber Miteigentümern und Störern sogar einen Prozess erspart. Da ihm dieser einfachere Weg offen steht, ist sogar zweifelhaft, ob einer Anfechtung des Beschlusses in Verbindung mit einem entsprechenden Verpflichtungsantrag nicht das Rechtsschutzbedürfnis fehlt (vgl. *BayObLG* ZMR 1997, 375). Ein Beschluss, der die Geltendmachung von Individualansprüchen ermessensfehlerhaft der Gemeinschaft überträgt, ist indessen nur anfechtbar, weshalb er bei Nichtanfechtung für alle Wohnungseigentümer bindend wird (vgl. *BayObLG* ZMR 1996, 566).

bb) Schadensersatzansprüche

Hingegen fiel die Geltendmachung von Ersatzansprüchen schon nach altem Recht in die Verwaltungsbefugnis der Eigentümergemeinschaft, weshalb sie ein einzelner Wohnungseigentümer nur nach Ermächtigung durch die Eigentümerversammlung gerichtlich durchsetzen konnte (*BGH* NJW 1993, 727 f.). Der Unterschied zu Unterlassungs- und Herausgabeansprüchen wurde damit gerechtfertigt, dass dort der Gebrauch des gemeinschaftlichen Eigentums, bei Schadensersatzansprüchen hingegen die Wahl zwischen den nach § 249 BGB gegebenen Rechten im Vordergrund stehe, die die Gemeinschaft treffen müsse (*BGH* NJW 1993, 728). Dieser Ausschluss des Vorgehens Einzelner gilt erst recht nach der Novelle, da die gemeinschaftsbezogenen Ansprüche nach § 10 Abs. 6 S. 3 WEG vom Verband geltend zu machen sind. Die Weigerung, einen entsprechenden Beschluss zu fassen, kann aber nach den Regeln zur Anfechtung von Negativbeschlüssen im Verfahren nach § 43 Nr. 4 WEG in Verbindung mit einem Antrag auf entsprechende Verpflichtung der Wohnungseigentümer zur Geltendmachung des Schadensersatzanspruches angegriffen werden. Dies setzt wiederum voraus, dass nur die Geltendmachung dieser Ansprüche ordnungsgemäßer Verwaltung entspricht, was bei objektiv gegebenen und tatsächlich durchsetzbaren Ansprüchen allerdings regelmäßig zu bejahen sein wird. Darüber hinaus kann sich ein einzelner Wohnungseigentümer durch Mehrheitsbeschluss zur Geltendmachung derartiger Ansprüche ermächtigen lassen. Auch diese Ansprüche sind, wenn sie gegen Miteigentümer geltend gemacht werden, im Verfahren nach § 43 Nr. 1 WEG geltend zu machen. Ansprüche, die sich nicht gegen Wohnungseigentümer richten, sind ZPO-Verfahren, die vor dem nach den allgemeinen Vorschriften zuständigen Prozessgericht anhängig zu machen sind.

C. Das Sondernutzungsrecht

I. Rechtsnatur

1. Der »Normalfall« des Sondernutzungsrechtes für einen Wohnungseigentümer an Gemeinschaftseigentum

27 Mit dem Sondernutzungsrecht wird einem Eigentümer (positiv) die Befugnis zur alleinigen Nutzung einer Fläche oder einem Gebäudeteil eingeräumt, woraus umgekehrt (negativ) der Ausschluss der anderen Miteigentümer von jeglicher Nutzungsmöglichkeit einhergeht (*BayObLG* NJW-RR 1986, 93; *OLG Düsseldorf* NJW-RR 2001, 1380; *KG* ZMR 2007, 386). Durch die negative, ausschließende Komponente unterscheidet es sich von Gebrauchsregelungen nach § 15 WEG, denen es früher oftmals zugerechnet wurde (*BayObLG* NJW-RR 1986, 94; so noch *Sauren* § 15 Rn. 18 ff.), da eine Gebrauchsregelung keinen endgültigen, dauerhaften Ausschluss vom Gebrauch des Gemeinschaftseigentums bewirken kann (*BGH* ZMR 2000, 774; *BGH* ZMR 2001, 120; *OLG Köln* NJW-RR 2001, 1305). Ein Bedarf nach dieser Konstruktion besteht bei Flächen und Gebäudeteilen, deren Nutzung einem Alleinberechtigten zugewiesen werden soll, an denen aber mangels Begrenzung kein Sondereigentum begründet werden kann. Häufigster Fall sind Stellplätze im Freien oder auf Duplex-Garagen (s. insoweit *OLG Jena* ZWE 2000, 232 f.). Sondernutzungsrechte können aber auch an abgeschlossenen Räumen wie Kellern, selbst an Wohnräumen begründet werden (*OLG Hamm* MDR 1993, 866). Das Sondernutzungsrecht bleibt ohne Eintragung in das Grundbuch eine bloß schuldrechtliche Abrede zwischen den Eigentümern, die keine Wirkung gegen Sondernachfolger entfaltet. Mit der Eintragung in das Grundbuch erlangt das Sondernutzungsrecht aber dingliche Wirkung, die der Sondernachfolger gegen sich gelten lassen muss (*BGH* Rpfleger 1979, 57; DNotZ 1984, 696). Damit ist das Sondernutzungsrecht weitgehend, aber nicht vollständig dem Eigentum angeglichen (vgl. *BGH* ZMR 2001, 120; *OLG Stuttgart* ZMR 2003, 56 f.). So kann es zwar rechtsgeschäftlich gutgläubig erworben werden (*OLG Stuttgart* OLGZ 1986, 37 f. = NJW-RR 1986, 319; *BayObLG* DNotZ 1990, 382 f.), aber nicht durch Zuschlag in der Zwangsversteigerung (*BayObLG* ZMR 1994, 233). Ferner können Flächen und Räume, an denen Sondernutzungsreche bestehen – auch an Außenstehende – vermietet werden (*Niedenführ/Kümmel/Vandenhouten* § 13 Rn. 35; kritisch *OLG Frankfurt* NJW-RR 2007, 891). Hingegen kann es seinen gemeinschaftsbezogenen Wirkungen wegen nur einem Miteigentümer eingeräumt werden (*BGH* Rpfleger 1979, 57; *Schneider* Rpfleger 1998, 9) und allenfalls mit Zustimmung aller Miteigentümer mit einer Dienstbarkeit belastet werden (*OLG Hamburg* ZMR 2001, 381; gänzlich gegen die Möglichkeit einer Belastung *OLG Düsseldorf* NJW-RR 1986, 1076; *OLG Zweibrücken* NJW-RR 1999, 1389; *OLG Hamburg* ZMR 2004, 617; *Niedenführ/Kümmel/Vandenhouten* § 13 Rn. 32).

2. Sonderfälle des Sondernutzungsrechts

28 Neben dem Regelfall des Sondernutzungsrechts eines Wohnungseigentümers an Gemeinschaftseigentum werden noch diverse in einer der beiden Komponenten abweichende Konstellationen diskutiert. So ist streitig, ob Sondernutzungsrechte auch an Sondereigentum begründet werden können, was wohl zu bejahen ist (vgl. *OLG Jena* ZWE 2000, 232 f.; der Sache nach auch *BayObLG* NJW-RR 1994, 1427 f. = Rpfleger 1995, 68; *Schneider* Rpfleger 1998, 9, 13; a. A. Anw.Komm. BGB-*Schultzky* § 13 Rn. 16; *Niedenführ/Kümmel/Vandenhouten* § 13 Rn. 20). Der Sache nach kann ein Sondernutzungsrecht auch an einem anderen Grundstück begründet werden, an dem eine Grunddienstbarkeit zugunsten der jeweiligen Wohnungseigentümer bestellt ist. Denn die Grunddienstbarkeit gilt als Bestandteil des herrschenden Grundstücks, für den das Sondernutzungsrecht wiederum ausschließliche Befugnisse einzelner Wohnungseigentümer anordnen kann (*BayObLG* NJW-RR 1990, 1044 f.; *OLG Köln* NJW-RR 1993, 982 f.). Ohne Dienstbarkeit können allerdings Nachbargrundstücke nicht Gegenstand der Regelung des Gemeinschaftsverhältnisses sein (*OLG Hamm* ZMR 2006, 708). Schließlich können Räume oder Flächen mehreren (etwa bei Begründung von Wohnungseigentum den zu dieser Zeit eingetragenen) Eigentümern verschiedener Einheiten zur alleinigen Nutzung vorbehalten werden (*BayObLG* NJW-RR 1997, 207). Sofern diese Befugnis nicht auf Sonderrechtsnachfolger übergeht, verkleinert sich der Kreis mit jeder Veräuße-

rung. Mit dem Ausscheiden des letzten Berechtigten erlischt das Sondernutzungsrecht (vgl. *BayObLG* NJW-RR 1997, 207). Ähnliches gilt dann auch für Sondernutzungsrechte, die nicht einer Einheit, sondern einem einzelnen Sondereigentümer zugeordnet werden (*Niedenführ/Kümmel/Vandenhouten* § 13 Rn. 24).

II. Die Begründung und Übertragung eines Sondernutzungsrechtes

1. Die Entstehung mit Teilung des Grundstücks

a) Die Zuweisung in der Teilungserklärung

Sondernutzungsrechte sind regelmäßig bereits in der Teilungserklärung vorgesehen. Dabei muss die Eintragung in das Grundbuch zumindest durch Bezugnahme auf einen Plan klar erkennen lassen, auf welche Fläche sich das Sondernutzungsrecht bezieht (*OLG Hamburg* ZMR 2003, 448). Allerdings können selbst pauschale Beschreibungen, etwa die Bezeichnung als »jeweils unmittelbar vor der Wohnung befindlicher Vorgarten« ausreichen, wenn im Zusammenhang mit den Grundbuchunterlagen die Abgrenzung möglich ist (*BayObLG* ZMR 2003, 759). Weichen die Größenangaben von den im Lageplan eingezeichneten Grenzen ab, sind letztere maßgeblich (*BayObLG* NJW-RR 2000, 967). Sofern die genaue Größe der dem Nutzungsrecht unterfallenden Fläche offen bleibt, aber über die Mindestfläche Einigkeit erzielt wurde, ist das Sondernutzungsrecht zumindest in diesem Umfang begründet (*BayObLG* ZMR 2002, 849f). Sind die Grenzen des Sondernutzungsrechtes den Grundbuchunterlagen auch im Wege der Auslegung nicht zu entnehmen, kann es mangels Bestimmtheit nicht entstehen (*OLG Hamm* ZMR 2000, 125; NJW-RR 2001, 85 f. = ZMR ZMR 2000, 693; *OLG Saarbrücken* ZMR 2005, 982; *OLG Hamburg* ZMR 2006, 468). Ist dies der Fall, so kann aber ein Anspruch auf Abänderung der Teilungserklärung bestehen (*OLG Hamburg* ZMR 2006, 469), der schon dem Anspruch auf Mitgebrauch der betroffenen Fläche entgegengehalten werden kann (*OLG Hamm* NJW-RR 2001, 86 = ZMR 2000, 694 f.). Dies setzt aber eine wesentliche Beeinträchtigung voraus, die beim Nichtentstehen eines Sondernutzungsrechtes im Umfang von 0,67% der insgesamt vorgesehenen Sondernutzungsfläche fehlt (*BayObLG* NJW-RR 2000, 968). Bei einer von der Planung abweichenden Bauausführung richtet sich die Größe der Sondernutzungsflächen nach der Teilungserklärung in Verbindung mit dem Aufteilungsplan, nicht nach der tatsächlichen Bauausführung (*OLG Hamburg* ZMR 2003, 448 f.). Die formunwirksame Einräumung von Sondereigentum kann in die Zuweisung eines Sondernutzungsrechtes umzudeuten sein, sofern der Berechtigte Wohnungseigentümer und das Sondernutzungsrecht einer Wohnung zuzuordnen ist (*KG* ZMR 1999, 206). Ferner kann sich das Sondernutzungsrecht bereits aus der Lage und Natur eines Gebäudeteiles ergeben, wenn dieser etwa in ein Wohnungseigentum integriert wird oder nur durch dieses erreicht werden kann wie etwa ein nachträglich angebauter Balkon (*BayObLG* NJW-RR 2004, 1240 = ZMR 2004, 132; im Ergebnis ebenso *BayObLG* NJW-RR 1993, 86; ZMR 2004, 361). Anderes gilt in dem häufig entschiedenen Fall eines Spitzbodens, der nur durch ein Sonder- oder Teileigentum erreicht werden kann. Hieraus wird sich zwar regelmäßig ein Ausschluss der anderen Eigentümer von einer dauernden Benutzung unter Inanspruchnahme fremden Sondereigentums ergeben (*BayObLG* NJW-RR 2001, 801 = ZMR 2001, 563; *OLG Hamm* ZMR 2001, 222; *OLG Hamburg* ZMR 2001, 1000 u. 2005, 68 f.), aber kein Sondernutzungsrecht für den Eigentümer, in dessen Wohnung bzw. Teileigentum sich der Zugang befindet. Dies würde gegen den Grundsatz gleichen Mitgebrauchs gemeinschaftlichen Eigentums verstoßen. Vielmehr ist der Spitzboden in dieser Konstellation von allen Miteigentümern nur zu Zwecken der Dachreparatur und Wartung zu nutzen (*BayObLG* NJW-RR 1992, 83; ZMR 2001, 563; 2004, 844 f.; *OLG Hamm* ZMR 2001, 222 f.; *OLG Köln* NJW-RR 2001, 1094 = ZMR 2001, 570 f.), was der betroffene Wohnungseigentümer seinerseits nach § 14 Nr. 4 WEG dulden muss (*BayObLG* NJW-RR 1992, 83). Allerdings ist in diesen Fällen die Möglichkeit einer Vereinbarung über die alleinige Nutzung durch stillschweigendes oder konkludentes Verhalten zu prüfen (*OLG Düsseldorf* ZMR 2004, 137).

b) Die nachträgliche Zuweisung

30 Es ist nicht erforderlich, dass das Sondernutzungsrecht bereits mit der Teilung des Grundstücks einem bestimmten Wohnungs- oder Teileigentum zugewiesen wird. Dies ist etwa dann von Bedeutung, wenn der teilende Eigentümer noch nicht von vornherein absehen kann, welcher Erwerber Interesse an einem oder mehr Stellplätzen hat. Dabei sind mehrere Vorgehensweisen denkbar. Zum einen kann der teilende Eigentümer eine Vielzahl von Sondernutzungsrechten bei einem vorerst noch von ihm zurückbehaltenen Wohnungs- oder Teileigentum »parken«. Diese kann er dann im Bedarfsfall an interessierte Erwerber verkaufen, da das Sondernutzungsrecht ohne weiteres auf Miteigentümer übertragen werden kann (s. u. Rn. 36). Zulässig ist es aber auch, die Begründung eines Sondernutzungsrechtes vom Eintritt einer aufschiebenden Bedingung gemäß § 158 BGB, etwa einer Zuweisung durch Verwalter oder teilenden Eigentümer, abhängig zu machen (*BayObLG* NJW-RR 1986, 93; NJW-RR 1989, 721; *OLG Düsseldorf* NJW-RR 1987, 1492; 2001, 1380; *OLG Frankfurt* a. M. ZMR 1997, 661; NJW-RR 1998, 1708 f.; *OLG Hamm* ZMR 2000, 124; *OLG Stuttgart* ZMR 2003, 56; *KG* ZMR 2007, 386). Auch in diesem Fall müssen die betroffenen Flächen genau bestimmt sein (*OLG Hamm* ZMR 1998, 454). Dann sind die anderen Miteigentümer bereits durch die Teilungserklärung vom Mitgebrauch der betroffenen Fläche ausgeschlossen (*BayObLG* NJW-RR 1986, 94; *OLG Hamm* ZMR 2000, 124), so dass sich mit Eintritt der Bedingung nur die von vornherein vorgesehene Beschränkung verwirklicht, weshalb ihre Mitwirkung entbehrlich ist. Auch der Zustimmung der dinglich Berechtigten bedarf es deshalb in diesem Falle nicht (*OLG Düsseldorf* NJW-RR 1987, 1492; *BayObLG* NJW-RR 1986, 94). Sofern die Flächen oder Räumlichkeiten, an denen ein Sondernutzungsrecht bestehen soll, nicht vorab bezeichnet sind, genügt eine in der Teilungserklärung enthaltene Befugnis des Verwalters zur Gewährung von Sondernutzungsrechten am Gemeinschaftseigentum auf keinen Fall. Denn ein Erwerber könnte dann weder aus der Eintragung noch aus der Eintragungsbewilligung ersehen, ob der Verwalter von dieser Befugnis Gebrauch gemacht hat (*KG* NJW-RR 1987, 654). Die Befugnis, ein Sondernutzungsrecht zuzuweisen, ist aber kein eigenes verkehrsfähiges Recht und mithin nicht pfändbar (*OLG Stuttgart* ZMR 2003, 56 f.). Im Übrigen kommen auch andere Bedingungen in Betracht, etwa die Errichtung der Räumlichkeiten, an denen das Sondernutzungsrecht bestehen soll (*OLG Düsseldorf* ZMR 2001, 839).

31 Einer obergerichtlich vertretenen Auffassung zufolge soll das Sondernutzungsrecht auch unter einer auflösenden Bedingung begründet werden können, etwa unter Übernahme der Verpflichtung zur Gartenpflege. Mit Einstellung der Pflege soll das Sondernutzungsrecht erlöschen (*OLG Düsseldorf* ZMR 2000, 552). Dies erscheint jedenfalls bei seiner Eintragung in das Grundbuch im Hinblick auf die verdinglichte Wirkung eingetragener Sondernutzungsrechte bedenklich; letztlich dürfte diese Problematik aber durch die Möglichkeit gutgläubigen Erwerbs entschärft sein.

c) Die nachträgliche Begründung von Sondernutzungsrechten

32 Sondernutzungsrechte können auch nach Teilung des Grundstücks noch begründet werden. Dies erfordert allerdings eine Vereinbarung aller Wohnungseigentümer und grundbuchrechtlich die Bewilligung nach §§ 19, 29 GBO. Hingegen kommt eine Begründung durch (unangefochtenen) Mehrheitsbeschluss nicht in Betracht, da den Wohnungseigentümern für eine solche Änderung der Teilungserklärung die Beschlusskompetenz fehlt (*BGH* ZMR 2000, 772 ff.; *OLG Stuttgart* NJW-RR 1987, 330 f.; *BayObLG* NJW-RR 1989, 657; 1990, 1105; NJW-RR 2005, 313; *OLG Braunschweig* NJW-RR 1990, 980; *OLG Köln* NJW-RR 1992, 598; 2001, 1305; *KG* NJW-RR 1993, 1105; *OLG Düsseldorf* NJW-RR 2003, 1378 = ZMR 2003, 956 ZMR 2003, 956). Dies gilt nicht nur für Flächen und Räume, sondern auch für sonstige im Gemeinschaftseigentum stehende Gegenstände wie Wasserhähne (*OLG München* NJW-RR 2007, 806 = ZMR 2007, 561). Hieran ändert auch eine Öffnungsklausel nichts, die die Änderung der Gemeinschaftsordnung mit einer qualifizierten Mehrheit zulässt. Denn diese erlaubt keine Neuordnung der sachenrechtlichen Aufteilung des Grundstücks (*OLG Köln* ZMR 1998, 373; a. A. *Niedenführ/Kümmel/Vandenhouten* § 13 Rn. 27). Über die Vereinbarung der Wohnungseigentümer hinaus bedarf es auch nach neuem Recht (§ 5 Abs. 4 S. 2 WEG) grundsätzlich analog §§ 877, 876 BGB der Zustimmung dinglich Berechtigter (*BayObLG* NJW-RR 1986, 93; 1988, 592), insbesondere der Grundpfandrechtsgläubiger, Nieß-

brauchsberechtigten und Auflassungsvormerkungsberechtigten (*BGH* DNotZ 1984, 696 f.; *BayObLG* ZMR 2002, 773), wobei es alleine auf die rechtliche, nicht auf eine wirtschaftliche Betrachtung ankommt (*BGH* DNotZ 1984, 696 f.). Entbehrlich ist sie allerdings dann, wenn ein Wohnungseigentum durch das Sondernutzungsrecht lediglich begünstigt wird und dessen Begründung nicht mit dem Ausschluss von anderen Mitbenutzungsmöglichkeiten einhergeht (*BayObLG* Rpfleger 1990, 63 f.). Ebenso wenig ist die Zustimmung dinglich Berechtigter erforderlich, wenn das betroffene Wohnungseigentum ohnehin schon vom Mitgebrauch ausgeschlossen ist (*BayObLG* Rpfleger 1986, 257 f.). Schließlich können auch landesrechtliche Regelungen (entsprechende) Anwendung finden und die Zustimmung durch ein Zeugnis ersetzt werden, wonach die Begründung des Sondernutzungsrechts für die dinglich Berechtigten unschädlich ist (*BayObLG* NJW-RR 1988, 593; 2003, 1523).

Ohne Eintragung in das Grundbuch kommt durch Vereinbarung nur ein rein schuldrechtliches Sondernutzungsrecht zustande (*BayObLG* NJW-RR 2003, 10 = ZMR 2002, 849; *OLG Saarbrücken* ZMR 2005, 983; *KG* ZMR 2007, 387). Alleine aus öffentlich-rechtlichen Genehmigungen wie Gaststättenkonzessionen folgt ebensowenig ein Anspruch auf alleinige Nutzung der betroffenen Fläche (*OLG Frankfurt a. M.* Rpfleger 1980, 391; *BayObLG* ZWE 2001, 606 f.) wie aus lang anhaltendem Alleingebrauch (*OLG Hamm* ZMR 2000, 125; *OLG Düsseldorf* NJW-RR 2003, 1378 = ZMR 2003, 956). Das rein schuldrechtliche, nicht in das Grundbuch eingetragene Sondernutzungsrecht räumt dem Berechtigten die Sondernutzung aber nur gegenüber den Eigentümern ein, mit denen die Vereinbarung geschlossen wurde. Einem Sonderrechtsnachfolger gegenüber entfaltet es gemäß § 10 Abs. 3 WEG keine Wirkung (*KG* NJW-RR 1997, 206; *OLG Köln* ZMR 2002, 75; *BayObLG* NJW-RR 2003, 10 = ZMR 2002, 849). 33

d) Die Änderungen durch die Novelle bei Verbindung aller Einheiten mit Sondernutzungsrechten

aa) Der Grundfall

Nach neuem Recht bedarf die Begründung eines Sondernutzungsrechtes nach § 5 Abs. 4 S. 3 WEG nicht mehr der Zustimmung der dinglichen Gläubiger, wenn Sondernutzungsrechte etwa an den Parkplätzen für alle Einheiten begründet werden. Dies begründen die Gesetzesmaterialien zutreffend mit der Überlegung, dass der Wert des belasteten Wohnungs- bzw. Teileigentums aufgrund der gesicherten Rechtsstellung und somit die Befriedigungschancen der Grundpfandrechtsgläubiger eher steigen, auch wenn hiermit formal ein Rechtsverlust am gemeinschaftlichen Eigentum verbunden ist (BT-Drucks. 16/887, 15). Dies gilt sinngemäß auch bei der Begründung von Sondernutzungsrechten an einzelnen Keller- oder Speicherabteilen und ähnlichen Räumlichkeiten. Deshalb müssen in Rückausnahme von § 5 Abs. 4 S. 2 WEG noch nicht einmal die Hypotheken-, Grundschuld-, Rentenschuld- oder Reallastgläubiger der Begründung von Sondernutzungsrechten zustimmen. Entsprechendes wird gelten, wenn die Fläche oder Räumlichkeit – etwa in Mehrhausanlagen – ohnehin nur bestimmten Einheiten zusteht und das belastete Wohnungseigentum nicht hierzu gehört. Dieses ist aber ohnehin von der Nutzung der betroffenen Fläche ausgeschlossen, so dass der Grundpfandrechtsgläubiger nicht schlechter steht als vorher (s. im Einzelnen *Abramenko* § 1 Rn. 9). 34

bb) Die Benachteiligung von Inhabern belastender Rechte

Der Wortlaut von § 5 Abs. 4 S. 3 WEG stellt allerdings nur darauf ab, dass jeder Einheit irgendein Sondernutzungsrecht zugeordnet wird. Das schließt nicht aus, dass einer Einheit – etwa einer Gewerbeeinheit – eine Sondernutzung zuerkannt wird, die weit hinter der ursprünglichen Nutzung der Gemeinschaftsfläche zurückbleibt. Dies kann die Grundpfandrechtsgläubiger durchaus beeinträchtigen, da etwa ein großes Ladengeschäft mit nur einem Parkplatz praktisch unverwertbar ist. I. d. R. wird zwar schon das Eigeninteresse eines Wohnungseigentümers eine solche Benachteiligung bei der Zuordnung von Sondernutzungsrechten verhindern. Anderes kann bei wirtschaftlicher Schieflage der Fall sein, wenn etwa die für eine Gesellschaft handelnde natürliche Person versucht, einen Teil des vorhandenen Vermögens vor dem Zugriff der Gläubiger zu retten. Die Lösung dieser Fälle ist aber nicht im Wohnungseigentumsrecht zu suchen. Nach Wortlaut 35 und Begründung von § 5 Abs. 4 S. 3 WEG liegen die Voraussetzungen einer Eintragung ohne Zustimmung der Gläubiger gleichwohl vor; eventuelle Beeinträchtigungen sind nach der Gesetzesbegründung hinzunehmen (BT-Drucks. 16/887, 16). Vielmehr hat der solchermaßen beeinträchtigte Grundpfandrechtsgläubiger bei den Rückgewährvorschriften des Anfechtungsgesetzes bzw. der Insolvenzordnung anzusetzen, da diese Zuordnung von Sondernutzungsrechten i. d. R. eine nach §§ 3 ff. AnfG bzw. §§ 129 ff. InsO anfechtbare Verfügung darstellen wird (vgl. im Einzelnen *Abramenko* § 1 Rn. 10 ff.).

2. Die Übertragung von Sondernutzungsrechten

36 Sondernutzungsrechte können ohne Zustimmung der anderen Wohnungseigentümer übertragen werden, da diese schon durch deren Begründung von dem Gebrauch der betroffenen Fläche ausgeschlossen sind (*BGH* Rpfleger 1979, 57 f.; *OLG Stuttgart* NJW-RR 1986, 319; *OLG Düsseldorf* NJW-RR 1996, 1418; *KG* ZMR 2007, 387), wobei allerdings nur die Übertragung auf einen Miteigentümer in Betracht kommt (vgl. o. Rn. 27). Dabei werden nicht im Grundbuch gewahrte Sondernutzungsrechte ihrem schuldrechtlichen Charakter entsprechend durch Abtretung übertragen. Bei eingetragenen Sondernutzungsrechten bedarf es ihrer dinglichen Natur gemäß der Einigung und Eintragung nach §§ 873, 877 BGB (vgl. *BGH* ZMR 2001, 120). Die Zustimmung der anderen Wohnungseigentümer ist nicht erforderlich, da sie bereits von der Nutzung der betroffenen Flächen bzw. Räume ausgeschlossen sind und durch die Übertragung nicht in ihren Rechten beeinträchtigt werden können (*BGH* Rpfleger 1979, 57 f.). Ebenso wenig müssen dinglich Berechtigte zustimmen (*BayObLG* NJW-RR 1986, 94) mit Ausnahme natürlich derjenigen, denen Rechte an dem betroffenen Wohnungs- oder Teileigentum zustehen, da diese durch Übertragung des Sondernutzungsrechtes geschmälert werden.

III. Der Inhalt des Sondernutzungsrechtes

1. Alleinige Nutzung

a) Inhalt der Befugnis zur alleinigen Nutzung

37 Das Sondernutzungsrecht hat regelmäßig die ausschließliche Nutzungsmöglichkeit eines oder mehrerer Miteigentümer an der betroffenen Fläche zum Gegenstand. Nicht möglich ist eine Beschränkung auf eine bestimmte Nutzungsart, während den Miteigentümern andere Nutzungsmöglichkeiten verbleiben (*OLG Naumburg* WuM 1998, 302; *OLG Jena* Rpfleger 1999, 70 f.; a. A. *Sauren* § 15 Rn. 18). Eine solche Vereinbarung wird aber als Gebrauchsregelung nach § 15 WEG zulässig sein. Das Sondernutzungsrecht kann auf bestimmte Nutzungsarten beschränkt sein, aber auch ohne diese Einschränkung eingeräumt werden (*BayObLG* DNotZ 1999, 674). Es kann einem oder mehreren Wohnungseigentümern gemeinschaftlich zustehen. In letzterem Fall richtet sich deren Verhältnis untereinander nach Gemeinschaftsrecht der §§ 741 ff. BGB (*BayObLG* WE 1994, 18).

b) Mitbenutzung durch andere Wohnungseigentümer

38 Beschränkungen der Alleinnutzung können aber vereinbart sein oder sich aus der Beschaffenheit der betroffenen Fläche ergeben, wie etwa ein Wegerecht zu dem Kellereingang in einer der Sondernutzung unterstehenden Gartenfläche (*KG* NJW-RR 1990, 333 f.; *BayObLG* ZMR 1996, 510; *OLG Stuttgart* ZMR 2001, 731). Auch ohne entsprechende Regelung durch Teilungserklärung oder Beschluss können sich Beschränkungen der alleinigen Nutzung ergeben. Nach Treu und Glauben kann der Sondernutzungsberechtigte verpflichtet sein, die ihm zugewiesene Fläche oder Räumlichkeit der Eigentümergemeinschaft zur Verfügung zu stellen, wenn deren Inanspruchnahme für tatsächlich oder rechtlich zwingend erforderliche Einrichtungen (z. B. Stellplätze) unvermeidbar wird (*BayObLG* ZMR 2002, 368; *OLG Hamburg* ZMR 2004, 934). Hierfür ist dem Sondernutzungsberechtigten aber ein Ausgleich zu leisten, der sich nach dem Verkehrswert des Gebrauches der betroffenen Räumlichkeit oder Teilfläche (nicht des Gesamtgrundstücks) richtet (*KG* ZMR 1999, 357; *KG* ZMR 2001, 848 f.; *OLG Hamburg* ZMR 2004, 934). Eine einmalige Abfindung kann allerdings auch i. S. d. Gemeinschaftsfriedens sinnvoll sein (*KG* ZMR 1999, 358).

c) Einschränkungen im Gebrauch der Sondernutzungsflächen bzw. -räume

Zulässig ist auch die Beschränkung auf bestimmte Nutzungsarten (*BayObLG* DNotZ 1999, 674). 39
Sofern nur der Konkretisierung des ordnungsgemäßen Gebrauchs dienend können Beschränkungen etwa zur äußeren Gestaltung eines Gartens oder einer Terrasse auch durch Mehrheitsbeschluss erfolgen (*BayObLG* WE 1994, 114; ZMR 2001, 819). Mit Mehrheitsbeschluss können die Eigentümer auch einen störenden Gebrauch etwa zum nächtlichen Betrieb einer Sondernutzungsfläche als Biergarten ausschließen; öffentlich-rechtliche Erlaubnisse stehen dem nicht entgegen (*BayObLG* ZMR 2001, 824). Ähnliches gilt für das Versperren der Einfahrt zu Parkplätzen (*OLG München* ZMR 2007, 484 f.).

2. Veränderungen durch den Sondernutzungsberechtigten

a) Gartenpflege

Wie das Sondereigentum ist das Sondernutzungsrecht so zu nutzen, dass Rechte anderer Wohnungseigentümer nicht über das unvermeidliche Maß gemäß § 14 Nr. 1 WEG hinaus beeinträchtigt werden (*OLG Köln* NJW-RR 1997, 14 = ZMR 1997, 47; *OLG Hamm* NJW-RR 2003, 231 = ZMR 2003, 372). Dies bereitet nach der Zahl der veröffentlichten Entscheidungen besondere Probleme bei Gartenflächen, an denen ein Sondernutzungsrecht besteht. Die Bezeichnungen »Garten«, »Gartenfläche« o. ä. erlauben regelmäßig nur eine gärtnerische Nutzung oder die Inanspruchnahme zur Freizeitgestaltung (*OLG Köln* NJW-RR 1997, 14; *OLG Hamm* NJW-RR 2000, 1402). Im Ausnahmefall steht die Bezeichnung als »Garten« der Errichtung von Garagen nicht entgegen, wenn diese Fläche schon nach der Teilungserklärung nicht nur gärtnerischen Zwecken, sondern auch der Zufahrt zu vorhandenen Garagen dient (*OLG Düsseldorf* NJW-RR 1996, 1229). Ist dies nicht der Fall, kommen nur gartenbauliche Nutzungen durch gärtnerische Anlagen (*BayObLG* ZMR 1999, 652; 2001, 123; *OLG Schleswig* ZMR 2001, 854 – sehr weit gehend), Rankgerüste, Kinderspielgeräte (*OLG Düsseldorf* NJW-RR 1989, 1167; *BayObLG* ZMR 1998, 504; NJW-RR 1999, 958) oder kleinere Kaninchengehege (*OLG Köln* NJW-RR 2005, 1542) in Betracht. Auch bis zu 75 cm hohe Gartenzwerge sollen zur Ausübung des Sondernutzungsrechtes gehören (*AG Recklinghausen* NJW-RR 1996, 657 – zweifelhaft). Dasselbe gilt für die übliche gärtnerische Pflege einschließlich des Rückschnittes und der Anpflanzung und Entfernung von Pflanzen, die nicht das Gesamtbild prägen (*KG* NJW-RR 1987, 1360 f.; 1996, 465; *OLG Köln* NJW-RR 1997, 14 = ZMR 1997, 47; *BayObLG* ZMR 1998, 41 f.; NJW-RR 1999, 958; *OLG Hamm* NJW-RR 2003, 231 = ZMR 2003, 372; *OLG Hamburg* ZMR 2003, 523 f.). Für Rückschnitt und Pflege des Gartens durch den Sondernutzungsberechtigten können oftmals die auch für den Grundstücksnachbarn geltenden Schranken herangezogen werden, da der Miteigentümer keine stärkeren Beeinträchtigungen hinnehmen muss, die nachbarrechtlich zulässigen Einwirkungen aber i. d. R. ebenfalls zu dulden hat (*BayObLG* NJW-RR 1987, 846 f.; *KG* NJW-RR 1987, 1360 ff.; 1996, 465; *OLG Hamm* NJW-RR 2003, 231 = ZMR 2003, 372). Zwischen den Miteigentümern ist aber aufgrund des Gemeinschaftsverhältnisses stärkere Rücksichtnahme geboten, so dass etwa Beseitigungsansprüche auch dann bestehen können, wenn sie als negative Immissionen nicht abwehrbar (*OLG Köln* NJW-RR 1997, 14 = ZMR 1997, 48; *OLG Hamm* NJW-RR 2003, 231 = ZMR 2003, 372) oder durch die Ausschlussfristen nach den nachbarrechtlichen Bestimmungen nicht mehr durchsetzbar (*OLG Köln* NJW-RR 1997, 14 f. = ZMR 1997, 48) wären. Radikale Umgestaltungen können weder verlangt noch eigenmächtig durchgeführt werden. So kann der Miteigentümer üblicherweise nicht die komplette Entfernung einer Anpflanzung wegen Verschattung verlangen, wenn bereits die Auslichtung Abhilfe schafft (*KG* NJW-RR 1996, 465; *OLG Köln* NJW-RR 1997, 14 = ZMR 1997, 47; *OLG Hamm* NJW-RR 2003, 232 = ZMR 2003, 373). Umgekehrt ist die eigenmächtige Entfernung von Hecken und Bäumen unzulässig, wenn diese das Gesamtbild prägen oder für den Sichtschutz erforderlich sind (*BayObLG* ZMR 2000, 849; *OLG Hamburg* ZMR 2003, 524; *OLG München* 2006, 68). Dies gilt erst recht für das Abholzen des gesamten Baum- und Strauchbestandes (*OLG Düsseldorf* NJW-RR 1994, 1168). Gleiches gilt für Anpflanzungen (*KG* NJW-RR 1987, 1361; 1996, 465; *OLG Köln* NJW-RR 1997, 15 = ZMR 1997, 48), die das Gesamtbild beeinträchtigen, etwa für schnell wachsende Bäume. Auch zu sonstigen baulichen Veränderungen, etwa zur Vergrößerung einer Terrasse (*BayObLG* NJW-RR 1997, 971 f.), der Pflasterung von Freiflächen (*OLG Hamm* NJW-RR 2000, 1402), der Verlegung 40

§ 13 | Rechte des Wohnungseigentümers

von Trittsteinen (*BayObLG* NJW-RR 2002, 158), der Errichtung von Mauern (*OLG Hamm* NJW-RR 2000, 1402) ist der Inhaber eines Sondernutzungsrechts nicht berechtigt.

b) Veränderungen der Baulichkeiten

41 Das Sondernutzungsrecht berechtigt ebenso wenig wie das Sondereigentum zu baulichen Veränderungen, die den Gesamteindruck beeinflussen (zu einem Fall ohne optische Beeinträchtigung s. *BayObLG* ZMR 2003, 514 f.). So ist etwa die Errichtung von Carports (*BayObLG* ZMR 2003, 364) bzw. Garten- oder Gerätehäusern (*BayObLG* MDR 1986, 940; NJW-RR 1988, 591; 1992, 976; *KG* NJW-RR 1987, 1361; *OLG Köln* ZMR 1995, 606; anders bei fehlender optischer Beeinträchtigung *BayObLG* ZMR 2000, 117), das Anbringen von Markisen (*KG* ZMR 1994, 426 f.) oder Einzäunungen (*KG* NJW-RR 1994, 526 f.; ZMR 1997, 316; *OLG Hamburg* ZMR 2002, 621 u. 2003, 524) oder der Bau eines Schwimmbades (*BayObLG* ZMR 1999, 580) unzulässig. Auch die bauliche Abgrenzung eines Stellplatzes, die das Einparken anderer Miteigentümer behindert (*BayObLG* MDR 1981, 937) ist ebenso unzulässig wie ein Deckendurchbruch, der die intensivere Nutzung der Räumlichkeiten ermöglicht (*BayObLG* NJW-RR 1993, 1295 – Ls –). Auch die Art der Nutzung darf nur mit Zustimmung der Wohnungseigentümer geändert werden.

c) Reihen- und Doppelhäuser

42 Anderes kann insbesondere bei baulich deutlich getrennten »Wohnungen« wie Reihen- oder Doppelhäusern jeweils vereinbart werden (*OLG Stuttgart* ZMR 1999, 285 f.; *OLG Hamburg* ZMR 2003, 446), was aber ausdrücklich geschehen muss. Die Regelung, dass Sondernutzungsrechte wie Sondereigentum behandelt werden, genügt insoweit nicht (*BayObLG* WuM 1990, 92). Auch wenn das Sondernutzungsrecht mit der Befugnis zugewiesen wurde, im Rahmen der alleinigen Nutzung Baulichkeiten auf einer Grundstücksfläche zu errichten, enthält dies nicht schon die vorweggenommene Einigung über die Einräumung von Sondereigentum an den entstandenen Räumen (*BayObLG* ZMR 2000, 780).

IV. Die Kostentragung für Instandhaltung und Instandsetzung der Räume und Flächen eines Sondernutzungsberechtigten

1. Die Grundregel des § 16 Abs. 2 WEG

43 Die Kosten für die Instandhaltung und Instandsetzung der Flächen und Gebäudeteile, an denen Sondernutzungsrechte bestehen, trifft grundsätzlich nach § 16 Abs. 2 WEG die Eigentümergemeinschaft, da es sich um gemeinschaftliches Eigentum handelt (*OLG Hamburg* ZMR 2004, 614 f.). Sie können aber durch Teilungserklärung oder Vereinbarung ganz oder teilweise dem Sondernutzungsberechtigten auferlegt werden (*BayObLG* ZMR 2002, 953 u. 2004, 357). Dies kann sich auch im Wege der Auslegung etwa aus der Bestimmung ergeben, dass Sondernutzungsrechte wie Sondereigentum zu behandeln sind (*BayObLG* ZMR 2004, 357). Unbestimmte Formulierungen genügen insoweit allerdings nicht (*OLG Hamburg* ZMR 2004, 615). Die Bestimmung, wonach der Berechtigte die Kosten der vom Sondernutzungsrecht umfassten Flächen und Räumlichkeiten so zu tragen hat wie ein Sondereigentümer, verpflichtet aber nicht zur Verbesserung des bei der Teilung bestehenden Zustands (*BayObLG* NJW-RR 1988, 140). Eine Regelung zur alleinigen Kostentragung des Sondernutzungsberechtigten kann auch konkludent getroffen werden. Dies kann insbesondere dann anzunehmen sein, wenn die anderen Wohnungseigentümer einer baulichen Veränderung zustimmen, die der Sondernutzungsberechtigte auf seine Kosten vornehmen will (*BayObLG* ZMR 2001, 830 f.). Auch wenn eine Pflicht zur Tragung von »Instandhaltungs- und Instandsetzungskosten« besteht, umfasst diese allerdings nicht solche Arbeiten, die zur Abwendung einer Gefahr für andere Teile des Gemeinschaftseigentums erforderlich sind wie etwa die Entfernung eines Baumes, dessen Wurzel die Baulichkeiten beschädigen (*OLG Düsseldorf* ZMR 2004, 609 f.).

2. Die Ausnahme im Einzelfall nach § 16 Abs. 4 WEG

44 Sofern nunmehr auch die Kosten für Instandhaltung und Instandsetzung nach § 16 Abs. 4 WEG mit doppelt qualifizierter Mehrheit im Einzelfall nach dem Gebrauch bzw. der Möglichkeit des Gebrauchs neu verteilt werden können, dürfte dies nicht ohne weiteres bei Maßnahmen an Räum-

lichkeiten oder Flächen, an denen ein Sondernutzungsrecht besteht, möglich sein. Auch wenn dies auf Einzelfälle beschränkt ist, würde eine ausdehnende Handhabung dazu führen, dass jedenfalls teure Maßnahmen von den Sondernutzungsberechtigten alleine zu übernehmen wären. Dies würde in vielen Wohnungseigentumsanlagen nicht nur zum Wiederaufleben der Diskussion über eine »gerechtere« Verteilung von Kosten für solches vorrangig von einzelnen genutztes Gemeinschaftseigentum führen. Vor allem stünde dies im Widerspruch zu § 21 Abs. 5 Nr. 2 WEG, wonach die Instandhaltung des Gemeinschaftseigentums auch nach der Neufassung des WEG Angelegenheit der ordnungsmäßigen Verwaltung ist, die allen Wohnungseigentümern obliegt. Hierauf besteht ein Anspruch aus § 21 Abs. 4 WEG, der auch gegen den Mehrheitswillen durchsetzbar ist. Dieser Widerspruch zwischen § 21 Abs. 5 Nr. 2 WEG und § 16 Abs. 4 S. 1 WEG ist wohl durch eine korrigierende Auslegung des Wortlauts zu lösen, die sich an der Gesetzessystematik orientiert. § 16 Abs. 4 WEG regelt nämlich die Instandhaltung und Instandsetzung im Zusammenhang mit baulicher Veränderung und Modernisierung, die eine bei Entstehung der Gemeinschaft noch nicht absehbare Veränderung voraussetzen. Dies ist nicht der Fall, wenn die Kosten der Instandhaltung und Instandsetzung nur den vorhandenen Bestand betreffen. Denn die Kostentragung hierfür war für jeden Erwerber vorhersehbar. Daher besteht nunmehr kein schützenswertes Interesse, die (qualifizierte) Mehrheit auf Kosten eines Eigentümers nachträglich zu entlasten. Vielmehr muss nach den Grundsätzen des *BGH* zum »Zitterbeschluss« der in der Teilungserklärung abgesteckte Rahmen für die Beziehungen innerhalb der Gemeinschaft grundsätzlich mehrheitsfest bleiben. Ganz abgesehen davon ist die stärkere Nutzung etwa infolge eines Sondernutzungsrechtes oftmals schon in der Teilungserklärung mit einer erhöhten Kostenbelastung oder Regelungen etwa zur Pflege bestimmter Flächen berücksichtigt, so dass eine Abänderung auf eine Doppelbelastung hinausliefe. Eine Beschlussfassung nach § 16 Abs. 4 WEG kommt daher nur in Betracht, wenn Veränderungen, die sich auf die Kosten für die Instandhaltung und Instandsetzung des gemeinschaftlichen Eigentums auswirken, nachträglich vorgenommen wurden. Dies ist etwa beim Einbau zusätzlicher Einrichtungen der Fall, wenn der Sondernutzungsberechtigte z. B. den von ihm genutzten Gebäudebestandteil mit Versorgungsleitungen versieht. Auch diese werden mit dem Einbau Gemeinschaftseigentum. Ähnliches gilt für Anpflanzungen auf einer Gartenfläche, an der ein Sondernutzungsrecht besteht. Im Gegensatz zur Instandhaltung und Instandsetzung des überkommenen Bestandes handelt es sich bei diesen, u. U. hohe Folgekosten verursachenden Maßnahmen aber wie bei baulichen Veränderungen um Änderungen des ursprünglichen Zustands. Da die Miteigentümer diese nicht von vorneherein absehen konnten, erscheint es auch nicht unbillig, wie dort eine Überwälzung der Kosten auf den hierdurch Begünstigten zu ermöglichen. Dabei kommt es auf die Zulässigkeit der Veränderungen nicht an.

V. Ansprüche bei Störungen oder unzulässiger Nutzung des Sondernutzungsrechtes

1. Störungen des Sondernutzungsrechtes

Der Sondernutzungsberechtigte kann aus § 1004 BGB – gegen Miteigentümer auch aus § 280 BGB 45 i. V. m. dem Gemeinschaftsverhältnis – die Unterlassung von Störungen seines Sondernutzungsrechtes verlangen (*BayObLG*, NJW-RR 1987, 1041 f.), und ebenso die Beseitigung bereits erfolgter Störungen, etwa eigenmächtiger Anpflanzungen (*BayObLG* NJW-RR 1990, 1106). Ferner kann er Besitzschutzansprüche und Abwehransprüche wegen verbotener Eigenmacht (*BayObLG* NJW-RR 1990, 1106; *KG* ZMR 1999, 357; *OLG Düsseldorf* ZMR 2001, 220) geltend machen. Darüber hinaus stehen ihm deliktische Ansprüche auf Schadensersatz wie auch die Herausgabe von Gebrauchsvorteilen wegen ungerechtfertigter Bereicherung zu (*BayObLG* NJW-RR 1998, 876; *KG* ZMR 1999, 357).

2. Unzulässige Nutzung des Sondernutzungsrechtes

Umgekehrt bestehen bei unzulässiger Nutzung des Sondernutzungsrechtes durch den Berechtig- 46 ten Ansprüche auf Beseitigung bzw. Unterlassung aus § 1004 BGB sowie aus § 823 Abs. 1 BGB (*BayObLG* ZMR 1995, 496 u. 2000, 849; *OLG Hamm* ZMR 1998, 717), die auf die Wiederherstellung des ordnungsgemäßen Zustandes gerichtet sind. Sofern der Anspruch auf Beseitigung von Baulichkeiten nicht geltend gemacht oder ausnahmsweise nach § 242 BGB ausgeschlossen ist, können die anderen Wohnungseigentümer trotz ihres Ausschlusses vom Gebrauch der Sondernutzungsfläche einen Anteil am Erlös evtl. erzielter Mieten hierfür verlangen (*OLG Düsseldorf* NJW-RR 1987, 1164).

3. Das Verfahren

47 Die Ansprüche wegen der Störung des Sondernutzungsrechtes kann der Berechtigte als Individualansprüche naturgemäß alleine ohne Ermächtigung durch die Eigentümergemeinschaft geltend machen. Auch die gegen die unzulässige Nutzung des Sondernutzungsrechtes gerichteten Ansprüche soll jeder Eigentümer ohne ermächtigenden Eigentümerbeschluss selbst geltend machen können (*OLG Düsseldorf* NJW-RR 1994, 1168; *BayObLG* ZMR 1995, 496; *OLG Hamburg* ZMR 2002, 621), was beim Schadensersatz eigentlich mit der Verwaltungszuständigkeit der Wohnungseigentümer kollidiert (vgl. o. Rn. 26). Dasselbe gilt, wenn ein Eigentümer ein eigenes Recht auf Mitbenutzung geltend macht, da es sich auch hierbei um einen Individualanspruch handelt (*OLG Hamm* ZMR 1998, 717).

48 Diese Ansprüche sind gegen Miteigentümer vor dem nach § 43 Nr. 1 WEG zuständigen Gericht zu verhandeln. Dies gilt auch für Streitigkeiten um Bestand, Inhalt und Umfang von Sondernutzungsrechten (vgl. BGHZ 109, 398 f.). Die Zuständigkeit nach § 43 Nr. 1 WEG ist aber nicht gegeben, wenn Pflichten im Streit stehen, die nicht aus dem Gemeinschaftsverhältnis, sondern aus anderen Rechtsbeziehungen resultieren, etwa aus Kaufverträgen mit dem teilenden Eigentümer (vgl. *OLG Zweibrücken* ZMR 2002, 471; ähnlich *OLG Saarbrücken* ZMR 1998, 594 f.), im Übrigen natürlich auch nicht für Verfahren gegen Außenstehende.

4. Das Vorgehen gegen Gebrauchsregelungen

49 Besteht der Eingriff in einer Beschlussfassung über den Gebrauch des Sondernutzungsrechtes (oder für seine Nutzung bedeutsame Flächen oder Räumlichkeiten), muss der Berechtigte den Eigentümerbeschluss anfechten (*BayObLG* NJW-RR 1989, 721). Andernfalls werden lediglich anfechtbare Beschlüsse bestandskräftig. Insoweit gilt nichts anderes als zu Gebrauchsregelungen, die das Sondereigentum betreffen (vgl. u. § 15 Rn. 17 ff.).

VI. Die Änderung und Aufhebung von Sondernutzungsrechten

1. Die Änderung von Sondernutzungsrechten

50 Das Sondernutzungsrecht kann nicht durch Mehrheitsbeschluss, sondern nur durch Vereinbarung abgeändert werden. Dem müssen auch die dinglich Berechtigten zustimmen (*BayObLG* NJW-RR 2002, 1526). Ein allstimmiger Beschluss kann zwar als Vereinbarung anzusehen sein, genügt aber nicht den Anforderungen des § 29 Abs. 1 S. 1 GBO (*BayObLG* NJW-RR 2001, 1165). Untersagen die Eigentümer gleichwohl im Beschlusswege eine vom Sondernutzungsrecht erfasste Nutzung oder bauliche Veränderung, ist dieser Beschluss nichtig (*OLG Köln* ZMR 2002, 702 f.). Soll der Inhalt des Sondernutzungsrechtes zugunsten des Sondernutzungsberechtigten geändert werden, kann auch dies nur mit Zustimmung aller Wohnungseigentümer erfolgen. Insbesondere kann der Sondernutzungsberechtigte die Art der Nutzung nicht eigenmächtig ändern, etwa Speicherräume zu Wohnzwecken nutzen (*OLG Frankfurt a. M.* OLGZ 1991, 185; *BayObLG* ZMR 1993, 477 f.) oder gar ausbauen (*OLG Hamm* ZMR 1998, 719). Eine Ausnahme gilt nur dann, wenn die anderen Wohnungseigentümer in keiner Weise betroffen sind, weil etwa nur die Grenzen zwischen zwei Sondernutzungsrechten verschoben werden (*OLG Hamm* Rpfleger 1997, 376 f.; *BayObLG* DNotZ 1999, 674 f.).

2. Die Aufhebung von Sondernutzungsrechten

51 Entsprechendes gilt für die Aufhebung des Sondernutzungsrechtes. Sie bedarf materiell-rechtlich der Zustimmung aller Wohnungseigentümer und der dinglich Berechtigten als actus contrarius zur Begründung. Ein einseitiger Verzicht des Sondernutzungsberechtigten genügt nicht, da dies zu einer Änderung der Verhältnisse zwischen den Wohnungseigentümern führen würde (*BGH* ZMR 2001, 119; *OLG Düsseldorf* NJW-RR 1996, 1418 f.). Ebenso wenig kann das Sondernutzungsrecht verwirkt werden, da es insoweit dinglichen Rechten gleich steht: Verwirkt werden

kann nämlich nur ein Anspruch aus dem dinglichen Recht, nicht aber dieses selbst (*OLG Hamburg* ZMR 2003, 523; *OLG Celle* NJW-RR 2007, 236, wo entgegen den vorangehenden Ausführungen in Wirklichkeit eine Zustimmung zur Verlegung der Sondernutzungsfläche vorlag; a. A. OLG Köln, NJWE-MietR1996, 203). Grundbuchrechtlich bedarf es dagegen nur der Bewilligung durch den Sondernutzungsberechtigten, da die Rechte der anderen Wohnungseigentümer nicht beeinträchtigt sein können (*BGH* ZMR 2001, 119 f.). Vor Invollzugsetzung der Wohnungseigentümergemeinschaft kann der teilende Eigentümer (künftige) Sondernutzungsrechte einseitig verändern, auch durch Testament (*BayObLG* NJW-RR 2005, 887).

Anhang zu § 13 Besonderheiten bei der Vermietung von Sonder- und/oder Gemeinschaftseigentum

Inhaltsverzeichnis

A. Grundsätzliches	1
I. Vermietungsbeschränkungen	1
1. Vermietungsausschluss	1
2. Zustimmungsvorbehalte	11
II. Inkongruenz zwischen Mietvertrag und der Teilungserklärung bzw. der Beschlusslage	27
III. Haftung des vermietenden Sondereigentümers gegenüber der restlichen Wohnungseigentümergemeinschaft	55
IV. Sanktionen gegen den (zahlungssäumigen) vermietenden Wohnungseigentümer und/oder seinen Mieter	84
1. Keine Energiesperre gegen Mieter von wohngeldsäumigen Eigentümern?	84
2. Rechtslage gegenüber dem säumigen Erbbauberechtigten oder Wohnungseigentümer	92
B. Instandsetzungsansprüche des Mieters	109
I. Grundsätzliches	109
II. Mängel am Sondereigentum und am Gemeinschaftseigentum	110
1. Mängel am Sondereigentum	111
2. Vorgehen bei Mängeln am Gemeinschaftseigentum, soweit die Instandhaltung einem Eigentümer obliegt	117
3. Mängel am Gemeinschaftseigentum, das von der Wohnungseigentümergemeinschaft in Stand zu halten ist	120
a) Frühere Rechtsprechung	121
b) Heutige Rechtsprechung	122
c) Aktiv- und Passivlegitimation	126
4. Durchsetzung gerichtlich festgestellter Ansprüche im Wege der Zwangsvollstreckung	128
5. Das Vorgehen des vermietenden Wohnungseigentümers gegen die Wohnungseigentümergemeinschaft	129
6. Schadensersatzansprüche gegen die anderen Wohnungseigentümer	132
C. Kündigung	133
I. Grundsätzliches	133
II. Besonderheiten bei der Eigenbedarfskündigung	191

A. Grundsätzliches

I. Vermietungsbeschränkungen

1. Vermietungsausschluss

Nach der älteren Rechtsprechung des *BayObLG* (ZMR 1976, 313) kann allenfalls durch eine Regelung **in der Teilungserklärung/Gemeinschaftsordnung** – d. h. niemals durch bloßen Mehrheitsbeschluss – das Recht zur Vermietung des Wohnungseigentums gänzlich untersagt werden (vgl. auch *Schmid* Die Vermietung von Eigentumswohnungen I/26 ff. sowie Palandt/*Bassenge* § 15 WEG Rn. 7). **1**

Die absoluten Vermietungsverbote (vgl. dazu *Armbrüster* ZWE 2004, 217, 220) haben die Rechtsprechung bisher kaum beschäftigt, da sie als »Verkaufshindernisse erster Qualität« (*Bub* WE 1989, 122) anerkannt sind und dementsprechend selten vereinbart werden. **2**

Anhang zu § 13 | Besonderheiten Vermietung von Sonder- u./o. Gemeinschaftseigentum

3   Wie die Verweisungsnorm des § 8 Abs. 2 S. 1 WEG zeigt, steht eine in der Teilungserklärung einseitig vom teilenden Eigentümer getroffene Bestimmung ab Eintragung im Grundbuch einer Vereinbarung zwischen den Wohnungseigentümern gem. § 10 WEG gleich (zum Vermietungs**verbot** durch Vereinbarung oder Teilungserklärung vgl. insbesondere *Pick* in Bärmann/Pick/*Merle* § 13 Rn. 70). *Gottschalg* (ZWE 2000, 50 ff.) sieht schon aus verfassungsrechtlichen Gründen keine Möglichkeit für ein Totalverbot, da im Einzelfall jedes Gebrauchsrecht hierdurch ausgeschlossen werden könnte. Hierbei berücksichtigt er allerdings nicht, dass der Wohnungseigentümer trotz Vermietungsverbots einen Nießbrauch oder ein Dauerwohnrecht bestellen könnte, wenn er nicht selbst sein Sondereigentum nutzen oder veräußern will.

4   Es wird zwar eingeräumt, dass die Vorschrift des § 137 S. 2 BGB auf die Vermietung nicht anwendbar ist, auch wenn diese zwar nicht juristisch, aber doch wirtschaftlich/faktisch eine »**Verfügung**« darstelle. Es wird allerdings darauf hingewiesen, dass der völlige Ausschluss des Vermietungsrechts eine **unzulässige Knebelung** darstellen könne i. S. d. § 138 BGB und das in den § 13 WEG, § 903 BGB festgeschriebene Recht des Eigentümers, mit seinem Eigentum nach Belieben verfahren zu dürfen, hierdurch in begriffswidriger Weise ausgehöhlt werde.

5   **§ 13 Abs. 1 WEG** regelt, dass jeder Wohnungseigentümer (und über § 1 Abs. 6 WEG auch jeder Teileigentümer), soweit nicht das Gesetz oder Rechte Dritter entgegenstehen, die im Sondereigentum stehenden Gebäudeteile und den ihm zustehenden Mitgebrauch am Gemeinschaftseigentum **vermieten** darf.

6   Diese Bestimmung allein steht aber einer abweichenden Vereinbarung der Wohnungseigentümer nicht entgegen.

7   Auch die Regelung des § 12 WEG spricht nicht gegen ein totales Vermietungsverbot. Die Wohnungseigentümer haben es vielmehr weitgehend in der Hand, ihr Verhältnis untereinander **autonom** zu regeln.

8   Der Gedanke, dass den Wohnungseigentümern die rechtliche Möglichkeit gegeben werden sollte, sich gegen das Eindringen Dritter in ihre Gemeinschaft zu schützen, soll nach Auffassung des *BGH* (BGHZ 37, 203, 208 = NJW 1962, 1613) auch bei der bloßen Gebrauchsüberlassung Beachtung verdienen. Auch *Ruthmann* (Wohnungseigentumsrechtliche Bindungen bei Mietverträgen über Wohnungseigentum, S. 30–37) verneint Verstöße des Vermietungsverbots gegen die §§ 137 S. 1 und 2 BGB, 138 BGB, § 15 WEG, sowie sachenrechtliche Grundsätze und Art. 14 GG.

9   Zu beachten ist allerdings, dass der Eigentümerversammlung die Beschlusskompetenz (*BGH* ZMR 2000, 771) fehlt, durch Mehrheitsbeschluss ein absolutes Vermietungsverbot auszusprechen. Dies wird auch für die Begründung relativer Vermietungsverbote zu gelten haben, die es dem Wohnungseigentümer nur erlauben z. B. an Ehegatten oder Kinder zu vermieten. Nach Auffassung des *OLG Celle* (NZM 2005, 184) kann nicht »in Ergänzung der Hausordnung« eine Vermietung von Wohnungseigentum an Feriengäste untersagt werden.

10 Selbst wenn die Vermietung an Ferien- und Kurgäste als gewerbliche Nutzung einzustufen wäre, könnte sie nicht einmal nach der Teilungserklärung ohne Weiteres untersagt werden. Bei dieser Sachlage kommt ein generelles Verbot der Vermietung jedenfalls über die Hausordnung (dazu *Elzer* ZMR 2006, 733) nicht in Betracht. Darin liegt ein Verstoß gegen § 13 WEG. Einschränkungen des Rechts zur Vermietung, das sich ausdrücklich aus § 13 WEG ergibt, können nicht in einer Gebrauchsregelung getroffen werden. Die Beschlusskompetenz gemäß § 15 Abs. 2 WEG umfasst nur weniger wichtige Regelungen, nicht aber das vollständige Verbot des Vermieters. Hierfür ist eine Änderung der Teilungserklärung/Gemeinschaftsordnung durch Vereinbarung notwendig.

2. Zustimmungsvorbehalte

11 Zustimmungsvorbehalte sind von großer **praktischer** Bedeutung (vgl. *Armbrüster* ZWE 2004, 217, 221). In Teilungserklärungen findet sich häufig sinngemäß folgende Regelung:

12 »Will der Wohnungseigentümer die Wohnung ganz oder zum Teil einem Dritten zur Benutzung überlassen, so bedarf er der schriftlichen Einwilligung des Verwalters (bzw. eines Beschlusses der Eigentümerversammlung).«

Besonderheiten Vermietung von Sonder- u./o. Gemeinschaftseigentum | Anhang zu § 13

Eine solche Bestimmung der Gemeinschaftsordnung / Teilungserklärung, die die Überlassung der im Sondereigentum stehenden Räume an Dritte von der Zustimmung des Verwalters abhängig macht, ist gemäß den §§ 5 Abs. 4, 10 Abs. 1 S. 2, 15 Abs. 1 WEG wirksam (vgl. *BGH* BGHZ 37, 203 ff.; *BayObLG* WuM 1988, 90 ff. = ZMR 1988, 106 sowie WuM 1992, 278 ff.). 13

Das *BayObLG* schränkt jedoch das Erfordernis der Zustimmung eines Dritten (Verwalter oder andere Wohnungseigentümer) dahin ein, dass diese Zustimmung **nur aus wichtigem Grunde** verweigert werden dürfe. Ein Zustimmungsvorbehalt ist in der Regel in diesem Sinne einschränkend auszulegen *(BayObLG* WuM 1992, 278 ff.). 14

Im Hinblick auf die vergleichbare Interessenlage der Beteiligten bei einer Veräußerungsbeschränkung wird § 12 Abs. 2 S. 1 WEG analog angewendet *(Pick* in Bärmann / Pick / Merle § 12 Rn. 64). 15

Es wird zwar davon ausgegangen, dass eine Einschränkung der bloßen Gebrauchsbefugnis grundsätzlich der freien Vereinbarung der Wohnungseigentümer unterliegt (§ 15 Abs. 1 WEG), andererseits aber ein **ohne** die erforderliche Zustimmung geschlossener Mietvertrag schuldrechtlich wirksam ist (vgl. *H. Müller* Praktische Fragen des Wohnungseigentums Rn. 115). § 12 Abs. 3 WEG gilt insoweit nicht analog. Dennoch ist eine den bloßen Gebrauch der Wohnung von der Zustimmung eines anderen abhängig machende Regelung für den Wohnungseigentümer eine erhebliche Einschränkung seiner Eigentümerbefugnisse im Sinne des § 13 Abs. 1 WEG. 16

Jedenfalls wird ein **ohne jedwede Eingrenzung** festgelegter Zustimmungsvorbehalt als nicht wirksam angesehen, weil der Wohnungseigentümer nicht der völlig freien Entscheidung eines Dritten hinsichtlich der Nutzungsbefugnis / Vermietung seines Sondereigentums ausgeliefert werden könne. 17

Die Rechtsprechung zum **wichtigen Grund** i. S. d. § 12 Abs. 2 WEG kann jedoch nicht unbesehen auf den Fall der Vermietung übernommen werden. Während es bei der Veräußerung nur auf Gründe ankommt, die in der Person des Erwerbers ihre Ursache haben, kommt bei dem Zustimmungsvorbehalt für die Vermietung gerade auch der Art der vom künftigen Mieter in Aussicht genommenen Nutzung der Räume große Bedeutung zu. Der teilende Eigentümer oder später die Eigentümergemeinschaft können einen Zustimmungsvorbehalt treffen, in dem exemplarisch Gründe aufgeführt sind, die eine Verweigerung der Zustimmung rechtfertigen. Abzustellen ist **nicht** auf **konkrete** Beeinträchtigungen; es genügt bereits (bei typisierender Betrachtungsweise) die gerechtfertigte Besorgnis solcher nicht hinnehmbarer Nachteile. 18

In einem solchen Fall kann die Auslegung ergeben, dass die Zustimmung nicht nur aus wichtigem Grund verweigert werden darf, sondern vielmehr ein Ermessen eingeräumt ist, das seine Grenzen im Verbot von Willkür und Missbrauch findet. 19

Ein solcher Fall kommt insbesondere dann in Betracht, wenn ausnahmsweise Wohnungseigentum zum Betrieb einer freiberuflichen Praxis genutzt werden soll. Begründet wird dies damit, dass der betroffene Eigentümer sich hiermit nicht auf den gesetzlichen Regelfall berufen könne, bei dem eine Verweigerung der Zustimmung nur aus wichtigem Grund möglich sei (vgl. *BayObLG* WuM 1989, 92, 93). 20

Einen wichtigen Grund zur **Verweigerung der Zustimmung** hat das *BayObLG* (WuM 1992, 278 ff.) in einem Fall angenommen, in dem drei Stellplätze in der Tiefgarage (Sondereigentum) zur Überlassung an Hotelgäste an das benachbarte Hotel vermietet werden sollten. Das Gericht stellte fest, es sei den übrigen Wohnungseigentümern nicht zuzumuten, dass die Stellplätze gewerblich genutzt würden. Damit würde der Hotelbetrieb auf das Grundstück der Wohnungseigentümer ausgedehnt. Die Benutzung der Stellplätze durch die ständig wechselnden Hotelgäste brächte Nachteile und Gefahren mit sich, die mit der üblichen Vermietung an bestimmte Personen nicht verbunden seien (zu einem anders gelagerten »Hotel-Fall« vgl. *BGH* ZMR 2000, 845). 21

In einem besonders gelagerten Fall, der ebenfalls eine Hotelanlage betraf, wurden die Sondereigentümer verpflichtet, ihre Appartements an den Betreiber eines Hotels zu vermieten, der Zuschüsse im Rahmen der Aufbaufinanzierung geleistet hatte (vgl. *BayObLG* WE 1988, 202 = NJW-RR 1988, 1163; WuM 1994, 156 = WE 1994, 283; *Gottschalg* ZWE 2000, 50). 22

Da der zustimmungsberechtigte Verwalter lediglich Treuhänder der Gemeinschaft ist, können die Wohnungseigentümer auch seine Zustimmung ersetzen oder den Verwalter anweisen. Auch ein 23

Anhang zu § 13 | Besonderheiten Vermietung von Sonder- u./o. Gemeinschaftseigentum

Beschluss der Eigentümerversammlung ist vorrangig (vgl. *Pick* in Bärmann/Pick/Merle § 12 Rn. 21, S. 331).

24 Der *BGH* hat mit Beschluss vom 21.12.1995 (ZMR 1996, 274 = NJW 1996, 1216) ausdrücklich die Befugnis eines **gewerblichen** WEG-Verwalters bejaht, bei Bestehen ernstlicher Zweifel, ob ein wichtiger Grund zur Versagung der beantragten Zustimmung vorliegt, die Eigentümerversammlung um eine Weisung anzugehen. Hierbei wird der **Profi-Verwalter** allerdings für verpflichtet gehalten, die Eigentümerversammlung über tatsächliche und rechtliche Zweifelsfragen aufzuklären (zu den möglichen Konflikten dabei mit dem Rechtsberatungsgesetz – künftig RDL – vgl. *Riecke* ZMR 2000, 493 ff.; *ders.* FS Deckert, 2002, 358 ff.).

25 Der *BGH* stellte auch fest, dass der von der Eigentümerversammlung dann getroffene Beschluss für den Verwalter solange bindend ist, bis er eventuell durch eine rechtskräftige Gerichtsentscheidung für ungültig erklärt ist (vgl. § 23 Abs. 4 S. 2 WEG).

26 Auch bei dieser Vorgehensweise bleibt der Verwalter für das gerichtliche Verfahren auf Zustimmung der richtige Beklagte (früher: Antragsgegner).

II. Inkongruenz zwischen Mietvertrag und der Teilungserklärung bzw. der Beschlusslage

27 Die Vermietung von Wohnungseigentum schafft in mancher Hinsicht (z. B. Kostenverteilungsschlüssel, vgl. hier Anh. zu § 16 WEG, Gebrauchsbeschränkungen, vgl. hier Anh. zu § 15 WEG sowie Armbrüster ZWE 2004, 217 ff., Belegeinsicht, Versorgungssperre) ein erhebliches rechtliches Spannungsfeld zwischen Mietvertrag (Mietrecht) und Gemeinschaftsordnung/Beschlusslage (WEG-Recht) bzw. Mietrechtsprechung auf der einen und WEG-Rechtsprechung auf der anderen Seite. Welche Risiken sich hier bei der Vermietung von Wohnungs- und Teileigentum (vgl. *Hannemann/Wiek* nur 1. Aufl., § 57 sowie *Hannemann* NZM 2004, 531 ff., 535 »bindungswidrige Einräumung von Gebrauchsrechten durch einen Nichtberechtigten ist schuldrechtlich wirksam«) ergeben, zeigt ein Urteil des *BGH* (MDR 1996, 355 = ZMR 1996, 147), wonach es zum Risikobereich des Vermieters gehöre, dass seine **Vermietung mit der Gemeinschaftsordnung/Beschlusslage vereinbar** sei und dass bei Nichtvereinbarkeit kein wichtiger Grund zur Kündigung des Mietverhältnisses bestehe, sondern vielmehr die Eigentümergemeinschaft gegenüber dem Mieter einen **direkten Unterlassungsanspruch** (§ 1004 BGB) habe und der Mieter seinerseits wiederum nur Schadensersatz von dem Vermieter des Wohnungseigentums verlangen könne.

28 Auch der Mieter ist nicht im Rahmen der Schadensminderung zur Vertragskündigung verpflichtet. Allenfalls kann er im Einzelfall verpflichtet sein, das Mietobjekt gegebenenfalls unter Beachtung der Zweckbestimmung der Räume innerhalb der WE-Gemeinschaft unter zu vermieten (vgl. *BGH* WE 1996, 81).

29 Bereits bei der Auswahl des Mieters und der Ausgestaltung des Mietvertrages ist die **Zweckbestimmung** der Räume vom vermietenden Sondereigentümer zu beachten, wenn er sich nicht wegen eigenen (!) Verschuldens aus der teilungserklärungswidrigen Nutzung schadensersatzpflichtig machen will (vgl. *OLG Düsseldorf* WuM 1995, 497 = NJW-RR 1995, 1165). Es ist bei Abschluss des Mietvertrages über Wohnungseigentum darauf zu achten, dass die dem Mieter eingeräumten Gebrauchsrechte – diese umfassen immer auch einen dem Vermieter zustehenden Mitgebrauch des gemeinschaftlichen Eigentums – nicht mit der Gemeinschaftsordnung (z. B. Hundehaltungs- und Musizierverbote; vgl. *BayObLG* ZMR 2002, 64 und 605) kollidieren. Nichtige Beschränkungen sind allerdings unverbindlich. Dies gilt insbesondere für mangels Beschlusskompetenz der Gemeinschaft nichtige Beschlüsse der Eigentümerversammlung. Zu Einzelheiten vgl. auch Anh. zu § 15 WEG.

30 Schwierigkeiten können entstehen, wenn der Mietvertrag vor Beurkundung bzw. Vorliegen der Teilungserklärung abgeschlossen wird (so im Fall *BGH* MDR 1996, 355 = ZMR 1996, 147).

31 Der Entscheidung des *OLG Düsseldorf* (WuM 1995, 497 = NJW-RR 1995, 1165) lag eine Fallkonstellation zugrunde, wie sie bei der gewerblichen Zwischenvermietung (vgl. § 565 BGB) typisch ist, dass nämlich der Mieter eines Sondereigentums aufgrund seines objektiv vertragswidrigen Verhaltens berechtigte Minderungen von Mietern anderer Sondereigentümer verursachte und letz-

Besonderheiten Vermietung von Sonder- u./o. Gemeinschaftseigentum | Anhang zu § 13

tere vom an den Störer vermietenden Sondereigentümer ihren Mietschaden ersetzt haben wollten.

Als Anspruchsgrundlage kommt hier gemäß § 280 BGB eine Verletzung des sich aus dem Gemeinschaftsverhältnis der Wohnungseigentümer ergebenden gesetzlichen Schuldverhältnisses (vgl. § 10 Abs. 1 WEG) in Betracht (PWW/*Schmidt-Kessel* § 278 Rn. 7, Palandt/*Heinrichs* § 278 Rn. 3; *BayObLG* NJW-RR 1992, 1102). In dem Umfang, in dem sich ein Wohnungseigentümer zur Erfüllung seiner Pflichten aus § 14 Nr. 1 WEG eines Mieters »bedient«, haftet er auch für dessen Verschulden gem. § 278 BGB (vgl. auch § 14 Nr. 2 WEG; *KG* ZMR 2002, 968; vgl. auch *Prölss* in FS Canaris, 2007, S. 1037 ff.). 32

Das *OLG Düsseldorf* (WuM 1995, 497 = NJW-RR 1995, 1165) bejaht eine solche Haftung für Drittverschulden nur bei Pflichtverletzung des Mieters, wenn ein innerer sachlicher Zusammenhang zwischen den Pflichten des Sondereigentümers aus § 14 WEG und dem Tun des Mieters bejaht werden kann. 33

Störungen, die nur »bei Gelegenheit« der Erfüllung erfolgen, seien nicht erfasst (Beispiel: Bedrohung eines anderen Wohnungseigentümers mit einer Gaspistole). 34

Bei Ausschluss der Verantwortlichkeit des Mieters nach den §§ 827, 828 BGB jedenfalls scheide eine Haftung des vermietenden Sondereigentümers für das Handeln des Mieters aus. Bei zufälligem und verantwortlichem Handeln kommt dem Versicherungsschutz wegen der Rechtsprechung zum Regressverzicht (vgl. *BGH* ZMR 2002, 175; *Prölss* ZMR 2001, 157 ff. und ZMR 2005, 241 ff.; *v. Rechenberg/Riecke* MDR 2002, 123, 124) große Bedeutung zu. Mit der Schadensverursachung durch den Wohnungseigentümer selbst befassen sich *BGH* ZMR 2001, 717 und ZMR 2003, 209. 35

Der funktionsbedingte Erfüllungsgehilfe (Mieter) muss andererseits seine diesbezügliche Funktion nicht einmal kennen (*MüKo/Hanau* § 278 Rn. 14). *Kirchhoff* (ZMR 1989, 323, 325) weist zutreffend darauf hin, dass die Anwendung des § 278 BGB auf deliktsähnliche Sachverhalte als zu weit empfunden wird und dass der vermietende Sondereigentümer nicht für alle Verletzungshandlungen seines Mieters zu haften hat, die dieser im Rahmen des obligationsmäßigen Kontakts Miteigentümern zufügt (a. A. *E. Schmidt* AcP 170, 509). 36

I. d. R. scheiden im Bereich des Wohnungseigentums Verletzungshandlungen aus dem Haftungsbereich des § 278 BGB aus, die der Mieter den übrigen Wohnungseigentümern **vorsätzlich** zufügt, sofern sie nicht unmittelbar mit der Nutzung der Wohnung zusammenhängen (vgl. PWW/*Schmidt-Kessel* § 278 Rn. 15). 37

Der typische Haftungsfall ist ein vom Mieter fahrlässig verursachter Wasserschaden, der Gegenstand der Entscheidung des *AG Frankfurt a. M.* vom 23.12.1993 (NJW-RR 1994, 1167) war. Das Gericht bejahte hier eine Haftung des vermietenden Sondereigentümers mit folgender Alternativbegründung: 38

Entweder habe er dem Mieter die Sorgfaltspflichten aus § 14 Nr. 1 WEG – die trotz Aufgabe des unmittelbaren Besitzes fortbestehen (§ 14 Nr. 2 WEG) – mietvertraglich übertragen. Dann müsse er sich **fremdes** Verschulden gemäß § 278 BGB wie eigenes zurechnen lassen. Anderenfalls läge in der Nichtübertragung dieser Pflichten eine **eigene** (!) Pflichtverletzung des vermietenden Sondereigentümers, für die dieser nach § 276 BGB einzustehen habe. 39

Für eine derartig weite, allerdings nicht uferlose Ausweitung der Haftung für Dritte besteht auch ein evident praktisches Bedürfnis. Gerade der Fall des *AG Frankfurt a. M.* (NJW-RR 1994, 1167) zeigt, dass nach Auszug des den Schaden verursachenden Mieters die Realisierung von Regressansprüchen gegen ihn äußerst fraglich ist. Zwar sei der Mieter im Innenverhältnis zur Tragung des Gesamtschadens verpflichtet. Andererseits erscheine es sachgerecht, den vermietenden Sondereigentümer, der sich diesen Mieter ausgesucht habe und als einziger dessen Namen kenne und die Möglichkeit gehabt habe, sich durch eine Kautionsabsprache zu schützen, im Verhältnis zu den Mitwohnungseigentümern haften zu lassen. 40

Der vermietende Sondereigentümer ist nicht verpflichtet, einen Mieter, der z. B. nachhaltig durch Beleidigungen, Bedrohungen etc. gegen die Hausordnung verstößt, fristlos (§§ 543 Abs. 1, Abs. 2 Nr. 2; 569 Abs. 2 BGB) oder fristgemäß (§ 573 Abs. 2 Nr. 1 BGB) zu kündigen (vgl. *OLG Köln* ZMR 1997, 253, 254). 41

Anhang zu § 13 | Besonderheiten Vermietung von Sonder- u./o. Gemeinschaftseigentum

42 Es bleibt dem – neben dem Mieter – als Störer in Anspruch genommenen Wohnungseigentümer überlassen, **wie** er ein hausordnungsgemäßes Verhalten des Mieters bewirkt. Es kann ihm nicht eine bestimmte Maßnahme, insbesondere nicht die Räumung vorgeschrieben werden (*BayObLG* NJW-RR 1991, 658, 659). Es ist zunächst nämlich nicht die Vermietung an sich, sondern nur die Art des Mietgebrauchs unzulässig. Nur wenn im Vorhinein feststeht, dass eine Kündigung die einzig wirksame Maßnahme ist, kann eine entsprechende Verpflichtung der Gemeinschaft gegenüber bestehen (vgl. *BayObLG* WuM 1991, 208). Die **Einwirkungspflicht** des Vermieters gegen seinen Mieter erstreckt sich ansonsten gem. § 14 Nr. 1 und Nr. 2 WEG allgemein darauf, durch geeignete rechtliche Maßnahmen für die Beseitigung aktueller und Unterlassung künftiger Eigentumsbeeinträchtigungen zum Nachteil der anderen Eigentümer zu sorgen (vgl. *OLG Köln* ZMR 2000, 65 = NZM 2000, 1018, 1019; *BayObLG* ZMR 1994, 25). Zu den Rechten des vermietenden Sondereigentümers gegenüber dem Mieter vgl. auch *Nüßlein* PiG 76, 2006, S. 136.

43 Auch wenn § 13 Abs. 1 WEG ausdrücklich nur ein Recht zur Vermietung der im Sondereigentum stehenden Gebäudeteile erwähnt, ist allgemein anerkannt, dass auch dem vermietenden Eigentümer eingeräumte Sondernutzungsflächen, die rechtlich Gemeinschaftseigentum sind, nicht nur (mit)vermietet werden können und dürfen (*Gottschalg* ZWE 2000, 50, 51; *Schuschke* NZM 1999, 241, 245), sondern insoweit der Vertrag auch erfüllt werden kann ohne Rechte anderer Wohnungseigentümer zu tangieren. Wie bereits der Wortsinn Sondernutzung nahe legt, ist auch die Fruchtziehung von der positiven Komponente eines Sondernutzungsrechts (zum Inhalt eines Sondernutzungsrechts vgl. *Häublein*, Sondernutzungsrechte, 2003, S. 14 ff.) erfasst. Die Miete gebührt deshalb auch dem vermietenden Eigentümer allein (*OLG Düsseldorf* ZMR 1996, 96 = WuM 1996, 57 = WE 1996, 347). Möglich ist es auch, dass ein Eigentümer nur den seiner Sondernutzung unterliegenden Stellplatz vermietet. Auch ohne Sondernutzungsberechtigung kann ein Sondereigentümer sein Recht auf Mitgebrauch des Gemeinschaftseigentums (§ 13 Abs. 2 S. 1 WEG) auf den Mieter seiner Einheit übertragen. Vielfach würde der Mietgebrauch ohne Mitgebrauch gar nicht möglich sein (vgl. *OLG Düsseldorf* WE 1996, 347). Der vermietende Sondereigentümer darf nach Übertragung des Mitgebrauchsrechts auf seinen Mieter das gemeinschaftliche Eigentum aber nicht auch noch selbst weiter gebrauchen, wenn durch die Doppelnutzung Rechte der anderen Eigentümer beeinträchtigt werden, z. B. bei ständiger Überfüllung der privaten Sauna.

44 Der VIII. Senat des *BGH* erkannte mit Urteil vom 28.9.2005 (ZMR 2006, 30):

45 »*Der über eine Wohnung und eine Garage geschlossene einheitliche Mietvertrag wird durch die Veräußerung der Wohnung und der Garage an verschiedene Erwerber nicht in mehrere Mietverhältnisse aufgespalten; vielmehr treten die* (!) *Erwerber in den einheitlichen Mietvertrag ein. Ihr Verhältnis bestimmt sich nach den Regelungen über die Bruchteilsgemeinschaft.*«

46 Im konkreten Fall hatten die Mieter von F 1995 eine Wohnung nebst Stellplatz (Nr. 302) in einer Wohnanlage gemietet; für den Stellplatz waren 100 DM Miete zu zahlen. 1997 teilte F die Wohnanlage in Wohnungseigentum auf. Die an die Mieter vermietete Wohnung erhielt die Bezeichnung Nr. 110. Diese Wohnung (ohne Stellplatz) kaufte der B; am Stellplatz 302 wurde ein Sondernutzungsrecht begründet und dieses der Wohnung Nr. 34 zugeordnet. Diese Wohnung veräußerte F zusammen mit dem Sondernutzungsrecht am Stellplatz 302 an K., die als neue Eigentümer in das Wohnungsgrundbuch eingetragen wurden. Die Mieter zahlen seit Mai 1999 weder an die K. noch an den B. für den Stellplatz 302 Miete.

47 Der *BGH* entschied: Sondereigentümer und Sondernutzungsberechtigter sind gemeinsam Vermieter des Stellplatzes 302. Das Verhältnis zwischen den beiden Vermietern bestimmt sich nach den Regelungen über die Bruchteilsgemeinschaft (vgl. BGHZ 141, 239). Besteht aber an einem Grundstück eine Gemeinschaft nach Bruchteilen, schließt der Grundsatz der gemeinsamen Verwaltung (§§ 744, 745 BGB) die Anwendung des § 420 BGB auf Forderungen der Gemeinschaft gegen einen Mieter aus; die Forderungen sind auf eine im Rechtssinne unteilbare Leistung (§ 432 BGB) gerichtet. Sondereigentümer und Sondernutzungsberechtigte können wechselseitig gem. § 745 Abs. 2 BGB die Mitwirkung an der Einziehung der Miete für den Stellplatz verlangen.

48 <u>Kritik:</u> Der Leitsatz ist – wohl eher zufällig? – zutreffend. Es kann nur entweder der Sondereigentümer der Wohnung allein (vgl. Mü-Ko-*Häublein* § 566 Rn. 29) Vermieter sein oder es werden alle

Besonderheiten Vermietung von Sonder- u./o. Gemeinschaftseigentum | Anhang zu § 13

Wohnungseigentümer (vgl. *Riecke* in KK-WEG, 1. Aufl., S. 778 Rn. 171 ff.) Vermieter. Die Begründung des schuldrechtlichen – allenfalls wegen § 10 Abs. 3 WEG verdinglichten – Sondernutzungsrechts, das bei fehlender Eintragung nach § 398 BGB übertragen werden kann, ist mit einer Veräußerung im Sinne des § 566 BGB nicht gleichzusetzen.

Widersprüche zwischen dem Mietvertrag und der Gemeinschaftordnung können auch nicht durch eine mietvertragliche Formularklausel vermieden werden, wonach der Mieter die Gemeinschaftsordnung, die Hausordnung und sonstige Beschlüsse der Wohnungseigentümer als für sich verbindlich anerkennt, soweit sie das Gebrauchsrecht betreffen (so aber *Weitnauer/Lüke* Nach § 13 Rn. 5 unter Hinweis auf *Blank* PiG Bd. 15, S. 38; vgl. auch *Armbrüster* FS Blank, 2006, S. 582 ff.). 49

Eine derartige Klausel wäre zum einen unklar (§ 305c Abs. 2 BGB), soweit nicht deutlich wird, ob es sich hier um eine Bindung an bereits bestehende oder künftige Beschlüsse oder Bestimmungen der Gemeinschaftsordnung handeln soll. 50

Soweit die »Anpassungsklausel« im Mietvertrag sich ausdrücklich auf bereits aktuelle existierende bestimmte Gebrauchsregelungen bezieht, muss dem Mieter die Möglichkeit verschafft werden, in zumutbarer Weise von ihrem Inhalt bei Vertragsabschluss Kenntnis zu erlangen (vgl. § 305 Abs. 2 BGB). Der sicherste Weg ist es hier, die konkreten Gebrauchsregelungen der Mietvertragsurkunde beizufügen (vgl. *Bub* WE 1989, 122, 124). 51

Soweit eine sog. dynamische Verweisung (*Armbrüster* FS Blank, 2006, 582; Ulmer-Brandner-Hensen/*Fuchs* § 307 Rn. 340) gewollt ist, die künftige Änderungen der Beschlusslage mit einbezieht, können künftige Regelungen auch gegen § 305 c Abs. 1 BGB verstoßen, wenn der Mieter »mit ihnen nicht zu rechnen brauchte«. Eine Umdeutung der gemäß § 305 c Abs. 1 BGB nicht Vertragsbestandteil werdenden »überraschenden (Miet-)Klausel« in eine gesetzeskonforme statische Verweisung, auf die zur Zeit des Mietvertragsschlusses gültigen Beschlüsse und Regelungen der Gemeinschaftsordnung scheitert schon am Verbot der geltungserhaltenden Reduktion (vgl. Ulmer-Brandner-Hensen/*Ulmer* § 305 c Rn. 102 und Ulmer-Brandner-Hensen/*Schmidt* § 306 Rn. 13b, 14). 52

Nach *Ruthmann* (Wohnungseigentumsrechtliche Bindungen, 1993, S. 26, 29) soll die Anpassung an künftige Gebrauchsregelungen als Änderungsvorbehalt i. S. d. § 308 Nr. 4 BGB zu qualifizieren sein, wobei dieser Vorbehalt zulässig sei hinsichtlich solcher Änderungen, die nach billigen Ermessen beschlossen wurden. 53

Röll/Sauren (Hdb. für Wohnungseigentümer und Verwalter, 2002, Rn. 471) schlagen wegen der überwiegend für unwirksam gehaltenen Formularmietvertragsklausel den Abschluss einer individualvertraglichen Zusatzvereinbarung zum Mietvertrag vor, in der der Mieter nach ausdrücklichem Hinweis darauf, dass es sich bei dem Mietobjekt um Wohnungseigentum handelt, sich zur Anerkennung aller zukünftigen WE-Beschlüsse mit Auswirkung auf den abgeschlossenen Mietvertrag verpflichtet, während der Vermieter seinerseits es übernimmt, den Mieter über derartige Beschlüsse zu informieren. Der Vermieter muss den Passus ernsthaft zur Disposition stellen und dem Mieter eigene Gestaltungsfreiheit zur Wahrung seiner Interessen einräumen (vgl. MüKo/*Basedow* § 305 Rn. 35, 40). *Nüßlein* (PiG 76, 2006, S. 147 Fn. 627) bezeichnet die Lösung allerdings als abwegig; sie hält sogar individualvertraglich vereinbarte Bindungen des Mieters an künftige Änderungen der Gemeinschaftsordnung für nichtig nach § 138 BGB (PiG 76, 2006, S. 153). 54

III. Haftung des vermietenden Sondereigentümers gegenüber der restlichen Wohnungseigentümergemeinschaft

Der vermietende Sondereigentümer haftet gegenüber der Gemeinschaft sowohl bei Pflichtverletzung (§§ 280 ff. BGB) als auch bei unerlaubter Handlung nur bei Verschulden. 55

Auszugehen ist davon, dass für Schäden am Sondereigentum eines Wohnungseigentümers, die ihre Ursache im gemeinschaftlichen Eigentum haben, die übrigen Wohnungseigentümer nur dann haften, wenn sie am Auftreten der schadensursächlichen Mängel am Gemeinschaftseigentum ein Verschulden trifft oder sie es schuldhaft unterlassen haben, für die rechtzeitige Behebung dieser Mängel Sorge zu tragen (vgl. *BayObLG* NJW 1986, 3145). Für eine darüber hinausgehende allg. Verpflichtung der Wohnungseigentümer, unabhängig von einem Verschulden für alle Schä- 56

Anhang zu § 13 | Besonderheiten Vermietung von Sonder- u./o. Gemeinschaftseigentum

den am Sondereigentum eines Wohnungseigentümers aufzukommen, die ihre Ursache im gemeinschaftlichen Eigentum haben, gibt es keine Rechtfertigung.

57 Bei Verschulden ist dann der schädigende Wohnungseigentümer in Personalunion Schädiger und Mitgeschädigter. Er haftet quasi teilweise sich selbst auf Naturalrestitution bzw. Geldersatz.

58 Eine Haftung für den sog. Verrichtungsgehilfen trifft den Sondereigentümer gemäß § 831 BGB ebenfalls wie einen außen stehenden Dritten. Allerdings scheitert dieser Anspruch oft selbst bei Weisungsabhängigkeit des Gehilfen am Exkulpationsbeweis des Sondereigentümers.

59 Man unterscheidet ansonsten verschiedene Haftungstatbestände:

60 1. Aus **§ 14 Nr. 1 WEG** wird eine Haftung des Wohnungseigentümers gegenüber der Gemeinschaft hergeleitet, wenn dieser schuldhaft sein Sondereigentum vernachlässigt und hierdurch Schäden am Gemeinschaftseigentum sowie weitere Schäden am Sondereigentum anderer Wohnungseigentümer entstehen (vgl. *Belz* Rn. 257).

61 2. Entsprechend wird aus **§ 14 Nr. 2 WEG** eine Haftung des Wohnungseigentümers für das Verhalten Dritter abgeleitet, denen er die Benutzung seines Sondereigentums überlässt.

62 Hier ist schon streitig, ob § 14 Nr. 2 WEG eine Haftung für Fremd- oder Eigenverschulden konstituiert.

63 Zu Unrecht meint *Pick* (Bärmann/Pick/*Merle* § 14 Rn. 49f), § 14 Nr. 2 WEG gestalte nur die Haftung aus Vertrag näher und umschreibe den Personenkreis, für den nach »Auffassung des Gesetzes« gemäß § 278 BGB einzustehen ist. Dies führt entweder zu einer Begrenzung der Haftung aus § 278 BGB auf diese Person oder lässt, wenn dies nicht gewollt ist, die Vorschrift leer laufen.

64 Dagegen vertritt Weitnauer/*Lüke* (§ 14 Rn. 4–6 sowie nach § 13 Rn. 4) die Auffassung, dass in § 14 Nr. 2 WEG die den Wohnungseigentümer selbst treffende Pflicht auf Einwirkung gegenüber den dort genannten Personen geregelt ist (offen gelassen von *KG* NZM 2000, 682; a. A. *BayObLG* BayObLGZ 1970, 65). § 278 BGB gelte daneben.

65 § 14 Nr. 2 WEG begründe gerade nicht schlechthin eine Haftung des Sondereigentümers für die dort genannten Personen (so auch *Sauren* § 14 Rn. 10).

66 § 14 Nr. 2 WEG begründet eine eigene Verpflichtung des Sondereigentümers zum Einschreiten gegen den Nutzer, sofern dieser Pflichten aus § 14 Nr. 1 WEG missachtet (vgl. *BayObLG* ZMR 1994, 25; zum Streitstand vgl. auch MüKo/*Commichau* § 14 Rn. 13–19).

67 3. Die Haftung für Dritte als Erfüllungsgehilfen i. S. d. § 278 BGB

68 Hierzu hat bereits das *BayObLG* mit Beschluss (MDR 1970, 586 = NJW 1970, 1551, 1554) festgestellt:

69 »Ein Wohnungseigentümer haftet den übrigen Miteigentümern für das Verschulden seiner Erfüllungsgehilfen, insbesondere seiner Mieter und Untermieter«,

70 und dies damit begründet, dass die in § 14 WEG festgelegten Obhutspflichten bei Vermietung durch die Mieter des Sondereigentümers als dessen Erfüllungsgehilfen zu beachten bzw. erfüllen seien. Bei erlaubter Untermiete jedenfalls wirken auch der Untermieter und zumindest seine im Haushalt lebenden Angehörigen bei der Erfüllung der dem Wohnungseigentümer gegenüber der Gemeinschaft obliegenden Verpflichtungen mit und sind insoweit Erfüllungsgehilfen. Die Eigenschaft als Erfüllungsgehilfe verliert eine solche Person auch nicht dadurch, dass sie erteilte Anweisungen z. B. auf Einhaltung bestimmter Regelungen der Hausordnung missachtet.

71 Die weitgehende Haftung für Erfüllungsgehilfen erstreckt sich zwar insbesondere auf Mieter und Untermieter, aber nicht auf jede Person, die mit Willen des Wohnungseigentümers die Wohnanlage betritt.

72 § 14 Nr. 2 WEG besagt als Eigenverschuldensregelung (s. o.) auch nichts für den vom selbständig anwendbaren § 278 BGB erfassten Personenkreis.

73 *M. J. Schmid* (MDR 1987, 894) und ihm folgend *F. Schmidt* (in: Bärmann/Seuß B 133/137) sehen zutreffend in § 14 Nr. 2 WEG eine eigene Haftungsnorm, die nicht Drittverschulden zurechnet, sondern bei von Dritten verursachten Schäden zur Haftung führt, wenn den Sondereigentümer **selbst** ein Verschulden trifft.

74 Die Regelung des § 14 Nr. 2 WEG muss völlig unabhängig von § 278 BGB gesehen werden, der Fremdverschulden von Erfüllungsgehilfen zurechnet.

Weil aber nicht jeder, dem der Gebrauch des Sondereigentums gestattet wird, damit automatisch Erfüllungsgehilfe ist, bestand gerade Veranlassung, den Wohnungseigentümer gesetzlich zu verpflichten, für die Beachtung seiner eigenen Pflichten gegenüber der Gemeinschaft durch bestimmte in § 14 Nr. 2 WEG genannte Dritte zu sorgen. Eine darüber hinausgehende Haftung für Erfüllungsgehilfen sollte nicht eingegrenzt werden.

Die Haftung für Handwerker des Sondereigentümers war Gegenstand des *BGH*-Beschlusses v. 22.4.1999 (ZMR 1999, 647 = NJW 1999, 2108 = MDR 1999, 924 ff. m. Anm. *Riecke* sowie *Armbrüster* WE 1999, Heft 12, S. 4).

Der *BGH* stellte hier fest:

»Ein Wohnungseigentümer, der den über seinem Sondereigentum gelegenen Teil des Daches reparieren lässt, haftet für ein Verschulden des von ihm beauftragten Werkunternehmers, wenn hierdurch an dem Sondereigentum eines anderen Wohnungseigentümers ein Schaden entstanden ist.«

Das gilt nach Ansicht des *BGH* unabhängig davon, ob der haftende Wohnungseigentümer gemeinschaftsrechtlich berechtigt war, das Dach selbst neu eindecken zu lassen. Denn jedenfalls schuldet der den Auftrag im eigenen Namen und auf eigene Kosten erteilende Eigentümer die ordnungsgemäße Instandsetzung als Werk (Erfolg) mit Hilfe geeigneter Fachkräfte und nicht lediglich in Form der Mitwirkung an einer die Instandsetzung vorbereitenden Beschlussfassung. Es soll im Ergebnis also keine Rolle spielen, dass die Reparatur des Daches (Gemeinschaftseigentum) an sich Sache aller Eigentümer bzw. aller Eigentümer eines Blockes gewesen wäre.

Haftungsgrundlage war die positive Forderungsverletzung (vgl. heute §§ 280, 282, 241 Abs. 2 BGB) des unter sämtlichen Eigentümern bestehenden gesetzlichen Schuldverhältnisses (vgl. § 10 Abs. 2 WEG), aus dem sich die vorerwähnte Verpflichtung jedes einzelnen ergibt.

Der geschädigte Wohnungseigentümer muss sich ein Verschulden des Werkunternehmers in der Regel selbst zu einem Bruchteil als Mitverschulden anrechnen lassen. Es kommt dabei nicht darauf an, ob er selbst Mitauftraggeber der Instandsetzungsmaßnahme war oder ob – wie im *BGH*-Fall – nur der schädigende Miteigentümer den Auftrag erteilte.

Prozessual von Wichtigkeit ist die Beweislastverteilung in § 280 Abs. 1 S. 2 BGB, die auch innerhalb des gesetzlichen Schuldverhältnisses (Gemeinschaftsverhältnisses) der Wohnungseigentümer gilt. Danach hat der Eigentümer, der seine Pflicht zur ordnungsgemäßen Instandsetzung verletzt und dadurch einem anderen Eigentümer Schaden zugefügt hat, zu seiner Entlastung nachzuweisen, dass die in seinem Verantwortungsbereich eingetretene Pflichtverletzung weder von ihm noch von seinem Erfüllungsgehilfen zu vertreten ist (vgl. *Armbrüster* ZMR 1997, 395, 398).

Nach *Armbrüster* (ZMR 1997, 395, 398) gelten bei auftretenden Schäden im Sondereigentum dieselben Haftungsregeln wie bei der Beschädigung des Gemeinschaftseigentums durch Handwerker einzelner Wohnungseigentümer oder der Gemeinschaft selbst, und zwar unabhängig davon, ob das Sondereigentum direkt oder mittelbar durch Schädigung des Gemeinschaftseigentums in Mitleidenschaft gezogen wurde. Die neue *BGH*-Rechtsprechung hat einen seit Mitte der 80er Jahre bestehenden Meinungsstreit (a. A. noch *OLG Frankfurt a. M.* OLGZ 1984, 144, 146) beendet.

IV. Sanktionen gegen den (zahlungssäumigen) vermietenden Wohnungseigentümer und/oder seinen Mieter

1. Keine Energiesperre gegen Mieter von wohngeldsäumigen Eigentümern?

Im Mietrecht ist die Energiesperre zur Anhaltung von Betriebskosten(nach)zahlungen nach Sternel (Mietrecht II Rn. 81) verboten. Nach Auffassung des Kammergerichts (ZMR 2005, 951) gilt: Innerhalb des **laufenden** (nach Beendigung des Mietverhältnisses gilt anderes: KG GE 2004, 1171 = KGRep 2004, 540; GE 2004, 622) Mietverhältnisses ist der Vermieter grundsätzlich nicht berechtigt, die von ihm zu erbringenden Versorgungsleistungen einzustellen, wenn sich der Mieter mit der Zahlung von Miete im Verzug befindet.

Das KG verneint ein Zurückbehaltungsrecht des Vermieters und schließt sich der Rechtsprechung des OLG Köln (ZMR 2005, 124, OLGRep Köln 2004, 281) an. Das Ausfrieren des Mieters wird als verbotene Eigenmacht (§ 858 BGB) eingestuft. Auf die Erheblichkeit des Rückstands soll es nicht

Anhang zu § 13 | Besonderheiten Vermietung von Sonder- u./o. Gemeinschaftseigentum

ankommen (a. A. *LG Freiburg* WuM 1997, 113 für das Pachtrecht). Dies soll selbst dann gelten, wenn nach der Schwergewichtstheorie von einem gewerblichen Mietverhältnis auszugehen ist.

87 Der Entscheidung des KG lag folgender Sachverhalt zugrunde:

88 Der Mieter nutzte die gemieteten Räume überwiegend als Geschäftsraum, teilweise jedoch auch zu Wohnzwecken. Nachdem er mit der Zahlung der Miete in Verzug geriet, unterbrach der Vermieter die Stromversorgung. Hiergegen wandte sich der Mieter erfolgreich mit einer einstweiligen Verfügung. Dazu das KG: »*Der Antrag auf Erlass einer einstweiligen Verfügung war begründet, weil die Verfügungsbeklagte zur Einstellung der Stromversorgung **nicht** berechtigt war. Auszugehen ist davon, dass der Vermieter im **laufenden** Mietverhältnis nicht zur Einstellung der von ihm – wie hier – als Nebenpflicht übernommenen Belieferung des Mieters mit Energie- und Versorgungsleistungen berechtigt ist, weil ihm ein Zurückbehaltungsrecht wegen Mietzinsrückständen grundsätzlich nicht zusteht (vgl. hierzu m. w. Nachw. OLG Köln, Beschluss vom 26.4.2003 – 1 U 67/03 –, ZMR 2005, 124 = MietRB 2004, 318; OLG Report Köln 2004, 281). Die Einstellung der Versorgungsleistung stellt deshalb eine **Besitzstörung** und damit eine verbotene Eigenmacht nach § 858 Abs. 1 BGB dar. Dies gilt erst recht dann, wenn die Miträume dem Mieter auch **zu Wohnzwecken** überlassen worden sind. So liegt der Fall hier, weil der Verfügungskläger nach dem unstreitigen Tatbestand des angefochtenen Urteils entsprechend der Vereinbarung im Mietvertrag von der Gesamtfläche von 220 m^2 etwa 60 m^2 und damit 27 % zum Wohnen nutzt.*«

89 Dies bedeutet für den vorsichtigen Vermieter, dass er verpflichtet ist, die erforderlichen Ver- und Entsorgungsleistungen zu erbringen, damit die gemieteten Räume entsprechend dem vereinbarten Zweck auch genutzt werden können. Hierin wird eine Nebenpflicht des Vermieters erblickt. Nach der im Mietrecht verbreiteten Meinung ist ein Vermieter nicht nach §§ 273, 320 BGB berechtigt, die Versorgung der Miträume mit Wärme, Wasser oder Energie zurückzuhalten, um die Zahlung rückständiger Miete oder Nebenkosten oder die Räumung der Mietsache durch den Mieter nach Vertragsbeendigung durchzusetzen. Nach dieser Auffassung führt die Einstellung z. B. der Beheizung im Winter oder das Abstellen der Wasserzufuhr oder des Stroms zur Unbewohnbarkeit der Mietsache mit der Maßgabe, dass derartige Maßnahmen den Tatbestand der verbotenen Eigenmacht erfüllen.

90 Nach anderer obergerichtlicher Auffassung soll das Abstellen von Strom, Heizung und Wasser **nach** Beendigung des Mietverhältnisses allerdings keine verbotene Eigenmacht (jedenfalls bei Geschäftsraummietverhältnissen) darstellen (*KG* GE 2004, 622).

91 Nach Auffassung des *AG Bergheim* (ZMR 2005, 53 mit Anmerkung *Keppeler*) soll ein Vermieter (von Wohnraum!) aber dann berechtigt sein, ein Zurückbehaltungsrecht hinsichtlich der Versorgung mit Wasser und Heizung auszuüben, wenn der Mieter für einen Zeitraum von mehr als drei aufeinander folgenden Monaten keinerlei Miet- sowie Nebenkostenvorauszahlungen mehr erbracht hat.

2. Rechtslage gegenüber dem säumigen Erbbauberechtigten oder Wohnungseigentümer

92 Hier gilt das Gegenteil, denn nunmehr hat der *BGH* (ZMR 2005, 880 mit Anm. *Elzer* = NZM 2005, 626) entschieden, dass der nachhaltige Zahlungsrückstand des Mitglieds einer nicht rechtsfähigen Gemeinschaft (von Erbbauberechtigten) deren Mitglieder zur Verhängung einer Versorgungssperre (vgl. *Briesemeister* FS Blank 2006, 597 ff.) berechtigt. Dies kann auf die teilrechtsfähige Eigentümergemeinschaft übertragen werden (vgl. *Gaier* ZWE 2004, 109, 112; *BGH* ZMR 2005, 547). Der *BGH* teilt der abweichenden Auffassung des *OLG Köln* (WE 2001, 44 = ZMR 2000, 639 = NJW-RR 2001, 301 = ZWE 2000, 543 = NZM 2000, 1026 sowie *Wolicki* in Köhler/Bassenge Teil 19 Rn. 378) eine klare Absage.

93 Die Umsetzung der Versorgungssperre setzt einen Beschluss der Gemeinschaft voraus, weil sie über die Befugnisse des Verwalters hinausgeht. Der *BGH* sieht einen Rückstand in Höhe von mehr als 6 Monatsbeträgen als ausreichend und erheblich an. Außerdem muss dem Vollzug der Versorgungssperre eine Androhung derselben vorausgehen.

94 Der *BGH* bejaht sogar hinsichtlich der Schuldnerwohnung ein Betretungsrecht des Verwalters sowie Dritter als Erfüllungsgehilfen im Rahmen des Vollzugs der Sperre (zur Durchsetzung vgl.

Besonderheiten Vermietung von Sonder- u./o. Gemeinschaftseigentum | Anhang zu § 13

Briesemeister ZMR 2007, 661). Bei Weigerung des Schuldners bedarf es allerdings eines Vollstreckungstitels. Enthält dieser bereits die Betretungsbefugnis wäre wohl eine richterliche Ermächtigung nach den §§ 758, 758 a ZPO im Rahmen der Zwangsvollstreckung entbehrlich. Das *KG* verneint ein Betretungsrecht **gegenüber dem Mieter** (ZMR 2006, 379) zwecks Durchsetzung der Versorgungssperre durch Maßnahmen in der Mietwohnung. Gegenüber Wohnungseigentümern als Schuldnern hat das Gericht die Verhältnismäßigkeit der Maßnahme zu beurteilen (*OLG München* ZMR 2005, 311).

Beachte: Selbst bei **Teil**zahlungen nur auf die anteiligen Wasserkosten ist nach Auffassung des 95
Kammergerichts (WuM 2005, 600 = ZMR 2005, 905) das Aufrechterhalten der Versorgungssperre bei erheblichen Wohngeldrückständen weiterhin gerechtfertigt.

Nach (abzulehnender) Ansicht des *OLG Köln* (ZMR 2000, 639 ff. = WE 2001, 44 m. abl. Anm. 96
Deckert S. 68) soll das »Ausfrieren« bzw. »Austrocknen« des Mieters eines mit Wohngeldzahlungen in Verzug befindlichen Wohnungseigentümers auch bei erheblichen Rückständen verbotene Eigenmacht sein (§§ 858 ff. BGB, dagegen insbesondere *Ulrici*, Liefersperren als verbotene Eigenmacht, ZMR 2003, 895)

Im Innenverhältnis der Wohnungseigentümer wird ein entsprechender Mehrheitsbeschluss mit 97
Blick auf § 273 BGB bislang überwiegend als zulässig erachtet, wenn die Gemeinschaft mangels einzelvertraglicher Beziehungen mit dem Versorgungsunternehmen Energieschuldnerin ist, die Rückstände tituliert oder anerkannt sind und die Sperrung technisch möglich sowie verhältnismäßig ist (vgl. *KG* ZMR 2001, 1007; *AG Peine* WE 2000, 128; *OLG Hamm* MDR 1994, 163; *BayObLG* WE 1992, 347 = NJW-RR 1992, 787; *Deckert* a. a. O.; *Armbrüster* WE 1999, 14, 16).

Da die Entscheidungen sich allerdings auf **selbstgenutzte** Einheiten bezogen, ist die 1:1 – Über- 98
tragung auf das vermietete Wohnungseigentum nicht zwingend.

Die wohl h. M. bejaht eine Versorgungssperre auch bei einer vermieteten WE-Einheit, selbst wenn 99
so der Wohngeldschuldner nur mittelbar betroffen ist (*KG* NZM 2001, 761; *OLG Hamm* NJW 1994, 145; *BayObLG* WuM 1992, 207; *OLG Celle* NJW-RR 1991, 1118; *Armbrüster* WE 1999, 14, 15 f.; *Suilmann* ZWE 2001, 476 ff.).

Rechtlich wird dieses Druckmittel als Zurückbehaltungsrecht i. S. d. § 273 BGB angesehen (*KG* 100
NZM 2001, 761, 762; *Armbrüster* WE 1999, 14, 15). Es kann sowohl vor einer Zwangsvollstreckung angebracht sein als auch im Nachgang zu einer erfolglos verlaufenden Zwangsvollstreckung, wenn und weil droht, dass der zahlungsschwache Schuldner weiterhin auf Kosten der Gemeinschaft sein Wohnungseigentum nutzt.

Eine Energiesperre ist unzulässig, wenn ein individueller Liefervertrag zwischen Versorgungsun- 101
ternehmen und Schuldner besteht und Energie direkt in diesem Verhältnis erbracht und abgerechnet wird; hier kommen nur Rechte des Energielieferers in Betracht (vgl. *Armbrüster* WE 1999, 14, 15). Es fehlt dann bereits an der erforderlichen Konnexität von Leistung und Gegenleistung. Anders ist die Lage, wenn Versorgungsleistungen zentral über Gemeinschaftsanlagen und -anschlüsse verteilt und zunächst aus der Gemeinschaftskasse bezahlt werden.

Nach h. M. ist für eine Versorgungssperre im WEG ein Mehrheitsbeschluss erforderlich aber auch 102
ausreichend. Der Beschluss entspricht i. d. R. ordnungsmäßiger Verwaltung. § 18 Nr. 2 WEG ist bei Zahlungsrückständen keine abschließende Sonderregelung und lässt andere Maßnahmen zu (vgl. unten § 18 Rn. 51 ff.).

Die nach § 273 BGB erforderliche Konnexität der wechselseitig geschuldeten Leistungen liegt da- 103
rin, dass der Wohnungseigentümer der Gemeinschaft Wohngeldbeiträge auf die Gesamtkosten der Bewirtschaftung schuldet, während die Gemeinschaft über die im Gemeinschaftseigentum gelegenen Versorgungsleitungen dem einzelnen Wohnungseigentümer die Versorgung seiner Einheit verschafft (*KG* NZM 2001, 761, 762 m. w. N.). Soweit dagegen eingewandt wird, es fehle bereits an einer »Leistung« i. S. d. § 273 Abs. 1 BGB, weil die Gemeinschaft nicht Lieferantin von Strom, Gas und Wasser sei, sondern der Miteigentümer lediglich am Gebrauch der Leitungen gehindert werde, wird verkannt, dass auch die anderen Eigentümer zur Duldung des bestimmungsgemäßen Leitungsmitgebrauchs verpflichtet sind (§§ 13 Abs. 2 S. 1, 14 Nr. 1, 3 WEG), da es über weite Strecken zwingend gemeinschaftliches Eigentum ist, und auch Duldungen zurückgehalten werden können. Dies hat der *BGH* für die Duldung der Nutzung eines Notweges gegen

Zahlung der Notwegrente entschieden (*BGH* MDR 1976, 917 f.) und gilt m. E. auch für Leitungsnutzungsrechte.

104 Eine Vermietung steht der Ausübung des Zurückbehaltungsrechts nach h. M. nicht im Wege, da dem Mieter gegenüber der Gemeinschaft erstens keine Gebrauchsgewährungsansprüche zustünden und er zweitens gegenüber der Gemeinschaft nicht mehr Rechte haben könne als der vermietende Wohnungseigentümer selbst sie einwenden könnte. Diese Argumentation ist allerdings umstritten.

105 Ist zur technischen Durchführung der Versorgungssperre eine bauliche Maßnahme erforderlich, z. B. der Einbau eines Absperrventils, und / oder das Betreten der Wohnung des Schuldners, wird auch dieses nach h. M. vom Beschluss bzw. vom Gesetz gedeckt. Es gilt nicht § 22 WEG, da es sich um eine Maßnahme i. S. d. § 21 Abs. 3 WEG handelt (Armbrüster a. a. O. S. 17; *Staudinger-Bub* § 28 WEG Rn. 147). Die Pflicht zur Gestattung des Betretens der Wohnung wird § 14 Nr. 4 WEG entnommen.

106 Beachte:

107 Das Insolvenzverfahren gegen einen säumigen Wohngeldschuldner unterbricht nach *AG Kassel* (ZMR 2005, 743) nicht das Verfahren gegen ihn auf Duldung der Versorgungssperre seiner Wohnung mit Heizung und Wasser.

108 Auch durch Teilzahlungen in Höhe der auf die Versorgungsleistungen entfallenden Beträge kann das Zurückbehaltungsrecht der Wohnungseigentümergemeinschaft nicht abgewendet werden (*KG* ZMR 2005, 905).

B. Instandsetzungsansprüche des Mieters

I. Grundsätzliches

109 Derartige Ansprüche können auf Seiten des Mieters bestehen gegenüber dem vermietenden Wohnungseigentümer (PWW-*Elzer* § 535 Rn. 95), dem gewerblichen Zwischen(ver)mieter oder sonstigen vermietenden Dritten, und zwar unabhängig davon, ob Mängel im Bereich des Sondereigentums, des Gemeinschaftseigentums oder an Sondernutzungsflächen des Gemeinschaftseigentums geltend gemacht werden (vgl. *Bärmann/Pick/Merle* § 8 Rn. 53 sowie § 13 Rn. 69; *Sternel* Mietrecht aktuell Rn. 310).

II. Mängel am Sondereigentum und am Gemeinschaftseigentum

110 Es ist zu unterscheiden zwischen Mängeln am Mietobjekt, deren Ursache und Beseitigung allein im Sondereigentum liegen, und solchen, die ohne Eingriff in das Gemeinschaftseigentum nicht behoben werden können.

1. Mängel am Sondereigentum

111 Zum Sondereigentum gehören nach dem Gesetz die Gebäudebestandteile, die verändert, beseitigt oder eingefügt werden können, ohne dass dadurch das gemeinschaftliche Eigentum oder das Sondereigentum eines anderen Wohnungseigentümers über das nach § 14 Nr. 1 WEG zu duldende Maß hinaus beeinträchtigt wird (vgl. § 5 Abs. 1 WEG, zur Abgrenzung vgl. *Riecke* BTR 2003 Heft 1, S. 11 ff.).

112 Damit sind die reinen Sondereigentumsbereiche einer Eigentumswohnung sehr eng umrissen. Sie beschränken sich auf das Innere der Eigentumswohnung, namentlich auf
 – die nicht tragenden Zwischenwände,
 – den Innenputz der Decken und tragenden Wände,
 – den Fußbodenbelag,
 – Einbauten, Sanitärgegenstände und Elektrogeräte.

113 Nichttragende Wände stehen im Sondereigentum. Handelt es sich um eine Trennwand zwischen zwei Einheiten, steht sie im gemeinschaftlichen Sondereigentum (sog. Mitsondereigentum) der anliegenden Eigentümer (*BGH* ZMR 2001, 289 = WuM 2001, 143 = ZfIR 2001, 209 m. Anm. *J.-H. Schmidt*).

Besonderheiten Vermietung von Sonder- u./o. Gemeinschaftseigentum | Anhang zu § 13

Heizkörper zählen nach allgemeiner Ansicht zum Sondereigentum (z. B. *OLG Hamm* NJW-RR 1995, 909, 910 zu Nachtstromspeicheröfen; Heizkörperventile sollen aber zwingend gemeinschaftliches Eigentum sein, wobei eine Umdeutung in eine Kostentragungsregel im Einzelfall in Frage kommt, vgl. *OLG Hamm* ZMR 2001, 2001, 839 = ZWE 2001, 393; vgl. auch zum Streitstand *Müller* Rn. 82f). Die Zuordnung von Wasser- und Abwasserleitungen, Strom- und Gasleitungen, Fernheizungs- und Entlüftungsanlagen kann schon problematisch sein. Der Eingriff in Heizungskreisläufe durch Anbringung und Änderung von Thermostatventilen kann in Rechte anderer eingreifen und ist daher dem einzelnen Sondereigentümer im Allgemeinen nicht gestattet. 114

Fenster und Türen – außer reinen Innentüren – sind zwingend Gemeinschaftseigentum (a. A. jetzt allerdings *OLG Düsseldorf* ZMR 2002, 445 für die Wohnungsabschlusstür). Das gilt jedenfalls für Außenfenster und zum gemeinschaftlichen Eigentum hin gewandte Türen; Sondereigentum können nur Innenrahmen und die Innenscheiben bei echten Doppelfenstern mit trennbarem Rahmen sein (*BayObLG* ZWE 2000, 177, 178; *OLG Düsseldorf* ZMR 1998, 304; *Pick* in Bärmann/Pick/Merle § 5 Rn. 36). Soweit in Teilungserklärungen Außenfenster als Sondereigentum bezeichnet werden, wird eine solche Bestimmung von der Rechtsprechung ausgelegt als eine schuldrechtliche Verpflichtung dahingehend, dass der betreffende Wohnungseigentümer verpflichtet ist, die Fenster seiner Wohnung – obwohl Gemeinschaftseigentum – auf eigene Kosten instand zusetzen und instand zuhalten (vgl. *OLG Hamm* MDR 1992, 258; *LG Wuppertal* WE 1997, 42). Ohne weiteres zulässig ist eine Bestimmung in der Teilungserklärung, wonach der jeweilige Wohnungseigentümer die im Bereich seines Sondereigentums liegenden Fenster auf seine Kosten instand zusetzen und – zu erhalten hat (vgl. *OLG Düsseldorf* WuM 1999, 350 f. = ZMR 1999, 350 = WE 1999, Heft 7, 7). Balkone sind auch ohne ausdrückliche Erklärung in der Teilungserklärung Sondereigentum (überzeugend *Fr. Schmidt* MittBayNot 2001, 442; a. A. zu Unrecht *OLG Frankfurt a. M.* ZMR 1997, 367 ff.; *OLG Köln* ZMR 2001, 568f; *OLG Düsseldorf* ZMR 1999, 350 f., ZMR 1998, 304 und die h. M.). Das bedeutet, dass der Bodenbelag und der Balkoninnenanstrich vom Sondereigentümer instand zuhalten sind. Jedoch fallen Eingriffe ins Sondereigentum zumindest kostenmäßig dann unter die alle Wohnungseigentümer treffenden Lasten des Gemeinschaftseigentums, wenn sie notwendige Voraussetzung für Arbeiten am Gemeinschaftseigentum sind. Das gilt etwa für die Entfernung von Balkonfliesen, um an schadhafte konstruktive oder sicherheitsrelevante Balkonteile herankommen zu können (vgl. *OLG Düsseldorf* WuM 1999, 349 f. = ZMR 1999, 350 = WE 1999, Heft 7, 7). Die dichtenden, isolierenden und tragenden Balkonteile sind zwingend Gemeinschaftseigentum (*BGH* NJW-RR 2001, 800 f.; *OLG Düsseldorf* ZMR 2002, 613). Das gilt auch für die Balkonbrüstung oder ein Balkongeländer (vgl. *BayObLG* ZMR 1999, 59; zur Isolierschicht vgl. *OLG Hamm* ZMR 1997, 193). Eine Unterhaltungspflicht des einzelnen Sondereigentümers insoweit kann aber wiederum aus einer Bestimmung in der Teilungserklärung folgen (*KG* WuM 2001, 298 = WE 2001, 118 = ZWE 2001, 331; *BayObLG* ZMR 1999, 59). Zur strittigen Frage der Kostentrennung vgl. *OLG Braunschweig* ZMR 2006, 787. 115

Soweit ein Schaden am Sondereigentum vorliegt, kann der Mieter ohne weiteres die mietrechtlichen Gewährleistungsansprüche (§ 536 ff. BGB) gegen seinen Vermieter geltend machen, z. B. bei Verzug des Vermieters den Mangel gem. § 536 a Abs. 2 Nr. 1 BGB im Wege der Ersatzvornahme auf Kosten des Vermieters beseitigen lassen oder – umständlich aber ohne Vorleistung des Mieters – nach Verurteilung des Vermieters zur Beseitigung gem. § 887 ZPO (als vertretbare Handlung) vollstrecken. 116

2. Vorgehen bei Mängeln am Gemeinschaftseigentum, soweit die Instandhaltung einem Eigentümer obliegt

Soweit vermietende Eigentümer gegenüber der Wohnungseigentümergemeinschaft nach dem Inhalt der Teilungserklärung/Gemeinschaftsordnung auch zur Beseitigung von Schäden am Gemeinschaftseigentum verpflichtet sind, gilt dasselbe. Das kann der Fall sein z. B. bei entsprechender Regelung in der Teilungserklärung/Gemeinschaftsordnung, die etwa wie folgt lauten kann: 117

»Einrichtungen, Anlagen und Gebäudeteile, die nach der Beschaffenheit oder dem Zweck des Bauwerks oder gemäß dieser Teilungserklärung zum **ausschließlichen** Gebrauch durch einen 118

Anhang zu § 13 | Besonderheiten Vermietung von Sonder- u./o. Gemeinschaftseigentum

Wohnungseigentümer bestimmt sind (z. B. Balkone, Fenster), sind von ihm auf seine Kosten instand zuhalten und instand zusetzen.« (vgl. *OLG Braunschweig* ZMR 2006, 787 und *LG Braunschweig* ZMR 2006, 395).

119 Dies gilt jedenfalls dann, wenn derartige Regelungen so klar abgefasst sind, dass sie keinen Anlass zu Streit innerhalb der Wohnungseigentümergemeinschaft geben. Soweit derartige Regelungen nicht bestimmt genug sind, können sie unterschiedlicher Auslegung zugänglich sein. So hat z. B. das *LG Flensburg* (WE 1989, 70 ff.) entschieden, dass die dem einzelnen Wohnungseigentümer obliegenden Instandsetzungs- und Instandhaltungspflichten bei derartigen Klauseln sich nur auf die Teile des Gemeinschaftseigentums beziehen, die ihm wirklich zum ausschließlichen Gebrauch zur Verfügung stehen, also nur auf die bloße Oberfläche. Das *OLG Hamburg* hat in einem durchaus vergleichbaren Fall anders entschieden (Beschluss v. 20.8.1992 – 2 Wx 92/91 – nicht veröffentlicht). Hieraus wird deutlich, dass es nicht ganz unproblematisch ist, bei Vorliegen derartiger Klauseln ohne weiteres von einer Instandhaltungs- und Instandsetzungspflicht des einzelnen Wohnungseigentümers und Vermieters auszugehen. Dies könnte der Mieter bei der anschließenden gerichtlichen Rückforderung des von ihm gem. § 536 a Abs. 2 BGB verauslagten Aufwandes zu spüren bekommen.

3. Mängel am Gemeinschaftseigentum, das von der Wohnungseigentümergemeinschaft in Stand zu halten ist

120 Problematisch wird die Beseitigung von Mängeln am Mietobjekt dann, wenn diese ihre Ursache in Mängeln am Gemeinschaftseigentum haben und das Gemeinschaftseigentum entsprechend der gesetzlichen Regelung in § 16 Abs. 2 WEG von allen Wohnungseigentümern gemeinschaftlich instand zuhalten und instand zusetzen ist. Soweit die Beseitigung durch einen kooperativen WEG-Verwalter im Rahmen seiner Regelungs- und Kostenkompetenz erfolgt, kann der Mieter schnell zufrieden gestellt werden. Wenn – wie so oft – unklar ist, worin die Mängelursachen bestehen und welche Beseitigungsmaßnahmen im Sinne einer ordnungsmäßigen Verwaltung notwendig sind, dann bedarf es zusätzlich regelmäßig auch noch der Beschlussfassung durch die Wohnungseigentümergemeinschaft, der Einholung mehrerer Kostenangebote, der Einforderung von Sonderumlagen – soweit die Instandhaltungsrücklage nicht ausreicht – etc. (zur gutachterlichen Schadensfeststellung vor größeren Instandsetzungsmaßnahmen vgl. *BayObLG* WE 1999, 119 m. Anm. *Kümmel*). Insgesamt kann eine Wohnungseigentümergemeinschaft bei weitem nicht so schnell reagieren wie der Vermieter, dem das gesamte Gebäude allein gehört. Aus dieser Problematik wird die einschlägige Rechtsprechung verständlich. Auf keinen Fall kann der Mieter nach § 536 a Abs. 2 BGB eine Ersatzvornahme durchführen und seine Kosten gegenüber dem vermietenden Sondereigentümer liquidieren (a. A. zu Unrecht *Nüßlein* PiG 76, 2006, S. 29).

a) Frühere Rechtsprechung

121 Bis zum Jahre 1990 wurden zu dieser Frage durchaus unterschiedliche Auffassungen vertreten. Vorherrschend war die Meinung, dass ein vermietender Wohnungseigentümer bei erforderlichen Eingriffen in das gemeinschaftliche Eigentum nicht zur Durchführung von Instandsetzungsmaßnahmen verpflichtet werden kann. Die Auffassung wurde damit begründet, dass der Wohnungseigentümer als Vermieter daran gehindert sei, **allein** die notwendigen Maßnahmen selbst durchzuführen. Bei Maßnahmen zur Abwehr unmittelbar drohenden Schadens könne der Verwalter zwar gem. § 21 Abs. 2 WEG allein tätig werden. Ansonsten setze die Durchführung von Instandhaltungs- und Instandsetzungsmaßnahmen gem. § 21 Abs. 5 Nr. 2 WEG aber einen Mehrheitsbeschluss der Wohnungseigentümerversammlung voraus. Erst wenn ein derartiger Beschluss der Wohnungseigentümergemeinschaft vorliege, könne das Verlangen des Mieters nach Durchführung von Instandsetzungsmaßnahmen gegenüber einem vermietenden Wohnungseigentümer eine rechtlich zulässige Maßnahme darstellen. Bis dahin ist das Verlangen auf eine rechtlich unmögliche Leistung gerichtet. So entschied auch noch bis zum Jahre 1989 die 65. ZK des *LG Berlin* (vgl. *Bielefeld* WE 1990, 50 ff.).

b) Heutige Rechtsprechung

Dieser Auffassung ist das *KG* entgegengetreten (ZMR 1990, 336 = NJW-RR 1990, 1166 = WuM 1990, 376) und formulierte folgenden Leitsatz: 122

»Der Mieter einer Eigentumswohnung hat gegen seinen Vermieter auch dann einen gerichtlich durchsetzbaren Anspruch auf Mängelbeseitigung, wenn die zur Mängelbeseitigung erforderlichen Maßnahmen Eingriffe in das gemeinschaftliche Eigentum der Wohnungseigentümergemeinschaft notwendig machen und – soweit erforderlich – ein zustimmender Beschluss der Wohnungseigentümergemeinschaft noch nicht vorliegt«. 123

Das *KG* stellte in seinen Entscheidungsgründen wesentlich darauf ab, dass die interne Aufgabenverteilung innerhalb der Wohnungseigentümergemeinschaft hinsichtlich der Instandsetzung des Gemeinschaftseigentums nicht die rechtliche Unmöglichkeit der Instandsetzung der Mietsache für den einzelnen Wohnungseigentümer zur Folge habe und dieser damit nicht von seiner Leistungspflicht gegenüber dem Mieter frei werde. Es bestehe bis zur ggf. erforderlichen Beschlussfassung der Eigentümergemeinschaft lediglich ein vorübergehendes Leistungshindernis für den einzelnen Wohnungseigentümer als Vermieter. Notfalls müsse der einzelne Wohnungseigentümer seinen Anspruch aus § 21 Abs. 4 WEG auf ordnungsmäßige Verwaltung gegenüber den Miteigentümern im Verfahren nach § 43 WEG gerichtlich geltend machen. 124

Auch Geldmangel der Wohnungseigentümergemeinschaft entlastet den Vermieter von Wohnungseigentum nicht. Dies bedeutet, dass der Vermieter ggf. seiner Wohnungseigentümergemeinschaft die Kosten für die im Verhältnis zu seinem Mieter geschuldeten Reparaturmaßnahmen vorzufinanzieren hat. Dieser Hinweis bedeutet jedoch keine Einschränkung der Mitwirkung aller Wohnungseigentümer an einer Beseitigung von Mängeln am Gemeinschaftseigentum. Nach der einschlägigen Rechtsprechung kann sich ein Wohnungseigentümer nicht gegen eine Mängelbeseitigungsmaßnahme wehren mit der Begründung, er verfüge nicht über die hierfür notwendigen Mittel. Zur Opfergrenze vgl. *BGH* ZMR 2005, 935 sowie Anh. § 15 WEG Rn. 30. 125

c) Aktiv und Passivlegitimation

Das *OLG Zweibrücken* (ZMR 1995, 119) hat ausdrücklich festgestellt, dass sich der Mangelbeseitigungsanspruch des Mieters gegen jeden Vermieter richtet, auch gegen den gewerblichen Zwischenvermieter, von dem der (End)Mieter Instandsetzung auch dann verlangen könne, wenn bei Wohnungseigentum/Eigentumswohnungen ein Eingriff in das Gemeinschaftseigentum notwendig sei. 126

Nach Auffassung des *OLG Hamm* (ZMR 1989, 98 ff.) machen Wohnungseigentümer derartige Ansprüche gegenüber der Wohnungseigentümergemeinschaft auf Beseitigung von Mängeln als eigene Ansprüche geltend und sind deshalb jeder für sich prozessführungsbefugt (vgl. *BayObLG* ZMR 1992, 352 = WuM 1992, 389). 127

4. Durchsetzung gerichtlich festgestellter Ansprüche im Wege der Zwangsvollstreckung

Aufgrund der neueren Rechtsprechung verlagert sich der Einwand rechtlicher Unmöglichkeit vom Erkenntnisverfahren in die Zwangsvollstreckung. Diese richtet sich in einem solchen Fall nicht nach § 887 ZPO (vertretbare Handlung), sondern nach § 888 ZPO (unvertretbare Handlung). Für den Mieter einer Eigentumswohnung ergibt sich daraus, dass er zwar einen durchsetzbaren Anspruch auf Mängelbeseitigung hat, aber bei der zwangsweisen Durchsetzung eines gerichtlichen Titels unter Umständen große Geduld haben muss. Es kann passieren, dass der durchaus zur Mängelbeseitigung bereite Wohnungseigentümer und Vermieter trotz allen Bemühens durch mehrere Instanzen gegen die anderen Wohnungseigentümer auf Mitwirkung (oder Duldung) an den Mängelbeseitigungsarbeiten vorgehen muss. Richtet sich der Titel materiell zu Unrecht gegen die Wohnungseigentümer steht die Rechtsprechung zur Teilrechtsfähigkeit des Verbandes der Vollstreckung nach *LG Wuppertal* nicht entgegen (B. v. 4.9.2006, ZMR 2006, 968; *BGH* ZMR 2007, 286). 128

5. Das Vorgehen des vermietenden Wohnungseigentümers gegen die Wohnungseigentümergemeinschaft

129 Der Vermieter von Wohnungseigentum muss alle zumutbaren rechtlichen Möglichkeiten gegenüber den Miteigentümern und dem Verwalter ausschöpfen, um seiner mietvertraglichen Pflicht gegenüber dem Mieter zu genügen. Nur dann kann er der Festsetzung und Vollstreckung von Zwangsmitteln gem. § 888 ZPO entgehen. Der vermietende Wohnungseigentümer wird zu beachten haben, dass er seine Miteigentümer vor Einleitung eines Verfahrens gemäß § 43 Nr. 1 WEG zur Mitwirkung auffordern muss. Da Gemeinschaften von Wohnungseigentümern diesbezügliche Entscheidungen im Allgemeinen nur auf Wohnungseigentümerversammlungen treffen (können), kann es passieren, dass bei Auftreten eines Mangels in der Zeit kurz nach einer ordentlichen Eigentümerversammlung bis zur nächsten Versammlung abgewartet werden muss. Wenn es nicht gelingt, den Verwalter zu einer außerordentlichen Wohnungseigentümerversammlung zu bewegen und er auf die erst im kommenden Jahr stattfindende ordentliche Wohnungseigentümerversammlung verweist, sind zeitaufwendige Streitereien mit Verwaltern und Wohnungseigentümern vorprogrammiert.

130 Das Nachsehen hat dann der Mieter, der seinen unter Umständen titulierten Mängelbeseitigungsanspruch nicht mit dem nötigen Nachdruck vollstrecken kann. Aus diesem Grund empfiehlt sich immer dann, wenn der Mieter seinen Vermieter gerichtlich auf Mängelbeseitigung in Anspruch nimmt, die Streitverkündung gegenüber den übrigen Eigentümern und dem Verband (vgl. Weitnauer/*Mansel* Nach § 43 Rn. 17). Obwohl die Streitverkündung im Wohnungseigentumsgesetz bisher nicht vorgesehen war, wurden die §§ 72 ff. ZPO auch im Verfahren nach § 43 WEG a. F. schon entsprechend angewendet (vgl. *Merle* in Bärmann/Pick/Merle § 44 Rn. 41 m. w. N.). Durch die Streitverkündung kann oft erreicht werden, dass die Willensbildung innerhalb der Wohnungseigentümergemeinschaft bei Vorliegen des Urteils so weit vorangeschritten ist, dass die Mängelbeseitigungsarbeiten am Gemeinschaftseigentum ohne Verzögerungen in Angriff genommen werden können.

131 In dringenden und tatsächlich klaren Eilfällen konnte der vermietende Wohnungseigentümer schon nach altem Recht beantragen, die erstinstanzliche Entscheidung des Amtsgerichts durch einstweilige Anordnung für vorläufig vollstreckbar zu erklären (vgl. Weitnauer/*Mansel* § 44 Rn. 5; *Riecke* WE 1989, 150); häufig geschah dies nur gegen Sicherheitsleistung entsprechend § 709 ZPO (vgl. *Merle* in Bärmann/Pick/Merle § 44 Rn. 82). Soweit der vermietende Wohnungseigentümer zur Sicherheitsleistung bereit und in der Lage ist, ließ sich so eine erhebliche Beschleunigung erreichen. Heute gelten über die §§ 23 Nr. 2 GVG, 43 ff. WEG n. F. die Regelungen der §§ 708 ff. ZPO direkt.

6. Schadensersatzansprüche gegen die anderen Wohnungseigentümer

132 Soweit dem vermietenden Wohnungseigentümer durch die Weigerung der anderen Wohnungseigentümer wegen verspäteter oder Nichtdurchführung notwendiger Instandsetzungsmaßnahmen am Gemeinschaftseigentum ein Schaden entsteht, etwa durch Mietausfall, Mietminderung, Anwalts- und Gerichtskosten, kann, wenn Verschulden vorliegt, ein Schadensersatzanspruch gegen die anderen Wohnungseigentümer in Betracht kommen (vgl. Weitnauer/*Lüke* § 21 Rn. 48).

C. Kündigung

I. Grundsätzliches

133 Hier ergeben sich in den sog. Umwandlungsfällen, d. h. wenn ein Mietshaus in Wohnungseigentum umgewandelt und das Wohnungseigentum an Dritte veräußert wird, erhebliche Rechtsprobleme für Vermieter und Mieter, da wegen des Grundsatzes der Einheitlichkeit des Mietverhältnisses eine Vermieterkündigung von sämtlichen Vermietern auszusprechen ist und eine Mieterkündigung gegenüber sämtlichen Vermietern erklärt werden muss (vgl. *BGH* WuM 1999, 390 mit Anm. *Riecke/Schütt* S. 499 = ZMR 1999, 546 = ZfIR 1999, 526; *Nüßlein* PiG 76, 2006, S. 43; *Sternel* MDR 1997, 315 ff.).

Besonderheiten Vermietung von Sonder- u./o. Gemeinschaftseigentum | Anhang zu § 13

Das Mietverhältnis besteht wegen der Regelung des § 566 BGB auch bei der Umwandlung unverändert fort. Der im BGB geregelte Vertragseintritt kraft Gesetzes (ungenau bezeichnet als »Kauf bricht nicht Miete«) hat lediglich im Regelfall Auswirkung auf die Zusammensetzung der Vermietergemeinschaft. Voraussetzung ist auch hier, dass Vermieter und Umwandler personenidentisch (vgl. *Harke* ZMR 2002, 490 ff.) sind. Eine Ausnahme macht die Rechtsprechung dann, wenn von zwei Miteigentümern nur einer die Mietverträge abgeschlossen hat und der andere mit der Vermietung einverstanden war (vgl. *OLG Karlsruhe* NJW 1981, 1278). Die bloße Stellung als wirtschaftlicher Eigentümer (vgl. § 39 AO) genügt nicht. Zum Erfordernis der Personenidentität vgl. insbesondere MüKo / *Häublein* § 566 Rn. 19. 134

§ 566 BGB gilt auch dann, wenn sämtliche Miteigentümer eines Grundstückes, die zugleich dessen Vermieter sind, das Eigentum an dem Grundstück durch Begründung von Wohnungseigentum (§ 8 WEG) teilen und sodann einem Miteigentümer durch Auflassung und Eintragung in das Wohnungsgrundbuch das alleinige Wohnungseigentum an einer bestimmten vermieteten Wohnung übertragen (vgl. *BayObLG* NJW 1982, 451). 135

Die für § 566 BGB erforderliche »Veräußerung« wird hier darin gesehen, dass einem ehemaligen bloßen Miteigentümer durch Auflassung und Eintragung in das Wohnungsgrundbuch das alleinige Wohnungseigentum übertragen wurde. 136

In diesem Fall trete der Erwerber und bisherige Mitvermieter als Alleinvermieter anstelle der bisherigen Eigentümer- und Vermietergemeinschaft, in die sich während der Dauer seines Wohnungseigentums aus dem Mietverhältnis ergebenden Rechte und Verpflichtungen ein. 137

Dieses die Eigentumsverhältnisse ändernde Rechtsgeschäft sei auch als Veräußerung an einen »Dritten« i. S. d. § 566 BGB anzusehen, denn die ihre Anteile veräußernden Miteigentümer und der von ihnen allein erwerbende Miteigentümer sind nicht personenidentisch. 138

Lediglich in diesem Fall führt ausnahmsweise die Begründung von Wohnungseigentum (Umwandlung) einmal zur Reduzierung der Zahl der Vermieter, falls Mietobjekt und Sondereigentum identisch sind. 139

Im Übrigen richtet sich die Zusammensetzung der Vermietergemeinschaft nach dem jeweiligen Mietgegenstand laut Mietvertrag und der jeweils gültigen Teilungserklärung. 140

Es sind folgende Fallgruppen zu unterscheiden: 141

Fall 1: 142

Das Mietobjekt umfasst das neu geschaffene Sondereigentum an einer Wohnung sowie einen Kellerraum und / oder eine Garage, die im Sondereigentum stehen. 143

Hier sind Vermieter zumindest die Sondereigentümer an Keller bzw. Garage und Wohnung, die nicht notwendig personenidentisch sein müssen (vgl. *LG Hamburg* ZMR 1999, 765 mit Anm. *Greiner*; *Lammel* § 566 Rn. 56 Fn. 61; *Greiner* ZMR 1999, 365 ff.). 144

Die neue Vermietergemeinschaft besteht hier personell aus einer Teilmenge der Wohnungseigentümergemeinschaft, die sich anhand des Wohnungsgrundbuchs zweifelsfrei feststellen lässt. 145

Fall 2: 146

Das Mietobjekt umfasst neben dem Sondereigentum (wie im Fall 1) auch das Recht zur Mitbenutzung von Gemeinschaftseigentum in Form von Treppenhäusern, Hauseingangstüren und der Zuwegung. 147

In diesem Fall ist streitig, ob allein der / die Sondereigentümer Rechtsnachfolger auf Vermieterseite werden (so *Happ* WE 1994, 126) oder die gesamte Eigentümergemeinschaft (so *Beuermann* WuM 1995, 7 Ziff. 21). 148

Der Auffassung von *Beuermann* ist nicht zu folgen, auch wenn er zutreffend davon ausgeht, dass all diese Räume und Flächen auch ohne besondere Erwähnung im Mietvertrag (zur Mitbenutzung) mitvermietet sind (*BGH* NJW 1967, 154). Das *LG Hamburg* hat mit Urteil vom 19.11.1996 (WuM 1997, 47) zutreffend § 566 BGB einschränkend dahin ausgelegt, dass dieser jedenfalls nicht zum Tragen kommen soll, soweit dem Mieter nicht ausschließlich, sondern nur – wie anderen Wohnungseigentümern und Mietern auch – Teile des Gemeinschaftseigentums zur bloßen Mitbenutzung überlassen werden. 149

Anhang zu § 13 | Besonderheiten Vermietung von Sonder- u./o. Gemeinschaftseigentum

150 Würde in einer solchen Fallkonstellation die gesamte Eigentümergemeinschaft »notwendiger Vermieter«, hätte dies für Vermieter und Mieter gleichermaßen belastende Wirkungen (vgl. *Sternel* MDR 1997, 316).

151 Eine rechtlich praktikable Lösung lässt sich nur durch die vom *LG Hamburg* vorgenommene teleologische Reduktion der Regelung des § 566 BGB erreichen, indem man den Terminus »überlassen« auf die Einräumung von Alleinbesitz reduziert.

152 Der vorstehenden Auffassung ist auch das *LG Hamburg* mit Urt. v. 28.3.1996 (WuM 1997, 176) gefolgt.

153 Es wird dort festgestellt, dass § 566 BGB dem Mieter bei Eigentumswechsel die durch Vertrag erworbenen Rechte erhalten wolle, und zwar ohne Rücksicht auf die Relativität der Schuldverhältnisse. Insbesondere habe der Mieter keinen Anspruch auf eine Verbesserung seines Bestandschutzes, bestehend in den Kündigungsproblemen seines Vertragspartners. Das *LG Hamburg* erkennt zutreffend, dass ohne Einsichtnahme in das Grundbuch dem Mieter die gegenüber allen Wohnungseigentümern zu erklärende Kündigung ebenfalls kaum möglich wäre. Da § 566 BGB jedoch die Rechte des Mieters weder verbessern noch verschlechtern solle, sei allein die teleologische Reduktion hier sachgerecht.

154 **Fall 3:**

155 Mietgegenstand ist neben dem Sondereigentum auch Gemeinschaftseigentum, an dem zugunsten des Sondereigentums wirksam Sondernutzungsrechte begründet wurden.

156 Dies ist der umstrittenste Fall des Vertragseintritts kraft Gesetzes (vgl. *Greiner* ZMR 1999, 366 sowie WE 2000, 106).

157 Das *LG Hamburg* (WuM 1997, 47) und *Sternel* (MDR 1997, 316) befürworten hier eine Analogie zu § 577 BGB a. F. (vgl. nunmehr § 567 BGB; *Weyhe* S. 325).

158 Hiergegen spricht, dass § 567 BGB ausdrücklich nur das Erbbaurecht, das dingliche Wohnrecht, den Nießbrauch und Dienstbarkeiten, d. h. dingliche Rechte, erwähnt.

159 Im Übrigen verweist § 567 BGB – der selbst eine Ausnahmevorschrift ist – auf die Sonderregelung des § 566 BGB, die von der Rechtsprechung schon als kaum analogiefähig angesehen wurde (vgl. *OLG Düsseldorf* MDR 1993, 143 = NJW-RR 1992, 1291, 1292).

160 Dies muss hier im Erst-Recht-Schluss auch für § 567 BGB gelten.

161 Außerdem hat das Sondernutzungsrecht am Gemeinschaftseigentum verglichen mit dem Erbbaurecht und dem Nießbrauch eine deutlich geringere und abweichende Qualität, d. h. auch bei Begründung durch eine Vereinbarung der Wohnungseigentümer nach § 10 Abs. 2 WEG gewährt das Sondernutzungsrecht dem begünstigten Wohnungseigentümer lediglich einen Rechtsanspruch gegen die übrigen auf Gewährung des vereinbarten ausschließlichen Gebrauchs. Dieser Anspruch ist seiner Art nach nicht vom Anspruch des Mieters gegen den Vermieter auf Gewährung des Mitgebrauchs verschieden (vgl. Weitnauer/*Lüke* § 15 Rn. 25).

162 Nach *Lüke* (Weitnauer § 15 Rn. 32) begründet die als Sondernutzungsrecht bezeichnete Rechtsposition auch bei Eintragung im Wohnungsgrundbuch kein dingliches Recht, insbesondere nicht eine der Dienstbarkeit gleiche Rechtsstellung.

163 Dies wird schon dadurch deutlich, dass der Sondernutzungsberechtigte immer Wohnungseigentümer derselben Anlage sein muss und nicht außen stehender Dritter sein kann (Weitnauer/*Lüke* § 10 Rn. 35).

164 Berücksichtigt man weiter, dass die Eintragung des Sondernutzungsrechts im Grundbuch nicht konstitutiv ist (zum stillschweigenden Abschluss einer Sondernutzungsvereinbarung vgl. *Häublein*, Sondernutzungsrechte, 2003, S. 64 ff.), sondern lediglich wegen der Rechtswirkung gegenüber Sondernachfolgern gem. § 10 Abs. 3 WEG geschieht und darüber hinaus die Sondernutzungsrechte zwischen den Wohnungseigentümern ein und derselben Wohnungseigentümergemeinschaft sogar ohne Zustimmung der anderen wirksam übertragen bzw. getauscht werden können (vgl. *Sauren* § 15 Rn. 21), zeigen sich so große Unterschiede zu den in § 567 BGB erwähnten dinglichen Rechten, dass vor dem Hintergrund des Gebots der Rechtssicherheit eine doppelte Analogie zu § 566 BGB über § 567 BGB ausscheidet.

Besonderheiten Vermietung von Sonder- u./o. Gemeinschaftseigentum | Anhang zu § 13

Neue Vermieter sind dann alle Wohnungseigentümer, soweit die Sondernutzungsfläche dem 165
Mieter auch zur ausschließlichen Nutzung mietvertraglich überlassen wurde (a. A. *Happ* WE 1994, 126, 2. Fall; *KG* ZMR 1999, 246 sowie *BGH* WuM 1999, 390).

Es hat insbesondere nicht nur »bautechnische Gründe« (so aber *Greiner* ZMR 1999, 367), wenn 166
kein Sondereigentum, sondern bloß Sondernutzungsrechte begründet werden. Kellerabteile, Abstellräume sowie Stellplätze in Tiefgaragen sind sondereigentumsfähig im Gegensatz zu Gartenflächen.

Das Sondernutzungsrecht ist flexibler; es ermöglicht ohne weiteres den Tausch von Kellerab- 167
teilen.

Die Rechtsprechung des *BGH* zum Schutz des Endmieters bei der gewerblichen Zwischenvermie- 168
tung spricht ebenso wie die Neueinführung des § 565 BGB gegen eine analoge Anwendung des § 566 BGB (vgl. dazu *Riecke* WuM 1997, 91).

unbesetzt 169–171

Der Leitsatz von *BGH* ZMR 2006, 30 (s. o. Rn. 44–48) ist zwar zutreffend, aber nur weil er das Son- 172
dernutzungsrecht nicht erwähnt. Die Begründung des schuldrechtlichen Sondernutzungsrechts, das jedenfalls vor Eintragung (§ 10 Abs. 3 WEG) nach § 398 BGB jederzeit ohne Erkennbarkeit nach Außen übertragen werden kann, ist mit einer Veräußerung i. S. d. § 566 BGB nicht gleichzusetzen. *Nüßlein* (PiG 76, 2006, 55 ff., 64) favorisiert den Eintritt nur des Sondereigentümers in das einheitliche Mietverhältnis und will die Besitzrechtsbrücke über § 986 Abs. 2 BGB analog herstellen. Eine gewagte Konstruktion.

Fall 4: 173
Mietgegenstand ist neben dem Sondereigentum an der Wohnung auch ein Kellerraum, der im Ge- 174
meinschaftseigentum steht, ohne dass Sondernutzungsrechte bestehen.

Hier wird nach dem Rechtsentscheid des *BGH* vom 28.4.1999 (WuM 1999, 390 nebst kritischer An- 175
merkung *Riecke/Schütt* WuM 1999, 499 ff. = ZMR 1999, 546 = ZfIR 1999, 526) allein der Sondereigentümer der »Eigentumswohnung« neuer Vermieter (vgl. *Greiner* WE 2000, 106).

Der Mieter soll dem Herausgabeanspruch der Wohnungseigentümergemeinschaft (§ 985 BGB) 176
sein Recht zum Besitz aus dem Mietvertrag gemäß § 986 BGB entgegensetzen können.

Diese Lösung erscheint fragwürdig, weil die übrigen Wohnungseigentümer nach *BGH* nicht über 177
§ 566 BGB Mitvermieter werden soll. Dann aber besteht auch kein schuldrechtlich den Eigentümer der Kellerräume bindendes relatives Besitzrecht des Mieters. Der Sondereigentümer der Wohnung und der Mieter sind in dieser Konstellation gerade nicht besitzberechtigt gegenüber anderen Wohnungseigentümern. Es fehlt die Besitzrechtsbrücke (vgl. *Riecke/Schütt* Die Beseitigung der »Umwandlungsfalle« WuM 1999, 499). *Nüßlein* (PiG 76, 2006, 55 ff., 64, zweifelhaft) will auch hier die Besitzrechtsbrücke über § 986 Abs. 2 BGB analog herstellen.

Fall 5: 178
Das Mietobjekt umfasst neben dem Sondereigentum »Wohnung« auch einen Balkon. 179

Hier kommt der richtigen wohnungseigentumsrechtlichen Zuordnung des Balkons für die Be- 180
stimmung der Vermieterstellung entscheidende Bedeutung zu.

Nach Auffassung des *OLG Frankfurt a. M.* (ZMR 1997, 367–369) entsteht am »Luftraum Balkon« 181
dann kein Sondereigentum, wenn die Fläche in dem Aufteilungsplan zwar ebenso umrandet ist wie das Sondereigentum der angrenzenden Wohnung jedoch nicht mit derselben Ziffer versehen wurde.

Nach *Bärmann/Seuß-Schmidt* (Praxis des Wohnungseigentums, 4. Aufl., A Rn. 102) sind innerhalb 182
der abgeschlossenen Wohnung alle Räume Sondereigentum; es können nicht einzelne Gemeinschaftseigentum bleiben. Dies müsse auch für einen zur Wohnung gehörenden Balkon gelten, der auch dann Sondereigentum sei, wenn er bei den Räumen (in der Teilungserklärung) nicht genannt ist (vgl. *Schmidt* FS Bärmann/Weitnauer 1985, S. 45). Auch *Pick* (Bärmann/Pick/Merle, § 5 Rn. 27 und 30) stellt fest, dass Balkone Gegenstand von Sondereigentum sein können, wobei die fehlende vollständige Überdachung dem nicht entgegenstünde.

Richtigerweise wird man in diesem Zusammenhang als Mietgegenstand lediglich den Balkon(in- 183
nen)raum ansehen müssen, der allein vom Sondereigentümer betreten und genutzt werden darf. Dessen Zuordnung zum Sondereigentum liegt auf der Hand, da ein Mitgebrauchsrecht der Ge-

meinschaft wegen fehlenden Zugangs praktisch nicht ausübbar ist und andererseits ein allgemeiner Zugang dem Erfordernis der Abgeschlossenheit der Wohnung widerspräche (vgl. *Pick* in Bärmann / Pick / Merle § 5 Rn. 27 und 30).

184 Dass die konstruktiven Bestandteile des Balkons (Balkonplatte, Balkongitter, Balkonbrüstung) dem Gemeinschaftseigentum zugerechnet werden, ist für die Problematik der Vermieterstellung unbeachtlich, da auch beim vermieteten Sondereigentum dieses in Form der tragenden Wände vom Gemeinschaftseigentum umgeben ist, ohne dass allein deshalb über § 566 BGB bei Umwandlung sämtliche Eigentümer Mitvermieter würden.

185 Bei der Kündigung ist neben dem Ausspruch durch die richtigen Vermieter auch zu beachten, dass wegen der Einheitlichkeit des Mietverhältnisses einerseits und der Gestaltungswirkung der Kündigung andererseits die Erklärung der Vermieter sich nicht nur auf ihren jeweiligen Leistungsteil beziehen darf, sondern die Willensentscheidung und Willenserklärung jedes Vermieters sich auf das gesamte Mietverhältnis beziehen muss.

186 Anderenfalls lägen lediglich zwei unzulässige Teilkündigungen vor (vgl. *LG Hamburg* WuM 1997, 47).

187 Soweit aufgrund der Inkongruenz von Teilungserklärung und Mietvertrag die Eigentümergemeinschaft die Kündigung miterklären muss, genügt hierzu ein zustimmender Beschluss der Wohnungseigentümergemeinschaft oder die Ausstellung entsprechender Vollmachten (*LG Hamburg* WuM 1997, 47; *OLG Hamburg* ZMR 1996, 614 = WuM 1996, 637).

188 Seit dem Beschluss des *OLG Hamburg* v. 18.7.1996 (ZMR 1996, 614 = WuM 1996, 637) bestehen wohnungseigentumsrechtlich keinerlei Probleme, die Mitwirkung der übrigen Wohnungseigentümer ggf. zu erzwingen. Das *OLG* sah »im Hinblick auf die Rechtsprechung in Mietsachen« eine weitgehende Mitwirkung der übrigen Wohnungseigentümer als erforderlich und rechtlich durchsetzbar an und hielt eine abschließende Entscheidung über die Frage, wer nach Umwandlung nun Vermieter geworden sei, für entbehrlich.

189 Von großer praktischer Bedeutung ist, dass das Gericht auch einen Mehrheitsbeschluss in der Eigentümerversammlung für ausreichend ansah, damit die Beschlusskompetenz der Eigentümerversammlung bejaht und, lediglich um ganz sicher zu gehen, darüber hinaus die Erteilung von Vollmachten für geboten erachtete, wenn ein eventuelles Kostenrisiko der Gemeinschaft durch entsprechende Freihalteerklärungen kompensiert sei.

190 *Greiner* (ZMR 1999, 369) meint, es sei möglich, den mietvertraglichen Anspruch auf Zahlung der Miete, die Kündigung des Mietverhältnisses etc. allein dem Sondereigentümer der Wohnung einzuräumen und trotzdem den personenverschiedenen Sondereigentümer von Nebenräumen mit dem Besitzrecht des Mieters zu belasten. Das überzeugt nicht (vgl. *Nüßlein* PiG 76, 2006, S. 43). Schon bei Schäden am Mietereigentum aufgrund von Baumängeln im Bereich der Nebenräume gingen dem Mieter diverse Gesamtschuldner grundlos verloren oder man müsste eine Haftung der übrigen Wohnungseigentümer bejahen, ohne deren Partizipieren an der Mietzahlung.

II. Besonderheiten bei der Eigenbedarfskündigung

191 In Umwandlungsfällen – *Hinz* (MietPrax Fach 1 Rn. 529) konstatiert, dass durch den Verkauf »Eigenbedarf produziert« werde – sieht das Gesetz in § 577a BGB eine mehrjährige Sperre gegen den Ausspruch von Eigenbedarfskündigungen vor. Die Vorschrift fasst § 564b Abs. 2 S. 2–4 und Nr. 3 S. 4 BGB a. F. sowie das sog. Sozialklauselgesetz zusammen.

192 Hiermit soll vereitelt werden, dass Mietwohnungen durch Umwandlung zum schnelllebigen Handelsobjekt werden. Zu Umwandlungsproblemen unter Beteiligung von BGB-Gesellschaften als Vermieter vgl. *Weitemeyer* GS Sonnenschein, 2003, 455 = ZMR 2004, 153.

193 Während des Laufs der Sperrfrist kann eine Eigenbedarfskündigung nicht wirksam ausgesprochen werden, auch wenn während der verlängerten Kündigungssperrfrist dem Mieter Wohnraum vergleichbarer Art, Größe, Ausstattung, Beschaffenheit und Lage vom Vermieter nachgewiesen würde und der Vermieter sich verpflichtete, Umzugskosten in angemessener Höhe zu erstatten (§ 577 a Abs. 2 S. 3 und 4 RefE – in ZMR-Sonderdruck 7 / 2000. S. 14 und 51 – wurden nicht Gesetz).

Es war lange umstritten, ob die Sperrfrist auch schon bei Begründung von Wohnungseigentum 194
gem. § 3 WEG in Lauf gesetzt wird, d.h. wenn die Erwerber das Miteigentum in der Weise beschränken, dass hier Miteigentümern abweichend von § 93 BGB Sondereigentum an einer bestimmten Wohnung eingeräumt wird.

Der *BGH* hat mit Beschluss v. 6.7.1994 (ZMR 1994, 554 = WuM 1994, 452 ff.) festgestellt, dass die 195
Sperrfrist auch dann nicht eingreife, wenn der jeweilige Wohnungseigentümer anstelle der früheren Miteigentümergemeinschaft gem. § 566 (§ 571 a. F.) BGB als Vermieter in das Mietverhältnis eingetreten sei. Die Sperrfristregelung sei nicht dazu gedacht, den Mieter vor einer unabhängig von der Umwandlung bestehenden Eigenbedarfslage zu schützen. Im vorliegenden Fall hätte ein Miteigentümer sich vor der Umwandlung ohne Rücksicht auf seine quotielle Beteiligung auf Eigenbedarf für sich und seine Familienangehörigen berufen können. Nach Begründung von Wohnungseigentum gem. § 3 WEG – ohne Veräußerung an Dritte – bestehe diese ursprüngliche Risikolage lediglich fort. Es verringere sich das Risiko für den Mieter vielmehr durch Wegfall der übrigen Miteigentümer auf Vermieterseite, da vor der Umwandlung jeder Einzelne Eigenbedarf hätte anmelden können.

Die Umwandlung in Wohnungseigentum kombiniert mit Nießbrauchsbestellung, war Auslöser 196
für die neue Rechtsprechung zur Eigenbedarfskündigung eingeleitet durch den Vorlagebeschluss des *LG Hamburg* v. 19.4.1985 (Az. 11 S. 287/84), der zum Rechtsentscheid des *OLG Hamburg* v. 10.12. 1985 (WuM 1986, 52 mit Anm. WuM 1986, 47) führte, der zwischenzeitlich vom Rechtsentscheid des *BGH* v. 20.11.1988 (NJW 1988, 904) abgelöst wurde.

§ 14 Pflichten des Wohnungseigentümers

Jeder Wohnungseigentümer ist verpflichtet:

1. die im Sondereigentum stehenden Gebäudeteile so instand zu halten und von diesen sowie von dem gemeinschaftlichen Eigentum nur in solcher Weise Gebrauch zu machen, daß dadurch keinem der anderen Wohnungseigentümer über das bei einem geordneten Zusammenleben unvermeidliche Maß hinaus ein Nachteil erwächst;

2. für die Einhaltung der in Nr. 1 bezeichneten Pflichten durch Personen zu sorgen, die seinem Hausstand oder Geschäftsbetrieb angehören oder denen er sonst die Benutzung der in Sonder- oder Miteigentum stehenden Grundstücks- oder Gebäudeteile überläßt;

3. Einwirkungen auf die im Sondereigentum stehenden Gebäudeteile und das gemeinschaftliche Eigentum zu dulden, soweit sie auf einem nach Nummer 1, 2 zulässigen Gebrauch beruhen;

4. das Betreten und die Benutzung der im Sondereigentum stehenden Gebäudeteile zu gestatten, soweit dies zur Instandhaltung und Instandsetzung des gemeinschaftlichen Eigentums erforderlich ist; der hierdurch entstehende Schaden ist zu ersetzen.

Inhaltsverzeichnis

A. Bedeutung und Abdingbarkeit der Norm	1
B. Die Instandhaltungspflicht (§ 14 Nr. 1 1. Alternative WEG)	2
I. Bedeutung der Vorschrift	2
II. Vorliegen eines Nachteils	3
1. Weite Auslegung	3
2. Das Abstellen auf die konkreten Gegebenheiten der Liegenschaft	4
3. Einzelfälle eines Nachteils nach § 14 Nr. 1 WEG	5
III. Die Instandhaltungspflichten im Einzelnen	6
1. Gegenstand der Instandhaltungspflicht	6
2. Folgen der Verletzung von Instandhaltungspflichten	7
3. Der nachbarrechtliche Ausgleichsanspruch analog § 906 Abs. 2 S. 2 WEG	8

§ 14 | Pflichten des Wohnungseigentümers

C. Schonende Nutzung von Sonder- und Gemeinschaftseigentum (§ 14 Nr. 1 2. Alternative WEG)	9
I. Allgemeines	9
II. Der schonende Gebrauch und die Verstöße hiergegen im Einzelnen	10
1. Baulich bedingte Immissionen	10
2. Ausschluss oder Erschwerung der Mitbenutzung durch andere Wohnungseigentümer	11
3. Abweichen von der in Gemeinschaftsordnung oder Teilungserklärung vorgesehenen Nutzung	12
a) Wohnzwecke und andere Nutzungen	12
aa) Die Wohnnutzung	12
bb) Andere Nutzungen in Wohnräumen	13
cc) Die Genehmigung abweichender Nutzungen durch den Verwalter	14
b) Das Teileigentum betreffende Nutzungsregelungen	15
aa) Unzulässigkeit der Abweichung von der vorgesehenen Nutzung	15
bb) Die Nutzung von Teileigentum zu Wohnzwecken	16
cc) Gastronomische Betriebe im Teileigentum	17
dd) Die Zweckbestimmung »Laden«	18
ee) Die Zweckbestimmung »gewerbliche Nutzung«	19
ff) Weitere Einzelbeispiele aus der Rechtsprechung für unzulässige Nutzungen	20
gg) Weitere Einzelbeispiele aus der Rechtsprechung für zulässige Nutzungen	21
4. Abweichen von der in Gebrauchsregelungen außerhalb der Teilungserklärung vorgesehenen Nutzung	22
5. Sonstige Beeinträchtigungen der Mitbenutzung durch andere Wohnungseigentümer	23
a) Immissionen	23
b) Tierhaltung	25
c) Veränderung des gemeinschaftlichen Eigentums	26
D. Einschreiten gegen Nutzer von Sonder- oder Teileigentum (§ 14 Nr. 2 WEG)	27
I. Bedeutung der Vorschrift	27
II. Nutzungsberechtigte	28
III. Durchsetzung der Einhaltung	29
1. Das Vorgehen des Eigentümers gegen den Nutzer	29
2. Die Möglichkeiten der Miteigentümer	30
a) Die Verpflichtung des Eigentümers zur Einwirkung auf den Nutzer	30
b) Die Haftung des Eigentümers für Verstöße des Nutzungsberechtigten gegen Pflichten aus § 14 Nr. 1 WEG	31
E. Duldungspflichten (§ 14 Nr. 3 WEG)	32
F. Die Duldung von Betreten und Benutzung (§ 14 Nr. 4 WEG)	33
I. Das Betreten des Sondereigentums	33
II. Benutzung des Sondereigentums	35
1. Betreten und Nutzung ohne Substanzbeschädigung	35
2. Die Beschädigung des Sondereigentums oder von einem Wohnungseigentümer instandzuhaltenden Gemeinschaftseigentums	36
III. Schadensersatz und Sicherheitsleistung	37
1. Begründung eines Schadensersatzanspruchs	37
2. Umfang des Schadensersatzanspruchs	38
3. Anspruchsgegner und Versicherungsleistungen	39

A. Bedeutung und Abdingbarkeit der Norm

1 Die Befugnis des Wohnungseigentümers, nach Belieben mit seinem Sondereigentum zu verfahren, reicht nach § 13 WEG nur so weit, als Gesetz und Rechte Dritter nicht entgegenstehen. § 14 WEG ist die wichtigste wohnungseigentumsrechtliche Konkretisierung dieser Beschränkung. Sie regelt in § 14 Nr. 1 und 2 WEG Handlungs- und in § 14 Nr. 3 und 4 WEG Duldungspflichten. Die Wohnungseigentümer können nach § 10 Abs. 2 S. 2 WEG über die in § 14 WEG normierten Regeln hinausgehende Pflichten durch Teilungserklärung und Vereinbarung aufstellen, aber auch den dortigen Pflichtenkatalog einschränken. Die Verpflichtungen aus § 14 WEG treffen bereits die Angehörigen einer werdenden Wohnungseigentümergemeinschaft (*BayObLG* NJW-RR 1986, 178). Die Norm wurde durch die Novelle zum WEG nicht verändert.

B. Die Instandhaltungspflicht (§ 14 Nr. 1 1. Alternative WEG)
I. Bedeutung der Vorschrift

§ 14 Nr. 1 1. Alternative WEG stellt gegenüber § 903 BGB eine deutliche Begrenzung der Möglichkeit dar, »nach Belieben« mit dem Sondereigentum umzugehen. Danach hat der Wohnungseigentümer nicht das Recht, sein Sondereigentum beliebig zu vernachlässigen. Vielmehr hat er es auf seine Kosten so weit instand zu halten, dass den Miteigentümern aus seinem Zustand kein Nachteil erwächst, der über das bei geordnetem Zusammenleben unvermeidliche Maß hinausgeht.

II. Vorliegen eines Nachteils
1. Weite Auslegung

Dabei ist »Nachteil« weit zu verstehen und erfasst jede nicht ganz geringfügige Beeinträchtigung (*BGH* NJW 1992, 979). Allerdings genügen rein subjektive Empfindlichkeiten nicht; eine Beeinträchtigung muss nach objektiven Maßstäben gegeben sein (*KG* NJW-RR 1994, 526; *OLG Zweibrücken* ZMR 2004, 465; *OLG Hamburg* ZMR 2005, 305 f.; *OLG München* ZMR 2006, 801; weiter gehend *OLG München* ZMR 2007, 392). Etwa die Furcht vor Gasexplosionen steht aufgrund der rein theoretischen Natur dieser Gefahr dem Einbau von Gasetagenheizungen nicht entgegen (*OLG Frankfurt* NJW-RR 1992, 1494). Beruht die Beeinträchtigung auf tatsächlich vorhandenen, aber außergewöhnlichen Empfindlichkeiten eines Wohnungseigentümers, hat zunächst er selbst alles im Rahmen des Zumutbaren unternehmen, um diese Unzuträglichkeiten zu vermeiden (*OLG Hamburg* ZMR 2007, 476 f.). Technische Vorschriften wie DIN-Normen (*BayObLG* ZMR 2000, 311; *OLG Köln* ZMR 2002, 77 f.) oder VDI-Richtlinien können als Maßstab einer Beeinträchtigung herangezogen werden (*BayObLG* WuM 1985, 234), darüber hinaus auch die Vorschriften zum Nachbarrecht und ihre Konkretisierung in der Rechtsprechung wie auch die Regelungen des öffentlichen Rechtes (*BVerfG* NJW-RR 2006, 727; *BayObLG* ZMR 1999, 349; *OLG Hamm* ZMR 2003, 372). Eine pauschale Übernahme oder analoge Anwendung dieser Vorschriften scheidet jedoch aus, da sie die Beziehungen aller Rechtsgenossen untereinander regeln, während unter den Miteigentümern ein erhöhtes, über das übliche Nachbarschaftsverhältnis von Grundstückseigentümern hinausgehendes Maß an Rücksichtnahme geboten ist (*OLG Köln* ZMR 1997, 48; *OLG Stuttgart* ZMR 2001, 731; *OLG Hamm* ZMR 2003, 372). Nicht anwendbar sind insbesondere die nachbarrechtlichen Ausschlüsse von Beseitigungsansprüchen nach Ablauf einer bestimmten Zeit (*OLG Köln* ZMR 1997, 48). Ist die Anwendung wohnungseigentumsrechtlicher Vorschriften zu Nutzung und Veränderungen allerdings (wie insbesondere bei Reihen- oder Doppelhäusern nicht unüblich) in der Teilungserklärung abbedungen, richtet sich der Schutz des Nachbarn insoweit wieder nach §§ 906 ff. BGB (*BayObLG* ZMR 1997, 41 f.), dem allgemeinen Nachbarschaftsrecht und drittschützenden Normen des öffentlichen Rechts (*BayObLG* ZMR 2001, 363; 473 u. 564 f.). Sie bleiben allerdings Teil der privatrechtlichen Abwehransprüche und führen nicht zu öffentlich-rechtlichen Abwehransprüchen, die vor den Verwaltungsgerichten anhängig zu machen wären (*BVerfG* NJW-RR 2006, 727; OLG Hamm ZMR 2006, 708). Wenn allerdings aufgrund der Baugenehmigung feststeht, dass das Vorhaben nicht gegen öffentlich-rechtliche Vorschriften verstößt, muss der Miteigentümer dies auch im Verfahren nach § 43 Nr. 1 WEG gegen sich gelten lassen (*BayObLG* ZMR 2000, 236; NJW-RR 2001, 1457 = ZMR 2001, 565). Andere, nicht drittschützende Vorschriften des öffentlichen Rechtes sind im Verhältnis der Wohnungseigentümer untereinander unbeachtlich, weil sie alleine die Möglichkeiten des Einschreitens der Baubehörde regeln und nur von dieser auf ihre Einhaltung zu überwachen sind (vgl. *BayObLG* ZMR 2000, 547; *OLG Hamm* ZMR 2001, 1007).

2. Das Abstellen auf die konkreten Gegebenheiten der Liegenschaft

Ein über den vorgenannten Vorschriften liegendes bauliches Niveau in der konkreten Liegenschaft ist bei der Frage des Nachteils nach § 14 Nr. 1 WEG zu berücksichtigen (*OLG Köln* ZMR 2004, 463; *OLG München* ZMR 2005, 650), zumal DIN-Normen nur Mindeststandards darstellen (*OLG Köln* ZMR 2003, 705). Erst recht kann die Gemeinschaftsordnung die Wohnungseigentümer zur Einhaltung eines höheren Standards verpflichten (*OLG Köln* NJW-RR 1998, 1312). Die Beur-

§ 14 | Pflichten des Wohnungseigentümers

teilung einer Beeinträchtigung kann auch nicht nur aufgrund der Ermittlung entsprechender Werte unter Laborbedingungen erfolgen; diese Wertung hat das Gericht u. U. selbst durch eigene Augenscheinseinnahme vorzunehmen (*OLG Köln* ZMR 2004, 463; *OLG München* ZMR 2005, 651). Umgekehrt führen direkte familiäre Beziehungen aus § 1618 a BGB zu weitergehenden Duldungspflichten als Fremden gegenüber (*BayObLG* NJW-RR 1993, 336 f.; 1993, 1361).

3. Einzelfälle eines Nachteils nach § 14 Nr. 1 WEG

5 Ein Nachteil nach § 14 Nr. 1 wurde in der Rechtsprechung angenommen bei
 – dauerhaften, grundlosen **Beschimpfungen** (*KG* NJW-RR 1988, 586 – zweifelhaft, vgl. u. Rn. 9)
 – **Eingriffe** in das Gemeinschaftseigentum, die umfangreiche Sicherungs- und Ausgleichsmaßnahmen erfordern (*BayObLG* NJW-RR 1992, 273; *KG* NJW-RR 1993, 910) oder die Feststellung von Instandhaltungsbedarf und die Durchführung der erforderlichen Arbeiten erschwert (*BayObLG* NJW-RR 1996, 1165; *OLG Köln* NJW-RR 2000, 15 f.)
 – dem Verlust der **Empfangsmöglichkeit** von Rundfunkprogrammen (*BayObLG* NJW-RR 1990, 331; vgl. *OLG Celle* NJW-RR 1986, 1272 f.)
 – Einrichtung einer **Freischankfläche** auf dem gemeinsamen Grundstück wegen Lärm durch Gespräche und Gelächter (*BayObLG* NJW-RR 2002, 950 = ZMR 2002, 688 f.)
 – **Geruchsbelästigung** durch Tierhaltung (*KG* NJW-RR 1991, 1117), durch Grillen (*LG Düsseldorf* NJW-RR 1991, 1170, großzügiger *BayObLG* NJW-RR 1999, 958 f.) oder durch einen gastronomischen Betrieb (*OLG Karlsruhe* NJW-RR 1994, 147)
 – Lautes in der Wohnung, auch wenn es von Kindern ausgeht (*BayObLG* NJW-RR 1994, 599)
 – gezieltes **Hineinschauen** in eine Wohnung (*OLG München* ZMR 2006, 71)
 – Veränderungen, die eine **intensivere Nutzung** von Sondereigentum ermöglichen (*BGH* NJW-RR 2001, 1017; *BayObLG* NJW-RR 1992, 273)
 – durch eine Dunstabzugshaube vermeidbare **Küchengerüche** (*OLG Köln* NJW-RR 1998, 83 = ZMR 1998, 47; *BayObLG* NJW-RR 2001, 157); ähnliches gilt für die Verlegung eines störenden Dunstabzugs (*BayObLG* NJW-RR 2005, 386)
 – ständigen **Lärmimmissionen** durch exzessiven Gebrauch von Tonwiedergabegeräten (*KG* NJW-RR 1988, 586) oder durch Getränkeautomaten (*BayObLG* NJW-RR 1990, 1105)
 – dem Entzug von **Licht** durch einen firsthoch gewachsenen Baum, woraus ein Anspruch auf Zustimmung zu seiner Entfernung resultiert (*KG* NJW-RR 1987, 1360; *LG Freiburg* NJW-RR 1987, 656; anders, wenn dessen Auslichtung ausreichend ist (*LG Frankfurt* NJW-RR 1990, 24)
 – **Mehrkosten** für den Ersatz funktionstüchtiger durch lediglich bessere Anlagen (*OLG Celle* NJW-RR 1986, 1272 f.; *OLG Karlsruhe* NJW-RR 1989, 1041 – dort aber zu Unrecht im Zusammenhang mit baulichen Veränderungen – *BayObLG* NJW-RR 1990, 331)
 – die Beeinträchtigung des **optischen Gesamteindrucks** der Liegenschaft insbesondere durch bauliche Veränderungen (*BVerfG* NJW-RR 2005, 455; *BayObLG* NJW-RR 1987, 203: 1987, 1357 f.; 1992, 16; *OLG Zweibrücken* NJW-RR 1987, 1358), auch wenn diese nicht fest mit dem Bauwerk verbunden sind (*BayObLG* NJW-RR 2000, 1325 zu einer Sichtschutzmatte); im Einzelfall kann eine optische Beeinträchtigung aber auch ohne bauliche Veränderung vorliegen, wenn etwa Fenster von innen mit Folien beklebt werden (*OLG München* ZMR 2007, 392)
 – der Ausübung der **Prostitution** in Wohnungs- oder Teileigentum (*KG* NJW-RR 1987, 1160; *BayObLG* NJW-RR 1995, 1228; vgl. u. Rn. 24)
 – der mehrheitlich genehmigte **Überbau** vom Nachbargrundstück aus (*OLG Celle* NJW-RR 2004, 16 f.)
 – die gezielte **Videoüberwachung** bestimmter Bereiche des Gemeinschaftseigentums (*OLG Düsseldorf* ZMR 2007, 290 f.)
 – das Abringen großflächiger **Werbung** an den Fensterflächen innerhalb des Sondereigentums (*OLG Düsseldorf* NJW-RR 2006, 957).

III. Die Instandhaltungspflichten im Einzelnen

1. Gegenstand der Instandhaltungspflicht

Die Instandhaltungspflichten betreffen insbesondere die Instandhaltung von Versorgungsleitungen. Der Wohnungseigentümer hat in seinem Sondereigentum stehende Wasser-, Gas-, Heizungs- und Stromleitungen bei Defekten reparieren zu lassen, wenn ein Schaden durch Feuchtigkeit, Gasaustritt oder Kurzschlussgefahr droht. Entsprechend hat er durch ausreichende Beheizung sicherzustellen, dass Wasserleitungen im Winter nicht einfrieren (*BayObLG* ZMR 1989, 350). Ebenso hat er, wenn durch unterlassene oder falsche Nutzung Feuchtigkeitsschäden oder Schimmelbildung im Sondereigentum anderer Miteigentümer oder im Gemeinschaftseigentum drohen, Gegenmaßnahmen zu ergreifen. Auch im Sondereigentum stehende Bodenbeläge etwa auf Balkonen und Loggien sind zu erneuern, wenn sie undicht geworden sind und die Beschädigung des Mauerwerks zu befürchten steht (*OLG Düsseldorf* ZMR 1995, 494 f.). Abgenutzte Bodenbeläge, die das ursprüngliche Maß der Trittschalldämmung nicht mehr gewährleisten, sind auszuwechseln (*OLG Köln* ZMR 2004, 463). Erst recht dürfen Veränderungen etwa des Bodenaufbaus nicht zur Verschlechterung des Trittschallschutzes führen (*BayObLG* NJW-RR 1992, 974 f.; 1994, 599; *OLG Stuttgart* NJW-RR 1994, 1497; *OLG Düsseldorf* NJW-RR 2001, 1594 = ZMR 2002, 70 auch zur zusätzlichen Mangelhaftigkeit des Gemeinschaftseigentums, s. u. Rn. 7). Ebenso sind Müll oder gar gefährliche Güter zu entfernen, wenn eine Beeinträchtigung anderer Wohnungseigentümer oder des Gemeinschaftseigentums zu befürchten ist. Dabei muss die Beeinträchtigung noch nicht eingetreten sein; es genügt, wenn ihr Eintritt mit hinreichender Wahrscheinlichkeit droht (*BayObLG* ZMR 1992, 67). Ohne derartige Beeinträchtigung begründet die mangelhafte Instandsetzung des Sondereigentums keine Ansprüche der Miteigentümer (*BayObLG* NJW-RR 1990, 854; *OLG Düsseldorf* ZMR 1995, 86). Insbesondere können sie ohne Verdacht drohender Beeinträchtigungen nicht die regelmäßige Überprüfung der Versorgungsleitungen durch einen Fachmann (*BayObLG* NJW-RR 1994, 718) oder gar eine turnusmäßige Renovierung verlangen.

2. Folgen der Verletzung von Instandhaltungspflichten

Erleidet ein Wohnungseigentümer durch die schuldhaft unterlassene Instandhaltung des Sondereigentums durch einen Miteigentümer einen Schaden, ist jener aus § 280 BGB wegen der Verletzung der Pflichten aus dem Gemeinschaftsverhältnis, daneben aus § 823 Abs. 1 BGB (vgl. § 13 Rn. 6) und u. U. auch aus §§ 836, 838 BGB (*OLG Zweibrücken* ZMR 2002, 783) schadensersatzpflichtig. Die Miteigentümer können aber nicht die Verbesserung des ursprünglichen Zustandes etwa bei Trittschallbelästigung verlangen; insoweit kommt allenfalls ein Anspruch gegen die Eigentümergemeinschaft in Betracht (*OLG Stuttgart* NJW-RR 1994, 1497; *OLG Düsseldorf* ZMR 2002, 298; *OLG Köln* ZMR 2002, 78 u. 2003, 705; *OLG Saarbrücken* ZMR 2006, 802; vgl. *OLG Schleswig* ZMR 2003, 876 ff.). Ob dies auch nach Veränderungen des ursprünglichen Zustands gelten soll, ist umstritten. Nach einer Erneuerung von Bad und Toilette sollen die zu dieser Zeit geltenden DIN-Normen maßgeblich sein, auch wenn sie strenger sind als diejenigen bei Errichtung der Anlage (*BayObLG* NJW-RR 2000, 748 = ZMR 2000, 312; wohl auch *Niedenführ/Kümmel/Vandenhouten* § 14 Rn. 10). Dies ist schwerlich mit der Handhabung im entsprechenden Fall der Auswechselung von Bodenbelägen zu vereinbaren. Denn dort haftet der Eigentümer nur für eine Verringerung des Trittschallschutzes, muss also lediglich zusätzliche Schallbrücken entfernen oder bei Einbringen eines weniger dämmenden Belages für eine anderweitige Zusatzdämmung sorgen (*OLG Hamm* ZMR 2001, 842 f.; *OLG Saarbrücken* ZMR 2006, 802; a. A. wohl *OLG München* ZMR 2006, 644). Jedenfalls hat der Wohnungseigentümer, wenn Beeinträchtigungen sowohl auf mangelhafte Bauausführung des Gemeinschaftseigentums als auch auf Veränderungen des Sondereigentums zurückgehen, letzteres dann zur Beseitigung der Beeinträchtigungen instand zu setzen, wenn die Mangelbehebung beim Gemeinschaftseigentum weit aufwendiger wäre (*OLG Düsseldorf* ZMR 1995, 494 f.). Ein Recht zur eigenmächtigen Ersatzvornahme besteht auch bei einer Verletzung der Instandhaltungspflicht nicht; der beeinträchtigte Miteigentümer muss vielmehr einen Titel erstreiten und gegebenenfalls nach § 887 ZPO vollstrecken (vgl. *OLG Düsseldorf* ZMR 1995, 86; *OLG Köln* NZM 1998, 958 f.; *BayObLG* ZMR 2004, 841 f.). Anspruch auf bestimmte Maßnahmen hat der beeinträchtigte Wohnungseigentümer i. d. R. nicht; wie der Störer die Beeinträchtigung abstellt,

§ 14 | Pflichten des Wohnungseigentümers

ist seine Sache (*BayObLG* NJW-RR 1992, 975). Abweichungen vom allgemeinen Nachbarrecht gelten auch für Äste, die infolge mangelhafter Pflege überhängen, da die §§ 13, 14 WEG eine § 910 BGB verdrängende Spezialregelung darstellen (*OLG Düsseldorf* ZMR 2001, 910 f.).

3. Der nachbarrechtliche Ausgleichanspruch analog § 906 Abs. 2 S. 2 WEG

8 Kaum diskutiert wird die Frage, ob auch Wohnungseigentümer untereinander bei einer Beschädigung ohne Verschulden aus dem nachbarrechtlichen Ausgleichsanspruch analog § 906 Abs. 2 S. 2 BGB haften. In einer älteren Entscheidung wurde eine Haftung ohne Verschulden bei dem unvorhergesehenen Bruch eines Eckventils verneint (*BayObLG* NJW-RR 1994, 718), ohne dass allerdings auf die Möglichkeit des nachbarrechtlichen Ausgleichsanspruchs eingegangen wurde. Man wird eine entsprechende Haftung wohl bejahen müssen (s. *OLG Stuttgart* ZMR 2006, 391 f.; *Wenzel* NJW 2005, 244).

C. Schonende Nutzung von Sonder- und Gemeinschaftseigentum (§ 14 Nr. 1 2. Alternative WEG)

I. Allgemeines

9 Sonder- und Gemeinschaftseigentum dürfen nur so genutzt werden, dass über das unvermeidliche Maß hinausgehende Nachteile nicht eintreten. Ob eine Nutzung etwa aufgrund der mit ihr verbundenen Immissionen darüber hinausgeht, bemisst sich unter Wohnungseigentümern nicht nach §§ 906 ff. BGB, da §§ 14, 15 WEG insoweit Sonderregelungen darstellen (*OLG Hamm* ZMR 2003, 372; *OLG Düsseldorf* ZMR 2001, 910 f.; *BayObLG* NJW-RR 2005, 386; vgl. o. Rn. 3). Die Rechtsprechung zu § 906 BGB kann aber als Anhaltspunkt auch im Wohnungseigentumsrecht herangezogen werden (*BayObLG* NJW-RR 2005, 386; *OLG Frankfurt* NJW-RR 2006, 518). Dabei dürfte die Einhaltung von Grenzwerten (etwa nach der 26. BImSchV) gemäß § 906 Abs. 1 S. 2 BGB auch im Wohnungseigentumsrecht regelmäßig die Unwesentlichkeit einer Beeinträchtigung indizieren und dem Beeinträchtigten die Erschütterung dieser Indizwirkung abverlangen (vgl. *BGH* ZMR 2004, 416 ff.; *OLG Köln* NJW-RR 2003, 373; *OLG Karlsruhe* NJW-RR 2006, 1600; *OVG Lüneburg* ZMR 2006, 84 zu Mobilfunkanlagen). Ebenso ist § 922 BGB bei gemeinschaftlichen Einrichtungen zweier Wohnungseigentümer im Rahmen des § 14 WEG entsprechend anzuwenden (*OLG München* NJW-RR 2006, 298). Bei nicht zu duldenden Störungen steht jedem Miteigentümer ohne Ermächtigung durch die Wohnungseigentümerversammlung ein Unterlassungsanspruch aus §§ 1004, 862 BGB bzw. Schadensersatzansprüche aus § 280 BGB wegen Verletzung der Pflichten aus dem Gemeinschaftsverhältnis zu, der im Verfahren nach § 43 Nr. 1 WEG geltend zu machen ist (vgl. o. § 13 Rn. 21 u. 23). Dies betrifft allerdings nur Störungen, die irgendeinen Bezug zum Wohnungseigentum und seiner Nutzung aufweisen. Beeinträchtigungen, die keinen Bezug zum Wohnungseigentum aufweisen, sondern alleine in der Person eines Wohnungseigentümers beruhen (wie Beleidigungen und tätliche Übergriffe), begründen bürgerlich-rechtliche Unterlassungsansprüche u. a. nach §§ 823, 1004 BGB, die nach den allgemeinen Zuständigkeiten vor dem Prozessgericht geltend zu machen sind (vgl. *KG* NJW-RR 1988, 586 f.). Dies kann insbesondere im Rechtsmittelrecht zu abweichenden Zuständigkeiten führen, da dann nicht das zentrale Landgericht für Wohnungseigentumssachen zuständig ist. Bei entsprechend hohem Streitwert kommt zudem die erstinstanzliche Zuständigkeit des Landgerichts in Betracht.

II. Der schonende Gebrauch und die Verstöße hiergegen im Einzelnen

1. Baulich bedingte Immissionen

10 Ein schonender Gebrauch verpflichtet nicht zur Vermeidung jeglicher Immissionen. Dies betrifft bei der Nutzung des Sondereigentums vorrangig Geräusch- und Geruchsimmissionen, die mit der baulichen Beschaffenheit der Wohnung zusammenhängen. Jeder Miteigentümer hat die ortsüblichen, bei der bestimmungsgemäßen Nutzung des Sonder- oder Teileigentums entstehenden Geräusche und Gerüche zu dulden. Darunter fallen normale Wohngeräusche etwa bei Bad- und Toilettenbenutzung, wobei DIN 4109 ein Anhaltspunkt für die Zulässigkeit von Geräuschimmissionen darstellt (*BayObLG* NJW-RR 2000, 748 = ZMR 2000, 311; *OLG Köln* ZMR 2002, 77 f.; *OLG*

München ZMR 2005, 651). Ähnliches gilt für das Teileigentum. Bei seinem bestimmungsgemäßen Gebrauch sind sogar Störungen hinzunehmen, die etwa die VDI Richtlinie 2058 überschreiten (*BayObLG* WuM 1985, 234; ähnlich *OLG München* ZMR 2007, 216). Bei Altbauten können Belästigungen etwa aufgrund mangelnder Schallisolierung oder knarrender Holztreppen in weiterem Umfang hinzunehmen sein als in modernen Gebäuden, wobei umgekehrt auch größere Rücksichtnahme geboten sein kann (vgl. *BGH* ZMR 1999, 43). Der ursprüngliche Standard ist freilich bei Umbauten zu erhalten (*OLG Hamm* ZMR 2001, 842). Führt etwa die Auswechselung des Bodenbelages zu einer Verschlechterung der Trittschalldämmung, kann der beeinträchtigte Miteigentümer Abhilfe bis zur Wiedererreichung der ursprünglichen Dämmung verlangen, auch wenn der im Gemeinschaftseigentum stehende Estrich gleichfalls mangelhaft ist (*OLG Düsseldorf* NJW-RR 2001, 1594 = ZMR 2002, 70). Auch der Einbau einer Etagenheizung, die Wasserdampf nach außen abgibt, ist unzulässig (*OLG Düsseldorf* ZMR 1997, 536). Von Kindern erzeugte Geräusche sind grundsätzlich hinzunehmen, soweit sie nicht atypischen Umfang annehmen, etwa bei nächtlichen Ruhestörungen oder dem Ausüben von Freiluftsportarten wie Tennis in der Wohnung (*OLG Saarbrücken* ZMR 1996, 567 f.; ähnlich *BayObLG* NJW-RR 1994, 599). Ähnliches gilt für die gewerbliche Kinderbetreuung in nicht hinreichend isolierten Räumen (*KG* NJW-RR 1992, 1102). Ebenso sind Küchengerüche nicht gänzlich zu vermeiden, müssen aber gegebenenfalls durch eine Dunstabzugshaube mit Kohlefilter auf ein verträgliches Maß verringert werden, insbesondere wenn es sich um ortsuntypische, besonders eindringliche Gerüche handelt (*OLG Köln* NJW-RR 1998, 83 = ZMR 1998, 47; *BayObLG* NJW-RR 2001, 157 f.).

2. Ausschluss oder Erschwerung der Mitbenutzung durch andere Wohnungseigentümer
Weitere Einschränkungen fordert der nach § 14 Nr. 1 2. Alternative WEG gebotene schonende Gebrauch bei der Art der Nutzung. Insbesondere ist auf eine Inanspruchnahme des Gemeinschaftseigentums zu verzichten, die den zulässigen Gebrauch durch andere Miteigentümer erheblich erschwert oder gar ausschließt. So dürfen die Hausflure nicht zum regelmäßigen oder gar dauerhaften Abstellen von Möbeln, Mülltüten (*OLG Düsseldorf* ZMR 1996, 446 f.; *OLG München* ZMR 2006, 713) oder Fahrrädern missbraucht werden. Anderes kann vor dem Hintergrund von Art. 3 Abs. 3 S. 2 GG für Rollstühle gelten (*OLG Düsseldorf* WE 1984, 93) und u. U. auch für Kinderwagen, sofern man noch ohne weiteres an ihnen vorbeigehen kann und kein Raum zum Abstellen im Sondereigentum vorhanden ist (vgl. *OLG Hamm* ZMR 2001, 1007). Ein mit einem abschließbaren Gitter versehenes Treppenpodest darf, wenn es im Gemeinschaftseigentum steht, nicht verschlossen werden, da allen Wohnungseigentümern ein Recht zur Mitbenutzung zusteht (*BayObLG* ZMR 2004, 447). Ebenso ist der Anschluss weiterer Heizkörper ausgeschlossen, wenn die gemeinsame Heizungsanlage dann zu schwach ist, eine ordnungsgemäße Versorgung aller Heizkörper sicherzustellen (*OLG Schleswig* NJW-RR 1993, 24). Schließlich kann die verstärkte Nutzung gemeinschaftlicher Einrichtungen aufgrund entgeltlicher oder gar gewerblicher Nutzung den Rahmen ordnungsgemäßen Gebrauchs übersteigen, wenn etwa die gemeinschaftlichen Waschmaschinen aufgrund pensionsartiger Gebrauchsüberlassung oder der Spielplatz aufgrund entgeltlicher Kinderbetreuung deutlich verstärkt in Anspruch genommen werden (*BayObLG* ZMR 1998, 182 f.). Ähnliches gilt bei der Aufstellung eines mehr als 1000 l fassenden Müllcontainers für eine einzige Einheit (*OLG Düsseldorf* NJW-RR 2005, 164). Zu einem unzulässigem Ausschluss von der Mitbenutzung kommt es auch dann, wenn ein Eigentümer seinen Kampfhund unangeleint in Gemeinschaftsräumen laufen lässt und dadurch einen anderen Miteigentümer vom Betreten dieser Räume abhält (*KG* ZMR 2002, 970 f.; *OLG Düsseldorf* NJW-RR 2006, 1676 = ZMR 2006, 945 f.).

3. Abweichen von der in Gemeinschaftsordnung oder Teilungserklärung vorgesehenen Nutzung

a) Wohnzwecke und andere Nutzungen

aa) Die Wohnnutzung
Zu unterlassen sind des weiteren Nutzungen, die sich nicht in dem von der Teilungserklärung vorgegebenen Rahmen halten. Dies betrifft zunächst die grundsätzliche, in jeder Teilungserklärung enthaltene Unterteilung der Räumlichkeiten in solche, die Wohnzwecken und solche, die an-

deren Zwecken dienen (im Einzelnen vgl. u. § 15 Rn. 25 ff.). Dieser Unterscheidung kommt grundsätzlich Vereinbarungscharakter zu (*OLG Düsseldorf* ZMR 1998, 247; *KG* ZMR 1998, 309; *OLG Köln* 2001, 662; *BayObLG* ZMR 2001, 42 u. 2004, 925). Allerdings besagt der Wohnzweck nicht, dass der Eigentümer sein Sondereigentum selbst bewohnen muss; jedenfalls eine Vermietung ist hiervon gleichfalls erfasst (*KG* NJW-RR 2001, 948 = ZMR 2001, 659; *BayObLG* ZMR 2003, 693 f.). Eine »Verwalterwohnung« darf auch von anderen Personen bewohnt werden (*BayObLG* NJW-RR 2000, 1253). Zu Wohnzwecken dient eine Wohnung auch dann, wenn Kinder und Jugendliche dort langfristig in familienähnlichen Gruppen untergebracht sind; abzugrenzen hiervon ist der ständige Wechsel der Bewohner nach Art einer Pension oder das Zusammenleben einer Vielzahl nicht familiär oder sonstwie verbundener Personen nach der Art eines Heimes (*OLG Hamm* NJW-RR 1993, 787; ZMR 1999, 504 f.; *KG* ZMR 2001, 659; *OLG Saarbrücken* ZMR 2006, 555). Dies gilt noch viel mehr für die Nutzung als Pflegeheim, da es hierbei zu erheblich verstärkter Nutzung durch Personal, Publikumsverkehr und Lieferbetrieb kommt (*OLG Köln* NJW-RR 2007, 87). In Fremdenverkehrsgebieten kann allerdings auch die Vermietung an häufig wechselnde Bewohner vom Wohnzweck umfasst sein (BayObLGZ 1978, 306 ff.). Auch die Wohnnutzung als solche kann bei Überbelegung ein Nachteil gemäß § 14 Nr. 1 WEG sein. Dies ist bei einer Belegung von mehr als 2 Personen pro Normalzimmer (*OLG Hamm* NJW-RR 1993, 787; im Ergebnis ebenso *OLG Frankfurt* NJW-RR 2004, 663 f.) oder mehr als einer Person auf 7,5 bis 10 qm der Fall.

bb) Andere Nutzungen in Wohnräumen

13 Die Nutzung einer Wohnung zu gewerblichen Zwecken ist hingegen grundsätzlich unzulässig. Anderes gilt nur, wenn die gewerbliche Tätigkeit keine weitergehenden Störungen verursacht als die reine Wohnnutzung. Dabei kommt es nicht auf die Umstände des Einzelfalles, sondern auf eine typisierende Betrachtung an. Die gewünschte bzw. praktizierte Nutzung darf also ihrer Art nach typischerweise nicht mehr beeinträchtigen als die Wohnnutzung (*BayObLG* ZMR 2001, 42 u. 2004, 926; *OLG Saarbrücken* ZMR 2006, 555). So ist die Nutzung einer Wohnung als Arztpraxis (*BayObLG* ZMR 2000, 778; a. A. *KG* NJW-RR 1991, 1421), als Ballettschule (*BayObLG* WE 1985, 125), als Billard-Café (*OLG Zweibrücken* ZMR 1987, 228 f.), als Blumenladen mit Zeitungsverkauf (*BayObLG* NJW-RR 1991, 850), als »boarding-house« (*OLG Saarbrücken* ZMR 2006, 554 ff.) oder als Friseursalon (*BayObLG* ZMR 2001, 42 f.) unzulässig, da i. d. R. mit stärkeren Immissionen (Geräusche durch Publikumsverkehr oder Musik bzw. Gerüche) verbunden. Anderes kommt bei reiner Bürotätigkeit ohne oder mit nur geringem Publikumsverkehr in Betracht. Dies soll bei einem Architektenbüro (*KG* NJW-RR 1995, 334), einer Steuerberaterpraxis (*BayObLG* ZMR 1999, 187), einer Patentanwaltskanzlei (*OLG Köln* ZMR 2002, 381), einer sonstigen Rechtsanwaltskanzlei (*KG* NJW-RR 1991, 1421), bei einem Wachlokal für Polizeibeamte (*BayObLG* NJW-RR 1996, 1358 = ZMR 1996, 508), einer Versicherungsvertretung (*KG* NJW-RR 1994, 206 f.) und unter Beachtung der üblichen Sprechstundenzeiten für Freiberufler auch bei einer psychologischen und psychotherapeutischen Praxis (*OLG Düsseldorf* ZMR 1998, 247) der Fall sein. Umgekehrt folgt aus dem ausdrücklichen Verbot einer gewerblichen Nutzung nicht, dass alle anderen Nutzungen außerhalb des Gewerbes im engeren Sinne – oder gar die Prostitution – zulässig sind (*KG* NJW-RR 1986, 1073). Grundsätzlich geht die Unterbringung von Asylbewerbern und Aussiedlern nicht über die Wohnnutzung hinaus (*KG* NJW 1992, 3045), sofern es nicht zur Überbelegung (*OLG Stuttgart* NJW 1992, 3046) oder ständigem Wechsel der Bewohner (*OLG Hamm* WE 1992, 135 f.) kommt.

cc) Die Genehmigung abweichender Nutzungen durch den Verwalter

14 Auch die Möglichkeit einer bei typisierender Betrachtung nicht stärker störenden Nutzung kann in der Teilungserklärung von der Zustimmung des Verwalters bzw. der Wohnungseigentümer abhängig gemacht werden (*OLG Köln* ZMR 2002, 381). Das formale Fehlen dieser Genehmigung alleine rechtfertigt die Untersagung der Nutzung allerdings noch nicht (*BayObLG* NJW-RR 1986, 1465). Ob die Verweigerung der Genehmigung in analoger Anwendung von § 12 WEG nur aus wichtigen Gründen versagt werden kann (so *BayObLG* NJW-RR 1986, 1465 f.; *OLG Köln* ZMR 2002, 381), erscheint zweifelhaft, da es schon an einer Vergleichbarkeit fehlt. Die Veräußerung ist nämlich ähnlich wie die Vermietung eines der kardinalen Rechte des Sondereigentümers, die § 13 Abs. 1 WEG sichert. Dass die gewerbliche Nutzung eines ausdrücklich nur zu Wohnzwecken be-

stimmten Sondereigentums ebenso schützenswert sein könnte, ist nicht ersichtlich. Vielmehr will eine entsprechende Regelung den Wohnungseigentümern regelmäßig ein Ermessen bei der Entscheidung über die Zustimmung einräumen, das seine Grenze erst bei willkürlicher oder missbräuchlicher Ausübung findet (*BayObLG* NJW-RR 1989, 274; vgl. schon BT-Drucks. 1/252 S. 27).

b) Das Teileigentum betreffende Nutzungsregelungen

aa) Unzulässigkeit der Abweichung von der vorgesehenen Nutzung

Teilungserklärung bzw. Gemeinschaftsordnung können auch die Nutzung des Teileigentums näher reglementieren (hierzu u. § 15 Rn. 2 ff.; speziell zur Auslegung einer Nutzungsbeschränkung s. § 15 Rn. 3 f.). Inwieweit Teileigentum zu anderen als den vorgesehenen Zwecken genutzt werden darf, ist Gegenstand einer umfangreichen, nicht immer einheitlichen Rechtsprechung. Grundsätzlich gilt auch hier, dass es sich um eine Zweckbestimmung mit Vereinbarungscharakter handelt (*OLG Düsseldorf* ZMR 2000, 330; *BayObLG* ZMR 2000, 546; *OLG Hamm* ZMR 2000, 634). Eine abweichende Nutzung ist nur zulässig, wenn sie nicht mehr stört als die vorgesehene (*KG* NJW-RR 1986, 1074; *BayObLG* NJW-RR 1988, 141; ZMR 2000, 53). Entgegen einer ganz vereinzelten Mindermeinung (*OLG Schleswig* ZMR 2004, 464) kommt es nicht auf die möglicherweise ungewöhnlichen Umstände des Einzelfalls, sondern auf eine typisierende Betrachtung an (*OLG Düsseldorf* ZMR 2000, 330; *OLG Zweibrücken* ZMR 2002, 220; *BayObLG* ZMR 2004, 686; *OLG Celle* ZMR 2004, 690; *OLG Hamm* ZMR 2006, 150; *OLG München* ZMR 2007, 304). Denn ansonsten würde die im konkreten Fall noch nicht störende Nutzung generell zulässig, was bei weniger rücksichtsvoller Fortführung des dann zulässigen, nur im Einzelfall nicht beeinträchtigenden Gebrauchs etwa nach Eigentümerwechsel zu unzumutbaren Beeinträchtigungen führen könnte (vgl. zuletzt *BayObLG* ZMR 2005, 68). Ob Wandlungen im Betriebstyp eines laut Teilungserklärung zulässigen Gewerbes zu berücksichtigen sind, ist streitig (hiergegen *OLG Hamburg* ZMR 1998, 714; *BayObLG* ZMR 2001, 52; für eine Berücksichtigung *OLG Hamm* NJW-RR 1986, 1337). Letztem Standpunkt dürfte schon deswegen zu folgen sein, da ein u. U. Jahrzehnte alter Sprachgebrauch der Teilungserklärung dem Rechtsverkehr kaum mehr zuzumuten und im Übrigen den gesellschaftlichen Veränderungen kaum Rechnung tragen dürfte. Unsicherheiten entstehen hierdurch nicht, da ja gerade das nahe liegende derzeitige Verständnis maßgeblich ist, kein veralteter Sprachgebrauch (zu Aspekten des Vertrauensschutzes s. aber *OLG München* ZMR 2007, 720). Bei sehr speziellen Nutzungen wird aber i. d. R. kein Interesse der anderen Wohnungseigentümer bestehen, schlechthin jede andere Nutzung auszuschließen (*OLG Hamm* NJW-RR 1986, 1336 zu einem Eiscafé). Es kann u. U. ein Anspruch auf Abänderung der Teilungserklärung bestehen, wofür § 10 Abs. 2 S. 3 WEG nunmehr nur noch schwerwiegende Umstände verlangt, aufgrund derer ein Festhalten an der bisherigen Regelung auch unter Berücksichtigung der Interessen der anderen Eigentümer unbillig erscheint (vgl. im Einzelnen *Abramenko* § 3 Rn. 45, besonders Rn. 50). Bloße Schwierigkeiten bei der Vermietung der Räumlichkeiten unter Beibehaltung einer üblichen Zweckbestimmung dürften aber nach wie vor nicht genügen (vgl. *OLG Zweibrücken* NJW-RR 1987, 465).

bb) Die Nutzung von Teileigentum zu Wohnzwecken

Es ist weitgehend unumstritten, dass die Nutzung von Teileigentum, etwa eines Abstellraumes (*OLG Hamburg* ZMR 2003, 697), eines Bühnenraumes (*OLG Stuttgart* NJW-RR 1993, 1041 f.), eines Dachbodens (*OLG Düsseldorf* ZMR 2004, 610 f.), eines Flurs (*BayObLG* NJW-RR 1995, 1103; einer Garage (*OLG Hamburg* ZMR 2003, 697), gewerblicher Räume (*OLG Hamm* ZMR 2006, 150), eines Hobbyraumes (*BayObLG* NJW-RR 1991, 139; ZMR 2004, 925 f.; *OLG Köln* ZMR 2001, 662; *OLG Zweibrücken* ZMR 2002, 220; *OLG München* ZMR 2007, 304) eines Kellers (*BayObLG* ZMR 1993, 30; *OLG Zweibrücken* ZMR 2002, 220; ZMR 2006, 316 f.; *OLG Schleswig* ZMR 2006, 891) oder eines Speicherabteils (*BayObLG* NJW-RR 1991, 140 u. 1041; 1995, 1103) zu **Wohnzwecken** in welcher Form auch immer ausscheidet (so allgemein auch *OLG Karlsruhe* ZMR 2001, 386 f., aber mit Bedenken für einen Ausstellungsraum mit abendlichem Publikumsverkehr im konkreten Fall). Die im Einzelfall erklärte Duldung von Immissionen angrenzender Wohnungen durch den Eigentümer, der sein Teileigentum zu Wohnzwecken nutzt, steht dem wiederum nicht entgegen, da es auf eine

§ 14 | Pflichten des Wohnungseigentümers

typisierende Betrachtungsweise ankommt und schon der Sonderrechtsnachfolger hieran nicht mehr gebunden wäre (*OLG Köln* ZMR 2003, 385).

cc) Gastronomische Betriebe im Teileigentum

17 Besonders zurückhaltend ist die Rechtsprechung ferner aufgrund der Geräusch- und Geruchsimmissionen sowie der Öffnungszeiten bei der Zulassung von **Gaststätten** und ähnlichen Betrieben in Räumen mit abweichender Zweckbestimmung. Diese dürfen in Räumlichkeiten nicht betrieben werden, die nach der Teilungserklärung als Atelier (*BayObLG* WuM 1985, 235), als Büro (*BayObLG* NZM 2000, 868 f.) als Café (*OLG Hamburg* ZMR 1998, 714; *BayObLG* ZMR 2001, 52), als Eisdiele (*OLG München* NJW-RR 1992, 1493), als Laden (*BayObLG* NJW-RR 1989, 720; NZM 2000, 868 f.; *OLG Celle* ZMR 2004, 689 f.) oder als Praxis (*BayObLG* ZMR 2004, 685 f.) bezeichnet werden. Öffentlich-rechtliche Genehmigungen vermögen hieran nichts zu ändern (*BayObLG* ZWE 2001, 606 f.). Ähnliches gilt für **Spielsalons,** die in Räumen nicht eingerichtet werden dürfen, die nach der Teilungserklärung als Büro (*AG Passau* Rpfleger 1980, 23) oder als Laden (*BayObLG* NJW-RR 1990, 595) zu nutzen sind.

dd) Die Zweckbestimmung »Laden«

18 Ausgesprochen häufig sind auch Streitigkeiten um die Nutzung eines als **Laden** bezeichneten Teileigentums. Nach allgemeiner Auffassung impliziert diese Bezeichnung die Einhaltung von Öffnungszeiten (*OLG Zweibrücken* NJW-RR 1987, 465; *BayObLG* NZM 2000, 869) und eine Tätigkeit, die zumindest ihrem Schwerpunkt nach auf den Verkauf von Waren ausgerichtet ist (BayObLGZ 1980, 159), weshalb andere Tätigkeiten mit längerem Publikumsverkehr und anderen Schwerpunkten wie Bewirtung oder musikalischen Darbietungen regelmäßig ausscheiden. Deswegen befand die Rechtsprechung den Betrieb eines Bistros (*BayObLG* NJW-RR 1990, 979; *OLG Köln* NJW-RR 1995, 851; *OLG Hamm* NJW-RR 1996, 335), eines Cafés (BayObLGZ 1980, 158 ff.), einer Eisdiele (*OLG Schleswig* MDR 2000, 759 f.), eines Frauensportstudios (*OLG Schleswig* ZMR 2003, 709f), eines Imbisses (*BayObLG* ZMR 2000, 53), einer Gaststätte (*BayObLG* NJW-RR 1989, 720; 1991, 659), einer Kantine (*KG* NJW-RR 1986, 1073f), einer Kindertagesstätte (*KG* NJW-RR 1992, 1102), eines Kiosks (*OLG Düsseldorf* ZMR 1996, 282); eines Nachtlokals (*KG* NJW-RR 1989, 140 f., sofern der Charakter der Wohnanlage dies nicht ausnahmsweise zulässt), eines »Office- und Partyservices« (*OLG Hamburg* ZMR 2003, 771), einer Pizza-Imbissstube (*OLG Karlsruhe* NJW-RR 1994, 146 f.) eines Sexshops (*BayObLG* NJW-RR 1995, 468; *KG* ZMR NJW-RR 2000, 1254 f. = 2000, 404), eines Sonnenstudios mit Öffnungszeiten bis 22 Uhr (*BayObLG* ZMR 1996, 335), eines Spielsalons bzw. einer Spielhalle (*OLG Zweibrücken* NJW-RR 1987, 465; 1988, 141 f.; *BayObLG* NJW-RR 1990, 595) und einer Stehpizzeria (*OLG Düsseldorf* NJW-RR 1993, 588) in einem Laden für unzulässig. Auch der Betrieb eines Großhandels ist aufgrund des verstärkten Lieferverkehrs und der fehlenden Öffnungszeiten in einem Laden nicht zulässig (*OLG München* ZMR 2007, 719 f.). Hingegen wurde ein Bistro bei Einhaltung der Ladenschlusszeiten und zwei Gaststätten in der Nachbarschaft für zulässig gehalten (*OLG Hamburg* ZMR 2002, 455; a. A. *OLG Hamm* ZMR 1996, 42), ebenso ein Szeneladen für Junkies (*KG* NZM 1999, 425).

ee) Die Zweckbestimmung »gewerbliche Nutzung«

19 Hingegen stellt die ebenfalls häufige Erlaubnis der »**gewerblichen Nutzung**« o. ä. eine denkbar weite Zulassung aller Tätigkeiten außerhalb der Wohnnutzung dar. Bei dieser Zweckbestimmung ist ohne weitere Einschränkungen grundsätzlich jede gesetzlich zulässige gewerbliche Nutzung erlaubt (*OLG Düsseldorf* ZMR 2003, 861). Dies umfasst u. a. die Nutzung als Begegnungsstätte eines deutsch-kurdischen Kulturvereins (*OLG Hamm* ZMR 2006, 149 f.), die Einrichtung eines Cafés (*OLG Zweibrücken* ZMR 1987, 230), einer chemischen Reinigung (*BayObLG* NJW-RR 1994, 1038), einer Gaststätte (*KG* ZMR 2000, 251; 2002, 967), einer Methadon-Abgabestelle (*OLG Düsseldorf* NJW-RR 2002, 518 f. = ZMR 2002, 447) oder einer Tagesstätte für Behinderte (*OLG Zweibrücken* NJW-RR 2005, 1540 = ZMR 2006, 76). Die gewerbliche Nutzung gestattet es, Dritten (Kunden, Klienten und Besuchern) den Zugang und die zeitweilige Nutzung von Teil- und Gemeinschaftseigentum zu ermöglichen (*KG* ZMR 2005, 148). Der Gewinnerzielungsabsicht bedarf es nicht unbedingt, wohl aber der Entgeltlichkeit (*OLG Hamm* ZMR 2006, 150). Dass die Zulässigkeit der Nut-

zung »zu beliebigen geschäftlichen und gewerblichen Zwecken« den Betrieb eines Bordells nicht mehr umfassen soll (so *KG* NJW-RR 1987, 1160), ist wohl vor dem Hintergrund des ProstG nicht mehr haltbar. Ist die gewerbliche Nutzung allerdings eingeschränkt, etwa bei der Bestimmung als »gewerblich genutzter Laden« sind die zusätzlichen Einschränkungen (hier: die Ladenöffnungszeiten) wieder einzuhalten (*BayObLG* NJW-RR 1986, 318). Die weiten Nutzungsmöglichkeiten gestatten aber nicht auch die bauliche Umgestaltung des Teileigentums, sofern es sich nicht um die erstmalige Herstellung eines ordnungsgemäßen Zustands handelt (*OLG München* ZMR 2006, 948).

ff) Weitere Einzelbeispiele aus der Rechtsprechung für unzulässige Nutzungen
Für unzulässig gehalten wurde ferner die Nutzung 20
- von **Büroräumen** als Ballettstudio (*LG Bremen* NJW-RR 1991, 1423) oder als Kinderarztpraxis (*OLG Düsseldorf* NJW-RR 1996, 267 = ZMR 1996, 40)
- eines **Cafés** als Bistro mit Spielgeräten (*OLG Zweibrücken* ZMR 1997, 481 f.)
- einer **Eisdiele** als Pilslokal (*OLG München* NJW-RR 1992, 1493; ähnlich für ein »Eiscafé« *OLG Hamm* NJW-RR 1986, 1336)
- die Inanspruchnahme des Treppenhauses zum Aufstellen einer **Garderobe** (*BayObLG* NJW-RR 1998, 875 f.)
- von **Geschäftsräumen** als Gaststätte mit Öffnungszeiten von 23.00 Uhr bis 5.00 Uhr (*KG* NJW-RR 1989, 140)
- eines **Kellers** neben der eigentlichen Nutzung als Lager- und Abstellraum (*OLG Schleswig* ZMR 2006, 891) als Büro (*BayObLG* WuM 1993, 491), als Musikzimmer (*BayObLG* ZMR 1998, 173), als Fahrradkeller, wenn er als Hausmeisterwohnung ausgewiesen ist (*OLG Düsseldorf* ZMR 1997, 477) oder zu Wohn- und Schlafzwecken (*OLG Düsseldorf* NJW-RR 1997, 907 = ZMR 1997, 374)
- eines **Lagerraumes** als Gymnastikstudio (*BayObLG* NJW-RR 1994, 527 f.)
- eines **Massageraums** als Pilsstube (*BayObLG* NJW-RR 1988, 141)
- einer »**Praxis/Büro**« als Ballettstudio (*LG Bremen* NJW-RR 1991, 1423)
- einer **Sauna** als »Pärchentreff« bzw. »Swinger-Club« (*BayObLG* NJW-RR 1994, 1037; NJW-RR 2000, 1323 f. = ZMR 2000, 690)
- eines **Weinkellers** als Diskothek (*BayObLG* ZMR 1990, 231).

gg) Weitere Einzelbeispiele aus der Rechtsprechung für zulässige Nutzungen
Für zulässig gehalten wurde demgegenüber 21
- das zeitweilige Spielen von Kindern auf einer als **Auffahrt** gekennzeichneten Freifläche (*KG* NJW-RR 1998, 1546 = ZMR 1998, 660; NJW-RR 2001, 949 = ZMR 2001, 659)
- die Nutzung einer **Garage** als Werkstatt (*OLG Hamburg* ZMR 2005, 976)
- eine chemische Reinigung in **Geschäftsräumen** (*BayObLG* NJW-RR 1994, 1038)
- die Nutzung von **Hobbyräumen** zur gewerblichen, halbtäglichen Betreuung von Kleinkindern (*BayObLG* NJW-RR 1991, 140 f.)
- das Bewohnen als **Kammern** bezeichneter Räume im Dachgeschoss, soweit sie in der Teilungserklärung als Bestandteil des Wohnungseigentums aufgeführt werden (*KG* NJW-RR 1991, 1359 f.)
- die Nutzung eines **Kellers** als Hobbyraum (*OLG Düsseldorf* NJW-RR 1997, 908 = ZMR 1997, 374) oder als Sauna, sofern geeignete Maßnahmen gegen Geruchsbelästigungen etc. ergriffen werden (*OLG Frankfurt* NJW-RR 2006, 1446)
- die Nutzung einer **Verwalterwohnung** durch andere Personen (*BayObLG* NJW-RR 2000, 1253).

4. Abweichen von der in Gebrauchsregelungen außerhalb der Teilungserklärung vorgesehenen Nutzung
Die Wohnungseigentümer können die Nutzung von Sonder- und Gemeinschaftseigentum auch 22 nachträglich durch Vereinbarung beschränken oder erweitern und zwar im gleichen Umfang wie dies in der Teilungserklärung möglich ist. Insoweit ergeben sich keine Unterschiede zu dem oben Ausgeführten zur Nutzung, die von der Teilungserklärung abweicht. In engerem Umfang kann der Gebrauch auch durch Mehrheitsbeschluss geregelt werden (vgl. u. § 15 Rn. 10 ff.).

Sofern ein solcher Beschluss nicht als nichtig angesehen werden muss, sind die Wohnungseigentümer bis zu seiner rechtskräftigen Ungültigerklärung oder einer einstweiligen Anordnung nach §§ 935 ff. ZPO auch an diese Gebrauchsregelung gebunden.

5. Sonstige Beeinträchtigungen der Mitbenutzung durch andere Wohnungseigentümer

a) Immissionen

23 Auch ein individueller Gebrauch, der die Nutzung durch andere Wohnungseigentümer nicht ausschließt, aber in anderer Weise beeinträchtigt, ist i. d. R. unzulässig. Dabei stehen wiederum Geräusch- und Geruchsimmissionen, allerdings nicht durch den baulichen Zustand bedingte, im Vordergrund. Hierbei können sich besondere Pflichten zur Rücksichtnahme aus der Natur der Wohnanlage, etwa als Seniorenwohnanlage ergeben (*BayObLG* ZMR 2002, 606). Auch ohne solche Besonderheiten darf ein Wohnungseigentümer z. B. nicht den Hausflur zum Rauchen aufsuchen, um Geruchsbelästigungen in seiner Wohnung zu vermeiden (*AG Hannover* NZM 2000, 520). Ähnliches gilt für Zigarettengerüche bei starken Rauchern, deren unverminderte Weitergabe an die Miteigentümer etwa durch eingeschränktes Lüften zu vermeiden ist, und für das Versprühen von Duftstoffen (*OLG Düsseldorf* NJW-RR 2003, 1098 f. = ZMR 2004, 52). Entsprechendes gilt bei der Nutzung von Teileigentum, etwa einem Fischgroßhandel (*OLG München* ZMR 2007, 720). Ebenso ist das Grillen im Freien nur dann unbedenklich, wenn es dadurch aufgrund seiner Häufigkeit, der Größe des Anwesens und des verwendeten Grillgeräts nicht zu Beeinträchtigungen der anderen Wohnungseigentümer kommt (*OLG Stuttgart* ZMR 1996, 625 f.; *BayObLG* NJW-RR 1999, 958 f.; ZMR 2002, 686). Daneben kann auch übermäßige Beleuchtung Abwehransprüche der Miteigentümer auslösen, etwa beim Betrieb eines Bewegungsmelders (*OLG Hamm* WuM 1991, 127; zu Lichterketten auch *KG* ZMR 2005, 978; a. A. im Einzelfall *AG Hamburg* ZMR 2002, 871 f.).

24 Die missbilligten Verhaltensweisen müssen nicht wie Immissionen physikalisch einwirken; es genügt, wenn die in Sonder- oder Teileigentum ausgeübten Tätigkeiten mit einem sozialen Unwerturteil behaftet sind und deshalb zur Wertminderung des Wohnungseigentums führen können (*VerfGH Berlin* NJW-RR 2003, 230 = ZMR 2003, 208 f.; *KG* NJW-RR 1986, 1072 f.; 1987, 1160; *OLG Düsseldorf* ZMR 2004, 448). Dies ist etwa bei bordellartigen Betrieben in einer Wohnung auch dann anzunehmen, wenn diese von außen nicht auf Anhieb erkennbar sind, da das »Gewerbe« zumindest im Kundenkreis publik gemacht wird (*BayObLG* NJW-RR 1995, 1228; *OLG Karlsruhe* ZMR 2002, 151; *OLG Frankfurt a. M.* ZMR 2002, 616; neuerdings kritisch zum Unwerturteil *BayObLG* ZMR 2005, 67 f. – hiergegen zu Recht *OLG Hamburg* ZMR 2005, 645 – anders bei Teileigentum, wo es auf Zweckbestimmung und Umgebung ankommt, *LG Nürnberg-Fürth* NJW-RR 1990, 1355 f.). Auch der Umstand, dass kein Nachtbetrieb durchgeführt wird, ändert hieran nichts (*KG* NJW-RR 1986, 1072). Ebenso wenig müssen die Miteigentümer »ideologische Immissionen« wie politische Spruchbänder an der Balkonbrüstung hinnehmen (*KG* NJW-RR 1988, 846 f.). Hingegen ist Adventsschmuck im üblichen Umfang während der Weihnachtszeit trotz des letztlich religiösen Hintergrundes als sozial adäquates Verhalten zulässig (*LG Düsseldorf* MDR 1990, 249). Auch die Störung der Privatsphäre durch gezieltes Hineinschauen in eine Wohnung stellt einen unzulässigen Gebrauch dar (*OLG München* ZMR 2006, 71).

b) Tierhaltung

25 Die unbeschränkte Haltung von Tieren entspricht nicht ordnungsmäßiger Verwaltung (*KG* ZMR 1998, 659; *OLG Zweibrücken* ZMR 1999, 854), weswegen Reglementierungen stets zulässig sind (*OLG Celle* ZMR 2003, 441). Hierbei ist auf eine typisierende Betrachtungsweise abzustellen, so dass es auf konkrete Beeinträchtigungen durch die im Einzelfall gehaltenen Tiere nicht ankommt (*OLG Celle* ZMR 2003, 441). Maßgeblich ist daher alleine, ob die jeweilige Haltung typischerweise eine Beeinträchtigung anderer Hausbewohner darstellen kann. So können gefährliche Tieren wie Schlangen (*OLG Frankfurt a. M.* NJW-RR 1990, 1430 f.; *LG Bochum* NJW-RR 1990, 1430), Giftschlangen und Pfeilfrösche (*OLG Karlsruhe* NJW-RR 2004, 951 f.) oder eine übermäßige Tierhaltung, etwa 4 Schäferhunde (*OLG Zweibrücken* ZMR 1999, 854), mehr als 4 Katzen in einer 42 qm großen Ein-Zimmer-Wohnung (*KG* NJW-RR 1991, 1117) oder 100 Kleintiere in einer Wohnung (*OLG Köln*

ZMR 1996, 98) auch dann unzulässig sein, wenn noch keine konkreten Beeinträchtigungen vorliegen. Für Tauben in einem artgerechten Dachverschlag gilt dies allerdings nicht, so dass ein mehrmals wöchentlich stattfindender Freiflug von ca. 30 Minuten keine Beeinträchtigung darstellt (OLG Frankfurt NJW-RR 2006, 517 f.). Dabei wird ein Bestandsschutz für Tiere, die bereits vor einer Gebrauchsregelung zur Tierhaltung vorhanden waren, nicht anerkannt (*OLG Celle* ZMR 2003, 441). Auf konkrete Störungen hin können allerdings Beschränkungen wie Leinenzwang auch bei zulässiger Tierhaltung nachträglich durchgesetzt werden (*OLG Hamburg* ZMR 1998, 584).

c) Veränderung des gemeinschaftlichen Eigentums

Unzulässig sind grundsätzlich auch Nutzungen, die zu einer Veränderung oder Umgestaltung **26** des gemeinschaftlichen Eigentums führen. So stellt die Nutzung eines Teils der Grünfläche als Trampelpfad keinen ordnungsgemäßen Gebrauch mehr da, da die betroffene Fläche nicht nur gelegentlich betreten, sondern entgegen der Teilungserklärung als Verkehrsfläche genutzt und mangels Befestigung dadurch verunstaltet wird (*OLG Stuttgart* NJW-RR 1995, 527 = ZMR 1995, 82). Noch viel weniger ist die zielgerichtete Entfernung gärtnerischer Anlagen etwa von Bäumen, Hecken oder Blumenrabatten von der Möglichkeit des Mitgebrauchs umfasst (*BayObLG* ZMR 1998, 40; 2004, 1379 f.; *OLG München* NJW-RR 2006, 88). Ähnliches gilt für eigenmächtige Anpflanzungen oder die Anlage sonstiger gartenbaulicher Elemente wie die Aufstellung von Gartenzwergen (*OLG Hamburg* NJW 1988, 2052 f.) und noch viel mehr für die Aufstellung von Tischen und Stühlen zum Freiausschank mit den daraus resultierenden Belästigungen (*BayObLG* NJW-RR 2002, 950 = ZMR 2002, 688 f.).

D. Einschreiten gegen Nutzer von Sonder- oder Teileigentum (§ 14 Nr. 2 WEG)

I. Bedeutung der Vorschrift

§ 14 Nr. 2 WEG stellt klar, dass der Wohnungseigentümer aus seinen Verpflichtungen aus § 14 **27** Nr. 1 WEG nicht entlassen ist, wenn er sein Sonder- oder Teileigentum Dritten überlässt. Bei einem Gebrauch, der die anderen Miteigentümer gemäß § 14 Nr. 1 WEG benachteiligt – also wiederum nicht bei rein persönlichen, nicht objektbezogenen Störungen – hat der Wohnungseigentümer für die Einhaltung dieser Pflichten durch die Nutzer »zu sorgen«, was freilich nur rudimentär geregelt ist.

II. Nutzungsberechtigte

Mit der beispielhaften Aufzählung in § 14 Nr. 2 WEG macht der Gesetzgeber klar, dass er die Verpflichtung **28** gemäß § 14 Nr. 2 WEG nicht von der Art der Nutzungsüberlassung abhängig machen will. Es sollen sowohl gleichzeitig mit dem Eigentümer Nutzungsberechtigte wie Angehörige seines Hausstandes oder Geschäftsbetriebes erfasst sein wie auch solche Personen, denen er die ausschließliche Nutzungsbefugnis kraft Miet- oder Pachtvertrags überlassen hat. Auch der Erwerber, dem schon vor Eigentumsübergang der Bezug der Räumlichkeiten gestattet wurde, fällt noch unter § 14 Nr. 2 WEG (*KG* NJW-RR 2000, 1684 = ZMR 2000, 560; *KG* ZMR 2007, 640). Lediglich ohne oder gar gegen den Willen des Eigentümers in den Besitz der Räumlichkeiten gelangte Personen wie etwa Hausbesetzer, infolge unbefugter Schlüsselweitergabe in die Wohnung gelangte Personen oder kraft hoheitlicher Maßnahme Nutzungsbefugte (etwa durch die Ordnungsbehörde eingewiesene Bewohner) sind mangels Überlassung durch den Eigentümer nicht von § 14 Nr. 2 WEG erfasst.

III. Durchsetzung der Einhaltung

1. Das Vorgehen des Eigentümers gegen den Nutzer

Das Gesetz räumt dem Wohnungseigentümer mit der Verpflichtung aus § 14 Nr. 2 WEG nicht zu- **29** gleich eigenständige Befugnisse zu ihrer Durchsetzung gegenüber dem Nutzungsberechtigten ein (vgl. *BGH* ZMR 1996, 148; *BayObLG* NJW-RR 1991, 659; vgl. o. § 13 Rn. 5). Daher stehen ihm nur die allgemeinen Möglichkeiten des jeweiligen Vertragsverhältnisses zu. Ein Arbeitgeber kann mithin einen nutzungsberechtigten Arbeitnehmer nur abmahnen und im Wiederholungsfalle das Arbeitsverhältnis beenden. Ebenso kann der Vermieter einem Mieter gegenüber nur das Mietverhältnis aus außerordentlichem Grunde kündigen, sofern Verstöße zugleich gegen den Mietvertrag vorliegen. Aus diesem Grunde empfiehlt es sich, die wohnungseigentumsrechtlichen Verpflichtungen bei dem zur Überlassung führenden Vertragsverhältnis zu berücksichtigen und neben entsprechenden Unterlassungsverpflichtungen oder der Bezugnahme auf Gemeinschafts- und Hausordnung Verstöße mit Vertragsstrafen zu belegen oder ein außerordentliches Kündigungsrecht zu vereinbaren.

2. Die Möglichkeiten der Miteigentümer

a) Die Verpflichtung des Eigentümers zur Einwirkung auf den Nutzer

30   Auch den Miteigentümern gibt § 14 Nr. 2 WEG keine zusätzliche Möglichkeit, gegen den bestimmungswidrigen Gebrauch durch Mieter, Pächter und sonstige Nutzungsberechtigte vorzugehen (zu den sonstigen Möglichkeiten vgl. o. § 13 Rn. 4). Sie können aber den vermietenden bzw. sonstwie den Gebrauch überlassenden Wohnungseigentümer aus § 1004 BGB darauf in Anspruch nehmen, alle zumutbaren Maßnahmen zu ergreifen, um den unzulässigen Gebrauch durch den Nutzungsberechtigten zu beenden (*BGH* ZMR 1995, 418; 1996, 148; *BayObLG* NJW-RR 1991, 659; 1994, 338; ZMR 2000, 778; 2003, 758; *KG* NJW-RR 2000, 1254 = ZMR 2000, 403; *OLG Schleswig* ZMR 2004, 941 f.). Er kann bei einem § 14 Nr. 1 WEG zuwiderlaufenden Gebrauch mittelbarer Störer sein (*BayObLG* NJW-RR 1987, 463; 1991, 659; *OLG München* NJW-RR 2006, 297; *OLG Düsseldorf* NJW-RR 2006, 957). Wie er die Unterlassung der Störung durchsetzt, muss ihm überlassen bleiben; die beeinträchtigten Eigentümer können daher nur die Unterlassung der unzulässigen Nutzung, nicht aber spezielle Maßnahmen wie eine fristlose oder ordentliche Kündigung verlangen (*BayObLG* NJW-RR 1991, 659; 1994, 337; *OLG Köln* ZMR 1997, 254; *KG* ZMR 2000, 403; *OLG Karlsruhe* ZMR 2002, 152; *OLG Frankfurt* NJW-RR 2004, 664; *OLG Düsseldorf* NJW-RR 2006, 957; a. A. im Einzelfall *KG* NJW-RR 1986, 1073). Der bloße Hinweis auf ernsthafte Bemühungen um Einhaltung der zulässigen Nutzungen genügt nicht (*BayObLG* NJW-RR 1987, 464). Eine entsprechende Verpflichtung kann auch die Einleitung gerichtlicher Schritte bis zur außerordentlichen Kündigung eines Mietverhältnisses erfordern. Hat ihm der Eigentümer im Mietvertrag Rechte eingeräumt, die der Teilungserklärung oder sonstigen Gebrauchsregelungen zuwiderlaufen, führt dies nicht zur Unmöglichkeit, die unzulässige Nutzung zu unterbinden (*BayObLG* NJW-RR 1994, 528). Er muss dem Mieter für den Verzicht hierauf bis zur Opfergrenze finanzielle Kompensationen anbieten (*OLG Celle* ZMR 2004, 690). Auch eine wenig aussichtsreiche Klage ist zumutbar (*OLG Stuttgart* NJW-RR 1993, 25 = ZMR 1992, 554). Die Unterlassung der unzulässigen Nutzung ist auch gegen den Wohnungseigentümer nach § 890 ZPO zu vollstrecken (*BGH* ZMR 1996, 148; *BayObLG* NJW-RR 1991, 659; 1994, 337 u. 528; *OLG Hamm* WE 1992, 136; *OLG Köln* ZMR 1997, 254; a. A. für eine Vollstreckung der Pflicht zur Einwirkung nach § 888 ZPO *BayObLG* NJW-RR 1989, 462 f.). Hat er alle zumutbaren Maßnahmen erfolglos versucht, dürfte es an einer schuldhaften Zuwiderhandlung, die § 890 ZPO voraussetzt, fehlen (*BGH* ZMR 1996, 148; *BayObLG* NJW-RR 1991, 659; so auch für eine Vollstreckung nach § 888 ZPO; *BayObLG* NJW-RR 1989, 463).

Auf die Verpflichtung des vermietenden oder sonstwie die Nutzung Dritten überlassenden Wohnungseigentümers kann sich jeder Miteigentümer berufen; es handelt sich um einen Individualanspruch. Regelmäßig kann dem Verband aber nach § 10 Abs. 6 S. 3 WEG die Ausübung dieser Abwehransprüche übertragen werden, da es sich nicht um unübertragbare Individualrechte handelt. Nach den allgemeinen Grundsätzen ist aber die Geltendmachung des Anspruchs durch einzelne Wohnungseigentümer aufgrund einer solchen Übertragung nicht ausgeschlossen (*Abramenko* § 6 Rn. 16).

b) Die Haftung des Eigentümers für Verstöße des Nutzungsberechtigten gegen Pflichten aus § 14 Nr. 1 WEG

31   Gestattet der Wohnungseigentümer den gegen § 14 Nr. 1 WEG verstoßenden Gebrauch durch einen berechtigten Nutzer oder bleibt er in Kenntnis dessen schuldhaft untätig, so wird er wegen

eigener Verletzung seiner Pflichten aus dem Gemeinschaftsverhältnis aus § 280 BGB schadensersatzpflichtig (*KG* NJW-RR 1997, 714 = ZMR 1997, 316 f.; *OLG Hamm* ZMR 1996, 42; *BayObLG* ZMR 2002, 286). Er kann auch selbst als Störer auf Beseitigung in Anspruch genommen werden (*OLG Düsseldorf* NJW-RR 2001, 804). Soweit es sich bei Schäden einzelner Eigentümer um individuelle Rechtseinbußen handelt, ist eine Geltendmachung durch den Verband ausgeschlossen, da es an der Gemeinschaftsbezogenheit fehlt (*Abramenko* § 6 Rn. 18). Eine gleichwohl beschlossene Übertragung auf den Verband ist mangels Beschlusskompetenz nichtig (*Abramenko* § 6 Rn. 19). Ob eine Zurechnung des Verschuldens nach § 278 BGB stattfindet, wird bei Angehörigen des Hausstandes und des Geschäftsbetriebes allgemein bejaht. Bei Mietverhältnissen ist die Frage jedoch umstritten, da der Wohnungseigentümer mietrechtlich nur sehr begrenzte Einwirkungsmöglichkeiten auf den Mieter hat. Letztlich ist die Haftung aber wohl mit der Rechtsprechung zu bejahen, da der Wohnungseigentümer die Einhaltung dieser Pflichten zum Vertragsgegenstand machen und zumindest durch Kündigung des Mietverhältnisses auch auf Mieter einwirken kann (*BayObLG* NJW 1970, 1554; *OLG Düsseldorf* NJW-RR 1995, 1165 f.; *KG* ZMR 2000, 560; 2002, 968; *LG Berlin* ZMR 2003, 60; *AG Frankfurt* NJW-RR 1994, 1167). Da es sich aber um die Zurechnung fremden Verschuldens handelt, muss der Mieter schuldhaft gehandelt haben, was etwa nach §§ 827, 828 BGB ausscheiden kann (*OLG Düsseldorf* NJW-RR 1995, 1165 f.).

E. Duldungspflichten (§ 14 Nr. 3 WEG)

Als Gegenstück zu § 14 Nr. 1, 2 WEG bestimmt § 14 Nr. 3 WEG, dass jeder Wohnungseigentümer die nach diesen Vorschriften zulässigen Nutzungen zu dulden hat. Ebenso wie Teilungserklärung und Gebrauchsregelungen dort die Beschränkungen des Gebrauchs vorgeben, bestimmen sie auch die Duldungspflichten der anderen Miteigentümer. Jeder Wohnungseigentümer hat somit zunächst die aus dem Zusammenleben unvermeidbaren Beeinträchtigungen wie Wohngeräusche hinzunehmen (*LG Frankfurt* NJW-RR 1993, 282). Die Miteigentümer müssen es ferner dulden, dass der Zugang zu Gewerbeflächen während der üblichen Öffnungszeiten unverschlossen bleibt (*OLG Düsseldorf* NJW-RR 2000, 1401). Des Weiteren hat jeder Wohnungseigentümer auch darüber hinausgehende Nachteile zu dulden, wenn sie in Teilungserklärung oder Gebrauchsregelungen vorgesehen sind, etwa zulässige Begrenzungen eines Stellplatzes, auch wenn sie beim Einparken auf dem eigenen Stellplatz behindern (*BayObLG* ZMR 2001, 821) oder Geräuschimmissionen bei Musikdarbietungen in einer Gaststätte (*BayObLG* NJW-RR 1994, 337). Ähnliches gilt für bauliche Veränderungen, wenn ein Miteigentümer etwa von der Genehmigung in der Teilungserklärung zum Ausbau der in seinem Sondereigentum stehenden Räumlichkeiten Gebrauch macht (*BayObLG* ZMR 1997, 318) oder nur auf diesem Wege einen Anschluss an die neuen Medien erhalten kann (*BayObLG* NJW-RR 1991, 463). Kein Wohnungseigentümer muss allerdings einen dauerhaften Eingriff in sein Sondereigentum dulden, nur um einem anderen eine mögliche, jedoch kostenintensivere Alternativmaßnahme zu ersparen, die nur dessen Sondereigentum beeinträchtigt (*BayObLG* NJW-RR 1991, 722; *OLG Düsseldorf* ZMR 2000, 478). Spezielle Duldungspflichten regelt daneben § 21 Abs. 5 Nr. 6 WEG beim Einbau von Telekommunikations- bzw. Rundfunkanlagen und Versorgungsleitungen (*BayObLG* ZMR 2002, 211). Wenn nach § 14 Nr. 3 WEG sogar Einwirkungen auf das Sondereigentum zu dulden sind, gilt dies erst recht für das Gemeinschaftseigentum. Insbesondere hat jeder Miteigentümer den zeitlichen Ausschluss von Gemeinschaftseinrichtungen, die nicht zeitgleich von allen Wohnungseigentümern genutzt werden können, nach der Gebrauchsregelung zu dulden. Erhöhte Duldungspflichten sollen sich dabei gegenüber ausländischen Miteigentümern aus Art. 5 GG ergeben, weshalb u. U. die Aufstellung ansonsten nicht hinzunehmender Parabolantennen hingenommen werden muss (*BGH* ZMR 2004, 441).

F. Die Duldung von Betreten und Benutzung (§ 14 Nr. 4 WEG)

I. Das Betreten des Sondereigentums

Über § 14 Nr. 3 WEG hinaus verpflichtet § 14 Nr. 4 WEG den Wohnungseigentümer, das zur Instandhaltung und Instandsetzung des Gemeinschaftseigentums erforderliche Betreten seines

Sondereigentums zu dulden. Dabei ist die Erforderlichkeit vor dem Hintergrund von Art. 13 GG restriktiv auszulegen. Erforderlich ist das Betreten des Sondereigentums nicht schon zum Zwecke der bloßen Kontrolle oder Beobachtung von Störmeldeanlagen oder sonstigen Einrichtungen, die für das Gemeinschaftseigentum von Bedeutung sind (*OLG Zweibrücken* NJW-RR 2001, 730 = ZMR 2001, 309). Es bedarf vielmehr konkreter Anhaltspunkte dafür, dass Instandhaltungs- bzw. Instandsetzungsmaßnahmen erforderlich sind (*OLG Hamburg* ZMR 2000, 480; *OLG Zweibrücken* NJW-RR 2001, 730 = ZMR 2001, 309; *OLG Celle* ZMR 2004, 364; *OLG München* NJW-RR 2006, 1023 = ZMR 2006, 389; weiter gehend MüKo/Commichau § 14 WEG Rn. 28). Ein Schadensfall etwa durch Wasseraustritt oder Unterbrechung von Versorgungsleitungen, der das Gemeinschaftseigentum in Mitleidenschaft zieht, ist hierfür aber stets ausreichend (*OLG Hamburg* ZMR 2000, 479), ebenso die Durchführung von Instandsetzungsmaßnahmen (*OLG Celle* ZMR 2002, 293). Auch eigenmächtige bauliche Veränderungen eines Eigentümers, die zu Schäden am Gemeinschaftseigentum führen können, berechtigen zur Kontrolle im Bereich des Sondereigentums (*OLG Celle* ZMR 2004, 364). Ein Betretungsrecht ist auch dann zu bejahen, wenn die Kontrolle zwar ohne Betreten von Sondereigentum möglich, aber mit weit höherem Aufwand verbunden wäre (*BayObLG* WuM 1995, 730). Bei dem Anspruch handelt es sich um einen gemeinschaftsbezogenen Anspruch, der nach § 10 Abs. 6 S. 3 WEG vom Verband auszuüben ist. Ohne entsprechende Ermächtigung kann er von einzelnen Wohnungseigentümern nicht geltend gemacht werden (*KG* NJW-RR 1986, 696). Darüber hinaus soll gerichtlichen Sachverständigen das Betreten des Sondereigentums stets zu gestatten sein, auch wenn der betroffene Eigentümer nicht Partei des zu Grunde liegenden Rechtsstreits ist (*OLG Hamburg* ZMR 2002, 71 f.). Hingegen folgt aus § 14 Nr. 4 WEG keine Duldungspflicht für ein Betreten zu anderen Zwecken, etwa zur Überwachung der Einhaltung von Hausordnung oder Gebrauchsregelungen. Weiter gehende Regelungen können jedenfalls nicht im Verwaltervertrag vereinbart werden, da das Betreten des Sondereigentums außerhalb der in § 14 Nr. 4 WEG genannten Fälle nicht Gegenstand der Verwaltung ist (*OLG Hamm* NJW-RR 2001, 230 = ZMR 2001, 142; ähnlich *OLG Düsseldorf* NJW-RR 2001, 662 = ZMR 2001, 305).

34 Ist ein Betreten nach diesen Maßstäben erforderlich, so hat es abgesehen von Notfällen während der üblichen Arbeitszeiten zu erfolgen (vgl. *BayObLG* ZMR 1988, 345 f.). Zudem muss es ausreichende Zeit vorher bekannt gegeben werden (vgl. *BayObLG* ZfIR 1999, 929). Der betroffene Wohnungseigentümer muss in der Lage sein, eine Person seines Vertrauens zur Überwachung hinzuzuziehen. Ist dies nicht möglich, so muss ihm der Verdienstausfall für die Beaufsichtigung in eigener Person ersetzt werden (*KG* ZMR 2000, 335 f.). Verschließt sich ein Eigentümer der begründeten Aufforderung, das Betreten seines Sonder- oder Teileigentums zu angemessener Zeit nach Vorankündigung zu dulden, macht er sich schadensersatzpflichtig (*BayObLG* ZMR 1988, 346).

II. Benutzung des Sondereigentums

1. Betreten und Nutzung ohne Substanzbeschädigung

35 Über das Betreten hinaus hat der Wohnungseigentümer auch »die Benutzung« seines Sondereigentums zu dulden, wenn dies zur Instandsetzung oder Instandhaltung erforderlich ist. Dies setzt wie schon das Betretungsrecht voraus, dass andere Vorgehensweisen ohne Inanspruchnahme von Sonder- oder Teileigentum entweder technisch unmöglich oder wirtschaftlich unsinnig sind. Auch der Anspruch auf Benutzung nach § 14 Nr. 4 WEG dient nur der Instandsetzung oder Instandhaltung gemeinschaftlichen Eigentums, nicht aber anderen Zwecken. Es handelt sich in aller Regel um einen gemeinschaftsbezogenen Anspruch, den nach § 10 Abs. 6 S. 3 WEG der Verband auszuüben hat. Im Ausnahmefall kann er aber auch einzelnen Miteigentümern zustehen (s. gleich u. Rn. 36). Die Benutzung gemäß § 14 Nr. 4 WEG umfasst zunächst die über das bloße Betreten hinaus gehende Inanspruchnahme des Sondereigentums ohne Substanzverletzung, etwa durch Aufstellen von Geräten, Anschluss von Messgeräten an Versorgungsleitungen oder den Einbau von Hilfseinrichtungen wie Trocknungsgeräten oder Lastenaufzügen. Kommt die Nutzung mehrerer Sonder- bzw. Teileigentumseinheiten in Betracht, ist die Auswahl vorrangig nach den Kosten für die Gemeinschaft zu treffen. Ergeben sich insoweit keine Unterschiede, ist

nach Möglichkeit eine Turnusregelung zu treffen, die die betroffen Sonder- bzw. Teileigentümer gleichmäßig belastet. Kommt dies etwa infolge des langwierigen Aufbaus der Geräte – beispielsweise bei einem Lastenaufzug – nicht in Betracht, wird vorbehaltlich einer freiwilligen Lösung durch Los zu entscheiden sein. Die Pflichten aus § 14 Nr. 4 WEG beschränken sich auf die Duldung fremder Maßnahmen. Der betroffene Wohnungseigentümer ist nicht verpflichtet, die Arbeiten durch tätige Mithilfe etwa beim Verschieben von Möbeln o. ä. aktiv zu unterstützen (*BayObLG* WuM 1995, 729 f.).

2. Die Beschädigung des Sondereigentums oder von einem Wohnungseigentümer in Stand zu haltenden Gemeinschaftseigentums

Die »Benutzung« umfasst darüber hinaus auch die Beschädigung des Sondereigentums, wie nicht zuletzt § 14 Nr. 4 letzter Halbsatz WEG klarstellt (*BayObLG* ZMR 2004, 762; *OLG Schleswig* NJW-RR 2007, 449). Dies kann etwa bei der Verlegung oder Reparatur von Versorgungsleitungen der Fall sein, wenn das Aufstemmen von Wänden oder die Beschädigung des Bodenbelags erforderlich wird. Ähnliches kann bei der Sanierung von Balkonplatten gelten, die regelmäßig die Entfernung des Fliesenbelages voraussetzt, oder bei der Verlängerung oder Instandhaltung von Versorgungsleitungen, die mit Wand- oder Deckendurchbrüchen verbunden sind (*BayObLG* ZfIR 1999, 929). Auch die Instandhaltung oder Instandsetzung von Sondereigentum kann u. U. die Benutzung fremden Sondereigentums rechtfertigen. Dies ist beispielsweise dann anzunehmen, wenn der zulässige Ausbau des Dachgeschosses nur unter Inanspruchnahme fremden Sondereigentums unter wirtschaftlich vertretbaren Bedingungen möglich ist (*KG* ZMR 1998, 369 f.). § 14 Nr. 4 WEG ist analog auf die Beschädigung von Gemeinschaftseigentum anzuwenden, dessen Instandhaltung und Instandsetzung nach der Teilungserklärung von einem Wohnungseigentümer auf eigene Kosten vorzunehmen ist (*OLG Schleswig* NJW-RR 2007, 449; jedenfalls unter diesem Aspekt unrichtig *AG Lübeck* ZMR 2006, 652; a. A. nunmehr *Niedenführ/Kümmel/Vandenhouten* § 14 Rn. 17, wonach Ansprüche aus § 14 Nr. 4 WEG mit der Überwälzung der Instandhaltungskosten abbedungen sein sollen).

III. Schadensersatz und Sicherheitsleistung

1. Begründung eines Schadensersatzanspruchs

Für die durch Betreten und Benutzung entstehenden Schäden steht dem betroffenen Wohnungseigentümer ein Schadensersatzanspruch aus § 14 Nr. 4 letzter Halbsatz WEG zu, wobei er sich seinen Anteil entsprechend dem Kostenverteilungsschlüssel anrechnen lassen muss (*OLG Düsseldorf* ZMR 1995, 86). Dies gilt allerdings nicht, wenn er durch schuldhafte Verletzung seiner Pflichten, etwa durch ungenehmigte bauliche Veränderungen, den Schaden bzw. die Notwendigkeit einer Untersuchung des Gemeinschaftseigentums selbst verursacht hat, da dies gegen ihn Schadensersatzansprüche in gleicher Höhe nach § 280 BGB begründet (vgl. *OLG Celle* ZMR 2004, 365). Ebenso wenig kann ein Wohnungseigentümer Schadensersatz nach § 14 Nr. 4 letzter Halbsatz WEG verlangen, wenn er Maßnahmen nicht auf Veranlassung der Eigentümergemeinschaft duldet, sondern selbst vornimmt (*OLG Hamburg* ZMR 2003, 133). Der Schadensersatzanspruch aus § 14 Nr. 4 WEG berechtigt nicht zur Aufrechnung gegen Wohngeldansprüche (*OLG München* NJW-RR 2007, 735).

2. Umfang des Schadensersatzanspruchs

Der Schadensersatzanspruch folgt den allgemeinen Regeln der §§ 249 ff. BGB (*BayObLG* NJW-RR 1994, 1105). Er umfasst zunächst die Beseitigung sämtlicher Substanzschäden, also die Kosten für das Verschließen von Mauerschlitzen und -öffnungen, Reinigungsarbeiten und sonstige Wiederherstellungsmaßnahmen etwa für die Neuverlegung eines Bodenbelags (*OLG Düsseldorf* ZMR 1995, 86; *OLG Köln* ZMR 1998, 722 f.). Ferner kann der beeinträchtigte Wohnungseigentümer den Verlust durch Anmietung einer Ersatzunterkunft geltend machen, wenn Sonder- oder Teileigentum durch die Fremdbenutzung nicht mehr seiner Zweckbestimmung entsprechend zu gebrauchen war. Darüber hinaus kann nach allgemeinen Regeln auch der Ersatz entgangenen Gewinns etwa in Form von Mietausfall oder Mietminderung verlangt werden (*KG* ZMR 2000, 335;

§ 15 | Gebrauchsregelung

OLG Frankfurt NJW-RR 2007, 233 f. = ZMR 2006, 627 f.), bei Ladengeschäften u. U. auch Ersatz für den zurückgegangenen Umsatz. Der geschädigte Wohnungseigentümer kann auch den Ersatz für den Verlust von Gebrauchsvorteilen verlangen, wenn er zur eigenwirtschaftlichen Lebenshaltung auf die Eigennutzung seines Wohnungseigentums angewiesen ist (*BGH* NJW 1987, 52; *KG* ZMR 1998, 370). Allerdings löst nicht jede Einschränkung der Nutzungsmöglichkeit einen entsprechenden Schadensersatzanspruch aus, sondern nur solche Störungen, die dem Entzug der Nutzung nahe kommen (*KG* ZMR 1998, 370). Dass der Betreiber einer zahnärztlichen Praxis Terrasse und Garten nicht nutzen kann, begründet vor diesem Hintergrund keinen Anspruch auf Ersatz des Nutzungsausfalls (*BayObLG* NJW-RR 1994, 1104 f.). Schließlich sind auch eigene Arbeiten zur Beseitigung des Schadens vom Schadensersatzanspruch umfasst, wobei grundsätzlich der Marktwert der Arbeitsleistung zu ersetzen ist (*KG* ZMR 2000, 335). Nicht zu erstatten ist dagegen nach allgemeinen Grundsätzen der reine Verlust von Freizeit etwa bei Inanspruchnahme unbezahlten Urlaubs zur Überwachung der Arbeiten (*KG* ZMR 2000, 335). Auch Schäden, die ohnehin eingetreten wären (etwa Holzschäden bei Hausschwammbefall) sind nicht zu ersetzen (*Niedenführ/Kümmel/Vandenhouten* § 14 Rn. 47). Fasst die Wohnungseigentümerversammlung einen Beschluss über die pauschale Abgeltung der Schäden, die die Benutzung eines Sonder- oder Teileigentums bei der Instandhaltung gemeinschaftlichen Eigentums erleidet, ist dieser nicht nichtig, wohl aber mit der Begründung anfechtbar, dass ein höherer Schaden entstanden ist (*BayObLG* NJW-RR 1994, 1104).

3. Anspruchsgegner und Versicherungsleistungen

39 Mit den Neuregelungen der Novelle zum teilrechtsfähigen Verband ist die Rechtsprechung, die die anderen Wohnungseigentümer als Anspruchsgegner ansah (z. B. *OLG Düsseldorf* ZMR 1995, 86; *BayObLG* ZMR 2003, 369) überholt. Anspruchsgegner ist nach § 10 Abs. 6 S. 3 WEG der teilrechtsfähige Verband (so auch *Niedenführ/Kümmel/Vandenhouten* § 14 Rn. 48), sofern dem Schaden nicht ausnahmsweise eine rein individualnützige Maßnahme zugunsten eines einzelnen Wohnungseigentümers zugrunde liegt. Da der Ersatzanspruch zu den Verwaltungskosten nach § 16 Abs. 2 WEG gehört, kann der betroffene Wohnungseigentümer nicht den vollen Ausgleich seines Schadens verlangen, vielmehr muss er sich seinen Anteil nach dem allgemeinen Kostenverteilungsschlüssel anrechnen lassen (*OLG Köln* NJWE-MietR 1996, 275). Hieran hat der Wechsel des Schuldners entgegen der Ansicht von Kümmel (*Niedenführ/Kümmel/Vandenhouten* § 14 Rn. 48) nichts geändert. Denn die Kosten für die Leistungen nach § 14 Nr. 4 WEG müssen im Ergebnis alle Wohnungseigentümer aufbringen. Ob sie dies in Form einer Sonderumlage tun, an der der Geschädigte nach dem allgemeinen Verteilungsschlüssel zu beteiligen wäre, oder bei ausreichenden Finanzmitteln aus den Rücklagen entnehmen, kann keinen Unterschied machen. Dient die Inanspruchnahme nur der Instandhaltung oder Instandsetzung des Sonder- oder Teileigentums eines anderen Miteigentümers, haftet nur dieser für den Schaden. In diesem Falle ist der volle Schaden ohne Abzug eines Eigenanteils des geschädigten Wohnungseigentümers auszugleichen. Nach § 1 Nr. 1 AHB sind nur die unmittelbaren Sachschäden, nicht aber Folgeschäden von der Leistungspflicht des Versicherers ausgenommen (*BGH* ZMR 2003, 209 ff.). Sofern die Inanspruchnahme des Sonder- oder Teileigentums vorhersehbar zu entsprechenden Schadensersatzansprüchen führen wird, kann der betroffene Wohnungseigentümer hierfür die Erbringung einer Sicherheit verlangen (*KG* NJW-RR 1986, 697).

§ 15 Gebrauchsregelung

(1) Die Wohnungseigentümer können den Gebrauch des Sondereigentums und des gemeinschaftlichen Eigentums durch Vereinbarung regeln.

(2) Soweit nicht eine Vereinbarung nach Absatz 1 entgegensteht, können die Wohnungseigentümer durch Stimmenmehrheit einen der Beschaffenheit der im Sondereigentum stehenden Gebäudeteile und des gemeinschaftlichen Eigentums entsprechenden ordnungsmäßigen Gebrauch beschließen.

(3) Jeder Wohnungseigentümer kann einen Gebrauch der im Sondereigentum stehenden Gebäudeteile und des gemeinschaftlichen Eigentums verlangen, der dem Gesetz, den Vereinbarungen und Beschlüssen und, soweit sich die Regelung hieraus nicht ergibt, dem Interesse der Gesamtheit der Wohnungseigentümer nach billigem Ermessen entspricht.

Inhaltsverzeichnis

A. Zustandekommen von Gebrauchsregelungen	1
B. Gebrauchsregelungen in Teilungserklärung und Gemeinschaftsordnung	2
I. Regelungen zur Art der Nutzung	2
1. Abgrenzung zwischen Wohnnutzung und sonstigen Nutzungen	2
2. Weitere Regelungen in Teilungserklärung und Aufteilungsplan	3
a) Regelungsmöglichkeiten	3
b) Die Auslegung von Gebrauchsregelungen in der Teilungserklärung	4
3. Abweichungen zwischen Teilungserklärung und Gemeinschaftsordnung	5
II. Regelungen zum Gebrauch gemeinschaftlicher Einrichtungen	6
III. Regelungen zum Gebrauch des Sondereigentums	7
1. Gebrauchsregelungen und die Genehmigung abweichender Nutzungen	7
2. Regelungen für Eigentümergemeinschaften nach §§ 741 ff. BGB	8
C. Gebrauchsregelungen durch nachträgliche Vereinbarung	9
D. Gebrauchsregelungen kraft Mehrheitsbeschlusses (§ 15 Abs. 2 WEG)	10
I. Keine Abweichung von Teilungserklärung oder Vereinbarungen	10
1. Der vereinbarungsändernde Beschluss	10
2. Der vereinbarungsersetzende Beschluss	11
II. Ordnungsmäßiger Gebrauch	13
1. Grundsätze der Gebrauchsregelung durch Mehrheitsbeschluss	13
a) Bestimmtheit	13
b) Maßstäbe der Beschlussfassung	14
c) Einhaltung von Rechtsvorschriften	15
2. Beispiele aus der Rechtsprechung zur Ordnungsmäßigkeit einzelner Gebrauchsregelungen	16
3. Beispiele zur fehlenden Ordnungsmäßigkeit einzelner Gebrauchsregelungen	17
4. Nicht ordnungsmäßige Gebrauchsregelungen	18
5. Regelungen zur Kostentragung	19
6. Übereinstimmung mit den Grundsätzen ordnungsmäßiger Verwaltung	20
E. Die Hausordnung	21
F. Gerichtliche Entscheidungen	22
G. Der Anspruch auf Änderung von Gebrauchsregelungen	23
I. Voraussetzungen eines Anspruchs auf Änderung von Gebrauchsregelungen	23
II. Der Abänderungsanspruch als Einrede gegen ein Unterlassungsbegehren	24
H. Die gerichtliche Durchsetzung von Gebrauchsregelungen (§ 15 Abs. 3 WEG)	25
I. Ansprüche bei Existenz von Gebrauchsregelungen	25
1. Die Verhinderung unzulässiger Nutzungen	25
a) Der Individualanspruch auf Unterlassung unzulässiger Nutzungen	25
b) Schadensersatzansprüche	27
c) Die (Un)gleichbehandlung von Wohnungseigentümern	28
d) Die Gewährung von Übergangsfristen	29
e) Der Ausschluss des Unterlassungsanspruchs gegen an sich unzulässige Nutzungen	30
aa) Die Zustimmung zur unzulässigen Nutzung	30
bb) Verjährung	31
cc) Verwirkung	32
dd) Verstoß gegen Treu und Glauben	33
2. Die Durchsetzung erlaubter Nutzungen	34
3. Verfahren und Vollstreckung	35
II. Die Gebrauchsregelung durch gerichtliche Entscheidung	36
1. Das Verfahren	36
a) Fehlen der Gebrauchsregelung und Befassung der Eigentümerversammlung	36
b) Unzureichende Beschlussfassungen	37
2. Der Inhalt der gerichtlichen Entscheidung	38

§ 15 | Gebrauchsregelung

A. Zustandekommen von Gebrauchsregelungen

1 Regelungsgegenstand nach § 15 WEG ist der Gebrauch von Sonder- und Gemeinschaftseigentum, also alleine seine Nutzung i. S. v. § 13 WEG, nicht seine Verwaltung, die sich nach §§ 20 ff. WEG richtet. § 15 WEG beschäftigt sich im Einzelnen mit dem Zustandekommen von Regelungen zum Gebrauch des gemeinschaftlichen Eigentums. Neben der (selbstverständlichen) Möglichkeit der Gebrauchsregelung durch Teilungserklärung und Vereinbarung (§ 15 Abs. 1 WEG) verleiht § 15 Abs. 2 WEG der Wohnungseigentümerversammlung die Kompetenz, hierüber durch Mehrheitsbeschluss zu befinden. Darüber hinaus eröffnet § 15 Abs. 3 WEG die Möglichkeit einer gerichtlichen Ermessensentscheidung hierzu.

B. Gebrauchsregelungen in Teilungserklärung und Gemeinschaftsordnung

I. Regelungen zur Art der Nutzung

1. Abgrenzung zwischen Wohnnutzung und sonstigen Nutzungen

2 Gebrauchsregelungen sind selbstverständlicher Bestandteil jeder Teilungserklärung. Schon die grundsätzliche Unterscheidung in Sonder- und Teileigentum regelt nach § 1 Abs. 3 WEG mit Vereinbarungscharakter, welche Räumlichkeiten zu Wohnzwecken und welche nur zu anderen Zwecken genutzt werden dürfen (*OLG Düsseldorf* ZMR 1998, 247; *KG* ZMR 1998, 309; *OLG Köln* ZMR 2001, 662; *BayObLG* ZMR 2001, 42 u. 2004, 925). Dabei gestattet die Ausweisung als Teileigentum nicht jede andere als die Wohnnutzung; diese wird durch nähere Bestimmungen wie »Hobbyraum«, »Laden« o. ä. präzisiert (*KG* ZMR 2007, 300). Bisweilen ist aber selbst die Abgrenzung zwischen Wohn- und sonstiger Nutzung nicht eindeutig getroffen, etwa beim Begriff der »Kammer«. Finden sich keine weiteren Einschränkungen, soll dieser Begriff den Teil einer Wohnung bezeichnen, was die Wohnnutzung und sogar die separate Vermietung ermöglicht (*KG* NJW-RR 1991, 1359). Der Begriff des »Badehauses« – eines kleinen Häuschens an einer Wasserfläche – ist nicht auf die Benutzung unmittelbar im Zusammenhang mit dem Baden beschränkt, sondern umfasst zumindest insoweit auch eine wohnungsähnliche Nutzung als Freizeiteinrichtung (*BayObLG* NJW-RR 2003, 950 f.). Hingegen ist die Bezeichnung als »Raum« keine Zweckbestimmung, die auf Wohnzwecke hindeutet, da sie viel zu allgemein gehalten ist (*BayObLG* NJW-RR 1995, 1103). Sämtliche Regelungen in der Teilungserklärung sind erst ab Bestehen einer (werdenden) Wohnungseigentümergemeinschaft auf die Eigentümer anwendbar (*BayObLG* NJW-RR 2002, 1022). Allerdings können sie als konkludente Abrede auszulegen sein, das Eigentum bereits zuvor nach den dortigen Regeln zu verwalten (*BayObLG* NJW-RR 2002, 1022).

2. Weitere Regelungen in Teilungserklärung und Aufteilungsplan

a) Regelungsmöglichkeiten

3 Daneben kann die Teilungserklärung insbesondere bei den nicht zur Wohnnutzung vorgesehenen Räumen noch weitere Bestimmungen vorsehen, etwa die Nutzung als Waschküche, Trockenraum, Fahrradkeller oder Hobbyraum. Sofern diese Bezeichnungen in der Teilungserklärung selbst genannt sind, stellen sie verbindliche Regelungen mit Vereinbarungscharakter dar (*BayObLG* NJW-RR 1986, 1077; *OLG Zweibrücken* ZMR 2002, 220; *BayObLG* ZMR 2004, 686). Sie nehmen am öffentlichen Glauben des Grundbuchs gemäß § 892 BGB teil (*OLG Frankfurt* ZMR 1997, 659 f.). Ein dort als Heizungsraum bezeichneter Kellerraum kann dadurch auch bei Änderung der tatsächlichen Verhältnisse nicht ohne weiteres etwa als Abstellraum genutzt werden (*OLG Schleswig* ZMR 2006, 887 f.). Eine nur im Aufteilungsplan genannte Nutzung ist dagegen regelmäßig nur ein rechtlich nicht bindender Vorschlag (*OLG Hamm* NJW-RR 1986, 1336; ZMR 2006, 634 f.; *BayObLG* ZMR 2000, 234; *OLG Düsseldorf* NJW-RR 2000, 1401; *OLG Hamburg* ZMR 2003, 446; *OLG Zweibrücken* NJW-RR 2005, 1540 = ZMR 2006, 76). Denn der Aufteilungsplan soll nur die Aufteilung des Gebäudes sowie Lage und Größe der in Sonder- und Gemeinschaftseigentum stehenden Gebäudeteile nachweisen, wozu regelmäßig die Zeichnungen des Architekten übernommen werden, der die Möglichkeiten der Raumnutzung auch durch Einzeichnung weiterer Details wie Möbeln erläutert, was selbstverständlich keine rechtliche Verbindlichkeit erlangt (*OLG Schleswig* ZMR

2004, 68 f.). Deshalb darf etwa ein als »Küche« bezeichneter Raum zum Kinderzimmer umgebaut werden (*OLG Hamm* ZMR 2006, 634 f.). Anderes gilt allerdings dann, wenn die Teilungserklärung auf die im Aufteilungsplan genannten Nutzungen ausdrücklich Bezug nimmt (*BayObLG* NJW-RR 1986, 1077; ZMR 2004, 48; *OLG Hamburg* ZMR 2001, 727; 2003, 697; *OLG Schleswig* ZMR 2004, 68). Aus diesen Gründen geht die Regelung in der Teilungserklärung eventuell abweichenden Angaben im Aufteilungsplan vor. Was im Einzelnen gemeint ist, ergibt sich daraus, was der objektive Leser aus dem Grundbuch bzw. der Niederschrift entnehmen kann (sog. objektiv-normative Auslegung, s. *BGH* ZMR 1999, 42 f.; *BayObLG* NJW-RR 1986, 1077; *OLG Köln* ZMR 1995, 493; *BayObLG* ZMR 2001, 820 u. 830; *OLG Karlsruhe* ZMR 2001, 386). Neben der Regelung zum Gebrauch einzelner Räume kann die Teilungserklärung auch Vorgaben zur Nutzung der gesamten Liegenschaft machen. Häufig ist etwa die Widmung zum betreuten Wohnen (*BGH* ZMR 2007, 286). In diesem Zusammenhang ist allerdings eine zeitliche Bindung an Dritte, etwa einen Pflegedienst, nach § 309 Nr. 9a) BGB nur auf zwei Jahre möglich (*BGH* ZMR 2007, 286).

b) Die Auslegung von Gebrauchsregelungen in der Teilungserklärung
Anders als bei Willenserklärungen ist der Wille der Beteiligten somit nicht maßgeblich. In der Teilungserklärung selbst enthaltene Umstände sind jedoch zu berücksichtigen, etwa bei einer konkreten Nutzungsbestimmung das Bestreben, konkurrierende Gewerbebetriebe fernzuhalten (*OLG Hamm* NJW-RR 1986, 1337). Gleiches gilt für Umstände außerhalb der Urkunde, die für jedermann ohne weiteres erkennbar sind, etwa Gegebenheiten der Topographie oder des Bauwerks (*BayObLG* NJW-RR 1988, 141). Die Auslegung kann noch in der Instanz vorgenommen werden, die nur die rechtliche Richtigkeit der angegriffenen Entscheidung zu prüfen hat, nunmehr also vom Revisionsgericht (*BGH* ZMR 1999, 42; *BayObLG* NJW-RR 1986, 1077; ZMR 2005, 302; *OLG München* ZMR 2005, 311). Bei der Auslegung sind besondere Rücksichtnahmepflichten zwischen Eltern und Kindern nach § 1618 a BGB zu berücksichtigen. Dies kann aber nicht dazu führen, dass ein Abkömmling bestimmte Pflichten alleine zu erfüllen hat, da aus § 1618 a BGB keine zusätzlichen Unterhaltspflichten resultieren (*BayObLG* NJW-RR 1993, 1361). 4

3. Abweichungen zwischen Teilungserklärung und Gemeinschaftsordnung
Zu Widersprüchen kann es aber auch zwischen der Teilungserklärung im engeren Sinne, also den rein sachenrechtlichen Regelungen, und der Gemeinschaftsordnung im engeren Sinne kommen, die nur die Beziehungen zwischen den Wohnungseigentümern regelt. Oftmals enthalten nämlich beide Regelungswerke Bestimmungen zur Nutzung der Räumlichkeiten, die differieren, wenn etwa die Teilungserklärung von einem »Laden« und die Gemeinschaftsordnung von einer – weiter gehenden – gewerblichen Nutzung redet. In diesem Fall soll die Bezeichnung in der sachenrechtlichen Teilungserklärung keine Zweckbestimmung mit Vereinbarungscharakter enthalten, vielmehr soll die Gebrauchsregelung gemäß § 15 Abs. 1 WEG den Bestimmungen zum Gemeinschaftsverhältnis zu entnehmen sein (*BayObLG* ZMR 1998, 184; *OLG Düsseldorf* ZMR 2004, 449). 5

II. Regelungen zum Gebrauch gemeinschaftlicher Einrichtungen

Neben diesen in allen Teilungserklärungen anzutreffenden Bestimmungen kann die Gemeinschaftsordnung spezielle Regelungen zur Nutzung von Sonder- und Gemeinschaftseigentum vorsehen. Dies betrifft zum einen den Gebrauch bestimmter, in der Liegenschaft vorhandener Einrichtungen. Dies ist immer dann sinnvoll, wenn die gleichzeitige Nutzung von Gemeinschaftseinrichtungen wie Waschkeller, Trockenraum oder Parkplätze durch alle Wohnungseigentümer nicht möglich ist. Hier kommen Turnusregelungen o. Ä. in Betracht, die die Mitbenutzung aller Miteigentümer zu bestimmten Zeiten oder in bestimmtem Umfang sicherstellen. Darüber hinaus kann die Benutzung als solche näher geregelt werden, was meistens auf die Vermeidung von Belästigungen anderer zielt. Häufig sind Einschränkungen der Art, dass den Miteigentümern auch im Rahmen zulässiger Nutzung bestimmte Verhaltensweisen (Rauchen im Waschkeller oder in den Hausfluren, das dauerhafte Abstellen von Wohnmobilen auf Parkplätzen für PKW o. Ä.) untersagt werden. Die Regelung kann sich auch ohne ausdrückliche Regelung aus den be- 6

§ 15 | Gebrauchsregelung

sonderen Umständen der Liegenschaft ergeben. Wenn etwa der einzige Zugang zur Kellertreppe über eine Sondernutzungsfläche führt, ergibt sich aus den Umständen ein Mitbenutzungsrecht der Kellernutzer für den Transport von Gegenständen etc. (vgl. *KG* NJW-RR 1990, 333 f., wo allerdings von einer konstitutiven gerichtlichen Regelung ausgegangen wird). Ähnliches gilt für Mehrhausanlagen. Der Flur in jedem der einzelnen Häuser ist der Natur der Sache nach grundsätzlich nur der Benutzung durch die dortigen Bewohner zugedacht (*OLG Düsseldorf* NJW-RR 1995, 528).

III. Regelungen zum Gebrauch des Sondereigentums
1. Gebrauchsregelungen und die Genehmigung abweichender Nutzungen

7   Schließlich kann die Gemeinschaftsordnung auch Regelungen zum Gebrauch des Sondereigentums vorsehen. Denkbar ist z. B. der gänzliche oder teilweise Ausschluss der Tierhaltung (vgl. *BGH* ZMR 1995, 417 f.) oder des Musizierens (*BayObLG* ZMR 2002, 64 f.), das Verbot oder die Einschränkung der Vermietung (*BayObLG* NJW-RR 1988, 17 f. u. 1163 f.; *OLG Frankfurt a. M.* NJW-RR 2004, 662 f.) und nähere Bestimmungen zur gewerblichen Nutzung. Häufig ist auch die Regelung, dass eine von der Teilungserklärung abweichende Nutzung der Genehmigung durch die Wohnungseigentümerversammlung oder den Verwalter bedarf. Bei der Abstimmung hierüber ist der betroffene Wohnungseigentümer nicht nach § 25 Abs. 5 WEG von der Abstimmung ausgeschlossen (*BayObLG* ZMR 1998, 174; 1999, 187; *BayObLG* ZMR 2005, 562). Sofern die Teilungserklärung die Genehmigung des Verwalters vorsieht, kann die Eigentümerversammlung die Entscheidung an sich ziehen; auf die Zustimmung des Verwalters kommt es dann nicht mehr an (*OLG Frankfurt a. M.* ZMR 1997, 607; *BayObLG* NJW-RR 1991, 850 u. ZMR 2001, 42 u. 2004, 133). Ein solcher oder kraft Öffnungsklausel gefasster Beschluss kann nicht ohne weiteres abgeändert werden, da der durch den Erstbeschluss begünstigte Wohnungseigentümer dann eines bereits erworbenen Rechtes beraubt und hierdurch unbillig benachteiligt würde (*BayObLG* NJW-RR 1990, 979). Alle diese Gegenstände können im Rahmen der allgemeinen Gesetze, also bis zum Verstoß gegen §§ 134, 138 BGB bzw. gegen öffentlich-rechtliche Vorschriften in der Gemeinschaftsordnung geregelt werden.

2. Regelungen für Eigentümergemeinschaften nach §§ 741 ff. BGB

8   Ob durch Gemeinschaftsordnung oder Mehrheitsbeschluss auch Bestimmungen dazu getroffen werden können, wie sich die Beziehungen mehrerer Inhaber eines Sondereigentums im Innenverhältnis gestalten, ist umstritten, aber wohl zu bejahen (*BayObLG* ZMR 2004, 929; a. A. *Niedenführ/Kümmel/Vandenhouten* § 15 Rn. 1). Bedeutsam wird diese Frage vor allem bei Duplexparkern oder ähnlichen Abstellmöglichkeiten, an denen insgesamt Sondereigentum begründet wurde, die aber Stellplätze einer Mehrheit von Eigentümern nach §§ 741 ff. BGB enthalten. Denn die Regelung des Innenverhältnisses innerhalb einer Sondereigentümergemeinschaft geht nicht über sonstige Einschränkungen im Gebrauch des Sondereigentums hinaus und betrifft darüber hinaus den Frieden in der Liegenschaft, da die Stellplätze regelmäßig Miteigentümern verschiedener Sonder- bzw. Teileigentumseinheiten zugeordnet sind. Umgekehrt können die Miteigentümer mit Stimmenmehrheit gemäß § 745 BGB den Gebrauch ihres Teil- bzw. Sondereigentums regeln und dabei Dritte von seiner Nutzung ausschließen (*BayObLG* ZMR 1996, 94).

C. Gebrauchsregelungen durch nachträgliche Vereinbarung

9   Sämtliche in Teilungserklärung oder Gemeinschaftsordnung möglichen Regelungen können auch nachträglich durch Vereinbarung zustande kommen. Insoweit kann in vollem Umfang auf obige Ausführungen verwiesen werden. Ebenso kann eine in der Gemeinschaftsordnung enthaltene Gebrauchsregelung durch Vereinbarung, nicht aber durch Mehrheitsbeschluss (*OLG Düsseldorf* NJW-RR 1997, 1307; *KG* ZMR 2007, 300) abgeändert werden. Dies ist grundsätzlich auch konkludent möglich, was aber nur selten angenommen werden kann. Denn den Wohnungseigentümern muss bei ihrem Handeln bewusst sein, dass sie mit ihrem Verhalten, insbesondere mit einer Hinnahme einer bestimmten Nutzung die Zweckbestimmung in der Gemeinschaftsord-

nung ändern, woran es i. d. R. fehlen wird (vgl. *BayObLG* NJW-RR 1994, 339 = ZMR 1994, 70 = WuM 1994, 45 f.; *BayObLG* ZMR 2001, 987). Die bloß tatsächlich von der Teilungserklärung abweichende Nutzung genügt nicht, auch wenn sie über längere Zeit erfolgt *(BayObLG* NJW-RR 1991, 139; *OLG Düsseldorf* NJW-RR 1995, 528; NJW-RR 1997, 907 = ZMR 1997, 374; NJW-RR 1997, 1307; *OLG Saarbrücken* ZMR 2006, 556; *OLG Schleswig* ZMR 2006, 887; a. A. jedenfalls im entschiedenen Einzelfall *OLG Hamburg* ZMR 2005, 976). Die öffentlich-rechtliche Genehmigung einer Nutzung etwa durch die Baubehörde ändert hieran nichts, da sie in das zivilrechtliche Verhältnis zwischen den Wohnungseigentümern nicht eingreift (*BayObLG* NJW-RR 1995, 1104; *OLG Düsseldorf* NJW-RR 1997, 1307).

D. Gebrauchsregelungen kraft Mehrheitsbeschlusses (§ 15 Abs. 2 WEG)
I. Keine Abweichung von Teilungserklärung oder Vereinbarungen
1. Der vereinbarungsändernde Beschluss

Eine Gebrauchsregelung kann gemäß § 15 Abs. 2 WEG auch durch Mehrheitsbeschluss erfolgen, der nach allgemeinen Grundsätzen aus sich selbst heraus (objektiv-normativ) auszulegen ist, was noch durch das Rechtsbeschwerdegericht erfolgen kann (*BGH* ZMR 1999, 42). Im Gegensatz zur praktisch unbegrenzten Regelungsmöglichkeit durch Teilungserklärung bzw. Gemeinschaftsordnung und Vereinbarung schränkt § 15 Abs. 2 WEG die Befugnisse der Eigentümerversammlung, Entsprechendes durch Mehrheitsbeschluss zu regeln, deutlich ein. Zunächst darf eine Vereinbarung (und somit auch die Teilungserklärung) nicht entgegenstehen (*KG* NJW-RR 1990, 155). Mehrheitsbeschlüsse zur Nutzung von Gemeinschafts- oder Sondereigentum sind also nur möglich, wenn sie keine von Teilungserklärung bzw. Gemeinschaftsordnung oder späteren Vereinbarungen abweichende Bestimmung vorsehen. Ein vorübergehend abweichender Gebrauch soll allerdings mit Mehrheit beschlossen werden können (*OLG Schleswig* ZMR 2005, 476 ff.). Dies schließt die Änderung ausdrücklicher Regelungen in der Teilungserklärung oder späterer Vereinbarungen durch Mehrheitsbeschluss aus. Ist beispielsweise die gewerbliche Nutzung erlaubt, kann sie nicht Mehrheitsbeschluss verboten werden. Ein solcher Beschluss wäre nichtig (*OLG Düsseldorf* ZMR 2003, 861 f.; vgl. *BayObLG* ZMR 2005, 132 f.). Ebenso wenig kann ein unbeschränktes Musizierverbot verhängt werden, wenn das Teileigentum beliebig – und somit auch von Berufsmusikern – gewerblich genutzt werden kann (*BayObLG* ZMR 2002, 606). Beschränkungen auf das Parken von PKW sind nichtig, wenn die Teilungserklärung allgemein das Abstellen von »KFZ« zulässt (*KG* ZMR 2000, 193). Auch Regelungen, die in das Sondereigentum eingreifen, sind mangels Beschlusskompetenz nichtig. Dies ist etwa bei Vorgaben zur Verwendung bestimmter Bodenbeläge der Fall, da diese ohne abweichende Regelung in der Teilungserklärung grundsätzlich im Sondereigentum stehen (*OLG Düsseldorf* ZMR 2002, 614; *KG* ZMR 2002, 969). Ebenso ist ein Mehrheitsbeschluss wegen Eingriffs in den Kernbereich der Sondereigentumsrechte nichtig, der die Einziehung des Mietzinses für das Sondereigentum und einen Teileinbehalt durch den Verwalter vorsieht (*OLG Düsseldorf* ZMR 2001, 306).

2. Der vereinbarungsersetzende Beschluss

Eine schwieriger zu beurteilende Konstellation wird in der Praxis bisweilen übersehen, obwohl sie oftmals die einzige Möglichkeit bietet, mit einer gewissen Aussicht auf Erfolg gegen die von einem Miteigentümer nicht gewünschte Gebrauchsregelung durch Mehrheitsbeschluss vorzugehen. Dieser Fall liegt dann vor, wenn die Teilungserklärung oder eine Vereinbarung den von einem Mehrheitsbeschluss betroffenen Zusammenhang zwar anspricht, sich aber zu dem konkreten, mit Mehrheit beschlossenen Regelungsgegenstand nicht äußert. Beispiel hierfür ist etwa der Beschluss über die Nutzung einer Fläche (z. B. einer Grünfläche zum Aufstellen von Wäschespinnen), obwohl andere Nutzungen in der Teilungserklärung bereits ausdrücklich gestattet sind (z. B. als Liege- oder Spielwiese). Ähnliches gilt, wenn die Gemeinschaftsordnung dem Verwalter Befugnisse zum Vorgehen gegen Miteigentümer wegen bestimmter Verstöße gegen die Hausordnung, aber nicht wegen anderweitig geregelter Nutzungsverbote erteilt und die Gemeinschaft dies durch Beschluss nachholt. Hier ist zu prüfen, ob der Mehrheitsbeschluss die Teilungserklä-

§ 15 | Gebrauchsregelung

rung oder eine Vereinbarung abändern, nämlich erweiterte Nutzungs- oder Sanktionsmöglichkeiten schaffen will und damit nichtig ist.

12 Dies ist allerdings nicht bei jedem auf die Dauer über die Teilungserklärung hinausgehenden Beschluss anzunehmen. An einer Änderung der Teilungserklärung fehlt es, wenn diese von vorneherein nur einen Teilbereich des Regelungszusammenhangs im Blick hat, im Übrigen aber auf eine nähere Ausgestaltung verzichtet. Eine solche Teilregelung wird durch eine Beschlussfassung zu anderen, dort offen gelassenen Fragen weder direkt abgeändert noch mittelbar, da gerade kein Regelungszusammenhang existiert, in den eingegriffen werden könnte. Es kommt also im Ergebnis darauf an, ob die Teilungserklärung nur partielle Regelungen treffen oder insoweit abschließend sein will, so dass eine Ergänzung auf eine Änderung des Regelungsgefüges hinausläuft. Letzteres kommt in obigen Beispielen dann in Betracht, wenn die Nutzung der betroffenen Fläche oder die Ermächtigung des Verwalters bewusst begrenzt werden sollen, worauf etwa das Vorliegen weiterer Kontrollmechanismen hindeutet. Häufig will die Teilungserklärung aber nur einige Nutzungen ausdrücklich erlauben oder bei bestimmten Verstößen gegen die Hausordnung die Befugnisse des Verwalters gegenüber den gesetzlichen Bestimmungen nur um die jeweils getroffenen Regelungen erweitern. Eine abschließende Regelung, die keine Ergänzung durch Mehrheitsbeschluss zulassen soll, ist dann nicht anzunehmen. Eine derartige Teilregelung bleibt aber der Ergänzung durch vereinbarungsersetzenden Beschluss zugänglich (*BGH* ZMR 2000, 774 f.).

II. Ordnungsmäßiger Gebrauch

1. Grundsätze der Gebrauchsregelung durch Mehrheitsbeschluss

a) Bestimmtheit

13 Der Beschluss über eine bestimmte Nutzung muss zunächst hinreichend bestimmt sein, d. h. eindeutig erkennen lassen, welcher Gebrauch zulässig bzw. unzulässig ist. Insbesondere pauschale Regelungen, dass bestimmte Tätigkeiten »nicht in belästigender Weise« o. ä. ausgeübt werden dürfen, genügen dem nicht, da ein Wohnungseigentümer weder erkennen noch ermitteln kann, ob sein Verhalten noch zulässig ist (*BGH* ZMR 1999, 43). Besteht Unklarheit bzw. Streit, welche Nutzung – eine zulässige oder eine unzulässige – vorliegt, kann nicht pauschal »die bisherige« Nutzung erlaubt oder verboten werden. Denn dann wäre u. U. auch eine unzulässige Nutzung gebilligt bzw. eine zulässige untersagt (*KG* ZMR 2002, 696; zur Frage der Bestimmtheit auch *OLG Hamm* ZMR 2001, 1006 f.). Ein unbestimmter Beschluss ist aber nur anfechtbar, nicht nichtig, wenn er eine durchführbare Regelung noch erkennen lässt (*BGH* ZMR 1999, 44).

b) Maßstäbe der Beschlussfassung

14 Die Mehrheit kann ferner nach § 15 Abs. 2 WEG nur einen ordnungsmäßigen Gebrauch beschließen. Er muss somit dem Interesse der Wohnungseigentümergemeinschaft entsprechen, wobei sowohl individuelle Bedürfnisse einzelner Bewohner (etwa behinderter Miteigentümer) als auch Charakter und Lage der Liegenschaft zu berücksichtigen sind (vgl. *BGH* ZMR 1999, 43 u. *BayObLG* ZMR 2001, 818 f. zu einer Seniorenwohnanlage). Eine angemessene Berücksichtigung der allseitigen Interessen schließt es regelmäßig aus, einem Wohnungseigentümer über § 14 Nr. 1 WEG hinausgehende Nutzungsmöglichkeiten einzuräumen oder über § 14 Nr. 3, 4 WEG hinausgehende Duldungspflichten aufzuerlegen etwa durch Beschränkung des Gebrauchs eines Sondernutzungsrechtes (*BayObLG* ZMR 2005, 383 ff.) oder durch ungleiche Gebrauchsmöglichkeiten gemeinschaftlichen Eigentums (*BayObLG* NJW-RR 1988, 1165). Die Änderung der Zweckbestimmung gemeinschaftlicher Räume oder Flächen scheidet daher regelmäßig aus (*OLG Zweibrücken* NJW-RR 1986, 562 f.; *BayObLG* NJW-RR 1986, 1077), ebenso eine Nutzung, die eine gleichartige Nutzung durch andere Wohnungseigentümer verhindert (*OLG Schleswig* NJW-RR 1993, 24). Demgemäß kann zwar bei Knappheit von Parkraum die Befugnis zum Parken zeitweise oder für bestimmte Fahrzeuge eingeschränkt werden (*OLG Hamburg* WuM 1992, 35; *BayObLG* NJW-RR 1998, 443 f.; *OLG Hamm* ZMR 2000, 634), aber nicht die »Reservierung« von Parkplätzen für bestimmte Eigentümer beschlossen werden, da dies auf einen völligen Nutzungsausschluss der an-

deren Miteigentümer und somit letztlich auf die Schaffung eines Sondernutzungsrechtes hinausliefe (vgl. *OLG Zweibrücken* NJW-RR 1986, 562 f.; *OLG Frankfurt a. M.* WE 1986, 141; NJW-RR 1993, 87; *OLG Düsseldorf* ZMR 2005, 143 a. A., für die Möglichkeit der Zuweisung gemeinschaftlicher Gartenflächen zur anschließenden Nutzung *OLG Hamm* ZMR 2005, 400 f. – zweifelhaft). Möglich ist aber die (zeitlich befristete) Vermietung unter bevorzugter Berücksichtigung der Eigentümer (*BayObLG* NJW-RR 1992, 599 f.; *OLG Hamburg* ZMR 2003, 445). Eine unbefristete Vermietung bei knappem Parkraum entspricht nicht billigem Ermessen, da sie dem Interesse der Gesamtheit der Eigentümer zuwiderläuft (*KG* NJW-RR 1990, 1496; 1994, 913; 1996, 780 = ZMR 1996, 394; *BayObLG* NJW-RR 1992, 599 f.). Dasselbe gilt für eine Versteigerung der Nutzungsmöglichkeit, da dieses Verfahren alleine auf die wirtschaftliche Leistungsfähigkeit der Bewerber abstellt (*BayObLG* NJW-RR 1993, 205). Vorzugswürdig ist daher ein Losverfahren (*KG* NJW-RR 1990, 1496; 1994, 913; *BayObLG* NJW-RR 1992, 599 f.; 1993, 205 f.) oder – der Einzelfallgerechtigkeit noch dienlicher – ein Punktesystem unter Berücksichtigung von Wartezeiten etc. (*KG* ZMR 1996, 394) oder eine sonstige Regelung zugunsten der bis dahin nicht zum Zuge gekommenen Miteigentümer (*KG* NJW-RR 1994, 914). Angesammelte Punkte oder sonstige Vorteile dürfen beim Eigentümerwechsel nicht verfallen (*KG* NJW-RR 1996, 780 = ZMR 1996, 394). Bei sonstigen nur begrenzt zur Verfügung stehenden Kapazitäten etwa von Nachtstrom für Speicheröfen kann auch eine Verteilung nach Miteigentumsanteilen oder Wohnungsgrößen erfolgen (*BayObLG* NJW-RR 1988, 1165). Das Parken für Nichteigentümer gänzlich auszuschließen, widerspricht ordnungsgemäßem Gebrauch, wenn ein zulässigerweise betriebenes Gewerbe in einem Teileigentum hierauf angewiesen ist und über eigene Stellplätze verfügt (*KG* ZMR 1996, 217; *BayObLG* ZMR 1999, 777). Ähnliches gilt, wenn der Eigentümer von 4 Teileigentumseinheiten insgesamt nur die Benutzung eines Stellplatzes zugebilligt wird (*KG* NJW-RR 1991, 1490). Die bloß theoretische Möglichkeit, in Zukunft ebenfalls eine (Allein)nutzungsmöglichkeit zugewiesen zu bekommen, genügt aber nicht (*OLG Zweibrücken* NJW-RR 1986, 563; *KG* NJW-RR 1990, 1496). Umgekehrt kann auch die unbeschränkte Parkmöglichkeit für Dritte ordnungsgemäßem Gebrauch widersprechen, wenn hierdurch massive Behinderungen von Miteigentümern zu befürchten stehen (*OLG Düsseldorf* ZMR 2002, 613). Gleichheitswidrige, willkürliche Privilegierungen oder Benachteiligungen einzelner Wohnungseigentümer stellen regelmäßig ebenfalls keinen ordnungsmäßigen Gebrauch dar (*BGH* ZMR 1999, 44; *OLG Köln* ZMR 2000, 565; *BayObLG* ZMR 2001, 818 u. 2005, 133). So entspricht eine Regelung, die die Reinigung der Vorräume jeweils den anliegenden Wohnungseigentümern zuweist, nicht ordnungsmäßiger Verwaltung, da es im Erdgeschoss naturgemäß zu weit stärkeren Verschmutzungen kommt (*BayObLG* NJW-RR 1992, 344). Allerdings können Abweichungen insbesondere aufgrund individueller Besonderheiten, etwa Krankheiten oder Behinderungen zulässig sein (*KG* NJW-RR 1994, 913). So kann es ordnungsgemäßem Gebrauch entsprechen, wenn vom Verbot des Abstellens jeglicher Gegenstände im Treppenhaus beim Rollstuhl eines Behinderten eine Ausnahme zugelassen wird (*OLG Düsseldorf* ZMR 1984, 161 f.; zu Kinderwagen vgl. *OLG Hamm* ZMR 2001, 1006 f.). Ähnliches gilt für den höheren Bedarf von gewerblichen Einheiten etwa bei der Zuteilung von Speicherflächen (*KG* NJW-RR 1991, 1118). Auch wenn dies alle Wohnungseigentümer im gleichen Maße trifft, kann der Ausschluss aller Miteigentümer von der Nutzung gemeinschaftlicher Einrichtungen etwa durch deren Stilllegung dem Recht zur Mitbenutzung widersprechen, weshalb dies regelmäßig keinen ordnungsgemäßen Gebrauch darstellt (*BayObLG* ZMR 2002, 607; 2004, 1091; ähnlich zur erheblichen Erschwerung der Aufzugsnutzung *OLG Köln* ZMR 2002, 76 und zum Ausschluss aller Wohnungseigentümer von den Stromkapazitäten für Nachtspeicheröfen *BayobLG* NJW-RR 1988, 1165). Der Beschluss zur Stilllegung einer Gemeinschaftseinrichtung ist aber nicht nichtig (*BayObLG* NJW-RR 1987, 655). Im Übrigen steht den Wohnungseigentümern ein nicht unerheblicher, gerichtlich nicht kontrollierbarer Entscheidungsspielraum zu (*BGH* ZMR 2000, 846). Alleine die Tatsache, dass auch andere Lösungen denkbar sind, führt nicht dazu, dass eine vertretbare, auf sachlichen Gründen beruhende Gebrauchsregelung nicht ordnungsgemäß ist (*BayObLG* ZMR 1999, 494; *OLG Köln* ZMR 2000, 565; *OLG Hamburg* ZMR 2001, 652). Die Ermessensgrenze ist aber dort überschritten, wo sozial-adäquate Tätigkeiten nicht nur beschränkt, sondern gänzlich untersagt werden (*BGH* ZMR 1999, 43).

§ 15 I Gebrauchsregelung

c) Einhaltung von Rechtsvorschriften

15 Darüber hinaus ist der beschlossene Gebrauch nur ordnungsmäßig, wenn er sonstige bürgerlich-rechtliche Verpflichtungen auch gegenüber Dritten und insbesondere öffentlich-rechtliche Vorschriften einhält (*OLG Köln* ZMR 2000, 565). Etwa ein Gebrauch, der Brandschutzvorschriften missachtet, ist auch nicht ordnungsmäßig i. S. v. § 15 Abs. 2 WEG.

2. Beispiele aus der Rechtsprechung zur Ordnungsmäßigkeit einzelner Gebrauchsregelungen

16 Nach diesen Maßstäben wurden in der Rechtsprechung ohne entgegenstehende Regelungen in Teilungserklärung oder Vereinbarung für zulässig gehalten:
– die Nutzung eines asphaltierten Hofs zum **Abstellen** von PKW (*BayObLG* NJW-RR 1998, 443)
– Regelungen zur **Belüftung** zur Vermeidung von Feuchtigkeitsschäden (*BayObLG* WuM 1992, 707 f.)
– die Einschränkung der **Bepflanzung**, zugunsten einer einheitlichen Gestaltung (*BayObLG* ZWE 2001, 612) oder bei der Gefahr von Schäden für das Gemeinschaftseigentum (*BayObLG* ZMR 2001, 819) bzw. sonstigen Beeinträchtigungen wie dem Verlust des Ausblicks (*BayObLG* WuM 1992, 206 f.)
– die Beschränkung des **Betriebs ruhestörender Geräte** (*BayObLG* ZMR 2001, 818 f.)
– das Verbot des Anbringens von **Blumenkästen** an der Brüstung einer Dachterrasse zur Wahrung einer einheitlichen Gestaltung (*BayObLG* NJW-RR 2002, 13)
– das Verbot des **Duschens** von 23.00 bis 5.00 Uhr (*BayObLG* WuM 1991, 300; wohl nicht verallgemeinerbar)
– Regelungen zur **Gartengestaltung** (*BayObLG* NJW-RR 1991, 1362)
– die Übergabe eines **Generalschlüssels** an einen Hausmeister (*OLG Hamm* NJW-RR 2004, 1312)
– die Nutzung einer **Grünfläche** als Liegewiese oder Kindespielplatz (*OLG Saarbrücken* NJW-RR 1990, 24 f.; *OLG Frankfurt a. M.* NJW-RR 1991, 1360)
– die Nutzung von Gemeinschaftseigentum als **Hausmeisterbüro** (*OLG Düsseldorf* NJW-RR 2002, 1525 = ZMR 2002, 959 f.), da dies allen Eigentümern zugute kommt und hierdurch die Kosten für die Anmietung entsprechender Räumlichkeiten gespart werden
– die Beschränkung der **Haustierhaltung**, sofern sie nicht auf ein völliges Verbot hinausläuft, etwa das Verbot Tiere frei herumlaufen zu lassen (*BayObLG* NJW-RR 1994, 658; NJW-RR 2004, 1380 = ZMR 2004, 769) oder mehr als eine bestimmte Anzahl von Tieren zu halten (*KG* NJW-RR 1991, 1117; NJW-RR 1998, 1386 = ZMR 1998, 659; *OLG Zweibrücken* ZMR 1999, 854; *OLG Schleswig* ZMR 2004, 941). Auch der Ausschluss von bestimmten, gefährlichen oder ekelerregenden Tierarten wie Kampfhunden (*OLG Frankfurt a. M.* NJW-RR 1993, 981 f.; *KG* NJW-RR 2004, 89 = ZMR 2004, 704) oder Ratten und Schlangen (*OLG Frankfurt a. M.* NJW-RR 1990, 1431) ist zulässig, ebenso die Untersagung nach drei erfolglosen Abmahnungen, ein störendes oder untersagtes Verhalten zu unterlassen (*BayObLG* NJW-RR 1994, 658)
– die Überprüfung, Neueinstellung und Verplombung von **Heizungsabsperrventilen** (*BayObLG* NJW-RR 1987, 1493)
– die Nachtabsenkung der **Heizungstemperatur** zur Energieeinsparung (*BayObLG* WE 1985, 56)
– die Zuteilung von **Kellerräumen** (*KG* NJW-RR 1990, 155)
– die Erlaubnis des kurzfristigen Abstellens von **Kinderwagen** im Hausflur (*OLG Hamm* NJW-RR 2002, 10 f.)
– die Beschränkung des **Musizierens** auf bestimmte Zeiten (*BGH* ZMR 1999, 43; *OLG Hamm* NJW-RR 1986, 501; *OLG Hamburg* ZMR 1998, 799; *BayObLG* ZMR 2002, 65 u. 606; *OLG Frankfurt* NJW-RR 2004, 14 f.), wobei Berufsmusiker keine besondere Behandlung verlangen können (*BayObLG* ZMR 1985, 208; *OLG Hamm* NJW-RR 1986, 501; *OLG Frankfurt* NJW-RR 2004, 15). Eine Regelung, die auf ein völliges Verbot des Musizierens hinausläuft, weil etwa jedes Musizieren beim Verwalter angemeldet werden müsste (*OLG Hamm* NJW-RR 1986, 501), bedarf al-

lerdings der Vereinbarung; ein entsprechender Beschluss ist gleichwohl nur anfechtbar, nicht aber nichtig (*BayObLG* ZMR 2002, 64 f. u. 606). Besonders intensive musikalische Betätigung kann auch vom Einbau zusätzlicher Schutzmaßnahmen abhängig gemacht werden (*OLG Hamm* NJW-RR 1986, 502)
- die Beschränkung von **Öffnungszeiten** für Gewerbebetriebe mit starken Lärmimmissionen wie Biergärten (*BayObLG* ZMR 2001, 823 f.)
- die Festlegung allgemeiner **Ruhezeiten** (*BGH* NJW 1998, 3714 f.; *OLG Braunschweig* NJW-RR 1987, 845 f.; *BayObLG* ZMR 2002, 605)
- das Verbot, Parkplätze, an denen **Sondernutzungsrechte** bestehen, an Dritte zu überlassen (*KG* NJW-RR 1996, 586 f.; *OLG Frankfurt a. M.* NJW-RR 2007, 890)
- die **Vermietung** von Gemeinschaftseigentum (vgl. o. § 13 Rn. 16)
- die **Verplombung** von Messeinrichtungen (*KG* NJW-RR 2005, 532)
- Beschränkungen des Zugangs zu **Versorgungseinrichtungen** (*BayObLGZ* 1972, 96 f.; NJW-RR 1987, 719; *OLG Köln* WuM 1997, 696)
- die Erlaubnis, **Waschmaschinen** auch sonntags von 9–12 Uhr in Betrieb zu nehmen (*OLG Köln* ZMR 2000, 565 f.)
- die Erlaubnis, **Weihnachtsschmuck** anzubringen (*LG Düsseldorf* NJW-RR 1990, 785 f = MDR 1990, 249); anderes dürfte allerdings ähnlich wie bei Haustierhaltung und Musizieren für die neuerdings nicht selten zu beobachtenden Fälle drastischer Übertreibungen in Form von Lichtorgeln und voluminösen Weihnachtsmännern gelten
- die Gestattung, für einen zulässigen Gewerbebetrieb **Werbung** an der Hausfassade anzubringen (vgl. *OLG Frankfurt* Rpfleger 1982, 64).

3. Beispiele zur fehlenden Ordnungsmäßigkeit einzelner Gebrauchsregelungen

Nach diesen Maßstäben wurden ohne diesbezügliche Regelung in Teilungserklärung bzw. Gemeinschaftsordnung oder Vereinbarung in der Rechtsprechung für unzulässig gehalten: 17
- das Verbot jeglichen und somit auch nur kurzfristigen **Abstellens** von Gegenständen außerhalb der Wohnungen und Keller (*BayObLG* ZMR 2005, 133)
- das Verbot der Nutzung von **Abstellplätzen** durch die Kunden einer rechtmäßig in einem Teileigentum befindlichen Gewerbeeinheit (*KG* NJW-RR 1996, 587 f.; *BayObLG* ZMR 1999, 777 f.)
- die Erlaubnis, Wohnungen als »**boarding-house**« zu nutzen (vgl. *OLG Saarbrücken* ZMR 2006, 554 ff., das allerdings – wohl zu Unrecht – sogar von der Nichtigkeit eines entsprechenden Beschlusses ausgeht)
- die Anordnung, **Dritte** mit bestimmten Arbeiten zu betrauen, wenn deren Erledigung durch den Eigentümer oder seine Mieter gleichfalls möglich ist (*BayObLG* ZMR 2005, 133)
- die Nutzung eines »**Gemeinschaftsraums**« als **Abstellraum** für Gartengeräte, da damit die Nutzung durch alle Wohnungseigentümer als Freizeitraum ausgeschlossen wird (*BayObLG* NJW-RR 1986, 1077)
- die Verhängung von **Gemeinschaftsstrafen**, wenn ein Wohnungseigentümer bestimmten Pflichten in der Teilungserklärung nicht nachkommt (*OLG Frankfurt* NJW-RR 2005, 1605)
- die unbeschränkte Gestattung des **Grillens** auf den Balkonen (*LG Düsseldorf* NJW-RR 1991, 1170)
- das gänzliche Verbot jeglicher **Hunde- bzw. Haustierhaltung** (vgl. *BayObLG* NJW-RR 1994, 658; ZMR 2002, 288, weiter gehend *KG* NJW 1992, 2578, das sogar von der Nichtigkeit eines solchen Verbots ausgeht; ebenso jetzt wieder *OLG Saarbrücken* ZMR 2007, 308; a. A. *BGH* ZMR 1995, 417 f.; *OLG Hamm* ZMR 2005, 899)
- das Verbot des Abstellens von **Krafträdern** auf einer Gemeinschaftsfläche im Tiefgaragenbereich (*OLG München* ZMR 2005, 908)
- die Verpflichtung, den Verwalter zur Einziehung von **Mieteinkünften** zu ermächtigen, da hierdurch die ausdrückliche Befugnis nach § 13 Abs. 1 WEG eingeschränkt wird (*OLG Düsseldorf* NJW-RR 2001, 877 = ZWE 2001, 335 f.)
- die Erlaubnis, **Möbel** auf einem Treppenpodest aufzustellen, da dies auf ein Sondernutzungsrecht hinausläuft (*OLG Düsseldorf* NJW-RR 2004, 377)

§ 15 | Gebrauchsregelung

- das ausnahmslose Verbot jeglichen **Musizierens** (*BayObLG* ZMR 2002, 65 f.); ebenso das Verbot jeglicher Musikdarbietungen in einer Gaststätte; zulässig sind nur Beschränkungen auf das Maß lautstärkebegrenzter Anlagen (*BayObLG* NJW-RR 1994, 338)
- das Verbot des Abstellens von **Schuhen** auf der Fußmatte (*OLG Hamm* NJW-RR 1988, 1172)
- die Pflicht zur persönlichen **tätigen Mithilfe** bei der Reinigung oder sonstigen Instandhaltung der Liegenschaft (*KG* NJW-RR 1994, 207; *OLG Düsseldorf* NJW-RR 2004, 376 = ZMR 2005, 143; *OLG Köln* NJW-RR 2005, 529; a. A. für Schneeräum- und Streupflichten *OLG Stuttgart* NJW-RR 1987, 977 und für die Treppenhausreinigung *BayObLG* NJW-RR 1992, 344; der Streit dürfte durch *BGH* ZMR 2005, 554, wonach die Begründung von Verpflichtungen der einzelnen Wohnungseigentümer durch Mehrheitsbeschluss mangels Beschlusskompetenz ausgeschlossen ist, entschieden sein, s. jetzt auch *OLG Zweibrücken* ZMR 2007, 646 f.); bezüglich dieses Anteils einzelner Miteigentümer kann die Eigentümerversammlung auch keine Sonderkostenverteilung beschließen (*KG* NJW-RR 1994, 207 f.), sondern nur hinsichtlich der Arbeiten insgesamt
- ein allgemeines Verbot der **Vermietung** (BayObLGZ 1975, 235 ff.)
- die **Videoüberwachung** des Eingangsbereichs ohne technische Beschränkungen, die insbesondere den Vorgaben des Datenschutzes Rechnung tragen (*BayObLG* NJW-RR 2005, 385)
- das generelle, nicht nur zeitweise beschränkte Verbot des **Wäschetrocknens** im Freien (*OLG Düsseldorf* NJW-RR 2004, 376 = ZMR 2005, 143)
- das Verbot des Waschens und Trocknens von **Wäsche** in der Wohnung (*OLG Frankfurt* NJW-RR 2002, 82).

4. Nicht ordnungsmäßige Gebrauchsregelungen

18 Anders als Mehrheitsbeschlüsse, die Teilungserklärung oder Vereinbarungen abändern, sind Gebrauchsregelungen, die nicht mehr ordnungsmäßigem Gebrauch gemäß § 15 Abs. 2 WEG entsprechen, nur anfechtbar. Denn es fehlt der Wohnungseigentümerversammlung auch dann nicht die Beschlusskompetenz, sie wird lediglich rechtswidrig genutzt (*BGH* ZMR 2000, 774; *BayObLG* ZMR 2002, 288; *OLG Düsseldorf* ZMR 2002, 775 f.; *OLG Hamm* ZMR 2005, 898; ähnlich schon *OLG Düsseldorf* ZMR 1998, 45 f.; *OLG Hamm* ZMR 2001, 1006 f.). Bei der Entscheidung über die Anfechtungsklage ist zu berücksichtigen, dass der Eigentümerversammlung insoweit ein erhebliches Ermessen zusteht (*OLG Frankfurt* NJW-RR 2004, 14). Anderes gilt dann, wenn im Rahmen einer Gebrauchsregelung über weiter gehende Gegenstände mitbeschlossen wird, was in der Praxis durchaus geschieht. Häufiges Beispiel ist die Verknüpfung einer Gebrauchsregelung mit Bestimmungen, die den Wohnungseigentümern persönliche Leistungspflichten auferlegen, etwa Kehr- und Schneeräumdienste oder sonstige tätige Mithilfe bei Instandsetzungsarbeiten. Derartige Verpflichtungen können den Wohnungseigentümern nicht durch Mehrheitsbeschluss auferlegt werden.

5. Regelungen zur Kostentragung

19 Anderes kann im Unterschied zu der in der Vorauflage dargestellten Rechtslage vor der Novelle nunmehr für Regelungen zur Kostentragung gelten. Im Zusammenhang mit Gebrauchsregelungen können nunmehr nach § 16 Abs. 3 WEG neue, am Gebrauch oder der Möglichkeit des Gebrauchs orientierte Verteilungsschlüssel beschlossen werden. Voraussetzung hierfür ist, dass es sich um »Betriebskosten« gemäß § 556 Abs. 1 BGB handelt (hierzu *Abramenko* § 3 Rn. 18 ff.). Sie müssen ferner »nach Verbrauch oder Verursachung erfasst« werden (hierzu *Abramenko* § 3 Rn. 22 ff.). Eine ungerechte Kostenverteilung kann also nicht kurzerhand durch irgendeinen anderen Verteilungsschlüssel ersetzt werden, auch wenn dieser sachgerechter ist. Die Anforderungen an die Mehrheit sind nach § 16 Abs. 3 WEG gering. Es genügt die einfache Mehrheit der auf der Eigentümerversammlung anwesenden oder vertretenen Miteigentümer. Auf qualifizierte Mehrheiten hat der Gesetzgeber bewusst verzichtet.

6. Übereinstimmung mit den Grundsätzen ordnungsmäßiger Verwaltung

20 Schließlich muss die mehrheitlich beschlossene Gebrauchsregelung jedenfalls mit den zur ordnungsmäßigen Verwaltung entwickelten Grundsätzen übereinstimmen, auch wenn man in § 15 Abs. 2 WEG eine §§ 20 ff. WEG verdrängende Spezialregelung sieht (*BGH* ZMR 2000, 845; *OLG*

Hamburg ZMR 2003, 958). Dies wird nicht vollständig schon von dem Gebot ordnungsmäßigen Gebrauchs gemäß § 15 Abs. 2 WEG erfasst. Eine beschlossene Gebrauchsregelung kann als solche durchaus den Anforderungen von § 15 Abs. 2 WEG genügen, aber gleichwohl ordnungsmäßiger Verwaltung widersprechen. Dies ist etwa dann denkbar, wenn einem Miteigentümer mit einem früheren – unangefochtenen – Mehrheitsbeschluss über § 14 Nr. 1 WEG hinausgehende Nutzungsmöglichkeiten eingeräumt wurden, die nunmehr rückgängig gemacht werden sollen. In diesem Fall hat der betroffene Wohnungseigentümer mit der Unanfechtbarkeit des früheren Beschlusses bereits eine Rechtsposition erworben, deren Entziehung durch Zweitbeschluss grundsätzlich nicht ordnungsgemäßer Verwaltung entspricht und daher angefochten werden kann (BGHZ 113, 200).

E. Die Hausordnung

Die Hausordnung (allgemein hierzu s. § 21 Rn. 160 ff.) stellt i. d. R. eine Gebrauchsregelung nach § 15 WEG dar, kann aber darüber hinausgehen, wenn sie weitere Elemente etwa zur Verwaltung des gemeinschaftlichen Eigentums gemäß §§ 20 ff. WEG enthält. Wie jede Gebrauchsregelung kann die Hausordnung bereits in Teilungserklärung bzw. Gemeinschaftsordnung enthalten sein oder durch Vereinbarung zustande kommen. Sofern die Gemeinschaftsordnung den Verwalter, den Hausmeister oder andere Personen zur Aufstellung einer Hausordnung ermächtigt, kann sie gleichwohl durch die Eigentümerversammlung abgeändert werden (*BayObLG* NJW-RR 1992, 344; ZMR 2002, 64). Die Aufstellung einer Hausordnung in der Teilungserklärung bzw. durch nachträgliche Vereinbarung hat allerdings den Nachteil, dass ihre Abänderung wiederum der Zustimmung aller Wohnungseigentümer bedarf (*BayObLG* NJW-RR 1992, 344). Selbst eine Ergänzung ist nur möglich, wenn sie nicht auf eine Abänderung des Regelungsgefüges hinausläuft. Dies ist nur zu bejahen, wenn die in der Gemeinschaftsordnung enthaltene oder vereinbarte Hausordnung nicht abschließend sein soll und hinsichtlich der Ergänzung keine Regelung trifft (vgl. o. Rn. 10 ff. a. A., für die grundsätzliche Abänderbarkeit der Hausordnung *BayObLG* Z 1975, 204 f., da diese nur formeller Bestandteil der Teilungserklärung sei). Diese Schwierigkeiten hinsichtlich Abänderung und Ergänzung lassen es ratsam erscheinen, eine Hausordnung mehrheitlich zu beschließen, da sie dann vergleichsweise problemlos an neue Anforderungen angepasst werden kann (zu den Grenzen einer Verschärfung vgl. *AG Hamburg-Blankenese* ZMR 2006, 727 f.). Ob die Kompetenz, mehrheitlich eine Hausordnung zu beschließen, auch Beschlüsse zur Sanktionierung von Verstößen umfasst (vgl. *BayObLG* NJW-RR 1986, 180) muss nach Rechtsprechung des *BGH*, wonach die Sonderbelastung einzelner Wohnungseigentümer nicht beschlossen werden kann (*BGH* ZMR 2005, 554) bezweifelt werden. Im Übrigen kommt den Wohnungseigentümern ein weites Ermessen zu (*OLG Frankfurt* NJW-RR 2007, 377).

F. Gerichtliche Entscheidungen

Besonderheiten gelten dann, wenn eine Nutzung bereits Gegenstand eines gerichtlichen Verfahrens war. Einer rechtskräftigen gerichtlichen Entscheidung über die Zulässigkeit einer bestimmten Nutzung kommt nach allgemeinen Grundsätzen unabhängig von ihrer materiellen Richtigkeit Bindungswirkung zu. Wurde einem Wohnungseigentümer hierin eine bestimmte Nutzung erlaubt oder untersagt, kann dem nicht mehr entgegengehalten werden, dies entspreche nicht den Rechtsverhältnissen (*BayObLG* ZMR 2005, 64). Dabei steht dann, wenn ein Unterlassungsantrag rechtskräftig gerichtlich abgewiesen wurde, umgekehrt fest, dass die in diesem Verfahren angegriffene Nutzung zulässig ist (*BayObLG* NJW-RR 2001, 1093; ZMR 2001, 825).

G. Der Anspruch auf Änderung von Gebrauchsregelungen

I. Voraussetzungen eines Anspruchs auf Änderung von Gebrauchsregelungen

Ähnlich wie im Falle »ungerechter« Kostenverteilungsschlüssel wurden Ansprüche auf Abänderung von Gebrauchsregelungen, die in der Gemeinschaftsordnung enthalten sind, früher nur bei grober Unbilligkeit und außerordentlichen Umständen bejaht (vgl. *OLG Hamburg* ZMR 2001, 844;

§ 15 | Gebrauchsregelung

KG ZMR 2002, 545; *OLG Düsseldorf* ZMR 2003, 593, dort allerdings wohl überflüssig, da die begehrte Nutzung nicht mehr beeinträchtigte als die vorgesehene und somit ohnehin zulässig war, vgl. § 14 Rn. 15). Diese Anforderungen werden nun durch § 10 Abs. 2 S. 3 WEG auf einfache Unbilligkeit und schwerwiegende Umstände gesenkt (vgl. § 10 Rn. 183 ff.). Noch geringere Anforderungen gelten für den Anspruch auf Abänderung einer durch den Verwalter aufgestellten Gebrauchsregelung. Hier genügt es, dass nur die gewünschte Abänderung ordnungsmäßiger Verwaltung entspricht (*BayObLG* ZMR 2002, 65 u. 951). Das wird etwa dann, wenn bestimmte Tätigkeiten wie Musizieren oder Tierhaltung unzulässigerweise durch Mehrheitsbeschluss völlig verboten wurden, häufig anzunehmen sein (*BayObLG* ZMR 2002, 65). Vor einer Inanspruchnahme gerichtlicher Hilfe ist nach allgemeinen Grundsätzen das zur Aufstellung der Gebrauchsregelung befugte Organ, sodann die zur Letztentscheidung befugte Eigentümerversammlung anzurufen, da ohne entsprechenden Versuch der Abänderung auf diesem leichteren Wege für die Einleitung eines gerichtlichen Verfahrens kein Rechtsschutzbedürfnis besteht (*BayObLG* ZMR 2002, 65; a. A. wohl *KG* NJW-RR 1990, 155).

II. Der Abänderungsanspruch als Einrede gegen ein Unterlassungsbegehren

24 Umstritten ist, ob bereits der Anspruch auf Abänderung einem Verlangen auf Unterlassung einer nach der Gebrauchsregelung unzulässigen Nutzung entgegengehalten werden kann (so *OLG Hamburg* ZMR 2001, 844; dagegen *BayObLG* ZMR 2002, 65 u. 951). Diese Frage ist zu verneinen. Der Wohnungseigentümer ist selbst an Gebrauchsregelungen, die durch Mehrheitsbeschluss zustande kamen, bis zu ihrer Ungültigerklärung gebunden. Dann kann er sie nicht unter Hinweis auf (vermeintlich) entgegenstehende Rechte ignorieren. Dadurch würden Gebrauchsregelungen im Übrigen entwertet, da sie in der Praxis bis zur gerichtlichen Feststellung, dass kein Abänderungsanspruch besteht, nicht befolgt würden. Dies gilt erst recht für die grundsätzlich nur einstimmig zu ändernde Gebrauchsregelung kraft Gemeinschaftsordnung bzw. nachträgliche Vereinbarung.

H. Die gerichtliche Durchsetzung von Gebrauchsregelungen (§ 15 Abs. 3 WEG)

I. Ansprüche bei Existenz von Gebrauchsregelungen

1. Die Verhinderung unzulässiger Nutzungen

a) Der Individualanspruch auf Unterlassung unzulässiger Nutzungen

25 § 15 Abs. 3 WEG stellt zunächst klar, dass jeder Wohnungseigentümer einen Individualanspruch auf einen Gebrauch von Sondereigentum und Gemeinschaftseigentum hat, der Gesetz, Vereinbarungen und Beschlüssen entspricht (*KG* NJW-RR 1986, 1073; 1994, 912; ZMR 2007, 299; *OLG München* ZMR 2007, 303). Dies soll zunächst die Durchsetzung vorhandener Gebrauchsregelungen sichern (zum Anspruch auf Schaffung einer bis dahin fehlenden Gebrauchsregelung s. gleich u. Rn. 36 ff.). Hierbei kommt dann, wenn die zulässige Nutzung durch tatsächliches Fehlverhalten anderer Miteigentümer beeinträchtigt wird, die etwa den Zugang zu gemeinschaftlichen Einrichtungen versperren oder diese über die zugewiesene Möglichkeit hinaus nutzen ein Unterlassungsanspruch aus § 1004 BGB i. V. m. §§ 15 Abs. 3, 14 Nr. 1 WEG in Betracht (s. *OLG Schleswig* ZMR 2004, 464; *BayObLG* ZMR 2004, 925; *OLG Düsseldorf* ZMR 2004, 931). Gegner des Anspruchs ist der Eigentümer der unzulässig genutzten Wohnung; ist dieser eine GbR, sollen gleichwohl die Gesellschafter in ihrer gesamthänderischen Verbundenheit passivlegitimiert sein (*OLG München* ZMR 2005, 727 – zweifelhaft). Diesen Anspruch kann als Individualanspruch jeder Wohnungseigentümer ohne Ermächtigung durch die Gemeinschaft geltend machen (*KG* NJW-RR 1986, 1073; *OLG Zweibrücken* ZMR 2002, 220; *BayObLG* ZMR 2002, 950; 2004, 1161), auch soweit er sich auf drittschützende Normen des öffentlichen Rechtes stützt (*BayObLG* ZMR 1997, 42). Die Durchsetzung dieses Anspruchs kann zwar nunmehr nach § 10 Abs. 6 S. 3 WEG dem Verband übertragen werden, soweit nicht ausschließlich die Rechte einzelner Wohnungseigentümer betroffen sind. Dies lässt aber die »Konkurrenz der Verfolgung von Individual- und gemeinschaftlichen Ansprüchen« bestehen (BT-Drucks. 16/887, 62; vgl. *Abramenko* § 6 Rn. 16; *Niedenführ/Kümmel/Vandenhou-*

ten § 10 Rn. 63 u. § 15 Rn. 16). Der Eigentümer kann seinen Mieter zur Geltendmachung dieses Anspruchs in gewillkürter Verfahrensstandschaft ermächtigen (vgl. *BayObLG* ZMR 2001, 907). I. d. R. begründet eine unzulässige Nutzung in der Vergangenheit die Besorgnis zukünftiger Wiederholungen, insbesondere wenn ein Umbau o. Ä. stattgefunden hat (*BayObLG* NJW-RR 1996, 464).

Bei sonstigen Beeinträchtigungen wie Immissionen, die einen zulässigen Gebrauch beeinträchtigen, kommen Unterlassungsansprüche aus § 1004 BGB oder Schadensersatzansprüche aus § 280 BGB i. V. m. dem Gemeinschaftsverhältnis oder aus § 823 ff. BGB in Betracht. Auch hierbei handelt es sich um Individualansprüche, sofern Sondereigentum betroffen ist (*KG* NJW-RR 1993, 910; vgl. o. § 13 Rn. 6 ff. u. § 13 Rn. 26 ff.). Die Unterlassung oder Unterbindung von Störungen in einem laufenden Verfahren (bzw. unter dem Druck eines laufenden Verfahrens) beseitigt die einmal gegebene Wiederholungsgefahr nicht (*BayObLG* NJW-RR 1987, 465). Hingegen berechtigen weder § 15 Abs. 3 WEG noch §§ 677 ff., 683, 670 BGB den Beeinträchtigten zur Selbsthilfe oder gar, eine Erstattung der Kosten für die Beseitigung von Beeinträchtigungen zu verlangen (*OLG Köln* NZM 1998, 958 f.; *BayObLG* ZMR 2003, 51). Ebenso wenig können bestimmte bauliche Veränderungen wie die Entfernung bestimmter, der Wohnnutzung dienender Einrichtungsgegenstände verlangt werden (*BayObLG* NJW-RR 1991, 140; *BayObLG* NJW-RR 2001, 157; vgl. o. § 14 Rn. 30 zu vermietetem Wohnungs- o. Teileigentum). Der Beseitigungsanspruch deckt nur den Antrag auf Abtrennung dieser Einrichtungsgegenstände von Versorgungsleitungen (*BayObLG* NJW-RR 1991, 140; noch weiter gehend in einem Einzelfall *BayObLG* NJW-RR 1996, 464). 26

b) Schadensersatzansprüche

Sofern die unzulässige Nutzung Schäden verursachte (typisch sind Rechtsverfolgungskosten), besteht insoweit ein Schadensersatzanspruch aus § 280 BGB wegen der Verletzung der Pflichten gegenüber der Gemeinschaft (*OLG Hamm* NJW-RR 1996, 336 = ZMR 1996, 43), u. U. auch aus § 823 Abs. 2 BGB i. V. m. § 1004 Abs. 1 BGB, § 14 Nr. 1 WEG, da beide Schutzgesetze sind (*KG* NJW-RR 1988, 587). Ein Ersatzanspruch kommt ferner in Betracht, wenn andere Wohnungseigentümer aufgrund der unzulässigen Nutzung mit höheren Nebenkosten belastet werden (*OLG Stuttgart* NJW-RR 1993, 1042). Bei vermieteten Wohnungen kann insbesondere ein Ersatz der Ausfälle durch Mietminderungen verlangt werden (*OLG Hamm* NJW-RR 1996, 336 = ZMR 1996, 43). 27

c) Die (Un)gleichbehandlung von Wohnungseigentümern

Der – in der Praxis beliebte – Einwand, die Nutzung durch andere Eigentümer widerspreche den Regelungen zum Gebrauch ebenfalls, wird i. d. R. unbeachtlich sein. Denn der Miteigentümer, der sich gegen einen bestimmten Gebrauch von Sonder- oder Teileigentum wendet, ist nicht verpflichtet, gegen alle unzulässigen Nutzungen vorzugehen. Eine »Aufrechnung« unzulässiger Nutzungen findet nicht statt (*KG* ZMR 2007, 301). Zudem muss ihn selbst eine völlig identische Nutzung auf der anderen Seite eines Gebäudekomplexes gar nicht beeinträchtigen. Ähnliches gilt für Verwalter und Eigentümergemeinschaft, sofern sie nach der Gemeinschaftsordnung über die Zulässigkeit gewerblicher oder sonstiger Nutzungen zu befinden haben. Denn insoweit steht ihnen ein Beurteilungsspielraum zu, ob eine bestimmte Nutzung noch hinnehmbar ist (*BayObLG* ZMR 2000, 778; *OLG Hamburg* ZMR 2004, 455). Dabei können auch andere Erwägungen z. B. wirtschaftlicher Natur zulässig sein, wenn etwa ohne Genehmigung ein Leerstand oder gar der Ausfall von Vorschüssen nach § 28 Abs. 2 WEG droht. Allerdings geht eine unterschiedliche Behandlung unter Berufung auf die fehlende Bindung an den Gleichheitsgrundsatz fehl (so aber *OLG Hamburg* ZMR 2004, 455). Die willkürliche Ungleichbehandlung identischer Nutzungen erscheint auch in der rein privatrechtlichen Beziehung zwischen Eigentümergemeinschaft und einzelnem Wohnungseigentümer aus Gründen der gegenseitigen Treuepflicht ausgeschlossen (vgl. *BGH* ZMR 1999, 44; *BayObLG* ZMR 2001, 818). Allerdings müssen die Wohnungseigentümer schon aus Kostengründen nicht gleichzeitig gegen alle gleichartigen Nutzungen vorgehen, die sie für unzulässig halten. Es ist möglich, einen »Musterprozess« zu führen und von dessen Ausgang das weitere Vorgehen abhängig zu machen (*OLG Frankfurt a. M.* ZMR 2002, 616). Gänzlich unbeachtlich ist es, wenn nur der Anspruchsgegner andere Verhaltensweisen für vergleichbar hält (*OLG Hamburg* ZMR 1998, 584). 28

§ 15 | Gebrauchsregelung

d) Die Gewährung von Übergangsfristen

29 Eine unerlaubte Nutzung ist grundsätzlich sofort zu beenden. Nach ihrer Untersagung kann es aber insbesondere bei vermietetem Sonder- oder Teileigentum geboten sein, zur Einstellung auf die Rechtslage eine Übergangsfrist einzuräumen, binnen derer die unzulässige Nutzung zu beenden ist (*BayObLG* NJW-RR 2000, 1033; ZMR 2000, 54; 2001, 53; 988 u. 2004, 926). In Ausnahmefällen kann es sogar angemessen sein, diese bis zur neuen Regelung des Mitgebrauchs nach § 15 Abs. 2 WEG (*OLG Hamm* ZMR 2000, 127) oder sogar bis zur Beendigung des Mietverhältnisses (*KG* ZMR 2000, 333) zu gestatten. In diesem Fall wird es aber, wenn bauliche Veränderungen zu beseitigen sind, geboten sein, dem vermietenden Eigentümer die Stellung einer Sicherheitsleistung zur Erfüllung seiner Rückbauverpflichtungen aufzuerlegen (*KG* ZMR 2000, 333). Aus diesen Gründen wird ein Unterlassungsanspruch auch nicht schon dadurch verwirkt, dass ein Miteigentümer die Beendigung eines Nutzungsverhältnisses abwartet, vor einer erneuten unzulässigen Nutzung aber seinen Unterlassungsanspruch geltend macht (*BayObLG* ZMR 2004, 687).

e) Der Ausschluss des Unterlassungsanspruchs gegen an sich unzulässige Nutzungen

aa) Die Zustimmung zur unzulässigen Nutzung

30 Auch wenn die Nutzung unzulässig ist, lässt die Zustimmung hierzu einen Unterlassungsanspruch entfallen. Die Zustimmung bezieht sich nur auf die zur Zeit der Zustimmung erfolgende Nutzung; im Falle ihrer Intensivierung kann sie widerrufen werden (*OLG Celle* ZMR 2004, 690; für eine Widerruflichkeit analog § 183 BGB auch *BayObLG* ZMR 2001, 42). Dabei ist der Wohnungseigentümer an die Zustimmung seines Rechtsvorgängers gebunden (*OLG Stuttgart* ZMR 2001, 732). Bruchteilseigentümer können eine Genehmigung nur gemeinschaftlich erklären, da sie nur zusammen über ihre Rechte verfügen können (*BayObLG* NJW-RR 1988, 272). Beschlüsse, die eine unzulässige Nutzung genehmigen, sind anfechtbar, aber infolge der Beschlusskompetenz aus § 15 Abs. 2 WEG nicht nichtig (*BGH* ZMR 2000, 774) und stehen im Falle ihrer Bestandskraft einem Unterlassungsanspruch entgegen (*BayObLG* ZMR 1997, 538). Eine vor Begründung von Wohnungseigentum erklärte Zustimmung zu bestimmten Nutzungen wird durch die Teilungserklärung überholt (*BayObLG* NJW-RR 1988, 271; anders *BayObLG* NJW-RR 2001, 1093, wonach eine der Bauträgerin gegenüber erklärte Zustimmung genügen soll). Die Unterschrift unter die Eingabeplanung soll noch nicht die wohnungseigentumsrechtliche Zustimmung darstellen, da sie nur eine dem öffentlichen Recht angehörende Willenserklärung darstellt (*BayObLG* NJW-RR 1994, 83 – sehr zweifelhaft, da dann zumindest die Grundsätze des Rechtsmißbrauchs greifen dürften, da der Unterzeichnende die öffentlich-rechtlichen Voraussetzungen der angegriffenen Nutzung selbst erst geschaffen hat; vgl. *BayObLG* ZMR 2001, 557 u. u. Rn. 33). Die Zustimmung kann auch konkludent erfolgen was aber in der Rechtsprechung jedenfalls bei der Wohnnutzung von Teileigentum nur zurückhaltend angenommen wird. So stellt die Genehmigung des Einbaus von Küche und Bad in Dachräumen noch keine konkludente Zustimmung zur Wohnnutzung dar (*KG* ZMR 1998, 310). Auch die Einbeziehung in die Heizkostenabrechnung deutet nicht zwingend auf die Genehmigung einer Wohnnutzung, da auch andere Räume beheizt werden (*BayObLG* NJW-RR 1995, 1104).

bb) Verjährung

31 Ansprüche auf Unterlassung einer unzulässigen Nutzung unterliegen der dreijährigen Verjährungsfrist nach § 195 BGB (vgl. *Röll* ZWE 353 ff.; *Hogenschurz* ZWE 2002, 512 ff.). Danach verjähren Unterlassungsansprüche unabhängig von der Kenntnis eines Miteigentümers nach § 199 Abs. 4 BGB spätestens 10 Jahre nach Kenntnis hiervon, ansonsten nach 3 Jahren, wobei diese Frist erst mit Schluss des Jahres zu laufen beginnt, in dem der Anspruch entstanden ist und der Gläubiger von der baulichen Veränderung Kenntnis erlangte oder ohne grobe Fahrlässigkeit hätte erlangen müssen. Altansprüche sind demnach mit Ablauf des 31.12.2004 verjährt (vgl. *Hogenschurz* ZWE 2002, 514). Allerdings stellt bei Unterlassungsansprüchen jede Einwirkung eine neue Störung dar, die die Verjährung von neuem in Gang setzt (*Bamberger/Roth/Fritzsche* § 1004 Rn. 112; Anw.Komm/*Keukenschrijver* § 1004 Rn. 146; MüKo/*Medicus* § 1004 Rn. 84). Dies wird von der Rechtsprechung auch im Wohnungseigentumsrecht bei Nutzungen, die von der Teilungserklä-

rung abweichen, bejaht (*KG* WuM 2002, 101; vgl. *OLG Hamm* WE 1992, 136). Die Einrede der Verjährung kann danach nur dann begründet sein, wenn der Eingriff beendet ist, etwa bei Aufbringen eines unzulässigen Fußbodenbelags. Anders dürfte es jedenfalls dann stehen, wenn eine unzulässige Nutzung vorliegt, die fortdauert, wenn etwa ein Nebenraum zu Wohnzwecken umgestaltet oder der Balkon durch Vollverglasung zu einem weiteres Raum umfunktioniert worden ist. Hier stellt nach oben Gesagtem jede neue Nutzung einen Verstoß dar, der neue Unterlassungsansprüche auslöst, für die eine eigene Verjährung läuft (so jetzt auch *Niedenführ/Kümmel/Vandenhouten* § 15 Rn. 18).

cc) Verwirkung

Der Unterlassungsanspruch kann ferner verwirkt sein, was nach langjähriger Duldung in Betracht kommt, nicht aber schon bei vierjähriger (*OLG Hamm* ZMR 2000, 125 f.; *OLG Köln* ZMR 2003, 385), fünfjähriger (*OLG Hamburg* ZMR 2003, 443), sechsjähriger (*OLG Düsseldorf* ZMR 2000, 331; a. A. *KG* NJW-RR 1997, 714 = ZMR 1997, 316 f. – zweifelhaft, zumal auch das Umstandsmoment in einer reinen Unterlassung von Beseitigungsansprüchen gesehen wird), siebenjähriger (*BayObLG* ZMR 2001, 828) Duldung, wohl aber nach 9 Jahren (*OLG Köln* NJW-RR 1998, 1625 = ZMR 1998, 460), 16 Jahren (*OLG Köln* ZMR 1998, 111), 20 Jahren (*OLG Hamburg* ZMR 2002, 451) oder mehr als 25 Jahren (*OLG Düsseldorf* ZMR 2004, 611). Bei der Ermittlung dieses Zeitraums ist die Zeitspanne einzubeziehen, die ein Rechtsvorgänger des nunmehr die Unterlassung begehrenden Wohnungseigentümers die Nutzung hingenommen hat (*BayObLG* ZMR 2001, 53; *OLG Hamburg* ZMR 2002, 451). Besondere Umstände, die auf eine Billigung der Nutzung schließen lassen, sind neben der ausdrücklichen Zustimmung (*OLG Stuttgart* ZMR 2001, 733) insbesondere die Abrechnung einer Einheit entsprechend ihrer tatsächlichen Nutzung mit Billigung der Wohnungseigentümer (*OLG Köln* ZMR 1998, 111). Eine einmal eingetretene Verwirkung muss auch der Sonderrechtsnachfolger gegen sich gelten lassen (*OLG Köln* NJW-RR 1998, 1625 = ZMR 1998, 460). Eine erneute Nutzungsänderung muss aber auch nach Verwirkung des Unterlassungsanspruchs nicht hingenommen werden (*KG* ZMR 2007, 301). 32

dd) Verstoß gegen Treu und Glauben

Die Durchsetzung eines Unterlassungsanspruchs kann darüber hinaus im Einzelfall gegen Treu und Glauben verstoßen. Dies kann insbesondere vor dem Hintergrund von Art. 3 Abs. 3 S. 2 GG dann zu bejahen sein, wenn die Tierhaltung (etwa eines Blindenhundes) körperliche Behinderungen kompensieren oder zumindest die Folgen einer Behinderung oder Krankheit psychisch lindern soll (*BGH* ZMR 1995, 418; *BayObLG* NJW-RR 2002, 226 = ZMR 2002, 287 f.). Auch widersprüchliches Verhalten schließt die Durchsetzung des Unterlassunganspruchs aus, wenn ein Miteigentümer etwa die öffentlich-rechtlichen Voraussetzungen der angegriffenen Nutzung selbst erst geschaffen hat (*BayObLG* NJW-RR 2001, 1383 – Ls – = ZMR 2001, 557; weiter gehend ZMR 2000, 188 f.). Ähnliches gilt, wenn die beanstandeten Hunde über einen längeren Zeitraum geduldet wurden und es in dieser Zeit nie zu Belästigungen gekommen ist (*OLG Frankfurt a. M.* NJW-RR 1993, 982). Rechtsmissbräuchlich kann es ferner sein, wenn der Unterlassungsanspruch ausschließlich aus sachfremden Motiven, etwa zur Ausschaltung geschäftlicher Konkurrenz geltend gemacht wird (*BayObLG* NJW-RR 1996, 1359; NJW-RR 1998, 301 f. = ZMR 1998, 177). 33

2. Die Durchsetzung erlaubter Nutzungen

Sofern ein Wohnungseigentümer die Berechtigung zu einer bestimmten Nutzung leugnet oder entgegenstehende andere Ansprüche behauptet, kommt eine Klage auf Feststellung, dass diese Nutzung zulässig ist, in Betracht. Ist die gewünschte Nutzung von einer Zustimmung des Verwalters oder der anderen Wohnungseigentümer abhängig, so kann bei unberechtigter Verweigerung trotz Vorliegens der Voraussetzungen ihre Erteilung gerichtlich beantragt werden. Gegen die bloße Meinungsäußerung eines oder mehrerer Eigentümer, dass bestimmte Nutzungen nicht mehr geduldet werden sollen, besteht allerdings noch keine Rechtsschutzmöglichkeit (*BGH* ZMR 2003, 123; *KG* ZMR 2001, 657). Wurden unter Berufung auf einen vermeintlichen Beseitigungsanspruch bereits vollendete Tatsachen geschaffen, kann der geschädigte Wohnungseigentümer im Wege der Naturalrestitution die Wiederherstellung des ursprünglichen 34

§ 15 | Gebrauchsregelung

Zustands verlangen (*OLG Düsseldorf* NJW-RR 1999, 95 zu rechtswidrig beseitigten Versorgungsleitungen).

3. Verfahren und Vollstreckung

35 Sämtliche Ansprüche sind vor dem nach § 43 Nr. 1, 2 oder 4 WEG zuständigen Gericht anhängig zu machen. Dabei ist ein Beschluss, der eine bestimmte Nutzung vorsieht oder untersagt, binnen Monatsfrist gemäß § 46 Abs. 1 S. 2 WEG im Verfahren nach § 43 Nr. 4 WEG anzufechten, sofern nicht ausnahmsweise von seiner Nichtigkeit auszugehen ist. Ansonsten sind Streitigkeiten um die zulässige Nutzung im Verfahren nach § 43 Nr. 1 WEG bzw., wenn der Verband zur Durchsetzung der Ansprüche ermächtigt wurde, nach § 43 Nr. 2 WEG auszutragen. Die Vollstreckung eines Unterlassungsanspruchs erfolgt nach § 890 ZPO, was die Festsetzung eines bestimmten Höchstmaßes für das Ordnungsmittel nach § 890 Abs. 2 ZPO erfordert (*BayObLG* ZMR 2000, 54; 2001, 53).

II. Die Gebrauchsregelung durch gerichtliche Entscheidung

1. Das Verfahren

a) Fehlen der Gebrauchsregelung und Befassung der Eigentümerversammlung

36 Jeder Wohnungseigentümer hat darüber hinaus Anspruch auf eine angemessene Gebrauchsregelung, wenn eine solche fehlt (*KG* NJW-RR 1990, 1496; restriktiver *KG* NJW-RR 1991, 1118, wonach eine gerichtliche Entscheidung auch dann ausscheidet, wenn die Gemeinschaft zu einer Regelung in der Lage ist). Die Ablehnung einer Regelung stellt in jedem Falle ein Fehlen in diesem Sinne dar (*KG* NJW-RR 1994, 913). Denn die Nutzung des Gemeinschaftseigentums nach dem Zufallsprinzip stellt jedenfalls bei knappen Nutzungsmöglichkeiten (etwa einer nicht für alle Eigentümer ausreichenden Zahl von Parkplätzen, Kellerräumen o. Ä.) keine angemessene Gebrauchsregelung dar (*KG* NJW-RR 1994, 913). Dies setzt nicht das völlige Fehlen derartiger Regelungen voraus, was infolge der diesbezüglichen Bestimmungen in der Teilungserklärung auch kaum jemals der Fall sein wird. Es genügt, dass der Gebrauch von Sonder- oder Gemeinschaftseigentum in bestimmter Hinsicht nicht hinreichend geregelt ist, auch wenn dieser Mangel (wie etwa bei der Verknappung von Parkraum durch die Zunahme des Individualverkehrs) erst nachträglich eintritt. Notfalls kann der Wohnungseigentümer den Erlass einer Gebrauchsregelung durch das Gericht im Verfahren nach § 43 Nr. 1 WEG verlangen. Hierbei handelt es sich um einen Individualanspruch, den jeder Wohnungseigentümer alleine geltend machen kann (*KG* ZMR 2002, 545). Ein entsprechender Antrag ist aber nur dann zulässig, wenn zuvor die Wohnungseigentümerversammlung mit einem entsprechenden Beschlussantrag befasst wurde. Denn für die Anrufung der Gerichte fehlt das Rechtsschutzbedürfnis, wenn die einfachere und kostengünstigere Möglichkeit der Beschlussfassung auf der Eigentümerversammlung noch nicht einmal versucht wurde (*KG* NJW-RR 1989, 977; allg. s. *BGH* ZMR 2003, 941; anders, aber unrichtig *KG* NJW-RR 1990, 155). Erst dann, wenn dieser Antrag abgelehnt oder seine Bescheidung verweigert wurde, kann der Wohnungseigentümer einen entsprechenden Antrag im Verfahren nach § 43 Nr. 1 WEG stellen. Beschließen die Wohnungseigentümer noch im Verfahren eine Gebrauchsregelung, kann der Antragsteller zur Beschlussanfechtung in Verbindung mit einem Antrag auf Erlass der begehrten Gebrauchsregelung übergehen (*OLG Hamburg* ZMR 1998, 799). Ansonsten ist das Gericht mangels Ungültigerklärung an den Beschluss gebunden (vgl. *KG* NJW-RR 1994, 913).

b) Unzureichende Beschlussfassungen

37 Weitere Probleme ergeben sich, wenn zwar ein Beschluss gefasst wurde, der Wohnungseigentümer diesen aber für unzureichend hält. Denn dann stellt sich die Frage, ob der gefasste Beschluss einer gerichtlichen Entscheidung nach § 15 Abs. 3 WEG entgegensteht, wenn er nicht gemäß § 46 Abs. 1 S. 2 WEG binnen Monatsfrist angefochten wurde. Diese Frage bedarf wohl einer differenzierenden Beantwortung. Hat die Eigentümerversammlung eine Gebrauchsregelung beschlossen, die der betroffene Miteigentümer lediglich für nicht ordnungsmäßig hält, bedarf es der fristgerechten Anfechtung. Denn dann existiert eine Gebrauchsregelung, die lediglich inhaltlich fehlerhaft ist. Fehlerhafte Beschlüsse müssen indessen innerhalb der Anfechtungsfrist nach § 46

Abs. 1 S. 2 WEG angegriffen werden. Anderes muss dagegen gelten, wenn der Beschluss zumindest in Teilbereichen gar keine Regelung trifft, weil er etwa die Lösung des Problems den direkt Betroffenen überlässt, lediglich vorläufige Maßnahmen anordnet, nur an nachbarschaftliche Kooperation appelliert oder einen Gegenstand (etwa nur den Gebrauch der Parkplätze, aber nicht sonstiger, gleichfalls betroffener Gemeinschaftsflächen) gar nicht behandelt. In diesen Fällen ändert die Beschlussfassung nichts daran, dass trotz Antrages zumindest partiell keine Gebrauchsregelung getroffen wurde. Es besteht insoweit kein Unterschied zur Zurückweisung oder Nichtbehandlung des Antrags. Folglich bedarf es nicht der Anfechtung des gefassten Beschlusses, zumal der betroffene Wohnungseigentümer mit der Teilregelung durchaus einverstanden sein kann. Bei der Frage, ob die Regelung inhaltlich ungenügend ist, kommt es auf das Interesse der gesamten Gemeinschaft an, der zudem ein Ermessensspielraum zusteht. Bestehen mehrere Möglichkeiten zur ordnungsgemäßen Regelung, kann der einzelne Wohnungseigentümer die Durchsetzung der von ihm bevorzugten Maßnahme nicht verlangen (*OLG Düsseldorf* NJW-RR 2004, 376 zu Lärmschutzmaßnahmen).

2. Der Inhalt der gerichtlichen Entscheidung

Nach altem Recht hatte das Gericht die Entscheidung gemäß § 43 Abs. 2 WEG nach billigem Ermessen zu treffen. Diese verfahrensrechtliche Regelung wurde zwar nicht in das neue WEG übernommen. Mit § 21 Abs. 8 WEG hat der Gesetzgeber jedoch eine materiell-rechtliche Regelung geschaffen, die funktionalen Ersatz schaffen soll. An dieser ausdrücklichen Zielsetzung des Gesetzgebers sollte sich die Handhabung von § 21 Abs. 8 WEG orientieren, so dass es trotz ihrer ausgesprochen unglücklichen Formulierung (vgl. *Abramenko* § 2 Rn. 97 ff.) im Ergebnis nicht zu Änderungen gegenüber dem früheren Rechtszustand kommt. An Anträge der Parteien ist das Gericht nunmehr aber entgegen früherem Recht (vgl. *OLG Hamm* OLGZ 1969, 279) gebunden; es kann nur weniger, aber nichts qualitativ anderes zusprechen. Der Kläger sollte also zumindest hilfsweise neben einem bestimmten Antrag eine Entscheidung nach billigem Ermessen des Gerichts beantragen. Hierauf wird das Gericht regelmäßig nach § 139 ZPO hinzuweisen haben. Seinem Ermessen sind allerdings auch nach Stellung eines entsprechenden Klageantrags insoweit Grenzen gesetzt, als es nur eine Gebrauchsregelung treffen kann, die die Wohnungseigentümer mit Mehrheit beschließen könnten (*BayObLG* NJW-RR 1988, 1165; *KG* NJW-RR 1990, 155; 1994, 912 f.). Gebrauchsregelungen, die einer Vereinbarung bedürften, stehen nicht in seiner Entscheidungsbefugnis (*KG* ZMR 2002, 545). Auch nach § 15 Abs. 2 WEG mit Mehrheit beschlossene Gebrauchsregelungen kann es nur dann durch eigene ersetzen, wenn ein Anspruch auf Änderung der bestehenden Regelung besteht (*KG* ZMR 2002, 545; zum Änderungsanspruch s. o. Rn. 23). Eine langjährige, wenn auch nicht auf Vereinbarung oder Beschluss beruhende Übung hat auch das Gericht bei seiner Entscheidung zu berücksichtigen (*BayObLG* NJW-RR 1993, 1166). Da das Gericht nur solchermaßen an die Stelle der Eigentümerversammlung tritt, kann die Entscheidung auch nach ihrer Rechtskraft durch Mehrheitsbeschluss abgeändert werden (*KG* NJW-RR 1996, 780 = ZMR 1996, 393).

38

Anhang zu § 15 Vermietung von Gemeinschafts- und Sondereigentum; Gebrauchsregelungen

Inhaltsverzeichnis

A. Vermietung von Gemeinschaftseigentum	1
I. Gebrauchsregelung durch Mehrheitsbeschluss	1
II. Verband (Wohnungseigentümergemeinschaft) oder Wohnungseigentümer als Vermieter?	4
III. Mietvertragsabschluss	22
IV. Instandsetzungspflichten als Vermieter	26
B. Vermietung von Sondereigentum nebst Mitnutzung des Gemeinschaftseigentums	36
I. Anspruchsdurchsetzung von Unterlassungs- und Beseitigungsansprüchen bei zweckbestimmungswidriger Nutzung durch den Mieter	36
1. Aktivlegitimation	37
2. Prozessstandschaft des Verbandes/»Gemeinschaft der Wohnungseigentümer«	42

Anhang zu § 15 | Vermietung v. Gemeinschafts- u. Sondereigentum; Gebrauchsregelungen

    3. Passivlegitimation   45
    4. Anspruchsgrundlagen und Anspruchsziele; prozessuale Durchsetzung   55
    5. Einzelfälle zweckbestimmungswidriger Nutzung durch den Mieter   69
    6. Verwirkung   87
    7. Mietvertragliche Einbeziehungsvereinbarungen für (künftige) Gebrauchsregelungen nach
       § 15 Abs. 2 WEG   97

A. Vermietung von Gemeinschaftseigentum

I. Gebrauchsregelung durch Mehrheitsbeschluss

1 *Merle* (PiG 30, 204; jetzt a.A. ZWE 2006, 130) hatte ursprünglich darauf abgestellt, dass die Überlassung zum Alleingebrauch nicht mehr unter § 15 WEG falle; im Ausschluss des Mitgebrauchsrecht der Wohnungseigentümer liege stets ein rechtlicher Nachteil gemäß § 14 WEG. Dieser werde auch lediglich wirtschaftlich nicht rechtlich durch die Mietrendite zugunsten der Gemeinschaft aufgewogen.

2 Dennoch soll nach *BGH* durch Mehrheitsbeschluss im Wege einer Gebrauchsregelung (vgl. *Kreuzer* FS Blank 2006, 653) – trotz *BGH* ZMR 2000, 771 = MDR 2000, 1367 m. Anm. *Riecke* sowie *Häublein* ZWE 2000, 569 – über die **Vermietung** – zur Verpachtung vgl. *BayObLG* ZMR 2002, 688 – von **Gemeinschafts**eigentum entschieden werden dürfen und können (*BGH* ZMR 2000, 845; *OLG Hamburg* ZMR 2000, 628, 630; a. A. noch OLG Zweibrücken NJW-RR 1986, 1338; wie hier *Drasdo* FS Blank 2006, 617, Fallbeispiele bei *Kreuzer* FS Blank 2006, 652). Zumindest das Rechtsgefühl bestätigt die divergierenden Ergebnisse, weil den (bzw. bei Vermietung an einen Nichteigentümer sogar allen) vom Mitgebrauch ausgeschlossenen Eigentümern der Anteil an den Mieteinnahmen bleibt (§ 13 Abs. 2 S. 2, § 16 Abs. 1 S. 1 WEG i. V. m. §§ 100, 99 Abs. 3 BGB). Im direkten Vergleich der Entscheidungsgründe beider *BGH*-Beschlüsse tun sich aber Widersprüche und einige Ungereimtheiten auf. Auch die Vermietung entzieht den anderen – bei Drittvermietung sogar sämtlichen – Eigentümern den Mitgebrauch. Das Alleingebrauchsrecht des Mieters schließt eine Mitbenutzung durch die Eigentümer gerade aus. Bei einem langfristigen Mietvertrag erfolgt die Entziehung auch auf Dauer. Zwar kann ein Sondernutzungsrecht nur durch Vereinbarung (*BGH* ZMR 2001, 119 = MDR 2001, 80) und damit nicht gegen den Willen des Berechtigten wieder entzogen werden, während dem Mieter gekündigt werden kann. Wenn sich die Mehrheit der Eigentümer aber gegen die Kündigung stellt, hilft dies nicht weiter. Wenn der *BGH* (ZMR 2000, 845) ausführt, der Beschluss über die Vermietung regele den Mitgebrauch aber entziehe diesen nicht, indem er die Möglichkeit des unmittelbaren Eigengebrauchs durch die des mittelbaren Fremdgebrauchs ersetze, bricht er in das Besitzrecht ein (§§ 854 ff. BGB), das für Nutzungen (§ 100 BGB) jedoch nicht passt. Während der Mieter unmittelbaren Fremdbesitz hat, und der Vermieter mittelbaren Eigenbesitz, hat (Mit)Gebrauch nur der Mieter. Nur er allein hat die Gebrauchsvorteile an der Mietsache. Mittelbaren Gebrauch gibt es nicht. Dies gilt auch im WEG, dem kein vom allgemeinen Verständnis (§§ 100, 99, 743 BGB) abweichender Gebrauchsbegriff zugrunde liegt. Das Gesetz kennt mittelbare Nutzungen in Form der sog. Früchte, wie z. B. die Miete (§ 99 Abs. 3 BGB). Der Grund für die unterschiedliche Behandlung liegt deshalb darin, dass das Sondernutzungsrecht den übrigen Eigentümern jede Nutzung nimmt, bei Vermietung der Sondernutzungsfläche also auch einen Anteil an den Mieteinnahmen, wohingegen der Mietvertrag ein Sondernutzungsrecht ohne Fruchtziehungsrecht ist. Die Entgeltlichkeit des Mietgebrauchs ist kein taugliches Unterscheidungsmerkmal, da auch Sondernutzungsrechte oftmals nur für eine Gegenleistung eingeräumt werden (z. B. Sondernutzungsrecht an einer Gartenfläche gegen Gartenpflege). Ergänzend wird verwiesen auf *Häublein*, Sondernutzungsrechte, S. 249. Das *OLG Hamm* (ZMR 2005, 400) verneint sogar bei der Aufteilung der Gartenflächen und damit besser realisierbarer Vermietung durch einzelne Wohnungseigentümer die Begründung von Sondernutzungsrechten und bejaht mit wenig überzeugender Begründung eine bloße Gebrauchsregelung. Das *OLG Hamburg* (ZMR 2003, 444) heißt sogar einen Vermietungsbeschluss ausdrücklich gut, um bei Parkraummangel Verteilungsgerechtigkeit zu schaffen. Bei Mietverträgen auf unbestimmte Zeit sei jedenfalls ein dauerhafter Entzug des Mitgebrauchs nicht zu besorgen.

Kreuzer (FS Blank 2006, 657) bejaht ein konkludentes Mietvorrecht des Wohnungseigentümers gegenüber außen stehenden Dritten. 3

II. Verband (Wohnungseigentümergemeinschaft) oder Wohnungseigentümer als Vermieter?

Obwohl Eigentümer des Gemeinschaftseigentums sämtliche Wohnungseigentümer sind, ist dies 4 nach Wenzel (NZM 2006, 322) für die Berechtigung zum Abschluss des Mietvertrages nicht entscheidend; es soll hier nicht einmal um die Vermietung fremden Eigentums gehen. Man wird im Zweifel annehmen dürfen, dass die in Teilbereichen voll rechtsfähige Wohnungseigentümergemeinschaft als Verband sui generis (*BGH* ZMR 2005, 547 ff.; jetzt § 10 Abs. 6 WEG n. F.) Vermieter sein soll (oben § 10 Rn. 461; *Bork* ZinsO 2005, 1067, 1068 Fn. 14; *Kahlen* ZMR 2005, 766; vgl. auch *Drasdo* FS Blank 2006, 620 ff.). Die Vermietung von Gemeinschaftseigentum wird als eine den Wohnungseigentümern gemeinsam obliegende Aufgabe der Verwaltung angesehen (*Wenzel* NZM 2006, 322). § 10 Abs. 6 S. 1 WEG n. F. verdeutlicht dies noch.

Es soll keine unterschiedlichen Verwaltungskompetenzen geben je nach dem, ob eine Angelegen- 5 heit das Verwaltungsvermögen oder wie bei der Vermietung von Gemeinschaftseigentum das dingliche Miteigentum des Wohnungseigentümers betrifft (*Wenzel* ZWE 2006, 463 r. Sp.).

Durch Eigentümerwechsel ändert sich nichts an der Vermieterstellung des Verbandes (*Drasdo* FS 6 Blank 2006, 622). Die einzelnen Wohnungseigentümer haften dem Mieter nur pro rata, aber nicht als Gesamtschuldner (§ 10 Abs. 8 WEG n. F.).

Selbst eine Doppelvermietung (*BGH* ZMR 2006, 604; PWW/*Elzer* § 535 Rn. 50) ist denkbar, da die 7 Vermietung fremden Eigentums grundsätzlich möglich und wirksam ist. Insoweit braucht nicht einmal auf § 311 a BGB zurückgegriffen zu werden.

Vermieter des Gemeinschaftseigentums können deshalb auch sämtliche Wohnungseigentümer, 8 einige oder gar nur ein Wohnungseigentümer oder Dritte sein. Wer im Einzelfall Vermieter ist, muss im Wege der Auslegung ermittelt werden.

Der Verband hat die ihm vertraglich vom Mieter geschuldete Miete ins Verbandsvermögen auf- 9 zunehmen und später an die Wohnungseigentümer (= dinglich Berechtigte am Mietobjekt) über die Jahresabrechnung weiterzugeben.

Tritt der Verband als Vermieter etwa von Wohnraum auf, käme eine Kündigung wegen Eigenbe- 10 darfs nach § 573 Abs. 2 Nr. 2 BGB (PWW/*Riecke* § 573 Rn. 17) wohl nicht mehr in Betracht; Betriebsbedarf dürfte schwer zu begründen sein. Ist der Verband Vermieter, ist außerdem ggf. gewerbliche Zwischenvermietung anzunehmen, da die Wohnungseigentümer dinglich Berechtigte sind. Deshalb sollten sie genau prüfen, ob insbesondere schwer kündbare Wohnraummietverträge durch den Verband abgeschlossen werden sollen (*Elzer* WE 2005, 198, 199).

Nutzungen des gemeinschaftlichen Eigentums durch die Wohnungseigentümer selbst mit miet- 11 ähnlichem Charakter waren etwa Gegenstand eines Beschlusses des *OLG Düsseldorf* (ZMR 2004, 528) zu den Saunagebühren. Durch Mehrheitsbeschluss sind derartige Gebühren nur neu begründbar oder veränderbar, wenn die Teilungserklärung keine Kostenregelung insoweit bereits enthält. Die Modifizierung der Kostenregelung ist keine Gebrauchsregelung gemäß § 15 Abs. 2 WEG. Es bedarf insoweit entweder einer Öffnungsklausel (Anpassungsvereinbarung) oder der Stimmmehrheit nach § 16 Abs. 3 WEG n. F. Diese Rechtsprechung ist kritisiert worden. So argumentiert etwa *Merle* (ZWE 2006, 129): Die Verpflichtung zur Tragung der Kosten des Gemeinschaftseigentums betrifft einen anderen Regelungsgegenstand als die Verpflichtung zur Zahlung eines Nutzungsentgelts für die Nutzung von Sauna, Waschmaschinen oder Wäschetrocknern. Danach fehlt es nicht generell an einer Beschlusskompetenz der Gemeinschaft für die Einführung von Nutzungsentgelten durch Mehrheitsbeschluss. Auf der sicheren Seite ist die Gemeinschaft, wenn ausdrücklich Mietverträge abgeschlossen werden. Bei der Vermietung, die Grundsätzen ordnungsmäßiger Verwaltung genügen muss, ist die Zweckbestimmung des Mietobjekts zu beachten. Im Regelfall entspricht es den Grundsätzen ordnungsgemäßer Verwaltung, wenn Kosten denjenigen Nutzern auferlegt werden, die diese maßgeblich verursachen (vgl. § 16 Abs. 3 WEG).

12 Vermieten mehrere Wohnungseigentümer, ist durch Auslegung zu ermitteln, ob Vermieter eine in Teilbereichen rechtsfähige Außengesellschaft bürgerlichen Rechts i. S. v. §§ 705 ff. BGB ist (*Elzer* ZMR 2004, 873, 874).

13 Aus dem Wohnungsgrundbuch wird sich i. d. R. ergeben, dass die als Vermieter agierenden Wohnungseigentümer mit dem Zusatz »in Gesellschaft bürgerlichen Rechts« eingetragen sind, aber **nicht etwa die Gesellschaft bürgerlichen Rechts als Außengesellschaft in teilrechtsfähiger Form** selbst. Zwar hat der *BGH* (ZMR 2001, 338) die Teilrechtsfähigkeit der GbR-Außengesellschaft anerkannt, jedoch wird von der ganz herrschenden Meinung eine Grundbuchfähigkeit dieser teilrechtsfähigen Gesellschaft (noch) nicht anerkannt.

14 So heißt es etwa im Beschluss des *BayObLG* vom 31.10.2002 (ZMR 2003, 218):

15 »Eine Gesellschaft bürgerlichen Rechts ist nicht grundbuchfähig; sie kann nicht unter ihrem Namen als Eigentümerin eines Grundstücks oder als Berechtigte eines beschränkten dinglichen Rechts in das Grundbuch eingetragen werden.«

16 In der Begründung stellt das *BayObLG* darauf ab, dass eine entsprechende Anwendung der für die oHG geltenden Vorschriften daran scheitert, dass es bei der BGB-Gesellschaft an der Registerpublizität fehlt (vgl. Demharter, Rechtspfleger 2001, 329 f.). Auch das Grundbuch und die Grundakten können nicht als Ersatz für ein fehlendes Register dienen (*Demharter* Rechtspfleger 2002, 538). Aus denselben Gründen hat der *BGH* auch die Eignung der GbR als WEG-Verwalter verneint (*BGH* ZMR 2006, 375).

17 Dies soll aber nicht bedeuten, dass die GbR – gebildet von einzelnen Wohnungseigentümern – kein Eigentum an Grundstücken erwerben kann, solange nicht der Gesetzgeber die entsprechenden Voraussetzungen hierfür geschaffen hat. Dass dies zu materiell-rechtlichen Schwierigkeiten führt, wenn die BGB-Gesellschaft grundstücksbezogene Rechtsgeschäfte vornimmt (vgl. *K. Schmidt* NJW 2001, 993, 1002), muss nach der geltenden Gesetzeslage wohl hingenommen werden.

18 Die wohl h. M. (instruktiv *Jacoby* Die GbR als Mietvertragspartei, ZMR 2001, 409 ff.; auch *Weitemeyer* Auswirkungen der Rechtsprechung des *BGH* zur GbR auf deren Vermieterstellung ZMR 2004, 153 ff., 160 r. Sp.) bejaht jedenfalls grds. einen dinglichen Eigentumserwerb durch eine GbR-Außengesellschaft.

19 Probleme entstehen aus der Sicht des Mieters, wenn ein Vermieterwechsel nach § 566 BGB vorliegt. Dann ist es ebenfalls für die Stellung als neuer Vermieter hier unbeachtlich, ob eine BGB-Innengesellschaft existiert, da nur die GbR-Außengesellschaft Vermieter sein könnte. Ob dies der Fall ist, kann jedoch allein aus dem Grundbuch nicht ersehen werden. Der Grundstückskaufvertrag – aus dem evtl. Anhaltspunkte für das Bestehen einer Außengesellschaft sich ergeben können – muss dann vom Mieter eingesehen werden.

20 Nach *Häublein* (Die Gesellschaft bürgerlichen Rechts im Mietrecht, PiG Band 70, 2005, S. 43) bedeutet der Erwerb von gesamthänderisch gehaltenem Vermögen keine Änderung des Rechtscharakters, sofern dieser die Folge einer Einlageleistung durch einen Gesellschafter ist. Konsequenterweise sieht er deshalb auch in der Eintragung nach § 47 GBO kein Auftreten der GbR im Rechtsverkehr. Allein das Bestehen der GbR bedingt die Form der Eintragung, weshalb z. B. die Eintragung von Ehegatten oder Familienangehörigen mit dem Zusatz »verbunden in Gesellschaft bürgerlichen Rechts« noch nicht als Indiz für das bestehen einer Außen-GbR angesehen werden kann. Es besteht auch keine Vermutung für das Vorliegen einer Außen-GbR.

21 Der Verband kann selbst Immobilieneigentum rechtsgeschäftlich (*Wenzel* NZM 2006, 342) und nach zutreffender Ansicht auch im Wege der Zwangsversteigerung (*Schneider* ZMR 2006, 813; *Wenzel* ZWE 2006, 464 r. Sp.; a. A. *LG Nürnberg-Fürth* ZMR 2006, 812 sowie *LG Heilbronn* ZMR 2007, 649 mit abl. Anm. *Hügel*) erwerben und dann vermieten (z. B. Hausmeisterwohnung).

III. Mietvertragsabschluss

22 Soll die Wohnungseigentümergemeinschaft Vermieter werden, handelt sie beim Vertragsschluss durch ihr Organ, den WEG-Verwalter Allein durch den (Mehrheits-)Beschluss der Wohnungseigentümer kommt nämlich noch kein Mietvertrag über das Gemeinschaftseigentum zustande.

Vielmehr bedarf es dazu nach außen der Umsetzung in Form eines Vertrages zwischen dem Vermieter und dem Mieter.

Nach h. M. bestehen allein zwischen dem Verwalter als Organ des Verbandes und dem Verband selbst vertragliche Beziehungen. Der Verwaltervertrag wird als Vertrag zugunsten Dritter, nämlich der Wohnungseigentümer, angesehen (*Abramenko* ZMR 2006, 6) oder als Vertrag mit Schutzwirkung für Dritte (*Wenzel* ZWE 2006, 464 l. Sp.; *OLG Düsseldorf* ZMR 2007, 56 unter Hinweis auf *Wenzel* NZM 2006, 322 a. E.). Die Wohnungseigentümer sind aus diesem Vertrag nur mittelbar berechtigt. Bedenklich ist die letztgenannte Konstruktion, da der Vertrag mit Schutzwirkung für Dritte zu einer Risikohäufung führt. Der Verwalter haftet dann nicht nur in Fällen einer echten Schadensverlagerung wie man sie von Drittschadensliquidation kennt. Voraussetzung für die Annahme einer solchen gewollten Risikoerhöhung sind Leistungsnähe des Dritten und Gläubigerinteresse/Verbandsinteresse am Schutz des Dritten. Beides ist zu verneinen. 23

Wollen hingegen die Wohnungseigentümer selbst Vermieter sein, können sie entweder gleich selbst den Vertrag abschließen und – wenn Schriftform (vgl. § 550 BGB) gewünscht ist – unterzeichnen oder der Verwalter kann (vgl. § 27 Abs. 1 Nr. 1 WEG) durch Mehrheitsbeschluss ermächtigt werden, im Namen der Wohnungseigentümer beim Vertragsschluss mit dem Mieter aufzutreten. Ob eine Anweisung möglich oder ein gesonderter Geschäftsbesorgungsvertrag notwendig ist, ist danach zu beurteilen, welche Beziehung der Verwalter zu den Wohnungseigentümern nach der Kehrtwende in der Beurteilung der Rechtsfähigkeit der Wohnungseigentümergemeinschaft (*BGH* ZMR 2005, 547 [Teilrechtsfähigkeit]) besitzt. 24

Umstritten ist, ob der Verwalter zugleich auch organähnliche Beziehungen zu den Wohnungseigentümern als Funktionsträger entwickelt oder den Wohnungseigentümern hier wie ein Dritter gegenübertritt. Richtiger Ansicht nach sollte der Verwalter sowohl als Organ des Verbandes als auch als Funktionsträger der Wohnungseigentümer angesehen werden können (unten § 20 WEG Rn. 5; skeptisch *Häublein* ZMR 2006, 1, 6). Dann sind die Wohnungseigentümer auch als berechtigt anzusehen, den Verwalter anzuweisen, den Mietvertrag für sie zu schließen. Wer dies ablehnt, muss einen Geschäftsbesorgungsvertrag annehmen (dieser ist dann ggf. gesondert zu vergüten, *Elzer* ZMR 2005, 683, 684; a. A. *Abramenko* ZMR 2006, 6, 7). 25

IV. Instandsetzungspflichten als Vermieter

Soweit die teilrechtsfähige Wohnungseigentümergemeinschaft als Vermieter auftritt, treten für Instandsetzungen am vermieteten Gemeinschaftseigentum keine Probleme auf. Soweit ein Reparaturbedarf erkannt wird, kann sich der Verband des Verwaltungsvermögens und insbesondere der ihm allein vermögensrechtlich zugeordneten Instandhaltungsrückstellung bedienen. Etwas anderes würde gelten, wenn die Wohnungseigentümer zulässiger Weise selbst Vermögen als »zweites Verwaltungsvermögen« ansammeln würden. 26

Probleme treten hingegen auf, wenn sich die Wohnungseigentümer dazu entscheiden, das Gemeinschaftseigentum selbst zu vermieten. In diesem Falle können die Wohnungseigentümer nur den Verband anweisen, eine als notwendig erkannte Instandhaltung durchzuführen und dazu ggf. die Instandhaltungsrückstellung einzusetzen. Weigert sich der durch den Verwalter vertretene Verband, ist dann aber fraglich, ob die Eigentümer den Verband im WEG-Verfahren als Antragsteller gegenüber treten und auf eine ordnungsmäßige Verwaltung i. S. v. § 21 Abs. 4 WEG in Anspruch nehmen können. 27

Zur Mängelbeseitigungsverpflichtung des vermietenden Wohnungseigentümers hat der BGH mit Urteil vom 20.7.2005 (ZMR 2005, 935 = ZWE 2006, 36 ff. mit Anmerkung *Blank*) entschieden: 28

Wären die erforderlichen Aufwendungen für die Beseitigung eines Mangels einer Wohnung im Bereich des Gemeinschaftseigentums voraussichtlich unverhältnismäßig hoch und würden sie die »Opfergrenze« für den Vermieter übersteigen, kann der Mieter vom Vermieter nicht die Beseitigung des Mangels verlangen. Grundsätzlich steht dem Verlangen einer Mängelbeseitigung jedoch nicht entgegen, dass der Vermieter der Eigentumswohnung die Zustimmung der anderen Wohnungseigentümer herbeiführen muss. 29

30 Der *BGH* bejahte das Vorliegen eines Mangels im Sinne des § 536 BGB und verneinte eine Privilegierung des vermietenden Wohnungseigentümers gegenüber sonstigen Vermietern. Die im Einzelfall zu bestimmende »Opfergrenze« leitet der *BGH* nunmehr auch aus § 275 Abs. 2 BGB her. Jedenfalls darf kein krasses Missverhältnis entstehen zwischen dem Reparaturaufwand einerseits und dem Nutzen der Reparatur für den Mieter sowie dem Wert des Mietobjekts und den aus ihm zu ziehenden Einnahmen andererseits.

31 Im Rahmen der Mängelbeseitigung dürfe der vermietende Wohnungseigentümer nicht zu einer Leistung verurteilt werden, von der nicht ausgeschlossen werden, dass ihre Erbringung unmöglich ist (§ 275 Abs. 1 BGB).

32 Im konkreten Fall war nicht auszuschließen, dass die Beseitigung des Wassereintritts – sofern die Aufwendungen die hierfür genannte Größenordnung erreichten – nicht mehr dem Interesse der Wohnungseigentümer entsprach. In diesem Fall hätte der vermietende Wohnungseigentümer tatsächlich keine Möglichkeit, die ihm auferlegte Verpflichtung gegenüber den anderen Wohnungseigentümern durchzusetzen.

33 Vom vermietenden Wohnungseigentümer, der bauliche Maßnahmen im Bereich des Gemeinschaftseigentums nicht ohne Zustimmung der übrigen Wohnungseigentümer durchführen darf (vgl. *Nüßlein* PiG 76, 2006, S. 28), wird im Falle einer Verurteilung zur Mängelbeseitigung verlangt, den ihm zustehenden Instandsetzungsanspruch gegen die Mitwohnungseigentümer gerichtlich durchzusetzen, auch wenn es noch an einem WEG-Beschluss insoweit fehlt.

34 *Blank* (ZWE 2006, 38) spricht von einer wirtschaftlichen Unmöglichkeit, hält § 275 Abs. 2 BGB nicht für einschlägig, sondern will über die Grundsätze der Störung der Geschäftsgrundlage (§ 313 BGB) eine Lösung finden. Danach wäre der Vertrag der geänderten Sachlage anzupassen, wenn der Vermieter wegen Überschreitens der Opfergrenze nicht zur Mängelbeseitigung verpflichtet ist. Ist dem Mieter die Fortsetzung des Mietverhältnisses nicht zumutbar, soll er gemäß § 313 Abs. 3 bzw. § 543 Abs. 2 Nr. 1 BGB kündigen können.

35 Ist die Mängelbeseitigung der Eigentümergemeinschaft zumutbar, diese jedoch nicht ausreichende liquide, ist der vermietende Wohnungseigentümer im Ernstfall verpflichtet, in Kostenvorlage zu treten. Entgegen *Nüßlein* (PiG 76, 2006, S. 29) ist auch der Mieter nicht berechtigt, eine normale nicht eilbedürftige Instandsetzungsmaßnahme am Gemeinschaftseigentum gemäß § 536a Abs. 2 BGB selbst durchzuführen und etwa mit den aufgewendeten Kosten gegen die Miete aufzurechnen.

B. Vermietung von Sondereigentum nebst Mitnutzung des Gemeinschaftseigentums

I. Anspruchsdurchsetzung von Unterlassungs- und Beseitigungsansprüchen bei zweckbestimmungswidriger Nutzung durch den Mieter

36 Der Mieter hat grds. gegenüber den übrigen Wohnungseigentümern nicht mehr Rechte als der vermietende Wohnungseigentümer selbst (so – ohne jede Einschränkung – *Westner* in Deckert ETW 6/2007, Gruppe 10 Rn. 150) hat; sind ihm mietvertraglich weitere Rechte eingeräumt, stehen ihm nur mietvertragliche Schadensersatzansprüche zu. Mittels Mehrheitsbeschluss können die Wohnungseigentümer Beschränkungen der Gebrauchsrechte (z. B. bzgl. Grillen, Tierhaltung, Musikausübung, Ruhezeiten etc) an und im Sonder- oder Gemeinschaftseigentum regeln (nicht »durch Beschluss vereinbaren«, so aber *Nüßlein* PiG 76, 2006, S. 31).

1. Aktivlegitimation

37 Umstritten ist, wer aktivlegitimiert ist, derartige Ansprüche gegen den vermietenden Sondereigentümer oder dessen Mieter geltend zu machen.

38 Nach *Wenzel* (ZMR 2006, 245) ist davon auszugehen, dass jeder einzelne Wohnungseigentümer Rechtsinhaber des Anspruchs auf Beseitigung einer Beeinträchtigung des gemeinschaftlichen Eigentums ist. Daran hat die Anerkennung der Teilrechtsfähigkeit der Wohnungseigentümergemeinschaft nichts geändert.

Der 34. Zivilsenat des *OLG München* vertrat im Beschluss vom 27.7.2005 (ZMR 2005, 733 = NZM 39
2005, 672) die Auffassung, die Abwehr von Störungen betreffe nicht den »Rechtsverkehr des teilrechtsfähigen Verbandes« und bleibe deshalb Angelegenheit der Wohnungseigentümer. Dagegen hat der 32. Zivilsenat mit Beschluss vom 17.11.2005 (NZM 2006, 106; vgl. dazu *Demharter* NZM 2006, 81) entschieden, die Abwehr von Störungen sei »nicht nur Angelegenheit der Wohnungseigentümer als Einzelpersonen, sondern gehört daneben auch zur Verwaltung des gemeinschaftlichen Eigentums des insoweit teilrechtsfähigen Verbandes«. Heute kann der Verband gemäß § 10 Abs. 6 S. 3 WEG durch Beschluss Individualrechte zur Ausübung an sich ziehen (gekorene Ausübungsbefugnis, vgl. *Hügel/Elzer* § 3 Rn. 176–178).
Im Beschluss vom 12.12.2005 (ZMR 2006, 304 mit Anm. *Demharter*) bereits fand der 34. Zivilsenat 40
eine ähnliche / vermittelnde Lösung im Wege der Auslegung des Versammlungsbeschlusses dahin gehend, »dass die Gemeinschaft selbst beauftragt und bevollmächtigt werden sollte, die Individualansprüche der Eigentümer … in Verfahrensstandschaft zu verfolgen«. Die Verwalterin wurde als »durch den in Verfahrensstandschaft (heute Prozessstandschaft) auftretenden Verband wirksam ermächtigt angesehen, den vermeintlichen Anspruch der Mehrheit der Wohnungseigentümer gerichtlich geltend zu machen«.
Wenn der teilrechtsfähige Verband berechtigt ist, als Prozessstandschafter Ansprüche der Woh- 41
nungseigentümer zu verfolgen, handelt der Verwalter im gerichtlichen Verfahren als Organ der Gemeinschaft (vgl. § 27 Abs. 3 WEG), nicht aber als gesetzlicher Vertreter der Wohnungseigentümer.

2. Prozessstandschaft des Verbandes/»Gemeinschaft der Wohnungseigentümer«
Grundsätzlich gilt allerdings, dass der Inhaber eines Rechts auch zu dessen Durchsetzung befugt 42
ist. In der Wohnungseigentümergemeinschaft ergeben sich jedoch aus der gemeinschaftlichen Verbundenheit und gemeinsamen Verwaltungszuständigkeit für das Gemeinschaftseigentum Besonderheiten. Gemeinschaftsbezogen sind nach Wenzel (ZMR 2006, 246) die Angelegenheiten, für die formell eine Verwaltungskompetenz der Wohnungseigentümer besteht und in denen materiell der Anspruch auf eine Leistung gerichtet ist, die allen Wohnungseigentümern zusteht (gemeinsame Empfangszuständigkeit).
Bei Schadensersatzansprüche aus den §§ 823 ff. BGB wegen Beschädigung des Gemeinschaftsei- 43
gentums ist deren Durchsetzung eine Maßnahme der Geschäftsführung zugunsten der Wohnungseigentümer hinsichtlich des gemeinschaftlichen Eigentums. Es liegt ein Fall des § 21 Abs. 1 WEG vor. Mangels zulässiger »actio pro socio« darf ein einzelner Wohnungseigentümer diesen Anspruch nur aufgrund eines Ermächtigungsbeschlusses geltend machen. Die Verwaltungskompetenz der Gemeinschaft überlagert hier die individuellen Rechte einzelner. Die Verwaltungskompetenz der Gemeinschaft besteht allgemein bei der Abwicklung von Beeinträchtigungen des Gemeinschaftseigentums, egal ob es um die Abwehr einer Störung oder die Regulierung eines bereits entstandenen Schadens geht. Diese Ausübungsbefugnis des Verbandes regelt jetzt § 10 Abs. 6 S. 3 WEG (vgl. *Wenzel* ZWE 2006, 465 r. Sp.).
Beschließen die Wohnungseigentümer, die das Gemeinschaftseigentum betreffenden Abwehr- 44
und Schadensersatzansprüche gemeinsam durchzusetzen, wird nicht der Individualanspruch an die Gemeinschaft abgetreten, jedoch die Rechtsverfolgungsbefugnis (vgl. *Briesemeister* FS Blank, 2006, S. 592 oben unter Hinweis auf *BGH* ZMR 2005, 880 = NJW 2005, 2623 = NZM 2005, 626).

3. Passivlegitimation
Zwischen dem Mieter als unmittelbarem Handlungsstörer und dem vermietenden Eigentümer 45
als Zustandsstörer besteht kein Rangverhältnis in dem Sinne, dass gegen letzteren nur subsidiär vorgegangen werden dürfte. Beide sind kumulativ und gesamtverbindlich passivlegitimiert.
Aus dem Beschluss des *OLG Stuttgart* (WuM 1992, 639 ff. = ZMR 1992, 553) ergibt sich, dass **mit** 46
größeren Erfolgsaussichten unmittelbar gegen den Mieter vorgegangen werden kann. Das Interesse der Eigentümergemeinschaft an einer Belangung des Sondereigentümers sei nämlich deshalb geringer zu veranschlagen, weil die Gemeinschaft im Gegensatz zum einzelnen vermietenden Eigentümer durchaus wirksam gegen den Mieter vorgehen könne, soweit dieser ihre Eigen-

tumsrechte durch eine nach der Ausgestaltung der Wohnungs- und Teileigentumsrechte **nicht erlaubte Nutzung** der gemieteten Räume beeinträchtigt. Die gegenteilige Auffassung von *Bielefeld* (WE 1991, 92, 94) und *Wangemann* (WuM 1987, 46) – wobei letzterer verkennt, dass der Mietvertrag, soweit er dem Mieter mehr Rechte einräumt als sie dem Sondereigentümer und ggf. zusätzlich Sondernutzungsberechtigten den übrigen Eigentümern gegenüber zustehen, vom Vermieter nicht voll erfüllt werden kann – ist überholt. Es ist unerheblich, ob der Mieter aus dem Mietvertrag einen Anspruch auf zweckbestimmungswidrige Nutzung hat. Er besteht allenfalls gegen den Vermieter, jedoch nicht gegen die anderen Eigentümer. Der erfolgreich in Anspruch genommene Mieter kann sich ggf. wegen Rechtsmangelhaftung (§§ 536 Abs. 3, 536 a BGB) an den Vermieter halten oder den Vertrag kündigen (§ 543 Abs. 2 Nr. 1 BGB).

47 Bereits das *OLG München* hat mit Urt. v. 25.2.1992 (ZMR 1992, 306 ff. = WuM 1992, 326 = NJW-RR 1992, 1492, vgl. *Briesemeister* FS Blank, 2006, S. 592) den direkten Unterlassungsanspruch der Eigentümergemeinschaft gegen den zweckwidrig nutzenden Pächter eines Teileigentümers bejaht. Jede andere nach der typisierenden Betrachtungsweise **mehr störende Nutzungsart** als sie die Zweckbestimmung der Teilungserklärung zulasse, sei vom Inhalt des Sondereigentums nicht gedeckt und beeinträchtige die anderen Wohnungseigentümer. Der dingliche Abwehranspruch folge aus § 1004 BGB mit absoluter Wirkung gegen jeden zweckwidrig Nutzenden, es sei denn, die Nutzung störe nachweislich nicht mehr als die nach der Teilungserklärung zulässige Nutzung, da die Gemeinschaft zur Duldung eines solchermaßen störenden Gebrauchs weder dem Eigentümer noch dem Nutzer gegenüber verpflichtet sei.

48 Dieser Rechtsprechung hat sich auch das *OLG Karlsruhe* angeschlossen (MDR 1994, 59 = NJW-RR 1994, 146). Anders entschied das *OLG München* (ZMR 2003, 707 mit abl. Anm. der Redaktion) für den Fall, dass der jetzige Mieter auf Duldung einer vom vermietenden Wohnungseigentümer gegenüber der Gemeinschaft geschuldeten Wiederanpflanzung von Bäumen in Anspruch genommen wurde, die der vorige Mieter unerlaubt entfernt hatte (vgl. dazu auch *Hannemann* NZM 2004, 531). Ausdrücklich gegen dieses Judikat entscheid das *KG* mit Urteil vom 21.3.2006 (ZMR 2006, 528) und stellte zutreffend fest:

49 *Mieter eines Sondereigentums sind dann Zustandsstörer, wenn sie durch ihre Weigerung, eine vom vermietenden Wohnungseigentümer gegenüber Miteigentümern geschuldete Maßnahme zu dulden, den rechtswidrigen Zustand aufrechterhalten.*

50 Der *BGH* hat mit Urteil vom 1.12.2006 (ZMR 2007, 188; vgl. dazu auch *Armbrüster/Müller* ZMR 2007, 321) die Duldungspflicht der Mieter bestätigt. Die Mieter wurden als Zustandsstörer angesehen, da sie den rechtswidrigen von ihrem vermietenden Wohnungseigentümer geschaffenen Zustand, den dieser zu beseitigen gehabt hätte, aufrechterhielten. Der *BGH* bejahte eine Pflicht der untätigen Mieter zum Handeln im Sinne eines Duldens der Ersatzvornahme. Aus dem rein schuldrechtlichen Mietvertrag können die Mieter keine Einwendungen herleiten. Die Haftung auf bloße Duldung ergibt sich daraus, dass jeder Störer nur für seinen Beitrag haftet.

51 *Armbrüster/Müller* (ZMR 2007, 321) entnehmen der neuen *BGH*-Rechtsprechung folgenden doppelten Merksatz: Einem schuldrechtlichen (Miet-)Vertrag kann nicht die Kraft zukommen, dingliche Rechte Dritter (der Wohnungseigentümer) einzuschränken. Der Mieter verfügt über keine weiter gehenden Rechte als der vermietende Wohnungseigentümer, wenn Dritte in Bezug auf die Mietsache dingliche (!) Rechte geltend machen. Für Gebrauchsbeschränkungen durch Beschlüsse – jedenfalls wenn sie nicht aufgrund einer Öffnungsklausel gefasst und ggf. ins Grundbuch eingetragen wurden (dagegen spricht aber § 10 Abs. 4 S. 2 WEG) – soll gelten, dass sie keinen Direktanspruch gegen den Mieter begründen, und zwar wegen ihrer schuldrechtlichen Natur. Es bleibt abzuwarten, ob diese neue Sichtweise sich durchsetzen wird. Auch die Lösung der Einbindung des Mieters über eine dynamische Verweisungsklausel entspricht nicht hiesiger Auffassung (arg: § 308 Nr. 4 BGB).

52 Der einzelne Wohnungseigentümer kann sich aber nicht darauf verlassen, dass der Verwalter auf Kosten der Wohnungseigentümergemeinschaft gegen zweckwidrig Nutzende vorgeht. Selbst ein entsprechender Mehrheitsbeschluss kann jederzeit aufgehoben werden (*BayObLG* WuM 1996, 372), wofür allerdings neben einem sachlichen Grund die Nichtbeeinträchtigung auf dem Erstbeschluss gründender Interessen zu fordern sein dürfte.

Vermietung v. Gemeinschafts- u. Sondereigentum; Gebrauchsregelungen | Anhang zu § 15

Der einzelne beeinträchtigte Wohnungseigentümer kann den Anspruch ohne Ermächtigungsbe- 53
schluss allein gegen den Störer geltend machen (*BGH* MDR 1992, 484 = ZMR 1992, 197 = WE 1992,
72; *OLG Hamburg* ZMR 2002, 451), so lange der Verband den Anspruch mit qua Mehrheitsbeschluss an sich gezogen hat. Der für die Bruchteilsgemeinschaft geltende § 1011 BGB kann insoweit entsprechend angewendet werden.

Wer Wohnungseigentum vermietet, muss darauf achten, dass von der Teilungserklärung abwei- 54
chende Mehrheitsbeschlüsse (sog. Pseudovereinbarungen) – sofern eine formelle Beschlusskompetenz besteht – nicht bestandskräftig werden. Entgegen *Armbrüster* (ZMR 2007, 321) wird man insoweit nicht auf die Grundbucheintragung abstellen können. Ein Musterfall für ein nachträgliches Auseinanderfallen von mietvertraglichem und wohnungseigentumsrechtlichem Dürfen ergibt sich aus dem Beschluss des *BGH* vom 4.5.1995 (ZMR 1995, 416 = NJW 1995, 2036 = WE 1995, 62) zum (bestandskräftigen) Beschluss über ein generelles Hundehaltungsverbot (vgl. dazu kritisch *Häublein*, Sondernutzungsrechte, 2003, S, 247).

4. Anspruchsgrundlagen und Anspruchsziele; prozessuale Durchsetzung

Den übrigen Eigentümern steht bei unzulässiger Nutzung – trotz und wegen fehlender vertrag- 55
licher Beziehung zum Mieter – einerseits der direkte Unterlassungsanspruch gegen den Mieter aus § 1004 BGB zu (vgl. *LG Wuppertal* ZMR 2002, 231 ff., *Briesemeister* FS Blank 2006, 594, *Nüßlein* PiG 76, 2006, S. 128) und andererseits ein entsprechender Anspruch (§§ 15 Abs. 3 WEG, 1004 BGB) gegen den vermietenden Sondereigentümer (vgl. auch *Ruthmann* S. 60 ff.).

Armbrüster / Müller (PiG Bd. 77, FS Seuß, S. 33 ff.) differenzieren beim Anspruch aus § 1004 BGB 56
danach, ob einerseits durch Teilungserklärung (Festlegung, ob Wohnungs- oder Teileigentum vorliegt) bzw. im Grundbuch eingetragene Vereinbarung nach § 10 WEG oder ihr gleichstehendem Beschluss aufgrund einer Öffnungsklausel (Anpassungsvereinbarung) die Gebrauchsregelung der Wohnungseigentümer getroffen wurde – diese soll den Mieter binden – oder ob lediglich durch einfachen Mehrheitsbeschluss Gebrauchsgrenzen für den vermietenden Wohnungseigentümer verbindlich festgelegt wurden – diese sollen keine quasi dingliche Wirkung haben. Der Mieter kann dann nicht von der Wohnungseigentümergemeinschaft oder einzelnen Eigentümern erfolgreich auf Unterlassung in Anspruch genommen werden. Nur gegenüber dem Mitwohnungseigentümer bestehen entsprechende Ansprüche.

Der Unterlassungsanspruch nach § 1004 Abs. 1 S. 2 BGB i. V. m. § 15 Abs. 3 WEG erfordert nicht, 57
dass aktuell eine Eigentumsbeeinträchtigung bereits stattfindet, es genügt vielmehr die begründete Besorgnis zukünftiger teilungserklärungswidriger Nutzungen.

Den Direktanspruch gegen den Mieter hat das BayObLG im Beschluss vom 20.12.1990 (WuM 58
1991, 208 = NJW-RR 1991, 658) zwar nicht angesprochen – wozu im WEG-Verfahren auch kein Anlass bestand – jedoch auch nicht in Zweifel gezogen (a. A. *Nüßlein* PiG 76, 2006, S. 129), wenn es feststellte:

Dem Wohnungseigentümer ist es untersagt, sein Teileigentum »Laden« als Imbissstube / Bistro 59
selber zu nutzen oder durch Dritte nutzen zu lassen. Der Unterlassungsanspruch richtet sich auch dann gegen den Wohnungseigentümer, wenn er sein Teileigentum nicht selbst nutzt, sondern durch Mieter nutzen lässt; auch in diesem Fall ist er Störer i. S. d. § 1004 BGB. Die Unterlassungspflicht des Wohnungseigentümers schließt die Pflicht ein, dahin tätig zu werden, dass die unzulässige Nutzung des Teileigentums durch Mieter unterbunden wird (*BayObLG* WuM 1987, 96; vgl. auch *BayObLG* WuM 1989, 197 / 198).

Das *BayObLG* hielt es allerdings für geboten, wie dies in vergleichbaren Fällen geschehen ist (vgl. 60
BayObLG WuM 1989, 197 / 198), den Schuldner / Wohnungseigentümer erst ab einem späteren Zeitpunkt, d. h. nicht sofort, zur Unterlassung zu verpflichten, um dessen Mietern eine angemessene Zeit zur Umstellung des Geschäftsbetriebs einzuräumen.

Das Gericht ist allerdings nicht berechtigt, den Wohnungseigentümer zu verpflichten, gegen den 61
Mieter bestimmte Maßnahmen zu ergreifen, insbesondere die Räumung zu betreiben, falls er nicht innerhalb einer Monatsfrist die untersagte Nutzung unterlässt (*Briesemeister* FS Blank 2006, 594). Denn das Wohnungseigentumsgericht kann keinen Titel zur Räumung gegen Mieter des schuldenden Wohnungseigentümers schaffen.

Anhang zu § 15 | Vermietung v. Gemeinschafts- u. Sondereigentum; Gebrauchsregelungen

62 Der Mieter kann sich auch nicht erfolgreich darauf berufen, dass seine konkrete Nutzung sich in den Grenzen des § 906 BGB halte (vgl. aber *Schuschke* NZM 1998, 176, wie hier *Briesemeister* FS Blank, 2006, 592 gegen *Wangemann* WuM 1987, 43, 46). Diese auch von *Schmid* (DWE 1987, 106, 108) angenommene Einschränkung des Anspruchs gegenüber dem Mieter ist nicht berechtigt (vgl. *Armbrüster* ZWE 2004, 217, 219 und JuS 2002, 665, *Müller* ZMR 2001, 506, 510).

63 Nicht nur die Unterlassung zweckbestimmungswidrigen Gebrauchs des Mietobjekts können die übrigen Eigentümer bzw. der Verband in Prozessstandschaft (früher: Verfahrensstandschaft) verlangen, sondern auch die Beseitigung unzulässig vorgenommener baulicher Veränderungen (vgl. *OLG Hamburg* ZMR 2002, 451 ff.). So kann der Eigentümer einer vermieteten Einheit durch die übrigen Eigentümer verpflichtet werden, die von seinem Mieter vorgenommenen unzulässigen baulichen Veränderungen (dazu *Briesemeister* FS Blank 2006, 595 ff.) zu beseitigen, und nicht nur die Beseitigung zu dulden (*OLG Köln* ZMR 2000, 65 = NZM 2000, 1018). Gestattet der Vermieter seinem Mieter eine unzulässige bauliche Veränderung eigenmächtig, kann er zugleich Zustandsstörer und (mittelbarer) Handlungsstörer sein (vgl. *OLG Düsseldorf* NZM 2001, 136).

64 Streitig ist die Duldungspflicht des Nachfolgemieters. Das *KG* (ZMR 2006, 528) sieht ihn als Zustandsstörer an, der Rückbaumaßnahmen zu dulden hat (a. A. *OLG München* ZMR 2003, 707 und ihm noch folgend *Briesemeister* FS Blank 2006, 597 Fn. 27).

65 Für den Unterlassungsanspruch nach § 1004 Abs. 1 S. 2 BGB i. V. m. § 15 Abs. 3 WEG genügt die begründete Besorgnis zukünftiger zweckbestimmungswidriger Nutzungen (*BayObLG* NJW-RR 1996, 464 unter Hinweis auf *BayObLG* WuM 1993, 294; vgl. auch *OLG Zweibrücken* ZMR 1999, 853). Bei einem als Wohnung ausgebauten Keller wurde die Besorgnis der Wohnnutzung bejaht und die Erklärung des betreffenden Wohnungseigentümers, dass dort lediglich eine Nutzung als privates Büro stattfände, nicht als ausreichend angesehen (vgl. auch *OLG Zweibrücken* ZMR 2006, 316).

66 Gegen den Mieter ist die normale Zivilklage bei der Mieteabteilung, gegen den Vermieter die Klage nach § 43 Nr. 1 WEG bei der Abteilung für WEG-Sachen statthaft. Ausnahme: Ist der Mieter zugleich Wohnungseigentümer kann der Rechtsstreit vor der WEG-Abteilung verhandelt werden (*KG* ZMR 2005, 977 = NZM 2005, 382)

67 Der selbständige Anspruch gegen den vermietenden Miteigentümer auf mietrechtliche Einwirkung ist notfalls gemäß § 888 ZPO zu vollstrecken. Andere Gerichte wenden § 890 ZPO (setzt Verschulden voraus) an (*BayObLG* NJW-RR 1991, 658, 659), was weniger überzeugt, weil es – bezogen auf den vermietenden Eigentümer als Vollstreckungsschuldner – allein um die (aktive) Einwirkung auf den Mieter geht und um keinerlei (passive) Unterlassung im eigentlichen Sinne.

68 Die Festsetzung von Ordnungsmitteln setzt, abgesehen von der notwendigen Androhung (§ 890 Abs. 2 ZPO), Verschulden voraus. Um den Vorwurf des Verschuldens auszuräumen, wird der Wohnungseigentümer alles in seiner Macht Stehende unternehmen müssen, um die Mieter zu einer der Zweckbestimmung entsprechenden Nutzung des Teileigentums zu bewegen (vgl. *BayObLG* WuM 1989, 212). Welche Wege er dabei geht, muss grundsätzlich ihm überlassen bleiben und kann ihm nicht vorgeschrieben werden. Ob eine Berechtigung zur fristlosen Kündigung des Mietvertrags aus wichtigem Grund im Hinblick auf die Unterlassungsverpflichtung besteht muss im WEG-Verfahren nicht geklärt werden.

5. Einzelfälle zweckbestimmungswidriger Nutzung durch den Mieter

69 Nach *OLG Frankfurt/M* (NJW-RR 1993, 981) kann das Halten eines beschränkten Kreises von Tieren (z. B. sog. **Kampfhunde;** vgl. auch *KG* ZMR 2002, 970) wirksam durch Mehrheitsbeschluss untersagt werden. Nach entsprechender Beschlussfassung kann die Eigentümergemeinschaft den Mieter auf Unterlassung in Anspruch nehmen, auch wenn die Hundehaltung ihm mietvertraglich gestattet wurde, es sei denn, der betreffende Hund wurde unbeanstandet über längere Zeit bereits geduldet (vgl. unten zur Verwirkung Rn. 87 ff.).

70 Zum Begriff »Kampfhund« kann auf die ordnungsbehördlichen Vorschriften verwiesen werden (vgl. § 8 HundehVO Brandenburg vom 16.6.2005, § 2 HundehVO Meckl-Vorpommern vom 4.7.2000 § 1 Saarl. Polizeiverordnung über den Schutz der Bevölkerung vor gefährlichen Hunden im Saarland vom 26. Juli 2000 geändert durch VO vom 9.3.2003 (Amtsbl. S. 2996), Art. 37, 37a Bay.

Gesetz über das Landesstrafrecht und das Verordnungsrecht auf dem Gebiet der öffentlichen Sicherheit und Ordnung (Landesstraf- und Verordnungsgesetz – LStVG, gültig ab 1.1.2002), § 3 Hundegesetz für das Land Nordrhein-Westfalen (Landeshundegesetz – LHundG NRW) vom 18. Dezember 2002, § 4 Hmbg. Verordnung zum Schutz vor gefährlichen Hunden und über das Halten von Hunden (Hundeverordnung) vom 18. Juli 2000, § 3 Schl-Holst Landesverordnung zur Abwehr der von Hunden ausgehenden Gefahren (Gefahrhundeverordnung) vom 28. Juni 2000 Geltungsende: 30. April 2005, § 5 sächs. Gesetz zum Schutze der Bevölkerung vor gefährlichen Hunden (GefHundG) vom 24. August 2000). So heißt es z. B. in § 2 hess. Gefahrenabwehrverordnung über das Halten und Führen von Hunden (HundeVO) vom 22. Januar 2003:

(1) Gefährlich sind Hunde, die durch Zucht, Haltung, Ausbildung oder Abrichtung eine über das natürliche Maß hinausgehende Kampfbereitschaft, Angriffslust, Schärfe oder eine andere in ihren Wirkungen vergleichbare, mensch- oder tiergefährdende Eigenschaft besitzen. Für folgende Rassen und Gruppen von Hunden sowie deren Kreuzungen untereinander oder mit anderen Hunden wird eine Gefährlichkeit vermutet:

71

1. Pitbull-Terrier oder American Pitbull Terrier,
2. American Staffordshire-Terrier oder Staffordshire Terrier,
3. Staffordshire-Bullterrier,
4. Bullterrier,
5. American Bulldog,
6. Dogo Argentino,
7. Fila Brasileiro,
8. Kangal (Karabash),
9. Kaukasischer Owtscharka,
10. Mastiff,
11. Mastino Napoletano.

(2) Gefährlich sind auch die Hunde, die

72

1. einen Menschen gebissen oder in Gefahr drohender Weise angesprungen haben, sofern dies nicht aus begründetem Anlass geschah,
2. ein anderes Tier durch Biss geschädigt haben, ohne selbst angegriffen worden zu sein, oder die einen anderen Hund trotz dessen erkennbarer artüblicher Unterwerfungsgestik gebissen haben oder
3. durch ihr Verhalten gezeigt haben, dass sie unkontrolliert andere Tiere hetzen oder reißen.

Eine zweckbestimmungswidrige Nutzung bejahte das *BayObLG* (ZMR 2005, 215) für den Betrieb eines griechischen Spezialitätenrestaurants in einem Teileigentum, dessen Räume nach der Gemeinschaftsordnung als »Cafe/Konditorei« beschrieben wurde. Durch die anderweitige Nutzung sei eine Beeinträchtigung der übrigen Wohnungseigentümer durch eine wesentlich **intensivere Geruchsbelästigung**, die typischerweise mit einem mit landesüblichen Gewürzen, Ölen und Kräutern arbeitenden Spezialitätenrestaurant verbunden ist, zu bejahen.

73

Das *OLG Hamm* (ZMR 2005, 219) sah eine Nutzung der Teileigentumseinheit »Büro« als Zahnarztpraxis noch als hinnehmbar an, wenn die Arzttätigkeit als Einzel- und Bestellpraxis keine größeren Beeinträchtigungen durch Publikumsverkehr erwarten ließ, als sie auch von einem Bürobetrieb ausgehen können. Trotz Anlegung der **typisierenden Betrachtungsweise** bedeute dies nicht, dass die besonderen Umstände des Einzelfalles für die Beurteilung des Vorliegens einer Mehrbelastung gänzlich außer Betracht zu bleiben hätten. Es könne also nicht die Frage gestellt werden, ob eine Arztpraxis generell mehr stört als ein Büro, sondern es müsse auf die **konkrete Art von Arztpraxis** bei der **typisierenden Betrachtungsweise** abgestellt werden. Erst in diesem Zusammenhang sei für die zu treffende Entscheidung **ohne** Belang, welche tatsächlichen Beeinträchtigungen nach dem Sachvortrag der Beteiligten in welchem Umfang und zu welchem Zeitpunkt in der Vergangenheit zu verzeichnen gewesen sind. Hierzu bedarf es keiner Beweisaufnahme. Im Einzelfall kann allerdings ein Anspruch auf Genehmigung sich aus der Teilungserklärung ergeben (vgl. *LG Hamburg* ZMR 2006, 565).

74

Die Entscheidung des *OLG Hamm* (ZMR 2005, 219) darf nicht dahin missverstanden werden, dass gegen Störungen durch den Zahnarztbetrieb nicht vorgegangen werden könnte. Insoweit steht

75

Anhang zu § 15 | Vermietung v. Gemeinschafts- u. Sondereigentum; Gebrauchsregelungen

jedem einzelnen Mitwohnungseigentümer ggf. ein Unterlassungs- oder Beseitigungsanspruch auf § 1004 BGB zu.

76 Dagegen hat das *BayObLG* bereits mit Beschluss v. 21.11.1980 (Rpfleger 1981, 13) auch in Teileigentumsräumen das Betreiben des »ältesten Gewerbes der Welt« untersagt, obwohl der *BGH* (BGHZ 63, 365) Bordellpachtverträge nicht generell als sittenwidrig ansieht (vgl. *Bub/Treier* II Rn. 717).

77 Das *BayObLG* (ZMR 2005, 67; NZM 2004, 949) entschied nunmehr jedoch, dass es heute zweifelhaft sei, ob eine in der Rechtsgemeinschaft eindeutig herrschende Auffassung über die nicht nur individualethische, sondern auch sozialethische Verwerflichkeit der Prostitutionsausübung noch festgestellt werden könne.

78 Jedenfalls bei einem ausschließlich gewerblich genutzten Objekt sei es fraglich, ob eine Wertminderung der übrigen Teileigentumseinheiten durch Prostitutionsausübung in einer anderen Einheit anzunehmen sei.

79 Diese Entscheidung spricht sich gegen eine apodiktische Annahme der Kausalität zwischen Prostitutionsausübung in Sondereigentumseinheiten und Wertminderung der übrigen Wohnungen aus.

80 Das *OLG Frankfurt a. M.* (NZM 2004, 950) sah Wohnungseigentümer nicht als verpflichtet an, es ist zu dulden, dass in vermieteten Wohnung der Prostitution nachgegangen wird. Das Gericht stellte ausdrücklich fest, dass das Prostitutionsgesetz vom 20.12.2001 (vgl. dazu MüKo/*Armbrüster* § 1 ProstG Rn. 26 m. w. N.; *ders.* NJW 2002, 2763 ff.) an dieser Rechtslage nichts geändert habe aufgrund seiner völlig anderen Zielrichtung, nämlich die juristische Diskriminierung der Prostituierten zu beenden. Das Gericht verweist auf seine ständige Rechtsprechung (*OLG Frankfurt* ZMR 2002, 616).

81 Das *OLG Hamburg* (ZMR 2005, 644) hat es nicht beanstandet, dass die Tatsacheninstanz eine gewerbsmäßige Prostitution als im Einzelfall nicht zumutbare Nutzung einstuft. Außerdem hielt das Gericht den Verwalter für berechtigt, aus wichtigem Grund die trotz in der Teilungserklärung enthaltenen Erlaubnisvorbehalts mögliche Zustimmung zu verweigern. Das Gericht bejahte eine Beeinträchtigung der Wertschätzungen der Wohnungen in der betreffenden Wohnungsanlage und negativen Einfluss auf die Preisbildung am Markt für einzelne Wohnungen. Ob diese Einschätzungen durch das geplante Antidiskriminierungsgesetz (ADG) aufgehoben würde, ließ das Gericht im Hinblick auf das damals noch nicht in Kraft getretene jetzt als AGG verkündete Gesetz dahingestellt.

82 Das *LG Hamburg* (Beschluss v. 16.3.1989 – 20 T 95/88) hat eine solche Nutzung des Sondereigentums durch Mieter ebenfalls verboten und darauf abgestellt, dass die Wohnanlage sonst das Etikett »Absteige« erhalte, was die Gefahr einer Wertminderung der einzelnen Wohnungen in sich berge. Das *OLG Karlsruhe* (ZMR 2002, 151 f.) hält einen Bordellbetrieb selbst in einer WEG-Anlage für unzulässig, in der Vergnügungsbetriebe mit starkem Kundenverkehr und Nachtbetrieb gestattet sind.

83 Auch wenn der gewerbsmäßige Betrieb einer Sauna im Teileigentum nach der Teilungserklärung zulässig ist, brauchen die übrigen Wohnungseigentümer nicht zu dulden, dass dort eine sog. »Pärchensauna« mit entsprechender Werbung betrieben werde (vgl. *BayObLG* ZMR 1994, 423). Ebenso untersagt ist die Nutzung als SADO/MASO-Studio (vgl. *KG* ZMR 2002, 696).

84 Trotzdem hat das *BayObLG* (NJW-RR 1996, 464) in einem anderen Fall zweckwidriger Nutzung von Kellerräumen den Antrag zurückgewiesen, die Küchen- und Sanitäreinrichtungen wieder von den Anschlüssen zu trennen, da der Anschluss dieser Einrichtung sich noch im Rahmen der durch die Teilungserklärung getroffenen Zweckbestimmung der Kellerräume halte, die ja auch als Partyraum hätten genutzt werden dürfen.

85 Ein beschlossenes Bade- und Duschverbot für die Zeit von 23.00 Uhr bis 5.00 Uhr bedarf keiner einschränkenden Ergänzung für Ausnahmefälle (*BayObLG* NJW 1991, 1620 = MDR 1991, 762) und ist für Wohnungseigentümer und Mieter verbindlich.

86 Zu weiteren vom Mieter zu beachtenden ihn bindenden Regelungen der Wohnungseigentümer vgl. oben § 15 Rn. 15 sowie *Westner* in Deckert a. a. O. Gruppe 10 Rn. 152 ff.

6. Verwirkung

Im Einzelfall kann der Unterlassungsanspruch (ebenso der Anspruch auf Beseitigung einer rechtswidrigen baulichen Veränderung, *OLG Hamburg* ZMR 2002, 451; WE 2000, 248 f. mit Anm. *Riecke*; KG ZMR 1989, 346) bei teilungserklärungswidriger Nutzung am **Einwand unzulässiger Rechtsausübung** scheitern. So hat etwa das *BayObLG* (ZMR 1998, 176 = WuM 1998, 49 = NJW-RR 1998, 301 im Anschluss an WuM 1996, 437 = WE 1997, 69 = NJW-RR 1996, 1359) dies bejaht, wenn der Unterlassungsanspruch lediglich geltend gemacht wird, um einen geschäftlichen Konkurrenten auszuschalten, und zwar selbst dann, wenn ein Dritter im Interesse des Mitkonkurrenten den Anspruch durchzusetzen versucht, weil der Mitkonkurrent zuvor mit seinem eigenen Antrag rechtskräftig unterlegen war. 87

Hier würde nämlich die Unterlassung nicht wegen der durch zweckwidrige Nutzung verursachten Beeinträchtigungen als Wohnungseigentümer i. S. d. § 14 Nr. 1 WEG verlangt, sondern die Kläger (früher: Antragsteller) seien als Wohnungseigentümer nur vorgeschoben, um den zuvor versagten Unterlassungsanspruch durchzusetzen. Für die Kläger (früher: Antragsteller) als Wohnungseigentümer bestanden keine Beeinträchtigungen durch die gewerbliche Nutzung. 88

Dagegen ist die Rechtsprechung mit der Annahme einer **Verwirkung** – eine besondere Variante der unzulässigen Rechtsausübung – sehr zurückhaltend. Das *BayObLG* (WuM 1993, 558 = WE 1994, 180) verneinte eine Verwirkung in der Fallkonstellation, dass seit 1964 ein in der Teilungserklärung als »Laden« bezeichnetes Teileigentum durch den Pächter gastronomisch genutzt und seit 1991 als Vollgaststätte betrieben wurde, obwohl bereits der Betrieb einer Gaststätte mit der Zweckbestimmung »Laden« nicht vereinbar war. 89

Allein der Ablauf einer längeren Zeitspanne (Zeitmoment) genüge nicht (vgl. *BayObLG* WuM 1993, 558). Hinzutreten müssten darüber hinaus gehende Umstände, die darauf schließen ließen, dass die Anspruchsinhaber ihre Ansprüche nicht mehr geltend machen würden, wobei diese Umständen umso stärkere Bedeutung zukomme, je weniger Zeit seit dem störenden Verhalten verstrichen sei (*OLG Hamburg* ZMR 2002, 451). Beim Einwand der Verwirkung ist neben dem Verhalten des Berechtigten auch das Verhalten des Verpflichteten unter dem Gesichtspunkt von Treu und Glauben zu beurteilen. 90

Im Fall des *BayObLG* (WuM 1993, 558) hatte der unterlassungsverpflichtete Pächter durch Geltendmachung massiver Schadensersatzforderungen die Voraussetzungen des Umstandsmoments verhindert. 91

Kommt es allerdings zu einer Verwirkung des Unterlassungsanspruchs, so wirkt dieser auch bei Wechsel im Wohnungseigentum durch Rechtsnachfolge fort (*BayObLG* WuM 1994, 222 = WE 1995, 27). Auch bei der Verwirkung eines Beseitigungsanspruchs ist für das Zeitmoment der Zeitraum während der Eigentümerstellung des Rechtsvorgängers des die Beseitigung begehrenden Wohnungseigentümers mit zu rechnen, weil der Anspruchsteller keine weiter gehenden Rechte haben kann als seinem Rechtsvorgänger bei Eigentumswechsel zugestanden haben (*OLG Hamburg* ZMR 2002, 451; *KG* ZMR 1989, 346) 92

Im erwähnten Fall des *BayObLG* (WuM 1993, 558 = WE 1994, 180) mussten sich die Wohnungseigentümer auch die Zustimmung des Verwalters zum konkreten Pachtvertrag über die Ladenräume nicht zurechnen lassen. Hierin liegt keine Zustimmung zur rechtswidrigen Nutzung. 93

Die Wohnungseigentümer hätten dort auch kein Verhalten gezeigt, das beim verpachtenden Sondereigentümer oder seinem Pächter auf ein dauerhaftes Dulden der teilungserklärungswidrigen Nutzung schließen ließ. 94

Die Wohnungseigentümer hätten sich allenfalls durch die Androhung der Schadensersatzansprüche seitens des Sondereigentümers veranlasst gesehen, längere Zeit untätig zu bleiben. 95

Im Falle eines Dachausbaus spricht es gegen eine Verwirkung, wenn die Ausbaumaßnahmen, die auf eine Wohnnutzung des Dachgeschosses zielen, immer wieder auf der Eigentümerversammlung kontrovers diskutiert wurden und die Gemeinschaft sich sogar erkundigt hat, ob wenigstens die öffentlich-rechtliche Baugenehmigung vorliegt. 96

§ 16 | Nutzungen, Lasten und Kosten

7. Mietvertragliche Einbeziehungsvereinbarungen für (künftige) Gebrauchsregelungen nach § 15 Abs. 2 WEG

97 Nicht einmal eine künftige Hausordnung kann im Vorwege als den Mieter bindender Vertragsbestandteil wirksam vereinbart werden (*Armbrüster* FS Blank 2006, 581).

98 Über einen Änderungsvorbehalt sollen in Einzelfällen die mietvertraglichen Regelungen über den zulässigen Gebrauch in einer üblicherweise zu erwartenden Art konkretisiert werden können (*Armbrüster* FS Blank 2006, 584 Fn. 39 m. w. N.). Belastende Verpflichtungen oder Verbote gegenüber dem Mieter können so jedoch nicht nachträglich begründet werden.

99 *Armbrüster differenziert wie folgt: Wenn der Vermieter den Änderungsvorbehalt auf Regelungen im Rahmen ordnungsmäßigen Gebrauchs i. S. von § 15 Abs. 2 WEG beschränkt und zugleich ausdrücklich klarstellt, dass der mietvertraglich vereinbarte Gebrauch in diesem Rahmen auch durch Mehrheitsbeschlüsse der Wohnungseigentümer eingeschränkt werden kann, dann ist eine Bindung des Mieters hieran jedenfalls im Grundsatz nicht als unzumutbar i. S. des § 308 Nr. 4 BGB (oder als intransparent gemäß § 307 Abs. 1 S. 2 BGB) anzusehen.*

100 Voraussetzung ist allerdings, dass der vermietende Wohnungseigentümer bereits im Mietvertrag z. B. die Tierhaltung und Musikausübung seines Mieters unter einen präzisen auf ordnungsmäßige Mehrheitsbeschlüsse nach § 15 Abs. 2 WEG beschränkten Vorbehalt gestellt hat.

101 Über § 313 BGB (Störung der Geschäftsgrundlage) oder eine Änderungskündigung (setzt berechtigtes Interesse nach § 573 BGB voraus) lässt sich ein Gleichlauf mietvertraglicher und wohnungseigentumsrechtlicher Gebrauchsregelungen nicht einseitig vom vermietenden Sondereigentümer herstellen (*Armbrüster* FS Blank 2006, 587, 588).

102 Kommt es nicht zu einer Anpassung der divergierenden Gebrauchsregelungen kann der Mieter mindern, bei Verschulden des Vermieters Schadensersatz verlangen oder aus wichtigem Grund kündigen (vgl. §§ 536, 536a, 543 BGB).

§ 16 Nutzungen, Lasten und Kosten

(1) Jedem Wohnungseigentümer gebührt ein seinem Anteil entsprechender Bruchteil der Nutzungen des gemeinschaftlichen Eigentums. Der Anteil bestimmt sich nach dem gemäß § 47 der Grundbuchordnung im Grundbuch eingetragenen Verhältnis der Miteigentumsanteile.

(2) Jeder Wohnungseigentümer ist den anderen Wohnungseigentümern gegenüber verpflichtet, die Lasten des gemeinschaftlichen Eigentums sowie die Kosten der Instandhaltung, Instandsetzung, sonstigen Verwaltung und eines gemeinschaftlichen Gebrauchs des gemeinschaftlichen Eigentums nach dem Verhältnis seines Anteils (Absatz 1 Satz 2) zu tragen.

(3) Die Wohnungseigentümer können abweichend von Absatz 2 durch Stimmenmehrheit beschließen, dass die Betriebskosten des gemeinschaftlichen Eigentums oder des Sondereigentums im Sinne des § 556 Abs. 1 des Bürgerlichen Gesetzbuches, die nicht unmittelbar gegenüber Dritten abgerechnet werden, und die Kosten der Verwaltung nach Verbrauch oder Verursachung erfasst und nach diesem oder nach einem anderen Maßstab verteilt werden, soweit dies ordnungsmäßiger Verwaltung entspricht.

(4) Die Wohnungseigentümer können im Einzelfall zur Instandhaltung oder Instandsetzung im Sinne des § 21 Abs. 5 Nr. 2 oder zu baulichen Veränderungen oder Aufwendungen im Sinne des § 22 Abs. 1 und 2 durch Beschluss die Kostenverteilung abweichend von Absatz 2 regeln, wenn der abweichende Maßstab dem Gebrauch oder der Möglichkeit des Gebrauchs durch die Wohnungseigentümer Rechnung trägt. Der Beschluss zur Regelung der Kostenverteilung nach Satz 1 bedarf einer Mehrheit von drei Viertel aller stimmberechtigten Wohnungseigentümer im Sinne des § 25 Abs. 2 und mehr als der Hälfte aller Miteigentumsanteile.

(5) Die Befugnisse im Sinne der Absätze 3 und 4 können durch Vereinbarung der Wohnungseigentümer nicht eingeschränkt oder ausgeschlossen werden.

Nutzungen, Lasten und Kosten | § 16

(6) Ein Wohnungseigentümer, der einer Maßnahme nach § 22 Abs. 1 nicht zugestimmt hat, ist nicht berechtigt, einen Anteil an Nutzungen, die auf einer solchen Maßnahme beruhen, zu beanspruchen; er ist nicht verpflichtet, Kosten, die durch eine solche Maßnahme verursacht sind, zu tragen. Satz 1 ist bei einer Kostenverteilung gemäß Absatz 4 nicht anzuwenden.

(7) Zu den Kosten der Verwaltung im Sinne des Absatzes 2 gehören insbesondere Kosten eines Rechtsstreits gemäß § 18 und der Ersatz des Schadens im Falle des § 14 Nr. 4.

(8) Kosten eines Rechtsstreits gemäß § 43 gehören nur dann zu den Kosten der Verwaltung im Sinne des Absatzes 2, wenn es sich um Mehrkosten gegenüber der gesetzlichen Vergütung eines Rechtsanwalts aufgrund einer Vereinbarung über die Vergütung (§ 27 Abs. 2 Nr. 4, Abs. 3 Nr. 6) handelt.

Literatur
Abramenko Heizkostenverteilung und Beschlusskompetenz nach bisherigem und künftigem Recht, ZWE 2007, 61; *ders.* Die Freistellung von Kosten für bauliche Veränderungen gemäß § 16 Abs. 3 WEG nach dem Ende des »Zitterbeschlusses«, ZMR 2003, 468; *Armbrüster* Die Kosten des Gebrauchs des Sondereigentums, PiG 63, 117 = ZWE 2002, 145; *Becker* Verteilung der Folgekosten beim Dachausbau, ZWE 2001, 85; *Bräuer/Oppitz* Hausgeldforderungen in der Zwangsversteigerung, ZWE 2007, 339; *Briesemeister* Zur Durchsetzung einer Versorgungssperre gegen den Mieter eines Wohnungseigentümers durch die Wohnungseigentümergemeinschaft, ZMR 2007, 661; *ders.* Das Haftungssystem der Wohnungseigentümergemeinschaft nach der WEG-Reform, NZM 2007, 225; *ders.* Durchgriffsansprüche der Wohnungseigentümergemeinschaft gegen den Mieters eines Wohnungseigentümers, FS Blank, S. 591; *ders.* Die Beschlusskompetenz zur Regelung der Kosten des Gemeinschaftseigentums, DWE 2005, 157; *ders.* Die Begründung von Sonderpflichten einzelner Wohnungseigentümer durch Mehrheitsbeschluß, ZWE 2003, 307; *ders.* Regelungen zur Tragung der Kosten des Gemeinschaftseigentums, PiG 63, 139 = ZWE 2002, 241; *Demharter* Zur Kostenbeteiligung des Wohnungseigentümers, der einer baulichen Veränderung nicht zugestimmt hat, MDR 1988, 265; *Dötsch* Beschränkte Erbenhaftung für Hausgeldschulden?, ZMR 2006, 902; *Drasdo* Die Zahlungspflicht des Bauträgers für leer stehende und noch nicht errichtete oder vermietete Einheiten, BTR 2003, 73; *Elzer* Änderungen des ZVG durch die WEG-Novelle, ZAP 2007, Fach 14, 535–542; *ders.* Kleine Unklarheiten: Das WEG-Reformgesetz auf einem ersten Prüfstand, ZMR 2007, 430; *ders.* Der abändernde Zweitbeschluss: Vom notwendigen Ausgleich zwischen Schutzbedürftigkeit und Flexibilität, ZMR 2007, 237; *ders.* Einführung einer verbrauchsabhängigen Abfallrechnung – Eine Checkliste, WE 2004, 220; *Fritsch* Die erweiterte Beschlusskompetenz zur Verteilung von Betriebs- und Verwaltungskosten, MietRB 2007, 244; *Gaier* Versorgungssperre bei Beitragsrückständen des vermietenden Wohnungseigentümers, ZWE 2004, 109; *ders.* Regelmäßige Verjährung gemeinschaftlicher Ansprüche der Wohnungseigentümer nach neuem Recht, NZM 2003, 90; *Gottschalg* Kostentragung, Kostenverteilung und Kostenbefreiung nach den neuen Bestimmungen des WEG, DWE 2007, 40; *ders.* Kostenverteilung bei baulichen Veränderungen, NZM 2004, 529; *Greiner* Abfallgebühren als Kosten des Sondereigentums – oder: das Recht auf die eigene Mülltonne, ZMR 2004, 319; *ders.* Rechtsfragen der Abfallgebühren in Wohnungseigentümergemeinschaften, ZMR 2000, 717; *Häublein* Die Stärkung der Mehrheitsmacht durch zwingende Beschlusskompetenz – Überlegungen zu den Abänderungsverboten im novellierten WEG, FS Bub (2007), S. 113; *ders.* Die Willensbildung in der Wohnungseigentümergemeinschaft nach der WEG-Novelle, ZMR 2007, 409; *ders.* Zustandekommen und Wirksamkeit von Wohnungseigentümerbeschlüssen über bauliche Veränderungen, NJW 2005, 1466; Kostenverteilungsschlüssel in der Gemeinschaftsordnung unter besonderer Berücksichtigung »bauträgerfreundlicher« Regelungen, PiG 69, 41; *Hogenschurz* Die Abrechnung von Kabelanschluß- und Abfallgebühren nach der Entscheidung des BGH, ZMR 2003, 901; *Hügel* Das Ableben eines Wohnungseigentümers und dessen Folgen für die Eigentümergemeinschaft, ZWE 2006, 174; *ders.* Die verbrauchsabhängige Verteilung der Kosten von Sonder- und Gemeinschaftseigentum ZWE 2005, 204; *Jennißen* Verfahrenskostenverteilung im Innenverhältnis der Wohnungseigentümer – Ein (vorsichtiger) Blick auf die WEG-Novelle 2007, NZM 2007, 510; *ders.* Die verbrauchsabhängige Heiz- und Wasserkostenabrechnung im Wohnungseigentum, FS Blank (2006), S. 635; *ders.* Aufteilungstheorie versus Fälligkeitstheorie, ZMR 2005, 267; *ders.* Die Auswirkungen des Eigentümerwechsels auf die Verpflichtung zur Lasten- und Kostentragung nach dem Wohnungseigentumsgesetz, 1991; *Kümmel/von Seldeneck* Die Versorgungssperre in Wohnungseigentumsanlagen, GE 2002, 1045; *Meffert* Beschlusskompetenz der Wohnungseigentümer für Kostenregelungen gemäß § 16 Abs. 3 und 4 WEG n. F., ZMR 2007, 667; *ders.* Das Haftungssystem des WEG nach der Novelle, WE 2007, 151; *Merle* Entgelte für die Nutzung von Gemeinschaftseigentum und Mehrheitsbeschluss, ZWE 2006, 128; *ders.* Zur Abrechnung bei Veräußerung von Wohnungseigentum, ZWE 2004, 195; *Müller* Bauträger und Immobilienverwalter PiG 64, 195; *Niedenführ* Haftung des Erben für Wohngeld NZM 2000, 641; *Ott* Der stecken gebliebene Bau nach Insolvenz des Bauträgers, NZM 2004, 134; *ders.* Die Zustimmung zu baulichen Veränderungen und zur Kostentragung, ZWE 2002, 61; *Rau* Zur Beitragspflicht des ausgeschiedenen Wohnungseigentümers, ZMR 2000, 337; *Riesenberger* Der stecken gebliebene Bau, FS Deckert, S. 395; *Sandweg* Bauliche Veränderungen am Gemeinschaftseigentum und deren Kostenfolgen, DNotZ 1993, 707; *Scheidacker* Der Zutritt zu Räumen zwecks Durchführung einer Versorgungssperre, NZM 2007, 591; *Schmid* Beschlusskompetenz der Wohnungseigentümer für die Verteilung der Betriebskosten, MDR 2007, 989; *ders.* Änderung der Heizkostenverteilung nach § 16 Abs. 3 WEG

§ 16 | Nutzungen, Lasten und Kosten

n. F., WE 2007, 103; *ders.* Das WEG entdeckt das Mietrecht, ZMR 2005, 27; *J.-H. Schmidt* Darlehensaufnahme durch die rechtsfähige Wohnungseigentümergemeinschaft – wer wird Vertragspartner und wer haftet?, ZMR 2007, 90; *ders.* Kostentragung bei Balkonsanierungsmaßnahmen, WE 2003, 261; *ders.* Wohngeldvorschüsse in der Zwangsversteigerung, NZM 2001, 847; *Schoch* Verjährung von Individualansprüchen aus dem Gemeinschaftsverhältnis der Wohnungseigentümer, ZMR 2007, 427; *Siegmann* Nochmals: Haftung des Erben für Wohngeld, NZM 2000, 995; *Stähling* Rechtsverfolgungskosten in der Jahresabrechnung, NZM 2006, 766; *Vallender* Wohnungseigentum in der Insolvenz, NZI 2004, 801; *Wenzel* Anspruchsbegründung durch Mehrheitsbeschluß, NZM 2004, 542; *Wolfsteiner* Vollstreckbare Urkunden über Wohngeld, PiG 71, 59.

Inhaltsverzeichnis

A. Allgemeines	1
I. Einführung	1
II. Inhalt	3
III. Verhältnis zu anderen Vorschriften	4
1. Aufwendungsersatzansprüche im Außenverhältnis (Regress nach innen)	4
a) Berichtigung von Verbandsverbindlichkeiten	7
aa) Grundsatz	7
bb) Ausnahme	9
b) Im Gemeinschaftseigentum wurzelnde Ansprüche (§§ 14 Nr. 4, 21 Abs. 2, 21 Abs. 4 WEG)	10
aa) Anspruchsgrundlagen	11
bb) Verpflichteter	12
c) Geborene oder gekorene Gesamtschuld	14
d) Wohnungseigentümer als Vertragspartner	16
e) Aufbauschulden	17
2. § 10 Abs. 2 S. 3 WEG	18
a) § 16 Abs. 3 WEG	19
b) § 16 Abs. 4 WEG	20
3. § 21 Abs. 7 WEG	21
4. Überzahlungen	22
B. Anteil am Gemeinschaftseigentum	23
I. Miteigentumsanteile	23
II. Änderung der Miteigentumsanteile	24
C. Gesetzlicher Kostenverteilungsschlüssel: § 16 Abs. 2 WEG	25
I. Anwendungsbereich	26
II. Sondereigentum	27
1. Allgemeines	27
2. Kostenverteilungsschlüssel und Erfassung	30
3. Regelungsstreit	33
III. Umlage der Heiz- und Warmwasserkosten	34
1. Kein gesetzlicher Kostenverteilungsschlüssel	34
2. Bestimmung	35
3. Grenzen	36
4. Ersatzschlüssel	37
5. Änderungen	38
6. Ausnahme	39
IV. Anspruch auf Änderung des geltenden Kostenverteilungsschlüssels	40
1. Negativbeschluss	42
2. Positiver Beschluss	43
3. Ausfall des Selbstorganisationsrechts	44
4. Einrede	45
5. § 10 Abs. 2 S. 3 WEG	46
D. Gewillkürte Kostenverteilungsschlüssel; Einführung von Erfassungsmöglichkeiten	47
I. Für das Gemeinschafts- und Sondereigentum	47
II. Vereinbarung	48
1. Allgemeines	48
2. Auslegung	49
3. Kompetenzverlagerung	51
4. Grenzen: Das »Abänderungsverbot« des § 16 Abs. 5 WEG	52
a) Geltende oder künftige Vereinbarungen	53
b) Einschränkungen	54
c) Erweiterungen	55
III. Beschluss nach § 16 Abs. 3 WEG	56

	1. Einführung und Anwendungsbereich	56
	2. Voraussetzungen	60
	a) Betriebskosten	61
	aa) Grundsatz	61
	bb) Gegenstand der Betriebskosten	63
	cc) Grenze: Unmittelbar gegenüber Dritten abgerechnete Betriebskosten	66
	b) Heizkosten	67
	aa) Grundsatz	67
	bb) Bestimmung	68
	cc) Grenzen	69
	c) Kosten der Verwaltung	70
	aa) Allgemeines	70
	bb) Besondere Verwaltung	71
	cc) Besonderer Gebrauch	72
	3. Rechtsfolgen	73
	a) Erfassung	74
	b) Verteilung	75
	c) Ermessen	76
	aa) Grundsatz	77
	bb) Ermessensreduktion	78
	4. Beschluss	80
	a) Allgemeines	80
	b) Ankündigung i. S. von § 23 Abs. 2 WEG	82
	c) Beschlussfassung	83
	d) Beschlussfehlerlehre	84
	aa) Ordnungsmäßigkeit im Allgemeinen	85
	bb) Sachlicher Grund	86
	cc) Schutzwürdige Belange (Zweitbeschlüsse)	87
	(1) Allgemeines	87
	(2) Rückwirkung	89
	dd) Vermietetes Sondereigentum	90
	ee) Nichtigkeit	91
	5. Änderung des Wohnungsgrundbuchs	92
IV.	Beschluss nach § 16 Abs. 4 WEG	93
	1. Anwendungsbereich	94
	2. Voraussetzungen	97
	a) Einzelfall	97
	b) Bauliche Maßnahmen im Gemeinschaftseigentum	100
	aa) Grundsatz	100
	bb) Instandhaltungen oder Instandsetzungen	101
	cc) Sondereigentum	102
	c) Beschlussanforderungen	103
	aa) Drei Viertel aller stimmberechtigten Wohnungseigentümer	106
	bb) Mehrheit der Miteigentumsanteile	107
	cc) Eigene Mehrheiten	108
	dd) Verpasste Mehrheiten	109
	ee) Beschlussanforderungen im Übrigen	111
	3. Rechtsfolgen	112
	a) Verteilungsmaßstab	113
	aa) Zweck	113
	bb) Begriff	114
	cc) Verstöße	118
	b) Grenzen und Nichtigkeit	119
V.	Schlüssige Änderungen	120
VI.	Öffnungsklauseln	121
VII.	Zweifel über Anordnung eines Kostenfalls	123
VIII.	Heiz- und Warmwasserkosten	124
	1. Grundsatz	124
	2. Änderung	125
IX.	Müllkosten	126
	1. Müll des Gemeinschaftlichen Eigentums	126
	2. Müll des Sondereigentums	127
	3. Fehlende Zuordnung oder fehlende Möglichkeit einer Zuordnung	128
X.	Breitbandkabelanschluss	129

§ 16 | Nutzungen, Lasten und Kosten

		1. Allgemeines	129
		2. Verteilung	131
		a) Gewillkürte Schlüssel	131
		b) Geborene Schlüssel	133
	XI.	Sonderlasten	134
	XII.	Mehrhausanlagen	136
E.	**Nutzungen des gemeinschaftlichen Eigentums**	139
	I.	Begriff	139
	II.	Inhaber des Bezugsrechts	140
		1. Wohnungseigentümer	140
		2. Verteilungsschlüssel	142
		3. Pfändbarkeit	143
	III.	Sach- und Rechtsfrüchte	144
	IV.	Dinglicher Erwerb	147
	V.	Verwaltung	148
	VI.	Ausschluss von Nutzungen, § 16 Abs. 6 S. 1 WEG	149
	VII.	Nutzungen des Verwaltungsvermögens	150
F.	**Lasten und Kosten des gemeinschaftlichen Eigentums (Innenverhältnis)**	151
	I.	Anwendungsbereich	151
		1. Lasten des gemeinschaftlichen Eigentums	152
		2. Kosten des gemeinschaftlichen Eigentums	154
		a) Instandhaltung und Instandsetzung	155
		aa) Allgemeines	155
		bb) Stecken gebliebener Bau	158
		b) Kosten der Verwaltung	159
		c) Kosten des gemeinschaftlichen Gebrauchs	160
	II.	Anspruchsgrundlage im Innenverhältnis	162
		1. §§ 16 Abs. 2, 28 Abs. 5 WEG	163
		2. Beschlüsse neben §§ 16 Abs. 2, 28 Abs. 5 WEG	165
		a) Leistungspflichten einzelner Wohnungseigentümer	165
		b) Tätige Mithilfe	170
		aa) Grundsatz	170
		bb) Ausnahme	171
		3. Ansprüche aus § 280 Abs. 1 S. 1 BGB	172
		4. Vereinbarungen	177
		5. Ungerechtfertigte Bereicherung	181
		6. Sonderfall: Zwei-Mann-Gemeinschaft	182
		7. Kreditaufnahme	184
	III.	Wohngeld (Hausgeld)	186
		1. Begriff	186
		2. Höhe	187
		3. Fälligkeit	188
		a) Allgemeines	188
		b) Verzugszinsen	191
		c) Beginn des Verzugs	192
		d) Verjährung	193
	IV.	Verpflichtete / Anspruchsgegner	195
		1. Wohnungseigentümer	195
		a) Allgemeines	195
		b) Erbfall	198
		c) Ehemaliger (ausgeschiedener) Wohnungseigentümer	201
		d) Werdender Wohnungseigentümer	202
		aa) Haftung des Ersterwerbers	202
		bb) Haftung des Veräußerers	203
		cc) Stellung des Zweiterwerbers	204
		e) Mehrere Inhaber eines Wohnungseigentums	205
		f) Inhaber substanzloser (isolierter) Miteigentumsanteile	206
		g) Verband Wohnungseigentümergemeinschaft als Wohnungseigentümer	207
		2. Eigentümerwechsel	208
		a) Fälligkeitstheorie	208
		b) Alteigentümer	210
		c) Sondernachfolger	211
		aa) Wirtschaftsplan	212

			bb) Sonderumlagen	214
			cc) Jahresabrechnung	215
		d)	Vereinbarte Haftung (Haftungsklausel)	217
			aa) Rechtsgeschäftlicher Erwerb	217
			bb) Zwangsversteigerung	220
		e)	Regelungen im Kaufvertrag	221
		f)	Guthaben	222
		g)	Außenhaftung	223
	3.	Gewillkürte Verpflichtete		224
		a)	Vereinbarung	224
		b)	Beschluss	225
			aa) § 21 Abs. 7 WEG	225
			bb) Tätige Mithilfe	226
	4.	Zwangsverwaltung		227
		a)	Haftung des Zwangsverwalters	227
			aa) Allgemeines	227
			bb) Umfang	228
		b)	Haftung des Wohnungseigentümers	230
			aa) Allgemeines	230
			bb) Umfang	232
	5.	Insolvenzverwalter		233
		a)	Nach Eröffnung des Insolvenzverfahrens fällig gewordene Ansprüche	234
		b)	Vor Eröffnung des Insolvenzverfahrens fällig gewordene Ansprüche	237
V.	Berechtigter / Anspruchsinhaber			238
VI.	Sonderfälle			239
	1.	Grundsatz: Keine Korrelation Nutzungsmöglichkeit/Kostentragung		239
	2.	Stecken gebliebener Bau		240
	3.	Fehlende Nutzbarkeit		242
		a)	Grundsatz	242
		b)	Wohnungsleerstand	243
		c)	Bauabschnittsweise Fertigstellung	245
	4.	Kosten der einem »Sondernutzungsrecht« unterliegenden Flächen		246
VII.	Durchsetzung			247
	1.	Außergerichtliches Vorgehen		247
		a)	Allgemeines	247
		b)	Versorgungssperre	248
			aa) Allgemeines	248
			bb) Voraussetzungen	249
			cc) Vermietetes Sondereigentum	251
		c)	Unterwerfung unter die sofortige Zwangsvollstreckung	252
			aa) Verpflichtung zur Errichtung einer Urkunde	252
			bb) Unterwerfung bereits im Teilungsvertrag (der Teilungserklärung)	253
	2.	Mahnverfahren		254
	3.	Wohngeldklage		255
	4.	Verteidigung des Wohngeldschuldners		256
		a)	Aufrechnung	257
			aa) Grundsatz	257
			bb) Ausnahmen	258
			cc) Vereinbarte Aufrechnungsausschlüsse	259
		b)	Zurückbehaltungsrechte (§ 273 BGB)	260
		c)	Anfechtbarkeit	261
	5.	Zwangsvollstreckung		262
		a)	Zwangshypothek	263
		b)	Zwangsverwaltung	264
		c)	Zwangsvollstreckung	266
			aa) Des Verbandes	266
			bb) Eines Dritten	272
	6.	Entziehungsklage		273
G.	Kosten und Lasten des Sondereigentums			274
	I.	Kosten des Sondereigentums		274
	II.	Lasten des Sondereigentums		276
	III.	Kostenverteilungsschlüssel		277
H.	Zweifel bei einem Kostenanfall			278

§ 16 | Nutzungen, Lasten und Kosten

I. Kosten und Nutzungen einer Maßnahme nach § 22 Abs. 1 WEG	280
I. Anwendungsbereich	281
1. § 22 Abs. 1 WEG	281
2. §§ 21 Abs. 5 Nr. 2, 22 Abs. 2 und Abs. 3 WEG	282
II. Geschützter Personenkreis	283
1. Wohnungseigentümer	283
2. Sondernachfolger	285
III. Kosten einer Maßnahme nach § 22 Abs. 1 WEG	286
1. Originäre Kosten	286
2. Folgekosten	288
a) Grundsatz	288
b) Bedingte Zustimmungen	291
c) Instandhaltungsrückstellung	292
d) Sonderumlagen wegen Ausfalls	293
e) Aufwendungsersatz von den Zustimmenden	294
3. Rückbaukosten	295
4. Auf einer Öffnungsklausel beruhende Beschlüsse	296
IV. Nutzungen einer Maßnahme	297
1. Allgemeines	297
2. Auf § 16 Abs. 4 WEG beruhende Beschlüsse	299
3. Bereicherungsausgleich	300
J. Verwaltungskosten	301
I. Kosten eines Rechtsstreits	303
1. Entziehungsklagen gem. § 18 WEG: § 16 Abs. 7 Variante 1 WEG	304
a) Finanzierung einer Entziehungsklage	305
b) Endgültige Kostenverteilung	306
aa) Erfolgreiche Entziehungsklage	307
bb) Verlorene Entziehungsklage	308
c) Kosten des Rechtsstreits	310
d) Kostenverteilungsschlüssel	311
2. § 16 Abs. 8 WEG	312
a) Zweck	312
b) Anwendungsbereich	313
aa) Sämtliche Wohnungseigentümer sind beklagt oder klagen	314
bb) § 43 Nr. 5 WEG	316
cc) Streitigkeiten mit Dritten; Wohngeldverfahren	317
dd) Mehrkosten: § 27 Abs. 2 Nr. 4 oder Abs. 3 Nr. 6 WEG	319
c) Verteilung der Kosten eines Verfahrens nach § 43 WEG	321
d) Finanzierung des Rechtsstreits und Abrechnung	324
aa) Grundsatz	324
bb) Abrechnung	325
cc) Ausnahmen nach Sinn und Zweck	326
3. Sonstige Rechtsstreitigkeiten	327
II. Ersatz eines Schadens im Falle des § 14 Nr. 4 Halbsatz 2 WEG	329
III. Sonstige Verwaltungskosten	330
1. Allgemeines	330
2. Ersatzansprüche	331
3. Sonstige Verwaltungskosten	332
K. Abdingbarkeit	333

A. Allgemeines

I. Einführung

1 § 16 WEG besitzt eine **zentrale Stellung** in der Ganzheit des Wohnungseigentumsgesetzes. Er widmet sich **im Wesentlichen** der Frage, in welcher Art und Weise und in welcher Höhe ein Wohnungseigentümer positiv (Früchte) und negativ (Kosten und Lasten) am Finanzaufkommen des Verbandes Wohnungseigentümergemeinschaft teilnimmt und wie sich die Finanzströme **unter den Wohnungseigentümern** und dem Verband gestalten. Seine Anordnungen beanspruchen Geltung für das **Innenverhältnis** der Wohnungseigentümer und für das Verhältnis zwischen Verband und Wohnungseigentümern. Die Bestimmungen des § 16 WEG **regeln** hingegen **nicht**,

wann und dass ein Wohnungseigentümer oder der Verband Wohnungseigentümergemeinschaft gegenüber Dritten eine Zahlung leisten muss (**Außenhaftung**). Ob ein Wohnungseigentümer einem **Dritten** und also nach außen haftet, richtet sich nach den allgemeinen Regelungen und nach § 10 Abs. 8 S. 1 WEG (zu diesen Fragen § 10 Rn. 469 ff.). Stellung und Aufgabe des § 16 WEG haben sich **wesentlich** durch das Gesetz zu Änderung des Wohnungseigentumsgesetzes und anderer Gesetze vom 26.3.2007 (BGBl I S. 370) verändert. Diese Umgestaltung hat u. a. durch die neu eingeführten Absätze 3 und 4 **zwei** durch ein Abänderungsverbot (Absatz 5) **gesetzlich geschützte Öffnungsklauseln** eingeführt und dadurch in sehr bedenklicher und unnötiger Durchbrechung des das Wohnungseigentumsgesetz bis dahin beherrschenden Vertragsprinzips ganz wesentlich die Kompetenz der Wohnungseigentümer, ihre Angelegenheiten durch einen bloßen Beschluss zu regeln, **verändert** und **verbreitert**.

Ein Teil der Befehle des § 16 WEG sind **Sondervorschriften** (lex specialis) gegenüber §§ 743 Abs. 1, 748 BGB und gehen diesen vor. Entscheidender **Gegensatz** zu den Regelungen zur bürgerlichen Gemeinschaft nach §§ 741 ff. BGB ist, dass die Wohnungseigentümer gegenüber dem Verband Wohnungseigentümergemeinschaft erst auf Grund eines auf §§ 16 Abs. 2, 28 Abs. 5 WEG beruhenden Beschlusses über Wirtschaftsplan, Jahresabrechnung oder Sonderumlage verpflichtet sind, zur planmäßigen Erfüllung aller gegenwärtigen und künftigen Außenverbindlichkeiten **Beitragsvorschüsse** im Rahmen eines **selbstständigen Finanz- und Rechnungswesens** unabhängig vom Zeitpunkt des Entstehens der Außenverbindlichkeiten zu leisten (dazu Rn. 163 ff.). Der Anspruch der Gemeinschafter auf Ausgleich entsteht hingegen **zeitgleich** mit dem Entstehen und in Höhe der jeweiligen Außenverbindlichkeit. 2

II. Inhalt

Abweichend von §§ 743, 748 BGB trifft § 16 WEG vor allem Bestimmungen zu den Nutzungen, Lasten und Kosten des Gemeinschaftseigentums, zum Teil – nämlich in Absatz 3 – systemwidrig aber auch zu denen des Sondereigentums. Absatz 1 ordnet wie allerdings auch § 743 Abs. 1 BGB an, dass jedem Wohnungseigentümer ein seinem Anteil entsprechender **Bruchteil der Nutzungen** des gemeinschaftlichen Eigentums gebührt. Der Anteil bestimmt sich nach dem gem. § 47 GBO im Grundbuch eingetragenen Verhältnis der Miteigentumsanteile. Absatz 2 bestimmt den **gesetzlichen Kostenverteilungsschlüssel** für die Kosten und Lasten des Gemeinschaftseigentums, der stets subsidiär gilt und anordnet, dass jeder Wohnungseigentümer an den Kosten und Lasten im **Innenverhältnis** in Höhe seines Miteigentumsanteils beteiligt ist (zum Außenverhältnis s. § 10 Rn. 469 ff.). Die Absätze 3 und 4 erlauben es unter den von ihnen genannten Voraussetzungen, vom gesetzlichen, aber auch von einem vereinbarten oder beschlossenen Kostenverteilungsschlüssel abweichende Regelungen im Wege des Beschlusses zu treffen. Absatz 5 schützt diese gesetzlichen Öffnungsklauseln gegen nachteilige Vereinbarungen (Abänderungsverbot). Absatz 6 entspricht **mit einer Klarstellung** der bis zum 30.6.2007 geltenden Gesetzesfassung. Die Absätze 7 und 8 treffen im Wesentlichen ergänzende **Bestimmungen** für das Verständnis der **Verwaltungskosten**. 3

III. Verhältnis zu anderen Vorschriften

1. Aufwendungsersatzansprüche im Außenverhältnis (Regress nach innen)

Die **Haftung** der Wohnungseigentümer im **Außenverhältnis** richtet sich neben § 10 Abs. 8 WEG (§ 10 Rn. 469 ff.) nach den **allgemeinen Grundsätzen** (zur Haftung gegenüber dem Verband s. § 10 Rn. 510 ff.). Die Außenhaftung eines Wohnungseigentümers kommt nach § 10 Abs. 8 S. 1 WEG dabei nur in Höhe der jeweiligen Miteigentumsanteile in Betracht, es sei denn, 4

– die Wohnungseigentümer hätten sich **persönlich** nach außen neben dem Verband in voller Höhe **verpflichtet**, 5
– die Wohnungseigentümer sind selbst **ausnahmsweise Vertragspartei** oder
– ein **Gesetz** ordnet eine **Haftung der Wohnungseigentümer** an, ohne dass diese Vertragspartei sind oder dass sie »auch« Vertragspartei sind.

§ 16 | Nutzungen, Lasten und Kosten

6   Ist ein Wohnungseigentümer im Außenverhältnis für eine **Verbandsverbindlichkeit** oder ein das **Gemeinschaftseigentum betreffenden Anspruch** in Haftung genommen worden, kommt ein **Innenregress** in Betracht. Ein Wohnungseigentümer kann dabei nach seiner Wahl **ohne vorangegangenen Beschluss** Zahlung an einen Gläubiger (Freistellung) oder Ausgleich verlangen.

a) Berichtigung von Verbandsverbindlichkeiten

aa) Grundsatz

7   Hat ein Wohnungseigentümer gegenüber Dritten **freiwillig** oder über § 10 Abs. 8 S. 1 WEG **erzwungen** eine **Verbandsverbindlichkeit** erfüllt, kann er vom **Verband Wohnungseigentümergemeinschaft** einen **vollständigen Ausgleich** verlangen (*Meffert* WE 2007, 151, 153; zum früheren Recht s. *BGH* MDR 1985, 315 = NJW 1985, 912 = ZMR 1984, 422 = Rpfleger 1985, 23). Der Anspruch findet seine Grundlage in §§ 268 Abs. 3, 774 Abs. 1 S. 1 BGB oder in §§ 677 BGB bzw. in §§ 812 ff. BGB (s. auch § 110 HGB). Der Wohnungseigentümer muss sich bei diesem, gegen den Verband gerichteten Anspruch **keinen »Eigenanteil«** entgegenhalten lassen. Bei § 10 Abs. 8 WEG handelt sich um keine eigene Verpflichtung des Wohnungseigentümers. Er haftet für eine **fremde Schuld** (*Meffert* WE 2007, 151, 153). Inwieweit ein Wohnungseigentümer im Verhältnis zu den anderen Wohnungseigentümern und dem Verband letztlich an einer Forderung zu beteiligen ist, bestimmt **allein das Innenverhältnis** und das System der §§ 16 Abs. 2, 28 Abs. 5 WEG. Der Anspruch auf Ausgleich kann auch auf die Forderung des befriedigten Gläubigers gestützt werden, die gem. §§ 426 Abs. 2, 412, 399 ff. BGB für den Zweck des Regresses bestehen bleibt und auf den leistenden Wohnungseigentümer übergeht. Sie ist der Höhe nach nicht auf den Ausgleichsanspruch i. S. von Absatz 2 beschränkt. Ist ein Wohnungseigentümer nur in Anspruch genommen worden, ohne aber zu erfüllen, kann er ferner eine **Freistellung** verlangen.

8   Eine Inanspruchnahme der anderen Wohnungseigentümer wegen der Berichtigung von Verbandsverbindlichkeiten **scheidet grundsätzlich aus** (*Meffert* WE 2007, 151, 153; s. aber Beschlussempfehlung und Bericht des Rechtsausschusses, BT-Drucks. 16/3843 S. 25). Das Verwaltungsvermögen stellt die Vermögensmasse dar, aus der im Rahmen der ordnungsmäßigen Verwaltung Lasten und Kosten zu begleichen sind und hätten beglichen werden müssen, wenn nicht ein Wohnungseigentümer in Vorlage getreten wäre. Aus den gemeinschaftlichen Mitteln sind deshalb im Allgemeinen auch die Kosten zu erstatten, die ein Wohnungseigentümer »vorgelegt« hat. Nach § 10 Abs. 6 S. 3, Abs. 7 S. 2 WEG ist es Verbandsaufgabe, solche Ansprüche aus dem Verwaltungsvermögen auszugleichen. Die **Rechtsprechung**, dass sich ein Rückgriffsanspruch auch **unmittelbar** gegen den oder die anderen Wohnungseigentümer in Höhe deren Anteils richten kann (*BayObLG* WE 1995, 243, 244; *OLG Stuttgart* OLGZ 1986, 32, 34 = NJW-RR 1986, 379; *OLG Hamm* WE 1993, 110, 111), ist **grundsätzlich überholt**. Hat ein Wohnungseigentümer Außenverbindlichkeiten getilgt, kann er dafür einen Rückgriff allein beim **Verband** suchen (so bereits zum früheren Recht sinngemäß *OLG Köln* ZMR 1999, 790 = OLGReport Köln 1999, 270; *OLG Hamm* WE 1993, 110, 111; WE 1993, 314, 315; s. auch nach dem HGB). Eine Haftung der anderen Wohnungseigentümer kann auch **nicht aus** § 10 Abs. 8 S. 1 WEG hergeleitet werden. Die zwischen den Wohnungseigentümern bestehende **Treuepflicht** (s. § 10 Rn. 40 ff.) gebietet es, dass sich ein in Haftung genommener Wohnungseigentümer grundsätzlich an den Verband Wohnungseigentümergemeinschaft halten muss.

bb) Ausnahme

9   Eine Haftung der jetzigen oder früherer Miteigentümer kommt ganz ausnahmsweise und **subsidiär** ggf. dann in Betracht, wenn aus dem Verwaltungsvermögen **langfristig** (mindestens zwei Jahre) keine Befriedigung mehr zu erwarten ist (allgemein *BGH* MDR 2002, 593, 594; BGHZ 103, 72, 76 = MDR 1988, 569 = NJW 1988, 1375, 1376; NJW 1981, 1095, 10; NJW 1980, 339, 340; a. A. *Meffert* WE 2007, 151, 153, der übersieht, dass Anspruchsgrundlage dann § 10 Abs. 8 S. 1 WEG ist). In diesem Falle kann ein Wohnungseigentümer von den anderen Wohnungseigentümern unmittelbar Regress auch für den **Ausgleich von Verbandsverbindlichkeiten** suchen. Der entsprechende Wohnungseigentümer bedarf dazu keines Titels gegen den Verband, um

Nutzungen, Lasten und Kosten | § 16

über diesen die Verbandsansprüche gegen dessen Schuldner zu realisieren, sondern kann – freilich nur anteilig – direkt über § 10 Abs. 8 S. 1 WEG vorgehen. Entsprechend §§ 426 Abs. 1 S. 1 BGB, 16 Abs. 2 WEG muss sich der Ausgleich suchende Wohnungseigentümer bei der Geltendmachung keinen »Abzug« in Höhe des geltenden Kostenverteilungsschlüssels gefallen lassen (s. bereits Rn. 7). Denn die anderen Wohnungseigentümer haften ohnehin nur auf ein Maß unter **Abzug der Anteile** des Anspruchstellers. Bestehen etwa 100/100 Miteigentumsanteile und besitzt jeder der zehn Wohnungseigentümer 10/100, musste ein Wohnungseigentümer bei einer Verbandsverbindlichkeit von € 10.000,00 nach außen i. H. v. € 1.000,00 haften. Für diesen Betrag kann er von den anderen neun Wohnungseigentümern jeweils einen Ausgleich i. H. v. € 100,00 beanspruchen. Für die **verbleibenden** € 100,00 ist gegenüber den anderen Wohnungseigentümern aus § 10 Abs. 8 S. 1 WEG **kein Regress möglich**.

b) Im Gemeinschaftseigentum wurzelnde Ansprüche (§§ 14 Nr. 4, 21 Abs. 2, 21 Abs. 4 WEG)

Ein Wohnungseigentümer kann durch das Betreten und die Benutzung seines Sondereigentums 10 i. S. von § 14 Nr. 4 WEG oder durch eine nicht ordnungsmäßige, gegen § 21 Abs. 4 WEG verstoßende Verwaltung einen **Schaden erlitten** haben (*OLG Düsseldorf* ZMR 2006, 868, 869; ZMR 1999, 276, 279 = NZM 1999, 176). Ferner kann ein Wohnungseigentümer Aufwände gehabt haben, wenn er auf § 21 Abs. 2 WEG gestützt Maßnahmen ohne Zustimmung der anderen Wohnungseigentümer getroffen hat, die zur Abwendung eines dem gemeinschaftlichen Eigentum unmittelbar drohenden Schadens notwendig waren.

aa) Anspruchsgrundlagen

Anspruchsgrundlage für einen auf § 14 Nr. 4 WEG gestützten **Schadensersatzanspruch** ist die 11 Norm selbst (s. § 14 Rn. 34). Anspruchsgrundlage für einen auf § 21 Abs. 4 WEG gestützten Schadensersatzanspruch wegen nicht ordnungsmäßiger Verwaltung, etwa der Verzögerung einer notwendigen Beschlussfassung zur Instandsetzung des Gemeinschaftseigentums, ist hingegen **§ 21 Abs. 4 WEG i. V. m. §§ 280, 281 BGB** (*KG* ZMR 2005, 402; ZMR 2005, 308, 309; KGReport 2001, 173 = ZMR 2001, 657, 658; *OLG Köln* ZMR 2000, 865, s. auch § 20 Rn. 98). Anspruchsgrundlage für einen auf § 21 Abs. 2 WEG gestützten Ersatzanspruch, z. B. für die Reparatur des Daches, der Beseitigung von Hausschwamm oder der Beseitigung von akuten Sturmschäden, ist unmittelbar **§ 16 Abs. 2 WEG** (*BayObLG* WE 1995, 243; *KG* NJW-RR 1992, 211; *BayObLG* NJW-RR 1986, 1463, 1464 = BayObLGZ 1986, 322, 326; str.). Der Anspruch kann daneben und **unabhängig hiervon** auf §§ 670, 677 ff. oder §§ 812 ff. BGB gestützt werden. Das Wohnungseigentumsgesetz verdrängt diese Ansprüche **nicht** (*OLG Celle* OLGReport Celle 2004, 139, 140; OLGReport Celle 2002, 94, 95; *BayObLG* ZMR 2000, 187, 188; *OLG Düsseldorf* WE 2000, 129, 130; *OLG Köln* ZMR 1999, 790 – OLGReport Köln 1999, 270, 271). Die allgemeinen Ansprüche bestehen vielmehr **neben** den wohnungseigentumsrechtlichen Regelungen. Es ist kein Grund ersichtlich, die anderen Wohnungseigentümer im Verhältnis zu Dritten insoweit zu **bevorzugen** (*OLG Köln* ZMR 1999, 790 = OLGReport Köln 1999, 270, 271 = WE 1995, 240 = ZMR 1995, 497; *BayObLG* WE 1995, 243, 244; *OLG Hamm* WE 1993, 110, 111).

bb) Verpflichteter

Die Ansprüche aus §§ 14 Nr. 4 WEG, 21 Abs. 2 und Abs. 4 WEG richten sich gegen den **Verband** 12 **Wohnungseigentümergemeinschaft**. Nach § 10 Abs. 6 S. 3, Abs. 7 S. 2 WEG sind diese Ansprüche aus dem dem Verband zugewiesenen **Verwaltungsvermögen** zu erstatten (*Elzer* ZMR 2006, 628, 629; *ders.* ZMR 2006, 228, 229). Der Schadensersatzanspruch aus §§ 14 Nr. 4, 21 Abs. 2 WEG ist ebenso wie der Aufwendungsersatzanspruch aus § 21 Abs. 4 WEG **nicht** um den Anteil des Anspruchstellers **zu kürzen**. Wird der Wohnungseigentümer vom Verband anderweitig in Anspruch genommen, kann er mit diesen Ansprüchen aufrechnen (Rn. 255).

Ein Wohnungseigentümer kann daneben aber auch – gestützt auf § 16 Abs. 2 WEG – **direkt** die 13 **anderen Wohnungseigentümer** auf Zahlung **in Anspruch** nehmen (*OLG Frankfurt* ZMR 2006, 626, 627; *OLG Düsseldorf* ZMR 2006, 459, 460 = NZM 2006, 382; *OLG München* MietRB 2006, 172; str.). Ausgleichspflichtig sind diejenigen Wohnungseigentümer, die im Zeitpunkt des Entstehens des Ausgleichsanspruches der Gemeinschaft der Wohnungseigentümer angehörten (*OLG Düsseldorf* ZMR 2006, 868, 869 = NZM 2006, 382). Der Verband haftet für im Gemeinschaftseigentum wurzelnde Ansprüche nur i. S. einer **Schuldmitübernahme** (einer vervielfältigenden oder verstärkenden Schuldübernahme) nur neben, nicht anstelle der auch verpflichteten Wohnungseigentümern (s. § 10 Rn. 422 ff.; *Elzer* ZMR 2006, 628, 629; *ders.*, ZMR 2006, 228, 229). Wie bei der Berichtigung von Verbandsverbindlichkeiten muss sich der Regress nehmende Wohnungseigentümer gegenüber den anderen Wohnungseigentümern allerdings nach dem Gedanken des § 16 Abs. 2 WEG einen **Abzug in Höhe seines Anteils** gefallen lassen (§ 14 Rn. 34 und 36). Für die auf Zahlung in Geld gerichteten Schadens- und Aufwendungsersatzansprüche aus §§ 14 Nr. 4 WEG, 21 Abs. 2 und Abs. 4 WEG haften die übrigen Wohnungseigentümer nur entsprechend dem gewillkürten oder dem nach § 16 Abs. 1 S. 2 WEG zu tragenden Anteil (*OLG Hamm* OLGReport Hamm 1993, 290 = OLGZ 1994, 134).

c) Geborene oder gekorene Gesamtschuld

14 Realisiert sich das Ausfallhaftungsrisiko eines Wohnungseigentümers (das im Gemeinschaftsverhältnis als solchem angelegt ist), nämlich **über das Anteilsverhältnis** hinaus mit seinem Vermögen eintreten zu müssen (*BGH* ZMR 1992, 167, 169), und haften die Wohnungseigentümer nach eigenem Wollen oder von Gesetzes wegen ausnahmsweise **originär samtverbindlich neben** dem Verband Wohnungseigentümergemeinschaft als **Gesamtschuldner**, können sie sowohl gestützt auf § 16 Abs. 2 WEG als auch nach dem nicht verdrängten und **unmittelbar anwendbaren** § 426 Abs. 1 S. 1, Abs. 2 BGB **Regress verlangen**. Ausgleichsschuldner ist der primär haftende Verband mit seinem Verbandsvermögen (Rn. 7). Kann der Verband nicht erfüllen, haftet aber auch jeder Wohnungseigentümer (Rn. 9).

15 Das Maß der Einzelhaftung eines Wohnungseigentümer und dadurch das **Maß eines Regresses** bestimmen die vereinbarten Wertungen, z. B. ein gewillkürter Kostenverteilungsschlüssel, oder subsidiär § 16 Abs. 2 WEG. Denn ein gewillkürter Maßstab oder der gesetzliche Maßstab des § 16 Abs. 2 WEG **beherrschen das Innenverhältnis** der Wohnungseigentümer und verdrängen § 426 Abs. 1 S. 1 BGB. Die Höhe des Ausgleichsanspruchs im Innenverhältnis folgt also nicht der Hilfsregel des insoweit verdrängten § 426 Abs. 1 S. BGB (vgl. auch *BGH* BGHZ 104, 197, 202 = MDR 1988, 765 = NJW 1988, 1910).

d) Wohnungseigentümer als Vertragspartner

16 Haben im Einzelfall die Wohnungseigentümer **selbst einen Vertrag** geschlossen, z. B. bei einem Doppelhaus an dem Wohnungseigentum begründet worden ist und wo der Verband praktisch nicht gelebt wird, haften die Wohnungseigentümer nach außen nicht nach § 10 Abs. 8 S. 1 WEG, sondern **als Gesamtschuldner** in voller Höhe aus dem jeweiligen Vertrag. Wird von dem Dritten nur ein Wohnungseigentümer auf Zahlung in Anspruch genommen, kann jeder Wohnungseigentümer von den anderen Wohnungseigentümern nach § 16 Abs. 2 WEG als auch nach dem nicht verdrängten und unmittelbar anwendbaren § 426 Abs. 1 S. 1 BGB Ausgleich verlangen. Eine Haftung des Verbandes scheidet hier aus. Das Maß des Ausgleichs richtet sich wieder nach den vereinbarten Wertungen, subsidiär nach § 16 Abs. 2 WEG (Rn. 15).

e) Aufbauschulden

17 Bestellen die Miteigentümer und **künftigen Wohnungseigentümer** bei einem Bauträger als Werkunternehmer gemeinschaftlich Werkleistungen (**Bauherrengemeinschaft**), haften sie für diese Herstellungskosten entgegen § 427 BGB im Zweifel, also wenn eine gesamtschuldnerische Haftung nicht ausdrücklich vereinbart ist, auf Grund einer **konkludent vereinbarten Haftungsbeschränkung** nur im vereinbarten künftigen Anteilsverhältnis und – bei Fehlen einer Vereinbarung – **analog** § 16 Abs. 2 WEG im Verhältnis ihrer Miteigentumsanteile (Aufbauschulden). Dies gilt auch dann, wenn sie im Verkehr als **Außengesellschaft bürgerlichen Rechts** auftreten (*BGH* BGHZ 150, 1, 6 = ZMR 2002, 604; NJW-RR 1989, 465; ZMR 1980, 340, 343 = NJW 1980, 992; BGHZ 75, 26, 30 = MDR 1979, 1014 = NJW 1979, 2101; NJW 1959, 1289; *KG* ZMR 2002, 861; *BayObLG* ZMR 1998, 179; *Elzer* ZMR 2005, 574, 575). Unerheblich ist, worauf sich die jeweiligen Werkleistungen beziehen, welchen Umfang (Höhe der Kosten) sie haben und wie begütert der einzelne Woh-

nungseigentümer ist (*Elzer* ZMR 2005, 574, 575). Dieses Ergebnis wird damit begründet, dass das mit einer gesamtschuldnerischen Haftung verbundene Wagnis regelmäßig weit über das dem einzelnen Bauherrn wirtschaftlich und sozial Zumutbare hinausgehe. Dass **künftige Wohnungseigentümer** dieses Wagnis nicht auf sich nehmen können und auch nicht wollen, sei für Werkunternehmer ohne weiteres erkennbar und augenfällig. Sie könnten sich darauf einstellen. Dieser Grundsatz gilt für die Herstellung des Gemeinschaftseigentums ebenso wie für die des Sondereigentums (*BayObLG* ZMR 1998, 179) sowie für die Restfertigstellung eines wegen Insolvenz des Bauträgers **stecken gebliebenen Baus** (*Häublein* PiG 71, 175, 180; *Ott* NZM 2004, 134, 137; dazu Rn. 240 und 158). Beauftragt ein Wohnungseigentümer einen Bauhandwerker indes mit der **Ausführung von Sonderwünschen** (dazu u. a. *Virneburg* PiG 69, 87 ff.), schuldet er den **Werklohn allein**.

2. § 10 Abs. 2 S. 3 WEG

Die Änderung des gesetzlichen oder des geltenden Kostenverteilungsschlüssels kommt nach dem gesetzlichen Modell ungeachtet der Möglichkeiten des § 16 Abs. 3 und Abs. 4 WEG und des § 21 Abs. 7 WEG dem Grunde nach auch durch eine **erzwungene Vereinbarung** nach § 10 Abs. 2 S. 3 WEG in Betracht. Die Wohnungseigentümer können dort, wo sie etwas im Wege des Beschlusses ordnen dürfen, stets auch einen Vertrag schließen (§ 10 Rn. 71). Für das Verhältnis zwischen § 16 Abs. 3 und 4 WEG und § 10 Abs. 2 S. 3 WEG kann deshalb **nichts anderes** gelten, wie für das Verhältnis einer vereinbarten Öffnungsklausel zu dem Anspruch auf Änderung einer Vereinbarung. Im Zusammenspiel dieser ist aber in der Rechtsprechung **anerkannt**, dass der eine Weg den anderen nicht sperrt, sondern das beide **nebeneinander** bestehen (*OLG Schleswig* ZMR 2006, 889, 890; *OLG Frankfurt* NZM 2001, 140). Aus diesem Grunde kommt es grundsätzlich auch in Betracht, nach § 10 Abs. 2 S. 3 WEG eine Vereinbarung zur Änderung des geltenden Kostenverteilungsschlüssels zu erzwingen. Im Einzelnen ist freilich zwischen Absatz 3 und 4 des § 16 WEG zu **unterscheiden**. 18

a) § 16 Abs. 3 WEG

Den Regelungen der § 16 Abs. 3 WEG und § 10 Abs. 2 S. 3 WEG fehlt es teilweise an der notwendigen Abstimmung (*Abramenko* ZMR 2005, 22, 23; *Hinz* ZMR 2005, 271, 272; *Hügel/Elzer* § 3 Rn. 130). Es erscheint bereits sinnlos, dass ein Wohnungseigentümer einen individuellen Anspruch auf Abänderung des bestehenden Kostenverteilungsschlüssels gem. § 10 Abs. 2 S. 3 WEG **ohne vorherige Befassung** der Wohnungseigentümer gerichtlich geltend machen kann. Hierfür wird es wegen der Anordnungen des § 16 Abs. 5 WEG regelmäßig an einem **Rechtsschutzbedürfnis** fehlen (§ 10 Rn. 189; s. ferner *Hügel/Elzer* § 3 Rn. 130). Das Verhältnis zwischen § 10 Abs. 2 S. 3 WEG und § 16 Abs. 3 WEG für die Kostenverteilung ist vielmehr dahingehend zu verstehen, dass für die Abänderung der Kostenverteilung § 16 Abs. 3 WEG **grundsätzlich** als **lex specialis** dem allgemeinen Anspruch auf Abänderung nach § 10 Abs. 2 S. 3 WEG vorgeht (*Hügel/Elzer* § 3 Rn. 131; a. A. *Abramenko* § 3 Rn. 39; s. auch BT-Drucks. 16/887 S. 19/20). Das Gesetz gewährt nur unter den in § 16 Abs. 3 WEG genannten Voraussetzungen eine **dauerhafte Veränderung** des geltenden Kostenverteilungsschlüssels. Diese Vorgaben könnten unterlaufen werden, wenn eine Veränderung auch über § 10 Abs. 2 S. 3 WEG möglich wäre. Zudem wäre eine Abänderung über § 10 Abs. 2 S. 3 WEG stets nur von **vorübergehender Natur**, da auf Grund § 16 Abs. 5 WEG die Beschlusskompetenzen in § 16 WEG nicht durch eine Vereinbarung eingeschränkt oder ausgeschlossen werden können. 19

b) § 16 Abs. 4 WEG

§ 16 Abs. 4 WEG erlaubt im **Einzelfall**, für eine dort genannte Maßnahme den geltenden Kostenverteilungsschlüssel zu verändern (Rn. 93 ff.). Will daher ein Wohnungseigentümer eine **dauerhafte Regelung** durchsetzen, z. B. auch für die Folgekosten der Maßnahme, kann so eine Regelung **nur vereinbart**, hingegen nicht beschlossen werden. Ein Beschluss mit dem Ziel, eine dauerhafte Kostenregelung zu schaffen, wäre in Ermangelung einer Beschlusskompetenz **nichtig**. Im Verhältnis zu § 10 Abs. 2 S. 3 WEG kann § 16 Abs. 4 WEG aus diesem Grunde **nicht in jeder Ausprägung** als vorrangig angesehen werden. Zwar ist für den Einzelfall eine Kostenregelung auf 20

§ 16 Abs. 4 WEG zu stützen, der insoweit § 10 Abs. 2 S. 3 WEG verdrängt. Etwas anderes gilt hingegen, soweit eine **dauerhafte Regelung** erstrebt wird. Um eine solche durchzusetzen, kann ein Wohnungseigentümer nur auf § 10 Abs. 2 S. 3 WEG eine erfolgreiche Klage stützen. Ein Beschluss nach § 16 Abs. 4 WEG wäre nichtig (Rn. 99).

3. § 21 Abs. 7 WEG

21 Die Wohnungseigentümer können gem. § 21 Abs. 7 WEG u. a. beschließen, dass ein Wohnungseigentümer als »Nutzer« des Gemeinschaftseigentums oder als »Verursacher« besonderer Kosten »etwas«, das über das hinausgeht, was er gem. §§ 16 Abs. 2, 28 Abs. 5 WEG ohnehin schuldet, leisten muss. Für »besondere Kosten« ist § 21 Abs. 7 WEG in seinem Anwendungsbereich mit § 16 Abs. 3 WEG **deckungsgleich** und daher **eigentlich überflüssig** (*Hügel/Elzer* § 8 Rn. 63). Zwar ließe sich vertreten, dass § 16 Abs. 3 WEG von § 21 Abs. 7 WEG als **lex specialis** verdrängt wird. Für diese Sichtweise gibt es aber keinen Anlass. Etwa nur § 16 Abs. 3 WEG wird ausdrücklich durch § 16 Abs. 5 WEG in seiner Beschlussmacht geschützt. In der Praxis bietet sich wohl an, die Vorschriften gemeinsam zu zitieren. Beide Vorschriften sind allerdings gegenüber § 10 Abs. 2 S. 3 WEG **lex specialis** (s. dazu auch *Abramenko* § 2 Rn. 10).

4. Überzahlungen

22 Hat ein Wohnungseigentümer **versehentlich mehr Beiträge gezahlt,** als von ihm nach einem Einzelwirtschaftsplan geschuldet war, schließt es das zwischen den Wohnungseigentümern bestehende Treueverhältnis ebenso wie das Treueverhältnis gegenüber dem Verband aus, dass der Überzahlende eine **unmittelbare Rückzahlung** unter dem Gesichtspunkt ungerechtfertigter Bereicherung nach §§ 812 ff. BGB verlangt (*OLG Köln* ZMR 2007, 642). Die Erfüllung eines Bereicherungsanspruchs aus Mitteln des Verbandes kann erst und nur dann verlangt werden, wenn eine Jahresabrechnung ein **Guthaben für den Überzahlenden** ausweist (*OLG Köln* ZMR 2007, 642; *OLG Hamm* NJW-RR 1999, 93 = FGPrax 1998, 173 = ZMR 1998, 592 = NZM 1999, 180). Einer **isolierten Anspruchsverfolgung** außerhalb der Abrechnung der Wirtschaftsperiode steht das durch die Jahresabrechnung **konkretisierte** oder zu konkretisierende **Innenverhältnis** der Wohnungseigentümer entgegen, wonach zwischen den Eigentümern lediglich ein Innenausgleich zulässig ist. Selbstständige durchsetzbare Bereichungsansprüche bestehen nicht (vgl. auch *OLG Hamm* NZM 2005, 460, 462; NJW-RR 1999, 93, 94 = FGPrax 1998, 173 = ZMR 1998, 592 = NZM 1999, 180; *KG* ZMR 2001, 846 = ZWE 2001, 438; NJW-RR 1999, 338; NJW-RR 1995, 975 = FGPrax 1995, 143 = WE 1995, 213).

B. Anteil am Gemeinschaftseigentum

I. Miteigentumsanteile

23 Soweit ein Wohnungseigentümer **Nutzungen** des gemeinschaftlichen Eigentums zu **beanspruchen** oder **Lasten** des gemeinschaftlichen Eigentums oder die **Kosten** einer Instandhaltung, Instandsetzung, einer sonstigen Verwaltung und eines gemeinschaftlichen Gebrauchs des gemeinschaftlichen Eigentums **zu tragen** hat, bestimmt sich gem. § 16 Abs. 1 S. WEG sein **Recht**, aber auch seine **Pflicht** nach dem gem. § 47 der GBO im Grundbuch eingetragenen **Verhältnis der Miteigentumsanteile**. Diese Anordnung des § 16 Abs. 1 S. 2 WEG unterstellt insoweit unausgesprochen, dass Miteigentumsanteile stets **angemessen** festgesetzt worden sind und eine Kostenverteilung, die die Miteigentumsanteile zu Grunde legt, billig ist. Diese Ansicht wäre indes falsch. Das Gesetz enthält bewusst keine Bestimmung darüber, welche Größe Miteigentumsanteile haben müssen und ob und wie sie im Verhältnis zum Sondereigentum und etwaigen Sondernutzungsrechten stehen (s. dazu **ausführlich** § 3 Rn. 13 ff. und § 8 Rn. 10 ff.). Vor allem **Bauträger** als Gründer einer Eigentumsanlage nach § 8 WEG neigen dazu, die Miteigentumsanteile bis zur Willkür festzusetzen.

II. Änderung der Miteigentumsanteile

Um eine ggf. **gerechtere Kostenverteilung** herbeizuführen, können die Wohnungseigentümer die **Größe der Miteigentumsanteile** durch eine indes nicht § 10 WEG unterfallende **Vereinbarung** ändern (dazu ausführlich § 3 Rn. 15 ff. und § 8 Rn. 11). Eine solche Änderung ist zwar wegen der Lasten und Kosten des gemeinschaftlichen Eigentums letztlich nicht nötig, weil gem. § 16 Abs. 3 WEG für die Kostenverteilungsschlüssel eine Änderungskompetenz **durch Beschluss** besteht (Rn. 56 ff.). § 16 Abs. 2 WEG und die Höhe der Miteigentumsanteile verlieren für diese Kosten ihre Bedeutung. Eine Änderung kann von den Wohnungseigentümern aber wegen der **Stimmrechte** angestrebt werden, wenn nämlich das Wertprinzip anzuwenden ist, und wegen der anderen Kosten, vor allem wegen der in § 10 Abs. 8 S. 1 WEG angeordneten **Außenhaftung**. Jeder Wohnungseigentümer haftet nach dieser Vorschrift einem Gläubiger nach dem **Verhältnis seines Miteigentumsanteils** für Verbindlichkeiten der Gemeinschaft der Wohnungseigentümer (des Verbandes), die während seiner Zugehörigkeit zur Gemeinschaft entstanden oder während dieses Zeitraums fällig geworden sind (§ 10 Rn. 469 ff.). Es kann im Einzelfall als billig erscheinen, insoweit einen **Gleichlauf** von Außen- und Innenhaftung herbeizuführen. Sind die Wohnungseigentümer nicht freiwillig zu einer Änderung der Größe der Miteigentumsanteile bereit, kann es **entsprechend** den Grundsätzen des **§§ 242, 313 BGB** i. V. m. mit dem **Gemeinschaftsverhältnis** einen **einklagbaren Anspruch** auf Abänderung der Miteigentumsanteile geben (s. dazu § 3 Rn. 89 ff.). Der Änderungsanspruch kann hingegen nicht auf § 10 Abs. 2 S. 3 WEG gestützt werden. Diese Vorschrift erlaubt es nicht, einen Vertrag zu den sachenrechtlichen Grundlagen zu erzwingen (§ 10 Rn. 185). Die geänderten Miteigentumsanteile sind einem Wirtschaftsplan, einer Abrechnung oder einer Sonderumlage **ab Eintragung** im Grundbuch zu Grunde zu legen (*BGH* BGHZ 130, 304, 310 = MDR 1995, 1112 = NJW 1995, 2791 = ZMR 1995, 483; *BayObLG* NZM 2000, 287; NJW-RR 1990, 1483; *KG* ZMR 1992, 509, 510; NJW-RR 1991, 1169, 1170; *OLG Düsseldorf* NJW 1985, 2837, 2838; § 10 Rn. 192).

24

C. Gesetzlicher Kostenverteilungsschlüssel: § 16 Abs. 2 WEG

§ 16 Abs. 2 WEG ordnet als **gesetzlichen Kostenverteilungsschlüssel** die durch den Teilungsvertrag oder die Teilungserklärung bestimmten **Miteigentumsanteile** i. S. von § 16 Abs. 1 S. 2 WEG an. Soweit die Wohnungseigentümer vom gesetzlichen Kostenverteilungsschlüssel keine abweichende Bestimmung getroffen haben, sind die Lasten des gemeinschaftlichen Eigentums sowie die Kosten der Instandhaltung, Instandsetzung, sonstigen Verwaltung und eines gemeinschaftlichen Gebrauchs des **gemeinschaftlichen Eigentums** (zum **Sondereigentum** s. Rn. 27 ff.) daher **subsidiär** nach den jeweiligen Miteigentumsanteilen zu verteilen.

25

I. Anwendungsbereich

§ 16 Abs. 2 WEG widmet sich seinem Wortlaut nach (»gemeinschaftliches Eigentum«, »gemeinschaftlichen Gebrauchs« und »gemeinschaftlichen Eigentums«), aber auch nach Sinn und Zweck sowie der Systematik des Wohnungseigentumsgesetzes nur den **Lasten und Kosten des gemeinschaftlichen Eigentums**. Die Kosten des Sondereigentums (Rn. 27) gehören nicht zu seinem Anwendungsbereich (*BGH* BGHZ 156, 192, 198 [Kaltwasser] = ZMR 2003, 937, 939 = NJW 2003, 3476; *OLG Hamburg* ZMR 2004, 936).

26

II. Sondereigentum

1. Allgemeines

Das Gesetz gibt für die Kosten und Lasten des Sondereigentums (zum Gegenstand Rn. 274 ff.) durch § 16 Abs. 2 WEG – wenigstens originär – **keinen Kostenverteilungsschlüssel** vor. Für einen solchen Schlüssel gibt es auch **kein Bedürfnis**, soweit die im Sondereigentum anfallenden Kosten **unmittelbar** i. S. von § 16 Abs. 3 WEG **gegenüber Dritten** abgerechnet werden. Etwas anderes gilt indes, soweit von einem Dritten nicht nur die Kosten und Lasten des Gemeinschaftseigentums, sondern auch die im Sondereigentum anfallenden Kosten und Lasten, z. B. die Was-

27

serkosten oder die Kosten des individuellen Mülls, **gegenüber dem Verband Wohnungseigentümergemeinschaft** – und damit letztlich gegenüber allen Wohnungseigentümern – **abgerechnet** werden. In diesem Falle ist von den Wohnungseigentümern zu klären, wie die gegenüber dem Dritten vertraglich geregelte Kosten- und Lastentragung im Außenverhältnis angemessen in das **Innenverhältnis umzusetzen** ist. Auf welche Art und Weise ein Wohnungseigentümer im Innenverhältnis an den Kosten zu beteiligen hat, die zwar nach außen eine gemeinsame »Größe« bilden, sich nach innen aber aus ggf. ganz unterschiedlichen Kostenbeiträgen zusammensetzen können, obliegt der Bestimmung der Wohnungseigentümer, bei der sie **billiges Ermessen** auszuüben haben. Die Wohnungseigentümer können für die Verteilung der gemeinsam abgerechneten, aber individuell verursachten Kosten und Lasten des Sondereigentums einen Kostenverteilungsschlüssel **vereinbaren** (*OLG Hamm* ZMR 2004, 774, 775) oder nach § 16 Abs. 3 WEG **beschließen** (s. auch *OLG Hamburg* ZMR 2004, 291, 292).

28 Für die Beurteilung der Ordnungsmäßigkeit einer solchen Entscheidung kommt es im Grundsatz auf den im Vertrag vereinbarten »Außenschlüssel« an (allgemein *Elzer* ZMR 2007, 812 ff.; für die Kabelkosten *OLG Hamm* ZMR 2004, 774). Wenn und soweit der Verband Wohnungseigentümergemeinschaft einen Vertrag schließt und es also darum geht, die Kosten dieses Vertragsverhältnisses unter die Wohnungseigentümer zu verteilen, ist – jedenfalls im Regelfall – im Innenverhältnis **nur der Kostenverteilungsschlüssel ordnungsmäßig**, der auch im Außenverhältnis anwendbar ist (soweit der Vertrag wenigstens mittelbar einen Kostenverteilungsschlüssel zu Grunde legt). Das Außen- und das Innenverhältnis müssen gleichsam miteinander korrelieren (**Prinzip der Wechselbeziehung**). Rechnet etwa ein Kabelanbieter z. B. nicht nach Einheiten, sondern nach Anschlussstellen ab, ist dieser Schlüssel auch im Innenverhältnis zutreffend. Umgekehrt gilt, dass die Wohnungseigentümer grundsätzlich keinen Schlüssel wählen dürfen, der dem Außenverhältnis und dem Vertrag nicht entspricht (*Elzer* ZMR 2007, 812, 813). Diese Sichtweise stellt ein allgemeines Prinzip dar, das auch Eingang ins Gesetz gefunden hat: Wenn beispielsweise § 16 Abs. 4 WEG für die Verteilung der Kosten an den Gebrauch oder die Gebrauchsmöglichkeit anknüpft, drückt sich auch hierin eine Wechselbeziehung aus (*Hügel/Elzer* § 5 Rn. 23 und Rn. 68). Und auch für § 16 Abs. 3 WEG gilt, dass die Wohnungseigentümer Kosten nicht nach Verbrauch erfassen, aber nur nach Wohnfläche oder Personen verteilen dürfen.

29 Verpassen es die Wohnungseigentümer bewusst oder unbewusst, sich für eine Kostenposition oder eine Last des Sondereigentums oder für sämtliche Positionen einen Kostenverteilungsschlüssel für eine Umsetzung zu geben, sind die Kosten nach hier vertretener Auffassung unter den Verursachern ungeachtet der natürlich grundsätzlich ungleichen Beiträge entsprechend § 16 Abs. 2 WEG – und also nach Miteigentumsanteilen – zu verteilen (so auch *OLG München* ZMR 2007, 811, 812 mit Anm. *Elzer*). Das Verhältnis der Miteigentumsanteile ist im Zweifel auch für den Innenausgleich der Wohnungseigentümer wegen der **Kosten und Lasten des Sondereigentums** maßgebend. § 16 WEG ergänzt nach seinem Sinn und Zweck insoweit die **Hilfsregel** des § 426 Abs. 1 S. 2 BGB (*BGH* BGHZ 104, 197, 202 = MDR 1988, 765 = NJW 1988, 1910) und **verdrängt** diese teilweise (s. dazu auch *BGH* ZMR 2007, 623 = NJW 2007, 1869 = MietRB 2007, 142 = BGH-Report 2007, 545). Die im Sondereigentum anfallenden Kosten gehören zwar zu den persönlichen Angelegenheiten der Wohnungseigentümer, erwachsen aber wenigstens mittelbar auch aus dem Gemeinschaftsverhältnis. Wählt man nicht § 16 Abs. 2 WEG als aushilfsmäßigen Kostenverteilungsschlüssel, kommt als Berechnungsgrundlage neben den einem Wohnungseigentümer zugeordneten Einheiten, den Bewohnern einer Einheit (ihre Anzahl) und Mischformen vor allem § 556a Abs. 1 S. 1 BGB – Wohnfläche – in Betracht.

2. Kostenverteilungsschlüssel und Erfassung

30 Bestimmen die Wohnungseigentümer für die Kosten und Lasten des Sondereigentums im Wege der Vereinbarung oder durch Beschluss einen Kostenverteilungsschlüssel, kommen dazu u. a. in Betracht (s. dazu u. a. die **Checkliste** von *Elzer* WE 2004, 220):

31 – der Verbrauch oder die Verursachung (ermittelt durch Messgeräte, z. B. Zähler oder Waagen);
 – der Gebrauch oder die Gebrauchsmöglichkeit;
 – die Wohnfläche;

– die Anzahl von Anschlüssen;
– die Lage des jeweiligen Sondereigentums;
– die Nutzer- bzw. Personenanzahl.

Welchen Schlüssel die Wohnungseigentümer wählen, steht in ihrem **Ermessen**. Im Einzelfall kann die Abwägung aller Umstände dazu führen, dass nur **eine Maßnahme**, etwa eine verbrauchsabhängige Kostenverteilung, ordnungsmäßiger Verwaltung entspricht (*BGH* BGHZ 156, 192, 203 [Kaltwasser] = ZMR 2003, 937, 939 = NJW 2003, 3476). Für die Einzelheiten s. Rn. 76 ff. Haben die Wohnungseigentümer zur Verteilung einen Verursachungs- oder Verbrauchsmaßstab bestimmt, setzt das voraus, dass eine entsprechende **Erfassung möglich** ist. Fehlen entsprechende Einrichtungen oder Geräte zur Erfassung, können und ggf. müssen die Wohnungseigentümer gestützt auf § 16 Abs. 3 WEG im Wege des Beschlusses die Einführung entsprechender Instrumente beschließen. 32

3. Regelungsstreit

Können sich die Wohnungseigentümer für das Sondereigentum auf **keinen Schlüssel einigen** oder fehlt es an einer Bestimmung zur **Erfassung**, kann das Wohnungseigentumsgericht nach § 21 Abs. 4 und Abs. 8 WEG in einem **Regelungsstreit** angerufen werden und subsidiär für die Kosten des Sondereigentums einen Kostenverteilungsschlüssel bestimmen (s. dazu auch *Abramenko* ZWE 2007, 336 ff.). Ferner ist ggf. die **Erzwingung einer Vereinbarung** nach § 10 Abs. 2 S. 3 WEG möglich (Rn. 18 ff.). 33

III. Umlage der Heiz- und Warmwasserkosten

1. Kein gesetzlicher Kostenverteilungsschlüssel

Für die Umlage der Heiz- und Warmwasserkosten des Gemeinschafts- und des Sondereigentums **besteht kein gesetzlicher Kostenverteilungsschlüssel**. Weder das Wohnungseigentumsgesetz noch die HeizkostenV bestimmen einen gesetzlichen Verteilungsschlüssel (die HeizkostenV gibt durch ihren § 6 nur einen Korridor an). Anders als für die anderen Kosten, müssen die Wohnungseigentümer für die Umlage der Heiz- und Warmwasserkosten also stets einen (ersten) Kostenverteilungsschlüssel **bestimmen**. § 16 Abs. 2 WEG gilt freilich subsidiär (Rn. 37). 34

2. Bestimmung

Die nach § 6 Abs. 1 HeizkostenV geforderte Bestimmung kann im **Wege der Vereinbarung**, nach h. M. aber auch unter Hinweis auf § 3 S. 2 HeizkostenV **im Wege des Beschlusses** getroffen werden (*BayObLG* NJW-RR 1994, 145, 146 = WuM 1993, 753; *Abramenko* ZWE 2007, 61, 61). Hat die Abrechnung der Heizungs- und Warmwasserkosten nach dieser Bestimmung »auf Grundlage der jeweiligen Wohnungsfläche unter Berücksichtigung eventuell vorhandener Verbrauchszähler« zu erfolgen, ist die nächstliegende Bedeutung, dass die Kosten unter Heranziehung der HeizkostenV mit 50% nach der Wohnfläche und mit 50% nach dem erfassten Wärmeverbrauch der Nutzer zu verteilen sind (*BayObLG* ZMR 2003, 277, 278). 35

3. Grenzen

Unabhängig davon, ob die Wohnungseigentümer den Schlüssel für die Umlage der Heiz- und Warmwasserkosten vereinbaren oder beschließen, muss beachtet werden, dass neben den allgemeinen Grenzen (dazu § 10 Rn. 219 ff.) gem. § 2 HeizkostenV auch die Vorschriften der HeizkostV den rechtsgeschäftlichen Bestimmungen der Wohnungseigentümer **vorgehen**. Wegen des **Vorrangs der HeizkostenV** (s. dazu § 10 Rn. 266 m. w. N.) ist es nicht möglich, eine gegen ihre Vorgaben verstoßende Regelung zu treffen (*Schmid* WE 2007, 7), insbesondere nicht eine gegen die Anordnungen des § 6 Abs. 2 HeizkostenV verstoßende Regelung. Eine Vereinbarung, nach der etwa von den Kosten des Betriebs der zentralen Heizungsanlage 30 vom Hundert nach dem erfassten Wärmeverbrauch der Nutzer zu verteilen sind, wäre nichtig und nicht anzuwenden (wie hier *Abramenko* ZWE 2007, 61, 66). § 2 HeizkostenV schränkt die rechtsgeschäftliche Gestaltungsfreiheit der Parteien **kraft Gesetzes** mit der Folge ein, dass **entgegenstehende Bestimmungen** jedenfalls für die Zeit der Geltung der HeizkostenV **unwirksam** sind (*BayObLG* NZM 2005, 106 = WuM 2004, 737; s. § 2 HeizkostenV Rn. 1 m. w. N.). Die Anwendung der HeizkostenV ist dabei **nicht davon** 36

§ 16 | Nutzungen, Lasten und Kosten

abhängig, dass ein Wohnungseigentümer die Anwendung der HeizkostenV und ihrer Bestimmungen **verlangt** (*Schmid* WE 2007, 7; zum Mietrecht BGH ZMR 2006, 766 = WuM 2006, 418 = NJW-RR 2006, 1305; a. A. *Abramenko* ZWE 2007, 61). Die HeizkostenV fordert ohne ein Verlangen der Wohnungseigentümer Geltung.

4. Ersatzschlüssel

37 Haben die Wohnungseigentümer ausnahmsweise und rechtswidrig **keine Bestimmung** darüber getroffen, nach welchem Schlüssel die Umlage der Heiz- und Warmwasserkosten zu erfolgen hat, gilt subsidiär als **Ersatzschlüssel** § 16 Abs. 2 WEG analog (*OLG Köln* ZMR 2005, 77, 78 = NZM 2005, 20; NJW-RR 2002, 1308, 1309 = NZM 2002, 665; *Abramenko* ZWE 2007, 61, 62; a. A. *OLG Hamburg* ZMR 2004, 769, 770; s. auch § 3 HeizkostenV Rn. 1). Der Meinung, dass in diesem Falle analog § 9 a Abs. 2 HeizkostenV die Wohn-/Nutzfläche oder der umbaute als Verteilungsmaßstab zu Grunde zu legen ist (*OLG Düsseldorf* ZMR 2007, 379, 381; *OLG Hamburg* ZMR 2004, 769, 770; *Jennißen* FS Blank, S. 635, 641), ist nicht zu folgen. Der gesetzliche Maßstab des § 16 Abs. 2 WEG **beherrscht das Innenverhältnis** der Wohnungseigentümer und verdrängt die Hilfsregel des § 9 a Abs. 2 HeizkostenV. § 9 a HeizkostenV ist **keine abschließende Regelung**, die andere als die dort genannten Abrechnungsmethoden nicht zulässt (a. A. *OLG Hamburg* ZMR 2004, 769, 770).

5. Änderungen

38 Die Wohnungseigentümer sind befugt, den von ihnen gewählten Umlageschlüssel für die Heiz- und Warmwasserkosten zu **ändern** (s. dazu im Zusammenhang Rn. 67 ff.).

6. Ausnahme

39 Die Wohnungseigentümer können weder durch eine Vereinbarung noch durch einen Beschluss die HeizkostenV **abbedingen**. Die HeizkostenV ist gem. § 3 S. 1 HeizkostenV **grundsätzlich zwingend** (§ 10 Rn. 266). Eine entgegenstehende Vereinbarung oder ein entsprechender Beschluss sind **nichtig** (§ 10 Rn. 266). Die Wohnungseigentümer können nach § 11 Abs. 1 Nr. 1 Buchstabe b) allerdings von einer verbrauchsabhängigen Abrechnung der Heiz- und Warmwasserkosten absehen. Dies ist der Fall, wenn das Anbringen der Ausstattung zur Verbrauchserfassung, die Erfassung des Wärmeverbrauchs oder die Verteilung der Kosten des Wärmeverbrauchs nicht oder nur mit **unverhältnismäßig hohen Kosten** möglich ist. Ob ein Kostenaufwand unverhältnismäßig hoch wäre, ist zu beurteilen auf Grund eines Vergleichs der Kosten für die Installation der Messgeräte sowie des Mess- und Abrechnungsaufwands mit der möglichen Einsparung von Energiekosten (*BGH* ZMR 1991, 170, 172 = NJW-RR 1991, 647; *BayObLG* ZMR 2005, 135, 136; NJW-RR 1994, 145, 146; *OLG Köln* WuM 1998, 621). Nach der obergerichtlichen Rechtsprechung ist dabei von einem Vergleichszeitraum von **zehn Jahren** auszugehen (*BGH* BGHZ 156, 192, 204 [Kaltwasser] = ZMR 2003, 937, 941 = NJW 2003, 3476; *OLG Köln* ZMR 2007, 389; WuM 1998, 621; *BayObLG* ZMR 2005, 135, 136; NJW-RR 1994, 145; *KG* ZMR 1996, 282, 283; ZMR 1993, 182 = NJW-RR 1993, 468; § 11 HeizkostenV Rn. 10 ff.).

IV. Anspruch auf Änderung des geltenden Kostenverteilungsschlüssels

40 Die Wohnungseigentümer können den geltenden Kostenverteilungsschlüssel durch eine **Vereinbarung** oder durch einen **Beschluss** ändern (Rn. 56 ff.). Eine Beschlusskompetenz besteht, soweit die Wohnungseigentümer eine **Öffnungsklausel** i. S. von § 23 Abs. 1 WEG vereinbart haben (dazu allgemein § 10 Rn. 273 ff.) oder soweit die Möglichkeiten der §§ 16 Abs. 3 und Abs. 4, 21 Abs. 7 WEG reichen. Kommen eine Vereinbarung oder ein Beschluss **nicht zustande**, ist zu unterscheiden: Für die Erzwingung einer Vereinbarung – gestützt auf § 10 Abs. 2 S. 3 WEG – besteht mit Blick auf § 16 Abs. 3 WEG teilweise kein Rechtsschutzbedürfnis (Rn. 18 ff. und § 10 Rn. 189). Die Erzwingung einer beschlussweisen Änderung des geltenden Kostenverteilungsschlüssel kann hingegen auf § 21 Abs. 4 und Abs. 8 WEG gestützt werden (*Abramenko* ZMR 2005, 22, 24; s. auch *ders.* § 3 Rn. 85 ff.; unklar BT-Drucks. 16/887 S. 20).

Nutzungen, Lasten und Kosten | § 16

Für die **Klage** ist danach zu **unterscheiden**, ob die Wohnungseigentümer einen Antrag negativ 41
beschieden und also abgelehnt haben oder ob die Wohnungseigentümer weder eine ausreichende
positive noch eine negative Regelung getroffen haben.

1. Negativbeschluss

Haben die Wohnungseigentümer einen Beschlussantrag auf Änderung des geltenden Kostenver- 42
teilungsschlüssels **abgelehnt**, kann ein Wohnungseigentümer diesen negativen Beschluss anfechten und auf § 21 Abs. 4 WEG gestützt zugleich beantragen, dass ein seinen Wünschen entsprechender Kostenverteilungsschlüssel vom Gericht festgesetzt wird (allgemein *BGH* BGHZ 152, 46, 51 = ZMR 2002, 930; *OLG Düsseldorf* OLGReport Düsseldorf 2007, 33 = ZMR 2007, 380; *OLG Hamm* ZMR 2007, 296). Eine solche Klage hat Erfolg, wenn sich das Ermessen der Wohnungseigentümer auf eine Änderung des gesetzlichen – oder eines vereinbarten oder beschlossenen – Kostenverteilungsschlüssels **reduziert** hat und also nur eine Änderung ordnungsmäßiger Verwaltung entspricht (zur Ermessensreduktion Rn. 78). Das ist mit Blick auf § 10 Abs. 2 S. 3 WEG – dessen Anforderungen **nicht unterlaufen werden können** und die einen **Gleichlauf** verlangen – jedenfalls dann der Fall, wenn ein Festhalten an der geltenden Regelung aus **schwerwiegenden Gründen** unter Berücksichtigung aller Umstände des Einzelfalles, insbesondere der Rechte und Interessen der anderen Wohnungseigentümer, **unbillig** erscheint (s. dazu auch *Abramenko* ZWE 2007, 336 ff.). Anders als bislang, kann jetzt die **Höhe der Kostenmehrbelastung** des benachteiligten Wohnungseigentümers ausreichend sein. Ein Änderungsanspruch ist bereits ab einer **25-prozentigen** Mehrbelastung zu bejahen (*KG* ZMR 2004, 705, 706 = NZM 2004, 549; BT-Drucks. 16/887 S. 19).

2. Positiver Beschluss

Haben die Wohnungseigentümer eine Änderung des geltenden Kostenverteilungsschlüssels be- 43
schlossen, ist diese Regelung aus Sicht eines Wohnungseigentümers aber **nicht ausreichend**, kann er auch diesen Beschluss anfechten und auf § 21 Abs. 4 und Abs. 8 WEG gestützt zugleich beantragen, dass ein seinen Wünschen entsprechender Kostenverteilungsschlüssel vom Gericht festgesetzt wird. Auch eine solche Klage hat Erfolg, wenn sich das Ermessen der Wohnungseigentümer auf eine Änderung des gesetzlichen – oder eines vereinbarten oder beschlossenen – Kostenverteilungsschlüssels reduziert hat und also nur eine Änderung ordnungsmäßiger Verwaltung entspricht (Rn. 42).

3. Ausfall des Selbstorganisationsrechts

Haben die Wohnungseigentümer ihr Selbstorganisationsrecht nicht wahrgenommen und weder 44
positiv einen abweichenden Kostenverteilungsschlüssel beschlossen noch negativ befunden, den geltenden Kostenverteilungsschlüssel nicht ändern zu wollen, kann ein Wohnungseigentümer unter den Voraussetzungen des § 21 Abs. 8 WEG dazu § 21 Rn. 306 ff. gestützt auf § 21 Abs. 4 WEG auf eine richterliche Gestaltung klagen. Um das Selbstorganisationsrecht der Wohnungseigentümer zu schützen, sind die Voraussetzungen **hoch** anzusetzen (*Elzer* ZMR 2006, 85, 94). Wie auch für die anderen Klagen auf eine ordnungsmäßige Verwaltung ist zu fordern, dass ein Festhalten an der geltenden Regelung aus **schwerwiegenden Gründen** unter Berücksichtigung aller Umstände des Einzelfalles, insbesondere der Rechte und Interessen der anderen Wohnungseigentümer, als **unbillig** erscheint (zu diesen Voraussetzungen im Einzelnen § 10 Rn. 194 ff.).

4. Einrede

Ein Wohnungseigentümer kann seinen Anspruch auf Abänderung des geltenden Kostenvertei- 45
lungsschlüssels ggf. im **Anfechtungsverfahren** im Wege der Einrede gegen eine **beschlossene Jahresabrechnung** geltend machen (Rn. 261 und § 10 Rn. 202).

5. § 10 Abs. 2 S. 3 WEG

Nach § 10 Abs. 2 S. 3 WEG kann jeder Wohnungseigentümer im Übrigen ggf. eine von § 16 Abs. 2 46
WEG abweichende Vereinbarung oder die Anpassung einer Vereinbarung zur Kostenverteilung verlangen, soweit ein Festhalten an der geltenden Regelung aus **schwerwiegenden Gründen** unter Berücksichtigung aller Umstände des Einzelfalles, insbesondere der Rechte und Interessen der

§ 16 | Nutzungen, Lasten und Kosten

anderen Wohnungseigentümer, **unbillig** erscheint und ausnahmsweise ein Rechtsschutzbedürfnis (dazu Rn. 18 ff.) anzuerkennen ist. Zu den Einzelheiten s. § 10 Rn. 194 ff.

D. Gewillkürte Kostenverteilungsschlüssel; Einführung von Erfassungsmöglichkeiten

I. Für das Gemeinschafts- und Sondereigentum

47 Der durch § 16 Abs. 2 WEG beschriebene **gesetzliche Kostenverteilungsschlüssel** für das **gemeinschaftliche Eigentum** und seine Grundlagen – die Erfassung und ihre Art – kann durch eine Vereinbarung, durch einen auf einer Öffnungsklausel beruhenden Beschluss oder durch einen auf § 16 Abs. 3 WEG gestützten Beschluss geändert werden. Entsprechendes gilt für den Kostenverteilungsschlüssel für das **Sondereigentum**. Hierbei ist nur zu beachten, dass es dort keinen »gesetzlichen« Kostenverteilungsschlüssel gibt (Rn. 27). Vereinbarungen und Beschlüsse über den Verteilungsschlüssel sind i. d. R. auch steuerrechtlich verbindlich (*BFH* NJW 1979, 80).

II. Vereinbarung

1. Allgemeines

48 Wie auch jede andere Materie, die die Wohnungseigentümer im Wege des Beschlusses regeln können, können die Wohnungseigentümer auch den für die Betriebs- und Verwaltungskosten geltenden Verteilungsschlüssel und die der Verteilung zu Grunde liegende Erfassung durch Geräte oder Zählung oder andere Prüfsteine **vertraglich** bestimmen und / oder ändern.

2. Auslegung

49 Haben die Wohnungseigentümer einen Kostenverteilungsschlüssel vereinbart, kann es wie auch sonst zu ungenauen, **auslegungsbedürftigen Bestimmungen** kommen (zur Auslegung s. § 3 Rn. 39 ff.). Sind nach einer Vereinbarung z. B. die **Wohnflächen** für die Verteilung der Kosten und Lasten des gemeinschaftlichen Eigentums maßgebend, ist die nächstliegende Bedeutung, dass bei einem Teileigentum die **Nutzfläche** maßgebend ist (*BayObLG* ZMR 2000, 780, 782 = NZM 2001, 141; s. auch WE 1998, 394). Für die Kostenverteilung sind in diesem Fall im Zweifel die in der Vereinbarung **genannten Flächenangaben** verbindlich (*OLG Frankfurt a. M.* ZMR 2007, 291, 292). Wenn eine Vereinbarung vorsieht, dass die Kosten der Erneuerung der Tiefgarage, an der Nutzungsrechte bestehen – ausgenommen Fundamente, Boden, tragende Mauern und Decken –, von den Nutzungsberechtigten **allein zu tragen sind**, entspricht es der nächstliegenden Bedeutung dieser Regelung, dass die Kosten für die Erneuerung des Tors und der Beleuchtung der Tiefgarage allein von den Nutzungsberechtigten zu tragen sind (*BayObLG* BayObLGReport 2002, 469). Ist die Wohn- und Nutzfläche Maßstab für die Verteilung der Lasten und Kosten, bestehen Probleme, wenn die Flächen nicht vereinbart sind. Die Wohnungseigentümer können in diesem Falle die Vermessung und die genaue Festlegung der anteiligen Wohn- und Nutzflächen beschließen (*KG* ZMR 2002, 376; s. auch *OLG Hamburg* ZMR 2004, 614, 615 und allgemein § 10 Rn. 179).

50 Ist eine Vereinbarung unklar, können die Wohnungseigentümer einen **Beschluss fassen**, um der Regelung die **nötige Bestimmtheit** zu geben (§ 10 Rn. 179; *KG* FGPrax 2005, 144, 145 = NZM 2005, 425 für die notwendige Bestimmung der Kostenverteilungsschlüssel). Sieht eine Vereinbarung z. B. die Verteilung der Bewirtschaftungskosten nach anteiligen Wohn- bzw. Nutzflächen vor, ohne zu klären, von welchen Wohn- bzw. Nutzflächen auszugehen ist, können die Eigentümer die Vermessung und die genaue Festlegung der anteiligen Wohn- und Nutzflächen beschließen (*KG* ZMR 2002, 376; s. auch *OLG Hamburg* ZMR 2004, 614, 615).

3. Kompetenzverlagerung

51 Die Eigentümer können durch **Vereinbarung** die Befugnisse des Verwalters über die in §§ 27, 28 WEG vorgesehenen Rechte hinaus **erweitern** (*BGH* ZMR 2004, 522, 523; s. § 20 Rn. 52). Nach h. M. kommt daher auch in Betracht, dass der Verwalter für die Wohnungseigentümer nach §§ 315, 317

BGB einen gewillkürten Kostenverteilungsschlüssel bestimmt (*BayObLG* ZMR 2004, 211; § 20 Rn. 55; offen gelassen von *KG* ZMR 2005, 899, 900).

4. Grenzen: Das »Abänderungsverbot« des § 16 Abs. 5 WEG

Neben den Schranken, denen auch **jede** andere **Vereinbarung** unterliegt (dazu § 10 Rn. 209 ff.), besteht die **Besonderheit** einer einen Kostenverteilungsschlüssel bestimmenden Vereinbarung darin, dass die durch § 16 Abs. 3 und Abs. 4 WEG den Wohnungseigentümer gegebenen **Befugnisse** in **besonderer Weise** geschützt sind. Die Regelung des § 16 Abs. 5 WEG bestimmt, dass die Befugnis der Wohnungseigentümer, einen von § 16 Abs. 2 WEG abweichenden Kostenverteilungsschlüssel zu beschließen, durch eine Vereinbarung **nicht eingeschränkt** oder **ausgeschlossen** werden darf und kann (»**Abänderungsverbot**«). Verstößt eine Vereinbarung gegen diese Anordnung, ist sie (ggf. teilweise, Rn. 54) nach § 134 Abs. 1 BGB nichtig (*Häublein* FS Bub, S. 123 ff.; *ders.* ZMR 2007, 409, 410). Die durch das Gesetz in den Absätzen 3 und 4 eingeräumte Beschlussmacht ist insgesamt **vereinbarungsfest**. § 16 Abs. 5 WEG will dabei – wie die parallelen Vorschriften von § 12 Abs. 4 S. 3 und § 22 Abs. 2 S. 2 WEG – sicherstellen, dass die in den Absätzen 3 und 4 geregelten Befugnisse durch **abweichende Vereinbarungen** nicht **zu Ungunsten** der vorgesehenen Mehrheiten der Wohnungseigentümer eingeschränkt oder ausgeschlossen werden können (BT-Drucks. 16/887 S. 25). 52

a) Geltende oder künftige Vereinbarungen

§ 16 Abs. 5 WEG will **verhindern**, dass vor dem 1.7.2007 oder nach diesem Datum geschlossene **Vereinbarungen** die in den Absätzen 3 und 4 eingeräumten Mehrheitsbefugnisse **einschränken** (BT-Drucks. 16/887 S. 25). »Altvereinbarungen«, also solche vor Inkrafttreten des Gesetzes zur Änderung des Wohnungseigentumsgesetzes und anderer Gesetze vom 26.3.2007 (BGBl. I S. 370) genießen keinen Bestandsschutz. 53

b) Einschränkungen

§ 16 Abs. 5 WEG verbietet es, dass die durch § 16 Abs. 3 oder Abs. 4 WEG gewährte Beschlussmacht **eingeschränkt** oder **weggenommen** wird. Vereinbarungen, die einen Beschluss i. S. von § 16 Abs. 3 oder Abs. 4 WEG **untersagen** wollen, sind danach ebenso gem. § 134 BGB (teil-)nichtig wie Vereinbarungen, die für einen Beschluss nach § 16 Abs. 3 oder Abs. 4 WEG **höhere Anforderungen** stellen. Eine Untersagung ist etwa die Regelung, dass über von § 16 Abs. 2 WEG abweichende Bestimmungen nur im Wege der Vereinbarung Regelungen getroffen werden können. Eine höhere Anforderung stellt beispielsweise eine Vereinbarung, die für Beschlüsse, die dauerhaft eine vom geltenden Kostenverteilungsschlüssel abweichende Regelung für die Betriebskosten treffen wollen, eine qualifizierte Mehrheit verlangen. Soweit eine solche Vereinbarung noch **andere Inhalte** hat, werden diese von § 16 Abs. 5 WEG **nicht berührt** und sind weiterhin wirksam. Verlangt etwa eine Vereinbarung für sämtliche Beschlüsse eine qualifizierte Mehrheit, wird diese Einschränkung außerhalb von § 16 WEG jedenfalls nicht von § 16 Abs. 5 WEG begrenzt. Besteht in einer Anlage eine allgemeine Öffnungsklausel (§ 10 Rn. 279) mit ³/₄-Mehrheit, hat diese Mehrheit **außerhalb** von §§ 16 Abs. 3 und Abs. 4, 12 Abs. 4 und 22 Abs. 2 WEG Bedeutung (*Häublein* ZMR 2007, 409, 412). 54

c) Erweiterungen

Soweit durch eine Vereinbarung die in den Absätzen 3 und 4 gesetzlich garantierte Beschlussmacht **erweitert** werden soll, steht dem § 16 Abs. 5 WEG **nicht entgegen**. Nach dem Willen des Gesetzgebers soll die Bestimmung **nicht** dazu dienen, **Minderheitenrechte** zu wahren (*Häublein* ZMR 2007, 409, 410). Möglich ist es damit etwa, durch eine auf § 23 Abs. 1 WEG gestützte Vereinbarung eine vereinbarte Beschlussmacht einzuführen, für die es nicht wie in § 16 Abs. 4 WEG auf eine **qualifizierte Mehrheit** ankommt oder die auf eine Wechselbeziehung zwischen Kosten und Gebrauch oder Gebrauchsmöglichkeit verzichtet (BT-Drucks. 16/887 S. 25). 55

§ 16 | Nutzungen, Lasten und Kosten

III. Beschluss nach § 16 Abs. 3 WEG

1. Einführung und Anwendungsbereich

56 Die Wohnungseigentümer werden nach § 16 Abs. 3 WEG seit dem 1.7.2007 (zum Übergangsrecht s. § 62 Rn. 1 ff.), zwei **wesentliche**, sich gegenseitig bedingende **Kompetenzen** eingeräumt:

57 – Zum einen die Rechtsmacht, im Wege des Beschlusses darüber zu befinden, ob die Betriebskosten des gemeinschaftlichen oder des Sondereigentums oder die Kosten der Verwaltung des Gemeinschaftseigentums nach Verbrauch, Verursachung oder einem anderen Maßstab erfasst werden sollen. Diese Kompetenz, im Wege des Beschlusses und also bloß mehrheitlich **über die Erfassung zu bestimmen**, ist von hoher Bedeutung, da es ohne Erfassung nicht möglich ist, Kosten gerecht zu verteilen. Ohne Erfassung ist nur eine abstrakte Verteilung nach einem allgemeingültigen Maßstab vorstellbar.

– Zum anderen die Rechtsmacht, den für eine Betriebskostenart (oder auch für alle) oder den für eine Verwaltungsposition, z. B. das Verwalterhonorar, jeweils **geltenden Kostenverteilungsschlüssel** im Wege eines Beschlusses anders, als bislang gesetzlich oder gewillkürt bestimmt, zu ordnen.

58 Gegenüber dem früheren Recht neu ist, dass für solche Beschlüsse **nicht mehr von Belang** ist, ob es sich um **Kosten des Gemeinschafts- oder des Sondereigentums** handelt. Für Beschlüsse vor diesem Zeitpunkt bestand hingegen nur eine gesetzliche Kompetenz zur Bestimmung und/oder Änderung des Kostenverteilungsschlüssels für das Sondereigentum (*BGH* BGHZ 156, 192, 199 [Kaltwasser] = ZMR 2003, 937 = NJW 2003, 3476). Im Hinblick auf die Beschlusskompetenz ist die Unterscheidung nach Kosten des Gemeinschafts- oder Sondereigentums für die nach dem 1.7.2007 gefassten Beschlüsse **entbehrlich** geworden.

59 § 16 Abs. 3 WEG erlaubt es seinem Wortlaut nach, einen »von Absatz 2 abweichenden« Kostenverteilungsschlüssel zu bestimmen. Dieser Wortlaut ist **ungenau** (*Elzer* ZMR 2007, 430, 431). § 16 Abs. 3 WEG gestattet es auch, von einem **vereinbarten** oder einem **beschlossenen** Kostenverteilungsschlüssel abzuweichen. Für **beschlossene Kostenverteilungsschlüssel** folgt das aus der Überlegung, dass jeder Beschluss im Wege eines anderen Beschlusses geändert werden kann (Zweitbeschluss, s. § 23 Rn. 26). Für einen **vereinbarten Kostenverteilungsschlüssel** – mag er auch »verdinglicht« sein – folgt dies aus einem Umkehrschluss zu § 16 Abs. 5 WEG. Wenn danach eine Vereinbarung einen Beschluss nach § 16 Abs. 3 WEG nicht einschränken oder ausschließen kann, muss es auch möglich sein, durch Beschluss einen bereits **vereinbarten** Kostenverteilungsschlüssel abzuändern. Die Möglichkeit, auch vereinbarte Kostenverteilungsschlüssel »wegzubeschließen«, ist nach Sinn und Zweck der Regelung und der Systematik gewollt (*Elzer* ZMR 2007, 430, 431; BT-Drucks. 16/887 S. 25 und 21). Sähe man das Verhältnis der Absätze 3 und 5 **anders**, hätte Absatz 5 nur Bedeutung für solche Vereinbarungen, die eine Veränderungsmöglichkeit des Gesetzes durch Beschluss ausschließen wollten.

2. Voraussetzungen

60 Voraussetzung für einen auf § 16 Abs. 3 WEG beruhenden Beschluss zur Erfassung und/oder Verteilung ist, dass es sich bei den zu regelnden Kosten um **Betriebskosten** des gemeinschaftlichen oder des Sondereigentums oder um **Verwaltungskosten** des Gemeinschaftseigentums handelt. § 16 Abs. 3 WEG erlaubt es **nicht, für sämtliche Lasten und Kosten** eine beschlussweise Regelung zu treffen. Insbesondere die **Kosten der Instandhaltung und Instandsetzung**, die nach § 16 Abs. 2 WEG als Kosten der Verwaltung zu verstehen sind, unterfallen einem **anderem Regime**, nämlich dem des § 16 Abs. 4 WEG (Rn. 93 ff.). Beschließen die Wohnungseigentümer dennoch auf § 16 Abs. 3 WEG gestützt etwa zu den Kosten einer Instandsetzung, ist der Beschluss (ggf. teilweise) in Ermangelung einer Kompetenz **nichtig** (s. auch Rn. 91).

a) Betriebskosten

aa) Grundsatz

61 Die Wohnungseigentümer sind nach § 16 Abs. 3 WEG befugt, für die Betriebskosten des gemeinschaftlichen Eigentums und/oder des Sondereigentums eine vom geltenden Kostenverteilungsschlüssel **abweichende Bestimmung** zu treffen. Zur näheren Bestimmung des Begriffs »Betriebs-

kosten« bedient sich das Gesetz einer **Verweisung zu § 556 Abs. 1 BGB**. Die Einbeziehung dieses vollständig mietrechtlich geprägten und mietrechtlich entwickelten Begriffs in das Wohnungseigentumsgesetz soll der **Rechtsvereinheitlichung** dienen und die **Rechtsanwendung** vereinfachen (BT-Drucks. 16/887 S. 22). Ob in der Verweisung indes eine Vereinfachung liegt und ob wirklich eine Rechtsvereinheitlichung hätte angestrebt werden sollen, ist bezweifelt worden (*Köhler* ZMR 2005, 19, 20; *Schmid* ZMR 2005, 27). Jedenfalls besitzt der Begriff der »Betriebskosten« im Mietrecht und im Wohnungseigentumsrecht eine **unterschiedliche Funktion**. Im Mietrecht wird der Begriff genutzt, um zu beschreiben, welche Kosten der Vermieter auf den Mieter umlegen kann und welche Kosten vollständig vermieterseits zu tragen sind. Diese **Aufgabe** kann der Begriff im Wohnungseigentumsrecht bereits deshalb **nicht haben**, weil im Verhältnis der Wohnungseigentümer untereinander, diese natürlich sämtliche Kosten zu tragen haben. Kosten, die nicht auf alle Wohnungseigentümer umgelegt werden könnten, sind nicht vorstellbar. Der Begriff der »Betriebskosten« besitzt im Wohnungseigentumsrecht deshalb gemeinschaftlich mit dem Begriff »Verwaltungskosten« (dazu Rn. 70 ff.) die Funktion, die Regelungsbefugnisse der Absätze 3 und 4 des § 16 WEG **voneinander abzugrenzen**. Eine Rechtsmacht, dauerhafte Regelungen über den Einzelfall hinaus zu treffen, räumt das Gesetz den Wohnungseigentümern nur für die Betriebs- und Verwaltungskosten ein.

Ob Kosten für das **Gemeinschafts- oder Sondereigentum** anfallen, spielt für die Beschlussmacht zur Veränderung des Verteilungsschlüssels hingegen **keine Rolle**. Notwendig, aber auch ausreichend ist, dass eine Kostenposition nach außen **vom Verband** zu begleichen ist, weil dieser z. B. mit dem Wasserversorger oder Müllentsorger einen Vertrag geschlossen hat. Eine Grenze ist nur dort und nur dann erreicht, wenn die Kosten, deren Verteilungsschlüssel gestützt auf § 16 Abs. 3 WEG geändert werden soll, unmittelbar gegenüber Dritten abgerechnet werden (Rn. 66). Gegenstand der Beschlussfassung bei im Sondereigentum angefallenen Kosten ist nur die **Frage einer gerechten Verteilung** der nach innen individuell verursachten, nach außen aber (vermittelt durch den Verband) gemeinsam zu tragenden Kosten. Dass diese Kosten anders als die für das Gemeinschaftseigentum angefallenen Kosten ggf. – nämlich über Erfassungsgeräte – individuell zurechenbar sind, spielt nicht für die Beschlussmacht, sondern ihre ordnungsgemäße Ausübung eine Rolle. Nicht ordnungsmäßig ist es im Regelfall, alle Wohnungseigentümer an einer Kostenposition gleichmäßig zu beteiligen, wenn die individuelle Verursachung stark **voneinander abweicht** und eine Messung möglich und verhältnismäßig ist (Rn. 76 ff.). 62

bb) Gegenstand der Betriebskosten

Nach § 556 Abs. 1 S. 2 BGB i. V. m. § 2 BetrKV gehören zu den Betriebskosten sämtliche Kosten, die dem Eigentümer durch das Eigentum am Grundstück und den bestimmungsmäßen Gebrauch desselben oder der Gebäude, Anlagen und Einrichtungen laufend entstehen. Dieser **Betriebskostenbegriff** ist nach dem System des WEG für das Wohnungseigentumsrecht **zu weit** und daher **zu begrenzen**. Es gilt nicht der Betriebskostenbegriff des Mietrechts, sondern ein spezifischer wohnungseigentumsrechtlicher. Der Betriebskostenbegriff des Mietrechts erfasst z. B. Pflege- und Wartungstätigkeiten, sodass bei einzelnen Kosten ein **Spannungsverhältnis** zwischen dem Betriebskostenbegriff und dem der Instandhaltung entstünde. Bestimmte Kostenpositionen, die die BetrKV als Betriebskosten i. S. von § 556 Abs. 1 BGB versteht, können daher im Wohnungseigentumsrecht **nicht als Betriebskosten** verstanden werden (a. A. *Schmid* MDR 2007, 989), wenn man Auslegungsschwierigkeiten verhindern will und die Systematik des Gesetzes ernst nimmt. § 16 Abs. 4 WEG mit seiner Anknüpfung an Instandsetzungen verdrängt insoweit als dem **Mietrecht unbekannte Spezialnorm** § 16 Abs. 3 WEG und führt außerdem zu einer restriktiven Auslegung des Betriebskostenbegriffs und einem **eigenen wohnungseigentumsspezifischen Betriebskostenbegriff** (*Häublein* ZMR 2007, 409, 416; a. A. *Schmid* MDR 2007, 989). Diese Sichtweise ist zwingend, soll die gesetzlich angeordnete Unterscheidung nicht konturenlos und willkürlich werden. Folge dieser Sichtweise ist es vor allem, dass **Kosten der Instandhaltung** (dazu Rn. 64), die das Mietrecht (noch) als Betriebskosten begreift, nicht als Betriebskosten i. S. des Wohnungseigentumsgesetzes angesehen werden können (*Schmid* MDR 2007, 989: »die eigentlich Instandsetzungskosten sind«). 63

§ 16 | Nutzungen, Lasten und Kosten

64 Das Gesetz lässt diese Sicht der Dinge auch zu. Nach dem ausdrücklichen Wortlaut des § 16 Abs. 3 WEG gilt § 556 Abs. 1 BGB nur **entsprechend** (»i. S. von § 556 Abs. 1 BGB«). Pflegende Maßnahmen, wie z. B. **Gartenpflege** i. S. von § 2 Nr. 10 BetrKV, aber auch das Reinigen der Hofeinfahrt, die Wartung der Rückstausicherung, die Erneuerung der Außenlampen sind dem Begriff der Instandhaltung zugeordnet (s. nur *OLG Düsseldorf* ZMR 2004, 694, 695; *KG* ZMR 1994, 70, 71 = NJW-RR 1994, 207) und unterfallen damit § 16 Abs. 4 WEG. Auch **Reinigungsarbeiten** an gemeinschaftlichen Gebäudeteilen, etwa die Reinigung der Dachrinnen, sind als Instandhaltungsmaßnahmen anzusehen (*KG* KGReport 1993, 145 = WuM 1993, 562) und unterfallen § 16 Abs. 4 WEG. Auch die Kosten der Pflege und Wartung des **Aufzugs** unterfallen ungeachtet § 2 Nr. 7 BetrKV dem Begriff der Instandhaltungsmaßnahmen. Zu den Kosten, die im Wohnungseigentumsrecht **nicht als Betriebskosten** verstanden werden können, zählen ferner die **Grundsteuern**. Obwohl die **Grundsteuern** über § 2 Nr. 1 BetrKV unter den Betriebskostenbegriff subsumiert werden könnten, sind diese keine Kostenposition, für die § 16 Abs. 3 WEG eine Beschlussmacht einräumt (*Becker* ZWE 2005, 136, 137; *Köhler* ZMR 2005, 19, 20). Der Grundsteuerbescheid ergeht gegenüber jedem einzelnen Sondereigentümer (Steuerrecht Rn. 206).

65 Soweit § 556 Abs. 1 BGB Kosten nicht erfasst, besteht **keine Beschlusskompetenz** nach § 16 Abs. 3 WEG. Insbesondere, aber nicht nur **Kosten für Reparaturen** sind als Instandsetzungen zu verstehen und unter § 16 Abs. 4 WEG zu subsumieren. Eine »Lücke« besteht nicht (a. A. *Abramenko* § 3 Rn. 20).

cc) Grenze: Unmittelbar gegenüber Dritten abgerechnete Betriebskosten

66 Die Wohnungseigentümer können zu Betriebskosten nur dann Regelungen treffen, soweit die Kosten **gegenüber dem Verband Wohnungseigentümergemeinschaft** abgerechnet werden. Soweit Kosten unmittelbar gegenüber Dritten abgerechnet werden (was vor allem bei Strom oder Gas verbreiteter Übung entspricht, aber auch beim Kabelfernsehen, Müll usw. in Betracht kommt), besteht **kein Regelungsbedarf** und **keine Regelungskompetenz** der Wohnungseigentümer, das Verhältnis zwischen Verursacher und Versorger/Lieferanten zu regeln. Eine Regelung entspräche bereits nicht ordnungsmäßiger Verwaltung und wäre jedenfalls rechtswidrig. Durch die **klarstellende Einschränkung** im Gesetz ist eine dennoch **getroffene Regelung** darüber hinaus in Ermangelung einer Regelungskompetenz **nichtig**.

b) Heizkosten

aa) Grundsatz

67 § 16 Abs. 3 WEG ermöglicht den Wohnungseigentümern eine Änderung eines von ihnen nach § 6 Abs. 4 S. 1 HeizkostenV bestimmten **Kostenverteilungsschlüssels** für die **Heiz- und Warmwasserkosten** durch Beschluss (*Schmid* WE 2007, 7; *Abramenko* ZWE 2007, 61, 66). § 16 Abs. 3 WEG verweist nämlich auf § 556 BGB, der seinerseits mit seinem Absatz 1 S. 2 auf die BetrKV und dessen § 2 Nr. 4 ff. (Heiz- und Warmwasserkosten) relegiert (*Schmid* WE 2007, 7).

bb) Bestimmung

68 Im Falle einer **Änderung** ist unerheblich, ob die **ursprüngliche Bestimmung** nach § 6 Abs. 4 S. 2 HeizkostenV (dazu Rn. 34 ff.) durch eine Vereinbarung, etwa im Rahmen der Teilungserklärung, getroffen worden war, ob eine Öffnungsklausel besteht oder ob die ursprüngliche Bestimmung durch einen **Beschluss** bestimmt ist (*Schmid* WE 2007, 7; zur h. M. vor dem 1.7.2007 s. hingegen *OLG Hamm* NZM 2004, 657, 658 = ZMR 2005, 73; *OLG Düsseldorf* NJW-RR 2002, 157; *BayObLG* NJW-RR 1994, 145, 146 = WuM 1993, 753; *Abramenko* ZWE 2007, 61, 62; *Jennißen* FS Blank, S. 635, 638). Die Änderungsmöglichkeit einer Vereinbarung auch im Wege des Beschlusses folgt aus § 16 Abs. 3 WEG. Absatz 3 erlaubt in beiden Fällen – geschützt durch Absatz 5 – eine Abänderung und eine Ordnung durch Beschluss. Selbst dann, wenn die Wohnungseigentümer eine vertragliche Bestimmung nach § 10 HeizkostenV getroffen hatten, verschafft ihnen § 16 Abs. 3 WEG eine Möglichkeit, diesen Vertrag **beschlussweise** zu ändern (a. A. *Schmid* WE 2007, 7).

cc) Grenzen

Die durch § 16 Abs. 3 WEG eingeräumte Änderungsmöglichkeit unterliegt einerseits den allgemeinen und den besonderen Grenzen des WEG. Andererseits gibt die HeizkostenV vor allem durch § 6 Abs. 4 S. 2 vor, nur unter welchen **weiteren Voraussetzungen** eine Änderung des Kostenverteilungsschlüssels für die Heiz- und Warmwasserkosten möglich ist. Die Wohnungseigentümer können eine Bestimmung des Kostenverteilungsschlüssels für die Heiz- und Warmwasserkosten nach § 16 Abs. 3 WEG nur im **Rahmen** der §§ 7 und 8 HeizkostenV treffen (*Jennißen* FS Blank, S. 635, 642). 69

c) Kosten der Verwaltung

aa) Allgemeines

Zu den **Kosten der Verwaltung** i. S. von § 16 Abs. 3 WEG gehören nach § 16 Abs. 7 WEG **insbesondere Kosten eines Rechtsstreits gem. § 18 WEG** und **der Ersatz des Schadens** im Falle des § 14 Nr. 4 WEG. Ferner sind damit die **Vergütung (das Honorar) des Verwalters** angesprochen, Bankgebühren, z. B. für das Verbandskonto, Ausgaben für den Verwaltungsbeirat, z. B. eine Haftpflichtversicherung, Kosten für eine Maßnahme der Zwangsversteigerung, z. B. eines Verfahrens nach § 10 Abs. 3 ZVG, Rechtsanwaltskosten, sofern kein Fall des § 16 Abs. 8 WEG vorliegt, Mietkosten, z. B. für den Veranstaltungsraum für die Eigentümerversammlung, sowie sonstige »administrative« Kosten, z. B. die Arbeiten Dritter anstelle des Verwalters (dazu ausführlich Rn. 298 ff.). Kosten eines Rechtsstreits nach § 43 Nr. 1 bis Nr. 6 WEG gehören zu den Kosten der Verwaltung, wenn es sich um **Mehrkosten** gegenüber der gesetzlichen Vergütung eines Rechtsanwalts auf Grund einer Vereinbarung über die Vergütung handelt (dazu und zu den Ausnahmen Rn. 309 ff.). 70

bb) Besondere Verwaltung

Zu den Kosten der Verwaltung gehören auch die Kosten, die durch einen Wohnungseigentümer besonders ausgelöst worden sind. Weil auch § 21 Abs. 7 WEG insoweit eine Beschlussmacht einräumt – und zwar ausdrücklich –, könnte man den Wortlaut des § 16 Abs. 3 WEG zwar teleologisch reduzieren. Da indes nur § 16 Abs. 3 WEG den Schutz des § 16 Abs. 5 WEG genießt, ist dies nicht geboten (Rn. 21 und *Hügel/Elzer* § 8 Rn. 57). Die Wohnungseigentümer können nach § 16 Abs. 3 WEG die Kosten auf einen einzelnen Wohnungseigentümer umlegen, die durch die Weigerung dieses Wohnungseigentümers entstehen, am Lastschriftverfahren teilzunehmen (*Hügel/Elzer* § 8 Rn. 69). Ferner solche Kosten, die durch eine Sammelüberweisung entstehen, oder die Kosten für eine Anschriftenermittlung. Hierher gehört außerdem eine dem Verwalter vom Verband für besondere Verwaltungsleistungen versprochene Sondervergütung, soweit sie von einem Wohnungseigentümer ausgelöst worden und ihm zurechenbar ist, z. B. für die Einleitung eines gerichtlichen Verfahrens gegen ihn. Schließlich zählen hierher auch besondere Mahngebühren oder ein nach § 12 WEG einem Dritten geschuldetes Entgelt. 71

cc) Besonderer Gebrauch

Zu den Kosten der Verwaltung i. S. von § 16 Abs. 3 WEG sind auch solche Kosten zu verstehen, die durch einen übermäßigen Gebrauch des Gemeinschaftseigentums entstehen. Hierher kann etwa eine Umzugskostenpauschale gehören – eine vorweggenommene Schadensersatzzahlung für im Einzelfall nicht nachgewiesene und oft auch nicht nachweisbare Kleinschäden (*Hügel/Elzer* § 8 Rn. 64). Als Gegenstand einer Nutzungspauschale vorstellbar sind ferner z. B. die Nutzung des Gemeinschaftseigentums für Plakate, Leuchtreklamen, Werbeschilder, Schaukästen oder Antennen. Eine Pauschale kann ferner etwa für die Nutzung einer im Gemeinschaftseigentum stehenden Sauna oder für die Nutzung eines Tennisplatzes verlangt werden. 72

3. Rechtsfolgen

Soweit die Voraussetzungen erfüllt sind, haben die Wohnungseigentümer nach § 16 Abs. 3 WEG Ermessen, zwischen verschiedenen jeweils ordnungsmäßigen Wegen **einen Beschluss** zur Erfassung und/oder **einen Beschluss** zur Verteilung der jeweiligen Kosten zu treffen. Ihr Ermessen lässt es grundsätzlich auch zu, von einer Regelung abzusehen. 73

a) Erfassung

74 Nach Wortlaut des § 16 Abs. 3 WEG können die Wohnungseigentümer im Wege des Beschlusses bestimmen, dass die genannten Betriebs- und Verwaltungskosten nach **Verbrauch** oder **Verursachung** erfasst werden. Während der Begriff »Verbrauch« eingesetzte und nach dem **Einsatz verbrauchte** oder **veränderte Güter** im Blick hat, etwa Wasser, Gas, Strom, Wärme, meint »Verursachung« im weitesten Sinne eine **Erfassung** nach Häufigkeit der Nutzung, nach einer **Zählung**, nach dem Gebrauch oder der Gebrauchsmöglichkeit oder der Anzahl der Personen. Dieses Wortlautverständnis wäre indes zu eng. Nach Sinn und Zweck der Regelung und seiner Stoßrichtung, den Wohnungseigentümern Handlungsmacht zu verschaffen, müssen von der Beschlusskompetenz auch solche Kosten erfasst sein, die **nicht** nach **Verbrauch** oder **Verursachung** erfasst werden (*Elzer* ZMR 2007, Rn. 430, 431) oder die im eigentlichen Sinne nicht erfassbar sind. Anhaltspunkte dafür, dass insofern keine Kompetenz besteht, für diese Kosten einen von § 16 Abs. 2 WEG oder von einer Vereinbarung abweichenden Schlüssel zu bestimmen, bestehen nicht. Für ein weites Verständnis spricht vor allem die in § 16 Abs. 3 WEG angesprochene Möglichkeit, die erfassten Kosten nach Verbrauch oder Verursachung oder »**nach einem anderen Maßstab**« zu verteilen. Etwa die Kosten der Pflege für die Grün- und Außenanlagen, die Kosten des Winterdienstes oder die von Versicherungen werden nicht nach Verbrauch oder Verursachung »erfasst« und berechnet, sind aber auch angemessen und den Wohnungseigentümern zu verteilen. Ferner ist eine »Erfassung« nach Anzahl der Dosen eines Kabelanschlusses oder eine Zugrundelegung der Wohnfläche sachgerecht und sinnvoll, ohne dass sich in diesen »Erfassungen« ein Verbrauch oder Verursachung spiegeln.

b) Verteilung

75 Nach § 16 Abs. 3 WEG sind die erfassten Kosten nach Verbrauch oder Verursachung oder nach einem **anderen Maßstab** zu verteilen. Das Gesetz gibt dabei **bewusst nicht** vor, welcher von § 16 Abs. 2 WEG abweichende Maßstab möglich ist (BT-Drucks. 16/887 S. 23). Grundsätzlich zu bevorzugen ist eine Verteilung nach **Verbrauch** oder **Verursachung**. Üblich ist es daneben etwa die Verteilung der Kosten nach Wohn- oder/und Nutzungsfläche, eine Umlage nach Personenzahl, nach dem Maß der tatsächlichen Nutzung oder Nutzungsmöglichkeit. Ferner bietet sich in einer Mehrhausanlage die Verteilung nach Häusern an (*Gottschalg* DWE 2007, 40).

c) Ermessen

76 Die Wohnungseigentümer haben auf Grund ihres **Selbstorganisationsrechts** (*BGH* BGHZ 156, 192, 203 [Kaltwasser] = ZMR 2003, 937, 941 = NJW 2003, 3476; *BGH* BGHZ 139, 288, 293; s. dazu ausführlich *Elzer* ZMR 2006, 85 ff.) ein Ermessen, ob und ggf. welche im Prinzip jeweils ordnungsmäßige Bestimmung sie für die Verwaltung und den Gebrauch des Gemeinschaftseigentums treffen. Dieses Ermessen ermöglicht es ihnen im Rahmen des § 16 Abs. 3 WEG, alle **für und gegen** die Einführung einer **Erfassungsmöglichkeit** und die sich anschließende verbrauchs- oder verursachungsabhängige **Abrechnung** sprechenden Umstände abzuwägen (*BGH* BGHZ 156, 192, 203 [Kaltwasser] = ZMR 2003, 937, 941 = NJW 2003, 3476). Die Wohnungseigentümer können auf Grund ihrer **Privatautonomie** grundsätzlich **frei entscheiden**, ob sie eine verursachungs- oder verbrauchsabhängige Abrechnung einführen oder ob sie davon absehen und weiterhin nach dem geltenden gewillkürten oder nach dem subsidiären gesetzlichen Maßstab abrechnen wollen. Das Ermessen ermöglicht es den Wohnungseigentümern – und erfordert es –, alle für und gegen eine verbrauchs- oder verursachungsabhängige Abrechnung sprechenden Umstände abzuwägen.

aa) Grundsatz

77 Jedwede Maßnahmen zur Erfassung und verbrauchs- und/oder verursachungsabhängigen Abrechnung werden **im Grundsatz** ermessensfehlerfrei sein, weil sie dem **Verursacherprinzip** Rechnung tragen und als **Anreiz** zur Sparsamkeit zu deutlichen Einsparungen und zu mehr Verteilungsgerechtigkeit führen. Für einen Beschluss nach § 16 Abs. 3 WEG sprechen ferner eine höhere Kostengerechtigkeit, Anreize zur Kostensenkung oder die Anpassung an die vorhandenen Bedingungen. Wichtiges Abwägungsmoment ist im Übrigen die Wahrung der **Kontinuität des**

Außen- und Innenverhältnisses. Liegt einem Vertragsschluss ein bestimmter Maßstab zu Grunde, berechnet z. B. ein Kabelanbieter seine Kosten nach einem bestimmten System, ist dieses soweit möglich auch der Verteilung im Innenverhältnis zu Grunde zu legen. Der Beschluss nach § 16 Abs. 3 WEG ist insoweit als **Transmissionsriemen** der jeweiligen Verhältnisse zu verstehen. Nur der Gleichlauf deckt sich auch mit den Erwartungen der Wohnungseigentümer. Berechnen sich etwa die Verwalterkosten nach Einheiten, ist es ermessensfehlerhaft, wenn die Wohnungseigentümer gewillkürt eine Verteilung nach Köpfen beschließen. Dieser Beschluss wäre ermessensfehlerhaft, weil er gegen den **Grundsatz der Kontinuität** verstößt. Eine weitere Messlatte kann sein, dass viele Einheiten vermietet sind. Dann bietet sich ggf. die **Umstellung auf den Wohnflächenschlüssel** an (bessere Verwendbarkeit der Jahresabrechnung für mietrechtliche Betriebskostenrechnungen). Wird der Wohnflächenschlüssel gewählt, müssen freilich die Flächen feststehen. Bei nicht feststehenden Wohnflächen muss ihre Ermittlung beschlossen werden, wobei dieser Beschluss wiederum die Art der Ermittlung vorgeben muss.

bb) Ermessensreduktion

Sind die wirtschaftlichen Aufwendungen für eine Erfassung und Abrechnung nach Verbrauch oder Verursachung **unverhältnismäßig hoch**, kann die Einführung entsprechender Maßnahmen **ermessensfehlerhaft** und nur eine Beibehaltung des bisherigen Abrechnungssystems ermessensfehlerfrei sein (*Hügel* ZWE 2005, 204, 207; *Armbrüster* ZWE 2002, 145, 149; *Bub* ZWE 2001, 457, 459). Für die Frage, was zu tun ist, bedarf es einer **Kosten-Nutzen-Analyse** (*KG* ZMR 2003, 600, 601; *Hügel* ZWE 2005, 204, 207). Für die Abwägung kann wegen der vergleichbaren Interessenlage ggf. an die Grundsätze angeknüpft werden, die die Rechtsprechung (*KG* ZMR 1996, 282, 283; NJW-RR 1993, 468 = ZMR 1993, 182; *BayObLG* NJW-RR 1994, 145; *OLG Köln* WuM 1993, 621) zur Verbrauchserfassung für die Wärme- und Warmwasserversorgung im Hinblick auf § 11 Abs. 1 Nr. 1 Buchst. a, Abs. 2 HeizkostenV entwickelt hat (*BGH* BGHZ 156, 192, 204 [Kaltwasser] = ZMR 2003, 937, 941 = NJW 2003, 3476). Danach steht die Einführung einer verbrauchs- oder verursachungsabhängigen Erfassung und Abrechnung von Betriebskosten nicht mehr im Einklang mit einer ordnungsmäßigen Verwaltung, wenn die Aufwendungen die Einsparungen übersteigen, die sich über **zehn Jahre** hin voraussichtlich erzielen lassen (*BGH* BGHZ 156, 192, 204 [Kaltwasser] = ZMR 2003, 937, 941 = NJW 2003, 3476; *OLG Köln* FGPrax 2007, 74).

78

Dieser Zeitraum kann sich im Einzelfall als zutreffend erweisen, ist als Regelanhalt **indes zu starr**. Vorstellbar ist auch die Zugrundelegung einer 50-jährigen Nutzungsdauer (*Jennißen* FS Blank, S. 635, 637 und 650). Ferner ist zu beachten dass diese Rechtsprechung zur Frage ergangen ist, ob die HeizkostenV anzuwenden ist. Für diese Frage besteht aber gar **kein Ermessen**. Nach § 2 HeizkostenV ist die Geltung der Vorschriften der HeizkostenV nicht davon abhängig, dass der Gebäudeeigentümer eine verbrauchsabhängige Kostenverteilung wünscht (*BGH* ZMR 2006, 766 = WuM 2006, 418 = NJW-RR 2006, 1305). Die rechtsgeschäftliche Gestaltungsfreiheit der Wohnungseigentümer ist bei der Anwendung der HeizkostenVO **kraft Gesetzes** eingeschränkt (*BGH* ZMR 2006, 766 = WuM 2006, 418 = NJW-RR 2006, 1305; *Jennißen* FS Blank, S. 635, 637). Ob die Einführung eines Erfassungssystems nur dann ordnungsmäßiger Verwaltung entspricht, wenn die damit verbundenen Investitionen sich in überschaubarer Zeit amortisieren, erscheint außerdem mehr als zweifelhaft (*Hügel* ZWE 2005, 204, 207). Für Prognosen gelten keine Wahrheits- oder Richtigkeitskriterien, sondern nur Sorgfaltsmaßstäbe. Ein der Entscheidung immanentes Prognoserisiko kann sich deshalb nicht auf die Rechtmäßigkeit des Beschlusses auswirken. Es bietet sich an, insoweit auf die verwaltungsrechtliche Rechtsprechung und Literatur zu Prognoseentscheidungen zurückzugreifen (*Hügel* ZWE 2005, 204, 207; *ders.* Dritte als Betroffener verkehrsberuhigender Maßnahmen, 1991, S. 70 ff.). Da Wohnanlagen nicht nur auf zehn Jahre, sondern notwendiger Weise »ewig« gewollt sind, können sich auch längere Zeiträume als **noch angemessen** erweisen. Was gilt, ist dabei u. a. an der Größe der Wohnanlage, den Bewohnern oder dem Alter der Anlage zu messen. Die Umstände des Einzelfalls können im Wege der **Ermessensreduktion** auch dazu führen, dass **nur eine verbrauchsabhängige Kostenverteilung** und also die Einführung von Erfassungsmöglichkeiten und die anschließende individuelle Verteilung ordnungsmäßiger Verwaltung entspricht. Das ist etwa der Fall, wenn der Einbau von Erfassungsgeräten **ge-**

79

§ 16 | Nutzungen, Lasten und Kosten

setzlich vorgeschrieben ist (BT-Drucks. 16/887 S. 23) oder wenn eine auf eine Erfassung der Verursachungsbeträge verzichtende Abrechnung **grob unbillig** erscheint (*BGH* BGHZ 156, 192, 203 [Kaltwasser] = ZMR 2003, 937, 941 = NJW 2003, 3476). Gleiches gilt auf Grund der § 556a Abs. 1 S. 2 BGB zu Grunde liegenden Wertung des Gesetzgebers, wenn in der Wohnungseigentumsanlage Verbrauchererfassungseinrichtungen **bereits vorhanden** sind.

4. Beschluss

a) Allgemeines

80 Das Gesetz richtet an einen Beschluss, mit dem der gesetzliche oder ein vereinbarter oder ein beschlossener Kostenverteilungsschlüssel nach § 16 Abs. 3 WEG geändert werden, **keine besonderen Anforderungen**, etwa besondere (qualifizierte) Mehrheiten. Das Gesetz stellt für einen Kostenbeschluss nach § 16 Abs. 3 WEG bewusst auf eine »**einfache Mehrheit**« ab, weil eine qualifizierte Mehrheit der **angestrebten Einheitlichkeit** der Änderung der jeweiligen Kostenverteilungsschlüssel für das Gemeinschafts- und das Sondereigentum zuwiderliefe (BT-Drucks. 16/887 S. 22). Nach Ansicht des Gesetzgebers gibt es keinen sachlich überzeugenden Grund, bei Wasser- und anderen Kosten des Gemeinschaftseigentums »ein höheres Maß an Zustimmung zu verlangen« als bei Kosten aus dem Sondereigentum (BT-Drucks. 16/887 S. 22), für die bereits bislang durch einen einfachen Beschluss der Kostenverteilungsschlüssel geregelt werden konnte.

81 Ob eine Mehrheit erreicht wird, ist anhand des **gesetzlichen Stimmrechtsprinzips** des § 25 Abs. 2 S. 1 WEG (Kopfprinzip) **oder eines vereinbarten Prinzips** zu ermitteln. Der Ansicht, aus dem Tatbestandsmerkmal »durch Stimmenmehrheit« könne hergeleitet werden, dass der Berechnung der Mehrheit stets das gesetzliche Kopfprinzip zu Grunde zu legen sei, kann nicht gefolgt werden (a. A. *Häublein* ZMR 2007, 409, 410). Zwar knüpft der Wortlaut des § 16 Abs. 3 WEG an den Wortlaut des § 25 Abs. 2 S. 1 WEG an. Eine »Stimmenmehrheit« wird aber auch in §§ 10 Abs. 5, 12 Abs. 4 S. 1, 15 Abs. 2, oder 21 Abs. 3 WEG gefordert, ohne das hier verlangt werden würde, dass einer Berechnung einer Stimmenmehrheit das Kopfprinzip zu Grunde zu legen sei. Auch um den vom Gesetzgeber angestrebten **Gleichlauf** von Beschlüssen zum Gemeinschafts- und Sondereigentum zu erreichen, verbietet sich eine andere Sichtweise.

b) Ankündigung i. S. von § 23 Abs. 2 WEG

82 Soll der geltende Kostenverteilungsschlüssel in einer Eigentümerversammlung geändert werden, ist dies wegen § 23 Abs. 2 WEG bereits **ausdrücklich** und **gesondert** mit der Ladung anzukündigen (*OLG Düsseldorf* ZMR 2005, 895, 896). Ein Wohnungseigentümer muss mit der Ankündigung eines Beschlusses zu einer Jahresabrechnung, zu einem Wirtschaftsplan oder zu einer Sonderumlage nicht damit rechnen, dass auch der dieser Maßnahme zu Grunde liegende Kostenverteilungsschlüssel geändert wird (*OLG Düsseldorf* ZMR 2005, 895, 896). Werden dennoch Kosten- und Änderungsbeschluss ohne Ankündigung **zusammengefasst**, ist der Beschluss jedenfalls **nicht ordnungsmäßig** (*OLG Düsseldorf* ZMR 2005, 895, 896); ein auf § 16 Abs. 3 WEG beruhender Beschluss könnte wegen seiner Wirkungen sogar nichtig sein. Im Übrigen muss nach dem auf Beschlüsse anwendbaren § 139 BGB (*BGH* BGHZ 139, 288, 297 = NJW 1998, 3713 = ZMR 1999, 41 = 1998, 3713; *OLG Köln* WuM 2007, 344; *BayObLG* ZMR 2005, 383 = BayObLGReport 2004, 388) untersucht werden, ob beide Beschlussinhalte »miteinander stehen oder fallen« sollen oder ob die Wohnungseigentümer die eine Regelung auch ohne die andere getroffen hätten.

c) Beschlussfassung

83 Die Änderung des Kostenverteilungsschlüssels kann nicht »durch« die Jahresabrechnung beschlossen werden. Der Jahresabrechnung kann nicht einfach ein anderer als der geltende Kostenverteilungsschlüssel zu Grunde gelegt werden. Die Jahresabrechnung ist **nicht dazu bestimmt**, neue Kostenverteilungsmaßstäbe einzuführen (*OLG München* ZMR 2007, 811, 812 mit Anm. *Elzer*). Über die Änderung des geltenden Kostenverteilungsschlüssels ist für die Zukunft gesondert ein Beschluss herbeizuführen (*OLG München* ZMR 2007, 811, 812 mit Anm. *Elzer*). Im Wege der Auslegung ist allerdings vorstellbar, dass die Wohnungseigentümer ausnahmsweise zwei Regelungen durch einen Beschluss getroffen haben, nämlich z. B. den Wirtschaftsplan und zugleich eine Änderung des Kostenverteilungsschlüssels. Indiz hierfür ist die Ankündigung des Be-

schlussantrages sowie die Formulierung des Antrages in der Versammlung. Im Zweifel fehlt es an einem Willen der Wohnungseigentümer, zwei Beschlüsse in einem zu fassen.

d) Beschlussfehlerlehre

Ein Beschluss nach § 16 Abs. 3 WEG ist fehlerhaft und anfechtbar, wenn er nicht ordnungsmäßig ist. Dies ist vor allem der Fall, wenn der Beschluss unter Ermessensfehlern leidet oder formelle oder materielle Fehler aufweist. Dies kann aber auch dann der Fall sein, wenn die Wohnungseigentümer bei ihrer Entscheidung bestimmte Aspekte nicht ausreichend beachtet haben. In Betracht kommen hier vor allem das Fehlen eines Grundes für die Beschlussfassung (Rn. 86), schutzwürdige Belange (Rn. 87) und der Umstand, dass ein Wohnungseigentum vermietet ist (Rn. 90). Ein Beschluss nach § 16 Abs. 3 WEG ist nicht nur anfechtbar, sondern sogar nichtig, wenn die Wohnungseigentümer ihre **Beschlusskompetenzen verletzt** haben (Rn. 91). 84

aa) Ordnungsmäßigkeit im Allgemeinen

Der Beschluss nach § 16 Abs. 3 WEG muss **ordnungsmäßiger Verwaltung** entsprechen. Ein Beschluss gem. § 16 Abs. 3 WEG ist ordnungsmäßig, wenn die jeweilige Bestimmung einen **angemessenen Ausgleich** zwischen den Interessen aller Wohnungseigentümer an einem reibungslosen Zusammenleben einerseits und den Individualinteressen des einzelnen Wohnungseigentümers andererseits findet. Ordnungsmäßigkeit fordert weiter, dass der Beschluss nicht nichtig ist, eine Beschlusskompetenz besteht und dass der Beschluss **formell und materiell rechtmäßig** sein muss – seinem Zustandekommen also keine Fehler anhaften. Ferner verlangt der Begriff der »Ordnungsmäßigkeit« eine **Korrelation** zwischen Erfassungs- und Verteilungsmaßstab (*Hügel/Elzer* § 5 Rn. 23; *Abramenko* § 3 Rn. 27). Grundsätzlich hat der neue Kostenverteilungsschlüssel der gewählten **Erfassungsart zu entsprechen**. Wenn und soweit die Wohnungseigentümer etwa beschließen, eine Kostenart nach Verbrauch zu erfassen, müssen sie diese daher nach § 21 Abs. 3 und Abs. 4 WEG auch anteilig nach Verbrauch verteilen (*Hügel/Elzer* § 5 Rn. 23; *Abramenko* § 3 Rn. 27). Bestehen bei einer Mehrhausanlage **Abrechnungskreise** (Rn. 136 ff.), ist ein auf § 16 Abs. 3 WEG oder auf einer Öffnungsklausel gestützter Beschluss nicht ordnungsmäßig, wenn er diese **abschaffen will**. 85

bb) Sachlicher Grund

Nach der amtlichen Begründung zu § 16 Abs. 3 WEG soll es – wie bei der Anwendung einer vereinbarten Öffnungsklausel – für die Frage, ob es zu einer Änderung der Kostenverteilung kommt, einen **sachlichen Grund** geben (BT-Drucks. 16/887 S. 23; zustimmend *Gottschalg* DWE 2007, 40; *Abramenko* § 3 Rn. 22). Angesichts der Mehrzahl der in Betracht kommenden Verteilungsschlüssel seien die Wohnungseigentümer gehalten, den auszuwählen, der den Interessen der Gemeinschaft und des einzelnen Wohnungseigentümers angemessen ist und insbesondere nicht zu einer ungerechtfertigten Benachteiligung Einzelner führt. Diese Begrenzung sei dem Gesetz immanent und müsse nicht ausdrücklich geregelt werden (BT-Drucks. 16/887 S. 23). Diese Ansicht nimmt Bezug auf die Rechtsprechung zum Gebrauch machen einer vereinbarten Öffnungsklausel. Dort entspricht es h. M., dass von der Beschlussmacht nur dann Gebrauch gemacht werden darf, wenn ein **sachlicher Grund** zur Änderung oder Ergänzung des Gesetzes oder einer Vereinbarung vorliegt und einzelne Wohnungseigentümer gegenüber dem früheren Rechtszustand **nicht unbillig benachteiligt** werden (*BGH* BGHZ 127, 99, 106 = ZMR 1995, 34 = NJW 1994, 3230; BGHZ 95, 137, 143 = ZMR 1986, 19, 21 = NJW 1985, 2832; *OLG Düsseldorf* ZMR 2006, 296, 297; *OLG Hamm* ZMR 2006, 630, 631 = ZWE 2006, 228; ZMR 2004, 852, 855 = NJW-RR 2004, 805; § 10 Rn. 293). Ein Kostenverteilungsschlüssel kann nach dieser Rechtsprechung etwa nur dann durch einen auf einer Öffnungsklausel beruhenden Beschluss geändert werden, wenn sich die **Verhältnisse** gegenüber früher in **wesentlichen Punkten** geändert haben oder sich die ursprüngliche Regelung nicht bewährt hat (*OLG Hamm* ZWE 2000, 424, 426 = ZMR 2000, 483). Der Umstand allein, dass die geltende Regelung **unzweckmäßig** ist, soll nicht genügen, um von ihr abzuweichen. Und auch nicht die hypothetische Erwägung, dass die Wohnungseigentümer oder der teilende Eigentümer, wenn sie den Fall bedacht hätten, ihn anders geregelt haben würden (*OLG Düsseldorf* ZMR 2006, 296, 297). Dem ist nach hier vertretener Ansicht **nicht zu folgen**. Die Übernahme der 86

§ 16 I Nutzungen, Lasten und Kosten

Rechtsprechung zum sachlichen Grund wäre zwar konsequent. Eine Übernahme übersähe indes, dass die Forderung nach einem sachlichen Grund sich **niemals empfiehlt** und auch **überflüssig** ist. Dem Erfordernis eines sachlichen Grundes kommt **neben** der Ordnungsmäßigkeit im Allgemeinen keine eigenständige Bedeutung zu (im Einzelnen *Elzer* ZMR 2007, 237, 239 ff.), sondern ist Teil der **dortigen Prüfung**.

cc) Schutzwürdige Belange (Zweitbeschlüsse)

(1) Allgemeines

87 Nach Ansicht der Rechtsprechung kann jeder Wohnungseigentümer nach § 21 Abs. 3 und 4 WEG verlangen, dass ein weiterer Beschluss über dieselbe Angelegenheit (Zweitbeschluss, s. § 23 Rn. 27 f.) »schutzwürdige Belange aus Inhalt und Wirkungen des Erstbeschlusses berücksichtigt« (*BGH* BGHZ 113, 197, 200 = ZMR 1991, 146, 147 = MDR 1991, 517 = NJW 1991, 979; *OLG Frankfurt* IMR 2006, 56; OLGReport Frankfurt 2005, 334, 345 = MietRB 2005, 206, 207 mit Anm. *Elzer*; *OLG Hamm* ZWE 2006, 228, 230 = NJOZ 2006, 2579; *BayObLG* ZMR 2002, 525, 526). Die dabei einzuhaltenden Grenzen sollen sich nach den Umständen des Einzelfalles richten. Diese Rechtsprechung ist für auf § 16 Abs. 3 WEG beruhende Beschlüsse **nicht anwendbar** (*Hügel/Elzer* § 5 Rn. 33 ff.; *Elzer* ZMR 2007, 237, 239 ff.). Das Gesetz schließt es aus, Partikularinteressen, »wohlerworbenen Rechten« oder »Sondervorteilen« einen besonderen Raum einzuräumen. Es kann keine Rolle spielen, dass eine Entscheidung, wenn und soweit sie im Interesse der Mehrheit steht, ggf. »günstige Rechtspositionen« oder »Vertrauen« verletzt.

88 Die Besonderheit eines Zweitbeschlusses besteht allein darin, dass im Gegensatz zum Erstbeschluss mitzubedenkende Rechtspositionen – mögen diese »rechtlich« oder »tatsächlich« sein – bestehen. Diese im Gegensatz zur Ausgangsentscheidung (Erstbeschluss) zu beachtenden Rechtspositionen vermögen es aber nicht, einen Beschluss bereits deshalb als nicht ordnungsmäßig anzusehen, wenn eben das Interesse der Gesamtheit eine andere Regelung erfordert oder schon erlaubt. Der einzelne Eigentümer kann und darf angesichts gesetzlich garantierter Mehrheitsmacht **niemals damit rechnen**, dass sich ein bestimmter Sondervorteil stets perpetuiert. Die Wohnungseigentümer sind nach dem gesetzgeberischen Modell jederzeit und ohne besonderen Grund befugt, über eine schon geregelte gemeinschaftliche Angelegenheit erneut zu beschließen, soweit der Beschluss nur ordnungsmäßig ist (*BGH* ZMR 2001, 809, 814; BGHZ 113, 197, 200 = ZMR 1991, 146, 147 = MDR 1991, 517 = NJW 1991, 979). Die Befugnis in bestimmten Bereichen bloß mehrheitlich zu entscheiden ist Ausfluss der Privatautonomie und des gesetzlich garantierten Selbstorganisationsrechts der Wohnungseigentümer.

(2) Rückwirkung

89 Ein Wohnungseigentümer kann allerdings im Grundsatz darauf vertrauen, dass die **laufenden Kosten** nach demjenigen Verteilungsschlüssel abgerechnet werden, der der Vereinbarungs- und Beschlusslage im betreffenden Abrechnungszeitraum entspricht; er muss also nicht damit rechnen, das dieser Schlüssel mit **Rückwirkung** für bereits **abgeschlossene Abrechnungszeiträume** verändert wird (*OLG Hamm* ZMR 2007, 293, 295; s. auch *Abramenko* § 3 Rn. 32). Anders liegt es aber, wenn der geltende Verteilungsschlüssel unpraktikabel ist oder zu grob unbilligen Ergebnissen führt (*OLG Hamm* ZMR 2007, 293, 295).

dd) Vermietetes Sondereigentum

90 Ist ein Sondereigentum vermietet, müssen die Wohnungseigentümer bei der nach §§ 15 Abs. 3, 21 Abs. 4 WEG gebotenen Abwägung, welche Maßnahme ordnungsmäßiger Verwaltung entspricht, einbeziehen, dass ein Sondereigentum vermietet ist. Für eine vermietete Eigentumswohnung können sich aus einer Änderung erhebliche Abrechnungsprobleme ergeben (*Schmid* ZMR 2005, 27, 28). Führen die Wohnungseigentümer erstmals eine verursachungsbezogene Abrechnung ein, kann der vermietende Wohnungseigentümer den mietrechtlichen Abrechnungsmaßstab durch einseitige Erklärung nach § 556a Abs. 2 BGB anpassen; entsprechendes gilt, wenn die Voraussetzungen des § 6 Abs. 4 S. 2 HeizkostenV vorliegen (*Schmid* ZMR 2005, 27, 28). In allen anderen Fällen hat kraft Gesetzes keine einseitige Änderungsmöglichkeit. Es kommt deshalb darauf

an, ob der Mietvertrag eine Änderungsmöglichkeit vorsieht (s. dazu Anhang zu § 16 Rn. 55 ff. und *Nüßlein* Divergenzen, S. 93; ferner *Schmid* ZMR 2005, 27, 28; *Armbrüster* ZWE 2004, 217, 224).

ee) Nichtigkeit

Ein Beschluss nach § 16 Abs. 3 WEG ist **nichtig**, wenn die Wohnungseigentümer die ihnen gesetzlich **eingeräumte Kompetenz** verletzt haben. Dies ist **vor allem** der Fall, wenn sie nicht nur zu den Betriebskosten, sondern auf für die Kosten der Instandhaltung und Instandsetzung bzw. einer baulichen Änderung i. S. von § 16 Abs. 4 WEG eine **dauerhafte Regelung** treffen wollen (s. dazu auch noch Rn. 99). Ferner ist Nichtigkeit und nicht nur Anfechtbarkeit anzunehmen, wenn die Wohnungseigentümer entgegen des Gesetzes beschlussweise auch Anordnungen zu den Kosten treffen, die gegenüber Dritten abzurechnen sind (Rn. 66). 91

5. Änderung des Wohnungsgrundbuchs

Ist der geltende Kostenverteilungsschlüssel Gegenstand der »Gemeinschaftsordnung« und als verdinglichte Vereinbarung im Wohnungsgrundbuch eingetragen, wird das Wohnungsgrundbuch unrichtig, wenn die Wohnungseigentümer einen Beschluss nach § 16 Abs. 3 WEG fassen (*Hügel/Elzer* § 5 Rn. 44; *dies.* § 8 Rn. 24). Um den stets anzustrebenden Gleichlauf von formellen und materiellem Recht zu erreichen, können – ein Zwang besteht nicht (*Hügel/Elzer* § 8 Rn. 24) – die Wohnungseigentümer eine Berichtigung des Wohnungsgrundbuches nach § 22 GBO beantragen (*Hügel/Elzer* § 5 Rn. 44). Der erforderliche Unrichtigkeitsnachweis bedarf der Form des § 29 GBO, ist also durch öffentliche oder öffentlich beglaubigte Urkunde zu führen. Analog § 12 Abs. 4 S. 5 WEG kann der Nachweis der Beschlussfassung über eine entsprechende Anwendung von § 26 Abs. 4 WEG erbracht werden (*Hügel/Elzer* § 5 Rn. 48). Dem Grundbuchamt ist mit dem Antrag auf Löschung eine Niederschrift über den Aufhebungsbeschluss vorzulegen, wobei die Unterschriften des Versammlungsvorsitzenden und eines Wohnungseigentümers und, falls ein Verwaltungsbeirat bestellt ist, auch von dessen Vorsitzenden oder seinem Stellvertreter, öffentlich beglaubigt sein müssen. Kommt es zu keiner Berichtigung, ist fraglich, ob sich der in das Grundbuch Einsicht nehmende Käufer gem. § 892 Abs. 1 S. 1 BGB auf dessen Inhalt und die »wahre« Beschlusslage und gegen den Stand der Beschluss-Sammlung berufen kann. Das ist zu verneinen (*Hügel/Elzer* § 8 Rn. 24). 92

IV. Beschluss nach § 16 Abs. 4 WEG

Die Wohnungseigentümer sind nach § 16 Abs. 4 S. 1 WEG befugt, im **Einzelfall** vor allem, aber nicht nur für bauliche Maßnahmen durch Beschluss eine vereinbarte oder die **gesetzliche Kostenverteilung** des § 16 Abs. 2 WEG abweichend zu regeln. 93

1. Anwendungsbereich

§ 16 Abs. 4 WEG eröffnet eine Beschlussmacht für **drei** und voneinander zu unterscheidende **Maßnahmen**: 94

– Für Maßnahmen i. S. von § 21 Abs. 5 Nr. 2 und 22 Abs. 3 WEG sowie die erstmalige ordnungsmäßige Herstellung des Gemeinschaftseigentums. Machen die Wohnungseigentümer von der Möglichkeit des § 16 Abs. 4 WEG Gebrauch, weichen sie vom gewillkürten oder dem gesetzlichen Kostenverteilungsschlüssel nach § 16 Abs. 2 WEG ab. 95

– Für Maßnahmen nach § 22 Abs. 2 WEG, also der Modernisierung des gemeinschaftlichen Eigentums oder für seine Anpassung an den Stand der Technik. Machen die Wohnungseigentümer von der Möglichkeit des § 16 Abs. 4 WEG Gebrauch, weichen sie dabei vom gewillkürten oder dem gesetzlichen Kostenverteilungsschlüssel nach § 16 Abs. 2 WEG ab.

– Für Maßnahmen nach § 22 Abs. 1 WEG, also für bauliche Veränderungen und Maßnahmen. Machen die Wohnungseigentümer von der Möglichkeit des § 16 Abs. 4 WEG Gebrauch, weichen sie vom gewillkürten oder dem gesetzlichen Kostenverteilungsschlüssel nach § 16 Abs. 6 WEG ab.

Soweit eine dieser Maßnahme betroffen ist, ist der **Anwendungsbereich des § 16 Abs. 3 WEG verschlossen.** Die Begriffe der Betriebskosten und Kosten der Verwaltung einerseits und die Begriffe Instandhaltung oder Instandsetzung sowie baulichen Veränderungen oder Aufwendungen 96

§ 16 | Nutzungen, Lasten und Kosten

andererseits **grenzen** die beiden gesetzlichen Öffnungsklauseln **voneinander ab** und dienen dem jeweiligen Verständnis. Soweit eine Kostenposition als Kosten der Instandhaltung oder Instandsetzung verstanden werden kann, kann sie nicht zugleich als Teil der Betriebskosten verstanden werden (s. bereits Rn. 63 ff.).

2. Voraussetzungen

a) Einzelfall

97 Das Gesetz eröffnet durch § 16 Abs. 4 S. 1 WEG eine Beschlussmacht, soweit es um einen **Einzelfall** geht. Die Vorschrift will durch die **Begrenzung der Beschlussmacht** für nur punktuelle Entscheidungen berücksichtigen, dass ein Wohnungseigentümer von einer einzelnen Änderung weniger stark als von einer generellen Abweichung betroffen wird und dass er nachteilige Auswirkungen einer abweichenden Kostenentscheidung im Einzelfall leichter erkennen kann (BT-Drucks. 16/887 S. 24). Der Begriff des »Einzelfall« gilt dabei sowohl für die in § 16 Abs. 4 S. 1 Halbsatz 1 WEG bezeichneten **Maßnahmen** als auch auf die **Kostenregelung** (BT-Drucks. 16/887 S. 24) und grenzt die Beschlusskompetenz nach § 16 Abs. 4 S. 1 WEG gegenüber einem Änderungsanspruch nach § 10 Abs. 2 S. 3 WEG ab (s. § 10 Rn. 184). Ferner macht er deutlich, dass die Kostenregelung in Zusammenhang mit der **konkreten Beschlussfassung** über bestimmte bauliche Maßnahmen stehen muss (Rn. 95).

98 »Einzelfall« i. S. d. § 16 Abs. 4 WEG ist eine konkret benannte bauliche Veränderung oder Instandhaltung oder Instandsetzung. Unerheblich ist, ob die Maßnahme in ein Abrechnungsjahr fällt oder sich über mehrere Jahre hinzieht. Entscheidend ist auch nicht, ob es sich zahlenmäßig um einen Beschluss handelt. Entscheidend ist vielmehr, ob es sich um eine **Einzahl** oder **Vielzahl von Beschlussgegenständen** handelt und vor allem, ob sich die Bewirtschaftung der Anlage **einfach oder mehrfach auf den Beschluss stützen** soll. Das Gesetz knüpft mit dem Begriff des Einzelfalls bewusst an Rechtsprechung des Bundesgerichtshofes an, wann ein ordnungswidriger Beschluss nichtig ist (*Hügel/Elzer* § 5 Rn. 60; BT-Drucks. 16/887 S. 24). Wie dort (dazu § 10 Rn. 120) ist also **wichtigster Prüfstein**, ob sich eine Regelung in ihrem **Vollzug erschöpft** (das ist ein Einzelfall) oder hingegen **Grundlage** für spätere, sich allein auf diese Regelung stützende Handlungen sein soll oder ob die Regelung als Legitimationsgrundlage für weitere, künftige Entscheidungen dienen soll (Recht setzt) und also in das Grundverhältnis der Eigentümer eingreift (§ 10 Rn. 120). Indiz für eine **Vielzahl** ist damit, dass eine Maßnahme neben § 22 Abs. 1 und Abs. 2 WEG auch (mehrfach) § 21 Abs. 5 Nr. 2 WEG unterfällt. Bestimmen die Wohnungseigentümer etwa in einem Beschluss, dass die Wohnungseigentümer, die einen Balkon erhalten die Kosten des nachträglichen Anbaus zu tragen haben und ferner die Kosten der künftigen Instandhaltungen oder Instandsetzungen zu tragen haben, handelt es sich um **keinen Einzelfall**, sondern – soweit es sich um die Kosten der (künftigen) Instandhaltungen oder Instandsetzungen handelt – um eine Vielzahl: Wirtschaftsplan und/oder Jahresabrechnungen sollen den Beschluss nämlich nicht in einem Einzelfall, sondern in einer Vielzahl als maßgeblich betrachten. Soweit sich eine Maßnahme über mehrere Jahre hinzieht, sind die im jeweiligen Jahr angefallenen Baukosten allerdings stets **nach dem Kostenbeschluss** auszurichten. Allein dass ein Beschluss für mehrere Abrechnungen maßgeblich ist, ist daher noch keine Aussage darüber, ob es sich um eine Vielzahl von Fällen handelt.

99 Halten es die Wohnungseigentümer für richtig, bereits im voraus die Kostenverteilung z. B. für den Anbau von Balkonen, den Austausch von Fenstern oder die Erneuerung des Treppenhauses bei einer Mehrhausanlage zu bestimmen oder soll **zeitlich unbegrenzt**, eine bestimmte Gruppe von Wohnungseigentümern die Kosten der Instandhaltung oder Instandsetzung einer Maßnahme tragen, bedarf es anders als nach § 16 Abs. 3 WEG einer **Vereinbarung** i. S. von §§ 10 Abs. 2 S. 2, 23 Abs. 1 WEG. Kommt es zu keiner Vereinbarung, kann der Betroffene auf Abschluss einer Vereinbarung nach § 10 Abs. 2 S. 3 WEG klagen. Beschließen die Wohnungseigentümer nach § 16 Abs. 4 S. 1 WEG für eine Vielzahl von Fällen, ist ein entsprechender Beschluss in **Ermangelung einer Kompetenz** hierzu nicht nur anfechtbar, sondern **nichtig** (Rn. 91; *Abramenko* § 4 Rn. 18). Schaffen die Wohnungseigentümer durch »permanente Einzelfallentscheidungen« (*Hügel/Elzer* § 5 Rn. 61) eine einer Vereinbarung gleich kommende Situation, liegt hierin eine **bewusste Umge-**

hung der im Gesetz beschränkten Beschlussmacht. Entsprechend motivierte Beschlüsse sind daher auch nichtig. Haben die Wohnungseigentümer eine Kostenregelung für den Einzelfall getroffen und haben sie darüber hinaus auch für eine Vielzahl von Fällen eine Regelung gefunden – meist zur künftigen Instandhaltung oder Instandsetzung – ist die Kostenregelung auf ihre **Teilbarkeit zu untersuchen**. Es ist zu fragen, ob der eine Teil ohne den anderen Teil Bestand haben kann und soll. Im Zweifel ist die Kostenbestimmung nach § 139 BGB insgesamt nichtig.

b) Bauliche Maßnahmen im Gemeinschaftseigentum

aa) Grundsatz

Die Beschlusskompetenz zur Veränderung des gesetzlichen oder eines vereinbarten Kostenverteilungsschlüssels nach § 16 Abs. 4 S. 1 WEG setzt bestimmte bauliche Maßnahmen **am Gemeinschaftseigentum** voraus, nämlich Maßnahmen i. S. von § 21 Abs. 5 Nr. 2 und 22 Abs. 3 WEG sowie die erstmalige ordnungsmäßige Herstellung des Gemeinschaftseigentums, Maßnahmen nach § 22 Abs. 2 WEG, also die Modernisierung des gemeinschaftlichen Eigentums oder für seine Anpassung an den Stand der Technik und Maßnahmen nach § 22 Abs. 1 WEG, also für bauliche Veränderungen (Rn. 95). Eine **Entscheidung** danach, wie die Maßnahme innerhalb des Systems des § 22 WEG oder der Instandhaltungen und Instandsetzungen einzuordnen ist, ist für den **Tatbestand** des § 16 Abs. 4 WEG **entbehrlich**, da die Beschlussmacht für alle Fälle umfassend ausgestaltet ist. Etwas anderes gilt indes für die **Rechtsfolgenseite**. Ob eine Kostenregelung angemessen ist, muss sich insbesondere auch an der Ordnungsmäßigkeit der Maßnahme selbst ausrichten. 100

bb) Instandhaltungen oder Instandsetzungen

Teilweise wird vertreten, dass der **Anwendungsbereich** des § 16 Abs. 4 WEG in Bezug auf Instandhaltungen oder Instandsetzungen – entsprechendes muss für § 22 Abs. 3 WEG und die erstmalige ordnungsmäßige Herstellung des Gemeinschaftseigentums gelten – **teleologisch zu reduzieren** ist (*Abramenko* § 4 Rn. 25). Die Beschlussmacht des § 16 Abs. 4 WEG wird für verfehlt betrachtet, soweit davon solche Instandhaltungen oder Instandsetzungen betroffen sind, die von **vornherein absehbar** waren und den »Bestand« betreffen. Die »Privatisierung« der Kosten der ordnungsmäßigen Verwaltung wird als gesetzeswidrig angesehen. Dem ist für die Tatbestandsseite nicht zu folgen. Es kann keinesfalls davon ausgegangen werden, dass Kostenbeschlüsse zu **Bestandsinstandsetzungen** »gesetzeswidrig« sind. Bestimmen die Wohnungseigentümer in einer Mehrhausanlage z. B., dass nur das Treppenhaus eines Hauses auf Kosten der Bewohner renoviert wird, weil in diesem Haus absehbar viele kinderreiche Familien wohnen und das Treppenhaus früher abgenutzt ist, steht dem nichts entgegen. Auch eine Regelung, die entgegen § 16 Abs. 2 WEG berücksichtigt, dass bei einem stecken gebliebenen Bau die Wohnungseigentümer, die bereits erhebliche Summen an den Bauträger geleistet haben, in geringem Umfange an einer Sonderumlage zu beteiligen sind, wäre angemessen (s. dazu auch Rn. 240). Für ein einschränkendes Verständnis gibt es insgesamt kein Bedürfnis, wenn auch Kostenbeschlüsse für Instandhaltungen oder Instandsetzungen **besonders kritisch** zu prüfen sind. Soweit eine Kostentragungsregelung unbillig ist, weil sie eine ungerechte Verteilung anstrebt, ist dem durch die **fehlende Ordnungsmäßigkeit** zu begegnen. 101

cc) Sondereigentum

Bauliche Maßnahmen im **Sondereigentum** werden von § 16 Abs. 4 WEG grundsätzlich **nicht ergriffen** (a. A. *Abramenko* § 4 Rn. 32). Ein Beschluss, der eine Regelung für das Sondereigentum treffen wollte, wäre mangels Beschlusskompetenz und als **Eingriff in den Kernbereich** des Wohnungseigentums **nichtig**. Etwas anderes gilt, soweit eine Maßnahme notwendig auch das Sondereigentum **ergreift**. Muss etwa zum Anbau eines Balkons, zur Renovierung des Treppenhauses oder der tragenden Decken und Wände auch in das Sondereigentum eingegriffen werden, ist auch die Verteilung der dafür anfallenden Kosten als **Annexkompetenz** erfasst. 102

§ 16 | Nutzungen, Lasten und Kosten

c) Beschlussanforderungen

103 Ein Kostenbeschluss i. S. v. § 16 Abs. 4 S. 1 WEG bedarf nach § 16 Abs. 4 S. 2 WEG einer Mehrheit von ³/₄ aller stimmberechtigten Wohnungseigentümer i. S. d. § 25 Abs. 2 WEG und einer Mehrheit von mehr als der Hälfte aller Miteigentumsanteile. Diese gegenüber übrigen Beschlüssen **besonderen Mehrheitserfordernisse** entsprechen dem der Beschlussfassung über eine Modernisierungs- oder Anpassungsmaßnahme i. S. d. § 22 Abs. 2 WEG, nicht aber den nach § 22 Abs. 1 oder Abs. 3 WEG bzw. § 21 Abs. 3, 4 und Abs. 5 Nr. 2 WEG zu erreichenden Mehrheiten.

104 Wollen die Wohnungseigentümer bei einer mit einfacher Mehrheit beschließbaren Maßnahme nach § 21 Abs. 3, 4 und Abs. 5 Nr. 2 WEG eine von § 16 Abs. 2 WEG abweichende Kostenregelung treffen, sind die **Anforderungen** an die Stimmenmehrheit **andere**. Die bewusste Abweichung beim erforderlichen Quorum soll die **Bedeutung einer abweichenden Kostenregelung herausstreichen** und zugleich verhindern, dass der vereinbarte oder gesetzliche Kostenverteilungsschlüssel zu leicht – wenn auch nur im Einzelfall – außer Kraft gesetzt werden kann (BT-Drucks. 16/887 S. 25). Ähnliches gilt für Maßnahmen gem. § 22 Abs. 1 WEG. Soll ein von § 16 Abs. 2 und Abs. 6 WEG abweichender Kostenverteilungsschlüssel gelten, muss hier neben den Stimmen, die nach § 22 Abs. 1 WEG für einen Beschluss erforderlich sind, für die Kostenverteilung auch die in § 16 Abs. 4 S. 2 WEG geforderte Stimmenmehrheit gegeben sein. Anders als für die Maßnahme selbst, erreicht der Kostenbeschluss dabei bereits dann die erforderliche positive Mehrheit, wenn die Stimmquoren erreicht sind. Dass bei den mit »Ja« stimmenden Wohnungseigentümern auch die i. S. von § 22 Abs. 1 WEG benachteiligten Wohnungseigentümer sind, verlangt das Gesetz **bewusst nicht**. Das Gesetz geht davon aus, dass der, der eine Gebrauchsmöglichkeit erhält und damit regelmäßig auch an einer Werterhöhung teilnimmt, sich nicht der Kostentragung entziehen können darf, wenn sich dies nicht mit dem Willen der weit überwiegenden Mehrheit der Wohnungseigentümer deckt (BT-Drucks. 16/887 S. 25). Aus diesem Grunde darf dann der wegen der Kosten überstimmte Wohnungseigentümer, der von der Kostentragungspflicht nach § 16 Abs. 6 WEG eigentlich befreit wäre, auch an den Nutzungen teilhaben (Rn. 296).

105 Die Beschlussqualifizierungen **bezwecken** insgesamt, die durch die grundsätzlich eingeräumte Mehrheitsmacht **drohenden Gefahren** für die Minderheit, gegen ihren Willen an den Kosten einer von ihnen abgelehnten, ihnen aber »nützlichen« baulichen Änderung beteiligt zu werden, **zu vermindern**. Der Schutz gilt nur den Wohnungseigentümern, die zwar einen **Gebrauch** oder eine Gebrauchsmöglichkeit an der baulichen Maßnahme haben, diese aber **ablehnen**. Andere Wohnungseigentümer können bereits durch die Voraussetzung des »Gebrauchs« nicht an den Kosten beteiligt werden. Ihre Beteiligung an den Kosten wäre bereits **nicht ordnungsmäßig**.

aa) Drei Viertel aller stimmberechtigten Wohnungseigentümer

106 Bei einem Versammlungsbeschluss ist für das Zustandekommen eines positiven Beschlusses erforderlich, dass ³/₄ **sämtlicher** Wohnungseigentümer, nicht nur der in der entsprechenden Eigentümerversammlung vertretenen Wohnungseigentümer, mit »Ja« stimmen. Nach Willen des Gesetzgebers (BT-Drucks. 16/887 S. 25), nach Wortlaut des § 16 Abs. 4 S. 2 WEG »³/₄ aller stimmberechtigten Wohnungseigentümer i. S. d. § 25 Abs. 2«, nach Sinn und Zweck des Gesetzes und der Systematik kommt es – wie in § 18 Abs. 3 WEG – auf eine **Mehrheit nach Köpfen** an (*Elzer* ZWE 2007, 165, 175). Auf diese Mehrheit kommt es auch dann an, wenn die Wohnungseigentümer **im Übrigen** für ihre Abstimmungen ein **anderes Stimmrechtsprinzip**, etwa das Objekt- oder das Wertstimmrecht, vereinbart haben. Bei einer anderen Sichtweise hätte es z. B. der vormalige Alleineigentümer in der Hand, durch eine entsprechende verdinglichte Regelung den durch § 16 Abs. 4 S. 2 WEG beabsichtigten und vermittelten Minderheitenschutz zu unterlaufen (*Elzer* ZWE 2007, 165, 175). Bei der Berechnung der Köpfe zählen nur die **stimmberechtigten** Wohnungseigentümer. Ist ein Wohnungseigentümer vom Stimmrecht etwa nach § 25 Abs. 5 WEG ausgeschlossen, ist er **nicht** mitzuzählen. Ist in einer Mehrhausanlage vereinbart worden, dass bestimmte Gegenstände nur von einigen Wohnungseigentümern zu ordnen sind, ist für die Berechnung des Quorums **nur auf diese Wohnungseigentümer** abzustellen. Hier gilt nichts anderes, als

bei einer schriftlichen Beschlussfassung. Auch dort gilt, dass ein Beschluss nach § 23 Abs. 3 WEG nur von den Wohnungseigentümern eines Hauses gefasst werden kann und muss, wenn das entsprechend vereinbart ist (*Häublein* NZM 2003, 785, 792; *Göken* Die Mehrhausanlage im Wohnungseigentumsrecht, S. 57 f.). Sind mehr als ¼ aller Wohnungseigentümer vom Stimmrecht ausgeschlossen, ist das Quorum allerdings ausnahmsweise nur **anhand der stimmberechtigten Wohnungseigentümer** zu berechnen (*Elzer* ZWE 2007, 165, 175). Hierfür spricht vor allem der Gedanke, dass die Wohnungseigentümer ansonsten gezwungen wären, auf einen entsprechenden Beschluss nach § 21 Abs. 4 und / oder Abs. 8 WEG zu klagen.

bb) Mehrheit der Miteigentumsanteile

Die einem Beschluss nach § 16 Abs. 4 S. 1 WEG zustimmenden Wohnungseigentümer müssen die **Mehrheit sämtlicher Miteigentumsanteile** i. S. von § 16 Abs. 2 WEG **repräsentieren**. Diese Qualifizierung soll verhindern, dass Wohnungseigentümer, denen der größere Teil des gemeinschaftlichen Eigentums zusteht, die demgemäß auch entsprechende Investitionen gemacht und die gem. § 16 Abs. 2 WEG die Kosten grundsätzlich nach ihrem Miteigentumsanteil zu tragen haben, bei der Änderung der Kostenverteilung durch Mehrheiten überstimmt werden können, die **allein nach Köpfen** berechnet werden (BT-Drucks. 16 / 887 S. 25). Anders als für die Mehrheit nach Köpfen wird für die Mehrheit nach Miteigentumsanteilen allerdings nur auf mehr als die Hälfte abgestellt. Diese Anforderung soll Missbräuche jedenfalls erschweren. Die zulässige Verbindung von **übergroßen Miteigentumsanteilen** (s. dazu § 8 Rn. 12) mit einzelnen Wohnungen bei der Begründung von Wohnungseigentum könnte ansonsten dazu führen, dass eine wirtschaftlich relativ unbedeutende Minderheit von z. B. ¼ zur Verhinderung eines Änderungsbeschlusses ausreicht.

107

cc) Eigene Mehrheiten

Die nach § 16 Abs. 4 WEG zu erreichende Mehrheit der Stimmen ist von der **Mehrheit zu unterscheiden**, die dem Kostenanfall zu Grunde liegt (s. bereits Rn. 104). Handelt es sich um eine Maßnahme nach § 22 Abs. 2 WEG, sind die Mehrheiten identisch. Im Falle von §§ 22 Abs. 1, Abs. 3 und 21 Abs. 5 Nr. 2 WEG sind hingegen **andere Mehrheiten** zu erreichen. Wird zwar eine Mehrheit für die Maßnahme, nicht aber für die angestrebte Kostenregelung erreicht, ist stets sorgfältig zu untersuchen, ob die Beschlüsse miteinander »stehen und fallen« sollen. Ist dies – wie stets im Zweifel – anzunehmen, ist der Beschluss über die Baumaßnahme nach § 139 BGB hinfällig, wenn es der über die Kosten ist.

108

dd) Verpasste Mehrheiten

Verkündet der Versammlungsleiter, dass ein »Beschluss« gefasst wurde, obwohl die abgegebenen Stimmen diesen Schluss **nicht rechtfertigen**, ist die **Feststellung unrichtig**. Unstreitig ist, dass die zu Unrecht erfolgte Verkündung auch angegriffen werden kann. Streitig ist aber, ob der Angriff durch eine Anfechtungs- oder Feststellungsklage zu führen ist. Die ganz h. M. geht davon aus, dass jede Verkündung **konstitutiv das Beschlussergebnis** fixiert. Wenn der Versammlungsleiter einen **falschen Schluss** zieht und zu Unrecht ein positives Beschlussergebnis verkündet, muss dieses Ergebnis **im Wege der Anfechtungsklage** vernichtet werden. Wird **entgegen der wahren Rechtslage** ein (positives) Abstimmungsergebnis festgestellt und ein »Beschluss« verkündet, entsteht **nach ganz h. M.** durch die bloße Verkündung eines falschen Abstimmungsergebnisses ein (freilich anfechtbarer) »Verkündungsbeschluss« (*BGH* BGHZ 152, 46, 61 = ZMR 2002, 930, 936; *OLG München* ZMR 2007, 480, 481; *OLG Düsseldorf* ZWE 2002, 418, 419; *KG* OLGZ 1990, 421, 423 = MDR 1990, 925; *Becker* MietRB 2003, 53, 54; *Hügel* ZflR 2003, 885, 889). Der Verkündungsbeschluss bindet sämtliche ihm Unterworfenen und kann, wenn er nicht durch das Gericht in einem fristgebundenen Verfahren nach § 46 Abs. 1 S. 1 WEG aufgehoben wird, auch in **Bestandskraft erwachsen**. Diese Sichtweise entspricht der auch im Gesellschaftsrecht fast einhellig vertretenen Ansicht. Die unrichtige Feststellung des Abstimmungsergebnisses, insbesondere auch wegen Mitzählens von Stimmen in Wahrheit nicht stimmberechtigter Personen, wird auch dort als bloßer Anfechtungsgrund verstanden.

109

110 Die h. M. **überzeugt** dogmatisch allerdings **nicht** (*Elzer* ZWE 2007, 165, 171). Durch Verkündung eines Beschlusses entsteht zweifellos der Rechtsschein eines Beschlusses. Dieser Rechtsschein gewinnt sogar noch an Kraft, wenn er in Niederschrift und Beschluss-Sammlung beurkundet wird. Einem Wohnungseigentümer muss es selbstverständlich möglich sein, diesen Rechtsschein zu beseitigen. Insoweit besteht Einigkeit. Fraglich ist indes, ob der in der Verkündung und ggf. der in einer Beurkundung liegende Rechtsschein einen nicht gegenständlichen Beschluss auch »zum Leben« erwecken kann. Das ist zu **verneinen**. Wer der Verkündung eine konstitutive Wirkung nicht nur für die Entstehung eines Beschlusses und als eine von mehreren Wirksamkeitsvoraussetzung verstehen will, sondern der Verkündung auch eine Funktion für die Fixierung eines angeblichen Beschlussergebnisses zuweisen will, und ihr also die Aufgabe zuschreibt, das wahre Abstimmungsergebnis abzudecken und dieses – jedenfalls nach Ablauf der Anfechtungsfrist – sogar zu vernichten, muss belegen, woher das **rechtliche Können für diese Wirkungen kommen soll**. Hieran fehlt es vollständig. Eine rechtliche Legitimation für die Verdrängung des wahren Abstimmungsergebnisses wird von der h. M. nur erwünscht und vorausgesetzt, gleichsam erhofft, indes weder gesucht noch geboten. Das Gesetz räumt dem Versammlungsleiter diese Rechtsmacht nicht ein. Eine Verortung dieser Macht in § 23 Abs. 4 WEG muss ebenso wie eine in § 46 Abs. 1 S. 2 WEG scheitern. Beide Vorschriften äußern sich offensichtlich nicht zur Befugnis eines Dritten, Beschlussergebnisse der Wohnungseigentümer in ihr Gegenteil zu verkehren. Fehl geht aber auch der, der die Rechtsmacht des Versammlungsleiters von den Abstimmenden herleiten will. Dass die Abstimmenden – die sich in diesen Fällen ja stets **mehrheitlich gegen einen Beschlussantrag** entscheiden – dem ihr Abstimmungsergebnis bloß Feststellenden die schöpferische Macht geben wollen, ihr Ergebnis auch falsch festzustellen, es zu kippen, es in sein Gegenteil zu verkehren und es für sie in einer nicht gewollten Form bindend zu fixieren, ist nur behauptbar. Kein Abstimmender kann und wird wollen, dass für ihn gilt, was er nicht will. Jedenfalls dann nicht, wenn er die Mehrheit auf seiner Seite weiß. Der Abstimmende zielt mit seiner Stimme auf das Gegenteil eines positiven Beschlussergebnisses ab. Vom Feststellenden und Verkündenden erwartet er Billigkeit, nicht phantasievolle Kraft und Macht. Dass ein Abstimmender in die für ihn kostenträchtige und unsichere Anfechtungsklage »getrieben« werden will – und hierfür dem Versammlungsleiter eine Rechtsmacht einräumt –, entspricht nicht der Rechtswirklichkeit. Es kann nach Gesetz und Wollen nicht in der Willkür des Versammlungsleiters stehen, welche Beschlüsse »geboren« werden.

ee) Beschlussanforderungen im Übrigen

111 Zu den Beschlussanforderungen im Übrigen ist auf die Ausführungen zu § 16 Abs. 3 WEG zu verweisen (Rn. 83 und 84). Diese gelten hier entsprechend.

3. Rechtsfolgen

112 Sind die Tatbestandsvoraussetzungen des § 16 Abs. 4 S. 1 WEG erfüllt, haben die Wohnungseigentümer im Rahmen **ordnungsmäßiger Verwaltung** i. S. von § 21 Abs. 4 WEG grundsätzlich Ermessen, ob sie eine Kostenregelung treffen wollen und wie sie die Kosten verteilen. Auch wenn § 16 Abs. 4 WEG nicht ausdrücklich verlangt, dass der auf ihm beruhende Kostenverteilungsbeschluss einer ordnungsmäßigen Verwaltung entspricht, ergibt sich diese Anforderung doch aus § 21 Abs. 3 WEG (*Hügel/Elzer* § 5 Rn. 62). Das Gesetz **schränkt die Beschlussmacht** der Wohnungseigentümer, zwischen verschiedenen jeweils ordnungsmäßigen Beschlussgegenständen nur dahin ein, dass nicht **jeder Verteilungsmaßstab** gewählt werden kann.

a) Verteilungsmaßstab

aa) Zweck

113 Der vom Gesetz oder einer Vereinbarung abweichende Verteilungsmaßstab muss nach § 16 Abs. 4 S. 1 WEG dem **Gebrauch** oder der **Möglichkeit des Gebrauchs** Rechnung tragen. Die Verteilung der Kosten soll sich also an den **Gebrauchsvorteilen** orientieren, die mit einer Instandsetzung/Instandhaltung, einer baulichen Veränderung oder einer Modernisierung **verbunden sind oder verbunden wären**. Anders als bei einem Kostenbeschluss nach § 16 Abs. 3 WEG besteht im Rahmen von § 16 Abs. 4 WEG **keine Wahlfreiheit**, welcher Verteilungsmaßstab zu wählen ist. Nur

der – allerdings weiter ausgestaltbare – Gebrauchsmaßstab kann an Stelle des allgemeinen für die betreffende Anlage geltenden Verteilungsschlüssels beschlossen werden (*Hügel/Elzer* § 5 Rn. 63). Diese bereits **gesetzliche Festlegung** und abstrakte **Eingrenzung** des möglichen Verteilungsmaßstabs sieht das Gesetz aus **Gründen der Verteilungsgerechtigkeit**, zur **Gewährung des Eigentumsschutzes** und zur **Konkretisierung des Grundsatzes** der ordnungsmäßigen Verwaltung als geboten (BT-Drucks. 16/887 S. 24). Durch die Vorgabe des Verteilungsmaßstabes sollen die Wohnungseigentümer außerdem zu einem **sorgsamen Umgang** mit dem gemeinschaftlichen Eigentum angehalten werden (BT-Drucks. 16/887 S. 24).

bb) Begriff

Die Formulierungen »Gebrauch« oder »Möglichkeit des Gebrauchs« lehnen sich an die Bestimmungen der §§ 13 Abs. 2 (dort heißt es indes Mitgebrauch), 14 Nr. 1, 15 Abs. 1 bis 3 und 16 Abs. 2 WEG an. Was in diesen Regelungen unter diesem Begriff »Gebrauch« zu verstehen ist, ist zwar **gesetzlich nicht bestimmt**. Üblicherweise ist unter »Gebrauch« des Gemeinschaftseigentums aber im Gegensatz zur Verwaltung des Gemeinschaftseigentums die **selbstnützige Verwendung** des **Gemeinschaftseigentums** zu verstehen (§ 20 Rn. 82). Durch die Einengung auf den Gebrauchsmaßstab bezweckt § 16 Abs. 4 S. 1 WEG, bestimmte Wohnungseigentümer von den Kosten einer Maßnahme **freizuhalten**. Nur die, die von einer Maßnahme »etwas haben« oder die Gemeinschaftseigentum in besonderer, ggf. unsorgfältiger Weise **nutzen**, sollen sich an den Kosten beteiligen müssen. Wie unmittelbar aus dem Wortlaut folgt, ist der Verteilungsmaßstab allerdings **nicht unbedingt der Gebrauch des Gemeinschaftseigentums selbst**. Der Verteilungsmaßstab muss nur dem Gebrauch und der Gebrauchsmöglichkeit »Rechnung« tragen. Wichtig ist, dass der Maßstab grundsätzlich nicht beliebig in einem Sinne ist, dass denklogisch jeder Wohnungseigentümer davon betroffen sein muss. Ein solcher Maßstab muss schon deshalb ausscheiden, weil dem Merkmal »Gebrauch der oder der Möglichkeit des Gebrauchs« dann **keine eigenständige** Bedeutung mehr zukäme. Als nach § 16 Abs. 4 WEG geeignete Maßstäbe kommen etwa in Betracht:

– die Nutzungshäufigkeit oder Nutzungsmöglichkeit (die »abstrakte« Frequenz);
– die Personenanzahl;
– die Frage, ob bei einer **Mehrhausanlage** nur ein Haus von einer Maßnahme betroffen ist (z. B. der Dachneueindeckung);
– der Gebrauch.

Ein Beschluss, wonach die Kosten der Instandsetzung des Spielplatzes auf die Familien umlegt, die Kinder haben, **genügt** jedenfalls **diesen Vorgaben**, mag aber im Einzelfall **im Übrigen** nicht ordnungsmäßig sein. Ferner waren aus diesen Gründen keine Beschlüsse zu beanstanden, die die Kosten im Einzelfall nur auf die aktuellen Nutzer einer im gemeinsamen Eigentum stehenden Waschmaschine oder Gemeinschaftseinrichtung, z. B. einer Sauna, eines Schwimmbades, einer Grillfläche, eines Bodenraums, eines Fahrradkellers, oder der Nutzer eines Aufzuges umlegen. Ferner liegt hingegen eine **Verteilung nach Wohnfläche** – wenn es nicht um neue Flächen geht, z. B. Balkone – oder eine **Verteilung nach einer bestimmten Anzahl**, es sei denn, es handelt sich etwa um Türen oder Fenster. Ein Beschluss, der die Kosten für eine Erneuerung des Treppenhauses nach Wohnfläche umlegt, erschiene deshalb als **rechtswidrig**.

Durch die Ausrichtung des neuen Verteilungsschlüssels sowohl an die »Möglichkeit des Gebrauchs« als auch an den tatsächlichen »Gebrauch« möchte der Gesetzgeber **sichtbar machen**, dass den Wohnungseigentümern bei der Auswahl des konkreten Verteilungsschlüssels **Ermessen eingeräumt** ist. Dies wird auch deutlich in der Formulierung »Rechnung tragen«. Die Wohnungseigentümer können insbesondere pauschalieren oder neben dem in erster Linie anzuwendenden »Gebrauchsmaßstab« auch andere Merkmale bei der Entscheidung über den Kostenverteilungsschlüssel berücksichtigen, um im Rahmen ordnungsmäßiger Verwaltung zu einer **sachgerechten Lösung** zu kommen (BT-Drucks. 16/887 S. 24). Rechtmäßig und ermessensfehlerfrei ist sowohl eine Bestimmung, die sich nur am Gebrauch ausrichtet, als auch eine, die auch die Gebrauchsmöglichkeit einbezieht oder gar nur auf diese abstellt. Jedenfalls ermessensfehlerfrei wäre also

§ 16 | Nutzungen, Lasten und Kosten

auch eine Erwägung, dass jeder Wohnungseigentümer, auch der des Erdgeschosses, einen Aufzug nutzen könnte, und deshalb an den Kosten zu beteiligen ist.

cc) Verstöße

118 Wählen die Wohnungseigentümer einen ungeeigneten, nicht am Gebrauch oder einer Gebrauchsmöglichkeit orientierten Verteilungsmaßstab, ist der Beschluss **anfechtbar**, aber **nicht nichtig** (*Abramenko* § 4 Rn. 18). Eine weitere Prüfung, ob der beschlossene Maßstab im Übrigen nicht ordnungsmäßig ist, ist bei einem Verstoß überflüssig. Bestimmen die Wohnungseigentümer hingegen im Wege des Beschlusses, dass eine Kostenregelung **dauerhaft** geltend soll, ist der Beschluss in Ermangelung einer Kompetenz – und zwar vollständig – **nichtig** (Rn. 99). Wird die nach § 16 Abs. 4 WEG erforderliche Stimmenmehrheit nicht erreicht, geht jedenfalls die h. M. davon aus, dass der entsprechende Beschluss anfechtbar, aber **nicht nichtig** ist (dazu Rn. 109).

b) Grenzen und Nichtigkeit

119 Ein Beschluss nach § 16 Abs. 4 WEG findet seine Grenze zum einen in der **Maßstabskontinuität**. Haben die Wohnungseigentümer etwa im Jahr 1 eine Instandsetzung der Fenster des Erdgeschosses bestimmt und bestimmen sie im Jahr 2 die Instandsetzung der Fenster des 1. Obergeschosses, liegt es nahe, dass die Kostenregelung in **beiden Jahren denselben Maßstab** zu Grunde legen muss. Die Grenzen im Übrigen sind die eines jeden Beschlusses (dazu Rn. 84 ff.).

V. Schlüssige Änderungen

120 Die Wohnungseigentümer können den gesetzlichen oder den geltenden Kostenverteilungsschlüssel auch durch eine **konkludente Vereinbarung** verändern. Ist z. B. ein Wohnungseigentümer auf Grund einer verdinglichten und gemeinsam mit der Teilungserklärung beurkundeten Vereinbarung berechtigt, seine im Sondereigentum stehenden Räume auszubauen und dabei auch in das Gemeinschaftseigentum einzugreifen, geht die Rechtsprechung davon aus, dass der Ausbauberechtigte **nicht nur die Kosten der Errichtung**, sondern auch die **Folgekosten zu tragen** hat (*OLG Celle* ZMR 2007, 55). Entsprechendes soll im **Wege der Auslegung** zu ermitteln sein, wenn eine Zustimmung zu einer baulichen Veränderung, z. B. zur Errichtung einer Dachterrasse im Sondernutzungsbereich der Dachgeschosswohnungen, durch **Beschluss** erteilt wurde unter der **Bedingung**, dass der **Ausbauberechtigte die Kosten** trägt (dazu Rn. 280 und 291).

VI. Öffnungsklauseln

121 Eine Änderung des geltenden Kostenverteilungsschlüssels ist auch dann auf Grund eines Beschlusses möglich, wenn eine Vereinbarung (eine Öffnungsklausel, zum Begriff s. § 10 Rn. 269) die Änderung des geltenden Kostenverteilungsschlüssels durch Beschlussfassung erlaubt. Allerdings sollen für solche Beschlüsse die von der Rechtsprechung gezogenen **Grenzen** für eine solche Beschlussfassung **anwendbar** sein (*OLG Hamm* ZMR 2000, 483, 484). Von einer vereinbarten Öffnungsklausel darf auch zur Veränderung des geltenden Kostenverteilungsschlüssels nur dann Gebrauch gemacht werden, wenn ein **sachlicher Grund** zur Änderung oder Ergänzung des Gesetzes oder einer Vereinbarung vorliegt und einzelne Wohnungseigentümer gegenüber dem früheren Rechtszustand **nicht unbillig** benachteiligt werden (*BGH* BGHZ 127, 99, 106 = ZMR 1995, 34 = NJW 1994, 3230; BGHZ 95, 137, 143 = ZMR 1986, 19, 21 = NJW 1985, 2832; *OLG Düsseldorf* ZMR 2006, 296, 297; kritisch *Hügel*, ZWE 2001, 578, 579; *Buck*, WE 1995, 142, 145; ablehnend *Elzer* ZMR 2007, 237, 240; *Grebe* DNotZ 1987, 5, 15). Der geltende Kostenverteilungsschlüssel kann daher nur dann auf Grund eines auf einer Öffnungsklausel beruhenden Mehrheitsbeschlusses geändert werden, wenn sich die Verhältnisse gegenüber früher in **wesentlichen Punkten** geändert haben oder sich die ursprüngliche Regelung **nicht bewährt** hat (*OLG Hamm* ZWE 2000, 424, 426 = ZMR 2000, 483). Der Umstand allein, dass die gesetzliche Regelung **unzweckmäßig** ist, soll nicht genügen, um von ihr abzuweichen. Und auch nicht die hypothetische Erwägung, dass die Wohnungseigentümer oder der teilende Eigentümer, wenn sie den Fall bedacht hätten, ihn anders geregelt haben würden (*OLG Düsseldorf* ZMR 2006, 296, 297).

Nutzungen, Lasten und Kosten | § 16

Dem ist **nicht zu folgen**. Soweit eine auf § 23 Abs. 1 WEG beruhende Vereinbarung **allgemeine Gefolgschaft** beanspruchen würde und daher auch für § 16 Abs. 4 WEG Geltung verlangte, wäre sie ohnehin nach §§ 16 Abs. 5 WEG, 134 BGB insoweit nichtig (soweit nicht geringere als die gesetzlichen Anforderungen gelten sollen, s. Rn. 55). Soweit die Vereinbarung nur für auf **ihr beruhende Beschlüsse** Bestimmungen aufstellen wollte, kann für die von der h. M. befürworteten Einschränkungen **kein Bedürfnis** erkannt werden. Die Forderung nach einem sachlichen Grund ist überflüssig. Dieser Prüfpunkt schränkt die Privatautonomie der Wohnungseigentümer grundlos ein (*Elzer* ZMR 2007, 938, 940; *Häublein* Sondernutzungsrechte, S. 212). 122

VII. Zweifel über Anordnung eines Kostenfalls

Ist eine vereinbarte oder beschlossene Regelung, die die Kostenverteilung abweichend von § 16 Abs. 2 WEG regeln soll, **nicht eindeutig**, verbleibt es bei der **gesetzlichen Kostenverteilung** nach Miteigentumsanteilen (*OLG Köln* ZMR 2007, 68 = IMR 2006, 55 mit Anm. *Elzer*; OLGReport 2002, 91; *OLG Frankfurt* OLGReport Frankfurt 2005, 7, 10; *BayObLG* ZMR 1999, 48, 49). 123

VIII. Heiz- und Warmwasserkosten

1. Grundsatz

Die Wohnungseigentümer können (und müssen) sich nach § 6 Abs. 1 HeizkostenV einen **Umlageschlüssel** für die Kosten der Versorgung mit Wärme und Warmwasser auf der Grundlage der **Verbrauchserfassung** geben (Rn. 34); fehlt es hieran, gilt subsidiär § 16 Abs. 2 (s. Rn. 37). Die nach § 6 Abs. 1 HeizkostenV geforderte Bestimmung kann – wie stets – im Wege der **Vereinbarung**, aber auch durch einen **Beschluss** geregelt werden. Unabhängig davon, welcher Weg gewählt wird, muss beachtet werden, dass nach § 2 HeizkostenV die Vorschriften der HeizkostenV den rechtsgeschäftlichen Bestimmungen der Wohnungseigentümer vorgehen. Die Wohnungseigentümer können daher **keine Bestimmung** treffen, die gegen §§ 6 Abs. 2, 10 HeizkostenV **verstieße**. Eine Vereinbarung, nach der etwa von den Kosten des Betriebs der zentralen Heizungsanlage nur 30 % nach dem erfassten Wärmeverbrauch der Nutzer verteilt werden, wäre nicht anzuwenden. Die Anwendung der HeizkostenV ist **nicht davon abhängig**, dass ein Wohnungseigentümer ihre Anwendung verlangt (*Schmid* WE 2007, 7; zum Mietrecht *BGH* ZMR 2006, 766 = WuM 2006, 418 = NJW-RR 2006, 1305; a. A. *Abramenko* ZWE 2007, 61). § 2 HeizkostenV schränkt die rechtsgeschäftliche Gestaltungsfreiheit der Parteien vielmehr kraft Gesetzes mit der Folge ein, dass **entgegenstehende Vereinbarungen** jedenfalls für die Zeit der Geltung der HeizkostenV **unwirksam** sind (*BayObLG* NZM 2005, 106 = WuM 2004, 737; s. § 2 HeizkostenV Rn. 1 m. w. N.). 124

2. Änderung

Die Wohnungseigentümer können eine einmal getroffene Bestimmung zur HeizkostenV wieder ändern (s. dazu Rn. 67 ff.). Eine Änderung ist vor allem möglich – und dann sogar geboten – wenn die bisherige Bestimmung nicht der HeizkostenV entspricht und deshalb **unwirksam** ist (*BayObLG* NJW-RR 1994, 145 = WuM 1993, 753; s. § 3 HeizkostenV Rn. 12). 125

IX. Müllkosten

1. Müll des Gemeinschaftseigentums

Ist nach § 16 Abs. 3 WEG oder durch eine Vereinbarung nichts anderes bestimmt, sind die Müllkosten des Gemeinschaftseigentums nach § 16 Abs. 2 WEG zu verteilen. 126

2. Müll des Sondereigentums

Fallen im **Sondereigentum** Müllkosten an, sind diese Müllkosten nach dem für das Sondereigentum vereinbarten oder beschlossenen Kostenverteilungsschlüssel zu verteilen (s. aber *OLG Schleswig* ZMR 2006, 889, 890 = Info M 2006, 245 mit Anm. *Elzer*; *BayObLG* NJW 1972, 1376 = MDR 1972, 691, das eine Trennung zwischen Gemeinschafts- und Sondereigentum ablehnt). Fehlt es an einem gewillkürten Kostenverteilungsschlüssel, kommt § 16 Abs. 2 WEG **analog** zu Anwendung Rn. 29. 127

3. Fehlende Zuordnung oder fehlende Möglichkeit einer Zuordnung

128 Kann nicht geklärt werden, ob **Kosten der Müllentsorgung** im Sonder- oder im Gemeinschaftseigentum anfallen, handelt es sich um **Kosten des Gemeinschaftseigentums** (*OLG Köln* ZMR 2007, 68 = IMR 2006, 55 mit Anm. *Elzer*; s. auch Rn. 275).

X. Breitbandkabelanschluss

1. Allgemeines

129 Ob die Kosten eines Breitbandkabelanschlusses als Kosten des Gemeinschafts- oder des Sondereigentums anzusehen sind, ist zurzeit streitig. Für ein Verständnis als Kosten des Gemeinschaftseigentums steht u. a. der Bundesgerichtshof in einem obita dictum (*BGH* ZMR 2004, 839, 843 = NJW 2004, 3413; ferner *BayObLG* ZMR 2006, 139, 140; *LG München I* ZMR 2007, 569, 570). Gegen diese Einordnung haben sich mehrere Oberlandesgerichte gewandt (*OLG München* ZMR 2007, 811, 812 mit Anm. *Elzer*; *KG* KGReport 2005, 484, 485 = WuM 2005, 354; *OLG Hamm* ZMR 2004, 774, 775). Sie entspricht auch nicht dem Schrifttum (*Hügel* ZWE 2005, 204 ff.; *Hogenschurz* ZMR 2003, 901 / 902; *Elzer* ZMR 2007, 812, 813; *ders.* WE 2004, 220). Eine **Unterscheidung** ist freilich **entbehrlich**. Eine Beurteilung danach, ob die Kosten eines Breitbandkabelanschlusses als Kosten des Gemeinschafts- oder des Sondereigentums anzusehen sind, ist einerseits wegen der Möglichkeiten des § 16 Abs. 3 WEG (der nicht zwischen Gemeinschaft- und Sondereigentum unterscheidet) **nicht angezeigt**. Andererseits ist subsidiär und für alle Kosten und Lasten ohnehin **stets § 16 Abs. 2 WEG** – entweder direkt oder wenigstens analog – anzuwenden, so dass eine Differenzierung jedenfalls im Ergebnis unnötig ist (s. auch noch Rn. 133).

130 Für die Ansicht, die die Kosten eines Breitbandkabelanschlusses als **Kosten des Sondereigentums** ansieht, spricht, dass die Frage, ob anfallende Kosten dem Gemeinschaftseigentum oder dem Sondereigentum zuzuordnen sind, allein von dem jeweiligen Gegenstand der Verwaltung oder des Gebrauchs abhängt (Rn. 151). Dass die einzelnen Miteigentümer sich aus **wirtschaftlichen Gründen** dazu entschlossen haben, den Vertrag mit dem Betreiber **durch den Verband** zu schließen (oder nach § 10 Abs. 6 S. 3 WEG gezwungen waren), ist für die Kostenverteilung **unter den Wohnungseigentümern** ohne Belang. Entscheidend ist nicht, dass der Empfang der Leistung über ein gemeinsames Kabelnetz erst möglich gemacht wird, weil es nicht um die Verteilung der Kosten geht, die für die Einrichtung dieses Netzes, dessen Unterhaltung oder Bereitstellung geht. Es geht ausschließlich um die Verteilung der Kosten, die durch die **Inanspruchnahme** der Leistung des Kabelnetzanbieters **in der jeweiligen Sondereigentumseinheit** entstehen und daher von § 16 Abs. 2 WEG nicht erfasst werden (*OLG Hamm* ZMR 2004, 774, 775).

2. Verteilung

a) Gewillkürte Schlüssel

131 Unabhängig davon, wie man die Kosten eines Breitbandkabelanschlusses rechtlich beurteilt, können die Wohnungseigentümer nach § 16 Abs. 3 WEG im Wege des Beschlusses oder durch eine Vereinbarung eine **Regelung für die Verteilung der Kosten** treffen. Nur dann, wenn **individuelle Verträge** der Wohnungseigentümer mit dem Anbieter geschlossen worden sind, besteht keine Regelungskompetenz. Dies folgt für eine Regelung durch Beschluss, aber auch durch eine Vereinbarung (un-)mittelbar aus § 16 Abs. 3 WEG »Betriebskosten ... die ... unmittelbar gegenüber Dritten abgerechnet werden«.

132 Besteht eine Regelungskompetenz, ist eine **Verteilung** vor allem dann ordnungsmäßig und **ermessensfehlerfrei**, wenn in der im Vertrag des Verbandes mit dem Anbieter getroffenen Bestimmung, wie sich die Kosten errechnen, **zugleich der Verteilungsschlüssel im Innenverhältnis** erblickt wird (dazu *Elzer* ZMR 2007, 812 ff.). Legt ein Anbieter seiner Berechnung etwa die Anzahl der versorgten Wohnungseigentumseinheiten zu Grunde, sind die Kosten grundsätzlich auch nach Einheiten zu verteilen. Berechnet der Anbieter hingegen nach Anzahl von Dosen oder ermäßigt sich der Preis nach einer bestimmten Anzahl von Einheiten, muss sich diese Berechnung bei der gewillkürten Verteilung gleichfalls niederschlagen.

b) Geborene Schlüssel

133 Haben die Wohnungseigentümer keine Bestimmung darüber getroffen, wie die Kosten eines Breitbandkabelanschlusses zu verteilen sind, richtet sich die Verteilung nach § 16 Abs. 2 WEG. Dies liegt auf der Hand, soweit man die Kosten eines Breitbandkabelanschlusses als Kosten i. S. von § 16 Abs. 2 WEG begreift (so *BGH* ZMR 2004, 843, 839 = NJW 2004, 3413, 3418; *BayObLG* ZMR 2006, 139, 140; *LG München I* ZMR 2007, 569, 570). Soweit man – wie hier – die Kosten als solche des Sondereigentums versteht, ist § 16 Abs. 2 WEG jedenfalls **entsprechend** anwenden (*KG* KGReport 2005, 484, 485 = WuM 2005, 354).

XI. Sonderlasten

134 Es kann von der Sache her geboten sein, Ausgaben, die nur ein bestimmtes Sondereigentum oder einen bestimmten Wohnungseigentümer betreffen, zwar in die Gesamtabrechnung aufzunehmen, jedoch **nur diesem betreffenden Wohnungseigentümer** zuzuordnen (*KG* ZMR 2003, 874, 875; ZMR 1992, 308, 309 = NJW-RR 1992, 845). Hat etwa ein Wohnungseigentümer einen Schaden angerichtet oder sogar die Übernahme bestimmter Kosten zugesagt, könnte dieser Posten in das Abrechnungswerk aufgenommen und dann vollständig auf den einzelnen Wohnungseigentümer umgelegt werden. Ein solcher Abrechnungsbeschluss ist allerdings dem Grunde nach wegen **Überschreitung** der absoluten Beschlusskompetenz **nicht ordnungsmäßig** (s. auch *KG* ZMR 2003, 874, 875; ZMR 2001, 307 = KGReport 2001, 89 = NZM 2001, 294; s. aber *KG* ZMR 2006, 63 = NZM 2006, 108).

135 Etwas anderes gilt, wenn die Wohnungseigentümer **zuvor oder zugleich** (dazu Rn. 84) mit der Abrechnung nach §§ 16 Abs. 3, 21 Abs. 7 WEG einen **abweichenden Kostenverteilungsschlüssel beschließen** und diesen sogleich bei der Verteilung der Sonderlasten dann zu Grunde legen. Wie stets, ist auch hier ggf. eine **rückwirkende Beschlussfassung** möglich (allgemein Rn. 90). Eine solche Beschlussfassung ist aber nur dann möglich, wenn die Wohnungseigentümer eine Kompetenz dafür haben, einen **abweichenden Kostenverteilungsschlüssel zu beschließen**. Eine solche besteht nur für die Betriebskosten des Sonder- und Gemeinschaftseigentums, für die Verwaltungskosten des Gemeinschaftseigentums, für die Kosten einer Maßnahme i. S. v. § 16 Abs. 4 WEG und für die Gegenstände des § 21 Abs. 7 WEG. Für eine dort nicht genannte Angelegenheit kann ein abweichender Kostenverteilungsschlüssel **nicht beschlossen** werden. Ob eine Angelegenheit den genannten Vorschriften unterfällt, ist dabei abstrakt zu ermitteln. Es kommt darauf an, wie das Gesetz einen Kostenanfall versteht. Irrelevant ist, wie der Verwalter oder die Eigentümer die Kosten verstehen und wie sie diese verbucht haben. Hat der Verwalter z. B. zu Unrecht für die vermeintliche Reparatur des Gemeinschaftseigentums einen Werkauftrag nach § 27 Abs. 1 Nr. 1 WEG im Namen des Verbandes vergeben und stellt sich heraus, dass der **Mangel im Sondereigentum** zu beheben war, kann diese letztlich auf einen Wohnungseigentümer abzuwälzende Sonderlast nicht beschlossen werden. Der Gegenstand ist zwar im Rahmen der Verwaltung angefallen. Eine »Annexkompetenz« zur Regelung durch Beschluss vermeintlicher Verwaltungskosten ist aber nicht anzuerkennen. Sie wäre auch dem übrigen Recht fremd.

XII. Mehrhausanlagen

136 Bei Mehrhausanlagen kann eine Vereinbarung vorsehen, dass für die einzelnen Häuser **getrennte Abrechnungskreise** zu bilden sind (dazu *Hügel/Elzer* § 1 Rn. 27 und 31). Vor allem in einer Mehrhausanlage bietet sich – soweit möglich – ein Kostenverteilungsschlüssel »nach Häusern« an (*Gottschalg* DWE 2007, 40; s. *Rapp* in Beck'sches Notarhandbuch, A III Rn. 67). Bestimmte Lasten und Kosten werden dabei auf die Wohnungseigentümer des **jeweiligen Gebäudes** übertragen (*OLG Köln* ZMR 2002, 379, 380). Etwa Aufzugskosten können als objektiv feststellbare trennbare Kosten einem Haus zugeordnet werden; dem steht nicht entgegen, dass auch die übrigen Wohnungseigentümer anderer Häuser den Aufzug nutzen könnten (*OLG Köln* ZMR 2002, 379, 380).

137 Ist angeordnet, dass die jeweils an einem Haus allein zur Nutzung berechtigten Wohnungseigentümer die auf sie entfallenden ausscheidbaren und tatsächlich messbaren **Kosten** allein zu tragen haben, so fallen darunter allerdings nur solche Kosten, die von **vornherein** auch wirklich **abson-**

derbar sind und ohne weiteres bestimmten Wohnungseigentümern allein zugeordnet werden können (*BayObLG* ZMR 1993, 231 = WE 1994, 148). Nicht darunter fallen also solche Kosten, die die Wohnungseigentümer **gemeinsam** treffen, im Innenverhältnis aber erst nachträglich nach einem festzulegenden Verteilungsschlüssel umgelegt werden müssten, um dadurch eine Trennung und Zuordnung zu ermöglichen (*BayObLG* ZMR 1993, 231 = WE 1994, 148). Bestehen **Abrechnungskreise**, ist ein auf § 16 Abs. 3 WEG oder auf einer Öffnungsklausel gestützter Beschluss nicht ordnungsmäßig, wenn er diese abschaffen will.

138 Inhalt einer Vereinbarung kann auch sein, dass die **Nutzungen des Gemeinschaftseigentums**, die in allen Gebäuden identisch vorhanden sind, **ausschließlich den Wohnungseigentümern** des jeweiligen Gebäudes zustehen. Werden die Kosten und Lasten getrennt erfasst und verteilt, so ist dies i. d. R. dahingehend auszulegen, dass auch die **Nutzungen entsprechend** zu verteilen sind (*Häublein* NZM 2003, 785).

E. Nutzungen des gemeinschaftlichen Eigentums

I. Begriff

139 Nutzungen i. S. von § 16 Abs. 1 WEG sind die unmittelbaren und mittelbaren **Sach- und Rechtsfrüchte** des **Gemeinschaftseigentums** (die Erträge). Der Begriff »Nutzungen« ist **enger** als der des BGB in dessen § 100. Das Gesetz spricht zwar nicht von Erträgen, sondern von **Nutzungen des gemeinschaftlichen Eigentums**. Das Gesetz befasst sich aber erkennbar nur mit »aufteilbaren« Nutzungen. Für die nicht aufteilbaren Nutzungen trifft es nämlich nach §§ 13 Abs. 2, 14 Nr. 1 und § 15 WEG **besondere Regelungen**. Der Anspruch auf die Sach- und Rechtsfrüchte ist ein schuldrechtlicher Anspruch jedes Wohnungseigentümers gegen die anderen Wohnungseigentümer als Mitglieder einer Bruchteilsgemeinschaft an den Früchten. Der Anspruch bestimmt sich nach dem Anteil am Nettoerlös (*BGH* NJW 1964, 648) und errechnet sich durch Abzug der Lasten und Kosten nach § 16 Abs. 2 WEG. Aus dem in **Bruchteilsgemeinschaft** stehenden Ertrag (Rn. 147) sind entsprechend § 755 Abs. 1 BGB zunächst die Lasten und Kosten zu bestreiten. Von dem, was übrig bleibt, besitzt jeder Wohnungseigentümer einen Anspruch auf Auszahlung des seinem Miteigentumsanteil entsprechenden Reinerlöses (zur Gemeinschaft s. *BGH* BGHZ 40, 326, 330; NJW 1958, 1723; *RG* RGZ 89, 176, 180). Der Anspruch betrifft lediglich die vorhandenen Früchte. Die Sach- und Rechtsfrüchte des gemeinschaftlichen Eigentums werden nach § 16 Abs. 1 WEG **gemeinschaftlich** gezogen.

II. Inhaber des Bezugsrechts

1. Wohnungseigentümer

140 Das Wohnungseigentumsgesetz regelt nicht, wer an den Früchten des Gemeinschaftseigentums Eigentum erwirbt. Diese Frage bestimmt sich daher nach §§ 953 ff. BGB. Inhaber des Bezugsrechts sind danach die **Wohnungseigentümer als Grundstückseigentümer** in Bruchteilsgemeinschaft (§ 10 Abs. 1 WEG), nicht der Verband Wohnungseigentümergemeinschaft. Die **Früchte des Gemeinschaftseigentums** gehören – wie mittelbar auch § 10 Abs. 1 WEG zeigt – nicht zum Verbandsvermögen i. S. von § 10 Abs. 7 WEG. Ist auch der Verband Wohnungseigentümergemeinschaft zulässiger Weise Miteigentümer und also Wohnungs- oder Teileigentümer, stehen die ihm nach § 16 Abs. 2 WEG zustehenden Nutzungen **unmittelbar** den Wohnungseigentümern zu (so auch *BGH* NJW 1998, 1314; NJW 1995, 1027, 1028 für das Gewinnbezugsrecht einer Gesellschaft).

141 Ein Wohnungseigentümer ist nicht berechtigt, den ihm im Innenverhältnis gegenüber den anderen Wohnungseigentümern gebührenden Anteil **selbst einzuziehen** (*BGH* NJW 1992, 183; NJW 1958, 1723 zur Gemeinschaft). Ist ein Wohnungseigentümer zur **Einziehung der Früchte** ermächtigt oder zieht ein Nichtbefugter die Früchte ein, so sind diese beiden verpflichtet, Rechnung zu legen und den Ertrag nach Abzug der Lasten und Kosten unter allen Wohnungseigentümern zu verteilen (*OLG München* ZMR 1972, 210, 213). Im Streitfall trifft diese die Darlegungs- und Beweislast über den Verbleib der Einnahmen (*BGH* WM 1972, 1121).

2. Verteilungsschlüssel

Jedem Wohnungseigentümer gebührt gegenüber den anderen Wohnungseigentümern gem. § 16 Abs. 1 S. 2 WEG ein seinem Anteil **entsprechender Bruchteil der Nutzungen** des gemeinschaftlichen Eigentums. Die **Höhe des jeweiligen Anteils** bestimmt das Wohnungseigentumsgesetz abweichend von § 743 Abs. 1 BGB. Während nach § 743 Abs. 1 BGB der Anteil an den Früchten und die Größe des Bruchteils miteinander korrespondieren, bestimmt sich gem. § 16 Abs. 1 S. 2 WEG der Anteil eines Wohnungseigentümers an den Nutzungen nach dem **gesetzlichen** (Rn. 25) oder nach einem hiervon abweichend bestimmten **gewillkürten** Verteilungsschlüssel. Ein gewillkürter Kostenverteilungsschlüssel kann auf einer Vereinbarung beruhen oder – sofern eine Öffnungsklausel besteht – auch auf einem Beschluss. Ein Beschluss kann hingegen **nicht** auf §§ 16 Abs. 3, Abs. 4 oder 21 Abs. 7 WEG beruhen, da diese für die Früchte des Gemeinschaftseigentums **keine Aussagen** treffen. 142

3. Pfändbarkeit

Der Anspruch auf Auskehrung eines etwaigen **Guthabens** aus einer nach § 28 Abs. 5 WEG **genehmigten** Abrechnung ist selbstständig abtretbar, verpfändbar und pfändbar (*BGH* NJW 1969, 839; *OLG Frankfurt* NJW 1958, 65). Der Gläubiger eines Wohnungseigentümers kann auf dessen »Anteil« an den Früchten **vor einem Verwendungsbeschluss** zwar nicht zugreifen. Ein Gläubiger kann aber den **Anspruch auf Abrechnung** pfänden und sich überweisen lassen. Ein auf einem Sondereigentum lastendes Grundpfandrecht, etwa eine Hypothek oder eine Grundschuld, erstreckt sich nicht auf den Anspruch des Eigentümers, da dieser weder einen Mietanspruch noch einen Pachtzinsanspruch i. S. d. § 1123 BGB noch ein Recht auf wiederkehrende Leistungen i. S. d. § 1126 BGB ist. Der Anspruch wird auch nicht von einer ggf. angeordneten Zwangsverwaltung gem. §§ 148, 21 ZVG erfasst. 143

III. Sach- und Rechtsfrüchte

Unmittelbare und mittelbare Sach- (natürliche Früchte) und Rechtsfrüchte des Gemeinschaftseigentums sind insbesondere **Erzeugnisse der unbebauten Grundstücksflächen**, z. B. Blumen, Gemüse oder Obst sowie das Holz gefällter oder durch Unwetter entwurzelter Bäume. Weiter gehören hierher **Nutzungsentschädigungen** aus rechtsgrundloser Bereicherung, etwa für die Nutzung eines Gebäudes, das ein Sondernutzungsberechtigter in Überschreitung der ihm eingeräumten Rechte errichtet und vermietet hat (s. *OLG Düsseldorf* NJW-RR 1987, 1163) oder für Dachgeschossflächen, die ein Wohnungseigentümer unberechtigt in seine Dachgeschosswohnung einbezogen hat (*KG* FGPrax 2004, 216 = ZMR 2004, 377 = MietRB 2004, 236; § 3 Rn. 94). Den Wohnungseigentümern, nicht dem Verband stehen auch die **Entgelte (Einnahmen)** für die Benutzung des Gemeinschaftseigentums zu, z. B. für Schwimmbad und Sauna (*OLG Hamm* OLGZ 1975, 157), für Tennisplatz oder eine gemeinsame Maschine und für die Nutzung von Zubehör, z. B. aus dem Verkauf von Waschmünzen für Waschmaschinen (*BayObLG* WE 1991, 363; *OLG Hamm* OLGZ 1975, 157). 144

Zu den Früchten des Gemeinschaftseigentums gehören im Grundsatz ferner die **Einnahmen aus seiner Vermietung oder Verpachtung**, z. B. eines Stellplatzes, einer Wohnung, eines Kellers oder von Gartenflächen. Da die Vermietung des Gemeinschaftseigentums nach § 10 Abs. 6 S. 3 WEG indes eine **Ausübungsbefugnis** des Verbandes Wohnungseigentümergemeinschaft ist und dieser als Vermieter auftritt, stehen die Mieten zunächst allein ihm zu (KK-Mietrecht/*Riecke*/*Elzer* Teil 12 Rn. 12; *Wenzel* NZM 2006, 321, 322; *ders.* ZWE 2006, 2, 6). Der Verband muss Mieteinnahmen allerdings nach bereicherungsrechtlichen Grundsätzen grundsätzlich über die Jahresabrechnung wieder an die Wohnungseigentümer **auskehren** (KK-Mietrecht/*Riecke*/*Elzer* Teil 12 Rn. 12), es sei denn, die Wohnungseigentümer beschlössen durch Umwidmung zulässiger Weise etwas anderes, z. B. eine Erhöhung der Instandhaltungsrückstellung. Hier gilt nichts anderes, als bei der Umwidmung der Mittel einer Sonderumlage: auch dort können die Wohnungseigentümer beschließen, Mittel anders, als zunächst beschlossen, zu verwenden (*KG* ZMR 2005, 309, 310). 145

Jeder Wohnungseigentümer hat gem. § 16 Abs. 1 S. 1 WEG Anspruch auf Teilhabe an den Früchten. Der Anspruch richtet sich auf Beschlussfassung über die **Abrechnung**, in welche Erträge ein- 146

IV. Dinglicher Erwerb

147 Der dingliche Rechtserwerb an den natürlichen Früchten des Gemeinschaftseigentums erfolgt gem. §§ 953 ff. BGB. Die Früchte gehören danach nicht dem Verband Wohnungseigentümergemeinschaft als Teil des Verwaltungsvermögens, sondern den Wohnungseigentümern als **Bruchteilseigentümern** (Weitnauer/*Briesemeister* § 1 Rn. 10, 15; Staudinger/*Rapp* Einl. 46; a. A. Staudinger/*Bub* Rn. 73: Eigentümer sei der Verband).

V. Verwaltung

148 Die **Fruchtziehung** ist eine Maßnahme **ordnungsmäßiger Verwaltung** i. S. von § 21 Abs. 4 WEG. Die **Art und Weise** müssen daher die Wohnungseigentümer gem. § 21 Abs. 3 WEG durch Beschluss regeln. Jeder Wohnungseigentümer kann seinen Anspruch auf Beteiligung an den Früchten gerichtlich gem. § 43 Nr. 1 und Nr. 2 WEG durchsetzen. Dabei richtet sich der Anspruch auf Aufstellung der Gesamt- und Einzelabrechnung, in der die Verteilung der Früchte erfolgt, gegen den Verwalter, der Anspruch auf Genehmigung der Abrechnung hingegen gegen die anderen Wohnungseigentümer. Der Anspruch auf Auszahlung eines Abrechnungsguthabens ist gegen die anderen Wohnungseigentümer zu richten. Soweit der Verband Wohnungseigentümergemeinschaft die Gelder unzulässiger Weise vereinnahmt hat, ist die Klage gegen den Verband Wohnungseigentümergemeinschaft zu richten. Ein Beschluss, wonach die Erträge für die Nutzung einer im gemeinschaftlichen Eigentum stehenden Fläche **nur bestimmten Wohnungseigentümern** zugewiesen werden, zielt darauf ab, die nach § 16 Abs. 1 WEG **allen Wohnungseigentümer** gebührenden Früchte zu entziehen. Er greift damit in den der Disposition der Wohnungseigentümer entzogenen Bereich des Miteigentums des Betroffenen ein und ist deshalb wegen nicht vorhandener bzw. überschrittener Regelungskompetenz **nichtig** (*OLG Düsseldorf* OLGReport Düsseldorf 2003, 269, 270).

VI. Ausschluss von Nutzungen, § 16 Abs. 6 S. 1 WEG

149 Stimmt ein Wohnungseigentümer einer Maßnahme nach § 22 Abs. 1 WEG nicht zu, ist er **nicht** berechtigt, einen Anteil an **Nutzungen**, die auf einer solchen Maßnahme beruhen, zu beanspruchen (s. dazu Rn. 277 ff.).

VII. Nutzungen des Verwaltungsvermögens

150 Soweit Früchte aus dem **Verwaltungsvermögen** erwachsen, z. B. Zinsen, stehen diese nach § 10 Abs. 7 WEG dem **Verband Wohnungseigentümergemeinschaft** und nicht den Wohnungseigentümern zu. Zu diesen Früchten zählen etwa vertragliche Zinsen aus Bankguthaben und Dividenden aus Wertpapieren, aber auch Verzugszinsen.

F. Lasten und Kosten des gemeinschaftlichen Eigentums (Innenverhältnis)

I. Anwendungsbereich

151 Nach § 16 Abs. 2 WEG sind Wohnungseigentümer grundsätzlich (s. Rn. 280) **verpflichtet**, bestimmte Lasten und Kosten zu tragen. Wie auch sonst, geht das Gesetz dabei davon aus, dass **jeder Wohnungseigentümer** Lasten und Kosten, soweit sie auf das Sondereigentum entfallen, selbst trägt. Hierher zählen z. B. auf dem Sondereigentum ruhende Grundpfandrechte wie Hypotheken und Grundschulden oder Reallasten. § 16 Abs. 2 WEG widmet sich nur Lasten und Kosten in Bezug auf das **gemeinschaftliche Eigentum**. Dieses steht vermögensrechtlich den Wohnungseigentümern in Bruchteilsgemeinschaft zu – was § 10 Abs. 1 WEG zur **Klarstellung** herausstreicht (§ 10 Rn. 2). Ob in einer Wohnungseigentumsanlage anfallende Kosten dem **Gemeinschaftseigentum** oder dem **Sondereigentum** zuzuordnen sind, hängt vom jeweiligen **Gegen-**

stand der Verwaltung oder des Gebrauchs ab (*BGH* BGHZ 156, 192, 198 [Kaltwasser] = ZMR 2003, 937, 939 = NJW 2003, 3476; zu diesen Fragen s. auch Rn. 278). Die **Lasten des gemeinschaftlichen Eigentums** sowie die Kosten der Instandhaltung und Instandsetzung, der Verwaltung und eines gemeinschaftlichen Gebrauchs des gemeinschaftlichen Eigentums hat jeder Wohnungseigentümer nach dem Verhältnis seines Anteils i. S. von Absatz 1 S. 2 WEG zu tragen. § 16 Abs. 2 WE entspricht damit § 748 BGB, der auch für die normale Bruchteilsgemeinschaft des bürgerlichen Rechts **diese Rechtsfolgen** anordnet und den Rückgriff auf §§ 683, 812 BGB **entbehrlich** machen soll. Eine Verdrängung der allgemeinen Vorschriften liegt darin aber nicht (s. Rn. 4 ff.).

1. Lasten des gemeinschaftlichen Eigentums

Unter dem an § 748 BGB angelehnten Begriff »**Lasten des gemeinschaftlichen Eigentums**« 152 (*Greiner* ZMR 2004, 319, 320) sind nach den allgemeinen Regelungen schuldrechtliche Verpflichtungen zur Erbringung einer Leistung aus dem Grundstück zu verstehen, die auf dem Grundstück selbst lasten, nicht einzelne Sondereigentumsrechte betreffen und nicht auf einer privatrechtlichen Verpflichtung beruhen (*Hügel* ZWE 2005, 204, 210). Die Pflicht kann in einer **Geldzahlung** (etwa § 436 Abs. 1 BGB versteht als Lasten eines Grundstücks **Erschließungs- und sonstige Anliegerbeiträge**), aber auch in einer **Naturalleistung**, wie Pflege und Reinigung (dazu noch Rn. 170 ff.), bestehen. Wie sich aus § 1047 BGB ergibt, können Lasten **öffentlich-** oder **privatrechtlich** sein. Private Lasten des **gemeinschaftlichen Eigentums** sind meist wiederkehrende Leistungsverpflichtungen. Dies können Reallasten (§ 1105 BGB) und Rentenschulden (§ 1199 BGB) sein. Als gemeinschaftliche Last ist aber auch eine Grunddienstbarkeit i. S. von § 1018 BGB anzusehen, mit der das gemeinschaftliche Grundstück zu Gunsten eines Nachbargrundstücks belastet ist (*BayObLG* NJW 1973, 1881).

Die üblichen öffentlichrechtlichen Lasten ruhen bei einer Wohnungseigentumsanlage meist auf 153 dem **Sondereigentum** (dazu Rn. 273). **Lasten des gemeinschaftlichen Eigentums** sind vor allem die Kosten, die nicht aus der Verwaltung des Gemeinschaftseigentums entstehen, sondern unmittelbar auf dem **Gemeinschaftseigentum** (vor allem dem Grundstück) ruhen. Auf dem gemeinschaftlichen Eigentum ruht etwa der **Aufopferungsanspruch** des § 14 Nr 4 Halbsatz 2 WEG (*KG* ZMR 2000, 335). Ferner ruht auf dem gemeinschaftlichen Eigentum ein **Aufwendungsersatzanspruch** aus § 21 Abs. 2 WEG oder aus §§ 677 ff. BGB, soweit ein Wohnungseigentümer ohne Zustimmung der anderen Wohnungseigentümer berechtigt war, die Maßnahmen zu treffen, die zur Abwendung eines dem gemeinschaftlichen Eigentum unmittelbar drohenden Schadens notwendig waren. Eine »Last« des Gemeinschaftseigentums ist ferner ein **Schadensersatzanspruch** nach §§ 21 Abs. 4 WEG, 280 ff. BGB, wenn die Wohnungseigentümer einen notwendigen Beschluss nicht gefasst haben. Betrifft eine **bauliche Veränderung** das gemeinschaftliche Eigentum, so kann ein Anspruch auf Beseitigung oder Wiederherstellung nur gegen sämtliche Wohnungseigentümer gerichtet werden mit der Folge, dass auch die Kosten dafür gem. § 16 Abs. 2 WEG von **allen Wohnungseigentümern** als »Last« zu tragen sind (*OLG Hamburg* ZMR 2006, 377, 378; *OLG Schleswig* WuM 2000, 322 = MDR 2000, 634 = NZM 2000, 674; *KG* NJW-RR 1997, 713, 714 = ZMR 1997, 315, 317). Schließlich gehören auch **Straßenreinigungsgebühren** gehören hierher, da diese das Grundstück **insgesamt** betreffen. **Neben** den Wohnungseigentümern ist auch der Verband nach § 10 Abs. 6 Satz 3 WEG verpflichtet (s. dazu § 10 Rn. 420 und 422).

2. Kosten des gemeinschaftlichen Eigentums

Kosten des **gemeinschaftlichen Eigentums** i. S. von § 16 Abs. 2 WEG sind solche Kosten, die die 154 Instandhaltung und Instandsetzung nach § 21 Abs. 5 Nr. 2 WEG des gemeinschaftlichen Eigentums, die Verwaltung des gemeinschaftlichen Eigentums (Rn. 298 ff. und § 20 Rn. 72 ff.) und den gemeinschaftlichen Gebrauch (Rn. 160 ff.) betreffen. Sie sind zu unterscheiden von den Kosten des Sondereigentums, vor allem den Kosten des Gebrauchs des Sondereigentums (dazu Rn. 271).

§ 16 | Nutzungen, Lasten und Kosten

a) Instandhaltung und Instandsetzung

aa) Allgemeines

155 Zu den Kosten einer **Instandhaltung** und **Instandsetzung** i. S. von § 21 Abs. 5 Nr. 2 WEG zählen alle Aufwendungen, die den ursprünglichen oder bestehenden Zustand im Sinne einer Pflege erhalten oder einen mangelhaften Zustand beseitigen. Hierzu zählen insbesondere **alle Reparaturmaßnahmen** am Gebäude bei Beschädigung durch Brand, Sturm, Wasser oder durch Abnutzung und Alterung des Gebäudes. Zu den Kosten der Instandhaltung und Instandsetzung i. S. d. § 16 Abs. 2 WEG gehören ferner

156
- die Kosten einer **Modernisierung** nach § 22 Abs. 2 WEG;
- die Kosten einer **modernisierenden Instandsetzung** i. S. von § 22 Abs. 3 WEG;
- die Kosten, die für die erstmalige **ordnungsmäßige Herstellung des Gemeinschaftseigentums** anfallen.

157 Maßnahmen nach § 22 Abs. 1 WEG unterfallen § 16 Abs. 2 WEG, soweit ein **Wohnungseigentümer** der Maßnahme **zugestimmt** hat. Fehlt es hieran, regelt hingegen die **Sondervorschrift** des § 16 Abs. 6 WEG die Frage der Kostentragung (dazu Rn. 277 ff.).

bb) Stecken gebliebener Bau

158 Wird die Wohnanlage wegen **Zahlungsunfähigkeit des teilenden Eigentümers** als Bauträger nicht vollständig fertig gestellt, kann die mangelfreie **Fertigstellung** des **Gemeinschaftseigentums** als Maßnahme der ordnungsmäßigen Verwaltung beschlossen werden (*BayObLG* ZWE 2000, 214, 215). Die Kosten der mangelfreien Fertigstellung des **Gemeinschaftseigentums** sind – soweit bereits eine Wohnungseigentümergemeinschaft, wenigstens eine werdende, entstanden ist – Kosten der Instandhaltung und Instandsetzung i. S. von § 16 Abs. 2 WEG und von allen Wohnungseigentümern zu tragen (*BayObLG* ZWE 2000, 214, 215).

b) Kosten der Verwaltung

159 Zu den Kosten der **Verwaltung** gehören alle Aufwendungen, die für eine ordnungsmäßige Verwaltung erforderlich sind und die nicht Kosten des Gebrauchs oder der Instandhaltung und Instandsetzung sind (dazu ausführlich Rn. 298 ff.).

c) Kosten des gemeinschaftlichen Gebrauchs

160 Kosten des **gemeinschaftlichen Gebrauchs** sind die **Betriebskosten** (zum Begriff Rn. 61 ff. und *Schmid* zu § 556 BGB) für das gemeinschaftliche Eigentum. Hierzu gehören **vor allem** Zahlungen für Wasser, Abwasser und Müll sowie für Strom und Gas. Ferner zählen hierher z. B. die Kosten für den **Betrieb der Heizungsanlage**, des Stroms für den gemeinschaftlichen Aufzug, die Strom- und Lichtkosten für das Treppenhaus und die Außenanlagen (Beleuchtung), die Kosten für einen Hausmeister oder ein Schneeräumunternehmen. Zu den Kosten des gemeinschaftlichen Gebrauchs zählen ferner die Kosten des Betriebs einer Gemeinschaftsantennenanlage (*OLG Celle* NJW-RR 1987, 465), des Betriebs der mit einem Breitbandkabelnetz verbundenen hauseigenen Verteilanlage, an die sämtliche Wohnungseigentümer angeschlossen sind, des Betriebs von im Gemeinschaftseigentum stehenden Wasch- und Trockenmaschinen, Wäscheschleudern oder Büglern, des Betriebs sonstiger im Gemeinschaftseigentum stehender Einrichtungen, beispielsweise Alarmanlagen, Notstromaggregate, Brandmelder, Feuerlöscher, Müllschlucker, Müllbeseitigungsanlagen, Blitzschutzanlagen, Schwimmbäder oder Saunen.

161 Kosten für die **Reinigung** des Treppenhauses und der Schornsteine oder für die Reinigung der Dachrinne, der Pflege der Gartenflächen einschließlich der Erneuerung und Entfernung von Pflanzen und Gehölzen sowie der Pflege von Spielplätzen einschließlich der Erneuerung von Sand, außerdem der Pflege von unbebauten Grundstücksflächen sind hingegen **Instandhaltungskosten** und keine Kosten des Gebrauchs (s. Rn. 63 ff.). Auch die Kosten der gärtnerischen Erstausstattung – Anlage und Bepflanzung – sowie einer zusätzlichen Bepflanzung sind zu den Instandhaltungskosten zu zählen (*OLG Düsseldorf* GE 2000, 888; *BayObLG* BayObLGZ 1985, 164, 167; BayObLGZ 1975, 201, 206). Soweit Kosten ein bestimmtes Eigentum betreffen und diesem zuzurechnen sind, handelt es sich um **Kosten des Sondereigentums** (Rn. 271), z. B. Wasser-

kosten der einzelnen Wohnungseinheiten als Folge des Gebrauchs des Sondereigentums. Besonderheiten gelten für die **Heiz- und Warmwasserkosten** (dazu Rn. 124 ff. und 34 ff.).

II. Anspruchsgrundlage im Innenverhältnis

Ein Wohnungseigentümer hat sich gem. § 16 Abs. 2 WEG an den **Lasten und Kosten** »nach dem Verhältnis seines Anteils« zu beteiligen. Die h. M. entnimmt aus diesem Wortlaut, dass ein Wohnungseigentümer zum Ausgleich der Lasten und Kosten nur **Zahlungen**, nicht aber eine **aktive Mithilfe** schuldet (Rn. 170 ff.). 162

1. §§ 16 Abs. 2, 28 Abs. 5 WEG

Der Zahlungsanspruch des Verbandes Wohnungseigentümergemeinschaft gegen einen einzelnen Eigentümer wegen der Lasten und Kosten folgt – anders als ein Ausgleichsanspruch eines Wohnungseigentümers gegen den Verband (Rn. 4 ff.) – nicht unmittelbar aus § 16 Abs. 2 WEG, sondern aus einem auf §§ 16 Abs. 2, 28 Abs. 5 WEG beruhenden Beschluss. Anders als bei der Bruchteilsgemeinschaft nach § 748 BGB werden erst **durch den Beschluss** der Wohnungseigentümer im Rahmen der allgemeinen Beitragspflicht die Verbindlichkeiten jedes einzelnen Wohnungseigentümers gegenüber den anderen begründet (*BGH* BGHZ 131, 228, 230 = ZMR 1996, 215, 216 = MDR 1996, 897 = ZMR 1996, 215 = NJW 1996, 725; BGHZ 104, 197, 202 = MDR 1988, 765 = NJW 1988, 1910). Der jeweilige Anspruch ergibt sich erst aus dem für die Begründung der konkreten Beitragsschuld **unerlässlichen Beschluss** der Wohnungseigentümer nach § 28 Abs. 5 WEG (*BGH* BGHZ 142, 290, 295 = ZMR 1999, 834, 835 = MDR 2000, 21 = NZM 1999, 1101; BGHZ 131, 228, 230 = ZMR 1996, 215 = MDR 1996, 897 = NJW 1996, 725; BGHZ 104, 197, 203 = MDR 1988, 765 = NJW 1988, 1910; *OLG Düsseldorf* ZMR 2007, 204, 205; *OLG München* NZM 2006, 61, 62; *OLG Frankfurt* NZM 2006, 519; OLGReport Frankfurt 2005, 5; *OLG Hamburg* OLGReport Hamburg 2005, 98, 99; ZMR 2001, 911, 912; *BayObLG* BayObLGReport 2003, 42, 43; ZWE 2002, 522, 523). 163

Die anteilsmäßige Verpflichtung jedes Wohnungseigentümers aus § 16 Abs. 2 WEG gegenüber dem Verband Wohnungseigentümergemeinschaft wird also erst entweder durch den Beschluss über den Wirtschaftsplan als Vorschuss (§ 28 Abs. 2 und 5 WEG) oder durch den Beschluss über die Jahresabrechnung (§ 28 Abs. 3 und 5 WEG) zu einer **konkreten Verbindlichkeit** (*BGH* BGHZ 120, 261, 266 = ZMR 1993, 176, 177 = MDR 1993, 342). Vor Beschlussfassung fehlt es nicht nur an der Fälligkeit, sondern an einer **vollwirksamen Forderung** überhaupt (*BGH* BGHZ 120, 261, 266 = ZMR 1993, 176, 177 = MDR 1993, 342). Erst durch den Beschluss wird im Rahmen der allgemeinen Beitragspflicht die Verbindlichkeit des einzelnen Wohnungseigentümers begründet (*BGH* BGHZ 120, 261, 266 = ZMR 1993, 176, 177 = MDR 1993, 342; BGHZ 108, 44, 51 = MDR 1989, 898 = NJW 1981, 3018). Solange ein entsprechender Beschluß nicht wirksam zustande gekommen oder durch eine gerichtliche Entscheidung (**Regelungsstreit**) ersetzt worden ist, fehlt der Leistung deshalb nicht nur die Fälligkeit (§ 271 Abs. 1 BGB), sondern es besteht **noch keine voll wirksame Forderung**. 164

2. Beschlüsse neben §§ 16 Abs. 2, 28 Abs. 5 WEG

a) Leistungspflichten einzelner Wohnungseigentümer

Eine gesetzliche Beschlusskompetenz zur **Begründung von Leistungspflichten einzelner Wohnungseigentümer** neben §§ 16 Abs. 2, 28 Abs. 5 WEG existiert nicht (*BGH* BGHZ 163, 154, 173 [Teilrechtsfähigkeit] = ZMR 2005, 547; *OLG Zweibrücken* IMR 2007, 256 mit Anm. *Elzer*; *OLG Düsseldorf* JMR 2007, 333; v. 22.11.2005 – 3 W 104/05; *Wenzel* NZM 2004, 542, 543; § 10 Rn. 133). Durch einen Beschluss können von den Wohnungseigentümern nur solche Angelegenheiten geordnet werden, über die nach dem Wohnungseigentumsgesetz oder nach einer rechtsändernden Vereinbarung die Wohnungseigentümer durch Beschluss entschieden werden darf (*BGH* BGHZ 145, 158 = NJW 2000, 3500 = ZMR 2000, 771 = NJW 2000, 3500). Die Wohnungseigentümer sind daher nicht legitimiert, **außerhalb des Bereichs der Kosten und Lasten** des gemeinschaftlichen Eigentums Ansprüche durch Beschluss der Mehrheit von ihnen entstehen zu lassen (*BGH* BGHZ 163, 154, 173 [Teilrechtsfähigkeit] = ZMR 2005, 547; a. A. *BayObLG* NJW-RR 2003, 587, 588 = NZM 2003, 239; ZMR 1996, 623; *OLG Köln*, NZM 1999, 424; ZMR 1998, 248 mit Anm. *Köhler*; WuM 1998, 165

248; *OLG Karlsruhe* NJW-RR 1996, 1103 = ZMR 1996, 284). Die Wohnungseigentümer können zwar beschließen, ob und **in welchem Umfang** ein **bestehender Leistungsanspruch** gegen einen Miteigentümer geltend gemacht werden soll. Sie können einen entsprechenden Anspruch ohne gesetzlichen Schuldgrund aber nicht **errichten** und begründen. Das gilt namentlich für Beschlüsse, die einem Wohnungseigentümer die **Beseitigung bestimmter baulicher Veränderungen** aufgeben, und zwar **unabhängig** davon, ob die betreffende Baumaßnahme rechtmäßig war oder nicht (*OLG Zweibrücken* IMR 2007, 256 mit Anm. *Elzer*; v. 22.11.2005 – 3 W 104/05; *J.-H. Schmidt/Riecke* ZMR 2005, 252, 260; *Wenzel* NZM 2004, 542, 544; a. A. *OLG Köln* ZMR 2004, 215; NZM 1999, 424; *OLG Hamburg* ZMR 2003, 447; *BayObLG* NJW-RR 2003, 587, 588 = NZM 2003, 239). Wird ein Beschluss, der Ansprüche begründen soll, **dennoch gefasst**, so ist er in Ermangelung einer Kompetenz **nichtig** (§ 10 Rn. 130 ff.).

166 Beschlüsse, die einen Wohnungseigentümer zu einer Handlung auffordern, bedürfen allerdings der **Auslegung** (*OLG Hamm* ZMR 2006, 630, 632 = ZWE 2006, 228; ZMR 2005, 897; *BayObLG* NJW-RR 2003, 587, 588 = NZM 2003, 239; *OLG Köln* ZMR 2004, 298 = OLGReport Köln 2003, 284 = NZM 2003, 641; *KG* NJW-RR 1997, 1033, 1034 = ZMR 1997, 318; *Elzer* IMR 2007, 256). Der Beschluss kann zum einen so verstanden werden, dass der betroffene Wohnungseigentümer durch ihn **konstitutiv**, also unabhängig von möglichen gesetzlichen Ansprüchen der einzelnen Eigentümer, verpflichtet werden, mithin ein eigenständiger Anspruch begründet werden soll (*OLG Hamm* ZMR 2006, 630, 632 = ZWE 2006, 228). Der Beschluss kann zum anderen so verstanden werden, dass lediglich die verfahrensförmige Vorbereitung der gerichtlichen Geltendmachung gewollt ist (*OLG Hamm* ZMR 2006, 630, 632 = ZWE 2006, 228).

167–169 unbesetzt

b) Tätige Mithilfe

aa) Grundsatz

170 Die Wohnungseigentümer besitzen grundsätzlich **keine Beschlusskompetenz**, einen Wohnungseigentümer über seinen nach § 16 Abs. 2 WEG geschuldeten Kostenbeitrag in Geld hinaus, an den Kosten und Lasten des gemeinschaftlichen Eigentums durch **körperliche Leistungen** zu verpflichten (*OLG Hamm* NJW 1982, 1109; OLGZ 1980, 261; *KG* OLGZ 1978, 146 = Rpfleger 1978, 146). Das Gesetz geht davon aus, dass die Wohnungseigentümer zu der gemeinschaftlichen Verwaltung allein durch **anteilige Geldleistungen** beitragen (*KG* ZMR 1994, 70, 71 = NJW-RR 1994, 207). Die Wohnungseigentümer können daher einen von ihnen nicht als »Hauswart« bestimmen, ihm **Gartendienste** übertragen (*OLG Düsseldorf* NZM 2004, 107, 108 = NJW-RR 2004, 376) oder eine Verpflichtung zu Baumaßnahmen, etwa Anstricharbeiten, anordnen. Ein entsprechender Beschluss ist jeweils **nichtig** (*KG* ZMR 1994, 70, 71 = NJW-RR 1994, 207; *J.-H. Schmidt/Riecke* ZMR 2005, 252, 262; *Wenzel* NZM 2004, 542, 544; offen gelassen von *OLG Köln* ZMR 2005, 229, 230 = NZM 2005, 261 = NJW-RR 2005, 529).

bb) Ausnahme

171 Eine Ausnahme besteht dort, wo die Wohnungseigentümer eine Leistung nicht im Wege des Beschlusses begründen (wollen), sondern eine auf ihnen allen lastende öffentliche Verpflichtung nur im Wege des Beschlusses **angemessen verteilen**. Die Wohnungseigentümer können deshalb im Wege des Beschlusses bestimmen, wer von ihnen im Einzelfall zur **Sicherung der Verkehrspflichten**, etwa der **Treppenhausreinigung**, einer Schnee- und Eisbeseitigung oder dem Wegschaffen von nassem Laub, **verpflichtet** ist (*BayObLG* WuM 1994, 403 = ZMR 1994, 430; NJW-RR 1993, 1361; BayObLGZ 1991, 422; *OLG Stuttgart* NJW-RR 1987, 976; a. A. teilweise *OLG Düsseldorf* ZMR 2004, 694, 695; *KG* ZMR 1994, 70, 72 = NJW-RR 1994, 207; *OLG Hamm* MDR 1982, 150; *J.-H. Schmidt/Riecke* ZMR 2005, 252, 263). Durch eine solche Regelung wird **keine Pflicht begründet**, sondern eine bereits bestehende Verpflichtung im Einzelfall nur **konkretisiert** und ausgeführt. Diese Fallgruppe wird zum Teil damit beschrieben, dass es sich typischerweise um den Regelungsgegenstand einer **Hausordnung** handelt (*Müller* ZWE 2005, 303, 306; *Merle* ZWE 2001, 342; *Becker/Strecker* ZWE 2001, 569).

3. Ansprüche aus § 280 Abs. 1 S. 1 BGB

Verletzen die Wohnungseigentümer (oder ein einzelner oder mehrere Wohnungseigentümer) **172**
schuldhaft ihre gegenüber dem Verband Wohnungseigentümergemeinschaft bestehende, aus § 242 BGB i. V. m. den allgemeinen Vorschriften bestehende **Treuepflicht**, können sie dem Verband auch ohne Beschluss Wohngeld schulden – in Form von **Schadensersatz** (*BGH* BGHZ 163, 154, 175 [Teilrechtsfähigkeit] = ZMR 2005, 547; § 10 Rn. 510 ff.). Teil der Treuepflicht der Wohnungseigentümer ist es nämlich, den Verband jederzeit mit **ausreichenden Mitteln** auszustatten, damit dieser Verbindlichkeiten, die er erlaubter Weise für das Gemeinschaftseigentum eingegangen ist, berichtigen kann. Die Pflicht der Wohnungseigentümer kann dabei auf **zwei Wegen** verletzt werden:

– Die Wohnungseigentümer **beschließen** über Wohngelder. Die dadurch generierten Mittel sind **173**
aber **nicht ausreichend**.
– Die Wohnungseigentümer **beschließen nicht** oder beschließen nur **verzögert**.

In beiden Fällen steht dem Verband gegen die Wohnungseigentümer ein Anspruch auf Schadens- **174**
ersatz wegen Pflichtverletzung nach § 280 BGB zu (*BGH* BGHZ 163, 154, 175 [Teilrechtsfähigkeit] = ZMR 2005, 547). Verzögern die Wohnungseigentümer die Beschlussfassung und entsteht dem Verband dadurch ein Schaden – etwa in Gestalt von Verzugszinsen, die er seinem Vertragspartner zu zahlen hat –, haben die Wohnungseigentümer diesen unter den Voraussetzungen von §§ 280 Abs. 1 und 2, 286 BGB zu ersetzen. Verweigern die Wohnungseigentümer die zur ordnungsgemäßen Verwaltung erforderliche Beschlussfassung, entsteht dem Verband ein über die Folgen der verzögerten Erfüllung seiner eigenen Verbindlichkeiten gegenüber Dritten hinausgehender Schaden. Diesen Schaden kann er als Schadensersatz statt der Leistung unter den Voraussetzungen der §§ 280 Abs. 1 und 3, 281 BGB geltend machen (*BGH* BGHZ 163, 154, 176 [Teilrechtsfähigkeit] = ZMR 2005, 547).

Der Verband kann seinen Schadensersatzanspruch freilich **nicht unmittelbar** realisieren und **175**
selbst titulieren. Erfüllt ein Wohnungseigentümer einen gegen ihn gerichteten Schadensersatzanspruch nicht freiwillig, muss der Verband den Anspruch zur Vollstreckung gerichtlich **titulieren** lassen. Der Anspruch richtet sich dabei auf das, was der in Anspruch genommene Wohnungseigentümer schuldhaft verabsäumt hat und ist **nach § 10 Abs. 8 S. 3 und S. 1 WEG durch die Höhe der Miteigentumsanteile eines jeden Wohnungseigentümers begrenzt**. Hatte der Verband z. B. € 10.000,00 Außenstände und bedurfte er zur Berichtigung dieser Verbindlichkeit Mittel durch Erhebung einer Sonderumlage, schuldet jeder von 10 Wohnungseigentümern mit je 10/100 Miteigentumsanteilen bei einer zu erhebende Sonderumlage von € 10.000,00 insgesamt € 1.000,00. Dies gilt aber nur, wenn **sämtliche** Wohnungseigentümer voraussichtlich in der Lage gewesen wären, die Sonderumlage zu bedienen. War damit zu rechnen, dass 9 Wohnungseigentümer ausfallen, beliefe sich die angemessene Sonderumlage auf € 100.000,00. Nur damit wäre sichergestellt gewesen, dass insgesamt vom verbliebenen zahlungsfähigen Wohnungseigentümer mit einem Anteil von weiterhin 1/100 die gesamten Außenstände von € 10.000,00 aufgebracht werden (dazu *Briesemeister* NZM 2007, 225, 227 f.; *Elzer* WuM 2007, 293, 297).

Ein Verbandsgläubiger kann sich den gegen die jeweilig schuldhaft handelnden Wohnungseigen- **176**
tümer gerichteten Schadensersatzanspruch nach §§ 835, 829 ZPO pfänden und überweisen lassen. Diese Möglichkeit steht **neben** dem Anspruch aus § 10 Abs. 8 S. 1 WEG.

4. Vereinbarungen

Die Wohnungseigentümer können nach § 10 Abs. 2 S. 2 WEG **vereinbaren**, dass bestimmte Kos- **177**
ten oder eine bestimmte Last **nicht auf allen Wohnungseigentümern** ruht, etwa Hauswartsdienste, sondern nur auf einem Wohnungseigentümer (*OLG München* MietRB 2007, 204; *BayObLG* ZMR 1999, 59, 60; WuM 1997, 187 = ZMR 1996, 574; WuM 1993, 562) oder auf einem bestimmten Sondereigentum (*KG* ZMR 2002, 300, 301 = NZM 2002, 123 = ZWE 2002, 273). Solche Regelungen finden sich vielfach auch bei einem **Sondernutzungsrecht** (*BayObLG* ZMR 1999, 59, 60; *KG* ZMR 1997, 159, 161; dazu Rn. 246). Hier entspricht es in der Regel der Billigkeit, dem Sondernutzungsberechtigten die für die von ihm allein genutzte Fläche die Lasten und Kosten oder die Verkehrssicherung zu übertragen.

§ 16 | Nutzungen, Lasten und Kosten

178 Häufig werden auch Kosten der Instandhaltung, Instandsetzung und Erneuerung von im Gemeinschaftseigentum stehenden Bauteilen auf die **Wohnungseigentümer** übertragen, die diese **allein nutzen** (*BayObLG* ZMR 2001, 832, 833 = BayObLGReport 2001, 83 = WuM 2001, 298; ZMR 1999, 59, 60 = NZM 1999, 27, 28; WuM 1997, 187 = ZMR 1996, 574. Dies ist u. a.vorstellbar für Balkone (*BayObLG* ZMR 2001, 832, 833 = BayObLGReport 2001, 83 = WuM 2001, 298; ZMR 1999, 59, 60), Dachgärten, Fenster (*BayObLG* ZMR 2002, 846), Glasscheiben (*OLG Düsseldorf* ZMR 2003, 696) oder Fensterläden.

179 Wird ein Gebäudeteil **unter Verstoß gegen § 5 Abs. 2 WEG dem Sondereigentum** zugewiesen, kann die Zuordnung ggf. gem. § 140 BGB in eine Kostentragungsregelung **umgedeutet werden** (*KG* ZMR 2006, 63, 65; *BayObLG* ZMR 2000, 238, 241 = ZWE 2000, 135; ZWE 2000, 177, 179 = BayObLGReport 2000, 9; *OLG Düsseldorf* NZM 1999, 507; OLGReport Düsseldorf 1998, 181 = ZMR 1998, 304 = NZM 1998, 269; *OLG Hamm* ZMR 1997, 193, 194; ZMR 1996, 503, 506). Nach § 140 BGB können auch **nichtige Vereinbarungen** und **nichtige Beschlüsse** umgedeutet werden (*OLG Schleswig* ZMR 2005, 476, 477; s. auch *BGH* BGHZ 151, 164, 175 = ZMR 2002, 768, 771). Die Umdeutung ist darauf gerichtet, dem rechtsgeschäftlich erklärten Willen in einer anderen Gestaltung zur Wirksamkeit zu verhelfen. Die gesetzlichen Vorschriften der §§ 21, 16 Abs. 2 WEG, die die Instandhaltung des gemeinschaftlichen Eigentums betreffen, sind dispositives Recht. Durch eine Vereinbarung – oder im Einzelfall nach § 16 Abs. 4 WEG – kann eine von der gesetzlichen abweichende Regelung getroffen werden. Eine Umdeutung kann erfolgen, wenn anzunehmen wäre, dass eine vom Gesetz abweichende Regelung wegen der Instandhaltung des gemeinschaftlichen Eigentums gewollt ist, wenn dem Erklärenden bewusst gewesen wäre, dass z. B. die Zuweisung konstruktiver Teile zum Sondereigentum nicht möglich ist.

180 Auch bei **Mehrhausanlagen** werden bestimmte Lasten und Kosten häufig auf die Wohnungseigentümer des jeweiligen Gebäudes übertragen (*OLG Köln* ZMR 2002, 379, 380; dazu Rn. 136 ff.).

5. Ungerechtfertigte Bereicherung

181 Haben es die Wohnungseigentümer versäumt, gegen einen aus der Gemeinschaft ausgeschiedenen Wohnungseigentümer Ansprüche nach §§ 16 Abs. 2, 28 Abs. 5 WEG zu begründen, haftet dieser nicht aus ungerechtfertiger Bereicherung nach § 812 Abs. 1 S. 1 BGB (*OLG München* IMR 2007, 258 mit Anm. *Elzer*). Es ist bereits fraglich, ob der Verband Wohnungseigentümergemeinschaft im Verhältnis zu den Wohnungseigentümern überhaupt als »Leistender« i. S. von § 812 Abs. 1 S. 1 BGB angesehen werden kann. Jedenfalls erfolgen die Leistungen nicht ohne Rechtsgrund. Rechtsgrund für die abgerechneten Leistungen (Betriebs- und Verwaltungskosten, aber auch Instandhaltungs- und Instandsetzungskosten) ist das zwischen den Wohnungseigentümern bestehende **gesetzliche Schuldverhältnis** (dazu § 10 Rn. 40 ff.). Die Erbringung der abgerechneten Leistungen ist nicht von der Aufstellung eines Wirtschaftsplanes abhängig. Ein Wirtschaftsplan dient lediglich der Festlegung zu erwartender Ausgaben und ermöglicht die Festsetzung von Vorschüssen, um die wirtschaftliche Handlungsfähigkeit der Eigentümergemeinschaft zu sichern. Auch die Erstellung einer Jahresabrechnung schafft nicht (rückwirkend) einen Rechtsgrund für erbrachte Leistungen (*OLG München* IMR 2007, 258 mit Anm. *Elzer*). Wirtschaftsplan und Jahresabrechnung sind vielmehr **Grundlage für die Inanspruchnahme** der jeweiligen Wohnungseigentümer für Lasten und Kosten, die vom Verband im Rahmen ordnungsmäßiger Verwaltung verauslagt werden sollen oder verauslagt wurden.

6. Sonderfall: Zwei-Mann-Gemeinschaft

182 Wenn kein Verwalter bestellt ist und wenn eine **Zweiergemeinschaft** zerstritten ist und Beschlüsse nicht zustande kommen, kann eine Begleichung gemeinschaftlicher Kosten und Lasten in der Weise durchgeführt werden, dass ein Wohnungseigentümer für den im Außenverhältnis regelmäßig verpflichteten Verband in **Vorlage** tritt und anschließend vom Verband (*Elzer* ZMR 2006, 955) und/oder dem Wohnungseigentümer **Erstattung** verlangt (*OLG Karlsruhe* ZMR 2007, 138; *BayObLG* ZMR 2002, 607, 608; ZMR 2002, 68). Der **Erstattungsanspruch** ergibt sich aus § 663, 670 BGB oder aus § 812 Abs. 1 S. 1 Variante 1 BGB, weil durch die Zahlung des einen Wohnungseigentümers die Haftung des Verbandes aus § 10 Abs. 6 WEG und die des anderen Wohnungseigentümers gegenüber dem außenstehenden Gläubiger aus § 10 Abs. 8 S. 1 WEG erlöschen. Zur

Geltendmachung dieses Anspruchs bedarf es **keines Ermächtigungsbeschlusses**. Derjenige Wohnungseigentümer, der die gemeinschaftlichen Kosten und Lasten verauslagt hat, kann **ohne weitere Formalitäten** die Erstattung der Kosten und Lasten verlangen und ggf. gerichtlich geltend machen (*OLG Karlsruhe* ZMR 2007, 138; *BayObLG* ZMR 2002, 607, 608).

Diese Möglichkeit setzt sich in der **Zwangsvollstreckung** fort. Nach § 10 Abs. 1 Nr. 2 S. 1 ZVG **183** sind in einer Zweiergemeinschaft die **Regressansprüche** des anderen Wohnungseigentümers bevorrechtigt. Ansprüche wegen anderer Forderungen, z. B. nach § 14 Nr. 4 Halbsatz 2 WEG, sind nicht geschützt (*Elzer* ZAP 2007, Fach 14, 535–542; a. A. *Abramenko* § 8 Rn. 19). Der in Vorlage getretene Wohnungseigentümer kann wegen seiner Ansprüche die Zwangsversteigerung in das Wohnungseigentum des anderen betreiben oder sich der Zwangsvollstreckung eines Dritten anschließen.

7. Kreditaufnahme

Benötigt der Verband **kurzfristig Mittel**, müssen die Wohnungseigentümer nach billigem Ermes- **184** sen entscheiden, ob zur Tilgung bereits entstandener Verwaltungsschulden **Sonderumlagen** erhoben oder auf vorhandene, wenngleich für andere Zwecke **gebildete Rücklagen** zurückgegriffen werden soll (*BGH* BGHZ 104, 197, 202 = MDR 1988, 765 = NJW 1988, 1910). Ferner kommt ein **Darlehn** in Betracht (*BGH* BGHZ 104, 197, 202 = MDR 1988, 765 = NJW 1988, 1910). Dem primären Vertreter des Verbandes, dem Verwalter, steht nach dem Gesetz – etwas anderes gilt ggf. gewillkürt nach § 27 Abs. 3 S. 1 Nr. 7 WEG – allerdings nicht die gesetzliche Befugnis zu, über eine Kreditaufnahme zu entscheiden und einen Kredit zu Lasten des Verbandes oder der Wohnungseigentümer aufzunehmen (s. auch *BGH* NJW-RR 1993, 1227, 1228; *OLG Celle* ZMR 2006, 540, 541; *OLG Schleswig* ZMR 2002, 468, 469; *OLG Hamm* ZMR 1997, 377, 379; *KG* KGReport 1994, 87, 88; GE 1985, 995; *LG Köln* ZMR 2003, 788; *Sittmann/Dietrich* WuM 1998, 1615, 1620), und zwar auch nicht, soweit es um die Bezahlung **notwendiger Aufwendungen** geht (*OLG Celle* ZMR 2006, 540, 541). Die Wohnungseigentümer können eine Kreditaufnahme des Verbandes aber **beschließen** (*J.-H. Schmidt* ZMR 2007, 90, 92). Nach bislang h. M. entspricht ein Beschluss über die Finanzierung von Verwaltungsmaßnahmen durch die Aufnahme von Fremddarlehen freilich **nicht ordnungsmäßiger** Verwaltung i. S. d. § 21 Abs. 3 WEG. Allenfalls eine **kurzfristige Kreditaufnahme** wird zugelassen, und auch nur dann, wenn diese die Summe der Hausgeldzahlungen aller Wohnungseigentümer für 3 Monate nicht übersteigt und nur zur Überbrückung eines **kurzfristigen Liquiditätsengpasses** dient (*BayObLG* NJW-RR 2006, 20, 23 = NZM 2006, 62; NJW-RR 2004, 1602, 1603 = MietRB 2004, 358 = DWE 2005, 24; WE 1991, 111, 112; *KG* KGReport 1994, 87, 88; *OLG Hamm* WE 1992, 136, 137; *J.-H. Schmidt* ZMR 2007, 90, 92). Wird hiergegen verstoßen, soll ein Beschluss anfechtbar, aber **nicht nichtig** sein (*J.-H. Schmidt* ZMR 2007, 90, 92).

Dem ist **nur im Grundsatz** zu folgen. Der Verband Wohnungseigentümergemeinschaft kann – so- **185** weit ein Dritter ihn für kreditwürdig hält und die Wohnungseigentümer eine Kreditaufnahme beschließen – letztlich in **jeder Höhe Kredite** aufnehmen, z. B. für eine Maßnahme der Modernisierung i. S. von § 22 Abs. 2 WEG oder für den Kauf eines Sondereigentums. Ob der Beschluss hierüber ordnungsmäßig ist, bemisst sich an der Art der zu finanzierenden Maßnahme und der Wirkungen des Beschlusses für die Wohnungseigentümer nach § 10 Abs. 8 S. 1 WEG. Die absolute Höhe als solche steht einem Beschluss nicht entgegen. Insbesondere §§ 22 Abs. 2, 16 Abs. 4 WEG zeigen, dass die Wohnungseigentümer berechtigt sind, gegen den Willen einer Minderheit von ihnen Kosten auszulösen und diese dann auch zu finanzieren. Eine Grenze kann nur dort erreicht sein, wo eine Mitfinanzierung einen Wohnungseigentümer in seinen wesentlichen Rechten verletzt und unbillig beeinträchtigt.

III. Wohngeld (Hausgeld)

1. Begriff

Soweit die Wohnungseigentümer sich an den Kosten und Lasten des gemeinschaftlichen Eigen- **186** tums durch **Zahlung zu beteiligen haben**, spricht man üblicher Weise von **Wohngeld** (auch Hausgeld) im weiteren Sinne. Eine solche Wohngeldforderung beruht entweder auf einem Wirtschafts- und einem Einzelwirtschaftsplan und stellt sich dann als eine **Vorschusszahlung** auf die

§ 16 | Nutzungen, Lasten und Kosten

erwarteten Kosten und Lasten dar (Wohngeld im engeren Sinne). Oder eine Wohngeldforderung beruht auf einer **Sonderumlage** als Nachtragshaushalt zum Wirtschaftsplan oder auf einer **Nachforderung** aus einer Jahres- und einer Einzeljahresabrechnung.

2. Höhe

187 Gesetzliche Berechnungsgröße und gesetzlicher Kostenverteilungsschlüssel für die **Höhe des Wohngelds** sind die im Grundbuch nach § 47 GBO bestimmten Miteigentumsanteile i. S. von § 16 Abs. 1 S. 2 WEG. Ob diese abstrakten Größen der Berechnung zu Grunde zu legen sind oder ob andere Schlüssel gelten, haben die Wohnungseigentümer durch Vereinbarung oder Beschluss zu bestimmen. Subsidiär oder im Zweifel gelten stets § 16 Abs. 2, Abs. 1 S. 2 WEG. Welche **Höhe** das auf einen Wohnungseigentümer entfallende Wohngeld auf Grund des konkret anwendbaren Kostenverteilungsschlüssels hat, steht im **Ermessen** der Wohnungseigentümer. Eine feste Höhe oder eine bestimmte Korrelation zur Wohnungsgröße, Nutzfläche und konkreten Nutzung bestehen grundsätzlich nicht.

3. Fälligkeit

a) Allgemeines

188 Wann eine Forderung aus einem Wirtschaftsplan, einer Sonderumlage oder einer Jahresabrechnung fällig ist, haben primär **die Wohnungseigentümer** durch einen auf § 21 Abs. 7 WEG gestützten Beschluss oder durch eine Vereinbarung allgemein und abstrakt zu bestimmen (*Hügel/Elzer* § 8 Rn. 58; *Merle* ZWE 2007, 321, 322).

189 – Die Wohnungseigentümer können etwa bestimmen, dass die Wohngeldvorschüsse zu Beginn des Wirtschaftsjahrs insgesamt fällig werden, den Wohnungseigentümern jedoch die Möglichkeit monatlicher Teilzahlungen eingeräumt wird, solange sie nicht mit einem näher bestimmten Teilbetrag (z. B. mehr als einer Monatsrate) in Rückstand geraten (**Verfallklausel**). Bei dieser Regelung werden die Wohngelder zwar insgesamt zu Beginn des Wirtschaftsjahrs oder unmittelbar mit Beschlussfassung fällig, die Vorschüsse werden jedoch solange gestundet, wie ein Wohnungseigentümer mit nicht mehr als einer Teilzahlung in Verzug gerät. Bei Verzug mit mehr als einer Teilzahlung verfällt der Stundungsvorteil.
– Die Wohnungseigentümer können ferner eine **Vorfälligkeitsregelung** beschließen. Danach werden die Wohngeldvorschüsse für das Wirtschaftsjahr nicht auf einmal zu Jahresbeginn mit gleichzeitiger Stundung fällig, sondern in monatlichen Teilbeträgen. Allerdings tritt bei einem näher qualifizierten Zahlungsverzug (z. B. zwei Monatsraten) Fälligkeit für den gesamten noch offenen Jahresbeitrag ein (*Hügel/Elzer* § 8 Rn. 60).

190 Fehlt es an einer Bestimmung der Wohnungseigentümer, werden Zahlungsansprüche nach § 28 Abs. 2 WEG subsidiär durch **Abruf des Verwalters** fällig (*Greiner* ZMR 2002, 647, 648), der § 271 Abs. 1 BGB **verdrängt** (*Merle* PiG 63, 165, 177). Die **Einziehung** eines geschuldeten Zahlungsanspruches ist **Aufgabe des Verwalters** (§ 27 Abs. 1 Nr. 4, Abs. 3 S. 1 Nr. 4 WEG). Außergerichtlich ist die Einziehung eine Aufgabe der Geschäftsführung, zu der der Verwalter ohne weiteres berechtigt und verpflichtet ist. Müssen Ansprüche des Verbandes eingeklagt werden, muss der Verwalter dazu allerdings nach § 27 Abs. 3 S. 1 Nr. 6 WEG besonders durch Beschluss oder Vereinbarung **ermächtigt** werden.

b) Verzugszinsen

191 Der Verband Wohnungseigentümergemeinschaft kann auf rückständige Wohngelder, Sonderumlagen und Fehlbeträge **Zinsen** und darüber hinaus auch **Schadensersatz** verlangen, wenn ein Wohnungseigentümer mit deren Zahlung in **Verzug** gerät. Ein Wohnungseigentümer gerät – wie jeder andere Schuldner – in Verzug, wenn er nicht zahlt, obwohl die Zahlung fällig ist und entweder der Termin für die Zahlung kalendermäßig bestimmt ist, wie es für das Wohngeld üblich ist, oder er gemahnt wurde und er das Unterbleiben rechtzeitiger Zahlung zu vertreten hat (§ 286 BGB). Der Verzugszinssatz beträgt für das Jahr fünf Prozentpunkte über dem jeweiligen Basiszinssatz (§ 288 BGB). Die Wohnungseigentümer können nach § 21 Abs. 7 WEG die **Höhe** der geschuldeten Zinsen allerdings **abweichend** vom Gesetz bestimmen und z. B. für zu spät gezahlte Wohngelder acht oder zehn Prozentpunkte über den jeweiligen Basiszinssatz verlangen (*Hügel/*

Elzer § 8 Rn. 61). Erheblich höhere Zinssätze als die gesetzlich vorgesehenen Zinssätze, z. B. 30 %, können mit Blick auf §§ 138, 242 BGB allerdings nicht beschlossen werden und sind – mit der Folge, dass dann nur der gesetzliche Zinsfuß gilt (*BGH* BGHZ 115, 151, 156 = MDR 1991, 864 = NJW 1991, 2367 = ZMR 1991, 398) – **nichtig**. Bloße Anfechtbarkeit wegen Rechtswidrigkeit und eines Verstoßes gegen § 21 Abs. 4 WEG erschiene als nicht angemessen. Als Grenze für einen beschließbaren Zins wird man **20 % Prozentpunkte** über den jeweiligen Basiszinssatz ansehen müssen.

c) Beginn des Verzugs

Die Wohnungseigentümer können weder im Wege der Vereinbarung noch im Wege des Beschlusses abweichend bestimmen, wann der Verzug i. S. von § 286 BGB eintritt (*Hügel/Elzer* § 8 Rn. 62; *Merle* ZWE 2007, 321, 323). Diese Frage regeln allein die nicht dispositiven §§ 286 ff. BGB.

192

d) Verjährung

Die Ansprüche des Verbandes Wohnungseigentümergemeinschaft auf Zahlung von Wohngeldern, Sonderumlagen und Fehlbeträgen können **verjähren** (*BGH* ZMR 2005, 884, 885 mit Anm. *Elzer* = MietRB 2006, 44; *OLG Dresden* ZMR 2006, 543, 544 = MietRB 2006, 168 mit Anm. *Elzer*; *Schoch* ZMR 2007, 427). Die Ansprüche verjähren in **drei Jahren** (§ 195 BGB). Die Verjährung beginnt nach § 199 Abs. 1 BGB mit dem Schluss des Jahres, in dem der Anspruch entstanden ist und der Verband Wohnungseigentümergemeinschaft durch seinen Verwalter – oder wenn dieser nicht existiert oder eine Zurechnung seines Wissens untunlich ist, durch die Wohnungseigentümer – von dem Entstehen des Anspruchs Kenntnis erlangt oder ohne grobe Fahrlässigkeit hätte erlangen müssen (vgl. auch *Jennißen* NJW 2006, 2163, 2167). Unter dem Zeitpunkt der erstmaligen Entstehung ist der Zeitpunkt zu verstehen, in welchem der Anspruch aus der Jahresabrechnung **erstmalig geltend** gemacht und notfalls im Wege der Klage durchgesetzt werden kann (*BGH* NJW-RR 2000, 647, 648).

193

Ein Abrechnungsbeschluss stellt für den **gesamten** von ihm festgestellten **Saldo** einen neuen Rechtsgrund dar (*OLG Dresden* ZMR 2006, 543, 544 = MietRB 2006, 168 mit Anm. *Elzer*). Der Abrechnungsbeschluss trifft hinsichtlich der noch offenen Vorschussforderungen zwar nur eine bestätigende oder – vergleichbar einem Abrechnungsvertrag nach § 782 BGB – rechtsverstärkende Wirkung (*BGH* NJW 1994, 1866, 1867; § 28 Rn. 86) und begründet nur hinsichtlich des Betrages, der die nach dem Wirtschaftsplan beschlossenen Vorschüsse übersteigt, einen neuen (originären) Anspruchsgrund (*BGH* NJW 1996, 725, 726). Der Abrechnungsbeschluss stellt aber ungeachtet dessen für den **gesamten Saldo** einen **neuen Rechtsgrund** dar (*OLG Dresden* ZMR 2006, 543, 544 = MietRB 2006, 168 mit Anm. *Elzer*). Eine Klagemöglichkeit für die konkrete Abrechnung besteht nämlich erst nach Beschlussfassung über die Jahresabrechnung – nicht bereits auf Grund des Wirtschaftsplans. Denn nur die Jahresabrechnung gibt Auskunft über die tatsächlichen Kosten einer Anlage. Insoweit ergänzt sie die den Wirtschaftsplan nicht: Sie klärt vielmehr erstmalig und allein, welche Kosten angefallen und welche auszugleichen sind (*Elzer* MietRB 2006, 168/169).

194

IV. Verpflichtete/Anspruchsgegner

1. Wohnungseigentümer

a) Allgemeines

Primärer Schuldner der Kosten und Lasten nach § 16 Abs. 2 WEG ist, wer bei Fälligkeit (Fälligkeitstheorie, Rn. 208) Wohnungseigentümer ist. **Wohnungseigentümer** in diesem Sinne ist, wer zu Recht im **Wohnungsgrundbuch eingetragen** ist (*BGH* BGHZ 87, 138, 140 = NJW 1983, 1615 = MDR 1983, 747; *OLG Karlsruhe* ZMR 2005, 310 = OLGReport Karlsruhe 2005, 497, 498; s. dazu ausführlich § 10 Rn. 7 ff.). Dies gilt auch dann, wenn der im Grundbuch Eingetragene das Eigentum nur **treuhänderisch** innehat. Schuldner des Wohngeldanspruchs ist auch bei einem im Interesse des »Voreigentümers« bestehenden **Treuhandverhältnisses** der im Grundbuch eingetragene Eigentümer (*OLG Düsseldorf* ZMR 2002, 70, 71 = ZWE 2001, 615 = NZM 2002, 260 = OLGReport Düsseldorf 2002, 129; *Hügel* MietRB 2006, 106, 107). Wird Wohnungseigentum durch Erbfall

195

§ 16 | Nutzungen, Lasten und Kosten

oder durch **Zuschlag in der Zwangsversteigerung** gem. § 90 Abs. 1 ZVG außerhalb des Grundbuchs erworben, ist der Erbe oder Ersteigerer auch ohne Eintragung Wohnungseigentümer.

196 Wer lediglich **Bucheigentümer** ist, **haftet** hingegen **nicht** (*BGH* ZMR 1995, 37, 38 = MDR 1994, 1206 = WE 1995, 57 = NJW 1994, 3352 = MDR 1994, 1206; *KG* NZM 2003, 400, 401; ZWE 2001, 329, 330). Der Bucheigentümer ist **kein Wohnungseigentümer** i. S. d. Wohnungseigentumsgesetzes (*OLG Stuttgart* MietRB 2006, 106, 107; *OLG Düsseldorf* ZMR 2005, 719; *KG* ZMR 2001, 728, 729 = NZM 2002, 129 = ZWE 2001, 440; KGReport 2001, 377, 378; *Kühnemund* ZMR 2005, 747). Wer z. B. den Erwerb von Wohnungseigentum oder Teileigentum **wirksam angefochten** hat, haftet weder direkt noch in entsprechender Anwendung des § 16 Abs. 2 WEG für Verbindlichkeiten, die nach seiner Grundbucheintragung begründet und fällig werden, auch wenn er noch im Grundbuch eingetragen ist (*BGH* ZMR 1995, 37, 38 = MDR 1994, 1206 = WE 1995, 57 = NJW 1994, 3352, 3353; *OLG Düsseldorf* ZMR 2005, 719, 720; a. A. *AG Stralsund* ZMR 2005, 745, 746). Bei wirksamer **Anfechtung des Kaufvertrages** und der **Auflassung** besteht selbst bei »tatsächlicher« Eingliederung des Erwerbers in die Eigentümergemeinschaft kein Grund, § 16 Abs. 2 WEG analog anzuwenden und so eine Haftung des Bucheigentümers zu begründen (*OLG Düsseldorf* ZMR 2005, 719, 720). Denn für eine **analoge Anwendung** des § 16 Abs. 2 WEG besteht **kein Bedürfnis**. Zwar begründet der Rechtschein der Eintragung einen gewissen Vertrauensschutz (*OLG Düsseldorf* ZMR 2005, 719, 720; *OLG Celle* DWE 1983, 122). Das Interesse des Verbandes Wohnungseigentümergemeinschaft an einer **kontinuierlichen Einnahme** der zur Deckung der laufenden Kosten des gemeinschaftlichen Eigentums erforderlichen Wohngelder ist aber auch bei einem Streit oder einer Ungewissheit über die Zugehörigkeit eines noch im Grundbuch eingetragenen »Eigentümers« nicht höher zu bewerten als das Interesse des betreffenden »Eigentümers«, der zwar noch im Grundbuch eingetragen, materiell-rechtlich aber nicht Eigentümer und damit Mitglied der Wohnungseigentümergemeinschaft geworden ist (*OLG Düsseldorf* ZMR 2005, 719, 720; a. A. *OLG Stuttgart* MietRB 2006, 106, 107). Der auf Grund nichtiger Auflassung unrichtig im Grundbuch eingetragene Wohnungseigentümer kann bereits gezahlte Beträge zurück erstattet verlangen (*KG* ZMR 2001, 728, 729).

197 Besteht an einem Wohnungseigentum ein **Nießbrauch**, schuldet der **Wohnungseigentümer** das Wohngeld, nicht der Nießbraucher (*BGH* Rpfleger 1979, 58); entsprechendes gilt bei einem Dauerwohn- oder Dauernutzungsrecht sowie bei einem Wohnungsberechtigten i. S. von § 1093 BGB. Für Beitragsschulden einer **Personengesellschaft** gilt § 128 HGB (*BayObLG* BayObLGZ 1988, 368).

b) Erbfall

198 Mit dem Tod eines Wohnungseigentümers gehen nach § 1922 BGB gegen den Erblasser **bereits begründete** Wohngeldforderungen ohne weiteres auf den Erben über. Da es sich bei bereits gegen den Erblasser begründete Hausgeldforderungen um **Nachlassverbindlichkeiten** i. S. von § 1967 Abs. 1 BGB handelt (*Dötsch* ZMR 2006, 902; *Riecke* DWE 1992, 103, 108), hat der Erbe nach §§ 1975 ff. BGB die Möglichkeit, durch entsprechenden Antrag (§§ 1980, 1981 BGB) die **Haftung** für diese Ansprüche auf den Nachlass **durch Nachlassverwaltung** (§§ 1977 bis 1988 BGB) oder **Nachlassinsolvenz** (§§ 1975 bis 1980 BGB, §§ 316, 320 InsO) zu **beschränken** (*OLG Köln* ZMR 1992, 35, 36 = NJW-RR 1992, 460). Dadurch tritt rückwirkend eine »Vermögenssonderung« zwischen Nachlass und dem restlichen Vermögen des Erben ein; der Erbe haftet nicht mehr mit seinem sonstigen Vermögen (*Dötsch* ZMR 2006, 902).

199 Etwas anderes gilt für solche Beschlüsse, **die nach dem Tode des Erblassers** gefasst worden sind oder für solche Ansprüche, die erst nach dem Erbfall fällig werden (insoweit a. A. *Bonifacio* MDR 2006, 244). Für dadurch begründete Forderungen kann der Erbe ungeachtet anders lautender und beachtlicher Stimmen (*BayObLG* NZM 2000, 41, 42 = ZEV 2000, 151 mit Anm. *Marotzke* = ZMR 2000, 105; *OLG Köln* ZMR 1992, 35, 36 = NJW-RR 1992, 460; zustimmend *Hügel* ZWE 2006, 174, 179/180; *Niedenführ* NZM 2000, 641, 642) seine Haftung **nicht beschränken,** da es sich nach der auch hier anwendbaren **Fälligkeitstheorie** (Rn. 208) nicht um Nachlassverbindlichkeiten, sondern nur um **eigene Verbindlichkeiten** des Erben handelt (*Dötsch* ZMR 2006, 902, 906 ff.; *Bonifacio* MDR 2006, 244; *Siegmann* NZM 2000, 995; *Marotzke* ZEV 2000, 153, 154). Zu den Nachlassverbind-

lichkeiten gehören neben den in § 1967 Abs. 2 BGB genannten Schulden als so genannte »Nachlasserben- oder Nachlassverwaltungsschulden« zwar auch Verbindlichkeiten, die der Erbe in ordnungsmäßiger **Verwaltung des Nachlasses** selbst eingegangen ist (*BGH* BGHZ 32, 60, 64 = NJW 1960, 959). Wohngeldschulden rühren indes aus der Verwaltung der dem Erben von Gesetzes wegen zugefallenen Eigentumswohnung und des gemeinschaftlichen Eigentums her und können deshalb nicht »als bei Verwaltung des Nachlasses entstandene Nachlassverbindlichkeiten« behandelt werden (a. A. BayObLG NZM 2000, 41, 42 = ZEV 2000, 151 mit Anm. *Marotzke* = ZMR 2000, 105). Vor allem ist ganz grundsätzlich unbeachtlich, ob sich der Erbe **entschlossen** hat, die Wohnung zu behalten (a.A die h. M., vgl. *BayObLG* NZM 2000, 41, 42 = ZEV 2000, 151 mit Anm. *Marotzke* = ZMR 2000, 105; *OLG Köln* ZMR 1992, 35, 36 = NJW-RR 1992, 460; *OLG Hamburg* NJW-RR 1986, 177 = MDR 1986, 319). Um die Haftung des Erben **abzumildern**, ist allenfalls eine Beschränkung analog § 139 Abs. 3 und Abs. 4 HGB möglich (*Dötsch* ZMR 2006, 902, 907; *Marotzke* ZEV 2000, 153, 154; a. A.*Bonifacio* MDR 2006, 244, 245).

Der **Vermächtnisnehmer** erwirbt ein Sondereigentum **rechtsgeschäftlich** vom Erben (*Hügel* ZWE 2006, 174, 177). Für seine Haftung gelten daher allein die Grundsätze des rechtsgeschäftlich erwerbenden Erst- oder Zweiterwerbers (dazu Rn. 202 ff. und Rn. 204) und die Fälligkeitstheorie (*Hügel* ZWE 2006, 174, 177). 200

c) Ehemaliger (ausgeschiedener) Wohnungseigentümer

Ein **ehemaliger Wohnungseigentümer** ist für die Forderungen Verpflichteter, die während seiner Eintragung im Wohnungsgrundbuch als Wohnungseigentümer fällig geworden sind. Bei den Forderungen kann es sich sowohl um aus einem Wirtschaftsplan geschuldete Beiträge, als auch um Salden aus einer Sonderumlage oder einer Jahresabrechnung handeln. Haben die Wohnungseigentümer eine **Haftungsklausel** vereinbart (Rn. 214), haftet der Sondernachfolger **kumulativ** neben dem Alteigentümer. Für die Entscheidung über Ansprüche gegen den ehemaligen Wohnungseigentümer ist das **Wohnungseigentumsgericht** zuständig (*BGH* BGHZ 152, 136, 140 = ZMR 2002, 941 = NJW 2002, 3709 = NZM 2002, 1003). Für die Haftung eines ehemaligen Wohnungseigentümers gegenüber Dritten s. § 10 Rn. 178 ff. 201

d) Werdender Wohnungseigentümer

aa) Haftung des Ersterwerbers

Hat der vormalige Alleineigentümer noch vor Entstehung einer Gemeinschaft der Wohnungseigentümer ein Wohnungs- oder Teileigentum an einen **Erwerber** veräußert (Ersterwerber) und sind die Voraussetzungen eines werdenden Wohnungseigentümers erfüllt (dazu § 10 Rn. 21 ff.), kann auch ein werdender Wohnungseigentümer **entsprechend** § 16 Abs. 2 WEG Wohngeldschuldner sein (*OLG Köln* ZMR 2006, 383 = NZM 2006, 301, 302; ZMR 2004, 859, 860; *OLG Karlsruhe* NJOZ 2004, 3932, 3933 / 3934; *OLG Frankfurt* ZMR 1997, 609; *BayObLG* WuM 1986, 29; *OLG Stuttgart* OLGZ 1979, 34; a. A. *Demharter* NZM 2000, 1196, 1198; s. auch § 10 Rn. 27). Das Mitglied einer werdenden Wohnungseigentümergemeinschaft, die sich aus Volleigentümern und werdenden Wohnungseigentümern zusammensetzt, behält die Rechte und **Pflichten** eines Wohnungseigentümers auch dann, wenn die Gemeinschaft durch Eintragung des teilenden Grundstückseigentümers und mindestens eines weiteren Erwerbers rechtlich in Vollzug gesetzt wird. Insbesondere ist der weiterhin werdende Wohnungseigentümer verpflichtet, das **beschlossene Wohngeld** zu zahlen (*OLG Köln* ZMR 2006, 383 = NZM 2006, 301, 302; *Deckert* ZMR 2005, 335 ff.; *ders.* WE 2002, 4). 202

bb) Haftung des Veräußerers

Schuldet der Ersterwerber als werdender Wohnungseigentümer bereits Wohngeld, ist streitig, ob daneben noch der verkaufende, ihm Grundbuch **eingetragene Alleineigentümer** weiterhin Wohngeld schuldet. Jedenfalls nach h. M. haften Alteigentümer und werdender Wohnungseigentümer für die Kosten und Lasten i. S. von § 16 Abs. 2 WEG **als Gesamtschuldner** (*Elzer* ZMR 2007, 714, 715). Eine Haftung des werdenden Eigentümers beseitigt die Haftung des im Grundbuch noch als Wohnungseigentümer eingetragenen Veräußerers nicht (*BGH* BGHZ 87, 138, 141 = NJW 1983, 1615, 1616; *BayObLG* WE 1986, 98, 99 = WuM 1986, 29; *Pause* Bauträgerkauf und Baumodelle, 4. Aufl. 2004, Rn. 621; *Rapp* in Beck'sches Notarhandbuch, A III Rn. 189). Problematisch 203

§ 16 | Nutzungen, Lasten und Kosten

hieran ist, dass die h. M. ein Stimmrecht des Alteigentümers ablehnt (*OLG Hamm* ZMR 2007, 712, 713 mit Anm. *Elzer*; *BayObLG* ZMR 1981, 249, 250 = MDR 1981, 675; *Moritz*, JZ 1985, 216, 223) und damit Haftung und Stimmrecht **auseinander fallen**.

cc) Stellung des Zweiterwerbers

204 Der Zweiterwerber, also der Käufer, der Wohnungs- oder Teileigentum erwirbt, nachdem bereits eine Wohnungseigentümergemeinschaft »in Vollzug gesetzt ist« (§ 10 Rn. 29), schuldet **von Gesetzes wegen** kein Wohngeld. Eine Haftung kann indes zwischen den Kaufvertragsparteien auch zu Gunsten des Verbandes **vereinbart** werden (Rn. 221).

e) Mehrere Inhaber eines Wohnungseigentums

205 Mehrere Inhaber eines Wohnungseigentums haften für die dem Verband geschuldeten Beiträge gemeinsam und als **Gesamtschuldner** (*OLG Hamm* OLGZ 1989, 167 = DWE 1989, 140 = MittBayNot 1898, 152; *OLG Stuttgart* OLGZ 1969, 232; *Rapp* in Beck'sches Notarhandbuch, A III Rn. 75).

f) Inhaber substanzloser (isolierter) Miteigentumsanteile

206 Der Inhaber isolierter Miteigentumsanteile ist Wohnungseigentümer (§ 3 Rn. 103 m. w. N.) und schuldet daher Wohngeld nach § 16 Abs. 2 WEG (*OLG Hamm* MietRB 2007, 67; § 3 Rn. 103), wenigstens aber entsprechend § 16 Abs. 2 WEG.

g) Verband Wohnungseigentümergemeinschaft als Wohnungseigentümer

207 Hat der **Verband Wohnungseigentümergemeinschaft** zulässiger Weise Wohnungs- oder Teileigentum rechtsgeschäftlich oder im Wege der Zwangsversteigerung erworben und ist er also Wohnungseigentümer geworden, wird auch er zum **Wohngeldschuldner** (*Häublein* FS Seuß [2007], S. 125, 140). Zwar wird im Gesellschaftsrecht dann, wenn eine Aktiengesellschaft eigene Aktien erworben oder dann wenn eine Gesellschaft eigene Anteile hält, überwiegend vertreten, dass Forderungen der Gesellschaft »gegen sich selbst« wegen einer **Konfusion** untergehen. Dieser Wertung kann aber für den Verband Wohnungseigentümergemeinschaft als Wohnungseigentümer **nicht gefolgt** werden. Einerseits würden dadurch nämlich die »verbleibenden« Wohnungseigentümer unangemessen benachteiligt werden, weil sich nämlich deren Lastenpflicht mit Wegfall eines Kostenschuldners notwendiger Weise erhöhen müsste. Und andererseits würden dadurch die durch einen Wirtschaftsplan bereits gegen eine bestimmte Einheit (Rn. 208) begründeten Ansprüche ohne Not wegfallen (*Häublein* FS Seuß [2007], S. 125, 140). Bei einer Sondernachfolge nach dem Verband würde überdies der Sondernachfolger zunächst kein Wohngeld schulden. Die Lasten sind daher vom Verband zu tragen, der sie aus seinem **Verwaltungsvermögen** zu bestreiten hat. Reicht dieses nicht aus, bedarf es einer Sonderumlage. Ein anderer Weg besteht darin, dass alle Wohnungseigentümer das Wohngeld des Verbandes entsprechend dem geltenden Verteilungsschlüssel aufbringen.

2. Eigentümerwechsel

a) Fälligkeitstheorie

208 Ein Sondernachfolger haftet nach der von der Rechtsprechung vertretenen und insoweit vom Schrifttum zumeist geteilten »**Fälligkeitstheorie**« grundsätzlich nur für solche Verbindlichkeiten, die **nach seiner Eintragung** im Wohnungsgrundbuch **fällig** geworden sind (*BGH* BGHZ 142, 290, 299 = ZMR 1999, 834, 837 = NJW 1999, 3713 = MDR 2000, 21; BGHZ 107, 285, 288 = ZMR 1989, 434 = NJW 1989, 2697; BGHZ 104, 197, 201 = MDR 1988, 765 = NJW 1988, 1910; *OLG Karlsruhe* ZMR 2005, 310 = OLGReport Karlsruhe 2005, 497, 498; *Jennißen* ZMR 2005, 267, 269). Dem Gesetz ist eine Erwerberhaftung für »Altverbindlichkeiten«, also solche Verbindlichkeiten, die **vor einer Eigentumsumschreibung** fällig geworden sind, unbekannt (§ 10 Rn. 245). Ein **automatischer Haftungsübergang** für bereits gegen den Rechtsvorgänger fällig gestellte rückständige, im Verhältnis zum Verband begründete Verbindlichkeiten ist **gesetzlich nicht vorgesehen** (*BGH* NJW 1994, 2950, 2952 = ZMR 1994, 271 = MDR 1994, 558; BGHZ 99, 358, 360 = MDR 1987, 485 = NJW 1987, 1638 = ZMR 1989, 291 = JR 1988, 205; BGHZ 95, 118, 121; BGHZ 88, 302, 305 = NJW 1984, 308; *OLG Karlsruhe* ZMR 2005, 310 = OLGReport Karlsruhe 2005, 497, 498; *KG* ZMR 2003, 292; ZMR 2002, 860; *OLG Hamm* NJW-RR 1996, 911). Unter Zugrundelegung der **Fälligkeitstheorie** kann

ein Beschluss gem. §§ 16 Abs. 2, 28 Abs. 5 WEG daher nur die zur Beschlussfassung berufenen Wohnungseigentümer, nicht aber für deren Rechtsvorgänger Verbindlichkeiten begründen, da sonst ein – unzulässiger – **Akt zu Lasten Dritter** vorliegen würde (*BGH* BGHZ 131, 228, 230 = MDR 1996, 897 = ZMR 1996, 215 = NJW 1996, 725; BGHZ 104, 197, 203 = MDR 1988, 765 = NJW 1988, 1910; *OLG München* MDR 2007, 648; *OLG Zweibrücken* ZMR 2007, 398). Da die aus dem Wohnungseigentum sich ergebenden Rechte und Pflichten nach § 16 Abs. 2 WEG nicht personenbezogen, sondern an die **jeweilige Einheit geknüpft** sind (*BGH* BGHZ 131, 228, 231 = MDR 1996, 897 = ZMR 1996, 215 = NJW 1996, 725), haftet ein bei Beschlussfassung **bereits ausgeschiedenen Eigentümer** auch für den Fall, dass er nur hinsichtlich eines Teils seiner Einheiten ausscheidet, im Übrigen aber an der Beschlussfassung über die Jahresabrechnung teilnimmt, nur für die Einheiten, für die er i.S.d Gesetzes noch als Wohnungseigentümer anzusehen ist (*OLG Hamburg* ZWE 2002, 424, 426).

Dogmatisch **bedenklich** an der **Fälligkeitstheorie** ist vor allem, dass diese **nicht erklären** kann, warum es für eine Bindung des Erwerbers an die gegen seinen Rechtsvorgänger ergangenen Beschlüsse entgegen der Anordnung des § 10 Abs. 4 S. 1 WEG für eine Haftung **nicht auf die Beschlussfassung**, sondern auf die dem Gesetz im Übrigen nicht bekannte »Fälligkeit« einer Forderung ankommen soll. Der Prüfstein der **Fälligkeit** ist – wie die Praxis zeigt, die die Fälligkeit zum Teil bewusst hinausschiebt – **willkürlich** gewählt und dem System des Gesetzes fremd. Da die Kaufvertragsparteien für eine angemessenen Ausgleich untereinander Regelungen treffen können und im Übrigen die Mängelrechte des Erwerbers zu einem billigen Ergebnis führen, ist es sachlich richtig und gut vertretbar, den Erwerber **aus jedem Beschluss** haften zu lassen. Diese Bedenken sind ihrer Substanz auch nicht durch die WEG-Reform des Jahres 2007 enthoben. § 10 Abs. 8 S. 1 WEG schnürt allerdings die Außenhaftung der Wohnungseigentümer ausdrücklich mit dem Umstand zusammen, dass eine Verbindlichkeit während der Zugehörigkeit eines Wohnungseigentümer zur Gemeinschaft entstanden oder während dieses Zeitraums **fällig** geworden ist. Auch das Gesetz knüpft also nicht – wie es systemgerecht wäre – an § 10 Abs. 4 S. 1 WEG, sondern insbesondere an **die Fälligkeit einer Verbindlichkeit** an. Durch Beschränkung der Haftung auf die Zeit der Zugehörigkeit eines Wohnungseigentümers soll freilich erreicht werden, dass die Verbindlichkeiten von dem Wohnungseigentümer zu erfüllen sind, dem die entsprechenden **Leistungen zugute kommen** (BT-Drucks. 16/887 S. 66). Dieser Gedanke entspricht indes nicht der Fälligkeitstheorie, sondern eher dem **Billigkeitsdenken** der **Aufteilungstheorie** (dazu *Jennißen* ZMR 2005, 267, 270; *Wenzel* ZWE 2005, 277, 279; *Rau* ZMR 2000, 337, 341 ff.). Für die Fälligkeitstheorie spricht allerdings der neue § 156 Abs. 1 S. 2 ZVG. Auch dieser knüpft für die **Haftung des Zwangsverwalters** an die **Fälligkeit** an (s. Rn. 227 und *Müller* ZMR 2007, 747, 752). 209

b) Alteigentümer

Bei einem **echten Eigentümerwechsel** (zum Wechsel beim werdenden Wohnungseigentümer s. Rn. 203) gibt es jeweils nur **einen Wohngeldschuldner**, wobei sich Voreigentümer und neuer Eigentümer **nahtlos ablösen** (*OLG München* NZM 2006, 61, 62). Maßgeblich für die Verpflichtung des **alten Eigentümers** zur Zahlung gegenüber dem Verband ist stets, dass eine Wohngeldschuld **rückständig** ist. Rückständig sind Verpflichtungen, die vor dem Erwerb des Eigentums durch den neuen Eigentümer den früheren Eigentümer getroffen haben und von diesem **trotz Fälligkeit** nicht erfüllt worden sind (*OLG München* NZM 2006, 61, 62; *BayObLG* BayObLGZ 1984, 198, 200). Der vormalige Wohnungseigentümer **haftet nach seinem Ausscheiden** nur für beschlossene Verbindlichkeiten weiter, die während des Zeitraums, als er Wohnungseigentümer war, **fällig** geworden sind (*BGH* BGHZ 131, 228, 231 = MDR 1996, 897 = ZMR 1996, 215 = NJW 1996, 725; *OLG München* MDR 2007, 648). Diese Haftung kann durch eine **nachfolgende Jahresabrechnung** begrenzt werden (Rn. 213). 210

c) Sondernachfolger

Für die Haftung des **Sondernachfolgers** ist zwischen den einzelnen Haftungsgründen zu unterscheiden. In Betracht kommen eines Haftung aus einem vor Eigentumsumschreibung beschlossenen Wirtschaftsplan, einer nach Eigentumsumschreibung fällig werdenden Sonderumlage oder dem Beschluss über eine Jahresabrechnung. 211

§ 16 | Nutzungen, Lasten und Kosten

aa) Wirtschaftsplan

212 Ein Sondernachfolger ist nach § 10 Abs. 4 S. 1 WEG an den einheits-, nicht personenbezogenen Beschluss über den **Wirtschaftsplan gebunden** (*BGH* BGHZ 142, 290, 299 = ZMR 1999, 834, 837 = NJW 1999, 3713 = MDR 2000, 21). Soweit die aus dem Wirtschaftsplan geschuldeten Beiträge nach der Eigentumsumschreibung im Wohnungsgrundbuch **fällig** werden, **schuldet der Sondernachfolger**, nicht der Rechtsvorgänger das im Wirtschaftsplan für eine bestimmte Einheit festgesetzte Wohngeld (*BGH* BGHZ 142, 290, 299 = ZMR 1999, 834, 837 = NJW 1999, 3713 = MDR 2000, 21; BGHZ 107, 285, 288 = ZMR 1989, 434 = NJW 1989, 2697).

213 Ein Wirtschaftsplan wird durch eine Jahresabrechnung der Höhe nach durch eine nachfolgende Jahresabrechnung »begrenzt« (*BayObLG* ZMR 2000, 780, 782 = NJW-RR 2001, 659). Ergibt sich aus der Jahresabrechnung ein **geringerer Schuldsaldo**, **begrenzt** dieser Forderungen auf Grund des Wirtschaftsplans (*OLG Zweibrücken* ZMR 2003, 135, 136; *BayObLG* ZMR 2000, 780, 782; ZMR 2000, 111; *Wenzel* WE 1997, 124, 128; *Demharter* FGPrax 1996, 50). Sowohl der **Sondernachfolger** (*Demharter* ZWE 2002, 294, 295) als auch der **Alteigentümer** haften daher nicht aus eigentlich offenen, durch den Wirtschaftsplan begründeten Ansprüchen, soweit eine Jahresabrechnung keine Nachforderungen oder sogar Guthaben ausweist.

bb) Sonderumlagen

214 Aus einer nach **Eigentumsumschreibung beschlossenen** oder **fällig werdenden** Sonderumlage haftet nur der Sondernachfolger. Auch dann, wenn der Sonderumlagebeschluss noch vor einem Eigentümerwechsel gefasst worden war, die Fälligstellung dabei aber auf einen **späteren Zeitpunkt** vorgenommen worden, trifft die Zahlungspflicht den **neuen Eigentümer** (*BGH* BGHZ 142, 290, 299 = ZMR 1999, 834, 837 = NJW 1999, 3713 = MDR 2000, 21; BGHZ 107, 285, 288 = ZMR 1989, 434 = NJW 1989, 2697; *OLG Karlsruhe* ZMR 2005, 310 = OLGReport Karlsruhe 2005, 497, 498; *OLG Köln* NZM 2002, 351; *OLG Hamm* ZMR 1996, 337; a. A. *Wenzel* ZWE 2005, 277, 279 für »Ausfallsonderumlagen«; s. ferner *Jennißen* ZMR 2005, 267 ff.). Schon sprachliche Gründe legen es nahe, bei einem Eigentumswechsel die Schuldnerstellung an die Eigentümerstellung zum Zeitpunkt der Fälligkeit zu binden. Die Nichtzahlung auf einen noch nicht fälligen und damit noch nicht durchsetzbaren Anspruch kann nach dem Wortsinn keinen Zahlungsrückstand des Veräußerers – für den der Erwerber dann nicht zu haften hätte – begründen (*OLG Karlsruhe* NJW-RR 1987, 1354, 1355). Keine Rolle spielt, ob die Forderungen, die »Gegenstand« der Sonderumlage sind, **Grund und Wurzel** in einem Zeitraum haben, in dem der Sondernachfolger noch nicht Wohnungseigentümer war. Liegt hierin – in der Haftung – eine Unbilligkeit, kann eine **Haftung zwischen den Kaufvertragsparteien** in Frage kommen. Im Verhältnis zum Verband haftet der Sondernachfolger stets in voller Höhe.

cc) Jahresabrechnung

215 Bei einer Jahresabrechnung ist zwischen den **einzelnen Bestandteilen** zu unterscheiden. Der Beschluss über die Jahresabrechnung begründet **originär** nur für die **Abrechnungsspitze** (der Schuldsaldo aus der Einzelabrechnung, der das Soll der Wohngeldvorschüsse übersteigt) eine Schuld (*BGH* BGHZ 142, 290, 296 = ZMR 1999, 834, 836 = NJW 1999, 3713 = MDR 2000, 21; BGHZ 131, 228 231 = MDR 1996, 897 = ZMR 1996, 215 = NJW 1996, 725; NJW 1994, 1866, 1867 = ZMR 1994, 256). Die Ausweisung der (weiteren) aus dem Wirtschaftsplan geschuldeten Beitragsrückstände in der Einzelabrechnung dient nur der **Nachvollziehbarkeit der Abrechnung** (*BGH* BGHZ 142, 290, 299 = ZMR 1999, 834, 837 = NJW 1999, 3713 = MDR 2000, 21). Aus diesem Grunde haftet im Falle eines Eigentümerwechsels der Sondernachfolger aus dem Beschluss über eine Gesamt- und Einzeljahresabrechnung grundsätzlich nur in **Höhe der Abrechnungsspitze** (*OLG Frankfurt* NZM 2006, 519; ZMR 2005, 145), **sofern** die weiteren Beträge gegen den Rechtsvorgänger bereits über einen Wirtschaftsplan oder eine Jahresabrechnung **fällig gestellt** worden waren. **Fehlt** es hieran, haftet der Erwerber indes in **voller Höhe** der Jahresabrechnung. Der Erwerber haftet ferner auf die **Abrechnungsspitzen früherer Jahre**, sofern der Abrechnungsbeschluss **nach dem Eigentumserwerb** gefasst worden ist (*BGH* BGHZ 142, 290, 298 = ZMR 1999, 834, 837 = NJW 1999, 3713 = MDR 2000, 21; BGHZ 104, 197, 200/201 ff. = MDR 1988, 765 = NJW 1988, 1910; s. auch *KG* KGReport 2001, 226, 227 = WE 2001, 9).

Beschließen die Wohnungseigentümer **entgegen** dieser Grundsätze, dass der Erwerber aus dem 216
Beschluss über die Jahresabrechnung auch die **aus dem Wirtschaftsplan offenen** oder andere Beitragsrückstände seines Rechtsvorgängers haften soll, ist der Beschluss **nichtig** (*Rapp* in Beck'sches Notarhandbuch, A III Rn. 193). Die Wohnungseigentümer besitzen **keine Kompetenz**, abweichend vom Gesetz, dass keine Erwerberhaftung vorsieht (Rn. 208), im Wege des Beschlusses eine Erwerberhaftung zu begründen (*BGH* BGHZ 142, 290, 298 = ZMR 1999, 834, 837 = NJW 1999, 3713 = MDR 2000, 21).

d) Vereinbarte Haftung (Haftungsklausel)

aa) Rechtsgeschäftlicher Erwerb

Die Wohnungseigentümer können im Wege **einer verdinglichten Vereinbarung** nach §§ 10 217
Abs. 3, 5 Abs. 4 S. 1 WEG erreichen, dass der rechtsgeschäftliche Erwerber für in der Person seines Rechtsvorgängers bereits entstandene und fällige Zahlungsrückstände **gemeinsam** mit diesem **gesamtschuldnerisch** haftet (*BGH* NJW 1994, 2950, 2952 = ZMR 1994, 271 = MDR 1994, 558; BGHZ 99, 358, 361 = MDR 1987, 485 = NJW 1987, 1638 = ZMR 1989, 291 = JR 1988; *BayObLG* ZWE 2002, 265 = NZM 2002, 492; WE 1997, 229 = NJW-RR 1997, 906; *OLG Düsseldorf* MDR 1997, 820; § 10 Rn. 245).

Für eine solche Erwerberhaftung bedarf es einer **vereinbarten Haftungsklausel** (»Wohngeld- 218
rückstände sind vom Erwerber zu übernehmen; Veräußert ein Miteigentümer sein Wohnungseigentum an einen Dritten, so haftet der im Grundbuch eingetragene Eigentümer für die rückständigen Beträge des Veräußerers«), die eine Haftung des Sondernachfolgers für bereits gegen den Rechtsvorgänger fällig gestellte Forderungen anordnet. Eine solche vereinbarte Haftungserstreckung verstößt nicht gegen das Verbot des **Vertrags zu Lasten Dritter**. Sie ist auch möglich, wenn der Rechtsvorgänger der ehemalige Alleineigentümer ist (*OLG Frankfurt a. M.* OLGZ 1980, 420). Denn mit Aufnahme einer Haftungsklausel wird nicht unmittelbar die Verpflichtung des rechtsgeschäftlichen Erwerbers begründet. Die Haftung erfordert zusätzlich seinen Erwerb des Wohnungseigentums, zu dessen Inhalt die dinglich wirkende Vereinbarung zählt. Die Wirkung gemeinschaftsbezogener Regelungen gegen den Sondernachfolger ist in § 10 Abs. 2 und Abs. 3 WEG vorgesehen und damit die Zulässigkeit (rechtsgeschäftlicher) Belastung künftiger Wohnungseigentümer vorausgesetzt (*BGH* NJW 1994, 2950, 2952 = ZMR 1994, 271 = MDR 1994, 558). Ein bloßer **Beschluss** über eine Haftungsklausel wäre **nichtig** (*BGH* BGHZ 142, 290, 298 = ZMR 1999, 834, 837 = NJW 1999, 3713 = MDR 2000, 21).

Im Falle einer **Haftungsklausel** haftet der Erwerber **unmittelbar mit seiner Eintragung** im 219
Grundbuch. Einer schuldrechtlichen Übernahme bedarf es nicht (*BGH* NJW 1994, 2950, 2952 = ZMR 1994, 271 = MDR 1994, 558; BGHZ 99, 358, 361 = MDR 1987, 485 = NJW 1987, 1638 = ZMR 1989, 291 = JR 1988, 205; BGHZ 88, 302, 308 = NJW 1984, 308). Eine Erwerberklausel gilt sowohl für **Vorschüsse** als auch für **Sonderumlagen** (*BayObLG* ZMR 1996, 619, 620).

bb) Zwangsversteigerung

Eine Vereinbarung, dass der Erwerber einer Eigentumswohnung oder eines Teileigentums im 220
Wege der Zwangsversteigerung für Wohngeldrückstände des Voreigentümers haftet, verstößt gegen § 56 S. 2 ZVG und ist gem. **§ 134 BGB** nichtig (*BGH* BGHZ 99, 358, 361 = MDR 1987, 485 = NJW 1987, 1638 = ZMR 1989, 291 = JR 1988, 205; *KG* ZMR 2003, 292, 293; ZMR 2002, 860; *OLG Düsseldorf* WuM 1996, 119). § 56 S. 2 ZVG ist – in den Grenzen des § 59 Abs. 1 ZVG – **zwingendes Recht**. Eine Mithaftung wirkte sich wirtschaftlich wie eine dem Betrag nach unbegrenzte Vorlast zu Gunsten der anderen Miteigentümer aus (*BGH* BGHZ 88, 302, 308 = NJW 1984, 308). Insbesondere wenn nicht genau feststeht, wie hoch die Rückstände sind, wird kaum ein Interessent auf das Ausgebot mit der abweichenden Bedingung bieten. Gegen diese gesetzliche Interessenbewertung würde es verstoßen, wenn es in der Rechtsmacht der Wohnungseigentümer stünde, die Mithaftung des Erstehers für die Hausgeldrückstände im Voraus festzulegen.

§ 16 | Nutzungen, Lasten und Kosten

e) Regelungen im Kaufvertrag

221 Der Voreigentümer kann im Verhältnis zum Sondernachfolger eine von den vorstehenden Regelungen **abweichende**, freilich grundsätzlich nur die Kaufvertragsparteien bindende **Regelung treffen** (*BGH* BGHZ 107, 285, 288 = ZMR 1989, 434 = NJW 1989, 2697; BGHZ 104, 197, 203 = MDR 1988, 765 = NJW 1988, 1910; *OLG München* NZM 2006, 61, 62; *OLG Stuttgart* MDR 1980, 937, 938). Veräußerer und Erwerber können z. B. durch einen **Schuldbeitritt** im Wege eines **echten Vertrags zu Gunsten eines Dritten** eine Mithaftung des Erwerbers begründen. Der Veräußerer kann seinen Freistellungsanspruch gegen den Erwerber an den Verband auch abtreten, so dass dieser den Erwerber **unmittelbar in Anspruch** nehmen kann (*BGH* BGHZ 107, 285, 288 = ZMR 1989, 434 = NJW 1989, 2697). Ferner kann der Kaufvertrag als echter Vertrag zu Gunsten des Verbandes ausgestaltet sein und **unmittelbar** Ansprüche gegen den Zweiterwerber auslösen.

f) Guthaben

222 Beschließen die Wohnungseigentümer nach einem Eigentümerwechsel ein Guthaben, steht das Guthaben nach den allgemeinen Vorschriften nach §§ 16 Abs. 2, 28 Abs. 5 WEG **dem Erwerber zu**. Dieser, nicht der Veräußerer ist zum Zeitpunkt der Beschlussfassung der der entsprechenden Einheit »zugewiesene« Wohnungseigentümer.

g) Außenhaftung

223 Der Sondernachfolger haftet nach § 10 Abs. 8 S. 1 WEG **nach außen** nur für solche Forderungen, die während **seiner Zugehörigkeit** zur Gemeinschaft entstanden oder während dieses Zeitraums **fällig geworden** sind (dazu § 10 Rn. 475).

3. Gewillkürte Verpflichtete

a) Vereinbarung

224 Die Wohnungseigentümer können **vereinbaren**, dass eine bestimmte Last nicht auf allen Wohnungseigentümern ruht, etwa Hauswartsdienste, sondern nur auf **einen von ihnen** oder auf einem **bestimmten Sondereigentum** (zu den Einzelheiten s. Rn. 177 ff.).

b) Beschluss

aa) § 21 Abs. 7 WEG

225 Den Wohnungseigentümern steht es frei, durch einen Beschluss nach §§ 16 Abs. 3, 21 Abs. 7 WEG **bestimmte Kosten** einigen Wohnungseigentümern zu übertragen, andere Wohnungseigentümer hingegen davon auszunehmen.

bb) Tätige Mithilfe

226 Die Wohnungseigentümer besitzen grundsätzlich **keine Beschlusskompetenz**, einen Wohnungseigentümer über seinen nach § 16 Abs. 2 WEG geschuldeten Kostenbeitrag in Geld hinaus, an den Kosten und Lasten des gemeinschaftlichen Eigentums durch körperliche Leistungen zu verpflichten (dazu Rn. 170).

4. Zwangsverwaltung

a) Haftung des Zwangsverwalters

aa) Allgemeines

227 Die Bewirtschaftungskosten einer Wohnungseigentumsanlage stellten nach lange h. M. **Ausgaben der Verwaltung** i. S.d § 155 Abs. 1 ZVG dar (*Hügel/Elzer* § 15 Rn. 42 m. w. N.). Durch Novellierung des ZVG und Einführung des § 10 Abs. 1 Nr. 2 ZVG ist diese Sichtweise indes **nicht mehr vertretbar**, weil keine Forderung gleichzeitig unter § 155 Abs. 1 ZVG (Aufwand) und § 155 Abs. 2 S. 1 ZVG (einer Rangklasse zugehörig) eingeordnet werden kann – soweit nicht ausnahmsweise § 155 Abs. 3 oder Abs. 4 ZVG einschlägig ist. Um diese Schlechterstellung zu vermeiden, sieht daher § 156 Abs. 1 S. 2 ZVG eine den laufenden öffentlichen Lasten entsprechende Regelung vor (*Elzer* ZAP 2007, 1025, 1031; BT-Drucks. 16/887 S. 47). Der Zwangsverwalter hat danach ohne weiteres Verfahren bei Vollstreckung in ein Wohnungseigentum die daraus **fälligen laufenden Beträge** nach §§ 16 Abs. 2, 28 Abs. 2 und 5 WEG auszugleichen. Ist für eine Eigentumswohnung

die Zwangsverwaltung angeordnet worden, muss der Zwangsverwalter also **weiterhin** (dazu *OLG München* FGPrax 2007, 20 = MietRB 2007, 40; *OLG Zweibrücken* NJW-RR 2005, 1682 = MietRB 2006, 198 = IBR 2006, 1114 mit Anm. *Elzer*; *OLG Hamm* NJOZ 2004, 687, 689; *BayObLG* ZMR 1999, 577, 578 = NZM 1999, 715 = FGPrax 1999, 138) **Wohngeldansprüche**, die nach Anordnung der Zwangsverwaltung **fällig geworden sind**, zahlen. Ob der Zwangsverwalter die Ansprüche des Verbandes nur noch aus den »Einnahmen«, nicht aber mehr aus den Vorschüssen befriedigen kann, ist zwar bezweifelt worden (*Mayer* RpflStud. 2006, 71, 72). Da der Gesetzgeber die Ansprüche des Verbandes nicht schlechter stellen wollte, liegt es nahe, die bisherige Praxis weiter zuzulassen (*Hügel/Elzer* § 15 Rn. 42 m. w. N.). Die **Aufteilungstheorie** (*Wenzel* ZWE 2005, 277, 282; *Jennißen*, Verwalterabrechnung, VIII Rn. 32 ff.; s. auch Rn. 209) ist durch § 156 Abs. 1 S. 2 ZVG (»daraus fällige Ansprüche«) **nicht mehr vertretbar** (a. A. *Müller* ZMR 2007, 747, 752).

bb) Umfang

Die Anordnung der Zwangsverwaltung für eine Eigentumswohnung hat nach § 156 Abs. 1 S. 2 **228** ZVG zur Folge, dass der Zwangsverwalter für Wohngeldansprüche zur Zahlung verpflichtet ist, die **nach** Anordnung der Zwangsverwaltung **fällig** geworden sind (zum alten Recht s. *OLG München* WuM 2007, 289 = MietRB 2007, 145; FGPrax 2007, 20 = MietRB 2007, 40 = ZMR 2007, 216; *OLG Zweibrücken* NJW-RR 2005, 1682 = MietRB 2006, 198 = IBR 2006, 1114 mit Anm. *Elzer*; *BayObLG* ZMR 1999, 577, 579 = NZM 1999, 715 = FGPrax 1999, 138). Der Zwangsverwalter hat danach die aus dem Wirtschaftsplan geschuldeten und fällig werdenden Wohngeldansprüche auszugleichen. Ferner muss er sich an einer **Sonderumlage** beteiligen sowie die **Abrechnungsspitze** (der Schuldsaldo aus der Einzelabrechnung, der das Soll der Wohngeldvorschüsse übersteigt) einer Jahresabrechnung ausgleichen (*KG* KGReport 2001, 226, 227 = WE 2001, 9; *BayObLG* ZMR 1999, 577, 579 = NZM 1999, 715 = FGPrax 1999, 138). Es kommt nicht darauf an, ob die Abrechnungsspitze den Zeitraum umfasst, in dem Zwangsverwalter schon bestellt war (*OLG München* FGPrax 2007, 20 = MietRB 2007, 40 = ZMR 2007, 216).

Soweit in der Abrechnung Beträge enthalten sind, die **bereits vorher fällig** geworden sind, sei es **229** auf Grund eines Eigentümerbeschlusses über die Jahresabrechnung eines vorangegangenen Jahres, sei es über einen Wirtschaftsplan, **scheidet ein Ausgleich** aus (*KG* KGReport 2001, 226, 227 = WE 2001, 9; *BayObLG* ZMR 1999, 577, 579 = NZM 1999, 715 = FGPrax 1999, 138). Übersieht der Zwangsverwalter, dass in einer nach der Anordnung der Zwangsverwaltung beschlossenen Jahresabrechnung **Altschulden** enthalten sind, und bezahlt er deshalb den **vollen Schuldsaldo**, ist der Verband zur Rückzahlung insoweit wegen **ungerechtfertigter Bereicherung** nach §§ 812 ff. BGB zur Herausgabe verpflichtet (*BayObLG* ZMR 1999, 577, 579 = NZM 1999, 715 = FGPrax 1999, 138). Dies gilt nach der Rechtsprechung sogar dann, wenn der Beschluss über die Jahresabrechnung nicht angefochten und bestandskräftig wird (*BayObLG* ZMR 1999, 577, 579 = NZM 1999, 715 = FGPrax 1999, 138; zw.).

b) Haftung des Wohnungseigentümers

aa) Allgemeines

Im Falle einer Zwangsverwaltung haftet neben dem Zwangsverwalter weiterhin **auch der Eigen- 230 tümer** der Wohnung auf Ausgleich fälliger Wohngelder als **Gesamtschuldner** (*AG Neukölln* ZMR 2005, 659, 660). Der Zwangsverwalter ist wegen der Wohngelder – anders als überwiegend bei den Mitgliedschaftsrechten – nur neben dem Eigentümer – nicht anstelle – entsprechend §§ 155 Abs. 1 ZVG, 16 Abs. 2 WEG zur Zahlung verpflichtet (*KG* KGReport 2001, 226, 227 = WE 2001, 9). Durch die Beschlagnahme wird dem Schuldner die Verwaltung und Benutzung der Wohnung entzogen (§ 148 Abs. 2 ZVG), es findet, anders als im Falle des rechtsgeschäftlichen Eigentumsübergangs und der Zwangsversteigerung, jedoch **kein Rechtsübergang** statt. Der Zwangsverwalter tritt nicht an die Stelle eines Wohnungseigentümers Eigentümers, sondern **neben** diesen (*Wenzel* ZInsO 2005, 113). Aus der Pflicht des Zwangsverwalters zur Zahlung der Beiträge zu den Lasten und Kosten des gemeinschaftlichen Eigentums vom Zeitpunkt der Beschlagnahme an folgt nicht, dass die Haftung des Wohnungseigentümers entfallen würde; dieser haftet unabhängig von dem Zwangsverwalter – für die Hausgeldansprüche auch persönlich.

231 Ein Wohnungseigentümer ist daher gegenüber den restlichen Wohnungseigentümern zur Zahlung von Wohngeld auch dann verpflichtet, wenn über sein Wohnungseigentum die **Zwangsverwaltung** angeordnet wurde (*OLG München* FGPrax 2007, 20; *OLG Köln*, WE 1989, 30, 31; *LG Dresden* NZM 2005, 911; *AG Neukölln* ZMR 2005, 659, 660; offen gelassen von *BayObLG* NJW-RR 1991, 723, 724). Durch die Zwangsverwaltung findet lediglich eine Beschlagnahme des Wohnungseigentums und **kein Rechteübergang** statt, so dass der Wohnungseigentümer – unabhängig von dem Zwangsverwalter – für die Hausgeldansprüche auch persönlich haftet (*OLG München* FGPrax 2007, 20 = MietRB 2007, 40; *OLG Zweibrücken* NJW-RR 2005, 1682 = MietRB 2006, 198 = IBR 2006, 1114 mit Anm. *Elzer*).

bb) Umfang

232 Im Gegensatz zum Zwangsverwalter ist die **Haftung** eines Wohnungseigentümers **umfassend** und auch nicht auf (eventuelle) Mieten beschränkt. Die Haftung bezieht sich auf das **gesamte Vermögen** des Wohnungseigentümers. In Höhe der tatsächlich erfolgten Leistungen des Zwangsverwalters wird der Wohnungseigentümer von seiner Zahlungspflicht allerdings **frei**.

5. Insolvenzverwalter

233 Mit **Eröffnung** des Insolvenzverfahrens gehen die Verfügungs- und Verwaltungsbefugnisse über das Wohnungseigentum gem. §§ 35, 80 InsO auf den Insolvenzverwalter über (*BGH* NJW 1986, 3206, 3208 = MDR 1986, 750). Der Insolvenzverwalter rückt als Träger der Rechte und Pflichten des insolvent gewordenen Wohnungseigentümers weitgehend in dessen Rechtsstellung ein. Wird über das Vermögen eines Wohnungseigentümers das Insolvenzverfahren eröffnet, ist für die Frage, wer Wohngeld schuldet, nach h. M. – wie auch im Übrigen – für den Umfang der Haftung des Insolvenzverwalters danach zu unterscheiden, wann ein Anspruch fällig wurde (**Fälligkeitstheorie**, Rn. 208).

a) Nach Eröffnung des Insolvenzverfahrens fällig gewordene Ansprüche

234 Als Masseforderungen können gegen den Insolvenzverwalter nur die **nach** Eröffnung fällig gewordenen Ansprüche auf Wohngeldvorschüsse sowie die **Abrechnungsspitze** (der Schuldsaldo aus der Einzelabrechnung, der das Soll der Wohngeldvorschüsse übersteigt) aus der nach Eröffnung beschlossenen Jahresabrechnung geltend gemacht werden (*KG* ZMR 2000, 60, 61 = ZIP 2000, 2029; NJW-RR 1994, 85 = WuM 1993, 763; *BayObLG* ZMR 1999, 119, 120 = NZM 1999, 74 = WE 1999, 155, 156; *AG Neukölln* ZMR 2005, 659, 660). Die Abrechnungsspitze ist eine **Masseverbindlichkeit** i. S. von § 55 Abs. 1 Nr. 1 InsO (*BGH* ZMR 1994, 256, 257 = NJW 1994, 1866, 1867 = MDR 1994, 1113; BGHZ 108, 44, 49 = MDR 1989, 898 = NJW 1981, 3018; NJW 1986, 3206, 3208 = MDR 1986, 750; *AG Neukölln* ZMR 2005, 659, 660; a. A. *Beutler/Vogel* ZMR 2002, 802, 804), da sie nicht bereits gegen den Wohngeldschuldner über den Wirtschaftsplan fällig gestellt war und ihren Schuldgrund **allein** in der Jahresabrechnung findet.

235 Weist eine Jahresabrechnung für den Schuldner aus, dass vor Beschlussfassung **keine Zahlung** geleistet wurde, ist damit auch gegenüber dem Insolvenzverwalter **verbindlich festgestellt**, dass die nach Verfahrenseröffnung fällig gewordenen Wohngeldvorschüsse nicht beglichen sind (*BayObLG* ZMR 1999, 119, 120 = NZM 1999, 74 = WE 1999, 155, 156). Auch die anteilige Verpflichtung eines Wohnungseigentümers zur Zahlung einer nach Insolvenzeröffnung beschlossenen **Sonderumlage**, die den von ihm durch Wohngeldrückstand vor Insolvenzeröffnung verursachten Fehlbedarf der Gemeinschaft ausgleichen soll, ist nach noch h. M. **Masseverbindlichkeit** (*BGH* BGHZ 108, 44, 49 = MDR 1989, 898 = NJW 1989, 3018; offen gelassen von *BGH* BGHZ 150, 305, 307 = NJW-RR 2002, 1198 = ZMR 2002, 92; a. A. für eine »Ausfalldeckungsumlage« *Wenzel* ZWE 2005, 277, 280; *Vallender* NZI 2004, 401, 407). Für die h. M. spricht, dass die durch die Sonderumlage begründete Forderung von der **Altforderung völlig verschieden** ist. Für sonstige Bedarfsdeckungsumlagen wird im Übrigen einhellig auf den die Umlage begründenden Beschluss abgestellt (s. nur *Wenzel* ZWE 2005, 278, 282).

236 Nach Anzeige der **Masseunzulänglichkeit** fällig werdende Wohngelder sind **Neumasseverbindlichkeiten** i. S. von § 209 Abs. 1 Nr. 2 InsO (*OLG Düsseldorf* ZMR 2007, 204, 205; *AG Neukölln* ZMR 2005, 659, 660). Zahlt der Insolvenzverwalter diese nicht freiwillig, ist eine Leistungsklage jedenfalls dann zulässig, wenn sich der Insolvenzverwalter nicht auf eine erneute Masseunzulänglichkeit beruft (*BAG* ZInsO 2003, 1054; *BGH* NJW 2003, 2454; s. auch *OLG Düsseldorf* ZMR 2007, 204, 205; *AG Neukölln* ZMR 2005, 659, 660).

b) Vor Eröffnung des Insolvenzverfahrens fällig gewordene Ansprüche

Nach § 38 InsO ist Insolvenzgläubiger derjenige persönliche Gläubiger, der zur Zeit der Eröffnung des Insolvenzverfahrens einen begründeten Vermögensanspruch gegen den Schuldner hat. Maßgeblich ist insoweit, ob der Rechtsgrund für die Entstehung der Forderung vor Eröffnung des Verfahrens gelegt war. **Vor Insolvenzeröffnung** fällig gewordene, nicht beglichene Wohngeldvorschüsse sind **gewöhnliche Insolvenzforderungen** (*BGH* ZMR 1994, 256, 257 = NJW 1994, 1866, 1867 = MDR 1994, 1113; *BayObLG* ZMR 1999, 119, 120; *AG Neukölln* ZMR 2005, 659, 660) und nach Maßgabe der **Vorschriften für das Insolvenzverfahren** (§§ 87, 174 ff. InsO) geltend zu machen (*BGH* NJW 1994, 1866, 1867 = ZMR 1994, 256 = MDR 1994, 1113). Dies gilt auch für Beitragsforderungen auf Grund eines vor Verfahrenseröffnung beschlossenen Wirtschaftsplans (§ 28 Abs. 2 WEG), auch wenn die Wohnungseigentümer **nach Eröffnung** des Verfahrens die Jahresabrechnung durch Beschluss genehmigen.

237

V. Berechtigter/Anspruchsinhaber

Gem. § 16 Abs. 2 WEG ist jeder Wohnungseigentümer den anderen Wohnungseigentümern gegenüber verpflichtet, die Lasten des gemeinschaftlichen Eigentums sowie die Kosten der Instandhaltung, Instandsetzung, sonstigen Verwaltung und eines gemeinschaftlichen Gebrauchs des gemeinschaftlichen Eigentums zu tragen. Diese Anordnung, dass nämlich die Wohnungseigentümer in ihrer Gesamtheit Anspruchsinhaber sind, **entspricht nicht mehr dem Gesetz im Übrigen**. Nach § 10 Abs. 7 S. 1 WEG gehört das Verwaltungsvermögen dem **Verband Wohnungseigentümergemeinschaft**. Zum Verwaltungsvermögen gehören gem. § 10 Abs. 7 S. 3 WEG aber insbesondere die **Ansprüche gegen Wohnungseigentümer** sowie die eingenommenen Gelder. Anspruchsinhaber der nach §§ 16 Abs. 2, 28 Abs. 2, Abs. 5 WEG begründeten Forderungen ist daher **allein** und ausschließlich **der Verband Wohnungseigentümergemeinschaft**. Geltendmachung und Entgegennahme der Lasten- und Kostenbeiträge ist Sache des Verwalters (§ 27 Abs. 3 Nr. 4 WEG).

238

VI. Sonderfälle

1. Grundsatz: Keine Korrelation Nutzungsmöglichkeit/Kostentragung

Jeder Wohnungseigentümer ist verpflichtet, die Lasten des gemeinschaftlichen Eigentums sowie die Kosten der Instandhaltung, Instandsetzung, sonstigen Verwaltung und eines gemeinschaftlichen Gebrauchs des gemeinschaftlichen Eigentums **nach dem Verhältnis seines Anteils** zu tragen. Eine Unterscheidung danach, ob Kosten oder Lasten einem Wohnungseigentümer nützen oder nicht, trifft das Gesetz nicht. Ein Wohnungseigentümer muss deshalb etwa für Betriebskosten und Instandhaltungskosten in gleicher Weise **auch dann aufkommen**, wenn er **Einrichtungen**, z. B. das Treppenhaus, einen Aufzug, eine Garagenzufahrt, eine Garage, einen Kinderspielplatz, einen Fahrradkeller, einen Waschmaschinen- oder einen Tischtennisraum, **nicht benutzt** (*BGH* BGHZ 92, 18, 23 = ZMR 1984, 420, 422 = MDR 1984, 928; *OLG Celle* NZM 2007, 217, 218 = MietRB 2007, 97 = IMR 2007, 19; *OLG Schleswig* ZMR 2006, 889, 890 = Info M 2006, 245 mit Anm. *Elzer*; *BayObLG* ZMR 2005, 639, 640; *OLG Köln* OLGReport Köln 1995, 194, 195; zum **Erdgeschossmieter** s. *BGH* NJW 2006, 3557 = NZM 2006, 895 = ZMR 2006, 919 = IMR 2006, 177). Ein **Grundsatz**, wonach ein Wohnungseigentümer Kosten für solche Einrichtungen **nicht zu tragen** hat, die ihm persönlich keinen Nutzen bringen, **besteht** nicht (*BGH* BGHZ 92, 18, 23 = ZMR 1984, 420, 422 = MDR 1984, 928; *OLG Celle* NZM 2007, 217, 218= MietRB 2007, 97 = IMR 2007, 19; *OLG Schleswig* ZMR 2006, 889, 890 = Info M 2006, 245 mit Anm. *Elzer*; *BayObLG* ZMR 2005, 639, 640).

239

2. Stecken gebliebener Bau

Wird die Wohnanlage wegen **Zahlungsunfähigkeit des teilenden Eigentümers** als Bauträger nicht vollständig fertiggestellt, wird ggf. die mangelfreie Fertigstellung des **Gemeinschaftseigen-**

240

§ 16 | Nutzungen, Lasten und Kosten

tums als Maßnahme der ordnungsmäßigen Verwaltung beschlossen (*BayObLG* ZWE 2000, 214, 215; Rn. 158 und ausführlich § 22 Rn. 169 ff.). Die Kosten der mangelfreien Fertigstellung des **Gemeinschaftseigentums** sind – soweit bereits eine Wohnungseigentümergemeinschaft, wenigstens eine werdende, entstanden ist – nach dem gesetzlichen (§ 16 Abs. 2 WEG), vereinbarten oder einem nach § 16 Abs. 4 WEG beschlossenen Kostenverteilungsschlüssel (Rn. 101) unter **Einbeziehung auch des teilenden Eigentümers** als Eigentümer der nicht verkauften Wohnungen oder dessen Insolvenzverwalters (*Ott* NZM 2004, 134, 137) umzulegen (*BayObLG* ZWE 2000, 214, 215; MittBayNot 1983, 68; *OLG Frankfurt a. M.* WuM 1994, 36). Dass der insolvente Bauträger zahlungsunfähig ist, **rechtfertigt es nicht**, ihn von **vornherein** von einer Kostenbeteiligung auszunehmen (*BayObLG* ZWE 2000, 214, 215 = ZfIR 2000, 552). Ohne einen Eigentümerbeschluss, der die Kosten auch auf den teilenden Eigentümer umlegt, könnten gegen diesen keine Ansprüche verfolgt und durchgesetzt werden (*BGH* NJW 1994, 2950 = ZMR 1994, 271 = MDR 1994, 558; NJW 1985, 912, 913 = MDR 1985, 315 = ZMR 1984, 422; *BayObLG* ZWE 2000, 214, 215 = ZfIR 2000, 552; ZfIR 1999, 224).

241 Unerheblich für die grundsätzliche Verteilung der Kosten nach § 16 Abs. 2 WEG ist, dass ggf. einer der Wohnungseigentümer vor der Insolvenz **mehr an den Bauträger** bezahlt hat als andere (*OLG Frankfurt a. M.* OLGZ 1991, 293; *OLG Hamm* OLGZ 1984, 278; *Ott* NZM 2004, 134, 137; offen gelassen von *BayObLG* ZMR 1983, 419, 422; a. A. *OLG Hamburg* OLGZ 1990, 308; *OLG Karlsruhe* OLGZ 1979, 287).»Die Überzahlung« hat ihren Grund im **jeweiligen Erwerbsvertrag** und ist dort auszugleichen – soweit die Wohnungseigentümer nicht von § 16 Abs. 4 WEG Gebrauch machen (Rn. 101). Eine »Anrechnung« auf die anteiligen noch aufzuwendenden Fertigstellungskosten kann nicht erfolgen. Der Erwerber muss sich an den Bauträger oder Insolvenzverwalter wenden.

3. Fehlende Nutzbarkeit

a) Grundsatz

242 Zu den auf die **Gesamtheit der Wohnungseigentümer** umzulegenden Kosten der gemeinschaftlichen Einrichtungen gehören Kosten auch dann, wenn z. B. nur ein Gebäude einer aus mehreren Gebäuden bestehenden Wohnungseigentumsanlage mit einem Aufzug ausgestattet ist (*BGH* BGHZ 92, 18, 23 = NJW 1984, 2576 = MDR 1984, 928; *OLG Celle* NZM 2007, 217, 218 = MietRB 2007, 97 = IMR 2007, 19; *OLG Schleswig* ZMR 2006, 889, 890 = Info M 2006, 245 mit Anm. *Elzer*; s. bereits Rn. 239). Sieht eine Vereinbarung vor, dass der ausbauberechtigte Dachgeschosseigentümer sich an den Kosten und Lasten ab »Herstellung« der Wohnung zu beteiligen hat, ist der Ausbauberechtigte an den Kosten und Lasten **ab dem Zeitpunkt** zu beteiligen, wenn er die Wohnung **im Wesentlichen** hergestellt hat (*KG* ZMR 2002, 150 = WuM 2002, 40 = KGReport 2001, 392). Eine Herstellung liegt nicht erst dann vor, wenn eine Wohnung »fertig gestellt« oder »bezugsfertig« ist. Eine Herstellung ist bereits dann anzunehmen, wenn sich die ausstehenden Arbeiten auf den Bereich der **typischen Sonderwünsche** beziehen und die Bezugsfertigstellung im Hinblick auf die wirtschaftliche Verwertung **hinausgezögert** wird (*KG* ZMR 2002, 150 = WuM 2002, 40 = KGReport 2001, 392).

b) Wohnungsleerstand

243 Ein **Wohnungsleerstand** oder die **fehlende Nutzungsmöglichkeit** einer Fläche, z. B. in Ermangelung einer Baugenehmigung, befreien einen Wohnungseigentümer **nicht** von der Verpflichtung, die **Lasten und Kosten** zu tragen (*OLG Düsseldorf* ZMR 1998, 651 = NZM 1998, 867; *Müller* PiG 64, 195, 202). Die Lastentragungspflicht des einzelnen Wohnungseigentümers besteht grundsätzlich **unabhängig** von der **Benutzung** oder Nichtbenutzung seiner Einheit (*OLG Celle* OLGReport Celle 2000, 137, 138; *OLG Hamm* OLGZ 1982, 20). Das gilt sowohl für die **fixen Kosten**, wie etwa für Versicherungen, Hausmeister, Verwaltervergütung u. a., als auch für die **verbrauchsabhängigen Kosten** für Heizung, Strom oder Wasser etc. (str.). Eine Ausnahme gilt nur für die **Heiz- und Warmwasserkosten**. Die Verteilung dieser Kosten richtet sich nach der HeizkostenV, wonach ein Teil der Heiz- und Warmwasserkosten verbrauchsabhängig umzulegen ist.

Ist eine Verteilung **unbillig**, kann der benachteiligte Wohnungseigentümer allerdings aus § 21 **244**
Abs. 4 WEG einen **Anspruch auf beschlussweise Änderung des Kostenverteilungsschlüssels**
haben (dazu Rn. 40 ff.). Ggf. ist auch die Erzwingung einer vom Gesetz oder einer anderen Vereinbarung abweichenden Vereinbarung nach § 10 Abs. 2 S. 3 WEG möglich (*BayObLG* NZM 2002, 389; *OLG Hamm* WE 1996, 430; OLGZ 1982, 20, 31; *Müller* PiG 64, 195, 202; s. dazu Rn. 18 ff.).

c) Bauabschnittsweise Fertigstellung
Besonderheiten gelten grundsätzlich auch nicht in dem Falle, in dem durch eine **bauabschnitts- 245 weise Fertigstellung** teilweise oder vollständig noch kein Sondereigentum entstanden ist. § 16 Abs. 2 WEG knüpft für die Tragung der Kosten und Lasten an den Begriff des »Wohnungseigentümers«, nicht an den Begriff des (fertiggestellten) Sondereigentums an. Ein Bauträger hat sich deshalb auch an den Lasten und Kosten des gemeinschaftlichen Eigentums zu beteiligen, wenn bestimmte Einheiten **noch nicht** fertiggestellt worden sind (s. *BGH* BGHZ 130, 304, 313 = MDR 1995, 1112 = NJW 1995, 2791 = ZMR 1995, 483; *BayObLG* BayObLGZ 1987, 13 = NJW-RR 1987, 714, 715; *Müller* PiG 64, 195, 202). Eine **Einschränkung** nach § 242 BGB, insbesondere für die verbrauchsabhängigen Kosten für Wasser, Abwasser, Strom und Heizung, ist **nicht geboten**. Um eine Änderung der hierin ggf. liegenden Unbilligkeit zu erreichen, muss etwas **anderes vereinbart oder beschlossen** werden. Unter den Voraussetzungen der §§ 21 Abs. 4, 16 Abs. 3, 10 Abs. 2 S. 3 WEG hat jeder Wohnungseigentümer einen solchen Anspruch auf Änderung. Für die Zwischenzeit kann nach **§§ 935, 940 ZPO** eine Regelung getroffen werden (s. *BGH* BGHZ 130, 304, 313 = MDR 1995, 1112 = NJW 1995, 2791 = ZMR 1995, 483).

4. Kosten der einem »Sondernutzungsrecht« unterliegenden Flächen
Unterliegt eine Fläche des Gemeinschaftseigentums einem Sondernutzungsrecht, haben nach **246** § 16 Abs. 2 WEG dennoch grundsätzlich **sämtliche Wohnungseigentümer** auch für diese Fläche die Lasten und Kosten zu tragen. Im Wege der Vereinbarung oder durch einen Beschluss gem. § 16 Abs. 3 WEG können die Wohnungseigentümer allerdings bestimmen, dass der Berechtigte **allein die Kosten** zu tragen hat (*BayObLG* ZMR 2004, 357; NZM 2001, 1138, 1140 = ZMR 2001, 829, 831; NZM 1999, 27, 28 = ZMR 1999, 59, 60; Rn. 177). Bestimmt eine Vereinbarung z. B., dass die jeweiligen Sondernutzungsberechtigten den Unterhalt der ihnen zugewiesenen Flächen des Galerie(Speicher-)Geschosses zu bestreiten haben, ebenso die Kosten von Erneuerungen und Renovierungen, folgt aus der Erwähnung von Kosten der »Erneuerung« neben den Kosten der »Renovierungen«, dass die Sondernutzungsberechtigten nicht nur die Kosten von Schönheitsreparaturen, sondern auch von Eingriffen in die Bausubstanz zu tragen haben (*BayObLG* NZM 2001, 1138, 1140 = ZMR 2001, 829, 831). Eine die Lasten übertragende Vereinbarung kann – wie stets – auch **konkludent** geschlossen werden (Rn. 120). Allein in der **Begründung eines Sondernutzungsrechtes** liegt allerdings noch keine solche Übertragung. Gegen eine Auslegung, wonach der Sondernutzungsberechtigte bestimmte Kosten allein zu tragen hat, spricht ein auf Grund eines Sondernutzungsrechtes **erhöhter Miteigentumsanteil** (*OLG Celle* NZM 1998, 577).

VII. Durchsetzung

1. Außergerichtliches Vorgehen

a) Allgemeines
Nach § 27 Abs. 1 Nr. 4 WEG ist es Aufgabe des Verwalters, fällige (und ggf. beschlossene), dem **247** Verband zustehende **Lasten- und Kostenbeiträge anzufordern**. Unter den Begriff der »Anforderung« fallen neben Anforderungsschreiben auch Mahnungen. Soweit sich der Verwalter dazu im Namen des Verbandes eines Rechtsanwalts bedient, räumt ihm § 27 Abs. 3 S. 1 Nr. 4 WEG **Vertretungsmacht** ein. Haben die Wohnungseigentümer nach § 21 Abs. 7 WEG das **Lastschriftverfahren** eingeführt, können – soweit eine Deckung besteht – Lasten- und Kostenbeiträge auch eingezogen werden. Die Teilnahme am Lastschrifteinzugsverfahren entspricht ordnungsmäßiger Verwaltung (*OLG Hamburg* ZMR 2002, 961 = WE 2003, 150; *BayObLG* NZM 2002, 743 = ZMR 2002, 850 = WuM 2002, 510; *OLG Hamm* NZM 2000, 505 = ZMR 2000, 483 = NJW-RR 2000, 1181). Die Wohnungseigentümer können u. a. nach § 21 Abs. 7 WEG (s. auch Rn. 222) beschließen, dass der Woh-

§ 16 | Nutzungen, Lasten und Kosten

nungseigentümer, der am Lastschrifteinzugsverfahren nicht teilnimmt, einen **angemessenen Mehraufwandsbeitrag** (z. B. je Einheit 2,00 € pro Monat) zahlen muss (*OLG Hamm* NZM 2000, 505 = ZMR 2000, 483 = NJW-RR 2000, 1181; *OLG Düsseldorf* NZM 1999, 267 = ZMR 1999, 193 = WE 1999, 105; *BayObLG* MDR 1996, 143 = WuM 1996, 490 = WE 1996, 440). Hat sich ein Wohnungseigentümer für die Wohngeldansprüche nach § 794 Abs. 1 Nr. 5 ZPO – i. d. R. hinsichtlich eines festen Sockelbetrages – der **sofortigen Zwangsvollstreckung** unterworfen (Rn. 252), kann sofort aus **diesem Titel** vorgegangen werden.

b) Versorgungssperre

aa) Allgemeines

248 Zahlt ein Wohnungseigentümer kein Wohngeld, ist der **Verband Wohnungseigentümergemeinschaft** (*OLG Frankfurt a. M.* OLGReport Frankfurt 2006, 1060, 1061 = NJW-RR 2006, 1673 = ZWE 2006, 450) grundsätzlich berechtigt, den Säumigen von einem **Leistungsbezug auszuschließen** (*BGH* ZMR 2005, 880, 881 mit Anm. *Elzer* = NZM 2005, 626 = MDR 2005, 1279 = WuM 2005, 540; *OLG Frankfurt a. M.* OLGReport Frankfurt 2006, 1060, 1061 = NJW-RR 2006, 1673 = 1673 = ZWE 2006, 450; *OLG München* NJW-RR 2005, 598 = NZM 2005, 304 = ZMR 2005, 311; *BayObLG* NJW-RR 2004, 1382; *OLG Hamm* OLGZ 1994, 269, 272; *KG* ZWE 2002, 182, 183 = ZMR 2002, 458, 460; NZM 2001, 761 = NJW-RR 2001, 456, 457; *Börstinghaus* MietRB 2007, 209, 212; s. auch § 28 Rn. 49 ff.). Grundlage dieses Rechts ist § 273 BGB (*BGH* ZMR 2005, 880, 881 mit Anm. *Elzer* = NZM 2005, 626; *Gaier* ZWE 2004, 109, 112). Die **Konnexität** (Wechselbezüglichkeit) der zurückgehaltenen Leistung mit der Verpflichtung, zu deren Durchsetzung das Zurückbehaltungsrecht ausgeübt wird, folgt aus der für alle Wohnungseigentümer bestehenden Berechtigung zur Teilhabe an den gemeinschaftlichen Leistungen und der damit korrespondierenden Pflicht zur Erfüllung der jedem Mitglied der Gemeinschaft **gegenüber dem Verband** bestehenden Verpflichtungen (*BGH* ZMR 2005, 880, 881 mit Anm. *Elzer* = NZM 2005, 626 = MDR 2005, 1279 = WuM 2005, 540).

bb) Voraussetzungen

Für eine Versorgungssperre müssen **fünf Voraussetzungen** erfüllt sein:

249 – **Beschluss**: Die Ausübung eines Zurückbehaltungsrechts ist ein Druck- und Sicherungsmittel und geht über die dem Verwalter eingeräumten Befugnisse zur Anforderung laufender und rückständiger Zahlungen hinaus. Sie bedarf daher grundsätzlich – außer in Notfällen – eines (ggf. allgemeinen) **Beschlusses** (*BGH* ZMR 2005, 880, 881 mit Anm. *Elzer* = NZM 2005, 626 = MDR 2005, 1279 = WuM 2005, 540; *Armbrüster* WE 1999, 14, 17; *Kümmel/v. Seldeneck* GE 2002, 1045).

– **Erheblicher Rückstand**: Die Bedeutung der zurückbehaltenen Versorgungsleistungen (meistens Heizwärme, aber auch Wasser, Gas etc.) und die Pflicht der Mitglieder der Gemeinschaft der Wohnungseigentümer untereinander zur Rücksichtnahme, lässt einen Beschluss, die Versorgung zu unterbinden, nur bei einem **erheblichen Rückstand** des betroffenen Mitglieds rechtmäßig sein. Als erheblich ist insoweit ein Rückstand mit mehr als **sechs Monatsbeträgen** des Wohngelds anzusehen (*BGH* ZMR 2005, 880, 882 mit Anm. *Elzer* = NZM 2005, 626 = MDR 2005, 1279 = WuM 2005, 540; *Armbrüster* WE 1999, 14, 16; *Kümmel/v. Seldeneck* GE 2002, 1045, 1046).

– **Anspruch**: Die Ansprüche des Verbandes muss fällig sein und zweifelsfrei bestehen (*OLG Frankfurt a. M.* OLGReport Frankfurt 2006, 1060, 1061 = NJW-RR 2006, 1673; *OLG München* NJW-RR 2005, 598 = NZM 2005, 304 = ZMR 2005, 311).

– **Androhung**: Dem Vollzug der Sperre muss eine Androhung vorausgehen (*BGH* ZMR 2005, 880, 882 mit Anm. *Elzer* = NZM 2005, 626; *Gaier* ZWE 2004, 109, 115), sofern um den Vollzug nicht prozessiert wird (*BGH* ZMR 2005, 880, 882 mit Anm. *Elzer* = NZM 2005, 626 = MDR 2005, 1279 = WuM 2005, 540).

– **Berücksichtigung des verfassungsrechtlichen Verhältnismäßigkeitsgebotes**: Im Einzelfall kann eine Versorgungssperre unverhältnismäßig sein – etwa bei einer Gesundheitsgefährdung oder wegen des Alters des Wohnungseigentümers oder Mieters (dazu *Gaier* ZWE 2004, 109, 115).

Durch Teilzahlungen in Höhe der auf die Versorgungsleistungen entfallenden Beträge kann das 250
Zurückbehaltungsrecht des Verbandes nicht abgewendet werden. Denn der Wohngeld-Beitragsschuldner kann nicht i. S. d. § 366 BGB Zahlungsbestimmungen dahin treffen, dass er eine Geldsumme nur auf bestimmte Rechnungsposten, etwa anteilig für bestimmte Betriebskosten, zahlen will (*KG* WuM 2005, 600 = ZMR 2005, 905). Liegen die Voraussetzungen vor, ist ein schuldender Wohnungseigentümer in entsprechender Anwendung von § 14 Nr. 4 WEG verpflichtet, das **Betreten** seiner Wohnung zum Zwecke des Absperrens der Versorgungsleitungen **zu dulden** (*OLG Frankfurt* OLGReport Frankfurt 2006, 1060, 1061 = NJW-RR 2006, 1673 = ZWE 2006, 450; *OLG München* NJW-RR 2005, 598 = NZM 2005, 304 = ZMR 2005, 311; *Elzer* ZMR 2005, 882, 884; *Gaier* ZWE 2004, 109, 116).

cc) **Vermietetes Sondereigentum**
Einer Versorgungssperre steht **nicht entgegen**, dass ein Wohnungs- oder Teileigentum **vermietet** 251
ist (*KG* ZWE 2002, 182, 183 = ZMR 2002, 458, 460; NZM 2001, 761 = NJW-RR 2001, 456, 457; *OLG Hamm* OLGZ 1994, 269, 273; *Börstinghaus* MietRB 2007, 209, 212; *Briesemeister* FS Blank, S. 591, 597). Der Mieter wird **nicht im Besitz** gestört (a. A. *OLG Köln* ZWE 2000, 543, 545 = NJW-RR 2001, 301 = ZMR 2000, 639 = NZM 2000, 1026; *Suilmann* ZWE 2001, 476). **Unsicher** ist allerdings, ob auch der Mieter den Zutritt zur Wohnung und das Abstellen der dort befindlichen Versorgungsanlagen **dulden** muss. Im Ergebnis ist das zu bejahen, weil der Mieter nicht mehr Rechte als der vermietende Wohnungseigentümer hat (*Briesemeister* NZM 2003, 777, 780; *Vogl* ZMR 2003, 716, 720) und dieser ein **Betreten dulden** muss (*Briesemeister* ZMR 2007, 661, 664; s. auch *KG* ZWE 2002, 182, 183 = ZMR 2002, 458, 460; NZM 2001, 761 = NJW-RR 2001, 456, 457; a. A. *KG* ZMR 2006, 379, 380; *OLG Köln* NZM 2000, 1026; *Börstinghaus* MietRB 2007, 209, 212; *Briesemeister* FS Blank, S. 591, 598; *Fauser* Haftungsverfassung, S. 333).

c) **Unterwerfung unter die sofortige Zwangsvollstreckung**

aa) **Verpflichtung zur Errichtung einer Urkunde**
In **Erwerbsverträgen** zum Kauf eines Wohnungseigentums (*Wolfsteiner* FS Wenzel, 59, 63) sowie 252
in einer **Vereinbarung** kann die **Verpflichtung** vorgesehen sein, dass sich ein Wohnungseigentümer wegen der laufenden monatlichen Beitragsvorschüsse der **sofortigen Vollstreckung unterwirft** und der Verwalter berechtigt ist, sich wegen der zwischenzeitlich mehrheitlich beschlossenen monatlichen Beitragsforderungen eine vollstreckbare Ausfertigung erteilen zu lassen und dann auch von ihr Gebrauch machen darf (*KG* ZMR 2004, 618, 620; ZMR 1997, 664, 665 = MDR 1997, 1018 = KGReport 1997, 183 = NJW-RR 1997, 1304 = MittBayNot 1998, 48 mit Anm. *Wolfsteiner*; *OLG Celle* NJW 1955, 953 = DNotZ 1955, 320 mit Anm. *Weitnauer*; *Wolfsteiner* FS Wenzel, 59, 61; *Häublein* ZWE 2004, 48; *Vogl* ZMR 2003, 716, 717; *Becker* ZWE 2000, 515; § 10 Rn. 247). Ebenso wie in einem Urteil muss die Unterwerfungssumme dabei **genau bestimmt** oder jedenfalls **bestimmbar** sein (*KG* ZMR 2004, 618, 620; *Wolfsteiner* FS Wenzel, 59, 64). Erfüllt ein Wohnungseigentümer seine Verpflichtung, eine Urkunde über die Unterwerfung zu errichten, nicht freiwillig, ist die Verpflichtung zur Abgabe einer **Unterwerfungserklärung** vom Verband nach § 43 Nr. 1 WEG einzuklagen. Für eine solche Klage dürfte es aber jedenfalls i. d. R. an einem **Rechtsschutzbedürfnis fehlen**, weil der Verband gleich auf **Zahlung der offenen Beträge** klagen kann (*Wolfsteiner* FS Wenzel, 59, 61; *KG* ZMR 1997, 664, 665 = MDR 1997, 1018 = KGReport 1997, 183 = NJW-RR 1997, 1304 = MittBayNot 1998, 48 mit Anm. *Wolfsteiner*).

bb) **Unterwerfung bereits im Teilungsvertrag (der Teilungserklärung)**
Die Rechtsprechung erachtet es ferner als zulässig, wenn wegen des Wohngeldes eine Unterwer- 253
fung unter die sofortige Zwangsvollstreckung mit Wirkung für den jeweiligen Wohnungseigentümer **bereits im Teilungsvertrag** (in der Teilungserklärung) erfolgt (*KG* ZMR 2004, 618, 620; ZMR 1997, 664, 665 = MDR 1997, 1018 = KGReport 1997, 183 = NJW-RR 1997, 1304 = MittBayNot 1998, 48 mit Anm. *Wolfsteiner*; *OLG Celle* NJW 1955, 953 = DNotZ 1955, 320 mit Anm. *Weitnauer*; *Bub* Das Finanz- und Rechnungswesen der Wohnungseigentümergemeinschaft, 2. Aufl., V. Rn. 205). Jedenfalls für eine Unterwerfung in einem Teilungsvertrag ist dem zuzustimmen. In der Teilungserklärung kann eine solche Erklärung für einen späteren Wohnungseigentümer hin-

gegen **nicht vorweggenommen** werden. Eine solche Gestaltung wäre dem Gesetz völlig fremd (*Wolfsteiner* FS Wenzel, 59, 64).

2. Mahnverfahren

254 Zur Durchsetzung der Verbandsansprüche kann gegen jeden Wohngeldschuldner (das kann ein – werdender – Wohnungseigentümer, ein ehemaliger Wohnungseigentümer, ein Insolvenzverwalter, Zwangsverwalter etc. sein, s. Rn. 195 ff.) nach § 43 Nr. 6 WEG beim Wohnungseigentumsgericht, in dessen Bezirk das Grundstück liegt, ein **Mahnverfahren** betrieben werden (ist ein zentrales Mahngericht eingerichtet worden, so ist dieses zuständig, *Hügel/Elzer* § 13 Rn. 24). Auch soweit ein Land von der Ermächtigung nach § 15 a Abs. 1 EGZPO Gebrauch gemacht und ein **obligatorisches Güteverfahren** eingeführt hat, steht einem Mahnverfahren nichts entgegen. Nach § 15 a Abs. 2 Nr. 5 EGZPO sind Mahnverfahren von einem obligatorischen Güteverfahren **befreit** (*Hügel/Elzer* § 13 Rn. 9).

3. Wohngeldklage

255 Der Verband Wohnungseigentümergemeinschaft kann jeden Wohngeldschuldner in einem Verfahren nach § 43 Nr. 2 WEG auf Zahlung **vor dem Wohnungseigentumsgericht** in Anspruch nehmen. Soweit ein Land von der Ermächtigung nach § 15 a Abs. 1 EGZPO Gebrauch gemacht und ein obligatorisches Güteverfahren eingeführt hat, kann bis zu einem bestimmten Streitwert (meist € 750,00) eine solche Wohngeldklage nach den landesrechtlichen Vorschriften allerdings **solange unzulässig** sein, wie ein obligatorischen Güteverfahren nicht durchlaufen wurde (*Lüke* ZfJR 2007, 657, 660). Der Verwalter als nach § 27 Abs. 3 S. 1 WEG **originärer gesetzlicher des Verbandes** bedarf für eine Wohngeldklage einer **besonderen Vollmacht**. Diese kann ihm durch eine Vereinbarung oder nach § 27 Abs. 3 S. 1 Nr. 7 WEG durch einen Beschluss im Einzelfall, aber auch abstrakt generell eingeräumt werden. Findet sich eine Vollmacht im Verwaltervertrag, reicht das **nicht aus**. Notwendig, aber auch ausreichend ist, dass der Vertrag von den Wohnungseigentümern beschlossen und dadurch die Vollmacht eine i. S. d. § 27 Abs. 3 S. 1 Nr. 7 WEG wird. Ob ein Wohnungseigentümer verklagt werden soll, müssen die Wohnungseigentümer entscheiden. Die Klage ist nach § 43 WEG beim Wohnungseigentumsgericht, in dessen Bezirk das Grundstück liegt, zu erheben. Der Verwalter kann – soweit er entsprechend ermächtigt wurde und soweit er i. S. von § 78 ZPO postulationsfähig ist – die **Wohngeldklage selbst** führen. Er kann aber auch einen Rechtsanwalt einschalten und mit diesem im Namen des Verbandes Wohnungseigentümergemeinschaft einen Anwaltsvertrag schließen. Eine Vergütungsvereinbarung nach § 27 Abs. 3 S. 1 Nr. 6 i. V. m. Abs. 2 Nr. 4 WEG kommt dabei allerdings **nicht in Betracht**, weil der Gebührenstreitwert durch die Höhe des einzufordernden Geldes **beziffert** ist und § 48 GKG und nicht § 49 a GKG Anwendung findet.

4. Verteidigung des Wohngeldschuldners

256 Der Wohngeldschuldner kann sich gegen eine Wohngeldklage des Verbandes – sofern er die angeforderten Ansprüche nicht erfüllt hat – im Wesentlichen im Wege der **Aufrechnung**, der **Zurückbehaltung** und der Einrede der **Anfechtbarkeit** verteidigen.

a) Aufrechnung

aa) Grundsatz

257 Gegenüber Wohngeldansprüchen des Verbandes kann ein Wohnungseigentümer grundsätzlich **nicht aufrechnen** (*OLG München* NJW-RR 2007, 735; *OLG Frankfurt* NZM 2007, 367, 368; *KG* ZMR 2005, 470, 471; NJW-RR 2002, 1379 = ZMR 2002, 699 = NZM 2002, 745; ZMR 2002, 861; *OLG Köln* OLGReport 2004, 322; *BayObLG* BayObLGReport 2004, 283; ZWE 2001, 593; *OLG Oldenburg* NZM 1999, 467). Über die gesetzlich oder vertraglich ausdrücklich geregelten Fälle hinaus verbietet sich nach h. M. eine Aufrechnung, wenn nach dem besonderen Inhalt des zwischen den Parteien begründeten Schuldverhältnisses der Ausschluss als **stillschweigend vereinbart** angesehen werden muss (§ 157 BGB) oder wenn die **Natur der Rechtsbeziehung** oder der **Zweck der geschuldeten Leistung** eine Erfüllung im Wege der Aufrechnung als mit Treu und Glauben unvereinbar (§ 242 BGB) erscheinen lassen (allgemein *BGH* BGHZ 95, 109, 113 = MDR 1986, 30; *RG*

RGZ 160, 52). Im Wohnungseigentumsrecht wird aus der **Zweckbestimmung** der monatlichen Beitragsvorschüsse abgeleitet, dass eine Aufrechnung unzulässig ist, weil die außergerichtliche und gerichtliche Verfolgung der Wohngeldansprüche von **Streitigkeiten über Gegenforderungen** freigehalten werden sollen und es für die Wohnungseigentümer auch zumutbar ist, ihre Gegenforderungen gegen den Verband außerhalb des Wohngeldverfahrens zu verfolgen. Ein Aufrechnungsausschluss ist über die gesetzlich oder vertraglich ausdrücklich geregelten Fälle hinaus anzunehmen, weil die **Natur der Rechtsbeziehung** und dem **Zweck der geschuldeten Leistung** eine Erfüllung im Wege der Aufrechnung als mit Treu und Glauben unvereinbar erscheinen lässt (s. allgemein BGH BGHZ 95, 109, 113 = MDR 1986, 30). Das Aufrechnungsverbot gegenüber Beitragsansprüchen des Verbandes Wohnungseigentümergemeinschaft folgt ferner aus den zwischen den Wohnungseigentümern bestehenden **besonderen Schutz- und Treuepflichten** (§ 10 Rn. 40 ff.). Da der Verband zur Erhaltung seiner Liquidität auf die pünktliche Zahlung der fälligen Beiträge angewiesen ist, darf diese durch die Auseinandersetzung mit Gegenansprüchen nicht gefährdet werden (*OLG Köln* OLGReport Köln 2004, 322).

bb) Ausnahmen
In Anlehnung an § 309 Nr. 3 BGB werden Ausnahmen einerseits für **anerkannte** oder **unbestrittene** oder **rechtskräftig festgestellte** Gegenforderungen des Wohngeldschuldners gegen den Verband Wohnungseigentümergemeinschaft gemacht (*OLG Hamburg* ZMR 2006, 791, 794; *OLG Köln* OLGReport Köln 2004, 322; *BayObLG* ZMR 2005, 214, 215; BayObLGReport 2003, 356; ZWE 2001, 593, 594; BayObLGReport 1999, 75 = FGPrax 1999, 176; BayObLGReport 1998, 48 = NZM 1998, 918; *OLG Oldenburg* NZM 1999, 467; *OLG Stuttgart* ZMR 1989, 191). Diesen Gegenforderungen werden Ansprüche aus **Notgeschäftsführung** gem. § 21 Abs. 2 WEG, insbesondere unstreitige Erstattungsansprüche wegen der Bezahlung von Verbandsverbindlichkeiten gegenüber Versorgungsunternehmen (*KG* ZMR 2004, 618, 619; ZMR 2002, 861 = KG-Report 2002, 208; NZM 2002, 745 = ZMR 2002, 699; *BayObLG* NZM 1998, 918 = GE 1999, 155) sowie **Ansprüche aus §§ 670, 680, 683, 812 ff. BGB** (Geschäftsführung ohne Auftrag) **gleichgestellt** (*OLG München* NJW-RR 2007, 735 = ZMR 2007, 397, 398). Etwas anderes kann auch dann gelten, wenn die Gegenforderung infolge eines **pflichtwidrigen Verhaltens** des Verbandes Wohnungseigentümergemeinschaft, vor allem seiner Organe, entstanden ist (*Elzer* ZMR 2005, 730, 733). Für mögliche Forderungen aus § 14 Nr. 4 WEG soll das Aufrechnungsverbot gelten (*OLG München* NJW-RR 2007, 735 = ZMR 2007, 397, 398; *LG Frankfurt a.M.* ZMR 1989, 271). Diese Einschränkung **überzeugt indes nicht**, da zwischen einem Schadensersatzanspruch aus § 14 Nr. 4 WEG und den Ansprüchen aus § 21 Abs. 2 und Abs. 4 WEG **kein substanzieller Unterschied** gemacht werden kann (a. A. § 28 Rn. 41).

cc) Vereinbarte Aufrechnungsausschlüsse
Durch eine **Vereinbarung** kann das bereits nach allgemeinen Erwägungen geltende Aufrechnungsverbot **näher geregelt** und **ausgestaltet** werden (*KG* ZMR 2004, 618, 619). Sind etwa in einer Vereinbarung als Ausnahmen von dem grundsätzlichen Verbot der Aufrechnung gegen Wohngeldforderungen nur unbestrittene oder rechtskräftig festgestellte Ansprüche genannt, sind **andere Gegenforderungen** – wie Ansprüche aus Notgeschäftsführung – von der Aufrechnung ausgeschlossen (*KG* ZMR 2004, 618, 619).

b) Zurückbehaltungsrechte (§ 273 BGB)
Gegenüber dem Anspruch des Verbandes auf Zahlung von Wohngeld oder eines Saldos aus einer Abrechnung oder einer Sonderumlage ist aus **denselben Gründen** wie bei der Aufrechnung (Rn. 257) jedes **Zurückbehaltungsrecht** ausgeschlossen (*OLG München* ZMR 2006, 881, 882; ZMR 2006, 647; ZMR 2005, 729, 730 mit Anm. *Elzer*; *OLG Köln* OLGReport 2004, 322; OLGReport Köln 1997, 91 = WE 1997, 427, 428; *BayObLG* ZWE 2001, 157; WE 1995, 254; MDR 1988, 968, 969; BayObLGZ 1971, 313, 315; *Elzer* ZMR 2005, 730, 733). Ein Wohngeldschuldner kann ein Zurückbehaltungsrecht auch nicht darauf stützen, dass der gesetzliche oder vereinbarte Kostenverteilungsschlüssel grob unbillig sei und deshalb gegen die übrigen Wohnungseigentümer ein Anspruch auf Abänderung des Kostenverteilungsschlüssels bestehe (*Elzer* ZMR 2005, 730, 733).

§ 16 | Nutzungen, Lasten und Kosten

Ein Zurückbehaltungsrecht kann ferner bereits im Wege der **Vereinbarung** zur Klarstellung **ausgeschlossen** werden (*BayObLG* ZWE 2001, 485).

c) Anfechtbarkeit

261 Gegen den Anspruch des Verbandes Wohnungseigentümergemeinschaft auf Zahlung von Wohngeld kann von einem Wohnungseigentümer **nicht** geltend gemacht werden, dass der entsprechende Beschluss ggf. **angefochten** wurde oder anfechtbar bzw. nicht ordnungsmäßig sei (*OLG Frankfurt a. M.* ZMR 2007, 291, 293; ZMR 2006, 873, 874; *KG* NZM 2005, 425; s. § 10 Rn. 202 m. w. N.). Einwendungen gegen das formelle Zustandekommen und den sachlichen Inhalt des zu Grunde liegenden Eigentümerbeschlusses sind **grundsätzlich unerheblich** (*BayObLG* ZWE 2001, 593, 594; ZWE 2000, 128). Solange der entsprechende Beschluss nicht für ungültig erklärt ist (§§ 46 Abs. 1 S. 1, 43 Nr. 4, 23 Abs. 4 S. 2 WEG), bindet er und wirkt gem. § 10 Abs. 4 und Abs. 5 WEG gegenüber allen Wohnungseigentümern (*BayObLG* BayObLGReport 2003, 42, 43; BayObLGReport 2002, 412). Diese Wirkung erstreckt sich auch auf diejenigen Wohnungseigentümer, die **gegen den Beschluss** gestimmt haben. Etwas anderes gilt nur für nichtige Beschlüsse oder Nichtbeschlüsse. Diese binden nicht. Ein Wohnungseigentümer kann **unter Umständen** geltend machen können, dass er gem. § 21 Abs. 4 oder § 10 Abs. 2 S. 3 WEG einen **Anspruch auf Änderung des Kostenverteilungsschlüssels** besitzt (*OLG Celle* NZM 1998, 577 = WE 1998, 180; s. dazu § 10 Rn. 202 und § 28 Rn. 44).

5. Zwangsvollstreckung

262 Zur Durchsetzung seiner titulierten Ansprüche kann der Verband gegen einen Wohngeldschuldner die **Zwangsvollstreckung** betreiben. Neben der stets möglichen, aber in der Regel wenig aussichtsreichen **Mobiliarzwangsvollstreckung** kommen eine **Zwangshypothek**, eine **Zwangsverwaltung** oder gem. § 10 Abs. 3, Abs. 1 Nr. 2 und/oder Nr. 5 ZVG eine **Zwangsversteigerung** in Betracht (der Verband kann sich nach § 27 ZVG ferner der Zwangsvollstreckung eines Dritten **anschließen**).

a) Zwangshypothek

263 Eine Möglichkeit der Immobiliarvollstreckung wegen rückständiger Wohngelder ist die **Eintragung einer Zwangshypothek**. Hierdurch wird eine Befriedigung an einer besseren Rangstelle erreicht, nämlich an derjenigen der **dinglich gesicherten Gläubiger**. Allerdings werden die bereits zuvor eingetragenen Immobiliarsicherungsrechte (also vor der Zwangshypothek im Grundbuch stehende Hypotheken und Grundschulden) vor der Zwangshypothek befriedigt (*Vogl* ZMR 2003, 716, 718). Ist das Wohnungseigentum bis an die Grenzen seines Wertes mit Grundschulden und Hypotheken belastet (oftmals findet man sogar übersichertes Grundeigentum), ist eine Zwangshypothek daher kein geeignetes Mittel, um eine Deckung der Schulden eines Wohnungseigentümers zu erreichen. Wird eine Zwangshypothek beantragt, kann der rechtsfähige **Verband Wohnungseigentümergemeinschaft** als **Gläubiger** in das Grundbuch eingetragen werden (*BGH* BGHZ 163, 154, 169 [Teilrechtsfähigkeit] = ZMR 2005, 547, 553; *Abramenko* ZMR 2006, 338, 340). Vor Entdeckung des Verbandes – und noch in manchen Grundbüchern Praxis – bedurfte es nach § 15 Abs. 1 GBV der Eintragung sämtlicher Wohnungseigentümer unter Angabe von Namen, Vornamen, Wohnort und Beruf (*BGH* BGHZ 163, 154, 169 [Teilrechtsfähigkeit] = ZMR 2005, 547, 553; *BayObLG* ZWE 2001, 375; *OLG Köln* WE 1995, 22 = ZMR 1994, 366, 367). Um das zu umgehen, bedienten sich die Wohnungseigentümer teilweise mit einer fiduziarischen Abtretung der Forderung oder mit der Ermächtigung des Verwalters, die Forderung als Prozessstandschafter einzuklagen (*BGH* BGHZ 148, 392, 394 = ZMR 2002, 134).

b) Zwangsverwaltung

264 Der »klassische Weg«, um zu einer Befriedigung zu gelangen, wenn ein Wohnungseigentum Erträge abwirft, z. B. durch Mieten, ist die **Durchführung des Zwangsverwaltungsverfahrens** gem. §§ 146 ff. ZVG (*Vogl* ZMR 2003, 716, 719). Das Grundstück wird dabei zu Gunsten des Verbandes gepfändet und der zu bestellende **Zwangsverwalter** verteilt die Erlös-Überschüsse in einem Verteilungsplan nach § 155 ZVG. Der Verband Wohnungseigentümergemeinschaft ist dabei berechtigt, die Zwangsverwaltung aus der Rangklasse 2 und/oder der Rangklasse 5 zu betreiben. Die

Vorwegzahlung nach § 156 Abs. 1 S. 2 ZVG **erfasst** allerdings **nicht rückständige** Beträge, da die Zwangsverwaltung in erster Linie dazu dient, das Zwangsverwaltungsobjekt zu erhalten. Eine Zuteilung erfolgt zunächst nur auf die laufenden Leistungen (*Elzer* ZAP 2007, 1025, 1031; *Weis* ZfIR 2007, 477, 482). Erst wenn **alle laufenden Beträge** durch die vorhandenen Einnahmen **gedeckt** sind, kann das darüber hinaus noch vorhandene Geld zur Erfüllung anderer Ansprüche – dann aber erst im Rahmen eines Teilungsplanes i. S. von § 106 ZVG (*Elzer* ZAP 2007, 1025, 1031) – genutzt werden.

Wird die Zwangsverwaltung über Wohnungseigentum wegen Zuschlags in der Zwangsversteigerung aufgehoben, so ist der Zwangsverwalter weiterhin befugt, **anhängige Verfahren** aus der Zeit seiner Amtstätigkeit auf der Aktiv- und Passivseite **fortzuführen** (*BGH* BGHZ 155, 38, 41; NJW-RR 1993, 442; *KG* NJW-RR 2004, 1457; *OLG München* ZMR 2007, 393, 394). 265

c) Zwangsvollstreckung

aa) Des Verbandes

Will der Verband Wohnungseigentümergemeinschaft wegen **rückständigen Wohngelds** gegen ein bestimmtes Wohnungs- oder Teileigentum die Zwangsvollstreckung betreiben (entsprechendes gilt für ein Wohnungs- oder Teilerbbaurecht i. S. von § 30 Abs. 1 WEG, BT-Drucks. 16/887 S. 45), bedarf es nach § 10 Abs. 3 S. 2, Abs. 1 Nr. 2 ZVG eines nach § 10 Abs. 1 Nr. 2 S. 1 ZVG **bevorrechtigten und fälligen Anspruches** (s. dazu u. a. *Bräuer/Oppitz* ZWE 2007, 326 ff.; *Fauser* Haftungsverfassung, S. 319 ff.; *Elzer* ZAP 2007, 1025 ff.). Bei dem gegen ein Sondereigentum zu vollstreckenden Anspruch muss es sich um einen Anspruch des Verbandes auf **Zahlung von Wohngeld** handeln. Vertragliche Ansprüche und ebenso deliktische Ansprüche gegen den schuldenden Wohnungseigentümer fallen nicht unter die Rangklasse 2. Ferner gehören unter § 10 Abs. 1 Nr. 2 ZVG nicht Ansprüche wegen **anderer Einheiten** des schuldenden Wohnungseigentümers (*Elzer* ZAP 2007, 1025 m. w. N.). 266

Nach § 10 Abs. 1 Nr. 2 S. 2 ZVG erfasst werden nur die laufenden (§ 13 Abs. 1 ZVG) und die rückständigen Beträge aus dem Kalenderjahr der (ersten) Beschlagnahme (vgl. § 13 Abs. 4 ZVG) sowie aus den beiden Kalenderjahren vor der Beschlagnahme (kritisch insoweit *Drasdo* ZWE 2005, 161, 162). Die Möglichkeit des Verbandes, nach § 10 Abs. 3, Abs. 1 Nr. 2 ZVG bevorrechtigt zu vollstrecken, wird durch **§ 10 Abs. 1 Nr. 2 S. 3 ZVG** begrenzt. Bevorrechtigt sind danach nur solche Beträge, die nicht mehr als **fünf vom Hundert des Verkehrswertes** eines Wohnungseigentums i. S. von § 74 a Abs. 5 S. 1 ZVG übersteigen. Ein Antrag auf Zwangsvollstreckung ist auch erst dann zulässig, wenn die durch § 10 Abs. 1 Nr. 2 ZVG bevorrechtigen Beträge den **Verzugsbetrag gem. § 18 Abs. 2 Nr. 2 WEG** (dazu Rn. 273 und § 18 Rn. 35 ff.) erreicht haben. Der betroffene Wohnungseigentümer muss sich danach mit der Erfüllung seiner Verpflichtungen zur Lasten und Kostentragung nach § 16 Abs. 2 WEG in Höhe eines Betrages, der drei vom Hundert des Einheitswertes i. S. von §§ 48, 93 BewG seines Wohnungseigentums übersteigt, länger als drei Monate in Verzug befinden. 267

Für eine Zwangsvollstreckung nach § 10 Abs. 3, Abs. 1 Nr. 2 ZVG ist grundsätzlich ein **besonderer Titel** erforderlich. Aus dem Titel müssen zu **erkennen** sein: 268
– die **Verpflichtung** des Schuldners zur **Zahlung**; 269
– **Art und Bezugszeitraum** des Anspruchs;
– die **Fälligkeit** des Anspruchs.

Durch die Angaben soll erreicht werden, dass das Vollstreckungsgericht nicht selbst prüfen und feststellen muss, ob es sich um nach § 10 Abs. 3, Abs. 1 Nr. 2 ZVG berücksichtigungsfähige Forderungen handelt und wann diese fällig geworden sind. Die materiell-rechtliche Prüfung ist Aufgabe des Prozessgerichts im Erkenntnisverfahren. Als Titel kommen vor allem Urteile in Betracht. Daneben kann es sich nach § 794 Nr. 1 bis 5 ZPO aber auch etwa um einen Prozessvergleich, einen Beschluss nach § 91 a ZPO, einen Vollstreckungsbescheid oder um eine vollstreckbare Urkunde handeln. Diese Titel sind ohne weiteres indes nur dann geeignet, wenn aus ihnen die Verpflichtung des Wohnungseigentümers, in dessen Sondereigentum vollstreckt werden soll, an den Verband Wohnungseigentümergemeinschaft leisten zu müssen, hervorgeht. Die in § 10 Abs. 3 S. 2 ZVG genannte »Art« des zu vollstreckenden Anspruchs knüpft an § 10 Abs. 1 Nr. 2 S. 1 ZVG 270

§ 16 | Nutzungen, Lasten und Kosten

und verdeutlicht, dass es sich um einen dort geschützten Anspruch handeln muss (*Abramenko* § 8 Rn. 26). Bezugszeitraum meint die Zeitspanne, in dem die Ansprüche entstanden sind (BT-Drucks. 16/887 S. 45).

271 Soweit Art oder/und Bezugszeitraum des Anspruchs oder/und seine Fälligkeit nicht aus dem Titel selbst zu erkennen sind, können sie auch **glaubhaft gemacht werden**. Etwa einem Vollstreckungsbescheid oder einem Anerkenntnis- oder Versäumnisurteil **kann nicht entnommen werden**, ob es sich um nach § 10 Abs. 1 Nr. 2 ZVG bevorrechtigte Beiträge handelt. Der Verband Wohnungseigentümergemeinschaft kann sich zur Glaubhaftmachung jeder Art des Beweismittels bedienen, ob innerhalb oder außerhalb der Formen der §§ 371 ff. ZPO. Auch die Versicherung an Eides Statt ist zugelassen. Genügen dem Vollstreckungsgericht zur Glaubhaftmachung eingereichte Unterlagen nicht, kann es eine Ergänzung des Vorbringens und weitere Urkunden oder Erklärungen verlangen. Unzulässig ist es, wenn das Vollstreckungsgericht die Darstellung verlangt, dass die Ansprüche bestandskräftig sind. Für § 10 Abs. 1 Nr. 2 ZVG ist belanglos, dass der den Anspruch deckende Beschluss angefochten wurde.

bb) Eines Dritten

272 Beantragt ein Dritter die Zwangsversteigerung eines Wohnungseigentums, kann der Verband Wohnungseigentümergemeinschaft (oder gem. § 10 Abs. 1 Nr. 2 S. 5 ZVG ein nach § 10 Abs. 1 Nr. 2 S. 1 ZVG besonders berechtigter Wohnungseigentümer, s. Rn. 183) seine nach § 10 Abs. 1 Nr. 2 ZVG bevorrechtigten Forderungen zu diesem Verfahren gem. §§ 10 Abs. 1 Nr. 2 S. 4, 45 Abs. 3 S. 1 ZVG anmelden. Die laufenden und rückständigen Beträge sind – soweit sie nach § 10 Abs. 1 Nr. 2 ZVG ein Vorrecht genießen – nach der Anmeldung in das geringste Gebot (Bargebot) aufzunehmen, § 45 Abs. 3 ZVG. Die **Voraussetzungen** für eine Beteiligung bei der Zwangsversteigerung eines Dritten sind mit denen bei einem Eigenantrag **nicht identisch**. Der Verband muss zwar auch in diesem Falle gegen einen Wohnungseigentümer grundsätzlich über bevorrechtigte und titulierte Forderungen i.S. von § 10 Abs. 1 Nr. 2 ZVG verfügen. Und auch der Höchstbetrag des § 10 Abs. 1 Nr. 2 S. 3 ZVG darf nicht überschritten sein. Die **Mindesthöhe** (Verzugsbetrag) **gilt indes nicht**. In den Fällen, in denen ein anderer Gläubiger das Verfahren betreibt, kann auch ein geringerer Betrag angemeldet werden. Das Vorrecht muss angemeldet werden. Die Anmeldung gem. § 10 Nr. 2 S. 4 ZVG im Namen des Verbandes Wohnungseigentümergemeinschaft ist originäre Aufgabe des Verwalters, für die er nach § 27 Abs. 1 Nr. 4, Abs. 3 Nr. 4 WEG keiner besonderen Ermächtigung bedarf (*Hügel/Elzer* § 15 Rn. 46).

6. Entziehungsklage

273 Ein weitere Form der Durchsetzung rückständiger Forderungen ist die **Entziehungsklage** nach § 18 WEG dazu § 28 Rn. 1 ff.; *Fauser* Haftungsverfassung, S. 327 ff.). Nach § 18 Abs. 2 Nr. 2, Abs. 1 WEG macht sich ein Wohnungseigentümer einer schweren Verletzung der ihm gegenüber anderen Wohnungseigentümern obliegenden Verpflichtungen schuldig, wenn er sich mit der Erfüllung seiner Verpflichtungen zur **Lasten- und Kostentragung** in Höhe eines Betrages, der drei vom Hundert des Einheitswertes seines Wohnungseigentums übersteigt, länger als drei Monate in Verzug befindet (Verzugsbetrag).

G. Kosten und Lasten des Sondereigentums

I. Kosten des Sondereigentums

274 Zu den **Kosten des Sondereigentums** gehören in Abgrenzung zu den **Kosten des Gemeinschaftseigentums** (dazu Rn. 154 ff.):

275 – die den Sondereigentumseinheiten (Wohnungs- oder Teileigentum) zuzuordnenden Kosten der **Instandsetzung und Instandhaltung** des Sondereigentums, z. B. die Schönheitsreparaturen;
  – die Kosten der **Verwaltung** des Sondereigentums (Sondereigentumsverwaltung), etwa die Kosten eines Sondereigentumsverwalters;
  – die **Kosten des Gebrauchs** des Sondereigentums, mithin die einem Sondereigentum zuzurechnenden Betriebskosten. Zu den Betriebskosten gehören vor allem die im Sondereigentum anfal-

lenden **Strom-** (*BayObLG* ZMR 2004, 843, 844) **und Wasser- und Abwasserkosten** (*BGH* BGHZ 156, 192, 199 [Kaltwasser] = ZMR 2003, 937, 939 = NJW 2003, 3476). Daneben sind hierher zu zählen Kosten für das **Kabelfernsehen** (*OLG Hamm* ZMR 2004, 774, s. Rn. 129 ff.). Auf dem Sondereigentum, nicht auf dem Gemeinschaftseigentum ruhen ferner die Kosten für den **individuellen Abfall** (*OLG Oldenburg* ZMR 2005, 814; *VG Karlsruhe* ZMR 2005, 662 mit Anm. *Greiner*; *Elzer* WE 2004, 220; a. A. noch *BayObLG* NJW 1972, 1376). In aller Regel ist die Höhe der Abfallgebühren abhängig von der Menge des zu entsorgenden Mülls oder der Größe der Mülltonne (*Elzer* WE 2004, 220).

II. Lasten des Sondereigentums

Zu den Lasten (zum Begriff s. Rn. 152 und Rn. 153) des Sondereigentums gehören vor allem die **Erschließungsbeiträge** i. S. von § 134 BauGB (*OVG Münster* NJW-RR 1992, 1234) und die **Grundsteuern** (§ 12 GrStG). Auch die **Deichacht** ist eine Last des Sondereigentums (*OLG Oldenburg* ZMR 2005, 814). Abfallgebühren (s. bereits Rn. 275) sind **keine Lasten des Grundstückes**, weil sie nicht für das Grundstück als solches erhoben werden, sondern für die Erzeugung von Abfällen (*Hügel* ZWE 2005, 204, 210; *Greiner* ZMR 2004, 319, 320). 276

III. Kostenverteilungsschlüssel

Wie bereits ausgeführt (Rn. 27), gibt das Gesetz für die Kosten und Lasten des Sondereigentums **keinen gesetzlichen Kostenverteilungsschlüssel** vor. Die Wohnungseigentümer müssen daher für diese Kosten einen Kostenverteilungsschlüssel im Wege der Vereinbarung oder nach § 16 Abs. 3 WEG beschließen (Rn. 27). 277

H. Zweifel bei einem Kostenanfall

Ob in einer Wohnungseigentumsanlage anfallende Kosten dem **Gemeinschaftseigentum** oder dem **Sondereigentum** zuzuordnen sind, hängt vom jeweiligen **Gegenstand** der Verwaltung oder des Gebrauchs ab (*BGH* BGHZ 156, 192, 198 [Kaltwasser] = ZMR 2003, 937, 939 = NJW 2003, 3476). Das Verhalten eines außerhalb der Gemeinschaft stehenden Dritten ist belanglos. Insbesondere kann die Kostenverteilung innerhalb der Wohnungseigentümer nicht davon abhängen, dass der Vertrag mit einem Versorgungsunternehmen mit dem Verband Wohnungseigentümergemeinschaft geschlossen wird. Dass der Verband Wohnungseigentümergemeinschaft Vertragspartner ist, sagt tatsächlich **nichts darüber aus**, ob diese Verbindlichkeit auf den Gebrauch des Gemeinschaftseigentums oder des Sondereigentums zurückzuführen ist. 278

Kann bei einem Kostenanfall nicht geklärt werden, ob Kosten im Sonder- oder im Gemeinschaftseigentum anfallen, handelt es sich **im Zweifel** um **Kosten des Gemeinschaftseigentums** (*OLG Köln* ZMR 2007, 68 = IMR 2006, 55 mit Anm. *Elzer*). Können Kosten nicht sicher zugeordnet werden, gilt für sie – auch wenn sie teilweise dem Sondereigentum zuzuordnen sind – der gesetzliche oder abweichend vereinbarte oder nach § 16 Abs. 3 WEG beschlossene **Kostenverteilungsschlüssel** für das **Gemeinschaftseigentum**. Etwa Müllkosten (dazu Rn. 126 ff.) können nur dann nach Verbrauch verteilt werden, wenn eine getrennte Erfassung des durch die Nutzung des Sondereigentums anfallenden Mülls möglich ist (*OLG Köln* ZMR 2007, 68 = IMR 2006, 55 mit Anm. *Elzer*). 279

I. Kosten und Nutzungen einer Maßnahme nach § 22 Abs. 1 WEG

Nach § 16 Abs. 2 WEG ist jeder Wohnungseigentümer entsprechend seinem Miteigentumsanteil am Grundstück **grundsätzlich verpflichtet**, die **Kosten** der Instandhaltung und Instandsetzung des gemeinschaftlichen Eigentums **zu tragen** (Rn. 151). Dieser **Grundsatz** wird durch die Bestimmung des § 16 Abs. 6 S. 1 Halbsatz 2 WEG für die Fälle **durchbrochen**, in denen ein Wohnungseigentümer einer Maßnahme nach § 22 Abs. 1 WEG **nicht** zugestimmt hat. Entsprechendes gilt, wenn ein Wohnungseigentümer der Maßnahme zwar zugestimmt hat, die Zustimmung aber ausdrücklich an die **Bedingung** geknüpft hat, von den Kosten und Folgekosten der Maßnahme befreit zu sein (Rn. 291). 280

§ 16 | Nutzungen, Lasten und Kosten

I. Anwendungsbereich

1. § 22 Abs. 1 WEG

281 § 16 Abs. 6 WEG trifft nur eine Aussage zu baulichen Veränderungen nach § 22 Abs. 1 WEG. Gem. § 22 Abs. 1 WEG können bauliche Veränderungen beschlossen werden, wenn alle durch die Maßnahme Benachteiligten mit »Ja« stimmen (*Hügel/Elzer* § 7 Rn. 15 und Rn. 16). Die Kosten der Maßnahme stellen dabei **keinen Nachteil** i. S. von §§ 22 Abs. 1 S. 1, 14 Nr. 1 WEG dar. Denn § 16 Abs. 6 S. 1 Halbsatz 2 WEG nimmt den Wohnungseigentümer, der der baulichen Veränderung nicht zugestimmt hat, von den Aufwendungen hierfür **ausdrücklich aus** (*Abramenko* ZMR 2003, 468, 469).

2. §§ 21 Abs. 5 Nr. 2, 22 Abs. 2 und Abs. 3 WEG

282 Bauliche Maßnahmen können **mehrheitlich beschlossen** werden, wenn sie ordnungsmäßiger Verwaltung nach § 21 Abs. 3 WEG entsprechen. Dies ist der Fall, wenn sie der Instandhaltung oder Instandsetzung i. S. von § 21 Abs. 5 Nr. 2 WEG dienen, wenn es sich um eine modernisierende Instandsetzung handelt, § 22 Abs. 3 WEG, oder wenn es um die **erstmalige ordnungsmäßige Herstellung** der Anlage geht. Ferner gibt das Gesetz durch § 22 Abs. 2 WEG eine qualifizierte Beschlusskompetenz. Treffen die Wohnungseigentümer in diesen Fällen gestützt auf § 16 Abs. 4 WEG **keine abweichende** Kostenregelung, sind die Kosten gem. § 16 Abs. 2 WEG von **allen Wohnungseigentümern** zu tragen (*Abramenko* ZMR 2003, 468). Zu diesem Problemkreis trifft § 16 Abs. 6 WEG **keine Aussage**.

II. Geschützter Personenkreis

1. Wohnungseigentümer

283 Die Auslegung des § 16 Abs. 6 S. 1 Halbsatz 2 WEG und die Frage, welcher Personenkreis durch ihn geschützt wird, sind **streitig**. Von einigen wird § 16 Abs. 6 S. 1 Halbsatz 2 WEG so ausgelegt, dass er nur für den i. S. d. § 22 Abs. 1 S. 2 **nicht benachteiligten Wohnungseigentümer** gilt (*OLG Saarbrücken* ZMR 1997, 31, 33; *BayObLG* WuM 1996, 787, 789; *OLG Frankfurt* OLGZ 1981, 313; *Abramenko* § 4 Rn. 7; ders. ZMR 2003, 468; *Demharter* MDR 1986, 265, 266). Stimme dieser Wohnungseigentümer nicht zu, sei er an den Kosten auch nicht zu beteiligen. Für einen Wohnungseigentümer, der durch die Maßnahme gem. §§ 22 Abs. 1 S. 1, 14 Nr. 1 WEG **beeinträchtigt** wird, soll § 16 Abs. 6 S. 1 Halbsatz 2 WEG hingegen **nicht gelten**. Ein Wohnungseigentümer, der durch die bauliche Veränderung Nachteile erleidet, müsse daher – um sich von den Kosten zu befreien – den Beschluss anfechten. Versäume er dies, ist er an den Kosten der Maßnahme zu beteiligen.

284 Diesem einschränkenden Verständnis sollte **nicht gefolgt** werden (wie hier *OLG Hamm* NJW-RR 1997, 970, 971; *Gottschalg* NZM 2004, 529; *Ott* ZWE 2002, 61, 66; *Sandweg* DNotZ 1993, 707, 720; s. auch *BayObLG* BayObLGZ 1973, 78, 80; offen gelassen von *Häublein* NJW 2005, 1466, 1469). § 16 Abs. 6 S. 1 Halbsatz 2 WEG sagt bereits seinem **Wortlaut** nach nichts darüber aus, dass der Wohnungseigentümer, der einer baulichen Änderung zustimmt, ohne Vorteile zu haben, auch verpflichtet ist, die hierfür anfallenden Kosten zu tragen. Aber auch nach Sinn und Zweck, nach der Systematik und nach einer historischen Auslegung kann man nicht zu dem Ergebnis kommen, dass ein **nicht zustimmender** Wohnungseigentümer die Kosten einer Maßnahme i. S. von § 22 Abs. 1 WEG tragen muss. Ausschlaggebend für die Anwendung des § 16 Abs. 6 S. 1 Halbsatz 2 WEG ist vielmehr die **Möglichkeit einer Nutzung** (*Sandweg* DNotZ 1993, 707, 720). Wenn nachträglich eine Anlage geschaffen wird und durch die bauliche Gestaltung dem gemeinschaftlichen Eigentum eingegliedert wird, stellt § 16 Abs. 6 S. 1 Halbsatz 2 WEG nur klar, dass die Nichtzustimmenden weder an den Kosten noch an Nutzungen zu beteiligen sind (*Sandweg* DNotZ 1993, 707, 720). Um mehr als um die Klarstellung handelt es sich bei dieser Bestimmung mithin nicht.

2. Sondernachfolger

285 Die Freistellung des Wohnungseigentümers, der einer Maßnahme nach § 22 Abs. 1 WEG nicht zugestimmt hat, von den durch die Maßnahme verursachten Kosten beruht auf einer **gesetzlichen**

Anordnung. Sie wirkt uneingeschränkt **gegenüber jedermann**. Der den rechtsgeschäftlichen Erwerber schützende öffentliche Glaube des Grundbuchs (§ 892 BGB) kommt gegenüber dieser Anordnung nicht zum Tragen. Die Schutzwirkung des § 892 BGB ist auf eintragungsfähige Rechte, Verfügungsbeschränkungen und Tatsachen begrenzt. Hierzu zählt die in § 16 Abs. 6 WEG getroffene Anordnung nicht (*BGH* BGHZ 116, 392, 399 = ZMR 1992, 197 = MDR 1992, 484 = NJW 1992, 978; *KG* ZMR 2005, 402, 403). Die Eintragung der Befreiung ist weder vorgeschrieben noch ausdrücklich oder stillschweigend zugelassen. **Jeder Rechtsnachfolger** muss daher von dem **Zeitpunkt** an, ab dem er für Verwaltungsverbindlichkeiten haftet (**Fälligkeitstheorie**, s. Rn. 205), die Kostenfreiheit anderer Wohnungseigentümer nach § 16 Abs. 6 Halbsatz 2 WEG **gegen sich** gelten lassen.

III. Kosten einer Maßnahme nach § 22 Abs. 1 WEG

1. Originäre Kosten

Die Kosten einer baulichen Maßnahme oder einer Aufwendung i. S. von § 22 Abs. 1 WEG belasten **286** nicht denjenigen Wohnungseigentümer, der ihr **nicht zuzustimmen brauchte** und auch nicht zugestimmt hat, § 16 Abs. 6 Halbsatz 2 WEG. Die darin liegende Kostenbefreiung der nicht zustimmenden Wohnungseigentümer von den mit der außergewöhnlichen Maßnahme verbundenen Kosten macht die für bauliche Veränderungen und sonstige Aufwendungen gewünschte **Lockerung des Einstimmigkeitsgrundsatzes überhaupt erst möglich**. Die Kosten dürfen aus diesem Grunde auch nicht der Instandhaltungsrückstellung entnommen werden. Die Instandhaltungsrückstellung darf zum Zwecke der Finanzierung einer Maßnahme – soweit ein Fall des § 16 Abs. 6 WEG vorliegt und durch § 16 Abs. 4 WEG nicht anderes bestimmt ist (Rn. 287 und Rn. 93 ff.) – **nicht angegriffen** werden (*BGH* BGHZ 116, 392, 399 = ZMR 1992, 197 = MDR 1992, 484 = NJW 1992, 978). Ebenso wenig darf aus diesem Grunde eine **Sonderumlage** unter Einbeziehung der nicht zustimmenden Wohnungseigentümer erhoben werden. Die genannte Lockerung wäre **hinfällig**, wenn die bloße Möglichkeit einer **Ausfallhaftung** die Zustimmung aller Mitglieder der Gemeinschaft erforderlich machte (*BGH* BGHZ 116, 392, 399 = ZMR 1992, 197 = MDR 1992, 484 = NJW 1992, 978).

Eine **Besonderheit** gilt für Kosten für bauliche Veränderungen, die zum Teil **auch Instandsetzun-** **287** **gen/Instandhaltungen** umfassen. Hier ist es angemessen, dass auch ein nicht zustimmender Wohnungseigentümer einen Teil der Kosten (und der **Folgekosten**) zu tragen hat (*Ott* ZWE 2002, 61, 67). Etwas **anderes gilt** seit dem 1.7.2007 ferner dann, wenn die Wohnungseigentümer von ihrem Recht nach § 16 Abs. 4 WEG, die Kosten abweichend von § 16 Abs. 6 S. 1 WEG zu verteilen, Gebrauch gemacht haben (dazu Rn. 93 ff.). In diesem Falle muss sich auch ein nicht mit »Ja« stimmender Wohnungseigentümer an den Kosten einer Maßnahme beteiligen. Weil es dadurch an einer **Rechtfertigung** für die gewünschte Lockerung des Einstimmigkeitsgrundsatzes **fehlt** (Rn. 287), ist diese Rechtsmacht jedenfalls **dogmatisch** indes **unbefriedigend**.

2. Folgekosten

a) Grundsatz

Ist ein Wohnungseigentümer von der Tragung der Kosten befreit, gilt dies nicht nur für die Inves- **288** titionskosten, sondern auch für **Folgekosten** dieser Maßnahme (*BGH* BGHZ 116, 392, 397 = ZMR 1992, 197 = MDR 1992, 484 = NJW 1992, 978; *OLG Hamm* ZMR 2006, 630, 632; *OLG Düsseldorf* NZM 2006, 109 = OLGReport 2006, 67, 69; *BayObLG* BayObLGReport 2005, 494, 495; ZWE 2004, 91; *KG* ZMR 2005, 402, 403), insbesondere also:

– Kosten des **laufenden Unterhalts** (*Gottschalg* NZM 2005, 529, 530); **289**
– Kosten einer zukünftig erforderlichen **Instandhaltung** oder **Instandsetzung** (*OLG Düsseldorf* OLGReport 2006, 67, 69);
– **Schadensersatzansprüche** im Zusammenhang mit der Maßnahme (*BayObLG* BayObLGReport 2005, 494, 495).

Diese Kosten dürfen nicht in die Jahresabrechnung des Nichtzustimmenden eingestellt werden. **290** Müssen Mittel für Folgemaßnahmen aufgewendet werden, sind sie nach §§ 28 Abs. 1 S. 2 Nr. 2, 16

§ 16 | Nutzungen, Lasten und Kosten

Abs. 6 WEG grundsätzlich (wieder) auf diejenigen Wohnungseigentümer umzulegen, die der Maßnahme zugestimmt haben (*BGH* BGHZ 116, 392, 398 = ZMR 1992, 197 = MDR 1992, 484 = NJW 1992, 978).

b) Bedingte Zustimmungen

291 Eine **Kostenbefreiung** ist nach h. M. auch in den Fällen anzunehmen, in denen ein Wohnungseigentümer einer baulichen Veränderung, die ausschließlich einem anderen Wohnungseigentümer im Bereich seines Sondereigentums zugute kommt, unter **Verwahrung** gegen eine Kostenbeteiligung **zustimmt** (*OLG Düsseldorf* OLGReport 2006, 67, 69; *BayObLG* ZMR 2001, 829, 831 = ZWE 2001, 424; BayObLGReport 2000, 59 = NZM 2000, 1015; BayObLGZ 1989, 437, 441). Nur durch eine entsprechende **Ausdehnung** der Kostenbefreiung kann verhindert werden, dass ein Wohnungseigentümer, der sich an den Kosten nicht beteiligen will, aber die bauliche Veränderungsmaßnahme als solche hinzunehmen bereit ist, gezwungen wird, seine Zustimmung zu verweigern, um einer Kostenbeteiligung zu entgehen (*OLG Düsseldorf* OLGReport 2006, 67, 69). Die Zustimmung unter Verwahrung gegen die Kostenlast ist hierbei als **eingeschränkte Zustimmung** aufzufassen. Es gibt keinen sachlichen Grund, einen Wohnungseigentümer, der eine solche ausdrücklich eingeschränkte Zustimmung zu einer baulichen Veränderung erteilt, anders zu behandeln als einen Wohnungseigentümer, der die Zustimmung vollständig verweigert. Ob eine Zustimmung eines durch die Maßnahme nicht bevorzugten Wohnungseigentümers i. d. S. zu verstehen ist, ist ggf. durch Auslegung zu ermitteln. Im **Zweifel** wird man annehmen dürfen, dass ein Wohnungseigentümer sich einerseits nicht gegen eine Maßnahme stellen wollte, andererseits aber an der Tragung der Kosten einer Maßnahme allein oder überwiegend im fremden Bereich **kein Interesse** hat.

c) Instandhaltungsrückstellung

292 Folgekosten dürfen **nicht der Instandhaltungsrückstellung** entnommen werden (*OLG Hamm* ZMR 2002, 965, 966). Sind die Folgekosten **rechtswidrig** der Instandhaltungsrückstellung entnommen worden, können die Wohnungseigentümer beschließen, dass die Summe der Instandhaltungsrückstellung wieder zugeführt wird (*OLG Hamm* ZMR 2002, 965, 966 = NZM 2002, 874; *OLG Köln* WE 1991, 332). Wird ein solcher Beschluss nicht gefasst, kann der einzelne Wohnungseigentümer aus seinem Recht gem. § 21 Abs. 4 WEG verlangen, dass das unzulässigerweise verausgabte Geld wieder der Instandhaltungsrücklage zugeführt wird. Die Maßnahme ist in diesem Fall von den Wohnungseigentümern zu bezahlen, die der Maßnahme zugestimmt haben. In den Einzelabrechnungen der zustimmenden Wohnungseigentümer ist der entsprechende Anteil an den aufzubringenden Kosten aufzuführen (*OLG Hamm* ZMR 2002, 965, 966 = NZM 2002, 874). Haben die Wohnungseigentümer über die Entnahme allerdings einen nicht rechtzeitig angefochtenen **billigenden Beschluss** gefasst, hat die **überlagernde Wirkung** eines solchen Beschlusses zur Folge, dass es bei der durch ihn geregelten Entnahme und damit der der Entnahme zu Grunde gelegten **Kostenverteilung verbleibt** (*BayObLG* NJW 1981, 690, 691; BayObLGZ 1977, 89, 91; *OLG Frankfurt a. M.* OLGZ 1979, 144, 146; *Merle*, PiG 63, S. 165, 171).

d) Sonderumlagen wegen Ausfalls

293 Die Freistellung von den Folgekosten einer baulichen Veränderungsmaßnahme entbindet einen nicht zustimmenden Wohnungseigentümer **nicht von seiner Kostenlast**, wenn der Wohnungseigentümer, der eine bauliche Veränderung des gemeinschaftlichen Eigentums durchgeführt hat, **zahlungsunfähig** ist und spätere Wartungs- und / oder Reparaturarbeiten im Rahmen ordnungsmäßiger Verwaltung ausgeführt werden müssen.

e) Aufwendungsersatz von den Zustimmenden

294 Musste ein Wohnungseigentümer, der einer außergewöhnlichen Maßnahme i. S. des § 22 Abs. 1 WEG nicht zugestimmt hatte, zur **Aufrechterhaltung des ordnungsgemäßen Zustandes** des gemeinsamen Eigentums eine Verbindlichkeit eingehen oder – viel praxisrelevanter – ist der Verband Wohnungseigentümergemeinschaft eine Verbindlichkeit eingegangen, für die der nicht zustimmende Wohnungseigentümer nach § 10 Abs. 8 S. 1 WEG anteilig haftet, kann dieser Wohnungseigentümer **von den Zustimmenden** unmittelbar nach § 426 Abs. 1 S. 1 BGB und aus

§ 16 Abs. 6 WEG Ausgleich verlangen (*BGH* BGHZ 116, 392, 398 = ZMR 1992, 197 = MDR 1992, 484 = NJW 1992, 978). Mussten Gelder des Verbandes aufgewendet werden, so sind sie auf diejenigen Wohnungseigentümer umzulegen, die der **Maßnahme zugestimmt** haben (*BGH* BGHZ 116, 392, 398 = ZMR 1992, 197 = MDR 1992, 484 = NJW 1992, 978).

3. Rückbaukosten

Die Beseitigungskosten einer Maßnahme i. S. von § 22 Abs. 1 WEG, d. h. die Kosten für die **Wie-** 295 **derherstellung** des ursprünglichen Zustandes, sind nach Sinn und Zweck von § 16 Abs. 6 S. 1 Halbsatz 2 WEG ebenso wie die Folgekosten nur auf die zustimmenden Wohnungseigentümer umzulegen (a. A. *OLG Hamburg* ZMR 2006, 377, 378).

4. Auf einer Öffnungsklausel beruhende Beschlüsse

Wird die an sich erforderliche Zustimmung eines Wohnungseigentümers zu einer baulichen Ver- 296 änderung auf Grund einer Öffnungsklausel durch einen Mehrheitsbeschluss **ersetzt**, hat sich ein Wohnungseigentümer **abweichend** von § 16 Abs. 6 S. 1 Halbsatz 2 WEG an den **Kosten zu beteiligen** (*BayObLG* ZWE 2001, 427, 428 = NZM 2001, 1138; WuM 1996, 787, 789; BayObLGZ 1989, 437, 441; *Huff* WE 1997, 282, 284; *Demharter* MDR 1988, 265, 266).

IV. Nutzungen einer Maßnahme

1. Allgemeines

Gem. § 16 Abs. 6 S. 1 Halbsatz 1 WEG ist ein Wohnungseigentümer oder seine Sonder- und Ge- 297 samtrechtsnachfolger **nicht berechtigt**, einen **Anteil an Nutzungen**, die auf einer von ihm nicht zugestimmten Maßnahme i. S. von § 22 Abs. 1 WEG beruhen, etwa dem nachträglichen Einbau eines Aufzugs oder eines Schwimmbades, zu beanspruchen. »Nutzungen« i. S. von § 16 Abs. 6 S. 1 Halbsatz 1 WEG sind nach der Systematik auch an dieser Stelle (vgl. im Übrigen Rn. 139) jedenfalls die unmittelbaren und mittelbaren **Sach- und Rechtsfrüchte** des Gemeinschaftseigentums (die Erträge), nicht die Gebrauchsvorteile (*Ott* ZWE 2002, 61, 67; *Armbrüster* ZfIR 1998, 395, 398). **Erweiternd** sind Nutzungen hier allerdings auch als **Vermögensvorteile durch Verbesserung des Gemeinschaftseigentums** anzusehen.

Will ein Wohnungseigentümer nach zunächst ablehnender Haltung an Nutzungen in diesem 298 Sinne teilnehmen, bedarf dies der Zustimmung aller Wohnungseigentümer, die die Kosten der Maßnahme getragen haben und deshalb zur Nutzung berechtigt sind. Ein Anspruch auf Zustimmung kann in Ausnahmefällen aus § 242 BGB abgeleitet werden (*Huff* WE 1997, 282, 286). Ist mit dem Zustimmenden nichts anderes vereinbart, so haben sich die Hinzutretenden an den Herstellungskosten unter Berücksichtigung der Abschreibung und an den künftigen Unterhaltskosten zu beteiligen.

2. Auf § 16 Abs. 4 WEG beruhende Beschlüsse

Haben die Wohnungseigentümer von der Möglichkeit des § 16 Abs. 4 WEG Gebrauch gemacht 299 und bestimmt, dass auch die nicht zustimmenden Wohnungseigentümer ausnahmsweise **an den Kosten zu beteiligen sind** (dazu Rn. 93 ff.), ist ein Wohnungseigentümer, der einer Maßnahme nach § 22 Abs. 1 WEG nicht zugestimmt hat, nach § 16 Abs. 6 S. 2 WEG ausnahmsweise berechtigt, einen Anteil an **Nutzungen**, die auf einer solchen Maßnahme beruhen, zu beanspruchen. Ferner muss der nicht mit »Ja« stimmende Wohnungseigentümer in diesem Falle die Kosten der Maßnahme mittragen.

3. Bereicherungsausgleich

Nimmt ein Nichtzustimmender rein »tatsächlich« an Nutzungen teil, kann im Einzelfall ein **Be-** 300 **reicherungsausgleich** geboten sein (*OLG Schleswig* ZMR 2007, 562, 563; *OLG Hamm* ZMR 2002, 965, 966 = NZM 2002, 874; *Gottschalg* NZM 2004, 529, 530; *Demharter* MDR 1988, 265, 270). Erlangen Wohnungseigentümer durch **unvermeidbaren Mitgebrauch** des durch eine Maßnahme i. S. d. § 22 Abs. 1 WEG Geschaffenen, z. B. einer Heizungsmodernisierung, der sie nicht zugestimmt haben und zu deren Kosten sie gem. § 16 Abs. 6 WEG nicht beitragen mussten, einen zu berechnenden **Vermögensvorteil** (etwa die Einsparung von Heizkosten auf Grund der Modernisie-

§ 16 | Nutzungen, Lasten und Kosten

rung der Heizungsanlage), müssen diese Wohnungseigentümer nach den Grundsätzen **ungerechtfertigter Bereicherung** gem. §§ 812 ff. BGB den Wohnungseigentümern, die die Kosten getragen haben, diesen Vermögensvorteil **herausgeben** (*OLG Schleswig* ZMR 2007, 562, 563; *OLG Hamm* ZMR 2002, 965, 966 = NZM 2002, 874; *BayObLG* NJW 1981, 690, 692).

J. Verwaltungskosten

301 Jeder Wohnungseigentümer ist nach § 16 Abs. 2 WEG verpflichtet, die Kosten der sonstigen »**Verwaltung**« zu tragen (zum Begriff der Verwaltung s. auch § 20 Rn. 72 ff.). Zu den **Kosten der Verwaltung** i. S. d. Gesetzes gehören

302
- nach § 16 Abs. 7 Variante 1 WEG insbesondere die **Kosten eines Rechtsstreits** gem. § 18 WEG;
- nach § 16 Abs. 7 Variante 2 WEG der **Ersatz des Schadens** im Falle des § 14 Nr. 4 WEG;
- nach § 16 Abs. 8 WEG die **erhöhten Gebühren** eines Anwalts auf Grund einer Gebührenvereinbarung;
- im Übrigen ist **im Wege der Auslegung** zu ermitteln, welche Positionen hierzu zu zählen sind.

I. Kosten eines Rechtsstreits

303 Die Kosten eines Rechtsstreits gehören nicht in jedem Falle zu den Kosten der Verwaltung. Ob die Kosten eines Rechtsstreits zu den Verwaltungskosten zu zählen sind, ist deshalb danach zu entscheiden, ob die Kosten für eine **Entziehungsklage nach § 18 WEG**, für ein **Verfahren nach § 43 WEG** und für eine **andere Klage** angefallen sind.

1. Entziehungsklagen gem. § 18 WEG: § 16 Abs. 7 Variante 1 WEG

304 Gem. dem **nicht abdingbaren** § 16 Abs. 7 Variante 1 WEG gehören zu den Kosten der Verwaltung die Kosten eines Rechtsstreits gem. § 18 WEG. Die Bestimmung des § 16 Abs. 7 WEG verfolgt dabei zwei Schlagrichtungen zum einen die **Finanzierung** einer Entziehungsklage in sämtlichen Aspekten (Rn. 305). Er bezweckt dabei, die Erhebung der Entziehungsklage nicht dadurch zu erschweren, dass die Frage, wie die Verfahrenskosten aufgebracht werden, ungeklärt ist. Zum anderen bezweckt § 16 Abs. 7 WEG die **Durchbrechung der gerichtlichen Kostenentscheidung** für das Innenverhältnis (Rn. 306).

a) Finanzierung einer Entziehungsklage

305 Für die Finanzierung einer Entziehungsklage **vor einer gerichtlichen Kostenentscheidung** ordnet § 16 Abs. 7 WEG an, dass die im Zusammenhang mit der Entziehungsklage stehenden Kosten, z. B. der Gebührenvorschuss eines Rechtsanwalts oder der Gerichtskostenvorschuss, zu den Verwaltungskosten gehören und nach § 16 Abs. 2 WEG stets von **sämtlichen Wohnungseigentümern gemeinsam** aufzubringen sind. Der beklagte Wohnungseigentümer muss sich also an den Kosten der gegen ihn gerichteten Klage beteiligen; dies gilt auch für die gem. § 18 Abs. 1 S. 2 Variante 1 WEG vom Verband vertretenen Wohnungseigentümer oder den klagenden Wohnungseigentümer einer Zweiergemeinschaft. Um die Kosten aufzubringen kann der Verwalter das **Verwaltungsvermögen** nutzen. Verfährt er so, sind die Entnahmen in die Jahresabrechnung einzustellen und nach dem geltenden Verteilungsschlüssel unter alle Wohnungseigentümer zu verteilen.

b) Endgültige Kostenverteilung

306 Für die endgültige gerichtliche Kostenentscheidung hat § 16 Abs. 7 WEG die Funktion, diese für das Innenverhältnis **aufzuheben** und zu **durchbrechen**.

####### aa) Erfolgreiche Entziehungsklage

307 Obsiegen die Wohnungseigentümer, muss der Beklagte zwar nach § 91 Abs. 1 S. 1 ZPO die **notwendigen Kosten** tragen. § 16 Abs. 7 WEG lässt diese Entscheidung unberührt. Nach § 16 Abs. 7 WEG sind die Kosten im **Innenverhältnis** aber unter sämtlichen Wohnungseigentümern zu verteilen (*OLG Düsseldorf* ZMR 1996, 571, 572 = FGPrax 1996, 175; *OLG Stuttgart* OLGZ 1986, 32, 33; *BayObLG* BayObLGZ 1983, 109). Aus den Kostentragungsregelungen der ZPO kann – wie auch

bb) Verlorene Entziehungsklage

Verlieren die oder der klagende Wohnungseigentümer eine Entziehungsklage, muss sich auch der **obsiegende Beklagte** an den Kosten des gegen ihn gerichteten Rechtsstreits anteilig und nach dem geltenden Verteilungsschlüssel beteiligen (*BayObLG* BayObLGZ 1983, 109; *OLG Stuttgart* OLGZ 1986, 32, 33). Umgekehrt müssen sich natürlich die anderen Wohnungseigentümer an **seinem Kostenerstattungsanspruch** beteiligen (*OLG Düsseldorf* ZMR 1996, 571, 572 mit Anm. *Drasdo* = FGPrax 1996, 175; *BayObLG* BayObLGZ 1983, 109). Eine **teleologische Reduktion** ist jeweils nicht – auch nicht aus verfassungsrechtlichen Gründen – angezeigt (s. auch *OLG Düsseldorf* ZMR 1996, 571, 572 mit Anm. *Drasdo* = FGPrax 1996, 175). 308

In Ausnahmefällen kann der Beklagte **gem. § 242 BGB** im Innenverhältnis von der Pflicht, anteilig die **Prozesskosten** zu tragen, allerdings befreit sein (*OLG Düsseldorf* ZMR 1996, 571, 572 mit Anm. *Drasdo* = FGPrax 1996, 175; *OLG Stuttgart* OLGZ 1986, 32; *BayObLG* BayObLGZ 1983, 109). § 16 Abs. 7 Variante 1 WEG ist insoweit **teleologisch zu reduzieren**. Im Einzelfall kommt dies in Betracht, wenn eine Entziehungsklage offensichtlich von **vornherein aussichtslos** und ihre Erhebung daher rechtsmissbräuchlich ist, etwa, wenn der Beklagte keinen oder jedenfalls keinen begründeten Anlass zur Klageerhebung gegeben hat (*OLG Stuttgart* OLGZ 1986, 32; *BayObLG* BayObLGZ 1983, 109). 309

c) Kosten des Rechtsstreits

Zu den Kosten einer **Entziehungsklage** gehören die außergerichtlichen und gerichtlichen Kosten (Gebühren und Auslagen) der Anwälte sowie die Gerichtskosten (Gebühren und Auslagen). Ferner sollen hierher die Kosten einer anwaltliche Beratung gehören, auf Grund deren von der Veräußerungsklage **Abstand genommen** wird (*BayObLG* NZM 2004, 235; zw.). 310

d) Kostenverteilungsschlüssel

Die Kosten sind nach § 16 Abs. 7, Abs. 2 WEG in der **Höhe der Miteigentumsanteile** oder des an derweitig vereinbarten oder beschlossenen Umlegungsmaßstabes zu verteilen (*OLG Stuttgart* OLGZ 1986, 32, 33; *Drasdo* ZMR 1994, 573). 311

2. § 16 Abs. 8 WEG

a) Zweck

Das Wohnungseigentumsgesetz will jenseits von § 16 Abs. 7 WEG verhindern, dass Konflikte unter den Wohnungseigentümern **auf Kosten aller** Wohnungseigentümer ausgetragen werden (*BGH* NZM 2007, 358, 361; *OLG Hamm* OLGZ 1989, 47, 49; *BayObLG* BayObLGZ 1976, 223, 225). Aus diesem Grunde nimmt § 16 Abs. 8 WEG **negativ** die Kosten eines Verfahrens nach § 43 WEG ausdrücklich von den grundsätzlich nach § 16 Abs. 2 WEG umzulegenden **Kosten der Verwaltung** aus. Eine positive Aussage wird durch § 16 Abs. 8 WEG indes nicht getroffen. § 16 Abs. 8 WEG sagt also nicht, wie und in welchem Verhältnis die Wohnungseigentümer stattdessen an den Kosten eines Rechtsstreits zu beteiligen sind (*BGH* NZM 2007, 358, 360). Diese bewusste und offene Lücke ist durch eine entsprechende Anwendung des **allgemeinen Kostenverteilungsschlüssels** zu schließen (dazu Rn. 323). 312

b) Anwendungsbereich

§ 16 Abs. 8 WEG unterfallen nur **Binnenstreitigkeiten** unter den Wohnungseigentümern (*BGH* NZM 2007, 358, 361). Der Zweck des § 16 Abs. 8 WEG (Rn. 312) erfordert daher nach h. M. in bestimmten Fällen seine **einschränkende Auslegung** im Wege der teleologischen Reduktion (*Merle* WE 1991, 4; *Weitnauer/Gottschalg* Rn. 60; *Staudinger/Bub* Rn. 182). 313

aa) Sämtliche Wohnungseigentümer sind beklagt oder klagen

Eine **Schutzbedürftigkeit** der Wohnungseigentümer ist zum einen **nicht zu erkennen**, wenn **sämtliche Wohnungseigentümer** an einem Verfahren als Kläger oder Beklagte teilnehmen (*BGH* NZM 2007, 358, 361), z. B.: 314

§ 16 | Nutzungen, Lasten und Kosten

315 – als Beklagte eines Verfahrens nach § 43 Nr. 2 WEG;
– als Beklagte einer vom Verwalter geführten Anfechtungsklage nach §§ 43 Nr. 4, 46 WEG;
– als Beklagte nach § 43 Nr. 3 WEG, wenn der Verwalter Kläger ist;
– als Kläger in einem Verfahren gegen den aktiven oder gegen den ausgeschiedenen Verwalter (vgl. *OLG Köln* WuM 1996, 243; *OLG Hamm* OLGZ 1989, 47; *Merle* WE 1991, 4).

bb) § 43 Nr. 5 WEG

316 Die Kosten eines Rechtsstreits sind auch dann Verwaltungskosten i. S. d. Gesetzes, wenn der **Verband Wohnungseigentümergemeinschaft** von einem Dritten verklagt wurde und dadurch Kosten verursacht worden sind. Auch diese Kosten können nur als **Verwaltungskosten** i. S. d. § 16 Abs. 2 WEG verstanden werden (*Elzer* ZMR 2007, 430, 431).

cc) Streitigkeiten mit Dritten; Wohngeldverfahren

317 Auch **Streitigkeiten mit Dritten**, an denen der Verband selbst oder sämtliche Wohnungseigentümer gemeinsam und gleichgerichtet beteiligt sind, unterfallen nicht § 16 Abs. 8 WEG, sondern § 16 Abs. 2 WEG (*BGH* NZM 2007, 358, 361; *OLG Köln* WuM 1996, 245; *OLG Hamm* OLGZ 1989, 47, 48; *Becker* MietRB 2004, 25).

318 Als Streitigkeit mit Dritten sind nach Ansicht des Bundesgerichtshofes auch Streitigkeiten zur Verfolgung von gemeinschaftlichen **Beitrags- und Schadensersatzansprüchen** gegen einzelne Wohnungseigentümer zu verstehen (*BGH* NZM 2007, 358, 361; a. A. *Jennißen* NZM 2007, 510, 511). Diese Verfahren beträfen zwar das Innenverhältnis, fielen aber in den Bereich der gemeinschaftlichen Verwaltung (*BGH* NZM 2007, 358, 361). **Dem ist nicht zu folgen**. Nach Sinn und Zweck des § 16 Abs. 8 WEG ist ein beklagter Wohnungseigentümer nicht gezwungen, sich an Kosten des gegen ihn selbst gerichteten Verfahrens zu beteiligen. Soweit sich der Bundesgerichtshof für seine entgegenstehende Meinung auf die Rechtsprechung anderer Gerichte beruft (nämlich: *BayObLG* NZM 2005, 68 = ZMR 2004, 763; *OLG Düsseldorf* NZM 2003, 327 = ZMR 2003, 228, 229), gehen **diese Zitate fehl**. In keiner der zum Beleg herangezogenen Entscheidungen findet sich eine Aussage dazu, dass Wohngeldverfahren § 16 Abs. 2 WEG unterfallen.

dd) Mehrkosten: § 27 Abs. 2 Nr. 4 oder Abs. 3 Nr. 6 WEG

319 Die Kosten eines Rechtsstreits gem. § 43 WEG gehören nach § 16 Abs. 8 Halbsatz 2 WEG **ausnahmsweise** dann zu den Kosten der Verwaltung, wenn es sich um **Mehrkosten** gegenüber der gesetzlichen Vergütung eines Rechtsanwalts auf Grund einer Vereinbarung über die Vergütung nach § 27 Abs. 2 Nr. 4 oder Abs. 3 Nr. 6 WEG handelt. Durch diese Regelung soll einer **angeblichen Unbilligkeit entgegen gewirkt** werden, die dadurch entstehen können soll, dass einzelne Wohnungseigentümer im Falle ihres Unterliegens der Gegenseite, also den übrigen Wohnungseigentümern, die Kosten nur nach einem beschränkten Streitwert zu erstatten haben (*Hügel/Elzer* § 5 Rn. 84). Die übrigen Wohnungseigentümer hingegen müssten bei einer entsprechenden Vergütungsvereinbarung die Gebühren für die anwaltliche Vertretung nach einem höheren Streitwert entrichten. Da die Entscheidung aber gegen alle Wohnungseigentümer wirkt, sollen auch alle Eigentümer die entstandene Differenz bezahlen. Es soll zudem unbillig sein, wenn einzelne später im Prozess unterlegene Miteigentümer an den Mehrkosten, die den anderen Eigentümern durch die Klageerhebung oder Rechtsverteidigung entstanden sind, nicht beteiligt werden (BT-Drucks. 16/887 S. 77).

320 Diese Ansicht ist indes **verfehlt**. Die Regelung des § 16 Abs. 8 Halbsatz 2 WEG verführt geradezu die unterliegenden Wohnungseigentümer, einen zu Recht anfechtenden Wohnungseigentümer über den erhöhten Mehrkostenanteil »abzustrafen« (*Hügel/Elzer* § 5 Rn. 84; *dies.* § 11 Rn. 76).

c) Verteilung der Kosten eines Verfahrens nach § 43 WEG

321 Die Verfahrenskosten sind endgültig denjenigen Eigentümern aufzuerlegen, die von ihnen unter Berücksichtigung der Gerichtsentscheidung **betroffen** sind (*OLG Frankfurt a. M.* NZM 2006, 519, 520). Die zwingende und weder durch eine Vereinbarung noch durch einen Beschluss abdingbare (Rn. 333) Vorschrift des § 16 Abs. 8 WEG verbietet es daher, die gerichtlichen und außergerichtlichen Kosten eines Verfahrens nach § 43 WEG auf sämtliche Wohnungseigentümer ohne Rücksicht auf deren Beteiligtenstellung im Einzelnen und namentlich ohne Rücksicht auf die letzend-

lich für die Kostenverteilung allein maßgebliche gerichtliche Kostenentscheidung nach §§ 91 ff. ZPO, 49 und 50 WEG umzulegen (*OLG Köln* OLGReport 2003, 241, 242). Das Wohnungseigentumsgesetz selbst trifft allerdings keine Aussage zu der Frage, wie die Kosten eines Verfahrens nach § 43 WEG zu verteilen sind (Rn. 312). Eine Bestimmung enthält auch nicht die Kostenentscheidung des Gerichts. Diese regelt die Erstattungspflicht im Prozessrechtsverhältnis der beteiligten Streitparteien, nicht aber die Kostenverteilung unter den Wohnungseigentümer. Nur soweit das Gericht eine Kostenerstattung zu Gunsten einzelner Wohnungseigentümer anordnet, ist seine Entscheidung auch für das Innenverhältnis maßgebend. Die Kostenentscheidung des Gerichts hat insoweit **Vorrang** vor einer Beschlussfassung der Eigentümer über die Verfahrenskosten (*BGH* NZM 2007, 358, 360; *OLG Frankfurt a. M.* NZM 2006, 519, 520; *OLG Düsseldorf* NZM 2003, 327 = ZMR 2003, 228, 229). In welchem Verhältnis Wohnungseigentümer an den auf sie entfallenden gerichtlichen und außergerichtlichen Kosten eines Verfahrens nach § 43 WEG zu beteiligen sind, regelt aber weder die Kostenentscheidung des Gerichts noch das Wohnungseigentumsgesetz. § 16 Abs. 8 WEG ordnet nur »negativ« an, dass die Kosten eines Verfahrens nach § 43 WEG nicht zu den in § 16 Abs. 2 WEG genannten Verwaltungskosten gehören (*BGH* NZM 2007, 358, 361). Aus § 100 Abs. 1 ZPO lässt sich für das Verhältnis der kostentragungspflichtigen Wohnungseigentümer untereinander nichts herleiten. Denn diese Norm regelt entsprechend ihrer prozessrechtlichen Funktion nur die **Haftung im Außenverhältnis** zu den Kostengläubigern.

Im Grundsatz anzuwenden ist daher der **von den Wohnungseigentümern bestimmte Kostenverteilungsschlüssel** (*BGH* NZM 2007, 358, 361; *KG* ZMR 2006, 153 = Info M 2006, 60 mit Anm. *Elzer*; *OLG Köln* ZfIR 2003, 683; Vorauflage Rn. 20; *Becker* MietRB 2004, 25, 27; *Sturhahn* NZM 2004, 84, 86; *Schmidt* ZMR 2004, 316, 319; a. A. *OLG Düsseldorf* ZMR 2003, 228). Ein solcher gewillkürter Kostenverteilungsschlüssel soll im Wege der Auslegung darin zu sehen sein, dass die Wohnungseigentümer für die gesamten **Kosten der Verwaltung** eine abweichende Regelung bestimmt haben (das ist zweifelhaft, weil es bei der Verteilung der Kosten **gerade nicht** um Kosten der Verwaltung geht). Indes lässt sich aus § 16 Abs. 2 WEG der Grundsatz ableiten, dass die Wohnungseigentümer für Verbindlichkeiten, die sie in Bezug auf den gemeinschaftlichen Gegenstand eingegangen sind, im Innenverhältnis nach dem **Verhältnis ihrer Anteile** haften wollen, wenn sich nicht aus einer Vereinbarung oder besonderen Umständen des Falles etwas anderes ergibt (*BGH* NZM 2007, 358, 361; *BayObLG* NJW 1973, 1881, 1882). 322

Haben die Wohnungseigentümer keinen abweichenden Kostenverteilungsschlüssel bestimmt, findet **subsidiär § 16 Abs. 2 WEG** analog Anwendung (*BGH* NZM 2007, 358, 361). Gerichtliche und außergerichtliche Kosten, die durch eine Gerichtsentscheidung rechtskräftig Wohnungseigentümern **als Gesamtschuldnern** auferlegt sind, müssen in der Jahresabrechnung in den Einzelabrechnungen **analog § 16 Abs. 2 WEG** umgelegt werden, nicht nach Kopfteilen (*BGH* NZM 2007, 358, 361; *KG* ZMR 2006, 153 = Info M 2006, 60 mit Anm. *Elzer*; a. A. *OLG Düsseldorf* ZMR 2003, 228). 323

d) Finanzierung des Rechtsstreits und Abrechnung

aa) Grundsatz

§ 16 Abs. 8 WEG **verbietet** es **nicht** nur, die endgültigen Kosten eines Rechtsstreits nach § 43 WEG auf sämtliche Wohnungseigentümer als Teil der Verwaltungskosten umzulegen. Er verbietet es auch, grundsätzlich – nämlich soweit keine teleologische Reduktion geboten ist (Rn. 313 ff.) –, dass die Kosten für die **Finanzierung eines Verfahrens** nach § 43 WEG aus **gemeinschaftlichen Geldern** finanziert werden (*OLG München* NZM 2007, 251; *BayObLG* ZMR 2004, 763; BayObLGZ 1976, 223, 226; a. A. *OLG Köln* OLGReport Köln 2003, 242, 243; OLGReport Köln 1996, 272 = WuM 1996, 245). Der Gerichtskostenvorschuss darf ebenso wie ein von einem Rechtsanwalt verlangter Vorschuss, der Auslagenvorschuss für einen Zeugen oder einen Sachverständigen oder Reisekosten **nicht dem Verwaltungsvermögen** entnommen werden. Für diese Sichtweise spricht neben § 16 Abs. 8 WEG auch § 10 Abs. 7 S. 1 WEG. Diese Bestimmung weist das Verwaltungsvermögen ausdrücklich dem »Rechtsträger« Verband Wohnungseigentümergemeinschaft zu, also einem Dritten. Es wäre **unzulässig**, dass die Wohnungseigentümer zur Finanzierung eines dem Verband fremden Verfahrens das Verbandsvermögen nutzen. Die Finanzierung der Verfahrenskosten einiger Wohnungseigentümer kann auch nicht als Aufgabe nach § 10 Abs. 6 S. 3 WEG begrif- 324

§ 16 | Nutzungen, Lasten und Kosten

fen werden. Auch die Erhebung einer Sonderumlage wäre grundsätzlich unstatthaft (*OLG München* NZM 2007, 251). Eine nach Miteigentumsanteilen zu erbringende Sonderumlage hat wegen der Rechtsfähigkeit des Verbandes jedenfalls zur Voraussetzung, dass der **Verband als solcher** die Kosten schuldet (*OLG München* NZM 2007, 251).

bb) Abrechnung

325 Hat der Verwalter **pflichtwidrig** und unter **Verstoß** gegen die Grundsätze ordnungsmäßiger Verwaltung die Kosten zur Finanzierung eines Rechtsstreits gem. § 43 WEG dem Verwaltungsvermögen entnommen, sind die abgeflossenen Mittel – wie auch andere unrechtmäßig ausgekehrte Mittel – in die **Jahresabrechnung einzustellen** und unter Aussparung des Beklagten oder Klägers unter die übrigen Wohnungseigentümer zu verteilen (*KG* KGReport 2006, 85; *OLG Köln* OLGReport Köln 2003, 242, 243). In die Abrechnung sind nämlich Kosten, die aus gemeinschaftlichen Geldern aufgewendet wurden, unabhängig von der Berechtigung hierzu aufzunehmen (*OLG Düsseldorf* NZM 2003, 327; *BayObLG* NZM 1999, 862; § 28 Rn. 69 ff.). Nach rechtskräftigem Abschluss des Verfahrens ist diese Verteilung sodann nach der gerichtlichen Kostenentscheidung nach §§ 91 ff. ZPO, 49 und 50 WEG durch Belastung der unterlegenen Wohnungseigentümer – eventuell – zu korrigieren (*OLG Köln* OLGReport Köln 2003, 242, 243; *BayObLG* BayObLGReport 1993, 49 = WuM 1993, 486; BayObLGReport 1992, 42 = NJW-RR 1992, 1431, 1433).

cc) Ausnahmen nach Sinn und Zweck

326 Ist aus Gründen des Sinn und Zwecks des § 16 Abs. 8 WEG ausnahmsweise eine Finanzierung eines Verfahrens nach § 43 WEG als Teil der Verwaltungskosten zu verstehen (Rn. 313 ff.), kann das Verfahren auch aus Mitteln des Verbandes **vorfinanziert** werden. Dies gilt auch für die **Kosten der Zwangsvollstreckung** als Folgekosten eines Verfahrens nach § 43 WEG.

3. Sonstige Rechtsstreitigkeiten

327 Die Kosten eines **Rechtsstreits jenseits von § 43 WEG** fallen unter den Begriff der **Verwaltungskosten**, wenn der Rechtsstreit nach dem Willen der Wohnungseigentümer für sie oder mit ihrer Ermächtigung geführt worden ist. Hierzu zählen z. B.:

328 – die Kosten eines Rechtsstreites, der Gewährleistungsansprüche gegen den Bauträger zum Gegenstand hat;
– die Kosten eines selbstständigen Beweisverfahrens, z. B. zur Feststellung von Schadensursachen;
– die Kosten eines Rechtsgutachtens, z. B. zur Prüfung der Wirksamkeit von Beschlüssen (*OLG Köln* WE 1997, 428).

II. Ersatz eines Schadens im Falle des § 14 Nr. 4 Halbsatz 2 WEG

329 Jeder Wohnungseigentümer muss nach § 14 Nr. 4 Halbsatz 1 WEG das Betreten und die Benutzung der im Sondereigentum stehenden Gebäudeteile gestatten, soweit dies zur Instandhaltung und Instandsetzung des gemeinschaftlichen Eigentums erforderlich ist (s. dazu § 14 Rn. 30 ff.). Entsteht hierdurch ein **Schaden** am Sondereigentum, ist dieser gem. § 14 Nr. 4 Halbsatz 2 WEG (s. auch § 906 Abs. 2 S. 2 BGB) dem entsprechenden Wohnungseigentümer als **Teil der Verwaltungskosten** i. S. von § 16 Abs. 2 WEG vom Verband Wohnungseigentümergemeinschaft (*OLG Schleswig* NJW-RR 2007, 448, 449; s. § 10 Rn. 421) nach § 16 Abs. 6 S. 3 WEG verschuldensunabhängig (*BayObLG* ZMR 1994, 420, 421) zu ersetzen (*OLG Frankfurt a. M.* NZM 2007, 251, 252; *OLG Schleswig* NJW-RR 2007, 448, 449; *OLG Köln* WE 1997, 199; *KG* WuM 1994, 38, 41 = WE 1994, 51; NJW-RR 1986, 696; *BayObLG* ZMR 1987, 227). Durch die Bestimmung des Schadensersatzanspruches als Kosten der Verwaltung muss sich der geschädigte Wohnungseigentümer **anteilig** – nämlich in Höhe des geltenden Verteilungsschlüssels – **an seinem Schaden beteiligen** (*OLG Schleswig* NJW-RR 2007, 448, 449; *OLG Düsseldorf* ZMR 1995, 84, 86; s. § 14 Rn. 34 ff., und für Aufwendungsersatzansprüche, Rn. 4 ff.). Die hierin liegende **anteilige Haftung** ist angemessen, weil der Schaden auch zum **Nutzen** des Geschädigten verursacht worden ist. Etwas anders kann gelten, wenn eine Vereinbarung einem Wohnungseigentümer die Instandhaltung und Instandsetzung der im

Gemeinschaftseigentum stehenden Fenster überbürdet hat und dieses Eigentum insoweit dem Sondereigentum »gleichgestellt« ist (*OLG Schleswig* NJW-RR 2007, 448, 449).

III. Sonstige Verwaltungskosten

1. Allgemeines

Unter den Begriff der **Verwaltungskosten** fallen im Übrigen alle mit der Verwaltung des **Gemein-** 330
schaftseigentums im Übrigen zusammenhängenden Ausgaben, die weder Lasten des Gemeinschaftseigentums (Rn. 152) noch Kosten der Instandhaltung und Instandsetzung (Rn. 155) oder eines gemeinschaftlichen Gebrauchs (Rn. 160) des Gemeinschaftseigentums sind (Staudinger/ *Bub* Rn. 162). Zu den Verwaltungskosten des Sondereigentums s. Rn. 275.

2. Ersatzansprüche

Zu den Verwaltungskosten gehören auch **Ersatzansprüche**. Hat ein Wohnungseigentümer einen 331
Verbandsgläubiger nach § 10 Abs. 8 S. 1 WEG im Außenverhältnis befriedigt, steht ihm ein – gegen den Verband gerichteter – **Erstattungsanspruch** zu (Rn. 4 ff.). Hierher gehören ferner die Ausgleichsansprüche eines Wohnungseigentümers nach § 21 Abs. 2 WEG, auf Grund eines »Auftrags« nach § 670 BGB (*BayObLG* ZMR 2003, 951, 953), z. B. wenn ein Wohnungseigentümer im Namen des Verbandes Wohnungseigentümergemeinschaft oder im Namen sämtlicher Wohnungseigentümer als Standschafter tätig war, auf Grund einer berechtigten Geschäftsführung ohne Auftrag nach §§ 677, 683 S. 1, 670 BGB, auf Grund einer unberechtigten, aber genehmigten Geschäftsführung ohne Auftrag nach §§ 684 S. 2, 683, 677, 670 BGB, auf Grund einer unberechtigten und ungenehmigter Geschäftsführung nach §§ 684 S. 1, 812, 818 Abs. 2 BGB (*OLG Hamburg* ZMR 2002, 618; *OLG Köln* MDR 1995, 1211) oder auf Grund ungerechtfertigter Bereicherung (*BayObLG* ZMR 2003, 951, 953; BayObLGZ 1986, 322, 326).

3. Sonstige Verwaltungskosten

Zu den **sonstigen Verwaltungskosten** gehören etwa die im Zusammenhang mit den Konten des 332
Verbandes und der Wohnungseigentümer stehenden Kosten, die Kosten für ein im **Gemeinschaftseigentum stehendes** Wohnungs- oder Teileigentum (*BayObLG* DWE 1985, 125; *Köhler* WE 1999, 55), **Versicherungsprämien** für das **Gemeinschaftseigentum** (auch soweit das Sondereigentum mitversichert ist), die Vergütung des Verwalters, die Kosten der Wohnungseigentümerversammlung, Kontoführungsgebühren des Verbandes, aber auch der Wohnungseigentümer, soweit diese ein Konto für das ihnen zustehende »zweite« Verwaltungsvermögen eingerichtet haben, Kosten für die Prüfung von Wirtschaftsplänen und Abrechnungen und sonstige Verwaltungskosten (Telefon, Porto, technischer Bedarf etc), die Raten für ein Darlehen des Verbandes (zur Kreditaufnahme vgl. Rn. 181), Kosten im Zusammenhang mit dem Beirat, z. B. eine Haftpflichtversicherung, Reisekosten, Anmietung eines Raums etc, Hausmeisterkosten, Kosten für eine Maßnahme der Zwangsversteigerung, z. B. eines Verfahrens nach § 10 Abs. 1 Nr. 2, Abs. 3 ZVG, Mietkosten, z. B. für den Raum für die Eigentümerversammlung und sonstige »administrative« Kosten, z. B. Arbeiten Dritter anstelle des Verwalters.

K. Abdingbarkeit

Absatz 1 ist ebenso wie Absatz 2 **abdingbar**. Die Wohnungseigentümer können z. B. für die 333
Früchte des Gemeinschaftseigentums i. S. von Absatz 1 (Nutzungen) einen abweichenden Schlüssel bestimmen oder auch dieses Vermögen gewillkürt dem Verband zuschlagen. Eine von Absatz 2 abweichende Vereinbarung ist allerdings wegen der Anordnungen des Absatzes 5 **nicht beschlussfest** (Rn. 52 ff.), sofern sie zu den Kosten Aussagen trifft. Absatz 3 und Absatz 4 sind insoweit abdingbar, als dass ihre Anordnungen **Erleichterungen** erfahren sollen (Rn. 55). Absatz 6 ist abdingbar (*BGH* BGHZ 116, 392, 400 = ZMR 1992, 197 = MDR 1992, 484 = NJW 1992, 978; *BayObLG* BayObLGZ 1977, 92; BayObLGZ 1974, 86, 89; *Sandweg* DNotZ 1993, 707, 715). Die Absätze 5, 7 und 8 sind ungeachtet der Regelung des § 10 Abs. 2 S. 2 WEG nach ihrem Sinn und Zweck (Schutz) **nicht abdingbar** (zu § 16 Abs. 8 WEG *OLG Köln* OLGReport Köln 2003, 241; a. A. *KG* DWE 1989, 3).

Anhang zu § 16 Betriebskostenabrechnung des vermietenden Sondereigentümers

Inhaltsverzeichnis

I. Grundsätzliches	1
II. Die Abrechnung nach dem WEG	28
III. Ausdrückliche Regelung im Verwaltervertrag	46
IV. Einzelfragen	50
1. Kongruenz beim Umlegungsmaßstab	50
2. Problem der Mehrhausanlagen	65
3. Vorwegabzug bei gewerblich genutzten Einheiten	74
4. Belegprüfungs- und -einsichtsrecht	83
5. Heizkosten und Warmwasserabrechnung	87
6. Fernheizwerk und Abrechnung, Contracting	94

I. Grundsätzliches

1 Bei der Vermietung von Wohnungseigentum bzw. von gewerblich genutztem Teileigentum gelten grundsätzlich dieselben mietrechtlichen Vorschriften für die Überbürdung und Abrechnung der Nebenkosten (*Nüßlein* PiG 76, 2006, 69) wie bei der Vermietung eines Einzelhauses oder einer Wohnung bzw. gewerblichen Einheit in einem nicht nach WEG aufgeteilten Gebäude. Der Vermieter einer Eigentumswohnung bzw. eines gewerblichen Teileigentums hat grundsätzlich dieselben Pflichten und kann sich nicht darauf berufen, bei der Betriebskostenabrechnung nur deshalb anders (besser) behandelt zu werden, weil ihm nicht alle Einheiten des Gebäudes gehören (vgl. ausführlich *Münstermann-Schlichtmann* Festschrift *Deckert*, 2002, S. 271 ff.; *Lützenkirchen/Jennißen*, Betriebskostenpraxis, Miete und Sondereigentum, 2002, Rn. 572 ff.; *Lützenkirchen* ZWE 2003, 99 ff.; *Blank* NZM 2004, 365; *Langenberg* NZM 2004, 361; *Riecke* WuM 2003, 309; *ders.* in Festschrift *Deckert*, 2002, 351, 377 ff.; *ders.* ZMR 2001, 77).

2 Nebenkosten sind grundsätzlich vollständig in der Miete enthalten, denn das Gesetz (vgl. §§ 535 Abs. 1 S. 2, 556 BGB; PWW-*Elzer* § 535 Rn. 98) geht davon aus, dass – wenn nichts anderes wirksam vereinbart ist – der Vermieter die Nebenkosten zu tragen hat (*BGH* ZMR 2004, 327, 328). Kosten für die nach § 2 BetrKV umlegbare Kosten muss der Mieter gegenüber dem Vermieter nur tragen, wenn dieser Vertragspartner oder Anschlussnehmer des Dienstleisters oder sonstigen Leistungserbringers ist und die Mietvertragsparteien eine Kostentragungspflicht zulasten des Mieters vereinbart haben (*LG Berlin* ZMR 2005, 957). Ein solcher Vertrag, der die Betriebskosten auf den Mieter überträgt, bedarf grundsätzlich einer ausdrücklichen und inhaltlich bestimmten Vereinbarung (*BGH* ZMR 2005, 844, 846). Eine pauschale Formulierung der Umlagevereinbarung genügt nicht (*OLG Jena* NZM 2002, 70: »alle mit dem Mietobjekt verbundenen Betriebskosten«; *OLG Düsseldorf* GuT 2003, 87; *Schmid* NZM 2002, 483).

3 Für eine Überbürdung der Betriebskosten i. S. v. § 2 Nr. 1–16 BetrKV reicht es aber aus, wenn – auch in einem Formularmietvertrag – auf die BetrKV Bezug genommen wird (*BGH* ZMR 2004, 430, 432; PWW-*Schmid* § 556 Rn. 21, 22). Sonstige Betriebskosten i. S. v. § 2 Nr. 17 BetrKV sind hingegen nur dann umlagefähig, wenn die Umlegung der im Einzelnen bestimmten Kosten mit dem Mieter jeweilig (*BGH* ZMR 2003, 1061) vereinbart worden ist (*BGH* ZMR 2004, 430, 432; *Kinne* GE 2005, 165, 166; für Gewerberaummiete a. A. *OLG Celle* ZMR 1999, 238). Denn dem Mieter muss deutlich gemacht werden, welche Betriebskosten auf ihn überwälzt werden.

4 Nimmt der Mietvertrag dagegen nur allgemein auf die Beschlüsse der Wohnungseigentümer oder die Abrechnung des Verwalters nach § 28 WEG Bezug, liegt wegen fehlender inhaltlicher Bestimmtheit keine wirksame Betriebskostenabwälzung vor (*LG Braunschweig* NJW-RR 1986, 639; *Langenberg* NZM 2004, 361).

5 Bei der Gewerberaummiete gilt § 556 BGB nicht, so dass die BetrKV zwar Leitbildfunktion hat, aber hier nicht die Grenzen der Umlage bestimmt (*Neuhaus* Rn. 393). Es reicht für die Übertragung der »Verwaltungskosten sowie der Kosten des Allgemeinstroms« eine entsprechende Bezugnahme im Vertrag auf diese Begriffe (*OLG Hamburg* ZMR 2003, 180, 181 = NZM 2002, 388) Der Begriff »Verwaltungskosten« wird gegenüber »Nebenkosten« als enger und bestimmter eingestuft.

Betriebskostenabrechnung des vermietenden Sondereigentümers | Anhang zu § 16

Unwirksam ist dagegen bei Gewerbemiete eines Teileigentums die Klausel »... und alle hier nicht aufgeführten Kosten in Ansehung des Mietobjekts« (*OLG Düsseldorf* NZM 2002, 700).

Die Besonderheit bei der Vermietung von Wohnungseigentum, gewerblich zu nutzendem Teileigentum oder Teilen des Gemeinschaftseigentums besteht darin, dass – wenn auch grundsätzlich keine vom allgemeinen Mietrecht abweichende Behandlung stattfindet – die Beteiligten, insbesondere die mit derartigen Streitigkeiten befassten Gerichte, dem Umstand Rechnung tragen müssen, dass 6

– dem vermietenden Sondereigentümer eben nur »sein Sondereigentum« gehört und am Gemeinschaftseigentum nur eine Mitberechtigung besteht, während bei der Vermietung von Teilen des Gemeinschaftseigentums streitig ist, ob nur der Verband sui generis (Wohnungseigentümergemeinschaft, *BGH* ZMR 2005, 547) als Nichteigentümer zur Vermietung berechtigt ist

– die Betriebskosten vom Wohnungseigentumsverwalter als Organ des Verbandes bezahlt werden und sich die Original-Belege bei ihm befinden und eben nicht bei dem einzelnen Wohnungseigentümer / Teileigentümer (als Vermieter),

– die gemeinschaftlichen Einrichtungen wie Heizung, Fahrstuhl, Treppenhäuser dem Vermieter nur gemeinsam mit anderen Eigentümern gehören mit den sich daraus ergebenden Beschränkungen hinsichtlich Verfügung, Einwirkung etc.

Grundlegend für den notwendigen Inhalt einer Nebenkostenabrechnung ist nach wie vor die Entscheidung *BGH* ZMR 1982, 108 ff. = NJW 1982, 573 f. Danach unterliegt ein Wohnungseigentümer, der seine Wohnung vermietet, wie jeder andere Vermieter auch, den allgemeinen Anforderungen nach § 259 BGB sowie denen des Mietrechts im Besonderen (zu Abrechnungsgrundsätzen und materiellem Gehalt der Abrechnung vgl. auch *Langenberg* NZM 2004, 361, 363). In der Abrechnung sind die tatsächlich geleisteten Vorauszahlungen (nicht Soll-Vorauszahlungen) den anteilig geschuldeten Kosten gegenüber zu stellen (BGH ZMR 2003, 334). 7

Die Bildung von Abrechnungseinheiten hat der *BGH* (ZMR 2005, 937 = GE 2005, 1118 = MDR 2006, 196) erleichtert. 8

Ein Mieter von Wohnungs- oder Teileigentum braucht sich auf keinen Fall mit Abrechnungsunterlagen zu begnügen, die sein Vermieter zuvor vom Verwalter erhalten hat. Die Befugnis des vermietenden Eigentümers zur unüberarbeiteten Weitergabe der Verwalterabrechnung würde die rechtlich klare Trennung zwischen dem Mietverhältnis einerseits und der Stellung der Eigentümer untereinander sowie zum Verwalter andererseits missachten. Die zufällige Doppelstellung des Vermieters darf dem Mieter nicht zum Nachteil gereichen. Zu den Kontrollrechten des Mieters vgl. *Nüßlein* PiG 76, 2006, S. 114 ff. 9

Auch wenn der Rechtsprechung nicht die Verpflichtung des Vermieters zu einer grundlegenden Neuberechnung entnommen werden kann, – das wäre in vielen Fällen formalistisch, insbesondere wenn Einzelposten ohne weiteres auf das Rechtsverhältnis zum Mieter übertragbar sind – bietet sich meist eine Neuerstellung an, wobei dann zur Erläuterung auf das Datenmaterial der WEG-Abrechnung Bezug genommen werden kann. Solche Bezugnahmen auf die Verwalterabrechnung sind zulässig, solange die Verständlichkeit der Abrechnung darunter nicht leidet. In diese Richtung geht auch die Entscheidung des *LG Wuppertal* (WuM 1999, 342 f.), wonach ein Vermieter zwar eine eigene Nebenkostenabrechnung erstellen müsse, wegen der Betriebskosten aber auf die Verwalterabrechnung verweisen dürfe. Allerdings werden im dortigen Fall – was aus der Veröffentlichung insoweit nicht hervorgeht – Mietvertrag und Jahresabrechnung auf demselben Umlegungsmaßstab beruht haben. Denn ohne einen kongruenten Umlegungsmaßstab bzw. ohne eine durch den Vermieter vorgenommene Umrechnung auf den mietvertraglichen Maßstab wäre die Beachtung des angesprochenen Verständlichkeitsgebots äußerst zweifelhaft gewesen. 10

Letztlich müssen die höchstrichterlichen Mindestanforderungen an jede Nebenkostenabrechnung – Zusammenstellung der Gesamtkosten, Erläuterung des angegebenen Verteilerschlüssels und Berechnung des Mietereinzelanteils unter Abzug der vom Mieter geleisteten Vorauszahlungen – beachtet werden. Zu den wesentlichen Unterschieden der Abrechnung nach WEG und Mietrecht (vgl. *Riecke* WuM 2003, 309, WE 2000, 9 f. sowie ZMR 2001, 77) lassen sich folgende Thesen zur Umlegung der Betriebskosten aufstellen: 11

Anhang zu § 16 | Betriebskostenabrechnung des vermietenden Sondereigentümers

12   1. Im WEG und Mietrecht gelten mit dem **Zufluss- und Abfluss**prinzip einerseits und dem **Leistungs**prinzip andererseits nicht kompatible Abrechnungsmodalitäten.

13   2. Auch wenn eine **Miet**nebenkostenabrechnung niemals 100-prozentig alle Kosten nach dem **Verursacher**prinzip zuordnen kann, so rechtfertigt dies doch nicht die teilweise Übernahme der WEG-Jahresabrechnung unter bloßer Kürzung um die Positionen Instandhaltungsrücklage, Verwaltervergütung und den sonstigen nach dem konkreten Mietvertrag **nicht** umlagefähigen Kosten.

14   3. Hinsichtlich der nicht erst im Verbrauchsjahr sondern bereits im Vorjahr gezahlten Betriebskosten hinkt die Mietnebenkostenabrechnung der WEG-Abrechnung mindestens um ein Jahr hinterher. Selbst wenn Abrechnungs**un**gerechtigkeiten nur bei einem Mieterwechsel aufträten, wäre dies – jedenfalls bei größeren Verwaltungseinheiten – faktisch der **Normalfall**.

15   4. Bei Bindung des Mieters an die WEG-Abrechnung bestünden Manipulationsmöglichkeiten der Wohnungseigentümer zulasten der vermietenden Sondereigentümer, für die solche Kosten dann lediglich durchlaufende Posten wären.

16   5. Nach bisheriger Rechtsprechung schuldet der Sondereigentums- und Mietenverwalter beim Ausscheiden zum Ende des Wirtschaftsjahres noch die Erstellung der Jahresabrechnung (*LG Hamburg* HbgGE 1999, 410 sowie *Happ* HbgGE 2000, 220; a. A. *AG Magdeburg* ZMR 2005, 992), während im WEG diese Verpflichtung dem neuen WE-Verwalter obliegen soll (vgl. Bärmann-Pick-*Merle* § 28 Rn. 63 und Staudinger-*Bub* § 28 Rn. 275, lediglich die Rechnungslegung schuldet der WEG-Verwalter für seine Amtszeit, Staudinger/*Bub* § 28 Rn. 465).

17   *Blank* (NZM 2004, 365 = WuM 2004, 446 f.) vertritt eine Mindermeinung, der zufolge die von der Eigentümergemeinschaft beschlossenen Kosten in der Regel wie Rechnungen eines Dritten an den Mieter weitergegeben werden können. Dem kann nicht gefolgt werden. Seine Methode der **wohnungsbezogenen Kostenerfassung**, die auf der Erwägung beruht, dass der Eigentumswohnung ein spezieller Betriebskostenbegriff (vgl. auch § 16 Abs. 3 WEG, der auf § 556 BGB verweist; *Nüßlein* PIG 76, 2006, S. 70) zugeordnet ist, hat sich jedenfalls bisher nicht durchgesetzt. Nach *Blank* soll sich diese bloße Kostenweitergabe zwar nicht unmittelbar aus § 556 BGB ergeben, wohl aber aus dem Umstand, dass die Regelungen der BetrKV, auf die § 556 BGB seit 1.1.2007 Bezug nimmt, ihrerseits zwischen den Betriebskosten eines Gebäudes mit Mietwohnungen und den Betriebskosten der Eigentumswohnung unterscheiden. Diese Unterscheidung sei notwendig, weil sich der Wohnungseigentümer in einer anderen rechtlichen und wirtschaftlichen Situation befindet, als der Eigentümer eines Mehrfamilienhauses. Zwar entstehen auch bei der Vermietung einer Eigentumswohnung Betriebskosten. Anders als der Eigentümer des Mehrfamilienhauses hat der Wohnungseigentümer aber nichts zu verteilen, weil er nur einen Mieter hat. Insofern ist er aus wirtschaftlicher und rechtlicher Sicht dem Eigentümer eines Einfamilienhauses vergleichbar. Die Regelungen über die Kostenverteilung können deshalb weder auf den Eigentümer des Einfamilienhauses noch auf den Wohnungseigentümer angewendet werden. Vielmehr gilt für diese Gruppe der Vermieter ein eigener Betriebskostenbegriff. Hieraus ergeben sich Regeln für die Kostenerfassung und -abrechnung, die von den allgemeinen mietrechtlichen Grundsätzen abweichen.

18   Nach Blanks Methode der wohnungsbezogenen Kostenerfassung (vgl. auch *LG Mannheim*, WuM 1996, 630) ist – wie im WEG (vgl. Kaltwasserkostenentscheidung des *BGH* ZMR 2004, 834) – im Ansatz zu unterscheiden zwischen den Betriebskosten des Sondereigentums und den Betriebskosten des Gemeinschaftseigentums.

19   Zu den Betriebskosten des Sondereigentums gehören beispielsweise die Grundsteuer, Kaltwasser-, Warmwasser-, Heiz- und sonstige verbrauchsabhängig abzurechnende Kosten (Müll bei separater Erfassung) u. a. Solche Kosten entstehen i. d. R. unmittelbar beim Eigentümer für das vermietete Sondereigentum. Einer Kostenverteilung im strengen Sinne bedarf es nicht.

20   Dagegen beinhalten die dem Mieter weiter zu belastenden Betriebskosten des Gemeinschaftseigentums die Miteigentumsanteilsquote an den Lasten und Kosten gemäß § 16 Abs. 2 WEG, soweit sie unter § 2 BetrKV fallen. Fällig werden sie gegenüber dem Wohnungseigentümer erst durch den Beschluss über die Gesamt- und Einzelabrechnung.

Aus der Abrechnung des Vermieters muss sich demgemäß zunächst ergeben, welche Betriebskos- 21
ten für das Sondereigentum entstanden sind. Weiter muss sich aus der Abrechnung ergeben, welche Betriebskosten für das gemeinschaftliche Eigentum entstanden sind.

Nach *Langenberg* (NZM 2004, 361, 362) soll die Jahresabrechnung solange sie nur Beschlussvor- 22
lage ist und nicht beschlossen wurde nur vorläufigen Charakter haben und zur Bestimmung von Guthaben oder Nachzahlungen des Mieters ungeeignet sein. Dagegen stellt Langenberg zu recht wenigstens nicht auch noch auf die Bestandskraft des Eigentümerbeschlusses ab (vgl. *Nüßlein* PiG 76, 2006, S. 108–114).

Ob ein Mieter allgemein im Mietvertrag zur Anerkennung der Jahresabrechnung der Wohnungs- 23
eigentümer verpflichtet werden kann, ist streitig (bejahend *Sternel* PiG 55, 1998, S. 79; vgl. auch *Blank* NZM 2004, 365; ablehnend *Nüßlein* PiG 76, 2006, 91 ff.). Ein allgemeines einseitiges Bestimmungsrecht des Vermieters gemäß den §§ 315, 316 BGB wird von *v. Seldeneck* vertreten (Betriebskosten im Mietrecht Rn. 3249). Zur Maßstabskongruenz im Einzelnen unten Rn. 50 ff.

Weitere Vereinfachung kann ein einheitlicher Abrechnungszeitraum bringen. Dieser darf im 24
Mietrecht nicht länger sein als ein Jahr (vgl. § 20 Abs. 3 S. 2 NMV 1970; § 556 Abs. 3 BGB), ist aber nicht an das Kalenderjahr gebunden. Hingegen muss der Verwalter einer Wohnungseigentümergemeinschaft gemäß § 28 Abs. 3 WEG nach Ablauf des Kalenderjahres eine Abrechnung aufstellen (zur Umstellung vom Kalenderjahr auf ein abweichendes Wirtschaftsjahr und umgekehrt vgl. *LG Berlin* ZMR 2002, 385). Insofern ist es sinnvoll, sich mietvertraglich ebenfalls auf eine kalenderjährliche Abrechnung zu einigen.

Die höchstzulässige Abrechnungsfrist beträgt im Mietrecht ein Jahr nach Ablauf des Abrech- 25
nungszeitraums. Wenn auch diese Frist nur für Teilbereiche gesetzlich bestimmt ist (§ 20 Abs. 3 S. 4 NMV 1970; § 556 Abs. 3 S. 1 BGB), ist sie allgemein gültig (vgl. nur *Langenberg* Betriebskostenrecht, 2006, Kap. G Rn. 67 m. w. N.). Die früher vertretene 9-Monatsfrist in Anlehnung an § 20 Abs. 3 S. 4 NMV 1970 a. F. ist spätestens seit dessen Neuregelung überholt. Im WEG wird eine Abrechnungsfrist des Verwalters gegenüber seinem Vertragspartner, der teilrechtsfähigen Wohnungseigentümergemeinschaft (vgl. § 10 Abs. 6 WEG; *BGH* ZMR 2005, 547; *Abramenko* ZMR 2006, 6), schon binnen 3–6 Monaten angenommen (vgl. Staudinger/*Bub* § 28 Rn. 271; *Merle* in Bärmann/Pick/Merle § 28 Rn. 58).

Der Vermieter kann die Überschreitung dieser Ausschlussfristen auch nicht damit erfolgreich be- 26
gründen, dass es noch an einer beschlossenen WEG-Abrechnung fehle. Versäumnisse der WEG-Verwaltung und der Eigentümergemeinschaft muss er sich vielmehr über § 278 BGB zurechnen lassen (vgl. *Eisenschmid/Rips/Wall* Betriebskostenkommentar, 2. Aufl. Rn. 1980).

Im Mietvertrag sollte auch geregelt sein, falls der Mieter – für den Eigentümer – an den WEG-Ver- 27
walter zahlen soll (vgl. *Pfeifer* Betriebskosten, 2002, S. 18). Empfehlenswert erscheint dies nur dann, wenn der WEG-Verwalter in Personalunion auch Sondereigentumsverwalter ist, was etwa bei einer Mietpoolverwaltung nicht ordnungsmäßiger Verwaltung entsprechen kann wegen Interessenkollision und / oder fehlender Neutralität.

II. Die Abrechnung nach dem WEG

Für den Inhalt der gemäß § 28 Abs. 3 WEG vom Verwalter aufzustellenden Abrechnung ist die 28
Bestimmung über den Wirtschaftsplan und damit § 28 Abs. 1 S. 2 WEG hinzuzuziehen. In die Jahresabrechnung gehören zumindest alle Einnahmen und Ausgaben. Das sind die tatsächlich im Abrechnungsjahr vereinnahmten und verausgabten, d. h. vom Bankkonto oder in bar geflossenen Beträge (vgl. *Sauren* WE 1993, 62; *Jennißen* ZMR 2005, 267).

In der Rechtsprechung, wird fast einhellig (h. M., s. Staudinger/*Bub* § 28 Rn. 310, *BayObLG* ZMR 29
2005, 563; vgl. aber *LG Köln* ZMR 2005, 150 mit Anm. *Stähling*) von einer Einnahmen- / Ausgabenrechnung gesprochen mit der sich daran anknüpfenden Feststellung, dass nach dem WEG – abweichende Vereinbarungen sind allerdings zulässig – keine Bilanz oder Vermögensrechnung (Gewinn- und Verlustrechnung) zu erstellen sei, sondern eine geordnete und verständliche, inhaltlich zutreffende Aufstellung der Einnahmen und Ausgaben, d. h. aller tatsächlich im Jahr geleisteten Zahlungen; auch muss die Jahresabrechnung die Entwicklung der gemeinschaftlichen Konten,

Anhang zu § 16 | Betriebskostenabrechnung des vermietenden Sondereigentümers

insbesondere der Instandhaltungsrücklage, einschließlich der Zinserträge ausweisen (*BayObLG* ZMR 1997, 256; *BayObLG* WuM 1993, 485 = NJW-RR 1993, 1166, 1167; NJW-RR 1989, 1163; 1987, 595; *OLG Hamm* ZMR 1997, 251; *OLG Düsseldorf* ZMR 2001, 375 = WuM 2001, 260 = ZWE 2001, 114f; *Merle* in Bärmann/Pick/Merle § 28 Rn. 68; a. A. *Happ* ZMR 2001, 260, 262; *Jennißen* ZWE 2002, 19 und ZMR 2005, 267). Eine solche einfache Abrechnung entspreche am ehesten der gesetzlichen Regelung, wie sie in § 28 Abs. 1 S. 2, Abs. 3 WEG, §§ 675, 666, 259 BGB zu finden ist, und sei für die Gemeinschaft der Eigentümer am besten geeignet (*BayObLG* ZMR 2000, 687 = WuM 2000, 431 = ZWE 2000, 407, 409; ZMR 1998, 792, 793). Zu Einzelheiten vgl. unten § 28 WEG Rn. 60 ff.

30 Bei konsequenter Handhabung dieser Grundsätze gehören demnach die im Dezember eines Jahres gezahlten, das Folgejahr betreffenden Gebäudeversicherungsprämien ebenso in die Jahresabrechnung für das am 31.12. des Jahres endende Wirtschaftsjahr wie der Aufwand für die Begleichung einer Rechnung, die auf einer Dienstleistung kurz vor Jahresende beruht mit der Folge, dass am 31.12. des Jahres die eingekaufte Leistung noch im Wesentlichen vorhanden ist. Diese Handhabung entspricht auch der steuerrechtlichen Betrachtungsweise, sind die Beträge doch im alten Jahr endgültig ausgegeben und damit aus dem Verwaltungsvermögen abgeflossen. Sie stellen Aufwendungen im steuerlichen Sinne dar, obwohl die erworbene Leistung als Vermögenswert noch am 31.12. des Jahres vorhanden ist und einem »Verbrauch« erst im nachfolgenden Wirtschaftsjahr zugeführt wird. Dies ist die konsequente Folge, weil Vermietungseinkünfte und Kosten grundsätzlich nicht bilanziert werden und es ohne Rücksicht darauf, ob die Geldmittel in anderer Form, etwa in Form eines nicht in Geld bestehenden Vermögenswerts noch vorhanden sind, allein auf den Abfluss der Geldmittel ankommt.

31 Bei den Heizkosten hat das *BayObLG* im Hinblick auf die in der HeizkostenV geforderte verbrauchsabhängige Abrechnung eine Ausnahme von dem sonst strikt angewandten **Abflussprinzip** zugelassen (*BayObLG* BayObLGZ 1987, 86 = WuM 1988, 101 = NJW-RR 1988, 81 f.; WE 1992, 175, 176). Damit wurde es dem vermietenden Wohnungseigentümer wenigstens bei dieser Betriebskostenart ermöglicht, die vom WEG-Verwalter erstellte Abrechnung ohne Änderungen zur Abrechnung gegenüber seinem Mieter zu verwenden.

32 Nach Auffassung des *BayObLG* (ZMR 2005, 137) müssen zur Schätzung der mittleren Temperatur des Warmwassers nach § 9 Abs. 2 S. 2 Nr. 2 HeizkostenV die maßgeblichen Schätzgrundlagen ermittelt werden, insbesondere die an der Heizung eingestellte Temperatur und Heizungskapazität.

33 Das Gericht wendet sich insbesondere **gegen** den oft in Abrechnungen für Gemeinschafts- und Sondereigentum anzutreffenden **pauschalen Ansatz von 60°C**. Für die Vornahme der Schätzung lässt das Gericht den Eigentümern einen Beurteilungsspielraum. Justiziabel sei lediglich, ob das gefundene Schätzergebnis sich nach den durchgeführten Ermittlungen im Rahmen dieses Beurteilungsspielraumes hält, die Vornahme der Schätzung selbst sei nicht Aufgabe des Gerichts, sondern der Wohnungseigentümer.

34 Anders sieht die Finanzverwaltung allerdings den Abfluss der Instandhaltungsrücklage. Obwohl der einzelne Wohnungseigentümer seinen Anteil zur Instandhaltungsrücklage mit seinem laufenden Wohngeld zahlt, kann von ihm diese Zahlung steuerlich erst bei effektivem Abfluss vom Gemeinschaftskonto des Verwalters geltend gemacht werden (*Kahlen*, WE-Recht und Steuern, 2007, Teil 2, Rn. 103; *BFH* BStBl. 1988, II S. 577).

35 Eine zweite Ausnahme vom Abflussprinzip wird im Übrigen auch im WEG bei der Instandhaltungsrücklage zugelassen (*BayObLG* NJW-RR 1993, 1166, 1167; 1991, 15, 16; a. A. nunmehr *Demharter* ZWE 2001, 416 zu *OLG Hamm* ZWE 2001, 446 = ZMR 2001, 1001 und auch *Merle* in Bärmann/Pick/Merle § 28 Rn. 69), was mangels Umlegbarkeit hier aber keine Rolle spielt. Das *AG Saarbrücken* (WE 2005, 153) verweist für die Instandhaltungsrücklage darauf, dass die Jahresabrechnung keine prognostischen sondern nur Ist-Daten enthalten dürfe. Hierbei übersieht das Gericht die zulässige Abrechnung einer Soll-Rücklage (vgl. *Stähling* ZMR 2005, 152).

36 Die Abrechnungsgrundsätze des *BayObLG* wurden von den anderen Obergerichten weitgehend akzeptiert, mit gewissen Einschränkungen auch von der einschlägigen Fachliteratur (*Merle* in Bärmann/Pick/Merle § 28 Rn. 69 ff.; vgl. i. Ü. die umfassende Übersicht in den Entscheidungsgrün-

den des *BayObLG* WuM 1993, 485 = NJW-RR 1993, 1166 = WE 1994, 182 ff.). Nur das *KG* neigt gelegentlich zu weniger strikten Entscheidungen (vgl. *KG* WuM 1994, 400 = NJW-RR 1994, 1105; vgl. Staudinger/*Bub* § 28 Rn. 307). Eine gerichtliche Musterabrechnung findet sich im Beschluss des *OLG Hamm* vom 3.5.2001 (ZMR 2001, 1001).

Allerdings begegnet diese Rechtsprechung des *BayObLG* in der Fachdiskussion einer Mindermeinung, welche die Rechtsprechung als teilweise zu formalistisch streng und kaufmännisch verfehlt bezeichnet. Es ist *Deckert* (WE 1994, 222 ff.) zuzustimmen, wenn er darauf hinweist, dass es in vielen Gemeinschaften – insbesondere in überwiegend vermieteten Wohnanlagen – nicht nur der Wunsch der kaufmännisch geschulten Profiverwaltung, sondern auch der Mehrheit der Eigentümer sei, dass Ausgaben des Geschäftsjahres perioden- und zeitgerecht abgegrenzt werden, um den mietrechtlich geforderten Nebenkostenabrechnungszwängen im Verhältnis Vermieter/Mieter gerecht zu werden. Einen neuen Ansatz verfolgt insoweit *v. Hauff* WE 2007, 172, 173 und 196, 197. 37

Die Ansicht des *BayObLG*, die reine Einnahmen-/Ausgabenrechnung sei für die Gemeinschaft am besten geeignet, gilt für vermietende Eigentümer in der Regel nicht. Wenn *Seuß* in seinem Grundsatzreferat anlässlich der 18. Fischener Gespräche (WE 1993, 69 ff.) ausführte, dass es keine Pflicht gäbe, »die Jahresabrechnung unbedingt so zugestalten, dass diese als Grundlage für andere Abrechnungen und Berechnungen diene, auch nicht für die Nebenkostenabrechnung der vermieteten Eigentumswohnung«, so muss dem widersprochen werden. Die Aussage von *Seuß* wird auch nicht durch die Einschränkung akzeptabel, es sei »gleichwohl sinnvoll und zweckmäßig, die Jahresabrechnung so zu gestalten, dass aus ihr andere Berechnungen oder Abrechnungen abgeleitet werden können«. 38

Es wird bei der Diskussion vielfach übersehen, dass der Verwalter mit seiner Abrechnung keinen Selbstzweck verfolgt und die Abrechnung nicht nur darin bestehen kann, dem Gesetz Genüge zu tun. Die Abrechnung wird für die Wohnungseigentümer erstellt. Zwischen der Eigentümergemeinschaft als Verband (§ 10 Abs. 6 WEG) und dem Verwalter besteht im Allgemeinen ein entgeltlicher Geschäftsbesorgungsvertrag mit Dienstvertragscharakter als Vertrag zugunsten Dritter/der Wohnungseigentümer. Bei der Erledigung der ihm übertragenen Aufgaben muss der Verwalter im Rahmen der gesetzlichen Bestimmungen den berechtigten Anliegen und Bedürfnissen der Wohnungseigentümer Rechnung tragen. 39

Soweit Wohnungen vermietet sind, gehört dazu eine verständliche und nachvollziehbare Abrechnung jedenfalls der im Allgemeinen nach Mietvertragsrecht auf die Mieter umlagefähigen Betriebskosten gemäß § 2 BetrKV vom 25.11.2003. Zumindest muss die WEG-Abrechnung so aufgemacht werden, dass auch ein juristisch nicht vorgebildeter Laie und Vermieter in die Lage versetzt wird, die Nebenkostenabrechnung aus der WEG-Abrechnung ohne weiteres abzuleiten. Jede andere Form der Abrechnung entspricht diesseitigen Erachtens nicht ordnungsmäßiger Verwaltung. Dies gilt umso mehr, als das Wohnungseigentumsgesetz einer derartigen Auslegung und Verfahrensweise keineswegs entgegensteht. 40

Die Praxis der Mehrzahl der renommierten Wohnungseigentums-Verwalter bestätigt dieses. Ebenso die Abrechnungsvorschläge vieler praktisch orientierter Autoren wie *Deckert* (WE 1994, 222 ff.), *Sauren* (WE 1994, 94 ff.) und nicht zuletzt die Abrechnungsmethoden nach dem so genannten Bonner Modell vom Mai 1992 (vgl. *Sauren* WE 1994, 350 ff.). 41

Ergänzend ist noch zu verweisen auf die Ausführungen von *Strobel* Die Verwalterabrechnung in Recht und Praxis (DW 1997, 353 ff. = WE 1997, 249) mit Muster für eine Verwalterabrechnung und von *Bühler* ZMR 1997, 111 ff. sowie *LG Köln* ZMR 2005, 150 ff. mit Anm. *Stähling*. 42

Das *OLG Düsseldorf* (ZMR 2000, 452 m. abl. Anm. *Schmid*) will gar die Bestandskraft der Beschlussfassung nach § 28 Abs. 5 WEG noch abwarten (ablehnend auch *Riecke* WuM 2003, 309; *ders.* ZMR 2001, 77, 79; ausdrücklich gegen *OLG Düsseldorf* ferner *LG Itzehoe* ZMR 2003, 38f). Eine derartige Verzögerung der mietrechtlichen Betriebskostenabrechnung ist nicht akzeptabel. 43

Misst man einer bestandskräftigen fehlerhaften WEG-Jahresabrechnung keine Bindungswirkung (so auch *Pfeifer* Betriebskosten, 2002, S. 106) gegenüber dem Mieter zu, liegt es auf der Hand ihr entweder generell keine Bedeutung zuzumessen oder in ihr lediglich die Bedeutung einer erleich- 44 terten Plausibilitätskontrolle zu sehen (vgl. auch *Drasdo* NZM 2004, 372, 374; *Nüßlein* PiG 76, 2006, S. 112).

45 Nach *Langenberg* (Betriebskostenrecht, Kap. G Rn. 176) soll nun doch eine nicht bestandskräftige WEG-Abrechnung nicht für den Mieter in eine Leistungsabrechnung umzuwandeln sein, weil dies »Irritationen beim Mieter« hervorriefe. Gefordert wird allerdings eine erhöhte Erläuterungspflicht (a. A. unter Hinweis auf die Risiken für Mieter und Wohnungseigentümer *Riecke* WE 2002, 220/221). Siehe hierzu auch *Lützenkirchen* ZWE 2003, 99, 112 ff.

III. Ausdrückliche Regelung im Verwaltervertrag

46 Hier besteht Regelungsbedarf, da der WEG-Verwalter ohne gesonderte Vereinbarung (ähnlich zu § 35 a EStG: *AG Bremen* ZMR 2007, 819) nicht verpflichtet ist, für ein vermietetes Sondereigentum eine Einzeljahresabrechnung zu erstellen, die unverändert als wirksame Betriebskostenabrechnung gegenüber dem Mieter verwendet werden kann (*BayObLG* ZMR 2005, 564).

47 Da nicht auszuschließen ist, dass an praktischen Ergebnissen weniger orientierte Richter die vorstehende Auslegung des Gesetzes nicht teilen und auch nicht der Ansicht sind, dass ein WEG-Verwalter im Rahmen ordnungsmäßiger Verwaltung eine für das Mietrecht geeignete Abrechnung zu erstellen hat, sollte bei Wahl eines neuen oder Bestätigung des bisherigen Verwalters im Verwaltervertrag ausdrücklich vereinbart werden, dass der Verwalter im Rahmen seiner Verwaltungsaufgaben verpflichtet ist, die Jahresabrechnung nicht nur auf der Grundlage des Wohnungseigentumsgesetzes zu erstellen, sondern so, dass sich aus der Abrechnung bei allen umlagefähigen – insbesondere den verbrauchsabhängigen – Betriebskosten ohne weiteres eine der Mietrechtslage gemäße Mieterbetriebskostenabrechnung ableiten lässt. Dazu können z. B. gehören die Mitteilung – zumindest die beweiskräftige Feststellung – der Zählerstände von Strom-, Gas- und Wasseruhren zum Beginn und zum Ende eines Abrechnungsjahres sowie die derzeitig berechneten Einzelpreise. Kein Verwaltervertrag dürfte an einer derartigen Forderung der Wohnungseigentümergemeinschaft scheitern.

48 Ein anderer – in der Praxis bislang wenig beschrittener – Weg ist die Abbedingung bzw. Modifizierung von § 28 WEG **in der Teilungserklärung/Gemeinschaftsordnung** durch die Vereinbarung, eine periodengerechte Zuordnung der umlagefähigen Betriebskosten, einen Überblick über die offenen Gemeinschaftsverbindlichkeiten und -forderungen, die Ausweisung von Rechnungsabgrenzungen und die Angabe eines Vermögensstatus zum notwendigen Inhalt der verwalterseitig anzufertigenden Jahresabrechnung zu machen. Zulässig wäre dies in jedem Falle (*BayObLG* ZMR 2000, 687 = ZWE 2000, 407, 409). Auch kann für das einzelne Wirtschaftsjahr ein den § 28 WEG inhaltlich ergänzender Mehrheitsbeschluss gefasst werden, der allerdings bei regelmäßiger Wiederholung Gefahr läuft, als gesetzes- oder vereinbarungsändernder Beschluss nichtig zu sein. Es könnte deshalb sinnvoll sein, die Zusatzpflichten des Verwalters als Sollvorschrift auszugestalten (vgl. den Formulierungsvorschlag bei *Riecke* ZMR 2001, 77, 78). Ein derartiger Beschluss entspricht nach h. M. jedoch nicht ordnungsmäßiger Verwaltung und wäre auf Antrag für ungültig zu erklären. Das gilt auch, wenn der Verwalter zu den erwähnten Mehrleistungen nicht verpflichtet wird, sondern ihm lediglich eine Befugnis verliehen wird (vgl. *BayObLG* ZMR 2000, 687 = ZWE 2000, 407, 409).

49 Liefert der WEG-Verwalter eine allen mietrechtlichen Besonderheiten entsprechende Jahresabrechnung oder zumindest die Grundlagen dafür, kann es Schwierigkeiten bei der Betriebskostenabrechnung vermieteter Eigentumswohnungen eigentlich nur noch in untergeordneten Randbereichen geben.

IV. Einzelfragen

1. Kongruenz beim Umlegungsmaßstab

50 Von größter Bedeutung ist, dass der Umlegungsmaßstab (vgl. *Nüßlein* PiG 76, 2006, S. 96 ff.), der für die umlagefähigen Betriebskosten nach der Teilungserklärung oder der entsprechenden Beschlussfassung der Wohnungseigentümergemeinschaft gilt, auch im Mietvertrag zwischen dem Wohnungseigentümer und dem Mieter der Eigentumswohnung vereinbart wird. Das ist

oft nicht der Fall, wenn die Teilungserklärung eine Abrechnung der Kosten nach Miteigentumsanteilen vorsieht, zumal die Miteigentumsanteile oft – was rechtens ist (*BGH* NJW 1976, 1976) – nicht genau aus der Wohn- bzw. Nutzfläche (vgl. *BGH* ZMR 2007, 764) abgeleitet worden sind. Wenn die Teilungserklärung diese Form der Kostenumlage vorsieht und eine Änderung durch Vereinbarung oder gemäß Mehrheitsbeschluss nach § 16 Abs. 3 WEG nicht durchzusetzen ist, sollte der Vermieter einer Eigentumswohnung denselben Umlegungsmaßstab im Mietvertrag mit seinem Mieter vereinbaren. Die im WEG dominierende Umlegung nach Miteigentumsanteilen ist im Mietrecht zwar die Ausnahme, gleichwohl aber ohne weiteres zulässig (vgl. *Langenberg* Betriebskostenrecht Kap. F Rn. 31; *AG Frankfurt a. M.*, DWW 1999, 158). Das gilt auch für den Formularmietvertrag (*AG Düsseldorf* DWW 1991, 373).

Eine Betriebskostenabrechnung, die sich bei einer Eigentumswohnung an der Verteilung nach dem WEG in tausendstel Anteilen – oder umgerechnet in %-Zahlen – orientiert, während im Mietvertrag eine Verteilung nach Nutz- bzw. Wohnfläche vorgesehen ist, stellt bei Abweichung zwischen Wohnfläche und Miteigentumsanteilen keinen angemessenen Umlagemaßstab dar und bei Identität keine nachvollziehbare transparente Abrechnung dar, jeweils mit der Folge, dass ein rechnerischer Nachzahlungsbetrag nicht fällig ist (*LG München I*, ZMR 2003, 431 Leitsatz 2). Es muss daher im Mietvertrag etwa die Verteilung nach %-Zahlen vereinbart werden, die den Miteigentumsanteilen entsprechen. 51

Soweit die Abrechnung von Kosten nach Einheiten oder Köpfen vorgesehen ist, gehört auch eine diesbezügliche Bestimmung in den Mietvertrag. Nur bei in jeder Hinsicht identischen Umlegungsmaßstäben lässt sich aus der Abrechnung des WEG-Verwalters eine mietrechtlich durchsetzbare Betriebskostenabrechnung erstellen. Zu der grundsätzlich aber fehlenden Bindung des Mieters an die beschlossene Jahresabrechnung und den hieraus resultierenden Problemen des vermietenden Wohnungseigentümers vgl. *Riecke* WuM 2003, 309; *ders*. WE 2000, 10 unter Hinweis auf den Rechtsentscheid des *OLG Braunschweig* vom 8.7.1999 (ZMR 1999, 694). Die Ansicht, erst die Beschlussfassung gemäß § 28 Abs. 5 WEG gäbe dem vermietenden Eigentümer die endgültige Höhe der Betriebskosten an die Hand, so dass eine Zahlungspflicht des Mieters aus einer vom Vermieter vorgelegten Betriebskostenabrechnung vor Beschlussfassung durch die Eigentümer nicht fällig werden könne (*OLG Düsseldorf* ZMR 2000, 452), ist abzulehnen (vgl. im Einzelnen *Riecke* WuM 2003, 309; *ders*. ZMR 2001, 77, 79 f.). 52

Es ist auch bei der Heizkostenabrechnung von allergrößter Wichtigkeit, dass im Mietvertrag derselbe Kostenverteilungsschlüssel hinsichtlich Verbrauch und Wohn- bzw. Nutzfläche festgelegt wird, wie er sich aus der Teilungserklärung oder der Beschlusslage der Wohnungseigentümergemeinschaft ergibt. Dies ist alles relativ unproblematisch, wenn der Mietvertrag **nach** Festlegung innerhalb der Wohnungseigentümergemeinschaft abgeschlossen wird. Seit *BGH* ZMR 2000, 771 kann die Wohnungseigentümergemeinschaft sich nicht mehr durch bloßen Mehrheitsbeschluss auf einen von der Teilungserklärung abweichenden Verteilungsschlüssel verständigen, wie er z. B. in den bereits abgeschlossenen Mietverträgen wirksam vereinbart worden ist, um ihn dem bereits abgeschlossenen Mietvertrag anzupassen. Abweichendes gilt ab 1.1.2007 aufgrund der Neuregelung des § 16 Abs. 3 WEG. 53

Wenn die Wohnungseigentümergemeinschaft sich bei bereits bestehendem Mietvertrag für einen anderen Maßstab entscheidet – was durch Vereinbarung nach § 10 WEG oder bei Bestehen einer sog. Öffnungsklausel (vgl. dazu *Riecke/Schmid/Elzer*, Eigentümerversammlung, 4. Aufl., Rn. 188 ff.) bzw. unter den Voraussetzungen des § 16 Abs. 3 WEG n. F. qua Mehrheitsbeschluss möglich ist –, bleibt dem vermietenden Wohnungseigentümer einerseits die Möglichkeit, den Versuch zu unternehmen, den mietvertraglich vereinbarten Kostenverteilungsschlüssel einvernehmlich oder einseitig gegenüber dem Mieter anzupassen. Die Änderung des Umlegungsmaßstabs kommt frühestens mit Beginn des nächsten Abrechnungszeitraums in Betracht. In der laufenden Abrechnungsperiode ist eine Änderung ebenso wenig zulässig, wie rückwirkend für eine vergangene. Andererseits kann er einen Beschluss der Wohnungseigentümergemeinschaft gemäß § 43 Nr. 4 WEG mit der Begründung anfechten, der Beschluss entspreche nicht ordnungsmäßiger Verwaltung und/oder sei nach *BGH* ZMR 2000, 771 (bei fehlender Öffnungsklausel) vor Inkrafttreten von § 16 Abs. 3 WEG n. F. mangels Beschlusskompetenz sogar nichtig. 54

Anhang zu § 16 | Betriebskostenabrechnung des vermietenden Sondereigentümers

55 Verweisungsklauseln in Mietverträgen

56 In Betracht kommt nach einer Mindermeinung (*Abramenko* ZMR 1999, 679; a. A. *Riecke* WE 2000, 10; *ders.* WE 2002, 220; *ders.* WuM 2003, 309 ff.; *Nüßlein* PiG 76, 2006, S. 93; vgl. auch *Röll/Sauren*, 2002, Rn. 544a) die Aufnahme einer sog. dynamischen Verweisungsklausel in den Mietvertrag. Hierdurch wäre die fortwährende Geltung eines einheitlichen Umlegungsmaßstabes gesichert. Eine Änderung des Verteilerschlüssels unter den Wohnungseigentümern schlüge auf das Mietverhältnis gewissermaßen durch.

57 Dynamische Verweisungen in Formularmietverträgen sind aber als unwirksam anzusehen (vgl. *Nüßlein* PiG 76, 2006, S. 93; *Langenberg* Betriebskostenrecht Kap. G Rn. 118; *ders.* NZM 2004, 361, 365; *Eisenschmid/Rips/Wall*, Betriebskostenkommentar 2004, § 556 Rn. 34; *Riecke* WE 2000, 10).

58 Die Verwendung vorformulierter Anpassungsklauseln, durch die der Mieter Vereinbarungen, Gemeinschaftsordnungen und Beschlüsse der WEG mit Mietbezug auch für die Zukunft anerkennt, unterliegt der AGB-Kontrolle, es sei denn es läge eine Individualvereinbarung vor (§ 305 Abs. 1 S. 3 BGB). Hinsichtlich der Einbeziehung in den Mietvertrag gilt allgemein § 305 Abs. 2 BGB. Um dem Mieter in ihm zumutbarer Weise die Kenntnisnahme zu ermöglichen, ist insbesondere die Überlassung der Protokolle zu den spätere Änderungen betreffenden Eigentümerversammlungen ratsam. Auszüge aus der Beschluss-Sammlung (vgl. § 24 Abs. 7 WEG) genügen auch.

59 Die wirksame Einbeziehung künftiger Änderungen scheitert schon an § 305c Abs. 1 BGB, weil der Mieter von Wohnungseigentum mit einer unmittelbaren Verbindlichkeit künftiger Mehrheitsbeschlüsse für sich nicht zu rechnen braucht (so *Sternel* I Rn. 329).

60 Der Annahme einer überraschenden Klausel lässt sich nicht erfolgreich entgegenhalten, dass dem Mieter immerhin klar sein wird, eine Eigentumswohnung anzumieten. Schon die Frage, ob die besondere Pflichtbindung seines Vermieters im Gemeinschaftsgefüge der WEG sich auch einem rechtsunkundigen Mieter erschließt, ist offen.

61 Die vom Mieter verlangte Pauschaleinwilligung in Gesamtakte der Eigentümergemeinschaft zu seinen Lasten verstößt auch materiell gegen § 307 BGB.

62 Inhaltlich ist § 308 Nr. 4 BGB der einschlägige Kontrollmaßstab, da dynamische Verweisungsklauseln einen Änderungsvorbehalt beinhalten. Die Vorschrift gilt auch für Dauerschuldverhältnisse. Der Vorbehalt des Vermieters, die versprochene Leistung während der Vertragslaufzeit zu ändern, muss demgemäß dem Mieter unter Beachtung auch der Interessen des Vermieters zumutbar sein.

63 Eine Änderung des Kostenverteilungsschlüssels innerhalb einer Wohnungseigentümergemeinschaft bedurfte bis zur WEG-Novelle 2007 grundsätzlich – bei Fehlen einer Öffnungsklausel – der Zustimmung aller Wohnungseigentümer. Es ist nunmehr weitgehend anerkannt, dass mehrheitlich beschlossene Änderungen nicht rechtswirksam werden, auch wenn der Beschluss nicht angefochten wird (vgl. *BGH* ZMR 2000, 771 unter Hinweis auf *Wenzel* FS Hagen, S. 231 ff. und *Buck* PiG 54, 185 ff.).

64 Soweit dagegen durch eine Änderungsvereinbarung eine Kongruenz zwischen Mietvertrag und Kostenabrechnung der Wohnungseigentümergemeinschaft geschaffen wird, ist dies für den vermietenden Wohnungseigentümer zu begrüßen. Soll dagegen durch die wohnungseigentumsrechtliche Änderung des Kostenverteilungsschlüssels die Kongruenz mit dem Mietvertrag aufgehoben werden, so braucht der vermietende Wohnungseigentümer nur seine erforderliche Zustimmung zu einer entsprechenden Vereinbarung zu verweigern, einen Beschluss nach § 16 Abs. 3 WEG müsste er ggf. anfechten.

2. Problem der Mehrhausanlagen

65 Insbesondere das LG Itzehoe (ZMR 2004, 198 und ZMR 2003, 842 ff.) vertrat eine sehr restriktive Auffassung zur Abrechnung von Betriebskosten nach Wirtschaftseinheiten:

66 »Wird vertragswidrig für einen **größeren** Komplex als die vereinbarte Hausnummer abgerechnet, so muss die Vermieterseite darlegen, dass die Betriebskosten für den größeren Komplex tatsächlich entstanden und die Anforderungen an eine Wirtschaftseinheit im Rechtssinne erfüllt sind und zwingende Gründe es gebieten, von der vertraglich vereinbarten Abrechnungseinheit abzuweichen.«

Im Beschluss vom 17.4.2003 (ZMR 2003, 842) moniert das LG Itzehoe, dass im Mietvertrag die benachbarten Grundstücke, die in die Abrechnung einbezogen wurden, nicht erwähnt sind. Für eine Abrechnung der Betriebskosten auf der Grundlage einer Verwaltungseinheit ist danach kein Raum, wenn die Beschreibung der Mietsache sich auf das Gebäude der Wohnanlage beschränkt, in dem die Wohnung der Mieter liegt. In einem solchen Fall beziehen sich die Nebenkosten allein auf die gemietete Wohnung und das in dem Vertrag bezeichnete Haus. 67

Dem hatte schon früh Langenberg (Betriebskostenrecht 3. Aufl. F. Rn. 50) widersprochen. Er will der Angabe der Hausnummer im Mietvertrag nur den Charakter einer unverbindlichen Bewertung zukommen lassen. Nunmehr hat der BGH mit Urteil vom 20.7.2005 (ZMR 2005, 937 = NZM 2005, 737) dieser Itzehoer Rechtsprechung teilweise den Boden entzogen und festgestellt: 68

»Werden mehrere Wohngebäude von Beginn des Mietverhältnisses an durch eine Gemeinschaftsheizung versorgt, können diese Gebäude für die Heiz- und Warmwasserkostenabrechnung zu einer Abrechnungseinheit zusammengefasst werden, auch wenn als Mietsache im Mietvertrag nur eines der Gebäude bezeichnet wird.« 69

Das LG Bonn (NZM 2005, 616, 617) verlangte eine objektbezogene Betriebskostenabrechnung wenn der Mietvertrag keinen Hinweis darauf enthielt, dass die Wohnung Teil einer aus mehreren Häusern bestehenden Wirtschaftseinheit ist und eine objektbezogene Abrechnung technisch möglich ist. Im konkreten Fall wies der Mietvertrag in § 1 lediglich das Haus auf, in dem die Mietwohnung lag und auch die Regelung über die Betriebskostenumlage enthielt keinen Hinweis auf eine Wirtschaftseinheit. Auch die §§ 2 und 27 der II. BV enthalten keine dem individuellen Mietvertrag entgegenstehende Regelungen. 70

Dagegen entschied das Amtsgericht Köln (ZMR 2005, 629), dass nach Beendigung der Preisbindung für einen Vermieter die fortbestehende Möglichkeit der Abrechnung nach Wirtschaftseinheiten für Altmieter bestünde. 71

Ob eine WEG-Mehrhausanlage als zumindest abrechnungstechnisch zusammengefasste Gebäude wirklich eine Abrechnungseinheit im Rechtssinne sind, ist nach mietrechtlichen Grundsätzen im Verhältnis des vermietenden Sondereigentümers zum Mieter zu prüfen (vgl. OLG Koblenz ZMR 1990, 297 ff.). 72

Bei Neuabschlüssen sollte deshalb ausdrücklich vereinbart werden, dass die präzise zu benennenden Häuser der WE-Anlage eine Verwaltungs- und Abrechnungseinheit bilden. 73

3. Vorwegabzug bei gewerblich genutzten Einheiten

Die Rechtsprechung verlangte früher, dass bei gemischt genutzten Gebäuden die Betriebskosten der gewerblichen Teile vorweg zu ermitteln sind (vgl. LG Düsseldorf DWW 1990, 240 sowie Schmid Mietnebenkosten Rn. 6115; Lützenkirchen ZWE 2003, 99, 116f). Diese Forderung kann berechtigt sein bei gewerblichen Nutzern, die mehr Betriebskosten verbrauchen, als dies bei durchschnittlicher Wohnungsnutzung der Fall ist. Die Forderung galt auch bei der vermieteten Eigentumswohnung. Soweit die Teilungserklärung diese Abrechnungsart vorschreibt, gibt es keine Probleme. Häufig ist dies nicht der Fall. Daher sollte vorsorglich bei Abschluss neuer Mietverträge der Mieter ausdrücklich auf die Vorwegermittlung der Betriebskosten der gewerblichen Einheiten individualvertraglich verzichten. Soweit dem Mieter dies nicht in Form einer AGB-Klausel angetragen wird, sondern als Ergebnis einer eingehenden und überzeugenden Erörterung, dürften Zweifel gegen die Wirksamkeit auch nicht bestehen. Inzwischen hat die Rechtsprechung sich weitgehend gegen einen obligatorischen Vorwegabzug ausgesprochen. Der BGH entschied zuerst mit Urteil vom 8.3.2006 (WuM 2006, 200 = ZMR 2006, 358 mit Anm. Rau/Dötsch), dass grundsätzlich – mangels abweichender Vereinbarung – **beim preisfreien** Wohnraum (anders bei preisgebundenem Wohnraum: § 20 Abs. 2 S. 2 NMV) eine Betriebskostenabrechnung mit Vorwegabzug der auf Gewerbeeinheiten entfallenden Kosten nicht geboten ist, sofern diese nicht zu einer ins Gewicht fallenden Mehrbelastung der Wohnraummieter führen. Der Anspruch des Vermieters auf Bezahlung der »mietrechtlichen Abrechnungsspitze« wird i. d. R. mit der Erteilung der ordnungsgemäßen Abrechnung fällig. 74

Anhang zu § 16 | Betriebskostenabrechnung des vermietenden Sondereigentümers

75 Der *BGH* argumentiert, dass die Normen der NMV im Preisbindungssystem wurzeln, nur noch für eine Übergangszeit Bedeutung haben und vom Gesetzgeber weder bei der Reform der Wohnraumförderung noch bei der Mietrechtsreform in die neuen Gesetzes übernommen wurden.

76 Die *BGH*-Leitlinien gelten jedoch nicht ohne Ausnahme: Beim Vorwegabzug gelten weiter die §§ 315, 316 BGB.

77 Die vom *BGH* zum Wohnraummietverhältnis entwickelten Grundsätze gelten auch für die Gewerbemiete.

78 Die Betriebskostenabrechnung wird nunmehr auch für vermietetes Sondereigentum erheblich vereinfacht. Ob eine erhebliche Mehrbelastung durch den Gewerbemieter vorliegt, wird neuer Streitpunkt werden. Konkrete Vorgaben hat der BGH nämlich nicht gemacht.

79 Dies bedeutet, dass die typische Nutzung des konkreten Geschäftstyps zu vergleichen ist mit einer durchschnittlichen Wohnraumnutzung (typisierende Betrachtungsweise, *OLG Hamm* ZMR 2005, 219 f.). Ein Abstellen auf die individuellen Verhältnisse einzelner Mieter scheidet aus. Fallgruppen müssen gebildet werden.

80 Die Erheblichkeit wird bei einer Mehrbelastung von bis zu 10 % (vgl. *BGH* ZMR 2005, 854 zu Minderung und Minderfläche) z.T. jedoch nur unter 3–5% verneint werden können.

81 Nach *Schmid* (ZMR 2006, 341) wird nicht absolut klar aus dem Urteil, ob für die Mehrbelastung auf alle umlegbaren Betriebskosten oder auf die jeweilige Betriebskostenart abzustellen ist. Typisch für eine gemischte Nutzung ist es nämlich, dass einzelne Kosten stärker durch eine Wohnungsnutzung, andere stärker durch eine geschäftliche Nutzung anfallen. So fallen etwa in einer Familienwohnung mehr Kosten für Wasser und Abwasser an als in einem Büro. Das gleiche Büro kann aber bei erheblichem Parteiverkehr einen erhöhten Stromverbrauch durch Liftbenutzung und Treppenhauslicht und erhöhte Reinigungskosten verursachen.

82 Mit Urteil vom 25.10.2006 (VIII ZR 251/05, ZMR 2007, 101) hat der *BGH* in einem weiteren Judikat diese Rechtsprechung bestätigt und dem Mieter die Darlegungs- und Beweislast für die Behauptung auferlegt, dass die gewerbliche Vermietung zu erheblich höheren konkreten Betriebskosten (hier: Versicherung und Grundsteuer) geführt hat. § 556 a BGB fordere selbst bei der Grundsteuer nicht generell einen Vorwegabzug.

4. Belegprüfungs- und -einsichtsrecht

83 Mit einer mietrechtlich einwandfreien Betriebskostenabrechnung korrespondiert das Recht des Mieters, die Abrechnung unter Einsicht in die Original-Belege (vgl. zum Problem bei eingescannten Belegen *Schmid* ZMR 2003, 15) zu überprüfen (*LG Frankfurt a. M.* WuM 1997, 52; *LG Mannheim* WuM 1996, 630; *OLG Düsseldorf* WuM 1993, 411). Hier ist der vermietende Wohnungseigentümer, dem ein individuelles Einsichtsrecht zusteht (*OLG München* ZMR 2006, 881; *BayObLG* ZMR 2002, 946) gehalten, bei dem WEG-Verwalter – nach Ermächtigung des Mieters – dafür zu sorgen, dass dem Mieter Einsicht in die Original-Belege gewährt wird (*LG Frankfurt/M.* WuM 1997, 52; *Langenberg* Betriebskostenrecht, Kap. I Rn. 4, S. 313; *Nüßlein* PiG 76, 2006, S. 115). Befindet sich die WEG-Verwaltung an seinem Wohnort, ist es dem Mieter unter Umständen zuzumuten, statt den vermietenden Wohnungseigentümer den Verwalter in dessen Büro zwecks Belegprüfung aufzusuchen. So kann es durchaus treuwidrig sein, den Vermieter vor größeren Mühen bei der Besorgung der Unterlagen zu stellen, wenn es dem Mieter ein Leichtes ist, den Verwalter aufzusuchen und Einsicht zu nehmen (vgl. *AG Frankfurt a. M.* DWW 1999, 158, 159 m. Anm. *Abramenko*).

84 Schwierig wird es, wenn der Verwalter sein Büro an einem anderen Ort hat. Nach dem WEG muss der Verwalter auch dann dafür Sorge tragen, dass der Einsicht verlangende Wohnungseigentümer die Belege vor Ort (vgl. *Langenberg* a. a. O., Kap. I Rn. 8, S. 314 f.) einsehen kann (vgl. *OLG Karlsruhe* NJW 1969, 1968 sowie *Weyhe* Anwaltstaschenbuch Mietrecht S. 60). Der vermietende Wohnungseigentümer seinerseits wird entsprechend dafür Sorge zu tragen haben, dass diese Möglichkeit auch dem Mieter seiner Eigentumswohnung eingeräumt wird. Es ist allerdings darauf hinzuweisen, dass die Rechtsprechung der Oberlandesgerichte zum Einsichtsrecht nicht ganz einheitlich ist. So wird vertreten, der vermietende Eigentümer habe nur die Belege vorzulegen, die ihm vorliegen, in der Regel also die Jahresabrechnung; weitere Aktivitäten dem Verwalter gegenüber seien ihm nicht abzuverlangen (*LG Mannheim* WuM 1996, 630). Nach *OLG Karlsruhe*

(MDR 1976, 758), und *BayObLG* (WE 1979, 61), steht das Einsichtsrecht jedem einzelnen Wohnungseigentümer und damit dem Mieter der Eigentumswohnung auch dann noch zu, wenn die Wohnungseigentümerversammlung über die Jahresabrechnung bereits beschlossen hat. Das *OLG Celle* (WE 1984, 126) verneint das Einsichtsrecht, wenn die Wohnungseigentümergemeinschaft dem Verwalter hinsichtlich der vorgelegten Jahresabrechnung bereits Entlastung erteilt hat (a. M. *BayObLG* ZMR 2000, 687 = ZWE 2000, 407, 408; *Niedenführ/Schulze* § 28 Rn. 101 m. w. N.; KK-WEG/*Happ* § 28 Rn. 85).

Gerade bei großen Entfernungen zum Sitz des Verwalters wird man häufig einen Anspruch auf Anfertigung und Übersendung von **Fotokopien** bejahen müssen (vgl. *Langenberg* a. a. O., Kap. I Rn. 16, S. 318; a. A. allerdings *BGH* ZMR 2006, 358: Kein Anspruch des Mieters im Wohnraummietrecht). Diesen sieht das Gesetz allein in § 29 Abs. 2 NMV vor. Da § 259 BGB allgemein nur ein Einsichtsrecht entnommen wird, kommt im preisfreien Wohnungsmietrecht als Anspruchsgrundlage nur noch in Ausnahmefällen § 242 BGB in Frage. Zwingende Voraussetzung wird die Kostenerstattung an den Verwalter sein. Bei vermietetem Sondereigentum kann der Mieter ermächtigt werden, weitergehende Rechte seines Vermieters, die dieser wiederum als Begünstigter aus dem Verwaltervertrag des Verbandes haben kann, gegenüber dem Verwalter geltend zu machen. 85

Nachzahlungen auf Nebenkosten muss der Mieter erst leisten, wenn ihm Einsicht in die Originalbelege angeboten/gewährt wurde, und zwar auch dann, wenn die Jahresabrechnung von den Eigentümern bereits genehmigt wurde (*LG Frankfurt a. M.* NJWE-MietR 1997, 147). Dass sich pro vermieteter Einheit die Zahl der zur Einsicht berechtigten Personen erhöht, da Mieter und vermietender Eigentümer kaum zusammen bei ihm erscheinen werden, wird ein Verwalter nicht einwenden können. Denn auch bei einer Großanlage, in der zahlreiche Eigentümer von ihrem Einsichtsrecht Gebrauch machen, kann er sich nicht auf tatsächliche Schwierigkeiten berufen (*BayObLG* ZMR 2000, 687 = NZM 2000, 873 f.). Eine etwa behauptete Überforderung wird rechtlich erst an der Grenze zu § 242 und § 226 BGB (vgl. *OLG München* ZMR 2006, 881) relevant. Außerdem steht es ihm frei, sich für nicht selbst genutzte Wohnungen eine höhere Vergütung versprechen zu lassen. Eine Pauschalerhöhung um 3 Euro je Monat z. B. entspricht ordnungsmäßiger Verwaltung (vgl. *OLG Frankfurt a. M.* NJW 1991, 659). 86

5. Heizkosten- und Warmwasserabrechnung

Hierzu ist noch auf folgende Besonderheiten hinzuweisen: Seit Geltung der HeizkostenV gibt es kraft Gesetzes praktisch keine Unterschiede mehr (außer bei der 2-Wohnungen-Anlage gemäß § 2 HeizkostenV, die nicht für Mini-Gemeinschaften nach WEG gilt, so *Jennißen* FS Blank 2006, 636 gegen *Lammel* HeizkostenV § 2 Rn. 44) bei der Abrechnung über die Kosten für Heizung und Warmwasser nach den einschlägigen mietrechtlichen Vorschriften und nach WEG. Es gilt einheitlich die HeizkostenV, die Vorrang hat vor allen rechtsgeschäftlichen Bestimmungen und nach § 3 HeizkostenV auch für Wohnungseigentum gilt. Sie muss allerdings nach WEG umgesetzt werden und überlagert anderweitige Regelungen (vgl. KK-Mietrecht/*Schmid* § 2 HeizkostenV Rn. 2 ff.). § 2 HeizkostenV ordnet an, dass die Vorschriften dieser Verordnung rechtsgeschäftlichen Bestimmungen grundsätzlich vorgehen. Darin ist nach ganz h. M. weder ein Verbotsgesetz noch die Anordnung zu sehen, dass die HeizkostenV unabdingbar sein soll. Abweichende Vereinbarungen sind also nicht automatisch unwirksam (vgl. *OLG Köln* ZMR 2005, 77 LS 3). Bei Aufhebung der HeizkostenV kämen sie ohne weiteres wieder zur Anwendung. 87

Notwendig ist eine Regelung der Wohnungseigentümer (Vereinbarung oder Beschluss), durch die die Kostenverteilung nach den Vorgaben der HeizkostenV für die Gemeinschaft übernommen wird. Anderenfalls gilt der Verteilungsschlüssel der Teilungserklärung trotz Abweichung von der HeizkostenV erstmal weiter. Jeder einzelne Wohnungseigentümer kann aber die Anwendung eines verbrauchsabhängigen Schlüssels verlangen und als Maßnahme ordnungsmäßiger Verwaltung nach § 21 Abs. 4 WEG gerichtlich durchsetzen. Als Vermieter steht er Ansprüchen seines Mieters auf Verteilung der Heiz- und Warmwasserkosten nach den Vorgaben der HeizkostenV gegenüber. Als Druckmittel hat der Mieter nach § 12 Abs. 1 HeizkostenV bei nicht verbrauchsabhängiger Abrechnung das Kürzungsrecht in Höhe von 15%. Verlangt keiner der Wohnungseigentümer eine verbrauchsabhängige Abrechnung, bleibt es aber bei dem Verteilungsschlüssel der 88

Anhang zu § 16 | Betriebskostenabrechnung des vermietenden Sondereigentümers

Teilungserklärung. Der Verwalter ist dann nicht berechtigt, Erfassungsgeräte zu installieren oder einen verbrauchsabhängigen Schlüssel anzuwenden.

89 Soweit Wohnanlagen über eine zentrale Beheizungs- und / oder eine zentrale Warmwasserversorgungsanlage verfügen, müssen die Wohnungseigentümer die Anwendungsvoraussetzungen für die HeizkostenV schaffen. Dazu gehören
- Einbau von gesetzlich zugelassenen Messeinrichtungen zur Verbrauchserfassung, wobei diese gekauft oder gemietet werden können,
- Festlegung des Kostenverteilungsschlüssels im Rahmen der §§ 7–9 der HeizkostenV. Danach sind mindestens 50% aber höchstens 70% der Kosten nach Verbrauch und die verbleibenden Kosten nach Wohn- bzw. Nutzfläche zu verteilen.

90 Soweit Eigentümer sich weigern, also kein Mehrheitsbeschluss zustande kommt, hat jeder Wohnungseigentümer das Recht, die widerstrebenden Eigentümer im Verfahren nach § 43 WEG i.V.m. § 21 Abs. 8 WEG auf Zustimmung und Mitwirkung gerichtlich in Anspruch zu nehmen. Ein Verzicht auf die Verbrauchserfassung ist unzulässig (*OLG Düsseldorf* WE 1989, 29). Nach einer Entscheidung des *BayObLG* (WE 1985, 60) ist ein Eigentümerbeschluss, der der HeizkostenV nicht entspricht, allerdings nicht nichtig. Er bedarf der Anfechtung. Diese Ansicht ist seit *BGH* ZMR 2000, 771 für eine generelle Nichtanwendung als obsolet zu bezeichnen, sofern es sich nicht bloß um einen gesetzwidrigen Beschluss handelt.

91 Die erstmalige Festlegung des Verteilungsschlüssels kann, soweit dieses nicht schon in der Teilungserklärung erfolgt ist, ausnahmsweise durch Mehrheitsbeschluss (§ 21 Abs. 3 WEG i. V. m. HeizkostenV) erfolgen. Jede spätere Änderung bedarf jedoch einer Vereinbarung und damit der Zustimmung aller Wohnungseigentümer (*BGH* ZMR 2000, 771; *KG* WE 1989, 23). Zu weiteren Einzelheiten vgl. KK-Mietrecht/*Schmid*, S. 755–814.

92 Soweit Heiz- und Warmwasserverbrauchskosten nicht verbrauchsabhängig entsprechend der HeizkostenV abgerechnet werden, kann der Mieter die Kosten nach § 12 HeizkostenV um 15% kürzen. Er muss also nur 85 % der abgerechneten Kosten tragen. Dem Wohnungseigentümer steht dieses Recht nicht zu. Er muss zur Wahrung seiner Interessen die verbrauchsabhängige Abrechnung gegenüber den anderen Wohnungseigentümern notfalls gerichtlich durchsetzen.

93 Wenn sich die Wohnungseigentümergemeinschaft hartnäckig weigert, käme bei Vorliegen der gesetzlichen Voraussetzungen die Geltendmachung eines Schadensersatzanspruchs gegen die sich weigernden Eigentümer wegen der vom Mieter nicht gezahlten 15 % der Heizkosten in Betracht (§§ 280 ff. BGB i. V. m. den Pflichten aus dem Gemeinschaftsverhältnis).

6. Fernheizwerk und Abrechnung, Contracting

94 Auch wenn eine WEG-Wohnanlage von einem Heizwerk, sei es in der Wohnanlage selbst oder außerhalb derselben, beheizt wird, muss die Abrechnung nach der HeizkostenV erfolgen. Der Heizwerkbetreiber ist dann aber nicht verpflichtet, nach konkretem Aufwand abzurechnen. Er kann seine Abrechnung nach Grund- und Arbeitspreis aufmachen (vgl. *OLG Stuttgart* ZMR 1984, 99) und damit seine Investitionen mit in Rechnung stellen. Dieser Umstand sollte im Mietvertrag ausdrücklich klargestellt werden. Soweit das nicht geschehen ist oder bei Neuabschluss von Mietverträgen nicht geschieht, könnte der Mieter sich darauf berufen, bei Mietvertragsabschluss davon ausgegangen zu sein, dass die Investitionskosten für die Heizungs- und Warmwassererzeugungsanlage wie üblich vom Vermieter getragen würden und durch die Miete abgegolten sind. Bei entsprechendem Hinweis im Mietvertrag ist dem Mieter dieser Einwand abgeschnitten (vgl. dazu *Hainz/Bohlen* ZMR 2004, 469 ff.; *Schmid* ZMR 2002, 177 und WE 1999, 4; *Kues/O. Riecke/ J. Riecke* in Pöschk Wärmelieferung/Contracting in der Wohnungswirtschaft Ausgabe Sachsen-Anhalt 1997, S. 61 ff.).

95 Die Umstellung der Wärmeversorgung auf Wärmelieferung durch einen vom Vermieter und der Eigentümergemeinschaft wirtschaftlich unabhängigen Dienstleister kann im Zuge einer **modernisierenden Instandsetzung** (vgl. § 22 Abs. 3 WEG n. F.) ordnungsgemäßer Verwaltung entsprechen, das heißt durch Mehrheitsbeschluss der Wohnungseigentümer geregelt werden. Dabei ist zwischen der Umrüstung und eventuell erforderlicher baulicher Veränderungen der Anlage einerseits sowie den Kosten (Umrüstung und Folgekosten) zu unterscheiden.

Ein Mehrheitsbeschluss über die Umstellung wird nur ausnahmsweise genügen können. Einschlägige Rechtsprechung speziell zu dieser Frage gibt es soweit ersichtlich noch nicht. Es kann insoweit aber nicht anders entschieden werden als im umgekehrten Fall, wonach der Beschluss zum Bau einer eigenen Heizungsanlage unter Aufgabe des bisherigen Fernwärmebezugs dem Einstimmigkeitserfordernis von § 22 Abs. 1 S. 1 WEG unterliegt (*OLG Frankfurt a. M.* WE 1987, 174 (Ls.); *Merle* in Bärmann/Pick/Merle § 22 Rn. 64). Das gilt auch für die Umstellung auf Nahwärme, bei der die im Wohngebäude befindliche Anlage unverändert weiter betrieben und lediglich vom Gebäudeeigentümer auf das Drittunternehmen ausgegliedert wird. Soweit eine Modernisierung i. S. d. § 22 Abs. 2 WEG vorliegt, bedarf es eines qualifizierten Mehrheitsbeschlusses. Die Rechtsprechung zur Unzulässigkeit der Stilllegung eines Müllschluckers (*BayObLG* WuM 1996, 488) kann nicht auf die Umstellung der Beheizung analog angewendet werden. **96**

Im Hinblick auf § 21 Abs. 5 Nr. 2 WEG und der davon mit umfassten modernisierenden Instandsetzung war streitig, ob ausnahmsweise ein Mehrheitsbeschluss ausreicht (vgl. *Merle* in Bärmann/Pick/Merle § 21 Rn. 135). Die Fernwärmeumstellung allerdings passt nicht in diesen Zusammenhang, weil die Stilllegung der eigenen Anlage schon begrifflich keine Instandsetzung ist. Und auch die Umstellung auf Nahwärme im Gefolge der Erneuerung einer hauseigenen Heizungsanlage muss keine Instandsetzung im genannten Sinne sein. Die Erneuerung einer veralteten Heizung erfordert nämlich nicht zwingend die Umstellung auf Nahwärme. **97**

Auf Mietvertragsebene fragt es sich, ob die wirksame Änderung der Wärmeversorgungsart auf Wärmelieferung von der Zustimmung des Mieters abhängig ist (vgl. dazu *BGH* ZMR 2005, 606). Wichtig ist dies vor dem Hintergrund der vermieterseitig umlegungsfähigen Wärmekosten (vgl. *Langefeld/Wirth* ZMR 1998, 165 ff.). § 554 BGB gibt insoweit nichts her, da die bloße Umstellung auf Nah- oder Fernwärme keine bauliche Veränderung der Wohnung ist (PWW/*Riecke* § 554 Rn. 6; *Schmid* ZMR 1998, 733, 736; *Seitz* ZMR 1993, 1 ff.; a. M. *LG Berlin* WuM 1991, 482; *LG Chemnitz* NJW-RR 2000, 81). Die HeizkostenV sieht zwar sowohl Wärmeeigenerzeugung als auch Fremdlieferung vor, besagt im Übrigen aber zu diesem Punkt nichts. **98**

Die Antwort liegt im Bereich der allg. Rechtsgeschäftslehre. Die Einzelheiten sind streitig. *Langefeld/Wirth* a. a. O. differenziert und hält eine weitere Einigung mit dem Mieter durch Angebot und Annahme für erforderlich (vgl. § 305 BGB), wenn der Mietvertrag die Eigenerzeugung oder die Abrechenbarkeit nur der reinen Betriebskosten vorsieht; im anderen – regelmäßigen – Fall bestehe kein Zustimmungserfordernis; der Vermieter habe ein Bestimmungsrecht in den Grenzen des § 315 BGB. Eine andere Ansicht nimmt ein generelles Zustimmungsrecht des Mieters an (*AG Hannover* WuM 1998, 40 f.; *Eisenschmid* WuM 1998, 449 ff.). Das *LG Frankfurt/O.* (WuM 1999, 403f) bejaht ein »einseitiges Vertragsänderungsrecht« jedenfalls bei Fehlen einer konkreten vertraglichen Versorgungsart. **99**

Anzusprechen ist schließlich ein Änderungsvorbehalt zugunsten des Vermieters. Als Individualabrede ausgestaltet ist er zulässig, ansonsten steht § 308 Nr. 4 BGB entgegen (vgl. *Schmid* ZMR 1998, 733, 734). Die Zumutbarkeit ist anders als beim Umlegungsmaßstab zweifelhaft, da die dort ausschlaggebende rechnerische Vereinfachung als sachlicher Grund hier nicht eingreift. **100**

Zu weiteren Gestaltungsvorschlägen wird verwiesen auf *Armbrüster* ZWE 2004, 217, 227. **101**

Der *BGH* (ZMR 2005, 606 dazu *Schmid*, ZMR 2005, 590) hatte nicht über die übliche Mietvertragsgestaltung zu entscheiden, nämlich einer Vereinbarung der Umlegung aller Betriebskosten durch Bezugnahme oder Wiedergabe der BetrKV. Der Entscheidung liegt ein Mietvertrag zugrunde, in dem die umzulegenden Kosten ausdrücklich benannt sind. Zur Wärmelieferung enthält der Mietvertrag nur eine Regelung für den Fall, dass **der Mieter** selbst die Wärme unmittelbar von einem Dritten beziehen soll. Die Wärmelieferung an den Vermieter und Umlegung der Kosten der Kosten durch den Vermieter (§ 1 Abs. 1 Nr. 2 HeizkostenV) ist nicht erwähnt. **102**

Nunmehr sieht der *BGH* das Problem der tatsächlichen Unmöglichkeit. Weil der Wärmelieferant bereit und in der Lage sei, den nicht umlegungsfähigen Preisbestandteil gesondert auszuweisen, habe der Vermieter kein Leistungsbestimmungsrecht nach § 315 BGB zu einer Änderung des Umlegungsmaßstabs und könne nur die mietvertraglich vereinbarten Kosten weitergeben. Gegen diese Begründung argumentiert Schmid (a. a. O.): **103**

Anhang zu § 16 | Betriebskostenabrechnung des vermietenden Sondereigentümers

- Zunächst handelt es sich überhaupt nicht um ein Problem der Änderung des Umlegungsmaßstabs, sondern um eine Frage des Umfangs der umlegbaren Kosten. Der Abrechnungsmaßstab wird durch den Übergang zum Wärmecontracting nicht verändert. Im Ergebnis zu Recht hat der *BGH* deshalb auch nicht auf § 6 Abs. 4 HeizkostenV abgestellt.
- Zum zweiten stellt sich sofort die Frage, wie zu verfahren ist, wenn der Wärmelieferant nicht umlegungsfähige Preisbestandteile nicht herausrechnen kann oder will. Da die gesonderte Ausweisung als Argument für die Verneinung eines Leistungsbestimmungsrechts dient, ist es nicht fern liegend daraus zu schließen, dass ein Leistungsbestimmungsrecht nach § 315 BGB besteht, wenn der Wärmelieferant die gesonderte Ausweisung nicht vornehmen kann oder auch nur nicht will (!). Keine Andeutung findet sich auch, wie ein solches Leistungsbestimmungsrecht ausgeübt werden sollte. Über den Umlegungsmaßstab kann die Anpassung jedenfalls nicht erfolgen.
- **Vorzuziehen ist die vom *BGH* abgelehnte ergänzende Vertragsauslegung**. Mit ihr kann dem Umstand Rechnung getragen werden, dass keine Kosten nach § 1 Abs. 1 Nr. 1 HeizkostenV sondern nur noch solche nach § 1 Abs. 1 Nr. 2 HeizkostenV anfallen. Dies muss nicht zu einer höheren Kostenbelastung des Mieters führen. Gerade bei einer Vertragsgestaltung wie der vorliegenden bietet es sich an, das Wärmelieferungsentgelt nicht in vollem Umfang als umlegbar anzusehen. Der erforderliche Ausgleich kann auch über eine Senkung der Grundmiete erfolgen.
- Davon abgesehen hätte es die besondere Ausgestaltung des Mietvertrages auch ermöglicht, eine unmittelbare Auslegung in der Weise vorzunehmen, dass unabhängig von der Art und Weise der Versorgung durch den Vermieter die Umlegung auf die genannten Kostenpositionen beschränkt ist.

104 Der *BGH* meint, dass sich bei dem Betrieb einer Heizung des Vermieters die mietvertragliche Verpflichtung hierauf konkretisiert habe. Der Vermieter sei dadurch in seiner Freiheit, wie er die Versorgungsleistung erbringe, beschränkt. Selbst in Formularmietverträgen kann allerdings die Umlegung der Kosten des Betriebs der zentralen Heizungsanlage (§ 2 Nr. 4 Buchst. a) BetrKV) und der Wärmelieferung (§ 2 Nr. 4 Buchst. c) BetrKV) alternativ erwähnt und vereinbart werden.

105 Nach *BGH* haben sich die mietvertraglichen Beziehungen der Parteien auf den Eigenbetrieb der Heizung konkretisiert. Nur vor diesem Hintergrund ist es konsequent, dem Vermieter die Möglichkeit einer für den Mieter nachteiligen Veränderung zu nehmen.

106 Offen ließ der *BGH*, ob die »ausdrückliche Vereinbarung« auch in Allgemeinen Geschäftsbedingungen enthalten sein kann. Hiergegen bestehen im Hinblick auf § 308 Nr. 4 BGB erhebliche Bedenken. Geht man von der Meinung des *BGH* aus, stellt der Übergang zum Wärmecontracting im bestehenden Mietverhältnis eine Leistungsänderung dar. Belange des Vermieters sind tangiert – vor allem für einen **vermietenden Wohnungseigentümer** – wenn die Wohnungseigentümergemeinschaft einen Contractingvertrag schließt. Stets fraglich sein wird jedoch die Zumutbarkeit für den Mieter, wenn seine Zahlungsverpflichtungen steigen. Man wird die Zumutbarkeit allenfalls bejahen können, wenn dem Mieter ein finanzieller Ausgleich, z. B. durch eine **nur anteilige** Verpflichtung zur Zahlung des Wärmelieferungsentgeltes, zugesagt wird.

107 Ein einseitiger Übergang zum Wärmecontracting während eines bestehenden Mietverhältnisses bei voller Umlegung des Wärmelieferungsentgelts wird in den meisten Fallkonstellationen die Zustimmung des Mieters erfordern. Der *BGH* hat seine restriktive Rechtsprechung mit Urteil vom 22.3.2006 (ZMR 2006, 595) noch bekräftigt. Damit sind Contracting-Modelle für Vermieter primär noch bei Neuvermietungen interessant. Altverträge können kaum den Anforderungen des BGH noch angepasst werden.

§ 17 Anteil bei Aufhebung der Gemeinschaft

Im Falle der Aufhebung der Gemeinschaft bestimmt sich der Anteil der Miteigentümer nach dem Verhältnis des Wertes ihrer Wohnungseigentumsrechte zur Zeit der Aufhebung der Gemeinschaft. Hat sich der Wert eines Miteigentumsanteils durch Maßnahmen verändert, deren Kosten der Wohnungseigentümer nicht getragen hat, so bleibt eine solche Veränderung bei der Berechnung des Wertes dieses Anteils außer Betracht.

Literatur
Kreuzer Aufhebung von Wohnungseigentum, NZM 2001, 123; *ders.* Wertverschiebung aufgrund baulicher Änderungen, WE 1996, 451; *Röll* Die Aufhebung von Wohnungseigentum an Doppelhäusern, DNotZ 2000, 749.

Inhaltsverzeichnis

A. Zweck, Anwendungsbereich und Voraussetzungen	1
I. Normzweck	1
II. Anwendungsbereich	3
1. Gemeinschafts- und Sondereigentum	3
2. Das Vermögen des Verbandes Wohnungseigentümergemeinschaft i. S. v. § 10 Abs. 7 WEG	4
a) Grundsatz	5
b) Verteilung des Verbandsvermögens	6
aa) Analogie zu § 17 WEG	6
bb) »Rückverteilung« nach geltendem Verteilungsschlüssel	7
III. Voraussetzungen	8
1. Aufhebung der Gemeinschaft	8
2. Aufhebung eines Sondereigentums	9
B. Verteilung	10
I. Allgemeines	10
II. Wertermittlung	12
III. Berechnungszeitpunkt	13
IV. Wertveränderungen	14
1. Veränderungen des Sondereigentums	14
2. Veränderungen des Gemeinschaftseigentums	15
a) Durch Beteiligung sämtlicher Wohnungseigentümer, § 17 S. 1 WEG	16
b) Durch Beteiligung nur einiger Wohnungseigentümer, § 17 S. 2 WEG	18
C. Abdingbarkeit	19

A. Zweck, Anwendungsbereich und Voraussetzungen

I. Normzweck

Wenn die Gemeinschaft der Wohnungseigentümer i. S. v. §§ 741 ff., 1008 ff. BGB aufgehoben wird, ist zu klären, wie die Miteigentümer am **Wert** des Gemeinschafts-, aber auch des bisherigen Sondereigentums **zu beteiligen** sind und wie die dem Verband Wohnungseigentümergemeinschaft zugeordneten Vermögensgüter **zu verteilen** sind. Obwohl das Sondereigentum echtes Eigentum (s. § 3 Rn. 2) und voll verkehrsfähig ist, lässt die gem. § 6 Abs. 1 WEG **unlösbare Einheit** von Gemeinschafts- und Sondereigentum jedenfalls eine Auseinandersetzung nur des gemeinsam gehaltenen Vermögens, des Gemeinschaftseigentums i. S. v. § 1 Abs. 5 WEG, und eine unterschiedliche Bewertung von Gemeinschafts- und Sondereigentum im Wesentlichen (s. aber Rn. 18) nicht zu. Etwas anderes gilt für das **Verbandsvermögen**. Auch für dieses ist aber bei Aufhebung der Gemeinschaft eine Auseinandersetzung anzustreben. Der Verband kann mit Aufhebung der Gemeinschaft der Wohnungseigentümer **nicht bestehen** bleiben, auch sein Vermögen ist zu verteilen (dazu Rn. 4 ff.). Der **Zweck** von § 17 WEG besteht vor diesem Hintergrund jedenfalls darin, die **Höhe des Wertes** zu bestimmen, den jeder Wohnungseigentümer bei Aufhebung und Auseinandersetzung der Gemeinschaft nach §§ 752 ff. BGB beanspruchen kann. Eine Aussage zum Verbandsvermögen trifft § 17 WEG hingegen nicht (Rn. 7). Als Nebenaufgabe zielt § 17 WEG ferner noch auf ein anderes Ziel ab, das jenseits der Aufhebung liegt. Er versucht (nämlich durch die besondere Wahl des Berechnungsparameters für die Auseinandersetzung), die Wohnungseigentümer während des Bestehens der Gemeinschaft dazu **anzuhalten** und zu **stimulieren** (*Kreuzer* 1

§ 17 | Anteil bei Aufhebung der Gemeinschaft

NZM 2001, 123), ihr Sondereigentum in einen guten Zustand zu versetzen und in diesem auch zu erhalten.

2 **Ob** eine Aufhebung überhaupt möglich ist oder auf welche **Art und Weise** die Auseinandersetzung zu erfolgen hat, kann § 17 WEG nicht entnommen werden. Für die Frage, ob eine Aufhebung möglich ist und welche Wege für eine Aufhebung beschritten werden können, vor allem, ob eine Aufhebung nur einvernehmlich möglich ist oder auch erzwungen werden kann, s. ausführlich § 11 Rn. 3 ff. und Rn. 19. Die Art und Weise der Auseinandersetzung regeln – sofern nicht etwas anders durch Vereinbarung bestimmt ist – hingegen §§ 752 ff. BGB. Die Auseinandersetzung erfolgt danach **grundsätzlich durch Teilung in Natur**, ohne Rücksicht darauf, was vorher als Gemeinschafts- oder Sondereigentum angesehen worden ist (§ 752 S. 1 BGB). Da eine solche Auseinandersetzung freilich grundsätzlich nicht in Betracht kommt, müssen das ehemalige Gemeinschafts- und das Sondereigentum nach § 753 Abs. 1 S. 1 BGB meist **verkauft oder versteigert** werden (§§ 752 ff. BGB, §§ 180 ff. ZVG). Der dabei erzielte Erlös ist dann nach dem durch § 17 WEG bestimmten Wert zu verteilen.

II. Anwendungsbereich

1. Gemeinschafts- und Sondereigentum

3 § 17 WEG regelt die Höhe des Anteils eines Miteigentümers im Falle der Aufhebung der »Gemeinschaft«. Diese Wortwahl nimmt Bezug auf §§ 1 Abs. 5, 10 Abs. 1, Abs. 2 S. 1 WEG. Von seinem originären Anwendungsbereich bestimmt § 17 WEG mithin allein, nach welchem Wert jeder Wohnungseigentümer an dem der Gemeinschaft zugeordneten Gütern zu beteiligen ist. Als Bruchteilsgemeinschaft sind die Wohnungseigentümer nur am Gemeinschaftseigentum i. S. v. § 1 Abs. 5 WEG miteinander verbunden. Daneben ist § 17 WEG aber auch für die Berechnung der den Sondereigentumseinheiten zugewiesenen Werte zu nutzen. Die gem. § 6 Abs. 1 WEG **unlösbare Einheit** von Gemeinschafts- und Sondereigentum (s. § 6 Rn. 1) lässt eine Auseinandersetzung nur des gemeinsam gehaltenen Vermögens und nur eine Berechnung des Wertes für dieses Eigentum nicht zu.

2. Das Vermögen des Verbandes Wohnungseigentümergemeinschaft i. S. v. § 10 Abs. 7 WEG

4 Wird die Gemeinschaft aufgehoben, ist neben der Berechnung, in welcher Art die Wohnungseigentümer im Verhältnis zueinander an Gemeinschafts- und Sondereigentum beteiligt sind, auch zu klären, wie das **Vermögen des Verbandes Wohnungseigentümergemeinschaft** unter den Wohnungseigentümern verteilt wird.

a) Grundsatz

5 Für eine Verteilung des Vermögens des Verbandes Wohnungseigentümergemeinschaft kann jedenfalls nicht unmittelbar an § 17 WEG angeknüpft werden. § 17 S. 1 WEG trifft keine Aussage dazu, mit welchem Wert das dem Verband Wohnungseigentümergemeinschaft nach § 10 Abs. 7 S. 1 WEG zugewiesene Verwaltungsvermögen zu bemessen und wie dieses zu verteilen ist. Am Verband Wohnungseigentümergemeinschaft besitzen die Wohnungseigentümer keine »Anteile«, deren Wert im Falle einer Aufhebung zu bestimmen wäre. Das Verwaltungsvermögen gehört nicht den Wohnungseigentümern. Das Verwaltungsvermögen ist nach § 10 Abs. 7 S. 1 WEG dem von den Wohnungseigentümern zu unterscheidenden Verband zugewiesen. Nur dann, wenn sich sämtliche Wohnungseigentumsrechte in einer Person vereinigen, geht das Verwaltungsvermögen nach § 10 Abs. 7 S. 4 WEG auf den Eigentümer des Grundstücks über. Im Übrigen steht es rechtlich-formal nicht den Grundstückseigentümern (den Wohnungseigentümern) zu.

b) Verteilung des Verbandsvermögens

aa) Analogie zu § 17 WEG

6 Es ist allerdings nicht zu verkennen, dass es auch für die Frage, in welcher Höhe jeder Wohnungseigentümer **fiktiv** am Verwaltungsvermögen beteiligt ist, ein **lebendiges Interesse** gibt. Im Falle einer Aufhebung der Gemeinschaft muss auch der Verband untergehen – was mittelbar aus § 10

Abs. 7 S. 4 WEG herzuleiten ist – und sein Vermögen muss auf die Mitglieder des Verbandes verteilt werden. Zur Verteilung des Verbandsvermögens könnte sich eine jedenfalls analoge Anwendung des § 17 WEG anbieten. Maßstab auch für die Verteilung des Verwaltungsvermögens wäre dann mithin der Anteil der Miteigentümer nach dem Verhältnis des Wertes ihrer Wohnungseigentumsrechte zur Zeit der Aufhebung der Gemeinschaft.

bb) »Rückverteilung« nach geltendem Verteilungsschlüssel
Sachgerechter erscheint es indes, für ein gerechtes Verteilungsmaß des Verbandsvermögens an 7 den gesetzlichen (§ 16 Abs. 2 WEG) oder den vereinbarten **Kostenverteilungsschlüssel** anzuknüpfen. Denn dieser Schlüssel gibt sehr viel besser als die Höhe der jeweiligen Verkehrswerte der Sondereigentumsrechte den Umfang an, in welchem sich ein Wohnungseigentümer an der Ansammlung, an der Akkumulierung des zu verteilenden Verwaltungsvermögens beteiligt hat. Eine solche Anknüpfung hätte insbesondere den Vorteil, auch das Maß i. S. v. § 426 Abs. 1 S. 1 BGB (»soweit ... anderes bestimmt ist«) zu beschreiben, an dem sich ein freilich nach außen für die Verbandsschulden – Schulden des Sondereigentums muss jeder Wohnungseigentümer selbst tragen – nach Liquidierung des Verbandes gesamtschuldnerisch haftender Wohnungseigentümer jedenfalls nach **innen** zu beteiligen hat. Denn eine Analogie zu § 10 Abs. 8 S. 1 WEG liegt hier fern, weil sie unbillig nicht berücksichtigen würde, dass sich der Schlüssel nach § 16 Abs. 2 WEG geändert haben kann und damit eine gerechte Haftung nach außen nicht mehr an die Miteigentumsanteile anknüpfen darf. Dass es auch bei dieser Lösung zu Unbilligkeiten durch Eigentümerwechsel kommen kann, ist systemimmanent und hinzunehmen. Für die Schulden kann im Übrigen jeder Wohnungseigentümer nach § 755 Abs. 1 BGB bei der Aufhebung der Gemeinschaft verlangen, dass diese zunächst – soweit möglich – aus den Guthaben und Geldern des Verbandes berichtigt werden.

III. Voraussetzungen

1. Aufhebung der Gemeinschaft
§ 17 WEG setzt für seine Anwendung voraus, dass die **Gemeinschaft der Wohnungseigentümer** 8 **einvernehmlich oder ausnahmsweise** auf Grund eines zulässigen Verlangens eines Wohnungseigentümers **aufgehoben** wird (s. § 11 Rn. 5 ff.). § 17 WEG erfasst damit grundsätzlich auch die Fälle des § 9 Abs. 1 Nr. 1 WEG. Etwas anderes ist nur dann anzunehmen, wenn die Miteigentümer die Sondereigentumsrechte zwar aufheben und neu ordnen, die Gemeinschaft aber **nicht** aufheben wollen. § 17 WEG erfasst hingegen nicht die durch § 9 Abs. 1 Nr. 2 WEG beschriebenen Fälle. Die Gemeinschaft geht durch die bloße Zerstörung des Gebäudes **nicht unter** (s. § 11 Rn. 9, 24 sowie 25 und § 9 Rn. 6), sodass § 17 WEG nach Sinn und Zweck **nicht anzuwenden** ist. Sehen die Wohnungseigentümer dennoch ein Bedürfnis für einen Wertausgleich, kann § 17 WEG freilich analog angewandt werden (Weitnauer/*Lüke* Rn. 7). Entscheiden sich die Wohnungseigentümer sogar für eine Aufhebung, gilt § 17 WEG allerdings direkt. Dies kann z. B. der Fall sein, wenn das Gebäude durch höhere Gewalt zerstört wird und die Wohnungseigentümer sich einvernehmlich gegen einen Wiederaufbau entscheiden. Auch in diesem Falle wird die Gemeinschaft der Wohnungseigentümer aufgehoben und es sind die Werte der Aufhebungsanteile nach § 17 WEG – soweit nach Zerstörung noch möglich – zu ermitteln.

2. Aufhebung eines Sondereigentums
Wird nur das **Sondereigentum eines Wohnungseigentümers** dauerhaft und zulässiger Weise 9 aufgehoben, ist § 17 WEG nicht betroffen. Da auch für diesen Fall, also bei Fortbestehen der Gemeinschaft im Übrigen, ein Bedürfnis danach besteht, den Wert des aufgehobenen Sondereigentums zu bestimmen, bietet sich eine Analogie zu § 17 WEG an (s. aber auch § 11 Rn. 14 und Rn. 15).

§ 17 | Anteil bei Aufhebung der Gemeinschaft

B. Verteilung

I. Allgemeines

10 Für die Verteilung besteht ein Problem darin, dass die Höhe der im Grundbuch nach § 47 GBO eingetragenen Miteigentumsanteile und der Verkehrswert des jeweiligen Wohnungseigentums nicht (mehr) übereinstimmen müssen. Die Höhe der Miteigentumsanteile ist häufig willkürlich festgelegt worden (§ 3 Rn. 85 ff. und § 8 Rn. 10 ff.) und sagt nichts darüber aus, welchen Wert ein Sondereigentum wirtschaftlich betrachtet besitzt. Ein weiteres Problem besteht darin, dass das Gesetz nicht übersehen darf, dass die Wohnungseigentümer ggf. in ihre Einheiten investieren und also selbst zum Zeitpunkt der Begründung der Gemeinschaft die Verhältnisse noch zutreffend beschreibende Miteigentumsanteile nach einiger Zeit ein **verkehrtes Bild** der jeweiligen Werte vermitteln. Um diesen beiden Problemen entgegen zu treten und um **Unbilligkeiten**, also ungerechtfertigte Vor- und Nachteile, zu vermeiden, knüpft das Gesetz durch § 17 WEG anders als in seinen anderen Vorschriften nicht an die formale Höhe der Miteigentumsanteile, sondern an den **wirtschaftlichen Wert** der »Wohnungseigentumsrechte« an (*Kreuzer* WE 1995, 450). § 17 S. 1 WEG bestimmt dazu für die Auseinandersetzung der ehemaligen Wohnungseigentümer, dass sich der Wert ihrer Anteile grundsätzlich nach dem Verhältnis des Wertes ihrer ehemaligen »Wohnungseigentumsrechte« bestimmt. Mit dem Begriff »Wohnungseigentumsrechte« sind dabei die **Sondereigentumsrechte** i. S. v. § 1 Abs. 2 und Abs. 3 WEG zu verstehen (ungeachtet des gleichen Wortlauts zu § 10 Abs. 7 S. 4 WEG ist also nicht das Miteigentum gemeint). Anders als § 16 Abs. 1 und Abs. 2 WEG, der für Nutzungen, Kosten und Lasten an die Höhe der Miteigentumsanteile anknüpft, berechnet sich der Aufhebungsanteil also **grundsätzlich** nach dem **Wertverhältnis der Sondereigentumsrechte** untereinander. Mit dem Wert der jeweiligen Sondereigentumsrechte steht dann **zugleich** der Anteil der ehemaligen Wohnungseigentümer am **Gemeinschaftseigentum** fest. Ist z. B. eine Wohnung € 200.000, eine € 100.000 und zwei weitere jeweils € 50.000 wert, dann kann ein Miteigentümer am Wert des Gemeinschaftseigentums $1/2$, einer $1/4$ und die übrigen jeweils $1/8$ verlangen. Etwas anders gilt nur dann, wenn es zu bestimmten **Wertveränderungen** gekommen ist (dazu Rn. 14 ff.).

11 Ist das Sondereigentum nicht mehr vorhanden, ist etwa das Gebäude zerstört, kann die Wertermittlung aus **tatsächlichen Gründen**, soweit eine Schätzung z. B. anhand von Fotos nicht möglich ist, nur nach den im Grundbuch festgelegten **Miteigentumsanteilen** erfolgen (s. auch *Kreuzer* NZM 2001, 123).

II. Wertermittlung

12 Der Wert der »Wohnungseigentumsrechte« ist **einvernehmlich**, subsidiär durch sachverständiges **Verkehrswertgutachten** und ggf. durch Urteil und gerichtliche Schätzung nach § 317 BGB festzustellen (*Heinemann* in Jennißen § 17 Rn. 10). Gegenstand der Wertermittlung ist das Sondereigentum an der Wohnung mit allen Ausstattungen und Verbesserungen. Ermittelt werden sollten der Sach- und der Ertragswert. Besonderes Gewicht haben die Wohnfläche sowie die Zahl der Zimmer einer Wohnung, die Ausstattung der Einheiten mit Bad und Heizung, das Alter, auch bei Um- und Zubauten, ihr Erhaltungszustand und die Lage einer Einheit im Gebäude. Ferner können die im Grundbuch eingetragenen Miteigentumsanteile für das Verhältnis der Wohnungseigentumsrechte zueinander eine Indizwirkung besitzen. **Belastungen der Eigentumswohnungen**, die jeder Wohnungseigentümer für sich berichtigen muss, und **Schulden des Verbandes** (dazu Rn. 4 ff.) sind bei der Berechnung des Wertes **nicht** zu berücksichtigen.

III. Berechnungszeitpunkt

13 Berechnungszeitpunkt für die Wertermittlung ist der **Zeitpunkt der Aufhebung**. Der Wert der Sondereigentumsrechte zueinander zum Zeitpunkt der Entstehung der Gemeinschaft ist unerheblich.

IV. Wertveränderungen

1. Veränderungen des Sondereigentums

Verändert sich ein **Sondereigentum** durch eine **gewillkürte** Maßnahme in ihrem Wert, ist das 14
grundsätzlich die Sache des jeweiligen Wohnungseigentümers. Sorgt ein Wohnungseigentümer etwa durch Instandhaltungs-, Instandsetzungs- und Modernisierungsmaßnahmen dafür, dass sich der Wert seines Eigentums erhöht, kommt dies im Falle der Aufhebung der Gemeinschaft der Wohnungseigentümer allein ihm durch Erhöhung seines Anteils zu Gute.

2. Veränderungen des Gemeinschaftseigentums

Verändert sich der Wert des **Miteigentums** durch eine **gewillkürte** Maßnahme, kann diese Maß- 15
nahme von allen Wohnungseigentümern finanziert worden sein. Vorstellbar ist indes auch, dass sich an der Aufbringung der Kosten für diese Maßnahme nur einige Wohnungseigentümer beteiligt haben.

a) Durch Beteiligung sämtlicher Wohnungseigentümer, § 17 S. 1 WEG

Haben sich sämtliche Wohnungseigentümer an einer gewillkürten Wertverbesserung des Ge- 16
meinschaftseigentums durch tätige Mithilfe und/oder durch Tragung der Kosten beteiligt, wird etwa auf Kosten aller das Treppenhaus instandgesetzt, das Dach neu eingedeckt oder die Fassade renoviert, werden **mittelbar** auch sämtliche Sondereigentumseinheiten im Wert gesteigert. Nach § 17 S. 1 WEG bestimmt sich auch in diesem Falle der Wert, den ein Wohnungseigentümer am Gemeinschaftseigentum verlangen kann, nur nach dem Wert der jeweiligen **Sondereigentumseinheiten**. Das Gesetz vernachlässigt also bewusst, dass die Wohnungseigentümer an der Aufbringung der Kosten für diese Wertsteigerung ggf. **unterschiedlich** beteiligt waren, etwa nach § 16 Abs. 2 WEG in Höhe der Miteigentumsanteile, ggf. aber auch nach § 16 Abs. 4 WEG auf Grundlage eines gewillkürten Schlüssels.

§ 17 S. 1 WEG ist ferner anwendbar, wenn ein Wohnungseigentümer nach § 16 Abs. 4 S. 1 WEG 17
gezwungen war, sich an den Kosten zu beteiligen (*Hügel/Elzer* § 5 Rn. 80). Auch in diesem Falle muss er an einer Wertsteigerung teilhaben, unabhängig davon, ob er die Maßnahme selbst unterstützt oder gutgeheißen hat. Hiermit korrespondiert § 16 Abs. 6 S. 2 WEG, der in diesem Falle einem Wohnungseigentümer auch einen Anteil an den Nutzungen zuspricht, die auf einer solchen Maßnahme beruhen (dazu § 16 Rn. 296).

b) Durch Beteiligung nur einiger Wohnungseigentümer, § 17 S. 2 WEG

Haben nach § 16 Abs. 6 S. 1 Halbsatz 1 WEG hingegen nicht alle, sondern nur einige Wohnungs- 18
eigentümer die Kosten für eine Maßnahme, beispielsweise eine bauliche Veränderung des Gemeinschaftseigentums i. S. v. § 22 Abs. 1 WEG aufgebracht, und ist durch diese Maßnahme der Wert des Gemeinschaftseigentums und mittelbar auch der Wert der Sondereigentumsrechte (noch) messbar gestiegen, ist ausnahmsweise der Anwendungsbereich des § 17 S. 2 WEG eröffnet. Dieser ordnet aus **Gründen der Gerechtigkeit** an, dass bei der Berechnung des Wertes der Wohnungseigentumsrechte untereinander solche Wertsteigerungen ausnahmsweise außer Betracht zu bleiben haben, an deren Kosten ein Wohnungseigentümer **nicht beteiligt** war. Auf welche Art und Weise der Wert zu bestimmen und herauszurechnen ist, bestimmt § 17 S. 2 WEG als bloße Grundsatznorm allerdings nicht. Liegen die baulichen Maßnahmen längere Zeit zurück, wird die Anordnung häufig leer laufen. Lässt sich eine Wertsteigerung aber noch nachweisen, müssen die verschiedenen Werte in ein angemessenes Verhältnis zueinander gesetzt werden. Zur Berechnung s. *Kreuzer* WE 1996, 451, 455.

C. Abdingbarkeit

§ 17 WEG ist insgesamt abdingbar (*Kreuzer* WE 1995, 450, 451; Staudinger/*Kreuzer* Rn. 2). Die 19
Wohnungseigentümer sind berechtigt und gut beraten, nach § 10 Abs. 2 S. 2 WEG für die Berechnung des Wertes ihrer Anteile am Gemeinschaftseigentum vom Gesetz abweichende Maßstäbe zu wählen.

§ 18 Entziehung des Wohnungseigentums

(1) Hat ein Wohnungseigentümer sich einer so schweren Verletzung der ihm gegenüber anderen Wohnungseigentümern obliegenden Verpflichtungen schuldig gemacht, daß diesen die Fortsetzung der Gemeinschaft mit ihm nicht mehr zugemutet werden kann, so können die anderen Wohnungseigentümer von ihm die Veräußerung seines Wohnungseigentums verlangen. Die Ausübung des Entziehungsrechts steht der Gemeinschaft der Wohnungseigentümer zu, soweit es sich nicht um eine Gemeinschaft handelt, die nur aus zwei Wohnungseigentümern besteht.

(2) Die Voraussetzungen des Absatzes 1 liegen insbesondere vor, wenn

1. der Wohnungseigentümer trotz Abmahnung wiederholt gröblich gegen die ihm nach § 14 obliegenden Pflichten verstößt;

2. der Wohnungseigentümer sich mit der Erfüllung seiner Verpflichtungen zur Lasten- und Kostentragung (§ 16 Abs. 2) in Höhe eines Betrages, der drei vom Hundert des Einheitswertes seines Wohnungseigentums übersteigt, länger als drei Monate in Verzug befindet.

(3) Über das Verlangen nach Absatz 1 beschließen die Wohnungseigentümer durch Stimmenmehrheit. Der Beschluß bedarf einer Mehrheit von mehr als der Hälfte der stimmberechtigten Wohnungseigentümer. Die Vorschriften des § 25 Abs. 3, 4 sind in diesem Falle nicht anzuwenden.

(4) Der in Absatz 1 bestimmte Anspruch kann durch Vereinbarung der Wohnungseigentümer nicht eingeschränkt oder ausgeschlossen werden.

Inhaltsverzeichnis

A. Grundsätzliches	1
I. Normzweck/Entstehungsgeschichte/Anwendungsbereich	1
II. Abdingbarkeit des § 18	6
B. Generalklausel des § 18 Abs. 1 WEG	13
I. Schwere Verletzung einer gemeinschaftsbezogenen Pflicht	14
II. Schuldig machen	20
III. Unzumutbarkeit der Fortsetzung der Gemeinschaft mit dem Störer	25
C. Spezialfälle des § 18 Abs. 2 WEG	31
I. Wiederholter gröblicher Verstoß gegen die Pflichten aus § 14 WEG	32
II. Zahlungsverzug des Wohnungseigentümers	35
D. Mehrheitsbeschluss, § 18 Abs. 3	39
I. Mehrheitsbeschluss als formelle Voraussetzung	39
II. Beschlussinhalt	47
E. Sonstige Rechte gegenüber dem Störer	51
F. Streitwert bei der Entziehungsklage	56

A. Grundsätzliches

I. Normzweck/Entstehungsgeschichte/Anwendungsbereich

1 Bereits im Referentenentwurf vom 22.9.1950 (damals § 19) heißt es:
»Infolge der Unauflöslichkeit des Gemeinschaftsverhältnisses muss ein durchgreifender Schutz gegen Sondereigentümer geschaffen werden, die ihre aus den Gemeinschaftsverhältnis entspringenden Verpflichtungen gröblich verletzen...(PiG Bd. 8, S. 180 oben).«
In der Begründung zum Gesetzentwurf (BT-Drucks. 1/1802 und BR-Drucks. 75/51) heißt es weiter:

2 »Da die Gemeinschaft der Wohnungseigentümer grundsätzlich unauflöslich (PiG Bd. 8, S. 211, nicht unlöslich, so PiG Bd. 8, S. 233 und Bärmann-Pick-Merle § 18 Rn. 1) ist, muss ein Rechtsbehelf geschaffen werden, um einen Wohnungseigentümer aus der Gemeinschaft entfernen zu können,

insbesondere dann wenn er sich einer schweren Pflichtverletzung schuldig macht. Gerade das Fehlen einer solchen Vorschrift hat viel dazu beigetragen das Stockwerkseigentum zu einer Quelle unerträglicher und fortdauernder Streitigkeiten zu machen ...« (so der Berichterstatter Dr. Brönner am 31.1.1951 auf der 115. Sitzung des Deutschen Bundestages, PiG Bd. 8, S. 205 ff., 211).

Auch in der Begründung zu den Gesetzentwürfen des Bundesrates (BR-Drucks. 8/161 vom 8.3.1977) und der Bundesregierung (BT-Drucks. 8/44 vom 27.12.1978) findet man folgende Erwägung: **3**

»Der Entziehung des Wohnungseigentums« kommt im Hinblick auf die Rechtsstellung des betroffenen Wohnungseigentümers vergleichbare Bedeutung zu wie einer Veräußerungsbeschränkung nach § 12 WEG. Während der Wohnungseigentümer durch Veräußerungsbeschränkungen gegen seinen Willen daran gehindert werden kann, sein Wohnungseigentum zu veräußern, kann er durch das Rechtsinstitut der Entziehung des Wohnungseigentums gegen seinen Willen zur Veräußerung gezwungen werden. Den §§ 12 und 18 WEG liegt derselbe Gedanke zugrunde: Der Gemeinschaft der Wohnungseigentümer wird im Interesse eines reibungslosen Funktionierens der grundsätzlich unauflöslichen Gemeinschaft die Möglichkeit eingeräumt, auf die Zusammensetzung der Gemeinschaft dadurch Einfluss zu nehmen, dass sie sowohl das Eindringen unerwünschter Personen verhindern, als sich auch solcher unter bestimmten Voraussetzungen wieder entledigen kann.

In der Literatur wird § 18 WEG überwiegend lediglich als Pendant zu § 11 WEG gesehen (vgl. *W. Meyer* WEZ 1987, 17, 18 unter Ziff. II sowie *Hogenschurz* NZM 2005, 611). **4**

§ 18 WEG gilt auch für die werdende Eigentümergemeinschaft (*Staudinger/Kreuzer* § 18 Rn. 2; a. A. *Niedenführ/Schulze* § 18 Rn. 3; wie hier *Niedenführ/Kümmel/Vandenhouten* § 18 Rn. 5). **5**

Der neue § 18 Abs. 1 S. 2 WEG klammert bei 2-Personen-Gemeinschaften die sonst dem Verband zustehende Ausübungsbefugnis (vgl. dazu auch § 10 Abs. 6 S. 3 WEG, *Hügel/Elzer* 6 Rn. 23) aus, d. h. in allen anderen Fällen übt der teilrechtsfähige Verband (Gemeinschaft der Wohnungseigentümer, § 10 Abs. 6 S. 1 WEG) dieses Recht aus. **5a**

Hierbei ging der Gesetzgeber davon aus, dass hier das (allerdings abdingbare) Kopfprinzip beim Stimmrecht gilt und ein Patt unausweichlich war, allerdings ist auch bei Geltung des Wertstimmrechts kein Grund für einen vorgeschalteten Mehrheitsbeschluss gegeben (vgl. auch unten § 18 Rn. 39).

II. Abdingbarkeit des § 18

Sowohl der Referentenentwurf als auch der Gesetzentwurf zum WEG (BT-Drucks. 1/1802) sahen ursprünglich die heutige Regelung des § 18 Abs. 1 WEG noch nicht vor. Allerdings wurde bereits auf der Sitzung vom 31.1.1951 der Abänderungsantrag einstimmig angenommen (PiG Bd. 8, S. 216), während es in puncto Abdingbarkeit nicht zu einer Angleichung der §§ 12 und 18 WEG gekommen ist (vgl. PiG Bd. 8, S. 271, 274). **6**

Aus § 18 Abs. 4 WEG ergibt sich, dass eine Entziehung aus Gründen der Generalklausel des § 18 Abs. 1 WEG unabdingbar (*Hügel/Elzer* § 6 Rn. 12) ist, d. h. nicht durch Vereinbarung der Wohnungseigentümer hiervon abgewichen werden kann (*Staudinger/Kreuzer* § 18 Rn. 3, 25 ff., 34). Unzulässig ist eine Regelung, die als Entziehungsgrund »nachbarrechtliche Störungen und schwere persönliche Misshelligkeiten« nennt (*OLG Düsseldorf* ZMR 2000, 549 ff.). Modifizierende oder erweiternde Vereinbarungen sind wegen der eingeschränkten Unabdingbarkeit durch § 18 Abs. 4 WEG zulässig, müssen jedoch dem Bestimmtheitsgrundsatz genügen. Der Praxisempfehlung von *Bärmann/Seuß* (Praxis des Wohnungseigentums 4. Aufl., S. 1237 Muster G 83) kann schon wegen der Entscheidung des *OLG Düsseldorf* ZMR 2000, 549/550 nicht gefolgt werden. **7**

Die Regelung des § 18 Abs. 3 WEG ist jedenfalls insoweit dispositiv als durch Vereinbarung eine Erleichterung des dortigen Mehrheitserfordernisses für den Entziehungsbeschluss vorgesehen werden kann (*OLG Hamm* ZMR 2004, 701). Dass eine Erleichterung des Entziehungsbeschlusses möglich sein soll, ergibt sich letztlich aus § 18 Abs. 4 WEG, der ausdrücklich regelt in welcher Hinsicht die Vorschrift nicht dispositiv sein soll. Der Umkehrschluss aus dieser Vorschrift recht- **8**

§ 18 | Entziehung des Wohnungseigentums

fertigt die Annahme der Abdingbarkeit des 18 Abs. 3 WEG, der im Gegensatz zu § 18 Abs. 2 WEG nicht derart eng mit zwingenden Regelungen des § 18 Abs. 1 WEG verknüpft ist.

9 Nach wohl vorherrschender Meinung ist auch eine Erschwerung der Voraussetzung des § 18 Abs. 3 WEG durch Vereinbarung möglich, z. B. durch Voraussetzen einer qualifizierten Mehrheit (*OLG Celle* NJW 1955, 953), sowie Einstimmigkeit oder Abstimmung nach Miteigentumsanteilen. Keinesfalls darf es aber faktisch zum Ausschluss des Entziehungsrechts kommen (vgl. *Erman/ Grziwotz* § 18 WEG Rn. 3 a. E.).

10 Die Vereinbarung einer qualifizierten Mehrheit wird lediglich als Erhöhung der Anforderungen an einen Entziehungsbeschluss angesehen, nicht jedoch als unzulässige Einschränkung der Rechte aus § 18 Abs. 1 WEG (Bärmann-Pick-Merle § 18 WEG Rn. 51).

11 Früher konnten auch Modifikationen des für die Entziehung des Wohnungseigentums spezifischen in den §§ 53 ff. WEG kodifizierten Versteigerungsverfahrens durch Vereinbarung/Gemeinschaftsordnung zum Schutz des Störers geregelt werden. *Kreuzer* (Staudinger § 18 Rn. 27) hält eine Erhöhung der 7/10 Quote bezogen auf den Einheitswert für möglich. Inzwischen ist dieses Verfahren aber zugunsten der ZVG-Verweisung abgeschafft (vgl. auch *Köhler* MietRB 2007, 156). Das ZVG verweist hinsichtlich des Verzugsbetrages (vgl. *Hügel/Elzer* § 15 Rn. 13) wiederum auf § 18 Abs. 2 Nr. 2 WEG. Eine teilweise Tilgung der Rückstände dürfte das einmal zulässige ZVG-Verfahren nicht nachträglich unzulässig machen, selbst dann, wenn die Zahlung dazu führt, das der dann noch offene Betrag unterhalb der 3%-Grenze des § 18 Abs. 2 Nr. 2 WEG liegt. Insoweit kann auf eine Rechtsanalogie zur mietrechtlichen Schonfristregelung des § 569 Abs. 3 Nr. 2 BGB und zu § 19 Abs. 2 WEG verwiesen werden. *Greiner* (WE-Recht Rn. 1123) bezeichnet das entziehungsverfahren neuer Prägung schon als »scharfes Schwert«.

12 Gerade bei Mehrhausanlagen ist umstritten, ob im Wege der Vereinbarung/Gemeinschaftsordnung geregelt werden kann, dass die Beschlussfassung bei Störung nur der unmittelbar betroffenen Hausgemeinschaft die Beschlussfassung überlassen wird. Bejahend *Kreuzer* (Staudinger/ *Kreuzer* § 18 WEG Rn. 34); anderer Ansicht ist *Göken* (Mehrhausanlage, S. 108 bis 111); offen gelassen von BayObLGZ 1999, 176.

B. Generalklausel des § 18 Abs. 1 WEG

13 Diese Regelung ist in zweifacher Hinsicht subsidiär, zum einen gegenüber § 18 Abs. 2 WEG, der (»insbesondere...«) spezielle Regelbeispiele für Entziehungsgründe nennt. Darüber hinaus ist die gesamte Regelung des § 18 WEG eine sog. ultima ratio, d. h. die Entziehung darf nur als äußerstes Mittel zum Ausschluss der Störers zur Anwendung kommen (*BVerfG* NJW 1994, 241 und FG Prax 1998, 90).

I. Schwere Verletzung einer gemeinschaftsbezogenen Pflicht

14 Es genügt, dass eine derartige Pflichtverletzung gegenüber einem einzelnen anderen Wohnungseigentümer, dessen Haushalts- oder Familienangehörigen bzw. Mietern begangen wurde (Staudinger / *Kreuzer* § 18 Rn. 6, *Niedenführ/Kümmel/Vandenhouten* § 18 WEG Rn. 8; *Hogenschurz* NZM 2005, 613).

15 Quasi reziprok kann der Entziehungsgrund auch durch Haushalts- oder Familienangehörige bzw. Mieter eines Wohnungseigentümers verursacht werden. Die Zurechnung des Verhaltens derartiger Personen ergibt sich aus § 14 Nr. 2 WEG (MüKo/*Engelhardt* § 18 WEG Rn. 2). Bei Fehlverhalten Dritter kann zusätzlich ein eigenes Fehlverhalten des Wohnungseigentümers darin liegen, dass er gravierende Störungen des Hausfriedens z. B. durch seinen Mieter trotz Abmahnungen seitens der Eigentümergemeinschaft weiter hinnimmt und keine tatsächlichen und rechtlichen Schritte gegen den Störer einleitet (vgl. *AG Augsburg* ZMR 2004, 538 – aufgehoben durch *LG Augsburg* ZMR 2005, 230). Für den letztgenannten Fall eines zusätzlichen eigenen Verschuldens des Wohnungseigentümers führt auch der Auszug des störenden Mieters nicht nachträglich zum Wegfall der »schweren Pflichtverletzungen«. Einer Wohnungseigentümergemeinschaft kann nämlich der Verbleib eines Miteigentümers, der über einen längeren Zeitraum sich über Beschwerden einer Vielzahl von Miteigentümern hinweggesetzt hat, nicht zugemutet werden.

Auch im umgekehrten Fall, dass die sich gestört fühlenden Mieter eines Wohnungseigentümers 16
ausziehen, tritt keine Hauptsacheerledigung ein, insbesondere wenn zu besorgen ist, dass der
Wohnungseigentümer sein gemeinschaftsschädliches Verhalten auch bei den Nachfolgemietern
oder Mitwohnungseigentümern fortsetzt (*LG Köln* ZMR 2002, 227 ff.).

Bei einer Mehrheit von Eigentümern auf Seiten der Störer ist streitig, ob der Veräußerungsan- 17
spruch bei Bruchteilsmiteigentümern auf die Veräußerung des Anteils beschränkt werden
kann oder muss. Die vorherrschende Meinung (*Staudinger/Kreuzer* § 18 Rn. 21; *Erman-Grziwotz*
§ 18 Rn. 2) bejaht eine Betrachtung des Wohnungseigentums als Einheit mit der Folge, dass unabhängig davon ob Gesamthandseigentum oder Bruchteilseigentum besteht, das Veräußerungsverlangen gegenüber allen Wohnungseigentümern der entsprechenden Einheit geltend gemacht
werden kann (a. A. *Niedenführ/Kümmel/Vandenhouten* § 18 Rn. 6).

Beispiele für schwere Pflichtverletzungen aus der Rechtssprechung: 18
- Ständige andauernde, stechend-beißende Fäkalgerüche aus der Wohnung, jedenfalls dann, wenn eine Änderung dieses Zustands auch auf absehbare Zeit nicht zu erwarten ist (*LG Tübingen* ZMR 1995, 179),
- Jedes Verhalten eines Wohnungseigentümers wie z. B. das Betreiben einer Unzahl von Beschlussanfechtungsverfahren, das dazu führt, dass die Zahl der Rechtsstreite als Sachmangel beim Verkauf des Wohnungseigentums einzustufen ist und vom Veräußerer gegenüber dem Erwerber offenbart werden muss (*KG* NJW 1992, 1901),
- Schwere Beleidigungen der Mitwohnungseigentümer (*KG* NJW 1967, 2268),
- permanente Lärmbelästigungen durch Erwachsene trotz Abmahnung (*LG Aachen* ZMR 1965, 75),
- Betreiben eines Bordells in der im Wohngebiet liegenden Eigentumswohnung mit Duldung des Eigentümers (*LG Nürnberg-Fürth* NJW 1963, 720),
- Zerwürfnis zwischen den Wohnungseigentümern, das ein gedeihliches Zusammenleben nicht mehr erwarten lässt. Nach vorher erfolgloser Abmahnung (*LG Aachen* ZMR 1993, 233), wiederholte Beschmutzungen und Sachbeschädigungen trotz vorangegangener Abmahnung (*AG Reinbek* WE 1993, 127),
- Nachbarliche Streitigkeiten (vgl. *AG Emmendingen* ZMR 1986, 212) i. V. m. konkreten Verletzungshandlungen i. S. d. 18 WEG.

Als negative Abgrenzung kann festgehalten werden, dass Pflichtverletzungen verneint werden, 19
insbesondere bei
- Lärmstörungen durch Kleinkinder (*LG Aachen* ZMR 1965, 75),
- Vermietung der Wohnung an Ausländer (*LG Wuppertal* WE 1975, 124),
- wiederholte aber noch nicht querulatorische Beschlussanfechtungen (*OLG Köln* NZM 2004, 260; *LG Düsseldorf* 25 T 699/91 zitiert nach Staudinger / *Kreuzer* § 18 WEG Rn. 8)

II. Schuldig machen

Auch wenn grundsätzlich ein schuldhaftes Handeln gefordert wird (*Hügel/Elzer* § 6 Rn. 11), so 20
wird dennoch § 18 Abs. 1 WEG überwiegend (vgl. *Erman/Grziwotz* § 18 Rn. 2) so verstanden,
dass eine subjektive Vorwerfbarkeit des Verhaltens trotz der Formulierung »schuldig gemacht«
für die Verwirklichung des Tatbestandes nicht immer zwingend erforderlich ist (vgl. *LG Tübingen*
ZMR 1995, 179). Es gelten hier vielmehr die Grundsätze über den »wichtigen Grund« wie bei der
Kündigung von Dauerschuldverhältnissen mit personenrechtlichen Charakter ähnlich wie im
Miet- und Arbeitsrecht. *Kreuzer* (Staudinger § 18 Rn. 11) versteht »schuldig gemacht« als bloße
Kausalität (»verursacht«).

Erfasst wird damit auch der schuldunfähige Wohnungseigentümer z. B. bei massiver Störung des 21
Hausfriedens (analog den §§ 569 Abs. 2, 543 Abs. 1 BGB). Das Verschulden ist im Rahmen des § 18
WEG nur ein möglicher Abwägungsgesichtspunkt; fehlt das Verschulden allerdings auf Seiten
des Wohnungseigentümers so wird man fordern müssen, um Wertungswidersprüche zu vermeiden, dass bei Störungen durch einen Schuldunfähigen ganz besonders hohe Anforderungen an
das auslösende Verhalten gestellt werden müssen (vgl. auch *Becker/Kümmel/Ott* Rn. 558). Trotz-

§ 18 | Entziehung des Wohnungseigentums

dem kann die Gemeinschaft, der gegenüber der störende Wohnungseigentümer zur Aufrechterhaltung des Hausfriedens verpflichtet ist, diesen – als ultima ratio – auf Veräußerung seines Wohnungseigentums in Anspruch nehmen, wenn die Verstöße insbesondere gegen die Gemeinschaftsordnung eine Intensität und/oder Dauer angenommen haben, die die Toleranzgrenze bei Weitem überschreiten.

22 Steht der schuldunfähige Eigentümer unter rechtlicher Betreuung, so ist auf jeden Fall vor einem erfolgreichen Veräußerungsverlangen der Betreuer nicht der Wohnungseigentümer als der Betreute abzumahnen (vgl. §§ 131, 1896, 1902 BGB).

23 Wenn – wie im Fall *BVerfG* NJW 1994, 241 – eine krankhafte Störung der Geistestätigkeit verbunden mit Ruhestörung, Behinderung und sonstigen Belästigungen gegeben sind, müssen die Voraussetzungen für eine Wiederholungsgefahr und fehlende Behandlungseinsicht gegeben sein (vgl. auch *LG Tübingen* ZMR 1995, 179). Letztlich kommt es bei derartigen Konstellationen darauf an, ob die Entziehung des Wohnungseigentums die letzte Möglichkeit darstellt, ein geordnetes Zusammenleben innerhalb der Eigentümergemeinschaft wieder herzustellen.

24 Über das Verschuldenskriterium (Regelfall) werden alle Fälle zivilrechtlichen Eigen- oder Fremdverschuldens i. S. d. §§ 276, 278 BGB erfasst, sowie die in § 14 Nr. 2 WEG genannten Fälle (einschränkend AnwKomm/*Schultzky* § 18 Rn. 6).

III. Unzumutbarkeit der Fortsetzung der Gemeinschaft mit dem Störer

25 Das Merkmal der »Unzumutbarkeit« erfordert bei festgestellter Pflichtverletzung des störenden Wohnungseigentümers eine Abwägung der Interessen aller Wohnungseigentümer unter Berücksichtigung der Besonderheiten des Einzelfalles, um letztlich zu bestimmen, ob das Ausschlussinteresse das Eigentumsrecht des Störers nennenswert überwiegt (Staudinger/*Kreuzer* § 18 Rn. 15; *LG Stuttgart* NJW-RR 1997, 589). In die Abwägung einzubeziehen ist insbesondere das Verschulden sowohl des Störers als auch evtl. schuldhafte oder provozierende Verhaltensweisen einzelner Eigentümer. Maßgebend ist, ob der Gemeinschaft die Fortsetzung mit dem »störenden Wohnungseigentümer« weiterhin zugemutet werden kann.

26 Erforderlich ist in jedem Fall, dass die Gründe für die Unzumutbarkeit der Fortsetzung der Gemeinschaft eindeutig aus der Sphäre des auszuschließenden Wohnungseigentümers kommen. Voraussetzung ist im Regelfall eine nachhaltige das Gemeinschaftsverhältnis schwer belastende Störung, an die grundsätzlich strenge Anforderungen zu stellen sind.

27 Im Regelfall bedarf es einer förmlichen Abmahnung mit Androhung der Entziehung des Wohnungseigentums (*Armbrüster* WE 1999, 46; *AG Dachau* ZMR 2006, 319). Ein solcher Abmahnungsbeschluss ist nur auf formelle Mängel gerichtlich überprüfbar (*AG Hannover* ZMR 2006, 402 = *LG Hannover* ZMR 2006, 723). Bei einer Entziehung aus solchem Grund muss der säumige Wohnungseigentümer vor Beschlussfassung nach Auffassung auch des *BGH* (NZM 2007, 290 = ZMR 2007, 465, 468 nach altem Recht durch einen Wohnungseigentümer oder den Verwalter) abgemahnt werden. Nunmehr muss die Abmahnung nach *Köhler* (MietRB 2007, 157) durch den Verband, d. h. durch den dazu ermächtigten Verwalter erfolgen. Von einer Abmahnung kann nur abgesehen werden, wenn sie den anderen Wohnungseigentümern unzumutbar ist oder keinen Erfolg verspricht. Andererseits stellt ein wegen fehlender Abmahnung nicht ausreichender Entziehungsbeschluss sich rechtlich als Abmahnung dar. Er erlaubt nach entsprechender Beschlussfassung eine Entziehungsklage, wenn der betroffene Wohnungseigentümer, und sei es auch nur einmal, die abgemahnten Pflichten versäumt. Etwas anderes gilt nur, wenn der Beklagte unter Berücksichtigung aller Umstände, insbesondere der Dauer seines Wohlverhaltens, annehmen darf, die zur Abmahnung führenden Vorgänge hätten sich für die Gemeinschaft erledigt (*BGH* NZM 2007, 290 = ZMR 2007, 465).

28 Bei gravierenden Pflichtverletzungen aus dem Gemeinschaftsverhältnis wird man Abmahnungen, Fristsetzungen sowie die Androhung der Entziehungsklage für entbehrlich halten können, während für sich gesehen weniger schwere Verstöße, insbesondere Dauertatbestände (z. B. Lärmbelästigung) nach mehreren fruchtlosen Abmahnungen und Androhung der Entziehungsklage erst und auch das Kriterium der Unzumutbarkeit erfüllen können.

Eine Vielzahl von Abmahnungen und Unterlassungsbegehren seitens der Eigentümergemeinschaft kann allerdings auch kontraproduktiv sein, wenn dies nämlich auf Seiten des störenden Wohnungseigentümers den Eindruck erweckt, er werde künftig lediglich auf Unterlassung möglicherweise gerichtlich in Anspruch genommen, eine Entziehungsklage drohe ihm jedoch nicht. Die Warnfunktion einer Abmahnung wird nämlich erheblich dadurch abgeschwächt, dass die Gemeinschaft bei ständig neuen Pflichtverletzungen des störenden Wohnungseigentümers stets nur mit gerichtlichen Schritten droht, ohne entsprechende Konsequenzen präzise anzukündigen und auch folgen zu lassen. 29

Die Gemeinschaft muss damit rechnen, dass eine einzige Abmahnung (Beschlussmuster bei *Greiner* WE-Recht Rn. 348) bei einem mittelschweren Pflichtverstoß möglicherweise nicht ausreicht, andererseits können zu viele schablonenhafte Abmahnungen den Schluss zulassen, dass die Entziehungsklage als letztes Mittel nicht notwendig ist, mit der Folge, dass sich die Gemeinschaft auf eine Unterlassungsklage nach dem Grundsatz der Verhältnismäßigkeit verweisen lassen muss. Es empfiehlt sich, die letzte Abmahnung vor Beschlussfassung nach § 18 WEG besonders eindringlich zu gestalten. 30

C. Spezialfälle des § 18 Abs. 2 WEG

Hier werden Regelbeispiele für eine dem Störer zuzurechnende »schwere Verletzung der ihm gegenüber anderen Wohnungseigentümern obliegenden Verpflichtungen« geregelt. 31
Hieraus kann jedoch nicht abgeleitet werden, dass es sich insoweit um eine »unwiderlegliche Vermutung« (so aber Staudinger/*Kreuzer* § 18 Rn. 18) handelt.

I. Wiederholter gröblicher Verstoß gegen die Pflichten aus § 14 WEG

Dieses Regelbeispiel des § 18 Abs. 2 Nr. 1 WEG – das nicht gegen Art. 14 GG verstößt (vgl. *BVerfG* WuM 1998, 45 = FGPrax 1998, 90) setzt (»wiederholt«) mindestens 3 gravierende Verstöße erheblicher Art gegen die Pflichten eines Wohnungseigentümers aus § 14 WEG voraus (*Hügel/Elzer* § 6 Rn. 5). Dies bedeutet nicht, dass ein einzelner besonders gravierender Verstoß keine Entziehung des Wohnungseigentums rechtfertigen würde; dieser ist schlicht unter § 18 Abs. 1 WEG zu subsumieren. 32

Die für das Regelbeispiel notwendige Mindestzahl von 3 gravierenden Pflichtverstößen ergibt sich daraus das ein Verstoß vor und zwei nach der genannten Abmahnung vorliegen müssen (vgl. Staudinger/*Kreuzer* § 18 Rn. 20, *Niedenführ/Kümmel/Vandenhouten* § 18 Rn. 16). 33

Auch wenn die Störungen/Pflichtverletzungen vom Mieter eines Wohnungseigentümers ausgehen, kann ein Pflichtenverstoß des Wohnungseigentümers i. S. d. § 18 Abs. 2 Nr. 1 WEG bejaht werden, wenn dieser nicht alles in seiner Macht Stehende tut, um Beeinträchtigungen seiner Mitwohnungseigentümer durch seinen Mieter abzuwenden/zu verhindern (*AG Augsburg* ZMR 2004, 538 – aufgehoben durch *LG Augsburg* ZMR 2005, 230). 34

II. Zahlungsverzug des Wohnungseigentümers

Gemäß § 18 Abs. 2 Nr. 2 WEG muss der Wohnungseigentümer mit (fälligen) Hausgeldverpflichtungen nach § 16 Abs. 2 WEG 35
– länger als drei Monate im Verzug sein und
– der offene Betrag muss 3 % des steuerlichen Einheitswerts der WEG-Einheit des Zahlungssäumigen übersteigen.

Hier können bei niedrigen Einheitswerten bereits geringe Zahlungsrückstände die Voraussetzungen Regelbeispiels erfüllen. Im Fall des *AG Erlangen* (ZMR 2004, 539) reichte ein Rückstand von 600,00 € bereits aus (vgl. auch *Greiner*, WE-Recht Rn. 340 ff.).

Allerdings hat bereits *Kreuzer* (Staudinger § 18 Rn. 2) darauf hingewiesen, dass vor dem Hintergrund der »Einheitswertentscheidung« des Bundesverfassungsgerichts (NJW 1995, 2615) es nötig sei, bei untragbarer Fehlbewertung zwischen dem steuerlichen Einheitswert und dem Verkehrswert/wirklichen Wert der Wohnungseigentumseinheit anstelle des Einheitswertes einen vorsich- 36 tig geschätzten Verkehrswert anzusetzen. Auch *F. Schmidt* (ZWE 2002, 113 ff. unter II. 2 und III. 7) konstatiert, dass die Schere zwischen Einheitswert und Verkehrswert inzwischen soweit auseinander klaffe, dass das Bundesverfassungsgericht sich genötigt sah, die Anwendbarkeit der Einheitswerte außer Kraft zu setzen. Letztlich muss sich nämlich auch das Regelbeispiel des § 18 Abs. 2 Nr. 2 WEG, das einen bewusst niedrigen Level für den Entziehungstatbestand geschaffen hat, an Art. 14 GG messen lassen. Allerdings wurde § 18 WEG als grundgesetzkonform eingestuft (vgl. *BVerfG* FGPrax 1998, 90/91 m. Anm. *Briesemeister* sowie NJW 1995, 2615 und NJW 1992, 241).

37 Speziell zu § 18 Abs. 2 Nr. 2 WEG gibt es allerdings keine Verfassungsgerichtsrechtsprechung. In der Rechtsprechung zu § 18 WEG wurde dieser verfassungsrechtliche Aspekt bisher nicht weiter problematisiert (vgl. *AG Düsseldorf* WE 1994, 138 und *AG Erlangen* ZMR 2004, 539).

38 Ob und inwieweit die Erhöhungsvorschrift des § 121 a Bewertungsgesetz (Zuschlag von 40 %), die für die Gewerbesteuer gilt, im Rahmen des § 18 Abs. 2 Nr. 2 WEG zum Zuge kommt ist streitig (vgl. *F. Schmidt* ZWE 2002, 116 unter Ziff. III. 4 sowie Staudinger/*Kreuzer* § 18 Rn. 23), der zu recht eine Neuregelung durch den Gesetzgeber fordert (a. A. *LG Mainz* Rpfleger 1999, 342). Einstweilen müssen die Beteiligten allerdings nach dem Wortlaut des Gesetzes vorgehen (*Armbrüster* JuS 2002, 668).

38a Nicht minder schwer ist oft die fortlaufend unpünktliche Erfüllung von Wohngeld- und anderen Zahlungsansprüchen der Gemeinschaft der Wohnungseigentümer. Sie kann den anderen Wohnungseigentümern die Fortsetzung der Gemeinschaft mit dem säumigen Wohnungseigentümer unzumutbar machen und die Entziehung des Wohnungseigentums nach § 18 Abs. 1 WEG rechtfertigen, wenn sie die ordnungsgemäße Verwaltung nachhaltig beeinträchtigt (*BGH* NZM 2007, 290 = ZMR 2007, 465).

D. Mehrheitsbeschluss, § 18 Abs. 3
I. Mehrheitsbeschluss als formelle Voraussetzung

39 Ein solcher Mehrheitsbeschluss (Beschlussmuster bei *Greiner* WE.Recht Rn. 352) ist lediglich dann nicht erforderlich, wenn bei einer faktischen Zweiergemeinschaft sich die Wohnungseigentümer unversöhnlich gegenüberstehen (*LG Aachen* ZMR 1993, 233; *LG Köln* ZMR 2002, 227; vgl. zum Ausübungsrecht jetzt § 18 Abs. 1 S. 2 WEG). Die Vorbefassung der Eigentümerversammlung wäre hier eine überflüssige sinnlose Förmelei. Ähnlich wie beim Regelungsanspruch ist hier die Vorbefassungspflicht der Eigentümerversammlung zu verneinen, wenn zweifelsfrei von vornherein feststeht, dass eine Beschlussfassung zu einer Pattsituation führen würde, weil die Antragsteller in einer Eigentümerversammlung eine Mehrheit für den Entziehungsbeschluss nicht werden erhalten können. Dies ist typischerweise in einer Zweiergemeinschaft der Fall z. B. bei ernsthaftem Weigerungsverhalten des anderen Wohnungseigentümers schon im Vorfeld (vgl. auch *Riecke/Schmidt/Elzer* Rn. 904). Lediglich *Sauren* (§ 18 WEG Rn. 10) vertritt immer noch die Auffassung, dass zumindest versucht worden sein muss, die formellen Erfordernisse (Beschlussfassung) zu erfüllen. Im Fall des § 18 WEG ist die Beschlussfassung in der Zweiergemeinschaft schon deshalb eine nutzlose Förmelei, weil der betroffene Wohnungseigentümer gemäß § 25 Abs. 5 WEG kein Stimmrecht hat, weil sich der Beschluss auf die Einleitung eines Rechtsstreits gegen ihn bezieht (MüKo/*Engelhardt* § 18 Rn. 8). Es kommt hier nicht auf die Zahl der Einheiten, sondern nur der Wohnungseigentümer an. Bei einer Zweiergemeinschaft kann der betreibende Eigentümer die Klage nach § 19 WEG erheben und auch selbst aus dem Urteil vollstrecken (*Abramenko* § 8 Rn. 3).

40 Generell bedarf es eines Mehrheitsbeschlusses der Eigentümerversammlung zur Einleitung des eigentlichen Entziehungsverfahrens. Dieses wird als sog. »Abmeierungsklage« (Klagemuster bei *Greiner* WE-Recht Rn. 357) bezeichnet. Unter diesem Begriff kann auch die Beschlussfassung in der Tagesordnung angekündigt werden. Dies empfiehlt sich allerdings heute nicht mehr, da der Begriff nur noch insidern geläufig ist (vgl. *Köhler* MietRB 2007, 157).

41 Der Begriff stammt noch aus dem früher geltenden Reichserbhofgesetz vom 29.9.1933 und wurde in der nicht amtlichen Begründung für das WEG (BR-Drucks. 75/51) benutzt. Durch die Nichtanwendbarkeit der §§ 25 Abs. 3 und 4 WEG wird klargestellt, dass mehr als die Hälfte aller

stimmberechtigten Wohnungseigentümer, d. h. nicht nur die Mehrheit der in der Eigentümerversammlung erschienenen Wohnungseigentümer für den Antrag gestimmt haben müssen. Für die Feststellung der Mehrheit gilt das sog. Kopfprinzip (§ 25 Abs. 2 S. 1 und Abs. 2 WEG i. V. m. § 18 Abs. 3 S. 3 WEG) wenn nicht in der Teilungserklärung / Gemeinschaftsordnung oder in einer späteren Vereinbarung Abweichendes geregelt ist.

Palder (WuM 1998, 31) empfiehlt gleichzeitig durch Beschluss zu regeln, dass der WEG-Verwalter zur gerichtlichen Durchsetzung der Eigentumsentziehung ermächtigt wird, damit Zweifeln vorgebeugt wird, ob die Verwaltervollmacht auch zur Einleitung eines solchen Verfahrens berechtigt. Heute vertritt der Verwalter den ausübungsberechtigten Verband (vgl. § 18 Abs. 1 S. 2 WEG). 42

Ist in der Gemeinschaftsordnung für die Verwaltung des gemeinschaftlichen Eigentums das Stimmrecht nach Köpfen abbedungen und durch das Stimmrecht nach Miteigentumsanteilen ersetzt, so gilt dies grundsätzlich nicht für die Beschlussfassung über die Entziehung des Wohnungseigentums nach § 18 WEG (*BayObLG* ZMR 1999, 724). 43

Wird der Beschluss über die Entziehung des Wohnungseigentums gemäß § 43 Nr. 4 WEG angefochten, hat das Gericht der streitigen Gerichtsbarkeit im WEG-Verfahren diesen nur auf die formelle Rechtmäßigkeit zu überprüfen. Eine Prüfung der sachlichen Voraussetzung des Anspruchs auf Ausschluss eines Störers aus der Eigentümergemeinschaft erfolgt ausschließlich durch das für die Entziehungsklage zuständige Prozessgericht (*OLG Köln* ZMR 1998, 376). Die Verdoppelung des Erkenntnisverfahrens wurde nicht aufgehoben. 44

Die für den Beschluss nach § 18 Abs. 3 WEG notwendigen Mehrheiten sollen für einen bloßen Abmahnungsbeschluss als Minus gegenüber dem Veräußerungsverlangen nicht erforderlich sein (*OLG Hamburg* ZMR 2003, 596). Ein Antrag auf Feststellung der Rechtswidrigkeit der Abmahnung ist unzulässig (*BayObLG* NZM 2004, 383; str.; vgl. *Greiner* WE-Recht Rn. 349; *LG Hannover* ZMR 2006, 723). *Köhler* (MietRB 2007, 157) etwa bejaht jetzt ein Feststellungsinteresse hinsichtlich der Berechtigung zur Abmahnung. Der Betroffene müsse sich nicht auf den Rechtsschutz im evtl. späteren Entziehungsverfahren verweisen lassen. Er zieht Parallelen zum Arbeitsrecht. Dort kann der Arbeitnehmer etwa die Entfernung der Abmahnung aus seiner Personalakte analog den §§ 12, 862, 1004 BGB oder gemäß §§ 241 Abs. 2, 282 BGB verlangen (zum Streitstand im Arbeitsrecht vgl. *Nägele* in Tschöpe AnwHdB ArbR 4. Aufl. 2005, Teil 3 D Rn. 159–163). 45

Das Stimmrecht beschränkt sich auch bei einer Mehrhausanlage nicht auf die vom negativen Verhalten des Störers betroffenen Wohnungseigentümer, vielmehr sind sämtliche Wohnungseigentümer der Mehrhausanlage zu beteiligen (*Göken* Mehrhausanlage, S. 110). 46

II. Beschlussinhalt

Es muss ausdrücklich die Veräußerung des Wohnungseigentums verlangt werden und dies muss sich unzweifelhaft aus der Beschlussformulierung (Muster bei *Köhler* MietRB 2007, 158) wie sie vom Verwalter festgestellt wurde, ergeben (*BayObLG* WuM 1990, 95). Ungenügend ist es etwa zu beschließen, dass die Sondereigentümer A. aus der Gemeinschaft ausgeschlossen werden (vgl. *AG Duisburg* ZMR 2007, 314). Im Beschlussanfechtungsverfahren nach § 43 WEG wird nur geprüft, ob der Beschluss formell wirksam und mit dem richtigen Inhalt zustande kam (*OLG Braunschweig* ZMR 2006, 700). Die sachlichen Voraussetzungen für die Entziehung prüft das Prozessgericht (a. A. noch *LG Braunschweig* ZMR 2006, 560). 47

Unabhängig davon, ob der Verwalter oder der hauptsächlich beeinträchtigte Wohnungseigentümer mit der Einreichung der Entziehungsklage beauftragt und bevollmächtigt wird empfiehlt es sich gleichzeitig mit zu beschließen, dass der künftige Kläger ermächtigt wird, einen Rechtsanwalt mit der Prozessführung zu betrauen. 48

Enthaltungen, die sonst als Null-Stimmen zählen (BGHZ 106, 179) zählen hier faktisch wie Nein-Stimmen, da die erforderliche qualifizierte Mehrheit von über 50 % aller stimmberechtigten Wohnungseigentümer für einen positiven Beschluss erreicht sein muss (vgl. *Erman/Grziwotz* § 25 WEG Rn. 2). 49

§ 18 | Entziehung des Wohnungseigentums

50 Der Stimmrechtsausschluss des störenden Wohnungseigentümers, der sich aus § 25 Abs. 5 WEG ergibt, beruht darauf, dass niemand Richter in eigener Sache sein soll (vgl. *Erman/Grziwotz* § 25 Rn. 8).

E. Sonstige Rechte gegenüber dem Störer

51 Selbst wenn die Gemeinschaft – berechtigt – zum äußersten Mittel des Entziehungsbeschlusses greift, sind damit anderweitige Maßnahmen gegenüber dem die Gemeinschaftspflichten verletzenden, störenden Wohnungseigentümer nicht ausgeschlossen. So kann die Gemeinschaft insbesondere Zurückbehaltungsrechte an Versorgungsleistungen bei Zahlungsrückstand des störenden Wohnungseigentümers geltend machen (vgl. *BGH* ZMR 2005, 880 m. Anm. *Elzer* = NZM 2005, 626).

52 Die wohl h. M. bejaht auch bei vermieteten Wohnungseigentumseinheiten und damit nur mittelbarer Betroffenheit des störenden Wohnungseigentümers die Zulässigkeit eines Versorgungsstopps (vgl. *Riecke/Schmidt/Elzer* Beschlussmuster 31, Rn. 1258; *Armbrüster* WE 1999, 14, 15 ff.; *Suilmann* ZWE 2001, 476 ff.).

53 Auch wenn das *KG* (ZMR 2001, 1007) in dem Absperrbeschluss auch gleichzeitig die Berechtigung zum Betreten der Wohnung des Schuldners sieht zwecks Abtrennung der Versorgungsleitungen, wird man hier wohl doch eher einen zusätzlichen Duldungstitel fordern müssen. Dies ist insbesondere vor dem Hintergrund gerechtfertigt, dass die Eigentümergemeinschaft sich durch Beschlüsse nicht selber Ansprüche oder gar Titel verschaffen darf (vgl. *Wenzel* NZM 2004, 542; *Briesemeister* ZWE 2003, 307 und *Riecke/Schmidt*, S. 57 ff. sowie ZMR 2005, 252).

54 Die gegenteilige Auffassung vertritt das *OLG Köln* (ZMR 2000, 639 nebst ablehnender Stellungnahme *Deckert* WE 2001, 44, 68, 92 [sowie *AG Peine*] WE 2000, 128).

Das *KG* hat eine bisherige Rechtsprechung zur Versorgungssperre auch in einer jüngeren Entscheidung nochmals bestätigt (ZMR 2002, 458 ff. sowie Beschl. v. 8.8.2005 – 24 W 112/04 ZMR 2005, 905 = MDR 2006, 326).

Gegen die Annahme einer verbotenen Eigenmacht i. S. d. § 858 BGB bei »Liefersperren« hat sich auch *Ulrici* (ZMR 2003, 895 ff.) ausgesprochen.

§ 18 Abs. 2 Nr. 2 WEG stellt keine abschließende Spezialregelung dar (*Armbrüster* WE 1999, 14 ff.). Die Versorgungssperre wird sogar als wirkungsvoller, weil schneller und mit geringerem finanziellen Aufwand durchsetzbar angesehen, um einen störenden Wohnungseigentümer zu disziplinieren (*Palder* WuM 1998, 332; *OLG Celle* NJW-RR 1991, 1118).

55 Eine Verwirkung der Entziehungsmöglichkeiten kommt in Betracht Hier gelten allerdings strenge Maßstäbe.(vgl. *Hügel/Elzer* § 6 Rn. 7).

F. Streitwert bei der Entziehungsklage

56 Der Streitwert bestimmt sich nach den §§ 12, 39 ff. GKG. Hierbei ist insbesondere nicht die Streitwertbegrenzung des § 41 GKG einschlägig, die lediglich für Miet-, Pacht- und ähnliche Nutzungsverhältnisse gilt. Zum Anwendungsbereich des § 49 a GKG vgl. *Abramenko* § 7 Rn. 61 ff.

Als entscheidend wird das Interesse der klagenden Verbandes – subsidiär der klagenden Wohnungseigentümer – am Eigentümerwechsel angesehen.

Als Obergrenze ist – wenn auch mit verschiedenen Begründungen – der Verkehrswert des Wohnungseigentums des Störers anzusehen. Das Interesse der klagenden Wohnungseigentümer sei ein selbstständiges rechtlich erheblich weitergehendes Interesse gegenüber dem Beschlussanfechtungsverfahren, das quasi als bloßes Vorverfahren für die eigentliche Entziehung anzusehen sei (*LG Köln* ZMR 1998, 522). Der Streitwert soll dem vollen Verkehrswert entsprechen (*OLG Rostock* ZMR 2006, 476 sowie *BGH* ZMR 2007, 791).

57 Nach Auffassung des *OLG Köln* (ZMR 1999, 284) bemisst sich der Streitwert nicht nach dem vollen Verkehrswert des Wohnunngs- bzw. Teileigentums, sondern lediglich nach dem Interesse der Beteiligten am Behalten der Eigentumswohnung bzw. dem Ausschluss aus der Gemeinschaft. Da der Ausschluss aus der Gemeinschaft nicht entschädigungslos erfolgt, es auch nicht darum geht, dem Auszuschließenden/Störer den wirtschaftlichen Wert der Wohnung zu entziehen, sondern lediglich darum, die Störung zu beseitigen, kann auch nur dieser in der Regel deutlich geringere

Wert als der Gesamtwert des Wohnungseigentums maßgeblich sein (so auch *AG Kerpen* Beschl. v. 27.3.1998 – 22 C 326/97).
Eine differenzierende Auffassung vertritt das *LG Köln* (ZMR 2002, 230) wonach der Streitwert einer Entziehungsklage, die ausschließlich wegen Wohngeldrückständen geführt wird, sich wegen des Interesses der Kläger aus dem Betrag der Rückstände errechnen soll, während bei einer Entziehungsklage, die auch oder nur auf Pflichtverletzungen des Störers gestützt wird, der Streitwert am Verkehrswert des Sondereigentums des Störers auszurichten sei. Überwiegend wird allerdings wohl immer noch der volle Verkehrswert angesetzt (vgl. *BGH* ZMR 2007 791; *AG Augsburg* ZMR 2004, 538 – in Hauptsache aufgehoben durch *LG Augsburg* ZMR 2005, 230; *LG Hamburg* WuM 1998, 374).

§ 19 Wirkung des Urteils

(1) Das Urteil, durch das ein Wohnungseigentümer zur Veräußerung seines Wohnungseigentums verurteilt wird, berechtigt jeden Miteigentümer zur Zwangsvollstreckung entsprechend den Vorschriften des Ersten Abschnitts des Gesetzes über die Zwangsversteigerung und die Zwangsverwaltung. Die Ausübung dieses Rechts steht der Gemeinschaft der Wohnungseigentümer zu, soweit es sich nicht um eine Gemeinschaft handelt, die nur aus zwei Wohnungseigentümern besteht.

(2) Der Wohnungseigentümer kann im Falle des § 18 Abs. 2 Nr. 2 bis zur Erteilung des Zuschlags die in Absatz 1 bezeichnete Wirkung des Urteils dadurch abwenden, daß er die Verpflichtungen, wegen deren Nichterfüllung er verurteilt ist, einschließlich der Verpflichtung zum Ersatz der durch den Rechtsstreit und das Versteigerungsverfahren entstandenen Kosten sowie die fälligen weiteren Verpflichtungen zur Lasten- und Kostentragung erfüllt.

(3) Ein gerichtlicher oder vor einer Gütestelle geschlossener Vergleich, durch den sich der Wohnungseigentümer zur Veräußerung seines Wohnungseigentums verpflichtet, steht dem in Absatz 1 bezeichneten Urteil gleich.

Inhaltsverzeichnis
  A. Grundsätzliches   1
  B. Regelungsgehalt   2
  C. Vollstreckung des Entziehungsurteils   9
  D. Sicherungsmöglichkeiten   12
  E. Abwendungsmöglichkeiten   13
  F. Anderweitige Titulierung   15
  G. Abdingbarkeit   16

A. Grundsätzliches

§ 19 WEG regelt die Umsetzung des aufgrund des Mehrheitsbeschlusses nach § 18 WEG im Verfahren nach § 43 WEG ergangenen Urteils in der sog. »Abmeierungsklage«. Das bisherige notarielle Versteigerungsverfahren wie es in den § 53 ff. WEG a. F. geregelt war, einem dem preußischen FGG nachgebildeten Verfahren der freiwilligen Versteigerung (*Bärmann/Pick/Merle* § 19 Rn. 1a), wurde abgeschafft und durch die Verweisung auf das ZVG ersetzt. Die in § 19 Abs. 1 S. 2 WEG neu geregelte Ausübungsbefugnis des Verbandes bezieht sich auf die in § 19 Abs. 1 S. 1 WEG erwähnten Individualrechte der dinglich berechtigten Sondereigentümer. *Abramenko* (8 Rn. 5) spricht von nicht recht aufeinander abgestimmten Regelungen. Dem Verband steht allerdings – Ausnahme: Zweiergemeinschaft – die geborene (vgl. *Hügel/Elzer* § 6 Rn. 25) Ausübungsbefugnis – kompatibel zu § 18 Abs. 1 S. 2 WEG – zu. Die Entscheidung für das ZVG-Verfahren soll größere Rechtssicherheit bewirken (*Abramenko* § 8 Rn. 4).

§ 19 | Wirkung des Urteils

Für das ZVG-Verfahren (vgl. dazu FAHdB/*Schneider* 32. Kap. Rn. 155 ff.) ist gem. § 1 ff. ZVG das Vollstreckungsgericht am Ort der Liegenschaft zuständig. Zum Procedere vgl. auch *Abramenko* § 8 Rn. 7 ff. und 15 ff. Frühere mögliche Manipulationen durch kurzfristige hohe Belastung des Objekts vor dem Versteigerungstermin des Schuldners/Eigentümers sind ab Eintragung des Zwangsversteigerungsvermerks nicht mehr möglich.

B. Regelungsgehalt

2 Das Urteil ersetzt Willenserklärungen des störenden Wohnungseigentümers, die zur Einleitung des ZVG-Verfahrens wegen seines Sondereigentums erforderlich sind.

3 Auch wenn das Urteil alle erforderlichen Erklärungen des Störers in schuldrechtlicher, dinglicher und verfahrensrechtlicher Hinsicht (Staudinger/*Kreuzer* § 19 Rn. 4) ersetzt, werden lediglich Erklärungen des auszuschließenden Wohnungseigentümers mit Rechtskraft des Entziehungsurteils (gerichtet auf Zustimmung zur Veräußerung des Sondereigentums ...) fingiert.

4 Der Eigentumsübergang kommt mit dem Zuschlag im ZVG-Verfahren zustande.

5 Weitere Erklärungen, insbesondere solche des Erwerbers, des Vormundschaftsgerichts oder durch Vorkaufsrechte begünstigter Dritter werden nicht ersetzt.

6 Streitig war die Klagebefugnis. *Becker/Kümmel/Ott* (Rn. 563) und *Sauren* (19 WEG Rn. 2) und jetzt auch Staudinger/*Kreuzer* (§ 19 Rn. 2) bejahten eine Art actio pro socio des einzelnen Wohnungseigentümers während die Gegenmeinung lediglich die restliche Eigentümergemeinschaft für klagebefugt ansah (*Niedenführ/Schulze* § 19 Rn. 4 »die Wohnungseigentümer«). Nunmehr regelt § 19 Abs. 1 S. 2 WEG die Ausübungsbefugnis des Verbandes, sofern es sich nicht um eine Zwei-Personen-Gemeinschaft handelt. Der von der Zwangsvollstreckung aus dem Entziehungsurteil zu Unrecht betroffene Dritte (z. B. Mieter, Pächter) kann sich durch Drittwiderspruchsklage (§ 771 ZPO) gemäß § 19 Abs. 1 S. 1 WEG i. V. m. § 93 Abs. 1 S. 2 und 3 ZVG gegen Vollstreckungsmaßnahmen zur Wehr setzen.

7 Außerdem führt das Urteil zum Erlöschen (Staudinger/*Kreuzer* § 19 Rn. 4; a. A. Staudinger/*Bub* § 25 Rn. 520 f.: Ruhen) des Stimmrechts auf Seiten des Störers inkl. seiner Vertreter.

8 Dies gilt nicht für den Zwangsverwalter und andere Organe der Rechtspflege (BayObLGZ 1998, 288).

C. Vollstreckung des Entziehungsurteils

9 Während früher das Urteil nach den §§ 18, 19 WEG zugunsten des Erstehers einen Vollstreckungstitel auf Herausgabe und Räumung gegen den verurteilten Störer/Wohnungseigentümer darstellte, ist jetzt der Zuschlagsbeschluss selbst Vollstreckungstitel. Hinsichtlich der Wirkung gegen Dritte, die aufgrund eines schuldrechtlichen Vertrages (Miete oder Pacht) oder dinglichen Rechts (Nießbrauch, Wohnungsrecht) Besitz haben, gilt § 93 Abs. 1 S. 2 und 3 ZVG i. V. m. § 19 Abs. 1 S. 1 WEG auch gegenüber dem Ersteigerer/Ersteher.

10 Ein Mietverhältnis geht gemäß § 566 BGB auf den Ersteher über. Ein Sonderkündigungsrecht des Erstehers gegenüber dem Mieter nach den §§ 57a ff. ZVG besteht wohl nunmehr aufgrund der pauschalen Verweisung auf diese Vorschriften des ZVG. Der Ersteher musste bisher dem zuständigen Gerichtsvollzieher eine Urteilsausfertigung mit Vollstreckungsklausel (vgl. allerdings AG Fürth DGVZ 2003, 13 nebst Anm. *Seip*, a. a. O., S. 7) zur zwangsweisen Durchsetzung des Räumungsanspruchs vorlegen. Zur Zwangsvollstreckung durch Räumung ist jetzt der Zuschlagsbeschluss mit Vollstreckungsklausel der zutreffende Titel. Die Zwangsvollstreckung ist schon vor Rechtskraft des Zuschlagsbeschlusses möglich.

Wechselt der Besitz vom störenden/verurteilten Wohnungseigentümer auf einen Dritten ist die Nachfolge im Besitz durch öffentliche Urkunde nachzuweisen. Gelingt dies, so kann gemäß § 93 ZVG auch mit einer Rechtsnachfolgeklausel nach § 727 ZPO gegen den besitzenden Nachfolger vollstreckt werden.

11 Dass eine derartige Titelumschreibung in der Praxis Probleme macht, ergibt sich schon daraus, dass ein Besitzwechsel durch öffentliche Urkunde schwierig nachweisbar ist. Nach *Fallak* (ZMR 2003, 805) könnte der Gerichtsvollzieher den neuen Gewahrsamsinhaber veranlassen, sei-

nen Überlassungsvertrag vorzulegen. Das Gerichtsvollzieherprotokoll in Verbindung mit dem Vertragswerk dürfte für eine Umschreibung genügen. Auch *Nies* (MDR 1999, 1113) hat diesen Weg einmal sogar als einzig möglichen hingestellt, während die Erfahrungen in der Praxis eher dafür sprechen, den Drittgewahrsamsinhaber schnellstmöglich selbst auf Räumung zu verklagen, soweit der Besitz nicht unter § 566 BGB fällt, sondern erst zeitlich nach dem Eigentumswechsel begründet wurde (vgl. auch *Ormanschick* WE 2000, 255 zu den praktischen Schwierigkeiten der Titelumschreibung).

Nach Auffassung des BMJ hat die Vollstreckung in der Rangklasse 5 des § 10 Abs. 1 ZVG zu erfolgen. Damit wären dann aber wieder die dinglich gesicherten Gläubiger (Rangklasse 4) vorrrangig, so dass das Verfahren nach § 19 WEG wiederum nur ein Schattendasein führen dürfte, zumal den Wohnungseigentümern jetzt mit der neuen Rangklasse 2 des § 10 Abs. 1 ZVG viel bessere Möglichkeiten zur Verfügung stehen (vgl. auch *Abramenko*, Das neue WEG § 8 Rn. 9). **11a**

Nach dem Normzweck der §§ 18, 19 WEG darf der Schuldner im ZVG-Versteigerungsverfahren selbst keine Gebote abgeben. Die Unzumutbarkeit seines Verbleibens in der Gemeinschaft – wenn er von den Abwendungsmöglichkeiten (s. u. unter D.) zuvor keinen Gebrauch gemacht hat – rechtfertigt es ihn als bieter auszuschließen (*Abramenko* § 8 Rn. 14). **11b**

D. Sicherungsmöglichkeiten

Bereits vor Rechtskraft des Entziehungsurteils, das die Einleitung des Zwangsversteigerungsverfahrens ermöglicht hinsichtlich des zu veräußernden Sondereigentums, kann der Verband – bei dessen Untätigkeit die klagenden Wohnungseigentümer – nach Erstreiten eines vorläufig vollstreckbaren Titels gemäß § 895 ZPO eine Vormerkung für den künftigen Erwerber/Käufer in das Grundbuch eintragen lassen, weil der vorläufig vollstreckbare Titel als Bewilligung einer derartigen Vormerkung gesetzlich fingiert wird (*KG* OLGZ 1979, 146). Diese Vormerkung führt nicht zur Grundbuchsperre, sondern hat lediglich Wirkung gegenüber künftigen Erstehern/Erwerbern, die auch nicht zur Abwendung der Zwangsvollstreckung im Wege des freiwilligen Verkaufs das Sondereigentum erwerben konnten (z. B. weil wichtige Gründe gegen diese Erwerber bestehen und die nach der Teilungserklärung notwendige Zustimmung des Verwalters nach § 12 WEG nicht erteilt wird).Mit Eintragung des Zwangsversteigerungsvermerks sind Manipulationen zulasten des Verbandes kaum mehr möglich (§§ 19, 20, 23 ZVG). Zur Beschlagnahmewirkung vgl. FAHdB/*Schneider* 32. Kap. Rn. 191. **12**

Auch eine zur Vereitelung der Zwangsvollstreckung vom verklagten Wohnungseigentümer geplante nachträgliche übermäßige Belastung des Sondereigentums ist auf diese Weise verhindert (*Bärmann/Pick/Merle* § 19 Rn. 19).

Verweigert der im ZVG-Verfahren erfolgreiche Ersteigerer oder ein gefundener Erwerber seine Mitwirkungshandlungen, kann der Verband aus dem Entziehungsurteil nicht wie früher auf Erfüllung klagen oder unter den Voraussetzungen der §§ 323, 325 BGB vom Zwangskaufvertrag zurücktreten und Schadensersatz liquidieren, sondern jetzt gilt Folgendes: Erfolgt im ZVG-Verfahren z. B. keine Zahlung, könnte nach den ZVG-Normen eine Wiederversteigerung angeordnet werden.

Weigert sich der Störer/Beklagte den Antrag auf notwendige Zustimmung nach § 12 WEG zu stellen, ist es für die klagenden Eigentümer günstig diesen Antrag bereits in die Versteigerungsbedingungen mit aufgenommen zu haben (vgl. Staudinger/*Kreuzer* § 19 Rn. 23).

E. Abwendungsmöglichkeiten

Nach Rechtskraft des Entziehungsurteils kann der Verurteilte/Schuldner dem Versteigerungsverfahren nach ZVG nicht mehr durch freiwilligen Verkauf entgehen, sobald durch eine Vormerkung oder den Zwangsversteigerungsvermerk gutgläubiger Erwerb Dritter ausgeschlossen ist (vgl. *Abramenko* § 8 Rn. 10). Hat die Gemeinschaft in der Teilungserklärung kein Zustimmungserfordernis nach § 12 WEG geregelt, hat sie auf diese Weise auch keinen direkten Einfluss auf die Person des künftigen Wohnungseigentümers/Erwerbers. **13**

§ 20 | Gliederung der Verwaltung

14 Ist der störende Wohnungseigentümer (nur) wegen Zahlungsverzuges zur Veräußerung verurteilt worden, so kann er gemäß § 19 Abs. 2 WEG wie bisher durch Begleichung aller Verpflichtungen vom Zahlungsrückstand über die Verfahrenskosten das Sondereigentum weiterhin behalten. Im Übrigen ist durch die Verweisung auf das ZVG-Verfahren auch ein besserer Schuldnerschutz gewährleistet (vgl. *Abramenko* § 8 Rn. 11).

F. Anderweitige Titulierung

15 Anstelle des gerichtlichen Verfahrens vor dem Prozessgericht gemäß dem § 19 WEG kann sich der störende Wohnungseigentümer auch in einem gerichtlichen oder vor der Gütestellung geschlossenen Vergleich zur Veräußerung seines Sondereigentums verpflichten. Dieser Vollstreckungstitel steht dem rechtskräftigen Entziehungsurteil gleich.

G. Abdingbarkeit

16 § 19 Abs. 1 und 3 WEG sind unabdingbar. Dies folgt schon daraus, dass es sich um verfahrensrechtliche Vorschriften handelt, die niemals zur Disposition der Beteiligten stehen.
§ 19 Abs. 2 WEG dagegen ist dispositiv, da auch die in Bezug genommene Regelung des § 18 Abs. 2 Nr. 2 WEG durch Vereinbarung modifiziert werden kann (vgl. Staudinger / *Kreuzer* § 19 WEG Rn. 8, 16 und 20).

3. Abschnitt Verwaltung

§ 20 Gliederung der Verwaltung

(1) Die Verwaltung des gemeinschaftlichen Eigentums obliegt den Wohnungseigentümern nach Maßgabe der §§ 21 bis 25 und dem Verwalter nach Maßgabe der §§ 26 bis 28, im Falle der Bestellung eines Verwaltungsbeirats auch diesem nach Maßgabe des § 29.

(2) Die Bestellung eines Verwalters kann nicht ausgeschlossen werden.

Literatur
Abramenko Die schuldrechtlichen Beziehungen zwischen Verwaltungsbeirat und Wohnungseigentümergemeinschaft nach Anerkennung ihrer Teilrechtsfähigkeit, ZWE 2006, 273; *Armbrüster* Der Verwalter als Organ der Gemeinschaft und Vertreter der Wohnungseigentümer, ZWE 2006, 470; *ders.* Parallelen zwischen Wohnungseigentumsrecht und Gesellschaftsrecht, FS Wenzel, 85; *ders.* Beginn und Ende von Verwalterstellung und Verwaltervertrag, ZfIR 2003, 9; *Bärmann* Wohnungseigentum, 1991; *Baltzer* Der Beschluss als rechtstechnisches Mittel organschaftlicher Funktion im Privatrecht, 1965; *Becker/Kümmel* Die Grenzen der Beschlusskompetenz der Wohnungseigentümer, ZWE 2001, 128; *Becker* Die Teilnahme an der Versammlung der Wohnungseigentümer, 1996; *Bogen* Bestellung und Anstellung des Verwalters im Wohnungseigentumsrecht, ZWE 2002, 289; *Bonifacio* WEG-Reform – Möglichkeiten der Bestellung eines Notverwalters, MietRB 2007, 216; *Brych* Der Verwaltungsbeirat, PiG 32, 39; *Bub* Beschränkung der Verwalterbestellung durch Übertragung der Zustimmungsberechtigung im Falle der Veräußerung gem. § 12 WEG, NZM 2001, 502; *ders.* Selbstverwaltung bei veränderten Verhältnissen, PiG 32, 53; *Buck* Vereinbarungsersetzende Mehrheitsentscheidung, WE 1995, 132; *Deckert* Bestellung des WEG-Erstverwalters durch den teilenden Grundstückseigentümer: Eine rechtskonforme Praxis, FS Bub (2007) S. 37; *ders.* Erweiterung der Befugnisse des Verwalters durch Verwaltervertrag ZWE 2003, 247; *ders.* Anspruch auf Zustimmung zur Änderung der Gemeinschaftsordnung, PiG 63, 227; *Demharter* Ändert oder überlagert der ungefochtene Mehrheitsbeschluss die Gemeinschaftsordnung?, MittBayNot 1996, 417; *Derleder* Die Rechtsfähigkeit von Wohnungseigentümergemeinschaften für externe Verpflichtungen und Rechte, ZWE 2002, 193 und 250; *Drasdo* Die Haftung der Wohnungseigentümer für Handlungen des Verwaltungsbeirats bei Schadensersatzansprüchen des Verwalters, ZWE 2001, 522; *Elzer* Ermessen im Wohnungseigentumsrecht, ZMR 2006, 85; *ders.* Vom Zitter- zum Zwitterbeschluss – oder: Der unvollkommene Raub, ZMR 2005, 683; *ders.* Von der Verdinglichung verwaltungsbezogener Verträge der Wohnungseigentümergemeinschaft mit Dritten – oder ein Lehrstück zu § 10 WEG, ZMR 2004, 633; *ders.* Die Beauftragung eines Rechtsanwalts durch den Wohnungseigentumsverwalter, ZMR 2004, 479; *ders.* Die gerichtliche Bestellung eines Notverwalters nach §§ 26 Abs. 3, 43 Abs. 1 Nr. 3 WEG, ZMR 2004, 229; *Gottschalg* Die Stellung des Verwaltungsbeirats in der rechtsfähigen Wohnungseigentümergemeinschaft, FS Bub (2007), S. 73; *ders.* Gesamtschuldnerische Haftung der Wohnungseigentümer für Fehlverhalten des Verwalters, MietRB 2005, 56; *ders.* Die Haftung von Verwalter und Beirat in der Wohnungseigentümergemeinschaft, 2002; *ders.* Die Übertragung von Kompetenzen der Wohnungseigentümer auf Verwalter und Verwaltungsbeirat, ZWE 2000, 50; *Gruber* Im

Überblick: Die Vertretungsmacht des WEG-Verwalters, NZM 2000, 263; *Häublein* Verwalter und Verwaltungsbeirat – einige aktuelle Probleme, ZMR 2003, 233; *Keuter* Die Hausordnung – Ein Brennpunkt der Verwaltungspraxis, FS Deckert, 2002, 199; *Kümmel* Die Bindung der Wohnungseigentümer und deren Sondernachfolger an Vereinbarungen, Beschlüsse und Rechtshandlungen nach § 10 WEG, 2002; *Lüke* Selbstverwaltung der Wohnungseigentümer WE 1996, 372; *Merle* Organbefugnisse und Organpflichten des Verwalters bei Passivprozessen der Gemeinschaft der Wohnungseigentümer, ZWE 2006, 21; *Müller* Die Verteilung der Verwaltervergütung – Änderung des Kostenverteilungsschlüssels durch den Verwaltervertrag?, ZWE 2004, 333; *ders.* Verwirklichung der Selbstverwaltung, PiG 32, 13; *Münstermann-Schlichtmann* Möglichkeiten und Verbote der Bevollmächtigung des Beirates und der Verwaltung, WE 1998, 110; *Niedenführ* Vollmacht des Verwaltungsbeirats zum Abschluss des Verwaltervertrages, NZM 2001, 517; *Pick* Die Wohnungseigentümerversammlung als oberstes Organ für Legislative und Exekutive der Gemeinschaft (§ 23 WEG), PiG 6, 17; *Reichert* Die Amtsniederlegung von WEG-Verwalter und Beirat unter Berücksichtigung der Teilrechtsfähigkeit, MietRB 2007, 21; *ders.* Gerichtliche Aktivverfahren durch den ausgeschiedenen Verwalter als Vertreter der Wohnungseigentümer, ZWE 2004, 211; *Reuter* Der Beirat der GmbH, FS. 100 Jahre GmbH-Gesetz 1992, 631; *F. Schmidt* Erweiterung der Kompetenzen des Verwaltungsbeirats, ZWE 2001, 137; *ders.* Der Verwaltervertrag WE 1998, 209; *ders.* Änderung des Gebrauchs von Sondereigentum und Gemeinschaftseigentum, PiG 32, 67; *K. Schmidt* Gesellschaftsrecht, 4. Aufl. 2002; *Schwab* Die Kompetenzen der Wohnungseigentümergemeinschaft: Zugleich ein Beitrag zur Abgrenzung zwischen »Vereinbarung« und »Beschluss«, 1992; *Seuß* Bedeutung und Aufgaben des Verwaltungsbeirats, WE 1995, 294; *Strecker* Genehmigung der Jahresabrechnung durch den Verwaltungsbeirat, ZWE 2004, 228; *dies.* Kompetenzen in der Gemeinschaft der Wohnungseigentümer, ZWE 2004, 337; *Striewski* Verwalterbestellung ohne Verwaltervertrag, ZWE 2001, 8; *Suilmann* Beschlussmängelverfahren nach § 43 Abs. 1 Nr. 4 WEG – Zum Verhältnis von Beschlussanfechtungs- und Nichtigkeitsfeststellungsanträgen, ZWE 2001, 402; *ders.* Beschlussanfechtung durch den abberufenen Verwalter, ZWE 2000, 106; *ders.* Das Beschlussmängelverfahren im Wohnungseigentumsrecht, 1998; *Weitnauer* Die Haftung des Verwalters und für den Verwalter, PiG 3, 55; *Wenzel* Die Wohnungseigentümergemeinschaft – ein januskörpiges Gebilde aus Rechtssubjekt und Miteigentümergemeinschaft?, NZM 2006, 321; *ders.* Die Befugnis des Verwalters zur Anfechtung des Abberufungsbeschlusses, ZWE 2001, 510; *Wicke* Das WEG-Verwaltungsvermögen, ZfIR 2005, 301.

Inhaltsverzeichnis

A. Allgemeines 1
  I. Grundsätzliches 1
    1. Gesetzeszweck 1
    2. Handlungsorganisation des Verbandes Wohnungseigentümergemeinschaft 3
    3. Regelfall und Zweifel 4
      a) Außenverhältnis 4
      b) Innenverhältnis 5
    4. Einzelheiten 6
  II. Bedeutung und Zweck 8
  III. Willensmanifestation 10
    1. Willensmanifestation für die Wohnungseigentümer 10
    2. Willensmanifestation für den Verband Wohnungseigentümergemeinschaft 11
  IV. Willensbetätigung 12
    1. Willensbetätigung für das gemeinschaftliche Eigentum 12
    2. Willensbetätigung für den Verband Wohnungseigentümergemeinschaft 13
  V. Aufsicht 14

B. Funktionsträger 16
  I. Rechtsmacht 16
  II. Walterstellung 19
    1. Beginn der Walterstellung 19
      a) Wohnungseigentümer 19
      b) Verwalter 20
      c) Verwaltungsbeirat 23
    2. Ende der Walterstellung 24
      a) Eigentümer 24
      b) Verwalter 25
      c) Verwaltungsbeirat 29
      d) Gerichtliche Überprüfung des Entzugs 30
  III. Wissenszurechnung 31
    1. Für die Wohnungseigentümer 31
    2. Für den Verband Wohnungseigentümergemeinschaft 32
  IV. Haftung für Funktionsträger 33
    1. Haftung des Verbandes Wohnungseigentümergemeinschaft 33
    2. Haftung der Wohnungseigentümer 34
      a) Gegenüber Dritten 34

§ 20 | Gliederung der Verwaltung

b) Untereinander	36
V. Haftung der Walter	37
1. Haftung gegenüber dem Verband	37
2. Haftung gegenüber den Wohnungseigentümern	38
VI. Erzwingen von Tätigkeit	39
1. Verwalter und Verwaltungsbeirat	39
2. Wohnungseigentümer	40
C. Kompetenzverlagerungen	**41**
I. Notwendigkeit einer Vereinbarung	42
1. Grundsatz	43
2. Ausnahmen: § 27 Abs. 2 Nr. 3 und Abs. 3 S. 1 Nr. 7 WEG	44
a) § 27 Abs. 2 Nr. 3 WEG	45
b) § 27 Abs. 3 S. 1 Nr. 7 WEG	46
3. Verstöße	47
a) Dauerhafte Verlagerung im Wege des Beschlusses	47
b) Verstöße im Einzelfall (gesetzeswidrige Beschlüsse)	48
II. Rückübertragung	49
III. Grenzen einer Kompetenzverlagerung	50
1. Gesetzliche Beschränkungen	50
2. Kernbereichslehre	51
III. Verlagerung von Kompetenzen in Bezug auf den Verwalter	53
1. Allgemeines	53
2. Einzelfälle	54
3. Rechtsqualität der Verwalterentscheidungen	56
4. Änderung der Verwalterentscheidung durch die Wohnungseigentümer	57
a) Konkurrierende Verlagerung	58
b) Verdrängende Verlagerung	59
c) Auslegung und Zweifel	60
5. Übertragung von Kompetenzen durch den Verwalter	61
IV. Verlagerung von Kompetenzen in Bezug auf den Verwaltungsbeirat	63
1. Verwaltervertrag	64
2. Durchführung von Beschlüssen	67
3. Verfahrensführung	68
4. Vollmachten für die Mitglieder des Beirats	69
D. Möglichkeit weiterer Funktionsträger	**70**
E. Verwaltung	**72**
I. Begriff	72
1. Grundsatz	72
2. Gewährleistungsrechte	74
II. Ordnungsmäßige Verwaltung	75
III. Handlungsinstrumente der Verwaltung	76
IV. Ermessen	79
V. Gebrauch	82
VI. Verfügungen	83
F. Verwaltungsgegenstand	**84**
I. Gemeinschaftliches Eigentum	84
II. Gemeinschaftseigentum in der Verwaltungszuständigkeit Dritter (Sondernutzungsrechte)	85
III. Hinzuerwerb von Gemeinschaftseigentum	86
IV. Aufgabe von Gemeinschaftseigentum	88
V. Verwaltungsvermögen	89
VI. Sondereigentum	90
G. Gliederung der Handlungsorganisation	**91**
I. Versammlung der Wohnungseigentümer	92
1. Willensbildung für das gemeinschaftliche Eigentum	92
a) Begriff des Wohnungseigentümers und des Verbandes Wohnungseigentümergemeinschaft	94
b) Reichweite der Wohnungseigentümer-Kompetenzen	95
2. Willensbildung für den Verband Wohnungseigentümergemeinschaft	96
3. Pflicht zur Verwaltung	97
a) Allgemeines	97
b) Schadensersatz	98

	c) Sondernachfolger	99
II.	Verwalter	100
	1. Allgemeines	100
	2. Aufgaben für den Verband Wohnungseigentümergemeinschaft	103
	3. Verwalteraufgaben für die Wohnungseigentümer	104
	4. Originäre Verwalteraufgaben	106
	5. Drittinteressen	107
III.	Verwaltungsbeirat	108
	1. Originäre Aufgaben	109
	2. Verhältnis zu den Eigentümern	111
H.	**§ 20 Abs. 2 WEG**	**113**
I.	Positive Regelung	113
II.	Keine Verpflichtung zur Bestellung eines Verwalters	114
III.	Entsprechende Anwendung	116
	1. Übertragung der Zustimmungsbefugnis gem. § 12 WEG	117
	2. Deckelung des Verwaltergehalts	118
IV.	Bestellung eines Verwalters	119
	1. Durch die Wohnungseigentümer	119
	2. Im Teilungsvertrag oder in der Teilungserklärung	120
	3. Durch das Gericht; Notverwalter	121

A. Allgemeines

I. Grundsätzliches

1. Gesetzeszweck

Gegenstand und Zweck von § 20 WEG ist es im Wesentlichen, einen Überblick über die **Handlungsorganisation** für das **gemeinschaftliche Eigentum** und die Bestimmung des Verwaltungsobjektes, nämlich des **Gemeinschaftseigentums** (s. dazu Rn. 84 ff.), zu geben. Die Vorschrift des § 20 WEG trifft ungeachtet der Entdeckung des Verbandes Wohnungseigentümergemeinschaft nur Aussagen zum **gemeinschaftlichen Eigentum** und seiner Verwaltung, nicht zum Verband und der Verwaltung des Verbandsvermögens (Verwaltungsvermögen). § 20 WEG benennt jedenfalls originär nur für das gemeinschaftliche Eigentum die Funktionsträger, die an der Verwaltung teilnehmen sollten und ggf. müssen (Wohnungseigentümer) und die, die daran teilnehmen können (Verwalter und Verwaltungsbeirat). Die gesetzliche **Besonderheit** besteht also einerseits darin, dass die Stelle, die ganz wesentlich an der »Verwaltung« des gemeinschaftlichen Eigentums – besser an der Vertretung der Wohnungseigentümer (s. § 10 Rn. 373) – teilnimmt, nämlich der Verband Wohnungseigentümergemeinschaft, in § 20 WEG gar nicht erwähnt wird. Andererseits bedient sich das Gesetz in § 20 WEG nur des Begriffs der »Verwaltung«, während es in § 27 Abs. 1 und Abs. 2/Abs. 3 WEG sorgfältig und bewusst – wie im Gesellschaftsrecht – zwischen »Geschäftsführung« und »Vertretung« unterscheidet. Diese **Inhomogenitäten** finden ihren Grund darin, dass der mit dem Gesetz zur Änderung des Wohnungseigentumsgesetzes und anderer Gesetze vom 26.3.2007 (BGBl. I S. 370) tiefgreifend geänderte § 27 WEG und die Einführung des Verbandes Wohnungseigentümergemeinschaft in § 10 Abs. 6 WEG nicht auf § 20 WEG abgestimmt wurden. Ungeachtet dessen muss im reformierten Recht sorgfältig zwischen Innen- (Geschäftsführung) und Außenverhältnis (Vertretung) unterschieden werden:

1

– soweit eine Aufgabe es notwendig macht, gegenüber **Dritten zu handeln**, etwa einen Vertrag zu schließen oder vom Gemeinschaftseigentum ausgehende Pflichten wahrzunehmen, ist dies eine primäre Zuständigkeit des Verbandes Wohnungseigentümergemeinschaft. Kompetenzen, Rechte und Pflichten sind dann Regelungsgegenstand von §§ 10 Abs. 6 S. 3 und 27 Abs. 3 WEG;

2

– soweit es um Aufgaben im **Binnenverkehr der Wohnungseigentümer** geht, handeln hingegen meist der Verwalter in originärer Zuständigkeit oder die Wohnungseigentümer, aber nicht der Verband. Im Innenverhältnis, im Verkehr zwischen den Wohnungseigentümern, besitzt der Verband nach dem Willen des Gesetzes keine Aufgaben und Pflichten – soweit eine Pflicht, wie die Verkehrspflicht, einen Wohnungseigentümer nicht »wie einen Dritten« treffen kann.

§ 20 | Gliederung der Verwaltung

2. Handlungsorganisation des Verbandes Wohnungseigentümergemeinschaft

3 Zur Handlungsorganisation des Verbandes Wohnungseigentümergemeinschaft als Treuhänder und Sachwalter des Gemeinschaftseigentums sowie zum vom Gemeinschaftseigentum zu unterscheidenden **Verwaltungsvermögen** (zum Begriff § 10 Rn. 447 ff.) trifft § 20 WEG **keine Aussagen**. Die Aufgaben zu bestimmen, wer die Geschäfte des Verbandes führt, wer seinen Willen bildet und seine Vertretung wahrnimmt nehmen – rudimentär – § 27 Abs. 3 S. 1 und S. 2 WEG wahr. Der Pflichtenkreis des Verbandes wird hingegen mit § 10 Abs. 6 WEG beschrieben (dazu § 10 Rn. 371 ff.). Der Verband Wohnungseigentümergemeinschaft hat nach Sinn und Zweck **nicht die Aufgabe**, nach »innen« zu wirken – und also an der Führung der Geschäfte der Wohnungseigentümer **teilzuhaben**. Aufgabe des Verbandes ist es allein, die Interessen der Wohnungseigentümer nach außen, **gegenüber Dritten** wahrzunehmen, durchzusetzen und für Pflichtverletzungen der Wohnungseigentümer einzustehen, soweit diesen eine Pflicht gemeinsam obliegt (*Hügel/Elzer* § 11 Rn. 1). Wenn der Gesetzgeber in § 10 Abs. 6 S. 1 WEG dem Verband Wohnungseigentümergemeinschaft »im Rahmen der gesamten Verwaltung des gemeinschaftlichen Eigentums« Rechtsfähigkeit zubilligt, lässt dies **nicht darauf schließen**, dass der Verband auch an der Verwaltung des gemeinschaftlichen Eigentums i. S. des § 20 WEG nach »innen« teilnimmt. Diese Wortwahl soll nur den Bereich beschreiben, in dem der Verband rechtsfähig ist. Die Formulierung »gesamte Verwaltung« macht dabei unter Berücksichtigung des üblichen Sprachgebrauchs deutlich, dass die **gesamte Geschäftsführung** zu Gunsten der Wohnungseigentümer nach außen und in Bezug auf das gemeinschaftliche Eigentum **Aufgabe des Verbandes**, nicht auch des Verwalters ist (BT-Drucks. 16/887 S. 60; § 10 Rn. 379).

3. Regelfall und Zweifel

a) Außenverhältnis

4 In der Regel – und vor allem im Zweifel – ist anzunehmen, dass die Wohnungseigentümer und der Verwalter dann, **wenn sie als Teil der Handlungsorganisation nach außen auftreten** und gegenüber Dritten handeln, nur und ausschließlich für den Verband Wohnungseigentümergemeinschaft tätig werden und diesen verpflichten wollen. Originärer Zweck der Zuerkennung einer Rechtsfähigkeit für den Verband Wohnungseigentümergemeinschaft ist es gerade, die Handlungsfähigkeit der jeweiligen Wohnungseigentümer im **Rechtsverkehr** bei der vermögensrechtlichen Verwaltung ihres gemeinschaftlichen Eigentums zu sichern und zu stärken (*Wenzel* ZWE 2006, 462) sowie das gemeinschaftliche Eigentum für die Wohnungseigentümer zu verwalten (BT-Drucks. 16/887 S. 60; *Wenzel* ZWE 2006, 2, 6; *ders.* NZM 2006, 321, 322; zw. s. § 10 Rn. 379). Ein Tätigwerden der Handlungsorganisation allein oder »auch« für die Wohnungseigentümer muss immer ausdrücklich erklärt werden oder muss unschwer zu erkennen sein.

b) Innenverhältnis

5 Wird die **Handlungsorganisation nach innen** tätig, ist eine Unterscheidung danach zu treffen, in welchem Rechtsbereich sie tätig wird. Vor allem der Verwalter kann in Angelegenheiten des Verbandes, in solchen der Wohnungseigentümer und auch in eigenen Angelegenheiten tätig sein (*Hügel/Elzer* § 11 Rn. 5 ff.; ferner Rn. 100 ff.). **In erster Linie** ist der Verwalter Organ und Vertragspartner des Verbandes Wohnungseigentümergemeinschaft. An- und Bestellung erfolgen vom Verband. Ergebnis dieser Sichtweise ist z. B. die grundsätzliche Verbandshaftung nach § 31 BGB oder § 278 BGB für ein etwaiges Fehlverhalten des Verwalters. Daneben können auch die Wohnungseigentümer in ihrem eigenen, aber auch im Rechtsbereich des Verbandes tätig sein. Handlungen für den Verband kommen hier vor allem in Betracht, wenn die Wohnungseigentümer den Willen des Verbandes bilden müssen.

4. Einzelheiten

6 Die im Wohnungseigentumsgesetz für die Handlungsorganisation des **gemeinschaftlichen Eigentums** gefundenen Regelungen sind an Vorschriften der Gemeinschaft des BGB (§§ 741 ff.) und des Gesellschaftsrechts – vor allem des Vereins – angelehnt und stimmen sogar wörtlich mit diesen überein (vgl. *Armbrüster* FS Wenzel, 85 ff.). Eine in bestimmten Aspekten ähnliche Organisationsstruktur findet sich außerdem bei den **außenrechtsfähigen Verbänden**, insbesondere

bei den **Körperschaften**. In bestimmten Gesichtspunkten kann daher jedenfalls vorsichtig versucht werden, in Anlehnung an diese Vorschriften Antworten auf Fragen des Wohnungseigentumsgesetzes zu finden (*Armbrüster* FS Wenzel, S. 85 ff.). Solche Lösungswege sind freilich stets problematisch (s. auch *Deckert* PiG 63, 227, 239) und müssen auf die **Besonderheiten des Wohnungseigentumsrechts** Rücksicht nehmen. Die Anlehnung an das Gesellschaftsrecht hat vor allem Probleme, weil das vom Gesetzgeber gewählte Organisationsmodell und die entsprechenden Organisationsbestimmungen, vor allem §§ 23 bis 26 WEG, zwar eng an die Verfassungsideen anderer Verbände angelehnt sind. Den »Schöpfern« des WEG haben als Vorbilder aber auch rechtsfähige Organisationen (juristische Personen und rechtsfähige Gesamthandgesellschaften), rechtsfähige Personengesellschaften (AG, GmbH) und schließlich Handlungsorganisationen für Sondervermögen gedient. Als Ergebnis einer unsystematischen und unheilvollen Mischung sind die Bestimmungen des Wohnungseigentumsgesetzes jedenfalls in ihrer Gesamtheit und in ihrem besonderen Zusammenspiel im deutschen Recht vorbildlos und haben eine **singuläre Handlungsorganisation** »sui generis« geschaffen (s. auch *BGH* BGHZ 163, 154, 172 [Teilrechtsfähigkeit] = ZMR 2005, 547; BGHZ 78, 166, 172 = ZMR 1981, 125 spricht von einem »komplizierten Gebilde«; *Deckert* PiG 63, 227, 239).

Ob zur Beantwortung bestimmter Rechtsprobleme ohne weiteres auf die Erkenntnisse aus dem Recht der Körperschaften zurückgegriffen werden kann, ist in jedem Falle zweifelhaft. Der Versuch, Probleme im Zusammenhang mit der Handlungsorganisation der WEG durch Untersuchung der Rechtsprechung und der rechtlichen Bestimmungen zu **anderen Verbänden** zu lösen (s. dazu nur *BGH* BGHZ 152, 46, 49 [Negativbeschluss] = ZMR 2002, 930 = NJW 2002, 3704: Vergleich zu den Organen bei Gesellschaften; BGHZ 156, 19, 29 [Entlastung] = ZMR 2003, 750: Vergleich zur Entlastung des Verwalters mit den Willensbetätigungsorganen bei der GmbH, dem Verein und der Genossenschaft), muss deshalb **skeptisch** stimmen (s. auch *Deckert* PiG 63, 227, 239). Eine solche Anlehnung wird vielfach den besonderen Problemen des Wohnungseigentumsgesetzes tatsächlich nicht gerecht werden können und muss jedenfalls dessen besonderes Zusammenspiel zwischen den Funktionsträgern des gemeinschaftlichen Eigentums berücksichtigen. Bei der Gemeinschaft der Eigentümer handelt es sich keinesfalls um eine besondere Art der Gesellschaft. Der Teilungsvertrag (auch nicht die Teilungserklärung) ist **kein Gesellschaftsvertrag** (*BGH* BGHZ 163, 154, 177 [Teilrechtsfähigkeit] = ZMR 2005, 547; *BayObLG* BayObLGZ 1984, 198 = MDR 1984, 1028; a. A. *Junker* Gesellschaft, S. 75). 7

II. Bedeutung und Zweck

Die durch § 20 WEG beschriebene **Handlungsorganisation** für das Gemeinschaftseigentum ist **dreigliedrig**. Neben den Wohnungseigentümern stehen **fakultativ** der Verwalter und der Beirat. Jedem dieser drei Funktionsträger schreibt das Wohnungseigentumsgesetz spezifische (charakteristische), sich teilweise überschneidende und teilweise unentziehbare Aufgaben, Pflichten und Rechte zu. Das Zusammenspiel aller – vor allem zwischen den Wohnungseigentümern und dem Verwalter – ist wichtig, aber in der Praxis häufig konfliktreich. Durch die Anerkennung des Verbandes Wohnungseigentümergemeinschaft als Regelungskonflikt neu hinzugetreten ist, dass die gesetzlich installierte Handlungsorganisation teilweise und sogar vorrangig **Aufgaben für einen anderen Rechtsträger** besitzt. Vor allem der Verwalter hat nach § 27 Abs. 3 S. 1 WEG nach außen, gegenüber Dritten die vorrangige Aufgabe, den Verband zu vertreten und dessen Rechte wahrzunehmen, soweit das Gesetz oder eine nach § 27 Abs. 3 S. 1 Nr. 7 WEG getroffene Bestimmung der Wohnungseigentümer ihm eine entsprechende Rechtsmacht geben. Neben dem Verwalter sind aber auch die Wohnungseigentümer in die Handlungsorganisation des Verbandes eingegliedert (zu den Einzelheiten § 10); sie müssen vor allem seinen Willen bilden. Dass der Beirat Aufgaben für den Verband hat, ist nicht zu erkennen (a. A. *Gottschalg* FS Bub, S. 73, 75 ff.). 8

Für die Einzelheiten der Handlungsorganisation für das Gemeinschaftseigentum ist zwischen den Bereichen Willensmanifestation, Willensbetätigung und Aufsicht zu unterscheiden. 9

§ 20 | Gliederung der Verwaltung

III. Willensmanifestation

1. Willensmanifestation für die Wohnungseigentümer

10 Die Willensbildung, besser die **Willensmanifestation**, obliegt – soweit nichts anderes bestimmt ist, vgl. § 21 Abs. 1 WEG – den Wohnungseigentümern in ihrer Gesamtheit durch die **zwei möglichen Regelungsinstrumente** Vereinbarung und Beschluss (s. dazu § 10 Rn. 62 ff.). Allein die Wohnungseigentümer bestimmen über Inhalt und Reichweite einer ordnungsmäßigen Verwaltung i. S. von § 21 Abs. 3 WEG nach Maßgabe des Gesetzes, ihrer Gemeinschaftsordnung (den Vereinbarungen und Beschlüssen; s. § 3 Rn. 111 ff.), nach ihrem eigenen Interesse und schließlich nach billigem Ermessen, § 315 BGB. Halten sämtliche Wohnungseigentümer z. B. eine Maßnahme für **ordnungsmäßig**, die aber jedem Dritten unsinnig erscheint, ist diese Wahl hinzunehmen (*BGH* BGHZ 139, 288, 296 [Musizierverbot] = ZMR 1999, 41, 44 = MDR 1999, 29; *Elzer* ZMR 2006, 85, 91; s. auch *Kümmel* ZWE 2001, 516, 518). Das Recht zur **Willensmanifestation** ist originäres Recht der Wohnungseigentümer, nur **bedingt delegierbar** und gar **nicht völlig** aufzuheben. Eine Willensbildung und -manifestation kann im Einzelfall zwar auch dem Verwalter obliegen, z. B. wenn die Eigentümer vereinbart haben, dass der Verwalter die Hausordnung aufstellen soll (*Elzer* ZMR 2006, 733, 735) oder wenn sie diesem in gewissen Rahmen die Befugnis übertragen haben, kleine Aufträge (z. B. bis € 2.500,00) ohne Anordnung im Namen des Verbandes zu vergeben. Dieses Recht des Verwalters zur Willensbildung und -manifestation ist aber stets **nur abgeleitet** (*Elzer* ZMR 2006, 733, 735).

2. Willensmanifestation für den Verband Wohnungseigentümergemeinschaft

11 Aufgabe der Wohnungseigentümer ist es ferner, in der Eigentümerversammlung oder im Wege der Vereinbarung den Willen des **Verbandes Wohnungseigentümergemeinschaft** zu bilden (s. dazu auch § 10 Rn. 401 ff.). Soweit der Verband Wohnungseigentümergemeinschaft Träger **eigener gesetzlicher** oder **erworbener Rechte und Pflichten** ist, muss der Verband entscheiden, ob und ggf. wie er diese Rechte ausüben will. Entsprechendes gilt, wenn zu entscheiden ist, ob der Verband einen Vertrag im Eigeninteresse abschließen soll, z. B. eine Arbeitskraft einzustellen oder ein Darlehn aufzunehmen, oder ob der Verband Eigentum erwerben soll, z. B. eine Hausmeisterwohnung, ein Nachbargrundstück oder ein Teileigentum in der Wohnanlage (dazu auch Rn. 82). Während der Verwalter dazu berufen ist, diese Rechte ggf. geltend zu machen, ist es vor allem Aufgabe der Wohnungseigentümer in der Eigentümerversammlung, den **Verbandswillen zu bilden**.

IV. Willensbetätigung

1. Willensbetätigung für das gemeinschaftliche Eigentum

12 Die **Willensbetätigung** für das gemeinschaftliche Eigentum, also die Durchführung der Eigentümerbeschlüsse nach § 27 Abs. 1 Nr. 1 WEG, aber auch der Vereinbarungen in Bezug auf das gemeinschaftliche Eigentum, obliegt dem **Verwalter**. Das Recht des Verwalters, entsprechend zu handeln, können die Wohnungseigentümer nach § 27 Abs. 4 WEG nicht einschränken. Die Wohnungseigentümer können anstelle des Verwalters handeln, wenn es keinen Verwalter gibt. Ferner können die Wohnungseigentümer in ihren Angelegenheiten auch neben dem Verwalter handeln (*Häublein* ZMR 2003, 233, 239; *Schwab* Kompetenzen S. 103 ff.; a. A. *Strecker* ZWE 2004, 337, 349).

2. Willensbetätigung für den Verband Wohnungseigentümergemeinschaft

13 Die **Willensbetätigung** für den Verband Wohnungseigentümergemeinschaft (die Vertretung) und das Verwaltungsvermögen obliegt dem Verwalter, soweit dieser dazu nach § 27 Abs. 3 S. 1 Nr. 1 bis Nr. 6 WEG von Gesetzes wegen oder nach einer Vereinbarung oder nach § 27 Abs. 3 S. 1 Nr. 7 WEG durch einen Beschluss der Wohnungseigentümer zur Vertretung des Verbandes befugt ist. Die Wohnungseigentümer vertreten hingegen den Verband, soweit der Verwalter dazu nicht befugt ist, § 27 Abs. 3 S. 2 WEG. Ferner können die Wohnungseigentümer beschließen, die Willensbetätigung auf einige Wohnungseigentümer zu übertragen (§ 27 Rn. 81 ff.).

V. Aufsicht

Die **Aufsicht** über die Willensbetätigung des Verwalters obliegt – sofern die Eigentümer einen eingerichtet haben – dem **Verwaltungsbeirat**. Neben dem Verwaltungsbeirat ist es aber auch die Pflicht eines jeden Wohnungseigentümers, den Verwalter zu überprüfen und auf dessen ordnungsmäßige Verwaltung – notfalls durch einen Antrag nach § 43 Nr. 3 WEG an das Wohnungseigentumsgericht – hinzuwirken. 14

Neben Aufsichtsaufgaben kann der Verwaltungsbeirat – abhängig von den Vereinbarungen der Eigentümer – auch an der Willensbildung, Willensmanifestation und der Willensbetätigung der Wohnungseigentümer teilnehmen. In der Praxis wird der Verwaltungsbeirat z. B. häufig ermächtigt, die Einzelheiten des Verwaltervertrages auszuhandeln (Willensbildung und -manifestation) oder den Vertrag mit dem Verwalter nach § 27 Abs. 3 S. 3 WEG im Namen sämtlicher Wohnungseigentümer abzuschließen (Willensbetätigung). 15

B. Funktionsträger

I. Rechtsmacht

Treffen die Wohnungseigentümer eine Organisationsregelung für ihre Handlungsorganisation und **erweitern** sie die **Kompetenzen** des Verwalters oder des Verwaltungsbeirates, erweitern sie nicht die Rechtsmacht der jeweiligen Walter des Funktionsträgers, sondern die **Rechte und Pflichten des Funktionsträgers** unabhängig von der jeweiligen personellen Zusammensetzung. Ermächtigen die Eigentümer etwa den Verwalter nach § 21 Abs. 2 Nr. 3 WEG, tritt bei einem Verwalterwechsel der **neu Bestallte** in die Rechte und Pflichten des Funktionsträgers Verwalter, nicht des jeweiligen Organwalters, ein, wie sie sich aus dem Gesetz, aber auch aus den Entscheidungen der Gemeinschaft ergeben (*Elzer* ZMR 2004, 479, 484). 16

Haben die Wohnungseigentümer die Rechte »des« Verwalters erweitert, gilt die Erweiterung für **jeden Verwalter** (*BayObLG* WE 1997, 395, 396 = FGPrax 1997, 19; *KG* NJW-RR 1991, 1363; NJW-RR 1989, 657; a. A. für den Notverwalter *KG* WuM 2001, 627 = ZWE 2001, 496 = FGPrax 2001, 225). Denn der Funktionsträger besteht unabhängig von einem Wechsel seines Walters. Es bedarf also keines neuen Beschlusses über seine Befugnisse. Gleiches gilt für den Verwaltungsbeirat. Die ihm durch §§ 29, 24 Abs. 3 und Abs. 6 WEG oder durch eine Vereinbarung zugewiesenen Rechte gelten dem Funktionsträger, nicht seinen jeweiligen Beiratsmitgliedern als Waltern. 17

Etwas anderes gilt allerdings, wenn die Wohnungseigentümer nicht Beiratskompetenzen im Innenverhältnis erweitern, sondern »den Beirat« für das Außenverhältnis bevollmächtigen, z. B. nicht gemeinschaftsbezogene Mängelgewährleistungsansprüche der Eigentümer gegen einen Bauträger geltend zu machen. Da der Beirat **keine Rechtspersönlichkeit** besitzt, kann eine Vollmacht immer nur den **jeweiligen Mitgliedern** gelten. Ermächtigen die Wohnungseigentümer daher die Mitglieder des Verwaltungsbeirates, im eigenen Namen Ansprüche der Wohnungseigentümer oder ggf. des Verbandes einzuklagen, sind damit nur die gerade **amtierenden Mitglieder** des Verwaltungsbeirats als Prozessstandschafter sachbefugt (a. A. *BGH* GE 2004, 892, 893 = MDR 2004, 933 = MietRB 2004, 263: die **jeweiligen** Beiräte). Entsprechendes gilt, wenn die Eigentümer dem Verwaltungsbeirat eine **konkrete Aufgabe** übertragen, also nicht dessen Kompetenzen abstrakt erweitern. Bei der Übertragung einer konkreten Aufgabe besteht allein ein abgeschlossenes Auftragsverhältnis i. S. d. § 662 BGB mit den jeweiligen Mitgliedern des Verwaltungsbeirates. Die Mitglieder des Beirates und nicht der Funktionsträger Verwaltungsbeirat – der als solcher weder Organ noch rechtsfähig ist – ist dann Auftragnehmer (*OLG Köln* MDR 1998, 36, 37). 18

II. Walterstellung

1. Beginn der Walterstellung

a) Wohnungseigentümer

Die Eigentümer sind die **geborenen Funktionsträger**. Ihre Möglichkeit, an der Verwaltung mitzuwirken, beginnt grundsätzlich mit ihrer Eintragung im Grundbuch. Nur ein werdender Eigentü- 19

§ 20 | Gliederung der Verwaltung

mer (s. dazu § 10 Rn. 21 ff.) kann ausnahmsweise die Rechte eines Eigentümers bereits **vor seiner Eintragung** ausüben. Ein Zweiterwerber (s. zu diesem § 10 Rn. 29) hat vor seiner Eintragung hingegen keine Rechte. Es ist allerdings möglich, dass er die Rechte seines Rechtsvorgängers in der Eigentümerversammlung **als Stellvertreter** wahrnimmt (*KG* KGReport 2004, 282, 283 = ZMR 2004, 460 = ZWE 2005, 107 mit Anm. *Kümmel*; ZMR 1994, 524, 525; *Bornheimer* S. 147). Bei einer Anfechtung ist diese Vertretung innerhalb der Anfechtungsfrist des § 46 Abs. 1 S. 2 WEG allerdings offen zu legen.

b) Verwalter

20 Der **Verwalter** kann die Funktionen des durch ihn verkörperten Funktionsträgers wahrnehmen, wenn er entweder gem. § 26 Abs. 1 S. 1 WEG durch die Eigentümer oder durch das Wohnungseigentumsgericht nach § 21 Abs. 4 oder Abs. 8 WEG als »Verwalter« bestellt worden ist, ihm dieser Beschluss bekannt geworden ist (*Armbrüster* ZfIR 2003, 9) und er die Bestellung angenommen hat (*Bogen* ZWE 2002, 289); sei es mündlich, schriftlich oder durch Aufnahme seiner Tätigkeit konkludent. Die **Bestandskraft des Bestellungsbeschlusses** ist für die Begründung des Verwalteramtes **irrelevant** (a. A. *OLG Köln* NZM 2006, 25, 26; *OLG München* OLGReport München 2006, 326). Wird der Bestellungsbeschluss des Verwalters von einem Gericht für ungültig erklärt, ist der Verwalter subjektiv in einem materiellen Recht betroffen und nach § 46 Abs. 1 S. 1 WEG klagebefugt (*BGH* NJW 2007, 2776; a. A. *OLG München* OLGReport München 2006, 326 = MietRB 2006, 190 mit Anm. *Becker* = IMR 2006, 23 mit Anm. *Elzer*; OLG Köln NZM 2006, 25, 26; s. noch Rn. 30).

21 Bereits durch die Bestellung und seine Annahme, nicht erst durch den Verwaltervertrag, wird der jeweilig Bestellte zum Walter des »Funktionsträgers Verwalter« und gesetzlicher Vertreter des Verbandes nach § 27 Abs. 3 S. 1 WEG (und nach § 27 Abs. 2 WEG der Wohnungseigentümer). Die Bestellung ist nach der herrschenden **Trennungstheorie** von der Anstellung zu trennen (*BGH* BGHZ 151, 164, 171 = ZMR 2002, 766, 773 = MDR 2002, 1427 = ZWE 2002, 570 = NJW 2002, 3240; *OLG Düsseldorf* ZMR 2006, 870, 872; *OLG Zweibrücken* ZMR 2004, 66; *Elzer* ZMR 2004, 229, 230; *Bogen* ZWE 2002, 289, 290; *Wenzel* ZWE 2001, 510, 513; s. § 26 Rn. 5).

22 Die Anstellung betrifft das der Geschäftsführung zu Grunde liegende privatrechtliche Vertragsverhältnis zwischen dem Verwalter und dem Verband den **Geschäftsbesorgungsvertrag**. Die Anstellung ist für die Bestellung und für den Beginn der Walterstellung nach der **Trennungstheorie** keine notwendige Voraussetzung (*Elzer* ZMR 2004, 229, 230; *Wenzel* ZWE 2001, 510, 513; *Striewski* PiG 60, 217, 224).

c) Verwaltungsbeirat

23 Die Mitglieder des **Verwaltungsbeirates** können die ihnen durch § 29 WEG oder durch eine Vereinbarung auferlegten Rechte und Pflichten bereits dann wahrnehmen, wenn die Eigentümer durch Stimmenmehrheit über ihre Bestellung beschlossen und die Beiräte die Wahl angenommen haben.

2. Ende der Walterstellung

a) Eigentümer

24 Die Walterstellung eines **Wohnungseigentümers** endet mit seinem **Ausscheiden** aus der Gemeinschaft der Wohnungseigentümer. Dies ist vor allem der Fall, wenn er sein Wohnungs- oder Teileigentum veräußert hat und ein neuer Wohnungs- oder Teileigentümer **im Grundbuch eingetragen** wird. Ein **vorzeitiges Ende** ist nicht anzuerkennen. Dieses Problem stellt sich vor allem im Verhältnis des ehemaligen Alleineigentümers zum Ersterwerber. Hier wird diskutiert und teilweise bejaht, dass der Alleineigentümer, bezogen auf die Einheiten, für die bereits ein **werdender Wohnungseigentümer** anzuerkennen ist, seine Eigentümerstellung bereits vor Eintragung verliert. Dem kann aber aus Gründen des Eigentumsschutzes **nicht gefolgt** werden (§ 10 Rn. 9 und § 16 Rn. 200).

b) Verwalter

Die Walterstellung des Verwalters endet **ordentlich** mit dem Ablauf der Bestellungszeit, entsprechend §§ 168, 673 BGB, mit dem Tod des Verwalters (*BayObLG* BayObLGZ 1990, 173, 176 = MDR 1990, 1018 = WuM 1990, 406), auch dem »juristischen«, und mit der Auflösung der Gemeinschaft der Wohnungseigentümer. Daneben ist eine außerordentliche Beendigung der Stellung durch **Niederlegung des Amtes** gegenüber dem Verband Wohnungseigentümergemeinschaft (für diesen empfängt die Willenserklärung nach § 27 Abs. 3 S. 2 WEG jeder **Wohnungseigentümer**, *Reichert* MietRB 2006, 106; für das übrige Verbandsrecht s. *BGH* BGHZ 149, 28, 31; BGHZ 121, 257, 260; BGHZ 78, 82, 92; *OLG Düsseldorf* NJW-RR 2005, 1199; NZG 1999, 1066; *Niedenführ* Info M 2006, 30; zur früheren h. M. s. *OLG München* NZM 2005, 750 = MietRB 2006, 106 = ZWE 2006, 31 mit Anm. *F. Schmidt*; *BayObLG* ZMR 2000, 45; *Gottschalg* FS Wenzel, 159 ff.), durch Abberufungsbeschluss der Wohnungseigentümer nach § 26 Abs. 1 S. 1 WEG oder durch gerichtliche Entscheidung nach §§ 21 Abs. 4, 43 Nr. 3 WEG möglich. 25

Die Stellung des Verwalters als Walter endet im Falle eines Abberufungsbeschlusses mit dem **Zugang** der Abberufungserklärung (*BGH* BGHZ 106, 113, 122 = MDR 1989, 435; *Wenzel* ZWE 2001, 510), die nach h. M. entweder im **Abberufungsbeschluss mitenthalten** ist (*BGH* BGHZ 151, 164, 170 = ZMR 2002, 766 = MDR 2002, 1427 = ZWE 2002, 570 = NJW 2002, 3240; *KG* ZMR 2004, 858, 859; *BayObLG* ZMR 2003, 438 = NJW-RR 2003, 517; ZMR 1999, 575) oder auf Grund dieses Beschlusses **gesondert abgegeben** wird. Die Abberufung kann auch **schlüssig in der Neuberufung eines Verwalters** gesehen werden (*KG* ZMR 2004, 858, 859). Bei einer gerichtlichen Entscheidung endet die Bestellung mit Rechtskraft der Entscheidung. 26

Mit dem Ende der Stellung haben grundsätzlich sämtliche verwaltungsbezogenen Handlungen zu **unterbleiben**. Allerdings bestehen einige Verwalterpflichten auch **nach** Ende der Bestellung fort. Im Innenverhältnis bleibt der Verwalter deshalb auch nach dem Ende seiner Amtszeit verpflichtet, in seiner Amtszeit fällig gewordene Abrechnungen zu erstellen (*OLG Celle* ZMR 2005, 718). Im Außenverhältnis muss er vor allem von ihm als **Standschafter** begonnene Gerichtsverfahren auch nach seiner Abberufung bis zum ausdrücklichen oder schlüssigen Widerruf der ihm erteilten Standschaft bis zu ihrem Abschluss fortführen (*BayObLG* WuM 1999, 189; ZMR 1997, 199 = WuM 1997, 297; WE 1994, 276, 277; ZMR 1993, 584 = NJW-RR 1993, 1488; *KG* NJW-RR 1991, 1363 = WuM 1991, 415 = WE 1992, 154; *Müller* WE 1988, 9, 13). 27

Der Verwalter ist dann ggf. verpflichtet, seinen **Antrag umzustellen**. Hatte er ursprünglich Leistung an sich verlangt, ist er nunmehr verpflichtet, Leistung an die Wohnungseigentümer, den Verband Wohnungseigentümergemeinschaft oder den neuen Verwalter zu beantragen (*OLG Köln* MietRB 2004, 297; *BayObLG* ZMR 2000, 43). Dies gilt auch, wenn der Verwalter als bloßer **Bevollmächtigter** aufgetreten war. Der Wechsel des verfahrensbevollmächtigten Wohnungseigentumsverwalters im Laufe eines Erkenntnisverfahren hat auf laufende gerichtliche Verfahren zunächst keinen Einfluss (*OLG Köln* NJW-RR 2004, 1668; *OLG Düsseldorf* WuM 2002, 283; *Reichert* ZWE 2004, 211, 216). Das Vertretungsrecht des alten Verwalters vor Gericht endet nicht mit seinem Ausscheiden aus dem Amt, sondern erst dann, wenn die Eigentümer seine Prozessvollmacht **mit Wirkung für das Außenverhältnis** widerrufen (*OLG Köln* NJW-RR 2004, 1668). 28

c) Verwaltungsbeirat

Die Walterstellung des Beirats endet mit dem **Ende der Bestellung** und Berufung eines **neuen Beirats**. Ferner im Falle einer Niederlegung und ggf. bei Veräußerung des Wohnungseigentums (s. *Gottschalg* FS Bub, S. 73, 87 m. w. N.). 29

d) Gerichtliche Überprüfung des Entzugs

Funktionsträger können die Wirksamkeit ihrer Abberufung durch eine Feststellungsklage oder durch eine Anfechtung des entsprechenden Eigentümerbeschlusses **gerichtlich überprüfen** lassen (*BGH* BGHZ 151, 164, 169 = ZMR 2002, 766 = MDR 2002, 1427 = ZWE 2002, 570 = NJW 2002, 3240 für den Verwalter). Eine **Anfechtungsbefugnis** kommt jedem zu, dessen durch das Gesetz verliehene oder durch die Rechtsordnung anerkannte, von der Staatsgewalt geschützte Rechtsposition beeinträchtigt wird (*BGH* BGHZ 135, 107, 109). Eine solche Rechtsbeeinträchtigung ist auch bei dem **Entzug eines Amtes** gegeben. Denn der Amtsinhaber verliert hierbei nicht nur seine 30

§ 20 | Gliederung der Verwaltung

Funktionsstellung als Funktionsträger, sondern auch das ihm aus der Bestellung erwachsene Recht, dieses Amt bis zu seiner rechtmäßigen Abberufung bzw. Entlassung auszuüben (*BGH* BGHZ 151, 164, 171 = ZMR 2002, 766 = MDR 2002, 1427 = ZWE 2002, 570 = NJW 2002, 3240 für den Verwalter; a. A. *Suilmann* Beschlussmängelverfahren, S. 170; *ders*. ZWE 2000, 106). Für den Verwalter folgt die Möglichkeit, Kläger einer Anfechtungsklage zu sein, bereits aus dem Wortlaut des § 46 Abs. 1 S. 1 WEG.

III. Wissenszurechnung

1. Für die Wohnungseigentümer

31 Die Wohnungseigentümer müssen sich **im Außenverhältnis** die **Kenntnis** des Verwalters oder des Verwaltungsbeirats **nicht** zurechnen lassen (*BGH* ZMR 2003, 211, 212 = NJW 2003, 589). Das Wissen dieser Institutionen kann den Wohnungseigentümern nicht zugerechnet werden, wenn und soweit es um Rechtsgeschäfte geht, die mit der Verwaltung des gemeinschaftlichen Eigentums – z. B. den Verkauf eines Wohnungseigentums – nichts zu tun haben (*BGH* ZMR 2003, 211, 212 = NJW 2003, 589). Auch eine Anwendung der Grundsätze der Wissenszurechnung nach § 166 Abs. 1 BGB analog kommt nicht in Betracht, weil die Institutionen des Wohnungseigentumsgesetzes in den persönlichen Angelegenheiten eines Wohnungseigentümers rechtlich und organisatorisch selbstständige Dritte sind, so dass auch eine Wissenszurechnung unter dem Gesichtspunkt der Pflicht zur ordnungsgemäß organisierten Kommunikation (*BGH* BGHZ 117, 104, 106 = MDR 1992, 480) ausscheidet (*BGH* NJW-RR 1997, 270 m. w. N.).

2. Für den Verband Wohnungseigentümergemeinschaft

32 Etwas anderes gilt, soweit es sich um das Verhältnis der Funktionsträger zum **Verband Wohnungseigentümergemeinschaft** handelt. Dem Verband kann und muss das Wissen seiner Funktionsträger ohne weiteres nach § 166 Abs. 1 BGB zugerechnet werden.

IV. Haftung für Funktionsträger

1. Haftung des Verbandes Wohnungseigentümergemeinschaft

33 Verwalter und Wohnungseigentümer sind in Bezug auf den **Verband Wohnungseigentümergemeinschaft**, soweit sie für diesen Rechte und Pflichten wahrnehmen, Organe i. S. von § 31 BGB. Der Verband haftet für den jeweiligen Walter des Funktionsträgers Verwalter und für die Mitglieder des Funktionsträgers »Eigentümerversammlung« gem. § 31 BGB (a. A. zum früheren Recht *BayObLG* BayObLGZ 1972, 161 und *Bärmann* Rn. 660, allerdings für den Verwaltungsbeirat, der in Bezug auf den Verband keine Funktionen besitzt). **Beide Funktionsträger** haben für den Verband eine dem Vorstand eines Vereins oder dem Geschäftsführer einer GmbH **vergleichbare Funktion** (*Gottschalg* MietRB 2005, 56, 59; *Weitnauer* PiG 3, 56; a. A. noch zum alten Recht *KG* NJW 1992, 1192; *Drasdo* ZWE 2001, 522, 524).

2. Haftung der Wohnungseigentümer

a) Gegenüber Dritten

34 Handeln die Funktionsträger bei der Ausführung von Beschlüssen ausnahmsweise nach außen für die Eigentümer, sind sie nach § 278 BGB als **Erfüllungsgehilfen der Eigentümer** anzusehen (*BGH* BGHZ 141, 224, 230 = NJW 1999, 2108, 2109 = ZMR 1999, 647; BGHZ 62, 243, 247 = MDR 1974, 832; *BayObLG* WE 1995, 189 = ZMR 1994, 431; NJW-RR 1992, 1102, 1103 = ZMR 1992, 352; *OLG Düsseldorf* NJW-RR 1995, 1165, 1166; *Drasdo* NZM 2002, 522, 524; *ders*. ZWE 2001, 522, 524; *Seuß* WE 1995, 194, 196). Die Wohnungseigentümer müssen dann für das Verschulden der von ihnen eingeschalteten Dritten haften.

35 Die sich daraus ergebenden **Konsequenzen** einer Haftung der Wohnungseigentümer für das **Verschulden** ihrer Erfüllungsgehilfen widersprechen nicht dem Leitbild des Wohnungseigentumsrechts, sondern folgen allgemein geltenden Grundsätzen (*BGH* BGHZ 141, 224, 230 = NJW 1999, 2108, 2109 = ZMR 1999, 647, 649). Für ein schuldhaftes Verhalten der Funktionsträger in Erfüllung ihrer Aufgaben haften die Wohnungseigentümer als **Gesamtschuldner**. Begeht ein Funktionsträ-

ger bei der Verrichtung einer ihm übertragenen Aufgabe eine unerlaubte Handlung, kommt ferner eine Haftung nach § 831 BGB in Betracht (*Drasdo* NZM 2002, 522, 524).

b) Untereinander
Im Verhältnis der **Wohnungseigentümer untereinander** sind die Funktionsträger **keine Erfüllungsgehilfen** (*KG* ZMR 2005, 402; *BayObLG* ZMR 2000, 45, 49; *OLG Düsseldorf* NZM 1999, 573, 574; NJW-RR 1995, 587; *KG* NJW-RR 1986, 1078; *Riecke* MDR 1999, 924). In diesem Verhältnis werden Funktionsträger nicht in **Erfüllung einer Verbindlichkeit** tätig, sondern nehmen eine eigene, ihnen vom Gesetz zugewiesene Aufgabe wahr (*OLG Düsseldorf* NZM 1999, 573, 574; NJW-RR 1995, 587; *KG* NJW-RR 1986, 1078). Die Eigentümer bedienen sich etwa bei der Erfüllung ihrer Pflichten nicht der Mitglieder des Verwaltungsbeirats als Erfüllungsgehilfen. Rechte und Pflichten des Verwaltungsbeirats sind vielmehr in § 29 Abs. 2 und 3 WEG **eigenständig** geregelt (*BayObLG* ZMR 2004, 44, 49). 36

V. Haftung der Walter

1. Haftung gegenüber dem Verband
Verletzen die Walter eines Funktionsträgers ihre gesetzlichen Pflichten oder verstoßen sie gegen sie mit den sie ggf. mit dem Verband verbindenden Verträge, haften sie aus §§ 280 ff. BGB oder aus den besonderen Vorschriften des Vertrages. 37

2. Haftung gegenüber den Wohnungseigentümern
Eine Haftung der Walter **gegenüber den Wohnungseigentümern** für schuldhaftes Verhalten kommt aus Vertrag und von Gesetzes wegen in Betracht. Ist der zwischen dem Verband Wohnungseigentümergemeinschaft und den Waltern geschlossene Vertrag **zu Gunsten der Wohnungseigentümer** ausgestaltet worden oder ist der jeweilige Vertrag wenigstens mit Schutzwirkungen für die Wohnungseigentümer versehen (dazu § 26 Rn. 37), kommt eine Haftung aus §§ 675, 611 BGB für den Verwalter und aus §§ 675, 611 BGB bzw. aus § 662 BGB für die Verwaltungsbeiräte (*Drasdo* ZWE 2001, 522, 524; s. auch *KG* ZMR 1997, 545, 546) in Betracht. Eine gesetzliche Haftung aus §§ 280 ff. BGB kann aus dem zwischen den Wohnungseigentümern und den jeweiligen Waltern der Funktionsträger bestehenden gesetzlichen Schuldverhältnis begründet sein. Diese Schuldverhältnis folgt im Verhältnis zum Verwalter aus § 27 Abs. 1 WEG (»**Amtswalterrechtsverhältnis**«; dazu ausführlich *Jacoby* Das private Amt, § 16 A), im Verhältnis zum Beirat hingegen aus § 29 WEG. Dieser besondere Anspruch wird bislang im Wohnungseigentumsrecht übersehen. Er steht nicht nur dem Verband, sondern auch den einzelnen Eigentümern zu, weil § 27 Abs. 1 WEG die einzelnen Eigentümer zu Subjekten des Amtswalterrechtsverhältnisses macht (*Hügel/Elzer* § 8 Rn. 45 und § 11 Rn. 25). 38

VI. Erzwingen von Tätigkeit

1. Verwalter und Verwaltungsbeirat
Erfüllt der Verwalter nicht seine ihm durch Gesetz, Vereinbarung, Beschluss oder Vertrag übertragenen Aufgaben, können die ihm übergeordneten **Eigentümer** seine Pflichten einklagen und ggf. einen anderen Verwalter bestellen. Der Verwalter kann im Wege einer Klage nach § 43 Nr. 3 WEG allerdings **nicht gezwungen werden**, eine Eigentümerversammlung einzuberufen (a. A. *OLG Hamm* NJW 1973, 2300, 2301 = MDR 1974, 138 = OLGZ 1973, 423; *Merle* Verwalter, S. 25 ff.). Folge einer »pflichtwidrigen Weigerung« i. S. v. § 24 Abs. 3 Variante 2 WEG ist das Einberufungsrecht des Verwaltungsbeiratsvorsitzenden oder das Recht eines Wohnungseigentümers, sich zur Einberufung ermächtigen zu lassen. Für eine Klage gegen den Verwalter besteht daher **grundsätzlich kein Rechtsschutzbedürfnis**. Weder einem einzelnen Wohnungseigentümer noch gar dem Verband Wohnungseigentümergemeinschaft stehen ferner gegen **Mitglieder des Verwaltungsbeirats** ein gerichtlich titulierbarer und dann mit Zwangsmitteln durchsetzbarer Anspruch auf Erfüllung seiner Pflicht, z. B. der Erstellung eines Prüfberichts (*KG* ZMR 1997, 545, 546) oder auf eine Einberufung – gestützt auf § 24 Abs. 3 WEG – zu. Den Verwaltungsbeirat treffen keine dem **Verwalteramt vergleichbaren** konkreten Pflichten bei der Verwaltung des gemeinschaftlichen Eigen- 39

§ 20 | Gliederung der Verwaltung

tums. Er ist lediglich ein ehrenamtlicher Beratungs- und Kontrollfunktionsträger, der an Stelle der Wohnungseigentümer im Rahmen der sonst auch **jedem einzelnen** von ihnen zustehenden Befugnisse tätig wird. Bei Versagen des Verwaltungsbeirats ist vielmehr eine Neuwahl angezeigt. Auch einzelne Eigentümer können hierauf einen Anspruch haben (*KG* ZMR 1997, 545, 546).

2. Wohnungseigentümer

40 Zur Pflicht der Wohnungseigentümer, an der Verwaltung teilzunehmen, s. im Zusammenhang bei Rn. 97 ff.

C. Kompetenzverlagerungen

41 Das Gesetz gibt durch §§ 20 ff. WEG die für eine Eigentümergemeinschaft mögliche **Handlungsorganisation modellhaft** vor. § 20 WEG nennt zusammenfassend die Funktionsträger dieser Handlungsorganisation, nämlich Eigentümer, Verwalter und Verwaltungsbeirat. Durch §§ 21 bis 29 WEG ist außerdem bestimmt, welcher Funktionsträger welche Rechte, Pflichten und Kompetenzen besitzt. Diese von Gesetzes wegen vorgegebene Handlungsorganisation ist **zum Teil zwingend**, vgl. § 27 Abs. 4 WEG. Den Eigentümern steht es grundsätzlich aber frei, gem. § 10 Abs. 2 S. 2 WEG von der gesetzlichen Handlungsorganisation abweichende Bestimmungen zu treffen und diese ggf. nach §§ 10 Abs. 3, 5 Abs. 4 S. 1 WEG zum Gegenstand des Sondereigentums zu machen. Gerade bei großen Eigentümergemeinschaften kann es sinnvoll sein, gesetzliche oder vereinbarte Kompetenzzuweisungen **zu ändern** oder **zu ergänzen**. Soweit das Wohnungseigentumsgesetz nicht zwingend ist, können die Eigentümer in den vom Gesetz und den allgemeinen Vorschriften und Besonderheiten des Wohnungseigentumsrechts gezogenen Grenzen, vor allem der mitgliedschaftlichen Kernkompetenzen (s. § 10 Rn. 231), **Befugnisse** sowohl auf den Verwalter (*Deckert* ZWE 2003, 247, 253; *Lüke* WE 1996, 372, 373) als auch auf den Verwaltungsbeirat konkurrierend und/oder verdrängend übertragen (*OLG Düsseldorf* ZMR 2003, 126, 127; ZMR 2001, 303, 304; ZMR 1997, 605 = WuM 1997, 639 = WE 1998, 37; *OLG Frankfurt a. M.* OLGZ 1988, 188, 189; *Strecker* ZWE 2004, 337, 341; *Häublein* ZMR 2003, 233, 238; *F. Schmidt* ZWE 2001, 137) oder neue Funktionsträger (z. B. einen Bauausschuss, s. *OLG Celle* ZMR 2001, 642, 643, oder einen Arbeitskreis) schaffen. Einen **Zwang**, vor allem dem Verwalter nach § 27 Abs. 3 S. 1 Nr. 7 WEG **weitere Kompetenzen** zu verschaffen, gibt es freilich nicht (unklar *BGH* BGHZ 163, 154, 172 [Teilrechtsfähigkeit] = ZMR 2005, 547: den Wohnungseigentümer **obliegt** die entsprechende Bevollmächtigung des Verwalters). Die Eigentümer haben gegenüber dem Verband **keine Pflicht**, auf dessen Organe Rechte zu übertragen.

I. Notwendigkeit einer Vereinbarung

42 Die Möglichkeit, durch rechtsgeschäftliche Organisationsakte in eine vom Gesetz angebotene Handlungsorganisationen einzugreifen, ist vor allem im Gesellschaftsrecht anerkannt, vgl. § 30 BGB, und wird auch von § 10 Abs. 2 S. 2 WEG vorausgesetzt. Die Eigentümer können als **Ausfluss ihrer Privatautonomie** im Rahmen der allgemeinen Grenzen Rechte verlagern bzw. weitere Funktionsträger schaffen und mit (abgeleiteten) Verwaltungsaufgaben vor allem der Eigentümerversammlung betrauen.

1. Grundsatz

43 Wollen die Wohnungseigentümer von der durch das Gesetz vorgegebenen Handlungsorganisation und der dort vorgeschlagenen Aufgabenverteilung **dauerhaft abweichen**, soll die Regelung also Grundlage mehrerer Entscheidungen sein und greift sie in die Zukunft hinaus, bedarf es dazu einer **Vereinbarung** (*OLG Düsseldorf* ZMR 2003, 126, 127; WE 1998, 37, 38; *OLG Frankfurt a. M.* OLGZ 1988, 188, 189; *AG Hannover* ZMR 2004, 466; *F. Schmidt* ZWE 2001, 137, 138; a. A. *OLG Frankfurt a. M.* NJW 1975, 2297; *Sauren* WE 1998, 38; Staudinger/*Bub* Rn. 14). Eine Kompetenzverlagerung kann hingegen **nicht beschlossen** werden (*OLG Düsseldorf* ZMR 2001, 303, 304 = NJW-RR 2001, 660; *Gottschalg* ZWE 2000, 50, 55), soweit das Gesetz eine beschlussweise Erweiterung von Kompetenzen nicht **ausnahmsweise zulässt** (Rn. 44). Durch eine Kompetenzverlagerung wird in die grundlegende **gesetzliche Zuständigkeitsordnung** der Funktionsträger einge-

griffen (*OLG Frankfurt a. M.* OLGZ 1988, 188, 189). §§ 20, 21 und 27 WEG gehen davon aus, dass die Wohnungseigentümer die notwendigen Entscheidungen über das »Ob« und das »Wie« von Angelegenheiten grundsätzlich selbst treffen müssen (*OLG Düsseldorf* ZMR 2003, 126, 127). Eine Vereinbarung ist – wie bereits § 27 Abs. 4 WEG zeigt – in jedem Falle erforderlich, wenn die Kompetenzen des Verwalters oder des Verwaltungsbeirates **eingeschränkt werden** sollen. Eine Vereinbarung ist aber grundsätzlich auch dann erforderlich, wenn die Wohnungseigentümer die **Kompetenzen** eines Funktionsträgers **erweitern** oder gar **neue Funktionsträger** schaffen wollen. Denn die Verlagerung und Übertragung von Kompetenzen auf einen anderen oder einen neuen Funktionsträger berührt stets die in § 20 WEG niedergelegten grundlegenden Organisationsstrukturen der Gemeinschaft der Wohnungseigentümer.

2. Ausnahmen: § 27 Abs. 2 Nr. 3 und Abs. 3 S. 1 Nr. 7 WEG

Die Erweiterung der Kompetenzen eines Funktionsträgers ist **ausnahmsweise** auch im Wege eines Beschlusses möglich. Dies ist dann möglich, soweit das Gesetz hierfür eine Rechtsmacht einräumt. Eine solche Befugnis enthalten zurzeit § 27 Abs. 2 Nr. 3 und Abs. 3 S. 1 Nr. 7 WEG. 44

a) § 27 Abs. 2 Nr. 3 WEG

§ 27 Abs. 2 Nr. 3 WEG erlaubt es den Wohnungseigentümern, den Verwalter im Wege des Beschlusses die Kompetenz zu verleihen, **in ihrem Namen** Ansprüche gerichtlich und außergerichtlich geltend zu machen. Weitere Kompetenzverlagerungen erlaubt § 27 Abs. 2 Nr. 3 WEG nicht. Für eine Analogie für andere Kompetenzverlagerungen besteht kein Bedürfnis. Ohnehin ist die Vorschrift durch § 10 Abs. 6 S. 3 WEG fast **inhaltsleer**. 45

b) § 27 Abs. 3 S. 1 Nr. 7 WEG

Die Bestimmung des § 27 Abs. 3 S. 1 Nr. 7 WEG erlaubt es den Wohnungseigentümern, die **Befugnisse** des **Verwalters für den Verband Wohnungseigentümergemeinschaft** im Wege des Beschlusses zu erweitern. Nach seinem systematischen Verständnis und auch nach Sinn und Zweck des § 27 Abs. 3 WEG sollte § 27 Abs. 3 S. 1 Nr. 7 WEG Beschlussmacht zwar voraussetzen, diese aber nicht einräumen (*Hügel/Elzer* § 11 Rn. 93). Nach seinem klaren Wortlaut und auch nach seiner Entstehungsgeschichte sollen die Wohnungseigentümer durch § 27 Abs. 3 S. 1 Nr. 7 WEG indes tatsächlich die Möglichkeit erhalten, die Vertretungsmacht des Verwalters – freilich ohne den Schutz des § 27 Abs. 4 WEG – für den Verband Wohnungseigentümergemeinschaft **umfassend zu gestalten** und der eines Organs einer juristischen Person oder der einer rechtsfähigen Personengesellschaft letztlich gleichzustellen (BT-Drucks. 16/887 S. 71; *Merle* ZWE 2006, 365, 369). Die Wohnungseigentümer können durch § 27 Abs. 3 S. 1 Nr. 7 WEG den Verwalter mit **sämtlichen Kompetenzen** für den Verband ausstatten, die nach § 27 Abs. 3 S. 2 WEG eigentlich ihnen obliegen. Sie können den Verwalter vor allem eine Rechtsmacht für Aktivklagen namens des Verbandes geben (dazu unten § 27 Rn. 58 ff.). 46

3. Verstöße

a) Dauerhafte Verlagerung im Wege des Beschlusses

Ein Beschluss, der **dauerhaft** Kompetenzen auf einen anderen Funktionsträger überträgt und mehrere Entscheidungen auf die Beschlussregelung stützen will, ist als »gesetzesändernd« nichtig (*Müller* ZWE 2004, 333, 335; *Merle* WE 2001, 45, 46; a. A. *OLG Düsseldorf* ZMR 2001, 303, 304 = NJW-RR 2001, 660; *Gottschalg* ZWE 2000, 50, 55). Eine **Differenzierung** des Beschlussinhaltes danach, ob eine Kompetenzverlagerung nur zu einem »begrenzten« und für den einzelnen Wohnungseigentümer »überschaubaren« finanziellen Risiko führt, eine Differenzierung nach dem Gegenstand der Übertragung oder nach der Größe der Eigentümergemeinschaft, ist offensichtlich **nicht möglich** (a. A. *OLG Düsseldorf* ZMR 1997, 605, 606 = WE 1998, 37, 38 = NJW-RR 1998, 13; *Häublein* ZMR 2003, 233, 239). Eine Regelung, die die Zusammensetzung des Verwaltungsbeirates dauerhaft neu ordnen und z. B. die durch § 29 Abs. 1 S. 1 WEG vorgegebene Anzahl von **drei** Mitgliedern ändern will, kann daher stets nur durch eine Vereinbarung getroffen werden (*Merle* WE 2001, 45, 46). Diese Überlegung gilt auch **mittelbar**, wenn nämlich eine Einzelfallregelung eine Dauerentscheidung überträgt. Die Eigentümer können z. B. nicht beschließen, dass der Verwal- 47

§ 20 | Gliederung der Verwaltung

tungsbeirat im Verwaltervertrag eine von einer Vereinbarung abweichende Kostenverteilung für die Verwaltervergütung treffen kann (*OLG Köln* NZM 2002, 615; *Müller* ZWE 2004, 333, 335).

b) Verstöße im Einzelfall (gesetzeswidrige Beschlüsse)

48 Verlagern die Wohnungseigentümer eine Kompetenz auf einen anderen Funktionsträger im Wege des Beschlusses **für einen Einzelfall**, ist der Beschluss zwar **gesetzeswidrig**, aber **nicht nichtig** (s. allgemein § 10 Rn. 110). Die jeweilige gesetzeswidrige Übertragung ist nur im Wege der Anfechtung nach §§ 43 Nr. 4, 46 WEG angreifbar. Haben die Eigentümer z. B. beschlossen, dass für einen Einzelfall ihr Ermessen vom Verwaltungsbeirat ausgeübt werden soll (etwa, welche Farbe ein Treppenhaus bekommen soll oder welcher Unternehmer mit Arbeiten betraut wird), ist diese Verlagerung gesetzeswidrig und **nicht ordnungsmäßig** (a. A. *KG* ZMR 2004, 622, 623 für die Verlagerung von Ermessen; *OLG Düsseldorf* ZMR 1998, 104 = WuM 1998, 50 = ZfIR 1998, 37 für den Abschluss des Verwaltervertrages durch den Beirat), aber **nicht nichtig**. Auch die rechtswidrige beschlussweise Übertragung etwa der Genehmigung einer konkreten Jahresabrechnung auf den Verwaltungsbeirat kann in Bestandskraft erwachsen (s. dazu auch *OLG Hamburg* ZMR 2003, 773, 774; *LG Berlin* ZMR 1984, 424, 425 und *Strecker* ZWE 2004, 228, 229). Ferner kann die Übertragung der Entscheidungskompetenz der Wohnungseigentümer über die Frage der Erneuerung oder Reparatur der zentralen Heizungs- und Warmwasseranlage auf einen aus zwei Wohnungseigentümern bestehenden »Arbeitskreis« nicht beschlossen werden, weil er die Organisationsstrukturen der Gemeinschaft berührt. So ein Beschluss ist aber **nicht nichtig** (*OLG Düsseldorf* ZMR 2003, 126).

II. Rückübertragung

49 Haben die Wohnungseigentümer eine Kompetenz auf einen Funktionsträger übertragen, kann die Kompetenz nur wieder im Wege der Vereinbarung auf die Wohnungseigentümer oder den Funktionsträger, um dessen ursprüngliche Kompetenz es geht, zurückübertragen werden. Da die Kompetenzverlagerung auf einer Vereinbarung beruht, wäre ein Beschluss der Eigentümer, diese Kompetenz im Beschlusswege dauernd an sich zu ziehen, als **vereinbarungsändernd nichtig**. Verstoßen die Eigentümer allerdings nur in einem **Einzelfall** gegen eine vereinbarte Kompetenzverlagerung, ist der vereinbarungswidrige Beschluss nur **anfechtbar**. Ferner ist vorstellbar, dass diese Übertragung eine »Rückholkompetenz« enthält, ggf. auch konkludent.

III. Grenzen einer Kompetenzverlagerung

1. Gesetzliche Beschränkungen

50 Verlagerungen von Kompetenzen sind **nicht schrankenlos** möglich. Eine Verlagerung ist stets an §§ 134, 138, 242 BGB i. V. m. dem Gemeinschaftsverhältnis und den Vorschriften des Wohnungseigentumsgesetzes zu messen. Auch eine vereinbarte Verlagerung ist daher ausgeschlossen, wenn das Gesetz eine Kompetenz **zwingend** einem Funktionsträger zuweist (*Deckert* ZWE 2003, 247, 251). **Zwingende Kompetenzen des Verwalters** sind durch § 27 Abs. 4 WEG in § 27 Abs. 1, Abs. 2 und Abs. 3 WEG bestimmt. Eine Vereinbarung oder ein Beschluss, die gegen die Anordnung § 27 Abs. 4 WEG verstießen, wären nach § 134 BGB nichtig (*Münstermann-Schlichtmann* WE 1998, 110). Z. B. die endgültige Übertragung von Befugnissen des Verwalters auf einen **Bauausschuss** ist unzulässig (*OLG Frankfurt a. M.* OLGZ 1988, 189; *Gottschalg* ZWE 2002, 50, 51). **Unentziehbare Kompetenz** der Wohnungseigentümer ist etwa ihr Recht, nach § 26 Abs. 1 WEG, über Bestellung und Abberufung des Verwalters zu beschließen, arg § 26 Abs. 1 S. 5 WEG (*OLG Schleswig* MDR 1997, 821, 822; *Strecker* ZWE 2004, 337, 344; *F. Schmidt* ZWE 2001, 137, 139). Die Auswahl und/oder die Bestellung eines Verwalters kann daher keinem Dritten, etwa einem Bauträger, dem Verwaltungsbeirat oder einer Minderheit von Wohnungseigentümern übertragen werden (*OLG Schleswig* MDR 1997, 821, 822). Eine entgegenstehende Vereinbarung in einer solchen Beschlussangelegenheit ist zwar nach hier vertretener Auffassung nicht nichtig, aber jedenfalls durch einen **Beschluss abänderbar** (s. ausführlich § 10 Rn. 75 ff.). Sämtliche **Befugnisse des Verwaltungsbeirats** sind hingegen **dispositiv** und können auf andere Funktionsträger im Wege

der Vereinbarung **vollständig verlagernd** übertragen werden. Ein dauerhafter Entzug durch Beschluss ist hingegen nicht möglich (*OLG Hamburg* ZMR 2003, 773).

2. Kernbereichslehre

Bei der Verlagerung von Kompetenzen der Eigentümer ist in Bezug auf die Verwaltung außerdem zu prüfen, ob durch diese der Kernbereich der personenrechtlichen Gemeinschaftsstellung der Wohnungseigentümer (**Kernbereich der Mitgliedschaft**) zueinander ausgehöhlt wird (s. dazu ausführlich § 10 Rn. 231). Was den Kernbereich des Wohnungseigentums darstellt, was sein Inhalt, aber auch seine Grenzen und sein Anwendungsbereich sind, ist zwar ungeklärt (s. *Bub* FS Seuß (2007), S. 53, 59; *Gottschalg* ZWE 2000, 50, 51). Die Gestaltungsfreiheit der Wohnungseigentümer endet aber jedenfalls dort, wo die personenrechtliche Gemeinschaftsstellung der Wohnungseigentümer ausgehöhlt wird (*BGH* BGHZ 99, 90, 94 = MDR 1987, 485 = NJW 1987, 650). 51

Dieses mitgliedschaftsrechtliche Element des Wohnungseigentums verbietet einen allgemeinen Ausschluss des Wohnungseigentümers vom Stimmrecht als einem Mitverwaltungsrecht i. S. d. § 20 Abs. 1 WEG (*BGH* BGHZ 99, 90, 95 = MDR 1987, 485 = NJW 1987, 650; *OLG Köln* NZM 1999, 46; *OLG Hamm* Rpfleger 1975, 401, 402; *BayObLG* BayObLGZ 1965, 34, 42; *Bub* FS Seuß (2007), S. 53, 59). Ein Eigentümer darf mithin **auch nicht durch eine Vereinbarung** von der Verwaltung auf Dauer vollständig ausgeschlossen werden. 52

III. Verlagerung von Kompetenzen in Bezug auf den Verwalter

1. Allgemeines

Die Eigentümer können durch Vereinbarung vor allem **die Befugnisse des Verwalters** über die in §§ 27, 28 WEG vorgesehenen Rechte für sich (*BGH* ZMR 2004, 522, 523; *OLG Frankfurt a. M.* OLGZ 1986, 45; *OLG Karlsruhe* MittRhNotK 1980, 111), aber auch den Verband Wohnungseigentümergemeinschaft hinaus **erweitern** (für die Rechte des Verwalters in Bezug auf den Verband Wohnungseigentümergemeinschaft folgt dies aus § 27 Abs. 3 S. 1 Nr. 7 WEG, s. Rn. 46). Einer **Einengung der Verwalterkompetenzen** stemmt sich hingegen § 27 Abs. 4 WEG in seinem Anwendungsbereich entgegen (Rn. 51). 53

2. Einzelfälle

Die Wohnungseigentümer können u. a. vereinbaren, dass ein Verwalter über §§ 27 und 28 WEG hinaus berechtigt und verpflichtet sein soll, 54

– die Hausordnung aufzustellen (*BayObLG* ZWE 2002, 175 = ZMR 2002, 287, 289; ZMR 2002, 64 = MDR 2001, 1345; *OLG Düsseldorf* OLGReport Düsseldorf 2003, 74; *Elzer* ZMR 2006, 733, 735); 55
– Verträge namens des Verbandes Wohnungseigentümergemeinschaft bis zu einem bestimmten Wert (€ 2.500,00) auch ohne entsprechende Anordnung der Wohnungseigentümer nach billigem Ermessen zu schließen;
– nicht gemeinschaftsbezogene Gewährleistungsansprüche der Wohnungseigentümer geltend zu machen;
– einen Kostenverteilungsschlüssels zu bestimmen (*BayObLG* ZMR 2004, 211; *Hügel* MietRB 2005, 12; offen gelassen von *KG* ZMR 2005, 899, 900; a. A. *AG Hannover* ZMR 2005, 154, 155);
– einer baulichen Veränderung im Namen der Wohnungseigentümer i. S. von § 22 Abs. 1 WEG zuzustimmen (*OLG Zweibrücken* ZMR 2004, 60);
– namens des Verbandes einem Hausmeister zu kündigen (*LAG Düsseldorf* ZMR 2002, 303);
– Gebrauchs- und Nutzungsregelungen nach § 15 Abs. 1 WEG zu bestimmen (*OLG Frankfurt a. M.* MDR 1997, 1017; etwa die Zuweisung von Stellplätzen zu bestimmten Wohnungen, *BayObLG* BayObLGZ 1985, 124);
– eine Nutzungsänderung einer Teileigentumseinheit zu prüfen (*BayObLG* ZMR 2004, 133);
– die schuldrechtliche Entscheidung zu treffen, wie ein Teileigentum gewerblich zu nutzen ist;
– die Kündigung eines Vertrages auszusprechen (*LAG Düsseldorf* ZMR 2002, 303, 304);
– einer Veräußerung nach § 12 WEG zuzustimmen.

§ 20 | Gliederung der Verwaltung

3. Rechtsqualität der Verwalterentscheidungen

56 Nimm ein Verwalter auf Grund einer Ermächtigung der Wohnungseigentümer eine ihm gewillkürt übertragene Kompetenz wahr und trifft er eine Regelung anstelle der Wohnungseigentümer, nimmt die Rechtsprechung an, dass die Regelung keine Vereinbarung darstellt und also durch **Beschluss geändert werden kann** (*BayObLG* BayObLGZ 1991, 421, 422 = MDR 1992, 373 = BayObLGReport 1992, 27 = NJW-RR 1992, 343, 344; s. auch *BayObLG* ZMR 2002, 64 = MDR 2001, 1345; BayObLGZ 1975, 201, 204 = Rpfleger 1975, 367; *OLG Stuttgart* MDR 1987, 847 = NJW-RR 1987, 976). Dem ist im Ergebnis zu folgen. Ein Verwalter kann indes nicht anstelle der Wohnungseigentümer i. S. von § 23 WEG »beschließen« (*Elzer* ZMR 2006, 733, 735). Neben dogmatischen Zweifeln, ob die Eigentümer wirklich wollen, dass an ihrer Stelle der Verwalter etwas »beschließt«, fehlt es für einen Beschluss an sämtlichen Entstehungsvoraussetzungen. Weder wird die Entscheidung des Verwalters festgestellt noch wird sie verkündet. Zwar beschließt, besser »entschließt« sich der Verwalter für eine bestimmte Maßnahme. Die Bestimmung der Leistung durch den Verwalter i. S. d. § 317 Abs. 1 BGB befugt diesen aber nicht, für die Wohnungseigentümer i. S. von § 23 Abs. 1 WEG zu beschließen. Die dem Verwalter übertragene Kompetenz berechtigt diesen zulässiger Weise vielmehr grundsätzlich, einen **Vertragsinhalt** der vertragschließenden Wohnungseigentümer **rechtsgestaltend zu bestimmen, zu erweitern** oder zu **ergänzen** (ähnlich *Hügel* MietRB 2005, 12; a. A. *Armbrüster* FS Wenzel, 85, 89). Wird einem Eigentümer – zumeist dem Alleineigentümer – z. B. im Wege der Vereinbarung das Recht vorbehalten, **Bestimmungen zur Regelung des Gemeinschaftsverhältnisses** zu treffen, sind §§ 315 ff. BGB anwendbar (*BGH* ZMR 1986, 90 = NJW 1986, 845; *Häublein* Sondernutzungsrechte, S. 300, 301; s. auch *Weitnauer* JZ 1984, 1115, 1116; a. A. *Ott* Sondernutzungsrecht, S. 55). Nichts anders gilt, wenn nicht der Alleineigentümer, sondern der Verwalter in rechtmäßiger Weise Kompetenzen der Eigentümer ausübt. Auch die von ihm getroffenen Bestimmungen wirken auf eine Vereinbarung der Wohnungseigentümer ein und bestimmen deren Inhalt (offen gelassen von *KG* NZM 2004, 910, 911 [*Doorman*]). Entsprechendes gilt, wenn die Eigentümer bestimmen, dass der Verwalter von ihren Vereinbarungen **abweichende Bestimmungen** treffen darf (wie in *KG* ZMR 2002, 147 = NZM 2001, 959).

4. Änderung der Verwalterentscheidung durch die Wohnungseigentümer

57 Wenn der Verwalter aus Sicht der Wohnungseigentümer von einer ihm gewillkürt eingeräumten Befugnis keinen angemessenen Gebrauch macht und also etwas bestimmt, was aus ihrer Sicht nicht ordnungsmäßiger Verwaltung entspricht, ist vorstellbar, dass die Wohnungseigentümer von dieser Regelung im Wege des Beschlusses **abweichen** und etwas **anderes bestimmen** (*KG* NZM 2004, 910, 912; ZMR 2002, 147 = NZM 2001, 959; ZMR 1992, 68, 69 zur Hausordnung; *BayObLG* ZMR 2004, 133, für eine Verwalterzustimmung bei Vermietung von Teileigentum; BayObLGZ 1991, 421, 422; ZMR 1976, 310; Rpfleger 1975, 367; *OLG Frankfurt a. M.* OLGZ 1990, 414, 415 = NJW-RR 1990, 1430; *OLG Oldenburg* ZMR 1978, 245; *Lüke* WE 1996, 372, 373 für die Hausordnung; a. A. *AG Hannover* ZMR 2005, 154, 155; *Keuter* S. 199, 202). Ob die Wohnungseigentümer neben dem Verwalter die Befugnis haben, weiterhin **selbst zu handeln**, ist dabei danach zu beurteilen, ob die Kompetenzverlagerung **konkurrierend** oder **verdrängend** gemeint ist. Wird einem Verwalter eine bestimmte Befugnis übertragen, ist nämlich stets zu ermitteln, ob die Rechtsmacht des Verwalters die Macht der Eigentümer verdrängen soll oder nur zusätzlich neben diese tritt (*KG* ZMR 1998, 657; *Elzer* ZMR 2006, 733, 735; *ders.* ZMR 2005, 882, 883).

a) Konkurrierende Verlagerung

58 Ist eine konkurrierende Verlagerung festzustellen, ist anzunehmen, dass die Eigentümer weiterhin auch eigene Entscheidungen im jeweiligen Kompetenzbereich treffen können (*BGH* NJW 1996, 1216, 1217 = WE 1996, 265, 266 = MDR 1996, 787 = ZMR 1996, 787, 790; *KG* ZMR 1998, 657; *Elzer* ZMR 2006, 733, 735; *ders.* ZMR 2005, 882, 883).

b) Verdrängende Verlagerung

59 Ist eine verdrängende Verlagerung anzunehmen und ist diese zulässig (Rn. 50 ff.), entfällt eine beschlussweise Eigentümerkompetenz für diesen Regelungsgegenstand vollständig.

c) Auslegung und Zweifel

Welche **Form** der **Kompetenzverlagerung** vorliegt, ist vorrangig eine **Frage der Auslegung** (dazu 60 § 3 Rn. 39 ff.). Grundsätzlich und im Zweifel ist anzunehmen, dass die dem Verwalter übertragene Kompetenz die Verwaltungsbefugnis der Wohnungseigentümer **nicht verdrängen** soll (*BGH* BGHZ 131, 346, 352 = NJW 1996, 1216, 1217 = WE 1996, 265, 266 = MDR 1996, 787 = ZMR 1996, 787, 790; *OLG Düsseldorf* ZMR 2005, 643, 644; *BayObLG* WE 1992, 195, 196), sondern nur zusätzlich **neben diese** tritt (FA MietRWEG/*Elzer* Kapitel 21 Rn. 420 m. w. N.).

5. Übertragung von Kompetenzen durch den Verwalter

Der Verwalter selbst ist **nicht befugt**, seine Pflichten und Rechte vollständig auf einen **Dritten zu** 61 **delegieren** (*OLG Hamm* FGPrax 1996, 218 = WE 1997, 24 = NJW-RR 1997, 143; *BayObLG* BayObLGZ 1985, 327). Die Tätigkeit des Verwalters ist **an seine Person gebunden**. Er darf sich zwar bei der Wahrnehmung seiner Aufgaben der Unterstützung durch Hilfspersonen bedienen, seine Befugnisse und Aufgaben aber, wie sich vor allem aus den §§ 675, 613, 664 BGB ergibt, nicht ohne Zustimmung ganz oder teilweise auf einen Dritten übertragen (*OLG Frankfurt a. M.* MietRB 2006, 47; *BayObLG* ZMR 1998, 174, 175). Eine vollständige Übertragung der Verwalterkompetenzen auf einen Dritten widerspräche unverzichtbaren Grundsätzen des Wohnungseigentumsrechts. Ein Verwalter, der seine Stellung auf eine andere Person überträgt und dabei die Willensbildung der Eigentümer ausschaltet, missachtet die von den Wohnungseigentümern getroffene Verwalterwahl.

Eine in einer Vereinbarung niedergelegte **Ermächtigung des Verwalters**, die Verwaltung ohne 62 Mitspracherecht der Wohnungseigentümer auf einen Dritten zu übertragen, wäre gem. § 134 BGB nichtig (*OLG Hamm* WuM 1991, 218; *BayObLG* BayObLGZ 1975, 327, 330 = Rpfleger 1975, 426). Ein Beschluss, wonach der Verwalter berechtigt sein soll, für die Jahresabrechnung einen Steuerberater zu Lasten des Verbandes Wohnungseigentümergemeinschaft zu beauftragen, entspricht jedenfalls z. B. nicht ordnungsmäßiger Verwaltung und ist anfechtbar (*OLG Frankfurt a. M.* MietRB 2006, 47).

IV. Verlagerung von Kompetenzen in Bezug auf den Verwaltungsbeirat

Die Eigentümer können dem Verwaltungsbeirat weitere Aufgaben übertragen (*OLG Hamm* 63 ZMR 1997, 433, 434). Etwa die Befugnis, über den Wirtschaftsplan, die Abrechnung und die Rechnungslegung des Verwalters zu beschließen, ist durch Vereinbarung auf den Verwaltungsbeirat dauerhaft übertragbar (*BayObLG* NJW-RR 1998, 1168 = WE 1989, 27 = WuM 1988, 332; *Strecker* ZWE 2004, 337, 344; a. A. *OLG Köln* ZMR 1998, 374) und verletzt keine unverzichtbaren Rechte.

1. Verwaltervertrag

In der Praxis ist es vielfach üblich, den Verwaltungsbeirat im Namen des Verbandes mit dem **Ab-** 64 **schluss** des **Verwaltervertrages** zu beauftragen und die Mitglieder des Beirats nach § 27 Abs. 3 S. 3 WEG entsprechend zu bevollmächtigen (zum früheren Recht s.*OLG Düsseldorf* ZMR 2006, 870, 871; *OLG Köln* NJW 1991, 1302 = WuM 1990, 462, 464 = WE 1990, 109; *BayObLG* WuM 1987, 38 = ZMR 1985, 278; *Häublein* ZMR 2003, 233, 238; s. auch *Kümmel* Bindung, S. 99, 100 und 108). Ein entsprechende Vereinbarung ist möglich, aber **nicht notwendig**. Beim Abschluss nimmt der Beirat nämlich nicht Funktionen der Wohnungseigentümer war, sondern die Mitglieder (soweit sie Wohnungseigentümer sind) sind nach § 27 Abs. 3 S. 3 WEG ermächtigt.

Die Eigentümer können dem Verwaltungsbeirat im Wege des Beschlusses die Verwaltungsauf- 65 gabe übertragen, den Verwaltervertrag **auszuhandeln** (dazu *OLG Hamburg* ZMR 2003, 776; *OLG Köln* ZMR 2002, 155; *OLG Hamm* NZM 2001, 49 = NJW-RR 2001, 226 = ZMR 2001, 133; *Häublein* ZMR 2003, 233, 239; *Gottschalg* ZWE 2001, 185, 186; *F. Schmidt* ZWE 2001, 137, 139). Eine Kompetenz zur Übertragung folgt zwar nicht aus §§ 21 Abs. 3, 26 Abs. 1 WEG (*Wenzel* ZWE 2001, 226, 234; *Becker/Kümmel* ZWE 2001, 128, 133), wohl aber aus nach § 27 Abs. 3 S. 3 WEG.

Für die Übertragung dieser **gesetzesändernden Kompetenz** ist im reformierten Recht keine Ver- 66 einbarung mehr notwendig (zum bisherigen Recht vgl. *OLG Düsseldorf* NZM 1998, 36 = WuM

§ 20 | Gliederung der Verwaltung

1997, 50; *Niedenführ* NZM 2001, 517, 518; a. A. *OLG Hamburg* ZMR 2003, 776; *OLG Köln* ZMR 2002, 155; *Münstermann-Schlichtmann* WE 1998, 110, 111).

2. Durchführung von Beschlüssen

67 Eine Vereinbarung, die dem Beirat die Verwaltung und die **generelle Durchführung** der Beschlüsse nach § 27 Abs. 1 Nr. 1 WEG überträgt, ist gem. §§ 27 Abs. 4 WEG, 134 BGB nichtig (*Münstermann-Schlichtmann* WE 1998, 110).

3. Verfahrensführung

68 Handlungen des Verwalters oder seine Verfahrensführung (*OLG Zweibrücken* NJW-RR 1987, 1366) können an die **Zustimmung des Verwaltungsbeirats** gebunden werden. Ferner ist zulässig, dem Verwaltungsbeirat bei der Durchsetzung von nicht gemeinschaftsbezogenen Gewährleistungsansprüchen Rechte einzuräumen (*OLG Frankfurt a. M.* NJW 1975, 2297).

4. Vollmachten für die Mitglieder des Beirats

69 Die Eigentümer können die Mitglieder des Verwaltungsbeirats »als Eigentümer« bitten, für sie nach §§ 662 ff. BGB tätig zu werden. Die Wohnungseigentümer können zwar nicht »den Beirat« durch Beschluss die Kompetenz übertragen, Werkleistungen abzunehmen. Vorstellbar ist aber, dass die Mitglieder des Beirats entsprechend beauftragt werden und ihnen eine Vollmacht eingeräumt wird (s. auch *OLG Frankfurt a. M.* NJW 1975, 2297). S. dazu bereits Rn. 64 zum Abschluss des Verwaltervertrages.

D. Möglichkeit weiterer Funktionsträger

70 Die Eigentümer können neben Verwalter und Verwaltungsbeirat weder durch Beschluss noch durch eine Vereinbarung **weitere Funktionsträger** – etwa einen Ausschuss oder einen Beirat – mit **originären**, also nicht abgeleiteten Befugnissen schaffen (*AG Hannover* ZMR 2004, 466). Es ist hingegen möglich, dass die Eigentümer i. S. d. § 30 S. 1 BGB im Wege der Vereinbarung einen Teil ihrer Verwaltungskompetenzen auf Dritte – etwa einem Bauausschuss (*OLG Frankfurt a. M.* OLGZ 1988, 188), einem Gläubigerbeirat (*BayObLG* NJW 1972, 1377), Verwaltungsobleuten oder Rechnungsprüfern – übertragen. Ferner ist möglich, dass neben dem Verwaltungsbeirat ein weiterer Funktionsträger den Verwalter unterstützt. Eine **verdrängende Kompetenzzuweisung** durch Vereinbarung auf einen neuen Funktionsträger darf allerdings nicht gegen zwingendes Recht verstoßen und ist im Übrigen zumindest an §§ 134, 138, 242 BGB zu messen. Bei der Verlagerung von Kompetenzen der Wohnungseigentümer ist daneben außerdem wieder zu prüfen, ob durch die Verlagerung der Kernbereich der Mitgliedschaft verletzt wird.

71 Eine verdrängende Kompetenzverlagerung auf einen neuen Funktionsträger ist vor allem dort vorstellbar, wo die Rechte und Pflichten des Verwaltungsbeirates betroffen sind. Einer Kompetenzverlagerung in Bezug auf den Verwalter setzt § 27 Abs. 4 WEG enge Grenzen. Eine konkurrierende Kompetenzverlagerung ist nur in Ausnahmefällen möglich. Keine Einwände bestehen hingegen in einer **Unterstützung der Funktionsträger** durch beratende Gremien.

E. Verwaltung

I. Begriff

1. Grundsatz

72 Der Begriff »Verwaltung« ist im Wohnungseigentumsrecht als eine Zusammenfassung der im weiteren Verbandsrecht genutzten Begriffe »Geschäftsführung« und »Vertretung« zu verstehen und mit deren Inbegriff jedenfalls in weiten Teilen deckungsgleich. Alles was »Geschäftsführung« ist, ist auch Verwaltung. Regelmäßig ist ferner das, was »Vertretung« ausmacht, auch Verwaltung. Die Nutzung des Begriffs »Verwaltung« ist aus dem Recht der Bruchteilsgemeinschaft nach §§ 744, 745 BGB entnommen und ist wie dort weit zu verstehen. Zur Verwaltung i. S. v. § 21 Abs. 1 WEG gehören damit **alle Maßnahmen**, die in **tatsächlicher** oder **rechtlicher Hinsicht** auf eine **Änderung des bestehenden Zustandes** des Gemeinschaftseigentums abzielen oder sich als Geschäftsführung zu Gunsten der Wohnungseigentümer in Bezug auf das gemeinschaftliche Ei-

gentum (*BGH* BGHZ 141, 224, 229 = MDR 1999, 924; BGHZ 121, 22, 26 = MDR 1993, 445 = NJW 1993, 727; *OLG Hamburg* ZMR 2005, 393, 393) oder als Vertretung in Bezug auf das gemeinschaftliche Eigentum gegenüber Dritten darstellen. Zur Verwaltung gehören damit insbesondere die in § 21 Abs. 5 WEG **ausdrücklich genannten Maßnahmen**, also insbesondere die Aufstellung einer Hausordnung, die ordnungsmäßige Instandhaltung und Instandsetzung des gemeinschaftlichen Eigentums, die Feuerversicherung des gemeinschaftlichen Eigentums zum Neuwert sowie die angemessene Versicherung der Wohnungseigentümer gegen Haus- und Grundbesitzerhaftpflicht, die Ansammlung einer angemessenen Instandhaltungsrückstellung, die Aufstellung eines Wirtschaftsplans und die Duldung aller Maßnahmen, die zur Herstellung einer Fernsprechteilnehmereinrichtung, einer Rundfunkempfangsanlage oder eines Energieversorgungsanschlusses zugunsten eines Wohnungseigentümers erforderlich sind. Auf diese Maßnahmen kann der Begriff »Verwaltung« aber nicht eingeengt werden. § 21 Abs. 5 WEG ist **offen formuliert** und **beispielhaft** zu verstehen. Zur Verwaltung zählen deshalb natürlich z. B. auch (s. in diesem Zusammenhang auch § 16 Rn. 298 ff.):

- der Abschluss von Verträgen; 73
- die gesamte Wirtschaftsführung in Bezug auf den Verwaltungsgegenstand;
- die Erfüllung der Verkehrspflichten für das gemeinschaftliche Eigentum (*BGH* ZMR 1996, 477, 478 = NJW 1996, 2646; *BayObLG* GE 2004, 1596; ZWE 2000, 592);
- die Geltendmachung von Ansprüchen zur Verwaltung (Weitnauer/*Lüke* Vor § 20 Rn. 2);
- die Fruchtziehung (§ 16 Rn. 148);
- die Verwaltung der Lasten des Verwaltungsobjektes (§ 16 Rn. 153);
- Rechtsstreite gem. § 18 WEG und der Ersatz des Schadens im Falle des § 14 Nr. 4 WEG;
- die Störungs- und Schadensabwehr, sei es nach innen oder außen;
- die »technische« Verwaltung (Wartung und Pflege z. B. der Heizungsanlage, des Hausstroms, ggf. eins Notstromaggregates, einer Pools usw.);
- die Jahresabrechnung und Sonderumlagen, mithin die gesamte Wirtschafts- und Vermögensverwaltung (z. B. der Einzug der Miete für einen vermieteten Raum, der im Gemeinschaftseigentum steht, die Anlage der Instandhaltungsrückstellung, die Einrichtung von Konten etc.);
- die Organisation und Durchführung von Eigentümerversammlungen, der Sitzungen des Beirats;
- die Abwicklung des gesamten auf das Gemeinschaftseigentum bezogenen Zahlungsverkehrs.

2. Gewährleistungsrechte

Zur Verwaltung gehört nach h. M. auch, die **Mängelrechte wegen Mängeln des Gemeinschafts** 74
eigentums gegenüber dem Bauträger oder Werkunternehmer geltend zu machen (vgl. auch Anh. zu § 8 Rn. 40 ff.). Die Mängelansprüche am Gemeinschaftseigentum wurzeln zwar in den **individuellen Erwerbsverträgen** der jeweiligen künftigen Wohnungseigentümer und sind also zunächst jedenfalls teilweise keine Angelegenheit, die die Wohnungseigentümer oder der Verband Wohnungseigentümergemeinschaft für die Wohnungseigentümer verfolgen und ggf. gerichtlich durchsetzen kann oder darf. Der einzelne Wohnungseigentümer ist grundsätzlich zur selbstständigen (auch gerichtlichen) Verfolgung der aus dem Vertragsverhältnis mit dem Veräußerer herrührenden, auf Beseitigung der Mängel am gemeinschaftlichen Eigentum gerichteten Ansprüche befugt (*BGH* BGHZ 74, 258, 262 = NJW 1977, 2207). Nach h. M. ist der Verband Wohnungseigentümergemeinschaft nach § 10 Abs. 6 S. 3 Variante 1 WEG aber ausnahmslos für die Geltendmachung und Durchsetzung solcher Rechte allein zuständig, die ihrer **Natur nach gemeinschaftsbezogen** sind und ein eigenständiges Vorgehen des einzelnen Wohnungseigentümers nicht zulassen (*BGH* ZMR 2007, 627, 629; *Wenzel* NJW 2007, 1905, 1907). Gemeinschaftsbezogen i. S. d. sind die **Minderung** und der **kleine Schadensersatz** (*BGH* ZMR 2007, 627, 629; BGHZ 74, 258, 262 = NJW 1979, 2207). Auch die Voraussetzungen für diese Rechte kann allein der Verband schaffen (*BGH* ZMR 2007, 627, 629; NZBau 2006, 371 – IuFOM 2006, 302 mit Anm. *Elzer*; BauR 1998, 783 = ZtBR 1998, 245). Die Wohnungseigentümer besitzen nach § 21 Abs. 1 und Abs. 5 Nr. 2 WEG ferner die Kompetenz, **nicht gemeinschaftsbezogene Mängelrechte** im Wege des Beschlusses zu

§ 20 | Gliederung der Verwaltung

»vergemeinschaften«, soweit die ordnungsgemäße Verwaltung ein gemeinschaftliches Vorgehen erforderlich ist (*BGH* ZMR 2007, 627, 629; *Elzer* WE 2007, 176, 177; *ders.* ZMR 2007, 469, 470).

II. Ordnungsmäßige Verwaltung

75 Maßstab und Richtschnur des Verwaltungshandelns im Wege des Beschlusses ist **Ordnungsmäßigkeit** i. S. von § 21 Abs. 4 WEG. Jeder Eigentümer kann nach § 21 Abs. 3 und Abs. 4 WEG eine Verwaltung verlangen, die den Vereinbarungen und Beschlüssen und, soweit solche nicht bestehen, dem **Interesse der Gesamtheit der Wohnungseigentümer** nach billigem Ermessen (Rn. 79) entspricht. Inhalte der ordnungsmäßigen Verwaltung beschreiben vor allem § 21 Abs. 5 und Abs. 7 WEG. Eine Verwaltungsmaßnahme ist ordnungsmäßig, wenn sie dem geordneten Zusammenleben der Wohnungseigentümer dient, den Interessen der Gesamtheit der Wohnungseigentümer nach billigem Ermessen entspricht und der Gemeinschaft nützt. Ferner ist eine Verwaltungsmaßnahme dann ordnungsmäßig, wenn sie unter keinen formellen oder materiellen Mängeln leidet und wenn sie ermessensfehlerfrei (Rn. 79 ff.) ist.

III. Handlungsinstrumente der Verwaltung

76 Die Eigentümer als Funktionsträger können die ihnen vom Gesetz zugeordneten Verwaltungsaufgaben auf **verschiedene Weise** ausüben. Zum einen durch eine vertragliche Regelung (Vereinbarung), zum anderen, wie die Mitgliederversammlung eines Vereins (*Weitnauer* FS Seuß, S. 305, 308), gem. § 23 Abs. 1 WEG in der Versammlung (Eigentümerversammlung) oder nach § 23 Abs. 3 WEG schriftlich durch einen Beschluss. Typisches Regelungsinstrument für die Verwaltung ist der Beschluss. Vereinbarungen in Verwaltungsangelegenheiten (Vereinbarungen in Beschlusssachen) sind selten und können ausnahmsweise durch Beschluss geändert oder aufgehoben werden (s. § 10 Rn. 75 ff.).

77 Soweit das Gesetz oder eine Vereinbarung nichts anderes bestimmen, steht die Verwaltung des gemeinschaftlichen Eigentums den Wohnungseigentümern stets **gemeinschaftlich** zu. Auf Grund praktischer Notwendigkeit wird dieser Grundsatz gemeinschaftlicher Verwaltung allerdings ganz erheblich zu Gunsten von Beschlüssen eingeschränkt. Eine bloß mehrheitliche Verwaltung wird durch das Gesetz etwa in § 12 Abs. 4 WEG für die Abkehr von einer Veräußerungsbeschränkung, in § 15 Abs. 2 WEG für den Gebrauch, in § 16 Abs. 3 und Abs. 4 WEG für Kostenregelungen, in § 21 Abs. 3 bis 5 WEG für Verwaltungshandeln, in § 21 Abs. 7 WEG für bestimmte Verwaltungsmaßnahmen, in § 22 Abs. 2 WEG für bauliche Veränderungen, in § 26 Abs. 1 S. 1 WEG bei der Bestellung des Verwalters, bei der Abstimmung über den Wirtschaftsplan, die Abrechnung und die Rechnungslegung des Verwalters nach § 28 Abs. 5 WEG oder bei der Bestellung eines Verwaltungsbeirates gem. § 29 Abs. 1 S. 1 WEG zugelassen.

78 Eine **Abkehr von der gemeinschaftlichen Verwaltung** ist durch **Öffnungsklauseln** (Vereinbarungen, die Beschlusskompetenz einräumen) möglich (s. § 10 Rn. 275 ff.).

IV. Ermessen

79 Die Wohnungseigentümer haben bei **allen Verwaltungsmaßnahmen** ein **Ermessen** (*BGH* BGHZ 139, 289, 293 [Musizierverbot] = NJW 1998, 3713; zum Ermessen im WEG insgesamt s. allgemein *Elzer* ZMR 2006, 85 ff.). Für die Eigentümer besteht »Ermessen«, ob sie eine zulässige Maßnahme überhaupt treffen wollen (**Entschließungsermessen**). Sie können z. B. darüber entscheiden, ob sie dem Verwalter eine Anweisung erteilen, wie der seinen Aufgaben nachkommen soll (*KG* NJW-RR 1996, 526, 527). Und es besteht Ermessen, welche von mehreren zulässigen Maßnahmen sie im Fall des Tätigwerdens ergreifen wollen (**Auswahlermessen**). Das Wohnungseigentumsgesetz spricht den Eigentümern vor allem für Regelungen über den Gebrauch und solche der Verwaltung Ermessen zu, §§ 15 Abs. 3 und 21 Abs. 4 WEG. Das Ermessen ermöglicht es den Wohnungseigentümern, alle für und gegen eine Maßnahme sprechenden Umstände abzuwägen (*BGH* BGHZ 156, 192, 203 [Kaltwasser] = ZMR 2003, 937 = NJW 2003, 3476; *Armbrüster* ZWE 2002, 145, 149; *Bub* ZWE 2001, 457, 459). Vertretbare Mehrheitsentscheidungen in diesem Rahmen sind stets hinzunehmen

(*OLG Düsseldorf* WuM 1999, 352; WE 1991, 251), auch dann, wenn auch eine andere Entscheidung fehlerfrei wäre. Es kommt für die Überprüfung einer Ermessensentscheidung nicht darauf an, ob eine Regelung in jeder Hinsicht notwendig und zweckmäßig ist (*OLG Hamburg* WE 1993, 87). Billigem Ermessen entspricht, was dem geordneten Zusammenleben in der Gemeinschaft und dem Interesse der Gesamtheit der Wohnungseigentümer dient (*OLG Köln* NJW-RR 2004, 1310, 1311; NZM 1998, 870). Es kommt nicht darauf an, dass eine Regelung, ggf. aus Sicht einer Minderheit, in **jeder Hinsicht** notwendig und zweckmäßig ist. Stets können mehrere Maßnahmen ermessensfehlerfrei sein. Die Wohnungseigentümer können in diesem Falle ohne gerichtliche Überprüfbarkeit bloß mehrheitlich wählen, für welche Möglichkeit sie sich entscheiden wollen (*BayObLG* NJW-RR 2004, 1378; BayObLGZ 1985, 164, 167; *OLG Saarbrücken* WE 1998, 69, 71). Kommen mehrere Maßnahmen in Betracht, ist es also allein Sache der Wohnungs- und Teileigentümer, in der Versammlung der Eigentümer eine Auswahl zu treffen und zu beschließen (*BayObLG* ZMR 2004, 927, 92). Die Wohnungseigentümer können dabei zwischen mehreren möglichen Alternativen wählen und müssen weder zwangsläufig die am wenigsten aufwändige noch die kostengünstigste wählen (*BayObLG* ZMR 2004, 927, 926; ZMR 2003, 951; *OLG Düsseldorf* WuM 1999, 352).

Das Eigentümerermessen wird primär durch das Wohnungseigentumsgesetz, Vereinbarungen, Gerichtsbeschlüsse und andere Beschlüsse der Wohnungseigentümer eingeengt, §§ 10 Abs. 2 und Abs. 3, 15 Abs. 2 und 3 und 21 Abs. 3 und 4 WEG. Eine **gesetzliche Begrenzung** folgt etwa daraus, wenn eine Maßnahme – wie der Einbau von Kaltwasserzählern – gesetzlich vorgeschrieben ist (§ 16 Rn. 79). Daneben kommen **allgemeine Erwägungen** in Betracht, z. B. eine Kosten-Nutzen-Analyse (*Jennißen* ZMR 2004, 564), grobe Unbilligkeit i. S. v. § 242 BGB, das Diskriminierungsverbot oder Rechtsmissbrauch, die Treuepflicht (keine Sondervorteile, keine Sondernachteile), Verträge mit Dritten (z. B. Verteilung der Kosten für die Nutzung eines Kabelanschlusses nach Einheiten; s. § 16 Rn. 132) und der Kernbereich des Wohnungseigentums (zu allem m. w. N. *Elzer* ZMR 2006, 85, 92). Ermessen ist **überschritten**, wenn die Wohnungseigentümer gleiche Sachverhalte verschieden behandeln. Auch eine Ungleichbehandlung ist nicht von dem den Wohnungseigentümern bei der Beschlussfassung zustehenden Ermessensspielraum gedeckt. Das **Selbstorganisationsrecht** der Wohnungseigentümer geht nicht so weit, durch Mehrheitsbeschluss einzelne Störer gegenüber anderen **ohne sachlichen Grund** zu bevorzugen. Auch eine Gebrauchsregelung darf nicht willkürlich sein, sondern muss in den Grenzen des billigen Ermessens unter Beachtung des Gebotes der allgemeinen Rücksichtnahme in Abwägung der allseitigen Interessen erfolgen (*BGH* BGHZ 139, 288, 296 [Musizierverbot] = ZMR 1999, 41, 44 = MDR 1999, 29). Wird Ermessen **falsch ausgeübt**, ist eine Entscheidung **nicht ordnungsmäßig**. Die allgemeinen Anforderungen an fehlerfreies Ermessen ergeben sich daher aus § 21 Abs. 4 und Abs. 3 WEG. Eine Überschreitung der dort normierten Ermessensgrenzen bedingt die Rechtswidrigkeit einer jeden Ermessensentscheidung. Als Ermessensfehler kommen im Wohnungseigentumsrecht jedenfalls eine Ermessensunterschreitung, eine Ermessensüberschreitung und ein Ermessensfehlgebrauch in Betracht. Als eine **Ermessensüberschreitung** ist vor allem ein Verstoß gegen das Gesetz, eine Vereinbarung oder gegen einen Beschluss anzusehen. Ermessen ist nur dort vorstellbar, wo eine Regelung nicht klar vorgegeben ist. Ermessen wird **fehlgebraucht**, wenn sich eine bestimmte Entscheidung nicht an dem Interesse der Gesamtheit der Wohnungseigentümer nach billigem Ermessen ausrichtet. Ein **Verstoß gegen dieses Gebot** sind z. B. sachfremde Erwägungen, eine Ermessensausübung aus persönlichen Gründen oder eine Ermessensausübung aus Opportunismus.

V. Gebrauch

Keine Verwaltung des Gemeinschaftseigentums ist **sein Gebrauch** i. S. von §§ 13 bis 15 WEG (s. § 15 Rn. 1). »Gebrauch« des Gemeinschaftseigentums ist im Gegensatz zur Verwaltung des Gemeinschaftseigentums die **selbstnützige Verwendung** des Gemeinschaftseigentums, etwa die Nutzung einer Gemeinschaftsfläche als Grillplatz oder als Waschküche, zum Sonnenbaden oder zum Fußball spielen. Aus § 13 Abs. 1 WEG ist abzuleiten, dass zum Gebrauch des Gemeinschaftseigentums **insbesondere** sein Bewohnen, das Vermieten und das Verpachten sowie der Ausschluss anderer vom Gebrauch – z. B. durch ein Sondernutzungsrecht (s. § 13 Rn. 27 ff.) – gehört. Anders als bei der Verwaltung, ist beim Gebrauch auch das Sondereigentum stets – und nicht nur ausnahmsweise – Bezugsgegenstand einer Vereinbarung oder eines Beschlusses (s. § 15 Rn. 6).

VI. Verfügungen

83 Rechtliche oder tatsächliche **Verfügungen** über das gemeinschaftliche Eigentum als Ganzes, insbesondere Veräußerungen, können zwar als Verwaltung verstanden werden, gehen aber über das vom Gesetz vorgestellte Maß, was **beschlussweise zu regeln ist**, grundsätzlich **hinaus**. Eine Verfügung über den Verwaltungsgegenstand, die nach allgemeiner Definition darauf gerichtet ist, auf das Gemeinschaftseigentum einzuwirken, es inhaltlich zu verändern, zu übertragen, zu belasten oder aufzuheben, ist dem Grunde nach der Verwaltung i. S. von § 21 Abs. 1 WEG **entzogen** (vgl. auch *OLG Braunschweig* OLGZ 1966, 571, 573). Eine Verfügung über das Gemeinschaftseigentum ist i. d. R. **sämtlichen Wohnungseigentümern** vorbehalten und kann nicht beschlossen werden (dazu vor allem auch Rn. 88). Etwa die Einräumung einer Grunddienstbarkeit, eines Wegerechtes oder einer anderen Gesamtbelastung kann nicht beschlossen werden. Verfügungen können nur dann als Instrument der Verwaltung verstanden werden, wenn es sich bei einer Verfügung nicht unmittelbar um den Verwaltungsgegenstand »Gemeinschaftseigentum«, sondern um für diesen zu erwerbende Gegenstände handelt oder um solche, die zum Verwaltungsvermögen des Verbandes gehören. Im Rahmen einer solchen Verwaltung des gemeinschaftlichen Vermögens kann eine Verfügung durchaus »Verwaltung« sein. Z. B. können Neuerwerbungen wie der Kauf eines neuen Rasenmähers, eines neuen Treppengitters, einer Waschmaschine (s. *LG Dortmund* MDR 1965, 740) oder der Erwerb und Einbau einer Schranke vor den Parkflächen Gegenstand der Verwaltung sein.

F. Verwaltungsgegenstand

I. Gemeinschaftliches Eigentum

84 Von der Gesamtheit der Eigentümer – und i. d. R. auch von einem Verwalter – wird das **Gemeinschaftseigentum** verwaltet. Gemeinschaftseigentum sind nach § 1 Abs. 5 WEG das Grundstück, die gemeinschaftlichen Bauteile des Gebäudes (oder der Gebäude in einer Mehrhausanlage) einschließlich der gemeinschaftlichen Anlagen und Einrichtungen. Zum Gemeinschaftseigentum gehören nach § 5 Abs. 2 WEG ferner zwingend die Teile des Gebäudes, die für dessen Bestand oder Sicherheit erforderlich sind, sowie Anlagen und Einrichtungen, die dem gemeinschaftlichen Gebrauch der Wohnungseigentümer dienen. Schließlich gehören zum Gemeinschaftseigentum Bestandteile des Gebäudes, die zwar Gegenstand des Sondereigentums sein können, aber nicht durch eine Vereinbarung zum Sondereigentum bestimmt worden sind (*Elzer* MietRB 2007, 78).

II. Gemeinschaftseigentum in der Verwaltungszuständigkeit Dritter (Sondernutzungsrechte)

85 Soweit an einer Fläche des Gemeinschaftseigentums ein Sondernutzungsrecht begründet worden ist (§ 13 Rn. 27 ff.), kann mit dem Sondernutzungsrecht auch die **Verwaltungszuständigkeit** für diese Fläche, z. B. eine Gartenfläche, auf den jeweiligen Wohnungseigentümer übergegangen sein. Regelmäßig ist das aber nicht anzunehmen. Für die Frage, auf welche Art und Weise einer einem Sondernutzungsrecht unterliegende Fläche genutzt werden darf und wie und ob dort Maßnahmen der Instandhaltung- und Instandsetzung erforderlich sind, haben weiter sämtliche Wohnungseigentümer zu bestimmen. Ein Beschluss ist zwar nichtig, wenn er ein Sondernutzungsrecht **beschränkt** (*OLG München* v. 3.4.2007 – 34 Wx 25/07; *BayObLG* ZMR 2005, 383, 384). Das einem Sondernutzungsrecht unterliegende Gemeinschaftseigentum steht aber für Gebrauchsregelungen dem Sondereigentum gleich und unterliegt wie dieses, sofern eine Vereinbarung nichts

anderes ausdrücklich bestimmt, der Regelungskompetenz durch Beschluss (*KG* NJW-RR 1996, 586 = KGReport 1996, 97; *BayObLG* ZMR 1992, 202). Ob der Sondernutzungsberechtigte verpflichtet ist, die Verkehrssicherung zu betreiben oder Instandsetzungsmaßnahmen zu entgelten, ist eine Frage der jeweiligen Vereinbarung.

III. Hinzuerwerb von Gemeinschaftseigentum

Im Schrifttum und in der Rechtsprechung ist umstritten, ob der **Hinzuerwerb neuen Gemein-** 86
schaftseigentums Gegenstand der Verwaltung sein kann. Eine **Beschlusskompetenz** für einen Erwerb ist im Ergebnis abzulehnen, weil damit die **Grenzen** der Verwaltung des bisherigen Verwaltungsgegenstandes **offensichtlich überschritten** sind (ggf. a. A. *OLG Frankfurt a. M.* OLGReport Frankfurt 2006, 522, 523) und sämtliche Wohnungseigentümer Eigentümer werden müssen. Der **Erwerb neuer Dinge** ist keine »Verwaltung« des ursprünglichen Gegenstandes. Eine Beschlusskompetenz ist nicht zu erkennen (der »Erwerb« eines **Sondernutzungsrechtes** an Kfz-Abstellplätzen, um darauf zusätzlich erforderlich gewordene Müllbehälter abzustellen, ist hingegen noch zur ordnungsmäßigen Verwaltung zu zählen, *BayObLG* ZMR 1998, 649 = BayObLGReport 1998, 65, 66). Haben die Wohnungseigentümer den Erwerb weiteren Gemeinschaftseigentums **vereinbart**, muss die weitere Grundstücksfläche, durch **Vereinigung** oder **Zuschreibung** (*BayObLG* BayObLGZ 1993, 70; a. A. *OLG Düsseldorf* MittBayNot 1963, 327) in das gemeinschaftliche Miteigentum der Wohnungseigentümer überführt werden. Sowohl die Vereinigung als auch die Bestandteilszuschreibung setzen voraus, dass die hinzuerworbene Fläche **in Wohnungseigentum aufgeteilt** wird (*OLG Frankfurt a.M.* OLGReport Frankfurt 2006, 522, 523; OLGReport Frankfurt 1993, 125 = Rpfleger 1993, 396 = DNotZ 1993, 612; *OLG Zweibrücken* DNotZ 1991, 605 mit Anm. *Herrmann*; *OLG Oldenburg* Rpfleger 1977, 22). Solange das erworbene Grundstück nicht mit dem bisherigem Grundstück vereinigt und der Teilungsvertrag oder die Teilungserklärung entsprechend geändert worden sind, gehört das erworbene Grundstück den Mitgliedern einer anderen Bruchteils- oder Miteigentümergemeinschaft.

Eine andere Frage ist, ob die Wohnungseigentümer **beschließen** können, **Wohnungs- oder Teil-** 87 **eigentum** in der **eigenen Anlage** zu erwerben. Ferner ist fraglich, ob die Wohnungseigentümer **beschließen** können, dass der Verband Wohnungseigentümergemeinschaft ein Wohnungseigentum erwerben soll, z. B. es im Wege der Zwangsversteigerung ersteigern kann. Unproblematisch ist nur der Fall, dass die Wohnungseigentümer einen solchen Eigentumserwerb vereinbaren. Es gibt keinen Anlass anzunehmen, dass der Verband Wohnungseigentümergemeinschaft keinen Grundbesitz halten könnte und dass die Wohnungseigentümer nicht vereinbaren können (*Hügel/Elzer* § 3 Rn. 55 ff.; *Häublein* FS Seuß [2007], S. 125, 132; *Wenzel* ZWE 2006, 462, 464; *Abramenko* ZMR 2006, 338, 340; *Hügel* DNotZ 2005, 753, 771). Fraglich ist hingegen, ob es vorstellbar ist, dass die Wohnungseigentümer den Eigentumserwerb bloß **mehrheitlich beschließen** (dagegen *LG Heilbronn* ZMR 2007, 651 mit Anm. *Hügel*; *LG Nürnberg-Fürth* ZMR 2006, 812, 813 mit Anm. *Schneider*; *Jenißen* NZM 2006, 203, 205; dafür *Hügel* ZMR 2007, 652; *Wenzel* ZWE 2006, 462, 464; *ders.* NZM 2006, 321, 323; *Abramenko* ZMR 2006, 338, 340; siehe auch *Schneider* Rpfleger 2007, 175 ff.). Den Erwerb zum Gegenstand eines **bloßen Mehrheitswillens** und der Verwaltung zu machen – für den alle Wohnungseigentümer gem. § 10 Abs. 8 S. 1 WEG subsidiär haften müssten – könnte jedenfalls die Grenze der Ordnungsmäßigkeit überschreiten und in den Kernbereich des Wohnungseigentums eingreifen (*Hügel/Elzer* § 15 Rn. 53). In der Praxis werden deshalb weiterhin ggf. »**Treuhandmodelle**« genutzt werden. Danach erwirbt z. B. der Verwalter oder einige Wohnungseigentümer das in die Notlage geratende Wohnungseigentum (*BayObLG* ZMR 1998, 509, 511).

IV. Aufgabe von Gemeinschaftseigentum

Gegenstand einer Verwaltung ist nicht die »Aufgabe« (z. B. Übertragung) des **originären Verwal-** 88 **tungsgegenstandes** (*OLG Braunschweig* OLGZ 1966, 571, 573). Eine Veräußerung des Gemeinschaftseigentums kann nicht als Verwaltungsmaßnahme **beschlossen**, sondern muss entsprechend § 747 S. 2 BGB **vereinbart** werden (*Rapp* in Beck'sches Notarhandbuch, A III Rn. 137).

§ 20 | Gliederung der Verwaltung

Soll z. B. eine Grundstücksteilfläche an die Bahn oder an eine Kommune verkauft werden, bedarf das als sachenrechtliche Änderung des alle Wohnungseigentümer betreffenden Miteigentums am Grundstück einer Vereinbarung i. S. v. § 4 Abs. 1 WEG (*Merle* System, S. 192; a. A. Staudinger/*Bub* Rn. 7; Weitnauer/*Briesemeister* § 1 Rn. 27). Gemeinschaftseigentum kann auch nicht dadurch im Wege des Beschlusses aufgegeben werden, dass es »umgewidmet« wird (*BayObLG* BayObLG-Report 2003, 63) oder dass die Wohnungseigentümer auf eine Instandsetzung, z. B. einer maroden Aufzugsanlage oder eines Müllschluckers, »verzichten« (*BayObLG* BayObLGReport 1996, 25).

V. Verwaltungsvermögen

89 Die Verwaltung des Verwaltungsvermögens obliegt dem Verband Wohnungseigentümergemeinschaft. Das Verwaltungsvermögen ist nach § 10 Abs. 7 WEG vermögensrechtlich **ausschließlich** dem Verband Wohnungseigentümergemeinschaft zugeordnet. Es ist nicht Teil und **Gegenstand** des **gemeinschaftlichen Eigentums** (s. § 10 Rn. 447). Über »Wohl und Wehe« des Verwaltungsvermögens hat allein der Verband als Eigentümer zu entscheiden. Wenn die Wohnungseigentümer über das Verbandsvermögen entscheiden, handeln sie als Organ des Verbandes – weil dem Verwalter diese Aufgabe nicht zugewiesen ist – nach § 27 Abs. 3 S. 2 WEG, nicht nach § 20 WEG. Zum Verbandsvermögen bei Aufhebung der Gemeinschaft der Wohnungseigentümer s. § 17 Rn. 4 ff.

VI. Sondereigentum

90 Die »Verwaltung« i. S. von §§ 21 bis 29 WEG betrifft ausschließlich das **Verhältnis der Eigentümer** zum **gemeinschaftlichen Eigentum**. Kein Gegenstand der Verwaltung gem. § 21 Abs. 1 WEG ist das Sondereigentum (*BGH* MDR 2003, 678, 679 = NJW 2003, 1393 = ZMR 2003, 431; *OLG Köln* OLGReport Köln 2002, 417, 418; *BayObLG* BayObLGZ 1986, 444, 446; Rpfleger 1979, 216; BayObLGZ 1973, 78). § 20 WEG **korrespondiert insoweit mit § 13 WEG**. Das Sondereigentum verwaltet jeder Eigentümer allein. Die Eigentümer können z. B. nicht den Mieteinzug von Sondereigentum durch den Verwalter und **Bildung eines Zwangspools** (*OLG Düsseldorf* NZM 2001, 238 [Mietpool]), über einen im Sondereigentum stehenden Balkonbelag (*OLG Köln* ZMR 2001, 568) oder über die Fenster und Türen im Sondereigentum (*Becker/Kümmel* ZWE 2001, 128, 132) beschließen. Ein Beschluss mit dem Ziel, Sondereigentum zu verwalten, wäre wegen fehlender Beschlusskompetenz nichtig (*OLG Düsseldorf* NZM 2001, 238 [Mietpool]). Es gibt allerdings eine **enge Verknüpfung** zwischen Sonder- und Gemeinschaftseigentum. Wie § 16 Abs. 3 WEG und die Frage der Abrechnung der im Sondereigentum entstehenden Kosten und Lasten zeigen (dazu *BGH* BGHZ 156, 192 [Kaltwasser] = ZMR 2003, 937, 939 = NJW 2003, 3476), lässt sich eine Verwaltung von Gemeinschafts- und Sondereigentum teilweise **nicht sinnvoll trennen** (vgl. auch *BayObLG* ZMR 1998, 511). So müssen die Wohnungseigentümer letztlich auch die Befugnis haben zu entscheiden, ob eine Maßnahme **im Sondereigentum** durchzuführen ist, wenn sie dem Interesse aller Eigentümer entspricht (§ 14 Nr. 4 WEG). Dies ist z. B. bei Sanierungen des Gemeinschaftseigentums zu beachten sein. Sondereigentum kann allerdings durch eine **Vereinbarung** ganz oder teilweise Gegenstand der Verwaltung sämtlicher Eigentümer werden (Weitnauer/*Lüke* Vor § 20 Rn. 6). Die für das gemeinschaftliche Eigentum bestehende Handlungsorganisation wird in diesem Falle **auch für das Sondereigentum** tätig.

G. Gliederung der Handlungsorganisation

91 Die Handlungsorganisation des gemeinschaftlichen Eigentums ist z. T. fakultativ, im besten Falle aber **dreigliedrig**: Die Verwaltung obliegt vor allem den Eigentümern (Versammlung) als Legislative. Danach dem – nicht zwingenden, aber erzwingbaren – Verwalter. Zuletzt dem nur möglichen, aber höchst sinnvollen Verwaltungsbeirat.

I. Versammlung der Wohnungseigentümer

1. Willensbildung für das gemeinschaftliche Eigentum

In erster Linie ist es die Versammlung der Wohnungs- und Teileigentümer, die das **gemeinschaft-** **92** **liche Vermögen** nach Maßgabe der §§ 21 bis 25 WEG verwaltet und trägt. Nach § 23 Abs. 1 WEG entscheidet die Versammlung. Die Versammlung ist mit der **Gesamtheit der Wohnungseigentümer** nicht gleichzusetzen. Die Gesamtheit der Wohnungseigentümer umfasst auch die einer Versammlung ferngebliebenen oder an der Willensbildung nicht teilnehmenden Wohnungseigentümer (*Armbrüster* FS Wenzel, 85, 88; *Becker* Teilnahme S. 10 ff.; a. A. *Strecker* ZWE 2004, 337). Die Eigentümer als »Versammlung« sind die **originären Herren und Träger der Verwaltung** (*OLG Düsseldorf* WE 1998, 387; s. auch *BGH* BGHZ 67, 232, 237 = ZMR 1978, 253: »Mitbestimmung« der Eigentümer) und der **wichtigste Funktionsträger**. Nach der **gesetzlichen Konzeption** kommen den Eigentümern im Wesentlichen **drei Funktionen** zu, die im weitesten Sinne mit **Willensbildung** umschrieben werden können:

– am Anfang steht nach § 10 Abs. 2 S. 2 WEG die Möglichkeit, durch Vereinbarungen auf die **Ver-** **93** **waltung gleichsam legislativ** einzuwirken;
– danach kommt die **eigentliche Willensbildung** in Alltagsfragen zur Verwaltung im mehrheitlichen Beschlusswege;
– schließlich die **Anleitung und Überwachung** des Verwalters und des Beirats sowie ggf. anderer Funktionsträger.

a) Begriff des Wohnungseigentümers und des Verbandes Wohnungseigentümergemeinschaft

Zum Begriff des Wohnungseigentümers und des Verbandes Wohnungseigentümergemeinschaft **94** s. ausführlich vor allem § 10 Rn. 6 und Rn. 371 ff.

b) Reichweite der Wohnungseigentümer-Kompetenzen

Die Eigentümer besitzen die **originäre Willensbildungskompetenz**. Daneben haben sie aber **95** auch das Recht, sämtliche Verwaltungsentscheidungen **selbst** durchzuführen (*Häublein* ZMR 2003, 233, 239; *Schwab* S. 103 ff.; a. A. *Strecker* ZWE 2004, 337, 349), soweit dem § 10 Abs. 6 S. 3 WEG nicht entgegensteht (§ 10 Rn. 44 ff.). Dies folgt aus § 10 Abs. 5 WEG und bei Maßnahmen der Notgeschäftsführung aus § 21 Abs. 2 WEG. Es besteht also teilweise ein **Nebeneinander** der Befugnisse der Eigentümer und des Verwalters, der Beschlüsse – aber auch Vereinbarungen (*Elzer* ZMR 2004, 633, 635) – durchzuführen hat. Eine alleinige Zuständigkeit des Verwalters oder des Verwaltungsbeirats für die Durchführung von Verwaltungsentscheidungen ordnet das Gesetz auch in § 27 Abs. 1 Nr. 1 WEG nicht an. Die Gefahr von **Doppelausführungen** ist hinzunehmen (a. A. *Bub* WE 1996, 362; *ders.* WE 1995, 167, 171).

2. Willensbildung für den Verband Wohnungseigentümergemeinschaft

Die Eigentümerversammlung ist auch das Willensbildungsorgan des Verbandes (*BGH* BGHZ 163, **96** 154, 162 [Teilrechtsfähigkeit] = ZMR 2005, 547; § 10 Rn. 401). Soweit der Verband Wohnungseigentümergemeinschaft Träger **eigener gesetzlicher** oder **erworbener Rechte und Pflichten** ist, muss der Verband entscheiden, ob und ggf. wie er diese Rechte ausüben will. Entsprechendes gilt, wenn zu entscheiden ist, ob der Verband einen Vertrag im Eigeninteresse abschließen soll, z. B. eine Arbeitskraft einzustellen oder ein Darlehn aufzunehmen, oder ob der Verband Eigentum erwerben soll, z. B. eine Hausmeisterwohnung, ein Nachbargrundstück oder ein Teileigentum in der Wohnanlage (dazu auch Rn. 82). Während der Verwalter dazu berufen ist, diese Rechte ggf. geltend zu machen, ist es Aufgabe der Eigentümerversammlung, den **Verbandswillen zu bilden**.

3. Pflicht zur Verwaltung

a) Allgemeines

Aus dem gesetzlichen Verhältnis der Eigentümer untereinander (s. dazu § 10 Rn. 40 ff.) erwächst **97** für die Wohnungseigentümer die **Pflicht**, an einer ordnungsmäßigen **Verwaltung des gemeinschaftlichen Eigentums mitzuwirken** (*BGH* BGHZ 141, 224, 227 = NJW 1999, 2108, 2109 =

§ 20 | Gliederung der Verwaltung

ZMR 1999, 647). Diese Pflicht korrespondiert mit dem Anspruch der anderen Wohnungseigentümer aus § 21 Abs. 4 WEG auf eine ordnungsmäßige Verwaltung. Danach kann jeder Eigentümer eine Verwaltung verlangen, die den Vereinbarungen und Beschlüssen und, soweit solche nicht bestehen, dem Interesse der Gesamtheit der Wohnungseigentümer nach billigem Ermessen entspricht. Ein Eigentümer kann deshalb gerichtlich **gegen seinen Willen** gezwungen werden, einen bestimmten Beschluss mitzufällen oder nach § 10 Abs. 2 S. 3 WEG einer Vereinbarung zuzustimmen. Etwa die Teilnahme an der Eigentümerversammlung ist aber **freiwillig** und **nicht erzwingbar**. Auch eine »tätige Mithilfe« kann nicht beschlossen oder gar erzwungen werden (§ 16 Rn. 170 ff.). Ein entsprechender Beschluss ist nichtig (§ 16 Rn. 170), soweit die Leistung nicht bereits aus dem **Gesetz**, z. B. bei einer Verkehrspflicht, oder einer Vereinbarung geschuldet ist und der Beschluss diese Pflicht nur näher ausgestaltet (dazu § 16 Rn. 171). Hingegen müssen Wohnungseigentümer bestimmte Verwaltungsmaßnahmen **passiv hinnehmen**, etwa nach § 14 Nr. 3 oder Nr. 4 WEG.

b) Schadensersatz

98   Kommt eine Verwaltung **schuldhaft nicht zustande**, kann es **Schadensersatzansprüche** der Eigentümer untereinander sowie gegenüber dem Verband (*BGH* BGHZ 163, 154, 175 [Teilrechtsfähigkeit] = ZMR 2005, 547) geben (*BGH* BGHZ 141, 224, 227 = NJW 1999, 2108, 2109 = ZMR 1999, 647). Das ist insbesondere anzunehmen, wenn eine i. S. von § 21 Abs. 4 WEG ordnungsmäßige Beschlussfassung, z. B. über eine gewollte Instandsetzungsmaßnahme, von einigen Eigentümern **verzögert** wird (*KG* ZMR 2005, 402; ZMR 2005, 308, 309; KGReport 2001, 173 = ZMR 2001, 657, 658; *OLG Köln* ZMR 2000, 865).

c) Sondernachfolger

99   Sondernachfolger können über §§ 10 Abs. 5 WEG, 894 ZPO **gezwungen werden**, Beschlüsse in ihrer Person nachzuvollziehen und z. B. auch gegen ihren Willen einen Vertrag zu schließen, soweit die Eigentümer (noch) als Vertragspartner anzusehen sind. Nach § 10 Abs. 6 S. 3 WEG wird freilich regelmäßig der Verband als Vertragspartner anzusehen sein.

II. Verwalter

1. Allgemeines

100 Der Verwalter ist von Gesetzes wegen **Diener zweier Herren** (Zwitterstellung des Verwalters). Nach § 27 Abs. 2 WEG ist er noch in manchen Belangen Vertreter der Wohnungseigentümer. In erster Linie ist er aber – wie § 27 Abs. 3 WEG zeigt – Organ und Vertragspartner des Verbandes Wohnungseigentümergemeinschaft. Die Rechte und Pflichten des Verwalters sind so im deutschen Recht ein dogmatischer Fremdkörper, der Vergleiche zu anderen Funktionsträgern verbietet. Der Verwalter nach dem Wohnungseigentumsgesetz ist ein **besonderes Organisationselement**, für das es im übrigen Recht keine Entsprechungen gibt. Seine durch das Gesetz vorgegebene und gem. § 27 Abs. 4 WEG nicht beschränkbare Rechtsmacht ist nur schwer und eigentlich gar nicht in die übliche Einteilung von rechtsgeschäftlichen, gesetzlichen und organschaftlichen Vertretern einzuordnen (*Elzer* ZMR 2004, 479, 481/482). Die Rechte des Verwalters sind eine durch das Wohnungseigentumsgesetz freilich so angelegte und gewollte Gemengelage aus rechtsgeschäftlicher und gleichsam organschaftlicher Vertretungsmacht. Das Wohnungseigentumsgesetz bricht dabei für die Rechte des Verwalters mit dem Grundsatz (zu diesem *BGH* BGHZ 64, 72, 75 = NJW 1975, 1117), dass niemand in demselben Geschäftsbereich gleichzeitig organschaftliche und rechtsgeschäftliche Vertretungsmacht ausüben kann (a. A. *J-H. Schmidt* NZM 2004, 540, 542, der sich für die Einordnung der Stellung des Verwalters der zum Gesellschaftsrecht entwickelten Dogmatik bedient).

101 Der Verwalter konnte bis zur Entdeckung des Verbandes Wohnungseigentümergemeinschaft weder als Organ des gemeinschaftlichen Eigentums noch als Partei kraft Amtes verstanden werden, wie ein Insolvenzverwalter oder ein Testamentsvollstrecker. Im Verhältnis zu den Eigentümern war er (und ist es weiterhin) nur weisungsgebundener Beauftragter und Geschäftsbesorger, mithin – freilich organähnlicher – **Funktionsträger** (*Elzer* ZMR 2004, 479, 481 und 482). Die bereits in

den Materialien zum WEG (BT-Drucks. 1/252) angelegte Einordnung des Verwalters als Organ ist **erstmals aus Verbandssicht** und nach den allgemeinen Regelungen **überzeugend**. Nur als Vertreter des Verbandes kann der Verwalter als – freilich unvollkommenes – »Organ« begriffen werden. Dem Verwalter obliegt neben den ihm ggf. rechtsgeschäftlich übertragenen Aufgaben (s. dazu Rn. 53 ff.) originär die **Willensbetätigung** (Maßnahmenkompetenz), § 27 Abs. 1 Nr. 1 WEG. Er ist damit vor allem als ein **ausführender Funktionsträger** zu verstehen (*BGH* ZMR 2003, 431, 433 = NJW 2003, 1393; BGHZ 106, 222, 226 = ZMR 1989, 182, 185).

Das Wohnungseigentumsgesetz gestaltet die Rechtsstellung eines Verwalters, seine Pflichten und Befugnisse, als abstraktes Rechtsinstitut aus. Im Einzelfall erhält der Verwalter die gesetzlich vorgesehenen Pflichten und Befugnisse – wie der Vormund, aber auch der Vorstand eines Vereins – mit seiner Bestellung zum Verwalter durch die Wohnungseigentümer oder hilfsweise durch das Gericht. Die dem Verwalter so verliehene Rechtsmacht ist eine originäre und gesetzliche, in keiner Weise von den Eigentümern abgeleitete. 102

2. Aufgaben für den Verband Wohnungseigentümergemeinschaft

Als **Organ** des Verbandes Wohnungseigentümergemeinschaft kommen dem Verwalter die Aufgaben zu, den Verband im Rechtsverkehr, in Prozessen und im Rahmen der Zwangsvollstreckung, **zu vertreten**, soweit ihm das Gesetz nach § 27 Abs. 3 S. 1 Nr. 1 bis Nr. 6 WEG oder die Wohnungseigentümer durch Vereinbarung oder Beschluss gem. § 27 Abs. 3 S. 1 Nr. 7 WEG hierzu eine Rechtsmacht geben. Der Verwalter hat dabei Aufgabe, den rechtsgeschäftlichen Verkehr **von und zum Verband** praktikabel zu gestalten (vgl. auch *OLG Düsseldorf* WE 1998, 37, 38). Ferner gehört es zu seinen Aufgaben, die Geschäfte des Verbandes zu führen, vor allem das Verbandsvermögens i. S. des § 10 Abs. 7 WEG zu verwalten. Dem Verwalter obliegt auch, jegliche Verbandsansprüche geltend zu machen, z. B. Ansprüche aus §§ 16 Abs. 2, 28 Abs. 2, Abs. 5 WEG. Die Stellung des Verwalters für den Verband Wohnungseigentümergemeinschaft ist der anderer Träger eines privaten Amtes, etwa dem Insolvenzverwalter, sehr ähnlich (s. auch *KG* NZM 2004, 588). 103

3. Verwalteraufgaben für die Wohnungseigentümer

Der Verwalter ist neben seinen Aufgaben für den Verband, auch als »Vertreter« der Wohnungseigentümer anzusehen. Hier ist es seine Aufgabe, die Geschäfte der Wohnungseigentümer nach § 27 Abs. 1 WEG zu führen. Zu seinen Rechten und Pflichten nach § 27 Abs. 2 Nr. 1 bis 4 WEG gehören ferner u. a. Willenserklärungen und Zustellungen entgegen zu nehmen, soweit sie an alle Wohnungseigentümer in dieser Eigenschaft gerichtet sind, Maßnahmen zu organisieren, die zur Wahrung einer Frist oder zur Abwendung eines sonstigen Rechtsnachteils erforderlich sind, insbesondere einen gegen die Wohnungseigentümer gerichteten Rechtsstreit gem. § 43 Nr. 1 und 4 WEG im Erkenntnis- und Vollstreckungsverfahren zu führen oder gerichtliche und außergerichtliche Ansprüche der Wohnungseigentümer geltend zu machen, sofern er hierzu durch Vereinbarung oder Beschluss mit Stimmenmehrheit der Wohnungseigentümer ermächtigt ist. 104

Wenn der Verwalter die Wohnungseigentümer vertritt, kann er als »Treuhänder« verstanden werden (vgl. *BayObLG* ZMR 2004, 601, 602; BayObLGZ 1980, 29 = ZMR 1982, 63; *KG* NZM 2004, 588), der an deren Weisungen gebunden ist (*BayObLG* BayObLGZ 1980, 29 = ZMR 1982, 63). 105

4. Originäre Verwalteraufgaben

Neben den Aufgaben für den Verband Wohnungseigentümergemeinschaft und den Wohnungseigentümern hat der Verwalter Aufgaben, die zwar im Interesse dieser beiden Rechtsträger ausgeübt werden, die aber als Teil seiner originären, gesetzlich dem »Amt Verwalter« zugestandenen Rechte verstanden werden müssen. Die hier gemeinten Aufgaben, Rechte und Pflichten können im weitesten Sinne als »Geschäftsführung« verstanden werden. Zu den so verstandenen Aufgaben, Pflichten und Rechten eines Verwalters gehören u. a. die Erteilung einer Zustimmung nach § 12 WEG, die Erteilung einer Zustimmung zu einer Vermietung/Verpachtung, die Erteilung einer Zustimmung zu einem anderen Gebrauch i. S. v. § 15 WEG, Abmahnungen nach § 18 Abs. 2 Nr. 1 WEG, Feststellung und Verkündung von Beschlüssen, die Einladung zur Versammlung nach §§ 24 Abs. 1, Abs. 2, 25 Abs. 4 S. 1 WEG, der Vorsitz in der Wohnungseigentümerversamm- 106 lung gem. § 24 Abs. 5 WEG oder die Fertigung der Niederschrift nach § 24 Abs. 6 S. 1 WEG oder die Führung der Beschluss-Sammlung nach § 24 Abs. 8 S. 1 WEG.

5. Drittinteressen

107 Wie u. a. § 27 Abs. 2 Nr. 1 und Abs. 3 Nr. 1 sowie vor allem § 45 WEG zeigen, hat der Verwalter auch für die **leichtere Durchsetzung von Drittinteressen** zu sorgen.

III. Verwaltungsbeirat

108 Der nach dem Gesetz fakultative Verwaltungsbeirat ist nach § 29 WEG primär ein den Verwalter **beratender** und unterstützender Funktionsträger (§ 29 Abs. 2 WEG). Er ist **kein Hilfsorgan des Verwalters** (*Drasdo* NZM 2001, 522) und kein Organ des Verbandes (a. A. *Gottschalg* FS Bub, S. 73, 76). Der Verwalter kann – ebenso wie der Beirat diesen – nicht zu einem bestimmten Verhalten anhalten. Die Verpflichtungen der Mitglieder des Beirats sind an §§ 662 ff. BGB zu messen (*OLG Düsseldorf* OLGReport Düsseldorf 1998, 27 = NZM 1998, 36).

1. Originäre Aufgaben

109 Dem Verwaltungsbeirat fehlen überwiegend originäre Entscheidungsbefugnisse (*KG* GE 2004, 893, 894 = FGPrax 2004 107, 108). Er hat aber die Aufgabe, den Wirtschaftsplan, die Abrechnung über diesen, die Rechnungslegungen und die Kostenanschläge vor Beschlussfassung durch die Eigentümerversammlung zu prüfen. Werden diese Aufgaben ernst genommen und sorgfältig ausgeführt, ist dies von großer Bedeutung (dazu *Seuß* WE 1995, 294) für das gedeihliche Zusammenleben in der Gemeinschaft (s. im Einzelnen § 29 Rn. 1 ff.).

110 Verlässt der Beirat seinen originären Aufgabenkreis, handelt er grundsätzlich auf eigene Gefahr. Etwas anderes gilt nur, wenn die Eigentümer dem Beirat im Wege der Vereinbarung weitere Aufgaben übertragen haben.

2. Verhältnis zu den Eigentümern

111 Die dem Verwaltungsbeirat zugewiesenen Aufgaben können durch jeden Eigentümer wahrgenommen werden. Denn grundsätzlich kann sich auch jeder andere Wohnungseigentümer um die in § 29 WEG genannten Verwaltungsangelegenheiten kümmern (*KG* GE 2004, 893, 894 = FGPrax 2004 107, 108). Sämtliche Aufgaben sind daher auf die Wohnungseigentümer übertragbar (*Seuß* WE 1995, 294, 295).

112 Dem Willen der Eigentümerversammlung kommt gegenüber dem Willen des Verwaltungsbeirats grundsätzlich ein **höherer Stellenwert** zu, wie sich schon daraus ergibt, dass Beschlüsse der Wohnungseigentümer der befristeten Anfechtung bedürfen, wenn sich ein Wohnungseigentümer auf die Ungültigkeit berufen will, während für Beschlüsse des Verwaltungsbeirats **eine Anfechtung nicht vorgesehen** ist, sondern Klarheit über die Gültigkeit von Beschlüssen dieses Gremiums allenfalls durch ein nicht befristetes **Feststellungsbegehren** herbeigeführt werden kann (*OLG Hamburg* ZMR 2003, 773).

H. § 20 Abs. 2 WEG

I. Positive Regelung

113 Nach § 20 Abs. 2 WEG kann die Bestellung eines Verwalters weder für kleine (*OLG Saarbrücken* OLGReport Saarbrücken 2004, 203, 204 = MietRB 2004, 174) noch für große Gemeinschaften ausgeschlossen werden (*BGH* BGHZ 107, 268, 272 = MDR 1989, 897 = NJW 1989, 2059, 2060; BGHZ 67, 232, 237 = ZMR 1978, 253). Das Recht, die Bestellung eines Verwalters als Maßnahme ordnungsmäßiger Verwaltung durch die Eigentümerversammlung oder durch das Wohnungseigentumsgericht als Maßnahme ordnungsmäßiger Verwaltung nach § 21 Abs. 4 und Abs. 8 WEG zu erzwingen, kann durch eine Vereinbarung **nicht ausgeschlossen** werden. § 20 Abs. 2 WEG ist eine zwingende und nicht abdingbare Regel (jus cogens; *OLG Saarbrücken* OLGReport Saarbrücken 2004, 203, 204 = MietRB 2004, 174). Eine anders lautende Vereinbarung oder ein entsprechender Beschluss (*Bub* NZM 2001, 502, 504) sind gem. **§ 134 BGB nichtig**. Zwar mag es Fälle geben, in denen die Wohnungseigentümer im allseitigen Einvernehmen von der Bestellung eines Verwal-

ters Abstand nehmen. Dies vermag aber **nichts daran zu ändern**, dass sich die Eigentümergemeinschaft dem berechtigten Begehren eines Wohnungseigentümers, in Abkehr von der bisherigen Praxis einen Verwalter zu bestellen, auch bei kleinen Anlagen nicht verschließen darf (*OLG Saarbrücken* OLGReport Saarbrücken 2004, 203, 204 = MietRB 2004, 174).

II. Keine Verpflichtung zur Bestellung eines Verwalters

Aus § 20 Abs. 2 WEG ist **keine** Verpflichtung der Eigentümer zur Bestellung eines Verwalters für sich selbst abzuleiten (*Merle* Verwalter, S. 22). Bestellen die Wohnungseigentümer keinen Verwalter, machen sie sich nicht schadensersatzpflichtig. Hieran ändert die Entdeckung des Verbandes Wohnungseigentümergemeinschaft nichts. Ist kein Verwalter bestellt, wird dieser nach § 27 Abs. 3 S. 2 von den Wohnungseigentümern vertreten. Ein Bedürfnis, stets einen Verwalter als Handlungsorganisation zu haben, ist auch für den Verband gesetzlich nicht abgesichert worden. Sind sich die Eigentümer einig, dass sie zur Verwaltung ihrer Wohnlage eines Verwalters nicht bedürfen, kann eine Verwalterbestellung unterbleiben. Insbesondere in kleineren Anlagen mit wenigen Wohnungseigentümern entspricht dies auch der Handhabung in der Praxis. 114

Die Bestellung eines Verwalters **von Amts wegen** durch das Wohnungseigentumsgericht ist nicht vorstellbar und nicht möglich. Für eine richterliche Gestaltung bedarf es stets eines Antrages eines Eigentümers in Bezug auf einen bestimmten Verwalter nach § 21 Abs. 4 WEG oder auf Bestimmung eines Verwalters nach § 21 Abs. 8 WEG (Rn. 122). 115

III. Entsprechende Anwendung

Regelungen, die das Recht der Eigentümer, einen Verwalter frei zu bestimmen, unmittelbar oder mittelbar verkürzen, sind gem. §§ 20 Abs. 2, 26 Abs. 1 S. 5 WEG **nichtig** (*Bub* NZM 2001, 502, 504). So sind Vereinbarungen, die die Eigentümer verpflichten, einen bestimmten Verwalter zu bestellen ebenso nichtig wie solche, die den Kandidatenkreis beschränken (*BayObLG* NJW-RR 1995, 271), ein Quorum einführen (*BayObLG* WE 1985, 60) oder die Bestellung von der Zustimmung Dritter abhängig machen wollen (*KG* OLGZ 1978, 142, 144; *Münstermann-Schlichtmann* WE 1998, 110 für den Beirat). Zulässig ist es aber zu vereinbaren, **zunächst** keinen Verwalter zu bestellen. Damit wird das Recht eines Eigentümers oder Dritten, jederzeit die Bestellung zu verlangen, **nicht berührt** (*OLG Köln* MittRhNotK 1981, 200; Weitnauer/*Lüke* Rn. 4). 116

1. Übertragung der Zustimmungsbefugnis gem. § 12 WEG

Haben die Eigentümer **verbindlich** vereinbart, die Zustimmungsbefugnis gem. § 12 WEG dem (künftigen) Verwalter zu übertragen, ist diese Vereinbarung als Beschränkung einer möglichen Verwalterbestellung nichtig (*J. Schmidt* PiG 59, 163; *Bub* NZM 2001, 502, 505; a. A. *Deckert* ZWE 2003, 247, 249). 117

2. Deckelung des Verwaltergehalts

Eine Vereinbarung, durch die das Verwalterhonorar der Höhe nach für die Zukunft **unabänderbar** festgelegt werden würde, verstieße mittelbar gegen die § 20 Abs. 2 WEG und wäre also nichtig (*KG* NJW-RR 1994, 402 = WuM 1994, 36). Eine **beschlussfeste Bestimmung** der Höhe des Verwalterhonorars könnte nämlich durch wirtschaftliche Fesseln die Gewinnung eines geeigneten gewerblichen Verwalters zu verkehrsüblichen Bedingungen vereiteln oder beeinträchtigen und damit den Kernbereich der durch Vereinbarungen nicht abdingbaren Bestimmung des § 20 Abs. 2 WEG berühren (*KG* NJW-RR 1994, 402 = WuM 1994, 36). Wenn man der hier vertretenen Ansicht folgt, dass **Vereinbarungen in Beschlussangelegenheiten** indes »beschlussoffen« sind, kann man in der vereinbarten Bestimmung des Verwalterhonorars keinen Verstoß erkennen (s. ausführlich § 10 Rn. 75 ff.). 118

§ 20 | Gliederung der Verwaltung

IV. Bestellung eines Verwalters

1. Durch die Wohnungseigentümer

119 Die Eigentümer können nach § 26 Abs. 1 S. 1 WEG über die Bestellung eines Verwalters mehrheitlich beschließen. Eine Bestellung durch den **Verwaltungsbeirat** (*LG Lübeck* Rpfleger 1985, 232; *Weitnauer/Lüke* § 26 Rn. 17) oder eine **Eigentümerminderheit** (*AG Niebüll* WE 1988, 31) ist nicht möglich und jedenfalls anfechtbar, nach hier vertretener Auffassung sogar nichtig bzw. ein Nichtbeschluss.

2. Im Teilungsvertrag oder in der Teilungserklärung

120 Ein Verwalter kann nach h. M. bereits im Teilungsvertrag oder in der Teilungserklärung »bestellt« werden (§ 26 Rn. 8; a. A. *Deckert* FS Bub, S. 37, 57). Während sich die Miteigentümer nach § 3 WEG sowohl des Beschlusses als auch der Vereinbarung bedienen können, kann der Alleineigentümer i. S. von § 8 WEG indes keine Beschlüsse fällen (s. § 8 Rn. 54 ff.) und daher den Verwalter nur im **Wege der Vereinbarung** bestellen (*BayObLG* ZMR 1994, 483; *BayObLGZ* 1974 275, 278; *KG* WE 1987, 97; a. A. *Wenzel* FS Bub, S. 249, 267). Ein Verstoß gegen § 26 Abs. 1 S. 2 WEG ist hierin nicht zu erblicken (a. A. *Wenzel* FS Bub, S. 249, 267). Da es sich um eine Vereinbarung in Beschlussangelegenheiten handelt, können die Eigentümer diese Vereinbarung durch Beschluss ändern (s. ausführlich § 10 Rn. 75 ff.).

3. Durch das Gericht; Notverwalter

121 Fehlt ein Verwalter, liegt hierin ungeachtet der Bestimmung des § 20 Abs. 2 WEG ein **Verstoß gegen eine ordnungsmäßige Verwaltung** (*Bonifacio* MietRB 2007, 216, 217/218; *Hügel/Elzer* § 10 Rn. 11). Fehlt ein Verwalter, kann daher jeder Wohnungseigentümer **ohne weitere Darlegung von Tatsachen**, etwa einer besonderen Dringlichkeit, einer bestimmten Maßnahme oder einer Reduzierung des Ermessens auf Null, nach § 43 Nr. 1 WEG die gerichtliche Bestellung eines Verwalters (»Notverwalter«) beantragen, soweit ein Verwalter i. S. d. Gesetzes **fehlt** (*OLG München* IMR 2007, 265 mit Anm. *Riecke*; *OLG Saarbrücken* OLGReport Saarbrücken 2004, 203 = MietRB 2004, 174; *OLG Köln* ZMR 2003, 960; *KG* WuM 2003, 412 = FGPrax 2003, 156; WuM 1990, 467; *BayObLG* ZMR 1999, 496 = NZM 1999, 713 = NJW-RR 1999, 1171; NJW-RR 1989, 461 = WE 1989, 221; *OLG Düsseldorf* WE 1996, 70; *OLG Frankfurt a. M.* NJW-RR 1993, 845). Die Wohnungseigentümer dürfen sich nach h. M. dem berechtigten Begehren eines Wohnungseigentümers, in Abkehr von der bisherigen Praxis einen Verwalter zu bestellen, nicht verschließen (*OLG Saarbrücken* OLGReport Saarbrücken 2004, 203 = MietRB 2004, 174). § 20 Abs. 2 WEG »verbietet« eine Sachprüfung, ob die Bestellung eines Verwalters im konkreten Fall nach den Grundsätzen ordnungsmäßiger Verwaltung erforderlich ist (so auch Staudinger/*Bub* Rn. 20). Bevor ein Wohnungseigentümer einen Antrag auf gerichtliche Bestellung eines Verwalters stellt, muss er allerdings auf einer Eigentümerversammlung einen **Antrag auf Bestellung** stellen (*Bonifacio* MietRB 2007, 216, 218; *Hügel/Elzer* § 10 Rn. 15). Erst wenn dieser Antrag keine Mehrheiten findet oder eine bloße Förmelei wäre, weil das Abstimmungsergebnis vorher feststeht, kann das Gericht in einem Verfahren nach § 43 Nr. 1 WEG ersatzweise einen Verwalter bestellen (**Rechtsschutzbedürfnis**).

122 Der Antrag kann auf § 21 Abs. 4 WEG, aber auch auf §21 Abs. 8 WEG gestützt werden (*Hügel/Elzer* § 10 Rn. 9; unklar *Bonifacio* MietRB 2007, 216, 217/218, der nicht zwischen § 21 Abs. 4 und Abs. 8 WEG unterscheidet):

123 – Ein auf § 21 Abs. 4 WEG gestützter Antrag auf eine ordnungsmäßige Verwaltung setzt die **konkrete Benennung** eines künftigen Verwalters voraus (*Elzer* ZMR 2004, 229, 230). Das Gericht ist gem. § 308 ZPO an diesen Antrag gebunden. Ein **Auswahlermessen** ist ihm insoweit nicht eingeräumt. Der Antrag ist gerichtet auf Zustimmung der anderen Wohnungseigentümer zu dem benannten Verwalter (*Bonifacio* MietRB 2007, 216, 218).

– Nach § 21 Abs. 8 WEG kann das Gericht in einem Rechtsstreit gem. § 43 WEG nach billigem Ermessen entscheiden, wenn die Wohnungseigentümer eine **nach dem Gesetz erforderliche Maßnahme** nicht treffen. Der Weg einer Notverwalterbestellung über § 21 Abs. 8 WEG besitzt den Vorteil, dass der Kläger einen **unbestimmten Antrag** stellen und mithin keinen Verwaltervorschlag machen muss. Eine Klage nach § 21 Abs. 8 WEG erlaubt es abweichend von § 253

Abs. 2 Nr. 2 ZPO einen **unbestimmten Antrag** zu stellen und den Ausspruch in das billige Ermessen des Gerichts zu stellen (*Hügel/Elzer* § 13 Rn. 226). Ein auf § 21 Abs. 8 WEG gestützter Antrag ist aber wohl nur dann zulässig, wenn der Kläger dem Gericht eine **ausreichende tatsächliche Schätzgrundlage** für die Ausübung des richterlichen Ermessens nach § 287 ZPO mitteilt. Zweitens sollte gefordert werden, dass der Kläger eine **eigene Vorstellung** äußert, wie die von ihm geforderte Verwaltung aussehen sollte.

Beklagte sind jeweils sämtliche anderen Wohnungseigentümer in **notwendiger Streitgenossenschaft**, § 62 Abs. 1 Fall 1 ZPO (a. A. *Bonifacio* MietRB 2007, 216, 219: einfache Streitgenossen). Im Eilfall ist auch eine Bestellung nach §§ 935, 940 ZPO vorstellbar (*Bonifacio* MietRB 2007, 216, 219; *Hügel/Elzer* § 13 Rn. 274; § 26 Rn. 17).

124

§ 21 Verwaltung durch die Wohnungseigentümer

(1) Soweit nicht in diesem Gesetz oder durch Vereinbarung der Wohnungseigentümer etwas anderes bestimmt ist, steht die Verwaltung des gemeinschaftlichen Eigentums den Wohnungseigentümern gemeinschaftlich zu.

(2) Jeder Wohnungseigentümer ist berechtigt, ohne Zustimmung der anderen Wohnungseigentümer die Maßnahmen zu treffen, die zur Abwendung eines dem gemeinschaftlichen Eigentum unmittelbar drohenden Schadens notwendig sind.

(3) Soweit die Verwaltung des gemeinschaftlichen Eigentums nicht durch Vereinbarung der Wohnungseigentümer geregelt ist, können die Wohnungseigentümer eine der Beschaffenheit des gemeinschaftlichen Eigentums entsprechende ordnungsmäßige Verwaltung durch Stimmenmehrheit beschließen.

(4) Jeder Wohnungseigentümer kann eine Verwaltung verlangen, die den Vereinbarungen und Beschlüssen und, soweit solche nicht bestehen, dem Interesse der Gesamtheit der Wohnungseigentümer nach billigem Ermessen entspricht.

(5) Zu einer ordnungsmäßigen, dem Interesse der Gesamtheit der Wohnungseigentümer entsprechenden Verwaltung gehört insbesondere:

1. die Aufstellung einer Hausordnung;

2. die ordnungsmäßige Instandhaltung und Instandsetzung des gemeinschaftlichen Eigentums;

3. die Feuerversicherung des gemeinschaftlichen Eigentums zum Neuwert sowie die angemessene Versicherung der Wohnungseigentümer gegen Haus- und Grundbesitzerhaftpflicht;

4. die Ansammlung einer angemessenen Instandhaltungsrückstellung;

5. die Aufstellung eines Wirtschaftsplans (§ 28);

6. die Duldung aller Maßnahmen, die zur Herstellung einer Fernsprechteilnehmereinrichtung, einer Rundfunkempfangsanlage oder eines Energieversorgungsanschlusses zugunsten eines Wohnungseigentümers erforderlich sind.

(6) Der Wohnungseigentümer, zu dessen Gunsten eine Maßnahme der in Absatz 5 Nr. 6 bezeichneten Art getroffen wird, ist zum Ersatz des hierdurch entstehenden Schadens verpflichtet.

(7) Die Wohnungseigentümer können die Regelung der Art und Weise von Zahlungen, der Fälligkeit und der Folgen des Verzugs sowie die Kosten für eine besondere Nutzung des gemeinschaftlichen Eigentums oder für einen besonderen Verwaltungsaufwand mit Stimmenmehrheit beschließen.

§ 21 | Verwaltung durch die Wohnungseigentümer

(8) Treffen die Wohnungseigentümer eine nach dem Gesetz erforderliche Maßnahme nicht, so kann an ihrer Stelle das Gericht in einem Rechtsstreit gemäß § 43 nach billigem Ermessen entscheiden, soweit sich die Maßnahme nicht aus dem Gesetz, einer Vereinbarung oder einem Beschluss der Wohnungseigentümer ergibt.

Inhaltsverzeichnis

A. Selbstverwaltung durch die Eigentümer	1
I. Inhalte	1
II. Gesetzliche und vereinbarte Grenzen	10
III. Eigentümer, Vertreter und andere Berechtigte	18
IV. Maßnahmen der Verwaltung des gemeinschaftlichen Eigentums	29
1. Anspruchsinhaber und Ausführungsberechtigte im Innenverhältnis der Eigentümergemeinschaft	34
a) Persönliche Ansprüche einzelner Eigentümer	34
b) Gemeinschaftsbezogene Rechte und Pflichten	35
c) Sonstige Rechte und Pflichten der Wohnungseigentümer	36
d) Eigene Rechte und Pflichten der Wohnungseigentümergemeinschaft	37
2. Beispiele / Anwendungsfälle	38
a) Anspruch auf Schadensersatz	38
b) Anspruch auf Herausgabe	40
c) Anspruch auf Feststellung	41
d) Anspruch auf Wiederherstellung	42
e) Anspruch auf ordnungsgemäße Buchführung	43
f) Anspruch auf Abberufung des Verwalters	44
g) Recht und Pflicht auf Durchführung von Notmaßnahmen	45
h) Anspruch auf Herstellung oder erstmalige Herstellung des ordnungsgemäßen Zustands	46
i) Anspruch auf Erstattung einer Überzahlung	47
j) Forderungseinzug	48
3. Gemeinschaftliche Ansprüche gegen Dritte	50
a) Gesetzliche Ansprüche	50
b) Vertragliche Ansprüche	56
4. Gemeinschaftliche Forderungen gegen den Bauträger	63
a) Ansprüche aus dem Sondereigentum	64
b) Ansprüche aus dem gemeinschaftlichen Eigentum	65
B. Notmaßnahmen, § 21 Abs. 2 WEG	75
I. Anwendungsbereich	75
II. Voraussetzungen	79
III. Durchführung einer Notmaßnahme	82
IV. Ersatz für Aufwendungen / Aufrechnung	86
V. Geschäftsführung ohne Auftrag	91
C. Verwaltung durch Vereinbarung oder Mehrheitsbeschluss, § 21 Abs. 3 WEG	95
I. Der Mehrheitsbeschluss als typisches Verwaltungsinstrument	95
II. Die Beachtung der Beschlusskompetenz – Vermeidung der Nichtigkeit	96
III. Die fehlende Beschlusskompetenz bei Vorliegen einer Vereinbarung	99
IV. Der Zweitbeschluss	113
V. Eine der Beschaffenheit des gemeinschaftlichen Eigentums entsprechende ordnungsgemäße Verwaltung	117
D. Anspruch auf ordnungsgemäße Verwaltung, § 21 Abs. 4 WEG	120
I. Der Anwendungsbereich	120
II. Berechtigte und Verpflichtete des Anspruchs	125
III. Typische Anwendungsbereiche	128
1. Erstmalige Herstellung	129
2. Beseitigung baulicher Veränderungen	140
3. Verkehrssicherungspflichten	142
4. Verfolgung von Forderungen	148
IV. Die Durchsetzung eines Anspruches nach § 21 Abs. 4 WEG	152
E. Gesetzliche Regelbeispiele ordnungsgemäßer Verwaltung, § 21 Abs. 5 WEG	156
I. Die Aufstellung einer Hausordnung	160
1. Die Erstellung und Änderung der Hausordnung	162

2. Androhung von Strafen bei Verstoß gegen die Hausordnung		168
3. Die tätige Mithilfe		170
4. Die Geltung der Hausordnung gegenüber Dritten		176
5. Besondere Inhalte der Hausordnung		182
II. Die ordnungsgemäße Instandhaltung und Instandsetzung des gemeinschaftlichen Eigentums		191
1. Begriffe und Abgrenzungen		191
2. Handlungsrechte und Handlungspflichten		200
3. Folgen unrechtmäßigen Handelns		209
III. Der Abschluss einer Feuer- und Haftpflichtversicherung		232
1. Gegenstand der gesetzlichen Versicherungspflicht		232
2. Versicherungsschutz		236
a) Die Feuerversicherung		236
b) Die Haus- und Grundbesitzerhaftpflichtversicherung		237
c) Weitere Versicherungen		238
3. Auswahl der Versicherung und Abschluss des Versicherungsvertrags		239
4. Einzelfälle		244
IV. Die Ansammlung einer Instandhaltungsrückstellung		251
1. Begriff		251
2. Die Bildung oder Auflösung einer Instandhaltungsrückstellung		254
3. Die Verwendungsmöglichkeiten		260
4. Einzelfragen		265
V. Die Aufstellung eines Wirtschaftsplans		270
VI. Die Duldung von Maßnahmen zur Herstellung von Anschlüssen und Ausgleichspflicht nach § 21 Abs. 6 WEG		273
F. Gesetzliche Beschlusskompetenzen für zweckmäßige Verwaltungsregelungen, § 21 Abs. 7 WEG		282
I. Grundsätze		282
1. Abänderbarkeit von Vereinbarungen		284
2. Neue Beschlusskompetenzen und ihre Grenzen		286
II. Die Regelung der Art und Weise von Zahlungen		289
III. Die Regelung der Fälligkeit von Forderungen		291
IV. Die Regelung der Folgen des Verzugs		295
V. Kosten für eine besondere Nutzung des gemeinschaftlichen Eigentums		296
1. Anwendungsbereich		296
2. Sondernutzungsrechte		298
3. Verteilung voraussichtlicher Kosten		299
4. Kosten unzulässiger oder übermäßiger Nutzung		300
VI. Kosten für einen besonderen Verwaltungsaufwand		301
1. Anwendungsbereich		301
2. Verteilung der Kosten einer Sondervergütung		304
3. Begründung einer Sondervergütung		305
G. Gerichtliches Ermessen nach Versagen der Selbstverwaltung der Eigentümer		306
1. Fehlende Maßnahme		309
2. Anwendungsbereich		310
3. Vorrang der gemeinschaftlichen Regelung		312
4. Gerichtliches Verfahren und Kostenentscheidung		314

A. Selbstverwaltung durch die Eigentümer

I. Inhalte

§ 21 Abs. 1 WEG beschreibt den Rahmen, in dem die Eigentümer tätig werden können und markiert die Grenzen. Sie können selbst verwalten, wenn nicht durch das Gesetz oder durch eine Vereinbarung etwas anderes bestimmt wurde. In § 20 Abs. 1 WEG wird grundsätzlich die Verwaltung des gemeinschaftlichen Eigentums den Eigentümern, dem Verwalter und dem Beirat zugewiesen, wobei die im Gesetz genannte Reihenfolge auch der Gewichtung entspricht. Der Verwalter ist nach der Eigentümerversammlung das wichtigste Organ der Wohnungseigentümergemeinschaft, *BGH* NJW 2002, 3704 = ZMR 2002, 930. 1

Das Gesetz spricht von der »Verwaltung« des gemeinschaftlichen Eigentums, definiert den Begriff jedoch nicht sondern deutet durch eine Liste mit Beispielen in § 21 Abs. 5 WEG nur an, welche Themenbereiche gemeint sind. *Belz* S. 268, Rn. 145. 2

§ 21 | Verwaltung durch die Wohnungseigentümer

3   Nur Eigentümer werden zur Verwaltung ermächtigt, nicht sonstige Rechtsträger, wie etwa ein Nießbraucher; *BGH* BGHZ 150, 109 = ZMR 2002, 440 = NJW 2002, 1647.

4   Geregelt sind hier Maßnahmen der Verwaltung des gemeinschaftlichen Eigentums, wozu grundsätzlich auch die Bereiche des gemeinschaftlichen Eigentums gehören, die einer Sondernutzung unterliegen. Sondernutzungsrechte können nur durch Vereinbarung geschaffen und aufgehoben werden. *OLG München*, OLGR München 2007, 329. Deswegen dürfen Verwaltungsmaßnahmen das Recht auf Sondernutzung im vereinbarten Umfang weder entziehen noch einschränken. *BayObLG* BayObLGR 2004, 388.

5   Die Eigentümer entscheiden und verwalten nach § 21 Abs. 3 WEG gemeinschaftlich durch Vereinbarung oder Mehrheitsbeschluss. Letzterer ist nur anwendbar, soweit sich die Eigentümer zu einem Thema nicht bereits durch eine Vereinbarung, § 5 Abs. 4 und § 10 Abs. 2 und 3 WEG, gebunden haben oder wenn diese Vereinbarung einen Beschluss zu dem Thema zulässt.

6   Alle Bestimmungen in § 21 WEG sind durch Vereinbarung abdingbar, § 10 Abs. 2 S. 2 WEG.

7   Nicht ausdrücklich geregelt wurde hier der Handlungsspielraum der Eigentümer bei baulichen Veränderungen, Modernisierung, Anpassung an den Stand der Technik und bei einem erforderlichen Wiederaufbau. Dazu finden sich Vorgaben in § 22 WEG. Geregelt ist allerdings in § 21 Abs. 5 Nr. 2 WEG auch die modernisierende Instandsetzung, worauf in § 22 Abs. 3 WEG ausdrücklich hingewiesen wird.

8   Schon seit dem Beschluss des *BGH* vom 2.6.2005, AZ V ZB 32/05 (*BGH* ZMR 2005, 547) stand fest, dass die Eigentümer mit ihren Entscheidungen nicht nur Vorgänge des gemeinschaftlichen Eigentums regeln. Sie schaffen zugleich eigenständige Rechte und Pflichten der »*rechtsfähigen Wohnungseigentümergemeinschaft*«. Diese Rechtslage hat sich durch die WEG-Novelle weiter verändert. Wurden nach der früheren Rechtsmeinung alle Eigentümer als Gesamtschuldner mit verpflichtet, wenn sie Maßnahme beschlossen haben und der Verwalter die Eigentümerbeschlüsse gem. § 27 Abs. 1 Nr. 1 WEG ausgeführt und dadurch Kosten erzeugt hat, verpflichtet er jetzt Dritten gegenüber die *rechtsfähige Wohnungseigentümergemeinschaft*, ohne Rücksicht auf den jeweiligen Personenbestand. Zugleich begründet er eine eigenständige anteilige Haftung jedes Eigentümers im Rahmen des § 10 Abs. 8 WEG.

9   Neu eingeführt wurden in § 21 Abs. 7 WEG Beschlusskompetenzen der Eigentümer für allgemein gültige organisatorische Regeln. Die Art und Weise der Zahlung, Fälligkeit, Verzugsfolgen, Kosten für die besondere Nutzung des gemeinschaftlichen Eigentums und die Kosten für besonderen Verwaltungsaufwand können durch Beschluss geregelt werden. Ist eine solche Maßnahme erforderlich aber nicht beschlossen worden, kann sie ein Gericht gem. § 21 Abs. 8 WEG auf Antrag nach billigem Ermessen anordnen, soweit keine gültigen Regeln dagegen existieren.

II. Gesetzliche und vereinbarte Grenzen

10 Wurde ein Verwalter bestellt, müssen die neu zugeordneten und formulierten Vorgaben in § 27 Abs. 1 bis 3 WEG beachtet werden. Sie beinhalten wegen § 27 Abs. 4 WEG unabdingbare Verwalteraufgaben, Vollmachten und Vertretungsrechte. Die unabdingbaren Rechte und Pflichten des Verwalters schränken die Handlungsmöglichkeiten der Eigentümer ein, stehen aber in keinem Widerspruch zu § 21 WEG. Während dem Verwalter in § 27 Abs. 1 bis 3 WEG im Wesentlichen Ausführungsrechte und -pflichten zugewiesen werden, bleiben den Eigentümern wegen § 21 Abs. 1 WEG die grundlegenden Entscheidungsbefugnisse darüber erhalten, ob eine Maßnahme überhaupt und wann sie durchgeführt wird, oder welche von mehreren Alternativen realisiert werden soll. Auch kann sich der Verwalter für sein Handeln von den Eigentümern Anweisungen geben lassen, was die vorrangige Entscheidungsgewalt der Eigentümergemeinschaft unterstreicht (*BGH* NJW 1996, 1216).

11 Gerichtliche Entscheidungen sind nach § 10 Abs. 4 WEG von allen Eigentümern zu beachten und verkleinern möglicherweise ihre Entscheidungsspielräume, *OLG Zweibrücken* NZM 2002, 269, ohne diese endgültig auszuschließen. Das durch eine vorausgegangene gerichtliche Entscheidung entstandene Vertrauen muss bei weiteren Verwaltungsmaßnahmen der Eigentümer ausreichend berücksichtigt werden.

Verwaltung durch die Wohnungseigentümer | § 21

Gleiches gilt für bestandskräftige Mehrheitsbeschlüsse; auch diese sind nach § 10 Abs. 4 WEG   12
von allen Eigentümern zu beachten. Ein neuer Mehrheitsbeschluss (Zweitbeschluss) zu einem bereits beschlossen Thema ist zwar möglich, *OLG Hamm* ZMR 2007, 296; es muss jedoch in jedem Fall ein durch den früheren Beschluss entstandenes Vertrauen ausreichend berücksichtigt werden (*BayObLG* BayObLGR 2004, 388 und *OLG Düsseldorf* NZM 2002, 613).

§ 21 WEG findet seine Wurzeln in §§ 744, 745 BGB. Bereits in § 10 Abs. 2 WEG wird ausdrücklich   13
auf die Vorschriften im BGB über die Gemeinschaft verwiesen, §§ 741 ff. und §§ 1008 ff. BGB. Andere zwingende gesetzliche Vorgaben – auch solche außerhalb des WEG – sind zu beachten, wie etwa die Regelungen im allgemeinen Teil des BGB über Willenserklärungen, §§ 116 ff. BGB (*BGH* NJW 1998, 3713).

Das WEG selbst enthält einzelne unabdingbare Vorgaben wie auch dogmatische Grenzen, die bei   14
der Vorbereitung und Durchführung von Verwaltungsmaßnahmen beachtet werden müssen.

Ausdrücklich ist das Verbot geregelt, die Aufhebung der Gemeinschaft zu verlangen, § 11 WEG.   15
Eine Veräußerungsbeschränkung kann nach § 12 WEG nur durch Vereinbarung geschaffen jedoch durch Mehrheitsbeschluss aufgehoben werden. Das neue Recht der Eigentümer den Kostenverteilungsschlüssel für Betriebs- und Verwaltungskosten nach § 16 Abs. 3 WEG abzuändern oder im Einzelfall nach § 16 Abs. 4 WEG abweichend vom Gesetz oder einer Vereinbarung anzuwenden, darf gem. § 16 Abs. 5 WEG weder eingeschränkt noch ausgeschlossen werden. Das Recht der Gemeinschaft, einem Miteigentümer das Wohnungseigentum zu entziehen, kann nicht ausgeschlossen werden; der erforderliche Beschluss dazu bedarf einer Mehrheit von mehr als der Hälfte der stimmberechtigten Wohnungseigentümer, § 18 Abs. 3 und 4 WEG. Der Verwalter wird nur durch einen Mehrheitsbeschluss der Eigentümer bestellt und abberufen, wobei andere als die im Gesetz genannten Beschränkungen der Bestellung oder Abberufung des Verwalters nicht zulässig sind, § 26 Abs. 1 WEG. Die Aufgaben und Befugnisse des Verwalters gemäß § 27 Abs. 1 bis 3 WEG sind unabdingbar. Sie können nach dem Wortlaut des Gesetzes nicht durch Vereinbarung und auch nicht durch Mehrheitsbeschluss verändert werden, § 27 Abs. 4 WEG (*BayObLG* WE 1998, 154).

Nach § 21 Abs. 3 WEG können die Eigentümer eine Angelegenheit durch einen Mehrheitsbeschluss regeln, wenn dieser Vorgang nicht bereits durch eine Vereinbarung zuvor geregelt worden   16
war. Im Einzelfall ist somit zu prüfen, ob die Eigentümer überhaupt die Kompetenz haben, über eine Angelegenheit durch einen Mehrheitsbeschluss zu entscheiden (*BGH* ZMR 2000, 771). Diese Kompetenz kann sich aus dem Gesetz selbst ergeben oder aus einer Vereinbarung der Eigentümer, die Regelung bestimmter Angelegenheiten durch (evtl. qualifizierte) Mehrheitsentscheidungen zuzulassen (Öffnungsklausel). Fehlt die Beschlusskompetenz, ist der Beschluss nicht nach § 23 Abs. 4 WEG anfechtbar sondern nichtig, § 10 Abs. 2 WEG und § 134 BGB. Dies gilt nicht für Beschlüsse, die eine bestehende Vereinbarung inhaltlich (normativ) nicht verändern sondern nur im Einzelfall dagegen verstoßen. Solche (vereinbarungswidrigen) Beschlüsse können nach Anfechtungsklage gemäß § 46 WEG gerichtlich darauf geprüft werden, ob ihr Inhalt den Grundsätzen ordnungsgemäßer Verwaltung entspricht. Beispiel: Wenn sich die Stimmkraft eines Eigentümers gemäß Gemeinschaftsordnung nach Miteigentumsanteilen bemisst, in der Eigentümerversammlung aber nach Einheiten berechnet wird, weicht dies zwar von den Vorgaben in der Gemeinschaftsordnung ab, ändert die Gemeinschaftsordnung aber nicht sondern verstößt nur dagegen. Nach gerichtlicher Anfechtung eines solchen Mehrheitsbeschlusses ist der Beschluss für ungültig zu erklären; ohne Anfechtung wird der Beschluss bestandskräftig; die Vorgaben der Gemeinschaftsordnung gelten unverändert weiter.

Mehrheitsbeschlüsse sind grundsätzlich nicht möglich, wenn dadurch in die Kernbereiche des   17
Rechts der Eigentümer oder des Wohnungseigentums eingegriffen werden soll. Beschlüsse in diesen Bereichen sind nichtig. Beispiele: Das ausnahmslose Verbot von Parabolantennen, wenn dadurch gegen eine Vereinbarung der Eigentümergemeinschaft verstoßen wird (*BGH* ZMR 2004, 438 = NJW 2004, 937); ein Eingriff in die zwingenden Mindestbefugnisse des Verwalters nach § 27 Abs. 4 WEG (*KG* ZMR 2004, 622); der Verlust des Stimmrechts als Mitverwaltungsrecht im Sinn von § 20 Abs. 1 WEG (*BayObLG* ZMR 2004, 598); der Entzug der Nutzungsmöglichkeiten des Sondereigentums (*BayObLG* ZfIR 2004, 40); der Entzug des Sondernutzungsrechts (*OLG Frankfurt* 22.6.2006 – 20 W 152/04).

III. Eigentümer, Vertreter und andere Berechtigte

18 § 21 Abs. 1 WEG weist die gemeinschaftliche Verwaltung den Eigentümern zu. Eigentümer ist, wer im Grundbuch als Eigentümer eingetragen worden ist (*BFH* BFHReport 2003, 379). Auf den im Kaufvertrag vereinbarten Zeitpunkt für den Übergang von Nutzen und Lasten kommt es bei der Beurteilung der Eigentümerstellung nicht an. Es kann sich daraus im Einzelfall aber ein Vertretungsrecht ergeben, wenn dies so gewollt war und entsprechend zum Ausdruck kam.

19 Aus sachlichen oder rechtlichen Gründen können die Eigentümer nicht immer selbst handeln. Die Wahrnehmung von Selbstverwaltungsrechten durch einen Nichteigentümer ist nur möglich, wenn dieser wirksam und im erforderlichen Umfang Rechte übertragen bekam und die Gemeinschaftsordnung eine Vertretung zulässt. *OLG Karlsruhe* ZMR 2006, 795.

20 Sind Ehegatten Miteigentümer eines Sondereigentums, kann der eine Ehegatte zusammen mit einem Bevollmächtigten des anderen an der Wohnungseigentümerversammlung persönlich teilnehmen. Der Geschäftsordnungsbeschluss, mit dem die gleichzeitige Anwesenheit des einen Ehegatten und des Bevollmächtigten des anderen untersagt wird, ist rechtswidrig. Alle anschließend gefassten Beschlüsse müssen auf Anfechtung hin für ungültig erklärt werden. *AG Nürnberg* ZMR 2006, 83.

21 Ist nach der Gemeinschaftsordnung eine Vertretung des Eigentümers durch den Ehegatten möglich, ist auch eine Vertretung durch den ständigen Lebensgefährten zuzulassen (*OLG Köln* ZMR 2004, 378; a. A. BayObLG NJW-RR 1997, 463). Diese aus einer Auslegung der Gemeinschaftsordnung resultierende Rechtsprechung ist auch auf die gleichgeschlechtliche Lebensgemeinschaft anzuwenden, wenn nicht die Vereinbarung selbst dies erkennbar ausschließt. Eine vom Eigentümer einem Miteigentümer für eine Eigentümerversammlung erteilte Vollmacht geht einer im Erwerbervertrag enthaltenen allgemeinen Vollmachtsklausel zu Gunsten des Verwalters vor (*OLG Düsseldorf* NJW-RR 2003, 1312).

22 Neben natürlichen Personen können auch Rechtspersonen Eigentümer sein. Im Gegensatz zu natürlichen Personen werden Rechtspersonen durch ihre Organe bei rechtserheblichem Handeln vertreten. Wer vertretungsberechtigt ist, ergibt sich jeweils aus deren Satzung und wird in öffentlichen Registern nachvollziehbar gemacht (Vereins- oder Handelsregister). Regelmäßig ist ein gesetzlicher Vertreter nicht gehindert, eine andere natürliche Person mit der Wahrnehmung der Eigentümerrechte ganz, zeit- oder teilweise zu beauftragen. Eine Regelung in der Gemeinschaftsordnung, die eine Vertretung nur durch den Ehepartner zulässt, schließt ein Handeln durch den gesetzlichen Vertreter einer Rechtsperson nicht aus. Fraglich ist aber, ob und wie sich dieser dann noch vertreten lassen kann. Bei wortgetreuer Anwendung einer solchen Gemeinschaftsordnung muss der Geschäftsführer einer GmbH immer selbst handeln, z. B. Eigentümerversammlungen selbst besuchen und kann sich nicht vertreten lassen. Hier muss im Einzelfall eine Auslegung erfolgen, ob die Gemeinschaftsordnung eine derartig knebelnde Vereinbarung wirklich wollte oder eine erweiterungsfähige Regelungslücke vorliegt.

23 Zwar kann durch einen Geschäftsordnungsbeschluss spontan unter Mitwirkung der anwesenden Eigentümer die Frage in der Eigentümerversammlung geklärt werden, ob ein eigentlich nicht Vertretungsberechtigter an der Versammlung teilnehmen darf. Geschäftsordnungsbeschlüsse selbst sind nicht durch eine Anfechtungsklage gerichtlich überprüfbar. Ist jedoch die Teilnahme eines nicht zur Vertretung Berechtigten für ein Beschlussergebnis kausal, kann deswegen der Beschluss angefochten und vom Gericht für ungültig erklärt werden. *OLG München* ZMR 2007, 304.

24 Minderjährige Eigentümer werden von den sorgeberechtigten Eltern oder einem Elternteil vertreten, § 1629 BGB. Im Verhinderungsfall tritt an deren Stelle nach § 1793 BGB ein Vormund. Wird einem Kind eine Wohnung durch Schenkung oder durch letztwillige Verfügung mit der Auflage zugewendet, dass die Eltern diese nicht innerhalb des Sorgerechtes verwalten sollen, sind sie nach § 1638 BGB von der Vertretung ausgeschlossen und es muss an deren Stelle vom zuständigen Vormundschaftsgericht nach § 1909 BGB ein Ergänzungspfleger bestellt werden, der insoweit nach §§ 1915, 1793 BGB als Vertreter des Kindes dessen Rechte wahrzunehmen hat.

25 Volljährige Personen, die ihre Wohnungseigentumsangelegenheiten nicht selbst erledigen können, weil sie körperlich oder geistig dazu nicht in der Lage sind, erhalten einen Betreuer, der

sie nach § 1902 BGB gerichtlich und außergerichtlich in der Eigentümergemeinschaft vertritt, wenn der vom Vormundschaftsgericht angeordnete Aufgabenkreis dies mit umfasst (*Drabek* Festschrift für Deckert 105 ff.).

Noch nicht bekannte Erben können auf Antrag beim Nachlassgericht bis zum Abschluss der Erbenermittlung durch einen Nachlasspfleger vertreten werden, §§ 1960, 1961 BGB. Personen mit unbekanntem Aufenthalt erhalten auf Antrag beim Vormundschaftsgericht einen Abwesenheitspfleger nach § 1911 BGB, der diese vertritt. **26**

Ein bestellter Nießbrauch lässt die rechtliche Stellung des Eigentümers in der Eigentümergemeinschaft unberührt. Das Stimmrecht geht auch nicht hinsichtlich einzelner Beschlussgegenstände auf den Nießbraucher über. Der Eigentümer muss sein Stimmrecht weder allgemein noch in einzelnen Angelegenheiten gemeinsam mit dem Nießbraucher ausüben. Er kann jedoch im Einzelfall gegenüber dem Nießbraucher verpflichtet sein, bei der Stimmabgabe dessen Interessen zu berücksichtigen, nach dessen Weisung zu handeln oder ihm eine Stimmrechtsvollmacht zu erteilen (*BGH* ZMR 2002, 440 = NJW 2002, 1647). Der Nießbraucher muss von der Eigentümergemeinschaft in der Eigentümerversammlung nicht zugelassen werden. Unklarheiten oder ein Streit im Rechtsverhältnis des Eigentümers zum Nießbraucher schränken Rechte des Eigentümers in der Eigentümerversammlung nicht ein. **27**

Die Wohnungseigentümergemeinschaft wird im Rechtsverkehr durch den Verwalter vertreten. Er ist primäres Handlungsorgan der Wohnungseigentümergemeinschaft. Ermächtigt wird er hierzu in § 27 Abs. 3 WEG. Außerdem haben die Eigentümer das Recht und ggf. sogar die Pflicht den Verwalter über die gesetzlichen Vorgaben hinaus zu ermächtigen und dessen Vertretungsrechte im Beschluss festzulegen. Denkbar ist eine allgemeine Vertretungsermächtigung des Verwalters bis hin zur Generalvertretung der Wohnungseigentümergemeinschaft. **28**

IV. Maßnahmen der Verwaltung des gemeinschaftlichen Eigentums

Handlungsbedarf für Maßnahmen der Verwaltung des gemeinschaftlichen Eigentums kann aus unterschiedlichem Anlass entstehen. Typisch sind die Regelbeispiele gemäß § 21 Abs. 5 Nr. 1 bis 6 WEG. Verwaltungsmaßnahmen können sich aber auch auf Maßnahmen des Gebrauchs beziehen (*BGH* NZM 2000, 1010) oder auf die Schaffung und Durchsetzung von Ersatzansprüchen (*BayObLG* ZMR 2003, 433). **29**

Regelmäßig ist es das Ziel der Entscheidungen und deren Umsetzung, die Interessen der Gemeinschaft zu fördern. Die Eigentümer entscheiden dabei über das »ob«, »wie« und »wann«, und haben auch die Pflicht, für die Umsetzung zu sorgen (*BGH* ZMR 1999, 647). Ist ein Verwalter vorhanden, liegt bei diesem die Ausführungskompetenz der § 27 Abs. 1 Nr. 1 WEG; bei den Eigentümern bleibt die Pflicht, den Verwalter und dessen Handeln zu kontrollieren (*OLG Düsseldorf* NZM 2002, 264 und *OLG München* OLGR München 2007, 373). **30**

Schon bisher stellte sich die Frage, wer handeln darf oder tätig werden muss. Inzwischen ist die rechtsfähige Gemeinschaft der Wohnungseigentümer gesetzlich verankert. Als Handelnde kommen somit die Eigentümer, die Miteigentümergemeinschaft oder die Wohnungseigentümergemeinschaft in Betracht. Nach dem Wortlaut des § 21 Abs. 1 WEG verwalten die Eigentümer gemeinschaftlich. Regelmäßig erwartet das Gesetz somit ein einstimmiges Handeln aller Wohnungseigentümer, etwa durch einen einstimmigen Beschluss oder durch eine Vereinbarung, bei dem – als Vertrag unter allen Eigentümern – ohnehin sämtliche Eigentümer mitzuwirken haben. **31**

Das Gesetz selbst ermöglicht dort Ausnahmen vom Einstimmigkeitprinzip, wo es den Eigentümern die Kompetenz gibt, per Mehrheitsbeschluss zu entscheiden. Beispiele: Nach § 12 Abs. 4 WEG kann die vereinbarte Zustimmungsbedürftigkeit zur Veräußerung durch Beschluss beseitigt werden. Nach § 16 Abs. 3 WEG können Betriebs- und Verwaltungskosten durch Mehrheitsbeschluss abweichend vom vereinbarten oder gesetzlichen Verteilerschlüssel zugeordnet werden. Nach § 22 Abs. 1 WEG müssen bei baulichen Veränderungen nur die Eigentümer zustimmen, die von den Auswirkungen nachteilig betroffen sind. Nach § 21 Abs. 2 WEG können Verwaltungsmaßnahmen zur Abwendung eines drohenden Schadens am gemeinschaftlichen Eigentum auch von nur einem einzelnen Eigentümer durchgeführt werden. Nach § 21 Abs. 3 WEG **32**

§ 21 | Verwaltung durch die Wohnungseigentümer

können die Eigentümer mehrheitlich Verwaltungsentscheidungen treffen, soweit dafür eine Vereinbarung nicht existiert.

33 Aus einer bestimmten Interessenslage kann sich Handlungsbedarf für den einzelnen Eigentümer ergeben. Ob für ihn auch ein Recht zum Handeln besteht, bedarf der Prüfung im Einzelfall. Nach § 10 Abs. 6 S. 3 WEG übt die Wohnungseigentümergemeinschaft die gemeinschaftsbezogenen Rechte der Wohnungseigentümer aus und nimmt die gemeinschaftsbezogenen Pflichten der Wohnungseigentümer wahr. Ebenso sonstige Rechte und Pflichten der Wohnungseigentümer, soweit diese gemeinschaftlich geltend gemacht werden können oder zu erfüllen sind. Ob die Wohnungseigentümergemeinschaft die ihr zugewiesenen Rechte selbst über den Verwalter ausübt oder zur Ausübung im Einzelfall weitergibt, kann mehrheitlich entschieden werden. Einen unabdingbaren Ausübungszwang für die Wohnungseigentümergemeinschaft enthält § 10 Abs. 6 WEG nicht. Auch § 27 Abs. 4 WEG steht dem nicht entgegen. Wenn die Eigentümer sich entscheiden, die Ausübung eines Rechts von der Wohnungseigentümergemeinschaft etwa auf einen Eigentümer zu übertragen, handelt der Verwalter in Vollzug dieses Beschlusses nach § 27 Abs. 1 WEG. Er kann die für die Übertragung der Ausübungsbefugnis erforderlichen Erklärungen nach § 27 Abs. 3 Nr. 7 WEG abgeben. Gem. § 10 Abs. 2 S. 2 WEG ist es durch Vereinbarung möglich, die ausschließliche Ausübungsbefugnis der Wohnungseigentümergemeinschaft zu ändern. Ein gesetzliches Verbot wurde dazu nicht verankert.

1. Anspruchsinhaber und Ausführungsberechtigte im Innenverhältnis der Eigentümergemeinschaft

a) Persönliche Ansprüche einzelner Eigentümer

34 Ansprüche die einem Eigentümer persönlich zustehen, kann er selbst und ohne Mitwirkung der anderen Eigentümer geltend machen (*BGH* ZMR 1992, 30). Ob es sich um einen gemeinschaftsbezogenen oder persönlichen Anspruch handelt, ergibt sich aus dem Sachverhalt und der daraus resultierenden Anspruchsgrundlage. Weder steht den Miteigentümern der Anspruch zu, noch ist ein Anderer berechtigt, diesen geltend zu machen. Hierzu gehören vertragliche und gesetzliche Ansprüche eines Eigentümers mit Dritten oder Ansprüche die aus dem Sondereigentum stammen oder Ansprüche, die in der Person des einzelnen Eigentümers entstanden sind.

b) Gemeinschaftsbezogene Rechte und Pflichten

35 Den Eigentümern, nicht der Wohnungseigentümergemeinschaft, steht ein Anspruch zu, wenn sie bewusst und abweichend vom gesetzlichen Modell eine Forderung als Miteigentümergemeinschaft (genauer: als Teilhaber der Bruchteilsgemeinschaft) erworben haben. Durch die Vorgaben in § 10 Abs. 6 S. 3 WEG wird den Eigentümern und der Miteigentümergemeinschaft die Verfügungsbefugnis entzogen, gemeinschaftsbezogene Rechte auszuüben und solche Pflichten wahrzunehmen. Die Ausübungsbefugnis erhält die Wohnungseigentümergemeinschaft. Sie kann und muss ggf. Forderungen im eigenen Namen einklagen. Sie macht insoweit fremdes Recht im eigenen Namen geltend. Mit dieser neuen gesetzlichen Kompetenzzuweisung wird die junge Rechtsprechung des BGH gestützt, wonach die Wohnungseigentümergemeinschaft die Geltendmachung von Individualansprüchen an sich ziehen kann, wenn es sich um Ansprüche mit Gemeinschaftsbezug handelt. (*BGH* WM 2007, 1084). Die Zuweisung der Ausübungsbefugnis an die Wohnungseigentümergemeinschaft führt nicht zu einem Inhaberwechsel des Anspruchs. Die Ausübung gemeinschaftsbezogener Rechte oder die Wahrnehmung derartiger Pflichten setzt im Innenverhältnis der Eigentümergemeinschaft eine mehrheitliche Entscheidung der Eigentümer voraus. Diese regelt im Einzelfall, »ob« ein Recht von der Wohnungseigentümergemeinschaft ausgeübt werden soll. Die gesetzliche Verlagerung der ausschließlichen Ausübungsbefugnis an die Wohnungseigentümergemeinschaft schränkt die Rechte des Inhabers nicht ein und schließt diesen bei der Durchsetzung der Rechte nicht aus. Wird die Wohnungseigentümergemeinschaft dann nicht tätig, kann der Eigentümer seine Rechte selbst ausüben. Deswegen fehlt ihm regelmäßig das Rechtsschutzbedürfnis, die Gemeinschaft gerichtlich zum Handeln zu zwingen (*Abramenko* § 6 Rn. 17). S. § 10 Rn. 411 f.

c) Sonstige Rechte und Pflichten der Wohnungseigentümer

Die Wohnungseigentümergemeinschaft übt nach § 10 Abs. 6 S. 3 WEG »... *ebenso sonstige Rechte* 36 *und Pflichten der Wohnungseigentümer aus, soweit diese gemeinschaftlich geltend gemacht werden können oder zu erfüllen sind*...«. Während die Ausübungsbefugnis gemeinschaftsbezogener Rechte und Pflichten ausschließlich bei der Wohnungseigentümergemeinschaft liegt, können die sonstigen Rechte und Pflichten der Wohnungseigentümergemeinschaft durch Mehrheitsbeschluss zur Ausübung zugeordnet werden. Dazu gehören Ansprüche auf Beseitigung oder Unterlassung nach § 1004 BGB. (*Hügel/Elzer* Das neue WEG-Recht 62).

d) Eigene Rechte und Pflichten der Wohnungseigentümergemeinschaft

Soweit die rechtsfähige Wohnungseigentümergemeinschaft selbst Träger von Rechten und Pflich- 37 ten wurde, kann sie die Rechte auch selbst wahrnehmen und Pflichten selbst erfüllen. Eine Ausübungszuweisung ist entbehrlich, wenn der Rechtsinhaber selbst handelt und handeln kann. Einen individuellen Anspruch zur Ausübung dieser Rechte gibt es nicht. Verweigert jedoch die Wohnungseigentümergemeinschaft die Verfolgung eines Anspruches oder die Erfüllung von Pflichten, kann der Anspruch von jedem Eigentümer beim Wohnungseigentumsgericht nach § 21 Abs. 4 WEG und § 43 Abs. 2 WEG gerichtlich eingefordert werden. Geht der Handlungsverweigerung ein Mehrheitsbeschluss voraus, kann die Feststellung von dessen Ungültigkeit per Anfechtungsklage nach § 46 WEG angestrebt werden.

2. Beispiele/Anwendungsfälle

a) Anspruch auf Schadensersatz

Gegen den Verwalter können auch künftig individuelle Schadensersatzansprüche des einzelnen 38 Eigentümers bestehen, wenn der Verwalter unberechtigterweise ein bauliche Maßnahme genehmigt (*BGH* ZMR 1992, 30) oder wenn der Verwalter eigenmächtig eine Rohrverlegung in der Tiefgarage veranlasst hat, wodurch die Nutzung eines Stellplatzes beeinträchtigt wird (*KG* ZMR 2002, 546). Auch bleiben dem Eigentümer individuelle Ersatzansprüche gegen Miteigentümer oder Dritte, wenn er in seinem Sondereigentum einen ersatzpflichtigen Nachteil erleidet. Voraussetzung für einen individuellen Anspruch ist, dass nur die Rechte einzelner Eigentümer beeinträchtigt wurden, nicht gemeinschaftsbezogene Rechte, die nach § 21 WEG der gemeinschaftlichen Verwaltung unterliegen. Dabei steht allen Eigentümern die Leistung zu und alle Eigentümer haften.

Ersatzansprüche gegen den aktuellen oder früheren Verwalter aus Pflichtverletzung anlässlich 39 der Verwaltung des gemeinschaftlichen Eigentums sind gemeinschaftsbezogene Ansprüche (*BayObLG* Wohnungseigentümer 2004, 27). Sie können nur von der Wohnungseigentümergemeinschaft geltend gemacht werden. Beschließen die Eigentümer nichts oder nichts zu unternehmen, fällt das Durchsetzungsrecht nicht dem einzelnen Eigentümer zu, was bereits nach alter Rechtslage angenommen wurde (*OLG Hamm* NJW-RR 2004, 805). Entspricht die Handlungsverweigerung der Wohnungseigentümergemeinschaft nicht den Grundsätzen ordnungsgemäßer Verwaltung, kann das Tätigwerden der Wohnungseigentümergemeinschaft nach § 21 Abs. 4 WEG und § 43 Nr. 2 WEG gerichtlich eingefordert werden.

b) Anspruch auf Herausgabe

Der Anspruch auf Herausgabe von Verwaltungsunterlagen gegen den früheren Verwalter ist 40 gemeinschaftsbezogen. Er kann nur durch die Wohnungseigentümergemeinschaft verfolgt werden. Gleiches gilt für den Anspruch auf Herausgabe eines Generalschlüssels gegen einen abgewählten Beirat. Individuelle Herausgabeansprüche resultieren aus persönlichen Rechtsverletzungen. Beispiel: Ein Eigentümer fordert die Herausgabe des in seinem Sondereigentum oder Sondernutzungsrecht stehenden Kellerabteils, das ohne Rechtsgrund von einem anderen Eigentümer genutzt wird.

c) Anspruch auf Feststellung

Den Antrag auf Feststellung der Unwirksamkeit des mit dem Verwalter abgeschlossenen Ge- 41 schäftsbesorgungsvertrags konnte bisher ein einzelner Eigentümer ohne Ermächtigung der Übri-

§ 21 | Verwaltung durch die Wohnungseigentümer

gen stellen (*BayObLG* WE 2004, 17). Inhalt des streitigen Vertrags ist die Verwaltung des gemeinschaftlichen Eigentums. Hieraus resultieren gemeinschaftsbezogene Ansprüche und Pflichten, weshalb die Feststellung der Unwirksamkeit nur von der Wohnungseigentümergemeinschaft verfolgt werden kann. Allerdings bleibt einem Eigentümer die auf einen Monat befristete Möglichkeit, einen Mehrheitsbeschluss über einen solchen Vertrag nach § 43 Nr. 4 WEG und § 46 WEG gerichtlich anzufechten.

d) Anspruch auf Wiederherstellung

42 Kein Eigentümer hat das Recht oder die Pflicht, Ansprüche der Wohnungseigentümergemeinschaft geltend zu machen. Wenn er dies will, bedarf er deren Ermächtigung (*BGH* ZMR 2005, 547). Wenn der Verwalter eigenmächtig elektrische Leitungen zu Kellerabteilen beseitigen ließ, kann der Wiederherstellungsanspruch gegen den Verwalter nicht allein von einem Eigentümer sondern nur von der Wohnungseigentümergemeinschaft oder mit deren Ermächtigung von einem einzelnen Wohnungseigentümer geltend gemacht werden (*KG* ZMR 2000, 557).

e) Anspruch auf ordnungsgemäße Buchführung

43 Der einzelne Eigentümer kann einen Anspruch gegen den Verwalter, für jeden Wohnungseigentümer ein Personen-Wohngeldkonto zu führen, nicht ohne einen dahingehenden ermächtigenden Beschluss der Wohnungseigentümer gerichtlich geltend machen (*BayObLG* BayObLGR 2003, 378).

f) Anspruch auf Abberufung des Verwalters

44 Ein individueller Anspruch eines Eigentümers auf Abberufung des Verwalters setzte schon bisher voraus, dass zunächst versucht wurde, einen Beschluss der Versammlung dazu herbeizuführen. Die Eigentümergemeinschaft war für eine solche Entscheidung vorrangig zuständig. Nur wenn die Gemeinschaft ein solches Vorgehen erkennbar verweigerte, war der einzelne Eigentümer handlungsbefugt (*OLG Hamm* NJW-RR 2004, 805). Der nach § 26 Abs. 1 WEG gewählte Verwalter ist zuständig für das gemeinschaftliche Eigentum. Er ist im Rahmen des § 27 Abs. 3 WEG gesetzlicher Vertreter der Wohnungseigentümergemeinschaft. Nach entsprechender Beschlussfassung gem. § 27 Abs. 3 Nr. 7 WEG ist er deren gewillkürter Vertreter. Seine gesamte Tätigkeit ist gemeinschaftsbezogen ausgerichtet, weshalb nur die Wohnungseigentümergemeinschaft den Anspruch geltend machen kann. Nötigenfalls kann und muss sie mit gerichtlicher Hilfe dazu verpflichtet werden.

g) Recht und Pflicht auf Durchführung von Notmaßnahmen

45 § 21 Abs. 2 WEG gibt jedem Eigentümer für Maßnahmen zur Abwendung eines unmittelbar drohenden Schadens ein Ausübungsrecht, ohne ihm dazu eine gesetzliche Pflicht aufzuerlegen. Die Pflicht zum Handeln kann dem einzelnen Eigentümer aus dem Rechtsverhältnis der Eigentümer zueinander erwachsen. Wer in diesem Rahmen für die Wohnungseigentümergemeinschaft handelt, hat auch einen Anspruch auf Ersatz seiner Auslagen. Wenn ein Eigentümer die von ihm persönlich und nicht von der Mehrheit der Eigentümer für richtig oder nötig gehaltenen Maßnahmen am Gemeinschaftseigentum eigenverantwortlich durchführt, ohne zuvor durch Mehrheitsbeschluss auf die Durchsetzung einer ordnungsgemäßen Verwaltung durch die Wohnungseigentümergemeinschaft hinzuwirken, trägt er grundsätzlich auch das Kostenrisiko (*KG* ZMR 2005, 402). Zumindest scheidet ein Aufwendungsersatz nach § 670 BGB und § 16 Abs. 2 WEG aus.

h) Anspruch auf Herstellung oder erstmalige Herstellung des ordnungsgemäßen Zustands

46 Ansprüche gegen andere Eigentümer auf Beseitigung von unzulässigen Veränderungen des gemeinschaftlichen Eigentums konnte bisher jeder Eigentümer ohne Mitwirkung der anderen Eigentümer selbst geltend machen (*BGH* NJW 1992, 978). Gleiches galt für den Anspruch auf erstmalige Herstellung des ordnungsgemäßen Zustands im Rahmen des § 21 Abs. 5 Nr. 2 WEG. Die Ansprüche sind gemeinschaftsbezogen und werden künftig allein von der Wohnungseigentümergemeinschaft ausgeübt.

i) Anspruch auf Erstattung einer Überzahlung

Wurde ein Eigentümer überobligatorisch mit Verbindlichkeiten der Gemeinschaft belastet, kann sich für den Eigentümer ein eigener Rückforderungsanspruch gegen die Wohnungseigentümergemeinschaft ergeben (*BGH* ZMR 1990, 389). Dieser Anspruch steht jedem Eigentümer persönlich zu. Er richtet sich gegen das Verwaltungsvermögen und somit gegen die Wohnungseigentümergemeinschaft (*BGH* ZMR 2005, 547). Der fordernde Eigentümer ist »Gläubiger« der Wohnungseigentümergemeinschaft gem. § 10 Abs. 8 S. 1 WEG. Neben der Wohnungseigentümergemeinschaft haftet jeder Eigentümer entsprechend der Größe seines Miteigentumsanteils.

j) Forderungseinzug

Nach § 10 Abs. 7 WEG gehört das Verwaltungsvermögen der Wohnungseigentümergemeinschaft. Zur gemeinschaftlichen Verwaltung gehört deswegen auch die Durchsetzung von Forderungen der Wohnungseigentümergemeinschaft gegen säumige Eigentümer. Hierzu zählen nicht Ansprüche gegen den Verwalter, abgesehen von dem Ausnahmefall, dass dieser zugleich Miteigentümer ist. Ein Fremdverwalter ist im Rechtsverhältnis zu den Eigentümern zwar Vertragspartner aber sonst doch ein Dritter.

Gemeinschaftliche Zahlungsansprüche gegen einen Miteigentümer – z.B. gemäß dem Wirtschaftsplan – kann ein einzelner Eigentümer nicht selbstständig geltend machen. gehört. Die Forderung gehört zum Verwaltungsvermögen und deswegen der Wohnungseigentümergemeinschaft. Ein Eigentümer bedurfte für die Inkassotätigkeit bereits bisher einer Ermächtigung durch die Miteigentümer (*BGH* BGHZ 111, 148; NJW 1990, 2386, insbesondere seit *BGH* ZMR 2005, 547). Die Durchsetzung obliegt dem Verwalter als gesetzlicher Vertreter der Wohnungseigentümergemeinschaft nach § 27 Abs. 3 Nr. 4 WEG und § 27 Abs. 1 Nr. 4 WEG. Eine ausdrückliche Ermächtigung des Verwalters durch Beschluss oder per Verwaltervertrag ist wegen der Organstellung des Verwalters nicht erforderlich.

3. Gemeinschaftliche Ansprüche gegen Dritte

a) Gesetzliche Ansprüche

In einer Vielzahl gesetzlich geregelter Fälle entstehen Ansprüche, vor deren Geltendmachung geklärt werden muss, wer zur Forderung berechtigt ist.

Schließt ein Eigentümer zur Instandhaltung seines Sondereigentums einen Vertrag mit einem Handwerker und entsteht dabei am gemeinschaftlichen Eigentum ein Schaden, hat die Wohnungseigentümergemeinschaft einen Anspruch auf Beseitigung. Es gibt nur eine Forderung, deren Durchsetzung sich als Maßnahme der Geschäftsführung zugunsten der Eigentümergemeinschaft in Bezug auf das gemeinschaftliche Eigentum darstellt, *BGH* ZMR 1993, 173 und *BGH* ZMR 2005, 547. Wenn der *BGH* dort unter der Ziff. III. 10 feststellt, dass das Sondereigentum und das gemeinschaftliche Eigentum ausschließlich in Händen der Eigentümer bleibt, und nicht Gemeinschaftsvermögen wird, gehört doch die Verwaltung des gemeinschaftlichen Eigentums zur Aufgabe der Wohnungseigentümergemeinschaft. Folglich ist der Anspruch auf Schadensbeseitigung gemeinschaftsbezogen und wird nach § 10 Abs. 6 S. 3 WEG von der Wohnungseigentümergemeinschaft ausgeübt. Jeder Eigentümer hat das einklagbare Recht, von der Wohnungseigentümergemeinschaft eine ordnungsgemäße Verwaltung zu fordern, wozu gehört, die Ansprüche zu verfolgen. Gleiches gilt, wenn der Auftrag zur Reparatur am gemeinschaftlichen Eigentum von der Wohnungseigentümergemeinschaft erteilt wurde und dabei ein Schaden am gemeinschaftlichen Eigentum eintrat.

Entsteht auf dem Grundstück der Gemeinschaft ein Überbau, setzt der individuelle Anspruch eines Eigentümers auf Leistung einer Geldrente die Feststellung voraus, dass er bei der Nutzung seines Sondereigentums und der ihm zugewiesenen Sondernutzungsfläche tatsächlich eine Einbuße erleidet, *BGH* NZM 2004, 103. Werden Ansprüche nach einem Überbau auf der Grundlage eines Rechtsverhältnisses zwischen dem Beeinträchtigten und dem Nachbar geltend gemacht, standen bisher gemeinschaftliche Ansprüche nicht entgegen, *BGH* NJW 1974, 1552. Dies wird auch weiter zu gelten haben. § 10 Abs. 6 S. 3 WEG will eindeutige individuelle Ansprüche nicht beschneiden. Diese kann ein betroffener Eigentümer nach einer Rechtsverletzung selbst verfol-

§ 21 | Verwaltung durch die Wohnungseigentümer

gen, solange dadurch die gemeinschaftsbezogenen Rechte der Wohnungseigentümergemeinschaft nicht eingeschränkt werden.

53 Erbringen die Eigentümer eine Leistung ohne Rechtsgrund, können Ansprüche nach §§ 812 ff. BGB von der Wohnungseigentümergemeinschaft geltend gemacht werden (*BayObLG* WE 2004, 17 = WuM 2004, 736). Dies ergibt sich unmittelbar aus § 10 Abs. 7 S. 1 WEG, denn nur diese ist Inhaber des Vermögens.

54 Ein einzelner Eigentümer war schon bisher nicht befugt, einen öffentlich-rechtlichen Folgenbeseitigungsanspruch allein gerichtlich geltend zu machen. Der Anspruch ist von der Wohnungseigentümergemeinschaft auszuüben. *BayVGH* ZMR 2004, 74–75.

55 Baurechtliche Nachbarrechte wegen Beeinträchtigung seines Sondereigentums kann ein Eigentümer in vollem Umfang und aus eigenem Recht geltend machen. Eine Beeinträchtigung des gemeinschaftlichen Eigentums betrifft gemeinschaftsbezogene Rechte, die von der Wohnungseigentümergemeinschaft abzuwehren sind.

b) Vertragliche Ansprüche

56 Schließt ein Eigentümer zur Instandhaltung seines Sondereigentums einen Vertrag mit einem Handwerker und werden dabei Belange des gemeinschaftlichen Eigentums nicht berührt, wird er allein aus dem Vertrag berechtigt und verpflichtet.

57 Eine andere Ausgangslage ergibt sich, wenn die Wohnungseigentümergemeinschaft einen Auftrag an einen Handwerker erteilt, um eine Maßnahme der Instandhaltung des gemeinschaftlichen Eigentums durchzuführen. Innerhalb eines solchen Rechtsverhältnisses ist für die Gemeinschaft von Interesse, wer Forderungen aus dem Vertrag gegenüber dem Handwerker geltend machen kann. In gleichem Maße stellen sich Fragen, wenn von der Wohnungseigentümergemeinschaft ein Kaufvertrag, ein Geschäftsbesorgungsvertrag etwa mit einer Bank, ein Dienstvertrag mit einem Reinigungsunternehmen oder ein vorsorglicher Wartungsvertrag abgeschlossen wird.

58 Vertragspartner eines Vertrages, abgeschlossen von der Wohnungseigentümergemeinschaft, sind bzw. werden seit *BGH* ZMR 2005, 547 nicht mehr alle einzelnen Eigentümer sondern die rechtsfähige Gemeinschaft selbst. Anderes gilt nur dann, wenn die einzelnen Eigentümer ausnahmsweise und erkennbar Vertragspartner wurden.

59 Die Geltendmachung von Ansprüchen der Wohnungseigentümergemeinschaft ist eine Aufgabe der ordnungsgemäßen Verwaltung. Der Anspruch steht der Wohnungseigentümergemeinschaft zu. Diese wird vom Verwalter vertreten. Innerhalb seines gesetzlichen Vertretungsrahmens nach § 27 Abs. 3 WEG kann dieser die Ansprüche selbst geltend machen. Darüber hinaus kann er von der Eigentümern dazu ermächtigt werden. Dies schränkt die Handlungsbefugnis eines einzelnen Eigentümers ein. Ohne Ermächtigung durch die Wohnungseigentümergemeinschaft ist kein einzelner Eigentümer befugt, die Ansprüche geltend zu machen.

60 Kommt ein erforderlicher Mehrheitsbeschluss auf Antrag eines Eigentümers nicht zu Stande, kann durch ein Beschlussanfechtungsverfahren gerichtlich geklärt werden, ob die Entscheidung der Gemeinschaft ordnungsgemäßer Verwaltung entspricht (*BGH* NJW 1989, 109). Erforderlich ist eine Anfechtungsklage nach § 43 Nr. 4 WEG und § 46 WEG gegen den Negativbeschluss, verbunden mit dem Antrag auf Verpflichtung zur angestrebten Beschlussfassung, *BGH* ZMR 2001, 809).

61 Auch Ansprüche nach Schlechterfüllung können ohne Ermächtigung durch die Wohnungseigentümergemeinschaft nicht vom einzelnen Eigentümer allein (etwa nach § 432 BGB) geltend gemacht werden. Da ein Gläubiger nur Leistung an die Wohnungseigentümergemeinschaft schuldet, kann mangels Gegenseitigkeit auch keine Forderung zur Aufrechnung gebracht werden, die nur einen einzelnen Eigentümer belastet.

62 Weil die Vorstellungen einzelner Eigentümer nicht zwangsläufig deckungsgleich mit dem wohlverstandenen Interesse der Wohnungseigentümergemeinschaft sind, können Gestaltungsrechte von den Eigentümern immer nur gemeinsam ausgeübt werden, z. B. durch einen Mehrheitsbeschluss. So steht bei einem Anspruch auf Schadensersatz die Ersetzungsbefugnis nach § 249 Absatz 1 S. 2 BGB der Gemeinschaft zu und der dadurch entstandene Zahlungsanspruch muss auch von ihr verfolgt werden (*BGH* ZMR 1993, 173).

4. Gemeinschaftliche Forderungen gegen den Bauträger

In der Anfangsphase einer Eigentümergemeinschaft, die bei Neubau gegründet wurde, gibt es innerhalb der Gemeinschaft häufig Streit, ob und welche Erfüllungs- oder Gewährleistungsansprüche geltend gemacht werden sollen. Jeder Käufer hat individuelle Ansprüche aus dem Kaufvertrag, die mit den gemeinschaftlichen Interessen kollidieren können. Macht ein Käufer gegen den Bauträger Minderungsansprüche aus dem Kaufvertrag geltend, weil etwa die Isolierung des Daches unzureichend ausgefallen ist, stellen sich Fragen, ob er dazu überhaupt berechtigt ist, ob ein derartiger Anspruch nur der Wohnungseigentümergemeinschaft zusteht, wer die Höhe eines Minderungsanspruches bestimmen bzw. aushandeln darf und wer welchen Betrag davon erhält. Wenn der Bauträger verpflichtet wird, einem Eigentümer der Dachgeschosswohnung wegen dessen besonderen Betroffenheit einen Minderungsbetrag zu bezahlen, würden die übrigen Eigentümer leer ausgehen, obwohl das Dach eines Gebäudes nach § 5 Abs. 2 WEG zwingend gemeinschaftliches Eigentum ist. Ebenso besteht die Gefahr, dass der Bauträger mehrfach, von jedem Eigentümer, auf Zahlung in Anspruch genommen wird. Sachlich und rechtlich untragbare Ergebnisse gilt es zu vermeiden. 63

a) Ansprüche aus dem Sondereigentum

Hinsichtlich des Sondereigentums ist jeder Eigentümer allein berechtigt und verpflichtet, die Gewährleistungsansprüche gegenüber seinem Verkäufer selbst wahrzunehmen. Die Mitwirkung der anderen Eigentümer ist nicht erforderlich. Ein Abstimmungsproblem oder die Gefahr einer doppelten Inanspruchnahme des Bauträgers gibt es nicht. Der Sondereigentümer wird wie ein Alleineigentümer behandelt. Würden die Eigentümergemeinschaft eine Maßnahme beschließen, die Rechte des Sondereigentums betrifft, wäre der Beschluss mangels Beschlusskompetenz nichtig. (*OLG Saarbrücken* ZMR 2006, 554). Eine Wohnungseigentümergemeinschaft kann aber in gewillkürter Prozessstandschaft Ansprüche verfolgen, die in einem engen rechtlichen und wirtschaftlichen Zusammenhang mit der Verwaltung des gemeinschaftlichen Eigentums stehen und an deren Durchsetzung sie ein eigenes schutzwürdiges Interesse hat. Sie kann von den einzelnen Wohnungseigentümern ermächtigt werden, neben den Ansprüchen wegen Mängeln des Gemeinschaftseigentums Ansprüche wegen Mängeln des Sondereigentums geltend zu machen. (*BGH* WM 2007, 1084). 64

b) Ansprüche aus dem gemeinschaftlichen Eigentum

Jeder Käufer erwirbt immer mit dem Sondereigentum einen Anteil am gemeinschaftlichen Eigentum. Weil der Verkäufer verpflichtet ist, eine mangelfreie Sache zu übergeben, verletzt er eine Pflicht aus dem Kaufvertrag, wenn Teile des gemeinschaftlichen Eigentums mangelhaft sind. Aus dem Kaufvertrag hat deswegen grundsätzlich jeder Käufer individuelle Gewährleistungsansprüche auch bei Mängeln am gemeinschaftlichen Eigentum, zumindest die Ansprüche auf Nacherfüllung (*OLG Hamm* WuM 2000, 319). 65

Einen Anspruch auf einen ordnungsgemäßen Zustand des gemeinschaftlichen Eigentums haben Eigentümer, werdende Eigentümer und Käufer eines Sondereigentums, weil sie immer zwangsläufig gemeinschaftliches Eigentum miterwerben, § 6 Abs. 1 WEG. Wer eine Wohnung in einer vollständig begründeten Gemeinschaft im Wege der Einzelrechtsnachfolge erwirbt, ist vor seiner Eintragung im Grundbuch kein Eigentümer i. S. v. § 21 WEG und hat deswegen z. B. regelmäßig kein Stimmrecht in der Eigentümerversammlung (*BGH* NJW 1989, 1087). Begründet wird dies mit dem Bedürfnis nach Klarheit. Dieser Käufer ist vor der Eintragung im Grundbuch »werdender« Eigentümer, ohne dass auf ihn die von der Rechtsprechung entwickelten Grundsätze der »werdenden« Eigentümergemeinschaft anzuwenden sind (*OLG Hamm* WuM 2000, 319). 66

Wer eine Wohnung in einer rechtlich noch nicht bestehenden Gemeinschaft erwirbt, hat dennoch die Rechte eines Eigentümers und bleibt in die Pflichten eingebunden, wenn diese Gemeinschaft in Vollzug gesetzt worden ist. Vollzug tritt ein, wenn die Grundbücher angelegt und 2 Eigentümer eingetragen sind. Eine »werdende« Eigentümergemeinschaft ist noch nicht in Vollzug gesetzt worden, wird jedoch als solche behandelt, wenn die Grundbücher angelegt wurden, ein Käufer durch eine Vormerkung gesichert ist und auf diesen Besitz, Nutzungen, Lasten und Gefahr des erworbenen Sondereigentums übergegangen sind. Der Käufer hat dann die Rechte eines Eigen- 67

§ 21 | Verwaltung durch die Wohnungseigentümer

tümers innerhalb der Gemeinschaft, die ihm auch erhalten bleiben, wenn er noch nicht als Eigentümer im Grundbuch eingetragen wurde, die Gemeinschaft ansonsten jedoch inzwischen in Vollzug gesetzt worden ist (*BayObLG* NJW 1990, 3216). Der »werdende« Eigentümer hat auch hinsichtlich des gemeinschaftlichen Eigentums vertragliche Gewährleistungsansprüche.

68 Der Nacherfüllungsanspruch richtet sich auf die Mangelbeseitigung am gemeinschaftlichen Eigentum insgesamt und nicht nur im Umfang des jeweiligen Miteigentumsanteils (*BGH* WM 1985, 664). Er kann vom einzelnen Eigentümer als Mitgläubiger nach § 432 BGB geltend gemacht werden, weshalb der Käufer nur die Leistung an die Wohnungseigentümergemeinschaft verlangen kann und der Verkäufer nur an diese leisten muss. Die Wohnungseigentümergemeinschaft kann aber durch Mehrheitsbeschluss die Durchsetzung der auf die ordnungsgemäße Herstellung des Gemeinschaftseigentums gerichteten Rechte der Erwerber von Wohnungseigentum wegen Mängeln des Gemeinschaftseigentums an sich ziehen. Macht sie von dieser Möglichkeit Gebrauch, begründet dies ihre alleinige Zuständigkeit (*BGH* WM 2007, 1084).

69 Die ordnungsgemäße Verwaltung wird es in aller Regel erfordern, einen gemeinschaftlichen Willen darüber zu bilden, wie die ordnungsgemäße Herstellung des Gemeinschaftseigentums zu bewirken ist. Das gilt nicht nur im Hinblick auf den Erfüllungs- oder Nacherfüllungsanspruch, sondern auch im Hinblick auf die Ansprüche auf Vorschuss oder Aufwendungsersatz, die davon abhängen, wie die Selbstvornahme bewirkt wird. Eine gemeinschaftliche, allein verbindliche Willensbildung verhindert zudem, dass der Veräußerer inhaltlich verschiedenartigen Ansprüchen ausgesetzt wird, die letztlich doch nicht durchsetzbar wären (*BGH* WM 2007, 1084).

70 Die damit verbundene Einschränkung des Erwerbers in der Ausübung seiner aus dem Vertrag mit dem Bauträger abgeleiteten Rechte sind im jeweiligen Vertrag bereits enthalten. Mit dieser inhaltlichen Beschränkung wird das Vertragsverhältnis bereits begründet. Rechtsinhaber, die überstimmt worden sind oder an der Abstimmung nicht teilgenommen haben, weil sie nicht mehr Wohnungseigentümer sind, müssen es deshalb grundsätzlich hinnehmen, dass über die Durchsetzung ihrer Rechte mit Mehrheitsbeschluss von der Gemeinschaft entschieden wird. Die aus dem Gesetz abgeleitete Befugnis der Wohnungseigentümergemeinschaft überlagert von vornherein die individuelle Rechtsverfolgungskompetenz des Einzelnen und bestimmt auch das Prozessführungsrecht (*Wenzel* ZWE 2006, 109). Berechtigt zur Durchsetzung der Rechte ist in den genannten Fällen nur die Wohnungseigentümergemeinschaft. Sie handelt insoweit als rechtsfähiger Verband. Unberührt bleibt ihre Befugnis, einzelne, mehrere oder alle Wohnungseigentümer durch Beschluss zur Durchsetzung der Rechte zu ermächtigen, so dass diese im Prozess in gewillkürter Prozessstandschaft auftreten (*BGH* WM 2007, 1084).

71 Der einzelne Eigentümer hat solange die Möglichkeit der Selbstvornahme zur Beseitigung von Mängeln am gemeinschaftlichen Eigentum, §§ 634 Nr. 2 und 637 Abs. 1 BGB, wie die Eigentümergemeinschaft von dem Recht nicht Gebrauch macht, durch Mehrheitsbeschluss die Rechte an sich zu ziehen. Erforderlich ist die Bestimmung einer Frist zur Nacherfüllung (*BGH* NJW 1988, 1718). Ein ermächtigender Mehrheitsbeschluss der Eigentümer ist nicht erforderlich, soweit der Eigentümer unmittelbar Ansprüche aus dem Kaufvertrag verfolgt. Der Verkäufer wird durch eine solche Vorgehensweise nicht beeinträchtigt, weil durch die Selbstvornahme der Mangel beseitigt wird und der Anspruch der anderen Eigentümer dadurch erlischt. Die für die Selbstvornahme erforderliche Fristsetzung wirkt nur im Rechtsverhältnis zwischen Käufer und Verkäufer; dennoch kann der Käufer eine Vorschusszahlung nach § 637 Abs. 3 BGB wegen § 432 BGB nur an alle Mitgläubiger verlangen; der Verkäufer muss die Leistung nur einmal erbringen. Nach ungenutztem Fristablauf gehen die Ansprüche auf Nacherfüllung nicht verloren.

72 Unproblematisch ist und war das Recht des Eigentümers, ohne Mitwirkung der Anderen den Rücktritt auszuüben, in dessen Folge nur das Vertragsverhältnis dieser Parteien zurück abgewickelt wird oder Schadensersatz statt der ganzen Leistung zu verlangen, §§ 281, 323 BGB.

73 Minderung und Schadensersatz wegen Mängel im Bereich des Sondereigentums kann jeder Käufer auf der Grundlage des Kaufvertrages ohne Mitwirkung der anderen Eigentümer geltend machen.

74 Dagegen können Minderung und Schadensersatzansprüche wegen eines Mangels am gemeinschaftlichen Eigentum vom einzelnen Eigentümer nicht geltend gemacht werden, solange die Ei-

gentümer diesen dazu nicht ausdrücklich ermächtigt haben. Mit der Forderung nach Minderung oder Schadensersatz entfällt der Anspruch auf Nacherfüllung. Die Wohnungseigentümergemeinschaft ist für die Geltendmachung und Durchsetzung solcher Rechte von vornherein allein zuständig, die ihrer Natur nach gemeinschaftsbezogen sind und ein eigenständiges Vorgehen des einzelnen Wohnungseigentümers nicht zulassen. Das betrifft die gemeinschaftsbezogenen Rechte auf Minderung und auf kleinen Schadensersatz. Auch die Voraussetzungen für diese Rechte kann allein die Wohnungseigentümergemeinschaft schaffen (*BGH* WM 2007, 1084). S. Anhang zu § 8.

B. Notmaßnahmen, § 21 Abs. 2 WEG

I. Anwendungsbereich

Die Berechtigung eines Eigentümers ohne Zustimmung der anderen Eigentümer Maßnahmen zu treffen, sichert einen akut notwendig gewordenen Schutz des gemeinschaftlichen Eigentums. Um den Bestand des gemeinschaftlichen Eigentums dauerhaft und langfristig zu sichern, gibt es die Verpflichtung der Eigentümer zur Einhaltung des Maßnahmenkatalogs nach § 21 Abs. 5 WEG, die unabdingbaren Aufgaben des Verwalters nach § 27 Absatz 1–3 WEG und die Vorgaben über die Unauflöslichkeit der Gemeinschaft in § 11 WEG. § 21 Abs. 2 WEG stellt somit nur eine Ausnahmeregelung für den Notfall bereit, weshalb der Anwendungsbereich nicht großzügig zugelassen werden kann. 75

Jeder einzelne Eigentümer wird handlungsberechtigt, ohne die Zustimmung der anderen Miteigentümer oder Wohnungseigentümergemeinschaft zu haben, jedoch nur zu den Maßnahmen, die nötig sind, um einen unmittelbar bevorstehenden Schadenseintritt am gemeinschaftlichen Eigentum oder die Ausweitung der Folgen davon zu verhindern. Maßnahmen zur Abwendung von Schäden am Sondereigentum fallen nicht in den Anwendungsbereich dieser Regelung (*BayObLG* ZWE 2003, 179). 76

Es gilt der Gefahr entgegenzuwirken, über diese Ausnahmevorschrift einzelnen Eigentümern Handlungsbefugnis zu geben, außerhalb einer Notlage Tatsachen zu schaffen, die nicht oder schwer rückgängig zu machen sind. Deswegen liegt keine Notgeschäftsführung vor, wenn die Mängel bereits Gegenstand von Erörterungen in der Eigentümergemeinschaft waren (*BayObLG* ZMR 2003, 51). 77

§ 21 Abs. 2 WEG gibt den einzelnen Eigentümern Handlungsbefugnis in einer bestimmten Gefahrensituation tätig zu werden, erzeugt dazu jedoch keine Handlungspflicht. Das Verhältnis der Eigentümer untereinander bestimmt sich gemäß § 10 Abs. 2 WEG dann nach den Regeln des BGB über die Gemeinschaft, wenn das Wohnungseigentumsgesetz keine Regelung bereit hält. Die Handlungsbefugnis des Teilhabers nach § 744 Abs. 2 BGB geht zu weit und ist nicht anwendbar, weil eine Konflikt- und Konkurrenzsituation zu den zwingenden Vorgaben des WEG entsteht. Weder dürfen die Mitwirkungsbefugnisse der Eigentümer nach § 21 Abs. 3 und Abs. 5 WEG noch die Handlungspflichten des Verwalters nach § 27 WEG eingeschränkt werden. Deswegen bleibt nur dort ein Restanwendungsbereich des § 744 Abs. 2 BGB, wo sowohl Eigentümer als auch Verwalter nicht handeln können. 78

II. Voraussetzungen

Zur Notgeschäftsführung nach § 21 Abs. 2 WEG gehören nur die Fälle, in denen es dem Eigentümer unzumutbar geworden ist, ein Tätigwerden des Verwalters oder die Zustimmung der anderen Wohnungseigentümer abzuwarten. Wer mit dem Beginn notwendiger Arbeiten ca. neun Monate wartet und sich dann, nachdem er trotz des Zeitablaufs einen Beschluss der Eigentümerversammlung weder angestrebt noch herbeigeführt hat, auf eine eilige Notgeschäftsführung beruft, setzt sich mit seinem eigenen Verhalten in Widerspruch (*OLG Celle* ZWE 2002, 369–370). Wenn ein gefährlicher Zustand schon seit mehreren Jahren besteht und wenn er dem Verwalter bereits längere Zeit bekannt ist oder die Eigentümer ihn erörtert haben, ist die erforderliche Eilbedürftigkeit für eine Notgeschäftsführung regelmäßig nicht mehr gegeben (*BayObLG* ZWE 2002, 129). 79

§ 21 | Verwaltung durch die Wohnungseigentümer

80 Etwas anderes gilt, wenn die Maßnahme plötzlich so dringend und unaufschiebbar wurde, dass es dem eingreifenden Eigentümer nicht zugemutet werden kann, einen Mehrheitsbeschluss der Eigentümer gemäß § 21 Abs. 3 und Abs. 5 Nr. 2 WEG herbeizuführen oder die Einwilligung der übrigen Wohnungseigentümer zu den erforderlichen Maßnahmen notfalls im gerichtlichen Verfahren gemäß § 21 Abs. 4 WEG zu erwirken (BayObLG ZWE 2001, 418).

81 Eine Notlage besteht und ein Eingreifen gem. § 21 Abs. 2 WEG ist geboten, wenn ein verständiger Eigentümer mit seinem Eingreifen nicht länger warten würde und der Eigentümer weder den Verwalter, noch die anderen Wohnungseigentümer zur Behebung der Gefahr bzw. Schadens heranziehen kann. Etwa dann, wenn ein Verwalter überhaupt nicht vorhanden ist oder er sich zusammen mit der Eigentümergemeinschaft weigert, gegen den drohenden Schaden Maßnahmen zu ergreifen (OLG Oldenburg ZMR 1988, 185).

III. Durchführung einer Notmaßnahme

82 Maßnahmen der Instandhaltung und Instandsetzung gehören im Innenverhältnis zwischen Eigentümer und Verwalter zum unabdingbaren Aufgabenbereich des Verwalters nach § 27 Abs. 1 Nr. 3 Abs. 4 WEG. Die Vertretungsberechtigung des Verwalters für die Wohnungseigentümergemeinschaft ergibt sich aus § 27 Abs. 3 Nr. 4 WEG. Um diesen zwingenden Pflichtenkreis des Verwalters nicht zu beengen, dürfen von einem Eigentümer bei einer Notgeschäftsführung nur solche Maßnahmen veranlasst werden, die den Eintritt des unmittelbar drohenden Schadens verhindern und die Gefahrenlage beseitigen. Unzulässig sind zielgerichtete Maßnahmen, die der dauerhaften Behebung der Schadensursache dienen (BayObLG ZWE 2001, 418).

83 Typische Notmaßnahmen: Die Einschaltung von Hilfsdiensten, wie Feuerwehr, Handwerker für Notreparaturen, der örtlichen Gas- Strom- oder sonstigen Versorgungswerke. Nach einem Sturm die Noteindeckung; bei Rohrverschluss die Einschaltung eines Reinigungsdienstes.

84 Dient ein selbständiges Beweisverfahren der vorsorglichen Beweiserhebung vor Beginn eines möglichen Prozesses aber nicht der Abwendung eines unmittelbar drohenden Schadens, ist § 21 Abs. 2 WEG nicht anwendbar (BayObLG WE 1996, 152). Ein Eigentümer ist ohne besondere Ermächtigung durch die Wohnungseigentümergemeinschaft nicht befugt, zur Feststellung der am gemeinschaftlichen Eigentum aufgetretenen Mängel ein Beweissicherungsverfahren zu beantragen. Derartige gemeinschaftsbezogene Rechte und Pflichten werden gem. § 10 Abs. 6 S. 3 WEG ausschließlich von der Wohnungseigentümergemeinschaft ausgeübt.

85 Bei rechtlichen Nachteilen ist § 21 Abs. 2 WEG, zumindest unmittelbar, nicht anwendbar. Als Ausnahmevorschrift wurde sie zur Abwendung von drohenden Sachschäden am gemeinschaftlichen Eigentum geschaffen. Eine gesonderte Notfallkompetenz der Eigentümer zur Verhinderung von Rechtsnachteilen wollte offenbar das Gesetz nicht schaffen. Sonst hätte man dies, wie für den Verwalter in § 27 Abs. 1 Nr. 3 WEG für die sachlichen Notfälle und in § 27 Abs. 2 Nr. 4 WEG für die rechtlichen Notfälle, entsprechend formulieren können (a. A. Bärmann/Pick/Merle § 21 Rn. 46 und Niedenführ/Schulze § 21 Rn. 23).Gemeinschaftliches Eigentum definiert sich nach § 1 Abs. 5 WEG rein sachlich. Ansprüche oder Rechtspositionen sind dort nicht genannt. Diese zu verfolgen, ist Aufgabe der Wohnungseigentümergemeinschaft und gehört zur ordnungsgemäßen Verwaltung nach § 21 Abs. 4 WEG. Im Notfall ist es die unabdingbare Pflicht des Verwalters nach § 27 Abs. 2 Nr. 2 WEG für die Eigentümer bzw. nach § 27 Abs. 3 Nr. 2 WEG für die Wohnungseigentümergemeinschaft die Maßnahmen zu treffen, die nötig sind, um Rechtsnachteile zu vermeiden. Gibt es keinen Verwalter, kann jeder Eigentümer eine ordnungsgemäße Verwaltung verlangen, § 21 Abs. 4 WEG und im Notfall selbst eine Maßnahme ergreifen und tätig werden. Er wird nach den Grundsätzen der Geschäftsführung ohne Auftrag, § 683 BGB, auch Ersatz seiner Aufwendungen verlangen können und haftet gem. § 680 BGB nur bei Vorsatz und grober Fahrlässigkeit.

IV. Ersatz für Aufwendungen/Aufrechnung

86 Soweit der Notgeschäftsführer für die das gemeinschaftliche Eigentum handelt, erzeugt er Kosten i. S. v. § 16 Abs. 2 WEG. Die Wohnungseigentümergemeinschaft ist ihm zum Ausgleich verpflich-

Verwaltung durch die Wohnungseigentümer | § 21

tet. Daneben haften ihm die Miteigentümer nach § 10 Abs. 8 S. 1 WEG entsprechend ihren Anteilen. Der Notgeschäftsführer ist Gläubiger der Wohnungseigentümergemeinschaft im Sinne dieser Vorschrift.

Die Auszahlung erfolgt in der Praxis durch den Verwalter. Er hat dem tätigen Eigentümer als Vertreter der Wohnungseigentümergemeinschaft nach § 27 Abs. 3 Nr. 4 und Abs. 1 Nr. 4 WEG die Aufwendungen zu erstatten. Auch kann der Eigentümer mit seinen Aufwendungen aus der Notgeschäftsführung gegen die von ihm nach § 28 Abs. 2 WEG an die Eigentümergemeinschaft zu zahlenden Vorschüsse aufrechnen, § 257 BGB (*BayObLG* ZWE 2003, 179). 87

Jeder Eigentümer hat Anspruch auf ordnungsmäßige Instandsetzung des gemeinschaftlichen Eigentums nach § 21 Abs. 4 und Abs. 5 Nr. 2 WEG, wozu auch eine Instandsetzung in angemessener Zeit gehört. Verletzen die Eigentümer die ihnen dabei obliegende Instandsetzungspflicht, können sich daraus Schadensersatzansprüche für einen Eigentümer ergeben. Solange diese Ansprüche nicht aus einer Notgeschäftsführung stammen, besteht keine Aufrechnungsmöglichkeit. Grundsätzlich kann nur mit den Aufwendungen aus einer Notgeschäftsführung, mit ausgeurteilten oder mit anerkannten Ansprüchen aufgerechnet werden (*BayObLG* ZWE 2003, 179). 88

Die Bemühungen eines Eigentümers die Ausübung der Prostitution in einzelnen Wohnungen der Wohnanlage zu unterbinden, schaffen weder hinsichtlich der damit verbundenen Fahrtkosten noch hinsichtlich des Zeitaufwands einen Erstattungsanspruch aus einer Notgeschäftsführung (*BayObLG* ZMR 2003, 51). 89

Wenn ein Eigentümer eigene Gewährleistungsansprüche gegen den Verkäufer seiner Wohnung durch ein Beweissicherungsverfahren (zur Schadhaftigkeit des Dachs) verfolgt und letztlich keinen Erfolg hat, kann er von der Eigentümergemeinschaft keine Erstattung seiner Rechtsanwalts- und Gerichtskosten verlangen, auch wenn diese bei Obsiegen einen Vorteil von der Rechtsverfolgung gehabt hätte (*LG Stuttgart* NZM 2000, 669–670). 90

V. Geschäftsführung ohne Auftrag

Die Ansprüche aus § 16 Abs. 2 und § 21 Abs. 2 WEG sind nicht vorrangig und schließen die allgemeinen Ansprüche gegen die Wohnungseigentümergemeinschaft aus §§ 683, 684 BGB oder § 748 BGB nicht aus. Sie bestehen nebeneinander, soweit jeweils die Voraussetzungen gegeben sind und eine Maßnahme der ordnungsgemäßen Verwaltung entspricht (*OLG Köln* ZMR 1999, 790). 91

Es spricht eine Vermutung dafür, dass die Wohnungseigentümer in einem Fall, der nicht von der Notgeschäftsführung gedeckt ist, selbst von ihrer Entscheidungsbefugnis Gebrauch machen wollen. Ist die von einem einzelnen Wohnungseigentümer eigenmächtig getroffene Maßnahme nicht die einzig in Betracht kommende, entspricht sie im Zweifel nicht dem mutmaßlichen Willen der übrigen Wohnungseigentümer (*OLG Celle* ZWE 2002, 369–370) und auch nicht dem der Wohnungseigentümergemeinschaft (*KG* ZMR 2005, 402). 92

Der Einbau neuer Fenster erfolgt selten als Maßnahme der Notgeschäftsführung. Meist liegt auch kein Auftrag (§ 670 BGB) der übrigen Wohnungseigentümer oder der Eigentümergemeinschaft vor. Als Geschäftsführung ohne Auftrag (§§ 677, 683 BGB) lässt sich die Maßnahme ebenfalls nicht einordnen, wenn der Wille der Wohnungseigentümer gerade dahin ging, gemeinschaftlich zunächst nichts zu unternehmen. Es können aber die Voraussetzungen eines Anspruchs aus ungerechtfertigter Bereicherung (§ 812 Abs. 1 S. 1 i. V. m. § 818 Abs. 2 BGB, § 398 BGB) erfüllt sein. Wegen der insoweit gleichartigen Anspruchsvoraussetzungen kann dahinstehen, ob angesichts der Haltung der Eigentümer Fremdgeschäftsführungswillen überhaupt vorlag (§ 684 BGB *BayObLG* ZMR 2003, 951–953). Diese Grundsätze wurden bisher durch die alten Fassungen der § 22 Abs. 1 WEG und § 16 Abs. 3 WEG überlagert. Wenn es einen Mehrheitsbeschluss der Gemeinschaft nicht gibt, steht eine eigenmächtige Auswechslung von Fenstern einer unzulässigen baulichen Veränderung gleich. Sämtliche übrigen Wohnungseigentümer und auch deren Nachfolger, die der baulichen Veränderung nicht zugestimmt haben, sind nach § 16 Abs. 6 S. 1 WEG nicht verpflichtet, die Kosten der unzulässigen Maßnahme zu tragen (*KG* ZMR 2005, 402). Die alte Regelung des § 16 Abs. 3 WEG kann nun durch einen qualifizierten Mehrheitsbeschluss nach § 16 Abs. 4 WEG abbedungen werden, § 16 Abs. 6 S. 2 WEG. 93

§ 21 | Verwaltung durch die Wohnungseigentümer

94 Wenn bei der Sanierung des Bades im Sondereigentum Leitungen des gemeinschaftlichen Eigentums mit saniert werden, handelt es sich für den Eigentümer um ein objektiv fremdes Geschäft, das dem mutmaßlichen Willen der Eigentümergemeinschaft entsprechen kann. Die Eigentümergemeinschaft kann Kosten nach § 14 Nr. 4 WEG einsparen, wenn ein Eigentümer absehbare Reparaturen der Leitungen, die mit Maurer- und Fliesenarbeiten am Sondereigentum verbunden sind, für den Abschnitt seiner Wohnung dann vornimmt, wenn die Fliesen in seinem Bad erneuert werden (*OLG Hamburg* WE 2000, 153–154).

C. Verwaltung durch Vereinbarung oder Mehrheitsbeschluss, § 21 Abs. 3 WEG

I. Der Mehrheitsbeschluss als typisches Verwaltungsinstrument

95 Ob das Recht der Eigentümer Maßnahmen der ordnungsgemäßen Verwaltung durch Stimmenmehrheit zu beschließen eine Ausnahme zu dem Grundsatz darstellt, dass die Verwaltung allen Eigentümern gemeinschaftlich zusteht (vgl. Bärmann/Pick/*Merle* § 21 Rn. 60), ist eher ein theoretischer Streit. Tatsächlich wirken auch bei einem Mehrheitsbeschluss alle Eigentümer mit, weil ihnen die Absicht einer Beschlussfassung nach § 23 Abs. 2 WEG vorher bekannt gegeben werden muss und sie Gelegenheit bekommen, auf die Meinungsbildung innerhalb der Gemeinschaft Einfluss zu nehmen, selbst abzustimmen oder einen Beschluss gerichtlich prüfen zu lassen. Die Mehrheitsbeschlussfassung ist deswegen (nur) eine besondere Ausformung der gemeinschaftlichen Verwaltung und steht bei der Verwaltung des gemeinschaftlichen Eigentums in der Praxis deutlich im Vordergrund (*Belz* S. 272 Rn. 148).

II. Die Beachtung der Beschlusskompetenz – Vermeidung der Nichtigkeit

96 § 21 Abs. 3 WEG verschafft den Eigentümern die Beschlusskompetenz für Maßnahmen der ordnungsgemäßen Verwaltung des gemeinschaftlichen Eigentums. Maßnahmen die das Sondereigentum betreffen, werden von dieser ermächtigenden Regelung nicht erfasst (*BayObLG* ZMR 2002, 848). Insbesondere darf im Einzelfall nicht in die Substanz des Sondereigentums rechtlich oder gegenständlich eingegriffen werden (*BayObLG* NJW 1973, 1086). Dadurch unterscheidet sich diese Ermächtigung von § 15 Abs. 2 WEG. Gebrauchsregelungen, die das Sondereigentum betreffen, können mehrheitlich von den Eigentümern geregelt werden, wenn keine Vereinbarung dazu existiert.

97 Ein Mehrheitsbeschluss, für den die Beschlusskompetenz nicht vorhanden war, ist nichtig. Es bedarf keiner Anfechtungsklage nach § 43 Nr. 4 und § 46 WEG (*BGH* ZMR 2000, 771 = NJW 2000, 3500). Allenfalls kann die gerichtliche Feststellung der Nichtigkeit verlangt werden, wenn dafür ein Rechtsschutzbedürfnis besteht (*BayObLG* ZMR 2003, 689). Dieses wird regelmäßig zu unterstellen sein, weil ansonsten der Beschluss nicht herbeigeführt worden wäre und deswegen zu befürchten ist, dass sich die Verwaltung oder ein Miteigentümer auf den (nichtigen) Beschluss berufen.

98 Näheres zur Beschlusskompetenz s. § 23 Rn. 9 ff.

III. Die fehlende Beschlusskompetenz bei Vorliegen einer Vereinbarung

99 Den Eigentümern wird vom Gesetz eine Beschlusskompetenz für Fragen der Verwaltung des gemeinschaftlichen Eigentums zugestanden, soweit im Einzelfall nicht bereits eine vereinbarte Regelung existiert. Die Klärung der Frage, ob eine Vereinbarung vorliegt, die eine mehrheitliche Beschlussfassung unterbindet, setzt voraus, dass alle Vereinbarungen der Gemeinschaft bekannt sind. Hier liegt in besonderem Maße die Verantwortung beim Verwalter, der zu einer entsprechenden Beschlussfassung einlädt, jedoch vorher abklären muss, ob eine Vereinbarung existiert. Dabei kann er sich nicht darauf verlassen, dass es nur die »Gemeinschaftsordnung« gibt, die zusammen mit der Teilungserklärung errichtet wurde. Es können auch später von den Eigentümern Vereinbarungen geschaffen worden sein. Der Verwalter kann und muss sich ggf. durch Einsichtnahme beim Grundbuchamt Kenntnis zumindest über den Umfang der verdinglichten Vereinbarungen verschaffen.

Verwaltung durch die Wohnungseigentümer | § 21

Weil § 21 Abs. 3 WEG zwischen den verdinglichten und den schuldrechtlichen Vereinbarungen nicht unterscheidet, muss sich der Verwalter auch bemühen, die nicht im Grundbuch eingetragenen Vereinbarungen in Erfahrung zu bringen, die vor der Zeit seiner Verwaltungstätigkeit getroffen worden sind. Auch diese sind Vereinbarungen i. S. v. § 21 Abs. 3 WEG und schließen die Beschlusskompetenz der Eigentümer grundsätzlich aus (*BayObLG* ZMR 2002, 848). Werden schuldrechtlich vereinbarte Regelungen vorgefunden, sind sie darauf zu prüfen, ob sie unter den Eigentümern noch Gültigkeit haben. Dies wird immer dann anzunehmen sein, wenn sich der Kreis der Eigentümer seit Abschluss der schuldrechtlichen Vereinbarung nicht verändert hat und sie sich nicht erkennbar von der Regelung distanziert haben. 100

Die Gültigkeit ist jedoch zweifelhaft, wenn inzwischen auch nur ein neuer Eigentümer hinzu kam und dieser nicht ausdrücklich der schuldrechtlichen Vereinbarung beigetreten ist. Im Zweifel ist davon auszugehen, dass eine schuldrechtliche Vereinbarung unter der Voraussetzung (Geschäftsgrundlage) zu Stande kam, dass sie nur unter den Eigentümern gelten soll, die bei Abschluss der Vereinbarung Eigentümer waren und mitgewirkt haben. Weitergehend: *BayObLG* ZMR 2002, 848, wonach die Bindung der verbleibenden Eigentümer, unter denen die Vereinbarung geschlossen wurde, generell nicht berührt werde. Dagegen spricht: Wenn die Eigentümer eine Vereinbarung treffen, an der alle Eigentümer mitwirken, spricht der erste Anschein dafür, dass die Regelung für alle Eigentümer verbindlich sein soll. Unterlassen sie einen Eintrag im Grundbuch, weil dies mit Aufwand und Kosten verbunden ist, lassen sie sich bewusst auf eine zeitliche begrenzte Gültigkeit der Vereinbarung ein. Es muss dann unterstellt werden, dass die Eigentümer absichtlich von der Möglichkeit nicht Gebrauch gemacht haben, durch Verdinglichung eine Fortgeltung über einen Eigentümerwechsel hinaus anzuordnen. Nur für den Fall, dass sich nach Auslegung von Wortlaut oder Ziel der Vereinbarung der Fortgeltungswille unter den restlichen, verbleibenden Eigentümer auch für den Fall ergibt, dass ein Eigentümer ausscheidet, kann eine Bindungswirkung der verbleibenden Eigentümer angenommen werden. 101

Das *LG Freiburg* (20.4.2004, Az. 4 T 210/03) unterscheidet nach Vereinbarungen, die eine nur für alle Wohnungseigentümer einheitlich zu beurteilende Regelung zum Gegenstand haben. Dann entfällt die Vereinbarung mit Eintritt eines Eigentümers, der die schuldrechtliche Bindung nicht einzelvertraglich übernommen hat, weil sonst »hinkende Rechtsverhältnisse« entstünden. Schließlich ist denkbar, dass ein eintretender neuer Eigentümer die schuldrechtlichen Vereinbarung übernimmt. Eine derartige Schuldübernahme setzt die positive Kenntnis des Erwerbers vom Bestehen dieser Vereinbarung voraus und den erkennbaren (beweisbaren) rechtsgeschäftlichen Willen, in diese Vereinbarung eintreten zu wollen (*OLG Zweibrücken* OLGR Zweibrücken 2005, 281 für ein vereinbartes Sondernutzungsrecht). 102

In denkbaren Fällen einer relativen Bindungswirkung (der Sonderrechtsnachfolger ist an die Vereinbarung nicht gebunden, die früheren Eigentümer sind gebunden) ist die Anwendung des § 21 Abs. 3 WEG am Ziel orientiert auszulegen. Nur dann fehlt die Beschlusskompetenz der Eigentümergemeinschaft, wenn zu einem Sachverhalt eine Vereinbarung aller Wohnungseigentümer vorhanden ist. Diese Auslegung kommt dem Wortlaut und dem Sinn der Regelung am nächsten. Gibt es eine nur relative Bindungswirkung einer schuldrechtlichen Vereinbarung, ist ein Mehrheitsbeschluss nach § 23 Abs. 4 WEG anfechtbar, jedoch nicht nichtig. 103

Dingliche Vereinbarungen, insbesondere solche in der Gemeinschaftsordnung, sind darauf zu prüfen, ob sie als materielle Regelung gewertet werden müssen oder lediglich formell (bei Gelegenheit) Bestandteil einer Vereinbarung geworden sind und in das Grundbuch gelangten (*BayObLG* Rpfleger 1975, 367). Materielle Vereinbarungen können nur durch neue Vereinbarungen ersetzt werden. Lediglich bei Gelegenheit der Erstellung der Gemeinschaftsordnung aufgenommene Regelungen ohne materiellen Inhalt können durch Mehrheitsbeschluss abgeändert werden. Die Unterscheidungen sind nur vorsichtig anzuwenden und müssen wegen des Vertrauensschutzes im Zweifel dazu führen, eine materielle Regelung anzunehmen. Jeder Eigentümer, der in eine Gemeinschaft neu eintritt, darf darauf vertrauen, dass die im Grundbuch hinterlegten Regelungen über das Verhältnis der Eigentümer untereinander als gesichert anzusehen sind und nicht durch einen Mehrheitsbeschluss abgeändert werden können. Weder ist es ihm möglich einzuschätzen, was bei Erstellung der Vereinbarung gedacht wurde oder gemeint war noch kann er 104

§ 21 | Verwaltung durch die Wohnungseigentümer

mit ausreichender Sicherheit in Erfahrung bringen, was derzeitig die Eigentümergemeinschaft von der Regelung hält (a. A. *Belz* S. 277, Rn. 152).

105 Vereinbarungen, wie etwa die Gemeinschaftsordnung, können regelmäßig nur durch eine neue Vereinbarung unter Mitwirkung aller Eigentümer verändert werden. Durch eine vereinbarte »Öffnungsklausel« werden die Eigentümer ermächtigt, vereinbarte Regelungen durch einen Mehrheitsbeschluss zu ändern (*OLG Hamm* ZMR 2004, 852). Enthält die Teilungserklärung etwa eine Öffnungsklausel, die eine Änderung des Verteilungsschlüssels durch Mehrheitsbeschluss zulässt, ist dies auch nur möglich, wenn hierfür ein sachlicher Grund vorliegt (OLG Hamm ZMR 2006, 630). Dies gilt im Wesentlichen trotz der neuen Möglichkeiten in § 16 Abs. 3 und 4 WEG weiter. Auch wenn nach § 10 Abs. 2 S. 3 WEG nunmehr verlangt werden kann, dass die Gemeinschaftsordnung angepasst wird, setzt der Anspruch voraus, dass ein Festhalten am Vereinbarten auch unter Beachtung der Interessen der übrigen Eigentümer unbillig erscheint.

106 Öffnungsklauseln schaffen für eine Eigentümergemeinschaft eine höhere Flexibilität, weil auf geänderte Lebenssachverhalte oder Vorstellungen innerhalb der Gemeinschaft reagiert werden kann, ohne dass ein einzelner Eigentümer dies durch fehlende Mitwirkung verhindert. Bestehen Zweifel daran, ob die Veränderung von der Öffnungsklausel gedeckt ist oder ein sachlicher Grund für die Änderung vorliegt, können diese Fragen gerichtlich durch Anfechtungsklage gemäß § 46 WEG geklärt werden (*BayObLG* ZMR 2004, 211). Andernfalls wird der Beschluss bestandskräftig.

107 Eine Vereinbarung, die in Folge einer Öffnungsklausel durch Beschluss verändert wird, erlangt im veränderten Umfang Beschlussqualität. Demzufolge gilt die neue Regelung auch dann gegen einen Rechtsnachfolger, wenn sie nicht in das Grundbuch eingetragen wurde, § 10 Abs. 4 S. 2 WEG.

108 Um das Vertrauen auf die vereinbarten Vorgaben zu schützen und einen zu radikalen Umbruch zu verhindern, fordern solche Öffnungsklauseln häufig eine bestimmte, qualifizierte Mehrheit. Wird die erforderliche, qualifizierte Mehrheit nicht erreicht und dennoch vom Versammlungsleiter das Zustandekommen eines Mehrheitsbeschlusses verkündet, führt dies nicht zur Nichtigkeit. Die Öffnungsklausel verschafft der Eigentümergemeinschaft die Beschlusskompetenz. Wird ein solcher Beschluss nicht gemäß § 46 WEG gerichtlich angefochten, wird er bestandskräftig (*Köhler/Bassenge/Becker*, S. 150). A. A. *Elzer* in § 10 Rn. 284.

109 Seit *BGH* ZMR 2000, 771 = NJW 2000, 3500 wird in Literatur und Rechtsprechung zwischen einem »vereinbarungsabändernden« oder einem »vereinbarungswidrigen« Beschluss bzw. einem »gesetzesabändernden« oder einem »gesetzeswidrigen« Beschluss unterschieden, sog. Wenzel'scher Dreiklang (vgl. *Riecke/Schmidt*, ETV, S. 39).

110 Dabei führen die »abändernden« Beschlüsse jeweils zur Nichtigkeit, weil diese entgegen dem Wortlaut eines Gesetzes oder entgegen einer bereits bestehenden Vereinbarung der Eigentümergemeinschaft keine neuen Regelungsinhalte mit normativem Charakter schaffen können. Dies ist gemäß § 10 Abs. 2 S. 2 WEG allein den Vereinbarungen vorbehalten. So könnte durch einen Mehrheitsbeschluss die gesetzliche Kostenverteilungsregel des § 16 Abs. 2 WEG oder eine in der Gemeinschaftsordnung vereinbarte Regelung der Kostenverteilung nicht verändert werden (*OLG Stuttgart* ZMR 2001, 664), gäbe es nicht inzwischen die gesetzliche Beschlusskompetenz in § 16 Abs. 3 WEG. Eine häufig in der Praxis versuchte Abweichung von gesetzlichen Vorgaben ist ein Mehrheitsbeschluss, wonach die nächste Eigentümerversammlung auf jeden Fall, ohne Beachtung der Beschlussfähigkeit nach § 25 Abs. 3 WEG, Mehrheitsbeschlüsse herbeiführen kann. Wenn die Gemeinschaftsordnung dazu keine ermächtigende Öffnungsklausel enthält, ist der Beschluss nichtig.

111 Die (nur) »widrigen« Beschlüsse können bestandskräftig werden, führen nicht zur Nichtigkeit und können allenfalls durch eine Anfechtungsklage nach § 46 WEG und darauf geprüft werden, ob sie den Grundsätzen ordnungsgemäßer Verwaltung entsprechen. Widersprechen Sie diesen Grundsätzen, werden sie vom Gericht für ungültig geklärt. In diesen Fällen ist somit ein aktives Handeln eines Beteiligten erforderlich, um den Eintritt der Bestandskraft eines Beschlusses zu verhindern (*BayObLG* NJW-RR 2001, 1020).

112 Zur weiteren Unterscheidung zwischen einem »abändernden« und einem »widrigen« Beschluss, s. § 23 Rn. 9 ff.

IV. Der Zweitbeschluss

Ein Mehrheitsbeschluss kann grundsätzlich durch einen weiteren Mehrheitsbeschluss abgeändert oder aufgehoben werden. Auch dieser »Zweitbeschluss« muss einer Prüfung standhalten, ob er inhaltlich den Grundsätzen ordnungsgemäßer Verwaltung entspricht; er ist ebenfalls nach § 46 WEG gerichtlich überprüfbar (*OLG Düsseldorf* ZMR 2001, 130). Wird ein Eigentümerbeschluss über die Genehmigung einer Jahresabrechnung auf Anfechtung teilweise gerichtlich für ungültig erklärt und danach neu erstellt, hat die Eigentümergemeinschaft darüber neu zu beschließen. Wird dieser Beschluss wieder angefochten, so sind die nicht veränderten Abrechnungsbestandteile der erneuten Überprüfung durch ein Wohnungseigentumsgericht entzogen. (*OLG Düsseldorf* 20.4.2007, 3 Wx 127/06). 113

Ein Anspruch eines Wohnungseigentümers auf Neuberechnung im Wege des Zweitbeschlusses kann nicht auf Umstände gestützt werden, die bei der Beschlussfassung bereits bekannt waren, etwa wenn ein Sachverständigengutachten vorlag, das die ordnungsgemäße Erfassung des Wärmeverbrauchs für sämtliche beheizte Flächen verneint (*OLG Düsseldorf* ZMR 2007, 379). 114

Grundsätzlich muss jeder Eigentümer damit rechnen, dass ein Mehrheitsbeschluss wiederum durch einen erneuten Mehrheitsbeschluss geändert werden kann. Die Grenzen, einen Mehrheitsbeschluss zu verändern, liegen dort, wo ein früherer Beschluss Vertrauen auf dessen Fortbestand erzeugt hat. Insbesondere dann, wenn ein Eigentümer im Vertrauen auf einen Beschluss eine Vermögensdisposition getroffen hat, und dies die Eigentümer erkannt haben oder erkennen konnten, werden die Grundsätze der ordnungsgemäßen Verwaltung verlassen, wenn durch den Zweitbeschluss eine Änderung herbeigeführt wird und dadurch dem vertrauenden Eigentümer ein Vermögensnachteil entsteht (*OLG Düsseldorf* ZMR 2001, 130). Dies gilt auch, wenn durch die Umsetzung der geplanten Maßnahme einem Miteigentümer die Möglichkeit zur Ausübung seines Sondernutzungsrechts faktisch entzogen wird (*BayObLG* BayObLGR 2004, 388). Ist vor dem Beschluss des *BGH* vom 20.9.2000 ein mehrheitlicher Eigentümerbeschluss gefasst worden, demzufolge jeder Wohnungseigentümer die Kosten für die Sanierung seines Balkons bis zur Betonplatte selbst zu tragen hat, ist die Gemeinschaft auch dann nicht gehindert, im Wege eines abändernden Zweitbeschlusses die Instandhaltungslast insoweit wieder in eigene Regie zurück zu übernehmen, wenn ein einzelner Miteigentümer Kosten für die Sanierung des zu seiner Wohnung gehörenden Balkons zwischenzeitlich bereits aufgewendet hat. Ordnungsgemäßer Verwaltung entspricht eine solche Beschlussfassung aber nur dann, wenn sie sich nicht darauf beschränkt, die geänderte Regelung für die Zukunft in Kraft zu setzen, sondern auch eine Übergangsregelung für die bereits durchgeführte Balkonsanierung trifft, die dem Grundsatz der notwendigen Gleichbehandlung der Miteigentümer sowie der Gewährung von Vertrauensschutz gegenüber früher getroffenen gemeinschaftlichen Regelungen Rechnung trägt (*OLG Hamm* ZMR 2007, 296). 115

Ist ein Eigentümerbeschluss rechtskräftig für ungültig erklärt worden, so steht die Bindung an diese Entscheidung einem erneuten Beschluss mit gleichem Inhalt nicht entgegen. Die Bindung an eine frühere rechtskräftige Entscheidung nach § 45 Abs. 2 S. 2 WEG betrifft nur die Ungültigkeit des früheren Beschlusses (*BayObLG* WuM 1989, 342; a. A. *AG Neukölln* ZMR 2005, 235). Durch einen inhaltsgleichen bestandskräftigen Zweitbeschluss (über die angefochtene Jahresabrechnung) entfällt das Rechtsschutzbedürfnis des Antragstellers für die Beschlussanfechtung des Erstbeschlusses (*KG* ZWE 2000, 274). Der Antrag auf Ungültigerklärung eines Eigentümerbeschlusses wird auch unzulässig, wenn ein Zweitbeschluss gefasst wird, dessen Regelungsgehalt zwar über den Erstbeschluss hinausgeht, diesen aber mit umfasst (*BayObLG* 12.1.2005, 2Z BR 187/04). 116

V. Eine der Beschaffenheit des gemeinschaftlichen Eigentums entsprechende ordnungsgemäße Verwaltung

Nach § 21 Abs. 3 WEG besteht die Beschlusskompetenz für Maßnahmen der ordnungsmäßigen Verwaltung. Daraus kann aber nicht die Schlussfolgerung abgeleitet werden, dass den Maßnahmen die Beschlusskompetenz fehlt, die nicht ordnungsgemäßer Verwaltung entsprechen. Dies hätte dann zur Folge, dass die Beschlüsse nichtig wären. Bereits in seiner Entscheidung vom 117

§ 21 | Verwaltung durch die Wohnungseigentümer

20.9.2000 hat der *BGH* zum Ausdruck gebracht, dass im Einzelfall die Frage, ob eine Maßnahme der ordnungsgemäßen Verwaltung vorliegt – oder etwa im Zusammenhang mit § 15 Abs. 2 WEG ein ordnungsgemäßer Gebrauch –, sehr schwierig zu beurteilen ist und häufig erst über eine gerichtliche Entscheidung abschließend geklärt werden kann (*BGH* ZMR 2000, 771 = NJW 2000, 3500). Weil die Frage der Ordnungsmäßigkeit erst der Gegenstand einer gerichtlichen Prüfung ist, diese aber nur erfolgen kann, wenn kein nichtiger Beschluss vorlag, kann die Frage, ob Beschlusskompetenz bestand, nicht davon abhängen, ob eine Maßnahme ordnungsgemäßer Verwaltung entspricht.

118 Eine der Beschaffenheit des gemeinschaftlichen Eigentums entsprechende ordnungsgemäße Verwaltung liegt vor, wenn sie im Interesse aller Eigentümer der Erhaltung oder Verbesserung dient oder auf einen entsprechenden Gebrauch ausgerichtet ist, der dem vereinbarten Zweck des gemeinschaftlichen Eigentums entspricht (*Bärmann/Pick/Merle* § 21 Rn. 63). Dazu müssen die Vorgaben des WEG, der Vereinbarungen der Eigentümer und deren Beschlussfassungen, soweit sie nicht für ungültig erklärt wurden, beachtet werden. Dieser Maßstab gibt aber nur die Richtung vor und ist jeweils auf den Einzelfall anzuwenden. Die durch eine solche Maßnahme entstehenden Kosten können bei der Abwägung eine Rolle spielen, sind jedoch nicht immer ausschlaggebend. Bei unaufschiebbaren Aufgaben, die dem Bestand und der Sicherheit dienen, muss der finanzielle Rahmen einer Gemeinschaft gegebenenfalls ausgeschöpft werden. Eine Verschiebung der erforderlichen Sanierungsmaßnahmen könnte zu einer weiteren Verschlechterung des Bauzustands der Anlage führen, was nicht hingenommen werden muss. Gerade dann müssen innerhalb kurzer Zeit hohe Sanierungskosten aufgebracht werden, wenn zuvor über einen längeren Zeitraum nicht renoviert wurde. Die finanzielle Situation wird schwieriger, je länger mit der Renovierung zugewartet wird (*BayObLG* WE 1996, 476). Zur Verwendbarkeit der Rücklagen *OLG Saarbrücken* NJW-RR 2000, 87. Bei Maßnahmen die eher nützlich sind, steht eine Kosten-Nutzen-Analyse im Vordergrund (*OLG Düsseldorf* ZMR 2002, 957).

119 Maßnahmen, die nicht mehr ordnungsgemäßer Verwaltung entsprechen, können nicht nach § 21 Abs. 3 WEG »mehrheitlich« beschlossen werden. Sie bedürfen (eigentlich) der allstimmigen Beschlussfassung, § 21 Abs. 1 WEG oder sie müssen nach § 10 Abs. 2 WEG vereinbart werden. Weil durch einen Beschluss, ggf. durch einen allstimmigen Beschluss, leichter eine Bindungswirkung des Sonderrechtsnachfolgers über § 10 Abs. 4 WEG herbeigeführt werden kann und eine Vereinbarung erst nach Verdinglichung einen Sonderrechtsnachfolger bindet, erhält der allstimmige Beschluss besondere Bedeutung, wenn eine Maßnahme geplant ist, die auch nach Einschätzung der Eigentümergemeinschaft nicht mehr den Grundsätzen ordnungsgemäßer Verwaltung entspricht. Auch dieser Beschluss, dem zunächst alle Eigentümer zugestimmt haben, kann gerichtlich angefochten nach § 46 WEG gerichtlich überprüft werden, ob er den Grundsätzen ordnungsgemäßer Verwaltung entspricht. Ohne gerichtliche Beschlussanfechtung tritt nach Ablauf der Monatsfrist gem. § 46 Abs. 1 S. 2 WEG Bestandskraft ein. Die Beschlusskompetenz fehlt den Eigentümern auch für solche Beschlüsse nicht, die ordnungsgemäßer Verwaltung nicht entsprechen (*BGH* ZMR 2000, 771 = NJW 2000, 3500, vgl. dort Leitsatz 5).

D. Anspruch auf ordnungsgemäße Verwaltung, § 21 Abs. 4 WEG

I. Der Anwendungsbereich

120 Diese Vorschrift beinhaltet einen allgemeinen Anspruch eines jeden Eigentümers gegen die Miteigentümer auf Einhaltung der Vereinbarungen und Beschlüsse. Fehlen derartige Vorgaben schafft sie eine Generalklausel, mit deren Hilfe jedes Verwaltungshandeln der Willkür entzogen und überprüfbar gemacht wird, ob es (noch) dem Interesse der Gesamtheit der Eigentümer nach billigem Ermessen entspricht. Wurden die Eigentümer aktiv und haben sie eine Verwaltungsmaßnahme beschlossen, kann dieser Beschluss nach § 46 WEG und § 43 Nr. 4 WEG durch Anfechtungsklage von einem Gericht überprüft werden.

121 Ob ein Eigentümerbeschluss ordnungsmäßiger Verwaltung entspricht, ist im Einzelfall unter Abwägung der für und gegen ihn sprechenden Umstände zu entscheiden, wobei im Vordergrund das Interesse der Gesamtheit der Wohnungseigentümer und nicht nur Einzelner zu stehen hat.

Der mit dem Eigentümerbeschluss verbundene Nutzen für die Wohnungseigentümer ist gegen die damit verbundenen Risiken abzuwägen (*BayObLG* NJW-RR 2004, 1021).

Da nicht ausdrücklich untersagt, kann diese gesetzliche Vorgabe gemäß § 10 Abs. 2 S. 2 WEG verändert oder insgesamt abbedungen werden (Bärmann/Pick/*Merle*, § 21 Rn. 81). Weil der hier festgeschriebene Anspruch für die Funktionsfähigkeit der Eigentümergemeinschaft von außerordentlicher Bedeutung ist und nachhaltig das Vertrauen jedes einzelnen Eigentümers auf die Wahrung seiner rechtlichen Position innerhalb der Gemeinschaft schützt, spricht aber einiges dafür, diese Vorschrift als zum Kernbereich des Wohnungseigentumsrechts gehörend anzusehen und zumindest die vollständige Abdingbarkeit in Frage zu stellen (Staudinger/*Bub*, § 21 Nr. 18). 122

Einen besonderen Anwendungsbereich erhält die Vorschrift, wenn eine Pattsituation bei der Stimmabgabe die Entscheidung verhindert und der Eigentümergemeinschaft durch eine gerichtliche Entscheidung weitergeholfen werden muss (*LG Konstanz* ZMR 2001, 743). Ebenfalls kann bei einer Majorisierung durch einen Eigentümer oder einer Eigentümer-Gruppe durch das Gericht eine Maßnahme der Verwaltung geprüft und soweit nötig korrigiert werden (*OLG Düsseldorf* ZMR 2002, 614). 123

Im FGG-Verfahren hat Geltendmachung eines Anspruchs aus § 21 Abs. 4 WEG keinen bestimmten Sachantrag i. S. v. § 253 Abs. 1 ZPO vorausgesetzt. Auch die genaue Bezeichnung der verlangten Maßnahme, die ordnungsgemäßer Verwaltung entsprach, war entbehrlich. Es genügte, wenn der Antragsteller sein Rechtsschutzziel deutlich machte (*OLG Hamm* ZMR 2007, 296). Seit der Überleitung in das ZPO-Verfahren ist ein konkreter Antrag nach § 253 Abs. 1 ZPO erforderlich. 124

II. Berechtigte und Verpflichtete des Anspruchs

Berechtigte und Verpflichtete aus § 21 Abs. 4 WEG sind die Eigentümer, der Verwalter und die Beiräte. Ihnen obliegt nach § 20 Abs. 1 WEG die Verwaltung des gemeinschaftlichen Eigentums. Aus dem Wortlaut ergibt sich, dass Dritte, etwa Gläubiger, Mieter oder sonstige schuldrechtlich oder dinglich Berechtigte Ansprüche aus dieser Vorschrift nicht ableiten können, vom Ausnahmefall abgesehen, dass ein Nichteigentümer bestandskräftig zum Beirat gewählt wurde (*KG* ZMR 1989, 186). 125

Auch die Wohnungseigentümergemeinschaft kann die Einhaltung der Grundsätze ordnungsgemäßer Verwaltung verlangen. Da ihr nach § 10 Abs. 7 WEG das Verwaltungsvermögen gehört, kann sie, vertreten durch den Verwalter, Vorschusszahlung gemäß Wirtschaftsplan von den Eigentümern einfordern. Nur dann ist sie in der Lage eingegangene Verbindlichkeiten zu bezahlen. Erfüllen die Eigentümer ihre Pflichten gegenüber der Wohnungseigentümergemeinschaft nicht und verweigern sie erforderliche Beschlussfassungen, muss der Verwalter als deren Vertreter eine Anfechtungsklage nach § 43 Nr. 4 WEG erwägen. 126

Der Anspruch kann vom einzelnen Eigentümer nur dann allein geltend gemacht werden, wenn nicht gemeinschaftsbezogene Rechte eingefordert werden. Deren Ausübung steht nach § 10 Abs. 6 S. 3 WEG allein der Wohnungseigentümergemeinschaft zu. Verweigert die Wohnungseigentümergemeinschaft die Verfolgung solcher Ansprüche, kann sie von jedem Eigentümer nach § 43 Nr. 2 WEG durch eine gerichtliche Entscheidung zum Handeln gezwungen werden. 127

III. Typische Anwendungsbereiche

Die vom Gesetz als typisch angesehenen Anwendungsbereiche finden sich in der – lediglich beispielhaften – Aufzählung von § 21 Abs. 5 WEG. Darüber hinaus haben sich einige weitere spezielle Anwendungsbereiche entwickelt. 128

1. Erstmalige Herstellung

Die Rechte wegen Mängeln des Gemeinschaftseigentums stehen den Erwerbern aus den mit dem Veräußerer jeweils geschlossenen Verträgen zu. Die Teilrechtsfähigkeit der Wohnungseigentümergemeinschaft ändert daran nichts. Dadurch werden die Rechte der Erwerber nicht auf die Wohnungseigentümergemeinschaft übergeleitet. Der Erwerber von Wohnungseigentum ist grundsätzlich berechtigt, seine individuellen Rechte aus dem Vertrag mit dem Veräußerer 129

§ 21 | Verwaltung durch die Wohnungseigentümer

selbständig zu verfolgen, solange durch sein Vorgehen gemeinschaftsbezogene Interessen der Wohnungseigentümer oder schützenswerte Interessen des Veräußerers nicht beeinträchtigt sind (*BGH* WM 2007, 1084).

130 Dies gilt auch, wenn der einzelne Wohnungseigentümer mit einem Schadensersatzanspruch wegen Mängeln am Gemeinschaftseigentum aufrechnen kann (*BGH* NZM 2002, 32), denn er muss dies nicht tun. Ein Eigentümer kann nicht gezwungen werden, aus einem Einbehalt mit den ihm entstehenden Ersatzvornahmekosten gegen den Restkaufpreisanspruch aufzurechnen, selbst wenn ihm dies »problemlos« möglich wäre (*OLG München* ZMR 2006, 714).

131 Die Wohnungseigentümergemeinschaft kann aber die Ausübung der auf die ordnungsgemäße Herstellung des Gemeinschaftseigentums gerichteten Rechte der einzelnen Erwerber aus den Verträgen mit dem Veräußerer durch Mehrheitsbeschluss an sich ziehen. Da zu einer ordnungsmäßigen Verwaltung auch die erstmalige Herstellung des Gemeinschaftseigentums gehört, besteht kein sachlicher Grund, die sich aus § 21 Abs. 5 Nr. 2 WEG ergebende Verwaltungskompetenz der Wohnungseigentümergemeinschaft erst dann eingreifen zu lassen, wenn das Bauwerk ordnungsgemäß hergestellt ist. Denn die Beseitigung anfänglicher Baumängel des Gemeinschaftseigentums berührt die Interessen der Wohnungseigentümer in gleicher Weise wie später, etwa nach Ablauf der Gewährleistungsfrist, auftretende Mängel (*BGH* WM 2007, 1084).

132 Maßstab eines Anspruchs auf erstmalige Herstellung des gemeinschaftlichen Eigentums in den ordnungsgemäßen Zustand sind die Eigentumsverhältnisse bei Erstbegründung der Eigentümergemeinschaft. Ein späteres, nach der Unterteilung eines Wohnungseigentumsrechts entstandenes Bedürfnis, für eine geschaffene Wohnung einen eigenen Zugang zur gemeinschaftlichen Gartenfläche zu schaffen, kann nicht mehr mit einem Anspruch auf erstmalige Herstellung begründet werden (*OLG Hamm* ZMR 2004, 697). Welche Maßnahme mit welchem Aufwand und mit der Folge der Erreichung welchen Dämmniveaus konkret begehrt werden kann, hängt davon ab, wie sich in vergleichbarer Situation ein wirtschaftlich denkender, vernünftiger Alleineigentümer nach Kosten-Nutzen-Analyse verhalten würde (*OLG Schleswig* ZMR 2003, 876).

133 Die Gefahr erheblicher Bauschäden (Folgeschäden durch Versetzung einer tragenden Keller-Innenwand) kann der Durchsetzung eines Anspruchs auf erstmalige Herstellung eines der Teilungserklärung entsprechenden Zustands nach Treu und Glauben entgegenstehen (*BayObLG* ZMR 2004, 524). Im Einzelfall ist eine umfassende Würdigung der Interessen der Beteiligten erforderlich. Vor der Entfernung eines Stützpfeilers in der Tiefgarage sind Wahrscheinlichkeit und evtl. Umfang der Folgeschäden von den Tatsacheninstanzen nachprüfbar festzustellen (*BayObLG* ZMR 2002, 954). Bei einer nur geringfügigen Abweichung kann eine Beeinträchtigung fehlen und der Herstellungsanspruch entfallen (*BayObLG* ZMR 2002, 685).

134 Werden durch die Gemeinschaftsordnung Instandsetzung- und Instandhaltungspflichten hinsichtlich einzelner Teile des gemeinschaftlichen Eigentums dem einzelnen Eigentümer auferlegt, umfasst dies bei bauseitig vorhandenen Nässeschäden nicht die Verpflichtung, erstmalig einen ordnungsmäßigen Zustand herzustellen (*BayObLG* ZMR 2003, 366).

135 Darf ein Eigentümer auf Grund der örtlichen Situation in einer Wand zwischen seinem Sondereigentum und dem Gemeinschaftseigentum eine Tür ohne Zustimmung der übrigen Eigentümer nach § 22 Abs. 1 S. 2 i. V. m. § 14 WEG einbauen, so sind die übrigen Wohnungseigentümer nach Treu und Glauben daran gehindert, die Beseitigung der Tür zur erstmaligen Herstellung eines dem Aufteilungsplan entsprechenden Zustands zu verlangen (*BayObLG* ZMR 2002, 848).

136 Wenn ein Gutachter eine Sanierungsmaßnahme zur erstmaligen ordnungsgemäßen Herstellung als erforderlich vorschlägt, kann die endgültige Ablehnung der Durchsetzung von Gewährleistungsansprüchen einen Verstoß gegen die Pflicht zur ordnungsgemäßen Verwaltung darstellen (*OLG Celle* OLGR Celle 2001, 327).

137 Die erstmalige Herstellung eines ordnungsmäßigen Zustands des gemeinschaftlichen Eigentums gehört zum Teilbereich Instandhaltung und Instandsetzung. So entspricht die Schaffung von Kfz-Stellplätzen, an denen nach der Teilungserklärung Sondernutzungsrechte bestehen, ordnungsmäßiger Verwaltung. Was der ordnungsmäßige Zustand ist, ergibt sich nicht nur aus der Teilungserklärung nebst Gemeinschaftsordnung und Aufteilungsplänen, sondern auch aus öffentlich-rechtlichen Vorschriften, etwa über die Anlage eines Kinderspielplatzes (*BayObLG* ZMR

1998, 647) oder von Kfz-Stellplätzen (*BayObLG* ZMR 2002, 847). Jedoch rechtfertigt der gegenseitige Anspruch der Eigentümer auf erstmalige Herstellung eines ordnungsgemäßen Zustands dann keinen Eingriff in bestehende Sondernutzungsrechte, wenn öffentlich-rechtlichen Vorgaben auch ohne eine derartige Maßnahme Rechnung getragen werden kann (*BayObLG* BayObLGR 2004, 388).

Wer durch Zwangsversteigerung Wohnungseigentum erwirbt, muss sich nicht entgegenhalten 138
lassen, der vorherige Eigentümer habe auf Ansprüche gegen die übrigen Eigentümer auf erstmalige Herstellung eines dem Aufteilungsplan entsprechenden Zustands verzichtet oder ein entsprechendes Recht verwirkt. Wenn der Erwerber die Abweichung der Bauausführung von der Teilungserklärung nicht (positiv) kannte, handelt er nicht rechtsmissbräuchlich, wenn er gegen die übrigen Eigentümer einen Anspruch auf erstmalige Herstellung eines der Teilungserklärung entsprechenden Zustands geltend macht, auch wenn er den Mangel vielleicht hätte erkennen können (*BayObLG* ZMR 2004, 524).

Schuldner des Anspruchs auf erstmalige Herstellung des ordnungsgemäßen Zustands ist die 139
Wohnungseigentümergemeinschaft, unabhängig von inzwischen erfolgten Eigentümerwechseln (*BGH* ZMR 2005, 547).

2. Beseitigung baulicher Veränderungen

§ 22 WEG regelt nur, unter welchen Voraussetzungen bauliche Maßnahmen durchgeführt wer- 140
den können, die über die ordnungsgemäße Instandhaltung und Instandsetzung hinausgehen, nicht deren Rückbau. Ein solcher Anspruch kann sich aus § 21 Abs. 4 WEG ergeben, falls er nicht verjährt oder verwirkt ist. Der Rückbauanspruch ergibt sich aus der vereinbarten oder gesetzlichen Rechtslage. Ein solcher Anspruch kann von den Eigentümern nicht eigenständig durch Mehrheitsbeschluss begründet werden (*OLG Zweibrücken* 5.6.2007, AZ 3 W 98/07).

Wenn nach Jahren ein Reparaturbedarf auftaucht und von Eigentümern auch schon Veränderun- 141
gen vorgenommen wurden, besteht nicht immer nur ein Anspruch auf Wiederherstellung des Erstzustandes. Die Eigentümer können nach den Grundsätzen ordnungsgemäßer Verwaltung durch Mehrheitsbeschluss die Art der Wiederherstellung regeln und dabei auch über die Einführung einer neuen Konzeption, unter Berücksichtigung des technischen Fortschritts sowie des Geschmackswandels entscheiden. Nachrangig kann dazu ersetzend, anstelle der Eigentümer, auch ein Gericht entscheiden, wenn sich die Eigentümer nicht einigen können (*KG* DWE 1991, 114 = WuM 1991, 708). Eingeschränkt wird seit 1.7.2007 allerdings das bisher vergleichsweise freie Gestaltungsrecht des Gerichts im FGG-Verfahren durch die erforderliche Konkretisierungspflicht im Antrag nach § 253 ZPO.

3. Verkehrssicherungspflichten

Die Organisation der Verkehrssicherung dient dem Zweck, Nutzer des gemeinschaftlichen Eigen- 142
tums vor Schaden zu bewahren und den oder die Verantwortlichen von Ersatzansprüchen freizuhalten. Ersatzansprüche Dritter, wie Mieter oder Passanten, können sich bei der Wohnungseigentümergemeinschaft schadlos halten, wenn eine Verschuldenshaftung besteht (*OLG München* ZMR 2006, 226). Daneben kommt im Einzelfall auch eine anteilige Haftung des einzelnen Eigentümers nach § 10 Abs. 8 WEG in Betracht. Daraus resultiert ein individueller Anspruch eines jeden Eigentümers auf ordnungsgemäße Verwaltung auch im Hinblick auf die Verkehrssicherung.

Zu diesem Anspruch gehört die Organisation der Verkehrssicherung und Durchführung von Ein- 143
zelmaßnahmen, wie die Errichtung einer Straßenlaterne, wenn dies nötig ist. *BayObLG* ZMR 2000, 470 oder den Einbau eines Dämmerungsschalters *BayObLG* WE 1994, 251.

Die Wahrnehmung der Verkehrssicherung kann nicht mit einer bloßen Kostentragungspflicht 144
gleichgesetzt werden. Die Verkehrssicherungspflicht resultiert aus der Überlegung, dass jeder, der eine Gefahrenquelle schafft, Vorkehrungen treffen muss, damit anderen – Eigentümern oder Dritten – kein Schaden daraus entsteht (*BayObLG* BayObLGZ 2000, 43/46) Dazu gehören auch Trampelpfade auf dem Grundstück der Eigentümergemeinschaft, die von Dritten wie ein tatsächlich-öffentlicher Weg genutzt werden (*VGH Bayern* ZMR 2006, 729).

145 Diese Sicherungspflicht obliegt grundsätzlich der Wohnungseigentümergemeinschaft (*OLG München* ZMR 2006, 226), kann aber auf einzelne Eigentümer oder Dritte übertragen werden (*BGH* NJW-RR 1989, 394). Hat ein Eigentümer nach der Gemeinschaftsordnung für den verkehrssicheren Zustand der unbebauten Teile des Grundstücks einschließlich der gemeinschaftlich genutzten Flächen zu sorgen, trifft ihn die Pflicht zur Beleuchtung, zum Schneeräumen und Streuen bei Glätte, zur Beseitigung von Hindernissen oder Unebenheiten auf dem Grundstück. Das Gebäude sowie die gemeinschaftlichen Einrichtungen und Anlagen werden von einer solchen Regelung nicht mehr erfasst (*BayObLG* ZWE 2001, 423).

146 Durch Dienstbarkeiten kann im Prinzip die Verkehrssicherungspflicht auch Dritten gegenüber vom Eigentümer auf den Nutzungsberechtigten verlagert werden. Dennoch hat die Rechtsprechung den Eigentümer nicht völlig aus der Haftung entlassen, insbesondere wenn er (wie häufig) trotz der Dienstbarkeit mitbenutzungsberechtigt bleibt oder wenn er zumindest als aufsichtspflichtig angesehen werden muss (*BayObLG* ZMR 2000, 470).

147 Der Verwalter einer Eigentumswohnanlage ist für einen gefahrlosen Zustand des gemeinschaftlichen Eigentums entscheidend mit verantwortlich und hat dafür zu sorgen, dass Gefahren nicht entstehen können oder akut drohende Gefahrenherde zu beseitigen (*OLG Frankfurt a. M.* WE 1983, 58). Darauf haben die Eigentümer nach dem Verwaltervertrag einen Anspruch. Für ein etwaiges Verschulden des Verwalters hat die Wohnungseigentümergemeinschaft nicht nach § 831 BGB einzustehen. Auch eine Haftung nach § 278 BGB wurde bisher grundsätzlich verneint (*BayObLG* WuM 1996, 655). Allerdings wurde die Frage, ob sich infolge der Anerkennung der Teilrechtsfähigkeit der Wohnungseigentümergemeinschaft an den bisherigen Grundsätzen zur Haftung etwas geändert haben könnte, neuerdings ausdrücklich offen gelassen. (*OLG München* ZMR 2006, 226). Zumindest im Vertretungsumfang des § 27 Abs. 3 WEG wird der Verwalter jetzt als Organ der Wohnungseigentümergemeinschaft tätig. Im Rahmen des § 278 BGB wird ein Verschulden des sog. verfassungsmäßig berufenen Vertreters ausgeklammert und auf § 31 BGB verwiesen. Danach kommt jetzt eine Haftung der Wohnungseigentümergemeinschaft für ein Handeln ihres des Verwalters in Betracht. Eine Verantwortlichkeit des einzelnen Eigentümers wird nur durch ein Verhalten begründet, an das die Rechtsordnung eine Haftung knüpft (*BGH* ZMR 2005, 547). Dies wird insbesondere dann der Fall sein, wenn die Eigentümer erforderliche Beschlüsse verhindern oder die nötigen finanziellen Mittel nicht bereit stellen.

4. Verfolgung von Forderungen

148 Forderungen gehören nach § 10 Abs. 7 WEG der Wohnungseigentümergemeinschaft. Deren Vertretungsorgan ist in dem von § 27 Abs. 3 S. 1 WEG beschriebenen Umfang der Verwalter. Nur ersatzweise übernehmen die Eigentümer nach § 27 Abs. 3 S. 2 und 3 WEG dessen Aufgaben. Der Verwalter ist gesetzlich nicht umfassend mit Vertretungsrechten ausgestattet. Die Eigentümer können jedoch seine Vertretungsbefugnisse durch Beschluss oder Vereinbarung erweitern. Zu den gesetzlichen Vertretungsrechten nach außen gehört nach § 27 Abs. 3 Nr. 4 und Abs. 1 Nr. 4 WEG der Einzug von Forderungen.

149 Ansprüche der Wohnungseigentümergemeinschaft dürfen nicht ohne weiteres aufgegeben werden. Es entsprach schon bisher ordnungsmäßiger Verwaltung, den Verwalter zu ermächtigen, gegen den früheren Verwalter einen Schadensersatzanspruch gerichtlich geltend zu machen, soweit der Anspruch nicht offensichtlich unbegründet ist (*BayObLG* ZMR 1994, 428–430). Anspruchsinhaber ist die Wohnungseigentümergemeinschaft (*BGH* ZMR 2005, 547). Es widerspricht dem wohlverstandenen Interesse der Wohnungseigentümergemeinschaft und ist mit den Grundsätzen ordnungsgemäßer Verwaltung nicht zu vereinbaren, Ansprüche nicht zu verfolgen, wenn diese schlüssig dargelegt sind und begründet erscheinen. Bei Ansprüchen von über 4000 € handelt es sich nicht um eine »relativ geringfügige« Forderung, wenn der Betrag etwa $1/10$ der gesamten Einnahmen der Gemeinschaft für das Geschäftsjahr entspricht. Die Absicht der Wohnungseigentümer »weitere Rechtsstreitigkeiten« vermeiden zu wollen, reicht nicht aus, einen Beschluss von der Rechtsverfolgung abzusehen noch als Maßnahme ordnungsgemäßer Verwaltung anzusehen (*OLG Düsseldorf* NJW-RR 2000, 381).

Die Entlastung entspricht einem negativen Schuldanerkenntnis nach § 397 Abs. 2 BGB. Ein Eigentümerbeschluss, mit dem einem Verwalter Entlastung erteilt wird, steht nicht grundsätzlich im Widerspruch zu einer ordnungsmäßigen Verwaltung, sondern erst dann, wenn Ansprüche gegen den Verwalter erkennbar in Betracht kommen und nicht aus besonderen Gründen Anlass besteht, auf die hiernach möglichen Ansprüche zu verzichten. *BGH* ZMR 2003, 750 = NJW 2003, 3124. Dies gilt auch für den Entlastungsbeschluss zu Gunsten eines ausgeschiedenen Verwalters (*BGH* ZMR 2003, 942 = NJW 2003, 3554).

Liegen nach objektiv vernünftiger Betrachtungsweise unter Berücksichtigung des konkreten Geschehens Rückforderungsansprüche der Eigentümergemeinschaft gegenüber einem Eigentümer fern, ist bereits ein Beschluss, die Erfolgsaussichten bei Geltendmachung eines derartigen Anspruchs anwaltlich überprüfen zu lassen, nicht im Interesse der Gesamtheit der Gemeinschaft und kann nicht nach § 21 Abs. 4 WEG verlangt werden (*BayObLG* WE 2004, 17 = WuM 2004, 736).

IV. Die Durchsetzung eines Anspruches nach § 21 Abs. 4 WEG

Eine Wohnungseigentümergemeinschaft organisiert sich durch Vereinbarung oder Mehrheitsbeschluss der Eigentümer. Bleiben diese untätig, obwohl Handlungsbedarf besteht, können Sie nach § 21 Abs. 4 WEG zum Handeln gezwungen werden. Die gerichtliche Geltendmachung eines Anspruchs auf ordnungsgemäße Verwaltung ohne vorheriges Bemühen, eine Entscheidung der Eigentümergemeinschaft herbeizuführen, ist riskant. Der Eigentümergemeinschaft darf nicht die in § 21 Abs. 1 und Abs. 3 und § 23 Abs. 1 WEG vorgesehene, vorrangige Möglichkeit der gemeinschaftlichen Willensbildung genommen werden. Das für eine gerichtliche Durchsetzung durch einzelne Eigentümer erforderliche Rechtsschutzbedürfnis ist anzunehmen, wenn etwa der Versuch, einen Mehrheitsbeschluss über die Abberufung des Verwalters herbeizuführen, gescheitert ist, oder wenn die vorherige Anrufung der Versammlung nicht zugemutet werden kann, weil in Anbetracht der Mehrheitsverhältnisse in der Eigentümergemeinschaft das ablehnende Abstimmungsergebnis von vornherein feststeht (*OLG Düsseldorf* ZMR 1998, 449).

Wenn ein Beschluss der Eigentümergemeinschaft nach Auffassung eines Eigentümers den Grundsätzen ordnungsgemäßer Verwaltung widerspricht, muss er seine Rechte über § 43 Nr. 4 WEG und § 46 WEG wahren und versuchen, den Beschluss gerichtlich für ungültig erklären zu lassen. Andernfalls wird der Beschluss bestandskräftig, wenn die Eigentümergemeinschaft die Beschlusskompetenz hatte. Mit Bestandskraft des Beschlusses oder mit Rechtskraft nach einem gerichtlichen Verfahren gilt er als den Grundsätzen ordnungsgemäßer Verwaltung entsprechend. Jeder Eigentümer ist dann nach § 10 Abs. 5 WEG in die Beschlusswirkung eingebunden, unabhängig davon, ob er zugestimmt oder abgelehnt hat und unabhängig davon, ob er anwesend war oder nicht. Er kann sich nicht darauf berufen, der Beschluss dürfe deswegen nicht vollzogen werden, weil er den Grundsätzen ordnungsgemäßer Verwaltung widerspreche.

Ist der auf eine ordnungsgemäße Verwaltungsmaßnahme gerichtete Beschlussantrag eines Eigentümers mehrheitlich abgelehnt worden und will ihn der Eigentümer weiter verfolgen, muss er den Negativbeschluss der Eigentümer gerichtlich binnen der Monatsfrist anfechten (*BGH* ZMR 2001, 809 = MDR 2001, 1283 = NJW 2001, 3339). Die Beschlussanfechtung kann mit einem Leistungsantrag auf eine ordnungsgemäße Verwaltung mit entsprechender Zielsetzung (Gestaltungsantrag) verbunden werden; der Leistungsantrag ist nicht zwingend erforderlich (*BayObLG* WE 2004, 17 = WuM 2004, 736). Erfolgt keine Beschlussanfechtung, tritt die Bestandskraft ein. Ein späterer Leistungsantrag könnte an der eingetretenen Bestandskraft des Negativbeschlusses scheitern (*OLG Hamm* ZMR 2004, 852). Allerdings erzeugt ein Negativbeschluss keine Sperrwirkung. (*BayObLG* WE 2004, 17 = WuM 2004, 736). Die Eigentümer sind durch einen Negativbeschluss nicht gehindert, erneut und dann gegenteilig zu entscheiden. Einem Eigentümer fehlt dann das Rechtsschutzinteresse, wenn der angefochtene Negativbeschluss seine Rechte nicht beeinträchtigt, namentlich keine Sperrwirkung für eine erneute Beschlussfassung der Wohnungseigentümer über denselben Gegenstand entfaltet (*OLG München* ZMR 2007, 304).

Die Eigentümer trifft die Pflicht, die Wohnungseigentümergemeinschaft mit den erforderlichen finanziellen Mitteln auszustatten. Dieser Anspruch steht jedem Eigentümer zu. Fassen die Eigentümer trotz Aufforderung und Fristsetzung keinen Beschluss über die Zuführung von Mitteln, so haftet jeder einzelne Eigentümer der Wohnungseigentümergemeinschaft, den ein Verschulden an der nicht ordnungsgemäßen Verwaltung trifft, nach § 10 Abs. 8 S. 4 WEG anteilig auf Schadensersatz.

E. Gesetzliche Regelbeispiele ordnungsgemäßer Verwaltung, § 21 Abs. 5 WEG

156 Die Vorschrift enthält die vom Gesetzgeber als in der Praxis wichtig erachteten Verwaltungsmaßnahmen. Die Liste ist nicht abschließend und erschöpfend sondern enthält nur Beispiele. Für solche Maßnahmen der Verwaltung haben die Eigentümer die erforderliche Beschlusskompetenz zur Regelung nach dem Mehrheitsprinzip. Weigert sich die Eigentümergemeinschaft einen Mehrheitsbeschluss dazu herbeizuführen, können die Maßnahmen nach § 21 Abs. 4 WEG gerichtlich eingefordert werden.

157 Ein Teil der Aufzählung in § 21 Abs. 5 WEG findet sich auch im Aufgabenkatalog des Verwalters in § 27 Abs. 1 und § 28 WEG. Hieraus lässt sich aber nicht die Folgerung ableiten, dass die Maßnahmen, die der Gesetzgeber dem Verwalter in § 27 WEG zwingend zugewiesen hat, von den Eigentümern beschlossen und vom Verwalter ausgeführt werden müssten. Die Eigentümer können auch davon absehen, etwa eine Instandhaltungsrücklage zu bilden. Nur dann wenn die Eigentümer eine solche Maßnahme beschlossen haben, greift die nicht abdingbare Handlungs- und Ausführungspflicht des Verwalters nach § 27 Abs. 1 WEG. Die gesetzlichen Handlungsvorgaben an die Verwaltung können im Einzelfall auf Grund der baulichen Vorgaben völlig entbehrlich werden. Eine Hausordnung in einer Eigentumswohnanlage, die lediglich aus Reihenhäusern oder zwei Hauseinheiten besteht, kann gänzlich entbehrlich sein (*BayObLG* ZMR 2005, 132). Dies bedeutet wiederum, dass nicht jede gesetzliche Vorgabe in jeder Wohnanlage erzwungen werden kann. Im Einzelfall ist der Gestaltungswille der Eigentümergemeinschaft zu beachten; er ist ebenso von Bedeutung, wie die Notwendigkeit der angestrebten Maßnahme.

158 Wird von der Eigentümergemeinschaft eine in der Aufzählung enthaltene Maßnahme beschlossen, ist i. d. R. davon auszugehen, dass diese auch den Grundsätzen der ordnungsgemäßen Verwaltung entspricht. In der Ausgestaltung können allerdings sehr unterschiedliche Auffassungen existieren, die erst durch eine gerichtliche Entscheidung koordiniert werden.

159 Die aufgelisteten Verwaltungsmaßnahmen müssen nicht mehrheitlich beschlossen werden. Es ist auch möglich, inhaltliche Regelungen zur Hausordnung, zur Instandhaltung, zu den Versicherungen, zur Instandhaltungsrücklage, zum Wirtschaftsplan usw. zu vereinbaren und nach § 10 Abs. 3 WEG in ihrer Wirkung durch Eintragung im Grundbuch auf den Sonderrechtsnachfolger zu erstrecken. Wenn vereinbarte Vorgaben existieren, sind die Eigentümer daran gebunden. Die nachrangige Möglichkeit, einen Mehrheitsbeschluss herbeizuführen, kann so gänzlich ausgeschlossen sein, § 21 Abs. 3 WEG.

I. Die Aufstellung einer Hausordnung

160 Die Darstellung hier befasst sich nur mit der Hausordnung als Maßnahme der ordnungsgemäßen Verwaltung. Hinsichtlich der Gestaltung der Hausordnung mit Gebrauchs- und Nutzungsregelungen wird auf die Ausführungen zu § 15 WEG verwiesen.

161 Der Hausordnung kann innerhalb einer Gemeinschaft eine herausragende Bedeutung zukommen, wenn durch einheitliche Vorgaben wiederkehrende Kollisionen vermieden werden sollen. Was zu einer Hausordnung gehören kann, ist im Gesetz nicht definiert. Der Sinn einer Hausordnung ist es, die sich aus § 14 WEG ergebenden Pflichten der Wohnungseigentümer im Hinblick auf die Instandhaltung des Sondereigentums und des gemeinschaftlichen Eigentums sowie bei deren Nutzung zu konkretisieren (*BayObLG* ZMR 2005, 132). Eine Hausordnung enthält im Wesentlichen Verhaltensvorschriften, mit denen der Schutz des Gebäudes, die Aufrechterhaltung von Sicherheit und Ordnung und die Erhaltung des Hausfriedens sichergestellt werden soll. Sie muss insbesondere die §§ 13 und 14 WEG, das öffentliche Recht und Verkehrssicherungspflichten beachten. Zulässiger Inhalt einer Hausordnung ist also auch die Konkretisierung der den Wohnungseigentümern obliegenden Sorgfaltspflichten zur Sicherheitsvorsorge und Ge-

fahrenverhütung, dazu gehören auch Feuerschutzregelungen (*OLG Frankfurt* NJW-RR 2007, 377).

1. Die Erstellung und Änderung der Hausordnung

Die §§ 13–15 WEG über den Gebrauch von Sondereigentum und gemeinschaftliches Eigentum wurden durch die Wohnungseigentums-Novelle nicht verändert. **162**

Hausordnungsregelungen sollten wegen der Notwendigkeit, sie zu ändern oder anzupassen, bei der Herstellung einer Gemeinschaftsordnung (Vereinbarung) nur sparsam verwendet werden (*BayObLG* WuM 1992, 157 = NJW-RR 1992, 343). Wenn dies geschieht, sollte den Eigentümern durch eine »Öffnungsklausel« die Möglichkeit gegeben werden, durch einen notfalls qualifizierten Mehrheitsbeschluss Anpassungen an veränderte Verhältnisse herbeizuführen. Die Regelung in § 21 Abs. 5 Nr. 1 WEG unterstellt, dass Vorgaben zur Regelung einer Hausordnung nicht vereinbart worden sind. **163**

Die Beschlusskompetenz zur Erstellung der Hausordnung als Maßnahme der ordnungsgemäßen Verwaltung beinhaltet auch die Möglichkeit, eine bereits bestehende Hausordnung abzuändern oder zu ergänzen. Ein Gericht hat das Recht auf Gestaltungsfreiheit der Wohnungseigentümer in diesem Rahmen zu respektieren (*OLG Frankfurt* NJW-RR 2007, 377). **164**

Nicht selten findet sich in einer Gemeinschaftsordnung die Vorgabe, dass der Verwalter eine Hausordnung zu erstellen habe. Durch eine solche Regelung wird verbindlich die Verwaltungsmaßnahme »Erstellung einer Hausordnung« an einen Dritten delegiert. Die vom Verwalter danach erstellte Hausordnung ist für alle Eigentümer verbindlich (*BayObLG* ZMR 2002, 64 = NJW 2001, 3635). Macht der Verwalter von dieser Ermächtigung keinen Gebrauch, sind die Eigentümer nicht gehindert, selbst durch einen Mehrheitsbeschluss die Hausordnung zu erstellen. Ebenso können die Eigentümer eine vom Verwalter auf Grund der Ermächtigung in der Gemeinschaftsordnung erstellte Hausordnung später durch einen Mehrheitsbeschluss ändern. Der Anspruch auf eine Änderung der Hausordnung ist zunächst gegen den Verwalter gerichtet, der nach der Gemeinschaftsordnung zur Abänderung befugt ist, im Übrigen richtet er sich gegen die Wohnungseigentümer; schließlich kann auch das Gericht angerufen werden, wenn Verwalter und Eigentümer sich weigern, eine Änderung vorzunehmen. Durch die Ermächtigung des Verwalters zur Erstellung der Hausordnung wird nicht das Recht der Eigentümergemeinschaft dafür ausgeschlossen (*BayObLG* ZMR 2002, 64 = NJW 2001, 3635). Ein Hausordnungsmonopol müsste sich sonst auch auf Änderungen und Ergänzungen erstrecken (*KG* ZMR 1992, 68). Handelt der Verwalter, stellt die Hausordnung selbst keine Vereinbarung dar (*OLG Stuttgart* NJW-RR 1987, 976). **165**

Verlangt ein Eigentümer eine Änderung der Hausordnung und lehnen dies die Wohnungseigentümer ab, kann der Eigentümer im Rahmen des § 43 Nr. 1 WEG das Gericht anrufen. Dieses hat die beanstandete Bestimmung der Hausordnung an dem Maßstab des § 21 Abs. 4 WEG zu messen, also zu prüfen, ob die Bestimmung dem Interesse der Gesamtheit der Wohnungseigentümer nach billigem Ermessen entspricht (*BayObLG* WuM 1992, 157 = NJW-RR 1992, 343). Ggf. soll das Gericht sogar eine für alle Beteiligten verbindliche Hausordnung erlassen können, wobei der Antrag den Inhalt der Hausordnung nicht im Einzelnen angeben müsse (*OLG Hamm* NJW 1969, 884). An dieser Denkweise orientiert sich § 21 Abs. 8 WEG. Das Gericht kann in einem Rechtsstreit erforderliche Maßnahmen nach billigem Ermessen entscheiden und anordnen. Die Erstellung der Hausordnung ist gemäß § 21 Abs. 5 Nr. 2 WEG eine typische Maßnahme ordnungsgemäßer Verwaltung, die im Einzelfall erforderlich sein kann. **166**

Eine Hausordnung ist für ungültig zu erklären, wenn es ihr an der erforderlichen Bestimmtheit und Klarheit fehlt. Wie bei der Auslegung von Eintragungen im Grundbuch sind bei der Bewertung der Wortlaut der Eintragung und ihr Sinn maßgeblich, wie er sich aus unbefangener Sicht als nächstliegende Bedeutung der Eintragung ergibt. Umstände außerhalb der Eintragung dürfen nur herangezogen werden, wenn sie nach den besonderen Verhältnissen des Einzelfalles für jedermann ohne weiteres erkennbar sind. Dies muss auch für die Auslegung von Eigentümerbeschlüssen gelten, die nach § 10 Abs. 4 WEG auch für Sondernachfolger gelten sollen. Denn sie wirken auch ohne Eintragung in das Grundbuch wie Grundbucherklärungen für und gegen sie. Es besteht daher wie bei der Gemeinschaftsordnung ein Interesse des Rechtsverkehrs, die durch die **167**

§ 21 | Verwaltung durch die Wohnungseigentümer

Beschlussfassung eingetretenen Rechtswirkungen der Beschlussformulierung entnehmen zu können. Beschlüsse sind »aus sich heraus« auszulegen. Umstände außerhalb des protokollierten Beschlusses dürfen nur herangezogen werden, wenn sie nach den besonderen Verhältnissen des Einzelfalles für jedermann ohne weiteres erkennbar sind, z. B. weil sie sich aus dem – übrigen – Versammlungsprotokoll ergeben (*BGH* ZMR 1999, 41 = NJW 1998, 3713). Der Beschluss selbst ist objektiv und normativ auszulegen; was die Beteiligten erörtert oder gewollt haben, kann zur Auslegung nicht herangezogen werden, wenn es in der Niederschrift keinen Ausdruck gefunden hat.

2. Androhung von Strafen bei Verstoß gegen die Hausordnung

168 Über die Zweckmäßigkeit und Androhung von Ordnungsstrafen hat zunächst die Eigentümergemeinschaft zu befinden (*KG* ZMR 1985, 345). Es mag sein, dass die Androhung gewisser, maßvoller Sanktionen noch zu der Gebrauchsregelung, so *OLG Frankfurt a. M.* OLGZ 1979, 25 oder zur Hausordnung gerechnet werden kann, für die eine Eigentümerversammlung zuständig ist (*BayObLG* ZMR 1985, 421). Eine angemessene Sanktion kann abschreckend wirken und im Einzelfall Abhilfe schaffen (*BayObLG* NJW-RR 1994, 658). Die Ankündigung negativer Folgen (Sanktionen) bei einem Handeln entgegen der Hausordnung ist eine (Schutz-)Maßnahme der Verwaltung und liegt deswegen noch im Kompetenzbereich der Eigentümer (*BGH* ZMR 2000, 771). Sie kann nur dann ordnungsgemäßer Verwaltung entsprechen, wenn die Voraussetzungen für den Eintritt dieser Folge so hinreichend bestimmt sind, dass Willkür und Ungleichbehandlung ausgeschlossen werden.

169 Innerhalb eines Verfahrens nach § 43 Nr. 1 WEG ist es dem Richter nicht erlaubt, rein vorsorglich Zwangsmittel für den Fall der Verletzung einzelner Bestimmungen der Hausordnung festzusetzen (*KG* ZMR 1985, 345. a. A. *BayObLG* ZMR 2002, 64 = NJW 2001, 3635). Dort wurde der Antragsgegnerin untersagt, in ihrer Wohnung Klavier über Zimmerlautstärke zu spielen. Für jeden Fall der Zuwiderhandlung wurde der Antragsgegnerin ein Ordnungsgeld bis zu 800 DM, ersatzweise je 200 DM ein Tag Ordnungshaft, nach § 45 Abs. 3 WEG i. V. m. § 890 Abs. 1, 2 ZPO angedroht. Ordnungsgeld für verbotswidrig ausgeübte Prostitution ist möglich (*OLG Frankfurt* NZM 2004, 950).

3. Die tätige Mithilfe

170 Umstritten ist die Frage, ob die Eigentümer durch eine Regelung in der Hausordnung zur tätigen Mithilfe verpflichtet werden können, etwa zu Reinigungsarbeiten, Streudiensten oder zu Pflegeleistungen im Haus oder im Garten, somit im Bereich des gemeinschaftlichen Eigentums. Wurde eine solche Leistungspflicht vereinbart (Gemeinschaftsordnung) führt dies zu einer verbindlichen Regelung in dieser Gemeinschaft (*KG* NJW-RR 1994, 207= ZMR 1994, 70).

171 Fraglich ist, ob eine solche persönliche Leistungspflicht auch durch einen Mehrheitsbeschluss hergestellt werden kann. Literatur und Rechtsprechung sind sich dazu bisher noch nicht einig geworden.

172 Eine Meinung stuft Reinigungsarbeiten als Verwaltungsmaßnahmen ein und leitet daraus die Beschlusskompetenz innerhalb der Hausordnung für den Fall ab, dass es keine Vereinbarung gibt. Bei einer aus 40 Wohnungen bestehenden Wohnungseigentumsanlage entspreche es ordnungsmäßiger Verwaltung, wenn die Wohnungseigentümer beschließen, dass die gemeinschaftliche Schneeräumpflicht und Streupflicht durch die einzelnen Wohnungseigentümer im Wechsel nach einem aufgestellten Plan erfüllt wird (*OLG Stuttgart* WuM 1988, 30 = NJW-RR 1987, 976). Die turnusmäßige Treppenreinigung, die in vergleichbaren Mietshäusern auch heute noch vielfach von den Mietern erledigt wird, könne den Wohnungseigentümern grundsätzlich auch durch Mehrheitsbeschluss übertragen werden (*BayObLG* ZMR 1994, 430). Bemerkenswert ist, dass auch der *BGH* auf zumindest auf eine gewisse »Üblichkeit« solcher persönlicher Arbeiten abstellt (*BGH* NJW 2002, 1647, dort unter III. 3. b) ee) (1) = ZMR 2002, 440).

173 Dem Einwand, dass teilweise Eigentümer eine persönliche Dienstleistungspflicht nicht erfüllen können, weil sie aus Altersgründen oder Krankheit dazu nicht in Lage sind oder weil sie nicht am Ort der Wohnanlage leben, Mieter nachträglich nicht in die Pflicht eingebunden werden können und Hilfspersonen nicht oder nur schwer erreichbar sind, kann noch dadurch begegnet wer-

den, dass diesen Eigentümern die Möglichkeit offen steht, eine solche Beschlussfassung gerichtlich prüfen zu lassen, ob sie den Grundsätzen ordnungsgemäßer Verwaltung entspricht (*OLG Düsseldorf* ZMR 2004, 694). Die persönlichen Verhinderungsgründe müssen von einem Gericht entsprechend geprüft werden. Bestätigen sie sich, muss ein solcher Beschluss für ungültig geklärt werden, weil er dann nicht mehr dem Interesse der Gesamtheit der Wohnungseigentümer entspricht, § 21 Abs. 4 WEG (*KG* ZMR 1994, 70 = NJW-RR 1994, 207). Insoweit wurde die Möglichkeit einer wirksamen Beschlussfassung angenommen.

Die andere Meinung stellte rechtsdogmatische Gründe und die Kostenfolge in den Vordergrund **174** der Überlegungen. Eine gesetzliche Regelung, wonach Eigentümer zu persönlichen Leistungen verpflichtet werden können, gebe es nicht (*KG* OLGZ 1980, 261). Solche Arbeiten seien zwar Maßnahmen der ordnungsgemäßen Verwaltung; sie erzeugten regelmäßig gemeinschaftliche Kosten, die zwingend entsprechend dem gesetzlichen Kostenverteilungsschlüssel nach § 16 Abs. 2 WEG – oder dem in der Gemeinschaft geltenden Kostenschlüssel – über die Abrechnung gleichmäßig auf die einzelnen Eigentümer zu verteilen sind. Eine korrekte Kostenzuordnung sei nicht möglich, wenn persönliche Dienste erbracht werden müssen. Dies ergebe sich daraus, dass bei Winterarbeiten je nach Witterung die einzelnen Eigentümer unterschiedlich belastet werden können. Gemeinschaftliche Kosten seien im Übrigen in Geld auszugleichen und nicht durch Naturalleistungen. Bei dieser Betrachtungsweise war eine Beschlussfassung über persönliche Dienstleistungspflichten (»tätige Mithilfe«) der Eigentümer wegen des Verstoßes gegen die Kostenverteilungsregelungen nicht nur anfechtbar sondern nichtig. Diese Meinung kann nicht mehr gelten. Die von den Eigentümern erbrachten Kosten sind Verwaltungskosten. Nach § 16 Abs. 3 WEG können Verwaltungskosten durch Mehrheitsbeschluss abweichend von den Vorgaben des § 16 Abs. 2 WEG geregelt werden. Die Eigentümer haben nun die gesetzliche Beschlusskompetenz für eine Abweichung in der Verteilung von Verwaltungskosten erhalten.

Beschließen die Eigentümer eine Hausordnung, wonach tätige Mithilfe der Eigentümer zu erfolgen hat, kann ein Eigentümer den Beschluss über eine Anfechtungsklage nach §§ 43 Nr. 4 und 46 **175** WEG prüfen lassen, ob er inhaltlich den Grundsätzen ordnungsgemäßer Verwaltung entspricht. Dabei wird das Gericht den weiten Ermessensspielraum der Eigentümer einerseits und die Vermeidung persönlicher Härten im Einzelfall nach § 21 Abs. 4 WEG abzuwägen haben.

4. Die Geltung der Hausordnung gegenüber Dritten

Eine vereinbarte oder eine beschlossene Hausordnung bindet nur die Eigentümer, nicht den Mieter (*LG Heidelberg* NJWE-MietR 1997, 234). Auch Ehegatten der Eigentümer, Besucher oder Mieter **176** werden unmittelbar von den Regelungen nicht erfasst. Der Eigentümer ist nach § 14 Nr. 2 WEG verpflichtet, für die Einhaltung der in § 14 Nr. 1 WEG aufgezählten Pflichten durch Personen zu sorgen, die seinem Hausstand oder Geschäftsbetrieb angehören oder denen er sonst die Benutzung des Sondereigentums überlässt. § 14 Nr. 1 WEG befasst sich mit Instandhaltungspflichten und mit Regeln zum ordnungsgemäßen Gebrauch des Sondereigentums und des gemeinschaftlichen Eigentums. Soweit die Hausordnung diese Themen regelt, muss der Eigentümer sicherstellen, dass der im Gesetz genannte Personenkreis diese Vorgaben einhält. Wie er dies tut, bleibt ihm überlassen. Bleibt er untätig, kann er schadensersatzpflichtig werden; in schwerwiegenden Fällen kann dies einen Anspruch auf Entzug des Wohnungseigentums nach §§ 18 ff. WEG begründen (Niedenführ/*Schulze* § 14 Rn. 7).

Dies bedeutet, dass bei Verstößen die Wohnungseigentümergemeinschaft gegen den Eigentümer **177** vorgehen muss, der offenbar seine Kontrollpflichten versäumt hat. Hierbei war bisher zu unterscheiden:

Fordert die Wohnungseigentümergemeinschaft auf der Grundlage der Hausordnung ein aktives **178** Tun, etwa die Erfüllung von vereinbarten oder beschlossenen Reinigungspflichten, und wird dies von dem Dritten (z. B. Mieter) nicht erbracht, hat die Eigentümergemeinschaft einen Leistungsanspruch gegen den vermietenden Miteigentümer. Das Recht zum Handeln ergibt sich aus § 10 Abs. 6 S. 3 WEG, wonach die Wohnungseigentümergemeinschaft gemeinschaftsbezogene Rechte ausübt. Für die Geltendmachung eines Anspruches auf Leistung gegenüber dem Dritten fehlt es der Eigentümergemeinschaft an einer Anspruchsgrundlage.

§ 21 | Verwaltung durch die Wohnungseigentümer

179 Fordert die Wohnungseigentümergemeinschaft auf der Grundlage der Hausordnung eine Unterlassung, weil z. B. gegen die Ruhezeiten verstoßen wird, besteht ein Anspruch gegen den einzelnen Sondereigentümer. Zugleich kann der Unterlassungsanspruch auch direkt gegenüber einem Störer (z. B. Mieter) auf der Rechtsgrundlage § 1004 BGB geltend gemacht werden. Insoweit wirkt die Hausordnung auch gegenüber einem Dritten, der sich nicht darauf berufen kann, vom vermietenden Sondereigentümer nicht in den Wirkungsbereich der Hausordnung der Gemeinschaft eingebunden worden zu sein (*KG* ZMR 1997, 315). In einem solchen Fall kann der Mieter, wenn dadurch seine Rechte aus dem Mietvertrag eingeschränkt werden, beim Eigentümer Schadensersatz verlangen oder die Miete mindern. Das Problem bleibt dann beim vermietenden Eigentümer, dem es nicht gelungen ist, Deckungsgleichheit zwischen der Hausordnung der Eigentümergemeinschaft und dem Inhalt des Mietvertrages herzustellen (vgl. *Riecke* in FS Deckert, 2002, S. 368 ff.). Es gehört zum Risikobereich des Vermieters, dass die Vermietung von Sondereigentum mit der Gemeinschaftsordnung vereinbar ist. Wurde ihm gemäß WEG § 15 Abs. 3 WEG die Vermietung untersagt, kann er sich in der Regel nicht deswegen durch Kündigung aus wichtigem Grund von dem Mietverhältnis lösen (*BGH* ZMR 1996, 147 vgl. im Übrigen unten Kap. Mietrechtliche Besonderheiten Anhang zu § 13, S. 365 ff.).

180 Im idealen Fall versucht der vermietende Sondereigentümer bei Abschluss des Mietvertrages seinen Mieter in die Hausordnung der Eigentümergemeinschaft einzubinden; möglicherweise sogar mit dem Anpassungsvorbehalt, dass die jeweilige Hausordnung der Gemeinschaft gelten soll, wenn diese nach Abschluss des Mietvertrages verändert und danach dem Mieter in der geänderten Form inhaltlich bekannt gegeben wird. Dabei sind die von § 308 Nr. 5 BGB gesetzten Grenzen zu beachten. Im Einzelfall ist zu prüfen, ob geschützte Rechtspositionen des Mieters verletzt werden. In einer Eigentumswohnanlage ist eine Hausordnung systemtypisch, ebenso deren Veränderung. Der einzelne Eigentümer kann sich dem nicht entziehen, weshalb die Anpassungsregelung dem Mieter grundsätzlich zugemutet werden kann.

181 Jeder einzelne Eigentümer war bisher berechtigt, gegen einen vermietenden Miteigentümer Ansprüche geltend zu machen, wenn er in seinen Rechten individuell beeinträchtigt war. Er bedurfte insoweit keines Ermächtigungsbeschlusses (*BayObLG* ZMR 1994, 277). Dies gilt weiter. Bereits durch *BGH* ZMR 2005, 547, wurde ausdrücklich festgestellt, dass mit der Anerkennung der Teilrechtsfähigkeit einer Eigentümergemeinschaft die Eigentumsrechte des Miteigentümers am Sondereigentum oder gemeinschaftlichen Eigentum nicht tangiert werden. Diese Rechte wachsen nicht dem Verband zu. Die Novelle hat dies in § 10 Abs. 1 WEG ausdrücklich nochmals verdeutlicht. Auch die Vorgabe in § 10 Abs. 6 S. 3 WEG steht nicht entgegen. Rechtsinhaber bleibt der einzelne Eigentümer. Die Ausübungsbefugnis »gemeinschaftsbezogener« Ansprüche hat die Wohnungseigentümergemeinschaft. Diese kommt nur zum Zug, wenn die Leistung allen Eigentümern zusteht, also diese eine gemeinsame Empfangszuständigkeit haben (*Hügel*/Elzer § 3 Rn. 179). Zumindest dann, wenn nur individuelle Rechte beeinträchtigt sind, kann sich ein Eigentümer selbst erfolgreich wehren.

5. Besondere Inhalte der Hausordnung

182 Der konkrete Gebrauch eines in der Teilungserklärung bestellten Sondernutzungsrechts unterliegt der Regelungskompetenz durch eine Hausordnung, wenn dadurch der vereinbarte Zweck des Sondernutzungsrechts nicht beeinträchtigt wird. So kann für die Parkplätze eines »Ladens« von den Eigentümern eine Hausordnung erstellt werden, um deren Nutzung außerhalb der Öffnungszeiten zu regeln. Ob der Mehrheitsbeschluss im Einzelfall den Grundsätzen ordnungsgemäßer Verwaltung genügt, muss ggf. nach Anfechtungsklage gemäß § 46 WEG vom Gericht geprüft und geklärt werden (*OLG München* 3.4.2007, AZ 34 Wx 025/07).

183 Eine mit »Hausordnung« überschriebene Regelung kann im Einzelfall ein Sondernutzungsrecht begründen. Voraussetzung ist, dass dazu eine Vereinbarung herbeigeführt wurde. Ein Sondernutzungsrecht kann durch Mehrheitsbeschluss nicht wirksam geschaffen werden. (*OLG Köln* OLGR Köln 2006, 783). Ob eine dingliche oder nur schuldrechtliche Vereinbarung existiert, ist zunächst nachrangig. Diese Frage stellt sich erst, wenn ein Rechtsnachfolger in die Eigentümergemein-

schaft eintritt und nach § 10 Abs. 3 WEG geklärt werden muss, ob dieser an die Vereinbarung gebunden wurde.

Wird die Reinigung des Eingangsbereichs, in dem besonders viel Schmutz anfällt, durch die **184** Hausordnung ausschließlich den Eigentümern der Erdgeschosswohnungen übertragen, stellt dies keine dem Interesse der Gesamtheit der Wohnungseigentümer nach billigem Ermessen entsprechende Regelung dar (*BayObLG* NJW-RR 1992, 343 = WuM 1992, 157).

Auch wenn eine Instandhaltungspflicht für den Sondereigentümer besteht, ist die Regelung in **185** der Hausordnung anfechtbar, dass alle Dachrinnen im Jahr mindestens zweimal zu räumen sind und bei Vermietung diese Aufgabe an einen Auftragsdienst vergeben werden muss. Die Pflicht, bei einer Vermietung die Reinigung an einen Auftragsdienst vergeben zu müssen, stellt eine unzulässige Einschränkung des Eigentümers dar. Ob eine solche Reinigung durch den Eigentümer, den Mieter oder durch einen Dritten vorgenommen wird, liegt allein in der Entscheidungsbefugnis des Wohnungseigentümers und kann ihm nicht durch die Gemeinschaft im Rahmen einer Hausordnung vorgeschrieben werden (*BayObLG* ZMR 2005, 132).

Wenn ein Eigentümer in gesteigertem Maß verpflichtet wird, Laub zu beseitigen, von diesem die **186** Hausordnung also ein Mehr verlangt, das von den allgemeinen Regeln über die Rechte und Pflichten von einzelnen Wohnungseigentümern abweicht, entspricht dies im Allgemeinen nicht mehr dem Interesse der Gesamtheit der Eigentümer nach billigem Ermessen. Eine Ungleichbehandlung ist nicht von dem bei der Beschlussfassung bestehenden Ermessen der Wohnungseigentümer gedeckt. Auch ein generelles Verbot, im Gartenteil eines Eigentümers einen »Abfallplatz« zu errichten, ist unangemessen. Dies sei heutzutage aus ökologischen Gründen zu befürworten; zumindest »in bayerischen Gärten« sei ein kleinflächiger Komposter nicht zu verbieten, wenn er andere Eigentümer weder optisch noch durch eine Geruchsbelästigung beeinträchtigt (*BayObLG* ZMR 2005, 132).

Die Regelung in der Hausordnung, eine Vermietung an mehrere Mietparteien sei nicht erlaubt, **187** schränkt den Eigentümer in dem ihm durch § 13 Abs. 1 WEG eingeräumten Nutzungsrecht seines Sondereigentums in unzulässiger Weise ein. Danach kann ein Wohnungseigentümer sein Sondereigentum grundsätzlich ohne Einschränkungen vermieten. Ob er an mehrere Personen mit mehreren selbständigen Mietverträgen oder nur an einen Mieter vermietet, ist seine Entscheidung. Auch die Vorgabe in der Hausordnung, dem Verwalter müsse jede Vermietung samt abzuschließendem Mietvertrag eine Woche vor Abschluss zur Kenntnis gegeben werden, führt nach Anfechtung zur Ungültigerklärung. Die Gemeinschaft hat keinen Anspruch darauf, dass ihr die einzelnen mietvertraglichen Regelungen, insbesondere auch die Höhe der Miete, bekannt gegeben werden. Ihr Auskunftsanspruch beschränkt sich allenfalls auf die Benennung des Mieters (*BayObLG* ZMR 2005, 132).

Grundsätzlich gehört es zum Regelungsbereich einer Hausordnung die Einhaltung der Verkehrs- **188** sicherungspflicht zu gewährleisten. Jedoch müssen dadurch nicht alle üblichen Verhaltensweisen von Hausbewohnern unterbunden werden, wie etwa das Abstellen von Schuhen, um auch entferntere Gefahrensituationen von Treppenhausbenutzern abzuwenden (*OLG Hamm* ZMR 1988, 270).

Die Regelung in der Hausordnung, wonach die Gestaltung des Treppenabsatzes eine Etage tiefer **189** (einschließlich dem Aufstellen von Möbeln) – unter Ausschluss der übrigen Miteigentümer – den Bewohnern der jeweiligen Etage obliegt, unterfällt nicht der Beschlusskompetenz der Eigentümergemeinschaft für Gebrauchsregelungen und ist daher nichtig (*OLG Düsseldorf* NJW-RR 2004, 376 = ZMR 2005, 142).

Das Gericht ist in seiner Entscheidung durch einen Antrag auf Ungültigerklärung beschränkt. **190** Wird ein Hausordnungsbeschluss für ungültig erklärt, kann das Gericht ohne einen darauf gerichteten, bestimmten Antrag keine ersetzende Regelung treffen (*BayObLG* ZMR 2005, 132).

II. Die ordnungsgemäße Instandhaltung und Instandsetzung des gemeinschaftlichen Eigentums

1. Begriffe und Abgrenzungen

191 Die Eigentümer haben nun eindeutig die gesetzliche Beschlusskompetenz für Maßnahmen der Instandhaltung und Instandsetzung nach § 21 Abs. 5 Nr. 2 WEG, für die modernisierende Instandsetzung nach § 22 Abs. 3 WEG, für bauliche Veränderungen nach § 22 Abs. 1 WEG und für Modernisierungen oder die Anpassung an den Stand der Technik nach § 22 Abs. 2 WEG.

192 Begrifflich unterschieden wird zwischen Maßnahmen der Instandhaltung und der Instandsetzung, der Modernisierung und der baulichen Veränderung. Dabei ist eine Unterscheidung zwischen Maßnahmen der Instandhaltung und solchen der Instandsetzung von eher geringer praktischer Bedeutung (*BGH* ZMR 1999, 647). Zu den Maßnahmen der Instandhaltung und Instandsetzung gehört auch die Erfüllung eines Anspruchs auf erstmalige Herstellung des ordnungsgemäßen Zustands. Ausführungen dazu bei § 21 Abs. 4 WEG, Rn. 129 ff.

193 Die Instandhaltung dient dem laufenden Erhalt und der Pflege der Wohnanlage. Darunter fallen alle Maßnahmen, die im Interesse der Eigentümer auf die Erhaltung, Verbesserung oder dem der Zweckbestimmung des gemeinschaftlichen Eigentums entsprechenden Gebrauch gerichtet sind (*BayObLG* BayObLGZ 1975, 201). Im Interesse der Gesamtheit der Eigentümer liegt eine Maßnahme, wenn sie bei objektiv vernünftiger Betrachtungsweise unter Berücksichtigung der besonderen Umstände des Einzelfalles nützlich ist. Dies ist der Fall, wenn sich die Maßnahme bei einer an den konkreten Bedürfnissen und Möglichkeiten ausgerichteten Kosten-Nutzen-Analyse und unter Berücksichtigung der Verkehrsauffassung und der wirtschaftlichen Leistungsfähigkeit der Gemeinschaft im Einzelfall als vertretbar erweist (*BayObLG* ZMR 2004, 607). Eine Instandsetzung umfasst auch die Erneuerung i. S. e. Ersatzbeschaffung einzelner Teile des gemeinschaftlichen Eigentums (*BayObLG* ZfIR 2004, 23). Ein Beschluss über eine Instandhaltungsmaßnahme an einem Gegenstand des Sondereigentums (Balkonoberflächenbelag) ist wegen fehlender Beschlusskompetenz der Eigentümergemeinschaft nichtig (*OLG Köln* ZMR 2001, 568).

194 Die Instandsetzung dient der Wiederherstellung eines beschädigten Bauteiles, der Anpassung an neue Vorschriften oder der erstmaligen Herstellung des ordnungsgemäßen Zustandes, z. B. wenn ein von Anfang an nicht fachgerecht erstelltes Flachdach erstmalig ordnungsgemäß hergestellt werden muss (*OLG Hamm* WE 1987, 54). Auch dann werden Maßnahmen als eine ordnungsmäßige Instandsetzung angesehen, wenn sie sich nicht auf die bloße Wiederherstellung des ursprünglichen Zustands in Form einer Reparatur beschränken.

195 Die modernisierende Instandsetzung ist eine Maßnahme ordnungsgemäßer Verwaltung, wie in § 22 Abs. 3 klargestellt wird. Dies gilt auch dann, wenn die Instandsetzungsmaßnahme über die bloße Wiederherstellung eines mangelfreien Zustands der vorhandenen Anlage hinausgeht. Es ist denkbar, dass im Rahmen einer Instandhaltung eine sinnvolle Modernisierung vorgenommen wird und die Vorteile neuer technischer Entwicklungen genutzt werden (*BayObLG* ZMR 2004, 442). Dann ist eine Abwägung aller Vor- und Nachteile einer bloßen Reparatur des vorhandenen Zustands und der Herstellung eines neuen Zustands vorzunehmen. Ist eine Maßnahme wirtschaftlich sinnvoll und hält sie sich im Bereich erprobter und bewährter Techniken, so kann eine Instandsetzungsmaßnahme auch dann vorliegen, wenn der ursprüngliche Zustand des Gebäudes verändert wird (*BayObLG* ZMR 2002, 209).

196 Bauliche Veränderung geht nach § 22 Abs. 1 WEG über die Instandhaltung und Instandsetzung hinaus. Sie bewirkt letztlich eine Umgestaltung des Gemeinschaftseigentums. Deswegen müssen alle Eigentümer zustimmen, die einen Nachteil erleiden würden, der über das in § 14 Nr. 1 WEG bestimmte Maß hinausgeht. Nicht erfasst werden bauliche Veränderungen, die sich ausschließlich auf den Bereich des Sondereigentums beschränken. Wirkt sich aber eine Umgestaltung des Sondereigentums auch nachteilig auf das Gemeinschaftseigentum aus, so liegt darin eine bauliche Veränderung (*OLG Hamburg* ZMR 2002, 372). Bauliche Veränderungen sind somit Anbauten, Umbauten, nicht notwendige Eingriffe in das Aussehen oder in die Substanz des Grundstückes.

197 Während für die vorgenannten Maßnahmen die einfache Mehrheit genügt, können Modernisierungen und die Anpassung an den Stand der Technik nach § 22 Abs. 2 WEG nur mit doppelt qua-

lifizierter Mehrheit beschlossen werden. Zustimmen müssen drei Viertel aller stimmberechtigten Eigentümer die mehr als die Hälfte der Miteigentumsanteile haben.

Eine Modernisierung liegt gemäß dem in Bezug genommenen § 559 Abs. 1 BGB vor, wenn die Maßnahme den Gebrauchswert des Gemeinschaftseigentums nachhaltig erhöht oder die allgemeinen Wohnverhältnisse auf Dauer verbessert oder nachhaltig Einsparungen von Energie oder Wasser bewirkt.

198

Die Eigentümer können mehrheitlich entscheiden, das Gemeinschaftseigentum auf den »Stand der Technik« zu bringen. Gemeint ist dabei das Niveau einer anerkannten und in der Praxis bewährten, fortschrittlichen technischen Entwicklung, um das Erreichen des gesetzlich vorgegebenen Ziels zu sichern. Die Anforderung grenzt sich von dem Begriff der »anerkannten Regeln der Technik« ab, der z. B. in § 641 a Abs. 3 S. 4 BGB verwendet wird. Dem Gesetzgeber will höhere Anforderungen erfüllt wissen, um Streit über den mit einer bestimmten Maßnahme erreichbaren Grad der Modernisierung zu vermeiden. Als zu weit gehend wurde die Anforderung angesehen, die dem »Stand von Wissenschaft und Technik« entsprechen. Es sei nicht davon auszugehen, dass eine qualifizierte Mehrheit von Wohnungseigentümern eine besonders kostenintensive Technik befürwortet, wenn diese keinen entsprechenden Nutzen bringt, zumal der Begriff »Stand der Technik« ohnehin verlange, dass wirtschaftliche Gesichtspunkte zu berücksichtigen seien (BT-Drucks. 16/887).

199

2. Handlungsrechte und Handlungspflichten

Wenn in der Gemeinschaftsordnung nichts anderes geregelt wurde, ist die Instandhaltung und Instandsetzung von Gemeinschaftseigentum Pflicht aller Eigentümer (*BayObLG* WE 1996, 476), die sich gem. § 16 Abs. 2 WEG oder nach einer anderen gem. § 16 Abs. 3 oder 4 WEG beschlossenen oder nach einer vereinbarten Kostenregelung an den dafür aufzuwendenden Kosten zu beteiligen haben. Soweit eine spezielle vorbereitende Maßnahme nötig ist, um eine Instandsetzung am Gebäude vorzunehmen, deren Kosten ein Eigentümer gemäß Vereinbarung allein zu tragen hat, hat dieser Eigentümer auch die Kosten für die vorbereitende Maßnahme zu tragen (*BayObLG* ZMR 2003, 362).

200

Die Eigentümer entscheiden mehrheitlich, ob, wann und wie eine Maßnahme durchgeführt wird. Sie handeln bei der Entscheidung über die Art einer Schadensbeseitigung innerhalb eines Beurteilungsermessens (*OLG Hamburg* ZMR 2004, 139). Wurde ein Eigentümer durch Vereinbarung verpflichtet, die seiner alleinigen Nutzung unterliegenden Gebäudeteile ordnungsgemäß instand zu halten und instand zu setzen, – was möglich ist (*BayObLG* ZMR 2002, 843), so kann die Durchführung einer Instandhaltungsmaßnahme durch die Gemeinschaft nicht mehrheitlich beschlossen werden *BayObLGR* 2004, 325. Kommt ein Eigentümer den ihm auferlegten Pflichten nicht nach, muss er dazu gerichtlich angehalten werden. Der Anspruch ergibt sich aus § 21 Abs. 4 WEG. Zuständig ist das Wohnungseigentumsgericht nach § 43 Nr. 2 WEG. Die Ausübung des Anspruchs steht nach § 10 Abs. 6 S. 3 WEG ausschließlich der Wohnungseigentümergemeinschaft zu. Durch die vereinbarte Verlagerung der Instandhaltungspflicht an Teilen des gemeinschaftlichen Eigentums wird das gemeinschaftliche Eigentum nicht zum Sondereigentum i. S. v. § 5 Abs. 1 WEG erklärt. Es erfolgt insoweit nur eine Veränderung in der Verantwortlichkeit und der Kostenverteilung. Soweit aber umgekehrt die Teilungserklärung versucht, Gegenstände zu Sondereigentum zu erklären, die zwingend gemeinschaftliches Eigentum sind, kann dies als Auferlegung der Instandhaltungspflicht auf die einzelnen Wohnungseigentümer ausgelegt oder umgedeutet werden (*BayObLG* ZMR 2001, 832).

201

Die Pflicht der Eigentümer bei der ordnungsmäßigen Instandhaltung und Instandsetzung zusammenzuwirken, beschränkt sich nicht auf eine die Instandsetzung ermöglichende Beschlussfassung, sondern schließt die entsprechende Werkleistung mit Hilfe von Fachkräften ein (*BGH* ZMR 1999, 647). Die Übertragung der Entscheidungskompetenz der Eigentümergemeinschaft zur Frage der Erneuerung oder Reparatur der zentralen Heizungs- und Warmwasseranlage auf einen aus zwei Eigentümern bestehenden »Arbeitskreis« kann nicht mit Stimmenmehrheit wirksam beschlossen werden (*OLG Düsseldorf* ZMR 2003, 126).

202

§ 21 I Verwaltung durch die Wohnungseigentümer

203 Die Durchführung von Beschlüssen ist nach § 27 Abs. 1 Nr. 1 WEG unabdingbare Aufgabe des Verwalters. Wird ihm diese Aufgabe durch Beschluss der Eigentümer entzogen, ist der Beschluss wegen des Verstoßes gegen das Gesetz nichtig. Möglich ist, dem Beirat beratende und mit entscheidende Aufgaben zu übertragen. Hat der Verwaltungsbeirat einer Maßnahme des Verwalters zuzustimmen, so genügt es, wenn jedes Verwaltungsbeiratsmitglied einzeln die Zustimmung erklärt (*BayObLG* BayObLGZ 1988, 212).

204 Fraglich ist, wer es zu vertreten hat, wenn durch das Verschulden eines beauftragten Fachunternehmens Schäden am Sondereigentum eines Wohnungseigentümers entstanden sind, nachdem die Wohnungseigentümergemeinschaft die Reparatur des Gemeinschaftseigentums beauftragt hat oder wenn der Reparaturauftrag nicht von allen Eigentümern, sondern – zu Recht oder zu Unrecht – von einem einzelnen Eigentümer erteilt wurde. In beiden Fällen ging man davon aus, dass die Eigentümer untereinander verpflichtet sind, das Gemeinschaftseigentum ordnungsmäßig instand zu halten oder instand zu setzen. Dazu gehörte eine fachgerechte Ausführung der erforderlichen Arbeiten, die vermeidet, dass am Sondereigentum anderer Eigentümer Schäden entstehen. Wird diese Pflicht verletzt, habe der die Instandsetzung allein durchführende bzw. veranlassende Eigentümer für ein Verschulden des von ihm beauftragten Unternehmens im Verhältnis zum geschädigten Wohnungseigentümer nach § 278 S. 1 BGB einzustehen. Die sich daraus ergebenden Konsequenzen einer Haftung der Eigentümer für das Verschulden ihrer Erfüllungsgehilfen widersprechen nicht dem Leitbild der Eigentümergemeinschaft (*BGH* ZMR 1999, 647). Dieses Rechtsauffassung gilt weiter. Die Erkenntnis des *BGH*, dass die Eigentümergemeinschaft teilweise rechtsfähig sein kann und die diesbezügliche gesetzliche Verankerung ändert am Rechtsverhältnis der Eigentümer zueinander nichts. Zwischen den Mitgliedern einer Wohnungseigentümergemeinschaft besteht auch jetzt noch eine schuldrechtliche Sonderverbindung, aus der Pflichten aus Treue- und Rücksichtnahme i. S. v. § 241 Abs. 2 BGB entspringen können. Ein geschädigter Miteigentümer ist aber verpflichtet, dann nicht den schädigenden Miteigentümer auf Schadensausgleich in Anspruch zu nehmen, wenn der geltend gemachte Schaden Bestandteil des versicherten Interesses ist, der Gebäudeversicherer nicht Regress nehmen kann und nicht besondere Umstände vorliegen, die ausnahmsweise eine Inanspruchnahme des Schädigers durch den Geschädigten rechtfertigen (*BGH* ZWE 2007, 32). Wurde der Auftrag von den Wohnungseigentümergemeinschaft erteilt, haftet diese mit dem Vermögen der Eigentümergemeinschaft für ein zurechenbares Verschulden (*BGH* ZMR 2005, 547).

205 Zu einer ordnungsgemäßen, dem Interesse der Gesamtheit der Eigentümer entsprechenden Verwaltung gehört, dass die Kostenfrage geregelt ist (*BayObLG* WE 1996, 476). I. d. R. sind vor Vergabe eines größeren Auftrags zur Durchführung von Instandsetzungs- oder Instandhaltungsarbeiten mehrere Angebote einzuholen (*BayObLG* NJW-RR 1989, 1293 = GE 1989, 1161). Ein Mehrheitsbeschluss über die Vergabe ist aber nicht schon deshalb für ungültig zu erklären, weil dies unterblieben ist. Voraussetzung wäre vielmehr, dass tatsächlich überhöhte Preise gezahlt worden sind. Dabei ist den Eigentümern ein Beurteilungsspielraum zuzubilligen (*BayObLG* NJW-RR 1997, 715 = ZMR 1997, 256). Der Verwalter hat auf eine baulich und fachlich einwandfreie Lösung zu achten und auf die Wirtschaftlichkeit. Ihm steht insoweit ein nur eingeschränkt der gerichtlichen Kontrolle zugänglicher Gestaltungsspielraum zu, ob er vor Durchführung einer Maßnahme drei Angebote von ausführungsbereiten Fachfirmen einholt (*OLG Köln* ZMR 1998, 109). Allerdings widerspricht ein Beschluss ordnungsgemäßer Verwaltung, wenn die Kosten nicht durch einen Kostenvoranschlag ermittelt sondern nur (grob) geschätzt wurden (*OLG Köln* ZMR 2004, 148). Der Beschluss über eine umfassende Fassaden- und Balkonsanierung, der solche Fassadenteile von der Sanierung ausnimmt, die sich im Zug der Maßnahme als nicht sanierungsbedürftig erweisen, kann ordnungsmäßiger Verwaltung entsprechen. Es ist nicht zwingend erforderlich, vorab den Sanierungsumfang, etwa durch Gutachten, im Einzelnen festzulegen (*OLG München* 27.9.2006, 34 Wx 059 / 06).

206 Ein vom Verwalter in Prozessstandschaft für die Eigentümer eingeleitetes Beweisverfahren gegen den Verkäufer unterbricht die Verjährung der Gewährleistungsansprüche gegen der Erwerber (*BGH* ZMR 2004, 47). Es entspricht ordnungsmäßiger Verwaltung, ein selbständiges Beweisverfahren zur Ursachenermittlung einzuleiten, wenn für einen Schaden ein Baumangel ursächlich

sein kann. Die Kosten eines solchen Beweisverfahren sind von allen Wohnungseigentümern zu tragen, auch wenn sich herausstellt, dass die Schadensursache im Verhalten der betroffenen Wohnungseigentümer liegt. Die Kosten dürfen diesen nur dann auferlegt werden, wenn sie schuldhaft gehandelt haben (*BayObLG* ZMR 2002, 529). Es ist darauf zu achten, wer Vertragspartner des Dritten war: Die (einzelnen) Eigentümer oder die Wohnungseigentümergemeinschaft, damit der Antrag nötigenfalls fristwahrend für die richtige Partei gestellt wird.

Zum gegenseitigen Anspruch der Eigentümer auf Herstellung eines ordnungsmäßigen Zustands **207** gehört auch die Erfüllung öffentlich-rechtlicher Pflichten. Deren Beachtung rechtfertigt einen Eingriff in ein Sondernutzungsrecht dann aber nicht, wenn den öffentlich-rechtlichen Vorgaben auch ohne einen derartigen Eingriff entsprochen werden kann (*BayObLG* BayObLGR 2004, 388).

Jeder Mieter hat Anspruch auf Überlassung einer vertragsgemäßen, mangelfreien Mietsache. Ist **208** ein Teil des Sondereigentums mangelhaft, kann der Eigentümer dem Aufforderungsbegehren zur Mangelbeseitigung selbst nachkommen. Ist gemeinschaftliches Eigentum mangelhaft, etwa die Trittschalldämmung der Decke, kann der Sondereigentümer ohne Mitwirkung der Eigentümergemeinschaft nicht handeln. Dennoch kann der Mieter die vertragsgerechte Leistung aus dem Mietvertrag gerichtlich einfordern. Es ist dann Aufgabe des Eigentümers darzulegen, dass er alles unternommen hat, um den Pflichten aus dem Mietvertrag zu genügen und dass er das Leistungshindernis nicht zu vertreten hat, § 275 Abs. 2 S. 2 BGB. Wird der Eigentümer zur Leistung an den Mieter verurteilt, kann er dem Vollzug nach § 888 ZPO mit der Vollstreckungsgegenklage entgegentreten und dort seine Leistungsbereitschaft und die Hindernisse zur Erfüllung nachweisen. Dazu kann auch gehören, dass er gerichtlich die geforderte Maßnahme der Instandhaltung und Instandsetzung geltend macht. Unklar war, gegen wen der Anspruch geltend gemacht werden muss. Die Beseitigung eines Mangels am gemeinschaftlichen Eigentum ist eine gemeinschaftsbezogene Pflicht. Deswegen ist der Anspruch gegen die Wohnungseigentümergemeinschaft geltend zu machen. Der Gesetzgeber ordnete zur Verfahrensvereinfachung eine Prozessstandschaft der Wohnungseigentümergemeinschaft an, unabhängig von der Frage, wer materiell zur Beseitigung des Schadens verpflichtet ist. Mieter können Störer i. S. d. § 1004 BGB sein. Zu unterscheiden ist der Handlungsstörer vom Zustandsstörer. Handlungsstörer ist, wer die Eigentumsbeeinträchtigung durch sein Verhalten, d. h. durch positives Tun oder pflichtwidriges Unterlassen, adäquat verursacht hat. Der Mieter müsste dann bauliche Veränderungen an der von gemieteten Wohnung und damit den Eingriff in das Gemeinschaftseigentum selbst vorgenommen oder in irgendeiner Weise veranlasst haben. Zustandsstörer ist noch nicht, wer sich weigert, den zur Störungsbeseitigung erforderlichen Rückbau zu dulden. Dafür genügt auch weder die Sachherrschaft über die störende Sache noch die damit einhergehende Möglichkeit, die Störung zu beenden. Es gibt keinen Rechtssatz, dass der Besitzer allein kraft seines Besitzes für beeinträchtigende Einwirkungen einer Sache verantwortlich ist. Zustandsstörer ist, wer die Beeinträchtigung zwar nicht verursacht hat, durch dessen maßgebenden Willen der beeinträchtigende Zustand aber aufrechterhalten wird (*BGH* ZMR 2007, 188).

3. Folgen unrechtmäßigen Handelns

Nehmen die Eigentümer im Rahmen einer Instandsetzungsmaßnahme (Anbringung eines Vollwärmeschutzes) bauliche Veränderungen vor, die tatsächlich über eine ordnungsmäßige Instandsetzung hinaus gehen und einen Eigentümer mehr als nur unerheblich beeinträchtigen, kann dieser Eigentümer grundsätzlich Wiederherstellung des ursprünglichen Zustands verlangen. Dem Anspruch kann aber, wenn die Kosten eines Rückbaus in keinem angemessenen Verhältnis zu den Beeinträchtigungen stehen, der Einwand des Rechtsmissbrauchs entgegenstehen. Dann kommt ein Anspruch auf Ausgleich des durch die Beeinträchtigung verursachten Wertverlustes des betroffenen Wohnungseigentums in Betracht (*BayObLG* ZMR 2003, 515). **209**

Bei einem Anspruch auf Rückbau ist zu beachten, dass durch die bloße Entfernung eines Bauteils **210** kein Zustand entstehen darf, der den Grundsätzen ordnungsmäßiger Verwaltung widerspricht. Der Vollzug ist erst möglich, wenn eine Gesamtkonzeption vorliegt, wie der endgültige bauliche Zustand aussehen soll (*KG* NJW-RR 1991, 1299 = WuM 1991, 708). Die Beseitigung einer baulichen Veränderung kann nicht verlangt werden, wenn durch die beanstandete Veränderung keine, über

§ 21 | Verwaltung durch die Wohnungseigentümer

das bei einem geordneten Zusammenleben unvermeidliche Maß hinausgehende, Benachteiligung auftritt (*BayObLG* NJW-RR 2001, 10 = ZMR 2000, 547).

211 Jeder Eigentümer hat Anspruch auf ordnungsmäßige Instandsetzung des gemeinschaftlichen Eigentums in angemessener Zeit. Pflicht des Verwalters ist es, die Eigentümer auf die Notwendigkeit einer Maßnahme hinzuweisen, eine Beschlussfassung herbeizuführen und gefasste Eigentümerbeschlüsse auszuführen. Verletzen die Eigentümer die ihnen obliegende Instandsetzungspflicht, können sich Schadensersatzansprüche eines Eigentümers ergeben (*BayObLG* ZMR 2002, 843).

212 Wenn der Verwalter eine vorschnelle und zu beanstandende Reparaturmaßnahme vorgenommen hat, kann er nicht ohne weiteres auf Rückgängigmachung in Anspruch genommen werden, wenn dadurch sofort wieder Reparaturbedarf entstehen würde, der unter Einbeziehung der Eigentümergemeinschaft behoben werden muss. Ebenso wie ein Eigentümer sich dadurch beschwert fühlt, dass der Verwalter die Instandsetzung ohne seine Zustimmung vorgenommen hat, können sich die anderen Eigentümer übergangen fühlen, wenn der Verwalter durch Gerichtsbeschluss gezwungen würde, einen ordnungswidrigen Bauzustand herzustellen (*KG* ZMR 2002, 546).

213 Bei einer Beschlussfassung für eine Maßnahme der Instandhaltung und Instandsetzung die nicht ordnungsgemäßer Verwaltung entspricht, kommen Ersatzansprüche gegen den Verwalter in Betracht (*OLG Düsseldorf* ZMR 2007, 56). Dieser ist, auch wenn er inzwischen als Verwalter einer Eigentümergemeinschaft ausgeschieden sein sollte, am Verfahren zu beteiligen (*BGH* ZMR 1998, 171 = NJW 1998, 755).

214 Hat ein Eigentümer selbst einen Mangel am gemeinschaftlichen Eigentum ohne vorherige Herbeiführung eines Mehrheitsbeschlusses auf eigene Kosten behoben und verlangt ein anderer Wohnungseigentümer die Beseitigung dieser Maßnahme, so ist den Beteiligten Gelegenheit zu geben, einen Mehrheitsbeschluss über die Konzeption der Behebung des Mangels herbeizuführen. Erst wenn die Wohnungseigentümer eine andere Lösung beschließen, kann über den Beseitigungsanspruch endgültig entschieden werden (*OLG Karlsruhe* NZM 2001, 758). Muss der Eigentümer durch einen Fachmann Feststellungen treffen lassen, ob die von seinem Sondereigentum aus zugänglichen Teile des gemeinschaftlichen Eigentums sanierungsbedürftig sind, können im Verzugsfall Ersatzvornahmekosten zu Lasten des Eigentümers gehen (*KG* ZWE 2001, 331 = WuM 2001, 298). Hat ein Eigentümer im Vertrauen auf einen Beschluss selbst und auf eigene Kosten Maßnahmen der Instandhaltung und Instandsetzung ergriffen (Fensteraustausch) und stellt sich der Beschluss später als nichtig heraus, kann der Eigentümer Ansprüche gegen die Eigentümergemeinschaft nach den Grundsätzen der ungerechtfertigten Bereicherung haben (*BayObLG* ZMR 2003, 951).

215 Der einzelne Wohnungseigentümer konnte bisher den Anspruch auf Beseitigung der Beeinträchtigung des gemeinschaftlichen Eigentums gegen einen Miteigentümer ohne Ermächtigung durch die Wohnungseigentümergemeinschaft geltend machen. Hierzu war er aufgrund seines Miteigentumsanteils an dem gemeinschaftlichen Eigentum (§ 1 Abs. 2 WEG) berechtigt (*OLG Braunschweig* 8.2.2007, 3 W 1/07). Diese Rechtslage ist durch § 10 Abs. 6 S. 3 überholt. Die Ausübung gemeinschaftsbezogener Rechte steht ausschließlich der Wohnungseigentümergemeinschaft zu. Nötigenfalls muss sie dazu gerichtlich gezwungen werden.

4. Abgrenzungsfälle

216 Die meisten Streitigkeiten entzündeten sich bisher an den Fragen, ob ein Mehrheitsbeschluss möglich ist, ob eine Zustimmung aller Eigentümer nötig ist und wer Kosten einer Maßnahme zu tragen hat. Viele der Abgrenzungsfragen werden sich erledigen, soweit sie keine gravierenden Folgen mehr haben. Ein Mehrheitsbeschluss ist grundsätzlich möglich, nachdem selbst für bauliche Veränderungen nun erkennbar auch im Wortlaut des Gesetzes ausdrücklich die Beschlusskompetenz bestätigt wurde. Über die Zustimmungspflicht kann noch gestritten werden, soweit eine subjektive nachteilige Betroffenheit vorliegt. Die Bedeutung der Zustimmung wegen der daraus erwachsenden Zahlungspflicht kann durch vorausschauendes Beschlussverhalten der Eigentümer verringert werden. Wird mit einer Einzelmaßnahme eine Kostenregelung im Einzelfall nach § 16 Abs. 4 WEG herbeigeführt, werden die Kosten nur entsprechend dem Beschluss ver-

Verwaltung durch die Wohnungseigentümer | § 21

teilt. Es galt und gilt der Grundsatz: Wer nicht zustimmt muss gemäß § 16 Abs. 6 S. 1 WEG auch für eine Maßnahme der baulichen Veränderung nichts bezahlen (*OLG Schleswig* WuM 2007, 213). Dies Vorgabe wird aber gemäß § 16 Abs. 6 S. 2 WEG durch einen konkreten Kostenbeschluss außer Kraft gesetzt. Die bisherigen Streitfälle und gerichtlichen Entscheidungen sind unter diesem Aspekte in Zukunft möglicherweise vermeidbar.

Antennen und Kabel 217

Bei der Umstellung der Medienversorgung (z. B. Einführung von Breitbandkabel) können Rechte von Eigentümern beeinträchtigt werden. Insbesondere, wenn ein Vertrag mit einer Betreibergesellschaft für die gesamte Wohnanlage abgeschlossen werden soll und sich jeder Eigentümer an den Kosten der Medienversorgung beteiligen muss. In diesen Fällen muss eine Abwägung der Vor- und Nachteile einer Versorgung über Kabel oder andere Anlagen, z. B. eine Satellitenanlage stattfinden. Bei größeren Instandsetzungsmaßnahmen ist der Verwalter grundsätzlich verpflichtet, Konkurrenzangebote einzuholen und den Wohnungseigentümern vorzulegen (*BayObLG* ZMR 2002, 689 = NZM 2002, 564). Dabei ist ein Vertreter der Kabelbetreibergesellschaft nicht geeignet, eine objektive Darstellung der Vor- und Nachteile anderer in Betracht kommender und konkurrierender Anlagen, insbesondere einer Satellitenanlage, darzulegen (*BayObLG* ZMR 2004, 606). Der Austausch einer 18 Jahre alten und reparaturbedürftigen Gemeinschaftsantennenanlage durch einen Anschluss an das Breitbandkabelnetz, ist keine bauliche Veränderung sondern eine modernisierende Instandsetzung. Sie bedarf nicht der Zustimmung negativ betroffener Eigentümer (*LG Berlin* ZMR 2002, 160). Der Ersatz einer funktionsfähigen und nicht reparaturbedürftigen Empfangsanlage über das Breitbandkabel durch eine Gemeinschafts-Satellitenempfangsanlage ist als bauliche Veränderung nach § 22 Abs. 1 WEG einzustufen (*BayObLG* ZMR 2000, 547 = NJW-RR 2001, 10). Sie bedarf der Zustimmung der negativ betroffenen Eigentümer. Beim Streit um das Recht eine Parabolantenne aufzustellen, ist unerheblich, ob die Antenne auf dem Balkon nur aufgestellt oder fest montiert wird. Auch ist unerheblich, ob wegen der möglichen Auswirkungen auf den optischen Gesamteindruck des Gebäudes eine bauliche Veränderung i. S. v. § 22 Abs. 1 S. 1 WEG vorliegt. Es liegt vorrangig kein Problem der baulichen Veränderung vor; entscheidend ist allein, ob der Gebrauch des Sondereigentums oder des gemeinschaftlichen Eigentums zu einem Nachteil führt, der über das bei einem geordneten Zusammenleben unvermeidliche Maß hinausgeht (*BGH* ZMR 2004, 438 = NJW 2004, 937). Der Aufstellungsort einer Parabolantenne wird von den Eigentümer bestimmt (*BayObLG* ZWE 2005, 93). Die Ortsvorgabe der Eigentümergemeinschaft zur Aufstellung der Antenne durch Mehrheitsbeschluss erzeugt keine Bindungswirkung und ist nichtig, wenn am vorgegebenen Ort kein Empfang möglich ist (*OLG Schleswig* ZMR 2004, 148).

Aufzugsanlagen 218

Der Einbau von Teleskoptüren mit Infrarotsensoren in einen 29 Jahre alten Fahrstuhl mit störungsanfälligen Falttüren ist eine Maßnahme modernisierender Instandsetzung und keine unnötige bauliche Veränderung (»Komfortmaßnahme«). Die Wohnungseigentümer können deshalb die Erneuerungsmaßnahme wirksam mehrheitlich beschließen (*AG Nürnberg* ZMR 2004, 384). Der Anbau eines Personenaufzugs an das Treppenhaus eines 1910 errichteten Wohnhauses ist eine bauliche Veränderung nach § 22 WEG. Dies gilt auch, wenn eine Gemeinschaftsordnung »alle Maßnahmen, die erforderlich sind, um die bestehenden baulichen Anlagen und Einrichtungen des gemeinsamen Eigentums auf den modernsten Stand der Technik zu erhalten und zu bringen«, zu Angelegenheiten der ordnungsmäßigen Verwaltung erklärt (*BayObLG* BayObLGR 1992, 41). Solche Maßnahmen unterliegen künftig einer Regelung der Eigentümer nach § 22 Abs. 2 WEG. Die Stilllegung eines Aufzugs oder Verweigerung einer Reparatur, dessen Funktionsfähigkeit die Teilungserklärung verspricht, kann nicht mehrheitlich beschlossen werden (*OLG Saarbrücken* WuM 2007, 154).

Fassaden und Balkon 219

Die Neuanbringung einer vollständigen Fassadenverkleidung auf einer Unterkonstruktion aus Metall anstelle der bisherigen hölzernen Unterkonstruktion ist eine ordnungsmäßige Instandsetzungsmaßnahme (*BayObLG* ZMR 2002, 209). Insbesondere die Sanierung einer mehr als 30 Jahre alten Fassade wegen loser Fassadenplatten, Undichtigkeit und Asbestbelastung der

§ 21 | Verwaltung durch die Wohnungseigentümer

Verkleidung (Eternit) mit einem Wärmedämm-Verbundsystem kann eine, mit Mehrheit zu beschließende, modernisierende Instandsetzungsmaßnahme darstellen (*OLG Düsseldorf* WuM 2003, 43 = NZM 2003, 28 = NJW-RR 2003, 79). Eine Balkonsanierung betrifft regelmäßig das Gemeinschaftseigentum und kann von der Eigentümergemeinschaft mehrheitlich beschlossen werden. Die Entscheidung, die Fassade im Bereich der Balkone mit weißer Farbe zu streichen, beeinträchtigt das Recht des nicht zustimmenden Eigentümers nicht über das in § 14 WEG bestimmte Maß hinaus und muss deshalb nicht einstimmig ergehen (*OLG Celle* 7.2.2003, AZ 4 W 208/02, zit. nach juris).

220 Die Eigentümergemeinschaft kann mit einem Mehrheitsbeschluss dem einzelnen Eigentümer die fachkundige Feststellung der zu beseitigenden Schäden am Balkon übertragen, auch wenn die zu prüfenden Teile zum gemeinschaftlichen Eigentum gehören und die Sondereigentümer nicht durch Vereinbarung zur Instandhaltung verpflichtet sind. Kosten, die dem einzelnen Eigentümer hierdurch entstehen können, überschreiten die Grenze der Zumutbarkeit nicht (*KG* ZWE 2001, 331 = WuM 2001, 298).

221 Der Beschluss über eine umfassende Fassaden- und Balkonsanierung, der solche Fassadenteile von der Sanierung ausnimmt, die sich im Zug der Maßnahme als nicht sanierungsbedürftig erweisen, kann ordnungsmäßiger Verwaltung entsprechen. Es ist nicht zwingend erforderlich, vorab den Sanierungsumfang, etwa durch Gutachten, im Einzelnen festzulegen (*OLG München* 27.9.2006, 34 Wx 059/06).

222 Der Einbau einer Klimaanlage, der Kernbohrungen im Außenmauerwerk, das Anbringen eines Kunststoffkanals auf der Außenwand der zur Dachgeschosswohnung des Sondereigentümers gehörenden Loggia sowie ein auf der Loggia aufgestellte, von außen nicht sichtbares Gerät erfordert, bedarf als bauliche Veränderung – mangels erheblichen Nachteils – nicht der Zustimmung sämtlicher Wohnungseigentümer. Entstehen durch den Betrieb der Klimaanlage Geräuschemissionen, die vor dem Dachgeschossfenster der Eigentumswohnung des Nachbarn den zulässigen Lärmimmissionsrichtwert deutlich überschreiten, so liegt hierin kein rechtlich relevanter Nachteil, wenn der Nachbar sein Einverständnis mit der Installation der Klimaanlage erklärt hat (*OLG Düsseldorf* ZMR 2007, 206).

223 **Grundstück und Außenbereiche**
Die gärtnerische Gestaltung einer im Aufteilungsplan ausgewiesenen Gartenfläche ist keine bauliche Veränderung des Gemeinschaftseigentums, solange sie nicht mit einer gegenständlichen Veränderung des Grundstücks verbunden ist (*BayObLG* BayObLGZ 1985, 164/167). Jedoch kann im Einzelfall der beschlossene Rückschnitt einer Hecke oder von Weinlaub und deren Belassung auf einer bestimmten Höhe eine gegenständliche Veränderung i. S. einer baulichen Veränderung nach § 22 Abs. 1 WEG bilden (*OLG Saarbrücken* WE 1998, 69). Dies kann davon abhängen, ob die bisher »mannshohe« Hecke nach den tatsächlichen Gegebenheiten auch eine Sichtschutzfunktion besitzt, die auf Dauer entfällt, wenn sie, wie beschlossen, zurück geschnitten würde (*BayObLG* ZMR 2005, 377 = NJW-RR 2004, 1378). Die Beseitigung einer im Gemeinschaftseigentum stehenden Teichanlage kann eine bauliche Veränderung i. S. d. § 22 Abs. 1 S. 1 WEG darstellen (*OLG Frankfurt a. M.* 30.6.2003, AZ 20 W 254/01 zit. nach juris).

224 Geht von einem Baum eine drohende Gefahr für andere Teile des gemeinschaftlichen Eigentums aus, so ist in der Beseitigung des Baumes, auch wenn er den optischen Gesamteindruck der Wohnanlage maßgeblich mitbestimmte und mitprägte, keine bauliche Veränderung zu sehen sondern nur eine Maßnahme der Instandhaltung und Instandsetzung (*OLG Düsseldorf* ZMR 2004, 608). Überhaupt obliegt die Beurteilung, ob die Fällung eines Baumes eine bauliche Maßnahme ist, die einen Wohnungseigentümer über das in § 14 Nr. 1 WEG bestimmte Maß hinaus beeinträchtigt, dem Tatrichter in jedem Einzelfall und ist vom Rechtsbeschwerdegericht nur auf Rechtsfehler zu überprüfen. Der Mehrheitsbeschluss zum Fällen eines über das Haus ragenden Baumes wurde als gültig angesehen (*OLG München* ZMR 2006, 799). Eine beschlossene Regelung, den Garten als Ziergarten zu pflegen, kann über § 10 Abs. 1 S. 2 WEG eine vereinbarte Sondernutzung als »Gartenteil« nicht einschränken. Das Sondernutzungsrecht beinhaltet die Befugnis, die in Rede stehende Fläche gärtnerisch zu gestalten oder zu Erholungszwecken zu benutzen (*BayObLG* ZMR 2005, 132). Dazu gehört das Anlegen von Gemüsebeeten oder Einpflanzen von Obstbäumen

und Sträuchern aber auch das Aufstellen eines Schaukelgeräts (*OLG Düsseldorf* NJW-RR 1989, 1167). Ein Ziergarten grenzt sich ab von einem Nutzgarten und verlangt eine kultivierte Fläche, die ausschließlich »schmückt«, also der optischen Erbauung dient (*BayObLG* ZMR 2004 132 – mit weiteren Beispielen unzulässiger Regelungen).

Die Kosten der Beseitigung eines Baumes, der auf einer Sondernutzungsfläche steht und ein angrenzendes Garagengebäude beeinträchtigt, muss die Eigentümergemeinschaft tragen. Dies gilt auch, wenn vereinbart ist, dass der Sondernutzungsberechtigte die Kosten der Instandhaltung und Instandsetzung der Sondernutzungsfläche trägt. Geht vom gemeinschaftlichen Eigentum eine drohende Gefahr für andere Teile des gemeinschaftlichen Eigentums (Garagen) aus, so ist die Beseitigung des Baumes eine Maßnahme der Instandhaltung und Instandsetzung, die wegen ihrer Bedeutung für das gemeinschaftliche Eigentum nur von den Eigentümergemeinschaft innerhalb ihrer gemeinschaftlichen Verwaltung getroffen werden kann (*OLG Düsseldorf* ZMR 2004, 608). Die Entfernung der auf einem Tiefgaragendach stehenden Bäume können die Eigentümer mit Stimmenmehrheit beschließen, wenn Anhaltspunkte dafür bestehen, dass die Baumwurzeln in die schon beschädigte Dichtungsschicht eindringen und weitere Schäden verursachen. Dies gilt auch dann, wenn die Bäume das Erscheinungsbild der Wohnanlage prägen und Straßenlärm abschwächen (*BayObLG* ZMR 1996, 447 = NJW-RR 1996, 1166). Das Anlegen eines Dachgartens stellt jedenfalls dann eine bauliche Veränderung dar, wenn es mit Erdaufschüttungen und einer umfangreichen Bepflanzung verbunden ist (*OLG München* OLGR München 2007, 419). 225

Heizung 226
Ein Beschluss entspricht ordnungsgemäßer Verwaltung, einen bestimmten Kostenrahmen für die Wiederherstellung der witterungsgeführten Regelung der Heizungsanlage aufzuwenden und bei einem Überschreiten des Kostenrahmens von der Wiederherstellung abzusehen. Unberührt bleibt von einem solchen Beschluss der grundsätzliche Anspruch jedes Wohnungseigentümers auf Vornahme der zu einem ordnungsmäßigen Funktionieren erforderlichen Instandsetzungsarbeiten an der Heizung, auch wenn dabei von einer witterungsgeführten Regelung der Heizungsanlage Abstand genommen werden sollte *BayObLG* ZMR 2004, 606. Vor der Umstellung der Warmwasserversorgung durch Wärmetauscher und Boiler auf eine zentrale Warmwasserversorgung sind Vorteile und Nachteile abzuwägen. Dabei ist auch zu berücksichtigen, dass und in welchem Umfang Eingriffe in das Sondereigentum notwendig werden und ob von einzelnen Wohnungseigentümern Aufwendungen zur Verbesserung der derzeit vorhandenen Warmwasserversorgung in den einzelnen Wohnungen vorgenommen wurden, die sich als gegenstandslos erweisen könnten. Insbesondere ist eine umfassende Kosten- und Nutzenanalyse unverzichtbar *BayObLG* ZMR 2004, 442.

Die Ersetzung einer altersbedingt komplett erneuerungsbedürftigen Ölzentralheizung durch den Anschluss des Hauses an das Fernwärmenetz stellt eine modernisierende Instandsetzung dar, wenn bei einem Vergleich zwischen dem wirtschaftlichen Erfolg, den künftigen Kosten, der langfristigen Sicherung des Energiebedarfs und der Umweltverträglichkeit die Fernwärmeversorgung gegenüber der Erneuerung der Ölheizung deutlich günstiger ist (*OLG Hamburg* ZMR 2005, 803). Darf ein Eigentümer nach der Teilungserklärung in einem gemeinschaftlichen Raum eine neue Heizungsanlage installieren, so umfasst diese Befugnis auch die Möglichkeit, die für den Anschluss an ein Fernwärmenetz erforderlichen Rohre zu verlegen (*OLG Köln* OLGR Köln 2006, 672). Die erstmalige Errichtung einer Solaranlage zur Warmwasseraufbereitung stellt im Allgemeinen keine modernisierende Instandsetzung, sondern eine bauliche Veränderung dar. Das Gemeinschaftseigentum wird dadurch in Abweichung vom Zustand bei der Entstehung des Wohnungseigentums gegenständlich umgestaltet. Die Zustimmung eines betroffenen Eigentümers zu dieser Maßnahme ist erforderlich (*OLG München* ZMR 2006, 68). 227

Treppenhaus und Hausflur 228
Die erforderliche Installation eines Zählerkastens im Treppenhaus bedarf als bauliche Veränderung des gemeinschaftlichen Eigentums der Zustimmung der Wohnungseigentümer, außer die Veränderung beeinträchtigt deren Rechte nicht über das in § 14 Nr. 1 WEG bestimmte Maß hinaus. Eine solche Beeinträchtigung kann fehlen, wenn der Sicherungskasten etwa 20 cm in den lichten Raum der obersten Etage des Treppenhauses hineinragt und der Antragsteller selbst

§ 21 | Verwaltung durch die Wohnungseigentümer

für sich in Anspruch nimmt, im Treppenhaus einen Zählerkasten aufzuhängen *BayObLG* ZMR 2002, 211.

229 Eine Regelung in der Hausordnung, dass Kinderwagen »vorübergehend im Hausflur abgestellt werden dürfen«, ist nicht wegen inhaltlicher Unbestimmtheit nichtig (*OLG Hamm* ZMR 2001, 1006 = NJW-RR 2002, 10). Das Abstellen von Fahrrädern im Treppenhaus durch einen Wohnungseigentümer oder seine Besucher ist grundsätzlich nicht zulässig. Es fehlt am bestimmungsmäßen Gebrauch des Hausflurs, weil Treppenhäuser dem ungestörten Begehen dienen und im Notfall als Fluchtweg freizuhalten sind. Duldet ein Eigentümer das Abstellen eines Fahrrades durch einen ihn pflegenden Verwandten, so ist er für einen Unterlassungsanspruch passivlegitimiert (*AG Hannover* ZMR 2006, 649).

230 Der Anspruch auf (erstmalige) Herstellung eines ordnungsmäßigen Zustands des Gemeinschaftseigentums (Beseitigung von Trittschallübertragungen im Treppenhaus) kann nicht mehr geltend gemacht werden, wenn die Eigentümer bestandskräftig beschlossen haben, die Mängel nicht zu beseitigen (*BayObLG* ZMR 1999, 267 = NJW-RR 1999, 520).

231 Problematisch wird die Verwaltung, wenn zwei benachbarte WEG-Gemeinschaften ein beiderseits der Grundstücksgrenze errichtetes gemeinschaftliches Treppenhaus haben und nutzen. Das Rechtsverhältnis der Miteigentümer muss entsprechend den dinglichen Eigentumsverhältnissen beurteilt werden: Es besteht keine Eigentümergemeinschaft an dem gesamten Treppenhausgebäude. Das gemeinschaftliche Eigentum der jeweiligen WEG-Gemeinschaft erstreckt sich auf den auf dem jeweiligen Grundstück befindlichen Gebäudeteil. Im Innenverhältnis der jeweiligen Gemeinschaften gelten in Bezug auf die Instandhaltung und Instandsetzung sowie die hierfür anfallenden Kosten und Kostenquoten die Vorschriften des WEG. Im Außenverhältnis der beiden Gemeinschaften bestehen wechselseitige Ansprüche auf Instandsetzung und Instandhaltung nach den §§ 921, 922 BGB und gegebenenfalls nach § 1020 S. 2 BGB, sofern wechselseitig Dienstbarkeiten an dem jeweils benachbarten Grundstück zur Benutzung des dort befindlichen Gebäudeteils des Treppenhauses eingeräumt worden sind (*OLG Hamm* ZMR 2006, 878).

III. Der Abschluss einer Feuer- und Haftpflichtversicherung

1. Gegenstand der gesetzlichen Versicherungspflicht

232 Die gesetzliche Vorgabe in § 21 Abs. 5 Nr. 3 WEG verlangt eine Versicherungspflicht für das gemeinschaftliche Eigentum, nicht für das Sondereigentum. Es wird nur eine Verpflichtung der Eigentümer untereinander begründet, beim Abschluss eines ordnungsmäßigen Versicherungsschutzes für das gemeinschaftliche Eigentum mitzuwirken. (*BayObLG* DWW 1990, 95 = WE 1990, 74). In der Gemeinschaftsordnung kann jedoch – letztlich zum Schutz der finanziellen Ausgleichsinteressen der Gemeinschaft – eine Versicherungspflicht für das Sondereigentum vereinbart werden.

233 Die vom Gesetz genannten Versicherungen (Feuerversicherung, Haus- und Grundbesitzerhaftpflichtversicherung) sind die Mindestanforderungen an den Versicherungsschutz einer Gemeinschaft. Die Ausstattung der Wohnanlage, die Lage und besondere vereinbarte Nutzungen des Sondereigentums oder des gemeinschaftlichen Eigentums können besondere Risiken erzeugen und entsprechenden Versicherungsschutz nötig machen.

234 In der Praxis beinhalten die Gebäudeversicherungen häufig als Vertragsgegenstand sowohl die Teile des gemeinschaftlichen Eigentums wie auch des Sondereigentums. Die dem Verwalter in § 27 Abs. 1 Nr. 2 WEG auferlegte Instandhaltungs- und Instandsetzungspflicht bezieht sich nur auf das gemeinschaftliche Eigentum. Diese Verpflichtung des Verwalters wird auch dann nicht auf das Sondereigentum der einzelnen Wohnungseigentümer erweitert, wenn sich die nach § 21 Abs. 5 Nr. 3 WEG vorgeschriebene Feuerversicherung des gemeinschaftlichen Eigentums auch auf das Sondereigentum der Eigentümer erstreckt. Auch dann bleibt es dabei, dass die Instandhaltung und Instandsetzung des Sondereigentums dem jeweiligen Wohnungseigentümer obliegt.

235 Aus der verbundenen Gebäude- und Feuerversicherung hat der Verwalter allerdings die Pflicht, den Wohnungseigentümer bei der Verfolgung seiner Ansprüche gegen den Feuerversicherer zu unterstützen. Dabei ist dem Wohnungseigentümer zumindest die Versicherungsnummer be-

kannt zu geben, falls sie unbekannt ist und die Versicherungsansprüche deshalb nicht verfolgt werden können (*KG* ZMR 1992, 34).

2. Versicherungsschutz

a) Die Feuerversicherung

Sie dient der Bestandssicherung der Gebäudesubstanz, wie sie bereits in § 11 und § 22 Abs. 4 WEG vom Gesetz vorgegeben wurde. Mit Hilfe der Feuerversicherung soll die Wiederherstellung im Schadensfall sichergestellt werden, weil die finanzielle Leistungsfähigkeit der einzelnen Eigentümer dafür keine Sicherheit bietet. Je nach Versicherungsvertrag werden von der Feuerversicherung regelmäßig Schäden durch Brand, Blitzschlag, Explosionen und Folgeschäden solcher Ereignisse versichert. Die Versicherung zum Neuwert, möglicherweise auch mit einer Anpassungsklausel (gleitende Neuwertversicherung) verhindert die Vereinbarung einer möglicherweise für den Wiederaufbau zu geringen Versicherungssumme. Ob eine isolierte Feuerversicherung (Brandschutzversicherung) abgeschlossen wird oder als Bestandteil einer verbundenen Gebäudeversicherung, ist unerheblich, solange die gesetzliche Zielsetzung eingehalten wird.

236

b) Die Haus- und Grundbesitzerhaftpflichtversicherung

Vom gemeinschaftlichen Eigentum können Risiken ausgehen, die zur Ersatzpflichten der Eigentümergemeinschaft führen. Insbesondere die Folgen aus der Verletzung von Verkehrssicherungspflichten oder die Haftung eines Grundstücksbesitzers nach §§ 836, 837 BGB können zu hohen finanziellen Belastungen führen und die Leistungsfähigkeit der Eigentümergemeinschaft sprengen. Dadurch wird nicht nur der Ersatzanspruch des Geschädigten gefährdet sondern auch der Bestand und die Leistungsfähigkeit der Gemeinschaft. Beides kann und soll durch eine ausreichende hohe Versicherungssumme geschützt und abgedeckt werden.

237

c) Weitere Versicherungen

Abhängig von der Ausstattung und der Lage (am Meer, in den Bergen, nahe an einem Fluss) können witterungs- und ortspezifische Risiken den Abschluss weiterer Versicherungen sinnvoll machen. Beispiele: Hagel- und Sturmversicherung, Leitungswasserversicherung, Glasversicherung, Gewässerschaden-Haftpflichtversicherung.

238

3. Auswahl der Versicherung und Abschluss des Versicherungsvertrags

Weil das Gesetz die Feuerversicherung sowie die Haus- und Grundbesitzerpflichtversicherung als Maßnahmen der ordnungsgemäßen Verwaltung nur beispielhaft aufzählt, kann von der Eigentümergemeinschaft über Umfang und Inhalt eines Versicherungsvertrages für das gemeinschaftliche Eigentum durch Mehrheitsbeschluss nach § 21 Abs. 3 WEG dann entschieden werden, wenn nicht bereits in der Gemeinschaftsordnung hierzu verbindliche Vorgaben enthalten sind.

239

Es gehört nicht zu den Kardinalpflichten des Verwalters nach § 27 Abs. 1 WEG für den vom Gesetz verlangten Versicherungsschutz zu sorgen. Der Verwalter steht jedoch in einem vertraglichen Rechtsverhältnisse zur Wohnungseigentümergemeinschaft mit Schutzwirkung für die Eigentümer und hat auch für deren Angelegenheiten zu sorgen (*Hügel*/*Elzer* § 3 Rn. 49). Es gehört deswegen zu den vertraglichen Nebenpflichten eines Verwalters bei Übernahme einer Verwaltung zu prüfen, ob die vom Gesetz verlangten und die für die Wohnungseigentümergemeinschaft erforderlichen Versicherungen bestehen. Stellt er das Fehlen einer gesetzlich oder sachlich notwendigen Versicherung fest oder bemerkt er eine Unterversicherung, gehört es zu seinen Aufgaben aus dem Geschäftsbesorgungsvertrag, die mögliche Versicherungslücke (spätestens) in den nächsten Eigentümerversammlung zu offenbaren. Er sollte entsprechende Versicherungsangebote einholen und durch Aufnahme eines entsprechenden Tagesordnungspunktes die Möglichkeit für die Eigentümer schaffen, den Verwalter zum Abschluss eines entsprechenden Versicherungsvertrages zu beauftragen. Dadurch erhält der Verwalter Deckung für sein Handeln im Innenverhältnis und demonstriert die Beachtung des Selbstverwaltungsrechts der Eigentümer. Erst wenn die Eigentümergemeinschaft durch Verweigerung eines Mehrheitsbeschlusses den Abschluss eines sonstigen Versicherungsvertrages verhindert, wird der Verwalter aus den vertraglichen Nebenpflichten befreit.

240

§ 21 | Verwaltung durch die Wohnungseigentümer

241 Fehlt eine Feuerversicherung oder eine Haus- und Grundbesitzerhaftpflichtversicherung, muss der Verwalter versuchen, dafür zumindest eine vorläufige Versicherung als Notmaßnahme abzuschließen. Die unabdingbare Pflicht hierzu ergibt sich aus § 27 Abs. 1 Nr. 3 mit § 22 Abs. 4 WEG. Verweigert die Eigentümergemeinschaft durch Mehrheitsbeschluss dem Verwalter das Recht, eine nach § 21 Abs. 5 Nr. 3 WEG geforderte Versicherung abzuschließen, kann und muss der Verwalter den Beschluss nach § 46 WEG gerichtlich anfechten, um die Rechte der Wohnungseigentümergemeinschaft zu wahren. Zwar gehören Sondereigentum und Miteigentum gemäß § 10 Abs. 1 WEG ausschließlich den Eigentümern, was zunächst für deren alleinige Entscheidungsbefugnis spricht, weil gerade diese Rechtsgüter versichert werden sollen. Allerdings kann nach den Vorstellungen des Gesetzes in § 10 Abs. 6 S. 2 WEG die Wohnungseigentümergemeinschaft im Rahmen der gesamten Verwaltung des gemeinschaftlichen Eigentums gegenüber Dritten und den Eigentümern Rechte erwerben und Pflichten eingehen. Wird ihr dieses Recht von den Eigentümern abgesprochen, kann sie sich dagegen nach § 43 Nr. 2 WEG wehren und wird dabei durch den Verwalter vertreten.

242 Der Abschluss einer Versicherung ist eine gemeinschaftsbezogene Verwaltungsmaßnahme. Allein die Wohnungseigentümergemeinschaft nimmt diese Pflichten gem. § 10 Abs. 6 S. 3 WEG wahr. Diese wird vom Verwalter vertreten. Er ist deswegen immer zum Abschluss von Versicherungsverträgen befugt, wie sie in § 21 Abs. 5 Nr. 3 WEG genannt sind. Das Vertretungsrecht ergibt sich aus § 27 Abs. 3 Nr. 3 und Abs. 1 Nr. 2 WEG. Er kann insoweit für die Wohnungseigentümergemeinschaft Versicherungsschutz schaffen und diese zur Zahlung der Beiträge verpflichten. Für die Deckung seines Handelns im Innenverhältnis sollte er gesondert, möglichst vorher, sorgen. Dies gilt insbesondere für den Abschluss von Versicherungen, die nicht in § 21 Abs. 5 Nr. 3 WEG genannt sind.

243 Für die Kosten der in § 21 Abs. 5 Nr. 3 WEG genannten gemeinschaftlichen Versicherungen hat die Wohnungseigentümergemeinschaft mit ihrem Vermögen einzustehen. Nach § 10 Abs. 7 S. 2 WEG gehört der Wohnungseigentümergemeinschaft das Vermögen samt den entstandenen Verbindlichkeiten. Versicherungsverträge haben regelmäßig die Wohnungseigentümergemeinschaft als Versicherungsnehmer zu bezeichnen. Bisherige Verträge sind in diesem Sinne auszulegen, wenn sich nicht aus dem Vertrag ausnahmsweise ergibt, dass die einzelnen Eigentümer Versicherungsnehmer werden wollten oder sollten.

4. Einzelfälle

244 Wenn keine andere Vereinbarung zwischen der Wohnungseigentümergemeinschaft und dem Verwalter besteht, ist dieser verpflichtet, Versicherungsprovisionen an die Eigentümergemeinschaft herauszugeben, die er wegen des Abschlusses eines Versicherungsvertrages für die Eigentümergemeinschaft erhält (*LG Köln* WuM 1993, 712).

245 Eine Eigentümergemeinschaft hat die Beschlusskompetenz, durch Mehrheitsbeschluss jeweils demjenigen Eigentümer die Eigenbeteiligung bei der gemeinschaftlichen Gebäudeversicherung für Wasserschäden aufzuerlegen, in dessen Sondereigentum sich die schadhaften Wasserrohre befinden (*OLG Köln* ZMR 2004, 298).

246 Fehlt es an einem Versicherungsschutz für das gemeinschaftliche Eigentum, so können Dritte (z. B. Mieter) daraus keine Rechte herleiten (*BayObLG* DWW 1990, 95 = WE 1990, 74).

247 Streitigkeiten eines Eigentümers mit dem Verwalter über die Abwicklung eines Brandschadens am Sondereigentum gehören zur Zuständigkeit des Wohnungseigentumsgerichts nach § 43 Nr. 3 WEG. Die Zuständigkeit dieses Gerichts ist auch dann gegeben, wenn der Eigentümer seine Ansprüche gegen den Versicherer an einen Dritten abtritt und der Zessionar vom Verwalter die Zustimmung zur Auszahlung der Versicherungssumme erstrebt (*KG* MDR 1984, 584). Das Recht des Dritten ergibt sich jetzt aus § 43 Nr. 5 WEG.

248 Die Kosten der Tankhaftpflichtversicherung gehören nicht zu den Betriebskosten im Sinn von § 7 Abs. 2 HeizkostenV, sondern zu den allgemeinen Kosten der Verwaltung des gemeinschaftlichen Eigentums im Sinn von § 16 Abs. 2, § 21 Abs. 5 Nr. 2 und 3 WEG (*BayObLG* ZMR 1997, 256).

249 Ein wichtiger Abberufungsgrund des Verwalters besteht, wenn dieser über Monate versäumt hat, für einen ausreichenden Gebäudeversicherungsschutz zu sorgen. Dies setzt jedoch voraus, dass

im Zeitraum der Pflichtverletzung zumindest eine werdende Wohnungseigentümergemeinschaft bestanden hat (*OLG Düsseldorf* ZMR 2006, 57).

Ein geschädigter Eigentümer darf den schädigenden Miteigentümer nicht auf Schadensausgleich in Anspruch zu nehmen, wenn der geltend gemachte Schaden versichert ist und der Gebäudeversicherer nicht Regress nehmen könnte. Etwas anderes kann gelten, wenn besondere Umstände vorliegen, die ausnahmsweise eine Inanspruchnahme des Schädigers durch den Geschädigten rechtfertigen (*BGH* ZMR 2007, 464). 250

IV. Die Ansammlung einer Instandhaltungsrückstellung

1. Begriff

Das Gesetz spricht von einer Rückstellung, in der Praxis wird häufig der Begriff Rücklage verwendet. Die Abrechnung nach Wohnungseigentumsrecht erfolgt nicht in der Form einer Bilanzierung, weshalb auch nicht davon ausgegangen werden kann, dass der Begriff Rückstellungen entsprechend der Definition in einer Bilanz verstanden werden kann (»*Verbindlichkeiten, die ihrer Entstehung nach bekannt, der Höhe nach jedoch noch ungewiss sind*«). Gemeint ist eine finanzielle Reserve, auf die eine Wohnungseigentümergemeinschaft im Bedarfsfalle zurückgreifen kann, um notwendige Arbeiten zu beauftragen, ohne die Finanzkraft des einzelnen Eigentümers zu überfordern. 251

Im Ergebnis waren sich Literatur und Rechtsprechung schon bisher weitgehend einig, dass die Instandhaltungsrückstellung in den Vermögensbereich der Gemeinschaft gehört und kein einzelner Eigentümer einen Anspruch auf Auszahlung seines Anteils an der Rückstellung hat. Dies ist für den Fall von Bedeutung, dass ein Eigentümer aus einer Gemeinschaft ausscheidet und dabei auf den Gedanken kommen könnte, von der Gemeinschaft seinen Anteil zurückzufordern. Seit *BGH* ZMR 2005, 547 ist diese Zuordnung zum gemeinschaftlichen Eigentum höchstrichterlich geklärt worden. Die Vorgaben der Rechtsprechung wurden in das Gesetz übernommen. Nach § 10 Abs. 7 S. 1 WEG gehört das Vermögen der Wohnungseigentümergemeinschaft. Zum Vermögen zählen gem. § 10 Abs. 7 S. 3 WEG die eingenommenen Gelder. 252

§ 21 Abs. 5 Nr. 4 WEG fordert die Ansammlung einer angemessenen Instandhaltungsrückstellung als Maßnahme ordnungsgemäßer Verwaltung, die durch Stimmenmehrheit beschlossen werden kann und auf die jeder Wohnungseigentümer nach § 21 Abs. 4 WEG einen Anspruch hat (*BayObLG* WuM 2004, 621 = NZM 2004, 745 = NJW-RR 2004, 1456). In der Gemeinschaftsordnung kann davon Abweichendes geregelt sein. 253

2. Die Bildung oder Auflösung einer Instandhaltungsrückstellung

§ 21 Abs. 5 Nr. 4 WEG verlangt die Ansammlung einer »angemessenen« Instandhaltungsrückstellung. Die Angemessenheit ist nach den konkreten Verhältnissen der jeweiligen Anlage zu beurteilen. Dabei können Zustand und Alter der Anlage sowie die Reparaturanfälligkeit eine Basis der Prognose sein. Die Höhe einer Rückstellung überschreitet den der Eigentümergemeinschaft zuzubilligenden weiten Ermessensspielraum regelmäßig nicht, wenn die Sätze des § 28 Abs. 2 II. BerechnungsVO als Anhaltspunkte herangezogen werden (*OLG Düsseldorf* ZWE 2002, 535 = FG Prax 2002, 210). 254

Hat der Betrag der Instandhaltungsrückstellung die – nach diesen Kriterien aufgrund sachgemäßen Ermessens der Eigentümer zu bestimmende – angemessene Höhe überschritten, können sie, vorbehaltlich einer abweichenden Vereinbarung, beschließen, eine die angemessene Höhe übersteigende Instandhaltungsrückstellung aufzulösen. Solange dies nicht zur Unterschreitung der von § 21 Abs. 5 Nr. 4 WEG gebotenen Sicherheit führt, bedarf es dafür lediglich eines Mehrheitsbeschlusses (*OLG Saarbrücken* NZM 2000, 198 = NJW-RR 2000, 87). 255

Wer eine Veränderung der Rücklagenhöhe verhindern will, muss innerhalb einer Anfechtungsklage nach § 46 WEG vor Gericht darzulegen und gegebenenfalls unter Beweis zu stellen, aus welchen Gründen die mehrheitliche Einschätzung der Eigentümergemeinschaft nicht vertretbar sein soll. Werden solche Umstände nicht vorgetragen und sind sie für ein Gericht nicht erkennbar und eher unwahrscheinlich, ist von der Richtigkeit der mehrheitlichen Einschätzung der Eigentümer über die angemessene Höhe einer Instandhaltungsrückstellung auszugehen (*OLG Saarbrücken* NZM 2000, 198 = NJW-RR 2000, 87). 256

§ 21 | Verwaltung durch die Wohnungseigentümer

257 Den Eigentümern kann es als Verschulden zuzurechnen sein, wenn sie nicht rechtzeitig für eine Instandhaltungsrücklage nach § 21 Abs. 5 Nr. 4 WEG sorgen und nicht notwendige Instandsetzungen beschließen, obwohl sie aufgrund eines Gutachtens unterrichtet waren, dass einzelne Eigentümer durch Feuchtigkeitsschäden beeinträchtigt sind. Ihre Haftung richtet sich nach § 10 Abs. 8 S. 4 WEG. Handelt die Wohnungseigentümergemeinschaft nicht oder nicht rechtzeitig kommt eine Haftung des Verwalters in Betracht. Er muss im Innenverhältnis die Eigentümer zu dem erforderlichen Beschlüssen anleiten. Nach allgemeinen Rechtsgrundsätzen hat die Wohnungseigentümergemeinschaft für ihre finanzielle Leistungsfähigkeit einzustehen (*OLG Hamburg* ZMR 2000, 480).

258 Wenn unter den Eigentümern nichts anderes vereinbart wurde, gehört es zur Zweckbestimmung einer Instandhaltungsrückstellung, dass sie für Maßnahmen der Instandhaltung und Instandsetzung angespart wurde. An den Kosten solcher Maßnahmen haben sich die Eigentümer nach dem gesetzlichen oder vereinbarten Kostenverteilungsschlüssel zu beteiligen. Die Beiträge der einzelnen Eigentümer zur Rückstellung müssen deswegen auch dem geltenden Verteilungsschlüssel entsprechen (*LG Hamburg* ZMR 2003, 787). Weicht ein Wirtschaftsplan davon ab, ist dieser anfechtbar aber nicht nichtig. Die gesetzliche Regelung zur Kostenverteilung nach § 16 Abs. 2 WEG bzw. eine beschlossene oder vereinbarte Regelung wird durch einen Beschluss hinsichtlich der Zuführung von Beiträgen in die Rückstellung nicht mit normativer Wirkung für die Zukunft verändert.

259 Sieht die Gemeinschaftsordnung für unterschiedliche Gebäudeteile eigenständige Wirtschaftseinheiten vor, soweit die Kosten ausscheidbar sind, entspricht es ordnungsgemäßer Verwaltung, für diese Wirtschaftseinheiten eigenständige Instandhaltungsrückstellungen zu schaffen. Derartige wirtschaftliche Blockbildungen waren bisher ohne vereinbarte Rechtsgrundlage durch einen Mehrheitsbeschluss nicht möglich, weil sie den gesetzlichen oder vereinbarten Kostenverteilungsschlüssel veränderten (*OLG Düsseldorf* ZMR 1998, 308). Nun gibt § 16 Abs. 3 WEG den Eigentümern die gesetzliche Beschlusskompetenz, auch insoweit mehrhitlich eine neue Kostenverteilung samt neuen Rückstellungen einzuführen.

3. Die Verwendungsmöglichkeiten

260 Ob größere Reparaturarbeiten aus der Instandhaltungsrückstellung bezahlt werden sollen oder ob insoweit eine Sonderumlage erhoben wird, liegt im pflichtgemäßen Ermessen der Wohnungseigentümer (*BayObLG* ZMR 2003, 694). Es besteht kein Anspruch des einzelnen Eigentümers, immer zunächst die Rückstellung auszuschöpfen (*OLG Köln* NZM 1998, 878).

261 Die Instandhaltungsrückstellung ist zweckgebunden. Ihr Guthaben darf nicht zum Ausgleich anderer Verbindlichkeiten verwendet werden; zumindest nicht ohne Mehrheitsbeschluss der Eigentümer *OLG Saarbrücken* NJW-RR 2000, 87. Die Rückstellung darf deswegen regelmäßig nicht für den Ausgleich von Wohngeldausfällen insolventer Eigentümer, auch nicht vorübergehend, herangezogen werden (*BayObLG* WuM 2004, 621 = NZM 2004, 745; NJW-RR 2004, 1456). Wohngeldfehlbeträge eines Eigentümers dürfen auch nicht unter Verrechnung mit seinem Guthabenanteil an der Instandhaltungsrückstellung ausgeglichen werden (*OLG Hamm* NJW-RR 1991, 212 = MDR 1991, 350).

262 Die Eigentümer haben zwar grundsätzlich ein Ermessen, ob sie eine Maßnahme aus der Instandhaltungsrückstellung oder durch eine Umlage finanzieren. Hat die Instandhaltungsrückstellung jedoch bereits eine angemessene Höhe erreicht, kann es ordnungsmäßiger Verwaltung widersprechen, die anstehende Maßnahme nicht aus diesen Mitteln, sondern durch eine Umlage zu finanzieren (*OLG Hamm* OLGZ 1971, 96). Etwa wenn für die Kosten des Anschlusses an die gemeindliche Wasserversorgung Sonderumlagen beschlossen werden, obwohl ausreichende Mittel in der Instandhaltungsrückstellung vorhanden sind *BayObLG* WuM 2004, 112. Ein Organisationsbeschluss darf keinen unlimitierten Rückgriff auf die Instandhaltungsrücklage bei Liquiditätsengpässen der Gemeinschaft vorsehen (*LG Saarbrücken* NZM 1999, 870).

263 Reichen die im Wege der Rückstellung angesammelten finanziellen Mittel für eine Reparatur nicht aus, gehört eine Sonderumlage zu den Maßnahmen der ordnungsmäßigen Verwaltung, über die gemäß § 21 Abs. 3 WEG durch Mehrheitsbeschluss entschieden wird, wenn die Repara-

tur selbst sich im Rahmen einer ordnungsmäßigen Verwaltung i. S. d. § 21 Abs. 5 Nr. 2 und § 21 Abs. 3 WEG hält *OLG Schleswig* NJW-RR 1998, 15.

Die Anlage – auch nur eines Teils – der Instandhaltungsrückstellung auf einem für die Eigentümergemeinschaft abgeschlossenen Bausparvertrag entspricht in der Regel nicht ordnungsgemäßer Verwaltung (*OLG Düsseldorf* WE 1996, 275). Nicht zulässig ist es, die Rückstellung spekulativ, mit hoher Renditeerwartung aber auch hohem Ausfallrisiko, anzulegen. Bei einer solchen riskanten Anlage kommt auch die Mithaftung des Verwalters dann in Betracht, wenn er das Verlustrisiko hätte erkennen können und die Eigentümer nicht ausdrücklich darauf hingewiesen hat (*OLG Celle* ZMR 2004, 845). 264

4. Einzelfragen

Beim Erwerb einer Eigentumswohnung ist der gleichzeitige Erwerb eines in der Instandhaltungsrückstellung nach § 21 Abs. 5 Nr. 4 WEG angesammelten Guthabens durch den Erwerber nicht in die grunderwerbsteuerrechtliche Gegenleistung einzubeziehen. *BFH* NJW-RR 1992, 656. Geradezu irreführend ist die von EDV-Programmen gebrauchte Darstellung des »Anteils eines Eigentümers« an der in der Abrechnung ausgewiesenen Rückstellung, weil die gesamten Gelder auf einem Rücklagenkonto nach § 10 Abs. 7 S. 3 WEG allein der Wohnungseigentümergemeinschaft gehören. 265

Zur Darstellung der Rückstellung in der Jahresabrechnung: *BayObLG* (WuM 1990, 459 = NJW-RR 1991, 15) – aber: Die dort vertretene Meinung ist kritisch zu beurteilen, weil zum damaligen Zeitpunkt überwiegend angenommen wurde, dass durch die Jahresabrechnung der Wirtschaftsplan seine Qualität als Rechtsgrundlage für die Hausgeldzahlungen verliert. Es müssen in der Abrechnung die tatsächlichen Anfangskontenstände zu Beginn des Geschäftsjahres, alle Einnahmen, Ausgaben während des Jahres und die Endbestände der Rücklagenkonten zum Schluss des Geschäftsjahres dokumentiert werden. Seit der Entscheidung des *BGH* zur »Abrechnungsspitze« (*BGH* ZMR 1999, 834) steht fest, dass der Wirtschaftsplan auch nach der Beschlussfassung über die Jahresabrechnung Anspruchsgrundlage für Hausgeldforderungen bleibt. Es besteht keine Notwendigkeit, in der Abrechnung die Höhe der Instandhaltungsrückstellungen so auszuweisen, als wären von allen Eigentümern Zahlungen auf die Instandhaltungsrückstellungen erfolgt, auch wenn dies tatsächlich nicht der Fall war. Dadurch bleibt die Systematik der Abrechnung als reine Darstellung aller Einnahmen und Ausgaben erhalten. Die Festlegung der Instandhaltungsrücklage im Wirtschaftsplan ist gerade nicht vorgreiflich für die Jahresabrechnung (*KG* FG Prax 2004, 277). Nach anderer Auffassung begründet der Abrechnungsbeschluss den Anspruch auf rückständige Wohngeldzahlungen zusätzlich zum genehmigten Wirtschaftsplan. Der Beschluss über die Jahresabrechnung tritt als Rechtsgrund neben den beschlossenen Wirtschaftsplan, wenn aus der Jahresabrechnung folgt, dass ein Wohnungseigentümer mit den von ihm zu entrichtenden Wohngeldern rückständig ist (*OLG Dresden* ZMR 2006, 543). Folgt man dieser Meinung wird es schwierig, wenn der Wirtschaftsplan für die Zuordnung der Rücklage einen anderen Verteilungsschlüssel vorsieht als er in der Abrechnung verwendet wird. 266

Sieht die Gemeinschaftsordnung für Gebäude und Tiefgarage gesonderte Kostenverteilungsschlüssel vor, war ein Beschluss der Eigentümer wegen Verstoßes gegen die Gemeinschaftsordnung bisher nichtig, nur noch eine Instandhaltungsrücklage unter Anwendung des für das Gebäude geltenden Kostenverteilungsschlüssels anzusammeln (*BayObLG* ZMR 2003, 213). Nun ermöglicht § 16 Abs. 3 WEG eine Veränderung durch Mehrheitsbeschluss. 267

Eine nicht ausreichende Instandhaltungsrücklage war früher keine Entschuldigung dafür, einen Eigentümerbeschluss über die Sanierung pflichtwidrig nicht auszuführen (*BayObLG* ZMR 2002, 843). Dies kann jetzt nicht mehr gelten. Zahlungspflichtig waren früher gesamtschuldnerisch die Eigentümer, die beschlossen hatten. Zahlungspflichtig ist jetzt die Wohnungseigentümergemeinschaft. Der Verwalter als deren Vertretungsorgan ist verpflichtet, so zu wirtschaften, dass die Wohnungseigentümergemeinschaft ihren Zahlungspflichten nachkommen kann. Ziel muss dabei auch sein, die Gefahr der anteiligen Haftung einzelner Eigentümer nach § 10 Abs. 8 S. 1 WEG gar nicht erst eintreten zu lassen. Deswegen gehört es zur Pflicht des Verwalters, mit den Maßnahmen deren Finanzierung beschließen zu lassen. Zugleich kann und sollte er sich von 268

§ 21 | Verwaltung durch die Wohnungseigentümer

der Eigentümergemeinschaft im Beschluss anweisen lassen, den Beschluss erst durchzuführen, wenn die Bezahlung sichergestellt ist.

269 Einen Rechnungsbetrag mit Billigung der Eigentümer aus der Rückstellung zu finanzieren, ist mit den Grundsätzen ordnungsmäßiger Verwaltung vereinbar und verstößt nicht gegen deren Zweckbestimmung, künftig notwendige Instandsetzungs- und Instandhaltungsmaßnahmen wirtschaftlich abzusichern (*BayObLG* NJW-RR 2002, 1093 = NZM 2002, 531).

V. Die Aufstellung eines Wirtschaftsplans

270 Bereits das Gesetz verweist auf die Regelungen in § 28 (Abs. 1 und 2) WEG. Danach hat der Verwalter jeweils für ein Kalenderjahr oder für das vereinbarte Wirtschaftsjahr der Gemeinschaft einen Wirtschaftsplan zu erstellen. Darin enthalten sind die voraussichtlichen Einnahmen und Ausgaben der Verwaltung des gemeinschaftlichen Eigentums, die individuelle anteilsmäßige Verpflichtung der einzelnen Wohnungseigentümer zur Kostentragung und deren Beitrag zur vorgesehenen Instandhaltungsrückstellung.

271 Die Aufnahme in den Beispielskatalog des § 21 Abs. 5 WEG lässt das Wechselspiel zwischen Verwaltung und Eigentümergemeinschaft deutlich erkennen: Der Verwalter hat die Pflicht die entsprechenden Vorarbeiten zu leisten, damit die Eigentümer im Rahmen ihres Selbstverwaltungsrechtes in der Lage sind, darüber mehrheitlich abzustimmen. Im Anschluss daran ist der Verwalter wiederum nach § 27 Abs. 1 Nr. 1 und § 28 Abs. 2 WEG berechtigt und verpflichtet, die beschlossenen Hausgelder gemäß Wirtschaftsplan einzuziehen. So wird die Zahlungsfähigkeit der Eigentümergemeinschaft sichergestellt. Hinsichtlich der Einzelheiten zum Wirtschaftsplan wird auf die Kommentierung zu § 28 WEG verwiesen.

272 Bereits durch *BGH* ZMR 2005, 547 wurde klargestellt, das die Zahlungsfähigkeit der Wohnungseigentümergemeinschaft im Wirtschaftsverkehr unbedingt sichergestellt werden muss. Nicht nur um Forderungen Dritter erfüllen zu können sondern auch mit dem Ziel, individuelle Zahlungspflichten der Eigentümer zu vermeiden. Die Geldeingänge über den Wirtschaftsplan sind »eingenommene Gelder« gemäß § 10 Abs. 7 S. 3 WEG. Sie gehören zum Vermögen der Wohnungseigentümergemeinschaft.

VI. Die Duldung von Maßnahmen zur Herstellung von Anschlüssen und Ausgleichspflicht nach § 21 Abs. 6 WEG

273 Die Vorschrift wird in der Praxis wenig angewendet. Sie dient dazu, einen gewissen Mindeststandard für Kommunikationseinrichtungen und Energieversorgungsanschlüsse zu gewährleisten, der häufig bereits vorhanden ist. Aus der Systematik der gesetzlichen Einordnung ergibt sich, dass nur solche Maßnahmen von der Vorschrift erfasst werden, die das gemeinschaftliche Eigentum berühren. Ist es erforderlich, erstmalig für ein Sondereigentum einen Telefonanschluss oder einen Fernsehanschluss oder einen Rundfunkanschluss oder einen Stromanschluss herzustellen, haben die Eigentümer für diesen Zweck die Nutzung des gemeinschaftlichen Eigentums zu dulden. Der Umfang und die Grenzen der Duldungspflicht ergeben sich aus Erforderlichkeit. Nur die Maßnahmen müssen geduldet werden, die zur Herstellung des Anschlusses erforderlich sind.

274 Grenzen für Anschlussrechte ergeben sich aus der gesetzlichen Zielsetzung, innerhalb eines Hauses die Nutzung eines gewissen Standards zu ermöglichen. Es können die im Haus bereits vorhandenen Anschlüsse von den einzelnen Eigentümern in ihrem Sondereigentum genutzt werden. Ein völlig neuer, erstmaliger Anschluss für ein Kommunikationsmittel der erst von außen an das Grundstück beziehungsweise an das Gebäude diese Gemeinschaft daran geführt werden muss, kann nach § 21 Abs. 5 Nr. 6 WEG nicht erzwungen werden (*BayObLG* WE 1994, 21).

275 Weil die Regelung des § 21 Abs. 5 Nr. 6 WEG einen gewissen Mindeststandard gewährleistet, erlaubt sie nur die erstmalige Herstellung der fraglichen Einrichtung, nicht jedoch die Installation einer weiteren Anlage. Dann muss jedenfalls die Hauptleitung im Gebäude vorhanden sein. Fraglich ist, ob die Bestimmung auch dann eingreift, wenn eine vorhandene Versorgungsleitung zum Anschluss aller Wohnungseigentümer nicht ausreicht. Auch sind Fälle denkbar, in denen, ohne dass Instandhaltung oder Instandsetzung vorliegt, etwa aus Gründen der Kostenersparnis

Verwaltung durch die Wohnungseigentümer | § 21

oder der Komfortsteigerung die Heizung auf eine andere Energieversorgung umgestellt wird. (*BayObLG* ZMR 2002, 211).

Wenn bei der Durchführung einer solchen Maßnahme auch Teile des Sondereigentums berührt werden, ist eine mehrheitliche Genehmigung der Eigentümergemeinschaft weder erforderlich noch ausreichend. Die Gemeinschaft hat für Eingriffe im Bereich des Sondereigentums keine Beschlusskompetenz. In diesen Fällen muss sich der anschlusswillige Eigentümer mit den Miteigentümern einigen, durch deren Sondereigentum Versorgungsleitungen geführt werden sollen. Gelingt dies nicht, kann die Zustimmung zu einer solchen Maßnahme gerichtlich eingefordert werden. Sie wird dann auch gegen den Willen eines einzelnen Eigentümers durchsetzbar sein, wenn unter Berücksichtigung des Gemeinschaftsverhältnisses die Verweigerung einen Verstoß gegen die Treuepflichten nach § 242 BGB darstellt. **276**

Als Ausgleich für sein Herstellungsrecht hat der Eigentümer, der einen solchen Anschluss herstellt, die Pflicht in § 21 Abs. 6 WEG auferlegt bekommen, eine durch die Maßnahme erzeugten Schaden zu ersetzen. **277**

Typische Anwendungsfälle sind nachträgliche Einbauten oder Ausbauten von Dachgeschosseinheiten oder Räumlichkeiten im Tiefparterre. Haben die Eigentümer ein vereinbartes Nutzungsrecht, zu dem typischerweise eine Kommunikationseinrichtung wie Telefon etc. gehört, besteht auch ein Anspruch gegen die Gemeinschaft, dorthin die erforderlichen Leitungen führen zu können (*OLG Hamburg* ZMR 1992, 118). Mit dem Einwand können in diesem Fall die Miteigentümer nicht gehört werden, es handle sich um eine bauliche Veränderung, die das Maß der typischen Beeinträchtigungen gemäß § 14 WEG übersteigt. Hier greift die gesetzliche Vorgabe in § 21 Abs. 5 Nr. 6 WEG, wonach die Herstellung solcher Anschlüsse zu den Maßnahmen der ordnungsgemäßen Verwaltung gehören, somit die Vorschriften über die bauliche Veränderung gemäß § 22 WEG nicht anzuwenden sind. **278**

Die Umstellung der Beheizung eines Sondereigentums von Gas auf Strom ist keine Instandhaltung und Instandsetzung des gemeinschaftlichen Eigentums nach § 21 Abs. 5 Nr. 2 WEG (*BayObLG* WE 1994, 21). Es kann sich um eine Maßnahme zur Herstellung eines Energieversorgungsanschlusses handeln. Dann folgt die Duldungspflicht der Antragsteller und zugleich der Ausschluss eines Beseitigungsanspruchs nach § 1004 Abs. 2 BGB aus § 21 Abs. 5 Nr. 6 WEG. Auf das Maß des § 14 Nr. 1 und 3 WEG kommt es dann nicht mehr an (*OLG Hamburg* ZMR 1992, 118). Wenn sich dabei, nach den maßgeblichen Anschlussbedingungen, die Zählerplätze nicht in Wohnungen befinden dürfen und frei zugänglich sein müssen, kann auch der gewählte Standort eines Stromzählers im Bereich des Gemeinschaftseigentums (Treppenhaus) sachgerecht sein (*BayObLG* ZMR 2002, 211). **279**

Wenn die Umstellung in der Energieversorgung eine Maßnahme nach § 21 Abs. 5 Nr. 6 WEG sein soll, wäre es nahe liegend, die Umstellung vom herkömmlichen Fernsehempfang auf Satellitenempfang in die Duldungspflicht der Eigentümer zu stellen. Die Streitigkeiten um die Zulässigkeit von Parabolantennen haben inzwischen die Erkenntnis gebracht, dass zwar das Grundrecht auf Informationsfreiheit weitgehend einen Anspruch auf Bereitstellung einer Parabolantenne verschafft, sowohl für Deutsche wie auch für Ausländer. Entscheidend für die Frage der Zulässigkeit der Installation einer Parabolantenne ist weniger die Frage, ob eine bauliche Veränderung vorliegt (was bei einer auf dem Balkon nur aufgestellten Antenne eher nicht angenommen werden kann) sondern ob der Gebrauch des Sondereigentums oder des gemeinschaftlichen Eigentums zu einem Nachteil führt, der über das bei einem geordneten Zusammenleben unvermeidliche Maß hinausgeht (§ 14 Nr. 1 WEG). Ist dies nicht der Fall, dann haben die übrigen Wohnungseigentümer die Aufstellung einer Parabolantenne auch dann zu dulden (§ 14 Nr. 3 WEG, § 1004 Abs. 2 BGB), wenn sie als bauliche Veränderung zu qualifizieren ist (§ 22 Abs. 1 S. 2 WEG). Die Mitglieder der Eigentümergemeinschaft haben jedoch ein Recht mitzubestimmen, wo eine Parabolantenne so aufgestellt wird, dass sie optisch am wenigsten stört. *BGH* ZMR 2004, 438 = NJW 2004, 937. **280**

Der *BGH* ließ erkennen, dass er § 21 Abs. 5 Nr. 6 WEG für nicht anwendbar hält. Denkbar wäre, dass die Prüfung der Erforderlichkeit einer Anschlussmaßnahme ergibt, dass die Installation einer Parabolantenne anlässlich etwa eines Dachausbaus der weitaus geringere Eingriff ist, **281**

§ 21 | Verwaltung durch die Wohnungseigentümer

um den Standard des Hauses zu erreichen, gegenüber langen Verbindungswegen eines Kabelanschlusses vom Keller bis zum Dachgeschoss.

F. Gesetzliche Beschlusskompetenzen für zweckmäßige Verwaltungsregelungen, § 21 Abs. 7 WEG

I. Grundsätze

282 § 21 Abs. 7 WEG n. F. schafft Handlungs- und Beschlusskompetenz in mehrere Richtungen: Organisation des Inkassowesens der Wohnungseigentümergemeinschaft. Schaffung konkreter oder bedingter Ansprüche, die erst entstehen, wenn ein Ereignis hinzutritt. Zuweisung konkreter Kosten an einzelne Eigentümern als Verursacher. Die Beschlusskompetenz der Eigentümer besteht auch, wenn das Thema der Beschlussfassung bereits in einer Vereinbarung geregelt worden ist und geändert werden soll.

283 Nach der Entscheidung des *BGH* vom 20.9.2000 hatten die Eigentümer für Mehrheitsbeschlüsse in Kostenangelegenheiten nur dann eine Beschlusskompetenz, wenn sie sich im Rahmen der Gesetze (WEG und BGB) oder von Vereinbarungen der Eigentümer bewegten. Vermeintlich einfache Verwaltungsabläufe konnten deswegen nicht mehrheitlich geregelt werden. Waren Fälligkeits- oder Verzugsregelungen nicht vereinbart, so war der Handlungsspielraum der Gemeinschaft beengt, er richtete sich allein nach dem Gesetz. Für die Fälligkeit der Hausgelder galt nur die Bestimmung des § 28 Abs. 2 WEG, wonach auf Abruf durch den Verwalter die Vorschüsse zu erbringen sind. Wenn in einer Gemeinschaftsordnung die Fälligkeit der Hausgelder vereinbart war, konnte diese Vorgabe, ohne entsprechende Änderung dieser Vereinbarung, nicht verändert oder angepasst werden. Es blieb nur die Möglichkeit, vereinbarungsgemäß oder im Einzelfall per »Zitterbeschluss« vereinbarungswidrig zu beschließen. Soweit die Rechtsprechung die Verpflichtung der Eigentümer zur Teilnahme am Lastschriftverfahren einem Mehrheitsbeschluss zugänglich machte, war die Regelung oft nicht realisierbar, weil »Mehrkosten« gegen unwillige Eigentümer aufgrund eines Mehrheitsbeschlusses nicht erhoben werden durften. Solche Beschlüsse waren nichtig, weil sie gegen den geltenden Kostenverteilungsschlüssel verstoßen haben.

1. Abänderbarkeit von Vereinbarungen

284 Die Regelung wurde ausdrücklich als Erleichterung der Verwaltung geschaffen. Wäre sie als Beispiel ordnungsgemäßer Verwaltung in § 21 Abs. 5 WEG eingegliedert worden, stünde die Beschlusskompetenz unter dem Vorbehalt des § 21 Abs. 3 WEG. Sie könnte nur angewendet werden, wenn keine Vereinbarung existiert.

285 Nun können Organisationsregelungen durch Vereinbarung oder Mehrheitsbeschluss geschaffen werden. Die Eigentümer werden von der Möglichkeit eines Mehrheitsbeschlusses Gebrauch machen, weil sie nach § 10 Abs. 4 WEG einen Rechtsnachfolger in die Wirkung des Beschlusses einbinden können, ohne aufwändige dingliche Vereinbarung nach § 10 Abs. 3 WEG. Außerdem kann eine neue unter allen Eigentümern vereinbarte Regelung zu diesen Themen jederzeit durch einen Mehrheitsbeschluss wieder ersetzt werden.

2. Neue Beschlusskompetenzen und ihre Grenzen

286 § 21 Abs. 7 WEG n. F. erweitert die Beschlusskompetenz der Eigentümer. Die aus der Dogmatik entstandenen Beschränkungen der Eigentümer sich zu organisieren, wurden per gesetzlicher Anordnung beseitigt. In fünf Teilbereichen waren bisher gesetzes- oder vereinbarungsändernde Mehrheitsbeschlüsse nach den Vorgaben des *BGH* v. 20.9.2000 nichtig. Als lex spezialis gegenüber § 10 Abs. 2 S. 3 WEG können die Teilbereiche nun wirksam beschlossen werden, wenn sie ordnungsmäßiger Verwaltung entsprechen.

287 Die Grenzen des Ermessens, das die Eigentümer dabei ausüben, können durch Anfechtungsklage nach § 46 WEG gerichtlich geklärt werden. Sie ergeben sich im Einzelfall aus den Grundsätzen ordnungsgemäßer Verwaltung. Ebenso aus zwingenden gesetzlichen Vorgaben wie § 27 Abs. 4 WEG oder §§ 138 und 242 BGB. Die neue Beschlusskompetenz in § 21 Abs. 7 WEG erlaubt nicht, die unabdingbaren Aufgaben des Verwalters ganz oder teilweise einzuschränken oder Wucherzinsen einzuführen.

Die Vorschrift kann durch Vereinbarung abbedungen werden kann. Ein gesetzliches Verbot ist nicht vorhanden. Es ist auch nicht erkennbar, weshalb die Norm zum unantastbaren Kernbereich des Wohnungseigentumsrechts gezählt werden müsste.

II. Die Regelung der Art und Weise von Zahlungen

Die neue Beschlusskompetenz erfasst Zahlungsabwicklungen zwischen der Wohnungseigentümergemeinschaft und den Eigentümern in beide Richtungen. Neue Zahlungsarten wie das Lastschriftverfahren, ein Inkasso durch den Verwalter mit Einzugsermächtigung, können eingeführt, die unzeitgemäße und Aufwand erzeugende Barzahlung kann ausgeschlossen werden. Haben Eigentümer gegen die Wohnungseigentümergemeinschaft eine Forderung z. B. aus einem Abrechnungsguthaben, kann für konkret bestimmte Fälle die Möglichkeit der Verrechnung mit Forderungen der Wohnungseigentümergemeinschaft aus dem Wirtschaftsplan mehrheitlich geregelt werden.

Nach den Vorstellungen des Gesetzgebers soll mit der Beschlusskompetenz des § 21 Abs. 7 WEG nicht nur regelbar sein, ob und wie das Geld fließt. Darüber hinaus können die Eigentümer auch bestimmen, welche Folgen an eine Verweigerung geknüpft sind. Es kann eine Unkostenpauschale oder die Erstattung eines konkret ermittelten Mehraufwandes als »besonderer Verwaltungsaufwand« eingeführt werden.

III. Die Regelung der Fälligkeit von Forderungen

Die Fälligkeit einmaliger Zahlungen nach einer beschlossenen Sonderumlage oder der Abrechnungsspitze nach der Jahresabrechnung konnte bereits bisher mehrheitlich geregelt werden. Auch war es möglich, dass die Eigentümer mit der Beschlussfassung über einen Wirtschaftsplan die Fälligkeit der einzelnen Forderungen aus diesem Wirtschaftsplan mehrheitlich festgelegt haben. Weitere, generelle Regelungen über die Fälligkeit waren nur durch Vereinbarung möglich.

Auch wenn die Gemeinschaftsordnung eine andere Regelung vorsieht, kann mehrheitlich alles geregelt werden, was die Fälligkeit von Zahlungen betrifft. Dazu gehört Ratenzahlungen zu gewähren oder Forderungen zu stunden. Insbesondere können Verfallklauseln oder Vorfälligkeitsregelungen mehrheitlich beschlossen werden, die einen bestrafenden Charakter haben.

Bei einer Verfallklausel werden die Vorschüsse zu Beginn des Wirtschaftsjahres oder nach der Beschlussfassung sofort fällig. Die Zahlung wird jedoch gestundet. Die Eigentümer müssen monatlich oder quartalsmäßig nur eine zeitanteilige Leistungen erbringen. Gerät ein Eigentümer mit einer festgelegten Anzahl von Teilzahlungen in Verzug, entfällt die Stundung. Die offene Restforderung aus dem Wirtschaftsplan für dieses Wirtschaftsjahr ist sofort fällig. Sie kann gerichtlich geltend gemacht und beigetrieben werden.

Bei einer Vorfälligkeitsregelung gilt von vornherein eine Zahlungspflicht aus dem Wirtschaftsplan in bestimmten Zeitabschnitten (monatlich oder quartalsmäßig). Kommt ein Eigentümer mit einem festgelegten Betrag oder einer festgelegten Anzahl von Zahlungen im Verzug, wird die gesamte offene Restforderung aus dem Wirtschaftsplan für dieses Wirtschaftsjahr sofort fällig. Sie kann gerichtlich geltend gemacht und beigetrieben werden.

IV. Die Regelung der Folgen des Verzugs

Wann Verzug eintritt ergibt sich aus §§ 286 und 287 BGB und wird in § 21 Abs. 7 WEG nicht geregelt. Auch die Folgen eines Verzuges ergeben sich aus dem Gesetz, insbesondere aus §§ 288 ff. BGB. Wenn den Eigentümern zusätzlich die Beschlusskompetenz zugebilligt wird, die Folgen des Verzuges mehrheitlich zu regeln, können Sie über die gesetzlich geregelten Verzugsfolgen hinaus auch härtere Konsequenzen beschließen, mit dem Ziel, die Eigentümer abzuschrecken, eine Verzugslage entstehen zu lassen. Es kann ein höherer als der gesetzliche Verzugszins oder ein pauschalierter Schadensersatzanspruch für den Verzugsfall beschlossen werden. Die Grenze einer noch zulässigen Verzugszinsregelung wird bei 20 Prozentpunkten über dem Basiszinssatz gesehen (*Hügel*/Elzer § 8, Rn. 61).

§ 21 | Verwaltung durch die Wohnungseigentümer

V. Kosten für eine besondere Nutzung des gemeinschaftlichen Eigentums

1. Anwendungsbereich

296 Die Eigentümer können mehrheitlich entscheiden, welche Kosten für eine besondere Nutzung des gemeinschaftlichen Eigentums erhoben werden und wie diese zu verteilen sind. Im Gesetz wird nicht geregelt, wann eine »besondere Nutzung« vorliegt. Es geht zu weit, nur dann von der Anwendbarkeit der Vorschrift auszugehen, wenn eine Nutzung innerhalb eines wirksam vereinbarten Sondernutzungsrechts vorliegt. Ob ein bestimmungsgemäßer Gebrauch gemeinschaftlichen Eigentums eine Kostenerhebung durch Beschluss zulässt ist fraglich. Die Nutzung einer gemeinschaftlichen Waschmaschine, eines gemeinschaftlichen elektrischen Wäschetrockners, einer gemeinschaftlichen Sauna, eines gemeinschaftlichen Schwimmbades erfolgt regelmäßig erst dann, wenn die Eigentümergemeinschaft zuvor den Herstellungs- oder Einrichtungsaufwand erbracht hat. Es liegt keine besondere Nutzung sondern gerade die gewöhnliche Nutzung vor. Hierauf haben die Eigentümer nach § 13 Abs. 2 WEG einen Anspruch. Die anfallenden Kosten sind Betriebs- oder Verwaltungskosten nach § 21 Abs. 2 WEG. Sie können nach § 21 Abs. 3 WEG abweichend von Gesetz oder Vereinbarung zugeordnet werden.

297 Beispiele für eine konkrete besondere Nutzung des gemeinschaftlichen Eigentums: Werbe- und Hinweisschilder an der Hausfassade. Abstellen eines Kraftfahrzeugs oder Aufstellen einer Funkantenne auf gemeinschaftlichem Grund. Überlassung eines Gemeinschaftsraums als Werkstatt. In diesen Fällen kann auf der Grundlage einer Beschlussfassung der Eigentümer ein Miet- oder Nutzungsvertrag geschlossen werden. In diesem sind die festgelegte Kosten als Zahlungspflicht des Berechtigten verankert.

2. Sondernutzungsrechte

298 Nach dem Wortlaut des § 21 Abs. 7 WEG fällt in die Beschlusskompetenz der Eigentümer auch die Kostenzuweisung eines besonderen und ausschließlichen Gebrauchs des gemeinschaftlichen Eigentums auf Grund eines »Sondernutzungsrechtes«. Dieses Recht kann nur durch Vereinbarung geschaffen werden (*BGH* ZWE 2000, 518).
a. War ein Sondernutzungsberechtigter entsprechend einer Vereinbarung bisher von der Kostentragungspflicht freigestellt, greift ein Mehrheitsbeschluss in seine individuelle rechtliche Stellung ein, wenn die Eigentümer ihm künftige Kosten für die Nutzung des gemeinschaftlichen Eigentums zuweisen würden. Ein solcher Beschluss wäre nichtig. Dafür hat die Gemeinschaft nicht die Beschlusskompetenz. Die Veränderung der Kostenzuweisung könnte nur durch eine neue Vereinbarung unter Mitwirkung des Nutzungsberechtigten erfolgen.
b. Wurde bei der Begründung des Sondernutzungsrechtes eine Kostenregelung nicht geschaffen, blieb die Kostentragungspflicht bei der Eigentümergemeinschaft, nach § 16 Abs. 2 WEG. In diesen Fällen ist jetzt der Anwendungsbereich des § 21 Abs. 7 WEG eröffnet. Die Eigentümer können mehrheitlich die im Bereich des Sondernutzungsrechtes entstehenden Kosten zuweisen. Bei einer nachträglichen Kostenverlagerung auf den Sondernutzungsberechtigten wird diesem aber unter Berücksichtigung der Grundsätze von Treu und Glauben nach § 242 BGB dann ein Mitwirkungsanspruch gegen die übrigen Eigentümer zuzubilligen sein, sein Sondernutzungsrecht aufzugeben oder inhaltlich zu verändern, wenn sich durch die neue Kostenregelung unbillige Härten ergeben. Dies wäre innerhalb einer Beschlussanfechtung nach § 46 WEG zu prüfen, im Zusammenhang mit der Frage, ob die Kostenzuweisung den Grundsätzen ordnungsgemäßer Verwaltung entspricht.

3. Verteilung voraussichtlicher Kosten

299 Nach den Vorstellungen des Gesetzgebers sollen auch voraussichtliche Kosten von der Beschlusskompetenz erfasst werden. In den Materialien der Novelle wurde als Beispiel die Umzugskostenpauschale genannt. Es wird unterstellt, dass durch jeden Auszug und Einzug Eingangsbereiche, Treppen und Flure stärker belastet oder gar beschädigt werden, als im täglichen Gebrauch. Durch eine Umzugskostenpauschale sollen regelmäßig Ersatzansprüche gegen den Verursacher eines konkreten Schadens nicht ausgeschlossen werden. Abgegolten werden verstärkte Abnutzungen, deren Feststellung und Verfolgung im Einzelfall unverhältnismäßige Kosten verursachen. Somit

stützt sich eine Umzugspauschale auf eine Schadensprognose. Diese macht es im Rahmen ordnungsgemäßer Verwaltung erforderlich, gegebenenfalls einzelne Sondereigentumseinheiten auszunehmen oder geringer zu belasten. Ein Teileigentum (Laden) im Erdgeschoss, das einen eigenen Eingang zur Straße hat, über den Umzüge abgewickelt werden, wird im Bereich des Treppenhauses durch den Umzug keine Kosten erzeugen und dürfte von der Umzugspauschale nicht erfasst werden. Je höher eine Sondereigentumseinheit im Haus liegt, umso stärker ist die Belastung im Treppenhaus oder im Aufzug. Selbst wenn der Umzug von der beauftragten Firma über einen mobilen Außenaufzug ausgeführt wird, über den die Einrichtungsgegenstände durch das Fenster nach oben oder unten befördert werden, besteht eine erhöhte Beanspruchung oder Gefährdung der äußeren Fassade und des Fensterbereichs. Eine Staffelung der Umzugskostenpauschale nach Lage der Wohnung würde einer Schadensprognose gerecht werden und deswegen ordnungsgemäßer Verwaltung entsprechen.

4. Kosten unzulässiger oder übermäßiger Nutzung

Besondere Bedeutung bekommt die Beschlusskompetenz bei unzulässigen Nutzungen des gemeinschaftlichen Eigentums durch Eigentümer oder deren Mieter. Betreibt z. B. ein Eigentümer in einem als Büro vorgesehenen Teileigentum widerrechtlich einen Laden mit deutlich größerem Publikumsverkehr, können die deswegen entstehenden erhöhten Reinigungskosten außerhalb des Teileigentums diesem Sondereigentümer in konkreter Höhe oder pauschaliert zugeordnet werden. Schwieriger wird es sein, abstrakte Strafen einzuführen, etwa für hausordnungswidriges Verhalten. Dies wird im Einzelfall nur dann möglich sein, wenn der Verstoß Kosten erzeugt oder zumindest erzeugen kann. So wäre denkbar, den Verstoß gegen ein wirksam beschlossenes Hundehaltungsverbot mit einem Zahlungsgebot zu belegen, um einen voraussichtlichen Kostenmehraufwand für die Reinigung des gemeinschaftlichen Eigentums vorsorglich und pauschal abzudecken. Verstöße gegen die Ruhezeiten erzeugen dagegen regelmäßig keine Kosten. Auf der Grundlage des § 21 Abs. 7 WEG sind Strafbewehrungen deswegen nicht möglich. Werden sie beschlossen, sind sie nichtig, weil sich der Regelungsbereich der Norm darauf nicht erstreckt.

VI. Kosten für einen besonderen Verwaltungsaufwand

1. Anwendungsbereich

Ziel der Regelung ist es, für Kosten eines besonderen Verwaltungsaufwandes durch Beschluss einen Anspruch schaffen und einem Eigentümer als Verursacher zuordnen zu können. Ein besonderer Verwaltungsaufwand entsteht erst, wenn durch ein besonderes Ereignis oder einen Eigentümer oder eine Person, für die der Eigentümer nach § 14 Nr. 2 WEG einzustehen hat, ein außergewöhnlicher Aufwand verursacht wird. Von der Regelung werden die regelmäßigen Pflichten des Verwalters nicht erfasst. Diese können sich aus §§ 27 und 28 WEG oder aus dem Verwaltervertrag ergeben und sind mit der vereinbarten Verwaltervergütung regelmäßig abgegolten. Sie können dann nicht mehr Gegenstand einer Regelung nach § 21 Abs. 7 WEG sein.

Diese neue Beschlusskompetenz kann nach dem Wortlaut grundsätzlich alle Verwaltungskosten betreffen. Dazu können gehören: Eine besondere Vergütung des Verwalters, Auslagenersatz des Verwaltungsbeirats oder sonstiger Personen oder Personengruppen, die von der Eigentümergemeinschaft mit Aufgaben betraut worden sind. Mehrkosten für die Nichtteilnahme am Lastschriftverfahren. Ein vereinbartes Honorar des Verwalters für eine Zustimmung zur Veräußerung von Sondereigentum gemäß § 12 WEG. Ein vereinbartes Honorar für den Mehraufwand bei der Geltendmachung rückständiger Beitragsvorschüsse gegen ausgeschiedene Eigentümer und damit zusammenhängender Auslagen. Schuldner des beschlossenen Anspruchs ist die Wohnungseigentümergemeinschaft. Eigentümer können nur dann Schuldner werden, wenn sie zur Zeit der Beschlussfassung im Grundbuch eingetragene Eigentümer sind und ihnen nach § 21 Abs. 7 WEG die ganze oder anteilige Zahlungspflicht zugewiesen wurde.

Von der Nichtigkeit eines Beschlusses wäre allerdings auszugehen, wenn unumstößliche gesetzliche Vorgaben verändert werden sollen. So kann eine gerichtliche Kostenentscheidung gemäß § 49 WEG oder §§ 91 ff. ZPO nicht durch einen Mehrheitsbeschluss gemäß § 21 Abs. 7 WEG verändert werden.

2. Verteilung der Kosten einer Sondervergütung

304 Ein typischer Anwendungsfall ergibt sich dann, wenn für bestimmte Tätigkeiten eine Sondervergütung des Verwalters vereinbart wurde. Schuldner dieser Sondervergütung ist die Wohnungseigentümergemeinschaft als Vertragspartner des Verwalters. Diese hat im Einzelfall dem Verwalter das versprochene Entgelt zu bezahlen. Dadurch sind Verwaltungskosten entstanden, die in Folge einer Beschlussfassung nach § 21 Abs. 7 WEG direkt und während des Geschäftsjahres für die Wohnungseigentümergemeinschaft vom Verursacher eingezogen werden können. Alternativ können diese Zahlungen an die Hausverwaltung als Kosten der Wohnungseigentümergemeinschaft in der Jahresabrechnung als Gesamtausgaben ausgewiesen und dem Verursacher in der Einzelabrechnung allein zugeordnet werden.

3. Begründung einer Sondervergütung

305 Auf der Grundlage von § 21 Abs. 7 WEG kann eine zuvor nicht existierende Sondervergütung für den Verwalter festgelegt werden. Sind dem Verwalter neue Aufgaben zugewiesen worden, die bei seiner Bestellung nicht erkennbar waren, sind diese in der Vergütungsabrede weder kalkulierbar gewesen noch vereinbart worden. Etwa die Pflicht des Verwalters haushaltsnahe Dienstleistungen in der Jahresabrechnung für die Eigentümer anteilig auszuweisen. Solche Aufgabe erzeugen beim Verwalter Kosten durch besonderen Verwaltungsaufwand. Die erstattungsfähigen Kosten können die Eigentümer beschließen. Verpflichtet wird dadurch die Wohnungseigentümergemeinschaft. Soweit die Kosten von einem Eigentümer veranlasst wurden, kann ihm die Kostentragungspflicht mehrheitlich auferlegt werden.

G. Gerichtliches Ermessen nach Versagen der Selbstverwaltung der Eigentümer

306 Diese Vorschrift wird in den Materialien der WE-Novelle als »Sondervorschrift« bezeichnet. Sie ist Rechtsgrundlage für Ermessensentscheidungen des Gerichts für den Fall, dass in einem Rechtsstreit über eine gesetzlich erforderliche aber von den Eigentümern nicht herbeigeführte Maßnahme dem Gericht verbindliche Vorgaben für eine Entscheidung fehlen. Der Gesetzgeber hat einen materiell-rechtlichen Ersatz für die frühere Verfahrensregelung im FGG-Verfahren geschaffen, gerichtliche Ermessensentscheidungen zu treffen.

307 Können sich z. B. die Eigentümer über einen Wirtschaftsplan nicht einigen und verfolgt ein Eigentümer seinen Individualanspruch auf ordnungsgemäße Verwaltung, muss er bei Gericht gemäß § 253 Abs. 2 Nr. 2 ZPO einen konkreten Antrag formulieren. Der klagende Eigentümer müsste einen formulierten Wirtschaftsplan unterbreiten und die Zustimmung dazu einfordern. Dazu wird der Kläger häufig nicht in der Lage sein. Es bleibt auch unklar, wer in einem solchen Fall überhaupt das den Eigentümern vorbehaltene Ermessen ausüben soll. Der Gesetzgeber lehnt sich an § 315 Abs. 3 S. 2 BGB an. Damit soll auch in einem Verfahren nach den Vorschriften der ZPO eine Entscheidung durch Urteil nach billigem Ermessen sichergestellt werden.

308 Weil das Gesetz dem Gericht eine Ermessensentscheidung ermöglicht, kann vom Kläger ausnahmsweise ein unbestimmter Antrag gestellt werden. Die Vorschrift ermöglicht die Erhebung einer Gestaltungsklage (Hügel/*Elzer* § 13 Rn. 216). Diese ist möglich, wenn eine Regelung über eine Maßnahme unter den Eigentümern nicht existiert, die Maßnahme nach dem Gesetz erforderlich ist und sie sich weder aus dem Gesetz noch aus einer Vereinbarung oder einem Beschluss der Eigentümer ergibt.

1. Fehlende Maßnahme

309 Der vom Gesetz verwendete Begriff einer fehlenden »Maßnahme« ist unklar. Gemeint dürften fehlende Regelungen der Eigentümer, insbesondere Beschlüsse sein, als im Bereich des Selbstverwaltungsrechtes typisches Instrument der Willensbildung. Deswegen können durch eine richterliche Ermessensentscheidung nur fehlende Beschlussfassungen der Eigentümer ersetzt werden. So wie ein Beschluss durch einen neuen Mehrheitsbeschluss ersetzt werden kann, können die Eigentümer (später) die Ermessensentscheidung des Gerichtes nach § 21 Abs. 8 WEG durch einen neuen Mehrheitsbeschluss ersetzen (*Abramenko* § 2 Rn. 103), solange nicht bei einzelnen Eigentümern ein Vertrauensschutz auf den Fortbestand der Entscheidung eingetreten ist.

2. Anwendungsbereich

In § 21 WEG ist das Selbstverwaltungsrecht der Eigentümer geregelt. Die Aufnahme dieser Sondervorschrift in Absatz 8 könnte zu der (wohl nicht gewollten) Auffassung führen, dass richterliche Ermessensentscheidungen nach dieser Vorschrift künftig nur bei Verwaltungsmaßnahmen, entsprechend dem 3. Abschnitt des Wohnungseigentumsgesetzes, möglich sein sollen. Ausgeklammert wären dann Ermessensentscheidungen im Bereich des Gebrauchs von Sondereigentum und gemeinschaftlichem Eigentum nach den Vorschriften in den § 13 bis 15 WEG oder Ermessensentscheidungen im Bereich der Kostenverteilungsregelungen nach § 16 WEG. Will man dort die Sondervorschrift anwenden, kommt eine analoge Anwendung in Betracht.

Soweit eine vom Gesetz erforderliche Maßnahme (Beschlussfassung) der Eigentümer als Voraussetzung genannt wird, sind alle Regelungen zu Maßnahmen ordnungsgemäßer Verwaltung gemäß § 21 Abs. 4 WEG erfasst, insbesondere die Regelbeispiele gemäß § 21 Abs. 5 WEG. In diesen Fällen besteht für einen Eigentümer ein Anspruch auf Beschlussfassung.

3. Vorrang der gemeinschaftlichen Regelung

Die richterliche Ermessensentscheidung ist nachrangig. Vorrangig müssen sich die Eigentümer mit dem Vorgang befasst haben. Sie müssen die Möglichkeit bekommen haben, innerhalb des Selbstverwaltungsrechts eine Entscheidung herbeizuführen. Nur wenn dieses versucht wurde und nicht erreichbar war oder wenn der Versuch ersichtlich eine unnötige Förmelei wäre, erwächst dem einzelnen Eigentümer ein Rechtsschutzbedürfnis für eine Gestaltungsklage.

Ergibt sich die verlangte gerichtliche Entscheidung bereits aus dem Gesetz, einer Vereinbarung oder einem Beschluss der Eigentümergemeinschaft, wäre ein Antrag auf gerichtliche Ermessensentscheidung erfolglos. Es wird die Auffassung vertreten, dass eine nicht ordnungsgemäße Regelung der Wohnungseigentümer einem Antrag nach § 21 Abs. 8 WEG nicht entgegensteht und für einen solchen Antrag keine Sperre erzeugt (Hügel/*Elzer* § 13 Rn. 222). Ob dieser Schlussfolgerung auch eine »nicht ordnungsgemäße Regelung« unterfällt, die gerichtlich angefochten und vom Gericht bestätigt wurde, ist ungeklärt. Es ist davon auszugehen, dass eine solche in materielle und formelle Rechtskraft erwachsene Entscheidung auch als »ordnungsgemäße Regelung« der Eigentümer anzusehen ist. Für nicht gerichtlich überprüfte, mangels Beschlussanfechtung bestandskräftig gewordene Beschlüsse, würde die zitierte Rechtsauffassung bedeuten, dass ein Gericht sämtliche, vielleicht sehr viel früher, gefasste Beschlüsse der Eigentümergemeinschaft auf ihre Gültigkeit prüfen müsste. Auch das Vertrauen einzelner Eigentümer auf den Fortbestand solcher Beschlüsse wäre in die Prüfung mit einzubeziehen. Stuft das Gericht einen solchen bestandskräftigen Beschluss dann als nicht ordnungsgemäße Regelung ein, muss weiter geprüft werden, ob es nicht vorgelegte ältere Beschlüsse zu diesem Thema gibt, die durch den (scheinbar) unbeachtlichen Beschluss überlagert werden. Diese Vorgehensweise widerspricht dem Denk- und Regelungsmechanismus im Wohnungseigentum. Sie widerspricht auch dem Bedürfnis der Eigentümer und der Wohnungseigentümergemeinschaft nach Rechtssicherheit. Ein für die Eigentümergemeinschaft bestandskräftig gewordener Beschluss muss auch von den Gerichten grundsätzlich als bestandskräftig beachtet werden. Dies ändert nichts am individuellen Recht eines Eigentümers, innerhalb ordnungsgemäßer Verwaltung in einem gesonderten Verfahren die Abänderung eines bestandskräftigen Beschlusses zu verlangen und notfalls gerichtlich einzufordern.

4. Gerichtliches Verfahren und Kostenentscheidung

Auch wenn eine Gestaltungsklage den Kläger von der Pflicht befreit, einen bestimmten Antrag zu stellen, müssen dem Gericht vom Kläger ausreichende Entscheidungsgrundlagen mitgeteilt werden. Insoweit ist § 287 ZPO entsprechend anzuwenden. Weil teilweise ein großer Ermessensspielraum besteht, ist es für den Kläger möglich aber auch nötig, seine Vorstellungen zu artikulieren, wie die Entscheidung der Eigentümer hätte aussehen müssen, hätten sie ihr Selbstverwaltungsrecht pflichtgemäß ausgeübt.

Zuständig ist für ein solches Verfahren das Wohnungseigentumsgericht nach § 43 Nr. 1 WEG. Beklagte sind die übrigen Eigentümer. Das Rubrum der Klageschrift ist gemäß § 44 WEG zu gestalten. Die Zustellung an die Beklagten erfolgt gemäß § 45 Abs. 1 und 2 WEG an den Verwalter als Zustellungsvertreter oder an den Ersatzzustellungsvertreter.

316 Bei der Kostenentscheidung eines solchen Verfahrens wird das Gericht auch die Frage zu prüfen haben, warum eine Regelung durch die Eigentümergemeinschaft nicht herbeigeführt wurde. In diesem Zusammenhang werden auch die Leistungen des Verwalters richterlich zu bewerten sein. Sollte diesen ein grobes Verschulden daran treffen, dass die Eigentümer ihr Selbstverwaltungsrecht nicht ausüben konnten, treffen ihn nach § 49 Abs. 2 WEG die Prozesskosten.

§ 22 Besondere Aufwendungen, Wiederaufbau

(1) Bauliche Veränderungen und Aufwendungen, die über die ordnungsmäßige Instandhaltung oder Instandsetzung des gemeinschaftlichen Eigentums hinausgehen, können beschlossen oder verlangt werden, wenn jeder Wohnungseigentümer zustimmt, dessen Rechte durch die Maßnahmen über das in § 14 Nr. 1 bestimmte Maß hinaus beeinträchtigt werden. Die Zustimmung ist nicht erforderlich, soweit die Rechte eines Wohnungseigentümers nicht in der in Satz 1 bezeichneten Weise beeinträchtigt werden.

(2) Maßnahmen gemäß Absatz 1 Satz 1, die der Modernisierung entsprechend § 559 Abs. 1 des Bürgerlichen Gesetzbuches oder der Anpassung des gemeinschaftlichen Eigentums an den Stand der Technik dienen, die Eigenart der Wohnanlage nicht ändern und keinen Wohnungseigentümer gegenüber anderen unbillig beeinträchtigen, können abweichend von Absatz 1 durch eine Mehrheit von drei Viertel aller stimmberechtigten Wohnungseigentümer im Sinne des § 25 Abs. 2 und mehr als der Hälfte aller Miteigentumsanteile beschlossen werden. Die Befugnis im Sinne des Satzes 1 kann durch Vereinbarung der Wohnungseigentümer nicht eingeschränkt oder ausgeschlossen werden.

(3) Für Maßnahmen der modernisierenden Instandsetzung im Sinne des § 21 Abs. 5 Nr. 2 verbleibt es bei den Vorschriften des § 21 Abs. 3 und 4.

(4) Ist das Gebäude zu mehr als der Hälfte seines Wertes zerstört und ist der Schaden nicht durch eine Versicherung oder in anderer Weise gedeckt, so kann der Wiederaufbau nicht gemäß § 21 Abs. 3 beschlossen oder gemäß § 21 Abs. 4 verlangt werden.

Inhaltsverzeichnis

A. Bauliche Veränderungen und Aufwendungen, § 22 Abs. 1 WEG 1
   I. Veränderungen am Sondereigentum 1
   II. Veränderungen am gemeinschaftlichen Eigentum 4
   III. Abgrenzungen 14
      1. Erhaltungsmaßnahmen 14
      2. Modernisierende Instandsetzung und Modernisierung und Anpassung an den Stand der Technik 15
      3. Erstmalige Herstellung 16
      4. Ersatzbeschaffung 21
   IV. Die Zustimmung beeinträchtigter Eigentümer 22
      1. Abgabe der Zustimmungserklärung 23
      2. Beschlussinhalte 27
      3. Zustimmung durch Dritte / Verwalter 34
      4. Anfechtung oder Widerruf der Zustimmung 35
      5. Vereinbarung 38
   V. Zustimmungserfordernis – über § 14 WEG hinausgehende Beeinträchtigungen 42
   VI. Folgen der Zustimmung oder des Fehlens der Zustimmung 90
      1. Rechtmäßigkeit der Maßnahme 90
      2. Verwirkung der Rechte 91
      3. Die Kosten der bauliche Veränderung 96
      4. Duldungspflicht, Beseitigungsanspruch, Wiederherstellungsanspruch 100
         a) Duldungspflichten 102
         b) Beseitigungsanspruch 110
         c) Wiederherstellungsanspruch 120

B. Modernisierung und Anpassung an den Stand der Technik, § 22 Abs. 2 WEG	121
I. Grundsätzlich Neues	121
II. Kostenverteilungsschlüssel	126
III. Beschlüsse ohne qualifizierte Mehrheit oder nach fehlerhafter Zuordnung	127
1. Fehlende qualifizierte Mehrheit	127
2. Fehlerhafte Zuordnung	134
3. Verwalterverhalten	135
IV. Modernisierung	138
1. Auswirkungen auf das Sondereigentum	138
2. Verweisung auf § 559 BGB	139
a. Nachhaltige Erhöhung des Gebrauchswerts	141
b. Dauerhafte Verbesserung der allgemeinen Wohnverhältnisse	143
c. Einsparung von Energie und Wasser	144
V. Anpassung an den Stand der Technik	145
VI. Einschränkungen	147
1. »Dienende« Maßnahmen	147
2. Keine Änderung der Eigenart der Wohnanlage	148
3. Unbillige Benachteiligung von Wohnungseigentümern	149
VII. Doppelt qualifizierte Mehrheit	152
VIII. Unabdingbarkeit	155
C. Modernisierende Instandsetzung, § 22 Abs. 3 WEG	156
D. Ausnahme von der Wiederaufbaupflicht, § 22 Abs. 4 WEG	159
I. Wiederaufbaupflicht und Zerstörungsgrad	161
II. Wiederaufbaupflicht bei Ersatz des Schadens und Umfang der Aufbaupflicht	166
III. Die unvollendete Ersterstellung	169

A. Bauliche Veränderungen und Aufwendungen, § 22 Abs. 1 WEG

I. Veränderungen am Sondereigentum

Zu unterscheiden sind bauliche Veränderungen am gemeinschaftlichen Eigentum nach § 22 **1**
Abs. 1 WEG vom individuellen Recht auf bauliche Veränderung am Sondereigentum, das in
den Schranken des § 13 Abs. 1 und § 14 WEG meist ohne Mitwirkung der Eigentümer ausgeübt
werden kann. Danach kann jeder Eigentümer mit den im Sondereigentum stehenden Gebäudeteilen nach Belieben verfahren. Es handelt sich um echtes Eigentum i. S. v. § 903 BGB, auch
wenn nicht von »verfügen« gesprochen wird. § 14 Nr. 1 WEG verpflichtet einen Eigentümer
sein Sondereigentum instand zu halten. Insoweit kann jeder Eigentümer in seinem Sondereigentum auch modernisierende Instandsetzungen nach seinen Vorstellungen realisieren. Zugleich
wird dort geregelt, dass die Grenze des Gebrauchs von Sondereigentum überschritten wird,
wenn dadurch einem anderen Eigentümern über das bei einem geordneten Zusammenleben unvermeidliche Maß hinaus ein Nachteil erwächst. Innerhalb dieses Spielraumes kann der Eigentümer sein Sondereigentum nach freiem Ermessen gestalten.

Will ein Eigentümer im Bereich seines Sondereigentums – bei gleichzeitiger Betroffenheit des ge- **2**
meinschaftlichen Eigentums – eine bauliche Veränderung durchführen, liegt eine zustimmungsbedürftige Maßnahme vor. Es genügt nicht, wenn er formlos die Zustimmung der benachteiligten
Eigentümer einholt. Er benötigt darüber hinaus für die weitere Maßnahme eine Beschlussfassung
der Eigentümer und muss diese nötigenfalls »verlangen«, wie nach § 22 Abs. 1 WEG nun ermöglicht wird. Mit dem Mehrheitsbeschluss sind die Zustimmungen betroffener Eigentümer im erforderlichen Umfang zu erholen.

Wird das zulässige Maß überschritten, kann der Wohnungseigentümer auf Beseitigung oder Un- **3**
terlassung in Anspruch genommen werden. Ob andere Wohnungseigentümer durch eine bauliche Veränderung im Sondereigentum über das zulässige Maß hinaus beeinträchtigt werden, obliegt in erster Linie der tatrichterlichen Würdigung (*OLG Saarbrücken* ZMR 2006, 802). Der Wohnungseigentümer ist auch berechtigt, innerhalb der vereinbarten Wohnnutzung die Art der
Nutzung der einzelnen Räume zu verändern. Zulässig ist danach auch die Verlegung der Nutzung eines Raumes mit Sanitäreinrichtungen, etwa eine Küche, in einen anderen Raum (*OLG Hamm* ZMR 2006, 634). Ein Nachteil i. S. v. § 14 Nr. 1 WEG kann nicht nur darin liegen, dass der

§ 22 | Besondere Aufwendungen, Wiederaufbau

einzelne Wohnungseigentümer in der Nutzung seines Sondereigentums konkret beeinträchtigt ist, sondern auch darin, dass er das gemeinschaftliche Eigentum nicht nutzen kann, ihm somit geringere Rechte verbleiben als anderen. Schließt ein Eigentümer in seinem Sondereigentum an einen gemeinschaftlichen Kamin einen Ofen an und wird dadurch die Anschlussmöglichkeit eines anderen Eigentümers vereitelt, kann ein Unterlassungsanspruch bestehen (*OLG Frankfurt* 19.7.2005, 20 W 234/03).

II. Veränderungen am gemeinschaftlichen Eigentum

4   Was zwingend zum gemeinschaftlichen Eigentum gehört, ergibt sich aus § 5 Abs. 2 WEG, z. B. Anlagen und Einrichtungen, die der Versorgung aller Wohnungen mit Wärme und Warmwasser dienen (*BayObLG* OLGR München 2002, 140; vgl. auch *Riecke* BTR 2003, 11). Darüber hinaus ist alles dem gemeinschaftlichen Eigentum zuzurechnen, was nicht ausdrücklich nach § 3 Abs. 1 WEG oder § 8 WEG als Sondereigentum bezeichnet wurde.

5   Besondere Aufwendungen i. S. v. § 22 Abs. 1 WEG sind entbehrliche, nicht unbedingt erforderliche Investitionen, die nicht mehr als Maßnahmen der Instandhaltung und Instandsetzung und auch nicht mehr als Modernisierung angesehen werden können.

6   Bauliche Veränderungen sind Eingriffe in die Substanz des gemeinschaftlichen Eigentums, wodurch dauerhaft andere Funktionalitäten oder eine abgeänderte Optik geschaffen werden. Die Errichtung einer kleinen Treppe in der Böschung zwischen der Terrasse und der Gartenfläche kann als bauliche Veränderung beurteilt werden, wenn dadurch das gemeinschaftliche Eigentum an der Böschung dauerhaft umgestaltet wurde (*BayObLG* ZMR 2003, 125 = NZM 2003, 242). Die gärtnerische Gestaltung einer im Aufteilungsplan ausgewiesenen Gartenfläche ist grundsätzlich keine bauliche Veränderung des Gemeinschaftseigentums, solange sie nicht mit einer gegenständlichen Veränderung des Grundstücks verbunden ist. Jedoch ist denkbar, dass ein beschlossener Rückschnitt der Hecke und deren Belassung auf einer bestimmten Höhe eine gegenständliche Veränderung bildet, wenn eine bisher »mannshohe« Hecke nach den tatsächlichen Gegebenheiten auch eine Sichtschutzfunktion besitzt und diese auf Dauer entfällt, wenn sie, wie beschlossen, zurückgeschnitten würde (*BayObLG* ZMR 2005, 377 = NJW-RR 2004, 1378).

7   Besondere Aufwendungen oder bauliche Veränderungen, die über die ordnungsgemäße Instandhaltung und Instandsetzung hinausgehen, konnten bisher nach § 22 Abs. 1 S. 1 WEG grundsätzlich nicht durch Mehrheitsbeschluss geregelt oder eingeklagt werden. Dennoch waren es Verwaltungsmaßnahmen. Sie sind systematisch unter der gesetzlichen Überschrift des 3. Abschnitts im WEG »Verwaltung« eingegliedert und deswegen mit Beschlusskompetenz ausgestattet. Mehrheitsbeschlüsse zu baulichen Veränderungen waren bereits bisher nur anfechtbar, nicht nichtig.

8   Der neue Wortlaut in § 22 Abs. 1 WEG soll Unklarheiten im früheren Text des Gesetzes beseitigen. Inhaltlich erfolgte nahezu keine Änderung gegenüber der bisherigen Rechtslage. Missverständlich könnte aus dem neuen Wortlaut abgeleitet werden, dass nur dann eine bauliche Veränderung beschlossen oder verlangt werden kann, wenn die negativ betroffenen Eigentümer zustimmen. Tatsächlich kann – wie bisher – eine bauliche Veränderung auch ohne die erforderlichen Zustimmungen beschlossen werden. Ein derartiger Beschluss wäre anfechtbar und trotz der fehlenden Zustimmungen nicht nichtig. Die Zustimmung ist somit zusätzlich und insbesondere dann zu prüfen, wenn ein Mehrheitsbeschluss gerichtlich nach § 46 WEG angefochten wurde und dort geklärt werden muss, ob der Beschluss den Grundsätzen ordnungsgemäßer Verwaltung genügt.

9   Neu ist in § 22 Abs. 1 WEG geregelt, dass jeder Eigentümer eine bauliche Veränderung verlangen kann. Die Eigentümern haben einen Anspruch auf eine bauliche Veränderung erhalten.

10 Will ein Eigentümer die Durchführung einer baulichen Veränderung durch die Gemeinschaft erreichen, benötigt er Mehrfaches: Einen Mehrheitsbeschluss der Gemeinschaft zur Genehmigung einer baulichen Veränderung nach § 22 Abs. 1 WEG. Einen Mehrheitsbeschluss, dass die Gemeinschaft die Maßnahme übernimmt und durchführt nach § 21 Abs. 3 WEG. Einen Mehrheitsbeschluss zur Regelung der Finanzierung nach § 16 Abs. 4 WEG. Außerdem ist die Zustimmung aller negativ betroffener Eigentümer erforderlich.

Eine solche Beschlussfassung kann nach gerichtlicher Anfechtung gemäß § 46 WEG geprüft werden, ob sie den Grundsätzen ordnungsgemäßer Verwaltung entspricht. Lehnt die Eigentümergemeinschaft die Maßnahme ab, kann ebenfalls in einem gerichtlichen Beschlussanfechtungsverfahren geprüft werden, ob die Verweigerung den Anforderungen in § 21 Abs. 4 WEG an eine ordnungsgemäße Verwaltung stand hält. Dabei hat das Gericht das erhebliche Ermessen der Eigentümer zu beachten. Da bauliche Änderungen regelmäßig in den Bestand einer Wohnanlage eingreifen, können sie mit dem Vertrauen einzelner Eigentümer auf den Fortbestand der bisherigen Situation kollidieren. Es wird vermutlich in der Praxis die Ausnahme bleiben, dass ein einzelner Eigentümer erfolgreich eine Maßnahme von der Eigentümergemeinschaft einfordern kann. Denkbar sind Lebenssachverhalte im Bereich der Sicherungsmaßnahmen, wo bauliche Veränderungen von der Eigentümergemeinschaft verlangt werden können. Der Umbau von Kinderspielplätzen, wenn der vorhandene Zustand als gefahrengeneigt bezeichnet werden muss oder das Anbringen von Absperrungen zum Schutz spielender Kindern oder als Lärmschutzmaßnahme. Der häufigere Anwendungsfall wird sein, dass ein Eigentümer im Bereich des gemeinschaftlichen Eigentums bauliche Veränderungen durchführt, etwa um einen barrierefreien Zustand herzustellen. Dieses Interesse besteht insbesondere dann, wenn eine Behinderung bauliche Veränderungen erfordert, um das Sondereigentum zumutbar erreichen zu können. Zu solchen Maßnahmen können Rampen im Eingangsbereich oder Wandlifte gehören, um Treppen zu überwinden. Soweit der verlangende Eigentümer die Kosten für solche Maßnahmen übernimmt, bleibt tatsächlich nur noch das Verlangen gegen die übrigen Eigentümern, der geplanten baulichen Veränderung durch einen Mehrheitsbeschluss zuzustimmen. Außerdem muss die Zustimmung der Eigentümer eingeholt werden, deren Rechte durch die Maßnahme beeinträchtigt sind.

III. Abgrenzungen

1. Erhaltungsmaßnahmen

Der Anwendungsbereich von § 22 Abs. 1 WEG beschränkt sich auf Maßnahmen, die über die ordnungsgemäße Instandhaltung und Instandsetzung des gemeinschaftlichen Eigentums hinausgehen. Hier grenzt das Gesetz zu den Verwaltungsmaßnahmen gemäß § 21 Abs. 4 und Abs. 5 Nr. 2 WEG ab. Wartungsarbeiten, die Wiederherstellung eines defekten Zustandes und auch die erstmalige Herstellung des ordnungsgemäßen Zustandes sind keine baulichen Veränderungen oder Aufwendungen i. S. v. § 22 Abs. 1 WEG. Die Vorschrift verhindert Mehrheitsbeschlüsse bei faktischen baulichen Veränderungen nicht, die innerhalb ordnungsgemäßer Instandhaltung und Instandsetzung bleiben. Dazu gehören notwendige Veränderungen, wie etwa Dacherhöhungen wegen einer notwendigen Wärmedämmung, das Anbringen von Kabelschächten für das Verlegen von Versorgungseinrichtungen wie Kabelfernsehen, die Erhöhung eines Schornsteins, um einen ausreichenden Abluftzug einer neuen Heizungsanlage zu sichern oder das Anbringen von abschließbaren, umlegbaren Pfosten, mit denen Feuerwehrzufahrten freigehalten werden (*BayObLG* WuM 2001, 405 = ZWE 2001, 547). Solche Maßnahmen werden von § 22 Abs. 1 WEG nicht berührt und können außergerichtlich oder gerichtlich als Maßnahmen ordnungsgemäßer Verwaltung gemäß § 21 Abs. 4 WEG verlangt werden.

2. Modernisierende Instandsetzung und Modernisierung und Anpassung an den Stand der Technik

Diese drei Begriffe werden im Gesetz ausdrücklich unterschieden. Die modernisierende Instandsetzung ist nach § 22 Abs. 3 WEG eine Maßnahme ordnungsgemäßer Verwaltung, auch wenn die Instandsetzungsmaßnahme über die bloße Wiederherstellung eines mangelfreien Zustands der vorhandenen Anlage hinausgeht. Es ist denkbar, dass im Rahmen einer Instandhaltung eine maß- und sinnvolle Modernisierung vorgenommen wird. Maßnahmen können mit einfachem Mehrheitsbeschluss geregelt werden. Maßstab rechtmäßigen Handelns ist § 21 Abs. 4 WEG. Die Modernisierung wurde zusammen mit der Anpassung an den Stand der Technik als besondere Art der baulichen Veränderung in § 22 Abs. 2 WEG eigenständig neu geregelt. Sie kann nur mit besonderer Mehrheit beschlossen und im Gegensatz zur baulichen Veränderung nicht verlangt werden.

3. Erstmalige Herstellung

16 Die erstmalige Herstellung eines ordnungsmäßigen Zustands des gemeinschaftlichen Eigentums gehört zur Instandhaltung und Instandsetzung nach § 21 Abs. 4 und Abs. 5 Nr. 2 WEG. Der Anspruch richtet sich gegen die Wohnungseigentümergemeinschaft. Sie ist gemäß § 10 Abs. 6 WEG Inhaberin der als Gemeinschaft begründeten Pflichten und übt diese auch aus. Der Umfang eines Anspruchs auf erstmalige Herstellung des gemeinschaftlichen Eigentums in den ordnungsgemäßen Zustand ergibt sich aus den vereinbarten Vorgaben der Teilungserklärung und der Gemeinschaftsordnung. Dort wurden einforderbare Erwartungshaltungen der Eigentümer begründet.

17 § 22 WEG ist somit nicht anwendbar, wenn bereits von Anfang an das Gebäude der Eigentümergemeinschaft in Abweichung von den Vorgaben in der Teilungserklärung bzw. in den Aufteilungsplänen errichtet wurde und diese Abweichung korrigiert werden soll (*BayObLG* ZMR 2000, 38). Bei der Beurteilung, ob Maßnahmen bauliche Veränderungen oder Maßnahmen zur erstmaligen Herstellung des Bauwerks sind, ist nicht der Kaufvertrag für das jeweilige Sondereigentum, sondern die Teilungserklärung maßgeblich (*OLG Köln* ZMR 2000, 861). Diese bestimmt die Rechte und Pflichten der Eigentümer untereinander.

18 Anderes gilt dann, wenn eine Mehrhausanlage sukzessiv errichtet wird, die ersten Sondereigentumseinheiten bereits übergeben sind, diese Käufer auch mit einer Auflassungsvormerkung im Grundbuch eingetragen wurden und somit bereits eine »werdende Eigentümergemeinschaft« entstanden ist (*OLG Saarbrücken* NZM 2002, 610 = NJW-RR 2002, 1236). Falls bei der Errichtung der weiteren Gebäude von den Aufteilungsplänen abgewichen wird, ist von einer baulichen Veränderung i. S. v. § 22 WEG auszugehen, weil die Regeln des Wohnungseigentumsgesetzes bereits anzuwenden sind.

19 Ein späteres, nach der Unterteilung eines Wohnungseigentumsrechts entstandenes Bedürfnis, für eine geschaffene Wohnung einen eigenen Zugang zur gemeinschaftlichen Gartenfläche zu schaffen, führt zu einem Verlangen nach einer baulichen Veränderung. Dieses kann nicht mehr mit einem Anspruch auf erstmalige Herstellung begründet werden. Die Vorgaben im Kaufvertrag sind insoweit unerheblich (*OLG Hamm* ZMR 2004, 697).

20 Es verstößt gegen Treu und Glauben, § 242 BGB, wenn sich ein Eigentümer etwa 35 Jahre nach Erstellung der Wohnanlage erstmals darauf beruft, die Verglasung der Balkone sei zur Herstellung eines ordnungsmäßigen Zustands, wie er sich aus den Bauplänen ergibt, erforderlich (*BayObLG* ZMR 2001, 365).

4. Ersatzbeschaffung

21 Instandhaltung oder Instandsetzung des gemeinschaftlichen Eigentums umfasst auch die Ersatzbeschaffung verbrauchter Teile (*OLG München* ZMR 2006, 952). Sie kann eine bloße Reproduktion des bisherigen Zustands sein oder darüber hinausgehende Veränderungen bringen, die zu technisch besseren und wirtschaftlich sinnvolleren Lösungen führen (*OLG Schleswig* ZWE 2007, 248). Hier wird künftig zu unterscheiden sein, ob noch eine Maßnahme ordnungsgemäßer Instandhaltung und Instandsetzung vorliegt, die sich nach § 21 Abs. 5 Nr. 2 WEG beurteilt oder bereits eine Modernisierung bzw. Anpassung an den Stand der Technik nach § 22 Abs. 2 WEG. Der Unterschied wirkt sich erheblich aus, weil Maßnahmen nach § 22 Abs. 2 WEG nur mit besonderer Mehrheit beschlossen werden können. Einfache Mehrheit wird genügen, wenn die Ersatzbeschaffung im Zusammenhang mit einer Reparatur erfolgt. Diese »modernisierende Ersatzbeschaffung« ist wie die modernisierende Instandsetzung zu bewerten. Wie diese kann der Verwalter regelmäßig die Ersatzbeschaffung nicht eigenständig veranlassen sondern nur nach Vorgabe der Eigentümergemeinschaft (*OLG Hamburg* ZMR 2006, 546). So kann die Ersetzung zweier 16 Jahre alter je 750 l fassender Warmwasserboiler, von denen einer defekt ist, durch einen neuen 500 l Boiler aus Edelstahl, der durch sein besseres Heizsystem warmes Wasser in ausreichender Menge zur Verfügung stellt, auch künftig wohl noch eine ordnungsgemäße Maßnahme der Instandhaltung und Instandsetzung sein (*OLG Düsseldorf* ZMR 2002, 957). Der Anschluss der Wohnungseigentumsanlage an das Breitbandkabelnetz gehört zur modernisierenden Instandsetzung, wenn die vorhandene ältere Gemeinschaftsantenne reparaturbedürftig ist und selbst durch deren vollständige Erneuerung kein ausreichender Fernsehempfang gewährleistet werden kann (*OLG Hamm*

ZMR 1998, 188). Dagegen geht die Umstellung einer (Öl-)Zentralheizungsanlage auf Fernwärme über eine Ersatzbeschaffung hinaus, wenn ein alsbaldiger Ausfall der Heizungsanlage nicht wahrscheinlich und eine sofortige Erneuerung nicht erforderlich ist (*OLG Düsseldorf* ZMR 1998, 185).

IV. Die Zustimmung beeinträchtigter Eigentümer

Der Wortlaut des Gesetzes wurde verändert und positiv formuliert. Während § 22 Abs. 1 S. 1 Halbsatz 1 WEG festlegt, dass die Eigentümer die Beschlusskompetenz zu baulichen Veränderungen haben, ergibt sich aus dem neuen Halbsatz 2, dass solche Maßnahme nur einstimmig beschlossen werden können, wenn alle Wohnungseigentümer davon negativ betroffen sind. Das Erfordernis der Zustimmung aller Beeinträchtigten regelt somit die benötigte Stimmenzahl (BT-Drucks. 16/887, S. 28). Dies stellt insbesondere § 22 Abs. 1 S. 2 WEG klar. Soweit nicht alle Eigentümer von der Maßnahme betroffen sind, ist deren Zustimmung entbehrlich. **22**

1. Abgabe der Zustimmungserklärung

Die positive Mitwirkung bei einer Beschlussfassung über eine bauliche Veränderung i. S. einer Befürwortung entspricht der Zustimmung. Diese Denkweise ist neu. Bisher ging man davon aus, eine Zustimmung könne stets und formlos erteilt werden. Jetzt sind Entscheidungen zu baulichen Veränderungen stets der Beschlussfassung durch die Eigentümer unterstellt. Eine gesonderte oder auch konkludent erfolgte Zustimmung ohne Beschlussfassung in der Wohnungseigentümerversammlung wird regelmäßig nicht ausreichen. Es soll verhindert werden, dass bauliche Veränderungen vorgenommen werden, die vollendete Tatsachen schaffen, ohne dass zuvor geprüft wurde, wen die Maßnahme benachteiligt. Aus Beweisgründen sollte eine namentliche Abstimmung erfolgen. **23**

Die Eigentümer haben die Beschlusskompetenz für die Zustimmung per Mehrheitsbeschluss. Dies bedeutet, dass ein Fehlen erforderlicher Zustimmungen einen Mangel bei der Herstellung des Beschlusses erzeugt. Der Beschluss entspricht nicht den Grundsätzen ordnungsgemäßer Verwaltung. Die Eigentümer dürfen Beschlüsse zu baulichen Veränderungen ohne Zustimmung der negativ Betroffenen nicht fassen. Deswegen sind sie nach Anfechtung gem. § 46 WEG für ungültig zu erklären. Andernfalls werden sie trotz Mangel bestandskräftig. **24**

Wenn die Eigentümer über eine bauliche Veränderung beschließen, die einem Eigentümer überwiegend oder gar ausschließlich zu Gute kommt, ist dieser grundsätzlich nicht von seinem Stimmrecht ausgeschlossen (*BayObLG* ZMR 2004, 209). **25**

Nimmt ein Wohnungseigentümer auf einer einem Ehepaar gemeinschaftlich zustehenden Sondernutzungsfläche unter Inanspruchnahme dieser Fläche eine bauliche Veränderung vor, ist die ausdrücklich oder konkludent erteilte Zustimmung beider Ehepartner erforderlich (*OLG München* 22.5.2006, AZ 34 Wx 183/05). **26**

2. Beschlussinhalte

Die Zustimmung im Rahmen der Beschlussfassung ist in ihrer Wirkung auf die konkrete, vorgestellte bauliche Veränderung beschränkt. Jede nicht nur unerhebliche Abweichung oder spätere Änderung ist von einer erteilten Zustimmung nicht mehr gedeckt. Wird die Zustimmung zu einer baulichen Veränderung allgemein erteilt (*BayObLG* WE 1997, 236), ist im Einzelfall die Bedeutung der Zustimmung im Wege der Auslegung festzustellen (*OLG Karlsruhe* WuM 1998, 310 = WE 1998, 268 = NZM 1998, 526). **27**

Vor einer Zustimmung müssen die Eigentümer einen auf Tatsachen gegründeten groben Überblick darüber haben, inwieweit eine optische, statische oder technische Beeinträchtigung zu befürchten ist (*OLG Düsseldorf* ZMR 2002, 214). Eine Blankettzustimmung zu einer Baumaßnahme widerspräche den Grundsätzen ordnungsgemäßer Verwaltung. Auch eine Erklärung eines Eigentümers, »das Haftungsrisiko« zu übernehmen, reicht nicht. Denn diese kaum konkretisierte Haftungsübernahme reduziert weder das Risiko eines Streits über das Vorliegen der entsprechenden Haftungsvoraussetzungen noch ist hierdurch die Leistungsfähigkeit der Haftenden im Schadensfall sicher gestellt (*OLG Düsseldorf* ZMR 2002, 214). Die Nichtanfechtung eines Mehrheitsbe- **28**

§ 22 | Besondere Aufwendungen, Wiederaufbau

schlusses ist zwar keine (ausdrückliche) Zustimmung, diese kann jedoch durch die Bestandskraft des Beschlusses ersetzt werden (*BayObLG* WuM 1992, 709 = MDR 1993, 344 = NJW-RR 1993, 206).

29 Ob das Einverständnis per Beschluss zu einem öffentlich-rechtlichen Bauantrag als Zustimmung nach § 22 Abs. 1 WEG verbunden ist, muss im Einzelfall durch eine am Empfängerhorizont der Wohnungseigentümer orientierten Auslegung ermittelt werden. Die Feststellung, ob eine Zustimmung nach § 22 WEG erteilt worden ist oder nicht, obliegt in erster Linie tatrichterlicher Würdigung (*OLG München* 31.5.2007, AZ 34 Wx 112/06).

30 Soweit die Gemeinschaftsordnung eine möglichst weitgehende wirtschaftliche Trennung der Einheiten vorsieht, besagt dies noch nichts darüber, in welcher Weise der jeweilige Eigentümer bauliche Veränderungen vornehmen darf, ohne dass er die Zustimmung der anderen Wohnungseigentümer benötigt (*OLG München* 31.5.2007, AZ 34 Wx 112/06).

31 An die Zustimmung eines Eigentümers ist auch ein Rechtsnachfolger grundsätzlich gebunden (*OLG Hamm* ZMR 1996, 390 = WE 1996, 351), was sich bei einer Zustimmung per Mehrheitsbeschluss aus § 10 Abs. 4 WEG ergibt. Ein inhaltlich nicht eindeutiger Beschlusswortlaut ist auslegungsfähig. Dabei sind die allgemeinen Auslegungsregeln zu beachten. Es ist der wirkliche Wille der beschließenden Eigentümer, soweit er im Wortlaut Ausdruck gefunden hat, maßgeblich und nicht der buchstäbliche Wortlaut (*BayObLG* ZMR 2004, 442).

32 Die Zustimmung zu einem beabsichtigten Anbau bedarf nicht der zusätzlichen notariellen Beurkundung nach § 4 WEG. Nach § 5 Abs. 1 WEG i. V. m. § 3 WEG kann einem Wohnungseigentümer vertraglich an einer Wohnung oder an abgeschlossenen Räumen Sondereigentum eingeräumt werden. Diese Vereinbarung bedarf der notariellen Beurkundung (§ 4 WEG). Die zusätzliche Errichtung von Räumlichkeiten, die zu Wohnzwecken genutzt werden können, führt jedoch nicht zwangsläufig dazu, dass der sie errichtende Eigentümer Sondereigentum an diesen Räumen erwirbt. Ohne Vereinbarung verbleibt der geschaffene Raum im Gemeinschaftseigentum. Ob an diesem ein (schuldrechtliches) Sondernutzungsrecht begründet wird, hängt von dem Verhalten der Eigentümer ab. Auch deswegen unterliegt die Zustimmung der übrigen Eigentümer zu einer solchen baulichen Veränderung nicht der Formvorschrift des § 4 WEG. Etwas anders gilt dann, wenn die Beteiligten zugleich einem Wohnungseigentümer an den neu zu erstellenden Räumen Sondereigentum gemäß § 3 Abs. 1, § 5 Abs. 1 WEG verschaffen wollten (*OLG München* 31.5.2007, AZ 34 Wx 112/06).

33 An Stelle der Zustimmung im Voraus ist auch möglich, dass die Eigentümer eine bauliche Veränderung nachträglich durch Mehrheitsbeschluss, genehmigen (*BayObLG* ZMR 2002, 949). Ein Mehrheitsbeschluss der Eigentümer, mit dem die nachträgliche Genehmigung einer Verglasung abgelehnt und dem Verwalter aufgegeben wird, für deren Beseitigung zu sorgen, ist nicht schikanös. Dies gilt auch dann, wenn zuvor andere Eigentümer ungenehmigte bauliche Veränderungen ohne Beanstandung vorgenommen hatten (*OLG Karlsruhe* ZMR 2001, 224).

3. Zustimmung durch Dritte/Verwalter

34 § 22 WEG Abs. 1 WEG ist abdingbar. Wurde in der Teilungserklärung ausdrücklich bestimmt, dass bauliche Veränderungen nur der Zustimmung des Verwalters bedürfen, ist diese Vorschrift wirksam (*OLG Frankfurt a. M.* OLGZ 1984, 60). Im Einzelfall ist dann durch Auslegung zu ermitteln, ob die Verwalterzustimmung zusätzlich zur Zustimmung der Wohnungseigentümer treten oder diese verdrängen soll. Grundsätzlich ist anzunehmen, dass die Verwalterzustimmung die Verwaltungsbefugnis der Eigentümer nach § 21 Abs. 4 WEG für diese Zustimmung nicht verdrängt (*OLG Köln* ZMR 2004, 146). Liegt ein verdrängendes Recht des Verwalters vor, kann diese Zustimmung nur außerhalb der Beschlussfassung erklärt werden. Zur Beschlussfassung sind und bleiben allein die Eigentümer nach § 21 Abs. 3 und § 23 Abs. 1 WEG zuständig. Diese besondere Art der Zustimmung kann auch konkludent erfolgen, indem der Verwalter einen Bauantrag unterschreibt und zurücksendet (*KG* ZMR 1998, 657).

4. Anfechtung oder Widerruf der Zustimmung

35 Ist den Eigentümern auf Grund der Erörterungen und Hinweise hinreichend bekannt, dass für die geplante bauliche Veränderung die Zustimmung aller Eigentümer erforderlich ist und wird dennoch ein Mehrheitsbeschluss herbeigeführt, also keine Allstimmigkeit erreicht, ist ein wirksa-

mer Mehrheitsbeschluss dann zu Stande gekommen, wenn der Versammlungsleiter das Beschlussergebnis feststellt und bekannt gibt (*BGH* ZMR 2001, 809 = NJW 2001, 3339). Der Mehrheitsbeschluss wird bestandskräftig, wenn er nicht nach § 46 WEG gerichtlich angefochten wurde. Lässt ein Eigentümer, der von der Maßnahme beeinträchtigt wird, den Beschluss nach § 46 WEG gerichtlich überprüfen, weil er innerhalb der Überlegungsfrist (Monatsfrist) für eine Beschlussanfechtung Zweifel an der Richtigkeit der Zustimmung bekam, kann das Gericht den Beschluss für ungültig erklären, wenn in der Begründung der Beschlussanfechtung zum Ausdruck kommt, dass die Abgabe der Zustimmung nach § 119 BGB angefochten wird. Die Stimmabgabe in der Eigentümerversammlung, durch die eine bauliche Veränderung genehmigt wird, und die darin liegende Zustimmung zu der Maßnahme können von einem Wohnungseigentümer wegen arglistiger Täuschung angefochten werden. Erfährt der getäuschte Wohnungseigentümer nach Ablauf der Anfechtungsfrist von der Täuschung, kann Wiedereinsetzung in den vorigen Stand gewährt werden (*BayObLG* ZMR 2001, 994 = ZWE 2001, 480).

Ohne Anfechtung der Stimmabgabe nach § 119 BGB ist der Eigentümer an seine bei der Abstimmung zum Mehrheitsbeschluss erklärte Zustimmung zur baulichen Veränderung gebunden (*OLG Köln* OLGR Köln 2004, 116). Im Streitfall wird dies von dem zu beweisen sein, der sich auf diese Zustimmung eines Eigentümers per Stimmabgabe beruft. Insbesondere nach Durchführung der Maßnahme ist die Zustimmung nicht frei widerruflich (*OLG München* 22.5.2006, AZ 34 Wx 183/05). Solange der bauwillige Eigentümer Dispositionen zur Verwirklichung noch nicht getroffen hat, kann ein Eigentümer, der einer Maßnahme grundsätzlich zugestimmt hat, diese Zustimmung allerdings regelmäßig widerrufen (*OLG Düsseldorf* ZMR 2006, 624). 36

Ein zustimmender Mehrheitsbeschluss kann durch einen Zweitbeschluss aufgehoben werden. Schutzwürdige Belange eines Eigentümers hinsichtlich Inhalt und Wirkungen des Erstbeschlusses sind aber zu beachten. In diesem Rahmen kann durch einen Eigentümerbeschluss nach den Umständen des Einzelfalls auch ein Widerruf einer in der Vergangenheit erfolgten Genehmigung einer baulichen Veränderung erfolgen (*OLG Hamm* OLGR Hamm 2005, 28). 37

5. Vereinbarung

Eine Zustimmung zu einer baulichen Veränderung durch Vereinbarung statt durch Mehrheitsbeschluss ist nicht ausgeschlossen (*OLG Hamm* ZMR 2005, 220). Soll die vereinbarte Zustimmung einen Rechtsnachfolger binden, muss sie gemäß § 10 Abs. 3 WEG in das Grundbuch eingetragen werden. In der Praxis wird deswegen die Vereinbarung die Ausnahme bleiben und nur dann bedeutend werden, wenn ohnehin eine dingliche Vereinbarung erforderlich wird, um ein gesetztes Ziel zu erreichen, etwa die bauliche Veränderung in das Sondereigentum oder in ein Sondernutzungsrecht überzuführen. 38

Die gesetzliche Regelung in § 22 Abs. 1 WEG ist (im Gegensatz zu § 22 Abs. 2 WEG) durch Vereinbarung abdingbar (*OLG Düsseldorf* OLGR Düsseldorf 2007, 241). Die Zustimmungspflicht auch der negativ betroffenen Eigentümer kann so völlig entfallen. Die Grenzen der Möglichkeiten solcher Vereinbarungen bilden § 11 WEG mit seiner Zielsetzung des Bestands- und Vertrauensschutzes und § 15 Abs. 3 WEG. Danach kann jeder Eigentümer bauliche Veränderungen verhindern, wenn diese gegen Privatrecht oder öffentliches Recht verstoßen und so der Gebrauch des Sondereigentums oder des gemeinschaftlichen Eigentums unter Beachtung des dort geforderten billigen Ermessens zu weitgehend eingeschränkt wird (*BayObLG* ZMR 2000, 234). 39

In der Gemeinschaftsordnung kann das Recht auf Durchführung einer baulichen Veränderung von der Zustimmung eines Dritten, etwa des Verwalters, abhängig gemacht werden (*BayObLG* 15.12.2004, AZ 2Z BR 183/04 WuM 2005, 148 = ZfIR 2005, 528 – LS. –. Wohl a. A.: *OLG Köln* ZMR 2004, 146). Ebenso ist es möglich zu vereinbaren, dass § 22 Abs. 1 WEG in einer Gemeinschaft ganz oder teilweise keine Anwendung findet (*BayObLG* 28.7.2004, AZ 2Z BR 090/04; *OLG Düsseldorf* OLGR 2005, 146). Maßgeblich sind dann allein die allgemeinen nachbarrechtlichen Vorschriften des Privatrechts und des öffentlichen Rechts. Liegt eine Baugenehmigung vor, stehe fest, dass nicht gegen öffentlich-rechtliche Vorschriften verstoßen wurde (*BayObLG* BayObLGR 2004, 345 und *BayObLG* ZMR 2004, 764). 40

§ 22 | Besondere Aufwendungen, Wiederaufbau

41 Eine § 22 WEG abbedingende oder ändernde Regelung in der Teilungserklärung kann das Gericht selbständig auslegen (*OLG Köln* OLGR 2003, 368). Die Auslegung richtet sich nach dem Wortlaut und Sinn, wie er sich für einen unbefangenen Betrachter als nächstliegende Bedeutung des Eingetragenen ergibt; auf die Vorstellung des teilenden Eigentümers und das Verständnis des beurkundenden Notars kommt es insoweit nicht an (*OLG Zweibrücken* ZMR 2004, 780). Weist die Teilungserklärung die Entscheidung über bauliche Veränderungen der Eigentümerversammlung zu, ohne klarzustellen, ob in Abweichung des früheren § 22 Abs. 1 WEG ein Mehrheitsbeschluss genügt, wurde diese Gemeinschaftsangelegenheit damit durch Vereinbarung der Beschlusskompetenz überantwortet (Öffnungsklausel), *KG* ZMR 2000, 58. Einzelnen Eigentümern kann ausdrücklich das Recht durch Vereinbarung eingeräumt werden, Gebäudeteile zu errichten (*BayObLG* NJW-RR 1994, 781 = WuM 1994, 154) oder auszubauen, ohne dass die Zustimmung der anderen Eigentümer hierfür erforderlich wäre (*OLG Hamm* ZMR 1998, 718).

V. Zustimmungserfordernis – über § 14 WEG hinausgehende Beeinträchtigungen

42 Regelmäßig werden alle Eigentümer betroffen sein, insbesondere wenn sich optische Veränderungen ergeben. Dann müssen alle Eigentümer durch Mehrheitsbeschluss zustimmen. Es wird wie nach altem Recht »Allstimmgkeit« gefordert. Nach § 22 Abs. 1 S. 1 WEG bedarf es aber immer nur der Zustimmung der Eigentümer, deren Rechte von der Maßnahme so nachteilig betroffen sind, dass die Beeinträchtigungen über das Maß hinausgehen, die nach § 14 WEG ohnehin bestehen. Liegen derartige Beeinträchtigungen nicht vor, ist der Schutz- und Anwendungsbereich des § 22 WEG nicht erreicht und die Zustimmung anderer Eigentümer überhaupt nicht nötig. Dies stellt § 22 Abs. 1 S. 2 ausdrücklich klar. Die erforderliche Anzahl der Stimmen für einen Mehrheitsbeschluss zu dieser Maßnahme orientiert sich dann allein an der Beschlussfähigkeit und der einfachen Mehrheit.

43 Zustimmungspflichtige Beeinträchtigung sind anzunehmen, wenn Maßnahmen erfolgen, die das äußere Erscheinungsbild der Wohnanlage wesentlich verändern. Sie müssen keinen feststellbaren Nachteil für den einzelnen Wohnungseigentümer haben. Zustimmungspflicht durch Beeinträchtigung kann sich aus verfassungsrechtlichen Gründen (Art. 14 Abs. 1 GG) ergeben (*Köhler* § 22 Rn. 382), wenn eine Maßnahme auch zu individuellen Beeinträchtigungen führt (*OLG München* ZMR 2006, 68). Soweit sich diese aus vereinbartem bestimmungsgemäßen Gebrauch ergeben, sind sie hinzunehmen. Die Zustimmung ist dann entbehrlich oder sie kann erzwungen werden. Gleiches ist im Rahmen einer Interessensabwägung denkbar. (Einbau eines Treppenlifts *BayObLG* ZMR 2004, 209). Im Zweifel wird von einer zustimmungspflichtigen Beeinträchtigung auszugehen sein.

44 Eine Baumaßnahme ist nicht deswegen zustimmungsbedürftig, weil die Möglichkeit besteht, dass ein Eigentümer bei Zahlungsunfähigkeit des Miteigentümers, der eine bauliche Veränderung des gemeinschaftlichen Eigentums i. S. d. § 22 Abs. 1 WEG durchgeführt hat, mit Kosten belastet werden könnte (*BGH* BGHZ 116, 392 = ZMR 1992, 167).

45 Schreibt die Gemeinschaftsordnung einer aus zwei Doppelhaushälften bestehenden Wohnanlage die weitest mögliche wirtschaftliche Trennung der Einheiten vor, ist dadurch § 22 Abs. 1 WEG nicht abbedungen (*OLG München* 31.5.2007, AZ 34 Wx 112/06).

46 Soweit keine Zustimmungspflicht zu einer Maßnahme besteht, kann auf die bestehende Rechtsprechung zurückgegriffen werden. Ausnahme: Bei bisher als zustimmungspflichtig eingestuften Maßnahmen einer Modernisierung oder Anpassung an den Stand der Technik gilt jetzt § 22 Abs. 2 WEG, ohne dass es dabei auf eine Zustimmungspflicht der Eigentümer ankommt.

47 Fallbeispiele aus der Rechtsprechung:

48 **(Z = Zustimmung nötig; Ze = Zustimmung entbehrlich).**

49 **Bäume – Z; Ze.** Ob das Fällen von Bäumen eine bauliche Veränderung darstellt und insoweit der Zustimmung aller Wohnungseigentümer bedarf oder als Maßnahme ordnungsgemäßer Verwaltung mit Mehrheit beschlossen werden kann, hängt von den Umständen des Einzelfalles ab (*OLG Düsseldorf* ZMR 2004, 527). Eine bauliche Veränderung ist anzunehmen, wenn die Bäume (oder auch ein einzelner Baum) die gärtnerische Gestaltung des gemeinschaftlichen Grundstücks so

nachhaltig beeinflussen, dass sie den optischen Gesamteindruck der Wohnanlage maßgeblich prägen mit der Folge, dass ihre Beseitigung den Charakter der Außenanlage deutlich verändern würde (*OLG Düsseldorf* ZMR 1994, 376). Wird dagegen in einer größeren Anlage ein einzelner Baum (oder mehrere Bäume), aus einer größeren Baumgruppe entfernt, ohne dass dies spürbare Auswirkungen auf den optischen Gesamteindruck der gärtnerischen Anlage mit sich bringt, kann darin eher eine Maßnahme der gärtnerischen Pflege bzw. Gestaltung der Gartenanlage gesehen werden (*BayObLG* ZMR 2001, 565). Bei Vorliegen einer Genehmigung des Naturschutzreferats kann es ordnungsmäßiger Verwaltung entsprechen, einzelne Bäume zu fällen, wenn dies keinen negativen Einfluss auf den parkähnlichen Charakter der Anlage hat (*OLG Hamburg* ZMR 2004, 294). Die Entfernung eines Baumes, der aufgrund seines Wachstums an dem konkreten Standort stört, ist eine Maßnahme der Gartenpflege (*OLG München* ZMR 2006, 799).

Balkonanbau – Z. *OLG Köln* OLGR Köln 2004, 116. 50

Balkonverglasung – Z. Der Anspruch auf Beseitigung kann durch Untätigkeit verwirkt sein (*BayObLG* 15.12.2004, AZ 2Z BR 183/04). Der Anspruch auf Errichtung nach Zustimmung per Mehrheitsbeschlusses unterliegt nicht der Verwirkung (*OLG Hamm* OLGR Hamm 2005, 28). In der Gemeinschaftsordnung kann der Anspruch auf Zustimmung abbedungen worden sein. Maßgeblich sind dann allein die allgemeinen nachbarrechtlichen Vorschriften des Privatrechts und des öffentlichen Rechts. Liegt eine Baugenehmigung vor, stehe fest, dass nicht gegen öffentlich-rechtliche Vorschriften verstoßen wurde (*BayObLG* BayObLGR 2004, 345). Gestattet ein Beschluss der Eigentümer eine Balkonverglasung, falls er fachgerecht ausgeführt wird, steht als konkrete und objektive Beeinträchtigung nicht zu befürchten, dass ein Gerüst zur Behebung eventueller Schäden an der Fassade aufgestellt werden muss und dadurch enorme Kosten entstehen können (*BayObLG* 28.8.2003, AZ 2Z BR 126/03 ZWE 2004, 91 = ZfIR 2004, 345 – LS. –). Die Anbringung einer dem Windschutz dienenden Balkonverglasung stellt zwar grundsätzlich eine zustimmungspflichtige bauliche Veränderung i. S. d. § 22 WEG dar. Mangels einer erheblichen optischen Beeinträchtigung des Gesamteindrucks der Eigentumsanlage bedeutet sie jedoch keinen Nachteil i. S. d. § 14 WEG (*Landgericht Hamburg* ZMR 2005, 989). 51

Blumenkästen – Ze. *OLG Hamburg* ZMR 2003, 441–442. 52

Carport – Z. Die Errichtung eines Carports auf dem Gemeinschaftseigentum stellt eine bauliche Veränderung dar, die der Zustimmung aller Wohnungseigentümer bedarf, sofern sie zu einer konkret und objektiv beeinträchtigenden Benachteiligung der Miteigentümer in Form einer störenden optischen Beeinträchtigung des Gesamteindrucks der Wohnanlage führt (*OLG Hamburg* ZMR 2005, 305) 53

Dachfenster; Einbau – Z. Ein Mehrheitsbeschluss der den Einbau eines Dachfensters erlaubt, ist nach gerichtlicher Anfechtung aufzuheben, wenn die Teilungserklärung ein Veränderungsverbot am gemeinschaftlichen Eigentum beinhaltet (*OLG Düsseldorf* 7.1.2005, I-3 Wx 306/04, OLGR 2005, 146). 54

Dachterrasse – Z. Die Einräumung eines Sondernutzungsrechts an der Dachterrasse berechtigt nicht ohne entsprechende ausdrückliche Vereinbarung zu einer zustimmungspflichtigen baulichen Veränderung des Gemeinschaftseigentums. Die Zustimmung aller Wohnungseigentümer zu einer beabsichtigten Terrassenerweiterung ist nötig, weil das äußere Erscheinungsbild des Gebäudes verändert wird. Dieses entspricht auch nicht dem Aufteilungsplan. In der Erschwerung der Feststellung, Behebung und Zuordnung von Schäden liegt der nicht hinzunehmende Nachteil der übrigen Wohnungseigentümer (*OLG Frankfurt* ZWE 2006, 243). 55

Dachveränderung – Ze. An Reihenhäusern auch dann, wenn damit eine Veränderung des äußeren Erscheinungsbildes der Gesamtanlage verbunden ist (*BayObLG* 18.3.2004, AZ 2Z BR 264/03). 56

Fahrstuhltüren – Ze. Bei dem Einbau von Teleskoptüren mit Infrarotsensoren in einen 29 Jahre alten Fahrstuhl mit störungsanfälligen Falttüren handelt es sich um eine Maßnahme modernisierender Instandsetzung und nicht um eine unnötige bauliche Veränderung. Die Eigentümer können deshalb die Erneuerungsmaßnahme mehrheitlich beschließen (*AG Nürnberg* ZMR 2004, 384). 57

Fassadenbegrünung; Entfernung – Z. *OLG Düsseldorf* 17.12.2004, AZ I-3 Wx 298/04. 58

Fenstererneuerung – Z. Die eigenmächtige Auswechselung der Fenster steht einer unzulässigen baulichen Veränderung gleich, wenn ein Mehrheitsbeschluss der Gemeinschaft nicht vorlag. Ein 59

§ 22 | Besondere Aufwendungen, Wiederaufbau

Anspruch auf Rückbau kann aber ausgeschlossen sein. *KG* Berlin 10.1.2005, AZ 24 W 283/03. Die optische Veränderung auch nur eines Fensters in einem 24-stöckigen Hochhaus, dessen Gesamteindruck maßgeblich von der Struktur und Linienführung der Fensteranlagen geprägt wird, kann eine bauliche Veränderung ein, die der Zustimmung der übrigen Wohnungseigentümer bedarf (*OLG Köln* 2.12.2002, AZ 16 Wx 205/02, ZfIR 2003, 485 = MietRB 2004, 76 – LS. –). Der Einbau einer Terrassentür (Dreh-Kipptür) als Ersatz für ein Fenster und die Anlage einer festen Terrasse mit Zuwegung zur Straße mittels Granitsteinen und Terrassenplatten auf der Vorgartenfläche einer Erdgeschosswohnung der Wohnanlage, an der dem Wohnungseigentümer ein Sondernutzungsrecht zusteht, stellt eine bauliche Veränderung dar, die der Zustimmung aller Wohnungseigentümer bedarf (*OLG Hamburg* ZMR 2005, 391).

60 **Fassadenveränderung – Z; Ze.** Die Eigentümer hatten durch Vereinbarung bestimmt, dass bauliche Veränderungen, auch soweit sie die Rechte der übrigen Wohnungseigentümer nicht über das in § 14 WEG bestimmte Maß hinaus beeinträchtigen, der Zustimmung sämtlicher Wohnungseigentümer bedürfen. Rückbau wurde angeordnet (*BayObLG* BayObLGR 2004, 390). Es liegt keine über das in § 14 WEG bestimmte Maß hinausgehende Beeinträchtigung vor, wenn von einer ortsüblichen Reklametafel kein merklicher Lichteinfall in das Sondereigentum der übrigen Miteigentümer sowie keine erhebliche Einschränkung von deren Aussicht verursacht wird. Wird Sondereigentum in zulässiger Weise gewerblich genutzt, müssen die übrigen Wohnungseigentümer nicht nur diese Nutzung, sondern auch die Anbringung von Werbeanlagen zur ortsüblichen und angemessenen Werbung für das betreffende Gewerbe dulden, sofern die Miteigentümer durch die Veränderung des gemeinschaftlichen Eigentums nicht über das in § 14 WEG bestimmte Maß hinaus beeinträchtigt werden (*OLG Köln* NZM 2007, 92). Der Neuanstrich der rückwärtigen Fassade einer um einen Innenhof herum gebauten Wohnungseigentumsanlage im Rahmen der Fassadensanierung, der in der Weise erfolgt, dass anstatt der bisherigen einheitlichen und unauffälligen Farbgebung nunmehr die Balkone und die sie stützenden Pfeiler mit einem kräftigen Farbton farblich abgesetzt werden, ist eine zustimmungspflichtige bauliche Veränderung (*OLG Hamburg* ZMR 2005, 394).

61 **Gegensprechanlage; Ergänzung des Klingeltableaus der Wohnanlage – Ze.** *BayObLG* NZM 2002, 869.

62 **Gegensprechanlage; Ergänzung der Öffnungsvorrichtung der Tiefgaragenzufahrt – Z.** *BayObLG* NZM 1998, 522.

63 **Gewächshaus – Z.** Die Errichtung eines Gewächshauses auf dem Gemeinschaftseigentum stellt eine bauliche Veränderung dar, die der Zustimmung aller Wohnungseigentümer bedarf, sofern sie zu einer konkret und objektiv beeinträchtigenden Benachteiligung der Miteigentümer in Form einer störenden optischen Beeinträchtigung des Gesamteindrucks der Wohnanlage führt (*OLG Hamburg* ZMR 2005, 305).

64 **Grillplatz – Z.** Ein Anspruch auf Entfernung besteht nicht, wenn der Grillplatz bereits vor der Umwandlung der Wohnanlage in eine Eigentumswohnanlage errichtet wurde, der Grillplatz ca. 15 Meter von der Wohnung der Antragstellerin entfernt liegt und nach tatrichterlichem Eindruck keine über § 14 WEG hinausgehende Beeinträchtigung schafft (*BayObLG* ZMR 2004, 924).

65 **Hangabgrabung – Z.** Die Umgestaltung ist ohne Zustimmung der übrigen Wohnungseigentümer nur zulässig, wenn sie entweder der erstmaligen Herstellung eines ordnungsmäßigen Zustands dient oder eine Maßnahme der Instandhaltung oder Instandsetzung des gemeinschaftlichen Eigentums darstellt oder wenn den übrigen Eigentümer durch die Umgestaltung ein über das bei einem geordneten Zusammenleben unvermeidliche Maß hinausgehender Nachteil nicht erwächst (*BayObLG* 29.1.2004, AZ 2Z BR 129/03). Der Nachteil kann in der optisch nachteiligen Veränderung des Gesamtbilds der Wohnanlage liegen, wie auch in der Möglichkeit einer intensiveren Nutzung der Gartenfläche (*BayObLG* ZMR 2003, 125 = NZM 2003, 242).

66 **Heizungsanlage; Abkoppelung einer Wohnung – Z.** Die Abkoppelung einer Wohnung von der gemeinsamen Heizungsanlage und das Aufstellen eines neuen Heizkessels nur für deren Beheizung stellen keine modernisierende Instandsetzung dar, auch wenn der vorhandene Heizkessel eine ausreichende Wärmeversorgung der Gesamtanlage nicht mehr gewährleistete. Durch die von den Eigentümern beschlossene Maßnahme wird die bisher vorhandene gemeinschaftliche

Heizungsanlage in zwei nebeneinander betriebene Heizungsanlagen aufgeteilt (*OLG Düsseldorf* ZMR 2003, 953).

Heizungseinbau im Wintergarten – Ze, wenn Kostenübernahme durch Nutzer gesichert ist (*OLG Düsseldorf* ZMR 2005, 643 = NZM 2004, 835). 67

Holzhaus; im sondergenutzten Garten – Z. Ein auf der Sondernutzungsfläche des im gemeinschaftlichen Eigentum stehenden Gartens errichtetes Gartenhäuschen stellt grundsätzlich eine bauliche Veränderung dar, die in der Regel mehr stört, als bei einem geordneten Zusammenleben unvermeidbar ist, und die deshalb der Zustimmung der übrigen Eigentümer bedarf (*BayObLG* 20.11.2003, AZ 2Z BR 134/03, WuM 2004, 70 – LS. –). 68

Kaltwasserzähler; Einbau für verbrauchsabhängige Abrechnung –Ze. Wird mit dem Einbau von Kaltwasserzählern eine beschlossene oder vereinbarte verbrauchsabhängige Verteilung der Wasserkosten bezweckt, so handelt es sich nicht um eine bauliche Veränderung. Die Kosten der Wasserversorgung der Sondereigentumseinheiten und der hieran gekoppelten Kosten der Abwasserentsorgung zählen nicht zu den in § 16 Abs. 2 WEG geregelten Lasten und Kosten des gemeinschaftlichen Eigentums (*BGH* ZMR 2003, 937). 69

Klima- oder Entlüftungsanlage; Einbau – Ze. Keine Zustimmung ist nötig, wenn nachgewiesen wurde, dass mit dem Einbau weder optische Beeinträchtigungen, noch Geräuschbelästigungen oder zusätzliche konkrete Gefahrenquellen geschaffen werden (*OLG Köln* ZMR 2004, 146). Haben die Eigentümer den Betrieb eines Bistros zu dulden, so müssen sie auch die Installation und den Betrieb einer Be- und Entlüftungsanlage für dieses Sondereigentum hinnehmen. Sind mehrere Lösungen technisch möglich, so muss – auf Antrag gegebenenfalls das Gericht – die am wenigsten störende Lösung ermitteln und die Eigentümergemeinschaft zur Duldung dieses Einbaus verurteilen (*OLG Köln* 28.7.2005, AZ 16 Wx 37/03). Zur intensiveren Nutzung des Sondereigentums muss der Einbau einer Entlüftungsanlage nicht geduldet werden (*KG* ZMR 2002, 967). Der Einbau einer Klimaanlage, der Kernbohrungen von maximal 50 mm im Außenmauerwerk, das Anbringen eines 6x9 cm großen weißen Kunststoffkanals auf der weiß verputzten Außenwand der zur Dachgeschosswohnung des Sondereigentümers gehörenden Loggia sowie ein auf der Loggia aufgestellte, von außen nicht sichtbares Gerät erfordert, bedarf als bauliche Veränderung – mangels erheblichen Nachteils – nicht der Zustimmung sämtlicher Wohnungseigentümer (*OLG Düsseldorf* ZMR 2007, 206). 70

Markisen – Z; Ze. Immer Einzelfallentscheidung durch Tatrichter. *OLG Zweibrücken* ZMR 2004, 465. 71

Mauerdurchbruch; zwei Sondereigentumseinheiten – Ze. Ist die Statik gesichert und ist durch die mit der Zusammenlegung angestrebte erweiterte Nutzung keine erhöhte Belästigung zu erwarten, ist die Zustimmung der anderen Eigentümer entbehrlich (*BGH* ZMR 2001, 289; *OLG Hamburg* ZMR 2004, 366). 72

Mobilfunkantenne; Errichtung – Z. In der Regel liegt eine optische dauerhafte Veränderung im Sinne einer Beeinträchtigung vor, die über das in § 14 WEG bestimmte Maß hinaus geht. Deswegen ist die Zustimmung der Eigentümer nötig. Der Hinweis auf die Gefahr einer möglichen Strahlenbelastung hat an Gewicht verloren. Werden die Gesetze oder Rechtsverordnungen nach den in § 906 Abs. 1 S. 2 BGB festgelegten Grenz- oder Richtwerte eingehalten, ist dies Indiz, dass eine nur unwesentliche Beeinträchtigung vorliegt. Abweichendes ist dann darzulegen und zu beweisen. Bei einer von einer Mobilfunksendeanlage ausgehenden Beeinträchtigung durch elektromagnetische Felder, die die Grenzwerte der 26. BImSchV einhalten, muss der Beeinträchtigte zur Erschütterung der Indizwirkung darlegen – und gegebenenfalls beweisen –, dass ein wissenschaftlich begründeter Zweifel an der Richtigkeit der festgelegten Grenzwerte und ein fundierter Verdacht einer Gesundheitsgefährdung besteht (*BGH* ZMR 2004, 415). Nach diesen Feststellungen des *BGH* – glaubte man – sind zweifelnde Meinungen nicht mehr haltbar (*OLG Hamm* ZMR 2002, 622). Durch die Errichtung einer Mobilfunkanlage auf dem Dach des Gebäudes einer Wohnungseigentumsanlage mit mehreren Gebäuden werden in der Regel alle Eigentümer in ihren Rechten betroffen. Der Errichtung müssen daher auch alle Eigentümer zustimmen (*OLG München* ZMR 2007, 391). 73

§ 22 | Besondere Aufwendungen, Wiederaufbau

74 Parabolantenne; Aufstellung – Ze; Z. Der *BGH* wendet nicht die Regeln zur baulichen Veränderung an. Entscheidend sei, ob der Gebrauch des Sondereigentums oder des gemeinschaftlichen Eigentums zu einem Nachteil führt, der über das bei einem geordneten Zusammenleben unvermeidliche Maß hinausgeht. Künftig wird die Kommentierung hierzu im Schwerpunkt bei den §§ 13–15 WEG liegen. Ist die Parabolantenne von außen nicht sichtbar, ist eine ästhetische Beeinträchtigung des Erscheinungsbildes der Anlage von vornherein ausgeschlossen und insoweit keine Zustimmung nötig. Aber selbst wenn eine – auch nur aufgestellte, nicht fest montierte – Parabolantenne den optischen Gesamteindruck der Wohnanlage nicht nur unerheblich beeinträchtigen sollte, wäre der darin liegende Nachteil von den übrigen Wohnungseigentümern hinzunehmen, wenn das dem Eigentümer zustehende Grundrecht auf Informationsfreiheit (Art. 5 Abs. 1 S. 1 GG) dies erfordert. Dabei ist es ohne Belang, ob der nutzbare Raum eines Balkons dem Sondereigentum oder dem Gemeinschaftseigentum zuzurechnen ist. Die Interessen der Eigentümer werden gewahrt, indem die Antenne entsprechend den bau- und ggf. auch denkmalschutzrechtlichen Vorschriften fachgerecht installiert werden muss, so dass eine Beschädigung oder eine erhöhte Reparaturanfälligkeit des Gemeinschaftseigentums ausgeschlossen werden kann. Die Antenne darf nur an einem zum Empfang geeigneten Ort installiert werden, an dem sie den optischen Gesamteindruck des Gebäudes möglichst wenig stört. Bei der Auswahl zwischen mehreren geeigneten Standorten steht den übrigen Wohnungseigentümern ein Mitbestimmungsrecht zu. Mehrere Wohnungseigentümer, die jeweils eine Parabolantenne anbringen wollen, können auf die Installation einer Gemeinschaftsparabolantenne verwiesen werden, wenn das Gemeinschaftseigentum hierdurch weniger beeinträchtigt wird (*BGH* ZMR 2004, 438). Einem Eigentümer ist es deswegen regelmäßig verwehrt, eine Parabolantenne eigenmächtig zu installieren (*BayObLG* ZWE 2005, 83). Durch Mehrheitsbeschluss können die Eigentümer die Anbringung von Parabolantennen grundsätzlich gestatten und die Modalitäten (z. B. nur auf dem Dach der Liegenschaft und nach vorheriger Genehmigung durch den Verwalter) regeln. In der Vorgabe liegt auch dann kein Eingriff in den Kernbereich des Wohnungseigentums, wenn die Installationskosten für den Wohnungseigentümer ca. 2.600,00 € betragen (*OLG Frankfurt* 2.12.2004, AZ 20 W 186/03). Auch ein Ausländer ist zum Entfernen einer ungenehmigt an der Außenfront des Hauses angebrachten Parabolantenne verpflichtet, wenn die Eigentümergemeinschaft zuvor einen entsprechenden bestandskräftigen Beschluss gefasst hatte. In der fehlenden Anfechtung liegt insoweit ein Verzicht auf die Geltendmachung des Grundrechts auf Informationsfreiheit und auf Wahrung der kulturellen Identität (*OLG Köln* ZMR 2004, 939).

75 Schrankenanlage; Errichtung auf Parkplatz – Z. Die Installation einer automatischen Schrankenanlage an der im Gemeinschaftseigentum stehenden Parkplatzzufahrt kann eine bauliche Veränderung im Sinn von § 22 Abs. 1 S. 1 WEG darstellen, die grundsätzlich nur einstimmig beschlossen werden kann (*OLG Frankfurt* 1.9.2003 AZ 20 W 20/01).

76 Solaranlage – Z. Die erstmalige Errichtung einer Solaranlage zur Warmwasseraufbereitung ist im Allgemeinen eine bauliche Veränderung (*OLG München* FGPrax 2005, 108).

77 Speicherausbau – Z. Der Ausbau eines Speichers zu Wohnzwecken stellt eine bauliche Veränderung dar, die wegen der damit verbundenen intensiveren Nutzungsmöglichkeit regelmäßig die übrigen Wohnungseigentümer in ihren Rechten beeinträchtigt und daher deren Zustimmung bedarf. Eine Ausnahme zu diesem Grundsatz ist in solchen Fällen denkbar, in denen die Wohnanlage aus selbständigen Einfamilienhäusern besteht (*OLG München* ZMR 2006, 301).

78 Terrasse – Z. Eine Zustimmung per Mehrheitsbeschluss ist möglich. Dieser muss aber eine bestimmte Maßnahme betreffen. Ein Beschluss der generelle Wirkung für die Zukunft entfaltet, ist nichtig, da gesetzes- oder vereinbarungsverändernd; er verschafft keine Zustimmung. Errichtung einer Terrasse verändert die Optik. Stellt der Tatrichter die Zustimmungspflicht fest, ist das Rechtsbeschwerdegericht gebunden (*BayObLG* NJW-RR 2005, 311).

79 Treppen und Stufen, Errichtung – Z; Ze. Die Anbringung von Stufen in einer Böschung zwischen der zur Eigentumswohnung gehörenden Terrasse und der im gemeinschaftlichen Eigentum stehenden Gartenfläche ist eine bauliche Veränderung. Ob andere Eigentümer zustimmen müssen, weil sie über das zulässige Maß hinaus beeinträchtigt werden, obliegt der tatrichterlichen Würdigung (*BayObLG* ZMR 2005, 66).

Besondere Aufwendungen, Wiederaufbau | § 22

Treppenhaus; Einbau einer Zwischenwand mit Eingangstür – Z. *OLG Düsseldorf* ZMR 2005, 143. 80

Treppenlift; Einbau – Ze. Der Einbau des Treppenlifts in das Anwesen stellt eine bauliche Veränderung dar. Es geht nicht um Instandhaltung durch Erhaltung des ursprünglich ordnungsgemäßen Zustands und nicht um modernisierende Instandsetzung in Form des Ersatzes einer veralteten durch eine neue, technisch bessere Anlage. Bei der nötigen konkret-individuellen Abwägung der beiderseitigen Interessen sind Art. 3 Abs. 3 S. 2, Art. 6 Abs. 1, Art. 12 Abs. 1 GG von Bedeutung, wenn ein Bewohner so gehbehindert ist, dass er ohne mechanische Steighilfe die Treppe nicht überwinden kann. Optische Beeinträchtigungen durch den Treppenlift sind von untergeordneter Bedeutung. Die Kostenregelung zu Lasten des Bauwilligen muss gesichert sein (*BayObLG* ZMR 2004, 209). 81

Türöffnung; Verschluss durch Zumauern – Z. In der Vermauerung liegt eine bauliche Veränderung, die über das in § 14 WEG bezeichnete Maß hinaus beeinträchtigt, da der Zutritt zu Absperrhähnen und Zählerräumen genommen wurde. Das Vorgehen verstößt deshalb auch gegen § 22 Abs. 1 WEG. Es besteht ein Anspruch auf Beseitigung der Vermauerung nach § 1004 BGB, § 15 Abs. 3 WEG (*BayObLG* 20.11.2003, AZ 2Z BR 199/03, WuM 2004, 237 – LS. –). 82

Überbau; Wärmedämmung an Grenzwand ragt auf Nachbargrundstück – Z. Der mit dem Überbau verbundene Eigentumsverlust der Eigentümer hinsichtlich des überbauten Teils des Gemeinschaftseigentums bewirkt nicht den Ausschluss der Anwendung des § 22 WEG. Ob die Zustimmung eines Eigentümers zu solchen Maßnahmen erforderlich ist, weil dessen Rechte über das in § 14 WEG bestimmte Maß hinaus beeinträchtigt werden, legt der Tatrichter fest (*OLG Celle* ZMR 2004, 361). 83

Versorgungssperre – Ze. Das Amtsgericht hatte den Eigentümer wegen Hausgeldrückständen verpflichtet, der Hausverwaltung, einer Sanitärfirma und dem Gerichtsvollzieher den Zutritt zu der Wohnung zu gestatten und die Vornahme der genannten Arbeiten zu dulden, um die Versorgungsleitungen für Wasser und Heizung zu trennen. Die Duldungspflicht kann sich aus einem bestandskräftigen Eigentümerbeschluss ergeben. Die Absperrung ist keine bauliche Veränderung i. S. d. § 22 Abs. 1 WEG, sondern eine Maßnahme zur Ermöglichung der Ausübung des den Eigentümern zustehenden Zurückbehaltungsrechts nach § 273 BGB. Die Zustimmung des betroffenen Eigentümers ist nach § 22 Abs. 1 S. 2 WEG nicht erforderlich, da sich die Rechtsbeeinträchtigung im Rahmen des § 14 WEG hält. Der säumige Eigentümer ist zur Duldung der Absperrmaßnahmen verpflichtet (*BayObLG* NZM 2004, 556 = WuM 2004, 363 = NJW-RR 2004, 1382). 84

Videoüberwachung; im Klingeltableau – Z. Eine Videoanlage die es technisch ermöglicht, dass ein Eigentümer den Hauseingang über sein Fernsehgerät ständig beobachtet, Videoaufzeichnungen herstellt und auswertet, greift unzulässig in das Persönlichkeitsrecht der Mitbewohner ein, die ebenso wie ihre Besucher der ständigen Überwachung ausgeliefert wären, auch wenn nicht die Klingel zu einer bestimmten Wohnung betätigt wird. Es liegt auch ein Verstoß gegen die Vorgaben des Bundesdatenschutzgesetzes in § 6 b vor (*KG Berlin* ZMR 2002, 864). 85

Warmwasserversorgung; Umstellung auf zentrale Versorgungsanlage – Z. Eine Umstellung der Warmwasserversorgung durch Wärmetauscher und Boiler auf eine zentrale Warmwasserversorgung ist nur dann eine ordnungsmäßige Instandsetzungsmaßnahme, wenn bei einer Abwägung aller für und gegen eine solche Maßnahme sprechenden Umständen die Vorteile überwiegen. Bei einer solchen Abwägung ist auch zu berücksichtigen, dass und in welchem Umfang Eingriffe in das Sondereigentum notwendig werden, ob von einzelnen Eigentümern Aufwendungen zur Verbesserung der derzeit vorhandenen Warmwasserversorgung in den einzelnen Wohnungen vorgenommen wurden, die sich als gegenstandslos erweisen könnten. Insbesondere ist eine umfassende Kosten- und Nutzenanalyse unverzichtbar (*BayObLG* ZMR 2004, 442). 86

Wintergartenanbau; unterkellert – Ze. Einzelfallentscheidung bei zwei Wohngebäuden. *BayObLG* BayObLGR 2004, 426. 87

Wintergarten; auf der Terrasse – Z; Ze. Durch die Errichtung eines Wintergartens auf der Terrassenfläche, an der ein Sondernutzungsrecht besteht, werden die übrigen Eigentümer über das zulässige Maß hinaus in ihren Rechten in der Regel schon dadurch beeinträchtigt, dass durch den Wintergarten eine intensivere Nutzung der Terrassenfläche ermöglicht wird (*BayObLG* Bay- 88

§ 22 | Besondere Aufwendungen, Wiederaufbau

ObLGR 2004, 299). Die Zustimmung ist entbehrlich, wenn die Vereinbarung in der Teilungserklärung Veränderungen im Bereich der Terrasse, »soweit baurechtlich zulässig«, umfasst (*OLG Zweibrücken* ZMR 2004, 780).

89 **Wohnungserbbaurecht – Z.** Der Wohnungserbbauberechtigte ist wie ein Wohnungseigentümer im Verhältnis zu den Mitberechtigten ohne deren Zustimmung zu beeinträchtigenden baulichen Umgestaltungen der gemeinschaftlichen Grundstücksfläche (Erbbaurechtsfläche) nicht befugt (*OLG Düsseldorf* OLGR Düsseldorf 2004, 459).

VI. Folgen der Zustimmung oder des Fehlens der Zustimmung

1. Rechtmäßigkeit der Maßnahme

90 Gibt es einen bestandskräftigen Mehrheitsbeschluss oder haben damit die von der Maßnahme nachteilig betroffenen Eigentümer zugestimmt oder fehlt es an einer Beeinträchtigung die über das in § 14 WEG bestimmte Maß hinaus geht, ist die Durchführung der Maßnahme von allen Eigentümern zu dulden (*BayObLG* BayObLGR 2005, 25). Ein Anspruch auf Beseitigung der Maßnahme ist dann ausgeschlossen (*BayObLG* NJW-RR 1995, 395 = WuM 1995, 222). Fehlende Zustimmungen machen den Beschluss nicht unwirksam, weil § 22 Abs. 1 WEG den Eigentümer die Beschlusskompetenz gibt. Die Ungültigkeit des Beschlusses kann nur durch Beschlussanfechtungsklage nach § 46 WEG erreicht werden.

2. Verwirkung der Rechte

91 Ein Recht ist verwirkt, wenn der Berechtigte es längere Zeit hindurch nicht geltend gemacht hat und der Verpflichtete sich darauf eingerichtet hat und sich nach dem gesamten Verhalten des Berechtigten auch darauf einrichten durfte, dass dieser das Recht auch in Zukunft nicht geltend machen werde. Der Anspruch auf Beseitigung kann durch Untätigkeit verwirkt sein (*BayObLG* 15.12.2004, AZ 2Z BR 183/04, WuM 2005, 148 = ZfJR 2005, 528).

92 Der Anspruch auf Errichtung nach Zustimmung per Mehrheitsbeschlusses unterliegt nicht der Verwirkung. Der Anwendungsbereich des Rechtsinstituts der Verwirkung beschränke sich auf die gegen Treu und Glauben, § 242 BGB, verstoßende, illoyale Verspätung der Ausübung einer Rechtsposition, die einem anderen gegenüber geltend gemacht werden kann. Der Mehrheitsbeschluss der Eigentümerversammlung unterscheidet sich zwar von einem Vertrag, weil er nicht die Zustimmung sämtlicher Wohnungseigentümer voraussetzt, sondern Bindungswirkung auch gegenüber den überstimmten oder den der Versammlung ferngebliebenen Wohnungseigentümern entfaltet. Dennoch erfüllt er die Merkmale eines Rechtsgeschäfts, weil sein wesentlicher Bestandteil eine oder mehrere Willenserklärungen sind und er die kollektive und rechtsverbindliche Entscheidung der Gemeinschaft über einen Antrag zum Ausdruck bringt. Jedenfalls gilt dies dort, wo die Beschlüsse auf die Begründung, Änderung oder Aufhebung rechtlicher Befugnisse oder Pflichten gerichtet sind (*OLG Hamm* OLGR Hamm 2005, 28).

93 Der Erwerber einer Eigentumswohnung muss sich bei der Prüfung, ob sein Anspruch auf Beseitigung einer baulichen Veränderung verwirkt ist, Duldung und Zeitablauf während des Eigentums des Rechtsvorgängers zurechnen lassen (*BayObLG* ZMR 2005, 66).

94 Der Anspruch auf Rückbau einer Treppe als Verbindung zu einem benachbarten Sondereigentum kann verwirkt sein, wenn seit dem Umbau 14 Jahre vergangen sind und der Umbau etwa sechs Jahre bekannt war, bevor der Rückbau gerichtlich verlangt wird (*OLG München* 30.3.2007, AZ 34 Wx 132/06).

95 Grundsätzlich steht es dem Berechtigten frei, bei der Geltendmachung seiner Rechte die durch Gesetz oder Vertrag bestehenden Verjährungs- oder Ausschlussfristen voll auszunutzen. Bei der Prüfung, ob eine Verwirkung vorliegt, sind u. a. die Intensität des vom Berechtigten geschaffenen Vertrauenstatbestandes und das Ausmaß der Schutzbedürftigkeit des Verpflichteten zu berücksichtigen. Es bedarf der Feststellung, wann genau eine Maßnahme errichtet wurde und seit wann dies bekannt wurde. Die Verwirkung eines Anspruchs kann erst nach einem erheblichen Zeitraums eingewendet werden. Ob dieser bei einem siebenjährigen Dulden gegeben wäre, erscheint fraglich (*OLG München* ZMR 2007, 391). Ein Zeitlauf von ca. acht Jahren bis zur Verfahrenseinleitung reicht zur Verwirkung eines Anspruchs nicht aus (*OLG Frankfurt* NZM 2006, 903).

3. Die Kosten der bauliche Veränderung

Durch bauliche Veränderungen am gemeinschaftlichen Eigentum entstehen regelmäßig Kosten. 96
In § 22 WEG ist zur Kostenfolge nichts geregelt. Systemrichtig wurde eine gesetzliche Kostenregelung in § 16 Abs. 6 WEG formuliert, weil im § 16 WEG die Verteilung der gemeinschaftlichen Kosten und Lasten und auch die Nutzungsberechtigungen geregelt sind. Nach § 16 Abs. 6 S. 1 WEG hat ein Eigentümer, der einer Maßnahme nach § 22 Abs. 1 WEG nicht zugestimmt hat, keine Nutzungsberechtigung. Er ist aber auch nicht verpflichtet, Kosten zu tragen, die durch eine solche Maßnahme verursacht wurden (*KG* 10.1.2005, AZ 24 W 283 / 03). Noch nicht abschließend geklärt scheint die Frage zu sein, ob diese Vorschrift nur dann eingreift, wenn der Wohnungseigentümer i. S. d. § 22 Abs. 1 S. 2 WEG durch die Veränderung in seinen Rechten nicht über das in § 14 WEG bestimmte Maß hinaus beeinträchtigt wird (*BayObLG* BayObLGZ 1989, 437) oder auch im Falle einer solchen Beeinträchtigung (*OLG Hamm* NJW-RR 1997, 970). Zumindest wird verbreitet die Auffassung vertreten, dass eine Freistellung von den Kosten nach § 16 Abs. 6 S. 1 WEG wegen fehlender Zustimmung zu einer baulichen Veränderung nur für Eigentümer gilt, die nicht beeinträchtigt werden. Die übrigen Eigentümer müssen einen Beschluss über die Durchführung der Maßnahme anfechten, wollen sie die Kostentragungspflicht vermeiden (*Abramenko* § 4 Rn. 7).
Diese Kostenzuordnungsregel ist jetzt durch die Eigentümer veränderbar. Nach § 16 Abs. 6 S. 2 97
WEG gilt die Kostenfreistellung und das Nutzungsverbot der nicht zustimmenden Eigentümer nur noch dann, wenn für die Maßnahme im Einzelfall nicht ein Beschluss nach § 16 Abs. 4 WEG herbeigeführt wurde. Deswegen gehört es jetzt zur Grundregel eines Verwalters, den Eigentümern die Gelegenheit anzubieten, mit dem Beschluss über eine einzelne Maßnahme der baulichen Veränderung zugleich im Rahmen des § 16 Abs. 4 WEG eine Kostenverteilungsregel beschließen zu lassen. Diese kann, muss aber nicht, dem ohnehin in der Eigentümergemeinschaft geltenden Verteilungsschlüssel entsprechen.
Ohne Beschlussfassung über die Kostenverteilung im Einzelfall nach § 16 Abs. 4 WEG werden die 98
Kosten nach den gesetzlichen oder nach den vereinbarten Vorgaben den Eigentümern zugewiesen. In diesem Fall gehört es weiter zum Aufgabenbereich des Verwalters, in geeigneter Form festzustellen, wer einer Maßnahme zugestimmt hat und wer nicht. Nur dann kann er die im Bereich des gemeinschaftlichen Eigentums angefallenen Kosten einer solchen baulichen Veränderung auch ordnungsgemäß verteilen. Eine gesetzliche Vorgabe, wie die Feststellung zu erfolgen hat, wer einer Maßnahme zustimmte, gibt es nicht. Vereinbarungen dazu sind möglich.
Es ist möglich, dass die Eigentümer in der Gemeinschaftsordnung eine vom Gesetz abweichende 99
Kostenverteilungsregelung vereinbaren. Fassen die Eigentümer einen Mehrheitsbeschluss nach § 16 Abs. 4 WEG für eine konkrete bauliche Veränderung abweichend von der gesetzlichen Vorgabe und auch abweichend von einer Vereinbarung, haben sie jetzt dafür eine gesetzliche Beschlusskompetenz. Diese neue Befugnis verdrängt eine bestehende Vereinbarung und darf nach § 16 Abs. 5 WEG nicht ausgeschlossen oder auch nur eingeschränkt werden.

4. Duldungspflicht, Beseitigungsanspruch, Wiederherstellungsanspruch

In § 22 WEG findet sich keine Regelung, welche Rechtsfolgen eintreten, wenn entgegen den ge- 100
setzlichen Vorgaben gehandelt und insbesondere bauliche Veränderungen durchgeführt wurden, ohne die erforderlichen Zustimmungen einzuholen. Wurde eine bauliche Veränderung mit den Stimmen der negativ betroffenen Eigentümer bestandskräftig beschlossen und wurde nur im genehmigten Umfang gebaut, scheidet regelmäßig ein Beseitigungsanspruch aus. Nach Abwägung der Rechts- und Interessenlage kann ein Duldungsanspruch eines Eigentümers gegen die übrigen Eigentümer in Betracht kommen, wenn eine negative Beeinträchtigung fehlt und die Zustimmung anderer Eigentümer entbehrlich war. Ein Anspruch auf Beseitigung der Veränderung und Wiederherstellung des ursprünglichen Zustandes kann bestehen, wenn ohne Beschlussfassung gebaut wurde und die Zustimmung betroffener Eigentümer fehlt. Ebenso dann, wenn nach Umbau ohne Beschlussfassung ein Rechtsnachfolger den plangerechten Zustand gemäß Teilungserklärung verlangt. Dieser Anspruch kann von einem Rechtsnachfolger auch erhoben werden, wenn die Eigentümer eine Vereinbarung getroffen haben, ohne diese dinglich im Grundbuch zu sichern, § 10 Abs. 3 WEG. Ein Beseitigungsanspruch kann nach § 10 Abs. 6 S. 3 WEG nur von

§ 22 | Besondere Aufwendungen, Wiederaufbau

der Wohnungseigentümergemeinschaft verfolgt werden. Handlungswillige einzelne Eigentümer bedürfen deren Ermächtigung.

101 Grundsätzlich gilt: Wer einen Zustand widerrechtlich verändert hat ist Handlungsstörer und kann auf Herstellung des rechtmäßigen Zustandes in Anspruch genommen werden. Wer den rechtswidrigen Zustand nutzt oder nur aufrecht erhält, ist Zustandsstörer. Von ihm kann verlangt werden, dass er den Bauteil zugänglich macht und die Beseitigung des rechtswidrigen Zustandes duldet (*BGH* ZMR 2007, 188).

a) Duldungspflichten

102 Die Wohnungseigentümer haben gemäß § 22 Abs. 1 S. 2 WEG eine bauliche Veränderung zu dulden, durch die ihre Rechte nicht über das in § 14 WEG bestimmte Maß hinaus beeinträchtigt werden. Entscheidend ist daher, ob der Gebrauch des Gemeinschaftseigentums zu einem Nachteil führt, der über das bei einem geordneten Zusammenleben unvermeidliche Maß hinausgeht (*OLG Celle* OLGR Celle 2006, 698).

103 Nach den Umständen des konkreten Falls kann der Eigentümergemeinschaft unter dem Gesichtspunkt der unter Eigentümern allgemein zu beachtenden Schutz- und Treuepflichten zugemutet werden, die nicht mit konkreten Beeinträchtigungen verbundene Flächenüberschreitung einer Terrasse (31 m² anstatt 28 m²) hinzunehmen (*BayObLG* BayObLGR 2005, 25).

104 Haben die Eigentümer eine bestimmte Nutzung des Sondereigentums zu dulden, so müssen sie auch die Installation von Einrichtungen dulden, die für die Nutzung erforderlich sind (*OLG Köln* 28.7.2005, AZ 16 Wx 37/03). Zur erweiterten Nutzung des Sondereigentums muss etwa der Einbau einer großen Entlüftungsanlage nicht geduldet werden (*KG* ZMR 2002, 967).

105 Die Duldungspflicht kann sich aus einem bestandskräftigen Eigentümerbeschluss ergeben, wonach die Absperrung von Versorgungsleitungen (Heizung und Warmwasser) durchzuführen sei. Diese Maßnahme zielt nicht auf eine bauliche Veränderung i. S. d. § 22 Abs. 1 WEG ab, sondern bezweckt die Ausübung des den Eigentümern zustehenden Zurückbehaltungsrechts nach § 273 BGB. Die Zustimmung des betroffenen Eigentümers ist nach § 22 Abs. 1 S. 2 WEG nicht erforderlich, da sich die Rechtsbeeinträchtigung im Rahmen des § 14 WEG hält. Der säumige Eigentümer ist zur Duldung der Absperrmaßnahmen verpflichtet (*BayObLG* NJW-RR 2004, 1382 = NZM 2004, 556 = WuM 2004, 363).

106 Wurden Fenster in ihrem jetzigen Zustand bereits vor Begründung von Wohnungseigentum so errichtet, sind sie zu dulden. Es besteht kein Beseitigungsanspruch nach § 1004 Abs. 1 BGB, § 15 Abs. 3 i. V. m. § 22 Abs. 1 WEG, weil eine bauliche Veränderung die Umgestaltung eines vorhandenen, dem Aufteilungsplan entsprechenden Zustands voraussetzt (*BayObLG* ZMR 2002, 685).

107 Ein Eigentümer kann von einem anderen Eigentümer nicht die Beseitigung von baulichen Veränderungen verlangen, die zu einem Zeitpunkt vorgenommen worden sind, als noch keine werdende Eigentümergemeinschaft bestand, *OLG Köln* NJW-RR 1999, 959 (erforderlich ist dafür die Eintragung einer Auflassungsvormerkung und Übergabe von Besitz, Lasten und Nutzen am Sondereigentum, *OLG Saarbrücken* NJW-RR 2002, 1236) und die Eigentümergemeinschaft auch noch nicht in Vollzug gesetzt wurde. Das gilt auch dann, wenn der frühere Alleineigentümer und Vermieter einem früheren Mieter die Durchführung der Baumaßnahmen auf der Grundlage des Mietvertrages gestattet hat (*OLG Zweibrücken* ZMR 2002, 469).

108 Auch Mieter können nach § 1004 Abs. 1 BGB verpflichtet sein, den Rückbau im Bereich der gemieteten Wohnung zu dulden, wenn der vermietende Eigentümer eine ungenehmigte bauliche Veränderung vorgenommen hat. Verweigern sie den erforderlichen Zugang zur gemieteten Wohnung, sind sie Zustandsstörer. Sie sind als Mieter Besitzer der Wohnung. Die Beseitigung des beeinträchtigenden baulichen Zustands hängt von ihrem Willen zur Mitwirkung ab. Auf eine Handlungspflicht der Mieter kommt es nicht an. Dies ist nur dann von Bedeutung, wenn von einem Untätigen die Herstellung des rechtmäßigen Zustands verlangt wird, nicht aber, wenn dieser lediglich auf Duldung der notwendigen Maßnahmen in Anspruch genommen wird. Die gegenteilige Auffassung (*OLG München* NZM 2003, 445) lässt unberücksichtigt, dass der Vermieter dem Mieter nicht mehr Rechte übertragen kann, als er selber hat. Sie würde auch dazu führen,

dass ein Eigentümer einen eigenmächtig geschaffenen baulichen Zustand seiner Wohnung allein durch Vermietung auf unbegrenzte Zeit aufrechterhalten könnte (*BGH* ZMR 2007, 188).

Entsteht durch den Anbau eines Giebeldaches anstelle des bisherigen Flachdaches ein zusätzlicher Raum, so steht dieser Raum im Gemeinschaftseigentum. Die übrigen Wohnungseigentümer müssen die entstehende intensivere Nutzungsmöglichkeit des Raums zu Bürozwecken durch einen Eigentümer nicht nach § 14 Nr. 1 WEG dulden (*OLG München* ZMR 2007, 69). 109

b) Beseitigungsanspruch

Hat ein Wohnungseigentümer das gemeinschaftliche Eigentum baulich verändert (hier: Ersetzung von Holzpalisaden durch Betonpflanztröge auf einem Teil des gemeinschaftseigenen Vorgartens), ohne die erforderliche Zustimmung aller übrigen Wohnungseigentümer einzuholen, so ist er dennoch nicht zur Beseitigung verpflichtet, wenn er mit seiner Maßnahme einen Zustand geschaffen hat, der dem entspricht, was auch die übrigen Eigentümer erklärtermaßen erreichen wollen (*OLG Düsseldorf* OLGR Düsseldorf 2007, 241). 110

Findet ein Eigentümer einen Zustand vor, den sein aus der Eigentümergemeinschaft ausgeschiedener Rechtsvorgänger herbeigeführt hat, dann kann dem Rechtsnachfolger das Handeln seines Vorgängers nicht zugerechnet werden. Zwar war der »Störer« früher Miteigentümer und hätte deswegen auf Rückbau in Anspruch genommen werden können. Der Rechtsnachfolger ist aber nur verpflichtet, die Wiederherstellung des ordnungsgemäßen Zustandes durch die Eigentümergemeinschaft zu dulden (*BayObLG* NZM 2002, 351 = WuM 2002, 165 = NJW-RR 2002, 660). Hatte der spätere Eigentümer vor seinem Erwerb ein Mitbenutzungsrecht, etwa an der ehelichen Wohnung, und hat er damals die bauliche Veränderung selbst mit vorgenommen, ist er doch Zustandsstörer und zum Rückbau verpflichtet, wenn die Zustimmung der Eigentümer ausbleibt und diese den Rückbau fordern (*OLG München* 31.5.2007, AZ 34 Wx 112/06). 111

Die Errichtung einer Treppe ist eine bauliche Veränderung. Nach § 1004 Abs. 1 BGB, § 15 Abs. 3, § 22 Abs. 1, § 14 Nr. 1 WEG kann wohnungseigentumsrechtlich jede Beeinträchtigung abgewehrt werden, die über das bei einem geordneten Zusammenleben unvermeidliche Maß hinausgeht. Auch eine optische Beeinträchtigung kann einen Abwehranspruch begründen. Umgekehrt fehlt eine Beeinträchtigung nach § 14 WEG, wenn der Tatrichter festgestellt, dass die Errichtung der Treppe keine ästhetisch nachteilige Änderung des optischen Gesamteindrucks der Wohnungseigentumsanlage bewirkt (*BayObLG* 28.7.2004, AZ 2Z BR 090/04, WuM 2004, 744 – LS. –). 112

Es ist denkbar, dass eine nicht genehmigte Terrassengröße eine Beeinträchtigung der Nachbarn bewirken kann. Ein Rückbau muss sich eignen, Nachteile für die übrigen Wohnungseigentümer, insbesondere die Nachbarn, auszuschließen. Wenn auch eine Verkleinerung der Terrasse auf das zulässige Maß immer noch eine optisch nachteilige Veränderung bewirkt, ist das »Mehr« hinzu nehmen, da es nicht über das in § 14 WEG bestimmte Maß hinausgeht (*BayObLG* NJW-RR 2005, 311). 113

Auf öffentlich-rechtliche Normen kann sich ein Eigentümer zur Durchsetzung von Beseitigungsansprüchen nur berufen, wenn diese nachbarschützend sind. Bei dem Duldungsbescheid des Landratsamts, wonach ein Verstoß gegen den Bebauungsplan der Gemeinde insoweit geduldet wird, als sich das Gebäude im Anbauverbotsbereich befindet, handelt es sich nur um ortsplanerische Regelungen und nicht um nachbarschützende Vorschriften. Ein Beseitigungsanspruch kann darauf nicht gestützt werden (*BayObLG* 28.7.2004, AZ 2Z BR 090/04 WuM 2004, 744; ähnlich *BayObLG* ZMR 2004, 764). 114

In der fehlenden Anfechtung eines bestandskräftig gewordenen Mehrheitsbeschlusses liegt ein Verzicht auf die Geltendmachung des Grundrechts auf Informationsfreiheit. Danach ist auch ein nicht deutscher Eigentümer zum Entfernen einer ungenehmigten, an der Außenfront des Hauses angebrachten Parabolantenne verpflichtet (*OLG Köln* ZMR 2004, 939). Ein generelles Verbot von Parabolantennen kann zwar nicht durch Mehrheitsbeschluss angeordnet werden. Ein solcher Beschluss ist jedoch grundsätzlich nicht nichtig, sondern nur anfechtbar. Zur Nichtigkeit führt es allerdings, wenn mit dem Beschluss eine Vereinbarung abgeändert wird (*BGH* ZMR 2004, 438). 115

§ 22 | Besondere Aufwendungen, Wiederaufbau

116 Ein nur durch Eigentumsvormerkung gesicherter Erwerber und Nutzer von Wohnungseigentum wird durch einen Beschluss der Eigentümer nicht gebunden, bauliche Veränderungen zu beseitigen, es sei denn, dass er vor Entstehung der Eigentümergemeinschaft bereits Mitglied der »werdenden Eigentümergemeinschaft« geworden ist (*BayObLG* ZMR 2004, 767).

117 Ein bestandskräftiger Eigentümerbeschluss, der die Errichtung eines hölzernen Geräteschuppens bestimmter Größe auf einer Gartensondernutzungsfläche genehmigt und hierbei die Standortauswahl dem Wohnungseigentümer mit der Maßgabe überlässt, dass kein anderer Eigentümer über das normale Maß hinaus belästigt wird, ist nicht wegen inhaltlicher Unbestimmtheit nichtig. Ein Beseitigungsanspruch ergibt sich ohne weiteres nicht. Im Rahmen des gerichtlichen Beseitigungsverlangens muss das Gericht die Standortwahl an dem im Eigentümerbeschluss vorgegebenen Maßstab überprüfen (*OLG München* OLGR München 2006, 847).

118 Kündigt ein Eigentümer vor Gericht an, nur noch das Wohnzimmerfenster zu ersetzen und Arbeiten am Rohkörper des Hauses nicht durchzuführen und tauscht er nachfolgend doch unter Veränderung der Fensteröffnung die Fenster gegen Terrassentüren, so kann er einem Beseitigungsverlangen der Wohnungseigentümergemeinschaft nicht mit dem Einwand begegnen, dieses verstoße wegen des erheblichen Rückbauaufwandes gegen Treu und Glauben (*OLG Düsseldorf* 23.5.2007, AZ 3 Wx 21/07).

119 Die Geltendmachung von Ansprüchen auf Beseitigung von unerlaubt errichteten baulichen Anlagen gemäß § 1004 Abs. 1 BGB i. V. m. den §§ 15 Abs. 3, 22 Abs. 1, 14 Nr. 1 WEG kann sich im Einzelfall als rechtsmissbräuchlich i. S. v. § 242 BGB darstellen. Insbesondere, wenn das Vorhaben von Anfang an bekannt war, die anderen Eigentümer ausreichende Kenntnis über die Baumaßnahme hatten und es nachweislich gebilligt haben (*OLG Frankfurt* 1.2.2007, AZ 20 W 8/06).

c) Wiederherstellungsanspruch

120 Die Entfernung des vorhandenen Fußbodens im Sondereigentum und die Ersetzung durch einen neuen weniger schalldämmenden Fußbodenaufbau durch den Eigentümer kann den Tatbestand einer rechtswidrigen Eigentumsverletzung i. S. v. § 823 Abs. 1 BGB zum Nachteil der anderen Eigentümer erfüllen. Dann ist der Eigentümer verpflichtet, den ursprünglichen Zustand nach § 249 BGB wieder herzustellen bzw. Schadensersatz in Geld zur Ausführung der dafür erforderlichen Arbeiten zu leisten. Auch die Erstattung von Folgekosten kommt in Betracht (*LG Hamburg* ZMR 2004, 863). Ansprüche nach § 823 setzen voraus, dass den Eigentümer ein Verschulden trifft. Deswegen scheiden solche Ersatzansprüche gegen den Rechtsnachfolger regelmäßig aus, wenn der frühere Eigentümer die Maßnahme durchgeführt oder veranlasst hat (*BayObLG* WuM 2002, 165 = NZM 2002, 351 = NJW-RR 2002, 660). Es bleibt dann bei der Duldungspflicht des Rechtsnachfolgers. Stellt ein Gericht nach entsprechender Rüge das Vorliegen einer unrechtmäßigen baulichen Veränderung fest, hat es auf Antrag den Störer zur Entfernung (Pergola) und Wiederherstellung des ursprünglichen Zustands zu verpflichten (*OLG München* ZMR 2006, 800).

B. Modernisierung und Anpassung an den Stand der Technik, § 22 Abs. 2 WEG

I. Grundsätzlich Neues

121 Der neu eingeführte § 22 Abs. 2 WEG eröffnet den Eigentümern die Möglichkeit, Einrichtungen zu schaffen, die es bei Errichtung der Anlage noch nicht gab. Solche Maßnahmen bedurften bisher regelmäßig der Zustimmung aller Eigentümer, weil sie als bauliche Veränderungen eingestuft waren. Alle über das in § 14 Nr. 1 WEG bestimmte Maß hinaus betroffenen Eigentümer mussten zustimmen. Deswegen konnten häufig auch objektiv sinnvoll Änderungen nicht erfolgen.

122 Die Erleichterung kommt allerdings nicht in der Form einer allgemeinen Öffnungsklausel. Es wird einerseits ein Rahmen vorgegeben, in dem sinnvolle Veränderungen durchgeführt werden können. Außerdem müssen die Eigentümer mit einer doppelt qualifizierten Mehrheit zustimmen. Die Beachtung dieser besonderen Mehrheit stellt eine Herausforderung an die präzise Vorbereitung einer Versammlung und deren Ablauf durch den Verwalter dar. Die Frage wann eine Modernisierung oder eine Anpassung an den Stand der Technik vorliegt, ist häufig schwierig und allgemein gültig nicht zu beantworten.

Eine gewisse Erleichterung schafft der Gesetzgeber, wenn er den Begriff der Modernisierung mit 123
dem Hinweis auf § 559 Abs. 1 BGB definiert. Bei der Anwendung muss im Einzelfall allerdings
der unterschiedliche Blickwinkel der gesetzlichen Regelungen beachtet werden. Im Mietrecht
wird dort die Möglichkeit der Weitergabe von Kosten einer Maßnahme auf die Mieter geregelt.
Im Bereich des Wohnungseigentumsrechtes geht es um die Frage, »ob« eine Maßnahme nach dieser Vorschrift organisiert werden muss bzw. geregelt werden darf (*Abramenko* § 4 Rn. 30).

§ 22 Abs. 2 WEG soll nach der Vorstellung des Gesetzgebers zusammen mit § 22 Abs. 1 WEG die 124
Voraussetzungen und die Grenzen der Mehrheitskompetenz regeln. Nach Absatz 2 können die
Eigentümer über Maßnahmen der Modernisierung gemäß § 559 Abs. 1 BGB oder Anpassungen
an den Stand der Technik mehrheitlich abstimmen. Die Mehrheitsmacht erfasst dabei kleine, mittlere und größere Vorhaben, wie z. B. das Aufstellen eines Fahrradständers, das nachträgliche Anbringen einer Gegensprechanlage oder den Einbau eines Fahrstuhls (BT-Drucks. 16/887). Es bedarf zwar eines besonderen Mehrheitsbeschlusses. Die Qualifizierung stellt aber die Beschlusskompetenz nicht in Frage.

Weil Maßnahmen zur Modernisierung oder Anpassung an den Stand der Technik, anders als die 125
modernisierende Instandsetzung, keinen Sanierungsbedarf voraussetzen, besteht ein weit größerer Einsatzbereich auch in Anlagentechniken hinein, die es bisher in der Eigentümergemeinschaft
nicht gab, wie die Einführung von Satellitenfernsehen, Solaranlagen, Zisternen-Wasserreservoire,
elektronische Schließanlagen und vieles mehr.

II. Kostenverteilungsschlüssel

Grundsätzlich gilt die gesetzliche Kostenverteilungsregelung nach § 16 Abs. 2 WEG. Maßstab sind 126
danach die Miteigentumsanteile. Diese gesetzliche Vorgabe kann durch eine Vereinbarung wirksam verändert worden sein. Nun können die Eigentümer nach § 16 Abs. 4 WEG mit doppelt qualifizierter Mehrheit – wie die Maßnahmen nach § 22 Abs. 2 WEG – sowohl den gesetzlichen Verteilungsschlüssel wie auch Vereinbarungen dazu außer Kraft setzen.

III. Beschlüsse ohne qualifizierte Mehrheit oder nach fehlerhafter Zuordnung

1. Fehlende qualifizierte Mehrheit

Für bauliche Veränderungen nach § 22 Abs. 1 WEG gilt unverändert, dass ein Mehrheitsbeschluss 127
auch dann bestandskräftig werden kann, wenn nicht alle erforderlichen Zustimmungen vorliegen. Die Frage der Ordnungsmäßigkeit des Beschlusses kann nur über eine Beschlussanfechtung
nach § 46 WEG geklärt werden. Dies gilt auch für Beschlussfassungen nach § 22 Abs. 2 WEG. Eine
gesetzliche Beschlusskompetenz besteht. Die in der Vorschrift verlangte qualifizierte Beschlussfassung ist nur eine Frage der Ordnungsmäßigkeit des Beschlusses. Verkündet ein Verwalter
eine Beschlussfassung zur Modernisierung obwohl die erforderliche qualifizierte Mehrheit nicht
existiert, wird nach *BGH* (ZWE 2000, 530) mit der Verkündung des Beschlussergebnisses ein wirksamer Beschluss des Inhalts geschaffen, wie er bekannt gegeben wurde (*Hügel*/Elzer § 7 Rn. 41).

Die Begriffe »Mehrheitsmacht« und »Beschlusskompetenz«, wie sie der Gesetzgeber in der Ma- 128
terialien verwendet, sind zu unterscheiden. Die gesetzliche Beschlusskompetenz besteht. Die
Mehrheitsmacht in § 22 Abs. 2 WEG verschafft den Eigentümer die Möglichkeit, auch ohne die
Zustimmung aller nach § 14 Nr. 1 WEG negativ betroffener Eigentümer eine verbindliche Regelung herbeizuführen. Dies ist eine Erleichterung gegenüber § 22 Abs. 1 WEG. Um Exzessen vorzubeugen, wird die doppelt qualifizierte Mehrheit gefordert.

Es wurde die Möglichkeit für die Eigentümer durch das Gesetz nicht ausdrücklich ausgeschlos- 129
sen, mit Hilfe eines »Zitterbeschlusses« solche Maßnahmen herbeiführen zu können. Die Vorgaben des *BGH* (ZWE 2000, 530) und die herrschende Meinung erscheinen noch immer schlüssig
und praxisgerecht. Sie werden der Zielsetzung der Novelle gerecht, Maßnahmen nach § 22 Abs. 2
WEG mit Augenmaß zu erleichtern. Mit der Beschlusskompetenz wird den Eigentümern Handlungsspielraum eingeräumt. Dieser wird zunächst allein bestimmt vom Denken der Eigentümer.
Sie stufen eine Maßnahme als Instandhaltung und Instandsetzung oder bauliche Veränderung
oder Modernisierung bzw. Anpassung an den Stand der Technik ein. Bleibt die Ergebnisfindung

§ 22 | Besondere Aufwendungen, Wiederaufbau

der Eigentümer unbeanstandet, werden die Beschlüsse bestandskräftig. Glaubt ein Eigentümer mehrheitlich in seinen Rechten verletzt worden zu sein, hat er die Möglichkeit, einen solchen Beschluss gerichtlich auf seine Rechtmäßigkeit prüfen zu lassen und sollte davon Gebrauch machen.

130 Es gibt dazu erhebliche andere Meinungen:

131 Teilweise wird differenziert. Sind nicht die Zustimmungen aller Eigentümer erforderlich, liegen aber die nötigen Zustimmungen vor, ist eine bauliche Veränderung anzunehmen, nun als besondere Form der Modernisierung. Im Einzelfall können die erforderlichen Zustimmungen ohne Mehrheitsbeschluss ausreichen (*Abramenko* § 4 Rn. 36). Allerdings nimmt man die Unsicherheit in Kauf, ob ein Rechtsnachfolger wirksam an die Zustimmungen gebunden wurde, wenn die Bindungsmechanismen nach § 10 Abs. 3 und 4 WEG nicht eingehalten wurden.

132 Es wird die Auffassung vertreten, dass einem solchen Beschluss ohne die qualifizierte Mehrheit die notwendige gesetzliche Voraussetzung oder Bedingung fehlt. Sie gehört zum Tatbestand und zu den Entstehungsvoraussetzungen eines solchen Beschlusses. Wird sie verfehlt, ist der Beschluss nicht nur mangelhaft (anfechtbar), es gibt überhaupt keinen Beschluss, auch keinen nichtigen Beschluss. Auf die Beschlusskompetenz kommt es dabei nicht an (*Elzer* ZWE 2007, 165 (176)).

133 Weil der Gesetzgeber für die bauliche Veränderung die Mehrheitsbeschlussfassung zulässt, nicht aber für die Maßnahmen nach § 22 Abs. 2 WEG, sei ein Mehrheitsbeschluss nicht ausreichend, also nichtig (*Abramenko* § 4 Rn. 37).

2. Fehlerhafte Zuordnung

134 Die Beschränkung auf Modernisierung und Anpassung an den Stand der Technik in § 22 Abs. 2 WEG gibt verbindlich den Rahmen der Mehrheitsmacht vor. Nur für diese Maßnahmen hat die Eigentümergemeinschaft die Beschlusskompetenz. Liegt bei der Beschlussfassung weder eine Modernisierung noch Anpassung an den Stand der Technik vor, fehlen formale Voraussetzungen. Geht der Mehrheitsbeschluss für eine Maßnahme darüber hinaus, ist er nicht nur anfechtbar sondern nichtig (*Abramenko* § 4 Rn. 52).

3. Verwalterverhalten

135 Verursacht ein Verwalter grob schuldhaft ein gerichtliches Verfahren, können ihm nach § 49 Abs. 2 WEG die Prozesskosten auferlegt werden. Die Regelung gilt auch in Verfahren, in denen der Verwalter nicht Partei ist. Die Gerichte werden sich mit der Frage zu befassen haben, ob die Verkündung eines Beschlusses, der die erforderliche Qualifizierung nicht hat, im Rahmen ordnungsgemäßer Verwaltung erfolgte. Diese Frage wird in Beschlussanfechtungsverfahren zu klären sein. Dort ist regelmäßig ein Eigentümer Kläger, die übrigen Eigentümer sind die Beklagten. Der Verwalter ist nicht Partei. Verwalter, die einen Beschluss verkündet haben, ohne dass die qualifizierte Mehrheit erreicht wurde, können für sich das (historische) Argument in Anspruch nehmen, den Eigentümern die Chance erhalten zu haben, über einen »Zitterbeschluss« eine Maßnahme mehrheitlich regeln zu können. Der Rechtsschutz einzelner Eigentümer, die sich in ihren Rechten verletzt sehen, ist über § 46 WEG gegeben. Wenn sich allerdings die Meinung durchsetzt, dass bei Nichterreichen der qualifizierten Mehrheit ein Beschluss nicht zu Stande kam oder nichtig wäre, darf der Verwalter einen positiven Beschluss auch nicht verkünden. Andernfalls kann das falsche Verhalten als grob schuldhaft eingestuft werden.

136 Wichtig ist für den Verwalter: Für ihn muss es selbstverständlich werden, die Eigentümer vor der Beschlussfassung auf die Anfechtungsgefahr und auf das erhöhte Kostenrisiko im ZPO-Verfahren hinzuweisen. Er kann sich vor der Beschlussfassung über einen Geschäftsordnungsbeschluss anweisen lassen, ob er bei Nichterreichen der qualifizierten Mehrheit einen Beschluss verkünden soll oder nicht. Dann überträgt er Verantwortung in das Selbstverwaltungsrecht der Eigentümer, wo sie hingehört. Die Gefahr der Kostenlast nach § 49 Abs. 2 WEG dürfte dann nicht mehr bestehen. Weisungsgemäßes Handeln des Verwalters nach Beschlussvorgaben der Eigentümer, die im Rahmen ihres Ermessens entschieden haben, ist nach § 27 Abs. 1 Nr. 1 WEG seine Pflicht und kann nicht als grob schuldhaft fehlerhaftes Verhalten eingestuft werden.

137 Die Entwicklung der Rechtsprechung zu den unterschiedlichen Auffassungen bleibt abzuwarten.

IV. Modernisierung

1. Auswirkungen auf das Sondereigentum

Der Wortlaut des Gesetzes schränkt die Modernisierung nicht auf das gemeinschaftliche Eigentum ein. Während die »Anpassung des gemeinschaftlichen Eigentums an den Stand der Technik« die Gemeinschaftsbezogenheit vorgibt, werden bei der Modernisierung Maßnahmen im Bereich des Sondereigentums vom Regelungsbereich nicht ausgeschlossen. Dabei müssen dennoch die Grenzen der typischen wohnungseigentumsrechtlichen Grundsätze beachtet werden. Die Eigentümer können mehrheitlich nicht über Maßnahmen im Bereich des Sondereigentums beschließen, soweit die Sondereigentümer nach § 13 Abs. 1 WEG dort ausschließliche Rechte zugewiesen erhalten haben. Würden die Eigentümer Mehrheitsbeschlüsse dazu herbeiführen, wären diese nichtig. Es fehlt den Eigentümern dafür die Beschlusskompetenz. § 22 Abs. 2 WEG ist nicht zu entnehmen, dass die Eigentümer jetzt in das Sondereigentum »Hineinregieren« dürfen. Dennoch können Modernisierungsbeschlüsse der Eigentümer einen Sondereigentümer unmittelbar betreffen, etwa dann wenn Leitungen durch das Sondereigentum geführt werden müssen und dabei das Sondereigentum beschädigt wird. Eine ausdrückliche Entschädigungsvorschrift sieht das Gesetz nicht vor. Wie bisher hat allerdings jeder Eigentümer einen Ersatzanspruch nach § 14 Nr. 4 WEG, wenn die Eigentümergemeinschaft im Zuge der Instandhaltung und Instandsetzung des gemeinschaftlichen Eigentums Sondereigentum beschädigt. Die Interessenslage ist bei einer Maßnahme der Modernisierung nach § 22 Abs. 2 WEG vergleichbar. Deswegen erscheint es gerechtfertigt, in diesen Fällen §14 Nr. 4 WEG entsprechend anzuwenden (*Abramenko* § 4 Rn. 34).

2. Verweisung auf § 559 BGB

Dieser Verweis erleichtert es dem Vermieter, die Kosten bestimmter Modernisierungsmaßnahmen mittels entsprechender Mieterhöhung auf seine Mieter umzulegen.

Er definiert zugleich, dass eine solche beschlussfähige Modernisierung vorliegt, wenn sie (a) den Gebrauchswert des Gemeinschaftseigentums nachhaltig erhöht oder (b) die allgemeinen Wohnverhältnisse auf Dauer verbessert oder (c) nachhaltig Einsparungen von Energie oder Wasser bewirkt.

a. Nachhaltige Erhöhung des Gebrauchswerts

Der Gebrauchswert einer Wohnung steigt, wenn durch Verbesserungsmaßnahmen am gemeinschaftlichen Eigentum das Wohnen aus der Sicht eines durchschnittlichen und vernünftigen Mieters angenehmer, bequemer, gesünder, sicherer oder weniger arbeitsaufwändig wird. Maßnahmen der Gebrauchswerterhöhung sind im Allgemeinen Verbesserungen des Zuschnitts der Wohnung, der Belichtung und Belüftung, des Schallschutzes, der Energieversorgung, Wasserversorgung und Entwässerung, der sanitären Einrichtungen, der Beheizung und der Kochmöglichkeiten, der Funktionsabläufe in Wohnungen, der Sicherheit vor Diebstahl und Gewalt, der Einbau eines Aufzugs, besondere bauliche Maßnahmen für Behinderte und alte Menschen (*Blankenstein* S. 132).

Die Literatur des Mietrechts zu § 559 BGB kann nicht unkritisch verwendet werden, um zu entscheiden, ob es sich um eine Modernisierung im Sinne des Wohnungseigentumsrechtes handelt. Modernisierende Instandsetzungen werden im Wohnungseigentumsrecht als Verwaltungsmaßnahmen mit einfacher Mehrheit entschieden. Diese sind jedoch im Mietrecht Modernisierungen nach § 559 BGB. Der Einbau von Kaltwasserzählern ist im Mietrecht eine Modernisierung nach § 559 BGB. Im Wohnungseigentumsrecht dagegen eine Maßnahme ordnungsgemäßer Verwaltung und mehrheitlich beschließbar. Die erstmalige Herstellung eines ausreichenden Schallschutzes ist im Mietrecht eine Modernisierung nach § 559 BGB. Im Recht des Wohnungseigentums handelt es sich um eine Maßnahme ordnungsgemäßer Verwaltung, nach § 21 Abs. 4 und Abs. 5 Nr. 2 WEG mehrheitlich zu regeln (*Abramenko* § 4 Rn. 33).

b. Dauerhafte Verbesserung der allgemeinen Wohnverhältnisse

Im Mietrecht fallen insbesondere solche Maßnahmen unter diese Beschreibung, die nicht nur der konkreten Wohnung zu Gute kommen, sondern die Gemeinschaftsanlagen betreffen. Im Bereich des Wohnungseigentums verbessern sie die allgemeinen Wohnverhältnisse auf Dauer: Bei der

Anlegung von Kinderspielplätzen, Grünanlagen, Stellplätzen und anderen Verkehrsanlagen. Bei der Einrichtung eines Fahrradkellers, Aufstellen eines Fahrradständers, Einrichtung eines Wäschetrockenraums, Einbau eines Fahrstuhls (*Blankenstein* S. 133).

c. Einsparung von Energie und Wasser

144 Maßnahmen, die der nachhaltigen Energieeinsparung dienen, erhöhen häufig unmittelbar den Gebrauchswert und Verbessern auch die allgemeinen Wohnverhältnisse des Gemeinschaftseigentums. Eine Heizenergieeinsparung bewirken die Ersetzung einfach verglaster Fenster durch Isolierglasfenster, Wärmedämmungen von Fenstern, Außentüren, Außenwänden, Dächern, Kellerdecken und oberen Geschossdecken. Rückgewinnung von Wärme, Nutzung von Energie durch Wärmepumpen- und Solaranlagen können zur Verminderung des Energieverlusts und des Energieverbrauchs beitragen. Zu den wassersparenden Maßnahmen gehören insbesondere der Einbau von Zwischenzählern in den Wohnungen, der Einbau von Durchlaufbegrenzern, die Installation von wasserreduzierenden Toilettenspülkästen anstelle von Druckspülern, die Anschaffung wassersparender Armaturen mit Wassermengenbegrenzern, die Errichtung von Regenwassersammelanlagen (*Blankenstein* S. 134).

V. Anpassung an den Stand der Technik

145 Die Eigentümer können mit doppelt qualifizierter Mehrheit Maßnahmen beschließen, die das Gemeinschaftseigentum auf den »Stand der Technik« bringen. Maßstab wurde nicht der Begriff der »anerkannten Regeln der Technik«, wie er in § 641 a Abs. 3 S. 4 BGB als unterer Maßstab verwendet. Mit Stand der Technik ist das Niveau einer anerkannten und in der Praxis bewährten, fortschrittlichen technischen Entwicklung gemeint. Dies lässt das Erreichen des gesetzlich vorgegebenen Ziels gesichert erscheinen (BT-Drucks. 16/887). Dem Gesetzgeber schwebt somit ein höheres Anforderungsniveau vor, ohne zugleich darüber hinausgehende Anforderungen zu stellen oder zuzulassen, die dem »Stand von Wissenschaft und Technik« entsprechen.

146 Als Maßnahme zur Anpassung an den Stand der Technik meint das Gesetz technische Verbesserungen die allen Eigentümern des Hauses zugute kommen. Angesprochen sind Maßnahmen, die im Mietrecht nach § 559 Abs. 1 BGB nur den Vermieter und regelmäßig nicht den Mieter treffen. Etwa der Anschluss an das Breitbandkabelnetz, ohne dass die vorhandene Gemeinschaftsantenne defekt oder schadhaft sein müsste. Häufig wird es schwierig sein, Modernisierungen und Anpassungen an den Stand der Technik auseinander zu halten. In der Praxis wird es selten auf eine Differenzierung ankommen.

VI. Einschränkungen

1. »Dienende« Maßnahmen

147 § 22 Abs. 2 WEG beschreibt Maßnahmen, die der Modernisierung oder Anpassung an den Stand der Technik »dienen«. Wie bei der modernisierenden Instandsetzung reicht dabei grundsätzlich aus, dass die Maßnahme sinnvoll ist. Deswegen wurde bewusst die Vorgabe vermieden, das Vorhaben müsse geboten sein. Die voraussichtliche Eignung bemisst sich am vernünftigen, wirtschaftlich denkenden Eigentümer, der sinnvollen Neuerungen gegenüber aufgeschlossen ist. Nur so bleibt die dauerhafte Erhaltung des Verkehrswertes von langlebigen Wirtschaftsgütern wie Häusern gewährleistet (BT-Drucks. 16/887).

2. Keine Änderung der Eigenart der Wohnanlage

148 Luxussanierungen soll man mit der Mehrheitsmacht nicht erzwingen können. Die Mehrheitsmacht erfasst auch nicht eine Umgestaltung der Wohnanlage, die deren bisherige Eigenart ändert, wie durch einen Anbau eines Wintergartens, eine Aufstockung des Hauses, Abriss von Gebäudeteilen. Auch sonstige vergleichbare Veränderungen des Bestands der Wohnanlage wie der Ausbau eines bisher nicht zu Wohnzwecken genutzten Speichers zu Wohnraum oder die Asphaltierung einer die Wohnanlage umgebenden größeren Grünfläche zum Abstellen von Kraftfahrzeugen werden nicht von der Mehrheitsmacht erfasst. Gleiches gilt, wenn der optische Gesamteindruck des Anwesens nachteilig verändert wird oder ein uneinheitlicher Gesamteindruck ent-

steht. Nur einzelne Balkone an der Front eines Hauses, nicht aber alle werden verglast. Durch den Einbau von Dachgauben in einer vorhandenen Dachgeschosswohnung wird die Symmetrie des Hauses nicht eingehalten. Das Vertrauen des Erwerbers in den wesentlichen weiteren Bestand der Eigentumsanlage, das in der Regel Grundlage seiner Entscheidung für den Erwerb der Wohnung war, ist ebenso schützenswert wie das auf den Fortbestand der Gemeinschaftsordnung. Für solche Maßnahmen wird nach § 22 Abs. 1 WEG die Zustimmung aller Beeinträchtigter benötigt.

3. Unbillige Benachteiligung von Wohnungseigentümern

Die Mehrheitsmacht für eine Modernisierungsmaßnahme reicht auch nicht, wenn die Veränderungen einen Eigentümer erheblich beeinträchtigen. Die Beurteilung hängt weitgehend von den Umständen des Einzelfalls ab. Es kommt auf Maß und Umfang der Beeinträchtigung an. Für die übrigen Eigentümer bedeutet dies, dass niemand mit Erfolg einer Maßnahme widersprechen kann, wenn diese sinnvoll ist und den Widersprechenden nicht unbillig benachteiligt (BT-Drucks. 16/3843). 149

Eigentümer müssen bestimmte Nachteile hinnehmen, die zwangsläufig mit Modernisierungen verbunden sind. Die Pflicht ergibt sich aus § 14 Nr. 1 WEG. Beispiele: Die nach einer technischen Anpassung erhöhte Wartungs- oder Reparaturanfälligkeit einer neuen Anlage. Die Kompliziertheit einer neuen technischen Anlage. Die mit dem Einbau eines Fahrstuhls verbundene Einschränkung der Gebrauchsmöglichkeit des Treppenhauses oder eine intensivere Nutzung von Obergeschossen. 150

Die mit einer Modernisierungsmaßnahme verbundenen Kosten können im Einzelfall eine Beeinträchtigung darstellen. Spätestens dann, wenn ein Eigentümer wegen der Kosten von Modernisierungsmaßnahmen gezwungen wäre, sein Wohnungseigentum zu veräußern. Allerdings muss sorgfältig abgewogen werden. Es geht jeweils um Maßnahmen, mit denen nach der Lebenserfahrung bei Wohnimmobilien immer gerechnet werden muss. Der Einzelne darf auf den unveränderten Fortbestand des gemeinschaftlichen Eigentums in seiner ursprünglichen Form nicht vertrauen (BT-Drucks. 16/887). Derartige Fälle könnten die Wohnungseigentümer aber durch angemessene Rückstellungen vermeiden, da auf diese Weise eine finanzielle Überforderung praktisch ausgeschlossen ist (BT-Drucks. 16/887). Zwar stammt der Gesetzestext aus der Beschlussempfehlung des Rechtsausschusses (BT-Drucks. 16/3843) Dennoch dürfte die Begründung auf den geltenden Wortlaut anzuwenden sein (*Blankenstein* S. 136). 151

VII. Doppelt qualifizierte Mehrheit

Das Gesetz fordert für einen wirksamen Mehrheitsbeschluss eine in doppelter Hinsicht qualifizierten Mehrheit. 152

Bei der Beschlussfassung muss eine Mehrheit von drei Viertel aller stimmberechtigten Wohnungseigentümer i.S.d. § 25 Abs. 2 WEG (Kopfprinzip) erreicht werden. Zusätzlich muss mehr als der Hälfte aller Miteigentumsanteile für die Maßnahme gestimmt haben. 153

Es gelten die gleichen Grundsätze wie bei einer Änderung der Kostenverteilung gemäß § 16 Abs. 4 WEG. Auf die dortige Kommentierung wird verwiesen. 154

VIII. Unabdingbarkeit

Die Vorgaben des Gesetzes in § 22 Abs. 2 WEG dürfen nicht eingeschränkt oder ausgeschlossen werden. Sie sind gemäß § 22 Abs. 2 S. 2 WEG nicht abdingbar, auch nicht durch Vereinbarung. Dies bedeutet, dass alte bestehende Vereinbarungen von Beschlüssen nach § 22 Abs. 2 WEG verdrängt werden. Neue einschränkende Vereinbarungen sind nichtig. Vereinbarungen die nicht einschränken sondern die Möglichkeiten der Eigentümer erweitern, sind zulässig. Durch Vereinbarungen können Maßnahmen nach § 22 Abs. 2 WEG somit von geringeren Anforderungen abhängig gemacht werden. 155

§ 22 | Besondere Aufwendungen, Wiederaufbau

C. Modernisierende Instandsetzung, § 22 Abs. 3 WEG

156 Modernisierende Instandsetzungen können mit einfacher Mehrheit beschlossen werden. § 22 Abs. 3 WEG verweist klarstellend auf § 21 Abs. 3 und Abs. 5 Nr. 2 WEG.

157 Meist wird der Begriff »Instandhaltung und Instandsetzung« wie in § 21 Abs. 5 Nr. 2 WEG einheitlich verwendet. Der *BGH* unterscheidet modernisierende Instandsetzung von Kosten für Ausbesserungen und Wiederherstellungen, die in kurzen zeitlichen Abständen regelmäßig wiederkehren (*BGH* ZMR 2002, 440). § 22 Abs. 3 WEG nennt auch nicht die modernisierende »Instandhaltung« sondern nur die modernisierende »Instandsetzung«. Im Vordergrund steht nicht die Arbeits- oder Dienstleistung (Wartung mit moderner Technik) sondern die Sachleistung. Zeit und Kostendruck führen ohnehin zu einer modernen Form der Wartungsausführung. Dadurch verändert sich der Bestand oder das Aussehen der Anlage nicht oder nur unmerklich. Dagegen ist eine Sachleistung wie die Ersetzung störungsanfälliger Falttüren an einem 29 Jahre alten Fahrstuhl durch automatisch öffnende und schließende Teleskop-Schiebetüren mit Infrarotsensoren auffällig verändernd und kann doch eine modernisierende Instandsetzung sein (*AG Nürnberg* ZMR 2004, 384). Veraltete oder unbrauchbar gewordene Einrichtungen oder Anlagen des gemeinschaftlichen Eigentums müssen nicht unbedingt durch gleichartige Teile ersetzt werden. Es dürfen auch technisch neue Elemente verwendet werden. Um im wirtschaftlichen Wettbewerb (Werterhaltung, Wertsteigerung, Vermietbarkeit) mit anderen Häusern und Wohnanlagen mithalten zu können, sind die Eigentümer nicht auf Konservierung beschränkt. Zur modernisierenden Instandsetzung kann somit im Rahmen ordnungsgemäßer Instandhaltung und Instandsetzung auch eine Ersatzbeschaffung gehören, die dem derzeitigen Standard entspricht. Dies gilt selbst dann, wenn sie zu einer Verbesserung gegenüber dem bisherigen Zustand führt oder die Vorteile neuerer technischer Entwicklungen nutzt.

158 Weitere Beispiele: Die Installation von Leichtmetallgeländern anstelle von massiven Balkonbrüstungen (*OLG München* ZMR 2006, 302). Die Erneuerung einer Fassadenverkleidung mit einem zusätzlichen Wärmeschutz (*OLG Hamm* ZMR 2007, 131). Der Anschluss des Hauses an das Fernwärmenetz ist nur dann modernisierende Instandsetzung und keine bauliche Veränderung, wenn bei einem Vergleich zwischen dem wirtschaftlichen Erfolg, den künftigen Kosten, der langfristigen Sicherung des Energiebedarfs und der Umweltverträglichkeit die Fernwärmeversorgung gegenüber der Erneuerung der Ölheizung deutlich günstiger ist (*OLG Hamburg* ZMR 2005, 803).

D. Ausnahme von der Wiederaufbaupflicht, § 22 Abs. 4 WEG

159 Durch Einfügung der neuen Vorschriften in § 22 Abs. 2 und 3 WEG ist die bisherige Regelung inhaltlich unverändert Abs. 4 geworden. Nach § 21 Abs. 4 und Abs. 5 Nr. 2 WEG sind die Eigentümer grundsätzlich verpflichtet, Beschädigungen am gemeinschaftlichen Eigentum durch Maßnahmen der Instandsetzung zu beheben. Solche Maßnahmen werden nach § 21 Abs. 3 WEG beschlossen. Der Verwalter ist dabei nach § 27 Abs. 1 Nr. 2, Abs. 3 WEG zwingend ausführendes Organ. Die generelle Pflicht zum Erhalt und gegebenenfalls zum Wiederaufbau ergibt sich aus dem Vertrauen aller Eigentümer in den Fortbestand ihrer Investition in das Objekt, vgl. § 11 WEG. Die Wiederaufbaupflicht besteht bei einer »Beschädigung« ebenso wie bei einer »Zerstörung«, weshalb sich aus den Begriffen selbst keine Unterschiede ableiten lassen.

160 § 22 Abs. 4 WEG regelt den Sonderfall einer so erheblichen Zerstörung, dass ein Wertverlust um mehr als die Hälfte eintrat und die Mittel zum Wiederaufbau von einem Dritten nicht erlangt werden können. In einem solchen Fall sind die wirtschaftlichen Interessen der Eigentümer zu schützen, die sich den finanziellen Kraftakt eines Wiederaufbau gegen ihren Willen nicht leisten können. Die Vorschrift schafft keinen Wiederaufbauanspruch in bestimmten Fällen sondern – im Gegenteil – einen Anspruch, unter den dort genannten Voraussetzungen von der grundsätzlich bestehenden Wiederaufbaupflicht nach § 21 Abs. 4 und Abs. 5 Nr. 2 WEG abzusehen.

I. Wiederaufbaupflicht und Zerstörungsgrad

Nach § 21 Abs. 4 WEG besteht eine durchsetzbare Wiederaufbaupflicht, unabhängig vom Umfang der Zerstörung, immer dann, wenn der Schaden durch Versicherungsleistungen oder in sonstiger Weise gedeckt ist, ferner bei einer Zerstörung von weniger als der Hälfte des Wertes auch ohne Deckung des Schadens durch eine Versicherung (*BayObLG* ZMR 1996, 98).   161

Ein Mehrheitsbeschluss mit der Vorgabe, dass jede Wiederaufbaupflicht von der Deckung der Kosten durch Versicherungs- oder sonstige Entschädigungsleistungen abhängig sei, ist nichtig (gesetzesverändernd), da gegen die Instandsetzungsvorgaben in § 21 Abs. 4 und Abs. 5 Nr. 2 WEG verstoßen wird (*BGH* ZMR 2000, 771). Anders als nach der gesetzlichen Regelung bestünde dann eine Wiederaufbaupflicht auch bei einer Zerstörung von weniger als der Hälfte des Werts nicht, wenn keine Deckung vorhanden ist (*BayObLG* ZMR 1996, 98).   162

Der nach § 22 Abs. 4 WEG maßgebliche Zerstörungsgrad bemisst sich nach dem Gebäudewert einschließlich der Nebenräume. Ein Garagengebäude in einem getrennten Bau ist ein Nebengebäude, dessen Zerstörungsgrad nicht eigenständig bemessen werden kann (*OLG Schleswig* WuM 1997, 697 = NJW-RR 1998, 15). Für den Zerstörungsgrad ist also der Gesamtgebäudewert in unzerstörtem Zustand dem Wert einer sanierungsbedürftigen Tiefgarage gegenüberzustellen (*KG* ZMR 1997, 534). Bei einer Mehrhausanlage gilt grundsätzlich nichts anderes, wenn die Gemeinschaftsordnung keine besondere Regelung enthält. Wird dort eines von mehreren Häusern zerstört, soll dieses Haus allein der Maßstab für den Zerstörungsgrad sein, nicht der Wert der Gesamtanlage (*Bärmann/Pick/Merle* § 22 Rn. 296). Die Instandsetzungspflicht der Eigentümergemeinschaft nach § 21 Abs. 4 und Abs. 5 Nr. 2 WEG erstreckt sich aber immer auf das gemeinschaftliche Eigentum insgesamt, wozu alle Häuser gehören. Wurde diese solidarische Pflicht zur Bestandserhaltung nicht ausdrücklich durch Vereinbarung abbedungen, bleibt sie bei der Eigentümergemeinschaft und erstreckt sich auch auf ein einzelnes, weitgehend zerstörtes Haus. Die Unterscheidung zwischen dem Zerstörungsgrad des Gebäudes und dem Gegenstand der Aufbaupflicht, so *Bärmann/Pick/Merle* § 22 Rn. 293, ist nicht von Bedeutung, weil § 22 Abs. 4 WEG selbst den Zerstörungsgrad und den Wiederherstellungsanspruch in ein Abhängigkeitsverhältnis stellt. Die Wiederherstellung kann ab einem bestimmten Zerstörungsgrad nicht mehr erzwungen werden.   163

Weil § 22 Abs. 4 WEG nur vom Zerstörungsgrad des »Gebäudes« spricht, ist der Grundstückswert bei der Wertberechnung unbeachtlich. § 22 WEG befasst sich mit Vorgängen der Verwaltung des gemeinschaftlichen Eigentums. Von der gesetzlichen Systematik her spricht mehr dafür, bei der Wertberechnung nur die Zerstörung des gemeinschaftlichen Eigentums zu beachten, nicht die des Sondereigentums (so *Weitnauer/Lüke* § 22 Rn. 25; a. A. *Bärmann/Pick/Merle* § 22 Rn. 293). Gegen diese Ansicht spricht nicht, dass das Gesetz vom »Gebäude« spricht. Weil das Gebäude in seinen für den Bestand relevanten Teilen nach § 5 Abs. 2 WEG zwingend zum gemeinschaftlichen Eigentum gehört, bildet es die Grundlage für die Schaffung von Sondereigentum. § 22 Abs. 4 WEG regelt einen Sonderfall des § 21 Abs. 5 Nr. 2 WEG, somit nur die Instandhaltung und Instandsetzung des gemeinschaftlichen Eigentums, nicht des Sondereigentums. Danach kann ein Streit darüber gar nicht erst entstehen, bis zu welchem Grad individuelle Einrichtungen des Sondereigentums (Luxus) bei der Wertbemessung eine Rolle spielen können.   164

§ 22 Abs. 4 WEG ist abdingbar. Zwar können die Eigentümer bei entsprechendem Zerstörungsgrad den Wiederaufbau nach dem Gesetzeswortlaut mehrheitlich nicht beschließen. Eine Vereinbarung dazu ist aber nicht ausgeschlossen. Ebenso ist ein zustimmender Beschluss aller Eigentümer (allstimmiger Beschluss) möglich. Mehrheitsbeschlüsse im konkreten Zerstörungsfall sind wegen ihrer Gesetzeswidrigkeit anfechtbar, somit gerichtlich überprüfbar, aber nicht nichtig (*BGH* ZMR 2000, 771). Wie in § 22 Abs. 1 WEG (alt) ist der Eigentümergemeinschaft die Beschlusskompetenz nicht genommen. Dazu gehören auch Beschlüsse über den Zerstörungsgrad und zum Wert des Gebäudes.   165

II. Wiederaufbaupflicht bei Ersatz des Schadens und Umfang der Aufbaupflicht

166 § 22 Abs. 4 WEG gibt den Eigentümern einen Anspruch, einen Wiederaufbau zu verhindern, wenn die Wiederherstellung von mehr als der Hälfte des Wertes eines zerstörten Gebäudes finanziert werden muss. Tritt für den Schaden eine Versicherung ein, kann der Wiederaufbau nicht unter Verweis auf § 22 Abs. 4 WEG verweigert werden. Dabei muss durch die Kostenübernahme der Schaden nicht zu 100% abgedeckt sein. Es genügt, wenn danach höchstens die Hälfte der Kosten für den Wiederaufbau bleiben. Weil diese Teildeckung auch »in anderer Weise« herbeigeführt werden kann, ist es einem Miteigentümer möglich, durch eine überobligatorischen Zahlung die übrigen Miteigentümer in die restliche Zahlungspflicht (resultierend aus der Instandsetzungspflicht nach § 21 Abs. 5 Nr. 2 WEG) zu zwingen. Allerdings muss das Geld für den Wiederaufbau tatsächlich zur Verfügung stehen, was sich aus dem Zweck der Regelung ableitet. Allein ein Anspruch auf Zahlung – ohne Realisierungschance – genügt nicht.

167 Wenn nichts anderes vereinbart wurde, gehört zum Umfang der Wiederaufbaupflicht das gemeinschaftliche Eigentum, wie in der Teilungserklärung/Gemeinschaftsordnung beschrieben, nicht das Sondereigentum. Dieses fällt in die Instandsetzungspflicht eines jeden Sondereigentümers selbst und gehört nicht in den Regelungsbereich des § 21 Abs. 4 und Abs. 5 Nr. 2 WEG.

168 Für den Fall, dass wegen des Grades der Zerstörung der Wiederaufbau nach § 22 Abs. 4 WEG nicht verlangt werden kann, ist nach § 11 Abs. 1 S. 3 WEG eine Vereinbarung möglich, die Aufhebung der Eigentümergemeinschaft zu verlangen. Gibt es eine solche Vereinbarung nicht, kann die Mitwirkung daran notfalls gerichtlich erzwungen werden, § 43 Nr. 1 WEG. Eine Aufhebung der Eigentümergemeinschaft per Mehrheitsbeschluss erscheint bedenklich, weil dies voraussetzen würde, dass die Maßnahme zur ordnungsgemäßen Verwaltung gehört. Mit den Regelbeispielen in § 21 Abs. 5 WEG ist die Aufhebung der Eigentümergemeinschaft nicht in Einklang zu bringen.

III. Die unvollendete Ersterstellung

169 Wird eine Wohnungseigentumsanlage wegen der Zahlungsunfähigkeit des teilenden Eigentümers als Bauträger nicht vollständig fertiggestellt, kann die mangelfreie Fertigstellung als Maßnahme ordnungsgemäßer Verwaltung durch Stimmenmehrheit der Wohnungseigentümer beschlossen werden. § 22 Abs. 4 WEG ist entsprechend anzuwenden (*OLG Celle* 4.5.2005, AZ 4 W 77/05).

170 Der »werdende Eigentümer« hat stets, der im Grundbuch eingetragene Eigentümer hat ab Vollzug der Eigentümergemeinschaft, nach § 21 Abs. 4 und Abs. 5 Nr. 2 WEG Anspruch auf erstmalige Herstellung des Zustandes gemäß Teilungserklärung/Gemeinschaftsordnung und kann diesen Anspruch gegen die Wohnungseigentümergemeinschaft notfalls auch gerichtlich nach § 43 Nr. 2 WEG durchsetzen. Eine Wertgrenze der erstmaligen Errichtungspflicht findet sich im Gesetz nicht. § 22 Abs. 4 WEG schützt dagegen einen Eigentümer davor, ein zweites Mal erheblich in die Errichtung des gemeinschaftlichen Eigentum investieren zu müssen, nachdem eine Zerstörung bis zu einem gesetzlich definierten Grad vorausging.

171 Die Eigentümer können mehrheitlich regeln, ob und wie und mit welchen Mitteln die nötige erstmalige Fertigstellung erfolgt. Die Formulierung »*sogar beim sog. stecken gebliebenen Bau können die Wohnungseigentümer in entsprechender Anwendung von § 22 Abs. 4 WEG mehrheitlich die Fertigstellung beschließen*« (*BayObLG* ZMR 1998, 363) ist missverständlich. Bereits § 21 Abs. 4 WEG verschafft einen Herstellungsanspruch, während die Vorgaben in § 22 Abs. 4 WEG regeln, wann kein Anspruch auf einen Mehrheitsbeschluss besteht. Da es sich um eine Maßnahme der ordnungsgemäßen Verwaltung handelt, ist die Beschlusskompetenz der Eigentümergemeinschaft nach § 21 Abs. 3 WEG vorhanden (*BayObLG* ZMR 2003, 365), wobei auch dort wieder grundlos eingeschränkt wird, »*zumindest dann, wenn die Wohnanlage weitgehend, jedenfalls zu deutlich mehr als der Hälfte ihres endgültigen Werts hergestellt ist.*« Ob ein solcher Eigentümerbeschluss im Einzelfall ordnungsmäßiger Verwaltung entspricht, ist eine andere Frage. Allenfalls zu deren Beantwortung können die Rechtsgedanken der § 22 Abs. 4 WEG und § 242 BGB herangezogen werden. Die anfallenden Kosten sind gemäß § 16 Abs. 2 WEG oder nach dem vereinbarten Schlüssel unter der Eigentümern zu verteilen (*BayObLG* ZfIR 2000, 552 = ZWE 2000, 214). Eine Beteiligung der Mit-

eigentümer an den Fertigstellungskosten mit noch nicht an den Verkäufer gezahlten Kaufpreisresten kann nicht durch Mehrheitsbeschluss bestimmt werden (*AG Wetter* 11.1.2007, AZ 30 II 3/06 WEG).

§ 23 Wohnungseigentümerversammlung

(1) Angelegenheiten, über die nach diesem Gesetz oder nach einer Vereinbarung der Wohnungseigentümer die Wohnungseigentümer durch Beschluss entscheiden können, werden durch Beschlussfassung in einer Versammlung der Wohnungseigentümer geordnet.

(2) Zur Gültigkeit eines Beschlusses ist erforderlich, daß der Gegenstand bei der Einberufung bezeichnet ist.

(3) Auch ohne Versammlung ist ein Beschluss gültig, wenn alle Wohnungseigentümer ihre Zustimmung zu diesem Beschluss schriftlich erklären.

(4) Ein Beschluss, der gegen eine Rechtsvorschrift verstößt, auf deren Einhaltung rechtswirksam nicht verzichtet werden kann, ist nichtig. Im Übrigen ist ein Beschluss gültig, solange er nicht durch rechtskräftiges Urteil für ungültig erklärt ist.

Inhaltsverzeichnis

A. Der Beschluss in der Eigentümerversammlung, § 23 Abs. 1 WEG	1
I. Inhalt	1
II. Die Wohnungseigentümerversammlung	3
1. Voll- oder Teilversammlung	3
2. Die Versammlung mit nur einem Eigentümer	6
a) Beschlussfassung einer vollzogenen Eigentümergemeinschaft	6
b) Beschlussfassung der noch nicht vollzogenen Eigentümergemeinschaft	7
3. Die Beschlusskompetenz	9
4. Die Rechtsnatur des Eigentümerbeschlusses	14
5. Die Entstehung eines Mehrheitsbeschlusses	17
a) Formulierung des Antrags	17
b) Antrags- und Überprüfungsberechtigung	17a
c) Abstimmung	18
d) Beschlussfeststellung	20
6. Der Zweitbeschluss	25
7. Die Mehrhausanlage	27
B. Die Bezeichnung des Beschlussgegenstands, § 23 Abs. 2 WEG	28
I. Informationszweck	29
II. Beschlusskompetenz	35
III. Folgen nicht ausreichender Bezeichnung	36
C. Die Beschlussfassung durch schriftliche Zustimmung, § 23 Abs. 3 WEG	41
I. Der andere Weg zu einem Beschluss	41
II. Der Initiator des schriftlichen Beschlusses	43
III. Veränderung der gesetzlichen Vorgaben durch Vereinbarung	46
IV. Die Entstehung eines schriftlichen Beschlusses	51
V. Der Widerruf der Zustimmung	60
D. Beschlussnichtigkeit und Gültigkeitsvermutung, § 23 Abs. 4 WEG	60a
I. Anwendungsbereiche	60a
II. Die Beschlussnichtigkeit	60b
1. Allgemeines	60b
2. Abgrenzung: Nichtiger Beschluss zum Nichtbeschluss	61
3. Abgrenzung: Nichtiger Beschluss zum Negativbeschluss	62
4. Beispiele für die Abgrenzung von Nichtigkeit und Anfechtbarkeit eines Beschlusses:	62a
III. Die Vermutung der Gültigkeit einer Beschlussfassung	63

§ 23 | Wohnungseigentümerversammlung

A. Der Beschluss in der Eigentümerversammlung, § 23 Abs. 1 WEG

I. Inhalt

1 § 23 WEG stellt die Eigentümerversammlung in den Mittelpunkt des Entscheidungsablaufs in einer Eigentümergemeinschaft. Dort sollen sich die Eigentümer treffen, um informiert zu werden. Nach anschließender Erörterung zu den eingeladenen Themen sind Mehrheitsentscheidungen möglich. Zugleich verschafft § 23 Abs. 3 WEG die Möglichkeit, ausnahmsweise einen Mehrheitsbeschluss ohne Versammlung, im schriftlichen Verfahren herbeizuführen.
Im Wortlaut der Vorschrift hat sich durch die WEG-Novelle nur Absatz 4 verändert. Weil durch einen Mehrheitsbeschluss eine Minderheit nach § 10 Abs. 5 WEG gebunden werden kann, erfordert der Grundsatz der Rechtsstaatlichkeit die Bereitstellung einer Überprüfungsmöglichkeit der Mehrheitsbeschlüsse. Deswegen war früher in dieser Vorschrift die Monatsfrist für eine gerichtliche Beschlussanfechtung enthalten. Diese Frist findet sich jetzt in § 46 WEG als besonders ausgestaltete Klageform. Die zeitliche Befristung für den Antrag an das Gericht von einem Monat, gerechnet ab Beschlussfassung, beschränkt sich auf Beschlüsse, die in die Beschlusskompetenz der Eigentümer fielen. Waren die Eigentümer zur Beschlussfassung überhaupt nicht befugt, ist ein Beschluss nichtig, erzeugt keine Rechtswirkung und muss auch nicht innerhalb der Monatsfrist angefochten werden.

2 Durch die vom *BGH* (ZMR 2005, 547) und die WEG-Novelle anerkannte Teilrechtsfähigkeit der Eigentümergemeinschaft wird der formale Vorgang der Willensbildung innerhalb einer Eigentümergemeinschaft nicht berührt. Allerdings hat sich nach § 10 Abs. 6 WEG der Kreis der Angelegenheiten erweitert, über die Eigentümer durch Mehrheitsbeschluss entscheiden können. Sie üben alle gemeinschaftsbezogenen Rechte und Pflichten aus, können dazu Beschlüsse fassen und Rechte von Eigentümern zur Ausübung an sich ziehen.

II. Die Wohnungseigentümerversammlung

1. Voll- oder Teilversammlung

3 Die Beschlussfassung erfolgt in der »Versammlung der Wohnungseigentümer«. Nach der Idealvorstellung des Gesetzgebers sind in der Versammlung alle Eigentümer anwesend. Eine solche Vollversammlung in der alle Eigentümer persönlich oder durch Vollmacht vertreten anwesend sind, gibt es in kleineren Eigentümergemeinschaften durchaus; sie wird seltener, je mehr Eigentümer zu einer Gemeinschaft gehören. Dies wurde jedoch vorausgesehen. Für den Fall, dass in einer Versammlung nicht mehr als die Hälfte der stimmberechtigten Eigentümer anwesend oder vertreten sind, können Beschlussfassungen nicht mehr erfolgen, § 25 Abs. 3 WEG. Um dennoch Beschlüsse wirksam herbeiführen zu können, hilft nur der Umweg über die Ersatzversammlung nach § 25 Abs. 4 WEG.

4 Bei der Vollversammlung sind alle Eigentümer persönlich anwesend oder vertreten. Bei einer noch beschlussfähigen Versammlung müssen immerhin mehr als die Hälfte der Stimmberechtigten als anwesend festgestellt werden, die mehr als die Hälfte der Miteigentumsanteile vertreten. Bei einer Teilversammlung kommt nur ein abgrenzbarer Teil der Eigentümer zusammen, die abschließend entscheiden sollen. Davon zu unterscheiden sind »Teileigentümerversammlungen« in mehreren Terminen und Zusammenzählung der jeweiligen Ergebnisse; eine solche Vorgehensweise, ohne entsprechende Vereinbarung, führt nicht zu einem wirksamen Beschluss (*OLG Köln* 1.2.1994, AZ 16 Wx 16/93).

5 § 23 WEG ist abdingbar, weshalb durch Vereinbarung der Eigentümer geregelt werden kann, dass zu bestimmten Themen oder Gebäudebereichen nur bestimmte Eigentümer stimmberechtigt sind (*BayObLG* ZMR 2002, 527). Werden auf der Grundlage einer solchen Teilnehmerbeschränkung Beschlüsse geschaffen und umgesetzt, sind die übrigen Eigentümer auch an diese Beschlüsse gemäß § 10 Abs. 4 WEG gebunden. Auch die gesetzlichen Vorgaben zur schriftlichen Abstimmung nach § 23 Abs. 3 WEG können abweichend vereinbart werden (*OLG Schleswig* ZMR 2006, 803).

2. Die Versammlung mit nur einem Eigentümer

a) Beschlussfassung einer vollzogenen Eigentümergemeinschaft

Durch die Stimmrechtsregelungen in der Gemeinschaftsordnung kann ein einzelner Eigentümer in die Lage versetzt werden, eine beschlussfähige »Eigentümerversammlung« herzustellen. Mit entsprechender Vollmacht ausgestattet ist es ebenfalls denkbar, dass ein einzelner Eigentümer, zugleich als Versammlungsleiter, wirksame Mehrheitsbeschlüsse herbeiführt. Wichtig ist in diesem Fall die nachvollziehbare Stimmabgabe in dieser Versammlung. Es reicht nicht aus, wenn der Versammlungsteilnehmer später eine Niederschrift über Eigentümerbeschlüsse hergestellt hat (*BayObLG* ZMR 1996, 151). Wird die Herbeiführung eines Mehrheitsbeschlusses nachvollziehbar noch in der Versammlung protokolliert und insbesondere die Feststellung und Bekanntgabe des Beschlussergebnisses in das Protokoll aufgenommen, kann durch das Protokoll Rechtsklarheit geschaffen und das Zustandekommen eines Beschlusses bewiesen werden.

6

b) Beschlussfassung der noch nicht vollzogenen Eigentümergemeinschaft

Von dieser Versammlung, in Anwesenheit nur eines Eigentümer, gleichzeitig Versammlungsleiter, unterscheidet sich eine Versammlung, die der alleinige Eigentümer, etwa als Aufteilender, durchführt. Solange die Eigentümergemeinschaft noch nicht in Vollzug gesetzt worden ist und kein zweiter Eigentümer im Grundbuch steht und solange es auch noch keine »werdende« Eigentümergemeinschaft gibt, bei der Besitz, Nutzen und Lasten eines Sondereigentums auf einen Erwerber übergegangen sind und dieser mit einer Auflassungsvormerkung im Grundbuch steht, sind die Regeln des Wohnungseigentumsgesetzes auf diese Anlage noch nicht anwendbar. Es können auch keine wirksamen Mehrheitsbeschlüsse herbeigeführt werden, die spätere Eigentümer binden. § 10 Abs. 4 WEG gilt noch nicht, wenn der erste, alleinige Eigentümer, Beschlüsse fasst; diese sind nichtig. So setzt die Ermächtigung eines Verwalters zur Geltendmachung von Wohngeld das Bestehen einer Wohnungseigentümergemeinschaft voraus. Überträgt der teilende Eigentümer sämtliche Eigentumsanteile auf einen Erwerber, so kann dieser allein nicht wirksam in einer Wohnungseigentümerversammlung einen Beschluss des Inhalts fassen, dass die von dem teilenden Eigentümer bestellte Verwalterin abberufen und ein neuer Verwalter bestellt wird (*OLG Düsseldorf* ZMR 2005, 896).

7

Alleinige Entscheidungen des Aufteilers, auch als »Entschlüsse« bezeichnet, können nach § 8 Abs. 2 WEG formaler Bestandteil einer Gemeinschaftsordnung werden. Diese sind von der Eigentümergemeinschaft durch Mehrheitsbeschluss veränderbar (*Bärmann/Pick/Merle*, § 26 Rn. 61). Anderer Meinung ist der BFH. Zwar unterliege die Renovierung des Gemeinschaftseigentums sowie die Leistung von entsprechenden Vorschüssen der Beschlussfassung der Wohnungseigentümerversammlung; dies schließe aber die Wirksamkeit entsprechender schriftlicher Beschlüsse des Alleineigentümers nach § 23 Abs. 3 WEG im Rahmen der Teilung nach § 8 WEG nicht aus (*BFH* BFH/NV 2004, 226).

8

3. Die Beschlusskompetenz

In der Eigentümerversammlung werden nur über die Angelegenheiten mehrheitliche Entscheidungen herbeigeführt, über die entweder nach dem Gesetz oder nach einer Vereinbarung der Eigentümer durch Beschluss entschieden werden kann. Die Eigentümergemeinschaft bedarf der ausdrücklichen Kompetenzzuweisung. Hier setzte die Kritik der Entscheidung des *BGH* vom 20.9.2000 ein (*BGH* ZMR 2000, 771 = ZWE 2000, 518). Zuvor war auch die obergerichtliche Rechtsprechung und die Literatur weitgehend davon ausgegangen, dass alles mehrheitlich beschlossen werden kann, was nicht gegen den Kernbereich des Wohnungseigentumsrechtes verstößt. Wegen der Möglichkeit einer gerichtlichen Überprüfung wurden Änderungen der gesetzlichen Vorgaben und der Vereinbarungen der Eigentümer durch Mehrheitsbeschluss, auch mit Wirkung für die Zukunft, ermöglicht. Durch die sog. »Jahrhundertentscheidung« des *BGH* wurden die Möglichkeiten zur Regelung von Sachverhalten durch Mehrheitsbeschluss erheblich eingeschränkt.

9

Ein Beschluss, dem die Beschlusskompetenz fehlt, ist nichtig. Solche Beschlüsse entfalten keine Rechtswirkung. Dies gilt grundsätzlich auch für Beschlüsse, die in der Vergangenheit in der Annahme gefasst worden sind, dass sie bestandskräftig werden können. Eine Vielzahl in der Vergan-

10

genheit herbeigeführter Mehrheitsbeschlüsse dürfen deswegen von den Verwaltern nicht mehr angewendet werden; die Eigentümer haben keine Möglichkeit mehr, sich auf die (vermeintliche) Bestandskraft der Beschlüsse zu berufen. Ausnahmen sind möglich, wenn dies der Grundsatz von Treu und Glauben gebietet. Dies wird insbesondere dann der Fall sein, wenn die Gemeinschaft oder ein einzelner Eigentümer im Vertrauen auf die Bestandskraft eines Mehrheitsbeschlusses finanzielle Aufwendungen getätigt hat (*BGH* ZMR 2000, 771 = ZWE 2000, 518). Eine Ausnahme gilt auch, wenn ein Beschluss nach gerichtlicher Prüfung rechtskräftig wurde. Hier tritt die Bindung der Rechtsnachfolger gem. § 10 Abs. 4 WEG durch die Rechtskraft der Entscheidung ein.

11 Das Gesetz sieht vier Teilbereiche vor, innerhalb deren Mehrheitsbeschlüsse möglich sind:
a) Zur Regelung des Rechtsverhältnisses der Eigentümer untereinander ist grundsätzlich kein Beschluss möglich. Es fehlt die Beschlusskompetenz; deswegen ist eine Vereinbarung nötig. Eine Ausnahme gilt dann, wenn vereinbart wurde, dass ein bestimmtes Thema durch einen Mehrheitsbeschluss geregelt werden kann (Öffnungsklausel). Eine solche vereinbarte Beschlussmöglichkeiten kann davon abhängig gemacht werden, dass eine bestimmte, qualifizierte Mehrheit erreicht wird. Die Macht eines einfachen Mehrheitsbeschlusses reicht dann nicht aus. Wird dennoch ein Beschluss nur mit einfacher Mehrheit herbeigeführt und als Beschluss vom Versammlungsleiter festgestellt, ist dieser Beschluss nicht nichtig sondern lediglich anfechtbar (Köhler/Bassenge/*Becker* Teil 4 Rn. 105), da Beschlusskompetenz besteht. Nach anderer Meinung gibt es keinen Mehrheitsbeschluss, wenn Entstehungsvoraussetzungen eines qualifizierten Beschlusses fehlen. Er kann auch durch Beschlussverkündung des Versammlungsleiters nicht geschaffen werden (*Elzer* ZWE 2007, 165 (176)).
b) Neben die vereinbarten Öffnungsklausel treten mit gleicher Wirkung die neuen gesetzlichen Öffnungsklauseln die den Eigentümern Beschlusskompetenz geben, wie § 16 Abs. 3 und 4 WEG.

12 c) Gebrauchsregelungen können nach § 15 Abs. 2 WEG zumindest dann mehrheitlich beschlossen werden, wenn es zu dem Thema noch keine Vereinbarung gibt. Wird trotz einer entgegenstehenden Vereinbarung ein Beschluss herbeigeführt und vom Versammlungsleiter festgestellt, ist dieser Beschluss nach h. M. nichtig (*BGH* ZWE 2000, 518). Tatsächlich ist er lediglich anfechtbar, weil Beschlusskompetenz besteht. (*Drabek*, Festschrift für Seuß 2007, 105). Dieser Auffassung scheint sich die Rechtsprechung anzunähern (*BayObLG* ZMR 2005, 561). Die Annahme, solche Beschlüsse führten zur Nichtigkeit, resultiert aus einem nicht zwingenden Umkehrschluss des gesetzlichen Wortlauts. In § 15 Abs. 2 WEG wurde eine Beschlusskompetenz geschaffen, ohne zugleich eine Beschlussfassung bei Vorliegen einer Vereinbarung als »unzulässig« zu bezeichnen, wie es etwa in § 26 Abs. 1 S. 5 WEG um Ausdruck kommt. Die Beschlusskompetenz wurde auch nicht unter den Vorbehalt gestellt, dass der Gebrauch nicht bereits durch Vereinbarung geregelt ist, wie es § 21 Abs. 3 WEG für Maßnahmen der Verwaltung vorgibt. Eine gesetzlich verankerte Beschlusskompetenz kann durch Vereinbarung nicht beseitigt werden. Folglich bedeutet eine entgegenstehende Vereinbarung, dass sie bei einer Beschlussanfechtung Maßstab dafür ist, ob der Beschluss den Grundsätzen ordnungsgemäßer Verwaltung entspricht. Wurden im Vertrauen auf die Geltung einer Vereinbarung von Eigentümern Dispositionen getroffen, ist das Vertrauen geschützt. Wenn ein Eigentümer einen Mietvertrag abschließt und die vereinbarten Gebrauchsregeln der Hausordnung zum Bestandteil des Mietvertrages macht, muss er sich darauf verlassen können, dass die Eigentümergemeinschaft diese Vorgaben nicht willkürlich entzieht.

13 d) Maßnahmen der Verwaltung nach §§ 21 ff. WEG können mehrheitlich beschlossen werden. Eine Vereinbarung hat Vorrang. Wird trotz einer Vereinbarung ein Beschluss herbeigeführt und vom Versammlungsleiter festgestellt, ist zu unterscheiden: (a) Ein Beschluss ist nicht nichtig sondern lediglich anfechtbar, wenn Beschlusskompetenz besteht, weil der Inhalt des Beschlusses dem Vereinbarten nicht entgegensteht. (b) Beschlüsse, die inhaltlich entgegen einer Vereinbarung oder entgegen den Vorgaben des Gesetzes mit Wirkung für die Zukunft gefasst wurden, sind wegen der fehlenden Beschlusskompetenz nichtig. Dies gilt nicht für die neuen gesetzlichen Beschlusskompetenzen in § 21 Abs. 7 WEG, die dem Vereinbarungsvorbehalt

entzogen wurden. Dazu bestehende Vereinbarungen können durch Mehrheitsbeschluss auch mit Wirkung für die Zukunft verändert werden (*Hügel/Elzer* § 8 Rn. 72).

4. Die Rechtsnatur des Eigentümerbeschlusses

Bei einem Beschluss in der Eigentümerversammlung handelt es sich um einen rechtsgeschäftlichen Gesamtakt, durch den mehrere gleichgerichtete Willenserklärungen gebündelt werden (*BGH* ZMR 2002, 930). Der Beschluss unterscheidet sich von einem Vertrag, als er nicht die Zustimmung sämtlicher Eigentümer voraussetzt, sondern Bindungswirkung auch gegenüber den überstimmten oder den der Versammlung ferngebliebenen Wohnungseigentümern entfaltet. Dennoch erfüllt er die Merkmale eines Rechtsgeschäfts, als sein wesentlicher Bestandteil eine oder mehrere Willenserklärungen sind und er die kollektive und rechtsverbindliche Entscheidung der Gemeinschaft über einen Antrag zum Ausdruck bringt (*OLG Hamm* OLGR Hamm 2005, 28). Jedenfalls gilt dies dort, wo die Beschlüsse nicht lediglich interne Wirkung haben, sondern auf die Begründung, Änderung oder Aufhebung rechtlicher Befugnisse oder Pflichten gerichtet sind (*BGH* NJW 1998, 3713). **14**

Die Stimmabgaben sind einseitige, empfangsbedürftige Willenserklärungen. Empfänger der Erklärungen i. S. v. § 130 BGB sind die übrigen anwesenden Eigentümer, wenn solche anwesend oder vertreten sind. Mit der Wahrnehmung durch sie wird die Stimmabgabe wirksam (*BayObLG* BayObLGZ 1995, 407). Die Stimmabgabe unterliegt als Willenserklärung den allgemeinen Regeln des BGB für Willenserklärungen, insbesondere den Vorschriften über die Anfechtbarkeit (*BayObLG* BayObLGZ 2000, 66). Eine Anfechtung wegen arglistiger Täuschung i. S. v. § 123 BGB ist gemäß § 124 Abs. 1 und 2 BGB binnen eines Jahres seit Erlangung der Kenntnis vom arglistigen Verhalten des Täuschenden dem Erklärungsempfänger gegenüber zu erklären. Diese Frist kann gegenüber den Eigentümern mit einer Antragsschrift gewahrt werden. **15**

Der frühere Streit darüber, wann die Eigentümer einen Beschluss und wann sie eine Vereinbarung herbeigeführt haben, hat an Bedeutung verloren. Der *BGH* hat in seiner Entscheidung vom 23.8.2001 als konstitutive Voraussetzung für einen Beschluss gefordert, dass ein Mehrheitsbeschluss als solcher festgestellt und bekannt gemacht wird (*BGH* ZMR 2001, 809 = ZWE 2001, 530). Die Umdeutung oder Auslegung eines derartig verkündeten Beschlusses der Eigentümergemeinschaft in eine Vereinbarung ist wegen der eindeutig dokumentierten Willensbildung in der Form des Beschlusses regelmäßig nicht mehr möglich. Nur dann soll bei Allstimmigkeit der Wohnungseigentümer eine in Beschlussform gekleidete Regelung als schuldrechtliche Vereinbarung auslegbar sein, wenn ihr Gegenstand mangels Beschlusskompetenz einer Mehrheitsentscheidung nicht zugänglich ist (*BayObLG* ZMR 2002, 848). **16**

5. Die Entstehung eines Mehrheitsbeschlusses

a) Formulierung des Antrags

Die Eigentümer stimmen über einen konkreten, vorformulierten und vorgelesenen Beschlussantrag ab. Nur dann ist der Versammlungsleiter in der Lage, den Beschluss exakt in die Beschluss-Sammlung zu übertragen. § 24 Abs. 7 WEG verlangt die Aufnahme des Beschlusswortlautes. Dies gilt insbesondere dann, wenn während der Eigentümerversammlung über den Wortlaut längere Zeit intensiv diskutiert wurde und dadurch ein ursprünglicher Antrag inhaltliche Änderungen erfahren hat. Eine Unterbrechung der Versammlung zur Formulierung des neuen Antrages gehört zur ordnungsgemäßen Versammlungsleitung. **17**

Inhaltlich legt der Antrag den Gegenstand der Beschlussfassung fest. Wesentlich ist, dass der Versammlungsleiter dafür Sorge trägt, dass der Wortlaut für die Eigentümer verständlich ist. Verneinende Formulierungen sind möglichst zu vermeiden, weil Eigentümer dann häufig nicht erkennen, dass sie für eine Ablehnung der Maßnahme mit Ja stimmen müssen. (»*Wer ist dafür, dass die Dachsanierung nicht durchgeführt wird?*«) Bei einer positiven Formulierung der Fragestellung treten diese Irritationen nicht auf. Inhaltlich darf sich der Antrag wegen der Vorgabe in § 23 Abs. 2 WEG nicht zu weit von dem Thema entfernen, zu dem unter diesem Tagesordnungspunkt eingeladen wurde.

b) Antrags- und Überprüfungsberechtigung

17a Antragsberechtigt für die Aufnahme eines Tagesordnungspunktes sind alle Eigentümer. Dies ergibt sich aus dem Teilnahme- und Abstimmungsrecht gemäß § 25 Abs. 1 und 2 WEG,. Ebenso aus dem Anspruch auf ordnungsgemäße Verwaltung nach § 21 Abs. 4 WEG. Antragsberechtigt ist auch der Verwalter, was aus § 43 Abs. 1 abgeleitet werden kann. Daraus ergibt sich der Pflichtenkreis des Verwalters im Innenverhältnis. Im Wechselspiel der Aufgabenzuweisung hat der Verwalter die Eigentümer aufzuklären, welche Maßnahmen ordnungsgemäßer Verwaltung nötig sind, damit sie mehrheitlich entscheiden können, was, wann, mit welchem finanziellen Aufwand erledigt wird. Anschließend ist der Verwalter in der Lage, Beschlüsse gemäß § 27 Abs. 1 Nr. 1 WEG durchzuführen.

Jeder Eigentümer ist berechtigt, nach § 46 WEG gerichtlich prüfen zu lassen, ob eine Beschluss formal und inhaltlich den Grundsätzen ordnungsgemäßer Verwaltung entspricht.

Der Verwalter hat wie bisher das Recht, einen Mehrheitsbeschluss gerichtlich anzufechten, wenn dieser sein Rechtsverhältnis zur Wohnungseigentümergemeinschaft oder zu den Eigentümern betrifft, etwa im Fall der Abberufung (*BGH* ZMR 2002, 766). Er kann außerdem Anlass haben, aus dem Pflichtenkreis des § 27 Abs. 3 WEG als Organ der Wohnungseigentümergemeinschaft einen Mehrheitsbeschluss anzufechten (Hügel/*Elzer* § 13 Rn. 123), den die Eigentümer vielleicht sogar selbst in die Versammlung eingebracht haben. Das Verwaltungsvermögen gehört nach § 10 Abs. 7 WEG der Wohnungseigentümergemeinschaft. Führen die Eigentümer nicht die nötigen Beschlüsse herbei, um die Zahlungsfähigkeit sicherzustellen, liegt es im pflichtgemäßen Ermessen des Verwalters, die Verweigerungshaltung der Eigentümer gerichtlich prüfen zu lassen. Kläger ist in einem solchen Verfahren die Wohnungseigentümergemeinschaft, Beklagte sind die übrigen Eigentümer.

c) Abstimmung

18 Die Eigentümer können in beliebiger Form abstimmen. Wenn die Gemeinschaftsordnung nichts vorgibt, kann die Stimmabgabe offen oder geheim erfolgen. Der Versammlungsleiter kann dies vorgeben oder besser vor der Abstimmung einen Geschäftsordnungsbeschluss herbeiführen, in welcher Form abgestimmt wird. Bei Beschlussfassungen zu baulichen Veränderungen gemäß § 22 Abs. 1 WEG hat der Versammlungsleiter darauf zu achten, die zustimmenden oder die ablehnenden Eigentümer, namentlich zu erfassen, weil gemäß § 16 Abs. 6 WEG die Kostentragungspflicht von der Zustimmung abhängen kann, wenn nicht eine Kostenregelung im Einzelfall nach § 16 Abs. 4 WEG getroffen wurde. Der Versammlungsleiter hat die abgegebenen Stimmen auszuzählen. Er prüft auch die Gültigkeit der Stimmen (*BayObLG* NZM 2005, 262). Soweit durch Gemeinschaftsordnung oder Geschäftsordnungsbeschluss nichts anderes geregelt ist, kann der Versammlungsleiter das tatsächliche Ergebnis einer Abstimmung durch die Subtraktionsmethode feststellen. Dabei werden nach der Abstimmung über zwei von drei Abstimmungsfragen – auf Zustimmung, Ablehnung oder Enthaltung – die Zahl der noch nicht abgegebenen Stimmen als Ergebnis der dritten Abstimmungsfrage gewertet. Diese Methode setzt jedoch voraus, dass im Zeitpunkt der jeweiligen Abstimmung die Anzahl der anwesenden und vertretenen Wohnungseigentümer und – bei Abweichung vom Kopfprinzip – auch deren Stimmkraft feststeht (*BGH* ZMR 2002, 936).

19 Gibt es weder vereinbarte noch beschlossene Vorgaben, bedarf es nur dann keiner organisatorischer Maßnahmen zur exakten Feststellung der anwesenden und vertretenen Wohnungseigentümer und deren Stimmkraft sowie der genauen Zahl der abgegebenen Ja- und Nein- Stimmen sowie der Enthaltungen, wenn eindeutige Verhältnisse und klare Mehrheiten vorliegen (*BayObLG* NZM 2005, 262).

d) Beschlussfeststellung

20 Der Leiter einer Eigentümerversammlung hat festzustellen, dass eine gemeinschaftsinterne Willensbildung stattgefunden und zu einem bestimmten Ergebnis geführt hat. Diese Auffassung findet ihre gesetzliche Grundlage in § 24 Abs. 6 WEG, wonach über die in der Versammlung »gefassten Beschlüsse« eine Niederschrift aufzunehmen ist (*BGH* ZMR 2001, 809).

Die Feststellung des Beschlussergebnisses durch den Versammlungsleiter bestimmt konstitutiv 21
auch den Inhalt des Beschlusses Entspricht das festgestellte und verkündete Beschlussergebnis
nicht den tatsächlichen und rechtlichen Verhältnissen, so stellt dies einen Anfechtungs-, keinen
Nichtigkeitsgrund dar (*OLG München* ZMR 2007, 480). Da nach § 46 Abs. 1 WEG die Anfechtung
von Eigentümerbeschlüssen nur innerhalb der kurzen Frist von einem Monat seit der Beschlussfassung möglich ist, sind die Anfechtungsberechtigten darauf angewiesen, von einem bestimmten Beschlussergebnis ausgehen zu können. Das dient der notwendigen Rechtssicherheit der Eigentümer, insbesondere derjenigen, die an der Versammlung nicht teilgenommen haben. Wäre
nämlich eine förmliche Feststellung nicht erforderlich, müssten die Eigentümer auf eigenes
Risiko zunächst eine Interpretation des Abstimmungsergebnisses innerhalb laufender Anfechtungsfrist vornehmen. Mit der danach notwendigen Ermittlung des objektivierten Beschluss-
willens sind die Eigentümer überfordert. Sowohl die Ermittlung des richtigen Abstimmungsergebnisses als auch seine Beurteilung anhand der rechtlichen Mehrheitserfordernisse setzen
Rechtskenntnisse voraus, die von den Eigentümern weder erwartet werden können noch verlangt werden dürfen (*BGH* ZMR 2001, 809).

Die für das Entstehen eines Eigentümerbeschlusses erforderliche Feststellung und Verkündung 22
des Beschlussergebnisses muss nicht gemäß § 24 Abs. 6 WEG in das Versammlungsprotokoll aufgenommen werden und kann auch in konkludenter Weise geschehen (*OLG Celle* NZM 2005, 308).
Allerdings ist zu beachten, dass dann, wenn der Beschluss nach § 10 Abs. 4 WEG auch für Sondernachfolger gelten soll, für die Auslegung nur solche Umstände Berücksichtigung finden können,
die für jedermann ohne weiteres erkennbar sind, sich insbesondere aus dem Protokoll ergeben.
Daher wird für die Annahme einer konkludenten Feststellung in der Regel die bloße Wiedergabe
des für sich genommen eindeutigen Abstimmungsergebnisses im Versammlungsprotokoll genügen, es sei denn, dass sich das hieraus folgende Beschlussergebnis nach den zu berücksichtigenden Umständen, insbesondere aufgrund der protokollierten Erörterungen in der Eigentümerversammlung, vernünftigerweise in Frage stellen lässt. Allein aus dem Fehlen einer Beschlussfeststellung im Protokoll lässt sich regelmäßig noch nicht schließen, dass ein Beschluss nicht zustande
gekommen ist, im Zweifel wird vielmehr bei einem protokollierten klaren Abstimmungsergebnis
von einer konkludenten Beschlussfeststellung auszugehen sein (*BGH* ZMR 2001, 809).

Feststellung und Verkündung des Beschlussergebnisses müssen in der Eigentümerversammlung 23
erfolgen. Nur bei diesem Verständnis ist die Rechtssicherheit gewährleistet, auf die Eigentümer
insbesondere wegen der nur einmonatigen Anfechtungsfrist nach § 46 Abs. 1 WEG angewiesen
sind. Ist eine Feststellung oder Bekanntgabe des Beschlussergebnisses in der Eigentümerversammlung unterblieben, können die Eigentümer eine möglicherweise konkludente Feststellung
und Bekanntgabe des Beschlussergebnisses unterstellen und den damit zustande gekommenen
Beschluss rechtzeitig anfechten. Sie brauchen weder abzuwarten, bis eine Beschlussfeststellung
oder -verkündung nachgeholt wird (wofür sich eine bestimmte Frist nicht herleiten lässt), noch
müssen sie befürchten, dass für diesen Fall ein Beschlussergebnis Verbindlichkeit erlangt, das
mit ihrer eigenen Auslegung nicht übereinstimmt. Ist eine konkludente Feststellung und Bekanntgabe des Beschlussergebnisses nicht erfolgt, so können die Wohnungseigentümer, wie im
Fall einer vom Versammlungsleiter ausdrücklich verweigerten Beschlussfeststellung und -ver-
kündung, um eine gerichtliche Entscheidung nachsuchen (*OLG München* ZMR 2007, 480), ohne
dass ein Nachholen des Versäumten zur Unzulässigkeit des anhängig gemachten Verfahrens
führt (*BGH* ZMR 2001, 809).

Lehnt es der Versammlungsleiter ab (pflichtwidrig oder weil er sich hierzu wegen tatsächlicher 24
oder rechtlicher Schwierigkeiten bei der Bewertung des Abstimmungsergebnisses außer Stande
sieht) ein Beschlussergebnis festzustellen, kann eine nicht fristgebundene Feststellungsklage
nach § 43 Nr. 1 und Nr. 4 WEG erhoben werden. Die rechtskräftige Feststellung des Beschlussergebnisses durch das Gericht ersetzt die unterbliebene Feststellung des Versammlungsleiters und
komplettiert so den Tatbestand für das Entstehen eines Eigentümerbeschlusses (*BGH* ZMR 2001,
809). Das Gericht muss einen angegriffenen nicht verkündeten Beschluss erst feststellen (a. A.
Müller NZM, 2003, 226). Denn vor der konstitutiven Feststellung des Beschlussergebnisses durch
das Gericht gibt es keinen Beschluss, den das Gericht auf seine Wirksamkeit hin überprüfen könn-

§ 23 | Wohnungseigentümerversammlung

te. Auch bei dem die Feststellung des Versammlungsleiters ersetzenden Gerichtsbeschluss handelt sich um eine Voraussetzung für das rechtswirksame Zustandekommen eines Eigentümerbeschlusses (*AG Neukölln*, 22.2.2005, AZ 70 II 134/04.WEG).

6. Der Zweitbeschluss

25 Die Eigentümer sind grundsätzlich berechtigt, über eine schon geregelte Angelegenheit erneut zu beschließen (*OLG Frankfurt* 22.9.2004, AZ 20 W 428/01 OLGR 2005, 80). Wird ein Eigentümerbeschluss im Rahmen ordnungsgemäßer Verwaltung durch einen abändernden Zweitbeschluss aufgehoben oder abgeändert, sind schutzwürdige Belange eines Eigentümers aus Inhalt und Wirkungen des Erstbeschlusses zu beachten. Ordnungsgemäßer Verwaltung entspricht eine solche Beschlussfassung nur dann, wenn sie sich nicht darauf beschränkt, die geänderte Regelung für die Zukunft in Kraft zu setzen, sondern auch eine Übergangsregelungen für die bereits durchgeführte Maßnahmen trifft, die dem Grundsatz der notwendigen Gleichbehandlung der Miteigentümer sowie der Gewährung von Vertrauensschutz gegenüber früher getroffenen gemeinschaftlichen Regelungen Rechnung trägt (*OLG Hamm* ZMR 2007, 296). In diesem Rahmen kann durch einen Eigentümerbeschluss nach den Umständen des Einzelfalls auch ein Widerruf einer in der Vergangenheit erfolgten Genehmigung einer baulichen Veränderung erfolgen (*OLG Hamm* OLGR 2005, 28).

26 Das Rechtsschutzbedürfnis für eine Ungültigerklärung eines Erstbeschlusses entfällt mit Bestandskraft eines ersetzenden oder bestätigenden Zweitbeschlusses (*BayObLG* 1.12.2004, AZ 2Z BR 166/04 BayObLGR 2005, 183). Für die Anfechtung eines inhaltsgleichen Zweitbeschlusses fehlt nach Bestandskraft des Erstbeschlusses das Rechtsschutzbedürfnis (*OLG Frankfurt* 22.9.2004, AZ 20 W 428/01 OLGR Frankfurt 2005, 80). Haben die Eigentümer einen Beschluss, der möglicherweise an formellen Mängeln leidet, durch einen inhaltsgleichen Beschluss bestätigt und sind beide Beschlüsse angefochten worden, ist in der Regel das Gerichtsverfahren über die Gültigkeit des ersten Beschlusses auszusetzen bis zur Bestandskraft des zweiten Beschlusses (*BayObLG* 21.7.2004 AZ 2Z BR 007/04 BayObLGR 2004, 388 – LS –).
Ein Anspruch auf einen Zweitbeschluss nach § 21 Abs. 4 WEG ist denkbar. Er besteht zumindest dann nicht, wenn wegen der unterbliebenen Anfechtung eines Eigentümerbeschlusses über die Jahresabrechnung die darin enthaltene Heizkostenabrechnung bestandskräftig wurde, was auch eintreten kann, wenn der Verteilungsmaßstab wegen Verstoßes gegen § 9 a HeizkVO unrichtig war. Insbesondere kann ein Anspruch eines Eigentümers auf Neuberechnung im Wege des Zweitbeschlusses nicht auf Umstände gestützt werden, die bei der Beschlussfassung bereits bekannt waren (*OLG Düsseldorf* ZMR 2007, 379).

7. Die Mehrhausanlage

27 Eine Beschlussfassung nur der Eigentümer eines Hauses, ohne Beteiligung der übrigen Eigentümer, kann genügen, wenn die Gemeinschaftsordnung, abweichend von § 16 Abs. 2 WEG, eine Kostentrennung nach Gebäuden vorsieht. Die Gemeinschaftsordnung wird im Einzelfall auszulegen sein, ob und inwieweit bestimmte Kosten oder Kostengruppen von den Bewohnern eines Wohngebäudes allein zu tragen sind. Daraus kann sich eine Beschlusszuständigkeit allein der Teileigentümerversammlung ergeben (*BayObLG* NJW-RR 2004, 1092). Über die Jahresabrechnung und über die Entlastung von Verwaltung und Verwaltungsbeirat haben jedoch auch in einer Mehrhaus- Wohnanlage grundsätzlich alle Wohnungs- und Teileigentümer abzustimmen (*OLG Zweibrücken* ZMR 2005, 908).
Werden Kosten nach § 16 Abs. 4 WEG für eine Einzelmaßnahme orientiert am Gebrauch oder an der Möglichkeit zum Gebrauch abweichend von § 16 Abs. 2 WEG beschlossen und Eigentümern einzelner Häuser zugeordnet, sind alle Eigentümer beteiligt. Wurden ausscheidbare Betriebs- und Verwaltungskosten nach § 16 Abs. 3 WEG einzelnen Häusern dauerhaft zugeteilt, erscheint es gerechtfertigt, nur diese Eigentümer über Maßnahmen abstimmen zu lassen, die solche Kosten erzeugen. Es kann zu Unbilligkeiten führen, wenn Eigentümer Maßnahmen beschließen, deren finanzielle Folgen sie nicht mit zu verantworten haben. Allerdings bleibt ein Anspruch aller Eigentümer aus § 21 Abs. 4 WEG, dass die zur Kostentragung verpflichteten Eigentümer auch das Erforderliche beschließen und veranlassen.

B. Die Bezeichnung des Beschlussgegenstands, § 23 Abs. 2 WEG

Wirksame Beschlüsse können in einer Eigentümerversammlung, zu der nicht alle Wohnungseigentümer erschienen sind, nach § 23 Abs. 2 WEG nur dann gefasst werden, wenn der Gegenstand der Beschlussfassung in der Einladung ausreichend bezeichnet worden ist (*BayObLG* BayObLGR 2004, 327). Die Verletzung der Vorschrift des § 23 Abs. 2 WEG führt nicht zur Nichtigkeit des Eigentümerbeschlusses, sondern nur zu dessen Anfechtbarkeit (*KG* ZMR 2004, 858). 28

I. Informationszweck

Die Vorschrift dient dem Schutz der Wohnungseigentümer. Sie soll verhindern, dass diese durch eine Beschlussfassung überrascht werden. Sie sollen sich sachgerecht auf eine jeweilige Beschlussfassung vorbereiten können. Umgekehrt müssen die Wohnungseigentümer bei dem jeweiligen Tagesordnungspunkt damit rechnen, dass Beschlüsse gefasst werden. Es ist deshalb nicht notwendig, sie gerade darauf in der Einladung ausdrücklich hinzuweisen (*BayObLG* ZMR 1998, 580). 29

Es genügt, wenn in der Einladung nur der Gegenstand als solcher bezeichnet wird, in der Versammlung aber zugleich auch über damit zusammenhängende Fragen durch Beschluss entschieden wird (*BayObLG* ZMR 2000, 858). Eine stichwortartige Bezeichnung des Beschlussgegenstands reicht aus, die den Gegenstand als solchen und das davon betroffene Wohngebäude so umschreibt, dass die mit den Verhältnissen ihrer Wohnanlage vertrauten Wohnungseigentümer eine zweifelsfreie Zuordnung vornehmen konnten. Es ist es nicht erforderlich, dass der jeweilige Eigentümer aus der Ladung von vornherein sämtliche Einzelheiten des Gegenstandes übersehen und die Auswirkung eines etwaigen Beschlusses in jeder Beziehung erkennen kann (*OLG Celle* 7.2.2003, AZ 4 W 208/02 – zit. nach juris –). Nur bei schwerwiegenden Beschlüssen erfordert das Informationsbedürfnis, dass die Eigentümer auch die rechtlichen und tatsächlichen Folgen der Beschlussfassung erkennen können. Dagegen ist es nicht erforderlich, bereits den Inhalt eines beabsichtigten Beschlusses oder einen konkreten Beschlussantrag mitzuteilen (*OLG Celle* ZWE 2002, 474 = OLGR Celle 2002, 75). Der Beschlussgegenstand ist umso genauer in der Ladung zu bezeichnen, je größer seine Bedeutung und je geringer der Wissensstand des einzelnen Eigentümers hierzu ist. Bei einer geplanten Großsanierung einer mittelgroßen Wohnanlage reicht in der Einberufung der Eigentümerversammlung die Angabe »Beschluss über ergänzende und weiterführende Beschlüsse zur Großsanierung« nicht aus, wenn über konkrete bauliche Einzelmaßnahmen beschlossen werden soll (*OLG München* ZMR 2006, 954). 30

Die formalen Anforderungen an die Bezeichnung in der Einladung sind geringer, wenn die Angelegenheit bereits Gegenstand von Erörterungen in der Eigentümergemeinschaft war, die Wohnungseigentümer also mit dem Gegenstand grundsätzlich vertraut sind (*BayObLG* ZMR 2005, 460 = NJW-RR 2004, 1092). **Beispiele:** 31

»*Abmeierungsklage*« lässt ausreichend erkennen, dass es um eine Beschlussfassung nach § 18 WEG über die Entziehung des Wohnungseigentums geht (*KG* ZMR 1996, 223). 32

»*Anfragen/Anregungen*« lässt allenfalls Beschlüsse von untergeordneter Bedeutung zu (*BayObLG* ZMR 2002, 527). Ob dies gegeben ist, hängt vom Einzelfall ab und ist generellen Aussagen nicht zugänglich (*OLG Düsseldorf* ZMR 1997, 91).

»*Erklärungen zum Verwaltervertrag (Haftung)*« genügt für eine Beschlussfassung zur zeitlichen und betragsmäßigen Einschränkung der Verwalterhaftung (*BayObLG* ZMR 2003, 282).

»*Erneuerung der Aufzugsinnentüren in Verbindung mit einer Neuausstattung der Aufzugskabine konform zur Schadenshäufigkeit*« macht für jeden Eigentümer ersichtlich, dass hinsichtlich des Aufzugs eine Maßnahme der Instandsetzung geplant ist. Dies bedeutet gleichzeitig, dass auch dafür anfallende Kosten und Art der Finanzierung (Sonderumlage bzw. Instandhaltungsrücklage) zur Entscheidung anstehen (*OLG Düsseldorf* ZMR 2001, 723).

»*Festsetzung des Haus-/Wohngeldes/gemäß beiliegendem Wirtschaftsplan*« hat einen von der gesetzlichen Regelung der Verzugsfolgen abweichenden Beschluss nicht erfasst. Die Eigentümerversammlung kann auch nicht von der Verwaltung vorgeschlagene Beschlüsse fassen. Derartige ad hoc Beschlüsse unterliegen immer dem Risiko einer Anfechtbarkeit. Die Eigentümer mussten aufgrund der Einladung nicht damit rechnen, dass neben der Festsetzung des Wohngeldes und Regelungen zur Fälligkeit auch eine vom Gesetz abweichende Verzugsfolgenregelung erfolgen werde (*OLG Köln* NZM 2002, 169). Im Übrigen wäre ein solcher gesetzesverändernder Beschluss nichtig (*BGH* ZWE 2000, 518 = ZMR 2000, 771).

»*Freiflächengestaltung*« ist hinreichend bestimmt, um dem Informationsbedürfnis der einzelnen Wohnungseigentümer Rechnung zu tragen. Der beschlossene Freiflächengestaltungsplan sah auf einer Sondernutzungsfläche einen gemauerten Pflanztrog und auf anderen Gemeinschaftsflächen die Bepflanzung mit zahlreichen Bäumen und Sträuchern vor (*BayObLG* BayObLGR 2004, 388).

»*Haftung eines Eigentümers für Kosten und Schäden einer baulichen Veränderung des gemeinschaftlichen Eigentums und über die Erstattung zu Unrecht in Anspruch genommener Gelder der Eigentümer*« deckt auch eine Beschlussfassung über die Ermächtigung des Verwalters zur gerichtlichen Geltendmachung dieser Ansprüche (*BayObLG* WE 1997, 239).

»*Hausgeldabrechnung*« lässt eine Veränderung der in der Teilungserklärung festgelegten Kostenverteilung bzgl. des Aufzugs nicht erkennen, dass nur noch ein Haus in der Mehrhausanlage damit belastet wird und nicht – wie zuvor – die Gemeinschaft. (*OLG Düsseldorf* ZMR 2005, 895).

»*Information über das . . .-Projekt*« ist nicht ausreichend für eine Beschlussfassung zu dem Projekt (*AG Neubrandenburg* ZMR 2006, 162).

»*Sanierung der Balkone . . . – Auftragsabwicklung, Umfang- und Finanzierung*« ist für die Beschlussfassung wie Verlegung von Fliesen bzw. Klinkerplatten im fest verlegten Mörtelbett ausreichend; auch für die Festlegung, dass im Zuge der Sanierungsarbeiten ein weißer Anstrich der Balkon-Innenwände erfolgen soll (*OLG Celle* 7.2.2003, AZ 4 W 208/02 – zit. nach juris –).

»*Sonstiges*« lässt nur Beschlüsse über Gegenstände von untergeordneter Bedeutung zu (*OLG Hamm* NJW-RR 1993, 468 = OLGR 1993, 100). Dazu gehört die Genehmigung zur Errichtung einer Satellitenempfangsanlage auf dem Flachdach des Hauses nicht (*BayObLG* BayObLGR 2004, 327).

»*Unterrichtung der Eigentümergemeinschaft über die jüngsten Aktivitäten des Miteigentümers E., seinen aktuellen Schuldenstand gegenüber der Gemeinschaft und Beschlussfassungen hierzu nach vorheriger Erörterung*« reicht nicht, um die so geladenen Eigentümer hinreichend zu informieren, dass über die Entziehung des Wohnungseigentums gegen einen Eigentümer beraten und beschlossen werden soll (*OLG Düsseldorf* ZMR 1998, 244).

»*Verschiedenes*« ermöglicht grundsätzlich nur Eigentümerbeschlüsse von ganz untergeordneter Bedeutung. Dazu gehört die Aufforderung an den Verwalter, die Garagenbenutzer und Berechtigten der Sondernutzungsrechte »Wagenabstellplätze« auf die Notwendigkeit hinzuweisen, die im Gemeinschaftseigentum stehenden Verkehrsflächen freizuhalten sowie den Zeitraum mitzuteilen, innerhalb dessen nach der Straßenverkehrsordnung Be- und Entladevorgänge vorgenommen werden dürfen. Es wird nur geregelt, was dem Verwalter ohnehin obliegt. Möglich ist dabei auch die Ermächtigung nach § 27 Abs. 2 Nr. 5 WEG zur gegebenenfalls gerichtlichen Durchsetzung (*OLG Köln* ZMR 1998, 372). Beschlüsse sind auch dann möglich, wenn unter der Bezeichnung »Verschiedenes« in der Einladung weitere Beschlussgegenstände in einer Weise näher bezeichnet sind, die den Anforderungen von § 23 Abs. 2 WEG entsprechen. Wurden zusätzlich »*Malerarbeiten*« auch die »*Müllanlage*« angekündigt und im Zusammenhang damit der Kauf oder die Anmietung von zwei Abstellplätzen zwischen Haus 3 und 5 in der Einladung erwähnt, mussten die Eigentümer damit rechnen, dass über den Kauf oder die Anmietung von Abstellplätzen zum Aufstellen der zusätzlich erforderlichen Müllbehälter abgestimmt wird (*BayObLG* ZMR 1998, 649).

Wird unter »Verschiedenes« ein Beschluss zur Geschäftsordnung gefasst und so spontan ein weiterer Tagesordnungspunkt in die Eigentümerversammlung aufgenommen, ist der Beschluss anfechtbar. Zwar fehlt für die Anfechtung eines Geschäftsordnungsbeschlusses in der Regel das Rechtsschutzbedürfnis, weil sich solche Beschlüsse mit dem Ablauf der Versammlung erledigen (*BayObLG* NJW-RR 1987). Dies führt aber nicht dazu, dass eine Abstimmung über einen ergänzend aufgenommenen Punkt trotz des Ladungsmangels gültig wäre. Der fehlerhafte Geschäftsordnungsbeschluss begründet vielmehr die Anfechtbarkeit der in seiner Folge gefassten Beschlüsse, soweit sich der Fehler auf diese Beschlussfassung auswirkt (*OLG München* ZMR 2006, 68).

»*Vorgehen wegen der Feuchtigkeitsschäden im Haus*« deckt eine Beschlussfassung darüber und über die Beauftragung eines Sachverständigen zur Ermittlung der Ursachen der Schäden ab, auch wenn dies im Einladungsschreiben nicht ausdrücklich angekündigt wurde (*OLG Köln* NZM 2003, 121).

»*Wahl eines Verwalters*« oder »*Neuwahl des Verwalters*« macht für jeden Eigentümer erkennbar, dass damit nicht nur die Bestellung eines Verwalters an sich beschlossen werden soll, sondern auch die wesentlichen Bedingungen des Verwaltervertrages beraten und beschlossen werden können. Der Bezeichnung von Einzelheiten bedarf es insoweit nicht. Die Benennung eines konkreten Namens für das Amt des Verwalters in der Einladung ist nicht erforderlich und würde möglicherweise sogar zu einer Einengung der Wohnungseigentümerversammlung führen. So ist es durchaus möglich, dass in einer laufenden Versammlung weitere Vorschläge für den zu bestellenden Verwalter gemacht werden (*OLG Celle* ZWE 2002, 474 = OLGR 2002, 75; ebenso *OLG Schleswig* ZMR 2006, 803).

»*Wirtschaftsplan*« deckt grundsätzlich auch die Beschlussfassung über eine Erhöhung der jährlichen Zuführung zur Instandhaltungsrücklage (*BayObLG* ZMR 2000, 54). Die Bezeichnung »Beschlussfassung über den Wirtschaftsplan« kündigt aber eine Beschlussfassung über eine Vorfälligkeit der Wohngeldzahlung nicht ausreichend an (*AG Bremen*, 17.1.2005, AZ 111 a II 239/04 WEG).

Es ist grundsätzlich Sache des Verwalters, die Versammlung einzuberufen und durch Bezeichnung der einzelnen Beschlussgegenstände die Tagesordnung aufzustellen, § 23 Abs. 2 und § 24 Abs. 1 WEG. Bevor die anderen Eigentümer in Anspruch genommen werden können, ist der Anspruch auf Ankündigung eines beantragten Tagesordnungspunkts nach § 43 Nr. 3 WEG gegen den Verwalter gerichtlich geltend zu machen (*BayObLG* ZMR 2001, 991). 33

Das Einladungsschreiben kann ergänzend bei der Auslegung von Eigentümerbeschlüssen herangezogen werden, wenn dadurch den Beteiligten klar war, um welche Maßnahme es ging. Grundsätzlich ist zwar das Versammlungsprotokoll maßgeblich. Der Informationszweck ist aber erfüllt, wenn die Eigentümergemeinschaft überschaubar klein ist und sich ein Beschluss ohnehin durch die alsbaldigen Durchführung der Maßnahme erledigt (*BayObLG* ZMR 2003, 691). 34

Der Pflicht, den Gegenstand der Beschlussfassung bei der Einberufung zu bezeichnen, wird nicht dadurch genügt, dass ein Eigentümer gelegentlich bei Vorgesprächen zur Einberufung einer Eigentümerversammlung mit dem Gegenstand der Beschlussfassung vertraut gemacht wird. Es genügt nicht, dass eine Eigentümer außerhalb der Einladung davon erfährt, dass über einen bestimmten Gegenstand abgestimmt werden soll (*OLG Hamm* NJW-RR 1993, 468 = OLGR Hamm 1993, 100).

II. Beschlusskompetenz

Fehlt für den Beschlussgegenstand die Beschlusskompetenz der Eigentümerversammlung, so ist von einer Beschlussfassung abzusehen, denn ein Beschluss ist nichtig (*BayObLG* NZM 2005, 21 = NJW-RR 2005, 312). Dies zu prüfen ist Aufgabe des Verwalters, wenn er die Tagesordnungspunkte zusammenstellt. Wenn etwa in der Teilungserklärung die Verpflichtung zur Errichtung von Besucherstellplätzen festgelegt ist, fehlt der Eigentümerversammlung die Kompetenz, über die Einrichtung der Stellplätze zu beschließen. Dies gilt sowohl für einen positiven als auch für einen ablehnenden Beschluss (*BayObLG* 1.12.2004, AZ 2Z BR 166/04 BayObLGR 2005, 183). Die neuen gesetzlichen Beschlusskompetenzen sind dabei ebenso zu beachten, wie die dortigen Vorgaben des Gesetzes, dass Vereinbarungen diese Beschlusskompetenzen nicht einschränken oder ausschließen dürfen. § 12 Abs. 4, § 16 Abs. 5, § 22 Abs. 2 WEG. Lässt der Verwalter trotz erkennbar fehlender Beschlusskompetenz einen Mehrheitsbeschluss zu und verkündet er dessen Ergebnis, um einen Beschluss herbeizuführen, können ihm nach § 49 Abs. 2 WEG die Kosten eines gerichtlichen Verfahrens auf Feststellung der Nichtigkeit auferlegt werden. 35

III. Folgen nicht ausreichender Bezeichnung

36 Ein Verstoß gegen § 23 Abs. 2 WEG führt nach gerichtlicher Anfechtung nur dann zur Ungültigerklärung des Beschlusses, wenn die Beschlussfassung auf dem Einberufungsmangel beruht. Die Unwirksamkeit des Beschlusses ist nicht gegeben, wenn er auch bei einer ordnungsgemäßen Einladung in gleicher Weise gefasst worden wäre (*OLG Celle* 7.2.2003, AZ 4 W 208/02 – zit. nach juris –).

37 Bei der Würdigung, ob der Einberufungsmangel für die Beschlussfassung ursächlich war, spricht eine tatsächliche Vermutung für die Ursächlichkeit. An deren Widerlegung sind hohe Anforderungen zu stellen. Die dabei vorzunehmende Würdigung, ob im Einzelfall zweifelsfrei festgestellt werden könne, dass die Beschlüsse auch bei ordnungsgemäßer Ankündigung der Beschlussfassung in der Einberufung der Versammlung genauso ausgefallen wäre, ist in erster Linie tatrichterliche Entscheidung. Für die Widerlegung der Kausalitätsvermutung reicht noch nicht aus, dass Beschlüsse von einer bestimmten Mehrheit der Wohnungseigentümer getragen worden sind (*OLG Hamm* WE 1996, 33). Allerdings können klare Mehrheitsverhältnisse als ein Indiz unter mehreren herangezogen werden. Sind sämtliche Mitglieder der Wohnungseigentümergemeinschaft anwesend oder vertreten, ist dies ein starkes Indiz dafür, dass das Abstimmungsergebnis auch bei vorheriger Ankündigung nicht anders ausgefallen wäre (*OLG Celle* OLGR Celle 2004, 600 und *KG* ZMR 2006, 794).

38 Sind nicht alle Eigentümer anwesend, ist denkbar, dass bei einer Erörterung auch unter Anwesenheit weiterer Wohnungseigentümer, die an den Versammlungen nicht teilgenommen haben, der Austausch der Argumente dazu geführt hätte, dass es zu einer anderen Meinungsbildung gekommen wäre. Dies gilt auch dann, wenn die tatsächlich anwesenden bzw. vertretenen Eigentümer die Beschlüsse einstimmig gefasst haben (*OLG Düsseldorf* ZMR 1998, 244). Ist es im Einzelfall auf Grund der Sachlage praktisch ausgeschlossen, dass ein anderes Verhalten in der Versammlung und bei der Abstimmung hätte bewirkt werden können, etwa weil die Mehrheit eindeutig entschlossen war, einen Verwalter abzuwählen, ist die Kausalität eines Einberufungsmangels zu verneinen (*BayObLG* 5.3.1992, AZ BReg 2 Z 171/91 WuM 1992, 283 – LS –).

39 Im Einzelfall kann eine Beschlussanfechtung unter Berufung auf einen Einberufungsmangel gegen Treu und Glauben nach § 242 BGB verstoßen. Dann ist der Einberufungsmangel für den anfechtenden Eigentümer unbeachtlich. Dafür reicht zwar nicht aus, dass der Eigentümer an der Beschlussfassung mitgewirkt hat. Der Arglisteneinwand ist jedoch dann begründet, wenn der anfechtende Eigentümer sich in Kenntnis des Einberufungsmangels ausdrücklich mit der Beschlussfassung einverstanden erklärt hat. In diesem Fall schafft er für die Eigentümergemeinschaft einen Vertrauenstatbestand, der es ihm später verwehrt, sich auf den Einberufungsmangel zu berufen (*OLG Hamm* NJW-RR 1993, 468 = *OLGR* 1993, 100).

40 Falls bei einer sog. »Vollversammlung« sämtliche Eigentümer auf die Einhaltung der Formvorschrift des § 23 Abs. 2 WEG verzichten, gilt der Verfahrensmangel der fehlenden Bezeichnung des Gegenstands bei der Einberufung als geheilt (*OLG Celle* OLGR 2004, 600).

C. Die Beschlussfassung durch schriftliche Zustimmung, § 23 Abs. 3 WEG

I. Der andere Weg zu einem Beschluss

41 Nach § 23 Abs. 1 WEG wird ein Mehrheitsbeschluss von den Eigentümern in der Eigentümerversammlung gefasst. Der Beschluss entsteht somit durch die Abgabe von Willenserklärungen. Einen anderen Weg zum gleichen Ergebnis gibt § 23 Abs. 3 WEG vor. Es wird ein angedachtes Beschlussergebnis mit konkretem Wortlaut in den Raum gestellt. Dieses Denkmodell ist zunächst rechtlich ein »Nichts«. Die Gültigkeit dieses Denkmodells als Beschluss ergibt sich erst aus der Tatsache, dass diesem alle Eigentümer schriftlich zustimmen.

42 Weil der Weg zu diesem Beschluss keine Aussprache der Eigentümer und somit keinen Austausch konstruktiver Meinungen für eine förderliche Entwicklung des Meinungsstandes vorsieht, das Denkmodell vielmehr so von allen Eigentümern akzeptiert werden soll, wie es in den Raum gestellt wurde, dient es dem Minderheitenschutz, den Beschluss nur dann gültig werden zu lassen, wenn alle Eigentümer (Allstimmigkeit) zustimmen.

II. Der Initiator des schriftlichen Beschlusses

Der Verwalter hat nach § 23 Abs. 2 WEG und § 24 Abs. 1 WEG die Aufgabe, zu Eigentümerversammlungen einzuladen. Daraus ergibt sich für ihn die Verpflichtung, Beschlüsse in der Eigentümerversammlung entsprechend vorzubereiten. Der schriftliche Beschluss benötigt keine Eigentümerversammlung und deswegen auch nicht die vorbereitenden Handlungen des Verwalters. Aus § 23 Abs. 3 WEG ergibt sich nicht, wer ein schriftliches Beschlussverfahren in Gang setzen kann. Ebenso wenig ist dort geregelt, wer die schriftlichen Erklärungen über die Zustimmung (oder Ablehnung) zu einem Beschluss entgegenzunehmen berechtigt ist.

Es kann als unstreitig angesehen werden, dass jeder Eigentümer ein solches Verfahren betreiben und die Erklärungen der Eigentümer hinsichtlich der Zustimmung entgegen nehmen kann. Teilweise wird die Meinung vertreten, dass nur Wohnungseigentümer die Initiative ergreifen und solche Beschlüsse vorbereiten könnten. Die herrschende Meinung vertritt die Auffassung, dass auch der Verwalter, der Vorsitzende des Verwaltungsbeirates bzw. sein Vertreter zur Einleitung eines schriftlichen Beschlussverfahrens berechtigt sind.

Tatsächlich enthält das Gesetz keine Schranken, dass sogar ein Dritter, etwa der anwaltliche Vertreter eines Eigentümers, den Wortlaut eines Beschlusses in Umlauf bringt und die entsprechenden Zustimmungen der Eigentümer einholt. Das OLG Celle spricht vom »Abschlussinitiator« und lässt den möglichen Kreis der Initiatoren offen (*OLG Celle* NJW-RR 2006, 1605). Wenn es keinen Verwalter gibt und die einzelnen Eigentümer aus tatsächlichen oder rechtlichen Gründen nicht in der Lage sind, eine solche Maßnahme durchzuführen, gibt es keinen aus dem Gesetz ersichtlichen Grund, eine solche Verfahrensweise abzulehnen. Für die gesetzlichen Absichten war es ohne Bedeutung, welche Person das Verfahren in Gang setzt. Wesentlich war die Zustimmung aller Eigentümer, ohne die ein Beschluss nicht auf diesem Weg entstehen kann. Nimmt einer der Wohnungseigentümer Anstoß an der Person, die das Verfahren in Umlauf gebracht hat, wird er nicht zustimmen und dieses Verfahren zur Herbeiführung eines Beschlusses ist gescheitert. Ebenso wie ein Dritter zu einer Eigentümerversammlung einladen kann und ein solcher Einladungsmangel nur zur Anfechtbarkeit jedoch nicht zur Nichtigkeit des Beschlusses führt und wie Versammlungsleiter in der Eigentümerversammlung nicht zwingend ein Eigentümer sein muss, kann durch Feststellung und Bekanntgabe des Beschlussergebnisses für die Eigentümer verbindlich durch einen Dritten ein Beschluss mit der Bindungswirkung für einen Rechtsnachfolger gemäß § 10 Abs. 3 WEG herbeigeführt werden.

III. Veränderung der gesetzlichen Vorgaben durch Vereinbarung

Die herrschende Meinung geht davon aus, dass ein schriftlicher Beschluss, dem nicht alle Wohnungseigentümer zustimmen, nichtig ist und deswegen keiner gerichtlichen Anfechtung nach § 23 Abs. 4 WEG bedürfe (*BayObLG* ZMR 2002, 138). In der Teilungserklärung oder der Gemeinschaftsordnung könne die Zulässigkeit schriftlicher Mehrheitsbeschlüsse nicht vereinbart werden (*BayObLG* BayObLGZ 1980, 331). § 23 Abs. 3 WEG diene dem Minderheitenschutz und sei deswegen nicht abdingbar (*OLG Köln* 21.8.1979 AZ 16 Wx 80/79 - zit. nach juris -).

Zu Recht gibt es Bedenken gegen diese Rechtsmeinung (Bärmann/Pick/Merle, § 23 Rn. 112 und *OLG Schleswig* ZMR 2006, 803). Von diesem Gericht wurde im konkreten Einzelfall eine Abdingbarkeit in der Gemeinschaftsordnung angenommen. Die herrschende Meinung wurde dort zudem als »*bedenklich*« eingestuft. Nach § 10 Abs. 1 S. 2 WEG können die Eigentümer von den Vorschriften des WEG abweichende Vereinbarungen treffen, wenn nicht etwas anderes ausdrücklich bestimmt wurde. Eine solche ausdrückliche Regelung, von den Vorgaben des § 23 Abs. 3 WEG nicht abzuweichen, gibt es nicht. Der Grund, weshalb die herrschende Meinung von der Nichtigkeit eines Beschlusses ausgeht, wenn nicht alle Eigentümer zugestimmt haben, soll im Minderheitenschutz liegen. Unterstellt man jedoch, dass die Eigentümer grundsätzlich die Beschlusskompetenz zu Angelegenheiten der Verwaltung haben und das Recht zur Beschlussfassung im schriftlichen Verfahren in § 23 Abs. 3 WEG ausdrücklich gesetzlich zugewiesen bekamen, sind Beschlüsse, die nicht mit Zustimmung aller Eigentümer zu Stande kamen, nicht nichtig sondern nur anfechtbar.

§ 23 | Wohnungseigentümerversammlung

48 Dies gilt erst recht seit der Entscheidung des *BGH* vom 23.8.2001. Ein Beschluss kommt danach erst (konstitutiv) zu Stande, wenn er festgestellt und verkündet wurde. Dies gilt auch für den schriftlichen Beschluss (*BGH* ZMR 2001, 809 = ZWE 2001, 530). Somit kann innerhalb einer gerichtlichen Beschlussanfechtung geprüft werden, ob der Beschluss ordnungsgemäß zu Stande kam. Ist dies nicht der Fall, kann das Gericht den Beschluss für ungültig erklären. Wird ein schriftlicher Mehrheitsbeschluss festgestellt und bekannt gemacht und nicht gerichtlich angefochten, erlangt er Bestandskraft. Mit der gerichtlichen Überprüfungsmöglichkeit ist auch dem Minderheitenschutz ausreichend genügt.

49 Es gelten bei derartigen Mehrheitsbeschlüssen die allgemeinen Regeln, wonach nur solche Beschlüsse bestandskräftig werden können, die nicht das Ziel verfolgen, eine gesetzliche Vorgabe oder eine Vereinbarung mit Wirkung für die Zukunft zu verändern. Derartige Beschlüsse sind nichtig, wenn nicht eine Regelung in der Gemeinschaftsordnung dies zulässt, unabhängig davon, ob sie in einer Eigentümerversammlung oder auf schriftlichem Weg zu Stande kommen.

50 Wenn die Eigentümer schriftlich mit Zustimmung aller Eigentümer einen Beschluss herbeiführen können, können sie erst recht durch eine Vereinbarung die Modalitäten über das Zustandekommen eines schriftlichen Beschlusses regeln.

IV. Die Entstehung eines schriftlichen Beschlusses

51 Der Initiator eines schriftlichen Beschlussverfahrens kann jeden einzelnen Eigentümer direkt anschreiben und von diesem die Zustimmung zu einem Beschluss, wie er zu Stande kommen soll, einfordern. Ebenso ist es möglich, im »Umlaufverfahren« das Schreiben an einen Eigentümer zu übersenden oder zu übergeben, verbunden mit der Bitte, die Zustimmung darauf schriftlich zu erteilen und an den nächsten Eigentümer weiterzugeben.

52 Wenn alle Zustimmungen bei dem Initiator des Verfahrens eingegangen sind, ist der Beschluss noch nicht zu Stande gekommen. Es existieren dann aber die Voraussetzungen, dass ein solcher Beschluss zu Stande kommen kann. Wie bei einem Beschluss in der Eigentümerversammlung kommt im schriftlichen Verfahren ein Beschluss erst mit der Feststellung und einer an alle Wohnungseigentümer gerichteten Mitteilung des Beschlussergebnisses zustande. Auch hier ist die konstitutive Wirkung der Feststellung und Bekanntgabe des Beschlussergebnisses zu beachten (*BGH* ZMR 2001, 809).

53 Es bedarf nicht des Zugangs der Mitteilung über das Zustandekommen des Beschlusses bei jedem einzelnen Eigentümer. Es genügt jede Form der Unterrichtung, etwa durch einen Aushang oder ein Rundschreiben, die den internen Geschäftsbereich des Feststellenden verlassen hat, und bei der den gewöhnlichen Umständen nach mit einer Kenntnisnahme durch die Wohnungseigentümer gerechnet werden kann. Ab dem Zeitpunkt, in dem diese Voraussetzungen erfüllt sind, ist ein Beschluss im schriftlichen Verfahren existent geworden (*BGH* ZMR 2001, 809). Das dort genannte Datum der Beschlussentstehung setzt die Monatsfrist für eine Beschlussanfechtung nach § 46 WEG in Gang.

54 Jeder Eigentümer kann sich bei Abgabe der schriftlichen Zustimmung vertreten lassen. Bei der Zustimmung handelt es sich um einen internen Vorgang der Eigentümergemeinschaft, es wird kein Rechtsgeschäft angestrebt. Weil die Zustimmung eine Willenserklärung darstellt, kommt § 174 BGB entsprechend zur Anwendung. Entweder kann der Eigentümer den Initiator direkt informieren, dass er einen Vertreter eingesetzt hat und wer für ihn auftreten wird. Alternativ sollte der Vertreter mit Abgabe der Zustimmungserklärung eine Vollmachtsurkunde beifügen, um zu vermeiden, dass seine Zustimmung zurückgewiesen wird.

55 Das Gesetz schreibt vor, dass die Eigentümer die Zustimmung »*zu diesem Beschluss*« schriftlich erklären. Erforderlich ist deswegen die Zustimmung jedes einzelnen Eigentümers in zwei Richtungen: Einen Beschluss im schriftlichen Verfahren herzustellen und zum vorgegebenen Inhalt des Wortlautes eines Beschlusses. Es kann angenommen werden, dass ein Eigentümer dem schriftlichen Beschlussverfahren zugestimmt hat, wenn er lediglich in der Sache eine zustimmende Erklärung abgibt.

Sind nach der Gemeinschaftsordnung nicht alle Eigentümer zu einem Thema stimmberechtigt, sondern nur ein bestimmter »Block«, kommt ein Beschluss im schriftlichen Verfahren zu Stande, wenn die zu diesem »Block« gehörenden Eigentümer ihre Zustimmung erteilt haben und dieses Ergebnis festgestellt und bekannt gegeben worden ist (*OLG Schleswig* ZMR 2006, 803). 56

Nach § 25 Abs. 5 WEG kann ein Eigentümer vom Stimmrecht ausgeschlossen sein. Diese Regelung gilt nur für das Stimmrecht in der Eigentümerversammlung und ist nicht auf die Zustimmung nach § 23 Abs. 3 WEG für das schriftliche Beschlussverfahren anwendbar. Es ist die Zustimmung aller Eigentümer erforderlich, auch der Eigentümer, die bei der Beschlussfassung in der Eigentümersammlung vom Stimmrecht ausgeschlossen sind (*BayObLG* ZMR 2002, 138). Hier wird der Unterschied zur Beschlussfassung in der Eigentümerversammlung besonders deutlich. In der Eigentümerversammlung genügt für einen ordnungsgemäß herbeigeführten Beschluss, dass die Eigentümerversammlung die Beschlussfähigkeit nach § 25 Abs. 3 WEG erreicht hat oder notfalls ein Beschluss in der Ersatzversammlung nach § 25 Abs. 4 WEG herbeigeführt wird. 57

Erfolgt die Verwalterbestellung im schriftlichen Beschlussverfahren und muss die Bestellung in der Form des § 29 Abs. 1 S. 1 GBO nachgewiesen werden, genügt die notarielle beglaubigte Niederschrift über die Feststellung des schriftlichen Beschlussergebnisses, weil gerade dadurch der Beschluss geschaffen worden ist (*BGH* ZMR 2001, 809). 58

Die Kombination von einem nicht schriftlichen »Teilbeschluss« in der Eigentümerversammlung und einem »Teilbeschluss« im schriftlichen Zustimmungsverfahren gibt es nicht. Soweit dies in der Literatur teilweise beschrieben wird (*Bärmann/Pick/Merle*, § 23 Rn. 103), handelt es sich tatsächlich um einen echten Beschluss im schriftlichen Zustimmungsverfahren. Die Eigentümer, die in der Versammlung bereits zugestimmt haben, müssen ihre Zustimmung schriftlich erklären. Die Eigentümer, die in der Versammlung dem Beschluss nicht zugestimmt haben, müssen überzeugt werden, ihre Zustimmung schriftlich zu erklären. Die Eigentümer, die in der Versammlung nicht anwesend waren, müssen ebenfalls dazu bewegt werden, dem Beschluss schriftlich zuzustimmen. Im Ergebnis muss von allen Eigentümern die schriftliche Zustimmung vorliegen, bevor der Verwalter oder der Initiator des Verfahrens das Zustandekommen des Beschlusses feststellen und mitteilen kann. 59

V. Der Widerruf der Zustimmung

Nach § 130 Abs. 1 S. 2 BGB wird eine Willenserklärung, die einem Abwesenden gegenüber abzugeben ist, nicht wirksam, wenn dem anderen vorher oder gleichzeitig ein Widerruf zugeht. Die der gesetzlichen Regelung in § 130 BGB zu Grunde gelegte Zielsetzung, die Herbeiführung eines Rechtsgeschäftes, ist mit der Rechtslage bei der Zustimmung im schriftlichen Beschlussverfahren gemäß § 23 Abs. 3 WEG nicht vergleichbar, weil es gerade nicht um die Herbeiführung eines Rechtsgeschäftes geht, sondern um einen in der Gemeinschaft ablaufenden internen Vorgang der Willensbildung. Da ein Beschluss im schriftlichen Zustimmungsverfahren erst zu Stande kommt, wenn dafür die Voraussetzungen vorliegen und von dem Berechtigten das Ergebnis festgestellt und bekannt gegeben wird, kann ein Widerruf einer zwar existent geworden Zustimmung, die jedoch noch nicht verwertet wurde, bis zur Konstitution des Beschlusses – durch Feststellung und Mitteilung an die Eigentümer – erfolgen (*Bärmann/Pick/Merle*, § 23 Rn. 108 und *OLG Celle* NJW-RR 2006, 1605). 60

D. Beschlussnichtigkeit und Gültigkeitsvermutung, § 23 Abs. 4 WEG

I. Anwendungsbereiche

Die Vorschrift des § 23 Abs. 4 WEG wurde in ihrem Anwendungsbereich reduziert. Die hier bisher verankerte Frist und die Rechtsgrundlage für eine Anfechtungsklage wurden in die Verfahrensvorschriften nach § 46 WEG verlagert. Es bleibt eine Richtungsweisung, wann ein Beschluss nichtig ist und dass ein (nicht nichtiger) Beschluss der Eigentümer solange gültig ist, bis er von einem Gericht durch rechtskräftiges Urteil für ungültig erklärt wurde. 60a

II. Die Beschlussnichtigkeit

1. Allgemeines

60b Wann ein Beschluss nichtig ist, definiert das Gesetz in § 23 Abs. 4 WEG nicht abschließend. (*Köhler* § 23 Rn. 422). Nichtig sind Beschlüsse, die gegen zwingende gesetzliche Vorgaben wie § 134 oder § 138 BGB verstoßen. Es gibt aber durchaus weitere Nichtigkeitsgründe, die durch den Gesetzeswortlaut nicht ausdrücklich ausgeschlossen werden sollten, etwa der Versuch, in Kernbereiche des Wohnungseigentumsrechts einzugreifen. (*BGH* ZMR 2004, 438).

Es gilt darüber hinaus die Rechtsprechung weiter, dass die fehlende Beschlusskompetenz zur Beschlussnichtigkeit führt. (Ausgangspunkt: *BGH* ZMR 2000, 771). Beschlüsse können nur gefasst werden, wenn die Teilungserklärung/Gemeinschaftsordnung oder das Gesetz dies zulassen (Beschlusskompetenz).

Nichtig können Beschlüsse auch dann sein, wenn sie im Wortlaut unklar sind und ihren Inhalt nicht bestimmt genug vermitteln (*OLG Oldenburg* ZMR 2005, 814). So ist ein Beschluss über die Ermächtigung des Verwalters zur gerichtlichen Geltendmachung von Ansprüchen der Wohnungseigentümergemeinschaft nichtig, wenn sich dem Beschluss nicht mit hinreichender Deutlichkeit entnehmen lässt, welche Ansprüche geltend gemacht werden sollen (*OLG München* ZMR 2006, 718).

Für eine Klärung der Nichtigkeitsfrage hilft auch § 23 Abs. 1 WEG. Vordergründig weist die Norm den Weg einer Beschlussfassung in die Eigentümerversammlung. Aus dem Wortlaut ist auch ein Umkehrschluss möglich: Beschlüsse zu Angelegenheiten, über die nach dem WEG oder nach einer Vereinbarung die Eigentümer nicht durch Beschluss entscheiden können, sind nichtig.

Es wird auch die Existenz von »schwebend nichtigen Beschlüssen« erwogen. Diese sollen vorliegen, wenn individuelle Rechte durch Mehrheitsbeschluss entzogen werden sollen, die bereits »mehrheitsfest« wurden. Ebenso wenn es an Entstehungsvoraussetzungen für einen Beschluss fehlt (*Hügel/Elzer* § 8 Rn. 9). Ob diese Differenzierung in der Praxis hilft, ist zweifelhaft. Die entscheidende Frage wird (und sollte) bleiben, ob die Eigentümer die Beschlusskompetenz hatten.

Ein nichtiger Beschluss bindet niemand. Weil daraus keine Rechtsfolgen abgeleitet werden können, bedarf es auch keiner Beschlussanfechtung.

Erfolgt jedoch eine Anfechtungsklage, kann gerade das gerichtliche Verfahren im Einzelfall einem nichtigen Beschluss zur Geltung verhelfen. In Gerichtsverfahren über Beschlussanfechtungen bilden Anfechtungs- und Nichtigkeitsgründe denselben Verfahrensgegenstand. Über diesen wird umfassend entschieden. Bestätigt ein Gericht den Beschluss der Eigentümer, obwohl ein Nichtigkeitsgrund vorlag, wird der Beschluss nach § 48 Abs. 4 WEG rechtskräftig und erzeugt die dort beschriebene Bindungswirkung. Im Gesetz gibt es keine Anhaltspunkte, dass jeweils eine Untersuchung einer gerichtlichen Entscheidung darauf nötig wäre, ob die mögliche Nichtigkeit vom Gericht überhaupt geprüft worden ist (*Hügel/Elzer* § 8 Rn. 14). Eine solche Prüfung durch das Gericht kann und muss immer unterstellt werden. Ansonsten könnte es dem Hinweisgebot nach § 46 Abs. 2 WEG nicht nachkommen.

2. Abgrenzung: Nichtiger Beschluss zum Nichtbeschluss

61 Gibt es keinen Beschluss, kann auch nichts gerichtlich für ungültig geklärt werden; ebenso wenig gibt es ein Rechtsschutzbedürfnis, eine Nichtigkeit feststellen zu lassen. Der Beschluss der Eigentümer, zu bestimmten Punkten der Tagesordnung keinen Beschluss zu fassen, erschöpft sich im Allgemeinen darin, von einer gemeinsamen Willensbildung abzusehen. Für die Anfechtung seines solchen Beschlusses fehlt es i. d. R. am Rechtsschutzbedürfnis (*BayObLG* FGPrax 2004, 17 = ZfIR 2004, 430).

Ein Beschluss fehlt, wenn eine Abstimmung in der Eigentümerversammlung nicht erfolgte oder die Zustimmung im schriftlichen Verfahren nicht von allen Eigentümern erholt wurde. Insbesondere gibt es keinen Beschluss, wenn ein Beschlussergebnis weder ausdrücklich noch konkludent festgestellt und mitgeteilt wurde. Erst dann und dadurch wäre ein Beschluss existent geworden (*BGH* ZMR 2001, 809). In der Literatur und in der Rechtsprechung wurde der Begriff »Nichtbeschluss« oder auch »Scheinbeschluss« im Zusammenhang mit einer Abgrenzung zum »Negativbeschluss« verwendet. Bis zur Entscheidung des *BGH* vom 23.8.2001 ging die herrschende Meinung davon aus, dass ein Negativbeschluss die Rechtslage nicht verändert (ein angestrebter Beschluss wurde mehrheitlich abgelehnt) und dass deswegen eine gerichtliche Beschlussanfechtung weder möglich noch nötig ist. Durch den *BGH* wurde klargestellt, dass ein Negativbeschluss Beschlussqualität hat und deswegen angefochten werden muss, wenn der Eintritt seiner Bestandskraft verhindert werden soll (*BGH* ZMR 2001, 809).

Im Einzelfall kann die Feststellung verlangt werden, dass ein Beschluss nicht zustande gekommen ist. Dies gilt dann, wenn es darum geht, den Rechtsschein eines Eigentümerbeschlusses zu beseitigen. Insbesondere wenn ein Beteiligter (Eigentümer oder Verwalter) von wirksam gefassten und gültigen Eigentümerbeschlüssen ausgeht, könnte ohne Klarstellung durch das Gericht die Rechtslage dauerhaft unklar bleiben (*OLG München* 26.6.2006 AZ 34 Wx 003/06 – juris).

3. Abgrenzung: Nichtiger Beschluss zum Negativbeschluss

Der Negativbeschluss ist ein anfechtbarer Mehrheitsbeschluss. Wird der Antrag für einen Beschluss mehrheitlich abgelehnt, bleibt die Rechtslage unverändert. Allein die fehlende Zustimmung lässt die Schlussfolgerung nicht zu, die Eigentümer hätten das Gegenteil des Beschlussantrages gewollt. Über das Gegenteil wurde gerade nicht abgestimmt. Wesentlich ist, dass durch einen Mehrheitsbeschluss der gemeinschaftsinterne Wille verbindlich festgelegt werden soll. Einem solchen kollektiven Willensakt kann Beschlussqualität nicht abgesprochen werden. Nicht anders als ein positiver Beschluss kommt auch ein negatives Abstimmungsergebnis in Verwirklichung der Beschlusskompetenz der Eigentümerversammlung zustande und ist daher das Resultat einer verbindlichen Willensbildung der Gemeinschaft aus mehreren Einzelwillen. Es wird der Gemeinschaftswille festgelegt, dass die beantragte Änderung oder Ergänzung des Gemeinschaftsverhältnisses nicht eintreten soll. Insoweit unterscheidet sich die Ablehnung eines Antrags in nichts von der – unzweifelhaft als Beschluss anzusehenden – Annahme des »negativen« Antrags, eine bestimmte Handlung nicht vorzunehmen oder zu unterlassen (*BGH* ZMR 2001, 809). Negative Beschlüsse werden somit ohne Anfechtung bestandskräftig. Sie erzeugen aber keine Sperrwirkung, dass darüber nicht erneut abgestimmt werden könnte (*OLG München* ZMR 2007, 304).

4. Beispiele für die Abgrenzung von Nichtigkeit und Anfechtbarkeit eines Beschlusses:

Bauliche Veränderung: Eine fehlende Zustimmung nach § 22 Abs. 1 S. 1 WEG macht den Beschluss rechtswidrig, aber nicht nichtig. Ein Beschluss, der eine Baumaßnahme bloß wenig detailliert beschreibt, ist regelmäßig nur anfechtbar (*OLG Hamburg* ZMR 2001, 725). Als nichtig sind dagegen Beschlüsse anzusehen, die eine durchführbare Regelung nicht mehr erkennen lassen (*OLG Düsseldorf* ZMR 2005, 143). Beschlüsse, die ein Bauvorhaben genehmigen, wodurch eine andere als die vereinbarte Zweckbestimmung für bestimmte Räume herbeigeführt wird, sind ohne Öffnungsklausel in der Teilungserklärung nichtig. Denn die Wohnungseigentümer können ihre Angelegenheiten nur durch eine Vereinbarung regeln (*KG* ZMR 2007, 299 und *OLG München* ZMR 2007, 391). Der einer baulichen Veränderung nicht zustimmende Wohnungseigentümer muss auf die Kostenfreistellung, die in § 16 Abs. 6 WEG angeordnet ist und dem eindeutigen Gerechtigkeitsgebot entspricht, vertrauen dürfen (*OLG Schleswig* ZWE 2007, 248). Diese Rechtsprechung verliert an Bedeutung, wenn die Eigentümer von der neuen gesetzlichen Beschlusskompetenz Gebrauch machen, die Kosten für eine konkrete Maßnahme nach § 16 Abs. 4 WEG regeln und so die Anwendbarkeit des § 16 Abs. 6 S. 1 WEG abbedingen. Die faktische Stilllegung eines Aufzugs und Verweigerung einer Reparatur, dessen Funktionsfähigkeit die Teilungserklärung verspricht, kann nicht mehrheitlich beschlossen werden (*OLG Saarbrücken* WuM 2007, 154).

Beschlussfähigkeit: Die fehlende Beschlussfähigkeit einer Versammlung hat nur die Anfechtbarkeit, nicht die Nichtigkeit der dort gefassten Beschlüsse zur Folge (*OLG München* OLGR 2007, 421).

Blockabstimmung: Ein Beschluss über die Kostentragung der Sanierungsmaßnahme für eine Tiefgarage ist nicht deshalb nichtig, weil er nur von den Teileigentümern der Tiefgarage gefasst wurde, obwohl das Tiefgaragengebäude gemeinschaftliches Eigentum aller Wohnungseigentümer ist (*BayObLG* 30.10.2003, AZ 2Z BR 155/03 MietRB 2004, 77 – LS –).

§ 23 | Wohnungseigentümerversammlung

Eigentümerversammlung: Wird diese durch einen Eigentümer statt vom Verwalter oder Beiratsvorsitzenden einberufen, führt dies nicht zur Nichtigkeit, sondern nur zur Anfechtbarkeit der in der Versammlung gefassten Beschlüsse (*BayObLG* BayObLGR 2004, 443). Beschlüsse, die in einer durch eine unzuständige Person einberufenen Eigentümerversammlung gefasst werden, sind zwar rechtswidrig und anfechtbar, aber nicht nichtig. Die Anfechtung bleibt erfolglos, wenn der Beschluss ohne den Einberufungsmangel ebenso zustande gekommen wäre (*OLG Köln* WE 1996, 77). Wird einem Eigentümer der Tagungsort der Eigentümerversammlung vorsätzlich nicht mitgeteilt, sind die in der Versammlung gefassten Beschlüsse in der Regel nichtig (*BayObLG* WuM 2005, 145).

Einzelfallregelung: Erschöpft sich ein Beschluss in der Regelung eines individualisierten Einzelfalles, also in einer konkreten Maßnahme aus einem bestimmten Anlass und will er darüber hinaus das Gesetz weder vorläufig noch endgültig ändern, so ist ein gesetzesverletzender Mehrheitsbeschluss anfechtbar, aber nicht nichtig (*BayObLG* BayObLGR 2004, 427). Dies gilt erst Recht, soweit im Rahmen der neuen gesetzlichen Beschlusskompetenzen nach § 16 Abs. 4 WEG und § 22 Abs. 2 WEG für konkrete Maßnahmen Beschlüsse herbeigeführt werden.

Fensteraustausch: Der Beschluss, dass alle Eigentümer die Kosten eines Fensteraustausches selbst zu tragen haben, widersprach bisher § 16 Abs. 2 WEG und war nichtig. Fenster sind nach § 5 Abs. 2 WEG zwingend gemeinschaftliches Eigentum. Deren Instandhaltung und Instandsetzung führt zu gemeinschaftlichen Kosten. Diese können jetzt nach § 22 Abs. 2 WEG und § 16 Abs. 4 WEG durch Beschluss auf die Eigentümer verlagert werden. Wurden früher Fenster von Eigentümern auf deren Kosten selbst ausgetauscht, entspricht eine solche Beschlussfassung nur dann ordnungsgemäßer Verwaltung, wenn sie sich nicht darauf beschränkt, die geänderte Regelung für die Zukunft in Kraft zu setzen, sondern auch eine Übergangsregelung für die bereits durchgeführten Sanierungen trifft, die dem Grundsatz der notwendigen Gleichbehandlung der Miteigentümer sowie der Gewährung von Vertrauensschutz gegenüber früher getroffenen gemeinschaftlichen Regelungen Rechnung trägt (*OLG Hamm* ZMR 2007, 296).

Jahresabrechnung: Wenn die Bestellung des Verwaltungsbeirats, dem die Prüfung der Unterlagen oblag, nichtig ist, ist deswegen eine Jahresabrechnung oder ein Wirtschaftsplan, unabhängig von der inhaltlichen Richtigkeit, nicht für ungültig zu erklären (*BayObLG* NJW-RR 2004, 443). Beschlüsse des Verwaltungsbeirats, die dieser aufgrund der ihm in der Teilungserklärung zugewiesenen Beschlusskompetenz über die Genehmigung der Jahresabrechnung und des Wirtschaftsplans trifft, können nicht nach § 46 WEG angefochten werden. Ein solcher Beschluss ist nichtig, wenn die Verteilung von Kostenpositionen nicht dem geltenden Kostenverteilungsschlüssel entspricht. Diese Nichtigkeit kann der auf den Verwaltungsbeiratsbeschluss gestützten Beitragsforderung unmittelbar entgegengesetzt werden (*OLG Hamm* 19.3.2007 AZ 15 W 340/06).

Kostenverteilung: Wenden die Eigentümer im Einzelfall für eine Instandsetzungsmaßnahme einen fehlerhaften Kostenverteilungsschlüssel an, war bereits bisher ein solcher Eigentümerbeschluss nicht deshalb nichtig (*BayObLG* FGPrax 2005, 14). Erst Recht gilt dies, wenn von der gesetzlichen Beschlusskompetenz in § 16 Abs. 4 Gebrauch gemacht wird. Beschlüsse über Jahresabrechnungen und Wirtschaftspläne, in denen ein Eigentümer mit Kosten für nicht in seinem Sondereigentum stehende Räume belastet wird, weil die Eigentümer irrig davon ausgehen, dass die Räume zum Sondereigentum dieses Eigentümers gehören, sind anfechtbar und nicht nichtig (*BayObLG* ZMR 2005, 299 = ZWE 2005, 88).

Lastschriftverfahren: Für die Einführung des Lastschrifteinzugsverfahrens besteht für die Eigentümergemeinschaft Beschlusskompetenz, weil es sich um eine Verwaltungsregelung im Rahmen der Normenanwendung handelt (*BayObLG* ZMR 2002, 850). Den Wohnungseigentümern fehlte aber die Kompetenz für einen Beschluss, durch den Eigentümern die Verpflichtung auferlegt wurde, dem Verwalter eine zusätzliche Vergütung zu zahlen, wenn sie nicht am Lastschriftverfahren teilnehmen (*OLG München* ZMR 2006, 960). Ein Beschluss, der gegen eine Vereinbarung hierzu verstößt, war bisher nichtig. Nun haben die Eigentümer in § 21 Abs. 7 WEG eine gesetzliche Beschlusskompetenz erhalten, die nicht dem Vereinbarungsvorbehalt des § 21 Abs. 3 unterliegt. Selbst wenn etwas anderes vereinbart ist, kann Abweichendes beschlossen werden.

Mauerdurchbruch: Mehrheitsbeschlüsse über bauliche Veränderungen (hier: Mauerdurchbruch zwischen zwei Wohnungseigentumseinheiten) sind selbst dann, wenn sie das in § 3 Abs. 1 und § 14 Nr. 1 WEG bestimmte Maß überschreiten, nicht nichtig sondern nur anfechtbar. Die Nichtigkeit eines Beschlusses über die Zulässigkeit eines Mauerdurchbruchs lässt sich auch nicht daraus herleiten, dass durch die Zusammenlegung von zwei selbstständigen Sondereigentumseinheiten ein der Teilungserklärung widersprechender Zustand entstanden ist. Denn durch die Zusammenlegung von zwei Sondereigentumseinheiten werden die abgeschlossenen Sondereigentumseinheiten der anderen Wohnungseigentümer nicht betroffen. Der Fall, dass zwei Sondereigentumseinheiten miteinander verbunden werden, ist durch § 3 Abs. 2 S. 1 WEG nicht erfasst (*KG Berlin* ZMR 2004, 366).

Musikausübung: Das Musizieren innerhalb der eigenen Wohnung ist Bestandteil eines sozial üblichen Verhaltens und Element der Zweckbestimmung der Wohnanlage. Es darf zwar auf bestimmte Zeiten und einen bestimmten Umfang beschränkt, nicht jedoch insgesamt verboten werden. Ein solcher Beschluss wäre wegen Sittenwidrigkeit nach § 138 BGB nichtig (*OLG Hamm* NJW 1981, 465). Schränkt der Beschluss die Ausübung nur ein und lässt eine durchführbare Regelung noch erkennen, führen Mängel nicht zur Nichtigkeit, sondern nur zur Anfechtbarkeit (*BGH* ZMR 1999, 41).

Rechtsnachfolgerhaftung: Die durch Gemeinschaftsordnung getroffene Bestimmung, wonach der Erwerber einer Eigentumswohnung für Wohngeldrückstände des Voreigentümers haftet, ist wirksam und begründet eine Zahlungspflicht des Rechtsnachfolgers unmittelbar durch den Erwerb des Sondereigentums, ohne das es einer schuldrechtlichen Übernahme bedarf (*BayObLG* BayObLGR 2002, 369). Unwirksam ist eine solche Regelung, wenn der Erwerber auch im Wege der Zwangsversteigerung für Wohngeldrückstände des Voreigentümers haften soll. Diese Regelung verstößt gegen § 56 S. 2 ZVG und ist gemäß § 134 BGB nichtig (*BGH* ZMR 1987, 273). Ein Mehrheitsbeschluss, wonach der Rechtsnachfolger für die Schulden des Vorgängers haftet, ist anfechtbar (*OLG Düsseldorf* ZMR 2000, 55). Nach *BGH* ZMR 1999, 834 ist sogar von der Nichtigkeit eines solchen Beschlusses auszugehen. Verantwortlich für die Rückgängigmachung der Teilungserklärung widersprechender baulicher Maßnahmen ist der zum Zeitpunkt der Baumaßnahme eingetragene Wohnungseigentümer; dessen Haftung geht nicht auf Rechtsnachfolger im Wohnungseigentum über; der Rechtsnachfolger hat allenfalls den Rückbau zu dulden (*OLG Celle* 4.6.2007 AZ 4 W 108/07). Ein Sonderrechtsnachfolger kann dann allerdings Handlungsstörer sein, wenn er die störende Handlung im Rahmen einer früheren Nutzungsberechtigung an der Wohnung verantwortlich mit hervorgerufen hat (*OLG München* 31.5.2007 AZ 34 Wx 112/06).

Rückbau nach baulicher Veränderung: Ein Beschluss kann wegen fehlender inhaltlicher Bestimmtheit für ungültig erklärt werden. Dabei ist streitig, ob der Beschluss wegen der Unbestimmtheit nichtig oder nur anfechtbar ist (*BayObLG* ZMR 2004, 762). Für Anfechtbarkeit *BayObLG* NZM 2002, 171. Ein zum Rückbau Verpflichteter kann sich regelmäßig nicht auf die finanzielle Unzumutbarkeit des mit hohen Kosten verbundenen Umbaus berufen, wenn er sich zuvor zwecks Erteilung einer Genehmigung nicht mit den übrigen Wohnungseigentümern ins Benehmen gesetzt hat. Ein Beschluss, den Rückbau durchzusetzen, ist allenfalls anfechtbar (*OLG München* ZMR 2006, 797). Der Erwerber als Sonderrechtsnachfolger haftet der Eigentümergemeinschaft weder als Handlungsstörer noch als Zustandsstörer für die Beseitigung eines vom Voreigentümer durch Vornahme einer baulichen Veränderung (Fußboden) erfolgten Eingriffs in das Gemeinschaftseigentum. Beseitigungskosten sind solche der Eigentümergemeinschaft nach § 16 Abs. 2 WEG. Eine davon abweichende Regelung ist nichtig (*OLG Hamburg* ZMR 2006, 377). Wenn aber die Eigentümer nach neuem Recht mit qualifizierter Mehrheit einen die Kosten zuweisenden Beschluss nach § 16 Abs. 4 WEG herbeiführen, handeln sie möglicherweise nicht nach den Grundsätzen ordnungsgemäßer Verwaltung aber mit Beschlusskompetenz. Deswegen wäre ein Beschluss jetzt nur anfechtbar.

Ruhezeiten: Ein Beschluss ist anfechtbar, wenn er die Ruhezeiten von 20.00 Uhr bis 8.00 Uhr und von 12.00 Uhr bis 14.00 Uhr festlegt. Diese Entscheidung liegt grundsätzlich im Ermessensspielraum der Eigentümergemeinschaft (*BGH* ZMR 1999, 41). Die Beschränkung des Musizierens in der Hausordnung auf Zimmerlautstärke, dass Musizieren in anderen Wohnungen nicht zu hören ist, kann dem völligen Ausschluss eines Musizierens gleichkommen. Ein solcher Ausschluss ist jedenfalls dann nicht zulässig, wenn er nicht in einer Vereinbarung enthalten ist; nichtig ist er aber nicht (*BayObLG* ZMR 2002, 64).

Sondereigentumsverwaltung: Ein Beschluss, wonach der Verwalter der Wohnungseigentumsanlage für die ihre Wohnung vermietenden Sondereigentümer die Miete einzuziehen hat und diese einen Teil des Mietertrages der Gemeinschaft zur Verfügung stellen müssen, ist wegen unzulässigen Eingriffs in den Kernbereich der Sondereigentumsrechte und somit wegen Fehlens der Beschlusskompetenz nichtig (*OLG Düsseldorf* ZMR 2001, 306).

Sondernutzung: Ein Sondernutzungsrecht kann nur durch Vereinbarung, nicht auch durch bestandskräftig gewordenen Mehrheitsbeschluss begründet werden. Der Wohnungseigentümerversammlung fehlt hierzu die absolute Beschlusskompetenz (*BGH* NJW 2000, 3500 = ZMR 2000, 771). Ein dennoch gefasster Beschluss ist nichtig (*OLG Düsseldorf* ZMR 2003, 955). Auch der konkrete Gebrauch eines in der Teilungserklärung bestimmten Sondernutzungsrechts unterliegt der Regelungskompetenz durch die Wohnungseigentümer. Deshalb ist ein Eigentümerbeschluss nicht nichtig, der die Ein- und Ausfahrt zu Stellplätzen, die dem Teileigentümer einer als Laden ausgewiesenen Einheit zur ausschließlichen Nutzung zugewiesen sind, ab 21.00 Uhr beschränkt (*OLG München* ZMR 2007, 484). Wird in Ausführung eines Beschlusses auf einer zur Sondernutzung zugewiesenen Fläche mit Zustimmung des Sondernutzungsberechtigten ein Baugerüst aufgebaut und zur Durchführung notwendiger Instandhaltungs- und Instandsetzungsarbeiten am Gemeinschaftseigentum genutzt und werden hierdurch auf dieser Fläche stehende Pflanzen des Sondernutzungsberechtigten beschädigt oder zerstört, so kann er eine Entschädigung entsprechend § 14 Nr. 4 Halbsatz 2 WEG beanspruchen. Ein nach Durchführung der Maßnahme gefasster Eigentümerbeschluss, der diesen Entschädigungsanspruch vollständig ausschließt, ist mangels Beschlusskompetenz nichtig (*OLG Düsseldorf* ZMR 2006, 459).

Sonderumlage: Ein bestandskräftiger Beschluss der Wohnungseigentümer zu einer Sonderumlage unter Zugrundelegung eines unrichtigen Kostenverteilungsschlüssels ist nicht nichtig (*BayObLG* ZMR 2005, 462). Ein Beschluss, der die Fälligkeit einer Sonderumlage von der Vorlage einer Bankbestätigung durch alle Eigentümer abhängig macht, ist nichtig, wenn aus dem Beschlusstext und den sonstigen Feststellungen in der Niederschrift nicht erkennbar ist, was die Bank bestätigen soll (*BayObLG* ZMR 2005, 140). Auch wenn Streit über den Kostenverteilerschlüssel besteht, genügt es, wenn im Sonderumlagenbeschluss ein bestimmter Verteilerschlüssel genannt ist, und die Einzelbelastung leicht errechenbar ist. Beschluss ist nur anfechtbar (*OLG Braunschweig* ZMR 2006, 787). A. A. Der Eigentümerbeschluss über eine Sonderumlage muss grundsätzlich die Zahlungspflicht des einzelnen Wohnungseigentümers betragsmäßig ausweisen. Nur ausnahmsweise kann es auch ausreichen, dass der jeweils geschuldete Betrag von den Wohnungseigentümern ohne Weiteres errechnet werden kann. Dies ist jedoch nicht der Fall, wenn die Teilungserklärung für Instandhaltungsmaßnahmen verschiedene Verteilerschlüssel vorsieht, so dass für die Wohnungseigentümer nicht ohne Weiteres erkennbar ist, unter welchem Verteilerschlüssel die mit der Sonderumlage geltend gemachten Kosten fallen. Auch hier gilt: Beschluss ist nur anfechtbar (*LG München* ZMR 2006, 648).

Tierhaltung: Ein Verbot der Tierhaltung schafft keinen Eingriff in den dinglichen Kernbereich des Wohnungseigentums. Das Verbot ist anfechtbar, nicht nichtig (a. A. *OLG Saarbrücken* 2.10.06 AZ 5 W 154/06–51). Von der Tierhaltung (Hunde) können in einer Eigentumswohnung Beeinträchtigungen der übrigen Wohnungseigentümer ausgehen. Ein generelles Verbot ist damit weder willkürlich noch sachlich völlig unbegründet. Ein Verbot (der Hundehaltung) verstößt weder in einer Vereinbarung der Wohnungseigentümer noch in einem bestandskräftigen Mehrheitsbeschluss gegen das Anstandsgefühl aller billig und gerecht Denkenden (*BGH* ZMR 1995, 416 und *OLG Hamm* ZMR 2005, 897). Ein solches Verbot erstreckt sich aber nur auf Tiere, die vom Verbotszweck erfasst sind, weil Störungen von ihnen ausgehen können, nicht etwa auf den Goldfisch. Die Eigentümer können nach § 15 Abs. 2 WEG mehrheitlich Einschränkungen in der Tierhaltung beschließen und auch den freien Auslauf in den Außenanlagen untersagen (*BayObLG* ZfIR 1998, 481 = NJW-RR 1998, 961). Kann die Eigentümergemeinschaft nach der Gemeinschaftsordnung bei übermäßiger Störung die Tierhaltung in der Wohnanlage untersagen, ist es Sache der Eigentümerver-

sammlung im Einzelfall zu prüfen, ob ein von einem Nutzer der Wohnanlage gehaltenes Tier die Mitbewohner in einem der Hausordnung widersprechenden Maß belästigt (*OLG Thüringen* 28.8.2003, AZ 6 W 422/03 NJ 2003, 660 – LS –). Unter Beachtung des Art. 3 Abs. 3 S. 2 GG kann eine Interessenabwägung im Einzelfall ergeben, dass die Durchsetzung eines wirksamen Hundehaltungsverbots gegenüber einem behinderten Wohnungseigentümer auf Dauer oder auf Zeit unzulässig ist (*BayObLG* ZMR 2002, 287).
Verwalterwahl und -abberufung: Verhindert der Verwalter vorsätzlich die Teilnahme eines Eigentümers an der Versammlung, die über die Wiederwahl des Verwalters beschließen soll, ist der auf dieser Versammlung über die Wiederwahl des Verwalters mehrheitlich gefasste Beschluss der Eigentümer unabhängig davon nichtig, ob die Stimme des ausgeschlossenen Eigentümers angesichts der Mehrheitsverhältnisse Bedeutung erlangen konnte (*OLG Köln* NZM 2005, 149). Eine Bestellung einer Gesellschaft des bürgerlichen Rechts zum Verwalter einer Eigentümergemeinschaft ist nichtig (*BGH* ZMR 2006, 375).

III. Die Vermutung der Gültigkeit einer Beschlussfassung

Beschlüsse der Eigentümer sind gültig, solange sie nicht von einem Gericht für ungültig erklärt wurden. Der bisherige Wortlaut des Gesetzes ist nicht wesentlich verändert worden.

63

Ein gerichtlich angefochtener Beschluss ist bis zu seiner rechtskräftigen gerichtlichen Ungültigerklärung als wirksam zu behandeln. Er ist solange für sämtliche Eigentümer, deren Sondernachfolger und den Verwalter gültig (*BayObLG* 14.10.1999, AZ 2Z BR 110/99 WuM 2000, 153 = ZWE 2000, 77 – LS –).
Die vom Gesetz gewollte »schwebende Wirksamkeit« (*LG Berlin* ZMR 2006, 559) eines Beschlusses bringt für Eigentümer und Verwalter gleichermaßen Vor- und Nachteile. Bei einer Anfechtungsklage bleibt nahezu immer ein Risiko der Beschlussaufhebung aus formalen oder materiell Rechtsgründen.
Folgt der Verwalter seiner unabdingbaren Vollzugspflicht gemäß § 27 Abs. 1 Nr. 1 und Abs. 4 WEG, werden möglicherweise nicht oder nur teuer umkehrbare Fakten geschaffen. Wartet der Verwalter mit dem Vollzug ab, kann bis zur Rechtskraft der Entscheidung sehr viel Zeit vergehen. Die Zusammensetzung der Eigentümergemeinschaft kann sich inzwischen verändern und Kostenvoranschläge können ungültig werden. In diesen Fällen können die Eigentümer durch Vorgaben mehrheitlich den Verwalter anweisen, den Beschluss unverzüglich oder erst nach Bestandskraft oder Rechtskraft zu vollziehen. Ohne Vorgabe im Beschluss müsste der Kläger im Beschlussanfechtungsverfahren versuchen, den unverzüglichen Vollzug des Eigentümerbeschlusses durch eine einstweilige Verfügung nach §§ 935 ff. ZPO zu stoppen. Dafür muss ein Anordnungsanspruch und ein Anordnungsgrund plausibel dargelegt werden können.
Für den Wirtschaftsplan bedeutet dies, dass die darin beschlossenen Hausgeldzahlungen während des gerichtlichen Verfahrens, gegebenenfalls über mehrere Instanzen, vom Verwalter eingezogen werden müssen und können, um die wirtschaftliche Leistungsfähigkeit der Gemeinschaft sicherzustellen. Ebenso können die Ergebnisse von Jahresabrechnungen eingezogen bzw. ausbezahlt werden und das Inkasso hinsichtlich beschlossener Sonderumlagen ist vom Verwalter in Erfüllung seiner Pflichten zu betreiben.

§ 24 Einberufung, Vorsitz, Niederschrift

(1) Die Versammlung der Wohnungseigentümer wird von dem Verwalter mindestens einmal im Jahre einberufen.

(2) Die Versammlung der Wohnungseigentümer muss von dem Verwalter in den durch Vereinbarung der Wohnungseigentümer bestimmten Fällen, im übrigen dann einberufen werden, wenn dies schriftlich unter Angabe des Zweckes und der Gründe von mehr als einem Viertel der Wohnungseigentümer verlangt wird.

§ 24 | Einberufung, Vorsitz, Niederschrift

(3) Fehlt ein Verwalter oder weigert er sich pflichtwidrig, die Versammlung der Wohnungseigentümer einzuberufen, so kann die Versammlung auch, falls ein Verwaltungsbeirat bestellt ist, von dessen Vorsitzenden oder seinem Vertreter einberufen werden.

(4) Die Einberufung erfolgt in Textform. Die Frist der Einberufung soll, sofern nicht ein Fall besonderer Dringlichkeit vorliegt, mindestens zwei Wochen betragen.

(5) Den Vorsitz in der Wohnungseigentümerversammlung führt, sofern diese nichts anderes beschließt, der Verwalter.

(6) Über die in der Versammlung gefassten Beschlüsse ist eine Niederschrift aufzunehmen. Die Niederschrift ist von dem Vorsitzenden und einem Wohnungseigentümer und, falls ein Verwaltungsbeirat bestellt ist, auch von dessen Vorsitzenden oder seinem Vertreter zu unterschreiben. Jeder Wohnungseigentümer ist berechtigt, die Niederschriften einzusehen.

(7) Es ist eine Beschluss-Sammlung zu führen. Die Beschluss-Sammlung enthält nur den Wortlaut

1. der in der Versammlung der Wohnungseigentümer verkündeten Beschlüsse mit Angabe von Ort und Datum der Versammlung,

2. der schriftlichen Beschlüsse mit Angabe von Ort und Datum der Verkündung und

3. der Urteilsformeln der gerichtlichen Entscheidungen in einem Rechtsstreit gemäß § 43 mit Angabe ihres Datums, des Gerichts und der Parteien, soweit diese Beschlüsse und gerichtlichen Entscheidungen nach dem 1.7.2007 ergangen sind. Die Beschlüsse und gerichtlichen Entscheidungen sind fortlaufend einzutragen und zu nummerieren. Sind sie angefochten oder aufgehoben worden, so ist dies anzumerken. Im Falle einer Aufhebung kann von einer Anmerkung abgesehen und die Eintragung gelöscht werden. Eine Eintragung kann auch gelöscht werden, wenn sie aus einem anderen Grund für die Wohnungseigentümer keine Bedeutung mehr hat. Die Eintragungen, Vermerke und Löschungen gemäß den Sätzen 3 bis 6 sind unverzüglich zu erledigen und mit Datum zu versehen. Einem Wohnungseigentümer oder einem Dritten, den ein Wohnungseigentümer ermächtigt hat, ist auf sein Verlangen Einsicht in die Beschluss-Sammlung zu geben.

(8) Die Beschluss-Sammlung ist von dem Verwalter zu führen. Fehlt ein Verwalter, so ist der Vorsitzende der Wohnungseigentümerversammlung verpflichtet, die Beschluss-Sammlung zu führen, sofern die Wohnungseigentümer durch Stimmenmehrheit keinen anderen für diese Aufgabe bestellt haben.

Inhaltsverzeichnis

A.	Grundsätzliches	1
	I. Normzweck	1
	II. Regelungsgehalt/Regelungsumfang	2
	III. Anwendungsbereich	3
B.	Einberufung der Versammlung	4
	I. Zuständigkeit zur Einberufung (§ 24 Abs. 1 und 3 WEG)	4
	1. Verwalter	4
	2. Wegfall der Verwalterstellung	6
	3. Subsidiär zur Einberufung berechtigte Personen, § 24 Abs. 3 WEG	9
	a) Verwaltungsbeirat	9
	b) Wohnungseigentümer	11
	4. Einberufung durch Unberufene (Einberufungsfehler)	13
	II. Festlegung des Versammlungsortes	16
	1. Ort	16
	2. Nichtöffentlich	20
	III. Bestimmung der Versammlungszeit	22
	1. Grundsatz	22
	2. Verstöße	27

IV.	Form und Inhalt der Einberufung	28
	1. Textform	28
	2. Elektronische Form	32
	3. Formfehler	33
	4. Inhalt der Einladung	34
	5. Die Tagesordnung	35
V.	Notwendigkeit einer Einberufung	38
VI.	Einzuladende Personen	39
	1. Eigentümer	39
	2. Weitere Teilnehmer	47
	a) Gäste (Besucher)	48
	b) Vertreter und Berater des Wohnungseigentümers	52
	c) Beiratsmitglieder	56a
	3. Verstöße	57
VII.	Einberufungsfrist	60
VIII.	Eventualeinberufung	63

C. Abdingbarkeit von § 24 Abs. 2 WEG, nicht § 24 Abs. 3 WEG   66

D. Außerordentliche Eigentümerversammlung   68

E. Vorsitz   69

F. Inhalt des Protokolls   71
- I. Ergebnisprotokoll   71
- II. Mindestinhalt   73
- III. Ermessen   76

G. Form des Protokolls   77
- I. Gesetzliche Formerfordernisse   77
- II. Vereinbarte Formerfordernisse   78
  1. Beschlussbuch   78
  2. Ordnungsmäßige Protokollierung   79
  3. Unterschrift   80
  4. Sonstiges   81
  5. Rechtsfolge   82

H. Anspruch auf Protokollberichtigung   83
- I. Rechtsschutzinteresse   84
- II. Geltung der Anfechtungsfrist des § 46 (früher: § 23 Abs. 4 S. 2) WEG   86
- III. Passivlegitimation für den Berichtigungsantrag   87
  1. Grundsatz   87
  2. Verwalter   88
- IV. Anspruchsgrundlagen für den Berichtigungsanspruch   89
- V. Stellung der übrigen Wohnungseigentümer   92
- VI. Form der Berichtigung   93

I. Beschluss-Sammlung   94
- I. Normzweck; Verwalterwechsel   94
- II. Inhalte, § 24 Abs. 7 S. 2 WEG   97
- III. Form und Zeitpunkt   115
- IV. Stichtagsregelung, § 24 Abs. 7 S. 2 WEG   126
- V. Aktualisierung, § 24 Abs. 7 S. 4–6 WEG   129
- VI. Recht auf Einsicht in die Sammlung, § 24 Abs. 7 S. 8 WEG   137
- VII. Sanktionen   140
- VIII. Wirkung, insbesondere gegenüber Erwerbern   146
- IX. Pflicht zur Führung der Beschluss-Sammlung   150
- X. Honorarfragen   153
- XI. Abdingbarkeit   154

A. Grundsätzliches

I. Normzweck

§ 24 WEG enthält technische Vorschriften für die Beschlussfassung in der Eigentümerversammlung, die sich an das Vereinsrecht anlehnen. Durch § 24 Abs. 6 WEG soll für den Inhalt der auf der Versammlung gefassten Beschlüsse eine Beweissicherung erreicht werden (Staudinger/*Bub* Rn. 5   **1** und Rn. 118). Für das Zustandekommen i. S. e. »Existentwerdens« hat eine Protokollierung der Beschlüsse aber keine Bedeutung (*OLG Düsseldorf* ZMR 2000, 550, 551; vgl. auch *Dt. Ständiges Schiedsgericht* ZWE 2001, 323, 328; andere Konstellation *OLG Köln* ZMR 2006, 711 und *OLG Köln* v. 14.8.2006 – 16 Wx 113/06, IMR 2007, 155). Eine Protokollierung, die dem Versammlungsablauf widerspricht, hat auch keine konstitutive Wirkung (Köhler/Bassenge/*Vandenhouten* Teil 5 Rn. 258). Wird ein Beschluss nicht protokolliert, obwohl eine Vereinbarung für die Gültigkeit eines Beschlusses die Unterschrift von zwei Wohnungseigentümern verlangt, kann er aber angefochten werden (*AG Hamburg* ZMR 2003, 388; s. auch *OLG Hamm* ZMR 2002, 540; *BGH* ZMR 1997, 531; *OLG Düsseldorf* ZMR 2005, 218).

II. Regelungsgehalt/Regelungsumfang

2 § 24 Abs. 1, 2 und 3 WEG regelt das Recht und die Pflicht zur Einberufung der Versammlung, während 24 Abs. 4 S. 1 WEG die Form, § 24 Abs. 4 S. 2 WEG die Frist und § 24 Abs. 5 und 6 WEG den Versammlungsablauf bis zur Protokollierung regeln. § 24 Abs. 7 und 8 WEG regeln neuerdings die Pflicht zur Führung und Inhalt einer Beschluss-Sammlung (vgl. dazu *Abramenko*, Das neue WEG § 2 Rn. 23 ff.; *Elzer*, Das neue WEG, § 8 Rn. 15 ff.; *Gremer*, WE-Recht, Rn. 842). Kommt der Verwalter einem Einberufungsverlangen eines dem § 24 Abs. 2 S. 2 WEG entsprechenden Minderheitenquorums nicht nach, kann er zwar die Beschlussfassung über seine Abberufung verzögern, verliert aber dennoch für diesen Zeitraum seinen Honoraranspruch (*OLG München* ZMR 2006, 719).

III. Anwendungsbereich

3 § 24 Abs. 6 S. 1 WEG gilt nicht für schriftliche (Umlauf-)Beschlüsse (Bärmann/Pick/*Merle* Rn. 108; a. A. *Niedenführ/Schulze* Rn. 9 insoweit aufgegeben in *Niederführ/Kümmel/Vandenhouten* Rn. 52 ff.).

B. Einberufung der Versammlung

I. Zuständigkeit zur Einberufung (§ 24 Abs. 1 und 3 WEG)

1. Verwalter

4 Gemäß § 24 Abs. 1 WEG ist der nur der aktuelle – der Ex-Verwalter ist wie ein sonstiger unberechtigter Dritter zu behandeln – Verwalter (keine Gesellschaft bürgerlichen Rechts, *BGH* ZMR 2006, 375) berechtigt und gemäß § 24 Abs. 2 WEG auch verpflichtet (vgl. *Gottschalg* NZM 2005, 406) die Eigentümerversammlung einzuberufen. Maßgeblich ist, dass der einberufende Verwalter in dem Zeitpunkt noch amtierte als die Einberufungserklärung seinen Herrschaftsbereich verließ (*Drasdo* Rn. 23). Er muss aber nicht auch noch im Zeitpunkt der in der Einladung bezeichneten Eigentümerversammlung Verwalter sein. Im Extremfall kann der Verwalter am letzten Tag seiner Bestellungszeit noch zur Schadensabwendung die Eigentümerversammlung einberufen.

5 Zur Einberufung ist auch ein durch rechtskräftige Gerichtsentscheidung bestellter (*Elzer* ZMR 2004, 229 ff.) oder ein – nach altem Recht im Wege einstweiliger Anordnung (§ 44 Abs. 3 WEG a. F.) oder jetzt – im Wege einstweiliger Verfügung bereits mit sofortiger Wirkung installierter Notverwalter berechtigt. Die Einberufung kann dem bereits abgewählten Verwalter auch durch einstweilige Verfügung verboten werden (vgl. *AG Braunschweig* ZMR 2007, 148 zu § 44 Abs. 3 WEG a. F.).

2. Wegfall der Verwalterstellung

6 Unschädlich ist es, wenn zwischen dem Absenden der Einladungen zur Eigentümerversammlung und dem Versammlungsdatum eine Gerichtsentscheidung rechtskräftig wird, wonach der Verwalter nicht wirksam bestellt war (vgl. zum alten Recht § 32 FGG; *Drasdo* Rn. 39). Die Versammlung kann ohne formellen Fehler dann ohne den Verwalter durchgeführt werden. Es muss lediglich zwingend gem. § 24 Abs. 5 WEG dann eine andere Person zum Leiter/Vorsitzenden der Versammlung im Wege des Geschäftsordnungsbeschlusses gewählt werden.

Die Verwalterstellung kann auch dadurch wegfallen, dass der Abberufungsbeschluss des vorigen   7
Verwalters erfolgreich angefochten wurde. Dies hat zur Konsequenz, dass die Neuwahl des einberufenden Verwalters sich als von Anfang an nichtig darstellt (*OLG Zweibrücken* ZMR 2004, 63). Dies ergibt sich aus dem Grundsatz der Einheitlichkeit der Verwaltung und wird in der Rechtsprechung mit der auf eine unmögliche Leistung gerichteten Neuwahl des (einberufenden) Verwalters begründet. *Häublein* (ZMR 2004, 724) verweist zutreffend darauf, dass seit Einführung des § 311 a Abs. 1 BGB auch die anfängliche Unmöglichkeit der Leistung nicht die Unwirksamkeit des Rechtsgeschäfts zur Folge hat. Deshalb ist es präziser, die Nichtigkeit eines letztlich auf die Bestellung eines zweiten Verwalters gerichteten Beschlusses auf § 134 BGB zu stützen.

Selbst in einer Mehrhausanlage wird die Bestellung mehrerer Verwalter für unzulässig gehalten   8
(*Häublein* NZM 2003, 785, 790). Nach einer erfolgreichen rechtskräftigen Anfechtung des Bestellungsbeschlusses ist für die Zwischenzeit zwar von einem Schwebezustand auszugehen, jedoch nach den Regeln der Anscheins- oder Duldungsvollmacht von einer wirksamen Einberufung des faktischen Verwalters auszugehen (*Müller* Rn. 692).

3. Subsidiär zur Einberufung berechtigte Personen, § 24 Abs. 3 WEG

a) Verwaltungsbeirat

Beruft der Verwalter die Versammlung nicht ein oder weigert er sich pflichtwidrig, kommt ein   9
Einberufungsrecht des Verwaltungsbeiratsvorsitzenden oder dessen Vertreters in Betracht (§ 24 Abs. 3 WEG). Weder dieser noch der Verwaltungsbeirat vertreten allerdings die Wohnungseigentümer gegenüber dem (untätigen) Verwalter (*OLG Hamm* ZMR 1997, 433, 434). Wurde die Wahl eines Verwaltungsbeiratsvorsitzenden vergessen oder bewusst unterlassen, soll eine Versammlung durch alle Beiratsmitglieder gemeinsam einberufen werden können, nach dem Gesetz also aller drei Mitglieder (§ 29 Abs. 1 S. 2 WEG). In diesem Falle hat dann jedenfalls auch die Person mitgehandelt, die zum Vorsitzenden bestellt worden wäre (*OLG Köln* ZMR 2000, 566 = NZM 2000, 675; *OLG Zweibrücken* WE 1999, 191 = NZM 1999, 858).

Dem ist nicht zu folgen. Das Gesetz gibt dem Vorsitzenden kein Alleineinberufungsrecht. Nach 10
§ 24 Abs. 3 WEG kann auch sein Vertreter einberufen. Diese Bestimmung hat den Fall vor Augen, dass ein Vorsitzender zwar vorhanden ist, dieser aber nicht einlädt – aus welchen Gründen auch immer. Allerdings meint § 24 Abs. 3 WEG die äußere Zuständigkeit zur Einberufung. Die Willensbildung innerhalb des Verwaltungsbeirats erfolgt mangels einer abweichenden Vereinbarung nach dem Kopfprinzip. Jedes Mitglied hat eine Stimme. Für einen Beschluss genügt die einfache Mehrheit. Bei der Wahl zum Vorsitzenden ist jeder Eigentümer auch für seine eigene Bestellung stimmberechtigt, da § 25 Abs. 5 Fall 1 WEG für die organinterne Mitgliedschaft nicht gilt. Da demnach mit zwei Stimmen ein Verwaltungsbeiratsvorsitzender gewählt ist und bei Stimmenthaltungen im Übrigen sogar eine Stimme ausreicht, muss dies entsprechend für die Einberufung nach § 24 Abs. 3 WEG gelten. Es genügt also, wenn zwei Beiratsmitglieder einberufen und bei Enthaltung der beiden anderen sogar das Tätigwerden nur eines Mitglieds (so wohl auch *Greiner* WE-Recht Rn. 681).

Eine Einberufungspflicht sieht das Gesetz zwar nicht ausdrücklich vor, dennoch kann sich aus der Funktion heraus eine solche Verpflichtung ergeben, insbesondere wenn das Nichtgebrauchmachen von einer solchen gesetzlichen Befugnis der Gemeinschaft unnötige Kosten oder vermeidbare Zeitverluste verursacht (str. wie hier Staudinger-*Bub* § 24 Rn. 75).

b) Wohnungseigentümer

Einem einzelnen Wohnungseigentümer steht bei Untätigkeit der von Gesetz wegen Einberu- 11
fungsberechtigten kein Selbsthilferecht zu. Er kann sich jedoch von den übrigen Wohnungseigentümern, nicht vom Verband (*AG Hamburg-Blankenese* 506 II 5/06, vgl. auch *Greiner* WE-Recht Rn. 683 nebst Klagemuster Rn. 684) ermächtigen lassen, selbst eine Wohnungseigentümerversammlung zu bestimmten Tagesordnungspunkten einberufen zu dürfen, § 37 Abs. 2 BGB analog (*OLG Hamm* ZMR 1997, 49 = NJW-RR 1997, 523 = WE 1997, 163; BayObLGZ 1970, 1, 4 = NJW 1970, 1136 = MDR 1970, 507; Staudinger/*Bub* Rn. 62; Bärmann/Pick/*Merle* kommen ohne Analogie zum selben Ergebnis über §§ 43 Abs. 1 Nr. 2, 45 Abs. 3 WEG a. F., 887 ZPO). Mit der Einberufung

§ 24 | Einberufung, Vorsitz, Niederschrift

ist der Titel verbraucht, egal, ob die Versammlung dann auch abgehalten wird (*BayObLG* WE 1991, 226).

12 Teilweise wird vertreten, dass der Ermächtigte vom Titel erst mit **Eintritt der Rechtskraft** Gebrauch machen darf, wobei die Selbstvollziehung wohl als Zwangsvollstreckung i. S. d. § 887 ZPO angesehen wird. Diese Ansicht ist zweifelhaft. Da die Ermächtigung zur Einberufung aber ein Gestaltungstitel ist, der weder vollstreckungsfähig noch vollstreckungsbedürftig ist (er vollstreckt sich gleichsam selbst), wäre es – auch angesichts des in der Regel dringenden Versammlungsbedarfs – nahe liegender, **sofortige Vollziehbarkeit** anzunehmen. Ein Rechtsmittel würde die Einberufung und Abhaltung der Versammlung auch nur bei entsprechender einstweiliger gerichtlicher Einstellung verhindern können.

4. Einberufung durch Unberufene (Einberufungsfehler)

13 Wird die Versammlung durch unzuständige Dritte einberufen, sind dort gefasste Beschlüsse wirksam, aber anfechtbar (*OLG Köln* NZM 1998, 920, 921 = OLGR Köln 1998, 241; OLGR Köln 1996, 209; *BayObLG* ZMR 1982, 223 = MDR 1982, 323). Eine Ungültigerklärung durch das Gericht erfolgt, wenn der Einberufungsmangel nicht geheilt wurde und nicht nachweislich ohne Auswirkung auf das Beschlussergebnis war (*OLG Köln* OLGR Köln 1996, 209; *KG* WE 1993, 221). Die Ursächlichkeit des Einberufungsfehlers für den gefassten Mehrheitsbeschluss wird vermutet (*OLG Hamm* ZMR 1997, 50; *BayObLG* WE 1992, 79). Droht eine von einem unzuständigen Dritten einberufene Versammlung stattzufinden, soll von jedem Wohnungseigentümer schon vorher bei Gericht beantragt werden können, die Durchführung der Versammlung per einstweiliger Verfügung nach § 935 ZPO (früher einstweilige Anordnung nach § 44 Abs. 3 WEG a. F.) zu verbieten (*KG* WE 1987, 18).

Eine Genehmigung einer ungültigen Einberufung durch Mehrheitsbeschluss in der Eigentümerversammlung scheidet aus (*OLG Stuttgart* NJW-RR 1986, 315 = WuM 1986, 292).

14 Die Feststellung, dass ein Ladungsfehler nicht ursächlich ist (so im Fall des *OLG Düsseldorf* ZMR 2006, 56 und des *AG Hamburg-Wandsbek* ZMR 2007, 149), setzt voraus, dass kein vernünftiger Zweifel daran in Betracht kommt, dass auch bei ordnungsmäßiger Einladung der Beschluss ebenso zustande gekommen wäre (*OLG Düsseldorf* ZMR 1997, 91 = WE 1997, 145; *BayObLG* WE 1997, 267 = WuM 1997, 9). Ein eindeutiges Abstimmungsergebnis in der Versammlung allein reicht zur Widerlegung der Kausalitätsvermutung **nicht** aus (*OLG Köln* NZM 1998, 920 = OLGR Köln 1998, 241; im dortigen Fall lagen 5 Ja-Stimmen und 1 Nein-Stimme für die Wiederwahl des abberufenen Verwalters vor). In jedem Fall muss der nicht (ordnungsmäßig) geladene Wohnungseigentümer – falls sich dies nicht aus anderen Umständen ergibt – dartun, dass er der Eigentümerversammlung wegen des Ladungsmangels fern geblieben ist (*OLG München* ZMR 2006, 870). Eine Kausalität des Ladungsmangels wird bejaht, wenn schon die Ankündigung eines Tagesordnungspunkts die spätere Beschlussfassung nicht erkennen lässt (*KG* ZMR 2006, 794).

15 Eine Heilung des Einberufungsmangels wird jedenfalls angenommen, wenn sämtliche Wohnungseigentümer in der Versammlung anwesend sind (Universalversammlung) und mit abgestimmt haben (*BayObLG* WE 1997, 268, 269; *OLG Köln* NZM 1998, 920).

II. Festlegung des Versammlungsortes

1. Ort

16 Versammlungsort und Versammlungsstätte sind im Gesetz nicht geregelt. Grundsätzlich sind Versammlungen am Ort der Wohnanlage (*Niederführ/Kümmel/Vandenhouten* Rn. 22) abzuhalten. Nur im Einzelfall kommt eine Versammlung am auswärtigen Sitz der Verwaltung in Betracht, sofern die Interessen der Wohnungseigentümer nicht beeinträchtigt sind, etwa weil alle auswärtige Kapitalanleger sind (vgl. *OLG Hamm* ZMR 2007, 63). Verwalter sollten hiervon nur in klaren Fällen Gebrauch machen. Bei grobem Verschätzen droht Kostenhaftung nach § 49 WEG im Falle der Beschlussanfechtung. Auswahl und Festlegung des Versammlungsortes unterliegen dennoch im Grundsatz dem Gestaltungsspielraum (zum Verwaltungsermessen vgl. *Elzer* ZMR 2006, 85) des Einberufenden, regelmäßig also des Verwalters. Die Kriterien, nach denen er sich zu richten

hat, sind durch die Rechtsprechung weitgehend vorgegeben. Der Einberufende hat kein freies, sondern ein gerichtlich nachprüfbares Ermessen (Staudinger/*Bub* Rn. 44; Bärmann/Pick/*Merle* Rn. 46: »Ermessensgrenzen«; zur virtuellen Eigentümerversammlung *Mankowski* ZMR 2002, 246). Die Ermessensgrenzen ergeben sich aus der Funktion der Wohnungseigentümerversammlung als Ort der gemeinsamen Willensbildung. Der Ort muss daher verkehrsüblich und zumutbar sein, um allen Wohnungseigentümern die Teilnahme zu ermöglichen und nicht zu erschweren (*OLG Hamm* ZMR 2001, 383 = NJW-RR 2001, 516 = FGPrax 2001, 64). Verkehrsüblichkeit schließt Verkehrsangebundenheit, insbesondere die Erreichbarkeit mit öffentlichen Nahverkehrsmitteln mit ein.

Dass bei Ferienanlagen oder Kapitalanlegerobjekten die Mehrheit der Eigentümer nicht anlagenah leben wird, stellt für sich kein zu berücksichtigendes Auswahlkriterium dar. Möglich ist es, in der Gemeinschaftsordnung solcher Anlagen einen zentralen Ort festzulegen (*OLG Celle* NZM 1998, 822 = NJW-RR 1998, 1706; *OLG Köln* ZMR 2006, 384, *AG Hannover* ZMR 2007, 315). **17**

Die Versammlungsstätte muss von der Größe her die Teilnahme aller Wohnungseigentümer zulassen. Hierbei soll es den Wohnungseigentümern für begrenzte Zeit zur Einsparung von Versammlungskosten auch zumutbar sein, gewisse Unbequemlichkeiten in Kauf zu nehmen (*OLG Düsseldorf* WuM 1993, 305 = WE 1993, 99 zur Waschküche als Versammlungsort; *Gottschalg* NZM 1998, 825). **18**

Sind in kleineren Anlagen im Versammlungsvorfeld zwischen einigen Wohnungseigentümern bereits Reibereien aufgetreten und Weiterungen nicht auszuschließen, ist die Wahl eines Wohnwagens als Versammlungsstätte ermessensfehlerhaft und kann einer Beschlussanfechtung zum Erfolg verhelfen (*OLG Hamm* ZMR 2001, 383 = NZM 2001, 297 = OLGR 2001, 207). Das *LG Bonn* (ZMR 2004, 218) sah in der Bestimmung eines Versammlungsortes im dritten Stock eines Bürogebäudes ohne Fahrstuhl einen Verstoß gegen § 24 WEG, wenn für einen bekanntermaßen gehbehinderten Wohnungseigentümer das Aufsuchen des Versammlungsortes unzumutbar erscheint. Außerdem sei grundsätzlich darauf zu achten, dass der Versammlungsort noch einen örtlichen Bezug zur Wohnanlage hat. Das *OLG Köln* (ZMR 2004, 299) entschied, dass die Beibehaltung eines pflichtwidrig durch den Verwalter festgelegten Versammlungsortes einer vorsätzlichen Nichtladung des dies monierenden Wohnungseigentümers gleichkomme. **19**

Dass die kurzfristige Verlegung des Versammlungsortes einer vorsätzlichen Nichtladung entsprechen kann, zumindest aber im Hinblick auf die auf 2 Wochen verlängerte Ladungsfrist einen Ladungsmangel darstellt, ist bereits anerkannt (*OLG München* ZMR 2005, 801)

2. Nichtöffentlich

Für Eigentümerversammlungen gilt der Grundsatz der Nichtöffentlichkeit (*BGH* ZMR 1993, 287 = WE 1993, 165 = NJW 1993, 1329; *KG* ZMR 2001, 223 = ZWE 2001, 75, 76 m. w. N.). Die Angelegenheiten der Gemeinschaft sollen nicht aus dem Kreis der Wohnungseigentümer nach außen getragen werden. Obwohl es über die Versammlungsstätte keine gesetzliche Vorschrift gibt, leitet die Rechtsprechung den Grundsatz der Nichtöffentlichkeit daraus her, dass die Wohnungseigentümer ein schutzwürdiges Interesse daran hätten, fremden Einfluss von der Versammlung fernzuhalten, einen ungestörten Ablauf der Versammlung zu sichern und einer Verbreitung ihrer Angelegenheiten in der Öffentlichkeit vorzubeugen (*OLG Frankfurt a. M.* ZMR 1995, 326 = FGPrax 1995, 1479). Die Eigentümerversammlung hat daher – soweit nicht anderes vereinbart ist – in einer nicht öffentlichen Versammlungsstätte in der Gemeinde oder Stadt, in der sich auch die Wohnungseigentumsanlage befindet oder in unmittelbarer geographischer Nähe, stattzufinden. Ein frei zugänglicher Gaststättenraum oder der Vorgarten einer Gaststätte stellen keinen angemessenen Ort für eine Eigentümerversammlung dar (*KG* ZMR 1997, 487 = WE 1998, 31 = FGPrax 1997, 175, 176). Fand die Versammlung an einem solchen Ort statt und waren andere Gäste zugegen, können Beschlüsse anfechtbar sein (*OLG Frankfurt a. M.* ZMR 1995, 326). Ein (konkludenter) teilweiser Verzicht auf die Nichtöffentlichkeit ist denkbar (vgl. *OLG Hamburg* ZMR 2007, 550 für die Zulassung des Hauswarts). **20**

Dass die Versammlung aus diesem Grunde nur im abgeschlossenen Raum stattfinden darf, erschließt sich nicht. Sind sowohl äußere Lärmbeeinträchtigungen als auch die Wahrnehmbarkeit **21**

§ 24 | Einberufung, Vorsitz, Niederschrift

des gesprochenen Wortes für Nachbarn oder Passanten ausgeschlossen, kann die Versammlung auch im Freien in Betracht kommen, etwa im Garten der Anlage.

III. Bestimmung der Versammlungszeit

1. Grundsatz

22 Die Bestimmung des Versammlungszeitpunktes obliegt ebenfalls dem Einberufenden. Hierbei wurde dem Verwalter früher ein nicht nachprüfbares Ermessen zugestanden, wobei allerdings der Zeitpunkt verkehrsüblich und zumutbar sein musste (*OLG Frankfurt a. M.* NJW 1983, 398 = WE 1983, 61). Richtigerweise gelten jedoch die zur Wahl des Versammlungsorts aufgestellten Grundsätze entsprechend, d. h. der Verwalter hat nach billigem, gerichtlich nachprüfbarem Ermessen zu entscheiden. Der Verwalter darf grundsätzlich z. B. nicht über den Wunsch einzelner Wohnungseigentümer, den Sonntagvormittag bis 11.00 Uhr von Versammlungen freizuhalten, hinweggehen. Auch dann nicht, wenn eine Mehrheit von Eigentümern es verlangt (*BayObLG* MDR 1987, 937 = NJW-RR 1987, 1362 = WuM 1987, 329).

23 Vereinzelt wurde von der Rechtsprechung die Einberufung einer eilbedürftigen Versammlung auf einem Sonntag (11.00 Uhr) akzeptiert (*OLG Stuttgart* NJW-RR 1986, 315 = WuM 1986, 292). Der Verwalter handele in einem solchen Fall nicht pflichtwidrig, wenn infolge des von ihm gewählten Termins einzelne Wohnungseigentümer an der Teilnahme gehindert werden oder ihnen diese unzumutbar erschwert werde. Im Einzelfall komme bei Ferienwohnungen dagegen die Einberufung auf einen Samstag oder Sonntag in Betracht. Selbst die Einberufung einer Eigentümerversammlung an einem gesetzlich geschützten kirchlichen Feiertag wird dann noch als zulässig angesehen, wenn dadurch der Hauptgottesdienst nicht gestört wird (*OLG Schleswig* NJW-RR 1987, 1362 = WE 1989, 143 – betr. Karfreitag – gegen *LG Lübeck* NJW-RR 1986, 813).

24 Die individuelle Urlaubsplanung eines oder einzelner Eigentümer ist grundsätzlich kein Grund, um von einem ins Auge gefassten Versammlungsdatum abzusehen. In großen Anlagen wird sich andernfalls niemals ein passender Termin finden lassen. Aber auch die allgemeinen Schulferien stellen in der Regel keinen solchen Grund dar (so auch *Niederführ/Kümmel/Vandenhouten* Rn. 25). Man wird hinzunehmen haben, dass es allgemeine Schulferien in Deutschland nicht gibt. Dadurch, dass in vielen Gemeinschaften Wohnungseigentümer in verschiedenen Bundesländern wohnen und die Ferien regelmäßig um ein bis zwei Wochen variieren, verbliebe angesichts der Gesamtferienzeit pro Jahr ebenfalls zu wenig zeitlicher Spielraum für Versammlungen. In kleineren Anlagen soll »zwischen den Jahren«, also vom 27.12. bis zum 31.12. eines Jahres, allerdings keine Versammlung einberufen werden, wenn ein Teil der Eigentümer verreist ist (*OLG Hamm* ZMR 2001, 383 = NZM 2001, 297 = OLGR 2001, 207).

25 Bei kleineren Anlagen lässt sich über ein Einberufungsverbot bei internationalen Sportgroßereignissen mit nationaler Beteiligung nachdenken. Ggf muss ein derartiger Gesichtspunkt aber nicht den Versammlungstag schlechthin zu Fall bringen, sondern kann über die Versammlungsuhrzeit geregelt werden. Die angemessene Rücksichtnahme auf Berufstätige bewirkt, dass in der Regel werktags nicht vor 17.00 Uhr eingeladen werden sollte (*OLG Düsseldorf* WuM 1993, 305 = WE 1993, 99; *Gottschalg* NZM 1998, 825 m. w. N.). An einem Samstag, der allgemein ebenfalls zu den Werktagen zu zählen ist, kann auch ein frühzeitigerer Beginn zulässig sein (*OLG Stuttgart* WE 1994, 146).

26 Das *AG Köln* (ZMR 2004, 546) entschied, dass der Zeitpunkt einer Eigentümerversammlung verkehrsüblich und zumutbar sein müsse, womit für die Stadt Köln das Abhalten von Eigentümerversammlungen an Werktagen um 17.00 Uhr (Beginn) unter Berücksichtigung normaler Arbeitszeiten nicht in Betracht komme. Ortsansässigen Eigentümern müsse es möglich sein, ohne Urlaub zu nehmen trotz Berufstätigkeit bereits zu Beginn der Versammlung persönlich erscheinen zu können. Auch die Interessen ortsfremder Kapitalanleger rechtfertigten keinen Versammlungsbeginn vor 18.00 Uhr. Diese Sichtweise engt den Handlungsspielraum des Verwalters freilich zu weit ein.

Zutreffend akzeptierte das *OLG Köln* (ZMR 2005, 77) einen Versammlungsbeginn schon werktags um 15.00 Uhr für eine auf fünf Stunden angelegte Versammlung für eine Anlage mit mehr als 500

Wohnungseigentümern. Das *AG Hamburg-Wandsbek* (ZMR 2004, 224) hat die Anberaumung einer Eigentümerversammlung auf Werkstags 14.00 Uhr jedenfalls dann als nicht ordnungsmäßiger Verwaltung entsprechend angesehen, wenn einzelne Wohnungseigentümer berufsbedingt nicht persönlich erscheinen konnten und dies auch vorher mitgeteilt und um Verlegung des Termins für die Versammlung gebeten hatten (vgl. auch *LG München I* NZM 2005, 591).

2. Verstöße

Unklar sind die Konsequenzen einer zu früh anberaumten Eigentümerversammlung insbesondere für diejenigen Beschlüsse, die erst zu einer Zeit gefasst wurden, die nicht mehr als unzumutbar einzustufen ist. Jedenfalls ist die Kausalitätsvermutung des Einladungsmangels für z. B. eine Stunde nach Versammlungsbeginn gefasste Beschlüsse nicht zwingend. Wird ein Beschluss mit der Begründung, es sei zur Unzeit geladen worden, angefochten, muss schlüssig dargelegt werden, dass und warum der Ersatztermin zu abweichenden Beschlüssen hätte führen können (*OLG Düsseldorf* ZMR 1997, 91 = WE 1997, 145; *Drabek* ZWE 2000, 395, 396). 27

IV. Form und Inhalt der Einberufung

1. Textform

Gem. § 24 Abs. 4 S. 1 WEG ist für die Einberufung nur die Textform (s. dazu *Lammel* ZMR 2002, 333; *Mankowski* ZMR 2002, 481) erforderlich. Diese neue Form bedeutet einen erheblichen Fortschritt in der Anpassung an die Herausforderungen des modernen Rechtsgeschäftsverkehrs (ausführlich *Bielefeld* DWE 2001, 95). Textform verlangt eine zur dauerhaften Wiedergabe in Schriftzeichen abgegebene / fixierte Erklärung, die Erkennbarkeit der Person des Erklärenden und die Erkennbarkeit des Abschlusses der Erklärung entweder durch eine Nachbildung der Unterschrift oder andere geeignete Kennzeichnung (vgl. § 126 b BGB). Ein Einladungsschreiben ist also nicht mehr zwingend. Mit dem Verzicht auf die eigenhändige Unterschrift legt sich das bisherige Problem der Übermittlung von Kopien und anderen Nichtoriginalen. Die gesetzliche Form wahren nunmehr u. a. auch: 28

– Telefax
– Fotokopie einer im Original unterschriebener Einladung
– E-mail (a. A. *Lammel* ZMR 2002, 333)
– Telegramm
– Faksimile
– Teletext
– SMS über Handy oder Festnetz (Textnachricht)

29

Eine Ladung durch Umlaufzettel oder Aushang in der Wohnungseigentumsanlage genügt nicht. Der Abschied von der bislang erforderlichen »papierfixierten« Form erlaubt es dem Wohnungseigentümer im modernen Rechtsverkehr selbst darüber zu entscheiden, ob und in welcher Form er eine erhaltene Nachricht ausdruckt und speichert. Im Zeitalter der Computer- und sonstigen Fernkommunikation war es ein zeitraubendes Hindernis, schriftformbedürftige Erklärungen zwar am PC verfassen zu können, diese aber stets ausdrucken und handgezeichnet auf den Weg bringen zu müssen. 30

Die Einberufung kann auch noch – und wird es zumeist – schriftlich erfolgen. Eine Unterschrift unter der Einberufung sollte dann jedenfalls einen individuellen Schriftzug darstellen (*BGH* NJW 1978, 1255 = MDR 1978, 472). Zumindest die Tagesordnung muss wegen des Bezugnahmeverbots von der Unterschrift des Einberufenden gedeckt sein. Letzteres gilt nicht für Entwürfe von Jahresabrechnung und Wirtschaftsplan, die auch als Anlage beigefügt werden dürfen. Auch eine »gemischte Einladung« (vgl. Hügel/*Scheel* Teil 12 Rn. 50) – teils per email, teils per Fax und im Übrigen schriftlich – ist zulässig. 31

2. Elektronische Form

Eine zweite neue Formerleichterung ist die elektronische Form. Anders als die Textform setzt sie keine gesetzliche Zulassung durch einzelne Gesetzesbestimmungen voraus, sondern kann die Schriftform ohne weiteres ersetzen, sofern sich nicht aus dem Gesetz etwas anderes ergibt (§ 126 32

§ 24 | Einberufung, Vorsitz, Niederschrift

Abs. 3 BGB). Es wird die eigenhändige Unterschrift durch eine elektronische Signatur des Dokuments substituiert. Diese elektronische Signatur ist eine qualifizierte, weil sie bestimmte Bedingungen, die im ebenfalls neuen Signaturgesetz vorgegeben sind, erfüllen muss (§ 126a Abs. 1 BGB).

3. Formfehler

33 Wenn die vom Verwalter gewählte Form dem Gesetz nicht genügt, wird im Regelfall ein Beschluss allein wegen dieses formalen Mangel nicht anfechtbar sein (*Riecke* MDR 1997, 824; *OLG Düsseldorf* ZMR 1997, 91 zu Einberufungsmängeln; *BayObLG* ZMR 1997, 93 zur Heilung von Einberufungsmängeln).

4. Inhalt der Einladung

34 Die wichtigste Anforderung an den Inhalt der Einladung ist die Aufführung der anstehenden Tagesordnung (§ 23 Abs. 2 WEG). Daneben sind Versammlungsort und Anfangszeit mitzuteilen. Außerdem muss die Person des Einberufenden kenntlich gemacht werden.

5. Die Tagesordnung

35 Über den Inhalt und die Reihenfolge der Tagesordnung sowie die Formulierung der Beschlussanträge bestimmt der Verwalter nach billigem Ermessen. Die einzelnen Tagesordnungspunkte müssen dabei nicht zwingend mit einem Bestimmtheitsgrad festgelegt werden, wie er beispielsweise in § 253 Abs. 2 Ziff. 2 ZPO jetzt auch in WEG-Verfahren vorgesehen ist; es genügt eine schlagwortartige Beschreibung. Allgemein lässt sich sagen, dass der Beschlussgegenstand umso genauer in der Ladung zu bezeichnen ist, je größer seine Bedeutung und je geringer der Wissensstand des einzelnen Wohnungseigentümers ist (*OLG München* ZMR 2006, 954). Der Inhalt von Geschäftsordnungsbeschlüssen (z. B. Wahl des Versammlungsleiters) muss nicht angekündigt werden (*Hügel/Scheel* Teil 12 Rn. 52).

36 Unter Umständen kann auch ein einzelner Wohnungseigentümer – ohne dass ein Minderheitenquorum von mehr als einem Viertel der Wohnungseigentümer nach Köpfen (§ 24 Abs. 2 WEG) gegeben ist – die Aufnahme von Verhandlungsgegenständen in die Tagesordnung (Klagemuster bei *Greiner* WE-Recht Rn. 718) einer Eigentümerversammlung verlangen (*OLG Zweibrücken* ZMR 2004, 533; *OLG Frankfurt/M* ZMR 2004, 288) oder eine Ergänzung der Tagesordnung fordern. Dem wird der Verwalter stattgeben müssen, wenn ihre Beratung ordnungsmäßiger Verwaltung entspricht und die Ladungsfrist von 2 Wochen noch einzuhalten ist. Das Gesetz sieht ein derartiges Recht zwar nicht ausdrücklich vor. Dem Einzelnen erwächst in den Grenzen ordnungsmäßiger Verwaltung nach § 21 Abs. 4 WEG aber ein entsprechendes Recht. In der Versammlung ist eine Ergänzung der Tagesordnung nur zulässig, wenn es sich um eine Universalversammlung handelt und die Bevollmächtigten auch insoweit als Vertreter legitimiert sind – ein Fall der nur bei Kleinanlagen vorkommen dürfte. Dem Verwalter bleibt unbenommen, das gewünschte Beratungsthema selbst schlagwortartig neu zu formulieren.

37 Die Weigerung des Verwalters, die formellen Voraussetzungen für die Abstimmung zu einem geforderten Tagesordnungspunkt zu schaffen, ist pflichtwidrig, wenn für dessen Behandlung sachliche Gründe sprechen (*OLG Frankfurt a. M.* Beschl. vom 23.10.2000, 20 W 541/99). Bei einer Weigerung besteht die Möglichkeit, nach § 43 Nr. 2 WEG gegen den Verwalter gerichtlich vorzugehen. Nach *Hügel/Scheel* (Teil 12 Rn. 66) muss zunächst analog § 24 Abs. 3 WEG die Aufnahme des begehrten Tagesordnungspunktes über den Verwaltungsbeiratsvorsitzen versucht werden. Wird eine Tagesordnung in der Eigentümerversammlung erweitert, ist dies isoliert nicht anfechtbar, dennoch kann der zum neuen Tagesordnungspunkt gefasste Beschluss wegen dieses formellen Mankos (Einberufungsfehler) angefochten werden (*OLG München* ZMR 2006, 68), es sei denn ausnahmsweise verzichten alle Eigentümer (nicht nur die anwesenden) auf die Rüge dieses Ladungsmangels (*Hügel/Scheel* Teil 12 Rn. 60); einfache für die betreffende Versammlung Bevollmächtigte werden hierzu nicht ohne Weiteres als ermächtigt angesehen werden können. Gleich behandelt wird der Fall einer unzureichenden Ankündigung einer Beschlussfassung (*OLG Düsseldorf* ZMR 2005, 895). Eine Änderung der Reihenfolge der Tagesordnungspunkte in der Versammlung kann zur Anfechtbarkeit führen, wenn die fehlende Kausalität der Änderung für

V. Notwendigkeit einer Einberufung

Die Versammlung der Wohnungseigentümer ist gem. § 24 Abs. 1 WEG von dem Verwalter mindestens einmal jährlich einzuberufen. Auch wenn der Termin für die Versammlung (z. B. 1. Dienstag im April) von vornherein feststeht, etwa wenn er vereinbart wurde, ist eine Ladung / Einberufung nicht entbehrlich. Erst Recht bedarf es einer Einladung, falls die WEG-Verwaltung eine gerichtlich titulierte Verpflichtung umsetzen muss (vgl. *LG Saarbrücken* ZMR 2007, 313).   38

Ein Selbstversammlungsrecht gibt es nur, wenn sich alle Eigentümer spontan zu einer sog. Universal- oder auch Vollversammlung treffen. Es ist dann davon auszugehen, dass die Wohnungseigentümer auf die Einhaltung der Formvorschriften verzichtet haben (*BayObLG* ZWE 2001, 494 = ZMR 2001, 366; WE 1997, 268).

VI. Einzuladende Personen

1. Eigentümer

Das WEG enthält keine ausdrückliche Regelung dazu, wer zu einer Eigentümerversammlung zu laden ist. Nach dem Gesetz werden dort die Angelegenheiten, über die die Wohnungseigentümer durch Beschluss entscheiden können, geordnet, § 23 Abs. 1 WEG. Das Gesetz spricht daher durchweg von der Versammlung der Wohnungseigentümer, §§ 23 Abs. 1, 24, 25 WEG. Zur Versammlung zu laden sind daher alle – auch Mitglieder einer werdenden Wohnungseigentümergemeinschaft, selbst noch nach Invollzugsetzung (unklar insoweit Hügel / *Scheel* Teil 12 Rn. 81) der Wohnungseigentümergemeinschaft behalten sie nämlich diesen Status – Wohnungseigentümer, die in der Versammlung ein mögliches Stimmrecht haben (*BayObLG* ZMR 1988, 70 = NJW-RR 1988, 270). Dies sind zunächst sämtliche – in der Regel aus dem Grundbuch ersichtliche – Wohnungseigentümer. Hierzu zählt auch der Verband »Wohnungseigentümergemeinschaft« selbst, wenn er etwa eine Hausmeisterwohnung ersteigert (vgl. *Hügel* in seiner Anm. zu LG Heilbronn ZMR 2007, 651) hat. Einzuladen sind auch vom Stimmrecht gem. § 25 Abs. 5 WEG ausgeschlossene Wohnungseigentümer, da sie immer noch zur Teilnahme an der Beratung oder Aussprache berechtigt sind (*BayObLG* NJW 1993, 603 = WuM 1993, 209; *Müller* ZWE 2000, 237, 238). Ein Stimmrechtsausschluss macht eine Ladung nicht überflüssig (*OLG Zweibrücken* ZMR 2004, 60, 63; *BayObLG* NJW 1993, 603 = WuM 1992, 209; *Müller* ZWE 2000, 237, 238; a. A. *OLG Köln* ZMR 2004, 299). Auch der Ersterwerber als faktischer Eigentümer ist einzuladen (vgl. dazu *OLG Hamm* ZMR 2004, 859) sowie der wegen Zahlungsrückstand vom Stimmrecht evtl. ausgeschlossene Eigentümer (vgl. *LG Stralsund* NZM 2005, 709).   39

Die Einladung ist grundsätzlich an jeden Wohnungseigentümer persönlich zu richten, d. h. den zur Versendungszeit in Abteilung I des Grundbuchs eingetragenen Eigentümer (*KG* ZMR 1997, 318 = NJW-RR 1997, 1033, 1034). Verlässliche Auskunft über den aktuellen Eigentümerstand gibt in der Regel das Grundbuch. Ist das Grundbuch unrichtig (z. B. im Erbfall oder bei Zuschlag in der Zwangsversteigerung) und ist dies dem Einberufenden bekannt, hat er den wirklichen Wohnungseigentümer einzuladen.   40

Benennt ein Wohnungseigentümer gegenüber dem Verwalter einen empfangszuständigen Ladungsbevollmächtigten, ist (auch) dieser einzuladen. Bezieht sich eine Vollmacht auf die Ausübung des Stimmrechts in der Versammlung, ist durch Auslegung zu ermitteln, ob der vollmachtgebende Wohnungseigentümer auch auf sein Recht zur persönlichen Ladung zu dieser Versammlung verzichten wollte. In der Regel wird man das bejahen können. Eine Abbedingung oder Modifizierung des § 130 BGB durch Mehrheitsbeschluss ist nichtig. Eine Bestimmung im vorformulierten Verwaltervertrag, wonach die Versendung an die letzte bekannte Anschrift des Wohnungseigentümers genügt, ist unwirksam. An eine entsprechende Vereinbarung ist der Verwalter hingegen gebunden, d. h. er muss dementsprechend laden. Besondere Zustellkosten trägt die Gemeinschaft.   41

§ 24 | Einberufung, Vorsitz, Niederschrift

42 Aus einem Eigentümerwechsel zwischen Einladung und Versammlung kann der Erwerber einen Ladungsmangel nicht herleiten (*KG* ZMR 1997, 318 = WE 1997, 227 = NJW-RR 1997, 1033, 1034 = FGPrax 1997, 92, 94). Die Versendung an den im Versendungszeitpunkt eingetragenen Eigentümer kann nicht beanstandet werden. Es sind gesetzlich keine Vorkehrungen getroffen, dass dem Verwalter Eigentümerwechsel von Amts wegen mitgeteilt würden; er ist auf eine Mitteilung der Kaufvertragsparteien angewiesen. Auch wenn ein Verwalter nach Mitteilung des Eigentümerwechsels in der Zeit zwischen Einladung und Versammlungstermin den Erwerber von der Versammlung unterrichten wird, ist er zu einer Nachholung der Einladung des Erwerbers rechtlich nicht verpflichtet, zumal auch die Einladungsfrist sich häufig gar nicht mehr einhalten lassen wird (*KG* ZMR 1997, 318 = NJW-RR 1997, 1033, 1034).

43 Bei der Zugangsproblematik ist zu beachten, dass selbst bei einem (klassischen) Einschreiben der zugegangene Benachrichtigungszettel nicht den Zugang des Einschreibebriefes (Einladung) selbst ersetzt. Der Benachrichtigungszettel lässt weder Absender noch Inhalt des Einschreibens erkennen und lässt deshalb beim Empfänger Ungewissheit über diese Fragen bis zur Abholung des Einschreibens selbst (*OLG Köln* VersR 1992, 85; s. auch *BGH* ZIP 1998, 212). Als vorteilhafteste – nicht aber unbedingt sicherste – unter den drei Varianten von Einschreiben ist das Einschreiben-Einwurf anzusehen, weil es anders als die beiden anderen keine persönliche Übergabe gegen Unterschrift voraussetzt und zu einer tatsächlichen Vermutung (sog. Beweis der ersten Anscheins) des Zugangs führt, wenn der Einlieferungsbeleg (bei der Post) zusammen mit der Reproduktion des Auslieferungsbelegs vorgelegt werden (zu Einzelheiten s. *LG Potsdam* NJW 2000, 3722; *AG Paderborn* NJW 2000, 3723 und *Reichert* NJW 2001, 2523). Auch bei (wiederholter) Ladung durch Telefax wird das bloße Sendeprotokoll im Übrigen nicht als Zugangsnachweis anerkannt (*OLG Dresden* NJW-RR 1994, 1485).

44 Ist ein Wohnungseigentümer geschäftsunfähig, ist der gesetzliche Vertreter einzuladen. Für die Einladung eines unter Betreuung (§§ 1896 ff. BGB) stehenden Wohnungseigentümers gelten Besonderheiten, je nach dem, ob der Betreute geschäftsfähig ist oder geschäftsunfähig (*Drabek* ZWE 2000, 395, 396). Bei Personenvereinigungen ist grundsätzlich – soweit vorhanden – der gesetzliche Vertreter einzuladen, bei einer GmbH mithin der Geschäftsführer (§ 35 GmbHG), bei einer Aktiengesellschaft oder einem eingetragenen Verein hingegen der Vorstand. Bei einem mehrgliedrigen Vorstand genügt nach dem Grundsatz der Einzelvertretungsmacht bei Passivvertretung der Zugang der Einladung bei einem Vorstandsmitglied (§§ 78 Abs. 2 S. 2 AktG; 28 Abs. 2 BGB). Gehört ein Wohnungseigentum mehreren Berechtigten, ist jeder Miteigentümer einzuladen. Dies ergibt sich bereits daraus, dass für die Wahrnehmung des Rederechts als einem der elementarsten Mitgliedschaftsrechte jedes Wohnungseigentümers § 25 Abs. 2 S. 2 WEG nicht gilt. Außerdem wird verhindert, dass ein Wohnungseigentümer ohne Wissen des oder der anderen Mitberechtigen abstimmt (*KG* NJW-RR 1996, 844 = WuM 1996, 364 = WE 1996, 385). So sind etwa Ehegatten grundsätzlich gesondert einzuladen (*Drabek* ZWE 2000, 395, 396).

45 Die Frage nach dem richtigen Adressaten der Einladung stellt sich nicht nur bei der Mitberechtigung mehrerer an einem Wohnungseigentum, sondern auch bei einzelnen Wohnungseigentümern, deren Wohnungseigentum zu Gunsten Dritter beschränkt oder belastet ist, insbesondere dinglich Berechtigter oder persönlicher Gläubiger. Ist z. B. ein Nießbrauch am Wohnungseigentum im Grundbuch eingetragen, sind sowohl der Wohnungseigentümer als auch der Nießbraucher zu laden, wenn man mit einem Teil der älteren Rechtsprechung – wenn auch gegen die aktuelle Rechtsprechung des *BGH* (ZMR 2002, 440 = JR 2003, 111 mit Anm. *Hinz*) – dem Nießbraucher für bestimmte Regelungsbereiche ein Stimmrecht zuspricht (*KG* MDR 1987, 674 = NJW-RR 1987, 973; *HansOLG Hamburg* MDR 1988, 56 = NJW-RR 1988, 267; a. A. *BayObLG* FGPrax 1998, 178 = MDR 1999, 152; *F. Schmidt* WE 1998, 46; *OLG Hamm* ZMR 2001, 1004; *HansOLG Hamburg* ZMR 2003, 701).

46 Bei einer Zwangsverwaltung (vgl. Hügel/*Scheel* Teil 12 Rn. 88) oder Insolvenz ist der betreffende Zwangs- oder Insolvenzverwalter zu laden. Die Frage, ob sich der Kreis der einzuladenden Personen insbesondere auf Nießbrauchberechtigte und Zwangsverwalter erweitert, hängt in der Sache von der Frage eines ihnen zustehenden Stimmrechts (s. § 25 Rn. 5 ff.) und dessen etwaiger Reichweite ab. Bei angeordneter Testamentsvollstreckung sind der stimmberechtigte Testament-

vollstrecker und der teilnahmeberechtigte Erbe (so auch *Greiner* WE-Recht Rn. 696, a. A. wohl – zu Unrecht – Hügel / *Scheel* Teil 12 Rn. 88: Hinweis) zu laden.

2. Weitere Teilnehmer

Neben den Wohnungseigentümern kommen **weitere Teilnehmer** in Betracht, z. B. Gäste (Besucher), Berater, Vertreter und sonstige Dritte 47

a) Gäste (Besucher)

Gäste oder Besucher haben kein originäres Teilnahmerecht an der Versammlung. Sie können aber 48 durch spontane Organisationsentscheidungen zugelassen werden. Manche Gemeinschaftsordnungen enthalten außerdem eine Besucherklausel. In einer Vereinbarung kann z. B. bestimmt werden, dass zu der Wohnungseigentümerversammlung »Besucher keinen Zutritt« haben (*KG* ZMR 1986, 91 = MDR 1986, 320). Dieses Verbot verstößt weder gegen ein gesetzliches Verbot noch gegen die guten Sitten. Es besteht ein berechtigtes Interesse der Wohnungseigentümergemeinschaft, dass von einer Versammlung fremde Einwirkungen fern gehalten werden. Das schließt das Interesse ein, Besucher fern zu halten. Das Interesse der einzelnen Wohnungseigentümer, sich auch bei persönlichem Erscheinen jederzeit fremden Rates in der Versammlung zu bedienen, muss demgegenüber zurücktreten. Es ist jedem Wohnungseigentümer zuzumuten, sich anhand der Tagesordnung vor der Versammlung Rat zu holen und seine Meinung in der Versammlung selbst oder durch einen zulässigerweise bestellten Vertreter vortragen zu lassen.

Besucherklauseln sollen im Ergebnis gewährleisten, dass die internen Angelegenheiten der Wohnungseigentümer vertraulich behandelt werden. Da Mitarbeiter des Verwalters vertraglich zur Verschwiegenheit verpflichtet sind und manche Versammlung ohne Unterstützung des Versammlungsleiters durch seine Hilfskräfte nicht möglich wäre, sind Mitarbeiter keine Besucher. Besucherklauseln meinen regelmäßig nur von Wohnungseigentümern mitgebrachte Personen (*KG* ZMR 2001, 223 = ZWE 2001, 75, 76 = WuM 2001, 44). 49

Gegen die Zulassung oder Nichtzulassung Dritter zur Versammlung gibt es nur begrenzt Rechtsschutz. Es handelt sich bei Zulassungs- oder Ausschlussbeschlüssen (z. B. von Lebensgefährten oder Ehegatten) um reine Geschäftsordnungsentscheidungen. Derartige Beschlüsse sind als spontane Organisationsentscheidungen in der Regel nicht isoliert anfechtbar, weil sie sich in der Sache sofort erledigen und auch bei gerichtlicher Ungültigerklärung nicht rückabgewickelt werden können. Eine Kausalität zwischen der Anwesenheit schweigender / stiller Teilnehmer und den gefassten Beschlüssen / Sachentscheidungen in der Wohnungseigentümerversammlung ist zu verneinen (*OLG Hamm* ZMR 1996, 677 = WE 1997, 23). Auch ein Feststellungsantrag, der sich gegen künftige Wiederholungen und Abweichungen von den Bestimmungen der Teilungserklärung zur Teilnahmeberechtigung richtete, wurde – da nur auf eine abstrakte Rechtsfrage gerichtet – als verfahrensrechtlich unzulässig angesehen (im Einzelfall kann die Feststellung aber begehrt werden, BGHZ 121, 236, 242 = ZMR 1993, 287 = NJW 1993, 1329). 50

Ausnahmsweise ist ein Ausschluss selbstständig anfechtbar, sofern er für künftige Versammlungen gelten soll. Die Maßnahme erledigt sich dann nicht mit dem Ende der den Ausschluss beschließenden Versammlung (*BayObLG* ZMR 1996, 151 = WuM 1996, 113, 114; *Becker* WE 1996, 50, 52). Stets zulässig ist die Anfechtung der gefassten materiellen Beschlüsse mit der Begründung des rechtswidrigen Versammlungsausschlusses (*BayObLG* ZMR 1996, 151 = WuM 1996, 113, 114). 51

b) Vertreter und Berater des Wohnungseigentümers

Nach dem BGB hat jeder Wohnungseigentümer das Recht, sich auf der Versammlung durch einen 52 rechtsgeschäftlich bestellten Stellvertreter (= Bevollmächtigten, § 166 Abs. 2 S. 1 BGB) vertreten zu lassen (*BGH* ZMR 1993, 287 = MDR 1993, 442; MDR 1987, 485; *OLG Düsseldorf* ZMR 1996, 221 = NJW-RR 1995, 1294; *OLG Zweibrücken* ZMR 1986, 369; *Müller* ZWE 2000, 237, 239). Die Vollmacht unterliegt keinem gesetzlichen Formzwang. Bevollmächtigter kann jeder beliebige Dritte sein.

Viele Gemeinschaftsordnungen enthalten allerdings eine Vertreterklausel. Die Befugnis der Wohnungseigentümer, sich in der Wohnungseigentümerversammlung nur durch bestimmte Personen vertreten zu lassen, kann nämlich durch eine Vereinbarung bestimmt werden (*BGH* ZMR 53

1993, 287; *BayObLG* NJW-RR 1997, 463; *OLG Düsseldorf* ZMR 1996, 221). Allerdings darf die Möglichkeit der Vertretung weder ganz ausgeschlossen noch auf den Verwalter beschränkt werden (*OLG Düsseldorf* ZMR 1996, 221 = NJW-RR 1995, 1294; *Müller* ZWE 2000, 237, 239). Im Einzelfall können nach Treu und Glauben Ausnahmen wegen Unzumutbarkeit geboten sein (*BGH* BGHZ 99, 90 = NJW 1987, 650 = MDR 1987, 485 = WuM 1987, 92 = WE 1987, 23). Eine Vertreterklausel bedeutet weder rechtlich noch tatsächlich einen Ausschluss von der Ausübung des Stimmrechts. Aus Sicht von Kapitalanlegern, die ihre Eigentumswohnungen vermieten und selbst an einem entfernten Ort wohnen, ist eine unbeschränkte Vertretungsmöglichkeit ggf. zwar wünschenswert. Wenn sie – wofür es verständliche Gründe geben kann – nicht den Verwalter bevollmächtigen wollten, müssen sie die Möglichkeit der Beauftragung anderer Miteigentümer erkunden (*BGH* BGHZ 99, 90 = NJW 1987, 650 = MDR 1987, 485 = WuM 1987, 92 = WE 1987, 23). Für die Praxis ist auch entschieden (*BGH* ZMR 1993, 287 = MDR 1993, 442), dass sich ein Vertretungsverbot nicht nur auf die Stimmabgabe, sondern auf jede aktive Beteiligung bezieht. Die Vertreterklausel will gemeinschaftsfremde Einflüsse auf die nichtöffentliche Versammlung fern halten. Sie erstreckt sich daher auch auf die Abgabe sonstiger Erklärungen, die Beratung sowie eine Antragstellung. Die Vertreterklausel wirkt nicht gegenüber einem vom Veräußerer ermächtigten Erwerber vor seiner Eintragung (vgl. Wenzel NZM 2005, 402).

54 Eine Ausnahme ist dann zugelassen, wenn ein Wohnungseigentümer ein Interesse an einer Beratung in der Versammlung hat, das durch eine Beratung im Vorfeld der Versammlung nicht entfällt. Dieses Interesse kann sich sowohl aus persönlichen (hohes Alter des Wohnungseigentümers, Krankheit) als auch aus sachlichen Gründen (schwierige Thematik) ergeben. Zur allgemeinen rechtlichen Absicherung von Beschlüssen kann ein Berater nicht hinzugezogen werden (*OLG Hamm* ZMR 2004, 699). Bei der Hinzuziehung von Beratern ist immer auf den Einzelfall abzustellen und auf Art und Bedeutung der jeweils anstehenden Tagesordnungspunkte (*OLG Düsseldorf* ZMR 1996, 221 = NJW-RR 1995, 1294 = WE 1996, 31 = WE 1995, 122 = WuM 1996, 302; vgl. auch *BayObLG* ZMR 1997, 478 = WuM 1997, 568 = WE 1997, 436, 437). Es lässt sich – abgesehen von dem Fall einer ständig bestehenden persönlichen Erschwernis – nicht im Voraus feststellen. Vielmehr ist erst in der Versammlung darüber zu befinden, ob der Berater anwesend sein darf (*BGH* ZMR 1993, 287 = NJW 1993, 1329). Wird die Teilnahme eines Dritten abgelehnt, kann sich der betroffene Wohnungseigentümer dagegen durch Anfechtung der in der Sache gefassten Beschlüsse wehren. Ist der Berater von Berufswegen zur Verschwiegenheit verpflichtet (z. B. ein Rechtsanwalt), ist dies bei der Abwägung zu berücksichtigen, da in diesem Falle in den Grundsatz der Nichtöffentlichkeit nur in einem geringeren Umfange eingegriffen wird. Hierin wird von *Scheel* (Hügel/*Scheel* Teil 12 Rn. 94) ein gewisser Wertungswiderspruch zur Möglichkeit des Verwalters gesehen, sich dritter Personen als Helfer (Protokollführer, Saalordner etc) zu bedienen, die gerade nicht der Verschwiegenheit von Berufs wegen unterliegen (müssen). Darauf, ob der Berater still an der Versammlung teilnehmen oder auch Rederecht haben soll, kann es nicht entscheidend ankommen. Die Anwesenheit mancher Personen führt manchmal schon zu Reaktionen von Imponiergehabe bis zu ängstlichem Schweigen bei sensiblen Wohnungseigentümern.

55 Das Vertretungsverbot gilt nicht für gesetzliche Vertreter juristischer Personen (z. B. dem Geschäftsführer einer GmbH) oder Geschäftsunfähiger (z. B. dem Betreuer). Eine Aktiengesellschaft muss sich nicht durch den Vorstand vertreten lassen. Sie kann sich von einem Handlungsbevollmächtigten oder sonstigen Firmenangehörigen vertreten lassen, da den Vorstandsmitgliedern ein persönliches Erscheinen nicht zumutbar ist (*BayObLG* MDR 1982, 58 = BayObLGZ 1981, 220).

55a Ob sich der Vertreter wiederum in Untervollmacht durch eine andere Person vertreten lassen darf, ist im Wege der Auslegung der Hauptvollmacht zu ermitteln, wenn es an einer ausdrücklichen Regelung fehlt. Das *OLG Zweibrücken* (NZM 1998, 671) verlangt sogar die ausdrückliche Gestattung in der Hauptvollmacht (vgl. auch Hügel/*Scheel* Teil 12 Rn. 158). Das geht wohl zu weit. Aber im Zweifelsfall ist die Hauptvollmacht zumindest eng auszulegen. Ist der Hauptbevollmächtigte vom Stimmrecht ausgeschlossen, kann er durch Untervollmacht (ohne Weisung) das Stimmrecht des Vertretenen zur Wirkung bringen. Ist der Vertretene vom Stimmrecht ausgeschlossen, kann er nicht durch Bevollmächtigungen seine Rechtsstellung verbessern. Auch als Vertreter für Dritte dürfte er allenfalls bei klarer Weisung des Dritten mit abstimmen. Eine verdrängende Stimmrechtsvollmacht ist unzulässig. Der Vollmachtgeber kann immer selbst sein Stimmrecht ausüben.

Die Hinzuziehung der Presse ist ein formeller Fehler. Eine Vertretungsbeschränkung auf Ehegat- 56
ten und Verwandte erlaubt es einem Wohnungseigentümer grundsätzlich nicht (für einen Sonderfall a. A. *OLG Köln* ZMR 2004, 378), sich durch einen »Lebensabschnittspartner« vertreten zu lassen. Dolmetscher sind grundsätzlich zuzulassen (*AG Hamburg-Altona* ZMR 2005, 823).

c) Beiratsmitglieder 56a

Auch einem Nichtwohnungseigentümer, der aktuelles Beiratsmitglied ist, steht ein – möglicherweise auf bestimmte Beschlussgegenstände beschränktes – Anwesenheitsrecht zu (*OLG Hamm* ZMR 2007, 133, Hügel / *Scheel* Teil 12 Rn. 91). Die Bestellung eines Nichtwohnungseigentümers zum Beiratsmitglied entgegen § 29 Abs. 1 S. 2 WEG ist auch nur anfechtbar, nicht etwa nichtig, da es sich nicht um eine »gesetzesändernde«, sondern lediglich um eine gesetzwidrige Einzelfallentscheidung handelt (*BayObLG* NZM 2002, 529).

3. Verstöße

Die fehlende Einladung eines Wohnungseigentümers zur Eigentümerversammlung macht die 57
gefassten Beschlüsse h. M. nach allenfalls anfechtbar, nicht nichtig (*BGH* NJW 1999, 3717; *BayObLG* WuM 2005, 145). Von Nichtigkeit ist aber auszugehen, wenn einzelne Wohnungseigentümer vorsätzlich von der Wohnungseigentümerversammlung ausgeschlossen werden sollen und deshalb die Ladung unterbleibt (*BayObLG* WuM 2005, 145; *OLG Köln* ZMR 2004, 299; *OLG Celle* ZWE 2002, 276 = OLGR Celle 2002, 278 = NZM 2002, 458, *AG Halle/Saale* ZMR 2006, 160 – LS 3 –). Ein solches Vorgehen kommt einem Ausschluss aus der Versammlung gleich (vgl. Hügel / *Scheel* Teil 12 Rn. 101). Etwaige Mehrheitsbeschlüsse zur Zulässigkeit baulicher Veränderungen sind grundsätzlich aber nicht nichtig. Sie können nur gem. §§ 46, 43 Nr. 4 WEG im Anfechtungsverfahren für ungültig erklärt werden. Ein Beschluss ist jedoch nichtig und entfaltet keine Rechtswirkung, wenn ein Mitglied der Wohnungseigentümergemeinschaft bewusst von der Mitwirkung an der Wohnungseigentümerversammlung ausgeschlossen wurde, indem es hierzu nicht geladen worden ist (*OLG Zweibrücken* ZMR 2004, 60). Nach Auffassung des *OLG Hamburg* (ZMR 2006, 705) hat die Klausel »*Für die Ordnungsmäßigkeit genügt die Absendung an die vom Sondereigentümer zuletzt mitgeteilte Anschrift*« nur Bedeutung, wenn der Sondereigentümer umgezogen ist, ohne die neue Adresse mitzuteilen (weniger streng zur Zugangsfiktion Hügel/*Scheel* Teil 12 Rn. 68). Die Heilung eines Ladungsmangels tritt auch nicht dadurch ein, dass der nicht geladene Wohnungseigentümer anderweitig von der Versammlung erfährt (*OLG Hamm* NJW-RR 1993, 468).

Nach Auffassung des *LG Düsseldorf* (ZMR 2005, 231) bewirkt der faktische unbegründete Aus- 58
schluss eines Wohnungseigentümers zumindest die Anfechtbarkeit der Beschlüsse, da der Ausschluss nicht nur die Abstimmung selbst betreffe, sondern regelmäßig auch die vorangegangene Willensbildung. Das Gericht lehnt ausdrücklich eine Vernehmung aller übrigen Beteiligten zur Kausalitätsfrage ab, weil der Verlauf der Versammlung bei Teilnahme des Ausgeschlossenen nicht weiter dargestellt werden kann. Das Gericht spricht von einem schwerwiegenden Mangel. Da fristgerecht angefochten wurde, musste nicht entschieden werden, ob von Beschlussnichtigkeit auszugehen ist.

Vertretungsbeschränkungen sind bedeutungslos, wenn die Stimmabgabe eines Vertreters in der 59
Versammlung nicht beanstandet wird (*KG* ZMR 1994, 525 = NJW-RR 1995, 147 = FGPrax 1995, 28, 29; *OLG Frankfurt a. M.* WE 1994, 162) oder das Berufen darauf treuwidrig ist (*OLG Hamburg* ZMR 2007, 477). Im Übrigen gilt, dass eine Einzelfallprüfung erfolgen muss. Sie muss insbesondere den Sinn und Zweck der Vertretungsbeschränkung, nämlich das Fernhalten gemeinschaftsfremder Einwirkungen, berücksichtigen. Außerdem ist die Zumutbarkeit für den einzelnen Wohnungseigentümer, sich durch eine nach der Teilungserklärung zur Vertretung befugte Person vertreten zu lassen, ein Prüfstein. Verlangt eine Vereinbarung die Vorlage einer schriftlichen Vollmacht – hierin liegt in der Regel keine materielle Wirksamkeitsvoraussetzung, sondern nur eine Verstärkung der Beweisfunktion – und wird diese in der Versammlung nicht vorgelegt, kann der Leiter den Stell-

§ 24 | Einberufung, Vorsitz, Niederschrift

vertreter zurückweisen und von der Teilnahme ausschließen. Wird er nicht zurückgewiesen, ist er teilnahmeberechtigt und seine Stimme wirksam (vgl. *OLG Hamm* ZMR 2007, 63), sofern er tatsächlich bevollmächtigt war. Eine Unwirksamkeit der Stimme in diesem Fall bejaht dagegen *Lehmann-Richter* (ZMR 2007, 741 ff.: Bestimmt die Gemeinschaftsordnung, dass der Vertreter eine schriftliche Vollmacht vorzulegen hat, so ist die entgegen dieser Klausel abgegebene Stimme unwirksam, ohne dass es der Zurückweisung bedarf.). Das Vorliegen der Stimmrechtsvollmacht ist für jeden Beschlussgegenstand nach *OLG Hamm* (ZMR 2007, 63) gesondert zu prüfen.

59a Bei einer Stimmabgabe als einseitiger Willenserklärung ist eine Stellvertretung ohne Vertretungsmacht § 180 S. 1 BGB analog grundsätzlich unzulässig, d. h. das Handeln des vollmachtlosen Stimmrechtsvertreters kann nicht nach der Versammlung vom Wohnungseigentümer genehmigt werden. Eine Besonderheit gilt, wenn der Versammlungsleiter das Fehlen der Vollmacht nicht beanstandet und sich damit einverstanden erklärt, dass der Vertreter ohne Vertretungsmacht handelt. Dann gelten §§ 177 ff. BGB, so dass sich die Genehmigungsmöglichkeit doch eröffnet (§§ 177, 180 S. 2 BGB). Wird die Genehmigung der Vertreterstimme nach Aufforderung nicht binnen zwei Wochen erklärt, gilt sie als verweigert und die Stimmabgabe war unzulässig. Wegen der Nichtzurückweisung zieht die Unzulässigkeit aber jedenfalls keine Nichtigkeit des Beschlusses nach sich, da es sich um einen qualifizierten Zählfehler – die Einzelstimme hätte nicht berücksichtigt werden dürfen – handelt. Tritt der Verwalter als Bevollmächtigter auf und präsentiert keine schriftliche Vollmacht macht bereits das Veto eines anwesenden Wohnungseigentümers die Stimmabgabe unzulässig.

59b § 174 BGB ist auf die Stimmabgabe in der Eigentümerversammlung zumindest analog anwendbar. Ohne Vorlage einer Originalvollmacht ist offen, ob der Vertreter mit Vertretungsmacht abstimmte. Dies allein reicht für eine Analogie zwar nicht aus, weil § 177 Abs. 1 BGB einen solchen Zustand zulässt. Für eine Analogie zu § 174 BGB spricht, dass auch ein Wohnungseigentümer nicht ohne seinen Willen mit einem legitimationslosen Vertreter in rechtlichen Kontakt gedrängt werden darf.

Sowohl der Versammlungsleiter (*LG Berlin* ZMR 2001, 310/314; *Kümmel*, ZWE 2000, 292/293) als auch der einzelne Wohnungseigentümer (*AG Neuss* WE 1996, 38/39) oder beide (*OLG Köln* ZMR 2002, 972; *Drasdo*, Die ETVers (2005), Rn. 255) können das Zurückweisungsrecht ausüben. Nach *Greiner* (WE-Recht Rn. 741 Fußnote 682) ist die Wohnungseigentümerversammlung für die Zurückweisung zuständig.

Nur durch eine Zurückweisung des Vertreters, der sich nicht durch Vorlage einer Originalvollmacht legitimiert, kann schon in der Versammlung festgestellt werden, ob eine wirksame Stimmabgabe zu bejahen ist (vgl. *Merle* ZWE 2007, 131 für Vertreter bei gemeinschaftlichem Stimmrecht). Da sofort nach der Abstimmung die Wirksamkeit der Stimmabgabe unmittelbar vor der konstitutiven Verkündung des Beschlussergebnisses feststehen muss, kommt eine Verschiebung in zeitlicher Hinsicht nicht in Betracht.

Adressaten der Stimmangabe sind die übrigen Wohnungseigentümer, nicht etwa der Verband oder der Versammlungsleiter als solcher (*BayObLG* ZMR 2001, 994; *Bornheimer*, Das Stimmrecht im Wohnungseigentumsrecht, 1993, S. 42). Die Funktion des Versammlungsleiters ist die eines Empfangsvertreters (§ 164 Abs. 3 BGB). Er nimmt die Stimmen für die Eigentümer entgegen. Die Vertretungsmacht des aktuellen Versammlungsleiters (nur im Zweifel der Verwalter) folgt aus § 24 Abs. 5 WEG. Der Versammlungsleiter als solcher kann aber – nach *Lehmann-Richter* (ZMR 2007, 741 ff.) – nicht einseitig gestaltend in die Willensbildung der Eigentümer eingreifen. Das Gesetz lässt auch bei der Stimmabgabe die Vertretung ohne Vertretungsmacht mit der Möglichkeit der Genehmigung zu (§ 180 S. 2 BGB analog, *LG Berlin* ZMR 2001, 310/314).

Weist ein Eigentümer als individueller Inhaber des Zurückweisungsrechts den Vertreter zurück, so besteht für alle Beteiligten Gewissheit, dass der Vertreter von der Stimmabgabe ausgeschlossen ist, seine Stimme ist unwirksam. Die Ausübung des Zurückweisungsrechts steht nicht kraft Gesetzes gemäß § 10 Abs. 6 S. 3 WEG dem Verband zu. Der Verband kann die Ausübung des Rechts aber wohl durch Beschluss an sich ziehen.

Hat sich die Stimme auf das Beschlussergebnis ausgewirkt, ist der Beschluss nach Anfechtungsklage (§ 46 WEG) für ungültig zu erklären.

Wird ein vollmachtsloser Vertreter nicht analog § 174 BGB zurückgewiesen, kann der Eigentümer die Stimmabgabe gegenüber den übrigen Eigentümern oder dem Vertreter genehmigen. Beim Empfang der Genehmigung werden die Eigentümer vom Verwalter vertreten. Die Aufforderung zur Abgabe der Genehmigungserklärung analog § 177 Abs. 2 S. 2 BGB kann jeder Eigentümer einzeln abgeben.

VII. Einberufungsfrist

Nach § 24 Abs. 4 S. 2 WEG soll die Einberufung in der Regel mindestens zwei (früher: eine) Woche vor der Versammlung erfolgen. Auch wenn es sich hier nur um eine Sollvorschrift handelt, kann sich der Verwalter bei pflichtwidriger Unterschreitung dieser Frist schadensersatzpflichtig machen. Die Frist beginnt mit dem Zugang des Schreibens beim Wohnungseigentümer. Bei Versendung innerhalb der Bundesrepublik sind vom Verwalter Postlaufzeiten (bis zu drei Tagen) einzukalkulieren. Die Eigentümer können die Einberufungsfrist ändern (*BayObLG* WuM 1989, 459, 460 = MDR 1989, 824). Eine Verlängerung der Ladungsfrist für einen nicht dauerhaft in der EU lebenden Wohnungseigentümer scheidet wohl nach der Neufassung des § 24 Abs. 4 S. 2 WEG mit der Verdoppelung der Ladungsfrist auf 2 Wochen aus (anders noch zum alten Recht *OLG Karlsruhe* ZMR 2006, 795 – LS 2 –). **60**

Wegen eines Verstoßes gegen die Ladungsfrist sind die auf der Versammlung gefassten Beschlüsse auf rechtzeitige Anfechtung hin für ungültig zu erklären. Eine Ausnahme gilt nur dann, wenn feststeht, dass die Beschlüsse auch ohne den Einberufungsmangel ebenso bzw. ergebnisgleich gefasst worden wären (*OLG Hamm* ZMR 2001, 1004 = ZWE 2001, 560, 561; *BayObLG* ZMR 1999, 186 = NZM 1999, 130 = WuM 1999, 642; *KG* NJW-MietR 1997, 134). Dies ist jedenfalls der Fall, wenn der Anfechtende den Inhalt der gefassten Beschlüsse sachlich nicht angreift und die Anfechtungsgegner an einer entgegenstehenden Rechtsansicht festhalten. **61**

Auch wenn eine bestimmte Ladungsfrist vereinbart worden ist, kommt eine Anfechtung in Betracht. Sie kann erfolgreich sein, wenn die Gemeinschaft nicht nachweisen kann, dass der angefochtene Beschluss auch bei ordnungsmäßiger Ladung genauso zustande gekommen wäre (*BayObLG* ZMR 2004, 766). § 24 Abs. 2 S. 2 WEG würde seinen Sinn verlieren, wenn die Nichtbeachtung folgenlos bliebe. Auch ein Verstoß gegen die Soll-Vorschrift des § 24 Abs. 4 WEG rechtfertigt die Kausalitätsvermutung des Ladungsmangels (*OLG Hamburg* ZMR 2006, 704). **62**

VIII. Eventualeinberufung

Nach § 25 Abs. 3 WEG ist eine Wohnungseigentümerversammlung nur beschlussfähig, wenn die erschienenen stimmberechtigten Wohnungseigentümer mehr als die Hälfte der Miteigentumsanteile, berechnet nach der im Grundbuch eingetragenen Größe ihrer Anteile, auf sich vereinen. Ist diese Vorgabe nicht erfüllt, kann der Verwalter nach § 25 Abs. 4 WEG eine neue Versammlung einberufen, die ohne Rücksicht auf die Höhe der vertretenen Miteigentumsanteile beschlussfähig ist. Diese Einberufung kann jedoch erst erfolgen, wenn die Beschlussunfähigkeit der Erstversammlung feststeht, was zum Zeitpunkt der Ersteinladung nicht der Fall sein kann. **63**

Eine Eventualeinberufung (vgl. auch unten § 25 Rn. 51) für den Fall der Beschlussunfähigkeit der Erstversammlung (§ 25 Abs. 4 WEG) kann nicht schon mit der ersten Einladung verbunden werden (*OLG Köln* GE 1990, 151 = NJW-RR 1990, 26 = WE 1990, 53; *v. Rechenberg* WE 2001, 94; *Bielefeld* DWE 2000, 140). Die Verbindung beider Einberufungen widerspräche der Systematik des § 25 WEG, der ein schrittweises Vorgehen erfordert und führte zur Bedeutungslosigkeit des § 25 Abs. 3 WEG. Ein bestandskräftiger Mehrheitsbeschluss, durch den eine Regelung zur zukünftigen Zulässigkeit der Eventualeinberufung herbeigeführt wurde, stellt sich deshalb als gesetzesändernder Mehrheitsbeschluss dar und ist **nichtig** (*Wenzel* ZWE 2001, 226, 236). **64**

Eine Regelung, dass sogleich mit der Ersteinladung zur Eigentümerversammlung für den Fall, dass die Erstversammlung beschlussunfähig sein sollte, zu einer zweiten Eigentümerversammlung am gleichen Tag eine halbe Stunde nach dem Termin der Erstversammlung einzuladen sei, kann allerdings **vereinbart** werden (*OLG Köln* ZMR 1999, 282 = MDR 1999, 799; *LG Offenburg* **65**

§ 24 | Einberufung, Vorsitz, Niederschrift

WuM 1993, 710). Streitig ist, ob die Zweitversammlung in diesem Falle schon 30 Minuten nach der Erstversammlung angesetzt werden darf.

C. Abdingbarkeit von § 24 Abs. 2 WEG, nicht § 24 Abs. 3 WEG

66 Nicht selten wird durch eine Vereinbarung von einzelnen Vorgaben des § 24 WEG abgewichen. Nach ganz h. M. muss dabei jedenfalls das Minderheitenrecht gem. § 24 Abs. 2 WEG zwingend gewahrt bleiben (*Niederführ/Kümmel/Vandenhouten* Rn. 2; *Weitnauer/Lüke* Rn. 3). Wegen Verstoßes gegen den Kernbereich des Wohnungseigentums (s. § 10 Rn. 225 ff.) als **nichtig** sind daher alle Bestimmungen anzusehen, die dem die Einberufung fordernden mehr als ein Viertel ein Einberufungsrecht nehmen wollen. Dies sind zum einen solche Regelungen, die das Quorum anheben, z. B. auf ein Drittel (*Bärmann/Pick/Merle* Rn. 11). Zum anderen sind solche Vereinbarungen nichtig, die statt eines Viertels der Wohnungseigentümer ein Viertel der Stimmen (Gleiches gilt für Miteigentumsanteile sinngemäß) fordern, weil hierdurch – jedenfalls bei gleichzeitiger Modifizierung des Kopfprinzips des § 25 Abs. 2 S. 1 WEG – unter bestimmten Voraussetzungen das Minderheitenrecht beschnitten wird. Besonders deutlich wird dies in der Gründungsphase, in der ein Einberufungsverlangen der Minderheit gänzlich unmöglich wäre, solange der aufteilende Eigentümer selbst noch mindestens drei Viertel der Stimmen (oder Miteigentumsanteile) auf sich vereint. Da eine Regelung aber nicht temporär nichtig sein kann, ist jede Modifizierung des § 24 Abs. 2 WEG, die auch nur abstrakt die Möglichkeit herbeiführt, dass das Verlangen eines solchen Quorums der Eigentümer nicht ausreicht, um eine Einberufung zu fordern, per se nichtig; an ihre Stelle tritt die gesetzliche Regelung. Eine Herabsetzung ist demgegenüber unschädlich. Insofern gibt das WEG nur einen Mindestschutzstandard vor (*Häublein* ZWE 2001, 2, 7; vgl. auch *Gottschalg* NZM 2005, 407).

67 Teilweise wird § 24 Abs. 3 WEG als dispositiv bezeichnet. Das ist nicht überzeugend. Ausgangspunkt der Überlegung muss die Erkenntnis bilden, dass die Minderheitenrechte gewahrt werden müssen und entgegenstehende Klauseln daher unwirksam sind. Zur Verdeutlichung des Problems soll eine in der Praxis gelegentlich anzutreffende Klausel dienen, nach der es »nur auf vom Verwalter einberufenen Eigentümerversammlungen« möglich sein soll, wirksame Beschlüsse zu fassen. Eine derartige Regelung steht in einem Spannungsverhältnis zu § 24 Abs. 3 WEG. Weigert sich der Verwalter, bedeutet es eine Schwächung der Eigentümerrechte, wenn das die Einberufung gem. § 24 Abs. 2 WEG fordernde Quorum von mehr als einem Viertel der Wohnungseigentümer nicht die Möglichkeit hat, über ihr Anliegen wirksam beschließen zu lassen, nur weil sich der Verwalter weigert, die Versammlung einzuberufen. Das Recht, eine Versammlung notfalls auch ohne die Mitwirkung des pflichtwidrig handelnden Verwalters einberufen zu können, darf den Eigentümern nicht genommen werden. Außerdem würde die vorgenannte Klausel das Recht der Eigentümer beschneiden, sich jederzeit zu einer sog. »Universal- oder Vollversammlung« zusammenzufinden, um auf dieser Beschlüsse zu fassen. Es bestehen daher erhebliche Zweifel, ob die Klausel einer Prüfung am Maßstab des § 134 BGB i. V. m. § 24 Abs. 3 WEG standhält.

D. Außerordentliche Eigentümerversammlung

68 Wenn zwischen den Wohnungseigentümern nichts Abweichendes vereinbart ist, findet nur einmal jährlich die ordentliche Versammlung statt (§ 24 Abs. 1 WEG). Bei eilbedürftigen Entscheidungsprozessen, die noch keine Notmaßnahmen erfordern, ist aber Bedarf für eine außerordentliche Versammlung zu bejahen. Es kann sich empfehlen, schon in der Gemeinschaftsordnung solche Gründe festzulegen, die eine außerordentliche Versammlung rechtfertigen. Hierdurch verursachten Mehrkosten (z. B. die Saalmiete oder das Sonderhonorar des Verwalters [s *Briesemeister* ZMR 2003, 312]) dürfen nicht im Missverhältnis zu den Beschlussgegenständen auf einer solchen Versammlung stehen.

E. Vorsitz

Den Vorsitz in der Wohnungseigentümerversammlung führt, sofern diese nichts anderes beschließt oder die Wohnungseigentümer nichts anderes vereinbaren, nach § 24 Abs. 5 WEG der Verwalter. Ist der Verwalter eine natürliche Person, kann er sich Dritter für den Vorsitz bedienen (*KG* ZMR 2001, 223 = ZWE 2001, 75 = WuM 2001, 44; *BayObLG* ZMR 2001, 826 = ZWE 2001, 490). In Betracht kommen vor allem Sachbearbeiter des Verwalters (*LG Flensburg* NJW-RR 1999, 596), ggf. aber auch sein Ehegatte. Wird beschlossen, dass der abgewählte Verwalter noch die Versammlung weiterleiten soll, ist auch gleich das Problem des möglichen Verstoßes gegen den Grundsatz der Nichtöffentlichkeit vermieden, da der gewählte Versammlungsleiter immer teilnahmeberechtigt sein wird. Ohne Versammlungsleitung hat allerdings der neu gewählte Verwalter kein Teilnahmerecht (vgl. *Greiner* WE-Recht Rn. 729).

69

Ist der Verwalter eine GmbH, kann diese durch eine allgemein vertretungsberechtigte Person, jedenfalls aber durch einen Prokuristen oder durch einen rechtsgeschäftlich bestellten Vertreter, als Vorsitzenden der Eigentümerversammlung handeln (*BayObLG* ZMR 2004, 131 [durch einen Angestellten vertreten]; *OLG Schleswig* MDR 1997, 821 mit Anm. *Riecke* = WE 1997, 388; *Buß* WE 1998, 42, 44).

70

F. Inhalt des Protokolls

I. Ergebnisprotokoll

Über die in der Versammlung gefassten Beschlüsse (zur Komplettierung durch das Gericht vgl. *OLG München* ZMR 2007, 221) ist ein Protokoll (Niederschrift) aufzunehmen. Wenn in einer Vereinbarung nichts Abweichendes geregelt ist, bedarf es lediglich eines Ergebnisprotokolls. Ein Verlaufsprotokoll ist nicht erforderlich. Dies bedeutet, dass z. B. Wortbeiträge einzelner Wohnungseigentümer sowie der Verlauf der Versammlung grundsätzlich nicht in das Protokoll aufgenommen werden müssen. Hat die Gemeinschaft nicht beschlossen, wie das Protokoll abzufassen ist, liegt es im Ermessen des Protokollführers, welche Tatsachen er in der Niederschrift beurkundet.

71

Sieht eine Vereinbarung vor, dass eine Niederschrift über die Versammlung und dort gefasste Beschlüsse zu fertigen ist, geht dies über die gesetzliche Regelung des § 24 Abs. 6 S. 1 WEG hinaus. Die Niederschrift muss dann zumindest alle gestellten Anträge wiedergeben, auch wenn über sie nicht abgestimmt wurde. Zwar hat der einzelne Wohnungseigentümer keinen Anspruch darauf, dass bestimmte Diskussionsbeiträge in das Protokoll aufgenommen werden, da auch bei einer derartigen Regelung ein Ermessen des Versammlungsleiters besteht. Eine in der Teilungserklärung getroffene schuldrechtliche Regelung die vom Gesetzeswortlaut abweicht, spricht aber dafür, dass die Regelung auch einen abweichenden (weitergehenden) Inhalt haben sollte (*BayObLG* ZMR 2004, 443).

72

II. Mindestinhalt

Als Mindestinhalt einer Niederschrift wird man verlangen müssen:
– Angabe des Namens der Eigentümergemeinschaft
– Tag der Versammlung
– Wortlaut der gefassten Beschlüsse
– Angaben zum Abstimmungsergebnis
– konstitutive Beschlussfeststellung durch den Versammlungsleiter (*Kümmel* MietRB 2003, 58)

73
74

Es kann sich empfehlen, zuerst die Beschlussfähigkeit festzustellen und in das Protokoll aufzunehmen (*Niedenführ/Kümmel/Vandenhouten* Rn. 53 ff.). Bei dieser Handhabung ist aber zu beachten, dass die Beschlussfähigkeit je nach Beschlussgegenstand wechseln sowie durch das Verlassen der Versammlung durch einzelne Wohnungseigentümer auch ganz wegfallen kann. Auch inhaltlich zu unbestimmte Beschlüsse, die auf Anfechtung für ungültig zu erklären sind (vgl. *OLG Hamm* ZMR 2007, 131), gehören ins Protokoll.

75

III. Ermessen

76 Dem Versammlungsleiter ist auch bei Abfassung der Niederschrift ein Ermessensspielraum eingeräumt. Die Protokollierung muss allerdings den Grundsätzen ordnungsmäßiger Verwaltung i. S. von § 21 Abs. 4 WEG entsprechen. Ein Ermessensverstoß ist daher anzunehmen, wenn der Beschlussinhalt in der Niederschrift falsch, unvollständig oder überhaupt nicht wiedergegeben wird (*BayObLG* WE 1992, 86).

G. Form des Protokolls
I. Gesetzliche Formerfordernisse

77 Gem. § 24 Abs. 6 S. 2 WEG ist die Niederschrift vom Vorsitzenden und einem Wohnungseigentümer und, falls ein Verwaltungsbeirat bestellt ist, auch von dessen Vorsitzendem oder seinem Vertreter zu unterschreiben. Ist eine dieser Personen in Doppelfunktion oder Personalunion tätig, muss sie nur einmal unterschreiben. Sie sind aber nur dann zur Unterschriftsleistung verpflichtet, wenn sie auch selbst an der Eigentümerversammlung teilgenommen haben. Dies ergibt sich daraus, dass sie durch ihre Unterschrift die inhaltliche Richtigkeit des Versammlungsprotokolls dokumentieren sollen (Bärmann/Pick/*Merle* Rn. 110).

II. Vereinbarte Formerfordernisse
1. Beschlussbuch

78 Der Verwalter sollte sämtliche Versammlungsprotokolle in ein Beschlussbuch aufnehmen (s. *Elzer* KK-WEG 1. Aufl. § 10 Rn. 317 f.). Die Wohnungseigentümer konnten schon vor Inkrafttreten des § 24 Abs. 7 WEG eine entsprechende Sammlung vereinbaren (*OLG Düsseldorf* ZMR 2005, 218). Nimmt der Verwalter in diesem Falle den Beschluss nicht auf, stellt die Nichteintragung aber nur einen Anfechtungsgrund dar (*OLG Düsseldorf* ZMR 2005, 218, 219). Für eine Beschlusssammlung empfahl es sich schon früher, die Beschlüsse fortlaufend ab einem bestimmten Stichtag zu nummerieren (vgl. jetzt § 24 Abs. 7 S. 3 WEG) und nicht jährlich mit Beschluss Nr. 1 neu anzufangen. Auf diese Art und Weise ist es dem Erwerber auch bei freiwilligen Beschluss-Sammlungen aus der Zeit vor dem 1.7.2007 sehr leicht möglich, anhand des Beschlussbuches festzustellen, ob ihm sämtliche – auch die auf außerordentlichen Versammlungen gefassten – Wohnungseigentümerbeschlüsse vorgelegt wurden.

2. Ordnungsmäßige Protokollierung

79 Es ist möglich, durch Vereinbarung eine dem WEG entsprechende Protokollierung zu einer Gültigkeitsvoraussetzung für einen Beschluss zu erheben (*BGH* ZMR 1997, 531; *OLG Schleswig* ZMR 2006, 721, *OLG Köln* ZMR 2006, 711). Wird so eine Vereinbarung geschlossen, sollte sie auch bestimmen, welche Folgen eine unvollständige oder fehlerhafte Protokollierung hat. In dem vom *BGH* entschiedenen Fall regelte die Protokollierungsvorschrift ausdrücklich eine Ergänzung des § 23 WEG. Nur für diesen Sonderfall ist zweifelsfrei, dass die vereinbarte Protokollierungsart keine zusätzliche konstitutive Wirkung entfaltet, sondern lediglich die Anfechtbarkeit eines Beschlusses innerhalb der Monatsfrist des § 46 Abs. 1 S. 2 WEG begründet (s. auch Staudinger/*Bub* Rn. 27).

3. Unterschrift

80 Auch eine Bestimmung, dass das Protokoll von zwei von der Eigentümerversammlung bestimmten Wohnungseigentümern zu unterzeichnen ist, ist wirksam (*BGH* ZMR 1997, 531). Die zunächst unterbliebene Unterzeichnung der Versammlungsniederschrift kann allerdings bis zu einer gerichtlichen Entscheidung noch nachgeholt werden.

4. Sonstiges

81 Durch Vereinbarung kann geregelt werden, dass eine notarielle Beurkundung des Versammlungsprotokolls oder etwa die Beglaubigung der Unterschriften erforderlich ist (Bärmann/Pick/*Merle* Rn. 108). Auch die Zahl der zur Protokollunterschrift verpflichteten Personen kann redu-

ziert werden (*BayObLG* WuM 1989, 534 = MDR 1989, 1106 = NJW-RR 1989, 1168). Reziprok ist ferner eine Erweiterung – z. B. bei Großanlagen – auf mehrere Wohnungseigentümer oder auf alle Mitglieder des Verwaltungsbeirats und/oder den Protokollführer denkbar.

5. Rechtsfolge

Fehlt eine vereinbarte Gültigkeitsvoraussetzung, ist der »Beschlusstorso« zunächst schwebend unwirksam. Ein aus einem wichtigem Grunde abberufener Verwalter kann allerdings nicht dadurch, dass er seine nach einer Vereinbarung erforderliche Unterschrift unter dem Protokoll verweigert, seinen Abberufungsbeschluss anfechtbar machen (*OLG Hamm* ZMR 2002, 540). § 24 Abs. 6 WEG sieht für die Herstellung der Versammlungsniederschrift und ihre Unterzeichnung keine Frist vor. Der Unterschriftenmangel kann daher jedenfalls im Gerichtsverfahren nachgeholt werden. 82

H. Anspruch auf Protokollberichtigung

Grundsätzlich kann jeder Wohnungseigentümer eine Protokollberichtigung verlangen, insbesondere wenn einem entsprechenden außergerichtlichen Verlangen nicht entsprochen wurde (*Kümmel* MietRB 2003, 58). Grundlegendes zu Fragen der Protokollberichtigung und der Beweislastverteilung findet sich bei *Becker* ZMR 2006, 489. 83

I. Rechtsschutzinteresse

Die gerichtliche Geltendmachung eines Protokollberichtigungsanspruches setzt auf Antragstellerseite ein **Rechtsschutzinteresse** voraus. Dieses liegt grundsätzlich vor, wenn sich die Rechtsposition durch die begehrte Änderung des Protokolls verbessern oder zumindest rechtlich erheblich ändern würde. Ein Rechtsschutzbedürfnis wird daher bejaht, wenn eine rechtsgeschäftlich erhebliche Willenserklärung, insbesondere ein Beschluss falsch protokolliert wurde (Staudinger/*Wenzel* Vorbemerkung zu § 43 ff. Rn. 69). Bei falscher Wiedergabe der abgegebenen Ja- und Nein-Stimmen besteht dagegen kein Rechtschutzinteresse, wenn dies sich nicht auf das Abstimmungsergebnis ausgewirkt hat (*Kümmel* MietRB 2003, 58, 59). Dies kann allerdings nicht gelten, wenn es um bauliche Veränderungen ging (wegen der sich aus § 16 Abs. 6 WEG ergebenden Kostentragungspflicht; vgl. *Niedenführ/Kümmel/Vandenhouten* § 22 Rn. 78 ff. m. w. N.). 84

Das Rechtsschutzinteresse wird verneint, wenn wegen Bagatellen inhaltlicher oder formeller Art eine Berichtigung begehrt wird (*KG* WuM 1989, 347) oder das Protokoll den Ablauf der Versammlung oder Diskussion zwar nicht einwandfrei wiedergibt, dies aber ohne Auswirkung für die Auslegung von Beschlüssen bleibt (Staudinger/*Bub* Rn. 126). 85

II. Geltung der Anfechtungsfrist des § 46 (früher: § 23 Abs. 4 S. 2) WEG

Die noch h. M. bejaht aus Gründen der Rechtssicherheit eine analoge Anwendung des § 46 Abs. 1 S. 2 WEG für den auf Berichtigung von Eigentümerbeschlüssen gerichteten Antrag auf Berichtigung des Versammlungsprotokolls (*KG* WuM 1990, 363 = MDR 1990, 925 = WE 1991, 72; *OLG Hamm* OLGZ 1985, 147 = MDR 1985, 502; Köhler/Bassenge/*Vandenhouten* Teil 5 Rn. 304). Berichtigungsanträge, die sich auf andere Protokollinhalte beziehen, sollen hingegen nicht der Monatsfrist unterliegen. Diese Auffassung wird in jüngster Zeit verstärkt abgelehnt (Staudinger/*Bub* Rn. 124; Bärmann/Pick/*Merle* Rn. 129; *v. Rechenberg/Riecke* MDR 1997, 519). 86

III. Passivlegitimation für den Berichtigungsantrag

1. Grundsatz

Der Berichtigungsanspruch ist auf Grund des Regelungszusammenhangs mit § 24 Abs. 5 WEG der für den jeweiligen Tagesordnungspunkt als Versammlungsvorsitzender Tätige anzusehen. Bei einem Wechsel im Vorsitz während der Versammlung sind beide Vorsitzende gemeinsam oder jeder für seinen Teil zur Protokollerstellung und ggf. Protokollberichtigung verpflichtet. Die Hinzuziehung eines Protokollführers oder Notars ändert hieran nichts. Gegenüber einem ex- 87

§ 24 | Einberufung, Vorsitz, Niederschrift

ternen Protokollführer (z. B. Angestellte des Verwalters oder Ehepartner eines Wohnungseigentümers) ist der Rechtsweg nach § 43 WEG nicht eröffnet. Für das ursprüngliche Protokoll und für die Berichtigung der Niederschrift ist eine Unterschrift des hinzugezogenen Protokollführers nicht erforderlich.

2. Verwalter

88 Der Berichtigungsanspruch ist damit grundsätzlich gegen den Verwalter als Versammlungsleiter und Verfasser der Neiderschrift zu richten; auch dann, wenn sämtliche Unterzeichner des angegriffenen Protokolls die Niederschrift in Form eines berichtigten Nachtrags ändern. Die Eigentümer sind für eine die Berichtigung nicht zuständig (*AG Kassel* ZMR 2004, 711, 712). Denn für den Inhalt der Niederschrift ist allein derjenige verantwortlich, der sie selbst oder durch einen Protokollführer erstellt hat. Der Versammlungsleiter / Vorsitzende hat die Niederschrift allein richtig zu fertigen und ist für ihren Inhalt verantwortlich. Dies gilt auch, wenn den Vorsitz ein Angestellter / Bevollmächtigter des Verwalters führt; immer bleibt der Verwalter selbst zur Erstellung der Niederschrift persönlich verpflichtet und muss eventuelle Unrichtigkeiten korrigieren (*BayObLG* WuM 1990, 173 ff. = WE 1990, 113) und hierbei die erforderliche Form einhalten.

IV. Anspruchsgrundlagen für den Berichtigungsanspruch

89 Bei Verletzung des allgemeinen Persönlichkeitsrechts durch Formulierungen im Protokoll kommt gegen den Protokollverfasser als Anspruchsgrundlage für den Berichtigungsanspruch ein Anspruch gem. §§ 1004, 823 Abs. 1 BGB in Betracht (*BayObLG* WuM 1990, 173 ff.).

Das *BayObLG* (WE 2005, 106 ff.) entschied, dass der Wohnungseigentümer verlangen könne, Fehler oder Unrichtigkeiten in Niederschriften über Eigentümerversammlungen zu berichtigen, sofern hierfür ein Rechtsschutzbedürfnis bestehe. Soweit über die Versammlung nicht nur ein Ergebnis-, sondern ein Ablaufprotokoll erstellt werde (§ 24 Abs. 6 S. 1 WEG) gebiete es der Persönlichkeitsschutz der Wohnungseigentümer, dass die Niederschrift keine sachlich nicht gebotenen Wertungen, Schärfen, Bloßstellungen und Diskriminierungen enthält.

90 Nach einem Beschluss des *AG Freising* (Zweigstelle Moosburg a. d. Isar WE 2005, 152) kann der Verwalter eine Beschlussniederschrift hinsichtlich der falschen Wortwahl berichtigen. Damit entfällt ein Rechtsschutzbedürfnis für einen gerichtlichen Berichtigungsantrag.

91 Bei fehlerhafter Beschlussprotokollierung ergibt sich der Berichtigungsanspruch unter dem Gesichtspunkt der ordnungsmäßigen Verwaltung im Sinne des § 21 Abs. 4 WEG (*OLG Hamm* OLGZ 1989, 314, 315 = MDR 1989, 914).

V. Stellung der übrigen Wohnungseigentümer

92 Bei einem Berichtigungsantrag gegen den Verwalter im Verfahren nach § 43 Nr. 2 WEG ist dieser Antragsgegner, die übrigen Wohnungseigentümer sind gem. § 48 WEG hingegen Beizuladende. Die Wohnungseigentümer werden damit zwar nicht zu Zeugen (*BayObLG* NJW-RR 1993, 85 = WuM 1992, 641 = MDR 1993, 235). Ihren Angaben kommt jedoch höherer Beweiswert im Rahmen der Beweiswürdigung (§ 286 ZPO) zu, wenn sie als Beigeladene in einer eher neutralen Rolle zwischen Kläger und Verwalter stehen.

VI. Form der Berichtigung

93 Wer als Versammlungsleiter durch seine Unterschrift die angebliche Richtigkeit der Niederschrift bestätigt hat, muss das Original mit einem Berichtigungsvermerk versehen und diesen wiederum unterzeichnen (*Kümmel* MietRB 2003, 58, 59, vgl. auch *Becker* ZMR 2006, 489). Diese Berichtigung kann durch rechtskräftige Gerichtsentscheidung (vgl. § 894 ZPO) ersetzt werden.

I. Beschluss-Sammlung
I. Normzweck; Verwalterwechsel

Die verbindliche – mit Sanktionen gegen den Verwalter versehene – Verpflichtung zur Führung einer Beschluss-Sammlung trägt der Tatsache Rechnung, dass bei jetzt geschaffenen neuen Beschlusskompetenzen für die Gemeinschaftsordnung ändernde Beschlüsse (a. A. noch *BGH* ZMR 2000, 771), welche (vgl. § 10 Abs. 4 WEG) gegenüber einem Rechtsnachfolger Bindungswirkung auch ohne Eintragung – mangels Eintragungsfähigkeit auch für die Wohnungseigentümer ohne Alternative – in das Grundbuch entfalten, die Erwerber von Sondereigentum nicht mehr sicher aus Teilungserklärung und Gemeinschaftsordnung sowie eventuellen Grundbucheintragungen (z. B. von Sondernutzungsrechten) einen verlässlichen Überblick über den derzeitigen Regelungsstand / Beschlusslage der Wohnungseigentümergemeinschaft erhalten können. Außerdem soll es das von betroffenen Kreisen einhellig geforderte Zentralgrundbuch (vgl. oben § 7 Rn. 297 ff. sowie *v. Oefele/Schneider* ZMR 2007, 753; *von Oefele/Schneider* DNotZ 2004, 740 ff.; Hügel / *Scheel* Teil 12 Rn. 239) zumindest ansatzweise ersetzen. 94

Drasdo (ZMR 2007, 501) schreibt: »Soweit die Beschluss-Sammlung besteht, ist diese neben dem Grundbuch als selbständige Informationsquelle gegeben (vgl. Demharter, NZM 2006, 489; Schneider, ZMR 2005, 15). Sie wird bereits als Sekundärgrundbuch bezeichnet (vgl. Kreuzer, Festschrift für Seuß III, 2007, S. 155). An dem guten Glauben des bei dem Amtsgericht geführten Grundbuchs nimmt die Beschluss-Sammlung nicht teil (vgl. Armbrüster, AnwBl 2005, 16). Ihre Beweiskraft ist zweifelhaft.«

Die Beschluss-Sammlung dient letztlich aber nicht nur dem Schutz des Rechtsverkehrs, sondern auch dem der Wohnungseigentümer (vgl. Hügel / *Scheel* Teil 12 Rn. 236 ff.) selbst sowie dem aktuellen Verwalter für die tägliche Arbeit, insbesondere Vorbereitung der Eigentümerversammlung. 95

Bei einem Verwalterwechsel in der Versammlung trifft den neuen Verwalter insgesamt die Pflicht, eben gefasste Beschlüsse dieser Versammlung in die Beschluss-Sammlung einzutragen. Die Fälligkeit der Verpflichtung – unverzüglich nach der Versammlung – fällt bereits in seine Amtszeit (*Merle* ZWE 2007, 273). 96

II. Inhalte, § 24 Abs. 7 S. 2 WEG

– Nr. 1: Wortlaut der in der ETV verkündeten Beschlüsse unter Angabe von Ort und Datum 97
Gemäß § 24 Abs. 7 S. 2 Nr. 1 WEG nur die verkündeten Beschlüsse – kein Beschlusstorso – aufzunehmen. Dies beruht auf BGH ZMR 2001, 809, wonach die Verkündung des Beschlussergebnisses durch den Versammlungsleiter (Verwalter) konstitutive Wirkung hat (vgl. KK-WEG / *Drabek* § 23 Rn. 23). Insoweit ist die Formulierung »verkündeter Beschluss« eine Tautologie, denn es gibt keine nicht verkündeten Beschlüsse (mehr). Als Minimum wird eine konkludente Verkündung verlangt.

Da das Gesetz keine Ausnahmen vorsieht, ist grundsätzlich jeder (auch der ordnungswidrige und ein solcher mit Bagatellcharakter) verkündete Beschluss in die Sammlung aufzunehmen. Es ist zwar nicht festzuhalten unter welchen Umständen der Beschluss zustande gekommen ist, nicht festgelegt ist aber, ob vorausgehende Spontanbeschlüsse zur Geschäftsordnung in die Sammlung müssen. 98

Die Aufnahme derartiger Beschlüsse erscheint entbehrlich, da sie sofort wieder gelöscht (§ 27 Abs. 7 S. 6 WEG, Löschung wegen Bedeutungslosigkeit) werden dürften (wie hier Hügel/*Elzer* § 8 Rn. 26; a. A. nur *Merle* ZWE 2007, 276). 99

Entsprechendes dürfte für nichtige Beschlüsse (vgl. oben § 23 Rn. 61) gelten. Ist die Nichtigkeit aber zweifelhaft kommt auch eine Eintragung mit einem Zusatzvermerk in Betracht. Die Formulierung des Gesetzes, die auf die Verkündung abhebt, legt es nahe zu Unrecht verkündete nichtige Beschlüsse einzutragen – stellt der Verwalter später die Nichtigkeit fest muss er unverzüglich den Bedeutungslosigkeitsvermerk anbringen, da ein Fall anfänglicher Bedeutungslosigkeit vorliegt. 100

Verkündete Negativ-Beschlüsse, denen ebenfalls Beschlussqualität (*BGH* ZMR 2002, 930 und ZMR 2001, 809; *OLG Frankfurt* ZMR 2006,873) zugesprochen wird, müssen in die Sammlung, 101

§ 24 | Einberufung, Vorsitz, Niederschrift

und zwar unabhängig davon, ob man ihnen eine Sperrwirkung beimisst (vgl. Wenzel ZMR 2005, 413 ff.). Beim Negativ-Beschluss kann insbesondere nicht danach differenziert werden, ob er angefochten werden muss, um den Weg für eine Verpflichtungsklage frei zu machen (a. A. Merle ZWE 2007, 275 für bedeutungslose Negativbeschlüsse).

102 Abzugrenzen vom einzutragenden Negativbeschluss sind die (Noch-) Nicht-Beschlüsse oder Scheinbeschlüsse (Bsp.: Torso wegen fehlender Verkündung oder Abstimmungen bei lockerem Treffen einiger Wohnungseigentümer, vgl. Bärmann-Pick-*Merle* § 23 Rn. 115), die schon wegen fehlender Beschlusseigenschaft nicht einzutragen sind.

103 Gerade wenn relativ unbestimmt formulierte Beschlüsse gefasst wurden, die auch noch auf Urkunden Bezug nehmen, die bei Beschlussfassung bekannt waren, muss wegen der Gefahr der Beschlussnichtigkeit (*LG Hamburg* ZMR 2001, 480; *OLG Hamburg* ZMR 2001, 725) ggf. der Eintragung eine konkrete Bezugnahme oder die Anlage selbst hinzugefügt werden. Dies kann es erforderlich machen, zu der Beschluss-Sammlung Anlagen hinzuzufügen.
Hierzu *Deckert* (WE 2007, 100 ff.):
»*Erkennbar nichtige Beschlüsse ...(vgl. § 23 Abs. 4 S. 1 WEG) sollten erst gar nicht zur Abstimmung gebracht werden und müssen dann auch konsequenterweise nicht in eine Sammlung aufgenommen werden. Nichtigkeitsfragen in formeller oder inhaltlicher Hinsicht können allerdings durchaus im Einzelfall umstritten, Nichtigkeitsgründe u. U. auch rechtsirrig von allen Beteiligten übersehen worden sein; z. B. unklare oder sehr unbestimmt formulierte Beschlussanträge, die aus retrospektiv-objektiver Sicht völlig unverständlich und vielleicht nicht einmal ausreichend auslegungsfähig sind . . . . . . Gehen hier Versammlungsleitung und abstimmende Eigentümer zunächst von einem möglichen (gültigen) Beschluss aus, wäre der Beschlussantragstext m. E. erst einmal ebenfalls in die Sammlung aufzunehmen. Neben sog. Zweitbeschlüssen und den sog. Negativbeschlüssen (vgl. BGH vom 19.9.2002, ZMR 2002, 930 = MDR 2002, 1424) gibt es allerdings m. E. auch »Nichtbeschlüsse« im Sinne eines rechtlichen »Nihil« oder »Nullum«, die keinerlei Beschlussqualität im Sinne des Wohnungseigentumsrechts besitzen und damit auch nicht in eine solche neue gemeinschaftliche Beschluss-Sammlung aufzunehmen sind; z. B. einzelne Eigentümer-Gruppenentscheidungen, einseitige Erklärungen z. B. eines Bauträger-Verkäufers vor Entstehung mindestens einer faktischen Eigentümergemeinschaft (also »Ein-Mann-Alleinentscheidungen«), »Probeabstimmungen« . . . Einzutragen sind auch etwa erfolgte konkrete Beschlussfassungen zu einem Tagesordnungspunkt »Verschiedenes« oder »Sonstiges«; auch wenn solche Beschlüsse unter Verstoß gegen die abdingbare Bestimmung des § 23 Abs. 2 WEG . . . zustande gekommen und auch im Kausalitätsfalle erfolgreich wegen eines solchen Einberufungsmangels anfechtbar gewesen sein sollten.*
Allein sog. Geschäftsordnungsbeschlüsse zum organisatorischen Ablauf einer speziellen Eigentümerversammlung sind m. E. nicht eintragungsbedürftig, da sie sich mit dem Ablauf der Versammlung in der Sache sofort erledigen und – isoliert – deshalb nach h. M. nicht einmal anfechtbar wären (fehlendes Rechtsschutzbedürfnis!). Unter Berücksichtigung der Zielsetzung des Gesetzgebers entfalten solche Geschäftsordnungsbeschlüsse, wie z. B. »Umstellung der Tagesordnung«, »Wechsel der Versammlungsleitung«, »schriftliche Abstimmung«, »Redezeitbeschränkung«, »Ende der Debatte«, »Unterbrechung der Versammlung«, »Gestattung der Teilnahme eines Dritten an der Versammlung« usw., auch keinerlei rechtlich bedeutsame Wirkungen zu Gunsten oder zu Lasten etwaiger Rechtsnachfolger im Eigentum, sodass insoweit grds. auch kein Informationsbedarf besteht, zumal solche Beschlüsse auch schon unmittelbar nach Ablauf der Versammlung »löschungsfähig« und »bedeutungslos« wären, was bei Aufnahme in eine Sammlung auch sogleich wieder vermerkt werden müsste (wie hier Stiller BMJ). Diese Aussage gilt auch in Kenntnis der Tatsache, dass ein Eigentümer in der Begründung einer etwaigen Anfechtungsklage zu einem bestimmten Beschluss laut Tagesordnung seine Anfechtung u. U. auch mit ihn beeinträchtigenden Geschäftsordnungsbeschlüssen mit-, allerdings sicher nicht ausschließlich begründen kann.«

104 Beschlüsse, deren Wirkungen sich mit der Beendigung der Eigentümerversammlung erschöpfen (sog. Spontan- oder ORGA-Beschlüsse) sind gerade wegen des Wortlauts des § 24 Abs. 7 S. 6 WEG (Löschungsnorm bei Bedeutungslosigkeit) nicht (zwingend) einzutragen (vgl. *OLG München* ZMR 2007, 304 zum Eintritt ins schriftliche Beschlussverfahren). Schon der Normzweck spricht dagegen, die Sammlung mit Belanglosem zu überfrachten.

105 Nicht aufzunehmen in die Beschluss-Sammlung sind die Entscheidungen im Sinne des § 18 WEG (Hügel/*Scheel* Teil 12 Rn. 244). Dies ist folgerichtig, weil in ihr nur das Verhältnis der Wohnungs-

– Nr. 2: Wortlaut der schriftlichen Beschlüsse unter Angabe von Ort und Datum ihrer Verkündung 106

Auch hier kommt es auf die Verkündung (*BGH* ZMR 2001, 809; *OLG Celle*, NZM 2006, 784) an. Bei den seltenen Umlaufbeschlüsse (vgl. oben § 23 Rn. 41 ff., 51 ff.) muss der Verwalter oder Initiator einen nach außen erkennbaren Verkündungsakt (Aushang, Rundschreiben) setzen.

– Nr. 3: etwaige Urteilsformeln gerichtlicher Entscheidungen in WEG-Sachen 107

Nach § 24 Abs. 7 S. 2 Ziff. 3. WEG sind insbesondere, aber nicht nur die Urteilsformeln der aufgrund von Anfechtungsklagen nach § 43 Ziff. 4 WEG ergangenen gerichtlichen Entscheidungen aufzunehmen, sondern alle weiterem Urteilsformeln von Entscheidungen, die aus einem Verfahren nach § 43 Ziffer 1–5 WEG (nicht auch Mahnverfahren nach § 43 Ziffer 6 WEG; *Merle* ZWE 2007, 276) resultieren. Dies gilt insbesondere für Beschlüsse nach § 43 WEG a. F. in noch laufenden WEG-Verfahren nach dem Amtsermittlungsprinzip. Entsprechendes gilt für Vollstreckungsbescheide und wohl auch für Kostenfestsetzungsbeschlüsse (str.).

Der Begriff der »Urteilsformel« dürfte auslegungsbedürftig sein, da er sich nach dem Gesetz auf 108
gerichtliche Entscheidungen und nicht etwa (nur) Urteile bezieht. Gerichtliche Beschlüsse (z. B. nach § 319 Abs. 2 und § 91 a ZPO) können einen Urteils- bzw. Entscheidungstenor enthalten. »Urteilsformel« meint aber grundsätzlich, dass nur der »Tenor« eines Urteils (vgl. § 313 Abs. 1 Ziff. 4 ZPO) einzutragen ist. Die zusätzliche Aufnahme auch der o. g. Beschlüsse ist ratsam.

Der Tenor eines Urteils ist nicht beschränkt auf die Hauptsacheentscheidung, sondern inklusive 109
aller Nebenentscheidungen (§§ 91 ff. und 708 ff. ZPO) einzutragen. Die Klage abweisende Entscheidungen sind – um den Informationswert der Beschluss-Sammlung zu erhalten – unter Hinzufügung des erfolglosen Klagantrags aufzunehmen. Der Tenor: »Die Klage wird abgewiesen« allein hat keine Aussagekraft für den Leser.

Entscheidungen aus Verfahren gegen außen stehende Dritte müssen – wenn nicht eine teleologi- 110
sche Reduktion der Norm befürwortet – eingetragen werden, obwohl diese nicht das Rechtsverhältnis der Wohnungseigentümer untereinander direkt betreffen. Sie dokumentieren jedoch die Verpflichtungen (vgl. § 10 Abs. 8 WEG) der Wohnungseigentümergemeinschaft gegenüber Dritten für die der einzelne Eigentümer teilschuldnerisch einzustehen hat. Der Erwerber kann daher aus der Aufnahme des Urteilstenors erkennen, ob er gegebenenfalls damit rechnen muss, dass er noch gegenüber Gläubigern der Gemeinschaft zu haften hat oder deren Forderungen zumindest über die Nachschusspflicht oder den Wirtschaftsplan finanzieren muss (so *Drasdo* ZMR 2007, 501).

Umstritten ist die Eintragung eines Prozess-Vergleichs, der auch in einem gerichtlichen Beschluss 111
nach § 278 Abs. 6 ZPO enthalten sein kann. Auch insoweit fehlt es jedoch an einer gerichtlichen Entscheidung. Außerdem hat ein Vergleich als solcher in WEG-Sachen nur eine bindende Wirkung unter den Beteiligten (BayObLG NJW-RR 1990, 594). Anderes gilt wenn der Vergleich einen WEG-Beschluss umsetzt (z. B. *AG Pinneberg/LG Itzehoe* ZMR 2006, 969, *OLG Jena* ZMR 2007, 65: Vergleich mit einem Bauträger oder OLG Zweibrücken ZMR 2001, 734), dann ist jedenfalls dieser Beschluss einzutragen (Hügel / *Scheel* Teil 12 Rn. 245). Der gerichtliche Vergleich gehört dennoch nicht in die Beschluss-Sammlung, jedenfalls wenn er den Erwerber eher irritiert und eine vermeintliche Verbindlichkeit vorgibt, die er nicht hat (a. A. *Merle* ZWE 2007, 277).

Deckert (WE 2007, 100 ff.) äußert hierzu:

»Auch protokollierte Gerichtsvergleiche können allerdings weitergehende Rechts- und Bindungswirkungen für die gesamte Gemeinschaft erlangen, wenn sie nach Protokollierung unter den Vorbehalt einer Beschlussgenehmigung gestellt wurden; der entsprechende Beschluss mit dem vollständigen, mehrheitlich genehmigten Vergleichswortlaut ist dann unstreitig eintragungspflichtig.«

Vom Wortlaut des § 24 Abs. 7 Nr. 3 WEG, der nur Urteilsformeln erwähnt, scheidet die Eintra- 112
gung von Vergleichen aus. Dies führt – so *Drasdo* (ZMR 2007, 501) – zu dem merkwürdigen Ergebnis, dass ein Vergleich (vgl. *Becker* ZWE 2002, 429) wegen der ausschließlichen Maßgeblichkeit des Parteiwillens, der im Ergebnis weit über eine Urteilsformel inhaltlich hinausgehen kann, nicht

eingetragen werden muss, obwohl er das Verhältnis der Parteien auf Dauer nachhaltig ändert. Dennoch ist dies konsequent.

113 Es fehlt wohl an einer Bindung des Rechtsnachfolgers, weil § 10 Abs. 4 WEG nur Beschlüsse und gerichtliche Entscheidungen erwähnt, nicht aber Prozess-Vergleiche. Auch wenn etwa das *AG Mayen* (ZMR 2001, 228) und das *LG Koblenz* (ZMR 2001, 230) eine solche Bindungswirkung angenommen haben (vgl. *OLG Zweibrücken* ZMR 2001, 734 mit abl. zutreffender Anm. *Häublein* ZMR 2001, 737), ist dem nicht zu folgen. Der gerichtliche Vergleich stellt gerade keinen Beschluss der Wohnungseigentümerversammlung dar (*Becker* ZWE 2002, 429). Der Prozess-Vergleich beinhaltet – wenn alle Wohnungseigentümer beteiligt sind – allenfalls eine Vereinbarung im Sinne des § 10 WEG. Eine Wirkung gegenüber Erwerbern tritt nur ein, wenn eine Eintragung in die Wohnungsgrundbücher erfolgte. Dieselbe Wirkung hätte inhaltsgleicher (bestandskräftiger) Beschluss. *Drasdo* (ZMR 2007, 501) zeigt folgende Handlungsalternativen auf:
»*Als erste Variante kann zunächst der Vergleich, soweit dieser Verwaltungsmaßnahmen zum Inhalt hat, für die eine Beschlusskompetenz gegeben ist, beschlossen und später in dem Verfahren protokolliert werden (so auch Deckert ZMR 2000, 21). In dem Beschluss sollte eine dahingehende Verpflichtung aufgenommen werden. Als zweite Alternative besteht für solche Regelungsbereiche, die das Verhältnis der Wohnungseigentümer abweichend oder ergänzend zum Gesetz regeln, unter Mitwirkung aller Wohnungseigentümer die Möglichkeit, dass unter Berufung auf § 127 a BGB die gerichtliche Protokollierung die notarielle Beurkundung ersetzt. Soweit dies gewollt ist, muss dies für die Eintragung in die Wohnungsgrundbücher bereits bei dem gerichtlichen Vergleichsabschluss beantragt und bewilligt werden (vgl. Becker ZWE 2002, 429). Mit der Erlangung der Zustellungsvermerke und der Vollstreckungsklausel kann dann unmittelbar die Änderung der Wohnungsgrundbücher bei dem Grundbuchamt beantragt werden. Zu achten ist jedoch darauf, dass zwischen der Beurkundung und der Eintragung kein Eigentümerwechsel vorliegen, da der Erwerber an den Vergleich, weil er nicht Prozesspartei ist, nicht gebunden sein kann. In den Vergleich sollte daher zumindest eine Verpflichtung eines jeden Wohnungseigentümers aufgenommen werden, dass im Falle der Veräußerung der Beitritt des Erwerbers zu dem Vergleichsvertrag zu vereinbaren ist. In den Fällen des Eigentumsübergangs durch eine Zwangsversteigerung besteht hingegen keine Möglichkeit, Schutzmaßnahmen zu treffen. Soweit dann ein Beschluss dem Vergleich zu Grunde liegt, ergibt sich die Rechtsänderung im Verhältnis der Wohnungseigentümer zueinander oder zu der Wohnungseigentümergemeinschaft dann aus diesem. Er ist nach § 24 Abs. 7 Nr. 1 WEG in die Beschluss-Sammlung aufzunehmen.*«

114 Die Angabe von Ort, Datum, Gericht und Parteien gehört zum Inhalt aller nach § 24 Abs. 7 S. 2 Ziff. 1. – 3. WEG aufzunehmenden Regelungen.

III. Form und Zeitpunkt

115 Wegen des Gebots der Übersichtlichkeit ist es i. d. R. unzulässig, die (gesamte) Niederschrift in die Sammlung aufzunehmen. Zur technischen Umsetzung macht das Gesetz keine Vorschriften, d. h. die Sammlung kann in Schriftform oder elektronischer Form angelegt werden. Nach Auffassung des Gesetzgebers besteht kein Anlass für Formvorgaben (Muster etwa bei Hügel/*Scheel*, Teil 12 Rn. 262, S. 397, *Schramm* DWE 2007, 76–82), da es sich hierbei um auf den Einzelfall bezogene Details handelt, die im Sinne des Regelungszwecks jeweils im Einzelfall zu entscheiden sind. Eine Führung der Beschluss-Sammlung kann auch elektronisch und gegebenenfalls (Ausnahme) nach nicht unbedingt historischen Ordnungskriterien erfolgen (BT-Drs. 16/887, S. 83). Die Gemeinschaft sollte allerdings bei einem Verwalterwechsel darauf achten, dass die einmal gewählte Form nicht grundlos gewechselt wird.

116 § 24 Abs. 7 S. 3 WEG verlangt vom Verwalter die Beschlüsse und Entscheidungen fortlaufend zu nummerieren. Die soll Manipulationen verhindern und es erleichtern die Vollständigkeit der Beschluss-Sammlung zu überprüfen. Keinesfalls darf die Nummerierung je Wirtschafts- oder Kalenderjahr neu beginnen etwa mit 1/07 bzw. 1/08. Die zeitliche Reihenfolge ist strikt einzuhalten, orientiert an dem Verkündungszeitpunkt der Beschlüsse oder gerichtlichen Entscheidungen.

117 Vor dem Hintergrund des Einsichtsrechts (s. u. zu § 24 Abs. 7 S. 8 WEG) muss die elektronische Beschluss-Sammlung ganz oder teilweise jederzeit in eine Printversion umgewandelt werden können.

Die Wohnungseigentümer können durch Vereinbarungen Einzelheiten zu Bestandteilen der Beschluss-Sammlung zusätzlich festzulegen und / oder auch eine bestimmte Form der Sammlung regeln. 118

Auch datenschutzrechtliche Anforderungen sind zu beachten. Durch die Vergabe von Zugangs- und Zugriffsberechtigungen ist dafür Sorge zu tragen, dass vorhandene Daten der Beschluss-Sammlung nur zu erlaubten Zwecken verwendet und auch nur den Berechtigten zugänglich gemacht werden. Außerdem müssen die vorhandenen Daten vor Verlust, unberechtigter Veränderung oder Vernichtung geschützt werden. 119

Nach § 24 Abs. 7 S. 7 WEG sind die Eintragungen jeweils unverzüglich zu erledigen und mit Datum zu versehen. »Unverzüglich« bedeutet (vgl. § 121 Abs. 1 S. 1 BGB: »ohne schuldhaftes Zögern«), dass der Gesetzgeber hier der Aktualität der Beschluss-Sammlung große Bedeutung beimisst (vgl. *Merle* ZWE 2007, 274). 120

Die erforderlichen Eintragungen und Vermerke müssen – jedenfalls bei bedeutenden Beschlussgegenständen – bei der ersten sich bietenden Gelegenheit erfolgen. Im Einzelfall werden Fristen von 1–5 Werktagen noch als ordnungsmäßig anzusehen sein. Im Falle der Zustellung einer gerichtlichen Entscheidung oder einer Klageschrift bzw. bei der Verkündung eines Umlaufbeschlusses muss wohl schon am nächsten Arbeitstag die Eintragung erfolgt sein. Dies gilt auch für den Versammlungsbeschluss. 121

Nach *Drasdo* (ZMR 2007, 501) muss der Verwalter seinen Geschäftsbetrieb darauf einrichten, dass die in die Beschluss-Sammlung aufzunehmenden Fakten kurzfristig nach deren Bekanntgabe in dieser auch vermerkt werden. Unter »unverzüglich« in diesem Sinne wird daher regelmäßig die Vornahme der Eintragung am auf die Versammlung folgenden Werktage zu verstehen sein. Denn bereits zu diesem Zeitpunkt muss wegen der geänderten Rechtslage – der Beschluss ist nach § 10 Abs. 4 WEG bis zu seiner rechtskräftigen Aufhebung wirksam – die Beschluss-Sammlung über diese Informationen liefern können. Ein Abwarten bis zur Unterzeichnung des Versammlungsprotokolls kommt nicht in Betracht. 122

Der Beschluss kommt selbst dann, wenn für seine Wirksamkeit eine Protokollierung vorgesehen ist (*OLG Celle*, OLGR 2004, 600 = NZM 2005, 308; *OLG Düsseldorf*, ZMR 2005, 218 = NZM 2005, 24), mit seiner Verkündung bereits zustande. Die Verweigerung der Unterzeichnung der Niederschrift entbebt den Verwalter nicht von der Eintragung in die Beschluss-Sammlung. 123

Ebenso wenig ist die – noch binnen Monatsfrist des § 46 Abs1 S. 2 WEG mögliche – Anfechtung eines Beschlusses ein Grund für ein Zurückstellen der Eintragung in die Beschluss-Sammlung. Anderenfalls liefe das Kriterium der »Unverzüglichkeit« leer. Eine Eintragung nach Eintritt der Bestandskraft kommt erst Recht nicht in Betracht. Das Gesetz sieht die zeitliche Reihenfolge Beschlusseintragung nebst späterem Vermerk einer Anfechtungsklage nun mal so vor. 124

Soweit die Durchführung des Beschlusses dem Verwalter durch eine gerichtliche einstweilige Verfügung vorübergehend verboten wird, steht dies der Eintragung nicht im Wege, nur ein entsprechender Vermerk muss dies dokumentieren. 125

Wesentlich weniger streng äußert sich allein *Deckert* (WE 2007, 100 ff.):

»Gefordert ist zumindest eine sehr »zeitnahe« Eintragungspflicht. Wenn es nun in der Gesetzesbegründung heißt, dass Eintragungen »mehrere/einige Tage nach erfolgten Entscheidungen« u. U. nicht mehr als »unverzüglich« angesehen werden können, darf ich doch auf die bisherige Praxis bestehender Protokollierungs- und etwaiger Versendungspflichten solcher Protokolle verweisen. Nach bisher h. M. mussten Protokolle von Versammlungen bei bestehender Versendungspflicht spätestens innerhalb von 3 Wochen den Eigentümern zugegangen sein, um diesen noch innerhalb der gesetzlichen Monats-Anfechtungsfrist Beschlussangriffsmöglichkeiten zu eröffnen. Auch in Zukunft werden nun üblicherweise im Anschluss an eine Eigentümerversammlung zunächst diese Protokolle vom Versammlungsleiter im Entwurf zu erstellen sein, um dann anschließend entsprechende Eintragungen in die Sammlung ... durch den autorisierten Verwalter zu übertragen. Ich hoffe, dass insoweit solche nachfolgenden Eintragungen auch dann noch als »unverzüglich« angesehen werden können, wenn sie in einem solchen maximal etwa 2- bis 3-Wochen-Zeitraum analog zur Praxis bisheriger Protokollerstellungs- bzw. -versendungspflichten vorgenommen werden. Ein etwaiger, vom Verkäufer bevollmächtigter Kaufinteressent mit einem Einsichtswunsch in die Sammlung bereits zeitlich unmittelbar nach einer Versammlung könnte sicher auch unschwer vom Verwalter mündlich

§ 24 | Einberufung, Vorsitz, Niederschrift

auf zuvor gefasste Beschlüsse ausdrücklich hingewiesen werden, auch wenn diese noch nicht am »nächsten Tag« (!) oder wenige Tage später eingetragen sein sollten. Schon in der Literatur geäußerte Auffassungen einer Eintragungspflicht spätestens am Tage nach der Versammlung erscheinen mir deshalb jedenfalls aus Verwaltersicht »unmenschlich« (!), auch wenn in Zukunft zunächst einmal die üblichen Versammlungsprotokolle vielleicht etwas schneller als bisher erstellt werden sollten.«

IV. Stichtagsregelung, § 24 Abs. 7 S. 2 WEG

126 Alle Beschlüsse und gerichtlichen Entscheidungen nach dem 1. Tag des 4. auf die Gesetzesverkündung (März 2007) folgenden Kalendermonats, d. h. ab 1.7.2007, sind in die Sammlung aufzunehmen. Eine Rückwirkung sieht das Gesetz nicht vor. Damit sind die gesetzlichen Aufgaben des Verwalters erst einmal auf der Zeitschiene derart eingegrenzt, dass in der Vergangenheit liegende Beschlüsse und Entscheidungen nicht aufzunehmen sind.

127 Allerdings heißt es in der Begründung zum neuen WEG (vgl. BT-Drs. 16/887, S. 84): »*... mag die Gesetzesänderung Anlass geben, die noch relevanten Beschlüsse und Entscheidungen zu sichten und zu ordnen ...... dürfte sie auch ohne eine ausdrückliche gesetzliche Regelung ordnungsmäßiger Verwaltung entsprechen.*« Dies bedeutet, dass es den Wohnungseigentümern nahe gelegt wird durch Mehrheitsbeschluss festzulegen, dass auch die in der Vergangenheit liegenden Beschlüsse und gerichtlichen Entscheidungen in die neue Beschluss-Sammlung aufgenommen werden sollen. Ein solcher Beschluss ist vom Verwalter umzusetzen, soweit er sich nicht auf Unmöglichkeit (§ 275 BGB) erfolgreich berufen kann.

128 Die Eigentümergemeinschaft verhält sich allerdings treuwidrig wenn sie dem Verwalter keinen Anspruch auf eine angemessene Sondervergütung im selben Beschluss zubilligt (ggf. angemessener Stundensatz mit Limit für den Gesamtaufwand). Es kann insoweit nichts anderes gelten als in dem Fall, dass fehlerhafte Jahresabrechnungen des Vorverwalters gerichtlich aufgehoben werden und der neue Verwalter auf Wunsch der Eigentümer diese Abrechnungen komplett neu erstellen soll.

V. Aktualisierung, § 24 Abs. 7 S. 4–6 WEG

129 Im Falle der Anfechtung oder Aufhebung eines Beschlusses ist dies in der Sammlung zu vermerken. Bei Aufhebung ist auch Löschung zulässig. Nach § 24 Abs. 7 S. 4 WEG müssen die eingetragenen Versammlungsbeschlüsse oder Gerichtsentscheidungen mit Vermerken versehen werden.

130 Dies bedeutet, dass im Falle eines angefochtenen Versammlungs- oder Umlaufbeschlusses die Tatsache der Anfechtung als Vermerk zur jeweiligen Eintragung hinzuzufügen ist. Wie dies zu geschehen hat ist gesetzlich nicht festgelegt. Um den optimalen Informationswert der Beschluss-Sammlung zu erreichen wird man Kläger, Gericht, gerichtliches Aktenzeichen etc. hineinschreiben müssen.

131 Wird ein Versammlungsbeschlusses – z. B. durch Zweitbeschluss (vgl. *Elzer* ZMR 2007, 237), gerichtliche Entscheidung – aufgehoben, ist dies im Wege des Vermerks zur jeweiligen Eintragung hinzuzusetzen.

132 Zu beachten ist, dass oft Prozesse über den angegriffenen Erstbeschluss bis zur Entscheidung über den (heilenden) Zweitbeschluss ausgesetzt werden. Wird dann der Zweitbeschluss rechtskräftig für ungültig erklärt gilt erst einmal der Erstbeschluss weiter bis zu dessen evtl. Aufhebung. Es sollte zwar die Aufhebung vermerkt werden, aber mit einem Hinweis wie »Aufhebung noch nicht bestandskräftig«. Dieser Vermerk ist je nach Verfahrensausgang später erneut zu aktualisieren.

133 Analog ist bei noch nicht rechtskräftigem Urteil über die Ungültigerklärung eines Beschlusses zu verfahren bei der Anbringung eines Aufhebungsvermerk (»Aufhebung noch nicht rechtskräftig«). Auch dieser Vermerk ist je nach Verfahrensausgang später erneut zu aktualisieren. Bei Berufungseinlegung ist das Aktenzeichen des zuständigen Landgerichts anzugeben.

134 Im Fall der Aufhebung sieht § 24 Abs. 7 S. 5 und S. 6 WEG alternative Handlungsformen für den Verwalter vor, nämlich die Anmerkung oder gar die Löschung der Eintragung. Von Löschungen (insbesondere bei elektronischer Führung der Beschluss-Sammlung) ist abzuraten (Haftungsgefahr).

Einberufung, Vorsitz, Niederschrift | § 24

Nach § 24 Abs. 7 S. 6 WEG n. F. kommt auch eine Löschung einer Eintragung in Betracht, sofern 135 aus anderen Gründen als einer Aufhebung die Eintragung für die Wohnungseigentümer ohne weitere Bedeutung ist. Dies gilt für Spontan- und ORGA-Beschlüsse, die über die betreffende Versammlung hinaus keine Wirkung mehr entfalten können – wenn man sie für eintragungsbedürftig ansieht.

Auch wenn bei anderen Sachverhalten aktuell von einem Wegfall der Regelungswirkung ausge- 136 gangen wird (z. B. Uraltbeschlüsse) und eine Löschung formell möglich erscheint, sollte nur auf einen Vermerk zurückgegriffen werden. Lücken in der laufenden Nummerierung wecken nur Nachfragen und Informationsbedürfnis bei Erwerbern.

VI. Recht auf Einsicht in die Sammlung, § 24 Abs. 7 S. 8 WEG

Ein Einsichtsrecht haben nicht nur alle Wohnungseigentümern, sondern auch von ihnen ermäch- 137 tigte (im eigenen Namen) oder bevollmächtigte (im fremden Namen) Dritte. Ungeklärt ist noch, ob auch einem Dritten, der zwar nicht ermächtigt ist, aber ein rechtliches Interesse an der Einsichtnahme besitzt, z. B. ein möglicher Ersteigerer, Einsicht vom Verwalter gewährt werden darf. Der Bietinteressent in der Zwangsversteigerung sollte sich von einem Wohnungseigentümer, der ein Interesse an einer baldigen Zuschlagserteilung hat eine Ermächtigung geben lassen. Der Verwalter ist gut beraten mit der Gewährung der Einsicht gegenüber Dritten Zurückhaltung zu üben. Ggf kann er die Entscheidung auf die Eigentümerversammlung rückdelegieren und sich qua Beschluss anweisen lassen. Der Wohnungseigentümer muss allenfalls außerhalb der Versammlung ein berechtigtes Interesse darlegen (vgl. *Merle* ZWE 2007, 279; *Hügel/Elzer* § 8 Rn. 52).

Der aktuelle Verwalter oder bei dessen Fehlen der zur Führung der Beschluss-Sammlung Ver- 138 pflichtete hat gem. § 24 Abs. 7 S. 8 WEG jedem Wohnungseigentümer oder einem entsprechend Bevollmächtigten Einsicht in die Beschluss-Sammlung zu gewähren. Das Recht auf Einsichtnahme umfasst auch den Anspruch auf Fertigung und Übersendung von Kopien gegen Kostenerstattung (vgl. *OLG München*, ZMR 2006, 881; anders im Mietrecht: *Schmid* ZMR 2006, 341 zu *BGH* ZMR 2006, 358).

Allen Berechtigten muss leicht realisierbar bzw. unschwer Einsichtnahme in die Sammlung ge- 139 währt werden und zwar grundsätzlich im Büro des Verwalters (vgl. *OLG Köln* NZM 2006, 702). Grundsätzlich besteht kein Anspruch auf Herausgabe, allenfalls ein Anspruch auf Kopien gegen Kostenerstattung. Außerdem kann die Gemeinschaft gemäß § 21 Abs. 7 WEG für den besonderen Verwaltungsaufwand einen Kostenbeitrag/eine Pauschale beschließen. Die bloße Einsicht muss allerdings kostenfrei bleiben (*Abramenko* Das neue WEG § 2 Rn. 93).

VII. Sanktionen

Führt der Verwalter die Beschlusssammlung nicht ordnungsgemäß, kann dies regelmäßig ein 140 wichtiger Grund zur Abberufung sein, § 26 Abs. 1 S. 4 WEG. Insbesondere wegen des hier zu Tage tretenden Haftungspotenzials sollten Verwalter der unverzüglichen und ordnungsmäßigen Führung der Beschluss-Sammlung erste Priorität einräumen. Eine Haftung gegenüber dem künftigen Erwerber sieht das Gesetz nicht vor (vgl. *Köhler* Rn. 445). Der Normzweck des § 24 Abs. 7 und 8 WEG legt eine Schutzwirkung auch zu Gunsten Dritter (Ersteher, Rechtsnachfolger) allerdings nahe (vgl. *Merle* ZWE 2007, 274).

Indirekt ist durch diesen gesetzlichen Regelfall zu befürchten, dass »wichtige Gründe« schneller 141 angenommen werden im Zusammenhang mit anderen Sachverhalten (z. B. falsche Kontoführung, vgl. *Jungjohann* WE 2007, 116 ff. sowie *Köhler* Rn. 466 ff.).

Zur Verwalterhaftung schreibt Deckert (WE 2007, 100 ff.): 142

»Nicht ordnungsgemäße Pflichterfüllung kann im Einzelfall sicher auch zu einer Schadenersatzhaftung des Verwalters u. U. sogar gegenüber etwaigen Rechtsnachfolgern als ebenfalls zu schützenden Dritten führen, sobald sie Eigentümer geworden sind (vgl. Armbrüster, AnwBl 2005, 16). Die etwa schuldhafte Nichteintragung eines Beschlusses oder einer Urteilsformel hat allerdings zunächst dessen ungeachtet die nach § 10 Abs. 4 WEG dort geregelten Wirkungen auch gegenüber Rechtsnachfolgern (so auch Demharter, NZM 2006, 489/493, der allerdings Schadensersatzansprüche eines Kaufinteressenten gegen den Verwalter

§ 24 | Einberufung, Vorsitz, Niederschrift

wohl entgegen Armbrüster verneinen möchte). Der Gemeinschaft aus Verwalterfehlverhalten erwachsene Schadenersatzansprüche sind primär auch gemeinschaftlich geltend zu machen, wobei durch entsprechenden Mehrheitsbeschluss im Sinne des § 21 WEG auch ein einzelner Eigentümer zu etwaiger Klageführung ermächtigt werden kann.«

143 Neben der fehlenden schuldrechtlichen Beziehung zwischen Erwerber und Verwalter sprechen auch die Materialien (BT-Drucks. 16/887, S. 34) eher gegen eine Haftung des Verwalters insoweit gegenüber einem Erwerber (vgl. *Abramenko*, Das neue WEG, § 2 Rn. 87).

144 Der Verwalter muss sich ein Organisationsverschulden, das eine solche zeitgerechte Eintragung vereitelt, zurechnen lassen. Zu einer ordnungsgemäßen Betriebsorganisation zählt – nach Drasdo (ZMR 2007, 501 ff.) –, dass sichergestellt ist, dass

- ☐ Vorgänge, insbesondere Beschlussfassungen und Anfechtungsverfahren, kurzfristig in der Beschluss-Sammlung vermerkt werden;
- ☐ bei Verhinderungen der für die Eintragung verantwortlichen Personen bei Urlaubs- und Krankheitsfällen sicher gestellt ist, dass eine Vertretung sich um die notwendigen Erfordernisse ausreichend kümmert
und
- ☐ eine rechtzeitige Unterlassung einer Aufnahme der eintragungsbedürftigen Tatsachen in die Beschluss-Sammlung bemerkt werden kann.

145 Der typische Schaden bei schlechter/unzureichender insbesondere lückenhafter Führung entsteht auf Seiten der Gemeinschaft im Zeitpunkt des Verwalterwechsels. Berechtigt zu den erforderlichen Ergänzungen und Korrekturen ist jetzt der aktuelle Verwalter. Dieser ist aber nicht verpflichtet ohne Absprache über eine Sondervergütung bzw. Aufwendungsersatzanspruch die Arbeit seines Vorgängers nachzuholen (vgl. *Abramenko*, Das neue WEG, § 2 Rn. 84, *Frohne* ZMR 2005, 514, *Drabek* ZWE 2005, 146).

Bei Weigerung des Verwalters Einsicht zu gewähren gegenüber einem Wohnungseigentümer drohen erhebliche Forderungen wegen Differenzkaufpreises, wenn ein vorsichtiger Kaufinteressent wegen Nichtvorlage der Beschluss-Sammlung sein unter Vorbehalt abgegebenes Angebot zurückzieht.

VIII. Wirkung, insbesondere gegenüber Erwerbern

146 Die Beschluss-Sammlung hat weder positive noch negative Publizität mit Gutglaubenswirkung. Trotzdem bestehen für identische Regelungsgegenstände unterschiedliche Publizitätsträger, nämlich Grundbuch einerseits und Beschluss-Sammlung andererseits. Wegen der Erweiterung der Beschlusskompetenz ist ein Auseinanderdriften von Beschlusslage und Grundbuch möglich und wahrscheinlich.

147 Auswirkungen auf die durch den Mehrheitsbeschluss überholte Grundbuchlage sind nur vereinzelt normiert (vgl. § 12 Abs. 4 S. 3–5 WEG). Statt einer Eintragung von gesetzes- und vereinbarungsändernden Beschlüssen ins Grundbuch oder in ein von den Verbänden seinerzeit favorisiertes Zentralgrundbuch wird nunmehr die zwingende Aufnahme derartiger Beschlüsse in die Beschluss-Sammlung für ausreichend gehalten.

148 Erwerber von Wohnungseigentum dürfen und können auf den Grundbuchinhalt, insbesondere Kostenverteilungsregelungen, nicht mehr vertrauen, auch wenn keine Öffnungsklausel existiert. § 10 Abs. 4 S. 2 WEG spricht gegen einen Schutz des auf das Grundbuch vertrauenden Erwerbers, weil Beschlüsse der Eigentümer weder eintragungsbedürftig noch eintragungsfähig sind. Die Beschluss-Sammlung wird insoweit für besser geeignet gehalten, das Informationsbedürfnis der Erwerber zu befriedigen. Besteht die Kompetenz zur teilungserklärungsändernden Beschlussfassung gilt: Der zutreffende Inhalt der Beschluss-Sammlung geht dem Grundbuch vor.

149 Der Erwerber ist an vom Grundbuchinhalt abweichende Beschlüsse folglich auch gebunden, wenn sie in der Beschluss-Sammlung nicht, unvollständig oder falsch wiedergegeben sind.

IX. Pflicht zur Führung der Beschluss-Sammlung.

§ 24 Abs. 8 WEG regelt die Verantwortlichkeit des Verwalters für die Führung der Beschluss-Sammlung. Auch durch Beschluss kann die Pflicht nicht vom Verwalter auf Dritte oder einen Wohnungseigentümer (Beirat) delegiert werden (vgl. § 24 Abs. 8 S. 2 WEG: anderes ist nur bei Fehlen eines Verwalters vorgesehen). 150

Fehlt ein Verwalter, so ist der Vorsitzende der Wohnungseigentümerversammlung zur Führung der Beschluss-Sammlung verpflichtet. Offen bleibt, wie lange und in welchem Umfang der Versammlungsleiter hier in die Pflicht genommen werden soll. Der Vorsitzende einer Eigentümerversammlung ist zeitlich bis zur Wahl eines anderen Vorsitzenden einer späteren Eigentümerversammlung oder der Wahl eines Verwalters zur Führung der Beschluss-Sammlung verpflichtet. Diese Pflicht obliegt nämlich kraft Gesetzes dem Verwalter. Sie entsteht sofort mit seiner Wahl. Der neben einem gewählten Verwalter als Versammlungsleiter Fungierende ist niemals zur Führung der Beschluss-Sammlung verpflichtet. 151

§ 24 Abs. 8 S. 2 WEG begründet Beschlusskompetenz zur Übertragung der Aufgabe auf eine andere Person vor. Eine Beschränkung auf Wohnungseigentümer derselben Anlage ist nicht angeordnet. 152

Die Beschluss-Sammlung ist ein aliud gegenüber dem Konvolut von Versammlungsprotokollen. Die §§ 24 Abs. 7 und 8 WEG und 24 Abs. 6 WEG haben jeweils einen eigenständigen Regelungsgegenstand.

X. Honorarfragen

Beschließt die Gemeinschaft die rückwirkende Führung des Beschluss-Sammlung über den gesetzlichen Auftrag hinaus, was ordnungsmäßiger Verwaltung entspricht, so hat der Verwalter einen Anspruch auf angemessene Honorierung (Hügel/*Scheel* Teil 12 Rn. 239; vgl. auch AG Bremen, B. v. 3.6.2007, 111 a II 89/2007 WEG, ZMR 2007, Heft 10 zur vergleichbaren Problematik bei § 35 a EStG) zumindest gemäß den §§ 675, 612 Abs. 2 BGB, wenn er keine Vergütung frei aushandelt (Bärmann-Pick-*Merle* § 26 Rn. 123). Diese Tätigkeit ist nicht vom Verwaltervertrag abgedeckt, noch eine Nebenpflicht desselben. 153

XI. Abdingbarkeit

Für ein vollständiges oder teilweises Abbedingen der Regelungen über die Beschluss-Sammlung besteht keine Beschlusskompetenz. Nach *Merle* (ZWE 2007, 272) soll durch Vereinbarung die Führung einer Beschluss-Sammlung ausgeschlossen werden können (sehr zweifelhaft)! 154

§ 25 Mehrheitsbeschluß

(1) Für die Beschlussfassung in Angelegenheiten, über die die Wohnungseigentümer durch Stimmenmehrheit beschließen, gelten die Vorschriften der Absätze 2 bis 5.

(2) Jeder Wohnungseigentümer hat eine Stimme. Steht ein Wohnungseigentum mehreren gemeinschaftlich zu, so können sie das Stimmrecht nur einheitlich ausüben.

(3) Die Versammlung ist nur beschlussfähig, wenn die erschienenen stimmberechtigten Wohnungseigentümer mehr als die Hälfte der Miteigentumsanteile, berechnet nach der im Grundbuch eingetragenen Größe dieser Anteile, vertreten.

(4) Ist eine Versammlung nicht gemäß Absatz 3 beschlussfähig, so beruft der Verwalter eine neue Versammlung mit dem gleichen Gegenstand ein. Diese Versammlung ist ohne Rücksicht auf die Höhe der vertretenen Anteile beschlussfähig; hierauf ist bei der Einberufung hinzuweisen.

(5) Ein Wohnungseigentümer ist nicht stimmberechtigt, wenn die Beschlussfassung die Vornahme eines auf die Verwaltung des gemeinschaftlichen Eigentums bezüglichen Rechtsge-

§ 25 | Mehrheitsbeschluss

schäfts mit ihm oder die Einleitung oder Erledigung eines Rechtsstreits der anderen Wohnungseigentümer gegen ihn betrifft oder wenn er nach § 18 rechtskräftig verurteilt ist.

Inhaltsverzeichnis

A. Grundsätzliches	1
I. Entstehungsgeschichte, Normzweck, Anwendungsbereich	1
II. Regelungsumfang	2
B. Mehrheitsbeschlüsse und Stimmrecht	3
I. Mehrheitsbeschlüsse, § 25 Abs. 1 WEG	3
II. Stimmrecht, § 25 Abs. 2 WEG	4
1. Inhaber des Stimmrechts	5
a) Mitglied der werdenden Wohnungseigentümergemeinschaft	5
b) Nachlassverwalter und Testamentsvollstrecker	7
c) Insolvenzverwalter	8
d) Zwangsverwalter	9
e) Nießbraucher	14
f) Wohnungsberechtigter	15
g) Grundschuld- und Hypothekengläubiger	16
h) Mieter und Pächter	17
2. Einheitliche Stimmrechtsausübung mehrerer Berechtigter, § 25 Abs. 2 S. 2 WEG	18
3. Stimmrechtsvollmachten	20
a) Bei notwendig einheitlicher Stimmrechtsausübung	20
b) Bei Vertretungsausschlussklauseln	21
c) Ermächtigung zugunsten des Erwerbers	21b
4. Stimmrechtsausschluss § 25 Abs. 5 1. und 2. Alt. WEG	22
a) Vornahme eines Rechtsgeschäfts mit dem betroffenen Wohnungseigentümer	23
aa) Private Sonderinteressen	24
bb) Mitgliedschaftliche Rechte und Interessen	25
cc) Beirat	27
b) Entlastung eines Wohnungseigentümers als Verwalter oder Beirat	28
c) Sonderfall: Abberufung eines Funktionsträgers	30
aa) Allgemeines	30
bb) Abberufung aus wichtigem Grund	31
d) Einleitung oder Erledigung eines Rechtsstreits, § 25 Abs. 5 2. Alt. WEG	32
e) Majorisierung	33
f) Reichweite, Abdingbarkeit	36
5. Ruhen des Stimmrechts, § 25 Abs. 5 3. Alt. WEG	38
C. Beschlussfähigkeit	41
I. Erstversammlung, § 25 Abs. 3 WEG	41
II. Zweitversammlung, § 25 Abs. 4 WEG	48
D. Feststellung und Berechnung der Stimmenmehrheit	52
I. Geltung des Kopfprinzips, § 25 Abs. 2 SatzS. 1 WEG	52
II. Geltung des Wert- oder Objektprinzips	53
III. Gemeinschaftliches Wohnungseigentum	54
IV. Unterteilung von Wohnungseigentum	56
1. Wertstimmrecht	57
2. Objekt- und Kopfstimmrecht	58
V. Stimmenthaltung	60
VI. Änderung der Stimmgewichtung	61
VII. Ruhen des Stimmrechts	62
VIII. Stimmauszählung	63
IX. Besonderheiten bei Geschäftsordnungsbeschlüssen	64

A. Grundsätzliches

I. Entstehungsgeschichte, Normzweck, Anwendungsbereich

1 Mehrheitsbeschlüsse der Wohnungseigentümer (s. etwa § 15 Abs. 2, § 21 Abs. 3, § 26 Abs. 1, § 28 Abs. 5 WEG) sind von besonderer Bedeutung. Jeder Wohnungseigentümer hat ohne Rücksicht auf die Größe seines Anteils grundsätzlich eine Stimme. Die Beschlussfähigkeit der Versammlung bestimmt sich allerdings nicht nach der Anzahl der vertretenen Wohnungseigentümer, sondern nach der Größe der in der Versammlung vertretenen mit Eigentumsanteile. Mehrheitsbeschlüsse sind für alle Wohnungseigentümer verbindlich. Die formelle Legitimation von Beschlüssen durch (gesetzliche oder vereinbarte) Beschlusskompetenz setzt § 25 WEG ungeschrieben voraus (vgl. *Schmid* ZMR 2003, 92).

II. Regelungsumfang

§ 25 WEG regelt die formellen Voraussetzungen für einen Mehrheitsbeschluss. Sein Anwendungsbereich kann durch Öffnungsklauseln (s. § 10 Rn. 273 ff.) erweitert werden. Eines Mehrheitsbeschlusses (ggf. Negativbeschluss) bedarf es ausnahmsweise trotz des Grundsatzes der Vorbefassung in der Eigentümerversammlung dann nicht, wenn es zu einem sicher prognostizierbarem Abstimmungspatt kommen würde (vgl. *OLG Karlsruhe* ZMR 2007, 138).

§ 25 Abs. 2 WEG regelt das so genannte Kopfstimmrecht. Grundsätzlich hat jeder (Allein-) Eigentümer eine Stimme (»one man one vote«), auch wenn ihm mehrere Wohnungseigentumseinheiten gehören. 25 Abs. 3 WEG regelt die Beschlussfähigkeit in der Erst-Versammlung abweichend von der Stimmkraft nach Miteigentumsanteilen. Damit wird ein Gleichlauf mit der Kostentragungsregelung in § 16 Abs. 2 WEG erreicht. § 25 Abs. 4 WEG regelt die Voraussetzungen für eine beschlussfähige Zweitversammlung. Dem Mehrheitseigentümer wird so eine Blockademöglichkeit durch bloßes Fernbleiben von Eigentümerversammlungen genommen. § 25 Abs. 5 WEG hat schließlich Stimmverbote, primär wegen Interessenkollision, zum Inhalt. Stimmverbote sind allerdings ohne Relevanz für das Teilnahmerecht des wegen privater Sonderinteressen oder eines Interessenwiderstreits vom Stimmrecht ausgeschlossenen Wohnungseigentümers. § 25 Abs. 5 letzte Alternative WEG regelt den Verlust des Stimmrechts für einen rechtskräftig nach § 18 WEG verurteilten Wohnungseigentümer.

B. Mehrheitsbeschlüsse und Stimmrecht

I. Mehrheitsbeschlüsse, § 25 Abs. 1 WEG

Wo es um die Ausgestaltung des ordnungsmäßigen **Gebrauches** und um die ordnungsmäßige **Verwaltung** des gemeinschaftlichen Eigentums geht, wird die Mehrheitsherrschaft vom Gesetz als Ausnahme vom Vertragsprinzip zugelassen (s. § 10 Rn. 68 ff.). Überschreitet ein Mehrheitsbeschluss die Grenzen des ordnungsmäßigen Gebrauches, kann er dennoch in Bestandskraft erwachsen und ist nicht unwirksam. Seit der Grundsatzentscheidung des *BGH* zu den Zitterbeschlüssen (BGHZ 145, 158 = ZMR 2000, 771 = NJW 2000, 3500 [Zitterbeschluss]; a. A. *Häublein* ZMR 2000, 423, 429 für die Beschlusskompetenz bei nicht ordnungsmäßigen Gebrauchsregelungen) steht fest, dass die einem Beschluss zugänglichen Materien durch das WEG und Vereinbarungen abschließend festgelegt sind. § 25 Abs. 1 WEG unterscheidet insoweit von § 745 BGB, dass er keine allgemeine Zulässigkeit von Mehrheitsbeschlüssen begründet.

II. Stimmrecht, § 25 Abs. 2 WEG

Das Stimmrecht des Mitglieds einer – zumindest werdenden – Eigentümergemeinschaft gehört ebenso wie das notwendig vorausgesetzte Teilnahmerecht zu den aus der Mitgliedschaft in der Eigentümergemeinschaft erwachsenden Teilhaberechten. Das Stimmrecht ist nicht analog § 38 S. 2 BGB höchstpersönlich auszuüben (selbst bei sog. Vertreterklauseln wird nur der Kreis der zu Bevollmächtigenden beschränkt) und nicht notwendig mit dem (Voll-)Eigentumsrecht verknüpft (a. A. Weitnauer/*Lüke* Rn. 7). Das Stimmrecht hat vielmehr einen **personenrechtlichen Bezug**. Dies wird auch dadurch verdeutlicht, dass dem Mitglied einer werdenden Eigentümergemeinschaft (noch nicht Wohnungseigentümer) sowie Nicht-Wohnungseigentümern (Zwangsverwalter, Insolvenzverwalter) das Stimmrecht zustehen kann. Erst durch das Stimmrecht wird dem Wohnungseigentümer die Möglichkeit gegeben, Einfluss auf die Rechtsmaterien zu nehmen, für die eine Beschlusskompetenz der Eigentümerversammlung besteht. Aus dem Abspaltungsverbot (Bärmann/Pick/*Merle* Rn. 12) folgt, dass eine untrennbare Verbindung zwischen dem Wohnungseigentum und der mitgliedschaftlichen Stellung innerhalb der Eigentümergemeinschaft besteht. Die Errichtung des Sondereigentums ist ebenfalls nicht Voraussetzung für das volle Stimmrecht (*OLG Hamm* ZMR 2006, 60 sowie *OLG Frankfurt/M* ZWE 2007, 84). Umstritten ist allenfalls, wann das Anwartschaftsrecht und mit ihm das Stimmrecht erlischt; keineswegs allerdings bereits mit Insolvenz des Bauträgers. Der Erwerber kann das Sondereigentum ja noch selbst erstellen. Umstritten ist, ob der Verband soweit er selbst Sondereigentum (z. B. an der Hausmeisterwohnung im Wege der Versteigerung) erworben hat, Stimmrecht hat. Eventuell kommt eine Analogie zu den §§ 71a ff. AktG in Betracht (vgl. Hügel/*Elzer* § 9 Rn. 7).

1. Inhaber des Stimmrechts

a) Mitglied der werdenden Wohnungseigentümergemeinschaft

5 Das antizipierte Stimmrecht des Ersterwerbers bedeutet, dass dieser eine vom Kopfstimmrecht des Veräußerers **unabhängige** Mitwirkungsbefugnis erhält, wobei Veräußerer und Ersterwerber bei der Geltung des Kopfprinzips jeweils eine selbstständige Stimme haben, d. h. es findet weder eine Verdrängung noch eine Aufteilung zwischen beiden statt. Auch eine gemeinschaftliche Ausübung des Stimmrechts ist nicht erforderlich (*Heismann* Wohnungseigentümergemeinschaft, S. 215; a. A. *OLG Hamm* v. 10.5.2007, 15 W 428/06). Der Veräußerer hat nämlich ein eigenes und selbstständiges Stimmrecht, solange die Eigentumsumschreibung im Grundbuch nicht erfolgt ist. Der »Alteigentümer« ist zur Wahrnehmung dieses Rechts berechtigt als auch zur Eigentümerversammlung zu laden. Das Stimmrecht des werdenden Wohnungseigentümers ist eben nicht abgeleitet.

6 Etwas anderes gilt, wenn für die Stimmkraft nach einer Vereinbarung das Objekt- oder Wertprinzip anzuwenden ist. Hier verliert der teilende Eigentümer pro rata sein Objekt- bzw. Anteilsstimmrecht sobald der Ersterwerber die Voraussetzungen für die Mitgliedsstellung in der werdenden Eigentümergemeinschaft erfüllt. Bei dem Kopfprinzip behält der vormalige Alleineigentümer seine eigene Stimme bis zum Verlust des letzten dinglichen Rechts nominell ungeschmälert. Seine Mehrheit verliert er allerdings bereits nach dem Entstehen einer werdenden Eigentümergemeinschaft mit nur einem weiteren Eigentümer (s. dazu § 10 Rn. 21 ff.). Wählt der vormalige Alleineigentümer das Objekt- oder Wertprinzip, büßt er sukzessive seine Stimmkraft in Abhängigkeit zu den noch verbliebenen Miteigentumsanteilen ein. Seine Mehrheit in der Wohnungseigentümerversammlung verliert er jedoch erst bei Abverkauf von mindestens 50 % der Miteigentumsanteile an Ersterwerber. Entgegen der früheren Auffassung des *OLG Köln* (ZMR 2004, 859) gibt es kein Nebeneinander von werdender und in Vollzug gesetzter Eigentümergemeinschaft (vgl. *Kümmel* Info M 1/05, S. 41 und *Deckert* ZMR 2005, 335; jetzt auch *OLG Köln* ZMR 2006, 383 = NZM 2006, 301).

b) Nachlassverwalter und Testamentsvollstrecker

7 Nachlassverwalter und Testamentsvollstrecker üben als Partei kraft Amtes das Stimmrecht für das zur Nachlassmasse gehörende Wohnungseigentum in eigenem Namen und aus eigenem Recht aus. Dies ergibt sich für die Nachlassverwaltung aus § 1984 Abs. 1 BGB sowie für die Testamentsvollstreckung aus § 2205 BGB. Im Übrigen gilt über § 1984 Abs. 1 S. 2 BGB für den Nachlassverwalter dasselbe wie für den Insolvenzverwalter.

c) Insolvenzverwalter

8 Der Insolvenzverwalter ist gem. § 80 Abs. 1 InsO nach Eröffnung des Insolvenzverfahrens allein befugt – zumindest bis zu einer Freigabe (*BGH* ZMR 2002, 941 = NZM 2002, 1003) – das zum Vermögen des Schuldner gehörende Wohnungseigentum zu verwalten und über es zu verfügen. Der Streit des Wohnungseigentümers mit dem Insolvenzverwalter um die Wirksamkeit einer möglichen Freigabe seiner Wohnung aus der Insolvenzmasse und die daraus für das Stimmrecht zu ziehenden Folgen betreffen zwar in erster Linie das Verhältnis zwischen Insolvenzverwalter und Schuldner/Wohnungseigentümer. Diese Fragen haben aber auch für den Verwalter Bedeutung, insbesondere bei der Stimmrechtsausübung. Der Verwalter kann hier nicht wie im Wohngeldverfahren auf einen »rechtlichen Hinweis des Gerichts zur Passivlegitimation« verwiesen werden (so aber *KG* NZM 2004, 383, 384). Die Gemeinschaft sollte in der Praxis die Freigabeerklärung des Insolvenzverwalters beachten und in diesem Fall dem Wohnungseigentümer sein Stimmrecht belassen. Der Verwalter sollte ihn zur Versammlung laden.

d) Zwangsverwalter

Die h. M. (vgl. *Gottschalg* NZM 2005, 91 unter 4.) geht davon aus, dass der Zwangsverwalter ein **9** **umfassendes Stimmrecht** für alle Beschlussgegenstände hat (Weitnauer / *Lüke* Rn. 12; Bärmann / Pick / *Merle* Rn. 23). Sie folgert dies aus dem Zweck der Verwaltung, nämlich aus den Erträgen des zwangsverwalteten Wohnungseigentums die Gläubiger zu befriedigen. Nach einer differenzierenden Auffassung ist dagegen der Zwangsverwalter nicht schlechthin stimmberechtigt anstelle des Wohnungseigentümers. Sein Stimmrecht soll durch die in § 148 Abs. 2 sowie § 152 Abs. 1 ZVG festgelegten Befugnisse eingegrenzt sein (*KG* NJW-RR 1987, 77).

Gegen eine solche Aufspaltung des Stimmrechts zwischen Wohnungseigentümer und Zwangs- **10** verwalter spricht die Rechtsprechung des *BGH* zum fehlenden Stimmrecht des Nießbrauchers (*BGH* ZMR 2002, 440 = JR 2003, 111 m. Anm. *Hinz*). Für ein gespaltetes Stimmrecht spricht hingegen, dass die Zwangsverwaltung i. d. R. nur auf Zeit angeordnet wird, während die vom Zwangsverwalter mit beschlossenen Gebrauchs- oder Nutzungsregelungen den Wohnungseigentümer auch nach Beendigung der Zwangsverwaltung weiterhin binden.

Um in der Praxis Abgrenzungsschwierigkeiten möglichst zu vermeiden oder gering zu halten, **11** empfiehlt es sich, im Zweifel vom Stimmrecht des Zwangsverwalters auszugehen und lediglich dann, wenn ein Beschlussgegenstand erkennbar außerhalb des gesetzlichen Aufgabenbereichs des Zwangsverwalters und des Zwecks der Zwangsverwaltung liegt, von einem Stimmrecht des Wohnungseigentümers auszugehen (*Riecke/Schmidt/Elzer* Eigentümerversammlung, Rn. 591). In der Praxis werden die unterschiedlichen Rechtsansichten im Übrigen nur selten zu abweichenden Ergebnissen führen, da jede Entscheidung, die mit Kosten verbunden ist, nahezu automatisch die gesetzlichen Interessen des Zwangsverwalters berührt und damit zu seinem Stimmrecht führt. Dies betrifft nicht nur Instandhaltungsmaßnahmen, sondern auch bauliche Veränderungen. Selbst Änderungen der Hausordnung können die Vermögensinteressen des Zwangsverwalters berühren. Das ist der Fall, wenn das Mietobjekt bereits vermietet ist und es durch den Beschluss über die Hausordnung zu einer Divergenz mit den Regelungen des konkreten Mietvertrages kommt, der der bisherigen Beschlusslage angepasst war (vgl. Anh. § 13 Rn. 27 ff.).

Für den Sonderfall, dass einem Wohnungseigentümer mehrere Wohnungseigentumsrechte gehö- **12** ren, die nur zum Teil (nicht alle) zwangsverwaltet sind, gibt es beim Objektstimmrecht keine Probleme, da dem Zwangsverwalter das Stimmrecht nur in Höhe der belasteten Objekte zusteht. Gilt allerdings das Kopfprinzip, sollen der Wohnungseigentümer und der Zwangsverwalter analog § 25 Abs. 2 S. 2 WEG nur gemeinsam stimmberechtigt sein. Diese Lösung wird zu Recht kritisiert (Bärmann / Pick / *Merle* Rn. 24), da der Schuldner, wenn ihm auch nur ein einziges Wohnungseigentum verbleibt, die gesamte Stimmrechtsausübung blockieren könnte. Deshalb wird eine Aufteilung des Stimmrechts nach Bruchteilen empfohlen (*Bornheimer* Stimmrecht, S. 182). Bei Geltung des Kopfstimmrechts hat der Zwangsverwalter, der für mehrere natürliche oder juristische Personen eingesetzt ist, im Übrigen je Person ein Stimmrecht (*KG* ZMR 2005, 148).

Das Stimmrecht des Zwangsverwalters wird nicht dadurch ausgeschlossen oder eingeschränkt, **13** dass der Wohnungseigentümer nach § 18 WEG bereits rechtskräftig zur Entziehung seines Wohnungseigentums verurteilt ist (*BayObLG* FGPrax 1999, 19 = ZMR 1999, 121).

e) Nießbraucher

Die Belastung des Wohnungseigentums mit einem Nießbrauch führt **nicht** zu einer Beeinträchti- **14** gung des Stimmrechts des Wohnungseigentümers (*HansOLG Hamburg* ZMR 2003, 701; *BGH* ZMR 2002, 440 = JR 2003, 111 ff. m. Anm. *Hinz; BayObLG* MDR 1999, 152 m. Anm. *Riecke*; a. A. *HansOLG Hamburg* MDR 1988, 55 und *KG* MDR 1987, 674). Der Wohnungseigentümer kann jedoch aus dem **internen** Begleit-Schuldverhältnis zum Nießbraucher verpflichtet sein, bei der Stimmabgabe die Interessen des Nießbrauchers zu berücksichtigen und im Ernstfall nach dessen Weisungen zu handeln. Ein Stimmrechtsübergang auf den Nießbraucher hätte zur Konsequenz, dass dieser teuren Verwaltungsmaßnahmen zustimmen könnte, die Kosten jedoch gem. § 16 Abs. 2 WEG allein von dem an der Beschlussfassung nicht beteiligten Wohnungseigentümer zu tragen wären (*Hinz* JR 2003, 116).

§ 25 | Mehrheitsbeschluss

f) Wohnungsberechtigter

15 Weder dem Wohnungsberechtigten i. S. d. § 1093 BGB noch dem Dauerwohnberechtigten i. S. d. § 31 WEG kommt ein Stimmrecht zu. Insoweit kann auf die Ausführungen zum fehlenden Stimmrecht des Nießbrauchers verwiesen werden (so auch *Gottschalg* NZM 2005, 91 unter 3.).

g) Grundschuld- und Hypothekengläubiger

16 Grundschuld- und Hypothekengläubigern kommt kein eigenes Stimmrecht zu. Ihre dingliche Rechtsbeziehung beschränkt sich im Wesentlichen auf die Vollstreckungsmöglichkeiten nach § 1147 BGB.

h) Mieter und Pächter

17 Auch Mietern und Pächtern steht kein Stimmrecht zu, da es an einer dinglichen Berechtigung am Wohnungseigentum fehlt. Sie können allenfalls auf Grund ihrer schuldrechtlichen Rechte im Innenverhältnis zum Wohnungseigentümer auf dessen Abstimmung in der Eigentümerversammlung Einfluss nehmen.

2. Einheitliche Stimmrechtsausübung mehrerer Berechtigter, § 25 Abs. 2 S. 2 WEG

18 Auch wenn nach einer Vereinbarung jeder Miteigentümer eine Stimme hat, gilt dies nicht für mehrere Bruchteilseigentümer an einer Wohnungseigentumseinheit. In solchen Fällen wird die entsprechende Vereinbarung dahingehend auszulegen sein, dass die Bruchteilseigentümer an einer Einheit i. S. d. § 1008 BGB zur Vermeidung einer völlig disproportionalen Stimmengewichtung nur insgesamt eine Stimme haben, die gemeinsam auszuüben ist (*LG Bremen* ZMR 2004, 535).

19 Für den Sonderfall, dass bei einer Mehrhausanlage nach einer Vereinbarung Altbau und Neubau jeweils eine Stimme haben, gilt § 25 Abs. 2 S. 2 WEG analog. Auch in diesem Fall haben die Wohnungseigentümer im Innenverhältnis untereinander sicherzustellen, dass es zu einer einheitlichen Ausübung des Stimmrechts kommt (*BayObLG* ZMR 2004, 598, 599). Erhöht sich die Zahl der Wohnungseigentumseinheiten durch Ausbaumaßnahmen im Dachgeschoss, hat dies auch bei Geltung des Objektstimmrechts nicht die Folge, dass die Zahl der Stimmrechte entsprechend der Zahl der Eigentumseinheiten nach dem Ausbau steigt. Hält ein Wohnungseigentümer an zwei BGB-Gesellschaften, die ebenfalls Wohnungseigentum in derselben Anlage haben, einen 90-prozentigen Gesellschaftsanteil, so bleibt es bei Geltung des Kopfstimmrechts bei selbstständigen Stimmrechten auch der BGB-Gesellschaften. Auch unter dem Gesichtspunkt, dass ein Wohnungseigentümer auf diese Weise faktisch die Majorität durch Mehrfachberechtigung erhält, rechtfertigt sich unter dem Gesichtspunkt des Rechtsmissbrauchs grundsätzlich keine Ausnahme (vgl. *OLG Dresden* ZMR 2005, 894).

3. Stimmrechtsvollmachten

a) Bei notwendig einheitlicher Stimmrechtsausübung

20 Bei notwendig einheitlicher Stimmrechtsausübung ist der Versammlungsleiter nicht gehalten, bei der Abgabe der Stimme durch einen zweifelsfrei Mitberechtigten dessen Ermächtigung durch den weiteren Mitberechtigten zu prüfen. In Zweifelsfällen kann der Versammlungsleiter auf Vorlage einer schriftlichen Vollmacht bestehen (*OLG Düsseldorf* ZMR 2004, 53). *Häublein* (ZMR 2004, 728) verweist darauf, dass der Versammlungsleiter gem. § 174 BGB sogar die Vorlage einer Vollmacht im Original verlangen könne, und zwar schon zu Beginn der Versammlung und nicht erst bei Abgabe der Stimme (vgl. *Merle* ZWE 2007, 125 ff.).

b) Bei Vertretungsausschlussklauseln

21 Im Prinzip kann sich jeder Wohnungseigentümer durch eine beliebige dritte Person in der Eigentümerversammlung vertreten lassen kann. Um den Kreis der Vertreter klein zu halten und nur Interessierten ein Teilnahmerecht zu gewähren, wird deshalb oft vereinbart, dass sich ein Wohnungseigentümer nur durch seinen Ehegatten (vgl. *Wenzel* NZM 2005, 402), einen Mitwohnungseigentümer oder den Verwalter vertreten lassen darf (s. § 24 Rn. 53; *OLG Karlsruhe* ZMR 2006, 795). In diesem Zusammenhang vertritt das *OLG Köln* (ZMR 2004, 378 = WE 2004, 150) – allerdings für

eine Teilungserklärung aus dem Jahre 1962 – die Auffassung, dass auch die Vertretung durch einen Lebensgefährten zuzulassen sei, wenn die Vertretungsausschlussklausel in der Teilungserklärung aus der Zeit »deutlich vor 1985« stamme, die nichteheliche Lebensgemeinschaft unstreitig und evident ist, auf Dauer angelegt und durch gemeinsame Kinder zu einem ehegleichen Verhältnis nach außen dokumentiert werde. Der Verwalter ist nicht verpflichtet, beim Versenden von Stimmrechtsvollmachten auf die nach einer Vereinbarung bestehenden Vertretungsbeschränkungen für die Bevollmächtigung sonstiger Dritter für Eigentümerversammlungen gesondert hinzuweisen (*KG* NZM 2004, 792).

Der Verwalter darf als Stellvertreter einzelner Wohnungseigentümer an seiner Beschlussfassung über eine erneute Bestellung ohne Verstoß gegen § 25 Abs. 5 WEG oder § 181 BGB mitwirken (*OLG Hamm* ZMR 2007, 63; *OLG Hamburg* ZMR 2001, 997). **21a**

c) Ermächtigung zugunsten des Erwerbers
Von einer stillschweigenden Ermächtigung des Zweiterwerbers wird zum Teil ausgegangen für die Zeit nach dem wirtschaftlichen Übergang der Rechte und Pflichten aus dem notariellen Kaufvertrag. Dies wird aus der Interessenlage gefolgert (*AG Kerpen* ZMR 1999, 131; *KG* ZMR 1994, 524; sowie Staudinger-*Bub* § 25 Rn. 113). **21b**

4. Stimmrechtsausschluss § 25 Abs. 5, 1. und 2. Alt. WEG
§ 25 Abs. 5 WEG schränkt das Stimmrecht **gesetzlich** ein. Stimmverbote werden für den Fall bestimmt, dass Beschlussgegenstand die Vornahme eines auf die Verwaltung des gemeinschaftlichen Eigentums gerichteten **Rechtsgeschäfts** mit dem betreffenden Wohnungseigentümer ist oder die Einleitung oder Erledigung eines **Rechtsstreits** der anderen Wohnungseigentümer gegen ihn betrifft. Der Gesetzgeber hat für diese beiden Fälle Stimmverbote angeordnet, weil er wegen einer Interessenkonstellation die Teilnahme des betreffenden Wohnungseigentümers an der internen Willensbildung als nicht mehr vertretbar ansah. Die Stimmverbote gelten unabhängig davon, ob tatsächlich die Interessenlage beim betroffenen Wohnungseigentümer so gestaltet ist, dass der Schutz der übrigen Eigentümergemeinschaft zwingend ein Stimmverbot erfordert. Beide Stimmverbote sind das Pendant zu einer Interessenkollision und Selbstschutz – oder Selbstbevorzugungstendenz des betroffenen Wohnungseigentümers. Ähnliche Stimmverbote finden sich in §§ 34 BGB, 47 Abs. 4 GmbHG, 136 Abs. 1 AktG und 43 Abs. 6 GenG. **22**

a) Vornahme eines Rechtsgeschäfts mit dem betroffenen Wohnungseigentümer
Ein Wohnungseigentümer ist nicht stimmberechtigt, wenn die Beschlussfassung die Vornahme eines auf die Verwaltung des gemeinschaftlichen Eigentums bezüglichen Rechtsgeschäfts mit ihm betrifft. Der Begriff des Rechtsgeschäfts ist eng zu verstehen. Nach h. M. ist dazu eine einschränkende Auslegung vorzunehmen (Bärmann/Pick/*Merle* Rn. 100). Im Hinblick auf den Normzweck des § 25 Abs. 5 WEG und der elementaren Bedeutung des Stimmrechts für den betroffenen Wohnungseigentümer ist dieser nur dann vom Stimmrechtsverbot betroffen, wenn er ein **privates Sonderinteresse** verfolgt. Bei einer Mehrheit von Berechtigten genügt es, wenn dies für einen von ihnen zutrifft (Hügel/*Scheel* Teil 12 Rn. 162) Nimmt er dagegen lediglich **mitgliedschaftliche Rechte und Interessen** wahr, greift der Stimmrechtsausschluss nicht. **23**

aa) Private Sonderinteressen
Der Wohnungseigentümer ist jedenfalls vom Stimmrecht ausgeschlossen, wenn er private Sonderinteressen verfolgt. Das ist dann der Fall, wenn z. B. darüber beschlossen werden soll, ob mit ihm ein Kaufvertrag oder Werkvertrag abgeschlossen werden, ihm gemeinschaftliches Eigentum vermietet werden soll oder es um die Einräumung von Sonderrechten geht. Außerdem spielt das Stimmverbot für Beschlüsse über Mahnungen (§ 286 BGB) sowie Fristsetzungen (§§ 281 Abs. 1, 323 Abs. 1 BGB) eine große Rolle. **24**

bb) Mitgliedschaftliche Rechte und Interessen
Den individuellen Sonderinteressen werden die sozialrechtlichen oder mitgliedschaftsorientierten Rechtsgeschäfte gegenüber gestellt. Etwa bei der Bestellung zum Verwalter ist nach h. M. auch der Eigentümer stimmberechtigt, der zum Verwalter gewählt werden soll. Gleiches gilt für die Be- **25**

§ 25 | Mehrheitsbeschluss

stellung des Beirats, sowie den konträren Rechtsakten, nämlich der Abberufung des Verwalters oder der Abwahl des Beirats. In diesen Fällen verfolgt der Wohnungseigentümer jeweils mitgliedschaftliche Interessen.

26 Anders liegt es hingegen beim Abschluss des Verwaltervertrages. Hier ist der zum Verwalter bestellte Wohnungseigentümer vom Stimmrecht ausgeschlossen, weil sein privates Sonderinteresse an einem hohen Verwalterhonorar andere Interessen überwiegt (a. A. Bärmann/Pick/*Merle* Rn. 104; *Kefferpütz* Stimmrechtschranken, S. 72).

cc) Beirat

27 Bei der Bestellung eines Verwaltungsbeirats tauchen vergleichbare Probleme kaum auf. Der Beirat ist regelmäßig ehrenamtlich tätig und hat allenfalls ein »Sonderinteresse« an einer von der Gemeinschaft zu bezahlenden Haftpflichtversicherung oder einer Haftungsbeschränkung auf grobe Fahrlässigkeit und Vorsatz.

b) Entlastung eines Wohnungseigentümers als Verwalter oder Beirat

28 Bei der Entlastung eines Wohnungseigentümers als Verwalter oder Beirat ergibt sich das Stimmverbot des jeweiligen Eigentümers aus § 25 Abs. 5, 1. Alt. WEG (*OLG Zweibrücken* ZMR 2002, 786). Stellt man auf die Rechtsfolge des Entlastungsbeschlusses, nämlich die Wirkung wie ein negatives Schuldanerkenntnis (*BGH* ZMR 2003, 750 und ZMR 2003, 942; *Riecke* WuM 2003, 256), ab, so liegt hierin ein Rechtsgeschäft zwischen der Eigentümergemeinschaft und dem Eigentümer–Verwalter. Wenn man die Bedeutung der Entlastung nicht auf die Wirkung des negativen Schuldanerkenntnisses reduziert, wäre § 25 Abs. 5, 1. Alt. WEG zumindest aber analog anzuwenden. Die Rechtsprechung spricht im Zusammenhang mit dem Entlastungsbeschluss davon, dass es sich bei der mit ihm verbundenen Verzichtswirkung um eine »nicht erkannte gesetzliche Nebenfolge der Entlastung« handele (*BGH* ZMR 2003, 750, 753).

29 Von der Entlastung ist die Genehmigung der Jahresabrechnung zu unterscheiden. Die Beschlussfassung über die Genehmigung der Jahresabrechnung stellt kein Rechtsgeschäft mit dem Wohnungseigentümer-Verwalter dar. Bei der Ermächtigung eines Wohnungseigentümers zur Verfahrensführung ist ein Stimmrechtsausschluss zu verneinen, wenn hierdurch allein mitgliedschaftliche Interessen wahrgenommen werden. Kommt es jedoch zu einem Dienstvertrag mit dem Wohnungseigentümer als gleichzeitigem Anwalt, greift das Stimmverbot ein.

c) Sonderfall: Abberufung eines Funktionsträgers

aa) Allgemeines

30 § 25 Abs. 5 WEG will als Ausnahmevorschrift nur bestimmte Fälle der Interessenkollision erfassen, den Wohnungseigentümer aber nicht schlechthin daran hindern, an Entscheidungen über die Verwaltung des gemeinschaftliche Eigentums mitzuwirken. Mit der Bedeutung des Stimmrechts ist es z. B. nicht zu vereinbaren, wenn bei der Bestellung oder Abberufung eines Verwalters das Stimmrecht des Wohnungseigentümers, der in Personalunion Verwalter ist, immer ausgeschlossen wäre. Dass die Abstimmung über das Amt des Verwalters auch die Einzelinteressen des betroffenen Wohnungseigentümers berührt, kann für sich allein genommen noch kein Stimmverbot begründen. Jeder Wohnungseigentümer verfolgt bei einer Beschlussfassung im gewissen Umfang immer auch berechtigte private Interessen.

bb) Abberufung aus wichtigem Grund

31 Soll das private Interesse des Wohnungseigentümers ein Stimmrechtsverbot bewirken, muss es von einigem Gewicht und nicht mehr vom legitimen Mitwirkungsinteresse an der Willensbildung innerhalb der Eigentümergemeinschaft gedeckt sein. Etwa für einen zum Verwalter bestellten Wohnungseigentümer besteht bei der Beschlussfassung über seine Abberufung und gleichzeitiger Entscheidung über die Beendigung seines Verwaltervertrages nur bei Vorliegen eines **wichtigen Grundes** ein Stimmverbot (*BGH* ZMR 2002, 930). Dieses Stimmverbot folgt nicht aus § 25 Abs. 5 WEG, sondern aus einem allgemeinen Rechtsgedanken wie er in den §§ 712 I, 737 BGB, 117, 127, 140 HGB zum Ausdruck komme (*BGH* ZMR 2002, 930, 935; *Kefferpütz* Stimmrechtschranken, S. 69). Kein Fall des § 25 Abs. 5 WEG liegt vor, wenn ein (externer) Verwalter als

Vertreter eines ihn bevollmächtigenden Wohnungseigentümers über seinen Verwaltervertrag mit abstimmt (OLG Hamm ZMR 2006, 63).

d) Einleitung oder Erledigung eines Rechtsstreits, § 25 Abs. 5, 2. Alt. WEG

Unter einem Rechtsstreit i. S. v. § 25 Abs. 5, 2. Alt. WEG sind sämtliche streitigen Zivilverfahren inklusive WEG-Verfahren gem. § 43 Nr. 1, 2 und 4 WEG zu verstehen. Umfasst werden sowohl das Mahnverfahren (§§ 688 ff. ZPO), der einstweilige Rechtsschutz (§§ 920 ff. ZPO) sowie ein ggf. vereinbartes Schiedsgerichtsverfahren. Der betroffene Wohnungseigentümer muss im Rechtsstreit Beklagter sein, wobei es nicht darauf ankommt, ob er als Wohnungseigentümer oder in einer anderen Funktion, etwa als Beirat oder Verwalter, in Anspruch genommen wird. Werden sowohl der Wohnungseigentümer als auch ein Dritter auf Grund eines einheitlichen Beschlusses als Gesamtschuldner in Anspruch genommen, ist der betreffende Wohnungseigentümer insgesamt vom Stimmrecht ausgeschlossen (*BayObLG* NJW-RR 1998, 231 = WE 1998, 353). 32

e) Majorisierung

Ein Stimmrechtsausschluss ist auch anzunehmen, wenn z. B. der Mehrheitseigentümer der gesamten Wohnungseigentumsanlage gegenüber den Mitgliedern von seinem Stimmrecht in gemeinschaftswidriger Weise zu Gunsten seines Unternehmens Gebrauch macht (*AG Hannover* ZMR 2003, 962). Aus den Grundsätzen von Treu und Glauben (§ 242 BGB) ergibt sich dieser Sonderfall einer gesetzlichen, im WEG nicht geregelten Stimmrechtsbeschränkung. 33

Eine Majorisierung (vgl. *Gottschalg* NZM 2005, 91 unter V.) wird allgemein angenommen, wenn auf Grund der konkreten Stimmrechtsverhältnisse ein Wohnungseigentümer von vornherein die Stimmenmehrheit hat und zusätzlich diese Mehrheit dazu einsetzt, ohne Rücksicht auf die Anderen seine Meinung oder wirtschaftliche Interessen durchzuboxen (*BGH* ZMR 2002, 930; *BayObLG* ZMR 2002, 525; *OLG Düsseldorf* ZMR 2002, 614). Ob ein Stimmrecht missbräuchlich ausgeübt wird, ist stets im Einzelfall unter umfassender Interessenabwägung zu prüfen. Es ist deshalb nicht möglich, eine Stimmrechtsbeschränkung gerichtlich vorab feststellen zu lassen. Dass die Minderheit überstimmt wird, reicht für die Annahme einer Majorisierung nicht aus (vgl. *BayObLG* ZMR 2006. 139: nachvollziehbare und verständliche Gründe lagen vor). Entscheidend ist der Missbrauch des Stimmenübergewichts. Andernfalls käme man zu einem Vetorecht der Minderheit. Praktisch wird die Frage einer Majorisierung immer dann, wenn der Mehrheitseigentümer vom Stimmrecht nicht bereits durch die Stimmrechtsausschlüsse in § 25 Abs. 5 1. und 2. Alt. WEG ausgeschlossen ist. Das Fehlen eines solchen Stimmrechtsausschlusses ist nicht selten, da das bloße Vorliegen privater Sonderinteressen das Stimmverbot nach § 25 Abs. 5 WEG nicht auslöst. Selbst wenn ein Wohnungseigentümer an verschiedenen BGB-Gesellschaften, die ihrerseits Sondereigentümer sind, einen 90-prozentigen Anteil hält, kann bei Kopfstimmrecht nicht allein deshalb von einer missbräuchlichen Stimmrechtsausübung gesprochen werden (*OLG Dresden* ZMR 2005, 894). 34

Kommt man im Rahmen der Einzelfallprüfung zum Ergebnis, dass die Ausnutzung der Stimmenmehrheit treuwidrig war, also ein unzulässiger Rechtsmissbrauch zu Lasten der restlichen Eigentümer vorlag, wird die Stimmkraft des Mehrheitseigentümers nicht reduziert (a. A. noch *OLG Düsseldorf* WE 1984, 120: Reduzierung auf 25 % der Gesamtstimmenzahl), sondern die Stimme wird nicht gezählt. Erkennt der Versammlungsleiter bei seiner konstitutiven Beschlussfeststellung die unzulässige Majorisierung nicht, muss die überstimmte Minderheit den Beschluss anfechten und das Gericht ein anderes Beschlussergebnis feststellen (*AG Hannover* ZMR 2003, 962). In einem Ausnahmefall sittenwidrigen Ausnutzens der Stimmenverhältnisse hat das *OLG Schleswig* (ZMR 2006, 315) sogar Beschlussnichtigkeit angenommen. 35

f) Reichweite, Abdingbarkeit

Ein Stimmrechtsausschluss nach § 25 Abs. 5 WEG bedeutet h. M. nach zugleich ein umfassendes Verbot der Stimmrechtsvollmacht (s. *BayObLG* ZfIR 2002, 296, 298; *OLG Düsseldorf* ZMR 2002, 143; a. A. *Kahlen*, Praxiskommentar, Rn. 121 ff.). Der vom Stimmrecht ausgeschlossene Wohnungseigentümer kann sich deshalb weder vertreten lassen noch kann er als Vertreter eines anderen Wohnungseigentümers, der nicht vom Stimmrecht ausgeschlossen ist, – auch bei weisungsgebunde- 36

§ 25 | Mehrheitsbeschluss

ner Vollmacht – auftreten (vgl. § 47 Abs. 4 GmbHG analog; Hügel / *Scheel* Teil 12 Rn. 177). Begründet wird dies damit, dass der bevollmächtigte (vom Stimmrecht ausgeschlossene) Wohnungseigentümer eine eigene Willenserklärung – wenn auch im fremden Namen – abgibt und damit auf die Beschlussfassung aktiv und seinem Willen gemäß einwirken möchte. Nach der Gegenauffassung (Bärmann / *Seuß* B 189) soll sich aus dem Wortlaut des § 25 Abs. 5 WEG ein allgemeines Verbot, einem vom Stimmrecht Ausgeschlossenen Vollmacht zu erteilen, nicht ableiten lassen. Auch *F. Schmidt* (WE 1989, 1) sieht keinen Rechtsgrund dafür, einem vom Stimmrecht Ausgeschlossenen die Stimmrechtsvollmacht zu versagen. Schließlich habe es der Vollmachtgeber in Kenntnis der Interessenkollision auf Seiten des Vollmachtnehmers in der Hand, Anweisungen für die Abstimmung oder bewusst weisungsfrei die Vollmacht zu erteilen. Der befangene Bevollmächtigte soll aber einen nicht an Weisungen gebundenen Unterbevollmächtigten einschalten können (Hügel / *Scheel* Teil 12 Rn. 178, OLG Zweibrücken WE 1998, 504), sofern die Auslegung der Hauptvollmacht dies erlaubt.

37 Bei der Ermächtigung oder Genehmigung des Verwalters zur Vornahme eines Rechtsgeschäfts mit einem Wohnungseigentümer ist letzterer gemäß § 25 Abs. 5 1. Alt. WEG vom Stimmrecht ausgeschlossen. Nur das Stimmverbot nach § 25 Abs. 5, 1. Alt. WEG ist abdingbar.

5. Ruhen des Stimmrechts, § 25 Abs. 5, 3. Alt. WEG

38 Nach § 25 Abs. 5 3. Alt. WEG ist ein Wohnungseigentümer vom Stimmrecht nach einem rechtskräftigem Ausschlussurteil gem. § 18 WEG ausgeschlossen. Die Besonderheit ist, dass der betroffene Wohnungseigentümer bei allen Beschlussfassungen nicht mit stimmen darf, egal welchen Inhalts und welchen Gegenstands. Dogmatisch besteht hier ein Streit darum, ob von einem Ruhen des Stimmrechts oder ebenfalls von einem Stimmverbot auszugehen ist. Von einem Ruhen des Stimmrechts kann nur dann gesprochen werden, wenn das Stimmrecht unter gewissen Umständen wieder aufleben kann (*Kefferpütz* Stimmrechtsschranken, S. 35). Dies ist in der 3. Alt. des § 25 V WEG zu bejahen. Das Wiederaufleben des Stimmrechts ist im Falle einer Verurteilung auf Grund des § 18 Abs. 2 Nr. 2 WEG (Zahlungsrückstand) in § 19 Abs. 2 WEG ausdrücklich geregelt und zwar dahin, dass vor dem Zuschlag eine Abwendung durch Zahlung erfolgen kann, die ihrerseits das Stimmrecht wieder aufleben lässt. Jedoch lebt das Stimmrecht auch im Falle der Veräußerung – wenn auch erst in der Person des Erwerbers – wieder auf und entsteht nicht etwa neu.

39 Die Eigentümer können weitere Fälle vereinbaren, nach denen das Stimmrecht ruhen soll, z. B. für den Fall eines – auch unverschuldeten – Rückstands mit Wohngeldzahlungen (*BayObLG* ZMR 2003, 519). Besteht eine solche Vereinbarung, ist der Verwalter im Regelfall gehalten, bei einer nennenswerten Zahl von säumigen Wohnungseigentümern zu Beginn der Versammlung die jeweiligen Zahlungsrückstände bekannt zu geben. Das Ruhen des Stimmrechts bezieht sich immer nur auf den Wohnungseigentümer selbst und auf von ihm mit seiner Vertretung beauftragte Dritte.

40 Fallen Wohnungseigentümerstellung und Stimmrechtsinhaberschaft ausnahmsweise auseinander, ist hiervon dass Stimmrecht des Insolvenz-, Zwangs- und Nachlassverwalters jedoch nicht betroffen (vgl. *BayObLG* Rpfl. 1999, 189).

C. Beschlussfähigkeit

I. Erstversammlung, § 25 Abs. 3 WEG

41 Wie sich aus § 25 Abs. 4 WEG ergibt, regelt § 25 Abs. 3 WEG die Beschlussfähigkeit für die erste Eigentümerversammlung. Beschlussfähig ist eine Erstversammlung, wenn die (persönlich erschienenen oder wirksam vertretenen) stimmberechtigten Wohnungseigentümer mehr als die Hälfte der im Grundbuch verzeichnenden Miteigentumsanteile repräsentieren (*Riecke/Schmidt/Elzer*, Eigentümerversammlung, Rn. 538 ff.). § 25 Abs. 3 WEG kann durch eine Vereinbarung dahingehend abbedungen werden, dass die Beschlussfähigkeit bereits generell gegeben ist, wenn mehr als die Hälfte der Miteigentumsanteile in der Versammlung vertreten sind (*BayObLG* WuM 2005, 145) oder auch ganz ohne Rücksicht auf die Zahl der Erschienenen (*OLG München* ZMR 2006, 231, 232).

Grundsätzlich ist das für die Beschlussfähigkeit erforderliche Quorum anhand der Gesamtzahl **42**
der Miteigentumsanteile zu berechnen, so wie sie im Grundbuch eingetragen sind. Regelmäßig
sind Stimmverbote bei der Feststellung der Beschlussfähigkeit zu beachten. Die anwesenden,
aber nicht stimmberechtigten Wohnungseigentümer sind bei der Berechnung des Quorums für
die Beschlussfähigkeit nicht mitzuzählen. Dies gilt unabhängig davon, ob das Stimmverbot dauerhaft oder vorübergehend besteht.

Wenn die Stimmberechtigung auch für die nach § 47 GBO maßgebende Ausgangsgröße der im **43**
Grundbuch eingetragenen Miteigentumsanteile ohne Bedeutung ist, so spielt sie doch für jeden
einzelnen Tagesordnungspunkt im Rahmen der Feststellung der Beschlussfähigkeit eine Rolle.
Es muss nämlich die Zahl der erschienenen und auch stimmberechtigten Wohnungseigentümer/
Vertreter das Quorum erreichen. Auch bei gleich bleibender Zusammensetzung der Wohnungseigentümerversammlung kann die Beschlussfähigkeit Schwankungen unterliegen (Weitnauer/
Lüke Rn. 2). Die gegenteilige Auffassung, wonach bei der Beschlussfähigkeit auch Personen mitzuzählen sind, die kein Stimmrecht haben (*KG* OLGZ 1989, 38), ist abzulehnen.

Für die Frage der Beschlussfähigkeit ist ohne Bedeutung, wie die erschienenen Stimmberech- **44**
tigten ihre Stimme abgeben. Insbesondere steht eine angekündigte Stimmenthaltung der Berücksichtigung des stimmberechtigten Wohnungseigentümers bei der Beschlussfähigkeit nicht
entgegen. Die Anteile zwei erschienener oder vertretener Wohnungseigentümer, die nicht stimmberechtigt sind, bleiben bei der Auszählung für die Beschlussfähigkeit grundsätzlich unberücksichtigt.

Ist dem Versammlungsleiter ausnahmsweise die Unrichtigkeit der im Grundbuch eingetragenen **45**
Miteigentumsanteile positiv bekannt, so ist nicht der Grundbuchstand maßgeblich, sondern die
wirkliche materielle Rechtslage (*Bärmann/Pick/Merle* Rn. 83). Nach einigen Stimmen soll die
einmal erreichte Beschlussfähigkeit genügen, auch wenn einzelne Anwesende für nachfolgende
Tagesordnungspunkte kein Stimmrecht haben (*Deckert* und *Drabek* ZWE 2000, 399). Begründet
wird dies damit, dass die punktuell Nicht-Stimmberechtigten Anwesenheits- und Rederecht hätten mit der Folge, dass die Versammlung funktionell ihre Aufgabe erfüllen könne.

Sind gem. § 25 Abs. 5 WEG (dauerhaft) mindestens die Hälfte der Miteigentumsanteile vom **46**
Stimmrecht ausgeschlossen, ist § 25 Abs. 3 WEG nach h. M. auf die Erstversammlung nicht anzuwenden (*OLG Düsseldorf* ZMR 1999, 274 = NZM 1999, 269). Die Einberufung einer neuen
(Zweit)Versammlung ist nicht notwendig, da in dieser Fallkonstellation eine Erstversammlung
nie beschlussfähig sein könnte (*Bärmann/Pick/Merle* § Rn. 80; Weitnauer/*Lüke* Rn. 2; *Drasdo*
Eigentümerversammlung, Rn. 553).

Diese Ausnahme soll nach noch h. M. jedoch nur dann gelten, wenn objektiv vorhersehbar und **47**
unabänderlich mindestens 50 % der Miteigentumsanteile vom Stimmrecht ausgeschlossen sind.
Liegt dagegen ein Mangel der Stimmberechtigung vor, der in der Zweitversammlung noch behoben werden könnte, verbleibe es bei der Anwendung des § 25 Abs. 3 WEG (*KG* ZMR 2004, 144;
OLG Düsseldorf ZMR 1999, 191; ZMR 1999, 274). Dem ist nicht zu folgen. Vom Stimmrecht Ausgeschlossene haben nicht nur bei der Ermittlung der erschienenen Wohnungseigentümer unberücksichtigt zu bleiben, sondern auch bei der Berechnung der Vergleichsgröße (*Häublein* NZM 2004,
534 sowie ZMR 2004, 723, 729). Die Eigentümerversammlung ist nur dann beschlussfähig,
wenn die erschienenen stimmberechtigten Eigentümer mehr als die Hälfte der Miteigentumsanteile aller Stimmberechtigten auf sich vereinen. Schon der Wortlaut des § 25 Abs. 3 WEG schließt
es nicht aus, das Tatbestandsmerkmal »Stimmberechtigten« auch auf den zweiten Satzteil (»mehr
als die Hälfte der Miteigentumsanteile«) zu beziehen. Der Zusatz »berechnet nach der im Grundbuch eingetragenen Größe dieser Anteile« kann also nur auf die Anteile der auch stimmberechtigten Wohnungseigentümer bezogen werden. Die gegenteilige Auffassung ist ein Zirkelschluss:
Das Argument, § 25 Abs. 3 WEG sei bei Stimmrechtsausschluss von mindestens 50 % der Wohnungseigentümer nicht anwendbar und die Versammlung in derartigen Fällen wie eine Zweitversammlung zu behandeln, fällt mit der Prämisse, dass § 25 Abs. 3 WEG keine Anwendung
findet.

II. Zweitversammlung, § 25 Abs. 4 WEG

48 Haben die stimmberechtigten Wohnungseigentümer nicht das nach § 25 Abs. 3 WEG vorausgesetzte Quorum erreicht, bedarf es einer Zweitversammlung. Die Erstversammlung ist gem. § 25 Abs. 4 WEG beschlussunfähig. Der Verwalter ist nach § 25 Abs. 4 S. 2 WEG verpflichtet, bei der Einladung die Adressaten darauf hinzuweisen, dass die Zweitversammlung ohne Rücksicht auf die Anzahl der vertretenen Anteile beschlussfähig sein wird. Sind bei der Zweitversammlung freilich so viele Stimmberechtigte anwesend, dass sogar das nach § 25 Abs. 3 WEG für die Erstversammlung erforderliche Quorum erreicht wird, ist ein Verstoß gegen die Belehrungspflicht unschädlich (Staudinger/*Bub* Rn. 259; a. A. *Drasco* Eigentümerversammlung, Rn. 213: er lehnt eine Heilung ab, wenn ein Wohnungseigentümer der Zweitversammlung in der Absicht ferngeblieben ist, die dort gefassten Beschlüsse wegen der fehlenden Belehrung anzufechten).

49 Noch nicht obergerichtlich entschieden ist die Frage, ob die Beschlussunfähigkeit vom Versammlungsleiter lediglich festgestellt worden sein muss (ggf. irrtümlich) oder ob diese tatsächlich gegeben gewesen sein muss. In Anlehnung an den Beschluss des *BGH* vom 23.8.2001 (ZMR 2001, 809) wird man hier die »konstitutive Feststellung« des Versammlungsleiters ausreichen lassen müssen.

50 Die Zweitversammlung ist vom Verwalter zu denselben Tagesordnungspunkten wie die Erstversammlung einzuberufen, auch wenn das Gesetz nur von einem »gleichen Gegenstand« spricht. Wenn der Verwalter in die neue Tagesordnung zusätzliche Tagesordnungspunkte aufnimmt, handelt es sich um eine kombinierte Erst- und Zweitversammlung, mit der Folge, dass nur für die neuen Tagesordnungspunkte das Quorum des § 25 Abs. 3 WEG erfüllt sein muss.

51 Eine Eventualeinberufung für den Fall der Beschlussunfähigkeit der Erstversammlung (§ 25 Abs. 4 WEG) kann nicht schon mit der ersten Einladung verbunden werden (s. § 24 Rn. 63 ff.), sofern das nicht vereinbart ist (s. § 10 Rn. 253). Ein Beschluss, der die Möglichkeit einer Eventualeinberufung der Wohnungseigentümerversammlung regelt, ist nichtig (*LG Mönchengladbach* NZM 2003, 245). Die Verbindung beider Einberufungen widerspräche der Systematik des § 25 WEG, der ein schrittweises Vorgehen erfordert und führte zur Bedeutungslosigkeit des § 25 Abs. 3 WEG. Ein bestandskräftiger Mehrheitsbeschluss, durch den eine Regelung zur zukünftigen Zulässigkeit der Eventualeinberufung herbeigeführt wurde, stellt sich deshalb als gesetzesändernder Mehrheitsbeschluss dar und ist nichtig (*Wenzel* ZWE 2001, 226, 236).

D. Feststellung und Berechnung der Stimmenmehrheit
I. Geltung des Kopfprinzips, § 25 Abs. 2 S. 1 WEG

52 Bei Geltung des Kopfprinzips, § 25 Abs. 2 S. 1 WEG, steht abweichend von § 745 BGB jeder natürlichen oder juristischen Person als Wohnungseigentümer eine Stimme zu. Unabhängig davon, wie groß die Zahl der von ihr gehaltenen Miteigentumsanteile oder Wohnungseinheiten ist. Bei Bruchteilseigentum haben die Mitberechtigten insgesamt nur eine Stimme (*LG Bremen* ZMR 2004, 535). Durch Veräußerung des Wohnungseigentums – auch an nahe Angehörige – kommt es (nur) beim Kopfprinzip (zum Objektprinzip vgl. unten Rn. 58) zur Stimmrechtsvermehrung (*OLG München* ZMR 2006, 950).

II. Geltung des Wert- oder Objektprinzips

53 Die Regelung in § 25 Abs. 2 WEG ist dispositiv. Durch eine Vereinbarung kann deshalb wirksam das Wert- oder Objektprinzip vereinbart werden. Hierbei ist eine Anknüpfung an die Zahl der Wohnungen (Objektprinzip) oder die Miteigentumsanteile (Wertprinzip) möglich (s. noch Rn. 57, 58). Die Vereinigung von Wohnungseigentumseinheiten führt beim Objektprinzip zur Reduzierung der Gesamtstimmenzahl (Hügel/*Scheel* Teil 12 Rn. 146)

III. Gemeinschaftliches Wohnungseigentum

Sind Bruchteils-, Erben- oder Gütergemeinschaften als Wohnungseigentümer im Grundbuch eingetragen, verlangt § 25 Abs. 2 S. 2 WEG von ihnen eine einheitliche Stimmrechtsausübung (für die als teilrechtsfähig angesehene BGB-Gesellschaft und Personenhandelsgesellschaften bedarf es dieser Sonderregelung nicht). Der Versammlungsleiter hat bei Erscheinen nur eines Mitberechtigten dessen Vollmacht zu prüfen; im Streitfall kann er bei unklarer Vertretungsbefugnis die Stimmabgabe zurückweisen, denn es spricht keine Anscheinsvollmacht zu Gunsten des Erschienenen. Eine uneinheitliche Stimmabgabe der Mitberechtigten ist nicht als Stimmenthaltung, sondern als ungültige Stimme zu werten (*OLG Düsseldorf* ZMR 2004, 53, 54). Beim Kopfstimmrecht und nur zum Teil personenverschiedenen Mitberechtigtengemeinschaften gelten diese grundsätzlich als verschiedene oder mehrere Köpfe. Ausnahmsweise gilt dies jedoch nicht, und zwar wenn ein Mitberechtigter mehrere solcher Gemeinschaften dominiert (sehr str.; vgl. auch *Happ* WE 2005, 174 sowie *AG Hamburg-St.Georg* ZMR 2006, 81 = WE 2005, 246).

54

55

IV. Unterteilung von Wohnungseigentum

Die Unterteilung einer Wohnungseigentumseinheit (s. dazu § 8 Rn. 63 ff.) kann sich auf das **Stimmrecht** des unterteilenden Eigentümers und der von ihm erwerbenden künftigen Eigentümer in der Versammlung der Eigentümer auswirken. Zu unterscheiden ist insoweit nach Kopf-, Wert- und Objektstimmrecht sowie danach, ob eine Ermächtigung des Aufteilers existiert (vgl. *OLG Köln* NZM 2005, 148).

56

1. Wertstimmrecht

Keine Schwierigkeiten entstehen, wenn die Wohnungseigentümer in zulässiger Weise (*BayObLG* ZMR 2002, 527, 528) eine von § 25 Abs. 2 S. 1 WEG abweichende Vereinbarung getroffen haben, wonach sich das Stimmrecht nicht nach der Anzahl der Wohnungseigentümer, sondern nach der Höhe der Miteigentumsanteile (Wertstimmrecht) richten soll. Die übrigen Wohnungseigentümer werden hier durch eine Unterteilung nicht beeinträchtigt (*Wedemeyer* NZM 2000, 638, 639); ihre Stimme hat in der Versammlung auch nach der Unterteilung denselben Erfolgswert. Gesamtstimmenzahl und Gewicht bleiben unverändert.

57

2. Objekt- und Kopfstimmrecht

Etwas anderes gilt, wenn ein Objektstimmrecht vereinbart ist oder die Eigentümer bei dem gesetzlichen Kopfstimmrecht nach § 25 Abs. 1 S. 1 WEG geblieben sind. In beiden Fällen könnte durch eine Unterteilung die Mehrheit in der Versammlung bzw. der Erfolgswert einer Stimme und damit in unzulässiger Weise der Status der anderen Eigentümer verändert werden.

58

Bei Vereinbarung des Objektstimmrechts darf aber eine Unterteilung selbst im Falle einer Veräußerung nicht zu einer Stimmrechtsvermehrung (*BGH* MDR 2004, 1403 m. Anm. *Riecke/Schmidt* = ZMR 2004, 834) führen. Es kommt vielmehr zu einer Spaltung des Stimmrechts (*KG* ZfIR 2004, 677 m. Anm. *Riecke* = ZMR 2004, 705; *Briesemeister* NZM 2000, 992, 994; a. A. *Wedemeyer* NZM 2000, 638). § 25 Abs. 2 S. 2 WEG gilt für die beiden jetzt rechtlich selbstständigen Einheiten nicht (vgl. Gottschalg NZM 2005, 88). Dies ermöglicht zwar nicht eine quantitative Änderung der Stimmrechte, wohl aber eine qualitative; d. h. es werden durch halbe Stimmen neue Abstimmungsergebnisse (wie 2,5 zu 1,5 in Kleinanlagen) möglich.

Bei Geltung des gesetzlichen Kopfstimmrechts kann es dagegen bei einer Unterteilung zu einer **Vermehrung** von Stimmrechten kommen (*KG* ZMR 2000, 191; a. A. *OLG Stuttgart* ZMR 2005, 478 sowie § 8 Rn. 72), wenn ein neu geschaffenes Wohnungseigentum an den Erwerber veräußert wird. Hier kommt man letztlich zu einem Ergebnis, wie es auch dann entsteht, wenn ein Wohnungseigentümer mehrere Einheiten hält und diese sukzessive veräußert (*KG* WE 1994, 370). So entschied auch das *OLG Düsseldorf* (ZMR 2004, 696), dass wenn ein Wohnungseigentum zwei Eigentümern je zur Hälfte gehört und diese dasselbe in der Weise aufteilen, dass einer von ihnen zugleich Alleineigentümer einer weiteren Wohnung wird, beim Kopfstimmrecht zu dem der Rechtsgemeinschaft zustehenden Stimmrecht ein durch die Alleinberechtigung begründetes weiteres Stimmrecht hinzukommt (s. a. *OLG Frankfurt/M.* ZMR 1997, 156).

59

V. Stimmenthaltung

60 Stimmenthaltungen sind bei der Bestimmung der Mehrheit im Sinne von § 25 Abs. 1 WEG nicht mitzuzählen. Stimmenthaltungen werden nicht wie Nein-Stimmen gezählt, sondern als Null-Stimmen gewertet (BGHZ 106, 179, 183). Entscheidend ist allein, ob die abgegebenen Ja-Stimmen die Nein-Stimmen überwiegen. Wer sich der Stimme enthält, will – aus welchen Motiven auch immer – weder ein zustimmendes noch ein ablehnendes Votum, sondern seine Unentschiedenheit bekunden. Er will auf die Beschlussfassung nicht anders einwirken, als wenn er der Versammlung ferngeblieben wäre oder sich vor der Abstimmung entfernt hätte.

VI. Änderung der Stimmgewichtung

61 Auch wenn eine Öffnungsklausel besteht (s. § 10 Rn. 275 ff.), kann eine Änderung der Stimmgewichtung nur allstimmig erfolgen (*OLG Celle* ZMR 2003, 221, 223; a. A. die h. M. s. § 10 Rn. 273 ff.). Eigentümer, die z. B. ein durch Unterteilung entstandenes Raumeigentum erworben haben, können ggf. aus §§ 242, 313 BGB i. V. m. mit dem Gemeinschaftsverhältnis (s. § 10 Rn. 41 ff.) einen **Änderungsanspruch** auf Veränderung und Anpassung der Stimmrechte haben. Außerdem ist vorstellbar, einen Änderungsanspruch im Wege der ergänzenden Auslegung (s. § 10 Rn. 203) der Vereinbarung, die das Stimmrecht abgeändert hat, zu ermitteln (*BGH* ZMR 2004, 834, 838). I. d. R. wird diese Auslegung aber ergebnislos sein.

VII. Ruhen des Stimmrechts

62 Eine Vereinbarung kann vorsehen, dass z. B. bei einem bestimmten Rückstand eines Eigentümers mit Wohngeldzahlungen, dessen Stimmrecht ruht (*BayObLG* ZMR 2003, 519).

VIII. Stimmauszählung

63 In geeigneten Fällen – insbesondere bei eindeutigen Abstimmungen – darf das Ergebnis der Abstimmung im Wege der sog. Subtraktionsmethode ermittelt werden (*BGH* ZMR 2002, 936; *OLG Düsseldorf* ZMR 2006, 140). Wer an der Versammlung teilnimmt und nicht abstimmt, wird der dritten, nicht abgefragten, Alternative zugerechnet (*Drasdo* Rn. 576 ff.). Im Übrigen ist es eine Frage der Geschäftsordnung, ob die Abstimmung durch Handzeichen, Stimmkarten, Zählmaschinen oder Hammelsprung erfolgt.

IX. Besonderheiten bei Geschäftsordnungsbeschlüssen

64 Nach einer Mindermeinung (vgl. Hügel/*Scheel* Teil 12 Rn. 116, 120) soll bei Geschäftsordnungsbeschlüssen – unabhängig von der ggf. abweichenden Regelung in der Teilungserklärung/Gemeinschaftsordnung – immer das Kopfprinzip gelten. Dies wird damit begründet, dass jeder Wohnungseigentümer einen gleichermaßen schutzwürdigen Anspruch auf eine korrekte Versammlungsleitung hat (vgl. Bärmann-Pick-*Merle* § 24 Rn. 98). Richtigerweise gilt die konkrete Stimmgewichtung nach der Gemeinschaftsordnung auch für Geschäftsordnungsbeschlüsse (Staudinger-*Bub* § 24 Rn. 92, *LG Berlin* WuM 1989, 203; *Drasdo* Rn. 567), da eine künstliche Aufspaltung der Stimmrechtsregelung mit dem Charakter des Geschäftsordnungsbeschlusses als Spontanbeschluss vor der eigentlichen Sachentscheidung schon nicht vereinbar ist. Im Extremfall könnten bei Geltung des Wertprinzips sonst durch eine Mehrheit nach Köpfen ein Tagesordnungspunkt gestrichen werden, zu dem der Mehrheitseigentümer eine Sachentscheidung hätte treffen können. Darüber hinaus hat auch jeder Eigentümer einen Anspruch auf ordnungsmäßige Verwaltung, was aber niemand bisher gegen das Wertprinzip erfolgreich geltend gemacht hat.

§ 26 Bestellung und Abberufung des Verwalters

(1) Über die Bestellung und Abberufung des Verwalters beschließen die Wohnungseigentümer mit Stimmenmehrheit. Die Bestellung darf auf höchstens fünf Jahre vorgenommen werden, im Falle der ersten Bestellung nach der Begründung von Wohnungseigentum aber auf höchstens drei Jahre. Die Abberufung des Verwalters kann auf das Vorliegen eines wichtigen Grundes beschränkt werden. Ein wichtiger Grund liegt regelmäßig vor, wenn der Verwalter die Beschluss-Sammlung nicht ordnungsmäßig führt. Andere Beschränkungen der Bestellung oder Abberufung des Verwalters sind nicht zulässig.

(2) Die wiederholte Bestellung ist zulässig; sie bedarf eines erneuten Beschlusses der Wohnungseigentümer, der frühestens ein Jahr vor Ablauf der Bestellungszeit gefasst werden kann.

(3) Soweit die Verwaltereigenschaft durch eine öffentlich beglaubigte Urkunde nachgewiesen werden muß, genügt die Vorlage einer Niederschrift über den Bestellungsbeschluß, bei der die Unterschriften der in § 24 Abs. 6 bezeichneten Personen öffentlich beglaubigt sind.

Inhaltsverzeichnis

A. Normzweck	1
B. Bestellung und Abberufung des Verwalters (§ 26 Abs. 1 S. 1 WEG)	2
I. Subjektive Voraussetzungen für die Verwaltertätigkeit	2
1. Natürliche Personen	2
2. Juristische Personen	3
II. Fachliche Qualifikationen	4
C. Die Bestellung des Verwalters	5
I. Die sog. »Trennungstheorie«	5
II. Beginn und Ende der organschaftlichen Stellung des Verwalters	6
III. Die Bestellung in der Teilungserklärung	8
IV. Die Verleihung der organschaftlichen Rechtsstellung im Regelfall	9
V. Die weitere Ausgestaltung der organschaftlichen Stellung	10
VI. Der Beschluss über die Bestellung und seine Anfechtung	11
1. Die Beschlussfassung und ihre Wirkung	11
2. Die Anfechtbarkeit der Bestellung	12
a) Umstände in der Person des Bestellten	12
aa) Vorliegen eines wichtigen Grundes	12
bb) Einzelfälle	13
b) Sonstige, insbesondere formelle Mängel der Beschlussfassung	14
c) Die Wiederbestellung und der Ablauf der Bestellungsdauer im Laufe des Verfahrens	15
3. Die Folgen einer erfolgreichen Anfechtung	16
VII. Die Bestellung durch das Gericht gemäß §§ 21 Abs. 4, 43 Nr. 1 WEG	17
D. Die Abberufung des Verwalters	18
I. Die ordentliche Abberufung	18
1. Voraussetzungen der ordentlichen Abberufung	18
2. Folgen der Abberufung	19
II. Die Abberufung aus wichtigem Grund	20
1. Gründe für eine außerordentliche Abberufung	20
a) Grundsatz	20
b) Die mangelhafte Führung der Beschluss-Sammlung	21
c) Weitere Einzelfälle	22
aa) Fehlverhalten des Verwalters	22
bb) Weitere Umstände	23
2. Nicht zur außerordentlichen Abberufung genügende Umstände	24
3. Der Abberufung aus wichtigem Grund entgegenstehende Umstände	25
a) Die Entlastung des Verwalters und der Verzicht auf die Geltendmachung von Abberufungsgründen	25
b) Die bestandskräftige Neubestellung des Verwalters	26

§ 26 | Bestellung und Abberufung des Verwalters

III.	Form und Frist der außerordentlichen Abberufung	27
	1. Die Beschlussfassung	27
	2. Die Einhaltung einer angemessenen Frist	28
IV.	Die Anfechtung der Abberufung	29
	1. Die Anfechtungsberechtigung	29
	2. Die Entscheidung über die Anfechtung	30
V.	Die Abberufung durch das Gericht	31
VI.	Die Ungültigerklärung der Abberufung und ihre Folgen	32
VII.	Die Amtsniederlegung	33
VIII.	Sonstige Beendigungsgründe	34

E. Der Verwaltervertrag — 35

I.	Die Rechtsnatur des Verwaltervertrags	35
II.	Die Parteien des Verwaltervertrags	36
III.	Zustandekommen des Verwaltervertrags	38
	1. Regelungen zum Verwaltervertrag in der Teilungserklärung	38
	2. Der Abschluss des Verwaltervertrags	39
	a) Der Abschluss durch alle Wohnungseigentümer	39
	b) Der Abschluss des Verwaltervertrags durch Bevollmächtigte	40
	c) Der Beschluss über den Verwaltervertrag	41
	d) Beschlüsse über die Abänderung des Verwaltervertrags	42
	e) Der Eigentümerwechsel	43
IV.	Der Inhalt des Verwaltervertrags	44
	1. Gesetzlich vorausgesetzte Pflichten	44
	a) Persönliche Erbringung der Verwalterleistung	44
	b) Pflichten aus dem WEG	45
	c) Weitere Pflichten aus dem Geschäftsbesorgungsverhältnis	46
	2. Ergänzungen der gesetzlichen Regelungen im Verwaltervertrag	47
	3. Der Verwaltervertrag und abweichende Regelungen in der Gemeinschaftsordnung	48
	4. Der Verwaltervertrag und ergänzende Regelungen in der Gemeinschaftsordnung	49
	5. Die Bevollmächtigung des Verwalters im Verwaltervertrag	50
	6. Haftung und Haftungserleichterungen	51
	a) Die Haftung für eigenes Verschulden	51
	b) Einzelfälle haftungsbegründender Pflichtverletzungen	53
	c) Die Haftung für das Handeln Dritter	54
	d) Die Entlastung	55
	e) Schaden und Kausalität	56
	f) Das Verfahren	57
	g) Die Haftung von Verband und Wohnungseigentümern für den Verwalter	58
	7. Die Vergütung des Verwalters	60
	a) Die vertragliche Regelung	60
	aa) Die Höhe der Vergütung	60
	bb) Fälligkeit und Modalitäten von Zahlung und Haftung	61
	8. Sondervergütungen	62
	a) Die Vereinbarung von Sondervergütungen	62
	b) Unwirksame Vereinbarungen über Zusatzvergütungen	64
	c) Wirksame Vereinbarungen über Zusatzvergütungen	65
	aa) Bauüberwachung	65
	bb) Gerichtliche Vertretung von Verband und Wohnungseigentümern	66
	cc) Zustimmung zu Veräußerungen	67
	dd) Vor der Bestellung angefallene, aber nicht erledigte Arbeiten	68
	d) Sondervergütung und Individualansprüche bzw. -verpflichtungen	69
	9. Der Aufwendungsersatz	70
	10. Schlechterfüllung	71
V.	Die Beendigung des Verwaltervertrags	72
	1. Die Abberufung und die schuldrechtlichen Beziehungen	72
	a) Die ordentliche Kündigung	72
	b) Die Kündigung aus wichtigem Grund	73
	c) Die Bedeutung des wichtigen Grundes für die organschaftliche Stellung und die schuldrechtlichen Beziehungen zwischen Verwalter und Verband bzw. Wohnungseigentümern	74
	d) Die Verteidigungsmöglichkeiten des Verwalters gegen eine Kündigung	75
	2. Andere Beendigungsgründe	76
	3. Pflichten nach Beendigung des Verwaltervertrags	77

		a) Beendigung der Tätigkeit für Verband und Wohnungseigentümer	77
		b) Die Herausgabepflicht des Verwalters	78
		aa) Die Verpflichtung zur Herausgabe der Unterlagen	78
		bb) Die gerichtliche Durchsetzung des Herausgabeanspruchs	79
		cc) Die Herausgabe der Gemeinschaftsgelder	80
		c) Fortdauer von Leistungspflichten	81
	VI.	Unwirksamkeit von Bestellung oder Verwaltervertrag	82
F.	Unentgeltliche Verwaltung und Ausübung einzelner Verwaltertätigkeiten		83
	I.	Die unentgeltliche Verwaltung	83
		1. Tatsächliche Bedeutung und rechtliche Ausgestaltung	83
		2. Die Haftung des unentgeltlichen Verwalters	84
	II.	Die Ausübung einzelner Verwaltertätigkeiten	85
		1. Die Übernahme einzelner Verwaltungstätigkeiten durch Wohnungseigentümer	85
		2. Die Verwaltungstätigkeit des teilenden Eigentümers	86
G.	Die Dauer der Bestellung (§ 26 Abs. 1 S. 2 WEG, § 309 Nr. 9 a BGB)		87
	I.	Die Maximaldauer der Erstbestellung nach Begründung von Wohnungseigentum	87
	II.	Die Maximaldauer aller weiteren Bestellungen nach § 26 Abs. 1 S. 2 WEG	89
H.	Die Beschränkung der Abberufung auf das Vorliegen eines wichtigen Grundes (§ 26 Abs. 1 S. 3 WEG)		91
I.	Beschränkungen von Bestellung oder Abberufung (§ 26 Abs. 1 S. 5 WEG)		92
J.	Die wiederholte Bestellung (§ 26 Abs. 2 WEG)		93
K.	Der Nachweis der Verwaltereigenschaft (§ 26 Abs. 3 WEG)		94
		1. Die Bezeichnung der Norm in der Novelle	94
		2. Die direkte Anwendung von § 26 Abs. 3 WEG	95
		3. Die analoge Anwendung von § 26 Abs. 3 WEG	96

A. Normzweck

Der Verwalter ist nach der Wohnungseigentümerversammlung das zweitwichtigste Organ der Eigentümergemeinschaft. Seine Bestellung ist nicht zwingend erforderlich, kann aber nach § 20 Abs. 2 WEG nicht ausgeschlossen werden. Wollen also nicht alle Wohnungseigentümer auf einen Verwalter verzichten, kann seine Bestellung nicht verhindert werden. Er verwaltet das Gemeinschaftseigentum, nicht das Sondereigentum. Auch die Verwaltung des Gemeinschaftseigentums mehrerer Liegenschaften im Wege der gemeinsamen Verwaltung kann weder beschlossen noch vereinbart werden, da hiermit die eine Gemeinschaft entgegen §§ 10 Abs. 3, 21 Abs. 1 WEG jeweils durch Dritte, nämlich die andere Gemeinschaft mitverwaltet würde (*OLG Hamm* ZMR 2005, 721 ff.; vgl. *BayObLG* NJW-RR 2001, 1235). § 26 WEG will die Interessen der Wohnungseigentümer, einen Verwalter nach ihrem Bedarf wählen zu können, und des Verwalters nach Planungssicherheit in einen vernünftigen Ausgleich bringen. 1973 erhielt die Vorschrift durch Einfügung zu Höchstdauer und Nachweis der Verwalterbestellung ihre bis 2007 gültige Fassung. Damit sollten Auswüchse insbesondere von Bauträgern beschnitten werden, die sich in der Teilungserklärung häufig für Jahrzehnte zum Verwalter der Wohnanlage bestellen ließen. Erst durch die Novelle wurde § 26 wiederum hinsichtlich der Höchstdauer der Erstbestellung und der ordnungsmäßigen Führung der Beschluss-Sammlung abgeändert. 1

B. Bestellung und Abberufung des Verwalters (§ 26 Abs. 1 S. 1 WEG)

I. Subjektive Voraussetzungen für die Verwaltertätigkeit

1. Natürliche Personen

Die im Gesetz nicht geregelten subjektiven Anforderungen an einen Verwalter ergeben sich aus dem Sinn und Zweck seiner Tätigkeit, insbesondere daraus, dass er die Handlungsfähigkeit der Wohnungseigentümergemeinschaft im Rechtsverkehr sicherstellen soll. In Betracht kommen daher zunächst natürliche, geschäftsfähige Personen. Kaufleute können unter ihrer Firma die Verwaltertätigkeit ausüben, die aber beim Verkauf der Firma nicht auf den Erwerber übergeht (*Bay-* 2

§ 26 | Bestellung und Abberufung des Verwalters

OblG ZMR 2001, 367; vgl. u. Rn. 45). Hingegen können rechtlich unverbundene Personenmehrheiten, wie etwa Eheleute nicht zu Verwaltern bestellt werden, da diese eine rasche, einheitliche Betätigung im Rechtsverkehr nicht gewährleisten und das Gesetz nur die Bestellung eines Verwalters vorsieht. Ein entsprechender Beschluss ist nichtig (BGHZ 107, 271 f.; *BayObLG* NJW-RR 1989, 526 f. = BayObLGZ 1989, 6 f.; *OLG Schleswig* ZMR 2007, 728; eingehend *Staudinger/Bub* § 26 Rn. 66). Aus diesem Grunde ist auch die Bestellung einer GbR zum Verwalter trotz ihrer partiellen Rechtsfähigkeit nichtig (*BGH* ZMR 2006, 376 f.; *OLG München* NJW-RR 2007, 303 = ZMR 2006, 951; *AG Hamburg* ZMR 2001, 487 f.; *Hügel*, ZWE 2003, 323; *Bärmann / Pick / Merle* § 26 Rn. 85, anders aber § 26 Rn. 5; a. A. *OLG Frankfurt* NJW-RR 2004, 17; ZMR 2006, 146 ff.; *Deckert* Die ETW, Gr. 4 Rn. 1079). Denn die lose, in keinem Register erfasste Organisation der GbR bietet angesichts mangelnder Publizität ihres Gesellschafterbestandes weder den Wohnungseigentümern noch dem Rechtsverkehr hinreichende Klarheit, wer als Verwalter handeln könnte. Hingegen ist eine gleichzeitige Bestellung verschiedener Personen für aufeinander folgende Amtsperioden zulässig. Dabei können grundsätzlich auch Miteigentümer bestellt werden, sofern sie nicht gleichzeitig dem Verwaltungsbeirat angehören. Denn dessen Pflicht zur Prüfung des Verwalters ist mit der gleichzeitigen Ausübung dieser Tätigkeit unvereinbar (*OLG Zweibrücken* OLGZ 1983, 438 ff.).

2. Juristische Personen

3 Daneben kann jede juristische Person, insbesondere eine AG (BGHZ 107, 272), eine GmbH (BGH ZMR 2006, 376; *BayObLG* WuM 1993, 488, 489 f.) und ein eingetragener Verein sowie rechtsfähige Personengesellschaften, etwa eine OHG (BGH ZMR 2006, 376; BayObLGZ 1989, 6; *OLG Düsseldorf* NJW-RR 1990, 1300), eine KG (*BGH* ZMR 2006, 376; *OLG Düsseldorf* NJW-RR 1990, 1300; *BayObLG* NJW-RR 1988, 1170) und eine Partnerschaft zum Verwalter bestellt werden. Hingegen scheiden nicht rechtsfähige Gebilde wie unselbständige Niederlassungen einer Gesellschaft wiederum aus.

II. Fachliche Qualifikationen

4 Des Nachweises besonderer Qualifikationen bedarf es derzeit noch nicht. Der gewerbliche Verwalter hat lediglich gemäß § 14 Abs. 1 GewO den Beginn seiner Tätigkeit dem örtlichen Gewerbeamt anzuzeigen. Deshalb empfiehlt sich die genaue Prüfung von Bewerbern (etwa durch Einholung von Auskünften über ihre Verwaltungstätigkeit in anderen Liegenschaften). Auch die Zugehörigkeit zu Berufsverbänden mit Mindestqualifikationen kann Entscheidungshilfen geben. Eine Untersagung der Verwaltertätigkeit kann allenfalls nach den Normen des Gewerberechtes, etwa wegen Unzuverlässigkeit gemäß § 35 Abs. 1 GewO erfolgen. Wie im Gewerberecht schließt die Unzuverlässigkeit des Geschäftsführers auch die Verwaltertätigkeit einer GmbH aus. Im Einzelfall kann sich die fehlende Eignung aus gravierenden Fehlern in der früheren Verwaltertätigkeit ergeben (*OLG Düsseldorf* ZMR 1995, 605).

C. Die Bestellung des Verwalters

I. Die sog. »Trennungstheorie«

5 Da das WEG Begründung und Beendigung der Verwalterstellung nur unvollständig regelt, werden insoweit die allgemeinen Grundsätze körperschaftlicher Personenvereinigungen herangezogen. Demnach ist rechtlich zwischen der organschaftlichen Verleihung bzw. Aberkennung der Verwaltereigenschaft (Bestellung und Abberufung) und Abschluss bzw. Beendigung des schuldrechtlichen Verwaltervertrags zu unterscheiden (sog. Trennungstheorie s. *BGH* NJW 1997, 2107; *BayObLG* NJW-RR 1987, 1040; 1988, 270; *OLG Zweibrücken* ZMR 2004, 66; OLG München NJW-RR 2006, 1160 = ZMR 2006, 719). Eine unrichtige Ausdrucksweise, etwa nur die »Verlängerung des Verwaltervertrags« oder nur die »Wiederbestellung zu den bisherigen Konditionen« ist allerdings nach allgemeinen Grundsätzen unschädlich, sofern sich durch Auslegung ermitteln lässt, dass auch die andere Komponente einbezogen sein soll (*BayObLG* NJW-RR 1987, 1040; WE 1991, 223; *OLG Schleswig* NJW-RR 2006, 1526 = ZMR 2006, 804).

II. Beginn und Ende der organschaftlichen Stellung des Verwalters

In der Folge kann der Verwalter schon vor Einigung über die schuldrechtlichen Konditionen seiner Tätigkeit bestellt sein und umgekehrt – jedenfalls nach h. M. – auch nach Abberufung Ansprüche aus dem Verwaltervertrag haben. Daher erlangt der Bewerber die Verwalterstellung entgegen verbreiteter Ansicht (BayObLGZ 1974, 309; *OLG Köln* Rpfleger 1986, 299) auch schon mit Annahme der Bestellung, nicht erst mit Abschluss des schuldrechtlichen Vertrages (*Schmidt* WE 1998, 210; *Wenzel* ZWE 2001, 512; *Bogen*, ZWE 2002, 290; *Bärmann/Pick/Merle* § 26 Rn. 26; *Niedenführ/Kümmel/Vandenhouten* § 26 Rn. 6). Nur dies entspricht der Systematik des Gesetzes, das zum Nachweis der Verwalterstellung in § 26 Abs. 3 WEG nur den Bestellungsbeschluss, nicht den Verwaltervertrag genügen lässt. Ohne Übernahme dieser Trennungstheorie, die in den Parallelkonstellationen des Gesellschaftsrechts die ganz h. M. darstellt, wäre auch kaum erklärbar, weshalb es bei der Beendigung der Verwalterstellung unstreitig nur auf den Abberufungsbeschluss ankommen soll. Aus diesen Grundsätzen folgt schließlich, dass der Verwalter – etwa nach übersehenem Ablauf seiner Amtszeit – nicht rückwirkend bestellt werden kann (*OLG Hamm* WE 1995, 126; *OLG Köln* ZMR 2007, 717). Denn die organschaftliche Stellung kann nur für die Zukunft begründet werden. Eine solche Beschlussfassung kann aber als rückwirkende Genehmigung vorgenommener Rechtsgeschäfte und als Zuerkennung eines schuldrechtlichen Anspruchs anzusehen sein (*OLG Hamm* WE 1995, 126). 6

Die organschaftliche Stellung des Verwalters endet gemäß § 26 Abs. 1 S. 2 WEG spätestens 5 Jahre nach seiner Bestellung. Auch die Bestellung auf unbestimmte Zeit endet somit nach 5 Jahren, hat aber für den Verwalter mangels vereinbarter Mindestdauer seiner Tätigkeit den Nachteil, dass er jederzeit abberufen werden kann. Verlängerungsklauseln sind zwar zulässig (*OLG Frankfurt* OLGZ 1984, 257), ermöglichen aber ebenfalls ohne Beschluss über die Wiederbestellung nur eine Amtszeit von maximal 5 Jahren (*OLG Köln* WE 1990, 171). Neu in das Gesetz eingefügt ist die neue Höchstdauer für die Bestellung des ersten Verwalters in § 26 Abs. 1 S. 2 WEG, die statt 5 Jahren nur noch 3 Jahre betragen darf s. hierzu u. § 26 Rn. 87 ff.). 7

III. Die Bestellung in der Teilungserklärung

Die Berufung des ersten Verwalters kann der teilende Eigentümer bereits in der Teilungserklärung vornehmen (BayObLGZ 1974, 279; *KG* OLGZ 1976, 268), was grundsätzlich mit Treu und Glauben vereinbar ist (*BGH* ZMR 2002, 770). Diese Auffassung teilt jetzt offenkundig auch der Gesetzgeber mit seiner Neuregelung zur Erstbestellung in § 26 Abs. 1 S. 2 WEG, die auf die Bestellung durch den teilenden Eigentümer abzielt (*Hügel/Elzer* § 12 Rn. 5). Eine in der Gemeinschaftsordnung vorgesehene Befugnis zur Verwalterbestellung endet allerdings mit Entstehen der »werdenden Wohnungseigentümergemeinschaft«, also mit Eintragung der Auflassungsvormerkung des ersten Erwerbers und dessen Inbesitznahme des Wohnungseigentums (*BayObLG* NJW-RR 1994, 784). Ist bis dahin kein Verwalter bestellt, muss durch das Gericht, gegebenenfalls im Wege der einstweiligen Verfügung, ein Verwalter nach § 21 Abs. 4 WEG bestellt oder – kostengünstiger und daher vorzuziehen – ein Wohnungseigentümer gerichtlich zur Einberufung der ersten Eigentümerversammlung ermächtigt werden. Da die Bestellung des Verwalters keine Willensbildung der Eigentümergemeinschaft, sondern nur ein einseitiger Entschluss des teilenden Eigentümers ist, kann sie wie die Organbestellung durch die Satzung im Gesellschaftsrecht als formeller Bestandteil der Gemeinschaftsordnung durch Mehrheitsentscheidung abgeändert werden (BGHZ 18, 207; BayObLGZ 1974, 279; vgl. *Bärmann/Pick/Merle* § 26 Rn. 61; *Niedenführ/Kümmel/Vandenhouten* § 26 Rn. 23; *Staudinger/Bub* § 26 Rn. 181; *Deckert* Die ETW, Gr. 4 Rn. 1034f). 8

IV. Die Verleihung der organschaftlichen Rechtsstellung im Regelfall

Ansonsten erfolgen Bestellung und Abberufung, sieht man vom Sonderfall gerichtlichen Tätigwerdens ab, durch Mehrheitsbeschlüsse, wobei auch unter einer Vielzahl von Bewerbern die einfache, nicht nur die relative Mehrheit erforderlich ist (*BayObLG* ZMR 2004, 126; *Bärmann/Pick/Merle* § 26 Rn. 35). Erreicht bereits der erste Vorschlag die Mehrheit, bedarf es keiner weiteren Ab- 9

§ 26 | Bestellung und Abberufung des Verwalters

stimmung mehr (*OLG Köln* NJW-RR 2000, 1616 = NZM 2000, 676). Auch wenn die Beschlussfassung über die Bestellung des Verwalters nach § 26 Abs. 1 S. 1 WEG der Wohnungseigentümerversammlung zukommt, kann deren Vorbereitung von einem engeren Gremium übernommen werden. So darf der Verwaltungsbeirat eine Vorauswahl treffen und der Eigentümerversammlung nur die seiner Auffassung zufolge besonders qualifizierten Bewerber präsentieren (*OLG Düsseldorf* NJW-RR 2002, 661 = ZMR 2002, 214). Die Bestellung muss den Willen zur Verleihung der organschaftlichen Stellung erkennen lassen; eine bloße Vertrauenskundgabe o. ä. ist nicht als Bestellung anzusehen (*OLG Hamburg* ZMR 2004, 368). Auch das bloße Gewährenlassen ersetzt nicht den Bestellungsbeschluss (BayObLGZ 1987, 59; *OLG Düsseldorf* NJW-RR 1990, 1300; ZMR 2004, 135 f.; *OLG Schleswig* WE 1997, 389; Staudinger/*Bub* § 26 Rn. 147; a. A. *OLG Frankfurt a. M.* OLGZ 1975, 101 f.). Die Bestellung kann nach h. M. nicht unter einer Bedingung erfolgen (*KG* OLGZ 1976, 268; Staudinger/*Bub* § 26 Rn. 121; vgl. *BayObLG* NJW-RR 1992, 802). Dies erscheint zu streng, da gerade beim Streit um die Wirksamkeit einer Abberufung die auflösend bedingte Bestellung des neuen Verwalters die dogmatisch sauberste Lösung darstellen dürfte (Bärmann/Pick/Merle § 26 Rn. 55 u. 207; vgl. jetzt *OLG Zweibrücken* ZMR 2004, 64). Der Bestellungsbeschluss ist zunächst ein interner körperschaftlicher Akt, der seine Wirkung erst mit der zumindest konkludenten Erklärung gegenüber dem Betroffenen entfaltet (*BGH* ZMR 2002, 768; *OLG Hamburg* ZMR 2001, 998). Dies ist bei dessen Anwesenheit auf der Eigentümerversammlung ohne weiteres der Fall. Ansonsten erfolgt die Erklärung zweckmäßigerweise durch einen Bevollmächtigten. Die Bestellung bedarf überdies der Annahme durch den Bestellten, da niemand ohne seinen Willen zum Verwalter berufen werden kann (BayObLGZ 1975, 331; *OLG Hamburg* ZMR 2001, 998). Diese kann allerdings konkludent, etwa durch Fortführung der Verwaltertätigkeit erklärt werden (*BayObLG* WE 1992, 227).

V. Die weitere Ausgestaltung der organschaftlichen Stellung

10 Die aus § 26 Abs. 1 WEG folgende Kompetenz, den Verwalter mit Mehrheitsbeschluss zu bestellen, umfasst auch die weitere Ausgestaltung seiner Stellung. So kann die Mehrheit etwa die Dauer seiner Tätigkeit festlegen, seine Haftung beschränken, zusätzliche Befugnisse einräumen oder die Modalitäten einer Abberufung ausgestalten. Nichtig ist lediglich ein von Gesetz oder Teilungserklärung abweichender Beschluss, der entsprechendes abstrakt-generell für die zukünftigen Verwalter regeln will.

VI. Der Beschluss über die Bestellung und seine Anfechtung
1. Die Beschlussfassung und ihre Wirkung

11 Die Bestellung folgt den allgemeinen Regeln des Beschlussrechtes. Insbesondere benötigt der zu Bestellende auch bei einer Mehrzahl von Bewerbern nicht nur die relative, sondern die einfache Mehrheit der abgegebenen Stimmen (*BayObLG* ZMR 2004, 126) bzw. bei entsprechender Regelung in der Gemeinschaftsordnung der Miteigentumsanteile (vgl. hierzu *BGH* ZMR 2002, 933; *BayObLG* ZMR 2004, 126) und die entsprechende Beschlussfeststellung durch den Versammlungsleiter, die insoweit maßgeblich ist (*BayObLG* ZMR 2004, 126). Stimmberechtigt sind alle Wohnungseigentümer, auch Amtsbewerber (*BGH* ZMR 2002, 934 f.; *OLG Köln* NJW-RR 2007, 671). Der Verwalter darf auch dann, wenn er nicht Wohnungseigentümer ist, als Vertreter mitstimmen (*OLG Hamburg* ZMR 2001, 998; *OLG Hamm* NJW-RR 2007, 161 f. = ZMR 2007, 63; *OLG Köln* NJW-RR 2007, 671). Erst recht kann er Untervollmacht erteilen (vgl. zur Abberufung Rn. 27). Der Beschluss bindet, wie stets, auch die überstimmten und abwesenden Miteigentümer sowie Sonderrechtsnachfolger. Bestellt ist der wahre Inhaber eines Verwaltungsunternehmens, nicht ein fälschlich dafür gehaltener Vertreter, da es sich um ein unternehmensbezogenes Geschäft handelt (*BayObLG* ZMR 2001, 132).

2. Die Anfechtbarkeit der Bestellung

a) Umstände in der Person des Bestellten

aa) Vorliegen eines wichtigen Grundes

Wie jeder Beschluss ist auch die Verwalterbestellung anfechtbar, wenn sie nicht ordnungsgemäßer Verwaltung entspricht. Dabei bleibt die Erhebung einer Klage nach § 43 Nr. 4 WEG noch ohne Einfluss auf die Stellung des Verwalters. Bestellt die Gemeinschaft gleichwohl einen anderen Verwalter, ist sie zwei Vergütungsansprüchen ausgesetzt, was Grundsätzen ordnungsmäßiger Verwaltung grob widerspricht (*KG* NJW-RR 1991, 274). Denkbar ist aber eine einstweilige Verfügung nach §§ 935 ff. ZPO, mit der dem Verwalter einstweilen die Amtsausübung untersagt wird (vgl. zum alten Recht *KG* NJW-RR 1991, 274 f.). Ein Verstoß gegen Grundsätze ordnungsmäßiger Verwaltung liegt ähnlich wie bei der Abberufung vor, wenn die Zusammenarbeit mit dem bestellten Verwalter nach Treu und Glauben zumindest einem Eigentümer oder einer Eigentümergruppe unzumutbar ist (*BayObLG* ZMR 2001, 722 u. 817; *OLG Hamburg* ZMR 2001, 999). Für die Anfechtung der (Wieder)bestellung sollen allerdings strengere Maßstäbe gelten als bei der Abberufung, da sich die Mehrheit eben für den Verwalter ausgesprochen habe und diese Entscheidung nur bei zwingenden Gründen durch die Gerichte korrigiert werden könne (*OLG Hamburg* ZMR 2001, 999; 2003, 128; 2005, 71 f.; *OLG Köln* NZM 1999, 128; *OLG Düsseldorf* ZMR 2006, 872). Dies erscheint zweifelhaft, da beim Vorliegen eines wichtigen Grundes das Festhalten an einem solchermaßen belasteten Verwalter regelmäßig nicht ordnungsmäßiger Verwaltung entsprechen dürfte (so richtig *OLG Hamm* NJW-RR 2004, 807 = ZMR 2004, 854; jetzt auch *Ott* ZMR 2007, 586 f.). In keinem anderen Zusammenhang wird aber der Mehrheit die Befugnis zuerkannt, ordnungsmäßiger Verwaltung zuwiderlaufende Entscheidungen zu treffen (*LG München* I NJW-RR 1997, 336). Dies ist gerade auch bei der Ungültigerklärung der Bestellung des Verwalters nicht geboten, da ein wichtiger Grund hierfür anerkanntermaßen eben schon dann vorliegen kann, wenn nur einer oder einzelne Eigentümer betroffen sind (vgl. u. Rn. 13 u. 22). Zu derartigen gegen die Bestellung sprechenden Umständen darf sich grundsätzlich jeder Wohnungseigentümer vor und in der Beratung über die Verwalterwahl äußern (*BayObLG* ZMR 2001, 721; implizit auch *OLG Hamm* ZMR 2007, 135 f.). Der geltend gemachte Grund gegen die Bestellung muss zur Zeit der Beschlussfassung bereits vorgelegen haben (*BayObLG* NJW-RR 2001, 446 = ZMR 2001, 129; ZMR 2001, 719 u. 817). Bereits bei der Bestellung vorliegende Gründe können aber im Prozess »nachgeschoben« werden, auch wenn die Anfechtung bislang noch nicht darauf gestützt wurde. Die voraussichtliche weitere Verwaltungsführung kann berücksichtigt werden (*BayObLG* ZMR 2005, 561; abw. beim Vorwurf der Majorisierung *KG* NJW-RR 1989, 843; vgl. u. Rn. 13 u. 23). 12

bb) Einzelfälle

Ein wichtiger, gegen die Bestellung eines Verwalters sprechender Grund ist etwa dann anzunehmen, wenn ein Kandidat einschlägig vorbestraft ist, auch wenn sich die Tat gegen Dritte richtete (*BayObLG* NJW-RR 1998, 1022). Dies gilt auch für Vorstrafen die nicht in das polizeiliche Führungszeugnis aufgenommen sind. Diese muss ein Bewerber lediglich nicht von sich aus offenbaren; gelangen sie anderweitig zur Kenntnis der Wohnungseigentümer, dürfen sie aber berücksichtigt werden (*OLG Schleswig* NJW-RR 2003, 877). Hingegen muss eine getilgte Vorstrafe nach § 51 Abs. 1 BZRG unberücksichtigt bleiben (*KG* NJW-RR 1989, 843). Ein wichtiger Grund gegen die Bestellung liegt auch darin, dass ein Kandidat in Vermögensverfall geraten ist. Eine Wiederbestellung kann ordnungsmäßiger Verwaltung auch dann widersprechen, wenn der Verwalter seine Pflichten grob verletzt, etwa trotz Interessenkonfliktes bei der Entscheidung über die Zustimmung zur Veräußerung nach § 12 WEG Maklerprovisionen für den Erwerb von Wohnungseigentum angenommen hat (*BayObLG* NJW-RR 1998, 303). Dasselbe gilt, wenn er bereits vor der Bestellung erklärt, seine Maklertätigkeit auch in der von ihm verwalteten Anlage fortsetzen zu wollen (*LG München* I NJW-RR 1997, 335). Ebenso können Fehler in der bereits durchgeführten Verwaltung gegen eine Bestellung sprechen, wenn der Verwalter etwa in der Vergangenheit nach einem unvertretbaren Schlüssel abgerechnet (*OLG Köln* NJW-RR 1998, 1622 = NZM 1999, 128 f.; *BayObLG* ZMR 2001, 818, die rechtzeitige Wiederbestellung unterlassen und somit einen 13

§ 26 | Bestellung und Abberufung des Verwalters

verwalterlosen Zustand herbeigeführt hat (*OLG Köln* ZMR 2007, 717) oder Eigentümerversammlungen an unzumutbarem Ort, oder zu unangebrachter Zeit abgehalten (*OLG Hamm* NJW-RR 2001, 517 = ZMR 2001, 385) oder in wesentlichen Punkten falsche Niederschriften erstellt hat (*BayObLG* NJW-RR 2004, 445). Ähnliches gilt für die Herbeiführung fehlerhafter Beschlüsse, insbesondere im eigenen Interesse, z. B. zur Entlastung (*OLG Köln* ZMR 2007, 717). Auch Verfehlungen einzelnen Miteigentümern gegenüber, etwa durch beleidigendes Verhalten, können genügen, ebenso die Wahrnehmung von Individualinteressen einzelner Miteigentümer (*BayObLG* ZMR 2001, 722). Es steht auch nicht im Ermessen der Mehrheit, einen fachlich ungeeigneten Verwalter zu bestellen (*OLG Stuttgart* NJW-RR 1986, 317). Hingegen genügt die Nähe zu einem Mehrheitseigentümer, etwa dem Bauträger, für sich genommen nicht. Ob bereits eine Majorisierung den Bestellungsbeschluss anfechtbar macht, ist umstritten. Nach einer Auffassung soll die Bestellung durch den Mehrheitseigentümer gegen den Willen der restlichen Eigentümergemeinschaft – u. U. eines einzigen Miteigentümers – grundsätzlich ordnungsmäßiger Verwaltung widersprechen (*BayObLG* ZMR 2000, 848 u. 2001, 719 f.; anders zu Recht *KG* NJW-RR 1987, 268; 1989, 843; *OLG Saarbrücken* ZMR 1998, 54; *OLG Düsseldorf* ZMR 1999, 581; *OLG Hamm* NJW-RR 2004, 1383; *BayObLG* ZMR 2006, 139). Dies würde aber dazu führen, dass umgekehrt die Minderheit jedenfalls darüber entscheiden könnte, wer nicht Verwalter wird. Auch eine Beschränkung des Stimmrechts auf eine Höchstgrenze – etwa 25% der Stimmen – findet im Gesetz keine Stütze (*KG* NJW-RR 1986, 644; 1987, 268). Daher wird die Bestellung eines Verwalters durch den Mehrheitseigentümer nur dann ordnungsmäßiger Verwaltung zuwiderlaufen, wenn weitere Umstände gegen die Bestellung des Verwalters sprechen (*KG* NJW-RR 1989, 843). Dies ist der Fall, wenn die Verwalterin einen dem Bauträger nahestehenden Gutachter mit der Untersuchung von Feuchtigkeitsschäden betraut (*OLG Hamm* NJW-RR 2004, 1383). Entsprechende Umstände sind ferner dann gegeben, wenn der Bewerber nicht über die persönliche oder fachliche Eignung verfügt (*KG* NJW-RR 1989, 843) oder bei seiner Verwaltungstätigkeit einzelne Miteigentümer bevorzugt (*BGH* ZMR 2002, 936; *OLG Saarbrücken* ZMR 1998, 54 f.) oder gar als deren Bevollmächtigter gegen den oder die anderen Wohnungseigentümer in einem gerichtlichen Verfahren aufgetreten ist (*BayObLG* NJW-RR 2001, 1669). Ähnliches gilt, wenn der Mehrheitseigentümer über berechtigte Interessen der Miteigentümer hinweggeht, indem er etwa die Bestellung erzwingt, ohne diesen die Möglichkeit zu lassen, einen eigenen Eindruck von dem Kandidaten zu gewinnen (*KG* NJW-RR 1986, 644; ähnlich 1989, 843). Allerdings genügt es nicht, dass bedenkliche Umstände objektiv vorliegen; sie müssen dem Mehrheitseigentümer bekannt gewesen sein, da nur dann der Vorwurf gerechtfertigt ist, er gehe über berechtigte Einwände der Minderheit hinweg (*KG* NJW-RR 1989, 843). Solche nachträglich bekannt gewordenen Tatsachen können aber die Abberufung des Verwalters rechtfertigen (*KG* NJW-RR 1989, 843). Einfache Fehler insbesondere in der Anfangszeit rechtfertigen die Ungültigerklärung der Bestellung noch nicht (*OLG Köln* NZM 1999, 129). Zudem hat die Eigentümerversammlung ein nicht unerhebliches Ermessen, welche Qualitäten eines Verwalters sie für besonders wichtig ansieht. So widerspricht es nicht ordnungsmäßiger Verwaltung, einem Kandidaten aufgrund seiner Qualifikationen oder seiner bewährten Arbeit den Vorzug vor einem (deutlich) billigeren Verwalter zu geben (*OLG Hamburg* ZMR 2005, 72). Der amtierende Verwalter muss vor einer Neubestellung keine Angebote von Konkurrenten einholen und der Eigentümerversammlung vorlegen (*OLG Hamburg* ZMR 2001, 998; *OLG Schleswig* NJW-RR 2006, 1526 = ZMR 2006, 804).

b) Sonstige, insbesondere formelle Mängel der Beschlussfassung

14 Daneben kann die Bestellung unabhängig von der Person des Verwalters auch wegen der Modalitäten der Beschlussfassung anfechtbar sein. Dies kann etwa bei Einberufungsmängeln der Fall sein. Allerdings genügt die Bezeichnung »Neuwahl eines Verwalters« auch zur Ankündigung einer Beschlussfassung über den Verwaltervertrag (*OLG Schleswig* NJW-RR 2006, 1526 = ZMR 2006, 804). Neben den sonstigen Beschlussmängeln etwa aufgrund fehlerhafter Stimmenzählung kommt insbesondere eine Bestellung ohne hinreichende Bestimmtheit des noch abzuschließenden Verwaltervertrages in Betracht. Das ist dann der Fall, wenn selbst die Eckdaten (Dauer und Vergütung der Verwaltertätigkeit) offen bleiben (*OLG Hamm* ZMR 2003, 53; *OLG*

Düsseldorf ZMR 2006, 872). Trotz Anfechtung bleibt der Bestellungsbeschluss bis zur rechtskräftigen Ungültigerklärung wirksam. Seine Wirksamkeit kann aber durch einstweilige Verfügung gemäß §§ 935 ff. ZPO ausgesetzt werden (vgl. zum alten Recht *KG* WuM 1990, 468; NJW-RR 1991, 274).

c) Die Wiederbestellung und der Ablauf der Bestellungsdauer im Laufe des Verfahrens

Sofern der Verwalter im Laufe des Prozesses wiederbestellt wird, muss auch dieser Beschluss angefochten werden. Ansonsten fehlt dem Anfechtungsantrag das Rechtsschutzbedürfnis, da selbst ein Erfolg in diesem Prozess die Bestandskraft der erneuten Bestellung nicht beseitigen könnte. Dem Antragsteller bleibt in diesem Fall nur die Erledigungserklärung. Ähnliches gilt, wenn die Bestellungsdauer vor Beendigung des Prozesses ohnehin abläuft (*OLG Hamm* ZMR 1995, 498; *OLG München* ZMR 2006, 475; einschränkend bei der Anfechtung durch den Verwalter *OLG Hamm* ZMR 2003, 52; *BayObLG* NJW-RR 1997, 717; NJW-RR 1997, 717; a. A. *BayObLG* NJW-RR 1988, 270). Hingegen hat die bloße Bestätigung der Bestellung, wenn auch sie angefochten wurde, trotz der Wirksamkeit dieses Beschlusses nach § 23 Abs. 4 WEG keinen Einfluss auf die Anfechtung des ersten Bestellungsbeschlusses, da die Entscheidung über die Gültigkeit des Zweitbeschlusses dann noch in der Schwebe ist (*BayObLG* ZMR 2001, 367).

3. Die Folgen einer erfolgreichen Anfechtung

Die erfolgreiche Anfechtung führt grundsätzlich nach den allgemeinen Regeln zur rückwirkenden Unwirksamkeit der Bestellung (*BayObLG* NJW-RR 1991, 532; WuM 1992, 156; *OLG München* ZMR 2006, 719). Das ansonsten geltende Rückwirkungsprinzip wird hierbei aber durchbrochen, da es zu unzuträglicher Rechtsunsicherheit führen würde, wenn jede Einberufung oder sonstige Rechtshandlung des unwirksam bestellten Verwalters aufgrund der Ungültigerklärung des Bestellungsbeschlusses zumindest anfechtbar wäre. Vielmehr ist hier von der Wirksamkeit seiner Rechtshandlungen bis zur Rechtskraft der Ungültigerklärung der Bestellung auszugehen, was bislang auf den Rechtsgedanken von § 32 FGG gestützt wurde (*BGH* NJW 1997, 2107; *BayObLG* NJW-RR 1991, 532; *KG* NJW-RR 1990, 153 f.; 1991, 274; a. A. *BayObLG* NJW-RR 1988, 270 für Duldungs- oder Anscheinsvollmacht; offen gelassen von *OLG München* ZMR 2006, 720; *OLG Hamburg* ZMR 2006, 793). Diese Argumentation kann weiterhin Gültigkeit beanspruchen, da auch ansonsten wesentliche Grundsätze des FGG-Verfahrens in das neue Recht übertragen wurden, etwa zu Hinweispflichten in Anfechtungsverfahren (BT-Drucks. 16/887, 38), zur Beiladung als Fortführung der Beteiligung nach § 43 Abs. 4 WEG a. F. (BT-Drucks. 16/887, 39), zur Kostenverteilung (BT-Drucks. 16/887, 41) und zur Begrenzung der Kostenbelastung nach § 48 Abs. 3 S. 2 WEG a. F. (BT-Drucks. 16/887, 41 f.; im Ergebnis ebenso *Niedenführ/Kümmel/Vandenhouten* § 27 Rn. 78). Ebenso behält er seine Vergütungsansprüche (*BGH* NJW 1997, 2107; *KG* NJW-RR 1991, 274; *OLG München* NJW-RR 2006, 1159 f. = ZMR 2006, 720). Eine Ausnahme gilt dann, wenn ihm die Amtsführung durch einstweilige Verfügung gemäß §§ 935 ff. ZPO untersagt wurde (zum alten Rechtszustand bei Erwirkung einer einstweiligen Anordnung nach § 44 Abs. 3 WEG a. F. vgl. *KG* NJW-RR 1991, 274). Die Forderung der Vergütung kann ferner treuwidrig sein, wenn der Verwalter die Einberufung einer Eigentümerversammlung hintertreibt, die über seine Abberufung befinden soll (*OLG München* NJW-RR 2006, 1160 = ZMR 2006, 720). Nach Rechtskraft der Ungültigerklärung sollen die vertraglichen Ansprüche dagegen erlöschen, da der Verwaltervertrag stillschweigend unter der auflösenden Bedingung abgeschlossen wird, dass der Bestellungsbeschluss erfolgreich angefochten wird (*BGH* NJW 1997, 2107; ähnlich *KG* NJW-RR 1990, 153 f.; 1991, 274; *OLG Hamburg* ZMR 2006, 793). Seine Vertretungsmacht für den Verband bei Geschäften mit Dritten ergibt sich schon aus den Grundsätzen der Anscheins- und Duldungsvollmacht (*BayObLG* NJW-RR 1988, 270; NJW-RR 1991, 532; anders wohl WE 1990, 184). Allerdings sollen Zustimmungen gemäß § 12 WEG mit rechtskräftiger Ungültigerklärung ihre Wirkung verlieren (*BayObLG* ZMR 1981, 251).

VII. Die Bestellung durch das Gericht gemäß §§ 21 Abs. 4, 43 Nr. 1 WEG

17 Die Bestellung eines Notverwalters durch das Gericht ist nach dem ausdrücklichen Willen des Gesetzgebers mit der Streichung von § 26 Abs. 3 WEG a. F. entfallen. Es bleibt aber die von der h. M. schon nach bisherigem Recht für möglich befundene Bestellung eines bestimmten Verwalters nach §§ 21 Abs. 4, 43 Nr. 1 WEG (*BayObLG* WuM 1989, 206; NJW-RR 1999, 1172; *KG* NJW-RR 1989, 461; WE 1990, 211; *OLG Frankfurt* OLGZ 93, 319; *Hügel/Elzer* § 10 Rn. 3; *Niedenführ/Kümmel/ Vandenhouten* § 26 Rn. 131; jetzt auch *Staudinger/Bub* § 26 Rn. 176). In dringenden Fällen kann dies auch im Wege der einstweiligen Verfügung nach §§ 935 ff. ZPO geschehen (*Abramenko* § 5 Rn. 41; *Hügel/Elzer* § 10 Rn. 6). Sofern auch außerhalb solcher dringlichen Situationen eine Bestellung nach §§ 21 Abs. 4, 43 Nr. 1 WEG ohne vorherige Anrufung der Wohnungseigentümerversammlung befürwortet wird, erscheint dies systemwidrig. Nach allgemeinen Grundsätzen hat der Wohnungseigentümer mit Anträgen zur Verwaltung des Anwesens zunächst die Wohnungseigentümerversammlung anzurufen (*BGH* ZMR 2003, 941; *OLG Hamburg* ZMR 1993, 537; *OLG Düsseldorf* ZMR 1994, 523). Erst danach besteht ein Rechtsschutzbedürfnis für die Anrufung der Gerichte. Hat in vorliegendem Zusammenhang die Eigentümerversammlung die Bestellung eines Verwalters abgelehnt, wäre demnach die Verpflichtung hierzu auszusprechen. Die sofortige Bestellung eines bestimmten Verwalters (so *KG* NJW-RR 1989, 461) greift zudem in das auch nach dieser Verpflichtung fortbestehende Auswahlermessen der Gemeinschaft ein. Darüber hinaus dürfte die Bestellung gerade eines bestimmten Verwalters kaum jemals die einzig denkbare Maßnahme ordnungsgemäßer Verwaltung darstellen (vgl. hierzu *BayObLG* NZM 1999, 506; *OLG Düsseldorf* FGPrax 1999, 94 f.), wie im Übrigen im Zusammenhang mit der gerichtlichen Bestellung von Verwaltungsbeiräten auch anerkannt scheint (vgl. u. § 29 Rn. 13). Bei Dringlichkeit kann dagegen sowohl die Bestellung eines bestimmten Verwalters wie auch seine Auswahl durch das Gericht gemäß § 21 Abs. 8 WEG beantragt werden (weiter gehend wohl *Hügel/Elzer* § 10 Rn. 11; *Niedenführ/Kümmel/Vandenhouten* § 26 Rn. 133 auch für Bestellungen ohne Dringlichkeit). Die gerichtliche Entscheidung ersetzt die Bestellung nach § 26 Abs. 1 S. 1 WEG durch die Wohnungseigentümer (*KG* NJW-RR 1989, 461). Das Gericht hat daher auch eine Vergütung festzusetzen (*Niedenführ/Kümmel/Vandenhouten* § 26 Rn. 136). Sofern das Gericht nicht, was möglich ist, eine Bestellungsdauer bestimmt (*KG* NJW-RR 1989, 461), endet sie spätestens nach 5 Jahren gemäß § 26 Abs. 1 S. 2 1. Hs. WEG (*KG* NJW-RR 1989, 461) bzw. nunmehr gemäß § 26 Abs. 1 S. 2 2. Hs. WEG nach 3 Jahren, wenn erstmals ein Verwalter bestellt wird.

D. Die Abberufung des Verwalters
I. Die ordentliche Abberufung
1. Voraussetzungen der ordentlichen Abberufung

18 Die organschaftliche Stellung des Verwalters endet grundsätzlich erst mit dem Ablauf der Zeit, für die er bestellt ist (*BayObLG* WuM 1989, 206). Ist eine solche Amtsdauer nicht vorgesehen, kann er jederzeit von den Wohnungseigentümern abberufen werden (*OLG Hamm* NJW-RR 1999, 523 = NZM 1999, 230). Für die Abberufung sieht § 26 Abs. 1 S. 1 WEG wie bei der Bestellung eine Mehrheitsentscheidung vor. Dabei ist der als Verwalter betroffene Wohnungseigentümer auch bei gleichzeitiger Abstimmung über den Verwaltervertrag stimmberechtigt, da der Schwerpunkt auf dem organschaftlichen Akt und somit der Teilnahme an der gemeinschaftlichen Verwaltung liegt (*BGH* ZMR 2002, 934 f.). Die Abberufung kann auch konkludent erfolgen, insbesondere durch Bestellung eines neuen Verwalters, da eine Gemeinschaft nicht zwei Verwalter haben kann (*BayObLG* NJW-RR 1992, 788; ZMR 2000, 323; NJW-RR 2003, 517 = ZMR 2003, 438 vgl. Rn. 30). Deshalb genügt in der Einladung auch die Ankündigung nur der »Bestellung des Verwalters« (*KG* WE 1989, 138). Denn die gleichzeitige Tätigkeit zweier Verwalter ist rechtlich ausgeschlossen, so dass ein solcher Beschluss zwingend die Abberufung des Vorverwalters beinhaltet. Grundsätzlich ist die so genannte ordentliche Abberufung jederzeit ohne Begründung möglich (*KG* WE 1989, 138). Sie kann auch konkludent, etwa durch eine feste Bestelldauer ausgeschlossen werden. Die Abberufung aus wichtigem Grunde nach § 26 Abs. 1 S. 3 WEG kann allerdings nicht ausgeschlossen werden, da es sich hierbei um unabdingbares Recht handelt.

2. Folgen der Abberufung

Die Abberufung wird mit ihrem Zugang wirksam (*BGH* ZMR 2002, 768; *BayObLG* ZMR 1999, 280; NJW-RR 2003, 517 = ZMR 2003, 438; *OLG Düsseldorf* ZMR 2004, 691; *OLG Hamm* ZMR 2007, 136). Sie beendet als einseitiger Akt nur die organschaftliche Stellung des Verwalters, so wie die Bestellung sie begründet (*BayObLG* NJW-RR 1987, 78). Allerdings ist hierbei anerkannt, dass bereits der Zugang der Abberufung, nicht erst die Beendigung der schuldrechtlichen Beziehungen Rechte und Pflichten aus der Verwalterstellung erlöschen lässt (BGHZ 106, 122; *KG* ZMR 1987, 392). Der Verwalter verliert seine Rechtsstellung unabhängig vom Fortbestehen des Verwaltervertrages, da diese alleine durch die organschaftliche Verleihung und Entziehung des Amtes begründet und beendet wird (BayObLGZ 1958, 238). Die Abberufung kann zugleich auch den Verwaltervertrag beenden, wenn dessen Laufzeit vertraglich auf die Dauer der organschaftlichen Stellung beschränkt wird, was zulässig ist (*OLG Zweibrücken* ZMR 2004, 66). Entgegen bisweilen vertretener Auffassung ist dies aber nicht regelmäßig anzunehmen. Ansonsten würden die Rechte des Verwalters aus einem nicht zugleich mit der organschaftlichen Stellung endenden Verwaltervertrag unzulässig beschnitten.

19

II. Die Abberufung aus wichtigem Grund

1. Gründe für eine außerordentliche Abberufung

a) Grundsatz

In der Praxis bedeutsamer ist die Abberufung aus wichtigem Grund. Ein solcher liegt nach ständiger Rspr. vor, wenn den Wohnungseigentümern unter Berücksichtigung aller Umstände die Zusammenarbeit mit dem bestellten Verwalter nach Treu und Glauben unzumutbar ist, insbesondere wenn das Vertrauensverhältnis zerstört ist (*BGH* ZMR 2002, 769; *OLG Hamm* NJW-RR 1999, 523 = NZM 1999, 230; ZMR 2004, 854; *OLG Köln* ZMR 2004, 297; *BayObLG* ZMR 2004, 602 u. 840; *OLG Düsseldorf* ZMR 2006, 145; *OLG München* NJW-RR 2007, 595 = ZMR 2007, 223). Eines Verschuldens des Verwalters bedarf es dabei nicht unbedingt, es ist aber bei der Abwägung im Einzelfall zu berücksichtigen. Der wichtige Grund muss nach der Bestellung eingetreten (*BayObLG* ZMR 2004, 841) bzw. bekannt geworden sein (*KG* NJW-RR 1994, 402 – Ls – zur Täuschung über nicht getilgte Vorstrafen), aber bei der Abberufung noch vorliegen; später eingetretene Umstände können die Abberufung nicht rückwirkend rechtfertigen (*BayObLG* ZWE 2001, 106), aber eine neue Abberufung begründen. Bereits entstandene Gründe können aber in einem Prozess »nachgeschoben« werden (*OLG Düsseldorf* ZMR 1997, 487). Sofern ein wichtiger Grund vorliegt, besteht nur ein geringer Ermessensspielraum der Wohnungseigentümer, gleichwohl von einer Abberufung abzusehen. I. d. R. entspricht nur die Abberufung ordnungsmäßiger Verwaltung (*OLG Hamm* ZMR 2004, 854; a. A. *OLG Schleswig* ZMR 2007, 485). Allerdings ist der einzelne Eigentümer zu einem eigenen Vorgehen gegen den Verwalter nicht berechtigt, da es sich hierbei um einen Gegenstand der gemeinschaftlichen Verwaltung handelt (*OLG Hamm* ZMR 2004, 854). Ein auf die Abberufung dringender Wohnungseigentümer muss somit einen Beschluss der Eigentümerversammlung herbeiführen. Bei Ablehnung seines Antrags muss er diesen verbunden mit einem Antrag auf Abberufung des Verwalters durch das Gericht anfechten (s. u. Rn. 31). Ob ein wichtiger Grund vorliegt, ist eine noch in letzter Instanz nachprüfbare Rechtsfrage (*OLG Frankfurt* NJW-RR 1988, 1170; *BayObLG* ZWE 2001, 106). Allerdings wird auch die unbegründete außerordentliche Abberufung mit ihrem Zugang wirksam, selbst wenn es an einem wichtigen Grund fehlt und die ordentliche Abberufung ausgeschlossen ist (*Wenzel* ZWE 2001, 513 f.; a. A. *Suilmann* ZWE 2000, 111).

20

b) Die mangelhafte Führung der Beschluss-Sammlung

Was als wichtiger Grund gemäß § 26 Abs. 1 S. 3 WEG anzusehen ist, war im Gesetz bislang nicht definiert. Die Einführung der Beschluss-Sammlung hat der Gesetzgeber zum Anlass genommen, in § 26 Abs. 1 S. 4 WEG erstmals ein Regelbeispiel für einen wichtigen Grund zu normieren, der die Abberufung des Verwalters rechtfertigt. Auch dieser, die nicht ordnungsgemäße Führung der Beschluss-Sammlung, ist freilich weit gefasst und bedarf der Konkretisierung durch die Recht-

21

§ 26 | Bestellung und Abberufung des Verwalters

sprechung. Allerdings ist die auf Anregung des Bundesrats erfolgte Einschränkung, ein wichtiger Grund liege »regelmäßig« vor, nicht dahingehend mißzuverstehen, dass den Wohnungseigentümern bei erheblichen Verstößen ein Ermessen zukommt. Der Bundesrat wollte nur verhindern, »dass jeder auch noch so geringe Mangel in der Führung der Beschluss-Sammlung« zur Abberufung führt (BT-Drucks. 16/887, 50) Gravierende – auch einmalige – Fehler sind stets ein Abberufungsgrund (ebenso *Niedenführ/Kümmel/Vandenhouten* § 26 Rn. 99). Dabei ist gleichgültig, ob sie bei der Anlage der Sammlung, ihrer Aktualisierung, bei einzelnen Eintragungen oder Einsichtnahmen auftreten, da alle diese Tätigkeiten zum »Führen« der Beschluss-Sammlung gehören. Ein die Abberufung rechtfertigender Fehler liegt also in jedem Fall dann vor, wenn der Verwalter gar keine Beschluss-Sammlung führt, Einträge zu spät vornimmt oder unterlässt. Ebenso stellt die Aufnahme nicht im Gesetz vorgesehener Einträge eine ungenügende Führung der Beschluss-Sammlung dar, da diese deren Übersichtlichkeit gefährden (zu Inhalt und Form der Eintragungen ausführlich *Abramenko* § 2 Rn. 25 ff.). Zur ordnungsgemäßen Führung der Beschluss-Sammlung gehört es aber auch, den Berechtigten Einsicht zu gewähren und Nichtberechtigten diese zu verweigern. Verstöße gegen diese Pflichten berechtigen zur Abberufung des Verwalters aus wichtigem Grund.

c) Weitere Einzelfälle

aa) Fehlverhalten des Verwalters

22 Die Abberufung rechtfertigende Umstände sind zunächst bei schwerwiegenden Pflichtverletzungen zu bejahen, wenn der Verwalter etwa Gemeinschaftsgelder nicht getrennt von Eigenmitteln anlegt (*BayObLG* WuM 1996, 118), ohne Rechtsgrund Zahlungen aus Gemeinschaftsgeldern an Dritte leistet (*KG* ZMR 1988, 347), zweckwidrig bzw. gar für sich selbst verwendet (*OLG Düsseldorf* ZMR 1997, 487) oder seine Vergütung auf Jahre im Voraus entnimmt (*OLG Zweibrücken* ZMR 2004, 65). Auch andere, gravierende Fehler bei der Verwaltung der Liegenschaft können die außerordentliche Abberufung rechtfertigen. Dies kommt bei gravierenden Verletzungen seiner Aufklärungs- und Informationspflichten in Betracht (*OLG Oldenburg* ZMR 2007, 307), ferner dann, wenn der Verwalter vorgesehene oder nach § 24 Abs. 2 WEG ordnungsgemäß verlangte Eigentümerversammlungen nicht einberuft (*BGH* ZMR 2002, 769; *OLG Frankfurt* NJW-RR 1988, 1170; *BayObLG* NJW-RR 1999, 1391 = ZMR 1999, 576 f.; *OLG Düsseldorf* NJW-RR 1999, 164 = ZMR 1998, 307 u. 450; 2004, 692f), an weit entferntem oder unzumutbarem Ort abhält (*BayObLG* WuM 1993, 763; vgl. *OLG Hamm* NJW-RR 2001, 517 = ZMR 2001, 385) oder in wesentlichen Punkten falsch protokolliert (*BayObLG* WEM 1980, 128). Ähnliches gilt für den Fall, dass er ordnungsgemäße Anträge zur Tagesordnung nicht berücksichtigt (*OLG Frankfurt* NJW-RR 1988, 1170; *OLG Düsseldorf* ZMR 1998, 306), fehlerhafte Beschlussvorlagen erstellt (*OLG Oldenburg* ZMR 2007, 307). Ein wichtiger Grund liegt ferner vor, wenn der Verwalter die Durchführung wirksamer Beschlüsse (*OLG Düsseldorf* ZMR 1998, 307) oder die Zusammenarbeit mit dem Verwaltungsbeirat verweigert (*OLG Frankfurt* NJW-RR 1988, 1170; ähnlich *BayObLG* NJW-RR 1999, 810 f. = ZMR 1999, 270) bzw. unzumutbar macht (*BayObLG* ZMR 2004, 923; *OLG Hamm* ZMR 2007, 135 f.; ähnlich *OLG Frankfurt* NJW-RR 1988, 1170; *OLG Köln* ZMR 2007, 717 f.) ein vom Verwaltungsbeirat verursachter Konflikt genügt nicht (*OLG Hamm* ZMR 2007, 135 f.). Ein Abberufungsgrund kann auch dann vorliegen, wenn der Verwalter umfangreiche Sanierungsmaßnahmen ohne Beschluss der Wohnungseigentümer in Auftrag gibt (*BayObLG* ZMR 2004, 602) oder sonstwie gegen den erkennbaren Willen der Eigentümer handelt (*OLG Düsseldorf* ZMR 1998, 307). Auch die Übertragung wesentlicher Verwaltungstätigkeiten etwa der Buchführung auf Dritte kann die Abberufung aus wichtigem Grund rechtfertigen, wenn dies ohne Wissen oder gar gegen den Willen der Wohnungseigentümer geschieht (*OLG Hamm* WuM 1991, 220; *BayObLG* NJW-RR 1997, 1444 = ZMR 1998, 175 f.). Von besonderer praktischer Bedeutung dürfte sein, dass auch gravierende Fehler der Jahresabrechnung zur Abberufung aus wichtigem Grund berechtigen. Dies nahm die Rechtsprechung bei Verwendung unzutreffender, weder durch Teilungserklärung noch Vereinbarung gedeckter Schlüssel (*OLG Köln* NJW-RR 1998, 1622; *OLG Düsseldorf* ZMR 2006, 294 f.), bei fehlerhaften Buchungen zugunsten ihm nahe stehender Eigentümer (*BayObLG* ZMR 2004, 840; *OLG Düsseldorf* ZMR 2006, 145) bzw. bei blinder Ausführung der Anweisungen des Mehrheitseigentümers ent-

gegen den Grundsätzen ordnungsmäßiger Verwaltung (*OLG Köln* NJW-RR 1999, 307) oder der hartnäckigen Mißachtung der in der Rechtsprechung aufgestellten Grundsätze zur Jahresabrechnung (*BayObLG* NJW-RR 1992, 912; *OLG Düsseldorf* ZMR 2006, 145; *OLG Oldenburg* ZMR 2007, 307), nicht aber bei einmaliger Fehlberechnung eines Rückerstattungsbetrages (*OLG Schleswig* ZMR 2007, 485) an. Erst recht stellt die wiederholt schuldhaft verspätete Erstellung von Wirtschaftsplan und Jahresabrechnung oder gar die gänzliche Nichterfüllung dieser Pflicht einen wichtigen Grund dar (*BGH* ZMR 2002, 769; *BayObLG* NJW-RR 2000, 462 f. = ZMR 2000, 109; *OLG Hamm* NJW-RR 2004, 807 = ZMR 2004, 854; *OLG Schleswig* ZMR 2007, 728). Ähnliches gilt, wenn der Verwalter über Monate nicht für den gebotenen Gebäudeversicherungsschutz sorgt (*OLG Düsseldorf* NJW-RR 2005, 1607 = ZMR 2006, 57). Auch grobe Pflichtverletzungen gegen einzelne Miteigentümer wie haltlose Strafanzeigen (*OLG Düsseldorf* ZMR 1998, 450; ähnlich *OLG Hamm* ZMR 2002, 542), die Veröffentlichung interner Vorgänge zu Lasten einzelner Miteigentümer (*AG Kassel* ZMR 2006, 323), die Verweigerung mitgliedschaftlicher Rechte wie des Rederechtes oder der Einsicht in seine Unterlagen (*BayObLG* WuM 1990, 465) stellen einen wichtigen Grund dar, u. U. sogar gegen Dritte gerichtete Verfehlungen wie Vermögensdelikte (*BayObLG* ZMR 1998, 446; *OLG Hamm* NJW-RR 1999, 523 = NZM 1999, 230; *OLG Köln* ZMR 2002, 153; *OLG Schleswig* ZMR 2003, 295; *LG Mönchengladbach* ZMR 2007, 566). Dies gilt unabhängig von der Eintragung in das polizeiliche Führungszeugnis. Nicht eingetragene Vorstrafen muss der Verwalter lediglich nicht von sich aus offenbaren; gelangen sie anderweitig zur Kenntnis der Wohnungseigentümer, dürfen sie aber berücksichtigt werden (*LG Mönchengladbach* ZMR 2007, 566). Ferner kann die Geltendmachung fremder – nicht aber eigener (*OLG Düsseldorf* ZMR 2004, 54; vgl. *BGH* ZMR 2004, 833) – Ansprüche gegen Verband oder einzelne Wohnungseigentümer zur Abberufung berechtigen, da der Verwalter die Interessen von Verband und Wohnungseigentümern wahrzunehmen hat (*BayObLG* WuM 1993, 763; *OLG Hamm* ZMR 2002, 541 f.). Ähnliches gilt dann, wenn der Verwalter, der nach § 12 WEG einer Veräußerung zustimmen muss, als Makler bei Wohnungsverkäufen auftritt, da sein Interesse an der Provision mit der Überwachungsfunktion kollidiert (*BGH* NJW 1991, 168; *BayObLG* WuM 1997, 398). Auch verschwiegene Provisionen etwa für den Abschluss von Versicherungsverträgen können die außerordentliche Abberufung rechtfertigen (*OLG Düsseldorf* NJW-RR 1998, 1023 = ZMR 1998, 306; ZMR 2004, 54). Schließlich können auch unverschuldete Umstände wie der Vermögensverfall die Zusammenarbeit mit einem Verwalter unzumutbar machen (*OLG Oldenburg* ZMR 2007, 306).

bb) Weitere Umstände

Neben der Schwere der Verfehlung können bei der Frage, ob ein wichtiger Grund vorliegt, noch andere Umstände eine Rolle spielen. Insbesondere kann hier die Bestellung durch den teilenden Eigentümer von Bedeutung sein, wenn der Fehler Anlass zu der Befürchtung gibt, dass sich der Verwalter nicht als uneigennütziger Sachwalter aller Eigentümer versteht (*KG*, WE 1986, 140). Entsprechendes gilt für einen Mehrheitseigentümer (*OLG Düsseldorf* WuM 1995, 611). 23

2. Nicht zur außerordentlichen Abberufung genügende Umstände

Von vorneherein nicht ausreichend sind Maßnahmen im Interesse der Gemeinschaft, auch wenn sie zu Lasten einzelner Wohnungseigentümer gehen. So ist die Aufforderung an die Mieter, die Nebenkosten direkt an den Verwalter zu zahlen, kein wichtiger Grund, wenn der vermietende Eigentümer seine Beiträge nicht zahlt und das Versorgungsunternehmen deshalb eine Versorgungssperre angedroht hat (*BayObLG* NJW-RR 2000, 678 = ZMR 2000, 323). Auch einfache Spannungen zwischen dem Verwalter und einzelnen Wohnungseigentümern genügen nicht (*OLG München* NJW-RR 2007, 595 = ZMR 2007, 223). Ebenso wenig genügen bloße Befürchtungen etwa bei möglichen Interessenkonflikten des zum Verwalter bestellten Bauträgers ohne konkretes Fehlverhalten (*OLG Köln* WuM 1997, 697; a. A. wohl *OLG Hamm* ZMR 2004, 703). Übernimmt der Verwalter Aufgaben, die durch Beschluss dem Verwaltungsbeirat zugewiesen wurden, rechtfertigt diese Pflichtverletzung noch nicht die Abberufung aus wichtigem Grund, wenn dies keinen weiteren Nachteil der Wohnungseigentümer nach sich zog (*OLG Hamburg* ZMR 2005, 974 f.). Auch kleinere Fehler insbesondere in der Anfangszeit zerstören das Vertrauensverhältnis noch nicht (*BGH* ZMR 2002, 769 f.; *OLG Köln* WuM 1997, 696 f.). Insbesondere geben einzelne Fehler in der Einzel- 24

§ 26 | Bestellung und Abberufung des Verwalters

abrechnung oder einmalig falsche Auskünfte etwa zur Absicherung von Guthaben bei Insolvenz des Kreditinstituts (*OLG München* ZMR 2006, 638) hierzu noch keinen Anlass. Auch die einmalige Verspätung bei der Anfertigung des Protokolls rechtfertigt keine außerordentliche Abberufung (*BayObLG* ZWE 2001, 436 f.). Zudem kann bei kleineren Pflichtverletzungen eine Abmahnung erforderlich sein (*BGH* ZMR 2002, 769 f.; *OLG Düsseldorf* ZMR 2004, 54; 2006, 465; a. A. *Niedenführ/Kümmel/Vandenhouten* § 26 Rn. 111). Nicht ausreichend sind auch Fehler bei der Verwaltung einer anderen Liegenschaft wie die Weigerung eine Eigentümerversammlung bei Vorliegen der Voraussetzungen von § 24 Abs. 2 WEG einzuberufen; sie berechtigen nur die betroffenen Wohnungseigentümer zur Abberufung (*OLG Düsseldorf* ZMR 2004, 54). Ebenso wenig können sich die Wohnungseigentümer auf eine von ihnen selbst in vorwerfbarer Weise herbeigeführte Störung des Vertrauensverhältnisses berufen (*BayObLG* ZMR 1999, 270).

3. Der Abberufung aus wichtigem Grund entgegenstehende Umstände

a) Die Entlastung des Verwalters und der Verzicht auf die Geltendmachung von Abberufungsgründen

25 Eine außerordentliche Abberufung scheidet auch beim Vorliegen eines wichtigen Grundes aus, wenn dem Verwalter Entlastung erteilt wurde, die unangefochten blieb und das Fehlverhalten erfasst, auf das die Abberufung gestützt wird (*BayObLG* ZMR 1985, 391 = NJW-RR 1986, 446; *OLG Köln* NZM 1998, 960; NJW-RR 2001, 160). Dabei ist aber zu berücksichtigen, dass sich die Entlastung regelmäßig nur auf die Tätigkeit bezieht, die in der Jahresabrechnung ihren Niederschlag gefunden hat (*OLG Köln* ZMR 2001, 914; *BayObLG* NJW-RR 1997, 1444 = ZMR 1998, 176; 2003, 217; *OLG Hamburg* ZMR 2003, 772; vgl. § 28 Rn. 114). Wird die außerordentliche Abberufung auf pflichtwidrige Unterlassungen gestützt, steht ihr die Entlastung daher üblicherweise nicht entgegen, da diese gerade keinen Niederschlag in der Jahresabrechnung gefunden hat. Daneben können die Wohnungseigentümer auch auf die Geltendmachung eines Abberufungsgrundes verzichten. Dies kann auch konkludent geschehen, was aber zumindest voraussetzt, dass alle Miteigentümer den Grund kennen (*LG Mönchengladbach* ZMR 2007, 566)

b) Die bestandskräftige Neubestellung des Verwalters

26 Ferner kann die bestandskräftige Neubestellung in Kenntnis des Fehlverhaltens die Abberufung ausschließen (*OLG Düsseldorf* ZMR 1997, 97; *OLG Köln* ZMR 2003, 703 f.; 2004, 297; *BayObLG* NJW-RR 2004, 89). Es muss dann zumindest ein neuer Grund vorliegen, der zur Zeit der Neubestellung noch nicht vorlag (*OLG Düsseldorf* ZMR 2002, 856). Indem der ursprünglich die Abberufung des Verwalters betreibende Wohnungseigentümer dessen Neubestellung nicht mehr angreift, lässt er nämlich erkennen, dass er die Entscheidung der Miteigentümer in Kauf nimmt und somit, wie bei der Entlastung, eventuelle Einwände gegen seine Tätigkeit nicht mehr geltend machen will.

III. Form und Frist der außerordentlichen Abberufung

1. Die Beschlussfassung

27 Auch die Abberufung folgt den allgemeinen Regeln des Beschlussrechtes, erfordert also die einfache Mehrheit der abgegebenen Stimmen bzw. – bei entsprechender Regelung in der Gemeinschaftsordnung – der Miteigentumsanteile und die entsprechende Beschlussfeststellung durch den Versammlungsleiter. Der Verwalter selbst kann weder als Vertreter anderer Wohnungseigentümer noch als Miteigentümer an der Abstimmung teilnehmen, da nach dem Rechtsgedanken der §§ 712 Abs. 1, 737 BGB, 117, 127, 140 HGB niemand in eigener Sache über die Entziehung einer Rechtsposition aus wichtigem Grunde befinden kann (*BGH* ZMR 2002, 935; *OLG Düsseldorf* NJW-RR 2001, 1668 = ZMR 2002, 144; im Ergebnis ebenso, aber auf § 25 Abs. 5 WEG gestützt *BayObLG* NJW-RR 1987, 79). Er darf auch andere Wohnungseigentümer bei der Beschlussfassung nicht vertreten (*OLG Düsseldorf* ZMR 1999, 60; 2002, 144). Ein Angestellter als Vertreter des Verwalters kann ebenfalls nicht in Ausübung von Eigentümervollmachten abstimmen. Denn die Tatsache, dass er als Nichteigentümer selbst nicht stimmberechtigt ist und folglich auch keinem Stimmverbot unterliegt, kann die Rechtsposition des Vertretenen nicht verbessern und das für

ihn geltende Stimmverbot nicht aushebeln (*OLG Düsseldorf* ZMR 2002, 144). Der Verwalter kann aber stimmberechtigten Wohnungseigentümern Untervollmacht erteilen, da der Unterbevollmächtigte für den vertretenen Wohnungseigentümer, nicht für den Verwalter abstimmt (*BayObLG* WuM 1999, 59). Wie die Bestellung ist die Abberufung zunächst ein interner körperschaftlicher Akt, der seine Wirkung erst mit der zumindest konkludenten Erklärung gegenüber dem Betroffenen entfaltet (*BGH* ZMR 2002, 768; *OLG Hamm* ZMR 1999, 280; 2003, 438; *OLG Düsseldorf* ZMR 2004, 691). Die Grundsätze des Mißbrauchs einer Stimmenmehrheit entsprechen denen bei der Bestellung. Demnach führt die Ausnutzung der Stimmenmehrheit alleine noch nicht zur Anfechtbarkeit der Abberufung; es müssen vielmehr weitere Umstände hinzukommen, die die Abberufung als Verstoß gegen Grundsätze ordnungsmäßiger Verwaltung erscheinen lassen (*OLG Düsseldorf* NJW-RR 2002, 1384). Der Verwalter hat keinen Anspruch darauf, vor der Entscheidung angehört zu werden (*OLG Hamm* ZMR 1999, 280; *OLG Zweibrücken* ZMR 2004, 65).

2. Die Einhaltung einer angemessenen Frist

Häufig vernachlässigt wird, dass außerordentliche Abberufungsgründe nicht ohne zeitliche Beschränkung geltend gemacht werden können. Auch wenn die zweiwöchige Frist des § 626 Abs. 2 BGB keine unmittelbare Anwendung finden kann, ist doch binnen angemessener Frist nach Kenntnis des wichtigen Grundes über die Abberufung zu befinden (*OLG Frankfurt a. M.* NJW-RR 1988, 1170; *BayObLG* NJW-RR 1999, 1391 = ZMR 1999, 577; ZMR 2000, 323; *OLG Hamm* ZMR 2002, 542; 2007, 136; *OLG Hamburg* ZMR 2005, 975; a. A., gegen eine auch nur analoge Anwendung von § 26 Abs. 2 BGB *Niedenführ/Kümmel/Vandenhouten* § 26 Rn. 94, wo aber über Verwirkung nach dem Rechtsgedanken von § 314 Abs. 3 BGB regelmäßig dieselben Ergebnisse erzielt werden). Die Angemessenheit bemisst sich dabei danach, innerhalb welcher Frist eine Beschlussfassung durch eine Eigentümerversammlung möglich ist (*OLG Frankfurt* NJW-RR 1988, 1170; *BayObLG* NZM 1999, 845). 4 Wochen sind der Gemeinschaft ohne weiteres zuzubilligen (*OLG Köln* ZMR 2007, 718). Kann der die Abberufung betreibende Mehrheitseigentümer nach § 24 Abs. 2 WEG die Einberufung einer Eigentümerversammlung verlangen, ist ein erst mehr als 2 Monate nach Kenntnis des wichtigen Grundes erklärtes Einberufungsverlangen nicht mehr fristgerecht (*BayObLG* NJW-RR 2000, 678 = ZMR 2000, 323). 28

IV. Die Anfechtung der Abberufung

1. Die Anfechtungsberechtigung

Die Abberufung kann wie jeder Beschluss im Verfahren nach § 43 Nr. 4 WEG angefochten werden, bleibt aber bis zur rechtskräftigen Ungültigerklärung wirksam (*KG* NJW-RR 1989, 839 = WE 1989, 132; *BayObLG* NJW-RR 2003, 875; *OLG Schleswig* ZMR 2007, 727). Das Anfechtungsrecht steht allen Wohnungseigentümern, aber auch dem Verwalter zu (BGHZ 106, 122 ff.; ZMR 2002, 767 f.; *OLG Hamm* NJW-RR 1997, 523 = = ZMR 1997, 49; *OLG Hamm* ZMR 2007, 134; a. A. *Suilmann*, ZWE 2000, 106 ff.). Die abweichende Literaturmeinung, die keinen Schutz seiner Rechtsstellung anerkennt, da der Verwalter nur Rechte und Befugnisse *in* seinem Amt, aber nicht *auf* das Amt habe (*Becker* ZWE 2002, 212), greift zu kurz. Wird die Entziehung des Amtes einer Rechtsschutzmöglichkeit entzogen, betrifft dies auch die Befugnisse im – rechtswidrig entzogenen – Amt, die der Verwalter dann entgegen der materiellen Rechtslage nicht mehr ausüben kann. Es wäre systemwidrig, zwar einzelne Eingriffe in seine Befugnisse gerichtlicher Kontrolle zu unterstellen, nicht aber die Totalentziehung des Amtes. Daher kommt dem Verwalter schon mit der Bestellung das gerichtlich überprüfbare Recht zu, sein Amt bis zur ordnungsgemäßen Beendigung auszuüben. Die Bestellung eines anderen Verwalters kann er aber nicht anfechten (*OLG Hamm* NJW-RR 1997, 524 = ZMR 1997, 549). Im Anfechtungsprozess können Gründe für die Abberufung »nachgeschoben« werden, sofern sie bei der Abberufung bereits vorlagen (*OLG Düsseldorf* NJW-RR 2005, 1607 = ZMR 2006, 58 f.). 29

2. Die Entscheidung über die Anfechtung

Eine Ungültigerklärung der ordentlichen Abberufung wird allerdings nur bei Mängeln des Verfahrens (etwa bei Fehlern in der Einberufung, der Stimmenzählung oder Verkündung) in Betracht 30 kommen, da sie keiner Begründung bedarf. Hingegen ist bei der außerordentlichen Abberufung das Vorliegen eines wichtigen Grundes und die Einhaltung der Frist zu überprüfen. Daneben kann der Abberufungsbeschluss auch dann für ungültig zu erklären sein, wenn die Wohnungseigentümer den Verwalter in Kenntnis des wichtigen Grundes wieder bestellt bzw. ihm Entlastung erteilt haben und diese den eigentlich zur Abberufung berechtigenden Umstand erfasst (vgl. o. Rn. 25 f.). In einem Antrag auf Ungültigerklärung wurde nach bisherigem Recht grundsätzlich auch das Begehren gesehen, die Unwirksamkeit der Kündigung festzustellen (vgl. hierzu u. Rn. 75). Im Hinblick auf die Überführung der Wohnungseigentumssachen in das ZPO-Verfahren sollte sie aber sicherheitshalber ausdrücklich formuliert werden, zumal sich schon zum bisherigen Recht abweichende Stimmen fanden (*Bärmann/Pick/Merle* § 26 Rn. 220). Eine erfolgreiche Anfechtung führt zur rückwirkenden Unwirksamkeit der Abberufung und zur Nichtigkeit der Bestellung eines anderen Verwalters. Denn ein zweiter Verwalter kann nicht bestellt werden, da nur eine natürliche oder juristische Person als Verwalter amtieren kann (*BayObLG* NJW-RR 2000, 678 = ZMR 2000, 323; *OLG Zweibrücken* ZMR 2004, 64; a. A. *Deckert* Die ETW, Gr. 4 Rn. 1615). Dessen Amtshandlungen behalten aber wie diejenigen des Verwalters, dessen Bestellung für ungültig erklärt wurde, ihre Wirksamkeit (*OLG Zweibrücken* ZMR 2004, 64; vgl. o. Rn. 16). Mit Ablauf der vorgesehenen Amtszeit tritt verfahrensrechtlich Erledigung ein, da das Rechtsschutzziel einer Fortführung des Verwalteramtes durch den Abberufenen dann nicht mehr erreicht werden könnte (*KG* ZMR 1997, 611; *OLG Hamm* ZMR 1999, 281; 2003, 52 f.; *BayObLG* NJW-RR 1997, 717; a. A. *BayObLG* ZMR 2002, 140; für ein fortbestehendes Anfechtungsrecht des Verwalters *OLG Hamm* ZMR 2003, 52); allenfalls kommt bei berechtigtem Interesse ein Antrag auf Feststellung, dass die Abberufung unwirksam war, in Betracht (*Wenzel* ZWE 2001, 515).

V. Die Abberufung durch das Gericht

31 Umgekehrt können auch einzelne Wohnungseigentümer gerichtlich die Abberufung des Verwalters durchsetzen. Dies setzt regelmäßig die Befassung der Eigentümerversammlung mit dem Abberufungsantrag voraus (*BayObLG* NJW-RR 2004, 89; *OLG Hamm* NJW-RR 2004, 806; *OLG Oldenburg* ZMR 2007, 306). Nur ausnahmsweise kann ein Wohnungseigentümer auch ohne vorherige Einschaltung der Eigentümerversammlung die Abberufung des Verwalters gerichtlich betreiben, wenn deren Befassung mit seinem Begehren gescheitert oder unzumutbar ist (*BayObLG* NJW-RR 1997, 1444 = ZMR 1998, 175; *OLG Düsseldorf* ZMR 1998, 449 f.; ZMR 2006, 544 f.; *OLG Hamm* NJW-RR 2004, 806; *OLG Oldenburg* ZMR 2007, 306). Nach einem erfolglosen Antrag auf Abberufung muss der Wohnungseigentümer die Ablehnung der Abberufung anfechten. Hierfür gelten die Regeln zur Anfechtung von Negativbeschlüssen. Demnach muss der ablehnende Beschluss binnen Monatsfrist angefochten und gleichzeitig der positive Antrag auf Abberufung des Verwalters gestellt werden (*OLG Hamm* ZMR 2004, 854 f.). Wird nur ein Antragsziel ausdrücklich formuliert, wurde das andere i. d. R. durch Auslegung gleichfalls als gestellt angesehen. Dies unterliegt nach der Überführung der Wohnungseigentumssachen erheblichen Bedenken, da es nunmehr nicht alleine auf das Rechtsschutzbegehren, sondern auf die gestellten Anträge ankommt, über die der Zivilrichter nicht hinausgehen darf. Auch wenn er diesbezüglich einen Hinweis nach § 139 ZPO zu erteilen hat, kann es bei restriktiver Handhabung zur Abweisung der Anfechtungsklage wegen Nichteinhaltung der Frist nach § 46 Abs. 1 S. 2 WEG kommen, was zwangsläufig auch zum Scheitern des anderen Antrags führt. Im Übrigen kann ein solches Vorgehen nur dann Erfolg haben, wenn ausschließlich die Abberufung ordnungsgemäßer Verwaltung entspricht, also ein wichtiger Grund gemäß § 626 BGB vorliegt (*BayObLG* ZMR 1985, 390f = NJW-RR 1985, 446; *KG* ZMR 1988, 347 f.; *OLG Düsseldorf* WE 1991, 252; enger *OLG Celle* ZWE 2002, 476). In diesem Fall kann das Gericht die Abberufung selbst anordnen und muss nicht die Wohnungseigentümer zur Mitwirkung verpflichten (*BayObLG* ZMR 1985, 390; *KG* ZMR 1988, 347). In dringenden Fällen kann das Gericht den Verwalter auf Antrag im Wege der einstweiligen Verfügung gemäß §§ 935 ff. ZPO suspendieren. Für die Anfechtung der abgelehnten Abberufung gilt hinsichtlich des wichtigen Grundes nicht deswegen ein strengerer Maßstab als bei der Anfechtung der Abberufung durch den Verwalter, weil sich dort eine Mehrheit gegen ihn ausgesprochen hat, während sie ihm hier ihr Vertrauen entgegenbringt. »Grundsätzlich kann es bei der gerichtlichen Überprüfung eines Eigentümerbeschlusses auch keine Rolle spielen, dass sich die Mehrheit für die beanstandete Maßnahme ausgesprochen hat« (*BayObLG* NJW-RR 1998, 303). Liegt ein wichtiger Grund zur Abberufung des Verwalters vor, entspricht es regelmäßig nicht ordnungsmäßiger Verwaltung, gleichwohl von der Abberufung abzusehen (so richtig *OLG Hamm* ZMR 2004, 854; enger *OLG Celle* ZWE 2002, 476). Die Mehrheitsentscheidung für eine nicht ordnungsmäßige Verwaltung ist hier nicht schützenswerter als in anderen Fällen (vgl. o. Rn. 12). Sofern der Verwalter vor Beendigung des Verfahrens bestandskräftig wieder bestellt wird oder ohnehin ausscheidet, liegt Erledigung in der Hauptsache vor (*OLG Düsseldorf* ZMR 2006, 545; *OLG Köln* ZMR 2006, 471; vgl. o. Rn. 15). Eine Ausnahme wird dann zugelassen, wenn die Entscheidung noch Auswirkungen auf andere Ansprüche, etwa auf Vergütungsansprüche haben kann (*OLG Köln* ZMR 2006, 472; *OLG München* ZMR 2006, 473 f.).

VI. Die Ungültigerklärung der Abberufung und ihre Folgen

Im Falle einer erfolgreichen Anfechtung würde die Abberufung nach allgemeinen Regeln rückwirkend unwirksam. Hiervon dürften allerdings weitgehende Ausnahmen zu machen sein. Da Beschlüsse bis zu ihrer rechtskräftigen Ungültigerklärung gemäß § 23 Abs. 4 S. 2 WEG wirksam sind, hat der neue Verwalter das Recht und die Pflicht, das Amt des Verwalters auszuüben. Seine zwischenzeitlich vorgenommenen Handlungen den Wohnungseigentümern gegenüber (etwa die Einberufung von Eigentümerversammlungen) können daher in analoger Anwendung von § 32 FGG ebenso wenig angefochten werden, wie seine Rechtshandlungen nach außen vollmachtslos sind (*KG* NJW-RR 1989, 840 = WE 1989, 133; *OLG Hamm* ZMR 2007, 134; *Bärmann/Pick/Merle* § 26 Rn. 221; vgl. *BGH* ZMR 1997, 310; zur Fortgeltung von Grundsätzen des Verfahrens der freiwilligen Gerichtsbarkeit s. o. Rn. 16). Bis zur rechtskräftigen Ungültigerklärung der Abberufung kommen die organschaftlichen Befugnisse alleine dem neuen Verwalter zu. Sein Amt endet erst mit der Rechtskraft der Ungültigerklärung, dann aber ohne weiteres (*OLG Hamm* ZMR 2003, 53). Umgekehrt erlangen bis dahin vorgenommene Handlungen des alten Verwalters nicht rückwirkend Wirkung für und gegen die Wohnungseigentümer. Anderes wäre mit den schutzwürdigen Belangen des Rechtsverkehrs nicht zu vereinbaren.

32

VII. Die Amtsniederlegung

Nicht nur die Wohnungseigentümer, auch der Verwalter selbst kann seine organschaftliche Stellung, wie allgemein anerkannt ist, durch Amtsniederlegung beenden (*BayObLG* ZMR 2000, 47). Diese enthält in aller Regel zugleich die Kündigung des Verwaltervertrages (*BayObLG* NJW-RR 2000, 158 = ZMR 2000, 47). Die früheren, dogmatisch interessanten Probleme, wem gegenüber die Amtsniederlegung zu erklären ist und wann sie wirksam wird (vgl. *OLG München* NJW-RR 2005, 1470 = ZMR 2005, 981), dürften nach neuem Recht einfacher zu lösen sein als bislang. Da der Verband nach § 10 Abs. 6 S. 3 WEG für gemeinschaftsbezogene Rechte und Pflichten zuständig ist, zu denen auch diejenigen aus dem mit ihm geschlossenen Verwaltervertrag gehören, muss die Amtsniederlegung ihm gegenüber, nicht den Wohnungseigentümern erklärt werden (so auch *Niedenführ/Kümmel/Vandenhouten* § 26 Rn. 112). Da die Amtsniederlegung zweifellos zu den Geschäften gehört, die der Verwalter nicht sich selbst gegenüber vornehmen kann, muss er sie entweder nach § 27 Abs. 3 S. 2 WEG allen Wohnungseigentümern oder dem nach § 27 Abs. 3 S. 3 WEG zum Vertreter Bestellten erklären. Auch ohne Bestellung eines Vertreters nach § 27 Abs. 3 S. 3 WEG gestaltet sich dies jedoch in der Praxis weit einfacher als bisher. Denn das vom Gesetzgeber gewählte Modell der Gesamtvertretung des Verbandes durch alle Wohnungseigentümer greift einen allgemeinen Rechtsgrundsatz zum Schutze des Rechtsverkehrs auf, dass die innere Organisation im Bereich des Erklärungsempfängers Außenstehenden die Zuleitung von Willenserklärungen nicht bis zur Unzumutbarkeit erschweren darf. Selbst die Zustellung staatlicher Hoheitsakte muss daher nach § 170 Abs. 3 ZPO nur an einen Gesamtvertretungsberechtigten erfolgen, so dass für die Abgabe privater Willenserklärungen nichts anderes gelten kann (vgl. u. § 27 Rn. 78). In der Folge genügt es also, Willenserklärungen nur einem Wohnungseigentümer gegen-

33

§ 26 | Bestellung und Abberufung des Verwalters

über abzugeben, um Wirkung gegen den Verband zu erreichen (BGHZ 62, 166, 173; *Merle* ZWE 2006, 370; *Reichert* ZWE 2006, 478; *Niedenführ/Kümmel/Vandenhouten* § 26 Rn. 112). Im Übrigen dürfte Unzulänglichkeiten im Zugang dieser Erklärung kaum jemals praktische Bedeutung zukommen. Denn die Wohnungseigentümer werden einen amtsunwilligen Verwalter schwerlich auf Fortführung seines Amtes in Anspruch nehmen (vgl. anschaulich – zum umgekehrten Fall der Abberufung – *Deckert* Die ETW, Gr. 4 Rn. 1615). Dies umso weniger, als die Verwalterpflichten grundsätzlich persönlich zu erbringen sind (vgl. u. Rn. 44), womit die Vollstreckung eines entsprechenden Titels nach § 888 Abs. 3 ZPO nicht durchsetzbar wäre (vgl. Staudinger / *Bub* § 26 Rn. 485). Lange Vakanzen sind daher nicht zu erwarten, da die Wohnungseigentümer nach allgemeiner Lebenserfahrung alsbald einen neuen Verwalter bestellen, womit der vormalige selbst bei fehlerhafter Amtsniederlegung abberufen ist, da nicht zwei Verwalter nebeneinander amtieren können (s. o. Rn. 18). Für Eigentümer und Rechtsverkehr ergeben sich somit keinerlei Unklarheiten, zumal Ansprüche aus § 280 Abs. 1 BGB wegen einer Amtsniederlegung zur Unzeit unberührt bleiben. Ähnliches gilt für Ansprüche des Verwalters aus § 628 Abs. 2 BGB, die bei einer von den Wohnungseigentümern zu verantwortenden Amtsniederlegung in Betracht kommen (*BayObLG* NJW-RR 2000, 158 = ZMR 2000, 47 f.). Dabei kommen beim Fehlverhalten eines Wohnungseigentümers bzw. Mitgliedes des Verwaltungsbeirats, das den anderen nicht zuzurechnen ist, auch Ansprüche gegen den jeweils Verantwortlichen in Betracht (*BayObLG* ZMR 2000, 49). Auch hier bedarf es aber einer fristgerechten Erklärung, die allerdings nicht binnen zwei Wochen nach § 626 Abs. 2 BGB, sondern innerhalb angemessener Frist erfolgen muss (*BayObLG* NJW-RR 2000, 159 = ZMR 2000, 48f).

VIII. Sonstige Beendigungsgründe

34 Daneben kann die Verwalterstellung durch Tod des Verwalters (BayObLGZ 1987, 57; *BayObLG* NJW-RR 2002, 734 = ZMR 2002, 534) bzw. bei Gesellschaften durch Liquidierung enden (BayObLGZ 1990, 173, 176; *OLG Düsseldorf* NJW-RR 1990, 1300). Eine Gesamtrechtsnachfolge tritt nicht ein, da es sich bei der Ausübung der Verwaltertätigkeit um eine höchstpersönliche Verpflichtung handelt (*OLG Köln* ZMR 2006, 385 f.; vgl. u. Rn. 44).

E. Der Verwaltervertrag

I. Die Rechtsnatur des Verwaltervertrags

35 Die schuldrechtlichen Beziehungen zwischen Verband, Wohnungseigentümern und Verwalter – der Verwaltervertrag – sind im Gesetz nicht geregelt oder auch nur angesprochen. Nach den Grundsätzen körperschaftlicher Personenvereinigungen ist die schuldrechtliche Beziehung zwischen Verband und Wohnungseigentümern einerseits und Verwalter andererseits allerdings von seiner organschaftlichen Bestellung zu unterscheiden. Danach sind Verband und Verwalter bei entgeltlicher Verwaltertätigkeit schuldrechtlich regelmäßig durch einen gemischten Vertrag mit Elementen aus Dienst- und Werkvertrag (etwa der Erstellung von Jahresabrechnung und Wirtschaftsplan) sowie der Geschäftsbesorgung verbunden (*BGH* ZMR 1997, 310; *BayObLG* NJW-RR 1987, 78; ZMR 2000, 852; 2002, 690; *OLG Hamm* NJW-RR 1993, 846). Nur ausnahmsweise, bei unentgeltlicher Tätigkeit des Verwalters in kleineren Wohnanlagen, wird von einem Auftragsverhältnis gemäß §§ 662 ff. BGB auszugehen sein. In jedem Fall hat der Verwalter Weisungen der Wohnungseigentümer zu befolgen und darf hiervon nur bei ihrem mutmaßlichem Einverständnis abweichen (§ 665 BGB). Anders als bei der Bestellung wird die Möglichkeit einer auflösenden Bedingung etwa für den Fall, dass die Abberufung des Vorverwalters angefochten ist, beim Verwaltervertrag allgemein anerkannt (*BGH* ZMR 1997, 310; *KG* NJW-RR 1990, 154; *OLG Zweibrücken* ZMR 2004, 66). Besteht Streit über die Wirksamkeit des Verwaltervertrags kann jeder Wohnungseigentümer ohne Ermächtigung durch die Eigentümerversammlung den Antrag auf Feststellung seiner Unwirksamkeit stellen (*OLG Hamm* NJW-RR 2001, 228 = ZMR 2001, 140).

II. Die Parteien des Verwaltervertrags

Als Parteien des Verwaltervertrags wurden nach bisheriger Rechtspraxis die Wohnungseigentümer einerseits und der Verwalter andererseits angesehen. Dies ist nunmehr, da neben die Wohnungseigentümer der teilrechtsfähige Verband als eigenständiges Rechtssubjekt getreten ist (*BGH* ZMR 2005, 547 ff.), zu modifizieren. Denn der Verwaltervertrag gehört zu den Teilbereichen des Rechtslebens,»bei denen die Wohnungseigentümer im Rahmen der Verwaltung des gemeinschaftlichen Eigentums als Gemeinschaft am Rechtsverkehr teilnehmen« (*BGH* ZMR 2005, 555). In diesen Teilbereichen ist aber nunmehr grundsätzlich der Verband selbst Vertragspartner und insbesondere Schuldner der Gegenleistung (insoweit richtig *OLG Düsseldorf* ZMR 2007, 58). Der Verwalter bleibt aber weiterhin auch für die Wohnungseigentümer tätig, wie nunmehr in § 27 Abs. 1, 2 WEG ausdrücklich geregelt ist. Dies lässt sich nicht durch die Annahme eines Vertrages sowohl mit dem Verband als auch mit den Wohnungseigentümern vermeiden. Wollte man eine Vertragsbindung sowohl mit den Wohnungseigentümern als auch mit dem Verband annehmen, würde dies dessen Teilrechtsfähigkeit ignorieren, da sich hieraus seine vorrangige Zuständigkeit für Angelegenheiten der laufenden Verwaltung ergibt. Zudem ginge der mit der Teilrechtsfähigkeit angestrebte Vereinfachungseffekt verloren, wenn der Vertrag eben nicht nur mit dem Verband, sondern auch mit den einzelnen Wohnungseigentümern geschlossen würde. Hieraus ergäbe sich nämlich wiederum das Problem des Eintritts einzelner Sonderrechtsnachfolger in den Vertrag, das der *BGH* mit der Teilrechtsfähigkeit des Verbandes gerade lösen wollte (*BGH* ZMR 2005, 552 f.).

Ebenso steht die nunmehr doppelte Verpflichtung sowohl gegenüber dem Verband als auch gegenüber den Wohnungseigentümern der Annahme entgegen, schuldrechtliche Beziehungen bestünden nunmehr nur noch zwischen dem teilrechtsfähigen Verband und dem Verwalter. Denn dann bestünde kein vertraglicher Anspruch der Wohnungseigentümer mehr auf Tätigwerden in Angelegenheiten, die sie persönlich betreffen. Erst recht würde die unzulängliche Verrichtung dieser Aufgaben keine vertraglichen Schadensersatzansprüche mehr nach sich ziehen, wenn schuldrechtliche Beziehungen gar nicht mehr bestehen. Dies schließt auch die Annahme aus, es bestehe ein Vertrag zwischen Verband und Verwalter, der lediglich Schutzwirkungen zugunsten Dritter entfaltet (so aber *OLG Düsseldorf* ZMR 2007, 58). Denn das würde lediglich Schadensersatzansprüche der Wohnungseigentümer bei bestimmten Pflichtverletzungen begründen, aber keine primären Ansprüche, obwohl der Verwalter auch zur Tätigkeit für die Wohnungseigentümer verpflichtet ist. Am ehesten lässt sich dieses Problem dadurch lösen, dass man einen Vertrag zwischen teilrechtsfähigem Verband und Verwalter annimmt, der aber als **Vertrag zugunsten Dritter** ausgestaltet ist, nämlich soweit Leistungen für die Wohnungseigentümer betroffen sind (*OLG München* ZMR 2006, 955; *Hügel/Elzer* § 8 Rn. 43; *Niedenführ/Kümmel/Vandenhouten* § 26 Rn. 28). Dies wird dem Schwergewicht des Vertrages gerecht, der überwiegend Leistungen zugunsten des Verbandes regelt. Zudem entspricht diese Lösung dem rechtlichen Vorrang des teilrechtsfähigen Verbandes in Angelegenheiten der Verwaltung. Umgekehrt bleiben auf diesem Wege die Wohnungseigentümer gleichwohl berechtigt, bestimmte Leistungen des Verwalters zu beanspruchen, die sie selbst betreffen. Vor allem aber stellt die Sonderrechtsnachfolge kein unlösliches Problem dar, da nicht die Wohnungseigentümer zur Zeit des Vertragsschlusses Vertragspartner des Verwalters und somit auch Gesamtschuldner der Vergütung sind, sondern ausschließlich der teilrechtsfähige Verband. Diese Stellung wird vom Wechsel im Eigentümerbestand nicht berührt. Der Klassifikation des Verwaltervertrages als Vertrag zugunsten Dritter, steht selbstverständlich nicht die bisweilen geäußerte Befürchtung entgegen, die Wohnungseigentümer könnten wieder mit Pflichten belastet werden (*Hügel/Elzer* § 3 Rn. 49 entgegen § 8 Rn. 43). Bezeichnenderweise wurden diese Pflichten nicht näher konkretisiert. Denn der Dritte hat aus dem Vertrag bekanntlich nur ein Forderungsrecht. Er kann aber grundsätzlich nicht mit Pflichten aus einem Vertrag belastet werden, den er gar nicht geschlossen hat, da dies auf einen unzulässigen Vertrag zugunsten Dritter hinausläuft.

III. Zustandekommen des Verwaltervertrags

1. Regelungen zum Verwaltervertrag in der Teilungserklärung

38 Regelungen zum Verwaltervertrag können wie die Erstbestellung in der Gemeinschaftsordnung enthalten sein. Wie jene sind auch diese Bestimmungen nur formeller Bestandteil der Gemeinschaftsordnung und können mit Mehrheitsbeschluss abgeändert werden. Die rechtliche Bindung der Erwerber an diesen Verwaltervertrag ließ sich früher ohne dogmatische Schwierigkeiten nur durch Eintritt in den Vertrag etwa kraft entsprechender Bestimmung in den Kaufverträgen bewerkstelligen (BayObLGZ 1974, 310; *OLG Köln* OLGZ 1986, 412; für eine entsprechende Anwendung von § 10 Abs. 4 WEG BayObLGZ 1986, 370). Diese Hilfskonstruktionen wurde mit der Teilrechtsfähigkeit der Wohnungseigentümergemeinschaft entbehrlich, da danach diese selbst Vertragspartnerin ist (vgl. o. Rn. 36).

2. Der Abschluss des Verwaltervertrags

a) Der Abschluss durch alle Wohnungseigentümer

39 Der Verwaltervertrag kommt wie jeder Vertrag nach den allgemeinen Regeln zustande, bedarf also insbesondere des Angebotes und der Annahme. Dies kann zum einen dadurch geschehen, dass neben dem Verwalter alle Wohnungseigentümer den Vertrag abschließen. Diese Praxis kann auch nach der Teilrechtsfähigkeit der Wohnungseigentümergemeinschaft Fortgeltung beanspruchen. Denn nach § 27 Abs. 3 S. 2 WEG handeln alle Wohnungseigentümer für den Verband, wenn dieser, wie beim Abschluss des Verwaltervertrags, nicht durch den Verwalter vertreten werden kann. Die Möglichkeit des Vertragsschlusses durch alle Wohnungseigentümer dürfte aber auf Kleinanlagen beschränkt sein, da in größeren Liegenschaften kaum hunderte von Miteigentümern den Vertrag unterzeichnen werden, ganz abgesehen davon, dass die Wahl des Verwalters selten bei allen Miteigentümern auf Zustimmung stoßen wird. Daneben kann der Vertrag wohl nach wie vor schlüssig zustandekommen, wenn der Verwalter z. B. nach der Bestellung unter Entgegennahme des vorvertraglich begehrten Honorars die Arbeit aufnimmt (*BGH* ZMR 1997, 310; *BayObLG* WE 1997, 398). Hieran sind aber beim Verband, also einem Gebilde das seinen Willen grundsätzlich nur durch Beschluss zum Ausdruck bringen kann, höhere Anforderungen zu stellen als bei einer natürlichen Person (vgl. *KG* NJW-RR 2003, 1235). Hingegen dürfte die Auffassung, wonach auch die **Mehrheit der Eigentümer** als Unterzeichner des Vertrags genügen soll (*BayObLG* 1974, 310) nun in keinem Fall mehr aufrechtzuerhalten sein. Denn der teilrechtsfähige Verband kann von seinen Mitgliedern nur auf dem gesetzlich vorgesehenen Weg gebunden werden. Dies ist aber abgesehen vom übereinstimmenden Handeln aller Mitglieder nach § 27 Abs. 3 S. 2 WEG nur durch Beschluss möglich, der alleine durch die mehrheitliche Unterzeichnung eines Vertrages nicht zustande kommt. Hiervon ermöglicht auch das Prinzip der Gesamtvertretung keine Abweichung. Denn die Vertretung des Verbandes durch einzelne Wohnungseigentümer ist nur beim Empfang von Willenserklärungen möglich, nicht aber bei der Abgabe von Erklärungen (*Abramenko* § 5 Rn. 47).

b) Der Abschluss des Verwaltervertrags durch Bevollmächtigte

40 Zulässig und häufiger Handhabung entsprechend ist es auch, einen oder mehrere Miteigentümer, meist den Verwaltungsbeirat, seltener Außenstehende (etwa einen Anwalt) zur Entgegennahme von Vertragsangeboten und zum Aushandeln der Vertragsbedingungen im Einzelnen zu bevollmächtigen (*OLG Düsseldorf* ZMR 1998, 105; ZMR 2006, 871; *OLG Hamm* NJW-RR 2001, 228 f. = ZMR 2001, 140; *OLG Köln* NJW-RR 2002, 84 = ZMR 2002, 155 f.). Diese Praxis wird nunmehr durch § 27 Abs. 3 S. 3 WEG ausdrücklich legitimiert. Sofern noch ein Verwalter amtiert, steht § 27 Abs. 3 S. 1 Nr. 1 WEG dem nicht entgegen, da seine Vollmacht zur Entgegennahme von Willenserklärungen nicht abbedungen wird, sondern lediglich weitere Empfangsbevollmächtigte bestimmt werden (*Niedenführ/Kümmel/Vandenhouten* § § 26 Rn. 34; a. A. Staudinger/*Bub* § 26 Rn. 209). Diese Vollmacht wirkt gemäß § 10 Abs. 5 WEG auch gegen abwesende oder gegen ihre Erteilung stimmende Miteigentümer (BayObLGZ 1974, 309; *OLG Köln* NJW 1991, 1303 zum inhaltsgleichen § 10 Abs. 4 WEG a. F.). Dies ist jedenfalls dann zulässig, wenn dem Bevollmächtigten nicht völlig freie Hand gegeben, sondern Eckdaten für den Vertrag (insbesondere Dauer und Honorar) vorgegeben

werden (*OLG Köln* NJW-RR 2002, 84 = 156; NJW-RR 2003, 8 = ZMR 2003, 605 = NZM 2002, 1002; *OLG Hamburg* ZMR 2003, 776 u. 864). Ansonsten wird der Beschluss über die Bevollmächtigung jedenfalls mit seiner Bestandskraft unanfechtbar, da die Erteilung der Vollmacht keine Abänderung der Rechtslage für die Zukunft anstrebt, sondern einen konkreten Einzelfall regelt und sich darin erschöpft (*OLG Köln* NJW-RR 2003, 8 = ZMR 2003, 604 f. = NZM 2002, 1002). In der Folge wird zwischen dem Bevollmächtigten und dem Verwalter dann mit Wirkung für den Verband der Verwaltervertrag geschlossen. Gerade in diesen Fällen ist allerdings zu beachten, dass der Bevollmächtigte den Rahmen seiner Vollmacht einhält, da der Vertrag ansonsten zumindest teilweise unwirksam ist (*OLG Hamm* NJW-RR 2001, 229 = ZMR 2001, 141). Das liegt beim Abweichen von ausdrücklichen Vorgaben insbesondere zu Honorar und Laufzeit auf der Hand. Schwieriger sind Vollmachtsüberschreitungen oftmals bei der Übernahme ganzer Vertragsformulare zu erkennen. Die Vollmacht reicht nach h. M. nämlich nur so weit, als der Vertrag ordnungsgemäßer Verwaltung entspricht (*OLG Hamm* NJW-RR 2001, 229 = ZMR 2001, 141; *OLG Düsseldorf* ZMR 2006, 871). Dies ist jedenfalls bei Klauseln, die von Gemeinschaftsordnung oder Gesetz abweichen oder die Eigentümer bzw. den teilrechtsfähigen Verband in unüblichem Maße belasten, nicht der Fall. So bedarf es zur Verabredung von Haftungsbeschränkungen einer ausdrücklichen Ermächtigung im bevollmächtigenden Beschluss, da ein entsprechender Vertrag über die gesetzliche Regelung in § 280 Abs. 1 BGB bzw. § 823 BGB hinausgeht (*OLG Hamm* NJW-RR 2001, 230 = ZMR 2001, 142; vgl. u. Rn. 51 f.). Die Aufnahme von Sondervergütungen für Zusatzleistungen überschreitet die Vollmacht noch nicht, da derartige Vereinbarungen ordnungsmäßiger Verwaltung entsprechen können (*OLG Hamm* NJW-RR 2001, 229 = ZMR 2001, 141; vgl. u. Rn. 62 ff.). Anderes gilt natürlich dann, wenn die Vereinbarung im Widerspruch zum Beschluss über die Bestellung steht (*BayObLG* ZMR 2005, 63).

c) Der Beschluss über den Verwaltervertrag

Denkbar und im Hinblick auf die Rechtssicherheit sowie die Haftung des Bevollmächtigten sicherer als die Bevollmächtigung zum Abschluss des Verwaltervertrags ist eine Annahme des ausgehandelten Vertrags bzw. die Unterbreitung eines entsprechenden Angebots durch Beschluss der Eigentümerversammlung (hierzu etwa *BayObLG* NJW-RR 1987, 1040; *OLG Hamm* NJW-RR 1993, 846). Denn dieser Beschluss erwächst ohne Anfechtung in Bestandskraft und bindet gemäß § 10 Abs. 5 WEG die Wohnungseigentümer und ihre Sondernachfolger, auch diejenigen, die bei der Beschlussfassung nicht zugegen waren oder überstimmt wurden (BayObLGZ 1974, 309 f.; *OLG Köln* NJW 1991, 1303 zum inhaltsgleichen § 10 Abs. 4 WEG a. F.). Das Problem einer fehlenden Vollmacht stellt sich dann nicht mehr. Unwirksam könnten nur noch nichtige Vertragsbestandteile sein. Dies kann insbesondere dann der Fall sein, wenn der Vertrag Bestimmungen enthält, die auf eine dauerhafte Abänderung von Gesetz oder Gemeinschaftsordnung hinauslaufen (vgl. u. Rn. 48). Anders als bei der Bestellung darf ein Wohnungseigentümer, der sich um das Verwalteramt beworben hat, bei der Beschlussfassung über Abschluss oder Änderung des Verwaltervertrages nicht mitstimmen, weil es hier ein Rechtsgeschäft nach § 25 Abs. 5 WEG geht (*BayObLG* WE 1987, 45; *KG* NJW-RR 1986, 642 f.; *Niedenführ/Kümmel/Vandenhouten* § 27, § 26 Rn. 34; a. A. *Staudinger/Bub* § 26 Rn. 207). Dieses Verbot gilt auch für Wohnungseigentümer, deren persönliches Interesse am Vertragsabschluss aufgrund enger wirtschaftlicher Verbindung demjenigen des Verwalters gleichsteht (*KG* NJW-RR 1986, 642 f.). Wenn ihn andere Wohnungseigentümer für die Abstimmung bevollmächtigten, darf er aber Untervollmachten erteilen, sofern er keine Weisungen zum Stimmverhalten gibt. Denn die Unterbevollmächtigten treten nicht für ihn, sondern für die Vollmachtgeber auf (*BayObLG* WuM 1999, 59). Im Falle einer Anfechtung ist der Beschluss über den Vertrag für ungültig zu erklären, wenn er nicht ordnungsgemäßer Verwaltung entspricht (*OLG Düsseldorf* ZWE 2001, 221). Das ist insbesondere bei überhöhten Vergütungen der Fall, aber auch dann, wenn ein vom Verwalter verwendeter Formularvertrag der Kontrolle nach §§ 305 ff. BGB nicht standhält (*BayObLG* WuM 1991, 313; vgl. u. Rn. 47). In letzterem Fall kommt allerdings eine Teilnichtigkeit gemäß § 139 BGB in Frage, wenn anzunehmen ist, dass der Vertrag auch ohne den nichtigen Teil geschlossen worden wäre. Gerade beim Beschluss über den Verwaltervertrag ist zu beachten, dass die juristische Trennung von Bestellung und Abschluss des Verwaltervertra-

41

§ 26 | Bestellung und Abberufung des Verwalters

ges in der Praxis häufig ignoriert wird. Sie fallen etwa dann in einem Akt zusammen, wenn die »Wiederbestellung zu den bisherigen Konditionen« beschlossen wird und der Verwalter dies annimmt (*BayObLG* WE 1991, 223). Ähnliches gilt, wenn ein Bewerber von der Eigentümerversammlung unter Bezugnahme auf ein vorab unterbreitetes Angebot bestellt wird.

d) Beschlüsse über die Abänderung des Verwaltervertrags

42 Hingegen kann der Verwaltervertrag nicht einseitig durch Mehrheitsbeschluss mit Wirkung gegen den Verwalter abgeändert werden. Wie jeder Vertrag kann der Verwaltervertrag nur im Einvernehmen beider Seiten geändert werden, wobei dies auf Seiten der Wohnungseigentümergemeinschaft wiederum durch Mitwirkung aller Miteigentümer, durch Bevollmächtigte oder Beschluss erfolgen kann. Auch der Beschluss über eine Abänderung muss ordnungsmäßiger Verwaltung entsprechen, was bei (hohen) rückwirkenden Erhöhungen der Vergütung regelmäßig nicht der Fall ist (*OLG Düsseldorf* ZMR 1998, 653 f.). Andererseits kann u. U. ein Anspruch der Miteigentümer aus § 21 Abs. 4 WEG auf Anpassung des Vertrags bestehen, wenn etwa sonst ein fähiger Verwalter seine Tätigkeit zum nächst möglichen Termin kündigen will (vgl. *KG* ZMR 1986, 96).

e) Der Eigentümerwechsel

43 Keine Probleme bereitet nach der Rechtsprechung zur Teilrechtsfähigkeit der Wohnungseigentümergemeinschaft und ihrer Anerkennung durch den Gesetzgeber mehr der Eigentümerwechsel. Nach früherer Rechtspraxis, die die Wohnungseigentümer als Vertragspartner ansah, bedurfte es des Eintritts des Sonderrechtsnachfolgers in den Verwaltervertrag, was entweder durch (analoge) Anwendung von § 10 Abs. 4 WEG a. F. (*BayObLGZ* 1986, 369 f.; *KG* WE 1994, 55; *OLG Köln* NZM 1998, 875; *OLG Hamm* ZWE 2000, 480) oder durch einen (fingierten) rechtsgeschäftlichen Vorgang (*Staudinger/Rapp* 12. Aufl., Einl. WEG Rn. 54; *Ott* ZMR 2002, 172) bewerkstelligt wurde. Nunmehr ist der teilrechtsfähige Verband Vertragspartner (vgl. o. Rn. 36 f.), so dass die Vertragsbeziehungen von Eigentümerwechseln unberührt bleiben.

IV. Der Inhalt des Verwaltervertrags

1. Gesetzlich vorausgesetzte Pflichten

a) Persönliche Erbringung der Verwalterleistung

44 Der Verwalter hat seine Dienste nach § 664 Abs. 1 BGB grundsätzlich persönlich zu erbringen und darf sie nicht ohne Zustimmung der Wohnungseigentümer auf Dritte übertragen (*OLG Hamm* NJW-RR 1997, 143 = ZMR 1996, 679; NJW-RR 2004, 1383; *BayObLG* NJW-RR 1997, 1444 = ZMR 1998, 175; 2002, 534). Dass er sich die Übertragung der Verwalterstellung auf Dritte nicht vertraglich vorbehalten kann, folgt schon aus § 26 Abs. 1 S. 5 WEG, da hierdurch die Mitsprache der Eigentümer bei der Bestellung des Verwalters ausgeschlossen würde (vgl. *BayObLG* NJW-RR 1997, 1443; *KG* ZMR 2002, 695). Selbst eine entsprechende Regelung in der Gemeinschaftsordnung wäre nichtig (BayObLGZ 1975, 330). Auch beim Wechsel der Rechtsform wird die neue Gesellschaft nicht ohne Zutun der Wohnungseigentümer neue Verwalterin (*OLG Düsseldorf* NJW-RR 1990, 1300; *BayObLG* ZMR 2001, 367 u. NJW-RR 2002, 734 = ZMR 2002, 533). Der Wechsel des persönlich haftenden Gesellschafters führt aber nicht zum Verlust der Verwaltereigenschaft, da die Gesellschaft unverändert fortbesteht (*BayObLG* NJW-RR 1988, 1170). Wird in einem Prozess demjenigen, dem die Verwaltung ohne Zustimmung der Wohnungseigentümer übertragen wurde, zugestellt, ist die Zustellung fehlerhaft (*KG* ZMR 2002, 695). Der Verwalter kann aber Hilfskräfte beschäftigen oder einzelne Aufgaben auf Dritte übertragen (*OLG Hamm* NJW-RR 1997, 143 = ZMR 1996, 679; NJW-RR 2004, 1383; *BayObLG* NJW-RR 1997, 1444; *KG* ZMR 2002, 695; *LG Flensburg* NJW-RR 1999, 597). Allerdings dürfen hierdurch keine oder allenfalls im Vertrag bereits bezifferte Zusatzkosten auf den Verband zukommen (*OLG Düsseldorf* NJW-RR 2001, 662 = ZMR 2001, 305; ZMR 2006, 872). Dabei kann die widerspruchslose Hinnahme der Tätigkeit Dritter die Bestellung grundsätzlich nicht ersetzen, da sie allenfalls als ein (konkludentes) Angebot zum Abschluss eines Verwaltervertrags, aber nicht als ein die erforderlichen Formalien einhaltender Beschluss angesehen werden kann (BayObLGZ 1987, 59 *OLG Schleswig* WE 1997, 389; a. A. *OLG Hamm* NJW-RR 1997, 143 f. = ZMR 1996, 680; *OLG Düsseldorf* ZMR 2004, 135 f.).

b) Pflichten aus dem WEG

Im Verwaltervertrag oftmals gar nicht ausdrücklich geregelt, da selbstverständlich, sind die im Gesetz verbindlich geregelten Verwaltungstätigkeiten (*BayObLG* NJW-RR 1996, 1298 = WuM 1996, 445 = WE 1997, 39). So ist dem Vertrag jedenfalls im Wege ergänzender Auslegung zu entnehmen, dass sich der Verwalter in Übereinstimmung mit § 24 Abs. 1 WEG zur Einberufung der jährlichen Eigentümerversammlung und gemäß § 28 Abs. 1 und 3 WEG zur Erstellung von Wirtschaftsplan und Jahresabrechnung verpflichtet (*BayObLG* NJWE-MietR 1997, 162; *OLG Köln* ZMR 1999, 789). Ähnliches gilt für die Rechnungslegung gemäß § 28 Abs. 4 WEG. 45

c) Weitere Pflichten aus dem Geschäftsbesorgungsverhältnis

Ferner hat er die Wohnungseigentümer nach § 666 BGB über wesentliche Vorgänge, insbesondere über Rechtsstreitigkeiten zu informieren, wobei die Pflicht zur Benachrichtigung über neue Verfahren nun in § 27 Abs. 1 Nr. 7 WEG normiert ist. Des Weiteren hat er gemäß §§ 675, 667 BGB alles, was er im Rahmen seiner Verwaltungstätigkeit erlangt, herauszugeben, auch unrechtmäßig in Anspruch genommene Vorteile wie Versicherungsprovisionen (*OLG Düsseldorf* ZMR 1998, 307; vgl. u. Rn. 78 ff.). 46

2. Ergänzungen der gesetzlichen Regelungen im Verwaltervertrag

Die gesetzlichen Bestimmungen sind indessen nicht abschließend und häufig auch nicht zwingend. Die Vertragsparteien können folglich abweichende Regelungen vereinbaren, sofern nicht unabdingbares Recht (wie §§ 26 Abs. 1 S. 5, Abs. 2, 27 Abs. 1 bis 3 WEG) betroffen ist. Zudem müssen sich vom Verwalter vorformulierte Verträge an der Inhaltskontrolle nach §§ 305 ff. BGB messen lassen (vgl. *Furmans* WE 2002, 77 ff.; *Gottschalg* WE 2003, 41 ff.). Häufig wird es sich empfehlen, die gesetzlichen Regelungen im Verwaltervertrag zu ergänzen. Dies betrifft vor allem den für die Praxis häufig zu restriktiven Katalog der Aufgaben und Befugnisse in § 27 WEG. So ist das Erfordernis der jedesmaligen Ermächtigung zur Geltendmachung von Ansprüchen auch nach neuem Recht nicht entfallen, da § 27 Abs. 2 Nr. 3 WEG (überflüssigerweise) nur zur Geltendmachung von Ansprüchen der Wohnungseigentümer, nicht aber des Verbandes berechtigt. Für den Verband bedarf es weiterhin einer nunmehr in § 27 Abs. 3 S. 1 Nr. 7 WEG vorgesehenen Ermächtigung. Dies führt in großen Wohnanlagen, in denen erfahrungsgemäß mindestens ein säumiger Miteigentümer lebt, zu erheblichem Aufwand, wollte man für jedes Beitreibungsverfahren einen Beschluss fassen. Die über § 27 Abs. 3 S. 1 Nr. 7 WEG hinausgehende Ermächtigung zur Geltendmachung von Ansprüchen erspart also erheblichen Aufwand samt Kosten (*OLG Hamm* ZMR 2001, 142). Darüber hinaus kann dem Verwalter die Arbeit dadurch wesentlich erleichtert werden, dass die Wohnungseigentümer im Verwaltervertrag zur Teilnahme am Lastschriftverfahren verpflichtet werden können. Dabei kann nunmehr nach § 21 Abs. 7 WEG auch eine Zusatzvergütung für die nicht hieran teilnehmenden Wohnungseigentümer beschlossen werden, was nach dem Ende des Zitterbeschlusses nicht möglich war (*OLG München* ZMR 2006, 961; zur neuen Rechtslage s. *Abramenko* § 2 Rn. 17). Umgekehrt sollte auch die Information der Wohnungseigentümer wesentlich vereinfacht werden und eine Pflicht zur Versendung der Niederschrift, die das Gesetz nicht vorsieht (*BayObLG* NJW-RR 1989, 656) in den Verwaltervertrag aufgenommen werden. Ebenso empfiehlt sich eine Regelung zur Kontenführung, da Treuhandkonten zwar immer noch als zulässig angesehen werden, aber für die Wohnungseigentümer erhebliche Risiken in sich bergen. Darüber hinaus kann dem Verwalter die Verantwortung für die Verkehrssicherheit der Anlage teilweise oder zur Gänze auferlegt werden (*BayObLG* NJW-RR 2005, 100 = ZMR 2005, 137; *OLG München* ZMR 2006, 226). 47

3. Der Verwaltervertrag und abweichende Regelungen in der Gemeinschaftsordnung

Die Pflichten des Verwalters wie auch die zu ihrer Erfüllung erforderlichen Befugnisse können gleichfalls im Rahmen der durch Gemeinschaftsordnung und zwingendes Recht vorgegebenen Grenzen im Verwaltervertrag geregelt werden. Dabei war nach früherem Recht eine mittelbare Abänderung der Teilungserklärung allerdings schlechthin ausgeschlossen. Traf die Gemeinschaftsordnung etwa eine unzweckmäßige Regelung zur Verteilung von Kosten, konnte sie nicht dadurch ausgehebelt werden, dass im Verwaltervertrag Befugnisse zu einer abweichenden Kos- 48 tenverteilung verabredet wurden. Denn der Verwaltervertrag regelt nur die Beziehungen von Verband und Wohnungseigentümern zum Verwalter, lässt aber das Innenverhältnis unberührt. Die betroffen Wohnungseigentümer hätten also den anderen Miteigentümern gegenüber nach wie vor einen Anspruch auf Abrechnung nach dem Verteilungsschlüssel der Gemeinschaftsordnung gehabt. Dies kann nunmehr nach Einführung neuer Beschlusskompetenzen im Gesetz (etwa §§ 16 Abs. 3, 4, 21 Abs. 7 WEG) anders zu beurteilen sein, soweit die dortigen Voraussetzungen erfüllt sind. Denn die Abänderung z. B. des Kostenverteilungsschlüssels wird auch konkludent im Zusammenhang mit dem Beschluss über den Verwaltervertrag möglich sein. Der Rechtsklarheit wegen wird sich aber eine getrennte und ausdrückliche Beschlussfassung über beide Gegenstände empfehlen. Sind die Voraussetzungen für die Änderung der Teilungserklärung kraft gesetzlicher Öffnungsklausel nicht erfüllt, bleibt der Weg einer mittelbaren Abänderung über den Verwaltervertrag ausgeschlossen. Im Übrigen dürfte einem Bevollmächtigten der Wohnungseigentümer die Vollmacht zur Verabredung solcher Vertragsbedingungen entgegen der Gemeinschaftsordnung fehlen, so dass die entsprechende Regelung keine Wirkung gegen die Miteigentümer entfaltet. Selbst der Eigentümerversammlung dürfte die Kompetenz abgehen, den Abschluss eines Verwaltervertrags zu beschließen, der abstrakt-generell von der Gemeinschaftsordnung abweichende Regelungen vorsieht (s. schon *BayObLG* NJW-RR 1989, 1170 = BayObLGZ 1989, 347; vgl. *OLG Hamm* NZM 2000, 505; ZMR 2001, 142; a. A. Nie*denführ/Kümmel/Vandenhouten* § 26 Rn. 60). Hingegen sind lediglich vereinbarungswidrige Regelungen im Verwaltervertrag, etwa zur Haftung des Verwalters, die die Gemeinschaftsordnung nicht abändern wollen, sondern nur im Einzelfall missachten, nur anfechtbar.

4. Der Verwaltervertrag und ergänzende Regelungen in der Gemeinschaftsordnung

49 Allerdings ist entgegen der Rspr. des *OLG Köln* (ZMR 2004, 146 f. u. 216) zur Verwaltervollmacht nicht jede über die Gemeinschaftsordnung hinausgehende Bestimmung als Vereinbarungsänderung anzusehen. Es kommt insoweit darauf an, ob die Gemeinschaftsordnung von vorneherein nur partielle Regelungen treffen oder insoweit abschließend sein will. Will die Gemeinschaftsordnung nur einzelne Aspekte regeln oder die Befugnisse des Verwalters sogar ausdrücklich erweitern, so trifft sie gerade keine Regelung zu anderen Zusammenhängen. Diese offen gebliebenen Regelungszusammenhänge stünden somit der Ergänzung durch einen vereinbarungsersetzenden Beschluss offen und können folglich auch im Verwaltervertrag geregelt werden.

5. Die Bevollmächtigung des Verwalters im Verwaltervertrag

50 Besonders sinnvoll ist in diesem Zusammenhang eine ergänzende Regelung zur unvollständigen Ermächtigungsvorschrift in § 27 Abs. 3 S. 1 Nr. 7 WEG. Denn die jeweilige Ermächtigung des Verwalters für Beitreibungsverfahren durch Beschluss ist gerade in großen Wohnanlagen mit einem kaum verkraftbaren Aufwand verbunden. Ähnliches gilt für die Vergabe jedenfalls kleinerer Reparaturarbeiten. Im Hinblick auf eine restriktive Rspr. (*OLG Düsseldorf* ZMR 2001, 303 ff.; a. A. etwa *Niedenführ/Kümmel/Vandenhouten* § 26 Rn. 51) ist aber vorsichtshalber zu verabreden, dass Instandhaltungs- und Instandsetzungsarbeiten nur bis zu einer (nicht allzu hohen) Obergrenze und einer Maximalsumme für das Wirtschaftsjahr keiner Beschlussfassung bedürfen.

6. Haftung und Haftungserleichterungen

a) Die Haftung für eigenes Verschulden

51 Daneben können auch Erleichterungen zugunsten des Verwalters verabredet werden. Insbesondere ist eine Beschränkung der Haftung auf Vorsatz und grobe Fahrlässigkeit in Betracht zu ziehen. Dies kann aber als einseitiger Rechtsverzicht ordnungsmäßiger Verwaltung widersprechen, sondern nur im Hinblick auf geringere Kosten bei Versicherungen, Nachlässe beim Honorar oder sonstige Gegenleistungen (*BayObLG* NJW-RR 2003, 663 = ZMR 2003, 283; ähnlich *OLG Hamm* NJW-RR 2001, 230 = ZMR 2001, 142). Auch die Verkürzung der Verjährungsfrist ist in AGB nicht möglich (*OLG Düsseldorf* ZMR 2006, 872; *OLG München* ZMR 2007, 221). Der Verwalter kann als Wohnungseigentümer oder als Bevollmächtigter hierüber nicht mitstimmen (*BayObLG* NJW-RR 2003, 663 = ZMR 2003, 282). Bei Formularverträgen kann nach § 309 Nr. 7a, b BGB bei Verletzung

von Leben, Körper und Gesundheit die Beschränkung der Haftung gar nicht ausgeschlossen und im Übrigen nur auf vorsätzliche und grob fahrlässige Pflichtverletzung beschränkt werden. Auch hier dürfte die Haftung für eine Verletzung so genannter Kardinalpflichten nicht ausgeschlossen werden können (vgl. BGHZ 89, 367; *Gottschalg* DWE 2003, 43; *Niedenführ/Kümmel/Vandenhouten* § 26 Rn. 56). Bei der Frage, ob die Wohnungseigentümer durch Mehrheitsbeschluss darauf verzichten können, bereits entstandene Schadensersatzansprüche gegen den Verwalter geltend zu machen, besteht nur ein sehr begrenzter Ermessensspielraum (*OLG Düsseldorf* ZMR 2000, 243 f.). Ein solcher Verzicht kann allenfalls in besonderen Konstellationen ordnungsmäßiger Verwaltung entsprechen, wenn etwa die Vollstreckung eines erstrittenen Titels ohnehin kaum Aussicht auf Erfolg verspricht oder schon das Erkenntnisverfahren mit hohen Risiken behaftet wäre (*OLG Hamm* NJW-RR 2004, 809 = ZMR 2004, 855)

Ohne wirksame Haftungsbeschränkung haftet der Verwalter aus § 280 Abs. 1 BGB für jede Fahrlässigkeit bei der Verletzung vertraglicher Pflichten (*OLG Celle* ZMR 2004, 846 ff. noch zur Rechtslage vor der Schuldrechtsmodernisierung). Daneben können auch Schadensersatzansprüche aus Delikt (§ 823 BGB) und auch aus §§ 836, 838 BGB wegen Ablösung von Gebäudeteilen in Betracht kommen (*OLG Zweibrücken* ZMR 2002, 783; *BayObLG* NJW-RR 1995, 588). Bei der Verletzung von Verkehrssicherungspflichten kann der Verwalter auch Dritten gegenüber haften, ebenso bei Überschreitung seiner Vollmachten aus § 179 BGB. Ihnen gegenüber ist eine Haftungsbeschränkung durch Vertrag oder Gemeinschaftsordnung nicht möglich, da dies auf einen Vertrag zu Lasten Dritter hinausliefe. Der Verschuldensmaßstab richtet sich dabei nach dem, was von einem ordentlichen und gewissenhaften Durchschnittsverwalter verlangt werden kann (*BGH* ZMR 1996, 276). Ist der Verwalter Kaufmann, so hat er seine Pflichten mit der Sorgfalt eines ordentlichen Kaufmanns zu erfüllen (*BayObLG* ZMR 1997, 431; ZMR 2002, 690 = NZM 2002, 565). Sonderwissen und Sondervergütungen erhöhen die Anforderungen (*BGH* ZMR 1996, 276; *BayObLG* WE 1991, 23). Dies ist insbesondere dann zu bejahen, wenn im Hinblick hierauf Sondervergütungen etwa für die Überwachung von Baumaßnahmen vereinbart wurden. Bei Inanspruchnahme besonderen Vertrauens kann es auch zum Haftungsdurchgriff auf den Geschäftsführer einer Verwaltungsgesellschaft kommen (*LG Krefeld* ZMR 2007, 72). Ein Mitverschulden der Wohnungseigentümer ist nicht mehr ohne weiteres anspruchsmindernd zu berücksichtigen, wenn der Verband geschädigt wurde (*Abramenko* ZMR 2006, 413; zur alten Rechtslage s. noch *OLG Celle* ZMR 2004, 847). Es kann aber im Wege der Drittwiderklage geltend gemacht werden und im Einzelfall, wenn die Eigentümer etwa auf der Ausführung eines anfechtbaren Beschlusses bestehen, sogar zu einem vollständigen Freistellungsanspruch führen. Sofern der Verwalter mit der Erfüllung seiner Pflichten in Verzug ist, kann auch ein Anspruch aus §§ 286, 280 Abs. 2 BGB in Betracht kommen (*BayObLG* ZMR 1998, 358; 2000, 315 f.). Die Ansprüche von Verband und Wohnungseigentümern gegen den Verwalter verjähren gemäß §§ 195, 199 BGB in drei Jahren ab Kenntnis des Schadens (Niedenführ / Kümmel / Vandenhouten § 27 Rn. 106).

b) Einzelfälle haftungsbegründender Pflichtverletzungen

Im Einzelnen kommt eine Haftung des Verwalters etwa in Betracht, wenn er
- schuldhaft etwa durch fehlerhafte Einschätzung der Beschlussfähigkeit oder die Vorlage fehlerhafter Beschlussvorlagen die **Anfechtbarkeit** von Beschlüssen verursacht (*BGH* ZMR 1998, 172 f.; *BayOLG* ZMR 2000, 325; ZMR 2003, 521 u. 762)
- auf eine zinsbringende **Anlage** von Geldern der Gemeinschaft verzichtet, die kurzfristig nicht benötigt werden (BayObLG NJW-RR 1995, 530)
- bei Erkenntnissen über **asbesthaltige** Bauteile nicht unverzüglich die Eigentümergemeinschaft hierüber in Kenntnis setzt (*OLG Köln* NJW-RR 2006, 89)
- **Aufträge** ohne Beschluss der Wohnungseigentümer eigenmächtig vergibt (*OLG Celle* ZMR 2001, 643 f.)
- **bauliche Veränderungen** ohne Rechtsgrundlage genehmigt (BGHZ 115, 258 f.)
- es unterlässt, auf **Baumängel** im Gemeinschaftseigentum vor Ablauf der Gewährleistung hinzuweisen, wenn den darüber nicht informierten Wohnungseigentümern hieraus ein Schaden erwächst (*OLG Hamm* ZMR 1996, 680; *BayObLG* ZMR 2001, 559 u. 2003, 216 f.; NJW-RR 2003,

79; *OLG Düsseldorf* 2002, 858), wobei der Schaden auch Sachverständigenkosten zur Vorbereitung der Nachbesserung umfasst (*BayObLG* ZMR 2002, 957). Eine Pflichtverletzung scheidet nur aus, wenn sämtliche Wohnungseigentümer auch ohne Hinweis des Verwalters bereits den gleichen Kenntnisstand wie dieser hatten (*BayObLG* ZMR 2001, 559)

– **Baunebenkosten** ohne vertragliche Grundlage aus Gemeinschaftsmitteln begleicht (*OLG Hamburg* ZMR 1995, 223)
– es unterlässt, auf eine **Beschlussfassung** wegen ihm bekannten Reparaturbedarfs hinzuwirken (*OLG Hamm* ZMR 1996, 680)
– ein **Beschlussergebnis** nicht oder unrichtig feststellt (*Abramenko* ZWE 2004, 140 ff.)
– die **Buchhaltung** mangelhaft führt oder gar Gelder zweckentfremdet (BayObLGZ 1985, 65 ff.), wobei hier auch Ansprüche aus § 823 Abs. 2 BGB i. V. m. § 266 StGB in Betracht kommen
– die Verwaltung ohne Zustimmung der Wohnungseigentümer **Dritten** überlässt (*BayObLG* ZMR 1998, 176)
– die **Finanzverhältnisse** der Gemeinschaft in Unordnung geraten, namentlich Schulden auflaufen lässt, statt durch die Erstellung von Wirtschaftsplänen für ausreichende Liquidität zu sorgen (*OLG Köln* ZMR 1999, 789)
– es versäumt auf die Möglichkeit der Beantragung von **Fördermitteln** hinzuweisen (*LG Mönchengladbach* ZMR 2007, 402)
– nicht bestehende oder einredebehaftete **Forderungen** etwa auf mangelhafte Werkleistungen begleicht (*OLG Düsseldorf* ZMR 1997, 380f)
– Kosten aus **Gemeinschaftsmitteln** begleicht, die nur ein oder einige Eigentümer zu zahlen verpflichtet sind (*BayObLG* ZMR 1999, 58f)
– **Guthaben** der Gemeinschaft nach Beendigung der Verwaltertätigkeit nicht auszahlt, sondern nur die Forderung gegen das Kreditinstitut abtritt und dadurch Mehrkosten verursacht (*BayObLG* ZMR 1999, 845)
– Die **Information** der Eigentümer über notwendige Instandhaltungmaßnahmen unterläßt (*OLG Hamm* NJW-RR 1997, 144 = ZMR 1996, 680; *BayObLG* NJW-RR 1997, 717)
– einen Eigentümerbeschluss, die **Instandhaltungsrücklage** in Spekulationswerten anzulegen, ohne weiteres ausführt, ohne auf die hieraus resultierenden Risiken hinzuweisen, wobei hier ein Mitverschulden von 75% angenommen wurde (*OLG Celle* ZMR 2004, 845 ff.)
– notwendige **Instandsetzungsarbeiten** unterlässt (*BayObLG* ZMR 2000, 315; *OLG München* ZMR 2006, 227)
– Bauhandwerkern keine ausreichenden **Instruktionen** zur Durchführung von Sanierungsarbeiten erteilt (*OLG Hamburg* ZMR 2001, 382)
– die **Jahresabrechnung** so mangelhaft erstellt, dass die Wohnungseigentümer Dritte mit ihrer Neuerstellung beauftragen müssen (*BayObLG* NJW-RR 1995, 530; *OLG Düsseldorf* ZMR 2003, 231 f.); die verspätete Erstellung soll dagegen nur nach Mahnung Schadensersatzansprüche aus §§ 280 Abs. 2, 286 Abs. 1 BGB auslösen (*OLG Düsseldorf* ZMR 2007, 288)
– vor der Entscheidung über Instandhaltungsarbeiten keine **Konkurrenzangebote** einholt (*BayObLG* NZM 2002, 566)
– die erforderlichen **Kontrollen** des Gemeinschaftseigentums nicht durchführt (*BayObLG* ZMR 1999, 655)
– zu hohe **Löhne und Lohnsteuern** zahlt (*BayObLG* NJW-RR 1998, 520)
– durch verspätete **Rechnungslegung** den Ausgleich des Gemeinschaftskontos verhindert und so Verzugszinsen verursacht (*OLG Düsseldorf* NZM 2004, 832 f.)
– **Rechtsangelegenheiten** fehlerhaft unter schuldhafter Nichteinholung von Rechtsrat erledigt (*BayObLG* ZMR 2003, 279), wobei umgekehrt eine gewissenhafte Prüfung der Rechtslage zur Entschuldbarkeit eines Rechtsirrtums führen kann (*BGH* ZMR 1996, 276 f.)
– entgegen § 17 Nr. 3 VOB/B **Sicherheiten** nicht austauscht, sondern behält, so dass es zu einem Zinsschaden der Gemeinschaft kommt (*LG Hamburg* ZMR 2007, 70 f.)
– vertraglich übernommene **Verkehrssicherungspflichten** verletzt, indem er nicht rechtzeitig auf die Beseitigung von Gefahren hinwirkt (vgl. *BGH* NJW-RR 1989, 394 f.) oder diesbezügliche Beschlüsse nicht unverzüglich ausführt (*BayObLG* WuM 1996, 498), wobei allerdings keine

Pflicht zur ständigen Kontrolle jahrelang zuverlässig arbeitender Hauswartfirmen o. Ä. besteht (*BayObLG* NJW-RR 2005, 100 = ZMR 2005, 137; *OLG München* ZMR 2006, 227)
- ohne ausreichende Beschlussfassung **Verträge** etwa über Sanierungsarbeiten abschließt (*OLG Celle* NZM 2002, 169 f.)
- es bei **Wasserschäden** versäumt, unverzüglich Maßnahmen zur Feststellung der Schadensursache zu ergreifen (*BayObLG* ZMR 1998, 357)
- es versäumt rechtzeitig gegen säumige **Wohngeldschuldner** vorzugehen und hierdurch Wohngeldausfälle (*BayObLG* NJW-RR 1998, 520) bzw. Rechtsanwaltskosten (*OLG Köln* NZM 1998, 875) verursacht, wobei allerdings der Abschluss einer Ratenzahlungsvereinbarung unter Absehen von kostenträchtigen gerichtlichen Schritten bei finanziell nicht leistungsfähigen Eigentümern ordnungsmäßiger Verwaltung entsprechen kann (*BayObLG* ZMR 2005, 134f)
- die **Zustimmung** zur Veräußerung verspätet oder nicht formgerecht erteilt (*OLG Düsseldorf* ZMR 2003, 957; NJW-RR 2005, 1255 = ZMR 2005, 972 f.)
- es versäumt, die **Zwangsverwaltung** vermieteter Wohnungen zu beantragen (*OLG Hamburg* WuM 1993, 301).

c) Die Haftung für das Handeln Dritter

In der Frage der Haftung des Verwalters für Dritte lassen sich die veröffentlichten Entscheidungen dahingehend zusammenfassen, dass der Verwalter gemäß § 278 BGB dann für diese haftet, wenn sie Verrichtungen übernehmen, die er ansonsten in eigener Person hätte erledigen müssen, etwa bei der Buchführung, im Mahnwesen (*OLG Düsseldorf* ZMR 2004, 136) oder für die Kontoführung (*OLG München* ZMR 2006, 884). Anderes gilt, wenn er zwar Pflichten des Verwalters übernimmt, aber von den Wohnungseigentümern eingeschaltet wurde, etwa zur Leitung einer Eigentümerversammlung (*OLG Düsseldorf* ZMR 2006, 141). Der Dritte seinerseits haftet grundsätzlich nur dem Verwalter, nicht aber dem Verband oder den Wohnungseigentümern. Selbst wenn er in Kenntnis der Wohnungseigentümer wesentliche Verwaltungstätigkeiten übernimmt, bleibt der bestellte Verwalter Vertragspartner. Denn die bloße Hinnahme von Verwalterleistungen seitens Dritter ersetzt den Abschluss eines Vertrages nicht (*OLG Schleswig* WE 1997, 389; *OLG Düsseldorf* ZMR 2004, 135 f.). Schaltet der Verwalter Dritte dagegen gerade deswegen ein, weil er zur Erledigung seiner Aufgaben auf ihr Fachwissen angewiesen ist, etwa bei bautechnischen oder gärtnerischen Fragen, haftet er für deren Fehler nicht (*OLG Düsseldorf* ZMR 1998, 655; 2004, 365; *BayObLG* ZMR 2002, 692 = NZM 2002, 567). Denn hier bestand seine Aufgabe von vorneherein nicht in einer eigenständigen Untersuchung und Beurteilung dieses Problems, sondern nur darin, einen geeigneten Fachmann mit der Untersuchung der zu Grunde liegenden bautechnischen oder gärtnerischen Frage zu betrauen. Auf die Auskunft dieses Fachmanns darf sich der Verwalter dann verlassen (*BayObLG* NJW-RR 1992, 1103; WE 1992, 23 f.; ZMR 2002, 692); ihn trifft allenfalls bei einem Auswahlverschulden eine Haftung (*BayObLG* NJW-RR 1992, 1103). Eine Ausnahme soll bei Rechtsfragen gelten, wenn der Rechtsirrtum eines Rechtsanwalts eindeutig erkennbar war (BGHZ 115, 260; *OLG Hamburg* WE 1994, 151; *OLG Düsseldorf* NJW-RR 2005, 1255 = ZMR 2005, 972). Auch wenn der Verwalter den Dritten lediglich im Namen der Wohnungseigentümer bzw. des Verbandes einschaltet, erfolgt keine Zurechnung nach § 278 BGB, da der Dritte dann deren Vertragspartner ist (*BayObLG* NJW-RR 2005, 100 f. = ZMR 2005, 137).

d) Die Entlastung

Die Durchsetzung von Schadensersatzansprüchen kann ausgeschlossen sein, wenn dem Verwalter Entlastung erteilt wurde. Dann können Verband und Wohnungseigentümer Ansprüche wegen solcher Umstände nicht mehr geltend machen, die sie kannten oder bei sorgfältiger Prüfung hätten erkennen können. Hierbei sind allerdings keine überzogenen Maßstäbe anzulegen; es ist von einem durchschnittlichen Eigentümer nicht die Kenntnis der obergerichtlichen Rechtsprechung zu ordnungsgemäßem Verwalterhandeln zu verlangen (*BayObLG* ZMR 2003, 762 zu den Grundsätzen einer ordnungsgemäßen Jahresabrechnung; zur Beweislast s. *OLG Karlsruhe* ZMR 2000, 196). Die Kenntnis des Verwaltungsbeirates soll den Wohnungseigentümern allerdings zuzurechnen sein (*OLG Köln* ZMR 2001, 914; *OLG Düsseldorf* ZMR 2002, 297). Jedenfalls bezieht sich die Entlastung aber zumindest dann, wenn sie im Zusammenhang mit der Genehmigung der Jah-

§ 26 | Bestellung und Abberufung des Verwalters

resabrechnung erteilt wurde, regelmäßig nur auf das Verwalterhandeln, das darin seinen Niederschlag gefunden hat (*OLG Köln* ZMR 2001, 914; *BayObLG* ZMR 1998, 176; 2003, 217; NJW-RR 2001, 731 = ZMR 2001, 558; NJW-RR 2003, 79; *OLG Hamburg* ZMR 2003, 772; vgl. § 28 Rn. 114). Eine Einbeziehung des weiteren Verwalterhandelns muss aus dem Entlastungsbeschluss klar hervorgehen. In der Konsequenz sind gerade die wichtigen Fälle der Unterlassung von Hinweisen, Untersuchungen oder der Verletzung von Verkehrssicherungspflichten von der Entlastung nicht erfasst, da sie eben keinen Niederschlag in der Jahresabrechnung gefunden haben (vgl. *OLG Hamm* NJW-RR 1997, 144 = ZMR 1996, 680, wo allerdings auf die Erkennbarkeit der Ansprüche abgestellt wird). Die Beschädigung von Sondereigentum wird ohnehin nicht von der Entlastung erfasst, da sich die Verwaltung, für die Entlastung erteilt wird, nur auf das Gemeinschaftseigentum bezieht (*OLG Hamm* NJW-RR 1997, 908).

e) Schaden und Kausalität

56 Verband bzw. Wohnungseigentümer haben grundsätzlich nach allgemeinen Regeln die Pflichtverletzung, den Schaden und die Ursächlichkeit zwischen beidem zu beweisen (*OLG Düsseldorf* ZMR 1997, 433). Steht die Pflichtverletzung und ein zeitlich nachfolgender Schaden fest, so kann dies bei der Frage der Kausalität zu einer Beweislastumkehr zu Lasten des Verwalters führen (*BayObLG* NJW-RR 1999, 306 = ZMR 1998, 358; NJW-RR 2000, 1034 = ZMR 2000, 316). Es kann aber an der Ursächlichkeit einer Pflichtverletzung fehlen, wenn die Wohnungseigentümer in jedem Falle unzureichende Maßnahmen ergriffen hätten (*OLG Düsseldorf* NJW-RR 2002, 1593). Auch eine Schätzung des Schadens nach § 287 ZPO oder die Annahme eines Mindestschadens kommen in Betracht (*OLG Düsseldorf* ZMR 2007, 58). Ersatzfähig sind dabei sowohl Substanzschäden wie etwa Malerarbeiten (*BayObLG* NJW-RR 2000, 1034 = ZMR 2000, 316) als auch Folgeschäden wie Mietzinsminderung oder -ausfall (*BayObLG* NJW-RR 1999, 306 = ZMR 1998, 358; 2000, 316) und Rechtsverfolgungskosten (*BayObLG* ZMR 2000, 316). Versäumt der Verwalter die Geltendmachung von Gewährleistungsmängeln, können auch Sachverständigenkosten erstattungsfähig sein, die ansonsten der Bauträger hätte übernehmen müssen (*BayObLG* NJW-RR 2002, 1668). Auch die fehlende Verfügbarkeit der Wohnung bzw. Teilen davon kann einen Schaden darstellen, soweit der Wohnungseigentümer für die eigenwirtschaftliche Lebensführung hierauf angewiesen ist (*OLG Köln* NJW-RR 2006, 89). Bei einer Terrasse ist dies jedoch regelmäßig zu verneinen (*OLG Köln* NJW-RR 2006, 89). Sofern aufgrund der schädigenden Handlung Ansprüche gegen Dritte bestehen, stehen sie einer Inanspruchnahme des Verwalters nicht entgegen; er kann aber im Gegenzug deren Abtretung verlangen (*BayObLG* NJW-RR 1998, 520). Ein Mitverschulden der Wohnungseigentümer kann der Verwalter dem Verband nicht entgegenhalten (*Abramenko* ZMR 2006, 413). Auch eine Drittwiderklage des Verwalters wird jedenfalls seinen Kernaufgaben regelmäßig keinen Erfolg haben, da sich die Wohnungseigentümer auf die ordnungsgemäße Erfüllung dieser Aufgaben verlassen dürfen (*OLG München* ZMR 2006, 717 f. u. 884).

f) Das Verfahren

57 Die Durchsetzung von Schadensersatzansprüchen der Gemeinschaft erfolgt vor dem nach § 43 Nr. 3 WEG zuständigen Gericht. Als gemeinschaftsbezogene Ansprüche sind sie nach § 10 Abs. 6 S. 3 WEG vom Verband geltend zu machen. Die Geltendmachung von Schadensersatzansprüchen entspricht in aller Regel ordnungsmäßiger Verwaltung (*OLG Oldenburg* ZMR 2006, 72). Bei der Beauftragung des Verwalters, selbst Rechtsrat wegen Schadensersatzansprüchen aus seiner Tätigkeit einzuholen, ist dies allerdings infolge evidenter Interessenkollision nicht der Fall (*KG* ZMR 2004, 459; ähnlich *OLG Oldenburg* ZMR 2006, 72 f.). Deshalb bedarf es nach § 27 Abs. 3 S. 2, 3 WEG entweder des Vorgehens aller oder der Ermächtigung einzelner Wohnungseigentümer. Ohne einen solchen ermächtigenden Mehrheitsbeschluss können einzelne Wohnungseigentümer den Schaden nicht geltend machen (vgl. schon zum alten Recht *BGH* NJW 1993, 728; *KG* NJW-RR 1991, 273; 2000, 1326 = ZMR 2000, 558; NJW-RR 2003, 1168 f.; *OLG Hamm* NJW-RR 2001, 228; *OLG Köln* NZM 2003, 684; ZMR 2006, 67; *BayObLG* ZMR 2003, 692). Nur bei Schäden, die alleine einem Wohnungseigentümer, etwa im Sondereigentum, entstanden sind, bedarf die Geltendmachung von Schadensersatz keiner Ermächtigung (*BGH* NJW 1993, 729; ZMR 1996, 276; *BayObLG* NJW-RR 1993, 281; ZMR 2000, 315; *OLG Hamm* NJW-RR 1997, 908; 2001, 228; *KG* NJW-RR 2000, 1326 = ZMR

2000, 558). Diese kann er als geschützter Dritter nach wie vor geltend machen, da der Vertrag zwischen Verwalter und Verband insoweit ein Vertrag zugunsten Dritter ist (vgl. Rn. 36 f.; a. A. schon zum alten Recht, aber unrichtig *KG* NJW-RR 1991, 273; zur Feststellung der Wirksamkeit des Verwaltervertrages s. o. Rn. 35). Ähnliches gilt auch bei der Beschädigung solchen Gemeinschaftseigentums, für dessen Instandhaltung und Instandsetzung ein Wohnungseigentümer alleine zu sorgen hat (*OLG München* ZMR 2006, 70).

g) Die Haftung von Verband und Wohnungseigentümern für den Verwalter

Umgekehrt kann der Verband gemäß § 278 BGB auch für den Verwalter haften, wenn dieser in Erfüllung seiner Verbindlichkeiten tätig wird, etwa bei Zahlungen in Verzug gerät. Im Gegensatz zum früheren Recht kommt auch eine Haftungszuweisung nach § 31 BGB in Betracht, da der Verwalter aufgrund seiner umfassenden Vollmacht, für den Verband zu handeln, wohl als Organ i. S. d. Vorschrift anzusehen ist (*Hügel/Elzer* § 11 Rn. Rn. 7; a. A. *Niedenführ/Kümmel/Vandenhouten* § 27 Rn. 114). In jedem Fall kann er Verrichtungsgehilfe des Verbandes sein. Daher kann dieser auch aus § 831 BGB haften, wobei er aber häufig eine Exkulpation nach § 831 Abs. 1 S. 2 BGB gelingen wird. 58

Hingegen scheidet eine vertragliche Haftung der Wohnungseigentümer in aller Regel aus, da nur der Verband Vertragspartner ist, nicht aber die Wohnungseigentümer. Eine deliktische Haftung der Wohnungseigentümer etwa aus der Verletzung von Überwachungspflichten kommt dagegen in Betracht, wenn dem Verwalter z. B. die Verkehrssicherung übertragen wurde. Eine Klage wäre aber nach § 10 Abs. 6 S. 3 WEG wiederum gegen den Verband als Inhaber der gemeinschaftsbezogenen Pflichten zu richten. Im Verhältnis der Wohnungseigentümer untereinander ist der Verwalter weder Erfüllungsgehilfe gemäß § 278 BGB noch Verrichtungsgehilfe nach § 831 BGB, da er nicht in den Angelegenheiten einzelner Miteigentümer, sondern allenfalls für alle gemeinsam tätig wird (vgl. zum alten Recht *KG* NJW-RR 1986, 1078 f.; *OLG Düsseldorf* NJW-RR 1995, 588 = ZMR 1995, 177; 1999, 425; *OLG Hamburg* ZMR 2003, 133). 59

7. Die Vergütung des Verwalters

a) Die vertragliche Regelung

aa) Die Höhe der Vergütung

Auf Seiten der Wohnungseigentümergemeinschaft ist die vorrangige Verpflichtung die Zahlung der Vergütung. Deren Höhe ist im Rahmen ordnungsgemäßer Verwaltung frei vereinbar, wobei auch Staffelvereinbarungen zwecks Anpassung an die Inflation zulässig sind, nicht aber Wertsicherungsklauseln gemäß § 2 PKAngG (*Gottschalg* ZWE 2002, 202; vgl. *OLG Köln* NJW-RR 1995, 146 f.; a. A. *Deckert* Die ETW, Gr. 4 Rn. 1130; zum Verstoß gegen § 307 Abs. 1 BGB s. jetzt *OLG Düsseldorf* ZMR 2005, 468 f.). Die Tätigkeit des Verwalters kann erst ab Bestehen einer Wohnungseigentümergemeinschaft vergütet werden (*KG* NJW-RR 1989, 18). Ein Missverhältnis zwischen Leistung und Vergütung des Verwalters ist erst ab einem mehr als 100% über dem Marktpreis liegenden Entgelt zu sehen, was bei Vorliegen der weiteren Voraussetzungen (insbesondere Ausnutzung der Unerfahrenheit eines Vertragspartners) zur Sittenwidrigkeit der Vergütungsvereinbarung und somit zu Rückzahlungsansprüchen führen kann (*OLG Oldenburg* ZMR 2002, 782 f.). Eine monatliche Vergütung von 14 DM pro Hobbyraum entsprach 1999 nicht mehr ordnungsmäßiger Verwaltung (*OLG Düsseldorf* NJW-RR 2001, 662 = ZMR 2001, 305), ebenso wenig eine solche von 100 DM pro Wohnung (*BayObLG* ZMR 2000, 848). Hingegen soll eine Vergütung von 100 DM pro Stunde bei Vorliegen besonderer Voraussetzungen angemessen gewesen sein (*BayObLG* ZMR 2000, 859). Auch rückwirkende Erhöhungen der Vergütung entsprechen nicht ordnungsmäßiger Verwaltung (*OLG Düsseldorf* ZMR 1998, 653 f.). Ohne Vergütungsvereinbarung gilt gemäß §§ 675, 612 Abs. 1, 2 BGB die branchenübliche Vergütung als vereinbart (*KG* ZMR 2004, 460). Dabei sind Sonderleistungen, die nicht zu den gesetzlichen Aufgaben gehören, getrennt zu vergüten (*OLG Hamm* ZMR 2001, 143). Üblich sind derzeit 20–30 Euro je Wohneinheit und 3 bis 5 Euro je Garage monatlich. Eine gegenüber unvermieteten Wohnungen höhere Vergütung für vermietete Wohnungen soll durch Mehrheitsbeschluss erfolgen können (*OLG Frankfurt* a. M. NJW-RR 1991, 659 = ZMR 1991, 72; jetzt wohl nach § 21 Abs. 7 WEG als »besonderer Verwaltungsaufwand« anzuse- 60

§ 26 | Bestellung und Abberufung des Verwalters

hen). Ist der Verwaltervertrag unwirksam, so bejaht die h. M. Ansprüche aus §§ 683 S. 1, 670 BGB (*BGH* NJW-RR 1989, 970 f. = ZMR 1989, 266). Dies erscheint aber im Hinblick auf den regelmäßig fehlenden Fremdgeschäftsführungswillen nicht unproblematisch, so dass sich eher die Anlehnung an die im Gesellschaftsrecht Anwendung findenden Grundsätze über fehlerhafte Anstellungsverträge empfiehlt, wonach das Organ so behandelt wird, als wäre der schuldrechtliche Vertrag für die Vergangenheit wirksam (BGHZ 41, 288 f.; vgl. Bärmann/Pick/*Merle* § 26 Rn. 133; zustimmend Staudinger/*Bub* § 26 Rn. 288).

bb) Fälligkeit und Modalitäten von Zahlung und Haftung

61 Zur Fälligkeit trifft der Verwaltervertrag regelmäßig eine Bestimmung. Üblicherweise ist die Vergütung monatlich fällig. Ohne eine solche Bestimmung muss der Verwalter mit der Anwendung von § 614 S. 1 BGB rechnen, wonach die Vergütung erst nach geleisteter Tätigkeit fällig wird. Dies ist frühestens nach Vorlage der Jahresabrechnung der Fall (*OLG Hamm* NJW-RR 1993, 846; a. A. Staudinger/*Bub* § 26 Rn. 279). Die Existenz eines genehmigten Wirtschaftsplans ist dagegen keine Fälligkeitsvoraussetzung (*KG* NJW-RR 1990, 154). Der Verwalter kann fällige Vergütungsansprüche der Gemeinschaftskasse entnehmen (vgl. *KG* NJW-RR 1990, 154; Staudinger/*Bub* § 26 Rn. 285) und mit ihnen gegen Ansprüche des Verbandes, aber – mangels Gegenseitigkeit – nicht der Wohnungseigentümer aufrechnen (*OLG Hamm* ZMR 2006, 633 f.; vgl. zum früheren Recht BayObLGZ 1976, 166; *OLG Stuttgart* ZMR 1983, 422). Die Wohnungseigentümer haften für die Vergütung nicht mehr als Gesamtschuldner nach § 427 BGB (zur früheren Rspr. s. *BGH* ZMR 2004, 833; *KG* ZMR 2004, 778), da der Verband alleiniger Schuldner des Verwalters ist. Eine gesamtschuldnerische Haftung kommt nunmehr auch bei Nichterfüllung der Beitragspflichten (*BGH* ZMR 2005, 555) oder unter den Gesichtspunkt des Durchgriffs (*BGH* ZMR 2005, 555; weiter gehend *Abramenko* ZMR 2005, 586 f.) nicht mehr in Betracht, da § 10 Abs. 8 S. 4 WEG eine Begrenzung auf die Haftungsquote des § 10 Abs. 8 S. 1 WEG vorsieht. Zu beachten ist, dass die Berechnung der Vergütung pro Einheit grundsätzlich nur das Verhältnis zwischen Verband bzw. Wohnungseigentümern und Verwalter betrifft. Im Innenverhältnis ist ohne entsprechende Bestimmung in der Gemeinschaftsordnung nach dem dort vorgesehenen Schlüssel abzurechnen (*BayObLG* ZMR 2001, 827; 2004, 358; *OLG Köln* NZM 2002, 615; Bärmann/Pick/*Merle* § 26 Rn. 115; *Niedenführ/Kümmel/Vandenhouten* § 26 Rn. 73, anders aber Rn. 60). Allerdings eröffnet § 16 Abs. 3 WEG nunmehr die Möglichkeit, eine Verteilung der Verwaltervergütung nach Einheiten mit Mehrheit zu beschließen (*Abramenko* § 3 Rn. 30). Die Vergütungsansprüche verjähren gemäß § 195 BGB nach 3 Jahren (*Niedenführ/Kümmel/Vandenhouten* § 26 Rn. 76). Bestimmt der Verwaltervertrag allerdings für Ansprüche »aus diesem Vertrag« eine kürzere Verjährung, gilt dies auch für gesetzliche Ansprüche des Verwalters (*BayObLG* ZMR 2003, 437). Eine Verwirkung wird nur in seltenen Ausnahmefällen in Betracht kommen (vgl. *OLG Zweibrücken* ZMR 2007, 489). Im Streitfall ist der Vergütungsanspruch auch nach Ausscheiden des Verwalters aus dem Amt vor dem nach § 43 Nr. 3 WEG zuständigen Gericht geltend zu machen (*BGH* NJW 1980, 2467 f.).

8. Sondervergütungen

a) Die Vereinbarung von Sondervergütungen

62 Die vereinbarte Vergütung umfasst grundsätzlich die gesamte Tätigkeit des Verwalters. Stellt sich seine Tätigkeit im Nachhinein als wesentlich einfacher oder, was von größerer Relevanz ist, als wesentlich aufwendiger heraus als zuvor angenommen, kommt abgesehen von den allgemeinen, aber wohl selten einschlägigen Korrekturmöglichkeiten etwa nach den Grundsätzen des Wegfalls der Geschäftsgrundlage nur eine einvernehmliche Abänderung in Betracht. Einseitige Erhöhungsbegehren sind für den laufenden Vertrag ebenso unbeachtlich wie Kürzungen durch Beschlussfassung der Eigentümer (hierzu s. o. Rn. 42). Allerdings kann auch die Ablehnung einer Erhöhung ordnungsgemäßer Verwaltung widersprechen, weshalb unter Anfechtung eines entsprechenden Beschlusses eine entsprechende Verpflichtung begehrt werden kann (*KG* ZMR 1986, 96). Rückwirkende Erhöhungen entsprechen indessen grundsätzlich nicht ordnungsgemäßer Verwaltung (*OLG Düsseldorf* ZMR 1998, 653 f.).

Diese Schwierigkeiten lassen sich durch die Vereinbarung von Zusatzhonoraren für bestimmte 63
Tätigkeiten häufig entschärfen. Denn sie ermöglicht dem Verwalter eine genauere Kalkulation seines Honorars, da er weiß, welche Tätigkeiten mit der Grundvergütung abgegolten sind. Umgekehrt sieht sich die Gemeinschaft nicht im Nachhinein einem überforderten Verwalter gegenüber und kann den Arbeitsanfall in gewissem Umfang steuern. Sondervergütungen entsprechen allerdings nur dann ordnungsgemäßer Verwaltung, wenn sie nicht die ohnehin schon zu den typischen Pflichten des Verwalters gehörenden Tätigkeiten umfassen (*BGH* NJW 1993, 1925; *OLG Hamm* ZMR 2001, 141; *OLG Düsseldorf* ZMR 2003, 285). In Rspr. und Schrifttum ist eine klare Linie bislang nicht zu erkennen. Dem Gesetz am nächsten und wohl auch am praktikabelsten dürfte es sein, die in § 27 Abs. 1 bis 3 WEG genannten Tätigkeiten grundsätzlich von Sondervergütungen auszunehmen. Denn die dort aufgelisteten Aufgaben und Befugnisse stellen nach § 27 Abs. 4 WEG das unentziehbare Minimum der Verwaltungstätigkeit dar, das in jedem Falle vom Verwalter selbst zu leisten ist. Gehört eine Maßnahme noch hierzu, entspricht eine Sondervergütung nicht ordnungsgemäßer Verwaltung. Nur dann, wenn eine Erweiterung der Verwaltertätigkeit verabredet wird, kann hierfür auch ein Sonderhonorar bestimmt werden. Zudem muss sich die Sondervergütung in einem angemessenen Rahmen halten, der Zeit- und Arbeitsaufwand berücksichtigt, wobei eine Pauschale vereinbart werden kann (*BGH* NJW 1993, 1925; *OLG Hamm* ZMR 2001, 141; *OLG Düsseldorf* ZMR 2003, 285; *BayObLG* ZMR 2005, 380 f.). Schließlich muss die Abrede von Sondervergütungen in einem Formularvertrag den Anforderungen der §§ 305 ff. BGB genügen. Insbesondere muss gemäß § 305 c Abs. 1 BGB eindeutig sein, wofür und wann eine Vergütung anfällt (*OLG Düsseldorf* ZMR 2003, 285 f.).

b) Unwirksame Vereinbarungen über Zusatzvergütungen

Nach der hier vertretenen Auffassung entsprechen daher die in der Praxis häufigen Sondervergü- 64
tungen etwa für Mahnschreiben nicht ordnungsgemäßer Verwaltung, da der Verwalter schon aus § 27 Abs. 1 Nr. 4 WEG zu dieser mit der Eintreibung verbundenen Maßnahme verpflichtet ist (*BayObLG* NJW-RR 1988, 848; differenzierend Staudinger/*Bub* § 26 Rn. 268). Ebenso wenig kann er, wie bisweilen versucht wird, für die nach § 27 Abs. 1 Nr. 4, 5 WEG erforderlichen Buchungen steuerberaterliche Hilfe auf Kosten des Verbandes entgegennehmen. Denn die Buchführung ist ohnehin seine Aufgabe (*BayObLG* NJW-RR 1987, 1368 f.). Auch die Durchführung von Eigentümerversammlungen (*OLG Düsseldorf* ZMR 1998, 654) einschließlich eventueller Wiederholungsversammlungen (vgl. *OLG Düsseldorf* ZMR 2006, 872) ist seine gesetzliche Aufgabe, wenn die Beschlussfähigkeit in der ersten Versammlung nicht erreicht wird (s. *OLG Hamm* ZMR 2001, 141, wo aber – insoweit inkonsequent – gleichwohl eine Zusatzvergütung zugelassen wird, wenn der Verwalter klargestellt hat, dass die Normalvergütung nur eine Versammlung abdecken soll). Für die Vorbereitung von Instandsetzungen, etwa die Feststellung der Schäden und die Einholung von Angeboten, kann der Verwalter keine Zusatzvergütung verlangen, da er hierfür schon nach § 27 Abs. 1 Nr. 2 WEG zu sorgen hat (*OLG Düsseldorf* ZMR 1998, 654; 1999, 194). Eine Zusatzvergütung hierfür entspricht entgegen einer verbreiteten Ansicht nicht ordnungsmäßiger Verwaltung. Ähnliches gilt für Kopierkosten, da die Unterrichtung der Wohnungseigentümer über eingehende Schriftstücke zu den unabdingbaren Aufgaben des Verwalters gehört (*BayObLG* NJW-RR 2001, 1232 = ZMR 2001, 908 f.). Denkbar ist allenfalls die Vereinbarung einer Pauschalierung des Aufwendungsersatzes für Kopier-, Schreib- und Telekommunikationskosten, die nicht zu seinen üblichen Aufgaben gehören, wobei eine Erstattung nach den Sätzen von Nr. 7000 VV RVG nicht zu beanstanden ist (*OLG Hamm* NJW-RR 2001, 229 f. = ZMR 2001, 141).

c) Wirksame Vereinbarungen über Zusatzvergütungen

aa) Bauüberwachung

Zusätzliche Aufgaben, für die Sondervergütungen verabredet werden können, sind etwa die 65
Überwachung baulicher Maßnahmen (*OLG Hamm* NJW-RR 2001, 229 = ZMR 2001, 141; *OLG Köln* NZM 2001, 470) oder die Geltendmachung von Baumängeln (vgl. *OLG Celle* WE 1984, 127). Auch wenn der Verwalter diesbezügliche Beschlüsse gemäß § 27 Abs. 1 Nr. 1 WEG durchzuführen hat, kann er die damit verbundenen, besondere Qualifikationen erfordernden Überwa-

§ 26 | Bestellung und Abberufung des Verwalters

chungstätigkeiten nicht immer in eigener Person erbringen. Erklärt er sich etwa aufgrund besonderer Qualifikationen hierzu gleichwohl bereit, entspricht die Verabredung eines Sonderhonorars ordnungsmäßiger Verwaltung. Ein bestimmter Prozentsatz der Bausumme kann aber ordnungsgemäßer Verwaltung widersprechen, da dies nicht an dem zu erwartenden Zeitaufwand orientiert ist, wenn es sich nur um vergleichsweise einfache oder schnell durchzuführende Arbeiten handelt (*OLG Düsseldorf* ZMR 1999, 194).

bb) Gerichtliche Vertretung von Verband und Wohnungseigentümern

66 Ähnliches gilt für die Durchführung gerichtlicher Verfahren. Da die Durchführung des gerichtlichen Mahnverfahrens nicht mehr zu den Pflichten aus § 27 Abs. 1 Nr. 4 WEG gehört, kann hierfür eine Sondervergütung vereinbart werden (*BayObLG* NJW-RR 1988, 848). Pauschale Vergütungen für Mahnverfahren ohne Rücksicht auf Zeit- und Arbeitsaufwand entsprechen allerdings nicht ordnungsmäßiger Verwaltung (*BayObLG* NJW-RR 1988, 848). Noch weiter geht die Rechtsprechung, wenn der Verwalter im Erkenntnisverfahren die Aufgaben der gerichtlichen Vertretung übernimmt (*BGHZ* 122, 332; *OLG Hamm* ZMR 2001, 141). Hierfür kann eine Vergütung in der Höhe, wie sie einem Rechtsanwalt zustünde, vereinbart werden (*BGHZ* 122, 332 f.; *OLG Hamm* ZMR 2001, 141; *OLG Düsseldorf* NJW-RR 2003, 302 f. = ZMR 2003, 285; *OLG München* ZMR 2006, 158; kritisch *KG* NJW-RR 1989, 330), nach Auffassung des *BGH* sogar dann, wenn zusätzlich ein Anwalt beauftragt wird (hiergegen zu Recht *Niedenführ/Kümmel/Vandenhouten* § 26 Rn. 67). Bei Befreiung von § 181 BGB soll sich der Verwalter auch selbst bevollmächtigen und eine Sondervergütung versprechen können (*OLG München* ZMR 2006, 158). Ein Stundensatz von 130 Euro ist allerdings übersetzt (*BayObLG* ZMR 2005, 380 f.). Der Vertrag kann ohne Regelung in der Teilungserklärung oder Beschluss nach § 16 Abs. 3 WEG nur die Zahlung der Vergütung durch den Verband, nicht die Zahlungspflicht einzelner Eigentümer wirksam vereinbaren (zu weiteren Leistungen etwa für die Verwaltung des Sondereigentums s. gleich u. Rn. 69). Die Vergütung ist erstattungsfähig (*LG Stuttgart* NJW-RR 2003, 1169), kann nach h. M. erst im Kostenfestsetzungsverfahren geltend gemacht werden (*KG* NJW-RR 1989, 330; *OLG Frankfurt* WuM 1990, 458; vgl. u. § 50 Rn. 7).

cc) Zustimmung zu Veräußerungen

67 Auch für die Zustimmung zu Veräußerungen nach § 12 WEG kann eine Sondervergütung vereinbart werden (*KG* NJW-RR 1989, 975; *Staudinger / Bub* § 26 Rn. 273; *Niedenführ/Kümmel/Vandenhouten* § 26 Rn. 70). Zulässig ist aber nur eine Pauschale, kein Prozentsatz vom Kaufpreis, da dies gegen § 138 BGB verstößt (*KG* NJW-RR 1997, 1232 = WuM 1997, 522 f.). Sie richtet sich gegen den Verband und kann auch in der Jahresabrechnung nicht auf den Erwerber umgelegt werden, da dieser nicht für Vergütungen haftet, die noch vor seiner Eintragung in das Grundbuch fällig wurden (*KG* NJW-RR 1997, 1232 = WuM 1997, 523). Allerdings kann eine Kostentragung des Veräußerers nunmehr nach § 21 Abs. 7 WEG beschlossen werden (vgl. *Abramenko* § 2 Rn. 15 ff.). Hingegen können sie auch nach § 21 Abs. 7 WEG nicht dem Erwerber auferlegt werden. Denn Beschlüsse können nur die Wohnungseigentümer, nicht aber Außenstehende binden, zu denen der Erwerber vor der Grundbuchumschreibung noch gehört. Die Vergütung fällt auch an, wenn sie objektiv nicht erforderlich gewesen wäre, da auch dann die zusätzliche Tätigkeit des Verwalters veranlasst wird, für die die Sondervergütung vereinbart ist (*KG* NJW-RR 1989, 975).

dd) Vor der Bestellung angefallene, aber nicht erledigte Arbeiten

68 Schließlich kann der Verwalter für das Nachholen von Arbeiten, die sein Vorgänger nicht erledigt hat, gesondert honoriert werden. Dies kommt insbesondere bei der Erstellung von Abrechnungen in Betracht (*KG* NJW-RR 1993, 529 = WE 1993, 83).

d) Sondervergütung und Individualansprüche bzw. -verpflichtungen

69 Zu berücksichtigen ist aber, dass nur für gemeinschaftliche Aufgaben Sondervergütungen – und zwar auch nur mit einer Zahlungsverpflichtung der Gemeinschaft – verabredet werden können. Entgegen einer häufigen Praxis kann keine von den betroffenen Miteigentümern direkt zu zahlende Sondervergütung für Leistungen ausbedungen werden, die das Sondereigentum oder Individualansprüche betreffen (*OLG Hamm* NJW-RR 2001, 230 = ZMR 2001, 142; ähnlich *Niedenführ/*

Kümmel/Vandenhouten § 26 Rn. 59; vgl. schon *BayObLG* ZMR 1999, 272). Denn die Beschlusskompetenz der Wohnungseigentümer erstreckt sich nach § 21 Abs. 1 WEG nur auf die Verwaltung des gemeinschaftlichen Eigentums. Hieran ändert auch § 16 Abs. 3 WEG nichts, da sich die dort normierte Beschlusskompetenz auf Kosten für die Verwaltung des gemeinschaftlichen Eigentums beschränkt. Dies umfasst gerade nicht das Sondereigentum oder individuelle Rechtspositionen einzelner Miteigentümer. Vergütungen hierfür muss der Verwalter einzeln mit den Miteigentümern aushandeln. Will die Gemeinschaft den betroffenen Wohnungseigentümern durch Mehrheitsbeschluss Zahlungspflichten gegenüber dem Verwalter auferlegen, ist dies nicht nur ein Rechtsgeschäft zu Lasten Dritter, sondern auch mangels Beschlusskompetenz nichtig (*BGH* ZMR 2005, 554; im Ergebnis ebenso *OLG Düsseldorf* NJW-RR 2003, 303 = ZMR 2003, 285 f.; Bärmann/Pick/Merle § 26 Rn. 125).

9. Der Aufwendungsersatz

Neben der Vergütung kann dem Verwalter aus § 670 BGB ein Anspruch auf Ersatz von Aufwendungen zustehen (*BayObLG* NJW-RR 1998, 157; ZMR 2004, 932 f.). Ein solcher Anspruch wird allerdings nur selten in Frage kommen, da die Vergütung grundsätzlich auch die Kosten erforderlicher Materialien etc. abdeckt. Anderes kann gelten, wenn der Verwalter etwa die Aufwendungen für dringende Maßnahmen aus eigener Tasche vorstreckt. Wird er indessen eigenmächtig, ohne einen Beschluss der Wohnungseigentümer tätig, kann er Ersatz der entstehenden Aufwendungen nur nach Bereicherungsrecht gemäß §§ 684, 812 Abs. 1 BGB verlangen (*BayObLG* ZMR 2003, 759 f.). Werden aber in kleinen Anlagen die Kosten z. B. für Heizmaterial, Wasser oder Reparaturen von dem verwaltenden Wohnungseigentümer vorgeschossen, besteht der Anspruch auf Aufwendungsersatz unabhängig von einem – möglicherweise gar nicht beschlossenen – Wirtschaftsplan oder einer Jahresabrechnung, wobei sich der Verwalter seinen Kostenanteil anrechnen lassen muss (*BayObLG* ZMR 1997, 659; 1998, 103). Bei noch nicht erfüllten Verbindlichkeiten tritt an Stelle des Aufwendungsersatzes ein Freistellungsanspruch (*KG* ZMR 1997, 540; *BayObLG* ZMR 2003, 855), ebenso bei den Kosten gerichtlicher Verfahren, die der Verwalter im Interesse von Verband oder Wohnungseigentümern führt (*BayObLG* NJW-RR 2001, 158 = ZMR 2000, 324), allerdings nicht, wenn er materiell-rechtlich zu ihrem Ersatz verpflichtet ist (*BayObLG* NJW-RR 2001, 158 f. = ZMR 2000, 324 f.).

70

10. Schlechterfüllung

Erfüllt der Verwalter seine vertraglichen Pflichten nach Auffassung der Wohnungseigentümer schlecht, berechtigt dies nicht ohne weiteres zur Einstellung der Vergütungszahlungen (*OLG München* NJW-RR 2006, 1160 = ZMR 2006, 720). Es bestehen nur Schadensersatzansprüche (*KG* NJW-RR 1990, 154), insbesondere aus § 280 Abs. 1 BGB, mit denen der Verband allerdings aufrechnen kann (*BayObLG* NJWE-MietR 1997, 162; *OLG Köln* ZMR 2005, 573). Sofern der Schaden nur einzelne Wohnungseigentümer betrifft, fehlt es an der Gegenseitigkeit; der Verband muss sich die Ansprüche daher zuvor abtreten lassen. Nur dann, wenn überhaupt keine Leistung erbracht wird und diese auch nicht nachgeholt werden kann, entfällt die Pflicht zur Vergütung gemäß §§ 326, 275 BGB, weil die Leistung unmöglich geworden ist (*BayObLG* NJWE-MietR 1997, 162; *Niedenführ/Kümmel/Vandenhouten* § 26 Rn. 77). Dies ist etwa dann der Fall, wenn Wirtschaftspläne bis zum Ablauf des Wirtschaftsjahres nicht erstellt oder die jährlichen Eigentümerversammlungen nicht durchgeführt wurden.

71

V. Die Beendigung des Verwaltervertrags

1. Die Abberufung und die schuldrechtlichen Beziehungen

a) Die ordentliche Kündigung

Organschaftliche Stellung und Beendigung des Verwaltervertrages sind nach der Trennungstheorie nicht zwingend miteinander verbunden. Grundsätzlich bedarf es der Beendigung des Verwaltervertrages durch Kündigung (*BGH* ZMR 2002, 767; *BayObLG* ZMR 1999, 576). Auch hier kommt zunächst eine ordentliche Kündigung in Betracht, sofern diese nicht ausgeschlossen oder eine Mindestlaufzeit vereinbart ist (*Wenzel* ZWE 2001, 514). Diese hat ohne entsprechende Regelung

72

§ 26 | Bestellung und Abberufung des Verwalters

nach den Fristen von § 621 BGB zu erfolgen (Bärmann/Pick/*Merle* § 26 Rn. 150). Ist die Abberufung jederzeit, die Beendigung des Verwaltervertrages aber nur zu bestimmten Terminen möglich, so führt die Abberufung zwar zur sofortigen Beendigung der Verwalterstellung, nicht aber zum Verlust der vertraglichen Ansprüche. Der Verwalter muss sich aber gemäß § 615 S. 2 BGB den Wert dessen, was er durch Unterbleiben seiner Leistung erspart, anrechnen lassen (s. etwa *OLG Hamm* ZMR 1997, 96; *BayObLG* ZMR 2000, 49; *OLG Köln* NJW-RR 2001, 160; *OLG Hamburg* ZMR 2005, 975). Entsprechendes gilt für die Zeit nach einer Abberufung und Kündigung, die rechtskräftig für unwirksam erklärt wurden (*Deckert* Die ETW, Gr. 4 Rn. 1613).

b) Die Kündigung aus wichtigem Grund

73 Unabdingbar ist die Möglichkeit der Kündigung aus wichtigem Grund, die wie im Falle der Abberufung binnen angemessener Frist erfolgen muss (*OLG Schleswig* ZMR 2007, 729). Sofern eine Kündigung aus wichtigem Grund nicht begründet ist, kann jedenfalls die Beendigung des Verwaltervertrages zum nächstmöglichen Zeitpunkt im Wege der ordentlichen Kündigung gewollt sein (*KG* NJW-RR 1989, 840 = WE 1989, 133; *OLG Hamm* NJW-RR 1997, 524 = ZMR 1997, 50). Die Kündigung ist als gemeinschaftsbezogene Angelegenheit nach § 10 Abs. 6 S. 3 WEG vom Verband auszusprechen. Da der Verwalter als Vertreter nach § 27 Abs. 3 S. 2 WEG nicht in Betracht kommt, müssen entweder alle Wohnungseigentümer diese Erklärung abgeben oder einen Vertreter nach § 27 Abs. 3 S. 3 WEG bestellen (vgl. u. § 27 Rn. 81 ff.). Wird nur die organschaftliche Stellung durch Abberufung beendet, führt dies nicht unbedingt zum Erlöschen der vertraglichen Ansprüche insbesondere auf Zahlung der vereinbarten Vergütung (*OLG Hamm* NJW-RR 1997, 524 = ZMR 1997, 50). Ein Gleichlauf von organschaftlicher und schuldrechtlicher Ebene kann freilich schon im Verwaltervertrag vereinbart werden, etwa der Gestalt, dass mit der Abberufung auch die schuldrechtliche Beziehung endet (*OLG Zweibrücken* ZMR 2004, 66). Daneben können Abberufung und Kündigung miteinander verknüpft werden, was bei der Berufung auf einen wichtigen Grund regelmäßig anzunehmen ist (*BayObLG* NJW-RR 1999, 1390 = ZMR 1999, 576; 2004, 602; *OLG Düsseldorf* ZMR 2004, 691; *OLG Schleswig* ZMR 2007, 729).

c) Die Bedeutung des wichtigen Grundes für die organschaftliche Stellung und die schuldrechtlichen Beziehungen zwischen Verwalter und Verband bzw. Wohnungseigentümern

74 Das Vorliegen eines wichtigen Grundes, der die Abberufung rechtfertigt, berechtigt grundsätzlich auch zur Kündigung des Verwaltervertrages (*BayObLG* ZMR 1999, 269; 2004, 602). Dies kann zu schwierigen Rechtsproblemen führen, wenn der Verwalter einen wichtigen Grund nicht anerkennt, sich aber nur gegen den Verlust seiner Ansprüche aus dem schuldrechtlichen Vertrag, nicht aber gegen die Abberufung wehren will. Umstritten ist dann, ob sich der Verwalter gleichwohl gegen den Verlust seiner organschaftlichen Stellung wenden muss, um sich mögliche schuldrechtliche Ansprüche zu erhalten. Dies wird teilweise bejaht, da der wichtige Grund für organschaftliche Stellung und schuldrechtlichen Vertrag nicht unterschiedlich gehandhabt werden kann. Das bestandskräftige Feststehen eines wichtigen Grundes entfalte daher auch für die Beendigung des Verwaltervertrages Bindungswirkung (Staudinger/*Bub* § 26 Rn. 408; *Deckert* Die ETW, Gr. 4 Rn. 1607; wohl auch *BGH* ZMR 2002, 768 u. *OLG Düsseldorf* ZMR 2004, 691; a. A. *BayObLG* NJW-RR 1999, 811 = ZMR 1999, 270; *OLG Köln* NJW-RR 2001, 160; *OLG Hamm* ZMR 2007, 134). Dem ist freilich entgegenzuhalten, dass damit der wohl wichtigste Fall, in dem der Trennungstheorie einmal praktische Bedeutung zukäme, zugunsten einer einheitlichen Behandlung entfiele. Überdies würde der Verwalter geradezu zu einem Anfechtungsverfahren gezwungen, auch wenn er sich eigentlich gar nicht gegen den Verlust seiner organschaftlichen Stellung wenden will (so im Ergebnis auch Bärmann/Pick/*Merle* § 26 Rn. 223). Sinnvoll ist daher wohl eine vermittelnde Lösung: Sofern über den wichtigen Grund bereits im Anfechtungsverfahren entschieden wird, muss der Verwalter die Rechtskraft dieser Entscheidung gegen sich wirken lassen, da er in jedem Falle, auch bei einer Anfechtung durch Wohnungseigentümer, gemäß § 48 Abs. 1 S. 2 WEG beizuladen ist und seinen Standpunkt darlegen kann (vgl. *BayObLG* ZMR 1999, 270). Ohne eine solche gerichtliche Feststellung eines wichtigen Grundes dürfte die bloße Bestandskraft des Abberufungsbeschlusses eine Bindungswirkung für die schuldrechtlichen Beziehungen

nicht rechtfertigen. Denn die Existenz eines wichtigen Grundes ist nur eine Vorfrage der Abberufung. Nur diese Beendigung der organschaftlichen Stellung erwächst aber in Bestandskraft. Sofern sich der Verwalter hiermit abfindet, folgt daraus auch nicht automatisch die Anerkennung des behaupteten wichtigen Grundes.

d) Die Verteidigungsmöglichkeiten des Verwalters gegen eine Kündigung

Will sich der Verwalter (nur) gegen die Beendigung der schuldrechtlichen Beziehungen verteidigen, verspricht die Anfechtung des Eigentümerbeschlusses über die Kündigung keinen Erfolg. Da dieser nur die interne Willensbildung innerhalb der Eigentümergemeinschaft darstellt, aber keinen Einfluss auf die Berechtigung zur Kündigung hat, fehlt einer Anfechtung dieses Beschlusses von vorneherein das Rechtsschutzinteresse (*BGH* ZMR 2002, 767; *OLG Hamm* ZMR 2007, 134). Vielmehr muss der Verwalter im Verfahren nach § 43 Nr. 3 WEG i. V. m. § 256 ZPO die Feststellung begehren, dass der Verwaltervertrag durch die Kündigung nicht beendet worden ist (*BGH* ZMR 2002, 767 u. 932; *BayObLG* ZMR 2004, 687; *OLG Düsseldorf* ZMR 2004, 691; *OLG München* ZMR 2006, 638; *OLG Hamm* ZMR 2007, 134). Bereits bezifferbare Ansprüche aus dem fortbestehenden Schuldverhältnis kann er auch mit einem Leistungsantrag geltend machen. Wehrt sich der Verwalter aber erfolgreich gegen eine Kündigung aus wichtigem Grunde, da es an einem solchen fehlt, kommt eine Umdeutung in eine ordentliche Kündigung in Betracht (*KG* NJW-RR 1989, 840 = WE 1989, 133; *OLG Hamm* ZMR 1997, 50). 75

2. Andere Beendigungsgründe

Daneben endet der Verwaltervertrag auch durch die Amtsniederlegung, die regelmäßig auch die schuldrechtlichen Beziehungen beenden soll. Ferner beendet der Tod der bestellten natürlichen Person das Vertragsverhältnis, da die Verwalterstellung nicht im Wege der Gesamtrechtsnachfolge erworben werden kann. Ebenso führt auch die Löschung oder Rechtsformänderung zur Beendigung des Verwaltervertrages mit einer Gesellschaft (BayObLGZ 1987, 57). 76

3. Pflichten nach Beendigung des Verwaltervertrags

a) Beendigung der Tätigkeit für Verband und Wohnungseigentümer

Nach Abberufung bzw. gerichtlicher Ungültigerklärung der Bestellung und Beendigung des Vertragsverhältnisses kann der Verwalter nicht mehr für Verband und Wohnungseigentümer tätig werden und hat, sofern er es doch tut, hieraus keine vertraglichen Ansprüche mehr, sondern allenfalls den gesetzlichen Anspruch auf Aufwendungsersatz nach §§ 683, 670 BGB bzw. auf Herausgabe der Bereicherung nach §§ 684, 812 BGB (*BayObLG* WuM 1996, 497). Gleicht er allerdings bereits aufgelaufene Fehlbeträge auf dem Gemeinschaftskonto aus, soll ihm ein Anspruch aus §§ 675, 670 BGB zustehen (*KG* ZMR 1997, 540). In Prozessstandschaft betriebene Verfahren kann er noch weiterführen (*BayObLG* ZMR 1997, 199; *OLG Düsseldorf* ZMR 2000, 397; a. A. *Deckert* Die ETW, Gr. 4 Rn. 1640). 77

b) Die Herausgabepflicht des Verwalters

aa) Die Verpflichtung zur Herausgabe der Unterlagen

Im Übrigen bestehen nur noch Abwicklungsverpflichtungen. Insbesondere besteht aus §§ 675, 667 BGB die Pflicht des Verwalters, nach der Abberufung alles, was er zur Ausführung seiner Tätigkeit erlangt hat, herauszugeben (*OLG Hamm* NJW-RR 1988, 269; *BayObLG* NJW-RR 2003, 517 = ZMR 2003, 438; ZMR 2004, 762). Dies umfasst u. a. Schlüssel, Vollmachtsurkunden und sämtliche Unterlagen im Original, selbst wenn ein Rechtsstreit gegen ihn bevorsteht, aber auch zu Unrecht eingenommene Gelder wie Provisionen (*OLG Düsseldorf* ZMR 1998, 307). Der zum Verwalter bestellte frühere Bauträger hat auch Bauunterlagen herauszugeben, sofern diese für die Durchsetzung von Gewährleistungsansprüchen erforderlich sind (*OLG Hamm* NJW-RR 1988, 268 f.; *BayObLG* NJW-RR 2001, 1668 = ZMR 2001, 820). Auf das Eigentum an den Unterlagen kommt es nicht an (*OLG Hamm* NJW-RR 1988, 269). Zurückbehaltungsrechte gegen den Herausgabeanspruch stehen ihm nicht zu (*OLG Frankfurt* ZMR 1994, 376; *OLG München* NJW-RR 2005, 1327), auch nicht bei drohenden Schadensersatzansprüchen. Sein diesbezüglicher Vortrag wird nämlich nicht dadurch erschwert, dass ihm hierfür nur Kopien zur Verfügung stehen (*BayObLG* WE 1993, 288; umgekehrt 78

OLG Hamm NJW-RR 1988, 269 f., wonach u. U. die Herausgabe von Kopien genügen soll). Sofern sich die Unterlagen bei Dritten befinden, hat sie der Verwalter zu beschaffen, nicht nur den Herausgabeanspruch abzutreten (*OLG Hamm* NJW-RR 1988, 269; *OLG Frankfurt* WuM 1999, 62). Allerdings ist er nur zur Herausgabe, nicht zur Ablieferung der Unterlagen beim neuen Verwalter verpflichtet.

bb) Die gerichtliche Durchsetzung des Herausgabeanspruchs

79 Der neue Verwalter kann die Herausgabe an sich aus eigenem Recht verlangen (BayObLGZ 1975, 328). Fehlt ein Verwalter, kann der Verband nach § 10 Abs. 6 S. 3 WEG, vertreten durch die Wohnungseigentümer (§ 27 Abs. 3 S. 2 WEG) die Herausgabe verlangen (zum alten Recht vgl. *OLG München* NJW-RR 2006, 1024 – ZMR 2006, 552 f.). Ein einzelner Wohnungseigentümer bedarf der Ermächtigung (vgl. schon zum alten Recht *BGH* ZMR 1997, 309; *OLG Hamburg* NJW-RR 1994, 783). Notfalls muss ein ablehnender Beschluss angefochten und die Herausgabe als alleine ordnungsmäßiger Verwaltung entsprechende Maßnahme durchgesetzt werden (*BGH* ZMR 1997, 309; ähnlich schon *OLG Hamburg* NJW-RR 1994, 783). Der Anspruch ist im Verfahren nach § 43 Nr. 3 WEG geltend zu machen (*OLG Hamm* NJW-RR 1988, 268), wobei eine summarische Bezeichnung der nicht näher bekannten Unterlagen genügt, da die Wohnungseigentümer sie gerade nicht im Einzelnen aufführen können. Deswegen ist der Titel auch nach § 888 ZPO, nicht nach § 883 ZPO zu vollstrecken (*OLG Hamburg* OLGZ 1987, 189; *OLG Frankfurt* WuM 1999, 62; *Staudinger/Bub* § 26 R. 403b; jetzt auch *Niedenführ/Kümmel/Vandenhouten* § 26 Rn. 121), da es hierbei nicht um die Herausgabe von Sachen geht, die der Gerichtsvollzieher ohne weiteres wegnehmen kann. Vielmehr steht die Herausgabe im Zusammenhang mit der Rechenschaftspflicht am Ende der Verwaltertätigkeit. Diese kann aber ebenso wie die Zusammenstellung der den Wohnungseigentümern gar nicht bekannten Unterlagen nur der Verwalter erfüllen, so dass eine unvertretbare Handlung vorliegt. Dass bestimmte Gegenstände bereits herausgegeben sind, kann er nur mit der Vollstreckungsgegenklage nach § 767 ZPO geltend machen, sofern dieser Einwand nicht unstreitig oder anhand des Akteninhalts beurteilt werden kann (*BayObLG* ZMR 2002, 842 f.). Lediglich die Behauptung, die Herausgabepflicht sei vollständig erfüllt, ist bereits im Erkenntnisverfahren zu prüfen, da es sich beim Erlöschen des Anspruchs nach § 362 Abs. 1 BGB um eine rechtsvernichtende Einwendung handelt (*BayObLG* ZMR 2004, 762). Sofern die Herausgabe aus Gründen, die der Verwalter zu vertreten hat, unmöglich ist, kann er zwar nach § 275 Abs. 1 BGB nicht mehr zur Leistung verurteilt werden (so vor der Schuldrechtsmodernisierung, s. *OLG Hamm* NJW-RR 1988, 269), wohl aber nach § 280 Abs. 1 BGB zum Schadensersatz, der evtl. im Wege der Naturalrestitution die Wiederanfertigung wichtiger Unterlagen wie Leitungspläne, Bauzeichnungen etc. umfassen kann.

cc) Die Herausgabe der Gemeinschaftsgelder

80 Vor allem aber hat der Verwalter gemäß § 667 BGB die Gemeinschaftsgelder herauszugeben, nicht nur den Anspruch gegen das Kreditinstitut abzutreten (*BGH* ZMR 1997, 310 f.; *BayObLG* NJW-RR 2000, 155 = ZMR 1999, 845). Dabei hat der Verwalter die Höhe des herauszugebenden Betrages durch Rechnungslegung gemäß § 259 BGB nachvollziehbar darzustellen. Im Streitfall trifft den Verband die Beweislast für den anfänglichen Bestand der gemeinschaftlichen Konten und Kassen sowie für eventuelle Zugänge (*BayObLG* ZMR 2000, 42). Die bestimmungsgemäße Verwendung der Gemeinschaftsgelder hat der Verwalter zu beweisen (*BGH* ZMR 1997, 311; *BayObLG* ZMR 2000, 42; NJW-RR 2000, 156 = ZMR 2000, 845; NJW-RR 2001, 1019 = ZMR 2001, 208). Mit rückständigen Vergütungen darf er aufrechnen (BayObLGZ 1976, 166; *OLG Stuttgart* ZMR 1983, 422), wohl auch mit Ansprüchen auf Aufwendungsersatz etwa für den erforderlichen Ausgleich eines im Soll stehenden Treuhandkontos (vgl. *BayObLG* WuM 1997, 346).

c) Fortdauer von Leistungspflichten

81 Auch nach Beendigung des Verwaltervertrags können Pflichten des Verwalters aus seiner Amtszeit fortwirken. Insbesondere muss der Verwalter auch nach seiner Abberufung die Jahresabrechnung erstellen, wenn die Pflicht zur Abrechnung bereits in seiner Amtszeit fällig wurde (*OLG Hamm* NJW-RR 1993, 847; *KG* WE 1993, 83; *BayObLG* WuM 1994, 44; *OLG Celle* ZMR 2005, 718 f.).

Sofern sie bereits der neue Verwalter zu erstellen hat, ist sein Vorgänger aber zur Rechnungslegung verpflichtet (*BayObLG* ZMR 2000, 326), wobei wiederum streitig ist, ob diese als vertretbare Handlung nach § 887 ZPO (so *OLG Düsseldorf* ZMR 1999, 426) oder als unvertretbare Handlung nach § 888 ZPO zu vollstrecken ist (so *OLG Köln* ZMR 1998, 519). Da die Rechnungslegung letztlich nur eine »abgebrochene« Jahresabrechnung darstellt, ist es nur konsequent, sie auch in der Zwangsvollstreckung nach denselben Grundsätzen zu behandeln und somit als vertretbare Handlung zu behandeln (vgl. § 28 Rn. 130).

VI. Unwirksamkeit von Bestellung oder Verwaltervertrag

Ist lediglich die Bestellung unwirksam, hat dies auf die Pflichten aus dem schuldrechtlichen Vertrag keine Auswirkungen. Insbesondere kann der Vergütungsanspruch gleichwohl bestehen (*OLG Düsseldorf* NJW-RR 2006, 882 = ZMR 2006, 465; *OLG München* NJW-RR 2006, 1159 f.). Ist umgekehrt der Verwaltervertrag unwirksam, soll der Anspruch des Verwalters auf einen Aufwendungsersatz aus § 683 S. 1 BGB folgen (*BGH* NJW-RR 1989, 970; ZMR 1997, 311 f.; *KG* ZMR 1997, 612). Dies erscheint dogmatisch nicht unproblematisch, da der als Verwalter Tätige regelmäßig von der Wirksamkeit des Vertrages ausgehen und somit ohne Fremdgeschäftsführungswillen handeln wird. Vorzugswürdig erscheint daher eine Abwicklung nach den Grundsätzen über unwirksame Anstellungsverträge (*Bärmann/Pick/Merle* § 26 Rn. 132 f.). Dies entspricht auch der Handhabung im Gesellschaftsrecht. Beide Seiten sind also so zu behandeln, als wäre der Vertrag für die Vergangenheit wirksam.

82

F. Unentgeltliche Verwaltung und Ausübung einzelner Verwaltertätigkeiten

I. Die unentgeltliche Verwaltung

1. Tatsächliche Bedeutung und rechtliche Ausgestaltung

Die unentgeltliche Verwaltung ist in der Praxis meist auf kleine Gemeinschaften beschränkt, in denen ein Miteigentümer die Verwaltung übernimmt. Sie ist bislang kaum systematisch untersucht. Bei der Bestellung eines Eigentümers zum Verwalter solcher Kleinanlagen ist den Umständen nach eine Vergütung grundsätzlich nicht zu erwarten, so dass Gegenteiliges ausdrücklich vereinbart sein muss (*BayObLG* ZMR 2000, 848 u. 852; vgl. schon BT-Drucks. 1/252 S. 29). Die Unentgeltlichkeit ist auf die Vergütung der Verwaltertätigkeit beschränkt. Auch dort hat der Verwalter aus § 670 BGB einen Anspruch auf Ersatz seiner Aufwendungen, etwa für Post- und Telekommunikation, Kontogebühren und sonstige Auslagen. Allerdings kann der unentgeltliche Verwalter ebenso wenig wie der professionelle den Ersatz der Aufwendungen für eigenmächtige, nicht im Interesse der Gemeinschaft liegende Entscheidungen nach § 670 BGB verlangen. Auch er ist insoweit auf Bereicherungsrecht angewiesen. Nicht anders als der professionelle Verwalter verpflichtet sich der unentgeltlich tätige Miteigentümer zumindest konkludent zur Einberufung der jährlichen Eigentümerversammlung gemäß § 24 Abs. 1 WEG und zur Erstellung von Wirtschaftsplan und Jahresabrechnung gemäß § 28 Abs. 1 und 3 WEG. Mit seiner Abberufung wird das schuldrechtliche Verhältnis – der Auftrag – widerrufen, was nach § 671 Abs. 1, 2 BGB jederzeit möglich ist (BayObLGZ 1958, 238). Umgekehrt kann auch der unentgeltliche Verwalter nach § 671 Abs. 1 BGB ohne weiteres, nur eben nicht zur Unzeit kündigen. Nach Beendigung seines Amtes ist er nach § 667 BGB zur Herausgabe all dessen verpflichtet, was er erhalten hat (*BayObLG* NJW-RR 2000, 155 = ZMR 2000, 845). Insoweit besteht kein Unterschied zum professionellen Verwalter (vgl. o.Rn. 78 ff.).

83

2. Die Haftung des unentgeltlichen Verwalters

Das eigentliche Problem der unentgeltlichen Verwaltung dürfte die Haftungsfrage sein. Derjenige, der die Verwaltung unentgeltlich und ohne berufliche Erfahrung übernimmt, dürfte i. d. R. nicht damit rechnen, dass ihm bei vergleichsweise leichten Nachlässigkeiten etwa in der Bearbeitung der Anzeigen zu baulichen Schäden ganz erhebliche Regressforderungen drohen. Eine unentgeltliche Erfüllung vertraglicher Pflichten bedeutet aber nicht schon eine konkludente Haftungserleichterung. Ähnlich wie der gleichfalls unentgeltlich tätige Verwaltungsbeirat (vgl.

84

§ 26 | Bestellung und Abberufung des Verwalters

OLG Düsseldorf ZMR 1998, 104 ff.) haftet er jedenfalls bei Kardinalpflichten wie der Sorge für die Instandhaltung und Instandsetzung des gemeinschaftlichen Eigentums für jede Fahrlässigkeit (*OLG München* ZMR 2006, 717). Auch ein ehrenamtlich tätiger Verwalter tut somit gut, wenn er eine Versicherung für seine Tätigkeit abschließt.

II. Die Ausübung einzelner Verwaltertätigkeiten

1. Die Übernahme einzelner Verwaltungstätigkeiten durch Wohnungseigentümer

85 Von der unentgeltlichen Verwaltung abzugrenzen sind die Fälle, in denen der Verwalter durch Tod, Abberufung oder andere außergewöhnliche Umstände ausscheidet und ein Miteigentümer einzelne Verwaltungsaufgaben durchführt. Mangels Bestellung wird er zwar nicht zum (unentgeltlichen) Verwalter. Denn die bloße Zustimmung zu seiner Tätigkeit ersetzt nicht den Bestellungsbeschluss (BayObLGZ 1987, 59; *OLG Schleswig* WE 1997, 389; *OLG Düsseldorf* NJW-RR 1990, 1300; ZMR 2004, 135 f.; Staudinger/*Bub* § 26 Rn. 147; a. A. *OLG Frankfurt a. M.* OLGZ 1975, 101 f.). Gleichwohl hat er Anspruch auf Ersatz seiner Aufwendungen aus §§ 683, 670 BGB (*BayObLG* WuM 1996, 497). Es kann aber ordnungsgemäßer Verwaltung entsprechen, ihm – auch nachträglich – einen pauschalen Aufwendungsersatz zuzusprechen (*BayObLG* ZMR 2003, 694 f.).

2. Die Verwaltungstätigkeit des teilenden Eigentümers

86 Zu einzelnen Verwaltungstätigkeiten kann es auch schon vor der erstmaligen Bestellung eines Verwalters kommen, wenn der teilende Eigentümer diese noch nach Eigentumserwerb des ersten Wohnungseigentümers fortführt (*KG* ZMR 2001, 63). Diese Tätigkeit unterfällt nicht den Regelungen des WEG zum Verwalter (*KG* ZMR 2001, 64 zum verwaltenden Bauträger). Klagt der Übernehmer der Verwaltungstätigkeit gegen den Verband oder die Wohnungseigentümer, ist aber nunmehr die Zuständigkeit nach § 43 Nr. 5 WEG gegeben.

G. Die Dauer der Bestellung (§ 26 Abs. 1 S. 2 WEG, § 309 Nr. 9 a BGB)

I. Die Maximaldauer der Erstbestellung nach Begründung von Wohnungseigentum

87 Die Dauer der Bestellung stand ursprünglich im Belieben des teilenden Eigentümers bzw. der Eigentümermehrheit. Mit der Gesetzesänderung wurde sie 1973 insbesondere deswegen auf 5 Jahre beschränkt, weil Eigentümergemeinschaften häufig durch den teilenden Eigentümer für Jahrzehnte an einen Verwalter gebunden wurden. Auch dies erschien für die erste Bestellung nach der Begründung von Wohnungseigentum zu lange, da der i. d. R. noch vom Bauträger eingesetzte erste Verwalter aufgrund seiner Beziehungen zu diesem bei der Geltendmachung von Gewährleistungsansprüchen oftmals sehr zurückhaltend war. In der Folge bestand für die Gemeinschaft die Gefahr des Rechtsverlusts (BT-Drucks. 16/3843, 51). Denn die Verjährungsfrist hierfür läuft nach § 634a Abs. 1 Nr. 2 BGB ebenso wie die maximale Bestellungsdauer nach § 26 Abs. 1 S. 2 WEG a. F. nach 5 Jahren ab. Nach neuem Recht (§ 26 Abs. 1 S. 2 2. Hs. WEG) darf die Dauer der ersten Verwalterbestellung nach Begründung von Wohnungseigentum deshalb 3 Jahre nicht übersteigen. Denn dann verbleiben auch nach Ablauf der Amtsdauer des ersten Verwalters noch zwei Jahre zur Geltendmachung von Gewährleistungsansprüchen. Die Beschränkung gilt nach dem eindeutigen Wortlaut der Norm auch dann, wenn es im konkreten Fall des mit der Gesetzesänderung verfolgten Schutzes etwa deswegen nicht bedarf, weil die Begründung von Wohnungseigentum bei der ersten Bestellung bereits mehr als 5 Jahre zurückliegt. Denn § 26 Abs. 1 S. 2 WEG sieht keine Ausnahme vor (so auch *Hügel/Elzer* § 12 Rn. 7).

88 Wird der erste Verwalter entgegen § 26 Abs. 1 S. 2 WEG für eine längere Zeit als 3 Jahre bestellt, kann hinsichtlich des Beschlussmängelrechts auf die Rechtsprechung zu § 26 Abs. 1 S. 2 WEG a. F. zurückgegriffen werden. Auch ohne ausdrückliche Anordnung im Gesetz handelt es sich nach Sinn und Zweck der Norm um zwingendes Recht, da ihre Abdingbarkeit zum Leerlaufen der Vorschrift führen würde. Daher ist auch eine Bestimmung in der Teilungserklärung, die eine über 3 Jahre hinausgehende Dauer der Erstbestellung vorsieht, stets nichtig. Allerdings wird i. d. R. von einer Teilnichtigkeit auszugehen sein, da diejenigen, die den ersten Verwalter für mehr als 3 Jahre bestellen wollen, jedenfalls die zulässige kürzere Dauer wünschen (*Staudinger/Bub*, § 26 Rn. 29;

s. u. § 26 Rn. 89). Die Teilnichtigkeit erfasst auch einen über 3 Jahre hinaus geschlossenen Verwaltervertrag (*Staudinger/Bub*, § 26 Rn. 29; s. u. § 26 Rn. 89). Auf Bestellungen nach altem Recht wirkt § 26 Abs. 1 S. 2 WEG dem ausdrücklichen Bekunden der Gesetzesbegründung zufolge aber nicht zurück. Danach sollen »vor dem Inkrafttreten vorgenommene Bestellungen« über 5 Jahre weder nichtig noch anfechtbar sein (BT-Drucks. 16/3843, 51; zur Frage, ob es für diesen Zeitpunkt auf die Bestellung oder die Aufnahme der Verwaltertätigkeit ankommt, s. *Abramenko* § 5 Rn. 40).

II. Die Maximaldauer aller weiteren Bestellungen nach § 26 Abs. 1 S. 2 WEG

Ansonsten darf die Bestellung des Verwalters die Dauer von 5 Jahren nicht übersteigen. Fristbeginn ist nach h. M. der Tag, an dem der Verwalter zur Aufnahme seiner Tätigkeit verpflichtet ist (*KG* WE 1987, 122; Staudinger/*Bub* § 26 Rn. 28; Bärmann/Pick/*Merle* § 26 Rn. 45). Die Beschränkung auf 5 Jahre ist zwingendes Recht, also auch durch die Gemeinschaftsordnung nicht abdingbar. Sie erfasst auch den schuldrechtlichen Verwaltervertrag, der gleichfalls keine längere Laufzeit als 5 Jahre haben kann (vgl. *KG* WE 1987, 121). Im Falle des Verstoßes ist grundsätzlich von einer Teilnichtigkeit gemäß § 139 BGB auszugehen. Denn die Eigentümer, die einen Verwalter für mehr als 5 Jahre bestellen, werden seine Dienste jedenfalls für die zulässige Zeit in Anspruch nehmen wollen (vgl. *KG* WuM 1990, 468; *LG Frankfurt a. M.* Rpfleger 1984, 14 f.). Ähnliches gilt bei einer Bestellung auf unbestimmte Zeit. Auch diese ist auf 5 Jahre begrenzt. Allerdings ist hier mangels Mindestdauer von der Möglichkeit einer jederzeitigen (ordentlichen) Abberufung auszugehen. Grundsätzlich zulässig sind auch Bestellungen (und schuldrechtliche Verträge) mit Mindestdauer und Verlängerungsklauseln um einen bestimmten Zeitraum. Auch hier darf aber die gesamte Zeitdauer der Bestellung 5 Jahre nicht übersteigen. Andernfalls endet die Bestellung wie in den vorgenannten Fällen automatisch nach 5 Jahren (*BGH* NJW-RR 1995, 781). Dabei beginnt die Frist nicht mit dem Bestellungsbeschluss, sondern jeweils mit dem Zeitpunkt zu laufen, da der Verwalter seine Tätigkeit aufnehmen soll (*KG* WE 1987, 122; Staudinger/*Bub* § 26 Rn. 28; Bärmann/Pick/*Merle* § 26 Rn. 45). Dies entspricht nicht nur der h. M. im Gesellschaftsrecht, sondern insbesondere dem Sinn der Norm. Denn die Bindung an den Verwalter, die maximal 5 Jahre dauern soll, beginnt erst mit seiner Tätigkeit, nicht schon unter der Amtsdauer seines Vorgängers oder gar vor Existenz auch nur einer »werdenden Eigentümergemeinschaft«. Auch die Regelung, wonach das Verwalteramt in einem festgelegten Turnus zwischen den Eigentümern wechselt, ist längstens für 5 Jahre wirksam, da sie die freie Wahl des Verwalters durch die Wohnungseigentümer beschränkt (*Niedenführ/Kümmel/Vandenhouten* § 26 Rn. 23; einschränkend – generell nur für die erste Bestellung wirksam – Staudinger/*Bub* § 26 Rn. 44).

89

In diesem Rahmen können die Wohnungseigentümer die Dauer der Bestellung und die Laufzeit des Verwaltervertrags frei bestimmen bzw. mit dem Verwalter aushandeln. Dabei ist i. d. R. jedenfalls im Wege der ergänzenden Vertragsauslegung von einer Befristung auf die Bestellungsdauer auszugehen (*OLG Hamm* ZMR 1997, 95 f.). Auch Formularverträge sind insoweit keinen stärkeren Beschränkungen ausgesetzt. Insbesondere verstößt eine Vereinbarung über eine Laufzeit von mehr als zwei Jahren nicht gegen § 309 Nr. 9 a BGB. Denn § 26 Abs. 1 S. 2 WEG ist eine Spezialregelung, die § 309 Nr. 9 a BGB vorgeht (*BGH* ZMR 2002, 771 f.; a. A. *KG* NJW-RR 1989, 840 = WE 1989, 133).

90

H. Die Beschränkung der Abberufung auf das Vorliegen eines wichtigen Grundes (§ 26 Abs. 1 S. 3 WEG)

Den Wohnungseigentümern steht es nach den gesetzlichen Regelungen grundsätzlich offen, den Verwalter abzuberufen. Diese Möglichkeit kann aber, wie § 26 Abs. 1 S. 3 WEG klarstellt, in Gemeinschaftsordnung oder Verwaltervertrag auf den Fall des Vorliegens wichtiger Gründe beschränkt werden (hierzu s. o. Rn. 18). Mit dieser in der Praxis häufigen Ausgestaltung von Gemeinschaftsordnung oder Verwaltervertrag wird eine verlässliche Kalkulationsgrundlage für die Berechnung des Verwalterhonorars geschaffen, die letztlich den Wohnungseigentümern selbst durch entsprechend günstigere Konditionen zugute kommt. Die Abberufung aus wichtigem Grund selbst kann nicht abbedungen oder beschränkt werden, etwa durch abschließende

91

§ 26 | Bestellung und Abberufung des Verwalters

Aufzählung der zur Abberufung berechtigenden Umstände. Mit der Einführung der Beschluss-Sammlung hat der Gesetzgeber in § 26 Abs. 1 S. 4 WEG deren mangelhafte Führung als Regelbeispiel eines wichtigen Grundes, der zur Abberufung des Verwalters berechtigt, gesetzlich normiert (s. o. § 26 Rn. 21).

I. Beschränkungen von Bestellung oder Abberufung (§ 26 Abs. 1 S. 5 WEG)

92 § 26 Abs. 1 S. 5 WEG soll die Freiheit der Wohnungseigentümer schützen, einen Verwalter ihrer Wahl zu bestimmen (und somit einen noch amtierenden abzuberufen). Dieser Zielsetzung entsprechend ist § 26 Abs. 1 S. 5 WEG unabdingbar. Folglich sind abweichende Regelungen nicht nur in Beschlüssen, Vereinbarungen und Gemeinschaftsordnung, sondern auch in Verträgen mit dem Verwalter oder mit Dritten wie dem Bauträger nichtig. Dies gilt auch für solche Regelungen, die den Wohnungseigentümern scheinbar günstig sind. So ist nicht nur die direkte oder indirekte Festlegung auf die Bestellung eines bestimmten Verwalters, etwa durch Vereinbarung von Vertragsstrafen oder Abfindungen oder das Vorliegen der Zustimmung Dritter zu seiner Abberufung (*OLG Köln* OLGZ 1969, 391) unwirksam. Gleiches gilt für bestimmte Höchsthonorare (*KG* NJW-RR 1994, 402f) oder Höchstbestellungszeiten (Staudinger/*Bub* § 26 Rn. 20) oder die Beschränkung des Kandidatenkreises, etwa auf die Eigentümergemeinschaft (*BayObLG* NJW-RR 1995, 271 = WuM 1995, 230; *OLG Bremen* Rpfleger 1980, 68), da die Möglichkeit, einen Verwalter zu bestellen, auch hierdurch eingeschränkt wird. Ähnliches gilt für Regelungen, die qualifizierte Mehrheiten für die Verwalterbestellung vorsehen (*OLG Karlsruhe* Justiz 1983, 413; *BayObLG* WuM 1996, 497). Sofern die Gemeinschaftsordnung ohne Einschränkung qualifizierte Mehrheiten zur Fassung von Beschlüssen verlangt, gilt dies gemäß § 26 Abs. 1 S. 5 WEG nicht für die Bestellung des Verwalters (*OLG Köln* NJW-RR 2003, 1313 = NZM 2003, 685). Ebenso kann die Wirksamkeit der Entscheidung über Bestellung oder Abberufung eines Verwalters nicht von der Bestandskraft dieses Beschlusses abhängig gemacht werden (*KG* OLGZ 1978, 181). Auch die Übertragung dieser Entscheidung auf einen Dritten, etwa den Bauträger, oder ein Gremium, insbesondere den Verwaltungsbeirat, ist unwirksam (*BayObLG* ZMR 1994, 484), ebenso die Ermächtigung des Verwalters selbst zur Übertragung seiner Stellung (*OLG Hamm* ZMR 1996, 679; *BayObLG* ZMR 1998, 175; 2002, 534). Denn auch hierdurch wird die Möglichkeit der Wohnungseigentümer, einen Verwalter zu bestellen, eingeschränkt. Die Wohnungseigentümer können dem Verwaltungsbeirat aber eine Vorauswahl überlassen (*OLG Düsseldorf* ZMR 2002, 214). Die Erleichterung der Bestellung ist nicht ausgeschlossen, aber eine weitgehend theoretische Möglichkeit. Die in der Literatur erörterten Möglichkeiten, z. B. die Bestellung jeweils für nur 3 Jahre (*Niedenführ/Kümmel/Vandenhouten* § 26 Rn. 27), erleichtern nicht nur die Bestellung eines neuen Verwalters, sondern schließen auch die Bestellung des alten für mehr als 3 Jahre aus, so dass sie doch wieder gegen § 26 Abs. 1 S. 5 WEG verstoßen (Staudinger/*Bub* § 26 Rn. 10; Bärmann/*Pick/Merle* § 26 Rn. 74).

J. Die wiederholte Bestellung (§ 26 Abs. 2 WEG)

93 § 26 Abs. 2 1. Hs. WEG stellt klar, dass sich die Wohnungseigentümer auch nach fünfjähriger Amtszeit nicht von einem Verwalter trennen müssen, mit dem sie zufrieden waren. Andererseits sucht diese Vorschrift die Wohnungseigentümer durch den zweiten Halbsatz vor einer Umgehung der Höchstbestellungsdauer zu schützen. Demnach darf der Beschluss über die Wiederbestellung erst im letzten Jahr der Bestellungszeit gefasst werden, da ansonsten frühzeitig eine Bestellungskette mehrerer aufeinander folgender Bestellungen möglich wäre, die weit über die gesetzliche Frist von 5 Jahren hinausreicht. Ein hiergegen verstoßender Beschluss ist nichtig (*OLG Zweibrücken* ZMR 2005, 909). Allerdings ist nach dem Sinn der Norm eine Ausnahme dann zulässig, wenn die Neubestellung mit sofortiger Wirkung oder jedenfalls noch vor Ablauf der alten Amtszeit erfolgen soll. Denn auch dann tritt die nach § 26 Abs. 1 S. 2 WEG missbilligte Bindung der Wohnungseigentümer für mehr als 5 Jahre nicht ein (*BGH* NJW-RR 1995, 780 f.; *OLG Hamm* OLGZ 1990, 192 f.; *OLG Zweibrücken* ZMR 2005, 909). Ähnliches gilt auch dann, wenn die Neubestellung erst innerhalb des auf diesen Beschluss folgenden Jahres wirksam werden soll und eine Amtszeit von 5 Jahren nicht überschritten wird. Auch Verlängerungsklauseln sind nur wirksam,

wenn sich mit der Verlängerung keine 5 Jahre überschreitende Amtszeit ergibt (*BayObLG* WE 1996, 315). Ansonsten endet die Bestellung wie bei der unbefristeten Bestellung nach 5 Jahren (*OLG Köln* WE 1990, 171). Aus § 26 Abs. 2 2. Hs. WEG geht umgekehrt auch hervor, dass grundsätzlich nicht nach § 21 Abs. 4 WEG verlangt werden kann, Beschlussanträge über die Neubestellung früher als im letzten Amtsjahr eines Verwalters auf die Tagesordnung von Eigentümerversammlungen zu setzen (*BayObLG* WuM 1992, 87). Allerdings ist i. d. R. zu prüfen, ob ein solcher Antrag der Sache nach auf die Abberufung des Verwalters zielt.

K. Der Nachweis der Verwaltereigenschaft (§ 26 Abs. 3 WEG)

1. Die Bezeichnung der Norm in der Novelle

Diese Vorschrift wurde 1973 in das Gesetz eingefügt. Im Gesetzgebungsverfahren blieb zunächst unberücksichtigt, dass § 26 Abs. 3 WEG a. F. – die Vorschrift zum Notverwalter – entfallen sollte, so dass weder ein Vermerk über das Entfallen dieser Vorschrift noch ein »Aufrücken« von § 26 Abs. 4 WEG a. F. normiert wurde (etwa BT-Drucks. 16/887, 7 redet nur von der Aufhebung des § 26 Abs. 3 WEG a. F.). Eine Richtigstellung erfolgte erst in der Publikation des Gesetzes (BGBl. 2007 I 373). Deshalb wird § 26 Abs. 3 WEG sowohl in den Materialien (z. B. BT-Drucks. 16/887, 5 zu § 12; 16/887, 22) als auch in den frühen Kommentierungen des Gesetzes (z. B. *Abramenko* § 3 Rn. 16; *Niedenführ/Kümmel/Vandenhouten* § 26 Rn. 126 ff.) als § 26 Abs. 4 WEG bezeichnet. Gemeint ist jeweils § 26 Abs. 3 WEG. **94**

2. Die direkte Anwendung von § 26 Abs. 3 WEG

§ 26 Abs. 3 WEG soll den Nachweis der Verwaltereigenschaft erleichtern, sofern hierfür wie etwa nach § 29 GBO die Vorlage öffentlich beglaubigter Urkunden vorgesehen ist. Demnach muss anders als nach § 130 Abs. 1 AktG nicht der Bestellungsbeschluss durch einen auf der Versammlung anwesenden Notar beurkundet werden. Vielmehr genügt die Vorlage einer Niederschrift über den Bestellungsbeschluss, bei der die Unterschriften der in § 24 Abs. 6 S. 2 WEG genannten Personen öffentlich beglaubigt sind. Nur im Falle einer schriftlichen Beschlussfassung gemäß § 23 Abs. 3 WEG bedarf es der Beglaubigung der Unterschriften aller Eigentümer (*BayObLG* Rpfleger 1986, 299). Die gerichtliche Bestellung kann ohne weiteres durch Vorlage des entsprechenden Beschlusses nachgewiesen werden, da die Ausfertigung eine öffentliche Urkunde darstellt. Auch die Bezugnahme auf Urkunden, die dem Grundbuchamt bereits in der Form des § 29 GBO vorliegen, genügt (BayObLGZ 1975, 267; *OLG Köln* OLGZ 1986, 410), was namentlich bei der Bestellung des ersten Verwalters in der Teilungserklärung in Betracht kommt (*BayObLG* NJW-RR 1991, 979). Hingegen muss der Verwaltervertrag in keinem Fall vorgelegt werden. Bis zum Ablauf der beschlossenen Amtszeit bzw. der maximalen Bestellungszeit von zunächst 3 und später 5 Jahren kann das Grundbuchamt dann vom Fortbestand der Verwalterstellung ausgehen (*BayObLG* NJW-RR 1991, 979; *OLG Oldenburg* Rpfleger 1979, 266). Für den Nachweis der Wiederbestellung bzw. der Abberufung gelten dieselben Grundsätze wie für den Nachweis der Bestellung (*BayObLG* NJW-RR 1991, 978 f.). **95**

3. Die analoge Anwendung von § 26 Abs. 3 WEG

Nach h. M. war § 26 Abs. 3 WEG (bzw. der wortgleiche § 26 Abs. 4 WEG a. F.) schon bislang auch in anderen Fällen anwendbar, in denen ein Beschluss in öffentlich beglaubigter Form nachzuweisen ist, etwa bei der Zustimmung der Eigentümerversammlung zu einer Veräußerung (BayObLGZ 1961, 396; *LG Bielefeld* Rpfleger 1981, 355 f.; *Schneider* ZfIR 2002, 115; Bärmann/Pick/Merle § 26 Rn. 268; *Weitnauer/Lüke* § 26 Rn. 46; a. A. Staudinger/*Bub* § 26 Rn. 524). Diese Möglichkeit hat der Gesetzgeber nunmehr für einen weiteren Anwendungsfall, die Löschung einer Veräußerungsbeschränkung nach § 12 Abs. 4 S. 5 WEG anerkannt. Darüber hinaus lassen die Materialien erkennen, dass er sich der h. M. anschliesst. In den Materialien wird die Regelung des § 12 Abs. 4 S. 5 WEG nämlich nicht als Neuerung, sondern ausdrücklich nur als »Klarstellung« bezeichnet. Daraus geht hervor, dass auch der Gesetzgeber die Formerleichterung des § 26 Abs. 3 WEG schon bislang für analogiefähig hielt und die Regelung in § 12 Abs. 4 S. 5 WEG nur der Klarstellung halber in das Gesetz einfügte. Im Ergebnis ist die h. M. also auch in anderen Zusammenhängen be- **96**

§ 27 | Aufgaben und Befugnisse des Verwalters

stätigt. Dies kann etwa dann von Bedeutung sein, wenn dem Verwalter durch Mehrheitsbeschluss Vollmacht zum Abschluss eines Grundstückskaufvertrages oder Bietvollmacht erteilt wird, da die Vorlage der Niederschrift in der Form des § 26 Abs. 3 WEG dann den Anforderungen des § 71 Abs. 2 ZVG genügt. Für schriftliche Beschlüsse nach § 23 Abs. 3 WEG genügt die Vorlage von Erklärungen des Verwalters oder einzelner Wohnungseigentümer in der Form des § 26 Abs. 3 WEG allerdings nicht. Hier müssten alle Zustimmungserklärungen in beglaubigter Form nach § 29 GBO vorgelegt werden (*BayObLG* NJW-RR 1986, 565 f.).

§ 27 Aufgaben und Befugnisse des Verwalters

(1) Der Verwalter ist gegenüber den Wohnungseigentümern und gegenüber der Gemeinschaft der Wohnungseigentümer berechtigt und verpflichtet,

1. Beschlüsse der Wohnungseigentümer durchzuführen und für die Durchführung der Hausordnung zu sorgen;

2. die für die ordnungsmäßige Instandhaltung und Instandsetzung des gemeinschaftlichen Eigentums erforderlichen Maßnahmen zu treffen;

3. in dringenden Fällen sonstige zur Erhaltung des gemeinschaftlichen Eigentums erforderliche Maßnahmen zu treffen;

4. Lasten- und Kostenbeiträge, Tilgungsbeträge und Hypothekenzinsen anzufordern, in Empfang zu nehmen und abzuführen, soweit es sich um gemeinschaftliche Angelegenheiten der Wohnungseigentümer handelt;

5. alle Zahlungen und Leistungen zu bewirken und entgegenzunehmen, die mit der laufenden Verwaltung des gemeinschaftlichen Eigentums zusammenhängen;

6. eingenommene Gelder zu verwalten;

7. die Wohnungseigentümer unverzüglich darüber zu unterrichten, dass ein Rechtsstreit gemäß § 43 anhängig ist;

8. die Erklärungen abzugeben, die zur Vornahme der in § 21 Abs. 5 Nr. 6 bezeichneten Maßnahmen erforderlich sind.

(2) Der Verwalter ist berechtigt, im Namen aller Wohnungseigentümer und mit Wirkung für und gegen sie

1. Willenserklärungen und Zustellungen entgegenzunehmen, soweit sie an alle Wohnungseigentümer in dieser Eigenschaft gerichtet sind;

2. Maßnahmen zu treffen, die zur Wahrung einer Frist oder zur Abwendung eines sonstigen Rechtsnachteils erforderlich sind, insbesondere einen gegen die Wohnungseigentümer gerichteten Rechtsstreit gemäß § 43 Nr. 1, Nr. 4 oder Nr. 5 im Erkenntnis- und Vollstreckungsverfahren zu führen;

3. Ansprüche gerichtlich und außergerichtlich geltend zu machen, sofern er hierzu durch Vereinbarung oder Beschluss mit Stimmenmehrheit der Wohnungseigentümer ermächtigt ist;

4. mit einem Rechtsanwalt wegen eines Rechtsstreits gemäß § 43 Nr. 1, Nr. 4 oder Nr. 5 zu vereinbaren, dass sich die Gebühren nach einem höheren als dem gesetzlichen Streitwert, höchstens nach einem gemäß § 49a Abs. 1 S. 1 des Gerichtskostengesetzes bestimmten Streitwert bemessen.

(3) Der Verwalter ist berechtigt, im Namen der Gemeinschaft der Wohnungseigentümer und mit Wirkung für und gegen sie

1. Willenserklärungen und Zustellungen entgegenzunehmen;
2. Maßnahmen zu treffen, die zur Wahrung einer Frist oder zur Abwendung eines sonstigen Rechtsnachteils erforderlich sind, insbesondere einen gegen die Gemeinschaft gerichteten Rechtsstreit gemäß § 43 Nr. 2 oder Nr. 5 im Erkenntnis- und Vollstreckungsverfahren zu führen;
3. die laufenden Maßnahmen der erforderlichen ordnungsmäßigen Instandhaltung und Instandsetzung gemäß Absatz 1 Nr. 2 zu treffen;
4. die Maßnahmen gemäß Absatz 1 Nr. 3 bis 5 und 8 zu treffen;
5. im Rahmen der Verwaltung der eingenommenen Gelder gemäß Absatz 1 Nr. 6 Konten zu führen;
6. mit einem Rechtsanwalt wegen eines Rechtsstreits gemäß § 43 Nr. 2 oder Nr. 5 eine Vergütung gemäß Absatz 2 Nr. 4 zu vereinbaren;
7. sonstige Rechtsgeschäfte und Rechtshandlungen vorzunehmen, soweit er hierzu durch Vereinbarung oder Beschluss der Wohnungseigentümer mit Stimmenmehrheit ermächtigt ist.

Fehlt ein Verwalter oder ist er zur Vertretung nicht berechtigt, so vertreten alle Wohnungseigentümer die Gemeinschaft. Die Wohnungseigentümer können durch Beschluss mit Stimmenmehrheit einen oder mehrere Wohnungseigentümer zur Vertretung ermächtigen.

(4) Die dem Verwalter nach den Absätzen 1 bis 3 zustehenden Aufgaben und Befugnisse können durch Vereinbarung der Wohnungseigentümer nicht eingeschränkt oder ausgeschlossen werden.

(5) Der Verwalter ist verpflichtet, eingenommene Gelder von seinem Vermögen gesondert zu halten. Die Verfügung über solche Gelder kann durch Vereinbarung oder Beschluss der Wohnungseigentümer mit Stimmenmehrheit von der Zustimmung eines Wohnungseigentümers oder eines Dritten abhängig gemacht werden.

(6) Der Verwalter kann von den Wohnungseigentümern die Ausstellung einer Vollmachts- und Ermächtigungsurkunde verlangen, aus der der Umfang seiner Vertretungsmacht ersichtlich ist.

Inhaltsverzeichnis

A. Grundsätzliches	1
I. Unabdingbare und sonstige Aufgaben des Verwalters	1
1. Gesetzliche Regelungen der Pflichten und Befugnisse	1
2. Weitere gesetzliche Schranken für die Tätigkeit des Verwalters	2
a) Zulässigkeit rechtsberatender Tätigkeit des Verwalters	2
b) Interessenkollisionen bei der Ausübung der Verwaltertätigkeit	3
3. Aufgaben und Befugnisse des Verwalters in der Teilungserklärung	4
4. Regelungen durch Mehrheitsbeschluss	5
II. Die Systematik des § 27 WEG nach der gesetzlichen Neuregelung	6
1. Der Regelungsbedarf nach der Anerkennung eines teilrechtsfähigen Verbandes	6
2. Die Regelung des Innenverhältnisses	7
3. Die Regelung des Außenverhältnisses	8
B. Die Regelung der Aufgaben und Befugnisse im Innenverhältnis	9
I. Die Durchführung von Beschlüssen (§ 27 Abs. 1 Nr. 1 1. Alternative WEG)	9
1. Die Bedeutung der Vorschrift	9
2. Die Neuerungen	10
3. Die Beschlussdurchführung im Einzelnen	11
4. Die Durchführung fehlerhafter Beschlüsse	12
a) Nichtige Beschlüsse	12
b) Anfechtbare Beschlüsse	13
aa) Die Aussetzung der Beschlussdurchführung ohne gerichtliche Ermächtigung	13

§ 27 | Aufgaben und Befugnisse des Verwalters

bb) Die Ermächtigung zu Sofortvollzug oder Aussetzung durch die Wohnungseigentümer	14
cc) Die einstweilige Aussetzung nach §§ 935 ff. ZPO	15
II. Die Durchführung der Hausordnung (§ 27 Abs. 1 Nr. 1 2. Alternative WEG)	16
III. Die Sorge für die Instandhaltung und Instandsetzung des Gemeinschaftseigentums (§ 27 Abs. 1 Nr. 2, Abs. 3 S. 1 Nr. 3 WEG)	18
1. Die Aufgabenverteilung zwischen Verwalter und Wohnungseigentümern	18
2. Die gesetzliche Vollmacht für den Verband als Neuerung und ihre Grenzen	19
3. Die Reichweite der gesetzlichen Vollmacht	20
4. Eigenmächtige Entscheidungen des Verwalters	21
5. Das Vorgehen des Verwalters im Rahmen des § 27 Abs. 1 Nr. 2 WEG	22
a) Die Pflichten des Verwalters	22
b) Die Haftung des Verwalters	23
IV. Maßnahmen zur Erhaltung des Gemeinschaftseigentums in dringenden Fällen (§ 27 Abs. 1 Nr. 3 WEG)	24
1. Grundsätzliches	24
2. Die Aufgaben und Befugnisse des Verwalters nach neuem Recht	25
V. Die Finanzverwaltung (§ 27 Abs. 1 Nr. 4 bis 6, Abs. 3 S. 1 Nr. 4, 5 WEG)	26
1. Die Neuerungen der Novelle	26
2. Die Anforderung und Abführung von Zahlungen (§ 27 Abs. 1 Nr. 4 WEG)	27
3. Die Bewirkung und Entgegennahme von Zahlungen (§ 27 Abs. 1 Nr. 5 WEG)	28
4. Die Verwaltung gemeinschaftlicher Gelder (§ 27 Abs. 1 Nr. 6, Abs. 5 WEG)	29
a) Die gemeinschaftlichen Gelder	29
b) Die Verwaltung der gemeinschaftlichen Gelder	30
c) Die Zustimmung Dritter zu Verfügungen des Verwalters	32
VI. Die Unterrichtung der Wohnungseigentümer über Rechtsstreitigkeiten (§ 27 Abs. 1 Nr. 7 WEG)	33
1. Die zu unterrichtenden Personen	33
2. Der Gegenstand der Unterrichtung	34
VII. Die Abgabe von Erklärungen nach § 21 Abs. 5 Nr. 6 WEG (§ 27 Abs. 1 Nr. 8, Abs. 3 S. 1 Nr. 4 WEG)	35
C. Das Handeln des Verwalters mit Wirkung für und gegen Wohnungseigentümer und Verband (§ 27 Abs. 2, 3 WEG)	**36**
I. Grundzüge der Änderungen nach neuem Recht	36
II. Das Problem der Verpflichtung zum Tätigwerden	37
1. Der Streitstand	37
2. Keine Änderung gegenüber der alten Gesetzeslage	38
III. Das Handeln des Verwalters mit Wirkung für und gegen die Wohnungseigentümer (§ 27 Abs. 2 WEG)	39
1. Die Entgegennahme von Willenserklärungen und Zustellungen (§ 27 Abs. 2 Nr. 1 WEG)	39
a) Die Neuerungen der Novelle	39
b) Die Wirkung des Zugangs von Willenserklärungen bzw. Zustellungen	40
c) Pflichten des Verwalters beim Zugang von Willenserklärungen bzw. Zustellungen	42
d) Der Ausschluss des Verwalters als Empfangs- und Zustellungsvertreter	43
aa) Der Stand der Diskussion	43
bb) Die Behandlung der Interessenkollision nach der Novelle	45
cc) Pflichten des Verwalters beim Zugang von Willenserklärungen trotz Interessenkollision	46
2. Die Abwendung von Rechtsnachteilen (§ 27 Abs. 2 Nr. 2 WEG)	47
a) Die Bedeutung der Neuregelung	47
b) Das Handeln in Passivverfahren der Wohnungseigentümer	48
c) Vollstreckungsverfahren	49
3. Die Geltendmachung von Ansprüchen (§ 27 Abs. 2 Nr. 3 WEG)	50
4. Die Vereinbarung von Rechtsanwaltsvergütungen (§ 27 Abs. 2 Nr. 4 WEG)	51
IV. Das Handeln des Verwalters mit Wirkung für und gegen den Verband (§ 27 Abs. 3 S. 1 WEG)	52
1. Die Entgegennahme von Willenserklärungen und Zustellungen (§ 27 Abs. 3 S. 1 Nr. 1 WEG)	52
a) Der Verwalter als Empfangsvertreter des Verbandes	52
b) Der Ausschluss des Verwalters als Empfangs- und Zustellungsbevollmächtigter	53
2. Die Abwendung von Rechtsnachteilen (§ 27 Abs. 3 S. 1 Nr. 2 WEG)	54
a) Die Neuerungen der Novelle	54
b) Voraussetzungen und Umfang der Notgeschäftsführungsbefugnis	55
3. Die gesetzlichen Vollmachten nach § 27 Abs. 3 S. 1 Nr. 3 bis 5 WEG	56

			4. Die Vereinbarung von Rechtsanwaltsvergütungen (§ 27 Abs. 3 S. 1 Nr. 6 WEG)	57
			5. Die Ermächtigung zu sonstigen Rechtsgeschäften (§ 27 Abs. 3 S. 1 Nr. 7 WEG)	58
			a) Bedeutung der Norm	58
			b) Einschränkungen der neuen Beschlusskompetenz	59
			aa) Reichweite nach Wortlaut und Gesetzesbegründung	59
			bb) Die Grenzen des zwingenden Rechts	61
			cc) Kein Handeln mit Wirkung für und gegen die Wohnungseigentümer	62
			dd) Der Rahmen der ordnungsmäßigen Verwaltung	63
			ee) Die (teilweise) Abbedingung in der Teilungserklärung	64
			c) Die Geltendmachung von Ansprüchen	65
			aa) Die Ermächtigung zur Geltendmachung von Ansprüchen nach altem und neuem Recht	65
			bb) Anwendungsbereich	66
			cc) Die Ermächtigung durch Eigentümerbeschluss	67
			dd) Die Ermächtigung durch Gemeinschaftsordnung, Vereinbarung oder Vertrag	68
			6. Die möglichen Rechtsfolgen der Ermächtigung	69
			a) Die Bevollmächtigung	69
			b) Die Prozessstandschaft	71
D.	Die Unabdingbarkeit der Befugnisse nach § 27 Abs. 1–3 WEG (§ 27 Abs. 4 WEG)			72
E.	Fehlen oder Verhinderung eines Verwalters			74
	I. Der Wegfall des Notverwalters nach § 26 Abs. 3 WEG a. F.			74
	II. Die Gesamtvertretung des Verbandes durch alle Wohnungseigentümer			75
		1. Voraussetzungen der Vertretung		75
			a) Fehlen oder Verhinderung des Verwalters	75
			b) Geschäfte des Verbandes	76
		2. Die Wohnungseigentümer als Erklärungsvertreter		77
		3. Die Wohnungseigentümer als Empfangsvertreter		78
			a) Die erleichterte Übermittlung von Willenserklärungen	78
			b) Die Pflichten des einzelnen Erklärungsempfängers	79
			c) Folgen eines Pflichtverstoßes	80
	III. Die Ermächtigung einzelner Wohnungseigentümer nach § 27 Abs. 3 S. 3 WEG			81
		1. Die Bedeutung der Vorschrift		81
		2. Reichweite und Grenzen der Vollmacht nach § 27 Abs. 3 S. 3 WEG		82
		3. Das Verhältnis von § 27 Abs. 3 S. 2 WEG und § 27 Abs. 3 S. 3 WEG		83
		4. Fehler der Beschlussfassung		84
			a) Nichteigentümer als Ermächtigte nach § 27 Abs. 3 S. 3 WEG	84
			b) Sonstige formelle und materielle Fehler des Beschlusses	85
	IV. Abdingbarkeit			86
F.	Die Vollmachtsurkunde (§ 27 Abs. 6 WEG)			87
	I. Der Anspruch auf Ausstellung der Vollmachtsurkunde			87
	II. Inhalt der Vollmachtsurkunde			88

A. Grundsätzliches

I. Unabdingbare und sonstige Aufgaben des Verwalters

1. Gesetzliche Regelungen der Pflichten und Befugnisse

Die Aufgaben und Befugnisse des Verwalters sind nicht in einer einzigen Vorschrift geregelt. **1**
§ 27 WEG enthält lediglich die nach § 27 Abs. 4 WEG unabdingbaren Aufgaben und Befugnisse des Verwalters. Weitere wichtige Verpflichtungen des Verwalters ergeben sich insbesondere aus § 28 WEG (Erstellung von Wirtschaftsplan und Jahresabrechnung sowie Rechnungslegung) und aus §§ 24, 25 WEG (Einberufung und Durchführung von Eigentümerversammlungen).

2. Weitere gesetzliche Schranken für die Tätigkeit des Verwalters

a) Zulässigkeit rechtsberatender Tätigkeit des Verwalters

Daneben hat der Verwalter weitere gesetzliche Schranken seiner Tätigkeit zu beachten. Lange Zeit **2**
war etwa streitig, ob er rechtsberatend tätig werden darf. Nach nunmehr h. M. sind die gesetzlich vorgesehenen Tätigkeiten im Rahmen der Verwaltung, auch sofern sie rechtsberatender Natur sind, nach Art. 1 § 5 Nr. 3 RBerG oder jedenfalls nach Art. 1 § 3 Nr. 6 RBerG ohne weiteres zulässig

§ 27 | Aufgaben und Befugnisse des Verwalters

(*BGH* NJW 1993, 1924; *BayObLG* NJW-RR 1992, 82; *OLG Düsseldorf* ZMR 2001, 299; *OLG Hamm* NJW-RR 2004, 1311). Das gilt auch dann, wenn der Verwalter über seinen engeren Pflichtenkreis hinausgeht, etwa Mietern von Wohnungseigentümern die Betriebskostenabrechnung erläutert oder aufgrund seiner Abrechnung zur Klage gegen Mieter rät. Denn die Ausnahmen und Befreiungen nach Art. 1 § 5 RBerG sind vor dem Hintergrund der Berufsfreiheit (Art. 12 GG) grundrechtsfreundlich und somit extensiv auszulegen, so dass eng mit der zulässigen Rechtsbesorgung des Verwalters zusammenhängende Tätigkeiten von der Erlaubnis in Art. 1 § 5 Nr. 3 RBerG umfasst sein müssen (*OLG Nürnberg* ZMR 2004, 301 f.). Auch die gerichtliche Geltendmachung von Ansprüchen ohne Einschaltung eines Rechtsanwalts ist durch Art. 1 § 3 Nr. 6 RBerG gedeckt (*BGH* NJW 1993, 1924).

b) Interessenkollisionen bei der Ausübung der Verwaltertätigkeit

3 Einschränkungen ergeben sich, soweit die Tätigkeit des Verwalters, die auf das Wohl der Gemeinschaft gerichtet ist, mit seinen eigenen Interessen kollidiert. Deren rechtliche Behandlung ist unproblematisch, sofern die Interessenkollision nur auf den Umfang seiner weiteren gewerblichen Aktivitäten zurückzuführen ist, wenn der Verwalter, der nach § 12 WEG einer Veräußerung zustimmen muss, etwa als Makler bei Wohnungsverkäufen auftritt und folglich sein Interesse an der Provision mit der Überwachungsfunktion kollidiert. Derartige Tätigkeiten hat der Verwalter in der von ihm verwalteten Liegenschaft grundsätzlich zu unterlassen, will er keine gravierende Pflichtverletzung begehen (*BGH* NJW 1991, 168; *BayObLG* NJW-RR 1998, 303 = WuM 1997, 398; *OLG Köln* NJW-RR 2003, 516; zur Abberufung aus wichtigem Grund bei Zuwiderhandlungen s. § 26 Rn. 22). Hingegen besteht bei der Maklertätigkeit für vermietende Wohnungseigentümer kein Interessengegensatz, da diese nur das Sondereigentum betrifft, auf das sich die Tätigkeit des Verwalters gerade nicht bezieht (*LG Heidelberg* NJW-RR 1997, 775; *LG Hamburg* NJW-RR 2001, 876 f.; *LG Düsseldorf* NJW-RR 2006, 235; a. A. *LG München* I NJW-RR 2001, 875). Weniger einfach fällt die Behandlung eines Interessenkonfliktes, der nicht durch die Unterlassung einer bestimmten Tätigkeit vermieden werden kann. Dies ist etwa dann der Fall, wenn der Verwalter zugleich Wohnungseigentümer ist und von der Gemeinschaft in Anspruch genommen werden soll. Ähnlich verhält es sich, wenn er die Anlage selbst errichtet hat und nunmehr als Verwalter Gewährleistungsrechte gegen sich selbst durchsetzen müsste. In diesen Fällen eindeutiger Interessenkollision darf der Verwalter wohl selbst dann nicht mehr für die Wohnungseigentümer tätig werden, wenn er von den Beschränkungen des § 181 BGB befreit ist (*OLG Düsseldorf* ZMR 1994, 521). Daher ist es zulässig, für die diesbezüglichen Tätigkeiten des Verwalters funktionell beschränkten Ersatz zu bestellen. Hierbei bedarf es nach neuem Recht nicht mehr des Rückgriffs auf eine entsprechende Anwendung von §§ 57, 494 Abs. 2, 779 Abs. 2, 787 Abs. 2 ZPO (vgl. hierzu BayObLGZ 1973, 148; Bärmann / Pick / Merle § 27 Rn. 132; zu den Grenzen dieser Möglichkeit s. BayObLGZ 1989, 345). Vielmehr können die Wohnungseigentümer nunmehr, wenn der Verwalter nicht zur Vertretung des Verbandes berechtigt ist, nach § 27 Abs. 3 S. 2 WEG selbst den Verband vertreten oder aber nach § 27 Abs. 3 S. 3 WEG einen Vertreter bestellen. Allerdings bedarf es dieser Maßnahmen nur bei einer konkreten Interessenkollision, nicht schon bei der bloßen Gefahr in Zukunft möglicherweise widerstreitender Interessen (vgl. u. Rn. 43 ff.).

3. Aufgaben und Befugnisse des Verwalters in der Teilungserklärung

4 Die Regelungen zu diesen Aufgaben und Befugnissen können zudem durch Gemeinschaftsordnung oder Vereinbarung modifiziert werden. Insbesondere können dem Verwalter weitere Befugnisse übertragen werden. Hierbei ist aber genau zu prüfen, ob die gesetzliche Aufgabenverteilung endgültig abbedungen werden soll. Etwa die häufig in der Gemeinschaftsordnung vorgesehene Befugnis des Verwalters, von der Teilungserklärung abweichende Nutzungen zu genehmigen, nimmt der Eigentümerversammlung regelmäßig nicht die Möglichkeit, hierüber abschließend auch entgegen der Entscheidung des Verwalters zu befinden (*BGH* NJW 1996, 1217; *OLG Zweibrücken* WE 1991, 333; *BayObLG* ZMR 2004, 133; vgl. *OLG Celle* ZMR 2004, 690; zur Gestaltung einer Teilungserklärung, nach der die Zustimmung des Verwalters diejenige der Wohnungseigentümer ersetzt, s. *KG* ZMR 1998, 657). Auch dann, wenn Individualrechte wie die Zustimmung zu baulichen Veränderungen betroffen sind, ersetzt die Zustimmung des Verwalters nicht zwangsläufig

die der Wohnungseigentümer. Es handelt sich vielmehr häufig nur um ein Vorschalterfordernis, das ein eigenmächtiges Vorgehen einzelner Eigentümer verhindern soll (*KG* NJW-RR 1991, 1300 f.; *OLG Köln* ZMR 2004, 147 f.). Wird die Zustimmung vom Verwalter verweigert, kann der betroffene Wohnungseigentümer allerdings den Anspruch auf Erteilung der Genehmigung direkt gegen ihn gerichtlich geltend machen (*BayObLG* WE 1989, 67).

4. Regelungen durch Mehrheitsbeschluss

Teilweise sind Befugnisse des Verwalters, wie etwa zum Vorsitz in der Wohnungseigentümerversammlung (§ 24 Abs. 5 WEG), auch durch Mehrheitsbeschluss abdingbar. Ebenso kann die Gemeinschaftsordnung nicht zwingend vorgesehene Rechte des Verwalters zur Disposition der Mehrheit stellen. Umgekehrt kann die Einräumung weiterer Befugnisse in Gemeinschaftsordnung oder Verwaltervertrag durch Vereinbarung bzw. Abänderungsvertrag wieder rückgängig gemacht werden.

II. Die Systematik des § 27 WEG nach der gesetzlichen Neuregelung

1. Der Regelungsbedarf nach der Anerkennung eines teilrechtsfähigen Verbandes

Mit der Entscheidung zur Teilrechtsfähigkeit der Wohnungseigentümergemeinschaft stellten sich auch zur Stellung des Verwalters neue Fragen. Zum einen war zu klären, inwieweit der Verwalter im Innenverhältnis nicht nur für die Wohnungseigentümer, sondern auch für den Verband tätig werden darf und muss (BT-Drucks. 16/887, 69). Der Gesetzgeber entschied sich insoweit eindeutig dagegen, Verband und Wohnungseigentümer als einheitliche Gemeinschaft anzusehen, und folgte insoweit der schon bis dahin weit überwiegenden Trennungstheorie (s. bes. BT-Drucks. 16/887, 60 f.; *Bub* NZM 2006, 847; *Abramenko* § 6 Rn. 10 ff.; *Hügel/Elzer* § 3 Rn. 11; *Niedenführ/Kümmel/Vandenhouten* § 10 Rn. 59 ff.; soweit Niedenführ/Kümmel/Vandenhouten § 27 Rn. 3 unter Berufung auf die Vertreter der sog. Einheitstheorie anderes in § 27 WEG hineinlesen will, ist dies veraltet). Zum anderen bedurfte es weiterer Regelungen zur Vertretungsmacht des Verwalters nach außen: Erkennt man einen teilrechtsfähigen Verband an, der im Gegensatz zu einer natürlichen Person nicht selbst handeln kann, so bedarf er eines Organs, das ihn vertritt. Der Gesetzgeber reagierte auf das erste Problem mit einem überarbeiteten, teilweise völlig neu gefassten Katalog von Aufgaben und Befugnissen, die dem Verwalter gegenüber Wohnungseigentümern und Verband im Innenverhältnis zukommen. Noch weiter ging er in der zweiten Frage der Vertretungsmacht des Verwalters nach außen: Hier gestaltete er die Vollmacht, für und gegen den Verband zu handeln, weit großzügiger aus als die Vertretungsmacht für die Wohnungseigentümer nach früherem Recht (*Abramenko* § 5 Rn. 4; a. A. *Hügel/Elzer* § 11 Rn. 79).

2. Die Regelung des Innenverhältnisses

Die Befugnisse des Verwalters im Innenverhältnis gegenüber Verband und Wohnungseigentümern werden in § 27 Abs. 1 WEG zusammengefasst, was allerdings gesetzestechnisch nicht recht zu überzeugen vermag. Denn hierdurch wird der Eindruck erweckt, die Befugnisse des Verwalters gegenüber Verband und Wohnungseigentümern seien im Innenverhältnis identisch. Dass dies indessen nicht der Fall ist, zeigt schon § 27 Abs. 1 Nr. 7 WEG, wonach der Verwalter zur Information über laufende Gerichtsverfahren verpflichtet ist. Diese Verpflichtung besteht zweifelsfrei nur gegenüber den Wohnungseigentümern, die er zu unterrichten hat. Umgekehrt besteht die in § 27 Abs. 1 Nr. 8 WEG geregelte Berechtigung zur Abgabe von Erklärungen wegen der in § 21 Abs. 5 Nr. 6 WEG genannten Maßnahmen, wie allgemein anerkannt ist, nur gegenüber dem Verband (*Abramenko* § 5 Rn. 14 m. w. N.). Trotz dieser Unschärfen ist es aber zu begrüßen, dass die Befugnisse des Verwalters im Innenverhältnis nunmehr auch gegenüber dem Verband ausdrücklich geregelt sind. Im Gegensatz zur früheren Rechtslage ist die bislang im Einzelnen nicht immer eindeutige und teilweise auch umstrittene Abgrenzung der Zuständigkeiten nunmehr unmittelbar dem Gesetz zu entnehmen (ähnlich *Hügel/Elzer* § 11 Rn. 17).

3. Die Regelung des Außenverhältnisses

8   Ebenso wie bei den Befugnissen im Innenverhältnis bestand bei der Vertretungsmacht nach außen gesetzlicher Regelungsbedarf, da auch hier der Verband neben bzw. an die Stelle der Wohnungseigentümer getreten. So herrschte etwa Einigkeit darüber, dass Vorschüsse und Nachzahlungen in das Verwaltungsvermögen nicht mehr wie nach früherer Auffassung an die Wohnungseigentümer, sondern an den Verband erfolgen. Dies war dem alten Gesetzeswortlaut indessen nicht zu entnehmen. Daher bedurfte es neuer, klarer Abgrenzungen. Im Gegensatz zum Innenverhältnis wählte der Gesetzgeber hierfür aber eine gänzlich andere Gesetzestechnik, indem er die Vertretungsmacht des Verwalters für Wohnungseigentümer und Verband in zwei separaten Absätzen (§ 27 Abs. 2 und 3 WEG) regelte. Dies führt zu Doppelregelungen etwa bei der Entgegennahme von Willenserklärungen und Zustellungen (§ 27 Abs. 2 Nr. 1 und Abs. 3 S. 1 Nr. 1 WEG), bei der Notgeschäftsführung (§ 27 Abs. 2 Nr. 2 und Abs. 3 S. 1 Nr. 2 WEG) und bei der Vereinbarung über den Gebührenstreitwert (§ 27 Abs. 2 Nr. 4 und Abs. 3 S. 1 Nr. 6 WEG), die der Lesbarkeit und Übersichtlichkeit der Norm nicht gerade zuträglich sind. Dies hätte durch eine Regelung, die gleichgerichtete Aufgaben gegenüber Verband und Wohnungseigentümern zusammengefasst hätte, unschwer vermieden werden können. Noch störender ist das Festhalten an der alten Gesetzessystematik, die Aufgaben und Befugnisse in erster Linie als Frage des Innen- und des Außenverhältnisses ansah (BT-Drucks. 16/887, 69 f.). Diese Sichtweise mag für den historischen Gesetzgeber bei Schaffung des WEG von Bedeutung gewesen sein, der vermeiden wollte, dass die Wohnungseigentümer in allzu weitem Umfang durch den Verwalter verpflichtet werden. Nach der Anerkennung eines teilrechtsfähigen Verbandes kam diesem Gesichtspunkt nicht mehr dieselbe Bedeutung zu, da eine persönliche Verpflichtung der Wohnungseigentümer praktisch nicht mehr möglich war (*BGH* ZMR 2005, 554). Weit drängender stellte sich die Frage, wie die Handlungsfähigkeit des Verbandes gesichert werden konnte. Dem trug der Gesetzgeber dadurch Rechnung, dass er die Trennung in Innen- und Außenverhältnis beim Verband durch § 27 Abs. 3 S. 1 Nr. 3 bis 5 WEG weitgehend wieder aufhob. Im Ergebnis wurde dadurch dem Verwalter für die angeblich nur das Innenverhältnis betreffenden Befugnisse nach § 27 Abs. 1 Nr. 2 bis 6 und 8 WEG auch Vertretungsmacht für den Verband erteilt. Damit kommt dem Verwalter also für fast alle Befugnisse dem Verband gegenüber, die ihm § 27 WEG im Innenverhältnis einräumt, auch Vertretungsmacht nach außen zu. Nicht erfasst sind lediglich die Unterrichtung über Rechtsstreitigkeiten nach § 27 Abs. 1 Nr. 7 WEG, die ohnehin nicht den Verband, sondern die Wohnungseigentümer betrifft, und die Durchführung von Beschlüssen. Hier besteht aber zu einem guten Teil – im Rahmen der Instandhaltung und Instandsetzung – ebenfalls Vertretungsmacht nach § 27 Abs. 3 S. 1 Nr. 3 WEG. Überdies sieht § 27 Abs. 3 S. 1 Nr. 7 WEG eine neue, weitreichende Möglichkeit vor, den Verwalter durch Mehrheitsbeschluss über die sonstigen in § 27 WEG geregelten Gegenstände hinaus zum Handeln für den Verband zu ermächtigen. Entgegen den Beteuerungen der Materialien, wonach »der Verwalter auch künftig nur in bestimmten Angelegenheiten zur Vertretung ermächtigt ist« (BT-Drucks. 16/887, 71) kann er ohne weiteres als Organ des Verbandes angesehen werden (zurückhaltender *Hügel/Elzer* § 11 Rn. 79).

B. Die Regelung der Aufgaben und Befugnisse im Innenverhältnis

I. Die Durchführung von Beschlüssen (§ 27 Abs. 1 Nr. 1 1. Alternative WEG)

1. Die Bedeutung der Vorschrift

9   Die zu Recht an erster Stelle aufgeführte Berechtigung und Verpflichtung zur Durchführung von Beschlüssen verdeutlicht, dass nicht der Verwalter, sondern die Wohnungseigentümer die Herren der Verwaltung sind (*OLG Hamm* WuM 1991, 220; *OLG Köln* ZMR 2007, 718). Es ist primäre Aufgabe des Verwalters, ihre Beschlüsse rechtzeitig und umfassend vorzubereiten (vgl. auch u. Rn. 11 ff.) und als Vollzugsorgan auszuführen (BGHZ 106, 226; *BGH* NJW 1996, 1217; *OLG Zweibrücken* WE 1991, 333 f.; *OLG Karlsruhe* NJW-RR 1996, 1103), i. d. R. unverzüglich (BayObLG ZMR 2005, 640). Demgemäß kann die Eigentümerversammlung als übergeordneter Träger der Willensbildung jenseits der Mindestbefugnisse des Verwalters nach § 27 Abs. 4 WEG grundsätzlich auch Entscheidungen an sich ziehen, die die Gemeinschaftsordnung dem Verwalter zuweist (vgl. o.

Rn. 4). Kann der Verwalter nach der Gemeinschaftsordnung etwa einen Wirtschaftsplan festsetzen, die gewerbliche Nutzung von Wohneinheiten genehmigen oder die Zustimmung zur Veräußerung von Wohnungseigentum erteilen, kommt der Eigentümerversammlung gleichwohl regelmäßig die Letztentscheidungsbefugnis zu. Weichen die Entscheidung von Verwalter und Wohnungseigentümerversammlung voneinander ab, ist folglich ein Beschluss der letzteren maßgeblich. Seinem Rechtsgedanken nach ist § 27 Abs. 1 Nr. 1 WEG auch auf die Durchführung von Vereinbarungen anzuwenden: Ist der Verwalter schon zur Durchführung von Mehrheitsbeschlüssen verpflichtet, gilt dies erst recht für Vereinbarungen.

2. Die Neuerungen

Nach § 27 Abs. 1 Nr. 1 WEG hat der Verwalter im Innenverhältnis nunmehr nicht nur gegenüber den Wohnungseigentümern, sondern auch gegenüber dem Verband die Befugnis, für die Durchführung von Beschlüssen zu sorgen. Die Regelung des § 27 Abs. 1 Nr. 1 WEG wurde also auf den Verband ausgedehnt, was eine konsequente Folge der Teilrechtsfähigkeit ist. Auch für den Verband kommt dem Verwalter aber im Rechtsverkehr keine gesetzliche Vollmacht zu. Betrifft der Beschluss Maßnahmen der laufenden Instandhaltung oder Instandsetzung ergibt sie sich aber aus § 27 Abs. 1 Nr. 2, Abs. 3 S. 1 Nr. 3 WEG. Gleiches gilt nach § 27 Abs. 3 S. 1 Nr. 4, 5 WEG für die Finanzverwaltung. Ansonsten muss der Verwalter durch Beschluss nach § 27 Abs. 3 S. 1 Nr. 7 WEG (konkludent) ermächtigt werden. Beschließen die Wohnungseigentümer bestimmte Maßnahmen oder den Abschluss von Verträgen, wird dies jedenfalls die konkludente Bevollmächtigung des zur Beschlussdurchführung verpflichteten Organs enthalten (vgl. *OLG Hamm* WE 1997, 316). Eine ausdrückliche Verweigerung der Vollmacht, die den Verwalter zur Durchführung in eigenem Namen und auf eigenes Risiko zwingen soll, dürfte ein rein theoretischer Fall sein. Ein solcher Beschluss wäre wohl als Rechtsgeschäft zu Lasten Dritter nichtig. Jedenfalls widerspräche er aber aufgrund der Erschwernisse bei der Beschlussdurchführung ordnungsmäßiger Verwaltung und könnte nach § 43 Nr. 4 WEG angefochten werden, auch vom Verwalter (s. § 46 Rn. 3).

3. Die Beschlussdurchführung im Einzelnen

Wie bei der Vorbereitung hat der Verwalter auch bei der Durchführung von Beschlüssen diejenige Sorgfalt anzuwenden, die ein vernünftiger Eigentümer in eigenen Angelegenheiten anwenden würde (*KG* WuM 1993, 307; *OLG Düsseldorf* ZMR 1997, 491). Ist der Verwalter Kaufmann, hat er seine Pflichten mit der Sorgfalt eines ordentlichen Kaufmanns nach §§ 347, 343–345 HGB zu erfüllen (*BGH* NJW 1996, 1217 f.; *BayObLG* WE 1998, 39; NZM 2002, 565). Dies betrifft insbesondere die Einholung mehrerer Angebote bei größeren Arbeiten am Gemeinschaftseigentum, beim Abschluss von Versicherungen oder sonstigen Verträgen (*BayObLG* NZM 2002, 566; vgl. schon *BayObLG* NJW-RR 1989, 1294). Derartige Verträge kann der Verwalter zwar auch im eigenen Namen abschließen. In diesem Fall wird er Vertragspartner, kann aber den Ersatz seiner Aufwendungen nach §§ 675, 670 BGB verlangen (*BGH* NJW-RR 1993, 1228; *BayObLG* WE 1996, 315; 1997, 76; *OLG Hamm* WE 1997, 316; *OLG Schleswig* ZMR 2002, 468). I. d. R. wird der Verwalter die Risiken eines Vertragsschlusses in eigenem Namen aber vermeiden und im Namen des Verbandes handeln.

4. Die Durchführung fehlerhafter Beschlüsse

a) Nichtige Beschlüsse

Besondere Schwierigkeiten für den Verwalter ergeben sich aus der Verpflichtung und Berechtigung zur Durchführung von Beschlüssen, wenn deren Rechtmäßigkeit zweifelhaft ist. Noch vergleichsweise einfach ist diese Problematik zu handhaben, wenn ein Beschluss, etwa wegen Überschreitung der Beschlusskompetenz, nichtig ist: Da ein nichtiger Beschluss keinerlei Bindungswirkung erzeugt, ist der Verwalter weder berechtigt noch verpflichtet, diesen auszuführen. Vielmehr kann dessen Durchführung Unterlassungs- und Schadensersatzansprüche nach sich ziehen. In Zweifelsfällen hat der Verwalter Rechtsrat einzuholen und ggf. selbst eine gerichtliche Klärung herbeiführen. Dabei empfiehlt sich allerdings nicht das Verfahren nach § 43 Nr. 4 WEG, wenn der Verwalter nur das Risiko der Durchführung eines nichtigen Beschlusses vermeiden, aber keine bloßen Anfechtungsgründe geltend machen will. Zwar kann dort ebenfalls über die

§ 27 I Aufgaben und Befugnisse des Verwalters

Nichtigkeit von Beschlüssen befunden werden (s. § 48 Rn. 16). Der Verwalter riskiert aber, wenn der von ihm gerügte Fehler zur Anfechtbarkeit, nicht aber zur Nichtigkeit führt, die Ungültigerklärung des Beschlusses und somit einen Konflikt mit der Eigentümergemeinschaft, die an einem lediglich anfechtbaren Beschluss festhalten möchte. Vorzugswürdig erscheint es daher, im Verfahren nach § 43 Nr. 3 WEG die Verpflichtung zur Durchführung des Beschlusses überprüfen zu lassen. Hierbei findet eine inzidente Prüfung seiner Nichtigkeit statt, während die bloße Fehlerhaftigkeit die Verpflichtung zur Durchführung unberührt lässt. Folglich gerät der Verwalter, wenn er lediglich die Risiken der Durchführung eines nichtigen Beschlusses vermeiden will, nicht in einen Gegensatz zur Gemeinschaft, die an dem Beschluss trotz seiner Anfechtbarkeit festhalten will. Ferner kann der Verwalter eine einstweilige Verfügung nach §§ 935 ff. ZPO zur Aussetzung der Beschlussdurchführung stellen. Untersagt nämlich das Gericht die Ausführung des Beschlusses, weil es ihn für nichtig hält, trifft den Verwalter auch dann kein Verschulden, wenn er sich im Nachhinein doch nicht als nichtig herausstellt. Ähnliches gilt für die Zurückweisung eines entsprechenden Antrags, wenn sich der Beschluss umgekehrt im Nachhinein doch als nichtig erweist.

b) Anfechtbare Beschlüsse

aa) Die Aussetzung der Beschlussdurchführung ohne gerichtliche Ermächtigung

13 Anderes gilt, wenn lediglich die Anfechtbarkeit eines Beschlusses im Raume steht. Hier wird die Durchführung des Beschlusses erst mit seiner Bestandskraft risikolos. Denn die Durchführung fehlerhafter, aber nicht angegriffener Beschlüsse ist nach ganz h. M. gerechtfertigt. Der Verwalter ist auch nicht verpflichtet, fehlerhafte Beschlüsse anzufechten. In einer schwierigeren Position befindet sich der Verwalter indessen, wenn die Beschlussfassung fristgerecht angefochten wird. Denn die Berechtigung, einen anfechtbaren Beschluss nicht auszuführen, wird dem Verwalter nur von einer Mindermeinung eingeräumt, die dies insbesondere mit seiner Verpflichtung begründet, Schäden von der Wohnungseigentümergemeinschaft abzuwenden und nicht sehenden Auges durch die Ausführung anfechtbarer Beschlüsse zu verursachen (*Bub* WE 1988, 184; *Ganten* WE 1992, 126 f.; *Niedenführ* WE 1993, 101 f.; *Deckert* Die ETW Gr. 4 Rn. 1370). Deshalb soll der Verwalter nach dieser Auffassung jedenfalls bei offenkundiger Fehlerhaftigkeit des Beschlusses (*Deckert* Die ETW Gr. 4 Rn. 1424b; *Gottschalg* ZWE 2003, 229) oder dann, wenn durch die Beschlußdurchführung wesentlich größerer Schaden droht als durch eine einstweilige Aussetzung, berechtigt sein, anfechtbare Beschlüsse nicht ausführen (*Gottschalg* ZWE 2003, 229). Die überwiegende Meinung hält solche wenig kalkulierbaren Abwägungen aus Gründen der Rechtssicherheit für bedenklich (*BayObLG* WE 1991, 199; *Wenzel* WE 1998, 456; *Bärmann/Pick/Merle* § 27 Rn. 30; ähnlich *Müller* WE 1994, 7). Zudem sei der Wille des maßgeblichen Entscheidungsorgans, der Eigentümerversammlung, zu respektieren (*Staudinger/Bub* § 26 Rn. 329; *Wenzel* WE 1998, 456). Eine eigenmächtige Entscheidung des Verwalters, seiner Auffassung zufolge anfechtbare Beschlüsse nicht durchzuführen, kommt demnach nicht in Frage.

bb) Die Ermächtigung zu Sofortvollzug oder Aussetzung durch die Wohnungseigentümer

14 Der Verwalter kann nach anderer Auffassung aber versuchen, sich durch die Eigentümerversammlung ausdrücklich ermächtigen zu lassen, den Beschluss sofort durchzuführen oder von seiner Ausführung bis zur Unanfechtbarkeit abzusehen. Im Falle einer unanfechtbaren Entscheidung der Wohnungseigentümer hierüber könne er dann für seine Vorgehensweise in keinem Fall in Regress genommen werden, da er nur der ausdrücklichen Weisung der Wohnungseigentümer folge (*Röll* WE 1993, 100; *Hörmann* WE 1993, 156; *Deckert* Die ETW Gr. 4 Rn. 1424b; *Gottschalg* ZWE 2003, 229 f.; *Bärmann/Pick/Merle* § 27 Rn. 30). Dieser Vorschlag dürfte dem Verwalter allerdings regelmäßig wenig helfen. Denn die sofortige Beschlussdurchführung und somit die Ablehnung einer Aussetzung wird üblicherweise gerade von denjenigen befürwortet, die schon für den entsprechenden Antrag gestimmt haben. Ist der Beschluss rechtswidrig, so entspricht auch der Sofortvollzug nicht ordnungsgemäßer Verwaltung. Der Verwalter könnte sich dann auch insoweit nicht auf einen unanfechtbaren Beschluss stützen.

cc) Die einstweilige Aussetzung nach §§ 935 ff. ZPO

Erfolgversprechender ist auch hier die Aussetzung der Beschlussausführung im Wege einer einstweiligen Verfügung gemäß §§ 935 ff. ZPO (vgl. noch zum alten Recht *KG* WE 1987, 27; *BayObLG* WE 1991, 167; *Bub* WE 1988, 184; *Ganten* WE 1992, 127; *Niedenführ* WE 1993, 101; *Müller* WE 1994, 8; *Gottschalg* ZWE 2003, 230). Dies ist dem Verwalter ohne weiteres möglich, da er seiner Auffassung zufolge unrechtmäßige Beschlüsse sogar im Verfahren nach § 43 Nr. 4 WEG anfechten und daher erst recht in diesem Rahmen einstweilige Verfügungen beantragen kann (vgl. § 46 Rn. 3). Damit wäre die Haftung des Verwalters immerhin dann ausgeschlossen, wenn das Gericht einen entsprechenden Beschluss erlässt oder den Antrag zurückweist. Denn der Verwalter kann den Eigentümerbeschluss nicht entgegen einer ausdrücklichen gerichtlichen Verfügung ausführen bzw. seinen Vollzug aussetzen. Prekär bleibt seine Lage indessen, solange das Gericht eine solche Verfügung (noch) nicht erlassen hat oder eine Anfechtungsklage noch nicht anhängig ist. Angesichts dieser Lage spricht viel dafür, den Verwalter, der zur Ausführung auch anfechtbarer Beschlüsse verpflichtet ist (*BGH* NJW 1996, 1217; BayObLGZ 1972, 247; *BayObLG* WE 1991, 199), von einer Haftung frei zu stellen, selbst wenn ein Eigentümerbeschluss für ungültig erklärt wird (*BayObLG* WE 1991, 199; a. A. jetzt *OLG München* ZMR 2005, 908, wonach der Verwalter u. U. sogar in verbotener Eigenmacht handelt – bedenklich). Auch eine Haftung wegen vollmachtloser Vertretung tritt nach dem Rechtsgedanken von § 32 FGG nicht ein (*KG* NJW-RR 1990, 153; vgl. hierzu § 26 Rn. 16). Die Mehrheit der Wohnungseigentümer, die die sofortige Durchführung eines Beschlusses trotz erkannter Gefahr seiner Anfechtbarkeit verlangt, trifft aber jedenfalls ein weit überwiegendes Mitverschulden an den Folgen ihres Abstimmungsverhaltens. Der Verwalter hat demnach mit einem Hinweis auf die Gefahren einer sofortigen Beschlussdurchführung, der tunlichst protokolliert oder sonstwie aktenkundig gemacht werden sollte, alles ihm Zumutbare zur Vermeidung der Folgen einer Ungültigerklärung getan. Daher kann der Verwalter nach einer Ungültigerklärung von Beschlüssen für deren Ausführung auch nicht als Vertreter ohne Vertretungsmacht von Außenstehenden in Anspruch genommen werden. Sie haben aber Ansprüche analog § 122 BGB gegen die Wohnungseigentümer (*Bärmann/Pick/Merle* § 27 Rn. 34). Der Verwalter sollte aber in diesem Fall eine namentliche Abstimmung durchführen und das Ergebnis in die Niederschrift aufnehmen. Da naturgemäß nur die Mehrheit, die den Sofortvollzug verlangt, für Folgenbeseitigungsansprüche haftet (vgl. *Bärmann/Pick/Merle* § 27 Rn. 35), könnte er ansonsten bei nicht mehr feststellbarem Stimmverhalten der anwesenden Wohnungseigentümer für diesen Mangel seiner Versammlungsleitung und Protokollierung regresspflichtig sein.

II. Die Durchführung der Hausordnung (§ 27 Abs. 1 Nr. 1 2. Alternative WEG)

Mit der Befugnis, die Hausordnung lediglich durchzuführen, macht § 27 Abs. 1 Nr. 1 2. Alternative WEG zugleich klar, dass deren Aufstellung Sache der Wohnungseigentümer ist. Sie können folglich über eine entsprechende Vorlage mit Mehrheit beschließen, den Verwalter aber auch zur Aufstellung einer Hausordnung ermächtigen (*BayObLG* NJW-RR 1992, 344; ZWE 2001, 595). Auch wenn der Verwalter zu ihrer Aufstellung kraft Gemeinschaftsordnung ermächtigt ist, kann die Eigentümerversammlung diese Kompetenz an sich ziehen (BayObLGZ 1975, 204 f.; *BayObLG* NJW-RR 1992, 344; ZWE 2001, 596; *OLG Zweibrücken* WE 1991, 333; *KG* ZMR 1992, 69; vgl. o. Rn. 4). Dem Verwalter steht lediglich die unabdingbare Kompetenz zu, für ihre Durchführung zu sorgen. Diese Befugnis steht ihm nunmehr auch gegenüber dem Verband zu, was allerdings eher theoretischer Natur bleiben dürfte. Die Durchführung kann einerseits durch Maßnahmen rein tatsächlicher Natur (BayObLGZ 1972, 94) wie Ermahnungen, Kehr- und Nutzungspläne, Aushänge etc. erfolgen, und zwar auch dann, wenn das Wohnungs- oder Teileigentum vermietet ist. In diesem Fall hat er den Eigentümer anzuhalten, auf die Einhaltung der Hausordnung durch seinen Mieter hinzuwirken, da er letzterem gegenüber keine Befugnisse hat (vgl. § 13 Rn. 5).

Auch rechtsgeschäftliche Maßnahmen, wie die Mahnung zur Erfüllung der aus der Hausordnung resultierenden Verpflichtungen und äußerstenfalls die Abmahnung nach § 18 Abs. 2 Nr. 1 WEG, kann der Verwalter jedenfalls dann ergreifen, wenn die Hausordnung durch Beschluss genehmigt wurde. Denn damit wurde jedenfalls konkludent Vollmacht zu ihrer Durchführung erteilt (vgl. o.

Rn. 10), so dass der Verwalter für die Wohnungseigentümer bzw. den nach § 10 Abs. 6 S. 3 WEG ausübungsbefugten Verband handeln kann. Ähnlich verhält es sich bei Hausordnungen, die in der Gemeinschaftsordnung enthalten sind, da der Verwalter auch zu ihrer Durchführung nach § 27 Abs. 1 Nr. 1 WEG berechtigt ist. Letztlich dürfte auch eine lediglich kraft entsprechender Ermächtigung des Verwalters erstellte Hausordnung gelten. In Zweifelsfällen ist er befugt, eine Weisung der Eigentümer einzuholen (vgl. *BGH* ZMR 1996, 276). Zur gerichtlichen Durchsetzung der Hausordnung ist der Verwalter allerdings nicht ohne weiteres befugt (*Hügel/Elzer* § 11 Rn. 30). Da es sich um gemeinschaftsbezogene Ansprüche handelt, die nach § 10 Abs. 6 S. 3 WEG der Verband geltend macht, bedarf es einer Ermächtigung nach § 27 Abs. 3 S. 1 Nr. 7 WEG. Lediglich die bloße Feststellung eigener Rechte bei der Durchführung der Hausordnung kann er nach § 43 Nr. 3 WEG ohne Ermächtigung beantragen (BayObLGZ 1972, 93), was aber mangels Vollstreckungsmöglichkeit regelmäßig wenig bedeutsam ist. Daher ist es sinnvoll, dem Verwalter in der Gemeinschaftsordnung entsprechende Befugnisse einzuräumen.

III. Die Sorge für die Instandhaltung und Instandsetzung des Gemeinschaftseigentums (§ 27 Abs. 1 Nr. 2, Abs. 3 S. 1 Nr. 3 WEG)

1. Die Aufgabenverteilung zwischen Verwalter und Wohnungseigentümern

18 Da die Versammlungen der Wohnungseigentümer üblicherweise nur in größeren Abständen stattfinden, können sie nur begrenzt für die Instandhaltung des Gemeinschaftseigentums, also die Bewahrung seines ordnungsgemäßen Zustandes (*KG* ZMR 1993, 478), und seine Instandsetzung etwa durch Reparatur bereits eingetretener Schäden (BayObLG WE 1998, 155) sorgen. Diese Aufgabe weist § 27 Abs. 1 Nr. 2 WEG dem Verwalter zu. Nach der oben (Rn. 7) dargelegten Zielsetzung von § 27 Abs. 1 WEG stellt die Aufgabe und Befugnis des Verwalters, die hierfür erforderlichen Maßnahmen zu treffen, eine Kompetenzregelung im Innenverhältnis dar. Demzufolge ist es außerhalb der Notgeschäftsführung nicht Aufgabe der Wohnungseigentümer, sondern des Verwalters, die erforderlichen Maßnahmen in eigener Verantwortung zu treffen (*BayObLG* ZMR 2002, 844 u. 2004, 602).

2. Die gesetzliche Vollmacht für den Verband als Neuerung und ihre Grenzen

19 Dass § 27 Abs. 1 Nr. 2 WEG die Befugnis, Maßnahmen für die ordnungsmäßige Instandhaltung und Instandsetzung zu treffen, im Innenverhältnis auf den Verband ausdehnt, ist eine konsequente Folgerung aus der Teilrechtsfähigkeit des Verbandes. Weit darüber hinaus geht die Vollmacht für den Verband nach § 27 Abs. 3 S. 1 Nr. 3 WEG. Im Gegensatz zum alten Recht, wonach der Verwalter ohne entsprechende Beschlussfassung keine Verträge im Namen der Wohnungseigentümer schließen konnte (*BayObLG* WE 1988, 31; 1990, 218; *OLG Koblenz* ZMR 1999, 583 f.) wirkt das Handeln des Verwalters in Angelegenheiten der Instandsetzung und Instandhaltung nun kraft gesetzlicher Vollmacht ohne weiteres gegen den Verband. Die Rechtsprechung zum Handeln als vollmachtloser Vertreter bzw. zum Vertragsschluss in eigenem Namen (vgl. zuletzt *BerlVerfGH* NJW-RR 2007, 159 ff. = ZMR 2007, 548 ff.; *OLG Saarbrücken* NJW-RR 2007, 522 f. = ZMR 2007, 310) ist daher insoweit obsolet. Anders als nach der früheren Rechtslage muss sich der Vertragspartner nun also nicht mehr nach dem Beschluss erkundigen, kraft dessen der Verwalter zum Abschluss des Geschäftes bevollmächtigt wurde. Eine Vollmacht besteht allerdings nur gegenüber dem Verband, nicht auch gegenüber den Wohnungseigentümern. Diese können aus Verträgen, die der Verwalter abschließt, also nur im Rahmen der allgemeinen Haftung nach § 10 Abs. 8 WEG in Anspruch genommen werden. Im Innenverhältnis muss sich der Verwalter nach wie vor an Weisungen der Wohnungseigentümer halten (*OLG Düsseldorf* NJW-RR 1998, 14 = ZMR 1997, 605). Ist ihm danach etwa nur ein Vertragsabschluss bis zu einem bestimmten Volumen gestattet, wird der Verband zwar durch einen weisungswidrigen Vertragsabschluss gebunden. Im Innenverhältnis können ihm aber wegen der Verletzung des Verwaltervertrags aus § 280 Abs. 1 BGB Schadensersatzansprüche zustehen (*Hügel/Elzer* § 11 Rn. 22 u. 35; vgl. noch zum alten Recht *OLG Celle* ZMR 2001, 643 f.; *BayObLG* ZMR 2004, 602). Umgekehrt treffen ihn keine Schadensersatzpflichten bei der Ausführung von Eigentümerbeschlüssen, auch wenn diese objektiv unzureichend für die Instandhaltung der Liegenschaft sind (*OLG Hamm* NJW-RR 1997,

909; insoweit richtig auch *KG* NJW-RR 1991, 274). Ohne besondere Dringlichkeit kann der Verwalter daher keine eigenmächtigen Entscheidungen treffen. Über derartige Maßnahmen der Instandhaltung und Instandsetzung entscheiden die Wohnungseigentümer durch Mehrheitsbeschluss (*OLG Hamm* NJW-RR 1997, 144 = ZMR 1996, 680; *OLG Hamburg* ZMR 2006, 546 f.). An diese Entscheidung ist der Verwalter gebunden, auch wenn er sie für unzweckmäßig hält (*BayObLG* ZMR 2001, 823). Die Entscheidungsbefugnis der Eigentümer umfasst auch die Art der Instandhaltung bzw. Instandsetzung. So können die Wohnungseigentümer etwa die Möglichkeit der Eigenleistung vorsehen (*BayObLG* NJW-RR 1992, 344; *KG* NJW-RR 1996, 527 f.). Soweit sie keine diesbezügliche Entscheidung treffen, kann auch der Verwalter einfache Arbeiten gegen Vergütung in Eigenleistung durchführen lassen, wenn dies wirtschaftlich vorteilhaft ist (*KG* NJW-RR 1991, 1236). Die Verpflichtung eines Miteigentümers, gegen seinen Willen Eigenleistungen zu erbringen, widerspricht allerdings ordnungsmäßiger Verwaltung (*OLG Hamm* NJW 1982, 1108; *KG* NJW-RR 1994, 207). Aus der Entscheidungsbefugnis der Eigentümerversammlung folgt auch, dass ein einzelner Wohnungseigentümer den Verwalter nicht auf Durchführung von Instandhaltungs- oder Instandsetzungsarbeiten des Gemeinschaftseigentums o. ä. in Anspruch nehmen kann, sondern nur die Eigentümergemeinschaft (*KG* NJW-RR 1991, 273; ZMR 2000, 558; anders bei individuellen Schadensersatzansprüchen, s. § 26 Rn. 57).

3. Die Reichweite der gesetzlichen Vollmacht

Dass die neue Vollmacht trotz der Weisungsgebundenheit des Verwalters erhebliche Risiken für die Gemeinschaft in sich birgt, liegt auf der Hand. Dies hat schnell zu Versuchen geführt, die gesetzliche Vollmacht aus § 27 Abs. 3 S. 1 Nr. 3 WEG einschränkend auszulegen. So wurde vermutet, die Neuregelung bedeute »sicherlich nicht, dass der Verwalter in den Fällen des Abs. 1 Nr. 2 auch die zur Vornahme aller dort genannten Maßnahmen notwendige Vertretungsmacht hat« (*Merle* ZWE 2006, 368). Weder der Wortlaut der Norm, der ohne Einschränkung auf § 27 Abs. 1 Nr. 2 WEG verweist, noch die Gesetzesmaterialien rechtfertigen indessen derartige Einschränkungen. Vielmehr führen die Materialien ausdrücklich aus: »Um andererseits die Handlungsfähigkeit sicherzustellen, wird der Verwalter nach der Neuregelung aber ohne weiteres in der Lage sein, **die laufende Verwaltung** und dringliche Geschäfte für die Gemeinschaft der Wohnungseigentümer zu erledigen.« (BT-Drucks. 16/887, 71). Dies lässt sich nur dahingehend verstehen, dass der Gesetzgeber die Vollmacht des Verwalters tatsächlich zumindest auf die im Rahmen der in § 27 Abs. 1 Nr. 2 WEG genannten laufenden Geschäfte erstrecken wollte (*Abramenko* § 5 Rn. 10; ähnlich *Niedenführ/Kümmel/Vandenhouten* § 27 Rn. 20; a. A. *Hügel/Elzer* § 11 Rn. 84, wo die Ausnahme sogar »laufende(r) Reparaturen« von der Vollmacht sicher zu weit geht). Denn die laufende Verwaltung, die der Verwalter ohne weiteres kraft gesetzlicher Vollmacht zu erledigen im Stande sein soll, umfasst noch weit mehr als nur die Maßnahmen der Instandhaltung und Instandsetzung. 20

4. Eigenmächtige Entscheidungen des Verwalters

Wie ausgeführt grundsätzlich, stellen eigenmächtige Vertragsschlüsse im Namen der Wohnungseigentümergemeinschaft grundsätzlich eine Pflichtwidrigkeit des Verwalters dar, die Schadensersatzansprüche begründen (vgl. *OLG Celle* NJW-RR 2002, 303 f.; *BayObLG* ZMR 2006, 138) und sogar seine Abberufung aus wichtigem Grund rechtfertigen können (vgl. o. § 26 Rn. 22). Über ihre Geltendmachung hat grundsätzlich die Gemeinschaft zu entscheiden; ein einzelner Wohnungseigentümer ist hierzu ohne Ermächtigung nicht befugt (vgl. o. § 26 Rn. 57). Dies betrifft auch tatsächliche Veränderungen wie das Abklemmen von Leitungen (*KG* 2000, 1326 = ZMR 2000, 558). Schon nach altem Recht, das dem Verwalter keine Vertretungsmacht verlieh, konnte die Wohnungseigentümergemeinschaft in ihrem Namen, aber ohne Ermächtigung abgeschlossene Verträge nach § 177 BGB durch Mehrheitsbeschluss rückwirkend genehmigen. Dies ist hinsichtlich der Vertretungsmacht zwar nicht mehr erforderlich. Gleichwohl muss die Gemeinschaft weiterhin die Möglichkeit haben, im Innenverhältnis noch nicht abgestimmte Maßnahmen des Verwalters nachträglich zu genehmigen. Dies kann wie bisher durch Mehrheitsbeschluss, aber auch konkludent durch den Beschluss über die Jahresabrechnung geschehen, die diese Positionen enthält (vgl. *OLG Hamm* ZMR 1997, 379). Ferner können Gemeinschaftsordnung oder Verwaltervertrag eine Entscheidungsbefugnis für Kleinreparaturen etc. vorsehen. Für geringfügige Maßnah- 21

§ 27 | Aufgaben und Befugnisse des Verwalters

men (Auswechseln von Glühbirnen, Dichtungen, Verschleißteilen) kann die Ermächtigung zudem schon in der Einstellung einer entsprechenden Position in den Wirtschaftsplan zu sehen sein (*OLG Hamm* ZMR 1997, 379; *OLG Hamburg* ZMR 2006, 546 f.; weiter gehend wohl *BayObLG* NJW 1975, 2297). In engen Grenzen kann die Entscheidungsbefugnis auch durch Mehrheitsbeschluss auf den Verwaltungsbeirat übertragen werden, sofern das finanzielle Risiko hieraus begrenzt bleibt und die grundsätzliche Entscheidungsbefugnis bei der Eigentümerversammlung bleibt (*OLG Düsseldorf* NJW-RR 1998, 14 = ZMR 1997, 606). Diese Anforderungen werden etwa durch ein festes Jahresbudget für die Auftragsvergabe des Verwalters in eigenem Namen oder durch eine gegenständliche Beschränkung gewahrt (*OLG Düsseldorf* NJW-RR 2001, 661 f. = ZMR 2001, 304 f.; weiter gehend *Niedenführ/Kümmel/Vandenhouten* § 27 Rn. 19). Die bloße Beschränkung der einzelnen Auftragsvergaben auf eine bestimmte Maximalhöhe genügt schon deswegen nicht, weil dies einen Missbrauch durch Aufteilung in viele kleine Einzelaufträge nicht ausschließt (*OLG Düsseldorf* NJW-RR 1998, 14 = ZMR 1997, 606; ZMR 2001, 305). Erst recht kann der Verwalter nicht durch Mehrheitsbeschluss ermächtigt werden, nicht nur für die Gemeinschaft, sondern auch für einzelne Wohnungseigentümer Verträge über Instandhaltungs- und Instandsetzungsarbeiten an Flächen, an denen Sondernutzungsrechte bestehen, zu vergeben (*BayObLG* ZMR 2000, 850). Eine Genehmigung in welcher Form auch immer ist selbst bei »kleineren« Reparatur- und Wartungsarbeiten erforderlich, da eine Differenzierung zu »größeren« Arbeiten dogmatisch nicht möglich ist. Der Verwalter kann diese Verträge allerdings auch im eigenen Namen abschließen und Ersatz seiner Aufwendungen beanspruchen, wenn er sie gemäß §§ 675, 670 BGB für erforderlich halten darf (*BGH* NJW-RR 1993, 1228; *BayObLG* WE 1996, 315; 1997, 76; NJW-RR 2002, 1095; *OLG Hamm* WE 1997, 316; *OLG Schleswig* ZMR 2002, 468; s. auch BGHZ 67, 239 u. *BayObLG* WE 1998, 155 zur Entnahme des Aufwendungsersatzes aus der Instandhaltungsrücklage). Wenn keine berechtigte Geschäftsführung ohne Auftrag vorliegt, kann er allerdings keinen Aufwendungsersatz nach §§ 683, 670 BGB, sondern nur die Herausgabe der Bereicherung aus §§ 684 S. 1, 812 ff. BGB verlangen (vgl. *BayObLG* WE 1996, 315; ZMR 2003, 759; *OLG Düsseldorf* NJW-RR 1996, 914; *OLG Hamm* WE 1997, 316; *OLG Hamburg* ZMR 2006, 548; *OLG München* ZMR 2006, 639 ff., jeweils auch zum Umfang des Anspruchs).

5. Das Vorgehen des Verwalters im Rahmen des § 27 Abs. 1 Nr. 2 WEG

a) Die Pflichten des Verwalters

22 Aus dieser sorgfältig ausgewogenen Zuteilung der Befugnisse lassen sich die »erforderlichen Maßnahmen« gemäß § 27 Abs. 1 Nr. 2 WEG dahingehend konkretisieren, dass der Verwalter vornehmlich die Entscheidung der Wohnungseigentümer über die Instandhaltung und Instandsetzung des Gemeinschaftseigentums vorzubereiten hat (*OLG Celle* ZMR 2001, 643; *BayObLG* ZMR 2002, 844 u. 2004, 602). Dies setzt zunächst die Feststellung von Instandhaltungs- bzw. Instandsetzungsbedarf voraus (*BayObLG* NJW-RR 1992, 1103; NJW-RR 1996, 658; 1999, 308; 2001, 731 = ZMR 2001, 558; 2001, 1021; *OLG Hamm* NJW-RR 1997, 909; *OLG Celle* ZMR 2001, 644). Zu diesem Zweck hat der Verwalter die Liegenschaft regelmäßig zu begehen (*OLG Zweibrücken* NJW-RR 1991, 1301) und vor allem Hinweisen auf Mängel seitens der Eigentümer oder Mieter nachzugehen (*BayObLG* NJW-RR 1988, 599 = WE 1988, 108; ZMR 1998, 357 f.; *OLG Hamm* NJW-RR 1997, 144 = ZMR 1996, 680). Entsprechendes gilt bei neu errichteten Wohnanlagen für Gewährleistungsmängel (*BayObLG* WE 1988, 31; 1991, 23; NJW-RR 2001, 731 = ZMR 2001, 559; NJW-RR 2002, 1668; 2003, 79) und sonstiger anfänglicher Mängel am Gemeinschaftseigentum (*BayObLG* NJW-RR 1992, 1433). Eine Überprüfung in eigener Person ist allerdings nicht erforderlich (*BayObLG* ZMR 1999, 655). Sofern sinnvoll, hat der Verwalter die Wohnungseigentümer auch auf die Möglichkeit eines Wartungsvertrags hinzuweisen, der die dauerhafte Kontrolle insbesondere sicherheitsrelevanter Technik etwa in Fahrstühlen gewährleistet (*BayObLG* NZM 1999, 840). Hat der Verwalter aus seinen eigenen Kontrollen oder Hinweisen Dritter Handlungsbedarf ermittelt, muss er die Wohnungseigentümer rechtzeitig in geeigneter Weise hierüber informieren (*BayObLG* WE 1991, 23; NJW-RR 1992, 1103; 1996, 658; NJW-RR 1996, 1298 = WuM 1996, 445 = WE 1997, 39; NJW-RR 2001, 731 = ZMR 2001, 558; NJW-RR 2001, 1021; *OLG Zweibrücken* NJW-RR 1991, 1302; *OLG Hamm* NJW-RR 1997, 909; *OLG Düsseldorf* ZMR 1997, 433; 1998, 655). Dies umfasst regelmä-

ßig auch die Pflicht, sich durch Einholung mehrerer Kostenvoranschläge über Umfang und Kosten der Instandhaltungs- bzw. Instandsetzungsarbeiten kundig zu machen (*OLG Celle* ZMR 2001, 643; *BayObLG* NJW-RR 1999, 308; NZM 2002, 566 = ZMR 2002, 691 f.; *OLG Köln* ZMR 2004, 148; ähnlich *OLG Düsseldorf* ZMR 2007, 57 f.; gegen die starre Festlegung auf drei Angebote *OLG Köln* ZMR 1998, 109). Jedenfalls auf Verlangen hat der Verwalter den Wohnungseigentümern Vorschläge zum weiteren Vorgehen zu machen (vgl. *BGH* ZMR 1996, 276). Schließlich hat der Verwalter unverzüglich die Durchführung der beschlossenen Arbeiten einzuleiten (*BayObLG* NJW-RR 2000, 1034 = ZMR 2000, 315) und zu überwachen. Dabei hat er insbesondere erkennbare Fehler zu rügen und darf auf derartige mangelhafte Leistungen keine Zahlungen erbringen (*OLG Düsseldorf* ZMR 1997, 491 f.; vgl. § 26 Rn. 53). Ohne entsprechende Vereinbarung im Verwaltervertrag ist er zur Bauleitung aber regelmäßig nicht verpflichtet (*KG* WuM 1993, 307; *OLG Düsseldorf* ZMR 1997, 490 f.; *BayObLG* ZMR 2001, 817). Sofern der Beschluss die Ausführung der Maßnahmen nicht im Einzelnen regelt, hat der Verwalter hierbei einen gewissen Ermessensspielraum, wobei er in jedem Fall einen sicheren Weg wählen darf (*OLG Düsseldorf* ZMR 2004, 365). Dringende Maßnahmen etwa zur Verkehrssicherung hat er unverzüglich durchzuführen; ist dies nicht möglich, so sind erforderlichenfalls provisorische Vorkehrungen zu treffen (*BayObLG* NJW-RR 1996, 658 = WE 1996, 316). Bezüglich der Instandhaltung und Instandsetzung des Sondereigentums treffen den Verwalter keine Verpflichtungen; hierfür haben die Wohnungseigentümer nach § 14 Nr. 1 WEG in eigener Verantwortung zu sorgen (*KG* NJW-RR 1992, 150; *BayObLG* NJW-RR 1994, 528; NJW-RR 1996, 1298 = WuM 1996, 445 = WE 1997, 39). Sofern dem Verwalter ein Schaden im Sondereigentum bekannt ist, kann aus dem Verwaltervertrag als Nebenpflicht allerdings die Mitteilung hierüber geboten sein (*BayObLG* ZWE 2000, 466 f.). Die Benachrichtigung eines Mieters kann genügen, da dieser regelmäßig aus dem Mietvertrag zur Weitergabe der Information verpflichtet ist (*BayObLG* NJW-RR 1996, 1298 = WuM 1996, 446 = WE 1997, 39; ZWE 2000, 467). Auch bei Brandschäden, die sich auf das Sondereigentum erstrecken, treffen den Verwalter weiter gehende Pflichten. Er hat den betroffenen Wohnungseigentümer dann bei der Durchsetzung seiner Ansprüche gegen die Brandversicherung zu unterstützen, was zumindest die Bekanntgabe der Versicherungsnummer erfordert (*KG* NJW-RR 1992, 150). Ähnliches gilt bei Wasserschäden (*BayObLG* NJW-RR 1988, 599 = WE 1988, 108; NJW-RR 1999, 306 = ZMR 1998, 358).

b) Die Haftung des Verwalters

Die dem Verwalter abzuverlangende Sorgfalt entspricht grundsätzlich derjenigen, die ein Eigentümer bei der Instandhaltung seiner eigenen Liegenschaft anwenden würde (*KG* WuM 1993, 307; *BayObLG* WE 1988, 31; *OLG Düsseldorf* ZMR 1997, 491). Sonderkenntnisse, die bei Auswahl und Vergütung des Verwalters erhebliche Bedeutung erlangen können, sind haftungsverschärfend zu berücksichtigen (*BayObLG* WE 1988, 31; 1991, 23). Unterlässt der Verwalter die erforderlichen Untersuchungen, die Unterrichtung der Wohnungseigentümer oder die Ausführung der hierauf gefassten Beschlüsse zur Instandhaltung und Instandsetzung macht er sich aus § 280 BGB, aus §§ 286 Abs. 1, 280 Abs. 2 BGB (vgl. *BayObLG* NJW-RR 1988, 599 = WE 1988, 108) und u. U. auch §§ 836, 838 BGB (*BGH* WuM 1993, 306) schadensersatzpflichtig, selbst wenn sich später herausstellt, dass die Schadensursache im Sondereigentum lag (*BayObLG* NJW-RR 1999, 306 = NZM 1998, 583; *OLG München* ZMR 2006, 717; vgl. im Einzelnen § 26 Rn. 51 ff.). Gleiches gilt, wenn er nicht auf den drohenden Ablauf der Gewährleistungsfrist hinweist (*BayObLG* NJW-RR 2001, 731 = ZMR 2001, 559). Allerdings muss der Verwalter nicht ohne Anlass an jeglichem Bauteil Untersuchungen vornehmen, um auch unvorhersehbare Schäden auszuschließen (s. *KG* ZMR 1999, 208 zu Regenfallrohren und Abwasserleitungen u. *OLG Zweibrücken* NJW-RR 1991, 1301 zu Dachbegehungen; *OLG Köln* NJW-RR 2006, 89 zur Beseitigung asbesthaltiger Bauteile). Auf die nach der Feststellung von Schäden gebotene Unterrichtung der Wohnungseigentümer kann er allenfalls dann verzichten, wenn jeder einzelne von ihnen die Notwendigkeit und den Umfang der erforderlichen Arbeiten kannte oder hatte kennen müssen (*BayObLG* WE 1991, 23; NJW-RR 2001, 731 = ZMR 2001, 559; *OLG Hamm* NJW-RR 1997, 909). Ferner kann es aber an der Ursächlichkeit der fehlenden Information für den Schaden fehlen, wenn die Wohnungseigentümer auch dann nicht die gebotenen Maßnahmen ergriffen hätten (*OLG Düsseldorf* NJW-RR 2002, 1593). Für verfrühte Zahlungen an Bauhandwerker kann er jedenfalls bei endgültigem Verlust dieser Geldmittel in Regress genommen werden (vgl. *OLG Düsseldorf* ZMR 1997, 380 f.). Daher empfiehlt sich die Auszahlung von Werklohn nach dem Fortschritt der Arbeiten. Ansonsten hat der Verwalter die Leistungsfähigkeit der beauftragten Unternehmen nur bei begründetem Verdacht zu überprüfen (*OLG Düsseldorf* ZMR 1997, 491; vgl. *BayObLG* ZMR 2005, 137). Fehler von Sonderfachleuten muss er sich nicht zurechnen lassen, da er ihre Leistungen nicht in eigener Person hätte erledigen müssen, sondern sie gerade mangels eigenen Fachwissens zur Erledigung von ihm nicht geschuldeter Aufgaben eingeschaltet hat (s. § 26 Rn. 54). In Betracht kommt allenfalls ein Auswahlverschulden. Im Übrigen darf er sich auf die von ihm eingeschalteten Fachleute verlassen (*OLG Düsseldorf* ZMR 1998, 655; 2004, 365; *BayObLG* WE 1992, 24; ZMR 2002, 692). Eine weiter gehende Haftung etwa für die Bauleitung, sofern geschuldet, richtet sich nach dem Verwaltervertrag. Schuldet der Verwalter die Bauleitung, weil diese Sonderleistung gegen Zusatzvergütung verabredet ist (s. § 26 Rn. 65), so wird er regelmäßig für jede Fahrlässigkeit haften. Da er nicht für die Instandhaltung und Instandsetzung des Sondereigentums zu sorgen hat, haftet er auch nicht bei Unterlassung hierfür erforderlicher Maßnahmen (*KG* NJW-RR 1992, 150; *BayObLG* WuM 1996, 445 f.; 2001, 209)

IV. Maßnahmen zur Erhaltung des Gemeinschaftseigentums in dringenden Fällen (§ 27 Abs. 1 Nr. 3 WEG)

1. Grundsätzliches

24 Ähnlich wie der einzelne Wohnungseigentümer nach § 21 Abs. 2 WEG kann der Verwalter nach § 27 Abs. 1 Nr. 3 WEG in dringlichen Fällen auch ohne vorherige Befassung der Eigentümerversammlung alleine tätig werden (*OLG Hamm* WE 1997, 315; *OLG Düsseldorf* ZMR 1997, 605). Im Unterschied zu § 21 Abs. 2 WEG normiert § 27 Abs. 1 Nr. 3 WEG sogar eine Pflicht hierzu (*OLG Hamm* NJW-RR 1989, 331). Zudem genügt nach § 27 Abs. 1 Nr. 3 WEG ein dringender Fall; eines unmittelbar drohenden Schadens bedarf es im Gegensatz zu § 21 Abs. 2 WEG nicht. Ein solcher dringender Fall ist dann anzunehmen, wenn die Erhaltung des Gemeinschaftseigentums gefährdet wäre, würden die erforderlichen Maßnahmen bis zur Entscheidung in einer Eigentümerversammlung aufgeschoben (*BayObLG* ZMR 1997, 326; 2004, 605; *OLG Düsseldorf* ZMR 1997, 605). Klassisches Beispiel hierfür ist der Bruch oder die Verstopfung einer Versorgungs- oder Abwasserleitung (*OLG Hamm* NJW-RR 1989, 331).

2. Die Aufgaben und Befugnisse des Verwalters nach neuem Recht

25 Die Rechtsfolgen aus dem Vorliegen eines dringlichen Falles gemäß § 27 Abs. 1 Nr. 3 WEG waren nach altem Recht im Einzelnen umstritten. Nach überwiegender Meinung sollte dem Verwalter unter den Voraussetzungen von § 27 Abs. 1 Nr. 3 WEG eine gesetzliche Vertretungsmacht zukommen, kraft derer er für die Wohnungseigentümer rechtsgeschäftlich tätig werden konnte (BGHZ 67, 240; *OLG Hamm* NJW-RR 1989, 331; kritisch etwa Vorauﬂ. Rn. 18). Er konnte folglich nach h. M. im Namen der Wohnungseigentümer die erforderlichen Verträge (im obigen Beispiel etwa zum Aufstemmen der Mauern und zum Verschließen des Lecks) erteilen und ordnungsbehördlich in Anspruch genommen werden (*OVG München* WuM 1994, 507; zu Recht gegen weiter gehende Möglichkeiten außerhalb dringlicher Fälle Bärmann/Pick/Merle § 27 Rn. 46). Diese schon früher h. M. kodifiziert der Gesetzgeber, indem er dem Verwalter eine gesetzliche Vollmacht verleiht. Eine vorherige Befassung der Eigentümerversammlung ist nicht erforderlich (so aber *Hügel/Elzer* § 11 Rn. 40, was auf der artifiziell anmutenden Argumentation beruht, der Verwalter könne zwar für den Verband handeln, dieser aber erst kraft Entscheidung der Eigentümer). Wollte man auch in Notfällen zuerst die Entscheidung der Eigentümerversammlung verlangen, wäre § 27 Abs. 1 Nr. 3 WEG überflüssig (so tatsächlich *Hügel/Elzer* § 11 Rn. 41). Vielmehr kann der Verwalter nach Wortlaut, Sinn und Entstehungsgeschichte kraft gesetzlicher Vollmacht unmittelbar für den Verwalter handeln (*Abramenko* § 5 Rn. 11; *Niedenführ/Kümmel/Vandenhouten* § 27 Rn. 32). Allerdings wirkt diese Vollmacht wiederum nur für und gegen den Verband, was eine konsequente Folgerung aus seiner Teilrechtsfähigkeit ist. Die Wohnungseigentümer werden aus der Notgeschäftsführung des Verwalters nicht mehr verpflichtet und berechtigt.

V. Die Finanzverwaltung (§ 27 Abs. 1 Nr. 4 bis 6, Abs. 3 S. 1 Nr. 4, 5 WEG)

1. Die Neuerungen der Novelle

Zur Finanzverwaltung fanden sich nach altem Recht Regelungen zum Innenverhältnis (§ 27 Abs. 1 Nr. 4 WEG a. F.) und zum Außenverhältnis (§ 27 Abs. 2 Nr. 1, 2 WEG a. F.). Diese Überschneidung war für die Praxis hilfreich, da dadurch die Frage nach einer gesetzlichen Vertretungsmacht etwa bei der Verfügung über gemeinschaftliche Gelder von geringerer Relevanz war als im Zusammenhang mit den § 27 Abs. 1 Nr. 1–3 WEG a. F. Nunmehr verdeutlicht die Neuregelung in § 27 Abs. 3 S. 1 Nr. 4, 5 WEG, dass eine Vertretungsmacht für die Finanzverwaltung besteht, allerdings nur für und gegen den Verband. Dies halten die Gesetzesmaterialien zutreffenderweise für ausreichend (BT-Drucks. 16/887, 70). Denn die Finanzverwaltung ist keine sachenrechtliche oder die Willensbildung betreffende, also den Wohnungseigentümern zuzuordnende, sondern eine das Verwaltungsvermögen betreffende Angelegenheit, die nach Anerkennung eines teilrechtsfähigen Verbandes ausschließlich dessen Angelegenheit ist. Ferner macht die Umstellung der Finanzverwaltung in § 27 Abs. 1 WEG klar, dass der Verwalter hierzu im Innenverhältnis sowohl den Wohnungseigentümern als auch dem Verband gegenüber berechtigt ist (BT-Drucks. 16/887, 70). Auch dies ist eine konsequente Folgerung aus der Teilrechtsfähigkeit der Wohnungseigentümergemeinschaft. Gleichzeitig spiegelt sich die Ausdehnung der Verbandszuständigkeit nach § 10 Abs. 6 S. 3 WEG auf alle gemeinschaftsbezogenen Angelegenheiten wider. Da etwa auch Schadensersatzleistungen wegen der Beschädigung des Gemeinschaftseigentums nunmehr nach § 10 Abs. 7 S. 3 WEG in das Verwaltungsvermögen fallen, die ihrem Ursprung nach nicht dem Verband, sondern den Eigentümern zustehen, ist nunmehr nicht mehr von »gemeinschaftlichen«, sondern von »eingenommenen« Geldern die Rede (BT-Drucks. 16/887, 70; vgl. *Merle* ZWE 2006, 365 f.). Hierbei handelt es sich entgegen bisweilen geäußerter Einschätzung nicht etwa um ein Versehen des Gesetzgebers, der dies übersehen hätte (so *Hügel/Elzer* § 11 Rn. 49 f.; deshalb bedarf es auch der dort vorgeschlagenen Analogie nicht). Zugleich soll dadurch terminologisch der Wechsel vom Modell der »Gemeinschaft« nach §§ 741 ff. BGB zum teilrechtsfähigen Verband zum Ausdruck gebracht werden.

2. Die Anforderung und Abführung von Zahlungen (§ 27 Abs. 1 Nr. 4 WEG)

Der Verwalter kann sämtliche Lasten- und Kostenbeiträge sowie Tilgungsbeträge und Hypothekenzinsen anfordern und abführen, sofern es sich um gemeinschaftliche Angelegenheiten handelt. In der Praxis umfasst dies vorrangig Zahlungsaufforderungen und Mahnungen wegen Sonderumlagen und der Vorschüsse aus dem Wirtschaftsplan (BGHZ 111, 151; *OLG Köln* ZMR 1999, 789). Dies umfasst die Überwachung der Zahlungseingänge und die zeitnahe Einleitung der Beitreibung gegen säumige Schuldner (*OLG München* NJW-RR 2007, 1098). Belastungen, die nur das Sondereigentum betreffen (etwa Grundsteuern, Erbbauzins und Grundpfandrechte auf einzelnen Einheiten) fallen demzufolge nicht in den Anwendungsbereich der Norm. Die Empfangszuständigkeit nach § 27 Abs. 1 Nr. 4 WEG hat zur Folge, dass eine Leistung an den Verwalter in jedem Falle schuldbefreiend wirkt, auch wenn sie nicht auf einem für die Gemeinschaft eingerichtetem Konto, sondern auf seinem allgemeinen Geschäftskonto eingeht (*OLG Saarbrücken* OLGZ 1988, 47 f.; *OLG Köln* WuM 1998, 249; a. A. *OLG Düsseldorf* NJW-RR 2006, 661 = ZMR 2006, 296). Der Verwalter hat diese Beträge umgehend auf das Gemeinschaftskonto umzubuchen. Umgekehrt hat der Wohnungseigentümer seine Beiträge auf das angegebene Konto zu überweisen, auch wenn es ein Gemeinschaftskonto ist, da ihn diese Leistung in jedem Fall befreit (vgl. *OLG Hamburg* ZMR 2007, 60). Maßnahmen zur Erleichterung oder Beschleunigung des Zahlungsverkehrs können nunmehr nach § 21 Abs. 7 WEG weitergehend als früher auch in Abweichung von der Gemeinschaftsordnung mit Mehrheit beschlossen werden (*Abramenko* § 2 Rn. 7 ff.). Die Ermächtigung des Verwalters zum Einzug von Beiträgen verstößt nicht gegen § 307 BGB (OLG Düsseldorf NJW-RR 1990, 154). Die Einschaltung eines Rechtsanwaltes zur außergerichtlichen Beitreibung muss von den Eigentümern genehmigt werden, da § 27 Abs. 1 Nr. 4 WEG die Beitreibung dem Verwalter persönlich zuweist (*OLG Düsseldorf* ZMR 2001, 300). Auch die gerichtliche Geltendmachung bedarf nach § 27 Abs. 3 S. 1 Nr. 7 WEG eines gesonderten Ermächtigungsbeschlusses. Ein Recht zur gerichtlichen Geltendmachung gegen den Willen der Eigentümer besteht folg-

§ 27 I Aufgaben und Befugnisse des Verwalters

lich nicht. Die Unabdingbarkeit von § 27 Abs. 3 S. 1 Nr. 7 WEG schließt wie nach altem Recht die Möglichkeit nicht aus, einen Wohnungseigentümer zur Geltendmachung von Ansprüchen zu ermächtigen (*BGH* ZMR 2005, 881). Aus der unabdingbaren Zuständigkeit des Verwalters folgt aber, dass auch ein zur Beitreibung ermächtigter Eigentümer nur die Leistung an den Verwalter verlangen kann (*OLG Köln* WuM 1990, 614). Die Befugnis zur Abführung von Kosten- und Tilgungsbeiträgen etc. bezieht sich nur auf bereits bestehende Verbindlichkeiten, berechtigt also nicht zu ihrer Begründung (*Hügel/Elzer* § 11 Rn. 89; *Niedenführ/Kümmel/Vandenhouten* § 27 Rn. 37; vgl. *BGH* NJW-RR 1993, 1228; *OLG Hamm* ZMR 1997, 379; *OLG Schleswig* ZMR 2002, 468 f.). Ebenso wenig ergibt sich aus § 27 Abs. 1 Nr. 4 WEG eine Berechtigung, Ansprüche gegen den Verband anzuerkennen oder auf solche zu verzichten (*BayObLG* WuM 1997, 399; NJW-RR 1999, 236; ZMR 2004, 840). Denn wie nach alter Rechtslage ist die Vollmacht auf das Anfordern und Entgegennehmen der Beiträge, nicht auf den Verzicht hierauf gerichtet (*BayObLG* NJW-RR 1999, 236).

3. Die Bewirkung und Entgegennahme von Zahlungen (§ 27 Abs. 1 Nr. 5 WEG)

28 § 27 Abs. 1 Nr. 5 WEG ergänzt § 27 Abs. 1 Nr. 4 WEG um eine entsprechende Bestimmung für den Zahlungsverkehr mit Außenstehenden. Damit ist der Verwalter für den gesamten Zahlungsverkehr zuständig. Demnach ist der Verwalter befugt, ohne weitere Mitwirkung der Wohnungseigentümer, gemeinschaftliche Schulden – also nicht solche aus dem Sondereigentum – Dritten gegenüber zu begleichen. Dies umfasst die Pflicht zur Prüfung ihrer Berechtigung (*OLG Düsseldorf* ZMR 1997, 381) und die Geltendmachung von Zurückbehaltungsrechten (*KG* WuM 1993, 308). Ebenso ist er berechtigt und verpflichtet, Aussenstände Dritter, etwa aus der Anmietung gemeinschaftlichen Eigentums, beizutreiben. Dies umfasst auch die Entgegennahme von Versicherungsleistungen für die Eigentümergemeinschaft (*LG Köln* RuS. 1984, 200). Von besonderer Bedeutung ist ferner, dass die Befugnis des Verwalters nach § 27 Abs. 1 Nr. 5 WEG auch die Entgegennahme der aus einem Kostenfestsetzungsbeschluss geschuldeten Zahlung umfasst (*BayObLG* NJW-RR 1995, 852). Aus der Berechtigung zur Entgegennahme von Leistungen folgt die Befugnis, ihren Empfang zu quittieren (*BayObLG* NJW-RR 1995, 852). Die Berechtigung zur Bewirkung von Zahlungen und Leistungen bezieht sich nur auf bereits bestehende Verpflichtungen. Der Verwalter ist aus § 27 Abs. 1 Nr. 5 WEG nicht berechtigt, Rechtsverhältnisse zu beenden oder neu zu begründen (BGHZ 67, 241; *OLG Hamm* ZMR 1997, 379).

4. Die Verwaltung gemeinschaftlicher Gelder (§ 27 Abs. 1 Nr. 6, Abs. 5 WEG)

a) Die gemeinschaftlichen Gelder

29 Die Verwaltung der gemeinschaftlichen Gelder betrifft sämtliche finanziellen Mittel des Verbandes. Dies umfasst neben Wohngeldzahlungen und Sonderumlagen sämtliche Zuflüsse etwa aus Zinsen, Vermietung und Verpachtung oder Entgelten für die Nutzung gemeinschaftlicher Einrichtungen, nicht aber Einkünfte aus der Vermietung von Sondereigentum, auch wenn der Verwalter diese Gelder als Mietverwalter gleichfalls einzieht.

b) Die Verwaltung der gemeinschaftlichen Gelder

30 Die neue Vollmacht kraft Gesetzes aus § 27 Abs. 3 S. 1 Nr. 5 WEG erleichtert den Geldverkehr mit Wohnungseigentümergemeinschaften erheblich. Der Geschäftspartner muss sich jetzt in keinem Fall mehr nach der Bevollmächtigung des Verwalters erkundigen. Diese besteht kraft Gesetzes. Die alte Rechtsprechung zu Handeln des Verwalters ohne Vertretungsmacht (s. zuletzt *OLG Celle* ZMR 2006, 541 f.) ist insoweit obsolet. Im Innenverhältnis zwischen Verwalter und Verband bzw. Wohnungseigentümern ändert sich dagegen nichts. Gegen den Willen der Wohnungseigentümer folgt insoweit aus § 27 Abs. 1 Nr. 6 WEG in keinem Fall die Befugnis, im Namen des Verbandes – für die Wohnungseigentümer besteht auch im Außenverhältnis keine Vertretungsmacht – Geldgeschäfte zu tätigen. Zur Eröffnung eines Kontos wird der Verwalter mit Übertragung der Verwaltung zumindest konkludent ermächtigt. Ordnungsmäßiger Verwaltung wird i. d. R. nur die Anlage auf einem offenen Fremdkonto entsprechen, das den Verband als Inhaber ausweist, dem Verwalter aber die Verfügungsgewalt belässt (*Hügel/Elzer* § 11 Rn. 88; *Niedenführ/Kümmel/Vandenhouten* § 27 Rn. 47). Denn nur so ist der Zugriff von Gläubigern des Verwalters definitiv ausgeschlossen. Ein offenes Treuhandkonto bietet entgegen der noch h. M., die es für zulässig

hält (*BGH* NJW 1996, 65; *KG* NJW-RR 1987, 1161), keinen ausreichenden Schutz gegen den Zugriff von Gläubigern des Verwalters (plastisch etwa *OLG Jena* ZMR 2007, 486 f.; *LG Köln* NJW-RR 1987, 1365 f.; zur mißlichen Stellung gegenüber dem Kreditinstitut vgl. den Sachverhalt in *OLG Hamm* NJW-RR 1997, 523). Denn er ist rechtlich Kontoinhaber, so dass dem Verband nach allgemeinen Grundsätzen nur die Drittwiderspruchsklage nach § 771 ZPO oder in der Insolvenz des Verwalters nur ein Aussonderungsrecht nach § 47 InsO bleibt (*OLG Hamm* ZIP 1999, 765 f.). Dies setzt jedoch Kenntnis der Pfändungsmaßnahme voraus, die mangels Informationspflicht des Kreditinstitutes keineswegs sicher gewährleistet ist. Im Übrigen ist diese rechtliche Zuordnung zum Vermögen des Verwalters schwerlich mit dem Trennungsgebot nach § 27 Abs. 5 S. 1 WEG vereinbar. Nach Anerkennung der Teilrechtsfähigkeit ist zudem nur ein einziger, der Verband, Kontoinhaber, so dass die früher aus Kreisen der Finanzwirtschaft geäußerten Bedenken gegen eigene Konten der Wohnungseigentümergemeinschaft obsolet sein dürften (*OLG Hamburg* ZMR 2007, 60). Allerdings können Gemeinschaftsordnung oder Vereinbarungen die Einrichtung eines offenen Treuhandkontos zulassen, da § 27 Abs. 5 S. 1 WEG nach der ausdrücklichen Anordnung in § 27 Abs. 4 WEG nicht unabdingbar ist (*LG Köln* NJW-RR 1987, 1366; *Bärmann/Pick/Merle* § 27 Rn. 102).

Die Vertretungsmacht umfasst die Möglichkeit, Konten auf den Namen des Verbandes zu eröffnen und zu schließen (BT-Drucks. 16/887, 71; vgl. *Merle* ZWE 2006, 365 f.). Die Führung zweier verschiedener Konten für laufende Gelder und Instandhaltungsrücklage soll grundsätzlich nicht zwingend aus den gesetzlichen Regelungen zur Geldverwaltung folgen (*KG* NJW-RR 1987, 1160 f.). I. d. R. dürfte dies aber unabdingbar sein. Denn eine ordnungsgemäße Geldverwaltung erfasst neben der Pflicht zur korrekten Buchhaltung auch die (bei vertretbarem Risiko) möglichst ertragreiche Anlage der kurzfristig nicht benötigten Gelder (*BayObLG* NJW-RR 1995, 530 f.; *OLG Düsseldorf* WuM 1996, 112; NJW-RR 2001, 662 = ZMR 2001, 305), die auf einem Girokonto nicht gewährleistet ist. Die Letztentscheidungsbefugnis hierüber liegt wiederum bei den Wohnungseigentümern, die bestimmte Anlagearten beschließen können. I. d. R. werden (mindestens) zwei Konten, ein Girokonto für laufende Ausgaben und ein Festgeldkonto zur möglichst gewinnbringenden Anlage erst mittel- oder langfristig benötigter Gelder zu eröffnen sein. Spekulative Anlageformen oder Zweckbindungen, die mit dem Wesen der Instandhaltungsrücklage unvereinbar sind, widersprechen in aller Regel Grundsätzen ordnungsmäßiger Verwaltung (*OLG Düsseldorf* WuM 1996, 112 zu einem Bausparvertrag). Die Zahlungen auf die Instandhaltungsrücklage sind ihrer Zweckbestimmung gemäß nicht zur Deckung allgemeiner Finanzlücken auf dem Girokonto zu belassen, sondern zumindest zum Quartalsende auf das hierfür bestimmte Konto abzuführen (*BayObLG* NJW-RR 1995, 531). Daneben kann eine Bargeldkasse für kleinere Ausgaben empfehlenswert sein. Alle diese Gelder hat der Verwalter nach § 27 Abs. 5 S. 1 WEG von seinem Vermögen – und auch von dem Vermögen anderer ihm nahe stehender Unternehmen (*BayObLG* WuM 1996, 118) – getrennt zu halten. Dies umfasst nach Sinn und Zweck der Norm auch die Gelder anderer Eigentümergemeinschaften, von denen er gleichfalls zum Verwalter bestellt wurde (zur Unzulässigkeit der Vermischung von Verwaltungen verschiedener Liegenschaften allgemein s. *OLG Hamm* ZMR 2005, 771 ff.). Denn ansonsten ergäbe sich die vom Gesetzgeber gerade missbilligte Situation, dass etwa im Wege der Zwangsvollstreckung Gelder der einen Gemeinschaft für eine andere vereinnahmt werden. Ein Verstoß gegen das Trennungsgebot stellt einen wichtigen Grund für eine außerordentliche Abberufung und Kündigung des Verwaltervertrags dar (*BayObLG* WuM 1996, 118) und kann sogar strafrechtlich zu ahnden sein (*BGH* NJW 1996, 65 f.). Daneben hat der Verwalter selbstverständlich die erforderlichen organisatorischen Maßnahmen zu treffen, um den Zugriff unbefugter Mitarbeiter auf Gemeinschaftskonten zu verhindern (vgl. *OLG München* ZMR 2006, 884).

c) Die Zustimmung Dritter zu Verfügungen des Verwalters

Eine effektive Sicherungsmaßnahme hält § 27 Abs. 5 S. 2 WEG bereit. Danach können die Verfügungen des Verwalters von der Zustimmung eines Wohnungseigentümers oder Dritter abhängig gemacht werden (*OLG Düsseldorf* ZMR 1998, 105 f.; *Bärmann/Pick/Merle* § 27 Rn. 101). Dass dies durch Mehrheitsbeschluss erfolgen kann, wie § 27 Abs. 5 S. 2 WEG nunmehr klarstellt, entspricht früherem Recht. Durch § 27 Abs. 5 S. 2 WEG besteht jetzt aber auch dann eine Beschlusskompetenz, wenn die Gemeinschaftsordnung anderes vorsieht. Ist eine solche Zustimmung im Kontoeröffnungsantrag enthalten, muss das Kreditinstitut ohne Zustimmung durch den Verwalter vorgenommene Verfügungen zurückgewähren (*OLG München* NJW-RR 2000, 1683). Dies empfiehlt sich allerdings erst ab Ausgaben einer bestimmten Höhe, da die Verwaltung der gemeinschaftlichen Gelder ansonsten erheblich erschwert wird. Ein solches Zustimmungserfordernis kann bereits die Gemeinschaftsordnung vorsehen.

VI. Die Unterrichtung der Wohnungseigentümer über Rechtsstreitigkeiten (§ 27 Abs. 1 Nr. 7 WEG)

1. Die zu unterrichtenden Personen

33   In § 27 Abs. 1 Nr. 7 WEG hat der Gesetzgeber die schon bislang allgemein anerkannte Verpflichtung des Verwalters, die Wohnungseigentümer über Rechtsstreitigkeiten zu unterrichten (vgl. o. § 26 Rn. 46, auch zum Ermessen bei ihrer Erfüllung), gesetzlich normiert. Systematisch gehört diese Regelung nicht in § 27 Abs. 1 WEG. Denn die Verpflichtung besteht auch im Innenverhältnis nur den Wohnungseigentümern, nicht dem Verband gegenüber (so auch (*Hügel/Elzer* § 11 Rn. 25). Dieser ist mit Kenntnis des Verwalters bereits unterrichtet, da es insoweit auf seine Kenntnis ankommt. Bloß »werdende Wohnungseigentümer« – also noch nicht in das Grundbuch eingetragene Erwerber – sind nicht zu unterrichten. Die abweichende Auffassung (*Hügel/Elzer* § 11 Rn. 54) steht nicht nur im Widerspruch zum klaren Wortlaut des Gesetzes und zur sonstigen, mittlerweile einhelliger Praxis entsprechenden Behandlung »werdender Eigentümer« etwa bei Erwerberhaftung (vgl. § 28 Rn. 23 u. 25) und Aktivlegitimation in Anfechtungsklagen (vgl. u. § 46 Rn. 4), sondern würde ohne erkennbaren Gewinn den Aufwand bei der Verwaltung erhöhen. Denn die »werdenden Wohnungseigentümer« wären in keiner Form am Prozess zu beteiligen.

2. Der Gegenstand der Unterrichtung

34   Unglücklich ist der Wortlaut ferner, als er von »anhängigen« Rechtsstreitigkeiten redet. Denn ein Rechtsstreit ist schon mit dem Eingang der Klageschrift, aber vor Zustellung an den Beklagten »anhängig«. Über bloß anhängige Rechtsstreitigkeiten wird der Verwalter aber i. d. R. keine Kenntnis haben. Der Gesetzeswortlaut ist also korrigierend dahingehend auszulegen, dass der Verwalter verpflichtet ist, die Wohnungseigentümer über zugestellte Klageschriften, mithin über *rechtshängige* Verfahren zu unterrichten. Dies umfasst nach der Einfügung von § 43 Nr. 5 WEG auch Klagen Dritter gegen den Verband (BT-Drucks. 16/887, 50 u. BT-Drucks. 16/887, 52). Die Verpflichtung zur Unterrichtung entfällt, wenn der Verwalter etwa infolge einer Interessenkollision nicht zur Vertretung der Wohnungseigentümer berechtigt ist. Denn dann gehen die diesbezüglichen Pflichten gemäß § 45 Abs. 2 S. 2 WEG auf den Ersatzzustellungsvertreter über. Eine weitere Ausnahme von der Pflicht zur Unterrichtung der Wohnungseigentümer wird ferner dann zu machen sein, wenn sich die Klage nur gegen einen oder einzelne Wohnungseigentümer richtet und die rechtlichen Interessen der Miteigentümer erkennbar nicht betroffen sind. Denn dann müssen gemäß § 48 Abs. 1 S. 1 letzter Hs. WEG weder Wohnungseigentümer noch Verwalter beigeladen werden. Folglich wird der Verwalter i. d. R. gar keine Kenntnis über die Rechtshängigkeit derartiger Verfahren haben, weshalb er die Wohnungseigentümer hierüber auch nicht informieren kann. Selbst wenn der Verwalter durch Zufall hiervon erfährt, wird ihn keine Pflicht zur Unterrichtung der Wohnungseigentümer treffen. Denn ihnen fehlt nach der gesetzlichen Wertung ein rechtliches Interesse an jedweder Beteiligung am Verfahren, so dass es ihrer Unterrichtung über den Rechtsstreit nicht bedarf. Dies folgt auch aus dem Zweck der Unterrichtung, die Voraussetzung dafür sein soll, »dass ein Miteigentümer das ihm zustehende Recht ausüben kann, sich als Nebenintervenient am Rechtsstreit zu beteiligen« (BT-Drucks. 16/887, 35). In einem Verfahren, das die rechtlichen Interessen der Miteigentümer in keiner Weise berührt, kann die Unterrichtung diesen Zweck von vorneherein nicht erfüllen.

VII. Die Abgabe von Erklärungen nach § 21 Abs. 5 Nr. 6 WEG (§ 27 Abs. 1 Nr. 8, Abs. 3 S. 1 Nr. 4 WEG)

Systematisch unzutreffend ist auch die Einordnung der Zuständigkeit des Verwalters, Erklärungen wegen Maßnahmen nach § 21 Abs. 5 Nr. 6 WEG abzugeben, in § 27 Abs. 1 WEG. Auch hier besteht keine Berechtigung und Verpflichtung für und gegen die Wohnungseigentümer. Denn es besteht Einigkeit darüber, dass von der Systematik des § 21 Abs. 5 Nr. 6 WEG nur solche Maßnahmen erfasst werden, die das Gemeinschaftseigentum berühren (*Merle* ZWE 2006, 367; s. o. § 21 Rn. 273; ebenso auch BT-Drucks. 16/3843, 52). Dessen Verwaltung steht indessen nach § 10 Abs. 6 WEG ausschließlich dem Verband zu. Folglich handelt es sich bei der Abgabe von Erklärungen nach § 21 Abs. 5 Nr. 6 WEG nur um eine Berechtigung und Verpflichtung dem Verband, nicht den Wohnungseigentümern gegenüber (*Merle* 2006, 367; *Abramenko* § 5 Rn. 14). Das zeigt implizit auch der Umstand, dass der Verwalter nach § 27 Abs. 3 S. 1 Nr. 4 WEG bei Abgabe von Erklärungen nach § 21 Abs. 5 Nr. 6 WEG nur mit Wirkung für und gegen den Verband handeln kann. Die Wohnungseigentümer werden durch die gesetzliche Vollmacht aus § 27 Abs. 3 S. 1 Nr. 4 WEG nicht gebunden. Die überschießende Befugnis den Wohnungseigentümern gegenüber ist allerdings, soweit bis jetzt absehbar, auch nicht schädlich. Im Übrigen ergeben sich gegenüber altem Recht keine Änderungen. Diese Vorschrift zieht die Konsequenz daraus, dass jeder Wohnungseigentümer nach § 21 Abs. 5 Nr. 6 WEG alle das Gemeinschaftseigentum betreffenden Maßnahmen zur Herstellung von Fernsprechteilnehmereinrichtung, Rundfunkempfangsanlage und Energieversorgung zugunsten eines Miteigentümers ohnehin zu dulden hat. Der Verwalter darf deshalb ohne weiteres, insbesondere ohne Eigentümerbeschluss die hierfür notwendigen Erklärungen abgeben. Es handelt sich also wiederum um eine Vorschrift zur Vereinfachung des Rechtsverkehrs mit Wohnungseigentümergemeinschaften.

C. Das Handeln des Verwalters mit Wirkung für und gegen Wohnungseigentümer und Verband (§ 27 Abs. 2, 3 WEG)

I. Grundzüge der Änderungen nach neuem Recht

§ 27 Abs. 2, 3 WEG regeln die Rechtsgeschäfte, die der Verwalter im Namen der Wohnungseigentümer bzw. des Verbandes, also mit gesetzlicher Vertretungsmacht, vornehmen kann (BGHZ 78, 172; BGHZ 111, 151; *OLG Saarbrücken* OLGZ 1988, 47; *OLG Düsseldorf* ZMR 1994, 522; *OLG Hamm* WE 1997, 315), und zwar auch für ausgeschiedene Wohnungseigentümer, sofern noch Geschäfte aus der Zeit vor dem Eigentumsübergang abzuwickeln sind (BGHZ 78, 174). Sofern der Verwalter für die Wohnungseigentümer handeln kann, beschränkt sich diese Vollmacht nach wie vor auf gemeinschaftsbezogene Angelegenheiten, für einzelne Wohnungseigentümer kann er ohne rechtsgeschäftliche Vollmacht nicht handeln (vgl. *VG Schleswig* NJW-RR 1988, 846). Die Anerkennung eines teilrechtsfähigen Verbandes erforderte zweierlei Änderungen in den Vorschriften, die das Außenverhältnis betreffen. Zum einen benötigt der Verwalter nicht mehr im selben Maße wie nach altem Recht gesetzliche Vertretungsmacht für die Wohnungseigentümer, da in erheblichem Umfang der Verband an ihre Stelle getreten war. So konnten die Vorschriften aus den Regelungen zur Vertretung der Wohnungseigentümer durch den Verwalter gestrichen werden, die wie die Finanzverwaltung nunmehr alleine den Verband betreffen. Umgekehrt benötigte er im selben Umfang Vertretungsbefugnisse für den Verband, soweit dieser im Rechtsverkehr auftritt. Die Novelle ging über eine bloße Umschichtung dieser gesetzlichen Vertretungsbefugnisse weit hinaus, indem sie die Ausübung gemeinschaftlicher Rechte der Wohnungseigentümer ebenfalls dem Verband zuordnete. Die Neufassung von § 27 Abs. 2, 3 WEG bleibt freilich hinter diesem Konzept zurück, da der Gesetzgeber die Reichweite seiner Neuerungen selbst ignorierte und an der überkommenen Gesetzesstruktur festhielt. Dies betrifft etwa gemeinschaftsgezogene Ansprüche der Wohnungseigentümer. Nach der gerade erst eingefügten Regelung des § 10 Abs. 6 S. 3 WEG sind diese nunmehr grundsätzlich vom Verband wahrzunehmen (*Abramenko* § 6 Rn. 9 ff.; *Niedenführ/Kümmel/Vandenhouten* § 10 Rn. 59). Die Berechtigung des Verwalters nach § 27 Abs. 2 Nr. 3 WEG, Ansprüche im Namen aller Wohnungseigentümer gerichtlich und außergerichtlich

§ 27 | Aufgaben und Befugnisse des Verwalters

geltend zu machen, ist daher, sieht man von wenigen Ausnahmen ab, nach neuem Recht überflüssig. Eine entsprechende Befugnis zur Geltendmachung gerichtlicher und außergerichtlicher Ansprüche des Verbandes, die nach der neuen Gesetzessystematik viel wichtiger wäre, fehlt dagegen. Hier bleibt nur der Rückgriff auf die Generalklausel des § 27 Abs. 3 S. 1 Nr. 7 WEG.

II. Das Problem der Verpflichtung zum Tätigwerden
1. Der Streitstand

37 Bereits nach altem Recht war umstritten, ob der Verwalter nur berechtigt oder auch verpflichtet war, die ihm im Außenverhältnis übertragenen Aufgaben im Namen der Wohnungseigentümer und mit Wirkung für sie wahrzunehmen. Der Wortlaut von § 27 Abs. 2 WEG a. F. redete nämlich nur von der *Berechtigung*, nicht aber auch von der *Verpflichtung* zum Tätigwerden für die Wohnungseigentümer. Die h. M. ging aber zutreffend davon aus, dass dem Verwalter diese Berechtigung zur Wahrung des Gemeinschaftsinteresses nicht zur Ausübung nach Belieben unabdingbar verliehen war, woraus auch eine Verpflichtung zur Ausübung der Aufgaben und Befugnisse nach § 27 Abs. 2 WEG a. F. resultierte. Die Novelle unterließ eine ausdrückliche Regelung dieser Frage. Der Gesetzestext redet nach wie vor nur von einer Berechtigung. Darüber hinaus gab die Begründung der Materialien zur Neufassung von § 27 Abs. 1 Nr. 4, 5 WEG sogar Anlass zu Überlegungen, ob der Gesetzgeber sogar von einer Verpflichtung des Verwalters zum Tätigwerden in § 27 Abs. 2, 3 WEG absehe (s. *Merle* ZWE 2006, 367). Die Gesetzesbegründung führt nämlich als Vorzug der Neuregelung an, dass die Verpflichtung zum Tätigwerden bei der Finanzverwaltung im Gegensatz zum früheren Recht nunmehr – mit der Eingliederung in § 27 Abs. 1 WEG – klargestellt sei (BT-Drucks. 16/887, 70). Daraus wurde der Umkehrschluss gezogen, dass § 27 Abs. 2, 3 WEG eben keine Verpflichtung zum Tätigwerden beinhalte.

2. Keine Änderung gegenüber der alten Gesetzeslage

38 Derartig weit gehende Schlußfolgerungen, die auf eine Beschränkung der Verwalterpflichten hinauslaufen, dürften indessen zu weit gehen. Dass eine solche Auslegung von § 27 Abs. 2, 3 WEG in der Praxis zu erheblichen Unzuträglichkeiten führen würde, bedarf keiner näheren Ausführungen: Wenn der Verwalter zwar nach § 27 Abs. 4 WEG unabdingbar etwa zur Finanzverwaltung und zur Ergreifung dringlicher Maßnahmen berechtigt wäre, diese aber nach Belieben unterlassen könnte, wäre der Ruin vieler Gemeinschaften eine Frage der Zeit. Eine solche Auslegung von § 27 Abs. 2, 3 WEG stünde aber auch im klaren Gegensatz zum Willen des Gesetzgebers. In Reaktion auf diese Überlegungen weisen die Gesetzesmaterialien ausdrücklich darauf hin, dass die mit der Berechtigung einhergehende Verpflichtung des Verwalters zum Tätigwerden nach wie vor mittelbar aus dem Gesetz folgt (BT-Drucks. 16/3843, 52 f.). Demnach waren Änderungen an der bisherigen Rechtspraxis nicht beabsichtigt. Vielmehr sollte, wie die der Rechtsausschuss in der Begründung seiner Beschlussempfehlung ausdrücklich hervorhebt, nur »die Struktur der Vorschrift besser als bisher zum Ausdruck kommen, ohne dass der ansonsten bewährte Inhalt der Vorschrift wesentlich geändert wird« (BT-Drucks. 16/887, 69, ebenso BT-Drucks. 16/3843, 52). Überdies redet § 27 Abs. 4 WEG wie schon § 27 Abs. 3 WEG a. F. im Hinblick auf § 27 Abs. 1 WEG *und* auf § 27 Abs. 2, 3 WEG gleichermaßen von »Aufgaben und Befugnissen«. Bereits diese Kontinuität zeigt, dass der Gesetzgeber hier keine durchgreifenden Änderungen im Hinblick auf die Verwalterpflichten im Sinn hatte. Im Übrigen ließe sich der Begriff der Aufgaben auch kaum auf § 27 Abs. 2, 3 WEG beziehen, wenn die dortigen Vorschriften nur Rechte des Verwalters normieren würden (im Ergebnis ebenso *Niedenführ/Kümmel/Vandenhouten* § 27 Rn. 4).

III. Das Handeln des Verwalters mit Wirkung für und gegen die Wohnungseigentümer (§ 27 Abs. 2 WEG)

1. Die Entgegennahme von Willenserklärungen und Zustellungen (§ 27 Abs. 2 Nr. 1 WEG)

a) Die Neuerungen der Novelle

Willenserklärungen und Zustellungen sind zwar nach Anerkennung eines teilrechtsfähigen Verbandes überwiegend an diesen zu richten, da er nicht nur sämtliche Rechte und Pflichten im Zusammenhang mit dem Verwaltungsvermögen wahrnimmt, sondern darüber hinaus nach § 10 Abs. 6 S. 3 WEG nunmehr für sämtliche gemeinschaftsbezogenen Angelegenheiten zuständig ist. Gleichwohl ist in einigen Angelegenheiten, namentlich der Willensbildung und der Beschlussanfechtung noch den Wohnungseigentümern persönlich zuzustellen. Abgesehen vom deutlich verringerten Anwendungsbereich entspricht die Vorschrift wörtlich § 27 Abs. 2 Nr. 3 WEG a. F., wobei sich für Zustellungen in Gerichtsverfahren ergänzende Regelungen in § 45 WEG finden. Insoweit kann also die Judikatur zur alten Gesetzesfassung nach wie vor herangezogen werden.

39

b) Die Wirkung des Zugangs von Willenserklärungen bzw. Zustellungen

Die Befugnis des Verwalters, Willenserklärungen und Zustellungen entgegenzunehmen, dient der Vereinfachung des Rechtsverkehrs mit der Eigentümergemeinschaft. Der Rechtsverkehr soll unabhängig von Regelungen im Innenverhältnis darauf vertrauen können, wer für die Eigentümer Willenserklärungen und Zustellungen entgegennimmt. Somit wirken an den Verwalter gerichtete Willenserklärungen gemäß § 164 Abs. 3 BGB für und gegen alle Wohnungseigentümer, sofern die Erklärung ihm gegenüber gerade in dieser Funktion – nicht etwa nur in seiner Eigenschaft als Wohnungseigentümer – abgegeben wird. Zudem muss die Erklärung an die Eigentümergemeinschaft als solche gerichtet sein. Die Kenntnis des Verwalters von Erklärungen an einen einzelnen Wohnungseigentümer in einer persönlichen Angelegenheit wird diesem nicht zugerechnet (*BGH* ZMR 2003, 212). Eigene Willenserklärungen kann der Verwalter nur dann für die Eigentümer entgegennehmen, wenn er nach § 181 BGB vom Verbot des Selbstkontrahierens befreit ist. Auch Zustellungen sind für alle Wohnungseigentümer wirksam erfolgt, wenn dem Verwalter zugestellt wurde. Allerdings muss die Zustellung an ihn wiederum in seiner Funktion gemäß § 27 Abs. 2 Nr. 1 WEG erfolgen und nicht etwa nur in seiner Eigenschaft als weiterer Beteiligter, Antragsgegner, Streitverkündeter o. Ä. (*BayObLG* NJW-RR 1992, 151; WE 1995, 251; *OLG Hamm* ZMR 1999, 508), was zumindest im Rubrum zum Ausdruck kommen muss (BayObLGZ 1983, 19). Ansonsten ist die Zustellung unwirksam (BayObLGZ 1983, 18; WE 1991, 297). Die Rechtsprechung, derzufolge eine Zustellung an den Verwalter in Beschlussanfechtungsverfahren nicht genügt, wenn ein Eigentümer einen eigenen Abweisungsantrag stellt (*KG* ZMR 2000, 699; *OLG Köln* ZMR 2007, 557), dürfte wegen § 172 ZPO nicht fortzuführen sein. Denn der Verwalter ist nunmehr nach § 27 Abs. 2 Nr. 2 WEG gesetzlich zur Prozessführung ermächtigt, was in den Materialien (BT-Drucks. 16/887, 37) noch nicht berücksichtigt ist, da die Änderung des § 27 WEG erst später, nach der Anerkennung der Teilrechtsfähigkeit diskutiert wurde (a. A., aber ohne Eingehen auf diese Problematik *Hügel/Elzer* § 13 Rn. 92; *Niedenführ/Kümmel/Vandenhouten* § 27 Rn. 56). Aus denselben Gründen scheidet die frühere Praxis aus, bei Zweifeln über die Zustellungsbefugnis des Verwalters allen Wohnungseigentümern zuzustellen (s. etwa *BayObLG* ZMR 1997, 614). Besteht sie nämlich doch, ist die Zustellung an die Wohnungseigentümer nach § 172 ZPO unwirksam. Diese Regelungen gelten auch im Verwaltungs- und Verwaltungsgerichtsverfahren (*OVG Münster* NJW-RR 1992, 458 f.). Dies ist von besonderer Bedeutung, da die abgabenrechtlichen Bestimmungen nach überwiegender Rechtsprechung trotz Teilrechtsfähigkeit die Wohnungseigentümer als Abgabenschuldner ansehen (*BGH* ZMR 2006, 785 f.; *BVerwG* ZMR 2006, 242 ff.; *KG* ZMR 2006, 636 ff.; NJW-RR 2007, 232 = ZMR 2007, 67; ZMR 2007, 137; *VGH Mannheim* ZMR 2006, 819 f.; anders im Einzelfall *VGH München* ZMR 2007, 317 ff.).

40

Entgegen dem Wortlaut von § 27 Abs. 2 Nr. 1 WEG beschränkt sich die Zustellungsvertretung des Verwalters nicht auf Verfahren gegen *alle* Wohnungseigentümer. Der Gesetzgeber ging ohne weiteres davon aus, dass sie entsprechend ständiger Praxis auch in Verfahren besteht, in denen ein-

41

zelne Eigentümer den anderen Miteigentümern als Verfahrensgegner gegenüberstehen, insbesondere in Anfechtungsklagen (*Hügel/Elzer* § 13 Rn. 126; BGHZ 78, 174; *OLG Frankfurt* OLGZ 1989, 434). Denn es besteht kein sachlicher Grund, die unerlässliche Verfahrenserleichterung dann fallen zu lassen, wenn kein Außenstehender, sondern ein Wohnungseigentümer Gegner der übrigen Miteigentümer ist. Dies würde gerade bei großen Wohnanlagen praktisch zu einer Rechtsverweigerung führen, da die Durchführung des Prozesses dann häufig schon durch Zustellungsprobleme nahezu unmöglich würde. Zudem kämen auf die Beteiligten so erhebliche Kosten für Zustellungen zu, dass die Durchführung eines Prozesses bei kleineren Streitwerten mit einem wirtschaftlich unvertretbaren Risiko verbunden wäre.

c) Pflichten des Verwalters beim Zugang von Willenserklärungen bzw. Zustellungen

42 Nach Zugang einer Willenserklärung oder einer Zustellung hat der Verwalter die Wohnungseigentümer nach §§ 675, 666 BGB hierüber in geeigneter Weise zu unterrichten (*OLG Hamm* NJW-RR 2003, 591; BayObLGZ 1989, 345). Für die Zustellung von Klageschriften normiert dies nunmehr § 27 Abs. 1 Nr. 7 WEG. Wie er die Wohnungseigentümer unterrichtet, steht weitgehend in seinem Ermessen (BGHZ 78, 173; *OLG Köln* ZMR 1980, 191). Bei nicht eilbedürftigen Angelegenheiten genügt die Information auf der nächsten Eigentümerversammlung. Jedenfalls bei Angelegenheiten geringerer Bedeutung wird auch ein Aushang am Anschlagbrett des Hauses genügen, sofern dessen Existenz und Bedeutung den Wohnungseigentümern bekannt ist. Wenn eine Literaturmeinung bezweifelt, dass die Kenntnisnahme durch die Wohnungseigentümer hierdurch hinreichend gewährt wird (Bärmann/Pick/*Merle* § 27 Rn. 121), erscheint dies nicht überzeugend. Denn auch durch die Information auf der Eigentümerversammlung ist die Kenntnisnahme der abwesenden Wohnungseigentümer nicht sichergestellt. In dringlicheren Fällen ist ein Rundschreiben geboten, wobei die Beifügung des Schriftstücks in Kopie häufig empfehlenswert sein wird. Die Kosten hierfür sind allgemeine Verwaltungskosten.

d) Der Ausschluss des Verwalters als Empfangs- und Zustellungsvertreter

aa) Der Stand der Diskussion

43 Zu besonderen Problemen kommt es, wenn der Verwalter in irgendeiner Weise vom Ausgang des Prozesses betroffen sein könnte. Insoweit ist nunmehr höchstrichterlich entschieden, dass seine Zustellungsvertretung dann ausgeschlossen ist, wenn er selbst Gegner der Wohnungseigentümer ist (BGH ZWE 2007, 397). Dies wurde entweder auf eine analoge Anwendung von § 178 Abs. 2 ZPO (bzw. die Vorgängernorm § 185 ZPO a. F.) oder auf den Rechtsgedanken dieser Vorschrift gestützt: Der Verwalter soll nicht in die Lage versetzt werden, gegen ihn gerichtete oder gar eigene Antrags- oder Rechtsmittelschriften für die Wohnungseigentümer entgegennehmen zu müssen, da dies naturgemäß die Gefahr unzureichender Weiterleitung in sich birgt (*BayObLG* NJW-RR 1989, 1169 = BayObLGZ 1989, 345; *OLG Düsseldorf* WuM 1994, 719; *Heinrich* NJW 1974, 126; Staudinger/*Bub* § 27 Rn. 233). Die weiter gehende Position, wonach die Zustellungsvertretung des Verwalters für die Wohnungseigentümer selbst bei Anträgen auf Abberufung des Verwalters aus wichtigem Grund keinen Bedenken begegnet, wenn »nicht ersichtlich ist, dass die Verwalterin die Mitglieder der Gemeinschaft über das (...) Verfahren etwa nicht unterrichtet hätte« (*KG* NJW-RR 2003, 1234 = ZMR 2004, 143; ähnlich schon *BayObLG* ZMR 2002, 533) ist hierdurch obsolet.

44 Hingegen herrscht über die Behandlung der Fälle, in denen sich Wohnungseigentümer und Verwalter auf einer Seite wähnen (wie bei der Beschlussanfechtung durch einzelne Miteigentümer) keine Einigkeit. Auch hier ist ein Interessenkonflikt denkbar, wenn die Unwirksamkeit des angefochtenen Beschlusses auf einen Fehler des Verwalters zurückgehen soll. Klassisches Beispiel hierfür ist die Genehmigung der Jahresabrechnung. Ihre Anfechtung soll ja sogar konkludent die Entlastung des Verwalters umfassen, wovon auch dessen Rechtsstellung betroffen sein kann (*OLG Düsseldorf* WuM 1991, 619; Staudinger/*Bub* § 28 Rn. 554). In Rechtsprechung und Literatur ist umstritten, wie sich derartige zu Beginn des Prozesses noch nicht erkennbare, aber denkbare Interessenkollisionen zwischen dem Verwalter und den Wohnungseigentümern, die den Beschluss fassten und nunmehr verteidigen, auf die Zustellungsvertretung nach § 27 Abs. 2

Nr. 1 WEG auswirken. Die überwiegende Meinung geht davon aus, dass nicht erst der tatsächliche Interessenkonflikt, sondern schon die bloße (»abstrakte«) Gefahr eines solchen die Zustellung an den Verwalter ausschließt (*OLG Hamm* ZMR 2001, 139). Dies wird vorrangig damit begründet, dass eine Pflichtverletzung des Verwalters anfangs oftmals noch nicht ersichtlich sei und sich erst im Verlaufe des Prozesses herausstelle. Das rechtliche Gehör der Wohnungseigentümer sei daher nur sicherzustellen, wenn schon bei der bloßen Gefahr einer Interessenkollision keine Zustellung an den Verwalter, sondern an die Wohnungseigentümer selbst erfolge (*Mansel* FS Bärmann und Weitnauer 1990, 493; Staudinger/*Bub* § 27 Rn. 235; Bärmann/Pick/*Merle* § 27 Rn. 130 f.). Die insbesondere vom *BayObLG* vertretene Gegenmeinung (*BayObLG* ZMR 1997, 614; 1998, 513; NJW-RR 2002, 733 = 2002, 533) lässt die abstrakte Gefahr nicht genügen, sondern fordert eine konkrete Interessenkollision, etwa dann, wenn der Verwalter selbst Gegner der Wohnungseigentümer ist.

bb) Die Behandlung der Interessenkollision nach der Novelle

Die Novelle spricht nunmehr in § 27 Abs. 3 S. 2 WEG und in § 45 Abs. 1 WEG den Fall an, dass der Verwalter zur Vertretung des Verbandes oder der Wohnungseigentümer nicht berechtigt ist. Ob dies schon bei der abstrakten Gefahr einer Interessenkollision oder erst bei einem tatsächlichen Interessengegensatz der Fall sein soll, entscheidet das Gesetz zwar nicht ausdrücklich. Im Zusammenhang mit der Vertretung der Wohnungseigentümer wird dieser Fall aber dahingehend definiert, dass »aufgrund des Streitgegenstandes die Gefahr besteht, der Verwalter werde die Wohnungseigentümer nicht sachgerecht unterrichten« (§ 45 Abs. 1 WEG). Dies entscheidet die strittige Frage, ob der Verwalter nur bei einer tatsächlichen oder schon bei einer bloß möglichen Interessenkollision als Zustellungsbevollmächtigter ausscheidet, nicht ausdrücklich. Der Wortlaut des Gesetzes lehnt sich aber eng an die Entscheidungen an, die selbst beim Streit um die Abberufung des Verwalters aus wichtigem Grund auf eine konkrete Gefahr der Fehlinformation abstellten. (*BayObLG* ZMR 2002, 533; *KG* ZMR 2004, 143; vgl. o. Rn. 43). Das legt die Schlussfolgerung nahe, dass der Gesetzgeber die abstrakte Gefahr einer Interessenkollision nicht ausreichen lassen will, um die Empfangs- und Zustellungsvertretung des Verwalters auszuschließen. Hierfür spricht auch die Absicht des Gesetzes, »den mit Zustellungen verbundenen Aufwand für das Gericht und auch die zu Lasten der Wohnungseigentümergemeinschaft entstehenden Kosten gering zu halten« (BT-Drucks. 16/887, 36 f.). Denn auch dies war ein tragendes Argument derjenigen, nach denen eine bloß denkbare Interessenkollision die Empfangs- und Zustellungsvertretung noch nicht ausschloss. Im Übrigen ginge die Fürsorge der Gerichte schon bei bloß abstrakter Interessenkollision noch über die gesetzlichen Wertungen im Anwaltsrecht hinaus. Bekanntlich führt auch dort ein Interessenkonflikt dazu, dass ein Anwalt gemäß § 356 StGB und § 43 a Abs. 4 BRAO die Vertretung dieser widerstreitenden Interessen nicht übernehmen kann. Dabei stellt die bloße Möglichkeit eines Interessenkonfliktes zwischen zwei Mandanten nach ganz h. M. aber noch kein widerstreitendes Interesse gemäß § 356 StGB, § 43a Abs. 4 BRAO dar. Vielmehr steht hier außer Zweifel, dass die Definition der Parteiinteressen bei disponiblen Rechten alleine von deren Willen abhängt. So können zwei Mandanten ohne weiteres einen Anwalt beauftragen, gemeinsam gegen einen Dritten vorzugehen, auch wenn sich aus demselben Rechtsverhältnis später Interessengegensätze zwischen ihnen ergeben können. Solange es nicht zu tatsächlichen Konflikten kommt, kann der Anwalt für beide Mandanten tätig werden, ohne widerstreitende Interessen zu vertreten (RGSt 71, 234–237; BGHSt 5, 304–309; *Henssler/Prütting* § 43a Rn. 145; *Feurich/Weyland* § 43a Rn. 64.). Eine vergleichbare Entscheidung trifft indessen auch die Eigentümermehrheit, die sich trotz denkbaren Interessenkonflikts zum Verwalter etwa zur Genehmigung der Jahresabrechnung, des Wirtschaftsplanes oder anderer von ihm vorgeschlagener Maßnahmen entschließt und folgerichtig später der Anfechtung entgegentritt. Eine Notwendigkeit, ihre Privatautonomie fürsorglich zu ihrem Schutze zu ignorieren und anders als im Anwaltsrecht von latent fortdauernden Interessengegensätzen auszugehen, ist kaum zu begründen.

§ 27 | Aufgaben und Befugnisse des Verwalters

cc) Pflichten des Verwalters beim Zugang von Willenserklärungen trotz Interessenkollision

46 Nicht selten kann das Gericht eine Interessenkollision zu Beginn des Prozesses noch nicht absehen, so dass gleichwohl dem Verwalter zugestellt wird. Für ihn stellt sich dann die Frage, wie er sich zu verhalten hat. Jedenfalls dann, wenn ein Zustellungsbevollmächtigter nach § 45 WEG bestellt ist, treffen ihn keine Pflichten; streng genommen, darf er überhaupt keine Aktivitäten als Verwalter mehr entfalten. Denn der Ersatzzustellungsvertreter tritt nach § 45 Abs. 2 S. 2 WEG vollständig in die Aufgaben des Verwalters ein, so dass jenem weder Befugnisse noch Pflichten verbleiben.

2. Die Abwendung von Rechtsnachteilen (§ 27 Abs. 2 Nr. 2 WEG)

a) Die Bedeutung der Neuregelung

47 Der Wortlaut von § 27 Abs. 2 Nr. 2 WEG entspricht, worauf die Materialien zu Recht hinweisen (BT-Drucks. 16/887, 70), weitgehend § 27 Abs. 2 Nr. 4 WEG a. F. Im gewandelten rechtlichen Umfeld kommt ihm aber eine völlig andere Bedeutung zu als zuvor. Einen Großteil der ehemals § 27 Abs. 2 Nr. 4 WEG a. F. zuzuordnenden Fälle betrifft jetzt nämlich den Verband. Dies umso mehr, als § 10 Abs. 6 S. 3 WEG auch die Geltendmachung von Ansprüchen aller Wohnungseigentümer dem Verband zuweist, so dass der Verwalter im Erkenntnisverfahren auch insoweit für den Verband handeln muss. Die Abwendung von Nachteilen für diesen ist aber in § 27 Abs. 3 S. 1 Nr. 2 WEG geregelt. Nach dieser Zuordnung der gemeinschaftsbezogenen Ansprüche sind nur noch wenige Konstellationen denkbar, in denen der Verwalter auf § 27 Abs. 2 Nr. 2 WEG zurückgreifen muss, um Nachteile von den Wohnungseigentümern abzuwenden. Dies ist innerhalb der Gemeinschaft insbesondere bei Angelegenheiten der Willensbildung, etwa bei Streitigkeiten um Beschlüsse der Fall.

b) Das Handeln in Passivverfahren der Wohnungseigentümer

48 Bedeutsam wird die Neuregelung des § 27 Abs. 2 Nr. 2 WEG daher vor allem in Anfechtungsklagen, in denen der Verwalter die Wohnungseigentümer nunmehr kraft Gesetzes vertreten kann. Nach dem Wortlaut des Gesetzes ist von einer umfassenden Vertretungsmacht des Verwalters auszugehen (zweifelnd insoweit *Hügel/Elzer* § 11 Rn. 67). Die Befugnis umfasst die Abgabe sämtlicher Erklärungen im Prozess, da der Verwalter nunmehr kraft Gesetzes Prozessbevollmächtigter ist. Im Gegensatz zum früheren Recht kann er daher auch Vergleiche abschließen, die eine nur einstimmig zu treffende Regelung etwa zur Änderung der Teilungserklärung enthalten (*Hügel/Elzer* § 11 Rn. 67; vgl. zum alten Recht KG ZMR 2002, 73). Ein solcher Vergleich kann aber bei Abweichung von Weisungen im Innenverhältnis Schadensersatzansprüche nach sich ziehen. Man wird dem Verwalter auch die Befugnis zuerkennen müssen, einen Rechtsanwalt zu mandatieren, zumal ihm § 27 Abs. 2 Nr. 4 WEG die Vollmacht zum Abschluss einer Gebührenvereinbarung verleiht (*Hügel/Elzer* § 11 Rn. 66).

c) Vollstreckungsverfahren

49 Von erheblich größerer Praxisrelevanz ist § 27 Abs. 2 Nr. 2 WEG im Vollstreckungsverfahren. Nach der ausdrücklichen Regelung in dieser Vorschrift ist der Verwalter berechtigt, die Wohnungseigentümer auch in einem Vollstreckungsverfahren, das auf Prozesse nach § 43 Nr. 1, 4 und 5 folgt, zu vertreten. Dies kann in den Verfahren von Bedeutung sein, die der Verband gemäß § 10 Abs. 6 S. 3 WEG als Ausübungs- bzw. Erfüllungsberechtigter führt. Denn materiell-rechtlich sind dort die Wohnungseigentümer verpflichtet, weshalb sich auch die Vollstreckung daher gegen sie, nicht gegen den Verband richtet. Letzterer ist nur Prozessstandschafter und somit nicht Vollstreckungsschuldner (*Abramenko* § 6 Rn. 13). Dass der Gesetzestext die Vertretung der Wohnungseigentümer in Verfahren nach § 43 Nr. 5 WEG einbezieht, erscheint sinnvoll. Denn dort ergeht regelmäßig nicht nur ein Gestaltungs- oder Feststellungsurteil wie in Verfahren nach § 43 Nr. 4 WEG und vielen Streitigkeiten um Rechte und Pflichten der Wohnungseigentümer untereinander nach § 43 Nr. 1 WEG. In der Folge kann auch aus nur vorläufig vollstreckbaren Titeln unmittelbar vollstreckt werden. Die Neuregelung stellt sicher, dass die Wohnungseigentümer in diesem Verfahren vom Verwalter vertreten werden, der schon das Erkenntnisverfahren geführt hat.

Allerdings kann er entgegen der ersten Begründung des Entwurfs (BT-Drucks. 16/887, 70) die eidesstattliche Versicherung natürlich nicht für die Wohnungseigentümer abgeben, wie der Rechtsausschuss klarstellte (BT-Drucks. 16/3843, 53). Entsprechende Befugnisse kommen ihm nur gegenüber dem Verband zu, und zwar aus § 27 Abs. 3 S. 1 Nr. 2 WEG.

3. Die Geltendmachung von Ansprüchen (§ 27 Abs. 2 Nr. 3 WEG)

§ 27 Abs. 2 Nr. 3 WEG gehört zu den eingangs (§ 27 Rn. 36) angesprochenen Regelungen, die die eigenen Neuerungen des Gesetzgebers ignorieren. Für eine Vorschrift, die den Verwalter berechtigt, im Namen aller Wohnungseigentümer Ansprüche außergerichtlich und gerichtlich geltend zu machen, besteht praktisch kein Anwendungsbereich. Denn Ansprüche aller Wohnungseigentümer sind gemeinschaftliche Ansprüche, die nach § 10 Abs. 6 S. 3 WEG der Verband wahrzunehmen hat. Bedeutung erlangt § 27 Abs. 2 Nr. 3 WEG also nur in besonderen Konstellationen, etwa dann, wenn man § 10 Abs. 6 S. 3 WEG als abdingbar ansieht, da dann die Wohnungseigentümer bei entsprechender Regelung in der Teilungserklärung gemeinschaftliche Ansprüche im eigenen Namen geltend machen können. Ähnliches gilt, wenn der Verband die Wohnungseigentümer zur Verfolgung des Anspruchs ermächtigt, was wohl auch nach der Reform möglich sein dürfte (vgl. *BGH* ZMR 2005, 885 und zuletzt ZMR 2007, 466). In diesen Spezialfällen muss der Verwalter durch Beschluss zur Geltendmachung des Anspruchs ermächtigt werden.

50

4. Die Vereinbarung von Rechtsanwaltsvergütungen (§ 27 Abs. 2 Nr. 4 WEG)

Im Zuge der verfahrensrechtlichen Neuorientierung wurden auch die Maßstäbe der Streitwertberechnung erheblich modifiziert. Insbesondere sieht § 49 a Abs. 1 S. 2 GKG vor, dass der Streitwert das Fünffache des Klägerinteresses nicht überschreiten darf (vgl. eingehend u. Anhang zu § 50 Rn. 7 ff.). Diese Deckelung kann bei Rechtsstreitigkeiten mit den Wohnungseigentümern zu einem erheblichen Absinken der Rechtsanwaltsvergütung führen, insbesondere bei Beschlussanfechtungen. Ficht ein Wohnungseigentümer etwa eine Jahresabrechnung mit einem Volumen von 100.000 Euro wegen falscher Verteilungsschlüssel an, die ihn deswegen mit 20 Euro zuviel belastet, ist der Streitwert trotz weit höheren Interesses der Wohnungseigentümer auf maximal 100 Euro festzusetzen (statt früher 10.000 bis 25.000 Euro). Deshalb wird der Verwalter durch § 27 Abs. 2 Nr. 4 WEG ermächtigt, mit Rechtsanwälten eine Gebührenvereinbarung zu schließen, die einen Streitwert von maximal 50 % des Interesses der Parteien gemäß § 49 a Abs. 1 S. 1 GKG zugrunde legt. Da die Vollmacht kraft Gesetzes besteht, muss sich der Rechtsanwalt nicht nach Beschlüssen o. Ä. erkundigen. Soweit die auf dieser Grundlage geschuldete Vergütung über die gesetzliche Höhe hinausgeht, ist sie allerdings auch nach einem Obsiegen nicht erstattungsfähig (BT-Drucks. 16/997, 77). Zur Vermeidung späterer Konflikte mit den Wohnungseigentümern sollte sie der Verwalter also trotz der neuen Vollmacht in § 27 Abs. 2 Nr. 4 WEG vorab – evtl. noch vor Entstehen von Rechtsstreitigkeiten – befragen, welche Gebührenhöhen er vereinbaren darf (*Hügel/Elzer* § 11 Rn. 75).

51

IV. Das Handeln des Verwalters mit Wirkung für und gegen den Verband (§ 27 Abs. 3 S. 1 WEG)

1. Die Entgegennahme von Willenserklärungen und Zustellungen (§ 27 Abs. 3 S. 1 Nr. 1 WEG)

a) Der Verwalter als Empfangsvertreter des Verbandes

Mit der Teilrechtsfähigkeit des Verbandes ist dieser in vielerlei Hinsicht an die Stelle der Wohnungseigentümer getreten. Folglich ergab sich die Notwendigkeit, auch ihm Willenserklärungen und Zustellungen zu übermitteln. Deshalb erweitert § 27 Abs. 3 S. 1 Nr. 1 WEG die Empfangszuständigkeit des Verwalters auch auf Willenserklärungen und Zustellungen an den Verband. Wie bei den Wohnungseigentümern setzt dies voraus, dass ihm das Schriftstück genau in dieser Funktion, nicht etwa als Wohnungseigentümer oder Streitverkündetem übermittelt wird (vgl. *BayObLG* WE 1995, 251; *OLG Hamm* ZMR 1999, 508). Selbst die Angabe des Verwalters als Vertreter aller Wohnungseigentümer genügt streng genommen nicht mehr. Die Empfangszuständigkeit ist ebenso wie diejenige nach § 27 Abs. 2 Nr. 1 WEG für die Wohnungseigentümer im Interesse

52

§ 27 | Aufgaben und Befugnisse des Verwalters

des Rechtsverkehrs unabdingbar. Die Pflicht des Verwalters erschöpft sich nicht in der Entgegennahme von Willenserklärungen oder Zustellungen. Er muss sie vielmehr den Wohnungseigentümern bekanntgeben, damit sie durch Beschluss über das weitere Verhalten des Verbandes befinden können (vgl. BGHZ 78, 173; *OLG Köln* ZMR 1980, 191). In welcher Form dies zu geschehen hat, hängt von den konkreten Umständen des Einzelfalles, insbesondere von der Eilbedürftigkeit ab; insoweit kann auf die Ausführungen zu § 27 Abs. 2 Nr. 1 WEG verwiesen werden (s. o. Rn. 42).

b) Der Ausschluss des Verwalters als Empfangs- und Zustellungsbevollmächtigter

53 Auch bei Zustellungen an den Verband können eigene Interessen dazu führen, dass der Verwalter nach § 27 Abs. 3 S. 2 WEG »nicht berechtigt« ist, den Verband zu vertreten. Aus denselben Erwägungen wie bei Zustellungen an die Wohnungseigentümer genügt die abstrakte Gefahr einer Interessenkollision insoweit allerdings nicht; es bedarf des tatsächlichen Interessengegensatzes (vgl. o. § 27 Rn. 43 ff.). Für diesen Fall sieht der Gesetzgeber allerdings keinen Ersatzzustellungsvertreter, sondern nach § 27 Abs. 3 S. 2, 3 WEG eine Gesamtvertretung des Verbandes durch alle Wohnungseigentümer vor. Die Wohnungseigentümer können aber nach § 27 Abs. 3 S. 3 WEG einen Vertreter bestellen (eingehend hierzu u. Rn. 81 ff.). In einem solchen Fall stellt sich die Frage, ob den Verwalter gleichwohl Pflichten treffen, wenn ihm trotz Ausschlusses von der Empfangsvertretung eine Willenserklärung zugeht oder Schriftstücke durch das Gericht zugestellt werden. Denn im Gegensatz zur Vertretung der Wohnungseigentümer hat der Gesetzgeber in diesem Zusammenhang keine Regelung wie § 45 Abs. 2 S. 2 WEG geschaffen, wonach ein Ersatzzustellungsvertreter o. ä. in die Aufgaben und Befugnisse des Verwalters eintritt und somit dessen Pflichten insoweit übernimmt. Die Antwort auf diese Frage wird sich am Sinn und Zweck des Ausschlusses nach § 27 Abs. 3 S. 2 WEG orientieren müssen: Durch diesen Ausschluss von der Empfangsvertretung sollen nur Defizite in der Information der Wohnungseigentümer verhindert, nicht aber die Anforderungen an die Fürsorge des Verwalters für die Liegenschaft verringert werden. Nach diesen Maßstäben ist der Verwalter trotz fehlender Empfangszuständigkeit jedenfalls dann zur Weiterleitung von Willenserklärungen verpflichtet, wenn dem Verband ansonsten, etwa durch Ablauf der Annahmefrist für ein günstiges Vertragsangebot, Nachteile drohen (insoweit richtig *Hügel/Elzer* § 13 Rn. 102). Hingegen ist der Verwalter nicht verpflichtet, dem Prozessgegner bei der ordnungsgemäßen Bezeichnung der Gegenseite behilflich zu sein, indem er etwa auf die Unwirksamkeit einer an ihn gerichteten Zustellung hinweist. Vielmehr kann das Interesse der von ihm verwalteten Gemeinschaft – etwa bei nahezu abgelaufener Verjährungsfrist – die Unterlassung derartiger Aufklärung sogar gebieten.

2. Die Abwendung von Rechtsnachteilen (§ 27 Abs. 3 S. 1 Nr. 2 WEG)

a) Die Neuerungen der Novelle

54 § 27 Abs. 3 S. 1 Nr. 2 WEG zieht die Folgerungen aus der Teilrechtsfähigkeit, da nunmehr auch der Verband als Rechtssubjekt Fristen versäumen oder durch Untätigkeit Rechtsnachteile erleiden kann. Daher verleiht diese Vorschrift dem Verwalter hinsichtlich des Verbandes ähnliche Befugnisse zur Abwendung von Rechtsnachteilen wie § 27 Abs. 2 Nr. 4 WEG a. F., dem die Neuregelung im ersten Halbsatz wörtlich entspricht. Des Weiteren kodifiziert der zweite Halbsatz der Vorschrift die schon aus § 27 Abs. 2 Nr. 4 WEG a F abgeleitete Ermächtigung des Verwalters, den Verband in Passivverfahren zu vertreten (vgl. *Merle* GE 2005, 1467 u. ZWE 2006, 23 f.). Dabei stellt der noch vom Rechtsausschuss in den Gesetzestext eingefügte Verweis auf § 43 Nr. 5 WEG klar, dass sich diese Befugnis auch auf Klagen Dritter gegen den Verband erstreckt. Hingegen enthält § 27 Abs. 3 S. 1 Nr. 2 WEG wie das alte Recht keine Ermächtigung zur Führung von Aktivprozessen. Hierfür bedarf es einer eigenen Ermächtigung nach § 27 Abs. 3 S. 1 Nr. 7 WEG, sofern sie nicht in Teilungserklärung oder Verwaltervertrag enthalten ist. Die Befugnis des Verwalters nach § 27 Abs. 3 S. 1 Nr. 2 WEG in Passivverfahren geht weiter als die Ermächtigung durch die Wohnungseigentümer nach früherem Recht. Denn das »Führen« des Prozesses bedeutet, dass er Prozessbevollmächtigter ist. Er darf »im Namen der Gemeinschaft der Wohnungseigentümer mit Wirkung für und gegen sie« und mittelbar, da der Verband nach § 10 Abs. 6 S. 3 WEG Prozessstandschafter der Wohnungseigentümer ist, Erklärungen mit Wirkung für und gegen diese im Prozess abgeben.

Demnach kann er auch eine von der Teilungserklärung abweichende Nutzung von Räumlichkeiten genehmigen (vgl. zum alten Recht *BayObLG* WE 1998, 398), einer bestimmten Bebauung des Nachbargrundstücks zustimmen (vgl. zum alten Recht *OLG Köln* ZMR 1995, 553), oder Ansprüche anerkennen (vgl. zum alten Recht *BayObLG* WuM 1997, 399). Ein weisungswidriges Verhalten kann aber Schadensersatzansprüche auslösen. Daneben vertritt der Verwalter den Verband nach § 27 Abs. 3 S. 1 Nr. 2 WEG auch im Vollstreckungsverfahren. Anders als aus § 27 Abs. 2 Nr. 2 WEG folgt hieraus auch die Befugnis, im Namen des Verbandes ggf. auch die eidesstattliche Versicherung abzugeben, die bislang aus § 27 Abs. 2 Nr. 2 WEG a. F. abgeleitet wurde.

b) Voraussetzungen und Umfang der Notgeschäftsführungsbefugnis

Zur Notgeschäftsführung ist der Verwalter dann befugt, wenn die Beschlussfassung auf der nächsten Eigentümerversammlung zu spät käme (*OLG Düsseldorf* ZMR 1994, 521). Das kann abgesehen von der Einlegung von fristgebundenen Rechtsmitteln bei der Einhaltung jeglicher Fristen etwa bei Anfechtungsfristen nach §§ 121, 124 BGB oder bei Gewährleistungsfristen der Fall sein. Die Befugnis zur Einlegung von Rechtsmitteln im Namen der Wohnungseigentümer besteht allerdings nur bei Entscheidungen zu ihren Ungunsten, nicht bei Entscheidungen alleine zu Lasten Dritter oder gar des Verwalters (*OLG Hamm* ZMR 2004, 857 f.). Von der Befugnis nach § 27 Abs. 3 S. 1 Nr. 2 WEG ist auch die Einleitung eines selbständigen Beweisverfahrens umfasst, wenn Verjährung wegen der betroffenen Baumängel droht (vgl. BGHZ 78, 172; *BayObLG* MDR 1976, 1023), ebenso die fristwahrende Inanspruchnahme eines Gewährleistungsbürgen (*OLG Düsseldorf* NJW-RR 1993, 470). Ähnliches gilt im Verwaltungsverfahren etwa bei bauaufsichtliche Maßnahmen (*OVG Lüneburg* BauR 1986, 684 f.). Im Innenverhältnis liegt die Letztentscheidungsbefugnis aber auch hier bei der Wohnungseigentümerversammlung, die den Verwalter zur Korrektur früherer, zur Fristwahrung ergriffener Maßnahmen anweisen kann. Im Außenverhältnis sind allerdings die Erklärungen des Verwalters maßgeblich.

3. Die gesetzlichen Vollmachten nach § 27 Abs. 3 S. 1 Nr. 3 bis 5 WEG

§ 27 Abs. 3 S. 1 Nr. 2 bis 5 WEG enthält die Vollmacht des Verwalters, in den Angelegenheiten der § 27 Abs. 1 Nr. 2 bis 6 und 8 WEG für den Verband zu handeln. Insoweit wird auf die Kommentierung dieser Vorschriften (o. Rn. 18 ff.) verwiesen.

4. Die Vereinbarung von Rechtsanwaltsvergütungen (§ 27 Abs. 3 S. 1 Nr. 6 WEG)

Nach der Herabsetzung der Streitwerte kann es auch für den Verband schwierig sein, anwaltlichen Beistand zu finden. Für diesen Fall sieht § 27 Abs. 3 S. 1 Nr. 6 WEG eine Ermächtigung des Verwalters vor, mit Rechtsanwälten eine Gebührenvereinbarung zu schließen, die einen Streitwert von maximal 50% des Interesses der Parteien gemäß § 49 a Abs. 1 S. 1 GKG zugrunde legt. Wie bei den Wohnungseigentümern besteht die Vollmacht kraft Gesetzes; so dass sich der Rechtsanwalt nicht nach Beschlüssen o. ä. erkundigen muss. Die Vollmacht umfasst auch Klagen Dritter gegen den Verband gemäß § 43 Nr. 5 WEG, wie der Verweis in § 27 Abs. 3 S. 1 Nr. 6 WEG klarstellt. Wie bei Gebührenvereinbarungen mit den Wohnungseigentümern sind vereinbarte Vergütungen, die über die gesetzliche Höhe hinausgehen, auch nach einem Obsiegen nicht erstattungsfähig (BT-Drucks. 16/887, 77). Zur Vermeidung von Auseinandersetzungen sollte der Verwalter die Wohnungseigentümer also trotz der neuen Vollmacht in § 27 Abs. 3 S. 1 Nr. 6 WEG im Außenverhältnis – evtl. vorab für künftige Rechtsstreitigkeiten – befragen, welche Gebührenhöhen er vereinbaren kann. Noch besser ist eine Beschlussfassung, da sie auch Sonderrechtsnachfolger nach § 10 Abs. 4 S. 1 WEG binden und somit neuerlichen Diskussionen bei jeder Anwaltsbeauftragung vorbeugen.

5. Die Ermächtigung zu sonstigen Rechtsgeschäften (§ 27 Abs. 3 S. 1 Nr. 7 WEG)

a) Bedeutung der Norm

Die weitreichendste Neuerung in den Regelungen zu den Aufgaben und Befugnissen des Verwalters stellt zweifellos § 27 Abs. 3 S. 1 Nr. 7 WEG dar. Denn hiermit eröffnet der Gesetzgeber die Möglichkeit, den Verwalter nicht nur (wie bisher) durch Vereinbarung, sondern auch durch Mehrheitsbeschluss zu »sonstigen Rechtsgeschäften und Rechtshandlungen« zu ermächtigen.

§ 27 | Aufgaben und Befugnisse des Verwalters

Bereits dem Wortlaut ist zu entnehmen, dass der Gesetzgeber mit dieser Vorschrift eine neue Beschlusskompetenz schaffen wollte. Denn nach dem eindeutigen Gesetzestext kann der Verwalter zu Rechtsgeschäften ermächtigt werden, ohne dass dies in Gesetz, Gemeinschaftsordnung oder Vereinbarung vorgesehen ist. Diese Auslegung des Wortlauts wird durch die Materialien vollumfänglich gestützt, wonach durch § 27 Abs. 3 S. 1 Nr. 7 WEG den Wohnungseigentümern »die Beschlusskompetenz eingeräumt (wird), dem Verwalter durch Stimmenmehrheit eine weitergehende Vertretungsmacht zu erteilen.« (BT-Drucks. 16/887, 71; ebenso *Merle* ZWE 2006, 369; *Hügel/Elzer* § 11 Rn. 93; *Niedenführ/Kümmel/Vandenhouten* § 27 Rn. 74). Im Ergebnis stellt § 27 Abs. 3 S. 1 Nr. 7 WEG eine weitere Öffnungsklausel dar, die es den Wohnungseigentümern – wenn auch auf dem Umweg über die Ermächtigung des Verwalters – erlaubt, ihre Rechtsverhältnisse auch ohne eine sonstige Grundlage in Gemeinschaftsordnung oder Gesetz durch Mehrheitsentscheidung zu regeln.

b) Einschränkungen der neuen Beschlusskompetenz

aa) Reichweite nach Wortlaut und Gesetzesbegründung

59 Wortlaut und Gesetzesbegründung nennen als inhaltliche Grenze der Möglichkeit, den Verwalter zum Handeln für den Verband zu ermächtigen, nur den Bezug zur Verwaltung des gemeinschaftlichen Eigentums (BT-Drucks. 16/3843, 53). Im Grundsatz kann der Verwalter also nach einem entsprechenden Mehrheitsbeschluss jegliche Geschäfte für den Verband vornehmen. Dies erfasst nach ausdrücklichem Bekunden des Gesetzgebers auch über § 27 Abs. 1, 3 WEG hinausgehende Geschäfte, so dass auch der Rahmen der laufenden Verwaltung verlassen werden kann. Der Verwalter kann damit auch zum Erwerb von Nachbargrundstücken für den Verband oder zur Abgabe von Bürgschaften zu dessen Lasten ermächtigt werden. Dabei ermöglicht die vom Gesetzgeber in den Materialien zu § 12 Abs. 4 S. 5 WEG anerkannte Erleichterung bei der Einhaltung der Form gemäß § 26 Abs. 3 WEG (vgl. o. § 26 Rn. 96) auch die Ermächtigung zu formbedürftigen Geschäften.

60 Die Beschränkung der Beschlusskompetenz des § 27 Abs. 3 S. 1 Nr. 7 WEG auf die Verwaltung des gemeinschaftlichen Eigentums kann freilich die größten Gefahren nicht bannen. Denn die Ermächtigung zu Geschäften, die über die Verwaltung des gemeinschaftlichen Eigentums hinausgehen, dürfte kaum den Schwerpunkt des Problems bilden. Gerade angesichts der umfassenden Bedeutung, die der Gesetzgeber dem Begriff der Verwaltung gemeinschaftlichen Eigentums in der Novelle zugemessen hat, wird diese die meisten der hier betroffenen Geschäfte umfassen, die der Gemeinschaft schädlich sind. So bewegt sich z. B. die Entscheidung über die Anlage der Instandhaltungsrücklage zweifellos im Rahmen der Verwaltung des Gemeinschaftseigentums. Die vorgeschlagene inhaltliche Beschränkung der Beschlusskompetenz auf Geschäfte im Rahmen der Verwaltung des Gemeinschaftseigentums könnte also eine Ermächtigung des Verwalters, die Instandhaltungsrücklage in Spekulationspapieren anzulegen, nicht verhindern. Der Beschluss widerspräche zwar ordnungsmäßiger Verwaltung, überschritte aber nicht die Beschlusskompetenz. Entsprechendes gilt, wenn der Verwalter im Rahmen der Vorschussanforderung zum Verzicht ermächtigt wird. Die inhaltliche Beschränkung der Ermächtigung auf Geschäfte der Verwaltung des Gemeinschaftseigentums könnte den Mißbrauch der Beschlusskompetenz gar nicht verhindern.

bb) Die Grenzen des zwingenden Rechts

61 Die Grenzen der Beschlussfassung nach § 27 Abs. 3 S. 1 Nr. 7 WEG bestimmen sich bei dieser weiten Gesetzesfassung daher zunächst nach zwingendem Gesetzesrecht. Selbstverständlich hat die Ermächtigung des Verwalters nach § 27 Abs. 3 S. 1 Nr. 7 WEG allgemeine Verbotsvorschriften wie §§ 134, 138 BGB einzuhalten. Diese Grenze kann auch dann erreicht sein, wenn der Verwalter ermächtigt wird, Verpflichtungen für den Verband einzugehen, die dieser voraussichtlich nicht erfüllen kann. Auch den Eingriff in den Kernbereich des Sondereigentums erlaubt § 27 Abs. 3 S. 1 Nr. 7 WEG nicht (*Hügel/Elzer* § 11 Rn. 95).

cc) Kein Handeln mit Wirkung für und gegen die Wohnungseigentümer

Die neue Möglichkeit, den Verwalter zu ermächtigen, beschränkt sich ferner nach dem klaren **62** Wortlaut der Norm auf das Handeln für den Verband. Ein Beschluss, der ihn zur Vornahme von Rechtsgeschäften oder Rechtshandlungen für einzelne oder alle Wohnungseigentümer ermächtigt, übersteigt diese Beschlusskompetenz und ist daher nichtig. Der Verwalter kann also nicht durch Mehrheitsbeschluss zur Verfügung über Sonder- oder Gemeinschaftseigentum ermächtigt werden, da auch dies nicht den Verband, sondern die Rechte der Miteigentümer betrifft. Aus demselben Grund kann ihn die Mehrheit nicht zur Änderung der Miteigentumsanteile oder zur Begründung von Sondernutzungsrechten ermächtigen. Schließlich kann er nicht nach § 27 Abs. 3 S. 1 Nr. 7 WEG zur Geltendmachung von Individualansprüchen ermächtigt werden, die nicht von § 10 Abs. 6 S. 3 WEG erfasst sind (vgl. schon zum alten Recht *KG* NJW-RR 2001, 1453 f.; *OLG Hamm* NJW-RR 2001, 1527).

dd) Der Rahmen der ordnungsmäßigen Verwaltung

Wie jeder andere Beschluss muss die Ermächtigung nach § 27 Abs. 3 S. 1 Nr. 7 WEG des Weiteren **63** ordnungsmäßiger Verwaltung entsprechen. Dies begrenzt insbesondere die Gefahr der Majorisierung. Zumindest auf diesem Wege kann etwa der illoyale Mehrheitseigentümer gebremst werden, der sich über § 27 Abs. 3 S. 1 Nr. 7 WEG ungerechtfertigte Vorteile (etwa die Anweisung an den Verwalter, auf Beiträge zu verzichten) verschaffen will. Aber auch einfach unrichtige Entscheidungen wie die Anlage der Instandhaltungsrücklage in Spekulationspapieren kann im Wege der Anfechtung korrigiert werden. Im Hinblick auf die vorläufige Wirksamkeit von Beschlüssen gemäß § 23 Abs. 4 S. 2 WEG, die lediglich gegen die Grundsätze ordnungsmäßiger Verwaltung verstoßen, kann aber der Antrag auf Erlass einer einstweiligen Verfügung nach §§ 935 ff. ZPO geboten sein. In Betracht kommt etwa eine einstweilige Verfügung, mit der dem Verwalter der Abschluss eines Vertrages bis zur rechtskräftigen Entscheidung über die Anfechtungsklage untersagt wird. Ansonsten führt dieser Mangel nur zur Anfechtbarkeit eines Beschlusses. Daher kann und muss er vom Verwalter ausgeführt werden, der überdies im Außenverhältnis kraft Gesetzes hierzu ermächtigt ist.

ee) Die (teilweise) Abbedingung in der Teilungserklärung

Weitere Grenzen der Beschlussfassung nach § 27 Abs. 3 S. 1 Nr. 7 WEG können sich aus einer teil- **64** weisen Abbedingung dieser Norm in der Teilungserklärung ergeben. Dem steht § 27 Abs. 4 WEG wohl nicht entgegen. Denn von der Unabdingbarkeit sind nur die »dem Verwalter nach den Abs. 1 bis 3 zustehenden Aufgaben und Befugnisse« erfasst. Dies betrifft bei einer am Wortlaut orientierten Interpretation nur dessen Befugnis, »sonstige Rechtsgeschäfte und Rechtshandlungen vorzunehmen«, die aufgrund eines wirksamen Beschlusses gefasst wurden, nicht aber die Beschlussfassung selbst. Diese ist keine dem Verwalter zustehende Aufgabe oder Befugnis. Betrachtet man die Möglichkeit der Mehrheitsentscheidung demnach als abdingbar an, kann sie jedenfalls in zukünftigen Gemeinschaftsordnungen ausgeschlossen werden. Nach allgemeinen Grundsätzen kann dies ausdrücklich, aber auch konkludent geschehen. Letzteres ist nicht schon dann der Fall, wenn eine Ermächtigung der Teilungserklärung widerspricht, weil sie etwa nur bestimmte Möglichkeiten der Ermächtigung aufzählt, ohne dass dies ersichtlich als abschließende Regelung gedacht ist. Denn § 27 Abs. 3 S. 1 Nr. 7 WEG stellt eine gesetzliche Beschlusskompetenz dar, die den Spielraum der Mehrheit gerade über den ohnehin gegebenen Rahmen hinaus erweitern will. Anderes wird man dann annehmen müssen, wenn der Regelung klar zu entnehmen ist, dass die Aufzählung der Bereiche, in denen dem Verwalter Vollmacht erteilt werden kann, abschließend sein soll. Dies wird man dann aber auch auf ältere Teilungserklärungen übertragen müssen, die vor der Novelle verfasst wurden. Ist ihnen etwa klar zu entnehmen, dass bestimmte Angelegenheiten nicht der Mehrheitsentscheidung unterliegen, kann für die diesbezügliche Ermächtigung des Verwalters nichts anderes gelten. Wurde also die rechtzeitige Anfechtung eines unerwünschten Beschlusses versäumt und überschreitet dieser auch nicht gegen die dargestellten Grenzen, bleibt eine genaue Prüfung der Teilungserklärung. Ist dort die Mehrheitsmacht oder die Möglichkeit zur Ermächtigung des Verwalters abschließend geregelt, dann ist § 27 Abs. 3 S. 1 Nr. 7 WEG insoweit abbedungen und ein gleichwohl gefasster Beschluss mangels Beschlusskompetenz nichtig.

c) Die Geltendmachung von Ansprüchen

aa) Die Ermächtigung zur Geltendmachung von Ansprüchen nach altem und neuem Recht

65 Die Geltendmachung von Ansprüchen hat der Gesetzgeber nur in § 27 Abs. 2 Nr. 3 WEG geregelt. Im Gegensatz zu dieser – weitgehend überflüssigen – Vorschrift fehlt eine entsprechende Bestimmung im Zusammenhang mit den Aufgaben und Befugnissen des Verwalters gegenüber dem Verband (zu Recht erstaunt auch *Hügel/Elzer* § 11 Rn. 91). In Ermangelung einer solchen Spezialvorschrift richtet sich die Ermächtigung des Verwalters zur gerichtlichen und außergerichtlichen Geltendmachung von Ansprüchen ebenfalls nach § 27 Abs. 3 S. 1 Nr. 7 WEG. Die Vorschrift ist wie § 27 Abs. 2 Nr. 5 WEG a. F. erst nach Entstehen einer Wohnungseigentümergemeinschaft anwendbar (OLG Düsseldorf ZMR 2005, 898). Wie nach altem Recht (hierzu s. etwa *OLG Düsseldorf* ZMR 2001, 299; *BayObLG* NJW-RR 2002, 159) erfordert das Gesetz grundsätzlich für jede Geltendmachung einen Beschluss der Wohnungseigentümer. Allerdings wird die Befugnis zur außergerichtlichen Geltendmachung oftmals aus § 27 Abs. 1 Nr. 4, Abs. 3 S. 1 Nr. 4 WEG folgen. Diese Vorschrift entspricht nämlich wörtlich der Vorgängernorm (§ 27 Abs. 2 Nr. 1 WEG a. F.), weshalb auch sie als Spezialvorschrift zu § 27 Abs. 3 S. 1 Nr. 7 WEG anzusehen ist, zudem diese noch allgemeiner gefasst ist als § 27 Abs. 2 Nr. 5 WEG a. F. § 27 Abs. 3 S. 1 Nr. 7 WEG kommt somit bei der außergerichtlichen Geltendmachung von Ansprüchen nur in den von § 27 Abs. 1 Nr. 4 WEG nicht erfassten Fällen zur Anwendung.

bb) Anwendungsbereich

66 Die Ermächtigung zur Durchsetzung von Ansprüchen des Verbandes kann in allen Verfahren erfolgen, in denen der Verband Ansprüche gegen Wohnungseigentümer oder Dritte geltend macht. Die frühere Problematik einer ausdehnenden Auslegung von § 27 Abs. 2 Nr. 5 WEG (hierzu Voraufl. § 27 Rn. 35 f.) ist mit dem weiteren Wortlaut von § 27 Abs. 3 S. 1 Nr. 7 WEG obsolet. Gleiches gilt für die Ausdehnung der Vorgängernorm auf Passivverfahren, da diese nunmehr von § 27 Abs. 3 S. 1 Nr. 2 WEG erfasst sind. Die Bevollmächtigung durch Mehrheitsbeschluss ermächtigt aber nur zu solchen Prozesshandlungen, die die Eigentümergemeinschaft selbst vornehmen könnte.

cc) Die Ermächtigung durch Eigentümerbeschluss

67 § 27 Abs. 3 S. 1 Nr. 7 WEG fordert eine Ermächtigung durch Mehrheitsbeschluss. Dieser folgt den allgemeinen Regeln des Beschlussrechtes, muss also formal (etwa hinsichtlich Ladung und Modalitäten der Abstimmung) und materiell fehlerfrei sein. Letzteres erfordert, dass die Ermächtigung ordnungsmäßiger Verwaltung entspricht. Dies wird nur ausnahmsweise zu verneinen sein, wenn etwa die Durchsetzung des Anspruchs bei Vermögenslosigkeit des Gegners offenkundig aussichtslos ist (*OLG Hamburg* ZMR 2004, 369; *OLG München* ZMR 2005, 908; ähnlich *BayObLG* NJW-RR 2004, 1090). Auch die Ermächtigung zur Geltendmachung von Individualansprüchen kann entgegen früherem Recht (vgl. *OLG Hamm* NJW-RR 2001, 1527; *KG* ZMR 2001, 660; 2004, 144; *OLG Frankfurt* ZMR 2004, 290) durch Mehrheitsbeschluss erfolgen, soweit der Verband diese Ansprüche nach § 10 Abs. 6 S. 3 WEG an sich ziehen kann. Die gleichzeitige Verfolgung des Anspruchs durch einzelne Wohnungseigentümer bleibt aber unberührt (*Abramenko* § 6 Rn. 14 ff.). Die Ermächtigung kann, sofern keine Regelung in der Gemeinschaftsordnung entgegensteht (vgl. hierzu o. § 26 Rn. 48 f.; a. A. *OLG Köln* ZMR 2002, 973 f.) auch mit Mehrheitsbeschluss vorab und für eine Vielzahl von Verfahren erfolgen (*OLG Zweibrücken* NJW-RR 1987, 1366; *BayObLG* ZMR 2004, 929; *OLG München* NJW-RR 2005, 1327), auch unter Bedingungen wie dem Erfordernis der Zustimmung zum gerichtlichen Vorgehen durch den Verwaltungsbeirat (*OLG Zweibrücken* WE 1987, 163). Die Ermächtigung kann mit Mehrheitsbeschluss widerrufen werden (*BayObLG* ZMR 1997, 199). Die Ermächtigung ist nichtig, wenn sie nicht erkennen lässt, welche Ansprüche betroffen sein sollen (*OLG München* ZMR 2006, 718). Anfechtbar ist sie insbesondere dann, wenn sie ordnungsmäßiger Verwaltung widerspricht. Das ist aber nur dann zu verneinen, wenn die Verfolgung des Anspruchs keine Aussicht auf Erfolg verspricht, weil er etwa zweifelhaft ist (*OLG Hamm* NJW-RR 2001, 1527). Ansonsten wirkt der ermächtigende Beschluss im Zweifel

nach einem Verwalterwechsel auch für den neuen Verwalter (*KG* NJW-RR 1989, 657; *BayObLG* ZMR 1997, 43).

dd) Die Ermächtigung durch Gemeinschaftsordnung, Vereinbarung oder Vertrag

Da dem Mehrheitsbeschluss zugängliche Gegenstände erst recht durch Vereinbarung oder Gemeinschaftsordnung geregelt werden können, kann der Verwalter auch auf diesem Wege generell oder für bestimmte Verfahren zur gerichtlichen Rechtsverfolgung oder Rechtsverteidigung ermächtigt werden (*OLG Zweibrücken* NJW-RR 1987, 1366; *OLG Frankfurt* WE 1993, 110; *KG* ZMR 1993, 344). Während eine Vereinbarung dieses Inhalts nur durch entsprechende Erklärung aller Wohnungseigentümer widerrufen werden kann, ist die Möglichkeit bei einer solchen Regelung in der Gemeinschaftsordnung differenziert zu betrachten. Sofern es sich hierbei, ähnlich wie bei der Verwalterbestellung nur um einen formellen Bestandteil handelt, ist die Ermächtigung frei widerruflich (vgl. *BayObLG* Rpfleger 1980, 23; Bärmann/Pick/*Merle* § 27 Rn. 146 u. 169). Maßgeblich hierfür ist, ob sie bei objektiver Auslegung rechtsgestaltende Wirkung für die Zukunft, also Vereinbarungscharakter haben soll, was i. d. R. nicht anzunehmen ist. Die fehlende Ermächtigung kann noch im Laufe des Verfahrens nachgeholt werden und zwar beim Handeln in fremden Namen durch Genehmigung gemäß § 177 Abs. 1 BGB und beim Handeln als Prozessstandschafter analog § 89 Abs. 2 ZPO (*BayObLG* WE 1990, 218; NJW-RR 1994, 528; ZMR 2005, 63; *OLG Düsseldorf* ZMR 2006, 943; ZMR 2007, 550). Daneben kann die Ermächtigung auch durch eine entsprechende Regelung im Verwaltervertrag erfolgen (*OLG Zweibrücken* WE 1987, 163; *BayObLG* NJW-RR 1992, 82; WE 1996, 240; *OLG Frankfurt* WE 1993, 110). Diese ist allerdings als vertragliche Regelung nicht einseitig durch Beschluss oder Vereinbarung der Wohnungseigentümer widerruflich.

6. Die möglichen Rechtsfolgen der Ermächtigung

a) Die Bevollmächtigung

Die Möglichkeit der »Ermächtigung« nach § 27 Abs. 3 S. 1 Nr. 7 WEG umfasst sowohl die Bevollmächtigung wie auch die Prozessstandschaft des Verwalters, also die Geltendmachung des Anspruchs in eigenem Namen (BGHZ 74, 260; 81, 37). Was im Einzelfall gewollt ist, muss im Wege der Auslegung ermittelt werden (*OLG München* ZMR 2006, 647 u. 882). Sofern der Verwalter zur Vertretung und zur Geltendmachung in eigenem Namen ermächtigt wird, kann er sowohl als Prozessstandschafter wie auch als Vertreter agieren (*BayObLG* NJW-RR 1991, 1363 f.). Auch wenn er ausdrücklich nur zur Prozessstandschaft ermächtigt wird, kann er auch als Bevollmächtigter auftreten, da die weiter gehende Geltendmachung in eigenem Namen die Befugnis zum Handeln in fremden Namen umfasst (*OLG Hamburg* ZMR 2006, 60). Die Ermächtigung umfasst auch ohne ausdrückliche Klarstellung die Befugnis, einen Rechtsanwalt mit der Rechtsverfolgung zu betrauen (*KG* ZMR 1996, 225; *OLG Düsseldorf* ZMR 2001, 299). Sie kann sich auf Ansprüche gegen Wohnungseigentümer, gegen einen früheren Verwalter (*BayObLG* NJW-RR 1998, 1164 f.) und gegen Dritte (BGHZ 74, 260; 81, 37) beziehen. Sofern der Verwalter entsprechend ermächtigt ist, hat er aus einem erstrittenen Titel auch die Anordnung der Zwangsverwaltung zu erwirken (*OLG Hamburg* WuM 1993, 301 f.).75.

Sofern der Verwalter nach § 27 Abs. 3 S. 1 Nr. 7 WEG bevollmächtigt wird, ist der Beschluss nur eine Voraussetzung für das Entstehen der gesetzlichen Vollmacht. Sie wird dadurch nicht zur rechtsgeschäftlichen Vollmacht (Bärmann/Pick/*Merle* § 27 Rn. 148 f.). Daher ist der Verwalter auch nicht wegen geschäftsmäßiger Besorgung fremder Rechtsangelegenheiten gemäß § 157 Abs. 1 ZPO von der mündlichen Verhandlung ausgeschlossen, da er als gesetzlicher Vertreter nicht Bevollmächtigter nach § 157 ZPO ist. Die Möglichkeit der Ermächtigung nach § 27 Abs. 3 S. 1 Nr. 7 WEG geht weiter als die frühere Ermächtigung nach § 27 Abs. 2 Nr. 5 WEG a. F. So kann der Verwalter ermächtigt werden, auf Ansprüche der Gemeinschaft zu verzichten (vgl. zur alten Rechtslage *BayObLG* ZMR 1999, 191) und Ansprüche gegen die Gemeinschaft anzuerkennen (vgl. zur alten Rechtslage *OLG Düsseldorf* ZMR 1999, 424; *BayObLG* ZMR 1997, 326; 1999, 191). Das Ausscheiden eines Verwalters führt nicht zwangsläufig zum Erlöschen seiner Verfahrensvollmacht; vielmehr ist grundsätzlich davon auszugehen, dass er das Verfahren zu Ende

§ 27 | Aufgaben und Befugnisse des Verwalters

führen soll (*KG* NJW-RR 1989, 657; zur Möglichkeit des Widerrufs etwa *BayObLG* ZMR 2002, 62).

b) Die Prozessstandschaft

71 Die nach § 27 Abs. 3 S. 1 Nr. 7 WEG gleichfalls mögliche Prozessstandschaft setzt nach allgemeinen Grundsätzen ein eigenes schutzwürdiges Interesse des Ermächtigten zur Rechtsdurchsetzung voraus. Dies war nach altem Recht beim Verwalter schon aufgrund der Verpflichtung zur ordnungsgemäßen, möglichst effektiven Verwaltung regelmäßig zu bejahen (BGHZ 73, 307). Dies gilt auch nach Anerkennung des teilrechtsfähigen Verbandes (*OLG München* ZMR 2007, 217). Im Falle der Prozessstandschaft ist alleine der Verwalter Partei (*BayObLG* NJW-RR 1991, 1364), so dass es keiner Beiladung der anderen Wohnungseigentümer bedarf (*BayObLG* WE 1996, 240). Wie nach altem Recht kann der Verwalter als Prozessstandschafter über den eingeklagten Anspruch verfügen (*BGH* NJW-RR 1986, 756). Die gewillkürte Prozessstandschaft ist nur in Aktivverfahren möglich, nicht auf der Antragsgegnerseite, da diese vom Antragsteller bestimmt wird (*BGH* NJW 1981, 282; BayObLGZ 1975, 238). Schwierigkeiten können sich aus der Pozessstandschaft allerdings nach einem Verwalterwechsel ergeben. Grundsätzlich ist der Verwalter durch die Ermächtigung legitimiert, ein anhängiges Verfahren bis zum Abschluss fortzuführen (*BayObLG* NJW-RR 1993, 1488; ZMR 1997, 43 u. 199; *OLG Düsseldorf* NJW-RR 2000, 1180 = ZMR 2000, 397; *OLG Köln* NJW-RR 2004, 1668). Wünschen die Wohnungseigentümer dies nicht, setzt die Fortführung des Prozesses durch den neuen Verwalter den mit Mehrheitsbeschluss möglichen Widerruf (*BayObLG* ZMR 1997, 199; implizit auch *BayObLG* NJW-RR 1991, 1364) der Ermächtigung seines Vorgängers und die Sachdienlichkeit seines Eintritts in das Verfahren voraus, wobei letzteres regelmäßig zu bejahen sein wird. Hinsichtlich eines titulierten Anspruchs wird der neue Verwalter nicht ohne weiteres Rechtsnachfolger gemäß § 727 ZPO, da die Stellung seines Vorgängers als Inhaber des Anspruchs durch den Verwalterwechsel nicht berührt wird. Vielmehr muss ein auf den Vorverwalter als Prozessstandschafter lautender Titel analog § 727 ZPO auf den Verband bzw. die Wohnungseigentümer umgeschrieben werden (*OLG Düsseldorf* NJW-RR 1997, 1036 = ZMR 1997, 315; *LG Darmstadt* NJW-RR 1996, 398 = WuM 1995, 679; Staudinger / *Wenzel* Vor §§ 43 ff. Rn. 82).

D. Die Unabdingbarkeit der Befugnisse nach § 27 Abs. 1–3 WEG (§ 27 Abs. 4 WEG)

72 Die dem Verwalter nach § 27 Abs. 1 bis 3 WEG zukommenden Aufgaben und Befugnisse sind nach § 27 Abs. 4 WEG unabdingbar. Die Wohnungseigentümer können sie folglich nicht durch Vereinbarung und erst recht nicht durch Beschluss einschränken oder anderen Organen übertragen. Ebenso wenig ist nach dem Gesetzeszweck eine Einschränkung durch den Verwaltervertrag zulässig, da die der Vereinfachung des Rechtsverkehrs dienenden organschaftlichen Mindestbefugnisse des Verwalters auch der rechtsgeschäftlichen Gestaltungsmöglichkeit durch Verwalter und Wohnungseigentümer entzogen sein sollen. Dies gilt auch für mittelbare Beschränkungen, etwa des Inhalts, dass Maßnahmen nach § 27 Abs. 1 bis 3 WEG weiterer Zustimmungen durch den Verwaltungsbeirat bedürfen. Allerdings ist mit der erheblichen Erweiterung der Aufgaben und Befugnisse des Verwalters insbesondere in § 27 Abs. 3 S. 1 Nr. 7 WEG darauf zu achten, dass nicht auch andere Regelungen im Vorfeld der Verwaltertätigkeit als zwingend behandelt werden, was zu einer Lähmung der Verwaltung führen könnte. Dies war schon bislang bei der Durchführung der Hausordnung nach § 27 Abs. 1 Nr. 1 WEG anerkannt. Ihre Aufstellung war trotz § 27 Abs. 3 WEG a. F. bzw. nunmehr § 27 Abs. 4 WEG seit jeher Sache der Wohnungseigentümer, selbst wenn der Verwalter hierzu kraft Gemeinschaftsordnung ermächtigt ist (vgl. o. Rn. 4). Dem Verwalter steht lediglich die unabdingbare Kompetenz zu, für ihre Durchführung zu sorgen. Ähnlich ist § 27 Abs. 3 S. 1 Nr. 7 WEG nicht dahingehend zu verstehen, dass die Befugnis, Rechtsgeschäfte und sonstige Rechtshandlungen vorzunehmen, dem Verwalter vorbehalten ist. Dies würde spätestens beim Verwaltervertrag zu kaum überwindbaren Schwierigkeiten führen, ganz abgesehen davon, dass damit die nach altem Recht einhellig bejahte Möglichkeit eigener rechtsgeschäftlicher Tätigkeit der Wohnungseigentümer für die Gemeinschaft ohne Not unterbunden würde. Die Befugnis des Verwalters bezieht sich alleine darauf, »sonstige Rechtsgeschäfte und Rechtshandlungen vorzunehmen«, die aufgrund eines Beschlusses durchzuführen sind,

nicht aber auf die Beschlussfassung selbst. Diese ist keine dem Verwalter zustehende Aufgabe oder Befugnis, sondern alleinige Angelegenheit der Wohnungseigentümer (im Ergebnis ebenso *Hügel/Elzer* § 11 Rn. 112). Schließlich wird man schwerlich annehmen können, dass die Information eines Wohnungseigentümers über einen rechtshängigen Prozess gegen das Kompetenzgefüge des WEG verstößt, wenn sie durch einen Miteigentümer, nicht durch den Verwalter erfolgt.

Eine Erweiterung seines Aufgabenbereiches verstößt in keinem Fall gegen § 27 Abs. 4 WEG und ist häufig auch sinnvoll, insbesondere bei der gerichtlichen Geltendmachung von Ansprüchen, da die jedesmalige Beschlussfassung über die Eintreibung von Wohngeldern gerade bei großen Wohnanlagen mit einem kaum mehr vertretbaren Aufwand verbunden ist (vgl. § 26 Rn. 47). Mehrheitsbeschlüsse dürfen dabei allerdings Bestimmungen der Gemeinschaftsordnung oder gesetzliche Vorschriften nicht dauerhaft ändern. Zulässig ist es auch, dem Verwalter Vorgaben zur konkreten Art und Weise seiner Aufgabenerledigung zu machen. So ist etwa die Beschlussfassung darüber, das Gemeinschaftskonto bei einem bestimmten Kreditinstitut einzurichten oder Zahlungen eines Schuldners zu stunden, ohne weiteres möglich. Ob eine Regelung im Einzelfall zulässig ist, bemisst sich danach, ob sie bereits die Möglichkeit, eine Mindestaufgabe wahrzunehmen (das »Ob«), oder nur die Modalitäten hierbei (das »Wie«) beschränkt. 73

E. Fehlen oder Verhinderung eines Verwalters

I. Der Wegfall des Notverwalters nach § 26 Abs. 3 WEG a. F.

Mit der Streichung von § 26 Abs. 3 WEG a. F. entfällt die Möglichkeit der Bestellung eines Notverwalters durch das Gericht ersatzlos (BT-Drucks. 16/887, 16/887, 35 u. 72). Für das Innenverhältnis der Gemeinschaft hat das nur geringe Auswirkungen. Denn jeder einzelne Wohnungseigentümer kann noch die Bestellung eines Verwalters nach § 21 Abs. 4 WEG verlangen und auch gerichtlich durchsetzen, wenn nur dies ordnungsmäßiger Verwaltung entspricht (vgl. o. § 26 Rn. 17). In dringlichen Fällen kann sie zudem im Wege der einstweiligen Verfügung nach §§ 935 ff. ZPO durchgesetzt werden. Es steht also nicht zu befürchten, dass Gemeinschaften nach Tod oder Amtsniederlegung des Verwalters auf unabsehbare Zeit ohne einen Verwalter auskommen müssen. Im Ergebnis werden sich für Wohnungseigentümer und Verband durch den Wegfall des Notverwalters keine ernsthaften Rechtsschutzlücken ergeben (BT-Drucks. 16/887, 35). Hingegen besteht für Außenstehende kein entsprechender Ersatz für den Notverwalter. Zwar spielen Streitigkeiten mit allen Wohnungseigentümern nach der Teilrechtsfähigkeit des Verbandes für sie nur noch eine geringe Rolle, da gemeinschaftsbezogene Ansprüche und Pflichten nach § 10 Abs. 6 S. 3 WEG vom Verband wahrgenommen werden. Aber auch für den Umgang mit diesem Rechtsgebilde, das selbst nicht handeln kann, muss ihnen ein gangbarer Weg eröffnet werden. Denn es wäre nicht zu rechtfertigen, könnte der Verband alleine durch interne Vorgänge wie die Abberufung des Verwalters etwa den Zugang von Mahnungen oder die Zustellung von Klageschriften vereiteln. Umgekehrt darf der Verband, der von der Bestellung eines Verwalters absieht, nicht vom Rechtsverkehr ausgeschlossen werden. Macht er, was nach wie vor zulässig ist, von der Möglichkeit einer Selbstverwaltung ohne Verwalter Gebrauch, müssen andere Wege eröffnet werden, die zur Erhaltung des Gemeinschaftseigentums erforderlichen Geschäfte abzuschließen. Dem dienen die neuen Regelungen in § 27 Abs. 3 S. 2, 3 WEG. 74

II. Die Gesamtvertretung des Verbandes durch alle Wohnungseigentümer

1. Voraussetzungen der Vertretung

a) Fehlen oder Verhinderung des Verwalters

Das Handeln des Verbandes folgt nach § 27 Abs. 3 S. 2 WEG dem Modell der Gesamtvertretung durch alle Wohnungseigentümer. Es setzt nach § 27 Abs. 3 S. 2 WEG voraus, dass ein Verwalter fehlt oder »zur Vertretung nicht berechtigt« ist. Vom Fehlen eines Verwalters ist auszugehen, wenn ein solcher überhaupt nicht bestellt oder die Bestelldauer abgelaufen ist. Es genügt auch, wenn er auf Dauer an der Ausübung seiner Tätigkeit verhindert oder hierzu nicht bereit ist (*Hügel/Elzer* § 11 Rn. 100 ff.; vgl. § 29 Rn. 19). Eine kurzfristige Verhinderung genügt nicht. Wann er 75

§ 27 | Aufgaben und Befugnisse des Verwalters

nach § 27 Abs. 3 S. 2 WEG »zur Vertretung nicht berechtigt« ist, lässt sich Wortlaut und Materialien des Gesetzes nicht entnehmen, obwohl insoweit Klärungsbedarf besteht. In Rechtsprechung und Schrifttum ist nämlich umstritten, ob der Vertreter von der Vertretung des Verbandes schon bei der bloßen Möglichkeit eines Interessenkonfliktes oder nur bei seinem tatsächlichen Vorliegen ausgeschlossen ist. Die Regelung des Parallelfalls in § 45 Abs. 1 WEG für die Vertretung der Wohnungseigentümer spricht für letztere Auffassung (vgl. o. Rn. 43 ff.). In vorliegendem Zusammenhang ist die Klärung dieser Frage aber von geringerer Bedeutung, da die Gesamtvertretung des Verbandes durch alle Wohnungseigentümer einen praktikablen Ausweg eröffnet: Es genügt, für den Zugang einer Willenserklärung sowohl beim Verwalter als auch bei den Wohnungseigentümern zu sorgen, wobei letzteres nunmehr durch die Novelle erheblich erleichtert wird (vgl. Rn. 78).

b) Geschäfte des Verbandes

76 Des Weiteren muss es sich um ein Geschäft des Verbandes handeln. Auf Geschäfte der Wohnungseigentümer bezieht sich § 27 Abs. 3 S. 2, 3 WEG grundsätzlich nicht. Allerdings verliert diese Unterscheidung durch die Ausdehnung der Verbandszuständigkeit in § 10 Abs. 6 S. 3 WEG weitgehend ihre Bedeutung. Denn danach steht dem Verband die Erfüllung gemeinschaftsbezogener Pflichten und die Geltendmachung gemeinschaftsbezogener Ansprüche zu, so dass er in weitem Umfang auch für Geschäfte der Wohnungseigentümer zuständig ist. Fehlt ein Verwalter, tritt auf diesem Umweg dann auch für Geschäfte der Wohnungseigentümer die Gesamtvertretung ein.

2. Die Wohnungseigentümer als Erklärungsvertreter

77 § 27 Abs. 3 S. 2 WEG beendet die Unklarheit, wie Gemeinschaften ohne Verwalter am Rechtsverkehr teilnehmen können. Dies geschieht grundsätzlich im Wege der Gesamtvertretung. Das folgt aus § 27 Abs. 3 S. 2 WEG und im Umkehrschluss auch aus § 27 Abs. 3 S. 3 WEG, da die Vertretung des Verbandes durch einzelne danach einer eigenen Beschlussfassung bedarf. Einzelne Wohnungseigentümer können also ohne entsprechende Ermächtigung nicht mit Wirkung für und gegen den Verband handeln; hierzu bedarf es gemeinsamer Erklärungen. Anders als beim Empfang von Willenserklärungen (s. gleich u. Rn. 78) müssen die Wohnungseigentümer beim aktivem Auftreten im Rechtsverkehr zusammenwirken. Wenn auch nur einer von ihnen weder persönlich noch durch Vertreter am Geschäft beteiligt ist, wird der Verband nicht vertreten. In diesem Fall kommt nur eine Haftung der handelnden Wohnungseigentümer aus § 179 Abs. 1 BGB in Betracht. Diese scheidet aber aus, wenn der Geschäftspartner die Zusammensetzung der Gemeinschaft schon von anderen Geschäften her kennt, da die Unkenntnis der fehlenden Vollmacht dann zumindest fahrlässig ist. Den Geschäftspartner trifft ihn aber wohl keine Pflicht zur Nachforschung und zur Einsicht in das Grundbuch, wenn sich die handelnden Eigentümer als die gesamte Eigentümergemeinschaft ausgeben (MüKo / *Schramm* § 179 Rn. 40; *Erman/Palm* § 179 Rn. 15). Im Übrigen treffen den Geschäftspartner die allgemeinen Risiken eines Vertragsschlusses mit Vertretern. Ist etwa einer der Wohnungseigentümer geschäftsunfähig, kommt mangels wirksamer Gesamtvertretung kein Vertrag mit dem Verband zustande. Allerdings kann das Geschäft in allen Fällen unzureichender Vertretung (konkludent) genehmigt werden, wenn etwa alle Wohnungseigentümer als Vertreter des Verbandes eine Werkleistung unbeanstandet nutzen. Zu beachten ist, dass die Wohnungseigentümer, auch wenn sie selbst auftreten, ohne erkennbar hierauf gerichtete Willenskundgabe nur für den Verband handeln. Sie selbst haften für dessen Verbindlichkeiten nur nach der Quote des § 10 Abs. 8 S. 1 WEG.

3. Die Wohnungseigentümer als Empfangsvertreter

a) Die erleichterte Übermittlung von Willenserklärungen

78 Der Verband muss wie jedes rechtsfähige Gebilde nicht nur Erklärungen abgeben, sondern auch empfangen können. Auch insoweit sind die Wohnungseigentümer Gesamtvertreter. Dies erleichtert die Übermittlung von Willenserklärungen und Zustellungen an den Verband erheblich. Denn insoweit gilt der in vielen Einzelvorschriften zum Ausdruck kommende Rechtsgrundsatz, dass die Zustellung an einen Gesamtvertretungsberechtigten genügt: Wenn selbst die Zustellung staatlicher Hoheitsakte nach § 170 Abs. 3 ZPO nur an einen Gesamtvertretungsberechtigten erfol-

gen muss, kann für die Abgabe privater Willenserklärungen nichts anderes gelten. Daher entfaltet die nur einem Wohnungseigentümer gegenüber abgegebene Willenserklärungen Wirkung gegen den Verband (BGHZ 62, 173; *Merle* ZWE 2006, 370; *Reichert* ZWE 2006, 478; *Hügel/Elzer* § 11 Rn. 108). Ein entsprechendes Vorgehen empfiehlt sich auch bei Zweifeln, ob der Verwalter zur Vertretung des Verbandes berechtigt ist: Wird die Willenserklärung sowohl ihm als auch einem Wohnungseigentümer übermittelt, ist sie in jedem Fall zugegangen. Bei bestehender Vertretungsberechtigung wirkt die Erklärung an den Verwalter, bei fehlender diejenige an den Wohnungseigentümer.

b) Die Pflichten des einzelnen Erklärungsempfängers

Die Gesamtvertretung und ihre Folgen bei der Übermittlung von Willenserklärungen an einzelne Wohnungseigentümer kann nicht ohne Auswirkungen auf deren Pflichten bleiben. Denn der Wohnungseigentümer, dem eine Willenserklärung für den Verband zugeht, ist jedenfalls aufgrund seiner Treuepflicht den Miteigentümern und dem Verband gegenüber verpflichtet, diese hierüber zu informieren. Die Anforderungen an diese Information sind aber nicht so hoch wie bei einem professionellen Verwalter. Regelmäßig wird ein Aushang am schwarzen Brett der Liegenschaft oder die Nutzung eines sonstigen allgemein zugänglichen Mediums genügen. Dem Empfänger der Willenserklärung kann nicht angesonnen werden, alle Miteigentümer ausfindig zu machen und persönlich zu informieren. Denn diese sind, wenn sie bewußt auf die Bestellung eines Verwalters und dessen Möglichkeiten verzichten, ihrerseits aus der Treuepflicht gehalten, ein solches allgemeines Informationsmedium der Gemeinschaft zu nutzen. Sofern ein solches schwarzes Brett o. Ä. (etwa in Reihenhaussiedlungen) mangels gemeinschaftlicher Räume gar nicht existiert, wird man von dem Erklärungsempfänger den Einwurf einer entsprechenden Mitteilung in den Briefkasten verlangen dürfen. Mehr ist aber auch dann, wenn die Einheiten bekanntermaßen nicht vom Eigentümer bewohnt werden, nicht zu verlangen. Denn die Wohnungseigentümer sind im Gegensatz zum berufsmäßigen Verwalter nicht verpflichtet, Eigentümerlisten mit den aktuellen Anschriften zu führen und Mitteilungen an die jeweils aktuelle Adresse zu versenden. Dies umso weniger, als der vermietende Wohnungseigentümer selbst für die Weiterleitung entsprechender Mitteilungen sorgen kann, indem er den Mieter vertraglich hierzu verpflichtet (vgl. *BayObLG* WuM 1996, 447, ZWE 2000, 467). 79

c) Folgen eines Pflichtverstoßes

Die unzulängliche Information der anderen Wohnungseigentümer über zugegangene Willenserklärungen dürfte in der gerichtlichen Praxis komplizierte Probleme aufwerfen. Grundsätzlich löst diese Untätigkeit ebenso wie andere Verletzungen der Pflichten aus dem Gemeinschaftsverhältnis Schadensersatzansprüche aus § 280 Abs. 1 BGB aus. Der Schadensersatzanspruch zielt auf Naturalrestitution, was bedeutet, dass der bei der Weiterleitung der Information säumige Wohnungseigentümer den Verband so zu stellen hat, als wenn er die Wohnungseigentümer korrekt unterrichtet und somit eine rechtzeitige Beschlussfassung ermöglicht hätte. So kann etwa die Differenz zum nächstbesten Angebot auszugleichen sein, wenn aufgrund der unterlassenen Weiterleitung ein günstiges Vertragsangebot nicht angenommen wird. Ebenso kommt bei unterlassener Übermittlung einer Mahnung die Erstattung von Verzugszinsen in Betracht. Bereits hier kann die Bezifferung des Schadens erhebliche Schwierigkeiten bereiten, erfordert sie doch die Ermittlung eines hypothetischen Sachverhalts. Zudem sind zahlreiche Einwände im Prozess denkbar. Auf entsprechendes Bestreiten wird z. B. zu klären sein, ob die anderen Miteigentümer bei rechtzeitiger Information tätig geworden wären, ob der Verband überhaupt früher hätte zahlen können und wollen u. ä. Weitere Komplikationen ergeben sich dann, wenn der Empfänger der Willenserklärung nicht völlig untätig bleibt oder wenn mehreren Wohnungseigentümern dieselbe Erklärung zugeht und diese in unterschiedlicher Weise tätig werden. Hier wird häufig wohl nur eine Schätzung der Verursachungsanteile nach § 287 ZPO Abhilfe schaffen können. 80

III. Die Ermächtigung einzelner Wohnungseigentümer nach § 27 Abs. 3 S. 3 WEG

1. Die Bedeutung der Vorschrift

81 Das Zusammenwirken aller Wohnungseigentümer nach § 27 Abs. 3 S. 2 WEG kann die Verwaltung selbst in kleineren Gemeinschaften erheblich erschweren. Es widerspricht auch den Prinzipien des Wohnungseigentumsrechts, wonach jedenfalls Angelegenheiten minderer Bedeutung durch Mehrheitsbeschluss entschieden werden können. Ohne gesetzliche Sonderregelung wäre das Handeln von Gemeinschaften ohne Verwalter durch die Gesamtvertretung zumindest erheblich erschwert: Während die Willensbildung innerhalb der Gemeinschaft mehrheitlich erfolgen könnte, müssten im Außenverhältnis alle Wohnungseigentümer mitwirken (*Hügel/Elzer* § 11 Rn. 107). Diesem Widerspruch hilft § 27 Abs. 3 S. 3 WEG ab, wonach die Wohnungseigentümer auch über die Vertretungsmacht nach außen mit Mehrheit beschließen können. Dies verhindert, dass Gegner einer Maßnahme entweder zur Mitwirkung verurteilt werden müssen oder deren Durchführung verhindern können.

2. Reichweite und Grenzen der Vollmacht nach § 27 Abs. 3 S. 3 WEG

82 Die Möglichkeit der Bevollmächtigung nach § 27 Abs. 3 S. 3 WEG lässt der Gemeinschaft einen weiten Spielraum: Sie kann einen Miteigentümer nur für ein einzelnes Rechtsgeschäft, für eine Vielzahl von Geschäften, für einen bestimmten Bereich der Verwaltung, alleine, gemeinschaftlich mit anderen, befristet oder unbefristet ermächtigen. Sie kann auch vorsorglich einen Vertreter für Rechtshandlungen bestellen, die der amtierende Verwalter nicht vornehmen kann. Eine Grenze bildet nur § 27 Abs. 4 WEG, so dass die Wohnungseigentümer auch nach § 27 Abs. 3 S. 3 WEG weder die Aufgaben und Befugnisse eines amtierenden Verwalters einschränken noch einen Vertreter als Quasi-Verwalter mit eingeschränkten Kompetenzen bestellen können. Dem Vertreter nach § 27 Abs. 3 S. 3 WEG kommen auch nicht die gesetzlichen Befugnisse des Verwalters aus § 27 Abs. 1, 3 WEG zu (jenseits des Gesetzes daher *Hügel/Elzer* § 11 Rn. 109, wonach der Ermächtigte »partiell zum organschaftlichen Alleinvertreter des Verbandes« werden soll). Verhandelt der Geschäftspartner des Verbandes mit einem nach § 27 Abs. 3 S. 3 WEG ermächtigten Wohnungseigentümer, muss er sich also nach dessen Vollmacht erkundigen. Er kann anders als beim Verwalter nicht auf eine gesetzliche Vertretungsbefugnis vertrauen. Verleiht die Gemeinschaft dem »Vertreter« derartige Befugnisse in nennenswertem Umfang, ist zudem fraglich, ob nicht in Wirklichkeit von einer Verwalterbestellung auszugehen ist.

3. Das Verhältnis von § 27 Abs. 3 S. 2 WEG und § 27 Abs. 3 S. 3 WEG

83 Die verschiedenen Vertretungsformen des Verbandes werfen die Frage auf, welche Vollmacht im Kollisionsfall vorrangig ist. Beim Verwalter wird diese Frage durch § 27 Abs. 4 WEG entschieden: Der Verwalter ist unabdingbar zur Vertretung des Verbandes bevollmächtigt. Eine Willenserklärung, die ihm zugeht, ist daher stets auch dem Verband zugegangen. Anders steht es im Verhältnis der Wohnungseigentümer als Gesamtvertreter und einem ermächtigten Einzelvertreter, da eine ausdrückliche Regelung fehlt. Dies kann dann entscheidende Bedeutung gewinnen, wenn einem der gesamtvertretungsberechtigten Wohnungseigentümer eine Erklärung zugeht, obwohl ein Vertreter nach § 27 Abs. 3 S. 3 WEG bestellt ist. Sieht man die Ermächtigung nach § 27 Abs. 3 S. 3 WEG als vorrangig an, muss man zu der Folgerung gelangen, dass der Zugang beim Verband (noch) nicht erfolgt ist. Hiervon ist aber wohl nicht auszugehen. Das folgt zwar nicht schon aus § 27 Abs. 4 WEG (so *Merle* ZWE 2006, 370), da die dort geregelte Unabdingbarkeit nur Aufgaben und Befugnisse des Verwalters betrifft. Die Ermächtigung eines Miteigentümers beseitigt aber nicht die Gesamtvertretung des Verbandes durch die Wohnungseigentümer. Diese bleiben nach wie vor Vertreter des Verbandes, die zudem den Bevollmächtigten nach § 27 Abs. 3 S. 3 WEG jederzeit abberufen können. Dessen Ermächtigung dient alleine dazu, das Handeln des Verbandes im Rechtsverkehr und seinen Empfang von Willenserklärungen zu erleichtern. § 27 Abs. 3 S. 2 WEG ist gerade als der Mindeststandard für die Zuleitung von rechtserheblichen Erklärungen an den Verband anzusehen, dessen Verschlechterung durch interne Maßnahmen innerhalb des Verbandes ausgeschlossen sein soll (*Abramenko* § 5 Rn. 50; *Hügel/Elzer* § 11 Rn. 111).

4. Fehler der Beschlussfassung

a) Nichteigentümer als Ermächtigte nach § 27 Abs. 3 S. 3 WEG

Nach dem ausdrücklichen Wortlaut von § 27 Abs. 3 S. 3 WEG können die Wohnungseigentümer **84** nur Miteigentümer zum Vertreter des Verbandes bestimmen. Die Bevollmächtigung von Rechtsanwälten, kundigen Familienangehörigen der Eigentümer o. ä. scheidet somit anders als nach früherer Rechtslage aus. Dies wirft die Frage auf, ob eine Zuwiderhandlung gegen diese Vorschrift zur Nichtigkeit oder nur zur Anfechtbarkeit des Beschlusses führt. Der Wortlaut gibt hierauf keine eindeutige Antwort. Er ließe sich durchaus dahingehend interpretieren, dass die Wohnungseigentümer mit der Ermächtigung eines Nichteigentümers ihre Beschlusskompetenz überschreiten. Dies würde die Nichtigkeit des Beschlusses nach sich ziehen. Hiergegen spricht aber der Vergleich mit der Bestellung eines Nichteigentümers zum Mitglied des Verwaltungsbeirats: Auch diese Beschlussfassung ist lediglich anfechtbar, obwohl auch § 29 Abs. 1 S. 2 WEG nur die Bestellung von Wohnungseigentümern zuläßt (BayObLGZ 1972, 163 f.; *OLG Düsseldorf* WE 1995, 279; Staudinger / *Bub* § 29 Rn. 13). Die Ermächtigung eines Nichteigentümers zum Vertreter des Verbandes ist demgegenüber keine stärkere Abweichung von den Vorgaben des Gesetzgebers, zumal sie bisher unproblematisch möglich war. Zudem würde die Unwirksamkeit einer Vollmacht zu einer erheblichen Rechtsunsicherheit führen, da sie ohne zeitliche Einschränkung geltend gemacht werden könnte. Dies würde der Zielsetzung des § 27 Abs. 3 S. 2, 3 WEG zuwiderlaufen. Wie beim Verwaltungsbeirat ist die Ermächtigung eines Nichteigentümers aber anfechtbar, was der Geschäftspartner des Verbandes berücksichtigen sollte.

b) Sonstige formelle und materielle Fehler des Beschlusses

Des Weiteren kann eine Ermächtigung wie jeder andere Beschluss an formellen oder materiellen **85** Fehlern leiden. Dies darf im Falle der rückwirkenden Ungültigerklärung aber nicht zum Wegfall der Vertretungsmacht und zur Haftung des Ermächtigten aus § 179 Abs. 1 BGB führen. Insoweit dürfte eine Anlehnung an die Rechtsprechung zur Anfechtung von Beschlüssen, die der Verwalter bereits ausgeführt hat, geboten sein, wonach bis zur Ungültigerklärung getätigte Geschäfte des Verwalters nach dem Rechtsgedanken von § 32 FGG bleiben wirksam bleiben (vgl. o. § 26 Rn. 16). Hieran wird man auch nach der prozessualen Umgestaltung der Verfahren nach § 43 WEG festhalten können (vgl. zur Beibehaltung von Grundsätzen des Verfahrens der freiwilligen Gerichtsbarkeit o. § 26 Rn. 16). Ohne fristgerechte Anfechtung bleiben derartige formelle oder materielle Fehler, die nicht ausnahmsweise zur Nichtigkeit führen, nach allgemeinen Grundsätzen ohnehin unschädlich.

IV. Abdingbarkeit

Anders als die Vorschriften zum Verwalter ist § 27 Abs. 3 S. 2, 3 WEG nicht ausdrücklich als zwingend **86** bezeichnet. Gleichwohl wird man von der Unabdingbarkeit dieser Regelungen ausgehen müssen. Denn sie sollen ein Minimum an Rechtssicherheit im Umgang mit dem teilrechtsfähigen Verband gewährleisten. Könnte dieses Minimum durch Teilungserklärung oder Vereinbarung abbedungen werden, ließe sich die Rechtsstellung seiner Geschäftspartner durch interne Maßnahme beeinflussen, d. h. verschlechtern. Eine solche Verschlechterung der Rechtslage Dritter durch interne Maßnahmen ist nicht hinnehmbar, was alleine durch die Unabdingbarkeit von § 27 Abs. 3 S. 2, 3 WEG zu gewährleisten ist.

F. Die Vollmachtsurkunde (§ 27 Abs. 6 WEG)

I. Der Anspruch auf Ausstellung der Vollmachtsurkunde

Da der Verwalter für Verband und Wohnungseigentümer rechtsgeschäftlich handelt, seine Bestellung **87** aber im Gegensatz zum Gesellschaftsrecht in keinem Register verzeichnet ist, bedarf es einer anderen Form des Nachweises seiner Stellung. § 27 Abs. 6 WEG gewährt ihm daher einen Anspruch auf Ausstellung einer Vollmachtsurkunde gegen die Wohnungseigentümer. Diese Vorschrift schafft allerdings zahlreiche Probleme, die auch von der Novelle, die den Gesetzestext un-

§ 28 | Wirtschaftsplan, Rechnungslegung

verändert ließ, nicht angegangen oder gar gelöst wurden. Dem Wortlaut nach bezieht sich der Anspruch auf eine von den Wohnungseigentümern unterzeichnete Vollmachtsurkunde. Dies entspricht dem Modell der Gesamtvertretung des Verbandes nach § 27 Abs. 3 S. 2 WEG. Häufig werden einzelne Wohnungseigentümer, etwa solche, die gegen die Bestellung gestimmt haben oder sich in grundsätzlicher Gegnerschaft zur Mehrheit befinden, hierzu nicht bereit sein. Die Unterzeichnung der Urkunde gerichtlich durchsetzen und ggf. auch noch nach § 888 ZPO vollstrecken zu müssen, würde den Anspruch aus § 27 Abs. 6 WEG entwerten und die damit bezweckte Erleichterung für den Rechtsverkehr in Frage stellen. Deshalb wird die Eigentümerversammlung zweckmäßigerweise einen Beschluss fassen, eine Vollmacht zu erteilen und eine Person hierzu bevollmächtigen. Dies weitet die Regelung des § 27 Abs. 3 S. 3 WEG auf einem Spezialfall aus, in dem ein Verwalter bestellt ist. Eine Abschrift der Niederschrift mit diesem Beschluss i. V. m. der Urkunde wird den Anforderungen von § 27 Abs. 6 WEG genügen. Hingegen dürfte die Unterschrift der Eigentümermehrheit unter der Vollmachtsurkunde alleine nicht ausreichen, da hieraus die Bindungswirkung kraft Beschlusses nicht hervorgeht und gegen die Miteigentümer, die nicht unterzeichnet haben, folglich kein Rechtsschein begründet wird. Ebenso wenig kann die Niederschrift über den Bestellungsbeschluss die Urkunde nach § 27 Abs. 6 WEG ersetzen. Das geht schon daraus hervor, dass die Regelung zu einer selbständigen Vollmachtsurkunde dann überflüssig wäre. Vor allem kann die Niederschrift über die Bestellung nur die diesbezügliche Beschlussfassung nachweisen. Sie schützt aber nicht den guten Glauben in die Verwalterstellung bei Nichtigkeit oder Ungültigerklärung des Bestellungsbeschlusses wie die Vollmachtsurkunde (§§ 172, 173 BGB). Nach Beendigung der Verwalterstellung ist die Urkunde zurückzugeben, ein Zurückbehaltungsrecht besteht nicht.

II. Inhalt der Vollmachtsurkunde

88   Auch zum Inhalt der Vollmachtsurkunde lässt sich § 27 Abs. 6 WEG wenig entnehmen. Nach allgemeiner Auffassung kann sie sich darauf beschränken, den Inhalt der gesetzlichen Vertretungsmacht wiederzugeben. Sie kann aber auch in Gemeinschaftsordnung oder Verwaltervertrag enthaltene Erweiterungen ausweisen oder für bestimmte Geschäfte oder gemeinschaftsbezogene Angelegenheiten allgemein als Blankovollmacht ausgestaltet sein. Ebenso ist es möglich, zulässige Beschränkungen wie etwa Zustimmungserfordernisse für bestimmte, nicht zu den Mindestbefugnissen gehörende Geschäfte aufzunehmen, was jedoch im Rechtsverkehr zu Abgrenzungsschwierigkeiten führen kann.

§ 28 Wirtschaftsplan, Rechnungslegung

(1) Der Verwalter hat jeweils für ein Kalenderjahr einen Wirtschaftsplan aufzustellen. Der Wirtschaftsplan enthält:

1. die voraussichtlichen Einnahmen und Ausgaben bei der Verwaltung des gemeinschaftlichen Eigentums;
2. die anteilmäßige Verpflichtung der Wohnungseigentümer zur Lasten- und Kostentragung;
3. die Beitragsleistung der Wohnungseigentümer zu der in § 21 Abs. 5 Nr. 4 vorgesehenen Instandhaltungsrückstellung.

(2) Die Wohnungseigentümer sind verpflichtet, nach Abruf durch den Verwalter dem beschlossenen Wirtschaftsplan entsprechende Vorschüsse zu leisten.

(3) Der Verwalter hat nach Ablauf des Kalenderjahres eine Abrechnung aufzustellen.

(4) Die Wohnungseigentümer können durch Mehrheitsbeschluß jederzeit von dem Verwalter Rechnungslegung verlangen.

(5) Über den Wirtschaftsplan, die Abrechnung und die Rechnungslegung des Verwalters beschließen die Wohnungseigentümer durch Stimmenmehrheit.

Inhaltsverzeichnis

A. Bedeutung und Abdingbarkeit der Norm	1
I. Die Bedeutung von § 28 WEG für das Finanzwesen der Wohnungseigentümergemeinschaft	1
II. Der Einfluss der Novelle zum WEG auf die Handhabung von § 28 WEG	2
III. Abdingbarkeit	3
B. Wirtschaftsplan und Sonderumlage	4
I. Der Wirtschaftsplan	4
1. Die Aufstellung des Wirtschaftsplans als Verwalterpflicht	4
a) Der Verwalter als vorrangig Verpflichteter und sonstige Ersteller	4
b) Der Zeitpunkt der Aufstellung	6
c) Die gerichtliche Durchsetzung der Erstellung	7
aa) Die zwangsweise Durchsetzung des Anspruchs auf Erstellung des Wirtschaftsplans	7
bb) Die Festsetzung eines Wirtschaftsplans durch das Gericht	8
2. Die Gültigkeitsdauer	9
3. Die Struktur des Wirtschaftsplans	10
4. Der Inhalt des Gesamtwirtschaftsplans	11
a) Die Einnahmen	11
b) Instandhaltungsrücklage und Auflösung von Rücklagen	12
c) Die Ausgaben	14
d) Die Ordnungsmäßigkeit der Schätzung	15
5. Die Einzelwirtschaftspläne	16
a) Verteilung der Kosten nach dem geltenden Schlüssel	16
b) Möglichkeiten zur Veränderung der Kostenverteilung nach neuem Recht	17
c) Das Fehlen der Einzelwirtschaftspläne	18
6. Der Beschluss des Wirtschaftsplans und seine Folgen	19
a) Das Verfahren bis zur Beschlussfassung	19
b) Die Wirkung der Beschlussfassung und die Fälligkeit der Vorschüsse	20
c) Gläubiger und Schuldner der Vorschüsse	21
aa) Der Verband als Gläubiger, die Eigentümer als Schuldner	21
bb) Grundbuch und wahre Eigentümerstellung	22
cc) Die Haftung nach Veräußerung des Wohnungseigentums	23
dd) Andere zur Vorschussleistung Verpflichtete	25
ee) Modalitäten der Erfüllung	26
7. Die gerichtliche Korrektur des Wirtschaftsplans	27
a) Die möglichen Klageziele	27
b) Die Beseitigung einer zu hohen Belastung für einzelne Wohnungseigentümer	28
c) Die Anfechtung einzelner Positionen	29
d) Die Vermeidung von Liquiditätslücken	30
e) Die Ergänzung des Wirtschaftsplans	31
f) Folgen einer Ungültigerklärung des Wirtschaftsplans	32
II. Sonderumlagen	33
1. Die Abänderung des Wirtschaftsplans	33
2. Die Korrektur des Wirtschaftsplans wegen einzelner Ausgaben	34
3. Der Verteilungsschlüssel der Sonderumlage	35
4. Höhe und Fälligkeit	36
C. Die Durchsetzung der Vorschussleistungen	37
I. Außergerichtliche Geltendmachung und gerichtliches Verfahren	37
1. Die Geltendmachung durch Verwalter und ermächtigte Personen	37
2. Der Beklagte	38
3. Anspruchsgrundlage und erforderlicher Vortrag	39
4. Verteidigungsmöglichkeiten des Schuldners	40
a) Fehler des Beschlusses über Wirtschaftsplan oder Sonderumlage	40
b) Leistung und Leistungssurrogate	41
c) Verjährung	42
d) Unterlassene Nutzung des Wohn- oder Teileigentums	43
e) Der Anspruch auf Abänderung der Teilungserklärung	44
II. Sanktionen für säumige Zahler	45
1. Die Änderung der Rechtslage durch die Novelle zum WEG	45
2. Die Art und Weise von Zahlungen	46
3. Die Fälligkeit von Zahlungen an die Gemeinschaft	47
4. Folgen des Verzugs	48
5. Die Versorgungssperre	49

§ 28 | Wirtschaftsplan, Rechnungslegung

a) Voraussetzungen der Versorgungssperre gegen Miteigentümer	49
b) Die Versorgungssperre bei vermietetem Wohnungs- oder Teileigentum	50
III. Sicherungsmittel	51
IV. Der Vorrang von Beitragsforderungen in der Zwangsversteigerung	52
1. Die frühere Rechtslage	52
2. Der Lösungsansatz der Gesetzesänderung	53
3. Die Voraussetzung für die vorrangige Geltendmachung von Vorschüssen nach § 28 Abs. 2 WEG	54
a) Schuldner- und Einheitsbezogenheit	54
b) Die zeitliche Grenze	55
c) Höchst- und Mindestbetrag	56
d) Fälligkeit	58
e) Die besonderen Anforderungen an den Titel	59
D. Die Jahresabrechnung	**60**
I. Die Aufstellung der Jahresabrechnung als Pflicht des Verwalters	60
1. Der Verwalter als vorrangig Verpflichteter und sonstige Ersteller	60
2. Der Zeitpunkt der Aufstellung	61
3. Die Erstellung der Jahresabrechnung nach einem Verwalterwechsel	62
4. Die Abrechnungsperiode	63
5. Die gerichtliche Durchsetzung der Erstellung	64
a) Die zwangsweise Durchsetzung des Anspruchs auf Erstellung der Jahresabrechnung	64
b) Erstellung der Jahresabrechnung durch das Gericht?	65
II. Die Struktur der Jahresabrechnung	66
1. Gesetzliche Regelungen und richterrechtliche Grundsätze	66
2. Die Gesamtabrechnung als geordnete Aufstellung der tatsächlichen Einnahmen und Ausgaben	67
a) Die Berücksichtigung der tatsächlichen Zu- und Abflüsse	67
b) Konkordanz mit dem Mietrecht	68
c) Unberechtigte oder nur einzelne Miteigentümer treffende Ausgaben	69
aa) Ausgaben, die nicht der Verwaltung des gemeinschaftlichen Eigentums dienen	69
bb) Ausgaben vor Entstehung einer (werdenden) Eigentümergemeinschaft	70
d) Abweichende Regelungen und Zusatzinformationen zur Abrechnung	71
3. Ausnahmen vom Grundsatz der reinen Einnahmen- und Ausgabenrechnung	73
a) Die Heizkostenabrechnung	73
b) Die Instandhaltungsrücklage	74
c) Sonstige, die Klarheit der Abrechnung nicht gefährdende Ausweisung von Verbindlichkeiten und Forderungen	75
4. Die Verteilung der Kosten auf die einzelnen Wohnungseigentümer	76
5. Die Aufstellung der Einnahmen	77
a) Beitragsleistungen der Wohnungseigentümer	77
b) Sonstige Einnahmen	78
6. Die Übersicht über die gemeinschaftlichen Konten und die rechnerische Schlüssigkeit der Jahresabrechnung	79
7. Die Ausweisung der Instandhaltungsrücklage	81
III. Der Beschluss der Jahresabrechnung und seine Folgen	82
1. Das Verfahren bis zur Beschlussfassung	82
a) Die Vorprüfung durch den Verwaltungsbeirat	82
b) Änderungen durch die Mehrheit der Eigentümerversammlung	83
c) Das Stimmrecht	84
d) Die zu Unrecht verweigerte Beschlussfassung	85
2. Die Wirkung der Beschlussfassung	86
a) Das Verhältnis zwischen Jahresabrechnung und Wirtschaftsplan	86
aa) Die Wirkung der beschlossenen Jahresabrechnung auf die Vorschüsse aus dem Wirtschaftsplan	86
bb) Die Fälligkeit von Nachzahlungen und Vorschüssen	87
cc) Keine »Dauerwirkung«	88
dd) Keine Entscheidung über die Rechtmäßigkeit der ausgewiesenen Ausgaben	89
b) Gläubiger und Schuldner von Nachzahlungen	90
aa) Schuldner und Gläubiger von Nachzahlungen und Guthaben	90
bb) Einstellung alter Fehlbeträge in die neue Jahresabrechnung?	91
c) Die Durchsetzung von Nachzahlungen und Guthabenauszahlungen	92
aa) Nachzahlungen	92
bb) Die Erstattung von Guthaben	93

			3. Modifikationen der gesetzlichen Regelungen zur Genehmigung der Jahresabrechnung	94

3. Modifikationen der gesetzlichen Regelungen zur Genehmigung der Jahresabrechnung ... 94
   a) Abdingbarkeit und Minderheitenschutz ... 94
   b) Genehmigungsfiktionen ... 95
      aa) Abänderung von § 23 Abs. 3 WEG ... 95
      bb) Abänderung von § 28 Abs. 5 WEG ... 96
      cc) Vereinbarung nach Art einer Kontokorrentabrede ... 97
4. Fehler und gerichtliche Korrektur der Beschlussfassung über die Jahresabrechnung ... 98
   a) Die Differenzierung der Fehler und ihrer Folgen in der Rechtsprechung ... 98
      aa) Das Anliegen der Rechtsprechung ... 98
      bb) Kritik an der Rechtsprechung ... 99
      cc) Zur Ungültigerklärung insgesamt führende Fehler ... 100
      dd) Zur Teilungültigerklärung führende Fehler ... 101
      ee) Einen Ergänzungsanspruch begründende Fehler ... 103
      ff) Sonstige Fehler ... 104
   b) Das gerichtliche Vorgehen gegen die einzelnen Fehlertypen nach neuen Recht ... 105
      aa) Neue Risiken ... 105
      bb) Der Antrag auf Ungültigerklärung des gesamten Beschlusses über die Jahresabrechnung ... 106
      cc) Der Antrag auf Teilungültigerklärung des Beschlusses über die Jahresabrechnung ... 107
      dd) Der Ergänzungsanspruch ... 108

E. **Die Entlastung des Verwalters** ... 109
   I. Die Bedeutung der Entlastung ... 109
   II. Die Rechtsnatur der Entlastung ... 110
      1. Organschaftliche Vertrauenskundgabe und schuldrechtlicher Verzichtsvertrag ... 110
      2. Tatsächliche Vertrauenskundgabe mit Wirkung nach § 242 BGB ... 111
      3. Negatives Schuldanerkenntnis gemäß § 397 Abs. 2 BGB ... 112
   III. Die Wirkung der Entlastung ... 113
      1. Der Verzicht auf Schadensersatzansprüche und weitere Rechtswirkungen ... 113
      2. Die Reichweite der Entlastung ... 114
         a) Die Entlastung im Zusammenhang mit der Jahresabrechnung ... 114
         b) Die Entlastung für die Verwaltertätigkeit insgesamt ... 115
         c) Unbekannte Ansprüche ... 116
         d) Individualansprüche einzelner Wohnungseigentümer ... 117
      3. Der durch die Entlastung Begünstigte ... 118
   IV. Das Beschlussrecht ... 119
      1. Die Entlastung als Maßnahme ordnungsmäßiger Verwaltung ... 119
      2. Anspruch auf Entlastung? ... 120
      3. Das Stimmrecht eines Verwalters aus dem Kreise der Eigentümer ... 121
      4. Der Widerruf der Entlastung ... 122

F. **Die Rechnungslegung und andere Kontrollmöglichkeiten** ... 123
   I. Informationspflichten des Verwalters und Kontrollrechte der Eigentümer ... 123
   II. Der Anspruch auf Rechnungslegung ... 124
      1. Rechtsgrundlage ... 124
      2. Schuldner und Gläubiger des Anspruchs auf Rechnungslegung ... 125
         a) Schuldner des Anspruchs ... 125
         b) Gläubiger des Anspruchs ... 126
      3. Gegenstand der Rechnungslegung ... 127
      4. Voraussetzungen des Anspruchs auf Rechnungslegung ... 128
      5. Die Erfüllung des Anspruchs ... 129
      6. Die zwangsweise Durchsetzung des Anspruchs auf Rechnungslegung ... 130
         a) Durchsetzung bei der Weigerung des Verwalters ... 130
         b) Durchsetzung bei der Genehmigung der Rechnungslegung ... 131
   III. Der Auskunftsanspruch der Gemeinschaft ... 132
      1. Rechtsgrundlage ... 132
      2. Schuldner und Gläubiger des gemeinschaftsbezogenen Auskunftsanspruchs ... 133
         a) Schuldner des Anspruchs ... 133
         b) Gläubiger des Anspruchs ... 134
      3. Gegenstand des gemeinschaftsbezogenen Auskunftsanspruchs ... 135
      4. Voraussetzungen des Auskunftsanspruchs ... 136
      5. Die Erfüllung des Anspruchs ... 137
      6. Die zwangsweise Durchsetzung des Auskunftsanspruchs ... 138
   IV. Der Auskunftsanspruch einzelner Wohnungseigentümer ... 139
      1. Abgrenzung zu gemeinschaftsbezogenen Ansprüchen und Rechtsgrundlage ... 139

	a) Die Abgrenzung individueller und gemeinschaftsbezogener Auskunftsansprüche	139
	b) Die Rechtsgrundlage individueller Auskunftsansprüche	140
2.	Schuldner und Gläubiger des Auskunftsanspruchs	141
	a) Schuldner des Anspruchs	141
	b) Gläubiger des Anspruchs	142
3.	Gegenstand des Individualanspruchs auf Erteilung bestimmter Auskünfte	143
4.	Voraussetzungen des Individualanspruchs auf Auskunftserteilung	144
5.	Die Erfüllung des Anspruchs	145
6.	Die zwangsweise Durchsetzung des Individualanspruchs auf Auskunftserteilung	146
V. Der Anspruch auf Einsicht in die Verwaltungsunterlagen		147
1.	Rechtsgrundlage	147
2.	Schuldner und Gläubiger des Anspruchs auf Einsicht in die Verwaltungsunterlagen	148
	a) Schuldner des Anspruchs	148
	b) Gläubiger des Anspruchs	149
3.	Gegenstand des Einsichtsrechts	150
4.	Voraussetzungen des Einsichtsanspruchs	151
5.	Die Erfüllung des Anspruchs	152
	a) Ort und Zeit der Einsicht	152
	b) Die Modalitäten der Einsicht	153
	c) Herausgabe von Unterlagen und Anfertigung von Kopien	154
6.	Die zwangsweise Durchsetzung des Einsichtsrechts	155
	a) Gerichtliches Vorgehen und Bereitschaft zur Gewährung von Einsicht	155
	b) Die Vollstreckung des Anspruchs	156
G. Die Buchführung des Verwalters		157
I. Die Notwendigkeit einer Buchführung		157
II. Die Art und Weise der Buchführung		158
1. Form der Buchführung		158
2. Konten		159
3. Inhalt der Buchführung		160
III. Die Belege		161
1. Die Form der Dokumentation		161
2. Der Inhalt der Belege		162
IV. Aufbewahrungspflichten		163

A. Bedeutung und Abdingbarkeit der Norm

I. Die Bedeutung von § 28 WEG für das Finanzwesen der Wohnungseigentümergemeinschaft

1 Mit § 28 WEG hat der Gesetzgeber eine eigene Regelung für das Finanzwesen der Wohnungseigentümergemeinschaft zur Verfügung gestellt. Diese Regelungen sind erst ab Bestehen zumindest einer »werdenden Wohnungseigentümergemeinschaft« anwendbar (*OLG Köln* NJW-RR – 2006, 445; *Staudinger/Bub* § 28 Rn. 204 ff.; vgl. u. Rn. 25); Beschlüsse über Wirtschaftspläne oder Jahresabrechnungen vor Bestehen einer solchen entfalten nicht die in § 28 WEG normierten Folgen (*KG* NJW-RR 1986, 1274; 1989, 18). Das Finanzierungssystem des § 28 WEG soll der Wohnungseigentümergemeinschaft unabhängig vom aktuellen Finanzbedarf ein auf ihren absehbaren Bedarf zugeschnittenes Wirtschaften ermöglichen (*BayObLG* NJW-RR 2006, 23). Anders als die BGB-Gemeinschaft, soll die Wohnungseigentümergemeinschaft nicht nach § 748 BGB darauf angewiesen sein, den u. U. hohen Finanzbedarf für Instandhaltung und Instandsetzung jeweils bei Durchführung der Maßnahme aufzubringen. Vielmehr soll durch die Aufstellung eines Wirtschaftsplanes und die Anlage einer Instandhaltungsrücklage (§ 28 Abs. 1, 2 WEG) eine auf den voraussichtlichen Bedarf ausgerichtete **Vorausfinanzierung** erreicht werden. Die dort beschlossenen Ansätze begründen die Zahlungspflichten der einzelnen Wohnungseigentümer (§ 28 Abs. 2 WEG) unabhängig von den Zahlungsverpflichtungen im Außenverhältnis (s. u. Rn. 41 zu mangelhaften Leistungen Dritter an die Gemeinschaft). Erst wenn die dortigen Ansätze nicht genügen, ist der Finanzbedarf durch Nachträge zum Wirtschaftsplan, die im Gesetz nicht geregelten Sonderumlagen, zu decken. Wirtschaftsplan und Sonderumlagen stellen nur vorläufige Ansätze dar. Der tatsächliche Bedarf und insbesondere die vom einzelnen Eigentümer genau zu erbringenden Zahlungen werden in der Jahresabrechnung (§ 28 Abs. 3, 5 WEG) abgerechnet. Daneben enthält § 28 Abs. 4 WEG noch eine Möglichkeit der Kontrolle durch die Rechnungslegung. Diese Vorschrift stellt allerdings keine abschließende Regelung dar. Sowohl der Gemeinschaft als auch den einzelnen Wohnungseigentümern stehen noch weitere Kontrollmöglichkeiten wie Ansprüche auf Auskunft und Einsicht in die Abrechnungsunterlagen zur Verfügung.

II. Der Einfluss der Novelle zum WEG auf die Handhabung von § 28 WEG

Der Wortlaut der Norm wurde durch die Novelle zum WEG nicht verändert. Gleichwohl hat diese erheblichen Einfluss auf deren Handhabung. So ist nach Anerkennung seiner Teilrechtsfähigkeit endgültig der Verband an die Stelle der Wohnungseigentümer als Gläubiger von Vorschüssen, Nachzahlungen und Sonderumlagen getreten. Das Haftungssystem wird durch § 10 Abs. 8 WEG erheblich modifiziert. Nicht zuletzt kann auch auf die verfahrensrechtliche Judikatur, etwa zur Sicherung der Liquidität durch gerichtliche Ersetzung von Wirtschaftsplänen nur noch beschränkt zurückgegriffen werden. Denn das Mittel der einstweiligen Anordnung nach § 44 Abs. 3 WEG a. F. ist entfallen. Diesbezüglicher Rechtsschutz ist nunmehr nur noch durch ein eigenständiges Verfahren nach §§ 935 ff. ZPO möglich. Dafür sind Titel in Beitreibungsverfahren nun regelmäßig vorläufig vollstreckbar. Auch die früher sehr weit gehende Auslegung von Anträgen durch das Gericht der freiwilligen Gerichtsbarkeit, etwa die Ergänzung einer vergessenen Anfechtung im Wege der Auslegung ist nunmehr im Zivilprozess restriktiver zu handhaben. Hierauf wird im Folgenden im Einzelnen eingegangen.

2

III. Abdingbarkeit

§ 28 WEG ist – auch wenn dies regelmäßig nicht sinnvoll sein dürfte – im Rahmen der allgemeinen Beschränkungen wie §§ 134, 138 BGB in vollem Umfang abdingbar (*BayObLG* NJW-RR 2006, 22). Es ist sogar ein völliger Verzicht auf Wirtschaftspläne und Jahresabrechnungen möglich. Die Kosten sind dann nach § 748 BGB umzulegen (*Jennißen* VI Rn. 12; *Staudinger/Bub* § 28 Rn. 27). Hat ein Wohnungseigentümer etwa in Kleinanlagen die Betriebskosten verauslagt, kann er unmittelbar von den Miteigentümern Aufwendungsersatz nach §§ 683, 670 BGB verlangen (*OLG Karlsruhe* ZMR 2007, 138, wo allerdings im Einzelfall eine unbenannte familienrechtliche Zuwendung angenommen wurde; vgl. § 26 Rn. 70). Auch die Genehmigung von Wirtschaftsplänen und Jahresabrechnungen kann durch die Fiktion ersetzt werden, dass die Jahresabrechnung als genehmigt gilt, wenn ihr nicht binnen einer bestimmten Frist widersprochen wird (hierzu s. u. Rn. 94 ff.). Naturgemäß kann neben der vollständigen Abbedingung auch eine abweichende Regelung einzelner Fragen erfolgen, etwa zur Dauer einer Abrechnungsperiode. Durch Vereinbarung kann auch eine von den allgemeinen Vorgaben abweichende Struktur der Jahresabrechnung, etwa die Erstellung in Form einer Bilanz, angeordnet werden (*BayObLG* NJW-RR 1993, 1168; 2000, 1467 f.; Staudinger/*Bub* § 28 Rn. 56). Mit Mehrheitsbeschluss konnten derartige Modifikationen allerdings bislang allenfalls im Einzelfall erfolgen, etwa durch Genehmigung eines Wirtschaftsplanes für zwei Jahre. Derartige etwa auf einen konkreten Wirtschaftsplan beschränkte Beschlüsse waren lediglich anfechtbar. Hingegen konnten generelle, für die Zukunft geltende Abweichungen vom Gesetz nur durch Teilungserklärung oder Vereinbarung erfolgen. Mit Mehrheitsbeschluss konnten die gesetzlichen Bestimmungen durchweg nicht außer Kraft gesetzt werden, da der Eigentümerversammlung insoweit keine Beschlusskompetenz zukommt. Auch durch langjährige abweichende Übung wird § 28 WEG nicht abbedungen (*BayObLG* NJW-RR 2006, 22 f.). Diese Trennung zwischen einfacher Anfechtbarkeit auf einen Einzelfall gerichteter Beschlüsse und der Nichtigkeitsfolge bei abstrakt-generellen Abweichungen vom Gesetz gilt grundsätzlich fort. Die Novelle zum WEG hat aber mit § 21 Abs. 7 WEG eine neue Beschlusskompetenz geschaffen, soweit die Art und Weise von Zahlungen, ihre Fälligkeit und die Folgen des Verzugs betroffen sind. Insoweit können die Wohnungseigentümer künftig sowohl auf den Einzelfall bezogene wie auch abstrakt generelle Regelungen mit Mehrheit beschließen (im Einzelnen s. *Abramenko* § 2 Rn. 7 ff.).

3

§ 28 | Wirtschaftsplan, Rechnungslegung

B. Wirtschaftsplan und Sonderumlage

I. Der Wirtschaftsplan

1. Die Aufstellung des Wirtschaftsplans als Verwalterpflicht

a) Der Verwalter als vorrangig Verpflichteter und sonstige Ersteller

4 Der Verwalter ist nach § 28 Abs. 1 S. 1 WEG zur Erstellung des Wirtschaftsplans bzw. – genauer – einer Beschlussvorlage hierfür verpflichtet. Der eindeutigen Formulierung des Gesetzes ist zu entnehmen, dass es – anders als etwa bei der Rechnungslegung – keines Beschlusses der Eigentümerversammlung bedarf, um die Verpflichtung zu begründen. Der Verwalter ist hierzu kraft Gesetzes verpflichtet und muss von sich aus tätig werden. Bereits durch die Mahnung eines einzelnen Wohnungseigentümers kommt er mit dieser Pflicht in Verzug (*BayObLG* NJW-RR 1990, 660; *Staudinger/Bub* § 28 Rn. 83). Da der Wirtschaftsplan für die Liquidität der Gemeinschaft von existentieller Bedeutung ist, kommt seiner Erstellung zentrale Bedeutung zu. Verweigert der Verwalter die (ordnungsgemäße) Erfüllung dieser Pflicht oder ist er hierzu nicht in der Lage, wird daher i. d. R. ein Grund zur Abberufung aus wichtigem Grund vorliegen (vgl. § 26 Rn. 22).

5 Die Erstellung des Wirtschaftsplans gehört indessen nicht zu den unentziehbaren Mindestaufgaben des Verwalters nach § 27 Abs. 4 WEG. Sie fällt auch nicht als Teil der Finanzverwaltung nach § 27 Abs. 1 Nr. 4 WEG zu den Aufgaben und Befugnissen, die dem Verwalter vorbehalten sind. Denn dann wäre der Gemeinschaft ohne Mitwirkung des Verwalters die Sicherung ihrer Liquidität nicht möglich. Es ist daher möglich, einen Dritten, etwa einen Miteigentümer im Einzelfall mit der Erstellung einer Beschlussvorlage zu betrauen (*OLG Düsseldorf* ZWE 2007, 309 f.). Ein solcher Beschluss muss ordnungsmäßiger Verwaltung entsprechen, was etwa bei Verhinderung des Verwalters und laufendem Finanzbedarf der Fall sein kann. Auch ansonsten ist er allenfalls anfechtbar. Durch Vereinbarung – nicht aber durch Beschluss – kann die Erstellung des Wirtschaftsplans auch auf Dauer dem Verwalter entzogen und etwa auf den Verwaltungsbeirat, einen Finanzausschuss o. ä. übertragen werden. Eine entsprechende Beschlussfassung ist aber wegen fehlender Beschlusskompetenz nichtig.

b) Der Zeitpunkt der Aufstellung

6 Da § 28 Abs. 1 S. 1 WEG das Kalenderjahr als Abrechnungsperiode festschreibt, ist der Wirtschaftsplan grundsätzlich in den ersten Monaten des Jahres zu erstellen und zu beschließen. Eine Erstellung bereits zu Beginn des Kalenderjahres oder gar zu Ende des vorangehenden (so *Riecke* WuM 1989, 319 ff.) stößt allerdings jedenfalls in größeren Gemeinschaften auf praktische Schwierigkeiten. Denn die Schätzung des Finanzbedarfs setzt die Jahresabrechnung des Vorjahres voraus, die i. d. R. nicht schon im Januar vorliegt. Eine eigene Versammlung zur Beschlussfassung über den Wirtschaftsplan wäre aber unwirtschaftlich und i. d. R. nicht mit Grundsätzen ordnungsgemäßer Verwaltung zu vereinbaren. Deswegen behilft sich die Praxis mit der Fortgeltung des alten Wirtschaftsplans bis zur Beschlussfassung über einen neuen und genehmigt diesen in der jährlichen Eigentümerversammlung (hierzu s. u. Rn. 9). Er ist aber in jedem Falle in den ersten Monaten des Jahres mit der Jahresabrechnung vorzulegen. Geschieht dies nicht, kommt der Verwalter bereits durch die Mahnung eines einzelnen Wohnungseigentümers in Verzug (*BayObLG* NJW-RR 1990, 660; *Bärmann/Pick/Merle* § 28 Rn. 83; *Staudinger/Bub* § 28 Rn. 83; zum Anspruch jedes Wohnungseigentümers vgl. *Jennißen* VI Rn. 14). Nach Ablauf der Abrechnungsperiode kann ein Wirtschaftsplan nicht mehr beschlossen werden, da dann bereits die Jahresabrechnung zu erstellen ist. Das Rechtsschutzinteresse für eine gerichtliche Ersetzung fällt in diesem Fall fort *(KG* NJW-RR 1986, 645; 1991, 464). Der Wirtschaftsplan hätte dann auch nur noch die Bedeutung einer Sonderumlage, die bei dringendem Finanzbedarf ohnehin beschlossen werden kann. Ein entsprechender Beschluss ist nichtig (*OLG Schleswig* ZWE 2002, 142)

c) Die gerichtliche Durchsetzung der Erstellung

aa) Die zwangsweise Durchsetzung des Anspruchs auf Erstellung des Wirtschaftsplans

7 Die Erstellung des Wirtschaftsplans bedarf anders als die Rechnungslegung keiner Fähigkeiten oder Kenntnisse, über die nur der Verwalter verfügt. Sie ist grundsätzlich auch Außenstehenden

möglich und daher eine vertretbare Handlung. Kommt der Verwalter seiner Verpflichtung hierzu nicht nach, kann somit ein Titel auf Erstellung eines Wirtschaftsplans erstritten und nach § 887 ZPO vollstreckt werden. Hierbei handelt es sich grundsätzlich um einen Individualanspruch aus § 21 Abs. 4 WEG, den jeder Wohnungseigentümer ohne Ermächtigung durch die anderen durchsetzen kann (*KG* NJW-RR 1986, 645; *OLG Hamm* NJW-RR 1989, 1162; *BayObLG* NJW-RR 1990, 660). Dass nach neuem Recht auch der Verband diesen Individualanspruch gemäß § 10 Abs. 6 S. 3 WEG jedenfalls kraft Übertretung durch Mehrheitsbeschluss geltend machen kann, dürfte hier, da er sich gegen den Verwalter richtet, selten von praktischer Relevanz sein. Am ehesten kommt dieser Möglichkeit noch Bedeutung zu, wenn die Mehrheit die Aufstellung eines Wirtschaftsplans verhindern will und die »Durchsetzung« des Individualanspruchs deshalb dem Verband überträgt. Der Gesetzgeber räumt dem Verband aber auch bei entsprechender Ermächtigung nach § 10 Abs. 6 S. 3 WEG keine Alleinzuständigkeit ein (vgl. *Abramenko* § 6 Rn. 16; *Niedenführ/Kümmel/Vandenhouten* § 10 Rn. 63). Die Berechtigung der »Konkurrenz der Verfolgung von Individual- und gemeinschaftlichen Ansprüchen« (BT-Drucks. 16/887, 62) wird in diesem Zusammenhang ersichtlich: Der einzelne Wohnungseigentümer kann dann auch bei zögerlichem Vorgehen des Verbandes seinen Individualanspruch auf Erstellung des Wirtschaftsplans geltend machen. Daneben kommt ein Anspruch auf Mitwirkung gegen die anderen Eigentümer in Betracht (*Niedenführ/Kümmel/Vandenhouten* § 28 Rn. 9; *Staudinger/Bub* § 28 Rn. 508), der allerdings nur bei Vorlage eines bestimmten Beschlussentwurfs sinnvoll ist. Anderenfalls empfiehlt sich die Ersetzung des Wirtschaftsplans durch das Gericht.

bb) Die Festsetzung eines Wirtschaftsplans durch das Gericht

Die Titulierung und Vollstreckung eines Anspruchs auf Erstellung des Wirtschaftsplans wird allerdings schon aufgrund der Verfahrensdauer nur selten sinnvoll sein, ebenso wenig die Durchsetzung eventueller Mitwirkungsansprüche gegen die Miteigentümer (vgl. *KG* NJW-RR 1991, 464). Der laufende Finanzbedarf der Gemeinschaft ist auf diesem Wege nur in Ausnahmefällen zu decken. Hilfreicher erscheint die zum alten Recht entwickelte Möglichkeit, die Festsetzung eines Wirtschaftsplans durch das Gericht zu beantragen, die im übrigen auch dann besteht, wenn zwar eine Beschlussvorlage des Verwalters existiert, die Wohnungseigentümer aber eine diesbezügliche Beschlussfassung ablehnen (*KG* NJW-RR 1991, 463 f.). Auch hierbei handelt es sich um einen Individualanspruch aus § 21 Abs. 4 WEG (*KG* NJW-RR 1991, 464). Nach der Novelle zum WEG sind hier allerdings erhebliche Modifikationen zu beachten. Zum einen kann sich der Kläger bei der regelmäßig gegebenen Eilbedürftigkeit zur Wiederherstellung der Liquidität nicht mehr auf ein Hauptsacheverfahren beschränken und hoffen, dass das Gericht nach § 44 Abs. 3 WEG a. F. im Wege der einstweiligen Anordnung einen Wirtschaftsplan festsetzt. Hierzu bedarf es nunmehr eines eigenen Antrags auf Erlass einer einstweiligen Verfügung nach §§ 935 ff. ZPO. Zum anderen muss der Antragsteller nunmehr den Rahmen des begehrten Wirtschaftsplans klar abstecken. Denn das Gericht muss die Finanzsituation nicht mehr von Amts wegen prüfen, so dass es zur Festsetzung eines Wirtschaftsplans hinreichender Angaben bedarf. Hingegen muss das Gericht einen konkreten Antrag auf Festsetzung eines Wirtschaftsplans nicht zurückweisen, wenn es die dort gewählten Ansätze für unrichtig hält. Insoweit kann es nach § 21 Abs. 8 WEG einen Wirtschaftsplan nach eigenem Ermessen festsetzen (vgl. *KG* NJW-RR 1986, 645). Auch ein gerichtlicher Wirtschaftsplan kann noch im letzten Monat des Wirtschaftsjahres, aber nicht mehr nach seinem Ablauf festgesetzt werden (*KG* NJW-RR 1991, 464; a. A. *Jennißen* VI Rn. 33). Das Gericht muss seinerseits keine nach Kostenpositionen differenzierende Beschlussvorlage wie der Verwalter erarbeiten. Eine grobe Schätzung der anfallenden Einnahmen und Ausgaben auf Grundlage des Parteivorbringens und die Festsetzung der danach auf die einzelnen Wohnungseigentümer entfallenden Vorschüsse genügt (*KG* NJW-RR 1991, 465).

2. Die Gültigkeitsdauer

§ 28 Abs. 1 S. 1 WEG sieht vor, dass der Wirtschaftsplan für ein Kalenderjahr aufgestellt wird. Diese Bestimmung ist zwar, wie § 28 WEG insgesamt, dispositiv, kann aber nicht abstrakt-generell durch Mehrheitsbeschluss abgeändert werden (*KG* NJW-RR 2002, 880 mit Ausnahmen für die Zeit unmittelbar nach dem Ende des Zitterbeschlusses; *Jennißen* VI Rn. 15). Ein zeitlich verschobener

§ 28 | Wirtschaftsplan, Rechnungslegung

(etwa vom 1.4. bis zum 31.3. laufender) oder ein verlängerter bzw. verkürzter Abrechnungszeitraum kann nur durch Vereinbarung herbeigeführt werden. Hieran ändert § 21 Abs. 7 WEG nichts, da weder die Art und Weise von Zahlungen, noch ihre Fälligkeit oder die Folgen des Verzugs betroffen sind. Auch für die Zeit unmittelbar nach Begründung von Wohnungseigentum bleibt das Kalenderjahr maßgeblich (Staudinger/*Bub* § 28 Rn. 79). Der Verwalter hat dann einen Wirtschaftsplan für das Rumpfjahr aufzustellen. Soweit sich mit dem Auslaufen des Wirtschaftsplans und dem daraus resultierenden Ende der Verpflichtung zur Zahlung von Vorschüssen Schwierigkeiten ergeben, hat sich die Praxis damit beholfen, die Fortdauer des jeweiligen Wirtschaftsplans bis zum Beschluss eines neuen zuzulassen (*OLG Hamm* NJW-RR 1989, 1161 f.; *KG* NJW-RR 1990, 1299; 2002, 1379; Riecke/Schmidt/*Elzer* Rn. 1234). Ein entsprechender Beschluss ist noch nicht einmal anfechtbar, da er die ansonsten kaum vermeidbare Liquiditätslücke bis zur jährlichen Eigentümerversammlung überwindet und somit ordnungsmäßiger Verwaltung entspricht (*BayObLG* NJW-RR 2002, 1666). Hingegen war der allgemeine Beschluss, jeder Wirtschaftsplan solle bis zur Genehmigung eines neuen fortgelten, bislang mangels Beschlusskompetenz nichtig (*OLG Düsseldorf* NJW-RR 2003, 1596). Es wurde lediglich der Beschluss mehrerer aufeinander folgender Wirtschaftspläne für jeweils ein Jahr für zulässig befunden (Staudinger/*Bub* § 28 Rn. 53). Dies mag hinsichtlich der Beschlusskompetenz zutreffen, wird aber regelmäßig ordnungsmäßiger Verwaltung widersprechen. Denn eine Planung über die in § 28 Abs. 1 S. 1 WEG vorgegebene Abrechnungsperiode hinaus wird für eine zuverlässige Finanzplanung gerade angesichts der Kostenschwankungen etwa für Heizkosten oder öffentliche Abgaben kaum je sinnvoll sein. Bei weiter Auslegung lassen sich die entsprechenden Schwierigkeiten über die neue Beschlusskompetenz in § 21 Abs. 7 WEG ausräumen. Denn dann unterfällt auch die Dauer der Wirtschaftspläne der dort geregelten Art und Weise der Zahlungen, die durch Mehrheitsbeschluss geregelt werden kann.

3. Die Struktur des Wirtschaftsplans

10 Der Wirtschaftsplan ist gewissermaßen der Haushaltsplan der Gemeinschaft (*Jennißen* I Rn. 4). Er soll den Wohnungseigentümern einen Überblick über die insgesamt in ihrer Liegenschaft anfallenden Einnahmen und Ausgaben und daraus abgeleitet über ihre jeweilige Kostentragungspflicht geben. Folglich hat er neben den geschätzten Gesamteinnahmen und -ausgaben im Gesamtwirtschaftsplan die auf die einzelnen Eigentümer entfallenden Kosten in den Einzelwirtschaftsplänen auszuweisen (*KG* NJW-RR 1990, 1299). Bei voraussichtlich geringen Änderungen kann aber die Weitergeltung des bisherigen Wirtschaftsplans beschlossen werden, ebenso die Erhebung von Vorschüssen in derselben Höhe wie bisher (*Niedenführ/Kümmel/Vandenhouten* § 28 Rn. 25). Dies hat, wie schon der Begriff des »Aufstellens« in § 28 WEG zeigt, schriftlich zu erfolgen. Eine Einschränkung gilt nur dann, wenn die Fortgeltung eines früheren Wirtschaftsplans beschlossen wird. Hier genügt es, dass dieser in Schriftform vorliegt. Seinem skizzierten Zweck als reine Einnahmen- und Ausgabenschätzung nach ist er nicht in Form einer handelsrechtlichen Bilanz, sondern als reine Ausgaben- und Einnahmenrechnung aufzubauen. Vorgaben zu seiner Gestaltung im Einzelnen macht das Gesetz nicht. Der Wirtschaftsplan muss jedoch sowohl seiner äußeren Gestaltung wie auch seinem Inhalt nach für den durchschnittlichen Wohnungseigentümer ohne juristische oder buchhalterische Kenntnisse nachvollziehbar sein. Insbesondere dürfen die Kosten nicht zu unüberschaubaren Globalpositionen (»weitere Kosten« o. ä.) zusammengefasst werden. Die gewählte Bezeichnung muss die dort zusammengefassten Kosten aussagekräftig beschreiben. Zudem müssen die Positionen in Gesamt- und Einzelwirtschaftsplan korrespondieren. Darüber hinaus soll die jeweils gewählte Form in der Jahresabrechnung beibehalten werden, damit die angesetzten Positionen ohne Schwierigkeiten mit den tatsächlichen Einnahmen und Ausgaben verglichen werden können.

4. Der Inhalt des Gesamtwirtschaftsplans

a) Die Einnahmen

11 Der Gesamtwirtschaftsplan soll die voraussichtlichen Einnahmen und Ausgaben des Jahres ausweisen. Dabei sind nur die tatsächlich zu erwartenden Einnahmen aufzuführen, keine bloßen For-

derungen o. ä. (*BayObLG* NJW-RR 2000, 18). Maßgeblich ist alleine der voraussichtliche Zufluss, nicht aber der möglicherweise bereits geraume Zeit zurückliegende Grund der Zahlung. So sind etwa absehbare Versicherungsleistungen in dem Jahr einzustellen, in dem sie erfolgen, unabhängig vom u. U. bereits lange zurückliegenden Schadenseintritt. Auf der Einnahmenseite sind insbesondere die Vorschüsse der Wohnungseigentümer für das laufende Kalenderjahr und die Nachzahlungen für das vergangene einzustellen. Bei dieser – wichtigsten – Einnahmeposition bereitet es immer wieder Schwierigkeiten, wenn die mangelnde Liquidität einzelner Miteigentümer bekannt ist. Diese darf nicht dazu führen, dass entsprechende Zahlungen von vorneherein im Wirtschaftsplan nicht berücksichtigt werden. Denn dies hätte zur Folge, dass Zahlungspflichten der betroffenen Wohnungseigentümer gar nicht entstehen, da diese erst durch den Beschluss von Gesamt- und Einzelwirtschaftsplänen begründet werden (*KG* NJW-RR 2003, 445). Vielmehr sind diese voraussichtlichen Ausfälle durch höhere Ansätze zur Liquiditätserhaltung auf der Ausgabenseite zu berücksichtigen (*Jennißen* VI Rn. 4). Daneben sind weitere Einnahmen etwa aus der Vermietung gemeinschaftlicher Räumlichkeiten, Parkplätze oder Einrichtungen sowie Zinsen auf gemeinschaftliche Gelder anzusetzen. Die hierauf abzuführende Zinsabschlagssteuer etc. ist aufgrund des Saldierungsverbots nicht von den Zinsen abzuziehen, sondern als Ausgabe zu verbuchen (*Staudinger/Bub* § 28 Rn. 96; a. A. *Niedenführ/Kümmel/Vandenhouten* § 28 Rn. 58). Auch Gelder aus Darlehen sind als Einnahme auszuweisen. Bei ihrer Einstellung in den Wirtschaftsplan ist aber zu berücksichtigen, dass die Kreditaufnahme die Summe der Vorschüsse für 3 Monate i. d. R. nicht überschreiten darf (*OLG Hamm* NJW-RR 1992, 403 – LS –; *BayObLG* NJW-RR 2004, 1603; 2006, 23; weiter gehend für konkrete Notsituationen *KG* NJW-RR 1994, 1107).

b) Instandhaltungsrücklage und Auflösung von Rücklagen

Der Wirtschaftsplan muss auch die Zahlungen in die Instandhaltungsrücklage enthalten. Soweit die Teilungserklärung für Mehrhausanlagen die getrennte Abrechnung bestimmter Kosten nach Gebäuden vorsieht, sind neben der Instandhaltungsrücklage für das gesamte Gemeinschaftseigentum auch Einzelrücklagen für die verschiedenen Häuser zu bilden (*BayObLG* NJW-RR 1988, 274). Korrekterweise sind die Beiträge zur Instandhaltungsrücklage nur zu den Einnahmen zu zählen. Sie führen aber in Rechtsprechung und Schrifttum ein Eigenleben. Bis heute wird empfohlen, ihn sowohl zu den Einnahmen als auch als Ausgabe auszuweisen (*Bärmann/Pick/Merle* § 28 Rn. 28; *Staudinger/Bub* § 28 Rn. 117). Dies erscheint inkonsequent, da mit der Zuführung zur Instandhaltungsrücklage kein tatsächlicher Abfluss aus dem Gemeinschaftsvermögen stattfindet (zutreffend, aber inkonsequent *Staudinger/Bub* § 28 Rn. 117). Will man eine scheinbare Überzahlung vermeiden, genügt es, den Beitrag zur Instandhaltungsrücklage getrennt im Zusammenhang mit der Instandhaltungsrücklage auszuweisen (vgl. *Niedenführ/Kümmel/Vandenhouten* § 28 Rn. 23). Dadurch wird vermieden, dass die Einnahmen die voraussichtlichen Ausgaben buchhalterisch übersteigen. Fehlt die Rückstellung völlig, besteht insoweit ein Ergänzungsanspruch.

Ähnliches gilt für die Auflösung von Rücklagen. Entgegen bisweilen geäußerter Ansicht sind sie, da kein tatsächlicher Zufluss, nicht als Einnahmen einzustellen. Die Herkunft dieser Gelder ergibt sich zum einen aus der Bezeichnung der Herkunft dieser Mittel. Da die Ausgaben ähnlich wie bei der Heranziehung der Instandhaltungsrücklage nicht auf die Wohnungseigentümer umgelegt werden, muss hier statt der Verteilung nach dem Kostenschlüssel ein Vermerk »aus aufgelöster Rücklage« o. ä. erfolgen (ähnlich *Jennißen* VII Rn. 50, der aber nur eine Pauschalangabe ohne Bezug auf eine Kostenart vorschlägt, was der Transparenz der Abrechnung nicht zuträglich ist).

c) Die Ausgaben

Während die Einnahmen zumeist ziemlich genau geschätzt werden können, sind die Ausgaben des Kalenderjahres weit weniger vorhersehbar. Hier muss sich der Verwalter zwangsläufig mit mehr oder weniger groben Schätzungen begnügen. Dabei hat er den Willen der Wohnungseigentümer, bestimmte Maßnahmen vorzunehmen oder noch aufzuschieben, zu berücksichtigen. Nur die voraussichtlich im Abrechnungsjahr durchzuführenden Maßnahmen dürfen auch im Wirtschaftsplan erscheinen. Jedenfalls bei kleineren Ausgaben ist die Aufnahme in den Wirtschaftsplan auch als Ermächtigung des Verwalters zur Vornahme der Maßnahme anzusehen (Staudin-

§ 28 | Wirtschaftsplan, Rechnungslegung

ger/*Bub* § 28 Rn. 10 f.; vgl. o. § 27 Rn. 21). Dagegen ist der bloße Beschluss, eine Maßnahme durchzuführen, schon mangels jeglicher Detailregelung etwa zur Finanzierung durch Sonderumlage oder Entnahme aus der Instandhaltungsrücklage keine Entscheidung über die Finanzierung. Es bedarf daher der Berücksichtigung der Kosten im Wirtschaftsplan oder einer alternativen Kostendeckung etwa durch Entnahme aus der Instandhaltungsrücklage. In den Wirtschaftsplan einzustellen sind insbesondere die Ausgaben für Instandhaltung und Instandsetzung, Verwaltung, Versicherung und öffentliche Abgaben für das Gemeinschaftseigentum. Ist die Wärme- und Warmwasserproduktion Sache der Gemeinschaft, sind auch diese Kosten zu berücksichtigen. Entsprechendes gilt für Kabelgebühren. Auch die Vorschüsse für Verfahren nach § 43 WEG sind bei den Ausgaben aufzuführen, auch wenn die endgültige Deckung nach der gerichtlichen Kostenentscheidung erfolgt (*Jennißen* V Rn. 35; a. A. für Berücksichtigung der jeweiligen Stellung im Verfahren *KG* ZMR 2006, 224 f.).

d) Die Ordnungsmäßigkeit der Schätzung

15 Bei der Schätzung insbesondere der Ausgaben kommt der Gemeinschaft ein erhebliches, gerichtlich nicht überprüfbares Ermessen zu (*KG* NJW-RR 1991, 726; *BayObLG* NJW-RR 1997, 717; 2000, 18; 2002, 1095). Ein Einzelansatz oder gar der gesamte Wirtschaftsplan widerspricht nur dann Grundsätzen ordnungsmäßiger Verwaltung, wenn er voraussichtlich zu hohen Nachforderungen oder umgekehrt zu erheblichen Überschüssen führt (*KG* NJW-RR 1991, 726; *BayObLG* NJW-RR 2000, 18; 2002, 1095). Allerdings ist gerade auf Ausgabenseite eine großzügige Schätzung in aller Regel nicht zu beanstanden (*Jennißen* V Rn. 5). Lediglich bei festen Positionen ist ein höherer Ansatz nicht zulässig. Das gesetzlich vorgesehene System der Vorausfinanzierung durch Vorschüsse lässt auch eine Deckung des Finanzbedarfs durch Darlehen nur in begrenztem Umfang zu (vgl. o. Rn. 11). Sofern sich die Einnahmen und Ausgaben voraussichtlich nicht wesentlich verändern, kann auch die Fortgeltung eines früheren Wirtschaftsplans beschlossen werden.

5. Die Einzelwirtschaftspläne

a) Verteilung der Kosten nach dem geltenden Schlüssel

16 Aus dem Gesamtwirtschaftsplan muss die Belastung der einzelnen Wohnungseigentümer hervorgehen, die der sog. Einzelwirtschaftsplan ausweist. In der Praxis werden die anfallenden Einzelpositionen nach dem jeweils anzuwendenden Schlüssel auf die Wohnungseigentümer umgelegt und hieraus die Gesamtsumme der Belastung ermittelt. Andere Umstände außerhalb des vereinbarten oder aus § 16 Abs. 2 WEG folgenden Schlüssels sind unbeachtlich. Insbesondere kommt es nicht darauf an, ob der Wohnungseigentümer eine Einrichtung, etwa einen Aufzug (*OLG Düsseldorf* NJW-RR 1986, 95) oder Räumlichkeiten, an denen Sondernutzungsrechte bestehen (vgl. o. § 13 Rn. 43 f.), nutzt oder nutzen kann (vgl. u. Rn. 43). Sofern die Gemeinschaft von der Beschlusskompetenz des § 3 HKV Gebrauch gemacht hat, sind die Heizkosten nach dem beschlossenen Schlüssel umzulegen, ansonsten gilt der allgemeine Verteilungsschlüssel (*BayObLG* NJW-RR 1986, 1077; 1999, 1686; s. zuletzt *Abramenko* ZWE 2007, 61 ff.). Sofern einzelne Positionen aus der Instandsetzungsrücklage gedeckt werden sollen, genügt ein entsprechender Vermerk, der die Umlage nach dem Verteilungsschlüssel ersetzt.

b) Möglichkeiten zur Veränderung der Kostenverteilung nach neuem Recht

17 In Zukunft ist zu berücksichtigen, dass das neue Recht etwa in §§ 21 Abs. 7, 16 Abs. 3 und 4 WEG neue Beschlusskompetenzen enthält, bestimmte Kosten im Einzelfall oder sogar generell nach einem anderen Schlüssel zu verteilen. Sofern nur ein bloßer Anspruch auf Abänderung des Kostenverteilungsschlüssels nach § 10 Abs. 2 S. 3 WEG oder nach § 21 Abs. 4 WEG besteht, wirkt dieser erst ab Veränderung der Teilungserklärung, im Streitfall also erst ab rechtskräftiger Entscheidung hierüber (*BayObLG* NJW-RR 1987, 716; *KG* NJW-RR 1992, 1433 f.). Sind einige Wohnungseigentümer etwa nach § 16 Abs. 6 S. 1 WEG von bestimmten Kosten ausgenommen, muss dies auch im Wirtschaftsplan berücksichtigt werden. Für die übrigen Miteigentümer bleibt es bei dem üblichen Schlüssel, erhöht um den Anteil der freigestellten Miteigentümer.

c) Das Fehlen der Einzelwirtschaftspläne

Im Gegensatz zur Jahresabrechnung begründet das Fehlen des Einzelwirtschaftsplans nicht nur Ergänzungsansprüche, sondern die Anfechtbarkeit des Genehmigungsbeschlusses (*BGH* ZMR 2005, 556; vgl. schon *BGH* NJW 1990, 2387; *BayObLG* NJW-RR 1991, 1361; *OLG Hamburg* ZMR 2006, 793; a. A. *KG* NJW-RR 1990, 396; 1991, 726). Denn im Gegensatz zur Jahresabrechnung haben die Positionen des Gesamtwirtschaftsplans, die ohnehin nur Schätzungen darstellen, keinen so erheblichen selbständigen Aussagewert, dass eine teilweise Aufrechterhaltung des Genehmigungsbeschlusses sinnvoll erscheint. Vielmehr kommt es den Wohnungseigentümern im Rahmen des Wirtschaftsplans vorrangig auf die Ermittlung ihrer voraussichtlichen Belastung an. Gerade diese geht aber aus einem Gesamtwirtschaftsplan ohne Einzelwirtschaftspläne nicht hervor (*BayObLG* NJW-RR 1990, 721). Eine Ausnahme kann allenfalls dann gelten, wenn die Belastung der einzelnen Eigentümer unschwer aus dem Gesamtwirtschaftsplan zu ermitteln ist (*BayObLG* NJW-RR 1988, 272 f.; 1990, 721; vgl. NJW-RR 2006, 22). Das wird aber selten der Fall sein, da die verschiedenen Kostenarten i. d. R. nach unterschiedlichen Schlüsseln verteilt werden (vgl. etwa *BayObLG* NJW-RR 1988, 272 bei unverändertem Gesamtvolumen und unveränderten Schlüsseln). In jedem Fall scheidet die einfache Ermittelbarkeit dann aus, wenn bereits abweichende Schlüssel beschlossen wurden und nunmehr unklar ist, welche Schlüssel gelten. Dabei kommt es nicht darauf an, ob diese Beschlüsse mangels Beschlusskompetenz unwirksam sind. Auch unwirksame Beschlüsse zur Kostenverteilung verhindern es, auf Anhieb die Kosten des einzelnen Eigentümers zu ermitteln. Den Eigentümern müssen aber nicht alle Einzelwirtschaftspläne vor der Beschlussfassung übersandt werden; es genügt die Möglichkeit der Einsicht (*Niedenführ/Kümmel/Vandenhouten* § 28 Rn. 25).

18

6. Der Beschluss des Wirtschaftsplans und seine Folgen

a) Das Verfahren bis zur Beschlussfassung

Den Entwurf des Wirtschaftsplans hat der Verwalter zunächst dem Verwaltungsbeirat zuzuleiten, der ihn nach § 29 Abs. 3 WEG zu prüfen hat. Dieser hat eine Stellungnahme zu seinem Prüfergebnis abzugeben, was schriftlich, etwa durch einen Prüfvermerk, oder mündlich in der Eigentümerversammlung geschehen kann. Ebenso wie bei der Jahresabrechnung führt alleine das Fehlen einer Prüfung durch den Verwaltungsbeirat aber noch nicht zur Fehlerhaftigkeit einer gleichwohl erfolgenden Genehmigung durch die Eigentümer (vgl. u. Rn. 82). Über die ggf. auf Einwände des Verwaltungsbeirats noch geänderte Beschlussvorlage des Verwalters hat dann die Eigentümerversammlung mit einfacher Mehrheit zu befinden. Selbstverständlich kann sie einzelne Ansätze noch abändern, da die Vorlage des Verwalters nur ein Vorschlag ist (*KG* NJW-RR 1990, 396). Allerdings kann dies die Notwendigkeit einer weiteren Beschlussfassung nach sich ziehen, wenn die Vorschüsse des einzelnen Wohnungseigentümers aufgrund der Änderungen nicht mehr ohne weiteres zu ermitteln sind (*KG* NJW-RR 1990, 397). Verweigert die Eigentümerversammlung ihre Zustimmung ohne triftigen Grund, kann der einzelne Wohnungseigentümer die Festsetzung eines Wirtschaftsplans durch das Gericht verlangen (vgl. u. Rn. 7). Hingegen scheidet eine nur auf Ersetzung der Zustimmung gerichtete Klage gegen die widerstrebenden Wohnungseigentümer schon deswegen aus, weil der Abstimmungsvorgang zum Zeitpunkt einer gerichtlichen Entscheidung bereits längst beendet wäre (*Bärmann/Pick/Merle* § 28 Rn. 42).

19

b) Die Wirkung der Beschlussfassung und die Fälligkeit der Vorschüsse

Die Verpflichtung zur Zahlung von Vorschüssen entsteht nicht kraft Gesetzes, sondern wird erst mit der Beschlussfassung begründet (*BayObLG* NJW-RR 1988, 1171; NJW-RR 2006, 22; *OLG Düsseldorf* NJW-RR 1997, 906; *OLG Köln* NJW-RR 1997, 1102). Der Beschluss der Eigentümerversammlung ist der Rechtsgrund für deren Leistung (*BayObLG* NJW-RR 1987, 1040). Fällig werden sie allerdings ohne besondere Regelung erst durch Abruf der Gelder durch den Verwalter nach § 28 Abs. 2 WEG. Den Wohnungseigentümern ist es aber jedenfalls kraft der neuen Beschlusskompetenz aus § 21 Abs. 7 WEG möglich, die Fälligkeit anders zu regeln, etwa bereits mit der Beschlussfassung über den Wirtschaftsplan einen Termin zu bestimmen, bis zu dem jeder Miteigentümer seine Zahlungen zu leisten hat. Durch die neue Beschlusskompetenz in § 21 Abs. 7 WEG wird

20

§ 28 | Wirtschaftsplan, Rechnungslegung

auch die Diskussion obsolet, ob und in welchem Rahmen (nur im Einzelfall oder abstrakt-generell) die Wohnungseigentümer diesbezügliche Regelungen in der Teilungserklärung abändern können. Sie können nunmehr mit einfacher Mehrheit sowohl die Fälligkeit der Vorschüsse aus dem konkreten Wirtschaftsplan als auch generell für die Zukunft regeln. So ist es nunmehr ohne weiteres möglich, bei Verzug mit zwei oder mehr monatlichen Raten die Fälligkeit der Vorschüsse für das gesamte Jahr zu beschließen (sog. Vorfälligkeit). Der Beschluss des Wirtschaftsplans bleibt auch nach Genehmigung der Jahresabrechnung eigenständige Anspruchsgrundlage (vgl. u. Rn. 86).

c) Gläubiger und Schuldner der Vorschüsse

aa) Der Verband als Gläubiger, die Eigentümer als Schuldner

21 Gläubiger der Vorschüsse ist nach § 10 Abs. 7 S. 3 WEG der teilrechtsfähige Verband. Die Unterscheidungen danach, ob Eigentümerwechsel stattgefunden haben (*KG* NJW-RR 1992, 85; 1995, 720; 1999, 92 f.; modifiziert in NJW-RR 2002, 1380 f.), waren schon früher zweifelhaft (so richtig *Niedenführ/Schulze* 8. Aufl. § 28 Rn. 26) und entbehren nun nach Anerkennung des teilrechtsfähigen Verbandes jeder Grundlage. Schuldner sind die Eigentümer (*BayObLG* NJW-RR 1991, 723). Sie können sich der Verpflichtung zur Zahlung von Vorschüssen durch Dereliktion nach § 928 BGB nicht entziehen (zur Unmöglichkeit des Verzichts auf Wohnungseigentum s. *BGH*, NJW 2007, 2547 f. = ZMR 2007, 795; *KG* NJW 1989, 42; *OLG Düsseldorf* NJW-RR 2001, 233; a. A. *OLG Düsseldorf* ZMR 2007, 383 f.). Auch bei einer Belastung etwa mit einem Nießbrauch oder einem Wohnrecht nach § 1093 BGB ist der Gemeinschaft gegenüber der Eigentümer zur Zahlung der Vorschüsse verpflichtet (*BGH* DB 1979, 545; Staudinger/*Bub* § 28 Rn. 166); er kann nur im Innenverhältnis vom Inhaber dieses Rechtes Freistellung oder Ausgleich verlangen. Bei einer Gesellschaft bürgerlichen Rechts sind alle im Grundbuch eingetragenen Gesellschafter Gesamtschuldner der Beiträge, sofern nicht durch Gesellschafterwechsel ein Eigentumsübergang außerhalb des Grundbuchs vollzogen wurde und dieser dem Verwalter in der Form des § 29 GBO nachgewiesen wird (*OLG Hamm* NJW-RR 1989, 655 f.). Auch der Inhaber eines isolierten Miteigentumsanteils ist an den Kosten zu beteiligen (*OLG Hamm* ZMR 2007, 215; Staudinger/*Bub* § 28 Rn. 184). Sein Anspruch auf Bereinigung dieser sachenrechtlichen Lage begründet keine Einrede.

bb) Grundbuch und wahre Eigentümerstellung

22 Das Abstellen auf die sachenrechtliche Lage ermöglicht es, in den meisten Fällen durch Einsicht in das Grundbuch den Schuldner der Vorschüsse zweifelsfrei zu ermitteln. Ausnahmen gelten naturgemäß beim Eigentümerwechsel außerhalb des Grundbuchs, etwa durch Zuschlag in der Zwangsversteigerung nach § 93 ZVG oder durch Erbgang gemäß § 1922 BGB (*OLG Hamburg* NJW-RR 1986, 177). Denkbar ist ferner, dass die im Grundbuch verlautbarte Eigentumslage aus sonstigen Gründen, etwa kraft wirksamer Anfechtung der Auflassung, unrichtig ist. In diesem Fall ist der wahre Schuldner, nicht der im Grundbuch eingetragene, Schuldner der Vorschüsse. Hierauf gestützte Rückforderungsansprüche können aber verwirkt sein, wenn sich der Scheineigentümer über lange Zeit als Eigentümer geriert und insbesondere wie jener die wirtschaftlichen Vorteile etwa in Form der Mieten aus seiner Buchposition gezogen hat (*OLG Stuttgart* ZMR 2005, 984 f.; ähnlich bei Eintragung aufgrund nichtiger Vollmacht *LG Stralsund* ZMR 2007, 147 f.). Zudem hat derjenige, der sich auf die Unrichtigkeit des Grundbuches beruft, die Vermutung des § 891 Abs. 1 BGB zu widerlegen, also vollen Beweis für das Fehlen seiner Eigentümerstellung zu führen.

cc) Die Haftung nach Veräußerung des Wohnungseigentums

23 Maßgeblich ist dabei nach der so genannten Fälligkeitstheorie die Eigentümerstellung zu der Zeit, da die Vorschüsse fällig werden (*BayObLG* NJW-RR 1991, 723; *OLG Hamm* NJW-RR 1996, 912; krtisch *Jennißen* VIII Rn. 24 ff.). Sofern die Vorschüsse nicht sofort fällig gestellt wurden, kommt es demnach nicht auf den Zeitpunkt der Beschlussfassung an, sondern auf ihren Abruf durch den Verwalter bzw. eine sonstige Fälligkeitsregelung. Sind, wie üblich, monatliche Zahlungen vereinbart oder nach § 21 Abs. 7 WEG beschlossen, schuldet auch nach Abschluss des notariellen Kaufvertrags und Eintragung einer Auflassungsvormerkung weiterhin der Veräußerer dem Ver-

band gegenüber die Vorschüsse. Maßgeblicher Zeitpunkt für den Übergang der Verpflichtung ist die Eintragung im Grundbuch. Zuvor bestehen grundsätzlich keine Verpflichtungen des »werdenden Wohnungseigentümers« zur Zahlung von Vorschüssen, auch wenn er das Wohnungs- bzw. Teileigentum bereits nutzt (*BayObLG* NJW-RR 1990, 81; *OLG Köln* NJW-RR 1999, 959; zur werdenden Eigentümergemeinschaft s. gleich u. Rn. 25). Eine Regelung im Kaufvertrag, wonach der Erwerber seit Besitzerlangung die Lasten des Wohnungseigentums zu zahlen hat, wirkt i. d. R. nur zwischen den Vertragsparteien (*BayObLG* NJW-RR 1990, 82; *KG* NJW-RR 1997, 1232 = WuM 1997, 523). Nur ausnahmsweise wird man derartige vertragliche Bestimmungen als Vertrag zugunsten Dritter ansehen können, kraft dessen dem Verband ein eigenes Forderungsrecht zusteht (*BayObLG* NJW-RR 1990, 82). Denkbar ist allerdings eine Regelung in der Teilungserklärung oder kraft Vereinbarung, die eine Haftung des Erwerbers für Schulden seines Sonderrechtsvorgängers vorsieht. In diesem Falle kann der Verband sowohl auf den früheren wie auf den neuen Eigentümer zurückgreifen (*OLG Düsseldorf* NJW-RR 1997, 906; *KG* NJW-RR 2003, 444). Dies betrifft auch Rückstände des teilenden Eigentümers (*OLG Düsseldorf* NJW-RR 1997, 906). Allerdings kann auch eine entsprechende Bestimmung in der Teilungserklärung wegen § 56 S. 2 ZVG keine Geltung gegenüber dem Ersteher in der Zwangsversteigerung beanspruchen; eine ausdrückliche Regelung dieses Inhalts ist nichtig (*BGH* NJW 1987, 1638 f.; *OLG Hamm* NJW-RR 1996, 911; *KG* NJW-RR 2002, 1524; 2003, 444).

Im Schrifttum wurden verschiedene Kunstgriffe erörtert, diese Grundsätze der Erwerberhaftung 24 zu umgehen. Einer der Vorschläge zielte darauf, die Instandhaltungsrücklage aufzulösen, und sogleich danach durch zweite Beschlussfassung wieder in gleicher Höhe zu bilden. Hierdurch würden die Wohnungseigentümer, die ihre Beiträge geleistet hatten, nicht beeinträchtigt, da ihre Einzahlung dem Guthaben entspräche. Bei einem säumigen Schuldner sollte der Auszahlungsbetrag mit den Verbindlichkeiten verrechnet werden. War mittlerweile ein Eigentümerwechsel eingetreten, hätte der neue Miteigentümer somit den auf seine Einheit entfallenden Anteil in voller Höhe in die Instandhaltungsrücklage zahlen müssen, während der Auszahlungsbetrag die aufgelaufenen Schulden decken sollte. Diese Konstruktion wurde indessen von der Rechtsprechung nicht gebilligt, die die beiden Elemente der Beschlussfassungen zur Auflösung und sofortigen Neubildung der Rücklage als perplex und somit als nichtig ansah (*OLG Hamm* NJW-RR 1991, 212 f.). Zudem sei darin ein Zugriff auf das Guthaben lediglich eines Wohnungseigentümers zu sehen, wofür die Beschlusskompetenz fehle (*OLG Hamm* NJW-RR 1991, 213; *OLG Saarbrücken* NJW-RR 2000, 87).

dd) Andere zur Vorschussleistung Verpflichtete

Auf die Eigentümerstellung kommt es nicht an, wenn die Zwangsverwaltung eines Wohn- oder 25 Teileigentums angeordnet ist. In diesem Fall hat der Zwangsverwalter gemäß § 155 Abs. 1 ZVG die laufenden Vorschüsse aus den Einnahmen der Nutzung zu erbringen (*BayObLG* NJW-RR 1991, 723; *OLG München* ZMR 2007, 217). Reichen die Einnahmen nicht aus, ist der Vollstreckungsgläubiger gemäß § 161 Abs. 3 ZVG zur Zahlung eines Vorschusses aufzufordern. Vor Anordnung der Zwangsverwaltung aufgelaufene Rückstände muss er dagegen nicht ausgleichen (*OLG München* ZMR 2007, 217; a. A. noch *BayObLG* NJW-RR 1991, 723). Zudem tritt der Zwangsverwalter nur neben den Wohnungseigentümer, nicht an seine Stelle, so dass dieser nur in Höhe der tatsächlich erfolgten Leistungen von seiner Zahlungspflicht frei wird (*OLG Zweibrücken* NJW-RR 2005, 1683; *KG* NJW-RR 2006, 661 f.; *OLG München* ZMR 2007, 217). Ähnliches gilt für den Insolvenzverwalter, dessen Beitragspflicht aber der Höhe nach auf die Masse beschränkt ist. Eine weitere Ausnahme wird für die »werdende Eigentümergemeinschaft« anerkannt, also vor Entstehen der Eigentümergemeinschaft. Ist neben dem teilenden Eigentümer noch kein Erwerber im Grundbuch eingetragen, so sind die Regelungen des WEG einschließlich des § 28 WEG bereits auf diejenigen Erwerber anzuwenden, die durch Auflassungsvormerkung im Grundbuch gesichert sind und Besitz an ihrem Wohn- bzw. Teileigentum erlangt haben (*OLG Köln* NJW-RR 1999, 959; NJW-RR 2006, 445; *KG* NJW-RR 2003, 589; 2004, 879; *LG Ellwangen* NJW-RR 1996, 973; *LG Dresden* ZMR 2006, 77). Da die Auflassungsvormerkung nur ein akzessorisches Sicherungsmittel ist, besteht die Verpflichtung aber nicht bei Nichtigkeit oder Wegfall des Kaufvertrags etwa aufgrund Formnichtigkeit, Anfechtung oder Rücktritt (*KG* NJW-RR 2003, 589). Mit Eintragung des ersten dieser Erwerber als Eigentümer wird allerdings der Kreis der vorschusspflichtigen »werdenden Wohnungseigentümer« geschlossen. Spätere Erwerber unterfallen der Vorschusspflicht wie Zweiterwerber erst mit Eintragung in das Grundbuch (*OLG Köln* NJW-RR 1999, 959; *KG* NJW-RR 2004, 879). Die bis dahin wie Wohnungseigentümer behandelten Erwerber verlieren ihre Stellung allerdings nicht, weshalb sie auch Schuldner der Vorschüsse bleiben (*OLG Köln* NJW-RR 2006, 445 = ZMR 2006, 383 f.).

ee) Modalitäten der Erfüllung

26 Zu erfüllen ist die Schuld aufgrund der Ortsbezogenheit des Anspruchs am Ort der Liegenschaft (*OLG Stuttgart* NJW-RR 2005, 814 f.). Die Einziehung ist nach § 27 Abs. 1 Nr. 4 WEG unentziehbare Aufgabe des Verwalters (vgl. o. § 27 Rn. 27 u. 72 f. u. u. Rn. 37).

7. Die gerichtliche Korrektur des Wirtschaftsplans

a) Die möglichen Klageziele

27 Wie jeder Beschluss kann auch die Genehmigung des Wirtschaftsplans formell oder materiell fehlerhaft sein. Zu den formellen Fehlern wie Ladungsmängeln gelten die allgemeinen Grundsätze. Dabei umfasst der in der Einladung genannte Beschlussgegenstand »Wirtschaftsplan« auch die Beschlussfassung über die Erhöhung der Instandhaltungsrücklage (*BayObLG* NJW-RR 2001, 375). Bei inhaltlichen Mängeln, die nicht als offensichtliche Fehler analog § 319 ZPO zu beseitigen sind (Staudinger/*Bub* § 28 Rn. 523), verlangt das neue Recht ein gewisses Umdenken auf beiden Seiten. Dem gerichtlichen Vorgehen gegen einen Wirtschaftsplan können völlig verschiedene Rechtsschutzziele zugrunde liegen, was nunmehr nach der Überführung der Wohnungseigentumssachen in das Verfahren der ZPO genauerer Unterscheidung bedarf als früher. Anders als der Richter der freiwilligen Gerichtsbarkeit kann das Prozessgericht nämlich weder die Anträge nach dem Rechtsschutzziel korrigierend auslegen noch gar nach § 44 Abs. 3 WEG a. F. oder § 44 Abs. 4 WEG a. F. überhaupt nicht beantragte Anordnungen erlassen. Im Grundsatz können mit der Anfechtung des Beschlusses über einen Wirtschaftsplan vier Rechtsschutzziele verfolgt werden, die allerdings auch in Kombination vorliegen können. Zum einen kann der Anfechtende eine zu hohe Belastung von sich abwenden wollen, ohne sich gegen die Ansätze des Gesamtwirtschaftsplans zu wenden. Zum zweiten kann er einzelne Positionen des Gesamtwirtschaftsplans angreifen, ohne sich gegen die Verteilung der Kosten als solche zu richten. Drittens kann er etwa durch mangelnde Berücksichtigung vorhersehbarer Ausgaben oder zu geringe Einnahmen Liquiditätsprobleme abwenden wollen. Schließlich kann er die Aufnahme weiterer Positionen begehren. Diese vier Hauptfälle des gerichtlichen Vorgehens gegen einen Wirtschaftsplan verlangen jeweils ein anderes prozessuales Vorgehen des Anfechtenden bzw. differenzierte Verteidigungsstrategien der anderen Wohnungseigentümer.

b) Die Beseitigung einer zu hohen Belastung für einzelne Wohnungseigentümer

28 Zu ungerechtfertigten Belastungen einzelner Wohnungseigentümer kann es insbesondere durch die Verwendung falscher Verteilungsschlüssel kommen (*BayObLG* NJW-RR 2002, 1666). Aufgrund der Bedeutung der Einzelwirtschaftspläne für die Wohnungseigentümer wird eine Anfechtung des Beschlusses über den Wirtschaftsplan insgesamt jedenfalls i. d. R. Erfolg versprechend sein. Eine Ungültigerklärung des gesamten Beschlusses hat indessen zur Folge, dass die Grundlage für die Vorschusszahlungen entfällt. In der Konsequenz müssen die Wohnungseigentümer ohne vorherige Ansammlung der notwendigen Mittel den jeweils anfallenden Bedarf nach dem geltenden Kostenverteilungsschlüssel decken, was einzelne Wohnungseigentümer durchaus überfordern kann. Zur Vermeidung dieser Unzuträglichkeiten kann der Anfechtende seinen Antrag mit einem weiteren auf Festsetzung des Wirtschaftsplanes durch das Gericht verbinden. Tut er dies nicht, können die verklagten Wohnungseigentümer eine entsprechende Hilfswiderklage erheben. Hierdurch wird die Liquidität des Verbandes gesichert. Da Ungültigerklärung und Festsetzung eines gerichtlichen Wirtschaftsplans als Gestaltungsurteile gleichermaßen erst mit Rechtskraft Gültigkeit erlangen, entstehen keine Liquiditätslücken.

c) Die Anfechtung einzelner Positionen

Eine andere Interessenlage ergibt sich, wenn ein Wohnungseigentümer bestimmte Positionen für überflüssig, überhöht oder zumindest derzeit nicht finanzierbar hält. In diesem Fall ist die ersatzlose Kassation durch Ungültigerklärung gewünscht. Dies um so mehr, als mit der Ausweisung im Wirtschaftsplan auch die Genehmigung der Maßnahme als solcher einhergehen kann (vgl. § 27 Rn. 21). Der anfechtende Wohnungseigentümer sollte aber darauf achten, sich auf eine zulässige Teilanfechtung zu beschränken und dies im Antrag klar zum Ausdruck zu bringen. Denn bereits aus seinem eigenen Vorbringen ergibt sich in diesen Fällen, dass nur eine Teilanfechtung begründet ist. Da das Gericht einen zu weit gehenden Antrag nicht mehr im Wege der Auslegung korrigieren darf, würden diesbezügliche Fehler die Teilabweisung der Klage mit entsprechender Kostenfolge nach sich ziehen. Ähnliches wie bei der Anfechtung wegen falscher Verteilungsschlüssel sollten die Wohnungseigentümer auch dann, wenn sich die Anfechtungsklage gegen überhöhte Ansätze richtet, Hilfswiderklage auf Festsetzung in angemessener Höhe nach § 21 Abs. 8 WEG erheben. Auch hier kann dadurch der völlige Wegfall dieser Ansätze mit entsprechenden Liquiditätsproblemen der Gemeinschaft verhindert werden.

d) Die Vermeidung von Liquiditätslücken

Auch ein Wirtschaftsplan, der zu niedrige Einnahmen oder Ausgaben vorsieht und somit die Liquidität der Gemeinschaft gefährdet, kann angefochten werden. Hier muss der anfechtende Wohnungseigentümer allerdings darauf achten, dass sein Antrag nicht auf die ersatzlose Beseitigung des gesamten Wirtschaftsplans zielt. Denn hierdurch würde er seinem behaupteten Rechtsschutzziel, die Zahlungsfähigkeit der Gemeinschaft zu sichern, auf das Gründlichste entgegenarbeiten: Mit der Ungültigerklärung des Beschlusses über den Wirtschaftsplan würden der Gemeinschaft auch die unzureichenden Finanzmittel noch genommen. Deshalb wurde die Ungültigerklärung eines Wirtschaftsplanes mit zu geringen Ansätzen mit dem Ziel seiner ersatzlosen Beseitigung schon nach altem Recht als unzulässig angesehen, wenn nicht zugleich ein Wirtschaftsplan mit höheren Ansätzen begehrt wird (*KG* NJW-RR 1991, 726). Dies kann auch für das Recht nach der Novelle Geltung beanspruchen. Derjenige, der eine Erhöhung der Ansätze verlangt, muss demnach entweder einen eigenen Wirtschaftsplan mit höheren Ansätzen vorlegen oder eine diesbezügliche Entscheidung des Gerichts nach § 21 Abs. 8 WEG beantragen. Entsprechendes gilt, wenn ein Wohnungseigentümer nur einzelne Positionen für zu knapp bemessen hält.

e) Die Ergänzung des Wirtschaftsplans

Ein weiterer Fehler in der Praxis besteht oftmals darin, dass einzelne Positionen im Wirtschaftsplan gar nicht erscheinen. In diesem Falle war seine Genehmigung nach altem Recht nicht für ungültig zu erklären, sondern nur ein Ergänzungsanspruch gegeben. Anlass, diese Handhabung zu ändern, bietet die Novelle zum WEG nicht. Nur kann der Kläger im Zivilprozess nicht mehr mit der wohlwollenden Auslegung eines Anfechtungsantrages rechnen. Eine auf Anfechtung des Wirtschaftsplans gerichtete Klage muss nach neuem Recht der Abweisung verfallen. Der klagende Wohnungseigentümer muss jetzt zumindest die Maßnahme, die in den Wirtschaftsplan eingestellt werden soll, konkret benennen und tatsächliche Anhaltspunkte für ihr Finanzvolumen darlegen. Nur dann kann der Richter im Zivilprozess die Höhe der Ergänzungsposition nach freiem Ermessen nach § 21 Abs. 8 WEG schätzen und als zusätzliche Position des Wirtschaftsplans festsetzen.

f) Folgen einer Ungültigerklärung des Wirtschaftsplans

Wird der Wirtschaftsplan im Verfahren nach § 43 Nr. 4 WEG insgesamt für ungültig erklärt, entfallen sämtliche Zahlungspflichten, sofern nicht ein früherer fortgilt oder auf Hilfswiderklage ein anderer vom Gericht festgesetzt wird (s. o. Rn. 8). Die Rückforderung bereits geleisteter Zahlungen nach Bereicherungsrecht blieb bislang im Wesentlichen Theorie, da sich der Verband nach § 818 Abs. 3 BGB auf Entreicherung berufen kann. Dies erfasst auch die Beteiligung des kondizierenden Wohnungseigentümers nach dem jeweiligen Schlüssel an den Kosten und Lasten, so dass im Ergebnis die nächste Abrechnung abzuwarten ist (*OLG Hamm* NJW-RR 1988, 850; 1999, 93 f.; *OLG Köln* NJW-RR 2005, 1096 f.; ZMR 2007, 642; a. A. *OLG Stuttgart* NJW-RR 1986, 379 – der

§ 28 | Wirtschaftsplan, Rechnungslegung

dort bejahte direkte Rückgriff auf die Miteigentümer ist allerdings in jedem Fall überholt). An dieser Rechtslage hat die Novelle nichts geändert.

II. Sonderumlagen

1. Die Abänderung des Wirtschaftsplans

33 Der Wirtschaftsplan kann grundsätzlich ohne weiteres durch Mehrheitsbeschluss abgeändert werden. Erweisen sich die Ansätze durchweg als zu niedrig, kann dies in Form eines neuen Wirtschaftsplans geschehen. Die Grundsätze zum Zweitbeschluss stehen dem nicht entgegen. Insbesondere können in diesem Zusammenhang schützenswerte Interessen einzelner Wohnungseigentümer, namentlich das Vertrauen in den Fortbestand des mit dem ersten Beschluss genehmigten Wirtschaftsplans grundsätzlich nicht verletzt sein. Denn der Wirtschaftsplan ist stets nur vorläufiger Natur. Jeder Wohnungseigentümer muss spätestens bei der Beschlussfassung über die Jahresabrechnung mit seiner Korrektur rechnen. Es bedarf aber der hinreichenden Bezeichnung in der Einberufung, dass zusätzlich zu den bisherigen Ansätzen im Wirtschaftsplan weitere Beitragszahlungen beschlossen werden sollen (*KG* ZMR 2006, 794 f.). Es ist sowohl der Beschluss eines neuen Wirtschaftsplans als auch einer nicht nach Kostenarten aufgegliederten, nur auf eine Maßnahme bezogenen Sonderumlage regelmäßig unbedenklich. Die aufzubringenden Gelder müssen freilich Aufgaben des Verbandes zugedacht sein; Rechtsverfolgungskosten gehören u. U. nicht hierzu (*OLG München* NJW-RR 2007, 593 = ZMR 2007, 140 f.; vgl. u. Rn. 69 u. 101). Statt eines neuen Wirtschaftsplans kann die Eigentümerversammlung auch pauschal, ohne Untergliederung nach Kostenarten eine Liquiditäts-Sonderumlage beschließen (*KG* NJW-RR 1995, 397; 2003, 444; 2003, 1020; *OLG Düsseldorf* NJW-RR 2002, 302; *BayObLG* NJW-RR 2004, 1091). Die Sonderumlage ist grundsätzlich von demjenigen zu entrichten, der zu dieser Zeit Eigentümer ist (*OLG Stuttgart* NJW-RR 1989, 654; *KG* NJW-RR 1991, 912; 1994, 84 f.; *OLG Hamm* NJW-RR 1996, 912). Wird die Sonderumlage erst nach ihrem Beschluss fällig, ist sie vom Eigentümer zum Zeitpunkt der beschlossenen Fälligkeit zu entrichten (*OLG Düsseldorf* NJW-RR 2002, 302). Ein mißbräuchliches Hinausschieben soll zur Anfechtbarkeit des Beschlusses führen (vgl. *OLG Hamm* NJW-RR 1996, 912 u. Rn. 90). Für die anderen zur Vorschussleistung Verpflichteten gilt aber das oben (Rn. 21 f.) Gesagte. So muss der Zwangsverwalter eine nach der Beschlagnahme beschlossene Sonderumlage vorweg nach § 155 Abs. 1 ZVG erbringen (*OLG Düsseldorf* NJW-RR 1991, 724). Tritt zwischen der Fälligkeit und der Genehmigung der Jahresabrechnung ein Eigentümerwechsel ein, so sind eventuelle, bei der Finanzierung der Maßnahme aufgetretene Fehlbeträge, die über die Sonderumlage hinausgehen, vom Erwerber zu tragen (*OLG Stuttgart* NJW-RR 1989, 654).

2. Die Korrektur des Wirtschaftsplans wegen einzelner Ausgaben

34 Häufiger als ein zu niedriger Ansatz mehrerer oder gar aller Positionen ist indessen zusätzlicher Finanzbedarf wegen einzelner Maßnahmen. Auch insoweit ist eine nachträgliche, auf diese Position beschränkte Ergänzung des Wirtschaftsplans notwendig. Auch dies geschieht in Form einer Sonderumlage. Darin wird nur die Finanzierung der betroffenen Einzelmaßnahme geregelt. In der Praxis erstreckt sich das Institut der Sonderumlage auch auf den Fall, dass der zusätzliche Finanzbedarf schon beim Beschluss des Wirtschaftsplans absehbar ist. Auch bei größeren Ausgaben, die nicht aus der Instandhaltungsrücklage oder im Finanzrahmen der bisherigen Wirtschaftspläne gedeckt werden kann, wird häufig eine »Sonderumlage« beschlossen. Rechtlich handelt es sich dann nicht um eine nachträgliche Änderung des Wirtschaftsplans, sondern um die – falsch bezeichnete – Aufnahme einer zusätzlichen Position (vgl. *Jennißen* V Rn. 87). Die bloße Entscheidung, eine Maßnahme durchzuführen, stellt noch keine Entscheidung über ihre Finanzierung mittels Sonderumlage dar. Insoweit bedarf es einer ausdrücklichen Beschlussfassung.

3. Der Verteilungsschlüssel der Sonderumlage

35 Als Nachtrag oder zusätzliche Position zum Wirtschaftsplan unterliegt die Sonderumlage grundsätzlich denselben Anforderungen. Gleichwohl wurde sie in der Praxis insoweit großzügiger behandelt, als die Angabe des Verteilungsschlüssels für entbehrlich erachtet wurde, wenn sich die

Kostenbelastung für die einzelnen Eigentümer ohne weiteres ermitteln ließ (*KG* NJW-RR 1991, 912; *BayObLG* NJW-RR 1998, 1386; *OLG Düsseldorf* NJW-RR 2002, 302; *KG* NJW-RR 2002, 1591; *OLG Braunschweig* ZMR 2006, 787). Dies war bislang jedenfalls dann vertretbar, wenn sich die Sonderumlage auf die Finanzierung einer Maßnahme beschränkte und der Verteilungsschlüssel hierfür aus Teilungserklärung oder Gesetz ersichtlich war. Für die Zukunft ist hier wohl größere Zurückhaltung angeraten. Denn neben dem zunehmenden Gebrauch von Öffnungsklauseln seit dem Ende des »Zitterbeschlusses« in neuen Teilungserklärungen kommen entsprechende gesetzliche Regelungen der Novelle zur Kostenverteilung, etwa in § 16 Abs. 3 und § 16 Abs. 4 WEG. Jedenfalls dann, wenn eine Beschlussfassung hierzu vorliegt oder auch nur streitig ist, ob eine abweichende Kostenverteilung beschlossen wurde, kann nach den bisherigen Maßstäben nicht mehr von einer unschweren Ermittelbarkeit der Kosten für den einzelnen Wohnungseigentümer ausgegangen werden (vgl. schon zum alten Recht *KG* NJW-RR 2002, 1591; *OLG Braunschweig* ZMR 2006, 788), was den Beschluss anfechtbar macht (*BayObLG* NJW-RR 2004, 1378). Die Bezugnahme auf den allgemeinen Verteilungsschlüssel genügt allerdings (*OLG München* ZMR 2007, 217). Im Übrigen führt die Verwendung eines falschen Verteilungsschlüssels grundsätzlich nur zur Anfechtbarkeit, nicht zur Nichtigkeit des Beschlusses (*BayObLG* NJW-RR 2001, 1021; 2004, 229 u. 1091; *OLG Düsseldorf* NJW-RR 2002, 302 f.). In diesen Fällen kann das Gericht aber ähnlich wie beim Wirtschaftsplan (vgl. o. Rn. 8) selbst eine Sonderumlage im Wege grober Pauschalierung des Finanzbedarfs festsetzen (*KG* NJW-RR 2003, 1021). Dies wird aber jetzt nur noch auf Antrag möglich sein, der allerdings nach § 21 Abs. 8 WEG auf eine Entscheidung nach billigem Ermessen des Gerichts lauten darf. Im Falle der Anfechtung einer Sonderumlage empfiehlt sich also eine entsprechende Widerklage, um den Finanzbedarf der Gemeinschaft zu decken.

4. Höhe und Fälligkeit

Im Übrigen gilt weitgehend das zum Wirtschaftsplan Gesagte. Bei der Gesamthöhe der Umlage besteht ein weites Ermessen der Wohnungseigentümer (*KG* NJW-RR 1995, 397; *BayObLG* NJW-RR 1998, 1096; *OLG Düsseldorf* NJW-RR 2002, 302). Ordnungsmäßiger Verwaltung widerspricht es nur, wenn die Sonderumlage erkennbar zu erheblichen Rückzahlungen oder Nachforderungen führen wird (*KG* NJW-RR 1995, 397). Ihre Fälligkeit können die Wohnungseigentümer durch Mehrheitsbeschluss regeln. Mit dem Beschluss wird die Sonderumlage fällig (*OLG Stuttgart* NJW-RR 1989, 654), sofern nichts Abweichendes beschlossen wird. Die sofortige Fälligkeit ist auch ohne ausdrückliche Regelung anzunehmen, wenn die mit der Sonderumlage erhobenen Mittel für eine dringende Reparatur benötigt werden (*KG* NJW-RR 1991, 912). Auch bei ausreichenden Rücklagen kommt den Eigentümern ein weites Ermessen zu, ob sie diese angreifen oder eine Sonderumlage erheben möchten (*Niedenführ/Kümmel/Vandenhouten* § 28 Rn. 32).

C. Die Durchsetzung der Vorschussleistungen

I. Außergerichtliche Geltendmachung und gerichtliches Verfahren

1. Die Geltendmachung durch Verwalter und ermächtigte Personen

Die außergerichtliche Geltendmachung der Vorschusszahlungen für den teilrechtsfähigen Verband als Gläubiger ist nach § 27 Abs. 3 S. 1 Nr. 4, Abs. 1 Nr. 4 WEG Aufgabe und Befugnis des Verwalters. Diese Zuständigkeit ist nach § 27 Abs. 4 WEG ausschließlich (*Staudinger/Bub* § 28 Rn. 137 u. 261). Für die gerichtliche Geltendmachung fehlt eine entsprechende Spezialregelung. § 27 Abs. 2 Nr. 3 WEG ist insoweit nicht einschlägig, da dort nur die Ansprüche der Wohnungseigentümer geregelt sind. Auch aus § 27 Abs. 3 S. 1 Nr. 2 WEG folgt keine gesetzliche Ermächtigung zur Geltendmachung von Vorschüssen, da dort nur von Passivprozessen der Gemeinschaft (einem »gegen die Gemeinschaft gerichteten Rechtsstreit gemäß § 43 Nr. 2 WEG«) die Rede ist. Die Berechtigung zur gerichtlichen Geltendmachung kann also nur aus der neuen Generalklausel des § 27 Abs. 3 S. 1 Nr. 7 WEG hergeleitet werden. Im Ergebnis bedarf es wie nach früherem Recht (§ 27 Abs. 2 Nr. 5 WEG a. F.) für jeden Einzelfall einer Ermächtigung (vgl. o. § 27 Rn. 65 ff.). Sie kann nach wie vor durch Beschluss und Vereinbarung erteilt werden. Sofern die Teilungserklärung keine Sonderregelung enthält, empfiehlt es sich daher gerade in größeren Gemeinschaften

§ 28 | Wirtschaftsplan, Rechnungslegung

zur Vermeidung ständig neuer Beschlussfassungen, den Verwalter allgemein zur Durchführung von Beitreibungsverfahren zu ermächtigen (*OLG Zweibrücken* NJW-RR 1987, 1366). Dies kann auch im Verwaltervertrag geschehen (*BayObLG* NJW-RR 1987, 1040; *OLG Zweibrücken* NJW-RR 1987, 1366). Weitere Schwierigkeiten ergeben sich daraus, dass auch § 27 Abs. 3 S. 1 Nr. 7 WEG als unabdingbare Befugnis des Verwalters aufgeführt wird. Bei weiter Auslegung hieße dies, dass nunmehr nur noch der Verwalter »sonstige Rechtsgeschäfte und Rechtshandlungen« für den Verband vornehmen darf. Damit wäre die bislang als zulässig erachtete Prozessstandschaft anderer, etwa der Wohnungseigentümer für den Verband ausgeschlossen. Eine solche Handhabung von § 27 Abs. 3 S. 1 Nr. 7 WEG dürfte aber kaum gewollt sein. Dies ergibt sich schon daraus, dass auch der Verwaltervertrag ein »sonstiges Rechtsgeschäft« ist und bei dieser Gesetzesinterpretation dann nur noch im Wege des In-Sich-Geschäftes abgeschlossen werden könnte. Auf § 27 Abs. 3 S. 1 Nr. 7 WEG bezogen ist § 27 Abs. 4 WEG wohl nur dahingehend zu verstehen, dass der Verwalter für Geschäfte ausschließlich zuständig ist, für die er bereits ermächtigt ist. Damit bleibt die bislang anerkannte Möglichkeit der Prozessstandschaft eines oder mehrerer Wohnungseigentümer weiterhin zulässig (a. A. Staudinger/*Bub* § 28 Rn. 266, der in einer solchen Ermächtigung einen Verstoß gegen Grundsätze ordnungsmäßiger Verwaltung sieht). Ohne eine solche Ermächtigung fehlt der Klage einzelner Wohnungseigentümer – auch auf Zahlung an den Verband – die Prozessführungsbefugnis (vgl. schon zum alten Recht *BGH* NJW 1990, 2386; *OLG Köln* NJW-RR 2001, 159; a. A. noch *BayObLG* NJW-RR 1987, 1040; *KG* NJW-RR 1990, 395; *OLG Köln* NJW-RR 1999, 1028 f.). Selbstverständlich ist es dem Verwalter auch weiterhin möglich, einen Rechtsanwalt mit der Durchführung des Beitreibungsverfahrens zu betrauen.

2. Der Beklagte

38 Zu verklagen ist grundsätzlich der Eigentümer der Wohnung bzw. Teileigentumseinheit, auf die die geschuldeten Vorschüsse entfallen. Maßgeblich ist dabei die Eigentümerstellung zu dem Zeitpunkt, da die betroffenen Vorschüsse fällig wurden (vgl. o. Rn. 21 ff. u. 33). Eine Ausnahme gilt nur dann, wenn die Teilungserklärung die Haftung des Erwerbers vorsieht. Dann kann auch dieser für rückständige Beiträge zu den Kosten und Lasten, die noch vor seinem Eigentumserwerb entstanden, herangezogen werden (vgl. o. Rn. 23). Eine solche Erwerberhaftung kann aber mangels Beschlusskompetenz nicht auch durch Mehrheitsbeschluss begründet werden. Hieran ändert § 21 Abs. 7 WEG nichts, da die Ausdehnung der Haftung nicht die Art und Weise der Zahlungen, ihre Fälligkeit oder die Folgen des Verzugs betrifft. Unabhängig vom Wortlaut der Teilungserklärung kann die Erwerberhaftung nicht auf den Ersteher in der Zwangsversteigerung ausgedehnt werden. Denn das verstieße gegen ein gesetzliches Verbot, da der Erwerber nach § 56 S. 2 ZVG die Lasten des Grundstücks erst ab dem Zuschlag zu tragen hat. Eine Regelung der Teilungserklärung, die sich hierüber hinwegsetzt, ist daher nichtig (vgl. o. Rn. 23).

3. Anspruchsgrundlage und erforderlicher Vortrag

39 Anspruchsgrundlage ist stets der jeweilige Beschluss des Gesamt- und Einzelwirtschaftsplans. Da der Zivilrichter nunmehr keine Amtsermittlung mehr betreiben darf, genügt also der Vortrag über den Beschluss, die danach eingetretene Fälligkeit und die daraus resultierende Höhe der auf den Schuldner entfallenden Vorschüsse nach § 28 Abs. 2 WEG. Der Vorlage von Wirtschaftsplan, Genehmigungsbeschluss oder gar weiteren Unterlagen wie etwa der Teilungserklärung bedarf es nicht mehr. Sie können vom Zivilgericht auch nicht verlangt werden. Bleibt der Vortrag zum Gesamt- und Einzelwirtschaftsplan sowie seiner Genehmigung unstreitig, hat das Zivilgericht zu verurteilen.

4. Verteidigungsmöglichkeiten des Schuldners

a) Fehler des Beschlusses über Wirtschaftsplan oder Sonderumlage

40 Dem in Anspruch Genommenen bleiben abgesehen von Rechenfehlern in der Ermittlung der Klagesumme im wesentlichen nur drei erhebliche Einwendungen. Erstens kann er das Fehlen einer Beschlussfassung über den Wirtschaftsplan bzw. nach der Abrechnung der Jahresabrechnung (*KG* NJW-RR 1986, 1274 f.) rügen. Die Fehlerhaftigkeit des Beschlusses ist dagegen im Beitreibungsverfahren grundsätzlich unerheblich, da sie nur durch Anfechtung im Verfahren nach

§ 43 Nr. 4 WEG geltend gemacht werden kann. Auch die Anfechtung des Beschlusses über den Wirtschaftsplan als solche steht der Klage auf Zahlung der dort bestimmten Vorschüsse nicht entgegen, da Beschlüsse nach § 23 Abs. 4 S. 2 WEG bis zu ihrer rechtskräftigen Ungültigerklärung wirksam sind (*OLG Stuttgart* NJW-RR 1990, 659; *BayObLG* NJW-RR 2002, 1666; *OLG Düsseldorf* ZMR 2007, 711). Wird der Wirtschaftsplan nach rechtskräftiger Verurteilung des Wohnungseigentümers zur Zahlung der hiernach zu entrichtenden Vorschüsse für ungültig erklärt, kann er dies im Wege der Vollstreckungsgegenklage nach § 767 BGB geltend machen. Sofern die Teilungserklärung andere oder zusätzliche Voraussetzungen für die Wirksamkeit eines Wirtschaftsplans aufstellt, kann auch ihr Fehlen noch im Beitreibungsverfahren gerügt werden.

b) Leistung und Leistungssurrogate
Des weiteren kann der verklagte Wohnungseigentümer die Zahlung der verlangten Vorschüsse einwenden. Diese muss aber tatsächlich erfolgt sein; die Aufrechnung mit eigenen Forderungen ist nur zulässig, wenn diese unstreitig oder rechtskräftig festgestellt sind bzw. einer Notgeschäftsführung entstammen (*OLG Stuttgart* NJW-RR 1989, 842; *KG* NJW-RR 1996, 465; *OLG Frankfurt* NJW-RR 2006, 1604; *OLG München* NJW-RR 2007, 735). Die Notgeschäftsführung muss zudem von dem Aufrechnenden vorgenommen worden sein, ein abgetretener Anspruch genügt nicht (*KG* NJW-RR 1995, 719 f.). Die Notgeschäftsführung und die anerkannten Forderungen gleichgestellte Inanspruchnahme durch Versorgungsträger aus gemeinschuldnerischer Haftung (*KG* NJW-RR 1996, 465) hat an Bedeutung verloren, da außerhalb des Abgabenrechts (vgl. o. § 27 Rn. 40) nunmehr allenfalls die anteilmäßige Inanspruchnahme aus § 10 Abs. 8 WEG in Betracht kommt. Im Übrigen ist die Aufrechnung ausgeschlossen, auch mit Schadensersatzansprüchen aus § 14 Nr. 4 WEG (*OLG München* NJW-RR 2007, 735 = ZMR 2007, 397 f.). Denn die Gemeinschaft ist zur Erhaltung ihrer Liquidität zwingend auf die Vorschüsse aus § 28 Abs. 2 WEG angewiesen. Dies gilt auch für ausgeschiedene Wohnungseigentümer (*BayObLG* NJW-RR 1996, 1039; *LG Köln* NJW-RR 1993, 148). Die Teilungserklärung kann noch darüber hinausgehen und ein Aufrechnungsverbot auch für rechtskräftig titulierte oder anerkannte Forderungen vorsehen (*Bärmann/Pick/Merle* § 28 Rn. 149). In diesem Umfang ist auch die Geltendmachung eines Zurückbehaltungsrechts ausgeschlossen (*OLG München* ZMR 2006, 882). Insbesondere kann die Mangelhaftigkeit von Werkleistungen Dritter nicht die Zurückbehaltung von Beiträgen an die Wohnungseigentümergemeinschaft rechtfertigen. Auch eine Vollstreckungsgegenklage ist schon wegen § 767 Abs. 2 ZPO ausgeschlossen (*KG* NJW-RR 1995, 719 f.). Sofern aus diesen Gründen bisweilen die Erhebung einer Widerklage auf Zahlung des vom Verband geschuldeten Betrages empfohlen wird (*Jennißen* XIII Rn. 15), ist dieser Weg nur gangbar, wenn es nicht zuvor einer Beschlussfassung der Eigentümerversammlung bedarf. Dies ist etwa bei Überzahlungen im Rahmen der Vorschussleistungen regelmäßig der Fall (vgl. o. Rn. 32).

c) Verjährung
Schließlich kann der Schuldner bei nachlässiger Beitreibung die Einrede der Verjährung erheben. Vorschüsse verjähren gemäß §§ 195, 199 BGB am Ende des dritten Kalenderjahres nach ihrer Entstehung (*OLG Hamburg* ZMR 2006, 792; *OLG München* ZMR 2007, 478 ff.; *Jennißen* XIII Rn. 18). Im Übrigen folgt aus der unterlassenen Geltendmachung von Beiträgen regelmäßig keine konkludente Freistellung (*OLG Hamburg* ZMR 2006, 59).

d) Unterlassene Nutzung des Wohn- oder Teileigentums
Keine taugliche Verteidigung ist dagegen das Vorbringen, dass die Wohnung bzw. Teileigentumseinheit, für die die Vorschüsse gefordert werden, leer steht. Denn das Verwendungsrisiko trägt der einzelne Wohnungseigentümer, nicht die Gemeinschaft. Insbesondere ist auch bei Absperrung der Heizkörper ein Verbrauchsanteil, die sog. Kaltverdunstung, zu ermitteln und abzurechnen (*BayObLG* NJW-RR 1988, 1166 f.; 1997, 717; *Jennißen* V Rn. 81). Ähnliches gilt, wenn der Wohnungseigentümer bestimmte Einrichtungen wie etwa einen Fahrstuhl nicht nutzt. Denn die Beitragsverpflichtung besteht unabhängig von einer Nutzung des Gemeinschaftseigentums (*KG* NJW-RR 1993, 403; *OLG München* NJW-RR 2007, 376).

§ 28 | Wirtschaftsplan, Rechnungslegung

e) Der Anspruch auf Abänderung der Teilungserklärung

44 Auch der bloße Anspruch auf Abänderung der Teilungserklärung, der nunmehr nach § 10 Abs. 2 S. 3 WEG an wesentlich geringere Voraussetzungen geknüpft ist als nach altem Recht, führt nicht ohne weiteres zur Verringerung der Kostenbeteiligung. Dies erfolgt erst mit Durchsetzung des Anspruchs, sei es durch gerichtliche Entscheidung, sei es durch Mehrheitsbeschluss, sofern man in § 10 Abs. 2 S. 3 WEG eine Beschlusskompetenz sieht. Insoweit kann auf die Judikatur zum alten Recht zurückgegriffen werden (*BayObLG* NJW-RR 1987, 716; 1990, 1493; 1997, 716; *OLG München* ZMR 2006, 953; NJW-RR 2007, 377; *OLG Frankfurt* ZMR 2007, 293).

II. Sanktionen für säumige Zahler

1. Die Änderung der Rechtslage durch die Novelle zum WEG

45 Mit der in der Beschlussfassung bestimmten kalendermäßigen Fälligkeit der Vorschüsse bzw. mit einer Mahnung des Verwalters kommt der Wohnungseigentümer in Verzug. Die Säumnis von Wohnungseigentümern bereitet, selbst wenn die Gelder noch beitreibbar sind, erheblichen Mehraufwand und gefährdet die Liquidität der Gemeinschaft. Deshalb erscheinen Sanktionen wie Verzugszinsen oder die Vorfälligkeit der Vorschüsse für das gesamte Jahr ab einer bestimmten Höhe der offenen Beiträge sinnvoll. Nach altem Recht konnten derartige Maßnahmen indessen regelmäßig nur dann ergriffen werden, wenn sie in der Teilungserklärung oder durch Vereinbarung zugelassen waren. Ihre Einführung durch Mehrheitsbeschluss war nur möglich, wenn die Teilungserklärung dies durch Öffnungsklausel zuließ. Lediglich im Verwaltervertrag vereinbarte Zusatzvergütungen des Verwalters für die gerichtliche Geltendmachung der Forderung konnten als außergerichtliche Kosten geltend gemacht werden. Dies muss im Kostenfestsetzungsverfahren geschehen, da ein weiteres Erkenntnisverfahren ein aufwendigerer Weg war, für den kein Rechtsschutzbedürfnis besteht (s. u. § 50 Rn. 7; a. A. *Niedenführ/Kümmel/Vandenhouten* § 28 Rn. 184). Dies verhinderte in aller Regel wirksame Sanktionen gegen säumige Wohnungseigentümer. Diesem Missstand hat der Gesetzgeber mit § 21 Abs. 7 WEG abgeholfen. Denn danach erteilt der Gesetzgeber der Eigentümerversammlung die neue Beschlusskompetenz, nunmehr mit Mehrheit neue Regelungen zur Art und Weise von Zahlungen, zu ihrer Fälligkeit und zu den Folgen des Verzugs zu beschließen (*Abramenko* § 2 Rn. 9). Voraussetzung für Sanktionen ist freilich auch ein Verschulden des Wohnungseigentümers. Hieran kann es insbesondere bei Erteilung einer Einzugsermächtigung fehlen, da es Sache des Verwalters ist, hiervon Gebrauch zu machen.

2. Die Art und Weise von Zahlungen

46 Die neue Kompetenz, über die »Art und Weise von Zahlungen« Beschlüsse zu fassen, erfaßt zunächst »neutrale« Regelungen ohne Sanktionscharakter, die nur der Erleichterung des Zahlungsverkehrs zwischen den Wohnungseigentümern und dem Verband dienen. So kann die Eigentümerversammlung etwa die Barzahlung oder Sammelüberweisungen für mehrere Wohnungen ausschließen, das Lastschriftverfahren beschließen (vgl. schon zum früheren Recht *OLG Hamburg* NJW-RR 1998, 1163; *OLG Düsseldorf* NJW-RR 2002, 83; *BayObLG* NJW-RR 2002, 1666) oder die Erteilung von Einzugsermächtigungen durch die einzelnen Miteigentümer verlangen. Damit ist die Entscheidung des BGH zur Teilrechtsfähigkeit insoweit obsolet geworden, als dort das Fehlen einer Beschlusskompetenz festgestellt wurde, kraft derer einzelnen Miteigentümer durch Mehrheitsbeschluss zusätzliche Verpflichtungen auferlegt werden könnten (*BGH* ZMR 2005, 554; speziell zum Lastschriftverfahren s. *BayObLG* NJW-RR 2002, 1666; *OLG München* NJW-RR 2006, 1607; *Jennißen* IV Rn. 26). Den Materialien ist nämlich zu entnehmen, dass der Begriff der »Art und Weise von Zahlungen« weit zu verstehen ist. Danach kann die Eigentümerversammlung auch Sanktionen für die Nichteinhaltung der beschlossenen Zahlungsweise festsetzen, also etwa eine Pauschale für den Mehraufwand festlegen, wenn einzelne Miteigentümer nicht am Lastschriftverfahren teilnehmen (BT-Drucks. 16/887, 27). Eine Grenze hierfür ergibt sich allerdings daraus, dass diese Sanktion wie jeder Mehrheitsbeschluss ordnungsmäßiger Verwaltung entsprechen muss. Dem entspricht etwa eine Pauschale von 1000 Euro für die Nichtteilnahme am Lastschriftverfahren gewiss nicht.

3. Die Fälligkeit von Zahlungen an die Gemeinschaft

Nach § 21 Abs. 7 WEG kommt der Wohnungseigentümerversammlung nunmehr auch die Kompetenz zu, über die Fälligkeit der von den Wohnungseigentümern geschuldeten Beiträge abweichend von Gesetz oder Teilungserklärung mit Mehrheit zu befinden. Dies wird in der Praxis vorrangig die Vorschüsse nach § 28 Abs. 2 WEG betreffen. Denn die Fälligkeit einmaliger Leistungen, etwa der Nachzahlung aus der Jahresabrechnung oder einer Sonderumlage, konnte schon bislang ohne weiteres in dem jeweiligen Beschluss mitgeregelt werden. Von großer Bedeutung ist die neue Beschlusskompetenz dagegen für die Vorschüsse nach § 28 Abs. 2 WEG. Denn nunmehr beschränken sich die Regelungsmöglichkeit etwa zur Aufteilung der Vorschüsse auf zwölf jährliche Raten und die Fälligkeit der gesamten Beitragsschuld bei bestimmten Verzugshöhen nicht mehr auf den konkreten Beschluss des jeweiligen Wirtschaftsplans. Vielmehr können unabhängig hiervon generelle Regelungen für die Zukunft getroffen werden können. Damit kann die Eigentümerversammlung, auch wenn die Teilungserklärung keine entsprechende Beschlusskompetenz enthält oder sogar andere Modalitäten vorsieht, Fälligkeitstermine, Raten, die Stundung in Form monatlicher Zahlung und Verfallsregelungen, etwa die Gesamtfälligkeit der gesamten Vorschüsse eines Jahres beim Verzug mit zwei oder mehr Raten mit einfacher Mehrheit Beschluss fassen. Allerdings müssen auch in diesem Zusammenhang die Grundsätze ordnungsmäßiger Verwaltung eingehalten werden. 47

4. Folgen des Verzugs

Die wohl effektivste Möglichkeit, säumige Schuldner zu ordnungsgemäßem Zahlungsverhalten zu bewegen, enthält die dritte Alternative von § 21 Abs. 7 WEG, wonach die Eigentümerversammlung auch die Folgen des Verzugs mit Mehrheitsbeschluss regeln kann. Dies umfasst Sanktionen wie etwa einen über dem gesetzlichen Satz liegenden Zins oder einen pauschalierten Schadensersatz für verspätete Zahlungen (BT-Drucks. 16/887, 27; *Frohne* ZMR 2006, 590). Grenze ist auch hier das Gebot ordnungsmäßiger Verwaltung. Übermäßige Strafen sind daher zumindest durch Anfechtung im Verfahren nach § 43 Nr. 4 WEG angreifbar, verstoßen aber u. U. auch gegen allgemeine Verbotsvorschriften wie § 138 BGB. Auch ohne Ausnutzung der Möglichkeiten aus § 21 Abs. 7 WEG oder bei unwirksamen Beschlüssen können die gesetzlichen Verzugsfolgen geltend gemacht werden, etwa Verzugszinsen von 5 Prozentpunkten über dem Basiszinssatz oder Verzugsschäden wie die Kosten einer anwaltliche Tätigkeiten im Rahmen der Beitreibung nach §§ 280 Abs. 2, 286 BGB (zu Zusatzvergütungen des Verwalters vgl. o. § 26 Rn. 66 u. § 50 Rn. 6 f.). 48

5. Die Versorgungssperre

a) Voraussetzungen der Versorgungssperre gegen Miteigentümer

Bereits nach altem Recht wurde es für zulässig angesehen, unter Berufung auf ein Zurückbehaltungsrecht nach § 273 BGB die weitere Belieferung eines säumigen Wohnungseigentümers mit Wasser, Wärme oder ähnlichen von der Gemeinschaft vorfinanzierten Leistungen abzusperren. Diese Möglichkeit ist gegenüber dem Entziehungsverfahren nicht subsidiär, da §§ 18 f. WEG keine abschließende Regelung enthalten (*OLG Celle* NJW-RR 1991, 1118 f.; *BayObLG* NJW-RR 1992, 787 – Ls –). Die Versorgungssperre setzte erhebliche Rückstände voraus (*BGH* ZMR 2005, 881 f.; *OLG Celle* NJW-RR 1991, 1119; *BayObLG* NJW-RR 1992, 787 – Ls –; *OLG Hamm* NJW-RR 1994, 145 – Ls –; *KG* NJW-RR 2001, 1308; ZMR 2005, 906; NJW-RR 2006, 447 = ZMR 2005, 906, wo ein Rückstand von mehr als 6 monatlichen Beitragsleistungen verlangt wird; ähnlich *OLG München* NJW-RR 2005, 599 u. *OLG Frankfurt* NJW-RR 2006, 1673, das die Verhältnismäßigkeit der Maßnahme verlangt), ferner die vorherige Androhung und eine Beschlussfassung der Eigentümerversammlung (*BGH* ZMR 2005, 881; *OLG Celle* NJW-RR 1991, 1119; *Jennißen* XIII Rn. 40). Der Titulierung bedürfen die Rückstände nicht (a. A. *Jennißen* XIII Rn. 40). Die Beschlussfassung kann auch generell für die Zukunft erfolgen (*KG* NJW-RR 2006, 446 = ZMR 2005, 906). Sie ist aber nur Voraussetzung der Versorgungssperre; sie ersetzt auch nach ihrer Bestandskraft nicht die eigenen Feststellungen des Tatrichters, der das Vorliegen der Voraussetzungen prüfen muss (*OLG München* NJW-RR 2005, 599). Zahlungen auf einzelne Positionen wie Wasser oder Wärmelieferung zur Vermeidung ihrer Absperrung scheiden aus, da es sich bei verbrauchsabhängigen und verbrauchs- 49

§ 28 | Wirtschaftsplan, Rechnungslegung

unabhängigen Kosten um eine einheitliche Schuld handelt und die Unterpositionen keine eigenständigen Verbindlichkeiten darstellen (*KG* NJW-RR 2006, 446 = ZMR 2005, 906 f.). Aus diesen Gründen kam die Unterbindung der Versorgung mit Leistungen, die der Schuldner unmittelbar mit Dritten abrechnete, naturgemäß nicht in Betracht, da insoweit keine Leistung der Gemeinschaft vorlag (*OLG Celle* NJW-RR 1991, 1119). Die Versorgungssperre bedarf auch, wenn etwa der Einbau von Absperrventilen erforderlich wird, nicht als bauliche Veränderung der Zustimmung des säumigen Eigentümers, da er sie nach § 22 Abs. 1 S. 2 WEG dulden muss (*KG* NJW-RR 2001, 1308; *BayObLG* NJW-RR 2004, 1382). Der säumige Wohnungseigentümer hat nach § 14 Nr. 4 WEG auch das Betreten seiner Wohnung zur Anbringung von Absperrvorrichtungen zu dulden (*BGH* ZMR 2005, 882; *OLG München* NJW-RR 2005, 599; *OLG Frankfurt* NJW-RR 2006, 1674). Eine Versorgungssperre kann nunmehr, da sie sich als Maßnahme wegen des Verzugs mit Beitragszahlungen nach § 21 Abs. 7 WEG rechtfertigen lässt, jedenfalls unter den bisher geltenden, eher noch unter vereinfachten Voraussetzungen beschlossen werden. Der betroffene Eigentümer ist bei der Entscheidung hierüber nach § 25 Abs. 5 WEG nicht stimmberechtigt.

b) Die Versorgungssperre bei vermietetem Wohnungs- oder Teileigentum

50 Keine Entscheidung dürfte durch die Novelle der Streit um die Versorgungssperre vermieteten Wohnungs- oder Teileigentums gefunden haben. Da auch § 21 Abs. 7 WEG keine Wirkung von Beschlüssen gegen Dritte zulässt, ist die Argumentation, die die Versorgungssperre als verbotene Eigenmacht gegen den Mieter ansieht, durch die neue Beschlusskompetenz nicht berührt. Es ist aber wie schon nach altem Recht mit der h. M. nicht einzusehen, weshalb dem Mieter, dem nur ein vom Eigentümer abgeleitetes Nutzungsrecht zukommt, weitergehende Rechte zugesprochen werden können als diesem. Daher ist die Versorgungssperre auch bei vermietetem Wohnungs- oder Teileigentum zulässig (*KG* NJW-RR 2001, 1308; *Jennißen* XIII Rn. 40; *Niedenführ/Schulze* § 28 Rn. 152; *Staudinger/Bub* § 28 Rn. 149; a. A. *OLG Köln* NJW-RR 2001, 302 f. unter Berufung auf Besitzschutzansprüche des Mieters). Hierfür soll er allerdings nicht zur Duldung des Betretens seiner Wohnung verpflichtet sein (*KG* NJW-RR 2006, 658 f. = ZMR 2006, 380; *Niedenführ/Kümmel/Vandenhouten* § 28 Rn. 192; Staudinger / *Bub* § 28 Rn. 149; s. ferner Anhang § 13 Rn. 84 ff.).

III. Sicherungsmittel

51 Sanktionen zur Gewährleistung eines ordnungsgemäßen Zahlungsverhaltens sind naturgemäß wirkungslos, wenn der Schuldner zahlungsunfähig ist. Für diesen Fall können nur Sicherungsmittel einen Ausfall verhindern. Hierzu wurden in Rspr. und Schrifttum die unterschiedlichsten Anregungen unterbreitet, die von einer notariellen Unterwerfung unter die Zwangsvollstreckung in das gesamte Vermögen (*KG* NJW-RR 1997, 1304) über die Kautionsleistung und die Eintragung einer vorrangigen Grundschuld bis zum Abschluss einer Ausfallversicherung durch die einzelnen Wohnungseigentümer reichen (s. Staudinger / *Bub* § 28 Rn. 68 a m. w. N.). All diesen Vorschlägen ist gemein, dass sie Ausfälle nur verhindern können, wenn sie vorab von allen Wohnungseigentümern vereinbart wurden. Eine nachträgliche Sicherung wird (abgesehen von anfechtungsrechtlichen Gesichtspunkten) in aller Regel nicht in Betracht kommen, da es insoweit der Mitwirkung aller Miteigentümer, auch des Zahlungsunfähigen bedarf. Mit Mehrheitsbeschluss kann er nicht zur Stellung von Sicherungsmitteln gezwungen werden. Hieran hat auch die neue Beschlusskompetenz nach § 21 Abs. 7 WEG nichts geändert. Denn hierbei handelt es sich nicht um die Art und Weise von Zahlungen, ihre Fälligkeit oder um die Folgen des Verzugs. Allerdings können dann, wenn die Verschiebung von Vermögen droht, die allgemeinen zivilprozessualen Sicherungsmittel wie der dingliche und persönliche Arrest (§§ 916 ZPO) in Anspruch genommen werden.

IV. Der Vorrang von Beitragsforderungen in der Zwangsversteigerung

1. Die frühere Rechtslage

52 Eine weitere, wenn auch der Höhe nach begrenzte Möglichkeit zur Beitreibung rückständiger Vorschüsse bieten die Änderungen von § 10 ZVG im Rahmen der Novelle zum WEG. Auch titu-

lierte Rückstände konnten nach früherem Recht bei selbstgenutztem Eigentum (vgl. *LG Zwickau* ZMR 2007, 656 m. Anm. *Walke*) oftmals nicht vollstreckt werden. Denn Erträge waren nicht zu erwarten. War das selbstgenutzte Wohnungs- oder Teileigentum bis zur Wertgrenze beliehen, konnte selbst ein Eigentümerwechsel im Wege der Zwangsversteigerung ausscheiden. Denn Grundpfandrechte fielen in das geringste Gebot, mussten mithin vom Ersteher übernommen werden. Dass Außenstehende hierzu regelmäßig nicht bereit sind, versteht sich von selbst, da sie ein solchermaßen belastetes Eigentum alsbald wieder verlieren (*OLG Celle* NJW-RR 1991, 1119). In der Folge hing die Durchführung des Zwangsversteigerungsverfahrens von den besserrangigen Gläubigern ab. War aus ihrer Sicht ein weiteres Abwarten zur Ermittlung von Kaufinteressenten für eine lukrativere freihändige Veräußerung erforderlich, konnten sich die Miteigentümer noch nicht einmal im Wege der Zwangsversteigerung des säumigen Miteigentümers entledigen. Dies führte in der Praxis dazu, dass die Miteigentümer teilweise über Jahre die Lasten und Kosten eines insolventen Wohnungseigentümers mittragen mussten.

2. Der Lösungsansatz der Gesetzesänderung

Diesem Mißstand, dass gerade die überhöhte Belastung mit Grundpfandrechten zu einem von den Miteigentümern finanzierten Verbleiben des Schuldners in seiner Wohnung verhilft, will § 10 Abs. 1 Nr. 2 ZVG mit einem begrenzten Vorrang u. a. der Vorschüsse nach § 28 Abs. 2 WEG begegnen. Danach wird rückständigen Beiträgen zu den Kosten und Lasten ein der Höhe nach begrenzter Vorrang auch gegenüber dinglichen Rechten eingeräumt. In der Folge werden die Forderungen des Verbandes, die nach altem Recht regelmäßig in vollem Umfang ausfielen, nunmehr im Wege der Zwangsversteigerung wenigstens teilweise befriedigt. Noch weit wichtiger ist es aber, dass so auch ohne Zutun der dinglichen Gläubiger überhaupt ein Eigentümerwechsel herbeigeführt werden kann. Auf diesem Wege können sich die Wohnungseigentümer wenigstens für die Zukunft des zahlungsunfähigen Miteigentümers entledigen, der nach bisherigem Recht auf ihre Kosten in der Liegenschaft verblieb.

53

3. Die Voraussetzung für die vorrangige Geltendmachung von Vorschüssen nach § 28 Abs. 2 WEG

a) Schuldner- und Einheitsbezogenheit

Der Vorrang nach § 10 Abs. 1 Nr. 2 S. 1 ZVG setzt zunächst voraus, dass es sich um Vorschüsse des Wohnungseigentümers für die in der Versteigerung befindliche Wohnung handelt. Dies ergibt sich daraus, dass nach § 10 Abs. 1 Nr. 2 S. 1 ZVG »bei Vollstreckung in ein Wohnungseigentum die daraus fälligen Ansprüche« vorrangig sein sollen. Die Möglichkeit der vorrangigen Geltendmachung von Lasten und Kosten ist also nicht nur schuldner- sondern auch einheitsbezogen. Der Verband kann infolgedessen dann, wenn der Schuldner Mehrfacheigentümer ist, nicht wegen der Rückstände einer Einheit die vorrangige Befriedigung bei einer Zwangsvollstreckung in eine seiner anderen Wohnungen beanspruchen. Nach § 10 Abs. 1 Nr. 2 ZVG können nur die Rückstände, die für die jeweilige Einheit aufgelaufen sind, berücksichtigt werden.

54

b) Die zeitliche Grenze

Auch in zeitlicher Hinsicht setzt § 10 Abs. 1 Nr. 2 S. 2 ZVG der vorrangigen Geltendmachung von Beitragsforderungen eine Grenze. Es können nur solche Rückstände vorrangig berücksichtigt werden, die im Jahr der Beschlagnahme und in den beiden Jahren zuvor fällig wurden. Dabei kommt es nach der Entwurfsbegründung anders als bei der Haftung von Veräußerer und Erwerber auf die Entstehung, nicht auf die Fälligkeit der Beiträge an. Wird also etwa die Jahresabrechnung nicht, wie eigentlich geboten (vgl. u. Rn. 61) in den ersten Monaten nach Ablauf des betroffenen Wirtschaftsjahres, sondern mehr als 1 Jahr später genehmigt, berührt dies die zeitliche Ausschlussfrist des § 10 Abs. 1 S. 2 ZVG nicht, da die Forderungen bereits zuvor begründet wurden (BT-Drucks. 16/887, 45). Es bleibt abzuwarten, ob diese zeitliche Einschränkung für die bevorrechtigte Geltendmachung gemeinschaftlicher Ansprüche durch Wiederholung und Neubegründung des alten Saldos in den späteren Jahresabrechnungen umgangen werden kann (vgl. u. Rn. 91).

55

§ 28 | Wirtschaftsplan, Rechnungslegung

c) Höchst- und Mindestbetrag

56 Die bevorrechtigte Geltendmachung von Beiträgen ist ferner auch der Höhe nach beschränkt. Nach § 10 Abs. 1 Nr. 2 S. 3 ZVG darf die bevorrechtigte Summe 5% des Verkehrswertes nach § 74a Abs. 5 ZVG nicht übersteigen, was auch Nebenforderungen wie Zinsen umfasst. Dies ist in der praktischen Umsetzung insoweit problematisch, als die Wohnungseigentümer den Verkehrswert nach § 74a Abs. 5 ZVG frühestens nach Einholung des Verkehrswertgutachtens, mit Sicherheit sogar erst nach Festsetzung des Verkehrswertes, nicht aber schon bei Einleitung des Verfahrens kennen. Wird die vorrangige Berücksichtigung einer darüber hinausgehenden Forderung beantragt, zieht dies allerdings keinen Rechtsnachteil nach sich. Mit der über 5% des Verkehrswertes übersteigenden Forderung fällt der teilrechtsfähige Verband eben aus.

57 Darüber hinaus setzt die bevorrechtigte Beitreibung von Kosten- und Lastenbeiträgen nach § 10 Abs. 3 S. 1 ZVG ferner einen Mindestbetrag von 3/100 des Einheitswertes voraus. Dies beruht auf der Überlegung des Gesetzgebers, dass es einen Wertungswiderspruch darstellen würde, könnte ein Entziehungsverfahren erst ab dieser Grenze, ein Zwangsversteigerungsverfahren jedoch schon bei geringeren Rückständen betrieben werden (BT-Drucks. 16/887, 45). Angesichts der geringen Höhe des Einheitswertes dürfte dies allerdings nur selten eine Rolle spielen. Zudem sind die Wohnungseigentümer durch diese Grenze nur an der Einleitung eines Zwangsversteigerungsverfahrens gehindert. Sie können Beitragsforderungen aber in einem Verfahren, das von einem anderen Gläubiger betrieben wird, unabhängig von dieser Grenze bevorrechtigt geltend machen (BT-Drucks. 16/887, 45f.).

d) Fälligkeit

58 Schließlich begrenzt § 10 Abs. 1 Nr. 2 ZVG die privilegierte Behandlung auf »die (...) fälligen Ansprüche«. In vorliegendem Zusammenhang, bei Vorschüssen nach § 28 Abs. 2 WEG für bereits zurückliegende Zeiträume ist die Fälligkeit üblicherweise nach Genehmigung des Wirtschaftsplanes und dem Abruf der Gelder durch den Verwalter gemäß § 28 Abs. 2 WEG schon längst eingetreten. Problematisch kann allenfalls der Fall sein, dass die Genehmigung des Wirtschaftsplans erfolgreich im Verfahren nach § 43 Nr. 4 WEG angefochten wird. Dann fehlt es an den Voraussetzungen der Fälligkeit; es kann allenfalls der Nachzahlungsbetrag aus der Jahresabrechnung geltend gemacht werden. Auch aus diesem Grunde empfiehlt es sich, bei der Genehmigung eines Wirtschaftsplanes dessen Gültigkeit bis zur Wirksamkeit eines neuen mitzubeschließen. Denn dann können immerhin die nach dem fortgeltenden früheren Wirtschaftsplan zu erbringenden Vorschüsse vorrangig berücksichtigt werden.

e) Die besonderen Anforderungen an den Titel

59 Der Verband muss als Gläubiger bereits bei Antragstellung gemäß § 16 Abs. 2 ZVG einen vollstreckbaren Titel beifügen. Tituliert muss aber nur die Forderung sein. Eines Duldungstitels wegen der Vollstreckung in das Wohnungseigentum bedarf es, wie die Formulierung in § 10 Abs. 3 S. 2 ZVG klarstellen soll (s. BT-Drucks. 16/887, 46; vgl. *Mayer* RpflStud 2006, 71), gerade nicht. Dafür sind an den Titel hinsichtlich der Rückstände, da sie eben nur unter den Voraussetzungen des § 10 Abs. 1 Nr. 2 ZVG bevorrechtigt sind, besondere Anforderungen zu stellen. Diese sind in § 10 Abs. 3 ZVG normiert. Danach muss der Titel neben der Zahlungsverpflichtung die Art des Anspruchs (also seine Natur als Beitrag nach §§ 16 Abs. 2, 28 Abs. 2, 5 WEG), den Zeitraum seiner Begründung im Jahr der Beschlagnahme oder in den beiden Jahren zuvor und die Fälligkeit erkennen lassen. Konsequenterweise müssten diese Angaben dem Titel zu entnehmen sein, wie der Vergleich mit Forderungen aus unerlaubter Handlung gemäß § 850f Abs. 2 ZPO zeigt, was dort notfalls einen eigenen Feststellungsantrag erfordert (BGH Rpfleger 2003, 93). Denn ansonsten muss der Rechtspfleger im streng formalisierten Vollstreckungsverfahren die materiell-rechtliche Begründung des Anspruchs überprüfen. Diese Systemwidrigkeit nimmt der Gesetzgeber im vorliegenden Verfahren aber in Kauf, wie die Ausführungen der Materialien zum Nachweis gemäß § 10 Abs. 3 S. 3 ZVG bei Versäumnis- und Anerkenntnisurteilen, zeigen (BT-Drucks. 16/887, 46). Denn danach genügt bei Titeln ohne Tatbestand und Entscheidungsgründe eine Glaubhaftmachung in sonst geeigneter Weise, etwa durch ein Doppel der Klageschrift, die die erforderlichen Angaben enthält. Nur dadurch bleibt aber auch das Mahnbescheidsverfahren, in dem

ein über die Zahlungsverpflichtung hinausgehender Titel überhaupt nicht ergehen kann, für rückständige Beiträge nach §§ 16 Abs. 2, 28 Abs. 2, 5 WEG sinnvoll. Umgekehrt würde im vorliegenden Zusammenhang also das Feststellungsinteresse für Feststellungsanträge zur Art der Schuld, wie sie im Hinblick auf § 850 f Abs. 2 ZPO geboten sind, fehlen. Denn die Voraussetzungen nach § 10 Abs. 3 ZVG können für Vorschüsse nach § 28 Abs. 2 WEG und andere Beitragsrückstände auch auf anderem Wege nachgewiesen werden.

D. Die Jahresabrechnung
I. Die Aufstellung der Jahresabrechnung als Pflicht des Verwalters
1. Der Verwalter als vorrangig Verpflichteter und sonstige Ersteller

Auch die Aufstellung der Jahresabrechnung ist nach § 28 Abs. 3 WEG Pflicht des Verwalters. Wie im Falle des Wirtschaftsplans ist er zur Erstellung einer Beschlussvorlage hierfür verpflichtet. Wie beim Wirtschaftsplan bedarf es, wie die parallelen Formulierungen des Gesetzes zu Wirtschaftsplan und Jahresabrechnung in § 28 Abs. 1, 3 WEG zeigen, keines Beschlusses der Eigentümerversammlung o. ä., um die Verpflichtung zu begründen. Der Verwalter ist hierzu kraft Gesetzes verpflichtet und muss von sich aus tätig werden. Hierbei handelt es sich um eine der wichtigsten Pflichten des Verwalters. Verweigert er die (ordnungsgemäße) Erfüllung dieser Pflicht oder ist er hierzu nicht in der Lage, wird daher wie beim Wirtschaftsplan i. d. R. ein Grund zur Abberufung aus wichtigem Grund vorliegen (vgl. o. § 26 Rn. 22). Wie dort gehört die Tätigkeit aber nicht zu den unentziehbaren Mindestaufgaben des Verwalters nach § 27 Abs. 4 WEG (vgl. o. Rn. 5). Will die Eigentümergemeinschaft etwa nach der (Teil)ungültigerklärung eine unabhängige neue Beschlussvorlage, kann sie Dritte, insbesondere Miteigentümer mit der Erstellung einer Beschlussvorlage betrauen (*OLG Düsseldorf* ZWE 2007, 309 f.). Parallel zum Wirtschaftsplan kann die Erstellung der Jahresabrechnung durch Vereinbarung auch auf Dauer anderen Personen als dem Verwalter, etwa dem Verwaltungsbeirat oder einem Finanzausschuss o. ä. übertragen werden. Die Jahresabrechnung muss stets für die gesamte Liegenschaft aufgestellt werden. Auch bei Mehrhausanlagen kommt eine Abrechnung nach einzelnen Häusern nicht in Betracht (*BayObLG* NJW-RR 1994, 1236 f.). 60

2. Der Zeitpunkt der Aufstellung

Nach § 28 Abs. 1 S. 1 WEG ist die Abrechnungsperiode grundsätzlich das Kalenderjahr (*BayObLG* NJW-RR 1991, 533). Deshalb ist die Jahresabrechnung in den ersten Monaten des Jahres zu erstellen und der Eigentümerversammlung zur Beschlussfassung vorzulegen (*OLG Zweibrücken* ZMR 2007, 728). Ein einheitlicher Termin für alle Abrechnungen und Eigentümergemeinschaften lässt sich allerdings nicht bestimmen, da insoweit die Umstände des Einzelfalls maßgeblich sind. Insbesondere kommt es auf die Größe der Eigentümergemeinschaft, die Zahl der Geschäftsvorfälle und – vor allem nach einem Verwalterwechsel – die Qualität der Verwaltungsunterlagen an. In kleinen Eigentümergemeinschaften mit geordneter Buchführung wird die Erstellung der Jahresabrechnung spätestens Ende März eines Jahres fällig sein (*BayObLG* NJW-RR 1990, 660; *OLG Hamm* NJW-RR 1993, 846; a. A., bis Juni *Jennißen* VII Rn. 53). Dies gilt erst recht, wenn keine Verteilung wichtiger Kostenpositionen auf die einzelnen Eigentümer vorzunehmen ist, etwa bei getrennten Etagenheizungen für alle Einheiten. Umgekehrt kann der mangelhafte Zustand der Unterlagen nach einem Verwalterwechsel für längere Fristen sprechen. Ähnliches gilt, wenn zum Ende des Wirtschaftsplanes nur die Gesamtkosten einer Kostenart (etwa der Heizölverbrauch für alle Einheiten) feststehen, die Ermittlung des Einzelverbrauchs durch das hiermit betraute Ableseunternehmen dagegen auf sich warten lässt oder gar fehlerhaft ist. Keinen Aufschub rechtfertigt dagegen der ausstehende Eingang von Rechnungen, wenn die Kosten für die Gemeinschaft hierdurch erst beziffert werden. Denn dann wird der Zahlbetrag, auch wenn die Dienst- oder Werkleistung bereits im Vorjahr erbracht wurde, erst im Folgejahr fällig und ist daher auch erst in die Abrechnung für dieses Jahr einzustellen. Nach eingetretener Fälligkeit der Abrechnungspflicht kommt der Verwalter durch die Mahnung eines einzelnen Wohnungseigentümers in Verzug (*Staudinger/Bub* § 28 Rn. 272). 61

3. Die Erstellung der Jahresabrechnung nach einem Verwalterwechsel

62 Die Jahresabrechnung hat stets der Verwalter aufzustellen, in dessen Amtszeit diese Verpflichtung fällig wurde. Die Verpflichtung geht nicht auf den neuen Verwalter über (*KG* NJW-RR 1993, 529 = WE 1993, 83; *OLG Hamm* NJW-RR 1993, 847; *BayObLG* WuM 1994, 44; NJW-RR 2003, 517 = ZMR 2003, 438; *OLG Celle* ZMR 2005, 718 f.). Scheidet der alte Verwalter zum Jahreswechsel aus, muss also der neue die frühestens im März fällige Verpflichtung erfüllen (*OLG Köln* NJW-RR 1986, 98; *OLG Hamm* NJW-RR 1993, 847; *BayObLG* NJW-RR 1995, 530; *OLG Düsseldorf* NJW-RR 1999, 1029). Die Eigentümerversammlung kann seinen Amtsvorgänger aber mit Mehrheitsbeschluss zur Rechnungslegung verpflichten (hierzu s. u. Rn. 123 ff.), die als Grundlage für die Weiterführung der Buchhaltung zu dienen hat. Umgekehrt wird der frühere Verwalter mit seiner Abberufung bzw. mit der Bestellung eines Konkurrenten nicht von der Verpflichtung zur Erstellung der Jahresabrechnung befreit, wenn diese noch in seiner Amtszeit fällig wurde. Er kann zum Zwecke der Erfüllung dieser Pflicht dann von seinem Nachfolger die Herausgabe der erforderlichen Unterlagen bzw. die Überlassung von Kopien verlangen.

4. Die Abrechnungsperiode

63 Da die Jahresabrechnung über Vorschüsse, Einnahmen und Ausgaben laut Wirtschaftsplan abrechnet, liegt ihr naturgemäß auch dieselbe Wirtschaftsperiode, nämlich das Kalenderjahr zugrunde (*BayObLG* NJW-RR 1993, 1167; *KG* NJW-RR 2002, 880 mit Ausnahmen für die Zeit unmittelbar nach dem Ende des Zitterbeschlusses). Abrechnungen für einzelne Quartale sind unzulässig, auch wenn sich die einzelnen Wohnungseigentümer hieraus eine Abrechnung erstellen könnten (*OLG Düsseldorf* NJW-RR 2007, 594 = ZMR 2007, 129). Die gesetzlich festgelegte Abrechnungsperiode wird bisweilen auch von Gerichten für abdingbar gehalten, wenn etwa mehrjährige Sanierungen abgerechnet werden. Hier wird es bisweilen für zulässig befunden, die maßnahmebezogenen Einnahmen und Ausgaben über mehrere Jahre hinweg abzurechnen (*KG* NJW-RR 2004, 589). Dies führt mindestens zu Nebenkassen, im schlimmsten Fall zur rechnerischen Unschlüssigkeit der Jahresabrechnungen in diesen Zeiträumen, wenn die eingegangenen und ausgegebenen Gelder nur teilweise in den Abrechnungen der betroffenen Jahre erscheinen (ähnlich für Heizkosten auch *BayObLG* NJW-RR 1992, 1432). Im Übrigen sind die »Ungerechtigkeiten«, die schon der Jahresabrechnung bei Eigentümerwechseln innewohnen, hier potenziert. Denn dann hat der Sonderrechtsnachfolger die Fehlbeträge für mehrere Jahre nachzuzahlen, wobei es sich zudem üblicherweise um kostenintensive Maßnahmen handelt. Daher ist die jährliche Abrechnung nach Baufortschritt auch in diesem Zusammenhang vorzugswürdig (*Staudinger/Bub* § 28 Rn. 338).

5. Die gerichtliche Durchsetzung der Erstellung

a) Die zwangsweise Durchsetzung des Anspruchs auf Erstellung der Jahresabrechnung

64 Wie beim Wirtschaftsplan bedarf auch die Erstellung der Jahresabrechnung keiner Fähigkeiten oder Kenntnisse, über die nur der Verwalter verfügt. Ihre Aufstellung ist grundsätzlich auch Außenstehenden möglich und stellt daher eine vertretbare Handlung dar. Kommt der Verwalter einer fälligen Verpflichtung hierzu nicht nach, kann somit ein Titel auf Erstellung einer Jahresabrechnung erstritten und nach § 887 ZPO vollstreckt werden (*Jennißen* X Rn. 1 a. A. zum Mietrecht *BGH* ZMR 2006, 608 = MDR 2007, 81). Hierbei handelt es sich grundsätzlich um einen Individualanspruch aus § 21 Abs. 4 WEG, den jeder Wohnungseigentümer ohne Ermächtigung durch die anderen durchsetzen kann (*KG* NJW-RR 1987, 1161; *BayObLG* NJW-RR 1990, 660; *OLG Hamm* NJW-RR 1993, 847). Allerdings kann nach neuem Recht auch der Verband diesen Individualanspruch gemäß § 10 Abs. 6 S. 3 WEG geltend machen. Im Gegensatz zum Wirtschaftsplan dürfte dies etwa nach Verwalterwechseln auch von praktischer Relevanz sein. Diese gemeinschaftliche Rechtsverfolgung schließt die Geltendmachung des Individualanspruchs durch einen einzelnen Wohnungseigentümer aber nicht aus (vgl. *Abramenko* § 6 Rn. 16; *Niedenführ/Kümmel/Vandenhouten* § 10 Rn. 63 u. o. Rn. 7). Der Anspruch soll mit Vorlage einer genehmigungsfähigen Vorlage erfüllt sein, auch wenn sie nicht in vollem Umfang richtig ist (*KG* NJW-RR 1987, 1161 – zweifelhaft; zu Recht strenger *BayObLG* NJW-RR 2000, 463 = ZMR 2000, 110, wonach der Verwalter »ordnungsgemäße, korrekte und mangelfreie Abrechnungen« zu erstellen hat). Fehlt eine Gegenüberstellung von Einnahmen und Ausgaben tritt jedenfalls keine Erfüllung ein (*OLG Hamm* NJW-RR 1993, 847 f.). Daneben kommt ein Individualanspruch auf Zustimmung anderer Wohnungseigentümer zu einer Beschlussvorlage nicht in Betracht, da der Abstimmungsvorgang zum Zeitpunkt einer gerichtlichen Entscheidung längst beendet ist (*KG* NJW-RR 1991, 1424; vgl. *Bärmann/Pick/Merle* § 28 Rn. 42). In der Praxis dürfte es allerdings sinnvoller sein, die Erstellung der Jahresabrechnung nach Fristsetzung dem neuen Verwalter gegen Gewährung einer angemessenen Sondervergütung zu übertragen. Denn dies dürfte wesentlich schneller zu brauchbaren Ergebnissen für die Gemeinschaft führen, ohne sie mit Kosten zu belasten. Ist der Vorverwalter zahlungsfähig, können die Kosten der von ihm geschuldeten Jahresabrechnung nach Fristsetzung nämlich dann als Schadensersatz nach §§ 280 Abs. 1, 281 BGB eingefordert und vollstreckt werden, was wesentlich unkomplizierter sein dürfte als der Streit um die Aufstellung der Jahresabrechnung.

b) Erstellung der Jahresabrechnung durch das Gericht?

Bisweilen wurde in den Fällen, da der Verwalter seine diesbezügliche Verpflichtung nicht erfüllte, auch einen Individualanspruch auf Erstellung von Jahresabrechnungen durch das Gericht bejaht (*KG* NJW-RR 1991, 1424). Allerdings scheiterte ein Anspruch hierauf in den publizierten Fällen daran, dass der Antragsteller nicht im gehörigen Maße versucht hatte, eine entsprechende Beschlussfassung der Gemeinschaft herbeizuführen (*KG* NJW-RR 1991, 1424 f.). Diese Rechtsprechung erschien schon nach altem Recht höchst zweifelhaft (implizit wohl auch *Jennißen* X Rn. 1 ff., der diese Möglichkeit gar nicht in Betracht zieht). Bei der Erstellung der Jahresabrechnung handelt es sich, wie gesagt, um eine vertretbare Handlung, die durch beliebige Dritte erfüllt werden kann. Den Wohnungseigentümern standen also auch in der Vollstreckung hinreichende Möglichkeiten zur Durchsetzung dieses Anspruchs zu. Es bestand also schon vor der Novelle kein Anlass, das Gericht als Dienstleister für derartige vertretbare Handlungen anzusehen, was im Übrigen auch ohne Parallele im deutschen Vollstreckungsrecht sein dürfte. Der Vergleich zum Wirtschaftsplan führt hier nicht zu anderen Ergebnissen. Denn in diesem Falle bedarf es des sofortigen gerichtlichen Eingreifens, um die Liquidität der Gemeinschaft sicherzustellen. Zudem wurde das Gericht nicht als verpflichtet angesehen, einen detaillierten Wirtschaftsplan mit Einzelwirtschaftsplänen auszuarbeiten (was bei der Jahresabrechnung kaum vermeidbar wäre). Es genügte zur Abwendung der Illiquidität die Festsetzung globaler Positionen. Nach neuem Recht dürfte die Möglichkeit einer Aufstellung des Wirtschaftsplans durch das Gericht ausscheiden. Die Wohnungseigentümer können den Anspruch gegen den Verwalter titulieren lassen oder Schadensersatz fordern. Die Möglichkeit, das Gericht zur Erfüllung von Pflichten Dritter zu verurteilen, kennt der deutsche Zivilprozess nicht. Etwas anderes lässt sich auch aus § 21 Abs. 8 WEG nicht ableiten. Denn bei der Aufstellung der Jahresabrechnung besteht allenfalls in formalen Fragen ein Ermessen, wobei es selbst dort durch die Vorgaben des Wirtschaftsplans, dessen Darstellung die Jahresabrechnung grundsätzlich folgen soll, stark begrenzt wird. Inhaltlich besteht indessen nur ausnahmsweise ein Ermessensspielraum. In aller Regel ist das Ergebnis durch die tatsächlichen Einnahmen und Ausgaben vorgegeben, während Abweichungen hiervon die Anfechtbarkeit einer Genehmigung begründen. Im Übrigen fehlt einem Antrag auf Erstellung der Jahresabrechnung durch das Gericht infolge der sonstigen Rechtsschutzmöglichkeiten auch das Rechtsschutzbedürfnis.

II. Die Struktur der Jahresabrechnung

1. Gesetzliche Regelungen und richterrechtliche Grundsätze

Die inhaltlichen Anforderungen an die Jahresabrechnung sind gesetzlich nur in groben Grundzügen durch die §§ 259 BGB fixiert (*KG* NJW-RR 1994, 84; *OLG Saarbrücken* NJW-RR 2006, 732; *Jennißen* VII Rn. 1). Die hierzu in der Rechtsprechung entwickelten Einzelheiten orientieren sich überwiegend am Zweck der Jahresabrechnung, den Wohnungseigentümern eine geordnete und übersichtliche, in sich verständliche und inhaltlich korrekte Übersicht über die in ihrer Liegenschaft insgesamt angefallenen Einnahmen und Ausgaben und die von jedem Einzelnen zu tragenden Kosten zu geben, ohne dass sie eines Buchprüfers oder eines sonstigen Sachverständigen

§ 28 | Wirtschaftsplan, Rechnungslegung

bedürfen (*KG* NJW-RR 1987, 80; *BayObLG* NJW-RR 1988, 81; 1989, 841; 1989, 1164). Über diese Grundsätze besteht in der Judikatur kaum mehr Streit, weshalb sie mittlerweile auch ohne gesetzliche Kodifikation als Gewohnheitsrecht verbindliche Geltung beanspruchen können. Wie der Wirtschaftsplan muss auch die Jahresabrechnung schriftlich vorliegen, wobei eine lose, nicht vom Verwalter unterzeichnete Beschlussvorlage genügt. Die bloße Einsehbarkeit genügt nicht; die Beschlussvorlage muss den Eigentümern vor der Versammlung vorliegen (Staudinger/Bub § 28 Rn. 270). Der Beifügung von Belegen bedarf es aber nicht (a. A. *OLG Hamm* NJW-RR 1993, 846).

2. Die Gesamtabrechnung als geordnete Aufstellung der tatsächlichen Einnahmen und Ausgaben

a) Die Berücksichtigung der tatsächlichen Zu- und Abflüsse

67 In der Jahresabrechnung werden, was schon der Begriff zum Ausdruck bringt, die im Wirtschaftsplan nur geschätzten Einnahmen und Ausgaben exakt abgerechnet (*BayObLG* NJW-RR 1989, 841). Deshalb sollte sie in der äußeren Form und der Bildung von Kostenpositionen dem Wirtschaftsplan entsprechen (*Jennißen* VII Rn. 2). Inhaltlich soll die Jahresabrechnung nach den Grundsätzen der Rechtsprechung eine geordnete Zusammenstellung der im Kalenderjahr angefallenen tatsächlichen Einnahmen und Ausgaben darstellen (*KG* NJW-RR 1987, 1161; 1994, 1106; ZMR 2006, 63; *BayObLG* NJW-RR 1989, 841; 1989, 1163 f.; 1991, 16; 1992, 912; 1993, 1167; 2000, 604 f.; 2002, 881; 2004, 1603; *OLG Hamm* NJW-RR 1993, 846; *OLG Saarbrücken* NJW-RR 2006, 732; zu den Argumenten gegen diese Praxis s. *Jennißen* VII Rn. 22 ff.; *v. Hauff* WE 2007, 172 u. 196), die der durchschnittliche Wohnungseigentümer ohne spezifische juristische oder buchhalterische Kenntnisse nachvollziehen kann, ohne die Hilfe eines Fachmanns zu Hilfe zu nehmen. Dies bedeutet zum einen, dass handelsrechtliche Grundsätze zur Buchführung keine Anwendung finden. Die Jahresabrechnung ist keine Bilanz und keine Gewinn- und Verlustrechnung (*BayObLG* NJW-RR 1987, 596; 1988, 82; 1989, 841 u. 1163 f.; 1991, 16; 1992, 912; 1993, 1168; 2000, 604 f.; 2002, 881; 2004, 1603; *KG* NJW-RR 1994, 1106; *OLG Saarbrücken* NJW-RR 2006, 732). Deshalb sind Rechnungsabgrenzungen oder bilanzielle Elemente in der Jahresabrechnung grundsätzlich unzulässig (*BayObLG* NJW-RR 1991, 16; 1992, 912; 2000, 605; 2002, 1094; *OLG Saarbrücken* NJW-RR 2006, 732). Sie hat lediglich die im abgerechneten Kalenderjahr erfolgten Zuflüsse von außen und die Abflüsse nach außen auszuweisen. Unerheblich ist dabei, ob auch der rechtliche Grund dieser Zu- und Abflüsse aus dem abgerechneten Kalenderjahr datiert. Praktisch jedes Jahr zu beobachtendes Beispiel sind Nach- oder Rückzahlungen aus der Jahresabrechnung: Muss ein Wohnungseigentümer, weil seine Vorschüsse nach § 28 Abs. 2 WEG die verursachten Kosten nicht deckten, eine Nachzahlung erbringen oder steht ihm umgekehrt wegen Überzahlungen ein Guthaben zu, wurden diese Ansprüche bereits im Vorjahr begründet. Da die tatsächlichen Zahlungen aber erst im Folgejahr erfolgen, sind sie auch erst in der Abrechnung für dieses Jahr aufzuführen (vgl. *BayObLG* NJW-RR 1993, 1167; 2000, 605; *OLG Saarbrücken* NJW-RR 2006, 732). Ähnliches gilt etwa für Versicherungsleistungen für Schäden, die erst im Folgejahr liquidiert werden (*BayObLG* NJW-RR 1993, 1167) oder Handwerkerrechnungen, die erst im Folgejahr beglichen werden (*BayObLG* NJW-RR 1993, 1167). Eine Ausweisung von Forderungen oder Verbindlichkeiten, die im Abrechnungsjahr begründet wurden, ist ohne tatsächlichen Zahlungsfluss unzulässig. Denn die Jahresabrechnung weist im Gegensatz zur Bilanz nur tatsächliche Einnahmen und Ausgaben, aber keine Forderungen oder Verbindlichkeiten aus. Allerdings ist die Vergütung von Leistungen oder Ausgaben eines Wohnungseigentümers für die Gemeinschaft auch dann als Ausgabe einzustellen, wenn sie nicht ausgezahlt, sondern auf die Beitragsschuld angerechnet wird (*KG* NJW-RR 1993, 1105). Denn dann steht die Mindereinnahme einer Ausgabe gleich. Auch Bewegungen innerhalb der Konten der Gemeinschaft sind nicht in die Jahresabrechnung aufzunehmen. Denn auch hierbei handelt es sich nicht um tatsächliche Geldbewegungen von oder nach außen, sondern nur um interne buchungstechnische Vorgänge. Nicht in die Jahresabrechnung aufgenommen werden dürfen ferner Ausgaben aus der Zeit vor Entstehen einer (werdenden) Eigentümergemeinschaft (*KG* NJW-RR 1986, 1274). Denn die Vorgaben und Rechtsfolgen des § 28 WEG beschränken sich auf Wohnungseigentümergemeinschaften (s. o. § 28 Rn. 1). Schließlich sind auch nicht gezahlte Vor-

schüsse grundsätzlich nicht in die Jahresabrechnung aufzunehmen. Denn ihnen liegt ja gerade kein Zahlungsfluss zugrunde, sondern offene Forderungen. Zudem läuft die Berücksichtigung in der Jahresabrechnung auf eine verdeckte Liquiditätssonderumlage hinaus (insoweit richtig *KG* NJW-RR 1993, 1106; zum Erfordernis eines getrennten Beschlusses *BayObLG* NJW-RR 2002, 1094; a. A. *Jennißen* VII Rn. 4a), die aber ordnungsmäßiger Verwaltung widerspricht, wenn die Rückstände etwa ohne weiteres eintreibbar sind oder trotz ihrer Uneinbringlichkeit keine Liquiditätslücke besteht (zu sonstigen Möglichkeiten selbst bei einem Liquiditätsengpass s. *OLG Saarbrücken* NJW-RR 2000, 87). Wird die Genehmigung einer Jahresabrechnung bestandskräftig, können all diese Mängel nicht mehr gerügt werden. Insbesondere sind dann auch zu Unrecht aufgenommene Ausgaben auf die einzelnen Wohnungseigentümer zu verteilen (*KG* NJW-RR 1986, 1274; *BayObLG* NJW-RR 2005, 664) und nicht erfasste Beitragsleistungen nicht mehr zu berücksichtigen (*BayObLG* ZMR 2005, 66; *Jennißen* XIII Rn. 14; a. A. *LG Hamburg* ZMR 2006, 78; *Niedenführ/Kümmel/Vandenhouten* § 28 Rn. 77).

b) Konkordanz mit dem Mietrecht

Oftmals diskutierte Probleme ergeben sich bei vermieteten Eigentumswohnungen. Der vermietende Eigentümer kann die Jahresabrechnung seiner Gemeinschaft nicht ohne weiteres zur Grundlage der Betriebskostenabrechnung seinem Mieter gegenüber machen, da dieser Anspruch auf eine periodengerechte Einstellung der Ausgaben hat, also nur diejenigen Kosten in dem Abrechnungsjahr tragen muss, die in diesem Zeitraum tatsächlich angefallen sind (vgl. *Jennißen* VII Rn. 22). Der vermietende Eigentümer muss sich daher ggf. beim Verwalter informieren, ob umlagefähige Kosten, deren Grund noch aus vorangegangenen Jahren herrührt, etwa infolge verspäteter Zahlung erst in der aktuellen Jahresabrechnung Berücksichtigung gefunden haben. Die Verpflichtung, solche Zusatzinformationen unaufgefordert an die Wohnungseigentümer weiterzugeben, können auch zum Inhalt des Verwaltervertrags gemacht werden, wofür eine Zusatzvergütung vereinbart werden kann, da es sich nicht um gesetzlich vorgesehene Pflichten des Verwalters handelt. Ob die Ansätze der Jahresabrechnung kraft mietvertraglicher Vereinbarung verbindlich zur Grundlage der Betriebskostenabrechnung gemacht werden können, ist streitig (dafür *Abramenko* ZMR 1999, 676 ff.; dagegen *Staudinger/Bub* § 28 Rn. 320; erkennbar zu weitgehend *Nüßlein*, 94 f , die von Sittenwidrigkeit ausgeht; s. ferner Anhang § 16 Rn. 12 ff.).

68

c) Unberechtigte oder nur einzelne Miteigentümer treffende Ausgaben

aa) Ausgaben, die nicht der Verwaltung des gemeinschaftlichen Eigentums dienen

Der Grundsatz, dass alle tatsächlichen Einnahmen und Ausgaben in der Jahresabrechnung erscheinen müssen, gilt auch dann, wenn eine Ausgabe materiell-rechtlich nicht zu Lasten des Verbandes hätte getätigt werden dürfen (*BayObLG* NJW-RR 2004, 1090; *KG* NJW-RR 2006, 383 = ZMR 2006, 63; *OLG Düsseldorf* ZMR 2006, 218). Besonders relevant sind dabei die Fälle, in denen Kosten beglichen wurden, die einzelne Wohnungseigentümer hätten tragen müssen. Häufige Beispiele sind andere Rechtsverfolgungskosten als die in § 16 Abs. 7, 8 WEG genannten (*KG* NJW-RR 1992, 845; *OLG Frankfurt* NJW-RR 2006, 519 f.; *OLG München* NJW-RR 2007, 593 = ZMR 2007, 140 f.; *OLG Hamburg* ZMR 2007, 553), die Begleichung von Rechnungen für Reparaturen im Sondereigentum (*BayObLG* NJW-RR 1992, 1432) oder Beträge, die anderen Zwecken als der Verwaltung des gemeinschaftlichen Eigentums, etwa dem betreuten Wohnen dienen (*OLG München* ZMR 2006, 949). Auch diese Kosten müssen aber, wenn sie aus Gemeinschaftsmitteln beglichen wurden, in der Jahresabrechnung ausgewiesen werden, da es sich um tatsächliche Ausgaben handelt (*KG* NJW-RR 1992, 845; *BayObLG* NJW-RR 1992, 1432; 1997, 716; *OLG Hamburg* ZMR 2007, 553; a. A. noch *BayObLG* NJW-RR 1988, 82; 1991, 1361). Ansonsten ließe sich auch keine rechnerisch schlüssige Jahresabrechnung erstellen, da das Geld von den gemeinschaftlichen Konten abgeflossen ist und eine Übereinstimmung der Kontenentwicklung mit der Einnahmen- und Ausgabenrechnung die Ausweisung in letzterer zwingend voraussetzt (*BayObLG* NJW-RR 1992, 1432; 2001, 1231; 2002, 1094; *KG* NJW-RR, 2006, 383; vgl. u. Rn. 79). Sofern die Kosten von einem oder einzelnen Wohnungseigentümern alleine zu tragen sind, lässt sich ein entsprechender Fehler am ehesten dadurch korrigieren, dass in den Einzelabrechnungen nur die Eigentümer belastet werden,

69

§ 28 | Wirtschaftsplan, Rechnungslegung

die die Ausgabe materiell-rechtlich alleine hätten tragen müssen (*KG* NJW-RR 1992, 846; *BayObLG* NJW-RR 1992, 1432; *OLG Frankfurt* NJW-RR 2006, 520; *LG Hamburg* ZMR 2006, 811). Sind diese allerdings bereits aus der Gemeinschaft ausgeschieden, kommt diese Möglichkeit nicht in Betracht, da Beschlüsse zu Lasten Dritter nichtig sind (*OLG Frankfurt* NJW-RR 2006, 520). Da auch die Rechtsnachfolger, die nach der Kostenentscheidung keine Schuldner sind, nicht belastet werden können, müssen diese Ausgaben von allen aktuellen Wohnungseigentümern entsprechend dem Kostenverteilungsschlüssel getragen werden (*OLG Frankfurt* NJW-RR 2006, 520). Entsprechendes gilt für Veruntreuungen des Verwalters (*AG München* NJW-RR 2006, 1241). Es bestehen nur Schadensersatzansprüche (*BayObLG* NJW-RR 1997, 717). Die Abrechnung ist aber rechnerisch richtig und ihre Genehmigung entspricht Grundsätzen ordnungsmäßiger Verwaltung (*BayObLG* NJW-RR 2002, 881). Die Eigentümerversammlung hat freilich die Entlastung des Verwalters zu verweigern, um wegen des Schadens Regress nehmen zu können (vgl. u. Rn. 114).

bb) Ausgaben vor Entstehung einer (werdenden) Eigentümergemeinschaft

70 Eine Ausnahme von diesem Grundsatz gilt dann, wenn eine Jahresabrechnung vor Entstehung der Wohnungseigentümergemeinschaft angefallene Kosten ausweist. Denn diese Kosten sind noch nicht aus dem Vermögen des Verbandes beglichen worden. Sie sind also ähnlich wie Ausgaben aus einem anderen als dem Abrechnungsjahr gar nicht angefallen und dürfen deshalb nicht in die Abrechnung aufgenommen werden (*KG* NJW-RR 1986, 1274; *Staudinger/Bub* § 28 Rn. 325). Noch weiter gehende Rechtsfolgen treten ein, wenn ausschließlich Kosten aus der Zeit vor Existenz einer Wohnungseigentümergemeinschaft verteilt werden. Die Genehmigung einer solchen Abrechnung ist nichtig, da der Eigentümerversammlung die Beschlusskompetenz zur Verteilung derartiger Kosten auf die Wohnungseigentümer fehlt (*KG* NJW-RR 1992, 1168 f.; *Niedenführ/Kümmel/Vandenhouten* § 28 Rn. 103).

d) Abweichende Regelungen und Zusatzinformationen zur Abrechnung

71 Da § 28 WEG in vollem Umfang abbedungen werden kann, ist eine andere Form der Jahresabrechnung, etwa als Bilanz, möglich. Dies bedarf aber entweder einer entsprechenden Regelung in der Teilungserklärung oder einer nachträglichen Vereinbarung aller Wohnungseigentümer (*BayObLG* NJW-RR 1993, 1168; 2000, 1467 f.). Ein bloßer Mehrheitsbeschluss, der die Einführung einer anderen, von der Einnahmen- und Ausgabenrechnung abweichenden Jahresabrechnung vorsieht, ist nichtig (*BayObLG* NJW-RR 2000, 1467 f.). Denn insoweit fehlt der Eigentümerversammlung die Beschlusskompetenz. Daher hat der Verwalter einer entsprechenden Beschlussfassung auch nicht Folge zu leisten, da nichtige Beschlüsse keine Wirkung entfalten, auch nicht gegenüber dem Verwalter. Erstellt der Verwalter gleichwohl unter Berufung auf den nichtigen Eigentümerbeschluss die Abrechnung etwa als Bilanz, kommt eine Kostenentscheidung nach § 49 Abs. 2 WEG zu seinen Lasten in Betracht, da die Tätigkeit des Gerichtes durch ihn veranlasst wurde und die Außerachtlassung der Grundsätze der Einnahmen- und Ausgabenrechnung i. d. R. auf grobem Verschulden beruht (vgl. u. § 49 Rn. 3 ff.).

72 Keinen Bedenken begegnet es dagegen, wenn der Verwalter als Zusatzinformation eine Übersicht über Forderungen und Verbindlichkeiten o. ä. beifügt (*BayObLG* NJW-RR 2000, 605; *Jennißen* VII Rn. 4 a). Dies ist jederzeit möglich und kann auch durch Mehrheitsbeschluss gefordert werden (*Niedenführ/Kümmel/Vandenhouten* § 28 Rn. 50). Allerdings ist der Verwalter hierzu ohne entsprechende vertragliche Regelung nicht verpflichtet und daher berechtigt, eine Sondervergütung zu verlangen. Beim Beschluss der Jahresabrechnung ist in diesem Fall aber darauf zu achten, dass die Beschlussvorlage der Einnahmen- und Ausgabenrechnung zum Gegenstand der Genehmigung gemacht wird, da ansonsten eine Anfechtung und Ungültigerklärung droht (*BayObLG* NJW-RR 1993, 1168; 2002, 881). Wenn diese Zusatzangaben nicht Gegenstand der Jahresabrechnung sind (*BayObLG* NJW-RR 2000, 18), kann ein Antrag auf Ungültigerklärung nicht auf ihre Unrichtigkeit gestützt werden (strenger *BayObLG* NJW-RR 1988, 82).

3. Ausnahmen vom Grundsatz der reinen Einnahmen- und Ausgabenrechnung

a) Die Heizkostenabrechnung

Von diesen Grundsätzen der reinen Einnahmen- und Ausgabenrechnung werden zumindest in Teilen der Rechtsprechung einzelne Ausnahmen zugelassen. Die erste betrifft die Heizkostenabrechnung (*BayObLG* NJW-RR 2000, 604 f.; *Jenißen* VII Rn. 9). Wird etwa bei einer Ölheizung Brennstoff über mehrere Jahre bevorratet, so wird dieser in den Jahren nach dem Kauf verbraucht, ohne dass es nach den oben dargelegten Prinzipien der Einnahmen- und Ausgabenrechnung zu Kosten kommen müsste: Der tatsächliche Abfluss an Geldmitteln findet ja nur im Jahr des Einkaufs statt, während die Konten der Gemeinschaft in den Folgejahren durch den Verbrauch nicht mehr belastet werden. Zudem würde die Belastung der Einzelabrechnungen nur im Jahr des Kaufs die Wohnungseigentümer u. U. überfordern und zudem der Verteilungsgerechtigkeit bei einem Eigentümerwechsel krass zuwiderlaufen: der Voreigentümer hat dann noch für mehrere Jahre den Verbrauch seines Sonderrechtsnachfolgers mitfinanziert. Deshalb lässt die Rechtsprechung in diesem Zusammenhang die Bildung von Rechnungsabgrenzungspositionen für den Brennstoffverbrauch zu (*BayObLG* NJW-RR 1988, 81 f.; 1993, 1167; 2000, 1467; *KG* NJW-RR 1994, 1106). Tatsächlich handelt es sich bei richtiger Handhabung nur um eine scheinbare Ausnahme vom Grundsatz der Einnahmen- und Ausgabenrechnung. Auch der Brennstoffvorrat gehört wie die Guthaben auf den Gemeinschaftskonten zu den Mitteln, die die Gemeinschaft bei der Bewirtschaftung ihrer Liegenschaft bestimmungsgemäß verbraucht. Es bedarf also lediglich einer Berücksichtigung des Verbrauchs, die den Verlust an sachlichen Mitteln in den Jahren nach dem Brennstoffkauf in die geldbezogene Abrechnung transformiert (*Niedenführ/Kümmel/Vandenhouten* § 28 Rn. 51). Dies dürfte am ehesten dadurch gelingen, dass man den Gegenwert des Öls zur Zeit des Kaufs als eigene Position wie ein Guthaben in die Abrechnung einführt. Hiervon ist dann der Gegenwert des Verbrauchs wiederum umgerechnet in Geld abzuziehen und nach dem gültigen Verteilungsschlüssel auf die einzelnen Wohnungseigentümer umzulegen (*BayObLG* NJW-RR 1988, 81; wohl auch *KG* NJW-RR 1994, 1106). Durch die solchermaßen in den Ausgaben berücksichtigten Heizkosten leisten die Wohnungseigentümer dann jährliche Zahlungen, mit denen der nächste Heizölkauf vorfinanziert wird (*BayObLG* NJW-RR 1988, 81). Mit dieser Form der Berücksichtigung können Rechnungsabgrenzungspositionen auch auf dem Gebiet der Heizkostenabrechnung vermieden werden, so dass die Jahresabrechnung verständlich bleibt und den Charakter einer reinen Ein- und Ausgabenrechnung durchgängig bewahrt. Das einzige Problem, das sich aber bei jeder Abrechnung des Brennstoffverbrauchs über mehrere Jahre stellt, sind die Preisschwankungen bei den Brennstoffkosten. Hier empfiehlt es sich gleichwohl den Kaufpreis bei der Anschaffung anzusetzen. Wollte man nämlich die Preisschwankungen berücksichtigen, würden diese den Charakter der Einnahmen- und Ausgabenrechnung sprengen. Sie würden aufgrund der Differenz zwischen Anschaffungspreis und berechneten Kosten wie Zu- oder Abflüsse wirken, ohne dass dem tatsächliche Einnahmen oder Ausgaben entgegenstünden. Darüber hinaus sind bei Kosten, die erst im Folgejahr mit den Versorgungsunternehmen abgerechnet werden, grundsätzlich Abgrenzungspositionen zulässig, um den Anforderungen der HKV zu genügen (*BayObLG* NJW-RR 2003, 1666).

b) Die Instandhaltungsrücklage

Eine weitere Ausnahme von der reinen Einnahmen- und Ausgabenrechnung erkennen Teile der obergerichtlichen Rechtsprechung bei der Instandhaltungsrücklage an. Dass die Zu- und Abflüsse in der Jahresabrechnung ausgewiesen werden müssen, ist selbstverständlich und unumstritten (*BayObLG* NJW-RR 1991, 16; 2000, 604 f. u. 1467; 2004, 1603; vgl. *OLG Saarbrücken* NJW-RR 2006, 732). Nach früher h. M. konnten die Zahlungen in die Instandhaltungsrücklage aber als Einnahme und Ausgabe in die Jahresabrechnung eingestellt werden (*BayObLG* NJW-RR 1991, 15 f.). Dem steht entgegen, dass die Zuführung zur Instandhaltungsrücklage kein tatsächlicher Abfluss von Geldmitteln an Dritte, sondern nur eine interne Umbuchung ist. Tatsächlich ist auch die Begründung dieser Ausnahme durch den Gang der Rechtsprechung überholt. Denn sie beruhte auf der Annahme, die Genehmigung der Jahresabrechnung entfalte gegenüber dem Wirtschaftsplan novierende Wirkung, so dass die ursprüngliche Anspruchsgrundlage für nicht geleistete Beiträge

§ 28 | Wirtschaftsplan, Rechnungslegung

zur Instandhaltungsrücklage entfalle. Deshalb bedurfte es der nochmaligen Ausweisung in der Jahresabrechnung (*BayObLG* NJW-RR 1991, 16). Nunmehr ist anerkannt, dass die Jahresabrechnung dem Wirtschaftsplan gegenüber keine Novation darstellt, sondern diesen als Anspruchsgrundlage für die Beitragszahlungen nur rechtlich bekräftigt (vgl. u. Rn. 86). Die Ausweisung der Zuführungen zur Instandhaltungsrücklage als Ausgaben ist daher nach neuer Rechtsprechung nicht nur systemwidrig, sondern auch in praktischer Hinsicht überflüssig (*Niedenführ/Kümmel/Vandenhouten* § 28 Rn. 53; *Staudinger/Bub* § 28 Rn. 318; für Darstellung nur der Einnahme und der hiermit getätigten Ausgabe jedenfalls bei nur kurzfristigem Parken des Geldes auf Gemeinschaftskonten jetzt auch *OLG München* ZMR 2007, 724). Die Fortführung dieser Praxis in aktuellen Abrechnungen führt daher zumindest zur Teilanfechtbarkeit der Jahresabrechnung hinsichtlich dieser Position. Es sind nur die Ist-Beträge auszuweisen (*OLG Saarbrücken* NJW-RR 2006, 732 f.). Bei getrennter Abrechnung der Instandhaltungskosten für verschiedene Häuser einer Mehrhausanlage ist die Ausweisung einer einheitlichen Rücklage solange hinnehmbar, als noch keine Gelder entnommen wurden (*OLG München* ZMR 2006, 552).

c) Sonstige, die Klarheit der Abrechnung nicht gefährdende Ausweisung von Verbindlichkeiten und Forderungen

75 Noch weiter gehend ist die dritte in der Rechtsprechung zugelassene Ausnahme vom Grundsatz der reinen Einnahmen- und Ausgabenrechnung. Nach einer insbesondere vom *KG* vertretenen Auffassung soll die Aufnahme von Verbindlichkeiten und Forderungen in die Jahresabrechnung zulässig sein, wenn diese klar und übersichtlich bleibt und die Zusammensetzung der Eigentümergemeinschaft bei Eingehung der Verbindlichkeit und zur Zeit der Beschlussfassung über die Jahresabrechnung identisch ist (*KG* NJW-RR 1993 1104 f. u. 1106). Letztere Voraussetzung beruht auf der schon vor Anerkennung des teilrechtsfähigen Verbandes verfehlten Rechtsprechung des *KG* zur Behandlung des Verwaltungsvermögens bei Eigentümerwechseln und ist durch die Rechtsprechung des *BGH* zur Teilrechtsfähigkeit der Wohnungseigentümergemeinschaft endgültig überholt. Aber auch die Aufnahme von Forderungen und Verbindlichkeiten in die Jahresabrechnung begegnet keinem praktischen Bedürfnis. Sofern die Wohnungseigentümer näheren Aufschluss über Forderungen und Verbindlichkeiten begehren, können sie diesbezüglich durch Einsichtnahme in die Unterlagen oder Geltendmachung des Auskunftsanspruchs gegen den Verwalter hierüber Klarheit erlangen. Bei einem konkreten Bedürfnis kann die Eigentümergemeinschaft auch eine Übersicht über Forderungen und Verbindlichkeiten als Zusatzinformation verlangen (vgl. *BayObLG* NJW-RR 1993, 1167 f.; vgl. o. Rn. 72). Überdies kann eine solche Abrechnung die Anforderungen an Klarheit und Übersichtlichkeit grundsätzlich nicht erfüllen, sofern man Forderungen und Verbindlichkeiten nicht nur informationshalber mitteilt, sondern in die Jahresabrechnung einstellt. Denn hierdurch entsteht eine Mischform zwischen Einnahmen- und Ausgabenrechnung und Bilanz, die zwingend zu Abweichungen von beiden Abrechnungsformen in den Ergebnissen von Gesamt- und Einzelabrechnung führt. Für einen solchen Zwitter bestehen keinerlei anerkannte Regeln, so dass die Übersichtlichkeit und Klarheit der Jahresabrechnung im Grundsatz gefährdet wäre (*Staudinger/Bub* § 28 Rn. 327). Eine entsprechende Beschlussfassung ist daher auf rechtzeitige Anfechtung zumindest bezüglich der ausgewiesenen Forderungen und Verbindlichkeiten und der Abrechnungssalden in der Gesamt- und Einzelabrechnung für ungültig zu erklären.

4. Die Verteilung der Kosten auf die einzelnen Wohnungseigentümer

76 Die Jahresabrechnung muss neben den Gesamtausgaben auch die Verteilung der Kosten auf die einzelnen Eigentümer in den so genannten Einzelabrechnungen vornehmen (*KG* NJW-RR 1987, 80; NJW-RR 1987, 1161; *BayObLG* NJW-RR 1989, 1163 f.; 1991, 16; 1993, 1167; 2000, 604; 2006, 21; *OLG Hamm* NJW-RR 1993, 846). Dies erfolgt in der Praxis regelmäßig in einer einheitlichen Aufstellung, indem die einzelnen Kostenarten nach dem jeweils anzuwendenden Schlüssel auf die Wohnungseigentümer umgelegt werden (hierzu *Jennißen* VII Rn. 1). Dies gilt auch für Gerichtskosten, die zu den allgemeinen Verwaltungskosten gehören; diese sind nicht nach Köpfen zu verteilen (*BGH* ZMR 2007, 624 ff.; *KG* ZMR 2006, 153 f.). Die Kostenarten in Gesamt- und Einzelabrechnung müssen sich entsprechen; es geht nicht an, sie in einer Position etwa unter »Stadtwerke«

zusammenzufassen und sie in der anderen etwa in »Müllabfuhr, Straßenreinigung« etc. zu untergliedern (*OLG Düsseldorf* NJW-RR 2007, 594 = ZMR 2007, 129). Auch hierbei ist zu berücksichtigen, dass nunmehr verschiedene neue Beschlusskompetenzen etwa in § 16 Abs. 3, 4 WEG erlauben, bestimmte Kosten im Einzelfall oder generell durch Mehrheitsbeschluss nach einem abweichenden Schlüssel zu verteilen. Darüber hinaus ergibt sich aus § 3 HKV eine Beschlusskompetenz, für die Heizkosten einen der HKV entsprechenden Verteilungsschlüssel einzuführen (s. zuletzt *Abramenko* ZWE 2007, 61 ff.). Durch Addition der Einzelpositionen ergibt sich die Gesamtbelastung jedes Eigentümers. An diesem Muster kann auch festgehalten werden, wenn einzelne Positionen aus vorhandenen Gemeinschaftsmitteln, etwa aus der Instandsetzungsrücklage gedeckt werden. In diesem Fall ist statt der Umlage nach dem jeweiligen Schlüssel ein entsprechender Vermerk über die Entnahme hieraus anzubringen. Anders als dem Gesamtwirtschaftsplan kommt der Gesamtabrechnung aber gegenüber den Einzelabrechnungen ein höherer Stellenwert zu. Im Gegensatz zum Gesamtwirtschaftsplan, der lediglich eine vorläufige Schätzung darstellt, gibt sie verbindlich Auskunft über die Einnahmen und Ausgaben des Verbandes (*BayObLG* NJW-RR 1991, 1361; weiter gehend *OLG Zweibrücken* NJW-RR 1990, 913 u. *BayObLG* NJW-RR 1990, 1108, wo die unschwere Ermittelbarkeit der Einzelabrechnung sogar einen Beschluss hierüber überflüssig machen soll). Allerdings soll das Fehlen der Einzelabrechnung im Verfahren nach § 43 Nr. 4 WEG nicht zur Ungültigerklärung der Jahresabrechnung insgesamt führen. Vielmehr wird dem anfechtenden Eigentümer nur ein Anspruch auf Ergänzung der Jahresabrechnung um die fehlenden Einzelabrechnungen zuerkannt (s. u. Rn. 98 ff.). Hierdurch sollen die ungegriffenen Positionen der Gesamtabrechnung weiterem Streit entzogen werden und eine weitere Anfechtung wegen anderer Fehler nach erneuter Beschlussfassung vermieden werden. Die Verwendung falscher Verteilungsschlüssel macht die Jahresabrechnung anfechtbar, aber nicht nichtig, so dass nach Bestandskraft die beschlossene Kostenverteilung maßgeblich ist (*BGH* NJW 1994, 1868; *OLG München* ZMR 2006, 553 f.; *OLG Düsseldorf* ZMR 2007, 380).

5. Die Aufstellung der Einnahmen

a) Beitragsleistungen der Wohnungseigentümer

Neben der Aufstellung der Gesamtkosten und ihrer Verteilung auf die einzelnen Wohnungseigentümer hat die Jahresabrechnung eine Aufstellung der dem Verband tatsächlich zugeflossenen Einnahmen zu enthalten. Diese bestehen insbesondere aus den Vorschüssen nach § 28 Abs. 2 WEG (*BayObLG* NJW-RR 1990, 1108), aus den Nachzahlungen aufgrund vorangegangener Jahresabrechnungen und den Sonderumlagen. Bei der Ermittlung von Nachzahlungsbeträgen bzw. Guthaben der einzelnen Wohnungseigentümer sind die bereits geleisteten Beiträge (nicht die Soll-Leistungen) von der in der Einzelabrechnung ermittelten Belastung des einzelnen Wohnungseigentümers abzuziehen. Der sich ergebende Saldo aus der gesamten Einzelbelastung abzüglich der geleisteten Vorschüsse ist der Nachzahlungsbetrag bzw. das Guthaben des Wohnungseigentümers (zur Abrechnung beim Eigentümerwechsel vgl. u. Rn. 90).

77

b) Sonstige Einnahmen

Zu den Beitragsleistungen der Wohnungseigentümer kommen Einnahmen aus der Vermietung oder sonstigen Nutzung gemeinschaftlichen Eigentums (etwa für die Nutzung gemeinschaftlicher Waschmaschinen), Zinsen auf gemeinschaftliche Gelder (*KG* NJW-RR 1987, 80; 1987, 1161; 1996, 526; *BayObLG* NJW-RR 1989, 1164; 2004, 1603), Versicherungsleistungen und alle sonstigen Einkünfte. Hierzu gehören auch in dem Wirtschaftsjahr aufgenommene Darlehen, da es sich um Zuflüsse von außen handelt. Es sind nur die tatsächlichen Einnahmen aufzuführen, keine bloßen Forderungen o. ä., unabhängig vom möglicherweise bereits geraume Zeit zurückliegenden Grund der Zahlung. So sind etwa Nachzahlungen auf die Jahresabrechnung grundsätzlich in die Abrechnung des Kalenderjahres, in dem sie erfolgen, einzustellen, also in das Jahr nach der abgerechneten Periode. Die Behandlung dieser Einnahmen richtet sich nach den Vorgaben der Teilungserklärung bzw. der Beschlusslage. Es ist zulässig, etwa Mieteinkünfte im Rahmen der Vermietung gemeinschaftlichen Eigentums nach dem jeweils vereinbarten Verteilungsschlüssel an die Wohnungseigentümer auszukehren. In der Praxis häufiger und zur Vermeidung von Liqui-

78

§ 28 | Wirtschaftsplan, Rechnungslegung

ditätsengpässen auch sinnvoller ist es, diese Zuflüsse zur Deckung der Ausgaben zu verwenden. In diesem Fall wird der einzelne Wohnungseigentümer automatisch in dem Umfang von den Ausgaben entlastet, in dem er sie nach dem allgemeinen Schlüssel mittragen müsste. Zulässig ist es auch, diese Einnahmen der Instandhaltungsrücklage zuzuführen.

6. Die Übersicht über die gemeinschaftlichen Konten und die rechnerische Schlüssigkeit der Jahresabrechnung

79 Neben der Übersicht über die tatsächlichen Einnahmen und Ausgaben samt ihrer Verteilung auf die einzelnen Wohnungseigentümer muss die Jahresabrechnung die Entwicklung der gemeinschaftlichen Konten ausweisen (*KG* NJW-RR 1987, 80; 1987, 1161; 1996, 526; *BayObLG* NJW-RR 1989, 1164; 2000, 604; 2004, 1603; 2006, 21; *OLG Hamm* NJW-RR 1993, 846; *OLG Saarbrücken* NJW-RR 2006, 732; *OLG Hamburg* ZMR 2007, 552). Dies erfordert die Angabe des Bestandes jedes Kontos und jeder Bargeldkasse zum 1.1. und zum 31.12. des Abrechnungsjahres. Hierbei handelt es sich nicht nur um eine zusätzliche Information wie etwa die Bilanz, die der Verwalter zu Informationszwecken beifügt, sondern um einen zwingenden Abrechnungsbestandteil. Denn nur durch den Vergleich der Kontenentwicklung mit der Entwicklung der Einnahmen und Ausgaben lässt sich die rechnerische Schlüssigkeit der Abrechnung ermitteln (*Jennißen* VII Rn. 9 u. 26 ff.). Naturgemäß muss nämlich der Saldo aus den Kontenständen (Stand 1.1. minus Stand 31.12.) der Entwicklung der ausgewiesenen Einnahmen minus Ausgaben entsprechen. Übersteigen die Ausgaben die Einnahmen um einen bestimmten Betrag, müssen sich die Kontenstände der Gemeinschaft insgesamt um diesen Betrag verringert haben. Fehlt es an dieser Übereinstimmung zwischen der Entwicklung der Konten und dem Saldo von Einnahmen und Ausgaben, ist die Beschlussvorlage zur Jahresabrechnung rechnerisch unschlüssig. Wird sie gleichwohl von der Eigentümerversammlung genehmigt, ist der diesbezügliche Beschluss auf rechtzeitige Anfechtung insgesamt für ungültig zu erklären. Denn bei der rechnerischen Unschlüssigkeit handelt es sich nicht um einen isolierten Fehler einzelner Positionen, sondern um einen gravierenden Mangel des gesamten Rechenwerks (*OLG Düsseldorf* WuM 1999, 357 f.; *OLG Hamm* ZWE 2001, 448 f. = ZMR 2001, 1001).

80 Inkonsequent erscheint es wiederum, dass das vollständige Fehlen der Übersicht über die gemeinschaftlichen Konten nach der Rechtsprechung nur einen Ergänzungsanspruch begründen soll. Dann könnte der Verwalter der drohenden Ungültigerklärung seiner Jahresabrechnung dadurch entgehen, daß er den möglicherweise mangelhaften Bestandteil einfach auslässt. Diese h. M. ist auch kaum mit der Rechtsprechung zum Anspruch auf Erstellung einer Jahresabrechnung gemäß § 21 Abs. 4 WEG zu vereinbaren. Wie oben ausgeführt, kann grundsätzlich jeder Wohnungseigentümer den fälligen Anspruch auf Erstellung einer Jahresabrechnung im Verfahren nach § 43 Nr. 3 WEG geltend machen, ohne daß es eines ermächtigenden Beschlusses der Wohnungseigentümer bedarf (*BGH* NJW 1985, 912, 913; *BayObLG* WE 1991, 223 f.; *KG* NJW-RR 1987, 1160, 1161; *Jennißen* a. a. O. X Rn. 1). Dieser Anspruch wird nach allgemeiner Auffassung nur durch eine vollständige, geordnete und nachvollziehbare Abrechnung erfüllt, die mithin alle wesentlichen Bestandteile beinhaltet und rechnerisch in sich widerspruchsfrei ist (BayObLGZ 1987, 384 f.; *KG* NJW-RR 1987, 1161; *OLG Hamm* FGPrax 1998, 213). Eine Jahresabrechnung, der wesentliche Bestandteile wie die Übersicht über die gemeinschaftlichen Konten fehlt, stellt keine auch nur teilweise Erfüllung dieses Anspruchs dar. Der Verwalter wäre somit trotz Vorlage einer solchen Abrechnung weiterhin zur begehrten Erstellung einer vollständigen Jahresabrechnung zu verpflichten (*OLG Hamm*, OLGZ 75, 157, 159 ff.; ähnlich ZMR 1997, 251, 252 f.; *OLG Karlsruhe* WE 1998, 500, 501; *Bärmann/Pick/Merle* § 28 Rn. 60). Daher erscheint es systematisch überzeugender, nicht nur bei rechnerischer Unschlüssigkeit infolge unrichtiger Angabe der Kontenstände, sondern auch beim völligen Fehlen dieser Angabe von der Anfechtbarkeit des Genehmigungsbeschlusses, nicht nur von einem Ergänzungsanspruch auszugehen.

7. Die Ausweisung der Instandhaltungsrücklage

81 Dass daneben nach h. M. auch der Umfang der Instandhaltungsrücklage aus der Jahresabrechnung hervorgehen soll (*KG* NJW-RR 1987, 80; 1987, 1161; 1996, 526; *BayObLG* NJW-RR 1989, 1164; 2004, 1603; zu den Einzelheiten s. a. *Jennißen* VII Rn. 52), ist von geringerer Bedeutung. Denn diese

ist Teil der gemeinschaftlichen Konten, deren Stand und Entwicklung die Jahresabrechnung ohnehin wiederzugeben hat. In diesem Rahmen bezeichnet die Instandhaltungsrücklage nur die interne Zweckbindung bestimmter Geldmittel. Im Ergebnis erhält der Wohnungseigentümer durch die Ausweisung der Instandhaltungsrücklage also nur Auskunft über die Beschlusslage, in welcher Höhe bestimmte Guthaben intern zweckgebunden sind. Im Außenverhältnis entfaltet diese Bindung keinerlei Wirkung. Ein Gläubiger, der gegen den Verband vollstreckt, kann ohne weiteres auch auf die als Instandhaltungsrücklage bezeichneten Mittel zugreifen. Sofern man die Angaben zur Instandhaltungsrücklage überhaupt als wesentlichen Bestandteil der Jahresabrechnung ansehen und nicht eher als Zusatzinformation klassifizieren will, kann ihre Unrichtigkeit jedenfalls nicht die Ungültigerklärung einer im Übrigen korrekten Jahresabrechnung zur Folge haben. Allenfalls kommt eine Teilungültigerklärung in Betracht. Entsprechendes hat beim Fehlen diesbezüglicher Angaben zu gelten. Dies kann allenfalls einen Anspruch auf Ergänzung der Jahresabrechnung um die Ausweisung der Instandhaltungsrücklage zur Folge haben.

III. Der Beschluss der Jahresabrechnung und seine Folgen

1. Das Verfahren bis zur Beschlussfassung

a) Die Vorprüfung durch den Verwaltungsbeirat

Das Verfahren bis zur Beschlussfassung über die Jahresabrechnung gleicht demjenigen beim Wirtschaftsplan. Wie dort hat der Verwalter seine Beschlussvorlage zunächst dem Verwaltungsbeirat zu übermitteln. Sie muss schriftlich vorliegen, aber nicht der Schriftform des § 126 BGB genügen. Lose Blätter ohne Unterschrift des Verwalters sind somit ausreichend (*KG NJW-RR 1996, 526*). Der Verwaltungsbeirat hat sie nach § 29 Abs. 3 WEG zu prüfen. Dies erfordert eine Prüfung der rechnerischen Schlüssigkeit und der Belege (*OLG Düsseldorf ZMR 1998, 107; Jennißen* IX Rn. 3 f.). Anschließend hat der Verwaltungsbeirat eine Stellungnahme abzugeben, was schriftlich, etwa durch einen Prüfvermerk, oder mündlich in der Eigentümerversammlung erfolgen kann. Das Fehlen dieser Prüfung durch den Verwaltungsbeirat alleine hat indessen nicht die Fehlerhaftigkeit einer gleichwohl erfolgenden Genehmigung durch die Eigentümer zur Folge (*KG NJW-RR 2003, 1597 f. = ZMR 2004, 145; BayObLG NJW-RR 2003, 1666 f.; ZMR 2004, 358; NJW-RR 2004, 444*). Die Beschlussvorlage des Verwalters ist – evtl. mit Änderungsvorschlägen des Verwaltungsbeirats – dann Gegenstand der Beschlussfassung durch die Eigentümerversammlung. Dabei müssen die formalen Anforderungen (etwa die ordnungsgemäße Bezeichnung in der Einladung) wie bei jeder Beschlussfassung erfüllt sein. Die Übersendung aller Einzelabrechnungen gehört entgegen einer vereinzelt vertretenen Auffassung (*OLG Köln NJW-RR 1995, 1295 f.*; abweichend *OLG Köln NJW-RR 2006, 19 f.*, wo die Möglichkeit der Einsicht als Mindestvoraussetzung genannt wird) nicht zu diesen Voraussetzungen (*Staudinger/Bub* § 28 Rn. 528; *Jennißen* IX Rn. 11). Dem steht nicht entgegen, dass der Eigentümer über die anderen Einzelabrechnungen mitbeschließt. Denn zum einen kann er schon anhand seiner Einzelabrechnung die Richtigkeit der wesentlichen Bestandteile auch der anderen Abrechnungen (insbesondere Gesamtkosten und verwendete Schlüssel) überprüfen (vgl. *OLG Köln NJW-RR 2006, 19*), zum anderen kann er eine weitere Prüfung durch Belegeinsicht vornehmen. Ebenso wenig müssen die der Abrechnung zugrundeliegenden Belege vorab, ohne entsprechende Anfrage in Kopie übermittelt werden.

b) Änderungen durch die Mehrheit der Eigentümerversammlung

Für die Genehmigung der Vorlage genügt vorbehaltlich abweichender Regelungen in der Gemeinschaftsordnung die einfache Mehrheit. Die Eigentümerversammlung kann aber mehrheitlich noch Änderungen der Vorlage beschließen, da die Vorlage nur ein Vorschlag ist (*KG NJW-RR 1987, 1161*; a. A. *OLG Düsseldorf ZMR 2006, 545*, wonach die Jahresabrechnung vollständig in schriftlicher Form vorliegen muss). Die hieraus folgenden Probleme haben in Rechtsprechung und Schrifttum bislang kaum Beachtung gefunden, was angesichts ihrer praktischen Relevanz erstaunt. Unproblematisch bleiben Änderungen gegenüber der Beschlussvorlage nur dann, wenn etwa nur eine Position übersehen wurde und noch in der Versammlung eine »Reparatur« der ursprünglichen Vorlage möglich ist, die neben dem geänderten Betrag in der Gesamtabrechnung auch die Auswirkungen auf die Einzelabrechnungen erfasst. Dies wird aber eine seltene Ausnahme bleiben. Üblicherweise lassen sich berechtigte Änderungswünsche nicht mehr ohne weiteres in die ursprüngliche Vorlage einfügen. In diesem Falle bezieht sich eine genehmigende Beschlussfassung auf eine Jahresabrechnung, der wesentliche Bestandteile wie einzelne Positionen der Gesamtabrechnung und die endgültigen Ergebnisse der Einzelabrechnungen noch fehlen. Gleichwohl wird man derartige Beschlüsse nicht mangels Bestimmtheit für nichtig halten dürfen, da der Eigentümerversammlung ansonsten die Möglichkeit, die Vorlage zur Jahresabrechnung zu ändern, faktisch verwehrt würde. Daher empfiehlt sich die Übertragung der Grundsätze zur Teilungültigerklärung von Abrechnungen auf den vorliegenden Zusammenhang: Kommt bereits dem beschlossenen Torso der Jahresabrechnung ein eigener Aussagewert zu, da wesentliche Positionen der Gesamtabrechnung und ihre Verteilung auf die einzelnen Wohnungseigentümer hierin geregelt sind, verstößt dessen Genehmigung nicht gegen Grundsätze ordnungsmäßiger Verwaltung, der diese Bestandteile vorab genehmigt. Es besteht aber hinsichtlich der noch fehlenden Bestandteile ein Ergänzungsanspruch. Diese müssen noch von einer weiteres Eigentümerversammlung genehmigt werden. Geht die Genehmigung darüber hinaus, indem die noch zu erstellenden Bestandteile vorab genehmigt werden, ist der Beschluss insoweit für ungültig zu erklären. Ist dagegen die Beschlussvorlage so unvollständig, dass sie im Hinblick auf die Feststellung der Gesamtausgaben und ihre Verteilung auf die einzelnen Eigentümer noch keine oder nur sehr geringe Aussagekraft besitzt, ist ihre Genehmigung insgesamt anfechtbar. Richtet sich die Anfechtung gegen eine unvollständige, aber in ihren einzelnen Bestandteilen aussagekräftige Abrechnung, deren Genehmigung ordnungsmäßiger Verwaltung entspricht, ist die Klage hinsichtlich dieses Teils kostenpflichtig abzuweisen. Auch die nachträgliche Abänderung einer genehmigten Jahresabrechnung durch Zweitbeschluss ist zulässig, wenn die erste etwa aufgrund fehlerhafter Verbrauchsmessung Mängel aufweist (*OLG Düsseldorf* NJW-RR 2000, 1541; ZMR 2007, 381; *KG* ZMR 2006, 223 f.; *Jennißen* VII Rn. 59). Die unzutreffend geringe Beteiligung an den Kosten stellt keinen Vorteil dar, auf dessen Fortbestand ein Wohnungseigentümer vertrauen kann. Ein Anspruch hierauf kommt aber nur in Betracht, wenn die zur Fehlerhaftigkeit führenden Umstände bei der Beschlussfassung noch nicht berücksichtigt werden konnten (*OLG Düsseldorf* ZMR 2007, 381).

c) Das Stimmrecht

84 Den Beschluss über die Jahresabrechnung haben alle Wohnungseigentümer zu fassen, auch in Mehrhausanlagen (*OLG Zweibrücken* ZMR 2005, 909). An der Abstimmung über die Genehmigung der Jahresabrechnung können sowohl der Verwaltungsbeirat als auch der Verwalter, der hierzu bevollmächtigt wurde oder selbst Eigentümer ist, teilnehmen. Denn diese regelt vorrangig die mitgliedschaftlichen Verhältnisse der Eigentümer untereinander. Sofern nur eine einheitliche Beschlussfassung über Jahresabrechnung und Entlastung vorgesehen ist, können Verwalter und Verwaltungsbeirat eine getrennte Abstimmung verlangen. Denn der Umstand, dass sie von der Entscheidung über letztere ausgeschlossen sind, darf nicht durch Kombination beider Beschlussfassungen zu einem ungerechtfertigten Ausschluss vom Stimmrecht führen.

d) Die zu Unrecht verweigerte Beschlussfassung

85 Ebenfalls nur geringe Aufmerksamkeit erlangte die grundlose Weigerung, eine korrekte Beschlussvorlage zu genehmigen, was von praktischer Relevanz sein kann, wenn etwa der Mehrheitseigentümer mit hohen Nachzahlungen belastet wird. Aus den oben angeführten Gründen scheidet eine Aufstellung der Jahresabrechnung durch das Gericht jedenfalls im Zivilprozess aus. Dem Antragsteller kommt aber ein Anspruch aus § 21 Abs. 4 WEG auf Genehmigung einer korrekten Beschlussvorlage zu, da nur die Genehmigung einer korrekten Abrechnung ordnungsmäßiger Verwaltung entspricht. Dieses Begehren kann jeder Wohnungseigentümer alleine und ohne Ermächtigung durch die Eigentümerversammlung im Verfahren nach § 43 Nr. 1 WEG geltend machen, da es sich um einen Individualanspruch handelt. Gegner sind alle anderen Wohnungseigentümer.

2. Die Wirkung der Beschlussfassung

a) Das Verhältnis zwischen Jahresabrechnung und Wirtschaftsplan

aa) Die Wirkung der beschlossenen Jahresabrechnung auf die Vorschüsse aus dem Wirtschaftsplan

Das lange umstrittene Verhältnis zwischen Wirtschaftsplan und Jahresabrechnung ist nunmehr **86** durch die Rechtsprechung des BGH geklärt. Entgegen früher h. M. führt die Genehmigung der Jahresabrechnung danach nicht dazu, dass sich die ursprüngliche Beitragsschuld aus dem Wirtschaftsplan in ihrem rechtlichen Bestand ändert, etwa durch eine neue aus der Jahresabrechnung ersetzt wird (*BGH* NJW 1994, 1866, 1867; 1996, 725, 726; *OLG Köln* NJW-RR 1997, 1102; *OLG Düsseldorf* NJW-RR 1997, 1235; NJW-RR 2000, 1181 = ZMR 2000, 397; *BayObLG* NJW-RR 2004, 1091; so aber noch *BayObLG* NJW-RR 1987, 1162; 1988, 273 u. 1171; *KG* NJW-RR 1988, 844). Eine solche Novation wäre nicht interessengerecht, da mit dem Wegfall der ursprünglichen Schuld Sicherungsrechte, der Ansprüche auf Verzugszinsen etc. entfielen (*KG* NJW-RR 1994, 85; *OLG München* ZMR 2007, 722). Vielmehr entfaltet die Genehmigung der Jahresabrechnung im Hinblick auf die Vorschüsse aus § 28 Abs. 2 WEG rechtsbekräftigende bzw. -verstärkende Wirkung (*BGH* NJW 1994, 1867; 1996, 726; *OLG Köln* NJW-RR 1997, 1102; *OLG Düsseldorf* NJW-RR 2000, 1181 = ZMR 2000, 397; ZMR 2007, 712; *BayObLG* NJW-RR 2002, 1666; *OLG Hamm* NJW-RR 2004, 14; *OLG Dresden* ZMR 2006, 543). Der Verband behält insoweit also grundsätzlich alle Rechte, die er aus dem Wirtschaftsplan ableiten kann (*BGH* NJW 1996, 726; *BayObLG* NJW-RR 2001, 660; *OLG Hamburg* ZMR 2006, 792). Deshalb bleibt die rechtskräftige Ungültigerklärung der Jahresabrechnung ohne Einfluss auf die Beitreibung aus dem Wirtschaftsplan (*OLG Düsseldorf* NJW-RR 1997, 1235). Umgekehrt hat die bestandskräftige Genehmigung der Jahresabrechnung keine Auswirkungen auf die Anfechtung des Wirtschaftsplans (*BayObLG* NJW-RR 1998, 1624; a. A. für den Fall der vollständigen Zahlung der Vorschüsse *OLG Hamm* ZMR 2006, 880 f.; noch weiter gehend *OLG Hamburg* ZMR 2007, 552; *Jennißen* XII Rn. 1). Auch die Verjährung der Ansprüche aus dem Wirtschaftsplan hindert die Beitreibung der Beiträge aus der beschlossenen Jahresabrechnung nicht (*OLG Dresden* ZMR 2006, 543 f.). Lediglich für die Zukunft entfaltet die Genehmigung der Jahresabrechnung rechtsbegrenzende Wirkung, wenn der Anspruch hieraus hinter demjenigen aus dem Wirtschaftsplan zurückbleibt: Schuldet der Wohnungseigentümer aus der genauen Ermittlung der tatsächlichen Kosten geringere Zahlungen als nach der bloßen Schätzung des Wirtschaftsplans, können die überschießenden Ansprüche aus letzterem nicht mehr durchgesetzt werden. Der Verband hat den Rechtsstreit nur insoweit für erledigt zu erklären, nicht aber hinsichtlich der Beträge, die aus Wirtschaftsplan und Jahresabrechnung begründet sind (*BayObLG* NJW-RR 1998, 1624; 2001, 660; a. A. noch *BayObLG* NJW-RR 1997, 717). Bis zur Beschlussfassung entstandene Ansprüche etwa auf Verzugszinsen bleiben unberührt. Hingegen kann sich ein **ausgeschiedener** Wohnungseigentümer nicht auf die rechtsbegrenzende Wirkung der Jahresabrechnung berufen, da Beschlüsse der Eigentümerversammlung nur für und gegen die Eigentümer wirken. Umgekehrt wird ihm durch die Nichtberücksichtigung von Zahlungen in der Jahresabrechnung auch der Erfüllungseinwand nicht abgeschnitten (vgl. hierzu Rn. 67).

bb) Die Fälligkeit von Nachzahlungen und Vorschüssen

Rechtsbegründende Wirkung entfaltet der Beschluss der Jahresabrechnung nur hinsichtlich des **87** Betrages, den der Wohnungseigentümer über die Vorschüsse nach § 28 Abs. 2 WEG hinaus schuldet (die sog. Abrechnungsspitze) bzw. umgekehrt hinsichtlich eines Guthabens (*BGH* NJW 1990, 1867; *BayObLG* NJW-RR 1987, 1356 f.; 2004, 1091; *OLG Hamm* NJW-RR 2004, 14; *OLG München* ZMR 2006, 647 u. 882; *OLG Düsseldorf* ZMR 2007, 712). Die Rückerstattung überzahlter Vorschüsse vor der Genehmigung der Jahresabrechnung widerspricht Grundsätzen ordnungsmäßiger Verwaltung (*OLG Köln* NJW-RR 2005, 1096 f.). Über die Modalitäten, wann eine Nachzahlung zu erfolgen hat bzw. wie Guthaben zu erstatten sind (durch Rückzahlung, Verrechnung mit späteren Vorschüssen o. Ä.) können die Wohnungseigentümer nunmehr aufgrund der Beschlusskompetenz des § 21 Abs. 7 WEG im Rahmen ordnungsmäßiger Verwaltung frei entscheiden (zum früheren Recht s. *KG* NJW-RR 1995, 975; 1996, 466; 2004, 1089). Dabei sind Regelungen sowohl für den

§ 28 | Wirtschaftsplan, Rechnungslegung

Einzelfall wie auch generell für die Zukunft möglich und zwar unabhängig von diesbezüglichen Bestimmungen in der Teilungserklärung. Ohne derartige Regelung wird im Zweifel von der sofortigen Fälligkeit der Ansprüche auf Nachzahlung bzw. Erstattung von Guthaben auszugehen sein.

cc) Keine »Dauerwirkung«

88 Hingegen kommt einer – auch wiederholten – Genehmigung bestimmter Abrechnungsmodi grundsätzlich keine Dauerwirkung in dem Sinne zu, dass künftig stets in dieser Form abgerechnet werden soll (*OLG Düsseldorf* NJW-RR 1986, 96; *BayObLG* NJW 1986, 385; *OLG Köln* NJW-RR 2006, 20; *OLG Hamburg* ZMR 2006, 299). Die Beschlussfassung über die Jahresabrechnung beschränkt sich schon ihrem Gegenstand nach auf die konkrete Beschlussvorlage. Die Annahme einer konkludenten Vereinbarung scheitert in aller Regel auch daran, dass den Wohnungseigentümern die konkrete Abweichung etwa vom richtigen Verteilungsschlüssel bekannt sein und von ihnen auch für die Zukunft gebilligt werden muss. Anderes kann gelten, wenn zur Beschlussfassung weitere Umstände treten, die auf die Billigung der Abänderung schließen lassen, etwa der Einbau von Messgeräten zur Abrechnung nach Verbrauch statt Miteigentumsanteilen (vgl. *OLG Hamburg* ZMR 2007, 211). Selbst wenn man ausnahmsweise vom Zustandekommen einer solchen Vereinbarung ausgeht, wirkt sie mangels Eintragung nach § 10 Abs. 3 WEG jedenfalls nicht gegen Sonderrechtsnachfolger. Allerdings kann deren Bestätigung der Vereinbarung gleichfalls konkludent erfolgen (*OLG Hamburg* ZMR 2007, 211).

dd) Keine Entscheidung über die Rechtmäßigkeit der ausgewiesenen Ausgaben

89 Die Genehmigungswirkung beschränkt sich zudem auf die rechnerische Richtigkeit und die Zuordnung der Positionen zum abgerechneten Wirtschaftszeitraum. Sie trifft keine Aussage über die materiell-rechtliche Richtigkeit der ausgewiesenen Ausgaben (*OLG Zweibrücken* ZMR 2005, 909). Vielmehr müssen auch unberechtigte Ausgaben in die Jahresabrechnung eingestellt werden, da sie tatsächliche Abflüsse darstellen (vgl. o. Rn. 69). Ohne weitere Anhaltspunkte enthält ihre Genehmigung daher keine Billigung des diesbezüglichen Verwalterhandelns (insoweit missverständlich *Staudinger/Bub* § 28 Rn. 25). Dies ist Gegenstand der Entlastung.

b) Gläubiger und Schuldner von Nachzahlungen

aa) Schuldner und Gläubiger von Nachzahlungen und Guthaben

90 Gläubiger von Nachzahlungen und Schuldner von Guthaben ist nach § 10 Abs. 7 S. 3 WEG der teilrechtsfähige Verband (*OLG München* ZMR 2006, 553). Für die Frage, wer für Nachzahlungen aus einer Jahresabrechnung haftet bzw. wem ein Guthaben zusteht, ist grundsätzlich wiederum auf die Eigentümerstellung zur Zeit der Fälligkeit abzustellen (*OLG Karlsruhe* NJW-RR 1987, 1354; *OLG München* ZMR 2007, 722). Dabei kommt es wie bei den Vorschüssen auf die wahre Eigentümerstellung an, die aber aufgrund der Eintragung in das Grundbuch widerleglich vermutet wird (*KG* NJW-RR 1994, 85; vgl. o. Rn. 21). Es gelten sinngemäß dieselben Ausnahmen wie bei den Vorschüssen aus dem Wirtschaftsplan (s. Rn. 22). So haftet der Wohnungseigentümer weiterhin neben dem Zwangsverwalter (*KG* NJW-RR 2006, 662 = ZMR 2006, 221). Ferner muss der Zwangs- bzw. Insolvenzverwalter den gesamten Nachzahlungsbetrag entrichten (*BGH* NJW 1994, 1867; *KG* NJW-RR 1994, 85 f.; *BayObLG* NJW-RR 1999, 1458 f.; *AG Düsseldorf* NJW-RR 2003, 371), allerdings nicht die offenen Vorschüsse (*OLG München* ZMR 2007, 722). Soweit die Gemeinschaft die Beschlussfassung zum Nachteil des Erwerbers verzögert, soll der Genehmigungsbeschluss wegen Rechtsmißbrauchs anfechtbar, aber nicht nichtig sein (*BayObLG* NJW-RR 1992, 15; *KG* NJW-RR 1994, 86; *OLG Düsseldorf* NJW-RR 1995, 465). Allerdings haftet der neue Wohnungseigentümer nach einem Eigentümerwechsel u. U. nicht auf den gesamten Nachzahlungsbetrag. Wie oben bereits ausgeführt, schuldet der jeweilige Eigentümer nur die Vorschüsse aus dem Wirtschaftsplan, die während seiner Eigentümerstellung fällig werden. Ein Nachzahlungsbetrag kann aber auch nicht gezahlte Vorschüsse umfassen, die noch vor dem Eigentümerwechsel fällig wurden (*OLG Hamm* NJW-RR 2004, 14). Diese können dem Erwerber vorbehaltlich einer abweichenden Regelung durch Teilungserklärung oder Vereinbarung nicht angelastet werden. Er kann also nur für seine Vorschüsse und den Betrag, der die Soll-Vorschüsse übersteigt, die sog. Abrech-

nungsspitze, in Anspruch genommen werden (*OLG Düsseldorf* NJW-RR 1997, 715; *OLG Köln* NJW-RR 1997, 1102; *KG* NJW-RR 1999, 665). Eine abweichende Regelung in der Teilungserklärung ist nur für den rechtsgeschäftlichen Erwerber nicht aber für den Ersteher in der Zwangsversteigerung möglich, da dem § 56 S. 2 ZVG entgegensteht (*Staudinger/Bub* § 28 Rn. 67 f.; vgl. Rn. 23). Mehrheitsbeschlüsse sind mangels Beschlusskompetenz in jedem Falle nichtig. Hinsichtlich der Vorschüsse vor seinem Eigentumserwerb ist der Erwerber so zu stellen, als wären sie vollständig beglichen worden. Sind Ausfälle etwa mittels Sonderumlage zu decken, müssen diese von der gesamten Gemeinschaft solidarisch getragen werden, woran allerdings der neue Eigentümer nach dem allgemeinen Schlüssel teilnimmt (*KG* NJW-RR 2003, 444 ff.). Für den Fehlbetrag, der die Soll-Vorschüsse übersteigt, haftet er dagegen in vollem Umfang, unabhängig davon, wann die Kosten entstanden sind (*OLG München* ZMR 2007, 722). Auch wenn beispielsweise die über die Vorschüsse aus dem Wirtschaftsplan hinausgehenden Kosten zweifelsfrei auf das Verbrauchsverhalten des Voreigentümers zurückzuführen sind, muss der neue Eigentümer auch für diesen Teil der Abrechnungsspitze einstehen. Umgekehrt steht ihm auch ein Guthaben zu, das noch durch die Zahlungen des Sonderrechtsvorgängers entstanden ist. Eine Aufteilung dieser Beträge nach der Zeit ihrer Verursachung findet nicht statt (a. A. *Jennißen* VIII Rn. 32). Auch die Beteiligung des Voreigentümers an einer Abrechnungsspitze scheidet aus. Da er nicht mehr Eigentümer ist, geht ein entsprechender Beschluss ins Leere, da Dritte nicht durch Entscheidungen der Wohnungseigentümer belastet werden können (*Staudinger/Bub* § 28 Rn. 408). Dies gilt auch dann, wenn er noch Eigentümer einer anderen Einheit ist, da er der Gemeinschaft im Hinblick auf das veräußerte Wohnungs- oder Teileigentum wie ein Dritter gegenübersteht.

bb) Einstellung alter Fehlbeträge in die neue Jahresabrechnung?

Schon nach altem Recht war die Behandlung von Fehlbeträgen aus Vorjahren, die in die neue Einzelabrechnung eingestellt werden, umstritten. Von Bedeutung war dies beim Eigentumswechsel. Konnte durch die nochmalige Ausweisung eine neue Forderung begründet werden, führte dies zu einer Möglichkeit, die Erwerberhaftung auf Umwegen wieder einzuführen. Einigkeit herrschte insoweit, dass Fehlbeträge aus früheren Jahren, da sie keinen tatsächlichen Zufluss oder Abfluss des Abrechnungsjahrs darstellen, nicht erneut in der Abrechnung auszuweisen sind (*KG* NJW-RR 1994, 84; *BayObLG* ZMR 2006, 140). Geschieht dies gleichwohl, ist die Beschlussfassung zur Jahresabrechnung i. d. R. dahingehend auszulegen, dass die Wohnungseigentümer einen Erwerber nicht abweichend von der Rechtsordnung zu nicht geschuldeten Zahlungen verpflichten wollen (*KG* NJW-RR 1994, 84). Steht dieser Auslegung der im Beschluss ausdrücklich geäußerte Wille der Eigentümer entgegen, ist die Einzelabrechnung insoweit jedenfalls anfechtbar (*KG* NJW-RR 1994, 84 u. 86). Noch nicht geklärt ist die Behandlung nicht angefochtener Einzelabrechnungen mit entsprechenden Ausweisungen. Die bislang h. M. ging von der Bestandskraft der Abrechnung und damit von der Neubegründung einer Forderung in dieser Höhe aus (*OLG Düsseldorf* ZMR 2006, 217 f.; *OLG Köln* NJW-RR 1997, 1102; 2001, 87; *Bärmann/Pick/Merle* § 28 Rn. 85; *Staudinger/Bub* § 28 Rn. 396). Aus der neuen Rechtsprechung des *BGH* ergibt sich aber die Unzulässigkeit von Sonderbelastungen einzelner Wohnungseigentümer: In der Entscheidung zur Teilrechtsfähigkeit verneinte der *BGH* ohne entsprechende Beschlusskompetenz die Möglichkeit, einzelnen Wohnungseigentümern durch Mehrheitsbeschluss Sonderverpflichtungen aufzuerlegen (*BGH* ZMR 2005, 554). Wendet man dies auf vorliegenden Zusammenhang an, sind derartige Belastungen aktueller Einzelabrechnungen mit Altverbindlichkeiten als nichtig anzusehen. Umgekehrt kann man § 28 Abs. 5 WEG als generelle Beschlusskompetenz zur Belastung mit den Ergebnissen der Einzelabrechnung ansehen und die Übernahme alter Rückstände nur als Frage ordnungsmäßiger Verwaltung klassifizieren. In diesem Falle werden unangefochtene Einzelabrechnungen mit der unrichtigen Ausweisung bestandskräftig (so auch nach neuen Recht *Niedenführ/Kümmel/Vandenhouten* § 28 Rn. 72).

c) Die Durchsetzung von Nachzahlungen und Guthabenauszahlungen

aa) Nachzahlungen

92 Für die Durchsetzung von Nachzahlungen an den Verband gilt das oben zu Vorschüssen nach § 28 Abs. 2 WEG Gesagte sinngemäß. Die außergerichtliche Geltendmachung ist nach § 27 Abs. 3 S. 1 Nr. 4, Abs. 4 WEG ausschließlich Aufgabe des Verwalters. Zur außergerichtlichen Geltendmachung betraf es einer Ermächtigung nach § 27 Abs. 3 S. 1 Nr. 7 WEG. Die Ermächtigung anderer Wohnungseigentümer zur Geltendmachung des Nachzahlungsanspruchs in Prozessstandschaft ist möglich. Im Beitreibungsverfahren sind Fehler der Jahresabrechnung unerheblich, sofern sie nicht zur rechtskräftigen (Teil)ungültigerklärung der Beschlussfassung hierüber geführt haben (*BayObLG* NJW-RR 1993, 788; *OLG Hamburg* ZMR 2006, 793). Die bloße Erhebung der Anfechtungsklage genügt nicht (*BayObLG* NJW-RR 1993, 788; *KG* NJW-RR 2006, 384 = ZMR 2006, 64 f.; *OLG Hamburg* ZMR 2006, 793); der in Anspruch Genommene kann allenfalls die Aussetzung der Zahlungsverpflichtung im Wege einstweiligen Rechtsschutzes beantragen. Der verklagte Wohnungseigentümer kann sich aber darauf berufen, dass die Abrechnung, die der Nachforderung zugrunde liegt, gar nicht beschlossen wurde (*OLG Hamburg* ZMR 2006, 793). Denn dann fehlt der Klageforderung der Rechtsgrund. Trifft dies zu, weil etwa der Verwalter ohne Genehmigung der Eigentümerversammlung eigenmächtige Korrekturen vorgenommen hat, kann aber der Wirtschaftsplan weiterhin zur Begründung von Vorschussforderungen herangezogen werden. Des Weiteren kann er geltend machen, die Klageforderung bereits beglichen zu haben. Eine in der Jahresabrechnung nicht berücksichtigte Zahlung genügt aber nach verbreiteter Auffassung nicht, da die Genehmigung der Abrechnung diese Einwendung ausschließt (s. o. Rn. 67). Zurückbehaltungsrechte oder Aufrechnung können nur unter den bei den Vorschüssen dargelegten engen Voraussetzungen geltend gemacht werden (*OLG München* ZMR 2006, 647; vgl. o. Rn. 41). Auch Nachzahlungen sind unter den Voraussetzungen des § 10 Abs. 1 Nr. 2 ZVG in der Zwangsversteigerung bevorrechtigt.

bb) Die Erstattung von Guthaben

93 Anders als bei den Vorschüssen aus dem Wirtschaftsplan kommen aufgrund der Jahresabrechnung auch Ansprüche der Wohnungseigentümer gegen den Verband in Betracht, da ihnen aus Überzahlungen ein Guthaben zustehen kann. Der Anspruch auf seine Auszahlung wurde früher bisweilen vom Vorhandensein liquider Mittel der Gemeinschaft abhängig gemacht (*KG* NJW-RR 1995, 976). Eine solche Einschränkung dürfte nach neuem Recht nicht mehr zu machen sein. Denn der Gemeinschaft kommt nunmehr aus § 21 Abs. 7 WEG die Kompetenz zu, über die Art und Weise der Zahlungen mit Mehrheit zu beschließen. Dies betrifft auch die Möglichkeit, über die Verrechnung von Guthaben mit künftigen Vorschüssen o.Ä. zu entscheiden (*Abramenko* § 2 Rn. 7). Macht die Gemeinschaft von dieser Möglichkeit keinen Gebrauch, kann sich der Verband gegenüber Erstattungsansprüchen nicht auf sonstige entgegenstehende Umstände berufen, die er vorhersehen und bei der Regelung der Modalitäten einer Rückzahlung nach § 21 Abs. 7 WEG hätte berücksichtigen können (zur Notwendigkeit einer ausdrücklichen Regelung nach früherem Recht gerade bei größeren Beträgen *KG* NJW-RR 1995, 975). Ohne eine solche Regelung kann der einzelne Wohnungseigentümer ohne weiteres die Erstattung der fälligen Guthaben verlangen, allerdings nur vom Verband, nicht von den Miteigentümern (vgl. schon *KG* NJW-RR 1993, 338). Dabei darf der Verwalter den Erstattungsbetrag auf ein früher mitgeteiltes Konto überweisen (*OLG München* ZMR 2006, 155).

3. Modifikationen der gesetzlichen Regelungen zur Genehmigung der Jahresabrechnung

a) Abdingbarkeit und Minderheitenschutz

94 § 28 WEG ist zwar insgesamt abdingbar, so dass auch die Regelungen zur Beschlussfassung nach § 28 Abs. 5 WEG durch Teilungserklärung oder Vereinbarung modifiziert werden können. So kann etwa ihre Genehmigung dem Verwaltungsbeirat übertragen werden. Der Minderheitenschutz kann jedoch nicht gänzlich beseitigt werden. So ist auch eine in der Teilungserklärung getroffene Regelung unwirksam, wonach Widerspruch gegen die Jahresabrechnung nur bei Errei-

clung eines bestimmten Quorums oder gar mehr als der Hälfte beachtlich ist (BayObLGZ 1988, 291; *Staudinger/Bub* § 28 Rn. 62). Unstreitig ist ferner, dass ein trotz vereinbarter Genehmigungsfiktion gefasster Beschluss über die Jahresabrechnung grundsätzlich vorrangig ist, da die Eigentümerversammlung befugt ist, über eine bereits geregelte Angelegenheit nochmals zu befinden (*KG* NJW-RR 1991, 1042; NJW-RR 1994, 84; *Bärmann/Pick/Merle* § 28 Rn. 106). Ansonsten ist vieles streitig.

b) Genehmigungsfiktionen

aa) Abänderung von § 23 Abs. 3 WEG

Besondere Probleme bereiten der Praxis Teilungserklärungen mit Klauseln, wonach die Jahresabrechnung als genehmigt gilt, wenn ihr nicht binnen einer gewissen Zeit widersprochen wird. Dass derartige Klauseln zulässig sind, ist weithin anerkannt (vgl. *Jennißen* VII Rn. 54 m. w. N.). Über die Bedeutung derartiger Klauseln besteht in Rechtsprechung und Schrifttum Streit. Eine Auffassung will hierin eine Modifikation der Voraussetzungen an die Beschlussfassung in § 23 Abs. 3 WEG sehen, wonach auf das Erfordernis einer Versammlung verzichtet wird (BGHZ 113, 199). Dies hat im Ergebnis den Vorteil, dass der Minderheitenschutz nicht beseitigt wird, da einem fingierten Beschluss keine weitergehende Bestandskraft zukommen kann als einem tatsächlich gefassten, weshalb die Anfechtung im Verfahren nach § 43 Nr. 4 WEG möglich bleibt. Allerdings wirkt die Annahme einer Abbedingung von § 23 Abs. 3 WEG, die von der schriftlichen Beschlussfassung nichts lässt als eine bloße Fiktion, etwas gewaltsam. Zudem lässt sich die Frage, wie die Anfechtungsfrist nach § 46 Abs. 1 S. 2 WEG zu berechnen ist, insbesondere ab wann sie läuft, kaum befriedigend beantworten. 95

bb) Abänderung von § 28 Abs. 5 WEG

Näher liegt die Interpretation, derzufolge besagte Klausel die Beschlussfassung nach § 28 Abs. 5 WEG abbedingt (*OLG Hamm* OLGZ 1982, 25 f.; *OLG Frankfurt* OLGZ 1986, 46; *KG* NJW-RR 1991, 1042). Danach findet überhaupt keine Beschlussfassung über die vom Verwalter vorgelegte Jahresabrechnung statt. Dies darf aber nicht dazu führen, dass diese von vornherein jeglicher Diskussion entzogen ist. Denn dann wäre nicht nur der einzelne Wohnungseigentümer oder eine Minderheit jeglicher Mitspracherechte beraubt, sondern die Eigentümergemeinschaft insgesamt. Die Abbedingung von § 28 Abs. 5 WEG kann nur so weit gehen, dass bei fehlendem Widerspruch eine Beschlussfassung entbehrlich ist. Dies läuft aber darauf hinaus, dass nur die nicht fristgerecht widersprechenden Wohnungseigentümer an die Abrechnung gebunden sind, während die anderen eine gerichtliche oder außergerichtliche Prüfung durchsetzen können. Eine solche »gespaltene« Wirksamkeit der Jahresabrechnung nur für Teile der Eigentümergemeinschaft würde indessen kaum lösbare Probleme nach sich ziehen (*Staudinger/Bub* § 28 Rn. 60). 96

cc) Vereinbarung nach Art einer Kontokorrentabrede

Vor diesem Hintergrund erscheint eine neue Interpretation derartiger Genehmigungsfiktionen vorzugswürdig, die sie als eine Art Kontokorrentabrede zwischen Verband und den Wohnungseigentümern auffasst (*Prüfer*, Schriftliche Beschlüsse, gespaltene Jahresabrechnungen, 2001, 126 ff.; *Bärmann/Pick/Merle* § 28 Rn. 108 f.). Demnach soll diese Klausel zur Wirksamkeit der vorgelegten Zahlen nach Ablauf der Widerspruchsfrist kommen, ohne dass es zusätzlicher rechtsgeschäftlicher Erklärungen der Beteiligten bedarf. Stellt der einzelne Wohnungseigentümer nach dieser Frist Fehler fest, geht die Darlegungs- und Beweislast für die Unrichtigkeit der gerügten Positionen auf ihn über. Dies führt zu einer erheblichen Vereinfachung beim Zustandekommen einer Jahresabrechnung, ohne die Rechte der einzelnen Wohnungseigentümer zu stark zu beschneiden. Die Darlegungs- und Beweislast geht jedenfalls bei ordentlichen Verwaltern gerade im Zivilprozess nicht weit über die Anforderungen hinaus, die auch an eine Teilanfechtung der Beschlussfassung zu stellen sind. Anders kann es bei schlechter Buchführung stehen, da dann der einzelne Wohnungseigentümer zur Darlegung des Fehlers eine eigene Jahresabrechnung zu erstellen hat. Dies kann aber durch einen rechtzeitigen Widerspruch vermieden werden. Problematischer erscheint, dass die (teilweise) Unrichtigkeit der Jahresabrechnung mit den daraus resultierenden Folgen für die Gemeinschaft praktisch ohne zeitliche Grenze geltend gemacht werden kann. 97

§ 28 | Wirtschaftsplan, Rechnungslegung

4. Fehler und gerichtliche Korrektur der Beschlussfassung über die Jahresabrechnung

a) Die Differenzierung der Fehler und ihrer Folgen in der Rechtsprechung

aa) Das Anliegen der Rechtsprechung

98 Wie jeder Beschluss kann auch die Genehmigung der Jahresabrechnung an formellen und materiellen Fehlern leiden. Hinsichtlich der formellen Fehler (z. B. Einberufungsmängeln, Beschlussunfähigkeit) gelten für die Beschlussfassung zur Jahresabrechnung keine Besonderheiten. Sie führen dazu, dass die Genehmigung auf rechtzeitige Anfechtung im Verfahren nach § 43 Nr. 4 WEG insgesamt für ungültig erklärt wird. Anderes gilt für inhaltliche Mängel. Ausgangspunkt einer einschränkenden Rechtsprechung war die – unumstrittene – Möglichkeit der Teilanfechtung von Beschlüssen, die im Erfolgsfall auch nur deren Teilungültigerklärung nach sich zog (*BayObLG* NJW-RR 1991, 15; 1992, 1169; 1998, 1624; *KG* NJW-RR 1991, 1236; *OLG Saarbrücken* NJW-RR 2006, 732; *OLG München* ZMR 2006, 950). Dieses Vorgehen übertrug die Rechtsprechung auch auf Anträge, die auf die Ungültigerklärung der Beschlussfassung über die Jahresabrechnung insgesamt gerichtet waren. Es müssen aber alle Abrechnungsbestandteile erfasst sein, die von dem Fehler betroffen sind (s. etwa *BayObLG* ZMR 2005, 969 f.). Im Ergebnis wurden die Bestandteile, die fehlerfrei bzw. nicht angegriffen waren, bestandskräftig. Durch diese Beschränkung der Ungültigerklärung sollte vermieden werden, dass bei der nächsten Beschlussfassung wieder eine vollständige Überprüfung möglich wurde, obwohl gerichtlich nur ein Mangel gerügt wurde. Hierdurch sollten »unendliche« Verfahren ausgeschlossen werden, in denen bei jeder Anfechtung ein anderer zur Ungültigerklärung führender Mangel geltend gemacht wird (*BayObLG* NJW-RR 1989, 1164). Insbesondere sollte ein Wohnungseigentümer gehindert werden, sich Anfechtungsgründe »aufzusparen«, um den Beschluss immer wieder angreifen zu können. Ähnliche Erwägungen führten dazu, auch bei unvollständigen Beschlussfassungen über Jahresabrechnungen von einer Ungültigerklärung abzusehen. Vielmehr wurde den Wohnungseigentümern, die diesen Mangel rügten, nur ein Ergänzungsanspruch zugestanden (*BayObLG* NJW-RR 2002, 1383; 2004, 1603). Auch dadurch sollte vermieden werden, dass fehlerfreie oder nicht angegriffene Bestandteile mit der Folge für ungültig erklärt wurden, dass sie in einem späteren Verfahren wieder angefochten werden konnten. Im Ergebnis war somit zwischen solchen Fehlern, die zur Ungültigerklärung insgesamt, solchen, die nur zur Teilungültigerklärung, und solchen die zu einem Ergänzungsanspruch führen, zu unterscheiden.

bb) Kritik an der Rechtsprechung

99 Diese Rechtsprechung stieß von Anfang an auf Kritik, nicht zuletzt deswegen, weil sie eine dogmatische Begründung dafür schuldig blieb, wie eine Abrechnung entgegen dem ausdrücklichen Antrag nur teilweise für ungültig erklärt werden kann (*LG Frankfurt* NJW-RR 1990, 1238 f.; *Jennißen* VII Rn. 2 u. XII 4). Am ehesten lässt sich diese Praxis wohl noch aus der Treuepflicht der Wohnungseigentümer ableiten, die es verbietet, sich für ein späteres gerichtliches Vorgehen gegen die anderen Miteigentümer weitere Mängel des Abrechnungsbeschlusses aufzusparen. Tatsächlich blieben die Kriterien, nach denen die Genehmigung einer Jahresabrechnung insgesamt oder nur teilweise für ungültig zu erklären war, stets unscharf. Daher verwunderte es nicht dass ein Fehler, etwa die Verwendung unrichtiger Verteilungsschlüssel, vor demselben Gericht einmal zur Ungültigerklärung, ein anderes Mal nur zur Teilungültigerklärung des Beschlusses über die Jahresabrechnung führte (so zur Verwendung falscher Schlüssel, die nach *BayObLG* WuM 1994, 569 f. u. *KG* ZMR 1996, 337 zur Gesamtungültigkeit und nach *KG* WE 1998, 225 nur zur Teilungültigkeit führt). Noch weniger leuchtete ein, dass das völlige Fehlen eines wesentlichen Abrechnungsbestandteils nur zu einem Ergänzungsanspruch, die bloße Fehlerhaftigkeit etwa im Falle der rechnerischen Unschlüssigkeit aber zur Ungültigerklärung der gesamten Beschlussfassung über die Jahresabrechnung führte. Dies umso weniger, als bei völlig fehlenden Abrechnungsbestandteilen gar nicht klar sein konnte, ob die vorhandenen fehlerfrei waren (*Jennißen* XII Rn. 5). Etwa die nachträgliche Erstellung der Kontenstände schloss eine rechnerische Unschlüssigkeit wegen Fehlern der vorhandenen Gesamtabrechnung nicht aus (ähnlich *Jennißen* VII Rn. 2). Hält man diese Spruchpraxis auch mittlerweile für gewohn-

cc) Zur Ungültigerklärung insgesamt führende Fehler

Zur Ungültigerklärung der Beschlussfassung über die Jahresabrechnung insgesamt führen besonders schwerwiegende Fehler, bei denen die Teilungültigerklärung nur der fehlerhaften Abrechnungsbestandteile lediglich einen unverständlichen Torso übrig ließe. Dies wurde zunächst bei strukturellen Fehlern der beschlossenen Jahresabrechnung bejaht, etwa dann, wenn sie nicht als Einnahmen- und Ausgabenrechnung, sondern als Bilanz aufgebaut war (*BayObLG* NJW-RR 1993, 1168; 2000, 1467). Ähnliches gilt bei rechnerischer Unschlüssigkeit, wenn also die Kontenentwicklung nicht mit dem Saldo von Einnahmen und Ausgaben übereinstimmt (*OLG Düsseldorf* WuM 1999, 357 f.; ZMR 2006, 145; *OLG Hamm* ZWE 2001, 448 f.; ähnlich wohl *OLG Hamburg* ZMR 2007, 552). Schließlich kann auch eine Häufung von Fehlern, die einzeln nur zur Teilungültigerklärung oder zu Ergänzungsansprüchen führen würden, einer teilweisen Aufrechterhaltung des Beschlusses über die Jahresabrechnung entgegenstehen (*OLG Frankfurt* ZWE 2006, 198 f.). Bisweilen wurden auch Beschlüsse, denen falsche Kostenverteilungsschlüssel zugrunde lagen insgesamt für ungültig erklärt (*OLG Düsseldorf* NJW-RR 2002, 158). Maßgeblich ist in allen Fällen die genehmigte Beschlussvorlage. Spätere etwa im Verfahren vorgelegte Erläuterungen oder Nachträge vermögen der fehlenden Nachvollziehbarkeit oder weiteren gravierenden Mängeln nicht abzuhelfen, da die Ungültigerklärung des Genehmigungsbeschlusses beantragt ist, der sich alleine auf die Beschlussvorlage bezieht (*BayObLG* NJW-RR 1989, 841). Fehler in zusätzlichen Übersichten etwa über das Vermögen der Gemeinschaft etc., die nicht zu den notwendigen Bestandteilen der Abrechnung gehören, begründen weder die gänzliche noch die teilweise Ungültigerklärung der Beschlussfassung über die Jahresabrechnung (*BayObLG* NJW-RR 2000, 604). 100

dd) Zur Teilungültigerklärung führende Fehler

Demgegenüber führten begrenzte Mängel nur zur Ungültigerklärung der betroffenen Position und evtl. der Gesamtsumme der Einnahmen oder Ausgaben. Dies wurde etwa bei isolierten Fehlern in einzelnen Abrechnungspositionen angenommen. Zur Teilungültigerklärung führt etwa die Aufnahme von Kosten, die nicht in die Jahresabrechnung hätten eingestellt werden dürfen, etwa vor Entstehung der Wohnungseigentümergemeinschaft angefallene Kosten (*KG* NJW-RR 1986, 1274; 1989, 18; 1992, 1168 f.) oder nicht in die Gesamtabrechnung eingestellte Kosten (*BayObLG* NJW-RR 1990, 1107 f.; 1992, 1169). Sind sie allerdings von den Gemeinschaftskonten abgeflossen, handelt es sich um tatsächliche Ausgaben, die auch ausgewiesen werden müssen (vgl. o. Rn. 69). Entsprechendes gilt für Angaben, die überhaupt nicht Gegenstand der Jahresabrechnung sein dürfen wie Rechnungsabgrenzungen (*BayObLG* NJW-RR 1990, 1108), Salden des Vorjahres (*BayObLG* NJW-RR 1992, 1169), bloße Forderungen (*BayObLG* NJW-RR 2002, 1094) oder Vermögensübersichten (*BayObLG* NJW-RR 2002, 881). Es müssen aber alle Abrechnungsbestandteile von der Ungültigerklärung erfasst sein, die von dem Fehler betroffen sind (*BayObLG* ZMR 2005, 969 f). Auch die Nichtberücksichtigung von Zahlungen führt insoweit zur Teilanfechtbarkeit der Einzelabrechnung; ohne Anfechtung wird diese aber bestandskräftig (*BayObLG* ZMR 2005, 66; *Jennißen* XIII Rn. 14; a. A. *LG Hamburg* ZMR 2006, 78; *Niedenführ/Kümmel/Vandenhouten* § 28 Rn. 77). Ähnliches gilt für die rechtlich nicht begründete Sonderbelastung eines Wohnungseigentümers (*KG* NJW-RR 2006, 383 = ZMR 2006, 64). Den Wohnungseigentümern steht aber i. d. R. die Korrektur solcher Fehler mittels Zweitbeschlusses offen. Zudem kann eine Häufung derartiger Fehler wiederum die Ungültigerklärung des gesamten Beschlusses über die Jahresabrechnung nach sich ziehen. Umgekehrt können kleinste Mängel im Centbereich jedenfalls nach § 242 BGB zur Abweisung des Anfechtungsantrags insgesamt führen (*BayObLG* NJW-RR 1997, 716; weiter gehend *KG* NJW-RR 1987, 1161; 1993, 1106, wonach es im Ermessen der Gemeinschaft steht, kleinere Mängel hinzunehmen). 101

Eine Teilungültigerklärung kommt ferner in Betracht, wenn nur die Einzelabrechnungen, nicht aber die Gesamtabrechnung mangelhaft sind, etwa bei einigen Positionen falsche Kostenverteilungsschlüssel ausweisen (*BGH* ZMR 2007, 624; vgl. *BayObLG* NJW-RR 1997, 716) oder nur einzelne Wohnungseigentümer treffende Lasten auf alle verteilen, etwa Rechtsverfolgungskosten 102

§ 28 | Wirtschaftsplan, Rechnungslegung

(*OLG Hamburg* ZMR 2007, 553; vgl. o. Rn. 69). Hier stellt sich allerdings nunmehr das Problem, ob nur der Kläger anteilig zu befreien ist oder alle Wohnungseigentümer (so zum alten Recht *KG* NJW-RR 2006, 383 = ZMR 2006, 64; NJW-RR 2006, 662 = ZMR 2006, 221). Die frühere Praxis der Teilungültigerklärung aller Einzelabrechnungen wurde aus Gründen der Abrechnungsgerechtigkeit und aus dem Ziel des Verfahrens nach § 43 Abs. 1 Nr. 4 WEG a. F. abgeleitet, das nicht nur der Interessenwahrung des Antragstellers, sondern der Durchsetzung objektiven Rechtes diene. Nach zivilprozessualen Grundsätzen erscheint eine solche über den Antrag hinausgehende Veränderung der Abrechnung, die zudem gar nicht als Partei beteiligten Dritten zugute käme, ausgesprochen problematisch. Mit der Überführung der Wohnungseigentumssachen in das ZPO-Verfahren lässt sich diese Praxis kaum mehr rechtfertigen. Dem Zivilrichter ist es nicht möglich, ohne oder gar gegen den Antrag des Klägers weitere, nicht begehrte Rechtsfolgen auszusprechen. Zudem ist der Richter mit dem Wechsel der Verfahrensmaximen nicht mehr der kraft Amtes die Sachlage erforschende Mittler zwischen den Beteiligten, sondern nur zur Entscheidung eines vom Kläger bestimmten Streitprogramms berufen. Daher tut jetzt jeder Wohnungseigentümer gut daran, entsprechende Fehler selbst zu rügen, statt sich auf andere Wohnungseigentümer zu verlassen.

ee) Einen Ergänzungsanspruch begründende Fehler

103 Ein bloßer Ergänzungsanspruch wird dann angenommen, wenn Abrechnungsbestandteile nicht fehlerhaft sind, sondern gänzlich fehlen (*KG* NJW-RR 1996, 527; *BayObLG* NJW-RR 2000, 604; *OLG Köln* NJW-RR 2006, 19). Hierbei muss es sich aber um wesentliche Bestandteile der Jahresabrechnung handeln wie Kontenstände (BayObLGZ 1989, 314; NJW-RR 1989, 1164; 1992, 1169; WE 1994, 185; ZMR 1999, 186; *KG* NJW-RR 1987, 1161), Einnahme- und Ausgabenpositionen (*BayObLG* NJW-RR 1989, 1164 zu Zinseinnahmen; *BayObLG* NJW-RR 1992, 1169 u. WuM 1993, 93 jeweils zur Einnahmenseite insgesamt; *BayObLG* WE 1992, 177 zu Wohngeldeinnahmen; *KG* ZMR 1997, 542 zu Rechtsverfolgungs- und Sanierungskosten; *OLG Hamm* ZMR 1998, 715 f. zu Hausgeldzahlungen sowie Heiz- und Wasserkosten) oder Einzelabrechnungen (*BayObLG* NJW-RR 1989, 1164; WE 1990, 183; a. A. jetzt wohl *OLG Hamburg* ZMR 2006, 793). Das Fehlen lediglich der Information der Wohnungseigentümer dienender Aufstellungen etwa über Forderungen und Verbindlichkeiten löst keinen Anspruch auf Ergänzung der Jahresabrechnung aus, da diese bereits vollständig ist (*BayObLG* NJW-RR 2000, 604). In Betracht kommt nur ein Auskunftsanspruch gegen den Verwalter.

ff) Sonstige Fehler

104 Schwerwiegendere Fehler, die nicht nur die (Teil)anfechtbarkeit oder Ergänzungsansprüche, sondern die Nichtigkeit einer Beschlussfassung über die Jahresabrechnung begründen, sind von geringerer praktischer Relevanz. Am ehesten kommen noch besonders schwerwiegende formale Fehler wie das bewußte Übergehen eines Miteigentümers bei der Einberufung der Eigentümerversammlung in Betracht, die zur Nichtigkeit eines Beschlusses führen (vgl. § 24 Rn. 57). Wesentlich häufiger sind geringfügige Fehler unterhalb der Schwelle zur Anfechtbarkeit, etwa offenkundige Schreib- oder Rechenfehler in der Beschlussvorlage. Sie können und müssen analog § 319 ZPO berichtigt werden, was nicht der Einhaltung bestimmter Fristen bedarf. Sofern sich der Verwalter oder Miteigentümer einem entsprechenden Verlangen verschließen, kann dem durch Feststellung des Beschlussinhaltes im Verfahren nach § 43 Nr. 4 WEG begegnet werden.

b) Das gerichtliche Vorgehen gegen die einzelnen Fehlertypen nach neuen Recht

aa) Neue Risiken

105 Mit der Geltung der ZPO in Wohnungseigentumssachen gewinnt die Stellung des richtigen Antrags u. U. streitentscheidende Bedeutung. Auch wenn im Verfahren nach § 43 Abs. 1 Nr. 4 WEG a. F. seit jeher strengere Maßstäbe galten (vgl. Vorauf. Vor §§ 43 ff. Rn. 35), verhinderte ein ungenauer Antrag nicht die Durchsetzung des Rechtsschutzbegehrens, wenn dieses aus der Antragsschrift klar wurde. Auch die Verpflichtung zur Ergänzung einer Jahresabrechnung wäre bei Vorliegen der sonstigen Voraussetzungen schwerlich daran gescheitert, dass die Ungültigerklärung des Beschlusses über die Jahresabrechnung beantragt worden war. Dies wird sich im Zivilprozess

ändern. Darüber hinaus trifft den Kläger nunmehr, wenn sein Klageantrag nur teilweise begründet ist, ein erheblich höheres Kostenrisiko. Neben den gegenüber der früher anzuwendenden KostO höheren Gebühren des GKG, die allerdings durch niedrigere Streitwerte teilweise wieder ausgeglichen werden, muss der partiell erfolglose Kläger nach §§ 91 ff. ZPO auch die außergerichtlichen Kosten nach dem Verhältnis seines Unterliegens tragen. Etwa eine unbedachte Anfechtung der gesamten Genehmigung einer Jahresabrechnung kann nunmehr also erhebliche Kosten nach sich ziehen.

bb) Der Antrag auf Ungültigerklärung des gesamten Beschlusses über die Jahresabrechnung

Ein auf die Ungültigerklärung der beschlossenen Jahresabrechnung insgesamt gerichteter Klageantrag ist auf die oben bezeichneten Fälle zu beschränken, in denen deren Fehler so gravierend sind, dass eine Teilungültigerklärung nicht mehr in Betracht kommt. Ansonsten droht dem Kläger die Teilabweisung mit entsprechender Kostentragungspflicht. Auch darf es sich nicht um das bloße Fehlen von Abrechnungsbestandteilen handeln, da dann nur ein Ergänzungsanspruch in Frage kommt. Sofern die Abgrenzung etwa infolge der Vielzahl von Fehlern und Lücken einer Abrechnung zweifelhaft erscheint, kann neben der Ungültigerklärung hilfsweise der Ergänzungsanspruch geltend gemacht werden, wobei dessen spezifische Voraussetzungen allerdings spätestens in der letzten mündlichen Verhandlung vorliegen müssen. Die Anfechtungsklage muss innerhalb der Frist des § 46 Abs. 1 S. 2 WEG erhoben und binnen zweier Monate seit der Beschlussfassung begründet werden. Im Übrigen dürften die Einschränkungen der bisherigen Rechtsprechung fortgelten, wonach geringe Fehler ebenso wenig zur Ungültigerklärung führen wie eine rein »altruistische« Anfechtung, die den Kläger wirtschaftlich nicht besserstellt, sondern belastet (*OLG München* ZMR 2007, 306). Auch die vorsorgliche Anfechtung aller Beschlüsse mangels Einladung und Übersendung des Protokolls kann aus dem alten Recht übernommen werden. Bei einem Erfolg der Anfechtungsklage können die Wohnungseigentümer nicht sofort die Rückerstattung geleisteter Vorschüsse verlangen. Wie beim Wirtschaftsplan (s. o. Rn. 32) bedarf es einer erneuten Abrechnung (a. A. *Staudinger/Bub* § 28 Rn. 124).

106

cc) Der Antrag auf Teilungültigerklärung des Beschlusses über die Jahresabrechnung

Sind die Mängel der Jahresabrechnung eingrenzbar und verbleiben wesentliche fehlerfreie Abrechnungsbestandteile, ist die Anfechtung insoweit zu beschränken. Allerdings ist dies genau zu prüfen. Denn eine nachträgliche Erweiterung auf weitere Positionen kommt nicht in Betracht, da diese nach Ablauf der Anfechtungsfrist in Bestandskraft erwachsen. Antrag und Entscheidung müssen genau erkennen lassen, welcher Abrechnungsbestandteil ungültig sein soll (*BayObLG* ZMR 2005, 969 f.).

107

dd) Der Ergänzungsanspruch

Fehlen wesentliche Abrechnungsbestandteile, führt dies nach ständiger Rechtsprechung nicht zur Anfechtbarkeit der Abrechnung, sondern nur zu einem Anspruch auf Ergänzung dieser Angaben. Sofern neben den zum Ergänzungsanspruch führenden Lücken weitere Fehler vorliegen, die zur Anfechtbarkeit führen, kann daneben auch ein Antrag auf Ungültigerklärung gestellt werden. Die Anfechtbarkeit schließt einen Ergänzungsanspruch nicht aus; Rechtsprechung und Literatur betonen lediglich, daß umgekehrt eine Ungültigerklärung ausscheidet, wenn sich die Mängel der Jahresabrechnung durch eine einfache Ergänzung beheben lassen (vgl. *BayObLG* WE 1989, 218; *KG* NJW-RR 1987, 1161). In diesen Fällen ist besonders zu prüfen, ob eine Häufung der Mängel vorliegt, die die Ungültigerklärung des gesamten Beschlusses über die Jahresabrechnung gebietet. Vor der gerichtlichen Geltendmachung des Ergänzungsanspruchs ist allerdings die Eigentümerversammlung mit diesem Begehren zu befassen. Wenn eine solche einvernehmliche Lösung gar nicht erst versucht wurde, fehlt einem Antrag auf gerichtliche Entscheidung grundsätzlich das Rechtsschutzbedürfnis, da dann ein einfacherer Weg zur Durchsetzung dieses Rechtsschutzbegehrens ungenutzt gelassen wurde (*BayObLG* NJW-RR 1989, 1164; WE 1992, 177; 1994, 185; 2006, 24; ähnlich *KG* WE 1991, 327). Der Versuch, eine solche Beschlussfassung herbeizuführen, selbst ist nicht fristgebunden, da sich der Ergänzungsanspruch »nicht mehr im Rahmen des

108

§ 43 Abs. 1 Nr. 4 WEG, sondern im Rahmen des § 43 Abs. 1 Nr. 1 und 2 WEG (bewegt)« (*KG* ZMR 1997, 542; ähnlich etwa *Bärmann/Pick/Merle* § 28 Rn. 116; *Sauren* 4. Aufl. 2002, § 28 Rn. 63). Nach einer ablehnenden Beschlussfassung ist allerdings aufgrund der Rechtsprechung zur Anfechtung sog. »Negativbeschlüsse« die Frist des § 46 Abs. 1 S. 2 WEG einzuhalten. Dieser Ablehnung kommt nämlich Beschlussqualität zu, da die Wohnungseigentümer auch hiermit eine Regelung treffen wollen. In der Konsequenz muss der Antrag auf Ergänzung der Jahresabrechnung nunmehr mit einer Anfechtung des ablehnenden Beschlusses verbunden werden. Schwierigkeiten kann die diesbezügliche Antragstellung bereiten, wenn die Ergänzung zwar beantragt, aber konkludent mit der Genehmigung der Jahresabrechnung abgelehnt wurde. Hier muss selbstverständlich nicht der gesamte Genehmigungsbeschluss angefochten werden, was schon aus Kostengründen nicht ratsam wäre. Es genügt eine partielle Anfechtung etwa dahingehend, »den Genehmigungsbeschluss insoweit für ungültig zu erklären, als die Ergänzung der Jahresabrechnung um ... abgelehnt wurde.« Wie bei der Anfechtung wird auch ein Ergänzungsanspruch ausscheiden, wenn nur völlig unerhebliche Lücken im Cent-Bereich vorliegen (BayObLGZ 1989, 313 f.; *BayObLG* WE 1990, 183; WuM 1993, 93; WE 1994, 185; *KG* NJW-RR 1996, 527; ZMR 1997, 542; *OLG Hamm* ZMR 1998, 715).

E. Die Entlastung des Verwalters
I. Die Bedeutung der Entlastung

109 Oftmals wird neben der Genehmigung der Jahresabrechnung, bisweilen auch völlig unabhängig von ihr, ein weiterer Beschluss über die Entlastung des Verwalters gefasst. Diese aus dem Gesellschaftsrecht übernommene Willenskundgebung der Gemeinschaft soll – soweit herrscht in Rechtsprechung und Literatur Einigkeit – über einen rechtlich unverbindlichen Ausdruck des Vertrauens hinausgehen. Vielmehr soll die Entlastung rechtlich verbindlich die Geltendmachung bestimmter Ansprüche gegen den Verwalter für die Zukunft ausschließen. Trotz dieser Bedeutung herrscht erhebliche Uneinigkeit über die rechtliche Einordnung der Entlastung, die sich allerdings mehr auf ihre Rechtsnatur als auf ihre Wirkung bezieht.

II. Die Rechtsnatur der Entlastung
1. Organschaftliche Vertrauenskundgabe und schuldrechtlicher Verzichtsvertrag

110 Die Rechtsnatur der Entlastung ist stark umstritten. Eine Position will in Anlehnung an das Gesellschaftsrecht zwischen einer organschaftlichen Vertrauenskundgabe und einer schuldrechtlichen Erlassvertrag unterscheiden (*Staudinger/Bub* § 28 Rn. 432 ff.). Dabei bleibt aber im Gegensatz zur Trennung zwischen organschaftlicher Stellung des Verwalters und Verwaltervertrag weitgehend offen, welche praktische Bedeutung, geschweige denn welchen Nutzen diese Konstruktion haben soll. Dies erscheint umso gravierender, als organschaftliche Vertrauenskundgabe und schuldrechtlicher Erlaßvertrag bisweilen durchaus unterschiedlichen Regeln folgen sollen. So soll die organschaftliche Erklärung nicht nach §§ 119, 123 ff. BGB anfechtbar sein (*Staudinger/Bub* § 28 Rn. 432), der schuldrechtliche Vertrag sehr wohl (*Staudinger/Bub* § 28 Rn. 434). Im Ergebnis bleibt unklar, welche Folgen sich dann in der Praxis für Ansprüche gegen den Verwalter ergeben. Sollen sie nicht mehr durchsetzbar sein (das legt *Staudinger/Bub* § 28 Rn. 434 ff. nahe), erschließt sich der Sinn der Differenzierung zwischen organschaftlicher Vertrauenskundgabe und schuldrechtlichem Erlaßvertrag nicht. Dies umso weniger, als etwa die aktienrechtlichen Vorschriften zur Entlastung, die doch Vorbild der Entlastung des Wohnungseigentumsverwalters sein soll, nicht anwendbar sind (*Staudinger/Bub* § 28 Rn. 433). Im Ergebnis trägt die Unterteilung zwischen organschaftlicher und vertraglicher Ebene mangels Unterscheidbarkeit beider wohl zumindest nicht zur Lösung praktischer Probleme bei, sofern sie nicht sogar künstliche Abgrenzungsfragen provoziert. Zudem ist ihre Bedeutung auch deswegen gering, als sie in der Praxis regelmäßig zu denselben Ergebnissen führt wie die Behandlung der Entlastung als negatives Schuldanerkenntnis, ohne auf die angeblich notwendige Differenzierung zwischen organschaftlicher Vertrauenskundgabe und schuldrechtlichem Erlassvertrag einzugehen.

2. Tatsächliche Vertrauenskundgabe mit Wirkung nach § 242 BGB
Eine zweite Position sieht in der Entlastung – theoretisch – nur eine tatsächliche Vertrauenskundgabe. Ihre Behandlung als negatives Schuldanerkenntnis scheide aus, da es am Willen der Wohnungseigentümer fehle, durch die Zustimmung zur Entlastung auf Ansprüche gegen den Verwalter rechtsgeschäftlich zu verzichten. Sie führe aber beim Verwalter zur berechtigten Erwartung, dass er wegen der Tätigkeit, die von der Entlastung erfasst sei, nicht mehr in Anspruch genommen werde. Deshalb sei es ein mit Treu und Glauben nicht vereinbares widersprüchliches Verhalten, nach der Entlastung gleichwohl Schadensersatzansprüche geltend zu machen (*Niedenführ/Kümmel/Vandenhouten* § 28 Rn. 203). Dieser Umweg über § 242 BGB erscheint ebenfalls nicht geboten. Hat eine Erklärung regelmäßig eine bestimmte Folge und ist dies dem Erklärenden bekannt, leuchtet es nicht ein, wieso ihm dann der diesbezügliche Erklärungswille fehlen soll. Dies um so weniger, als ihm der Umweg über § 242 BGB keinerlei Vorteile bringt: Ihm ist die Geltendmachung von Schadensersatzansprüchen auch dann verwehrt. Vielmehr versperrt ihm die Annahme einer bloß tatsächlichen Vertrauenskundgabe sogar die Möglichkeit der Anfechtung nach §§ 119, 123 BGB, da diese eine Willenserklärung voraussetzt.

111

3. Negatives Schuldanerkenntnis gemäß § 397 Abs. 2 BGB
Demgegenüber sieht die h. M. die Entlastung (nur) als negatives Schuldanerkenntnis an, das auf einen Verzicht etwa bestehender Ersatzansprüche gegen den Verwalter gerichtet ist (*BayObLG* NJW-RR 1989, 841 u. 1164; 2000, 14 = NZM 1999, 864; NJW-RR 2001, 1019 = ZMR 2001, 208; *OLG Düsseldorf* NJW-RR 2001, 950; *Jennißen* VII Rn. 62). Dabei stellt der Beschluss die Abgabe der diesbezüglichen Willenserklärung dar. Der Verwalter nimmt dieses Angebot i. d. R. konkludent, etwa durch den an die Versammlung gerichteten Dank, an (a. A. *BayObLG* NJW-RR 1988, 82, wonach es einer Annahme entgegen sonstigen schuldrechtlichen Grundsätzen nicht bedarf). Dies entspricht der Handhabung in Zusammenhang mit anderen Vertragsschlüssen des Verbandes, etwa beim Verwaltervertrag. Auch dort wird durch die Abstimmung über ein bestimmtes Vertragsangebot und seine Annahme durch Mehrheitsbeschluss eine Willenserklärung abgegeben, die ggf. noch von einem Vertreter übermittelt wird. Wie stets sind auch die überstimmten Wohnungseigentümer gemäß § 10 Abs. 4 S. 1 WEG an den Beschluss gebunden. Diese Konstruktion erklärt zwanglos und ungekünstelt, wie es zu der gewünschten Rechtswirkung der Entlastung kommt.

112

III. Die Wirkung der Entlastung

1. Der Verzicht auf Schadensersatzansprüche und weitere Rechtswirkungen
Das negative Schuldanerkenntnis der Entlastung bezieht sich zunächst auf Schadensersatzansprüche gegen den Verwalter (*BayObLG* NJW-RR 1988, 82; *OLG München* ZMR 2007, 1095). Im Umfang der Entlastung kann der Verwalter wegen pflichtwidriger Handlungen oder Unterlassungen nicht mehr in Anspruch genommen werden, unabhängig von der Anspruchsgrundlage. Ansprüche aus § 280 Abs. 1 BGB scheiden daher ebenso aus wie solche aus unerlaubter Handlung (zur Ausnahme bei strafbaren Handlungen s. u. Rn. 116). Darüber hinaus kann ein Fehlverhalten, auf das sich die Entlastung erstreckt, auch nicht mehr als wichtiger Grund für eine Abberufung geltend gemacht werden. Schließlich können die Wohnungseigentümer auch keine Auskünfte über Geschäfte verlangen, auf die sich die Entlastung bezieht (*KG* NJW-RR 1989, 144; 1998, 1021; *OLG Düsseldorf* NJW-RR 2001, 950; anders noch *KG* NJW-RR 1987, 462). Unberührt bleibt allerdings das Recht auf Einsicht in die Verwaltungsunterlagen (vgl. u. Rn. 147).

113

2. Die Reichweite der Entlastung

a) Die Entlastung im Zusammenhang mit der Jahresabrechnung
Die Reichweite der Entlastung wird selten in dem entsprechenden Beschluss ausdrücklich definiert. Sie ist daher üblicherweise durch Auslegung zu ermitteln, wobei nach allgemeinen Regeln nur der Beschlussinhalt und allgemein erkennbare Umstände herangezogen werden können. Der Regelfall ist die Entlastung im Zusammenhang mit der Genehmigung der Jahresabrechnung. Dann beschränkt sich die Wirkung der Entlastung allerdings auf das Verwalterhandeln, das in

114

§ 28 | Wirtschaftsplan, Rechnungslegung

der Jahresabrechnung seinen Niederschlag gefunden hat (*BayObLG* NJW-RR 1997, 1444 = ZMR 1998, 176; NJW-RR 2001, 732 = ZMR 2001, 558; *OLG Köln* ZMR 2001, 914; *OLG Hamburg* ZMR 2003, 772; vgl. o. § 26 Rn. 25). Durch die Entlastung nimmt sich die Gemeinschaft also die Möglichkeit, die fehlende Berechtigung zu bestimmten Ausgaben, die Verwendung falscher Schlüssel, die Zugehörigkeit ausgewiesener Positionen zu einer anderen Abrechnungsperiode oder sonstige, auf die Abrechnung bezogene Mängel zum Gegenstand von Schadensersatzansprüchen oder zum Grund einer Abberufung zu machen. Andere Fehler, etwa die Unterlassung, Schäden am gemeinschaftlichen Eigentum zu ermitteln, oder der Eigentümerversammlung darüber zu berichten, sind folglich nicht von der Entlastung erfasst, da die Untätigkeit mangels Reparaturaufwendungen etc. gerade keinen Niederschlag in der Jahresabrechnung gefunden hat. Die Entlastung ist bei unbeanstandeter Jahresabrechnung so üblich, dass ein Teil der Rechtsprechung in deren Genehmigung eine konkludente Entlastung sieht (*KG* NJW-RR 1986, 1337; 1987, 79; *OLG Düsseldorf* NJW-RR 2001, 949; differenzierter *BayObLG* NJW-RR 1988, 82; *OLG München* NJW-RR 2007, 1095). Dies erscheint zweifelhaft. Denn eine Jahresabrechnung kann rechnerisch korrekt sein, aber zu Unrecht getätigte Ausgaben enthalten. In diesem Falle wäre eine Anfechtung der Jahresabrechnung aussichtslos, da sie zutreffend die tatsächlichen Einnahmen und Ausgaben ausweist (*BayObLG* NJW-RR 1991, 15). Die materiell-rechtliche Fehlerhaftigkeit bestimmter Ausgaben begründet lediglich einen Regressanspruch gegen den Verwalter, der mit der Entlastung aber gerade abgeschnitten würde (*BayObLG* NJW-RR 1988, 82 f.). Vor dem Hintergrund der Verknüpfung der Entlastung mit der Genehmigung der Jahresabrechnung in der Rechtsprechung empfiehlt sich daher eine ausdrückliche Beschlussfassung, die diese ablehnt (*OLG München* NJW-RR 2007, 1095). Denn dann kann in keinem Fall mehr von einer konkludenten Entlastung ausgegangen werden (*BayObLG* NJW-RR 1988, 19; *Staudinger/Bub* § 28 Rn. 18). Hingegen bestehen keine Bedenken, in der Entlastung des Verwalters auch die Genehmigung der Jahresabrechnung zu sehen, zumal er hierdurch von weiterer Tätigkeit in diesem Zusammenhang entbunden wird (*Staudinger/Bub* § 28 Rn. 19; a. A. *KG* NJW-RR 1986, 1337; 1987, 79).

b) Die Entlastung für die Verwaltertätigkeit insgesamt

115 Dem Verwalter kann für seine Tätigkeit insgesamt Entlastung erteilt werden. Der Wille hierzu muss aber klar aus der Beschlussfassung hervorgehen. Dies kann etwa durch die Formulierung, dem Verwalter werde für seine gesamte Tätigkeit Entlastung erteilt o. ä. geschehen. Bei weniger deutlichem Wortlaut des Beschlusses kann von Bedeutung sein, ob er im Zusammenhang mit der Jahresabrechnung oder unabhängig von ihr gefasst wurde. Gegenstand der Entlastung kann aber auch dann nur die Verwaltertätigkeit im Rahmen der Verwaltung des gemeinschaftlichen Eigentums sein. Sonstige Aktivitäten des Verwalters etwa im Rahmen einer Mietverwaltung können nicht Gegenstand einer Beschlussfassung der Eigentümerversammlung sein. Ein diesbezüglicher Beschluss wäre mangels Beschlusskompetenz nichtig. Die Entlastung kann aber auf bestimmte Gegenstände beschränkt werden:

c) Unbekannte Ansprüche

116 Die Wirkung der Entlastung erstreckt sich auf sämtliche Ansprüche, die den Wohnungseigentümern bekannt waren (*BayObLG* NJW-RR 1988, 82; 1989, 841 u: 1164; 2000, 14; NJW-RR 2001, 1019 f. = ZMR 2001, 208; *OLG Düsseldorf* NJW-RR 2001, 950). Dabei wird ihnen die Kenntnis des Verwaltungsbeirats nach § 166 Abs. 1 BGB zugerechnet (*OLG Düsseldorf* NJW-RR 2001, 950; a. A. *Jennißen* VII Rn. 64), nicht aber die Kenntnisse einzelner Wohnungseigentümer (*BayObLG* NZM 2001, 389). Maßgeblich ist die Kenntnis aller Wohnungseigentümer (*BayObLG* NJW-RR 2003, 79). Darüber hinaus können sie nach einer Entlastung auch solche Ansprüche nicht mehr geltend machen, die sie bei sorgfältiger Prüfung hätten erkennen können (*BayObLG* NJW-RR 1988, 82; 1989, 841 u. 1164; 2000, 14 = NZM 1999, 864; NJW-RR 2001, 1019 f. = ZMR 2001, 208; *OLG Düsseldorf* NJW-RR 2001, 949 f.). Der Maßstab hierfür wird aber teilweise sehr großzügig gehandhabt. So muss ein Wohnungseigentümer die Rechtsprechung zu den Grundsätzen einer ordnungsgemäßen Jahresabrechnung nicht kennen, weshalb hieraus resultierende Unkenntnis eines Verwalterhandelns Regressansprüche nicht ausschließt (*BayObLG* ZMR 2003, 762; ähnlich *KG* NJW-RR 1993, 404). Von der Entlastungswirkung auf keinen Fall erfasst sind Pflichtverletzungen mit strafrechtlichem

Hintergrund, etwa die Fälschung von Belegen (*OLG Celle* NJW-RR 1991, 979 f.). Dabei bedarf es nicht zwingend einer strafgerichtlichen Verurteilung; entsprechende Vorwürfe sind durch eine Beweisaufnahme zu klären (*OLG Celle* NJW-RR 1991, 980). Etwa eine im Zustand der Schuldunfähigkeit begangene Tat oder die mittlerweile eingetretene Verjährung schließen zwar eine strafrechtliche Verurteilung, nicht aber die Geltendmachung von Schadensersatzansprüchen aus.

d) Individualansprüche einzelner Wohnungseigentümer

Die Entlastung wird seit jeher auch auf Individualansprüche erstreckt, sofern sie aus Fehlern bei 117 der Verwaltung des gemeinschaftlichen Eigentums resultieren. Etwa die Verwendung eines falschen Verteilungsschlüssels benachteiligt nur einzelne Wohnungseigentümer, kann aber gleichwohl nach einer Entlastung nicht mehr zu Schadensersatzansprüchen gegen den Verwalter führen. Hieran ändert sich auch nach der Rechtsprechung des *BGH* nichts, wonach der Eigentümerversammlung die Beschlusskompetenz fehlt, einzelnen Wohnungseigentümern Sonderpflichten durch Mehrheitsentscheidung aufzuerlegen (*BGH* ZMR 2005, 554). Zwar fehlt der Eigentümerversammlung grundsätzlich die Kompetenz, mit Mehrheit über Individualansprüche einzelner Miteigentümer zu entscheiden. Die Kompetenz zur Entlastung des Verwalters auch hinsichtlich individueller Schadensersatzansprüche der einzelnen Wohnungseigentümer ist aber trotz fehlender gesetzlicher Fixierung seit Jahrzehnten weitgehend anerkannt und von der höchstrichterlichen Rechtsprechung jüngst bestätigt worden (*BGH* NJW 2003, 3126 f.). Daher ist zumindest von einer gewohnheitsrechtlich begründeten Beschlusskompetenz der Eigentümerversammlung auszugehen, auch hinsichtlich individueller Schadensersatzansprüche einzelner Wohnungseigentümer Entlastung zu erteilen. Dies gilt aber natürlich nur, soweit sie aus der Verwaltung des gemeinschaftlichen Eigentums resultieren. Sonstige Schäden, etwa am Sondereigentum, das nicht der Tätigkeit des Verwalters unterfällt, sind von der Entlastung nicht erfasst (*OLG Hamm* NJW-RR 1997, 908; noch weiter gehend *BayObLG* NJW-RR 1997, 1444 = ZMR 1998, 176, wonach auch die Übertragung der Verwaltung auf Dritte keine Verwaltungstätigkeit und deshalb nicht von der Entlastung erfasst sein soll). Noch viel weniger ist dies bei Schäden der Fall, die nur gelegentlich der Verwaltung verursacht wurden (etwa durch einen Verkehrsunfall auf dem gemeinschaftlichen Grundstück) oder völlig hiervon unabhängig sind.

3. Der durch die Entlastung Begünstigte

Die Entlastungswirkung kommt i. d. R. dem amtierenden Verwalter oder seinem Amtsvorgänger 118 zugute. Die fehlerfreie Bestellung ist hierfür keine Voraussetzung. Auch dem faktischen Verwalter kann Entlastung erteilt werden. Selbst derjenige, der bewusst nur einzelne Verwaltungstätigkeiten, etwa die Überarbeitung einer zum Teil erfolgreich angefochtenen Jahresabrechnung übernommen hat, kann hierfür entlastet werden (*OLG Düsseldorf* ZWE 2007, 309 f.).

IV. Das Beschlussrecht

1. Die Entlastung als Maßnahme ordnungsmäßiger Verwaltung

Mit der Entlastung verzichten die Wohnungseigentümer zwar auf mögliche Ansprüche gegen 119 den Verwalter. Dies widerspricht aber nach Rechtsprechung des *BGH* nicht ordnungsmäßiger Verwaltung, wenn keine Schadensersatzansprüche absehbar sind (*BGH* NJW 2003, 3126 f. = ZMR 2003, 750; *BayObLG* NJW-RR 2004, 1090; ZMR 2006, 138; zum ausgeschiedenen Verwalter s. *BGH* ZMR 2003, 942 = MDR 2004, 85). Denn dann werden die Risiken der Entlastung, also der Verlust möglicher Ansprüche, durch die mit der Vertrauenskundgebung verbundene Fortsetzung der vertrauensvollen Zusammenarbeit aufgewogen. Ordnungsmäßiger Verwaltung widerspricht die Entlastung daher nur dann nicht, wenn Schadensersatzansprüche gegen den Verwalter bereits bei der Beschlussfassung absehbar sind. Dies ist inbesondere dann der Fall, wenn die vorgelegte Jahresabrechnung Mängel aufweist, die ihre (teilweise) Anfechtbarkeit (*KG* NJW-RR 1987, 80; *BayObLG* NJW-RR 1988, 83; 1989, 841; 1993, 1168; 1997, 716; 2000, 1467; 2002, 1095; 2004, 1090; *OLG Zweibrücken* ZMR 2005, 909 f.) oder Ergänzungsansprüche (*BayObLG* NJW-RR 1989, 1164; 2006, 22; *OLG München* ZMR 2006, 69) begründen, oder wenn sie gar nicht vorgelegt wurde. Gleiches gilt, wenn die Jahresabrechnung zwar rechnerisch korrekt ist, aber Ausgaben zu Unrecht

§ 28 | Wirtschaftsplan, Rechnungslegung

getätigt wurden (*KG* NJW-RR 1992, 845; *BayObLG* NJW-RR 1992, 1432; 2001, 1232). Die Erteilung der Entlastung ist aber auch dann nur anfechtbar und wird ohne Einleitung eines Anfechtungsverfahrens nach § 43 Nr. 4 WEG bestandskräftig. Wird der Entlastungsbeschluss für ungültig erklärt, können hiergegen sowohl der Verwalter als auch die Wohnungseigentümer Berufung einlegen (*BGH* NJW 2003, 3125 a. A. mangels Beschwer *KG* NJW-RR 1998, 1021).

2. Anspruch auf Entlastung?

120 Verweigert die Eigentümerversammlung die Erteilung der Entlastung, stellt sich wie bei jeder Beschlussfassung die Frage, ob der ablehnende Beschluss erfolgreich angefochten und nach § 21 Abs. 4 WEG durch Gerichtsentscheidung ersetzt werden kann. Dies ist bei der Entlastung grundsätzlich zu verneinen. Denn ohne eine entsprechende Regelung in der Gemeinschaftsordnung oder im Verwaltervertrag besteht kein Anspruch auf Entlastung (*OLG Düsseldorf* NJW-RR 1997, 525; *Jennißen* VII Rn. 61). Es besteht daher auch kein wichtiger, zur Niederlegung des Amtes berechtigender Grund (*Staudinger/Bub* § 28 Rn. 454). Verweigert die Eigentümerversammlung die Entlastung, kann der Verwalter allenfalls Feststellungsklage erheben, dass keine Ansprüche gegen ihn bestehen. Dies setzt allerdings voraus, dass sich zumindest einzelne Wohnungseigentümer konkreter Ansprüche gegen ihn berühmen (*OLG Düsseldorf* NJW-RR 1997, 525). Ansonsten fehlt das Feststellungsinteresse.

3. Das Stimmrecht eines Verwalters aus dem Kreise der Eigentümer

121 Der Verwalter selbst darf an der Abstimmung über die Entlastung nach § 25 Abs. 5 WEG in keinem Fall teilnehmen, weder als Eigentümer (*BayObLG* NJW-RR 1987, 596; *KG* NJW-RR 1989, 144; *LG Frankfurt* NJW-RR 1988, 596) noch als Bevollmächtigter anderer Wohnungseigentümer (*KG* NJW-RR 1989, 144; *OLG Köln* NJW-RR 2007, 671; *LG Frankfurt* NJW-RR 1988, 596; *OLG Köln* ZMR 2007, 716 f.). Denn das negative Schuldanerkenntnis ist ein Vertrag, also die Vornahme eines Rechtsgeschäfts mit dem Verwalter. Hierüber kann der Verwalter nach § 25 Abs. 5 WEG nicht mitstimmen. Auch Dritte sind in derselben Weise vom Stimmrecht ausgeschlossen, wenn zwischen ihnen und dem Verwalter eine so starke wirtschaftliche Verflechtung besteht, dass sie als Einheit anzusehen sind (*LG Frankfurt* NJW-RR 1988, 596 f.). Dies ist aber nicht schon dann der Fall, wenn eine Eigentümerin Angestellte oder Hilfskraft des Verwalters ist (*LG Frankfurt* NJW-RR 1988, 597). Allerdings kann der Verwalter dann die Trennung der Beschlüsse über die Entlastung von demjenigen über die Jahresabrechnung verlangen. Über letzteren Gegenstand kann er mitstimmen, da insoweit das mitgliedschaftliche Interesse überwiegt (*Jennißen* VII Rn. 63). Ebenso kann er einem anderen Wohnungseigentümer (Unter)vollmacht erteilen, sofern er keine konkreten Weisungen zum Stimmverhalten erteilt. Denn dann entscheidet der Bevollmächtigte in eigener Verantwortung über sein Stimmverhalten zur Entlastung (*OLG Zweibrücken* NZM 1998, 671).

4. Der Widerruf der Entlastung

122 Die einmal erteilte Entlastung kann nicht durch Zweitbeschluss rückgängig gemacht werden. Denn dies wäre nach Bestandskraft der Entlastung ein kollektives Rechtsgeschäft zu Lasten Dritter, nämlich des Verwalters. Ein solches Rechtsgeschäft ist aber auch ohne Anfechtung nichtig. Jeder Wohnungseigentümer kann seine Stimmabgabe aber nach allgemeinen Regeln bei Irrtum oder Täuschung nach §§ 119, 123 BGB anfechten. Da der Beschluss ohne Anfechtung bestandskräftig wird, muss dies innerhalb der Monatsfrist des § 46 Abs. 1 S. 2 WEG erfolgen und mit der Anfechtungsklage nach § 43 Nr. 4 WEG verbunden werden. Auch dies ist nur erfolgversprechend, wenn es bei den Mehrheitsverhältnissen auf die Stimme des Anfechtenden ankommt oder weitere Miteigentümer ihre Stimmabgabe anfechten. Anderenfalls wird die Erteilung der Entlastung bestandskräftig.

F. Die Rechnungslegung und andere Kontrollmöglichkeiten

I. Informationspflichten des Verwalters und Kontrollrechte der Eigentümer

123 Den Verwalter treffen auch ohne Nachfrage oder gar Beschlussfassung diverse Informationspflichten, die allerdings nur zum Teil gesetzlich geregelt sind. So wurde in § 27 Abs. 1 Nr. 7

WEG nunmehr die schon vor der Novelle anerkannte Pflicht kodifiziert, die Wohnungseigentümer unverzüglich über Rechtsstreitigkeiten nach § 43 WEG zu unterrichten. Schon bislang wurde als eine der Hauptpflichten bei der Ergreifung der erforderlichen Maßnahmen im Rahmen der ordnungsmäßigen Instandhaltung und Instandsetzung (§ 27 Abs. 1 Nr. 2 WEG) die Information der Wohnungseigentümer über Schäden, Reparaturbedarf, Kosten usw. gesehen (vgl. § 27 Rn. 22). Weitere im Einzelnen nicht kodifizierte Informationspflichten folgen aus §§ 675, 666 BGB, etwa über behördliche Anordnungen, Erklärungen von Geschäftspartnern o. ä., ohne dass es einer Aufforderung durch die Wohnungseigentümer bedürfte. Neben und unabhängig von den Pflichten des Verwalters zur selbsttätigen Information der Wohnungseigentümer kommen diesen verschiedene Kontrollrechte zu. Ihre Ausübung setzt ein Tätigwerden der Gemeinschaft oder einzelner Wohnungseigentümer voraus. Auch diese Rechte sind nur teilweise, wie die Rechnungslegung, im WEG kodifiziert. Im Übrigen folgen sie aus den allgemeinen Regeln, insbesondere den §§ 259 ff. und 662 ff. BGB (*Jennißen* I Rn. 3).

II. Der Anspruch auf Rechnungslegung

1. Rechtsgrundlage

Der Anspruch auf Rechnungslegung ist in § 28 Abs. 4 WEG kodifiziert. Diese Vorschrift stellt eine von § 666 BGB abweichende Spezialregelung dar, da die Rechnungslegung nach § 28 Abs. 4 WEG nicht erst »nach der Ausführung des Auftrags«, sondern jederzeit verlangt werden kann. Für die nicht in § 28 Abs. 4 WEG geregelten Einzelheiten etwa zur Art und Weise der Rechnungslegung ist ergänzend auf §§ 259 ff. BGB zurückzugreifen. **124**

2. Schuldner und Gläubiger des Anspruchs auf Rechnungslegung

a) Schuldner des Anspruchs

Schuldner des Anspruchs auf Rechnungslegung ist der Verwalter. Dies kann aber nicht nur der amtierende, sondern auch ein früherer Verwalter sein. Der Anspruch auf Rechnungslegung gegen den abberufenen Verwalter ist sogar einer der Hauptanwendungsfälle des § 28 Abs. 4 WEG, wenn dessen Amtszeit endete, bevor die Pflicht zur Erstellung der Jahresabrechnung fällig wurde. Eine Zusatzvergütung steht ihm nicht zu, da es sich bei der Rechnungslegung um eine gesetzlich geregelte Mindestaufgabe des Verwalters, jedenfalls aber um unselbständige Nebenpflichten aus dem Verwaltervertrag handelt (jedenfalls im Ergebnis ebenso *Staudinger/Bub* § 28 Rn. 465). Andere nicht oder nicht wirksam zum Verwalter bestellte Personen sind, auch wenn sie Verwaltungstätigkeiten ausüben, nicht zur Rechnungslegung verpflichtet, weil diese nach § 28 Abs. 4 WEG nur vom Verwalter verlangt werden kann. Ein gleichwohl hierüber gefasster Beschluss ist anfechtbar. Unterbleibt eine Anfechtung, geht er gleichwohl ins Leere. Denn Dritte können durch Beschlüsse der Eigentümerversammlung nicht gebunden werden. Auch ein Verwaltungstätigkeiten ausübender Wohnungseigentümer wird aber durch den Beschluss nach § 28 Abs. 4 WEG nicht in seinen mitgliedschaftlichen Pflichten, sondern wie ein Dritter betroffen, so dass auch er durch Mehrheitsbeschluss nicht verpflichtet werden kann. **125**

b) Gläubiger des Anspruchs

Bei dem Anspruch handelt es sich um einen gemeinschaftlichen Anspruch, da das Verlangen nach § 28 Abs. 4 WEG mit Mehrheit beschlossen werden muss (*Jennißen* I Rn. 3). Sofern sich alle Wohnungseigentümer einig sind, können sie die Rechnungslegung allerdings auch ohne vorangehenden Mehrheitsbeschluss geltend machen (*OLG Hamburg* OLGZ 1987, 191; *BayObLG* NZM 2004, 621). Einzelne Wohnungseigentümer können demnach grundsätzlich nicht die Rechnungslegung vom Verwalter verlangen, sofern sie nicht durch Beschluss der Eigentümerversammlung hierzu ermächtigt wurden (*BayObLG* NJW-RR 2000, 605; mißverständlich insoweit *OLG München* ZMR 2006, 882). Dieses Recht ist nunmehr nach § 10 Abs. 6 S. 3 WEG vom teilrechtsfähigen Verband wahrzunehmen. Dies bereitet in vorliegendem Zusammenhang nur dann keine Schwierigkeiten, wenn die Rechnungslegung durch den abberufenen Verwalter begehrt wird. Denn dann kann der neue Verwalter in Durchführung eines Beschlusses nach § 28 Abs. 4 WEG den Anspruch gegenüber seinem Amtsvorgänger verfolgen. Problematischer ist des- **126** sen Durchsetzung gegen einen noch amtierenden Verwalter, da das Vollzugsorgan der Gemeinschaft naturgemäß nicht gegen sich selbst vorgehen kann. In diesen Fällen empfiehlt sich die nach wie vor mögliche Ermächtigung eines Wohnungseigentümers, etwa eines Mitglieds des Verwaltungsbeirats. Streitig ist, wie ein Wohnungseigentümer vorgehen muss, wenn sich die Mehrheit etwa infolge enger Verbundenheit des Mehrheitseigentümers mit dem Verwalter entgegen den Grundsätzen ordnungsmäßiger Verwaltung weigert, einen Beschluss über das Verlangen auf Rechnungslegung zu fassen. Teilweise wird in dieser Konstellation ein Individualanspruch aus § 21 Abs. 4 WEG angenommen (*Staudinger/Bub* § 28 Rn. 463). Es bleibt aber unklar, wie der gemeinschaftliche Anspruch aus § 28 Abs. 4 WEG alleine durch eine unberechtigte Weigerung der Mehrheit zum Individualanspruch mutieren kann. Dies widerspricht zudem der Systematik der Durchsetzung von Ansprüchen auf ordnungsmäßige Verwaltung aus § 21 Abs. 4 WEG. Vielmehr hat der betroffene Wohnungseigentümer in diesen Fällen nach erfolgloser Antragstellung in der Eigentümerversammlung den Beschluss anzufechten und im Verfahren nach § 43 Nr. 1 WEG ersetzen zu lassen. Wieso von diesem üblichen Vorgehen bei der Rechnungslegung abgewichen werden sollte, ist nicht ersichtlich.

3. Gegenstand der Rechnungslegung

127 Die Rechnungslegung ist wie die Jahresabrechnung auf die Erstellung einer Einnahmen- und Ausgabenabrechnung gerichtet. Sie unterscheidet sich von jener nur dadurch, dass das Kalenderjahr nicht vollständig, sondern nur bis zu einem bestimmten Zeitpunkt (etwa der Abberufung) abgerechnet wird. Im Übrigen folgt diese »abgebrochene« Jahresabrechnung dem Muster der vorangegangenen Gesamtabrechnungen. Dem begrenzten Zweck der Übersicht über die Gesamteinnahmen und -ausgaben des Verbandes entsprechend bedarf es allerdings keiner Einzelabrechnungen. Ihre Genehmigung wäre sogar anfechtbar, da hierdurch zumindest der Anschein von Zahlungspflichten aus einer Abrechnung erweckt würde, die vor Ablauf des Kalenderjahres der gesetzlichen Regelung widersprächen. Auch der Vorlage von Belegen bedarf es ebenso wie bei der Jahresabrechnung nicht (vgl. *OLG Zweibrücken* NJW-RR 1998, 715); ihre Herausgabe kann aber nach Beendigung der Verwaltung ohne weiteres durch gesonderten Titel erzwungen werden, vgl. o. § 26 Rn. 78 ff.

4. Voraussetzungen des Anspruchs auf Rechnungslegung

128 Der Anspruch setzt lediglich voraus, dass der Verwalter noch nicht zur Abrechnung über den betroffenen Zeitraum verpflichtet ist, da dann die Jahresabrechnung zu erstellen ist. Denn dann können die Wohnungseigentümer weiter reichende Rechte, die auch die mit der Rechnungslegung geschuldete Gesamtabrechnung umfassen, geltend machen. Der Geltendmachung lediglich des Anspruchs auf Rechnungslegung fehlt folglich zumindest das Rechtsschutzbedürfnis. Erst recht kann die Rechnungslegung nicht mehr nach der Genehmigung der Jahresabrechnung und der Entlastung für die betroffene Wirtschaftsperiode verlangt werden (*OLG Düsseldorf* NJW-RR 2001, 950). Ansonsten kann die Rechnungslegung nach § 28 Abs. 4 WEG jederzeit verlangt werden. Eines berechtigten Interesses o. Ä. bedarf es nicht. Das Verlangen unterliegt nur den allgemeinen Grenzen etwa des Rechtsmissbrauchs oder der Treuwidrigkeit.

5. Die Erfüllung des Anspruchs

129 Der Anspruch auf Rechnungslegung wird durch Vorlage einer Gesamtabrechnung als »abgebrochener« Jahresabrechnung erfüllt. Kleinere Fehler stehen der Erfüllungswirkung jedenfalls dann nicht entgegen, wenn über die vorgelegte Rechnungslegung ein zustimmender Beschluss gefasst und diese Genehmigung nicht angefochten wird (weiter gehend wohl *BayObLG* NJW-RR 2002, 1383). Teilweise wird die Auffassung vertreten, dass auch beim Fehlen wesentlicher Bestandteile Erfüllung eintritt und nur ein Anspruch auf Ergänzung fortbesteht (*Staudinger/Bub* § 28 Rn. 468). Dies lässt sich aber nicht mit der zutreffenden Rechtsprechung zur Jahresabrechnung vereinbaren, wonach eine solchermaßen unvollständige Beschlussvorlage nicht als Erfüllung anzusehen ist (vgl. o. Rn. 64). Da die Rechnungslegung kein aliud, sondern nur eine »abgebrochene« Jahresabrechnung, also ein wesensgleiches minus darstellt, muss die Erfüllung des Anspruchs nach § 28 Abs. 4 WEG denselben Regeln gehorchen wie der Anspruch auf Erstellung der Jahresabrech-

nung. Da der Ergänzungsanspruch aber seinem Wesen nach mit dem Erfüllungsanspruch identisch ist, kommt einer unvollständigen Rechnungslegung keine Erfüllungswirkung zu (vgl. *BayObLG* NJW-RR 2002, 1383).

6. Die zwangsweise Durchsetzung des Anspruchs auf Rechnungslegung

a) Durchsetzung bei der Weigerung des Verwalters

Auch in der Frage der Durchsetzbarkeit des Anspruchs auf Rechnungslegung werden systematisch von der zwangsweisen Durchsetzung der Jahresabrechnung abweichende Auffassungen vertreten. Demnach soll dieser Anspruch die Information über die besorgten Geschäfte beinhalten und folglich Kenntnisse erfordern, über die nur der Verwalter, nicht aber Dritte verfügen. Deshalb soll die Rechnungslegung eine nicht vertretbare Handlung darstellen, die nach § 888 ZPO zu vollstrecken sei (*BayObLG* NJW-RR 2002, 1382). Diese Argumentation wäre aber konsequenterweise auch auf die Jahresabrechnung zu übertragen, deren Erstellung indessen – zu Recht – als vertretbare Handlung angesehen wird. Für die Rechnungslegung kann nichts anderes gelten, da sie nur eine kleine Jahresabrechnung ist (*OLG Düsseldorf* NJW-RR 1999, 1029). Daher hat die Vollstreckung nach § 887 ZPO zu erfolgen. Einigkeit herrscht darüber, dass der Verwalter gegenüber dem Anspruch auf Rechnungslegung kein Zurückbehaltungsrecht geltend machen kann. Insbesondere kann er die Rechnungslegung nicht von der Zahlung einer Sondervergütung abhängig machen, da sie zu den gesetzlich geregelten Mindestaufgaben des Verwalters gehört.

130

b) Durchsetzung bei der Genehmigung der Rechnungslegung

Über die Rechnungslegung hat die Eigentümerversammlung nach § 28 Abs. 5 WEG ähnlich wie über die Jahresabrechnung durch Beschluss zu entscheiden. Fasst die Eigentümerversammlung einen entsprechenden Beschluss, ist dieser ebenso wie im Falle der Jahresabrechnung im Verfahren nach § 43 Nr. 4 WEG anfechtbar, wenn er nicht ordnungsmäßiger Verwaltung entspricht. Dabei steht nach rechtskräftiger Ungültigerklärung fest, dass der Verwalter eine neue Beschlussvorlage erstellen muss. Diese Verpflichtung ist im Weigerungsfalle nach den oben dargelegten Grundsätzen zu vollstrecken. Wird eine Rechnungslegung nicht genehmigt, obwohl sie ordnungsmäßiger Verwaltung entspricht, können sowohl der Verwalter als auch jeder Wohnungseigentümer die Ablehnung anfechten und die Ersetzung des Genehmigungsbeschlusses im Verfahren nach § 43 Nr. 13 WEG verlangen.

131

III. Der Auskunftsanspruch der Gemeinschaft

1. Rechtsgrundlage

Auskunftsansprüche sind im Gesetz nur fragmentarisch geregelt. Lediglich das Prüfungsrecht des Verwaltungsbeirats in § 29 Abs. 3 WEG, das einen Auskunftsanspruch impliziert, ist im Wohnungseigentumsrecht kodifiziert. Gleichwohl wird sowohl ein Gemeinschafts- als auch ein Individualanspruch auf Auskunft zu Recht allgemein anerkannt, wobei der Anspruch der Gemeinschaft aus §§ 675, 666 BGB abgeleitet wird (*KG* NJW-RR 1987, 462). Es handelt sich also um einen vertraglichen Anspruch, der dem Verband als Vertragspartner des Verwalters zusteht. Der Unterschied zum gleichfalls anerkannten Individualanspruch einzelner Wohnungseigentümer liegt im Gegenstand der begehrten Auskunft. Denn aus den vertraglichen Beziehungen zum Verwalter können auch individuelle Ansprüche der einzelnen Eigentümer erwachsen, die nur ihre Rechtssphäre berühren. Daher ist es konsequent, auch diesbezügliche Auskunftsansprüche den Wohnungseigentümern persönlich zuzuerkennen. Auskünfte, die die Gemeinschaft betreffen, sind dagegen stets vom Verband geltend zu machen. Jedenfalls theoretisch kann es also nicht zu Überschneidungen zwischen gemeinschaftlichen und individuellen Ansprüchen auf Auskunft kommen, da sich beide auf unterschiedliche Gegenstände beziehen. Für die weiteren Einzelheiten etwa zur Art und Weise der gemeinschaftsbezogenen Auskunftsansprüche kann wiederum ergänzend auf §§ 259 ff. BGB zurückgegriffen werden. Dritten steht ohne entsprechende gesetzliche oder vertragliche Grundlage kein Auskunftsanspruch gegen den Verwalter zu (a. A. *Staudinger/Bub* § 28 Rn. 590). Die Preisgabe wesentlicher Informationen kann vielmehr zu Schadensersatzansprüchen gegen den Verwalter führen. Sofern ausnahmsweise Auskunftsansprüche Dritter beste-

132

§ 28 | Wirtschaftsplan, Rechnungslegung

hen, richten sie sich nach den allgemeinen Regeln nur gegen den Vertragspartner, i. d. R. also den Verband. Eine Klage gegen den Verwalter wäre ebenso unbegründet wie eine solche gegen den Geschäftsführer, wenn die GmbH auskunftspflichtig ist.

2. Schuldner und Gläubiger des gemeinschaftsbezogenen Auskunftsanspruchs

a) Schuldner des Anspruchs

133 Schuldner des Auskunftsanspruchs ist der Verwalter. Auch hier kommen Ansprüche nicht nur gegen den amtierenden, sondern auch gegen einen früheren Verwalter in Betracht. Denn auch nach Ausscheiden eines Verwalters können etwa über die Prozessführung für die Gemeinschaft oder den Stand der Ausführung von Eigentümerbeschlüssen Unklarheiten bestehen, die der Verwalter auf Nachfrage aufzuklären hat. Eine Zusatzvergütung steht ihm nicht zu, da es sich bei der Erteilung von Auskünften über die Verwaltung um unselbständige Nebenpflichten zu den gesetzlich geregelten Mindestaufgaben des Verwalters, jedenfalls aber aus dem Verwaltervertrag gehört (jedenfalls im Ergebnis ebenso *Staudinger/Bub* § 28 Rn. 465). Im Gegensatz zur Rechnungslegung sind auch andere nicht oder nicht wirksam zum Verwalter bestellte Personen, wenn sie Verwaltungstätigkeiten ausüben, zur Auskunft verpflichtet. Denn eine auf Verwalter beschränkte Sonderregelung wie § 28 Abs. 4 WEG fehlt im vorliegenden Zusammenhang. Da aber auch bei fehlgeschlagener organschaftlicher Bestellung schuldrechtliche Beziehungen zu derartigen faktischen Verwaltern bestehen, sind die §§ 675, 666 BGB auch hinsichtlich der Auskunftsansprüche anwendbar.

b) Gläubiger des Anspruchs

134 Bei dem Auskunftsanspruch handelt es sich wiederum um einen gemeinschaftlichen Anspruch (*KG* NJW-RR 1987, 462 f.; *OLG Hamm* NJW-RR 1988, 597 f.). Sofern eigene vertragliche Ansprüche des Verbandes etwa wegen des Finanzwesens betroffen sind, ergibt sich der Anspruch auf Auskunft schon aus §§ 675, 666 BGB. Sofern z. B. bei Abwehransprüchen bezüglich des gemeinschaftlichen Eigentums nicht der Verband, sondern die Gemeinschaft der Wohnungseigentümer betroffen ist, ergibt sich die Ausübungsbefugnis zur Geltendmachung dieses gemeinschaftsbezogenen Anspruchs nunmehr aus § 10 Abs. 6 S. 3 WEG. In der Folge muss ein entsprechendes Verlangen wie bei der Rechnungslegung mit Mehrheit beschlossen werden. Die Rechtsprechung zur Rechnungslegung, die die Wohnungseigentümer auch ohne vorangehenden Mehrheitsbeschluss geltend machen können, wenn sie sich hierüber einig sind (*OLG Hamburg* OLGZ 1987, 191; *BayObLG* NZM 2004, 621), kann aber auf gemeinschaftsbezogene Auskunftsansprüche übertragen werden. Ein einzelner Wohnungseigentümer kann gemeinschaftsbezogene Auskunftsansprüche ohne Ermächtigung nicht geltend machen. Wie bei der Rechnungslegung bereitet die Geltendmachung von Auskunftsansprüchen durch den teilrechtsfähigen Verband naturgemäß Schwierigkeiten, wenn der aktuelle Verwalter Anspruchsgegner ist. Es empfiehlt sich wie dort die Ermächtigung eines Wohnungseigentümers, etwa eines Mitglieds des Verwaltungsbeirats. Noch nicht befriedigend geklärt erscheint die Rechtslage dann, wenn sich die Mehrheit etwa infolge enger Verbundenheit des Mehrheitseigentümers mit dem Verwalter entgegen den Grundsätzen ordnungsmäßiger Verwaltung weigert, einen Beschluss über das Verlangen auf Rechnungslegung zu fassen. Teilweise wird in dieser Konstellation wiederum ein Individualanspruch aus § 21 Abs. 4 WEG angenommen (*Staudinger/Bub* § 28 Rn. 586). Wie bei der Rechnungslegung bleibt aber unklar, wie der gemeinschaftliche Auskunftsanspruch alleine durch eine unberechtigte Weigerung der Mehrheit zum Individualanspruch mutieren kann. Vielmehr hat der Wohnungseigentümer, der die Erteilung einer Auskunft wünscht, nach erfolgloser Antragstellung in der Eigentümerversammlung den ablehnenden Beschluss anzufechten und als Maßnahme ordnungsmäßiger Verwaltung im Verfahren nach § 43 Nr. 1 WEG durch das Gericht ersetzen zu lassen.

3. Gegenstand des gemeinschaftsbezogenen Auskunftsanspruchs

135 Gegenstand des vom Verband geltend zu machenden Auskunftsanspruchs können alle Verwaltungshandlungen sein, die Verband und gemeinschaftliche Ansprüche der Wohnungseigentümer betreffen. In Betracht kommt also eine Auskunft über das Finanzwesen, abgeschlossene Verträge, die Ausführung von Beschlüssen oder die Erforderlichkeit von Instandsetzungsarbeiten am gemeinschaftlichen Eigentum.

4. Voraussetzungen des Auskunftsanspruchs

Der Anspruch ist nicht an besondere Voraussetzungen geknüpft. Anders als nach § 666 BGB bedarf es nicht der Durchführung des Geschäftes; die Gemeinschaft kann bereits im Zuge seiner Erledigung Auskunft über den Stand der Durchführung verlangen. Das Verlangen unterliegt nur den allgemeinen Grenzen etwa des Rechtsmissbrauchs oder der Treuwidrigkeit. Dies kann etwa dann anzunehmen sein, wenn sich die gewünschte Auskunft bereits unschwer aus schon übermittelten Unterlagen ergibt. Bereitet die zusätzliche Auskunft keine besonderen Schwierigkeiten, sollte sie aber gleichwohl erteilt werden, weil bei einer unberechtigten Verweigerung stets das Risiko einer Abberufung aus wichtigem Grund wegen erheblicher Pflichtverletzungen droht. Entgegen weithin vertretener Auffassung steht die Entlastung der Geltendmachung von Auskunftsansprüchen nicht immer im Wege (so *KG* NJW-RR 1989, 144; 1998, 1021; *OLG Düsseldorf* NJW-RR 2001, 950; *Staudinger/Bub* § 28 Rn. 600; differenzierend *KG* NJW-RR 1987, 462). Denn Auskunftsansprüche dienen nicht nur der Geltendmachung von Ansprüchen gegen den Verwalter. Auch wenn diese durch die Entlastung bereits ausgeschlossen sind, können die Informationen zur Durchsetzung von Ansprüchen gegen Dritte oder einfach zur Information über den Stand gemeinschaftlicher Angelegenheiten erforderlich sein. Diese Absichten werden durch die Entlastung nicht berührt; insbesondere verzichten die Wohnungseigentümer hiermit nicht auf zumutbare Hilfen des Verwalters in diesem Zusammenhang. Lediglich Auskünfte über die Zuordnung der Kosten auf die Kostenarten, die buchhalterische Richtigkeit der angesetzten Positionen, ihre Verteilung auf die Eigentümer und über andere Fragen, die nur die Erstellung der Jahresabrechnung durch den Verwalter betreffen, sind durch die Entlastung weiteren Auskunftsansprüchen entzogen.

5. Die Erfüllung des Anspruchs

Der Auskunftsanspruch wird durch Erteilung der begehrten Auskunft erfüllt. Bei der Frage, inwieweit unrichtige Auskünfte zum Erlöschen des Anspruchs führen, ist wohl zu differenzieren. Die Mitteilung irgendwelcher Tatsachen ohne oder mit allenfalls lockerem Bezug zur aufgeworfenen Frage stellt keine Erfüllung des Auskunftsanspruchs dar. Anders steht es bei einfach unrichtigen Auskünften. Hierdurch tritt zwar Erfüllung ein, der Verwalter macht sich aber aufgrund ihrer schuldhaften Unrichtigkeit nach § 280 Abs. 1 BGB wegen hieraus resultierender Schäden regresspflichtig. Bei Zweifeln über die Richtigkeit der Auskunft kann die Gemeinschaft nach den allgemeinen Regeln die eidesstattliche Versicherung ihrer Richtigkeit verlangen.

6. Die zwangsweise Durchsetzung des Auskunftsanspruchs

Auskunftsansprüche sind grundsätzlich unvertretbare Handlungen, da nur der in Anspruch Genommene die gewünschte Auskunft erteilen kann. Deshalb richtet sich die Vollstreckung eines diesbezüglichen Titels nach § 888 ZPO.

IV. Der Auskunftsanspruch einzelner Wohnungseigentümer

1. Abgrenzung zu gemeinschaftsbezogenen Ansprüchen und Rechtsgrundlage

a) Die Abgrenzung individueller und gemeinschaftsbezogener Auskunftsansprüche

Neben den gemeinschaftsbezogenen Auskunftsansprüchen kommen auch Individualansprüche einzelner Wohnungseigentümer auf Erteilung bestimmter Auskünfte durch den Verwalter in Betracht. Zwischen beiden wird oftmals nicht ausreichend differenziert. Insbesondere besteht kein Individualanspruch, wenn ein gemeinschaftsbezogenes Auskunftsverlangen entgegen den Grundsätzen ordnungsmäßiger Verwaltung von der Mehrheit nicht geltend gemacht wird, etwa infolge enger Beziehungen zwischen Mehrheitseigentümer und Verwalter (so aber *KG* NJW-RR 1987, 462 f.; *OLG Hamm* NJW-RR 1988, 598). Hier macht der einzelne Wohnungseigentümer, der einen ablehnenden Beschluss anficht und aufgrund seines Anspruchs aus § 21 Abs. 4 WEG auf ordnungsmäßige Verwaltung seine Ersetzung durch das Gericht verlangt, einen gemeinschaftsbezogenen Anspruch geltend. Reine Individualansprüche auf Auskunftserteilung beziehen sich auf Rechte, die alleine den einzelnen Wohnungseigentümer betreffen. Klassisches Beispiel sind die Voraussetzungen einer Genehmigung baulicher Veränderungen durch den Verwalter, wenn diesem in der Teilungserklärung die Zustimmung hierzu übertragen ist. Auch besondere Verpflichtungen gegenüber der Gemeinschaft, die nur einzelne Wohnungseigentümer treffen, können Auskunftsansprüche gegenüber dem Verwalter begründen, etwa zum Stand der Willensbildung über ein Rückbauverlangen. Erst recht sind Auskünfte in einer Rechtsbeziehung alleine zwischen Verwalter und einzelnen Wohnungseigentümern Gegenstand eines Individualanspruchs, wenn selbst der Streit über die Hauptsache nach § 48 Abs. 1 S. 1 letzter Hs. WEG ohne Beteiligung der anderen Wohnungseigentümer durchgeführt würde. Da sich gemeinschaftsbezogener und individueller Auskunftsanspruch im Gegenstand der Auskunft unterscheiden, kann es zumindest theoretisch nicht zu Überschneidungen kommen. Allenfalls können Verband und Eigentümer aus unterschiedlichen rechtlichen Gesichtspunkten gleichermaßen Anspruch auf eine Information haben, etwa über Guthaben oder Rückstände bei Vorschüssen nach § 28 Abs. 2 WEG.

b) Die Rechtsgrundlage individueller Auskunftsansprüche

140 Als Rechtsgrundlage des Individualanspruchs wird bisweilen § 242 BGB angenommen. Dies würde Individualansprüche aber auf Ausnahmesachverhalte begrenzen. Diese Auffassung verkennt, dass neben dem Verband auch den Wohnungseigentümern aus dem Verwaltervertrag eigene Ansprüche zukommen, soweit ihre Interessen betroffen sind (vgl. § 26 Rn. 36 f.). Denn das Tätigwerden des Verwalters sowohl für den Verband als auch für die Wohnungseigentümer läßt sich vertragsrechtlich nur dann befriedigend erfassen, wenn auch letzteren eigene Ansprüche aus einem Vertrag zugunsten Dritter zuerkannt werden. Individualansprüche der einzelnen Wohnungseigentümer lassen sich also zwanglos ebenfalls aus §§ 675, 666 BGB ableiten und betreffen alle Angelegenheiten, in denen (nur) die Rechte der einzelnen Wohnungseigentümer berührt sind (*OLG Saarbrücken* ZMR 2007, 141). Für die weiteren Einzelheiten etwa zur Art und Weise der Auskunftserteilung kann wiederum ergänzend auf §§ 259 ff. BGB zurückgegriffen werden.

2. Schuldner und Gläubiger des Auskunftsanspruchs

a) Schuldner des Anspruchs

141 Schuldner des Auskunftsanspruchs ist der Verwalter. Auch hier kommen Ansprüche nicht nur gegen den amtierenden, sondern auch gegen einen früheren Verwalter in Betracht. So kann der einzelne Wohnungseigentümer durchaus noch gegen den abberufenen Verwalter ein berechtigtes Interesse auf Auskunft etwa über den Verbleib einer angekündigten Genehmigung nach § 12 WEG haben, da die bereits erfolgte, wirksame Erklärung vor der Abberufung ein erneutes Ersuchen beim neuen Verwalter erübrigen würde. Eine Zusatzvergütung steht dem Verwalter nicht zu, da es sich bei der Erteilung von Auskünften sowohl der Gemeinschaft wie dem einzelnen Wohnungseigentümer gegenüber um unselbständige Nebenpflichten aus dem Verwaltervertrag handelt. Wie bei gemeinschaftsbezogenen Auskunftsansprüchen trifft diese Pflicht auch nicht oder nicht wirksam zum Verwalter bestellte Personen, die Verwaltungstätigkeiten ausüben. Denn auch bei fehlgeschlagener organschaftlicher Bestellung bestehen schuldrechtliche Beziehungen zu derartigen faktischen Verwaltern. Daher sind die §§ 675, 666 BGB auch hinsichtlich dieser Auskunftsansprüche anwendbar. Im Gegensatz zur Rechnungslegung, für die § 28 Abs. 4 WEG eine Sonderregelung trifft, ist der Auskunftsanspruch nicht auf den Verwalter beschränkt.

b) Gläubiger des Anspruchs

142 Den Individualanspruch auf Erteilung bestimmter Auskünfte kann der berechtigte Eigentümer alleine geltend machen. Er bedarf hierzu keiner Ermächtigung, noch muss er hierzu eine Entscheidung der Eigentümerversammlung einholen. Ein diesbezüglicher Mehrheitsbeschluss wäre im Gegenteil zumindest anfechtbar. Denn es handelt sich hierbei weder um geborene noch um gekorene Ansprüche der Gemeinschaft. Ihrer Natur nach dem einzelnen Wohnungseigentümer zustehende Ansprüche darf der Verband aber nach dem in den Materialien geäußerten Willen des Gesetzgebers (BT-Drucks. 16/887, 62) weder an sich ziehen noch gar durch Mehrheitsentscheidung aberkennen (vgl. *Abramenko* § 6 Rn. 18).

3. Gegenstand des Individualanspruchs auf Erteilung bestimmter Auskünfte
Gegenstand des Individualanspruchs auf Auskunftserteilung können alle im Rahmen der Verwaltung erlangten Kenntnisse des Verwalters sein, die dem einzelnen Wohnungseigentümer zukommende Rechte und Pflichten betreffen. In Betracht kommt also etwa eine Auskunft über die Höhe seiner Verbindlichkeiten oder seines Guthabens bei der Gemeinschaft, über die Voraussetzungen einer Genehmigung des Verwalters zu einer baulichen Veränderung oder umgekehrt über den Stand der Willensbildung zu einem Rückbauverlangen. Auch die Herausgabe einer Eigentümerliste zur Durchführung eines Verfahrens nach § 43 Nr. 4 WEG ist Gegenstand des Individualanspruchs auf Auskunftserteilung (*OLG Saarbrücken* ZMR 2007, 141; *LG Saarbrücken* ZMR 2006, 400).

4. Voraussetzungen des Individualanspruchs auf Auskunftserteilung
Hier gilt das zum gemeinschaftsbezogenen Anspruch Gesagte. Auch der Individualanspruch ist nicht an besondere Voraussetzungen geknüpft; er unterliegt nur den allgemeinen Grenzen etwa des Rechtsmissbrauchs oder der Treuwidrigkeit. Allerdings dürfte eine fehlerhafte Weigerung, Auskunft zu erteilen, nur unter engeren Voraussetzungen als wichtiger Grund für eine Abberufung anzusehen sein. Dies setzt voraus, dass dem betroffenen Wohnungseigentümer gerade hierdurch die Fortsetzung der Verwaltertätigkeit unzumutbar wird. Dies ist im Gegensatz zu gemeinschaftsbezogenen Ansprüchen, die von der Mehrheit der Eigentümerversammlung geltend gemacht werden und schon nach § 27 Abs. 1 Nr. 1 WEG die Tätigkeit des Verwalters verlangen, wohl nur dann anzunehmen, wenn der begehrte Auskunftsanspruch offenkundig existiert und mit dem gebotenen Nachdruck geltend gemacht wird. Nicht jede Frage eines Wohnungseigentümers, die nicht sogleich beantwortet wird, kann ein wichtiger Grund für seine Abberufung sein. Die Entlastung steht der Geltendmachung individueller Auskunftsansprüche von vornherein nicht entgegen. Denn die Gemeinschaft kann nur auf eigene Ansprüche, nicht aber auf solche einzelner Eigentümer verzichten.

5. Die Erfüllung des Anspruchs
Der Individualanspruch auf Erteilung einer bestimmten Auskunft wird durch ihre Übermittlung an den Wohnungseigentümer, der sie begehrt, erfüllt. Zur Frage, ob unrichtige Auskünfte zum Erlöschen des Anspruchs führen, kann auf die Ausführungen zum gemeinschaftsbezogenen Auskunftsanspruch (Rn. 137) verwiesen werden: Die Mitteilung beliebiger Tatsachen führt nicht zur Erfüllung, wohl aber einfach unrichtige Auskünfte. Auch beim Individualanspruch kommen bei schuldhafter Unrichtigkeit Schadensersatzansprüche nach § 280 Abs. 1 BGB in Betracht. Bei Zweifeln über die Richtigkeit der Auskunft kann neben der eidesstattlichen Versicherung (*LG Saarbrücken* ZMR 2006, 400) auch die Einsicht in die Verwalterunterlagen zum Zwecke der Kontrolle verlangt werden. Bei unvollständigen Auskünften besteht ein Ergänzungsanspruch (*OLG Saarbrücken* ZMR 2007, 142).

6. Die zwangsweise Durchsetzung des Individualanspruchs auf Auskunftserteilung
Hier gilt das oben zu gemeinschaftsbezogenen Auskunftsansprüchen Gesagte. Auch Individualansprüche einzelner Eigentümer auf Auskunftserteilung sind grundsätzlich unvertretbare Handlungen, da nur der in Anspruch Genommene die gewünschte Auskunft erteilen kann. Deshalb richtet sich die Vollstreckung eines diesbezüglichen Titels nach § 888 ZPO. Soweit die Beantwortung der Auskunft eine Verwalterpflicht ist (etwa bei der Auskunft über die Adressen der Miteigentümer), steht die aktuelle subjektive Unkenntnis des Verwalters der Zwangsvollstreckung nicht entgegen. Er hat sich die geforderten Informationen dann zu beschaffen (*OLG Saarbrücken* ZMR 2007, 141 f.).

V. Der Anspruch auf Einsicht in die Verwaltungsunterlagen

1. Rechtsgrundlage
Positiv normiert ist in § 24 Abs. 6 S. 3, Abs. 7 S. 8 WEG lediglich das Recht der Wohnungseigentümer auf Einsicht in die Niederschriften und die Beschluss-Sammlung. Das Recht auf Einsicht in die sonstigen Verwaltungsunterlagen resultiert entweder aus der analogen Anwendung dieser

§ 28 | Wirtschaftsplan, Rechnungslegung

Vorschriften oder vergleichbarer Normen wie § 716 Abs. 1 BGB (*Staudinger/Bub* § 28 Rn. 607). Nach h. M. soll es sich um eine Art Nebenrecht aus den Ansprüchen auf Abrechnung und Rechnungslegung ergeben (BGHZ 10, 385; *BayObLG* NJW-RR 2000, 1467; ZWE 2002, 220 f.; *OLG Hamm* NJW-RR 1988, 597; NJW-RR 1999, 162; *OLG München* ZMR 2006, 882; 2007, 720). Letzteres erscheint der Analogie zu § 24 Abs. 6 S. 1, Abs. 7 S. 8 WEG, § 716 Abs. 1 BGB unterlegen, da die Konstruktion der h. M. als Nebenrecht zu den Ansprüchen auf Abrechnung und Rechnungslegung nicht erkennen lässt, wieso das Nebenrecht nach Erfüllung der Hauptpflicht noch fortbestehen kann. Genau das soll aber nach allgemeiner und zutreffender Auffassung der Fall sein: Das Einsichtsrecht besteht auch nach bestandskräftiger Genehmigung der Abrechnung und Entlastung des Verwalters fort (*BayObLG* NJW-RR 2000, 1467; 2002, 1094). Es bezieht sich zudem auf alle Verwaltungsunterlagen, nicht nur auf diejenigen zur Jahresabrechnung. Es kann durch Vereinbarung beschränkt werden, etwa auf bestimmte Prüftermine (*Staudinger/Bub* § 28 Rn. 75a). Ein gänzlicher Ausschluss verstößt aber gegen § 242 BGB (*Jennißen* IX Rn. 32). Eine Beschränkung durch Mehrheitsentscheidung ist mangels Beschlusskompetenz nichtig.

2. Schuldner und Gläubiger des Anspruchs auf Einsicht in die Verwaltungsunterlagen

a) Schuldner des Anspruchs

148 Schuldner des Anspruchs auf Gewährung von Einsicht in die Verwaltungsunterlagen ist i. d. R. der amtierende Verwalter (*OLG Hamm* NJW-RR 1999, 162; *BayObLG* NJW-RR 2000, 1467). Ansprüche gegen einen früheren Verwalter kommen naturgemäß nur dann in Betracht, wenn dieser noch im Besitz von Verwaltungsunterlagen ist. Da er diese ohnehin nach Beendigung seiner Verwalterstellung herauszugeben hat, ist die Geltendmachung des Anspruchs gegen den neuen Verwalter in aller Regel sinnvoller. Eine Ausnahme kann dann gelten, wenn der Vorverwalter zur Einsichtnahme, aber nicht zur Herausgabe bereit ist. Eine Zusatzvergütung steht dem Verwalter ohne entsprechende Vereinbarung im Verwaltervertrag nicht zu. Da die Gewährung von Einsicht in seine Unterlagen aber nicht zu seinen Mindestpflichten nach § 27 WEG gehört, wird man eine Sondervergütung hierfür vertraglich zuerkennen können. Nach § 21 Abs. 7 WEG kann nunmehr auch mit Mehrheit beschlossen werden, dass der jeweils Einsichtnehmende mit den Kosten hierfür belastet wird. Das gilt selbstverständlich auch für sachliche Mittel wie Kopien. Das Einsichtsrecht ist nicht auf wirksam zum Verwalter bestellte Personen beschränkt. Auch sonstige Personen, die Verwaltungstätigkeiten ausüben, sind zur Gewährung von Einsicht in ihre Unterlagen verpflichtet. Denn die Unterlagen stehen der Gemeinschaft zu. Kann sie aber deren Herausgabe nach Beendigung der Verwaltungstätigkeit verlangen, so kann für das Einsichtsrecht nichts anderes gelten. Im Gegensatz zur Rechnungslegung ist dies weder durch Spezialvorschriften wie § 28 Abs. 4 WEG noch der Natur der Sache nach, weil etwa wie bei der Erstellung von Rechnungslegung oder Jahresabrechnung besonderer Qualifikationen erforderlich wären, ausgeschlossen. Denn der faktische Verwalter hat lediglich Einsicht in seine Unterlagen zu gewähren, wofür keine besonderen Kenntnisse und Fähigkeiten erforderlich sind.

b) Gläubiger des Anspruchs

149 Das Recht auf Einsichtnahme in die Verwaltungsunterlagen ist ein Individualanspruch, der jedem einzelnen Wohnungseigentümer zusteht (*OLG Hamm* NJW-RR 1988, 598; 1999, 162; *BayObLG* NJW-RR 2000, 1467; *OLG München* ZMR 2006, 882; 2007, 720). Zu seiner Geltendmachung bedarf es folglich weder einer Ermächtigung noch einer sonstigen Entscheidung der Eigentümerversammlung. Ein diesbezüglicher Mehrheitsbeschluss wäre vielmehr wiederum zumindest anfechtbar, da die Gemeinschaft dem einzelnen Wohnungseigentümer zustehende Ansprüche weder an sich ziehen noch gar durch Mehrheitsentscheidung aberkennen kann (*OLG Hamm* NJW-RR 1988, 598; vgl. o. Rn. 142). Auch ausgeschiedene Wohnungseigentümer können jedenfalls die Unterlagen einsehen, die für die Verwaltung bis zum Zeitpunkt ihres Ausscheidens bedeutsam sind. Der einsichtsberechtigte Wohnungseigentümer kann, wie § 24 Abs. 7 S. 8 WEG für die Beschluss-Sammlung ausdrücklich regelt, einen Dritten zur Einsichtnahme ermächtigen, etwa seinen Mieter. Dieser macht dann als Ermächtigter einen eigenen Anspruch geltend. Auch dann ist für eine gerichtliche Geltendmachung das in § 43 Nr. 3 WEG bestimmte Gericht zuständig, da Abtretung

und Ermächtigung an der Zuständigkeit nichts ändern und weiterhin eine Streitigkeit bei der Verwaltung des gemeinschaftlichen Eigentums vorliegt (vgl. *KG* MDR 1984, 584).

3. Gegenstand des Einsichtsrechts

Gegenstand des Einsichtsrechts sind sämtliche Verwaltungsunterlagen (*OLG München* ZMR 2006, 881 f.). Dies umfasst zunächst sämtliche Belege, auch solche, die Miteigentümer betreffen (*OLG Hamm* NJW-RR 1999, 162; *BayObLG* NJW-RR 2000, 1467 f.; *Jennißen* IX Rn. 11), ferner Unterlagen außerhalb des Finanzwesens im engeren Sinne (*OLG München* ZMR 2007, 720). Der einzelne Wohnungseigentümer darf folglich den Schriftwechsel mit Unternehmen einsehen, die bei der Auftragsvergabe nicht berücksichtigt wurden und deshalb in den Belegen zur Jahresabrechnung nicht erscheinen. Ähnliches gilt etwa für behördliche oder sonstige Schriftstücke, mit denen die Gemeinschaft (ohne Erfolg) zu Leistungen oder Unterlassungen aufgefordert wurde. Lediglich vorbereitende Aufzeichnungen etwa für Niederschriften oder Entwürfe unterfallen nicht dem Einsichtsrecht. Ebenso wenig muss der Verwalter weitere Materialien, die nie in seinem Besitz waren, zur Kontrolle seiner Unterlagen beschaffen. Gleiches gilt für Unterlagen, die vom Vorverwalter nicht herausgegeben wurden. Die Genehmigung der Jahresabrechnung und die Entlastung des Verwalters stehen der Einsichtnahme in die diesbezüglichen Verwaltungsunterlagen nicht entgegen; der Verwalter ist insoweit lediglich nicht mehr zur Erteilung weiterer Auskünfte verpflichtet. Gegenstand der Einsichtnahme sind auch die Einzelabrechnungen der anderen Wohnungseigentümer (*OLG Köln* NJW-RR 2007, 808, allerdings mit zu weit gehenden Anforderungen an die Modalitäten der Einsichtsgewährung; *OLG München* ZMR 2007, 720). Bestimmungen des Datenschutzes stehen dem nicht entgegen, da die Miteigentümer keine anonymen Dritten sind (*OLG München* ZMR 2007, 720).

150

4. Voraussetzungen des Einsichtsanspruchs

Hier gilt das zum Individualanspruch auf Auskunftserteilung Gesagte. Wie dieser hängt der Anspruch auf Einsicht in die Verwaltungsunterlagen nicht vom Vorliegen besonderer Voraussetzungen ab (*BayObLG* NJW-RR 2000, 1467; 2002, 1094). Insbesondere kann der Verwalter die Einsicht nicht unter Hinweis auf den Aufwand bei wiederholten Einsichtsgesuchen verweigern (*BayObLG* NJW-RR 2000, 1467). Die Einsicht kann jederzeit verlangt werden und wird nur durch die allgemeinen Schranken etwa des Rechtsmissbrauchs oder der Treuwidrigkeit begrenzt (*OLG Hamm* NJW-RR 1999, 162; *OLG München* ZMR 2006, 883 zur Anforderung von ca. 2350 Kopien; ZMR 2007, 721). Davon ist aber nicht schon dann auszugehen, wenn der Einsichtsberechtigte gleichfalls ein Verwaltungsunternehmen betreibt und in Konkurrenz zum Verwalter steht (*BayObLG* NJW-RR 2000, 1467). Die Entlastung steht der Geltendmachung des Einsichtsrechts nicht entgegen (*BayObLG* NJW-RR 2000, 1467; 2002, 1094), da sie diesen Anspruch nicht erfasst. Die pflichtwidrige Weigerung, Einsicht in die Beschluss-Sammlung zu gewähren ist nach § 26 Abs. 1 S. 4 WEG regelmäßig ein wichtiger Grund zur Abberufung des Verwalters. Denn die Führung der Beschluss-Sammlung erfasst auch »alle mit (...) der Einsichtnahme verbundenen Maßnahmen« (BT-Drucks. 16/887, 33), mithin auch die ordnungsgemäße Gewährung von Einsicht.

151

5. Die Erfüllung des Anspruchs

a) Ort und Zeit der Einsicht

Die Unterlagen sind grundsätzlich am Ort der Verwaltung einzusehen (*BayObLG* NJW-RR 2004, 1091; *OLG Köln* NJW-RR 2006, 1447; *Jennißen* IX Rn. 12 ff. mit Übersicht über abweichende Auffassungen). Der Einsichtnehmende muss sich also regelmäßig in das Büro des Verwalters begeben. Anderes kann gelten, wenn ihm dies etwa infolge früherer Übergriffe des Verwalters (*OLG Hamm* NJW-RR 1999, 162; angeblich aber nicht bei diffamierenden Äußerungen, s. *OLG Köln* NJW-RR 2006, 1447) oder der weiten Entfernung zwischen der Liegenschaft und dem Sitz der Verwaltung nicht mehr zumutbar wäre (*OLG Köln* NJW-RR 2002, 375 –Ls-). Dann kommt insbesondere die Einsicht im Anschluss an die Eigentümerversammlung in Betracht. Bei dieser Gelegenheit hat der Verwalter in jedem Fall, also auch dann, wenn er am Ort der Liegenschaft ansässig ist, Einsicht in seine Unterlagen zu gewähren (*OLG Köln* NJW-RR 2006, 1447; NJW-RR 2007, 808). Ein Hinweis hierauf ist allerdings keine Voraussetzung für die Ordnungsmäßigkeit einer Genehmigung der

152

Jahresabrechnung (a. A. *OLG Köln* NJW-RR 2007, 808 f.). Der Verwalter kann bei der Einsichtnahme auf seine allgemeinen Bürozeiten verweisen (*OLG Köln* NJW-RR 2006, 1447). Die einmalige Einsichtnahme steht aber einem erneuten Verlangen nicht entgegen, wenn ein Wohnungseigentümer etwa aufgrund neuer Erkenntnisse eine nochmalige Prüfung vornehmen will (*KG* NJW-RR 1987, 463).

b) Die Modalitäten der Einsicht

153 Der Anspruch auf Einsicht wird dadurch erfüllt, dass der Verwalter die Unterlagen vorlegt. Dies stellt eine reine Duldung dar; zum aktiven Handeln, etwa der Erteilung von Auskünften ist er nur verpflichtet, wenn auch die Voraussetzungen eines diesbezüglichen Anspruchs erfüllt sind. Er muss die Unterlagen auch nicht abweichend von der sonstigen Buchführung, Belegsammlung und Dokumentation ordnen. Soweit bisweilen im Rahmen der Einsicht die Vorlage in geordneter Form verlangt wird, ergibt sich dies aus der Pflicht zur ordnungsgemäßen Buchführung und Dokumentation der Belege. Der Verwalter darf die Einsicht aber auch nicht künstlich erschweren. Will ein Wohnungseigentümer etwa die Unterlagen für ein bestimmtes Wirtschaftsjahr einsehen, darf er ihm nicht dutzende von Ordnern der Unterlagen seit Bestehen der Gemeinschaft vorsetzen und ihn den richtigen selbst heraussuchen lassen. Hier ist die Vorlage des gewünschten Teils der Unterlagen geboten.

c) Herausgabe von Unterlagen und Anfertigung von Kopien

154 Der Wohnungseigentümer kann wegen des Verlustrisikos grundsätzlich nicht die Herausgabe von Originalunterlagen verlangen (*BayObLG* NJW-RR 2004, 1091; *OLG München* ZMR 2006, 882 f.; 2007, 720). Er kann sich aber Aufzeichnungen machen oder die Anfertigung von Kopien verlangen (*BayObLG* NJW-RR 2000, 1467; ZMR 2007, 720 f.; *Jennißen* IX Rn. 18 ff.). Die Kosten hierfür hat er selbst zu tragen, wenn die Gemeinschaft in Wahrnehmung der neuen Beschlusskompetenz aus § 21 Abs. 7 WEG eine entsprechende Regelung durch Mehrheitsbeschluss getroffen hat. Da dieser Fall vom Gesetzgeber nunmehr bedacht ist, ist die analoge Heranziehung anderweitiger Kostenregelungen etwa in § 811 Abs. 2 BGB (*BayObLG* NJW-RR 2004, 1091; *Staudinger/Bub* § 28 Rn. 619) nicht mehr zulässig. Im Zuge des technischen Fortschritts und der Herstellung mobiler Kopiergeräte ist auch die Anfertigung von Ablichtungen auf einem eigenen Kopiergerät zulässig.

6. Die zwangsweise Durchsetzung des Einsichtsrechts

a) Gerichtliches Vorgehen und Bereitschaft zur Gewährung von Einsicht

155 Der Verwalter ist stets, auch wenn das Einsichtsrecht durch einen Nichteigentümer als Ermächtigten geltend gemacht wird (vgl. hierzu o. Rn. 149), vor dem nach § 43 Nr. 3 WEG zuständigen Gericht zu verklagen. Nach früher verbreiteter Ansicht bestand für die gerichtliche Durchsetzung eines Einsichtsverlangens kein Rechtsschutzbedürfnis, wenn sich der Verwalter hierzu bereit erklärt hatte (*BayObLG* NJW-RR 2000, 463 = ZMR 2000, 110). Diese schon nach altem Recht zweifelhafte Rechtsprechung ist jedenfalls nach Überführung der Wohnungseigentumssachen in das ZPO-Verfahren nicht fortzuführen. Macht ein Kläger einen Anspruch gerichtlich geltend, obwohl dieser nie streitig war, führt das nicht zur Unzulässigkeit einer Klage, sondern ist nach Maßgabe von § 93 ZPO in der Kostenentscheidung zu berücksichtigen.

b) Die Vollstreckung des Anspruchs

156 Auf die Vollstreckung des Einsichtsanspruchs wird bisweilen § 883 ZPO mit der Maßgabe angewandt, dass die Vollstreckung in den Räumen des Verwalters stattzufinden hat (*Staudinger/Bub* § 28 Rn. 627). Dies entspricht der Rechtsprechung zur »Herausgabe nur zur Ansicht«, erscheint aber wenig überzeugend. Eine direkte Anwendung dieser Vorschrift scheitert bereits daran, dass es sich gerade nicht um eine Herausgabe handelt, auch nicht um eine zeitweise. Die Herausgabe ist vielmehr schon des Verlustrisikos wegen unzulässig. Dem Verwalter bleibt während der gesamten Einsicht die Sachherrschaft über die Unterlagen. Zudem kann das Heraussuchen der Unterlagen zu bestimmten Geschäftsvorgängen ähnlich wie bei der Auskunftserteilung spezifische Kenntnisse des amtierenden Verwalters erfordern, zumal verbindliche Vorgaben zur Buchführung und Dokumentation nicht existieren. Die Gewährung von Einsicht ist somit als unver-

tretbare Handlung anzusehen, so dass an Stelle der analogen Anwendung von § 883 ZPO die direkte Anwendung von § 888 ZPO naheliegender erscheint.

G. Die Buchführung des Verwalters

I. Die Notwendigkeit einer Buchführung

Das Gesetz regelt nur die Eckpunkte von Finanzwesen, Wirtschaftsplan und Abrechnung bzw. Rechnungslegung. Nähere Aussagen zur Buchführung trifft es nicht. Jedenfalls in größeren Gemeinschaften kann sich der Verwalter nicht auf die gesetzlich geregelten Pflichten beschränken. Der Verwalter muss schon zum Zwecke der Übersicht über Beitragszahlungen, liquide Mittel und die Möglichkeit, weitere Ausgaben zu bestreiten, eine Buchhaltung vorhalten, die zwischen den Abrechnungen näheren Aufschluss über den Stand des gemeinschaftlichen Vermögens gibt und eine Nachprüfung ermöglicht (*BayObLG* NJW-RR 1988, 19; *OLG Hamm* NJW-RR 1993, 847; *Jennißen* IV Rn. 7 ff.). Ansonsten kann er sich dem teilrechtsfähigen Verband gegenüber schadensersatzpflichtig machen, wenn zur Prüfung etwa ein Sachverständiger erforderlich wird, der hierfür ein Entgelt beansprucht (*BayObLG* NJW-RR 1988, 19). Diesen Anforderungen wird die bloße Sammlung von Belegen nach dem »Schuhkarton-Prinzip« allenfalls in Kleinstanlagen gerecht. Daneben kann der Verwalter auch dem Fiskus gegenüber zur Buchführung verpflichtet sein (vgl. § 140 AO).

157

II. Die Art und Weise der Buchführung

1. Form der Buchführung

Zur Art und Weise der Buchführung sind dem Gesetz keinerlei Vorgaben zu entnehmen. Grundsätzlich ist jede bewährte Form der Buchführung zulässig (*Staudinger/Bub* § 28 Rn. 288 ff.). Voraussetzung ist allerdings die Nachvollziehbarkeit der Buchführung für Außenstehende. Dies ergibt sich bereits aus § 29 Abs. 3 WEG, da Abrechnungen und Rechnungslegungen vom Verwaltungsbeirat zu prüfen sind. Dies ist nur anhand einer nachvollziehbaren Buchführung möglich. Zur Arbeitserleichterung greifen Verwalter heute fast immer auf EDV-gestützte Buchführungssysteme zurück. Dabei ist allerdings zu beachten, dass die dortigen, u. U. nicht den speziellen Erfordernissen des Wohnungseigentumsrechts angepassten Programme nicht die Aufstellung ordnungsgemäßer Jahresabrechnungen vereiteln dürfen. Die in der Praxis oft gehörte Entschuldigung, was das eigene Programm (nicht) leiste, entbindet insbesondere nicht von der Pflicht zur Erstellung einer Einnahmen- und Ausgabenrechnung. Notfalls sind die in der Buchhaltung gespeicherten Daten manuell in die gebotene Form der Jahresabrechnung zu überführen.

158

2. Konten

Selbstverständliche Pflicht ist es, für die Gemeinschaft zum Zwecke des bargeldlosen Verkehrs Bankkonten zu eröffnen. Hier wird i. d. R., auch wenn dies wiederum nicht gesetzlich vorgegeben ist (*KG* NJW-RR 1987, 1160 f.), mindestens ein Girokonto für die laufende Verwaltung und ein Konto mit höherer Verzinsung für kurzfristig nicht benötigte Gelder zu eröffnen sein (*BayObLG* NJW-RR 1991,15; 1995, 531 f.; *Jennißen* IV Rn. 16). Darüber hinaus hat der Verwalter für die einzelnen Wohnungseigentümer buchhalterisch Einzelkonten zu führen, um ihre Beitragszahlungen kontrollieren und notfalls rechtzeitig Beitreibungsmaßnahmen einleiten zu können. Läßt die vom Verwalter geführte Buchhaltung dies nicht zu, so haftet er dem Verband für Ausfälle, die bei ordnungsgemäßer Überwachung der Einzelkonten und rechtzeitiger Beitreibung nicht eingetreten wären.

159

3. Inhalt der Buchführung

Inhaltlich muss die Buchführung zum einen jeden Geschäftsvorfall enthalten, der sich auf das Vermögen der Gemeinschaft auswirkt, also Zuflüsse und Abflüsse. Dies ergibt sich schon daraus, dass nur aus korrekten Buchungen dieser Art zum Ablauf des Abrechnungszeitraums eine Jahresabrechnung erstellt werden kann. Diese Buchungen müssen chronologisch und zeitnah durchgeführt werden, was bereits daraus folgt, dass der Verwalter jederzeit zur Rechnungslegung nach

160

§ 28 Abs. 4 WEG in der Lage sein muss. Die für die Buchungen verwandten Begriffe müssen klar sein und eine Zuordnung ermöglichen (*BayObLG* NJW-RR 1988, 19). Sofern Vermögensbestandteile nicht aus Geldmitteln bestehen, wie insbesondere der Brennstoffvorrat, ist an der einmal gewählten Umrechnung für die Zukunft festzuhalten. Daneben hat der Verwalter auch interne Vorgänge innerhalb der gemeinschaftlichen Konten, etwa die Zuführung zur Instandhaltungsrücklage oder die Rücküberweisung auf das Girokonto zum Zwecke der Zahlung von Handwerkerrechnungen o. ä., zu verbuchen. Nur so kann er seiner Pflicht nachkommen, ihren Bestand in der Jahresabrechnung auszuweisen.

III. Die Belege

1. Die Form der Dokumentation

161 Die Buchungen müssen mit der Dokumentation der Belege korrespondieren. Dies ergibt sich schon daraus, dass der Verwaltungsbeirat die Jahresabrechnung und Rechnungslegung nach § 29 Abs. 3 WEG zu prüfen hat. Hierzu ist er nur in der Lage, wenn jede Buchung einem entsprechenden Geschäftsvorgang, der im Beleg urkundlich nachgewiesen ist, zugeordnet werden kann. I. d. R. wird dies die Möglichkeit der Zuordnung durch Nummerierung und eine Abheftung korrespondierend zur Verbuchung erfordern.

2. Der Inhalt der Belege

162 Die Belege selbst müssen naturgemäß den verbuchten Geschäftsvorfall erkennen lassen. Dies erfordert neben der Höhe des geflossenen Betrags eine stichwortartige Bezeichnung der Maßnahme und die Identifizierbarkeit des Geschäftspartners, was bei Rechnungen über Brennstofflieferungen, sonstige Anschaffungen etwa von Gartengeräten, Dienstleitungen etwa von Rechtsanwälten oder Steuerberatern sowie Handwerkerleistungen, in aller Regel selbstverständlich ist. Allenfalls ist der Bezug zur Wohnanlage etwa bei Käufen wie Reinigungsmitteln o. ä., die überall Anwendung finden, nicht durch den Kassenbeleg nachzuweisen. Hier wird die Ergänzung des Belegs durch einen handschriftlichen Vermerk etwa des Verwalters oder des Hausmeisters über den Verwendungszweck üblicherweise ausreichen. Schwieriger sind Geschäftsvorfälle zu dokumentieren, die üblicherweise nicht durch Fremdbelege quittiert werden, wie insbesondere Trinkgelder. In diesen eng begrenzten Ausnahmefällen ist auch ein Eigenbeleg des Verwalters bzw. des sonst für den Geschäftsvorfall Verantwortlichen zulässig.

IV. Aufbewahrungspflichten

163 Für die Aufbewahrung der Unterlagen sind die allgemeinen Regelungen des Handels-, hilfsweise des Steuerrechts auch im Innenverhältnis zwischen Gemeinschaft und Verwalter heranzuziehen. Demnach sind die Bücher selbst analog § 257 Abs. 4 HGB 10 Jahre aufzubewahren, ebenso die Belege (*Jennißen* IX Rn. 30). Sofern die Gemeinschaft eigene Arbeitnehmer, etwa einen Hausmeister, beschäftigt, sind die Lohnkonten nach § 41 Abs. 1 S. 6 EStG bis zum Ablauf des 6. Kalenderjahrs, das auf die zuletzt gebuchte Lohnzahlung folgt, aufzubewahren. Die genehmigten Jahresabrechnungen sind als Anlage zum Protokoll ohne zeitliche Beschränkung aufzubewahren. Ein Eigentümerbeschluss, der dem Verwalter die vorzeitige Vernichtung von Unterlagen gestattet, ist wegen Verstoßes gegen diese zwingenden Vorschriften nichtig (a. A. wohl *Niedenführ/Kümmel/Vandenhouten* § 28 Rn. 132). Der Beschluss, dem Verwalter für die Aufbewahrung eine Sondervergütung zu gewähren ist anfechtbar, da diese zu seinen gesetzlich vorgesehenen Mindestaufgaben gehört (vgl. *AG Königstein* NZM 2000, 876). Anderes kann nur für die Zeit nach Ablauf der Aufbewahrungsfristen gelten. Hier ist aber die Aufbewahrung in Gemeinschaftsräumen vorzugswürdig, deren Genehmigung daher grundsätzlich ordnungsmäßiger Verwaltung entspricht.

§ 29 Verwaltungsbeirat

(1) Die Wohnungseigentümer können durch Stimmenmehrheit die Bestellung eines Verwaltungsbeirats beschließen. Der Verwaltungsbeirat besteht aus einem Wohnungseigentümer als Vorsitzenden und zwei weiteren Wohnungseigentümern als Beisitzern.

(2) Der Verwaltungsbeirat unterstützt den Verwalter bei der Durchführung seiner Aufgaben.

(3) Der Wirtschaftsplan, die Abrechnung über den Wirtschaftsplan, Rechnungslegungen und Kostenanschläge sollen, bevor über sie die Wohnungseigentümerversammlung beschließt, vom Verwaltungsbeirat geprüft und mit dessen Stellungnahme versehen werden.

(4) Der Verwaltungsbeirat wird von dem Vorsitzenden nach Bedarf einberufen.

Inhaltsverzeichnis

A. Die Stellung des Verwaltungsbeirats neben Verwalter und Eigentümerversammlung	1
I. Die Abdingbarkeit der gesetzlichen Regelungen	1
1. Die Einrichtung eines Verwaltungsbeirats	1
2. Die Erweiterung und Einschränkung des Aufgabenbereichs	2
a) Modifikationen der gesetzlichen Regelungen durch Gemeinschaftsordnung und Vereinbarung	2
b) Modifikationen der gesetzlichen Regelungen durch Mehrheitsbeschluss	3
II. Die Ergänzungsfunktion des Verwaltungsbeirats	4
B. Bestellung und Abberufung des Verwaltungsbeirats (§ 29 Abs. 1 S. 1 WEG)	5
I. Die Bestellung des Verwaltungsbeirats	5
1. Die Beschlussfassung	5
a) Die Verleihung der organschaftlichen Stellung	5
b) Weitere Regelungen zur organschaftlichen Stellung des Verwaltungsbeirats	6
2. Fehler des Bestellungsbeschlusses	7
3. Die Folgen einer erfolgreichen Anfechtung	8
II. Die Abberufung des Verwaltungsbeirats	9
1. Die ordentliche Abberufung	9
2. Die Abberufung aus wichtigem Grund	10
III. Das Ausscheiden aus sonstigen Gründen und seine Folgen	11
1. Die Amtsniederlegung	11
2. Das Ausscheiden aus der Eigentümergemeinschaft	12
IV. Die gerichtliche Bestellung	13
C. Die schuldrechtlichen Beziehungen zwischen Beirat und Eigentümern	14
I. Zustandekommen und Beendigung schuldrechtlicher Beziehungen zwischen Verwaltungsbeirat und Wohnungseigentümern bzw. Verband	14
II. Rechte und Pflichten aus dem Auftragsverhältnis	15
1. Ansprüche des Verwaltungsbeirats gegen den Verband	15
2. Ansprüche von Verband und Eigentümern gegen den Verwaltungsbeirat	16
III. Rechte und Pflichten des Verwaltungsbeirats aus spezifisch wohnungseigentumsrechtlichen Regelungen	17
1. Rechte und Pflichten aus § 29 Abs. 2 WEG	17
2. Rechte und Pflichten aus § 29 Abs. 3 WEG	18
3. Rechte und Pflichten aus § 24 Abs. 3 WEG	19
4. Rechte und Pflichten aus § 24 Abs. 6 S. 2 WEG	20
5. Weitere Rechte und Pflichten	21
a) Rechte und Pflichten aus Gemeinschaftsordnung, Vereinbarungen oder Beschlüssen	21
b) Ausübung der Befugnisse durch den gesamten, aktuellen Verwaltungsbeirat	22
IV. Die Haftung des Verwaltungsbeirats und für den Verwaltungsbeirat	23
1. Vertragliche und deliktische Haftung des Verwaltungsbeirats	23
a) Allgemeine Haftungsrisiken aus der Tätigkeit des Verwaltungsbeirats	23
b) Haftungsrisiken bei Entscheidungen in eigener Kompetenz	24
c) Die Haftung gegenüber Dritten	25
2. Haftungsbegrenzungen und Versicherungen	26
a) Haftungsbeschränkungen kraft Gemeinschaftsordnung und Beschluss	26
b) Die Versicherung für die Haftungsrisiken des Verwaltungsbeirats	27
3. Die Haftung der Wohnungseigentümer für den Verwaltungsbeirat	28
4. Die Entlastung des Verwaltungsbeirats	29

§ 29 | Verwaltungsbeirat

D. Zusammensetzung und innere Organisation des Verwaltungsbeirats	30
I. Die Zusammensetzung des Verwaltungsbeirats	30
1. Die Anzahl der Beiratsmitglieder	30
2. Die wählbaren Personen	31
II. Die innere Organisation des Verwaltungsbeirats	32
1. Die gesetzlichen Regelungen	32
a) Die Einberufung des Verwaltungsbeirats	32
b) Die analoge Anwendung der Vorschriften zur Eigentümerversammlung	33
2. Regelungen durch Mehrheitsbeschluss und Geschäftsordnung des Verwaltungsbeirats	34
E. Entscheidungen des Verwaltungsbeirats	35
F. Das gerichtliche Verfahren	36

A. Die Stellung des Verwaltungsbeirats neben Verwalter und Eigentümerversammlung

I. Die Abdingbarkeit der gesetzlichen Regelungen

1. Die Einrichtung eines Verwaltungsbeirats

1 Neben Wohnungseigentümerversammlung und Verwalter ist der Verwaltungsbeirat das dritte im Gesetz vorgesehene ständige Organ der Selbstverwaltung durch die Eigentümer. Im Gegensatz zum Verwalter ist seine Einrichtung allerdings fakultativ und § 29 WEG im vollen Umfang dispositiv (*KG* NJW-RR 1989, 460 f.; *OLG Düsseldorf* ZMR 1991, 32; *BayObLG* NJW-RR 1994, 338 = ZMR 1994, 69 = WuM 1994, 45). Daher kann seine Bestellung durch die Gemeinschaftsordnung oder eine Vereinbarung ausgeschlossen werden (*BayObLG* NJW-RR 1994, 338 f. = ZMR 1994, 69 f. = WuM 1994, 45), nicht aber durch Mehrheitsbeschluss, da dieser auf eine Abänderung der gesetzlichen Regelung zielte (*BayObLG* NJW-RR 1994, 339 = ZMR 1994, 70 = WuM 1994, 45; vgl. *BGH* ZMR 2000, 774). Wird umgekehrt seine Einrichtung in der Gemeinschaftsordnung ausgeschlossen, kann sie nicht mit Mehrheit beschlossen werden, da dies auf eine Änderung der Teilungserklärung hinausliefe. Ein solcher Ausschluss muss aber ausdrücklich bestimmt sein (*BayObLG* WuM 1994, 45f.); die bloße Streichung der Vorschriften zum Verwaltungsbeirat im Formular einer Teilungserklärung genügt nicht (*OLG Köln* Rpfleger 1972, 261). Im Übrigen steht es den Wohnungseigentümern auch dann offen, die Überprüfung von Jahresabrechnung und Wirtschaftsplan oder andere Aufgaben des Verwaltungsbeirats einzelnen Wohnungseigentümern zu übertragen (*BayObLG* NJW-RR 1994, 339). Anders als beim Verwalter besteht kein Individualanspruch auf Bestellung eines Verwaltungsbeirats (*OLG Düsseldorf* NJW-RR 1991, 595). Fordert die Gemeinschaftsordnung für die Bestellung des Verwaltungsbeirats Einstimmigkeit (zur Wirksamkeit dieser Bestimmung s. *BayObLG* ZMR 2005, 380), so ist seine Wahl durch Mehrheitsbeschluss nur anfechtbar, nicht aber nichtig, da die einmalige Bestellung lediglich einen Verstoß gegen die Teilungserklärung darstellt, nicht aber ihre Änderung für die Zukunft (*BayObLG* NZM 2002, 530).

2. Die Erweiterung und Einschränkung des Aufgabenbereichs

a) Modifikationen der gesetzlichen Regelungen durch Gemeinschaftsordnung und Vereinbarung

2 Aus der fakultativen Natur des Verwaltungsbeirats folgt ferner, dass ihm anders als dem Verwalter durch Gemeinschaftsordnung oder Vereinbarung sämtliche gesetzlich zugewiesenen Aufgaben genommen oder anderen Gremien wie Bau- oder Haushaltsausschüssen übertragen werden können. Die Bestellung der Mitglieder solcher Gremien unterscheidet sich von der Bestellung des Verwaltungsbeirats dadurch, dass der in den Verwaltungsbeirat Gewählte an dessen Sitzungen teilnehmen und seine Stimme dort abgeben kann, das Mitglied sonstiger Ausschüsse nicht (*OLG Düsseldorf* WE 1995, 279). Der Verwaltungsbeirat kann aber auch entsprechend gesellschaftsrechtlichen Vorbildern als Organ mit weitreichenden Befugnissen ausgestaltet werden (*OLG Hamm* NJW-RR 1997, 1233 = ZMR 1997, 434; ähnlich *OLG Zweibrücken* NJW-RR 1987, 1366). So kann ihm infolge der Abdingbarkeit von § 28 WEG durch Gemeinschaftsordnung oder Vereinbarung selbst die Genehmigung von Wirtschaftsplan und Jahresabrechnung überantwortet werden. Ihm können auch Kontrollbefugnisse, etwa Zustimmungsvorbehalte bei Ausgaben, zu-

gewiesen werden. Lediglich unabdingbar den Eigentümern zugewiesene Befugnisse, etwa zur Bestellung und Abberufung des Verwalters oder zur Aufhebung oder Abänderung von Beschlüssen der Eigentümerversammlung (*BayObLG* Rpfleger 1980, 23) können dem Verwaltungsbeirat nicht zugewiesen werden. Entsprechendes gilt für die nach § 27 Abs. 4 WEG unentziehbaren Aufgaben des Verwalters (*OLG Zweibrücken* NJW-RR 1987, 1366).

b) Modifikationen der gesetzlichen Regelungen durch Mehrheitsbeschluss

Hingegen können die Befugnisse des Verwaltungsbeirats durch Beschluss der Eigentümerversammlung grundsätzlich nicht erweitert oder eingeschränkt werden, da dies auf eine Änderung der gesetzlich geregelten Aufgaben hinausliefe, wofür der Wohnungseigentümerversammlung die Beschlusskompetenz fehlt (*BGH* ZMR 2000, 771 ff.). Auch aus Praktikabilitätsgründen, etwa zur Vereinfachung der Verwaltung, ist auf diesem Wege keine Übertragung von Aufgaben der Eigentümerversammlung auf den Verwaltungsbeirat möglich. Insbesondere kann ihm auch bei einer Beschränkung auf bestimmte Auftragssummen nicht die generelle Befugnis verliehen werden, über die vom Verwalter vorgeschlagenen Maßnahmen der Instandhaltung oder Instandsetzung zu entscheiden (*OLG Düsseldorf* ZMR 2001, 304). Ebenso wenig kann ihm die Entscheidung über die Entlastung des Verwalters durch Mehrheitsbeschluss übertragen werden (*BayObLG* NJW-RR 1988, 1168 f.). 3

II. Die Ergänzungsfunktion des Verwaltungsbeirats

Seiner gesetzlichen Konzeption nach nimmt der Verwaltungsbeirat neben Wohnungseigentümerversammlung und Verwalter nur ergänzende Funktionen wahr (*OLG Düsseldorf* NJW-RR 1998, 14 = ZMR 1997, 606). Daher kann er den Verwalter nicht aus eigenem Recht etwa zum Abschluss von Verträgen ermächtigen (vgl. *OLG Celle* ZMR 2001, 643 f.), entlasten (*BayObLG* WE 1988, 208), abberufen (BayObLGZ 1965, 41), sonstige Verträge im Namen der Wohnungseigentümer schließen (*OLG Düsseldorf* WE 1998, 37 f.) oder gar Beschlüsse der Eigentümerversammlung aufheben (*BayObLG* Rpfleger 1980, 23). Er soll den Verwalter unterstützen (§ 29 Abs. 2 WEG) und insbesondere dessen Beschlussvorlage zu Jahresabrechnung und Wirtschaftsplan kontrollieren (§ 29 Abs. 3 WEG). Die Zerstörung des Vertrauensverhältnisses zwischen Verwaltungsbeirat und Verwalter kann daher ein wichtiger Grund sein, letzteren abzuberufen (*BayObLG* ZMR 1999, 269 f.; *OLG Köln* ZMR 2007, 718; vgl. § 26 Rn. 22). Der Verwaltungsbeirat ist aber nicht verpflichtet, die laufende Verwaltungstätigkeit des Verwalters zu überwachen (BayObLGZ 1972, 165). Ebenso wenig ist er Vertreter der Wohnungseigentümer gegenüber dem Verwalter (*OLG Hamm* NJW-RR 1997, 1233 = ZMR 1997, 434; *OLG Koblenz* ZMR 1999, 584). Nicht selten kommt dem Verwaltungsbeirat infolge seiner Vertrauensposition aber Streit schlichtende Funktion bei Auseinandersetzungen mit dem Verwalter (oder innerhalb der Gemeinschaft) zu. Die Gemeinschaftsordnung kann sogar die Verpflichtung zur Einschaltung des Verwaltungsbeirats vor Durchführung eines Verfahrens nach § 43 WEG vorsehen (vgl. *BayObLG* NJW-RR 1991, 850; *OLG Frankfurt* OLGZ 1988, 63f; *KG* NJW-RR 1996, 910). Er ist dem Interesse aller Wohnungseigentümer verpflichtet und muss deren Weisungen gemäß §§ 662, 665 BGB Folge leisten. 4

B. Bestellung und Abberufung des Verwaltungsbeirats (§ 29 Abs. 1 S. 1 WEG)

I. Die Bestellung des Verwaltungsbeirats

1. Die Beschlussfassung

a) Die Verleihung der organschaftlichen Stellung

Wie beim Verwalter ist auch beim Verwaltungsbeirat zwischen der organschaftlichen Verleihung des Amtes und den schuldrechtlichen Beziehungen zwischen Beiratsmitgliedern und Wohnungseigentümern zu unterscheiden. Die Bestellung erfolgt wie diejenige des Verwalters durch Mehrheitsbeschluss, nur im schriftlichen Verfahren gemäß § 23 Abs. 3 WEG durch allstimmigen Beschluss. Bei der Ankündigung der Beschlussfassung in der Einberufung ist besondere Sorgfalt geboten. Anders als beim Verwalter genügt die Angabe »Neuwahl des Verwaltungsbeirats« 5

§ 29 | Verwaltungsbeirat

jedenfalls dann nicht, wenn aufgrund unterschiedlicher Laufzeiten nicht auf Anhieb ersichtlich ist, welche Mitglieder neu zu bestellen sind. In diesen Fällen bedarf es der genauen Angabe, auf welches bisherige Mitglied sich die Wahl bezieht. Nach einem jüngst entschiedenen Fall soll aber nach einer spontanen Amtsniederlegung auf die Bezeichnung in der Ladung zu verzichten sein (*AG Hamburg-Wandsbek* ZMR 2007, 151 – zweifelhaft). Wie bei der Wahl des Verwalters kann ein Wohnungseigentümer, der sich zur Wahl stellt, an der Abstimmung teilnehmen (*BayObLG* WE 1991, 227). Eine »Blockwahl« ist jedenfalls dann zulässig, wenn hiergegen in der Eigentümerversammlung keine Bedenken erhoben werden (*KG* ZMR 2004, 776; *OLG Hamburg* ZMR 2005, 396; *Staudinger/Bub* § 29 Rn. 30). Wie bei der Wahl des Verwalters bedarf seine Wahl der einfachen nicht nur der relativen Mehrheit der abgegebenen Stimmen. Ist diese etwa bei der Nachwahl eines Kandidaten erreicht, ist dieser bestellt, ohne dass es der Abstimmung über Mitbewerber bedarf (*OLG Düsseldorf* NJW-RR 1991, 595). Nach allgemeinen Regeln ist für das Ergebnis der Abstimmung die Verkündung des Versammlungsleiters auch im Falle ihrer Unrichtigkeit maßgeblich und muss in diesen Fall angefochten werden (*BGH* ZMR 2001, 811 ff.). Die Bestellung ist wie beim Verwalter zunächst ein interner Akt. Erst mit der Annahme erlangt der Gewählte die organschaftliche Stellung als Mitglied des Verwaltungsbeirats.

b) Weitere Regelungen zur organschaftlichen Stellung des Verwaltungsbeirats

6 Daneben kann die Eigentümerversammlung weitere Regelungen zur organschaftlichen Stellung des Verwaltungsbeirats treffen, was angesichts der fehlenden gesetzlichen Regelungen ratsam sein kann. Insbesondere sieht das Gesetz anders als beim Verwalter etwa keine Höchstdauer der Bestellung vor (*OLG Köln* ZMR 2000, 638). Ohne nähere Bestimmung ist der Verwaltungsbeirat daher auf unbestimmte Zeit bestellt (*OLG Hamm* ZMR 1999, 281; *OLG Köln* ZMR 2000, 638). Eine Befristung kann somit, sofern die Gemeinschaftsordnung keine abweichende Bestimmung enthält, auch beim Bestellungsakt vorgenommen werden. Die organschaftliche Stellung endet in diesem Fall mit dem Ablauf der Bestellungszeit. Ein Gleichlauf mit der Amtszeit des Verwalters empfiehlt sich allerdings nicht, da die Kontinuität wenigstens eines Organs die Effektivität der Unterstützung und die Kontrolle des Verwalters erleichtert (*Sauren* § 29 Rn. 6). Zudem wäre dann kein Organ mehr vorhanden, das die zur Neubestellung von Verwalter und Verwaltungsbeirat erforderliche Wohnungseigentümerversammlung einberufen könnte (*Drasdo* in Deckert: Die ETW, Gr. 4 Rn. 5049). Möglich ist auch die bedingte Bestellung etwa für den Fall des Ausscheidens eines amtierenden Mitgliedes des Verwaltungsbeirats (a. A. *Drasdo* in Deckert, Die ETW, Gr. 4 Rn. 5014).

2. Fehler des Bestellungsbeschlusses

7 Die Nichtigkeit der Wahl zum Verwaltungsbeirat kommt nur in Ausnahmefällen, etwa bei sittenwidriger Ausnutzung der Stimmenverhältnisse durch einen Wohnungseigentümer in Betracht (OLG Schleswig NJW-RR 2006, 595 = ZMR 2006, 315 f.). Ansonsten ist die Bestellung nach allgemeinen Grundsätzen des Beschlussrechts anfechtbar, zum einen also bei formellen Mängeln. Dies kommt z. B. in Betracht, wenn nicht ordnungsgemäß eingeladen wurde (vgl. o. Rn. 5) oder wenn sie ordnungsgemäßer Verwaltung widerspricht. Das ist wie beim Verwalter dann anzunehmen, wenn ein wichtiger Grund gegen die Bestellung des Gewählten spricht, der eine Zusammenarbeit mit ihm unzumutbar macht (*BayObLG* ZMR 2003, 439). In Betracht kommen auch hier wieder schädigendes Verhalten zu Lasten der Gemeinschaft oder einzelner Wohnungseigentümer. Auch gravierende Schädigungen Dritter, etwa Vermögensdelikte, genügen (*OLG Frankfurt* NJW-RR 2001, 1669). Hierauf darf jeder Wohnungseigentümer in der Eigentümerversammlung hinweisen (*Staudinger/Bub* § 29 Rn. 28). Allerdings sind an das Vorliegen solcher Umstände strengere Anforderungen zu stellen als beim Verwalter, da dem Verwaltungsbeirat in der Regel keine eigenen Entscheidungsbefugnisse zukommen (*KG* ZMR 2004, 458; *OLG Köln* NJW-RR 2000, 88=ZMR 2000, 564; ähnlich *BayObLG* ZMR 2003, 439). So können an die Eignung für die Mitgliedschaft im Verwaltungsbeirat nicht dieselben Anforderungen gestellt werden wie beim Verwalter (*OLG Köln* NJW-RR 2000, 88 = ZMR 2000, 564). Anders als bei jenem bestehen keine Neutralitätspflichten, so dass die Vertretung einzelner Wohnungseigentümer in Verfahren gegen die Gemeinschaft oder einzelne Wohnungseigentümer nicht gegen die Ordnungsmäßigkeit der Bestellung

sprechen (*OLG Frankfurt* NJW-RR 2001, 1669). Auch Streit mit einigen Miteigentümern oder auch mit der überstimmten Minderheit genügen insoweit nicht (*OLG Köln* ZMR 2000, 564; *KG* ZMR 2004, 459 u. 776), ebenso wenig das voraussichtliche Ausscheiden aus der Eigentümergemeinschaft (*BayObLG* ZMR 2001, 996). Die Verfolgung eigener Interessen steht der Bestellung gleichfalls nicht grundsätzlich entgegen (*KG* ZMR 2004, 459). Im Übrigen kommt der Gemeinschaft insoweit ein erhebliches Ermessen zu (*OLG Frankfurt* NJW-RR 2001, 1669). Auch Fehler in der Verkündung des Abstimmungsergebnisses können nach allgemeinen Regeln nur im Wege der Beschlussanfechtung korrigiert werden.

3. Die Folgen einer erfolgreichen Anfechtung

Hat die Anfechtung Erfolg, ist die Bestellung ungültig. Sofern ein weiterer Kandidat mit geringerer Stimmenzahl die einfache Mehrheit erreichte, ist folglich er bestellt, ansonsten ein aufschiebend bedingt bestellter Ersatzmann (vgl. hierzu u. Rn. 12 u. 30). Andernfalls muss die Eigentümerversammlung eine neue Wahl durchführen. Sofern mit der Wahl des Verwaltungsbeirates über andere Regelungsgegenstände mitbeschlossen wurde, lässt deren Anfechtbarkeit die ansonsten mangelfreie Wahl unberührt (*BayObLG* ZMR 2004, 359). Die Ungültigerklärung führt nicht zur rückwirkenden Unwirksamkeit aller von diesem Beirat vorgenommenen Rechtshandlungen, weil dies etwa bei der Einberufung nach § 24 Abs. 3 WEG oder bei weiteren in der Gemeinschaftsordnung vorgesehenen Befugnissen zu einer erheblichen Rechtsunsicherheit führen würde. Wie beim Verwalter ist vielmehr davon auszugehen, dass die bis zur Ungültigerklärung der Bestellung ergriffenen Maßnahmen nach dem Rechtsgedanken von § 32 FGG wirksam bleiben (vgl. o. § 26 Rn. 16). 8

II. Die Abberufung des Verwaltungsbeirats

1. Die ordentliche Abberufung

Auch über die Abberufung entscheidet die Eigentümerversammlung mit Stimmenmehrheit. Wie bei der Abberufung des Verwalters ist der Betroffene hierbei stimmberechtigt. Die so genannte ordentliche Abberufung ohne besondere Gründe ist nach dem Rechtsgedanken von § 671 BGB jederzeit möglich (*KG* ZMR 1997, 545; *OLG Hamm* ZMR 1999, 281), wenn keine bestimmte Amtsdauer vorgesehen oder die Möglichkeit der Abberufung nicht auf Fälle eingeschränkt wurde, in denen ein wichtiger Grund vorliegt (*OLG Hamm* ZMR 1999, 281). Ohne bestimmte Bestellungsdauer oder sonstige Beschränkung der Abberufung kann ein Mitglied des Verwaltungsbeirats jederzeit abberufen werden. Mit der Beschlussfassung verliert er sein Amt (*OLG Hamm* NJW-RR 1997, 1233=ZMR 1997, 435). Die Abberufung kann wie jeder Beschluss im Verfahren nach § 43 Nr. 4 WEG angefochten werden, wobei nur die Rüge formeller Fehler (z. B. wegen Ladungsmängeln) Erfolg verspricht. Das Fehlen von Gründen für die Abberufung rechtfertigt die Ungültigerklärung des Beschlusses dagegen nicht, da die Abberufung eben keines Grundes bedarf. Hingegen kann der Verwaltungsbeirat, wenn für seine Tätigkeit eine Mindestdauer vorgesehen ist, vor Ablauf dieser Amtsdauer nur aus wichtigem Grund abberufen werden (Bärmann / Pick / *Merle* § 29 Rn. 29; a. A. Staudinger / *Bub* § 29 Rn. 42). 9

2. Die Abberufung aus wichtigem Grund

Wie der Verwalter kann der Verwaltungsbeirat auch dann aus wichtigem Grund abberufen werden, wenn eine bestimmte Mindestdauer als Amtszeit vorgesehen ist. Dies setzt wie beim Verwalter das Vorliegen eines wichtigen Grundes voraus. Ob ein solcher vorliegt, kann in Anlehnung an die dort entwickelten Grundsätze (vgl. o. § 26 Rn. 20 ff.) entschieden werden, wobei wie bei der Anfechtung der Bestellung an den Verwaltungsbeirat geringere Anforderungen zu stellen sind als an den Verwalter (*OLG München* ZMR 2006, 962; vgl. o. Rn. 7). Ausreichend sind jedoch in jedem Fall das Hinwirken auf ein in wesentlichen Belangen unrichtiges Protokoll, Täuschungen hinsichtlich der Jahresabrechnung, vermögensschädigende Handlungen oder gerichtliche Falschaussagen zu Lasten der Wohnungseigentümer (*OLG München* ZMR 2006, 962). Bei der Entscheidung über die außerordentliche Beendigung seiner organschaftlichen Stellung aus wichtigem Grund ist der betroffene Wohnungseigentümer aus dem Rechtsgedanken der §§ 712 Abs. 1, 10

737 BGB, 117, 127, 140 HGB nicht stimmberechtigt. Die sofortige Befassung des Gerichts mit dem Abberufungsverlangen ist ohne vorherige Antragstellung in Eigentümerversammlung in der Regel unzulässig, sofern nicht von vorneherein feststeht, dass ein entsprechender Antrag abgelehnt würde (*OLG München* ZMR 2006, 962). Die Abberufung aus wichtigem Grund kann nicht nur wegen formaler Fehler (z. B. Ladungsmängeln), sondern auch wegen des Fehlens eines wichtigen Grundes angegriffen werden. Darüber hinaus kann – in der Praxis häufig relevant – die Nichteinhaltung der Frist analog § 626 Abs. 2 BGB gerügt werden (vgl. insoweit o. § 26 Rn. 28). Die Anfechtung der Abberufung alleine hat aber nach allgemeinen Grundsätzen keine aufschiebende Wirkung (*OLG Hamm* ZMR 1997, 435). Im Falle ihres Erfolgs stellt sie die organschaftliche Stellung des betroffenen Beirats rückwirkend wieder her. Entgegen bisweilen vertretener Auffassung (*Drasdo* in Deckert, Die Eigentumswohnung, Gr. 4 Rn. 5196) führt dies aber nicht zur Nichtigkeit des zwischenzeitlich anstelle des abberufenen Beirats bestellten neuen Mitgliedes des Verwaltungsbeirats. Denn anders als beim Verwalter existiert keine zwingende Beschränkung auf eine bestimmte Zahl von Amtsträgern. Bestellen die Wohnungseigentümer von vorneherein einen Wohnungseigentümer mehr zum Beirat, ist dieser Beschluss nur anfechtbar, aber nicht nichtig. Folglich kann nichts anderes gelten, wenn die Wahl gar nicht angefochten, die Abberufung eines Mitgliedes des Verwaltungsbeirats aber für ungültig erklärt wird. Natürlich haben es die Wohnungseigentümer aber in der Hand, die Situation durch Neuwahlen zu bereinigen.

III. Das Ausscheiden aus sonstigen Gründen und seine Folgen

1. Die Amtsniederlegung

11 Ansonsten endet die organschaftliche Stellung üblicherweise mit Ablauf der vorgesehenen Bestellungsdauer. Wie der Verwalter kann ein Mitglied des Verwaltungsbeirats aber auch durch Amtsniederlegung aus dem Amt scheiden. Dies ist nach § 27 Abs. 3 Nr. 1 WEG dem Verwalter bzw., wenn ein solcher nicht bestellt oder zum Empfang der Erklärung nicht berechtigt ist, nach § 27 Abs. 3 S. 2, 3 WEG den Wohnungseigentümern oder ihrem Vertreter mit Wirkung gegen den Verband zu erklären (zu den schuldrechtlichen Beziehungen zwischen Verband und Verwaltungsbeirat s. u. Rn. 14 ff.). Eine Amtsniederlegung ist jederzeit möglich (*KG* ZMR 1997, 545); zur Unzeit kann sie allerdings Schadensersatzansprüche nach § 671 Abs. 2 S. 2 BGB begründen.

2. Das Ausscheiden aus der Eigentümergemeinschaft

12 Auch das Ausscheiden aus der Eigentümergemeinschaft führt zur Beendigung der Mitgliedschaft im Verwaltungsbeirat, da nach § 29 Abs. 1 S. 2 WEG nur Wohnungseigentümer Beiratsmitglieder sein können (*BayObLG* ZMR 1993, 129). Der Neuerwerb von Wohnungs- oder Teileigentum führt nicht zum Wiederaufleben der Bestellung (BayObLGZ 1992, 340). Daneben führen der Verlust der Geschäftsfähigkeit und der Tod eines Beirats zur Beendigung seiner organschaftlichen Stellung. Auf die Funktionsfähigkeit des Beirats hat das Ausscheiden keinen Einfluss, sofern nicht ohnehin ein Ersatzmitglied bestimmt ist (BayObLGZ 1988, 214; *OLG Düsseldorf* NJW-RR 1991, 595; *Dippel/Wolicki* NZM 1999, 603 f.; a. A. *Drasdo* in Deckert: Die Eigentumswohnung, Gr. 4 Rn. 5053). Die Wohnungseigentümer können aber ein neues Mitglied bestellen; worauf u. U. sogar ein Anspruch aus § 21 Abs. 4 WEG bestehen kann (*OLG Düsseldorf* NJW-RR 1991, 595; *KG* ZMR 1997, 545).

IV. Die gerichtliche Bestellung

13 Ob die Bestellung auch durch gerichtliche Entscheidung erfolgen kann, erscheint zweifelhaft. Denkbar ist allenfalls, dass die Einrichtung der Institution gerichtlich durchgesetzt werden kann, wenn die Bestellung eines Verwaltungsbeirats in der Gemeinschaftsordnung ausdrücklich vorgeschrieben ist oder der Verzicht hierauf nicht mehr ordnungsgemäßer Verwaltung entspricht (a. A. *Niedenführ/Kümmel/Vandenhouten* § 29 Rn. 1). Im Gegensatz zur Verwalterbestellung erscheint in vorliegendem Zusammenhang auch anerkannt, dass das Rechtsschutzbedürfnis für ein gerichtliches Verfahren nur dann besteht, wenn zuvor der erfolglose Versuch unternommen wurde, eine Entscheidung der Wohnungseigentümer herbeizuführen (*Bärmann/Pick/Merle* § 29 Rn. 8). Die

Verpflichtung zur Bestellung eines Verwaltungsbeirats ist durch Zwangsgelder gemäß § 888 ZPO vollstreckbar. Dass nur die Bestellung einer bestimmten Person ordnungsgemäßer Verwaltung entspricht, dürfte aber ein theoretischer Ausnahmefall sein (*Drasdo* in Deckert, Die Eigentumswohnung, Gr. 4 Rn. 5014; a. A. Bärmann/Pick/*Merle* § 29 Rn. 10).

C. Die schuldrechtlichen Beziehungen zwischen Beirat und Eigentümern

I. Zustandekommen und Beendigung schuldrechtlicher Beziehungen zwischen Verwaltungsbeirat und Wohnungseigentümern bzw. Verband

Wie beim Verwalter sind die schuldrechtlichen Beziehungen zum Verwaltungsbeirat im Gesetz nicht geregelt. In der Regel liegt ein Auftragsverhältnis (§§ 662 ff. BGB) vor, sofern der Verwaltungsbeirat unentgeltlich tätig wird (*OLG Düsseldorf* ZMR 1998, 105; BayObLG NJW-RR 2000, 15=NZM 1999, 885). Sofern ausnahmsweise ein Entgelt vereinbart wird, richtet sich das schuldrechtliche Verhältnis nach den Bestimmungen von Dienstvertrag und Geschäftsbesorgung (§§ 675 ff., 611 ff. BGB). Von einer generellen Unzulässigkeit einer Vergütung ist wohl nicht auszugehen (*OLG Köln* ZMR 1999, 790 *LG Hannover* ZMR 2006, 399; *Niedenführ/Kümmel/Vandenhouten* § 29 Rn. 25; a. A. wohl *KG* ZMR 2004, 776 zu einer Vergütung von 500 Euro pro Jahr). Vertragspartner der Mitglieder des Verwaltungsbeirats ist wie beim Verwalter der teilrechtsfähige Verband, da in seiner Unterstützung der Schwerpunkt der Verwaltungsbeiratstätigkeit besteht (*Niedenführ/Kümmel/Vandenhouten* § 29 Rn. 26). Soweit den Verwaltungsbeirat auch gegenüber den Wohnungseigentümern Pflichten treffen, ist insoweit wie beim Verwalter ein Vertrag zugunsten Dritter anzunehmen (*Abramenko* ZWE 2006, 275 f.). Angebot und Annahme zum Abschluss eines solchen Vertrages werden regelmäßig in der Bekanntgabe des Bestellungsbeschlusses, gegebenenfalls durch den hierzu Bevollmächtigten, und in seiner Annahme durch die Gewählten zu sehen sein. Anders als beim Verwalter wird man jedenfalls bei unentgeltlich tätigen Mitgliedern des Verwaltungsbeirats im Wege der Auslegung von einer konkludenten Verknüpfung von Abberufung und Beendigung der schuldrechtlichen Beziehungen ausgehen müssen. Denn der ehrenamtliche Verwaltungsbeirat ist ausschließlich fremdnützig tätig. Es ist daher nicht anzunehmen, dass er sich nach Beendigung seiner organschaftlichen Befugnisse weiterhin – ohne eigenen Vorteil – etwa Auskunftsansprüchen oder gar der Haftung z. B. für unterlassene Prüfungen von Wirtschaftsplan und Jahresabrechnung aussetzen will. Der Verband seinerseits kann den Auftrag ohnehin jederzeit nach § 671 Abs. 1 BGB widerrufen, was regelmäßig zugleich mit der Abberufung bezweckt sein wird.

II. Rechte und Pflichten aus dem Auftragsverhältnis

1. Ansprüche des Verwaltungsbeirats gegen den Verband

Die unentgeltliche Tätigkeit schließt den Ersatz von Aufwendungen aber nicht aus. Vielmehr hat auch der unentgeltlich tätige Verwaltungsbeirat bereits aus dem Auftragsverhältnis (§ 670 BGB), ohne zusätzlichen Eigentümerbeschluss einen Anspruch auf Ersatz der ihm tatsächlich entstandenen Kosten etwa für Telefon, Kopien und Briefmarken, sofern er diese den Umständen nach für erforderlich halten durfte (*BayObLG* WE 1983, 123f; NJW-RR 2000, 15 = NZM 1999, 865). Aus diesem Grunde sind Beschlüsse über eine bestimmte »Aufwandsentschädigung« o. Ä. häufig nicht als Obergrenze des Aufwendungsersatzes zu verstehen. Lediglich eine der Vereinfachung dienende angemessene, den tatsächlichen Aufwand abdeckende Pauschale ist zulässig, wie der Vergleich mit RVG zeigt (*BayObLG* NZM 1999, 865; *OLG Schleswig* ZMR 2005, 736). Ansonsten würde die beschlossene »Aufwandsentschädigung« gesetzliche Regelungen (§ 670 BGB) abändern und wäre zugleich ein Rechtsgeschäft zu Lasten Dritter, da gesetzliche Ansprüche des Verwaltungsbeirats beschränkt würden. § 21 Abs. 7 WEG ändert hieran nichts, da die dortige Beschlusskompetenz nur die Verteilung entstandener Kosten, nicht aber ihre Abgeltung gegenüber dem Gläubiger in der Gemeinschaft betrifft. Diese zur Nichtigkeit führende Auslegung lässt sich regelmäßig nur dadurch vermeiden, dass man Beschlüsse über »Aufwandsentschädigungen« o. Ä. dahingehend versteht, dass dem Verwaltungsbeirat nur der Zeitaufwand vergütet werden soll, mithin ein Geschäftsbesorgungsverhältnis oder Dienstvertrag zustande kommen soll. Nur ausnahmsweise dürften Mitgliedern des Verwaltungsbeirates Kosten für Fachliteratur oder Fortbildungsveranstaltungen zu ersetzen sein, wenn dies etwa zur Lösung eines konkreten Problems im Rahmen seiner Tätigkeit erforderlich wird (vgl. *BayObLG* WE 1983, 123). Ansonsten gehören derartige Aufwendungen, die die persönlichen Voraussetzungen für die Amtstätigkeit erst schaffen sollen, ebenso wenig wie beim Verwalter zu den Aufwendungen im Rahmen der Tätigkeit für Verband und Wohnungseigentümer, die diese gesondert ersetzen müssen. Auch kann der Verwaltungsbeirat keinen Ersatz für die Kosten verlangen, die ihm für Tätigkeiten im Rahmen der einfachen Eigentümerstellung entstehen (etwa für die Teilnahme an Eigentümerversammlungen).

2. Ansprüche von Verband und Eigentümern gegen den Verwaltungsbeirat

16 Seine Aufgaben hat der Verwaltungsbeirat nach § 664 Abs. 1 BGB grundsätzlich persönlich zu erbringen. Zu den wichtigsten Pflichten aus dem Auftragsverhältnis gehört der Anspruch auf Auskunft und Rechenschaft über die Tätigkeit des Verwaltungsbeirats sowie auf Einsicht in dessen Unterlagen aus § 666 BGB. Hierbei handelt es sich aber um einen gemeinschaftsbezogenen Anspruch (*BayObLG* WE 1995, 192; vgl. insoweit die Ansprüche gegen den Verwalter § 28 Rn. 132 ff.). Der einzelne Wohnungseigentümer kann Akteneinsicht, Auskunft oder eine sonstige Tätigkeit des Verwaltungsbeirats also nur verlangen, wenn er hierzu durch Mehrheitsbeschluss ermächtigt wurde (*BayObLG* WE 1995, 192; *KG* ZMR 1997, 544 f.). Lehnt die Eigentümerversammlung dieses Ersuchen ab, obwohl alleine seine Durchsetzung gegenüber dem Verwaltungsbeirat ordnungsgemäßer Verwaltung entsprochen hätte, kann allerdings nach allgemeinen Grundsätzen auch der einzelne Wohnungseigentümer diese Ansprüche durch Anfechtung des ablehnenden Beschlusses verbunden mit dem Antrag auf Ersetzung des Eigentümerbeschlusses durch das Gericht geltend machen. Daneben kann ein Individualanspruch jedes Eigentümers auf Auskunftserteilung aus § 242 BGB bestehen, wenn ein berechtigtes und akutes Interesse hieran besteht. Ebenso hat jeder Wohnungseigentümer das Recht auf Einsicht in die Abrechnungsunterlagen (*OLG Celle* WE 1984, 126). Schließlich hat jedes Mitglied des Verwaltungsbeirats nach Beendigung seiner Tätigkeit gemäß § 667 BGB seine Unterlagen und alles übrige, was er im Rahmen seiner Tätigkeit erlangt hat, herauszugeben (*OLG Hamm* NJW-RR 1997, 1233 = ZMR 1997, 434f). Auf die Eigentumslage kommt es hierbei nicht an.

III. Rechte und Pflichten des Verwaltungsbeirats aus spezifisch wohnungseigentumsrechtlichen Regelungen

1. Rechte und Pflichten aus § 29 Abs. 2 WEG

17 Neben den allgemeinen bürgerlich-rechtlichen Rechten und Pflichten regelt insbesondere § 29 WEG weitere Aufgaben und Befugnisse des Verwaltungsbeirats. Dies betrifft zunächst die im Gesetz nicht näher bestimmte Unterstützung des Verwalters. Dem Wortlaut nach (»unterstützen«) ist der Verwaltungsbeirat nicht verpflichtet, von sich aus Verwaltungstätigkeiten zu übernehmen. Auch trifft ihn nicht die Pflicht oder auch nur die Befugnis, von sich aus die laufende Verwaltung zu beaufsichtigen (BayObLGZ 1972, 165; WE 1996, 236; a. A. *OLG Zweibrücken* OLGZ 1983, 439). Insoweit muss der Verwalter ein Bedürfnis hierfür erkennen lassen. Entdeckte Missstände hat der Verwaltungsbeirat aber unaufgefordert der Wohnungseigentümerversammlung mitzuteilen (Staudinger/*Bub* § 29 Rn. 57). Eine Unterstützung des Verwalters kommt insbesondere bei der Begehung der Liegenschaft und bei der Feststellung von Baumängeln, der Einholung von Handwerkerangeboten, der Vorbereitung der Eigentümerversammlung, der Durchsetzung der Hausordnung und der Information der Wohnungseigentümer in Betracht. Anders als jenem kommt dem Verwaltungsbeirat dabei aber keine gesetzliche Vertretungsmacht nach außen zu. Sie kann ihm aber, wie insbesondere im Zusammenhang mit Abschluss oder Kündigung des Verwaltervertrags häufig praktiziert, rechtsgeschäftlich verliehen werden (vgl. *OLG Düsseldorf* ZMR 1998, 105).

2. Rechte und Pflichten aus § 29 Abs. 3 WEG

Vor allem hat der Verwaltungsbeirat aber gemäß § 29 Abs. 3 WEG Wirtschaftsplan, Rechnungslegung und Jahresabrechnung vor einem Beschluss der Wohnungseigentümer zu überprüfen. Die Prüfungsaufgabe gemäß § 29 Abs. 3 WEG ermächtigt den Verwaltungsbeirat kraft Gesetzes, vom Verwalter ohne Einschaltung der Eigentümerversammlung Auskunft zu seiner Beschlussvorlage zu verlangen (Staudinger/*Bub* § 29 Rn. 103). Die Prüfung erfolgt regelmäßig in den Räumen des Verwalters, da der Verwaltungsbeirat keinen Anspruch auf Überlassung der Originalunterlagen hat (vgl. *OLG Celle* WE 1985, 24; ähnlich *BayObLG* WE 1989, 146). Die Nichterfüllung dieser Pflicht kann Schadensersatzansprüche nach sich ziehen (*KG* ZMR 2004, 458) und stellt einen wichtigen Grund für die Abberufung dar, kann aber nicht mit Zwangsmitteln durchgesetzt werden (*KG* ZMR 1997, 545). Deshalb führt die fehlende Prüfung von Wirtschaftsplan und Jahresabrechnung auch nicht zu deren Anfechtbarkeit, zumal es formalistisch wäre, ansonsten nicht zu beanstandende und deshalb sofort wieder zu genehmigende Wirtschaftspläne bzw. Jahresabrechnungen nur deswegen für ungültig zu erklären, weil es an der Prüfung durch den Verwaltungsbeirat fehlt (*KG* NJW-RR 2003, 1597 f. = ZMR 2004, 145; *BayObLG* NJW-RR 2003, 1667; ZMR 2004, 358). Der geschuldete Prüfungsumfang bezieht sich beim Wirtschaftsplan auf die Plausibilität der Ansätze, insbesondere auf ihre Übereinstimmung mit früheren Wirtschaftsjahren. Die Beschlussvorlage zum Wirtschaftsplan hat der Verwaltungsbeirat jedenfalls auf rechnerische Schlüssigkeit, Vollständigkeit der Einnahmen und Ausgaben, korrekte Zuordnung der Ausgaben zu den Kostenpositionen, Richtigkeit der Verteilungsschlüssel sowie die Ausweisung der Instandhaltungsrücklage zu überprüfen (*OLG Düsseldorf* ZMR 1998, 107; *OLG München* NJW-RR 2007, 1095). Für die Prüfung der sachlichen Richtigkeit der einzelnen Abrechnungspositionen dürfte die stichprobenartige Kontrolle der Belege ausreichen (*OLG Düsseldorf* ZMR 1998, 107; *OLG München* NJW-RR 2007, 1095). Entdeckt der Verwaltungsbeirat allerdings Fehler, ist er zu weiteren, intensiven Nachforschungen verpflichtet (vgl. zum Beirat in einer Publikums-KG *BGH* WM 1979, 1427). Darüber hinaus hat der Verwaltungsbeirat zu prüfen, ob die Ausgaben berechtigt waren (*Drasdo* in Deckert, Die ETW, Gr. 4 Rn. 5103). Auch wenn dies nicht zur Unrichtigkeit der Abrechnung führt, die alle, auch unberechtigte Ausgaben ausweisen muss, berührt dies doch mögliche Ersatzansprüche gegen den Verwalter, die für die Gemeinschaft von erheblicher Bedeutung und daher von der Prüfung nach § 29 Abs. 3 WEG umfasst sind. Die aus dieser Prüfung resultierende Stellungnahme gemäß § 29 Abs. 3 WEG ist an keine Form gebunden, muss aber Art und Umfang der Prüfung erkennen lassen. Sie kann folglich vorab schriftlich, aber auch noch mündlich in der Versammlung erfolgen. Die Wohnungseigentümer müssen sich bei Fehlern der Jahresabrechnung die Kenntnis und das Kennenmüssen seitens des Verwaltungsbeirats zurechnen lassen (*OLG Köln* ZMR 2001, 914; *OLG Düsseldorf* ZMR 2002, 294).

3. Rechte und Pflichten aus § 24 Abs. 3 WEG

Ferner kommt dem Verwaltungsbeirat eine Reservebefugnis zur Einberufung der Wohnungseigentümerversammlung nach § 24 Abs. 3 WEG zu, wenn ein Verwalter fehlt oder die Einberufung pflichtwidrig verweigert (im Einzelnen s. § 24 Rn. 9 f. WEG). Ein Verwalter »fehlt«, wenn er nicht bestellt, abberufen oder seine Bestellungszeit abgelaufen ist, ferner wenn er geschäftsunfähig oder sonstwie auf Dauer an der Ausübung seines Amtes gehindert ist. Eine vorübergehende Abwesenheit genügt dagegen nicht. Die pflichtwidrige Weigerung liegt zunächst vor, wenn der Verwalter die Einberufung offen ablehnt. Sie kann aber auch bei mehrfacher Verlegung oder sonstigem Verhalten, das auf eine Verhinderung der Eigentümerversammlung hinausläuft, anzunehmen sein. Nimmt der Verwaltungsbeirat das Vorliegen der Einberufungsbefugnis nach § 24 Abs. 3 WEG zu Unrecht an, führt dies nur zur Anfechtbarkeit, aber nicht zur Nichtigkeit der auf dieser Versammlung gefassten Beschlüsse (*OLG Hamm* ZMR 1997, 50; *BayObLG* ZWE 2002, 361). Das Einberufungsrecht kommt dem Vorsitzenden oder seinem Stellvertreter zu. Insoweit sind beide nach dem Gesetzeswortlaut gleichberechtigt; der Vertreter kann also auch tätig werden, ohne dass der Vorsitzende verhindert ist oder die Einberufung verweigert. Ist ein Vertreter nicht benannt, kann jeder Beisitzer nach § 24 Abs. 3 WEG einberufen, da diese Befugnis ansonsten bei einer Verhinderung oder pflichtwidrigen Weigerung des Vorsitzenden leer liefe. Eine Einbe-

§ 29 | Verwaltungsbeirat

rufung durch den gesamten Verwaltungsbeirat genügt in jedem Falle, auch wenn kein Vorsitzender benannt ist (*OLG Köln* NJW-RR 2000, 1616 = NZM 2000, 676). Ähnliches gilt, wenn nach Ausscheiden der übrigen Mitglieder nur noch eines verblieben ist, da das Bestehen auf einer Selbstbestellung zum Vorsitzenden eine überflüssige Förmelei wäre (*OLG München* NJW-RR 2005, 1471 = ZMR 2005, 981). Die Befugnis zur Einberufung schließt a maiore ad minus die Möglichkeit ein, weitere Beschlussgegenstände auf die vom Verwalter aufgestellte Tagesordnung zu setzen, wenn dieser deren Aufnahme verweigert.

4. Rechte und Pflichten aus § 24 Abs. 6 S. 2 WEG

20 Daneben kommt dem Vorsitzenden des Verwaltungsbeirates bzw. seinem Stellvertreter mit der in § 24 Abs. 6 S. 2 WEG vorgesehenen Unterschrift unter die Niederschrift von Eigentümerversammlungen eine Prüfungspflicht zu. Denn der Unterzeichnende erklärt mit seiner Unterschrift, dass er für deren Richtigkeit einsteht. Dies umfasst die Befugnis, erkannte Unrichtigkeiten im Zusammenwirken mit den anderen Unterzeichnern nach Anhörung der Wohnungseigentümer zu korrigieren. Waren Vorsitzender und Vertreter auf der Versammlung nicht zugegen, scheidet die Unterzeichnung oder Berichtigung nach § 24 Abs. 6 S. 2 WEG demgemäß aus, da sie für die Richtigkeit von Ursprungstext und Berichtigung nicht einstehen können.

5. Weitere Rechte und Pflichten

a) Rechte und Pflichten aus Gemeinschaftsordnung, Vereinbarungen oder Beschlüssen

21 Dem Verwaltungsbeirat können ferner, sofern hierdurch keine gesetzliche oder in der Gemeinschaftsordnung enthaltene Regelung verletzt wird, weitere Befugnisse eingeräumt werden. Dies betrifft etwa die Entscheidung über den Abschluss bestimmter, von der Eigentümerversammlung vorberatener Verträge wie den Verwaltervertrag (*OLG Düsseldorf* ZMR 1998, 105; *OLG Hamm* ZMR 2001, 140; *OLG Köln* ZMR 2002, 155 f.) oder vorab von der Eigentümerversammlung näher bestimmte Bauvorhaben (*KG* ZMR 2004, 623 *BayObLG* ZMR 2005, 640). Auf den Verwaltungsbeirat kann auch die Entscheidung über die Zustimmung zu baulichen Veränderungen, Änderungen der Nutzung oder die Abnahme von Bauleistungen (*OLG Frankfurt* NJW 1975, 2297) delegiert werden. Schließlich kann dem Verwaltungsbeirat die Entscheidung über die Ermächtigung zur außergerichtlichen und gerichtlichen Durchsetzung von Ansprüchen übertragen werden (*OLG Zweibrücken* DWE 1987, 137 f.). Die generelle Übertragung weiterer, über § 29 Abs. 2 WEG hinausgehender Aufgaben bedarf allerdings als Änderung der gesetzlichen Vorgaben einer Vereinbarung (*KG* ZMR 2004, 623; für sonstige Gremien *OLG Düsseldorf* ZMR 2003, 127). Dann ist sogar die Ausgestaltung des Verwaltungsbeirates zum Aufsichtsgremium mit der Pflicht zur umfassenden Kontrolle des Verwalters einschließlich der laufenden Verwaltung denkbar (BayObLGZ 1972, 164 f.). Darüber hinaus kann der Verwaltungsbeirat auch von sich aus tätig werden und etwa für eine anstehende Verwalterbestellung Angebote einholen und unter diesen eine Vorauswahl treffen, sofern dies die Möglichkeit der Eigentümer, eigene Kandidaten zu präsentieren, nicht beeinträchtigt (*OLG Düsseldorf* ZMR 2002, 214).

b) Ausübung der Befugnisse durch den gesamten, aktuellen Verwaltungsbeirat

22 Sofern die Gemeinschaftsordnung auf die Zustimmung des Verwaltungsbeirats abstellt oder ihm bestimmte Befugnisse einräumt, genügt die Tätigkeit des Vorsitzenden nicht. Es muss eine Mehrheitsentscheidung des gesamten Gremiums vorliegen (*BayObLG* NJW-RR 2002, 1093 = NZM 2002, 530). Allerdings bedarf es keines Gesamtaktes; die einzeln – etwa im Umlaufverfahren – abgegebenen Erklärungen genügen (BayObLGZ 1988, 214). Die Teilungserklärung kann aber größere Mehrheiten oder gar Einstimmigkeit für Beschlüsse des Verwaltungsbeirats vorsehen (*OLG Zweibrücken* NJW-RR 1987, 1367). Zudem sind regelmäßig nur die amtierenden Mitglieder des Verwaltungsbeirates entsprechend ermächtigt (*BGH* NJW-RR 2004, 950), so dass nach dem Ausscheiden eines ursprünglich legitimierten Verwaltungsbeiratsmitgliedes der Amtsnachfolger an dessen Stelle tritt (*BGH* ZMR 2004, 682 f.).

IV. Die Haftung des Verwaltungsbeirats und für den Verwaltungsbeirat
1. Vertragliche und deliktische Haftung des Verwaltungsbeirats
a) Allgemeine Haftungsrisiken aus der Tätigkeit des Verwaltungsbeirats
Die Mitglieder des Verwaltungsbeirats haften dem Verband, ggf. auch den Wohnungseigentümern aus dem Vertrag zugunsten Dritter bei schuldhaften Pflichtverletzungen aus § 280 BGB, nicht aber in Analogie zu gesellschaftsrechtlichen Vorschriften wie §§ 93, 116 f. AktG (Staudinger/*Bub* § 29 Rn. 67) auf Schadensersatz. Hierbei genügt jede Fahrlässigkeit. Eine Beschränkung des Haftungsmaßstabes sieht das Auftragsrecht nicht vor. Zudem dürfte bei besonders qualifizierten Beiratsmitgliedern die in ihrem Beruf erforderliche Sorgfalt zu erwarten sein, insbesondere dann, wenn sie eine über den Aufwendungsersatz hinausgehende Vergütung erhalten. Allerdings kann der schuldrechtliche Vertrag eine Haftungserleichterung beinhalten, was auch im Wege der Auslegung festzustellen sein kann. Häufig wird sich die Frage nach einer Haftungserleichterung aber gar nicht stellen, wenn etwa oben angeführte Mindestanforderungen (Rn. 18) an die Prüfung von Wirtschaftsplan und Jahresabrechnung verletzt werden, da dann ohne weiteres von grober Fahrlässigkeit auszugehen ist (*OLG Düsseldorf* ZMR 1998, 107). Auch das Abweichen von erteilten Aufträgen etwa bei Sicherungsvorkehrungen gegen die unbefugte Verwendung von Geldern durch den Verwalter stellt eine grob fahrlässige Pflichtverletzung dar (*OLG Düsseldorf* ZMR 1998, 106). Die Mitglieder des Verwaltungsbeirats haften für die Verletzung sämtlicher Pflichten, also auch solcher aus zusätzlich übertragenen Aufgaben, gemäß § 421 S. 1 BGB als Gesamtschuldner (*OLG Düsseldorf* ZMR 1998, 105). Anderes kann nur gelten, soweit die Aufgabenbereiche auf die Mitglieder des Beirats aufgeteilt wurden, was grundsätzlich zulässig ist (vgl. *BayObLG* NJW-RR 1994, 339; Staudinger/*Bub* § 29 Rn. 127). Auch dann treffen die anderen Beiratsmitglieder aber Überwachungspflichten (Staudinger/*Bub* § 29 Rn. 64). Diesen Schadensersatzansprüchen des Verbandes kann der Verwaltungsbeirat kein Mitverschulden der Wohnungseigentümer entgegenhalten, da es insoweit an der Gegenseitigkeit fehlt (*Abramenko* ZWE 2006, 277). Die entgegenstehende Auffassung von *Niedenführ* (Niedenführ/Kümmel/Vandenhouten § 29 Rn. 26) beruht auf der sich kurzfristig als h. M. gerierenden Einheitstheorie (vgl. etwa *Wenzel* IMR 2007, 25; hiergegen zu Recht *Hügel/Elzer* § 11 Fn. 14), der der Gesetzgeber ausdrücklich nicht gefolgt ist (BT-Drucks. 16/887, 60; vgl. *Abramenko* § 6 Rn. 10 ff.; *Hügel/Elzer* § 3 Rn. 10 ff.; wohl auch *Niedenführ/Kümmel/Vandenhouten* § 10 Rn. 3 ff.). Die Ansprüche verjähren nunmehr nach der Neuregelung der Verjährungsfristen gemäß § 195 BGB nach 3 Jahren.

b) Haftungsrisiken bei Entscheidungen in eigener Kompetenz
Besonders regressträchtig sind ferner, ähnlich wie für den Verwalter, die Fälle, in denen dem Verwaltungsbeirat bestimmte Entscheidungen in eigener Kompetenz (z. B. über bauliche Veränderungen oder über Maßnahmen des Verwalters) übertragen sind, da hier Schadensersatzansprüche von beiden Seiten drohen. Sofern zeitlich möglich, empfiehlt sich auch hier in zweifelhaften Fällen die Vorlage an die Eigentümerversammlung (vgl. *BGH* ZMR 1996, 276). Ist dies nicht möglich, verbleibt ein Antrag auf Feststellung der Rechtmäßigkeit bzw. Unrechtmäßigkeit der betroffenen Maßnahme nach § 43 Nr. 1 oder Nr. 2 WEG in Verbindung mit einem Antrag auf Erlass einer einstweiligen Verfügung nach §§ 935 ff. ZPO. Wird dann etwa die Aussetzung der Vollziehung angeordnet, trifft den Verwaltungsbeirat für den Aufschub kein Verschulden, da er den Anordnungen des Gerichtes nicht zuwiderhandeln kann. Folglich scheidet auch ein Regress aus.

c) Die Haftung gegenüber Dritten
In besonderen Fällen ist auch eine Haftung Dritten gegenüber etwa aus § 179 BGB möglich, wenn der Verwaltungsbeirat die erteilte Vollmacht überschreitet. U. U. kommen hier aber Freistellungsansprüche gemäß §§ 670, 257 BGB in Betracht. Daneben kann der Verwaltungsbeirat, wie immer, der deliktischen Haftung nach §§ 823 ff. BGB unterliegen.

2. Haftungsbegrenzungen und Versicherungen

a) Haftungsbeschränkungen kraft Gemeinschaftsordnung und Beschluss

26 Die Gemeinschaftsordnung kann eine Haftungsbeschränkung vorsehen. Nachträglich kann eine generelle Herabsetzung des Haftungsmaßstabes für künftige Verwaltungsbeiräte nur im Wege einer Vereinbarung erfolgen, da sie von der gesetzlichen Regelung abweicht. Lediglich die Haftungserleichterung für einen konkreten Verwaltungsbeirat kann mehrheitlich beschlossen werden, da damit nicht generell von der gesetzlichen Regelung abgewichen werden soll (*OLG Frankfurt* OLGZ 1988, 189 f.). Das kann allerdings – insbesondere bei vergüteter Tätigkeit – ordnungsgemäßer Verwaltung widersprechen.

b) Die Versicherung für die Haftungsrisiken des Verwaltungsbeirats

27 Darüber hinaus können die Wohnungseigentümer auch den Abschluss einer Haftpflichtversicherung für den Verwaltungsbeirat und die Übernahme der Kosten durch den Verband beschließen. Dies entspricht ordnungsmäßiger Verwaltung, weil das Haftungsrisiko interessierte Kandidaten von der Übernahme dieses Amtes abschrecken kann und letztlich auch Schäden für die Gemeinschaft vermieden werden (*KG* ZMR 2004, 780). Auch ohne ein solches Tätigwerden der Gemeinschaft empfiehlt sich für die Mitglieder des Verwaltungsbeirats der Abschluss einer Versicherung für die Risiken der Tätigkeit in diesem Amt.

3. Die Haftung der Wohnungseigentümer für den Verwaltungsbeirat

28 Im Verhältnis der Wohnungseigentümer untereinander ist der Verwaltungsbeirat weder Erfüllungsgehilfe gemäß § 278 BGB noch Verrichtungsgehilfe nach § 831 BGB, da er nur den gleichfalls nicht als Verrichtungs- oder Erfüllungsgehilfen anzusehenden Verwalter (vgl. o. § 26 Rn. 59) unterstützt (*OLG Düsseldorf* ZMR 1999, 425; *OLG Hamburg* ZMR 2003, 133). Für Schäden, die der Verwaltungsbeirat bei der Erfüllung seiner gesetzlichen Pflichten verursacht, sollen die Wohnungseigentümer nicht nach § 278 BGB haften, da § 29 Abs. 2, 3 WEG dessen Rechte und Pflichten eigenständig regelt (*BayObLG* NJW-RR 2000, 160 = ZMR 2000, 49). Dies dürfte aber jedenfalls dann nicht mehr gelten, wenn der Verwaltungsbeirat darüber hinaus in vertragliche oder vorvertragliche Beziehungen der Wohnungseigentümer eingeschaltet wurde. Ob daneben eine deliktische Haftung aus §§ 823, 831 BGB eintritt, ist umstritten, aber wohl zu bejahen. Denn die Wohnungseigentümer können die Tätigkeit ihres Beirats jederzeit beschränken, notfalls durch Abberufung. Zudem ist der Verwaltungsbeirat ihren Weisungen nach § 665 BGB unterworfen, so dass die Gehilfenhaftung angemessen erscheint. Hingegen scheidet eine Haftungszurechnung nach § 31 BGB aus, da der Verwaltungsbeirat ein reines Innenorgan, kein Organ im Sinne dieser Vorschrift ist (BayObLGZ 1972, 163; Staudinger / *Bub* § 29 Rn. 3; *Niedenführ/Kümmel/Vandenhouten* § 29 Rn. 28).

4. Die Entlastung des Verwaltungsbeirats

29 Ähnlich wie beim Verwalter widerspricht auch die Entlastung des Verwaltungsbeirats grundsätzlich nicht ordnungsgemäßer Verwaltung (*BayObLG* ZMR 2004, 51; NJW-RR 2004, 1603). Anderes gilt nur, wenn ein Schadensersatzanspruch möglich erscheint (*BayObLG* NJW-RR 1991, 1361; NJW-RR 2001, 1232 f.; ZMR 2004, 51). Dies ist insbesondere dann anzunehmen, wenn die Genehmigung der vom Verwaltungsbeirat geprüften Jahresabrechnung nicht ordnungsgemäßer Verwaltung entspricht (*BayObLG* ZMR 2001, 909; *OLG Hamburg* ZMR 2003, 773). Ein Anspruch auf Entlastung besteht ohne eine entsprechende Regelung durch Gemeinschaftsordnung oder Vereinbarung nicht (vgl. zum GmbH-Recht *BGH* NJW 1986, 129f). Bei der Beschlussfassung über die eigene Entlastung ist der Verwaltungsbeirat nicht stimmberechtigt (*OLG Zweibrücken* NJW-RR 2002, 735 = ZMR 2002, 786 f.). Wird in einem Beschluss über die Genehmigung der Jahresabrechnung und die Entlastung des Verwaltungsbeirats abgestimmt, sind dessen Mitglieder insgesamt nicht stimmberechtigt (*OLG Zweibrücken* NJW-RR 2002, 735 = ZMR 2002, 787). Allerdings können sie wie der Verwalter getrennte Beschlussfassungen verlangen (s. o. § 28 Rn. 121). Wenig diskutiert ist bislang die Reichweite der Entlastung, was insbesondere in den Fällen bedeutsam wird, in denen dem Verwaltungsbeirat zusätzliche Befugnisse übertragen wurden. Da diese Tätigkeit enger gefasst und leichter zu überblicken ist als diejenige des Verwalters, ist beim Verwaltungs-

beirat wohl nicht nur diejenige Tätigkeit von der Entlastung umfasst, die in irgendeiner Weise ihren Niederschlag in der (vom Verwaltungsbeirat geprüften) Jahresabrechnung gefunden hat (vgl. o. § 26 Rn. 55 u. § 28 Rn. 114). Denn dann würden etwa die ihm übertragenen Zustimmungen z. B. zu baulichen Veränderungen oder der gewerblichen Nutzung von Wohnungseigentum grundsätzlich von der Entlastung ausgeschlossen, da für die Jahresabrechnung unerheblich. Es ist daher von einer Entlastung für die gesamte Tätigkeit auszugehen.

D. Zusammensetzung und innere Organisation des Verwaltungsbeirats

I. Die Zusammensetzung des Verwaltungsbeirats

1. Die Anzahl der Beiratsmitglieder

Der Verwaltungsbeirat setzt sich gemäß § 29 Abs. 1 S. 2 WEG aus Vorsitzendem und zwei Beisitzern zusammen. Die Zahl der Beiratsmitglieder kann jedoch durch Teilungserklärung oder Vereinbarung abgeändert werden, nicht aber durch Mehrheitsbeschluss, da dieser die gesetzliche Regelung abändern würde (*OLG Düsseldorf* NJW-RR 1991, 595). Nur gesetzeswidrig und daher lediglich anfechtbar ist die Wahl eines Gremiums von mehr als 3 Personen, sofern keine abstraktgenerelle Entscheidung für die Zukunft getroffen wird (*BayObLG* NJW-RR 2002, 1093; ZMR 2003, 761). Werden sogleich Ersatzleute gewählt, ist dies kein Verstoß gegen § 29 Abs. 1 S. 2 WEG, da sie noch keine Mitglieder des Gremiums sind (*AG Hannover* ZMR 2007, 405; *Niedenführ/Kümmel/Vandenhouten* § 29 Rn. 5). Vielmehr ist diese Wahl im Hinblick auf die Funktionsfähigkeit des Verwaltungsbeirats sogar sinnvoll.

30

2. Die wählbaren Personen

Nach § 29 Abs. 1 S. 2 WEG können nur Wohnungseigentümer in den Verwaltungsbeirat gewählt werden. Entsprechendes gilt gemäß § 1 Abs. 6 WEG auch für Teileigentümer. Da die formale Eigentümerstellung ausreicht, können auch Treuhänder dem Verwaltungsbeirat angehören, nicht jedoch Testamentsvollstrecker, Zwangs- oder Insolvenzverwalter, da ihnen nur die Verwaltung der aus dem Eigentum resultierenden Rechte, nicht aber die Eigentümerstellung selbst zukommt. Entsprechendes gilt für Nießbrauchs- und Dauerwohnberechtigte. Auch § 29 Abs. 1 S. 2 WEG kann aber durch Gemeinschaftsordnung oder Vereinbarung abbedungen werden, hingegen nicht durch Beschluss, da dieser auf eine dauerhafte Änderung des Gesetzes zielt (*BayObLG* NJW-RR 1992, 211). Ebenso kann die Gemeinschaftsordnung weitere Vorgaben zur Zusammensetzung machen, etwa zur Vertretung jedes Hauses in einer Mehrhausanlage oder zur obligatorischen Mitgliedschaft von Interessenvertretern (s. *OLG Köln* ZMR 2000, 638 zur Mitgliedschaft eines Vertreters des Studentenwerks). Die – in der Praxis häufige, regelmäßig mit besonderen rechtlichen, betriebswirtschaftlichen oder bautechnischen Kompetenzen begründete – Wahl von Nichteigentümern ist dagegen nur gesetzeswidrig und anfechtbar (*BayObLG* 1992, 210; anders wohl noch NJW-RR 1988, 270; *OLG Düsseldorf* WE 1995, 279; wohl auch NJW-RR 1991, 595; weiter gehend, für Nichtigkeit, *KG* NJW-RR 1989, 460 f.). Sie kann aber erhebliche Folgeprobleme aufwerfen, da Eigentümerversammlungen nichtöffentlich sind und ein Nichteigentümer alleine aus seiner Tätigkeit im Verwaltungsbeirat wohl kein Anwesenheitsrecht ableiten kann (zur formellen Ordnungsmäßigkeit eines Beschlusses, der ohne Einladung eines solchen Verwaltungsbeirates gefasst wurde s. *BayObLG* NJW-RR 1988, 270; zum Gesellschaftsrecht für den fakultativen Aufsichtsrat, s. *Lutter/Hommelhoff*, GmbHG § 48 Rn. 6; *Scholz/K. Schmidt*, GmbHG § 48 Rn. 17). Aus der Pflicht zur Stellungnahme gemäß § 29 Abs. 3 WEG ergibt sich nichts anderes, da die beschränkte Zulassung zum diesbezüglichen Vortrag insoweit ausreicht (vgl. *OLG Hamm* ZMR 2007, 135). Die Unterschrift nach § 24 Abs. 6 WEG wiederum hat nur das anwesende Mitglied des Verwaltungsbeirats zu leisten. Sofern Personengesellschaften Wohnungseigentümer sind, können ihre persönlich haftenden Gesellschafter dem Verwaltungsbeirat angehören (*OLG Frankfurt* WE 1986, 141). Bei juristischen Personen kann ihr gesetzlicher Vertreter bestellt werden, aus Bruchteilsgemeinschaften jeder Bruchteilsinhaber (*Staudinger/Bub* § 29 Rn. 80). Denn ansonsten wären diese Wohnungseigentümer gegenüber natürlichen Personen ohne rechtlichen Grund benachteiligt, da ihnen die Mitwirkung im Verwaltungsbeirat verwehrt bliebe (*Bärmann/Pick/Merle* § 29 Rn. 12;

31

§ 29 | Verwaltungsbeirat

a. A. *Niedenführ/Kümmel/Vandenhouten* § 29 Rn. 11; Schmidt ZWE 2004, 26). Nichtig ist dagegen die Bestellung des Verwalters oder des Geschäftsführers bzw. persönlich haftenden Gesellschafters der Verwaltungsgesellschaft, da sich der zu Kontrollierende nicht selbst kontrollieren kann (*OLG Zweibrücken* OLGZ 1983, 438 ff.).

II. Die innere Organisation des Verwaltungsbeirats

1. Die gesetzlichen Regelungen

a) Die Einberufung des Verwaltungsbeirats

32 Zur inneren Organisation des Verwaltungsbeirats führt das Gesetz lediglich aus, dass seine Einberufung nach Bedarf durch den Vorsitzenden erfolgt (§ 29 Abs. 4 WEG). Dies ist zumindest vor der Eigentümerversammlung, die über Wirtschaftsplan und Jahresabrechnung beschließt, der Fall, da diese gemäß § 29 Abs. 3 WEG vom Verwaltungsbeirat zu prüfen sind. Die Einberufung unterliegt keinen Formvorschriften, kann also auch telefonisch oder durch einfaches »Vorbeikommen« erfolgen. Hingegen räumt das Gesetz weder dem Verwalter noch den Wohnungseigentümern die Befugnis ein, Beiratssitzungen einzuberufen oder an ihnen teilzunehmen, so dass ein entsprechendes Recht nicht anzuerkennen ist (Staudinger/*Bub* § 29 Rn. 140). Es würde auch die Möglichkeit des Beirats zur Kontrolle des Verwalters erheblich beeinträchtigen, dürfte dieser an den Sitzungen ohne weiteres teilnehmen. Die Einberufung durch ein Quorum der Wohnungseigentümer oder gar einzelne Eigentümer wäre gänzlich unpraktikabel, da man dann wohl alle Eigentümer zulassen müsste und eine sinnvolle Beiratstätigkeit wie Belegprüfungen in diesen Pseudo-Eigentümerversammlungen kaum mehr möglich wäre.

b) Die analoge Anwendung der Vorschriften zur Eigentümerversammlung

33 Angesichts der lückenhaften gesetzlichen Regelung ist es verständlich, dass im Schrifttum (s. etwa Niedenführ/Kümmel/Vandenhouten 29 Rn. 33) die analoge Anwendung der Vorschriften in § 24 WEG zur Einberufung der Eigentümerversammlung erwogen wird. Eine pauschale Analogie dieser Regelungen erscheint aber nicht geboten, da ihnen teilweise ein nicht vergleichbarer Regelungszusammenhang zu Grunde liegt. So sollen etwa die Formvorschriften zur Person des Einberufenden und zur Form der Einberufung samt Ankündigung von Beschlussvorlagen einerseits die Mitwirkungsbefugnisse der Wohnungseigentümer sicherstellen, andererseits die formellen Anforderungen und somit Anfechtungsgründe verbindlich festlegen. Beides ist bei Sitzungen des Verwaltungsbeirats nicht oder nur in weit geringerem Umfang erforderlich. Denn das kleine Gremium des Verwaltungsbeirats wird sich im Gegensatz zur Eigentümerversammlung regelmäßig durch persönliche Absprache oder zumindest fernmündlich über Ort, Termin und gegebenenfalls Tagesordnung einer erforderlichen Versammlung einigen können. Gerade dann, wenn dem Verwaltungsbeirat Sonderbefugnisse etwa zur Überwachung von Baumaßnahmen oder zur Kontrolle der laufenden Verwaltung eingeräumt sind, ist eine solche gegenüber der Eigentümerversammlung flexiblere Möglichkeit zum Zusammentreten auch unerlässlich. Zur Fehlerhaftigkeit führende Formvorschriften wie diejenigen des § 24 WEG würden also einer effektiven Tätigkeit des Verwaltungsbeirats entgegenstehen, ohne dass sie zur Sicherung von Mitwirkungsrechten erforderlich wären. Eine analoge Anwendung von § 24 WEG insgesamt entbehrt somit der Grundlage, da es bereits an einer systemwidrigen Regelungslücke im Gesetz fehlt. Es ist also für jede einzelne Konstellation zu prüfen, ob eine den Regelungen zur Eigentümerversammlung vergleichbare Situation vorliegt, die eine analoge Anwendung einzelner Vorschriften rechtfertigt. Dies dürfte bei einer pflichtwidrigen Weigerung zur Einberufung durch den Vorsitzenden zu bejahen sein, so dass das Recht hierzu analog § 24 Abs. 3 WEG auch den anderen Beisitzern zusteht (a. A. *Drasdo* in Deckert, Die Eigentumswohnung, Gr. 4 Rn. 5174). Im Übrigen stellt dies einen Grund für seine Abberufung dar. Auch bei Fragen der Beschlussfähigkeit kommt eine entsprechende Anwendung von § 25 Abs. 3 WEG in Betracht, da die Entscheidung über wichtige Fragen der Gemeinschaft hier wie in der Eigentümerversammlung grundsätzlich nicht einer kleinen Minderheit überlassen bleiben soll.

2. Regelungen durch Mehrheitsbeschluss und Geschäftsordnung des Verwaltungsbeirats

Mangels gesetzlicher Vorgaben können u. a. Einberufung, Wahl von Vorsitzendem und Vertreter, Sitzungsleitung, Teilnahme Dritter, Beschlussfassung, Stimmrecht (insbesondere Zweitstimme des Vorsitzenden bei Stimmengleichheit), Protokollierung und Aktenführung nicht nur in der Gemeinschaftsordnung, sondern auch durch Mehrheitsbeschluss geregelt werden. Die Regelungsmöglichkeiten sind nur durch entgegenstehende Bestimmungen der Gemeinschaftsordnung begrenzt. Ohne derartige Regelungen kann sich der Verwaltungsbeirat auch selbst eine Geschäftsordnung geben (vgl. zur Wahl des Vorsitzenden *OLG Köln* NZM 2000, 676). Auch beim Fehlen einer Geschäftsordnung empfiehlt sich zu Beweiszwecken zumindest die Anfertigung von Niederschriften über Beschlüsse des Verwaltungsbeirates, die von den anwesenden Mitgliedern unterzeichnet werden.

E. Entscheidungen des Verwaltungsbeirats

Nach der gesetzlichen Regelung stehen dem Verwaltungsbeirat eigenständige Entscheidungsbefugnisse nicht zu. Konsequenterweise ist daher auch keine Anfechtung vorgesehen, da diese Entscheidungen nur Innenwirkung haben. Der Wohnungseigentümer kann die hierauf gestützten Beschlüsse der Wohnungseigentümerversammlung unmittelbar anfechten. Selbst dann, wenn dem Verwaltungsbeirat in der Teilungserklärung eigenständige Entscheidungsbefugnisse eingeräumt sind, gilt nichts anderes. Denn diese erwachsen in Ermangelung einer § 23 Abs. 4 WEG entsprechenden Regelung nicht in Bestandskraft. Ist ihre Richtigkeit umstritten, können sie folglich von Wohnungseigentümern und Verwalter im Verfahren nach § 43 Nr. 1, 2 WEG ohne zeitliche Einschränkung implizit überprüft werden.

F. Das gerichtliche Verfahren

Für Streitigkeiten über Rechte und Pflichten des Verwaltungsbeirats hat das nach § 43 Nr. 1 WEG bzw. bei Auseinandersetzungen mit dem Verband das nach § 43 Nr. 2 WEG zuständige Gericht zu entscheiden. Gehören dem Verwaltungsbeirat Nichteigentümer an, ist eine analoge Anwendung dieser Vorschriften gerechtfertigt (vgl. BayObLGZ 1972, 163). Denn es geht um denselben Regelungszusammenhang, wobei dem nach § 43 Nr. 1, 2 WEG zuständigen Gericht zudem besondere Kompetenz zukommt. Überdies wären ansonsten bei dem Vorgehen des Verwaltungsbeirats bzw. gegen den Verwaltungsbeirat, dem ein Außenstehender angehört, zwei Verfahren vor verschiedenen Gerichten zu führen. Streitigkeiten über die Gültigkeit von Bestellung und Abberufung sind dagegen im Wege der Anfechtungsklage nach § 43 Nr. 4 WEG zu entscheiden. Bei der Geltendmachung von Ansprüchen gegen den Verwaltungsbeirat ist ferner zu prüfen, ob es sich, wie regelmäßig, um gemeinschaftsbezogene Rechte handelt. Diese hat nach § 10 Abs. 6 S. 3 WEG der Verband wahrzunehmen. Ein einzelner Eigentümer kann sie jedenfalls nicht ohne entsprechende Ermächtigung geltend machen. Ein ohne diese Ermächtigung gestellter Antrag wäre unzulässig.

4. Abschnitt Wohnungserbbaurecht

§ 30 Wohnungserbbaurecht

(1) Steht ein Erbbaurecht mehreren gemeinschaftlich nach Bruchteilen zu, so können die Anteile in der Weise beschränkt werden, daß jedem der Mitberechtigten das Sondereigentum an einer bestimmten Wohnung oder an nicht zu Wohnzwecken dienenden bestimmten Räumen in einem auf Grund des Erbbaurechts errichteten oder zu errichtenden Gebäude eingeräumt wird (Wohnungserbbaurecht, Teilerbbaurecht).

(2) Ein Erbbauberechtigter kann das Erbbaurecht in entsprechender Anwendung des § 8 teilen.

§ 31 | Begriffsbestimmungen

(3) Für jeden Anteil wird von Amts wegen ein besonderes Erbbaugrundbuchblatt angelegt (Wohnungserbbaugrundbuch, Teilerbbaugrundbuch). Im übrigen gelten für das Wohnungserbbaurecht (Teilerbbaurecht) die Vorschriften über das Wohnungseigentum (Teileigentum) entsprechend.

1 Begründet wird das Wohnungserbbaurecht wie das Wohnungseigentum nach § 30 Abs. 1 WEG oder § 30 Abs. 2 WEG i. V. m. § 8 WEG. Das Entstehen eines Wohnungs- oder Teilerbbaurechts setzt die Eintragung im Grundbuch voraus (*BayObLG* NZM 2004, 789). Wohnungserbbaurechte können auch an einem Gesamterbbaurecht begründet werden (BayObLGZ 1989, 354).

2 Das Wohnungserbbaurecht erlischt mit dem Erbbaurecht (BayObLGZ 1999, 63). Der Untergang des Gebäudes führt nicht zum Erlöschen des Wohnungserbbaurechts (*Bärmann/Pick/Merle* § 30 Rn. 50).

3 Für das Rechtsverhältnis zwischen dem Grundstückseigentümer und den Wohnungserbbauberechtigten gilt die die ErbbauVO (*Palandt/Bassenge* § 30 WEG Rn. 2). Die Rechtsverhältnisse der Wohnungserbbauberechtigten untereinander bestimmen sich nach dem WEG (§ 30 Abs. 3 S. 2 WEG).

4 Ist als Inhalt des Erbbaurechts eine Veräußerungs- oder Belastungsbeschränkung vereinbart, so wird diese mit der Begründung von Wohnungserbbaurechten Inhalt eines jeden dieser Rechte. Durch Einigung zwischen dem Inhaber des Wohnungserbbaurechts und dem Grundstückseigentümer sowie Eintragung in das Grundbuch kann das Zustimmungserfordernis für ein einzelnes Recht aufgehoben werden; die Mitwirkung der übrigen Wohnungserbbauberechtigten und der an den Wohnungserbbaurechten oder am Grundstück dinglich Berechtigten ist dazu nicht erforderlich (BayObLGZ 1989, 354 ff.).

II. Teil Dauerwohnrecht

§ 31 Begriffsbestimmungen

(1) Ein Grundstück kann in der Weise belastet werden, daß derjenige, zu dessen Gunsten die Belastung erfolgt, berechtigt ist, unter Ausschluss des Eigentümers eine bestimmte Wohnung in einem auf dem Grundstück errichteten oder zu errichtenden Gebäude zu bewohnen oder in anderer Weise zu nutzen (Dauerwohnrecht). Das Dauerwohnrecht kann auf einen außerhalb des Gebäudes liegenden Teil des Grundstücks erstreckt werden, sofern die Wohnung wirtschaftlich die Hauptsache bleibt.

(2) Ein Grundstück kann in der Weise belastet werden, daß derjenige, zu dessen Gunsten die Belastung erfolgt, berechtigt ist, unter Ausschluss des Eigentümers nicht zu Wohnzwecken dienende bestimmte Räume in einem auf dem Grundstück errichteten oder zu errichtenden Gebäude zu nutzen (Dauernutzungsrecht).

(3) Für das Dauernutzungsrecht gelten die Vorschriften über das Dauerwohnrecht entsprechend.

1 Dauerwohnrecht- und Dauernutzungsrecht sind eine besondere Form der Dienstbarkeit (*MüKo/Engelhardt* § 31 WEG Rn. 3).

2 Ein Dauerwohnrecht bzw. Dauernutzungsrecht kann an einem Grundstück, einem Grundstücksteil (§ 7 Abs. 2 GBO), an einem Erbbaurecht (§ 42 WEG) und an einem Wohnungs- bzw. Teileigentum (Wohnungs- und Teilerbbaurecht – *Palandt/Bassenge* § 31 WEG Rn. 4), begründet werden, nicht aber an einem Sondernutzungsrecht (*OLG Hamburg* ZMR 2004, 616). Das Sondernutzungsrecht kann vom Berechtigten nur schuldrechtlich einem Dritten überlassen werden. Das Dauerwohnrecht kann jedoch nach § 31 Abs. 1 S. 2 WEG auf einen außerhalb des Gebäudes liegenden Grundstücksteil erstreckt werden, sofern die Wohnung wirtschaftlich die Hauptsache bleibt.

Berechtigter kann jede natürliche oder juristische Person sein, auch der Grundstückseigentümer 3
selbst (BayObLGZ 1997, 163).

Die Bestellung erfolgt gemäß § 873 BGB durch Einigung und Eintragung ins Grundbuch (vgl. 4
hierzu § 32 WEG).

Mehrere Dauerwohnungsberechtigte an verschiedenen Räumen eines Gebäudes bilden keine 5
Wohnungseigentümergemeinschaft (Palandt/*Bassenge* § 31 WEG Rn. 5).

§ 32 Voraussetzungen der Eintragung

(1) Das Dauerwohnrecht soll nur bestellt werden, wenn die Wohnung in sich abgeschlossen ist.

(2) Zur näheren Bezeichnung des Gegenstandes und des Inhalts des Dauerwohnrechts kann auf die Eintragungsbewilligung Bezug genommen werden. Der Eintragungsbewilligung sind als Anlagen beizufügen:

1. eine von der Baubehörde mit Unterschrift und Siegel oder Stempel versehene Bauzeichnung, aus der die Aufteilung des Gebäudes sowie die Lage und Größe der dem Dauerwohnrecht unterliegenden Gebäude- und Grundstücksteile ersichtlich ist (Aufteilungsplan); alle zu demselben Dauerwohnrecht gehörenden Einzelräume sind mit der jeweils gleichen Nummer zu kennzeichnen;

2. eine Bescheinigung der Baubehörde, dass die Voraussetzungen des Absatzes 1 vorliegen.

Wenn in der Eintragungsbewilligung für die einzelnen Dauerwohnrechte Nummern angegeben werden, sollen sie mit denen des Aufteilungsplanes übereinstimmen.

Die Landesregierungen können durch Rechtsverordnung bestimmen, dass und in welchen Fällen der Aufteilungsplan (Satz 2 Nr. 1) und die Abgeschlossenheit (Satz 2 Nr. 2) von einem öffentlich bestellten oder anerkannten Sachverständigen für das Bauwesen statt von der Baubehörde ausgefertigt und bescheinigt werden. Werden diese Aufgaben von dem Sachverständigen wahrgenommen, so gelten die Bestimmungen der Allgemeinen Verwaltungsvorschrift für die Ausstellung von Bescheinigungen gemäß § 7 Abs. 4 Nr. 2 und § 32 Abs. 2 Nr. 2 des Wohnungseigentumsgesetzes vom 19. März 1974 (BAnz. Nr. 58 vom 23. März 1974) entsprechend. In diesem Fall bedürfen die Anlagen nicht der Form des § 29 der Grundbuchordnung. Die Landesregierungen können die Ermächtigung durch Rechtsverordnung auf die Landesbauverwaltungen übertragen.

(3) Das Grundbuchamt soll die Eintragung des Dauerwohnrechts ablehnen, wenn über die in § 33 Abs. 4 Nrn. 1 bis 4 bezeichneten Angelegenheiten, über die Voraussetzungen des Heimfallanspruchs (§ 36 Abs. 1) und über die Entschädigung beim Heimfall (§ 36 Abs. 4) keine Vereinbarung getroffen sind.

Literatur
Drasdo Die Besonderheiten von in Form des Wohnungseigentums organisierten Time-sharing-Objekten, FS Merle 2000, S. 129; *Lotter* Aktuelle Fragen des Dauerwohnrechts MittBayNot 1999, 354

Inhaltsverzeichnis

A. Allgemeines		1
B. Eintragungsverfahren		3
	I. Allgemeine Eintragungsvoraussetzungen	4
	II. Besondere Eintragungsvoraussetzungen	8
	III. Prüfungsrecht des Grundbuchgerichts	13
	1. Prüfungsrecht hinsichtlich der Abgeschlossenheitsbescheinigung und der Pläne	13
	2. Prüfungsrecht hinsichtlich der in Abs. 3 genannten Vereinbarungen	18
	IV. Eintragung	22
C. Gerichtsgebühren		29

§ 32 | Voraussetzungen der Eintragung

A. Allgemeines

1 § 32 enthält in den Abs. 1 und 2 Bestimmungen, die fast wörtlich mit den Regelungen zum Wohnungseigentum in §§ 3 Abs. 2 und 7 Abs. 3 u. 4 übereinstimmen. Dadurch wird die **eigentumsähnliche Struktur** des Dauerwohn- und Dauernutzungsrechts unterstrichen (vgl. Staudinger/ *Spiegelberger* Vorbem. zu §§ 31 ff. Rn. 6).

2 Gleichwohl handelt es sich systematisch um ein als Belastung des Eigentums einzutragendes dingliches **Nutzungsrecht**. Materiell-rechtlich entsteht das Dauerwohnrecht daher wie jedes andere dingliche Recht an einem Grundstück durch Einigung und Eintragung (§ 873 Abs. 1 BGB).

B. Eintragungsverfahren

3 Verfahrensrechtlich sind wie bei der Eintragung sonstiger dinglicher Rechte die allgemeinen Eintragungsvoraussetzungen zu beachten.

I. Allgemeine Eintragungsvoraussetzungen

4 Die Eintragung eines Dauerwohn- oder Dauernutzungsrechts erfolgt auf **Antrag** des Grundstückseigentümers oder des Berechtigten (§ 13 GBO).

5 Verfahrensrechtlich bedarf es der Vorlage einer **Eintragungsbewilligung** gem. § 19 GBO in der Form des § 29 GBO. Sie ist nur vom betroffenen Grundstückseigentümer abzugeben (Bamberger/ Roth/*Hügel* Rn. 4; Meikel/*Brambring* § 29 Rn. 82; MüKo/*Engelhardt* § 31 Rn. 6; Palandt/*Bassenge* Rn. 18; Staudinger/*Spiegelberger* Rn. 4; Weitnauer/*Mansel* Rn. .7). Die materiell-rechtliche Einigung ist dem Grundbuchgericht nicht nachzuweisen (dazu Rn. 18; **a. A.** im Hinblick auf den Nachweis zu § 32 Abs. 3: Bewilligung beider Vertragsteile sei nötig *Bärmann/Pick/Merle* Rn. 15; Bauer/*v. Oefele* AT V Rn. 424 und 435).

6 Der betroffene Grundstückseigentümer muss gem. § 39 GBO **voreingetragen** sein.

7 Eine **Genehmigung** nach § 22 BauGB kann hier ebenso in Betracht kommen wie eine solche nach § 172 Abs. 1 S. 4 bis 6 BauGB (vgl. § 7 Rn. 77f; zu letztgenannter **a. A.** Bauer/*v. Oefele* AT V Rn. 435).

II. Besondere Eintragungsvoraussetzungen

8 Bei der Bestellung eines Dauerwohn- oder Dauernutzungsrechtes ist der Eintragungsbewilligung als Anlage ein **Aufteilungsplan** mit **Abgeschlossenheitsbescheinigung** beizufügen. Dieses Erfordernis trägt dem sachen- und grundbuchrechtlichen Bestimmtheitsgrundsatz Rechnung, der verlangt, dass Inhalt und Umfang dinglicher Rechte zweifelsfrei und eindeutig bestimmt sind. Insoweit kann zunächst grundsätzlich auf die Ausführungen zu § 7 verwiesen werden; dies gilt jetzt auch für die in Abs. 2 S. 2 eingefügte **Öffnungsklausel**. **Besonderheiten** ergeben sich jedoch aus der Rechtsnatur eines Dauerwohn- oder Dauernutzungsrechts.

9 So reicht es zur Entstehung aus, wenn ein solches Recht lediglich **an einer** abgeschlossenen **Einheit** bestellt wird. Möglich ist auch die Bestellung **an einem** ganzen **Gebäude** (BGHZ 27, 158 = NJW 1958, 1289). Erfolgt die Bestellung an einem ganzen Gebäude mit zugehörigem Grundstück, so ist die Abgeschlossenheit offenkundig. Es bedarf dann keines weiteren Nachweises der Abgeschlossenheit (vgl. § 7 Rn. 101), weil kein rechtliches Bedürfnis für eine Abgrenzung gegenüber anderen Nutzungsberechtigten besteht. (*LG Münster* DNotZ 1953, 148; Bamberger/Roth/*Hügel* Rn. 4; Staudinger/*Spiegelberger* Rn. 10). Die Bestellung setzt voraus, dass das Gebäude wesentlicher Bestandteil des Grundstücks ist (*Schöner/Stöber* Rn. 3003).

10 Befinden sich auf dem belasteten Grundstück **mehrere Gebäude**, so ist ein Aufteilungsplan nur für diejenigen Gebäude- und Grundstücksteile erforderlich, die dem Dauerwohnrecht unterliegen sollen. Erstreckt sich das Dauerwohnrecht auch auf **außerhalb** des Gebäudes **liegende Grundstücksteile** (z. B. einen Garten), müssen sich auch deren Lage und Größe aus dem Plan ergeben (*BayObLG* DNotZ 1998, 374).

11 Neben der Vorlage eines **Grundstücksplanes** ist zur Bezeichnung der Lage und der Abgrenzung gegenüber anderen Räumen in einem von mehreren Stockwerken auch ein **Stockwerksplan** er-

forderlich. Schließlich ist noch ein **Wohnungsplan** über die einzelnen zur Wohnung gehörigen Räume vorzulegen (*BayObLG* DNotZ 1998, 374).

Weitere Aufteilungspläne oder Bauzeichnungen hinsichtlich der zum **gemeinschaftlichen Gebrauch** bestimmten Anlagen und Einrichtungen des Gebäudes und des Grundstücks sind nicht beizubringen (*BayObLG* DNotZ 1998, 374). 12

III. Prüfungsrecht des Grundbuchgerichts

1. Prüfungsrecht hinsichtlich der Abgeschlossenheitsbescheinigung und der Pläne

Das Dauerwohnrecht soll gem. Abs. 1 S. 1 nur bestellt werden, wenn die Wohnung in sich abgeschlossen ist. Wegen der näheren Voraussetzungen kann auf die Erläuterungen zu § 3 Rn. 64 ff. verwiesen werden. Allerdings sind die Voraussetzungen der **Abgeschlossenheit** auch hier vom Grundbuchgericht in eigener Zuständigkeit zu prüfen; die Abgeschlossenheitsbescheinigung ist insoweit nicht bindend (*Bärmann/Pick/Merle* Rn. 2; Bauer / *v. Oefele* AT V Rn. 435: *Schöner/ Stöber* Rn. 3005 Fn. 23; Staudinger / *Spiegelberger* Rn. 19; s. ausführlich § 7 Rn. 151f m. w. N.; **a. A.** – unter Hinweis auf die überholte Entscheidung des *LG Frankfurt a. M.* NJW 1971, 759 – Weitnauer / *Mansel* Rn. 2). 13

Bei einem Dauerwohnrecht soll das Erfordernis der Abgeschlossenheit im Sinne des § 32 bereits dann erfüllt sein, wenn die Wohnung einen **Zugang** nur durch eine andere Wohnung hat, sofern diese nicht selbst einem Dauerwohnrecht unterliegt oder in Wohnungseigentum aufgeteilt ist (*Lotter* MittBayNot 1999, 354; **a. A.** Palandt / *Bassenge* Rn. 1). Die Begründung vermag nicht zu überzeugen. Ließe man, wie von Lotter dargestellt, ein Dauerwohnrecht an einer nur über die darunter liegende Einheit zugänglichen Dachbodenwohnung zu, wäre der Zugang letztlich ungesichert. Die jederzeit mögliche Bestellung eines weiteren Dauerwohn- oder Dauernutzungsrechts an der den Zugang gewährenden »unteren« Wohnung oder ihre nachträgliche Aufteilung in Wohnungseigentum könnten nicht verhindert werden und würden zu genau den Verhältnissen führen, die wegen der mit dem früheren Stockwerkseigentum gemachten Erfahrungen verhindert werden sollen. Es hat daher auch für Dauerwohnrechte bei dem allgemeinen Erfordernis der Abgeschlossenheit zu verbleiben. 14

Ein **Verstoß** gegen § 32 Abs. 1 macht das Grundbuch jedoch nicht unrichtig; es handelt sich um eine Sollvorschrift. 15

– unbesetzt – 16

Weiterhin sind die in Rn. 11 genannten **Pläne** vom Grundbuchgericht auf Vollständigkeit und Widerspruchsfreiheit zu prüfen. 17

2. Prüfungsrecht hinsichtlich der in Abs. 3 genannten Vereinbarungen

Das Grundbuchgericht soll die Eintragung des Dauerwohnrechts ablehnen, wenn über die in § 33 Abs. 4 Nr. 1 bis 4 bezeichneten Angelegenheiten, über die Voraussetzungen des Heimfallanspruchs (§ 36 Abs. 1) und über die Entschädigung beim Heimfall (§ 36 Abs. 4) keine Vereinbarungen getroffen sind. Daraus wird bisweilen eine materielle Prüfungspflicht des Grundbuchgerichts hinsichtlich des rechtsgültigen Zustandekommens der genannten Regelungen abgeleitet (*OLG Düsseldorf* Rpfleger 1977, 446; *Bärmann/Pick/Merle* Rn. 15; Meikel/*Morvilius* Einl. C 285; *Schöner/Stöber* Rn. 3005). Dem kann nicht gefolgt werden. § 20 GBO ist nicht für anwendbar erklärt. Die Bestellung des Dauerwohnrechts vollzieht sich aufgrund einer verfahrensrechtlichen Eintragungsbewilligung (§ 32 Abs. 2), die allein vom betroffenen Eigentümer abzugeben ist. Damit lässt sich jedoch keine Verpflichtung zur inhaltlichen Prüfung der materiell getroffenen Vereinbarungen verknüpfen. Dies würde zum einen dem formellen Konsensprinzip widersprechen (*Demharter* Anh. zu § 44 Rn. 124; Meikel/*Brambring* § 29 Rn. 82; Staudinger/*Spiegelberger* Rn. 24; Weitnauer/*Mansel* Rn. 7), zum anderen würde wohl das Ansinnen überdehnt, einen gewissen Zwang auf die Vertragsteile auszuüben, um Überlegungen zum Inhalt des Rechts anzustellen. Schon gar nicht kann dem Grundbuchgericht im Hinblick auf die allgemein anerkannte Beweismittelbeschränkung eine Prüfungspflicht dahingehend obliegen, ob die genannten Vereinbarungen auch wirksam zustande gekommen sind (so aber ausdrücklich *Bärmann/Pick/Merle* Rn. 15; abl. zu Recht *Demharter* § 19 Rn. 38; KEHE / *Herrmann* Einl. O Rn. 12; MüKo/*Engelhardt* Rn. 4). 18

§ 32 | Voraussetzungen der Eintragung

Verfahrensrechtlich muss es genügen, wenn nach dem Inhalt der Eintragungsbewilligung – einseitig – das Zustandekommen einer entsprechenden Vereinbarung in Verbindung mit den zur Eintragung bewilligten Passagen schlüssig vorgetragen wird (idS auch MüKo/*Engelhardt* § 31 Rn. 6). Insoweit kommt dem Grundbuchgericht allerdings eine Prüfungspflicht zu (a. A. Bamberger/Roth/*Hügel* Rn. 5, der offenbar von einer Ermessensentscheidung des Grundbuchgerichts im Rahmen des § 32 Abs. 3 ausgeht; tatsächlich handelt es sich aber bei den dort genannten Bestimmungen um »Soll-Vorschriften«). Nach diesem Verständnis bedarf es dann keiner Prüfung, ob auch tatsächlich eine Einigung zwischen den Parteien im Hinblick auf den Mindestinhalt des einzutragenden Rechtes zustande gekommen ist (Meikel/*Brambring* § 29 Rn. 82; Staudinger/*Spiegelberger* Rn. 24).

19 Ist über den Heimfall nichts bestimmt, so kann das Grundbuchgericht davon ausgehen, dass ein solcher nicht vorgesehen ist (*BayObLG* NJW 1954, 959; Weitnauer/*Mansel* Rn. 7). Da der Heimfall selbst nicht zum wesentlichen Inhalt des Dauerwohnrechts gehört, muss die Vereinbarung einen Heimfallanspruch auch nicht begründen (Staudinger/*Spiegelberger* Rn. 24).

20 Aus dem zuvor Gesagten ergibt sich, dass ein über die Vorlage der Eintragungsbewilligung hinausgehender **Nachweis** über das Zustandekommen der genannten Vereinbarungen nicht erforderlich ist. Insbesondere muss er nach dem hier zugrunde gelegten Verständnis erst recht nicht in der Form des § 29 GBO geführt werden (MüKo/*Engelhardt* § 31 Rn. 6; Palandt/*Bassenge* Rn. 2; Weitnauer/*Mansel* Rn. 7; a. A. – von dem materiell-rechtlichen Prüfungsansatz her konsequent Bärmann/Pick/Merle Rn. 15; Bauer/v. Oefele AT V Rn. 423; Schöner/Stöber Rn. 3005). Ein schlüssiger Sachvortrag in Verbindung mit der konkreten Eintragungsbewilligung in der Form des § 29 GBO genügt jedoch insoweit.

21 Bei **Nichtbeachtung des Abs. 3** durch das Grundbuchgericht entsteht gleichwohl das Dauerwohnrecht; es handelt sich um eine verfahrensrechtliche Sollvorschrift (Staudinger/*Spiegelberger* Rn. 22).

IV. Eintragung

22 Die Eintragung erfolgt **als Belastung** des Grundstücks in Abteilung II des Grundbuchs (§ 10 GBV). Die Art des Rechtes ist dabei ausdrücklich anzugeben (Staudinger/*Spiegelberger* Rn. 12). Sofern Dauerwohn- und Dauernutzungsrecht als Einheit bestellt werden, hat die Kennzeichnung des Rechtes im Eintragungsvermerk entsprechend zu erfolgen (*BayObLG* Rpfleger 1961, 400; Schöner/Stöber Rn. 3003). Zur näheren Bezeichnung des Gegenstandes und des Inhalts des Dauerwohnrechts kann auf die Eintragungsbewilligung Bezug genommen werden (Abs. 2 S. 1). Durch die Bezugnahme wird auch der Aufteilungsplan zum Inhalt der Grundbucheintragung und nimmt am öffentlichen Glauben des Grundbuchs teil.

23 **Belastungsgegenstand** kann nicht nur ein Grundstück sein. Auch Wohnungseigentumsrechte (vgl. *BGH* Rpfleger 1979, 58 Ls = ZMR 1981, 253 Ls; Bamberger/Roth/*Hügel* § 31 Rn. 5; Meikel/*Morvilius* Einl. C Rn. 277), Erbbaurechte und Wohnungserbbaurechte (§ 42) können mit einem Dauerwohn- oder Dauernutzungsrecht belastet werden. Auch ein noch zu errichtendes Gebäude kann Belastungsgegenstand sein (KEHE/*Herrmann* Einl. O Rn. 5). Soweit mit einem Wohnungseigentumsrecht ein Sondernutzungsrecht z. B. an einem Pkw-Stellplatz verbunden sein sollte, kann sich bei entsprechender Bestellung das Dauerwohnrecht ähnlich einem Wohnungsrecht gem. § 1093 BGB auf die Nutzung dieser im gemeinschaftlichen Eigentum verbliebenen Fläche erstrecken (vgl. *BayObLG* Rpfleger 1998, 68; Ertl FS Bärmann und Weitnauer 1990, 251, 265 für ein Wohnungsrecht). Nicht möglich ist dagegen die Belastung eines bloßen Miteigentumsanteils. Das Recht kann sich auch als Gesamtbelastung auf mehrere Belastungsobjekte erstrecken, sofern die dort befindlichen Räume nur eine Einheit bilden (Schöner/Stöber Rn. 3003).

24 Mehrere **Berechtigte** können sowohl als Bruchteilsberechtigte (BGHZ 130, 150 = DNotZ 1996, 88 = ZMR 1995, 543) aber auch als Gesamtberechtigte gem. § 428 BGB (vgl. BGHZ 46, 253 = WM 1967, 95; Bamberger/Roth/*Hügel* § 31 Rn. 6; *Demharter* Anh. zu § 44 Rn. 123; Meikel/*Morvilius* Einl. C Rn. 278; a. A. Palandt/*Bassenge* § 31 Rn. 5) oder in Gesamthandsgemeinschaft eingetragen werden (Bamberger/Roth/*Hügel* § 31 Rn. 6). Die Bestellung eines Dauerwohnrechts für den Eigentü-

mer selbst ist ohne weiteren Nachweis zulässig (*BayObLG* DNotZ 1998, 374; Bamberger / Roth / *Hügel* § 31 Rn. 6; *Demharter* Anh. zu § 44 Rn. 123; MüKo / *Engelhardt* § 31 Rn. 5; *Schöner/Stöber* Rn. 3003).

Wegen § 33 Abs. 1 S. 2 kann die Eintragung eines Dauerwohnrechts **nicht** unter einer **Bedingung** 25 erfolgen. Möglich ist aber eine **Befristung** des Dauerwohnrechts (vgl. § 41 Abs. 1). Diese wird entgegen Weitnauer / *Mansel* (Vor § 31 Rn. 11) insbesondere dann in Betracht kommen, wenn wechselnde Befristungen im Rahmen von Time-sharing-Modellen zum Inhalt des Rechts gemacht werden sollen (*LG Hamburg* NJW-RR 1991, 823; Palandt / *Bassenge* § 31 Rn. 2; *Drasdo* FS Merle 2000, S. 129, 131; **a. A.** *OLG Stuttgart* Rpfleger 1987, 107 m. abl. Anm. *Gralka* NJW 1987, 1997; vgl. auch *BGH* NJW 1995, 2637, 2639). Auch die Bestellung auf Lebenszeit des Berechtigten stellt eine Befristung dar und ist deshalb eintragungsfähig (*Diester* NJW 1963, 183; Weitnauer / *Mansel* § 33 Rn. 3; **a. A.** KEHE / *Herrmann* Einl. O Rn. 6). Erfolgt eine Befristung, ist diese allerdings von der Bezugnahme ausgeschlossen; die Tatsache selbst ist **ausdrücklich** bei der Eintragung des Rechts im Grundbuch zu vermerken (*Bärmann/Pick/Merle* Rn. 5; *Demharter* Anh. zu § 44 Rn. 124; Staudinger / *Spiegelberger* Rn. 14).

Zur Eintragung einer **Veräußerungsbeschränkung** s. § 35 Rn. 3 m. w. N. 26

Sind **Regelungen über das Bestehenbleiben** des Rechts im Falle einer Zwangsversteigerung 27 gem. § 39 getroffen worden, hat entsprechend § 18 GBV bei allen beteiligten Rechten hierüber ein ausdrücklicher Vermerk in der Eintragung zu erfolgen; eine bloße Bezugnahme auf die Eintragungsbewilligung ist nicht ausreichend (*LG Hildesheim* Rpfleger 1966, 116 m. Anm. *Riedel*; *Bärmann/Pick/Merle* Rn. 5; KEHE / *Herrmann* Einl. O Rn. 10; MüKo / *Engelhardt* Rn. 3; Palandt / *Bassenge* § 39 Rn. 2; Staudinger / *Spiegelberger* Rn. 14; Weitnauer / *Mansel* § 39 Rn. 13; **a. A.** Meikel / *Morvilius* Einl. C Rn. 286; Soergel / *Stürner* § 39 Rn. 4).

unbesetzt 28

C. Gerichtsgebühren

Auch gebührenrechtlich spiegelt sich die Rechtsnatur als dingliches Recht wider. Für die **Eintragung** 29 eines Dauerwohn- oder Dauernutzungsrechts in das Grundbuch ist grundsätzlich eine ganze Gebühr gem. § 62 Abs. 1 KostO zu berechnen (*K/L/B/R* § 62 Rn. 6). Der **Geschäftswert** bestimmt sich nach § 24 KostO.

Für die **Löschung** eines Dauerwohn- oder Dauernutzungsrechts im Grundbuch fällt demgemäß 30 eine halbe Gebühr gem. § 68 KostO nach dem Wert des Rechts im Zeitpunkt der Eintragung (§ 24 Abs. 6 S. 2 KostO) an.

§ 33 Inhalt des Dauerwohnrechts

(1) Das Dauerwohnrecht ist veräußerlich und vererblich. Es kann nicht unter einer Bedingung bestellt werden.

(2) Auf das Dauerwohnrecht sind, soweit nicht etwas anderes vereinbart ist, die Vorschriften des § 14 entsprechend anzuwenden.

(3) Der Berechtigte kann die zum gemeinschaftlichen Gebrauch bestimmten Teile, Anlagen und Einrichtungen des Gebäudes und Grundstücks mitbenutzen, soweit nichts anderes vereinbart ist.

(4) Als Inhalt des Dauerwohnrechts können Vereinbarungen getroffen werden über:

1. Art und Umfang der Nutzungen;

2. Instandhaltung und Instandsetzung der dem Dauerwohnrecht unterliegenden Gebäudeteile;

3. die Pflicht des Berechtigten zur Tragung öffentlicher oder privatrechtlicher Lasten des Grundstücks;

4. die Versicherung des Gebäudes und seinen Wiederaufbau im Falle der Zerstörung;
5. das Recht des Eigentümers, bei Vorliegen bestimmter Voraussetzungen Sicherheitsleistung zu verlangen.

A. Veräußerlichkeit und Vererblichkeit

1 Durch die Veräußerlichkeit und Vererblichkeit unterscheidet sich das Dauerwohnrecht wesentlich von dem Wohnrecht des § 1093 BGB. Zur Veräußerungsbeschränkung siehe § 35 WEG. Die Vererblichkeit kann faktisch dadurch ausgeschlossen werden, dass Dauerwohnrecht auf den Tod des Berechtigten befristet wird (Palandt/*Bassenge* § 33 WEG Rn. 5).

2 Als Belastungen kommen nur Nießbrauch und Pfandrecht in Betracht (MüKo/*Engelhardt* § 33 WEG Rn. 2).

B. Bedingungsfeindlichkeit

3 Das Dauerwohnrecht kann nicht unter einer Bedingung bestellt werden (§ 33 Abs. 1 S. 2 WEG). Zulässig sind Befristungen (vgl. § 41 WEG) und die Vereinbarung eines Heimfallanspruchs (§ 36 WEG) sowie Rechtsbedingungen (MieWo/*Kahlen* § 33 WEG Rn. 11).

C. Rechtsinhalt

I. Gesetzlicher Inhalt

4 § 33 Abs. 2 und 3 WEG sind anzuwenden, sofern nichts anderes vereinbart ist (unten Rn. 9 ff.).

5 Für die Pflichten des Dauerwohnberechtigten gilt § 14 WEG (vgl. hierzu) entsprechend. Entsprechend bedeutet, dass die § 14 WEG genannten Pflichten gegenüber dem Eigentümer bestehen, nicht gegenüber anderen Dauerwohnungsberechtigten (vgl. § 31 Rn. 5). An die Stelle von Sondereigentum treten die dem Dauerwohnrecht unterfallenden Gegenstände, an die Stelle des gemeinschaftlichen Eigentums die nicht dem Dauerwohnrecht unterliegenden Flächen und Gebäudeteile (Palandt/*Bassenge* § 33 WEG Rn. 4). Bei der Beurteilung des Nachteils sind auch die Interessen der anderen Bewohner des Gebäudes einzubeziehen (*Weitnauer/Mansel* § 33 Rn. 5), auch wenn diesen insoweit kein eigenes Recht zusteht.

6 Dass der Dauerwohnberechtigte die dem Recht unterfallenden Räume und Flächen benutzen darf, ergibt sich bereits aus § 31 WEG. § 33 Abs. 3 erweitert diese Befugnis auf die Mitbenutzung von Teilen, Anlagen und Einrichtungen des Gebäudes und des Grundstücks, die zum gemeinschaftlichen Gebrauch bestimmt sind. Hierunter fallen insbesondere Treppenhäuser, Hofraum, Wasch- und Trockeneinrichtungen, Heizung, Wasserleitungen, Aufzüge; bei einem Dauernutzungsrecht an Geschäftsräumen auch die Benutzung der Außenfassade für Reklamezwecke (*OLG Frankfurt a. M.* BB 1970, 731).

II. Vereinbarungen

1. Allgemeines

7 Den Beteiligten bleibt es unbenommen, im Rahmen der allgemeinen Vertragsfreiheit schuldrechtliche Vereinbarungen über das Dauerwohnrecht zu treffen. Daran sind aber nur die Vertragspartner gebunden. § 33 Abs. 4 WEG eröffnet die Möglichkeit, als Inhalt des Dauerwohnrechts Vereinbarungen mit dinglicher Wirkung zu treffen, die bei Eintragung ins Grundbuch auch gegenüber dem Sonderrechtsnachfolger wirken. Die in Nr. 1 bis 4 genannten Regelungen sind zu treffen, da ansonsten das Grundbuchamt die Eintragung ablehnen soll (§ 32 Abs. 3 WEG).

8 Andere als die in § 33 Abs. 2 bis 4, §§ 35, 36, 39, 40, 41 WEG und § 882 BGB genannten Regelungen können nicht mit dinglicher Wirkung getroffen werden (MüKo/*Engelhardt* § 33 WEG Rn. 6).

2. Einzelne Regelungsgegenstände

a) Art und Umfang der Nutzungen
Hierunter fallen insbesondere Regelungen über eine Wohnungsnutzung oder eine gewerbliche 9
Nutzung (MieWo / *Kahlen* § 33 WEG Rn. 11), Zustimmungserfordernis für eine Vermietung (*BayObLG* NJW 1960, 2100)

b) Instandhaltung und Instandsetzung
Die Instandhaltung der dem Dauerwohnrecht unterliegenden Gebäudeteile kann voll auf den Be- 10
rechtigten übertragen werden. Eine Instandhaltungspflicht für das ganze Gebäude ist nur zulässig, wenn sich das Dauerwohnrecht auch auf das ganze Gebäude erstreckt (MieWo / *Kahlen* § 33
WEG Rn. 37). Die Vereinbarung kann jedoch auch gemeinschaftliche Einrichtungen (oben Rn. 6)
betreffen (Palandt / *Bassenge* § 33 WEG Rn. 6). Wird keine Regelung getroffen gilt § 14 WEG i. V. m.
§ 33 Abs. 2 WEG.

c) Öffentliche und private Lasten
Ohne Vereinbarung trägt der Eigentümer die Lasten (MüKo / *Engelhardt* § 33 WEG Rn. 5). Die Ver- 11
einbarung wirkt nur zwischen dem Eigentümer und dem Dauerwohnungsberechtigten, nicht im
Außenverhältnis zu Dritten (Palandt / *Bassenge* § 33 WEG Rn. 6).

d) Versicherung und Wiederaufbau
Ohne Vereinbarung besteht keine Verpflichtung zum Abschluss von Versicherungen. Wer in 12
einem solchen Fall Versicherungen abschließt, hat diese auch zu bezahlen. Eine Pflicht zum Wiederaufbau besteht ohne Vereinbarung nicht. Aus einer Versicherungspflicht kann sich jedoch eine
Wiederaufbaupflicht ergeben (Palandt / *Bassenge* § 33 WEG Rn. 6).

e) Sicherheitsleistung
Eine Verpflichtung zur Sicherheitsleistung besteht nur bei entsprechender Vereinbarung. § 1051 13
BGB ist nicht analog anwendbar (Palandt / *Bassenge* § 33 WEG Rn. 6).

§ 34 Ansprüche des Eigentümers und der Dauerwohnberechtigten

(1) Auf die Ersatzansprüche des Eigentümers wegen Veränderungen oder Verschlechterungen sowie auf die Ansprüche der Dauerwohnberechtigten auf Ersatz von Verwendungen oder auf Gestattung der Wegnahme einer Einrichtung sind die §§ 1049, 1057 des Bürgerlichen Gesetzbuches entsprechend anzuwenden.

(2) Wird das Dauerwohnrecht beeinträchtigt, so sind auf die Ansprüche des Berechtigten die für die Ansprüche aus dem Eigentum geltenden Vorschriften entsprechend anzuwenden.

Die Ansprüche des Dauerwohnberechtigten gegen den Eigentümer auf Ersatz von Verwendun- 1
gen oder Gestattung der Wegnahme werden durch Verweisung auf die Nießbrauchsvorschrift
des § 1049 BGB geregelt.
Die Verjährung der in § 34 Abs. 1 WEG genannten Ansprüche richtet sich nach § 1057 BGB, der 2
seinerseits auf die kurzen Fristen des § 548 BGB verweist.
Gegenüber Dritten hat der Dauerwohnberechtigte Ansprüche wie ein Eigentümer (Absatz 2). Es 3
handelt sich dabei insbesondere um Ansprüche aus §§ 985 und 1004 BGB.

§ 35 Veräußerungsbeschränkung

Als Inhalt des Dauerwohnrechts kann vereinbart werden, dass der Berechtigte zur Veräußerung des Dauerwohnrechts der Zustimmung des Eigentümers oder eines Dritten bedarf. Die Vorschriften des § 12 gelten in diesem Falle entsprechend.

§ 36 | Heimfallanspruch

1 Auch für das Dauerwohnrecht kann eine **Veräußerungsbeschränkung** abweichend von § 137 BGB vereinbart werden. Damit soll der Eigentümer vor den Folgen der freien Veräußerbarkeit geschützt werden (*Bärmann/Pick/Merle* Rn. 1; Staudinger/*Spiegelberger* Rn. 1; Weitnauer/*Mansel* Rn. 1). Nach § 35 kann jedoch nur eine Veräußerungsbeschränkung, nicht aber eine Belastungsbeschränkung vereinbart werden.

2 Wegen der näheren **Ausgestaltung** wird auf § 12 verwiesen. Die dortigen Erläuterungen gelten entsprechend. Auch beim Dauerwohnrecht ist ein **gänzlicher Ausschluss** der Veräußerung über § 35 nicht möglich (*Bärmann/Pick/Merle* Rn. 6; Weitnauer/*Mansel* Rn. 1). Als **Zustimmungsberechtigte** kann die Vereinbarung den Grundstückseigentümer, einen Grundpfandrechtsgläubiger (§ 1136 BGB gilt hier nicht; Staudinger/*Spiegelberger* Rn. 2), den Versorgungsträger gem. § 75 BVersG (BayObLGZ 1956, 278) oder einen Dritten vorsehen.

3 Während § 3 Abs. 2 WGV die **ausdrückliche Eintragung** einer vereinbarten Veräußerungsbeschränkung für das Wohnungs- und Teileigentum vorschreibt, fehlt eine entsprechende Regelung für das Dauerwohnrecht. Wenngleich damit die Bezugnahme auf die Eintragungsbewilligung zur Eintragung einer vereinbarten Veräußerungsbeschränkung ausreichend wäre, wird allgemein doch zu Recht ein ausdrücklicher Vermerk bei der Grundbucheintragung befürwortet (*Bärmann/Pick/Merle* Rn. 4; Bamberger/Roth/*Hügel* Rn. 3; Bauer/*v. Oefele* AT V Rn. 428; KEHE/*Herrmann* Einl. O 8; Meikel/*Morvilius* Einl. C Rn. 285; *Schöner/Stöber* Rn. 3001 Fn. 3; Weitnauer/*Mansel* Rn. 2; a. A.: entsprechende Anwendung umfasst auch § 3 Abs. 2 WGV *Demharter* Anh. zu § 44 Rn. 124; Staudinger/*Spiegelberger* Rn. 3).

4 Die Verweisung auf § 12 schließt auch die Bezugnahme auf die **Verfahrensvorschriften** der § 43 ff. für die Ersetzung der Zustimmung ein (*Bärmann/Pick/Merle* Rn. 10; Bauer/*v. Oefele* AT V Rn. 428; Weitnauer/*Mansel* Rn. 3. Die vormals noch ein Verfahren nach § 52 befürwortende Meinung (Bamberger/Roth/*Hügel* Rn. 2; MüKo/*Engelhardt* Rn. 3; Palandt/*Bassenge* Rn. 1; Soergel/*Stürner* Rn. 3; Staudinger/*Spiegelberger* Rn. 7) ist durch die Aufhebung der Vorschrift überholt.

§ 36 Heimfallanspruch

(1) Als Inhalt des Dauerwohnrechts kann vereinbart werden, daß der Berechtigte verpflichtet ist, das Dauerwohnrecht beim Eintritt bestimmter Voraussetzungen auf den Grundstückseigentümer oder einen von diesem zu bezeichnenden Dritten zu übertragen (Heimfallanspruch). Der Heimfallanspruch kann nicht von dem Eigentum an dem Grundstück getrennt werden.

(2) Bezieht sich das Dauerwohnrecht auf Räume, die dem Mieterschutz unterliegen, so kann der Eigentümer von dem Heimfallanspruch nur Gebrauch machen, wenn ein Grund vorliegt, aus dem ein Vermieter die Aufhebung des Mietverhältnisses verlangen oder kündigen kann.

(3) Der Heimfallanspruch verjährt in sechs Monaten von dem Zeitpunkt an, in dem der Eigentümer von dem Eintritt der Voraussetzungen Kenntnis erlangt, ohne Rücksicht auf diese Kenntnis in zwei Jahren von dem Eintritt der Voraussetzungen an.

(4) Als Inhalt des Dauerwohnrechts kann vereinbart werden, daß der Eigentümer dem Berechtigten eine Entschädigung zu gewähren hat, wenn er von dem Heimfallanspruch Gebrauch macht. Als Inhalt des Dauerwohnrechts können Vereinbarungen über die Berechnung oder Höhe der Entschädigung oder die Art ihrer Zahlung getroffen werden.

A. Heimfallanspruch

1 Der Heimfallanspruch kann als Inhalt des Dauerwohnrechts mit dinglicher Wirkung vereinbart werden. Erforderlich hierzu ist auch die Eintragung im Grundbuch. Ansonsten wirkt die Vereinbarung nur schuldrechtlich (MieWo/*Kahlen* § 36 WEG Rn. 1a). Die Voraussetzungen für den

Heimfallanspruch müssen in der Eintragungsbewilligung genannt sein (*Niedenführ/Schulze* § 36 Rn. 6).

Der Heimfallanspruch steht dem jeweiligen Eigentümer gegen den jeweiligen Dauerwohnberechtigten zu. Ein begünstigter Dritter erlangt keinen eigenen Anspruch, kann den Anspruch des Eigentümers jedoch als Prozessstandschafter geltend machen (*Niedenführ/Schulze* § 36 Rn. 4). 2

Die Beteiligten können die Voraussetzungen für den Heimfall im Rahmen der allgemeinen Vertragsfreiheit frei vereinbaren. In der Regel werden dabei vor allem Pflichtverletzungen des Dauerwohnberechtigten herangezogen. Umstritten ist, ob auch die Veräußerung des Dauerwohnrechts als Heimfallgrund vereinbart werden kann. Teilweise wird hierin eine Umgehung des § 35 WEG gesehen (*Niedenführ/Schulze* § 36 Rn. 9; *Weitnauer/Mansel* § 36 Rn. 8; a. A. *Palandt/Bassenge* § 36 WEG Rn. 2; *Mayer* DNotZ 2003, 308 ff.). 3

Der Heimfallanspruch begründet eine Verpflichtung zur Übertragung des Dauerwohnrechts. Allein durch die Ausübung des Heimfallrechts entsteht noch keine Veränderung der dinglichen Rechtslage (*Palandt/Bassenge* § 36 WEG Rn. 3). 4

B. Beschränkung

Die Fassung von § 36 Abs. 2 WEG ist veraltet. Den »Mieterschutz« im Sinne der damaligen Regelungen gibt es nicht mehr. Die überwiegende Auffassung (*Palandt/Bassenge* § 36 WEG Rn. 4; *MieWo/Kahlen* § 36 WEG Rn. 9 ff.; *Weitnauer/Mansel* § 36 Rn. 6) wendet jedoch die §§ 556a–556c, 564b–564e, 572–576b, 577a, 549 BGB entsprechend an. Demgegenüber vertritt *Mayer* (DNotZ 2003, 926 ff.) die Auffassung, dass für die eigentumsähnliche Ausgestaltung des Dauerwohnrechts im Wege der teleologischen Reduktion § 36 Abs. 2 BGB nicht mehr anwendbar ist. Dem kann nicht mehr (anders noch die Vorauflage) zugestimmt werden, nachdem die Vorschrift im Rahmen der WEG Reform unverändert geblieben ist. 5

C. Verjährung

§ 36 Abs. 3 WEG enthält – in Abweichung von § 902 BGB – eine selbständige Verjährungsregelung. 6

D. Entschädigung

Die Vereinbarung einer Entschädigung ist grundsätzlich nicht zwingend. Eine Ausnahme macht § 41 Abs. 3 WEG für langfristige Dauerwohnrechte. Der Ausschluss einer Entschädigung soll wegen § 32 Abs. 3 WEG ausdrücklich vereinbart werden. 7

§ 37 Vermietung

(1) Hat der Dauerwohnberechtigte die dem Dauerwohnrecht unterliegenden Gebäude- oder Grundstücksteile vermietet oder verpachtet, so erlischt das Miet- oder Pachtverhältnis, wenn das Dauerwohnrecht erlischt.

(2) Macht der Eigentümer von seinem Heimfallanspruch Gebrauch, so tritt er oder derjenige, auf den das Dauerwohnrecht zu übertragen ist, in das Miet- oder Pachtverhältnis ein; die Vorschriften der §§ 566 bis 566e des Bürgerlichen Gesetzbuches gelten entsprechend.

(3) Absatz 2 gilt entsprechend, wenn das Dauerwohnrecht veräußert wird. Wird das Dauerwohnrecht im Wege der Zwangsvollstreckung veräußert, so steht dem Erwerber ein Kündigungsrecht in entsprechender Anwendung des § 57a des Gesetzes über die Zwangsversteigerung und Zwangsverwaltung zu.

a) Für die Bestellung des Dauerwohnrechts an einer bereits vermieteten Wohnung gilt nicht § 37, sondern § 567 BGB. Der Dauerwohnberechtigte tritt in das Mietverhältnis an Stelle des Grundstückseigentümers ein. 1

§ 38 | Eintritt in das Rechtsverhältnis

2   b) § 37 Abs. 1 BGB regelt den Fall, dass der Dauerwohnberechtigte die Vermietung oder Verpachtung vorgenommen hat und dass das Dauerwohnrecht erlischt. In diesen Fällen erlischt auch das Miet- oder Pachtverhältnis. Der Eigentümer tritt nicht in den Vertrag ein. Er kann den Herausgabeanspruch nach § 985 BGB, nicht aber den nach § 546 BGB geltend machen (*Niedenführ/Schulze* § 37 Rn. 4).

3   Eine dem Mieter gegenüber treuwidrige Aufgabe des Dauerwohnrechts kann zu Ansprüchen des Mieters aus § 536 BGB (Palandt/*Bassenge* § 37 WEG Rn. 2) oder § 826 BGB führen (*Niedenführ/ Schulze* § 37 Rn. 6).

4   c) Anders ist die Regelung, wenn der Eigentümer von seinem Heimfallanspruch Gebrauch macht (§ 37 Abs. 2 WEG). In diesen Fällen treten der Eigentümer oder derjenige, auf den das Dauerwohnrecht zu übertragen ist, in das Miet- oder Pachtverhältnis ein, wobei die Regelungen der § 566 ff. entsprechend gelten.

5   Unerheblich ist, ob der Dauerwohnberechtigte den Vertrag mit, ohne oder gegen den Willen des Eigentümers abgeschlossen hat oder ob sogar ein Ausschluss der Vermietung vereinbart war (Palandt/*Bassenge* § 37 WEG Rn. 3).

6   Umstritten ist, ob der Eigentümer nach Vollzug des Heimfalls durch Aufhebung des Dauerwohnrechts nach § 37 Abs. 1 WEG ein Erlöschen des Mietvertrages herbeiführen kann (bejahend z. B. Weitnauer/*Mansel* § 37 Rn. 5; verneinend z. B. *Constantin* NJW 1969, 1417). M. E. erlischt der der Mietvertrag in einem solchen Fall nicht, da der Eigentümer Vermieter geworden ist und Vertragsgegenstand die Mietsache ist, unabhängig davon, auf Grund welchen Rechts dem Vermieter die Besitzüberlassung möglich ist.

7   d) § 37 Abs. 3 WEG betrifft die Fälle in denen das Dauerwohnrecht veräußert wird. § 37 Abs. 2 WEG gilt entsprechend, wobei bei einer Zwangsversteigerung das Sonderkündigungsrecht nach § 57 a ZVG besteht.

§ 38 Eintritt in das Rechtsverhältnis

(1) Wird das Dauerwohnrecht veräußert, so tritt der Erwerber an Stelle des Veräußerers in die sich während der Dauer seiner Berechtigung aus dem Rechtsverhältnis zu dem Eigentümer ergebenden Verpflichtungen ein.

(2) Wird das Grundstück veräußert, so tritt der Erwerber an Stelle des Veräußerers in die sich während der Dauer seines Eigentums aus dem Rechtsverhältnis zu dem Dauerwohnberechtigten ergebenden Rechte ein. Das gleiche gilt für den Erwerb auf Grund Zuschlages in der Zwangsversteigerung, wenn das Dauerwohnrecht durch den Zuschlag nicht erlischt.

A. Veräußerung des Dauerwohnrechts

1   Dass bei der Veräußerung des Dauerwohnrechts der Erwerber an die Stelle des Veräußerers tritt, ergibt sich für den dinglichen Inhalt des Rechts von selbst. Nach § 38 Abs. 1 BGB erfolgt aber auch ein Eintritt in die schuldrechtlichen Vereinbarungen, wobei die Wirkungen auf die Dauer der Berechtigungen beschränkt sind.

2   Problematisch ist, ob § 38 WEG auch für Vereinbarungen gilt, die nach §§ 33 ff. WEG zwar verdinglicht werden können, von den Parteien aber nicht verdinglicht wurden. Die überwiegende Meinung (Weitnauer/*Mansel* § 38 Rn. 5; Palandt/*Bassenge* § 38 WEG Rn. 1; *Niedenführ/Schulze* § 38 Rn. 5) verneint dies.

B. Veräußerung des Grundstücks

3   Entsprechendes gilt nach § 38 Abs. 2 WEG, wenn das Grundstück veräußert wird. Ein Kündigungsrecht entsprechend § 57 a ZVG besteht nicht (Palandt/*Bassenge* § 38 WEG Rn. 3).

§ 39 Zwangsversteigerung

(1) Als Inhalt des Dauerwohnrechts kann vereinbart werden, daß das Dauerwohnrecht im Falle der Zwangsversteigerung des Grundstücks abweichend von § 44 des Gesetzes über die Zwangsversteigerung und Zwangsverwaltung auch dann bestehen bleiben soll, wenn der Gläubiger einer dem Dauerwohnrecht im Range vorgehenden oder gleichstehenden Hypothek, Grundschuld, Rentenschuld oder Reallast die Zwangsversteigerung in das Grundstück betreibt.

(2) Eine Vereinbarung gemäß Absatz 1 bedarf zu ihrer Wirksamkeit der Zustimmung derjenigen, denen eine dem Dauerwohnrecht im Range vorgehende oder gleichstehende Hypothek, Grundschuld, Rentenschuld oder Reallast zusteht.

(3) Eine Vereinbarung gemäß Absatz 1 ist nur wirksam für den Fall, daß der Dauerwohnberechtigte im Zeitpunkt der Feststellung der Versteigerungsbedingungen seine fälligen Zahlungsverpflichtungen gegenüber dem Eigentümer erfüllt hat; in Ergänzung einer Vereinbarung nach Absatz 1 kann vereinbart werden, daß das Fortbestehen des Dauerwohnrechts vom Vorliegen weiterer Voraussetzungen abhängig ist.

Die Vorschrift dient dem Bestandsschutz des Dauerwohnrechts bei einer Zwangsversteigerung, damit der Dauerwohnungsberechtigte nicht schlechter steht als der Mieter (*Niedenführ/Schulze* § 39 Rn. 2). 1

Die Vereinbarung bedarf als Inhalt des Dauerwohnrechts der Vereinbarung und der Eintragung im Grundbuch (Palandt/*Bassenge* § 39 Rn. 2). Die Gläubiger mit Vorrang oder Gleichrang müssen zustimmen. 2

Über § 39 WEG kann nur ein Schutz des Dauerwohnberechtigten erreicht werden, wenn die Inhaber der dort genannten Rechte die Zwangsversteigerung betreiben. Gegenüber den in § 10 Nr. 1 bis 3 ZVG bezeichneten Gläubigern wirkt die Vereinbarung nicht, es besteht nur die Möglichkeit der Ablösung nach § 268 BGB (*Niedenführ/Schulze* § 39 Rn. 5). 3

Die Regelung des § 39 Abs. 3 Hs. 1 WEG ist unabdingbar (*Niedenführ/Schulze* § 39 Rn. 14). 4

§ 40 Haftung des Entgelts

(1) Hypotheken, Grundschulden, Rentenschulden und Reallasten, die dem Dauerwohnrecht im Range vorgehen oder gleichstehen, sowie öffentliche Lasten, die in wiederkehrenden Leistungen bestehen, erstrecken sich auf den Anspruch auf das Entgelt für das Dauerwohnrecht in gleicher Weise wie auf eine Mietforderung, soweit nicht in Absatz 2 etwas Abweichendes bestimmt ist. Im übrigen sind die für Mietforderungen geltenden Vorschriften nicht entsprechend anzuwenden.

(2) Als Inhalt des Dauerwohnrechts kann vereinbart werden, daß Verfügungen über den Anspruch auf das Entgelt, wenn es in wiederkehrenden Leistungen ausbedungen ist, gegenüber dem Gläubiger einer dem Dauerwohnrecht im Range vorgehenden oder gleichstehenden Hypothek, Grundschuld, Rentenschuld oder Reallast wirksam sind. Für eine solche Vereinbarung gilt § 39 Abs. 2 entsprechend.

Die Grundregel enthält Abs. 1 S. 2. Die für Mietforderungen geltenden Vorschriften sind grundsätzlich nicht entsprechend anzuwenden. 1

Hievon macht Abs. 1 S. 1 eine Ausnahme und gleicht die Haftung für das vom Dauerwohnberechtigten geschuldete Entgelt an die Vorschriften über die Miete an. Der Umfang der Haftung bestimmt sich nach den §§ 1123 ff. BGB. Unerheblich ist, ob es sich um einmalige oder wiederkehrende Leistungen oder Vorauszahlungen des Dauerwohnberechtigten handelt (MieWo/*Kahlen* § 40 WEG Rn. 1a). 2

§ 41 | Besondere Vorschriften für langfristige Dauerwohnrechte

3 Von den Regelungen des Absatzes 1 S. 1 kann durch eine Vereinbarung nach Absatz 2 für wiederkehrende Leistungen abgewichen werden. Es wirkt dann jede Zahlung des Dauerwohnberechtigten an den Eigentümer befreiend. Um dingliche Wirkung zu erlangen muss die Vereinbarung im Grundbuch eingetragen werden (MüKo/*Engelhardt* § 40 WEG Rn. 3). Sie bedarf der Zustimmung der vor- oder gleichrangigen Realgläubiger (§ 40 Abs. 2 S. 2, § 39 Abs. 2 WEG).

§ 41 Besondere Vorschriften für langfristige Dauerwohnrechte

(1) Für Dauerwohnrechte, die zeitlich unbegrenzt oder für einen Zeitraum von mehr als zehn Jahren eingeräumt sind, gelten die besonderen Vorschriften der Absätze 2 und 3.

(2) Der Eigentümer ist, sofern nicht etwas anderes vereinbart ist, dem Dauerwohnberechtigten gegenüber verpflichtet, eine dem Dauerwohnrecht im Range vorgehende oder gleichstehende Hypothek löschen zu lassen für den Fall, daß sie sich mit dem Eigentum in einer Person vereinigt, und die Eintragung einer entsprechenden Löschungsvormerkung in das Grundbuch zu bewilligen.

(3) Der Eigentümer ist verpflichtet, dem Dauerwohnberechtigten eine angemessene Entschädigung zu gewähren, wenn er von dem Heimfallanspruch Gebrauch macht.

1 Die Sonderregelung gilt für Dauerwohnrechte, die zeitlich unbegrenzt oder für einen Zeitraum von mehr als zehn Jahren eingeräumt sind. Wird ein Dauerwohnrecht verlängert, läuft die 10-Jahresfrist vom Zeitpunkt der Verlängerung an (Palandt/*Bassenge* § 41 WEG Rn. 1).
2 Das Dauerwohnrecht hat nicht kraft Gesetzes die Wirkung einer Löschungsvormerkung (MieWo/*Kahlen* § 41 WEG Rn. 3a). Absatz 2 ist abdingbar (MüKo/*Engelhardt* § 41 WEG Rn. 2). Die Abbedingung wirkt gegenüber Dritten aber nur bei Eintragung ins Grundbuch (Palandt/*Bassenge* § 41 WEG Rn. 2).
3 Die Entschädigungspflicht ist unabdingbar (BGHZ 27, 158). Über die Berechnung und Höhe der Entschädigung und die Art der Zahlung können entsprechend § 36 Abs. 4 WEG Vereinbarungen getroffen werden. Diese müssen sich im Rahmen der Angemessenheit halten (MüKo/*Engelhardt* § 41 WEG Rn. 3). Die Angemessenheit beurteilt sich insbesondere nach dem geleisteten Entgelt, den Aufwendungen des Berechtigten, der Nutzungsdauer und Verbesserungen oder Verschlechterungen (MieWo/*Kahlen* § 41 WEG Rn. 5). In besonderen Fällen, insbesondere bei Abwicklung entsprechend einem Mietverhältnis kann die Entschädigung auch gleich Null sein (MüKo/*Engelhardt* § 41 WEG Rn. 3).

§ 42 Belastung eines Erbbaurechts

(1) Die Vorschriften der §§ 31 bis 41 gelten für die Belastung eines Erbbaurechts mit einem Dauerwohnrecht entsprechend.

(2) Beim Heimfall des Erbbaurechts bleibt das Dauerwohnrecht bestehen.

1 Absatz 1 ist deklaratorisch (§ 11 Abs. 1 S. 1 ErbbauVO).
2 Ein Heimfall des Erbbaurechts bringt dieses nicht zum Erlöschen (vgl. § 2 Nr. 4 ErbbauVO). Es entsteht ein Eigentümererbbaurecht. An diesem bleibt nach § 42 Abs. 2 WEG in Abweichung von § 33 Abs. 1 S. 3 ErbbauVO das Dauerwohnrecht bestehen. Die Regelung ist abdingbar (MüKo/*Engelhardt* § 42 WEG Rn. 2). Erlischt das Erbbaurecht durch Zeitablauf erlischt auch das Dauerwohnrecht(MüKo/*Engelhardt* § 42 WEG Rn. 2). Das Dauerwohnrecht erlischt auch, wenn das Erbbaurecht aufgehoben wird. Der Dauerwohnberechtigte ist jedoch durch § 876 BGB geschützt (MieWo/*Kahlen* § 42 WEG Rn. 6).

Vor §§ 43 ff. Vorbemerkung

Inhaltsverzeichnis

A. Entstehung und Zweck der Gesetzesänderung	1
B. Die Verfahrensmaximen	2
I. Die Dispositionsmaxime	2
II. Der Wegfall des Amtsermittlungsgrundsatzes	3
C. Die Parteien	4
D. Das Verfahren bis zur Entscheidung	5
I. Entscheidungen durch das Gericht während des Verfahrens	5
II. Mündliche Verhandlung und Beweiserhebung	6
1. Die mündliche Verhandlung	6
2. Beweiserhebung und -würdigung	7
E. Die Beendigung des Verfahrens	8
I. Die Beendigung ohne Entscheidung in der Hauptsache	8
II. Gerichtliche Entscheidungen in der Hauptsache	9
1. Die Form der Entscheidung in der Hauptsache	9
2. Grundlagen der Entscheidung	10
F. Rechtsmittel	11
I. Die Entscheidung in der Hauptsache	11
II. Andere Entscheidungen	14
III. Die Rechtskraft in Wohnungseigentumssachen	15
G. Die Zwangsvollstreckung	16
I. Die vorläufige Vollstreckbarkeit	16
II. Die Vorrangigkeit von Beitragsforderungen in der Zwangsversteigerung	17
H. Der einstweilige Rechtsschutz	18

A. Entstehung und Zweck der Gesetzesänderung

In der Diskussion um die Novelle wurde kaum eine andere Änderung unterschiedlicher gewertet, als der unscheinbare Wegfall des in § 43 Abs. 1 WEG a. F. enthaltenen Halbsatzes »im Verfahren der freiwilligen Gerichtsbarkeit«. Diese Änderung des Gesetzestextes markiert eine der weitreichendsten Änderungen der Novelle, den Übergang zum ZPO-Verfahren (zustimmend *Krumm*, ZRP 2004, 259; *Abramenko*, ZMR 2005, 26; *Hügel/Elzer* § 13 Rn. 1 ff.; zurückhaltender *Hinz*, ZMR 2005, 277 f.; ablehnend *Lüke*, ZWE 2005, 153 ff.; *Demharter*, NZM 2006, 494; *Kreuzer*, ZWE 2003, 153). Wohnungseigentumssachen sind nun nicht mehr Verfahren der freiwilligen Gerichtsbarkeit, sondern Zivilprozesse. Das FGG findet abgesehen von einigen in die Neufassung übernommenen Sondertatbeständen keine Anwendung mehr. Damit bezweckt der Gesetzgeber zweierlei: Zum einen sollen gerichtliche und somit staatliche Ressourcen durch den Wegfall der Amtsermittlung geschont werden, was letztlich eine Entlastung der öffentlichen Haushalte bezweckt (BT-Drucks. 16/887, 12 u. 14). Zum anderen soll die verfahrensrechtliche Umorientierung den Wohnungseigentümern vor allem dann, wenn sich eine Seite gar nicht verteidigt, eine schnellere Durchführung der Verfahren ermöglichen. Denn nach dem Übergang in den Zivilprozess werden nunmehr auch in Wohnungseigentumssachen Versäumnis- und Anerkenntnisurteile möglich (BT-Drucks. 16/887, 12 f.), letztere allerdings nur bei entsprechender Erklärung aller Beklagten bzw. ihrer Vertreter (*Hügel/Elzer* § 13 Rn. 159), ferner grundsätzlich auch Urkundsprozesse (*Hügel/Elzer* § 13 Rn. 65). Darüber hinaus wurden die verfahrensrechtlichen Vorschriften in wichtigen Einzelheiten geändert. Zu nennen sind etwa die Vorschriften zur Festsetzung des Streitwerts, zur Bezeichnung der Parteien und zur Verbindung von Anfechtungsklagen.

Vor § 43 ff. | Vorbemerkung

B. Die Verfahrensmaximen
I. Die Dispositionsmaxime

2 Die Anwendbarkeit der ZPO führt zu einem drastischen Wechsel der Verfahrensmaximen. Insbesondere wird die Rechtsverfolgung und -verteidigung gänzlich den Parteien überantwortet, die weit umfassender als im früheren Recht über den Streitgegenstand verfügen können. So kann der Kläger seinen Antrag in der Anfechtungsklage wie bisher auf einen Teil des Eigentümerbeschlusses beschränken (*BayObLG* NJW-RR 1991, 15; 1992, 1169; 1993, 1039; 2001, 10; KG NJW-RR 1991, 1236; *OLG Saarbrücken* NJW-RR 2006, 732; *OLG München* ZMR 2006, 950). Neben der Rücknahme des Antrags und der beiderseitigen Erledigterklärung können die Parteien das Verfahren nun aber auch durch Anerkenntnis beenden, das nicht mehr nur auf die Tatsachenermittlung Einfluss hat, sondern als Verfahrenshandlung nach § 307 ZPO zu behandeln ist.

II. Der Wegfall des Amtsermittlungsgrundsatzes

3 Die zweite, nicht weniger einschneidende Änderung ist der Übergang zum zivilprozessualen Beibringungsgrundsatz. Das nach § 43 WEG zuständige Gericht muss den Sachverhalt nicht mehr von Amts wegen zu ermitteln. Zwar muss es wie in jedem Zivilprozess Hinweise nach § 139 ZPO erteilen, auf eine klare Antragstellung hinwirken, Fragen nach § 278 Abs. 2 S. 2 ZPO stellen und die sonstigen verfahrensrechtlich gebotenen Maßnahmen zur Aufklärung des Sachverhalts ergreifen. Der Zivilrichter ist dabei aber weitgehend auf die Mitwirkung der Parteien angewiesen. Er kann und darf, wenn deren Sachvortrag trotz Hinweisen etc. ungenügend bleibt, den Sachverhalt nicht mehr von Amts wegen aufklären. Grundlage seiner Entscheidung ist nunmehr der Tatsachenstoff, den die Parteien beibringen. Dies hat in vielerlei Hinsicht bedeutsame Detailänderungen zur Folge. Dies beginnt schon bei der Bestimmung der Parteien. Richtet sich die Klage gegen den Falschen (etwa in der Beschlussanfechtung nur gegen die Wohnungseigentümer, die dem Beschluss zugestimmt haben), kann das Gericht nicht mehr von selbst die richtigen Verfahrensgegner an ihre Stelle setzen (BT-Drucks. 16/887, 50 f.; zum alten Recht s. noch BayObLGZ 1972, 249 f.; *OLG Zweibrücken* NJW-RR 1987, 1367). Ferner gelten unbestrittene Tatsachen künftig als zugestanden. Deshalb genügt nunmehr der Vortrag, es seien Wirtschaftsplan und Einzelwirtschaftspläne genehmigt, aufgrund derer der Beklagte Vorschüsse in bestimmter Höhe schulde, um deren Beitreibung zu begründen. Die Vorlage weiterer Unterlagen muss bzw. darf das Gericht nicht mehr verlangen. Die Klärung umstrittener Tatsachen setzt einen Beweisantritt nach den zivilprozessualen Vorschriften voraus. Die Sachverhaltsaufklärung im Wege des Freibeweises scheidet künftig aus; es gilt das Strengbeweisverfahren der ZPO. An ein Geständnis ist das Gericht nunmehr nach § 288 ZPO gebunden. Fehlender Vortrag kann nun zu einer Entscheidung zu Lasten eines Beteiligten führen, auch wenn noch Aufklärungsmöglichkeiten bestehen.

C. Die Parteien

4 Die Umwandlung der Wohnungseigentumssachen in Zivilprozesse verändert auch die Stellung derjenigen, die dort Rechte durchsetzen oder verteidigen wollen. Terminologisch zeigt sich dies daran, dass nunmehr von Parteien, namentlich von Kläger und Beklagtem, die Rede ist, nicht mehr von Beteiligten (Antragsteller und Antragsgegner). In der Sache zeigt sich dies darin, dass sie nun Herren des Verfahrens sind. Abweichender Sachvortrag anderer Wohnungseigentümer, der dem Vortrag der Partei zuwiderläuft, ist nicht mehr Grundlage der Entscheidung, noch kann er gar gegen ihren Willen Ermittlungen des Gerichts auslösen.

D. Das Verfahren bis zur Entscheidung
I. Entscheidungen durch das Gericht während des Verfahrens

5 Entscheidungen des Gerichtes während des Verfahrens ergehen zwar nach wie vor durch Beschluss, richten sich nunmehr aber ausschließlich und unmittelbar, nicht nur in analoger Anwendung, nach den zivilprozessualen Vorschriften. So ist über die Gewährung von Prozesskosten-

hilfe künftig ausschließlich nach Maßgabe der §§ 114 bis 127 ZPO zu entscheiden. Dabei gilt für Rechtsmittel die Monatsfrist nach § 127 Abs. 3 S. 3 ZPO, nicht die zweiwöchige Frist nach § 22 Abs. 1 FGG (vgl. hierzu noch Voraufl., Vor §§ 43 ff. Rn. 134). Auch der teilrechtsfähige Verband ist prozesskostenhilfefähig (*LG Berlin* ZMR 2007, 145). Die Entscheidung über den Ausschluss vom Richteramt richtet sich nicht nach § 6 FGG, sondern nach § 41 ZPO, die Befangenheitsrüge nach §§ 42 ff. ZPO. Auch die Wiedereinsetzung in den vorigen Stand richtet sich nicht mehr nach § 22 Abs. 2 FGG, sondern nach §§ 233 ff. ZPO. Da die Voraussetzungen hierfür aber im Wesentlichen gleich geblieben sind, kann diesbezüglich weitgehend auf die frühere Rechtsprechung zurückgegriffen werden. §§ 233 ff. ZPO gelten nun nach § 46 Abs. 1 S. 3 WEG auch für die unverschuldete Nichteinhaltung der Anfechtungsfrist. Akteneinsicht ist nicht mehr nach § 34 FGG, sondern nach § 299 Abs. 2 ZPO zu gewähren, was mit einem verschärften Prüfungsmaßstab für entsprechende Gesuche einhergeht. Denn künftig genügt ein »berechtigtes Interesse« nicht mehr; es muss ein rechtliches Interesse vorliegen. Wirtschaftliche oder wissenschaftliche Interessen berechtigen demnach nicht mehr zur Akteneinsicht. Im Ergebnis kommt es bei Aussetzung (§§ 148, 149, 252 ZPO), Unterbrechung (§§ 239 ff. ZPO) und Ruhen des Verfahrens (§§ 251 ff. ZPO) nicht zu Änderungen, da hierauf schon früher die zivilprozessualen Vorschriften angewendet wurden. Die Verbindung verschiedener Verfahren richtet sich künftig unmittelbar nach § 147 ZPO. Für Anfechtungsklagen enthält § 47 WEG eine Spezialregelung, die über § 147 ZPO hinausgeht (vgl. u. § 47 Rn. 4).

II. Mündliche Verhandlung und Beweiserhebung

1. Die mündliche Verhandlung

Zwar bestand schon nach altem Recht nach § 44 Abs. 1 WEG a. F. regelmäßig die Pflicht, mündlich mit den Beteiligten zu verhandeln. Diese diente allerdings teilweise anderen Zwecken als im Zivilprozess. Auf diesem Wege sollte vornehmlich eine gütliche Einigung herbeigeführt, der Sachverhalt aufgeklärt und rechtliches Gehör gewährt werden (s. etwa *BGH*, ZMR 1999, 42; *OLG Karlsruhe*, ZMR 2003, 375; *BayObLG*, ZMR 2004, 765.). Nach neuem Recht unterscheidet sich die mündliche Verhandlung in Wohnungseigentumsverfahren nicht mehr von sonstigen Zivilprozessen. Sie ist mithin alleinige Grundlage der Entscheidung, wobei allerdings auf schriftliches Vorbringen Bezug genommen werden kann. Daher können nunmehr im Gegensatz zum früheren Recht (hierzu s. etwa *OLG Zweibrücken*, ZMR 2002, 786; *BayObLG*, ZMR 2001, 473; 2003, 370; 2004, 764) nach § 309 ZPO keine Richter an der Entscheidung mitwirken, die an der mündlichen Verhandlung nicht teilgenommen haben. Da der Sachverhalt nicht mehr von Amts wegen zu ermitteln ist, kann allerdings jetzt ohne weiteres nach § 128 Abs. 2 ZPO auf die mündliche Verhandlung verzichtet werden. Für das Protokoll über die mündliche Verhandlung gelten §§ 159 ff. ZPO nun nicht mehr, wie nach § 44 Abs. 2 WEG a. F. nur für Vergleiche, sondern insgesamt. Erklärungen der Parteien nach § 160 Abs. 3 Nr. 3 ZPO müssen daher künftig verlesen werden. Ferner gelten jetzt die Präklusionsregeln der §§ 296, 296a ZPO. Erst nach den dort genannten Zeitpunkten zur Akte gereichter Vortrag darf mithin ohne Wiedereintritt in die mündliche Verhandlung nicht mehr berücksichtigt werden. Ferner gilt die Frist des § 310 Abs. 1 S. 2 ZPO für das Absetzen der Entscheidung.

2. Beweiserhebung und -würdigung

Auch Beweiserhebung und -würdigung richten sich nunmehr ausschließlich nach zivilprozessualen Grundsätzen (§§ 355 ff. ZPO). Die Tatsachenfeststellung im Wege des Freibeweises etwa durch formlose Ermittlungen scheidet daher künftig aus. Das Gericht kann sich nur noch im Wege des Strengbeweises, also durch Augenscheinseinnahme, Parteivernehmung, Zeugen-, Sachverständigen- oder Urkundenbeweis Gewissheit über die Richtigkeit einer bestrittenen Behauptung verschaffen. Anders als nach früherem, vom Amtsermittlungsgrundsatz beherrschtem Recht ist eine Beweiserhebung deshalb von der fristgerechten Zahlung eines Auslagenvorschusses abhängig. Andernfalls ist die beweisbelastete Partei nach Maßgabe des § 379 ZPO mit dem Beweismittel ausgeschlossen. Die Vernehmung nicht benannter Zeugen ist ausgeschlossen. Ohne Einschränkung möglich ist auch die Durchführung eines selbständigen Beweisverfahrens nach

Vor § 43 ff. | Vorbemerkung

§§ 485 ff. ZPO (vgl. *OLG Köln* NJW-RR 1991, 851). Die Möglichkeit der Parteidisposition über Beweismittel, etwa bei der Wahl des Sachverständigen nach § 404 Abs. 4 ZPO ist nunmehr unbeschränkt. Die Vernehmung einer Partei setzt künftig eine gewisse Wahrscheinlichkeit für die Richtigkeit behaupteter Tatsachen voraus und darf nicht ohne eine solche als Maßnahme der Amtsermittlung durchgeführt werden. Keine Unterschiede zum früherem Recht ergeben sich bei der Würdigung der erhobenen Beweise, da diese schon früher allgemeinen zivilprozessualen Regeln folgte. Das Gericht ist also, sofern das Gesetz dies nicht ausdrücklich vorsieht, grundsätzlich nicht an Beweisregeln o. Ä. gebunden, sondern hat die Beweise frei zu würdigen. Maßgeblich ist dabei seine Überzeugung, ob eine streitige Tatsache feststeht. Sofern gesetzliche Beweisregeln existieren (etwa zur Beweiskraft einer Urkunde nach §§ 416, 439 Abs. 3 ZPO), ist ihre Geltung aber nicht mehr durch den Amtsermittlungsgrundsatz eingeschränkt (vgl. insoweit noch *BayObLG* NJW-RR 2002, 1453 f. = ZMR 2002, 609).

E. Die Beendigung des Verfahrens
I. Die Beendigung ohne Entscheidung in der Hauptsache

8 Die Dispositionsmaxime gestattete es schon nach früherem Recht, das Verfahren durch Rücknahme des Antrags zu beenden. Diese Möglichkeit der Klagerücknahme besteht nach wie vor. Allerdings bedarf es hierzu im Gegensatz zum früheren Recht (vgl. *KG* ZMR 1998, 656; *BayObLG* WE 1990, 215) jetzt nach Beginn der mündlichen Verhandlung der Einwilligung des Gegners gemäß § 269 Abs. 1 ZPO. Selbstverständlich können sich die Parteien weiterhin vergleichen. Durch die verfahrensrechtliche Umgestaltung der Verfahren nach § 43 WEG dürften sich die Möglichkeiten zum Vergleichsschluss sogar oftmals erweitern, da diese in weitem Umfang dem Zwei-Parteien-System angeglichen wurden. Etwa bei Streitigkeiten der Wohnungseigentümer untereinander sind nur diese Partei, die Miteigentümer lediglich Beigeladene, nicht mehr gleichberechtigte »weitere Beteiligte«, so dass ein Vergleich zwischen den Parteien unschwer geschlossen werden kann. Allerdings wirkt dieser im Gegensatz zu einer Entscheidung nicht nach § 48 Abs. 3 WEG gegen die Beigeladenen. Ähnliche Erleichterungen ergeben sich aus der Anerkennung und Ausdehnung der Teilrechtsfähigkeit. Früher standen gemeinschaftsbezogene Ansprüche allen Wohnungseigentümern zu, so dass sie diese auch gemeinsam einzufordern hatten und somit Partei waren. Dies hat jedenfalls bei größeren Gemeinschaften einen Vergleich häufig praktisch unmöglich gemacht hat. Nunmehr werden diese Ansprüche alleine vom Verband geltend gemacht, der sich folglich auch vergleichen kann. In jedem Fall ist auch ein Vergleichsschluss nach § 278 Abs. 6 ZPO jetzt ohne weiteres möglich. Auch in Zukunft können sich einzelne Wohnungseigentümer aber nicht über einen Streitgegenstand vergleichen, der wie etwa die Gültigkeit eines Beschlusses nicht zu ihrer Disposition steht (*BayObLG* NJW-RR 1999, 1614). Die Hauptsache kann ferner wie bisher durch beiderseitige Erledigungserklärung beendet werden. Auch dabei gelten jetzt aber die zivilprozessualen Grundsätze uneingeschränkt, so dass eine Erledigungserklärung zwischen Anhängigkeit und Rechtshängigkeit nicht mehr in Betracht kommt (zum alten Recht s. noch *OLG Zweibrücken* NJW-RR 1993, 149; *BayObLG* NJWE-MietR 1997, 15). Hingegen hat die im Wohnungseigentumsverfahren seit jeher anerkannte Praxis, das Schweigen auf eine Erledigungserklärung als Zustimmung zu werten, durch § 91 a Abs. 1 S. 2 ZPO auch im Zivilprozess Anerkennung gefunden.

II. Gerichtliche Entscheidungen in der Hauptsache
1. Die Form der Entscheidung in der Hauptsache

9 Wird das Verfahren nicht auf eine der vorstehenden Weisen beendet, hat das Gericht eine Entscheidung in der Hauptsache zu treffen. Dies ergeht nunmehr durch Urteil, nicht mehr durch Beschluss. Insoweit kommen die §§ 300 ff. ZPO in vollem Umfang zur Anwendung. Dies gilt auch für Versäumnis- und Anerkenntnisurteile, die nunmehr nach den allgemeinen Grundsätzen möglich sind. Verschlechtert hat sich die Position der Verfahrensbeteiligten insoweit, als es im Gegensatz zum früheren Recht (vgl. *BGH* ZMR 2002, 679 ff.; *OLG München* ZMR 2006, 714) keiner Rechtsmittelbelehrung mehr bedarf.

2. Grundlagen der Entscheidung

Nach wie vor ist das Gericht an Gesetz, Vereinbarungen und Beschlüsse der Wohnungseigentü- 10
mer gebunden. Bereits nach altem Recht kam die in § 43 Abs. 2 WEG a. F. geregelte Entscheidung nach billigem Ermessen erst in Betracht, wenn Gesetz, Vereinbarungen und Beschlüsse keine Vorgaben machten. Der Richter hatte mithin seiner Entscheidung Teilungserklärung, Vereinbarungen und Beschlüsse zu Grunde zu legen, auch wenn er die dortigen Regelungen für unbillig oder unzweckmäßig hält (BGHZ 122, 333; *OLG Karlsruhe* NJW-RR 1987, 975; *KG* ZMR 2002, 545). Diese Bindung endete erst dort, wo die allgemeinen Grenzen der Privatautonomie insbesondere der §§ 134, 138 BGB überschritten waren oder ein Bestehen auf den dortigen Regelungen gegen Treu und Glauben verstieß (vgl. *KG* ZMR 2002, 545; *OLG Frankfurt* ZMR 2004, 290). Verstößt ein Beschluss nur zum Teil gegen Vereinbarungen, Gesetz oder Grundsätze ordnungsmäßiger Verwaltung, darf er auch nur insoweit für ungültig erklärt werden, wenn der Rest einen für sich sinnvollen Regelungsgehalt behält (*OLG Hamm* NJW-RR 1986, 501). Unter diesen Umständen kam eine Regelung nach billigem Ermessen des Richters nach § 43 Abs. 2 WEG a. F. nur selten in Betracht, insbesondere dann, wenn die Wohnungseigentümer eine gebotene Regelung unterließen, die der Richter dann mangels hinreichender Vorgaben nach billigem Ermessen selbst zu schaffen hatte. Insoweit ändert sich durch § 21 Abs. 8 WEG, der die Entscheidung des Richters nach billigem Ermessen von vorneherein auf diesen Fall begrenzt, inhaltlich nur wenig. Im übrigen kann bei der Handhabung von § 21 Abs. 8 WEG angesichts des mißlungenen Wortlauts der Norm (vgl. insoweit *Abramenko* § 2 Rn. 96 ff.) die ausdrückliche Absicht des Gesetzgebers im Vordergrund stehen, materiell-rechtlichen Ersatz für § 43 Abs. 2 WEG a. F. zu schaffen, der als nicht vereinbar mit den Regel der ZPO angesehen wurde. Insoweit kann auf die Judikatur zum früheren Recht zurückgegriffen werden. So erfordert die Entscheidung nach billigem Ermessen die Orientierung an den Interessen aller Wohnungseigentümer (*KG* ZMR 1996, 218). Im Beschlussanfechtungsverfahren kommt sie nach wie vor nicht in Betracht, da dem Richter dort nur die Ungültigerklärung eines Beschlusses möglich ist (*BayObLG* WuM 1995, 64; ZMR 2005, 132). Nur dann, wenn die Anfechtung mit einem Antrag auf Erlass einer positiven Regelung verbunden ist, kommt eine ergänzende Regelung in Betracht. Aufgrund der beschränkten Befugnis des Gerichtes können die Wohnungseigentümer eine auf § 21 Abs. 8 WEG beruhende richterliche Gestaltung auch durch eine mehrheitlich beschlossene eigene Regelung ersetzen (*KG* NJW-RR 1996, 780).

F. Rechtsmittel

I. Die Entscheidung in der Hauptsache

Die Entscheidung in der Hauptsache ist nunmehr wie jedes Urteil mit der Berufung anzugreifen, 11
auf die in vollem Umfang die §§ 511 ff. ZPO anzuwenden sind. Dies bereitet bei Anfechtungsklagen neue Probleme (s. u. § 46 Rn. 15 f.). Der Rechtsschutz der unterlegenen Partei wird hierdurch allerdings teilweise sogar verbessert, da die Mindestbeschwer nun nach § 511 Abs. 2 Nr. 1 ZPO nur noch 600 Euro betragen muss. Diese richtet sich nicht nach dem Streitwert, sondern nach der persönlichen Beeinträchtigung des Rechtsmittelführers (*BayObLG* NJW-RR 1990, 1239). Im Übrigen gelten die allgemeinen Regeln der ZPO einschließlich des Anwaltszwangs nach § 78 ZPO vor Landgerichten. Die Berufungsschrift muss selbstverständlich im Gegensatz zum früheren Recht (*OLG Hamm* NJW-RR 2003, 1232) unterzeichnet sein. Die Zuständigkeit für Berufungen ist für Verfahren nach § 43 Nr. 1 bis 4 WEG abweichend vom üblichen Instanzenzug geregelt. Nach § 72 Abs. 2 S. 1 GVG ist für alle Berufungen stets das Landgericht am Sitz des Oberlandesgerichts für dessen gesamten Bezirk zuständig. Dies gilt nach der ausdrücklichen Anordnung in § 72 Abs. 2 S. 2 GVG auch für Sachen mit Auslandsberührung (BT-Drucks. 16/3843, 60). Diese Konzentration soll durch die häufigere Befassung der Berufungsgerichte mit der Materie die Qualität der Berufungsentscheidungen sichern (BT-Drucks. 16/887, 60). Die Landesregierungen können von der Zuständigkeitsregelung des § 72 Abs. 2 S. 1 GVG zwar nach § 72 Abs. 2 S. 3 GVG abweichen; aufgrund entsprechender Ermächtigung nach § 72 Abs. 2 S. 4 GVG auch die Landesjustizverwaltungen. Dabei kann aber nach § 72 Abs. 2 S. 3 GVG nur »ein anderes Landgericht« im Bezirk des Oberlandesgerichts bestimmt werden. Es ist also nach Wortlaut und Sinn der Norm

Vor § 43 ff. | Vorbemerkung

nicht möglich, etwa den gegenwärtigen Zustands beizubehalten. Das Berufungsgericht verhandelt und entscheidet grundsätzlich als Kammer, kann die Sache aber unter den Voraussetzungen des § 526 ZPO auf den Einzelrichter übertragen. Gegen die Berufungsentscheidung ist auf Zulassung nach § 543 Abs. 1 Nr. 1 ZPO die Revision eröffnet. Diese ist im Gegensatz zur Vorlage nach früherem Recht (§ 28 Abs. 2 FGG) nicht nur bei Abweichungen von der Rechtsprechung anderer Obergerichte, sondern auch bei grundsätzlicher Bedeutung möglich. Gegen die Entscheidung über die Nichtzulassung ist nach § 62 Abs. 2 WEG in Abweichung von § 543 Abs. 1 Nr. 2 ZPO für einen Zeitraum von 5 Jahren die Nichtzulassungsbeschwerde nicht gegeben.

12 Den allgemeinen Regeln folgt dagegen der Rechtsmittelzug in Verfahren nach § 43 Nr. 5 WEG, da diese in § 72 Abs. 2 S. 1 GVG nicht genannt sind (BT-Drucks. 16/3843, 60). Auch die Nichtzulassungsbeschwerde ist anders als in den Verfahren nach § 43 Nr. 1 bis 4 WEG nach § 62 Abs. 2 WEG uneingeschränkt zulässig (BT-Drucks. 16/3843, 58).

13 Gegen Entscheidungen in der Hauptsache, die nicht mehr nicht mehr mit Rechtsmitteln angreifbar sind, kann ritt nur die befristete Gegenvorstellung nach § 321 a ZPO (an Stelle der früheren Anhörungsrüge gemäß § 29 a FGG) erhoben werden. Darüber hinaus bleibt – etwa bei der Verletzung von Verfahrensgrundrechten – nur die Verfassungsbeschwerde.

II. Andere Entscheidungen

14 Auch die Rechtsmittel gegen andere Entscheidungen wie etwa Kostenentscheidungen nach übereinstimmender Erledigungserklärung nach § 91a ZPO, die Zurückweisung des Antrags auf Durchführung eines Beweissicherungsverfahrens, Entscheidungen im Rahmen der Kostenfestsetzung oder der Vollstreckung, richten sich nunmehr ausschließlich nach den Vorschriften der ZPO. Dies beseitigt das teilweise undurchsichtige Nebeneinander von FGG und ZPO, das selbst in der höchstrichterlichen Rechtsprechung bisweilen für Verwirrung sorgte (s. BGH ZMR 2003, 756 f.; ZMR 2005, 58 f. NZM 2006, 660 f. u. WuM 2006, 706 f. = ZMR 2007, 52 f.), kann aber in Sonderfällen auch zu einer Verkürzung des Rechtsschutzes führen. So wurden etwa Beweis- oder Auflagenbeschlüsse in Verfahren nach § 43 Abs. 1 WEG a. F. bislang jedenfalls dann für anfechtbar gehalten, wenn sie einen selbständigen Eingriff in die Rechte des Betroffenen beinhalteten (*BayObLG* ZMR 1998, 513; *OLG Düsseldorf* NZM 2005, 953). Diese Rechtsprechung kann künftig keine Geltung mehr beanspruchen, da Beweisbeschlüsse nach § 355 Abs. 2 ZPO grundsätzlich nicht isoliert anfechtbar sind. Sie sind nach zivilprozessualen Grundsätzen nur noch inzident mit der Anfechtung in der Hauptsache überprüfbar. Dies ist insbesondere für die Beigeladenen problematisch, da sie die Hauptsacheentscheidung gar nicht anfechten können. Wird etwa bei Anordnung einer Beweisaufnahme durch Inaugenscheinnahme der Nachbarwohnung die Reichweite von § 14 Nr. 4 WEG verkannt, würde der Beigeladene in grundrechtlich geschützten Positionen beeinträchtigt (vgl. *OLG Nürnberg* NJW-RR 1990, 909). Jedenfalls in diesen Fällen mit Grundrechtsbezug wird in entsprechender Anwendung geregelter Fälle (etwa § 380 Abs. 3 ZPO) ein Beschwerderecht einzuräumen sein (vgl. etwa *OLG Celle* ZMR 2007, 54 f. zur außerordentlichen Anfechtbarkeit von Entscheidungen, gegen die eigentlich kein Rechtsmittel gegeben war, im alten Recht; weiter gehend, auch für andere Entscheidungen *Elzer/Hügel* § 13 Rn. 234). Ansonsten sind Nebenentscheidungen, sofern keine abweichenden Spezialregelungen existieren, mit der sofortigen Beschwerde gemäß §§ 567 ff. ZPO angreifbar. Auch für diese Rechtsmittel ist nach § 72 Abs. 2 S. 1 GVG das Landgericht am Sitz des Oberlandesgerichts zuständig. Gegen seine Entscheidung ist die Rechtsbeschwerde nach § 574 Abs. 1 ZPO nur statthaft, wenn sie im Gesetz ausdrücklich eröffnet oder durch das Beschwerdegericht zugelassen ist. Eine Nichtzulassungsbeschwerde findet im Gegensatz zu Urteilen grundsätzlich nicht statt.

III. Die Rechtskraft in Wohnungseigentumssachen

15 Für formelle und materielle Rechtskraft der Entscheidungen ergeben sich keine inhaltlichen Unterschiede zu alten Recht. Die zivilprozessualen Regeln sind nun direkt anwendbar (§§ 322 ff., 705 ZPO). Für den sachlichen Umfang der materiellen Rechtskraft gilt der zweigliedrige Streitgegenstandsbegriff (so schon zum alten Recht *OLG Köln* ZMR 1998, 374 f.). In Anfechtungsverfahren gilt

die Besonderheit des § 48 Abs. 4 WEG, wonach auch die Nichtigkeit eines Beschlusses nach der Abweisung des Antrags auf Ungültigerklärung nicht mehr geltend gemacht werden kann (vgl. § 48 Rn. 16 f.). Auch dies entspricht aber dem früheren Rechtszustand. Eine Abweichung vom Zivilprozess gilt nur hinsichtlich des persönlichen Umfangs der Rechtskraft. Denn nach der Spezialregelung des § 48 Abs. 3 WEG erfasst die Rechtskraft auch die Beigeladenen und ihre Rechtsnachfolger (vgl. u. § 48 Rn. 5 f.).

G. Die Zwangsvollstreckung

I. Die vorläufige Vollstreckbarkeit

Eine einschneidende Änderung gegenüber dem früheren Recht ergibt sich für die Zwangsvollstreckung aus noch nicht rechtskräftigen Titeln. Diese sind nunmehr grundsätzlich nach §§ 708 ff. ZPO vorläufig vollstreckbar. Im Übrigen ergeben sich keine Änderungen, da sich die Zwangsvollstreckung schon gemäß § 45 Abs. 3 WEG a. F. ausschließlich nach den Vorschriften der ZPO richtete. Dabei verbleibt es natürlich auch nach der Überführung der Wohnungseigentumssachen in das ZPO-Verfahren. Rechtskräftige Alttitel der Wohnungseigentümer, die noch vor der Rechtsprechung zur Teilrechtsfähigkeit ergingen, können und müssen nicht auf den Verband umgeschrieben werden (BGH NJW-RR 2007, 956; ZMR 2007, 287). 16

II. Die Vorrangigkeit von Beitragsforderungen in der Zwangsversteigerung

Wesentlich erleichtert wird die Durchsetzung von Beitragsforderungen im Zwangsversteigerungsverfahren durch die Neuerungen insbesondere in § 10 Abs. 1 Nr. 2 ZVG. Dies ermöglicht den Wohnungseigentümern erstmals auch bei vorrangigen Grundpfandrechten die Aussicht auf eine erfolgreiche Durchführung des Zwangsversteigerungsverfahrens gegen säumige Miteigentümer (wegen der Einzelheiten vgl. § 28 Rn. 52 ff.). 17

H. Der einstweilige Rechtsschutz

Mit der Überführung der Wohnungseigentumssachen in die Zivilprozessordnung wurde der Bereich des einstweiligen Rechtsschutzes erheblich umgestaltet. Die wohnungseigentumsrechtliche Spezialregelung des § 44 Abs. 3 WEG a. F. ist ersatzlos entfallen. Damit wird einstweiliger Rechtsschutz wie in anderen bürgerlichen Rechtsstreitigkeiten nach den Vorschriften zu Arrest (§§ 916 ff. ZPO) und einstweiliger Verfügung (§§ 935 ff. ZPO) gewährt. Dies bedeutet insoweit eine Erleichterung für den Rechtsuchenden, als das Ersuchen um einstweiligen Rechtsschutz nicht mehr die Anhängigkeit der Hauptsache voraussetzt. Wie in sonstigen bürgerlichen Rechtsstreitigkeiten stellt der Antrag auf Erlass einer einstweiligen Verfügung ein eigenes Verfahren dar. Ferner kann die erstinstanzliche Entscheidung anders als nach früherem Recht selbständig angefochten werden. Jedenfalls für rechtsanwaltlich nicht vertretene Wohnungseigentümer stellt dies aber auch eine Erschwerung dar, da einstweiliger Rechtsschutz nur noch auf Antrag gewährt werden kann, nicht mehr von Amts wegen. Zu den Voraussetzungen einstweiligen Rechtsschutzes kann die frühere Rechtsprechung weiterhin herangezogen werden. Denn schon nach altem Recht war hierfür ein Anordnungsanspruch, also das voraussichtliche Bestehen eines Anspruchs in der Hauptsache, und ein Anordnungsgrund, also ein dringendes Bedürfnis für das sofortige Tätigwerden des Gerichtes, erforderlich. Dies entspricht den jetzt zu fordernden Voraussetzungen nach §§ 916 ff. ZPO. Auch die Rechtsprechung zum Ersatzanspruch nach § 945 ZPO (BGHZ 120, 263 ff. a. A. KG NJW-RR 1992, 211) kann nunmehr, da die ZPO direkt anwendbar ist, natürlich übernommen werden. 18

III. Teil Verfahrensvorschriften

§ 43 Zuständigkeit

Das Gericht, in dessen Bezirk das Grundstück liegt, ist ausschließlich zuständig für

1. Streitigkeiten über die sich aus der Gemeinschaft der Wohnungseigentümer und aus der Verwaltung des gemeinschaftlichen Eigentums ergebenden Rechte und Pflichten der Wohnungseigentümer untereinander;
2. Streitigkeiten über die Rechte und Pflichten zwischen der Gemeinschaft der Wohnungseigentümer und Wohnungseigentümern;
3. Streitigkeiten über die Rechte und Pflichten des Verwalters bei der Verwaltung des gemeinschaftlichen Eigentums;
4. Streitigkeiten über die Gültigkeit von Beschlüssen der Wohnungseigentümer;
5. Klagen Dritter, die sich gegen die Gemeinschaft der Wohnungseigentümer oder gegen Wohnungseigentümer richten und sich auf das gemeinschaftliche Eigentum, seine Verwaltung oder das Sondereigentum beziehen;
6. Mahnverfahren, wenn die Gemeinschaft der Wohnungseigentümer Antragstellerin ist. Insoweit ist § 689 Abs. 2 der Zivilprozessordnung nicht anzuwenden.

Inhaltsverzeichnis

A	Regelungsinhalt der Norm und ergänzende Bestimmungen	1
	I. § 43 WEG als reine Regelung der örtlichen Zuständigkeit	1
	II. Die Regelung der sachlichen Zuständigkeit	2
	III. Schiedsverfahren	3
B.	Die Zuständigkeiten nach § 43 WEG im Einzelnen	4
	I. Die Bedeutung der Streitigkeiten nach § 43 Nr. 1 WEG nach neuem Recht	4
	1. Die Ausgliederung der Streitigkeiten um Rechte des Verbandes	4
	2. Sonstige gemeinschaftsbezogene Rechte und Pflichten	5
	3. Individualansprüche der Wohnungseigentümer	6
	4. Persönliche Voraussetzungen der Zuständigkeit nach § 43 Nr. 1 WEG	7
	5. Sachliche Voraussetzungen der Zuständigkeit nach § 43 Nr. 1 WEG	8
	6. Einzelfälle von Streitigkeiten nach § 43 Nr. 1 WEG	9
	7. Einzelfälle von Streitigkeiten, die nicht § 43 Nr. 1 WEG unterfallen	10
	8. Die Prozessführungsbefugnis	11
	II. Streitigkeiten nach § 43 Nr. 2 WEG	12
	III. Streitigkeiten mit dem Verwalter (§ 43 Nr. 3 WEG)	13
	1. Die Bedeutung der Zuständigkeitszuweisung nach der Novelle	13
	2. Persönliche Voraussetzungen der Zuständigkeit nach § 43 Nr. 3 WEG	14
	3. Sachliche Voraussetzungen der Zuständigkeit nach § 43 Nr. 3 WEG	15
	4. Die Prozessführungsbefugnis	16
	5. Einzelfälle der Zuständigkeit nach § 43 Nr. 3 WEG	17
	IV. Der Streit um die Gültigkeit von Eigentümerbeschlüssen (§ 43 Nr. 4 WEG)	18
	1. Die Bedeutung der Zuständigkeitszuweisung nach der Novelle	18
	2. Gegenstand der Anfechtungsklage	19
	a) Weite Auslegung der »Streitigkeiten über die Gültigkeit von Beschlüssen«	19
	b) Die Feststellung des Beschlussergebnisses	20
	c) Der Antrag auf Feststellung der Gültigkeit eines Beschlusses	21
	d) Die Disposition des Anfechtenden über den Umfang der Anfechtung	22
	V. Streitigkeiten mit Dritten nach § 43 Nr. 5 WEG	23
	VI. Der Mahnbescheid	24
	VII. Die Anrufung eines unzuständigen Gerichts	25
	1. Die Verweisung nach § 281 ZPO	25
	2. Der negative Kompetenzkonflikt	26

A Regelungsinhalt der Norm und ergänzende Bestimmungen
I. § 43 WEG als reine Regelung der örtlichen Zuständigkeit

Mit dem Wegfall der Worte »im Verfahren der freiwilligen Gerichtsbarkeit« regelt § 43 WEG nur noch das örtlich zuständige Gericht, das über die Streitigkeiten nach § 43 Nr. 1 bis 6 WEG zu entscheiden hat. Wie bisher ist dies das Gericht, in dessen Bezirk das Grundstück liegt. Dies gilt auch für einen im Ausland lebenden Wohnungseigentümer (*OLG Stuttgart* NJW-RR 2005, 814). Eine Ergänzung gegenüber dem früheren Gesetzestext ist die Regelung der Ausschließlichkeit dieser Zuständigkeit. Wie nach altem Recht können die Wohnungseigentümer also nicht die Zuständigkeit des näheren Amtsgericht eines Nachbarbezirks vereinbaren. Eine abweichende Zuständigkeit können sie entgegen § 39 ZPO auch nicht durch rügeloses Verhandeln herbeiführen. Nach der Überführung in den Zivilprozess kann auch in Wohnungseigentumssachen ein Schlichtungsverfahren nach § 15 a EGZPO erforderlich sein (*Niedenführ/Kümmel/Vandenhouten* § 43 Rn. 16 ff.). Ob eine § 43 WEG unterfallende Streitigkeit vorliegt, hat das Gericht anhand des vom Antragsteller vorgetragenen Sachverhalts von Amts wegen zu ermitteln. 1

II. Die Regelung der sachlichen Zuständigkeit

Im Gegensatz zur Vorgängernorm bestimmt § 43 WEG nicht mehr die erstinstanzliche Zuständigkeit des Amtsgerichts. Die sachliche Zuständigkeit ist nunmehr in § 23 Nr. 2 c GVG geregelt. Demnach ist sachlich für die Verfahren nach § 43 Nr. 1 bis 4 und 6 WEG (nicht aber für Klagen Dritter gemäß § 43 Nr. 5 WEG!) unabhängig vom Streitwert stets das Amtsgericht Eingangsinstanz. Darüber hinaus kodifiziert § 23 Nr. 2 c GVG die bereits für das alte Recht angenommene Ausschließlichkeit dieser Zuständigkeit. Auch hier bleibt es wie nach altem Recht dabei, dass die Wohnungseigentümer die Zuständigkeit des Landgerichts bei höheren Streitwerten weder vereinbaren noch durch rügelose Verhandlung begründen können. Ebenso wenig kann die Zuständigkeit nach § 43 WEG etwa von Bruchteilseigentümern rechtsgeschäftlich vereinbart werden (*OLG Celle* ZMR 2003, 222 f.; einschränkend für die Bruchteilsgemeinschaft vor Entstehen der werdenden Eigentümergemeinschaft *BayObLG* ZMR 2002, 610; vgl. *OLG Köln* ZMR 2000, 561 ff., wo rügelos verhandelt wurde). Zu beachten ist, dass es für die gänzlich neu in das WEG aufgenommenen Streitigkeiten mit Dritten in § 43 Nr. 5 WEG bei der allgemeinen, vom Streitwert abhängigen Zuständigkeit von Amts- und Landgericht bleibt, da sie in § 23 Nr. 2 c GVG nicht aufgeführt sind. 2

III. Schiedsverfahren

Auch nach der Überführung der Wohnungseigentumssachen in die Zivilprozess kann insoweit von den zwingenden Zuständigkeitsregelungen in § 43 WEG, § 23 Nr. 2 c GVG abgewichen werden, als durch Teilungserklärung oder Vereinbarung ein Vor- oder Schiedsverfahren vorgesehen sein kann. Dabei sind zwei unterschiedlich weit reichende Konstellationen möglich. Zum einen kann vereinbart sein, dass das Gericht für Wohnungseigentumssachen erst nach Befassung des Verwaltungsbeirats (vgl. *KG* NJW-RR 1994, 401; 1996, 910), der Wohnungseigentümerversammlung (*BayObLG* NJW-RR 1991, 850) oder einem Schiedsverfahren als Vorschaltverfahren (*BayObLG* NJW-RR 1990, 1106) angerufen werden kann. Zum anderen kann das Schiedsverfahren auch gänzlich an die Stelle des Verfahrens vor den staatlichen Gerichten treten. Wird in erstem Fall sofort ein staatliches Gericht angerufen, ist der Antrag unzulässig (*BayObLG* NJW-RR 1991, 850; *KG* NJW-RR 1996, 910). Er kann aber durch Nachholung des Schiedsverfahrens noch vor der Entscheidung der letzten Tatsacheninstanz zulässig werden. Soll das Schiedsverfahren dagegen an die Stelle des Gerichtsverfahrens treten, ist ein gleichwohl bei einem staatlichen Gericht gestellter Antrag unheilbar unzulässig. 3

B. Die Zuständigkeiten nach § 43 WEG im Einzelnen
I. Die Bedeutung der Streitigkeiten nach § 43 Nr. 1 WEG nach neuem Recht
1. Die Ausgliederung der Streitigkeiten um Rechte des Verbandes

4   § 43 Nr. 1 WEG erfasst wie § 43 Abs. 1 Nr. 1 WEG a. F. Streitigkeiten der Wohnungseigentümer untereinander. Trotz ähnlichen Wortlauts kommt der Vorschrift aber eine gänzlich andere Bedeutung zu als vor der Anerkennung der Teilrechtsfähigkeit der Wohnungseigentümergemeinschaft. Denn zahlreiche Verfahren wie Beitreibungsverfahren, die früher als Streitigkeiten der Wohnungseigentümer untereinander nach § 43 Abs. 1 Nr. 1 WEG a. F. angesehen wurden, betreffen nunmehr den Verband. Sie werden jetzt von der neuen Regelung des § 43 Nr. 2 WEG erfasst.

2. Sonstige gemeinschaftsbezogene Rechte und Pflichten

5   Weniger eindeutig zu beantworten ist die Frage, ob auch der Streit um sonstige gemeinschaftliche Rechte und Pflichten der Wohnungseigentümer von § 43 Nr. 1 WEG erfasst wird, bei denen es sich nicht um eigene Rechte oder Pflichten des Verbandes handelt. Nach § 10 Abs. 6 S. 3 WEG ist der Verband zwar auch insoweit ausübungs- und erfüllungsbefugt. § 43 Nr. 1 WEG stellt aber dem Wortlaut nach nicht auf die Person der Streitenden, sondern auf die materiell-rechtliche Zuordnung der Rechte und Pflichten ab, um die gestritten wird. Dies deutet darauf hin, dass auch ein Streit, in dem der Verband die Rechte aller Wohnungseigentümer gegen einen Miteigentümer wahrnimmt, im Verfahren nach § 43 Nr. 1 WEG auszutragen ist. In der Praxis werden sich allerdings keine Unterschiede ergeben. Wichtiger ist der Fall, in dem sich Verband und einzelne Wohnungseigentümer wie Dritte gegenüberstehen, etwa bei der Vermietung gemeinschaftlichen Eigentums. Dann beruht der geltend gemachte Anspruch nicht auf dem Gemeinschaftsverhältnis, sondern auf einer schuldrechtlichen Vereinbarung, unterfällt also nicht § 43 Nr. 1 WEG (s. gleich u. Rn. 8). Diese Verfahren sind nach den besonderen Regeln des § 43 Nr. 5 WEG abzuwickeln (*Niedenführ/Kümmel/Vandenhouten* § 43 Rn. 53).

3. Individualansprüche der Wohnungseigentümer

6   In jedem Fall erfasst § 43 Nr. 1 WEG Streitigkeiten zwischen einzelnen Wohnungseigentümern um Individualrechte. Dabei bleibt es bei der weiten Auslegung von persönlichem und sachlichem Anwendungsbereich der Norm (BT-Drucks. 16/3843, 55), da insoweit keine Änderungsabsichten des Gesetzgebers erkennbar sind. Insoweit bleibt die Judikatur zum früheren Recht maßgeblich.

4. Persönliche Voraussetzungen der Zuständigkeit nach § 43 Nr. 1 WEG

7   Der Zuständigkeit nach § 43 Nr. 1 WEG unterfallen folglich sämtliche Streitigkeiten der Wohnungseigentümer über ihre Rechte und Pflichten aus dem Gemeinschaftsverhältnis und der Verwaltung des gemeinschaftlichen Eigentums. Dies umfasst auch Streitigkeiten innerhalb der werdenden Wohnungseigentümergemeinschaft, wobei die Eintragung des zweiten Eigentümers diese Befugnis nicht erlöschen lässt (*BayObLG* NJW 1990, 3217 f.). Auch Streitigkeiten mit ausgeschiedenen Wohnungseigentümern sind grundsätzlich vor dem nach § 43 Nr. 1 WEG zuständigen Gericht auszutragen (*BGH* ZMR 2002, 941 ff.; *KG* NJW-RR 1988, 842 ff.; *BayObLG* NJW-RR 1994, 856), nicht aber solche mit Erwerbern nach Begründung von Wohnungseigentum (*KG* NJW-RR 1986, 444 f.; 1987, 841 f.). Demzufolge bedarf es auch nach dem Ausscheiden mehrerer Wohnungseigentümer aus der Eigentümergemeinschaft nicht der Bestimmung des Gerichtsstandes nach § 36 Abs. 1 Nr. 3 ZPO, wenn sie gemeinsam in einem Verfahren Anspruchsgegner sind (*OLG Stuttgart* ZMR 2000, 336). Die Abtretung von Ansprüchen etwa an einen Mieter, ändert an der Zuständigkeit nichts (*KG* MDR 1984, 584). Entsprechendes gilt für den Testamentsvollstrecker über den Nachlass eines verstorbenen Wohnungseigentümers (*OLG Hamburg* ZMR 2003, 134) oder nach der Insolvenz eines Wohnungseigentümers für den Insolvenzverwalter (*BGH* ZMR 2002, 941 f.; *KG* NJW-RR 1987, 77 f. auch zu den Grenzen der Prozessführungsbefugnis). Ähnliches gilt für den Zwangsverwalter (*KG* ZMR 2006, 221).

5. Sachliche Voraussetzungen der Zuständigkeit nach § 43 Nr. 1 WEG

In der Sache muss es sich um einen Streit über Rechte und Pflichten aus dem Gemeinschaftsverhältnis bzw. der Verwaltung des gemeinschaftlichen Eigentums handeln. Hierbei handelt es sich um eine weit auszulegende Zuweisung. Sie soll sämtliche Streitigkeiten erfassen, die das Gemeinschaftsverhältnis betreffen, unabhängig von der Anspruchsgrundlage. Ob der geltend gemachte Anspruch demnach auf spezifisch wohnungseigentumsrechtliche Anspruchsgrundlagen wie etwa §§ 14 Nr. 4, 15 Abs. 3 WEG oder auf Vertrag oder Delikt gestützt wird, ist demzufolge unerheblich (*BGH* NJW-RR 1991, 907 f.; BGHZ 130, 165; *OLG Köln* NJW-RR 1995, 910 f. = ZMR 1995, 269; *BayObLG* ZMR 2002, 213; *OLG München* ZMR 2005, 979). Entscheidend ist alleine, ob die streitgegenständlichen Rechte und Pflichten in einem inneren Zusammenhang zum Gemeinschaftsverhältnis der Wohnungseigentümer stehen (*OLG Hamburg* ZMR 1996, 615; *BayObLG* ZMR 2003, 589). Auszugehen ist insoweit vom Vortrag des Antragstellers, aus dem sich die behauptete Zuständigkeit schlüssig ergeben muss (*Hügel/Elzer* § 13 Rn. 37; *BayObLG* NJW-RR 1991, 1357; ZMR 2003, 589 u. 854). Dies ist bei gemeinschaftsbezogenen Streitigkeiten aus §§ 10–29 WEG abgesehen von Entziehungsverfahren stets der Fall, hingegen nicht bei sonstigen schuldrechtlichen Vereinbarungen zwischen einzelnen Wohnungseigentümern (*BGH* NJW-RR 1986, 1335; *BayObLG* NJW-RR 1999, 11 = ZMR 1998, 503 für die Tätigkeit eines Miteigentümers als Verfahrensbevollmächtigter). Ausgenommen von der Zuständigkeitsregelung nach § 43 Nr. 1 WEG sind demgegenüber sachenrechtliche Fragen nach §§ 2–9 WEG etwa über Umfang und Gegenstand von Sonder- und Miteigentum (BGHZ 130, 164 f.), nicht aber – infolge seines vorrangig schuldrechtlichen Charakters – eines Sondernutzungsrechtes (BGHZ 109, 398 f.; a. A. noch *OLG Stuttgart* NJW-RR 1986, 318) Ansprüche auf Einräumung bzw. Aufhebung dinglicher Rechte aus schuldrechtlichen Vereinbarungen (*OLG Zweibrücken* ZMR 2002, 471). Hierüber haben, sofern es sich nicht um ein Grundbuchverfahren handelt, die ordentlichen Gerichte zu entscheiden (BGHZ 73, 304; 130, 164 f.; *OLG Karlsruhe* OLGZ 1976, 13 f.). Dies gilt nicht, wenn die sachenrechtliche Zuordnung nur Vorfrage eines Streites unter Wohnungseigentümern ist (*OLG Stuttgart* NJW-RR 1986, 318; *OLG Düsseldorf* NJW-RR 1995, 207; *OLG Karlsruhe* OLGZ 1976, 14). Ausnahmsweise kann das Rechtsschutzbedürfnis für eine Klage nach § 43 Nr. 1 WEG entfallen, wenn dem Kläger ein einfacherer Weg offen stünde. Das ist regelmäßig dann zu bejahen, wenn er ohne Einschaltung der hierfür zuständigen Wohnungseigentümerversammlung sogleich das Gericht mit seinem Begehren befasst (*BGH* ZMR 2003, 941; *OLG Hamburg* ZMR 1993, 536 f.; *BayObLG* ZMR 1994, 523; *OLG Düsseldorf* ZMR 2004, 612 f.). Dies gilt aber dann nicht, wenn die Anrufung der Eigentümerversammlung unzumutbar oder etwa aufgrund der Mehrheitsverhältnisse erkennbar aussichtslos ist (*BayObLG* ZMR 2004, 840).

6. Einzelfälle von Streitigkeiten nach § 43 Nr. 1 WEG

Der Zuständigkeit nach § 43 Nr. 1 WEG unterfallen demzufolge nach der Rechtsprechung der Streit um
- einen Anspruch auf **Änderung der dinglichen Rechtslage**, etwa des Umfangs eines Sondernutzungsrechtes aus dem Gemeinschaftsverhältnis (*BayObLG* ZMR 1998, 583; *OLG München* ZMR 2006, 157; *KG* ZMR 2007, 554)
- die Zulässigkeit **baulicher Veränderungen** (BayObLGZ 1975, 179 f.)
- Schadensersatz vom **Bauträger**, der Miteigentümer ist, aufgrund der Mehrkosten die aus der Nichterrichtung weiterer Gebäude der Liegenschaft resultieren (*BayObLG* NJW-RR 2002, 882)
- Ansprüche wegen **ehrverletzender Äußerungen** gegen Miteigentümer (*OLG Frankfurt* NJW-RR 2007, 162 ff.)
- eine Abmahnung vor der Einleitung eines Verfahrens zur **Entziehung** des Wohnungseigentums nach § 18 WEG (zur Zuordnung gemeinschaftsbezogener Ansprüche zu § 43 Nr. 1 s. o. Rn. 5), wobei allerdings nur die formale Ordnungsmäßigkeit dieses Beschlusses überprüft werden kann, da die sachliche Berechtigung des Veräußerungsverlangens in einem eigenen Verfahren zu klären ist (*BayObLG* WuM 1990, 95; NZM 1999, 579); entsprechendes gilt für eine Abmahnung (*BayObLG* WuM 1995, 501)
- Inhalt und Wirksamkeit von **Gebrauchsregelungen** (BayObLGZ 1970, 266 f.)

§ 43 | Zuständigkeit

- Möglichkeit und Umfang des Gebrauchs von **gemeinschaftlichem Eigentum** und hiergegen gerichtete Unterlassungsansprüche (*OLG Frankfurt* NJW 1965, 2205 f.), selbst wenn sie durch einen Mieter erfolgen, der aber selbst ebenfalls Inhaber eines nicht selbst genutzten Sonder- oder Teileigentums ist (*KG* ZMR 2005, 978)
- Schadensersatzansprüche gegen den **Insolvenzverwalter** aus § 61 InsO (*OLG Düsseldorf* ZMR 2007, 206)
- die Einhaltung von **Konkurrenzschutzvereinbarungen**, die als Inhalt des Sondereigentums in das Grundbuch eingetragen sind (*BayObLG* WE 1997, 477), nicht aber bei schuldrechtlichen Vereinbarungen zwischen zwei Miteigentümern (*BGH* NJW-RR 1986, 1335)
- den **Kostenverteilungsschlüssel** (*OLG Karlsruhe* NJW-RR 1987, 975; *BayObLG* NZM 2003, 521), auch wenn hierbei inzident die sachenrechtliche Vorfrage der Änderung von Miteigentumsanteilen zu befinden ist (*BayObLG* ZMR 1985, 132; *KG* WE 1998, 469)
- die Einräumung von **Mitbesitz** am gemeinschaftlichen Eigentum (*BayObLGZ* 1970, 266)
- **Schadensersatz** wegen unerlaubter Handlung zwischen zwei Miteigentümern im Zusammenhang mit dem Gemeinschaftsverhältnis unabhängig von der Anspruchsgrundlage (*BGH* NJW-RR 1991, 907 f.)
- Rechte und Pflichten, die aus einem **Sondernutzungsrecht** herrühren (BGHZ 109, 398 f.; *OLG Hamm* NJW-RR 1993, 1296)
- die Änderung der Raumgrenzen nach der **Teilungserklärung** (*OLG Düsseldorf* MDR 1988, 410) oder der Anspruch auf Umwandlung von Gemeinschafts- in Sondereigentum (*OLG Schleswig* ZMR 2006, 74)
- die Bestellung eines **Verwalters** (*OLG Köln* ZMR 2003, 960)
- Rechte und Pflichten des **Verwaltungsbeirats** (*BayObLGZ* 1972, 163; zur Zuständigkeit nach § 43 Nr. 1 WEG bei Verwaltungsbeiratsmitgliedern, die nicht Wohnungseigentümer sind, vgl. o. § 29 Rn. 36)
- die Zustimmung zur **Veräußerung** nach § 12 WEG (*BayObLGZ* 1972, 350 f.; 1977, 40 ff.)

7. Einzelfälle von Streitigkeiten, die nicht § 43 Nr. 1 WEG unterfallen

10 Nicht der Zuständigkeit nach § 43 Nr. 1 WEG unterliegen hingegen nach der Rechtsprechung der Streit um
- Ansprüche nach **Aufhebung** der Gemeinschaft (*BayObLG* WE 1999, 197)
- Rechte und Pflichten von Teilhabern einer **Bruchteilsgemeinschaft** an einem Teil- oder Wohnungseigentum (*KG* NJW-RR 1986, 1274; *BayObLG* NJW-RR 1995, 589)
- Ansprüche der Wohnungseigentümer gegen **Dritte** oder umgekehrt Dritter gegen die Wohnungseigentümergemeinschaft (*BayObLG* WuM 1991, 450), auch wenn sie der Gemeinschaft abgetreten wurden (*OLG München* ZMR 2005, 979); hierfür kann aber jetzt die Zuständigkeit nach § 43 Nr. 5 WEG gegeben sein
- Rechte und Pflichten aus der Zeit vor **Entstehen der Wohnungseigentümergemeinschaft** (*BayObLG* NJW-RR 1991, 1358)
- Die **Entziehung** von Wohnungseigentum nach §§ 18, 19 WEG (*Niedenführ/Kümmel/Vandenhouten* § 43 Rn. 70; a. A. mit bedenkenswerten Argumenten *Hügel/Elzer* § 13 Rn. 41)
- die **Herausgabe** von Sondereigentum (BGHZ 130, 164 ff.)
- Pflichten aus **schuldrechtlichen Vereinbarungen** zwischen den Wohnungseigentümern (*BGH* NJW-RR 1986, 1335; *BayObLG* NJW-RR 1999, 12 = ZMR 1998, 503)
- die Zugehörigkeit bestimmter Räume zum **Sondereigentum** eines Miteigentümers (BGHZ 130, 164 f.; *BayObLG* NJW-RR 1991, 1357; 1996, 913; ZMR 1998, 583)
- die Frage, wem ein **Sondernutzungsrecht** zusteht (*OLG Saarbrücken* NJW-RR 1998, 1165 = ZMR 1998, 594; *OLG Zweibrücken* ZMR 2002, 471)
- Ansprüche wegen der **Veräußerung** von Wohnungseigentum (BGHZ 62, 389 f.; *BayObLG* NJW-RR 1994, 1429)
- Ansprüche aus schuldrechtlichen Beziehungen wie der **Vermietung** gemeinschaftlichen Eigentums oder der Rechtsberatung, auch wenn die Verträge zwischen Miteigentümern geschlossen

wurden, da sich diese hierbei wie Dritte gegenüberstehen (*BayObLG* WuM 1996, 359; NZM 1998, 516)
– der Streit mit einer anderen **Wohnungseigentümergemeinschaft** um die Nutzung eines gemeinsamen Treppenhauses (*OLG Hamm* ZMR 2006, 879)

8. Die Prozessführungsbefugnis

Die Geltendmachung eines Anspruchs im Verfahren nach § 43 Nr. 1 WEG setzt voraus, dass der Wohnungseigentümer im konkreten Fall prozessführungsbefugt ist. So kann ein einzelner Wohnungseigentümer Ansprüche gegen einen Miteigentümer ohne Ermächtigung durch die Eigentümergemeinschaft nur dann geltend machen, wenn sie ihm als Individualansprüche alleine zustehen. Dies ist etwa bei der Beeinträchtigung des Sondereigentums (vgl. § 13 Rn. 6) oder eines Sondernutzungsrechtes (vgl. § 13 Rn. 45) stets der Fall. Bei Unterlassungsansprüchen wegen der Beeinträchtigung des Gemeinschaftseigentums (vgl. § 13 Rn. 25) kann der Verband zwar gemäß § 10 Abs. 6 S. 3 WEG auch die Geltendmachung von Individualansprüchen an sich ziehen, die Prozessführungsbefugnis des einzelnen Wohnungseigentümers bleibt aber unberührt (*Abramenko* § 6 Rn. 14 ff.; *Niedenführ/Kümmel/Vandenhouten* § 10 Rn. 63). Dasselbe gilt für den Anspruch auf Unterlassung unzulässiger Nutzungen (vgl. § 15 Rn. 25). Hingegen fällt etwa die Geltendmachung von Schadensersatzansprüchen in die Verwaltungsbefugnis der Eigentümergemeinschaft, weshalb sie ein einzelner Miteigentümer nur nach entsprechender Ermächtigung im Verfahren nach § 43 Nr. 1 WEG durchsetzen kann (vgl. § 13 Rn. 26). Dasselbe gilt für die Beitreibung von Ansprüchen der Gemeinschaft gegen einzelne Miteigentümer wegen der Beteiligung an den Lasten und Kosten des Gemeinschaftseigentums (*BGH* NJW 1990, 2386; *OLG Köln* NJW-RR 2001, 159). Fehlt die Antragsbefugnis, so ist der Antrag zu verwerfen (*KG* ZMR 1997, 544). 11

II. Streitigkeiten nach § 43 Nr. 2 WEG

§ 43 Nr. 2 WEG trägt der vom Gesetzgeber anerkannten Teilrechtsfähigkeit des Verbandes Rechnung. Danach ist auch für Streitigkeiten mit dem Verband das Amtsgericht der belegenen Sache zuständig. Der weitere Instanzenzug entspricht den sonstigen echten Wohnungseigentumssachen. Die Zuständigkeit erfasst nur die Streitigkeiten, in denen der Verband Träger eigener Rechte ist. Ist er nur ausübungsbefugt, richtet sich die Zuständigkeit nach § 43 Nr. 1 WEG, da materiellrechtlich die Wohnungseigentümer berechtigt und verpflichtet sind (s.o. Rn. 5). Die Zuständigkeit nach § 43 Nr. 2 WEG besteht sowohl für Aktivverfahren des Verbandes (etwa Beitreibungssachen) als auch für Passivprozesse (etwa für die Klage auf Auszahlung von Guthaben aus der Jahresabrechnung). Da § 43 Nr. 2 WEG nur Streitigkeiten zwischen Verband und Wohnungseigentümern benennt, ergibt sich für Klagen des Verwalters (oder solche gegen ihn) nicht die Zuständigkeit aus § 43 Nr. 2 WEG. Diese fallen unter § 43 Nr. 3 WEG. Der persönliche und sachliche Anwendungsbereich ist wie bei § 43 Nr. 1 WEG weit zu fassen. So sind auch Beitreibungsverfahren gegen mittlerweile ausgeschiedene Wohnungseigentümer Prozesse nach § 43 Nr. 2 WEG. Ebenso sind auch die betroffenen Rechte und Pflichten weit zu verstehen: Im Verfahren nach § 43 Nr. 2 WEG sind unabhängig von der Anspruchsgrundlage alle Streitigkeiten auszutragen, die einen inneren Zusammenhang zum Gemeinschaftsverhältnis der Wohnungseigentümer aufweisen. Allerdings können außerhalb des Gemeinschaftsverhältnisses begründete Ansprüche nicht deswegen vor dem nach § 43 Nr. 1 WEG zuständigen Gericht verfolgt werden, weil sie an den Verband abgetreten wurden (*OLG München* ZMR 2005, 979). 12

III. Streitigkeiten mit dem Verwalter (§ 43 Nr. 3 WEG)

1. Die Bedeutung der Zuständigkeitszuweisung nach der Novelle

Die Zuständigkeit für Streitigkeiten mit dem Verwalter nach § 43 Nr. 3 WEG ist im Wesentlichen mit dem früheren Recht (§ 43 Abs. 1 Nr. 2 WEG a. F.) deckungsgleich. § 43 Nr. 2 WEG erfasst neben Streitigkeiten der Wohnungseigentümer auch diejenigen des Verbandes mit dem Verwalter und zwar sowohl Aktivprozesse des Verwalters, etwa wegen seiner Vergütung, als auch Passiv- 13

§ 43 | Zuständigkeit

prozesse, etwa wegen Schadensersatzforderungen gegen ihn. Erstinstanzlich ist somit das Amtsgericht unabhängig vom Streitwert zuständig; der weitere Instanzenzug entspricht demjenigen der sonstigen echten Wohnungseigentumssachen. Auch hier gilt der Grundsatz weiter Auslegung, da ein Änderungswille des Gesetzgebers gegenüber dem früheren Rechtszustand nicht erkennbar ist (vgl. BT-Drucks. 16/3843, 55). So gilt die Zuständigkeit nach § 43 Nr. 3 WEG insbesondere auch für Streitigkeiten mit dem ausgeschiedenen Verwalter. Wie bei Streitigkeiten gemäss § 43 Nr. 1, 2 WEG kommt es auf die Rechtsgrundlage des geltend gemachten Anspruchs nicht an. Es genügt, dass der Anspruch in einem inneren Zusammenhang zur Tätigkeit des Verwalters steht.

2. Persönliche Voraussetzungen der Zuständigkeit nach § 43 Nr. 3 WEG

14 Da der Gesetzgeber den weiten Anwendungsbereich von § 43 Nr. 3 WEG gegenüber dem früheren Recht nicht einschränken wollte (*Hügel/Elzer* § 13 Rn. 46), ist die frühere Judikatur insoweit noch heranzuziehen. Dementsprechend unterfallen auch Streitigkeiten mit einem ausgeschiedenen Verwalter § 43 Nr. 3 WEG (BGHZ 59, 63 f.; 106, 38; *BayObLG* NJW-RR 1988, 19; 1991, 1363; 1994, 856; *OLG Hamm* NJW-RR 1988, 268). Anderes gilt nur, wenn sowohl der Verwalter als auch der den Anspruch geltend machende Wohnungseigentümer vor Rechtshängigkeit ausgeschieden sind, da durch dieses Verfahren kein Zusammenhang mit dem Funktionieren der Gemeinschaftsverwaltung mehr gegeben ist (*OLG Köln* WE 1996, 76). Dies gilt auch für Streitigkeiten zwischen amtierendem und ehemaligem Verwalter über ehrenrührige Behauptungen (*OLG München* NJW-RR 2006, 155 = ZMR 2006, 156). Umgekehrt sind Ansprüche eines ausgeschiedenen Eigentümers gegen den Verwalter ebenfalls nach dieser Zuständigkeitsnorm vor dem Gericht für Wohnungseigentumssachen zu verhandeln (*BayObLG* WuM 1994, 572 f.; *KG* ZMR 2000, 401). Auf die förmliche Bestellung des Verwalters kommt es dabei nicht an. Es genügt, wenn er mit Wissen der Wohnungseigentümer die Verwaltung geführt hat (*KG* OLGZ 1981, 304). Demzufolge steht der Zuständigkeit nach § 43 Nr. 3 WEG noch viel weniger entgegen, dass die Bestellung zwar erfolgte, aber unwirksam war (*KG* OLGZ 1976, 266 f.; NJW-RR 1991, 1363; *OLG Köln* NJW-RR 2005, 1096). Selbst für die Inanspruchnahme des Gesellschafters einer OHG, der nie Verwalter war, sondern nur nach § 128 HGB für deren Verbindlichkeiten haftet, soll die Zuständigkeit des § 43 Nr. 3 WEG gelten (*BayObLG* NJW-RR 1987, 1368). Dasselbe soll auch bei der Durchgriffshaftung gegen den Geschäftsführer einer Verwalter-GmbH gelten (*KG* ZMR 2006, 152 f.; *AG Hannover* ZMR 2007, 75; a. A. *LG Krefeld* ZMR 2007, 74). Auch bei Auseinandersetzungen um einzelne Verwaltungstätigkeiten, die ein bewusst nicht als Verwalter auftretender Miteigentümer übernommen hat (vgl. o. § 26 Rn. 85), ist die Zuständigkeit nach § 43 Nr. 3 WEG gegeben (*KG* GE 1990, 149). Anderes gilt nur dann, wenn eine Übergabe der Verwaltung vom Bauträger auf einen von den Wohnungseigentümern bestellten Verwalter noch gar nicht stattgefunden hat (*BGH* NJW 1976, 240). Auch ein Rechtsstreit mit dem Haftpflichtversicherer des Verwalters unterfällt nicht § 43 Nr. 3 WEG (*BayObLG* NJW-RR 1987, 1099).

3. Sachliche Voraussetzungen der Zuständigkeit nach § 43 Nr. 3 WEG

15 Der Grundsatz weiter Auslegung gilt auch hinsichtlich des Streitstoffs nach § 43 Nr. 3 WEG. Auch hier ist die Zuständigkeit des Gerichtes für Wohnungseigentumssachen somit noch nach dem Ausscheiden des Verwalters gegeben (BGHZ 59, 58; 106, 38; *BayObLG* NJW-RR 1994, 856; WuM 2003, 349). Wie bei § 43 Nr. 1 WEG kommt es auch bei Streitigkeiten mit dem Verwalter nicht auf die Rechtsgrundlage des geltend gemachten Anspruchs, sondern alleine darauf an, ob er in einem inneren Zusammenhang zu seiner Tätigkeit steht (BGHZ 59, 63 f.; *BayObLG* NJW-RR 1994, 856; *OLG Köln* NJW-RR 2005, 1096). Maßgeblich ist insoweit der Vortrag des Klägers (*OLG Stuttgart* NJW-RR 1986, 1277). Ausgeschlossen sind folglich nur solche Tätigkeiten, die nicht mit den Aufgaben des Verwalters nach § 27 WEG zusammenhängen, also etwa als vormaliger Baubetreuer (BGHZ 65, 266), als Bauträger, als Verwalter von Sondereigentum (*BayObLG* NJW-RR 1989, 1168 u. 1996, 1037) oder als Makler.

4. Die Prozessführungsbefugnis

Die Geltendmachung eines Anspruchs im Verfahren nach § 43 Nr. 3 WEG hängt darüber hinaus davon ab, ob ein Wohnungseigentümer oder Verwalter im konkreten Fall prozessführungsbefugt ist. So kann ein einzelner Wohnungseigentümer Ansprüche gegen den Verwalter ohne Ermächtigung durch die Eigentümergemeinschaft nur dann geltend machen, wenn sie ihm als Individualansprüche alleine zustehen, etwa beim Streit um ordnungsgemäße Verwaltung gemäß § 21 Abs. 4 WEG (vgl. *BayObLG* ZMR 2003, 692; *OLG Hamm* NJW-RR 1993, 847) oder um Ersatz von Schäden, die alleine in seinem Sondereigentum entstanden sind (vgl. § 26 Rn. 57). Andere Schadensersatzansprüche gegen den Verwalter unterfallen dagegen der Verwaltungsbefugnis der Eigentümergemeinschaft, so dass sie ein einzelner Miteigentümer nur nach entsprechender Ermächtigung alleine geltend machen kann (vgl. § 26 Rn. 57). Fehlt die Prozessführungsbefugnis, so ist der Antrag zu verwerfen (*KG* ZMR 1997, 544).

5. Einzelfälle der Zuständigkeit nach § 43 Nr. 3 WEG

Der Zuständigkeit nach § 43 Nr. 3 WEG unterliegen demzufolge nach der Rechtsprechung der Streit um
- die **Abberufung** des Verwalters (*BGH* NZM 2002, 789)
- Ansprüche auf Ersatz von **Aufwendungen** (*BayObLG* WE 1997, 76), sofern diese nicht nach Ablauf der Bestellungszeit auf Bitten des neuen Verwalters getätigt wurden (*OLG Köln* NZM 2002, 749)
- **Auskunftsansprüche** (BayObLGZ 1972, 166)
- die Verpflichtung des Verwalters zur **Einberufung einer Eigentümerversammlung** (BayObLGZ 1970, 4; WuM 1992, 450)
- die **Bestellung** des Verwalters
- die **Durchführung** von Eigentümerbeschlüssen (*OLG Frankfurt* OLGZ 1980, 76 f.)
  Ansprüche des Verwalters wegen **ehrverletzender Äußerungen** von Wohnungseigentümern (*BayObLG* ZWE 2001, 319; a. A. *BayObLG* 1989, 68 f., *OLG Düsseldorf* ZWE 2001, 165 f.) und ebenso eines Wohnungseigentümers wegen entsprechender Äußerungen des Verwalters, sofern jeweils ein Zusammenhang mit der Verwaltung besteht
- die **Einsicht** in Unterlagen des Verwalters (*OLG Frankfurt* OLGZ 1979, 138; *OLG Hamm* NJW-RR 1999, 162)
- die Genehmigung der **Haustierhaltung** (*OLG Saarbrücken* NZM 1999, 622)
- die **Herausgabe** von Unterlagen (BayObLGZ 1969, 211; *OLG Hamm* WEZ 1988, 256 f.)
- die Berichtigung des **Protokolls** (BayObLGZ 1982, 447 f)
- **Schadensersatz** wegen Verletzung des Verwaltervertrages (*BGH* NJW 1972, 1319 f.; WE 1989, 94)
- **Unterlassung** weiterer Tätigkeit des abberufenen Verwalters (*BayObLG* ZMR 1982, 224)
- die Zustimmung zur **Veräußerung** nach § 12 WEG (BayObLGZ 1977, 40 ff.)
- die **Vergütung** des Verwalters (*BGH* NJW 1980, 2468)
- Umfang und Inhalt der **Verwalteraufgaben** (*OLG Köln* OLGZ 1979, 284) die Wirksamkeit der **Verwalterbestellung** (*KG* OLGZ 1976, 267), sofern es sich nicht um eine Beschlussanfechtung nach § 43 Nr. 4 WEG handelt
- das Bestehen eines **Verwaltervertrags** (*BGH* NJW 1980, 2468; NZM 2002, 789) und Ansprüche hieraus (BGHZ 59, 60 ff.)

IV. Der Streit um die Gültigkeit von Eigentümerbeschlüssen (§ 43 Nr. 4 WEG)

1. Die Bedeutung der Zuständigkeitszuweisung nach der Novelle

Die allgemeine Tendenz der Novelle, in § 43 WEG nur noch die örtliche Zuständigkeit zu regeln, setzt sich bei Streitigkeiten über die Gültigkeit von Beschlüssen fort. 43 Nr. 4 WEG trifft im Gegensatz zur Vorgängernorm keine Aussagen mehr über die Anfechtungsberechtigung, dies übernimmt § 46 Abs. 1 S. 1 WEG. Auch ansonsten sind einzelne Aspekte der Anfechtungsklage nunmehr in Spezialvorschriften wie §§ 46 f., 48 Abs. 1 S. 2 WEG geregelt. Bezüglich der erstinstanzlichen Zuständigkeit stimmt § 43 Nr. 4 WEG weitgehend mit dem alten Recht überein. Da

§ 43 | Zuständigkeit

Wortlaut und Materialien eine Einschränkung im Anwendungsbereich der Norm nicht zu entnehmen ist, gilt auch hier der Grundsatz weiter Auslegung (*Hügel/Elzer* § 13 Rn. 51). Insoweit kann auf die Rechtsprechung zum alten Recht zurückgegriffen werden.

2. Gegenstand der Anfechtungsklage

a) Weite Auslegung der »Streitigkeiten über die Gültigkeit von Beschlüssen«

19 Da die Zuständigkeit nach § 43 Nr. 4 WEG wie nach früherem Recht weit auszulegen ist, erfasst sie nicht nur die eigentliche Anfechtung von Eigentümerbeschlüssen, sondern auch den Antrag, ihre Wirksamkeit (*OLG Hamm* NJW 1981, 465) oder ihren Inhalt (*OLG Köln* OLGZ 1979, 284; *BayObLG* ZMR 2004, 126) festzustellen. Ferner kann die Feststellung des Beschlussergebnisses, das für Zustandekommen und Inhalt eines Beschlusses konstitutiv ist (*BGH* ZMR 2001, 809 ff.), im Verfahren nach § 43 Nr. 4 WEG binnen eines Monats gemäß § 46 Abs. 1 S. 2 WEG angefochten und die Feststellung des wahren Beschlussergebnisses begehrt werden. Sofern eine Beschlussfeststellung durch den Versammlungsleiter gänzlich unterblieben ist, kann diese im Verfahren nach § 43 Nr. 4 WEG durch das Gericht nachgeholt werden (*BGH* ZMR 2001, 812 f.). Auch die Berichtigung des im Protokoll unrichtig wiedergegebenen Beschlussinhalts ist im Verfahren nach § 43 Nr. 4 WEG geltend zu machen, wobei hierfür die Monatsfrist des § 46 Abs. 1 S. 2 WEG nicht gilt (*OLG Celle* NJW 1958, 307; wohl auch WE 1989, 200; *BayObLG* NJW-RR 1990, 211; *Niedenführ/Kümmel/Vandenhouten* § 43 Rn. 69; a. A. *OLG Köln* OLGZ 1979, 284 f.; *OLG Hamm* OLGZ 1985, 148 f.; *KG* NJW-RR 1991, 213). Selbst die Ablehnung einen bestimmten Beschluss zu fassen, kann angefochten werden, allerdings nur in Verbindung mit einem positiven Antrag (*BGH* ZMR 2001, 813 f.; *BayObLG* NJW-RR 2005, 312; *OLG München* ZMR 2006, 307; NJW-RR 2007, 1096). Ob wie nach früherem Recht der fehlende Antrag im Wege der Auslegung »ergänzt« werden kann, erscheint zweifelhaft. Im Gegensatz zum Richter der freiwilligen Gerichtsbarkeit hat das Zivilgericht nicht das Rechtsschutzbegehren ohne Bindung an die Anträge zu erforschen. Der Streitgegenstand des Zivilprozesses bestimmt sich alleine nach den Anträgen des Klägers, über die das Gericht nicht hinausgehen darf.

b) Die Feststellung des Beschlussergebnisses

20 Im Verfahren nach § 43 Nr. 4 WEG kann auch die Feststellung des vom Verwalter nicht oder unzutreffend verkündeten Beschlussergebnisses begehrt werden (*BGH* ZMR 2002, 931; *BayObLG* ZMR 2004, 126 vgl. auch *Riecke* WE 2004, 34, 39), was mit der Anfechtung einer unzutreffenden Verkündung verbunden werden muss (*BGH* ZMR 2002, 931 f.; *BayObLG* ZMR 2004, 126). Sofern die Feststellung des vom Versammlungsleiter nicht verkündeten Beschlussergebnisses begehrt wird, sind inhaltliche Mängel wie im Gesellschaftsrecht (vgl. *OLG Celle* OLGR 1998, 326) bereits in diesem Verfahren, nicht etwa erst in einem auf die Feststellung folgenden Anfechtungsverfahren zu prüfen. Selbst der Versammlungsleiter hat vor der Beschlussfeststellung die Rechtmäßigkeit des festzustellenden Beschlusses zu prüfen und von der Verkündung eines anfechtbaren Beschlusses regelmäßig abzusehen, zumindest aber auf Bedenken hinzuweisen (*Gottschalg* WE 2002, 46; *Deckert* ZMR 2003, 156; weiter gehend *Kümmel* GE 2002, 382 f.). Erst recht hat dann das Gericht, das an seine Stelle tritt, vor der Beschlussfeststellung eine solche inhaltliche Prüfung vorzunehmen, was im Übrigen natürlich auch aus Gründen der Prozessökonomie geboten ist (*OLG München*, NJW-RR 2007, 594 f. = ZMR 2007, 223; *Niedenführ/Kümmel/Vandenhouten* § 43 Rn. 72; *Abramenko* ZMR 2004, 790 ff.; *Becker*, ZWE 2006, 161; a. A. *Riecke/v. Rechenberg* MDR 2002, 310; *Deckert* ZMR 2003, 157 f.; *Müller* NZM 2003, 224 f.; *Schmidt* ZWE 2006, 171). Zu einer Bevormundung der Wohnungseigentümer kommt es hierdurch nicht, da Mängel, die keine Partei rügt, hier wie im Anfechtungsverfahren nicht zu berücksichtigen sind.

c) Der Antrag auf Feststellung der Gültigkeit eines Beschlusses

21 Wird die Feststellung der Gültigkeit eines Beschlusses beantragt, ist stets das Vorliegen von Nichtigkeitsgründen zu prüfen. Bloße Anfechtungsgründe sind grundsätzlich nicht zu berücksichtigen, sofern der Beschluss nicht rechtzeitig angefochten wurde. Denn bis zu seiner Ungültigerklärung ist er als wirksam zu behandeln. Will ein Wohnungseigentümer oder ein sonstiger Anfechtungsberechtigter den Eigentümerbeschluss beseitigen, muss er ihn anfechten. Dies geschieht mit

einem Antrag, die Gültigkeit festzustellen, gerade nicht. Folglich erwächst der streitgegenständliche Beschluss im Laufe des Verfahrens in Bestandskraft, so dass beim Fehlen von Nichtigkeitsgründen seine Wirksamkeit festzustellen ist (a. A. Bärmann/Pick/*Merle* § 43 Rn. 65).

d) Die Disposition des Anfechtenden über den Umfang der Anfechtung

Schon nach altem Recht herrschte hinsichtlich der Geltendmachung von Anfechtungsgründen die Dispositionsmaxime. Dies gilt erst recht nach Überführung der Wohnungseigentumssachen in die ZPO. Den Umfang der Anfechtung bestimmt der Kläger. So hat er die Möglichkeit, einen Beschluss nicht insgesamt, sondern nur teilweise anzugreifen Dies ist insbesondere bei der Genehmigung von Jahresabrechnung und Wirtschaftsplan von Bedeutung, wenn sich der anfechtende Wohnungseigentümer nur gegen einzelne Positionen wendet. Eine Ungültigerklärung kann nur insoweit erfolgen, als die Genehmigung von Jahresabrechnung bzw. Wirtschaftsplan konkret angegriffen und insoweit tatsächlich fehlerhaft ist (*BayObLG* NJW-RR 1990, 1108; 1992, 1170; *KG* NJW-RR 1991, 1236; WE 1995, 92). Ebenso wenig darf Gericht einen Beschluss wegen Mängeln für unwirksam erklären, auf die sich der Antragsteller nicht beruft (BayObLGZ 1986, 268; vgl. u. § 48 Rn. 18). In Zweifelsfällen ist durch Nachfrage zu klären, ob sich der Antragsteller auf einen erkennbaren, aber nicht gerügten Mangel berufen will.

V. Streitigkeiten mit Dritten nach § 43 Nr. 5 WEG

Gänzlich neu ist die Aufnahme von Rechtsstreitigkeiten mit Dritten in den Katalog des § 43 WEG. Dabei ist die Zuständigkeit der belegenen Sache nur bei Klagen Dritter gegen Verband oder Wohnungseigentümer gegeben. Gehen umgekehrt Verband oder Wohnungseigentümer gegen Dritte vor, bleibt es bei den allgemeinen Zuständigkeitsregeln, auch bei negativen Feststellungsklagen (*Abramenko* AGS 2006, 282 f.; *Niedenführ/Kümmel/Vandenhouten* § 43 Rn. 87). Die Widerklage kann also nach § 33 Abs. 2 ZPO ausgeschlossen sein. Klagen gegen den Verband müssen das gemeinschaftliche Eigentum oder seine Verwaltung betreffen. Dies wird bei der weiten Handhabung des Verwaltungsbegriffs in der Novelle praktisch immer der Fall sein, weshalb § 43 Nr. 5 WEG alle Passivverfahren des Verbandes erfassen dürfte. Trotz Erfüllungsbefugnis des Verbandes ist auch die Einbeziehung von Klagen gegen Wohnungseigentümer in vorliegendem Zusammenhang nicht überflüssig, da sich § 43 Nr. 5 WEG auch auf Verfahren gegen einzelne Wohnungseigentümer erstreckt. Dies zeigt der Umstand, dass auch Streitigkeiten, die das Sondereigentum betreffen, von § 43 Nr. 5 WEG umfasst werden. Allerdings muss sich die Klage auf das Wohnungseigentum beziehen. Für sonstige Klagen gegen einen Wohnungseigentümer etwa aus schuldrechtlichen Sonderbeziehungen gilt der allgemeine Gerichtsstand. Unbedingt zu beachten ist, dass die Streitigkeiten nach § 43 Nr. 5 WEG nicht in vollem Umfang den Sonderregeln für Wohnungseigentumssachen unterfallen. Anwendung findet die Regelung zur örtlichen Zuständigkeit von Wohnungseigentumssachen. Hingegen richtet sich die erstinstanzliche Zuständigkeit nicht nach § 23 Nr. 2 c GVG, da die Verfahren nach § 43 Nr. 5 WEG dort nicht aufgeführt werden. Bei einem Streitwert über 5000 Euro ist somit das Landgericht erstinstanzlich zuständig. Auch der eingeschränkte Rechtsmittelzug findet auf Klagen Dritter nach § 43 Nr. 5 WEG keine Anwendung, da § 72 Abs. 2 S. 1 GVG diese Verfahren wiederum nicht einbezieht. Es gilt also der allgemeine Rechtsmittelzug, wobei gegen Urteile des Oberlandesgerichts die Nichtzulassungsbeschwerde zulässig ist.

VI. Der Mahnbescheid

Mit § 43 Nr. 6 WEG bestimmt der Gesetzgeber die örtliche Zuständigkeit für Mahnverfahren des Verbandes. Dies erschien dem Gesetzgeber notwendig, da der Verband nicht über einen »Sitz« i. S. d. § 17 Abs. 1 S. 1 ZPO verfüge und daher auf den Sitz der Verwaltung abgestellt werden müsse (eingehend hierzu BT-Drucks. 16/3843, 55 f.). Die Beschränkung auf Anträge des Verbandes wurde erforderlich, da der Gesetzgeber die alte Regelung in § 46 a Abs. 1 S. 2 WEG a. F. als zu weit gefasst ansah (BT-Drucks. 16/3843, 55 f.). Für sonstige Binnenstreitigkeiten, etwa unter den Wohnungseigentümern gilt § 43 Nr. 6 WEG daher nicht. Das zuständige Mahngericht ist in diesen

§ 44 | Bezeichnung der Wohnungseigentümer in der Klageschrift

Fällen nach § 689 Abs. 2 ZPO zu ermitteln. Der Gerichtsstand des § 43 Nr. 1 WEG kommt erst bei der Abgabe nach Widerspruch oder Einspruch zum Tragen (BT-Drucks. 16/3843, 56). Um übrigen sind die Regeln der ZPO direkt anzuwenden, so dass § 46 a WEG a. F. ersatzlos entfallen konnte.

VII. Die Anrufung eines unzuständigen Gerichts

1. Die Verweisung nach § 281 ZPO

25 Die Folgen der Anrufung eines unzuständigen Gerichtes richten sich jetzt, da Wohnungseigentumssachen Zivilprozesse sind, nach den allgemeinen Regel der ZPO. Es ist also bei örtlicher Unzuständigkeit nach § 281 ZPO zu verweisen. Das Gericht, an das verwiesen wurde, ist auch an eine fehlerhafte Entscheidung gebunden, sofern sie nicht willkürlich ist oder ohne Gewährung rechtlichen Gehörs erging (*Baumbach/Lauterbach/Hartmann* § 281 Rn. 48; *Zöller/Greger* Vor § 284 Rn. 16 ff.) Mit der Zuweisung der Wohnungseigentumssachen an die Zivilgerichtsbarkeit kann das Prozessgericht auch nicht mehr zu Unrecht angerufen werden. Konsequenterweise ist die Sondernorm zur Abgabe (§ 46 WEG a. F.) ersatzlos entfallen.

2. Der negative Kompetenzkonflikt

26 Die Bindungswirkung nach § 281 Abs. 2 S. 2 ZPO schließt es nicht aus, dass sich auch das Gericht, an das der Rechtsstreit verwiesen wurde, für unzuständig hält und die Bindungswirkung der Verweisung (etwa wegen angenommener Willkür) verneint (*Baumbach/Lauterbach/Hartmann* § 281 Rn. 38 ff.; *Zöller/Greger* § 281 Rn. 19) In diesem Fall kann es zu einer zweiten rechtskräftigen Verweisung kommen. Den dann vorliegenden so genannten negativer Kompetenzkonflikt hat wie bislang, nunmehr aber in direkter Anwendung von § 36 Nr. 6 ZPO das im Rechtszug nächst höhere Gericht zu entscheiden.

§ 44 Bezeichnung der Wohnungseigentümer in der Klageschrift

(1) Wird die Klage durch oder gegen alle Wohnungseigentümer mit Ausnahme des Gegners erhoben, so genügt für ihre nähere Bezeichnung in der Klageschrift die bestimmte Angabe des gemeinschaftlichen Grundstücks; wenn die Wohnungseigentümer Beklagte sind, sind in der Klageschrift außerdem der Verwalter und der gemäß § 45 Abs. 2 Satz 1 bestellte Ersatzzustellungsvertreter zu bezeichnen. Die namentliche Bezeichnung der Wohnungseigentümer hat spätestens bis zum Schluss der mündlichen Verhandlung zu erfolgen.

(2) Sind an dem Rechtsstreit nicht alle Wohnungseigentümer als Partei beteiligt, so sind die übrigen Wohnungseigentümer entsprechend Absatz 1 von dem Kläger zu bezeichnen. Der namentlichen Bezeichnung der übrigen Wohnungseigentümer bedarf es nicht, wenn das Gericht von ihrer Beiladung gemäß § 48 Abs. 1 Satz 1 absieht.

Inhaltsverzeichnis

A. Die Geltung der ZPO	1
B. Die Bezeichnung der Wohnungseigentümer in der Klageschrift	2
I. Der Hintergrund der Regelung	2
II. Die Erleichterungen des § 44 Abs. 1 WEG	3
1. Die Kurzbezeichnung der Wohnungseigentümer	3
2. Keine Erleichterung bei der Angabe von Verwalter und Ersatzzustellungsvertreter	4
3. Die Rückausnahme von § 44 Abs. 1 S. 1 WEG bei Gemeinschaften ohne Verwalter	5
III. Die nachträgliche Bezeichnung der Beklagten	6
1. Die Vorlage der Eigentümerliste und die Regelfrist hierfür	6
2. Vorgehen von Kläger und Gericht bei unkooperativen Verwaltern	7
IV. Klagen durch alle Wohnungseigentümer	8
C. Die Bezeichnung der anderen Wohnungseigentümer in Streitigkeiten zwischen einzelnen Wohnungseigentümern	9
I. Der Regelfall	9
II. Der Ausnahmefall der fehlenden rechtlichen Betroffenheit	10

A. Die Geltung der ZPO

Nach früherem Recht bedurfte eine Antragsschrift weder eines Antrags noch einer Begründung. 1
Das Gericht hatte das Rechtsschutzbegehren von sich aus zu ermitteln und von Amts wegen zu prüfen, ob es begründet ist. Nach neuem Recht folgt die Klage in den Verfahren nach § 43 WEG im vollen Umfang den Regeln der ZPO, was die Anforderungen gegenüber dem Verfahren nach dem FGG erheblich erhöht. Es bedarf nunmehr einer Klageschrift, die die Voraussetzungen der ZPO, insbesondere des § 253 Abs. 2 ZPO erfüllen muss (*Hügel/Elzer* § 13 Rn. 65 f.). Auch der Kläger muss nunmehr anders als der Antragsteller nach früherem Recht (vgl. *KG* NJW-RR 1991, 596) eine ladungsfähige Anschrift angeben. Es ist also nicht mehr ausreichend, dass ein Rechtsschutzziel irgendwie erkennbar wird. Der Kläger muss vielmehr einen bestimmten Antrag nach § 253 Abs. 2 Nr. 2 ZPO stellen. Des Weiteren ist die Unterzeichnung der Antragsschrift künftig zwingend erforderlich (§§ 253 Abs. 4, 130 Nr. 6 ZPO). Im Gegensatz zum früheren Recht muss der gestellte Antrag begründet werden. Ansonsten ist die Klage wie in jedem anderen Zivilprozess mangels Schlüssigkeit abzuweisen. Diese Anforderungen ergeben sich unmittelbar aus der ZPO. Das WEG enthält nur einzelne ergänzende Bestimmungen für solche Gegenstände, für die man aufgrund der besonderen Natur des Wohnungseigentumsverfahrens eine vom Zivilprozess abweichende Regelung als sinnvoll erachtete.

B. Die Bezeichnung der Wohnungseigentümer in der Klageschrift

I. Der Hintergrund der Regelung

Nach der Überführung der Wohnungseigentumssachen in das ZPO-Verfahren, bedarf es nunmehr gemäß § 253 Abs. 2 Nr. 1 ZPO zwingend der Bezeichnung von Parteien und Gericht. Im Gegensatz zum früheren Recht darf das Gericht die tatsächlich Beteiligten nicht von Amts wegen feststellen und am Verfahren beteiligen (so noch BayObLGZ 1972, 249 f.). Dies gilt grundsätzlich auch für Klagen gegen alle anderen Miteigentümer, also insbesondere für Anfechtungsklagen. Danach müsste der Kläger alle Beklagten bereits in der Klageschrift bezeichnen. Allerdings gelten gegenüber sonstigen Zivilprozessen bedeutsame Ausnahmen. Die Angabe aller Eigentümeradressen wird dem Kläger nämlich in der Praxis oftmals gar nicht möglich sein, da sie ihm i. d. R. nicht bekannt sind. Er hat zwar einen Individualanspruch auf Herausgabe einer Adressenliste gegen den Verwalter. Wird dieser aber nicht umgehend erfüllt oder ist die übergebene Liste unvollständig oder unrichtig, stünde der Kläger vor erheblichen Schwierigkeiten, da er die Beklagten nicht ordnungsgemäß bezeichnen könnte. Zudem wäre ihm bei der Anfechtung die Einhaltung der Frist des § 46 Abs. 1 S. 2 WEG kaum möglich. Zwar käme ihm die Rückwirkungsfiktion des § 167 ZPO zugute. Dies setzt aber eine alsbaldige Zustellung nach Eingang der Klageschrift bei Gericht voraus. Ohne Kenntnis der Namen und Adressen seiner Miteigentümer wäre ihm dies regelmäßig nicht möglich. 2

II. Die Erleichterungen des § 44 Abs. 1 WEG

1. Die Kurzbezeichnung der Wohnungseigentümer

Diese praktischen Schwierigkeiten bei der Erfüllung der Anforderungen nach § 253 Abs. 2 Nr. 1 ZPO veranlassten den Gesetzgeber, bei Klagen gegen alle Wohnungseigentümer deutliche Erleichterungen vorzusehen. Der Kläger kann sich bei der Bezeichnung der Beklagten auf »die bestimmte Angabe des gemeinschaftlichen Grundstücks« beschränken. Entgegen dem mißverständlichen Wortlaut tritt das Grundstück nicht an die Stelle der Beklagten; die Klage ist also nicht gegen das Grundstück zu richten. Gemeint ist vielmehr die schon bislang oftmals übliche Bezeichnung der Beklagten als »Wohnungseigentümer der Liegenschaft Hauptstr. 10, 65817 Eppstein« (BT-Drucks. 16/887, 36; vgl. insoweit zum alten Recht vor Anerkennung eines teilrechtsfähigen Verbandes etwa BayObLG NJW-RR 1986, 564). 3

2. Keine Erleichterung bei der Angabe von Verwalter und Ersatzzustellungsvertreter

4   Zu beachten ist, dass die Ausnahme des § 44 Abs. 1 S. 2 WEG nach dem klaren Wortlaut der Norm nur für die Wohnungseigentümer gilt. Verwalter und Ersatzzustellungsvertreter müssen bereits in der Klageschrift entsprechend den allgemeinen Anforderungen angegeben werden. Dies erscheint auch aus prozessualen Gründen unerläßlich, da sich ansonsten kaum lösbare Probleme im Hinblick auf die Rückwirkungsfiktion des § 167 ZPO ergeben. Denn den Wohnungseigentümern kann bereits vor ihrer korrekten Bezeichnung nach § 253 Abs. 2 Nr. 1 ZPO wirksam zugestellt werden, da eine Zustellung an den Verwalter nach § 45 Abs. 1 WEG bzw. an den Ersatzzustellungsvertreter nach § 45 Abs. 2 WEG auch gegen sie wirkt. Fehlt auch ihre Angabe, kann überhaupt nicht zugestellt werden. Hingegen bedarf es der Angabe des nach § 45 Abs. 2 S. 1 WEG ebenfalls zu bestellenden Vertreters des Ersatzzustellungsvertreters in der Klageschrift nach Wortlaut und Begründung des Gesetzes (BT-Drucks. 16/887, 36) noch nicht. Dies erscheint auch überflüssig, da das Gericht über zwei Zustellungsadressen verfügt und bei Bedenken gegen beide den Kläger von sich aus auffordern kann, auch die Anschrift des Vertreters des Ersatzzustellungsvertreters anzugeben.

3. Die Rückausnahme von § 44 Abs. 1 S. 1 WEG bei Gemeinschaften ohne Verwalter

5   Wortlaut und Begründung von § 44 Abs. 1 WEG (s. BT-Drucks. 16/887, 35 f.) setzen die Existenz eines Verwalters bzw. zumindest eines Ersatzzustellungsvertreters voraus. Neben der vereinfachten Bezeichnung der Beklagten »sind in der Klageschrift außerdem der Verwalter und der gemäß § 45 Abs. 2 S. 1 bestellte Ersatzzustellungsvertreter zu bezeichnen«. Diese Formulierung zeigt, dass es sich nicht um fakultative Angaben, sondern um eine zwingende Voraussetzung für die vereinfachte Bezeichnung der Beklagten nach § 44 Abs. 1 S. 1 WEG handelt. Da sie in Gemeinschaften ohne Verwalter nicht zu erfüllen ist, scheidet die Erleichterung des § 44 Abs. 1 S. 2 WEG in diesen Fällen aus. Dabei handelt es sich auch nicht um eine mißlungene Formulierung oder ungewollte Einschränkung von § 44 Abs. 1 S. 2 WEG. Vielmehr könnte eine Klage, die weder eine ausreichende Bezeichnung der Beklagten noch die Angabe eines Zustellungsbevollmächtigten aufweist, schlechterdings nicht zugestellt werden. Daher scheidet die vereinfachte Angabe der Beklagten nach § 44 Abs. 1 S. 2 WEG in Gemeinschaften ohne Verwalter und Ersatzzustellungsvertreter aus. Da es sich bei diesen Gemeinschaften, die auf einen Verwalter verzichten, in aller Regel um Kleinanlagen mit geringen Eigentümerzahlen handelt, sind die Probleme bei der Beschaffung der ladungsfähigen Anschriften i. d. R. auch weit geringer. Anderenfalls kann dem betroffenen Wohnungseigentümer bei Versäumung der Anfechtungsfrist auch durch Wiedereinsetzung gemäß §§ 233 ff. ZPO geholfen werden.

III. Die nachträgliche Bezeichnung der Beklagten

1. Die Vorlage der Eigentümerliste und die Regelfrist hierfür

6   Die Bezeichnung der Beklagten nach der bestimmten Angabe des gemeinschaftlichen Grundstücks genügt jedoch nur vorläufig, zum Zwecke der Zustellung. In der gerichtlichen Entscheidung reicht eine solche summarische Bezeichnung nicht mehr aus. Die Gesetzesmaterialien betonen zu Recht, dass klar sein muss, gegen wen vollstreckt werden kann (BT-Drucks. 16/887, 36), auch wenn dies bei einem Gestaltungsurteil, wie es in Anfechtungsklagen ergeht, nur im Hinblick auf Nebenentscheidungen von Bedeutung ist. Vor allem muss aber eindeutig feststehen, für und gegen wen die Entscheidung wirkt. Deshalb ordnet § 44 Abs. 1 S. 2 WEG an, dass bis zum Schluss der mündlichen Verhandlung eine vollständige Eigentümerliste vorgelegt werden muss. Der im Gesetzgebungsverfahren diskutierte Zeitpunkt hierfür (s. insoweit BT-Drucks. 16/887, 50 u. 73 entgegen den früheren Überlegungen in BT-Drucks. 16/887, 36) wurde auf den Schluss der mündlichen Verhandlung festgesetzt. Dies trägt dem Umstand Rechnung, dass die Beschaffung der zustellungsfähigen Anschriften schon unter gewöhnlichen Umständen, etwa nach Todesfällen oder Wegzug in das Ausland, und noch viel mehr bei unkooperativen Verwaltern erhebliche Schwierigkeiten bereiten kann.

2. Vorgehen von Kläger und Gericht bei unkooperativen Verwaltern

Die Beschaffung der Anschriften kann aber besondere Schwierigkeiten bereiten, wenn sich der Verwalter, der häufig alleine über die diesbezüglichen Informationen verfügt, als unkooperativ erweist. Denn das Grundbuch muss nach § 15 Abs. 1 a GBV die Anschriften der Eigentümer nicht enthalten. Hierauf hat das Gericht bei der Terminierung der letzten mündlichen Verhandlung Rücksicht zu nehmen. Schon nach bisherigem Recht ging die Weigerung des Verwalters, die Eigentümerliste herauszugeben, und eine eventuelle Untätigkeit des Gerichtes nicht zu Lasten des anfechtenden Wohnungseigentümers (*OLG Köln* ZMR 2003, 386 f.). Daher darf das Gericht bei obstruktivem Verhalten des Verwalters auf keinen Fall mit dem Anfechtungskläger »kurzen Prozess« machen und die Klage nach einer frühen Terminierung der mündlichen Verhandlung kurzerhand als unzulässig verwerfen. Denn die Verwerfung kommt nach ausdrücklichem Bekunden des Gesetzgebers in den Materialien nur »bei endgültig grundloser Verweigerung der notwendigen Angaben« in Betracht (BT-Drucks. 16/887, 36; ebenso *Niedenführ/Kümmel/Vandenhouten* § 44 Rn. 9). Sofern die zustellungsfähigen Anschriften anders nicht zu erlangen sind, hat das Gericht dem Verwalter zumindest in entsprechender Anwendung von § 142 Abs. 1 ZPO aufzugeben, eine Eigentümerliste vorzulegen.

7

IV. Klagen durch alle Wohnungseigentümer

Sofern § 44 Abs. 1 S. 1 WEG auch von Klagen »durch (...) alle Wohnungseigentümer« redet, beruht dies auf einer Nichtbeachtung der eigenen Systematik durch den Gesetzgeber. Denn die verfahrensrechtlichen Neuregelungen beruhen im Wesentlichen noch auf dem ersten Entwurf aus dem Jahre 2004, der die Teilrechtsfähigkeit der Wohnungseigentümergemeinschaft und ihre Weiterentwicklung in der Novelle noch nicht berücksichtigte. Folglich konnten sie dem Umstand noch nicht Rechnung tragen, dass Ansprüche aller Wohnungseigentümer – also gemeinschaftsbezogene Ansprüche – nach § 10 Abs. 6 S. 3 WEG stets durch den Verband wahrgenommen werden. Folglich tritt er auch an ihre Stelle als Partei. Klagen aller Wohnungseigentümer kommen also nur noch in mehr oder weniger exotischen Ausnahmefällen in Betracht, wenn etwa der Verband diese zur Ausübung seiner Rechte rückermächtigt. Insoweit hat § 44 Abs. 1 S. 1 WEG demnach praktisch keinen Anwendungsbereich. Überdies bedürfte es entgegen § 44 Abs. 1 S. 1 WEG auch hier der Angabe des Verwalters, da ihm als Zustellungsbevollmächtigten u. a. die Entscheidung nach § 45 Abs. 1 WEG zuzustellen wäre (im Ergebnis ebenso *Hügel/Elzer* § 13 Rn. 82). Die in den Materialien vorausgesetzte Mandatierung eines Anwaltes war in der bisherigen Praxis bei Anträgen aller Wohnungseigentümer (etwa in Beitreibungsverfahren) keineswegs durchgängig der Fall.

8

C. Die Bezeichnung der anderen Wohnungseigentümer in Streitigkeiten zwischen einzelnen Wohnungseigentümern

I. Der Regelfall

In bestimmten Rechtsstreitigkeiten sind nur einige Wohnungseigentümer Partei, etwa dann, wenn ein Wohnungseigentümer von einem anderen den Rückbau einer baulichen Veränderung verlangt. In diesem Fall sind auch nur diese als Parteien zu bezeichnen. Für den oder die Beklagten in einem solchen Rechtsstreit gilt die Erleichterung in § 44 Abs. 1 S. 2 WEG nicht, da sie sich nur auf Streitigkeiten bezieht, in denen alle Wohnungseigentümer verklagt sind. Die anderen, nicht verklagten Wohnungseigentümer müssen aber regelmäßig beigeladen werden (s. u. § 48 Rn. 2). Dabei ergibt sich dasselbe Problem wie bei der Klage gegen alle Wohnungseigentümer: Der Kläger kann die zustellungsfähigen Anschriften i. d. R. nicht vollständig angeben, da sie ihm nicht bekannt sind. Daher erklärt § 44 Abs. 2 S. 1 WEG die Erleichterungen des § 44 Abs. 1 S. 2 WEG in diesen Fällen für anwendbar. Der Kläger muss die beizuladenden Eigentümer also wiederum nur als »Wohnungseigentümer der Liegenschaft Hauptstr. 10, 65817 Eppstein« bezeichnen. Voraussetzung ist auch hier, dass der Verwalter bzw. der Ersatzzustellungsvertreter in der Form des § 253 Abs. 2 Nr. 1 ZPO angegeben werden. Die Bezeichnung der Beizuladenden

9

§ 45 | Zustellung

ist allerdings im Gegensatz zur Angabe der Beklagten nach § 44 Abs. 1 WEG keine Voraussetzung für die Zulässigkeit der Klage. Allerdings dürfte eine Klage auch »bei endgültig grundloser Verweigerung der notwendigen Angaben« nicht unzulässig sein. Denn zum einen gehört die Angabe von Beigeladenen nicht zu den Mindestanforderungen an eine Klage nach § 253 Abs. 2 ZPO. Zum anderen kann die Beiladung nach §§ 44 Abs. 2 S. 2, 48 Abs. 1 S. 1 WEG gänzlich entbehrlich sein. Das Gericht kann sich auch hier damit behelfen, dem Verwalter entsprechend § 142 Abs. 1 ZPO die Vorlage der Eigentümerliste aufzugeben.

II. Der Ausnahmefall der fehlenden rechtlichen Betroffenheit

10 Sieht das Gericht mangels Betroffenheit ihrer Interessen nach § 48 Abs. 1 S. 1 letzter Halbsatz WEG von der Beiladung der anderen Wohnungseigentümer ab, ist ihre Bezeichnung in der Klageschrift überflüssig. Dies bringt § 44 Abs. 2 S. 2 WEG etwas undeutlich zum Ausdruck, wenn dort nur die »namentliche Bezeichnung« für entbehrlich erklärt wird. Es bedarf auch ihrer Bezeichnung nach § 44 Abs. 1 S. 1 WEG nicht. Denn ihre Interessen werden durch den Rechtsstreit nicht berührt, so dass es ihrer Beteiligung und somit ihrer Bezeichnung in keiner Weise bedarf. Ist also von vorneherein erkennbar, dass ein Rechtsstreit die Interessen der anderen Wohnungseigentümer nicht betrifft, können weitere Angaben zu den Miteigentümern ersatzlos entfallen. Dies wird allerdings häufig nicht mit der notwendigen Eindeutigkeit vorherzusehen sein. Deswegen empfiehlt sich in aller Regel die Angabe der weiteren Wohnungseigentümer in der abgekürzten Form nach § 44 Abs. 1 S. 1 WEG. Will sich der klagende Wohnungseigentümer aber die Mühe sparen, eine aktuelle Adressenliste zusammenzustellen, sollte er dem Gericht gegenüber vorab eine Entscheidung über das Absehen von einer Beiladung anregen. Auch ohne eine entsprechende gesetzliche Regelung hat es seine diesbezügliche Einschätzung den Parteien dann schon im Hinblick auf die Vervollständigung der Klageschrift vor der letzten mündlichen Verhandlung mitzuteilen.

§ 45 Zustellung

(1) Der Verwalter ist Zustellungsvertreter der Wohnungseigentümer, wenn diese Beklagte oder gemäß § 48 Abs. 1 Satz 1 beizuladen sind, es sei denn, dass er als Gegner der Wohnungseigentümer an dem Verfahren beteiligt ist oder aufgrund des Streitgegenstandes die Gefahr besteht, der Verwalter werde die Wohnungseigentümer nicht sachgerecht unterrichten.

(2) Die Wohnungseigentümer haben für den Fall, dass der Verwalter als Zustellungsvertreter ausgeschlossen ist, durch Beschluss mit Stimmenmehrheit einen Ersatzzustellungsvertreter sowie dessen Vertreter zu bestellen, auch wenn ein Rechtsstreit noch nicht anhängig ist. Der Ersatzzustellungsvertreter tritt in die dem Verwalter als Zustellungsvertreter der Wohnungseigentümer zustehenden Aufgaben und Befugnisse ein, sofern das Gericht die Zustellung an ihn anordnet; Absatz 1 gilt entsprechend.

(3) Haben die Wohnungseigentümer entgegen Absatz 2 Satz 1 keinen Ersatzzustellungsvertreter bestellt oder ist die Zustellung nach den Absätzen 1 und 2 aus sonstigen Gründen nicht ausführbar, kann das Gericht einen Ersatzzustellungsvertreter bestellen.

Inhaltsverzeichnis

A. Die Regelungen zur Zustellung und ihre Mängel	1
B. Zustellungen an die Wohnungseigentümer	2
I. Der Verwalter als Zustellungsvertreter	2
1. Klagen gegen alle Wohnungseigentümer	2
2. Der Verwalter als Zustellungsvertreter der beigeladenen Wohnungseigentümer	3
II. Der Ausschluss einer Zustellung an den Verwalter	4
1. Die Voraussetzungen des Ausschlusses einer Zustellung an den Verwalter	4
a) Der Verwalter als Gegner der Wohnungseigentümer	4

	b) Die Interessenkollision	5
	2. Die Folgen des Ausschlusses einer Zustellung an den Verwalter	6
	a) Der funktionelle Ersatz des Verwalters durch den Ersatzzustellungsvertreter	6
	b) Die Bestellung des Ersatzzustellungsvertreters und seines Vertreters	7
	3. Der gerichtlich bestellte Ersatzzustellungsvertreter	8
	4. Wirkungen der Zustellung	9
C.	Die Zustellung an den Verband	10
	I. Der Verwalter als vorrangiger Zustellungsbevollmächtigter	10
	II. Gesamtvertreter und Zustellung an einen sonstigen Ermächtigten	11

A. Die Regelungen zur Zustellung und ihre Mängel

Die Zustellung der Klageschrift richtet sich grundsätzlich nach §§ 166 ff. ZPO. Da die Wohnungs- **1**
eigentümergemeinschaft keine natürliche oder juristische Person ist, sah der Gesetzgeber in diesem Zusammenhang Anlass zu ergänzenden Regelungen. Auch hier zeigt sich jedoch, dass die verfahrensrechtlichen Neuregelungen im Wesentlichen noch auf dem ersten Entwurf aus dem Jahre 2004 beruhen, der die Teilrechtsfähigkeit der Wohnungseigentümergemeinschaft und ihre Weiterentwicklung in der Novelle noch nicht berücksichtigte. § 45 WEG beschäftigt sich alleine mit der Zustellung an die Wohnungseigentümer, die durch die Anerkennung eines teilrechtsfähigen Verbandes durch den BGH und die Erweiterung seiner Zuständigkeiten durch die Novelle erheblich an Bedeutung verloren hat. Die Zustellung an den Verband, der den Großteil der ehemals § 43 Abs. 1 Nr. 1 WEG a. F. unterfallenden Streitigkeiten übernimmt, ist in den neuen Verfahrensvorschriften überhaupt nicht angesprochen. Die diesbezüglichen Erfordernisse müssen aus § 27 Abs. 3 WEG abgeleitet werden.

B. Zustellungen an die Wohnungseigentümer

I. Der Verwalter als Zustellungsvertreter

1. Klagen gegen alle Wohnungseigentümer

§ 45 Abs. 1 WEG wiederholt die bereits in § 27 Abs. 2 Nr. 1 WEG normierte Zustellungsbevoll- **2**
mächtigung des Verwalters für die Wohnungseigentümer. Hierbei gelten allerdings zwei Einschränkungen. Zum einen ist der Verwalter wie nach altem Recht nur für gemeinschaftsbezogene Klagen zustellungsbevollmächtigt. Für Klagen gegen einzelne Wohnungseigentümer ist der Verwalter nicht zustellungsbevollmächtigt, da es sich nicht um gemeinschaftliche Angelegenheiten handelt. Nur hierauf bezieht sich aber die Zustellungsvertretung des Verwalters. Zum anderen reflektiert § 45 Abs. 1 WEG wiederum den Stand der Diskussion vor der Anerkennung der Teilrechtsfähigkeit und insbesondere vor ihrer Weiterentwicklung durch den Gesetzgeber. Denn nach § 10 Abs. 6 S. 3 WEG ist der Verband für die Erfüllung gemeinschaftsbezogener Pflichten aller Wohnungseigentümer kraft Gesetzes Prozessstandschafter. Eine Klage gegen alle Wohnungseigentümer würde sich daher gegen die falschen Beklagten richten; es ist der Verband in Anspruch zu nehmen. Klagen gegen alle Wohnungseigentümer kommen daher anders als nach früherem Recht nur noch in Angelegenheiten der Willensbildung, insbesondere bei Verfahren nach § 43 Nr. 4 WEG in Betracht. Entgegen den in dieser Hinsicht überholten Materialien (BT-Drucks. 16/887, 66) ist die Zustellung an den Verwalter in diesem Fall zwingend. Anders als nach früherem Recht, hat das Gericht nicht die Wahl, ob es dem Verwalter oder den Wohnungseigentümern zustellt. Denn nach § 27 Abs. 2 Nr. 2 WEG ist der Verwalter nunmehr nach § 27 Abs. 2 Nr. 2 WEG gesetzlich auch zur Prozessführung ermächtigt. Damit ist auf ihn § 172 ZPO auch ohne zusätzliche Bestellung zum Prozessbevollmächtigten anzuwenden, so dass eine Zustellung an die Beklagten selbst unwirksam ist (a. A., aber ohne Erörterung dieser Problematik *Hügel/Elzer* § 13 Rn. 92; *Niedenführ/Kümmel/Vandenhouten* § 27 Rn. 56).

2. Der Verwalter als Zustellungsvertreter der beigeladenen Wohnungseigentümer

Zugleich stellt § 45 Abs. 1 WEG klar, dass der Verwalter auch dann Zustellungsvertreter der Woh- **3**
nungseigentümer ist, wenn diese »gemäß § 48 Abs. 1 S. 1 beizuladen sind«. Auch in diesem Fall bedarf es also nicht der Zustellung an alle Wohnungseigentümer. Erfolgt sie gleichwohl, ist die

§ 45 | Zustellung

Beiladung allerdings im Gegensatz zur Klage gegen die Wohnungseigentümer nicht fehlerhaft. Denn die Beigeladenen sind keine Parteien, auf die alleine sich die Prozessführungsbefugnis des Verwalters nach § 27 Abs. 2 Nr. 2 WEG führt. § 172 ZPO kommt daher nicht zur Anwendung.

II. Der Ausschluss einer Zustellung an den Verwalter
1. Die Voraussetzungen des Ausschlusses einer Zustellung an den Verwalter
a) Der Verwalter als Gegner der Wohnungseigentümer

4   § 45 Abs. 1 WEG normiert zwei Gründe, die zum Ausschluss der Zustellungsbevollmächtigung des Verwalters für die Wohnungseigentümer führen. Der erste liegt vor, wenn der Verwalter Gegner der Wohnungseigentümer ist. Dies kommt nach neuem Recht aber fast nur noch bei Verfahren nach § 43 Nr. 4 WEG in Betracht, in denen der Verwalter Eigentümerbeschlüsse anficht. Begehrt der Verwalter eine Leistung aller Wohnungseigentümer oder wird er umgekehrt von allen Wohnungseigentümern in Anspruch genommen, ist nunmehr der Verband nach § 10 Abs. 6 S. 3 WEG erfüllungs- bzw. ausübungsbefugt und somit als Prozessstandschafter Gegner des Verwalters. Im Übrigen sind die meisten in Betracht kommenden Ansprüche des Verwalters (etwa wegen rückständiger Vergütung) oder gegen ihn (etwa wegen Schadensersatzes) ohnehin Sache des Verbandes. Auch insoweit hat der Gesetzgeber also seine eigenen Neuerungen wiederum ignoriert.

b) Die Interessenkollision

5   Von größerer Relevanz ist der Fall der Interessenkollision, die schon nach bisheriger Praxis die Vertretung der Wohnungseigentümer durch den Verband ausschloss. Neben der bloßen Normierung dieses Falles in § 45 Abs. 1 WEG entscheidet der Gesetzgeber dabei implizit die strittige Frage, ob der Verwalter nur bei einer tatsächlichen oder schon bei einer bloß möglichen Interessenkollision als Zustellungsbevollmächtigter ausscheidet. Nach dem Gesetzeswortlaut scheidet die Zustellungsvertretung nämlich dann aus, wenn »aufgrund des Streitgegenstandes die Gefahr besteht, der Verwalter werde die Wohnungseigentümer nicht sachgerecht unterrichten«. Damit lehnt sich der Gesetzgeber eng an die Entscheidungen an, die selbst beim Streit um die Abberufung des Verwalters aus wichtigem Grund auf eine konkrete Gefahr der Fehlinformation abstellten (*KG* ZMR 2004, 143; *BayObLG* ZMR 2002, 533). Das legt zumindest nahe, dass der Gesetzgeber für den Ausschluss der Zustellungsvertretung nach § 45 Abs. 1 WEG die theoretische Gefahr einer Interessenkollision nicht genügen lassen will. Hierfür spricht auch die in den Materialien betonte Absicht des Gesetzgebers, »den mit Zustellungen verbundenen Aufwand für das Gericht und auch die zu Lasten der Wohnungseigentümergemeinschaft entstehenden Kosten gering zu halten« (BT-Drucks. 16/887, 36 f.). Denn dies stellte eines der Hauptargumente derjenigen dar, die die abstrakte Gefahr einer Interessenkollision noch nicht zum Ausschluss des Verwalters von der Entgegennahme von Zustellungen ausreichen ließen (im Ergebnis ebenso *Hügel/Elzer* § 13 Rn. 98; *Niedenführ/Kümmel/Vandenhouten* § 45 Rn. 12).

2. Die Folgen des Ausschlusses einer Zustellung an den Verwalter
a) Der funktionelle Ersatz des Verwalters durch den Ersatzzustellungsvertreter

6   Im Ergebnis hat der Ausschluss des Verwalters von der Entgegennahme von Zustellungen an die Wohnungseigentümer also lange nicht mehr dieselbe Bedeutung wie nach altem Recht. Gleichwohl regelt § 45 Abs. 2 WEG diesen Fall nunmehr eingehend. Demnach sind die Wohnungseigentümer gesetzlich zur Vorsorge verpflichtet, indem sie einen Ersatzzustellungsvertreter und seinen Vertreter bestellen müssen. Denn der Ersatzzustellungsvertreter soll nach § 45 Abs. 2 S. 1 WEG schon bestellt werden, »wenn ein Rechtsstreit noch nicht anhängig ist«, also vorsorglich. Damit sollen Zeitverluste in einem Gerichtsverfahren vermieden werden (BT-Drucks. 16/887, 37). Nach dem Wortlaut von § 45 Abs. 2 S. 1 WEG nach soll diese Vorsorgemaßnahme nur dem Umstand vorbeugen, »dass der Verwalter als Zustellungsvertreter ausgeschlossen ist«. Die Vorschrift ist aber zumindest analog auch dann anzuwenden, wenn ein Verwalter gänzlich fehlt, weil er etwa abberufen wurde oder verstarb. Die bisweilen im Schrifttum vertretene abweichende Auffassung (*Reichert* ZWE 2006, 477) läuft dem Sinn der Neuregelung zuwider, wonach die Rechts-

verfolgung gegen Wohnungseigentümer nicht durch interne Unzulänglichkeiten ihrer Organisation unzumutbar werden darf (ebenso *Niedenführ/Kümmel/Vandenhouten* § 45 Rn. 14). Entgegen bisweilen geäußerter Auffassung (*Niedenführ/Kümmel/Vandenhouten* § 45 Rn. 13) ist aber nicht schon »im Zweifelsfall eine Zustellung an den Ersatzzustellungsvertreter vorzunehmen«. Dieser tritt nur an die Stelle des Verwalters, wenn jener nach § 45 Abs. 1 WEG definitiv als Zustellungsvertreter ausgeschlossen ist. Ansonsten ist er nicht zur Entgegennahme von Zustellungen berechtigt, so dass diese unwirksam sind. Im Zweifel kann das Gericht also nur Verwalter *und* Ersatzzustellungsvertreter zustellen, da dann eine Zustellung in jedem Falle wirksam ist.

b) Die Bestellung des Ersatzzustellungsvertreters und seines Vertreters
Die Verhinderung des Verwalters, Zustellungen für die Wohnungseigentümer entgegenzunehmen, ist erstaunlicherweise gänzlich anders geregelt als beim Verband. Eine der Gesamtvertretung nach § 27 Abs. 3 S. 2 WEG entsprechende Regelung fehlt völlig. Die Zustellung an einzelne Wohnungseigentümer wirkt also von vornherein nicht gegen die anderen. Aber auch die Stellung des Ersatzzustellungsvertreters unterscheidet sich deutlich von derjenigen des Vertreters nach § 27 Abs. 3 S. 3 WEG. Im Gegensatz zu jenem beschränkt sich die Rolle des Ersatzzustellungsvertreters nicht auf diejenige eines Bevollmächtigten. Das Gesetz redet hier wie bei Verwalter und Verwaltungsbeirat ausdrücklich von einer Bestellung. Vor allem aber sieht in § 45 Abs. 2 S. 2 WEG ausdrücklich vor, dass der Ersatzzustellungsvertreter in dieser Funktion vollständig in die Aufgaben und Befugnisse des Verwalters eintritt (*Hügel/Elzer* § 13 Rn. 109). Hieraus folgt zum einen, dass eine organschaftliche Stellung wie bei Verwalter und Verwaltungsbeirat begründet wird. Hiermit geht eine schuldrechtliche Beziehung einher, was einerseits Ansprüche etwa auf Aufwendungsersatz, andererseits Verpflichtungen und im Falle ihrer Schlechterfüllung eine Haftung aus § 280 Abs. 1 BGB nach sich ziehen kann (vgl. *Hogenschurz* ZMR 2005, 765). Zum anderen kann eine solche Übertragung von Teilen der Verwalterpflichten aber nicht gegen den Willen des Bestellten erfolgen. Er muss ähnlich ihrer Übernahme wie der Verwalter zustimmen (BT-Drucks. 16/887, 37; *Hügel/Elzer* § 13 Rn. 116; *Niedenführ/Kümmel/Vandenhouten* § 45 Rn. 18). Umgekehrt treffen letzteren anders als bei Erklärungen dem Verband gegenüber auch dann keine Pflichten mehr, wenn trotz Ausschlusses nach § 45 Abs. 1 WEG ihm zugestellt wird. Denn der Ersatzzustellungsvertreter tritt insoweit in Aufgaben und Befugnisse des Verwalters ein. Eine doppelte Verwalterbestellung kommt aber auch partiell, hinsichtlich der Zustellungsvertretung nicht in Betracht, da dies für den Rechtsverkehr mit einer nicht hinnehmbaren Rechtsunsicherheit verbunden wäre. Die Bestellung des Ersatzzustellungsvertreters unterscheidet sich schließlich auch hinsichtlich der wählbaren Personen vom Vertreter nach § 27 Abs. 3 S. 3 WEG. Im Gegensatz zu jenem beschränkt das Gesetz den Kreis möglicher Ersatzzustellungsvertreter nicht auf die Eigentümergemeinschaft. Wie die Materialien zeigen, die die Bestellung von Mietern in Erwägung ziehen (BT-Drucks. 16/887, 37), kann nach § 45 Abs. 2 WEG also auch ein Nichteigentümer bestellt werden (*Hügel/Elzer* § 13 Rn. 112).

3. Der gerichtlich bestellte Ersatzzustellungsvertreter
Kommen die Wohnungseigentümer der Verpflichtung zur Bestellung von Ersatzzustellungsvertreter und Vertreter nicht nach oder ist die Zustellung auch an sie nicht ausführbar – etwa weil ebenfalls eine Interessenkollision besteht – kann den Wohnungseigentümern beim Fehlen eines zustellungsbevollmächtigten Verwalters nur persönlich zugestellt werden. Dies würde aber bei großen Anlagen einen erheblichen Aufwand erfordern, den der Gesetzgeber gerade vermeiden will. Deshalb ermöglicht § 45 Abs. 3 WEG die Bestellung eines Ersatzzustellungsvertreters durch das Gericht. Sofern sich kein Wohnungseigentümer zur Übernahme dieser Aufgabe bereitfindet, kann das Gericht auch einen Außenstehenden hiermit betrauen. In diesem Fall sollte es wie früher beim Notverwalter zugleich die schuldrechtlichen Beziehungen, insbesondere die Höhe des Aufwendungsersatzes regeln (hierzu vgl. *Hogenschurz* ZMR 2005, 765; *Hügel/Elzer* § 13 Rn. 116). Ob der gesetzlich ausgewählte Ersatzzustellungsvertreter zur Annahme des Amtes verpflichtet ist, regelt § 45 WEG zwar nicht ausdrücklich. Da es sich aber wie bei der Bestellung durch die Wohnungseigentümer um die Übertragung von Aufgaben und Befugnissen handelt, wird man wie dort Annahme des Amtes fordern müssen. Denn auch dem gerichtlichen Ersatzzustellungsver-

§ 46 | Anfechtungsklage

treter können Verwalteraufgaben nicht gegen seinen Willen auferlegt werden (ähnlich auch *Kümmel*, ZWE 2005, 157; *Hogenschurz* ZMR 2005, 765; a. A. *Hinz* ZMR 2005, 276). Dies entspricht auch der Praxis beim früheren Notverwalter, dessen Pflichten sich in Teilbereichen mit denen des gerichtlichen Ersatzzustellungsvertreters überschneiden.

4. Wirkungen der Zustellung

9   Mit der Zustellung wird die Wohnungseigentumssache wie jeder sonstige Zivilprozess rechtshängig. Dies bewirkt u. a. die fortdauernde Zuständigkeit des angerufenen Gerichtes nach § 261 Abs. 3 Nr. 2 ZPO und die Unzulässigkeit einer nochmaligen gerichtlichen Geltendmachung des streitgegenständlichen Anspruchs. Unabhängig vom Fortdauern der Eigentümerstellung dauern nach § 265 Abs. 2 ZPO Aktiv- und Passivlegitimation der ursprünglichen Parteien fort. Wie nach altem Recht kann eine Ausnahme hiervon in Verfahren nach § 43 Nr. 4 WEG gelten, wenn der angegriffene Beschluss die Rechtsstellung des Anfechtenden nach dem Eigentumsverlust nicht mehr beeinflussen kann und der Rechtsnachfolger kein Interesse an der Fortführung des Verfahrens hat (*BayObLG* ZMR 1998, 447 f.; *KG* ZMR 2000, 275). Nach § 325 Abs. 1 ZPO wirkt schließlich das rechtskräftige Urteil gegen den Sonderrechtsnachfolger, der nach Rechtshängigkeit Wohnungseigentum erworben hat, fort, allerdings nicht gegen »vergessene« Wohnungseigentümer (BT-Drucks. 16/887, 75; vgl. u. § 48 Rn. 11). Für die Beigeladenen enthält § 48 Abs. 2 S. 2 WEG eine entsprechende Regelung.

C. Die Zustellung an den Verband

I. Der Verwalter als vorrangiger Zustellungsbevollmächtigter

10   Sofern ein Verwalter bestellt ist und ihm nicht ausnahmsweise die Berechtigung zur Entgegennahme von Zustellungen fehlt, hat er auch Zustellungen an den Verband nach § 27 Abs. 3 S. 1 Nr. 1 WEG entgegenzunehmen. Ist ein Verwalter bestellt und zur Entgegennahme berechtigt, wirkt eine Zustellung an einen oder alle Wohnungseigentümer wegen § 27 Abs. 3 S. 2 1. Hs. WEG nicht gegen den Verband. Denn die Vertretungsmacht der Wohnungseigentümer besteht nur beim Fehlen eines Verwalters (vgl. o. § 27 Rn. 75).

II. Gesamtvertreter und Zustellung an einen sonstigen Ermächtigten

11   Fehlt es an einem zustellungsbevollmächtigten Verwalter, ist nach § 27 Abs. 3 S. 2 WEG den Wohnungseigentümern als Gesamtvertretern des Verbandes zuzustellen. Im Ergebnis genügt nach § 170 Abs. 3 ZPO die Zustellung an einen von ihnen (vgl. o. § 27 Rn. 78). Sofern ein Wohnungseigentümer nach § 27 Abs. 3 S. 3 WEG zur Vertretung ermächtigt wurde, kann auch ihm zugestellt werden. Eine Zustellung nach § 27 Abs. 3 S. 2 WEG an einen der gesamtvertretungsberechtigten Wohnungseigentümer ist gleichwohl wirksam (s. § 27 Rn. 83). Bestehen Zweifel über Bestellung oder Zustellungsbevollmächtigung des Verwalters, sollte sowohl ihm als auch einem Wohnungseigentümer zugestellt werden. In diesem Fall ist eine Zustellung an den Verband in jedem Fall wirksam.

§ 46 Anfechtungsklage

(1) Die Klage eines oder mehrerer Wohnungseigentümer auf Erklärung der Ungültigkeit eines Beschlusses der Wohnungseigentümer ist gegen die übrigen Wohnungseigentümer und die Klage des Verwalters ist gegen die Wohnungseigentümer zu richten. Sie muss innerhalb eines Monats nach der Beschlussfassung erhoben und innerhalb zweier Monate nach der Beschlussfassung begründet werden. Die §§ 233 bis 238 der Zivilprozessordnung gelten entsprechend.

(2) Hat der Kläger erkennbar eine Tatsache übersehen, aus der sich ergibt, dass der Beschluss nichtig ist, so hat das Gericht darauf hinzuweisen.

Inhaltsverzeichnis

A. Die Beschlussanfechtung in der Novelle	1
B. Die Parteien der Anfechtungsklage	2
I. Die Klagebefugnis	2
1. Die Wohnungseigentümer	2
2. Der Verwalter	3
3. Die Klagebefugnis Dritter	4
II. Die Passivlegitimation	5
C. Fristen und Wiedereinsetzung	6
I. Die Klagefrist	6
1. Die Frist des § 46 Abs. 1 S. 2 WEG	6
2. Die Rückwirkungsfiktion	7
II. Die Frist zur Klagebegründung	8
III. Die Wiedereinsetzung	9
D. Rechtsschutzbedürfnis und Rechtsmissbräuchlichkeit einer Beschlussanfechtung	10
I. Das Rechtsschutzbedürfnis	10
II. Rechtsmissbräuchliche Beschlussanfechtungen	11
E. Klageantrag und Streitgegenstand	12
I. Klageantrag	12
II. Der Streitgegenstand	13
F. Der Hinweis auf erkennbar übersehene Nichtigkeitsgründe	14
G. Rechtsmittel	15
I. Rechtsmittel der Wohnungseigentümer	15
II. Rechtsmittel des Verwalters	16

A. Die Beschlussanfechtung in der Novelle

Die Beschlussanfechtung war in der Diskussion um eine gesetzliche Neuregelung besonders umstritten, was nicht zuletzt damit zusammenhing, dass dieses Verfahren besonders schwer in die Zwei-Parteien-Systematik der ZPO einzufügen war. Deshalb bemühte sich der Gesetzgeber hier besonders um ausdrückliche Regelungen, die im Wesentlichen die bisherige Rechtspraxis in das Zivilprozessrecht übertragen sollten. Deshalb ist die frühere Judikatur in weitem Umfang auch für das neue Recht nutzbar zu machen. Einige Fehlgriffe etwa zur Anfechtungsberechtigung des Verwalters korrigierte noch der Rechtsausschuss (BT-Drucks. 16/3843, 57). **1**

B. Die Parteien der Anfechtungsklage

I. Die Klagebefugnis

1. Die Wohnungseigentümer

Zu keiner Zeit stand zur Diskussion, dass im Verfahren nach § 43 Nr. 4 WEG weiterhin jeder Wohnungseigentümer befugt sein sollte, einen Beschluss anzufechten. Insoweit kann auf die frühere Rechtsprechung zurückgegriffen werden. Demnach darf grundsätzlich jeder Wohnungseigentümer die Beschlüsse der Eigentümerversammlung anfechten. Dies gilt auch für den teilrechtsfähigen Verband, soweit er zugleich Eigentümer von Wohnungs- bzw. Teileigentum ist (*Hügel/Elzer* § 13 Rn. 120, zu weit gehend aber Rn. 123, wo dem Verband ein allgemeines Anfechtungsrecht bei Betroffenheit in eigenen Rechten zuerkannt wird). Dies gilt bereits für die Mitglieder der »werdenden Wohnungseigentümergemeinschaft«, also durch Vormerkung gesicherte Ersterwerber, die bereits Besitz an dem Wohnungs- oder Teileigentum erlangt haben (*KG* NJW-RR 2004, 878; a. A. *OLG Saarbrücken* NJW-RR 1998, 1094 ff.; zum Zweiterwerber s. u. Rn. 4). Wird allerdings der Kaufvertrag durch Rücktritt oder Anfechtung beseitigt, erlöschen die akzessorische Vormerkung und damit auch die Klagebefugnis für Anfechtungsklagen (*BayObLG* NJW-RR 1996, 335). Maßgeblich ist insoweit die Eintragung im Grundbuch; der Veräußerer kann also bis zur Umschreibung Klage nach § 43 Nr. 4 WEG erheben und verliert seine Klägerstellung nach § 265 Abs. 2 ZPO dann nicht mehr (*BayObLG* NJW-RR 1991, 532; 1995, 467). Demgemäß kann der erst nach der Beschlussfassung, aber vor Ablauf der Anfechtungsfrist in das Grundbuch eingetragene **2**

§ 46 | Anfechtungsklage

Erwerber den Eigentümerbeschluss ebenfalls anfechten (*OLG Frankfurt* NJW-RR 1992, 1170; *KG* NJW-RR 1995, 148 = WE 1995, 121). Der Erwerber kann aber zur Beschlussanfechtung ermächtigt werden (*KG* NJW-RR 1995, 147 f = WE 1995, 120). Zur Beschlussanfechtung ist auch der Eigentümer berechtigt, der dem angegriffenen Beschluss zugestimmt hat (*BayObLG* NJW-RR 1997, 717; 2001, 1234; *OLG Karlsruhe* ZMR 2003, 291). Der vom Stimmrecht ausgeschlossene Wohnungseigentümer verliert nicht auch das Recht, ordnungsmäßiger Verwaltung widersprechende Beschlüsse im Verfahren nach § 43 Nr. 4 WEG anzufechten (*KG* NJW-RR 1986, 643). Sofern an einem Wohn- oder Teileigentum Bruchteilseigentum besteht, ist jeder Angehörige der Eigentümergemeinschaft zur Anfechtung berechtigt (*BayObLG* NJW-RR 1988, 271; 1991, 216; *KG* NJW-RR 1994, 279; *OLG Frankfurt* ZMR 2007, 291; *LG Berlin* NJW-RR 1997, 652). Entsprechendes gilt für die Erbengemeinschaft (*BayObLG* NJW-RR 1998, 164 = WuM 1998, 748). Hingegen kann der Gesellschafter einer GbR außerhalb der Notgeschäftsführung analog § 744 Abs. 2 BGB Eigentümerbeschlüsse alleine nicht anfechten, da die GbR als rechtsfähiger Verband nur selbst anfechtungsberechtigt ist, nicht aber ihre einzelnen Gesellschafter (*BayObLG* NJW-RR 1991, 216). Der drohende Ablauf der Anfechtungsfrist nach § 46 Abs. 1 S. 2 WEG genügt dabei alleine nicht zur Rechtfertigung einer Notgeschäftsführung, da es sich hierbei um den – gesellschaftsintern vorab zu berücksichtigenden – Regelfall handelt und das Einstimmigkeitsprinzip des § 709 Abs. 1 BGB auch in eiligen Angelegenheiten gilt (*BayObLG* NJW-RR 1991, 216).

2. Der Verwalter

3 In Reaktion auf die Kritik an früheren Entwürfen, die eine Anfechtung durch den Verwalter nicht vorsahen, hat der Gesetzgeber in § 46 Abs. 1 S. 1 WEG die Anfechtungsbefugnis des Verwalters nunmehr ausdrücklich anerkannt (BT-Drucks. 16/3843, 57). Auch insoweit ist die Rechtsprechung zum früheren Recht weiter aktuell. Nach § 43 Nr. 4 WEG kann auch der Verwalter Beschlüsse der Wohnungseigentümer anfechten. Dies umfasst jedenfalls Beschlüsse, die ihn in seiner Rechtsstellung beeinträchtigen, also etwa eine Abberufung (*BGH* ZMR 2002, 767 = *BGH* Rep. 2002, 808 mit Anm. *Riecke*; vgl. § 26 Rn. 28). Nach inzwischen h. M. hängt seine Anfechtungsbefugnis aber nicht davon ab, dass ein Eigentümerbeschluss in seine Rechte eingreift. Vielmehr handelt es sich hierbei um eine altruistische Befugnis, die der Verwalter im Interesse der Wohnungseigentümer und somit letztlich zur Sicherung einer ordnungsgemäßen Verwaltung ausübt (*Reuter* ZWE 2001, 287 ff.; zust. etwa *Bärmann/Pick/Merle* § 43 Rn. 93; *Hügel/Scheel* Rechtshandbuch Rn. 1167). Er ist folglich auch dann zur Anfechtung befugt, wenn der angegriffene Beschluss seine Interessen nicht berührt (*KG* OLGZ 1976, 57 f.; *Bub* WE 1988, 184; *Niedenführ* WE 1993, 101; *Müller* WE 1994, 8; *Belz* Handbuch Rn. 186; wohl auch *Staudinger/Wenzel* § 43 Rn. 42). Die Befugnis des Verwalters zur Beschlussanfechtung erlischt mit seiner Abberufung (*BayObLG* WE 1991, 111). Seine Abberufung kann er allerdings stets anfechten (vgl. o. § 26 Rn. 28).

3. Die Klagebefugnis Dritter

4 Die Rechtslage bleibt auch bezüglich der Klagebefugnis Dritter unverändert. Sie ist nur insoweit gegeben, als Dritte wie etwa der Zwangs- oder Insolvenzverwalter Verwaltungsrechte des Eigentümers wahrnehmen (*BayObLG* NJW-RR 1991, 724; *Niedenführ/Kümmel/Vandenhouten* § 46 Rn. 9 f.). Ansonsten sind Dritte wie etwa Mieter nach § 46 Abs. 1 S. 1 WEG grundsätzlich nicht zur Erhebung der Anfechtungsklage befugt, auch wenn sie aufgrund ihrer schuldrechtlichen Beziehungen zu einem Wohnungseigentümer von einem Beschluss (etwa einer Hausordnung) betroffen sind. Insoweit können sie sich nur an den Wohnungseigentümer als Vertragspartner halten (vgl. o. § 13 Rn. 5). Auch dinglich Berechtigte wie Grundpfandrechtsgläubiger oder Nießbraucher sind nach § 46 Abs. 1 S. 1 WEG nicht aktivlegitimiert (*BayObLG* NJW-RR 1999, 1536 = ZMR 1998, 709 f.; *OLG Düsseldorf* ZMR 2005, 469; a. A. *KG* NJW-RR 1987, 973f), da die Vorschrift ausdrücklich nur von Klagen »eines oder mehrerer Wohnungseigentümer« redet. Da es insoweit auf die Eintragung im Grundbuch ankommt und die Figur des »werdenden Wohnungseigentümers« nicht anzuerkennen ist, sind auch rechtsgeschäftliche Erwerber, die durch eine Auflassungsvormerkung gesichert sind, nicht zur Anfechtungsklage befugt (BGHZ 106, 118 ff.; *OLG Saarbrücken* ZMR 1998, 596 f.; *BayObLG* ZWE 2001, 591f). Das gilt auch beim Zweiterwerb von einem werdenden Eigentümer (insoweit richtig *OLG Saarbrücken* NJW-RR 2002, 1236 f.) und nach Invollzugsetzung der

Wohnungseigentümergemeinschaft durch Eintragung des ersten Wohnungseigentümers in das Grundbuch (*KG* NJW-RR 2004, 879). Die Ermächtigung und die Anfechtung in Prozessstandschaft sind allerdings nach wie vor möglich (*BayObLG* WE 1990, 67; *KG* NJW-RR 1995, 148 = WE 1995, 120; *OLG Saarbrücken* NJW-RR 2002, 1237; *KG* NJW-RR 2004, 879). Dies erfordert wie nach altem Recht die Offenlegung der Prozessstandschaft innerhalb der Anfechtungsfrist (*KG* NJW-RR 1995, 148 = WE 1995, 121; NJW-RR 2004, 879; *BayObLG* NJW-RR 1999, 1537 = ZMR 1998, 710). Der zur Zeit der Beschlussfassung bereits aus der Eigentümergemeinschaft ausgeschiedene Eigentümer ist gleichfalls nicht mehr anfechtungsbefugt, zumal ihn die Eigentümerbeschlüsse nicht mehr binden können (BGHZ 106, 39; *KG* ZWE 2001, 219; *OLG Zweibrücken* ZMR 2007, 398). Etwas anderes gilt nur, wenn ein Beschluss ausnahmsweise noch Auswirkungen auf seine Rechtsposition zeitigen kann (*OLG Düsseldorf* ZMR 1997, 545). Dies ist bei der Genehmigung von Jahresabrechnungen grundsätzlich nicht der Fall (*OLG Düsseldorf* ZMR 1997, 545 f.). Auch der teilrechtsfähige Verband ist Dritter und daher nicht im Verfahren nach § 43 Nr. 4 WEG aktivlegitimiert sofern er nicht zugleich Eigentümer ist.

II. Die Passivlegitimation

In der Diskussion um die Neugestaltung der Beschlussanfechtung war umstritten, wer in diesem 5
Verfahren passivlegitimiert sein sollte. Teilweise wurde vorgeschlagen, Anfechtungsklagen nur gegen diejenigen zu richten, die dem Beschluss zugestimmt hatten (s. BT-Drucks. 16/887, 51). Im Schrifttum wurde ferner vereinzelt vorgeschlagen, die Passivlegitimation im Anfechtungsverfahren dem teilrechtsfähigen Verband zuzuerkennen (*Armbrüster* ZWE 2006, 474). Dem ist der Gesetzgeber nicht gefolgt. Nach § 46 Abs. 1 S. 1 WEG ist die Anfechtungsklage stets gegen die Wohnungseigentümer zu richten. Auch dies entspricht der bisherigen Rechtsprechung (*BGH* ZMR 2005, 555 f.; *Niedenführ/Kümmel/Vandenhouten* § 46 Rn. 28 f.), die somit weiter herangezogen werden kann.

C. Fristen und Wiedereinsetzung

I. Die Klagefrist

1. Die Frist des § 46 Abs. 1 S. 2 WEG

Die Ungültigerklärung muss wie nach altem Recht binnen eines Monats nach der Beschlussfas- 6
sung bzw. bei schriftlichen Beschlüssen nach deren Verkündung beantragt werden (*Hügel/Elzer* § 13 Rn. 132). Allerdings ist diese Frist nun im Verfahrensrecht, in § 46 Abs. 1 S. 2 WEG kodifiziert. Es soll sich gleichwohl um eine materiell-rechtliche Ausschlussfrist handeln (BT-Drucks. 16/887, 38). Wird die Anfechtungsfrist versäumt, ist die Klage also nicht unzulässig, sondern unbegründet (*BayObLG* NJW-RR 1990, 211; 1991, 977; 2001, 1593 f.), was auch die Berufung auf die Nichtigkeit des Beschlusses nach § 48 Abs. 4 WEG ausschließt (vgl. u. § 48 Rn. 17). Die Frist berechnet sich nach §§ 187, 188 BGB. Sie beginnt mit der Beschlussfassung zu laufen, die i. d. R. dem Datum der Eigentümerversammlung entspricht. Bei schriftlichen Beschlüssen ist deren Verkündung maßgeblich. Die Frist gilt nicht für alle Verfahren nach § 43 Nr. 4 WEG, etwa nicht bei der Klage auf Feststellung des Beschlussinhalts (vgl. o. § 43 Rn. 19). In Anlehnung an die Anfechtungsklagen im Gesellschaftsrecht dürfte die Stellung eines Prozesskostenhilfeantrags zur Fristwahrung genügen (eingehend *Niedenführ/Kümmel/Vandenhouten* § 46 Rn. 45).

2. Die Rückwirkungsfiktion

Zur Fristwahrung genügt die Einreichung der Klageschrift bei Gericht. Denn dem Kläger kommt 7
die Rückwirkungsfiktion des § 167 ZPO zugute, wenn seine Klage noch vor Ablauf der Monatsfrist bei Gericht eingeht, aber erst danach zugestellt wird. Allerdings erfordert dies die demnächstige Zustellung (vgl. BT-Drucks. 16/887, 37). Die Rückwirkungsfiktion nach § 167 ZPO setzt nach neuem Recht nicht nur voraus, dass die Sache noch innerhalb der Monatsfrist bei Gericht eingeht. Entgegen früherer Rechtsprechung (*BayObLG*, NZM 2001, 143, 144; *OLG Köln*, ZMR 2001, 661 f.; *OLG Zweibrücken*, ZMR 2003, 452; *OLG Hamm* ZMR 2005, 806; *KG* ZMR 2006, 66) wird das Gericht jetzt auch bei Beschlussanfechtungen nur noch dann tätig, wenn der Kostenvorschuss rechtzeitig

§ 46 | Anfechtungsklage

eingezahlt wird. Die auf Beschlussanfechtungsverfahren angewandte Regelung des § 8 Abs. 2 S. 2 Nr. 5 KostO, wonach es »nicht angebracht erscheint«, die Zustellung von der Zahlung des Kostenvorschusses abhängig zu machen, kann auf Zivilprozesse nach § 43 WEG keine Anwendung mehr finden. Entgegen bisweilen geäußerter Auffassung (*Elzer/Hügel* § 13 Rn. 178) kann das Gericht die frühere Praxis nicht unter Berufung auf § 12 Abs. 1 S. 1 GKG fortführen. Denn § 12 Abs. 1 S. 1 GKG gibt nur ein Ermessen für den Einzelfall, etwa bei drohender Verjährung. Es geht aber nicht an, diese dem Regelfall zuwiderlaufende, nur für Ausnahmen bestimmte Ermessensausübung auf eine bestimmte Art von Klagen insgesamt auszudehnen. Dies hätte der Gesetzgeber regeln müssen. Im Übrigen liefe eine solche Handhabung auch der erklärten Absicht (z. B. BT-Drucks. 16/887, 12 u. 14) zuwider, staatliche Ressourcen durch den Übergang in den Zivilprozess zu schonen. Bei verspäteter Einzahlung des Vorschusses ist die nicht mehr demnächstige Zustellung also im Gegensatz zur früheren Praxis nicht mehr vom Gericht zu vertreten. Führt aber ein vom Kläger verschuldeter Umstand dazu, dass die Klage nicht demnächst zugestellt wird, ist sie nicht mehr gemäß § 167 ZPO fristgerecht (im Ergebnis ebenso *Niedenführ/Kümmel/Vandenhouten* § 46 Rn. 40).

II. Die Frist zur Klagebegründung

8 Mit der Überführung der Wohnungseigentumssachen in das ZPO-Verfahren muss die Beschlussanfechtung wie jede Klage begründet werden. Ansonsten ist sie mangels Schlüssigkeit unbegründet (a. A. *Hügel/Elzer* § 13 Rn. 154, wonach § 46 Abs. 1 S. 2 WEG eine Sachurteilsvoraussetzung darstellen soll, deren Nichteinhaltung zur Unzulässigkeit der Klage führt – wohl nicht mit allgemeinen zivilprozessualen Grundsätzen vereinbar). Dies kann allerdings gerade in Verfahren nach § 43 Nr. 4 WEG besondere Schwierigkeiten bereiten. So kann ein nicht auf der Versammlung anwesender Kläger wesentliche Tatsachen etwa zu Beschlussfähigkeit, Ausschlüssen von der Abstimmung o. ä. erst aus der Niederschrift erfahren, die ihm u. U. erst Wochen nach der Versammlung zugeht (BT-Drucks. 16/887, 73). Deshalb gestattet § 46 Abs. 1 S. 2 WEG bei Anfechtungsklagen, die Klagebegründung binnen 2 Monaten nach der Beschlussfassung nachzureichen. Zu begrüßen sind Vorschläge, die Möglichkeit zuzulassen, die Begründungsfrist bei Zustimmung der Beklagten analog § 520 Abs. 1 S. 2 ZPO zu verlängern (*Hügel/Elzer* § 13 Rn. 155).

III. Die Wiedereinsetzung

9 Bereits nach früherem Recht war in der Rechtsprechung anerkannt, dass bei unverschuldeter Versäumung der Anfechtungsfrist Wiedereinsetzung gewährt werden kann. Einige Stimmen zogen diese h. M. allerdings deswegen in Zweifel, weil bei Versäumung einer materiell-rechtlichen Frist nicht nach verfahrensrechtlichen Vorschriften Wiedereinsetzung gewährt werden könne. Diesen Streit beseitigt § 46 Abs. 1 S. 3 WEG nunmehr, indem er die zivilprozessualen Vorschriften der §§ 233 bis 238 ZPO ausdrücklich für anwendbar erklärt (vgl. *Hügel/Elzer* § 13 Rn. 138). Zugleich stellt die systematische Stellung dieser Verweisung klar, dass auch gegen die Versäumung der Klagebegründungsfrist Wiedereinsetzung gewährt werden kann. Inhaltlich ändert sich durch die Anwendbarkeit der §§ 233 ff. ZPO wenig, da die dortigen Voraussetzungen für eine Wiedereinsetzung § 22 Abs. 2 FGG weitgehend entsprechen. So ist die verspätete Zusendung der Niederschrift kein Wiedereinsetzungsgrund (*BayObLG* NJW-RR 1991, 977; *OLG Düsseldorf* NJW-RR 1995, 464; *KG* NJW-RR 1996, 845). Da eine Verpflichtung des Verwalters zur Versendung der Niederschrift kraft Gesetzes nicht besteht, ist der Wohnungseigentümer ohne abweichende Regelung in Teilungserklärung oder Verwaltervertrag gehalten, sich selbst beim Verwalter über die gefassten Beschlüsse zu informieren (*BayObLG* NJW-RR 1989, 656; 1991, 977; *OLG Düsseldorf* NJW-RR 1995, 464; *KG* NJW-RR 1997, 777). Etwas anderes gilt, wenn der Einladung die Beschlussfassung nicht zu entnehmen war und der Wohnungseigentümer mit der Beschlussfassung nicht rechnen musste (*BayObLG* NJW-RR 1989, 656; *OLG Düsseldorf* NJW-RR 1995, 464; *KG* NJW-RR 1996, 845; 1997, 777). Dann trifft ihn mangels Kenntnis kein Verschulden gemäß § 233 ZPO. Versäumt der Kläger die Anfechtungsfrist etwa deswegen, weil die Beschlussfassung nicht ordnungsgemäß angekündigt und auch das Protokoll nicht rechtzeitig versandt wurde, ist die Versäumung der Kla-

gefrist unverschuldet (*Hügel/Elzer* § 13 Rn. 132; *BayObLG* NJW-RR 1989, 656; *OLG Düsseldorf* NJW-RR 1995, 464; *KG* NJW-RR 1996, 845; 1997, 777). Hingegen ist die weisungswidrige Ausnutzung der Vollmacht kein Wiedereinsetzungsgrund (*KG* NJW-RR 1997, 777). Das Verschulden eines gesetzlichen Vertreters, etwa des Geschäftsführers einer Verwaltergesellschaft, wird dieser zugerechnet (*BayObLG* NJW-RR 1997, 1373). Ebenso wenig rechtfertigt Arbeitsüberlastung die Wiedereinsetzung (BayObLG NJW-RR 2003, 1666). Nach Änderung von Instanzenzug und Rechtsmitteln wird absehbar von besonderer Bedeutung sein, dass weder die Unkenntnis des Rechtsmittels, das der Anwalt im Übrigen selbst zu prüfen hat (*OLG München* ZMR 2007, 560), noch des Rechtsmittelgerichts (*OLG Zweibrücken* ZMR 2006, 160) Wiedereinsetzungsgründe sind. Die Grundsätze zur Versäumung der Einlegungsfrist finden entsprechend auf die Versäumung der Frist zur Klagebegründung Anwendung. Wird etwa keine Niederschrift angefertigt oder kann der Kläger seine Anfechtungsklage unverschuldet aus anderen Gründen erst nach dieser Frist begründen, ist ihm gemäß § 46 Abs. 1 S. 3 WEG Wiedereinsetzung nach §§ 233 ff. ZPO zu gewähren.

D. Rechtsschutzbedürfnis und Rechtsmissbräuchlichkeit einer Beschlussanfechtung

I. Das Rechtsschutzbedürfnis

Dass der Gesetzgeber Änderungen in der Dogmatik von Rechtsschutzbedürfnis und Rechtsmißbräuchlichkeit von Beschlussanfechtungen bezweckte, lassen Gesetzeswortlaut und -materialien nicht erkennen. Insoweit kann daher auf die frühere Judikatur zurückgegriffen werden. Grundsätzlich ist demnach ohne weiteres vom Rechtsschutzbedürfnis einer Beschlussanfechtung durch die hierzu berechtigten Personen auszugehen (*KG* ZMR 1998, 656; *BayObLG* WE 1990, 215). Der anfechtende Wohnungseigentümer muss durch den angegriffenen Beschluss keinen Nachteil erleiden (*OLG München* NJW-RR 2007, 303). Der altruistischen Anfechtung eines Beschlusses soll aber das Rechtsschutzbedürfnis fehlen, wenn der belastete Wohnungseigentümer selbst keine gerichtlichen Schritte ergreift (*OLG München* ZMR 2007, 306). Die Zustimmung zu einer Beschlussvorlage lässt das Rechtsschutzbedürfnis für eine Anfechtung grundsätzlich nicht entfallen (*BayObLG* NJW-RR 1988, 1168; *OLG Karlsruhe* ZMR 2003, 291). Es fällt auch nicht deswegen weg, weil der Beschluss bereits von einem anderen Wohnungseigentümer angefochten wurde, da dieser seinen Antrag jederzeit zurücknehmen kann, ohne dass ein anderer Verfahrensbeteiligter hierauf Einfluss nehmen könnte (*Elzer/Hügel* § 13 Rn. 182; *BayObLG* NJW-RR 2001, 1233). Das Ausscheiden aus der Eigentümergemeinschaft nach Rechtshängigkeit der Klage wirkt sich nur dann auf das Rechtsschutzbedürfnis aus, wenn der Beschluss den ausgeschiedenen Eigentümer in keiner Weise mehr berührt (*BayObLG* NJW-RR 1987, 271; ZMR 1998, 447 f.; *KG* ZWE 2000, 274). Andernfalls kann der ausgeschiedene Wohnungseigentümer das Verfahren als gesetzlicher Prozessstandschafter des neuen Eigentümers analog § 265 Abs. 2 ZPO fortführen (*BGH* ZMR 2001, 810). Die Vollziehung des Beschlusses berührt das Rechtsschutzbedürfnis in aller Regel nicht, da nach seiner rechtskräftigen Ungültigerklärung jedenfalls Folgenbeseitigungsansprüche in Betracht kommen (*BayObLG* NJW-RR 1988, 1169, 1992, 1367; NZM 2002, 623; NJW-RR 2006, 23), u. U. auch Ersatzansprüche gegen den Verwalter bei ungenügender Information der Wohnungseigentümer (*BayObLG* NJW-RR 1997, 717). Anderes gilt, wenn die Rückgängigmachung ausgeschlossen ist und die Ungültigerklärung auch sonst keine Auswirkungen mehr haben kann (*BayObLG* NJW-RR 1992, 1367; 1999, 164 = WuM 1998, 748; *OLG München* ZMR 2007, 139 f.). Noch viel weniger genügt die nachträgliche Beseitigung der ursprünglichen Anfechtungsgründe, etwa die Vorlage ursprünglich fehlender Unterlagen zur Jahresabrechnung, weil es auf die Ordnungsmäßigkeit des Beschlusses zur Zeit der Beschlussfassung ankommt (*KG* NJW-RR 1987, 80). Auch die Genehmigung der Jahresabrechnung berührt das Rechtsschutzbedürfnis für die Anfechtung des Wirtschaftsplanes nicht, da dieser weiterhin Anspruchsgrundlage für die Vorschüsse nach § 28 Abs. 2 WEG bleibt (*BayObLG* WE 1998, 404; vgl. o. § 28 Rn. 86). Die erneute Beschlussfassung hat keinen Einfluss auf die Anfechtung des Erstbeschlusses, sofern auch der Zweitbeschluss angefochten wird. Denn dann bleibt es möglich, dass beide Beschlüsse vom Gericht für ungültig erklärt werden. Erst die Bestandskraft des inhaltsgleichen Zweitbeschlusses lässt das Rechtsschutzbedürfnis entfallen, da der Antragsteller sein Verfahrensziel – die Beseitigung der Beschlussfassung – dann im Ergebnis in keinem Falle mehr erreichen kann (*BGH* ZMR 2001, 814; *BayObLG* NJW-RR 1986, 1399; 1987, 9; WE 1993, 343; ZMR 2005, 891; *KG* NZM 2000, 552). Die Ablehnung einer Beschlussvorlage (ein so genannter Negativbeschluss) kann grundsätzlich nur in Verbindung mit dem Antrag auf Verpflichtung der Eigentümer zur Durchführung einer bestimmten Maßnahme angegriffen werden (*BGH* ZMR 2001, 814; 2002, 931 f.). Denn es besteht kein Rechtsschutzbedürfnis dafür, lediglich die Ablehnung einer bestimmten Beschlussfassung zu beseitigen, da der Antragsteller hierdurch nichts gewinnt. Ob eine einfache Anfechtungsklage im Wege der Auslegung dahingehend auszulegen ist, dass damit auch die Verpflichtung zur Durchführung der abgelehnten Maßnahme verbunden sein soll (*BGH* ZMR 2002, 931 f.) erscheint mit der Überführung der Wohnungseigentumsverfahren in den Zivilprozess fraglich (vgl. schon zum alten Recht *Niedenführ/Schulze* § 43 Rn. 69, wonach Anfechtung alleine nicht, wohl aber der positive Antrag auf Vornahme einer Maßnahme genügen soll). Denn der Zivilrichter hat anders als das Gericht der freiwilligen Gerichtsbarkeit nicht über das Rechtsschutzbegehren, sondern über die konkreten Anträge des Klägers zu befinden, über die er nicht hinausgehen darf. Allerdings ist eine restriktivere Handhabung im vorliegenden Zusammenhang nicht mit einem Rechtsverlust verbunden, da der Verpflichtungsantrag nicht fristgebunden ist. Er kann also noch nach dem gemäß § 139 ZPO gebotenen Hinweis noch gestellt werden. Auch für die Anfechtung des Negativbeschlusses mit dem Feststellungsantrag, es sei überhaupt kein Beschluss gefasst worden, kann ein Rechtsschutzbedürfnis gegeben sein (*OLG München* ZMR 2007, 481). Ähnliches soll gelten, wenn der Negativbeschluss nach Bestandskraft einem späteren Verpflichtungsantrag entgegenstünde (*OLG München* ZMR 2006, 474). Der Anfechtung von Beschlüssen zur Geschäftsordnung fehlt grundsätzlich das Rechtsschutzbedürfnis, da diese mit Beendigung der Versammlung gegenstandslos werden (*BayObLG* NJW-RR 1987, 1363; WuM 1996, 117; *OLG München* ZMR 2006, 70). Anderes kommt nur in Betracht, wenn der Beschluss auch für zukünftige Versammlungen gelten soll (*OLG Düsseldorf* NJW-RR 1995, 1294). Noch viel weniger sind sonstige Meinungsäußerungen, etwa Hinweise einzelner Wohnungseigentümer anfechtbar, da ihnen kein Regelungsgehalt für die Gemeinschaft zukommt (*BayObLG* NJW-RR 1987, 1365).

II. Rechtsmissbräuchliche Beschlussanfechtungen

11 Auch derjenige, der einer Beschlussvorlage zugestimmt hat, darf den Beschluss im Verfahren nach § 43 Nr. 4 WEG angreifen (*BayObLG* NJW-RR 2001, 1234). Dies ist nur rechtsmissbräuchlich, wenn ein Wohnungseigentümer der Beschlussfassung in Kenntnis des nunmehr geltend gemachten Verfahrensmangels zugestimmt hat (*BayObLG* NJW-RR 1988, 1168; NJW-RR 1992, 910). Ähnliches gilt, wenn der Kläger auf andere Weise den Anschein erweckt hat, er billige die Beschlussfassung (*OLG Saarbrücken* NJW-RR 2002, 1237 – im konkret entschiedenen Fall aber zweifelhaft). Die bisher als Rechtsmißbrauch behandelten Fälle, in denen der Anfechtende das Verfahren über längere Zeit nicht betrieb (*KG* NJW-RR 1998, 371 = ZMR 1997, 485; NJW-RR 2005, 531; *OLG Düsseldorf* NJW-RR 1998, 588 = WE 1998, 309 f.; NJW-RR 1999, 14) dürften an Bedeutung verloren haben. Zahlt der Kläger den Kostenvorschuss nicht, ist sein Antrag verfristet (vgl. o. Rn. 7). Im Übrigen droht ihm jetzt auch als Kläger ein Versäumnisurteil nach §§ 330, 333 ZPO, wenn er nicht erscheint oder nicht verhandelt. Hintertreibt der Antragsteller seinen Fortgang auf andere Weise, indem er etwa trotz Aufforderung des Gerichtes keine Eigentümerliste vorlegt (vgl. *OLG Düsseldorf* ZWE 2001, 163 f.), kann ihm das Gericht dies nach § 142 ZPO aufgeben.

E. Klageantrag und Streitgegenstand

I. Klageantrag

12 Schon das bisherige Recht stellte an den Antrag im Beschlussanfechtungsverfahren höhere Ansprüche als in den sonstigen Verfahren nach § 43 WEG. Es genügte nicht, dass im Wege der Auslegung ein Rechtsschutzziel des Antragstellers erkennbar wurde. Vielmehr musste der Antrag-

steller etwa durch Angabe des Tagesordnungspunktes oder des Inhalts klar erkennen lassen, welcher Beschluss inwieweit angefochten werden sollte (*Hügel/Elzer* § 13 Rn. 144; *OLG Zweibrücken* NJW-RR 1995, 398; *OLG Köln* NJW-RR 1996, 1481 f.). Denn die Miteigentümer hatten ein schützenswertes Interesse daran, zu wissen, welche Beschlüsse bestandskräftig geworden sind (*OLG Zweibrücken* NJW-RR 1995, 398; *OLG Köln* NJW-RR 1996, 1482). War dem vor Ablauf der Anfechtungsfrist gestellten Antrag nicht zu entnehmen, welcher Beschluss angefochten werden sollte, konnte dies nicht nach Fristablauf nachgeholt werden (*KG* NJW-RR 1996, 845; *OLG Köln* WE 1996, 467). Auch die Anfechtung »der Beschlüsse« einer Eigentümerversammlung genügt dem Bestimmtheitserfordernis nur dann, wenn tatsächlich alle Beschlüsse angefochten werden, weil sie etwa unter demselben formalen Mangel leiden oder vorsorglich angegriffen werden, da der Verwalter die Niederschrift nicht angefertigt bzw. verschickt hat (*BayObLG* NJW-RR 1995, 1167; 2001, 1234; 2002, 734; *OLG Köln* NJW-RR 1996, 1481 f.). Der Klageantrag kann dann nach Ablauf der Frist auf einzelne Beschlüsse beschränkt werden (*LG Mainz* NJW-RR 2000, 825). Aufgrund der ungenügenden Erfüllung der Verwalterpflichten wird dann regelmäßig eine Kostenentscheidung – nunmehr nach § 49 Abs. 2 WEG – zu Lasten des Verwalters geboten sein. An diesen Grundsätzen hat sich nach dem Übergang in den Zivilprozess selbstverständlich nichts geändert. Erledigt sich der ursprüngliche Antrag auf Ungültigerklärung eines Beschlusses, ist ein auf Feststellung seiner Ungültigkeit gerichteter Antrag nach wie vor regelmäßig unzulässig (*BayObLG* NJW-RR 2004, 444).

II. Der Streitgegenstand

In einer weiteren Sonderregelung für Anfechtungsklagen (§ 48 Abs. 4 WEG) kodifiziert der Gesetzgeber die schon bisher h. M., dass Ungültigerklärung und Nichtigkeitsfeststellung keine unterschiedlichen Streitgegenstände sind. Mit Abweisung einer Klage auf Ungültigerklärung ist also auch die Berufung auf die Nichtigkeit eines Beschlusses ausgeschlossen (vgl. im Einzelnen u. § 48 Rn. 16 f.). **13**

F. Der Hinweis auf erkennbar übersehene Nichtigkeitsgründe

Eine Sonderregelung richterlicher Hinweispflichten für die Anfechtungsklage enthält § 46 Abs. 2 WEG, wonach das Gericht den Kläger, der eine zur Beschlussnichtigkeit führende Tatsache erkennbar übersehen hat, hierauf hinweisen muss. Diese Vorschrift ist wohl zumindest überflüssig (ähnlich *Hinz* ZMR 2005, 278). Dass der Kläger den zur Nichtigkeit führenden Umstand »erkennbar« übersehen haben muss, setzt voraus, dass er dem Sachvortrag ohne weiteres zu entnehmen ist. Dann kann das Gericht aber ohnehin nur die Nichtigkeit des Beschlusses feststellen. Ein nichtiger Beschluss hat nämlich weder für die Wohnungseigentümer noch für Dritte oder gar das Gericht rechtliche Bedeutung. Entgegen der Entwurfsbegründung (BT-Drucks. 16/887, 38) hat dies nichts mit dem nicht mehr geltenden Amtsermittlungsgrundsatz zu tun, sondern ist eine Frage materiellen Rechtes, worauf die Stellungnahme des Bundesrates (BT-Drucks. 16/887, 51) zu Recht hinweist. Dem Gericht sind aus verfahrensrechtlichen Gründen lediglich weitere Nachforschungen verwehrt, wenn es Nichtigkeitsgründe nur vermutet. Dann kann § 46 Abs. 2 WEG aber schon deswegen nicht zur Anwendung kommen, da dem Gericht noch gar nicht ersichtlich ist, dass der Kläger die zur Nichtigkeit führenden Tatsachen »erkennbar übersehen« hat. Bedeutung kann der Hinweis nach § 46 Abs. 2 WEG also nur in zwei Fällen erlangen. Der erste betrifft die Konstellation, in der sich der Kläger **nicht** auf die Nichtigkeit berufen will. Dann kann er aufgrund des Hinweises seinen Vortrag modifizieren, da er im Zivilprozess und somit auch in der Beschlussanfechtung die tatsächlichen Grundlagen der Entscheidung bestimmt (BT-Drucks. 16/887, 38). Bedeutsamer dürfte aber die zweite Konstellation sein, dass der Beschluss auch andere Wohnungseigentümer betrifft, die aber die Anfechtungsfrist haben verstreichen lassen. Nach dem Hinweis auf den übersehenen Nichtigkeitsgrund haben dann auch sie die Möglichkeit, Klage auf Feststellung der Nichtigkeit zu erheben. Sollte dies, wie die Ausführungen in der Gesetzesbegründung nahelegen (BT-Drucks. 16/887, 73), gewollt sein, bleibt freilich unklar, weshalb der Hinweis nur dem Kläger zu erteilen ist. **14**

§ 46 | Anfechtungsklage

G. Rechtsmittel

I. Rechtsmittel der Wohnungseigentümer

15 Völlig neue Probleme ergeben sich für die Parteistellung im Rechtsmittelzug, da die Anfechtung die Zwei-Parteien-Systematik der ZPO sprengt. Vergleichsweise einfach ist nur die Konstellation zu handhaben, in der eine Anfechtungsklage ohne Erfolg bleibt. In diesem Fall bleibt der Anfechtungskläger auch der Berufungskläger und die Beklagten werden insgesamt zu Berufungsbeklagten. Die Parteirollen ändern sich also nicht. Die schon seinerzeit mit zivilprozessualen Grundsätzen begründete Rechtsprechung, wonach ein in erster Instanz untätiger Wohnungseigentümer nicht die Anfechtung eines anderen im Rechtsmittelzug fortführen darf (*OLG Zweibrücken* NJW-RR 1989, 658; *BayObLG* NJW-RR 1992, 976 – Ls –), gilt nach der Novelle erst recht. Dies bezieht sich aber nicht auf die -allerdings schon nach altem Recht eher theoretischen – Fälle, in denen die Frist zur Anfechtung des Eigentümerbeschlusses noch nicht abgelaufen war (*BayObLG* NJW-RR 1992, 151). Kann der ordnungsgemäß Beigeladene, wenn die Verfahren nicht ordnungsgemäß verbunden werden, im Parallelverfahren Rechtsmittel einlegen (vgl. § 47 Rn. 8), muss auch dann gelten, wenn er noch keinen erstinstanzlichen Antrag gestellt hat. Auch dann, wenn die unterlegenen Wohnungseigentümer insgesamt gegen eine Ungültigerklärung vorgehen, bleibt es bei den Parteirollen der Vorinstanz. Schwieriger sind sie beim Vorgehen einzelner Beklagter gegen die Ungültigerklärung zu beurteilen. In diesem Fall wird man in Anlehnung an die Regeln zur notwendigen Streitgenossenschaft annehmen müssen, dass der Rechtsbehelf für alle Beklagten gilt, auch wenn sie selbst kein Rechtsmittel eingelegt haben. Die Kosten sind aber wie dort nur demjenigen Streitgenossen aufzuerlegen, der das Rechtsmittel eingelegt hat (*Zöller/Vollkommer* ZPO, § 62 Rn. 32; *Thomas/Putzo/Mußtege* ZPO, § 62 Rn. 28).

II. Rechtsmittel des Verwalters

16 Noch problematischer wird die Behandlung eines Rechtsmittels, das der Verwalter eingelegt hat. Wie noch zum alten Recht höchstrichterlich entschieden, kann der Verwalter etwa gegen die erstinstanzliche Ungültigerklärung seiner Bestellung Rechtsmittel einlegen. Da dies nach der Entscheidung des BGH zum alten Recht nicht zuletzt aus verfassungsrechtlichen Grundsätzen wie dem Justizgewährungsanspruch folgt (*BGH* ZWE 2007, 396 f.; unrichtig *OLG Köln* NJW-RR 2006, 25; dem folgend *Niedenführ/Kümmel/Vandenhouten* § 26 Rn. 22), wird man nicht davon ausgehen können, dass nach neuem Recht anderes gilt. Auch ein entsprechender Wille des Gesetzgebers ist nicht erkennbar. Vielmehr wurde die ursprünglich vergessene Anfechtungsberechtigung, die mit der Befugnis zur Einlegung von Rechtsmitteln korrespondiert, auf entsprechende Kritik ausdrücklich in den Gesetzeswortlaut eingefügt. Dies wirft aber im Zivilprozess verwickelte prozessuale Probleme auf, da der Verwalter nach der klaren Anordnung in § 46 Abs. 1 S. 1 WEG nur dann Partei einer Anfechtungsklage ist, wenn er selbst die Ungültigerklärung eines Beschlusses begehrt. Ansonsten ist er nach § 48 Abs. 1 S. 2 WEG nur Beigeladener. Erkennt man ihm, was aus den genannten Gründen geboten ist, zumindest in bestimmten Fällen das Recht zur Einlegung von Rechtsmitteln ein, tritt eine neue Partei in den Rechtsstreit ein. Dies läuft auf die Übernahme eines weiteren Elementes aus der freiwilligen Gerichtsbarkeit in die neue Verfahrensordnung hinaus (vgl. im Ergebnis ähnlich *Niedenführ/Kümmel/Vandenhouten* § 26 Rn. 22, aber auf den Fall des Beitritts als streitgenössischer Nebenintervenient nach § 69 ZPO begrenzt, was zudem angesichts der beschränkten Möglichkeiten eines streitgenössischen Nebenintervenienten problematisch erscheint, s. MüKo/*Schilken*, ZPO § 69 Rn. 10; *Stein/Jonas/Bork*, § 69 Rn. 7; *Baumbach/Lauterbach/Hartmann* § 69 Rn. 10). Damit wird zunächst die Zustellung aller Entscheidungen auch an den Verwalter erforderlich. Im Übrigen wird man sein Rechtsmittel ähnlich behandeln müssen wie dasjenige des einzelnen Wohnungseigentümers, der sich gegen die Ungültigerklärung eines Beschlusses wehrt. Das Rechtsmittel des Verwalters wirkt damit auch für die anderen Beklagten. Im Falle des Misserfolgs hat in jedem Fall er dessen Kosten alleine zu tragen (s. o. Rn. 15).

§ 46a *(gegenstandslos)*

§ 47 Prozessverbindung

Mehrere Prozesse, in denen Klagen auf Erklärung oder Feststellung der Ungültigkeit desselben Beschlusses der Wohnungseigentümer erhoben werden, sind zur gleichzeitigen Verhandlung und Entscheidung zu verbinden. Die Verbindung bewirkt, dass die Kläger der vorher selbständigen Prozesse als Streitgenossen anzusehen sind.

Inhaltsverzeichnis
A. Der Sinn der Regelung	1
B. Voraussetzungen der Verbindung	2
I. Klagen auf Erklärung oder Feststellung der Ungültigkeit	2
II. Derselbe Beschluss	3
C. Folgen der Verbindung	4
I. Gleichzeitige Verhandlung	4
II. Kein Ermessen des Gerichts	5
III. Streitgenossenschaft	6
D. Rechtsmittel und unangefochtene Unterlassung der Verbindung	7
I. Rechtsmittel gegen die Entscheidung über eine Verbindung	7
II. Die nicht angefochtene Unterlassung einer Verbindung	8

A. Der Sinn der Regelung

Wird ein Eigentümerbeschluss von verschiedenen Anfechtungsberechtigten im Verfahren nach § 43 Nr. 4 WEG angegriffen, können die Entscheidungen in den Verfahren nicht unterschiedlich ergehen. Denn ein Eigentümerbeschluss kann nur allen Wohnungseigentümern gegenüber gültig oder unwirksam sein. Dies konnte in der Praxis zu erheblichen Unstimmigkeiten führen, wenn unbemerkt zwei verschiedene Anfechtungen vor unterschiedlichen Spruchkörpern anhängig waren. Deshalb kodifiziert § 47 S. 1 WEG im Wesentlichen die bisherige Rechtsprechung, wonach die Verfahren zu verbinden sind, wenn ein Beschluss von zwei oder mehr Wohnungseigentümern angefochten wird (*KG* WuM 1993, 93 f.; *BayObLG* ZMR 2003, 590; *OLG München* ZMR 2007, 396; *OLG Köln* NJW-RR 2007, 1311 f.; *LG Frankfurt* NJW-RR 1987, 1424). 1

B. Voraussetzungen der Verbindung

I. Klagen auf Erklärung oder Feststellung der Ungültigkeit

Identische Verfahrensziele, etwa die Klage zweier Miteigentümer auf Beseitigung einer baulichen Veränderung, alleine erfüllen die Voraussetzungen einer Prozessverbindung nach § 47 S. 1 WEG nicht. Es muss sich um Anfechtungsklagen nach § 43 Nr. 4 WEG handeln. In anderen Verfahren kommt nach allgemeinen zivilprozessualen Grundsätzen nur eine Prozessverbindung nach § 147 ZPO in Betracht, die im Ermessen des Gerichts steht. Sofern § 47 S. 1 WEG von der »Erklärung oder Feststellung der Ungültigkeit« redet, sind damit die konstitutive Ungültigerklärung bei bloßer Anfechtbarkeit und die deklaratorische Feststellung der Nichtigkeit gemeint. Hierauf dürfte sich die zwingende Verbindung von Verfahren nach § 43 Nr. 4 WEG allerdings nicht beschränken. Sind zwei Verfahren auf Feststellung des Inhalts desselben Eigentümerbeschlusses anhängig, besteht gleichfalls die Gefahr widersprechender Entscheidungen und die Notwendigkeit einer einheitlichen gerichtlichen Klärung. Denn derselbe Beschluss kann nicht für den einen Wohnungseigentümer einen anderen Inhalt haben als für den anderen. Es empfiehlt sich daher wie bei der Zuständigkeitsregelung des § 43 Nr. 4 WEG eine weite Auslegung des Verbindungsgebotes in § 47 S. 1 WEG. Es muss neben der eigentlichen Anfechtung von Eigentümerbeschlüssen bzw. der Feststellung ihrer Nichtigkeit auch den Antrag, ihre Wirksamkeit oder ihren Inhalt (*OLG Köln* OLGZ 1979, 284; *BayObLG* ZMR 2004, 126) festzustellen oder das Protokoll zu berichtigen, umfassen. Dasselbe muss für die Feststellung des Beschlussergebnisses gelten, wenn der Ver- 2 sammlungsleiter die konstitutive Verkündung des Beschlussergebnisses unterlassen hat. Denn ein Beschlussergebnis kann nicht für den einen Wohnungseigentümer anders als für den anderen festgestellt werden.

II. Derselbe Beschluss

3 Die Verbindung nach § 47 S. 1 WEG setzt ferner voraus, dass es sich um denselben Beschluss handelt. Er darf also nicht nur inhaltsgleich sein. Dies ergibt sich auch schon daraus, dass der inhaltsgleiche Zweitbeschluss unter anderen Fehlern leiden kann als der erste Beschluss, so dass unterschiedliche Entscheidungen durchaus denkbar sind. Die Klage muss über den Wortlaut hinaus auch denselben Bestandteil des Beschlusses betreffen. Wird die Genehmigung der Jahresabrechnung wegen unterschiedlicher Kostenpositionen angefochten, bedarf es keiner Verbindung nach § 47 S. 1 WEG, auch wenn es sich um denselben Beschluss handelt. Denn der Gegenstand beider Verfahren ist nicht identisch, so dass einander widersprechende Entscheidungen nicht zu befürchten stehen. Gleichgültig ist dagegen bei Identität des Beschlussgegenstandes die Zielrichtung der Klage. Begehrt ein Wohnungseigentümer die Ungültigerklärung eines Beschlusses und ein anderer die Feststellung seines Inhalts, ist nach § 47 S. 1 WEG zu verbinden. Denn es droht mit der Feststellung eines bestimmten Beschlussinhalts eine der Ungültigerklärung widersprechende Entscheidung. Soweit die Kläger nur teilweise dieselben Beschlüsse anfechten, kann es sich zur Verfahrensvereinfachung empfehlen, die Verfahren mit unterschiedlichem Gegenstand abzutrennen und nur die Anfechtungen hinsichtlich derselben Beschlüsse zu verbinden.

C. Folgen der Verbindung

I. Gleichzeitige Verhandlung

4 Der Wortlaut von § 47 S. 1 WEG, wonach die Prozesse »zur gleichzeitigen Verhandlung zu verbinden« sind, suggeriert eine Nähe zu § 147 ZPO, die indessen nicht besteht. Die Verbindung nach § 147 ZPO steht im Ermessen des Gerichts. Sofern nicht ausnahmsweise die Voraussetzungen der notwendigen Streitgenossenschaft vorliegen, ändert die Verbindung nach § 147 ZPO nichts daran, dass es sich rechtlich weiterhin um selbständige Prozesse handelt. Sie können nach § 150 ZPO auch wieder getrennt werden. Dass die Verbindung nach § 47 WEG auf einen engeren Zusammenhang hinausläuft, ergibt sich schon aus § 47 S. 2 WEG. Denn dort ist von den »vorher selbständigen Prozesse(n)« die Rede. Die ursprünglichen Anfechtungsklagen bilden nunmehr also ein einheitliches Verfahren. Eine Trennung kommt nicht mehr in Betracht. Darüber hinaus werden die Anfechtungsklagen nicht nur gleichzeitig verhandelt, sondern auch gleichzeitig und einheitlich entschieden, da es sich nach der Verbindung nur noch um ein Verfahren handelt.

II. Kein Ermessen des Gerichts

5 Liegen die Voraussetzungen des § 47 S. 1 WEG vor, besteht kein Ermessen des Gerichts in der Frage der Prozessverbindung. Die Verfahren sind zu verbinden (vgl. schon zum alten Recht *OLG Köln* ZMR 2007, 556). Damit dürfte auch die zweifelhafte Rechtsprechung zu »Pilotverfahren« (*OLG Köln* ZMR 2005, 404), wonach die Parteien nur ein Verfahren betreiben und die anderen ruhen lassen können, hinfällig geworden sein.

III. Streitgenossenschaft

6 Nach § 47 S. 2 bewirkt die Verbindung, dass die Kläger »als Streitgenossen anzusehen sind«. Sie scheiden somit in den Anfechtungsprozessen der anderen Kläger aus der Beklagtenstellung aus und nehmen ausschließlich die Klägerrolle ein. Auch wenn Gesetz und Materialien den Begriff der Streitgenossenschaft nicht näher ausführen, handelt es sich bei den Klägern um notwendige Streitgenossen gemäß § 62 ZPO. Denn die Anfechtungsklagen können, wie bereits ausgeführt, nur einheitlich entschieden werden.

D. Rechtsmittel und unangefochtene Unterlassung der Verbindung

I. Rechtsmittel gegen die Entscheidung über eine Verbindung

§ 47 WEG trifft keine eigene Regelung zu Rechtsmitteln gegen die Entscheidung über die Verbindung. Demnach gelten die allgemeinen zivilprozessualen Regeln. Begehrt eine Partei die Verbindung, ist dies »ein das Verfahren betreffendes Gesuch«. Wird es zurückgewiesen, ist daher nach § 567 Abs. 1 Nr. 2 ZPO die sofortige Beschwerde zulässig. Hingegen ist gegen die Vornahme einer Verbindung kein Rechtsmittel eröffnet.

7

II. Die nicht angefochtene Unterlassung einer Verbindung

Das Gesetz lässt offen, welche Folgen die Unterlassung der Verbindung hat. Da § 47 WEG im Wesentlichen nur die frühere Judikatur zur Behandlung paralleler Beschlussanfechtungen kodifiziert, wird man insoweit auf die Rechtsprechung zum früheren Recht zurückgreifen können. Bei ordnungsgemäßer Beiladung aller Wohnungseigentümer am ersten Verfahren zieht demnach dessen rechtskräftige Entscheidung die Erledigung des noch nicht entschiedenen Verfahrens nach sich, da die Entscheidung nur gegen alle Eigentümer einheitlich ergehen kann (*Elzer/Hügel* § 13 Rn. 191; vgl. *BayObLG*, ZMR 2003, 590 f.; ZMR 2004, 604; *OLG München* ZMR 2007, 396; *OLG Köln* ZMR 2007, 556 f.). Da ein Fehler des Gerichts vorlag, wird man auch die nach altem Recht zugelassenen Ausnahmen von diesem Grundsatz übernehmen können (vgl. *BayObLG* ZMR 2004, 604). Umgekehrt wird man jedem Wohnungseigentümer die Möglichkeit eines Rechtsmittels auch gegen die Entscheidung im Parallelverfahren einräumen müssen, damit er die Rechtskraftwirkung für sein Verfahren abwenden kann (vgl. *BayObLG* ZMR 2003, 590 f.).

8

§ 48 Beiladung, Wirkung des Urteils

(1) Richtet sich die Klage eines Wohnungseigentümers, der in einem Rechtsstreit gemäß § 43 Nr. 1 oder Nr. 3 einen ihm allein zustehenden Anspruch geltend macht, nur gegen einen oder einzelne Wohnungseigentümer oder nur gegen den Verwalter, so sind die übrigen Wohnungseigentümer beizuladen, es sei denn, dass ihre rechtlichen Interessen erkennbar nicht betroffen sind. Soweit in einem Rechtsstreit gemäß § 43 Nr. 3 oder Nr. 4 der Verwalter nicht Partei ist, ist er ebenfalls beizuladen.

(2) Die Beiladung erfolgt durch Zustellung der Klageschrift, der die Verfügungen des Vorsitzenden beizufügen sind. Die Beigeladenen können der einen oder anderen Partei zu deren Unterstützung beitreten. Veräußert ein beigeladener Wohnungseigentümer während des Prozesses sein Wohnungseigentum, ist § 265 Abs. 2 der Zivilprozessordnung entsprechend anzuwenden.

(3) Über die in § 325 der Zivilprozessordnung angeordneten Wirkungen hinaus wirkt das rechtskräftige Urteil auch für und gegen alle beigeladenen Wohnungseigentümer und ihre Rechtsnachfolger sowie den beigeladenen Verwalter.

(4) Wird durch das Urteil eine Anfechtungsklage als unbegründet abgewiesen, so kann auch nicht mehr geltend gemacht werden, der Beschluss sei nichtig.

Inhaltsverzeichnis

A. Der Sinn der Neuregelung	1
B. Die Beiladung	2
I. Der Grundgedanke der Beiladung	2
II. Die Stellung der Beigeladenen	3
1. Beigeladene und Parteien im Zivilprozess	3
2. Der Vergleich mit der Nebenintervention	4
3. Die Wirkung der Rechtskraft (§ 48 Abs. 3 WEG)	5
4. Rechtswahrung der anderen Wohnungseigentümer	6

§ 48 | Beiladung, Wirkung des Urteils

III. Die Durchführung der Beiladung	7
1. Die Beizuladenden	7
2. Die Beiladung nach einem Verwalterwechsel	8
3. Die Beteiligung des teilrechtsfähigen Verbandes als Antragsteller oder Antragsgegner	9
4. Die Form der Beiladung	10
IV. Rechtsmittel gegen eine fehlerhafte Beiladung	11
1. Anfechtung der Hauptsacheentscheidung?	11
2. Die Anfechtung der Entscheidung über die Beiladung	12
V. Verfahren ohne Beiladung	13
1. Verfahren nach § 43 Nr. 2, 4 WEG	13
2. Fehlende Betroffenheit in eigenen Rechten (§ 48 Abs. 1 S. 1 WEG)	14
C. Die Wirkung der Entscheidung über Beschlussanfechtungen	15
I. Streitgegenstand und Prüfungsumfang	15
1. Der Streitgegenstand	15
2. Der Umfang der Prüfung	16
3. Folgen für Beschlussanfechtungen nach neuem Recht	17
II. Die Entscheidung des Gerichts in Verfahren nach § 43 Nr. 4 WEG	18
1. Keine Berücksichtigung ungerügter Fehler	18
2. Feststellung der Nichtigkeit oder Ungültigerklärung	19

A. Der Sinn der Neuregelung

1 In § 48 WEG sind zwei völlig unterschiedliche Gegenstände etwas unglücklich in einer Norm zusammengefasst: Die Beteiligung der Wohnungseigentümer, die nicht auf Kläger- oder Beklagtenseite stehen, und die Wirkung der Anfechtungsklage, die systematisch nicht in § 48 Abs. 4 WEG, sondern in § 46 WEG zu regeln gewesen wäre. Gemeinsamkeit beider Regelungsgegenstände ist lediglich, dass es sich um »Restbestände« des Verfahrens der freiwilligen Gerichtsbarkeit handelt, die nicht ohne weiteres mit der Überführung der Wohnungseigentumssachen in den Zivilprozess in Einklang zu bringen waren. Deshalb hat der Gesetzgeber hierfür Sonderregelungen geschaffen.

B. Die Beiladung

I. Der Grundgedanke der Beiladung

2 Die Rechte der Wohnungseigentümer bzw. des Verwalters können durch die Entscheidung in einer Streitigkeit nach § 43 WEG auch dann berührt sein, wenn sie nicht selbst klagen oder verklagt werden. So ist etwa die Verschlechterung des optischen Gesamteindrucks, die Verschattung oder ein anderer Nachteil aufgrund einer baulichen Veränderung oftmals für alle Wohnungseigentümer gleich gravierend. Wer dagegen vorgeht, ist nicht selten eher eine Frage persönlicher Motive und Befindlichkeiten. Wirkt die Entscheidung in diesen Streitigkeiten, wie in § 45 Abs. 2 S. 2 WEG a. F. und § 48 Abs. 3 WEG vorgesehen, gleichwohl auch für die nicht als Antragsteller und -gegner bzw. als Kläger und Beklagte in das Verfahren involvierten Wohnungseigentümer, müssen sie in irgendeiner Weise hieran beteiligt werden. Dies geschah nach altem Recht durch § 43 Abs. 4 WEG a. F., wonach neben Antragsteller und Antragsgegner auch die anderen Wohnungseigentümer bzw. der Verwalter am Verfahren zu beteiligen waren. Den Grundgedanken dieser Regelung will § 48 WEG in den Zivilprozess übertragen. Danach müssen Wohnungseigentümer und Verwalter in einigen Verfahren nach § 43 WEG beigeladen werden, auch wenn sie nicht Prozessparteien sind (BT-Drucks. 16/887, 39). Auf diesem Wege soll ihnen insbesondere rechtliches Gehör gewährt werden (BT-Drucks. 16/887, 74). Dieser Zielsetzung kann § 48 Abs. 1 bis 3 WEG freilich nur ungenügend gerecht werden, da dem die Zwei-Parteien-Systematik des Zivilprozesses entgegensteht.

II. Die Stellung der Beigeladenen

1. Beigeladene und Parteien im Zivilprozess

3 Mit der Beteiligung nach § 43 Abs. 4 WEG a. F. waren erhebliche Einwirkungsmöglichkeiten auf Verfahren und gerichtliche Entscheidung gegeben. Jeder Beteiligte konnte unabhängig vom An-

tragsteller und Antragsgegner eigenen Sachvortrag in das Verfahren einbringen, den das Gericht, hatte es den Sachverhalt doch von Amts wegen aufzuklären, berücksichtigen musste. Der Bindung an die Entscheidung nach § 45 Abs. 2 S. 2 WEG a. F. standen also adäquate Einwirkungsmöglichkeiten gegenüber, mit denen jeder Beteiligte den Ausgang des Verfahrens beeinflussen konnte. Dies ist nach der Zwei-Parteien-Systematik des Zivilprozesses nicht mehr ohne weiteres möglich. Verfahren nach § 43 WEG sind nunmehr Zivilprozesse, in denen das Gericht den Vortrag der Parteien seiner Entscheidung zu Grunde legen muss. Die Parteien mögen den Vortrag der Beigeladenen, sofern er ihrer Position günstig ist, übernehmen. Nur in diesem Rahmen ist entgegen der Vorstellung der Materialien (BT-Drucks. 16/887, 74) der Vortrag der Beigeladenen vom Gericht zur Kenntnis zu nehmen und bei der Entscheidung zu berücksichtigen. Dem Parteivortrag zuwiderlaufender Sachvortrag oder gar die Stellung eigener Anträge der Beigeladenen scheiden aber aus, da es sich für sie rechtlich um ein Verfahren Dritter handelt. Schon aus allgemeinen zivilprozessualen Grundsätzen folgt also, dass die Beiladung in weit geringerem Umfang die Wahrung eigener Rechte der anderen Wohnungseigentümer gewährleistet als die Beteiligung nach altem Recht. Diese geringe Einwirkungsmöglichkeit wird allenfalls zum Teil dadurch kompensiert, dass der Beigeladene von Beginn an über den Rechtsstreit informiert wird. Geht etwa ein Wohnungseigentümer prozessual ungeschickt oder gar infolge kollusiver Abrede mit dem betroffenen Miteigentümer bewusst fehlerhaft gegen eine bauliche Veränderung vor, hilft dem Beigeladenen die rechtzeitige Information hierüber wenig.

2. Der Vergleich mit der Nebenintervention
Diese Einschätzung wird durch den Umstand erhärtet, dass die Materialien die Stellung der Beigeladenen zutreffend mit derjenigen der Nebenintervention vergleichen (BT-Drucks. 16/887, 40). In der Tat entspricht die Möglichkeit des Beigeladenen, nach § 48 Abs. 2 S. 2 WEG auf der Seite einer Partei beizutreten, am ehesten der Nebenintervention (§ 66 Abs. 1 ZPO). Die Möglichkeit der Unterstützung durch Beitritt nach § 48 Abs. 2 S. 2 WEG ändert aber nichts an den beschränkten Einwirkungsmöglichkeiten des Beigeladenen, wenn man ihr, was schon die identische Terminologie nahelegt, dieselbe Bedeutung zuerkennt wie im Rahmen der Nebenintervention nach § 66 Abs. 1 ZPO. Denn dann kann sich der Beigeladene nach § 67 ZPO mit seinen Erklärungen und Handlungen nicht in Widerspruch zur Hauptpartei setzen. Der Vortrag der Partei geht vor (*Baumbach/Lauterbach/Hartmann* § 67 Rn. 8; *Zöller/Vollkommer* § 67 Rn. 9; *Musielak/Weth* § 67 Rn. 9; *Abramenko* AnwBl 2007, 403 f.; *Niedenführ/Kümmel/Vandenhouten* § 48 Rn. 11). Auch Rechtsmittel kann der Beigeladene nicht gegen den Willen der Partei einlegen. Legt er sie ein, bestimmt sich der Beginn der Rechtsmittelfrist nach der Zustellung an die unterstützte Partei, nicht an den Beigeladenen (vgl. *BayObLG* NJW-RR 1987, 1423).

4

3. Die Wirkung der Rechtskraft (§ 48 Abs. 3 WEG)
Diese beschränkte Einwirkungsmöglichkeit auf den Prozess Dritter wäre hinzunehmen, wenn dem Beigeladenen die Wahrnehmung eigener Rechte in einem anderen Verfahren erhalten bliebe. Das ist indessen nicht der Fall. Nach § 48 Abs. 3 WEG erstreckt sich die Rechtskraft des Urteils in diesem Verfahren auch auf die Beigeladenen. Das lässt sich nur dahingehend verstehen, dass ihnen ein auf den gleichen anspruchsbegründenden Tatsachen beruhendes Vorgehen abgeschnitten sein soll. Könnte jeder Wohnungseigentümer seine identischen Ansprüche nur aufgrund der Personenverschiedenheit getrennt verfolgen, käme § 48 Abs. 3 WEG nämlich nie zum Tragen, wovon auch die Materialien ausgehen (BT-Drucks. 16/887, 74). Selbst diese Rechtskrafterstreckung wäre wenig problematisch, könnte der Beigeladene wie der Nebenintervenient nach § 68 ZPO wenigstens einwenden, dass er durch die Erklärungen und Handlungen der Hauptpartei an der Geltendmachung von Angriffs- oder Verteidigungsmitteln gehindert worden sei. Diese Möglichkeit besteht indessen weder nach dem Wortlaut noch nach den Materialien des Gesetzes. Nach § 48 Abs. 3 WEG wirkt die Rechtskraft einer Entscheidung im Verfahren nach § 43 WEG gegen den Beigeladenen, ohne dass er die Rüge unrichtiger Prozessführung erheben kann. Zugleich erstreckt § 48 Abs. 3 WEG die Wirkung der Rechtskraft nach § 325 ZPO auch auf die Rechtsnachfolger der Beigeladenen. Dies ist eine konsequente Folgeregelung, da § 325 ZPO nur die Parteien, nicht aber die dem Zivilprozess unbekannten Beigeladenen nennt (zur gesetzlichen Verfahrens-

5

standschaft des Veräußerers für den Erwerber analog § 265 Abs. 2 ZPO nach altem Recht vgl. *BGH* ZMR 2001, 810 f.; *BayObLG* ZMR 2001, 42; NJW-RR 2002, 949; ZMR 2003, 367 f.; *LG Hamburg* ZMR 2004, 863 zur Rechtskrafterstreckung analog § 325 Abs. 1 ZPO nach altem Recht s. *BayObLG* WuM 1991, 632). Der künftige Eigentümer ist daher nicht zu beizuladen, kann aber als Streitgenosse analog § 66 ZPO auf Seiten des Veräußerers beitreten.

4. Rechtswahrung der anderen Wohnungseigentümer

6   Sofern die Rechtsprechung nicht zu einer Korrektur der mißlungenen Fassung von § 48 Abs. 3 WEG gelangt, ist davon auszugehen, dass im Wege der Beiladung eine wirkungsvolle Rechtsverteidigung nicht gewährleistet ist. Will der Wohnungseigentümer, der beim Vorgehen eines Miteigentümers von der Rechtskrafterstreckung auf der Klägerseite betroffen wäre, sicher gehen, muss er eine eigene Klage erheben. Nur die Stellung des Klägers gewährleistet im Parteiprozess, dass sein Vorbringen unbeschränkt Berücksichtigung finden kann. Genau entgegengesetzt hat der Beklagte zu agieren. Er muss auf die Beiladung der anderen Wohnungseigentümer hinwirken, um eine Erstreckung der Rechtskraft nach § 48 Abs. 3 WEG zu erreichen und weitere Klagen in derselben Angelegenheit zu vermeiden.

III. Die Durchführung der Beiladung

1. Die Beizuladenden

7   Nach § 48 Abs. 1 S. 1 WEG sind »die übrigen Wohnungseigentümer«, die nicht auf Kläger- oder Beklagtenseite stehen, beizuladen, ferner nach § 48 Abs. 1 S. 2 WEG der Verwalter, sofern er nicht Partei ist. Die Veräußerung des Wohnungseigentums verändert die Stellung des Beigeladenen nach § 48 Abs. 2 S. 3 WEG i. V. m. § 265 Abs. 2 ZPO nicht. Dieser Regelung bedurfte es, da die ZPO diese Form der Beteiligung an einem Prozess nicht kennt und folglich auch nicht regelt. Im Übrigen ist § 48 Abs. 1 S. 1 WEG wie die Vorgängernorm zur Beiladung (§ 43 Abs. 4 WEG a. F.) unvollständig. Der Kreis der Beizuladenden ist nicht abschließend aufgeführt. So sind etwa auch zur Verwaltung des Vermögens, dem das Wohnungs- oder Teileigentum zugehört, Berechtigte wie Testamentsvollstrecker, Zwangs- oder Insolvenzverwalter kraft Amtes beizuladen (*Elzer/Hügel* § 13 Rn. 194). Ebenso wenig kann auf eine Beteiligung des ausgeschiedenen Verwalters verzichtet werden, wenn die Streitigkeit gerade seine Rechtsstellung berührt (*BayObLG* ZMR 2003, 763; 2004, 598). Entsprechendes gilt für einen nicht aus dem Kreise der Eigentümer stammenden Verwaltungsbeirat, wenn etwa seine Wahl oder Entlastung Gegenstand des Streites ist (vgl. *BayObLG* NJW 1972, 1377). Der Gesamtrechtsnachfolger ist kraft Gesetzes Eigentümer und somit schon vor der Eintragung in das Grundbuch beizuladen (*BayObLG* WE 1994, 153). Ausdrücklich geregelt ist in § 48 Abs. 1 S. 1 letzter Halbsatz WEG dagegen nunmehr, dass die Beiladung nicht erforderlich ist, wenn ausschließlich Individualansprüche eines Eigentümers gegen einen anderen (vgl. *OLG Hamm* ZMR 1996, 41; *OLG Hamburg* ZMR 2001, 135) oder gegen den Verwalter (vgl. BGHZ 115, 255 f.; *OLG Hamburg* ZMR 2001, 135; *BayObLG* ZMR 2000, 314 f.; 2003, 514) geltend gemacht werden, die die anderen Miteigentümer in keinem Fall berühren. Bei Beschlussanfechtungsverfahren ist der Verwalter nach § 48 Abs. 1 S. 2 WEG zwingend selbst beizuladen, nicht nur als Vertreter der Wohnungseigentümer (vgl. *OLG Köln* ZMR 2002, 973).

2. Die Beiladung nach einem Verwalterwechsel

8   Der Verwalter ist in Beschlussanfechtungsverfahren auch dann nach § 48 Abs. 1 S. 2 WEG beizuladen, wenn der angefochtene Beschluss vor seiner Bestellung gefasst wurde. Denn er hat bestandskräftige Beschlüsse auszuführen und ist somit in seinen Rechten und Pflichten betroffen (*BGH* NJW 1998, 755). Wie nach altem Recht dürfte der abberufene Verwalter beizuladen sein, wenn er etwa einen Anfechtungsgrund schuldhaft herbeigeführt haben soll und somit gleichfalls in seiner Rechtsstellung betroffen sein kann (*BGH* NJW 1998, 755 f.; *BayObLG* ZMR 2004, 598). Dies gilt umso mehr, als er nach § 49 Abs. 2 WEG mit den Kosten des Verfahrens belastet werden kann.

3. Die Beteiligung des teilrechtsfähigen Verbandes als Antragsteller oder Antragsgegner

Soweit der teilrechtsfähige Verband selbst Rechte einklagt oder umgekehrt wegen seiner Pflichten verklagt wird, kann er zwar nach § 43 Nr. 2 WEG Partei sein. Eine Beiladung des Verbandes sieht das Gesetz nicht vor. Für sie besteht auch keine Notwendigkeit; vielmehr würde sie zusätzliche Fehlerquellen schaffen (vgl. Voraufl. § 43 Rn. 29 b zur insoweit entsprechenden Problematik der Beteiligung; a. A. *Elzer/Hügel* § 13 Rn. 204). Daher kann seine Beiladung unterbleiben, selbst wenn seine Rechte – etwa bei Anfechtung des Wirtschaftsplans – betroffen sind.

4. Die Form der Beiladung

Nach § 48 Abs. 2 S. 1 WEG erfolgt die Beiladung durch Zustellung der Klageschrift und der Verfügungen des Vorsitzenden. Hieraus folgt, dass die Parteien nach § 133 Abs. 1 S. 1 ZPO, sofern kein Verwalter oder Ersatzzustellungsvertreter bestellt ist, eine entsprechende Anzahl von Abschriften beizufügen haben. Geschieht dies nicht, können die Abschriften nunmehr nach § 28 Abs. 1 S. 2 GKG auf ihre Kosten angefertigt werden. Sofern kein Fall der Interessenkollision vorliegt, genügt aber nach § 27 Abs. 2 Nr. 1 WEG die Zustellung an den Verwalter, dem nur ein Schriftstück zugestellt werden muss (*Niedenführ/Kümmel/Vandenhouten* § 27 Rn. 56). Entsprechendes gilt für den Ersatzzustellungsvertreter (*Niedenführ/Kümmel/Vandenhouten* § 45 Rn. 16) Im Gegensatz zum früheren Recht kann ein Beigeladener in einem Zivilprozess zwischen Dritten keine eigenen Anträge stellen, so dass die alte Rechtsprechung, die für diesen Fall eine Zustellung an ihn selbst verlangte (*KG* ZMR 2000, 699) jedenfalls in diesem Zusammenhang obsolet ist (zu Beschlussanfechtungsverfahren s. o. § 27 Rn. 40).

IV. Rechtsmittel gegen eine fehlerhafte Beiladung

1. Anfechtung der Hauptsacheentscheidung?

Die Korrektur von Fehlern der Beiladung wird erheblich von der entsprechenden Praxis bei Fehlern der Beteiligung abweichen. Nach früherem Recht wurden Fehler der Beteiligung im Zusammenhang mit der Hauptsacheentscheidung korrigiert. Sie wurden als wesentlicher, in der weiteren sofortigen Beschwerde zur Aufhebung und Zurückverweisung führender Verfahrensfehler angesehen, wobei es noch nicht einmal einer Rüge bedurfte (*OLG Zweibrücken* NJW-RR 1987, 1367; *BayObLG* NJW-RR 1991, 850; *KG* ZMR 1997, 542.). Somit konnten derartige Fehler auch einem hierdurch gar nicht belasteten Beteiligten einen zweiten Anlauf in den Tatsacheninstanzen bescheren. Ein gänzlich anderes System der Fehlerkorrektur ergibt sich nach neuem Recht. Nach § 48 Abs. 3 WEG »wirkt das rechtskräftige Urteil auch für und gegen alle beigeladenen Wohnungseigentümer«. Daraus folgt einerseits, dass der nicht ordnungsgemäß beigeladene Wohnungseigentümer auch nach Rechtskraft des Urteils nicht gebunden ist. Mangels ordnungsgemäßer Beiladung kann er trotz Klageabweisung etwa einen Beseitigungsanspruch in einem weiteren Verfahren nochmals geltend machen. Andererseits ist damit klargestellt, dass dies die einzige vom Gesetzgeber gewollte Folge einer fehlerhaften Beiladung sein soll. Insbesondere begründet sie keinen Verfahrensmangel mehr, auf den sich ein ordnungsgemäß am Verfahren Beteiligter berufen kann. Das ergibt sich im Übrigen auch aus allgemeinen zivilprozessualen Grundsätzen. Denn Grundlage der Entscheidung ist im Zivilprozess nur der Parteivortrag, so dass der Mitwirkung anderer Wohnungseigentümer grundsätzlich keine streitentscheidende Bedeutung mehr zukommen kann. Damit ist die unterlassene Beiladung eines Wohnungseigentümers aber für die Richtigkeit der Entscheidung zwischen den Parteien unerheblich. Im Zusammenhang mit der Anfechtung der Hauptsache stellt die fehlerhafte Beiladung also keinen Mangel dar, der zum Erfolg eines Rechtsmittels führen kann.

2. Die Anfechtung der Entscheidung über die Beiladung

Ist der Verzicht auf die Beiladung nach § 48 Abs. 1 S. 1 WEG nicht mit der Hauptsacheentscheidung angreifbar, bleibt nur die Anfechtung der Entscheidung über die Beiladung selbst. Dies bereitet keine Schwierigkeiten, wenn der Beklagte die Beiladung ausdrücklich beantragt hat. Lehnt das Amtsgericht dies nämlich ab, wird ein das Verfahren betreffendes Gesuch zurückgewiesen, wogegen die sofortige Beschwerde nach § 567 Abs. 1 Nr. 2 ZPO zulässig ist. Bleibt sie erfolglos,

§ 48 | Beiladung, Wirkung des Urteils

kann der Beklagte den anderen Wohnungseigentümern den Streit verkünden. Dies zieht zwar nicht die Erstreckung der Rechtskraft, aber immerhin die Nebeninterventionswirkung des § 68 ZPO nach sich. Hingegen ist eine fehlerhafte, weil entbehrliche Beiladung nicht anfechtbar. Hierdurch erleidet aber auch keine Seite prozessuale Nachteile: Für die Rechtverfolgung durch den Kläger ist sie nicht schädlich und dem Beklagten kommt die Bindungswirkung sogar zugute.

V. Verfahren ohne Beiladung

1. Verfahren nach § 43 Nr. 2, 4 WEG

13 Die Beiladung ist nach § 48 Abs. 1 S. 1 WEG auf Verfahren nach § 43 Nr. 1 und 3 WEG beschränkt. Für Anfechtungsverfahren versteht sich der Verzicht auf die Beiladung von Wohnungseigentümern schon deswegen von selbst, da die Klage gegen alle anderen Wohnungseigentümer gerichtet ist (BT-Drucks. 16/887, 75). Da sie schon als Beklagte am Verfahren beteiligt sind, ist eine Beiladung überflüssig. Problematischer erscheint es, dass es auch in Streitigkeiten mit dem Verband nach § 43 Nr. 2 WEG der Beiladung der Wohnungseigentümer nach § 48 Abs. 1 S. 1 WEG nicht bedarf. Damit kodifiziert die Novelle zwar die schon bisher überwiegende Auffassung, die in Streitigkeiten des Verbandes nur diesen als Verfahrensbeteiligten ansah und die Beteiligung der Wohnungseigentümer ablehnte (*Wenzel* ZWE 2006, 10; *Abramenko* ZMR 2005, 750). Diese Regelung übersieht aber, dass der Verband nach § 10 Abs. 6 S. 3 WEG nunmehr auch Ansprüche geltend machen kann, die bislang Individualansprüche waren. Macht etwa der hierzu ermächtigte Verband Ansprüche etwa auf Beseitigung einer baulichen Veränderung geltend, kommt es zu derselben Situation wie bei der Verfolgung dieses Anspruchs durch einzelne Eigentümer. In diesen Fällen sollte § 48 Abs. 1 WEG analog angewandt werden.

2. Fehlende Betroffenheit in eigenen Rechten (§ 48 Abs. 1 S. 1 WEG)

14 Darüber hinaus bedarf es der Beiladung nach § 48 Abs. 1 S. 1 WEG ausnahmsweise auch in Verfahren nach § 43 Nr. 1, 3 WEG nicht, wenn die rechtlichen Interessen der Miteigentümer hiervon erkennbar nicht betroffen sind. Dies kann etwa bei reinen Nachbarstreitigkeiten der Fall sein. Insoweit kann auf die Rechtsprechung zurückgegriffen werden, wonach auch die Beteiligung nach § 43 Abs. 4 WEG a. F. entbehrlich war. Demnach ist eine Beiladung nicht erforderlich, wenn ausschließlich Individualansprüche eines Eigentümers gegen einen anderen (*BayObLG* NJW-RR 1990, 661; *OLG Hamm* ZMR 1996, 41; *OLG Hamburg* ZMR 2001, 135) geltend gemacht werden, die die anderen Miteigentümer in keinem Fall berühren. Entsprechendes gilt bei Verfahren gegen den Verwalter (*BGHZ* 115, 255 f.; *OLG Zweibrücken* NJW-RR 1991, 1301; *OLG Hamburg* ZMR 2001, 135; *BayObLG* ZMR 2000, 314 f.; 2003, 514). Dies ist allerdings bei Streitigkeiten, die das gesamte Gemeinschaftseigentum, etwa dessen zweckwidrige Nutzung (*OLG Köln* NJW-RR 2007, 87), betreffen, grundsätzlich nicht anzunehmen. Auch beim bloßen Streit um die Kosten nach Rücknahme des Sachantrags (*BayObLG* WE 1991, 289) kann auf die Beteiligung der anderen Wohnungseigentümer verzichtet werden. Der Beteiligung des amtierenden Verwalters bedarf es ferner nicht, wenn es sich bei einem Verfahren nach § 43 Nr. 3 WEG um eine persönliche Streitigkeit mit dem alten Verwalter handelt.

C. Die Wirkung der Entscheidung über Beschlussanfechtungen

I. Streitgegenstand und Prüfungsumfang

1. Der Streitgegenstand

15 Streitgegenstand ist der vom Kläger angegebene Beschluss oder ein abtrennbarer Teil, der wie nach altem Recht getrennt angefochten werden kann (vgl. u. Rn. 17). Es ist stets nur der konkret angefochtene Eigentümerbeschluss Gegenstand des Verfahrens nach § 43 Nr. 4 WEG, auch nach Fassung eines inhaltsgleichen Zweitbeschlusses. Dieser kann und muss somit ebenfalls angefochten werden (*BayObLG* NJW-RR 1994, 659). Ansonsten erwächst er in Bestandskraft, was zur Folge hat, dass das Rechtsschutzbedürfnis für die Anfechtung des Erstbeschlusses entfällt (*BGH* ZMR 2001, 814).

2. Der Umfang der Prüfung
Nach § 48 Abs. 4 WEG hat die Abweisung einer Anfechtungsklage als unbegründet zur Folge, dass auch die Berufung auf die Nichtigkeit des Beschlusses ausgeschlossen ist. Dies kodifiziert die Rechtsprechung zum früheren Recht (*BayObLG* NZM 2002, 744; *OLG Düsseldorf* NJW-RR 2005, 1095 = ZMR 2006, 142). Zugleich geht daraus hervor, dass das Gericht neben Anfechtungsgründen stets auch Nichtigkeitsgründe zu berücksichtigen hat (*BGH* ZMR 2003, 947; *OLG Zweibrücken* ZWE 2002, 543; *OLG Düsseldorf* NJW-RR 2005, 1095; vgl. *BayObLG* ZMR 2003, 763; 2005, 64), letztere von Amts wegen und auch nach Ablauf der Anfechtungsfrist gemäß § 46 Abs. 1 S. 2 WEG. Bei den Anträgen auf Ungültigerklärung und Nichtigkeitsfeststellung handelt es sich um denselben Streitgegenstand (*BGH* ZMR 2003, 947; *OLG Zweibrücken* ZWE 2002, 543; *BayObLG* NJW-RR 1987, 330; ZMR 2003, 763; 2005, 64). Lediglich die Vorprüfung eines anderen Beschlusses im Verfahren nach § 43 Nr. 4 WEG (etwa die mehrheitliche Änderung des Kostenverteilungsschlüssels bei Anfechtung der Jahresabrechnung) hindert spätere Nichtigkeitsfeststellungsanträge nicht (*OLG Düsseldorf* NZM 2001, 712).

16

3. Folgen für Beschlussanfechtungen nach neuem Recht
Die zivilprozessuale Dispositionsbefugnis der Parteien erlaubt es wie bisher, die Anfechtung auf abtrennbare Teile eines Eigentümerbeschlusses zu beschränken (vgl. *BayObLG* NJW-RR 1991, 15; 1992, 1169; 1993, 1039; 2001, 10; *KG* NJW-RR 1991, 1236; *OLG Saarbrücken* NJW-RR 2006, 732; *OLG München* ZMR 2006, 950). Im Hinblick auf nichtige Beschlüsse erweitert sie die Möglichkeiten des Klägers. Die Dispositionsbefugnis der Beteiligten geht im Anfechtungsverfahren zwar nach wie vor nicht so weit, dass sie unbegrenzt über die Geltendmachung von Nichtigkeitsgründen verfügen können. Denn die Nichtigkeit eines Beschlusses ist eine Frage des materiellen Rechts: Ein nichtiger Beschluss erzeugt keine Rechtswirkung, weder für die Wohnungseigentümer noch für das Gericht. Die Parteien können also nicht durch den Verzicht, etwa das Fehlen der Beschlusskompetenz zu rügen, eine Berücksichtigung dieses Fehlers vermeiden. Folgt die Nichtigkeit aus dem Vortrag der Parteien, so hat das Gericht diese Rechtsfolge ohne weiteres zu beachten. Durch die Herrschaft über den Tatsachenstoff haben die Parteien aber weit mehr Einfluss auf die Entscheidung des Gerichts. Sie können diesbezüglichen Vortrag unterlassen oder einen bestimmten Tatsachenstoff unstreitig stellen. Fehlt dem Gericht die Tatsachengrundlage, kann es mangels Möglichkeit zu eigenen Ermittlungen die Nichtigkeit des Beschlusses nicht mehr feststellen. Dies führt zu gänzlich neuen Möglichkeiten der »Heilung« nichtiger Beschlüsse. Da die Abweisung der Anfechtungsklage nach § 48 Abs. 4 WEG auch die Rüge der Nichtigkeit ausschließt, können durch (Schein)anfechtung selbst ursprünglich nichtige Beschlüsse über den Umweg der Rechtskraft weiteren Angriffen entzogen werden. Noch einfacher ist die bewusst verfristete Anfechtung eines nichtigen Beschlusses. Da die Anfechtungsfrist in § 46 Abs. 1 S. 2 WEG eine materiell-rechtliche Ausschlussfrist darstellt (vgl. o. § 46 Rn. 6), bleibt dem Gericht ohne weiteren Vortrag nur die Abweisung der Anfechtungsklage (vgl. schon zum alten Recht *OLG Düsseldorf* NJW-RR 2005, 1095). Für eine teleologische Reduktion (so *Hügel/Elzer* § 13 Rn. 163; zur a. A. s. die dort zitierte Rechtsprechung) besteht auch in diesen Fällen kein Anlass. Es wäre auch mit erheblichen, von allgemeinen Grundsätzen der Rechtskraft abweichenden Unsicherheiten verbunden, könnte im Einzelfall stets eingewandt werden, was das Gericht im einzelnen geprüft habe, nur die Verfristung oder auch die Fehlerhaftigkeit eines Beschlusses (vgl. *Niedenführ/Kümmel/Vandenhouten* § 48 Rn. 15). Im Übrigen würde dann ein obiter dictum über die Reichweite der Rechtskraft einer Entscheidung bestimmen.

17

II. Die Entscheidung des Gerichts in Verfahren nach § 43 Nr. 4 WEG
1. Keine Berücksichtigung ungerügter Fehler
Unumstritten ist schon nach altem Recht, dass die Anfechtung auf abtrennbare Teile des Beschlusses beschränkt werden kann (s. o. Rn. 17). Die Dispositionsbefugnis des Klägers geht nun noch weiter. Mit der Pflicht zur Begründung der Anfechtungsklage nach § 46 Abs. 1 S. 2 WEG ist eine überhaupt nicht begründete Anfechtung als unschlüssig abzuweisen. Dies gilt auch für ein teilweises Fehlen der Begründung. Anders als nach bisherigem Recht sind im Rahmen der bloßen Anfechtbarkeit nicht gerügte Mängel nicht nur dann unbeachtlich, wenn der Kläger auf ihre

18

§ 49 | Kostenentscheidung

Geltendmachung ausdrücklich verzichtet (*BayObLG* NJW-RR 1989, 1164; weitergehend schon zum früheren Recht *KG* NJW-RR 2002, 880, wonach sich das Gericht nur mit konkreten Rügen zu befassen hatte). Dies geht aus dem Wechsel der Prozessmaximen und der daraus resultierenden höheren Verantwortung der Parteien hervor. So wenig wie der Zivilrichter seine Entscheidung auf Anfechtungsgründe nach §§ 119 BGB stützen kann, die der Anfechtende gar nicht geltend macht, kann er Beschlussmängel im Verfahren nach § 43 Nr. 4 WEG eigenmächtig zum Gegenstand des Verfahrens machen. Denn ihre Rüge ist, wie schon die Notwendigkeit der Anfechtungsklage zeigt, in die Herrschaft der Parteien gestellt. Es ist ihre Sache, diese Gründe anzuführen; der Richter kann sie nunmehr nicht mehr von Amts wegen berücksichtigen (noch weitergehend *Niedenführ/Kümmel/Vandenhouten* § 46 Rn. 47, wonach Anfechtungsgründe nach Ablauf der Begründungsfrist nach § 46 Abs. 1 S. 2 WEG noch nicht einmal mehr nachgeschoben werden können). Allenfalls kommt ein gerichtlicher Hinweis in Betracht.

2. Feststellung der Nichtigkeit oder Ungültigerklärung

19 Bei Nichtigkeitsgründen ist die Nichtigkeit des Beschlusses festzustellen. Sofern der Mangel nur Teile des Beschlusses erfasst, ist eine teilweise Ungültigerklärung bzw. Nichtigkeitsfeststellung analog § 139 BGB möglich, sofern der verbleibende Teil sinnvollerweise auch alleine Bestand haben kann (*BayObLG* NJW-RR 1988, 1165; 1991, 1363). Dies wird häufig bei Jahresabrechnungen der Fall sein, sofern nur einzelne Positionen für ungültig zu erklären sind. Ein einheitlicher Beschlussgegenstand kann aber nicht in eine große Zahl von Einzelregelungen zerlegt und in auseinander gerissenen Einzelteilen aufrechterhalten bleiben (s. *BayObLG* ZMR 2005, 132 f. zu einer Hausordnung). Andere Möglichkeiten als die (Teil)ungültigerklärung sind dem Gericht im Beschlussanfechtungsverfahren nicht gegeben, insbesondere kann es den angegriffenen Beschluss nicht ändern oder durch einen anderen ersetzen (*BayObLG* WE 1995, 246; ZMR 2005, 132). In Beschlussanfechtungsverfahren, ist dem Richter grundsätzlich nur die Ungültigerklärung eines Beschlusses möglich (*BayObLG* WuM 1995, 64; ZMR 2005, 132). Nur dann, wenn die Anfechtung mit einem Antrag auf Erlass einer positiven Regelung verbunden ist, kommt eine ergänzende Regelung in Betracht. Der Eigentümerbeschluss wird mit Rechtskraft der Ungültigerklärung rückwirkend vernichtet. Allerdings sind abweichende Regelungen möglich. Führt die Ungültigerklärung etwa zu einer erheblichen Umstellung der Verwaltung, kann das Gericht Zeit zur Beschlussfassung über eine Neuregelung einräumen und die Ungültigkeit erst ab einem bestimmten Zeitpunkt nach der Rechtskraft der Entscheidung eintreten lassen (*BayObLG* NJW-RR 1992, 344). Umgekehrt besteht bei dringendem Handlungsbedarf die Möglichkeit, durch eine einstweilige Verfügung nach §§ 935 ff. ZPO Nachteile einer anfechtbaren Beschlussfassung für den oder die betroffenen Wohnungseigentümer vorab, etwa durch die Suspendierung ihrer Ausführung, zu vermeiden (*Hügel/Elzer* § 13 Rn. 168).

§ 49 Kostenentscheidung

(1) Wird gemäß § 21 Abs. 8 nach billigem Ermessen entschieden, so können auch die Prozesskosten nach billigem Ermessen verteilt werden.

(2) Dem Verwalter können Prozesskosten auferlegt werden, soweit die Tätigkeit des Gerichts durch ihn veranlasst wurde und ihn ein grobes Verschulden trifft, auch wenn er nicht Partei des Rechtsstreits ist.

Inhaltsverzeichnis

A. Kostenentscheidung nach §§ 91 ff. ZPO und Ausnahmen nach § 49 WEG   1
B. Ausnahmen von der Kostenentscheidung nach §§ 91 ff. ZPO   2
    I. Entscheidungen nach billigem Ermessen (§ 21 Abs. 8 WEG)   2
    II. Grobes Verschulden des Verwalters   3
        1. Die Umorientierung zur Berücksichtigung materiell-rechtlicher Erstattungsansprüche   3
        2. Voraussetzungen einer Kostengrundentscheidung zu Lasten des Verwalters   4
        3. Das Verfahren bei einer Kostengrundentscheidung zu Lasten des Verwalters   5

A. Kostenentscheidung nach §§ 91 ff. ZPO und Ausnahmen nach § 49 WEG

Über die Kosten befindet das Gericht nunmehr nach §§ 91 ff. ZPO. Die Sonderregelungen des § 47 WEG a. F., insbesondere die mißlungene, Laien praktisch nicht zu erklärende Bestimmung zur Tragung der eigenen Kosten sind entfallen. Dies hat zur Folge, dass die unterlegene Partei auch die außergerichtlichen Kosten des Gegners tragen muss. Diese Pflicht zur Erstattung der außergerichtlichen Kosten betrifft aber nur die Parteien, nicht auch die Beigeladenen, selbst wenn sie sich von einem Rechtsanwalt vertreten lassen. Auch wenn sie dieselben Interessen vertreten wie dieser, sind sie sind nicht »Gegner« i. S. d. § 91 Abs. 1 ZPO. Anders gilt nach einem Beitritt gemäß § 48 Abs. 2 S. 2 WEG. Da die Beigeladenen dann Nebenintervenienten werden (BT-Drucks. 16/887, 40), muss der Gegner ihre Kosten nach § 101 Abs. 1 ZPO tragen. Auch vor diesem Hintergrund ist bei Interessenidentität mit dem Kläger stets zu prüfen, ob die Erhebung einer eigenen Klage zur Wahrung der eigenen Interessen sinnvoller ist (vgl. o. § 48 Rn. 6).

B. Ausnahmen von der Kostenentscheidung nach §§ 91 ff. ZPO

I. Entscheidungen nach billigem Ermessen (§ 21 Abs. 8 WEG)

Eine Ausnahme von der Kostenentscheidung nach §§ 91 ff. ZPO lässt § 49 Abs. 1 WEG bei Streitigkeiten zu, die eine Entscheidung nach billigem Ermessen des Gerichts gemäß § 21 Abs. 8 ZPO erfordern. Diese Übernahme von Fragmenten aus der früheren Regelung des § 47 WEG a. F. erscheint nicht recht einsichtig. Immerhin müssen die verklagten Wohnungseigentümer dann nach § 21 Abs. 8 WEG eine eigentlich »erforderliche Maßnahme« nicht getroffen haben. Mithin haben sie üblicherweise schuldhaft Anlass zu dem Rechtsstreit gegeben. Dem wird man aber auch im Rahmen des § 49 Abs. 1 WEG Rechnung tragen können. Denn wie nach § 47 S. 1 WEG a. F. wird es oftmals billigem Ermessen entsprechen, die Kosten danach zu verteilen, inwieweit das Rechtsschutzziel des Klägers Erfolg hatte. Erlässt das Gericht etwa eine zuvor unterlassene Gebrauchsregelung, die sich mit den Vorstellungen des Klägers deckt, werden danach den Beklagten die Kosten des Rechtsstreits aufzuerlegen sein. Keine Sonderregelung trifft § 49 Abs. 1 WEG dagegen bei der Abweisung eines Klageantrags nach § 21 Abs. 8 WEG. Denn die Kostenentscheidung nach billigem Ermessen ist auf den Fall beschränkt, dass das Gericht eine Regelung nach § 21 Abs. 8 WEG trifft. Dies ist bei einer Klageabweisung gerade nicht der Fall.

II. Grobes Verschulden des Verwalters

1. Die Umorientierung zur Berücksichtigung materiell-rechtlicher Erstattungsansprüche

Von einer Kostengrundentscheidung nach den Grundsätzen der §§ 91 ff. ZPO kann nach § 49 Abs. 2 WEG abzusehen sein, wenn die Tätigkeit des Gerichtes durch ein grob schuldhaftes Verhalten des Verwalters veranlasst wurde. Diese Ausnahme betrifft nicht die Fälle, in denen der Verwalter selbst (unterlegene) Partei ist. Denn dann trifft ihn die verschuldensunabhängige Kostenhaftung nach §§ 91 ff. ZPO. § 49 Abs. 2 WEG betrifft vielmehr die Fälle, in denen eine Verletzung der Verwalterpflichten wie z.B. eine offenkundig unrichtige Beschlussfeststellung den Rechtsstreit zwischen anderen Parteien verursacht hat (vgl. BT-Drucks. 16/887, 41). Unter diesen Umständen sollen materiell-rechtliche Schadensersatzansprüche nach wie vor bereits in der Kostenentscheidung berücksichtigt werden. Dabei deutet die Formulierung, dass dem Verwalter Prozesskosten auferlegt werden »können«, darauf hin, dass sich der Gesetzgeber gegen die zum früheren Recht vertretene Auffassung wendet (*OLG Zweibrücken* ZMR 1999, 662; *BayObLG* ZMR 2003, 125; 279 u. 521; *KG* ZMR 2003, 872), wonach materiell-rechtliche Erstattungsansprüche berücksichtigt werden **müssen**. Darauf lassen auch die Ausführungen in den Materialien schließen, wonach die Kostenentscheidung zu Lasten des Verwalters »weiterhin **möglich** bleiben« soll (BT-Drucks. 16/887, 41). Das Gericht muss eine solche Entscheidung also nicht zwingend treffen (*Abramenko* § 7 Rn. 52; *Elzer/Hügel* § 13 Rn. 245). Diese Umorientierung ist zu begrüßen, da ansonsten eine falsche oder nur formelhaft begründete Kostenentscheidung zum Aus-

§ 49 | Kostenentscheidung

schluss von Ersatzansprüchen führt. Denn unabhängig von ihrer Richtigkeit würde dann eine rechtskräftige Entscheidung über materiell-rechtliche Ersatzansprüche getroffen, wenn diese zwingend in der Kostenentscheidung zu berücksichtigen sind (BayObLGZ, 1988, 293; *BayObLG* ZMR 2003, 125; *OLG Zweibrücken* ZMR 1999, 662). Eine Kostenentscheidung, die Schadensersatzansprüche gegen den Verwalter – zulässigerweise – nicht berücksichtigt, steht aber einer Geltendmachung in einem weiteren Verfahren nicht mehr entgegen.

2. Voraussetzungen einer Kostengrundentscheidung zu Lasten des Verwalters

4 Bei den Voraussetzungen einer Entscheidung nach § 49 Abs. 2 WEG kann auf die Anforderungen der bisherigen Rechtsprechung zurückgegriffen werden, nach denen dem Verwalter die außergerichtlichen Kosten eines Verfahrens nach § 47 S. 2 WEG a. F. aufzuerlegen waren (so auch *Elzer/Hügel* § 13 Rn. 236). Allerdings muss er entgegen früherer Rechtslage (vgl. *KG* ZMR 2006, 380) nicht Kläger, Beklagter oder Beigeladener gewesen sein. Nach dem ausdrücklichen Gesetzeswortlaut ist es gerade nicht erforderlich, dass er Partei des Rechtsstreits war. So können ihm die Kosten des Rechtsstreits auferlegt werden, wenn er ihn durch Mängel der Einberufung (*OLG Köln* ZMR 2006, 384; *OLG München* ZMR 2006, 955) oder durch nachlässige Protokollierung der Eigentümerbeschlüsse verursacht hat (*LG Leipzig* NJW-RR 2005, 1036; nicht aber bei korrekter Protokollierung eines von einem Dritten als Versammlungsleiter falsch verkündeten Beschlusses, s. *OLG Düsseldorf* ZMR 2006, 141). Gleiches gilt jedenfalls bei wiederholt falscher Erstellung der Jahresabrechnung (*OLG Düsseldorf* ZMR 2006, 295). Ebenso hat jedenfalls der professionelle Verwalter die Kosten eines Rechsmittels zu tragen, wenn er ohne Vollmacht nach § 27 Abs. 3 S. 1 WEG ein Aktivverfahren des Verbandes betreibt (vgl. *OLG Düsseldorf* NJW-RR 2007, 86 f. = ZMR 2006, 941 f.) oder die Frist seiner Einlegung schuldhaft versäumt (*BayObLG* NJW-RR 2003, 302).

3. Das Verfahren bei einer Kostengrundentscheidung zu Lasten des Verwalters

5 Keinerlei Hinweise finden sich in Gesetzeswortlaut und – materialien, wie im Einzelnen zu verfahren ist, wenn der Verwalter ganz oder teilweise mit den Verfahrenskosten belastet werden soll. Eine solche Kostengrundentscheidung setzt in jedem Fall voraus, dass dem Verwalter zuvor rechtliches Gehör gewährt wird (*Elzer/Hügel* § 13 Rn. 241). In Verfahren nach § 43 Nr. 3 oder 4 WEG, in denen der Verwalter zumindest beizuladen ist, genügt insoweit wohl ein entsprechender Hinweis, aufgrund dessen er sich zu dieser Möglichkeit äußern kann. Eine Kostenentscheidung zu Lasten des Verwalters ist indessen nach dem Wortlaut von § 49 Abs. 2 WEG nicht auf Verfahren beschränkt, in denen der Verwalter kraft Gesetzes zumindest beizuladen ist. So kann etwa ein Streit unter Wohnungseigentümern nach § 43 Nr. 1 WEG auf einer falschen Information des Verwalters beruhen. Sofern das Gericht in diesen Fällen eine Kostenentscheidung zu Lasten des Verwalters beabsichtigt, muss es ihm folglich zuvor auf andere, geeignete Weise rechtliches Gehör gewähren, etwa durch Zustellung eines entsprechenden Hinweises. Ähnliches gilt dann, wenn der nach § 49 Abs. 2 WEG in Anspruch zu nehmende Verwalter mittlerweile aus seinem Amt geschieden ist. Auch dann kommt nämlich eine Kostenentscheidung nach § 49 Abs. 2 WEG in Betracht, da die Vorschrift nur auf die Pflichtverletzung des Verwalters, aber nicht auf seine fortdauernde Tätigkeit während des Rechtsstreits abstellt. Dies setzt aber wiederum die Gewährung rechtlichen Gehörs voraus. Zur Anfechtbarkeit der Kostenentscheidung stellen sich ähnliche Probleme wie in den anderen Fällen, in denen kein Rechtsmittel vorgesehen ist (vgl. o. Vor §§ 43 ff. Rn. 14). Da der Verwalter aber erstmals von einer Maßnahme staatlicher Gewalt belastet wird, entspricht es rechtsstaatlichen Grundsätzen, ihm eine Überprüfung zu ermöglichen (vgl. *Elzer/Hügel* § 13 Rn. 244; *Niedenführ/Kümmel/Vandenhouten* § 49 Rn. 19).

§ 50 Kostenerstattung

Den Wohnungseigentümern sind als zur zweckentsprechenden Rechtsverfolgung oder Rechtsverteidigung notwendige Kosten nur die Kosten eines bevollmächtigten Rechtsanwalts zu erstatten, wenn nicht aus Gründen, die mit dem Gegenstand des Rechtsstreits zusammenhängen, eine Vertretung durch mehrere bevollmächtigte Rechtsanwälte geboten war.

Inhaltsverzeichnis

A. Die Begrenzung der Erstattung von Rechtsanwaltskosten bei Prozessen gegen die Wohnungseigentümer	1
I. Der Grundgedanke der Regelung	1
II. Die praktische Handhabung bei der Mandatierung mehrerer Anwälte	2
III. Die Rückausnahme	3
IV. Mehrkosten aufgrund von Gebührenvereinbarungen nach § 27 Abs. 2 Nr. 4, Abs. 3 S. 1 Nr. 6 WEG	4
B. Das Kostenfestsetzungsverfahren	5
I. Der Antrag	5
II. Erstattungsfähige Kosten	6
1. Anwaltsgebühren und sonstige Kosten zur zweckentsprechenden Rechtsverfolgung	6
2. Sondervergütungen des Verwalters	7
III. Die Entscheidung über den Kostenfestsetzungsantrag	8
IV. Rechtsmittel	9
1. Die befristete Erinnerung bei einer Beschwer bis 200 Euro	9
2. Die sofortige Beschwerde	10
3. Die Rechtsbeschwerde	11
4. Vollstreckungsgegenklage	12

A. Die Begrenzung der Erstattung von Rechtsanwaltskosten bei Prozessen gegen die Wohnungseigentümer

I. Der Grundgedanke der Regelung

Nicht nur die Kostengrundentscheidung, sondern auch die Beurteilung, ob einzelne Kosten erstattungsfähig sind, richtet sich nunmehr grundsätzlich nach § 91 ZPO. § 50 WEG sieht nur bei Streitigkeiten mit allen Wohnungseigentümern eine Ausnahme vor, wenn diese von verschiedenen Anwälten vertreten werden. In der Praxis betrifft dies nur Verfahren nach § 43 Abs. 4 WEG, da Rechte und Pflichten aller Wohnungseigentümer ansonsten vom Verband wahrgenommen werden. Danach können die Wohnungseigentümer grundsätzlich nur die Erstattung der Kosten eines Anwalts verlangen. Dies leuchtet ohne weiteres ein, könnten die Anwaltskosten doch ansonsten zumindest bei großen Gemeinschaften geradezu existenzbedrohende Ausmaße für den unterlegenen Kläger annehmen, wenn die einzelnen Beklagten eine Vielzahl von Anwälten mandatieren. 1

II. Die praktische Handhabung bei der Mandatierung mehrerer Anwälte

Nicht ausdrücklich geregelt ist der Fall, dass sich die Beklagten gleichwohl durch mehrere Anwälte vertreten lassen. Hier stellt sich die Frage, ob und nach welchem Schlüssel die Erstattung auf alle rechtsanwaltlich vertretenen Beklagten aufzuteilen ist (*Elzer/Hügel* § 13 Rn. 252). Nach dem Sinn der Norm dürfte eine solche Handhabung indessen fern liegen. Auch wenn die Anfechtungsklage nicht gegen den Verband, sondern gegen alle übrigen Miteigentümer zu richten ist, handelt es sich doch um eine Angelegenheit der Gemeinschaft. Hierüber hat diese aber mit Mehrheit zu befinden. Beschließt die Mehrheit die Mandatierung eines Rechtsanwalts, muss ein Miteigentümer mit abweichenden Vorstellungen diese Mehrheitsentscheidung dulden wie jede andere. Das »Gerechtigkeitsdefizit« (so *Elzer/Hügel* § 13 Rn. 252) dieser zwangsweisen Verpflichtung auf einen Rechtsanwalt ist also normale Folge der Mehrheitsherrschaft. Findet sich der hiermit unzufriedene Miteigentümer nicht ab, muss er die Einschaltung eines eigenen Anwalts selbst tragen. Dies ergibt sich im Übrigen auch aus § 50 WEG. Wenn dort nur die Mandatierung eines Anwalts als zweckentsprechende Rechtsverfolgung oder -verteidigung angesehen wird, besagt dies auch 2

§ 50 | Kostenerstattung

im Innenverhältnis der Beklagten, dass die Einschaltung eines weiteren Anwalts durch einzelne Miteigentümer regelmäßig keine Maßnahme im Rahmen einer ordnungsgemäßen Prozessführung ist. Deren Kosten hat der einzelne Wohnungseigentümer folglich selbst zu tragen.

III. Die Rückausnahme

3   Von der Begrenzung der Kostenerstattung lässt § 50 WEG eine Rückausnahme zu, wenn eine Vertretung durch mehrere Anwälte »aus Gründen, die mit dem Gegenstand des Rechtsstreits zusammenhängen« geboten erscheint. Dies kann z. B. bei der besonderen Betroffenheit eines Wohnungseigentümers der Fall sein, etwa bei der Anfechtung eines Beschlusses über die Genehmigung einer baulichen Veränderung. In diesem Fall wird man dem Miteigentümer, der einen kostspieligen Anbau durch einen ebenso kostspieligen Rückbau beseitigen soll, eigenen rechtlichen Beistand zubilligen müssen. Denn die anderen Wohnungseigentümer, die sich etwa nur gegen den Vorwurf einer ungenügenden Bezeichnung des entsprechenden Beschlusses in der versandten Tagesordnung wehren, tragen ein ungleich geringeres Risiko.

IV. Mehrkosten aufgrund von Gebührenvereinbarungen nach § 27 Abs. 2 Nr. 4, Abs. 3 S. 1 Nr. 6 WEG

4   Nicht in § 50 WEG geregelt, aber demselben Regelungszusammenhang zugehörig sind Mehrkosten aufgrund von Gebührenvereinbarungen nach § 27 Abs. 2 Nr. 4, Abs. 3 S. 1 Nr. 6 WEG. Auch hierbei handelt es sich nicht um notwendige und somit erstattungsfähige Kosten nach § 91 Abs. 1 ZPO, auch wenn die entsprechenden Vergütungsvereinbarungen im Namen von Wohnungseigentümern und Verband abgeschlossen werden können (BT-Drucks. 16/887, 77; vgl. O. § 27 Rn. 51 u. 57).

B. Das Kostenfestsetzungsverfahren

I. Der Antrag

5   Die Kostenfestsetzung erfolgt nach § 103 Abs. 2 ZPO nur auf Antrag, dem eine Berechnung der Kosten und die zur Rechtfertigung der einzelnen Ansätze dienenden Belege beizufügen sind. Nach § 104 Abs. 2 S. 1 ZPO genügt zur Berücksichtigung eines Ansatzes dessen Glaubhaftmachung, zur Berücksichtigung von Umsatzsteuer nach § 104 Abs. 2 S. 3 ZPO sogar die einfache Erklärung, dass die Beträge nicht als Vorsteuer abgezogen werden können. Dieser Antrag samt Kostenberechnung und Anlagen ist nach § 103 Abs. 2 S. 2 ZPO dem Gegner mitzuteilen.

II. Erstattungsfähige Kosten

1. Anwaltsgebühren und sonstige Kosten zur zweckentsprechenden Rechtsverfolgung

6   Die Erstattungsfähigkeit außergerichtlicher Kosten richtet sich nach § 91 Abs. 1 S. 2 ZPO, wobei § 50 WEG eine Spezialregelung enthält. Zu erstatten sind also wie im Zivilprozess nur die zur zweckentsprechenden Rechtsverfolgung oder Rechtsverteidigung erforderlichen Kosten. Leitet die Eigentümergemeinschaft etwa gegen einen Mehrfacheigentümer wegen jeder Wohnung getrennte Beitreibungsverfahren ein, sind die Mehrkosten nicht erstattungsfähig (*KG* NJW-RR 1992, 1298). Ebenso kann die Beauftragung mehrere Anwälte über die notwendigen und somit erstattungsfähigen Kosten nach § 91 Abs. 1 S. 2 ZPO hinausgehen (*OLG Karlsruhe* ZMR 1996, 226). Zur zweckentsprechenden Rechtsverfolgung oder -verteidigung erforderlich sind stets, auch bei einem Berufsverwalter, die Kosten anwaltlichen Beistands (*OLG Frankfurt a. M.* WE 1984, 126; *OLG Köln* NJW 1991, 1303 *KG* WuM 1993, 433). Des Weiteren können alle weiteren Kosten und Auslagen, die zur Verfahrensführung erforderlich waren, festgesetzt werden, etwa Postentgelte, die Kosten für Bankauskünfte beim Streit um Zahlungen, für amtliche Auskünfte u. ä. Insoweit kann auf die zu § 91 Abs. 1 ZPO entwickelten Grundsätze zurückgegriffen werden.

2. Sondervergütungen des Verwalters

7   Grundsätzlich sind auch Sondervergütungen, die dem Verwalter aufgrund vertraglicher Abreden für die Durchführung eines Verfahrens zustehen (vgl. hierzu o. § 26 Rn. 66), im Kostenfestset-

zungsverfahren geltend zu machen (*KG* NJW-RR 1989, 330; *OLG Frankfurt a. M.* WuM 1990, 458; BayObLGZ 1988, 293; a. A. für die Möglichkeit einer Einforderung auch im Hauptsacheverfahren *OLG Köln* NJW 1991, 1302 f.). Denn mit der Möglichkeit der Kostenfestsetzung steht ein einfacherer und kostengünstigerer Weg zur Verfügung als ein erneutes Hauptsacheverfahren, so dass für letzteres das Rechtsschutzbedürfnis fehlt.

III. Die Entscheidung über den Kostenfestsetzungsantrag

Über den Antrag entscheidet nach § 21 Nr. 1 RpflG der Rechtspfleger. Er hat dem Antragsgegner grundsätzlich rechtliches Gehör zu gewähren. Dies kann aber im Abhilfeverfahren nachgeholt werden. Der Kostenfestsetzungsbeschluss ist jedenfalls bei Absetzungen oder umstrittenen Ansätzen zu begründen (vgl. *OLG Düsseldorf* Rpfleger 1981, 408). Bei einer Kostentragung nach Quoten kann gemäß § 106 ZPO ein Kostenausgleich vorgenommen werden. Der Kostenfestsetzungsbeschluss ist selbständiger Vollstreckungstitel nach § 794 Abs. 1 Nr. 2 ZPO. **8**

IV. Rechtsmittel

1. Die befristete Erinnerung bei einer Beschwer bis 200 Euro

Gegen die Entscheidung des Rechtspflegers ist somit gemäß §§ 104 Abs. 3 S. 1 ZPO die sofortige Beschwerde gegeben. Die Mindestbeschwer beträgt seit 2004 nach § 567 Abs. 2 ZPO 200 Euro. Wird sie nicht erreicht, ist nach § 11 Abs. 2 S. 1 RPflG die befristete Erinnerung zulässig. Dieser kann der Rechtspfleger nach § 11 Abs. 2 S. 2 RPflG nach Anhörung der Gegenseite abhelfen. Tut er dies nicht, hat er die Sache nach § 11 Abs. 2 S. 3 RPflG dem Abteilungsrichter am Amtsgericht vorzulegen, der abschließend entscheidet. Als Rechtsbehelf gegen seine Entscheidung kommt nach allgemeinen Grundsätzen nur die Gegenvorstellung nach § 321 a ZPO in Betracht. Ansonsten ist die Entscheidung nicht mehr angreifbar. Wird ein Rechtsmittel trotz Nichterreichens der Mindestbeschwer an die Beschwerdekammer des Landgerichtes weitergeleitet, hat sie dieses grundsätzlich nicht zu verwerfen, auch wenn es fälschlich als »sofortige Beschwerde« bezeichnet ist. Vielmehr ist die Sache (evtl. unter Aufhebung des Vorlagebeschlusses) an das Amtsgericht zur eigenen Entscheidung zurückzugeben. **9**

2. Die sofortige Beschwerde

Ist die Mindestbeschwer erreicht, findet gegen die Entscheidung des Rechtspflegers nach § 104 Abs. 3 S. 1 ZPO die sofortige Beschwerde statt. Der Rechtspfleger kann der sofortigen Beschwerde gemäß § 572 Abs. 1 S. 1 ZPO wiederum nach Anhörung des Gegners abhelfen. Hierbei können Verfahrensverstöße wie die fehlende Begründung oder die unterlassene Gewährung rechtlichen Gehörs durch Nachholung der unterbliebenen Amtshandlung geheilt werden. Hilft der Rechtspfleger der sofortigen Beschwerde nicht ab, hat er die Sache der Beschwerdekammer des übergeordneten Landgerichtes vorzulegen. Die korrekte Durchführung des Nichtabhilfeverfahrens ist keine Voraussetzung für die Entscheidung der Beschwerdekammer (*OLG Frankfurt a. M.* MDR 2002, 1391; *OLG Stuttgart* MDR 2003, 110). Das Beschwerdegericht hat als Tatsacheninstanz tatsächliche und rechtliche Einwendungen zu berücksichtigen. Hält es die sofortige Beschwerde für begründet, so kann es den Erlass eines neuen Kostenfestsetzungsbeschlusses nach § 572 Abs. 3 ZPO dem Amtsgericht übertragen. Dies kommt insbesondere dann in Betracht, wenn die Behebung eines Fehlers umfangreiche Neuberechnungen erfordert. **10**

3. Die Rechtsbeschwerde

Gegen die Entscheidung des Beschwerdegerichtes ist die Rechtsbeschwerde nur zulässig, wenn das Beschwerdegericht sie nach § 574 Abs. 1 Nr. 2 ZPO zugelassen hat (BayObLG ZMR 2002, 946). Dies schließt nach Auffassung des *BGH* die Übertragung der Sache auf den Einzelrichter aus (*BGH* RPfleger 2003, 374 f.). Für die Entscheidung über die Rechtsbeschwerde ist nunmehr der *BGH* zuständig. **11**

4. Vollstreckungsgegenklage

12 Einwendungen, die den Titel selbst betreffen, wie etwa Erfüllung, muss der Schuldner auch im Kostenfestsetzungsverfahren mit der Vollstreckungsgegenklage geltend machen. Allerdings gilt beim Kostenfestsetzungsbeschluss die Einschränkung des § 767 Abs. 2 ZPO nicht, da streitige Einwendungen wie die Behauptung der Erfüllung im Kostenfestsetzungsverfahren nicht berücksichtigt werden können (*BayObLG* ZMR 2000, 45).

Anhang zu § 50 Streitwert und Rechtsanwaltsvergütung

Inhaltsverzeichnis

A. Der Streitwert	1
I. Der Regelstreitwert nach § 49 a GKG	1
1. Der Grundgedanke der Regelung	1
2. Die Grundregel nach § 49 a Abs. 1 S. 1 GKG	2
a) Das Interesse beider Parteien und der Beigeladenen	2
b) Besonderheiten bei der Beschlussanfechtung	3
c) Einzelfälle des Streitwertes aus der neueren Rspr.	4
aa) Beschlussanfechtungsverfahren	4
bb) Sonstige Verfahren	5
3. Die Durchbrechungen der Grundregel	6
a) Bedeutung und Anwendungsfälle der Grundregel	6
b) Die Begrenzung auf das Fünffache des Klägerinteresses nach § 49 a Abs. 1 S. 2 GKG	7
c) Die Begrenzung auf das Fünffache des Beklagteninteresses nach § 49 a Abs. 2 S. 1 GKG	8
d) Die absolute Obergrenze nach § 49 a Abs. 1 S. 3, Abs. 2 S. 2 GKG	9
4. Der vereinbarte Streitwert	10
5. Mehrkosten einer Gebührenvereinbarung als Kosten der Verwaltung	11
a) Verfahren nach § 43 Nr. 1 bis 4 WEG	11
b) Korrigierende Auslegung bei Verfahren nach § 43 Nr. 5 WEG	12
II. Zum Streitwert in Prozessen zwischen Wohnungseigentümergemeinschaften und Dritten	13
1. Die Streitwertfestsetzung nach § 49 a GKG in Streitigkeiten mit Dritten	13
2. Die betroffenen Verfahren	14
a) Klagen Dritter gegen die Gemeinschaft	14
b) Klagen Dritter gegen einzelne Wohnungseigentümer	15
aa) Das Sondereigentum betreffende Klagen	15
bb) Klagen aus der akzessorischen Teilhaftung der Wohnungseigentümer	16
III. Rechtsmittel	17
B. Die Vergütung des Rechtsanwalts nach dem RVG	18
I. Die vorgerichtliche Tätigkeit	18
1. Der Geschäftswert	18
2. Grundsatz: Rahmengebühr nach Nr. 2300 VV RVG	19
3. Anrechnung und Erstattung	20
4. Weitere Gebühren	21
a) Einigungsgebühr nach Nr. 1000 VV RVG	21
b) Erhöhungsgebühr nach Nr. 1008 VV RVG	22
c) Terminsgebühr nach Nr. 3104 VV RVG	23
d) Einfache Schreiben nach Nr. 2302 VV RVG	24
II. Das gerichtliche Verfahren erster Instanz	25
1. Geschäftswert	25
2. Verfahrens- und Terminsgebühr nach Nr. 3100, 3104 VV RVG	26
3. Weitere Gebühren	27
a) Die Einigungsgebühr nach Nr. 1000 VV RVG	27
b) Erhöhungsgebühr nach Nr. 1008 VV RVG	28
4. Gesonderte Gebühren für Verfahren des einstweiligen Rechtsschutzes	29
III. Das Rechtsmittelverfahren	30
1. Die Gebühren für die Prüfung der Erfolgsaussichten eines Rechtsmittels	30
2. Verfahrens- und Terminsgebühr nach Nr. 3200, 3202 VV RVG	31
3. Einigungsgebühr	32

A. Der Streitwert

I. Der Regelstreitwert nach § 49 a GKG

1. Der Grundgedanke der Regelung

Erhebliche Veränderungen bringt die Überführung der Wohnungseigentumssachen in das ZPO-Verfahren bei den Gegenstands- bzw. nunmehr Streitwerten. Ausgangspunkt der gesetzlichen Neuregelung ist der Umstand, dass in Zivilprozessen statt der Gebührensätze der KostO diejenigen des GKG Anwendung finden, was bei unveränderten Streitwerten eine erhebliche Verteuerung der Verfahren nach § 43 WEG nach sich zöge, ganz abgesehen von der Belastung mit den gegnerischen Kosten. Dies versucht der Gesetzgeber durch eine Herabsetzung der Streitwerte zu verhindern, wobei er ein ausgesprochen kompliziertes System von Regeln und Ausnahmen kreiert. Die jahrzehntealte Rechtsprechung zum Gegenstandswert in Wohnungseigentumssachen kann infolgedessen nur noch als Ausgangspunkt der Streitwertbestimmung nach neuem Recht dienen.

1

2. Die Grundregel nach § 49 a Abs. 1 S. 1 GKG

a) Das Interesse beider Parteien und der Beigeladenen

Als Grundregel bestimmt § 49 a Abs. 1 S. 1 GKG, dass sich der Streitwert am Interesse der Parteien und aller Beigeladenen orientiert. Dies entspricht § 48 Abs. 3 WEG a. F. Die einzige Änderung besteht darin, dass der Streitwert 50% dieses Wertes nicht überschreiten darf, wobei als Ausnahme der Streitwert nach § 49 a Abs. 1 S. 2 GKG das Interesse des Klägers (und der auf seiner Seite Beigetretenen) nicht unterschreiten darf. Diese Grenzen können durch eine einfache Rechenoperation berücksichtigt werden kann. Daher kann zur Ermittlung des Ausgangsstreitwerts nach § 49 a Abs. 1 S. 1 GKG auf die frühere Rechtsprechung zu § 48 Abs. 3 WEG a. F. zurückgegriffen werden. Wie nach der Vorgängervorschrift ist nach § 49 a Abs. 1 S. 1 GKG also für den Streitwert anders als bei der individuellen Beschwer des Rechtsmittelführers das Interesse beider Parteien zuzüglich desjenigen der Beigeladenen maßgeblich (*BayObLG* WuM 1995, 502; WE 1999, 75 f.; *OLG Karlsruhe* WuM 1996, 180), weshalb er häufig höher sein wird als jene (*OLG Hamburg* ZMR 2004, 295 f.). So ist etwa beim Streit um die Vornahme einer baulichen Maßnahme nur die vom anfechtenden Wohnungseigentümer begehrte Entlastung von den Kosten für seine Beschwer maßgeblich, für den Streitwert nach § 49 a Abs. 1 S. 1 GKG hingegen auch das weit höhere Interesse der anderen Beteiligten an ihrer Durchführung. Das Interesse an einer alsbaldigen Durchführung ist i. d. R. erhöhend zu berücksichtigen (*OLG Köln* MDR 1994, 1153; *OLG Hamburg* ZMR 2001, 380). Eine mögliche Klärung von Vorfragen der Entscheidung, die auch für andere Streitigkeiten bedeutsam sein können, wirkt sich nicht auf den Streitwert aus, da für diesen nur der Gegenstand des konkreten Verfahrens maßgeblich ist (*BayObLG* WE 1983, 60). Auch die Vermögensverhältnisse der Beteiligten wirken sich auf die Festsetzung nicht aus, da die Möglichkeit der Prozesskostenhilfe hier einen Ausgleich schafft (*Bärmann/Pick/Merle* § 48 Rn. 9; *AnwKomm/Schultzky* § 48 Rn. 12).

2

b) Besonderheiten bei der Beschlussanfechtung

Auch bei der Anfechtung von Beschlüssen ist grundsätzlich der Gegenstand des angefochtenen Beschlusses maßgeblich (*KG* ZMR 1997, 493; *BayObLG* ZMR 2001, 128). Eine Aufteilung des Gesamtwertes auf die einzelnen Anfechtenden kommt nicht in Betracht (*KG* ZMR 1997, 493). Wird ein Beschluss alleine wegen formaler Mängel angefochten, soll eine Reduzierung auf die Kosten einer erneuten Versammlung in Betracht kommen (*LG Köln* NJW-RR 1989, 81; ähnlich *BayObLG* ZMR 2004, 50). Das erscheint zweifelhaft, da die Mehrheitsverhältnisse wechseln können, weshalb ein Beschluss nicht beliebig wiederholbar ist, und führt zu einem verfassungsrechtlich bedenklichen Ausschluss von Rechtsmitteln. Zudem stellt diese Position alleine auf das Interesse der Antragsgegner bei einer Ungültigerklärung ab, nicht aber auf dasjenige des anfechtenden Miteigentümers, dem schon an einem Aufschub der beschlossenen Maßnahme gelegen sein kann. Angemessen wäre es, auf einen Bruchteil des Interesses, der bei einer inhaltlich begründeten Anfechtung angemessen wäre, abzustellen. Ähnliches gilt, wenn vorsorglich alle Beschlüsse einer

3

Anhang zu § 50 | Streitwert und Rechtsanwaltsvergütung

Versammlung angefochten werden, weil der Verwalter die Niederschrift nicht rechtzeitig versandte. Auch in diesem Falle richtet sich der Streitwert nicht nach dem Interesse an der Kenntnisnahme des Protokolls (so *LG Köln* WuM 1989, 660 f.), sondern am Gegenstandswert aller Beschlüsse (*BayObLG* WuM 1991, 633). Denn diese sind Streitgegenstand, nicht die Einsicht in die Niederschrift. Ansonsten käme es im Übrigen zu der paradoxen Situation, dass die Rücknahme eines Großteils der Anträge und die Weiterverfolgung nur eines einzigen Anfechtungsantrags zu einer deutlichen Erhöhung des Streitwertes führen müssten. Wurde der Gegenstand formal in mehrere Beschlüsse aufgeteilt, können diese zu einem einheitlichen Streitwert zusammengefasst werden, allerdings nicht, wenn sie auf verschiedenen Versammlungen gefasst wurden. Wird die Feststellung der Nichtigkeit von Beschlüssen beantragt, ist zwar ebenfalls der Gegenstand des Beschlusses maßgeblich. Gegenüber der Beschlussanfechtung ist allerdings ein Abschlag gerechtfertigt, da ein nichtiger Beschluss im Gegensatz zum bloß anfechtbaren keine Wirkungen entfaltet (*BayObLG* WE 1993, 348).

c) Einzelfälle des Streitwertes aus der neueren Rspr.

aa) Beschlussanfechtungsverfahren

4 Für die Streitwertfestsetzung maßgeblich ist bei der Anfechtung eines Beschlusses über
– die **Anmietung** eines Grundstücks zur gemeinschaftlichen Nutzung etwa als Parkplatz die hierdurch entstehenden Kosten (*BayObLG* ZMR 1998, 364)
– die **Beseitigung von Anpflanzungen** das Interesse aller Beteiligten an der angefochtenen Entscheidung, also neben den Kosten der Maßnahme das individuelle Erhaltungsinteresse des Anfechtenden und die Auswirkungen der Beseitigung auf den Nutzwert der Anlage (*OLG Hamburg* ZMR 2004, 296)
– die **Einleitung eines Entziehungsverfahrens** der Wert des Sonder- oder Teileigentums (*BGH* NJW 2006, 3428; *OLG Frankfurt* WE 1984, 62; *OLG Rostock* ZMR 2006, 476 f.; a. A., da der betroffene Miteigentümer dies wirtschaftlich auch beim Erfolg der anderen Wohnungseigentümer nicht vollständig verliert, auf das Gewicht der vorgeworfenen Pflichtverletzung unter Berücksichtigung des Interesses an der Fortdauer der Eigentümerstellung abstellend *OLG Köln* ZMR 1998, 376; wieder anders, die Verluste der erzwungenen Veräußerung und die Aufwendungen für den Erwerb eines Ersatzobjekts ansetzend *BayObLG* WuM 1995, 502). Entsprechendes dürfte auch für Abmahnungen gelten, die einem Entziehungsverfahren vorangehen (a. A. *BayObLG* WuM 1995, 502)
– die **Entlastung** von Verwalter oder Verwaltungsbeirat der Umfang der für möglich befundenen Schadensersatzansprüche, die mit einer Entlastung undurchsetzbar werden (*OLG Köln* ZMR 2003, 959); ohne Anhaltspunkte für einen konkreten Schadensersatzanspruch 10% des Jahresumsatzes der Gemeinschaft (*OLG Zweibrücken* ZMR 1999, 663; *OLG Köln* ZMR 2003, 959), u. U., wenn Schadensersatzansprüche offenkundig nicht in Betracht kommen, ein noch geringerer Pauschalbetrag (*BayObLG* WE 1999, 198; ZMR 2002, 66; *OLG Hamm* ZWE 2000, 485)
– die **Teilnahme am Lastschriftverfahren** das Interesse der Gemeinschaft am rechtzeitigen Eingang der Vorschüsse und der vereinfachten Überwachung (*BayObLG* WuM 1997, 459), was seinerzeit mit 4000 DM bewertet wurde
– die **Genehmigung der Einzelabrechnungen** nur ein Bruchteil ihres Volumens, wenn nur die Verteilung der Gesamtkosten, nicht aber deren Höhe im Streit steht (*OLG Celle* NdsRpfl. 1988, 215; *OLG Düsseldorf* WuM 1995, 732), u. U. auch eine noch geringere Quote (5% nach *BayObLG* WE 1988, 75; ähnl. ZWE 2001, 266)
– die **Genehmigung einer Jahresabrechnung** insgesamt (etwa aus formalen Gründen oder wegen der Verwendung unrichtiger Schlüssel) ist regelmäßig ein Bruchteil des Gesamtvolumens (20%–30%) anzusetzen (*OLG Zweibrücken* ZMR 1999, 663; *BayObLG* ZMR 2002, 66); bei der auf formelle Mängel beschränkten Anfechtung u. U. ein noch geringerer Bruchteil von 15% (*BayObLG* ZMR 2002, 66). Eine weitere Absenkung wie nach § 48 Abs. 3 S. 2 WEG a. F. kommt angesichts der Änderungen in § 49 a GKG nicht mehr in Betracht. Erhebt der Anfechtende neben der Anfechtung insgesamt Rügen hinsichtlich einzelner Positionen, sind diese in voller Höhe zuzüglich eines Bruchteils aus dem Gesamtvolumen des verbleibenden Restes als Geschäfts-

wert anzusetzen (*OLG Hamburg* MDR 1988, 56; *BayObLG* WuM 1995, 506; *OLG Zweibrücken* ZMR 1999, 663). Wird die Anfechtung umgekehrt auf einzelne Positionen beschränkt, so sind nur diese maßgeblich (*BGH* ZMR 2005, 557; BayObLGZ 1988, 328; ähnlich *BayObLG* WuM 1995, 506)
- **Sanierungsmaßnahmen** grundsätzlich deren Kosten (*BayObLG* NJW-RR 1989, 80; ZMR 2001, 128), nicht nur der Anteil des Anfechtenden. Eine weitere Herabsetzung wie nach § 48 Abs. 3 S. 2 WEG a. F. kommt aus denselben Gründen wie bei der Jahresabrechnung nicht mehr in Betracht (*BayObLG* WE 1994, 152; NZM 2001, 247; 2002, 624; *OLG Hamburg* FGPrax 2001, 59). Wird mit der Anfechtung nur eine weniger aufwendige Sanierung oder die Wahl eines günstigeren Anbieters bezweckt, ist die Kostendifferenz maßgeblich (*BayObLG* WuM 1998, 314)
- die **Verwalterbestellung** ist die Vergütung maßgebend, die dem Verwalter für die vorgesehene Laufzeit des Vertrages noch zustünde (*BayObLG* WuM 1996, 663; ZMR 2001, 128)
- **Verwaltungsmaßnahmen** wie Umbauten, die Umgestaltung des Gartens o. ä. grundsätzlich nicht nur der Anteil des anfechtenden Miteigentümers, sondern die Gesamtkosten, da auch die Interessen der anderen Wohnungseigentümer betroffen sind (*BayObLG* WE 1994, 152; WuM 1996, 247) und zwar auch nach Durchführung der Maßnahme (*BayObLG* WuM 1993, 211): Anderes gilt, wenn mit dem Vorgehen gegen die Maßnahme nur die Rückzahlung des eigenen Kostenbeitrags verfolgt wird, der in diesem Fall maßgeblich ist (*BayObLG* WuM 1993, 211) oder eine andere Umlage (*BayObLG* ZWE 2001, 266)
- die **Genehmigung des Wirtschaftsplans** dieselben Grundsätze wie bei der Jahresabrechnung (*BayObLG* ZMR 2001, 566), wobei allerdings dessen Vorläufigkeit eine geringere Quote rechtfertigt

bb) Sonstige Verfahren

Für die Streitwertfestsetzung in sonstigen Verfahren maßgeblich ist   5
- bei der **Abberufung** des Verwalters die Vergütung, die dem Verwalter für die vorgesehene Laufzeit des Vertrages noch zustünde (*OLG Schleswig* NJW-RR 1990, 1046; *OLG Köln* NZM 1998, 960; *BayObLG* WuM 2001, 629)
- bei der hilfsweisen **Aufrechnung** der Wert der Gegenforderung, soweit über sie entschieden wurde, bei der Primäraufrechnung dagegen nur der Wert der Hauptforderung (*BayObLG* WEM 1980, 131)
- bei dem **Auskunftsanspruch** ein Bruchteil (maximal 25%) des Wertes der Hauptsache, deren Durchführung mit der Auskunft vorbereitet werden soll (*BayObLG* WE 1998, 75; ähnl. *BayObLG* WE 1992, 173, jeweils auch zur deutlich geringeren Beschwer)
- beim Streit um die Beseitigung von **baulichen Veränderungen** nach § 49 a GKG das Interesse beider Seiten, nicht nur die Kosten ihrer Beseitigung (vgl. *BayObLG* WuM 1994, 566 f.; 1998, 689 (vgl. auch u. zur Parabolantenne). Zu berücksichtigen ist der geringere Nutzwert des von einem Rückbau betroffenen Raumes (*BayObLG* ZMR 2003, 48).
- bei dem Antrag auf Bekanntgabe der **Eigentümerliste** ein Bruchteil (maximal 25%) des Wertes der Hauptsache, deren Durchführung mit der Liste vorbereitet werden soll (*LG Erfurt* NZM 2000, 519)
- beim Antrag auf **Einberufung der Eigentümerversammlung** der hälftige Wert des Tagesordnungspunktes, über den entschieden werden soll (*BayObLG* ZMR 1998, 299)
- beim **Entziehungsverfahren** nach § 18 WEG der Verkehrswert, nicht das Interesse des Beteiligten am Behalten bzw. dem Verlust der Wohnung bzw. des Teileigentums (vgl. o. Rn. 4; a. A. noch *OLG Köln* ZMR 1999, 284)
- bei einem Rechtsmittel gegen eine **Ersatzvornahme** deren Kosten (*BayObLG* WE 1999, 31)
- beim Streit nur über die **Fälligkeit** einer Leistung ist bei einem diesbezüglichen Leistungsantrag das Interesse an der Leistung insgesamt maßgeblich, da ein vollstreckbarer Titel begehrt wird (*KG* WE 1990, 95, wo zusätzlich noch die Fälligkeit der Vorschüsse aller anderen Wohnungseigentümer berücksichtigt wurde)
- beim (unzulässigen) Antrag auf **Feststellung** der Rechtswidrigkeit eines Beschlusses der Wert der Hauptsache (*BayObLG* ZMR 2004, 600)

Anhang zu § 50 | Streitwert und Rechtsanwaltsvergütung

- beim Streit um Einsicht in **Niederschriften** von Eigentümerversammlungen ein Bruchteil (maximal 25 %) des Wertes der Hauptsache, deren Durchführung mit der Auskunft vorbereitet werden soll, wobei evtl die Mühewaltung des Verwalters erhöhend berücksichtigt werden kann (*BayObLG* WuM 1998, 688)
- beim Streit um die Berichtigung einer **Niederschrift** das wirtschaftliche Interesse an der Berichtigung, nicht nur die Kosten der Berichtigung (*BayObLG* WE 1997, 117)
- bei Rechtsmitteln gegen die Verhängung von **Ordnungsgeldern** grundsätzlich deren Höhe (*BayObLG* ZMR 2000, 44)
- beim Streit um die Größe einer **Sondernutzungsfläche** deren Wert, der allerdings nur einen Teil des Verkehrswertes der Fläche ausmacht, da das Eigentum nicht im Streit steht (*BayObLG* ZWE 2001, 553)
- bei einer zusammen mit der Hauptforderung geltend gemachten **Sondervergütung** des Verwalters deren Höhe, da diese nicht nur Nebenforderung nach § 4 ZPO ist (*BayObLG* ZMR 2005, 62)
- beim Streit um die **Unterlassung** eines bestimmten Verhaltens grundsätzlich sowohl das Interesse des Antragstellers an seiner Unterlassung als auch dasjenige des Antragsgegners an der Möglichkeit seiner Fortsetzung (*BayObLG* ZMR 2001, 557; *OLG Karlsruhe* NJW-RR 2000, 89; a. A. *KG* ZMR 1993, 346 u. *OLG Frankfurt* ZMR 1997, 668: Nur das Interesse der Antragsteller an der Unterlassung), etwa bei Unterlassung der Prostitution die Mietmehreinnahmen und die Wertminderung der anderen Wohnungen (*OLG Karlsruhe* NJW-RR 2000, 89). Bei anderen Unterlassungsansprüchen werden häufig (niedrige) Pauschalen von bis zu 1000 Euro angesetzt, etwa beim Verbot der Haustierhaltung (*OLG Karlsruhe* WE 1988, 97)
- beim Streit um die Zustimmung zur **Veräußerung** nach § 12 WEG i. d. R. ein Bruchteil von 10 %–20 % des Verkaufspreises (*BayObLG* WuM 1990, 166; *KG* ZMR 1990, 68 f.; *OLG Hamm* NJW-RR 1992, 785; *OLG Frankfurt* ZMR 1994, 124)
- beim Streit um die **Vermietung** gemeinschaftlichen Eigentums die Höhe des einjährigen Mietwertes bzw. des einjährigen Erhöhungsbetrages (*BayObLG* WE 1989, 182; WuM 1993, 494)
- bei dem Antrag auf Abänderung des **Verteilungsschlüssels** die vom Antragsteller behauptete Benachteiligung bzw. umgekehrt die mit dem Antrag begehrte Entlastung (*BayObLG* WuM 1998, 751)
- beim Streit um die Höhe der **Verwaltervergütung** die Differenz zwischen den Ansätzen beider Seiten (*BayObLG* WE 1989, 181)
- beim Streit um den Fortbestand des **Verwaltervertrages** die Vergütung, die dem Verwalter für die vorgesehene Laufzeit des Vertrages noch zustünde (*BayObLG* WE 1995, 85; *BayObLG* WE 1991, 51; *OLG Schleswig* NJW-RR 1990, 1045)
- bei der Beschwerde gegen eine **Verweisung** grundsätzlich der Wert der Hauptsache (*BayObLG* NJW-RR 1999, 12; 2002, 882)
- bei der **Vollstreckungsabwehrklage** der Wert des vollstreckbaren Anspruchs (*BayObLG* ZMR 1999, 184; 2000, 44)
- beim Streit um die Verpflichtung zur Zahlung von **Vorschüssen** gemäß § 28 Abs. 2 WEG überhaupt nach dem Rechtsgedanken von § 41 GKG deren Jahresbetrag (*OLG Hamburg* WE 1987, 139; *BayObLG* ZMR 2004, 50)
- bei Anträgen auf Genehmigung oder Unterlassung der **Wohnnutzung** die Vorteile dieser Nutzung etwa in Form eines Mehrerlöses bei der Vermietung (*BayObLG* WuM 1992, 705; NZM 2001, 150; ZMR 2000, 777; a. A. *BayObLG* WuM 1992, 212: Der Wert der Räumlichkeiten), wobei ein höheres Interesse etwa aufgrund bereits angefallener Umbaukosten zu berücksichtigen sein kann (*OLG Karlsruhe* WuM 1993, 291)
- bei Anträgen auf **Zahlung** eines bestimmten Geldbetrages stets dieser ohne Zinsen und Kosten (*BayObLG* ZWE 2001, 266)

3. Die Durchbrechungen der Grundregel

a) Bedeutung und Anwendungsfälle der Grundregel

Die Grundregel des § 49 a Abs. 1 S. 1 GKG wird allerdings in der Praxis nur selten zum Tragen kommen. Denn die »Ausnahmen« nach § 49 a Abs. 1 S. 2, Abs. 2 S. 1 GKG beschränken den Streitwert mit einem Teil der obergerichtlichen Rechtsprechung (s. zuletzt *OLG Hamm* ZMR 2006, 151, hiergegen ausdrücklich *BGH* ZMR 2005, 557) auf das Fünffache des Interesses von Kläger und Beklagten (und der auf ihrer Seite Beigetretenen). Diese Deckelung wird dazu führen, dass die »Grundregel« nur selten zur Anwendung kommen wird. Folgerichtig bezeichnen die Materialien § 49 a Abs. 1 S. 1 GKG nur als »Ausgangspunkt für die Streitwertbemessung« (BT-Drucks. 16/887, 54). In Betracht kommt dies nur dann, wenn das geldwerte Interesse beider Seiten sehr hoch ist. Dies kann bei der Unterlassung unzulässiger Nutzungen der Fall sein. Hier kann sowohl das Interesse der Wohnungseigentümer wegen der Wertminderung ihrer Wohnungen wie auch dasjenige des auf Unterlassung in Anspruch Genommenen wegen der Fortsetzung einer lukrativen Nutzung erhebliche wirtschaftliche Bedeutung haben. Ähnliches kann im Entziehungsverfahren gelten, da die hierzu führende Beeinträchtigung für die Kläger von erheblichem Wert sein kann. Für das Wohnungs- bzw. Teileigentums versteht sich dies ohnehin von selbst. In derartigen Fällen kann daher eine Festsetzung auf 50% des Interesses aller Wohnungseigentümer in Betracht kommt.

b) Die Begrenzung auf das Fünffache des Klägerinteresses nach § 49 a Abs. 1 S. 2 GKG

Zahlreicher werden die Fälle sein, in denen die Begrenzungen des Streitwertes einschlägig sind. Dies ist zum einen der Fall, wenn das Interesse des Beklagten und der Beigeladenen dasjenige des Klägers erheblich übersteigt. Denn dann darf der Streitwert nach § 49 a Abs. 1 S. 2 GKG das Fünffache seines Interesses nicht überschreiten. Praktische Bedeutung gewinnt diese Beschränkung dann, wenn die Auswirkungen des mit der Klage verfolgten Ziels auf Seiten des oder der Beklagten erheblich gravierender wären als beim Kläger. So können die Kosten für Durchführung und Beseitigung einer baulichen Veränderung weit höher sein als der geldwerte Vorteil eines hierdurch nur geringfügig beeinträchtigten Klägers. Hauptanwendungsgebiet dieser Streitwertbegrenzung dürften aber Beschlussanfechtungen sein. Etwa das Volumen einer angefochtenen Jahresabrechnung kann fünf- oder sechsstellige Beträge erreichen, während die mit der Anfechtung verfolgte Besserstellung jedenfalls in größeren Gemeinschaften schon aus arithmetischen Gründen nur einen verschwindend geringen Bruchteil dieser Summen ausmacht. Ähnliches gilt bei der Anfechtung von Sonderumlagen, Auftragsvergaben an Handwerker u. Ä. Für den Streitwert ist nach § 49 a Abs. 1 S. 2 GKG stets das Fünffache dieses geringen Betrages anzusetzen.

c) Die Begrenzung auf das Fünffache des Beklagteninteresses nach § 49 a Abs. 2 S. 1 GKG

Auch zugunsten des Beklagten gilt nach § 49 a Abs. 2 S. 1 GKG eine entsprechende Begrenzung des Streitwertes auf das Fünffache des Interesses. Diese wird dann bedeutsam, wenn der Kläger erhebliche Beeinträchtigungen durch eine Veränderung erleidet, die der Beklagte unschwer beseitigen kann. Dies kann etwa bei baulichen Mängeln der Fall sein, wenn der Kläger etwa stark durch ein leicht zu beseitigendes oder zu reparierendes Abluftrohr in Mitleidenschaft gezogen wird.

d) Die absolute Obergrenze nach § 49 a Abs. 1 S. 3, Abs. 2 S. 2 GKG

Geringe Bedeutung hat vor dem Hintergrund der Streitwertdeckelungen in § 49 a Abs. 1 S. 2, Abs. 2 S. 1 GKG die absolute Obergrenze in § 49 a Abs. 1 S. 3, Abs. 2 S. 2 GKG. Danach darf der Streitwert auf keinen Fall den Verkehrswert des Wohnungseigentums einer Partei (und der auf ihrer Seite Beigetretenen) überschreiten. Dies war schon nach der weit großzügigeren Gegenstandswertberechnung nach § 48 Abs. 3 WEG a. F. kaum jemals der Fall. Das Erreichen dieser Grenze ist allenfalls in Rechtsstreiten mit Dritten nach § 43 Nr. 5 WEG vorstellbar, wenn Gläubiger aus der Quote nach § 10 Abs. 8 S. 1 WEG vorgehen und die Miteigentumsanteile nicht dem Wert entsprechen. Sollte die Deckelung nach § 49 a Abs. 1 S. 2, Abs. 2 S. 1 GKG jemals die Wertgrenze

Anhang zu § 50 | Streitwert und Rechtsanwaltsvergütung

des § 49a Abs. 1 S. 3, Abs. 2 S. 2 GKG überschreiten, hat letztere nach dem klaren Wortlaut des Gesetzes den Vorrang.

4. Der vereinbarte Streitwert

10 Da der Streitwert nach § 49a GKG grundsätzlich auch für die Bemessung der Rechtsanwaltsvergütung maßgeblich ist, befürchten die Materialien nicht ganz zu Unrecht, dass Rechtsanwälte für die nunmehr anfallenden Gebührenstreitwerte nicht mehr tätig werden. Denn die u. U. äußerst geringe Vergütung etwa bei der Anfechtung von Jahresabrechnungen (u. U. wenige Euro Streitwert bei einem hunderttausendfach höheren Volumen) deckt nicht nur die Eigenkosten nicht mehr ab, sondern steht zudem in keinem Verhältnis zum unveränderten Haftungsrisiko (vgl. BT-Drucks. 16/887, 42, 54 u. 77). Dem versucht § 27 Abs. 2 Nr. 4, Abs. 3 S. 1 Nr. 6 WEG dadurch abzuhelfen, dass er den Verwalter bevollmächtigt, mit Wirkung für Wohnungseigentümer und Verband höhere Gebühren zu vereinbaren. Diese Regelung berührt aber das Innenverhältnis zu Verband und Wohnungseigentümern nicht. Erhält der Verwalter dort Weisungen etwa zur Maximalhöhe der Vergütung, sind sie für ihn maßgeblich. Handelt er ihnen zuwider, setzt er sich Schadensersatzansprüchen aus. Die Vollmacht bezieht sich ferner nicht auf beliebige Gebührenvereinbarungen (etwa die Abrechnung nach Stundensätzen). Sie bevollmächtigt den Verwalter nur dazu, eine Rechtsanwaltsvergütung zu vereinbaren, die einen höheren als den gesetzlichen Streitwert zugrundelegt. Zudem darf dieser den nach § 49a Abs. 1 S. 1 GKG zu ermittelnden Streitwert nicht überschreiten. Schließlich sind die Anforderungen nach § 4 RVG an den Abschluss einer Gebührenvereinbarung durch § 27 Abs. 2 Nr. 4, Abs. 3 S. 1 Nr. 6 WEG nicht verändert. § 27 Abs. 2 Nr. 4, Abs. 3 S. 1 Nr. 6 WEG verleiht nur die Vollmacht zum Abschluss der Vereinbarung. Sonstige Gebührenvereinbarungen werden durch § 27 Abs. 2 Nr. 4, Abs. 3 S. 1 Nr. 6 WEG nicht ausgeschlossen. Der Verwalter benötigt hierfür aber eine rechtsgeschäftliche Vollmacht des Verbandes bzw. der Wohnungseigentümer.

5. Mehrkosten einer Gebührenvereinbarung als Kosten der Verwaltung

a) Verfahren nach § 43 Nr. 1 bis 4 WEG

11 Inwieweit Kosten eines Verfahrens nach § 43 WEG Kosten der Verwaltung sein können, regelt § 16 Abs. 8 WEG. Demnach liegen Verwaltungskosten nur dann vor, wenn es sich um Mehrkosten aus einer Gebührenvereinbarung nach § 27 Abs. 2 Nr. 4, Abs. 3 S. 1 Nr. 6 WEG handelt. Für die Verteilung der Kosten aus Innenstreitigkeiten von Wohnungseigentümern und Verband, die aus dem Gebührenstreitwert nach § 49a GKG resultieren, ist demnach alleine die gerichtliche Kostenentscheidung maßgeblich. Diese Kosten können daher nicht nach dem allgemeinen Kostenverteilungsschlüssel umgelegt werden. Anderes gilt nach der ausdrücklichen Anordnung in § 16 Abs. 8 WEG für die Mehrkosten aus einer Gebührenvereinbarung nach § 27 Abs. 2 Nr. 4, Abs. 3 S. 1 Nr. 6 WEG. Diese können, soweit sie die Kosten aus dem Gebührenstreitwert nach § 49a GKG übersteigen, als Kosten der Verwaltung auch auf den oder die Prozessgegner umgelegt werden (BT-Drucks. 16/887, 26 u. 77). Bei sonstigen Gebührenvereinbarungen, die nicht kraft Vollmacht nach § 27 Abs. 2 Nr. 4, Abs. 3 S. 1 Nr. 6 WEG geschlossen wurden, ist dies aber nicht möglich, da sich der Gesetzeswortlaut ausdrücklich hierauf beschränkt. Im Übrigen wollte der Gesetzgeber in die Zuordnung von Rechtsverfolgungs- bzw. Rechtsverteidigungskosten nach bisheriger Rechtspraxis nicht eingreifen. § 16 Abs. 8 WEG zwingt also nicht zu einem Abgehen von der Rechtsprechung, die Verfahrenskosten in bestimmten Fällen im Wege der teleologischen Reduktion des § 16 Abs. 5 WEG a. F. als Kosten der Verwaltung anerkannte (vgl. *OLG Hamm* OLGZ 1989, 48 f.; *BayObLG* NZM 2001, 767; *Staudinger/Bub* § 16 Rn. 182).

b) Korrigierende Auslegung bei Verfahren nach § 43 Nr. 5 WEG

12 Nach dem Wortlaut von § 16 Abs. 8 WEG sind alle Verfahren nach § 43 WEG, also auch Klagen Dritter nach § 43 Nr. 5 WEG nur dann Kosten der Verwaltung, wenn es sich um Mehrkosten aufgrund einer Vereinbarung gemäß § 27 Abs. 2 Nr. 4, Abs. 3 S. 1 Nr. 6 WEG handelt. Dies bedarf der korrigierenden Auslegung. Denn Prozesse Dritter mit der Gemeinschaft sind stets Kosten der Verwaltung, unabhängig davon, ob diese aus dem Gebührenstreitwert nach § 49a GKG, aus einem nach § 27 Abs. 2 Nr. 4, Abs. 3 S. 1 Nr. 6 WEG vereinbarten Streitwert oder einer sonstigen Gebüh-

renvereinbarung resultieren (vgl. *BayObLG* NZM 2001, 767; *Staudinger/Bub* § 16 Rn. 168). Der scheinbar entgegenstehende Wortlaut von § 16 Abs. 8 WEG beruht offenkundig auf einem Redaktionsversehen. Denn er geht noch auf die vom Rechtsausschuss nicht mehr veränderte Fassung in der Gegenäußerung der Bundesregierung zurück (BT-Drucks. 16/887, 76), die die erst vom Rechtsausschuss in die Gesetzesvorlage eingefügte Regelung des § 43 Nr. 5 WEG noch nicht enthielt. Dass die Verweisung auf alle Verfahren nach § 43 WEG in § 16 Abs. 8 WEG deswegen zu weit reiche, wurde offenbar übersehen. Dies findet eine deutliche Bestätigung darin, dass die Materialien zu § 16 Abs. 8 WEG nur von Streitigkeiten mit den »übrigen« bzw. »anderen« Wohnungseigentümern etc. reden (BT-Drucks. 16/887, 77). Streitigkeiten mit Dritten sollten also erkennbar nicht von § 16 Abs. 8 WEG erfasst sein.

II. Zum Streitwert in Prozessen zwischen Wohnungseigentümergemeinschaften und Dritten

1. Die Streitwertfestsetzung nach § 49a GKG in Streitigkeiten mit Dritten

An etwas versteckter Stelle ist dem Gesetz zu entnehmen, dass auch Klagen Dritter von § 49a GKG betroffen sind. Das WEG zählt diese trotz gewisser Besonderheiten zu den Wohnungseigentumssachen, auch hinsichtlich der Vergütung, wie sich aus § 27 Abs. 2 Nr. 4, Abs. 3 S. 1 Nr. 6 WEG ergibt. Denn danach hat der Verwalter die Vollmacht, auch in Verfahren nach § 43 Nr. 5 WEG einen höheren als den gesetzlichen Streitwert zu vereinbaren, sofern er den nach § 49a Abs. 1 S. 1 GKG berechneten nicht übersteigt. Im Umkehrschluss folgt daraus, dass der Streitwert ohne eine solche Vereinbarung nach den Vorgaben des § 49a GKG zu ermitteln ist. 13

2. Die betroffenen Verfahren

a) Klagen Dritter gegen die Gemeinschaft

Die Streitwertfestsetzung nach § 49a GKG erfasst zunächst Klagen Dritter gegen die Gemeinschaft. Keine Änderungen gegenüber früherem Recht ergeben sich daraus bei Klagen auf Zahlung eines bestimmten Geldbetrags. Denn der Streitwert unterschreitet dann nach § 49a Abs. 1 S. 2 WEG nicht das Interesse des Klägers, das dem eingeklagten Betrag entspricht und folglich auch als Streitwert festzusetzen ist. Anders als bei den internen Streitigkeiten führt das neue Recht insoweit also nicht zu einer Verschlechterung für den Anwalt. Zu einer Verbesserung seiner Vergütungssituation kann es insbesondere bei Nachbarstreitigkeiten – also bekanntermaßen für den Anwalt besonders unangenehmen Prozessen – kommen. Denn nach altem Recht war dann, wenn ein Außenstehender etwa die Beseitigung oder Unterlassung einer Störung verlangte, alleine auf sein Interesse abzustellen. Nach neuem Recht stellt dies nur die Untergrenze der Streitwertfestsetzung dar, da das Interesse des Klägers nach § 49a Abs. 1 S. 2 GKG nicht unterschritten werden darf. Der Streitwert kann aber durchaus höher festzusetzen sein. Im Grundsatz bemisst sich der Streitwert gemäß § 49a Abs. 1 S. 1 GKG nunmehr auch in Streitigkeiten mit Dritten nach dem Interesse beider Parteien. Damit kann er wesentlich höher ausfallen, als wenn er sich wie nach früherem Recht nur nach dem Interesse des Klägers richten würde. Eine Erhöhung gegenüber früherem Recht kommt etwa in Betracht, wenn eine Beseitigung oder Unterlassung für die verklagte Gemeinschaft sehr kostspielig würde, weil sie aufwendige bauliche Veränderungen erfordern würde. In dieser Konstellation sind 50% der Kosten beider Seiten bis zur Obergrenze des fünffachen Interesses auf Klägerseite (§ 49a Abs. 1 S. 2 GKG) als Streitwert festzusetzen. Dies kann zu deutlich höheren Streitwertfestsetzungen führen als nach früherem Recht. 14

b) Klagen Dritter gegen einzelne Wohnungseigentümer

aa) Das Sondereigentum betreffende Klagen

§ 43 Nr. 5 WEG erfasst nunmehr auch das Sondereigentum betreffende Klagen gegen einzelne Wohnungseigentümer. Zum Streitwert für diese Klagen gilt grundsätzlich das oben für Rechtsstreitigkeiten mit der Gemeinschaft Gesagte. Im Gegensatz zum alten Recht richtet sich der Streitwert künftig gemäß § 49a Abs. 1 S. 1 GKG nach dem Interesse beider Parteien, nicht mehr nur nach demjenigen des Klägers. Daher kann der Streitwert jetzt, wenn etwa eine Unterlassung oder Be- 15 seitigung auf Seiten des Beklagten hohe Kosten verursacht, höher sein als nach altem Recht. Allerdings darf er das Fünffache des Interesses des Beklagten an einer obsiegenden Entscheidung nicht übersteigen. Es kann also zur Verringerung des Gebührenaufkommens kommen, wenn die Beeinträchtigung eines Nachbarn gravierend, aber für den verklagten Wohnungseigentümer mit geringem Aufwand zu beheben ist (etwa bei einfachen Undichtigkeiten von Abluftrohren o. Ä.).

bb) Klagen aus der akzessorischen Teilhaftung der Wohnungseigentümer

16 Auch die gerichtliche Durchsetzung des Anspruchs gegen einzelne Wohnungseigentümer für die Verbindlichkeiten des Verbandes nach § 10 Abs. 8 S. 1 WEG stellt ein Verfahren nach § 43 Nr. 5 WEG dar. Denn auch hierbei handelt es sich um eine Klage Dritter gegen einzelne Wohnungseigentümer, die sich auf das Gemeinschaftseigentum bezieht. Da diese Klagen üblicherweise beziffert sind und der Streitwert nach § 49 a Abs. 1 S. 2 GKG das Interesse des Klägers nicht unterschreiten darf, ergeben sich hinsichtlich der Vergütung keine Unterschiede zum bisherigen Recht.

III. Rechtsmittel

17 Gegen die Festsetzung des Streitwerts kann nunmehr nach den Regelungen des GKG Rechtsmittel eingelegt werden. Dies setzt eine Beschwer von 200 Euro oder die Zulassung wegen grundsätzlicher Bedeutung voraus. Hierfür gilt nach §§ 68 Abs. 1 S. 3, 63 Abs. 3 S. 2 GKG eine Frist von sechs Monaten nach Rechtskraft der Entscheidung in der Hauptsache oder sonstige Erledigung. Eine weitere Beschwerde ist nach §§ 68 Abs. 1 S. 5, 66 Abs. 4 S. 1 GKG nur gegen Entscheidungen des Landgerichts zulässig, sofern sie von diesem wegen grundsätzlicher Bedeutung zugelassen wurde.

B. Die Vergütung des Rechtsanwalts nach dem RVG

I. Die vorgerichtliche Tätigkeit

1. Der Geschäftswert

18 Für die vor- und außergerichtliche Tätigkeit bestimmt sich der Gegenstandswert gemäß § 23 Abs. 1 S. 3 RVG nach den für gerichtliche Verfahren geltenden Vorschriften. Es kann somit auf die Grundsätze der Wertfestsetzung nach § 49 a GKG zurückgegriffen werden. Sofern der Anwalt ausnahmsweise, etwa infolge Mandatsbeendigung, nur außergerichtlich tätig, ein Geschäftswert gleichwohl (nach Anwaltswechsel) vom Gericht festgesetzt wird, kann er kein Rechtsmittel einlegen, ist aber an die Geschäftswertfestsetzung auch nicht gebunden (*Gerold/Schmidt/v. Eicken/Madert/Müller-Rabe* § 23 RVG Rn. 39). Er kann folglich in einer Honorarklage von einem anderen Geschäftswert ausgehen.

2. Grundsatz: Rahmengebühr nach Nr. 2300 VV RVG

19 Die außergerichtliche Tätigkeit des Rechtsanwaltes, die früher nach § 118 Abs. 1 Nr. 1–3 BRAGO mit bis zu 30/10 Gebühren zu honorieren war, wird nunmehr durch eine Rahmengebühr nach Nr. 2300 VV RVG (0,5–2,5 Gebühren) abgegolten. Für Tätigkeiten, die weder umfangreich noch schwierig sind, setzt die Anmerkung zu Nr. 2300 VV RVG allerdings eine Grenze von 1,3 Gebühren, was nach h. M. nicht als weiterer Gebührenrahmen (mit einer Mittelgebühr von 0,9 Gebühren), sondern als Kappungsgrenze anzusehen ist (*Schneider* AnwBl 2004, 137; *Hartung* NJW 2004, 1414; *Otto* NJW 2004, 1420 f.; *Hansens* JurBüro 2004, 245; *Burhoff/Kindermann* Rn. 121 f.). Dies kommt nun wohl auch in Wohnungseigentumssachen in Betracht, insbesondere in Beitreibungssachen. Denn im Gegensatz zum früheren Recht (vgl. insoweit Vorauf. Anh. zu § 47 Rn. 2) prüft das Gericht den Anspruch bei Schweigen oder Nichtbestreiten des Anspruchsgegners nicht mehr von Amts wegen. Es genügt also der einfache Vortrag zur Genehmigung eines Wirtschaftsplans und der hieraus auf den Schuldner entfallenden Anteil. Weitere Ermittlungen muss der Anwalt nicht mehr anstellen, da er auf die Angaben seines Mandanten grundsätzlich vertrauen darf. Derartige Mahnungen bedürfen also nur noch des sprichwörtlichen Dreizeilers, so dass insoweit eine weder umfangreiche noch schwierige Sache vorliegt.

3. Anrechnung und Erstattung

Durch die Überführung der Wohnungseigentumssachen in den Zivilprozess unproblemematischer geworden ist die Anrechnung der Geschäftsgebühr nach Nr. 2300 VV RVG. Im Gegensatz zu § 118 Abs. 2 S. 1 BRAGO ist die Geschäftsgebühr nach Vorb. 3 Abs. 4 VV RVG nur noch teilweise auf die Verfahrensgebühr des gerichtlichen Verfahrens anzurechnen. Zwar wird dieser Mehrverdienst des Rechtsanwalts nach wie vor häufig im Kostenfestsetzungsverfahren keine Berücksichtigung finden, da er zur Rechtsverfolgung im Gerichtsverfahren nicht notwendig war. Nun hat aber die allgemeine Empfehlung, diese Kosten im Hauptsacheverfahren geltend zu machen (*Schneider* JurBüro 2004, 138; *Hartung* NJW 2004, 1415; *Enders* JurBüro 2004, 170 u. 292; *Burhoff/Kindermann* Rn. 124–126), auch in Verfahren nach § 43 WEG mehr Aussicht auf Erfolg. Besteht ein materiell-rechtlicher Schadensersatzanspruch etwa aus Verzug (vgl. *Schneider* AnwBl 2004, 138; *Hartung* NJW 2004, 1415; *Enders* JurBüro 2004, 170; *Burhoff/Kindermann* Rn. 130), bereitet die misslungene Regelung des § 47 S. 2 WEG a. F., der die Erstattung außergerichtlicher Kosten grundsätzlich ausschloss, keine Schwierigkeiten mehr bei seiner Durchsetzung (vgl. Vorauf. Anh. zu § 47 Rn. 3). Ein eigenständiger Erstattungsanspruch gegen Parteien oder Beigeladene wird auch durch eine Kostenentscheidung nach §§ 91 ff. ZPO nicht mehr ausgeschlossen, zumal § 49 Abs. 2 WEG keine zwingende Entscheidung über materiell-rechtliche Erstattungsansprüche mehr vorsieht (vgl. o. § 49 Rn. 3). 20

4. Weitere Gebühren

a) Einigungsgebühr nach Nr. 1000 VV RVG

Dem Rechtsanwalt steht darüber hinaus gemäß Nr. 1000 VV RVG eine 1,5 Gebühr zu, wenn die Beteiligten einen Vertrag schließen, »durch den der Streit oder die Ungewissheit (...) über ein Rechtsverhältnis beseitigt wird«. Dies verlangt weniger als die frühere Vergleichsgebühr nach § 23 BRAGO, da es keines gegenseitigen Nachgebens mehr bedarf (*Enders* JurBüro 2004, 234; *Burhoff/Kindermann* Rn. 138). Die Ratenzahlungsvereinbarung, bei der der Schuldner nicht nachgibt, löst somit jetzt eine 1,5 Gebühr aus (*Enders* JurBüro 2004, 234; *Burhoff/Kindermann* Rn. 139). Andererseits dürfte ein bloßer Zwischenvergleich etwa über die Bestellung eines Sachverständigen oder über das weitere Vorgehen nicht genügen, da der zugrunde liegende Streit hierdurch gerade nicht beseitigt wird (*Göttlich/Mümmler*, S. 247; *Hartmann* Nr. 1000 VV RVG Rn. 56; a. A. *Schneider*, AnwBl. 2004, 136). Gerade hierin liegt aber die Intention des Gesetzes, das auf die Beilegung, nicht auf die vereinfachte Abwicklung von Streitigkeiten zielt. Dies geht im Übrigen auch daraus hervor, dass sich der in Nr. 1000 VV RVG vorausgesetzte Vertrag nicht auf ein Anerkenntnis oder einen Verzicht beschränken darf. Diese §§ 306 f. ZPO angepasste Terminologie zeigt, dass sich der Vertrag auf den geltend gemachten Anspruch, nicht auf verfahrenstechnische Vorfragen beziehen muss. 21

b) Erhöhungsgebühr nach Nr. 1008 VV RVG

Die Erhöhungsgebühr war gerade in Wohnungseigentumssachen von besonderem Interesse, da die Wohnungseigentümergemeinschaft nach früher h. M. nicht rechtsfähig war und daher stets eine Mehrheit von Mandanten darstellte. Dies ist mit der Anerkennung ihrer Rechtsfähigkeit auch durch den Gesetzgeber endgültig obsolet geworden. Die Wohnungseigentümer bleiben nur noch in wenigen Verfahren passiv- und dank § 10 Abs. 6 S. 3 WEG in noch weniger Fällen aktivlegitimiert. Hauptanwendungsfall der Erhöhungsgebühr bleiben Streitigkeiten um die innere Willensbildung der Gemeinschaft. Das ist insbesondere bei Beschlussanfechtungen (*BGH* ZMR 2005, 555) und der Durchsetzung unterbliebener Beschlussfassungen aus § 21 Abs. 4 WEG sowie bei Abwehransprüchen aus §§ 1004, 908, 910 BGB gegen Dritte der Fall (im Einzelnen s. *Abramenko* ZMR 2005, 585 f.). Zudem steht auch Teil- oder Wohnungseigentum häufig Eheleuten, Erbengemeinschaften oder Eigentümergemeinschaften, also Personenmehrheiten zu. Die dort anfallende Erhöhungsgebühr modifiziert Nr. 1008 VV RVG bedeutsam. Erstens erhöht sich die Geschäfts- oder Verfahrensgebühr anders als nach § 6 BRAGO unabhängig von der Ausgangsgebühr um 0,3, so dass bei Gebühren unter 1,0 eine Erhöhung, ansonsten eine Verringerung der Vergütung eintritt (*Schneider* AnwBl 2004, 131; *Enders* JurBüro 2004, 236 u. 293; *Hartung* NJW 2004, 1416; *Bur-* 22 *hoff/Kindermann* Rn. 101 f.; *Hansens* JurBüro 2004, 246). Die Erhöhung findet ihre Grenze nach dem klaren Wortlaut des Gesetzes erst bei 2,0 Gebühren, auch wenn die Ausgangsgebühr etwa in Vollstreckungssachen nur 0,3 Gebühren beträgt (*LG Frankfurt* ZMR 2005, 149; *LG Wuppertal* ZMR 2005, 742 f.; *Göttlich/Mümmler* S. 600). Ferner stellt Nr. 1008 VV RVG anders als § 6 BRAGO nicht auf die Auftraggeber, sondern auf die Zahl der Personen ab, für die der Rechtsanwalt tätig wird (*Schneider* AnwBl. 2004, 131; *Hartung* NJW 2004, 1416; *Hartung/Römermann* VV Einf. Rn. 31). Dies kann etwa dann, wenn das Wohnungseigentum einer Eigentümergemeinschaft gehört, aber nur ein Auftraggeber auftritt, zu höheren Gebühren führen. Allerdings ist in diesen Fällen zu prüfen, ob der einzelne Miteigentümer, etwa bei der Beschlussanfechtung, ein Individualrecht geltend macht, was er ohne die anderen Teilhaber kann (*BayObLG* NJW-RR 1991, 216; *KG*, ZMR 1993, 431; *Staudinger/Wenzel* § 43 Rn. 42; *Bärmann/Pick/Merle* § 43 Rn. 88). Dann wird der Rechtsanwalt nur für ihn tätig, was eine Erhöhung nach Nr. 1008 VV RVG ausschließt. Schließlich geht aus der Einordnung der Erhöhungsgebühr in Teil 1 des VV hervor, dass sich auch die Ratsgebühr nach Nr. 1008 VV RVG erhöht (*Bischof/Jungbauer/Podlech-Trappmann* § 7 Rn. 17; *Enders* JurBüro 2004, 292; *Hansens* JurBüro 2004, 243 auch zum früheren Streit, ob nur Geschäfts- und Verfahrensgebühr oder auch andere Gebühren erhöht werden). Entgegen einer bisweilen vertretenen Auffassung (*Schneider* AnwBl 2004, 131) ändert sich durch Nr. 1008 VV RVG hingegen nichts, wenn der Anwalt eine Gesellschaft bürgerlichen Rechts vertritt. Sieht man sie mit der neuen Rechtsprechung des *BGH* als teilrechtsfähig, insbesondere als parteifähig an, wird der Rechtsanwalt auch nur für sie tätig. Ohne zusätzliche Mandatierung durch die Gesellschafter fällt die Erhöhung nach Nr. 1008 VV RVG daher nicht an (*Bischof/Jungbauer/Podlech-Trappmann* § 7 Rn. 14; *Göttlich/Mümmler* S. 604).

c) Terminsgebühr nach Nr. 3104 VV RVG

23 Gerade in Wohnungseigentumssachen werden Streitigkeiten häufig nicht durch eine Einigung, sondern auf andere Weise erledigt. Verweigert etwa ein Wohnungseigentümer die Zahlung von Vorschüssen unter Hinweis auf die noch nicht vorliegende Genehmigung des Wirtschaftsplanes, so kann diese Beanstandung zur Nachholung des fehlenden Beschlusses führen. Damit erledigt sich zwar der Streit, da die Zahlungspflicht nunmehr besteht. Gleichwohl fehlt es an einem Vertrag, da die Wohnungseigentümer das erledigende Ereignis einseitig, durch Beschlussfassung herbeigeführt haben. Auch in diesem Fall muss der Rechtsanwalt indessen nicht leer ausgehen. Wenn gerade seine Beanstandung zur Beschlussfassung und somit zur vorgerichtlichen Erledigung des Streites geführt hat, kann ihm eine 1,2 Gebühr nach Nr. 3104 VV RVG zustehen. Denn die eigentlich auf das Gerichtsverfahren zugeschnittene Terminsgebühr soll nach Vorb. 3 Abs. 3 VV RVG auch dann entstehen, wenn der Rechtsanwalt »an auf die Vermeidung oder Erledigung des Verfahrens gerichteten Besprechungen ohne Beteiligung des Gerichts« mitwirkt. Wenn die Terminsgebühr aber bereits für die Vermeidung des Gerichtsverfahrens anfallen kann, ist dies schon vor Einreichung einer Antragsschrift möglich. Die vorgerichtliche Tätigkeit genügt, sofern sie im Hinblick auf die Vermeidung eines Gerichtsverfahrens entfaltet wird (*Burhoff/Kindermann* Rn. 156; *Enders* JurBüro 2004, 294; *Hansens* JurBüro 2004, 250; *Hartung* NJW 2004, 1411). Allerdings muss nach Vorb. 3 Abs. 3 VV RVG eine Besprechung stattgefunden haben. Gebührenrechtlich kann ein Telefonat also deutlich günstiger sein als ein Schriftsatz, der zur Erledigung führt. Nach Vorb. 3 Abs. 3 VV RVG kann die Terminsgebühr auch dann anfallen, wenn der Streit nicht erledigt wird. Daraus wird teilweise geschlossen, dass schon die einseitige, spontane Stellungnahme eines Rechtsanwalts bei einem Zufallstreffen auf dem Gerichtsflur zum Anfall der Terminsgebühr genügt (*Bischof* JurBüro 2004, 300; *Bischof/Jungbauer/Podlech-Trappmann* 3104 VV RVG II 2.5.3; *Hansens* JurBüro 2004, 250). Dem dürfte nicht zu folgen sein. Schon dem Wortlaut nach ist eine »auf die Vermeidung oder Erledigung des Verfahrens gerichtete« Besprechung erforderlich. Die somit erforderliche Zweckrichtung der Besprechung auf beiden Seiten schließt den Anfall der Terminsgebühr bei einseitigen, spontanen Vorschlägen aus (zu den Erfordernissen einer »Besprechung« zum insoweit weniger restriktiven Text von § 118 Abs. 1 Nr. 2 BRAGO s. etwa *OLG München* AnwBl 1983, 573 ff.; *AG Köln* AnwBl 1985, 653; *AG Hamburg* AnwBl 1986, 210; *AG Köln* ZfS 1987, 303). Vielmehr ist eine beiderseitige, auf die Erledigung zielende Verhand-

lung erforderlich. Nur das rechtfertigt letztlich den Anfall einer Gebühr, die eigentlich die Mühe der Teilnahme an einem Gerichtstermin mit kontradiktorischem Verhandeln abgilt. Im Übrigen ist zu prüfen, ob eine solche kostenträchtige Besprechung vom Auftrag gedeckt ist (vgl. *Hartmann* Nr. 3104 VV RVG Rn. 14). Jedenfalls bei erkennbar fehlender Einigungs- bzw. Erledigungsmöglichkeit dürfte dies zu verneinen sein.

d) Einfache Schreiben nach Nr. 2302 VV RVG

In einigen Ausnahmefällen stehen dem Rechtsanwalt für seine vorgerichtliche Tätigkeit nur geringere Gebühren zu. Das kommt nach Nr. 2302 VV RVG insbesondere bei einfachen Schreiben in Betracht. Der ausdrücklichen Formulierung des Gesetzes zufolge muss sich aber bereits der Auftrag auf ein solches Schreiben einfacher Art beschränken. Hat der Rechtsanwalt bereits ein umfassendes Mandat erhalten, so fallen die höheren Gebühren aus Nr. 2300 VV RVG auch dann an, wenn der Gegner nach einem Schreiben einfacher Art sogleich leistet (*Schneider* AnwBl 2004, 137; *Hartung/Römermann* VV Teil 2 Rn. 68; *Burhoff/Kindermann* Rn. 132; *Hansens* JurBüro 2004, 245).

24

II. Das gerichtliche Verfahren erster Instanz

1. Geschäftswert

Im gerichtlichen Verfahren bestimmt sich der Gegenstandswert gemäß § 23 Abs. 1 S. 1 RVG nach den für die Gerichtsgebühren geltenden Vorschriften. Die Geschäftswertfestsetzung (s. o. Rn. 1 ff.) ist somit auch für die Anwaltsgebühren maßgeblich.

25

2. Verfahrens- und Terminsgebühr nach Nr. 3100, 3104 VV RVG

Für das gerichtliche Verfahren gelten die Sonderbestimmungen, insbesondere die Überschrift zu Teil 3 VV RVG, wonach die Regelungen in Nr. 3100 ff. VV RVG auch auf Verfahren der freiwilligen Gerichtsbarkeit und somit auch für Wohnungseigentumssachen Anwendung finden, nicht mehr. Wohnungseigentumssachen werden nunmehr wie alle anderen Zivilprozesse abgerechnet (*Hügel/Elzer* § 16 Rn. 4). Dies betrifft auch die lange umstrittene, erst 2003 vom *BGH* entschiedene Frage (*BGH* ZMR 2003, 756 f.), ob auch ohne mündliche Verhandlung die nunmehrige Terminsgebühr in voller Höhe anfällt. Es entstehen also regelmäßig die Verfahrensgebühr nach Nr. 3100 VV RVG und die Terminsgebühr nach Nr. 3104 VV RVG.

26

3. Weitere Gebühren

a) Die Einigungsgebühr nach Nr. 1000 VV RVG

Die Einigungsgebühr nach Nr. 1000 VV RVG entsteht wie bei der vorgerichtlichen Tätigkeit, wenn der Rechtsanwalt an einem Vertrag mitwirkt, der den Streit erledigt. Eines förmlichen Vergleiches bedarf es nicht mehr (*Schneider* AnwBl 2004, 135; *Enders* JurBüro 2004, 234; *Hartung* NJW 2004, 1411). Dies ist gerade in Wohnungseigentumssachen von Bedeutung. Denn hier kommt es häufig vor, dass ein Beteiligter zwar nicht über den Streitgegenstand verfügen, aber durch sein prozessuales Verhalten die Erledigung herbeiführen kann. So ist es etwa dem durch die mehrheitliche Genehmigung einer baulichen Veränderung Begünstigten nicht möglich, den Beschluss aufzuheben o. Ä. Erklärt er aber zu Protokoll, er werde aus dem Genehmigungsbeschluss keine Rechte herleiten, so ist das Anfechtungsverfahren oftmals erledigt. Ähnliches kann etwa bei einer entsprechenden Erklärung des Verwalters zu seiner Entlastung gelten. Diese Fälle lösten früher keine Gebühr nach § 23 BRAGO aus, da kein Vergleich zwischen den Beteiligten zu Stande kam. Nach Nr. 1000 VV RVG wird dagegen häufig eine Einigungsgebühr anfallen, wenn ein Vertrag über die Ausübung von Rechten aus bestimmten Beschlüssen geschlossen wurde, der den Streit erledigte. Dass die Beteiligten des Verfahrens und die Vertragspartner nicht identisch sind, steht dem nicht entgegen, da die Einigung mit Dritten die Gebühr nach Nr. 1000 VV RVG auslöst, sofern sie nur den Streit beendet (*Hartmann* Nr. 1000 VV RVG Rn. 6; *Bischof/Jungbauer/Podlech-Trappmann* Nr. 1000 VV RVG II Nr. 2.2; *Göttlich/Mümmler* S. 255). Selbstverständlich begründet ein förmlicher Vergleich nach wie vor ebenfalls die Einigungsgebühr. Im Übrigen bestehen keine Unterschiede

27

§ 59 I (Ausführungsbestimmungen für die Baubehörde)

zum vorgerichtlichen Entstehen der Einigungsgebühr, so dass auf die obigen Ausführungen (s. o. Rn. 21) verwiesen werden kann.

b) Erhöhungsgebühr nach Nr. 1008 VV RVG

28 Im Verfahren gemäß § 43 WEG fällt die Erhöhungsgebühr ebenso an wie bei der vorgerichtlichen Tätigkeit, so dass auf die diesbezüglichen Ausführungen (s. o. Rn. 22) verwiesen werden kann.

4. Gesonderte Gebühren für Verfahren des einstweiligen Rechtsschutzes

29 Mit der Änderung des WEG hat sich auch die umstrittene Frage erledigt, ob Verfahren des einstweiligen Rechtsschutzes gesondert zu vergüten sind. Da die Sonderregelung des § 44 Abs. 3 WEG a. F. entfallen ist und die allgemeinen Regelungen der §§ 916 ff. ZPO an ihre Stelle getreten sind, gelten für Verfahren des einstweiligen Rechtsschutzes keine Besonderheiten mehr. Sie sind als eigenständige Verfahren auch separat abzurechnen.

III. Das Rechtsmittelverfahren

1. Die Gebühren für die Prüfung der Erfolgsaussichten eines Rechtsmittels

30 Die Regelung der Vergütung für die Prüfung der Erfolgsaussichten eines Rechtsmittels nach Nr. 2100 VV RVG weicht erheblich von der früheren Rechtslage nach § 20 Abs. 2 BRAGO ab. Zum einen entsteht die Gebühr für jegliches Ergebnis der Prüfung, also auch für das (nicht befolgte) Zuraten und eine offene Prognose, nicht nur für das Abraten (*Hartung/Römermann* VV Teil 2 Rn. 25; *Bischof/Jungbauer/Podlech-Trappmann* VV Teil 2 II Nr. 2.2.1; *Hartmann* Nr. 2200 VV RVG Rn. 5; *Burhoff/Kindermann* Rn. 115). Zum anderen enthält der Wortlaut nicht mehr die Beschränkung, dass der Anwalt »mit der Angelegenheit noch nicht befasst gewesen« sein darf wie § 20 Abs. 2 S. 1 BRAGO.

2. Verfahrens- und Terminsgebühr nach Nr. 3200, 3202 VV RVG

31 Mit der Änderung des Instanzenzugs ändert sich die Vergütung des Rechtsanwalts nicht (vgl. zum alten Recht Voraufl Anh. zu § 47 Rn. 23 f.). Er erhält für die Durchführung des Berufungsverfahrens nach Nr. 3200 VV RVG Verfahrensgebühr von 1,6 Gebühren, wobei diejenige nach Nr. 2100 VV RVG anzurechnen ist. Das gilt allerdings nur für die Entscheidung in der Hauptsache. Wird etwa die Kostenfestsetzung angegriffen, bleibt es bei der halben Gebühr nach Nr. 3500 VV RVG.

3. Einigungsgebühr

32 Auch im Berufungsverfahren können sich die Parteien einigen. Die Vergütung hierfür ist nunmehr eindeutig (vgl. zum alten Recht Voraufl Anh. zu § 47 Rn. 25). Denn Rechtsmittel in Wohnungseigentumssachen sind nunmehr Berufung und Revision, für die Nr. 1004 VV RVG eine Vergütung von 1,3 Gebühren vorsieht.

§§ 51–58 aufgehoben

IV. Teil Ergänzende Bestimmungen

§ 59 Ausführungsbestimmungen für die Baubehörde

– aufgehoben –

(*Die Aufhebung des § 59 WEG ist eine Folge des Beschlusses des BVerfG v. 02.03.1999 (BVerfGE 100, 249); sie berührt jedoch die Wirksamkeit der Allgemeinen Vorschrift für die Ausstellung von Bescheinigungen gemäß § 7 Abs. 4 Nr. 2 und 32 Abs. 2 Nr. 2 des WEG vom 19.3.1974 (BAnz 1974 Nr. 58) nicht (siehe hierzu Anhang II.2).*)

§ 60 Ehewohnung

Die Vorschriften der Verordnung über die Behandlung der Ehewohnung und des Hausrats (Sechste Durchführungsverordnung zum Ehegesetz) vom 21. Oktober 1944 (Reichsgesetzbl. I S. 256) gelten entsprechend, wenn die Ehewohnung im Wohnungseigentum eines oder beider Ehegatten steht oder wenn einem oder beiden Ehegatten das Dauerwohnrecht an der Ehewohnung zusteht.

Die Verweisungsnorm ist erforderlich, weil das Wohnungseigentum und das Dauerwohnrecht in § 3 Abs. 2 HausratsV nicht erwähnt sind. 1

Nach § 3 Abs. 1 HausratsV soll dem Eigentümer grundsätzlich die Wohnung erhalten bleiben. 2
Zur Vermeidung einer unbilligen Härte kann die Wohnung auch dem anderen Ehepartner zugewiesen werden. Die Eigentumsverhältnisse bleiben davon unberührt (MieWo/*Roos* § 3 HausratsV Rn. 3). Der Richter kann nach § 5 Abs. 2 HausratsV ein Mietverhältnis begründen (vgl. auch § 18 LPartG).

Für die Ehewohnung bei Getrenntleben gilt § 1361 b BGB unmittelbar. Eine entsprechende Regelung enthält § 14 LPartG. 3

§ 61 Veräußerung ohne Zustimmung

Fehlt eine nach § 12 erforderliche Zustimmung, so sind die Veräußerung und das zugrundeliegende Verpflichtungsgeschäft unbeschadet der sonstigen Voraussetzungen wirksam, wenn die Eintragung der Veräußerung oder einer Auflassungsvormerkung in das Grundbuch vor dem 15. Januar 1994 erfolgt ist und es sich um die erstmalige Veräußerung dieses Wohnungseigentums nach seiner Begründung handelt, es sei denn, dass eine rechtskräftige gerichtliche Entscheidung entgegensteht. Das Fehlen der Zustimmung steht in diesen Fällen dem Eintritt der Rechtsfolgen des § 878 des Bürgerlichen Gesetzbuches nicht entgegen. Die Sätze 1 und 2 gelten entsprechend in den Fällen der §§ 30 und 35 des Wohnungseigentumsgesetzes.

Literatur
Pause Das Gesetz zur Heilung des Erwerbs von Wohnungseigentum NJW 1994, 501; *F. Schmidt* Heilung möglich? Gedanken zum Beschluss des *BGH* vom 21.2.1991 WE 1991, 280.

A. Allgemeines

In der ursprünglichen Fassung regelte § 61 die »Einheitsbewertung« von Wohnungseigentum. 1
§ 61 a. F. wurde durch das SteuerbereinigungsG vom 14.12.1984 (BGBl. I 1493) aufgehoben.

Die jetzige Fassung des § 61 wurde durch das Gesetz zur Heilung des Erwerbs von Wohnungseigentum vom 3.1.1994 (BGBl. I 66) eingefügt. 2

B. Zweck

Die jetzige Regelung war erforderlich geworden, nachdem der Bundesgerichtshof mit seinem Beschl. vom 21.2.1991 (BGHZ 113, 374 = Rpfleger 1991, 246 = ZMR 1991, 230) bei einer eingetragenen Veräußerungsbeschränkung gemäß § 12 die Zustimmung des Verwalters zu einer Erstveräußerung durch den teilenden Eigentümer auch im Falle des § 8 für erforderlich hielt. Die bis dahin ganz herrschende Auffassung (vgl. *BayObLG* Rpfleger 1988, 95; *OLG Frankfurt a. M.* Rpfleger 1990, 254 = ZMR 1990, 188; *KG* Rpfleger 1988, 480) ging davon aus, es könne nicht angenommen werden, der teilende Eigentümer wolle sich bei der Erstveräußerung des von ihm geschaffenen Wohnungseigentums selbst den Beschränkungen des § 12 unterwerfen. Diese Auslegung wurde nur dann nicht mehr als gerechtfertigt angesehen, wenn sich der teilende Eigentümer infolge eines längeren verstrichenen Zeitraumes erkennbar in die Wohnungseigentümergemeinschaft eingefügt hatte (so *LG Wuppertal* Rpfleger 1985, 190; *LG Köln* MittRhNotK 1988, 209). Demgegen- 3 über gelangte der *BGH* in seiner am Wortlaut der vorliegenden Grundbucheintragung orientierten Auslegung zu dem Ergebnis, dass eine zeitliche Aufteilung des Zustimmungserfordernisses bis zur Einordnung des teilenden Eigentümers in die Gemeinschaft mit den für die Auslegung von Grundbucherklärungen maßgeblichen Grundsätzen unvereinbar sei und eine Zustimmungsfreiheit nur dann angenommen werden könne, wenn sie auch ausdrücklich vereinbart worden sei (BGHZ 113, 374 = Rpfleger 1991, 246 = ZMR 1991, 230). Damit war in der Praxis eine große Zahl von Veräußerungen trotz inzwischen vollzogener Grundbucheintragung als schwebend unwirksam anzusehen (vgl. § 12 Rn. 73), da Notare und Grundbuchgerichte sich der vormaligen Ansicht der Obergerichte angeschlossen hatten. Der mit der Heilungsvorschrift des § 61 verfolgte Zweck diente damit nicht nur der **Beseitigung** der entstandenen **Rechtsunsicherheit**, sondern auch der **Abwendung** sonst denkbarer **Haftungsansprüche** gegenüber Notaren und Grundbuchgerichten (Bärmann/Pick/*Merle* § 61 Rn. 3; Weitnauer/*Lüke* § 61 Rn. 2).

C. Anwendungsbereich

4   Nach dem Wortlaut des § 61 wird nicht zwischen einer Teilungserklärung gemäß § 8 und einem Teilungsvertrag unter Miteigentümern gemäß § 3 unterschieden. Der Normzweck lässt jedoch eine Heilung nur dann gerechtfertigt erscheinen, wenn die erstmalige Veräußerung eines Wohnungseigentums im Wege der sog. Vorratsteilung gemäß **§ 8** – vielfach durch einen Bauträger – erfolgt ist, weil nur in diesen Fällen trotz einer vereinbarten Veräußerungsbeschränkung die Zustimmung gemäß § 12 für entbehrlich gehalten wurde (*KG* Rpfleger 1995, 17; Bärmann/Pick/ *Merle* § 61 Rn. 2; Weitnauer/*Lüke* § 61 Rn. 3; **a. A.** *Pause* NJW 1994, 501, 502). Bei der Begründung von Wohnungseigentum gemäß § 3 wurde schon seit jeher auch eine Erstveräußerung als zustimmungsbedürftig angesehen (vgl. *BayObLG* NJW-RR 1987, 270 = Rpfleger 1987, 16; *OLG Hamburg* OLGZ 1982, 53).

5   Die Vorschrift bezieht sich ausschließlich auf **Altfälle**. Die Eintragung der Veräußerung oder einer Auflassungsvormerkung muss vor dem 15.1.1994 erfolgt sein. Für die Zeit danach kommt eine Heilung nicht mehr in Betracht; die geänderte Rechtsprechung des *BGH* wird insoweit als bekannt vorausgesetzt.

D. Wirkung

6   Die Regelung erklärt sowohl das zugrunde liegende Verpflichtungsgeschäft als auch den sachenrechtlichen Vollzug im Rahmen der Erstveräußerung **rückwirkend** für **wirksam**, soweit ihnen vereinbarungswidrig nicht zugestimmt wurde. Nachfolgende Erwerbsvorgänge bedürfen keiner Heilung, da sie nach der Regelung entweder vom Berechtigten oder in Gemäßheit des § 892 BGB erfolgen (Weitnauer/*Lüke* § 61 Rn. 4). Andere Voraussetzungen und entgegenstehende gerichtliche Entscheidungen bleiben unberührt.

7   Mit der Regelung des Satzes 2 wird erreicht, dass auch Verfügungsbeschränkungen auf Veräußererseite unter den ansonsten vorliegenden Voraussetzungen des § 878 BGB den Rechtserwerb – trotz der an sich entgegenstehenden schwebenden Unwirksamkeit – nicht beeinträchtigen.

8   S. 3 erstreckt die Heilungswirkung auf Wohnungserbbaurechte und Dauerwohnrechte.

§ 62 Übergangsvorschrift

(1) Für die am 1. Juli 2007 bei Gericht anhängigen Verfahren in Wohnungseigentums- oder Zwangsversteigerungssachen oder für die bei einem Notar beantragten freiwilligen Versteigerungen sind die durch Artikel 1 und 2 des Gesetzes vom 26. März 2007 (BGBl. I S. 370) geänderten Vorschriften des III. Teils dieses Gesetzes sowie die des Gesetzes über die Zwangsversteigerung und die Zwangsverwaltung in ihrer bis dahin geltenden Fassung weiter anzuwenden.

(2) In Wohnungseigentumssachen nach § 43 Nr. 1–Nr. 4 finden die Bestimmungen über die Nichtzulassungsbeschwerde (§ 543 Abs. 1 Nr. 2, § 544 der Zivilprozessordnung) keine Anwendung, soweit die anzufechtende Entscheidung vor dem 1. Juli 2012 verkündet worden ist.

a) Maßgeblicher Zeitpunkt ist nach dem eindeutigen Gesetzeswortlaut der 1. Juli, nicht der 30. Juni 2007. Es genügt die Anhängigkeit. Auf eine Zustellung kommt es deshalb nicht. Erfasst sind das Verfahrensrecht und das ZVG.

Auch Zustellungen sind nach den bisherigen Vorschriften zu bewirken. Insbesondere wirkt die Bestellung eines Ersatzzustellungsvertreters nach § 45 Abs. 2 n. F. nicht für Altverfahren. Den Wohnungseigentümer bleibt es jedoch unbenommen, auch für diese Verfahren einen Zustellungsvertreter zu bestellen.

b) Absatz 2 soll nach der amtlichen Begründung einer Überlastung des BGH vorbeugen. Nach Köhler (Rn. 695) soll die Vorschrift lediglich Kosten sparen und ist deshalb verfassungswidrig. Jedenfalls ist es misslich, dass nicht gerade für die neuen Vorschriften jede Möglichkeit genutzt wird, möglichst schnell eine Klärung durch den BGH herbeizuführen. Unberührt bleiben die Möglichkeiten der Berufungsgerichte, die Revision zuzulassen.

c) Zum materiellen Recht enthält das Gesetz vom 27.3.2007 keine Übergangsregelungen. Insbesondere besteht keine Rückwirkung. Beschlüsse, die vor dem 1.7.2007 gefasst wurden, bleiben auch dann anfechtbar bzw. nichtig, wenn sie nunmehr gefasst werden könnten (*Abramenko* § 4 Rn. 20). Die Wohnungseigentümer sind jedoch nicht gehindert, nunmehr den gleichen Beschluss erneut zu fassen.

d) Geltung materiellen Rechts bei Altverfahren (außer Beschlussanfechtung)
Art. 170 EGBGB regelt bei vergleichbarer Situation für *Schuldverhältnisse, die vor Inkrafttreten des BGB entstanden sind, dass die bisherigen Gesetze maßgebend bleiben.*
Art. 4 des Gesetzes vom 26.3.2007 (BGBl. I 2007, 370, 377) regelt aber nur (abschließend), dass Art. 3 Abs. 4 Nr. 2 (= Änderung des § 31 Abs. 3 WEG) und Abs. 5 (= Änderung des § 98 LuftfzG) bereits am Tag nach der Verkündung in Kraft treten, im Übrigen das Gesetz aber erst am 1.7. 2007 in Kraft tritt.

Nach *Elzer* (Hügel/Elzer § 18 Rn. 4) soll altes materielles Recht gelten.
Dagegen wird allerdings mit guten Gründen wie folgt argumentiert:
Auch auf anhängige/rechtshängige Verfahren findet nach § 62 I WEG materiell **neues** Recht Anwendung. Die Ansicht von *Elzer* (Hügel/Elzer § 18 Rn. 4) stehe, ohne dass dies diskutiert werde, in Widerspruch zu Wortlaut und Materialien. *Abramenko* (§ 2 Rn. 32 Fn. 42; BT-Drucks. 16/887) verweist auf Altverfahren, die noch durch Beschluss (nicht Urteil) entschieden werden. Trotzdem finde materiell-rechtlich neues Recht Anwendung.

Abramenko (ibr-online zu OLG München vom 26.7.2007, 34 Wx 073/03) schreibt in seiner insoweit ablehnenden Anmerkung: »Die nicht näher begründete Anwendung alten Rechts ist hier zwar nicht entscheidungserheblich, aber unrichtig. Nach § 62 WEG n. F. gelten nur die Regelungen zum Verfahrens- und Zwangsversteigerungsrecht fort; im Übrigen ist neues Recht anzuwenden. Dies bestätigen auch die Materialien (BT-Drucks. 16/887, 43; vgl. *Abramenko* Das neue WEG, § 2 Rn. 32 mit Fn. 42; *Niedenführ/Kümmel/Vandenhouten*, 8. Aufl. 2007, § 62 Rn. 2).«

e) Geltung materiellen Rechts bei Altverfahren (nur Beschlussanfechtung)
Beschließen die Wohnungseigentümer im Juni 2007 oder früher z. B. eine Änderung der Kostenverteilung wie sie nur nach § 16 Abs. 3 WEG n. F. jetzt möglich wäre, ist nicht nur die Beschlussanfechtung erfolgreich, es liegt sogar Nichtigkeit des Beschlusses vor.

Nichts mit der Überleitungsvorschrift des § 62 WEG n. F. zu tun haben die neu eingeführten Beschlusskompetenzen z. B. nach § 16 Abs. 3 oder 22 Abs. 2 WEG. Derartige Beschlüsse sind eben überhaupt erst **nach** Inkrafttreten des neuen WEG (1.7.2007) wirksam möglich.

Bei *Greiner* (WE-Recht 2007, Rn. 1549) heißt es im Zusammenhang mit der neuen Anfechtungsklage: *Für die Beurteilung der materiellen Rechtmäßigkeit ist die bis 30.6.2007 geltende Rechtslage maßgeblich.*

Das bedeutet, dass wegen der Nichtigkeit des Alt-Beschlusses inhaltsgleich neu beschlossen werden muss. Eine rückwirkende Heilung solchen Beschlusses sieht das Gesetz nicht vor (vgl. *Abramenko* § 3 Rn. 44; BT-Drucks. 16/887, S. 22).

f) Geltung neuen oder alten Verfahrensrechts bei Einleitung eines Mahnverfahrens noch unter Geltung des § 46 a WEG a. F.

Typische Fallkonstellation:
Ein Mahnverfahren wegen einer Hausgeldforderung wird im Juni 2007, jedenfalls vor dem 1.7.2007 beim Mahngericht anhängig. Die Akten gehen nach Widerspruch beim Streitgericht aber erst am 2.7.2007 oder später ein.
Diese Konstellation ist sehr streitig. Für die Anwendbarkeit des neuen Rechts kommt es grds. darauf an, wann das Verfahren »**bei einem Gericht anhängig**« wird.
So findet das alte Recht auch dann Anwendung, wenn das Verfahren am 30.6.2007 bei einem örtlich oder sachlich unzuständigen Finanz-, Arbeits- oder Zivilgericht anhängig wurde.

1. Ansicht:
Wegen § 696 Abs. 3 ZPO könnte man auf altes Recht kommen. Weil indes die Frage der Zuständigkeit hiervon zu trennen und § 696 Abs. 3 ZPO (z. B. *Thomas/Putzo* § 696 Rn. 25) eine Fiktion ist, könnte auf den Eingang der Akten beim Streit-Gericht abgestellt werden. So verfährt man auch für die Frage der Zuständigkeit des Gerichts (ist der Beklagte nach Erlass des Mahnbescheids verzogen, kommt es auf seinen Wohnort bei Eingang der Akten an). Also: Evtl. ist der Eingang der Akten beim WEG-Gericht entscheidend. Die BT- und BR-Drucksachen schweigen dazu. Den Begriff der Anhängigkeit hat der Gesetzgeber schließlich auch in § 27 Abs. 1 Nr. 7 WEG nicht im technischen Sinne gebraucht.

2. Ansicht:
Es kommt auf den Zeitpunkt der Rechtshängigkeit an.
Ist etwa ein Vollstreckungsbescheid am 25.6.2007 ergangen sowie fristgerechter Einspruch am 3.7.2007 nebst Abgabe an das Streitgericht binnen 1 Woche eingelegt, müsste dann altes Verfahrensrecht gelten.
Hier ist nämlich nach § 700 Abs. 2 ZPO Rechtshängigkeit vor dem 1.7.2007 eingetreten. Hierfür spricht, dass der Gesetzgeber in § 27 Abs. 1 Nr. 7 WEG Anhängigkeit geschrieben und Rechtshängigkeit gemeint hat.
Entsprechendes gilt bei alsbaldiger Abgabe nach § 696 Abs. 3 ZPO auch ohne Existenz eines Vollstreckungsbescheids.
Nach dieser Auffassung kommt neues Verfahrensrecht nur zum Tragen, wenn bei einem nach § 46 a WEG a. F. eingeleiteten Mahnverfahren kein Vollstreckungsbescheid ergeht und auch keine alsbaldige Abgabe an das Streitgericht erfolgt.

3. Ansicht:
Auf jedes noch nach § 46 a WEG a. F. eingeleitete Verfahren ist altes Verfahrensrecht weiterhin anzuwenden.

g) ZVG: Geltung neuen oder alten Verfahrensrechts bei der Geltendmachung von Hausgeldansprüchen durch den Verband »Wohnungseigentümergemeinschaft«?

Auch insoweit findet sich für die ZVG-Änderungen – etwas unsystematisch – die Übergangsregelung in § 62 Abs. 1 WEG. Nach dieser Vorschrift sind für die am 1.7.2007 bei Gericht anhängigen Verfahren in Zwangsversteigerungssachen die durch Artikel 2 des Gesetzes vom 26. März 2007 (BGBl I S. 370) geänderten Vorschriften des Gesetzes über die Zwangsversteigerung und die Zwangsverwaltung in ihrer bis dahin geltenden Fassung weiter anzuwenden. Das bedeutet, dass es für die Anwendbarkeit des neuen Rechts allein darauf ankommt, ob am 1.7.2007 bereits ein Zwangsversteigerungs*verfahren anhängig* war oder nicht. Der Gesetzgeber geht bei der Übergangsregelung offensichtlich von einem Verfahrensbegriff aus, der sich im Gegensatz zu dem sonst im ZVG gebräuchlichen auf das **Gesamt**verfahren der Zwangsversteigerung bezieht. Auf diese Weise soll nämlich sichergestellt werden, dass die Einführung eines begrenzten Vorranges für Hausgeldforderungen die im Zeitpunkt des Inkrafttretens anhängigen Verfahren nicht berührt, weil es ansonsten zu Verzögerungen und Erschwerungen kommen könnte (Gesetzentwurf der Bundesregierung – BT-Drucks. 16/887 v. 9.3.2006, S. 43). War somit am 1.7.2007 ein Zwangsversteigerungsverfahren über die betreffende Immobilie überhaupt anhängig, so ist für die Geltendmachung von Hausgeldansprüchen nicht mehr auf die Person des Gläubigers oder den Rang seines Anspruchs abzustellen. Auch ist unerheblich, ob die Wohnungseigentümergemeinschaft das Verfahren selbst betreiben oder lediglich ihre Ansprüche anmelden will. Ebenfalls ist eine »Umwandlung« von (nach bisherigem Recht) rangschlechteren Ansprüchen in nunmehr rangbessere der Rangklasse 2 ausgeschlossen, weil sonst in einem (Gesamt-)Verfahren unterschiedliches – und sich bzgl. der Rangklasse 2 widersprechendes – Recht zur Anwendung kommen müsste. Weder ist eine Berücksichtigung im geringsten Gebot, noch ein vorrangiges Betreiben aus der Rangklasse 2 für Hausgeldansprüche der Wohnungseigentümergemeinschaft denkbar, weil es ansonsten zu relativen – und ja gerade nicht gewünschten – Rangverhältnissen kommen würde (so auch Böhringer/*Hintzen* Rpfleger 2007, 353 ff.). Die Übergangsregelung in § 62 WEG wäre jedoch für das ZVG überflüssig, wenn statt auf das Gesamtverfahren auf die von den jeweiligen Gläubigern betriebenen Einzelverfahren abgestellt würde.

§ 63 Überleitung bestehender Rechtsverhältnisse

(1) Werden Rechtsverhältnisse, mit denen ein Rechtserfolg bezweckt wird, der den durch dieses Gesetz geschaffenen Rechtsformen entspricht, in solche Rechtsformen umgewandelt, so ist als Geschäftswert für die Berechnung der hierdurch veranlassten Gebühren der Gerichte und Notare im Falle des Wohnungseigentums ein Fünfundzwanzigstel des Einheitswertes des Grundstückes, im Falle des Dauerwohnrechtes ein Fünfundzwanzigstel des Wertes des Rechtes anzunehmen.

(2) (gegenstandslos)

(3) Durch Landesgesetz können Vorschriften zur Überleitung bestehender, auf Landesrecht beruhender Rechtsverhältnisse in die durch dieses Gesetz geschaffenen Rechtsformen getroffen werden.

Die Überleitungsvorschrift ist heute praktisch ohne Relevanz. Sie gilt insbesondere nicht für die Umwandlung von Miteigentum in Wohnungseigentum (BayObLGZ 1957, 172). **1**

§ 64 Inkrafttreten

Dieses Gesetz tritt am Tage nach seiner Verkündung in Kraft.

Das Gesetz wurde am 19.3.1951 verkündet. **1**

§ 556 BGB Vereinbarungen über Betriebskosten

(1) Die Vertragsparteien können vereinbaren, dass der Mieter Betriebskosten trägt. Betriebskosten sind die Kosten, die dem Eigentümer oder Erbbauberechtigten durch das Eigentum oder Erbbaurecht am Grundstück oder durch den bestimmungsmäßigen Gebrauch des Gebäudes, der Nebengebäude, Anlagen, Einrichtungen und des Grundstücks laufend entstehen. Für die Aufstellung der Betriebskosten gilt die Betriebskostenverordnung vom 25. November 2003 (BGBl. I S. 2346, 2347) fort. Die Bundesregierung wird ermächtigt, durch Rechtsverordnung ohne Zustimmung des Bundesrates Vorschriften über die Aufstellung der Betriebskosten zu erlassen.

(2) Die Vertragsparteien können vorbehaltlich anderweitiger Vorschriften vereinbaren, dass Betriebskosten als Pauschale oder als Vorauszahlung ausgewiesen werden. Vorauszahlungen für Betriebskosten dürfen nur in angemessener Höhe vereinbart werden.

(3) Über die Vorauszahlungen für Betriebskosten ist jährlich abzurechnen; dabei ist der Grundsatz der Wirtschaftlichkeit zu beachten. Die Abrechnung ist dem Mieter spätestens bis zum Ablauf des zwölften Monats nach Ende des Abrechnungszeitraums mitzuteilen. Nach Ablauf dieser Frist ist die Geltendmachung einer Nachforderung durch den Vermieter ausgeschlossen, es sei denn, der Vermieter hat die verspätete Geltendmachung nicht zu vertreten. Der Vermieter ist zu Teilabrechnungen nicht verpflichtet. Einwendungen gegen die Abrechnung hat der Mieter dem Vermieter spätestens bis zum Ablauf des zwölften Monats nach Zugang der Abrechnung mitzuteilen. Nach Ablauf dieser Frist kann der Mieter Einwendungen nicht mehr geltend machen, es sei denn, der Mieter hat die verspätete Geltendmachung nicht zu vertreten.

(4) Eine zum Nachteil des Mieters von Absatz 1, Absatz 2 Satz 2 oder Absatz 3 abweichende Vereinbarung ist unwirksam.

1 § 16 Abs. 3 WEG (siehe Kommentierungen hierzu) enthält keine eigene Definition der Betriebskosten, sondern verweist auf § 556 Abs. 1 BGB. Die Verweisung erstreckt sich auch auf die Fortgeltung der BetrKV (§ 556 Abs. 1 S. 3 BGB). Daraus folgt, dass nicht nur der abstrakte Betriebskostenbegriff des § 556 Abs. 1 S. 2 BGB heranzuziehen ist, sondern auch seine konkrete Ausprägung und teilweise Erweiterung durch § 2 BetrKV. Schließlich bezieht sich die Verweisung auch auf die Ermächtigung zum Erlass einer Rechtsverordnung über die Aufstellung der Betriebskosten (§ 556 Abs. 1 S. 3 BGB). Das ist zwar an sich wenig sinnvoll und wohl in der Hauptsache damit zu erklären, dass zur Zeit des ersten Entwurfs der Neufassung des § 16 Abs. 3 WEG (damals noch § 16 Abs. 2 S. 2–4 WEG) diese Ermächtigung noch in § 19 WoFG a. F. enthalten war. Insgesamt ist jedoch aus der pauschalen Verweisung auf § 556 Abs. 1 BGB abzuleiten, dass für die Beschlusskompetenz der Wohnungseigentümer der mietrechtliche Betriebskostenbegriff in der konkreten Ausprägung, die er durch die BetrKV in ihrer jeweiligen Fassung erhält, maßgeblich ist. Unterstrichen wird dieses Ergebnis durch die gesonderte Erwähnung der Verwaltungskosten, die keine Betriebskosten sind, im Referentenentwurf (ZMR-Sonderdruck November 2004) aber noch als solche bezeichnet wurden (*Schmid* ZMR 2005, 27 [28]). Die Rechtsvereinheitlichung ist im Regierungsentwurf (BT-Drucks. 16/887) ausdrücklich als Grund für die Verweisung genannt.

2 § 1 BetrKV wiederholt die Definition und gestaltet sie im Übrigen näher aus. Insbesondere wird hervorgehoben, dass Veraltungskosten sowie die Kosten für Instandhaltung und Instandsetzung keine Betriebskosten sind. Die einzelnen Betriebskosten sind – teilweise unter Erweiterung des Betriebskostenbegriffs – in § 2 BetrKV aufgezählt. Diese Vorschrift ist deshalb gesondert kommentiert.

§ 2 Betriebskostenverordnung (BetrKV)

Nr. 1. Die laufenden öffentlichen Lasten des Grundstücks

Hierzu gehört namentlich die Grundsteuer.

Die Grundsteuer wird unmittelbar von den einzelnen Wohnungseigentümern erhoben und spielt deshalb im Rahmen des § 16 WEG keine Rolle. Sonstige öffentliche Abgaben, für die die Gesamtheit der Wohnungseigentümer oder die Gemeinschaft als Verband in Anspruch genommen werden, können nach § 16 Abs. 3 WEG behandelt werden. Zu den öffentlichen Lasten gehören neben der Grundsteuer z. B. Realkirchensteuern und Deichgebühren (*Kinne* ZMR 2001, 2) sowie Beiträge zu Wasser- und Bodenverbänden (*Stangl* ZMR 2006, 95). Von den Gemeinden erhobene Straßenausbaubeiträge, die als Deckungsgrundlage für Investitionsaufwendungen dienen und wiederkehrend erhoben werden, sind Erschließungskosten nach § 5 Abs. 2 II. BV und werden nicht den öffentlichen Lasten im Sinne der Nr. 1 zugeordnet (*AG Greiz* WuM 1999, 133; *Ruff* DWW 2004, 48 [51]). 1

Nr. 2. Die Kosten der Wasserversorgung

Hierzu gehören die Kosten des Wasserverbrauchs, die Grundgebühren, die Kosten der Anmietung oder anderer Arten der Gebrauchsüberlassung von Wasserzählern sowie die Kosten ihrer Verwendung einschließlich der Kosten der Eichung sowie der Kosten der Berechnung und Aufteilung, die Kosten der Wartung von Wassermengenreglern, die Kosten des Betriebs einer hauseigenen Wasserversorgungsanlage und einer Wasseraufbereitungsanlage einschließlich der Aufbereitungsstoffe.

I. Grundsätzliches

Der Nr. 2 unterfallen laufend entstehende Kosten, nicht einmalige Gebühren, wie Anschlussgebühren oder besondere Gebühren, z. B. für die Erweiterung der kommunalen Wasserversorgungsanlage. 2

Der Wasserverbrauch muss mit dem allgemeinen Wohngebrauch in Zusammenhang stehen. Keine laufenden Verbrauchskosten sind Wasserkosten, die durch Schäden, z. B. infolge eines Wasserrohrbruches, undichter Leitungen (*AG Salzgitter* WuM 1996, 285), schadhafter Dichtungen (*Kinne* ZMR 2001, 3) oder defekter Toilettenspülungen (*Stangl* ZMR 2006, 95) anfallen. oder durch Baumaßnahmen verursacht sind (*LG Berlin* ZMR 1998, 166, 167; *AG Görlitz* WuM 1996, 48). Das Problem einer gesonderten Erfassung stellt sich hier ebenso wie im Mietrecht. Gegebenenfalls müssen Schützungen erfolgen. 3

Nicht umlegungsfähig sind auch die Kosten für Wasser, das vom Mieter verkauft oder sonst für nutzungsfremde Zwecke verwendet wird (*BayObLG* WuM 1997, 186 für den Fall, dass Wasser nach »Bearbeitung« oder »Veredelung« verkauft wird). Das wirft insbesondere dann Probleme auf, wenn von einem Mieter Wasser für gewerbliche Zwecke verbraucht wird. Der Regelungsbereich des § 2 Nr. 2 BetrKV erscheint hier nicht eröffnet. 4

Nr. 2 BetrKV setzt allerdings nicht voraus, dass das Wasser innerhalb einer Wohnung verbraucht wird, wenn ein Zusammenhang mit der üblichen Wohnungsnutzung besteht. Insbesondere wird die Umlegung nicht dadurch ausgeschlossen, dass das Wasser für Gemeinschaftsflächen verbraucht wird, z. B. Putzwasser (*AG Ibbenbühren* WuM 2000, 83). 5

§ 2 BetrKV | Nr. 3. Die Kosten der Entwässerung

II. Kosten im einzelnen

1. Kosten des Wasserverbrauchs und Grundgebühren

6 Das sind die laufenden Kosten, die von dem Wasserversorgungsunternehmen dem Vermieter in Rechnung gestellt werden, und zwar verbrauchsabhängige und verbrauchsunabhängige Kosten. Die Grundgebühren werden teilweise auch als Zählermiete bezeichnet, was an ihrer Umlegungsfähigkeit nichts ändert (*Ruff* DWW 2004, 79 [81]).

2. Kosten der Verbrauchserfassung und Kostenaufteilung

7 Keine Kosten der Wasserversorgung sind die Kosten für einen Erwerb von Wasserzählern. (*Schläger* ZMR 1994, 192). Unter Nr. 2 fallen die Kosten für die Anmietung oder anderer Arten der Gebrauchsüberlassung von Wasserzählern, wohl aber solche für den Betrieb. Hierzu gehören insbesondere die Kosten einer vorgeschriebenen Eichung.

8 Werden zur Erfassung des Verbrauches verschiedener Mietergruppen (z. B. Wohnraum/Gewerberaum) Zwischenzähler verwendet, so sind die dadurch entstehenden Betriebskosten den Gesamtkosten zuzurechnen. Die Gegenmeinung (*Kinne* ZMR 2001, 2) verkennt, dass der Zwischenzähler zur Verbrauchserfassung für beide Gruppen dient, wobei es gleichgültig ist, ob der Verbrauch der einen oder der anderen Gruppe gemessen und dann vom Gesamtverbrauch abgezogen wird.

9 Die Kosten der Berechnung und Aufteilung sind vor allem die Kosten der Messdienstfirmen. Obgleich es sich bei diesen Kosten um Verwaltungskosten handelt, werden sie als Betriebskosten behandelt.

3. Wartungskosten für Wassermengenregler

10 Wassermengenregler sind Geräte, die die Durchlaufmenge unabhängig vom Wasserdruck regeln. Demgegenüber verändern Durchflussbegrenzer die Wassermenge abhängig vom Wasserdruck. Deren Wartungskosten unterfallen nicht der Nr. 2 (*Both* Betriebskostenlexikon Rn. 249).

4. Kosten der hauseigenen Wasserversorgungsanlage

11 Erfasst sind nur die Betriebskosten, nicht die Kosten der Errichtung oder von Reparaturen. Betriebskosten sind z. B. die Stromkosten für die Wasserpumpe (*Kinne* ZMR 2001, 3) und die Kosten für eine behördlich angeordnete Trinkwasseruntersuchung (*AG Wesel* WuM 1990, 443). Letzteres kann allerdings nur dann gelten, wenn es sich um regelmäßige Untersuchungen handelt, da es ansonsten am Merkmal der »laufenden« Entstehung fehlt (*Schmid* Handbuch der Mietnebenkosten, Rn. 5033). Erfasst sind auch die Betriebskosten für Druckerhöhungsanlagen, wenn der Wasserdruck aus dem Netz des Wasserlieferanten nicht ausreicht (*Kinne* ZMR 2001, 3).

5. Kosten der Wasseraufbereitungsanlage

12 Wasseraufbereitungsanlagen sind Einrichtungen, durch die das Frischwasser in irgendeiner Weise verbessert wird. Hierzu gehören insbesondere Filteranlagen und Entkalkungsgeräte. Der Schutz von Leitungen und Geräten vor Verkalkung reicht aus (*AG Steinfurt* WuM 2004, 567).

13 Zu den Kosten der Wasseraufbereitungsanlage gehören auch die Kosten der Aufbereitungsstoffe. und Mittel, die dem Korrosionsschutz dienen (vgl. *Schmid* Handbuch der Mietnebenkosten, 10. Aufl., Rn. 1028a).

Nr. 3. Die Kosten der Entwässerung

Hierzu gehören die Gebühren für die Haus- und Grundstücksentwässerung, die Kosten des Betriebs einer entsprechenden nicht öffentlichen Anlage und die Kosten des Betriebs einer Entwässerungspumpe.

14 Zu den Kosten des Betriebs der Entwässerungsanlage gehören auch Aufwendungen, die erforderlich sind, um den Betrieb der Anlage aufrechtzuerhalten (*AG Greiz* WuM 1999, 65). Hierzu gehören insbesondere Strom- und Wartungskosten (*Kinne* ZMR 2001, 4).

Bei einer eigenen Klär- und Sickergrube gehören hierzu die Kosten der Abfuhr und Reinigung (Stangl ZMR 2006, 95). Einmalige Gebühren sind nicht umlagefähig (vgl. *Schmid* Handbuch der Mietnebenkosten, 10. Aufl., Rn. 1026). 15

Nr. 4. a) Die Kosten des Betriebs der zentralen Heizungsanlage einschließlich der Abgasanlage

Hierzu gehören die Kosten der verbrauchten Brennstoffe und ihrer Lieferung, die Kosten des Betriebsstroms, die Kosten der Bedienung, Überwachung und Pflege der Anlage, der regelmäßigen Prüfung ihrer Betriebsbereitschaft und Betriebssicherheit einschließlich der Einstellung durch eine Fachkraft, der Reinigung der Anlage und des Betriebsraums, die Kosten der Messungen nach dem Bundes-Immissionsschutzgesetz, die Kosten der Anmietung oder anderer Arten der Gebrauchsüberlassung einer Ausstattung zur Verbrauchserfassung sowie die Kosten der Verwendung einer Ausstattung zur Verbrauchserfassung einschließlicher Kosten der Eichung sowie der Kosten der Berechnung und Aufteilung.

§ 16 Abs. 3 WEG umfasst grundsätzlich auch die Heiz- und Warmwasserkosten. Neben § 16 Abs. 3 WEG gilt aber weiterhin die HeizkostenV. Die Beschlusskompetenz der Wohnungseigentümer wird deshalb durch die HeizkostenV insoweit begrenzt, als nur eine danach zulässige Kostenverteilung beschlossen werden kann (*Schmid* WE 2007, 103). 16

1. Kosten der verbrauchten Brennstoffe und ihrer Lieferung
Kosten der Lieferung sind nur die unmittelbaren Lieferkosten. Nicht erfasst sind deshalb die Kosten für die Überwachung der Öllieferung (*AG Berlin-Charlottenburg* GE 1986, 1075) und für die Hausreinigung nach der Anlieferung von Brennstoffen. Reinigungskosten sind bei Nr. 9 ansetzbar. Trinkgelder für Brennstofffahrer sind nicht erfasst (*Schmid* Handbuch der Mietnebenkosten, 10. Aufl., Rn. 1058). 17

2. Kosten des Betriebsstroms
Betriebsstrom ist nur der Stromverbrauch für die Anlage selbst, nicht sonstiger Stromverbrauch wie etwa für die Beleuchtung des Heizungsraumes (*Lammel* HeizkostenV § 7 Rn. 52). 18

3. Kosten der Bedienung, Überwachung und Pflege der Anlage
Hierzu gehören nur die Kosten, die mit dem laufenden Betrieb verbunden sind, nicht Reparatur- und Ersatzbeschaffungskosten (*OLG Düsseldorf* NZM 2000, 762). Nicht erfasst sind die Kosten einer Heizöltankbeschichtung (*LG Frankenthal* ZMR 1985, 302); ebenso nicht die Kosten einer Tankreinigung, wenn diese nur als Vorarbeiten für die Beschichtung notwendig sind (*LG Hamburg* WuM 1989, 522). 19

Der Pflege der Anlage zugerechnet werden laufende kleinere Instandhaltungsarbeiten wie der Austausch von verschleißanfälligen Teilen, z. B. Dichtungen, Filter, Düsen (*OLG Düsseldorf* NZM 2000, 762 – zweifelhaft; vgl. grundsätzlich Schmid, Handbuch der Mietnebenkosten, 10. Aufl., Rn. 1028). Pflegekosten sind auch die Kosten für Korrosionsschutzmaßnahmen (*Schmid* Handbuch der Mietnebenkosten, 10. Aufl., Rn. 1028 ff.; a. A. *AG Friedberg/Hessen* WuM 2000, 381). 20

4. Kosten der regelmäßigen Prüfung der Betriebsbereitschaft und Betriebssicherheit einschließlich der Einstellung durch eine Fachkraft
Umlegungsfähig sind nur die Prüfungs- und Einstellungskosten, nicht die Kosten von Reparaturen, deren Notwendigkeit bei der Prüfung festgestellt wird. Bei einer Gaszentralheizung gehören zur Überprüfung der Betriebssicherheit auch Druck- und Dichtigkeitsprüfungen der zugehörigen Gasleitungen (vgl. *AG Königstein/Ts* WuM 1997, 684). Das Entlüften und das Nachfüllen von Wasser ist ebenfalls hierher zu rechnen (*Eisenschmid/Rips/Wall* Betriebskostenkommentar Rn. 2962). 21

5. Kosten der Reinigung der Anlage und des Betriebsraumes

22 Hierzu gehören die Reinigungskosten für die gesamte Anlage einschließlich der Tankreinigung (*Schopp* ZMR 1986, 304; *Schmid* Handbuch der Mietnebenkosten, 10. Aufl., Rn. 5101; a. A. die h. M. *AG Karlsruhe* WuM 1992, 139 f.; *AG Wenningen/Deister* WuM 1991, 358; *AG Regensburg* WuM 1995, 319; *AG Ahrensburg* WuM 2002, 117) und die Schornsteinreinigung (*Lammel* § 7 Rn. 58). Die Tankreinigungskosten gehören deshalb zu den umlegbaren Kosten, weil hierdurch nicht nur die Gefahr der Korrosion verringert wird, sondern auch die Gefahr einer Verstopfung der Ansaugvorrichtung und der Düsen. Der zeitliche Abstand zwischen den Tankreinigungen ist i. d. R. auch nicht so groß, dass eine »laufende Entstehung« verneint werden müsste (a. A. *AG Hamburg* WuM 2000, 332).

6. Kosten der Messungen nach dem Bundes-Immissionsschutzgesetz

23 Hierzu gehören nur die Kosten der vorgeschriebenen Messungen, nicht sonstige Messkosten.

7. Kosten der Anmietung oder anderer Arten der Gebrauchsüberlassung einer Ausstattung zur Verbrauchserfassung

24 Hierzu gehören bei einer Funkablesung auch die Kosten für die Anmietung der Funkanlage (*Schmid* Handbuch der Mietnebenkosten, 10. Aufl., Rn. 5103; a. A. *LG Berlin* WuM 2004, 340). Kosten für die Anmietung sonstiger Gerätschaften sind in dieser Position nicht ansetzbar (*LG Bonn* WuM 1989, 398; *AG Bad Kreuznach* BayHausBesZ 1989, 341 für die Anmietung eines Flüssiggastankes).

8. Kosten der Verwendung einer Ausstattung zur Verbrauchserfassung einschließlich der Eichkosten und der Kosten der Berechnung und Aufteilung

25 Kosten einer Ausstattung zur Verbrauchserfassung sind auch die Kosten der vorgeschriebenen Eichungen. Zu den Betriebskosten der Wärmezähler werden auch die Kosten für deren Wartung und die Kosten für Erneuerung der zu ihrem Betrieb benötigten Batterien gerechnet (*AG Steinfurt* WuM 1999, 721).

26 Kosten der Berechnung und Aufteilung sind insbesondere die Kosten der Messdienstfirmen, wobei es auf die Art der Messgeräte und die Durchführung der Berechnung und Aufteilung nicht ankommt (a. A. *Lammel* HeizkostenV § 7 Rn. 72 m. w. N.). Ferner der Verwaltungsaufwand für die Kostenzusammenstellung, die Korrespondenz mit der Messdienstfirma und die Kontrolle der von dieser erstellten Abrechnungen sowie der mit einem Nutzerwechsel verbundene zusätzliche Verwaltungsaufwand.

Nr. 4. b) Die Kosten des Betriebs der zentralen Brennstoffversorgungsanlage

Hierzu gehören die Kosten der verbrauchten Brennstoffe und ihrer Lieferung, die Kosten des Betriebsstroms und die Kosten der Überwachung sowie die Kosten der Reinigung der Anlage und des Betriebsraums.

27 Zentrale Brennstoffversorgungsanlagen sind Einrichtungen, durch die von einem zentralen Vorratsbehälter aus die Wohnungen mit Brennstoff versorgt werden (*Fischer-Dieskau/Pergande/Schwender* Anm. 6.2. zu § 27 II. BV).

28 Zu Einzelfragen für die unter Buchst. b) genannten Kostenpositionen s. o. Rn. 16 ff. Anders als in Nr. 4 Buchst. a) sind hier die Kosten der Bedienung und Pflege der Anlage nicht genannt. Zu den Kosten der Überwachung gehören auch Kosten für die Überprüfung der Leitungen vom Tank zur Heizung (*Schach* GE 2005, 334 [337]).

Nr. 4. c) Die Kosten der eigenständig gewerblichen Lieferung von Wärme, auch aus Anlagen i. S. d. Buchstabens a

Hierzu gehören das Entgelt für die Wärmelieferung und die Kosten des Betriebs der zugehörigen Hausanlagen entsprechend Buchstabe a.

Vom Grundsatz her ist das gesamte Entgelt, das der Wärmelieferer erhält, umlegbar, auch wenn darin als unselbständige Kalkulationsposten Investitionen, Finanzierungskosten, Amortisationen, Reparaturen, Pacht von Räumlichkeiten und ein Unternehmergewinn enthalten sind (*BGH* WuM 2003, 501; *LG München II* MDR 2001, 210). Der Katalog der Einzelkosten nach § 2 Nr. 4 Buchst. a) BetrKV, § 7 Abs. 2 HeizkostenV ist hier nicht von Belang (*AG München* WuM 2002, 434). 29

Unter Hausanlagen im Sinne dieser Vorschrift wird die Übergabestation samt den zugehörigen Einrichtungen, die zwischen der Leitung des Lieferanten und den zu den einzelnen Nutzern führenden Hausleitungen liegen, verstanden (*LG Gera* ZMR 2001, 350). 30

Nr. 5. a) Die Kosten des Betriebs der zentralen Warmwasserversorgungsanlage

Hierzu gehören die Kosten der Wasserversorgung entsprechend Nummer 2, soweit sie nicht dort bereits berücksichtigt sind, und die Kosten der Wassererwärmung entsprechend Nummer 4 Buchstabe a.

Die Kosten der Wasserversorgung sind nur dann als Kosten des Betriebs der zentralen Warmwasserversorgungsanlage abzurechnen, wenn sie nicht gesondert abgerechnet werden. 31

Für die Kosten der Wasserwärmung verweist Nr. 5 Buchst. b) auf Nr. 4 Buchst. a). Es kann deshalb auf Rn. 16 ff. Bezug genommen werden. 32

Nr. 5. b) Die Kosten der eigenständig gewerblichen Lieferung von Warmwasser, auch aus Anlagen i. S. d. Buchstabens a

Hierzu gehören das Entgelt für die Lieferung des Warmwassers und die Kosten des Betriebs der zugehörigen Hausanlagen entsprechend Nummer 4 Buchstabe a.

Die Regelung entspricht Nr. 4 Buchst. c); vgl. oben Rn. 28. 33

Nr. 5. c) Die Kosten der Reinigung und Wartung von Warmwassergeräten

Hierzu gehören die Kosten der Beseitigung von Wasserablagerungen und Verbrennungsrückständen im Inneren der Geräte sowie die Kosten der regelmäßigen Prüfung der Betriebsbereitschaft und Betriebssicherheit und der damit zusammenhängenden Einstellung durch eine Fachkraft.

Dem Buchst. c unterfallen Warmwassergeräte, die in der Wohnung selbst aufgestellt sind – im Gegensatz zur zentralen Warmwasserversorgungsanlage. 34

Nr. 6. Die Kosten verbundener Heizungs- und Warmwasserversorgungsanlagen

a) bei zentralen Heizungsanlagen entsprechend Nummer 4 Buchstabe a und entsprechend Nummer 2, soweit sie nicht dort bereits berücksichtigt sind;

oder

b) der eigenständig gewerblichen Lieferung von Wärme entsprechend Nummer 4 Buchstabe c und entsprechend Nummer 2, sie nicht dort bereits berücksichtigt sind;

oder

c) bei verbundenen Etagenheizungen und Warmwasserversorgungsanlagen entsprechend Nummer 4 Buchstabe d und entsprechend Nummer 2, soweit sie nicht dort bereits berücksichtigt sind.

35 Eine Kostenaufteilung ist nur nach § 9 HeizkostenV für den Anwendungsbereich dieser Verordnung vorgeschrieben.

Nr. 7. Die Kosten des Betriebs des Personen- oder Lastenaufzuges

Hierzu gehören die Kosten des Betriebsstroms, die Kosten der Beaufsichtigung, der Bedienung, Überwachung und Pflege der Anlage, der regelmäßigen Prüfung der Betriebsbereitschaft und Betriebssicherheit einschließlich der Einstellung durch eine Fachkraft sowie die Kosten der Reinigung der Anlage.

36 Die Kosten des **Betriebsstroms** sind grundsätzlich durch einen Zwischenzähler zu ermitteln. Nur wenn die hierdurch anfallenden Kosten unwirtschaftlich hoch sind oder der Zwischenzähler ausgefallen ist, ist eine Schätzung zulässig (Kinne GE 2007, 494 [495]).

37 Kosten der **Beaufsichtigung** und **Überwachung** sind die Kosten für einen Aufzugswart (*Kinne* ZMR 2001, 4) und die Kosten einer Überwachungsanlage mit Notrufmöglichkeit (*LG Gera* WuM 2001, 615; *AG Frankfurt-Höchst* WuM 2001, 615) und einer Alarmanlage (*LG Braunschweig* ZMR 2003, 114). Erfasst sind die Wartungs- und Betriebskosten (*AG Hamburg* WuM 1989, 126) sowie die Kosten einer Anmietung (*LG Gera* WuM 2001, 615), nicht aber die Kosten der Anschaffung.

38 Zu den Kosten der **Pflege** der Anlage gehören auch Reinigungsmittel und Schmierstoffe (*Kinne* ZMR 2001, 4). Der Austausch von Teilen stellt jedoch eine nicht umlegungsfähige Reparatur dar (*Kinne* GE 2007, 494 [495]).

39 Kosten der **Prüfung der Betriebsbereitschaft und Betriebssicherheit** sind Aufwendungen für regelmäßige Überprüfungen, insbesondere für solche, die öffentlich-rechtlich vorgeschrieben sind.

40 Die Kosten der **Einstellung** durch eine Fachkraft umfassen auch Aufwendungen für eine Störungsbeseitigung, die eine Reparatur nicht erfordert (*LG Berlin* GE 1987, 89).

41 Nach Nr. 7 umlegbar sind nur die Kosten der **Reinigung** der Aufzugsanlage. Reinigungskosten für den Fahrkorb gehören zu Nr. 9.

42 **Versicherungen** sind nach Maßgabe der Nr. 13 umzulegen.

43 Vor allem für Aufzüge werden häufig Vollwartungsverträge geschlossen. Mietrechtlich besteht Einigkeit darüber, dass bei Vollwartungsverträgen der Reparaturkostenanteil der Instandhaltung und Instandsetzung zuzurechnen und aus den Gesamtkosten herauszurechnen ist, wobei jedoch die Berechnungsweise und die Höhe dieses Anteils höchst umstritten sind (vgl. *Schmid* Handbuch der Mietnebenkosten, 10. Aufl., 2007, Rn. 1033 und 5148 m. w. N.). Diese Schwierigkeiten entstehen beim Wohnungseigentum in gleicher Weise, wenn für die Betriebskosten und die Reparaturkosten unterschiedliche Abrechnungsmaßstäbe gelten. In der Abrechnung muss dann eine Aufteilung erfolgen. Die Beschlusskompetenz nach § 16 Abs. 3 WEG erstreckt sich nur auf den Betriebskostenanteil. Für den Reparaturkostenanteil gilt § 16 Abs. 4 WEG. Das erscheint wenig praktikabel, folgt aber aus der Verweisung auf das Mietrecht.

Nr. 8. Die Kosten der Straßenreinigung und Müllbeseitigung

Zu den Kosten der Straßenreinigung gehören die für die öffentliche Straßenreinigung zu entrichtenden Gebühren und die Kosten nicht öffentlicher Maßnahmen; zu den Kosten der Müllbeseitigung gehören namentlich die für die Müllabfuhr zu entrichtenden Gebühren, die Kosten entsprechender nichtöffentlicher Maßnahmen, sowie die Kosten des Betriebs von Müllkompressoren, Müllschluckern, Müllabsauganlagen sowie des Betriebs von Müllmengenerfassungsanlagen einschließlich der Kosten der Berechnung und Aufteilung.

I. Straßenreinigung

Die Vorschrift betrifft die Kosten für die Reinigung der öffentlichen Straßen. Entsprechende Maßnahmen auf dem Grundstück selbst können über die Positionen Hausmeister (Nr. 14) oder Gartenpflege (Nr. 10) umgelegt werden. Für die Abgrenzung ist darauf abzustellen, ob die Fläche nach öffentlichem Recht dem allgemeinen Verkehr gewidmet ist. Zu den Straßen gehören auch Fuß- und Radwege. 44

Zur Straßenreinigung gehören auch die Beseitigung von Eis und Schnee und das Streuen bei Glätte (*BGH* ZMR 1985, 120). 45

Reinigungsmittel (*Kinne* ZMR 2001, 5) und Streugut (*BGH* WuM 2004, 666), die der Vermieter verwendet oder von einem Dritten in Rechnung gestellt bekommt, gehören zu den Kosten der Straßenreinigung. 46

Die Kosten für die Anschaffung und Ersatzbeschaffung von Geräten zur Schnee- und Schmutzbeseitigung sind nicht erfasst (vgl. *Schmid* Handbuch der Mietnebenkosten, 10. Aufl., Rn. 1035; a. A. *Kinne* ZMR 2001, 5). Dasselbe gilt für die Kosten einer Reparatur dieser Geräte (vgl. *Schmid* Handbuch der Mietnebenkosten, 10. Aufl., Rn. 1028 ff.; a. A. *Kinne* ZMR 2005, 1219 [1220]). Umlegbar sind die Wartungskosten (*Kinne* ZMR 2001, 5) und die Treibstoffkosten. 47

II. Müllbeseitigung

Mietkosten für Müllkompressoren, Müllschlucker, Müllabsauganlagen und Müllmengenerfassungsanlagen überwiegend nicht als erfasst angesehen (*Wall* WuM 2004, 10 [11]). 48

Die umlegbaren Kostenpositionen sind »namentlich« aufgezählt. Es können deshalb unter dieser Position auch weitere, nicht ausdrücklich genannte Kosten erfasst werden, die sich als Betriebskosten für die Müllbeseitigung darstellen, z. B. die Kosten für die **Reinigung der Müllbehältnisse**. Rechnet man diese Kosten nicht hierher, sind sie nach § 2 Nr. 17 BetrKV umlegungsfähig (vgl. *Schmid* DWW 2004, 288). 49

Unabhängig von der Bezeichnung als Müll oder Wertstoff können auch die Kosten für die Leerung einer **Komposttonne** hier angesetzt werden (*Schläger* ZMR 1998, 676; a. A. *AG Uelzen* NZM 1998, 75). 50

Zu den Kosten der Müllabfuhr gehören auch die Kosten der **Sperrmüllbeseitigung**. Sehr umstritten, vgl. *Schmid* Handbuch der Mietnebenkosten, 10. Aufl., Rn. 5174. 51

Sehr umstritten ist auch, inwieweit die Kosten für ein **Müllmanagement** bei Nr. 8 angesetzt werden können (bejahend *AG Mainz* WuM 2003, 450; im Wesentlichen verneinend *AG Berlin-Mitte* WuM 2005, 393; für eine nachträgliche Mülltrennung verneinend *LG Tübingen* WuM 2004, 497). Unter Müllmanagement wird vor allem die Nachbehandlung und Nachsortierung des Mülls verstanden, um Müllabfuhrgebühren zu sparen (vgl. *Wall* WuM 2005, 393 und *Gabriel* DWW 2005, 366 ff.). Da die Kosten der Müllbeseitigung in Nr. 8 nur »namentlich« aufgeführt sind, ist ein Ansatz grundsätzlich möglich (*Schmid* Handbuch der Mietnebenkosten, 10. Aufl., Rn. 5175a). 52

Die Kosten für die **Reinigung der Tonnenräume** sind bei Nr. 9 oder bei den Hauswartkosten (Nr. 14) anzusetzen. 53

Nr. 9. Die Kosten der Gebäudereinigung und Ungezieferbekämpfung

Zu den Kosten der Gebäudereinigung gehören die Kosten der Säuberung der von den Bewohnern gemeinsam benutzten Gebäudeteile, wie Zugänge Flure, Treppen, Keller, Bodenräume, Waschküchen, Fahrkorb des Aufzuges.

I. Kosten der Gebäudereinigung

54 Zu den Kosten der Gebäudereinigung gehören auch die Putzmittel (*AG Berlin-Tiergarten* GE 1988, 631). Dagegen wird man den Erwerb von Putzgeräten nicht hierher rechnen können, da es sich insoweit nicht um Betriebskosten handelt (*AG Lörrach* WuM 1996, 628; a. A. *Kinne* ZMR 2001, 5). Die Betriebskosten für solche Maschinen sind jedoch ansatzfähig (*Kinne* ZMR 2001, 5), nicht aber die Reparaturkosten (*Schmid* Handbuch der Mietnebenkosten, 10. Aufl., Rn. 5197; a. A. *Kinne* ZMR 2001, 5). Nicht ansetzbar sind auch die Erwerbskosten für sonstige Arbeitsmittel (*Schmid* Handbuch der Mietnebenkosten, 10. Aufl., Rn. 1035).

55 Wird die Gebäudereinigung durch eine angestellte Reinigungskraft vorgenommen, sind die Lohnkosten ansetzbar (*LG Kiel* WuM 1996, 631, 632). Ebenso wird man wie beim Hauswart auch Lohnnebenkosten und sonstige Vergütungen ansetzen können. Nicht dieser Position unterfallen die Kosten der Lohnabrechnung (*LG Kiel* WuM 1996, 631, 632).

II. Ungezieferbekämpfung

56 Einmalige Ungezieferbekämpfungen sind nach überwiegender Meinung nicht erfasst, da die Kosten nicht laufend entstehen (*LG Siegen* WuM 1992, 630 f.; *LG Oberhausen* WuM 1996, 714; a. A. *AG Offenbach* NZM 2002, 214). Eine einmalige Maßnahme ist die Beseitigung eines Bienennestes (*AG Freiburg* WuM 1997, 471). Ist jedoch mit weiteren Bekämpfungsmaßnahmen, insbesondere auch mit prophylaktischen Maßnahmen zu rechnen, handelt es sich um laufend entstehende Kosten auch dann, wenn sie im Abstand von mehreren Jahren anfallen (*AG Köln* WuM 1992, 630; *AG Oberhausen* WuM 1996, 714, 715; *AG Lichtenberg* GE 1998, 1401: Turnus von vier Jahren). Zu weit gehend setzt das *LG Siegen* (WuM 1992, 630 f.) die Darlegung einer Bekämpfung im jährlichen Turnus voraus. Auch die Kosten nur vorbeugender Maßnahmen sind ansetzbar (*Pfeifer* DWW 2004, 44 [46]).

Nr. 10. Die Kosten der Gartenpflege

Hierzu gehören die Kosten der Pflege gärtnerisch angelegter Flächen einschließlich der Erneuerung von Pflanzen und Gehölzen, der Pflege von Spielplätzen einschließlich der Erneuerung von Sand und der Pflege von Plätzen, Zugängen und Zufahrten, die dem nicht öffentlichen Verkehr dienen.

I. Garten

1. Grundsätzliches

57 Die Nr. 10 spricht von gärtnerisch angelegten Flächen. Erfasst ist deshalb jedenfalls der ebenerdige Garten. Zweifelhaft ist, ob hierunter auch Dachgärten fallen. M. E. ist dies zu verneinen, da die Vorschrift nach ihrem Gesamtzusammenhang ebenerdige Flächen betrifft. Die Anlage eines Dachgartens ist eher mit sonstigen Verschönerungsmaßnahmen vergleichbar, wie etwa mit dem Aufstellen von Pflanzen im Treppenhaus. In Betracht kommt u. U. eine Kostenumlegung nach Nr. 17 (*Schmid* Handbuch der Mietnebenkosten, 10. Aufl., Rn. 5226).

58 Nur einmalige Maßnahmen scheiden aus. Erneuerungen sind zwar Instandsetzungsmaßnahmen nach § 1 Abs. 2 Nr. 2 BetrKV, aber ausdrücklich genannt.

2. Einzelfälle

Die Gartenpflege umfasst insbesondere das **Rasenmähen** und **Nachsäen** (*Schmid* ZMR 2004, 794), die Beseitigung von **Unkraut** und die **Reinigung** des Gartens (*LG Berlin* GE 1988, 355). 59

Das **Schneiden von Bäumen** (*AG Köln* NZM 2001, 41), **Sträuchern** und **Hecken**, jedenfalls sofern es sich um einen regelmäßigen Rückschnitt handelt (*LG Reutlingen* WuM 2004, 669; a. A. *LG Landshut* DWW 2004, 126); außerdem dann, wenn der Rückschritt wiederholt – auch in unregelmäßigen Abständen – erforderlich ist (*Schmid* ZMR 2004, 794). Auch ein erheblicher Heckenrückschnitt ist erfasst (*AG Steinfurt* WuM 2007, 41: von 4 m auf 2, 50 m). 60

Auch das **Fällen von Bäumen** wird man im Hinblick auf die laufende Entstehung der Kosten und die Abgrenzung zur Instandsetzung nicht immer als umlegungsfähige Maßnahme ansehen können (*Schmid* ZMR 2004, 793 [794]; a. A. *LG Frankfurt a M.* NZM 2005, 338). Die Beseitigung von Sturmschäden unterfällt der Instandsetzung nach § 1 Abs. 2 Nr. 2 BetrKV (Witterungseinflüsse). Eines Abstellens darauf, ob Stürme in der jeweiligen Gegend häufig sind oder selten sind, bedarf es deshalb nicht (a. A. *AG Berlin-Spandau* GE 2005, 1256). Eine umlegungsfähige Gartenpflegemaßnahme kann angenommen werden, wenn der Baum wegen seines Wachstums nicht mehr an seinem Standort verbleiben kann (AG Limburg ZMR 2004, 829). Kosten für das Fällen von altersschwachen Bäumen sind an sich ebenfalls Instandhaltungskosten (Alterung). Werden die Bäume jedoch durch andere ersetzt, handelt es sich auch bei den Kosten für die Beseitigung der alten Bäume um Kosten der Erneuerung von Gehölzen, die kraft ausdrücklicher Regelung (vgl. Rn. 4234) umlegungsfähig sind (vgl. *AG Düsseldorf* WuM 2002, 498). Dagegen handelt es sich nicht um eine gärtnerische Maßnahme, wenn der Baum aus nachbarrechtlichen Gründen (*LG Hamburg* WuM 1994, 695; *Hertle* ZMR 1990, 406) oder auf Grund einer behördlichen Anordnung (*AG Oberhausen* WuM 1990, 556) beseitigt werden muss, sofern nicht eine Beseitigung schon aus gärtnerischen Gründen erforderlich ist (*Horst* MDR 2000, 1166). Das Fällen sämtlicher Bäume wird nicht als Pflegemaßnahme sondern als wesentliche Umgestaltung des Gartens angesehen (*AG Köln* NZM 2001, 41). 61

Die Erneuerung von Pflanzen und Gehölzen ist ausdrücklich als umlegungsfähige Maßnahme bezeichnet. Das gilt auch für eine turnusmäßige Neubepflanzung des Gartens (*AG Steinfurt* WuM 1999, 721), insbesondere mit kurzlebigen Pflanzen (*Schmid* ZMR 2004, 794). 62

Die Kosten für das **Entfernen von Pflanzen** sind umlegbar, wenn sie durch ihren Wuchs Beeinträchtigungen verursachen (vgl. für Efeu an der Hauswand *AG Mönchengladbach* ZMR 2003, 198). Dass zu groß gewordene Pflanzen entfernt werden müssen, ist bei der Pflege eines Gartens wiederkehrend erforderlich. Dasselbe gilt für die Entfernung kranker oder morscher Pflanzen (*AG Berlin-Spandau* GE 2005, 1256). 63

Zu den berücksichtigungsfähigen Kosten gehören auch die Aufwendungen für **Gießwasser** (*AG Steinfurt* WuM 1999, 721), sofern die Umlegung nicht zusammen mit den Wasserkosten vorgenommen wird. 64

Nicht ansetzbar sind die Anschaffungskosten für Geräte, auch wenn es sich um Ersatzbeschaffungen handelt (*AG Steinfurt* WuM 1999, 721; a. A. *AG Lichtenberg* NZM 2004, 96); dagegen sind die laufenden Betriebskosten für die Gerätschaften, z. B. der Treibstoff für den Rasenmäher, umlegungsfähig (*LG Hamburg* WuM 1989, 640). 65

Sondernutzungsberechtigte können alleine zur Kostentragung herangezogen werden. Eine Regelungsbefugnis hierfür ergibt sich auch aus § 21 Abs. 7 WEG. 66

II. Spielplatz

Hierzu gehören die Pflege- und Reinigungskosten für den Spielplatz und die Spielgeräte und sonstigen Einrichtungen sowie die Kosten der Überwachung und Wartung (*Kinne* ZMR 2001, 7). Die Kosten für die Erneuerung von Sand sind ausdrücklich als umlegungsfähig erwähnt. 67

III. Plätze, Zugänge, Zufahrten

a) Nr. 10 betrifft nur die Flächen, die nicht dem öffentlichen Verkehr dienen. Hierzu gehören auch Parkplätze außerhalb von Gebäuden (vgl. Rn. 5201 ff.) sowie Höfe und Müllplätze (*Kinne* ZMR 68

2001, 7). Die Aufwendungen für öffentliche Verkehrsflächen sind in Nr. 8 geregelt. Bei Passagen, Arkaden und ähnlichen Durchgängen kommt es darauf an, ob diese nach öffentlichem Recht dem allgemeinen Verkehr gewidmet sind. Ist dies der Fall gilt Nr. 8. Handelt es sich um einen privaten Weg, bestimmt sich die Kostenumlegung nach Nr. 10.

69 b) Erfasst sind vor allem Reinigungsarbeiten und die Kosten der Schnee- und Eisbeseitigung (*LG Hamburg* WuM 1989, 640, 641), unabhängig davon, in welchen Intervallen geräumt und gestreut werden muss (*Schmid* ZMR 2004, 795). Kosten für die Erneuerung und Reparatur von Wegen sind Instandsetzungskosten (*AG Stuttgart-Bad Cannstatt* WuM 1996, 481; a. A. *LG Hamburg* WuM 1989, 640).

Nr. 11. Die Kosten der Beleuchtung

Hierzu gehören die Kosten des Stroms für die Außenbeleuchtung und die Beleuchtung der von den Bewohnern gemeinsam genutzten Gebäudeteile, wie Zugänge, Flure, Treppen, Keller, Bodenräume, Waschküchen.

70 Erfasst sind auch die Kosten für die Beleuchtung der Tiefgarage und des Parkplatzes (*AG Neuss* WuM 1997, 471). Ansetzbar sind auch die Kosten für den Betrieb eines Notstromaggregats (*AG Koblenz* NZM 2000, 238). Da nur die Stromkosten erwähnt sind, sind die Kosten für Lampen und Glühbirnen nicht umfasst (*OLG Düsseldorf* NZM 2000, 762; *AG Berlin-Tiergarten* GE 1988, 631).

71 Stromkosten können bei verschiedenen Positionen angesetzt werden. Auch wenn es einfacher wäre, die Stromkosten insgesamt umzulegen, ist nach der Systematik der BetrKV und im Hinblick auf mögliche unterschiedliche Umlegungskriterien eine Aufteilung erforderlich (*LG Kiel* WuM 1996, 631, 632; a. A. *Wienicke* GE 1984, 608; *AG Wetzlar* WuM 2001, 30, 31: Position »Allgemeinstrom« zulässig). Zweckmäßigerweise wird der Verbrauch durch Zwischenzähler erfasst. Fehlt ein solcher werden Schätzungen zugelassen. Dabei sind die Anschlusswerte und die nachgewiesenen Betriebszeiten heranzuziehen (*AG Berlin-Mitte* GE 2005, 1253)-

Nr. 12. Die Kosten der Schornsteinreinigung

Hierzu gehören die Kehrgebühren nach der maßgebenden Gebührenordnung, soweit sie nicht bereits als Kosten nach Nummer 4 Buchstabe a berücksichtigt sind.

72 Nr. 12 betrifft die Fälle, in denen die Schornsteinfegerkosten nicht zusammen mit den Heizkosten umgelegt werden.

Nr. 13. Die Kosten der Sach- und Haftpflichtversicherung

Hierzu gehören namentlich die Kosten der Versicherung des Gebäudes gegen Feuer-, Sturm-, Wasser- sowie sonstige Elementarschäden, der Glasversicherung, der Haftpflichtversicherung für das Gebäude, den Öltank und den Aufzug.

73 Die Aufzählung der einzelnen Versicherungsarten ist nicht abschließend (»namentlich«). Unter Nr. 13 fallen auch die Kosten einer Aufzugssprech- und Aufzugssignalanlagenversicherung (*LG Berlin* GE 1987, 517), einer Versicherung gegen Hausbock und Schwamm (*AG Hamburg* WuM 1998, 352).

74 Zu den Kosten der Sachversicherung gehört auch eine Versicherung gegen Schäden durch innere Unruhen und böswillige Handlungen, soweit hierdurch veranlasste Sachschäden versichert sind (a. A. *OLG Brandenburg* NZM 2000, 572). Da bestimmte Risiken nur »namentlich« genannt sind, sind entsprechend der Überschrift zu Nr. 13 alle Sachversicherungen des Gebäudes umfasst

(*Schach* GE 2004, 1596), auch eine Terrorversicherung (*OLG Stuttgart* GE 2007, 444 = GuT 2007, 89).

Die Kosten der Öltankversicherung sind hier und nicht bei den Heizkosten anzusetzen. Entsprechend sind auch die Kosten einer Gastankversicherung umlegbar (*Kinne* ZMR 2001, 8).

Nicht unter Nr. 13 fallen die Kosten einer Reparaturversicherung (*AG Köln* WuM 1990, 556). Das gilt auch für die Kosten einer Maschinenversicherung, wenn dadurch Mängel oder Bedienungsfehler abgedeckt werden (*AG Hamburg* WuM 2004, 202). Nicht umlegungsfähig sind auch die Kosten einer Vandalismusversicherung (*Jendrek* DWW 2003, 143). Auch die Kosten einer Rechtsschutzversicherung können weder nach Nr. 13 noch nach Nr. 17 umgelegt werden (*OLG Düsseldorf* WuM 1995, 203). Entsprechendes gilt für die Kosten einer Wertverlustversicherung (*OLG Düsseldorf* DWW 2000, 196, 199) und einer Mietausfallversicherung (*OLG Düsseldorf* NZM 2001, 588). Nicht unter Nr. 13 fällt eine Versicherung gegen die Folgen von Streik und Aussperrung, soweit nur Vermögensschäden abgedeckt werden (*OLG Brandenburg* NZM 2000, 572).

Nr. 14. Die Kosten für den Hauswart

Hierzu gehören die Vergütung, die Sozialbeiträge und alle geldwerten Leistungen, die der Eigentümer oder Erbbauberechtigte dem Hauswart für seine Arbeit gewährt, soweit diese nicht die Instandhaltung, Instandsetzung, Erneuerung, Schönheitsreparaturen oder die Hausverwaltung betrifft; soweit Arbeiten vom Hauswart ausgeführt werden, dürfen Kosten für Arbeitsleistungen nach Nummern 2 bis 10 und 16 nicht angesetzt werden.

I. Hauswarttätigkeiten

1. Positive Abgrenzung

Die Hauswarttätigkeit wird bezeichnet als Verrichtung von Arbeiten, die mehr praktisch-technischer Natur sind und den bestimmungsgemäßen Gebrauch sowie die pflegliche Behandlung und ordnungsgemäße Benutzung des Grundstücks und des Gebäudes gewährleisten sollen (*AG Dortmund* WuM 1996, 561). Diese Definition bietet aber keine hinreichende Abgrenzung zur Instandsetzung und zu Verwaltungstätigkeiten. *Westphal* (WuM 1998, 329) beschreibt die Hauswartaufgaben in dem Sinne, dass hierzu alle Arbeiten gehören, die unmittelbar dem Erhalt der Mietsache in tatsächlicher Hinsicht dienen und bei deren Ausführung nur Sachmittel eingesetzt werden, die entweder einfachstes Handwerkszeug oder reine Verbrauchsgüter sind. Angesichts der Verwendung verschiedenster technischer Hilfsmittel ist der Einsatz einfachsten Handwerkszeuges kein klares und brauchbares Abgrenzungskriterium. Schließlich versagt das Merkmal der Eigenhändigkeit dort, wo Hauswartfirmen eingesetzt werden, weil es diesen in der Regel unbenommen ist, Subunternehmer zur Erfüllung ihrer Aufgaben tätig werden zu lassen. Nach Sinn und Zweck der Norm zählt *v. Seldeneck* (Betriebskosten im Mietrecht, Rn. 2378) betriebsdienliche, servicegeneigte Tätigkeiten zu den Hauswarttätigkeiten und rechnet hierzu konsequent auch den Austausch von Kleinteilen und die Reparatur von Hilfsgeräten. Damit wird jedoch die Grenze zur Instandhaltung verwischt. Zweckmäßig ist ein Abstellen darauf, welche Arbeiten ausgeführt werden. Kosten des Hauswartes sind diejenigen Kosten, die für Arbeitsleistungen anfallen, die bei gesonderter Vergütung bei den Nr. 2 bis 10 und 15 bis 17 anzusetzen wären (*Schmid* Handbuch der Mietnebenkosten, 10. Aufl., Rn. 5285 ff.).

2. Negative Abgrenzung

a) Instandhaltung und Instandsetzung

Maßnahmen der Instandhaltung und Instandsetzung i. S. v. § 1 Abs. 2 Nr. 2 BetrKV sind keine umlegungsfähigen Tätigkeiten.

§ 2 BetrKV | Nr. 14. Die Kosten für den Hauswart

b) Erneuerung

79 Nicht umlegungsfähig sind Arbeiten für Erneuerungen. Eine Ausnahme hiervon ist zu machen, wenn der Hausmeister die Erneuerung von Spielsand vornimmt und diese Kosten nicht gesondert umgelegt werden (vgl. Nr. 14 Hs. 2 und Nr. 10). Dieser spezielle Fall ist bei der allgemeinen Formulierung der Nr. 14 offensichtlich nicht bedacht worden.

c) Schönheitsreparaturen

80 Als Schönheitsreparaturen nennt § 28 Abs. 4 S. 4 II. BV das Tapezieren, Anstreichen oder Kalken der Wände und Decken, das Streichen der Fußböden, Heizkörper einschließlich der Heizrohre, der Innentüren sowie der Fenster und Außentüren von innen. Diese Definition enthält jedoch eine Einschränkung, die speziell für § 28 II. BV Bedeutung hat, wie sich aus dem Wort »nur« ergibt. Diese Einschränkung hat im Rahmen der Nr. 14 keine Berechtigung. Umfasst sind hier alle Schönheitsreparaturen am gesamten Haus, insbesondere auch das Streichen der Außenseiten von Fenstern und Türen.

d) Hausverwaltung

81 Schwierigkeiten bereitet auch die Abgrenzung zwischen Hauswarttätigkeit und Hausverwaltungstätigkeit, weil vom Hauswart oft Tätigkeiten vorgenommen werden, die streng genommen Verwaltungstätigkeiten sind, aber von einer Person vor Ort erledigt werden.

3. Einzelfälle

Hauswarttätigkeiten sind folgende Tätigkeiten:

82 **Bereitschaftsdienst** (*AG Köln* Mietrechtliche Entscheidungen in Leitsätzen ZMR 1996 Heft 9 S. XII).
83 Bedienung und Überwachung des **Fahrstuhls** (*AG Köln* Mietrechtliche Entscheidungen in Leitsätzen ZMR 1996 Heft 9 S. XII).
84 **Gangbarhaltung** der allgemein genutzten Türen und Fenster sowie der Gas- und Wasserabsperrhähne (a. A. *AG Köln* WuM 1994, 612).
85 **Gartenpflege** (*AG Köln* WuM 1995, 120).
86 Bedienung und Überwachung der **Heizungsanlage** (*AG Berlin-Mitte* NJW-RR 2002, 656).
87 Pflege des **Maschinenparks**, soweit es sich nicht um Instandsetzungsarbeiten handelt (vgl. *LG München I* WuM 2000, 258, 259).
88 **Notfalldienst** (*LG Köln* WuM 1997, 230; *AG Köln* WuM 1999, 235).
89 **Reinigungsarbeiten** (*LG Frankfurt a. M.* WuM 1996, 561).
90 **Schnee- und Eisbeseitigung** (*LG Berlin* NZM 2002, 65).
91 Besorgung und Bevorratung von **Streugut** (*LG Gera* WuM 2001, 615).
92 Überprüfung **technischer Einrichtungen** (*LG Wuppertal* WuM 1999, 342 a. A. *AG Sul* WuM 2003, 453).
93 Bedienung und Überwachung der **Wasserversorgungsanlage** (*AG Köln* Mietrechtliche Entscheidungen in Leitsätzen ZMR 1996 Heft 9 S. XII).

Keine Hauswarttätigkeiten sind u. a. folgende Tätigkeiten:

94 Durchführung von **Abrechnungen** (*AG Köln* WuM 1995, 120).
95 **Auswechseln** von Glühbirnen als Instandhaltungsmaßnahme (*Wall* WuM 1998, 527; a. A. *LG Frankfurt a. M.* WuM 1996, 561).
96 Überwachung des **Bauzustandes** (*LG München I* WuM 2000, 258, 259).
97 Überprüfung des **Gesamtzustandes des Anwesens** (*AG Köln* WuM 1999, 235).
98 Beauftragung von **Handwerkern**, wenn dies die Haupttätigkeit des Hauswarts ist (*AG Bergisch-Gladbach* WuM 1992, 490); Wahrnehmung von Terminen mit Handwerkern (*LG Wuppertal* WuM 1999, 342); Nachsicht bei kleineren Reparaturen (*Schmid* Handbuch der Mietnebenkosten, 10. Aufl., Rn. 5308; a. A. *AG Köln* WuM 1995, 120); Einweisung und Überwachung der zur Ausführung von Arbeiten herangezogenen Unternehmen (*LG Gera* WuM 2001, 615; *AG Köln* WuM 1999, 466).
99 **Kleinreparaturen** (*LG Wuppertal* WuM 1999, 342).
100 **Kontaktpflege** mit Verwaltungsrat und Hausbewohnern (*AG Köln* WuM 2002, 615).

Kontrollgänge (s. Rn. 5325; teilweise a. A. *LG Neuruppin* WuM 2004, 49). 101
Entgegennahme von **Mängelanzeigen** (*AG Bergisch-Gladbach* WuM 1992, 490). 102
Maklertätigkeiten (*AG Neumünster* WuM 1992, 284). 103
Mieteninkasso. 104
Abhaltung von **Mietersprechstunden** (*AG Dortmund* ZMR 1996, 387). 105
Mitteilung besonderer Vorkommnisse an die Hausverwaltung (*AG Köln* WuM 1999, 466, 467). 106
Entleerung von **Münzautomaten** (*AG Köln* WuM 1999, 466, 467). 107
Anschaffung von **Namensschildern** (*LG München I* WuM 2000, 258, 259). 108
Tätigkeiten anlässlich einer **Neuvermietung** (*AG Köln* WuM 1995, 120). 109
Überprüfung der **Ordnung** im Hause (*AG Köln* WuM 1999, 235). 110
Reparaturen (*AG Köln* WuM 1995, 120). 111
Verteilung von **Schreiben** an die Mieter (*AG Berlin-Mitte* NJW-RR 2002, 656) und Wohnungseigentümer. 112
Überprüfung der **Sicherheit** auf dem Grundstücksgelände ist Verwaltungstätigkeit (*AG Kerpen* WuM 2000, 37). 113
Überwachung des **Schornsteinfegers** (*LG München I* WuM 2000, 258, 259). 114
Wachdienst (*OLG Celle* ZMR 1999, 238 [Zuordnung zu Nr. 17]; a. A. *AG Köln* WuM 2002, 615). Die Überprüfung von Sicherheit und Ordnung ist Verwaltungstätigkeit (*AG Kerpen* WuM 2000, 37). § 26 Abs. 1 S. 1 II. BV bezeichnet die Aufsicht als Maßnahme der Verwaltung. Es ist deshalb auch unerheblich, ob die Überwachung den Sicherheitsinteressen des Vermieters oder des Mieters dient (*Schmid* Handbuch der Mietnebenkosten, 10. Aufl., Rn. 5325; a. A. *AG Köln* WuM 2002, 615). 115
Überwachung der **Wärmemesser** (*LG München I* WuM 2000, 258, 259; *LG Gera* WuM 2001, 615). 116
Überwachung laufender **Wartungsverträge** (*LG München I* WuM 2000, 258, 259). 117
Wohnungsbesichtigungen (*LG Berlin-Mitte* NJW-RR 2002, 656). 118
Durchführung von **Wohnungsübergaben** (*AG Köln* WuM 1995, 120). 119
Zählerablesungen (*AG Köln* WuM 1999, 235), es sei denn, es handelt sich um Verteilungskosten nach Nr. 2, 4, 5 oder 8. 120

II. Kostenaufteilung

Nimmt eine Person aufgrund eines einheitlichen Vertrages sowohl Hauswarttätigkeiten als auch sonstige Dienstleistungen, so sind die Kosten verhältnismäßig aufzuteilen und nur die auf die Hauswarttätigkeiten entfallenden Kosten anzusetzen (*AG Wuppertal* ZMR 1994, 372, 373; *AG Hannover* WuM 1994, 435). Die hierdurch im Mietrecht bereits bekannten Schwierigkeiten (*Schmid* Handbuch der Mietnebenkosten, 10. Aufl., Rn. 5331 ff.) werden auch den Wohnungseigentümer, die insoweit von § 16 Abs. 3 WEG Gebrauch machen, nicht erspart bleiben, da § 16 Abs. 3 WEG eben nur für Betriebskosten gilt. Dabei will das *LG Bonn* (WuM 1998, 353) die Kostenaufteilung auf der Grundlage des Hauswartvertrages vornehmen. Es kommt jedoch nicht auf die vertragliche Zuordnung, sondern auf die tatsächlich geleisteten Arbeiten an (*Riecke* WuM 2003, 670). 121

III. Einzelne Kosten

Genannt sind die **Vergütung**, die **Sozialbeiträge** und **alle geldwerten Leistungen**, die der Vermieter dem Hauswart gewährt. 122
Erfasst sind ferner:
Arbeitskleidung (a. A. *AG Lörrach* WuM 1996, 628). Die Bezahlung der Arbeitskleidung ist entweder als geldwerter Vorteil für den Hauswart oder als eine arbeitsvertragliche Nebenpflicht des Vermieters anzusehen. 123
Entgelt für einen selbständigen Hauswart, auch wenn darin Sachaufwendungen einkalkuliert sind (*Westphal* WuM 1998, 329). 124
Lohn- und Lohnnebenkosten (*AG Kleve* WuM 1989, 28). 125
Mietnachlass, der einem Mieter für die Erbringung von Hauswarttätigkeiten gewährt wird. 126
Bei selbständigen Hauswarten die **Umsatzsteuer**. 127

§ 2 BetrKV | Nr. 16. Die Kosten des Betriebs der Einrichtungen für die Wäschepflege

128 Kosten der **Vertretung** im Urlaubs- und Krankheitsfall (*AG Köln* WuM 1997, 273).
129 Kostenlose oder verbilligte Zurverfügungstellung einer **Wohnung** (*AG Köln* WuM 1997, 273).
Nicht erfasst sind:
130 Kosten für **Arbeitsmittel und Geräte** (*AG Steinfurt* WuM 1999, 721; *AG Starnberg* NZM 2002, 910; a. A. *AG Köln* Mietrechtliche Entscheidungen in Leitsätzen ZMR 1996, Heft 9 S. XII).
131 **Fahrtkosten** jedenfalls dann, wenn sie dem Hauswart nur deshalb erstattet werden, weil dieser auch noch andere Anlagen betreut (*LG Bonn* WuM 1998, 553). Als Sachaufwendungen wird man Fahrtkosten jedoch generell als nicht umlegungsfähig ansehen müssen (a. A. *Schmidt-Futterer/Langenberg* § 546 Rn. 151)
132 Kosten für **Kleinteile** (*LG Wuppertal* WuM 1999, 342).
133 **Sachkosten** (*Schmid* Handbuch der Mietnebenkosten, 10. Aufl., Rn. 1035). Möglich ist jedoch ein Ansatz bei anderen Positionen, wenn die Sachkosten dort umlegungsfähig sind, z. B. für Putzmittel bei Nr. 9.
134 **Telefonkosten.** Unstreitig für solche, die auf Verwaltungstätigkeiten entfallen (*AG Hannover* WuM 1994, 435). Als Sachaufwendungen sind Telefonkosten in der Position Hauswart generell nicht umlegungsfähig (a. A. *AG Hannover* WuM 1994, 435). Das gilt auch für die Kosten einer Rufumleitung, wenn sich der Hauswart nur stundenweise im Hause aufhält (*LG Bonn* WuM 1998, 353).

Nr. 15. Die Kosten

a) des Betriebs der Gemeinschafts-Antennenanlage;

hierzu gehören die Kosten des Betriebsstroms und die Kosten der regelmäßigen Prüfung ihrer Betriebsbereitschaft einschließlich der Einstellung durch eine Fachkraft oder das Nutzungsentgelt für eine nicht zu dem Gebäude gehörende Antennenanlage sowie die Gebühren, die nach dem Urheberrechtsgesetz für die Kabelweitersendung entstehen;

oder

b) des Betriebs der mit einem Breitbandkabelnetz verbundenen privaten Verteilanlage;

hierzu gehören die Kosten entsprechend Buchstabe a, ferner die laufenden monatlichen Grundgebühren für Breitbandanschlüsse.

I. Gemeinschafts-Antennenanlage

135 Nicht erfasst sind die Kosten für den Einbau einer Sattelitenempfangsanlage, auch wenn hierfür ein monatlicher Betrag angesetzt wird (*AG Gelsenkirchen* WuM 2004, 234).

II. Mit einem Breitbandkabelnetz verbundene Verteilanlage

136 Keine ansetzbaren Kosten nach Buchst. b) sind die Entgelte für den Anschluss an ein Breitbandkabelnetz, auch wenn diese in Form wiederkehrender Teilzahlungen geleistet werden (*Wienicke* GE 1984, 603). Die Kosten für einen Sperrfilter, der den Empfang bestimmter Programme verhindern soll, weil der Mieter den Anschluss an das Breitbandkabel verweigert hat, sind nicht erfasst (*AG Freiburg* WuM 1996, 285).

Nr. 16. Die Kosten des Betriebs der Einrichtungen für die Wäschepflege

Hierzu gehören die Kosten des Betriebsstroms, die Kosten der Überwachung, Pflege und Reinigung der maschinellen Einrichtung, der regelmäßigen Prüfung ihrer Betriebsbereitschaft und Betriebssicherheit sowie die Kosten der Wasserversorgung entsprechend Nummer 2, soweit sie nicht dort bereits berücksichtigt sind.

Einrichtungen für die Wäschepflege sind alle für die Wäschepflege aufgestellten Einrichtungen, insbesondere Waschmaschinen, Wäscheschleudern, Trockner, Wäscheleinen und Bügelmaschinen. 137

Betriebsstrom: Die Stromkosten müssen über einen eigenen Zähler gesondert erfasst werden, da eine hinreichend genaue Schätzung kaum möglich ist (*Schmid* DWW 1997, 68). 138

Überwachung, Pflege, Reinigung: Diese Maßnahmen müssen die Wascheinrichtung selbst betreffen, nicht den Waschraum 139

Prüfung der Betriebsbereitschaft und Betriebssicherheit: Genannt sind nur die Kosten der Prüfung, nicht Aufwendungen für eine Beseitigung von Störungen. Bei Wartungsverträgen sind deshalb nur die Überprüfungskosten erfasst, nicht die darin enthaltenen Reparaturkosten (*Schmid* DWW 1997, 68). 140

Wasserkosten: Die Wasserkosten können entweder in dieser Position umgelegt werden. Das setzt voraus, dass sie gesondert erfasst werden. Es kann aber auch eine Umlegung zusammen mit den anderen Wasserkosten nach Nr. 2 erfolgen. Wenn die sonstigen Wasserkosten und die Kosten für die Wascheinrichtung verbrauchsabhängig abgerechnet werden, wird es in aller Regel der Billigkeit entsprechen, den Wasserverbrauch gesondert zu erfassen und hier umzulegen (*Schmid* DWW 1997, 68). 141

Instandhaltungspauschale: Nur im Anwendungsbereich der NMV 1970 darf für die Kosten der Instandhaltung der Wascheinrichtungen ein Erfahrungswert als Pauschbetrag angesetzt werden (§ 25 Abs. 1 S. 2 NMV 1970). Instandhaltungskosten sind deshalb in der Regel nicht von § 16 Abs. 3 WEG erfasst. 142

Nicht genannt und deshalb nicht nach dieser Position umlegungsfähig, sind die Kosten für den **Waschraum**. Möglich ist jedoch eine Zuordnung hierdurch veranlasster Betriebskosten zu anderen Positionen des § 2 BetrKV, z. B. zu Nr. 4 ff. für Heizung, zu Nr. 9 für Reinigung, zu Nr. 11 für Beleuchtung, zu Nr. 14 für Hauswartkosten. 143

Ebenfalls nicht genannt sind die **Abwasserkosten**. Ihre Umlegung erfolgt nach § 2 Nr. 3 BetrKV und zwar auch dann, wenn sich die Abwasserkosten nach dem Frischwasserverbrauch richten. 144

Die Kosten der **Verbrauchserfassung und Abrechnung** können nicht in dieser Position erfasst werden (*AG Mühlheim/Ruhr* WuM 2000, 424). 145

Nr. 17. Sonstige Betriebskosten

Hierzu gehören Betriebskosten, die von den Nummern 1 bis 16 nicht erfasst sind.

Ein Wohnungseigentümerbeschluss der nur »sonstige Betriebskosten« nennt ist hinreichend bestimmt. Die einzelnen Betriebskosten, für die eine Umlegungsregelung getroffen werden soll, müssen nicht genannt werden. Die gesetzlich Betriebskostendefinition bietet ausreichende Abgrenzungskriterien. Die für das Mietrecht entwickelte Auffassung, dass die sonstigen Kosten einzeln genannt werden müssen (BGH NZM 2004, 290) dient der Information des Mieters, welche Kosten auf ihn zukommen. Dieser Gesichtspunkt hat für das Wohnungseigentum keine Relevanz, da die Wohnungseigentümer ohnehin alle Kosten tragen müssen. 146

Unter Nr. 17 fallen z. B.:

Überprüfungskosten für **Abflussrohre** (*AG Tiergarten* GE 1996, 1435). 147
Betriebskosten für **Abwasserreinigungsanlagen** (*Kinne* ZMR 2001, 10). 148
Beleuchtungskosten für den Heizungsraum (*Schmid* Handbuch der Mietnebenkosten, 10. Aufl., Rn. 5091). 149
Kosten für einen **Bereitschaftsdienst** (*AG Köln* Mietrechtliche Entscheidungen in Leitsätzen ZMR 1996 Heft 3 S. IV). 150

151 Kosten der Prüfung der **Betriebsbereitschaft und Betriebssicherheit** (vgl. *BGH* ZMR 2007, 361 = GE 2007, 440; a. A. *Wall* WuM 1998, 528). Teilweise sind diese Kosten ausdrücklich angeführt. Im Übrigen handelt es sich um Kosten des Betriebes der jeweiligen Anlage.

152 Kosten für die Wartung einer **Blitzschutzanlage** (*AG Bremervörde* WuM 1987, 198; a. A. *Kinne* GE 2003, 444).

153 **Brandschutzkosten,** insbesondere Wartungskosten für Brandmelde- und Sprinkleranlagen (*AG Köln* Mietrechtliche Entscheidungen in Leitsätzen ZMR 1996 Heft 9 S. XII; a. A. *Kinne* GE 2003, 444).

154 Kosten für eine **Dachrinnenbeheizung** (Schmid, Handbuch der Mietnebenkosten, 10. Aufl., Rn. 5417; a. A. *Eisenhuth* WuM 1987, 88 f.; offen gelassen *AG Lüdenscheid* WuM 1987, 87, 88).

155 **Dachrinnenreinigung.** Die Kosten sind umlegungsfähig, wenn die Reinigung in regelmäßigen Abständen durchgeführt wird, nicht aber wenn eine einmalige Maßnahme aus einem bestimmten Anlass vorliegt oder eine bereits eingetretene Verstopfung beseitigt werden soll (*BGH* WuM 2004, 290).

156 gemeinschaftlich entstehende Kosten bei **Einzelheizungen** außer Schornsteinfegerkosten (vgl. *Schmid* Handbuch der Mietnebenkosten, 10. Aufl., Rn. 6323 ff.).

157 Überprüfungs- und Wartungskosten für **elektrische Anlagen** (*BGH* ZMR 2007, 361 = GE 2007, 440).

158 **Fassadenreinigung** (*Schmid* DWW 2004, 288; a. A. *AG Hamburg* WuM 1995, 652, 653 – Instandsetzung).

159 Wartungskosten für **Feuerlöschgeräte** (*LG Köln* WuM 1997, 230; *LG Berlin* NZM 2002, 65; a. A. *AG Steinfurt* WuM 1993, 135; *AG Hamburg* WuM 1998, 352).

160 Druck- und Dichtigkeitsprüfungen von **Gasleitungen,** sofern die Leitungen nicht zur zentralen Heizungsanlage (*AG Königstein/Ts.* WuM 1997, 684) oder zu einer Etagenheizung (vgl. *Schmid* Handbuch der Mietnebenkosten, 10. Aufl., Rn. 5130) gehören. In diesen Fällen sind die Kosten bei der jeweiligen Position umlegungsfähig. Es handelt sich um eine Überprüfung technischer Einrichtungen.

161 Wartungskosten für **Gasaußenwandheizkörper** (*AG Lichtenberg* WuM 1998, 572).

162 Reinigungskosten für **Lichtschächte** (vgl. *Schmid* Handbuch der Mietnebenkosten, 10. Aufl., Rn. 5201).

163 Kosten der Wartung für eine **Lüftungsanlage** (*AG Köln* Mietrechtliche Entscheidungen in Leitsätzen ZMR 1996 Heft 9 S. XII).

164 **Müllbehälterreinigungskosten** gehören zur Nr. 8 (Rn. 5172).

165 Wartungskosten für **Pumpen** (*LG Berlin* NZM 2002, 65).

166 Wartungskosten für eine **Rauchabzugsanlage** (*Schmid* Handbuch der Mietnebenkosten, 10. Aufl., Rn. 5428; a. A. *LG Berlin* NZM 2000, 27). Aus Sicherheitsgründen ist zumindest eine regelmäßige Funktionsprüfung erforderlich.

167 Erfasst sind die Kosten für die Wartung von **Rauchmeldern,** nicht jedoch die Anschaffungskosten und nach h. M. auch nicht die Anmietkosten.

168 Wartungskosten für **Rücktauschsicherungen** (*LG Braunschweig* ZMR 1984, 243, 245).

169 Betriebskosten für eine **Sauna** (*Bub/Treier* III. A Rn. 41).

170 **Stromkosten, die keiner anderen Position unterfallen,** z. B. für Rolltore und Duplexstellplätze in einer Tiefgarage und für Entlüftungsanlagen (*Kinne* GE 2005, 165 [167].

171 Betriebskosten für eine **Videoüberwachungsanlage** (*Kinne* GE 2005, 165 [167]).

172 Reinigungskosten von **Wärmeversorgungsräumen** bei Fernheizungen (vgl. *AG Berlin-Charlottenburg* GE 1988, 309), sofern man sie nicht bereits den Heizkosten zurechnet.

173 **Warnanlagen in Tiefgaragen** (*Pfeiffer* DWW 2004, 44 [47]).

Nicht unter Nr. 17 fallen z. B.:

174 **Abrechnungskosten,** soweit nicht ausdrücklich etwas anderes bestimmt ist, wie in § 2 Nr. 2, 4, 5, 6 und 8 BetrKV.

175 **Beschichtungen** von Bodenbelägen (*Schmid* Handbuch der Mietnebenkosten, 10. Aufl., Rn. 5199) und Öltank (*Schmid* Handbuch der Mietnebenkosten, 10. Aufl., Rn. 5094).

Kosten der **Bewachung** des Mietobjkts (*OLG Düsseldorf* DWW 1981, 283; a. A. *OLG Celle* ZMR 1999, 338 ff.; *OLG Frankfurt a. M.* ZMR 2004, 182; LG Berlin GE 2005, 237; wohl auch BGH NZM 2005, 452 = WuM 2005, 336). Bewachungskosten sind Kosten der Aufsicht und damit Verwaltungskosten i. S. d. § 2 Abs. 2 Nr. 1 BetrKV (Schmid, Handbuch der Mietnebenkosten, 10. Aufl., Rn. 5439). Teilweise erfolgt eine Zurechnung zu den Hauswartkosten. Ein Abstellen darauf, ob die Bewachung dem Interesse des Vermieters oder des Mieter dient, verbundenen mit einer nur anteiligen Umlegung der Kosten (so *LG Köln* WuM 2004, 400) ist weder rechtsdogmatisch begründbar noch praktikabel. 176

Kosten für die Kontrolle der **Dachflächen**. Zwar sind solche Kontrollen notwendig (a. A. *Wall* WuM 1998, 530), damit sich der Vermieter im Falle eines Schadens nach § 836 Abs. 1 S. 2 BGB entlasten kann (*LG Offenburg* NJW-RR 2002, 596). Es handelt sich jedoch um Verwaltungskosten. 177

Anschaffungs- und Installationskosten für **Feuerlöschgeräte** (*LG Berlin* GE 2005, 237). 178

Spülung der **Fußbodenheizung** (*AG Köln* WuM 1999, 235). 179

Mietkosten für einen **Gastank** (*AG Bad Kreuznach* WuM 1989, 310; vgl. jedoch Rn. 5457). 180

Kosten für die Aufstellung eines **Geldautomaten** (*Ormanschick* WE 2000, 24). 181

Kosten für die Beseitigung von **Graffitis** (*AG Köln* WuM 2001, 515 – Instandsetzung). 182

Instandhaltungskosten, die keine laufenden Wartungskosten sind. 183

Instandsetzungskosten (*LG Braunschweig* ZMR 1973, 154). 184

Mietkosten sind in Nr. 2, 4–6 und 15 ausdrücklich genannt. Im Übrigen wird eine Umlegbarkeit generell verneint (*Wall* WuM 1998, 528). Dem ist jedoch nicht uneingeschränkt zu folgen. Wenn eine Anmietung von Gerätschaften zur Erfüllung von Aufgaben sachgerecht ist und die Aufwendungen für diese Aufgaben Betriebskosten sind, wird eine Erfassung der Miete vom Betriebskostenbegriff nicht ausgeschlossen (vgl. *Schmid* ZMR 2000, 197 ff.). 185

Kosten für einen **Pförtner** (Concierge, Doorman) werden vom *BGH* (NZM 2005, 542 = WuM 2005, 336) grundsätzlich als sonstige Betriebskosten anerkannt, sind aber nur erfasst, wenn eine konkrete Notwendigkeit besteht. Der *BGH* musste zu dem Problem nicht abschließend Stellung nehmen, da es an einer konkreten Notwendigkeit fehlte. Das *LG Berlin* (GE 2007, 657) bejaht eine solche Notwendigkeit, wenn die Gefahr besteht, dass Einbrecher das Gebäude betreten. Verfehlt zieht das Gericht auch die Entgegennahme von Postsendungen, die Wahrnehmung von Ableseterminen und die Aufbewahrung von Schlüsseln durch den Doorman heran. Jedenfalls insoweit handelt es sich um Verwaltungskosten. 186

Umzugskostenpauschalen. Insoweit kommt eine Regelung nach § 21 Abs. 7 WEG in Betracht. 187

Verordnung zur Berechnung der Wohnfläche (Wohnflächenverordnung – WoFlV)

§ 1 Anwendungsbereich, Berechnung der Wohnfläche

(1) Wird nach dem Wohnraumförderungsgesetz die Wohnfläche berechnet, sind die Vorschriften dieser Verordnung anzuwenden.

(2) Zur Berechnung der Wohnfläche sind die nach § 2 zur Wohnfläche gehörenden Grundfläche nach § 3 zu ermitteln und nach § 4 auf die Wohnfläche anzurechnen.

A. Anwendungsbereich

1 Die WoFlV wurde als Bundesrecht erlassen aufgrund der Ermächtigungsgrundlage des § 19 Abs. 1 S. 2 WoFG a. F. § 19 WoFG in der Fassung des Föderalismusreform-Begleitgesetzes vom 5.9.2006 (BGBl. I S. 2098) ermächtigt nunmehr die Länder, Vorschriften zur Berechnung der Grundfläche und zur Anrechenbarkeit auf die Wohnfläche zu erlassen.

2 Das Verhältnis der Wohn- und Nutzflächen ist als Regelmaßstab vorgesehen in § 556a Abs. 1 BGB, § 20 Abs. 2 S. 1 NMV 1970 und in § 7 Abs. 1 S. 2, § 8 Abs. 1 HeizkostenV für den verbrauchsunabhängigen Anteil der Heiz- und Warmwasserkosten. Entsprechend der Ermächtigungsgrundlage des § 19 WoFG gilt die WoFlV unmittelbar nur, wenn die Wohnfläche nach dem WoFG berechnet wird (§ 1 Abs. 1 WoFlV). Kraft ausdrücklicher Verweisung in § 42 Abs. 2 S. 1 II. BV n. F. i. V.m. § 2 NMV 1970 sind die Vorschriften der WoFlV anzuwenden, wenn für preisgebundenen Wohnraum nach dem 31.12.2003 bauliche Veränderungen vorgenommen werden, die eine Neuberechnung der Wohnfläche erforderlich machen.

3 Im Wohnungseigentumsrecht spielt die Wohnfläche vor allem bei der Verteilung der Heizkosten eine Rolle (oben Rn. 1). Außerdem finden sich in Teilungserklärungen und Vereinbarungen Regelungen über die Kostenverteilung, die auf die Wohnfläche abstellen. Auch ist zu erwarten, dass Beschlüsse nach § 16 Abs. 3 WEG die Wohnfläche als Abrechnungsmaßstab heranziehen. Für das Wohnungseigentumsrecht gibt es keine besonderen Berechnungsvorschriften. In Ermangelung einer anderweitigen Regelung bietet es sich jedoch an, die Vorschriften der WoFlV grundsätzlich heranzuziehen. Da es keine zwingende gesetzliche Regelung gibt und auch im allgemeinen Sprachgebrauch keine klaren Konturen des Wohnflächenbegriffs erkennbar sind (*BGH* NZM 2001, 234), können auch andere Berechnungsmethoden angewendet werden. Es ist dringend zu empfehlen, bei der Festlegung dieses Maßstabes auch die Berechnungsweise zu bestimmen.

B. Besonderheiten der Wohnflächenberechnung für Betriebskosten

4 Auch beim Wohnungseigentum spielt die Wohnfläche vor allem bei der Verteilung der Betriebskosten eine Rolle. Die Vorschriften der WoFlV sind jedoch nicht auf die Betriebskostenumlegung zugeschnitten und würden uneingeschränkt angewendet zu teilweise grob unbilligen Ergebnissen führen. Es sind deshalb folgende **Einschränkungen** zu machen (*Schmid* Handbuch der Mietnebenkosten, 10. Aufl., Rn. 4134 a ff.):

5 a) Räume, die den Anforderungen des **Bauordnungsrechts** nicht genügen (§ 2 Abs. 3 Nr. 2 WoFlV), sind bei der Wohnflächenberechnung zu berücksichtigen, da andernfalls eine sachlich nicht zu rechtfertigende Privilegierung der Mieter dieser Räume eintreten würde.

6 b) **Zubehörräume** (§ 2 Abs. 3 Nr. 1 WoFlV), die nur einer Wohnung zur Verfügung stehen, können besondere Betriebskosten verursachen, insbesondere wenn sie beheizt sind (z. B. Keller) oder über einen Warm- und/oder Kaltwasseranschluss verfügen (z. B. Garagen). Sie sind dann bei der Verteilung der Kosten mit einzubeziehen. Dem unterschiedlichen Nutzungswert oder der unterschiedlichen Kostenverursachung kann entweder dadurch Rechnung getragen werden, dass die Räume entsprechend dem geringeren Nutzungswert und einer geringeren Kostenverursachung analog § 4 Nr. 4 WoFlV nur mit einer geringeren Grundfläche, höchstens bis zur Hälfte ih-

rer Grundfläche in die Wohnflächenberechnung miteinbezogen werden (vgl. *LG Berlin* GE 2001, 923).

c) **Geschäftsräume** (§ 2 Abs. 3 Nr. 2 WoFlV) sind in die Berechnung einzubeziehen, wenn sie sich innerhalb der Wohnung befinden, z. B. ein häusliches Arbeitszimmer. 7

d) Gehören **selbständige Räume**, die nach §§ 2, 4 WoFlV nicht oder nur zum Teil berücksichtigt werden, nicht ausschließlich zu einer bestimmten Wohnung, sind diese Vorschriften nicht anwendbar. Dienen die Räume allen Wohnungseigentümern, bleiben sie bei der Flächenberechnung außer Betracht. Sind sie nur einer Wohnung zugeordnet, müssen sie bei der Ermittlung der Gesamtfläche berücksichtigt werden. Dem unterschiedlichen Nutzungswert oder der unterschiedlichen Kostenverursachung kann durch einen unterschiedlichen Ansatz Rechnung getragen werden (vgl. Rn. 6). 8

f) Für die Betriebskostenumlegung ist das Verhältnis der Wohnflächen der einzelnen Wohnungen maßgebend. Flächen, die nicht oder nicht in vollem Umfang berücksichtigt werden, bleiben auch bei der Ermittlung der **Gesamtwohnfläche** außer Betracht. 9

g) Entsprechende Korrekturen sind je nach Sachlage auch bei **anderen Berechnungsmethoden** erforderlich. 10

§ 2 Zur Wohnfläche gehörende Grundflächen

(1) Die Wohnfläche einer Wohnung umfasst die Grundfläche der Räume, die ausschließlich zu dieser Wohnung gehören. Die Wohnfläche eines Wohnheims umfasst die Grundfläche der Räume, die zur alleinigen und gemeinschaftlichen Nutzung durch die Bewohner bestimmt sind.

(2) Zur Wohnfläche gehören auch die Grundflächen von

1. Wintergärten, Schwimmbädern und ähnlichen nach allen Seiten geschlossenen Räumen sowie

2. Balkonen, Loggien, Dachgärten und Terrassen,

wenn sie ausschließlich zu der Wohnung oder dem Wohnheim gehören.

(3) Zur Wohnfläche gehören nicht die Grundflächen folgender Räume:

1. Zubehörräume, insbesondere:

    a) Kellerräume,

    b) Abstellräume und Kellerersatzräume außerhalb der Wohnung,

    c) Waschküchen,

    d) Bodenräume,

    e) Trockenräume,

    f) Heizungsräume und

    g) Garagen,

2. Räume, die nicht den an ihre Nutzung zu stellenden Anforderungen des Bauordnungsrechts der Länder genügen, sowie

3. Geschäftsräume.

Eine **Wohnung** ist die Summe der Räume, die zur dauernden Führung eines selbstständigen Haushalts objektiv – tatsächlich und rechtlich – geeignet und hierzu vom Verfügungsberechtigten bestimmt sind (*BVerwG* ZMR 1986, 138). Die Verordnung kann auch für die Flächenberechnung einzelner, keine Wohnung bildender Räume angewendet werden (*Eisenschmid* WuM 2004, 3 [4]). 1

§ 3 WoFlV | Ermittlung der Grundfläche

2 Zur Anrechnung der in Absatz 2 genannten Flächen s. § 4 Nr. 2 und 3 WoFlV.

3 **Zubehörräume** sind Räume, die nicht dem dauernden oder vorübergehenden Aufenthalt zu unmittelbaren Wohnzwecken, gleichwohl aber mittelbar Wohnzwecken dienen und außerhalb des engeren Wohnbereichs liegen (Amtliche Begründung BR-Drucks 568/03). Nach ihrer Beschaffenheit und Funktion kann es sich nur um Räume handeln, die nicht gleichzeitig Wohnraum sind (*BVerwG* ZMR 1974, 629).

4 Die Aufzählung der Zubehörräume ist beispielhaft (»namentlich«). Zubehörräume sind z. B. auch Schuppen (Amtliche Begründung BR-Drucks 568/03). Waschküchen sind Waschräume außerhalb der Wohnung (*Eisenschmid* WuM 2004, 3 [7]).

5 Ein »Hobbyraum« ist kein Zubehörraum sondern Wohnraum, wenn er durch Fenster belichtet, zentral beheizt, mit Rauputz versehen, mit Teppichboden ausgelegt und von Erdgeschoss aus über eine Treppe zu erreichen (*BVerwG* ZMR 1998, 191 [193]). Der Zugehörigkeit zur Wohnfläche kann jedoch im Einzelfall § 2 Abs. 3 Nr. 2 entgegenstehen.

6 Abstellräume und Kellerersatzräume innerhalb der Wohnung gehören zur Wohnfläche.

7 Dasselbe gilt für Räume innerhalb der Wohnung, die vorwiegend zum Waschen oder Trocknen genutzt werden.

8 Für die Bauordnungswidrigkeit kommet es darauf an, ob die räume dem materiellen Baurecht widersprechen (*Eisenschmid* WuM 2004, 3 [8]).

9 **Geschäftsräume** sind Räume, die nach ihrer baulichen Anlage und Ausstattung auf Dauer anderen als Wohnzwecken, insbesondere gewerblichen und beruflichen Zwecken, zu dienen bestimmt sind und solchen Zwecken dienen Die Geschäftsraumeigenschaft kann sich auch aus dem Bauordnungsrecht ergeben; denn Räume, die danach nur gewerblich oder beruflich genutzt werden dürfen, können nicht Teil einer Wohnung sein (*Silberkuh* ZMR 1996, 149). Der Begriff des Geschäftsraumes ist nicht identisch mit dem in § 580 a Abs. 2 BGB verwendeten.

§ 3 Ermittlung der Grundfläche

(1) Die Grundfläche ist nach den lichten Maßen zwischen den Bauteilen zu ermitteln; dabei ist von der Vorderkante der Bekleidung der Bauteile auszugehen. Bei fehlenden begrenzenden Bauteilen ist der bauliche Abschluss zu Grunde zu legen.

(2) Bei der Ermittlung der Grundfläche sind namentlich einzubeziehen die Grundflächen von

1. **Tür- und Fensterbekleidungen sowie Tür- und Fensterumrahmungen,**

2. **Fuß-, Sockel- und Schrammleisten,**

3. **fest eingebauten Gegenständen, wie z. B. Öfen, Heiz- und Klimageräten, Herden, Bade- oder Duschwannen,**

4. **freiliegenden Installationen,**

5. **Einbaumöbel und**

6. **nicht ortsgebundenen, versetzbaren Raumteilern.**

(3) Bei der Ermittlung der Grundflächen bleiben außer Betracht die Grundflächen von

1. **Schornsteinen, Vormauerungen, Bekleidungen, freistehenden Pfeilern und Säulen, wenn sie eine Höhe von mehr als 1,50 Meter aufweisen und ihre Grundfläche mehr als 0,1 Quadratmeter beträgt,**

2. **Treppen mit über drei Steigungen und deren Treppenabsätze,**

3. **Türnischen und**

4. **Fenster- und offenen Wandnischen, die nicht bis zum Fußboden herunterreichen oder bis zum Fußboden herunterreichen und 0,13 Meter oder weniger tief sind.**

(4) Die Grundfläche ist durch Ausmessung im fertig gestellten Wohnraum oder auf Grund einer Bauzeichnung zu ermitteln. Wird die Grundfläche auf Grund einer Bauzeichnung ermittelt, muss diese

1. für ein Genehmigungs-, Anzeige-, Genehmigungsfreistellungs- oder ähnliches Verfahren nach dem Bauordnungsrecht der Länder gefertigt oder, wenn ein bauordnungsrechtliches Verfahren nicht erforderlich ist, für ein solches geeignet sein und

2. die Ermittlung der lichten Maße zwischen den Bauteilen im Sinne des Absatzes 1 ermöglichen.

Ist die Grundfläche nach einer Bauzeichnung ermittelt worden und ist abweichend von dieser Bauzeichnung gebaut worden, ist die Grundfläche durch Ausmessung im fertig gestellten Wohnraum oder auf Grund einer berichtigten Bauzeichnung neu zu ermitteln.

Der Putz oder andere Wandbekleidungen gelten als Bestandteil der Bauteile. 1

Absatz 2 benennt beispielhaft Grundflächen, deren Zugehörigkeit zur Grundfläche eines Raumes zweifelhaft sein könnte (Amtliche Begründung BR-Drucks 568/03). 2

Absatz 3 beinhaltet eine abschließende Regelung für nicht anrechenbare Grundflächen. 3

§ 4 Anrechnung der Grundflächen

Die Grundflächen

1. von Räumen und Raumteilen mit einer lichten Höhe von mindestens zwei Metern sind vollständig,

2. von Räumen und Raumteilen mit einer lichten Höhe von mindestens einem Meter und weniger als zwei Metern sind zur Hälfte,

3. von unbeheizbaren Wintergärten, Schwimmbädern und ähnlichen nach allen Seiten geschlossenen Räumen sind zur Hälfte,

4. von Balkonen, Loggien, Dachgärten und Terrassen sind in der Regel zu einem Viertel, höchstens jedoch zur Hälfte

anzurechnen.

Räume und Raumteile mit einer Höhe von weniger als 1 Meter sind nicht anzurechnen 1

Die Anrechnungsvorschriften der Nr. 1 bis 3 sind zwingend. Bei Nr. 4 handelt es sich um eine nach oben begrenzte Regelanrechnungsvorschrift. 2

Beheizbare Wintergärten sind auf die Wohnfläche voll anzurechnen (Amtliche Begründung BR-Drucks 568/03; *Schach* GE 2003, 1594). Beheizbar ist ein Wintergarten, wenn er mit dem gleichen Heizsystem beheizt wird, wie der restliche Wohnraum; die bloße Möglichkeit einen Elektroofen aufzustellen, genügt nicht (*Eisenschmid* WuM 2004, 3 [5]). 3

Wenn man zwischen Dachgärten und Dachterrassen nach der gärtnerischen Gestaltung durch den Vermieter differenzieren will, ist Nr. 4 auf Dachterrassen entsprechend anzuwenden (*Langenberg* NZM 2004, 43). 4

Eine Abweichung von der Regelanrechnung zu einem Viertel ist nur dann zulässig, wenn besondere Umstände des Einzelfalls dies rechtfertigen. Die Anrechnung von mehr als einem Viertel bis zur Hälfte kommt insbesondere bei besonders guten Lagen oder aufwendigen Balkon- oder Terrassengestaltungen in Betracht, die zu einem höheren Wohnwert des Balkons oder der Terrasse führen als im Normalfall gegeben. Auch Abweichungen nach unten sind in Ausnahmefällen denkbar, etwa wenn ein Balkon auf Grund seiner Lage nicht oder nur sehr eingeschränkt nutzbar ist (beispielsweise Erdgeschoss- bzw. Hochparterrelage an stark befahrener Straßenkreuzung). Ein geringerer Ansatz kann ferner gerechtfertigt sein, wenn große Flächen zu einem unangemes- 5 sen großen Anteil an der Gesamtwohnfläche führen würden. Auch bei Maßnahmen in bestehenden Gebäuden, deren übrige Wohnfläche nach den §§ 42 bis 44 II. BV berechnet wurde und in denen nach § 1 WoFlV eine Berechnung der Wohnfläche erforderlich wird, etwa bei Aufstockungen oder bei der Zusammenlegung von Wohnungen, kann ausnahmsweise eine Abweichung von der Regel der Viertelanrechnung gerechtfertigt sein (Amtliche Begründung BR-Drucks 568/03).

6 Das Maß der Anrechnung kann in der Förderzusage nach § 13 WoFG geregelt werden (*Langenberg* NZM 2004, 43). Ansonsten sind objektive Kriterien maßgebend, wobei dem Vermieter und den Wohnungseigentümern ein gewisser Beurteilungsspielraum einzuräumen ist. Das gilt auch für preisfreien Wohnraum, wenn die Wohnfläche nach der WoFlV berechnet wird (MieWo/*Schmid* § 5 WoFlV Rn. 5: a. A. *Langenberg* NZM 2004, 43).

§ 5 Überleitungsvorschrift

Ist die Wohnfläche bis zum 31. Dezember 2003 nach der Zweiten Berechnungsverordnung in der Fassung der Bekanntmachung vom 12. Oktober 1990 (BGBl. I S. 2178), zuletzt geändert durch Artikel 3 der Verordnung vom 25. November 2003 (BGBl. I S. 2346), in der jeweils geltenden Fassung berechnet worden, bleibt es bei dieser Berechnung. Soweit in den in S. 1 genannten Fällen nach dem 31. Dezember 2003 bauliche Änderungen an dem Wohnraum vorgenommen werden, die eine Neuberechnung der Wohnfläche erforderlich machen, sind die Vorschriften dieser Verordnung anzuwenden.

1 Die Vorschrift hat nur mietrechtliche Bedeutung (vgl. hierzu MieWo/*Schmid* § 5 WoFlV).
2 Bei der Berechnung der Wohnfläche von Eigentumswohnungen bestehen keine Bedenken dagegen, dass eine frühere (ordnungsmäßige) Berechnung beibehalten wird. Die Verordnung begründet keine Verpflichtung zu einer Neuberechnung.

Verordnung über die verbrauchsabhängige Abrechnung der Heiz- und Warmwasserkosten (Verordnung über Heizkostenabrechnung – HeizkostenV)

§ 1 Anwendungsbereich

(1) Diese Verordnung gilt für die Verteilung der Kosten

1. des Betriebs zentraler Heizungsanlagen und zentraler Warmwasserversorgungsanlagen,
2. der eigenständig gewerblichen Lieferung von Wärme und Warmwasser, auch aus Anlagen nach Nummer 1 (Wärmelieferung, Warmwasserlieferung),

durch den Gebäudeeigentümer auf die Nutzer der mit Wärme oder Warmwasser versorgten Räume.

(2) Dem Gebäudeeigentümer stehen gleich

1. der zur Nutzungsüberlassung in eigenem Namen und für eigene Rechnung Berechtigte,
2. derjenige, dem der Betrieb von Anlagen im Sinne des § 1 Abs. 1 Nr. 1 in der Weise übertragen worden ist, daß er dafür ein Entgelt vom Nutzer zu fordern berechtigt ist,
3. beim Wohnungseigentum die Gemeinschaft der Wohnungseigentümer im Verhältnis zum Wohnungseigentümer, bei Vermietung einer oder mehrerer Eigentumswohnungen der Wohnungseigentümer im Verhältnis zum Mieter.

(3) Diese Verordnung gilt auch für die Verteilung der Kosten der Wärmelieferung und Warmwasserlieferung auf die Nutzer der mit Wärme oder Warmwasser versorgten Räume, soweit der Lieferer unmittelbar mit den Nutzern abrechnet und dabei nicht den für den einzelnen Nutzer gemessenen Verbrauch, sondern die Anteile der Nutzer am Gesamtverbrauch zugrunde legt; in diesen Fällen gelten die Rechte und Pflichten des Gebäudeeigentümers aus dieser Verordnung für den Lieferer.

(4) Diese Verordnung gilt auch für Mietverhältnisse über preisgebundenen Wohnraum, soweit für diesen nichts anderes bestimmt ist.

A. Nutzer

Nutzer ist nicht nur derjenige, der Heizung und Warmwasser in tatsächlich in Anspruch nimmt, sondern jeder, der die versorgten Räume nutzt. Auch derjenige, der nichts verbraucht, wird mit Festkosten belastet (§§ 7, 8 HeizkostenV). 1

Nutzer kann auch derjenige sein, der Heizung und Warmwasser nicht selbst verbraucht, sondern einem Dritten zur Verfügung stellt, wie etwa der vermietende Wohnungseigentümer seinem Mieter. Der Wohnungseigentümer ist Nutzer, wenn er die Räume selbst nutzt oder für die leerstehenden Räume in die Kostenverteilung einzubeziehen ist (Schmid, Handbuch der Mietnebenkosten, Rn. 6024). 2

Im Verhältnis der Wohnungseigentümergemeinschaft ist der Wohnungseigentümer stets Nutzer (unten Rn. 9). 2a

B. Versorgung durch den Gebäudeeigentümer

I. Gebäudeeigentümer

Gebäudeeigentümer ist in der Regel der Grundstückseigentümer (§§ 93, 94 BGB). Im Falle der Zwangsverwaltung treffen die Pflichten des Gebäudeeigentümers den Zwangsverwalter, bei Insolvenz den Insolvenzverwalter (*Lammel* HeizkostenV § 1 Rn. 25). 3

§ 1 HeizkostenV | Anwendungsbereich

II. Zentrale Heizungs- und Warmwasseranlagen (§ 1 Abs. 1 Nr. 1 HeizkostenV)

4 Zentrale Heizungs- und Warmwasserversorgungsanlagen sind Anlagen, die von einer Stelle aus mehrere Nutzer mit Wärme oder Warmwasser versorgen (*Fischer-Dieskau/Pergande/Brintzinger* § 1 HeizkostenV Anm. 4). Hierzu gehören auch so genannte Blockheizwerke, bei denen durch eine zentrale Anlage mehrere Häuser versorgt werden (vgl. *OLG Köln* ZMR 1991, 141). Auch mehrere Anlagen in einem Hause werden erfasst, wenn durch die jeweilige Anlage mehrere Nutzer versorgt werden, z.B Stockwerksheizungen (*Lammel* HeizkostenV § 1 Rn. 5).

III. Wärme- und Warmwasserlieferung (§ 1 Abs. 1 Nr. 2 HeizkostenV)

5 Die Regelung betrifft die eigenständig gewerbliche Lieferung von Wärme und Warmwasser, wobei es gleichgültig ist, ob die Lieferung aus einer Anlage nach Abs. 1 Nr. 1 oder aus sonstigen Quellen erfolgt. Erfasst sind die Fälle, in denen der Gebäudeeigentümer Wärme und Warmwasser von einem Lieferer ankauft und die Kostenverteilung auf die Nutzer vornimmt.

5a Die mietrechtliche Problematik der Kostenumlegung bei nachträglichem Übergang zur Wärmelieferung (vgl. Schmid, Handbuch der Mietnebenkosten, 10. Aufl., Rn. 6016 ff.) stellt sich im Verhältnis der Wohnungseigentümer zueinander in dieser Form nicht, da alle anfallenden Kosten bezahlt werden müssen. Wohl aber besteht die Problematik im Verhältnis des vermietenden Wohnungseigentümers zu seinem Mieter. Zur wohnungseigentumsrechtlichen Problematik siehe § 3 HeizkostenV Rn. 19.

C. Dem Gebäudeeigentümer Gleichgestellte

I. Überlassungsberechtigte (§ 1 Abs. 2 Nr. 1 HeizkostenV)

6 Zur Nutzungsüberlassung im eigenen Namen und auf eigene Rechnung ist berechtigt, wer seine Befugnis zur Nutzungsüberlassung von einem anderen ableitet. Gleichgültig ist der Rechtsgrund für die Überlassungsberechtigung. Unter § 1 Abs. 2 Nr. 1 HeizkostenV fallen z.B Nießbraucher, Wohnungsrechtsinhaber, Inhaber eines Dauerwohn- und Dauernutzungsrechts, sofern sie den Gebrauch einem Dritten überlassen, der Mieter im Verhältnis zum Untermieter, der Pächter im Verhältnis zum Unterpächter. Für das Wohnungseigentum gilt die Sonderregelung des § 1 Abs. 2 Nr. 3 HeizkostenV (vgl. Rn. 9 ff.).

II. Anlagenbetreiber (§ 1 Abs. 2 Nr. 2 HeizkostenV)

7 Absatz 2 Nr. 2 betrifft die Fälle, in denen ein Dritter mit dem Betrieb der zentralen Anlage beauftragt ist und diesem Dritten die Berechtigung eingeräumt wird, ein Entgelt unmittelbar von den Nutzern zu fordern. Der Dritte wird hier nicht eigenständig gewerblich tätig, sondern erfüllt, wenn auch mit eigener Abrechnungsbefugnis die Versorgungsverpflichtung des Gebäudeeigentümers auf Grund des Nutzungsvertrages (*Lammel* § 1 Rn. 32 ff.).

8 Folge der Gleichstellung ist, dass den Anlagebetreiber alle Pflichten aus der HeizkostenV treffen, also sowohl die Verbrauchserfassung als auch die verbrauchsabhängige Kostenverteilung.

III. Wohnungseigentum (§ 1 Abs. 2 Nr. 3 HeizkostenV)

9 Im Verhältnis zu den einzelnen Wohnungseigentümern steht die Gemeinschaft der Wohnungseigentümer dem Gebäudeeigentümer gleich. Demzufolge ist hier der einzelne Wohnungseigentümer Nutzer.

10 Vermietet der Wohnungseigentümer eine oder mehrere Wohnungen, so hat er eine Doppelstellung. Er ist im Verhältnis zur Wohnungseigentümergemeinschaft Nutzer und im Verhältnis zu dem oder den Mietern dem Gebäudeeigentümer gleichgestellt.

11 Der Heizkostenbetrag für den Mieter eines Wohnungseigentümers muss nicht immer identisch sein mit dem Betrag, der dem Wohnungseigentümer von der Gemeinschaft in Rechnung gestellt wird (vgl. *AG Berlin-Neukölln* GE 1987, 1003). Das kann vor allem dann der Fall sein, wenn ein Beschluss über eine Abrechnung, die nicht exakt der HeizkostenV entspricht, bestandskräftig wird

(vgl. § 3 HeizkostenV) oder wenn verschiedene Verteilungsschlüssel Anwendung finden. Die wohnungseigentumsrechtliche Rechtsprechung betont nämlich das freie Gestaltungsrecht der Wohnungseigentümer und verweist den vermietenden Wohnungseigentümer auf eine Anpassung des Mietvertrages (*LG Hannover* WuM 1998, 741 [742]). Das ist aber nicht möglich, wenn dem Vermieter kein einseitiges Änderungsrecht zusteht und der Mieter zu einer Vertragsänderung nicht bereit ist.

Nach § 1 Abs. 6, § 30 Abs. 3 S. 2 WEG gelten die Vorschriften für das Wohnungseigentum, für das Teileigentum, das Wohnungserbbaurecht und das Teilerbbaurecht entsprechend. § 1 Abs. 2 Nr. 3 HeizkostenV ist deshalb auf diese Rechte anwendbar (*Demmer* MDR 1981, 530). 12

Zu den Besonderheiten bei der Anwendung der HeizkostenV in Wohnungseigentümergemeinschaften vgl. § 3 HeizkostenV sowie die Erläuterungen bei den einzelnen Vorschriften. 13

D. Wärme- und Warmwasserlieferer

Nicht dem Gebäudeeigentümer gleichgestellt sind die Lieferer von Wärme und Warmwasser. Sie haben in bestimmten Fällen nach § 1 Abs. 3 HeizkostenV die Rechte und Pflichten des Gebäudeeigentümers aus der HeizkostenV. 14

Die eigenständig gewerbliche Lieferung kann auch durch den Gebäudeeigentümer selbst erfolgen (*Schmid* Handbuch der Mietnebenkosten Rn. 6047, *Schubart/Kohlenbach/Wienicke* § 1 HeizkostenV Anm. 3 für Kommunen, die aus einem eigenen Heizkraftwerk eigene Häuser versorgen; a. A. *Peruzzo* Erl. zu § 1 Abs. 1 HeizkostenV). 15

§ 1 Abs. 3 HeizkostenV betrifft die Fälle, in denen der Lieferer unmittelbar mit den Nutzern abrechnet und bei der Abrechnung die Anteile der Nutzer am Gesamtverbrauch zugrunde legt. § 1 Abs. 3 HeizkostenV gilt also nicht, wenn die Kosten dem Gebäudeeigentümer in Rechnung gestellt werden oder wenn der tatsächliche Verbrauch des einzelnen Nutzers gemessen und dieser unabhängig vom Gesamtverbrauch der Abrechnung zugrunde gelegt wird. 16

Die Regelung betrifft die Kostenverteilung. Der Lieferer wird hierdurch nicht in seiner Preisbildung beeinträchtigt (*Peruzzo* Anm. zu § 1 Abs. 3 HeizkostenV). 17

Soweit nicht nach der HeizkostenV abgerechnet wird, ist die AVB FernwärmeV zu beachten (vgl. *Peruzzo* Erl. zu § 1 Abs. 3 HeizkostenV). 18

E. Einzelheizung

Keine Anwendung findet die HeizkostenV für Wärme- und Warmwasserbereitung, die durch den Gebäudeeigentümer oder den Verbraucher selbst dezentral erfolgt, z. B. durch Einzelöfen oder Etagenheizungen, wenn ein Nutzer die gesamte Etage nutzt. 19

§ 2 Vorrang vor rechtsgeschäftlichen Bestimmungen

Außer bei Gebäuden mit nicht mehr als zwei Wohnungen, von denen eine der Vermieter selbst bewohnt, gehen die Vorschriften dieser Verordnung rechtsgeschäftlichen Bestimmungen vor.

A. Vorrang der HeizkostenV

I. Grundlagen

§ 2 HeizkostenV bestimmt den grundsätzlichen Vorrang der Vorschriften der HeizkostenV vor rechtsgeschäftlichen Regelungen. Da Vereinbarungen nicht für nichtig oder unwirksam erklärt werden, wird angenommen, dass lediglich eine Überlagerung der rechtsgeschäftlichen Bestimmungen eintritt mit der Folge, dass im Falle einer Aufhebung der HeizkostenV die rechtsgeschäftlichen Regelungen wieder anwendbar sind (*Demmer* MDR 1981, 530/531). Rechtstheoretisch handelt es sich bei § 2 HeizkostenV nicht um ein Verbotsgesetz im Sinne des § 134 BGB, sondern um eine Kollisionsnorm, die den Vorrang der Verordnung vor dem Rechtsgeschäft festlegt (*OLG Düs-* 1

§ 2 HeizkostenV | Vorrang vor rechtsgeschäftlichen Bestimmungen

seldorf ZMR 2003, 109 [110]; offen gelassen von BGH ZMR 2006, 766 = GE 2006, 1094 = WuM 2006, 518).

2 Entgegen einer früher verbreiteten Auffassung hat der BGH (ZMR 2006, 766 = GE 2006, 1094 = WuM 2006, 418) entschieden, dass die Geltung der Vorschriften der HeizkostenV nicht davon abhängig, dass der Gebäudeeigentümer oder der Nutzer eine verbrauchsabhängige Kostenverteilung verlangt. Vielmehr wird dadurch, dass die Vorschriften der HeizkostenV abweichenden Vereinbarungen gemäß § 2 HeizkostenV ohne weiteres »vorgehen«, die rechtsgeschäftliche Gestaltungsfreiheit der Parteien kraft Gesetzes eingeschränkt.

II. Folgerungen

3 Das hat zur Konsequenz, dass für den Fall, dass die HeizkostenV einmal aufgehoben werden sollte, die entgegenstehenden vertraglichen Regelungen wieder Geltung erlangen (*Demmer* MDR 1981, 530, 531). Entsprechendes gilt, wenn der Ausnahmetatbestand des § 2 HeizkostenV eintritt (*Schmid*, Handbuch der Mietnebenkosten, Rn. 6090 f.).

4–5 (unbesetzt)

III. Umfang des Vorranges

6 Der Vorrang der HeizkostenV reicht nur soweit, als die HeizkostenV Regelungen enthält.

7 Vereinbarungen in Abweichung oder Ergänzung zur HeizkostenV können auch dort getroffen werden, wo die HeizkostenV dies ausdrücklich zulässt. Zur Vereinbarung eines höheren verbrauchsabhängigen Anteils s. § 10 HeizkostenV, zu Vereinbarungen bei einem Nutzerwechsel § 9b Abs. 4 HeizkostenV, zur Kostenverteilung bei gemeinschaftlich genutzten Räumen § 6 Abs. 3 S. 2 HeizkostenV, zum Wahlrecht bei den Warmwasserkosten zu § 8 HeizkostenV.

8 Zur vereinbarten Anwendung der HeizkostenV in den Fällen einer Ausnahme nach § 11 HeizkostenV siehe § 11 HeizkostenV.

B. Ausnahme: Zwei Wohnungen, von denen eine selbst genutzt wird

I. Regelungsbereich

1. Grundsätzliches

9 Nach § 2 HeizkostenV kann rechtsgeschäftlich von der HeizkostenV abgewichen werden, wenn sich in einem Gebäude nicht mehr als zwei Wohnungen befinden und der Vermieter eine dieser Wohnungen selbst bewohnt. Grundgedanke dieser Regelung ist die Meinung des Gesetzgebers, dass in diesen Fällen die Parteien gemeinsam bemüht sein werden, auch ohne den Druck der HeizkostenV Kosten und damit Energie zu sparen (*Müller* GE 1984, 448). Ob dies zutrifft, erscheint zweifelhaft (vgl. *Blank* WE 1993, 104; *Schmid* FGPrax 2004, 103). Es gibt nämlich keinen Erfahrungssatz, dass Vermieter auf die Energieeinsparung mehr bedacht sind als Mieter. Die Regelung ist jedoch insoweit zu begrüßen, als bei Zweifamilienhäusern der Aufwand für Messeinrichtungen, Ablesung und Abrechnung nicht verhältnismäßig ist.

2. Analoge Anwendung, insbesondere beim Wohnungseigentum

10 Eine analoge Anwendung dieses Ausnahmetatbestandes ist in den Fällen möglich und geboten, in denen eine Eigentumswohnanlage nur aus zwei Wohnungen besteht und beide Wohnungen von dem jeweiligen Eigentümer bewohnt werden. Geht man nämlich von dem dieser Regelung zugrunde liegenden Gedanken (oben Rn. 10) aus, so ist ein gesetzlicher Zwang auch unnötig, wenn beide Wohnungen vom jeweiligen Wohnungseigentümer bewohnt werden (*AG Hamburg-Blankenese* ZMR 2004, 544). Nicht anwendbar ist die Regelung, wenn von zwei Eigentumswohnungen, die verschiedenen Eigentümern gehören, eine vermietet ist (*OLG Düsseldorf* FGPrax 2004, 11) oder wenn beide Eigentumswohnungen vermietet sind (MieWo / *Schmid* § 2 HeizkostenV Rn. 8).

11 Ferner findet der Ausnahmetatbestand analoge Anwendung, wenn zwischen den Bewohnern kein Mietvertrag besteht, sondern ein sonstiges Nutzungsverhältnis zwischen einem Gebäu-

deeigentümer oder Gleichgestellten und einem Nutzer vorliegt (*Lammel* HeizkostenV § 2 Rn. 42). Schließlich findet eine analoge Anwendung auch dann statt, wenn es sich bei den Nutzungseinheiten nicht um Wohnungen, sondern bei einer oder beiden Einheiten um andere Nutzungsarten, z. B. Gewerberäume handelt (*Lammel* HeizkostenV § 2 Rn. 43).

Dagegen ist die Vorschrift trotz des missverständlichen Wortlautes nicht anwendbar, wenn in einem Gebäude zwar nicht mehr als zwei Wohnungen, aber zusätzliche Gewerbeeinheiten oder sonstige Nutzungseinheiten vorhanden sind (MieWo/*Schmid* § 2 HeizkostenV Rn. 11). **12**

II. Notwendigkeit einer besonderen Vereinbarung

Auch in diesen Fällen findet die HeizkostenV Anwendung, wenn keine anderweitigen Regelungen getroffen sind. Erforderlich ist also stets eine vertragliche Vereinbarung. Diese kann darin bestehen, dass eine andere Kostenverteilung vereinbart wird (vgl. *LG Berlin* GE 1987, 455) oder dass lediglich die Anwendbarkeit der HeizkostenV ausgeschlossen wird. Im letzteren Fall gelten dann die allgemeinen Regelungen. **13**

III. Ein- oder Auszug

Die Beschränkung, dass der Vermieter bzw. bei einer analogen Anwendung der Wohnungseigentümer eine Wohnung selbst bewohnen muss, wirft Probleme auf, wenn der Vermieter ein- oder auszieht. **14**

1. Einzug des Vermieters bzw. Wohnungseigentümers

Bezieht der Vermieter eine der beiden bisher vermieteten Wohnungen, so wird eine vertragliche Abweichung von der HeizkostenV möglich. Der Vermieter ist jedoch an die vertraglichen Regelungen mit dem verbleibenden Mieter gebunden. Wenn bisher nach der HeizkostenV abgerechnet wurde und der Mietvertrag keine abweichenden Regelungen enthält, sind für die Abrechnung die Bestimmungen der HeizkostenV in der Regel zumindest stillschweigend vereinbart. Eine Pflicht des Mieters an einer Änderung dieser Vereinbarung mitzuwirken, lässt sich weder aus § 2 HeizkostenV noch aus anderen gesetzlichen Regelungen ableiten. Kommt eine Einigung nicht zustande, verbleibt es deshalb in diesen Fällen bei der Anwendbarkeit der HeizkostenV. Der Vermieter kann allenfalls eine Änderungskündigung nach § 573 a BGB durchführen. **15**

Bestand früher bereits eine von der HeizkostenV abweichende Regelung, die bisher von der HeizkostenV überlagert worden ist (oben Rn. 1) so gelangt diese Vereinbarung wieder zur Anwendung (*Lammel* HeizkostenV § 2 Rn. 45). **16**

2. Auszug des Vermieters bzw. Wohnungseigentümers

Im umgekehrten Fall, dass nämlich der Vermieter oder Wohnungseigentümer auszieht, entfällt der Ausnahmetatbestand, und es gelten die Regelungen der HeizkostenV. **17**

IV. Bauliche Veränderungen

Dieselben Grundsätze wie beim Ein- und Auszug gelten bei baulichen Veränderungen, durch die aus mehreren Nutzungseinheiten nur zwei oder aus zwei Nutzungseinheiten mehrere geschaffen werden (*Lammel* HeizkostenV § 2 Rn. 46), sofern die sonstigen Voraussetzungen des Ausnahmetatbestandes gegeben sind. **18**

§ 3 Anwendung auf das Wohnungseigentum

Die Vorschriften dieser Verordnung sind auf Wohnungseigentum anzuwenden unabhängig davon, ob durch Vereinbarung oder Beschluss der Wohnungseigentümer abweichende Bestimmungen über die Verteilung der Kosten der Versorgung mit Wärme und Warmwasser getroffen worden sind. Auf die Anbringung und Auswahl der Ausstattung nach den §§ 4 und 5 sowie auf die Verteilung der Kosten und die sonstigen Entscheidungen des Gebäudeeigentümers nach den §§ 6 bis 9b und 11 sind die Regelungen entsprechend anzuwenden, die für die Verwaltung des gemeinschaftlichen Eigentums im Wohnungseigentumsgesetz enthalten oder

§ 3 HeizkostenV | Anwendung auf das Wohnungseigentum

durch Vereinbarung der Wohnungseigentümer getroffen worden sind. Die Kosten für die Anbringung der Ausstattung sind entsprechend den dort vorgesehenen Regelungen über die Tragung der Verwaltungskosten zu verteilen.

A. Grundsätzliches
I. Anwendung der Verordnung auf das Wohnungseigentum

1 § 3 S. 1 HeizkostenV stellt klar, dass die Verordnung auch auf das Wohnungseigentum anzuwenden ist. Sie kann jedoch erst angewendet werden, wenn die Wohnungseigentümer durch Vereinbarung oder Beschluss eine entsprechende Regelung für die Gemeinschaft getroffen haben (*OLG Köln* ZMR 2005, 77). Solange eine solche Regelung noch nicht getroffen ist, verbleibt es mangels Durchführbarkeit einer der HeizkostenV entsprechenden Kostenverteilung bei der Kostenverteilung nach § 16 WEG oder einer bisher getroffenen Vereinbarung. Auf Klage eines Wohnungseigentümers kann jedoch das Gericht nach § 21 Abs. 8 WEG vorgehen.

2 Ist die Anwendung der HeizkostenV einmal festgelegt, so entspricht es nicht ordnungsgemäßer Verwaltung, einen solchen Beschluss wieder rückgängig zu machen (*KG* NJW-RR 1988, 1167). Das schließt es allerdings nicht aus, dass bei Unmöglichkeit eines Vorgehens nach der HeizkostenV im Einzelfall eine abweichende Kostenverteilung beschlossen wird (*KG* WuM 1994, 400, 402). M. E. ist jedoch in solchen Fällen § 9 a HeizkostenV vorrangig anzuwenden und es kann nicht auf § 16 WEG zurückgegriffen werden (MieWo/*Schmid* § HeizkostenV Rn. 1a; a.A. *KG* WuM 1994, 400, 402).

II. Vorrang der HeizkostenV

3 § 3 S. 1 HeizkostenV stellt klar, dass entgegenstehende Vereinbarungen und Beschlüsse der Wohnungseigentümer die Anwendung der HeizkostenV nicht berühren. Das würde sich an sich bereits aus § 2 HeizkostenV ergeben, da auch Vereinbarungen und Beschlüsse rechtsgeschäftliche Bestimmungen sind.

4 Ein Eigentümerbeschluss über eine Kostenverteilung, die im Einzelfall der HeizkostenV nicht entspricht, ist nicht nichtig sondern nur anfechtbar. Dasselbe gilt für einen auf Grund einer Öffnungsklausel gefassten Beschluss, nicht nach der HeizkostenV abzurechnen (*BayObLG* WuM 2004, 737; teilweise a. A. *OLG Hamm* ZMR 1995, 173). Das ergibt sich aus dem zwingenden Charakter, den der BGH (ZMR 2006, 766 = WuM 2006, 418 = GE 2006, 1094) den Regelungen der HeizkostenV beimisst.

5 Nur anfechtbar ist ein Beschluss, der die Anwendung der HeizkostenV nach § 11 HeizkostenV ausschließt, obwohl die Voraussetzungen für eine Ausnahme tatsächlich nicht gegeben sind (*OLG Hamm* ZMR 1995, 173 ff.; zweifelhaft).

III. Wohnungseigentümergemeinschaft als Gebäudeeigentümer

6 Zur Gleichstellung der Gemeinschaft der Wohnungseigentümer mit dem Gebäudeeigentümer vgl. § 1 HeizkostenV Rn. 9, zur Geltung für Teileigentum, Wohnungserbbaurecht und Teilerbbaurecht § 1 HeizkostenV Rn. 12.

IV. HeizkostenV und ordnungsgemäße Verwaltung

7 Eine Abrechnung, die der HeizkostenV entspricht, entspricht nicht schon aus diesem Grunde ordnungsgemäßer Verwaltung. Wird ein Wohnungseigentümer durch die gewählte Art der Verbrauchserfassung benachteiligt, kann er einen Anspruch auf Verbesserung der Verbrauchserfassung und u. U. auch Schadensersatzansprüche gegen andere Wohnungseigentümer haben. Solche Umstände führen aber nicht zur Ungültigkeit des Beschlusses über die Abrechnung und die Ansprüche gegen die übrigen Wohnungseigentümer können im Verfahren über den Abrechnungsbeschluss auch nicht einredeweise geltend gemacht werden (*BayObLG* ZMR 1998, 177).

Zu Schadensersatzansprüchen kann es auch führen, wenn die übrigen Wohnungseigentümer schuldhaft die Durchführung der unter dem Gesichtspunkt einer ordnungsgemäßen Verwaltung gebotenen Maßnahmen zur Sicherstellung einer ordnungsmäßigen Wärmeerfassung unterlassen haben (*BayObLG* ZMR 1999, 573 für Zweifel am richtigen Funktionieren der Messgeräte).

B. Anwendung der Verwaltungsregelungen

I. Anwendungsbereich

§ 3 S. 2 HeizkostenV gilt nur für die dort genannten Vorschriften, also nicht für § 10 HeizkostenV (MieWo/*Schmid* § 3 HeizkostenV Rn. 6).

II. Vereinbarung oder Mehrheitsbeschluss

1. Entsprechende Anwendung der Verwaltungsregelungen

§ 3 S. 2 HeizkostenV bestimmt die entsprechende Anwendung der für die Verwaltung des gemeinschaftlichen Eigentums geltenden Regelungen. Eine entsprechende Anwendung ist gegeben, weil die Kosten- und Lastentragung sowie die Einwirkung auf die im Sondereigentum stehenden Gegenstände an sich keine Maßnahmen der gemeinschaftlichen Verwaltung nach § 21 Abs. 1 WEG sind (*Demmer* MDR 1981, 532).

2. Mehrheitsbeschluss

§ 3 HeizkostenV enthält keine Ermächtigung, den in einer Gemeinschaftsordnung festgelegten Heizkostenverteilungsschlüssel, der sich im Rahmen der §§ 7, 8, 10 HeizkostenV hält, durch Mehrheitsbeschluss zu ändern (*BayObLG* WuM 1989, 344). Dasselbe gilt, wenn eine Ausnahme nach § 11 HeizkostenV gegeben ist (*BayObLG* WuM 1993, 753; NJW-RR 1994, 1445 [= MieWoE § 10 WEG Nr. 11]; *OLG Köln* WuM 1998, 621).

Eine Änderung durch Mehrheitsbeschluss ist jedoch nach h. M. (vgl. *BayObLG* WuM 1993, 753, NJW-RR 1994, 145 [= MieWoE § 10 WEG Nr. 11]) dann möglich, wenn die Vereinbarung der HeizkostenV widerspricht (BayObLG NJW-RR 1994, 195; OLG Hamburg ZMR 2007, 210). Ein Mehrheitsbeschluss ist auch dann zulässig, wenn die Teilungserklärung eine Änderung durch Mehrheitsbeschluss zulässt (*LG Hannover* WuM 1998, 741f). Seit dem 1.7.2007 kann sich eine Änderungsbefugnis durch Beschluss aus § 16 Abs. 3 WEG ergeben (vgl. *Hinz* ZMR 2005, 271 [275]; *Schmid* WE 2007, 103). Voraussetzung ist allerdings, dass über die Anforderungen des § 16 Abs. 3 WEG hinaus auch die Voraussetzungen des § 6 Abs. 2 HeizkostenV vorliegen (*Schmid* WE 2007, 103). § 16 Abs. 3 WEG erfordert einen sachlichen Grund für die Änderung (*Gottschalg* DWE 2007, 40). Das gilt auch in den Fällen des § 6 Abs. 4 Nr. 1 HeizkostenV.

Nicht gefolgt werden kann im Hinblick auf § 3 S. 2 und 3 HeizkostenV der Auffassung des *LG Frankfurt a. M.* (ZMR 1997, 156), das eine Beschlussfassung über die Anbringung von Wärmemessgeräten generell für unzulässig erachtet (*Schmid* ZMR 1997, 453).

3. Vereinbarung

Die Wohnungseigentümer sind jedoch nicht gehindert, die Anpassung an die HeizkostenV auch durch Vereinbarung vorzunehmen, weil eine solche einem Beschluss vorgeht (§ 21 Abs. 3 WEG; *Schmid* BlGBW 1981, 806). Notwendig ist eine Vereinbarung dann, wenn eine solche generell für Verwaltungsmaßnahmen nach § 21 WEG vorgesehen ist (§ 3 S. 2 HeizkostenV am Ende). Dasselbe gilt für das Erfordernis der Einstimmigkeit oder einer qualifizierten Mehrheit (*Peruzzo/Zimmermann* DNotZ 1981, 540). Die Vereinbarung kann nach Meinung des OLG Hamburg (ZMR 2007, 210 [211]) auch stillschweigend durch jahrelange Handhabung erfolgen, wobei eine konkludente Zustimmung neuer Wohnungseigentümer bereits darin gesehen wird, dass diese den Beschluss über die Jahresabrechnung nicht anfechten. Das geht jedoch zu weit. Die Nichtanfechtung kann verschiedene Gründe haben von der Nichterkennung des Fehlers bis zum Kostenrisiko. Ein Erklärungsbewußtsein für eine Willenserklärung kann deshalb nicht unterstellt werden.

§ 3 HeizkostenV | Anwendung auf das Wohnungseigentum

15 Bei einer Vereinbarung, die keinen Verteilungsschlüssel nennt, wird von einer Verteilung zu 50 % nach Verbrauch und zu 50 % nach Festkosten ausgegangen (vgl. *BayObLG* WuM 2003, 100 [101] [= MieWoE § 16 WEG Nr. 44]).

15a Die Voraussetzungen des § 6 Abs. 4 S. 2 HeizkostenV müssen für eine Änderung durch Vereinbarung nicht vorliegen, da diese Vorschrift einer Änderung im allseitigen Einvernehmen nicht entgegensteht (*Schmid* GE 2007, 103).

III. Anspruch auf Beachtung der HeizkostenV

16 Die Beachtung der Regelungen der HeizkostenV entspricht einer ordnungsgemäßen Verwaltung und kann deshalb nach § 21 Abs. 4 WEG von jedem Wohnungseigentümer verlangt werden (*BayObLG* GE 1988, 1235). Dieser Anspruch gibt dem Wohnungseigentümer auch ein Recht auf Anbringung der Ausstattungen zur Verbrauchserfassung (*BayObLG* WuM 2003, 100 [101] [= MieWoE § 16 WEG Nr. 44]).

17 Der Anspruch auf Abrechnung nach der HeizkostenV besteht nicht, wenn eine Ausnahme nach § 11 HeizkostenV vorliegt. Aus allgemeinen wohnungseigentumsrechtlichen Grundsätzen heraus ergibt sich ein Anspruch auf Änderung des Abrechnungsmaßstabes nur, wenn die bisherige Regelung grob unbillig ist. Die Anbringung von Messgeräten kann danach nicht verlangt werden, wenn die Einsparungen die Kosten nicht decken (*OLG Köln* ZMR 2002, 780 [781] = NJW-RR 2002, 1308).

18 (unbesetzt)

IV. Übergang zum Wärmecontracting

19 Nicht unter § 3 HeizkostenV fällt ein Übergang von der Wärmeerzeugung in der eigenen Heizanlage zum Wärmecontracting. Hierfür wird eine Vereinbarung verlangt (*Lefèvre* HKA 1999, 43). Dem ist für den Fall zuzustimmen, dass die bisherige Heizungsanlage noch funktionsfähig ist. Muss eine neue Anlage angeschafft werden, kann es jedoch im Zuge einer modernisierenden Instandsetzung ordnungsmäßiger Verwaltung entsprechen zur Wärmelieferung überzugehen. Die Eigentümergemeinschaft hat hierbei ein Ermessen (*Schmid* CuR 2004, 47). Etwas andres kann in besonderen Einzelfällen gelten, wenn auf Grund konkreter Gegebenheiten das Wärmecontracting gegenüber der eigenen Erneuerung der Anlage solche Vorteile hat, dass die eigenen Maßnahmen nicht ordnungsmäßiger Verwaltung entsprechen (vg. *BayObLG* NZM 2002, 623).

C. Verteilung der Anbringungskosten

I. Grundsatz

20 Die Kosten für die Anbringung der Ausstattung – nicht jedoch sonstige Kosten – sind nach § 3 S. 3 HeizkostenV entsprechend den Regelungen über die Tragung der Verwaltungskosten zu verteilen. Die Verbrauchszähler sind Gemeinschaftseigentum (vgl. Erl. zu § 5 HeizkostenV). Zur Anmietung von Geräten vgl. § 4 HeizkostenV.

II. Vereinbarungen

21 Besteht eine Vereinbarung über die Verteilung solcher Kosten, so ist der dort festgelegte Verteilungsmaßstab anzuwenden, andernfalls werden diese Kosten nach der gesetzlichen Regelung des § 16 Abs. 2 WEG verteilt.

22 Schwierigkeiten treten dann auf, wenn die Wohnungseigentümer für verschiedene Kostenarten verschiedene Verteilungsmaßstäbe vereinbart haben. Der in § 3 S. 3 HeizkostenV verwendete Begriff der Verwaltungskosten ist weder in der HeizkostenV noch im WEG definiert. In § 16 Abs. 2 WEG ist lediglich von den Lasten der »sonstigen Verwaltung« die Rede. Hierunter fallen jedoch zahlreiche Kostenarten, die verschieden verteilt sein können. Aus dem Gegensatz von § 3 S. 3 HeizkostenV zu § 3 S. 2 HeizkostenV und der Definition der Betriebskosten in § 7 Abs. 2 und § 8 Abs. 2 HeizkostenV kann abgeleitet werden, dass die Anbringungskosten jedenfalls nicht wie Betriebskosten zu verteilen sind, falls hierfür ein gesonderter Abrechnungsmaßstab besteht.

Die Anbringungskosten sind am ehesten mit den Kosten für Instandsetzung und Instandhaltung vergleichbar, weil die Ausstattung mit Messgeräten im weitesten Sinne zur Ausstattung des Hauses gehört. Bei verschiedenen Verteilungsmaßstäben sind deshalb die Anbringungskosten nach dem für die Instandsetzungs- und Instandhaltungskosten geltenden Maßstab zu verteilen (*Demmer* MDR 1981, 533; *Schmid* BlGBW 1981, 107).

Da somit eine eindeutige Zuordnung möglich ist, bedarf es eines Rückgriffes auf § 16 Abs. 2 WEG nicht (a. A. *Demmer* MDR 1981, 533). 23

III. Abweichungen

Eine von § 3 S. 3 HeizkostenV abweichende Kostenverteilung in besonderen Härtefällen nach Treu und Glauben (§ 242 BGB) wird nicht ausgeschlossen (*Demmer/Peruzzo* Erl. zu § 3 HeizkostenV). Dies erscheint jedoch bedenklich. Zum einen kann über den eindeutigen Verordnungswortlaut nicht einfach unter Berufung auf Treu und Glauben hinweggegangen werden. Zum anderen ist eine besondere Härte kaum denkbar, wenn man die Anbringungskosten in Vergleich zu den sonstigen Kosten setzt, die den einzelnen Wohnungseigentümer treffen. 24

Die Wohnungseigentümer sind jedoch auch hier nicht gehindert, durch Vereinbarung nach § 10 WEG eine andere Kostenverteilung zu treffen (*Schmid* BlGBW 1981, 106). Es kann nämlich keinen Unterschied machen, ob die Vereinbarung über die Kostentragung vor oder anlässlich der Anbringung der Ausstattung erfolgt. Eine Abweichung von § 3 S. 3 HeizkostenV durch Mehrheitsbeschluss ist jedoch unzulässig (*Schmid* BlGBW 1981, 106). Hieran ändert auch § 16 Abs. 3 WEG nichts, da es sich bei den Anbringungskosten weder um Betriebskosten noch um Verwaltungskosten handelt (MieWo/*Schmid* § 3 HeizkostenV Rn. 16). 25

Sieht jedoch eine Vereinbarung (Teilungserklärung) vor, dass der Verteilungsschlüssel für die Tragung von Verwaltungskosten durch Beschluss der Eigentümerversammlung abgeändert werden kann, so ist ein Beschluss auch hinsichtlich der Verteilung der Kosten der Ausstattungen zur Verbrauchserfassung möglich (*BayObLG* ZMR 1985, 104 L [= MieWoL § 10 WEG Nr. 3]). 26

Wird durch bauliche Veränderungen, die ein Wohnungseigentümer vornimmt (z. B. zusätzlicher Einbau einer Fußbodenheizung) ein zusätzliches Messgerät erforderlich, so gehen die dadurch entstehenden Kosten nach Meinung des *LG Baden-Baden* (DWW 1986, 157) allein zu Lasten des betreffenden Wohnungseigentümers. Es empfiehlt sich in derartigen Fällen, die Zustimmung zur baulichen Veränderung nach § 22 Abs. 1 WEG von der Übernahme der Kosten abhängig zu machen. 27

Haben die übrigen Wohnungseigentümer der Veränderung nicht zugestimmt, so kommt man zum selben Ergebnis über § 16 WEG i. V. m. § 22 Abs. 1 WEG, da die zusätzlichen Kosten Folgekosten der baulichen Veränderung sind (*OLG Karlsruhe* WuM 1987, 97). 28

IV. Vermietung von Wohnungseigentum

Ein vermietender Wohnungseigentümer kann die Kosten nach §§ 559 ff. BGB auf den Mieter überwälzen (*Demmer* MDR 1981, 533; vgl. auch § 4 HeizkostenV). 29

§ 4 Pflicht zur Verbrauchserfassung

(1) Der Gebäudeeigentümer hat den anteiligen Verbrauch der Nutzer an Wärme und Warmwasser zu erfassen.

(2) Er hat dazu die Räume mit Ausstattungen zur Verbrauchserfassung zu versehen; die Nutzer haben dies zu dulden. Will der Gebäudeeigentümer die Ausstattung zur Verbrauchserfassung mieten oder durch eine andere Art der Gebrauchsüberlassung beschaffen, so hat er dies den Nutzern vorher unter Angabe der dadurch entstehenden Kosten mitzuteilen; die Maßnahme ist unzulässig, wenn die Mehrheit der Nutzer innerhalb eines Monats nach Zugang der Mitteilung widerspricht. Die Wahl der Ausstattung bleibt im Rahmen des § 5 dem Gebäudeeigentümer überlassen.

§ 4 HeizkostenV | Pflicht zur Verbrauchserfassung

(3) Gemeinschaftlich genutzte Räume sind von der Pflicht zur Verbrauchserfassung ausgenommen. Dies gilt nicht für Gemeinschaftsräume mit nutzungsbedingt hohem Wärme- oder Warmwasserverbrauch, wie Schwimmbäder oder Saunen.

(4) Der Nutzer ist berechtigt, vom Gebäudeeigentümer die Erfüllung dieser Verpflichtungen zu verlangen.

A. Pflichten des Gebäudeeigentümers

1 Nach § 4 Abs. 1 HeizkostenV hat der Gebäudeeigentümer den anteiligen Verbrauch der Nutzer an Wärme und Warmwasser zu erfassen. Erfasst werden muss also nicht der absolute Verbrauch, sondern lediglich das Verhältnis des Verbrauches der einzelnen Nutzer untereinander (*OLG Hamm* ZMR 2005, 73).

2 Zu diesem Zweck hat der Gebäudeeigentümer die Räume, in denen Heizungen und Warmwasseranschlüsse vorhanden sind, mit Ausstattungen zur Verbrauchserfassung zu versehen (§ 4 Abs. 2 S. 1 Halbs. 1 HeizkostenV; für Gemeinschaftsräume s. u. Rn. 34 ff.). Nicht zulässig ist es, auf die Heizleistung der Heizkörper abzustellen (*OLG Hamburg* ZMR 1999, 502 [503]).

3 Die Wahl der Ausstattung bleibt im Rahmen des § 5 HeizkostenV (vgl. Erl. hierzu) dem Gebäudeeigentümer überlassen (§ 4 Abs. 2 S. 3 HeizkostenV). Der Gebäudeeigentümer ist nicht verpflichtet, die technisch optimale Lösung zu wählen (*LG Hamburg* WuM 1992, 245 f.). Der Nutzer kann keine Einwendungen gegen die Heizkostenabrechnung erheben, wenn Fertigungs-, Skalierungs- oder Montagemängel innerhalb der zulässigen Toleranzen liegen (*LG Hamburg* DWW 1988, 14). Der Gebäudeeigentümer darf jedoch die Kriterien Genauigkeit und Zuverlässigkeit im Rahmen seines Auswahlermessens ebenso berücksichtigen wie den Vorteil einer einfachen Ablesung bei Geräten mit einem Funksystem (*Wall* WuM 2002, 130 [134]). Grenze ist der Wirtschaftlichkeitsgrundsatz.

4 Die Verpflichtungen des Gebäudeeigentümers sind nicht straf- oder bußgeldbewehrt. Einen Zwang auf den Gebäudeeigentümer kann lediglich der Nutzer ausüben.

5 Keine Verpflichtung des Vermieters besteht, wenn ein Ausnahmetatbestand des § 11 HeizkostenV erfüllt ist (*BGH* GE 2004, 106).

B. Pflichten des Nutzers

6 Der Anbringungspflicht des Gebäudeeigentümers entspricht eine Duldungspflicht des Nutzers (§ 4 Abs. 2 S. 1 Halbs. 2 HeizkostenV). Hat der Wohnungseigentümer die Wohnung vermietet, hat er einen Duldungsanspruch gegen den Mieter. Die Voraussetzungen und das Verfahren des § 554 BGB müssen nicht eingehalten werden, da es sich bei § 4 Abs. 2 S. 1 Halbs. 2 HeizkostenV um eine Sonderregelung handelt (Schmid, Handbuch der Mietnebenkosten, Rn. 6119; a. A. *LG Kassel* NZM 2006, 81). Das Auswahlermessen des Vermieters nach § 4 Abs. 1 S. 3 HeizkostenV besteht auch während des Mietverhältnisses, ohne dass der Wechsel der Messgeräte eine Instandsetzung oder Modernisierung sein muss. Zur Duldungspflicht des Nutzers bezüglich des Betretens der Wohnung zur Ablesung s. zu § 6 HeizkostenV Rn. 6.

7 Dass bei Verdunstungsgeräten die enthaltene Flüssigkeit giftig ist und Dämpfe austreten, schließt die Duldungspflicht des Mieters nicht aus, da bei bestimmungsgemäßer Verwendung keine Gesundheitsgefährdung besteht (*LG Hamburg* WuM 1990, 33).

7a Der Nutzer ist auch verpflichtet, Maßnahmen zu unterlassen, die zu einer Verfälschung der Messergebnisse führen, z. B. die Anbringung von Heizkörperverkleidungen vor Verdunstungsgeräten (a. A. *AG Aschersleben* ZMR 2005, 715 m. abl. Anm. *Schmid*).

C. Rechte des Nutzers

8 Der Nutzer kann vom Gebäudeeigentümer die Anbringung der Ausstattung und die Verbrauchserfassung nach § 4 Abs. 4 HeizkostenV verlangen und diesen Anspruch gegebenenfalls gerichtlich durchsetzen.

Der Anspruch erstreckt sich auch darauf, dass rechtliche Vorschriften beachtet werden (vgl. *BayObLG* MDR 1998, 709).

Der Nutzer (mit Ausnahme des Wohnungseigentümers) kann statt oder neben der Geltendmachung dieses Anspruchs auf den Gebäudeeigentümer mittelbar dadurch Druck ausüben, dass er von dem Kürzungsrecht nach § 12 Abs. 1 HeizkostenV (vgl. Erl. hierzu) Gebrauch macht.

D. Beschaffung der Ausstattung durch Gebrauchsüberlassung

I. Grundsätzliches

§ 4 Abs. 2 S. 2 HeizkostenV regelt die Anmietung oder eine sonstige Art der Gebrauchsüberlassung von Ausstattungen zur Verbrauchserfassung. Die Regelung muss vor dem Hintergrund der unterschiedlichen Kostenüberwälzung auf die Nutzer gesehen werden, je nachdem, ob der Gebäudeeigentümer die Ausstattungen erwirbt oder anmietet oder ein sonstiges Gebrauchsüberlassungsverhältnis begründet.

II. Mitteilungspflicht

Wenn der Gebäudeeigentümer die Ausstattung zur Verbrauchserfassung mieten oder ein sonstiges Gebrauchsrecht begründen will, so hat er dies den Nutzern vorher unter Angabe der dadurch entstehenden Kosten mitzuteilen. Da von dem Gebäudeeigentümer nichts Unmögliches verlangt werden kann, bezieht sich die Pflicht zur Mitteilung der Kosten nur auf die voraussehbaren Kosten, jedoch nicht auf eine mögliche Miete in ferner Zukunft.

Soweit die Angabe weiterer Einzelheiten als von der Verordnung gefordert verlangt wird (so *Lammel* HeizkostenV § 4 Rn. 14), vermag dieser Ansicht nicht gefolgt zu werden. Zwar liegt es im Interesse einer sachgerechten Entscheidung der Nutzer, umfassend informiert zu werden. Die ohnehin systemwidrige Vorschrift ist jedoch einer erweiternden Auslegung nicht zugänglich, da der Wortlaut eindeutig ist (wie hier: *AG Hamburg* WuM 1994, 695, 696). Auch eine Hinweispflicht auf das Widerspruchsrecht besteht nicht (*AG Hamburg* WuM 1994, 695, 696).

Die Mitteilung muss den Nutzern im Sinne des § 130 Abs. 1 S. 1 BGB zugehen. Hierfür soll ein Aushang im Hause nicht genügen (*AG Neuss* WuM 1995, 46; *AG Rüdesheim am Rhein* WuM 2007, 265). Ob dies auch dann gilt, wenn die Nutzer den Aushang tatsächlich gelesen haben, erscheint zweifelhaft. Schon aus Beweisgründen ist jedoch die Versendung von Einzelschreiben anzuraten.

Die Verordnung regelt nicht, was geschieht, wenn die Mitteilung nicht erfolgt. Eine entsprechende Anwendung der §§ 559 ff. BGB kommt nicht in Betracht, da die Kostentragungspflicht nicht in Anlehnung an §§ 559 ff. BGB geregelt ist. Im Hinblick auf den Zweck der Vorschrift wird man bei unterbliebener Benachrichtigung dem Vermieter die Umlegung der Kosten, die nach § 7 Abs. 2, § 8 Abs. 2 HeizkostenV möglich wäre, versagen müssen (*AG Coesfeld* DWW 1987, 238; *LG Köln* WuM 1990, 562; *AG Neuss* WuM 1995, 46f; *AG Tecklenburg* WuM 1999, 365). Es bestehen aber keine Bedenken dagegen, dass diese Benachrichtigung nachgeholt wird (*AG Warendorf* WuM 2002, 339; *Schmid* GE 1984, 891; a. A. *Wall* WuM 1998, 68; *Börstinghaus* MDR 2000, 1346). Eine Kostenumlegung ist aber dann erst nach Ablauf der Monatsfrist des § 4 Abs. 2 S. 2 Halbs. 2 HeizkostenV möglich. Auch das Widerspruchsrecht nach dieser Vorschrift bleibt unberührt, auch wenn die gemieteten Ausstattungen bereits angebracht sind.

Zu den Besonderheiten beim Wohnungseigentum siehe Rn. 31 ff.

III. Widerspruch der Nutzer

Wenn die Mehrheit der Nutzer innerhalb eines Monats ab Zugang der Mitteilung nach § 4 Abs. 2 S. 2 Halbs. 1 HeizkostenV der Beschaffung der Geräte im Wege der Gebrauchsüberlassung widerspricht, ist diese unzulässig.

Trotz des apodiktischen Wortlauts »ist unzulässig« kann dem § 4 Abs. 2 S. 2 HeizkostenV nicht entnommen werden, dass der Vertrag mit dem Gerätevermieter nach § 134 BGB nichtig ist, dass die Duldungspflicht für die Anbringung entfällt oder dass die Geräte zur Verbrauchserfassung nicht verwendet werden dürften. Das widerspräche dem verfassungsrechtlichen Grundsatz

§ 4 HeizkostenV | Pflicht zur Verbrauchserfassung

des geringstmöglichen Eingriffs. Es wäre auch nicht verständlich, dass derartig gravierende Rechtsfolgen einträten, wenn die Nutzer widersprächen, nicht jedoch, wenn sie überhaupt nicht benachrichtigt werden.

19 Als geringstmögliche und die Interessen der Nutzer voll befriedigenden Fehlerfolge wird man deshalb entsprechend dem Verordnungszweck auch hier lediglich dem Gebäudeeigentümer das Recht absprechen müssen, die Kosten auf die Nutzer umzulegen.

20 Eine ausdrückliche Zustimmung der Mieter ist nicht erforderlich (a. A. entgegen dem eindeutigen Verordnungswortlaut *LG Berlin* GE 2006, 1041). Wenn innerhalb eines Monats ab Zugang der Mitteilung nach § 4 Abs. 2 S. 2 Halbs. 1 HeizkostenV nicht die Widersprüche der Mehrheit der Nutzer beim Vermieter eingehen, ist die Maßnahme zulässig.

21 Nicht geregelt ist in der HeizkostenV auch, was unter der Mehrheit der Nutzer zu verstehen ist. Dieses Problem stellt sich vor allem in dem sehr häufigen Fall, dass Wohnungen in einem Hause teilweise an Einzelpersonen teilweise an Personenmehrheiten, z. B. Ehepaare oder Lebensgefährten oder Wohngemeinschaften vermietet sind. Alle diese Mieter sind an sich Nutzer; es erscheint aber wenig sachgerecht, das Gewicht der Stimme danach zu bestimmen, ob z. B. ein Ehegatte Mitmieter ist oder lediglich ein unselbstständiges Gebrauchsrecht innehat. Man wird deshalb davon ausgehen müssen, dass die Mehrheit in der Weise zu berechnen ist, dass nur jede Nutzungseinheit eine Stimme gibt.

22 Hieraus folgt dann auch, dass die Erklärung nach § 4 Abs. 2 S. 2 Halbs. 1 HeizkostenV gegenüber allen Mietern, auch Mitmietern abzugeben ist und dass das Widerspruchsrecht nach § 4 Abs. 2 S. 2 Halbs. 2 HeizkostenV von allen Mitgliedern einer Nutzungseinheit nur einheitlich ausgeübt werden kann.

IV. Änderung des Überlassungsvertrages

23 Die Mitteilung muss nach dem Verordnungswortlaut nur erfolgen, wenn ein Gebrauchsüberlassungsvertrag geschlossen werden soll, nicht jedoch bei einer Änderung, Verlängerung oder einem Wechsel des Vertragspartners (MüKo / *Schmid* § 4 HeizkostenV Rn. 6; a. A. *Lammel* HeizkostenV § 4 Rn. 14). Auch wenn Geräte mit einer höheren Miete angemietet werden, ist eine erneute Beteiligung der Nutzer nicht erforderlich (a.A *AG Rüdesheim am Rhein* WuM 2007, 265 [266]).

V. Wirtschaftlichkeitsgrundsatz

24 Ist eine Anmietung sonach zulässig, wird zusätzlich verlangt, dass der Vermieter nach billigem Ermessen über Kauf oder Anmietung entscheidet und die Mieter nicht mit hohen Kosten für die Gebrauchsüberlassung belastet, wenn die umlegungsfähigen Kosten bei Ankauf um 50 % geringer wären (*Wall* WuM 1998, 66; *ders.* WuM 2002, 130 [134]). Dem ist jedoch nicht zu folgen. Absatz 2 S. 2 enthält eine abschließende Regelung, in deren Rahmen frei entschieden werden kann (*Schmid* GE 2007, 38 [40]). Der Wirtschaftlichkeitsgrundsatz spielt hier keine Rolle, weil dieser es dem Vermieter nicht verbietet, von einer gesetzlichen Regelung Gebrauch zu machen, auch wenn dadurch für den Mieter höhere Kosten entstehen. Anmietung und Anschaffung können nicht miteinander verglichen werden. Der Vermieter darf lediglich nicht rechtsmissbräuchlich zum Nachteil der Mieter handeln oder die Geräte von einem übertuerten Anbieter anmieten.

E. Kostenüberwälzung auf den Mieter

I. Erwerb der Ausstattung durch den Gebäudeeigentümer

25 Erwirbt der Gebäudeeigentümer die Messgeräte zu Eigentum, so ist diese Investition nicht im Rahmen der HeizkostenV umlegungsfähig, sondern als Modernisierungsaufwand nach § 559 BGB, §§ 6, 13 NMV 1970, § 11 II. BV zu behandeln (*Peruzzo* NJW 1981, 802; *Demmer* MDR 1981, 533). Die Kosten sind jedoch nur insoweit zu berücksichtigen, als sie dem Wirtschaftlichkeitsgrundsatz entsprechen (*Wall* WuM 2002, 134). Unwirtschaftlich ist die Anschaffung übertuerter Geräte oder von technisch aufwändigen Geräten, deren Mehrkosten in keiner Relation zum Nutzen stehen.

Die Kosten für eine Ersatzbeschaffung unbrauchbar gewordener Geräte sind dagegen wie sonstige Ersatzanschaffungen nicht umlegungsfähig (*AG Nürnberg* WuM 1990, 524). Das gilt auch für die Kosten der Messgeräte, wenn in einem Wartungsvertrag ein Austausch alle fünf Jahre vorgesehen ist (a. A. *LG Berlin* HKA 1989, 46). Hier ist eine Aufteilung in Wartungs- und Ersatzbeschaffungskosten notwendig. 26

Umlegungsfähig sind nach § 559 BGB die Kosten einer Neubeschaffung oder Ummontage, wenn diese Maßnahmen notwendige Folge einer anderen Modernisierungsmaßnahme sind, deren Kosten ihrerseits umlegungsfähig sind (*Lefèvre* HKA 1989, 46). 27

II. Gebrauchsüberlassung

Die Kosten der Anmietung oder einer anderen Art der Gebrauchsüberlassung einer Ausstattung zur Verbrauchserfassung gehören zu den Kosten des Betriebs der zentralen Heizungs- bzw. Warmwasserversorgungsanlage (§ 7 Abs. 2, § 8 Abs. 2 HeizkostenV; vgl. Erl. hierzu). 28

Nach Meinung des *AG Hamburg* (WuM 1994, 695, 696; ähnlich *Wall* WuM 2002, 130 [134]) ist eine Umlegung jedoch ausgeschlossen, wenn die Kosten in keinem vernünftigen wirtschaftlichen Verhältnis zum Nutzen stehen. Dies erscheint zweifelhaft, soweit eine Relation zwischen Anschaffung und Anmietung hergestellt wird. Liegt jedoch ein Verstoß gegen den Wirtschaftlichkeitsgrundsatz vor, z. B. weil ein überteuerter Anbieter ausgewählt wurde, sind die Kosten nur bis zur angemessenen Höhe umlegungsfähig (vgl. vor § 556 BGB Rn. 11 ff. vgl. oben 27). 29

Sind bereits Messeinrichtungen vorhanden und geht der Vermieter zu einer Gebrauchsüberlassung über, wird die Meinung vertreten, dass die Grundmiete entsprechend zu senken ist (*Wall* WuM 1998, 69 m. w. N.). Hier ist jedoch zu differenzieren. Waren die Messgeräte bereits bei Mietbeginn vorhanden, besteht für eine Senkung der Grundmiete keine Veranlassung. Wurden dagegen die Gerätekosten nach § 559 BGB auf den Mieter umgelegt, würde dieser durch die Mieterhöhung und die Tragung der Anmietungskosten doppelt belastet. Der Erhöhungsbetrag nach § 559 BGB darf deshalb von dem Zeitpunkt ab nicht mehr geltend gemacht werden, von dem ab Anmietungskosten umgelegt werden (vgl. zum ähnlichen Problem des Überganges zur Wärmelieferung *Schmid* ZMR 1998, 735, 739). 30

F. Besonderheiten beim Wohnungseigentum

I. Regelung durch Beschluss

Für die Anbringung und Auswahl der Ausstattung genügt nach § 3 S. 2 HeizkostenV ein Beschluss der Versammlung der Wohnungseigentümer, sofern nicht im Einzelfall eine Vereinbarung getroffen wird oder erforderlich ist (vgl. § 3 HeizkostenV). 31

Ein Individualanspruch eines einzelnen Wohnungseigentümers auf Änderung eines Verbrauchserfassungssystems besteht grundsätzlich nicht und kann sich nur aus Treu und Glauben (§ 242 BGB) ergeben, wenn die bisherige Verbrauchserfassung zu grob unbilligen Ergebnissen führen würde (*BayObLG* WuM 2003, 519). 32

Ein Eigentümerbeschluss, der die Weiterbenutzung eichpflichtiger Wärme- oder Warmwasserverbrauchserfassungsgeräte nach Ablauf der Eichfrist vorsieht, widerspricht den Grundsätzen ordnungsgemäßer Verwaltung (*BayObLG* MDR 1998, 708). 33

Zweifelhaft ist, ob auch die Mitteilungspflicht und das Widerspruchsrecht nach § 4 Abs. 2 S. 2 HeizkostenV für Wohnungseigentümergemeinschaften gelten. An sich ist jeder Wohnungseigentümer auch Nutzer (§ 1 HeizkostenV). Andererseits hat der Wohnungseigentümer bereits bei der Beschlussfassung ein Stimmrecht. Es wäre deshalb eine unnötige Förmelei, das Widerspruchsverfahren durchzuführen. Das Mitwirkungsrecht der Nutzer nach § 4 Abs. 2 S. 2 HeizkostenV wird durch die Sonderregelung des § 3 S. 2 HeizkostenV verdrängt. 34

Entspricht die Anmietung, z. B. wegen unverhältnismäßig hoher Kosten im Vergleich zu einem Ankauf, nicht ordnungsmäßiger Verwaltung, ist der Beschluss nach § 23 Abs. 4, §§ 43 ff. WEG auf Antrag für ungültig zu erklären. 35

II. Rechte des einzelnen Wohnungseigentümers

36 Auch der einzelne Wohnungseigentümer hat den Erfüllungsanspruch nach § 4 Abs. 4 HeizkostenV gegenüber der Gemeinschaft der Wohnungseigentümer (§ 1 Abs. 2 Nr. 3 HeizkostenV; vgl. Erl. hierzu). Der Anspruch ist im Verfahren nach §§ 43 ff. WEG durchzusetzen. Dagegen ist das Kürzungsrecht nach § 12 Abs. 1 S. 2 HeizkostenV ausgeschlossen.

III. Kosten

37 Für die Kosten der Anbringung der Ausstattung gilt § 3 S. 3 HeizkostenV, sofern die Eigentümergemeinschaft die Ausstattung zu Eigentum erwirbt.

38 Keine ausdrückliche Regelung trifft die Verordnung speziell für Wohnungseigentümergemeinschaften, wenn die Ausstattung gemietet oder ein sonstiges Gebrauchsüberlassungsverhältnis begründet wird. Eventuelle Anbringungskosten sind deshalb nach den allgemeinen Regeln zu verteilen

IV. Verhältnis des vermietenden Wohnungseigentümers zum Mieter

39 Im Verhältnis zum Mieter ist der vermietende Wohnungseigentümer berechtigt und verpflichtet (§ 1 HeizkostenV Rn. 13 ff.). Sein Wahlrecht nach § 4 Abs. 2 S. 3 HeizkostenV und auch die Entscheidung, ob die Ausstattungen zur Verbrauchserfassung erworben oder gemietet werden, wird jedoch durch die Bindung an die Wohnungseigentümergemeinschaft verdrängt. Die Ausstattung kann nämlich für das ganze Haus sinnvollerweise nur einheitlich angebracht werden.

40 Besondere Probleme bringt das Widerspruchsrecht nach § 4 Abs. 2 S. 2 HeizkostenV, wenn die Wohnungseigentümergemeinschaft die Anmietung von Messgeräten beschlossen hat, der oder die Mieter eines Wohnungseigentümers aber (mehrheitlich) widersprechen. Der Mieter ist Nutzer, der vermietende Wohnungseigentümer steht dem Gebäudeeigentümer gleich (§ 1 HeizkostenV). Nach dem Grundsatz der Trennung der verschiedenen Rechtsbeziehungen zwischen Wohnungseigentümergemeinschaft einerseits und zwischen Wohnungseigentümer und Mieter andererseits ist der Mieter nicht an die Regelungen durch die Wohnungseigentümergemeinschaft gebunden. Auch eine rechtsgeschäftliche Regelung, die die Beschlüsse der Eigentümerversammlung mietvertraglich für den Mieter verbindlich macht, ist hier nicht möglich, da es sich nach § 2 HeizkostenV um vorrangiges Recht handelt.

41 Würde man jedoch dem Mieter des Wohnungseigentümers auch in diesen Fällen ein ungebundenes Widerspruchsrecht zugestehen, käme der vermietende Wohnungseigentümer in einen unlösbaren Konflikt. Im Verhältnis zum Mieter wäre die Maßnahme nach § 4 Abs. 2 S. 2 Halbs. 2 HeizkostenV unzulässig, im Verhältnis zur Eigentümergemeinschaft wäre der Wohnungseigentümer nach § 3 S. 2 HeizkostenV gebunden. Man muss deshalb hier auf den Grundsatz von Treu und Glauben zurückgreifen, wonach auch der Mieter vom Wohnungseigentümer nichts verlangen kann, was diesem unmöglich ist (a. A. *Schmidt-Futterer/Lammel* § 3 HeizkostenV Rn. 29 ff.). Man wird deshalb hier das Widerspruchsrecht des Mieters auf die Fälle beschränken müssen, in denen die Anmietung so grob unbillig ist, dass sie gar nicht mehr einer ordnungsgemäßen Verwaltung im Sinne des § 21 WEG entspricht und der vermietende Wohnungseigentümer deshalb die Möglichkeit hat oder gehabt hätte, den Beschluss über die Anmietung erfolgreich anzufechten.

42 Dem Vorschlag von *Peruzzo* (Anm. zu § 4 HeizkostenV, Abs. 2), dass der Wohnungseigentümer den Beschluss in jedem Fall bis zum Ablauf der Widerspruchsfrist vorsorglich anficht, ist nicht zu folgen, weil eine Anfechtung selbst bei Widerspruch des Mieters erfolglos ist, wenn der Mehrheitsbeschluss aus wohnungseigentumsrechtlicher Sicht nicht zu beanstanden ist.

V. Erfassungsmängel

43 Sind keine Messgeräte vorhanden, entsprechen sie nicht den Vorschriften oder funktionieren sie nicht, so entspricht nach Meinung des *BayObLG* (ZMR 2004, 359) eine Kostenverteilung nach dem Verhältnis der Wohnflächen ordnungsmäßiger Verwaltung. Das erscheint insoweit zweifelhaft, als ein Rückgriff auf die allgemeine Verteilungsregelung nach § 16 Abs. 2 WEG näher liegt.

G. Kosten der Verbrauchserfassung

Die Kosten der Verbrauchserfassung zählen zu den Kosten des Betriebs der zentralen Heizungs- bzw. Warmwasserversorgungsanlage (§ 7 Abs. 2, § 8 Abs. 2) und der Lieferung von Fernwärme und Fernwarmwasser (§ 7 Abs. 4, § 8 Abs. 4). 44

H. Gemeinschaftlich genutzte Räume

Eine Sonderregelung für gemeinschaftlich genutzte Räume trifft Absatz 3. Hier besteht eine Pflicht zur Verbrauchserfassung nur für Gemeinschaftsräume mit nutzungsbedingt hohem Wärme- oder Warmwasserverbrauch. Als Räume sind auch beheizte Verkehrsflächen, z. B. in Einkaufszentren, anzusehen (vgl. *OLG Düsseldorf* ZMR 2005, 43). 45

Als Beispiele für Räume mit nutzungsbedingt hohem Verbrauch nennt die Verordnung Schwimmbäder und Saunen. Ein nutzungsbedingt hoher Verbrauch wird dagegen zu verneinen sein in Gängen, Treppenhäusern (*Schmid* BayHausBesZ 1989, 151) und Trockenräumen (*Peruzzo* § 4 HeizkostenV, Abs. 3; a. A. *Lammel* HeizkostenV § 4 Rn. 56). 46

Besteht eine Pflicht zur gesonderten Verbrauchserfassung, richtet sich die Kostenverteilung nach § 6 Abs. 3 HeizkostenV (vgl. Erl. zu § 6 HeizkostenV Rn. 8 ff.). 47

Nicht ausdrücklich geregelt ist, wie zu verfahren ist, wenn eine gesonderte Verbrauchserfassung nicht vorgeschrieben ist und auch nicht stattfindet. Da der Verbrauch nicht gesondert erfasst wird, kann er auch bei der Kostenverteilung nicht berücksichtigt werden. Der Verbrauch fließt also ohne besonderen Ausweis in die Gesamtkosten ein. Dass dadurch der Verbrauch in der Nutzungseinheit mittelbar den Zahlungsanteil für gemeinschaftlich genutzte Räume beeinflusst, erscheint zwar wenig sachgerecht (vgl. *LG Hamburg* GE 1987, 999), ist aber eine Folge dieser Regelung, die im Hinblick auf die relative Geringfügigkeit hinnehmbar ist. Die Möglichkeit einer Schätzung und anderweitigen Verteilung (so *Müller* GE 1989, 216) ist nicht vorgesehen. 48

Nach dem Wortlaut des § 4 Abs. 3 S. 1 HeizkostenV besteht lediglich keine Pflicht zur Verbrauchserfassung. Der Gebäudeeigentümer ist jedoch nicht gehindert, eine solche vorzunehmen (enger *Peruzzo* Anm. zu § 4 HeizkostenV, Abs. 3, der hierfür eine rechtsgeschäftliche Regelung verlangt). Dabei ist allerdings der Wirtschaftlichkeitsgrundsatz zu beachten. Dieser wird bei einem nur unwesentlichen Verbrauch einer gesonderten Erfassung und Verteilung wegen der damit verbundenen Kosten häufig entgegenstehen. 49

Wird eine Vorerfassung vorgenommen, so fehlt für die Kostenverteilung eine besondere Regelung. Es bietet sich die entsprechende Anwendung von § 6 Abs. 3 HeizkostenV an. 50

§ 5 Ausstattung zur Verbrauchserfassung

(1) Zur Erfassung des anteiligen Wärmeverbrauchs sind Wärmezähler oder Heizkostenverteiler, zur Erfassung des anteiligen Warmwasserverbrauchs Warmwasserzähler oder andere geeignete Ausstattungen zu verwenden. Soweit nicht eichrechtliche Bestimmungen zur Anwendung kommen, dürfen nur solche Ausstattungen zur Verbrauchserfassung verwendet werden, hinsichtlich derer sachverständigen Stellen bestätigt haben, daß sie den anerkannten Regeln der Technik entsprechend oder daß ihre Eignung auf andere Weise nachgewiesen wurde. Als sachverständige Stelle gelten nur solche Stellen, deren Eignung die nach Landesrecht zuständige Behörde im Benehmen mit der Physikalisch – Technischen Bundesanstalt bestätigt hat. Die Ausstattungen müssen für das jeweilige Heizsystem geeignet sein und so angebracht werden, daß ihre technische einwandfreie Funktion gewährleistet ist.

(2) Wird der Verbrauch der von einer Anlage im Sinne des § 1 Abs. 1 versorgten Nutzer nicht mit gleichen Ausstattungen erfasst, so sind zunächst durch Vorerfassung vom Gesamtverbrauch die Anteile der Gruppen von Nutzern zu erfassen, deren Verbrauch mit gleichen Ausstattungen erfasst wird. Der Gebäudeeigentümer kann auch bei unterschiedlichen Nutzungs- oder Gebäudearten oder aus anderen sachgerechten Gründen eine Vorerfassung nach Nutzergruppen durchführen.

§ 5 HeizkostenV | Ausstattung zur Verbrauchserfassung

A. Vorbemerkung

1 Vom Wortlaut der Überschrift gedeckt ist eigentlich nur Absatz 1, der die Ausstattungen zur Verbrauchserfassung betrifft. Absatz 2 regelt Recht und Pflicht zu einer Vorerfassung.

B. Messgeräte
I. Zulässige Ausstattungen zur Verbrauchserfassung

2 Für die Erfassung des Wärmeverbrauches dürfen Wärmezähler und Heizkostenverteiler verwendet werden. Nicht zulässig ist es, auf die Heizleistung der Heizkörper abzustellen (*OLG Hamburg* ZMR 1999, 502, 503). Der Warmwasserverbrauch darf mit Warmwasserzählern oder anderen geeigneten Ausstattungen erfasst werden. Zu den diversen technischen Anforderungen vgl. ausführlich *Peruzzo* Anm. zu § 5 Abs. 1 HeizkostenV und *Lammel* HeizkostenV § 5 Rn. 7 ff.

3 Während bis 1984 grundsätzlich die DIN 4713 maßgebend war, ist nunmehr, soweit nicht eichrechtliche Bestimmungen zur Anwendung kommen, die Bestätigung einer sachverständigen Stelle darüber erforderlich, dass die Messeinrichtungen den anerkannten Regeln der Technik entsprechen oder ihre Eignung sonst nachgewiesen ist.

4 § 5 Abs. 1 HeizkostenV regelt in seinem S. 3, dass nur solche Stellen als sachverständig gelten, denen dies von der nach Landesrecht zuständigen Behörde im Einvernehmen mit der Physikalisch-Technischen Bundesanstalt bestätigt worden ist.

5 Ausdrücklich wird in § 5 Abs. 1 S. 4 HeizkostenV schließlich bestimmt, dass die Ausstattungen für das jeweilige Heizsystem geeignet und so angebracht sein müssen, dass ihre technisch einwandfreie Funktion gewährleistet ist. Es genügt deshalb nicht in jedem Fall die Verwendung eines generell zugelassenen Gerätes (vgl. *LG Meiningen* WuM 2003, 453 ff.). Eine fehlerhafte Anbringung steht der Verwendung unzulässiger Geräte gleich (*LG Berlin* WuM 1987, 32).

6 Zur Übergangsregelung vgl. § 12 Abs. 2, 3 und 5 HeizkostenV. Ein weitergehender Bestandschutz besteht nicht (a. A. *Kinne* GE 2006, 1278 [1279], der generelle auf die Anforderungen zum Zeitpunkt der Anbringung abstellt).

7 Zur Zulässigkeit der Verwendung einer Ausstattung zur Verbrauchserfassung gehört es, dass vorgeschriebene Eichungen durchgeführt werden (vgl. *BayObLG* MDR 1998, 708).

8 Werden unzulässige Ausstattungen zur Verbrauchserfassung verwendet, ist die Abrechnung nach einem verbrauchsunabhängigen Maßstab, in der Regel nach dem Verhältnis der Wohnfläche, vorzunehmen (*LG Meiningen* WuM 2003, 453 [455]).

II. Auswahl

9 Die Auswahl zwischen den verschiedenen Ausstattungen, die den Anforderungen der HeizkostenV genügen, obliegt nach § 4 Abs. 3 S. 3 HeizkostenV dem Gebäudeeigentümer.

9a Der Gebäudeeigentümer hat dabei einen weiten Ermessensspielraum. Er ist nicht verpflichtet, die technisch optimale Lösung zu wählen (*LG Hamburg* WuM 1992, 245). Er darf Zuverlässigkeit und Genauigkeit im Rahmen seines Auswahlermessens ebenso berücksichtigen wie den Vorteil einer einfachen Ablesung bei Geräten mit einem Funksystem (*Wall* WuM 2002, 134). Der Wirtschaftlichkeitsgrundsatz kann jedoch verletzt sein, wenn die Kosten für ein Funkmesssystem mehr als die Hälfte der eigentlichen Heizkosten ausmachen (*LG Berlin* WuM 2004, 340). Der Austausch von Messgeräten, die nach dem Verdunstungsprinzip arbeiten, gegen elektronische Erfassungsgeräte ist einem Mieter gegenüber eine nach § 554 Abs. 2 BGB zu duldende Modernisierungsmaßnahme (*AG Frankfurt* a. M. ZMR 2006, 292 = NZM 2006, 537).

III. Ungenauigkeiten und Fehler

1. Ungenauigkeiten

10 Erfüllen die Ausstattungen zur Verbrauchserfassung die vorgeschriebenen Voraussetzungen (oben Rn. 1 bis 7), so müssen gewisse Messungenauigkeiten, z. B. bei Verdunstungsgeräten (*AG Salzgitter* DWW 1986, 102), in Kauf genommen werden (*OLG Köln* GE 1986, 341, 343). Der Nutzer

kann keine Einwendungen gegen die Abrechnung erheben, wenn Fertigungs-, Skalierungs- oder Montagemängel innerhalb der zulässigen Toleranzen liegen (*LG Hamburg* DWW 1988, 14).

Das gilt insbesondere für die so genannte Kaltverdunstung, die bei Verdunstungsgeräten zu einer Verbrauchsanzeige führt, ohne dass die Heizung betrieben wird. Ein Nutzer kann nicht verlangen, von dem dadurch angezeigten Verbrauch freigestellt zu werden, selbst wenn er nachweist, dass die Heizung nicht eingeschaltet war. Er kann nach Treu und Glauben jedoch verlangen, dass in diesem Fall die Verbrauchswerte auf die Zahl begrenzt werden, die als niedrigste bei einem anderen Nutzer einer gleich großen Wohnung abgelesen worden sind (*BayObLG* MieWoE § 16 WEG Nr. 1). 11

Bei einem Nutzerwechsel ist die Kaltverdunstungsvorgabe zu quoteln (*AG Rheine* WuM 1996, 715), sofern hier nicht bereits eine Unmöglichkeit im Sinne des § 9b Abs. 3 HeizkostenV vorliegt (vgl. § 9b HeizkostenV Rn. 10). 12

2. Fehler

Eventuelle Fehler der Messeinrichtungen muss der Nutzer darlegen und gegebenenfalls beweisen, es sei denn, dass so viele Anzeichen für Fehler sprechen, dass diese entkräftet werden müssen (*OLG Köln* GE 1986, 341, 345). 13

Für einen Geräteausfall gilt § 9a HeizkostenV. 14

IV. Besonderheiten beim Wohnungseigentum

Die Ausstattungen zur Verbrauchserfassung sind Gemeinschaftseigentum (*OLG Hamburg* ZMR 1999, 502 [503]; *OLG Hamm* ZMR 2001, 839 [840]; a. A. *LG Frankfurt a. M.* ZMR 1997, 156). Für die Umstellung von einem Messsystem auf ein anderes sind die Grundsätze über die modernisierende Instandsetzung heranzuziehen (*Schmid* ZMR 1997, 453; a. A. *LG Frankfurt a.M* ZMR 1997, 156, das einen Mehrheitsbeschluss generell für unzulässig hält). Die Eichpflicht trifft die Wohnungseigentümer. 15

Sind die Geräte nicht ordnungsgemäß geeicht, führt dies nicht zur Ungültigerklärung des Beschlusses über die Abrechnung, kann aber Schadensersatzansprüche auslösen (*BayObLG* ZMR 2004, 31). 16

Die Anschaffung ordnungsgemäßer Messgeräte kann jeder Wohnungseigentümer nach § 21 Abs. 3 WEG verlangen (*BayObLG* ZMR 2004, 359 = GE 2004, 631). 17

C. Vorerfassung

Wenn in einer Anlage verschiedene Ausstattungen vorhanden sind, können die Messergebnisse nicht unmittelbar zueinander in Beziehung gesetzt werden. Es ist deshalb eine Vorerfassung des Verbrauchs der Nutzer mit jeweils gleichen Ausstattungen erforderlich. Die Regelung des § 5 Abs. 2 S. 1 HeizkostenV ist zwingend. 18

Auch bei gleichen Ausstattungen hat der Gebäudeeigentümer die Möglichkeit, eine Vorerfassung durchzuführen, entweder bei unterschiedlichen Nutzungs- oder Gebäudearten oder aus anderen sachgerechten Gründen. In Betracht kommen hier insbesondere die Fälle, in denen sich in einem Haus Wohnungen und Gewerbebetriebe befinden. Einen allgemeinen Grundsatz, dass in Gewerberäumen stets ein höherer Verbrauch stattfindet, gibt es jedoch nicht (*AG Berlin-Schöneberg* GE 1986, 1177 [1178]). 19

Eine Verpflichtung zur Vorerfassung besteht auch bei Vorliegen sachlicher Gründe nicht, es sei denn, dass eine Kostenverteilung ohne Vorerfassung zu schlechthin unbilligen Ergebnissen führen würde (*LG Berlin* GE 1990, 1037). Dabei müssen einerseits die Interessen der Beteiligten, andererseits aber auch der Verwaltungsaufwand und die damit verbundenen Kosten berücksichtigt werden (vgl. *OLG Schleswig* ZMR 2005, 406). Eine Verpflichtung zur Vorerfassung kann sich allerdings im Falle einer Vermietung aus den allgemeinen Grundsätzen zur Trennung des Verbrauchs von Wohn- und Gewerberäumen nach § 20 Abs. 2 S. 2 NMV 1970 ergeben oder wenn bei preisfreiem Wohnraum ausnahmsweise (*BGH* WuM 2006, 200) eine Vorausteilung stattzufinden hat (vgl. *Schmid* Handbuch der Mietnebenkosten Rn. 6114). Das kann z. B. dann der Fall sein, wenn 20

§ 6 HeizkostenV | Pflicht zur verbrauchsabhängigen Kostenverteilung

sich im gewerblichen Teil ein Fitness-Studio und ein Schwimmbad befinden (*LG Hamburg* WuM 2006, 273).

21 § 5 Abs. 2 S. 2 HeizkostenV wird analog angewendet, wenn mehrer Wohnungseigentümergemeinschaften von einer gemeinsamen Heizanlage versorgt werden und dies in allen Teilungserklärungen verankert ist (*OLG Schleswig* ZMR 2005, 406).

22 Zur gesonderten Erfassung des Verbrauches in gemeinschaftlich genutzten Räumen s. § 4 HeizkostenV Rn. 45 ff.

23 Die Vorerfassung erfolgt dadurch, dass zunächst der Verbrauch der einzelnen Nutzergruppen erfasst wird. Die Verteilung richtet sich dann nach § 6 Abs. 2 HeizkostenV.

24 Nicht um einen Fall des § 5 Abs. 2 HeizkostenV handelt es sich, wenn mehrere Abrechnungseinheiten von einer Heizanlage versorgt werden. Die Kostenverteilung unterliegt deshalb auch nicht dem § 6 Abs. 2 HeizkostenV, sondern richtet sich nach allgemeinen sachgerechten Kriterien (vgl. *LG Köln* NZM 2001, 617).

§ 6 Pflicht zur verbrauchsabhängigen Kostenverteilung

(1) Der Gebäudeeigentümer hat die Kosten der Versorgung mit Wärme und Warmwasser auf der Grundlage der Verbrauchserfassung nach Maßgabe der §§ 7 bis 9 auf die einzelnen Nutzer zu verteilen.

(2) In den Fällen des § 5 Abs. 2 sind die Kosten zunächst mindestens zu 50 vom Hundert nach dem Verhältnis der erfassten Anteile am Gesamtverbrauch auf die Nutzergruppen aufzuteilen. Werden die Kosten nicht vollständig nach dem Verhältnis der erfassten Anteile am Gesamtverbrauch aufgeteilt, sind

1. die übrigen Kosten der Versorgung mit Wärme nach der Wohn- oder Nutzfläche oder nach dem umbauten Raum auf die einzelnen Nutzergruppen zu verteilen; es kann auch die Wohn- oder Nutzfläche oder der umbaute Raum der beheizten Räume zugrunde gelegt werden,

2. die übrigen Kosten der Versorgung mit Warmwasser nach der Wohn- oder Nutzfläche auf die einzelnen Nutzergruppen zu verteilen.

Die Kostenanteile der Nutzergruppen sind dann nach Absatz 1 auf die einzelnen Nutzer zu verteilen.

(3) In den Fällen des § 4 Abs. 3 S. 2 sind die Kosten nach dem Verhältnis der erfassten Anteile am Gesamtverbrauch auf die Gemeinschaftsräume und die übrigen Räume aufzuteilen. Die Verteilung der auf die Gemeinschaftsräume entfallenden anteiligen Kosten richtet sich nach rechtsgeschäftlichen Bestimmungen.

(4) Die Wahl der Abrechnungsmaßstäbe nach Absatz 2 sowie nach den §§ 7 bis 9 bleibt dem Gebäudeeigentümer überlassen. Er kann diese einmalig für künftige Abrechnungszeiträume durch Erklärung gegenüber den Nutzern ändern

1. bis zum Ablauf von drei Abrechnungszeiträumen nach deren erstmaliger Bestimmung,

2. bei der Einführung einer Vorerfassung nach Nutzergruppen,

3. nach Durchführung von baulichen Maßnahmen, die nachhaltig Einsparungen von Heizenergie bewirken.

Die Festlegung und die Änderung der Abrechnungsmaßstäbe sind nur mit Wirkung zum Beginn eines Abrechnungszeitraumes zulässig.

A. Verteilungspflicht

I. Kostenverteilung

§ 6 Abs. 1 S. 1 HeizkostenV legt die Verpflichtung des Gebäudeeigentümers fest, die Kosten der Versorgung mit Wärme und Warmwasser nach §§ 7 bis 9 HeizkostenV auf die Nutzer zu verteilen. Mit dieser Verpflichtung korrespondiert das Recht des Nutzers, die Beachtung der HeizkostenV zu verlangen. Zum bloßen Vorrang der HeizkostenV s. Erl. zu § 2 HeizkostenV Rn. 4 ff. Keine Verteilungspflicht nach der HeizkostenV besteht, wenn ein Ausnahmetatbestand des § 11 HeizkostenV erfüllt ist (*BGH* GE 2004, 106). 1

II. Abrechnung

Die Abrechnung selbst wird von der HeizkostenV nicht geregelt. 2

III. Duldungspflicht des Nutzers

Der Verteilungspflicht entspricht es, dass der Nutzer verpflichtet ist, das Betreten der Räume zum Zwecke der Durchführung der Ablesung zu dulden (*AG Brandenburg a. d. Havel* GE 2004, 1459). Diesen Anspruch kann der Gebäudeeigentümer gegebenenfalls durch einstweilige Verfügung bzw. einstweilige Anordnung durchsetzen (*LG Köln* DWW 1985, 233, 234). 3

Der Vermieter bzw. die Ablesefirma müssen jedoch den **Ablesetermin** unmissverständlich bekannt geben und auch einen zweiten Termin im Abstand von mindestens zwei Wochen einrichten (*LG München I* WuM 2001, 190, 192). Die Ankündigungsfrist muss mindestens zwei Wochen betragen (a. A. *AG Münster* WuM 1987, 230 und *AG Brandenburg a. d. Havel* GE 2004, 1459: eine Woche; differenzierend nach der Bewohnerstruktur: Lammel, HeizkostenV, § 6 Rn. 10). Eine möglichst frühzeitige Ankündigung ist empfehlenswert. Eine besondere Form der Mitteilung ist nicht vorgeschrieben; jedoch muss der Mieter in zumutbarer Weise rechtzeitig Kenntnis erlangen können (vgl. *Lammel* HeizkostenV § 6 Rn. 8). Das bedeutet bei einer Mitteilung durch Aushang zumindest, dass bei mehreren Hauseingängen an jedem Eingang ein Anschlag angebracht wird (MieWo / Schmid § 6 HeizkostenV Rn. 6) oder wenn die Stelle von allen Nutzern passiert wird (*Kinne* GE 2006, 1025). Die Ankündigung muss den Termin möglichst genau angeben (vgl. *Lammel* HeizkostenV § 6 Rn. 10). Eine Zeitspanne von mehr als zwei Stunden ist für den Nutzer nicht zumutbar (*Schmid*, Handbuch der Mietnebenkosten, Rn. 6123). 4

Der Nutzer ist nicht verpflichtet, bereits bei einem Termin den Zutritt zu seiner Wohnung durch Zuhilfenahme Dritter zu ermöglichen (*LG München I* WuM 2001, 190, 192). Bei Verhinderung auch beim zweiten Termin wird man eine solche Pflicht jedoch bejahen müssen (vgl. *LG Berlin* GE 1989, 39). 5

Die verschuldete unberechtigte Zutrittsverweigerung verpflichtet den Nutzer zum Schadensersatz (*AG Brandenburg a. d. Havel* GE 2004, 1459). 6

IV. Beweislast

Die Richtigkeit der Verbrauchserfassung hat grundsätzlich der Gebäudeeigentümer zu beweisen. 7

B. Vorerfassung bei verschiedenen Messgeräten oder aus sachgerechten Gründen

I. Zulässigkeit

In welchen Fällen eine Vorerfassung notwendig oder möglich ist, regelt § 5 Abs. 2 HeizkostenV (vgl. § 5 HeizkostenV Rn. 18 ff.). Dort ist auch die Vorerfassung als solche geregelt. § 6 Abs. 2 HeizkostenV regelt die Kostenverteilung. 8

§ 6 HeizkostenV | Pflicht zur verbrauchsabhängigen Kostenverteilung

II. Doppelte Verteilung

9 Bei einer Vorerfassung ist eine doppelte Verteilung notwendig:

1. Verteilung auf die Nutzergruppen

10 Zunächst ist der Gesamtverbrauch verhältnismäßig zu mindestens 50% nach dem Verbrauch auf die einzelnen Nutzergruppen zu verteilen. Die hälftige Aufteilung nach dem Verbrauch ist der Mindestsatz. Eine Obergrenze besteht hier im Gegensatz zu §§ 7, 8 HeizkostenV nicht. Es kann also bei der Vorerfassung die Verteilung auf die Nutzergruppen vollumfänglich nach dem ermittelten Verbrauch erfolgen.

11 Wird von der Möglichkeit der Aufteilung nur nach Verbrauch nicht Gebrauch gemacht, so bestimmen sich die Verteilungsmaßstäbe für die verbleibenden Beträge nach § 6 Abs. 2 S. 2 HeizkostenV. Es sind dieselben wie in § 7 Abs. 1 S. 2 HeizkostenV (vgl. § 7 HeizkostenV Rn. 6 ff.) und § 8 Abs. 1 HeizkostenV (vgl. § 8 HeizkostenV Rn. 2).

2. Einzelverteilung

12 Der gesamte Kostenanteil einer einzelnen Nutzergruppe ist dann innerhalb dieser Nutzergruppe nach § 6 Abs. 1, §§ 7 bis 9 HeizkostenV zu verteilen. Insbesondere sind hier die Obergrenzen für den verbrauchsunabhängigen Anteil nach § 7 Abs. 1 S. 1, § 8 Abs. 1 HeizkostenV zu beachten.

III. Wahl der Abrechnungsmaßstäbe

13 Die Wahl der Abrechnungsmaßstäbe obliegt auch bei der Verteilung auf die einzelnen Nutzergruppen dem Gebäudeeigentümer (§ 6 Abs. 4 S. 1 HeizkostenV). Da § 6 Abs. 4 S. 2 HeizkostenV auf dessen S. 1 (»diese«) Bezug nimmt, gelten auch für die Verteilung auf Nutzergruppen die Änderungsmöglichkeiten des § 6 Abs. 4 S. 2 HeizkostenV.

C. Vorerfassung gemeinschaftlich genutzter Räume

14 Findet nach § 4 Abs. 3 S. 2 HeizkostenV eine gesonderte Erfassung des Verbrauches in gemeinschaftlichen Räumen statt (s. Erl. zu § 4 HeizkostenV Rn. 45 ff.), so müssen nach § 6 Abs. 3 S. 1 HeizkostenV die Kosten zunächst nach dem Verhältnis der erfassten Anteile am Gesamtverbrauch auf die Gemeinschaftsräume und die übrigen Räume aufgeteilt werden. Hinsichtlich der Kosten für die übrigen Räume gelten dann die allgemeinen Vorschriften.

15 Wenig glücklich erscheint die Regelung des § 6 Abs. 3 S. 2 HeizkostenV, wonach sich die Verteilung der auf die Gemeinschaftsräume entfallenden Kosten nach rechtsgeschäftlichen Bestimmungen richtet (z. B. Mietvertrag), weil solche Regelungen vielfach nicht vorhanden sind.

16 Fehlt eine ausdrückliche Regelung, ist auf die allgemeinen Vereinbarungen über die Nebenkostenumlegung zurückzugreifen, wozu auch die Vereinbarung eines einseitigen Bestimmungsrechts des Vermieters gehören kann (*Schmid* Handbuch der Mietnebenkosten Rn. 6167; a. A. *Lammel* HeizkostenV § 6 Rn. 70). Ist z. B. für alle verbrauchsunabhängigen Kosten eine Verteilung nach Wohnfläche vorgesehen, gilt dieser Maßstab auch hier. Bestehen keine eindeutigen Regelungen, kommt eine ergänzende Vertragsauslegung in Betracht (*Schmid* ZMR 1998, 259; *Peruzzo* Erl. zu § 6 Abs. 3 HeizkostenV), wenn der Vertrag hierfür zureichende Anhaltspunkte enthält, z. B. für die Verteilung der Wasserkosten eines Schwimmbades. Führt auch das zu keinem Ergebnis, ist bei Wohnraummietverhältnissen der Regelmaßstab Wohnfläche anzuwenden (§ 556a Abs. 1 S. 1 BGB). Bei anderen Mietverhältnissen ist auf den Grundsatz zurückzugreifen, dass bei Fehlen jedweder Regelung ein einseitiges Bestimmungsrecht des Gebäudeeigentümers nach billigem Ermessen besteht (*Schmid* Handbuch der Mietnebenkosten Rn. 6167).

17 Zu den Fällen, in denen eine gesonderte Verbrauchserfassung durchgeführt wird, obwohl sie nicht vorgeschrieben ist, vgl. § 4 HeizkostenV Rn. 49.

18 Ist eine Vorerfassung nicht vorgeschrieben und findet sie auch nicht statt, fließt der Verbrauch in die allgemeine Kostenverteilung ein.

D. Festlegung und Änderung der Abrechnungsmaßstäbe

I. Erstmalige Bestimmung

Die Wahl unter den von der HeizkostenV zugelassenen Abrechnungsmaßstäben (§ 6 Abs. 2, §§ 7 bis 9 HeizkostenV) steht dem Gebäudeeigentümer zu. Dies gilt sowohl hinsichtlich der Festlegung des verbrauchsabhängigen Anteils als auch hinsichtlich der Maßstäbe für den verbrauchsunabhängigen Anteil. 19

Eine solche (erstmalige) Bestimmung liegt vor, wenn bisher überhaupt nicht abgerechnet wurde, weil es in diesen Fällen überhaupt keine Verteilungsmaßstäbe gab. Dasselbe muss gelten, wenn die bisherigen Verteilungsmaßstäbe nicht der HeizkostenV entsprechen, da in diesen Fällen die rechtsgeschäftlichen Bestimmungen abgesehen von § 10 HeizkostenV (vgl. Erläuterungen hierzu) nach § 2 HeizkostenV nicht fortgelten. Die Anpassung an die HeizkostenV ist deshalb eine Neubestimmung, nicht eine Änderung nach § 6 Abs. 4 S. 2 Nr. 2 HeizkostenV 20

Da nur die zugelassenen Verteilungsmaßstäbe gewählt werden, dürfen (§ 2 HeizkostenV; *BGH* WuM 2004, 150 [151]), ist in Allgemeinen Geschäftsbedingungen eine Klausel unwirksam, die das Wahlrecht des Vermieters nicht hierauf beschränkt (*BGH* MieWoE § 13 AGBG Nr. 5). 21

Die Festlegung ist nur mit Wirkung zum Beginn eines Abrechnungszeitraumes zulässig (§ 6 Abs. 4 S. 3 HeizkostenV). 22

II. Änderungsmöglichkeiten

1. Grundsätzliches

§ 6 Abs. 4 S. 2 HeizkostenV räumt dem Gebäudeeigentümer eine einmalige Änderungsmöglichkeit bezogen auf den jeweiligen Änderungstatbestand unter den nachstehend zu behandelnden Voraussetzungen ein. Weitere Änderungen sind dann durch einseitige Erklärung nicht mehr möglich. Lediglich bauliche Änderungen im Sinne des § 6 Abs. 4 S. 2 Nr. 3 HeizkostenV berechtigen zu einer weiteren Änderung (vgl. unten Rn. 33). 23

Die Änderungsmöglichkeiten sind abschließend. Vorbehalte eines einseitigen Änderungsrechts in Mietverträgen kommen nicht zum Tragen. Unwirksam ist deshalb in Allgemeinen Geschäftsbedingungen eine Klausel, die den Vermieter ohne Hinweis auf die Beschränkungen der HeizkostenV ermächtigt, den Verteilungsschlüssel zu ändern (*BGH* MieWoE § 13 AGBG Nr. 5). 24

Ein Leerstand gibt dem Vermieter kein Recht zu einer Änderung des Kostenverteilungsschlüssels (*BGH* WuM 2004, 150 [151]). Ein Anspruch des Vermieters gegen den Mieter auf Zustimmung zu einer Änderung der Kostenverteilung wird dadurch ebenfalls nicht begründet (*Schmid* Handbuch der Mietnebenkosten Rn. 6189; a. A. *Langenberg* WuM 2002, 589). 25

Nur wenn das Abrechnungsergebnis nach den besonderen Umständen des Einzelfalls zu einer nach Treu und Glauben nicht mehr zumutbaren Belastung eines Nutzers führt, können die Grundsätze des Wegfalls der Geschäftsgrundlage (§ 313 BGB) eingreifen (*BGH* WuM 2004, 150). Angesichts des mit einem Leerstand für den Vermieter und die verleibenden Mieter verbundenen Nachteile wird ein solcher Anpassungsanspruch jedoch meist zu verneinen sein (Schmid GE 2007, 39). Das *AG Annaberg* (WuM 2007, 131) gibt sogar dem Nutzer einen Anspruch auf Anwendung des Verteilungsschlüssels 50:50. 26

Eine Vereinbarung nach § 10 HeizkostenV (vgl. Erl. hierzu) hat Vorrang vor den Änderungsmöglichkeiten des § 6 Abs. 4 HeizkostenV (*Schmid* Handbuch der Mietnebenkosten Rn. 6181). 27

§ 6 Abs. 4 S. 2 HeizkostenV hat Vorrang vor § 556 a Abs. 2 BGB. 28

2. Änderung nach erstmaliger Bestimmung (Nr. 1)

§ 6 Abs. 4 S. 2 Nr. 1 HeizkostenV ermöglicht die Korrektur eines nicht sachgerecht gewählten Abrechnungsmaßstabes. Sie ist nur nach einer erstmaligen Bestimmung zulässig. Zeitliche Grenze sind drei Abrechnungszeiträume gerechnet von der erstmaligen Bestimmung an. Die Änderung ist an keine besonderen Voraussetzungen geknüpft, entspricht aber nur dann ordnungsmäßiger Verwaltung, wenn ein sachlicher Grund für die Änderung besteht, insbesondere, wenn sich der bisherige Maßstab als unzweckmäßig erwiesen hat (*Schmid* GE 2007, 39). 29

3. Änderung bei der Einführung einer Vorerfassung nach Nutzergruppen (Nr. 2)

30 Absatz 4 S. 2 Nr. 2 bezieht sich nur auf die Vorerfassung nach Nutzergruppen gemäß § 5 Abs. 2 S. 2 HeizkostenV. Eine solche Vorerfassung ist vielfach nur sachgerecht, wenn die Verteilungsmaßstäbe entsprechend angepasst werden. Eine frühere Änderung nach Nr. 1 oder Nr. 3 steht nicht entgegen.

31 Da die Erklärung nach Nr. 2 bereits eine Änderung ist, kann diese Änderung, obgleich sie eine erstmalige einseitige Bestimmung ist, nicht erneut nach Nr. 1 geändert werden, da nur eine einmalige Änderung zulässig ist.

4. Bauliche Maßnahmen (Nr. 3)

32 Schließlich ist eine Änderung der Verteilungsmaßstäbe dann zulässig, wenn bauliche Maßnahmen durchgeführt wurden, die nachhaltig Einsparungen von Heizenergie bewirken. Was solche energieeinsparenden Maßnahmen sind, wird in Anlehnung an § 4 Abs. 3 ModEnG a. F. bestimmt. In Betracht kommen vor allem Maßnahmen zur Wärmedämmung und zur Verbesserung der Heizanlagen (*Peruzzo* NJW 1981, 802) sowie der Anschluss an die Fernwärmeversorgung, die überwiegend aus Anlagen der Kraft-Wärmekopplung oder Müllverbrennung oder Verwertung von Abwärme gespeist wird, und Maßnahmen zur Rückgewinnung von Wärme und Einsatz von Wärmepumpen und Solaranlagen (*Peruzzo* Erl. zu § 6 Abs. 4 Nr. 3). Auch eine völlige Erneuerung der Heizanlage kann eine Änderung des Umlegungsmaßstabes rechtfertigen (*Eisenschmid* GE 1999, 1208).

33 Eine Änderung nach Nr. 3 ist auch dann möglich, wenn bereits eine Änderung nach Nr. 1 oder Nr. 2 erfolgt ist. Die Änderungsmöglichkeit nach Nr. 3 besteht auch nach jeder solchen baulichen Maßnahme.

5. Rechtsgeschäftliche Änderungsmöglichkeiten

34 In nicht wenigen Mietverträgen findet sich eine Vereinbarung, nach der der Vermieter berechtigt ist, den Abrechnungsmaßstab für Nebenkosten einseitig zu bestimmen und auch zu ändern. Nach dem Zweck der HeizkostenV wäre ein Eingriff in solche Regelungen an sich nicht erforderlich, solange die gewählten Abrechnungsmaßstäbe der HeizkostenV entsprechen. Gleichwohl können diese rechtsgeschäftlichen Bestimmungsrechte nicht mehr ausgeübt werden, da § 6 Abs. 4 S. 2 HeizkostenV eine abschließende Regelung trifft, die nach § 2 HeizkostenV rechtsgeschäftlichen Regelungen vorgeht (vgl. hierzu auch § 10 HeizkostenV Rn. 4).

III. Bestimmung nach billigem Ermessen

35 § 6 Abs. 4 HeizkostenV gewährt dem Gebäudeeigentümer ein einseitiges Leistungsbestimmungsrecht sowohl hinsichtlich der erstmaligen Bestimmung als auch hinsichtlich der Änderung der Abrechnungsmaßstäbe. Der Verteilungsschlüssel muss deshalb billigem Ermessen nach §§ 315, 316 BGB entsprechen (*BGH* WuM 2004, 150 [151]).

36 Was billigem Ermessen entspricht, ist an Hand des Einzelfalles zu beurteilen. Bei einer Anpassung bestehender Verträge an die HeizkostenV ist dabei insbesondere zu beachten, dass in bestehende rechtsgeschäftliche Regelungen nur in möglichst geringem Umfang eingegriffen werden soll.

37 Sofern nicht besondere Umstände des Einzelfalles etwas anderes erfordern, kann der Gebäudeeigentümer zwischen den zugelassenen Verteilungsmaßstäben weitgehend frei wählen, ist insbesondere nicht generell gehindert, auch dann nach Wohnfläche abzurechnen, wenn unterschiedliche Raumhöhen bestehen (*LG Hamburg* WuM 1978, 89). Allerdings bietet sich in solchen Fällen eine Kostenverteilung nach dem umbauten Raum an (*LG Berlin* GE 2002, 1627 [1628]). Dagegen verlangt das AG Hamburg (WuM 1987, 230) eine Verteilung nach beheizter Fläche, wenn kein vergleichbares Verhältnis zwischen gesamter Wohnfläche und beheizter Fläche besteht. Einen überwiegenden Anteil der Verbrauchskosten hält das AG Lübeck (WuM 1988, 64) für unbillig, wenn infolge mangelnder Wärmeisolierung ein erhöhter Wärmebedarf besteht. Das AG Saarburg (WuM 2001, 85) nimmt Unbilligkeit eines verkaufsabhängigen Anteils von 70% an, wenn eine Wohnung baulich bedingt relativ hohe Abstrahlungsverluste hat. Wenn, wie häufig, in einer Ab-

rechnungseinheit wärmerelevante Verschiedenheiten zwischen einzelnen Nutzungseinheiten bestehen, ist der Vermieter bei geringem Verbrauchsabhängigem Anteil eher auf der sicheren Seite (*Schmid* Handbuch der Mietnebenkosten Rn. 6178). Man wird es dem Vermieter aber auch gestatten müssen, entsprechend dem Zweck der HeizkostenV auch auf Einsparungen hinzuwirken und deshalb nicht beim Maßstab 50 : 50 zu verbleiben. Es wird deshalb sehr stark auf den Einzelfall abzustellen sein.

Zeitweilige Leerstände machen einen gewählten Abrechnungsmaßstab nicht unbillig (so Rn. 25). 38

IV. Zeitpunkt der Festlegung und Änderung

Nach § 6 Abs. 4 S. 3 HeizkostenV ist die Festlegung und Änderung des Verteilungsmaßstabes 39 durch einseitige Erklärung nur mit Wirkung zum Beginn eines Abrechnungszeitraumes zulässig. Eine Änderung für die laufende oder zurückliegende Abrechnungsperiode ist nicht möglich (*AG Hamburg-Altona* WuM 1987, 162). Der Gebäudeeigentümer kann deshalb der Abrechnung nur den Verteilungsmaßstab zugrunde legen, den er auch (zulässigerweise) für die Vorauszahlungen gewählt hat (vgl. *AG Neubrandenburg* WuM 1994, 379).

Der Gebäudeeigentümer muss die Änderung den Nutzern vor Beginn des Abrechnungszeitrau- 40 mes mitteilen (*BGH* WuM 2004, 150). Maßgeblich ist der Zeitpunkt, zu dem die Erklärung dem letzten Nutzer zugeht. Eine Mitteilung erst mit der Abrechnung ist zu spät (*BGH* WuM 2004, 150). Sie wirkt erst für den nächsten Abrechnungszeitraum.

V. Rechtsgeschäftliche Regelungen

Rechtsgeschäftliche Regelungen, die der HeizkostenV entsprechen, können nicht mehr geändert 41 werden. Widersprechende Regelungen treten nach § 2 HeizkostenV hinter dieser zurück.

Gebäudeeigentümer und Nutzer sind aber nicht gehindert, im gegenseitigen Einvernehmen Re- 42 gelungen zu treffen, die der HeizkostenV entsprechen, insbesondere im gegebenen Spielraum die Verteilungsmaßstäbe rechtsgeschäftlich Besonderheit beim Wohnungseigentum vgl. MieWo/ *Schmid* § 6 HeizkostenV Rn. 29 ff.

Eine solche Änderung kann auch stillschweigend erfolgen, wenn eine geänderte Abrechnungs- 43 modalität praktiziert wird. Hierfür genügt es aber nicht, dass nur der Vermieter von sich aus anders abrechnet. Vielmehr müssen Umstände vorliegen, die den Schluss zulassen, dass alle Parteien die Änderung auch wollen (*AG Lübeck* WuM 1988, 64).

E. Besonderheiten beim Wohnungseigentum

I. Kostenverteilung

Da die Heizanlage im gemeinschaftlichen Eigentum steht (§ 5 Abs. 2 WEG), handelt es sich bei der 44 Kostenverteilung um eine Maßnahme der Verwaltung des gemeinschaftlichen Eigentums (*BayObLG* BayObLGZ 1993, 34, 37 =MieWoE § 16 WEG Nr. 10; vgl. auch grundsätzlich *BGH* NJW 2003, 3476 zur Verteilung der Kaltwasserkosten).

Die Kostenverteilung nach § 6 Abs. 1 S. 1 HeizkostenV entspricht einer ordnungsgemäßen Ver- 45 waltung und kann deshalb von jedem Wohnungseigentümer verlangt werden (vgl. § 3 HeizkostenV Rn. 16 ff.).

Schätzungen müssen beim Wohnungseigentum u. U. auch dann zugelassen werden, wenn die 46 Voraussetzungen des § 9 a HeizkostenV nicht vorliegen (*OLG Köln* WE 1990, 69). Sanktionen wie mangelnde Fälligkeit oder Kürzungsrecht sind hier für Erfassungsfehler nicht möglich. Eine Abrechnung, die Schätzungen beinhaltet, widerspricht deshalb nur dann einer ordnungsmäßigen Verwaltung nach § 21 WEG, wenn gegen die Art der Durchführung der Schätzung Einwände zu erheben sind.

§ 6 HeizkostenV | Pflicht zur verbrauchsabhängigen Kostenverteilung

II. Vorerfassung

47 Die Einführung einer Vorerfassung nach § 5 Abs. 2 S. 2 HeizkostenV bedurfte bis 30.6.2007 einer Vereinbarung, sofern nicht im Einzelfall Teilungserklärung oder Vereinbarung eine abweichende Regelung treffen. Eine Abweichung vom gesetzlichen oder vereinbarten Lastenverteilungsschlüssel ist nämlich durch Beschluss nicht möglich. Ein gleichwohl gefasster Beschluss ist nichtig (*BGH* NJW 2000, 3500). § 3 S. 2 HeizkostenV erwähnt § 5 HeizkostenV nur für die Anbringung und Auswahl der Ausstattung. Seit 1.7.2007 ermöglicht § 16 Abs. 3 WEG eine Regelung durch Mehrheitsbeschluss. Ein solcher Beschluss entspricht aber nur ordnungsmäßiger Verwaltung, wenn ein sachlicher Änderungsgrund gegeben ist (*Gottschalg* DWE 2007, 40).

III. Vorerfassung gemeinschaftlich genutzter Räume

48 Rechtsgeschäftliche Bestimmungen im Sinne des Absatzes 3 S. 2 sind beim Wohnungseigentum Vereinbarungen und Beschlüsse.

49 Fehlen solche Regelungen, können sie nur durch Vereinbarung, jedoch nicht durch Mehrheitsbeschlüsse geschaffen werden. § 3 S. 2 HeizkostenV gilt nämlich für § 6 HeizkostenV nur hinsichtlich der Entscheidungen des Gebäudeeigentümers. Eine Entscheidungsbefugnis des Gebäudeeigentümers besteht aber hier anders als bei Absatz 4 nicht.

50 Kommt es zu keiner rechtsgeschäftlichen Regelung, so muss auf § 16 Abs. 2 WEG zurückgegriffen werden, d. h. die auf die gemeinschaftlichen Räume entfallenden erfassten Kosten sind nach Miteigentumsanteilen zu verteilen.

IV. Festlegung der Abrechnungsmaßstäbe

1. Erstmalige Festlegung

51 § 3 S. 2 HeizkostenV gilt für die erstmalige Bestimmung der Verteilungsmaßstäbe nach §§ 7 bis 9 HeizkostenV und tritt insoweit an die Stelle von § 6 Abs. 3 S. 1 HeizkostenV.

2. Änderung

52 Auch Wohnungseigentümer können durch Mehrheitsbeschluss (vgl. hierzu generell § 3 HeizkostenV Rn. 7) nur einmal eine Änderung vornehmen (*KG* GE 1988, 1233 = MieWoE § 21 WEG Nr. 3). Weitere Änderungen erfordern in jedem Fall eine Vereinbarung (§ 3 HeizkostenV Rn. 8), soweit nicht Teilungserklärung oder Vereinbarung eine andere Möglichkeit vorsehen (*LG Hannover* WuM 1998, 741 f.). Einer späteren Änderung durch Vereinbarung steht § 6 HeizkostenV nicht entgegen.

52a Enthält eine Vereinbarung bereits einen Verteilungsschlüssel, der der HeizkostenV entspricht, so ist eine Änderung überhaupt nur durch eine Vereinbarung möglich, es sei denn, dass die Vereinbarung selbst die beschlossene Abänderung durch Beschluss zulässt (*BayObLG* HKA 1989, 48).

53 Unberührt die Möglichkeit einer Änderung des Abrechnungsmaßstabes auf Grund eines Verlangens nach § 10 Abs. 2 S. 3 WEG.

54 Für die Mitteilung (oben Rn. 40) einer beschlossenen Änderung genügt die Übersendung einer Niederschrift über die Eigentümerversammlung.

V. Verhältnis zwischen Wohnungseigentümer und Mieter

1. Kostenverteilung

55 Im Verhältnis zum Mieter ist der Wohnungseigentümer zur Kostenverteilung verpflichtet (vgl. § 1 HeizkostenV Rn. 6 ff.).

2. Abrechnungsmaßstäbe

56 Gegenüber dem Mieter obliegt dem vermietenden Wohnungseigentümer auch die Festlegung der Abrechnungsmaßstäbe

57 Der vermietende Wohnungseigentümer kann seinerseits die Abrechnungsmaßstäbe nur nach § 6 Abs. 3 S. 2 HeizkostenV ändern. Er muss deshalb bei seiner Mitwirkung an einer Vereinbarung

der Gemeinschaft zur Änderung der Maßstäbe prüfen, ob die Änderung auch gegenüber dem Mieter möglich ist.

Die wohnungseigentumsrechtliche Rechtsprechung betont jedoch das freie Gestaltungsrecht der Wohnungseigentümer und verweist den vermietenden Wohnungseigentümer auf eine Anpassung des Mietvertrages (*LG Hannover* WuM 1998, 741, 742). Das stößt allerdings auf Schwierigkeiten, wenn dem Vermieter kein einseitiges Änderungsrecht zusteht und der Mieter zu einer Vertragsänderung nicht bereit ist. Das kann zu einer misslichen Divergenz bei der Kostenumlegung führen. 58

§ 7 Verteilung der Kosten der Versorgung mit Wärme

(1) Von den Kosten des Betriebs der zentralen Heizungsanlage einschließlich der Abgasanlage sind mindestens 50 vom Hundert, höchstens 70 vom Hundert nach dem erfassten Wärmeverbrauch der Nutzer zu verteilen. Die übrigen Kosten sind nach der Wohn- oder Nutzfläche oder nach dem umbauten Raum zu verteilen; es kann auch die Wohn- oder Nutzfläche oder der umbaute Raum der beheizten Räume zugrunde gelegt werden.

(2) Zu den Kosten des Betriebs der zentralen Heizungsanlage gehören die Kosten der verbrauchten Brennstoffe und ihrer Lieferung, die Kosten des Betriebsstromes, die Kosten der Bedienung, Überwachung und Pflege der Anlage, der regelmäßigen Prüfung ihrer Betriebsbereitschaft und Betriebssicherheit einschließlich der Einstellung durch einen Fachmann, der Reinigung der Anlage und des Betriebsraumes, die Kosten der Messungen nach dem Bundes-Immissionsschutzgesetz, die Kosten der Anmietung oder anderer Arten der Gebrauchsüberlassung einer Ausstattung zur Verbrauchserfassung sowie die Kosten der Verwendung einer Ausstattung zur Verbrauchserfassung einschließlich der Kosten der Berechnung und Aufteilung.

(3) Für die Verteilung der Kosten der Wärmelieferung gilt Absatz 1 entsprechend.

(4) Zu den Kosten der Wärmelieferung gehören das Entgelt für die Wärmelieferung und die Kosten des Betriebs der zugehörigen Hausanlagen entsprechend Absatz 2.

A. Verteilungsmaßstäbe

I. Allgemeines

§ 7 Abs. 1 HeizkostenV schreibt zwingend (§ 2 HeizkostenV) vor, welche Abrechnungsmaßstäbe verwendet werden können. Abweichungen sind nur im Rahmen des § 10 HeizkostenV (vgl. Erl. hierzu) zulässig. 1

Auch bei verschiedenen Heizungssystemen, z. B. Fußbodenheizung und Heizkörper, muss ein einheitliches Abrechnungsverfahren angewendet werden (*AG Dülmen* WuM 1984, 325). In Betracht kommt hier jedoch auch eine Vorerfassung nach § 5 Abs. 2 S. 2 HeizkostenV. 2

Für **leerstehende Räume** gibt es keine Sonderregelung. Eine Herausrechnung verbrauchsunabhängiger Kosten aus den Gesamtkosten hat nicht zu erfolgen (*Börstinghaus* MDR 2000, 1345 [1347]; a. A. *LG Cottbus* WuM 2007, 323 [324] unter Hinweis auf die für dieses Problem nicht einschlägige Entscheidung *BGH* NJW 2003, 2902 = WuM 2003, 503). Das gilt insbesondere bei einer Abrechnung der Grundkosten nach Wohnfläche (*BGH* WuM 2004, 150 [151]) oder umbautem Raum. 3

Da eine **Kaltverdunstung** systemimmanent ist, kann eine völlige Freistellung von den verbrauchsabhängigen Kosten auch dann nicht verlangt werden, wenn die Heizkörper nachweislich dauernd abgestellt waren. Es kann allenfalls verlangt werden, dass nur die niedrigsten Verbrauchswerte einer vergleichbaren Wohnung angesetzt werden (*BayObLG* WuM 1988, 334 ff.). 4

Verschuldet ein Nutzer zusätzliche, **vermeidbare Kosten**, so ist er mit diesen Kosten alleine zu belasten. Zur Kostentragung bei Nutzerwechsel s. § 9 b HeizkostenV. 5

§ 7 HeizkostenV | Verteilung der Kosten der Versorgung mit Wärme

II. Verbrauchsabhängiger Anteil

6 Abgesehen von § 10 HeizkostenV muss mindestens zu 50 % und kann höchstens zu 70 % die Verteilung nach Verbrauch erfolgen.

III. Verbrauchsunabhängiger Anteil

1. Allgemeines

7 § 7 Abs. 1 S. 2 HeizkostenV regelt ausschließlich, welche Abrechnungsmaßstäbe für den verbrauchsunabhängigen Anteil verwendet werden können.

2. Wohn- und Nutzfläche

8 Entscheidend sind dabei die tatsächlichen Gegebenheiten, nicht eine eventuell abweichende rechtsgeschäftliche Regelung (*LG Berlin* GE 1984, 135; *AG Hamburg* WuM 1996, 778; *Kraemer* NZM 1999, 162). Die Vereinbarung einer Aufrundung auf volle Quadratmeter bei allen Wohnungen wird zugelassen (*AG Köln* WuM 2001, 470).

9 Nicht geregelt ist, wie die Fläche zu berechnen ist. Es gelten deshalb auch bei Anwendung der HeizkostenV die allgemeinen Grundsätze zur Berechnung der Wohnfläche (vgl. MieWo / *Schmid* § 556 a BGB R 146 ff.). Werden die Wohnflächen nach der WoFlV (vgl. hierzu) berechnet, können Balkone, Loggien, Dachgärten und Terrassen mit einem Viertel angesetzt werden (§ 4 Nr. 4 WoFlV). Eine völlige Außerachtlassung ist nicht geboten, weil es sich um den verbrauchsunabhängigen Kostenanteil handelt und außerdem die Möglichkeit besteht, nur auf die beheizbaren Räume abzustellen. Kellerräume gehören nach § 2 Abs. 3 Nr. 1 WoFlV nicht zur Wohnfläche. Befindet sich im Keller ein Heizkörper, kann es aus Billigkeitsgründen erforderlich sein, den Maßstab »beheizte Räume« (unten Rn. 10 ff.) zu wählen, wenn tatsächlich geheizt wird.

3. Beheizte Räume

10 Soweit § 7 Abs. 1 S. 2 Halbs. 2 HeizkostenV auf die beheizten Räume abstellt, liegt ein Redaktionsversehen vor. Abzustellen ist richtigerweise auf die beheizbaren Räume. Ansonsten könnte der Nutzer die Anrechnung allein dadurch verhindern, dass er eine vorhandene Heizung nicht benutzt. Das widerspräche aber dem Gedanken, dass der verbrauchsunabhängige Anteil auch der Deckung der Bereitstellung der Heizmöglichkeit dienen soll. Es sind alle Räume, die mit funktionsfähigen Heizkörpern ausgestattet sind, zu berücksichtigen (*AG Köln* WuM 1987, 361). Bei dem Abbau von Heizkörpern geht die Eigenschaft beheizter Raum verloren (vgl. *BGH* WuM 2004, 150 [151]).

11 Das Vorhandensein von Heizkörpern muss aber dann auch wesentliches Kriterium für die Anrechnung sein (*LG Berlin* GE 1992, 717; a. A. *Peruzzo* Erl. zu § 7 Abs. 1 HeizkostenV; *Lammel* § 7 Rn. 24). Dass eine Mitbeheizung über Heizkörper in anderen Räumen möglich ist, muss bei der Wahl dieses Abrechnungsmaßstabes in Kauf genommen werden. Etwas anderes gilt nur dann, wenn die Heizung von vornherein darauf ausgelegt ist, dass von einem Heizkörper aus mehrere Räume beheizt werden; vgl. die Definition in § 2 Nr. 4 EnEV, wonach beheizte Räume im Sinne dieser Verordnung Räume sind, die auf Grund *bestimmungsgemäßer Nutzung* direkt oder durch Raumverbund beheizt werden (*Schmid* Handbuch der Mietnebenkosten Rn. 6174).

11a Keine beheizten Räume sind insbesondere die in § 4 Nr. 4 WoFlV genannten Balkone Dachgärten, Loggien und Terrassen (*Schmid* ZMR 2006, 664). Entsprechendes gilt für Speisekammern (*Lammel* HeizkostenV § 7 Rn. 24; *Schmid* ZMR 2006, 664). Bei Wintergärten ist danach zu differenzieren, ob sie durch die zentrale Heizungsanlage beheizt werden oder nicht (*Schmid* ZMR 2006, 664; a. A. *Lammel* HeizkostenV § 7 Rn. 23).

12 § 7 HeizkostenV gestattet es nicht, durch rechtsgeschäftliche Regelung zu bestimmen, welche Räume als beheizt und welche als unbeheizt gelten (*Schmid* Handbuch der Mietnebenkosten Rn. 6175; a. A. *AG Köln* WuM 2001, 449; *Peruzzo* Erl. zu § 7 Abs. 1 HeizkostenV).

4. Umbauter Raum

13 Der umbaute Raum kann nach der Anlage 2 zu §§ 11 a und 34 Abs. 1 II. BV berechnet werden (*LG Berlin* GE 2002, 1627 [1628]). Für die Entscheidung, ob alle Räume oder nur die beheizten Räume in

die Kostenverteilung einzubeziehen sind, kommt es darauf an, ob nicht beheizte Räume in relevanter Zahl vorhanden sind. (*KG* WuM 2006, 35). Die gesamte Wohnfläche kann herangezogen werden, wenn das Gebäude keine außen liegenden Nutzflächen aufweist. Haben die Wohnungen unterschiedliche Balkone oder sonstige Freiflächen, die in Wohnflächenberechnung einbezogen werden, entspricht in der Regel nur das Maßstab »beheizte Räume« der Billigkeit (*KG* WuM 2006, 35; *Schmid* ZMR 2006, 665). Ein erheblicher Aufwand für die Ermittlung des umbauten Raums kann allerdings eine Verteilung nach Wohn- oder Nutzfläche rechtfertigen (OLG Düsseldorf ZMR 2007, 380 [382]).

Zeitweilige Leerstände machen einen gewählten Abrechnungsmaßstab nicht unbillig (*Schmid*, Handbuch der Mietnebenkosten, Rn. 6189). **13a**

5. Auswahl
Zur Auswahl der Abrechnungsmaßstäbe vgl. Erl. § 6 HeizkostenV Rn. .19 ff. **14**

IV. Wärmelieferung
Für die Wärmelieferung (§ 1 Abs. 1 Nr. 2 HeizkostenV) gelten nach § 7 Abs. 3 HeizkostenV die für zentrale Heizungsanlagen bestimmten Verteilungsregelungen entsprechend. **15**

B. Betriebskosten
I. Allgemeines
1. Umfasste Kosten
Welche Kosten Berücksichtigung finden, regelt § 7 Abs. 2 HeizkostenV abschließend. **16**

Betriebskosten, die zwar mit Heizung und Warmwasser in Zusammenhang stehen, aber in § 7 Abs. 2 und 4 HeizkostenV nicht genannt sind, müssen nicht in die Heizkostenabrechnung einbezogen werden. Es kann jedoch eine Umlegung über §§ 20 ff. NVM 1970, § 2 BetrKV, § 556 Abs. 1 BGB in Betracht kommen, sofern die Voraussetzungen dieser Vorschriften vorliegen. Beim Wohnungseigentum sind diese Kosten nach allgemeinen Grundsätzen, in Ermangelung einer anderen Regelung nach § 16 Abs. 2 WEG, zu verteilen (BayObLG ZMR 1997, 256, 259). **17**

2. Recht und Pflicht zur Kostenverteilung
Soweit der Vorrang der HeizkostenV reicht (§ 2 HeizkostenV), gilt er auch für die umzulegenden Kosten. Eine Vereinbarung von weniger Umlegungspositionen würde eine von der HeizkostenV überlagerte Teilumlegung darstellen. Die Vereinbarung einer Umlegung zusätzlicher Kosten geht über die Regelungen der HeizkostenV hinaus. Ihre Umlegung bestimmt sich deshalb nicht nach den Regelungen dieser Verordnung, sondern nach den allgemeinen Grundsätzen über die Umlegung von Nebenkosten (vgl. *Schmid* Handbuch der Mietnebenkosten Rn. 6093 m. w. N.). Insbesondere bei der Vermietung von Geschäftsräumen kann die Umlegung zusätzlicher Kosten und deren Umlegung nach der HeizkostenV vereinbart werden. **18**

3. Tätigkeit des Hauswarts
Wenn ein Hauswart auch Arbeiten vornimmt, die in § 7 Abs. 2 HeizkostenV aufgezählt sind, stellt sich das Problem, ob die anteiligen Kosten in die Heizkostenabrechnung einzubeziehen oder nach allgemeinen Grundsätzen zu verteilen sind. Das *LG Hamburg* (HKA 1989, 43) hat sich bei preisgebundenem Wohnraum für einen Ansatz im Rahmen des § 2 Nr. 14 BetrKV entschieden. Dem ist jedoch nicht zuzustimmen. Aus § 2 Nr. 14 S. 2 der BetrKV folgt nicht in allen Fällen das Verbot einer Herausrechnung von Kosten und einer gesonderten Umlegung. Im Rahmen der HeizkostenV ist eine solche Herausrechnung geboten, da die HeizkostenV auf die Art der Tätigkeit und nicht auf die Person des Tätigen abstellt (*Schmid* Handbuch der Mietnebenkosten Rn. 6249). **19**

II. Die einzelnen Betriebskosten der zentralen Heizungsanlage
Die Aufzählung des § 7 Abs. 2 HeizkostenV entspricht inhaltlich derjenigen des § 2 Nr. 4 a BetrKV. Siehe deshalb die Kommentierungen zu § 2 BetrKV Rn. 17 ff. **20**

§ 8 HeizkostenV | Verteilung der Kosten der Versorgung mit Warmwasser

III. Kosten der Wärmelieferung

21 § 7 Abs. 4 HeizkostenV entspricht § 2 Nr. 4 c BetrKV. Vgl. Kommentierungen zu § 2 BetrKV Rn. 29.

C. Besonderheiten beim Wohnungseigentum

22 Aus § 7 HeizkostenV lässt sich keine Ermächtigung der Wohnungseigentümergemeinschaft ableiten, einen durch Vereinbarung festgelegten Abrechnungsmaßstab, der der HeizkostenV entspricht, durch Mehrheitsbeschluss zu ändern (*BayObLG* ZMR 1984, 364).

23 Wenn eine ordnungsmäßige Verbrauchserfassung nicht erfolgt und auch § 9 a HeizkostenV nicht zur Anwendung kommt (vgl. *Riecke* WE 2004, 154), widerspricht eine verbrauchsunabhängige Abrechnung nicht ordnungsmäßiger Verwaltung, da ansonsten eine Abrechnung überhaupt nicht möglich wäre (*BayObLG* NZM 2003, 900). Kann ein Teil der Kosten nicht erfasst werden, kann dieser verbrauchsunabhängig abgerechnet werden (*BayObLG* ZMR 2004, 359 = WE 2004, 153 für Betriebsstrom und Wasserkosten).

§ 8 Verteilung der Kosten der Versorgung mit Warmwasser

(1) Von den Kosten des Betriebs der zentralen Warmwasserversorgungsanlage sind mindestens 50 vom Hundert, höchstens 70 vom Hundert nach dem erfassten Warmwasserverbrauch, die übrigen Kosten nach der Wohn- oder Nutzfläche zu verteilen.

(2) Zu den Kosten des Betriebs der zentralen Warmwasserversorgungsanlage gehören die Kosten der Wasserversorgung, soweit sie nicht gesondert abgerechnet werden, und die Kosten der Wassererwärmung entsprechend § 7 Abs. 2. Zu den Kosten der Wasserversorgung gehören die Kosten des Wasserverbrauchs, die Grundgebühren und die Zählermiete, die Kosten der Verwendung von Zwischenzählern, die Kosten des Betriebs einer hauseigenen Wasserversorgungsanlage und einer Wasseraufbereitungsanlage einschließlich der Aufbereitungsstoffe.

(3) Für die Verteilung der Kosten der Warmwasserlieferung gilt Absatz 1 entsprechend.

(4) Zu den Kosten der Warmwasserlieferung gehören das Entgelt für die Lieferung des Warmwassers und die Kosten des Betriebs der zugehörigen Hausanlagen entsprechend § 7 Abs. 2.

A. Vorbemerkung

1 § 8 HeizkostenV regelt die Verteilung der Kosten der Warmwasserversorgung in Anlehnung an § 7 HeizkostenV, so dass grundsätzlich auf die Erläuterungen hierzu verwiesen werden kann. Es gelten jedoch folgende Abweichungen:

B. Verteilung der verbrauchunabhängigen Kosten

2 Als Verteilungsmaßstab für die verbrauchsunabhängigen Kosten lässt § 8 Abs. 1 HeizkostenV nur die Wohn- und Nutzfläche zu. Unzulässig ist deshalb eine Abrechnung z. B. nach »Personen-Werten« (*LG München* I ZMR 1987, 339).

C. Betriebskosten der zentralen Warmwasserversorgungsanlage

3 Die berücksichtigungsfähigen Betriebskosten sind in § 8 Abs. 2 HeizkostenV abschließend aufgezählt. Dabei unterscheidet die Verordnung zwischen den Kosten der Wasserversorgung und der Wassererwärmung.

4 Die Kosten der **Wassererwärmung** sind stets nach der HeizkostenV abzurechnen.

5 Welche Kosten hierunter fallen, regelt die HeizkostenV durch Verweisung auf § 7 Abs. 2 HeizkostenV (vgl. hierzu § 7 HeizkostenV Rn. 20).

6 Die Kosten der **Wasserversorgung** gehören dagegen nur dann zu den Kosten der Versorgung mit Warmwasser, wenn sie nicht gesondert abgerechnet werden. Diese Kosten können also auch an-

Vert. der Kosten der Versorg. mit Wärme und Warmw. bei verb. Anlagen | § 9 HeizkostenV

derweitig berücksichtigt werden, also nach anderen Grundsätzen umgelegt werden oder auch in der Miete enthalten sein.

Die Umlegung nach der HeizkostenV wird in der Regel nur dann in Betracht kommen, wenn der Wasserverbrauch für Warmwasser durch einen Zwischenzähler oder in anderer Weise erfasst wird (vgl. *Lammel* HeizkostenV § 8 Rn. 17). 7

Zu beachten ist, dass bei einer Abrechnung außerhalb der HeizkostenV nicht die Regelungen dieser Verordnung, sondern die allgemeinen Grundsätze für die Umlegung der Wasserkosten gelten. 8

Was zu den Kosten der Wasserversorgung gehört, ist in Absatz 2 S. 2 aufgezählt. Die Regelung deckt sich zum großen Teil mit § 2 Nr. 2 BetrKV. Siehe § 2 BetrKV Rn. 2 ff. Auch die in § 2 Nr. 2 BetrKV genannten Kosten, die in § 8 Abs. 2 S. 2 HeizkostenV nicht genannt sind, können in die Kostenverteilung einbezogen werden. Es wurde verabsäumt, die HeizkostenV an die BetrKV anzupassen. Die Notwendigkeit einer gesonderten Kostenverteilung ist jedoch ersichtlich nicht gewollt. 9

D. Warmwasserlieferung

Die Kostenverteilung für Warmwasserlieferung (§ 1 Abs. 1 Nr. 2 HeizkostenV) erfolgt nach § 8 Abs. 3 HeizkostenV entsprechend Absatz 1. 10

Was zu den Kosten der Warmwasserlieferung gehört, regelt § 8 Abs. 4 HeizkostenV. Eine Trennung zwischen den Kosten der Wasserversorgung und der Wassererwärmung ist hier naturgemäß ausgeschlossen. 11

§ 9 Verteilung der Kosten der Versorgung mit Wärme und Warmwasser bei verbundenen Anlagen

(1) Ist die zentrale Anlage zur Versorgung mit Wärme mit der zentralen Warmwasserversorgungsanlage verbunden, so sind die einheitlich entstandenen Kosten des Betriebs aufzuteilen. Die Anteile an den einheitlich entstandenen Kosten sind nach den Anteilen am Energieverbrauch (Brennstoff- oder Wärmeverbrauch) zu bestimmen. Kosten, die nicht einheitlich entstanden sind, sind dem Anteil an den einheitlich entstandenen Kosten hinzuzurechnen. Der Anteil der zentralen Anlage zur Versorgung mit Wärme ergibt sich aus dem gesamten Verbrauch nach Abzug des Verbrauchs der zentralen Warmwasserversorgungsanlage. Der Anteil der zentralen Warmwasserversorgungsanlage am Brennstoffverbrauch ist nach Absatz 2, der Anteil am Wärmeverbrauch nach Absatz 3 zu ermitteln.

(2) Der Brennstoffverbrauch der zentralen Warmwasserversorgungsanlage (B) ist in Litern, Kubikmetern oder Kilogramm nach der Formel

$$B = \frac{2{,}5 \times V \times (t_w - 10)}{H_u}$$

zu errechnen. Dabei sind zugrunde zu legen

1. das gemessene Volumen des verbrauchten Warmwassers (V) in Kubikmetern;

2. die gemessene oder geschätzte mittlere Temperatur des Warmwassers (t_w) in Grad Celsius;

3. der Heizwert des verbrauchten Brennstoffes (H_u) in Kilowattstunden (kWh) je Liter (l), Kubikmeter (m³) oder Kilogramm (kg). Als H_u-Werte können verwendet werden für

Heizöl	10 kWh/l
Stadtgas	4,5 kWh/m³
Erdgas L	9 kWh/m³
Erdgas H	10,5 kWh/m³
Brechkoks	8 kWh/kg

§ 9 HeizkostenV | Vert. der Kosten der Versorg. mit Wärme und Warmw. bei verb. Anlagen

Enthalten die Abrechnungsunterlagen des Energieversorgungsunternehmens H_u-Werte, so sind diese zu verwenden.

Der Brennstoffverbrauch der zentralen Warmwasserversorgungsanlage kann auch nach den anerkannten Regeln der Technik errechnet werden. Kann das Volumen des verbrauchten Warmwassers nicht gemessen werden, ist als Brennstoffverbrauch der zentralen Warmwasserversorgungsanlage ein Anteil von 18 vom Hundert der insgesamt verbrauchten Brennstoffe zugrunde zu legen.

(3) Die auf die zentrale Warmwasserversorgungsanlage entfallende Wärmemenge (Q) ist mit einem Wärmezähler zu messen. Sie kann auch in Kilowattstunden nach der Formel

$$Q = 2{,}0 \cdot V \cdot (t_w - 10)$$

errechnet werden. Dabei sind zugrunde zu legen

1. das gemessene Volumen des verbrauchten Warmwassers (V) in Kubikmetern;

2. die gemessene oder geschätzte mittlere Temperatur des Warmwassers (t_w) in Grad Celsius.

Die auf die zentrale Warmwasserversorgungsanlage entfallende Wärmemenge kann auch nach den anerkannten Regeln der Technik errechnet werden. Kann sie weder nach S. 1 gemessen noch nach den Sätzen

2 bis 4 errechnet werden, ist dafür ein Anteil von 18 vom Hundert der insgesamt verbrauchten Wärmemenge zugrunde zu legen.

(4) Der Anteil an den Kosten der Versorgung mit Wärme ist nach § 7 Abs. 1, der Anteil an den Kosten der Versorgung mit Warmwasser nach § 8 Abs. 1 zu verteilen, soweit diese Verordnung nichts anderes bestimmt oder zulässt.

A. Aufteilungspflicht

1 Die Grundregelung in §§ 7, 8 HeizkostenV geht von getrennten Anlagen für Heizung und Warmwasser aus. Werden Heizwärme und Warmwasser in einer Anlage produziert, ist eine gemeinsame Verteilung nicht zulässig. Eine Übergangsregelung enthält lediglich § 22 Abs. 3 NMV 1970. Die Betriebskosten sind nach § 9 Abs. 1 S. 1 HeizkostenV aufzuteilen.

B. Aufteilungskriterien

2 Einheitlich entstehende Kosten gleich welcher Art werden nach den Anteilen am Brennstoffverbrauch (vgl. Abs. 2) oder Wärmeverbrauch (vgl. Abs. 3) bestimmt (§ 9 Abs. 1 S. 2 HeizkostenV).

3 Entstehen Kosten nur für die Warmwasserbereitung oder nur für die Heizung, so werden diese gesondert erfasst und dem Anteil, der sich aus § 9 Abs. 1 S. 2 HeizkostenV ergibt, hinzugerechnet (§ 9 Abs. 1 S. 3 HeizkostenV). In Betracht kommen hier insbesondere die Kaltwasserkosten für Warmwasser, wenn sie zusammen mit den Heizkosten abgerechnet werden (vgl. § 8 HeizkostenV Rn. 6 ff.).

C. Berechnung der Anteile

I. Grundsatz

4 Maßgeblich für die Aufteilung einheitlich entstandener Kosten ist der jeweilige Anteil am Energieverbrauch. Dabei ergibt sich der Anteil für Wärme aus dem gesamten Verbrauch nach Abzug des Anteils der Warmwasserversorgungsanlage (Abs. 1 S. 4).

5 Der Energieverbrauch der Warmwasserversorgungsanlage ist nach Absatz 2 oder 3 zu ermitteln.

II. Ermittlung des Brennstoffverbrauches der Warmwasserversorgungsanlage (Absatz 2)

Der Brennstoffverbrauch kann nach der Formel des § 9 Abs. 2 S. 1 und 2 HeizkostenV errechnet werden. **6**

zu Nr. 1: Kann der Wasserverbrauch nicht gemessen werden, kann ein Ansatz von 18 % erfolgen (vgl. hierzu unten Rn. 16). **7**

Zu Nr. 2: Nr. 2 erlaubt es, aus Vereinfachungsgründen auf Messungen zu verzichten und die mittlere **Temperatur des Warmwassers** zu schätzen. **8**

Die Praxis macht es sich meist einfach und setzt einen Wert von 60 Celsius an. Ein solches Vorgehen ist jedoch keine Schätzung und macht die Heizkostenabrechnung fehlerhaft. Für eine Schätzung sind Tatsachen zu ermitteln, die einen Schluss darauf zulassen, dass das Schätzergebnis mit Wahrscheinlichkeit der tatsächlichen Temperatur nahe kommt. Hierbei ist in erster Linie darauf abzustellen, welche Warmwassertemperatur im Abrechnungszeitraum eingestellt war. Messergebnisse, aber keine bloßen Schätzergebnisse, aus den Vorjahren können ebenfalls herangezogen werden. Je nach den Umständen des Einzelfalles kann auch die Kapazität der Anlage eine Rolle spielen. In Extremfällen ist zu prüfen, ob nach dem berechneten Energieverbrauch für das Warmwasser noch eine ausreichende Menge für die erfolgte Beheizung übrig bleibt (vgl. zum Ganzen *BayObLG* WuM 2004, 679). **9**

Zu Nr. 3: Für den Ansatz der **Heizwerte** sind in erster Linie die Angaben des Energieversorgungsunternehmens in den Abrechnungsunterlagen, nicht sonstige Angaben, anzusetzen. Nur wenn solche Angaben nicht vorhanden sind, können die in Nr. 3 genannten Werte verwendet werden. Dabei können im Beitrittsgebiet auch folgende Heizwerte der verbrauchten Brennstoffe angesetzt werden können: Braunkohlenbrikett 5,5 kWh/kg und Braunkohlenhochtemperaturkoks 8,0 kWh/kg. In diesem Fall können die Heizwerte auch exakt gemessen werden, da es sich um eine Kann-Vorschrift handelt, die der Vereinfachung dient. **10**

Wenn das Energieversorgungsunternehmen den Verbrauch bereits in kWh mitteilt und dabei unterschiedliche Heizwerte angibt, kann die Formel unter Zugrundelegung der Mitteilung nicht angewendet werden (*Schmid* WuM 2004, 644; a. A. *AG Pinneberg* WuM 2004, 537). Der Gebäudeeigentümer muss dann entweder die tatsächlich gelieferte Menge feststellen und auf die in der Verordnung angegebenen Brennwerte zurückgreifen oder den Brennstoffverbrauch nach den anerkannten Regeln der Technik errechnen. **11**

Zu den anerkannten Regeln der Technik s. u. Rn. 14. **12**

III. Ermittlung der auf die Wasserversorgung entfallenden Wärmemenge (Absatz 3)

Die auf die Warmwasserversorgung entfallende Wärmemenge kann gemessen, nach der Formel des Absatzes 3 oder den anerkannten Regeln der Technik berechnet werden. **13**

Zu den anerkannten Regeln der Technik s. u. Rn. 14, zum 18 %-Ansatz unten Rn. 16.

IV. Anerkannte Regeln der Technik

Anstelle der Verwendung der Formel kann der Gebäudeeigentümer den Brennstoffverbrauch der Warmwasserversorgungsanlage bzw. die Wärmemenge auch nach den anerkannten Regeln der Technik bestimmen. In diesem Fall ist er auch nicht an die vom Energieversorgungsunternehmen angegebenen Werte gebunden. **14**

Im Prozess muss der Vermieter darlegen, auf Grund welcher Gegebenheiten, z. B. einer DIN, die Berechnungsmethode einer anerkannten Regel der Technik entspricht (*LG Köln* WM 1989, 584). Der Gebäudeeigentümer kann auch die Erholung eines Sachverständigengutachtens beantragen. Das ist nicht erforderlich, wenn das Gericht die Richtigkeit der Berechnung selbst feststellen kann (vgl. *AG Pinneberg* WuM 2004, 537). **15**

§ 9a HeizkostenV | Kostenverteilung in Sonderfällen

V. 18%-Ansatz

16 Nur dann, wenn die Menge des verbrauchten Warmwassers nicht gemessen werden kann, ist der Brennstoffverbrauch der Warmwasserversorgungsanlage bzw. die Wärmemenge mit 18% des Gesamtverbrauchs zu veranschlagen. Insoweit besteht kein Wahlrecht. Der Pauschalansatz ist nur Ersatz für eine nicht durchführbare Berechnung.

17 Voraussetzung ist deshalb, dass der Verbrauch nicht gemessen werden kann. Es ist deshalb entgegen der Ansicht des *AG Hamburg* (HKA 1989, 12) nicht gleichgültig, aus welchen Gründen der Verbrauch nicht gemessen wurde. Der 18%-Ansatz ist nämlich nicht ordnungsgemäß, wenn der Warmwasserverbrauch trotz vorhandener technischer Einrichtungen pflichtwidrig nicht erfasst wurde (*LG Freiburg* WM 1994, 397).

18 Allerdings wird man bei pflichtwidriger Nichterfassung mangels anderer Aufteilungsmöglichkeit auf den 18%-Ansatz zurückgreifen müssen, um nicht die verbrauchsabhängige Abrechnung gänzlich unmöglich zu machen. Es entsteht dann jedoch bei Vorliegen der sonstigen Voraussetzungen das Kürzungsrecht nach § 12 Abs. 1 HeizkostenV.

19 Die vom *LG Freiburg* (WM 1994, 397) vorgeschlagene Lösung einer Anwendung von § 9a HeizkostenV scheitert an § 9a Abs. 2 HeizkostenV, da zwangsläufig alle Nutzungseinheiten betroffen sind. Ob ein Vergleich mit den Vorjahren gesichertere Erkenntnisse bringen würde, erscheint darüber hinaus zweifelhaft und würde die Abrechnung komplizierter machen.

VI. Darstellung in der Abrechnung

20 Die Kostenaufteilung muss sich aus der Abrechnung nachvollziehbar ergeben (*LG Berlin* GE 2002, 1627 [1628]). Hierzu gehört es auch, dass die Aufteilung in Heiz- und Warmwasserkosten unter Angabe der angewandten Berechnungsmodalität nach Abs. 2 oder 3 dargestellt wird (*AG Neuruppin* WuM 2004, 538).

D. Verteilung

21 Die ermittelten Kostenanteile sind dann nach §§ 7, 8 HeizkostenV zu verteilen. Die Regelungen über die Vorerfassung bleiben unberührt.

§ 9a Kostenverteilung in Sonderfällen

(1) Kann der anteilige Wärme- oder Warmwasserverbrauch von Nutzern für einen Abrechnungszeitraum wegen Geräteausfalls oder aus anderen zwingenden Gründen nicht ordnungsgemäß erfasst werden, ist er vom Gebäudeeigentümer auf der Grundlage des Verbrauchs der betroffenen Räume in vergleichbaren früheren Abrechnungszeiträumen oder des Verbrauchs vergleichbarer anderer Räume im jeweiligen Abrechnungszeitraum zu ermitteln. Der so ermittelte anteilige Verbrauch ist bei der Kostenverteilung anstelle des erfassten Verbrauchs zugrunde zu legen.

(2) Überschreitet die von der Verbrauchsermittlung nach Absatz 1 betroffene Wohn- oder Nutzfläche oder der umbaute Raum 25 vom Hundert der für die Kostenverteilung maßgeblichen gesamten Wohn- oder Nutzfläche oder des maßgeblichen gesamten umbauten Raumes, sind die Kosten ausschließlich nach den nach § 7 Abs. 1 S. 2 und § 8 Abs. 1 für die Verteilung der übrigen Kosten zugrunde zu legenden Maßstäben zu verteilen.

A. Voraussetzungen

I. Grundsätzliches

1 Ein zwingender Grund wird angenommen, wenn seine Folgen in dem Zeitpunkt, in dem er bemerkt wird, nicht mehr behoben werden können (*BGH* ZMR 2006, 122). Unerheblich ist, ob der Gebäudeeigentümer (*Gruber* NZM 2000, 844; MieWo / *Schmid* § 9a HeizkostenV Rn. 10; a. A. *Mül-*

ler GE 1989, 216; *Kinne* GE 2006, 1278 [1280]) oder der Nutzer (*LG Berlin* ZMR 1997, 145) die Unmöglichkeit ordnungsgemäßer Verbrauchserfassung zu vertreten haben. Es muss kein Fall höherer Gewalt vorliegen (*Müller* GE 1989, 216).

Man wird § 9a Abs. 1 S. 1 HeizkostenV trotz seines Wortlautes nicht so verstehen können, dass die Anwendbarkeit des § 9a HeizkostenV überhaupt auf einen einzigen Abrechnungszeitraum beschränkt ist (*OLG Hamburg* ZMR 2004, 769). Andererseits steht das Erfordernis eines Abrechnungszeitraumes der Annahme entgegen, dass eine dauernde Unmöglichkeit vorliegen darf. Hierfür gilt § 11 Abs. 1 Nr. 1 Buchst. a) HeizkostenV. Der Hinweis der Überschrift auf Sonderfälle und die Erwähnung eines Abrechnungszeitraumes soll vielmehr deutlich machen, dass es um die Fälle geht, in denen im Abrechnungszeitraum ein Erfassungshindernis aufgetreten ist, das für weitere Abrechnungszeiträume behoben werden kann. Tritt das Hindernis in anderen Abrechnungszeiträumen erneut auf oder entstehen andere Gründe, die eine ordnungsgemäße Erfassung verhindern, so ist § 9a HeizkostenV auch in diesen Abrechnungszeiträumen anzuwenden (*Gruber* NZM 2000, 844). 2

Mit dem Verordnungswortlaut nicht zu vereinbaren ist die Meinung des *LG Berlin* (ZMR 1997, 145, 146), das zwar eine Übernahme eines Ablesungswertes für mehrere folgende Abrechnungszeiträume für unzulässig, den Ansatz des Verbrauchs vergleichbarer Räume aber für zulässig ansieht. Es geht hier nicht um die Methode, sondern um die Anwendung des § 9a HeizkostenV überhaupt. 3

9a HeizkostenV ist nicht anwendbar, wenn ein Ausnahmefall des § 11 HeizkostenV vorliegt (vgl. Erl. zu § 11 HeizkostenV Rn. 1). 4

II. Einzelfälle

Als Beispiel für einen zwingenden Grund nennt die Verordnung einen **Geräteausfall**. Hierunter ist das technische Versagen eines Erfassungsgerätes zu verstehen (*Gruber* NZM 2000, 843). Liegen in einem solchen Fall die übrigen Voraussetzungen des § 9a HeizkostenV vor und wendet der Vermieter § 9a HeizkostenV nicht an, besteht ein Kürzungsrecht (vgl. Erl. zu § 12 HeizkostenV Rn. 6). Schwierig zu bestimmen ist, was andere zwingende Gründe sind. 5

Einem Geräteausfall gleichgestellt wird die **fehlerhafte Anbringung eines Messgerätes** (*OLG Düsseldorf* WuM 2000, 324). 6

Nicht abgestellt werden kann darauf, ob die Verbrauchserfassung daran scheitert, dass Erfassungsgeräte in einzelnen Räumen dauernd **nicht angebracht** sind (a. A. *Lefèvre* HKA 1989, 6). Das gilt auch dann, wenn sich der Nutzer weigert, die Ausstattungen anbringen zu lassen, da sich der Gebäudeeigentümer gerichtlicher Hilfe bedienen kann (Schmid, Handbuch der Mietnebenkosten, Rn. 6202; a.A *LG Hamburg* WuM 1992, 245). 7

Kein zwingender Grund ist es, wenn zwischen Fertigstellung des Gebäudes und Bezug aller Wohnungen die leerstehenden Räume nicht mit Messgeräten ausgestattet werden (*LG Berlin* ZMR 1997, 145 = DWW 1997, 151). 8

Entscheidend ist, ob der Hinderungsgrund mit demjenigen des Geräteausfalles vergleichbar ist. Das ist z. B. der Fall, wenn Ablesebelege verloren gehen oder einzelne Messgeräte versehentlich nicht abgelesen werden (a. A. *Gruber* NZM 2000, 843). 9

Denkbar ist auch, dass eine teilweise Verbrauchserfassung nicht möglich ist, weil während der Abrechnungsperiode Heizkörper abgebaut werden oder neu hinzukommen (a. A. *Gruber* NZM 2000, 843). Hierzu zählt auch die Entfernung eines Messgerätes (*LG Berlin* ZMR 1997, 145, 146). 10

Bei einer Wohnungseigentümergemeinschaft kann es als zwingender Grund angesehen werden, wenn die Messdienstfirma keine Ablesung vornimmt, weil ihre Rechnungen nicht bezahlt werden können (*KG* WuM 1994, 400, 402 und unten Rn. 23). Auf das Mietrecht kann diese Rechtsprechung jedoch nicht übertragen werden, da der Vermieter für die Durchführung der Ablesung verantwortlich ist. 11

Keinen zwingenden Grund stellt es dagegen dar, wenn einzelne **Räume für eine Ablesung nicht zugänglich** sind (*Schmid* Handbuch der Mietnebenkosten Rn. 6203; a. A. die h. M.: *OLG Hamburg* ZMR 2004, 769; *AG Brandenburg a. d. Havel* GE 2004, 1459 = WE 2005, 100 m. Anm. *Ormanschik*) 12 oder wenn der Nutzer Möbel vor den Messeinrichtungen nicht entfernt (a. A. *LG Berlin* ZMR 1997, 145). Das würde dazu führen, dass Nutzer mit hohem Verbrauch es in der Hand hätten, die Geräte nicht ablesen zu lassen, um über § 9 a HeizkostenV zu einer günstigeren Kostenbelastung zu kommen. Der Gebäudeeigentümer muss in diesen Fällen gegen den Nutzer mit einer einstweiligen Verfügung oder einstweiligen Anordnung vorgehen (s. Erl. zu § 6 HeizkostenV Rn. 4). Anders gelagert ist jedoch der Fall, dass eine zeitnahe Ablesung deshalb nicht möglich ist, weil der Nutzer während der Ablesungszeit länger ortsabwesend oder krank ist. Hier liegt eine objektive Unmöglichkeit vor, die zur Anwendung des § 9 a HeizkostenV führt (*OLG Hamburg* WuM 2001, 460; *Peruzzo* Anm. zu § 9 a Abs. 1 HeizkostenV).

13 Eine Unmöglichkeit liegt auch dann vor, wenn bei den Heizkostenverteilern nach dem Verdunstungsprinzip die Messampullen zu Beginn des Abrechnungszeitraums nicht ausgetauscht wurden (*OLG Hamburg* ZMR 2004, 769).

III. Beweislast

14 Darlegungs- und beweispflichtig für den Anfall der Kosten ist grundsätzlich der Gebäudeeigentümer. Diese Beweislastverteilung kann für § 9 a HeizkostenV nicht übernommen werden, da es hier nicht primär um die Zahlungspflicht, sondern um die Art der Kostenverteilung geht. Da § 9 a HeizkostenV eine Ausnahme von der regelmäßigen Kostenverteilung statuiert, ist derjenige beweispflichtig, der eine Kostenverteilung nach § 9 a HeizkostenV erreichen will (a. A. *Gruber* NZM 2000, 843).

B. Verbrauchsermittlung

I. Bestimmungsrecht des Gebäudeeigentümers

15 § 9 a Abs. 1 S. 1 HeizkostenV stellt zwei Möglichkeiten der Verbrauchsermittlung zur Wahl. Diese Wahl hat der Gebäudeeigentümer gemäß § 315 BGB nach billigem Ermessen zu treffen (*OLG Hamburg* ZMR 2004, 769). Ein genereller Vorrang der einen oder anderen Methode besteht nicht (Schmid GE 2007, 39; a. A. *Lammel* HeizkostenV § 9 a Rn. 29). Als Faustregel kann gelten, dass bei gleichem Nutzer und ähnlichen Witterungsverhältnissen in erster Linie auf den Verbrauch in früheren Abrechnungszeiträumen abzustellen ist, während bei einem Nutzerwechsel und bei erheblichen Witterungsunterschieden eine Heranziehung anderer Räume naheliegt (*Schmid*, Handbuch der Mietnebenkosten, Rn. 6211). Im Rahmen der Ermessensausübung kann es auch berücksichtigt werden, dass der Nutzer die ordnungsmäßige Verbrauchserfassung schuldhaft vereitelt hat (*AG Brandenburg a. d. Havel* GE 2004, 1459). Der Nutzer kann sich in solchen Fällen nicht darauf berufen, dass die gewählte Methode für ihn ungünstig ist. Weitere Schätzkriterien können nicht herangezogen werden (*OLG Hamburg* ZMR 2004, 769).

16 Beim Wohnungseigentum erfolgt die Festlegung nach § 3 S. 2 HeizkostenV durch Beschluss der Wohnungseigentümer (*OLG Hamburg* WuM 2001, 460). Dabei ist eine gesonderte Beschlusserfassung nicht erforderlich. Es genügt der Beschluss über die Abrechnung.

II. Frühere Abrechnungszeiträume

17 Werden frühere Abrechnungszeiträume als Grundlage der Verbrauchsermittlung herangezogen, so sind im Rahmen der Vergleichbarkeit vor allem Witterungsunterschiede (nur bei Heizung) zu beachten (*Gruber* NZM 2000, 845; *Lefèvre* HKA 1989, 6). Solange die insbesondere witterungsmäßige Vergleichbarkeit gegeben ist, besteht keine Begrenzung, wie weit in die Vergangenheit zurückgegriffen werden darf. Die Heranziehung späterer Abrechnungsräume lässt die Verordnung nicht zu (*OLG Düsseldorf* NZM 2000, 875; a. A. *Gruber* NZM 2000, 845).

18 Es müssen mindestens zwei Abrechnungszeiträume einbezogen werden. Ein Abrechnungszeitraum genügt nicht (vgl. *LG Berlin* GE 1991, 825f a. A. *Gruber* NZM 2000, 845).

19 Keine Vergleichbarkeit ist mehr gegeben, wenn zwischenzeitlich wärmesparende Maßnahmen durchgeführt wurden oder das Erfassungssystem wesentlich verändert wurde (*Gruber* NZM 2000, 844).

§ 9a HeizkostenV stellt nicht auf die Gleichheit der Nutzer ab, sondern auf die Gleichheit der Räume. Gleichwohl sollte bei einem Nutzerwechsel diese Schätzgrundlage nur mit Vorsicht herangezogen werden (vgl. oben Rn. 15), da der Verbrauch an Heizung und Warmwasser individuell sehr verschieden ist. 20

Frühere Abrechnungszeiträume können nicht herangezogen werden, wenn in diesen Zeiträumen in den betroffenen Räumen keine Messungen, sondern ebenfalls nur Schätzungen vorgenommen wurden (*LG Berlin* GE 1991, 825 f.). Schätzungen in anderen Räumen stehen jedoch nicht entgegen (*Gruber* NZM 2000, 846). 21

Aus den herangezogenen Zeiträumen ist ein Durchschnittswert zu bilden (*Gruber* NZM 2000, 845). Als Schätzungsgrundlage können die jeweiligen prozentualen Anteile der betroffenen Räume am Gesamtverbrauch herangezogen werden (*OLG Düsseldorf* NZM 2000, 875 [876]). 22

III. Andere Räume

Auch bei der Heranziehung anderer Räume ist das entscheidende Kriterium die Vergleichbarkeit. Deshalb scheiden Räume aus, die nutzungsbedingt einen anderen Wärmeverbrauch haben (*Müller* GE 1989, 216). Geschäftsräume können deshalb nicht mit Wohnräumen verglichen werden, selbst wenn sie den gleichen Zuschnitt aufweisen. Außen-, Dach- und Kellerwohnungen sind für die Verbrauchsermittlung einer innen liegenden Wohnung nicht geeignet (*Lefèvre* HKA 1989, 6; a. A. *OLG Düsseldorf* NZM 2000, 875 für Dachwohnungen). 23

Andererseits dürfen die Anforderungen an die Vergleichbarkeit auch nicht überspannt werden. Würde man mit *Lefèvre* (HKA 1989, 6) für die Vergleichbarkeit gleiche Lage, gleiche Größe und gleiche Struktur der Bewohner verlangen, wäre es vielfach unmöglich, vergleichbare andere Räume zu finden. Auch eine noch so große Vergleichbarkeit kann eine Messung nicht ersetzen. Darüber muss man sich auch bei der Prüfung der Vergleichbarkeit im Klaren sein. 24

Auch wenn es nicht ausdrücklich geregelt ist, so erfordert es die Vergleichbarkeit wohl fast immer, dass die anderen Räume in derselben Abrechnungseinheit belegen sind (*Lefèvre* HKA 1989, 6). Das bedeutet aber nicht, dass für das gesamte Haus ein Durchschnittswert pro Quadratmeter gebildet werden kann (*AG Charlottenburg* GE 2004, 1497; a. A. *OLG Hamburg* ZMR 2004, 769). Das ist nur möglich, wenn alle Räume im Haus vergleichbar sind, was eher selten ist. 25

Für den Warmwasserverbrauch kommt es weniger auf die Räume als auf das Nutzerverhalten an (*Gruber* NZM 2000, 846). Die Heranziehung anderer Räume wird deshalb für den Warmwasserverbrauch nur selten in Betracht kommen. 26

IV. Beweislast

Im Prozess muss der Gebäudeeigentümer die Grundlagen für die Verbrauchsermittlung, insbesondere die Kriterien der Vergleichbarkeit darlegen und, wenn sie der Nutzer substantiiert bestreitet, auch beweisen (*Müller* GE 1989, 217). 27

C. Ausschluss der verbrauchsabhängigen Kostenverteilung

I. Voraussetzungen

Die verbrauchsabhängige Abrechnung entfällt ganz, wenn mehr als 25% des Verbrauches nach § 9a Abs. 1 ermittelt werden müssten. Die 25% berechnen sich nach der gesamten Wohn- oder Nutzfläche oder des maßgeblichen gesamten umbauten Raumes, nicht nach der jeweiligen Nutzungseinheit (zweifelnd: *Peruzzo* Erl. zu § 9a HeizkostenV Anm. 2). Welche dieser Berechnungsgrundlagen heranzuziehen ist, bestimmt sich danach, welcher dieser Maßstäbe bei einer verbrauchsabhängigen Abrechnung für die Festkosten gelten würde (*Lefèvre* HKA 1989, 6). S. hierzu die Erl. zu §§ 7, 8 HeizkostenV. Die Voraussetzungen des § 9a Abs. 2 HeizkostenV liegen auch dann vor, wenn der Fehler alle Heizkörper in gleicher Weise betrifft (*OLG Düsseldorf* ZMTR 2007, 380 [381]). 28

§ 9a HeizkostenV | Kostenverteilung in Sonderfällen

29 Wird die 25%-Grenze für Schätzungen überschritten und gleichwohl eine Schätzung vorgenommen, kann nachträglich eine Abrechnung nach Quadratmetern erfolgen (vgl. *AG Köln* WuM 1997, 273 f.).

II. Kostenverteilung

1. Allgemeines

30 Entfällt danach die verbrauchsabhängige Abrechnung, sind alle Kosten nach den sonst für die Festkosten geltenden Maßstäben gemäß § 7 Abs. 1 S. 2 und § 8 Abs. 1 HeizkostenV zu verteilen. Da in diesen Sonderfällen die verbrauchsunabhängige Kostenverteilung zugelassen ist, haben die Nutzer kein Kürzungsrecht nach § 12 HeizkostenV (*Müller* GE 1989, 217 und wohl auch *LG Berlin* DWW 1997, 151, 152; a. A. *AG Köln* WuM 1997, 273 f.).

2. Besonderheiten beim Wohnungseigentum

31 Beim Wohnungseigentum stellt sich die Frage, ob die Kostenverteilung nach § 16 WEG bzw. einer Vereinbarung über die allgemeine Kostentragungspflicht umzulegen sind. Man wird danach differenzieren müssen, ob Regelungen entsprechend der HeizkostenV getroffen sind oder nicht (vgl. Erl. zu § 3 HeizkostenV Rn. 1). Fehlen solche Regelungen, gelten die allgemeinen wohnungseigentumsrechtlichen Grundsätze (vgl. *KG* WuM 1994, 400, 402). Ist nach der HeizkostenV abzurechnen, so folgt daraus auch die Anwendbarkeit von § 9 a HeizkostenV (*Gruber* NZM 2000, 843). Eine Abrechnung, die gegen § 9 a HeizkostenV verstößt, wird im Falle der Nichtanfechtung bestandskräftig (*OLG Düsseldorf* ZMR 2007, 380 [381]). Eine bestandskräftig beschlossene Jahresabrechnung kann geändert werden, wenn sich der Fehler erst nachträglich herausstellt (*OLG Düsseldorf* WuM 2000, 324 = NZM 2000, 875). Ein Anspruch auf Änderung besteht jedoch nicht, wenn die maßgeblichen Tatsachen bei der Beschlussfassung bereits bekannt waren (*OLG Düsseldorf* ZMR 2007, 380 [381]).

D. Sonstige Schätzungen

32 Bloße Verbrauchsschätzungen werden durch die Sonderregelungen des § 9 a HeizkostenV ausgeschlossen (a. A. vom Grundsatz her *AG Köln* WuM 2001, 449). Der BGH (ZMR 2006, 122 m. insoweit abl. Anm. *Schmid* ZMR 2006, 348) lässt allerdings eine Schätzung unter Heranziehung der Gradtagszahlmethode zu, wenn Vergleichswerte nach § 9 a Abs. 1 S. 1 HeizkostenV nicht vorliegen. Lässt man Schätzungen zu, müssten jedenfalls die Schätzgrundlagen dargelegt werden (*AG Köln* WuM 2001, 449; *AG Neuruppin* WuM 2004, 539).

E. Kürzungsrecht und Schadensersatzansprüche

33 Eine Kostenverteilung nach § 9 a HeizkostenV führt grundsätzlich nicht zu einem Kürzungsrecht der Nutzer (§ 12 HeizkostenV Rn. 7).

34 Hat der Nutzer die Unmöglichkeit der Verbrauchserfassung zu vertreten, haftet er auf Schadensersatz (*AG Brandenburg a. d. Havel* GE 2004, 1459; *Gruber* NZM 2000, 844 m. w. N.). Wenn nach § 9 a HeizkostenV vorgegangen werden kann, wird jedoch wegen des Erfassungsmangels ein Schaden kaum feststellbar sein. Führt das Verhalten eines Nutzers jedoch zu einem Kürzungsrecht (Erl. zu § 12 HeizkostenV) ist der Nutzer dem Gebäudeeigentümer gegenüber schadensersatzpflichtig.

35 Hat der Gebäudeeigentümer die Unmöglichkeit der Verbrauchserfassung zu vertreten, hat der Nutzer einen Schadensersatzanspruch, wobei auch hier Beweisschwierigkeiten für den Minderverbrauch bestehen (*Gruber* NZM 2000, 847). Eine zum Schadensersatz verpflichtende Unterlassung kann darin liegen, dass der Vermieter nicht mit Rechtsbehelfen gegen einen Mieter vorgeht, der die Ablesung verhindert (*Schmid* ZMR 2006, 347).

§ 9b Kostenaufteilung bei Nutzerwechsel

(1) Bei Nutzerwechsel innerhalb eines Abrechnungszeitraumes hat der Gebäudeeigentümer eine Ablesung der Ausstattung zur Verbrauchserfassung der vom Wechsel betroffenen Räume (Zwischenablesung) vorzunehmen.

(2) Die nach dem erfassten Verbrauch zu verteilenden Kosten sind auf der Grundlage der Zwischenablesung, die übrigen Kosten des Wärmeverbrauchs auf der Grundlage der sich aus anerkannten Regeln der Technik ergebenden Gradtagszahlen oder zeitanteilig und die übrigen Kosten des Warmwasserverbrauchs zeitanteilig auf Vor- und Nachnutzer aufzuteilen.

(3) Ist eine Zwischenablesung nicht möglich oder lässt sie wegen des Zeitpunktes des Nutzerwechsels aus technischen Gründen keine hinreichend genaue Ermittlung der Verbrauchsanteile zu, sind die gesamten Kosten nach den nach Absatz 2 für die übrigen Kosten geltenden Maßstäben aufzuteilen.

(4) Von den Absätzen 1 bis 3 abweichende rechtsgeschäftliche Bestimmungen bleiben unberührt.

A. Zwischenablesung

I. Pflicht zur Zwischenablesung

Ein Nutzerwechsel findet statt, wenn das Mietverhältnis beendet ist. Ein vorzeitiger Auszug des Mieters bei fortbestehendem Mietverhältnis ist kein Fall des Nutzerwechsels (*OLG Düsseldorf* DWW 2002, 28 [30]). Als ein Fall des Nutzerwechsels wird auch die Eröffnung des Insolvenzverfahrens über das Vermögen des Nutzers angesehen (vgl. *Horst* ZMR 2007, 167 [174]). 1

Bei einem Nutzerwechsel innerhalb eines Abrechnungszeitraumes ist nach Absatz 1 grundsätzlich eine Zwischenablesung durchzuführen. Eine Ausnahme hiervon gilt, wenn eine hinreichend genaue Ermittlung der Verbrauchsanteile von altem und neuem Nutzer nicht möglich ist (unten Rn. 13 ff.) oder abweichende rechtsgeschäftliche Bestimmungen getroffen worden sind (unten Rn. 9 ff.). 2

Bei mehrfachem Nutzerwechsel innerhalb einer Abrechnungsperiode ist jeweils nach § 9b HeizkostenV zu verfahren. Dies gilt auch, wenn die Wohnung zwischenzeitlich unvermietet leer steht, da dann der Vermieter Nutzer ist (*Schmid* Handbuch der Mietnebenkosten Rn. 6224). 3

Die Zwischenablesung erfolgt nur in den Räumen, die vom Nutzerwechsel betroffen sind, nicht in der gesamten Abrechnungseinheit (*Lammel* HeizkostenV § 9b Rn. 4). 4

Die Verpflichtung zur Zwischenablesung begründet jedoch keine Pflicht zu einer Zwischenabrechnung, die meist schon gar nicht möglich ist, weil die Gesamtkosten erst zu Ende des Abrechnungszeitraumes feststehen (*AG Neuss* DWW 1991, 245). 5

II. Kostenverteilung

a) Der verbrauchsabhängige Kostenanteil ist auf der Grundlage der Zwischenablesung zwischen dem alten und dem neuen Nutzer zu verteilen. 6

Auszugehen ist dabei von den Gesamtkosten. Eventuelle Preiserhöhungen oder Preissenkungen, die nach dem Nutzerwechsel erfolgt sind, werden nach der HeizkostenV nicht berücksichtigt. 7

b) Der verbrauchsunabhängige Anteil ist beim Warmwasser stets zeitanteilig zu verteilen. 8

c) Bei den Festkosten für Heizung kann der Gebäudeeigentümer wählen zwischen einer zeitanteiligen Verteilung oder einer Verteilung unter Anwendung der Gradtagszahlen. Die zeitanteilige Aufteilung hat den Vorteil der Einfachheit für sich und ist deshalb nicht unbillig (*Schmid* GE 2007, 38 [39]; a. A. *Lammel* HeizkostenV § 9a Rn. 34). 9

Bei der Benutzung von Gradtagszahlen kann, ohne dass auf ein differenzierenderes Verfahren zurückgegriffen werden muss, folgende Tabelle angewendet werden (*Lammel* HeizkostenV § 9b Rn. 21): 10

§ 9b HeizkostenV | Kostenaufteilung bei Nutzerwechsel

Monat	Promilleanteil je Monat
September	30
Oktober	80
November	120
Dezember	160
Januar	170
Februar	150
März	130
April	80
Mai	40
Juni, Juli und August zusammen	40

11 Wird die Gradtagszahlmethode verwendet, so stellt die Rechtsprechung (*LG Freiburg* WuM 1983, 265 f.; *AG Bensheim* WuM 1980, 232 f.) strenge Anforderungen an die Verständlichkeit der Abrechnung. Die bloße Wiedergabe der angewandten Tabelle wird nicht für ausreichend erachtet, sondern auch eine verständliche Erläuterung verlangt, mit welchen Methoden die Gradtagszahlen ermittelt wurden. Die einzelnen Rechenschritte sind nachvollziehbar darzustellen (*LG Krefeld* WuM 1987, 360). Das ist jedoch zu weitgehend. Wenn auf anerkannte Erfahrungswerte zurückgegriffen wird und werden darf, so muss die Ermittlung der Erfahrungswerte nicht gesondert dargelegt werden (*Schmid* Handbuch der Mietnebenkosten Rn. 6233). Vielmehr obliegt es demjenigen, der die Richtigkeit allgemein anerkannter Werte bestreitet, die Tatsachen darzulegen, die Zweifel an den Werten begründen. Diese Auffassung entspricht der Rechtsprechung des BGH (WuM 2005, 579 = DWW 2005, 329), wonach die Formel des § 9 HeizkostenV nicht erläutert werden muss.

12 d) Unterbleibt die Zwischenablesung, ohne dass ein zulässiger Ausnahmefall vorliegt, so entsteht das Kürzungsrecht nach § 12 Abs. 1 HeizkostenV (*AG Köln* WuM 1988, 38). Auch die Zwischenablesung dient nämlich der verbrauchsabhängigen Abrechnung und ihre Unterlassung erfolgt entgegen den Vorschriften der HeizkostenV.

B. Entbehrlichkeit der Zwischenablesung

13 Absatz 3 regelt den Fall, dass eine Zwischenablesung nicht möglich ist oder wegen des Zeitpunktes des Nutzerwechsels aus technischen Gründen keine hinreichend genauen Werte liefert.

14 Fälle, in denen eine Zwischenablesung nicht möglich ist, sind kaum gegeben. Auch die amtliche Begründung (BR-Drucks. 494/88) nennt hierfür kein Beispiel. Zu denken ist hierbei allenfalls an die Fälle eines heimlichen Nutzerwechsels, also an einen Bewohnerwechsel ohne Kenntnis des Gebäudeeigentümers.

15 Technische Gründe verhindern eine hinreichend genaue Verbrauchserfassung vor allem bei Heizkostenverteilern nach dem Verdunstungsprinzip, wenn der Nutzerwechsel kurz nach Beginn oder kurz vor Ende der Abrechnungsperiode erfolgt (vgl. *Lefèvre* HKA 1989, 8; *LG Bonn* WuM 1988, 172, 173). Die Abrechnung kann deshalb insgesamt nach Gradtagszahlen vorgenommen werden, wenn die Summe der Promillewerte für den vergangenen Verbrauchszeitraum weniger als 400 beträgt (*AG Rheine* WuM 1995, 121).

16 Zu grundsätzlichen Einwendungen gegen die Aussagekraft der Zwischenablesung siehe *Rudolph* ZMR 1992, 371 ff. und ZMR 1994, 56 ff.

17 Liegen die Voraussetzungen des Absatzes 3 vor, so werden alle Kosten dieser Nutzereinheit nach Absatz 2 unabhängig vom anteiligen Verbrauch zwischen dem alten und dem neuen Nutzer verteilt.

Da der tatsächliche Verbrauch hier außer Betracht bleibt, hat die Anwendung der Gradtagszahlmethode hier eher ihre Berechtigung als bei einer Verteilung nur der Festkosten. Daraus folgt jedoch noch nicht, dass eine zeitanteilige Aufteilung in der Regel unbillig ist (a. A. *Lefèvre* HKA 1989, 8). Die Unbilligkeit muss sich vielmehr aus dem konkreten Fall ergeben, da der Verordnungsgeber beide Möglichkeiten grundsätzlich gleichberechtigt zugelassen hat (*Schmid* Handbuch der Mietnebenkosten Rn. 6237). 18

C. Rechtsgeschäftliche Bestimmungen

Von den Absätzen 1 bis 3 kann nach Absatz 4 durch rechtsgeschäftliche Bestimmungen abgewichen werden. 19

Nicht geregelt ist, welcher Art diese rechtsgeschäftlichen Regelungen sein müssen. Ein einseitiges Bestimmungsrecht des Gebäudeeigentümers ist jedenfalls nicht festgelegt. 20

Bei Mietverhältnissen ist deshalb ein Vertrag zwischen dem Vermieter und dem alten und dem neuen Nutzer erforderlich. Ein Vertrag mit nur einem der beiden Nutzer reicht nicht aus, da an diesen Vertrag der andere Nutzer nicht gebunden ist und ihm gegenüber deshalb eine andere rechtsgeschäftliche Bestimmung nicht besteht. Desgleichen reicht ein Vertrag nur zwischen dem alten und dem neuen Nutzer nicht aus, da hieran der Gebäudeeigentümer, der die Kostenverteilung vornehmen muss, nicht gebunden ist. Absatz 4 lässt auch eine Vereinbarung darüber zu, wer die Kosten der Zwischenablesung zu tragen hat (unten Rn. 27). 21

Da es sich bei den rechtsgeschäftlichen Bestimmungen des Absatzes 4 nicht um ein einseitiges Bestimmungsrecht handelt, unterliegen sie nicht der Billigkeitsprüfung im Sinne der §§ 315 ff. BGB (a. A. *Lefèvre* HKA 1989, 8). 22

Die abweichende Regelung kann auch in Formularmietverträgen enthalten sein. Der ausdrückliche Hinweis auf die Regelungsmöglichkeit durch Allgemeine Geschäftsbedingungen in der amtlichen Begründung (BR-Drucks. 494/88) darf allerdings nicht dahin missverstanden werden, dass in Allgemeinen Geschäftsbedingungen jedwede Regelung getroffen werden kann. Eine Regelung ist zwar auch in Allgemeinen Geschäftsbedingungen möglich, muss aber an den Kriterien der §§ 305 ff. BGB gemessen werden (*Müller* GE 1989, 218). Insbesondere darf die Regelung im Hinblick auf § 307 BGB weder zu einer Bereicherung des Gebäudeeigentümers führen noch darf sie den Vor- oder Nachmieter wider Treu und Glauben unangemessen benachteiligen (*Schmid* Handbuch der Mietnebenkosten Rn. 6240). 23

Für das Wohnungseigentum ergibt sich die Handhabung nicht aus § 3 S. 2 HeizkostenV, in dem § 9b HeizkostenV zwar ausdrücklich erwähnt ist, aber nur für die Entscheidungen des Gebäudeeigentümers, nicht aber für die rechtsgeschäftlichen Bestimmungen. Man wird deshalb nach den allgemeinen Grundsätzen mangels einer Kompetenz der Eigentümerversammlung für einen Mehrheitsbeschluss grundsätzlich eine Vereinbarung aller Wohnungseigentümer verlangen müssen. Ein Vertrag zwischen dem alten und dem neuen Wohnungseigentümer bindet die Gemeinschaft nicht. Jedoch können der alte und der neue Wohnungseigentümer im Verhältnis zueinander eine Regelung treffen, wie sie sich auch sonst über den Übergang von Kosten und Lasten einigen können. 24

D. Kosten der Zwischenablesung

Wer die Kosten der Zwischenablesung zu tragen hat, ist umstritten. § 9b HeizkostenV enthält hierzu keine ausdrückliche Regelung (*AG Lörrach* WuM 1993, 68). Eine Auffassung geht davon aus, dass ein Mieterwechsel grundsätzlich in den Risikobereich des Vermieters fällt und dass deshalb die Zwischenablesekosten grundsätzlich vom Vermieter zu tragen seien (LG Görlitz WuM 2007, 265; *AG Münster* ZMR 1994, 371; *AG Augsburg* WuM 1996, 98; *AG Münster* WuM 1996, 231 f. m. w. N.). Eine andere Meinung nimmt eine Kostentragungspflicht des ausziehenden Mieters an (*AG Coesfeld* WuM 1994, 696 hiergegen *AG Münster* WuM 1999, 405). Teilweise wird danach differenziert, wer die Beendigung des Mietverhältnisses und damit den Nutzerwechsel verursacht hat (LG Berlin GE 2003, 121 [122]; *AG Lörrach* WuM 1993, 68; *Harsch* WuM 1991, 521 ff.). Stellt sich die Beendigung des Mietverhältnisses als positive Vertragsverletzung dar, wird ein Schadenser- 25

§ 10 HeizkostenV | Überschreitung der Höchstsätze

satzanspruch gegen den ausziehenden Mieter bejaht (*AG Münster* WuM 1996, 231 f.; *AG Münster* WuM 1999, 405). Eine Kostenumlegung auf den einziehenden Mieter wird verneint (*LG Berlin* GE 2003, 121 [122]; *AG Münster* WuM 2001, 631).

26 M. E. ergibt sich die Lösung aus der wörtlichen Anwendung des § 7 HeizkostenV. Danach gehören die Kosten der Verbrauchserfassung und Kostenverteilung zu den Heizkosten, die nach § 7 Abs. 2 und 3 bzw. für Warmwasser nach § 8 Abs. 2 und 4 HeizkostenV zu verteilen sind (*AG Rheine* WuM 1996, 715; *AG Hamburg* WuM 1996, 562; *AG Steinfurt* WuM 2000, 213; *Schmid* WuM 192, 291; *Ropertz* WuM 1992, 292; *Schmid* Handbuch der Mietnebenkosten Rn. 6243). Eine Sonderregelung enthält die Verordnung nicht. Dass dadurch alle Mieter mit den Zwischenablesungskosten belastet werden, führt auch aus Billigkeitsgründen zu keinem anderen Ergebnis. Zum einen sind die Kosten in Relation zu den gesamten Heizkosten äußerst gering, zum anderen ist irgendwann einmal jedes Nutzungsverhältnis von einem Wechsel betroffen, sodass sich langfristig die Belastung ausgleicht.

27 Unbenommen bleibt es den Beteiligten nach § 9 b Abs. 4 HeizkostenV die Kostentragung für die Zwischenablesung vertraglich zu regeln (*AG Münster* WuM 1996, 231, 232; *AG Wetzlar* WuM 2003, 456; *Schmid* Handbuch der Mietnebenkosten Rn. 6244; *Harsch* WuM 1991, 521; *Schmid* WuM 1992, 291). Zwar ist die Kostentragung nicht in den Absätzen 1 bis 3 geregelt. Wenn aber die Beteiligten schon die Zwischenablesung überhaupt regeln können, muss es ihnen auch unbenommen bleiben, sich über die Kostentragung zu einigen. Eine Regelung, wonach der ausziehende Mieter zur Kostentragung verpflichtet ist, wenn er die Beendigung des Mietverhältnisses veranlasst hat, ist auch in Allgemeinen Geschäftsbedingungen wirksam (*AG Wetzlar* WuM 2003, 456).

28 Unter Wohnungseigentümern verstößt es nicht gegen die Grundsätze ordnungsmäßiger Verwaltung, wenn die Kosten der Zwischenablesung nicht vollständig auf die vom Nutzerwechsel betroffenen Wohnungen umgelegt werden (*KG* NZM 2002, 702).

§ 10 Überschreitung der Höchstsätze

Rechtsgeschäftliche Bestimmungen, die höhere als die in § 7 Abs. 1 und § 8 Abs. 1 genannten Höchstsätze von 70 vom Hundert vorsehen, bleiben unberührt.

A. Zweck

1 Da ein höherer verbrauchsabhängiger Anteil die Sparmotivation verstärkt, lässt § 10 HeizkostenV rechtsgeschäftliche Vereinbarungen unberührt, die einen höheren verbrauchsabhängigen Anteil vorsehen (*Demmer*, MDR 1981, 533).

B. Rechtsgeschäftliche Bestimmungen

2 Rechtsgeschäftliche Bestimmungen dieser Art, die bereits bei Inkrafttreten der HeizkostenV bestanden haben, gelten weiter.

3 Entsprechende rechtsgeschäftliche Vereinbarungen können auch neu getroffen werden. Das kann auch in Allgemeinen Geschäftsbedingungen geschehen (MüKo / *Schmid* § 10 HeizkostenV Rn. 1).

4 Billigkeitserwägungen spielen anders als bei § 6 HeizkostenV keine Rolle (*Lammel* HeizkostenV § 10 Rn. 5). Jedoch ist bei allgemeinen Geschäftsbedingungen § 307 BGB zu beachten (*Lammel* HeizkostenV § 10 Rn. 12 ff.).

5 Eine Vereinbarung, wonach die Abrechnung »nach Heizkostenverteilern« erfolgt, ist als Vereinbarung einer Abrechnung zu 100% nach Verbrauch auszulegen (*OLG Düsseldorf* WuM 2003, 387); anders *OLG Hamm* ZMR 2005, 73) für eine Vereinbarung, dass die Kosten »durch Messeinrichtungen einwandfrei festgestellt werden können«.

6 Bedenken bestehen gegen die Auffassung von *Blümmel/Becker* Ziffer 8.10., wonach § 10 HeizkostenV auch für solche Vereinbarungen gelten soll, durch die der Vermieter ermächtigt wird, den verbrauchsabhängigen Anteil einseitig festzusetzen. Insoweit enthält nämlich bereits § 6 HeizkostenV eine abschließende Regelung (vgl. § 6 HeizkostenV Rn. 21).

C. Besonderheiten beim Wohnungseigentum

Ist ein höherer verbrauchsabhängiger Anteil durch Vereinbarung (Teilungserklärung) festgelegt, so bedarf die Änderung einer Vereinbarung, sofern nicht eine Änderung des Verteilungsschlüssels durch Mehrheitsbeschluss vorgesehen ist (*BayObLG* WuM 1991, 312, 313; *Demmer* MDR 1981, 533). Die Abänderung des Kostenverteilungsschlüssels kann jedoch nicht rückwirkend beschlossen werden. Bei heizungsrelevanten Lageunterschieden zwischen einzelnen Wohnungen entspricht eine Kostenverteilung komplett nach Verbrauch nicht ordnungsmäßiger Verwaltung (*OLG Hamm* ZMR 2006, 630).

Die Vereinbarung kann jederzeit durch eine erneute Vereinbarung geändert werden. Eine einseitige Änderung durch den Vermieter nach Maßgabe des § 6 Abs. 4 HeizkostenV ist jedoch nicht möglich (§ 6 HeizkostenV Rn. 15; a. A. wohl *OLG Düsseldorf* WuM 2003, 387).

Soll für die Zukunft ein verbrauchsabhängiger Anteil von mehr als 70 % bestimmt werden, so kann dies nicht durch Mehrheitsbeschluss, sondern nur durch Vereinbarung erfolgen (*OLG Düsseldorf* WE 1987, 26; a. A. *Lammel* HeizkostenV § 10 Rn. 18). § 10 HeizkostenV ist nämlich in § 3 S. 2 HeizkostenV nicht erwähnt. Auch § 16 Abs. 3 WEG ermöglicht keine Änderung durch Mehrheitsbeschluss (*Schmid* WE 2007, 103), da der vorrangige § 10 HeizkostenV von einer allseitigen Zustimmung ausgeht.

Eine Änderung des Abrechnungsmaßstabes innerhalb der Wohnungseigentümergemeinschaft ist für den Mieter eines Wohnungseigentümers nicht ohne weiteres verbindlich. Der vermietende Wohnungseigentümer wird deshalb zweckmäßigerweise einer Vereinbarung nur zustimmen, wenn auch im Verhältnis zum Mieter eine Änderung erfolgen kann (*Demmer* MDR 1981, 533). Das erfordert in der Regel eine vorherige – vorsorgliche – Zustimmung des Mieters.

§ 11 Ausnahmen

(1) Soweit sich die §§ 3 bis 7 auf die Versorgung mit Wärme beziehen, sind sie nicht anzuwenden

1. auf Räume,

    a) bei denen das Anbringen der Ausstattung zur Verbrauchserfassung, die Erfassung des Wärmeverbrauchs oder die Verteilung der Kosten des Wärmeverbrauchs nicht oder nur mit unverhältnismäßig hohen Kosten möglich ist oder

    b) die vor dem 1. Juli 1981 bezugsfertig geworden sind und in denen der Nutzer den Wärmeverbrauch nicht beeinflussen kann;

2. a) auf Alters- und Pflegeheime, Studenten- und Lehrlingsheime,

    b) auf vergleichbare Gebäude oder Gebäudeteile, deren Nutzung Personengruppen vorbehalten ist, mit denen wegen ihrer besonderen persönlichen Verhältnisse regelmäßig keine üblichen Mietverträge abgeschlossen werden;

3. auf Räume in Gebäuden, die überwiegend versorgt werden

    a) mit Wärme aus Anlagen zur Rückgewinnung von Wärme oder aus Wärmepumpen- oder Solaranlagen oder

    b) mit Wärme aus Anlagen der Kraft-Wärme-Kopplung oder aus Anlagen zur Verwertung von Abwärme, sofern der Wärmeverbrauch des Gebäudes nicht erfasst wird,

    wenn die nach Landesrecht zuständige Stelle im Interesse der Energieeinsparung und der Nutzer eine Ausnahme zugelassen hat;

§ 11 HeizkostenV | Ausnahmen

4. auf die Kosten des Betriebs der zugehörigen Hausanlagen, soweit diese Kosten in den Fällen des § 1 Abs. 3 nicht in den Kosten der Wärmelieferung enthalten sind, sondern vom Gebäudeeigentümer gesondert abgerechnet werden;

5. in sonstigen Einzelfällen, in denen die nach Landesrecht zuständige Stelle wegen besonderer Umstände von den Anforderungen dieser Verordnung befreit hat, um einen unangemessenen Aufwand oder sonstige unbillige Härten zu vermeiden.

(2) Soweit sich die §§ 3 bis 6 und § 8 auf die Versorgung mit Warmwasser beziehen, gilt Absatz 1 entsprechend.

A. Grundsätzliches

I. Allgemeines

1 § 11 HeizkostenV enthält einen Katalog von Ausnahmetatbeständen, bei deren Vorliegen eine verbrauchsabhängige Abrechnung nicht vorgeschrieben ist. Die §§ 9 bis 10 und 12 HeizkostenV sind im Ausnahmetatbestand zwar nicht erwähnt, aber ebenfalls nicht anwendbar, weil sie die Anwendbarkeit von §§ 3–8 HeizkostenV voraussetzen (*Gruber* NZM 2000, 842).

2 Die Unanwendbarkeit von §§ 3 bis 7 HeizkostenV befreit nicht nur den Gebäudeeigentümer von seinen Verpflichtungen, sondern lässt auch die Duldungspflichten des Nutzers entfallen (*VG Berlin* GE 1988, 1283; *Peruzzo* Erl. zu § 11 HeizkostenV), sofern nicht im Mietvertrag eine abweichende Vereinbarung getroffen ist.

3 Das gilt bei einer vermieteten Eigentumswohnung auch, wenn die Wohnungseigentümer trotz Vorliegens eines Ausnahmetatbestandes eine Abrechnung nach der HeizkostenV beschließen (*Schmid* FGPrax 2004, 103). Eine Duldungspflicht für den Mieter kann sich dann unter Umständen aus § 554 BGB ergeben.

4 Abgesehen von der Sonderregelung des § 22 Abs. 2 NMV 1970 für preisgebundenen Wohnraum sind die Parteien nicht gehindert, auch in den Fällen des § 11 HeizkostenV die Anwendung der HeizkostenV zu vereinbaren. § 556a Abs. 1 BGB steht nicht entgegen, da diese Vorschrift ausdrücklich vom Fehlen einer Vereinbarung ausgeht. § 11 HeizkostenV tangiert eine Vereinbarung ebenfalls nicht (a. A. *Wall* WuM 2002, 130 [133]). § 11 HeizkostenV ist weder ein Verbotsgesetz im Sinne des § 134 BGB noch geht er rechtsgeschäftlichen Regelungen im Sinne des § 2 HeizkostenV vor. § 11 HeizkostenV befreit lediglich von einer Verpflichtung, verbietet es aber nicht, freiwillig entsprechend zu verfahren. Grenze ist der Verstoß gegen den Wirtschaftlichkeitsgrundsatz (vgl. § 556 Abs. 4, § 560 Abs. 6 BGB).

II. Besonderheiten beim Wohnungseigentum

5 Liegen die Voraussetzungen des § 11 HeizkostenV vor, findet § 3 HeizkostenV keine Anwendung (*Schmid* FGPrax 2004, 103). Damit fehlt es an einer aus der HeizkostenV abzuleitenden Beschlusskompetenz der Wohnungseigentümer für eine Änderung des geltenden Verteilungsmaßstabs. Eine Änderung durch Beschluss ist jedoch gleichwohl möglich, wenn nicht eine Vereinbarung der Wohnungseigentümer entgegensteht (*BGH* NJW 2003, 3476). Das gilt jedenfalls seit der Neufassung des § 16 Abs. 3 WEG. Allerdings wird ein solcher Beschluss bei unverhältnismäßig hohen Kosten (vgl. unten Rn. 10 ff.) nicht ordnungsmäßiger Verwaltung entsprechen. Außerdem empfiehlt es sich, vorab zu klären, ob die Mieter zur Duldung der erforderlichen Maßnahmen bereit oder verpflichtet sind (vgl. oben Rn. 2 und 3).

B. Unmöglichkeit und Unverhältnismäßigkeit

I. Unmöglichkeit

Eigentlich selbstverständlich ist, dass nicht nach der HeizkostenV vorgegangen werden kann, wenn das Anbringen von Messgeräten, die Erfassung des Verbrauches oder die Kostenverteilung objektiv unmöglich sind. In § 11 Nr. 1 Buchst. a) HeizkostenV ist dies ausdrücklich erwähnt. Unmöglichkeit wird angenommen:
- für Messeinrichtungen an Badewannenheizungen (*AG Köln* WuM 1988, 38);
- bei einer Erwärmung von Räumen ohne Heizkörper durch durchlaufende Rohre (*VG Berlin* GE 1988, 1283); zumindest dann, wenn eine erhebliche nicht messbare Erwärmung eintritt;
- wenn wegen anderer Wärmequellen (z. B. Küchenherd) ein einigermaßen zuverlässiges Messergebnis nicht erreicht werden kann (*AG Bremerhaven* WuM 1989, 30);
- bei Fußbodenheizungen, die mehrere Nutzungseinheiten versorgen (*Wall* WuM 2002, 134).

Keine Unmöglichkeit wird angenommen:
- wenn die Anbringung von Verbrauchserfassungseinrichtungen durch die Anbringung von Heizkörperverkleidungen lediglich erschwert ist (*LG Hamburg* WuM 1992, 259);
- wenn Heizkörperverkleidungen zu einer Beeinträchtigung der Messergebnisse führen, weil es sich dabei nicht um technische Probleme des Heizungssystems selbst handelt (*Schmid* ZMR 2005, 716);
- bei Fußbodenheizungen, die nur eine Nutzungseinheit versorgen (*Lammel* § 11 Rn. 23);
- bei Einrohrheizungen, wenn der Nutzer das Heizkörperventil abstellen kann, aber gleichwohl durch den Umlauf in den Rohren eine Erwärmung eintritt (*BayObLG* WuM 1997, 691, 692 und WuM 2003, 519 [520] = MieWoE § 21 WEG Nr. 45).

Ein einzelner Wohnungseigentümer kann sich gegenüber den übrigen Wohnungseigentümern nicht auf § 11 Nr. 1 HeizkostenV berufen, wenn er einen vorhandenen Heizkörper mit Messeinrichtung gegen einen Konvektor austauschen will, der eine Verbrauchserfassung nicht ermöglicht (*OLG Hamburg* ZMR 1999, 502, 503).

II. Unverhältnismäßigkeit

1. Grundsatz

Dem **Verhältnismäßigkeitsgrundsatz** wird dadurch Rechnung getragen, dass eine verbrauchsabhängige Abrechnung nicht notwendig ist, wenn dadurch ein unverhältnismäßiger Aufwand entstünde. Alternativ kann die Unverhältnismäßigkeit gegeben sein hinsichtlich der Anbringung der Ausstattung zur Verbrauchserfassung oder der Erfassung des Wärmeverbrauches als solcher oder der Verteilungskosten. Notwendig ist ein Vergleich der Kosten für die Installation der Messgeräte sowie des Mess- und Abrechnungsaufwandes mit der möglichen Einsparung von Energiekosten (*BGH* GE 1991, 397 m. w. N. = MieWoE § 9 UStG Nr. 1; *LG Berlin* GE 2003, 679 [680]). Dabei ist auf den Einzelfall abzustellen (*Schröder* JurBüro 1981, 826; *Peruzzo* NJW 1981, 802).

Unverhältnismäßigkeit liegt jedenfalls dann vor, wenn die zu erwartenden Einsparungen an Wasser und Heizenergie bei weitem nicht ausreichen, um die Installations- und laufenden Kosten abzudecken (*BayObLG* GE 1989, 781).

Eine sehr anschauliche Berechnung hierzu enthält die Entscheidung des *LG Hamburg* (WuM 1992, 490), die im konkreten Fall für den Einbau von Warmwasserzählern zu einer Kostenüberschreitung von 200 % bis 600 % gegenüber den einzusparenden Kosten kommt und deshalb Unverhältnismäßigkeit mit Recht bejaht.

2. Beurteilungszeitraum

Umstritten ist, auf welchen Zeitraum bei der Beurteilung der Unverhältnismäßigkeit abzustellen ist. Eine Meinung will die gesamte (Rest-)Nutzungsdauer des Gebäudes heranziehen (*LG Frankfurt a. M.* WuM 1991, 616 ff., *Lammel* HeizkostenV § 11 Rn. 31); eine andere Meinung stellt auf die Nutzungsdauer der Geräte ab (*BayObLG* GE 1989, 781); eine dritte Meinung nimmt einen Zeitraum von 10 Jahren an (BGH NZM 2003, 953 [955]; BayObLG WuM 2004, 737 [738] = NZM 2005, 106; KG WuM 1993, 300; OLG Köln ZMR 2007, 389; LG Berlin ZMR 2003, 679 [680]; *AG Münster*

§ 11 HeizkostenV | Ausnahmen

WuM 1989, 193); *Wall* (WuM 2002, 133) geht von der Eichgültigkeitsdauer von fünf Jahren für Wärme- und Warmwasserzähler aus.

14 Ein Zeitraum von zehn Jahren ist aus Vereinfachungsgründen angemessen, sofern nicht besondere Umstände des Einzelfalles einen anderen Ansatz nahe legen (*Schmid* Handbuch der Mietnebenkosten Rn. 6059).

3. Laufende Kosten

15 Zu berücksichtigen sind bei der Unverhältnismäßigkeit auch die laufenden Kosten für Wartung, Ablesung, Eichung und eventuelle Austauschkosten (*BayObLG* WuM 1993, 754, 755).

4. Einsparung

16 Für die zu den Kosten ins Verhältnis zu setzende Einsparung wird eine übliche Einsparquote von 15% angesetzt (*BayObLG* WuM 2004, 737; *OLG Köln* WuM 1998, 621), sofern keine andere Berechnungsmöglichkeit zur Verfügung steht. Entsprechend § 12 Abs. 1 S. 1 HeizkostenV ist dabei auf die Gesamtkosten abzustellen (a. A. *Wall* WuM 2002, 130 [132], der nur die Brennstoffkosten heranziehen will). Zu erwartende Steigerungen der Energiepreise sind zu berücksichtigen (*OLG Köln* ZMR 2007, 389).

5. Einzelfälle

17 Unverhältnismäßigkeit kann vorliegen, wenn in einem großen Haus nur eine kleine Einliegerwohnung oder nur ein Zimmer vermietet sind (*Peruzzo* Erl. zu § 11 Abs. 1 Nr. 1 HeizkostenV). Das hat vor allem für die Fälle Bedeutung, in denen § 2 HeizkostenV deshalb nicht anwendbar ist, weil der Vermieter nicht selbst im Haus wohnt.

18 Ein unverhältnismäßig hoher Aufwand wird auch angenommen, wenn das Haus mit neuen Heizkörpern ausgestattet werden müsste, um verbrauchsabhängig abrechnen zu können (*VG Berlin* GE 1989, 839).

18a Unverhältnismäßigkeit nur für die Warmwasserkostenverteilung kann angenommen werden, wenn für die Heizkosten ein Ausnahmetatbestand vorliegt (*Schmid*, Handbuch der Mietnebenkosten, Rn. 6061).

6. Wirtschaftlichkeitsgrundsatz

19 Rechnet der Vermieter verbrauchsabhängig ab, obwohl die Kosten unverhältnismäßig sind, liegt darin meist auch ein Verstoß gegen den Wirtschaftlichkeitsgrundsatz. Der Aufwand für die verbrauchsabhängige Kostenverteilung kann dann nur bis zur Wirtschaftlichkeitsgrenze auf den Mieter umgelegt werden (*Wall* WuM 2002, 130 [133]). Das gilt jedenfalls dann, wenn der Vermieter die Unwirtschaftlichkeit bereits rechtzeitig erkennen konnte (*Börstinghaus* MDR 2000, 1345 [1347]). Eine bestimmte Relation zwischen den Energiekosten und dem Aufwand für die Kostenverteilung kann jedoch auch bei hohen Erfassungskosten nicht hergestellt werden (*AG Lüdinghausen* WuM 2001, 499; a. A. *AG Münster* WuM 2001, 499).

7. Wohnungseigentum

20 Bei Wohnungseigentümergemeinschaften kann sich auch in Fällen der Unverhältnismäßigkeit aus § 10 Abs. 3 WEG ein Anspruch auf Kostenverteilung nach der HeizkostenV ergeben, wenn außergewöhnliche Umstände ein Festhalten an der bisherigen Regelung als grob unbillig erscheinen lassen (*OLG Köln* WuM 1998, 621, 622). Das erscheint jedoch bedenklich, wenn damit gegen den Wirtschaftlichkeitsgrundsatz verstoßen wird, der Bestandteil einer ordnungsmäßigen Verwaltung ist.

C. Keine Verbrauchsbeeinflussung

21 § 11 Abs. 1 Nr. 1 Buchstabe b) HeizkostenV betrifft die Fälle, in denen der Nutzer den Wärmeverbrauch nicht beeinflussen kann, weil hier der einzelne Nutzer auch keine Energieeinsparungsmöglichkeiten hat. Es handelt sich dabei insbesondere um Fußboden-, Decken- und so genannte Einrohrheizungen, die mehrere Nutzungseinheiten versorgen (*Schröder* JurBüro 1981, 826). Die Ausnahme gilt auch, wenn die Heizkörper nicht regulierbar sind (*BGH* GE 2004, 106 = WuM 2003, 699). Dagegen wird eine Beeinflussungsmöglichkeit angenommen, wenn die Heizkörper zwar

nicht Thermostatventilen aber mit herkömmlichen Ventilen ausgestattet sind (*LG Hamburg* WuM 1986, 119).

Voraussetzung für die Ausnahme ist, dass das Gebäude vor dem 1.7.1981 bezugsfertig geworden ist. Bei später bezugsfertig gewordenen Räumen muss der Nutzer eine Möglichkeit zur Steuerung haben (*Peruzzo* NJW 1981, 802). 22

D. Gebiet der ehemaligen DDR

Übergangsregelungen für das Beitrittsgebiet enthält die Anlage I zum Einigungsvertrag Kapitel V Sachgebiet D Abschnitt III Nr. 10 (vgl. MieWo/*Schmid* Anhang zur HeizkostenVI). 23

E. Besondere Nutzungsverhältnisse

§ 11 Abs. 1 Nr. 2 HeizkostenV betrifft die Fallgruppen, bei denen üblicherweise – nicht nur im Einzelfall – eine Miete inklusive Heiz- und Warmwasserkosten vereinbart wird (*Peruzzo* NJW 1981, 802; *Schröder* JurBüro 1981, 826) oder bei denen überhaupt keine üblichen Mietverträge abgeschlossen werden, z. B. bei unselbstständiger Gebrauchsüberlassung. Vergleichbare Räume sind alle anderen Heime sowie Hotelzimmer und Ferienwohnungen (*Lammel* § 11 Rn. 49) und untervermietete Einzelzimmer (*Schmid* Handbuch der Mietnebenkosten Rn. 6069). Der Heimbegriff ist hier von der Gesetzesintention her weiter zu fassen als in § 1 HeimG. 24

F. Genehmigungsbedürftige Ausnahmen

Für eine Ausnahme nach den Nummern 3 und 5 muss eine diesbezügliche Entscheidung der nach Landesrecht zuständigen Stelle ergehen. 25

Dies kann entweder unter den Voraussetzungen der Nummer 3 oder der Nummer 5 erfolgen, wobei auch das Interesse der Gesamtheit der Nutzer zu berücksichtigen ist (*Schröder* JurBüro 1981, 826). 26

Die Aufzählung in Nummer 3 ist abschließend. Die Anwendung sonstiger Techniken ermöglicht keine Ausnahmegenehmigung (*Peruzzo* Erl. zu § 11 Abs. 1 Nr. 3 HeizkostenV). 27

§ 11 Abs. 1 Nr. 5 HeizkostenV enthält eine durch § 5 Abs. 2 EnEG vorgeschriebene Generalklausel zur Vermeidung unbilliger Härten. Dieser Vorschrift kommt nur wenig Bedeutung zu, da die hiervon umfassten Fälle in aller Regel bereits den Tatbestand der Ausnahme kraft Verordnung nach § 11 Abs. 1 Nr. 1 lit. a) HeizkostenV erfüllen (*Peruzzo* Erl. zu § 11 Abs. 1 Nr. 5 HeizkostenV). Eine unbillige Härte liegt nicht schon dann vor, wenn die verbrauchsabhängige Abrechnung den Mieter einer Wohnung in exponierter Lage besonders belastet (*LG Berlin* ZMR 1987, 338 = GE 1987, 453) oder wenn die Mehrheit der Mieter keine verbrauchsabhängige Abrechnung wünscht (*VG Berlin* GE 1983, 1283) oder wenn Räume durch durchlaufende Rohre erwärmt werden (*VG Berlin* GE 1988, 1283). 28

Hat die zuständige Behörde von der Anwendung der HeizkostenV befreit, so ist diese Entscheidung bindend, es sei denn, dass sie nach allgemeinen verwaltungsrechtlichen Grundsätzen nichtig ist. Die ordentlichen Gerichte müssen sie in einem Streit zwischen Gebäudeeigentümer und Nutzer beachten (*OLG Hamm* WE 1987, 25). Wer gegen die Befreiung vorgehen will, muss den Verwaltungsrechtsweg beschreiten. 29

Nicht zu folgen ist deshalb dem *LG Hamburg* (WuM 1994, 196), das die Befreiung bereits dann zivilrechtlich als unbeachtlich ansieht, wenn der Verstoß gegen eine Nebenbestimmung lediglich zum Widerruf der Befreiung führen kann, die Befreiung aber noch nicht widerrufen ist (*Schmid*, Handbuch der Mietnebenkosten, Rn. 6073). 30

G. Wärmelieferung

Der Lieferer nach Nummer 4 soll nicht verpflichtet sein, die Kosten der Hausanlagen in seine Abrechnung mit einzubeziehen. Der Gebäudeeigentümer kann die Kosten nach allgemeinen Grundsätzen zu verteilen (*Müller* GE 1989, 214). 31

§ 12 HeizkostenV | Kürzungsrecht, Übergangsregelungen

H. Warmwasser

32 Nach § 11 Abs. 2 HeizkostenV gelten für die Versorgung mit Warmwasser die Vorschriften des Absatzes 1 über die Wärmeversorgung entsprechend.

33 Unverhältnismäßigkeit nur für die Warmwasserkostenverteilung kann gegeben sein, wenn für die Heizkosten ein Ausnahmetatbestand vorliegt (*Schmid* Handbuch der Mietnebenkosten Rn. 6062).

§ 12 Kürzungsrecht, Übergangsregelungen

(1) Soweit die Kosten der Versorgung mit Wärme oder Warmwasser entgegen den Vorschriften dieser Verordnung nicht verbrauchsabhängig abgerechnet werden, hat der Nutzer das Recht, bei der nicht verbrauchsabhängigen Abrechnung der Kosten den auf ihn entfallenden Anteil um 15 vom Hundert zu kürzen. Dies gilt nicht beim Wohnungseigentum im Verhältnis des einzelnen Wohnungseigentümers zur Gemeinschaft der Wohnungseigentümer; insoweit verbleibt es bei den allgemeinen Vorschriften.

(2) Die Anforderungen des § 5 Abs. 1 S. 2 gelten als erfüllt,

1. für die am 1. Januar 1987 für die Erfassung des anteiligen Warmwasserverbrauchs vorhandenen Warmwasserkostenverteiler und

2. für die am 1. Juli 1981 bereits vorhandenen sonstigen Ausstattungen zur Verbrauchserfassung.

(3) Bei preisgebundenen Wohnungen im Sinne der Neubaumietenverordnung 1970 gilt Absatz 2 mit der Maßgabe, daß an die Stelle des Datums »1. Juli 1981« das Datum »1. August 1984« tritt.

(4) § 1 Abs. 3, § 4 Abs. 3 S. 2 und § 6 Abs. 3 gelten für Abrechnungszeiträume, die nach dem 30. September 1989 beginnen; rechtsgeschäftliche Bestimmungen über eine frühere Anwendung dieser Vorschriften bleiben unberührt.

(5) Wird in den Fällen des § 1 Abs. 3 der Wärmeverbrauch der einzelnen Nutzer am 30. September 1989 mit Einrichtungen zur Messung der Wassermenge ermittelt, gilt die Anforderung des § 5 Abs. 1 S. 1 als erfüllt.

A. Kürzungsrecht

I. Grundsätzliches

1 Das Kürzungsrecht des § 12 Abs. 1 HeizkostenV soll einen mittelbaren Druck auf den Gebäudeeigentümer ausüben, die Vorschriften der HeizkostenV zu beachten und zugleich einem Nutzer einen Ausgleich bieten, der durch eine Nichtbeachtung der HeizkostenV einen Nachteil erleiden kann.

2 Zweifelhaft ist die rechtsdogmatische Einordnung des Kürzungsrechts (vgl. *Pfeifer* DWW 1984, 34). Man wird der Regelung durch eine Einordnung in herkömmliche Kategorien kaum gerecht werden können. Es handelt sich um ein besonderes Recht sui generis. Die Annahme eines abstrakt berechneten Schadensersatzanspruches aus Pflichtverletzung (§ 280 BGB) und das damit verbundene Erfordernis eines Verschuldens findet in der Verordnung keine Stütze (a. A. *Gruber* NZM 2000, 848).

3 Deshalb kann auch aus allgemeinen Grundsätzen heraus nicht die Frage beantwortet werden, ob die Kürzung von Amts wegen zu beachten ist oder ob die Minderung der Kostenschuld eine Erklärung des Nutzers voraussetzt. Der Wortlaut »hat der Nutzer das Recht« lässt darauf schließen, dass sich der Nutzer auf sein Kürzungsrecht berufen muss. Die Geltendmachung kann ausdrücklich erfolgen, aber auch durch schlüssiges Verhalten, z. B. Zahlung eines geringeren als des geforderten Nachzahlungsbetrages (*Schmid* Handbuch der Mietnebenkosten Rn. 6318).

Kürzungsrecht, Übergangsregelungen | § 12 HeizkostenV

Eine Frist für die Geltendmachung ist nicht vorgeschrieben. Das Kürzungsrecht ist auch kein Anspruch im Sinne des § 194 BGB und unterliegt deshalb nicht der Verjährung (*Schmid* Handbuch der Mietnebenkosten Rn. 6319). Erfolgt die Berufung auf das Kürzungsrecht erst nach Bezahlung einer Nachforderung, so fällt der Rechtsgrund für die Zahlung des Kürzungsbetrages nachträglich weg mit der Folge, dass dem Nutzer ein Bereicherungsanspruch nach §§ 812 ff. BGB erwächst (*Schmid* Handbuch der Mietnebenkosten Rn. 6319; a. A. *LG Hamburg* WuM 2000, 311). Dass das Leistungsverhältnis durch die Zahlung erloschen ist, ändert hieran nichts (a. A. *LG Hamburg* WuM 2000, 311). Eine Rückforderung kann aber nach allgemeinen Grundsätzen ausgeschlossen sein (vgl. MieWo / *Schmid* § 556 BGB Rn. 347 ff.). Mit dem Ablauf der Einwendungsfrist gilt die Abrechnung als richtig. Der Mieter kann sich nicht mehr auf die Unrichtigkeit berufen und damit entfällt das Kürzungsrecht (*Schmid* ZMR 2002, 727 [730]). In Betracht kommt auch eine Verwirkung, wenn der Nutzer längere Zeit den Eindruck erweckt, er werde das Recht nicht geltend machen (*Schmid* Handbuch der Mietnebenkosten, Rn. 6319). 4

II. Voraussetzungen

Das Kürzungsrecht besteht, wenn die Kosten der Versorgung mit Wärme und Warmwasser nicht nach den Vorschriften der HeizkostenV verbrauchsabhängig abgerechnet werden, obwohl der Vermieter hierzu verpflichtet ist (*BGH* GE 2004, 106). Unerheblich ist der Umfang des Fehlers. Das Fehlen eines Messgerätes in einem Zimmer genügt (*LG Meiningen* WuM 2003, 453). 5

Ein Kürzungsrecht wird angenommen: 6
– wenn generell verbrauchsunabhängig abgerechnet wird;
– wenn überhaupt oder an einzelnen Heizkörpern keine Messgeräte vorhanden sind (*AG Bremerhaven* WuM 1989, 30);
– wenn unzulässige Ausstattungen zur Verbrauchserfassung (§ 5 Abs. 1, § 12 Abs. 2, 3 und 5 HeizkostenV) verwendet werden (*LG Berlin* WuM 1987, 32; *LG Meiningen* WuM 2003, 453 [455]);
– wenn die Messgeräte fehlerhaft angebracht sind (*LG Frankfurt a. M.* HKA 1989, 48);
– wenn vorgeschriebene Eichungen nicht durchgeführt sind (*BayObLG* MDR 1998, 708);
– wenn die Verbrauchserfassung durch vermieterseits angebrachte Heizkörperverkleidungen verfälscht wird (*LG Hamburg* WuM 1991, 561); hat der Mieter die Verkleidungen angebracht, hat er kein Kürzungsrecht (*Kinne* GE 2006, 1278). Hier ist jedoch generell vorrangig auf das Ersatzverfahren nach § 9 a HeizkostenV zurückzugreifen (*Schmid* ZMR 2005, 516).
– wenn der Vermieter keine den Vorschriften der HeizkostenV entsprechende Verteilung vornimmt (*AG Berlin-Schöneberg* GE 1987, 45);
– wenn entgegen einer bei Mieterwechsel nach § 9 b HeizkostenV bestehenden Verpflichtung keine Zwischenablesung vorgenommen wird (*LG Köln* WM 1988, 38);
– wenn bei verbundenen Anlagen im Sinne des § 9 HeizkostenV das Volumen des verbrauchten Wassers nicht gemessen wird, obwohl eine solche Messung möglich wäre, und der 18 %-Ansatz gewählt wird (*Schmid* Handbuch der Mietnebenkosten, Rn. 6308; sehr str. a. A.: *LG Freiburg* WuM 1994, 397; *AG Hamburg* HKA 1989, 12).

Kein Kürzungsrecht besteht: 7
– wenn ein Ausnahmetatbestand des § 11 HeizkostenV vorliegt (*BGH* GE 2004, 106);
– wenn der Vermieter die Abrechnung noch berichtigen kann und eine den Vorschriften der HeizkostenV entsprechende Abrechnung erstellt (*LG Hamburg* HKA 1989, 43);
– wenn feststeht, dass sich der Fehler nicht zum Nachteil des Mieters ausgewirkt haben kann (*LG Hamburg* HKA 1988, 43). Der Mieter würde in diesen Fällen treuwidrig handeln, wenn er vom Kürzungsrecht Gebrauch macht. Darlegungs- und beweispflichtig ist der Vermieter (*Schmid* Handbuch der Mietnebenkosten, Rn. 6310);
– wenn sich der Mieter vor Beginn der Abrechnungsperiode mit einer verbrauchsunabhängigen Abrechnung einverstanden erklärt hat (*LG Hamburg* WuM 1995, 192);
– wenn die Ausstattungen zur Verbrauchserfassung nicht normgerecht sind (str. vgl. Kinne GE 2006, 1278 m. w. N.). Entscheidend ist allein, ob die Anforderungen des § 5 Abs. 1 HeizkostenV erfüllt sind;

§ 12 HeizkostenV | Kürzungsrecht, Übergangsregelungen

- wenn nach § 9 b Abs. 3 HeizkostenV wegen Unmöglichkeit einer (hinreichend genauen) Zwischenablesung verbrauchsunabhängig abgerechnet wird (*Schmid* Handbuch der Mietnebenkosten, Rn. 6312; Lefèvre HKA 1989, 10; a. A. *LG Hamburg* NJW-RR 1988, 907);
- wenn bei (teilweiser) Unmöglichkeit der ordnungsgemäßen Verbrauchserfassung nach § 9a Abs. 2 HeizkostenV ausschließlich verbrauchsunabhängig abgerechnet wird (*OLG Düsseldorf* WuM 2003, 387 [389]; *Schmid* Handbuch der Mietnebenkosten, Rn. 6313; a. A. *AG Köln* WuM 1997, 273);
- wenn die Abrechnung nur formelle Fehler aufweist, z. B. nicht nachvollziehbar ist (vgl. *AG Köln* WuM 2001, 461);
- wenn nicht alle beheizten Räume und Flächen berücksichtigt sind (*OLG Düsseldorf* ZMR 2005, 43);
- wenn die Abrechnung zwar nach der HeizkostenV erfolgt, aber tatsächliche Fehler enthält, z. B. eine falsche Wohnfläche oder unrichtige Rechnungsbeträge (*Schmid* Handbuch der Mietnebenkosten Rn. 6315).

III. Folgen

8   Ist eine verbrauchsabhängige Abrechnung nicht möglich, erfolgt die Abrechnung nach den sonst geltenden Umlegungsmaßstäben, bei Wohnraum in der Regel nach Wohnfläche (str.; vgl. *Gruber* NZM 2000, 847 m. w. N.).

9   Gekürzt werden kann ohne Rücksicht auf Art und Umfang des Fehlers um 15 % (vgl. *LG Berlin* ZMR 2003, 680 [681] für die fehlende Verbrauchserfassung in nur einem Zimmer). Der Wortlaut von Absatz 1 S. 1 (»oder«) lässt jedoch eine Trennung zwischen Heiz- und Warmwasserkosten zu. Betrifft deshalb der Fehler nur die Warmwasserkosten, können nur diese gekürzt werden, nicht aber die Heizkosten und umgekehrt.

10   Die Kürzung erfolgt beim einzelnen Nutzer, nicht bei den Gesamtkosten. Ausgangspunkt für die Kürzung ist also der auf den Nutzer aufgeteilte Betrag (*Börstinghaus* MDR 2000, 1345 [1349]).

11   Unabhängig vom Kürzungsrecht bleibt dem Nutzer die Möglichkeit des Nachweises, dass er bei korrekter Anwendung der HeizkostenV noch weniger zahlen muss (vgl. *Lammel* HeizkostenV § 12 Rn. 17).

IV. Besonderheiten beim Wohnungseigentum

12   Das Kürzungsrecht besteht nicht im Verhältnis des einzelnen Wohnungseigentümers zur Gemeinschaft (§ 12 Abs. 1 S. 2 HeizkostenV). In Betracht kommen aber Schadensersatzansprüche.

13   Der vermietende Wohnungseigentümer ist jedoch dem Kürzungsrecht seines Mieters ausgesetzt (*Demmer* MDR 1981, 535). Dem vermietenden Wohnungseigentümer ist deshalb dringend zu empfehlen, auf die Beachtung der HeizkostenV hinzuwirken (vgl. Erl. zu § 3 HeizkostenV Rn. 1).

14   § 12 Abs. 2 S. 2 HeizkostenV gilt analog, wenn mehrere Wohnungseigentümer gemeinsam für die Wärmeversorgung zuständig sind, auch wenn es sich um mehrere Wohnungseigentümergemeinschaften handelt und die Wärmeversorgungsanlage auf dem Grund nur einer Wohnungseigentümergemeinschaft steht (*OLG München* ZMR 2004, 709).

B. Besitzstandsregelungen

15   Die Absätze 2, 3 und 5 enthalten Besitzstandsregelungen. Der Bestandsschutz gilt nur so lange, wie an der Heizung im Übrigen keine Veränderungen vorgenommen werden, die sich auch auf die Ausstattungen zur Verbrauchserfassung auswirken. Dieser Bestandsschutz geht nicht dadurch verloren, dass die vorhandenen Geräte aus technischen Gründen ummontiert, z. B. beim Einbau von Thermostatventilen höher gesetzt werden müssen (*Pfeifer* DWW 1989, 192; a. A. *LG Frankfurt* HKA 1989, 48).

16   Werden, z. B. durch Dachgeschossausbau weitere Wohnungen errichtet, so endet der Bestandsschutz, wenn für die neuen Wohnungen nunmehr unzulässige Geräte verwendet werden müssten (*AG Eschweiler* WuM 1993, 135).

C. Übergangsregelung

Absatz 4 enthält eine Übergangsregelung. Eine frühere – nicht jedoch eine spätere – Anwendung der genannten Neuregelungen kann vereinbart werden. Beim Wohnungseigentum ist hierzu eine Vereinbarung erforderlich, da § 12 HeizkostenV in § 3 S. 2 HeizkostenV nicht erwähnt ist. Übergangsregelungen für das Beitrittsgebiet enthält die Anlage I zum Einigungsvertrag Kapitel V Sachgebiet D Abschnitt III Nr. 10 (vgl. MieWo/*Schmid* Anhang zur HeizkostenV). 17

18

§ 13 Berlin-Klausel

– gegenstandslos –

§ 14 Inkrafttreten

Steuerrecht

Inhaltsverzeichnis

A. Vorbemerkung	1
B. Einkommensteuer	2
I. Selbstgenutztes Wohnungseigentum	2
1. Eigenheimzulage	3
2. Kosten vor Einzug	5
3. Kurzfristiges Leerstehenlassen	6
4. Kurzfristige Fremdnutzung	8
5. Über-Kreuz-Vermietung	9
6. Überlassung von Wohnungseigentum an Angehörige	18
a) Entgeltliche Überlassung zu ortsüblichen Konditionen	20
b) Unentgeltliche Überlassung	22
c) Teil(un)entgeltliche Überlassung	24
d) Steuerliche Anerkennung von Mietverträgen zwischen Angehörigen	29
aa) Zivilrechtliche Wirksamkeit	33
bb) Fremdvergleich	36
cc) Tatsächliche Durchführung	51
7. Arbeitszimmer-Problematik	52
a) Fallgruppen	54
b) Betriebsstätte	57
c) Häuslichkeit	62
d) Mittelpunkt der gesamten Tätigkeit	63
e) 50% der gesamten Tätigkeit	66
f) Kein anderer Arbeitsplatz	68
g) Abziehbare Aufwendungen	69
8. Ferienwohnungen	70
a) Fälle der ausschließlichen Vermietung	74
b) Fälle der zeitweiligen Selbstnutzung	81
c) Steuerliche Behandlung von Leerstandszeiten	92
II. Fremdgenutztes Wohnungseigentum	95
1. Einnahmen	96
2. Werbungskosten	99
a) Grundsatz	99
b) Einzelfälle	100
aa) Abgrenzung Erhaltungs-/Herstellungsaufwand	100
bb) Anschaffungsnahe Aufwendungen	103
cc) AfA-Möglichkeiten	108
aaa) § 7 Abs. 4 S. 1 Nr. 2 EStG	108
bbb) § 7 Abs. 5 EStG	110
ccc) § 7 h EStG	111
ddd) § 7 i EStG	112
dd) Zuführungen zur Instandhaltungsrücklage	113
aaa) Selbstnutzende Wohnungseigentümer	114
bbb) Vermietende Wohnungseigentümer	115
ccc) Die praktische Abwicklung	119
(ddd) Mischnutzungsfälle:	132
(eee) Sonderumlage statt Entnahme aus der Rücklage	136
(ee) Nießbrauchs-Fälle	139
(ff) Vorweggenommene/nachträgliche Werbungskosten	143
(gg) Werbungskosten-ABC	144
III. Besteuerung privater Veräußerungsgeschäfte	144
IV. Selbstgenutztes Teileigentum	150
1. Notwendiges Betriebsvermögen	153
2. Gewillkürtes Betriebsvermögen	155
3. Privatvermögen	156
V. Fremdgenutztes Teileigentum	157
VI. Inanspruchnahme von Handwerkerleistungen	158
1. Begünstigte Aufwendungen	159
2. Fördervoraussetzungen	164
3. Besonderheiten für Wohnungseigentümergemeinschaften	165

Steuerrecht

- C. **Eigenheimzulage** 168
  - I. Ausbauten und Erweiterungen (§ 2 EigZulG) 171
  - II. Ermittlung der Einkunftsgrenzen (§ 5 EigZulG) 175
    1. Grenzwerte 176
    2. Summe der positiven Einkünfte 178
    3. Ehegatten-Fälle 180
  - III. Objektbeschränkung (§ 6 EigZulG) 182
    1. Objektverbrauch 183
    2. Ehegatten-Fälle 184
    3. Drittstaat 187
  - IV. Folgeobjekt (§ 7 EigZulG) 189
  - V. Bemessungsgrundlage (§ 8 EigZulG) 191
    1. Instandsetzung, Modernisierung 193
    2. Erhaltungsaufwand 195
    3. Anschaffungsnahe Aufwendungen 196
  - VI. Höhe der Zulage (§ 9 EigZulG) 197
    1. Fördergrundbetrag 198
    2. Kinderzulage 202
  - VII. Genossenschaftsanteile (§ 17 EigZulG) 203
  - VIII. Anwendungsbereich, zeitlicher (§ 19 EigZulG) 204

- D. **Umsatzsteuer** 206
  - I. Grundsätzliches 206
  - II. Unternehmereigenschaft 207
  - III. Steuerbefreiung gem. § 4 Nr. 13 UStG 210
  - IV. Haftungstatbestand § 14b UStG 212
    1. Praxisproblem: Leistender Unternehmer führt die Umsatzsteuer nicht ab 214
    2. Praxislösung: Der Leistungsempfänger soll zahlen 215
    3. Nur Bauunternehmer als Leistungsempfänger schulden 217
    4. Prüfungsreihenfolge für Wohnungseigentumsverwalter 219
    5. Das Fazit für Wohnungseigentumsverwalter 227
    6. Das Fazit für Sondereigentümer 228

- E. **Sonstige Steuern** 229
  - I. Grundsteuer 229
  - II. Grunderwerbsteuer 233
  - III. Gewerbesteuer 238
    1. Grundsatz 238
    2. Gewerblicher Grundstückshandel 240
    3. Das Fazit für veräußerungswillige Wohnungseigentümer 274
  - IV. Erbschaft- und Schenkungsteuer 275
    1. Steuerpflichtige Vorgänge 278
    2. Bewertung des Erwerbs 281
    3. Steuerklassen 282
    4. Steuersätze 283
    5. Freibeträge 284
       a) Steuerliches Privatvermögen 285
       b) Steuerliches Betriebsvermögen 288
  - V. §§ 48 ff. EStG 289
    1. Bauherr 291
    2. Bauleistungen 293
    3. Vorlage einer Freistellungsbescheinigung 296
    4. Unterlassen des Steuerabzugs 298
    5. Einbehaltung und Abführung des Abzugsbetrags 300
    6. Haftungsrisiken 303
  - VI. Zweitwohnungsteuer 304
  - VII. Zinsabschlagsteuer 311

- F. **Sonstiges** 319
  - I. Aufbewahrungspflichten 320
    1. Wohnungseigentümergemeinschaften 323
    2. Wohnungseigentümer 328
  - II. Bußgeldvorschriften 336
  - III. Geltungszeitraum der Vorschriften 340
  - IV. Eintretenmüssen des Verwalters 341

Steuerrecht

A. Vorbemerkung

1 Für das Teileigentum gelten die Vorschriften über das Wohnungseigentum entsprechend (§ 1 Abs. 6 WEG). Diese Norm gilt lediglich wohnungseigentumsrechtlich. Unter steuerlichen Aspekten ist zwischen einer Nutzung zu Wohnzwecken (Wohnungseigentum) und einer Nutzung zu freiberuflichen oder gewerblichen Zwecken (Teileigentum) zu differenzieren.

B. Einkommensteuer

I. Selbstgenutztes Wohnungseigentum

2 Nicht nur Kapitalanleger, sondern auch Selbstnutzer fragen, ob sie nicht irgendwelche Vorteile steuerlicher Art aus dem Erwerb einer Eigentumswohnung ziehen können.

1. Eigenheimzulage:

3 Die aktuell wichtigste steuerliche Förderung für Selbstnutzer ist die Eigenheimzulage. Rechtsgrundlage ist das Eigenheimzulagengesetz (EigZulG) v. 26.3.1997 (BGBl. 1997 I, S. 734) i. d. F. des Haushaltsbegleitgesetzes 2004 v. 29.12.2003 (BGBl. 2003 I S. 3076), aufgehoben durch Gesetz zur Abschaffung der Eigenheimzulage v. 22.12.2005 (BGBl. 2005 I S. 3680), für den gesamten Förderzeitraum (acht Jahre) noch geltend für bis zum 31.12.2005 angeschaffte/hergestellte Objekte. Danach gilt: Die Förderung ist aufgeteilt in

☐ eine **Grundförderung** (§ 9 Abs. 2–4 EigZulG): 1% der Anschaffungs-/Herstellungskosten, maximal € 1.250,00;

☐ eine **Kinderzulage** (§ 9 Abs. 5 EigZulG): € 800,00 je Kind;

☐ eine **Öko-Zulage** (§ 9 Abs. 3 EigZulG): maximal € 256,00

jeweils pro Jahr für insgesamt maximal acht Jahre.

4 Eine Gesamtdarstellung finden Sie unter C.

2. Kosten vor Einzug

5 Bis einschließlich 1998 gewährte der Gesetzgeber den sogenannten »Vorkostenabzug« (§ 10 i EStG). Falls nach dem Herstellungs- oder Anschaffungsjahr eine Eigenheimzulage für einen Mindestzeitraum gewährt wurde, konnte im Herstellungs- oder Anschaffungsjahr eine Pauschale in Höhe von € 1.790,00 ohne Einzelnachweis geltend gemacht werden. Außerdem konnten Erhaltungsaufwendungen bis zu € 11.504,00 geltend gemacht werden. § 10 i EStG war letztmalig für Aufwendungen in 1998 anzuwenden (§ 52 Abs. 29 EStG), ist somit inzwischen bis auf wenige finanzgerichtlich anhängige Fälle überholt.

3. Kurzfristiges Leerstehenlassen

6 Wer seine Eigentumswohnung vermietet, kann entstehende Aufwendungen steuerlich gegenrechnen. Wer die Eigentumswohnung selber nutzt nicht. Falls die Wohnung weder selbst noch fremd genutzt wird – Leerstandsfälle – kommt es darauf an, ob in den Leerstandszeiten eine Vermietungsabsicht bestand (vgl. *FG Berlin* v. 16.3.2004, 5 K 8030/02). Diese Vermietungsabsicht muss belegbar sein. Den Steuerzahler trifft insoweit die Feststellungslast (*BFH* v. 9.7.2003, IX R 102/00 und IX R 48/02).

7 Im Ergebnis sind Empfehlungen des Inhalts, dass man kurzfristig ins Hotel ziehen solle, während des Hotelaufenthalts die Eigentumswohnung renovieren und dann wieder selber einziehen solle, schlichtweg zu ignorieren.

4. Kurzfristige Fremdnutzung

8 Gleich zu bewerten sind Empfehlungen, kurzfristig – z. B. einen Monat – aus der ansonsten selbstgenutzten Eigentumswohnung auszuziehen, die Wohnung für einen Monat zu vermieten, während dieses Monats Steuer mindernde Renovierungen vorzunehmen und sodann selber wieder einzuziehen. Abgesehen von der wirtschaftlichen Unsinnigkeit liegt in solchen Fällen der Missbrauch rechtlicher Gestaltungsmöglichkeiten (s. u. 5.) auf der Hand.

Steuerrecht

5. Über-Kreuz-Vermietung:

Wer seine Eigentumswohnung selber nutzt, muss einerseits keinen Mietwert versteuern, andererseits gesteht ihm der Gesetzgeber keinen Abzug der entstehenden Aufwendungen als Werbungskosten (§ 9 EStG) zu. Wenn die Aufwendungen den Mietwert übersteigen, ist dies steuerlich nachteilig. Solche Fälle sind insbesondere dann gegeben, wenn der Erwerb der Eigentumswohnung fremdfinanziert wurde (wie in den meisten Fällen) und die Fremdfinanzierungsquote hoch ist. 9

In Konsequenz vorstehender Steuerrechtslage ist die Idee entstanden, sogenannte »Über-Kreuz-Vermietungen« vorzunehmen. Der steuerliche Idealfall, der diesem Modell zugrunde liegt, sieht wie folgt aus: Zwei nahestehende Personen (A und B) sind Sondereigentümer jeweils einer Eigentumswohnung, die gleich gelegen sind, gleich groß und gleich aufgeteilt. Beide nutzen ihre Eigentumswohnung nicht selber. Vielmehr vermietet A an B und B an A. Im Ergebnis ist keiner Selbstnutzer sondern jeder Vermieter. Sowohl A als auch B müssen die vom jeweils anderen erhaltene Miete versteuern. Im Gegenzug können alle Aufwendungen, die ursächlich mit der jeweils vermieteten Eigentumswohnung im Zusammenhang stehen (z. B. Abschreibungen, Finanzierungskosten) Steuer mindernd als Werbungskosten geltend gemacht werden. Wenn die Aufwendungen die erzielte Miete übersteigen, »rechnet« sich das Modell. 10

Es »rechnet« sich allerdings nur auf den ersten Blick. Auf den zweiten Blick ist die Rechtsprechung des BFH zu beachten, wonach entsprechende Gestaltungen einen Missbrauch rechtlicher Gestaltungsmöglichkeiten (§ 42 AO) darstellen. Mit anderen Worten: Das zuständige Finanzamt behandelt den Sachverhalt so, als wenn die wechselseitige Vermietung nicht statt gefunden habe. Beide Vermieter werden wie Selbstnutzer behandelt (keine Versteuerung der erzielten Mieten, kein Werbungskostenabzug). 11

Jedenfalls dann, wenn planmäßig jeweils zwei in etwa gleichwertige Wohnungen von zwei Personen angeschafft bzw. von Miteigentümern in Wohnungseigentum umgewandelt werden, um sie sogleich wieder dem anderen zu vermieten, so dass sich die Vorgänge wirtschaftlich neutralisieren, liegt nach Ansicht der BFH ein Missbrauch vor (*BFH*, BStBl. II 1991, 904; 1994, 738). 12

Anderes kann z. B. gelten, wenn eine Mutter ihr Zweifamilienhaus in Wohnungseigentum umwandelt (aufteilt), die von ihr selbst genutzte Wohnung ihrem Sohn schenkt, der diese Wohnung sodann an die Mutter vermietet und die zweite Wohnung in ihrem Eigentum behält und sie – die zweite Wohnung – an den Sohn vermietet (*BFH* v. 12.9.1995, IX R 54, 93, BStBl. 1996 II, 158; s. a.: *FG München* v. 24.9.1996, 2 K 131/96, EFG 1997, 106). 13

Im Regelfall nimmt die Rechtsprechung in Über-Kreuz-Vermietungs-Fällen jedoch einen Missbrauch i. S. d. § 42 AO an. So im Fall des *BFH* v. 25.1.1994 (IX R 97, 98/90, BStBl. 1994 II S. 738). Zwei Ärzte waren an einer Bauherrengemeinschaft beteiligt, die ein Wohn- und Geschäftshaus errichtete. Ein Beteiligter erhielt das Sondereigentum an Räumen mit einer Nutzfläche von ca. 110 m². Ein anderer Beteiligter das Sondereigentum an Räumen mit einer Nutzfläche von ca. 140 m². Nach Fertigstellung des Hauses vermieteten die Beteiligten sich wechselseitig die ihnen gehörenden Räume und betrieben darin ihre Arztpraxen. Der IX. Senat (a. a. O.) sah darin einen Gestaltungsmissbrauch. 14

In einem Fall, in dem eine Wohnung den Eltern gehörte (199,60 m²) und eine andere deren Tochter (189,07 m²) vermieteten die Eltern ihre Wohnung an die Tochter für monatlich DM 1.190. Die Tochter vermietete ihre Wohnung an die Eltern für monatlich DM 1.010. Der BFH entschied, dass diese Über-Kreuz-Vermietung allein dadurch veranlasst war, dass anderenfalls kein Werbungskostenabzug möglich war und nahm einen Gestaltungsmissbrauch an (*BFH* v. 19.12.2001, X R 41/99, BFH/NV 2002 S. 1286). 15

In einem anderen Fall erhielt jemand von seiner Mutter im Wege vorweggenommener Erbfolge ein bebautes Grundstück, an dem zeitgleich zu Gunsten der Mutter ein Wohnungsrecht eingetragen wurde. Die Mutter verzichtete später auf das Wohnungsrecht. Der begünstigte Sohn verpflichtete sich, der Mutter an Stelle des Wohnungsrechts ab dem Zeitpunkt des Verzichts monatlich einen Betrag von DM 400 zu zahlen. Gleichzeitig schlossen der Sohn und die Mutter einen Mietvertrag, der eine monatliche Kaltmiete von DM 400 vorsah. Der BFH sah einen Gestaltungsmissbrauch als gegeben an (*BFH* v. 17.12.2003, IX R 56/03, BStBl. 2004 II S. 648). 16

Steuerrecht

17 Im Ergebnis bedeutet dies, dass Über-Kreuz-Vermietungen grundsätzlich anzuerkennen sind. Schließlich steht es allen Steuerzahlern frei, ihre Verhältnisse so zu gestalten, dass dies steuerlich günstig ist (*BFH* v. 12.7.1988, IX R 149/83, BStBl. II 1988 S. 942). Gleichwohl ist zu beachten, dass die Über-Kreuz-Vermietung wirtschaftlich sinnvoll sein sollte. Anderenfalls droht die Missbrauchsargumentation.

6. Überlassung von Wohnungseigentum an Angehörige

18 Wohnungseigentümer, die ihr Wohnungseigentum Dritten überlassen, haben steuerliche Gestaltungsmöglichkeiten. Insbesondere wenn die Dritten Angehörige sind. z. B. das studierende Kind oder die Eltern. Zu unterscheiden sind drei Fallvarianten:
- ☐ **Entgeltliche** Überlassung zu ortsüblichen Konditionen.
- ☐ **Unentgeltliche** Überlassung.
- ☐ **Teil(un)entgeltliche** Überlassung.

19 In allen drei Fällen ist zu fragen, welche Konsequenzen sich erstens **einkommensteuerrechtlich** und zweitens **eigenheimzulagenrechtlich** ergeben. Mögliche andere steuerliche Konsequenzen (z. B. schenkungssteuerlicher Art durch unentgeltliche Überlassung) bleiben im Folgenden unberücksichtigt.

a) Entgeltliche Überlassung zu ortsüblichen Konditionen:

20 Bei entgeltlicher Überlassung (Vermietung) zu ortsüblichen Konditionen gibt es keine Besonderheiten. Der Überlassende (Vermieter) hat die erhaltene Miete als Einkünfte aus Vermietung und Verpachtung (§ 21 EStG) zu versteuern. Anfallende Aufwendungen können als Werbungskosten (§ 9 EStG) gegen gerechnet werden.

21 Mangels Nutzung »zu eigenen Wohnzwecken« (§ 4 S. 1 EigZulG) steht dem Wohnungseigentümer keine Eigenheimzulage (s. o. Rn. 3) zu. Der Mieter ist nicht eigenheimzulagenberechtigt, weil es sich nicht um eine »eigene« Eigentumswohnung handelt (§ 2 S. 1 EigZulG).

b) Unentgeltliche Überlassung:

22 **Einkommensteuerlich** führt die unentgeltliche Überlassung einer Eigentumswohnung an einen Angehörigen dazu, dass der Überlassende keine zu versteuernden Einkünfte erzielt, auch keine Einkünfteerzielungsabsicht hat und ihm dementsprechend auch kein Werbungskostenabzug zusteht.

23 **Eigenheimzulagenrechtlich** (s. o. Rn. 3) gilt die unentgeltliche Überlassung an Angehörige als Selbstnutzung (§ 4 S. 2 EigZulG), führt somit zur Gewährung der Eigenheimzulage.

c) Teil(un)entgeltliche Überlassung:

24 Eine teil(un)entgeltliche Überlassung einer Eigentumswohnung an einen Angehörigen ist insbesondere unter **einkommensteuerlichen** Aspekten von Interesse. Wenn das Entgelt (die Miete) für die Überlassung einer Eigentumswohnung zu Wohnzwecken nämlich weniger als 56% (bis einschließlich 2003: 50%) der ortsüblichen Marktmiete beträgt, ist die Nutzungsüberlassung in einen entgeltlichen und einen unentgeltlichen Teil aufzuteilen (§ 21 Abs. 2 EStG). Die auf den entgeltlichen Teil entfallenden Einkünfte sind zu versteuern, die angefallenen Werbungskosten sind anteilig abzugsfähig. Übersteigt die gezahlte Miete 56% der ortsüblichen Marktmiete, liegt sie beispielsweise bei 60%, ist die Miete in der tatsächlich gezahlten Höhe zu versteuern (im Beispiel: 60% der ortsüblichen Marktmiete), die Werbungskosten hingegen sind zu 100 Prozent abzugsfähig.

25 **Eigenheimzulagenrechtlich** (s. o. Rn. 3) gilt insoweit, dass unentgeltlich nur eine Wohnungsüberlassung ist, für die keinerlei Entgelt gezahlt wird. Eine Gegenleistung – gleich welcher Art – ist förderungsschädlich (*BFH* v. 31.7.2001, IX R 9/99, BStBl. 2002 II S. 77). Das gilt selbst dann, wenn im Gegenzug zur »unentgeltlichen« Überlassung auf die Ausübung eines an einer anderen Wohnung bestehenden dinglich gesicherten Wohnrechts verzichtet wird (*Schleswig-Holsteinisches FG* v. 21.2.2003, 3 K 163/01).

26 Eigenheimzulagenrechtlich gilt somit »ganz unentgeltlich« oder »gar nicht unentgeltlich«. **Teilunentgeltlichkeit ist zulagenschädlich.**

27 Unentgeltlichkeit i. S. d. EigZulG liegt allerdings dann vor, wenn der Nutzende lediglich die verbrauchsabhängigen Kosten trägt (*FG Rheinland-Pfalz* v. 14.12.1998, NWB Nr. 17 v. 26.4.1999, Eilnachrichten, Fach 1, 129 = EFG 1999 S. 322).

Außerdem muss es sich um eine unentgeltliche Überlassung **durch den Eigentümer** der Wohnung handeln. Nicht ausreichend ist es, wenn der Nutzungsberechtigte seine Nutzungsberechtigung nicht vom Eigentümer ableitet sondern von jemandem, der das Eigentum auf den jetzigen Eigentümer übertragen hat unter Vorbehalt des Nutzungsrechts, wenn das Nutzungsrecht sodann unentgeltlich zur Ausübung überlassen wird (*BFH* v. 19.7.1999, BFH/NV 2000 S. 35).

d) Steuerliche Anerkennung von Mietverträgen zwischen Angehörigen:
Insbesondere in Fällen teil(un)entgeltlicher Überlassung zu mehr als 56% der ortsüblichen Marktmiete bieten sich einkommensteuerliche Gestaltungsmöglichkeiten. Einerseits sind nur minimale Einkünfte zu versteuern, andererseits wird der volle Werbungskostenabzug gewährt. Was liegt näher, als dem studierenden Sohn die gekaufte Eigentumswohnung verbilligt zu überlassen statt monatlichen Barunterhalt zu leisten?

Diese Gestaltungsmöglichkeiten sind natürlich auch der Finanzverwaltung bekannt. Konsequenterweise werden gerade Mietverträge zwischen Familienangehörigen mit Argusaugen betrachtet. Die Rechtsprechung des Bundesfinanzhofes (BFH) und der Finanzgerichte (FG) hat insoweit zur steuerlichen Anerkennung recht hohe Hürden errichtet. Die Faustformel lautet, dass (Miet-)Verträge zwischen Angehörigen nur dann steuerlich anerkannt werden,
- wenn sie **bürgerlich-rechtlich wirksam** abgeschlossen wurden (Zivilrechtliche Wirksamkeit)
- und die Gestaltung des Vereinbarten dem **zwischen Fremden Üblichen** entspricht (Fremdvergleich)
- und die Vereinbarungen auch **tatsächlich durchgeführt** werden (tatsächliche Durchführung).

Wer steuerlich **Angehöriger** ist, definiert § 15 AO. Danach ist/sind Angehörige(r)
- der Verlobte
- der Ehegatte
- Verwandte gerader Linie
- Verschwägerte gerader Linie
- Geschwister
- Kinder der Geschwister
- Ehegatten der Geschwister
- Geschwister der Ehegatten
- Geschwister der Eltern
- Pflegeeltern
- Pflegekinder

Die Finanzverwaltung bezieht auch Angehörige **nichtehelicher Lebensgemeinschaften** ein (R 21.4 EStR). Der BFH stimmte dem zu, indem er ein Mietverhältnis zwischen Partnern einer nichtehelichen Lebensgemeinschaft über eine gemeinsam bewohnte Wohnung nicht anerkannte (*BFH* v. 30.1.1996, BStBl. II S. 359).

aa) Zivilrechtliche Wirksamkeit
Die zivilrechtliche Wirksamkeit ist an Hand der Vorschriften des BGB und der ansonsten einschlägigen mietrechtlichen Vorschriften zu beurteilen.

Der zivilrechtlichen Unwirksamkeit eines Mietvertrages zwischen Angehörigen kommt nur indizielle Bedeutung zu (*BFH* v. 7.6.2006, IX R 4/04, BStBl. 2007 II S. 204). Die Finanzverwaltung wendet diese Entscheidung des *BFH* über den entschiedenen Einzelfall hinaus nicht an (*BMF* v. 2.4.2007, BStBl. 2007 I S. 441).

Beim Abschluss von Mietverträgen mit Minderjährigen ist die Bestellung und Mitwirkung eines Ergänzungspflegers zwingend erforderlich. Hat dieser nicht mitgewirkt, ist der Vertrag steuerrechtlich nicht anzuerkennen (*BFH* v. 13.5.1980, BStBl. 1991 II S. 297; *OFD Frankfurt* v. 29.9.2006, S. 2253 A – 46 – St 214, DB 2006 S. 2316). Die zivilrechtliche Heilung durch Bestellung eines Ergänzungspflegers entfaltet steuerlich erst ab dem Zeitpunkt Wirkung, in dem dieser das Rechtsgeschäft genehmigt hat (*BFH* v. 31.10.1989, BStBl. 1992 II S. 506; ebenso im Fall eines Darlehensvertrages *FG Baden-Württemberg* v. 19.9.2006, 4 K 177/02, EFG 2006 S. 1824, bestätigt durch *BFH* v. 22.2.2007, IX R 45/06).

Steuerrecht

bb) Fremdvergleich:

36 Der Fremdvergleich ist der Dreh- und Angelpunkt bei der Frage, ob Mietverträge zwischen Angehörigen steuerlich anerkannt werden. Abzustellen ist insoweit nicht auf die einzelnen vertraglichen Abreden, sondern auf deren Gesamtheit. Nicht jede Abweichung vom Üblichen schließt die steuerliche Anerkennung aus.

37 Zwingende Voraussetzung für die steuerliche Anerkennung ist, dass die Hauptpflichten der Mietvertragsparteien wie z. B.
- die Überlassung einer konkret bestimmten Eigentumswohnung
- und die Höhe der zu entrichtenden Miete

stets **klar und eindeutig vereinbart** (*FG München*, EFG 1998 S. 1127) und auch tatsächlich durchgeführt werden.

38 Das gilt auch für **nachträgliche Vertragsänderungen** (*BFH* IX R 38/97, BStBl. II 1998 S. 106; Schmidt-*Drenseck* EStG, 26. Aufl., § 21 Rn. 65).

39 Die frühere sehr auf den jeweiligen Einzelaspekt bezogene Rechtsprechung wurde durch den BFH aufgegeben (*BFH*, IX R 69/94, BStBl. II 1997 S. 196). Ausgehend von dem Grundsatz, dass es Angehörigen freisteht, ihre Rechtsverhältnisse untereinander so zu gestalten, dass sie steuerlich möglichst günstig sind, ist für die Beurteilung eines Angehörigenvertrages die **Gesamtheit der objektiven Gegebenheiten** zu beachten, so dass nicht jede Abweichung vom Üblichen notwendigerweise die steuerliche Anerkennung des Vertrages ausschließen muss. Die Finanzverwaltung folgt dem (DB 1997 S. 1644).

40 Die folgenden Fallgestaltungen wurden von der Rechtsprechung in Konsequenz der Rechtsprechungsänderung als fremdüblich anerkannt:
- **Unregelmäßige Mietzahlungen**, keine Abreden oder Ungenauigkeiten bei den Nebenkosten (*BFH* IX R 6/97, BFH/NV 2001 S. 305).
- Ungenauigkeiten bei der **Nebenkostenabrechnung**, wenn gleiche Mängel bei zwischen Fremden abgeschlossenen Verträgen auftraten (*BFH* IX R 68/99, BStBl. II 2002 S. 699).
- **Formverstöße** beim Abschluss des Mietvertrages (*BFH*, BStBl. II 1998 S. 108).
- **Barzahlungen ohne Quittung** führen für sich allein noch nicht zur Nichtanerkennung des Mietvertrages (*FG Düsseldorf*, EFG 1998 S. 1012; ebenso *FG Münster*, EFG 1999 S. 836; ebenso auch *OFG Frankfurt a. M.* v. 29.9.2006, DB 2006 S. 2316).
- Bei Mietverhältnissen zwischen Eltern mit einem unterhaltsberechtigten Kind ist die steuerliche Anerkennung nicht deshalb zu versagen, weil das Kind die **Miete aus dem Barunterhalt der Eltern** zahlt (*BFH* IX R 39/99, BStBl. II 2000 S. 224).
- Gleiches gilt, wenn die **Miete mit dem Barunterhalt verrechnet** wird (*BFH* IX R 30/98, BStBl. II 2000 S. 223). Die Finanzverwaltung wendet diese Rechtsprechung an (DB 2001 S. 2629).

41 Schon vor der Rechtsprechungsänderung wurden Mietverträge zwischen Eltern und Kindern anerkannt, wenn unterhaltsberechtigte Kinder die Miete aus eigenen Mitteln bezahlten und zwar selbst dann, wenn diese Mittel dem Kind zuvor **von den Eltern geschenkt** worden waren (*BFH* X R 131/93, BStBl. II 1994 S. 694; weitere Nachweise bei Schmidt-*Drenseck* EStG, 26. Aufl., § 21 Rn. 65).

42 Auch bei **Mischfinanzierungen durch die Kinder** – Bezahlung der Miete teils aus eigenen Mitteln, teils aus dem Barunterhalt – erkannte die Rechtsprechung dahingehende Mietverträge an (*BFH* IX R 35/99, BFH/NV 2003 S. 611).

43 Eine **nur geringe Nutzung** der Wohnung durch den mietenden Angehörigen steht der steuerlichen Anerkennung nicht entgegen (*FG Niedersachsen* EFG 1992 S. 195).

44 Der steuerlichen Anerkennung steht es auch nicht entgegen, wenn der mietende Familienangehörige das Grundstück zuvor gegen wiederkehrende Leistungen auf den vermietenden Familienangehörigen übertragen hat (*BFH* v. 10.12.2003, IX R 12/01, BStBl. 2004 II S. 643). Anders jedoch, wenn ein im Zusammenhang mit einer Grundstücksübertragung eingeräumtes unentgeltliches Wohnungsrecht gegen Vereinbarung einer dauernden Last aufgehoben und gleichzeitig ein Mietverhältnis mit einem Mietzins in Höhe der dauernden Last vereinbart wird (*BFH* v. 17.12.2003, IX R 56/03, BStBl. 2004 II S. 648).

Probleme mit der steuerlichen Anerkennung gibt es allerdings bei sogenannten »**wechselseitigen** 45
Mietverhältnissen« (sog. »Über-Kreuz-Vermietung«). Der theoretische »Idealfall«: A und B sind jeweils Eigentümer einer Eigentumswohnung in einer Wohnungseigentumsanlage. Beide Wohnungen sind gleich groß. A vermietet seine Wohnung an B und B vermietet seine Wohnung an A. A und B können beide die steuerlichen Vorteile der Fremdnutzung (Werbungskostenabzug bei hohem Fremdfinanzierungsanteil) nutzen. Die Finanzverwaltung versagt derartigen »Modellen« unter Hinweis auf § 42 der Abgabenordnung (AO – »Missbrauch rechtlicher Gestaltungsmöglichkeiten«) die Anerkennung (s. o. Rn. 9 ff.). Außerdem ist in solchen Fällen die mangels Eigennutzung entfallende Eigenheimzulage gegen zu rechnen.

Kein Missbrauch rechtlicher Gestaltungsmöglichkeiten ist gegeben, wenn ein Kind seinen Eltern 46
eine Wohnung vermietet, obwohl es selbst unentgeltlich in einem Haus der Eltern wohnt (*BFH* IX R 5/00, BStBl. II 2003 S. 509).

Auch eine wechselseitige Vermietung nach vorheriger Übertragung von Wohnungseigentum 47
durch die Eltern auf das Kind muss nicht rechtsmissbräuchlich sein (*BFH* IX R 54/93, BStBl. II 1996, S. 158).

Die teilweise Vermietung einer gemeinsam genutzten Eigentumswohnung an Ehegatten oder Le- 48
bensgefährten wird jedoch nicht anerkannt (BFH/NV 1999 S. 1078 im Fall gemeinsam genutzter Teile eines Einfamilienhauses). Die Literatur stimmt dem zu (Schmidt-*Drenseck* EStG, 26. Aufl., § 21 Rn. 65).

Die Anerkennung des Mietvertrages ist jedoch ausgeschlossen, wenn entweder die Miete gar 49
nicht gezahlt wird oder aber die Mietzahlungen entgegen den Vereinbarungen im Mietvertrag nicht monatlich, sondern jährlich bzw. in einem Gesamtbetrag für mehrere Jahre erfolgen (*BFH* v. 19.6.1991, BStBl. 1992 II S. 75).

Auch die Vermietung von Wohnräumen im Hause der Eltern, die keine abgeschlossene Wohnung 50
bilden, an volljährige unterhaltsberechtigte Kinder wird nicht anerkannt (*BFH* v. 16.1.2003, BStBl. 2003 II S. 301).

cc) Tatsächliche Durchführung

Die tatsächliche Durchführung der vertraglichen Vereinbarungen wird in der finanzamtlichen 51
Praxis überprüft. Daher sollten Barzahlungen belegbar sein (trotz *FG Düsseldorf* und *FG Münster*, s. o. Rn. 40) und Kontoauszüge aufbewahrt werden.

7. Arbeitszimmer-Problematik

Auch wer sein Wohnungseigentum selber zu eigenen Wohnzwecken nutzt, kann eventuell einen 52
Teil der durch das Wohnungseigentum entstehenden Kosten (anteilige Finanzierungskosten, anteilige Abschreibung, anteilige Unterhaltungskosten – Strom, Heizung, Gas) Steuer mindernd geltend machen. Allerdings nicht als Werbungskosten bei den Einkünften aus Vermietung und Verpachtung sondern bei einer anderen Einkunftsart – meist den Einkünften aus nicht selbständiger Tätigkeit. Voraussetzung ist, dass ein Teil der Wohnung nicht zu Wohnzwecken sondern zu beruflichen Zwecken genutzt wird. Als sog. Arbeitszimmer.

Um dahingehende »Gestaltungsmöglichkeiten« zu vermeiden (Oftmals wurde das Gästezimmer 53
als Arbeitszimmer deklariert.) bestimmt das EStG seit 1996 (bis einschließlich 2006) in § 4 Abs. 5 Nr. 6 b S. 1, dass Aufwendungen für ein häusliches Arbeitszimmer sowie die Kosten der Ausstattung desselben grundsätzlich überhaupt nicht abgezogen werden dürfen. Das Abzugsverbot gilt gem. § 4 Abs. 5 Nr. 6 b S. 2 EStG nicht, wenn die betriebliche oder berufliche Nutzung des Arbeitszimmers mehr als 50% der gesamten betrieblichen und beruflichen Tätigkeit beträgt oder wenn für die betriebliche oder berufliche Tätigkeit kein anderer Arbeitsplatz zur Verfügung steht. In diesen Fällen wird die Höhe der abziehbaren Aufwendungen auf 1.250,00 € begrenzt. Die Beschränkung der Höhe nach gilt allerdings nicht, wenn das Arbeitszimmer den Mittelpunkt der gesamten betrieblichen und beruflichen Betätigung bildet (§ 4 Abs. 5 Nr. 6 b S. 3 EStG).

Steuerrecht

a) Fallgruppen

54 Danach ergeben sich (für Veranlagungszeiträume bis einschließlich 2006) vier Fallgruppen:
- Das Arbeitszimmer bildet den Mittelpunkt der gesamten betrieblichen und beruflichen Tätigkeit: Sämtliche Kosten sind zu 100% abzugsfähig.
- Das Arbeitszimmer bildet nicht den Mittelpunkt der gesamten betrieblichen und beruflichen Tätigkeit, die betriebliche oder berufliche Nutzung macht aber mehr als 50% der gesamten Tätigkeit aus: Die angefallenen Kosten sind abzugsfähig bis zu 1.250,00 Euro.
- Das Arbeitszimmer bildet nicht den Mittelpunkt der gesamten betrieblichen und beruflichen Tätigkeit, die betriebliche oder berufliche Nutzung macht auch nicht mehr als 50% der gesamten Tätigkeit aus, aber es steht kein anderer Arbeitsplatz zur Verfügung: Die angefallenen Kosten sind abzugsfähig bis zu 1.250,00 Euro.
- Das Arbeitszimmer bildet nicht den Mittelpunkt der gesamten betrieblichen und beruflichen Tätigkeit, die betriebliche oder berufliche Nutzung macht auch nicht mehr als 50% der gesamten Tätigkeit aus und es steht ein anderer Arbeitsplatz zur Verfügung: Es greift das Abzugsverbot des § 4 Abs. 5 Nr. 6 b S. 1 EStG.

55 Seit dem 1.1.2007 gilt § 4 Abs. 5 Nr. 6 b EStG in der folgenden Fassung: Nicht abziehbar sind »Aufwendungen für ein häusliches Arbeitszimmer sowie die Kosten der Ausstattung. Dies gilt nicht, wenn das Arbeitszimmer den Mittelpunkt der gesamten betrieblichen und beruflichen Betätigung bildet«. Im Ergebnis bedeutet dies, dass von den bis einschließlich 2006 gegebenen Fallgruppen die letzten drei gestrichen worden sind. Nur noch dann, wenn das Arbeitszimmer den Mittelpunkt der gesamten betrieblichen und beruflichen Tätigkeit bildet, sind die Aufwendungen (inklusive Einrichtungskosten) abzugsfähig. Dann jedoch ohne jede Beschränkung.

56 Voraussetzung dafür, dass entweder das völlige Abzugsverbot oder die Abzugsbeschränkung auf 1.250,00 € greifen ist, dass es sich überhaupt um ein Arbeitszimmer i. S. d. § 4 Abs. 5 Nr. 6 b EStG handelt. Das ist dann der Fall, wenn es sich um einen beruflich oder betrieblich genutzten Raum handelt, der nach Lage, Funktion und Ausstattung vorwiegend der büromäßigen Erledigung gedanklicher, schriftlicher oder verwaltungstechnischer bzw. -organisatorischer Arbeiten dient (Umfangreiche Rechtsprechungsnachweise bei Schmidt-*Heinicke* EStG, 26. Aufl., § 4 Rn. 591). Dem Gesetzgeber schwebte der »typische« häusliche Arbeitsraum vor, ausgestattet mit einem Schreibtisch und Möbeln zur Aufbewahrung von Akten, eventuell einer EDV und einem Telefon.

b) Betriebsstätte

57 Kein Arbeitszimmer und somit weder vom völligen Abzugsverbot noch von der Abzugsbeschränkung betroffen ist eine **Betriebsstätte** (vgl. § 12 AO). Beispielsweise Kanzleien von Rechtsanwälten oder Steuerberatern in einem Raum der Eigentumswohnung, nebenberuflich betriebene Versicherungsagenturen oder die Wirkstätten freiberuflich tätiger Journalisten, EDV-Beratern, Rentenberatern, Unternehmensberatern oder sonstigen Angehörigen der beratenden Berufe.

58 Eine exakte Abgrenzung zwischen dem Arbeitszimmer einerseits und der Betriebsstätte andererseits gibt es nicht. Die Rechtsprechung zieht als Abgrenzungskriterien heran die maschinelle Ausstattung, die Beschäftigung von Angestellten, die Größe des Raumes, den eventuell vorhandenen Publikumsverkehr, Hinweise am Gebäude, aus denen sich ergibt, dass in der fraglichen Eigentumswohnung nicht nur gewohnt wird. Die Rechtsprechung hierzu ist seit 1996 uferlos angewachsen. Den aktuellen Stand der Rechtsprechung hat der BMF mit Schreiben v. 7.1.2004 (BStBl. I 2004 S. 143) geändert/ergänzt durch Schreiben v. 14.9.2004 (BStBl. I 2004 S. 861) zusammengefasst. Die vorstehend genannten BMF-Schreiben betreffen die Rechtslage für Veranlagungszeiträume bis einschließlich 2006.

59 Die Rechtslage für Veranlagungszeiträume ab einschließlich 2007 hat der *BMF* mit Schreiben v. 3.4.2007 zusammen gefasst (IV B 2 – S 2145/07/0002). Danach liegt kein Arbeitszimmer sondern eine Betriebsstätte vor, wenn eine Arztpraxis, Steuerberaterpraxis, Rechtsanwaltspraxis an ein Einfamilienhaus angrenzt oder sich im selben Gebäude wie die Privatwohnung befindet, wenn diese Praxisräumlichkeiten für einen intensiven und dauerhaften Publikumsverkehr geöffnet und (z. B. bei häuslichen Arztpraxen) für Patientenbesuche und Patientenuntersuchungen einge-

richtet sind (*BFH* v. 5.12.2002 IV R 7/01 BStBl. 2003 II, S. 463). Gleiches gilt, wenn sich in einem Geschäftshaus neben der Wohnung eines Bäckermeisters die Backstube, der Verkaufsraum, ein Aufenthaltsraum für das Verkaufspersonal und das Büro, in dem die Buchhaltungsarbeiten durchgeführt werden, befinden. Das Büro ist in diesem Fall auf Grund der Nähe zu den übrigen Betriebsräumen nicht als häusliches Arbeitszimmer zu werten (*BMF* a. a. O.).

Auch wenn im Keller ein Arbeitsraum belegen ist, der – anders als z. B. ein Archiv – keine Funktionen erfüllt, die typischerweise einem häuslichen Arbeitszimmer zukommen, z. B. ein Lager für Waren und Werbematerialien (*BMF* a. a. O.), handelt es sich um eine Betriebsstätte und nicht um ein Arbeitszimmer. **60**

Wenn ein Raum jedoch zugleich als Büroarbeitsplatz und als Warenlager betrieblich genutzt wird (im Fall eines Handelsvertreters für Werbeartikel), so gelten die Einschränkungen für häusliche Arbeitszimmer, wenn der Raum nach dem Gesamtbild der Verhältnisse, vor allem auf Grund seiner Ausstattung und Funktion ein typisches häusliches Büro ist und die Funktion des Raumes als Lager dahinter zurück tritt (*BFH* v. 22.11.2006, X R 1/05, BStBl. 2007 II S. 304). **61**

c) Häuslichkeit

Das Abzugsverbot/die Abzugsbeschränkung greift nur, wenn es sich um ein **häusliches** Arbeitszimmer handelt. Es muss sich um ein Zimmer in der eigenen (oder gemieteten) Wohnung handeln. Es ist eine Abgrenzung vorzunehmen von Räumen außerhalb der eigenen Wohnung. Eine mittelbare räumliche Verbindung mit der selbstgenutzten Wohnung reicht der Rechtsprechung aus, um die Häuslichkeit zu bejahen. Vgl. *BFH* BStBl. II 2004 S. 75 zur Wohnungsanmietung im selben Gebäude und *BFH* BStBl. II 2003 S. 515 zur Kelleranmietung im selben Gebäude. S. a. *FG Düsseldorf* EFG 2001 S. 1492 (in sich abgeschlossene Einliegerwohnung) und *BFH* BStBl. II 2004 S. 69 (Nachbareigentumswohnung). **62**

d) Mittelpunkt der gesamten Tätigkeit

Das Arbeitszimmer ist jedenfalls dann der Mittelpunkt der gesamten Tätigkeit, wenn nur eine einzige Tätigkeit ausgeübt wird – und zwar vom Arbeitszimmer aus. Beispielsweise bei selbständigen Versicherungskaufleuten, die »von zu hause aus« arbeiten. Ebenfalls erfasst werden Heimarbeitsfälle und neuerdings diverse Ausgestaltungen der Teledienstleistung. Aber auch z. B. Personen, die den betreffenden Raum ausschließlich zur Verwaltung eigener oder fremder Immobilien nutzen (z. B. Wohnungseigentumsverwalter ohne gesondertes Büro). **63**

Der Tätigkeitsmittelpunkt i. S. d. § 4 Abs. 5 S. 1 Nr. 6 b S. 2 EStG bestimmt sich nach dem inhaltlichen (qualitativen) Schwerpunkt der betrieblichen und beruflichen Betätigung des jeweiligen Steuerzahlers. Dem zeitlichen (quantitativen) Umfang der Nutzung des häuslichen Arbeitszimmers kommt im Rahmen dieser Würdigung lediglich eine indizielle Bedeutung zu. Das zeitliche Überwiegen einer außerhäuslichen Tätigkeit schließt einen unbeschränkten Abzug der Aufwendungen für das häusliche Arbeitszimmer nicht von vorne herein aus (*BFH* v. 13.12.2002 VI R 82/01, BStBl. 2004 II S. 62). **64**

Werden mehrere Tätigkeiten/Berufe ausgeübt, ist jede Tätigkeit für sich gesondert zu betrachten (*BFH*, BStBl. II 2000 S. 162 m. w. N., ebenso Schmidt-*Heinicke* EStG, 26. Aufl., § 4 Rn. 592). **65**

e) 50% der gesamten Tätigkeit

Die Frage, ob mehr als 50% der gesamten Tätigkeit im Arbeitszimmer verrichtet werden (relevant für Veranlagungszeiträume bis einschließlich 2006), ist arbeitszeitbezogen zu beantworten. Nicht maßgebend ist die Höhe der erzielten Einnahmen o. ä. **66**

Zur Beantwortung der Frage sind alle einkunftsrelevanten Tätigkeiten zusammen zu fassen. Ob die 50%-Grenze überschritten ist, ist vom Steuerzahler darzulegen. Ihn trifft die Feststellungslast (*BFH* BStBl. II 1976 S. 562). Im Zweifel ist ein Arbeitszeitbuch zu führen. Abzustellen ist auf einen arbeitszeitbezogenen Jahresdurchschnittswert (Schmidt-*Heinicke* EStG, 26. Aufl., § 4 Rn. 593). **67**

Steuerrecht

f) Kein anderer Arbeitsplatz

68 Ein anderer Arbeitsplatz (relevant für Veranlagungszeiträume bis einschließlich 2006) steht i. d. R. dann nicht zur Verfügung, wenn nur eine einzige Tätigkeit ausschließlich im Arbeitszimmer ausgeübt wird (s. o. d). In den meisten entschiedenen Fällen stand ein anderer Arbeitsplatz zur Verfügung, z. B. bei Unternehmern der Betrieb, bei Freiberuflern die Kanzlei / Praxis, bei Richtern das Gericht, bei Professoren die Universität und bei Lehrern die Schule. Letzteres ist streitig. Umfangreiche Rechtsprechungsnachweise bei Schmidt-*Heinicke* EStG, 26. Aufl., § 4 Rn. 592 und BMF, BStBl. I 2004, 143, Rn. 11.

g) Abziehbare Aufwendungen

69 Wenn und soweit die steuerliche Berücksichtigung zulässig ist, sind sowohl die anteiligen Gebäudekosten samt Nebenkosten abzugsfähig als auch die Kosten der Ausstattung des Arbeitszimmers. Zu unterscheiden sind nicht unmittelbar arbeitsfördernde Einrichtungsgegenstände (z. B. Teppiche) von Arbeitsmitteln (z. B. Stifte, Papier, Schreibtisch, Schreibtischstuhl, Bücherregale, Computer, Kopierer etc.). Erstere fallen unter die Abzugsbeschränkung, letztere nicht. Sie können ohne betragsmäßige Obergrenze als Werbungskosten bei (z. B.) den Einkünften aus nicht selbständiger Tätigkeit Steuer mindernd geltend gemacht werden.

8. Ferienwohnungen

70 Etliche Eigentumswohnungen werden als Ferienwohnungen vermietet. In der Konsequenz sind
- die Einnahmen aus der Vermietung als Einkünfte aus Vermietung und Verpachtung zu versteuern (§ 21 EStG). Falls es sich um gewerbliche Vermietung handelt greift § 15 EStG.
- die auf die vermietete Eigentumswohnung entfallenden Aufwendungen als Werbungskosten (§ 9 EStG) Steuer mindernd geltend zu machen. Im Fall gewerblicher Vermietung handelt es sich um Betriebsausgaben (§ 4 Abs. 4 EStG).

71 Voraussetzung für den Regelfall – private Vermietung, nicht gewerblich – ist die sog. »Einkunftserzielungsabsicht« (*BFH* v. 25.6.1984 GrS 4 / 82, BStBl. II 1984 S. 751 = DB 1984 S. 2383). Fehlt diese, sind anfallende Aufwendungen nicht als Werbungskosten steuerlich geltend zu machen.

72 Mit Schreiben des Bundesministers der Finanzen (BMF) v. 8.10.2004 (IV C 3 – S 2253 – 91 / 04, DB 2004 S. 2237 ff.) ist insoweit die aktuelle Rechtsprechung des BFH zusammengefasst worden.

73 Danach sind drei verschiedene Fallgruppen zu unterscheiden:
- die Ferienwohnung wird nur zu Vermietungszwecken genutzt,
- die Ferienwohnung wird zeitweise vermietet und zeitweise selbst genutzt,
- die Ferienwohnung steht zeitweise leer.

a) Fälle der ausschließlichen Vermietung:

74 Bei einer
- ausschließlich an wechselnde Feriengäste vermieteten Wohnung
- die in Leerstandszeiten für Feriengäste frei gehalten wird

ist nach Ansicht der Finanzverwaltung ohne weitere Prüfung von der Einkunftserzielungsabsicht auszugehen. Das gilt unabhängig davon, ob der vermietende Wohnungseigentümer die Ferienwohnung
- in Eigenregie
- oder durch Einschaltung eines Verwalters

vermietet (*BFH* v. 21.11.2000, IX R 37 / 98, BStBl. II 2001 S. 705 und v. 5.11.2002, IX R 18 / 02, DB 2003 S. 478 f.). Das gilt auch bei einer nur geringen Zahl von Vermietungstagen, da diese allein noch nichts über das Fehlen einer auf Dauer angelegten Vermietung aussagen (*BFH* v. 5.11.2002, IX R 18 / 02, DB 2003, 478 f.).

75 Auch hohe Werbungskostenüberschüsse stehen einer »Einkünfteerzielungsabsicht« nicht entgegen, wenn eine Ferienwohnung ausschließlich an wechselnde Feriengäste vermietet wird und in der übrigen Zeit zur Vermietung bereit gehalten wird (*BFH* v. 15.2.2005, IX R 53 / 03; *BFH* v. 24.8.2006, IX R 15 / 06, NWB Nr. 7 v. 12.2.2007, Eilnachrichten Fach 1, 54).

Steuerrecht

Für die Vermietungsabsicht obliegt dem vermietenden Wohnungseigentümer die Feststellungslast (*BFH* v. 9.7.2003, IX R 102/00, BStBl. 2003 II S. 940). Von der Vermietungsabsicht kann ausgegangen werden, wenn einer der folgenden Umstände glaubhaft gemacht wird: **76**
- ☐ Die Entscheidung über die Vermietung der Ferienwohnung obliegt nicht dem Wohnungseigentümer sondern einem Dritten, z. B. einem Reiseveranstalter oder einer Kurverwaltung und zusätzlich ist darüber hinaus eine Eigennutzung durch den Wohnungseigentümer vertraglich für das gesamte betreffende Jahr ausgeschlossen (BMF v. 8.10.2004, a.a.O., Tz. 17, 1. Anstrich).
- ☐ Die Ferienwohnung befindet sich in einem Zwei- oder Mehrfamilienhaus, das zum Teil vom Wohnungseigentümer selbst genutzt wird. Gleiches gilt, wenn sich die Ferienwohnung in unmittelbarer räumlicher Nähe zu einer selbstgenutzten Wohnung des Wohnungseigentümers befindet. Voraussetzung ist allerdings, dass die selbstgenutzte Wohnung des Wohnungseigentümers nach Größe und Ausstattung dessen Wohnbedürfnissen entspricht. Als Indiz dafür wertet die Finanzverwaltung, dass die selbst genutzte Wohnung des vermietenden Wohnungseigentümers die Möglichkeit zur Unterbringung von Gästen bietet (BMF v. 8.10.2004, a.a.O., Tz. 17, 2. Anstrich).
- ☐ Der vermietende Wohnungseigentümer hat an dem selben Ort, an dem sich die vermietete Ferienwohnung befindet, mehr als eine Ferienwohnung und nutzt eine der mehreren Ferienwohnungen für sich selber. Davon kann nach Ansicht des BMF (v. 8.10.2004, a.a.O., Tz. 17, 3. Anstrich) ausgegangen werden, wenn eine der Wohnungen nach Ausstattung und Größe auf die besonderen Verhältnisse des betreffenden Wohnungseigentümers zugeschnitten ist.
- ☐ Die Dauer der Vermietung der Ferienwohnung entspricht zumindest dem Durchschnitt der Vermietungen in der am Ferienort üblichen Saison (BMF v. 8.10.2004, a.a.O., Tz. 17, 4. Anstrich).

Liegen die vorgenannten Voraussetzungen nicht vor, kann nicht automatisch von einer Einkünfteerzielungsabsicht ausgegangen werden. Dann muss der jeweilige Wohnungseigentümer das »Fehlen der Selbstnutzung schlüssig darlegen« und ggf. nachweisen (BMF v. 8.10.2004, a.a.O., Tz. 18). Unterschreiten die Vermietungstage den Durchschnitt der Vermietungen am Ferienort, muss der Wohnungseigentümer die Absicht einer auf Dauer angelegten Vermietungstätigkeit durch entsprechend gesteigerte Werbemaßnahmen – z. B. durch nachgewiesene Zeitungsanzeigen – belegen. Allerdings nur, wenn die Unterschreitung erheblich ist. Erheblichkeit liegt vor, wenn vom ortsüblichen Durchschnitt der Anzahl der Vermietungstage um mindestens 25% nach unten abgewichen wird (*BFH* v. 26.10.2004, IX R 57/02, BStBl. 2005 II S. 388; *BFH* v. 24.8.2006, IX R 15/06). **77**

Zu den Selbstnutzungszeiträumen sind kurzfristige Aufenthalte des Wohnungseigentümers in der Ferienwohnung zu **78**
- ☐ Wartungsarbeiten
- ☐ Schlüsselübergabe an Feriengäste
- ☐ Reinigung bei Mieterwechsel
- ☐ allgemeiner Kontrolle
- ☐ Beseitigung von durch Mieter verursachten Schäden
- ☐ Durchführung von Schönheitsreparaturen
- ☐ Teilnahme an Eigentümerversammlungen

nicht zu rechnen. Mit anderen Worten: Eine kurzfristige Selbstnutzung zur Durchführung der vorgenannten Arbeiten negiert nicht die Einkünfteerzielungsabsicht.

Wird ein Wohnungseigentümer bei der Durchführung der vorgenannten Arbeiten jedoch von Familienmitgliedern begleitet oder dauert der Aufenthalt zur Durchführung der vorgenannten Arbeiten mehr als einen Tag, verlangt die Finanzverwaltung die Darlegung der dafür (Begleitung durch Familienmitglied/Dauer mehr als einen Tag) maßgebenden Gründe (BMF v. 8.10.2004, a.a.O., Tz. 19). Es ist schlüssig darzulegen, dass der ggf. mehrtägige Aufenthalt während der normalen Arbeitszeit vollständig mit Arbeiten für die Wohnung ausgefüllt war (*BFH* v. 25.11.1993, IV R 37/93, BStBl. II 1994 S. 350). Das gilt insbesondere dann, wenn es sich um mehrtägige Aufenthalte während der am Ferienort üblichen Saison handelt. **79**

Steuerrecht

80 Im Ergebnis bleibt betroffenen Wohnungseigentümern nichts anderes übrig, als Tagebuch zu führen (ein »Fahrtenbuch« für die Eigentums-/Ferienwohnung) um zu dokumentieren, dass der Aufenthalt in der Ferienwohnung tatsächlich der Renovierung, Reinigung etc. diente. Hilfreich ist es, wenn Belege vorhanden sind, die den Einkauf von Reinigungsmitteln oder Baumarktartikeln kurz vor oder während des fraglichen Zeitraums dokumentieren.

b) Fälle der zeitweiligen Selbstnutzung

81 Wird eine Ferienwohnung durch den Wohnungseigentümer zeitweise vermietet und zeitweise selber genutzt, ist diese Misch-Nutzung ein Beweisanzeichen für eine auch private, nicht mit der Einkunftserzielung zusammenhängende Veranlassung der Aufwendungen. Der Finanzverwaltung geben solche Fälle Anlass, die Einkunfteerzielungsabsicht zu prüfen.

82 Der (zeitweise) vermietende Wohnungseigentümer muss im Rahmen der ihm obliegenden Feststellungslast für die Anerkennung der Einkünfteerzielungsabsicht objektive Umstände vortragen, auf Grund derer im Beurteilungszeitraum ein Überschuss der Einnahmen über die Werbungskosten zu erwarten ist.

83 Der Beurteilungszeitraum beträgt **30 Jahre** (*BFH* v. 5.11.2002, IX R 18/02, DB 2003 S. 468 f; BMF v. 8.10.2004, a. a. O., Tz. 33 ff.). Für diesen Zeitraum ist eine Überschussprognose zu erstellen, die zu einem »Totalüberschuss« führen muss, um den begehrten Werbungskostenabzug zu erlangen.

84 Bei **befristeter Vermietung** ist auf den Zeitraum der Befristung abzustellen, nicht auf 30 Jahre (BMF v. 8.10.2004, a. a. O., Tz. 36). Bei zeitweiser Vermietung und zeitweiser Selbstnutzung sind nur die Vermietungszeiträume in die Prognose einzubeziehen (BMF v. 8.10.2004, a. a. O., Tz. 39). Aufwendungen, die sowohl Zeiträume der Fremdnutzung als auch Zeiträume der Selbstnutzung betreffen (z. B. Fremdfinanzierungskosten) sind aufzuteilen (BMF v. 8.10.2004, a. a. O., Tz. 40).

85 Die Prognose ist vom Steuerzahler zu erstellen, nicht vom Finanzamt (BMF v. 8.10.2004, a. a. O., Tz. 33).

86 In die Prognose einzubeziehen sind
- ☐ die im Prognosezeitraum voraussichtlich erzielbaren **Einnahmen**
- ☐ und die im Prognosezeitraum voraussichtlich anfallenden **Werbungskosten**.

87 Auf der **Einnahmenseite** ist eine eventuelle Investitionszulage mit einzubeziehen (BMF v. 8.10.2004 a. a. O., Tz. 35).

88 Auf der **Ausgabenseite** ist auch die Abschreibung zu erfassen. Dabei ist von einer Abschreibung nach § 7 Abs. 4 EStG (jährlich zwei Prozent der Anschaffungs- oder Herstellungskosten) auszugehen, gleichgültig, welche Abschreibungsmethode tatsächlich später gewählt wird. Sonderabschreibungen, erhöhte Absetzungen und die degressive AfA gem. § 7 Abs. 5 EStG a. F. sind regelmäßig nicht anzusetzen (BMF v. 8.10.2004, a. a. O., Tz. 34 nach Beispiel 2, erster Anstrich). § 82 b EStDV ist nicht anwendbar (*BFH* v. 4.9.2000, IX R 75/99 (NV)), § 10 e EStG ebenfalls nicht (*BFH* v. 28.11.2001, X R 27/01, BStBl. 2002 II S. 145).

89 Gezahlte Zweitwohnungssteuern sind als Werbungskosten zu erfassen (*BFH* v. 15.10.2002, IX R 58/01, DB 2003 S. 315 f. = BStBl. 2003 II S. 287).

90 Im Zweifel sind die voraussichtlichen Einnahmen und die voraussichtlichen Ausgaben zu **schätzen**. Insoweit können die Werte der letzten fünf vorausgegangenen Jahre hoch gerechnet werden (BMF v. 8.10.2004 a. a. O., Tz. 34, nach Beispiel 2, zweiter Anstrich).

91 Wegen der Unsicherheiten, die einem Prognosezeitraum von 30 Jahren anhaften, erhöht die Finanzverwaltung zugunsten der Steuerzahler die geschätzten Einnahmen um zehn Prozent und kürzt die geschätzten Werbungskosten um zehn Prozent (*BMF* v. 8.10.2004, nach Beispiel 2, 4. Anstrich).

c) Steuerliche Behandlung von Leerstandszeiten:

92 Ein gegen die Einkunftserzielungsabsicht sprechendes Beweisanzeichen liegt nach Ansicht der Finanzverwaltung (BMF v. 8.10.2004, a. a. O., Tz. 24 ff.) dann vor, wenn sich ein Wohnungseigentümer bei Erwerb des Wohnungseigentums noch nicht entschieden hat, ob er dieses veräußern, selbst nutzen oder dauerhaft vermieten will.

Wenn z. B. bei mehrjähriger Renovierung Bemühungen zur Fertigstellung der Baumaßnahmen 93
nicht erkennbar sind (oft in Fällen der in Eigenarbeit durchgeführten Renovierung), kann dies
nach Ansicht der Finanzverwaltung ein Beweisanzeichen für einen fehlenden Entschluss zur
dauerhaften Vermietung sein.

Eine Einkunftserzielungsabsicht kann auch schon vor Abschluss eines Mietvertrages über eine 94
leerstehende Wohnung vorliegen (BMF v. 8.10.2004, a. a. O., Tz. 25). Dementsprechend können bereits vor der Erzielung von Einnahmen entstandene Aufwendungen als **vorab entstandene Werbungskosten** Steuer mindernd geltend gemacht werden. Voraussetzung ist, dass an Hand objektiver Umstände festgestellt werden kann, dass der Wohnungseigentümer den Entschluss zur dauerhaften Vermietung endgültig gefasst hat. z. B. durch entsprechenden Schriftwechsel mit dem Bauträger oder durch Anfragen bei der Kurverwaltung etc. Die Feststellungslast trifft den Steuerzahler (*BFH* v. 9.7.2003, IX R 102 / 00, BStBl. 2003 II S. 940).

II. Fremdgenutztes Wohnungseigentum

Wer Eigentumswohnungen fremd nutzen lässt -vermietet – kann von den zu versteuernden Einnahmen Steuer mindernd die auf die Wohnung entfallenden Aufwendungen als Werbungskosten bei den Einkünften aus Vermietung und Verpachtung (§§ 9, 21 EStG) geltend machen. 95

1. Einnahmen

»Einnahmen sind alle Güter, die in Geld oder Geldeswert bestehen und dem Steuerpflichtigen im 96
Rahmen einer der Einkunftsarten des § 2 Abs. 1 S. 1 Nr. 4 bis 7 zufließen« (§ 8 Abs. 1 EStG).
Dazu gehören 97
- **Abstandszahlungen** eines Mieters für die vorzeitige Entlassung aus dem Mietverhältnis (*FG Münster*, DStR 2003 S. 212)
- **Baukostenzuschüsse** durch Mieter, gleichgültig, ob es sich um Geld-, Sach- oder Arbeitsleistungen handelt (*BFH* VI R 308 / 61, BStBl. III 1963 S. 120). Die Zuschüsse können auf Antrag auf die voraussichtliche Dauer des Mietverhältnisses, maximal auf zehn Jahre verteilt werden um steuerliche Härten beim vermietenden Wohnungseigentümer zu vermeiden (R 21.5 Abs. 1 EStR)
- **Erbbaurecht/Dauerwohnrecht/Dauernutzungsrecht (§§ 31 ff. WEG):** Laufende Nutzungsentgelte sind als Einnahmen zu erfassen, auch wenn sie in großen Beträgen oder in einer Summe gezahlt werden (*BFH* BStBl. II 1969 S. 724). Seit dem 1.1.2005 insoweit § 11 Abs. 2 S. 3 EStG (Verteilung bei Zahlungen für Nutzungsüberlassungen von mehr als fünf Jahren)
- **Kautionen** sind steuerrechtlich dem Mieter zuzurechnen, somit keine Einnahme
- **Mietausfallversicherung:** Einnahmen aus Mietausfallversicherungen sind Einnahmen aus Vermietung und Verpachtung. s. a. *BFH* BStBl. II 1982 S. 591 zu einer Betriebsunterbrechungsversicherung
- **Mieteraufwendungen/Mietereinbauten:** Instandhaltungsaufwendungen des Mieters einer Eigentumswohnung sind dann Einnahmen des Vermieters aus Vermietung und Verpachtung, wenn der Mieter bei Vertragsende noch vorhandene Verbesserungen unentgeltlich dem Vermieter überlassen muss
- **Nebenkosten:** Entgelte für Nebenleistungen des vermietenden Wohnungseigentümers (Wärmegestellung, Reinigung) sind Einnahmen des Vermieters aus Vermietung und Verpachtung
- **Nießbrauch:** Entgelte für die Einräumung eines Nießbrauchs (*BFH* BStBl. II 1979 S. 332)
- **Sachleistungen** an Stelle von Barmiete
- **Schadenersatz** für die Beschädigung oder Zerstörung der Mietsache durch den Mieter oder einen Dritten ist dann eine Einnahme, wenn die Schadensersatzleistung auf dem Mietvertrag beruht. Beruht sie auf einem anderen Rechtsgrund (z. B. §§ 823 ff. BGB) liegen keine Einnahmen vor (*BFH* BStBl. II 1969 S. 184)
- **Umlagen** für Wassergeld, Beleuchtung, Grundsteuer, Müllabfuhr, Straßenreinigung etc. (*BFH* BStBl. II 2000 S. 197)
- **Umsatzsteuer:** Mehrwertsteuererstattungen in Auktionsfällen führen zu Einnahmen (*BFH* BStBl. II 1993 S. 17)

Steuerrecht

- **Verzugszinsen** bei verspäteter Mietzahlung
- **Vorauszahlungen** auf Mietzahlungen, wenn keine Darlehensgewährung vorliegt (*BFH* BStBl. II 1984 S. 267)
- **Wohnrechtseinräumung:** Entgelte für die Einräumung von Wohnrechten oder Dauernutzungsrechten i. S. d. §§ 31 ff. WEG sind Einnahmen aus Vermietung und Verpachtung.

98 Nicht zu den Einnahmen – auch nicht zu nach § 22 Nr. 3 EStG zu versteuernden – gehören Provisionen, die Verkäufer von noch zu errichtenden Eigentumswohnungen den Käufern zahlen. Vielmehr handelt es sich insoweit um Minderungen der Anschaffungskosten (*BFH* v. 16.3.2004, IX R 46/03, DB 2004 S. 2078 f.).

2. Werbungskosten

a) Grundsatz

99 »Werbungskosten sind Aufwendungen zur Erwerbung, Sicherung und Erhaltung der Einnahmen« (§ 9 Abs. 1 S. 1 EStG).

b) Einzelfälle

aa) Abgrenzung Erhaltungs-/Herstellungsaufwand

100 Erhaltungsaufwand wirkt sich im Jahr der Zahlung Steuer mindernd aus, Herstellungsaufwand nur verteilt auf die (Rest-)Nutzungsdauer der Immobilie. Daher kommt der Abgrenzung wesentliche Bedeutung zu.

101 Die Finanzverwaltung definiert Erhaltungsaufwand als »Aufwendungen für die Erneuerung von bereits vorhandenen Teilen, Einrichtungen oder Anlagen« (EStR R 21.1 Abs. 1). Herstellungsaufwand ist definiert in § 255 Abs. 2 S. 1 HGB. Es handelt sich um Aufwendungen durch den Verbrauch von Gütern und die Inanspruchnahme von Diensten für die Erweiterung oder für die über den ursprünglichen Zustand hinausgehende wesentliche Verbesserung eines Gebäudes.

102 Einzelheiten sind enthalten im BMF-Schreiben v. 16.12.1996 (BStBl. I S. 1442 = DB 1997 S. 18 = DStR 1996 S. 2015). Der BMF erklärt Kosten, die entstanden sind durch Erweiterungen/Aufstockung/Anbau/Vergrößerung der nutzbaren Fläche/Vermehrung der Substanz (z. B. Anbau einer Markise, Einbau neuer Trennwände)/über den ursprünglichen Zustand hinaus gehende wesentliche Verbesserungen (z. B. Anbringung einer Glasfassade) zu Herstellungskosten. Sehr informativ zur Frage der Abgrenzung von Erhaltungs- zu Herstellungsaufwendungen auch *BFH* v. 22.1.2003, BStBl. 2003 II S. 596 (ergangen zu § 10 e EStG a. F.).

bb) Anschaffungsnahe Aufwendungen

103 Aufwendungen, die für sich betrachtet Erhaltungsaufwand und somit im Jahr des Abflusses in voller Höhe als Werbungskosten bei den Einkünften aus Vermietung und Verpachtung abzugsfähig sind, wurden von Rechtsprechung und Verwaltung in Zusammenballungsfällen als anschaffungsnaher Herstellungsaufwand angesehen und nur im Wege der Abschreibung berücksichtigt (R 157 Abs. 4 EStR a. F.). Nach einer Änderung der dahingehenden Rechtsprechung (*BFH* BStBl. II 2003 S. 569) wurde die bisherige – aufgegebene – Rechtsprechung durch den Gesetzgeber in § 6 Abs. 1 Nr. 1 a EStG in Gesetzesform gegossen. Die Neuregelung gilt seit dem 1.1.2004. Im Einzelnen:

- Erfasst werden Aufwendungen für Instandsetzungs- und Modernisierungsmaßnahmen, die innerhalb von **drei Jahren** nach der Anschaffung des Gebäudes durchgeführt werden.
- Die Aufwendungen müssen insgesamt **15%** der Anschaffungskosten übersteigen.
- Maßgebend sind die **Nettoaufwendungen** (ohne Umsatzsteuer, gleichgültig ob der Rechnungsempfänger vorsteuerabzugsberechtigt ist oder nicht).
- Aufwendungen für **Erhaltungsarbeiten**, die jährlich üblicherweise anfallen (z. B. kleinere Schönheitsreparaturen, die alljährliche Reinigung der Dachrinnen etc.) werden nicht einberechnet (§ 6 Abs. 1 Nr. 1 a a. E. EStG).
- Während des Drei-Jahres-Zeitraums werden die entsprechenden Steuerveranlagungen **vorläufig** (§ 165 Abs. 1 AO) durchgeführt.

☐ Der Drei-Jahres-Zeitraum beginnt mit der **Anschaffung**. Das ist der Zeitpunkt der Erlangung des wirtschaftlichen Eigentums, regelmäßig identisch mit dem Zeitpunkt, in dem Besitz, Gefahr, Nutzen und Lasten über gehen (*BFH*, BStBl. II 1977, 553 m. w. N.).

Bei der Schaffung dieser Vorschrift hatte der Gesetzgeber den Fall vor Augen, in dem ein Steuerpflichtiger ein Objekt zu Vermietungszwecken erwirbt, es auch alsbald nach dem Erwerb vermietet und während der ersten drei Jahre nach der Anschaffung umfangreiche Investitionen tätigt. Nicht gesehen hat der Gesetzgeber die Probleme, die sich ergeben, wenn es sich um vermietetes Wohnungseigentum handelt. Insoweit ist wie folgt zu differenzieren: 104

Investiert die Wohnungseigentümergemeinschaft in das gemeinschaftliche Eigentum, erteilt der Verwalter kraft seiner Verpflichtung aus § 27 Abs. 1 Nr. 1 WEG (Beschlüsse durchführen) oder aus § 27 Abs. 1 Nr. 2, Abs. 3 Nr. 3 WEG (für die ordnungsgemäße Instandhaltung und Instandsetzung sorgen) die entsprechenden Aufträge und begleicht die Rechnungen der Handwerker entweder aus der schon gebildeten Instandhaltungsrücklage oder durch Erhebung einer Sonderumlage. Nach Zahlung durch den Verwalter steht den einzelnen Wohnungseigentümern der (anteilige) Werbungskostenabzug zu (s. u. B. II. 2. b) ff)). Die Höhe des Werbungskostenabzugs ergibt sich aus der entsprechenden Abrechnung des Verwalters. Falls das Problem »anschaffungsnahe Aufwendungen« von diesem überhaupt gesehen wird, wird die Einhaltung der Prozent-Grenze an den Anschaffungskosten der Summe aller Eigentumswohnungen gemessen werden. 105

Investiert nicht die Gemeinschaft, vertreten durch den Verwalter sondern **der einzelne (vermietende) Wohnungseigentümer**, dürfen Bemessungsgrundlage für die 15%-Grenze die Anschaffungskosten des betroffenen Wohnungseigentums sein. 106

Ungeklärt ist, ob R 157 Abs. 2 S. 2 EStR a. F. = R 21.1 Abs. 2 S. 2 EStR n. F. neben § 6 Abs. 1 Nr. 1 a EStG gilt. In R 157 Abs. 2 S. 2 EStR a. F. = R 21.1 Abs. 2 S. 2 EStR n. F. legt die Finanzverwaltung fest, dass Aufwendungen für einzelne Baumaßnahmen, die nicht mehr als € 4.000,00 betragen (Rechnungsbetrag ohne Umsatzsteuer) auf Antrag stets als Erhaltungsaufwand – somit als sofort abzugsfähig – zu behandeln sind. 107

cc) AfA-Möglichkeiten

aaa) § 7 Abs. 4 S. 1 Nr. 2 EStG

§ 7 Abs. 4 S. 1 Nr. EStG differenziert zwischen Gebäuden, die nach dem 31.12.1924 fertig gestellt worden sind und solchen, die vor dem 1.1.1924 fertig gestellt worden sind. Erstere sind mit 2,5% der Anschaffungs-/Herstellungskosten abzuschreiben, erstere mit 2%. 108

Der Zeitpunkt der Umwandlung in Wohnungseigentum ist insoweit irrelevant. Maßgebend ist nur der Herstellungszeitpunkt. 109

bbb) § 7 Abs. 5 EStG

Abweichend von der linearen Abschreibung gem. § 7 Abs. 4 S. 1 Nr. 2 EStG können Gebäude auch degressiv abgeschrieben werden. Die Abschreibungssätze differenzieren zwischen 10 und 1,5%, je nach dem, wann das betreffende Gebäude angeschafft/hergestellt wurde. § 7 Abs. 5 EStG ist nur auf Objekte anzuwenden, die vor dem 1.1.2006 angeschafft/hergestellt wurden. 110

ccc) § 7 h EStG

Modernisierungs- und Instandsetzungsmaßnahmen an Gebäuden in Sanierungsgebieten und städtebaulichen Entwicklungsbereichen können im Herstellungsjahr und in den folgenden sieben Jahren mit jeweils bis zu 9%, in den darauf folgenden vier Jahren mit bis zu 7% abgeschrieben werden. 111

ddd) § 7 i EStG

Ist ein Gebäude als Baudenkmal eingestuft, sind bestimmte Baumaßnahmen im Jahr der Herstellung und in den folgenden sieben Jahren jeweils bis zu 9% und in den folgenden vier Jahren jeweils bis zu 7% abschreibbar. 112

Steuerrecht

dd) Zuführungen zur Instandhaltungsrücklage

113 Wohnungseigentümer leisten i. d. R. monatliche Vorschüsse (§ 28 Abs. 2 WEG). In diesen Vorschüssen (»Hausgeld« oder »Wohngeld« genannt) sind anteilige Zahlungen enthalten, die auf die Instandhaltungsrückstellung (richtig: Instandhaltungsrücklage) entfallen. Deren steuerliche Behandlung steht mittlerweile fest.

aaa) Selbstnutzende Wohnungseigentümer

114 Für die erworbene Eigentumswohnung selbst nutzende Wohnungseigentümer ist die Rechtslage eindeutig. Nur wer Einkünfte aus Vermietung und Verpachtung (§ 21 EStG) erzielt, kann dahingehende Aufwendungen Steuer mindernd als Werbungskosten (§ 9 EStG) geltend machen. Die Selbstnutzung stellt keine Einnahme i. S. d. § 21 EStG dar, somit sind auch keine Werbungskosten abzugsfähig.

bbb) Vermietende Wohnungseigentümer

115 Anders sieht es aus bei vermietenden Wohnungseigentümern. Diese erzielen Einkünfte aus Vermietung und Verpachtung (§ 21 EStG). Im Gegenzug sind anfallende Aufwendungen als Werbungskosten (§ 9 EStG) Steuer mindernd geltend zu machen. Zu diesen Aufwendungen gehören auch Reparaturaufwendungen. Da Zuführungen zur Instandhaltungsrückstellung letztendlich Vorauszahlungen auf künftige Reparaturaufwendungen sind, könnte man die Auffassung vertreten, dass der Teil des Hausgeldes, der vom Wohnungseigentümer an den Verwalter abgeführt wird und auf die Instandhaltungsrückstellung entfällt, in dem Kalenderjahr steuerlich beachtlich ist, in dem die Zahlungen an den Verwalter erfolgen.

116 Wer diese Auffassung vertritt, lässt allerdings außer Betracht, dass für den Werbungskostenabzug das Abflussprinzip des § 11 EStG gilt. Dies besagt, dass ein steuerlich beachtlicher Abfluss erst dann gegeben ist, wenn ein Verlust der wirtschaftlichen Verfügungsmacht eingetreten ist.

117 Die Instandsetzungsrückstellung ist Teil des sogenannten Verwaltungsvermögens (*Bärmann/Pick/Merle-Merle* WEG, 9. Aufl., § 21 Rn. 157). Seit dem 1.7.2007 bestimmt § 10 Abs. 7 WEG, dass das Verwaltungsvermögen der Gemeinschaft der Wohnungseigentümer gehört. Gemeint ist damit der teilrechtsfähige »Verband« (*BGH* v. 2.6.2005, ZMR 2005 S. 547). Das hat zur Konsequenz, dass in dem Augenblick, wo einzelne Wohnungseigentümer Beiträge zur Instandhaltungsrückstellung leisten, die jeweiligen Beträge einem anderen Rechtsträger – der insoweit rechtsfähigen Wohnungseigentümergemeinschaft – zustehen.

118 Gleichwohl liegt ein Abfluss i. S. d. § 11 EStG erst in dem Veranlagungszeitraum = Kalenderjahr vor, in dem die Instandhaltungsrückstellung tatsächlich zur Finanzierung von (Reparatur-)Aufwendungen verausgabt werden (*BFH* v. 26.1.1988, IX R 119/93, BStBl. II S. 577). Der *BFH* begründete seine Entscheidung aus 1988 damit, dass erst in dem Augenblick, in dem die Gelder tatsächlich verwendet werden, feststeht, ob es sich um Erhaltungsaufwand oder Herstellungsaufwand handelt. Im Rahmen einer Nichtzulassungsbeschwerde hat der *BFH* nach Bekanntwerden der Teilrechtsfähigkeitsentscheidung des *BGH* diese Rechtsauffassung bestätigt (*BFH* v. 21.10.2005, IX B 144/05 (NV), *BFH*/NV 2006 S. 291; vgl. *Kahlen* Wohnungseigentumsrecht und Steuern, Teil II Rn. 430 ff.).

ccc) Die praktische Abwicklung

119 Im Ergebnis bedeutet dies, dass der Wohnungseigentumsverwalter nach Bezahlung diverser Reparaturrechnungen den einzelnen Wohnungs-/Teileigentümern bestätigt, dass er einen Betrag »x« für Reparaturaufwendungen ausgegeben hat und dass von diesem Betrag »x« € »y« auf den jeweiligen Wohnungs-/Teileigentümer entfallen (Mangels abweichender Regelung ist der Verteilungsmaßstab des § 16 WEG maßgebend). Der jeweilige Wohnungs-/Teileigentümer macht diese Bestätigung zum Gegenstand seiner persönlichen Steuererklärung um den Werbungskostenabzug (Wohnungseigentümer) bzw. Betriebsausgabenabzug (Teileigentümer) zu erreichen.

120 Die Finanzämter akzeptieren derartige Verwalterbescheinigungen.

121 Liegen keine derartigen Verwalterbescheinigungen vor, werden steuerlich geltend gemachte Wohngeld-/Hausgeld-Zahlungen um die Zuführungsbeträge zur Instandhaltungsrückstellung gekürzt.

(1) Problem 1: Zweckbindung der angesammelten Gelder

Regelmäßig wird nicht hinterfragt, wofür die Gelder tatsächlich ausgegeben worden sind. Den entscheidenden Finanzbeamten ist offensichtlich der Umstand nicht bewusst, dass aus der Instandhaltungsrücklage entnommene Gelder zu diversen Zwecken verwendet werden können. Zwar gibt das WEG in § 21 Abs. 5 Ziff. 4 vor, dass die Rückstellung/Rücklage zur Instandsetzung angesammelt werden soll. Instandsetzung ist i. d. R. gleichzusetzen mit dem steuerlichen »Erhaltungsaufwand«, der zu sofort abzugsfähigen Werbungskosten (Wohnungseigentümer)/Betriebsausgaben (Teileigentümer) führt. Diese Vorgabe ist jedoch nicht zwingend. Abweichendes kann vereinbart oder sogar beschlossen (Bärmann/Pick/Merle-*Merle* WEG, 9. Aufl., § 21 Rn. 170) werden.

Außerdem ist es in der wohnungseigentumsrechtlichen Literatur nahezu einhellige Meinung, dass nicht jede Entnahme aus der Instandhaltungsrücklage zu Zwecken, die nicht eindeutig größeren Instandhaltungs-/-setzungsmaßnahmen zuzuordnen sind, automatisch einen Verstoß gegen die gebotene ordnungsmäßige Verwaltung darstellt (Bärmann/Pick/Merle-*Merle* WEG, 9. Aufl., § 21 Rn. 170). Die Anforderungen an die Zweckbindung der angesammelten Rücklage sollten nicht überspannt werden (vgl. auch *LG Saarbrücken* v. 12.3.1998, ZMR 1999 S. 360).

Das führt im Ergebnis dazu, dass die vom Verwalter ausgegebenen Gelder für Zwecke ausgegeben werden können, die nicht zum Werbungskosten-/Betriebsausgabenabzug führen.

(2) Problem 2: Abgrenzung Erhaltungs-/Herstellungsaufwand

Außerdem wird in der finanzamtlichen Praxis nicht beachtet, dass unter Instandhaltung und Instandsetzung nach herrschender Meinung auch die »erstmalige Herstellung eines mangelfreien Zustandes« verstanden wird (vgl. z. B. *BayObLG* v. 26.8.1999, 2Z BR 66/99, in: MieWoE § 21 WEG Nr. 18; *BayObLG* v. 18.1.2001, 2Z BR 65/00, in: MieWoE § 21 WEG Nr. 28; *BayObLG* v. 20.3.2002, 2Z BR 178/01, in: MieWoE, § 21 WEG Nr. 35). Die erstmalige Herstellung führt steuerlich jedoch nicht zu sofort (d. h. im Jahr der Zahlung) abzugsfähigem Erhaltungsaufwand sondern zu sogenanntem Herstellungsaufwand, der verteilt auf die Nutzungsdauer des hergestellten Objekts steuerlich geltend gemacht werden darf – die sogenannte Abschreibung. Exemplarisch insoweit *BayObLG* v. 6.6.2002 (2Z BR 124/01, in: MieWoE § 21 WEG Nr. 37): Erstmalige Herstellung von Kfz-Stellplätzen.

Zur Abgrenzung zwischen steuerlichem Erhaltungsaufwand und steuerlichem Herstellungsaufwand:

Erhaltungsaufwand stellen Aufwendungen dar für die Erneuerung von bereits vorhandenen Teilen, Einrichtungen oder Anlagen (R 21.1 Abs. 1 S. 1 EStR)

Herstellungsaufwand ist anzunehmen, wenn Aufwendungen durch den Verbrauch von Gütern und die Inanspruchnahme von Diensten für die Erweiterung oder für die über den ursprünglichen Zustand hinaus gehende wesentliche Verbesserung eines Gebäudes entstehen (R 21.1 Abs. 2 S. 1 EStR).

Zur **Abgrenzung zwischen Erhaltungs- und Herstellungsaufwand** s. *BMF* v. 16.12.1996 (BStBl. 1996 I S. 1442 = DB 1997 S. 18 = DStR 1996 S. 2015) und *BFH* v. 22.1.2003 (BStBl. 2003 II S. 596).

Bagatellfälle: Betragen die Aufwendungen nach Fertigstellung eines Gebäudes für die einzelne Baumaßnahme nicht mehr als € 4.000,00 je Gebäude, nimmt die Finanzverwaltung auf einen entsprechenden Antrag stets Erhaltungsaufwand an, selbst wenn es sich offensichtlich um Herstellungsaufwand handelt. Der Betrag von maximal € 4.000,00 versteht sich als Rechnungsbetrag ohne Umsatzsteuer (R 21.1. Abs. 2 S. 2 EStR).

Anschaffungsnaher Herstellungsaufwand: Wenn innerhalb von i. d. R. drei Jahren nach dem Anschaffungszeitpunkt relativ hohe Erhaltungsaufwendungen anfallen, die jeweils für sich gesehen sofort abzugsfähigen Erhaltungsaufwand darstellen, insgesamt aber einen bestimmten Prozentsatz der Anschaffungskosten übersteigen (Der Prozentsatz hängt von der jeweils geltenden Fassung der EStR ab), nehmen der Gesetzgeber und auch die Finanzverwaltung nicht sofort abzugsfähigen Herstellungsaufwand an (§ 6 Abs. 1 Nr. 1a EStG, R 157 Abs. 4 EStR a. F.).

Auch der Abgrenzung zwischen Erhaltungs- und Herstellungsaufwand wird – soweit es um Zuführungen zur Instandhaltungsrückstellung geht – in der Praxis der Finanzämter keine Beach-

Steuerrecht

tung geschenkt. Wohl nicht nur, um komplizierte Berechnungen zu vermeiden sondern auch aus Unkenntnis der wohnungseigentumsrechtlichen Rechtslage.

(ddd) Mischnutzungsfälle:

132 Oftmals gehören einem Wohnungseigentümer **zwei Einheiten** in ein- und derselben Anlage. Eine Wohnung wird selber zu Wohnzwecken genutzt, die andere wird vermietet. Fallen größere Aufwendungen an, erteilt der Verwalter eine Bescheinigung pro Wohnung. Die auf die selbstgenutzte Wohnung entfallenden Aufwendungen sind steuerlich »verloren«, die auf die vermietete Wohnung entfallenden Aufwendungen können steuerlich geltend gemacht werden.

133 Insoweit zu beachten: Die **unentgeltliche Nutzungsüberlassung an Angehörige** gilt steuerlich als Selbstnutzung (Zur teilunentgeltlichen Nutzungsüberlassung s. § 21 Abs. 2 EStG). Das ist positiv, wenn es um die Erlangung der Eigenheimzulage geht (§ 4 S. 2 EigZulG), negativ, wenn es um den Werbungskosten-/Betriebsausgabenabzug geht.

134 Wenn und soweit die steuerliche Behandlung von Zuführungen zur Instandhaltungsrückstellung für zwei getrennte Wohnungen in Frage steht, gibt es in der Praxis keine Probleme. Entschieden wird getrennt nach Wohnungen.

135 Probleme gibt es hingegen, wenn **ein Teil einer Wohnung** selbst genutzt wird, ein Teil fremd genutzt, z. B. dann, wenn ein Raum der Wohnung als »Studentenbude« vermietet ist. Dann hat unter steuerlichen Aspekten eine Aufteilung zu erfolgen in einen steuerlich unbeachtlichen (selbst genutzten) und einen steuerlich beachtlichen (fremd genutzten) Teil der Wohnung. Aufteilungsmaßstab ist die jeweilige Quadratmeterzahl.

(eee) Sonderumlage statt Entnahme aus der Rücklage:

136 Ob größere Reparaturarbeiten aus der hierfür wahrscheinlich ausreichenden Instandhaltungsrücklage bezahlt werden sollen oder ob insoweit eine Sonderumlage erhoben wird, liegt im pflichtgemäßen Ermessen der Wohnungseigentümer. Es besteht kein Anspruch darauf, immer zunächst die Rücklage auszuschöpfen (*BayObLG* v. 27.3.2003, 2Z BR 37/03, in: MieWoE § 21 WEG Nr. 44).

137 Wenn und soweit eine solche Sonderumlage erhoben und bezahlt worden ist, stellen sich die gleichen Probleme steuerlicher Art als wenn Zahlungen auf die Instandhaltungsrücklage geleistet werden. Da insoweit jedoch keine einschlägige Rechtsprechung des BFH und auch keine einschlägige Verwaltungsanweisung existiert, wird in der Praxis keine Verwalterbescheinigung gefordert. Den Veranlagungsbeamten des Finanzamts reicht ein wie auch gearteter Nachweis, dass eine Sonderumlage zur Zahlung größerer Reparaturen erhoben und bezahlt wurde.

138 Derartige Sonderumlagen werden in fast 100% aller Fälle während einer Wohnungseigentümerversammlung beschlossen. Darüber existiert eine Niederschrift (§ 24 Abs. 6 S. 1 WEG). Die Niederschrift – das Protokoll der Versammlung – enthält wenigstens in Stichworten den Nachweis, dass eine Sonderumlage beschlossen wurde. Auch der Anlass der Sonderumlage ergibt sich aus der Niederschrift. Diese Niederschrift muss den Wohnungseigentümern zugängig gemacht werden (h. M., vgl. z. B. *Kahlen* Praxiskommentar zum Wohnungseigentumsgesetz, § 24 Rn. 87). Eine Kopie des Protokolls verbunden mit einer Kopie des Überweisungsträgers sollte der Steuererklärung des Wohnungs-/Teileigentümers beigefügt werden.

(ee) Nießbrauchs-Fälle

139 Entgeltliche Nießbrauchsbestellungen führen beim Nießbrauchsverpflichteten dazu, dass dieser das Entgelt im Jahr des Zuflusses als Einnahme aus Vermietung und Verpachtung zu versteuern hat (*BFH* BStBl. II 1979 S. 332).

140 Aufwendungen im Zusammenhang mit der Nießbrauchseinräumung sind als Werbungskosten abzugsfähig.

141 AfA-berechtigt ist der Nießbrauchsverpflichtete, nicht der Nießbrauchsberechtigte (Schmidt-*Drenseck* EStG, 26. Aufl., § 21 Rn. 45).

142 Sofern der Nießbraucher das Objekt – die Eigentumswohnung – auf Grund seines Nießbrauchsrechts vermietet, ist er steuerlich wie ein vermietender Eigentümer zu behandeln.

(ff) Vorweggenommene/nachträgliche Werbungskosten

Aufwendungen vor dem Zeitraum der tatsächlichen Einkünfteerzielung und nach dem Zeitraum der tatsächlichen Einkünfteerzielung können als sogenannte »vorab entstandene Werbungskosten« (*BFH* v. 15.11.2005, IX R 3/04, BStBl. 2006 II S. 258; *BFH* v. 7.6.2006, IX R 45/05, DB 2006 S. 2215) oder als »nachträgliche Werbungskosten« (*Kreft* EStB 2006, 269) abzugsfähig sein.

143

(gg) Werbungskosten

- **Abstandszahlungen** des Wohnungseigentümers für die vorzeitige Räumung der Wohnung durch den Mieter (*BFH*, BStBl. II. 1980 S. 187)
- **Annoncen** um Mieter zu finden
- **Arbeitszimmer:** s. dort
- **Bausparvertrag:** Die Abschlussgebühren sind Werbungskosten, wenn der Abschluss des Bausparvertrages in einem engen wirtschaftlichen Zusammenhang mit dem Erwerb einer Eigentumswohnung steht (*BFH* BStBl. II 2003 S. 398)
- **Bauwesenversicherung:** Die Prämien sind Werbungskosten (*BFH* BStBl. II 1980 S. 294)
- **Beiträge** zur Errichtung öffentlicher Anlagen (Straßen, Kanalisation etc.) sind in Modernisierungs-/Erweiterungsfällen Werbungskosten
- **Bewirtschaftungskosten:** Kosten für Heizung, Wassergeld, Müllabfuhr, Kanalisation, Straßenreinigung, Schornsteinfeger etc. sind Werbungskosten
- **Finanzierungskosten**
- **Grundsteuer**
- **Heizkosten** zur Abwendung von Schäden z. B. bei einer vorübergehend leerstehenden Wohnung
- **Instandhaltungsrücklage:** s. o.
- **Kontogebühren** sind abzugsfähig, soweit sie auf mit der Wohnung zusammenhängende Kontobewegungen entfallen (Mietzahlungen)
- **Maklerprovision** für die Vermittlung eines Mieters
- **Planungskosten,** auch vergebliche
- **Prozesskosten:** entscheidend ist, in welchem Zusammenhang die Prozesskosten angefallen sind. Ist der Rechtsstreit durch einen Erwerbsvorgang veranlasst, sind die Prozesskosten nicht als Werbungskosten sofort abzugsfähig. Anders ist es bei einem Rechtsstreit um rückständige Mieten
- **Räumungskosten** zur Freimachung einer Eigentumswohnung können sofort abziehbare Werbungskosten sein (*FG Köln*, EFG 2002 S. 8)
- **Reisekosten:** Fahrtkosten zur Eigentumswohnung nebst Mehraufwand für Verpflegung und Übernachtungskosten können Werbungskosten sein
- **Reparaturen**
- **Schönheitsreparaturen,** die der Vermieter der Wohnung in der Wohnung des Mieters durchführen lässt (*BFH* BStBl. II 1968 S. 309)
- **Schuldzinsen**
- **Zweitwohnungssteuer:** Der mit dem auf die Vermietung der Eigentumswohnung an wechselnde Feriengäste entfallende zeitliche Anteil ist abziehbar.

III. Besteuerung privater Veräußerungsgeschäfte

Veräußerungsgewinne im steuerlichen Betriebsvermögen sind steuerpflichtig. Veräußerungsgewinne im steuerlichen Privatvermögen grundsätzlich nicht. Von diesem Grundsatz gibt es zwei Ausnahmen. Eine davon betrifft auch Wohnungs- und Teileigentumseinheiten. § 23 EStG bestimmt nämlich, dass Gewinne aus privaten Veräußerungsgeschäften (»Spekulationsgewinne«) einkommensteuerpflichtig sind. Zu den privaten Veräußerungsgeschäften gehören auch Veräußerungsgeschäfte bei Grundstücken, bei denen der Zeitraum zwischen Anschaffung und Veräußerung nicht mehr als zehn Jahre beträgt (§ 23 Abs. 1 Nr. 1 S. 1 EStG). Das gilt entsprechend für Eigentumswohnungen und im Teileigentum stehende Räume (§ 23 Abs. 1 Nr. 1 S. 2 EStG).

144

Steuerrecht

145 Die Rückabwicklung eines Anschaffungsgeschäfts wegen irreparabler Vertragsstörungen stellt kein steuerpflichtiges Veräußerungsgeschäft i. S. d. § 23 Abs. 1 S. 1 Nr. 1 EStG dar (*BFH* v. 27.6.2006, IX R 47/04).

146 Ausgenommen von der Besteuerung sind Gewinne aus der Veräußerung von Eigentumswohnungen, die
   ☐ im Zeitraum zwischen Anschaffung/Fertigstellung und Veräußerung
   ☐ oder im Jahr der Veräußerung und in den beiden dem Jahr der Veräußerung vorangegangenen Jahren
   zu eigenen Wohnzwecken genutzt wurden (§ 23 Abs. 1 Nr. 1 S. 3 EStG).

147 Sowohl Anschaffung als auch Veräußerung sind entgeltliche Vorgänge. Unentgeltliche Vorgänge (z. B. Schenkungen) sind in Bezug auf § 23 EStG ohne Bedeutung. Insoweit kann es jedoch zu einer schenkungssteuerlichen Belastung kommen (s. E. IV.).

148 Bei unentgeltlichem Erwerb (z. B. einer Schenkung oder einer Erbschaft) ist dem Erwerber – dem Beschenkten, dem Erben – die Anschaffung durch den Rechtsvorgänger zuzurechnen (§ 23 Abs. 1 S. 3 EStG). Das bedeutet, dass dem Beschenkten/Erben die Behaltezeit des Schenkers/Erblassers zugerechnet wird. Mit anderen Worten: Wer eine Eigentumswohnung erbt, die der Verstorbene = Erblasser seit mehr als zehn Jahren sein eigen nannte, muss keine einkommensteuerlichen Konsequenzen fürchten.

149 Das *BVerfG* hat § 23 Abs. 1 S. 1 Nr. 1 b EStG in der Fassung für 1997 und 1998 für nichtig erklärt (Urteil v. 9.3.2004, 2 BvL 17/02). Gewinne aus privaten Veräußerungsgeschäften, die Eigentumswohnungen betreffen, sind von dieser Entscheidung nicht begünstigt.

IV. Selbstgenutztes Teileigentum

150 Wer sein Teileigentum zu eigenen freiberuflichen oder gewerblichen Zwecken nutzt, sieht sich steuerlich in der komfortablen Lage, auf der einen Seite keinen Nutzungswert versteuern zu müssen, andererseits die anfallenden Aufwendungen Steuer mindernd geltend machen zu können.

151 Steuerliche Unterschiede zum Wohnungseigentum bestehen lediglich in der Terminologie. Was für den Wohnungseigentümer der Werbungskostenabzug (§ 9 EStG) ist für den Teileigentümer der Betriebsausgabenabzug (§ 4 EStG). Inhaltliche Unterschiede bestehen nicht.

152 Für Teileigentümer von Bedeutung ist die Antwort auf die Frage, ob die Teileigentumseinheit zum steuerlichen Betriebsvermögen gehört oder nicht. Ist die Frage zu bejahen, sind bei Nutzungsänderungen oder Veräußerungen eventuelle Wertsteigerungen Steuer pflichtig. Insoweit ist zu unterscheiden zwischen notwendigem und gewillkürtem Betriebsvermögen auf der einen Seite und steuerlichem Privatvermögen auf der anderen Seite.

1. Notwendiges Betriebsvermögen

153 Selbstgenutztes Teileigentum ist dann notwendiges Betriebsvermögen, wenn es dem Betrieb des Teileigentümers unmittelbar dient und objektiv erkennbar zum unmittelbaren Einsatz im Betrieb bestimmt ist. S. R 4.2 Abs. 1 S. 1 EStR. Umfangreiche Rechtsprechungsnachweise bei *Schmidt* EStG, 26. Aufl., § 4 Rn. 142, 185 ff.

154 Eigenbetrieblich genutzte Grundstücksteile/Teileigentumsteile brauchen nicht als Betriebsvermögen behandelt zu werden, wenn ihr Wert nicht mehr als ein Fünftel des gemeinen Werts des gesamten Grundstücks und nicht mehr als € 20.500,00 beträgt (§ 8 Abs. 1 EStDV).

2. Gewillkürtes Betriebsvermögen

155 Selbstgenutztes Teileigentum ist dann gewillkürtes Betriebsvermögen, wenn es objektiv geeignet und bestimmt ist, den Betrieb des Teileigentümers zu fördern. Siehe R 4.2 Abs. 1 S. 3 EStR und die Fundstellennachweise bei *Schmidt* EStG, 26. Aufl., § 4 Rn. 142, 185 ff.

3. Privatvermögen

156 Teileigentumseinheiten können theoretisch steuerliches Privatvermögen sein. z. B. weil nicht einmal die Grenzen des § 8 EStDV (€ 20.500,00 ein Fünftel des Gesamtwertes) überschritten sind. Das hat zur Konsequenz, dass einerseits keine Einnahmen zu versteuern sind (z. B. ein fiktiver Nutzungswert), andererseits alle die Teileigentumseinheit betreffenden Aufwendungen soweit sie

durch die in der Teileigentumseinheit betriebenen gewerblichen / freiberuflichen Tätigkeit verursacht sind, als Betriebsausgaben (§ 4 Abs. 4 EStG) geltend gemacht werden können.

V. Fremdgenutztes Teileigentum

Für fremdgenutztes = vermietetes Teileigentum gelten die Ausführungen zu fremdgenutztem Wohnungseigentum entsprechend. Alle erzielten Einnahmen sind zu erfassen, alle das Teileigentum betreffenden Ausgaben gegen zu rechnen. 157

VI. Inanspruchnahme von Handwerkerleistungen

§ 35 a Abs. 2 S. 2 EStG in der seit dem 1.1.2006 geltenden Fassung bestimmt, dass für die Inanspruchnahme von Handwerkerleistungen für Renovierungs-, Erhaltungs- und Modernisierungsmaßnahmen, die in einem inländischen Haushalt eines Steuerzahlers erbracht werden, sich die Einkommensteuer auf Antrag um 20%, maximal € 600 der Aufwendungen des Steuerzahlers ermäßigt. Insoweit ist zu beachten, dass es sich um eine tatsächliche Ermäßigung der anfallenden Einkommensteuer handelt und nicht nur um eine Ermäßigung der Bemessungsgrundlage für die Einkommensteuer. 158

1. Begünstigte Aufwendungen

§ 35 a Abs. 2 S. 2 EStG gilt für alle handwerklichen Tätigkeiten für Renovierungs-, Erhaltungs- und Modernisierungsmaßnahmen, die in einem inländischen Haushalt des Steuerzahlers (gleichgültig, ob Wohnungseigentümer oder Mieter eines Wohnungseigentümers) erbracht werden. Und zwar unabhängig davon, ob es sich um regelmäßig vorzunehmende Renovierungsarbeiten oder kleine Ausbesserungsarbeiten handelt, die gewöhnlich durch Mitglieder des privaten Haushalts erledigt werden oder um Erhaltungs- und Modernisierungsmaßnahmen, die im Regelfall nur von Fachkräften durchgeführt werden. 159

Ausweislich BMF v. 3.11.2006 (IV C 4 – S 2296 b – 60/06, BStBl. 2006 I S. 711 – DStR 2006 S. 2125 – DB 2006 S. 2542) gehören dazu: 160
- Arbeiten an Innen- und Außenwänden,
- Arbeiten am Dach, an der Fassade, an Garagen,
- Reparatur oder Austausch von Fenstern und Türen,
- Streichen / Lackieren von Türen, Fenstern (innen und außen), Wandschränken, Heizkörpern und Heizrohren,
- Reparatur oder Austausch von Bodenbelägen (z. B. Teppichboden, Parkett, Fliesen),
- Reparatur, Wartung oder Austausch von Heizungsanlagen, Elektro-, Gas- und Wasserinstallationen,
- Modernisierung oder Austausch der Einbauküche,
- Modernisierung des Badezimmers,
- Reparatur und Wartung von Gegenständen im Haushalt des Steuerzahlers (z. B. Waschmaschine, Geschirrspüler, Herd, Fernseher, Personalcomputer),
- Maßnahmen der Gartengestaltung,
- Plasterarbeiten auf dem Bodengrundstück.

Die Aufwendungen sind unabhängig davon begünstigt, ob die einzelne Maßnahme steuerlich Erhaltungsaufwand oder Herstellungsaufwand darstellt. Lediglich handwerkliche Tätigkeiten im Rahmen einer Neubaumaßnahme sind nicht begünstigt. 161

Auch Kontrollaufwendungen (z. B. Gebühren für den Schornsteinfeger oder für die Kontrolle von Blitzschutzanlagen) sind begünstigt. 162

Das gleiche gilt für handwerkliche Leistungen für Hausanschlüsse (z. B. Kabel für Strom oder Fernsehen), soweit die Aufwendungen die Zuleitungen zum Haus oder zur Wohnung betreffen und nicht im Rahmen einer Neubaumaßnahme anfallen. Aufwendungen im Zusammenhang mit Zuleitungen, die sich auf öffentlichen Grundstücken befinden, sind nicht begünstigt. 163

2. Fördervoraussetzungen

164 Voraussetzung für die Inanspruchnahme der Förderung ist, dass
- die Maßnahmen in einem inländischen Haushalt des Steuerzahlers (entweder Mieter oder Wohnungseigentümer) erbracht werden
- es sich nicht um eine Maßnahme handelt, die nach dem CO_2-Gebäudesanierungsprogramm der KfW Förderbank gefördert wird
- es sich um Arbeitskosten handelt und nicht um Materialkosten
- die Aufwendungen nicht als Betriebsausgaben oder Werbungskosten abzugsfähig sind
- es sich nicht um Aufwendungen für eine geringfügige Beschäftigung i. S. d. § 8 des SGB IV handelt
- die Aufwendungen nicht als Sonderausgaben oder außergewöhnliche Belastungen zu berücksichtigen sind
- die Aufwendungen durch Vorlage einer Rechnung belegt werden
- die Zahlung unbar auf ein Konto des Erbringers der Handwerkerleistung nachgewiesen wird.

3. Besonderheiten für Wohnungseigentümergemeinschaften

165 Der Streit, ob auch Wohnungseigentümer in den Genuss der Förderung nach § 35 a Abs. 2 S. 2 EStG kommen (vgl. *FG Köln* v. 24.1.2006, 5 K 2573/05, EFG 2006 S. 1064; *FG Baden-Württemberg* v. 17.5.2006, 13 K 262/04, EFG 2006 S. 1163; *von Cölln* DWE 2006 S. 96; *Kahlen* ZMR 2006 S. 13) hat sich durch ein Schreiben des *BMF* (v. 3.11.2006, BStBl. 2006 I S. 711 = DStR 2006 S. 2125) erledigt. Ausweislich Tz. 15 des genannten BMF-Schreibens gilt für Wohnungseigentümergemeinschaften Folgendes:

166 Besteht ein Beschäftigungsverhältnis zu einer Wohnungseigentümergemeinschaft (z. B. bei Reinigung und Pflege von Gemeinschaftsräumen) oder ist eine Wohnungseigentümergemeinschaft Auftraggeber einer handwerklichen Leistung, kommt für den einzelnen Wohnungseigentümer eine Steuerermäßigung in Betracht, wenn
- in der Jahresabrechnung die im Kalenderjahr unbar gezahlten Beträge jeweils gesondert aufgeführt sind,
- der Anteil der steuerbegünstigten Kosten (Arbeits- und Fahrtkosten) ausgewiesen ist und
- der Anteil des jeweiligen Wohnungseigentümers an Hand seines Beteiligungsverhältnisses individuell errechnet wurde.

167 Wenn die Wohnungseigentümergemeinschaft einen Verwalter bestellt hat, ist der erforderliche Nachweis durch eine Bescheinigung des Verwalters über den Anteil des jeweiligen Wohnungseigentümers zu führen.

C. Eigenheimzulage

168 Die Eigenheimzulage (EigZulG) gehört mit über zehn Milliarden € pro Jahr zu den größten Einzelposten bei den Direktsubventionen. Angesichts der finanziellen Probleme der öffentlichen Haushalte war eine völligen Abschaffung geplant. Durch das Hausaltbegleitgesetz 2004 (v. 29.12.2003, BGBl. 2003 I S. 3076) wurde eine Kompromisslösung gefunden, die für viele Häuslebauer teuer wird, mit der aber die meisten leben können.

169 Nachstehend eine Darstellung der aktuellen Fassung des EigZulG – jeweils mit Hinweisen auf die bis 2003/2005 geltende Rechtslage. Bestrebungen, die Eigenheimzulage völlig abzuschaffen, sind zum 1.1.2006 umgesetzt worden. Durch das Gesetz zur Abschaffung der Eigenheimzulage (v. 22.12.2005, BGBl. 2005 I S. 3680) ist die Eigenheimzulage für nach dem 31.12.2005 angeschaffte/hergestellte Objekte abgeschafft worden.

170 Für vor dem 1.1.2006 angeschaffte/hergestellte Objekte gilt das Eigenheimzulagengesetz in der bis zum 31.12.2005 geltenden Fassung für den gesamten Förderzeitraum (acht Jahre) weiter.

I. Ausbauten und Erweiterungen (§ 2 EigZulG)

Nach altem Recht (bis einschließlich 2003) standen Ausbauten und Erweiterungen an einer Wohnung in einem im Inland belegenen eigenem Haus oder einer im Inland belegenen eigenen Eigentumswohnung der Herstellung einer Wohnung gleich (§ 2 Abs. 2 a. F. EigZulG).

Seit dem 1.1.2004 werden Ausbauten und Erweiterungen in Neufällen nicht mehr gefördert.

Die Einschränkung greift (für Ausbauten/Erweiterungen bis zum 31.12.2005) nicht, wenn durch den Ausbau oder durch die Erweiterung wiederum eine neue, in sich abgeschlossene Wohnung geschaffen wird. Dann ist diese neu geschaffene Wohnung ein Förderobjekt im Sinne des EigZulG.

Die Einschränkung greift auch dann nicht, wenn die Kosten für den Ausbau oder die Kosten für die Erweiterung als nachträgliche Herstellungskosten anzusehen sind. Dann können die Aufwendungen im Rahmen einer noch laufenden Förderung zusätzlich ab dem Jahr der Entstehung berücksichtigt werden. Sie erhöhen die Bemessungsgrundlage für den Fördergrundbetrag. Verfahrensrechtlich hat dann eine Neufestsetzung nach § 11 Abs. 2 EigZulG stattzufinden.

II. Ermittlung der Einkunftsgrenzen (§ 5 EigZulG)

Die Einkunftsgrenzen sind von € 81 807 / € 163 614 (Ledige/Verheiratete) auf € 70 000 / 140 000 (Ledige/Verheiratete) abgesenkt worden (§ 5 EigZulG). Dies ist in mehrfacher Sicht von Bedeutung.

1. Grenzwerte

Seit dem 1.1.2004 betragen die Grenzwerte lediglich noch € 70 000 / 140 000 für Ledige/Verheiratete.

Außer den allgemeinen Einkunftsgrenzen sind auch die Beträge gesenkt worden, um die die allgemeinen Grenzen für jedes zu berücksichtigende Kind überschritten werden dürfen. Statt € 30 678 sind € 30 000 maßgebend. In Miteigentumsfällen (§ 9 Abs. 5 S. 3) € 15 000.

2. Summe der positiven Einkünfte

Nach altem Recht (bis 31.12.2003) kam es für die Ermittlung der Einkunftsgrenzen auf den Gesamtbetrag der Einkünfte (§ 2 Abs. 3 EStG) an. Dieser Gesamtbetrag der Einkünfte setzt sich zusammen aus der Summe der Einkünfte i. S. d. § 2 Abs. 1 Nr. 1–7 EStG, vermindert um den Altersentlastungsbetrag und diverse andere Abzüge. Im Ergebnis konnte durch Verluste bei einzelnen Einkunftsarten (z. B. aus Gewerbebetrieb – § 15 EStG –) der Gesamtbetrag der Einkünfte unter die Einkunftsgrenze gedrückt werden.

Nach neuem Recht (seit 1.1.2004) ist maßgebend die »Summe der positiven Einkünfte«. Das bedeutet, dass Verluste aus einzelnen Einkunftsarten nicht mehr berücksichtigt werden. Nur noch die Einkunftsarten, aus denen tatsächlich Gewinne/Überschüsse der Einnahmen über die Werbungskosten erzielt wurden, sind maßgebend. Dadurch sind Gestaltungsmöglichkeiten (Zeichnung einer Verlustzuweisungen bringenden Anlage zum Jahresende) genommen worden.

3. Ehegatten-Fälle

In der Vergangenheit (bis Ende 2003) konnten Ehepaare mit einem Hauptverdiener, die gemeinsam die Einkommensgrenzen überschritten, im Erstjahr eine getrennte Veranlagung (§ 26 a EStG) wählen. Wenn danach einer der Ehegatten die damals maßgebenden Einkommensgrenzen unterschritt, erwarb dieser das Objekt als Alleineigentümer und wurde nach dem EigZulG gefördert.

§ 5 S. 2 EigZulG in der noch geltenden Fassung (seit 1.1.2004) schließt diese Möglichkeit aus. Es ist danach stets zu prüfen, ob die Ehegatten gemeinsam die Einkunftsgrenzen des § 5 unter- oder überschreiten. Die gewählte Veranlagungsform spielt keine Rolle mehr (*Zen* NWB Nr. 25 v. 14.6.2004, Fach 3, 12902).

III. Objektbeschränkung (§ 6 EigZulG)

Die Objektbeschränkung besagt, dass jeder Eigenheimzulageberechtigte nur einmal im Leben Eigenheimzulage für eine Wohnung oder ein Haus in Anspruch nehmen darf. Ehegatten insgesamt zweimal.

Steuerrecht

1. Objektverbrauch

183 Die grundsätzlichen Regelungen zum Objektverbrauch sind unverändert erhalten geblieben. Jeder darf einmal im Leben für ein Objekt die Eigenheimzulage beantragen, Ehegatten insgesamt zweimal.

2. Ehegatten-Fälle

184 Ehegatten können die Eigenheimzulage insgesamt zweimal in Anspruch nehmen. Dabei ist es gleichgültig, welcher Ehegatte der Eigentümer der Objekte ist.

185 Fielen in der Vergangenheit die Voraussetzungen der Zusammenveranlagung (§ 26 b EStG) weg, war für beide Ehegatten Objektverbrauch eingetreten.

186 Das gilt wegen des neu eingefügten § 6 Abs. 2 S. 5 EigZulG seit dem 1.1.2004 nicht mehr in den Fällen, in denen ein Ehegatte verstirbt. Dann sind zwar die Voraussetzungen der Zusammenveranlagung grundsätzlich nicht mehr gegeben. Gleichwohl ist für den überlebenden Ehegatten kein Objektverbrauch eingetreten.

3. Drittstaat

187 Der Eigenheimzulage stehen die erhöhten Absetzungen nach dem früheren § 7 b EStG und vergleichbare innerstaatliche Förderungen gleich.

188 Seit dem 1.1.2004 stehen auch steuerliche Begünstigungen von Aufwendungen für das selbstgenutzte Wohneigentum in einem anderen Staat der Eigenheimzulage gleich, führen somit zum Objektverbrauch.

IV. Folgeobjekt (§ 7 EigZulG)

189 Folgeobjekte sind solche, die während des Förderzeitraums (acht Jahre) anstelle des Erstobjekts angeschafft oder hergestellt werden. Das Folgeobjekt wird für die Jahre gefördert, die durch die Förderung des Erstobjekts noch nicht »verbraucht« sind.

190 Da Ausbauten und Erweiterungen nicht mehr gefördert werden (s. o. II) wurden diese konsequenterweise aus der Aufzählung der möglichen Folgeobjekte herausgenommen.

V. Bemessungsgrundlage (§ 8 EigZulG)

191 Bemessungsgrundlage für den Fördergrundbetrag waren bislang die Herstellungskosten oder Anschaffungskosten der Wohnung zzgl. der Anschaffungskosten für den dazugehörenden Grund und Boden (§ 8 S. 1 EigZulG a. F.). Diese Bemessungsgrundlage ist erweitert worden.

192 Anschaffungskosten die begünstigt sind liegen nicht vor, wenn die Vereinbarungen eines Darlehens zum Erwerb einer Eigentumswohnung als nicht ernst zu nehmendes Scheingeschäft zu qualifizieren sind, tatsächlich die Voraussetzungen einer mittelbaren Grundstücksschenkung vorliegen (*BFH* v. 7.11.2006, IX R 4/06, DB 2007 S. 446 = EStB 2007, 44).

1. Instandsetzung, Modernisierung

193 Seit dem 1.1.2004 gehören neben den Herstellungs- und/oder Anschaffungskosten der Wohnung zzgl. der Anschaffungskosten für den dazugehörigen Grund und Boden auch Aufwendungen für Instandsetzungs- und Modernisierungsmaßnahmen.

194 Voraussetzung ist, dass diese innerhalb von zwei Jahren nach der Anschaffung aufgewendet werden.

2. Erhaltungsaufwand

195 Zu den den Fördergrundbetrag erhöhenden Instandsetzungs- und Modernisierungsaufwendungen gehören nicht Erhaltungsaufwendungen, die jährlich üblicherweise anfallen. Mangels exakter gesetzgeberischer Definition ergibt sich hier ein weites Betätigungsfeld für die Rechtsprechung.

3. Anschaffungsnahe Aufwendungen

196 Anschaffungsnahe Aufwendungen sind solche, die innerhalb von drei Jahren nach der Anschaffung des Gebäudes/der Wohnung aufgewendet werden, wenn die Aufwendungen ohne Um-

satzsteuer 15% der Anschaffungskosten des Gebäudes übersteigen (§ 6 Abs. 1 Nr. 1 a EStG). Bislang erhöhen diese den Fördergrundbetrag. Insoweit hat sich durch die Neuregelung nichts geändert *(Zen, NWB v. 14.6.2004, Fach 3, 12904)*.

VI. Höhe der Zulage (§ 9 EigZulG)

Die Eigenheimzulage setzt sich sowohl nach altem als auch nach neuem Recht aus dem Fördergrundbetrag (§ 9 Abs. 2–4) und der Kinderzulage (§ 9 Abs. 5) zusammen, eventuell noch der sog. »Öko«-Zulage (§ 9 Abs. 3). 197

1. Fördergrundbetrag

Der Fördergrundbetrag betrug bis zum 31.12.2003 5% der Bemessungsgrundlage, maximal € 2.556,00. Für Altbauten war der Fördergrundbetrag abgesenkt auf 2,5% der Bemessungsgrundlage, maximal € 1.278,00. 198

Seit dem 1.1.2004 beträgt der Fördergrundbetrag nicht mehr 5%, sondern ein Prozent der Bemessungsgrundlage, maximal € 1.250,00. 199

Nach altem Recht konnte der maximale Fördergrundbetrag erreicht werden bei Aufwendungen i. H. v. € 51.120,00. 200

Nach neuem Recht kann die maximale Förderung i. H. v. € 1.250,00 erst erreicht werden bei Aufwendungen i. H. v. 125.000,00. 201

2. Kinderzulage

Die Kinderzulage betrug bislang pro zu berücksichtigendem Kind € 767,00 pro Jahr. Der Betrag ist auf € 800,00 seit dem 1.1.2004 aufgerundet worden. 202

VII.

Durch die Neuregelung ist für Zeiträume seit dem 1.1.2004 festgelegt, dass der Erwerb von Genossenschaftsanteilen nur dann gefördert wird, wenn der Genosse spätestens im letzten Jahr des Förderzeitraums mit der Nutzung einer Genossenschaftswohnung zu eigenen Wohnzwecken beginnt (§ 17 S. 1 n. F. EigZulG). 203

VIII. Anwendungsbereich, zeitlicher (§ 19 EigZulG)

Für die Frage, ob das alte oder das neue Recht gilt, ist in Herstellungsfällen dann, wenn ein Bauantrag erforderlich ist, der Tag der Antragstellung maßgebend. Ist nur eine Bauanzeige erforderlich, ist der Tag der Einreichung der Bauunterlagen maßgebend. Handelt es sich um ein baugenehmigungs- und anzeigefreies Objekt ist der tatsächliche Baubeginn maßgebend (Beginn der Ausschachtung, Anfuhr einer nicht unerheblichen Menge von Baumaterial). 204

In Anschaffungsfällen ist der Tag des Abschlusses des rechtswirksamen obligatorischen Kaufvertrages maßgebend. Die Einräumung lediglich einer Kaufoption reicht nicht. 205

D. Umsatzsteuer

I. Grundsätzliches

Umsatzsteuerliche Probleme im Zusammenhang mit Wohnungseigentümergemeinschaften sind nicht gegeben. Die jedenfalls teilweise gegebene Unternehmereigenschaft der Gemeinschaft (s. u. II.) wird durch die Steuerbefreiung in § 4 Nr. 13 UStG kompensiert (s. u. III.), der Haftungstatbestand des § 14 b UStG greift nicht (s. u. IV.). 206

II. Unternehmereigenschaft

Unternehmer ist, wer eine gewerbliche oder berufliche Tätigkeit selbständig ausübt (§ 2 Abs. 1 S. 1 UStG). Das Unternehmen umfasst die gesamte gewerbliche oder berufliche Tätigkeit des Unternehmers (§ 2 Abs. 1 S. 2 UStG). 207

Steuerrecht

Gewerblich oder beruflich ist jede nachhaltige Tätigkeit zur Erzielung von Einnahmen, auch wenn die Absicht, Gewinn zu erzielen fehlt oder eine Personenvereinigung nur gegenüber ihren Mitgliedern tätig wird (§ 2 Abs. 1 S. 3 UStG).

208 Jedenfalls soweit es um die Überlassung des gemeinschaftlichen Eigentums zum Gebrauch geht, um die Instandhaltung, Instandsetzung und sonstige Verwaltung sowie um die Lieferung von Wärme und ähnlichen Gegenständen, bejaht der Gesetzgeber die Unternehmereigenschaft von Wohnungseigentümergemeinschaften (Abschn. 87 UStR), befreit sie jedoch von der Umsatzsteuerpflicht (§ 4 Nr. 13 UStG). Gleichwohl ist die Unternehmereigenschaft von Wohnungseigentümergemeinschaften gegeben (*Bröder* NWB Nr. 44 v. 27.10.2003, Fach 7, 6115 ff.). Dass die Gemeinschaft am Markt nicht wie ein »typischer« Unternehmer auftritt sondern im Regelfall nur Leistungen an die Wohnungseigentümer erbringt, ist insoweit ohne Bedeutung (*Bröder* a. a. O.).

209 Soweit es sich um unternehmerisch tätige Teileigentümer als Leistungsempfänger handelt, kann auf die Steuerbefreiung verzichtet werden (§ 9 Abs. 1 UStG). Konsequenz des Verzichts ist die Vorsteuerabzugsmöglichkeit bei der Wohnungseigentümergemeinschaft, die ohne Verzicht versagt ist (§ 15 Abs. 2 S. 1 Nr. 1 UStG). Zur Erlangung des Vorsteuerabzugs beim Teileigentümer müsste die Gemeinschaft zur Umsatzsteuerpflicht optieren und ihre Leistungen dem jeweiligen Leistungsempfänger mit Mehrwertsteuerausweis in Rechnung stellen. Die Gemeinschaft selbst kann in solchen Fällen die ihr in Rechnung gestellte Umsatzsteuer als Vorsteuer vom zuständigen Finanzamt erstattet verlangen (Zum Verfahren s. *Bröder* a. a. O.).

III. Steuerbefreiung gem. § 4 Nr. 13 UStG

210 Das UStG bestimmt in § 4 Nr. 13, dass von der Umsatzsteuer befreit sind »die Leistungen, die die Gemeinschaft der Wohnungseigentümer ... an die Wohnungseigentümer und Teileigentümer erbringen, soweit die Leistungen in der Überlassung des gemeinschaftlichen Eigentums zum Gebrauch, seiner Instandhaltung, Instandsetzung und sonstigen Verwaltung sowie der Lieferung von Wärme und ähnlichen Gegenständen bestehen«. Damit ist für den Regelfall der unternehmerischen Betätigung einer Wohnungseigentümergemeinschaft die Befreiung von der grundsätzlich gegebenen Umsatzsteuerpflicht normiert.

211 Von der Befreiungsvorschrift nicht erfasst werden die Instandhaltung, Instandsetzung und Verwaltung des Sondereigentums der Mitglieder der Gemeinschaft oder des Eigentums Dritter (Abschn. 87 Abs. 2 S. 5 UStR; vgl. *Nieskoven* GStB 2006 S. 438).

IV. Haftungstatbestand § 14b UStG

212 Das Grundprinzip des deutschen Umsatzsteuerrechts ist simpel. Ein Unternehmer erbringt eine Leistung an jemanden anderen. Der Unternehmer stellt in Rechnung € 100,00 plus Umsatzsteuer (€ 19,00) = € 119,00. Der andere zahlt € 119,00. Davon behält der Unternehmer € 100,00. € 19,00 führt der Unternehmer an sein Finanzamt ab. Im Ergebnis verbleiben dem Unternehmer € 100,00.

213 Ist »der andere« selber Unternehmer und wurde die Leistung für das Unternehmen des anderen erbracht, bekommt er seinerseits € 19,00 von seinem Finanzamt zurück. Seine tatsächliche Kostenbelastung beträgt lediglich € 100,00. Ist »der andere« jedoch kein Unternehmer oder zwar Unternehmer, aber nicht zum sog. Vorsteuerabzug berechtigt, bekommt er die an den Unternehmer gezahlten € 19,00 nicht vom Finanzamt zurück. Seine tatsächliche Belastung beträgt € 119,00. Dem Fiskus verbleiben unter dem Strich € 19,00.

1. Praxisproblem: Leistender Unternehmer führt die Umsatzsteuer nicht ab

214 Um so einfacher das Prinzip, um so schwieriger die Umsetzung in der Praxis. Eines der Praxisprobleme besteht darin, dass der leistende Unternehmer (z. B. ein Bauunternehmer) vom Leistungsempfänger (z. B. einer Wohnungseigentümergemeinschaft) sein Bruttoentgelt (€ 119,00) bekommt, die im Bruttoentgelt enthaltene Umsatzsteuer (€ 19,00) jedoch nicht an sein Finanzamt abführt (z. B. wegen zwischenzeitlich eingetretener Insolvenz). Dem Fiskus entsteht ein Ausfall in Höhe der in der Rechnung ausgewiesenen Umsatzsteuer (€ 19,00).

2. Praxislösung: Der Leistungsempfänger soll zahlen

Diesem Steuerausfall will der Fiskus gegensteuern. z. B. durch einen neuen § 13 b UStG (Gesetz v. 29.12.2003, BGBl. I S. 3076). Dieser betrifft u. a. »Werklieferungen und sonstige Leistungen, die der Herstellung, Instandsetzung, Instandhaltung, Änderung ... von Bauwerken dienen ...« (§ 13 b Abs. 1 Nr. 4 UStG). Das sind z. B. Instandhaltungs- oder Instandsetzungsarbeiten am gemeinschaftlichen Eigentum einer Wohnungseigentümergemeinschaft.

Wesentlicher Inhalt des § 13 b UStG ist, dass nicht der Bauunternehmer sondern der Leistungsempfänger – im Beispiel die Wohnungseigentümergemeinschaft – die Umsatzsteuer schuldet (§ 13 b Abs. 2 UStG).

3. Nur Bauunternehmer als Leistungsempfänger schulden

Steuerschuldner ist die Wohnungseigentümergemeinschaft allerdings nur, wenn die Wohnungseigentümergemeinschaft selber Bauleistungen (»Werklieferungen und sonstige Leistungen, die der Herstellung, Instandsetzung, Instandhaltung, Änderung ... von Bauwerken dienen«) erbringt (§ 13 b Abs. 2 S. 2 UStG). Da Wohnungseigentümergemeinschaften üblicherweise selber keine Bauleistungen erbringen, sind sie tatsächlich nicht von dieser Gesetzesänderung betroffen. Letztendlich betroffen sind nur Fälle, in denen innerhalb einer Subunternehmerkette einer der Subunternehmer selber Bauunternehmer ist. Wohnungseigentümergemeinschaften sind in der Praxis meist nicht betroffen.

4. Prüfungsreihenfolge für Wohnungseigentumsverwalter

Wer sich als betroffener Wohnungseigentumsverwalter fragt, ob er die Rechnung des Bauunternehmers ohne Steuerabzug begleicht oder nicht, sollte die folgende Prüfungsreihenfolge beachten:

Wurde überhaupt ein **umsatzsteuerpflichtiger Umsatz** erbracht? Das ist dann der Fall, wenn ein Unternehmer (der Bauunternehmer) im Inland im Rahmen seines Unternehmens gegen Entgelt eine Lieferung oder sonstige Leistung erbringt (§§ 1, 3 UStG). Dazu gehören auch Werklieferungen und sonstige Leistungen – typische Leistungen eines Bauunternehmers.

Wurde eine Leistung **an die Wohnungseigentümergemeinschaft** erbracht? Das ist jedenfalls dann der Fall, wenn Leistungen (Bauarbeiten) am gemeinschaftlichen Eigentum erbracht wurden und Auftraggeber die Wohnungseigentümergemeinschaft vertreten durch den Verwalter ist. Anders sieht es aus, wenn ein Sondereigentümer selber einen Bauunternehmer für Arbeiten am/im Sondereigentum beauftragt.

Handelt es sich um eine **Werklieferung oder sonstige Leistung**, die der Herstellung, Instandsetzung, Instandhaltung, Änderung oder Beseitigung von Bauwerken dient (§ 13 b Abs. 1 S. 1 Nr. 4 UStG)? Antwort auf diese Frage gibt ein Schreiben des Bundesministers der Finanzen (BMF) vom 31.3.2004 (BStBl. 2004 I S. 453 ff.). Danach ist der Begriff »**Bauwerk**« weit auszulegen (BMF a. a. O., Tz. 7). Er umfasst nicht nur Gebäude, sondern darüber hinaus sämtliche irgendwie mit dem Erdboden verbundene oder infolge ihrer eigenen Schwere auf ihm ruhende, aus Baustoffen oder Bauteilen hergestellte Anlagen. z. B. Fertiggaragen.

Erfasst werden auch der **Einbau von Fenstern und Türen** sowie Bodenbelägen, Aufzügen, Rolltreppen und Heizungsanlagen, aber auch von Einrichtungsgegenständen, wenn sie mit einem Gebäude fest verbunden sind, z. B. Ladeneinbauten, Schaufensteranlagen oder Gaststätteneinrichtungen.

Keine Bauleistungen i. S. der neuen Vorschrift sind **Planungs- und Überwachungsleistungen**. Das BMF-Schreiben enthält insoweit einen umfangreichen Katalog (BMF a. a. O., Tz. 11, 12).

Ist die Wohnungseigentümergemeinschaft selber **Unternehmer** i. S. d. Umsatzsteuerrechts? Die Frage ist regelmäßig zu bejahen. S. dazu § 4 Nr. 13 UStG, der die typischen Leistungen einer Wohnungseigentümergemeinschaft von der Umsatzsteuer befreit. Der BMF a. a. O., Tz. 17 bestimmt insoweit, dass Wohnungseigentümergemeinschaften i. S. v. § 13 b Abs. 1 S. 1 Nr. 4 S. 1 UStG als Leistungsempfänger nicht Steuerschuldner sind, wenn diese Leistungen als nach § 4 Nr. 13 UStG steuerfreie Leistungen der Wohnungseigentümergemeinschaft an die einzelnen Wohnungseigentümer weitergegeben werden. Nach § 4 Nr. 13 UStG sind steuerbefreit u. a. die Leistungen, die in der Instandsetzung und Instandhaltung des gemeinschaftlichen Eigentums bestehen. Die immer noch nicht endgültig geklärte Frage der Unternehmereigenschaft der Wohnungs-

Steuerrecht

eigentümergemeinschaft (vgl. Rau/Dürrwächter/Flick/Geist-*Wenzel* § 4 Nr. 13 UStG Rn. 5) hat der BMF damit geschickt umgangen. Im Ergebnis führen Instandhaltungs- und Instandsetzungsarbeiten nicht zu einer Steuerschuldnerschaft der Wohnungseigentümergemeinschaft.

226 Erbringt die Wohnungseigentümergemeinschaft ihrerseits **Leistungen, die der Herstellung, Instandsetzung, Instandhaltung, Änderung oder Beseitigung von Bauwerken dienen**? Bei Bauarbeiten am gemeinschaftlichen Eigentum lautet die Antwort regelmäßig »nein«. Die Gemeinschaft lässt Leistungen an sich erbringen, erbringt aber nicht ihrerseits Leistungen an die einzelnen Wohnungseigentümer. Etwas anderes kann gelten, wenn die Gemeinschaft Arbeiten vergibt, die nur den jeweiligen Sondereigentümern zu Gute kommen (z. B. Einbau neuer Badewannen in den einzelnen Wohnungen, Beispiel nach *Sauren* Der Wohnungseigentümer 2/2004 S. 54), die zentral von der Gemeinschaft in Auftrag gegeben und anschließend von der Gemeinschaft an die einzelnen Wohnungseigentümer weiter berechnet werden.

5. Das Fazit für Wohnungseigentumsverwalter

227 Wohnungseigentümergemeinschaften – und somit Wohnungseigentumsverwalter – sind im Normalfall von der Gesetzesänderung nicht betroffen. Rechnungen von Bauunternehmern, die Arbeiten am gemeinschaftlichen Eigentum durchgeführt haben, können zu 100% bezahlt werden. Einbehalte wegen einer eventuellen Steuerschuldnerschaft der Gemeinschaft sind nicht angebracht.

6. Das Fazit für Sondereigentümer

228 Gleiches gilt für Sondereigentümer, die Arbeiten am Sondereigentum durchführen lassen. Ausnahmen können theoretisch dann gelten, wenn ein Teileigentümer, der seinerseits Bauunternehmer ist, Arbeiten an seinem Sondereigentum durchführen lässt. Ein nur in Teileigentumsfällen denkbarer Fall.

E. Sonstige Steuern

I. Grundsteuer

229 Die Grundsteuer ist eine kommunale Steuer. Das Heberecht steht den Gemeinden zu (§ 1 Abs. 1 GrStG). Steuergegenstand sind Grundstücke (§ 2 S. 1 Nr. 2 GrStG). Grundstücke i. d. S. sind auch Wohnungs- und Teileigentum (§ 68 Abs. 1 Nr. 3 BewG). Ebenso Wohnungserbbaurechte und Teilerbbaurechte (*Eisele* NWB Fach 11, 696). Berechnet wird die Grundsteuer nach einem Steuermessbetrag (§ 13 Abs. 1 GrStG). Der Steuermessbetrag wird durch Anwendung einer Steuermesszahl auf den Einheitswert ermittelt. Die Steuermesszahl beträgt 3,5‰ (§ 15 Abs. 1 GrStG). Die Absenkung auf 2,6‰ für Einfamilienhäuser gilt für Wohnungseigentum ausdrücklich nicht (§ 15 Abs. 2 Nr. 1 GrStG). Auf den so ermittelten Steuermessbetrag wendet die jeweilige Gemeinde einen Hebesatz an (Für Wohnungseigentum gilt der Hebesatz für Grundstücke – GrStB) und setzt so die Grundsteuer fest.

230 Jedes Wohnungseigentum und jedes Teileigentum gilt als ein Grundstück. Konsequenterweise ist somit jeder Wohnungseigentümer und jeder Teileigentümer Schuldner der Grundsteuer. Dies gilt unabhängig von der gemeinschaftlichen Verwaltung des Objekts (*Eisele* NWB Fach 11, 705).

231 Einen verfassungsrechtlichen Zwang, selbstgenutzte Einfamilienhäuser von der Grundsteuer auszunehmen gibt es nicht (*BFH* v. 19.7.2006, II R 81/05, NWB Nr. 38 v. 18.9.2006, Eilnachrichten Fach 1, 308 = BStBl. 2006 II S. 767). Die Entscheidung gilt auch für selbstgenutzte Eigentumswohnungen.

232 Bei strukturell bedingten Ertragsminderungen die nicht nur vorübergehend sind kommt ein Erlass der Grundsteuer in Betracht (*BVerwG* v. 24.4.2007, GmS-OGB 1.07 NWB Nr. 20 v. 14.5.2007, Eilnachrichten Fach 1, 155).

II. Grunderwerbsteuer

233 Grunderwerbsteuerlich stehen Wohnungseigentum und Teileigentum Grundstücken gleich (§ 2 Abs. 2 Nr. 3 GrEStG; *BFH* v. 15.12.1954, BStBl. 1955 III S. 53; *Hofmann* NWB Fach 8, 1339). Bemes-

sungsgrundlage für die Berechnung der Grunderwerbsteuer beim Kauf einer Eigentumswohnung ist im Normalfall der Kaufpreis (§ 9 Abs. 1 Nr. 1 GrEStG). Der Steuersatz beträgt 3,5% (§ 11 Abs. 1 GrEStG). Steuerschuldner sind Käufer und Verkäufer (§ 13 S. 1 Nr. 1 GrEStG).
Wohnungs-/Teileigentum entsteht entweder durch Teilung (§ 8 WEG) oder durch Vertrag (§ 8 WEG).
Die Entstehung durch **Teilung (§ 8 WEG)** ist grunderwerbsteuerlich ohne Bedeutung, da kein Rechtsträgerwechsel stattfindet (*Hofmann* NWB Fach 8, 1339).
Die Entstehung durch **Vertrag (§ 3 WEG)** ist grunderwerbsteuerlich von Bedeutung, wenn ein sog. »Mehrerwerb« vorliegt (*BFH* v. 30.7.1980, BStBl. 1980 II S. 667). § 7 Abs. 1 GrEStG ist insoweit entsprechend anwendbar (*Hofmann* NWB Fach 8, 1339). § 7 Abs. 1 GrEStG regelt die Grunderwerbsteuerpflicht bei der Umwandlung von gemeinschaftlichem Eigentum in Flächeneigentum.
Beim Erwerb einer Eigentumswohnung ist der gleichzeitige Erwerb eines in der Instandhaltungsrückstellung nach § 21 Abs. 5 Nr. 4 WEG angesammelten (anteiligen) Guthabens durch den Erwerber nicht in die grunderwerbsteuerrechtliche Gegenleistung einzubeziehen (*BFH* v. 9.10.1991, II R 20/89, BStBl. 1992 II S. 152). An dieser Rechtsauffassung hat sich auch durch die Teilrechtsfähigkeitsentscheidung des *BGH* (v 2.6.2005, v. z. B. 32/05, ZMR 2005 S. 547) nichts geändert (*Kahlen* Wohnungseigentumsrecht und Steuern Teil 5 Rn. 12).

III. Gewerbesteuer

1. Grundsatz
Gewerbesteuerliche Fragestellungen ergeben sich lediglich für Teileigentümer, nicht für Wohnungseigentümer. Teileigentumsrechtlich relevant sind die folgenden Vorschriften:
- § 8 S. 1 Nr. 7 GewStG: Hinzurechnung von Miet- und Pachtzinsen
- § 9 S. 1 Nr. 1 GewStG: Gewinnkürzung um 1,2 % des Einheitswerts.

Ansonsten gelten die allgemeinen gewerbesteuerlichen Regelungen.

2. Gewerblicher Grundstückshandel
Das Prinzip ist – wie üblich – simpel. Wer Gewinne aus der Veräußerung von Eigentumswohnungen erzielt, muss diese Gewinne der Einkommensteuer unterwerfen, wenn er die Gewinne im Rahmen eines steuerlichen Betriebsvermögens erzielt und kann die Gewinne einkommensteuerfrei vereinnahmen, wenn es sich bei den veräußerten Eigentumswohnungen um steuerliches Privatvermögen handelt und die Spekulationsfristen des § 23 EStG verstrichen sind.
Dazwischen gibt es jedoch eine steuerliche »Grauzone«, die schon manchen veräußernden Wohnungseigentümer teuer zu stehen gekommen ist. Rechtsprechung und Finanzverwaltung nehmen nämlich einen sog. gewerblichen Grundstückshandel an, wenn innerhalb einer bestimmten Frist eine bestimmte Anzahl von Immobilien angeschafft/veräußert wurde (Rechtsprechung und Literatur zu dieser Problematik sind inzwischen nahezu unübersichtlich. Eine sehr empfehlenswerte Zusammenstellung der Gesamtproblematik findet sich bei Schmidt-*Weber-Grellet* EStG, 26. Aufl. 2007, § 15 Rn. 46–92. Siehe auch *Obermeier*, NWB Nr. 9 v. 26.2.2007, Fach 3 S. 14379; Pelke, NWB Nr. 52 v. 27.12.2006, Fach 3 S. 14311, *Vogelsang*, Aktuelle Entwicklungen bei der Besteuerung des gewerblichen Grundstückshandels, DB 2003, 844). Abgestellt wird auf die Dauer der Nutzung vor der Veräußerung und die Zahl der veräußerten Objekte.
Nach inzwischen ständiger Rechtsprechung des BFH (vgl. *BFH* v. 18.9.2002, BStBl. 2003 II, 238 (241)) kommt ein gewerblicher Grundstückshandel in der Regel dadurch zu Stande, dass der Veräußerer eine Anzahl bestimmter Objekte (z. B. Eigentumswohnungen) zuvor gekauft oder bebaut hat und sie in engem zeitlichen Zusammenhang damit veräußert. Hat der Veräußerer mehr als drei Objekte gekauft oder errichtet und sie in engem zeitlichen Zusammenhang veräußert, so lässt dies mangels eindeutiger gegenteiliger objektiver Anhaltspunkte grundsätzlich den Schluss zu, dass bereits im Zeitpunkt des Ankaufs oder der Errichtung zumindest eine bedingte Wiederverkaufsabsicht bestanden hat (st. Rspr., vgl. *BFH* v. 23.4.1996, BFH/NV 1997, 170).
Ein enger zeitlicher Zusammenhang wird in aller Regel angenommen, wenn die Zeitspanne zwischen Errichtung und Verkauf der Objekte nicht mehr als fünf Jahre beträgt. Werden innerhalb

Steuerrecht

dieses zeitlichen Rahmens mindestens vier Objekte veräußert, so ist regelmäßig von einem gewerblichen Grundstückshandel auszugehen (*BFH* v. 23.4.1996, BFH/NV 1997, 170).

244 Bei der Abgrenzung zwischen einem Gewerbebetrieb einerseits und einer privaten Vermögensverwaltung andererseits ist auf das Gesamtbild der Verhältnisse und auf die Verkehrsanschauung abzustellen (st. Rspr. seit dem Beschluss des Großen Senats des *BFH* v. 3.7.1995, BStBl. 1995 II, 617; siehe zuletzt *BFH* v. 15.7.2004, III R 37/02, bislang n. v.).

245 Diese Rechtsprechung ist verfassungsrechtlich unbedenklich (*BVerfG* v. 16.5.1969, *HFR* 1969, 347; v. 23.10.1972, *HFR* 1972, 659; v. 6.10.2000 – 2 BvR 809/00 – (n. v.)).

246 Eine Zusammenstellung der aktuellen Rechtsprechung findet sich im Schreiben des Bundesministers der Finanzen (BMF) v. 26.3.2004 (BStBl. 2004 I, 434). Im Einzelnen gilt aktuell:

a) Grundsatz/Prüfungsreihenfolge:

247 Die Finanzverwaltung prüft zunächst, ob ein gewerblicher Grundstückshandel vorliegt. Wird dieser verneint, wird gefragt, ob ein eventueller Gewinn als Gewinn aus privaten Veräußerungsgeschäften zu versteuern ist. Sind beide Fragen zu verneinen, ist Steuerfreiheit gegeben. Es fällt weder Einkommensteuer noch Gewerbesteuer an.

(1) Bebaute/unbebaute Grundstücke:

248 Sind bebaute Grundstücke – dazu gehören auch Eigentumswohnungen – bis zur Veräußerung mindestens zehn Jahre vermietet worden, gehört grundsätzlich auch noch die Veräußerung der bebauten Grundstücke – der Eigentumswohnung(en) – zur privaten Vermögensverwaltung (*BFH* v. 6.4.1990, BStBl 1990 II, 1057).

249 Die Aufteilung eines Gebäudes in Eigentumswohnungen (i. S. d. § 8 WEG) ist für sich betrachtet allein kein Umstand, der die Veräußerung der so entstandenen Eigentumswohnungen zu einer gewerblichen Tätigkeit macht (BMF a. a. O., sub. I.1.).

(2) Beteiligung am allgemeinen wirtschaftlichen Verkehr:

250 Ein wesentliches Merkmal für die Annahme eines gewerblichen Grundstückshandels ist die Teilnahme am allgemeinen wirtschaftlichen Verkehr. Diese ist dann gegeben, wenn Kontakte zu einer Mehrzahl von Käufern vorliegen (*BFH* v. 29.3.1973, BStBl. 1973 II, 661). Die Einschaltung eines Maklers kann insoweit ausreichen (*BFH* v. 7.12.1995, BStBl. 1996, 367).

251 Werden mehrere Eigentumswohnungen verkauft, muss das Merkmal der Beteiligung am allgemeinen wirtschaftlichen Verkehr nicht bei jedem einzelnen Verkauf vorliegen (*BFH* v. 28.10.1993, BStBl. 1994 II, 463). Somit reicht es im Zweifel aus, dass nur bei einem Verkaufsvorgang ein Makler eingeschaltet wird.

b) Überschreitung der Drei-Objekt-Grenze:

252 Ein wesentliches Indiz für das Vorliegen eines gewerblichen Grundstückshandels ist das Überschreiten der Drei-Objekt-Grenze (*BFH* v. 10.12.2001, BStBl. 2002 II, 291). Die Veräußerung von mehr als drei Objekten/Eigentumswohnungen innerhalb eines Fünfjahreszeitraums ist grundsätzlich gewerblich (*BFH* v. 18.9.1991, BStBl. 1992 II, 135).

253 Dieser Fünfjahreszeitraum ist allerdings nicht als eine starre Grenze zu betrachten. Auch Objekte, die nach mehr als fünf Jahren seit Erwerb oder Errichtung veräußert werden, bleiben nicht generell außer Betracht. Eine Überschreitung des Fünfjahreszeitraums hat lediglich zur Folge, dass die von dem zeitlichen Zusammenhang ausgehende Indizwirkung verloren geht, die jedoch durch andere Indizien (z. B. Anzahl der Objekte) ersetzt werden kann (*BFH* v. 16.10.2002, BStBl. 2003 II, 245; *BFH* v. 23.1.2004, BFH/NV 2004, 781 (782)).

(1) Objekt i. S. d. Drei-Objekt-Grenze:

254 Objekt i. S. d. Drei-Objekt-Grenze sind nur Objekte, bei denen ein enger zeitlicher Zusammenhang zwischen Errichtung, Erwerb oder Modernisierung einerseits und der Veräußerung andererseits besteht. Die Finanzverwaltung geht insoweit von einem Zeitraum von zehn Jahren aus (BMF a. a. O., sub. II.1.). Das bedeutet, dass Eigentumswohnungen, die mehr als zehn Jahre vor der Veräußerung erworben wurden, bei der Beantwortung der Frage, ob die Drei-Objekt-Grenze überschritten wurde, grundsätzlich nicht mit zählen.

Auf die Größe, den Wert oder die Nutzungsart des jeweiligen Objekts kommt es nicht an (*BFH* v. 255
15.3.2000, BStBl. 2001 II, 530). Dementsprechend ist die wohnungseigentumsrechtliche Unterscheidung in Wohnungseigentum einerseits und Teileigentum andererseits steuerrechtlich ohne Bedeutung.

Selbst ein im Teileigentum stehender Garagenstellplatz stellt ein selbständiges Objekt dar, wenn 256
dieser nicht im Zusammenhang mit dem Verkauf einer Wohnung veräußert wird. Der Verkauf eines Garagenstellplatzes ist dann nicht als eigenes Objekt zu zählen, wenn dieser als Zubehörraum einer Eigentumswohnung im Zusammenhang mit dem Verkauf der Eigentumswohnung an andere Erwerber als die Käufer der Eigentumswohnung veräußert wird (*BFH* v. 18.9.2002, BStBl. 2003 II, 238 unter Bezugnahme auf *BFH*, BFHE 184, 355 = BStBl. 1998 II, 332 (333)).

Jedes zivilrechtliche Wohnungseigentum, das selbständig nutzbar und veräußerbar ist, stellt ein 257
Objekt i. S. d. Drei-Objekt-Grenze dar (*BFH* v. 16.5.2002, BStBl. 2002 II, 571; *BFH* v. 15.7.2004, III R 37/02, BStBl. 2004 II, 950).

Ausnahmsweise können mehrere Wohnungseigentumsrechte desselben Eigentümers steuer- 258
rechtlich als wirtschaftliche Einheit und damit als ein Objekt zu beurteilen sein, wenn sich der Inhaber der Wohnungseigentumsrechte schon im Zeitpunkt des Abschlusses der einzelnen Kaufverträge zur Errichtung und Übertragung einer zwei oder mehr Wohnungseigentumsrechte umfassenden einheitlichen Wohnung verpflichtet (*BFH* v. 16.5.2002 a. a. O.). Im entschiedenen Fall wurden 16 Wohnungen durch Nachtragsbaupläne zu zwei Arztpraxen und einer Wohnung zusammengefasst.

Werden jedoch erst nach Abschluss mehrerer Verträge über den Verkauf jeweils eigenständiger 259
Eigentumswohnungen im Hinblick auf eine beabsichtigte Verwendung dieser Wohnungen als Einheit abweichende Wünsche nach einer baulichen Umgestaltung geltend gemacht und verwirklicht, so vermögen diese erst später eingetretenen Umstände nicht mehr die rechtliche Qualifizierung der bereits zuvor entfalteten Aktivitäten als eines gewerblichen Grundstückshandels rückwirkend wieder zu beseitigen (*BFH* v. 16.5.2002 a. a. O.). Im entschiedenen Fall wurden die 16 Wohnungen erst verkauft und anschließend zu Arztpraxen zusammengefasst.

Auch die Behauptung, es habe ursprünglich keine Veräußerungsabsicht bestanden, diese sei erst 260
später gefasst worden, hilft regelmäßig nicht weiter. Der BFH stellt auf irgendwann einmal schon gegebene Beweisanzeichen ab, die auf eine jedenfalls bedingte Veräußerungsabsicht schließen lassen (vgl. *BFH* v. 15.7.2004, III R 37/02 m. w. N., bislang n. v.).

(2) Geschenktes/geerbtes Wohnungseigentum:

Unentgeltlich erworbenes Wohnungseigentum zählt bei der Bestimmung der Drei-Objekt-Grenze 261
mit (BMF a.a.O., sub. II.1.b)). Für die Frage des zeitlichen Zusammenhangs zwischen Anschaffung und Veräußerung ist allerdings auf die Anschaffung oder Herstellung durch den Rechtsvorgänger (Schenker/Erblasser) abzustellen (BMF a. a. O., sub. I.1.b)). Im Ergebnis bedeutet dies, dass die von Vater oder Mutter geerbte Eigentumswohnung regelmäßig ohne Angst vor Überschreitung der Drei-Objekt-Grenze veräußert werden kann.

Voraussetzung ist allerdings (vgl. *BFH* v. 18.9.2002, BStBl. 2003 II, 238 (242/243) mit umfangrei- 262
chen Rechtsprechungsnachweisen), dass die unentgeltlichen Übertragungen nach den Grundsätzen über die steuerliche Anerkennung von Verträgen zwischen nahen Angehörigen anzuerkennen sind, nicht auf Strohmann-/Scheingeschäften i. S. d. § 41 Abs. 2 AO beruhen und keinen Missbrauch rechtlicher Gestaltungsmöglichkeiten i. S. d. § 42 AO darstellen.

(3) Zu eigenen Wohnzwecken genutztes Wohnungseigentum:

In die Bestimmung der Drei-Objekt-Grenze nicht einzubeziehen ist zu eigenen Wohnzwecken ge- 263
nutztes Wohnungseigentum. Dieses gehört regelmäßig zum notwendigen Privatvermögen (*BFH* v. 16.10.2002, BStBl. 2003 II, 245). Insbesondere wenn es auf die eigenen Wohnbedürfnisse zugeschnitten wird, z. B. durch den Anbau eines Wintergartens (*BFH* v. 16.10.2002, BStBl. 2003 II, 245 (248)).

Das gilt nicht, wenn eine zur Veräußerung bestimmte Eigentumswohnung nur vorübergehend zu 264
eigenen Wohnzwecken genutzt wird (*BFH* v. 11.4.1989, BStBl. 1989 II, 621). Was »vorübergehend« ist, ist nicht eindeutig definiert. Jedenfalls eine Nutzung zu eigenen Wohnzwecken über einen

Steuerrecht

Zeitraum von sieben Jahren reicht aus, um eine vermutete Veräußerungsabsicht und damit einen gewerblichen Grundstückshandel bezogen auf diese Eigentumswohnung auszuschließen (*BFH* v. 16.10.2002, BStBl. 2003 II, 245 (248) unter Hinweis auf BFH, BStBl. 2002 II, 291).

265 In Vermietungsfällen verneint die Rechtsprechung des BFH regelmäßig die ansonsten angenommene Veräußerungsabsicht, wenn langfristige Vermietungen eine Veräußerung erschweren. »Langfristig« in diesem Sinne ist ein Zeitraum von mehr als fünf Jahren (vgl. zuletzt *BFH* v. 15.7.2004, III R 37/02, BStBl. 2004 II, 950). Es steht zu erwarten, dass dieser Fünfjahreszeitraum künftig auch auf Selbstnutzungsfälle angewendet wird.

(4) Veräußerungen durch Ehegatten:

266 Bei Ehegatten ist eine Zusammenfassung der Grundstücksaktivitäten regelmäßig nicht zulässig. Das bedeutet, dass jeder Ehegatte bis zu drei Objekte im Rahmen der – privaten, steuerlich irrelevanten – Vermögensverwaltung veräußern kann ohne einen gewerblichen Grundstückshandel zu begründen (*BMF* a. a. O., sub II.1.e)).

267 Das gilt nicht, wenn die Ehegatten nicht nur in ehelicher Verbundenheit agieren, sondern z. B. eine Gesellschaft bürgerlichen Rechts gründen, in die sie ihre Grundstücksaktivitäten einbringen (*BFH* v. 24.7.1986, BStBl. 1986 II, 913).

(5) Beteiligung an Grundstücksgesellschaften:

268 Gerade wenn es um Wohnungs-/Teileigentum geht, schließen sich oftmals mehrere Personen zusammen, um eine Immobilie zu erwerben, zu bebauen, aufzuteilen (§ 8 WEG) und zu veräußern. In solchen Fällen ist zunächst zu prüfen, ob der Zusammenschluss als solcher einen gewerblichen Grundstückshandel betreibt (BMF a. a. O., sub. II.2.g)). Handelt es sich bei dem Zusammenschluss um einen gewerblichen Grundstückshandel, sind die Veräußerungen einzelner Eigentumswohnungen durch den Zusammenschluss – regelmäßig Gesellschaften bürgerlichen Rechts – den Beteiligten zuzurechnen, wenn diese selber noch Veräußerungen außerhalb des Zusammenschlusses vornehmen.

269 Voraussetzung für die Zurechnung ist, dass der einzelne Gesellschafter an der jeweiligen Gesellschaft zu mindestens zehn Prozent beteiligt ist oder aber – wenn die Zehn-Prozent-Grenze nicht überschritten wird – dass der Gesellschaftsanteil mindestens € 250.000,00 wert ist (BMF a. a. O., sub. II.1.g)).

c) Gewerblicher Grundstückshandel ohne Überschreitung der Drei-Objekt-Grenze:

270 Auch ohne Überschreitung der Drei-Objekt-Grenze kann ein gewerblicher Grundstückshandel gegeben sein, wenn (BMF a. a. O., sub. III. 1.) das Grundstück mit einem darauf vom Verkäufer zu errichtenden Gebäude bereits vor seiner Fertigstellung verkauft wird; das Grundstück von vornherein auf Rechnung und nach den Wünschen des Erwerbers bebaut wird; ein Steuerzahler bereits während der Bauzeit einen Makler mit dem Verkauf des Objekts beauftragt; schon vor Fertigstellung ein Vorvertrag mit einem künftigen Erwerber geschlossen wird; unmittelbar nach dem Erwerb eines Grundstücks mit dessen Bebauung begonnen und das Grundstück unmittelbar nach Abschluss der Bauarbeiten veräußert wird.

271 Insoweit (gewerblicher Grundstückshandel ohne Überschreitung der Drei-Objekt-Grenze) gehen Finanzverwaltung und Finanzrechtsprechung konform. Auch nach Ansicht des BFH stellt die Drei-Objekt-Grenze »keine Mindestgrenze in Bezug auf das Tatbestandsmerkmal der Nachhaltigkeit dar« (*BFH* v. 18.9.2002, BStBl. 2003 II, S. 238 (241)).

272 Insbesondere bei Angehörigen der Immobilienbranche (Architekten, Bauunternehmer, Immobilienmakler, Wohnungseigentumsverwalter) spielt die Drei-Objekt-Grenze in der Praxis kaum eine Rolle.

273 Exemplarisch insoweit eine Entscheidung des *Sächsischen FG* (Urteil v. 11.4.2002, 2 K 2450/99) im Fall eines Immobilienmaklers: »Ein Grundstücksmakler, der zur Abwicklung von ... An- und Verkaufsgeschäften in den Kaufverträgen seinen Geschäftssitz angibt, die finanzielle Abwicklung, Finanzierung und Beplanung über das Geschäftskonto laufen lässt und die Grundstücke zudem zur Absicherung betrieblicher Kontokorrentlinien einsetzt, handelt unabhängig von der Anzahl der veräußerten Objekte auch dann mit bedingter gewerblicher Veräußerungsabsicht,

wenn vorgetragen wird, die Grundstücksankäufe hätten zum Erwerbszeitpunkt der individuellen Vermögensvorsorge ... gedient. Dies gilt auch dann, wenn die im Zusammenhang mit dem Grundstück stehenden Zahlungen in der betrieblichen Buchhaltung als Privatentnahmen behandelt werden«.

3. Das Fazit für veräußerungswillige Wohnungseigentümer

Wer sein Wohnungseigentum veräußern will und in den letzten Jahren schon mehrfach Immobiliengeschäfte getätigt hat – gleichgültig, ob es sich um bebaute oder unbebaute Grundstücke handelte, um Ein-, Zwei- oder Mehrfamilienhäuser, um Eigentumswohnungen oder Anteile an Grundstücksgesellschaften –, sollte vor dem Abschluss des notariellen Vertrages nicht nur Rücksprache mit seinem Rechtsanwalt sondern auch mit seinem dahingehend versierten Steuerberater halten. Die Steuerfalle »gewerblicher Grundstückshandel« mit einkommensteuerlichen und gewerbesteuerlichen Konsequenzen droht. 274

IV. Erbschaft- und Schenkungsteuer

Wird Wohnungseigentum unentgeltlich übereignet, liegt ein entweder erbschaft- oder schenkungssteuerlich relevanter Vorgang vor. Es greifen die Regeln des ErbStG (zuletzt geändert durch das Haushaltsbegleitgesetz 2003, BGBl. I 2003 S. 3076). 275

Das BVerfG hat die Besteuerung in der bisherigen Fassung für die Zukunft für verfassungswidrig erklärt, soweit es um die unterschiedliche Besteuerung von Immobilien im Privatvermögen einerseits und Immobilien im Betriebsvermögen andererseits geht (*BVerfG* v. 7.11.2006, 1 BvL 10/02, BStBl. 2007 II S. 192 = DStR 2007, S. 235 = NJW 2007 S. 573). Die Finanzverwaltung setzt seit dem Erbschaft- und Schenkungsteuer nur vorläufig fest (gleich lautende Erlasse der obersten Finanzbehörden der Länder v. 19.3.2007, 3 – S 0338/51, BStBl. 2007 I S. 228). 276

1. Steuerpflichtige Vorgänge

Der Erbschaft-/Schenkungsteuer unterliegen der Erwerb von Todes wegen (§ 1 Abs. 1 Nr. 1 ErbStG) und die Schenkung unter Lebenden (§ 1 Abs. 1 Nr. 2 ErbStG). 277

Als **Erwerb von Todes** wegen gilt der Erwerb durch Erbanfall (§ 1922 BGB), der Erwerb durch ein Vermächtnis (§§ 2147 ff. BGB), der Erwerb auf Grund eines geltend gemachten Pflichtteilsanspruchs (§§ 2303 ff. BGB), der Erwerb durch Schenkung auf den Todesfall (§ 2301 BGB). Besonderheiten gelten für Zugewinngemeinschaften (§ 5 ErbStG: Steuerfreiheit des Zugewinnausgleichs) und für Fälle der Vor-/Nacherbschaft (§ 6 ErbStG: Zwei getrennt zu beurteilende Erbfälle). 278

unbesetzt 279

Als **Schenkung unter Lebenden** gilt jede freigebige Zuwendung unter Lebenden, soweit der Bedachte durch sie auf Kosten des Zuwendenden bereichert wird. 280

2. Bewertung des Erwerbs

Grundbesitz ist mit dem Grundbesitzwert anzusetzen (§ 12 Abs. 3 ErbStG). Grundbesitz i. S. d. § 12 ErbStG sind auch Wohnungseigentum und Teileigentum (§ 68 Abs. 1 Nr. 3 BewG). Maßgebend ist der Einheitswert (§ 19 BewG). 281

3. Steuerklassen

Wie hoch die zu zahlende Erbschaft- oder Schenkungssteuer ist, richtet sich u. a. danach, in welche Steuerklasse der Erbe/Beschenkte einzuordnen ist. Das ErbStG unterscheidet drei Steuerklassen: 282
- **Steuerklasse I**: Eltern, Ehegatten, Kinder, Enkel, Urenkel
- **Steuerklasse II**: Geschwister, Nichten, Neffen, Schwiegerkinder, Schwiegereltern, geschiedene Ehegatten
- **Steuerklasse III**: übrige Erwerber.

4. Steuersätze

Die Erbschaft-/Schenkungsteuer wird nach folgenden Prozentsätzen erhoben (§ 19 Abs. 1 ErbStG): 283

Steuerrecht

Wert des steuerpflichtigen Erwerbs (§ 10) bis einschließlich ... Euro	Vomhundersatz in der Steuerklasse		
	I	II	III
52.000	7	12	17
256.000	11	17	23
512.000	15	22	29
5.113.000	19	27	35
12.783.000	23	32	41
25.565.000	27	37	47
25.565.000	30	40	50

5. Freibeträge

284 Erbschaften/Schenkungen werden durch recht großzügig bemessene Steuerfreibeträge begünstigt. Die Freibeträge sind so hoch, dass eine Standart-Eigentumswohnung ohne erbschaft-/schenkungsteuerliche Belastung vererbt/verschenkt werden kann. Es ist zwischen dem steuerlichen Privatvermögen und dem steuerlichen Betriebsvermögen zu unterscheiden.

a) Steuerliches Privatvermögen

285 Die Freibeträge betragen (§ 16 Abs. 1 ErbStG)
- □ für **Ehegatten** € 307.000,00
- □ für **Kinder** € 205.000,00
- □ für sonstige Personen der Steuerklasse I (z. B. **Enkel, Eltern**) € 51.200,00
- □ für Personen der Steuerklasse II (z. B. **Geschwister, Nichten, Neffen**) € 10.300,00
- □ für Personen der Steuerklasse III (alle, die nicht in Klasse I oder II fallen) € 5.200,00

286 In Erbfällen erhalten überlebende **Ehegatten** darüber hinaus einen zusätzlichen Versorgungsfreibetrag in Höhe von € 256.000,00, der allerdings um den kapitalisierten Wert eventueller Versorgungsbezüge gemindert wird (§ 17 Abs. 1 ErbStG).

287 Ebenfalls nur in Erbfällen können auch **Kinder** einen zusätzlichen Versorgungsfreibetrag erhalten, der je nach Alter des Kindes im Erbzeitpunkt von € 52.000,00 bis € 10.300,00 gestaffelt ist (§ 17 Abs. 2 ErbStG).

b) Steuerliches Betriebsvermögen

288 Wohnungs- oder Teileigentum im steuerlichen Betriebsvermögen erfährt eine zusätzliche Förderung. Steuerliches Betriebsvermögen bleibt im Regelfall bis zu einem Wert von € 225.000,00 (seit 1.1.2004) außer Ansatz (§ 13 a Abs. 1 ErbStG). Der danach noch verbleibende Wert ist lediglich mit 65 Prozent (seit 1.1.2004) anzusetzen (§ 13 a Abs. 2 ErbStG).

V. §§ 48 ff. EStG

289 Seit dem 1.1.2002 gilt die sog. Bauleistungssteuer. Geregelt in §§ 48 ff. EStG. Ziel ist die Sicherung des Steueraufkommens, das sich daraus ergibt, dass auch Bauunternehmer Lohnsteuer, Einkommensteuer oder Körperschaftsteuer zahlen müssen. Durchgesetzt werden soll dieses Ziel dadurch, dass Bauherren auf die Rechnung des Bauunternehmens lediglich 85% zahlen. Die restlichen 15% führt der Bauherr an das Finanzamt des Bauunternehmers ab. Dies rechnet die Zahlung des Bauherrn auf die Steuerschuld des Bauunternehmers an.

290 Das Prinzip ist simpel, die tatsächliche Durchführung extrem verwaltungsintensiv. Insbesondere, wenn auf Seite des Bauherren eine Wohnungs-/Teileigentümergemeinschaft beteiligt ist. Einzelheiten regelt ein Schreiben des Bundesministers der Finanzen (BMF) v. 27.12.2002 (BStBl. 2002 I S. 1399).

Steuerrecht

1. Bauherr
Bei Wohnungs-/Teileigentümergemeinschaften ist bezüglich der Frage, wer Bauherr und damit steuerabzugspflichtig ist zu unterscheiden. Und zwar danach, ob Arbeiten am Sondereigentum oder am Gemeinschaftseigentum durchgeführt werden.

Bei Bauleistungen am Sondereigentum ist der jeweilige Sondereigentümer abzugspflichtig, bei Bauleistungen am Gemeinschaftseigentum die Gemeinschaft. Im letzten Fall obliegt die Abzugsverpflichtung dem Verwalter (§ 27 Abs. 2 Nr. 2 WEG).

2. Bauleistungen
Bauleistungen sind alle Leistungen, die der Herstellung, Instandsetzung oder Instandhaltung, Änderung oder Beseitigung von Bauwerken dienen. Dazu gehören nicht ausschließlich planerische Leistungen (z. B. von Statikern, Architekten, Garten- und Innenarchitekten, Vermessungs-, Prüf- und Bauingenieuren), Labordienstleistungen (z. B. chemische Analyse von Baustoffen) oder Leistungen zur Bauüberwachung, zur Prüfung von Bauabrechnungen und zur Durchführung von Ausschreibungen und Vergaben.

Auch bloße Reinigungsarbeiten (Fensterputzer) sind keine Bauleistungen i. S. d. §§ 48 ff. EStG. Anderes gilt bei Abschleifungen oder Abstrahlungen der Gebäudeoberfläche.

Die Anlegung von Bepflanzungen ist keine Bauleistung – es sei denn, es findet eine Dachbegrünung statt. Diese führt zur Abzugsverpflichtung.

3. Vorlage einer Freistellungsbescheinigung
Legt der Bauunternehmer eine sog. Freistellungsbescheinigung vor, kann die Rechnung des Bauunternehmers ohne Einbehalt von 15% der Rechnungssumme gezahlt werden. Die Freistellungsbescheinigung wird dem Bauunternehmer von dessen Finanzamt erteilt, wenn er seinen steuerlichen Verpflichtungen nachgekommen ist.

Die Freistellungsbescheinigung kann gewerkebezogen oder für einen bestimmten Zeitraum erteilt werden. Im ersten Fall muss dem Bauherrn das Original vorgelegt werden, im zweiten Fall eine Kopie. Die Kopie muss vom Bauherrn (Sondereigentümer/Verwalter stellvertretend für die Gemeinschaft) darauf hin überprüft werden, ob sie mit einem Dienstsiegel versehen ist und eine Sicherheitsnummer trägt. Bei Zweifeln bezüglich der Echtheit kann Rückfrage gehalten werden beim Bundesamt für Finanzen (www.bff.online.de).

4. Unterlassen des Steuerabzugs
Vom Steuerabzug kann abgesehen werden, wenn eine Freistellungsbescheinigung vorgelegt wird (s. o. 3.) oder wenn die sog. Bagatellregelung greift. Die Bagatellregelung besagt, dass die Rechnung des Bauunternehmers dann zu 100% an den Bauunternehmer gezahlt werden darf, wenn die Rechnungen des Bauunternehmers an den Sondereigentümer bzw. die Gemeinschaft für das fragliche Jahr € 5.000,00 nicht übersteigen.

Die Freigrenze von € 5.000,00 erhöht sich auf € 15.000,00, wenn der Bauherr nicht mehr als zwei Wohnungen vermietet. Das ist dann der Fall, in dem ein Kapitalanleger seine Wohnungen vermietet hat und er nicht mehr als zwei Wohnungen sein eigen nennt. Gleichgültig, ob die zwei Wohnungen in einer oder in zwei verschiedenen Anlagen belegen sind. Unentgeltlich überlassene Wohnungen – z. B. an studierende Kinder – zählen nicht mit. Für Teileigentümer greift diese Regelungen nicht, weil sie ausdrücklich auf Wohnungen beschränkt ist. Für Arbeiten am Gemeinschaftseigentum greift die Zwei-Wohnungs-Regelung ebenfalls nicht.

5. Einbehaltung und Abführung des Abzugsbetrags
Die Einbehaltung ist unproblematisch. Der Bauunternehmer bekommt lediglich 85% des Rechnungsbetrages (ggf. abzüglich Sicherungseinbehalte) überwiesen.

Die Abführung setzt eine Anmeldung voraus. Den dazu vorgeschriebenen Vordruck bekommen Wohnungseigentümer/Wohnungseigentumsverwalter bei jedem Finanzamt. Der Vordruck muss abgegeben werden beim Finanzamt des Bauunternehmers. Dessen Anschrift erfahren Sie vom Bauunternehmer (oder im Internet unter www.finanzamt.de). Zuständig ist das Betriebsstätten-Finanzamt des Bauunternehmers, nicht dessen Wohnsitzfinanzamt.

Steuerrecht

302 Die Anmeldung muss bis zum 10. des Monats, der dem Zahlungs-/Einbehaltungsmonat folgt, erfolgen. Sie muss vom Sondereigentümer/Verwalter unterschrieben sein. Die Zahlung muss ebenfalls bis zum 10. des Folgemonats erfolgen (also zeitgleich mit der Anmeldung).

6. Haftungsrisiken

303 Ist der Steuerabzug nicht ordnungsgemäß durchgeführt worden (rechnerisch richtige und fristgerechte Einbehaltung, Anmeldung, Abführung), haftet der Bauherr (der Sondereigentümer, die WEG-Gemeinschaft) für den nicht oder zu niedrig abgeführten Abzugsbetrag (§ 48 a Abs. 3 S. 1 EStG). Insoweit ergeben sich Haftungsprobleme für den WEG-Verwalter.

VI. Zweitwohnungssteuer

304 Zweitwohnungssteuern werden auf kommunaler Ebene auf Satzungsbasis erhoben. Bekannt geworden sind zwei Modelle:
- ☐ einmal das in Baden-Württemberg und in Niedersachsen anzutreffende »**Überlinger Modell**« (maßgebend für die Berechnung der Steuerschuld ist die übliche Miete),
- ☐ zweitens das »**Timmendorfer Modell**« (maßgebend für die Berechnung der Steuerschuld ist die Jahresrohmiete).

305 Einen Sonderfall stellt die **Hamburgische Zweitwohnungsteuer** dar, die seit dem 1.1.1993 auf Grund des »Gesetzes zur Einführung der Zweitwohnungsteuer und Änderung melderechtlicher Vorschriften« (GVBl HA 1992 S. 330) erhoben wird. Diese knüpft an die melderechtlichen Bestimmungen des Landes Hamburg an. Einzelheiten zu den Bestimmungen des Gesetzes, insbesondere zu den Berechnungs-, Festsetzungs- und Verfahrensvorschriften bei *Koops/Möhrle* BB 1994 S. 121.

306 Für Wohnungen, die lediglich der **Kapitalanlage** dienen, darf eine Zweitwohnungssteuer nicht erhoben werden (*OVG NW* v. 23.4.1993, KStZ 1994 S. 12). Wohnungen dienen nicht lediglich der Kapitalanlage, wenn die Wohnung für einen nicht unerheblichen Zeitraum eines Jahres für die eigene Erholung oder für die Erholung von Angehörigen verwendet wird. Die bloß theoretische Möglichkeit der Eigennutzung befreit nicht von der Zweitwohnungssteuer (*BVerwG* v. 10.10.1995, BStBl. 1996 II S. 37).

307 Ausführlich zur Zulässigkeit und Erhebung einer Zweitwohnungsteuer *George* NWB Fach 12, 243 ff.

308 Zweitwohnungssteuern sind **verfassungskonform** (*BFH* v. 5.3.1997, BStBl. 1997 II S. 469 und *BFH* v. 5.3.1997, BFHE 182, 249; *BVerfG* v. 6.12.1983, BStBl. 1984 II S. 72). Allerdings wird der grundgesetzlich garantierte Schutz der Ehe verletzt, wenn Eheleute, die aus beruflichen Gründen zwei Wohnungen inne haben, mit der Zweitwohnungsteuer belastet werden (*BVerwG* v. 11.10.2005, 1 BvR 1230/00; 1 BvR 2627/03; *Kanzler* NWB Fach 12, 267).

309 Vor dem VG Schleswig-Holstein ist ein Verfahren anhängig, in dem geltend gemacht wird, dass die Zweitwohnungsteuer an sich verfassungswidrig ist, da sie nicht an die persönliche Leistungsfähigkeit anknüpft (NWB Nr. 41 v. 9.10.2006, 3435).

310 Gezahlte Zweitwohnungssteuern sind mit dem auf die Vermietung der Wohnung an wechselnde Feriengäste entfallenden zeitlichen Anteil als **Werbungskosten** abziehbar (*BFH* IX R 58/01, BStBl. II 2003 S. 287).

VII. Zinsabschlagsteuer

311 Zur ordnungsmäßigen Verwaltung einer Wohnungseigentumsanlage gehört die »Ansammlung einer angemessenen Instandhaltungsrückstellung« (§ 21 Abs. 5 Ziff. 4 WEG). Dies erfolgt i. d. R. durch monatliche Zahlungen der Wohnungs-/Teileigentümer, die der Verwalter entgegennimmt (§ 27 Abs. 1 Nr. 5 WEG). Es handelt sich um Gelder der Wohnungs-/Teileigentümer, die der Verwalter »von seinem Vermögen gesondert zu halten« hat (§ 27 Abs. 5 S. 1 WEG). Der Verwalter legt die entgegen genommenen Gelder unter Beachtung von Rentabilitäts- und Liquiditätsaspekten (*Merle* in: Bärmann/Pick/Merle, 9. Aufl., § 21 Rn. 167.) an. Die Erträge aus der Anlage stehen der Gemeinschaft zu. Es handelt sich i. d. R. um Kapitalerträge i. S. d. § 20 EStG.

Kapitalerträge sind i. d. R. kapitalertragsteuerpflichtig (§ 43 ff. EStG). Der Zinsabschlag beträgt re- 312
gelmäßig 25 v. H. / 30 v. H.) (§ 43 a Abs. 1 Nr. 1 und 3 EStG – je nach Art der Anlage). Die Kapital-
ertragsteuer (allgemein Zinsabschlagsteuer – ZASt – genannt) wird vom jeweilgen Finanzinstitut
(Bank, Versicherung) einbehalten und an die Finanzverwaltung abgeführt. Für den Gläubiger der
Kapitalanlage handelt es sich um eine Vorauszahlung auf die persönliche Einkommensteuerschuld des jeweiligen Kalenderjahres (§ 36 Abs. 2 Nr. 2 EStG). Die Vorauszahlung wird nur
dann auf die persönliche Einkommensteuerschuld angerechnet, wenn das Finanzinstitut eine Bescheinigung über den Einbehalt und die Abführung der ZASt erteilt (§ 45 a Abs. 2 EStG). In der
Praxis wird diese Bescheinigung dem Kontoinhaber erteilt. Kontoinhaber ist oft der Wohnungseigentumsverwalter – nicht der einzelne Wohnungs-/Teileigentümer.

Dies bedeutet, dass dem einzelnen Wohnungs-/Teileigentümer zwar anteilige Erträge aus der an- 313
gesammelten Instandhaltungsrückstellung zustehen, er jedoch mangels auf seinen Namen ausge-
stellter Bescheinigung die darauf entfallende ZASt nicht auf seine persönliche Einkommensteuerschuld anrechnen kann.

Theoretisch könnte man dieses Problem lösen, indem eine Erklärung zur einheitlichen und geson- 314
derten Feststellung der Kapitalerträge abgegeben wird (§ 180 Abs. 1 Nr. 2 lit. a AO). Die insgesamt erzielten Erträge müssten erklärt und belegt werden. Das zuständige Finanzamt würde
durch Bescheid die anzurechnende ZASt für jeden einzelnen Wohnungs-/Teileigentümer festsetzen. Dass dies – angesichts oft nur minimaler Erträge und manchmal hunderter Beteiligter – einen
überflüssigen Verwaltungsaufwand darstellen würde, hat auch die Finanzverwaltung erkannt.

Die Oberfinanzdirektion (*OFD*) Frankfurt legte fest. (Verfügung v. 17.11.1985 – S 2401 A – 7 – St II 315
11 –, StEK EStG § 40 Rn. 82.), dass es ausreicht, wenn
- der Verwalter die insgesamt erzielten Kapitalerträge nach dem Verhältnis der Miteigentumsanteile aufteilt,
- diese Aufteilung dem jeweiligen Miteigentümer mitteilt
- und der Mitteilung eine Kopie der Steuerbescheinigung des jeweiligen Kreditinstituts beifügt.

Wenn der jeweilige Wohnungs-/Teileigentümer diese Mitteilung des Verwalters samt kopierter 316
Steuerbescheinigung seinem Finanzamt vorlegt, kann er die auf seinen Miteigentumsanteil entfallende ZASt von seiner persönlichen Einkommensteuerschuld abziehen. Ebenso schon BMF
v. 18.12.1992 (BStBl 1993 I S. 58).

Außerdem könnte dieser Aufwand vermieden werden, in dem der Wohnungs-/Teileigentümer- 317
gemeinschaft eine sog. Nicht-Veranlagungsbescheinigung (NV-Bescheinigung) erteilt würde.
Dann würde die ZASt erst gar nicht erhoben – das Anrechnungsproblem würde sich nicht stellen.
Die Erteilung einer NV-Bescheinigung für Wohnungs-/Teileigentümergemeinschaften lehnt die
Finanzverwaltung jedoch ab (*OFD Kiel* v. 21.4.1999 – S 2904 A – St 141 –, in: DStR 1999, 1903).

Mancher Wohnungseigentümer/Verwalter sieht sich in der Praxis mit Finanzbeamten konfron- 318
tiert, die trotz der Anweisung der *OFD Frankfurt* v. 17.11.1995 eine Erklärung zur einheitlichen
und gesonderten Feststellung verlangen. Diese sollten auf ein Schreiben des BMF v. 5.11.2002
(BStBl. 2002 I S. 1346 ff., Tz. 43) verwiesen werden, wonach von einer gesonderten und einheitlichen Feststellung der Besteuerungsgrundlagen gemäß § 180 Abs. 3 S. 1 Nr. 2 AO abgesehen werden kann, wenn es sich um einen »Fall von geringer Bedeutung« handelt. Insoweit besteht Argu-
mentationsspielraum.

F. Sonstiges

Versteckt im »Gesetz zur Intensivierung der Bekämpfung der Schwarzarbeit und damit zusam- 319
menhängender Steuerhinterziehung (SchwarzArbG) vom 23. Juli 2004 (BGBl. 2004 I S. 1842 ff.)
hat der Gesetzgeber neue Rechnungsaufbewahrungsvorschriften normiert, bei deren Verletzung
ein Bußgeld droht. Bedroht ist i. d. R. der Wohnungseigentumsverwalter, in manchen Fällen aber
auch der einzelne Wohnungseigentümer. Sanktioniert wird regelmäßig der Wohnungseigentumsverwalter. Im Einzelnen:

Steuerrecht

I. Aufbewahrungspflichten

320 § 14 Abs. 2 Ziff. 1 UStG in der Fassung des SchwarzArbG bestimmt, dass Unternehmer, die steuerpflichtige Werklieferungen erbringen, die im Zusammenhang mit einem Grundstück stehen (= Bauunternehmer), innerhalb von sechs Monaten nach Ausführung der Leistung eine Rechnung ausstellen müssen.

321 Das bedeutet, dass in den Fällen, in denen z. B. Instandhaltungs- oder Instandsetzungsarbeiten am gemeinschaftlichen Eigentum vorgenommen wurden, dem Leistungsempfänger eine Rechnung auszustellen ist. Leistungsempfänger ist im Regelfall die Wohnungseigentümergemeinschaft – vertreten durch den Verwalter.

322 »Der Unternehmer« hat Rechnungen, die er erhalten hat, zehn Jahre aufzubewahren (§ 14b Abs. 1 S. 1 UStG in der seit dem 1.1.2004 geltenden Fassung, BGBl. 2003 I S. 2645).

1. Wohnungseigentümergemeinschaften

323 Wohnungseigentümergemeinschaften sind Unternehmer i. S. d. § 2 UStG. Somit sind Rechnungen für Arbeiten im Zusammenhang mit einem Grundstück schon nach bisherigem Recht zehn Jahre aufzubewahren.

324 Neu ist, dass die nicht erfolgte Aufbewahrung mit einer Geldbuße bis zu € 5.000,00 geahndet wird (§ 26a Abs. 2 UStG n. F.).

325 Antwort auf die Frage, was »Leistungen im Zusammenhang mit einem Grundstück« sind, gibt ein zu § 13b UStG n. F. ergangenes Schreiben des BMF vom 31. März 2004 (BGBl. 2004 I S. 453 ff.), das zum Begriff »Bauwerk« Stellung nimmt. Bauwerke sind jedenfalls »Gebäude«. Diese sind zivilrechtlich Bestandteile eines Grundstücks (§ 94 BGB). Somit sind Bauleistungen im Zusammenhang mit einem Bauwerk auch »Leistungen im Zusammenhang mit einem Grundstück«.

326 Danach werden erfasst:
- Alle **Werklieferungen** (Bauarbeiten im weitesten Sinne) und sonstigen Leistungen, die der Herstellung, Instandsetzung, Instandhaltung, Änderung oder Beseitigung von Bauwerken dienen. Der Begriff des Bauwerks ist weit auszulegen (BMF a. a. O., Tz. 7).
- Auch der **Einbau von Fenstern und Türen** sowie Bodenbelägen, Aufzügen, Rolltreppen und Heizungsanlagen, aber auch von Einrichtungsgegenständen, die mit einem Gebäude fest verbunden sind, wie z. B. Ladeneinbauten, Schaufensteranlagen, Gaststätteneinrichtungen (relevant für Teileigentumseinheiten) werden erfasst. Schon die Installation einer Einbauküche in einer Wohnungseigentumseinheit kann ausreichen. Gleiches gilt für Balkonsanierungen, Dachfenstereinbauten und Plattierungsarbeiten.
- **Künstlerische Leistungen** an Bauwerken gehören ebenfalls dazu, wenn sie sich unmittelbar auf die Substanz auswirken und der Künstler auch die Ausführung des Werks als eigene Leistung schuldet (BMF a. a. O., Tz. 9), z. B. bei Fassadengestaltungen.
- **Planungs- und Überwachungsleistungen** wie z. B. Leistungen von Statikern, Architekten, Garten- und Innenarchitekten, Vermessungs-, Prüf- und Bauingenieurleistungen, Labordienstleistungen (z. B. chemische Analyse von Baustoffen) oder reine Leistungen zur Bauüberwachung, zur Prüfung von Bauabrechnungen und zur Durchführung von Ausschreibungen und Vergaben werden lt. BMF v. 31.3.2004 (a. a. O., Tz. 11) nicht erfasst.

327 Soweit es jedoch um die neuen Rechnungslegungs- und Aufbewahrungspflichten geht, werden Planungs- und Überwachungsleistungen gerade doch erfasst. Im BMF-Schreiben IV A 5 – S 7295 – 0/04 werden insoweit erwähnt
- planerische Leistungen (z. B. von Statikern, Architekten, Garten- und Innenarchitekten, Vermessungs-, Prüf- und Bauingenieuren),
- Labordienstleistungen (z. B. die chemische Analyse von Baustoffen oder Bodenproben),
- reine Leistungen zur Bauüberwachung,
- Leistungen zur Prüfung von Bauabrechnungen,
- Leistungen zur Durchführung von Aufschreibungen und Vergaben,
- Abbruch- oder Erdarbeiten.

2. Wohnungseigentümer

328 Wohnungseigentümer sind gerade keine Unternehmer. Gleichgültig, ob sie ihr Wohnungseigentum selber nutzen oder vermieten. Ausnahme: Es handelt sich um eine unternehmerische Vermietung.

329 Daher gilt für diese der neue § 14 Abs. 4 S. 1 Nr. 9 UStG. Nach § 14 Abs. 4 S. 1 Nr. 9 UStG ist der leistende Unternehmer (der Bauunternehmer) bei Ausführung einer umsatzsteuerpflichtigen Werklieferung oder sonstigen Leistung im Zusammenhang mit einem Grundstück (s. o. 1. a)) verpflichtet, in der Rechnung darauf hinzuweisen, dass der einzelne Wohnungseigentümer nach § 14b Abs. 1 S. 5 UStG aufbewahrungspflichtig bezüglich der Rechnung ist.

330 Hierzu ist es ausreichend, wenn der Bauunternehmer in der Rechnung einen allgemeinen Hinweis aufnimmt, dass nichtunternehmerische Leistungsempfänger (der einzelne Wohnungseigentümer) diese Rechnung zwei Jahre aufzubewahren hat.

331 Die Aufbewahrungspflicht des einzelnen Wohnungseigentümers ergibt sich aus § 14b Abs. 1 S. 5 UStG n. F. Danach ist der Empfänger einer steuerpflichtigen Werklieferung oder sonstigen Leistung im Zusammenhang mit einem Grundstück verpflichtet,
– die Rechnung,
– einen Zahlungsbeleg
– oder eine andere beweiskräftige Unterlage
zwei Jahre aufzubewahren.

332 Als »andere beweiskräftige Unterlagen« kommen z. B. Bauverträge, Bestellungen, Abnahmeprotokolle nach VOB, Unterlagen zu Rechtsstreitigkeiten im Zusammenhang mit der Bauleistung in Betracht (BMF a. a. O., sub. 3.).

333 Ziel der Neuregelung ist es, »OR«-Geschäfte (= »Ohne-Rechnung-Geschäfte«) zu vermeiden (*Bernhard* NWB Nr. 31 v. 26.7.2004, Fach 7, 6321).

334 Der zweijährige **Aufbewahrungszeitraum** beginnt mit dem Schluss des Kalenderjahres, in dem die Rechnung ausgestellt wurde.

335 Ein vorsätzlicher oder ein fahrlässiger Verstoß gegen die Aufbewahrungspflichten ist nach § 26a Abs. 1 Nr. 3 UStG eine Ordnungswidrigkeit, die mit einer Geldbuße bis zu 500 € geahndet werden kann (s. u. 2.).

II. Bußgeldvorschriften

336 Sowohl die Nichtaufbewahrung entsprechender Belege durch Unternehmer (die Gemeinschaft, vertreten durch den Verwalter) als auch durch Nicht-Unternehmer (die einzelnen Wohnungseigentümer) ist sanktionsbewehrt.

337 Ebenfalls sanktionsbewehrt ist es, wenn ein Unternehmer (Bauunternehmer) eine Rechnung nicht rechtzeitig, d. h. innerhalb von sechs Monaten seit Ausführung der Bauarbeiten, erstellt. Die Pflicht zur Erstellung einer Rechnung besteht unabhängig von der Frage, ob der Rechnungsempfänger Unternehmer ist oder nicht (UStB 2004, 311).

338 Die Sanktionen für die Nichtaufbewahrung betragen (soweit hier interessierend)
- □ für **Unternehmer** (die Wohnungseigentümergemeinschaft) bis zu € 5.000,00 (§ 26a Abs. 2 i. V. m. Abs. 1 Nr. 2 UStG n. F.),
- □ für **Nicht-Unternehmer** (die einzelnen Wohnungseigentümer) bis zu € 500,00 (§ 26a Abs. 2 i. V. m. Abs. 1 Nr. 3 UStG n. F.).

339 Zu beachten: Die genannten Bußen (€ 5.000,00 / € 500,00) sind Obergrenzen. Insoweit wird in der Praxis bei der Bußgeldbemessung zu beachten sein, dass insbesondere die Eigentumswohnung selbst nutzenden Wohnungseigentümern aus dem Einkommensteuerrecht bekannt ist, dass ihnen der Werbungskostenabzug versagt ist, sie somit keinen Anlass sehen, entsprechende Belege aufzubewahren. Es ist auch nicht zu erwarten, dass das Bundesgesetzblatt zur Standartlektüre eines durchschnittlichen Wohnungseigentümers zählt. Gleichwohl: »Unkenntnis schützt vor Strafe nicht«.

Steuerrecht

III. Geltungszeitraum der Vorschriften

340 Das neue Recht ist zum 1. August 2004 in Kraft getreten. Betroffen sind
☐ alle Bauleistungen, die nach dem 1.8.2004 ausgeführt wurden/werden
☐ auch wenn Teile des Entgelts im Vorschusswege schon vor dem 1.8.2004 gezahlt wurden.

IV. Eintretenmüssen des Verwalters

341 Falls eine Wohnungseigentümergemeinschaft ihre Aufbewahrungspflichten verletzt, stellt sich in der Praxis die Frage, ob der Wohnungseigentumsverwalter die Buße »aus eigener Tasche« bezahlen muss oder ob es sich um Kosten der »sonstigen Verwaltung« handelt, die gem. § 16 Abs. 2 WEG umlagefähig sind.

342 In der wohnungseigentumsrechtlichen Literatur wird die Problematik »Geldstrafen/-bußen« lediglich unter dem Aspekt diskutiert, ob Wohnungseigentümern für eventuelles Fehlverhalten Sanktionen auferlegt werden dürfen (vgl. Bärmann/Pick/Merle-*Pick*, WEG, 9. Aufl., § 10 Rn. 74 f.; *Bielefeld* Der Wohnungseigentümer, 7. Aufl., S. 260; *Kahlen*, Wohnungseigentumsgesetz, § 21 Rn. 287 ff.).

343 Aktuell nicht entschieden und nicht kommentiert ist die Frage, ob Wohnungseigentumsverwalter Geldstrafen oder Geldbußen, die sie in ihrer Funktion als Verwalter zu zahlen haben, an die Gemeinschaft »weitergeben« dürfen.

344 Das WEG ist insoweit wenig aussagekräftig. Es enthält lediglich Vorschriften, die das Verhältnis der Wohnungseigentümer zum Verwalter und umgekehrt betreffen. Lediglich die Kommentierungen zum Verwaltervertrag helfen weiter. Danach ist der Verwalter zu einer ordnungsgemäßen Buchführung verpflichtet.

345 Verletzt der Verwalter seine Buchführungspflicht, verletzt er seine Verwalterpflichten (Bärmann/Pick/Merle-*Merle*, WEG, 9. Aufl., § 26 Rn. 100 unter Hinweis auf BayObLG, BayObLGZ 1985, 63 ff.). Aufbewahrungspflichten sind Teil der Buchführungs- und Aufzeichnungspflicht (AEAO zu § 147, Nr. 1 S. 1). Buchführungspflichtig ist der Wohnungseigentumsverwalter gem. § 34 AO, (s. dazu auch AEAO zu § 34 AO). Verletzt der Verwalter schuldhaft seine Pflichten und erleiden dadurch die Wohnungseigentümer einen Schaden, so kann ein Ersatzanspruch gegen den Verwalter wegen Verletzung des Verwaltervertrages gegeben sein (*BayObLG* v. 9.5.1997, 2Z BR 18/97 in: MieWoE, § 27 WEG Nr. 11). Der Verwalter hat sowohl Vorsatz als auch jede Art von Fahrlässigkeit (in der steuerrechtlichen Terminologie: »Leichtfertigkeit«, s. § 378 AO) zu vertreten, falls nicht im Verwaltervertrag die Haftung auf grobe Fahrlässigkeit beschränkt ist (Bärmann/Pick/Merle-*Merle*, WEG, 9. Aufl., § 26 Rn. 110 und § 26 Rn. 98).

346 Im Ergebnis bedeutet dies, dass die Buchführungs- = Aufbewahrungspflichten den Verwalter betreffen, somit wird bei Verletzungen der entsprechenden Pflichten der Verwalter sanktioniert, nicht die von ihm vertretene Wohnungseigentümergemeinschaft.

347 Dies gilt um so mehr, als bauliche Maßnahmen an der Wohnungseigentumsanlage regelmäßig auf einem entsprechenden Beschluss der Wohnungseigentümer beruhen, zu dessen Durchführung der Wohnungseigentumsverwalter gem. § 27 Abs. 1 Nr. 1 1. Alt. WEG nicht nur berechtigt sondern auch verpflichtet ist. Dass die Durchführung den gesetzlichen Bestimmungen – somit auch den steuerrechtlichen Bestimmungen – entsprechen muss, ist selbstverständlich.

348 Konsequenterweise hat der Verwalter auch die jeweiligen Aufbewahrungspflichten zu erfüllen – schon um seiner Rechnungslegungsverpflichtung (§ 28 Abs. 3 WEG) nachkommen zu können. Verletzt er diese Verpflichtungen, handelt es sich um Verletzungen durch den Verwalter und nicht um Verletzungen durch die einzelnen Wohnungseigentümer. Zu sanktionieren ist somit der Verwalter, nicht die Gemeinschaft.

349 Im Ergebnis sind die anfallenden Bußgelder vom Verwalter zu tragen und nicht von der Wohnungseigentümergemeinschaft.

Muster

Inhaltsverzeichnis

Teilungserklärung zur Begründung von Wohnungseigentum (Kurzfassung)	1
Teilungserklärung zur Begründung von Wohnungseigentum (Langfassung)	2
Geschosswohnungsbau	3
Mehrhausanlage	4
Änderungsklausel im Erwerbsvertrag	5
Notarieller Änderungsvertrag	6
Vollmacht zur Änderung der Teilungserklärung	7
Genehmigungserklärung zur Änderung der Teilungserklärung	8
Änderung der Teilungserklärung	9
Erwerbsvertrag	10
Teilungserklärung und Gemeinschaftsordnung	11
Abnahmeerklärung	12
Beschlussantrag	13
Fristsetzung zur Nacherfüllung	14
Fristsetzung mit Ablehnungsandrohung (altes Recht)	15
Forderung von Schadensersatz (altes Recht)	16
Forderung von Schadensersatz (neues Recht)	17
Verwaltervollmacht	18
Abtretungsvertrag zwischen Erst- und Zweiterwerber	19
Bevollmächtigung zur Fristsetzung	20
Bevollmächtigung zur Wahl zwischen Schadensersatz und Minderung	21
Ermächtigung zur Wahl zwischen Schadensersatz und Minderung und zur gerichtlichen Geltendmachung	22
Vorbereitende Mängelfeststellung durch einen Privatgutachter	23
Selbständiges Beweisverfahren	24
Antrag auf selbständiges Beweisverfahren	25
Klage in gesetzlicher Prozessstandschaft	26
Klage auf Erstattung der Kosten der Ersatzvornahme	27
Klage des einzelnen Erwerbers auf Kostenvorschuss	28
Klage des einzelnen Erwerbers auf Erstattung der Ersatzvornahmekosten	29
Klage auf Minderung	30
Klage auf Schadensersatz	31
Bescheinigung nach § 35 a EStG	

MUSTER

Die Mindestvoraussetzungen einer Teilungserklärung ergeben sich aus den §§ 2 ff. WEG. Ohne Berücksichtigung der konkreten Besonderheiten könnte die Erklärung nach dem Vorschlag J. Happ's (Grundeigentümer-Verband Hamburg von 1832 e. V. vgl. v. Rechenberg, WE 1999, Heft 9, 22, 23) wie in Rn. 1 dargestellt folgt aussehen.

Seit der Entscheidung des *BGH* vom 20.9.2000 (ZMR 2000, 771 = MDR 2000, 1367 ff. m. Anm. Riecke) ist zu erwägen, ob und in welchem Umfang sog. Öffnungsklauseln in die Teilungserklärung aufgenommen werden sollten (zurückhaltend insoweit Rapp, DNotZ 2000, 864 f.; dagegen für eine generelle Öffnungsklausel *Deckert*, bereits im Sonderdruck zu ETW v. 6.12.2000, S. 20 vgl. MüKo-Commichau § 10 WEG Rn. 39 ff.; Riecke/Schmidt/Elzer ETV, Rn. 188ff, 206 mit Formulierungsvorschlägen).

Teilungserklärung zur Begründung von Wohnungseigentum (Kurzfassung)

I.

Das Grundstück, eingetragen im Grundbuch von (...), Band (...) Blatt (...), belegen in (...), bebaut mit einem Wohngebäude mit 24 Wohnungen, teilen wir als Eigentümer gemäß dem anliegenden Aufteilungsplan in 24 Wohnungen mit fortlaufenden Nummern, jeweils verbunden mit dem Sondereigentum an den im Aufteilungsplan mit den Wohnungsnummern gekennzeichneten Räu-

1

Muster

men und Kraftfahrzeugstellplätzen sowie dem Miteigentumsanteil gemäß der folgenden Zusammenstellung:

Wohnungseinheit Nr.	Wohn- und Nutzfläche qm	Miteigentumsanteil /1.000
1	127,34	233
2	127,03	232
(...)	(...)	(...)
insgesamt	(...)	(...)

II.

Wir bewilligen und beantragen, dass das Grundbuchamt (...) ein neues Grundbuchblatt für jedes Wohnungseigentum anlegt.

III.

Wir beantragen weiter, dass das Grundbuchamt die Eintragungsnachrichten dem amtierenden Notar übersendet.

Teilungserklärung zur Begründung von Wohnungseigentum (Langfassung)

2   Auch zwei – a) für Geschosswohnungsbau und b) für Mehrhausanlagen – ausführliche Varianten können nicht alle Besonderheiten der konkreten Wohnungseigentumsanlage berücksichtigen. Einen guten Überblick über die diversen Regelungsmöglichkeiten gibt Munzig (Die Gemeinschaftsordnung, Beck'sche Musterverträge). Gleichwohl wollen wir ausdrücklich davor warnen, seitenlang gesetzliche Bestimmungen der derzeit bestehenden Gesetzesfassung wiederzugeben, da eine Abänderung bei Gesetzesänderung oder Wandlung der Rechtsprechung kaum zu erreichen sein wird (vgl. detailliert von Rechenberg, WE 1999, Heft 10, 20f). Daher ist es auf der einen Seite sinnvoll, die nachfolgende Abgrenzung von Sonder- und Gemeinschaftseigentum wegzulassen. Auf der anderen Seite können – je nach Fallgestaltung – differenzierte Kostentragungsregelungen entworfen werden. (Wieso soll Verwalterhonorar nach Miteigentumsanteilen umgelegt werden?). Dies ist namentlich bei sog. Reihenhausanlagen bzw. Mehrhausanlagen geboten.

a) Geschosswohnungsbau:

Präambel/Vorbemerkung

3   Im Grundbuch des Amtsgerichts (...) sind im Grundbuch von (...), Band (...), Blatt (...) als Eigentümer eingetragen: (...)
(...)
Sie werden nachfolgend »Grundstückseigentümer« genannt.
Das vorgenannte Grundbuch hat den nachfolgend wiedergegebenen wesentlichen Inhalt:
Bestand Nummer (...), Gemarkung, Flur, Flurstück, Größe,
Abteilung I (Eigentümer) (...)
Abteilung II (Allgemeine Lasten) (...)
Abteilung III (Grundpfandrechte) (...)
Das Grundstück ist mit einem (...) stöckigen Miethaus bebaut.

Teilung

Der Grundstückseigentümer teilt hiermit das Eigentum an dem in der Präambel / Vorbemerkung genannten Grundstück gemäß § 8 WEG in Miteigentum in der Weise auf, dass mit jedem Miteigentumsanteil das Sondereigentum an einer in sich abgeschlossenen Wohnung (Wohnungseigentum) bzw. das Sondereigentum an nicht zu Wohnzwecken dienenden Räumen (Teileigentum) entsprechend den der nachgenannten Abgeschlossenheitsbescheinigung beigefügten Aufteilungsplänen verbunden wird.

Die Wohnungen und die nicht zu Wohnzwecken dienenden Räume sind in sich abgeschlossen. Auf die Abgeschlossenheitsbescheinigung der Freien Hansestadt Hamburg, Bezirksamt, Bauamt, Bauprüfabteilung zum Geschäftszeichen (...) vom (...), die den Aufteilungsplänen beigefügt ist, wird verwiesen. Sie wird in Abschrift zu Protokoll genommen.

Es wird folgendes Sondereigentum (Wohnungseigentum/Teileigentum) gebildet:

a) Miteigentumsanteil von (...) verbunden mit dem Sondereigentum an sämtlichen im Aufteilungsplan mit Nummer eins bezeichneten Räumlichkeiten (Gewerbefläche im Erdgeschoss links) sowie dem Sondernutzungsrecht auf dem als Protokollanlage (...) beigefügten Lageplan rot umrandeten Garten- und sonstigen Freiflächen.

b) Miteigentumsanteil von (...) verbunden mit dem Sondereigentum an sämtlichen im Aufteilungsplan mit Nummer zwei bezeichneten Räumlichkeiten (Gewerbefläche im Erdgeschoss rechts)

Nach Erklärung des Grundeigentümers wurden die Miteigentumsanteile, mit denen Sondereigentum verbunden ist, auf der Grundlage der Wohn- bzw. Nutzflächen der Räume berechnet. Der im anliegenden Lageplan (...) angelegte Grundstücksteil dient der gemeinschaftlichen Nutzung aller Wohnungseigentümer. Der Lageplan ist Bestandteil dieser Urkunde. Er hat den Vertragschließenden bei der Beurkundung zur Durchsicht vorgelegen und ist von ihnen genehmigt worden.

§ 1 Gegenstand des Sondereigentums

1. Gegenstand des Sondereigentums sind die dazu in der Teilungserklärung bestimmten Räume sowie die zu diesen Räumen gehörenden Bestandteile des Gebäudes, die verändert, beseitigt oder eingefügt werden können, ohne dass dadurch das gemeinschaftliche Eigentum oder ein auf Sondereigentum beruhendes Recht eines anderen Wohnungseigentümers über das bei einem geordneten Zusammenleben unvermeidliche Maß hinaus beeinträchtigt (§ 14 WEG) oder die äußere Gestaltung des Gebäudes verändert wird.

2. Zum Sondereigentum gehören insbesondere
   a) Der reine Balkonraum, Putz und Anstrich der Brüstungsinnenseiten und Dachterrassen mit ihren Innenwänden und -teilen (mit Ausnahme der Isolierschichten, tragenden Teile),
   b) Wand- und Deckenputz der Räume des Sondereigentums, und zwar unabhängig davon, ob diese Wände tragend oder nicht tragend sind, im Gemeinschaftseigentum oder im Sondereigentum stehen,
   c) nichttragende Innenwände zwischen Räumen ein- und desselben Sondereigentums, Türen innerhalb der Räume des Sondereigentums, Tapeten, Wandverkleidungen aller Art, Fußbodenbelag, Jalousien, Markisen und Rollläden, alle Bad- und WC-Einrichtungen bzw. Armaturen, die Versorgungsleitungen (Kalt- und Warmwasser, Gas, elektrischer Strom, Heizungsrohre und Leitungen der Sanitäranlagen), jeweils von der Abzweigung in die einzelne Sondereigentumseinheit, mit Ausnahme von Durchgangsleitungen, sowie Heizkörper.

§ 2 Gegenstand des Gemeinschaftseigentums

Gegenstand des Gemeinschaftseigentums sind das Grundstück, insbesondere alle Flächen im Freien, die Teile des Gebäudes, die für seinen Bestand oder seine Sicherheit erforderlich sind, die Anlagen und Einrichtungen, die dem gemeinschaftlichen Gebrauch der Wohnungseigentümer dienen.

Hierzu gehören alle Gegenstände, die nicht sondereigentumsfähig sind und solche, die trotzdem nicht zu Sondereigentum gemäß § 1 gemacht wurden, nämlich insbesondere

1) Fundamente, tragende Wände (auch soweit innerhalb des Sondereigentums), Fassaden inklusive Außenfenster und Außenputz, Bedachung, Treppenhaus, Eingangs- und Vorflur sowie Estrich.

Muster

2) Installationen für Wasser, Gas, Strom, Kanalisation, die Zentralheizung sowie Anschlussleitungen bis zur Abzweigung in das Sondereigentum, Heizkörper, Thermostatventile, Aufzuganlagen, Balkonbrüstungen, -bodenplatte und -isolierschicht, Terrassenflächen von Erdgeschosswohnungen, Hauseingangs- und Wohnungsabschlusstüren, Kamine, Lichtschächte etc.
3) Alle Einrichtungen und Anlagen auf dem unbebauten Grundstück, wie Wege, Spielplatzausstattung, Lampen, Zäune und Zufahrten.

§ 3 Salvatorische Klausel

Falls Räume oder Bestandteile des Gebäudes, die in § 1 und/oder in den Aufteilungsplänen als Sondereigentum ausgewiesen sind, zwingend Gemeinschaftseigentum sein müssen, ist § 1 dahin auszulegen, dass an ihnen Sondernutzungsrechte begründet werden, die kostenmäßig wie Sondereigentum zu Lasten des Sondernutzungsberechtigten gelten.

Gemeinschaftsordnung

§ 1 Grundlagen

Das Verhältnis der Wohnungseigentümer untereinander bestimmt sich nach den Vorschriften des Wohnungseigentums in der jeweils aktuellen Fassung (zur Zeit §§ 10–29 WEG), soweit im Nachfolgenden nichts Abweichendes vereinbart ist.

§ 2 Zweckbestimmung von Sonder- und Gemeinschaftseigentum

Die Wohnungen in Stockwerk eins bis (…) dienen grundsätzlich der Nutzung zu Wohnzwecken. Gewerbliche oder freiberufliche Nutzung ist zulässig, wenn hierdurch die übrigen Eigentümer nicht mehr beeinträchtigt werden als durch die zugelassene Wohnnutzung.
Eine spätere Umwandlung von Wohnungseigentum in Teileigentum und umgekehrt kann weder durch Abänderungsvereinbarungen (§§ 5 Abs. 4, 10 Abs. 1 S. 2, 15 Abs. 1 WEG) bewirkt werden, noch durch allstimmigen bestandskräftigen Beschluss der Eigentümerversammlung. Eine dauerhafte Änderung dieser Zweckbestimmung erfordert eine Änderung des dinglichen Rechtsaktes.
Die Nebenräume – insbesondere Hobbyräume und sonstige Keller- und Dachbodenabteile – dürfen nicht zu Wohnzwecken genutzt werden.

§ 3 Nutzung des Sondereigentums

Jeder Wohnungseigentümer ist berechtigt, die in seinem Sondereigentum stehenden Räume und Gebäudeteile beliebig zu nutzen. Beschränkungen ergeben sich insbesondere aus der in § 2 der Gemeinschaftsordnung festgelegten Zweckbestimmung sowie Vereinbarungen und Beschlüssen der Wohnungseigentümergemeinschaft, subsidiär aus dem WEG und anderen Gesetzen.
Die Teileigentümer (Erdgeschoss) und die Wohnungseigentümer (erstes bis [...] Stockwerk) dürfen ihr Sondereigentum vermieten.
Durch den Gebrauch des Sondereigentums darf kein Mitglied der Eigentümergemeinschaft über das beim geordneten Zusammenleben unvermeidliche Maß hinaus beeinträchtigt werden.
Jeder Sondereigentümer hat auf Dritte (Besucher oder Mieter) dergestalt einzuwirken, dass auch durch diese keine entsprechenden Störungen entstehen. Insbesondere sind die in der Hausordnung festgelegten Ruhezeiten einzuhalten.

§ 4 Nutzung des Gemeinschaftseigentums

Jedem Sondereigentümer steht das Recht zum Mitgebrauch des gemeinschaftlichen Eigentums zu, das dieser auf Mieter und andere berechtigte Nutzer übertragen kann.
Durch den Gebrauch des Gemeinschaftseigentums durch den Sondereigentümer selbst oder durch von ihm ermächtigte Dritte dürfen keine über das bei einem geordneten Zusammenleben

unvermeidliche Maß hinausgehenden Beeinträchtigungen für die restliche Eigentümergemeinschaft entstehen.

Die Benutzung gemeinschaftlicher Räume (Waschküche / Trockenkeller) sowie Flächen (Wäschetrockenplatz) und sonstiger Einrichtungsgegenstände kann auch durch Mehrheitsbeschluss einer angemessenen turnungsmäßigen Benutzung zugeführt werden.

Die Haupteingangstür ist aus feuerpolizeilichen Gründen (erster Fluchtweg) nicht abzuschließen, sondern lediglich geschlossen zu halten.

§ 5 Sondernutzungsrechte

Sondernutzungsrechte gewähren dem begünstigten Sondereigentümer den Rechtsanspruch gegenüber der restlichen Eigentümergemeinschaft auf Gewährung des vereinbarten ausschließlichen Gebrauchs. Dem Eigentümer eines bestimmten Sondereigentums wird die Befugnis zum alleinigen Gebrauch bestimmter Teile des gemeinschaftlichen Eigentums eingeräumt, während die übrigen Wohnungseigentümer von der ihnen an sich zustehenden Befugnis zum Mitgebrauch ausgeschlossen werden. Der Sondernutzungsberechtigte wird bei der Ausübung seines Sondernutzungsrechts sowie der Kostentragung für Instandhaltung/Instandsetzung und der Herstellung/Erneuerung des dem Sondernutzungsrechts unterliegenden Gemeinschaftseigentums wie ein Sondereigentümer behandelt.

1. Fahrzeugstellplätze

a) Zur Wohnung Nr. (…) gehört das Sondernutzungsrecht an dem im Aufteilungsplan mit Nr. (…) bezeichneten Fahrzeugstellplatz. Der Berechtigte darf auf dem Stellplatz lediglich zum Straßenverkehr zugelassene PKW abstellen (insbesondere keine Wohnmobile).

b) Zur Wohnung Nr. (…) (usw.)

2. Garten

Zur Erdgeschosswohnung Nr. (…) gehört das Sondernutzungsrecht an der im Aufteilungsplan mit der selben Nummer bezeichneten und farbig abgegrenzten Gartenfläche. Die Fläche ist ziergärtnerisch anzulegen und zu bepflanzen. Sträucher dürfen jedoch im ausgewachsenen Zustand eine Höhe von ca. (…) m nicht übersteigen. Als Nutzgarten darf die Fläche nur auf einer Größe von bis zu (…) qm genutzt werden; ein Komposthaufen darf nicht angelegt werden; die Haltung von Kleintieren sowie Tierzucht in Ställen oder Gehegen im Gartenbereich ist ebenfalls ausgeschlossen. An den Grenzen der Gartenfläche darf eine Einfriedung nur angebracht und unterhalten werden, wenn die Eigentümerversammlung vorher schriftlich zugestimmt hat. Die Eigentümerversammlung entscheidet hierüber nach billigem Ermessen unter besonderer Berücksichtigung der Belange benachbarter Wohnungseigentümer sowie der mit der sonstigen Einfriedung verbundenen bautechnischen und ästhetischen Folgen für das Gemeinschaftseigentum. Bauliche Veränderungen (Vorbauten, Wintergarten, Gartenhäuschen, Gewächshäuser) Dürfen im Übrigen auf der Gartenfläche nicht vorgenommen werden.

3. Terrasse

Zu der Erdgeschosswohnung Nr. (…) gehört das Sondernutzungsrecht an der im Aufteilungsplan mit der gleichen Nummer bezeichneten und farbig abgegrenzten ebenerdigen Terrassenfläche. Auf der Terrassenfläche darf ein beliebiger Bodenbelag verlegt werden. An den Grenzen der Terrassenfläche darf ein Sichtschutz angebracht und unterhalten werden. Der Sichtschutz darf jedoch nicht höher sein als 1,8 m. An den Grenzen der Terrassenfläche darf ein anderer Sichtschutz nur angebracht werden, wenn die Eigentümerversammlung vorher schriftlich zugestimmt hat. Die Eigentümerversammlung entscheidet hierüber nach billigem Ermessen unter besonderer Berücksichtigung der Belange benachbarter Wohnungseigentümer sowie der mit dem Sichtschutz verbundenen bautechnischen und ästhetischen Folgen für das Gemeinschaftseigentum.

Muster

4. Hinweisschilder

Die gewerblich oder freiberuflich nutzenden Sondereigentümer dürfen mit schriftlicher Zustimmung des Verwalters an der Außenfassade des Gebäudes und im Treppenhaus Hinweis- oder Reklameschilder anbringen. Wird die Nutzung in der Wohnanlage beendet, sind die Werbeeinrichtungen unverzüglich zu beseitigen. Allerdings darf auf die Dauer von 3 Monaten in gleicher Weise auf die Verlegung der Geschäftsräume hingewiesen werden. Die Zustimmung darf nur versagt werden, wenn ein wichtiger Grund vorliegt. Die Zustimmung darf auch mit Auflagen erteilt werden, wenn hierfür ein sachlicher Grund vorliegt. Insbesondere kann die Zustimmung von der Übernahme der Kosten für die Herstellung und Beseitigung der Schilder abhängig gemacht werden. Die Zustimmung kann widerrufen werden, wenn die Voraussetzungen für ihre Erteilung nachträglich entfallen oder Auflagen nicht beachtet werden. Die Zustimmung des Verwalters, ihre Versagung, Einschränkungen oder Auflagen können jederzeit durch Beschluss der Eigentümerversammlung ersetzt werden; für den Widerruf bedarf es eines wichtigen Grundes.

5. Dachboden; Ausbaurecht und Kostenanpassungsvereinbarung

Zur Wohnung Nr. (…) im obersten Stockwerk gehört das Sondernutzungsrecht an dem im Aufteilungsplan mit der gleichen Nummer bezeichneten Dachboden. Der Dachboden darf zum Abstellen und Lagern von Hausrat benutzt werden. Der Berechtigte darf den Dachboden auf eigene Kosten zu Wohnzwecken ausbauen und entsprechend nutzen, seine Installationen an die Gemeinschaftsleitungen anschließen und die entsprechenden Räumlichkeiten mit dem Sondereigentum an der Wohnung verbinden. Der Berechtigte darf insbesondere auch Wand- und Deckendurchbrüche vornehmen und Dachflächenfenster herstellen. Dem Ausbau zu Wohnzwecken ist bei der Verteilung der gemeinschaftlichen Kosten und Lasten angemessen Rechnung zu tragen; damit verbundene Kosten trägt ebenfalls allein der Berechtigte. Vor Beginn des Ausbaus ist die Baugenehmigung vorzulegen und zur konkreten Bauausführung die Zustimmung der Eigentümerversammlung einzuholen (Mehrheitsbeschluss).

§ 6 Mehrheit von Sondereigentümern, abwesende und unbekannte Sondereigentümer

1. Gehört ein Sondereigentum mehreren gemeinschaftlich oder ist ein Eigentümer nicht nur vorübergehend an der Besorgung seiner Angelegenheiten gehindert, so ist ein geeigneter Vertreter zu bestellen, wenn nicht der Verwalter bzw. die Eigentümergemeinschaft hierauf verzichten.
2. Die Vertretungsmacht ist über den Tod hinaus zu erteilen und auf alle mit dem Sondereigentum zusammenhängenden Rechte und Pflichten zu erstrecken. Dazu zählt insbesondere die umfassende Vertretung in der Versammlung, die Abgabe und Entgegennahme von Zustellungen und Willenserklärungen.
3. Mehrere Eigentümer eines Sondereigentums gelten auch ohne besondere Vertreterbestellung als ermächtigt, sich bei Vornahme aller unter Ziffer 2. genannten Handlungen unter Befreiung von § 181 BGB zu vertreten.
4. Die Vertretungsmacht ist im Übrigen auf Verlangen des Verwalters bzw. der Eigentümergemeinschaft schriftlich bzw. auf Kosten der Vollmachtgeber in öffentlich beglaubigter Form zu erteilen.
5. Der Verwalter gilt als ermächtigt, solche Eigentümer zu vertreten, die länger als 6 Monate ortsabwesend sind bzw. deren Aufenthalt unbekannt ist oder die nicht nur vorübergehend an der Besorgung ihrer Angelegenheiten verhindert sind und für die kein Vertreter auftritt. Die Vollmacht berechtigt unter Befreiung von § 181 BGB zu allen unter Ziffer 2 genannten Handlungen, jedoch nicht zu Verfügungen über das Gemeinschaftseigentum am Grundstück. Der Verwalter ist berechtigt, aber nicht verpflichtet, die Vertretungsmacht auszuüben.
6. Steht ein Sondereigentum Mehreren gemeinschaftlich zu, so haften sie für alle sich daraus ergebenden Verpflichtungen als Gesamtschuldner mit der Maßgabe, dass sämtliche Tatsachen,

die in der Person auch nur eines Gesamtschuldners eintreten, auch für und gegen alle Anderen wirken.

§ 7 Übertragung des Sondereigentums

1. Die Veräußerung von Sondereigentum bedarf der Zustimmung des Verwalters in öffentlich-beglaubigter Form. Die Zustimmung des Verwalters bzw. ihre Versagung kann durch einen Beschluss der Eigentümerversammlung ersetzt werden.
2. Die Zustimmung darf nur aus einem wichtigen Grund versagt werden. Dieser ist regelmäßig nur anzuerkennen, wenn der in Aussicht genommene Erwerber für die anderen Wohnungseigentümer bei objektiver Betrachtungsweise unzumutbar ist, weil er z. B. seinen finanziellen Verpflichtungen gegenüber der Eigentümergemeinschaft nicht nachkommen können wird.
3. Von dem Zustimmungserfordernis sind ausgenommen: die Erstveräußerung durch den teilenden Eigentümer und Veräußerung im Wege der Zwangsversteigerung oder im Rahmen des Insolvenzverfahrens sowie Veräußerung an den Ehegatten. Auch in diesen Fällen hat jedoch der Sondereigentümer auf eigene Kosten dem Verwalter unverzüglich die Veräußerung anzuzeigen.
4. Die Kosten für die formgerechte Zustimmung hat im Verhältnis der Wohnungseigentümer zueinander der Veräußerer zu tragen.
5. Der Veräußerer hat seinen Anteil an der Instandhaltungsrücklagen auf den Erwerber zu übertragen. Er ist nicht berechtigt, die Auseinandersetzung die Herausgabe seines Anteils daran zu verlangen.
6. Der Erwerber haftet gesamtschuldnerisch neben dem Veräußerer für dessen Verbindlichkeiten gegenüber der Eigentümergemeinschaft. Die Mithaftung ist ausgeschlossen beim Erwerb im Wege der Zwangsversteigerung. Die Feststellung und Verteilung verbrauchsabhängiger Kosten des Sonder- oder Gemeinschaftseigentums, insbesondere der Wärme- und Warmwasserkosten (Zwischenablesung), ist allein Angelegenheit des Veräußerers und Erwerbers.
7. Der Veräußerer haftet gesamtschuldnerisch neben dem Erwerber für dessen Verbindlichkeiten gegenüber der Eigentümergemeinschaft, die bis zur Erfüllung seiner Anzeigepflicht entstanden sind.
8. Im Falle der Veräußerung ist vom Sondereigentümer dem Verwalter unverzüglich der Erwerber mit vollständigen Namen und aktueller Adresse zu benennen. Der Veräußerungsvertrag soll in Abschrift dem Verwalter zugeleitet werden. Der Veräußerer hat für Schaden einzustehen, der durch nicht rechtzeitige Mitteilung des Eigentumswechsels entsteht.

§ 8 Bauliche Veränderungen

1. Alternative:

Bauliche Veränderungen, die keine modernisierende Instandsetzung oder Modernisierung (§ 22 Abs. 2 und 3 WEG) darstellen, bedürfen der Zustimmung aller hiervon nachteilig Betroffenen.

2. Alternative:

Bauliche Veränderungen, die keine modernisierende Instandsetzung oder Modernisierung (§ 22 Abs. 2 und 3 WEG) darstellen, sind nur gestattet, wenn diese entweder gemäß dieser Gemeinschaftsordnung (§ 5 erste Alternative) zugelassen sind oder die Zustimmung des Verwalters vorliegt.
Einer Zustimmung des Verwalters bedarf es insbesondere, wenn bauliche Maßnahmen (an der Hausfassade, im Garten etc.) das optisch ästhetische Erscheinungsbild der Wohnanlage nachteilig verändern. Hierzu zählen zum Beispiel das Anbringen von Parabolantennen an Dach oder Außenfassade, das Installieren von Rollladenkästen außerhalb der Fensterlaibung sowie sichtbare Modifikationen an Fenster oder Türen, die zum Sondereigentum führen.

Muster

Die Zustimmung des Verwalters darf nach billigen Ermessen versagt werden. Sie kann aber auch mit Auflagen erteilt werden, wenn hierfür sachliche Gründe vorliegen. Ein Widerruf einer einmal erteilten Zustimmung kommt nur aus wichtigem Grund in Betracht, insbesondere wenn Auflagen nicht erfüllt wurden. Die Eigentümergemeinschaft kann jederzeit die Zustimmung des Verwalters ersetzen, bedarf aber zum Widerruf einer erteilten Zustimmung auch eines wichtigen Grundes. Für die Gestattung einer solchen baulichen Veränderung bedarf es einer qualifizierten $^2/_3$-Mehrheit in der Eigentümerversammlung.

3. Alternative: Zustimmungsquorum bei Modernisierung

Bauliche Veränderungen, d. h. Maßnahmen, die den bestehenden Zustand erweitern oder ändern, die sich im Rahmen einer Modernisierung aus objektiver Sicht als sinnvoll für die Anpassung der Wohnungseigentumslage an den Stand der Technik oder den allgemeinen, an Wohnanlagen vorausgesetzten Standard erweisen werden, benötigen entgegen § 22 Abs. 1 WEG keinen einstimmigen Beschluss. Hier gilt § 22 Abs. 2 WEG.

§ 9 Instandhaltung und Instandsetzung; Rückstellung

1. Hinsichtlich des Sondereigentums besteht die Verpflichtung die Teile des Gebäudes ordnungsgemäß so in Stand zu halten, dass dadurch keinem anderen Wohnungseigentümer über das bei einem geordneten Zusammenleben unvermeidliche Maß hinaus ein Nachteil erwächst.
2. Hinsichtlich des Gemeinschaftseigentums obliegt die Instandhaltung und Instandsetzung der Gebäudeteile des Grundstücks und weiterer Flächen und Einrichtungen der Gemeinschaft der Wohnungseigentümer. Der Wohnungseigentumsverwalter hat die notwendigen Maßnahmen zu veranlassen. Hierzu zählen auch Maßnahmen modernisierender Instandsetzung (vgl. § 22 Abs. 3 WEG). Hierunter versteht man durch den Fortschritt der Technik und des Wohnstandards bedingte Erneuerungen, die eine Erweiterung und/oder Veränderung des Ist-Zustandes darstellen, jedoch aus der Sicht eines wirtschaftlich denkenden, erprobten technischen Neuerungen gegenüber nicht verschlossenen Hauseigentümers sinnvoll erscheinen, um einer »Versteinerung« des Wohnungseigentums vorzubeugen. Jeder Sondereigentümer haftet für Glasschäden an Fenstern und Türen im räumlichen Bereich seines Sondereigentums im selben Maße, wie für Schäden am Sondereigentum selbst.

Die Sondereigentümer sind zur Ansammlung einer Instandhaltungsrückstellung für das gemeinschaftliche Eigentum verpflichtet. Der Rückstellung sind jährlich über den Wirtschaftsplan angemessene Beträge zuzuführen, damit die Kosten für Instandhaltung und Instandsetzung möglichst ohne Erhebung von Sonderumlagen hieraus bestritten werden können.

Zweckwidrige Verwendungen der Instandhaltungsrückstellung bedürfen in jedem Fall der Zustimmung aller Wohnungseigentümer.

Bei kurzfristigen Liquiditätsengpässen ist dem Verwalter ausnahmsweise gestattet, mit Unterschrift mindestens eines Beiratsmitgliedes einen Betrag – maximal DM (...) – vom Konto der Instandhaltungsrückstellung auf das Gemeinschaftskonto zu transferieren. Er ist dann verpflichtet, nach drei Monaten – spätestens aber nach der nächsten Wohnungseigentümerversammlung, auf der gegebenenfalls eine Sonderumlage beschlossen werden kann – den Betrag wieder der Rücklage zuzuführen.

§ 10 Wiederherstellungspflicht bei Zerstörung

1. Den Wiederaufbau des Gebäudes kann jeder Sondereigentümer verlangen, wenn es zu höchstens 50 % zerstört ist oder der Schaden zu mehr als $^2/_3$ durch Versicherungen, Rücklagen etc. gedeckt ist. Den offenen Betrag zum vollen Wiederherstellungsaufwand haben die Sondereigentümer entsprechend ihren Miteigentumsanteilen zu tragen.
2. Soweit ein unüberwindliches Hindernis der Wiederherstellung entgegen steht, ist jeder Sondereigentümer berechtigt, die Aufhebung der Gemeinschaft zu verlangen. Dies soll dann nicht gelten, wenn ein anderer Sondereigentümer bereit ist, das Sondereigentum des die Aufhebung

Verlangenden zum Verkehrswert/Schätzwert zu übernehmen und hiergegen keine begründeten Bedenken bestehen.
Sollte bereits ein Verfahren der Teilungsversteigerung eingeleitet sein, ist ein gerichtlich eingeholtes Verkehrswertgutachten für den Übernahmepreis maßgebend.

§ 11 Lasten und Kosten des Gemeinschaftseigentums (Haus- bzw. Wohngeld)

Für die Ermittlung des Hausgeldes gelten derzeit folgende Verteilungsschlüssel:
1. für die Beheizung und Warmversorgung:
   50:50 nach Verbrauch und einem festen Verteilungsschlüssel in %, der sich an den beheizbaren Flächen orientiert und zwar wie folgt:
   Wohnung 1 = ... %
   Wohnung 2 = ... %
   usw.
2. für die übrigen Betriebskosten:
   nach folgendem Verteilungsschlüssel, der sich an den einzelnen Wohn- bzw. Nutzflächen orientiert und zwar wie folgt:
   Wohnung 1 = ... %
   Wohnung 2 = ... %
   usw.
3. für die Verwaltungskosten ein jeweils einheitlicher Pauschbetrag:
   – für jedes Wohnungseigentum,
   – für jede Garage
   – für jedes Teileigentum
   – für ....
4. für Instandhaltung einschließlich Instandhaltungsrückstellung gilt Folgendes:
   Generelle Änderungen der Verteilungsschlüssel können durch Beschluss gemäß § 16 Abs. 3 WEG in seiner jeweiligen Fassung vorgenommen werden. Als Verteilungsschlüssel können nur die Flächengrößen der einzelnen Einheiten, die Miteigentumsanteile, die Anzahl der Einheiten und bei den Kosten der Heizung ein anderer verbrauchsbezogener Verteilungsschlüssel, soweit dieser nach der HeizkostenV zulässig ist, gewählt werden.
   Bei überdurchschnittlicher Nutzung des Gemeinschaftseigentums durch einen Wohnungseigentümer bzw. dessen Mieter kann durch Beschluss von drei Vierteln der stimmberechtigten Wohnungseigentümer eine angemessene zusätzliche Nutzungsgebühr festgelegt werden.
   Wird ein Wohnungseigentum freiberuflich oder gewerblich genutzt, dann ist der jeweilige Eigentümer verpflichtet, einen angemessenen Zuschlag zu den Betriebs- und Instandhaltungskosten zu zahlen.
   Sofern gemeinschaftliche Waschmaschinen installiert wurden, sind angemessene Nutzungsgebühren zu zahlen, die vom Verwalter abzurechnen sind.

§ 12 Versicherungen

Für das Sondereigentum und das gemeinschaftliche Eigentum werden folgende Versicherungen abgeschlossen:
1. Versicherung gegen einen Anspruch auf Inanspruchnahme aus der gesetzlichen Haftpflicht der Gemeinschaft der Eigentümer wegen des Gemeinschaftseigentums am Grundstück.
2. Feuerversicherung/verbundene Gebäudeversicherung für das Sonder- und Gemeinschaftseigentum.
3. Gewässerschadenhaftpflichtversicherung (bei Vorhandensein von Öltanks).
4. Vermögensschadens- und Haftpflichtversicherung für den Verwaltungsbeirat, sofern die Eigentümergemeinschaft diesen von der Haftung für einfache Fahrlässigkeit nicht schon freigestellt hat.
5. Leitungswasser- und Sturmschadenversicherung.

Muster

Die Sachversicherungen sind zum gleitenden Neuwert, die Haftpflichtversicherung in angemessener Höhe abzuschließen.

Die Eigentümerversammlung kann mit ³/₄-Mehrheit aller im Grundbuch eingetragenen Wohnungseigentümer beschließen, dass eine der vorstehend genannten Versicherungen nicht abgeschlossen bzw. ersatzlos gekündigt wird.

Der Verwalter ist nicht berechtigt, ohne Zustimmung der Eigentümergemeinschaft eine der vorstehenden Versicherungen ersatzlos zu kündigen.

§ 13 Wirtschaftsplan und Jahresabrechnung[1]

Der Verwalter hat für jedes Wirtschaftsjahr – möglichst im Voraus – einen Wirtschaftsplanentwurf zu erstellen, über den die Eigentümergemeinschaft mit Stimmenmehrheit beschließt (Gesamt- und Einzelwirtschaftsplan).[2]

Der Gesamtwirtschaftsplan enthält die voraussichtlichen Einnahmen und Ausgaben für die Verwaltung des gemeinschaftlichen Eigentums, die Instandhaltungsrücklage während die Einzelwirtschaftspläne für die Sondereigentümer das laufende Hausgeld und sonstige Zahlungsverpflichtungen des Einzelnen enthalten.

Nach Ablauf eines jeden Wirtschaftsjahres hat der Verwalter die Jahres- und Einzelabrechnung aufzustellen und sie der Eigentümergemeinschaft zur Beschlussfassung vorzulegen.

Gegen Hausgeldforderungen, einschließlich Sonderumlagen, darf nur mit unbestrittenen und/oder rechtskräftig festgestellten Forderungen aufgerechnet werden. Entsprechendes gilt für Zurückbehaltungsrechte, die in ihrer Wirkung einer Aufrechnung gleichkommen.

Bei Zahlungsverzug ist der rückständige Hausgeldbetrag mit ... % über dem jeweiligen Basiszinssatz der Europäischen Zentralbank zu verzinsen.

Ergeben sich aufgrund der Jahresabrechnung Fehlbeträge, so sind diese vom Sondereigentümer unverzüglich auszugleichen.

Etwaige Überzahlungen des Sondereigentümers sind diesem gutzubringen. Hierbei kann eine Verrechnung mit weiteren Hausgeldvorschusszahlungen erfolgen. Der Verwalter ist zur Rückzahlung nicht verpflichtet.

Die Jahresabrechnung ist als reine Einnahmen-Ausgaben-Abrechnung nach dem Zufluss- und Abflussprinzip für das betreffende Wirtschaftsjahr aufzustellen. Ihr ist eine Übersicht über die Instandhaltungsrückstellung und einzelne Konten des Verwalters bzw. der Gemeinschaft beizufügen. Die Zählerstände von Strom-, Gas- und Wasseruhren sowie bei Ölheizung der Tankinhalt zum Ende einer Abrechnungsperiode sind im Rahmen der Erläuterung der Jahresabrechnung festzuhalten.

Der durch die Wohnungseigentümergemeinschaft beschlossene Wirtschaftsplan behält seine Gültigkeit auch für das folgende Wirtschaftsjahr, wenn nicht die Wohnungseigentümergemeinschaft einen neuen Wirtschaftsplan beschließt.

§ 14 Wohnungseigentümerversammlung

Der Verwalter hat einmal im Wirtschaftsjahr die ordentliche Wohnungseigentümerversammlung einzuberufen. Darüber hinaus ist der Verwalter verpflichtet, eine außerordentliche Eigentümerversammlung einzuberufen, wenn mehr als ein Viertel der Wohnungseigentümer (nach Köpfen) dies verlangen. Fehlt ein Verwalter oder verweigert er die Einberufung, so kann die Versammlung auch vom Vorsitzenden des Verwaltungsbeirats einberufen werden.

Für die Ordnungsmäßigkeit der Ladung genügt die Absendung derselben an die letzte Anschrift, die der Verwaltung vom Wohnungseigentümer mitgeteilt worden ist. Die Eigentümerversamm-

---

[1] Zum Muster einer Verwalterabrechnung wird verwiesen auf *OLG Hamm* ZMR 2001, 1001, *Strobel*, WE 1997, 246/249 = DW 1997, 356 sowie Jennißen, Verwalterabrechnung, S. 249. Zur Fortgeltungsproblematik beim Wirtschaftsplan vergleiche *Riecke*, WuM 1989, 319 ff.

[2] Vgl. *BGH* ZMR 2005, 547.

lung ist in jedem Fall beschlussfähig, unabhängig davon, wie viele stimmberechtigte Sondereigentümer anwesend sind.

Die Wohnungseigentümer entscheiden durch einfachen Mehrheitsbeschluss in der Eigentümerversammlung, soweit die Teilungserklärung nichts Abweichendes regelt. Stimmenthaltungen zählen als Null-Stimmen.

Beschlüsse der Wohnungseigentümerversammlung sind zu protokollieren, fortlaufend zu nummerieren und in die Beschluss-Sammlung einzutragen. Das Protokoll ist vom Verwalter und einem Sondereigentümer zu unterzeichnen. Der Verwalter ist verpflichtet, das Protokoll spätestens zwanzig Tage nach Abhaltung der Versammlung an die Sondereigentümer zu versenden.

Ein Sondereigentümer kann sich nur durch seinen Ehegatten, den Verwalter, einen anderen Wohnungseigentümer oder dem gemäß § 6 dieser Gemeinschaftsordnung bestellten Bevollmächtigten in der Eigentümerversammlung vertreten lassen.

§ 15 Wohnungseigentumsverwalter

Als erster Verwalter wird bestellt die Fa .... Die Bestellung beginnt am ... und läuft bis zum ... (maximal 3 Jahre).

Die vorzeitige Abberufung des Verwalters darf nur bei Vorliegen eines wichtigen Grundes erfolgen. Der nächste Verwalter darf höchstens auf fünf Jahre bestellt werden. Eine wiederholte Bestellung ist möglich; hierbei darf der entsprechende Beschluss frühestens ein Jahr vor Ablauf der Bestellungszeit gefasst werden. Mit dem Verwalter ist ein Verwaltervertrag abzuschließen.

Die Rechte und Pflichten des Verwalters folgen aus § 27 WEG sowie aus den Bestimmungen dieser Gemeinschaftsordnung.

Der Verwalter wird verpflichtet, ein allgemeines Verwaltungskonto sowie ein gesondertes Konto für die Instandhaltungsrückstellung jeweils auf den Namen der Wohnungseigentümergemeinschaft einzurichten. Hierfür erhält er Kontovollmacht.

Die Kontovollmacht für das Instandhaltungsrückstellungskonto ist mit Wirkung gegenüber der Bank (im Außenverhältnis) so zu beschränken, dass der Verwalter für Überweisungen die monatlich Euro ..... übersteigen, die zusätzliche Unterschrift des Mitglieds eines Verwaltungsbeirats benötigt.

Der Verwalter wird darüber hinaus ermächtigt
– für die Eigentümergemeinschaft im Rahmen seiner Verwaltungsaufgaben Verträge mit einer Laufzeit von längstens einem Jahr [auch im eigenen Namen] abzuschließen oder sonstige Rechtsgeschäfte vorzunehmen,
– die von den Sondereigentümern zu entrichtenden Hausgelder (einschließlich Sonderumlagen) einzuziehen, und diese gegenüber einem im Zahlungsverzug befindlichen Mitglied der Eigentümergemeinschaft im eigenen Namen (Prozessstandschaft, Verfahrensstandschaft) gerichtlich geltend zu machen.

§ 16 Verwaltungsbeirat[3]

Die Eigentümergemeinschaft bestellt einen Verwaltungsbeirat bestehend aus drei Wohnungseigentümern.

Die Eigentümergemeinschaft wählt den Vorsitzenden des Verwaltungsbeirates. Die Verwaltungsbeiräte können ihr Amt jederzeit niederlegen und verlieren es automatisch durch Veräußerung ihres Sondereigentums. Die Wahl zum Verwaltungsbeirat ist zeitlich unbegrenzt, die Wiederwahl ist möglich. Das Amt endet spätestens mit der Abberufung.

Die Wahl eines Ersatzverwaltungsbeiratsmitglieds ist zulässig.

Zu den Aufgaben eines Verwaltungsbeirats gehört:
– die rechnerische Prüfung für jedes Konto und jede Kasse

---

3 Vgl. *Drasdo* ZMR 2005, 596.

Muster

– die sachliche Prüfung hinsichtlich der Notwendigkeit aller geleisteten Zahlungen sowie deren Zuordnung
– die Prüfung der Kostenverteilung
– die Prüfung des Vermögensstatus

Der Verwaltungsbeirat schuldet die Erledigung seiner Aufgaben mit der Sorgfalt eines ordentlichen und gewissenhaften Kaufmannes.
Er haftet bereits bei Fahrlässigkeit. Für seine Tätigkeit schließt die Gemeinschaft zwingend auf eigene Kosten eine Vermögenshaftpflichtversicherung ab. Bei Nichtabschluss dieser Versicherung ist der Beirat im Innenverhältnis von der Haftung für einfache Fahrlässigkeit freigestellt.

b) Mehrhausanlage:

**Teilungserklärung
gemäß § 8 Wohnungseigentumsgesetz (WEG)
für eine Mehrhausanlage**

Teil 1

I. Vorbemerkungen

§ 1 [Grundstück]

4   Im Grundbuch von A (Amtsgericht A), Blatt [...], ist XY-IMMOBILIEN, ... als Eigentümerin des nachfolgend benannten und ...... belegenen Grundstückes eingetragen:
[...]
Gemarkung: S
Flur:
Flurstück:
Der Grundbesitz ist wie folgt belastet:
[...] u. a. Grundschuld; Baulast wegen ...

§ 2 [Bauvorhaben]

XY-IMMOBILIEN errichtet auf dem vorstehend bezeichneten Grundstück eine Eigentumswohnanlage bestehend aus 4 Appartementhäusern mit jeweils 6 Wohnungen sowie einer Carportanlage mit 24 Stellplätzen und Abstellräumen. Die Errichtung der Gesamtanlage erfolgt in Bauabschnitten mit fortlaufendem Weiterverkauf. Der erste Bauabschnitt bestehend aus Haus 1 sowie der Carportanlage mit allen PKW-Stellplätzen und Abstellräumen wird fertig gestellt im Verlaufe des .... Die weitere Bebauung erfolgt gemäß den dieser Urkunde als Anlage beigefügten Plänen und Baubeschreibungen. Die Baugenehmigung für das gesamte Bauvorhaben wurde erteilt mit Bescheid der Gemeinde [...] vom [...].

§ 3 [Mehrhausanlage]

Bei der Anlage handelt es sich um eine Mehrhausanlage. Leitbild der nachfolgenden Aufteilung in Wohnungseigentum ist, dass die Instandhaltung und Instandsetzung sowie die sonstige Verwaltung des gemeinschaftlichen Eigentums hinsichtlich der einzelnen Häuser einschließlich der Kostentragung wie auch der Mitgebrauch von gemeinschaftlichen Anlagen, Einrichtungen und sonstigen Gebäudeteilen weitestgehend nach den einzelnen Häusern getrennt wird.
Die diesem Leitbild entsprechende weitestgehende Trennung nach Häusern gilt nicht für bauliche Veränderungen und sonstige bauliche Maßnahmen, soweit sie die Belange der Eigentümer der anderen Häuser betreffen.

Muster

II. Begründung von Wohnungseigentum

§ 4 [Teilung]

(1) XY-IMMOBILIEN teilt das Eigentum an dem in § 1 dieser Urkunde genannten Grundstück gemäß § 8 WEG in Miteigentumsanteile auf in der Weise, dass mit jedem Miteigentumsanteil das Sondereigentum an einer bestimmten in sich abgeschlossenen Wohnung wie folgt verbunden ist:

Miteigentumsanteil von 326/10.000
verbunden mit dem Sondereigentum an der im Aufteilungsplan mit Nr. 1 bezeichneten
Wohnung Nr. 1
im Erdgeschoss rechts des Hauses 1
Miteigentumsanteil von 326/10.000
verbunden mit dem Sondereigentum an der im Aufteilungsplan mit Nr. 2 bezeichneten
Wohnung Nr. 2
im Erdgeschoss links des Hauses 1
.... (3–23) ...
Miteigentumsanteil von 276/10.000
verbunden mit dem Sondereigentum an der im Aufteilungsplan mit Nr. 24 bezeichneten
Wohnung Nr. 24
im Dachgeschoss links des Hauses 4

(2) Die Wohnungen sind in sich abgeschlossen im Sinne von § 3 Abs. 2 WEG und im Aufteilungsplan mit den entsprechenden Nummern bezeichnet sowie farblich voneinander abgegrenzt.

(3) Die Aufteilung der Gebäude sowie Lage und Größe der im Sondereigentum und der im gemeinschaftlichen Eigentum stehenden Gebäudeteile ergeben sich aus dem vorliegenden und dieser Urkunde als Bestandteil beigefügten Aufteilungsplan.

(4) An den den Erdgeschosswohnungen vorgelagerten Terrassen, den PKW-Stellplätzen sowie den Abstellräumen werden gemäß § 7 dieser Urkunde Sondernutzungsrechte eingeräumt.

§ 5 [Gegenstand des Wohnungseigentums]

(1) Gegenstand und Inhalt des Sondereigentums sowie des gemeinschaftlichen Eigentums bestimmen sich nach § 5 Abs. 1 und Abs. 2 WEG.

(2) Gemeinschaftliches Eigentum sind das Grundstück sowie die Teile, Anlage und Einrichtungen der Gebäude, die nicht im Sondereigentum oder im Eigentum eines Dritten stehen. Danach sind Gemeinschaftseigentum insbesondere auch:

a) die tragenden Zwischenwände innerhalb einer Einheit und die tragenden sowie nicht tragenden Trennwände zwischen verschiedenen Einheiten;
b) sämtliche Fenster und Terrassen- oder Balkontüren mit allen Bestandteilen (u. a. Rollläden, Rollladenkästen, Führungsschienen, Fensterstöcken, Glasscheiben, Fensterblechen, [Dreh-, Kipp-]Verriegelung etc.);
c) die Wohnungsabschlusstüren einschließlich Schließzylinder;
d) sämtliche baukonstruktiven Bestandteile und Einrichtungen in und an den Häusern einschließlich der Terrassen sowie den Balkonen (Brüstung, Geländer, Boden- und Kragplatte, Mörtelsäckchen, Abläufe etc.) mit Ausnahme des Oberflächenbelags;
e) sämtliche Schutzestriche, Wärmedämm-, [Tritt-]Schallschutz-, Witterungsschutz- und Feuchtigkeitssperrschichten;
f) sämtliche Ver- und Entsorgungsleitungen bis zu den Leitungsaustritten, Öffnungen, Steckern und Schaltern in den Räumen des jeweiligen Sondereigentums;
g) sämtliche Bestandteile der Heizungs- und Warm- und Kaltwasserversorgung einschließlich der Fußbodenheizung, Heizkörper und Durchlauferhitzern in den Räumen des Sondereigentums mit allen dazu gehörigen Verbrauchserfassungsgeräten, Messeinrichtungen und Reglern, wie z. B. Thermostatventilen, Zählern, Warm- und Kaltwasseruhren etc.;
h) die Klingel- und Briefkastenanlagen insgesamt;
i) die Anschlussräume in den Dachfluren der Treppenhäuser mit allen darin befindlichen Anlagen und Einrichtungen zur Energieversorgung;

Muster

j) der Hausmeistergeräteraum in der Carportanlage;
k) die gesamte Müllcontaineranlage mit Schrank und Müllbehältern.

(3) Als untrennbarer Bestandteil des gemeinschaftlichen Eigentums gilt auch das Verwaltungsvermögen, insbesondere die Verwaltungsunterlagen, Pläne, bewegliche Sachen (z. B. Werkzeuge, Gartengeräte) und Forderungen, so dass der einzelne Eigentümer an ihm keinen realen Anteil hat und über ihn auch nicht gesondert verfügen kann.

(4) Zum Sondereigentum gehören neben den im Aufteilungsplan gekennzeichneten Räumen insbesondere auch:
a) der Fußbodenbelag, der Wand- und Deckenputz sowie Wand- und Deckenverkleidungen der zum Sondereigentum gehörenden Räume, auch soweit die Putz- oder sonst verkleideten Wände selbst nicht zum Sondereigentum gehören;
b) die Innentüren der im Sondereigentum stehenden Räume;
c) die Fensterbänke;
d) die Rollladenmechanik/-elektrik innerhalb der Rollladenkästen einschließlich der Rollladengurte;
e) die nicht tragenden Zwischenwände (innerhalb des Sondereigentums);
f) Wasch- und Badeeinrichtungen, Wand- und Einbauschränke, alle Sanitäreinrichtungsgegenstände ab den Leitungsaustritten, Steckern und Schaltern in den Wandbereichen (mit Ausnahme der Heizkörper, Regler, Zähler, Thermostatventile, Kalt- und Warmwasseruhren, Kostenverteiler bzw. Messeinrichtungen);
g) der Balkon- und Terrassenoberflächenbelag jedoch ohne die ihn tragende Unterkonstruktion.

Teil 2
Bestimmungen über das Verhältnis der Wohnungseigentümer untereinander (Gemeinschaftsordnung)

Für das Verhältnis der Wohnungseigentümer untereinander gelten grundsätzlich die Bestimmungen der §§ 10 bis 29 WEG in ihrer jeweiligen Fassung, soweit sich aus den nachstehenden Bestimmungen keine hiervon abweichenden Regelungen ergeben.

§ 6 [Gebrauch und Nutzung]

(1) Jeder Wohnungseigentümer hat das Recht der alleinigen Nutzung seines Sondereigentums, soweit sich nicht Beschränkungen aus dem Gesetz, dieser Urkunde oder sonstigen Vereinbarungen sowie Beschlüssen der Wohnungseigentümer ergeben.
Jeder Wohnungseigentümer hat ferner das Recht zum Mitgebrauch der zum gemeinschaftlichen Gebrauch bestimmten Räume, Anlagen und Einrichtungen und der gemeinschaftlichen Grundstücksflächen, sofern nicht Sondernutzungsrechte vereinbart sind oder das Mitbenutzungsrecht auf das eigene Haus beschränkt ist.
(2) Die einzelnen Häuser werden dem gemeinschaftlichen Gebrauch und der gemeinschaftlichen Nutzung nur der jeweiligen Hauseigentümer zugewiesen. Die Miteigentümer der anderen Häuser sind von der Mitbenutzung ausgeschlossen.

§ 7 [Sondernutzungsrechte]
a) Pkw-Stellplätze mit Abstellräumen (Carportanlage)

(1) An den aus den Plänen ersichtlichen und mit den Nummern 25 bis 48 bezeichneten und farblich abgegrenzten oberirdischen Pkw-Stellplätzen und Abstellräumen bestehen Sondernutzungsrechte. Diese Flächen und Räume sind somit von vornherein dem Mitgebrauch und der Mitnutzung durch die Eigentümergemeinschaft entzogen.
(2) Die teilende Eigentümerin hat das Recht, diese Sondernutzungsrechte ohne Zustimmung und Mitwirkung anderer Miteigentümer den einzelnen Sondereigentumseinheiten mit fortlaufendem Verkauf zuzuweisen. Dieses Zuteilungsrecht endet, sobald die teilende Eigentümerin durch Ver-

äußerung (Eigentumsumschreibung im Grundbuch) der letzten der errichteten oder noch zu errichtenden Wohnung nicht mehr zur Eigentümergemeinschaft gehört. Das Nutzungsrecht an denjenigen Flächen und Abstellräumen, hinsichtlich derer die teilende Eigentümerin von ihrem Zuweisungsrecht keinen Gebrauch gemacht hat, geht dann auf die Eigentümergemeinschaft über. Bis zur Zuweisung der einzelnen Pkw-Stellplätze und Abstellräume steht das Recht zur Nutzung allein der teilenden Eigentümerin zu.
(3) Die teilende Eigentümerin ist verpflichtet, bei Zuteilung eines Sondernutzungsrechts die dingliche Verbindung mit der dazugehörigen Sondereigentumseinheit durch Eintragung ins Grundbuch zu bewirken.
Bereits jetzt wird das Sondernutzungsrecht an dem Pkw-Stellplatz Nr. 36 sowie an dem Abstellraum Nr. 36 dem Eigentümer der Wohnung Nr. 1 zugewiesen.

b) Terrassen

(1) Den Eigentümern der Erdgeschosswohnungen steht das Recht zu, die ihren Wohnungen jeweils vorgelagerten Terrassen ausschließlich zu nutzen. Lage und Umfang der Terrassenflächen ergeben sich aus dem Aufteilungsplan. Die jeweilige Terrassenfläche ist in den Plänen mit der selben Nummer sowie mit derselben Farbe versehen wie das berechtigte Sondereigentum.
(2) Das Sondernutzungsrecht an der Terrasse der Wohnung Nr. 1 erstreckt sich auch auf den Weg zwischen Hausaußenwand und Carportaußenwand bis zur Tür an der Carportvorderseite, und zwar in gerader Verlängerung der Terrassenlängsseite bis zur Carportaußenwand, sowie auf das Podest vor der Zugangstür des Abstellraumes Nr. 36. Der genaue Grenzverlauf ergibt sich aus dem Aufteilungsplan.

c) Gemeinsame Bestimmungen für die Sondernutzungsrechte

(1) Der jeweilige Sondernutzungsberechtigte hat die seiner Sondernutzung unterliegenden Räume und Flächen ordnungsgemäß in Stand zu halten und in Stand zu setzen und die dafür anfallenden Kosten zu tragen. Ihm obliegt insoweit auch die alleinige Verkehrssicherungspflicht.
(2) Die Sondernutzungsrechte können nur mit Zustimmung des jeweils Sondernutzungsberechtigten aufgehoben oder geändert werden.

§ 8 [Zweckbestimmungen]

(1) Die einzelnen Wohnungen dürfen grundsätzlich nur zu Wohnzwecken (alternativ: einschließlich der Vermietung an Feriengäste) genutzt werden. Eine andere Nutzung bedarf der schriftlichen Zustimmung des Verwalters. Die Zustimmung darf nur versagt werden, wenn ein wichtiger Grund vorliegt.
(2) Ein wichtiger Grund liegt insbesondere dann vor, wenn die beabsichtigte Nutzung die übrigen Miteigentümer in erheblicher Weise beeinträchtigt als eine Nutzung zu Wohnzwecken, das Gemeinschaftseigentum mehr als bei einer Nutzung zu Wohnzwecken abgenutzt zu werden droht oder die abweichende Nutzung den Bestand oder die Sicherheit des Gebäudes verändern würde.
(3) Die Zustimmung darf mit Auflagen oder Einschränkungen versehen werden. Insbesondere kann die Zustimmung von der Übernahme der durch die beabsichtigte Nutzung etwa entstehenden erhöhten Kosten und Lasten des Gemeinschaftseigentums abhängig gemacht werden.
Die Zustimmung kann widerrufen werden, wenn die Voraussetzungen für ihre Erteilung nachträglich entfallen oder Auflagen oder Einschränkungen nicht beachtet werden. Die Zustimmung des Verwalters, ihre Versagung, Einschränkungen oder Auflagen können durch Beschluss der Eigentümer ersetzt werden.

§ 9 [Rücksichtnahme und Sorgfalt]

Jeder Wohnungseigentümer ist verpflichtet, von seinem Sondereigentum und dem gemeinschaftlichen Eigentum nur in solcher Weise Gebrauch zu machen, dass dadurch kein anderer Woh-

Muster

nungseigentümer oder Hausbewohner über das unvermeidliche Maß hinaus belästigt wird. Jeder Wohnungseigentümer ist verpflichtet, seine Wohnung und die zur gemeinschaftlichen Nutzung bestimmten Grundstücksflächen, Anlagen und Einrichtungen ortsüblich zu unterhalten und schonend und pfleglich zu behandeln. Unter den Wohnungseigentümern bestehen gegenseitige Treue-, Mitwirkungs- und Rücksichtnahmepflichten.

§ 10 [Übertragung des Wohnungseigentums]

(1) Die Veräußerung eines Wohnungseigentums bedarf der Zustimmung des Verwalters. Die Zustimmung des Verwalters bzw. deren Versagung kann durch einen Beschluss der Eigentümerversammlung ersetzt werden. Die Zustimmung darf nur bei Vorliegen eines wichtigen Grundes versagt werden.
(2) Ein wichtiger Grund kann nur in der Person des Erwerbers oder der von diesem beabsichtigten Nutzung liegen, insbesondere bei konkreten Anhaltspunkten dafür, dass dieser seinen finanziellen Verpflichtungen gegenüber der Eigentümergemeinschaft oder den Verhaltensregeln der Gemeinschaftsordnung oder des sonstigen Gemeinschaftsrechts nicht nachkommen wird.
(3) Die Kosten der Zustimmung trägt im Verhältnis der Wohnungseigentümer der die Zustimmung Begehrende.
(4) Vom Zustimmungserfordernis ausgenommen ist die Erstveräußerung durch die teilende Eigentümerin.

§ 11 [Instandhaltung und Instandsetzung; bauliche Veränderungen]

(1) Jeder Wohnungseigentümer ist zur ordnungsgemäßen Instandhaltung und Instandsetzung seines Sondereigentums verpflichtet. Dazu zählt unter anderem auch und ohne Rücksicht auf die eigentumsrechtliche Zuordnung und die Verursachung die Behebung von Glasschäden an den Fenstern, Terrassen- und Balkontüren.
(2) Bauliche Veränderungen im Bereich des Sondereigentums dürfen, soweit sie die übrigen Wohnungseigentümer des Hauses oder der anderen Häuser objektiv benachteiligen, insbesondere bei Veränderungen der äußeren Gestalt des Hauses, nur nach entsprechendem Beschluss der Miteigentümer vorgenommen werden.
(3) Die Pflicht zur Instandhaltung und Instandsetzung der zum gemeinschaftlichen Eigentum gehörenden Anlagen, Einrichtungen und sonstigen Gebäudeteile obliegt ausschließlich den Eigentümern der einzelnen Häuser. Bei der Erfüllung dieser Pflicht ist auf die Wahrung eines einheitlichen äußeren Erscheinungsbildes der Gesamtanlage zu achten.
Die Eigentümer der einzelnen Häuser haben jeweils getrennte Instandhaltungsrücklagen zu bilden, in die jährlich ein angemessener Betrag für die Instandhaltung insbesondere des Daches, der Außenfassade, des Treppenhauses sowie der hausinternen gemeinschaftlichen Ver- und Entsorgungsleitungen einzuzahlen ist.
(4) Bauliche Veränderungen am Gemeinschaftseigentum, insbesondere der äußeren Gestalt des Gebäudes sowie sonstiger die Eigentümer der anderen Häuser objektiv benachteiligenden Maßnahmen, dürfen nur mit der Zustimmung aller objektiv benachteiligten Eigentümer vorgenommen werden sofern kein Fall der Modernisierung oder modernisierenden Instandsetzung vorliegt.
(5) Die Pflicht zur Instandhaltung und Instandsetzung des gemeinschaftlichen Eigentums, soweit dieses nicht nach den vorstehenden Absätzen den einzelnen Hausuntergemeinschaften bzw. den Sondereigentümern zugewiesen ist, obliegt der Gemeinschaft der Wohnungseigentümer insgesamt. Dies gilt insbesondere für die Kosten der Außenanlagen einschließlich der Beleuchtung, Zuwegungen, Zufahrten und etwaige Erschließungsstraßen. Ferner erstreckt sich diese gemeinschaftliche Pflicht aller Eigentümer auf die Instandhaltung und Instandsetzung sämtlicher tragender Teile der Carportanlage samt Abstellräumen und Hausmeistergeräteraum, insbesondere das Dach, die Trägerkonstruktion, die Seitenwände und Rückfassaden samt der Fenster sowie das ge-

samte Fundament mit Zufahrt und Unterkonstruktion. Die Wohnungseigentümer sind insoweit zur Ansammlung einer weiteren angemessenen (Gesamt-)Instandhaltungsrücklage verpflichtet.
(6) Die Pflicht zur Instandsetzung der auf den einzelnen Terrassen sowie den einzelnen Balkonen installierten Außenlampen obliegt den einzelnen Wohnungseigentümern unabhängig von der eigentumsrechtlichen Zuordnung.
(7) Ebenfalls unabhängig von der rechtlichen Eigentumszuordnung obliegt die Pflicht zur Instandhaltung und Instandsetzung der zwischen zwei Terrassen liegenden Trennwände den beiden anliegenden Sondereigentümern. Die Pflicht zur Instandhaltung und Instandsetzung von äußeren Terrassenabschlusswänden obliegt allein dem Sondereigentümer der betreffenden Wohnung.

§ 12 [Versicherungen]

(1) Für das Sondereigentum und für das gemeinschaftliche Eigentum als Ganzes sind nachfolgende Versicherungen abzuschließen und zu halten:
a) eine Gebäudebrandversicherung;
b) eine Versicherung gegen die Inanspruchnahme aus der gesetzlichen Haftpflicht als Grund- und Hauseigentümer;
c) eine Leitungswasserschadensversicherung;
d) eine Versicherung gegen Sturm- und Hagelschäden.
(2) Die Sachversicherungen sind zum gleitenden Neuwert nach Bauvollendung, die Haftpflichtversicherungen in angemessener Höhe abzuschließen.
(3) Soweit dies möglich ist, sind für die einzelnen Häuser getrennte Versicherungsverträge abzuschließen

§ 13 [Wiederaufbau]

(1) Im Fall der ganzen oder teilweisen Zerstörung der Anlage ist diese wieder aufzubauen, wenn der Schaden durch bestehende Versicherungen oder in sonstiger Weise gedeckt ist.
(2) Besteht eine solche Pflicht zum Wiederaufbau nicht, kann die Wohnungseigentümergemeinschaft den Wiederaufbau mit einer Mehrheit von $3/4$ der abgegebenen Stimmen beschließen, wenn die Anlage nicht mehr als zur Hälfte zerstört ist. Der nicht gedeckte Teil der Wiederaufbaukosten ist von den Wohnungseigentümern zu tragen.
(3) Ist die Anlage mehr als zur Hälfte zerstört und der Schaden nicht durch bestehende Versicherungen oder in sonstiger Weise gedeckt, kann der Wiederaufbau nur mit der Zustimmung aller Wohnungseigentümer beschlossen werden.
(4) Findet ein Beschluss zum Wiederaufbau nicht die erforderliche Mehrheit oder scheitert er an einem sonstigen Umstand, so wird die Gemeinschaft aufgelöst.

§ 14 [Kosten- und Lastentragung]

(1) Die Kosten der Instandhaltung und Instandsetzung des Sondereigentums trägt der jeweilige Sondereigentümer. Soweit ausscheidbare Betriebskosten durch den individuellen Gebrauch des Sondereigentums anfallen und getrennt ermittelt werden, sind diese ebenfalls vom jeweiligen Sondereigentümer zu tragen, selbst wenn sie zunächst aus der Gemeinschaftskasse entnommen werden.
(2) Im übrigen ist jeder Wohnungseigentümer verpflichtet, nach Maßgabe der folgenden Bestimmungen einen Beitrag zu Deckung der von der Eigentümergemeinschaft zu tragenden Kosten für die Instandhaltung, Instandsetzung, sonstigen Verwaltung und den gemeinschaftlichen Gebrauch des Gemeinschaftseigentums zu leisten. Diese Kosten setzen sich zusammen aus:
a) den Bewirtschaftungskosten (allgemeine Betriebskosten und Kosten der Instandhaltung und Instandsetzung einschließlich der Instandhaltungsrücklagenzuführungen)
b) den Heizungs- und Warmwasserkosten;

Muster

c) den Verwaltungskosten.
Dabei gilt, dass ausscheidbare Kosten, soweit sie ausschließlich die einzelnen Häuser betreffen und gesondert ermittelt werden, nur von den Eigentümern der jeweiligen Häuser gesondert zu tragen sind. Dies gilt neben den Kosten für die Instandhaltung und Instandsetzung eines Hauses insbesondere auch für die durch den Betrieb von Anlagen und Einrichtungen innerhalb eines Hauses anfallenden Betriebskosten. Soweit dies möglich ist, sind sämtliche Versorgungs- und Wartungsverträge für die einzelnen Häuser getrennt abzuschließen.
(3) Soweit Kosten nicht getrennt nach den einzelnen Häusern anfallen oder nicht gesondert ermittelt werden können oder soweit sie der gemeinschaftlichen Instandhaltungs- und Instandsetzungspflicht aller Wohnungseigentümer unterfallen, sind sie von allen Wohnungseigentümern gemeinschaftlich zu tragen. Letzteres gilt insbesondere für die Zuführung zur (Gesamt-)Instandhaltungsrücklage und z. B. für die Kosten der gemeinschaftlichen Reinigung, Pflege, Bewässerung und Beleuchtung der gemeinschaftlichen Außenanlagen, soweit kein Sondernutzungsrecht bestellt ist.
(4) Die Bewirtschaftungskosten werden auf die einzelnen Eigentümer grundsätzlich im Verhältnis ihrer Miteigentumsanteile umgelegt, sofern nicht eine Erfassung nach Verbrauch bzw. Verursachung erfolgt oder ausscheidbare Kosten im Bereich von Sondernutzungsrechten anfallen.
(5) Die Heiz- und Warmwasserkosten werden gemäß der Verordnung über die verbrauchsabhängige Abrechnung der Heiz- und Warmwasserkosten (HeizkostenV) zu 70 % nach Verbrauch umgelegt. Die restlichen 30 % werden unter den Wohnungseigentümern nach dem Verhältnis der beiheizbaren Wohnflächen zueinander verteilt.
Die Wohnungseigentümer können nach Maßgabe dieser Gemeinschaftsordnung eine andere der HeizkostenV entsprechende Regelung für die Zukunft beschließen.
(6) Kosten für Verwalter, Hauswart, Gartenpflege, Satellitenempfang sowie etwaigen Kabelanschluss werden nach Einheiten verteilt. Kosten der Müllabfuhr werden nach Einheiten je Haus verteilt.
(7) Verbrauchsabhängige Betriebskosten haben die Eigentümer eines noch zu errichtenden Hauses erst ab Eintritt der Bezugsfertigkeit der jeweiligen Wohnung zu tragen.
(8) Sollten in Zukunft ausscheidbare Betriebskosten durch den Betrieb von Einrichtungen oder Anlagen entstehen, die nur einem Haus zu dienen bestimmt sind, werden diese nur auf diejenigen Miteigentümer umgelegt, denen die entsprechende Einrichtung oder Anlage zugute kommen.

§ 15 [Wirtschaftsplan; Jahresabrechnung]

(1) Wirtschaftsjahr ist das Kalenderjahr.
(2) Der Wirtschaftsplan wird für ein Kalenderjahr möglichst im Voraus vom Verwalter aufgestellt und von der Eigentümerversammlung beschlossen. Für das erste Rumpfgeschäftsjahr bedarf es eines Beschlusses der Eigentümerversammlung nicht.
(3) Der Wirtschaftsplan muss die allgemeinen Betriebs-, Instandhaltungs- und Instandsetzungskosten sowie eventuelle Einnahmen in der für das Kalenderjahr zu erwartenden Höhe enthalten. Der für ein Kalenderjahr beschlossene Wirtschaftsplan gilt solange fort, bis ein neuer Wirtschaftsplan aufgestellt und beschlossen wird.

§ 16 [Verwalter]

(1) Als erster WEG-Verwalter wird XY-IMMOBILIEN, ..., bestellt. Die Bestellung gilt von der Entstehung der Wohnungseigentümergemeinschaft an für die Dauer von 3 Jahren. Eine Verlängerung bzw. Neubestellung ist durch Beschluss der Wohnungseigentümerversammlung frühestens ein Jahr vor Ablauf der Bestellungszeit möglich.
Mit dem Verwalter wird ein Verwaltervertrag abgeschlossen.
(2) Die Aufgaben und Befugnisse des Verwalters ergeben sich aus den §§ 20 bis 28 WEG in ihrer jeweiligen Fassung sowie aus den Bestimmungen dieser Teilungserklärung und dem Verwaltervertrag.

(3) Der Verwalter ist in Ergänzung seiner gesetzlichen Befugnisse berechtigt, im Rückstand befindliche Hausgeldschuldner erforderlichenfalls gerichtlich in Anspruch zu nehmen und titulierte Ansprüche im Vollstreckungswege durchzusetzen. Der Verwalter darf sowohl im eigenen Namen als auch im Namen der Wohnungseigentümer handeln und hierzu einen Rechtsanwalt einschalten. Der Verwalter ist auch zur außergerichtlichen und gerichtlichen Geltendmachung sonstiger Ansprüche der Wohnungseigentümergemeinschaft sowie zur Abwehr von gegen die Gemeinschaft gerichteter Ansprüche berechtigt.

§ 17 [Mehrere oder abwesende Eigentümer]

(1) Sind mehrere Personen gemeinschaftlich Eigentümer eines Wohnungseigentums, so haften sie für alle sich aus dieser Rechtsstellung ergebenden Verpflichtungen gesamtschuldnerisch. Tatsachen, die in der Person oder dem Verhalten nur eines Mitberechtigten begründet sind, wirken für und gegen alle Gesamtschuldner.
(2) Auf Verlangen des Verwalters sind mehrere gemeinschaftliche Eigentümer eines Wohnungseigentums verpflichtet, einen geeigneten Vertreter zu bevollmächtigen. Sind Ehegatten Miteigentümer eines Sondereigentums, gelten sie auch ohne eine solche Bevollmächtigung als berechtigt, sich gegenseitig zu vertreten.
(3) Die Verpflichtung zur Vollmachtserteilung gilt auch für den Fall, dass ein Wohnungseigentümer auf Grund längerer Abwesenheit gehindert ist, seine Angelegenheiten im Verhältnis der Wohnungseigentümergemeinschaft selbst zu besorgen.

§ 18 [Eigentümerversammlungen]

(1) Die Angelegenheiten der Wohnungseigentümer werden durch Beschlüsse in der Eigentümerversammlung geregelt. Der Verwalter hat die Versammlung mindestens ein Mal im Jahr einzuberufen. Die Einladungsfrist beträgt drei Wochen.
(2) In Angelegenheiten, die sämtliche Wohnungseigentümer betreffen, hat der Verwalter eine Gesamteigentümerversammlung einzuberufen. Dies gilt insbesondere für die ordentliche Eigentümerversammlung, in der die Gesamtwirtschaftspläne bzw. die Gesamtjahresabrechnungen beschlossen werden.
(3) Sofern in der Eigentümerversammlung lediglich Angelegenheiten beraten und beschlossen werden sollen, die ausschließlich die Eigentümer eines Hauses oder einzelner Häuser betreffen, ist auch die Einberufung von Teileigentümerversammlungen zulässig.
(4) Gesamteigentümerversammlungen und Teileigentümerversammlungen können ungeachtet ihrer etwaigen rechtlichen Verselbständigung gemeinsam stattfinden. Die Gesamteigentümerversammlung ist insbesondere für alle Angelegenheiten zuständig, die die Außenanlagen betreffen und in sonstiger Weise der gemeinschaftlichen Instandhaltungslast und Kostentragungspflicht sämtlicher Wohnungseigentümer unterliegen.
(5) Einladungen erfolgen jeweils durch einfachen Brief unter Angabe der Tagesordnung an die letzte dem Verwalter mitgeteilte Anschrift. Mit Absendung der Einladung ist die Einladung bereits bewirkt. Die Wohnungseigentümer sind verpflichtet, dem Verwalter unverzüglich jede Änderung ihrer Anschrift anzuzeigen. Eine ordnungsgemäß eingeladene Eigentümerversammlung ist ohne Rücksicht auf die Zahl der erschienenen Mitglieder dann beschlussfähig, wenn in der Ladung darauf besonders hingewiesen wurde.
(6) Jeder Wohnungseigentümer kann sich in der Versammlung und bei der Beschlussfassung vertreten lassen. Die Bevollmächtigung bedarf der Schriftform. Die schriftliche Vollmacht ist in der Versammlung dem Versammlungsleiter unaufgefordert vorzulegen. Sind Ehegatten Miteigentümer eines Sondereigentums, so gilt jeder von Ihnen der Eigentümergemeinschaft gegenüber als bevollmächtigt, soweit nicht einer der Ehegatten dem ausdrücklich widerspricht.

Muster

§ 19 [Stimmrecht]

(1) Die Stimmkraft des jeden Wohnungseigentümer zustehenden Stimmrechts richtet sich nach der Anzahl der dem Eigentümer gehörenden Einheiten. Für Angelegenheit, die sämtlich Eigentümer der gesamten Wohnanlage betreffen und in einer Gesamteigentümerversammlung geregelt werden, gilt dies uneingeschränkt. In Angelegenheiten, die ausschließlich einen gegenständlich abgrenzbaren Teil der Verwaltung des gemeinschaftlichen Eigentums betreffen und in Teileigentümerversammlungen geregelt werden können, kommt es auf die Zahl der Einheiten in dem jeweiligen Einzelhaus an.
(2) Steht ein Miteigentumsanteil mehreren Personen gemeinschaftlich zu, können sie das Stimmrecht nur einheitlich ausüben. Beschlüsse werden grundsätzlich mit einfacher Mehrheit der abgegeben Stimmen gefasst. Stimmenthaltungen gelten als Null-Stimmen.

§ 20 [»Öffnungsklausel«][4]

(1) Soweit zwingende gesetzliche Vorschriften nicht entgegenstehen, kann diese Gemeinschaftsordnung geändert werden. Hierzu ist grundsätzlich eine Vereinbarung aller Wohnungseigentümer erforderlich. Werden durch die Änderung nicht alle Wohnungseigentümer betroffen, so genügt die Zustimmung aller durch die Änderung betroffenen Wohnungseigentümer.
(2) Eine Änderung der Gemeinschaftsordnung, insbesondere der Zweckbestimmung des jeweiligen Sondereigentums, ist jedoch auch mit einer Mehrheit von $^3/_4$ aller durch die Änderung betroffenen Wohnungseigentümer möglich, wenn ein sachlicher Grund für die Änderung vorliegt und einzelne Wohnungseigentümer gegenüber dem früheren Rechtszustand nicht unbillig benachteiligt werden. Das Vorliegen eines sachlichen Grundes ist insbesondere bei einer wesentlichen Veränderung der tatsächlichen Verhältnisse gegeben.
Sondernutzungsrechte können gegen den Willen des Berechtigten nicht verändert werden.
(3) Jeder Wohnungseigentümer ist verpflichtet, zu solchen abändernden Vereinbarungen gemäß § 20 (1) und Beschlüssen gemäß § 20 (2) auf Kosten der Gemeinschaft die erforderliche Bewilligung zur Grundbucheintragung zu erteilen. Alle Wohnungseigentümer bevollmächtigen hiermit den jeweiligen Verwalter, sie bei der Abgabe der zur Grundbucheintragung notwendigen und zweckdienlichen Erklärungen und Anträge gegenüber Notar und Grundbuchamt zu vertreten.

Teil 3

I. Eintragungsbewilligung; Antrag

Die aufteilende Eigentümerin bewilligt und beantragt, an dem in Teil 1 dieser Urkunde bezeichneten Grundbesitz im Grundbuch einzutragen:
1. Die Teilung des erwähnten Grundbesitzes nach Maßgabe von Teil 1 II. § 4 dieser Urkunde;
2. Die Bestimmungen nach Teil 1 II. § 5 sowie Teil 2 dieser Urkunde als Inhalt des Sondereigentums.

II. Kosten

Die Kosten der Beurkundung, erforderlicher Genehmigungen und Zeugnisses und des Vollzugs im Grundbuch trägt die teilende Eigentümerin.

---

4 Vgl. dazu auch Riecke/Schmidt ETV 3. Aufl. S. 77 ff.

III. Abschriften

Änderungsklausel im Erwerbsvertrag

Änderung der Bauleistung
(1) Der Bauträger darf die von ihm geschuldete Bauleistung im Bereich des Sonder- und Gemeinschaftseigentum nur einseitig ändern oder von ihr ohne Zustimmung des Erwerbers abweichen, wenn dies aus bei Vertragsschluss nicht bekannten technischen Gründen (z. B. Statik, anerkannte Regeln der Technik) oder aufgrund nachträglicher, bei Vertragsschluss nicht bekannter behördlicher Auflagen zwingend erforderlich ist. Solche Änderungen dürfen den Wert sowie den Gebrauch der Eigentumswohnung des Erwerbers nicht schmälern und müssen dem Erwerber gegenüber zumutbar sein. Die Änderung ist für den Erwerber insbesondere dann zumutbar, wenn nach der Verkehrsauffassung sowie nach dem Urteil eines durchschnittlichen Erwerbers der Gebrauch oder der Wert der Eigentumswohnung oder des Gemeinschaftseigentums nur unerheblich beeinträchtigt wird oder die Außenfassade und die sonst sichtbaren Gebäudeflächen ästhetisch nicht so verändert werden, dass dies nicht mehr die Billigung des Erwerbers finden kann. Der vereinbarte Erwerbspreis bleibt hiervon unberührt.
(2) Darüber hinausgehende Änderungen der Bauleistung bedürfen eines notariell beurkundeten Änderungsvertrages zwischen beiden Vertragsparteien.

Notarieller Änderungsvertrag

In Ergänzung und Abänderung zu den notariellen Erwerberverträgen mit Bauerrichtungsverpflichtung vom (…), (…), (…), (…), (…) UR-Nr. (…), (…) des Notars Dr. (…) und UR-Nr. (…) des Notars (…) erklären die Erschienen zu 1.) bis 25.):
1. Die in § 6 Abs. 4 bzw. § 7 Abs. 5 der Erwerberverträge festgelegte Bauleistung wird wie folgt abgeändert.
2. Der Inhalt der Bauerrichtungsverpflichtung ergibt sich nunmehr ausschließlich aus der geänderten Baubeschreibung vom (…) Diese Baubeschreibung wird dieser Urkunde als
Anlage 1
beigefügt. Sie wird allen Erschienen vorgelegt und von ihnen genehmigt. Sie wird damit Gegenstand dieses Vertrages. Die heute vereinbarte Baubeschreibung weicht von der ursprünglichen Baubeschreibung sowie dem Prospektmaterial des Erschienen zu 25.) in folgenden Punkten ab:
    ☐ Einbau von Rollläden nur im Erdgeschoss und auf der Straßenseite anstelle an allen Fenstern und Balkon- sowie Terrassentüren
    ☐ …
3. Die Pläne, die Gegenstand von Teilungserklärung und Abgeschlossenheitsbescheinigung sind, bleiben unverändert.
4. Die zwischen den Beteiligten zu 1.) bis 24.) und dem Erschienenen zu 25.) vereinbarten Erwerbspreise bleiben von diesem Vertrag unberührt; sie verändern sich nicht.
5. Die Kosten dieser Urkunde trägt der Erschienene zu 25.).
6. Der Wert dieser Urkunde beträgt EUR (…) –.

Vollmacht zur Änderung der Teilungserklärung nebst Gemeinschaftsordnung

(1) Der Erwerber erteilt dem Bauträger unter Befreiung von § 181 BGB Vollmacht, Änderungen und Ergänzungen der Teilungserklärung nebst Gemeinschaftsordnung vorzunehmen.
(2) Im Außenverhältnis ist diese Vollmacht unbeschränkt; im Innenverhältnis ist die Vollmacht insoweit beschränkt, dass Änderungen/Ergänzungen den Inhalt und den Umfang des Sondereigentums des Erwerbers oder diejenigen Bereiche des Gemeinschaftseigentums, die ihm zur alleinigen Nutzung zugewiesen sind (Sondernutzungsrechte), ohne seine ausdrücklich Zustimmung nicht beeinträchtigt werden dürfen. Ferner dürfen in allen anderen Fällen der Wert oder

Muster

die Benutzung oder die Verwaltung des Gemeinschaftseigentums nicht unzumutbar eingeschränkt werden. Der Bauträger darf im Innenverhältnis von der Änderungsbefugnis nur Gebrauch machen, wenn hierfür triftige Gründe vorliegen, die zum Zeitpunkt des Vertragsschlusses nicht bekannt oder ohne Vorliegen von grober Fahrlässigkeit unbekannt waren. Zumutbar ist eine Änderung im Sinne von S. 2 insbesondere dann, wenn ein objektiver Dritter in der Rolle des Erwerbers sie für nicht erheblich bezeichnen würde.
(3) Werden nach Abs. 2 zulässige Änderungen und Ergänzungen der Teilungserklärung oder der Gemeinschaftsordnung vorgenommen, so sind hieraus erwachsende Ansprüche oder Rechte der einzelnen Erwerber aus diesem Vertrag gegenüber dem Bauträger ausgeschlossen.

Genehmigungserklärung zur Änderung der Teilungserklärung

8 Die Genehmigungserklärung selbst bedarf jedenfalls nur der notariellen Beglaubigung, § 19 GBO.

Genehmigungserklärung
Der unterzeichnende Erwerber (...)
genehmigt hiermit alle Erklärungen, welche von dem Bauträger, (...)
in der Urkunde vom (...), UR-Nr. (...) des Notars (...) in (...) zur Änderung und Ergänzung der Teilungserklärung vom (...), UR-Nr. (...) des Notars (...) in (...) abgegeben worden sind, und zwar den gesamten Inhalt vorgenannter Urkunden und allen Beteiligten gegenüber. Ich ermächtige ferner den Notar, den übrigen Beteiligten die Genehmigungserklärung mitzuteilen.
Von § 181 BGB erteile ich Befreiung.
Der Wert dieser Urkunde beträgt EUR (...) –.

_____Ort / Datum   _____Unterschrift

Änderung der Teilungserklärung

9 Wegen der Möglichkeit der Bezugnahme in neu abzuschließenden Erwerbsverträgen (§ 13 a Abs. 1 BeurkG) ist die notarielle Beurkundung empfehlenswert; gleichwohl genügt ebenfalls eine notarielle Beglaubigung der Unterschrift. Hierüber muss der Notar nach § 17 Abs. 1 S. 1 BeurkG belehren.

Der Erschienene bat um die Beurkundung der nachstehenden Änderung der Teilungserklärung vom (...) UR-Nr. (...) des amtierenden Notars.
Der Erschienene wurde darauf hingewiesen, dass die öffentliche Beglaubigung der Unterschrift unter eine privatschriftliche Teilungserklärung der gesetzlichen Form auch entspricht. Aus Gründen der besseren Handhabung der Teilungserklärung als öffentliche Urkunde, insbesondere wegen der Möglichkeit der Bezugnahme, wurde jedoch mit Zustimmung aller Beteiligten die Beurkundungsform gewählt.
Ich beziehe mich auf die Teilungserklärung der Wohnanlage »(...)« in (...) bezüglich Grundbuch von (...), Blatt (...) verbunden mit dem Sondereigentum an den Eigentumswohnungen, eingetragen im Wohnungsgrundbuch (...) Bl. (...) bis (...) sowie den Aufteilungsplan zur Abgeschlossenheitsbescheinigung der (...) vom (...) und erkläre:
1. Der Stellplatz Nr. (...), bislang dem Wohnungseigentum Nr. (...). (Erwerber: ...) zugeordnet, wird jetzt dem Wohnungseigentum Nr. (...) (Erwerber: ...) zugeordnet.
2. Der im Aufteilungsplan als Besucherstellplatz mit dem Buchstaben »B« markierte Stellplatz wird nunmehr der Eigentumswohnung Nr. (...) (Erwerber: ...) zugeordnet.
3. Der im Aufteilungsplan dem Wohnungseigentum Nr. (...) (Erwerber: ...) zugeordnete und mit der Bezeichnung »Keller« versehene Raum im Kellerraum bleibt diesem Wohnungseigentum zugeordnet und wird nunmehr mit »Gästezimmer« bezeichnet.
4. Ich beantrage und bewillige die Eintragung sowie alle weiteren, zum Vollzug der in Ziffern 1.–3. aufgezählten Neuordnung, Neubezeichnung und Umwidmung der Stellplätze und des Kellerraums erforderlichen Erklärungen.

5. Der Notar wird beauftragt, allen Erwerbern eine beglaubigte Abschrift dieser Urkunde zu übermitteln. Er wird ferner beauftragt, beglaubigte Genehmigungserklärungen einzuholen. Die dadurch entstehenden Kosten trägt der Erschienene.
6. Im Übrigen wird auf die bereits in der Urkunde vom (...) UR-Nr. (...) des amtierenden Notars (Teilungserklärung) gestellten Grundbuchanträge sowie auf alle nicht geänderten Bestandteile dieser Urkunde Bezug genommen.
7. Die Kosten dieser Urkunde trägt der Erschienene.
8. Der Wert dieser Urkunde beträgt EUR (...).

Erwerbsvertrag

Abnahme des Sondereigentums

(1) Die Vertragsparteien verpflichten sich gegenseitig, die Eigentumswohnung (Sondereigentum) vor Einzug gemeinsam abzunehmen. Der Bauträger teilt dem Erwerber den vorgesehenen Abnahmetermin schriftlich mit eingeschriebenem Brief mit; dieser muss dem Erwerber mindestens zehn Werktage vor dem Abnahmetermin nachweislich zugehen. Samstage sind keine Werktage im Sinne dieser Ziffer.

(2) Über die Abnahme wird ein schriftliches Abnahmeprotokoll (förmliche Abnahme) erstellt, welches abschließend eventuelle Mängel oder fehlende Leistungen enthält. Können sich die Vertragsparteien über das Vorliegen von Mängeln oder ausstehenden Leistungen nicht einigen, so ist dies entsprechend zu vermerken. Das Abnahmeprotokoll ist von beiden Vertragsparteien zu unterzeichnen.

(3) Bleibt der Erwerber bzw. sein Vertreter dem gem. Abs. 1 bestimmten Abnahmetermin fern, so benennt der Bauträger dem Erwerber mit eingeschriebenem Brief einen erneuten Abnahmetermin; diese Mitteilung muss dem Erwerber ebenfalls zehn Werktage vor dem erneuten Termin zugegangen sein. Die Mitteilung muss ferner den Hinweis enthalten, dass bei erneutem Fernbleiben die Eigentumswohnung des Erwerbers (Sondereigentum) als von ihm beanstandungslos abgenommen gilt, wenn nicht der Erwerber vor Ablauf der Frist gegenüber dem Bauträger ausdrücklich widerspricht. Bleibt der Erwerber bzw. sein Vertreter auch dem zweiten Abnahmetermin fern und widerspricht er bzw. sein Vertreter nicht vor diesem Termin gegenüber dem Bauträger, so gilt das Erwerbsobjekt hinsichtlich des Sondereigentums des Erwerbers als beanstandungslos abgenommen, wenn es objektiv abnahmereif war.

Abnahme des Gemeinschaftseigentums

(1) Der Erwerber verpflichtet sich gegenüber dem Bauträger, das gemeinschaftliche Eigentum zusammen mit den übrigen Erwerbern abzunehmen. Die Abnahme erfolgt ausschließlich durch ein schriftliches, von den Vertragsparteien zu unterschreibendes Abnahmeprotokoll. In ihm sind abschließend alle eventuell vorhandenen Mängel sowie noch nicht ausgeführte Leistungen aufzunehmen. Können sich die Vertragsparteien über das Vorliegen von Mängeln oder von ausstehenden Leistungen nicht einigen, so ist dies entsprechend zu vermerken.

Auf Seiten der Erwerber wird die Abnahmeerklärung durch einen öffentlich bestellten und vereidigten Bausachverständigen, der von der Wohnungseigentümergemeinschaft auf ihrer ersten Versammlung mit Stimmenmehrheit bestimmt wird und jeden einzelnen Erwerber bis auf Widerruf in technischer Hinsicht vertritt, vorbereitet. Der so bestimmte Bausachverständige begeht im Beisein des zwingend vorher einzuladenden Verwalters, Verwaltungsbeirats sowie des Bauträgers das Gemeinschaftseigentum; sämtliche Erwerber sind vom Bauträger über den Termin mindestens zehn Werktage vorher zu informieren; ihnen steht die Teilnahme an dem Begehungstermin frei. Der Bausachverständige stellt fest, ob das Gemeinschaftseigentum in technischer Hinsicht im Wesentlichen fertig gestellt und abnahmereif ist; er unterbreitet den Erwerbern einen Vorschlag des Sachverständigen (technische Abnahme) zur Abnahme des Gemeinschaftseigentums. Sofern der Bausachverständige in einem Protokoll die Abnahme vorschlägt, teilt dies der Bauträger den Erwerbern unter Beifügung des Protokolls mit Einschreiben/Rückschein mit dem Hinweis mit, dass das Gemeinschaftseigentum als beanstandungslos abgenommen gilt,

Muster

wenn nicht der Erwerber binnen einer Frist von zehn Werktagen ausdrücklich widerspricht. Samstage sind keine Werktage im Sinne dieser Ziffer. Widerspricht der Erwerber nicht gegenüber dem Bauträger binnen dieser Frist, so wirkt die technische Abnahmeerklärung des von den Erwerbern ausgewählten und vom Bauträger beauftragten Bausachverständigen als rechtsgeschäftliche Abnahmeerklärung für und gegen jeden Erwerber sowie den Bauträger. Der Bausachverständige darf in dem Gutachtensauftrag nur den Weisungen der Erwerber unterliegen; er muss haftpflichtversichert sein und eine Erlaubnis nach dem Rechtsberatungsgesetz[5] besitzen. Der Bauträger verpflichtet sich gegenüber dem Bausachverständigen und zugunsten aller Erwerber, dem Bausachverständigen sämtliche Vertragsunterlagen (Erwerberverträge, Teilungserklärung nebst Gemeinschaftsordnung und Baubeschreibung) und sämtliche Baupläne und Baugenehmigungsunterlagen unverzüglich kostenfrei nach Anforderung zur Verfügung zu stellen.
Die Kosten des Bausachverständigen einschließlich der Versendung der Kopie dessen Protokolls trägt der Bauträger.
(2) Hat zum Zeitpunkt der Besitzübergabe und der Eintragung der Auflassungsvormerkung in das Wohnungsgrundbuch für den Erwerber bereits eine Abnahme des Gemeinschaftseigentums nach Absatz 1 stattgefunden, so verpflichtet sich der neu in die Wohnungseigentümergemeinschaft eintretende Erwerber unverzüglich zur Abnahme auch des Gemeinschaftseigentums; das bereits erstellte technische Abnahmeprotokoll nebst eventuellen Mängelprotokollen und dem hierzu gehörenden Schriftverkehr ist ihm vom Bauträger in Kopie zu überreichen. Die Abnahme von Sonder- und Gemeinschaftseigentum erfolgt zusammen. Der Bauträger teilt dem Erwerber den vorgesehenen Abnahmetermin schriftlich mit eingeschriebenem Brief mit; dieser muss dem Erwerber mindestens zehn Werktage vor dem Abnahmetermin zugehen. Samstage sind keine Werktage im Sinne dieser Ziffer. Bleibt der Erwerber bzw. sein Vertreter dem gem. Abs. 2 bestimmten Abnahmetermin fern, so benennt der Bauträger dem Erwerber mit eingeschriebenem Brief/Einwurfeinschreiben einen erneuten Abnahmetermin; diese Mitteilung muss dem Erwerber zehn Werktage vor dem erneuten Termin zugegangen sein. Die Mitteilung muss ferner den Hinweis enthalten, dass bei erneutem Fernbleiben die Eigentumswohnung des Erwerbers (nebst Gemeinschaftseigentum) als von ihm beanstandungslos abgenommen gilt, wenn nicht der Erwerber vor Ablauf der Frist ausdrücklich widerspricht. Bleibt der Erwerber bzw. sein Vertreter auch dem zweiten Abnahmetermin fern und widerspricht er bzw. sein Vertreter nicht, so gilt das Erwerbsobjekt hinsichtlich des Gemeinschaftseigentums in diesem Sinne als beanstandungsfrei abgenommen.

Teilungserklärung und Gemeinschaftsordnung

Abnahme des Gemeinschaftseigentums

11 (1) Die Abnahme des gemeinschaftlichen Eigentums unterfällt insoweit der Beschlusskompetenz der Gemeinschaft, als nach dem Inhalt der Erwerberverträge die Gemeinschaft durch Mehrheitsbeschluss den vom Bauträger zu beauftragenden öffentlich bestellten und vereidigten Bausachverständigen auswählt. Ist zum Zeitpunkt der avisierten Abnahme des Gemeinschaftseigentums eine »werdende Gemeinschaft« noch nicht entstanden, so entscheiden sämtliche Erwerber auf einer nach den Bestimmungen des Wohnungseigentumsgesetzes durch den Bauträger einzuberufenden Erwerberversammlung durch Mehrheitsbeschluss, der ordnungsmäßiger Verwaltung entsprechen muss. Die Vorschriften des Wohnungseigentumsgesetzes gelten entsprechend.
(2) Der Bauträger und/oder in gerader Linie mit ihm verwandte Erwerber oder sein Ehegatte bzw. Lebenspartner sind von der Beschlussfassung im Zusammenhang mit der Auswahl des Bausachverständigen ausgeschlossen. Für mit dem Bauträger konzernverbundene Unternehmen gilt entsprechendes.
(3) Der Bausachverständige muss von der für den Bauort zuständigen Industrie- und Handelskammer öffentlich bestellt und vereidigt sein.

---

5 Demnächst Rechtsdienstleistungsgesetz.

Muster

Abnahmeerklärung

Abnahme des Gemeinschaftseigentums

Bauobjekt: Wohnungseigentumsanlage (…), XY-Straße (…), (…)
Gegenstand: Gemeinschaftseigentum, inklusive Tiefgarage, Wege, Carport (…), exklusive Außenanlagen (Grünanlagen …)
Bauträger: Bauträgergesellschaft Treubau XY, (…)
Erwerber: 1. (…) (Wohnung Nr. …), gem. notariellem Bauträgervertrag des Notars Dr. (…) vom (…) (UR-Nr. …) sowie nachträglichem Änderungsvertrag des (…) vom (…)
2. (…)

Die Erwerber 1.–24. nehmen, beraten durch den öffentlich bestellten und vereidigten Bausachverständigen Prof. (…), heute folgende Bauleistungen des Auftragnehmers in technischer Hinsicht ab:
(…)
Es wurden folgende Mängel festgestellt:
(…)
Folgende Leistungen wurden noch nicht erbracht:
(…)
Die Außenanlagen sind noch nicht fertig gestellt. Sie werden gesondert abgenommen.
Die oben beschriebenen Mängel sowie noch nicht erbrachten Leistungen wird der Bauträger unverzüglich, spätestens bis (…), 18:00 Uhr, beseitigen bzw. nachholen.
Die Erwerber behalten sich die Geltendmachung einer Vertragsstrafe wegen folgender Mängel (…) vor.
Der Bausachverständige schlägt den Erwerbern 1.-24. die rechtsgeschäftliche Abnahme des Gemeinschaftseigentums exklusive der Außenanlagen vor.

_____Ort / Datum
_____Sachverständiger   _____ Auftragnehmer
_____ WEG-Verwalter _____Verwaltungsbeirat

12

Beschlussantrag

Beschlussantrag:
1. Der zu erwartende Schadensersatzbetrag (…) soll einem »Baukonto« zugeführt werden (Zweckbindung). Dieses Konto soll wie eine Sonderumlage oder / weitere Instandhaltungsrückstellung behandelt werden.
2. Nach Eingang des in Ziffer 1 erwähnten Betrages soll der Verwalter für die Beseitigung der nachfolgend aufgeführten Mängeln
    (…)
    a) direkt
    b) über den Architekten (…) mindestens drei Angebote für die Ausführung der Mängelbeseitigungsarbeiten / Sanierung einholen.
3. Über die Auftragsvergabe soll auf der nächsten Eigentümerversammlung / Verwaltungsbeiratssitzung entschieden werden.

13

Fristsetzung zur Nacherfüllung

Einschreiben per Rückschein
(…)

14

Datum

Wohnanlage (…)
hier: Nachbesserung von Mängeln
Sehr geehrte Damen und Herren,
wir sind / ich bin – wie Sie wissen – Verwalter der Eigentumswohnanlage »(…)« in (…)

Muster

An dem Gemeinschaftseigentum zeigen sich folgende Mängel:
a) (...)
b) (...)
Namens und in Vollmacht der Wohnungseigentümergemeinschaft und aller Wohnungseigentümer, die zugleich ihre Erwerber waren, fordern wir Sie hiermit auf, die bezeichneten Mängel bis
Freitag, den (...), 18:00 Uhr
zu beseitigen. Zur Koordination der Mangelbeseitigungsarbeiten möchten Sie uns bitte vorher mitteilen, wann Sie mit den Arbeiten beginnen wollen.
Unsere Vertretungsmacht ergibt sich aus §§ 10 Abs. 6 S. 3, 27 Abs. 2 .... Nr. 5 .... WEG in Verbindung mit § 13 Abs. 3 der Teilungserklärung vom (...) sowie dem Verwaltervertrag vom (...), dort Ziffer .... Eine entsprechende Vollmachtsurkunde fügen wir diesem Schreiben im Original bei.
[Die Vertretungsmacht kann auch anders nachgewiesen werden. Wegen § 174 BGB raten wir generell dazu, die Urkunde, die die Vertretungsmacht nachweist, im Original beizufügen.]
Die Eigentümerversammlung hat am (...) den Unterzeichner beauftragt und ermächtigt, Sie im Namen aller Erwerber bzw. der Gemeinschaft zur Nacherfüllung unter Fristsetzung aufzufordern. Eine unterschriebene Ausfertigung des Versammlungsprotokolls fügen wir diesem Schreiben bei.
Mit freundlichen Grüßen

Fristsetzung mit Ablehnungsandrohung (altes Recht)

15 Einschreiben per Rückschein
(...)
                                                                                                    Datum

Wohnanlage (...)
hier: Nachfristsetzung mit Ablehnungsandrohung
Sehr geehrte Damen und Herren,
wir sind – wie Sie aus dem Schreiben vom (...) wissen – Verwalter der Eigentumswohnanlage »(...)« in (...).
An dem Gemeinschaftseigentum zeigen sich folgende Mängel:
a) (...)
b) (...)
Mit Schreiben vom (...) hatten wir Sie aufgefordert, diese Mängel bis (...) zu beseitigen. Dies haben Sie nicht getan.
Namens und in Vollmacht aller Wohnungseigentümer bzw. der Gemeinschaft fordern wir Sie hiermit letztmalig auf, die bezeichneten Mängel bis
Freitag, den (...), 18:00 Uhr
zu beseitigen. Nach Ablauf der Frist werden alle Wohnungseigentümer eine Beseitigung der Mängel ablehnen und Schadensersatz geltend machen; insofern wird Ihnen das Nachbesserungsrecht entzogen.
Zur Koordination der Mangelbeseitigungsarbeiten möchten Sie uns bitte vorher mitteilen, wann Sie mit den Arbeiten beginnen wollen.
Unsere Vertretungsbefugnis ergibt sich aus dem bestandskräftigen Beschluss der Eigentümerversammlung vom (...). Unter Tagesordnungspunkt (...) wurde der Unterzeichner beauftragt und ermächtigt, Ihnen im Namen aller Wohnungseigentümer bzw. der Gemeinschaft eine Nachfrist mit Ablehnungsandrohung zu setzen und nach Fristablauf sekundäre Gewährleistungsrechte in Form des Schadensersatzes zu wählen. Eine Ausfertigung des Versammlungsprotokolls fügen wir diesem Schreiben bei.

Muster

Forderung von Schadensersatz (altes Recht)

(…)   16
                                                                                                    Datum
Wohnanlage (…)
hier: Schadensersatz
Sehr geehrte Damen und Herren,
wir sind – wie Sie aus den Schreiben vom (…) und vom (…) wissen – Verwalter der Eigentumswohnanlage »(…)« in (…)
An dem Gemeinschaftseigentum zeigen sich folgende Mängel:
a) (…)
b) (…)
Mit Schreiben vom (…) hatten wir Ihnen im Namen aller Wohnungseigentümer bzw. der Gemeinschaft eine Nachfrist mit Ablehnungsandrohung bis zum (…) gesetzt. Auch diese Frist ist fruchtlos verstrichen.
Namens und in Vollmacht aller Wohnungseigentümer bzw. der Gemeinschaft fordern wir Sie hiermit auf, die laut des Privatgutachtens von (…) vom (…) für eine Mangelbeseitigung erforderlichen Kosten in Höhe von Euro (…) auf das unten angegebene Gemeinschaftskonto bis
Freitag, den (…) (Geldeingang),
als Schadensersatz zu zahlen.
Unsere Vertretungsbefugnis und Inkassovollmacht ergibt sich aus dem bestandskräftigen Beschluss der Eigentümerversammlung vom (…). Unter Tagesordnungspunkt (…) wurde der Unterzeichner beauftragt und ermächtigt, Ihnen im Namen aller Wohnungseigentümer eine Nachfrist mit Ablehnungsandrohung zu setzen und nach Fristablauf sekundäre Gewährleistungsrechte zu wählen sowie die Zahlung auf das Gemeinschaftskonto zu fordern. Eine Ausfertigung des Versammlungsprotokolls fügen wir diesem Schreiben abermals bei.
Nach Fristablauf wird die Gemeinschaft den Klageweg beschreiten.

Forderung von Schadensersatz (neues Recht)

[Hier kann Muster 16 verwendet werden, wobei eine einfache Fristsetzung ausreicht.]   17

Verwaltervollmacht

Die Wohnungseigentumsgemeinschaft (…) in (…), eingetragen in den Wohnungs- und Teileigen-   18
tumsgrundbüchern von (…) Band (…) Blatt (…)
– Gemeinschaft –
erteilt dem WEG Verwalter (…) in (…)
– Verwalter –
Verwaltervollmacht
Zwischen den Parteien besteht der Verwaltervertrag vom (…) gem. § 21 Abs. 3 WEG, nachdem der Verwalter durch Beschluss vom (…) durch die Eigentümerversammlung als Verwalter bestellt wurde.
Um gegenüber Dritten die Übertragung von Aufgaben und Befugnissen nachweisen zu können, erteilt der Unterzeichner folgende
Vollmachtsurkunde
Der Verwalter wird ausdrücklich bevollmächtigt, die Gemeinschaft in allen gemeinschaftlichen Verwaltungsangelegenheiten außergerichtlich und gerichtlich zu vertreten. Der Verwalter darf unter Befreiung von § 181 BGB insbesondere:
1. Rechte der Eigentümer gegenüber Dritten wahrnehmen und regeln sowie Ansprüche Dritter gegen die Gemeinschaft abwehren, insbesondere Ansprüche der Eigentümer gerichtlich im eigenen Namen auf Kosten der Gemeinschaft geltend machen

Muster

2. Kauf-, Dienst-, Werk- und Versicherungsverträge namens der Gemeinschaft abschließen, ändern und aufheben
3. Ansprüche und Rechte der Gemeinschaft gegenüber einzelnen Eigentümern der Gemeinschaft außergerichtlich und gerichtlich geltend machen sowie durchsetzen
4. Leistungen im Namen der Gemeinschaft mit Wirkung für und gegen sie entgegennehmen und bewirken
5. Willenserklärungen und Zustellungen entgegen nehmen, sofern diese an alle Eigentümer in ihrer Eigenschaft als Wohnungseigentümer gerichtet sind
6. Ansprüche und Rechte der Erwerber aus den individuellen Erwerberverträgen exklusive Rücktritt oder Rückabwicklung im Wege des Schadensersatzes außergerichtlich und gerichtlich geltend machen und hierzu einen Rechtsanwalt mit der Anspruchsverfolgung zu beauftragen sowie umfassende Prozessvollmacht zu erteilen
7. Maßnahmen treffen, die zur Fristwahrung oder Abwendung eines Nachteils für die Gemeinschaft erforderlich sind.

Die Vollmacht erlischt mit der Abberufung des Verwalters. Die Urkunde ist unverzüglich an den Vorsitzenden des Verwaltungsbeirats zurückzugeben. Dem Verwalter steht insofern kein Zurückbehaltungsrecht zu.

_____Ort/Datum   _____Unterschrift

Die nachfolgenden Muster stellen lediglich ein Beispiel für eine sinnvolle Vertrags- und Beschlussgestaltung dar. Sie bedürfen aber jeweils der Modifikation im Einzelnen Falle.

Abtretungsvertrag zwischen Erst- und Zweiterwerber

19   Um aktivlegitimiert zu sein, müssen einem Sondereigentümer, der Zweiterwerber ist, die Ansprüche vom Ersterwerber abgetreten worden sein.

Abtretungsvereinbarung

(1) Der Verkäufer (…) besitzt aus dem Bauträgervertrag vom (…) des Notars (…) (UR-Nr. …) über das Wohnungseigentum Nr. (…) der Eigentumswohnanlage (…) in (…) gegen die Fa. (…) in (…) Mängelansprüche und -rechte. Gleichzeitig stehen ihm gem. § (…) dieses Bauträgervertrages abgetretene Erfüllungs- und Mängelansprüche aus den Verträgen der Fa. (…) mit ihren Subunternehmern sowie Sonderfachleuten zu.

(2) Der Verkäufer tritt alle ihm nach Abs. 1 zustehenden Mängelrechte samt allen Hilfs- und Nebenansprüchen (z. B. Herausgabe von Urkunden, Plänen, Nebenrechten, Bürgschaften usw.) an den Käufer ab.

(3) Sollten Gestaltungserklärungen, die für die Geltendmachung von Erfüllungs- und Mängelansprüchen Voraussetzung sind, nicht abtretbar sein, so ermächtigt und bevollmächtigt der Verkäufer den Käufer unwiderruflich, unbefristet und unbedingt, entsprechende Gestaltungserklärungen für und gegen ihn abzugeben. Der Käufer stellt im Gegenzug den Verkäufer von allen Verbindlichkeiten frei, die aus der Ausübung dieser Gestaltungserklärungen resultieren. Der Käufer ist nicht berechtigt, den Bauträgervertrag zwischen dem Verkäufer und der Fa. (…) durch Rücktritt oder Schadensersatz statt der Leistung rück abzuwickeln.

(4) Sollte eine Ermächtigung und Bevollmächtigung gem. Abs. 3 nicht möglich sein, verpflichtet sich der Verkäufer, in allen Stadien der Durchsetzung von Mängelrechten zugunsten des Käufers mitzuwirken. Der Käufer stellt den Verkäufer im Außenverhältnis gegenüber dem Bauträger und seinen Subunternehmern von hieraus folgenden Ansprüchen frei.

Vorbereitende Beschlüsse der Wohnungseigentümergemeinschaft

Die nachfolgenden Beschlussmuster geben nur eine Auswahl der in der Praxis notwendigsten Muster, um nach außen wirksam handeln zu können.

Bevollmächtigung zur Fristsetzung

Beschluss
1. Die Abdichtung der Kelleraußenwand ist mangelhaft; sie entspricht nicht den anerkannten Regeln der Technik. Inverzugsetzung erfolgte gemäß Beschluss vom (…) durch Schreiben vom (…)
2. Die Gemeinschaft zieht alle Mängelrechte wegen des vorgenannten Mangels an sich. Dem Bauträger wird eine Frist von vier Wochen mit konkretem Datum gesetzt werden. Nach Ablauf dieser Frist ist der Bauträger ohne Zustimmung des Verwalters nicht mehr befugt, den Mangel zu beseitigen.
3. Der Verwalter / Verwaltungsbeirat / Sondereigentümer, nämlich (…) in (…), wird hiermit beauftragt und bevollmächtigt, namens und in Vollmacht der Gemeinschaft die gem. Ziffer 2. erforderlichen Erklärungen gegenüber dem Bauträger abzugeben.

Bevollmächtigung zur Wahl zwischen Schadensersatz und Minderung

Beschluss
1. Die Abdichtung der Kelleraußenwand ist mangelhaft; sie entspricht nicht den anerkannten Regeln der Technik.
2. Die dem bereits in Verzug befindlichen Bauträger hinsichtlich dieses Mangels aufgrund des Beschlusses der Wohnungseigentümersammlung vom (…) gesetzte Frist ist abgelaufen.
3. Die Wohnungseigentümergemeinschaft fordert vom Bauträger, der Fa. (…), nunmehr Schadensersatz wegen Nichterfüllung gem. des schriftlichen Gutachtens von Herrn Prof. Dr. (…) aus (…) vom (…) im selbständigen Beweisverfahren vor dem Landgericht (…) (Aktenzeichen: …) in Höhe von Euro (…) –.
4. Der Verwalter (…) wird hiermit beauftragt und bevollmächtigt, in gesetzlicher Ermächtigung für die Ansprüche aus den Erwerberverträgen im Namen der Gemeinschaft außergerichtlich Schadensersatz in Höhe von Euro (…) von dem Bauträger, der Fa. (…), zu verlangen.
5. Nach Ablauf einer Zahlungsfrist ist er/sie befugt, einen Rechtsanwalt mit der Einreichung einer Schadensersatzklage zu beauftragen. Vor Einleitung eines gerichtlichen Verfahrens ist – außer im Eilfalle – ein erneuter Beschluss erforderlich. Die Kosten der Anspruchsdurchsetzung darf der Verwalter aus der Instandhaltungsrücklage entnehmen.

Ermächtigung zur Wahl zwischen Schadensersatz und Minderung und zur gerichtlichen Geltendmachung

Beschluss
1. Die Abdichtung der Kelleraußenwand ist mangelhaft; sie entspricht nicht den anerkannten Regeln der Technik.
2. Die dem in Verzug befindlichen Bauträger hinsichtlich dieses Mangels aufgrund des Beschlusses der Wohnungseigentümerversammlung vom (…) gesetzte Frist mit Ablehnungsandrohung ist abgelaufen.
3. Die Wohnungseigentümergemeinschaft entscheidet sich dafür, dass vom Bauträger, der Fa. (…), nunmehr Schadensersatz wegen Nichterfüllung gem. des schriftlichen Gutachtens von Herrn Prof. Dr. (…) aus (…) vom (…) im selbständigen Beweisverfahren vor dem Landgericht (…) (Aktenzeichen: …) in Höhe von Euro (…) – gefordert wird.
4. Der Verwalter wird hiermit von allen Wohnungseigentümern beauftragt und bevollmächtigt, in gesetzlicher Ermächtigung für die Ansprüche aus den Erwerberverträgen im Namen der Gemeinschaft Zahlung von Schadensersatz an die Wohnungseigentümergemeinschaft (Bankverbindung: Sparkasse (…), BLZ (…), Konto Nr. …) von dem Bauträger, der Fa. (…) zu fordern und nach fruchtlosem Ablauf einer Zahlungsfrist diesen Anspruch in gesetzlicher Ermächtigung und im Namen der Gemeinschaft gerichtlich einzuklagen.

Muster

5. Die Kosten der Beauftragung eines Rechtsanwaltes sowie die Gerichtskosten trägt die Gemeinschaft. Der Verwalter darf die Kosten aus der Instandhaltungsrücklage entnehmen.
6. Über die Verwendung der entsprechend Ziffern 3. bis 4. erlangten Geldmittel sowie über Art, Umfang und Zeitpunkt der Beseitigung des in Ziffer 1. genannten Mangels wird durch gesonderten Beschluss entschieden.

Vorbereitende Mängelfeststellung durch einen Privatgutachter

23 Mitunter wird es vor der Geltendmachung von Mängelrechten und der Beantragung eines selbständigen Beweisverfahrens unabdingbar sein, das Vorhandensein von Mängeln von einem Fachmann untersuchen zu lassen. Ein entsprechender Beschluss der Gemeinschaft könnte wie folgt aussehen:

Beschluss
Der Verwalter wird beauftragt und bevollmächtigt, im Namen der Gemeinschaft einen Privatgutachter, der für den Bereich Hochbau öffentlich bestellt und vereidigt sein muss, mit einem maximalen Honorarvolumen von Euro (…) damit zu beauftragen, die derzeit vorhandenen Mängel und Restarbeiten am Gemeinschaftseigentum festzustellen und unter Angabe der erforderlichen Nachbesserungskosten aufzulisten. Soweit eine Sanierung unmöglich ist oder für den Bauträger eventuell unzumutbar sein könnte, soll er hilfsweise zusätzlich Angaben zu entsprechenden Minderungsbeträgen machen.

Selbständiges Beweisverfahren

Beschluss
24 1. Der Verwalter wird beauftragt und ermächtigt, wegen der in Anlage (…) bezeichneten Mängel ein selbständiges Beweisverfahren einzuleiten und zu diesem Zwecke einem Rechtsanwalt entsprechende Prozessvollmacht zu erteilen. Prozesskosten dürfen aus der Instandhaltungsrücklage entnommen werden.
2. Nach Abschluss des selbständigen Beweisverfahrens hat die Verwaltung unverzüglich eine außerordentliche Eigentümerversammlung anzuberaumen. Auf dieser wird entschieden, ob und welche Mängelansprüche gerichtlich und außergerichtlich geltend gemacht werden sollen.

Antrag auf selbständiges Beweisverfahren

Antrag auf Durchführung eines selbständigen Beweisverfahrens
25 der **Wohnungseigentümergemeinschaft** »(…)« in (…), (…), in gesetzlicher Prozessstandschaft für die Erwerber der Wohnanlage (…) gem.
– Anlage AS 0 –
– Antragstellerin –
(…)
gesetzlich vertreten durch den Verwalter (…), (…)
Verfahrensbevollmächtigte: Rechtsanwälte (…)
gegen
die Bauträgergesellschaft (…)
– Antragsgegnerin –
Verfahrensbevollmächtigte: Rechtsanwälte (…), (…)
Vorläufiger Gegenstandswert: Euro (…),–
Namens und in Vollmacht der Antragstellerin beantragen wir,
Sicherung des Beweises durch Einholung eines schriftlichen Sachverständigengutachtens und Einvernahme des Augenscheins durch den Sachverständigen über folgende Punkte:

Das Gemeinschaftseigentum der Antragsstellerin, Wohnungseigentumsanlage »(…)« weist im Einzelnen folgende Baumängel auf:
1. Die Ringdrainage entspricht nicht den anerkannten Regeln der Technik, insbesondere der DIN (…); die Drainage ist (…)
2. Die nördlichen und westlichen Kelleraußenwände (…)
3. (…)

Bei der sachverständigen Begutachtung des derzeitigen Zustandes der oben aufgeführten Mängel soll zugleich der Sachverständige die geeigneten Sanierungsmöglichkeiten feststellen und den erforderlichen Kostenaufwand sachverständig schätzen. Wir nehmen insoweit Bezug auf *Musielak/Huber*, Kommentar zur ZPO, 5. Auflage 2007, § 485 ZPO Rn. 1 ff. sowie die Ausführungen in *Werner/Pastor*, Der Bauprozess, 11. Auflage 2005, Rn. 30 ff.

Soweit der Sachverständige meint, eine ordnungsgemäße Herstellung sei untunlich, möge ihm aufgegeben werden, dies zu begründen und eine entsprechende Wertminderung festzustellen.

Mit der Durchführung des Verfahrens bitten wir einen vom Gericht auszuwählenden Sachverständigen zu beauftragen. Wir schlagen folgenden Sachverständigen vor:
(…)

Um kurzfristige Mitteilung des erforderlichen Kostenvorschusses wird gebeten.

Begründung:
Die Antragsgegnerin ist Bauträger der vorgenannten Wohnungseigentumsanlage. Die Antragstellerin ist eine teilrechtsfähige Wohnungseigentümergemeinschaft. Sie führt in gesetzlicher Prozessstandschaft gem. § 10 Abs. 6 S. 3 WEG für sämtliche Ersterwerber dieses Verfahren. Diese haben Eigentumswohnungen mit gleich lautendem Bauträgervertrag mit Bauerrichtungsverpflichtung von der Antragsgegnerin, bestehend aus Sondereigentum nebst Gemeinschaftseigentum, erworben.

In der Mängelhaftungsregelung dieser Erwerberverträge,
in Kopie vorgelegt – als Beispiel – der Erwerbervertrag des Erwerbers (…)
– **Anlage AS. 1** –
heißt es:
(…)

In der mitbeurkundeten Baubeschreibung,
die in Kopie vorgelegt wird als
– **Anlage AS. 2** –
werden die Kelleraußenwandisolierung, die Drainage u. a. wie folgt beschrieben:
(…)

Die geschilderten Mängel an der Wohnungseigentumsanlage der Antragstellerin sind vorhanden.

Zwischen den Verfahrensbeteiligten sind die Verursachung und die Kostentragung der obigen Mängel bis heute nicht geklärt. Mit Einschreiben per Rückschein vom (…) des Bevollmächtigten der Antragstellerin, das der Antragsgegnerin nachweislich am (…) zuging, wurde diese zur Nacherfüllung bis zum (…) aufgefordert. Zur Glaubhaftmachung wird dieses Schreiben in Kopie vorgelegt als
– **Anlage AS. 3** –.

Die Antragsgegnerin kam diesem nicht nach; vielmehr bestritt sie mit Schreiben vom (…) den Zustand der Wohnanlage und ihre Verantwortlichkeit. Zur Glaubhaftmachung wird dieses Schreiben vorgelegt in Kopie als
– **Anlage AS. 4** –.

Die Beweissicherung ist erforderlich, weil ohne ihre Durchführung zu besorgen ist, dass die Beweisführung für die Mängel, deren Ursache sowie die erforderlichen Mängelbeseitigungsmaßnahmen und hierdurch zu erwartende Kosten unmöglich oder wesentlich erschwert sein wird. Im Rahmen ihrer Schadenminderungspflicht ist die Antragstellerin bzw. sind die in ihr verbundenen Erwerber gezwungen, unverzüglich die Mängel zu sanieren. Nach Durchführung der Mängelbeseitigungsarbeiten kann jedoch durch Beweiserhebung nicht mehr festgestellt werden,

Muster

wie der vorherige mangelhafte Zustand war, ob dieser von der Antragsgegnerin zu vertreten ist und welche Mängelbeseitigungsmaßnahmen sowie welcher Kostenaufwand erforderlich waren. Im Übrigen ist der Antrag auch deshalb zulässig, weil zu erwarten ist, dass dadurch ein Rechtsstreit vermieden werden kann.
Die Eigentümergemeinschaft hat am (…) gem. § 10 Abs. 6 S. 3 WEG (bestandskräftig) beschlossen, die Mängel am Gemeinschaftseigentum zur gemeinsamen Sache zu machen und den Verwalter nach fruchtlosem Ablauf einer Nacherfüllungsfrist zu beauftragen und zu bevollmächtigen, im Namen der Gemeinschaft ein selbständiges Beweisverfahren einzuleiten. Wir fügen das Ergebnisprotokoll der Versammlung vom (…) in Kopie anbei als
– Anlage AS. 5 –.
Zur Glaubhaftmachung der Mängel fügen wir ferner die eidesstattliche Versicherung des technischen Mitarbeiters der bevollmächtigten WEG-Verwaltung der Antragstellerin vom (…) im Orginal bei,
– Anlage AS. 6 –,
woraus sich der derzeitige tatsächliche Zustand und damit die behaupteten Mängel ergeben.
Rechtsanwalt

Klage in gesetzlicher Prozessstandschaft

26
Klage
der Wohnungseigentümergemeinschaft (…), vertreten durch die WEG-Verwaltung (…), Trumppstraße 3a in 80997 München, in gesetzlicher Prozessstandschaft für die in – Anlage K 1 – benannten Erstwerber der Wohnanlage (…)
– **Klägerin** –
Prozessbevollmächtigte: (…)
gegen
die Schimpf & Schande Bauträgergesellschaft mbH, vertreten durch den Geschäftsführer (…)
– **Beklagte** –
Prozessbevollmächtigte: (…)
wegen: Kostenvorschuss gem. § 633 Abs. 3 BGB
vorläufiger Streitwert: (…) Euro
Namens und in Vollmacht des Klägerin erheben wir Klage zum Landgericht (…) und werden im Termin zur mündlichen Verhandlung beantragen:
1. Die Beklagte wird verurteilt, an den Klägerin (…),– Euronebst Zinsen in Höhe von fünf Prozentpunkten über dem Basiszinssatz hieraus seit (…) zu bezahlen.
2. (…).

Begründung:
Die Beklagte ist gewerblich als Bauträgerin tätig. Die Klägerin ist eine teilrechtsfähige Wohnungseigentümergemeinschaft. Sie verwaltet die von der Beklagten errichteten Eigentumswohnanlage »(…)« in (…). Die Klägerin macht im Wege der gesetzlichen Prozessstandschaft gem. § 10 Abs. 6 S. 3 WEG für die in der Anlage benannten Ersterwerber aus deren Erwerberverträgen Ansprüche wegen vorhandener Mängel am Gemeinschaftseigentum geltend.
1. Zwischen der Beklagten und den Erwerbern andererseits wurde jeweils als »Kaufvertrag« bezeichnete Erwerberverträge in notarieller Form abgeschlossen. Namen und Wohnanschrift der Erwerber sind in Kopie beigefügt als
– Anlage K 1 –.
Die einzelnen Erwerberverträge sind dem Inhalt nach identisch. Exemplarisch wird der Vertrag des Erwerbers (…) in Kopie vorgelegt als
– Anlage K 2 –.
In den Erwerberverträgen verpflichtete sich die Beklagte jeweils u. a. zur schlüsselfertigen Herstellung der Wohnanlage einschließlich Tiefgarage, Außenstellplätzen und -anlagen sowie zur Eigentumsverschaffung an den einzelnen Wohnungen. Inhalt und Umfang der Bauerrich-

tungsverpflichtung ergeben sich aus § 8 Abs. 2 und Abs. 3 des jeweiligen Erwerbervertrages sowie aus der mit der Teilungserklärung beurkundeten Baubeschreibung der Beklagten vom (...), in Kopie vorgelegt als
– **Anlage K 3 –.**
Die Eigentumsanlage wurde aufgeteilt nach § 8 WEG. Die Teilungserklärung nebst Gemeinschaftsordnung sowie der Aufteilungsplan, jeweils in Kopie vorgelegt als
– **Anlagen K 4 und K 5 –,**
sind ebenfalls mit beurkundet worden. Sämtliche Erwerber sind im Wohnungsgrundbuch des (...) Band (...) Blätter (...) bis (...) als Eigentümer bzw. als Vormerkungsberechtigte eingetragen.

2. Die WEG-Verwaltung (...) wurde mit bestandskräftigem Beschluss der Eigentümerversammlung vom (...) zum Verwalter bestellt.
Beweis: Protokoll der Versammlung vom (...), in Kopie vorgelegt als
– **Anlage K 6 –**
In der Eigentümerversammlung vom (...) hat die Gemeinschaft unter Tagesordnungspunkt (...) bestandskräftig beschlossen, nach Abschluss des durchgeführten selbständigen Beweisverfahrens vor dem Landgericht (...), Aktenzeichen (...) die Beklagte nach Ablauf einer Zahlungsfrist gerichtlich in Anspruch zu nehmen. Sie hat ferner beschlossen, die Mängelansprüche weiter an sich zu ziehen und den Zahlungsanspruch aus den Erwerberverträgen im Namen der Gemeinschaft im Wege der gesetzlichen Prozessstandschaft geltend zu machen.
Beweis: Protokoll der Versammlung vom (...), in Kopie vorgelegt als
– **Anlage K 7 –.**

3. Das am (...) abgenommene Gemeinschaftseigentum der Wohnanlage ist mangelhaft. Es bestehen folgende von der Beklagten zu vertretende Mängel, die im selbständigen Beweisverfahren vor dem (...) (Aktenzeichen: (...) durch den öffentlichen und bestellten Sachverständigen (...) aus (...) festgestellt wurden:
   a) Die Außenabdichtung des Kellergeschosses entspricht nicht DIN 18195; die Abdichtung ist (...) So sind sämtliche Kellerwände auf der Nordseite feucht; es zeigen sich an der Betonwand »Ausblühungen« (...)
   Beweis: 1. Schriftliches Gutachten im selbständigen Beweisverfahren (...)
   2. Privatgutachten des (...) vom (...)
   3. Richterlicher Augenschein (...)
   4. Ggf. weiteres Sachverständigengutachten

   b) (...)
   Es wird ausdrücklich **beantragt,**
   die Akten des selbständigen Beweisverfahrens vor dem (...), Aktenzeichen: (...) beizuziehen.

4. Die Klägerin wird die Mängel im Wege der Ersatzvornahme gem. § 637 Abs. 3 BGB beseitigen lassen. Sie macht deshalb einen entsprechenden Kostenvorschuss geltend.
Die Mängelbeseitigungskosten belaufen sich ausweislich der übereinstimmenden Schätzungen des gerichtlichen und privaten Sachverständigengutachtens auf mindestens Euro (...)
Beweis: 1. Schriftliches Gutachten im selbständigen Beweisverfahren (...)
2. Privatgutachten des (...) vom (...), in Kopie beigefügt als
– **Anlage K 8 –.**

5. Die Klägerin setzte der Beklagten mit Einschreiben mit Rückschein vom (...), welches der Beklagten am (...) zugegangen ist, unter Hinweis auf das Gutachten im selbständigen Beweisverfahren nochmals und überobligationsmäßig eine Nacherfüllungsfrist zum (...)
Beweis: 1. Schreiben vom (...), in Kopie vorgelegt als
– **Anlage – K 9 –.**
2. Rückschein vom (...), in Kopie vorgelegt als

Muster

– Anlage – K 10 –.
Nach fruchtlosem Fristablauf forderte die Klägerin mit Einschreiben per Rückschein vom (…), welches der Beklagten am (…) zugegangen ist, diese zur Zahlung eines Kostenvorschusses in der oben genannten Höhe bis zum (…) auf.
Beweis: 1. Schreiben vom (…), in Kopie vorgelegt als
– Anlage – K 11 –.
  2. Rückschein vom (…), in Kopie vorgelegt als
– Anlage – K 12 –.
Diese Frist verstrich ebenfalls fruchtlos.
6. Die örtliche Zuständigkeit des Gerichts ergibt sich aus § 29 ZPO (vgl. *Werner/Pastor*, Der Bauprozess, 11. Aufl. [2005], Rn. 418 ff.). Die Klägerin ist gem. § 10 Abs. 6 S. 3 WEG befugt, für die Erwerber Mängelansprüche am Gemeinschaftseigentum geltend zu machen.
Rechtsanwalt

Klage auf Erstattung der Kosten der Ersatzvornahme

27
Klage
der Wohnungseigentümergemeinschaft (…), vertreten durch die Hausverwaltung (…), (…), in gesetzlicher Prozesstandschaft für die Erwerber, die in
– Anlage K 2 –
einzeln aufgeführt sind
– **Klägerin** –
Prozessbevollmächtigte: (…)
gegen
die Schimpf & Schande Bauträgergesellschaft mbH, vertreten durch den Geschäftsführer (…)
– **Beklagte** –
Prozessbevollmächtigte: (…)
wegen: Kostenerstattung gem. § 637 Abs. 1 BGB
vorläufiger Streitwert: (…) Euro
Namens und in Vollmacht des Klägers erhebe ich Klage zum Landgericht (…) und werde im Termin zur mündlichen Verhandlung beantragen:
1. Die Beklagte wird verurteilt, an die Klägerin Euro (…),– nebst Zinsen in Höhe von fünf Prozentpunkten über dem Basiszinssatz hieraus seit (…) zu zahlen.
2. (…)

Begründung:
Die Klägerin ist eine teilrechtsfähige Wohnungseigentümergemeinschaft. Das Anwesen ist im Grundbuch von (…), Band (…), Blätter (…) bis (…) eingetragen.
Beweis: Auszüge aus dem Grundbuch von (…), Blätter (…) bis (…), in Kopie vorgelegt als
– Anlagenkonvolut K 1 –
Die ladungsfähigen Anschriften der in der Klägerin verbundenen Erwerber sind in der als Kopie beigefügten Liste aller Wohnungseigentümer enthalten,
– Anlage K 2 –.
Die Klägerin macht für die Erwerber (**Anlage K 2**) im Wege der gesetzlichen Prozesstandschaft wegen Mängeln am Gemeinschaftseigentum aufgrund der mit der Beklagten abgeschlossenen Erwerberverträge Mängelansprüche geltend.
Die Beklagte ist Bauträgerin. Sie veräußerte den Erwerbern (Anlage K 2) (…)
[Vortrag zum Inhalt der Erwerberverträge (insbesondere Inhalt und Umfang der Bauerrichtungsverpflichtung), zur Abnahme des Gemeinschaftseigentums, zu Art, Umfang und Ort der Mängel sowie deren beweisverwertbarer Feststellung]
Die Bevollmächtigte der Klägerin, (…), wurde mit bestandskräftigen Beschluss der Eigentümerversammlung vom (…) zur Verwalterin bestellt.
Beweis: Protokoll der Versammlung vom (…), in Kopie beigefügt als

– Anlage K 4 –.
Die Beklagte wurde von der Klägerin durch ihre Verwalterin durch Einschreiben mit Rückschein vom (…), welches der Beklagten nachweislich am (…) zugegangen ist, unter Fristsetzung zum (…) zur Nacherfüllung der vorgenannten Mängel aufgefordert. Die Beklagte hat mit Schreiben vom (…) ausdrücklich eine Nacherfüllung aller Mängel abgelehnt und ihre Verantwortlichkeit dem Grunde nach bestritten.
Beweis: Schreiben der Beklagten vom (…), in Kopie beigefügt als
– Anlage K 5 –.
Die Klägerin hat die Mängel entsprechend dem Beschluss in der Eigentümerversammlung vom (…), deren Protokoll in Kopie beigefügt wird als
– Anlage K 6 –,
im Wege der Selbstvornahme beseitigt und dafür den im Antrag genannten Geldbetrag aufgewendet. Im Einzelnen handelt es sich um folgende Positionen:
a) (…)
Beweis: 1. Rechnung der Fa. (…) vom (…), in Kopie beigefügt als
– Anlage – K 7 –.
2. Rückschein vom (…), in Kopie vorgelegt als
b) (…)
Die Klägerin forderte unter Vorlage einer qualifizierten Aufstellung der aufgewandten Kosten die Beklagte mit Einschreiben per Rückschein vom (…), welches der Beklagten am (…) zugegangen ist, zur Zahlung der Kosten in der im Klageantrag genannten Höhe bis zum (…) auf.
Beweis: 1. Schreiben vom (…), in Kopie vorgelegt als
– Anlage – K 11 –.
2. Rückschein vom (…), in Kopie vorgelegt als
– Anlage – K 12 –.
Diese Frist verstrich fruchtlos.
Auf der Eigentümerversammlung am (…) hat die Klägerin unter Tagesordnungspunkt (…) bestandskräftig beschlossen, alle streitgegenständlichen Mängel zur gemeinschaftlichen Sache zu machen und die Beklagte wegen der mit dieser Klage geltend gemachten Forderung mit gerichtlicher Hilfe in Anspruch zu nehmen. Zu diesem Zweck wurde die Verwalterin beauftragt und bevollmächtigt, namens der Gemeinschaft im Wege der gesetzlichen Prozessstandschaft für alle Erwerber gegen die Beklagte vorzugehen, einen Rechtsanwalt zu beauftragen sowie diesem Prozessvollmacht zu erteilen.
Beweis: 1. Protokoll der Eigentümerversammlung vom (…), in Kopie vorgelegt als
– Anlage – K 18 –.
2. Zeugnis von Herrn (…), (…)
(…)
Rechtsanwalt

Klage des einzelnen Erwerbers auf Kostenvorschuss

Klage 28
des Wohnungseigentümers (…),
– **Kläger** –
Prozessbevollmächtigte: (…)
gegen
die Bauträgergesellschaft Schimpf & Schande mbH, (…)
– **Beklagte** –
wegen: Kostenvorschuss gem. § 637 Abs. 3 BGB
vorläufiger Streitwert: Euro (…)
Namens und Vollmacht des Klägers erhebe ich Klage zum Landgericht (…) und werde im Termin zur mündlichen Verhandlung beantragen:

Muster

1. Die Beklagte wird verurteilt, an die Wohnungseigentümergemeinschaft (...) in (...) Euro (...) nebst Zinsen in Höhe von fünf Prozentpunkten über dem Basiszinssatz hieraus seit (...) auf das Konto der Gemeinschaft bei der. (...) (BLZ ...), Konto-Nr. (...) zu zahlen.
[Möglich wäre aber auch, wenn der WEG-Verwalter gem. § 27 Abs. 2.............Nr. 1............ WEG Empfangszuständigkeit für Gelder der Gemeinschaft besitzt, die Zahlung an den WEG-Verwalter zu beantragen. Ein solcher Zahlungsantrag müsste etwa lauten:]
1. Die Beklagte wird verurteilt, Euro (...) nebst Zinsen in Höhe von fünf Prozentpunkten über dem Basiszinssatz hieraus seit (...) an den Verwalter, Firma (...) in (...) zu zahlen.
2. (...)

Begründung:
Der Kläger verlangt als einzelner Erwerber und Wohnungseigentümer Kostenvorschuss für die Beseitigung von Mängeln am Gemeinschaftseigentum der oben genannten Wohnanlage, die die Beklagte als Bauträgerin neu errichtet hat.
1. Mit notariellem Erwerbervertrag vom (...), der entgegen der Einordnung der ständigen Rechtsprechung als »Kaufvertrag« bezeichnet wurde, erwarb der Kläger von der Beklagten die Eigentumswohnung Nr. (...) in der von der Beklagten neu errichteten Wohnanlage (...) Die Beklagte hatte neben der Übereignung der Wohnung samt der gemeinschaftlichen Einrichtungen deren schlüsselfertige Errichtung übernommen.
Beweis: Erwerbervertrag vom (...), in Kopie beigefügt als
– Anlage K 1 –
Inhalt und Umfang der Bauerrichtungsverpflichtung der Beklagten ergeben sich aus § 5 Abs. 1 dieses Vertrages, aus der mit der Teilungserklärung beurkundeten Baubeschreibung sowie den in Bezug genommenen Plänen.
Beweis: Baubeschreibung vom (...) sowie am (...) genehmigte Baupläne, in Kopie vorgelegt als
– Anlagenkonvolut K 2 –
[Sachvortrag zur weiteren Vertragsabwicklung (Übergabe, Abnahme und Nacherfüllungen) sowie zu den Mängeln am Gemeinschaftseigentum und dem erforderlichen Kostenaufwand (Art, Ort, Umfang, Feststellung durch Sachverständigen, Fristsetzung); auch der einzelne Erwerber kann den vollen Vorschuss verlangen. Unabdingbar ist der nachfolgende Vortrag, dass der Geltendmachung durch den Erwerber kein Beschluss der Gemeinschaft entgegensteht.]
2. Die Mängel (...) wurden auf der letzten Eigentümerversammlung am (...) diskutiert. Beschlüsse zu den Mängeln wurden nicht gefasst; insbesondere existieren auch keine der isolierten Klage des Klägers entgegenstehenden weiteren Beschlüsse der Gemeinschaft, Mängelrechte wegen Mängeln am Gemeinschaftseigentum zur gemeinsamen Sache zu machen.
Beweis: 1. Protokoll der Eigentümerversammlung vom (...) in Kopie vorgelegt als
– Anlage – K 9 –.
2. Zeugnis des Geschäftsführer (...), der Verwalterin (...), (...)
Die Eigentümergemeinschaft will möglicherweise auf ihrer nächsten Versammlung am (...) gemäß Tagungsordnungspunkt beschließen, die Mängel durch (...) beheben zu lassen
Beweis: Einladung zur Eigentümerversammlung am (...), in Kopie vorgelegt als
– Anlage K 10 –.
Der Kläger ist zur Geltendmachung des Kostenvorschussanspruches gem. § 633 Abs. 3 BGB befugt. Aus dem Erwerbervertrag schuldet die Beklagte jedem Erwerber und damit auch dem Kläger ein mängelfrei errichtetes Gemeinschaftseigentum. Jeder Erwerber kann aus eigenem Recht Nacherfüllung und folglich auch einen Vorschussanspruch bezüglich der Mängel am Gemeinschaftseigentum geltend machen, solange die Gemeinschaft nicht Mängelansprüche an sich zieht (BGH, Urteil vom 12.04.2007 – VII ZR 236/05, Tz. 18 ff.; Pause/Vogel, ZMR 2007, 577, 580). Der gestellte Antrag berücksichtigt, dass die Gemeinschaft nach der zitierten Rechtsprechung allein empfangszuständig ist.
Rechtsanwalt

Muster

Klage des einzelnen Erwerbers auf Erstattung der Ersatzvornahmekosten

(...)   29

Namens und in Vollmacht des Klägers erhebe ich Klage zum Landgericht (...) und werde im Termin zur mündlichen Verhandlung beantragen:
1. Die Beklagte wird verurteilt, an den Kläger Euro (...) nebst Zinsen in Höhe von fünf Prozentpunkten über dem Basiszinssatz zu zahlen.
2. (...)

Begründung:
Der Kläger hat von der Beklagten, einer Bauträgergesellschaft, eine neu errichtete Eigentumswohnung in der Wohnanlage (...) in (...) erworben. Er macht gegen die Beklagte die Erstattung von Ersatzvornahmekosten geltend. Der Kläger hat für die erfolgte Beseitigung mehrerer Mängel am Gemeinschaftseigentum insgesamt folgende Geldmittel aufgewendet.
[Vortrag zu Inhalt und Umfang des Erwerbervertrages, insbesondere zum Inhalt der Bauerrichtungsverpflichtung der Beklagten. Sodann sind Art und Ort der Mängel wie in den vorangegangenen Mustern, deren prozessverwertbare Feststellung, die Fristsetzung zur Nacherfüllung sowie die aufgewendeten Nacherfüllungskosten, am besten tabellarisch darzulegen und unter Beweis zu stellen.]
Die Wohnungseigentümergemeinschaft hat zur Durchsetzung der Ansprüche gegenüber der Beklagten bislang keine Beschlüsse gefasst.
Beweis: Zeugnis des Geschäftsführers (...) des Verwalters (...)
Die oben einzeln aufgeschlüsselten Kosten der Ersatzvornahme in Höhe von Euro (...) hat der Kläger in voller Höhe aus eigenen Mitteln bestritten.
Der Kläger setzte der Beklagten mit Einschreiben per Rückschein vom (...) welches der Beklagten nachweislich am (...) zugegangen ist, eine Frist bis zum (...) zur Zahlung der für die Ersatzvornahme aufgewendeten Kosten.
Beweis: 1. Einschreiben vom (...) in Kopie beigefügt als
– **Anlage – K 13 –**,
2. Rückschein vom (...), in Kopie beigefügt als
– **Anlage K 14 –**.
Die Frist verstrich fruchtlos; die Beklagte zahlte nicht.
Die Gemeinschaft hat die Geltendmachung von Mängeln nicht gem. §§ 10 Abs. 6 S. 3, 21 Abs. 5 Nr. 2 WEG an sich gezogen. Der Kläger hat aus eigenen Mitteln die Kosten für die Beseitigung der Mängel am Gemeinschaftseigentum verauslagt. Er kann daher Kostenerstattung zu seinen Händen verlangen (BGH, BauR 2004, 1148; BGH, BauR 2005, 1623).
Rechtsanwalt

Klage auf Minderung

[Klage der Wohnungseigentümergemeinschaft]   30
(...)
Namens und in Vollmacht der Klägerin erhebe ich Klage zum Landgericht (...) und werde im Termin zur mündlichen Verhandlung beantragen:
1. Die Beklagte wird verurteilt, an die Klägerin Euro (...) Zinsen in Höhe von fünf Prozentpunkten über dem Basiszinssatz hieraus seit dem (...) zu zahlen.
2. (...)

Begründung:
Die Klägerin macht als teilrechtsfähige Wohnungseigentumsgemeinschaft wegen Mängeln am Gemeinschaftseigentum Minderungsansprüche aus den der zwischen ihren Mitgliedern als Erwerber und der Beklagten abgeschlossenen Bauträgerverträge geltend.
[Es folgt der übliche Vortrag zu den Parteien, dem Erwerbervertrag, den Inhalt und Umfang der Bauerrichtungsverpflichtung der Beklagten sowie zu den Mängeln.]

Muster

Nach Abnahme des Gemeinschaftseigentums stellten sich erhebliche Schallmängel des im Gemeinschaftseigentum stehenden Treppenhauses heraus. (...)
[Es folgt der präzise Vortrag der Schallbelastung der Wohnungen (inklusive Schallgutachten) und zur Bemessung der Minderung im Außenverhältnis]
Die Verwalterin wurde mit Beschluss vom (...) der Eigentümerversammlung zum Verwalter bestellt. Ihr wurde eine entsprechende Vollmachtsurkunde ausgehändigt.
Beweis: 1. Protokoll der Versammlung vom (...), in Kopie vorgelegt als
– **Anlage – K 7 –**.
2 Vollmachtsurkunde vom (...), in Kopie vorgelegt als
– **Anlage K 8 –**.
Mit Schreiben der Verwalterin vom (...) wurde die Beklagte zur Nacherfüllung der vorbezeichneten Schallmängel aufgefordert. Die Beklagte lehnte mit Schreiben vom (...) jegliche Verantwortung und die Nacherfüllung kategorisch ab.
Beweis: Schreiben vom ..., in Kopie vorgelegt als
– **Anlage K 9 –**.
Bereits auf der Eigentümerversammlung vom (...) hatte die Klägerin bestandskräftig beschlossen, die Schallmängel zur »gemeinsamen Sachen« der Gemeinschaft zu machen, wegen der Schallmängel der Beklagten eine Nacherfüllungsfrist zu setzen und nach Fristablauf gemeinschaftlich in gesetzlicher Ausübungsbefugnis – notfalls mit gerichtlicher Hilfe – Minderung geltend zu machen. Zu diesem Zweck wurde die Verwalterin beauftragt und bevollmächtigt, namens und in Vollmacht der Gemeinschaft gegen die Beklagte vorzugehen und einem Rechtsanwalt Prozessvollmacht zu erteilen.
Beweis: 1. Protokoll der Eigentümerversammlung vom (...), in Kopie vorgelegt als
– **Anlage – K 10 –**.
2. Zeugnis von Herrn (...), (...)
Die Verwalterin hat der Beklagten sodann namens der Klägerin mit Einschreiben per Rückschein vom (...), welches der Beklagten am (...) zugegangen ist, nochmals eine letzte Frist zur Behebung der Mängel zum (...) gesetzt und zugleich für den Fall des fruchtlosen Ablaufs der Frist die Minderung angekündigt.
Beweis: 1. Einschreiben vom (...), in Kopie vorgelegt als
– **Anlage K 10 –**.
2. Rückschein vom (...), in Kopie vorgelegt als
– **Anlage K 11 –**.
Die Nachfrist verlief wieder erfolglos; die Beklagte macht bis zum heutigen Tage keine Anstalten, den Schallmangel zu beheben.
Die Klägerin macht nunmehr für ihre Mitglieder als Erwerber gem. § 10 Abs. 6 S. 3 WEG wegen der Schallmängel die Minderung der Erwerbspreise geltend. Die Minderung orientiert sich an den Mängelbeseitigungskosten. Die Beseitigung der Schallmängel (...) würde Euro (...) kosten, und zwar (...).
Beweis: 1. Privatgutachten des (...), in Kopie vorgelegt als
– **Anlage K 12 –**.
2. Angebote der Firmen (...), in Kopie vorgelegt als
– **Anlagen K 13 – K 17 –**.
3. Ggf. Sachverständigengutachten.
Die Beklagte wurde durch die Verwalterin mit Einschreiben per Rückschein vom (...), welches der Beklagten am (...) nachweislich zugegangen ist, zur Zahlung des im Klageantrag genau bezifferten Rückzahlungsanspruchs aufgrund der geltend gemachten Minderung aufgefordert. Mit Schreiben vom (...) lehnte die Beklagte gegenüber der Klägerin eine Zahlung kategorisch ab.
Beweis: Schreiben vom (...), in Kopie vorgelegt als
– **Anlage K 18 –**.
Rechtsanwalt
[Klage eines einzelnen Eigentümers:
Die Wohnungseigentümergemeinschaft hat in der Versammlung vom (...) über die Schallmängel im Einzelnen diskutiert. Da von den Schallmängeln lediglich die Eigentumswohnungen Nr. (...)

betroffen sind, hat sie beschlossen, selbst nicht tätig zu werden und die Geltendmachung den jeweils betroffenen Eigentümern / Erwerbern (...) zu überlassen; insofern hat sie die betroffenen Eigentümer / Erwerber (...) u. a. ausdrücklich ermächtigt, hinsichtlich der Schallmängel eine Nacherfüllungsfrist zu setzen und nach Fristablauf – nach eigenem Ermessen – Schadensersatz oder Minderung zu verlangen sowie auf eigenes Risiko die Ansprüche gegen die Beklagte außergerichtlich und gerichtlich, gerichtet auf Zahlung an sich in anteiliger Quote, geltend zu machen.
Beweis: 1. Protokoll der Versammlung vom (...), in Kopie vorgelegt als
– Anlage K 10 –.
2. Zeugnis des (...), (...)
Damit ist der Kläger zur individuellen Verfolgung seines aus der Minderung folgenden Rückzahlungsanspruches sowie zur individuellen Herbeiführung der Anspruchsvoraussetzungen für das Minderungsrecht berechtigt.]

Klage auf Schadensersatz

Klage eines einzelnen Erwerbers auf großen Schadensersatz (Rückabwicklung des Vertrags wegen Mängeln an Gemeinschaftseigentum): 31

Klage
des (...), (...)

– **Klägers** –

Prozessbevollmächtigte: (...)
gegen
die Bauträgergesellschaft (...)

– **Beklagte** –

wegen: Schadensersatzes
vorläufiger Streitwert: ca. Euro (...)
Namens und in Vollmacht des Klägers erhebe ich Klage zum Landgericht (...) und werde im Termin zur mündlichen Verhandlung beantragen:
1. Die Beklagte wird verurteilt, an den Kläger Euro (...) nebst Zinsen in Höhe von fünf Prozentpunkten über dem Basiszinssatz hieraus seit dem (...) Zug um Zug gegen Rückauflassung des Wohnungseigentums Nr. (...), bestehend aus dem Miteigentumsanteil zu (...)/1000, verbunden mit dem Sondereigentum an der Wohnung Nr. (...), Grundbuch von (...), Gemarkung (...), Band (...), Blatt (...) sowie Löschung der dort zugunsten der Sparkasse .... eingetragenen Sicherungsgrundschulden über Euro (...) und (...) zuzüglich (...) bzw. Zinsen in Höhe von fünf Prozentpunkten über dem Basiszinssatz zu zahlen.
2. Es wird festgestellt, dass sich die Beklagte mit der Annahme der Rückauflassung des Wohnungseigentums Nr. (...), bestehend aus dem Miteigentumsanteil zu (...)/1000, verbunden mit dem Sondereigentum an der Wohnung Nr. (...), Grundbuch von (...), Gemarkung (...), Band (...), Blatt (...) sowie der Löschung der dort zugunsten der Sparkasse .... eingetragenen Sicherungsgrundschulden über Euro (...) im Verzug befindet.
3. (...)

Begründung:
Der Kläger verlangt im Wege des Schadensersatzes statt der Leistung wegen erheblicher Mängel am Gemeinschaftseigentum die Rückabwicklung des Bauträgervertrages über eine von der Beklagten errichteten Eigentumswohnung.
1. Der Kläger hat am (...) mit der Beklagten, einer Bauträgergesellschaft, einen notariell beurkundeten Bauträgervertrag über eine neu errichtete Wohnung geschlossen. Es handelt sich um die Wohnung Nr. (...), gelegen im (...) Geschoss der Eigentumswohnanlage (...) in (...) Der Pauschalpreis betrug Euro (...)
Beweis: Bauträgervertrag vom (...), in Kopie vorgelegt als
– Anlage K 1 –.
2. In diesem Vertrag verpflichtete sich die Beklagte, dem Kläger die Wohnung entsprechend der Teilungserklärung vom (...) des Notars (UR-Nr. ...) sowie der Baubeschreibung vom (...) und

Muster

dem Aufteilungsplan vom (…) der (…), die in dieser Urkunde mit beurkundet wurden und in Kopie vorgelegt werden als
– **Anlage K 2 bis K 4** –,
schlüsselfertig und mangelfrei zu erstellen und dem Kläger zu übergeben.

3. Der Kläger ist im Wohnungsgrundbuch als Eigentümer eingetragen. In Abteilung III des Grundbuches wurden – entsprechend der in § 14 des Erwerbsvertrages enthaltenen Finanzierungsvollmacht – zugunsten der Sparkasse (…) zwei Grundschulden, und zwar in Höhe von Euro (…) zuzüglich (…) Zinsen und in Höhe von Euro (…) zuzüglich (…) Zinsen eingetragen. Der Kläger hat den Pauschalpreis in voller Höhe an die Klägerin auf das vereinbarte Konto der globalfinanzierenden Bank (…) (BLZ….), Konto-Nr. (…) überwiesen.

4. Die Wohnanlage wurde am (…) fertig gestellt. Die Abnahme des Sonder- und des Gemeinschaftseigentums fand am (…) bzw. (…) statt. Der Kläger bezog seine Wohnung am (…) Nach Bezug der Wohnung zeigten sich erhebliche Schallmängel. Die Tritt- und Luftschalldämmung u. a. in dem Treppenhaus genügt nicht den anerkannten Regeln der Technik. Dies hat zur Folge, dass der Kläger deutlich jedes Hinauf- und Herunterlaufen im Treppenhaus in seiner Wohnung hört. Das Schließen der Tür ist so laut, dass der Kläger in der Nacht aufwacht.

Beweis: 1. Privatgutachten des (…) vom (…), in Kopie vorlegt als
– **Anlage K 5** –.
2. Sachverständigengutachten.

Von der darüber liegenden Wohnung Nr. (…) hört der Kläger nahezu jedes Wort. Jegliches Hin- und Herlaufen ist trotz des dort verlegten Teppichbodens zu hören.

Beweis: wie vor.

Die Trittschall- und Luftschalldämmung des Treppenhauses sowie zumindest der in Wohnung Nr. (…) gelegten Böden genügt nicht den anerkannten Regeln der Technik, insbesondere auch nicht den Mindestanforderungen der DIN 4109.

Beweis: wie vor.

5. Die Wohnungseigentümergemeinschaft hat in ihrer Versammlung vom (…) beschlossen, wegen der Schallmängel nicht tätig zu werden und die Mängelrechte bei den Erwerbern zu belassen.

Beweis: 1. Protokoll der Eigentümerversammlung vom (…) in Kopie beigefügt als
– **Anlage K 6** –.
2. Zeugnis des (…), (…)

Die Beklagte wurde deshalb von der Klägerin mit Einschreiben per Rückschein vom (…), welches der Beklagten am (…) zugegangen ist, unter Fristsetzung zum (…) letztmals zur Beseitigung der Schallmängel aufgefordert.

Beweis: 1. Einschreiben vom (…), in Kopie vorgelegt als
– **Anlage K 7** –.
2. Rückschein vom (…), in Kopie vorgelegt als
– **Anlage K 8** –.

Die Beklagte hat nicht reagiert. Mit Einschreiben per Rückschein vom (…), der Beklagten zugegangen am (…), wurde sie unter Fristsetzung zum (…) zur Rückabwicklung des Bauträgervertrages im Wege des Schadensersatzanspruches gemäß dem Klageantrag aufgefordert, und zwar zur Zahlung von € (…) Zug um Zug gegen Rückübertragung des Eigentums an der Eigentumswohnung sowie Löschung der zugunsten der Sparkasse (…) für den Kläger eingetragenen Finanzierungsgrundschuld, wobei der Kläger die Rückübertragung des Eigentum und die Löschung der Finanzierungsgrundschuld ausdrücklich anbot. Wegen der Einzelheiten sei auf das Schreiben vom (…) verwiesen.

Beweis: 1. Einschreiben vom (…), in Kopie vorgelegt als
– **Anlage K 7** –.
2. Rückschein vom (…), in Kopie vorgelegt als
– **Anlage K 8** –.

Die Beklagte reagiert bis zum heutigen Tage nicht.

6. Der von dem Kläger geltend gemachte Schadensersatzbetrag errechnet sich wie folgt:
   a) (…)

b) (…)
7. Der Klageantrag zu 2. folgt daraus, dass nur mit Feststellung des Annahmeverzugs gem. § 756 ZPO der Klägerin den Klageantrag Ziffer 1. problemlos vollstrecken könnte (vgl. OLG Dresden, Urteil vom 07.06.2005 – 5 U 1815/04, n. v.).
8. Die Nebenforderung (…)

Rechtsanwalt

Muster

Muster für Bescheinigungen ab dem Veranlagungszeitraum 2006

_____   _____

_____   _____

Name und Anschrift des Verwalters/ Vermieters   Name und Anschrift des Eigentümers/Mieters

Bescheinigung zur Vorlage beim Finanzamt
für das Jahr _____

über den Anteil der nach § 35a EStG begünstigten Aufwendungen für das nachfolgende Objekt

_____

(Ort, Straße, Hausnummer und ggfs. genaue Lagebezeichnung der Wohnung)

Hiermit wird bescheinigt, dass in der Jahresabrechnung/ Nebenkostenabrechnung für das oben bezeichnete Objekt anteilig folgende steuerbegünstigte Aufwendungen enthalten sind:

1. Aufwendungen für geringfügige Beschäftigungen im Privathaushalt (sog. Mini-Jobs)		
Art der Tätigkeit	vom – bis	Aufwendungen
Art der Tätigkeit		€
		€
2. Aufwendungen für sozialversicherungspflichtige Beschäftigungen im Privathaushalt		
Art der Tätigkeit	vom – bis	
Art der Tätigkeit		€
		€
3. Aufwendungen für die Inanspruchnahme von haushaltsnahen Dienstleistungen im Inland		
Art der haushaltsnahen Dienstleistung	Name und Anschrift des Dienstleisters	Arbeitskosten
		€
Art der haushaltsnahen Dienstleistung	Name und Anschrift des Dienstleisters	
		€
4. Handwerkerleistungen für Renovierungs-, Erhaltungs- und Modernisierungsmaßnahmen		
Art der Handwerkerleistung	Name und Anschrift des Unternehmens	Arbeitskosten
		€
Art der Handwerkerleistung	Name und Anschrift des Unternehmens	
		€

_____   _____

Ort und Datum   Unterschrift des Verwalters oder Vermieters

Hinweis der Finanzverwaltung: Zur Überprüfung der Bescheinigung kann das Finanzamt die Vorlage von Unterlagen und Zahlungsnachweisen vom Verwalter oder Vermieter verlangen (§ 97 AO).

Hinweise zur Bescheinigung:

Unter Bezugnahme auf die einzelnen Regelungen im BMF-Schreiben zur Anwendung des § 35a EStG vom 3.11.2006, Bundessteuerblatt 2006 Teil I Seite 711 (www.bundesfinanzministerium.de), wird auf Folgendes hingewiesen:

Für **Wohnungseigentümergemeinschaften** gilt Folgendes: Besteht ein Beschäftigungsverhältnis zu einer Wohnungseigentümergemeinschaft (z.B. bei Reinigung und Pflege von Gemeinschaftsräumen) oder ist eine Wohnungseigentümergemeinschaft Auftraggeber der haushaltsnahen Dienstleistung bzw. der handwerklichen Leistung, kommt für den einzelnen Wohnungseigentümer eine Steuerermäßigung in Betracht, wenn

- in der Jahresabrechnung die im Kalenderjahr unbar gezahlten Beträge nach den begünstigten haushaltsnahen Beschäftigungsverhältnissen und Dienstleistungen jeweils gesondert aufgeführt sind,
- der Anteil der steuerbegünstigten Kosten (Arbeits- und Fahrtkosten) ausgewiesen ist und
- der Anteil des jeweiligen Wohnungseigentümers anhand seines Beteiligungsverhältnisses individuell errechnet wurde.

Dies gilt auch, wenn die Wohnungseigentümergemeinschaft zur Wahrnehmung ihrer Aufgaben und Interessen einen Verwalter bestellt hat. In diesen Fällen ist der Nachweis durch eine **Bescheinigung des Verwalters** über den Anteil des jeweiligen Wohnungseigentümers zu führen.

Auch der **Mieter einer Wohnung** kann die Steuerermäßigung nach § 35a EStG beanspruchen, wenn die von ihm zu zahlenden Nebenkosten Beträge umfassen, die für ein haushaltsnahes Beschäftigungsverhältnis, für haushaltsnahe Dienstleistungen oder für handwerkliche Tätigkeiten geschuldet werden und sein Anteil an den vom Vermieter unbar gezahlten Aufwendungen entweder aus der Jahresabrechnung hervorgeht oder durch eine **Bescheinigung des Vermieters oder seines Verwalters** nachgewiesen wird.

Zu den steuerlich begünstigten Tätigkeiten gehören:

1. geringfügige Beschäftigungen im Privathaushalt

Um eine geringfügige Beschäftigung im Privathaushalt nach § 8a SGB IV handelt es sich nur, wenn der Steuerpflichtige am Haushaltsscheckverfahren teilnimmt und die Beschäftigung in einem inländischen Haushalt ausgeübt wird.

2. sozialversicherungspflichtige Beschäftigungen im Privathaushalt

Um ein haushaltsnahes Beschäftigungsverhältnis handelt es sich, wenn auf Grund des Beschäftigungsverhältnisses Pflichtbeiträge zur gesetzlichen Sozialversicherung entrichtet werden und die Beschäftigung nicht geringfügig im Sinne des § 8 Abs. 1 Nr. 1 des SGB IV ist.

3. haushaltsnahe Dienstleistungen durch selbständigen Unternehmer

Hierzu gehören Tätigkeiten, die gewöhnlich durch Mitglieder des privaten Haushalts erledigt werden und für die eine Dienstleistungsagentur oder ein selbständiger Dienstleister in Anspruch genommen wird, wie z.B.:

- Reinigung der Wohnung oder der Gemeinschaftsanlagen (z.B. durch Angestellte einer Dienstleistungsagentur oder einen selbständigen Fensterputzer),
- Gartenpflegearbeiten (z. B. Rasenmähen, Heckenschneiden).

4. handwerkliche Tätigkeiten durch selbständigen Unternehmer

Zu den handwerklichen Tätigkeiten zählen u.a.

- Arbeiten am und im Gebäude, in der Wohnung oder den Gemeinschaftsanlagen (z.B. Schönheitsreparaturen im Sinne des § 28 Abs. 4 Satz 3 der II. Berechnungsverordnung, Reparaturen an Heizungsanlagen, Elektro-, Gas- und Wasserinstallationen, Maßnahmen im Sanitärbereich, Austausch von Fenstern und Türen sowie Arbeiten am Dach und an der Garage),
- Reparatur und Wartung von Gegenständen im Haushalt (z.B. Waschmaschine, Geschirrspüler, Herd, Fernseher, Personalcomputer),
- Maßnahmen der Gartengestaltung oder Pflasterarbeiten sowie
- Kontroll- und Wartungsarbeiten (Schornsteinfeger, Heizungsanlagen).

Zu den **begünstigten Aufwendungen** im Sinne der Nr. 3 und 4 gehören die Arbeitskosten für die haushaltsnahe Dienstleistung oder die Handwerkerleistung einschließlich der in Rechnung gestellten Maschinen- und Fahrtkosten.

Anhang I Gesetzestexte

I.1 Synopse altes und neues Wohnungseigentumsgesetz

Wohnungseigentumsgesetz (alt)	Wohnungseigentumsgesetz (neu)
I. Teil **Wohnungseigentum**	**I. Teil** **Wohnungseigentum**
§ 1 Begriffsbestimmungen (1) Nach Maßgabe dieses Gesetzes kann an Wohnungen das Wohnungseigentum, an nicht zu Wohnzwecken dienenden Räumen eines Gebäudes das Teileigentum begründet werden. (2) Wohnungseigentum ist das Sondereigentum an einer Wohnung in Verbindung mit dem Miteigentumsanteil an dem gemeinschaftlichen Eigentum, zu dem es gehört. (3) Teileigentum ist das Sondereigentum an nicht zu Wohnzwecken dienenden Räumen eines Gebäudes in Verbindung mit dem Miteigentumsanteil an dem gemeinschaftlichen Eigentum, zu dem es gehört. (4) Wohnungseigentum und Teileigentum können nicht in der Weise begründet werden, daß das Sondereigentum mit Miteigentum an mehreren Grundstücken verbunden wird. (5) Gemeinschaftliches Eigentum im Sinne dieses Gesetzes sind das Grundstück sowie die Teile, Anlagen und Einrichtungen des Gebäudes, die nicht im Sondereigentum oder im Eigentum eines Dritten stehen. (6) Für das Teileigentum gelten die Vorschriften über das Wohnungseigentum entsprechend.	**§ 1 Begriffsbestimmungen** (1) Nach Maßgabe dieses Gesetzes kann an Wohnungen das Wohnungseigentum, an nicht zu Wohnzwecken dienenden Räumen eines Gebäudes das Teileigentum begründet werden. (2) Wohnungseigentum ist das Sondereigentum an einer Wohnung in Verbindung mit dem Miteigentumsanteil an dem gemeinschaftlichen Eigentum, zu dem es gehört. (3) Teileigentum ist das Sondereigentum an nicht zu Wohnzwecken dienenden Räumen eines Gebäudes in Verbindung mit dem Miteigentumsanteil an dem gemeinschaftlichen Eigentum, zu dem es gehört. (4) Wohnungseigentum und Teileigentum können nicht in der Weise begründet werden, dass das Sondereigentum mit Miteigentum an mehreren Grundstücken verbunden wird. (5) Gemeinschaftliches Eigentum im Sinne dieses Gesetzes sind das Grundstück sowie die Teile, Anlagen und Einrichtungen des Gebäudes, die nicht im Sondereigentum oder im Eigentum eines Dritten stehen. (6) Für das Teileigentum gelten die Vorschriften über das Wohnungseigentum entsprechend.
1. Abschnitt **Begründung des Wohnungseigentums**	**1. Abschnitt** **Begründung des Wohnungseigentums**
§ 2 Arten der Begründung Wohnungseigentum wird durch die vertragliche Einräumung von Sondereigentum (§ 3) oder durch Teilung (§ 8) begründet.	**§ 2 Arten der Begründung** Wohnungseigentum wird durch die vertragliche Einräumung von Sondereigentum (§ 3) oder durch Teilung (§ 8) begründet.
§ 3 Vertragliche Einräumung von Sondereigentum (1) Das Miteigentum (§ 1008 des Bürgerlichen Gesetzbuches) an einem Grundstück kann durch Vertrag der Miteigentümer in der Weise beschränkt werden, daß jedem der Miteigentümer abweichend von § 93 des Bürgerlichen Gesetzbuches das Sondereigentum an einer bestimmten Wohnung oder an nicht zu Wohnzwecken dienenden bestimmten Räumen in einem auf dem Grundstück errichteten oder zu errichtenden Gebäude eingeräumt wird.	**§ 3 Vertragliche Einräumung von Sondereigentum** (1) Das Miteigentum (§ 1008 des Bürgerlichen Gesetzbuches) an einem Grundstück kann durch Vertrag der Miteigentümer in der Weise beschränkt werden, dass jedem der Miteigentümer abweichend von § 93 des Bürgerlichen Gesetzbuches das Sondereigentum an einer bestimmten Wohnung oder an nicht zu Wohnzwecken dienenden bestimmten Räumen in einem auf dem Grundstück errichteten oder zu errichtenden Gebäude eingeräumt wird.

Wohnungseigentumsgesetz (alt)

(2) Sondereigentum soll nur eingeräumt werden, wenn die Wohnungen oder sonstigen Räume in sich abgeschlossen sind. Garagenstellplätze gelten als abgeschlossene Räume, wenn ihre Flächen durch dauerhafte Markierungen ersichtlich sind.

(3) Unbeschadet der im übrigen Bundesgebiet bestehenden Rechtslage wird die Abgeschlossenheit von Wohnungen oder sonstigen Räumen, die vor dem 3. Oktober 1990 bauordnungsrechtlich genehmigt worden sind, in dem in Artikel 3 des Einigungsvertrages bezeichneten Gebiet nicht dadurch ausgeschlossen, daß die Wohnungstrennwände und Wohnungstrenndecken oder die entsprechenden Wände oder Decken bei sonstigen Räumen nicht den bauordnungsrechtlichen Anforderungen entsprechen, die im Zeitpunkt der Erteilung der Bescheinigung nach § 7 Abs. 4 Nr. 2 gelten. Diese Regelung gilt bis zum 31. Dezember 1996.

§ 4 Formvorschriften

(1) Zur Einräumung und zur Aufhebung des Sondereigentums ist die Einigung der Beteiligten über den Eintritt der Rechtsänderung und die Eintragung in das Grundbuch erforderlich.

(2) Die Einigung bedarf der für die Auflassung vorgeschriebenen Form. Sondereigentum kann nicht unter einer Bedingung oder Zeitbestimmung eingeräumt oder aufgehoben werden.

(3) Für einen Vertrag, durch den sich ein Teil verpflichtet, Sondereigentum einzuräumen, zu erwerben oder aufzuheben, gilt § 311b des Bürgerlichen Gesetzbuchs entsprechend.

§ 5 Gegenstand und Inhalt des Sondereigentums

(1) Gegenstand des Sondereigentums sind die gemäß § 3 Abs. 1 bestimmten Räume sowie die zu diesen Räumen gehörenden Bestandteile des Gebäudes, die verändert, beseitigt oder eingefügt werden können, ohne daß dadurch das gemeinschaftliche Eigentum oder ein auf Sondereigentum beruhendes Recht eines anderen Wohnungseigentümers über das nach § 14 zulässige Maß hinaus beeinträchtigt oder die äußere Gestaltung des Gebäudes verändert wird.

(2) Teile des Gebäudes, die für dessen Bestand oder Sicherheit erforderlich sind, sowie Anlagen und Einrichtungen, die dem gemeinschaftlichen Gebrauch der Wohnungseigentümer die-

Wohnungseigentumsgesetz (neu)

(2) Sondereigentum soll nur eingeräumt werden, wenn die Wohnungen oder sonstigen Räume in sich abgeschlossen sind. Garagenstellplätze gelten als abgeschlossene Räume, wenn ihre Flächen durch dauerhafte Markierungen ersichtlich sind.

(aufgehoben)

§ 4 Formvorschriften

(1) Zur Einräumung und zur Aufhebung des Sondereigentums ist die Einigung der Beteiligten über den Eintritt der Rechtsänderung und die Eintragung in das Grundbuch erforderlich.

(2) Die Einigung bedarf der für die Auflassung vorgeschriebenen Form. Sondereigentum kann nicht unter einer Bedingung oder Zeitbestimmung eingeräumt oder aufgehoben werden.

(3) Für einen Vertrag, durch den sich ein Teil verpflichtet, Sondereigentum einzuräumen, zu erwerben oder aufzuheben, gilt § 311b des Bürgerlichen Gesetzbuchs entsprechend.

§ 5 Gegenstand und Inhalt des Sondereigentums

(1) Gegenstand des Sondereigentums sind die gemäß § 3 Abs. 1 bestimmten Räume sowie die zu diesen Räumen gehörenden Bestandteile des Gebäudes, die verändert, beseitigt oder eingefügt werden können, ohne dass dadurch das gemeinschaftliche Eigentum oder ein auf Sondereigentum beruhendes Recht eines anderen Wohnungseigentümers über das nach § 14 zulässige Maß hinaus beeinträchtigt oder die äußere Gestaltung des Gebäudes verändert wird.

(2) Teile des Gebäudes, die für dessen Bestand oder Sicherheit erforderlich sind, sowie Anlagen und Einrichtungen, die dem gemeinschaftlichen Gebrauch der Wohnungseigentümer die-

Anhang I.1 | Synopse zum alten und neuen WEG

Wohnungseigentumsgesetz (alt)	**Wohnungseigentumsgesetz (neu)**

nen, sind nicht Gegenstand des Sondereigentums, selbst wenn sie sich im Bereich der im Sondereigentum stehenden Räume befinden.
(3) Die Wohnungseigentümer können vereinbaren, daß Bestandteile des Gebäudes, die Gegenstand des Sondereigentums sein können, zum gemeinschaftlichen Eigentum gehören.
(4) Vereinbarungen über das Verhältnis der Wohnungseigentümer untereinander können nach den Vorschriften des 2. und 3. Abschnittes zum Inhalt des Sondereigentums gemacht werden.

§ 6 Unselbständigkeit des Sondereigentums
(1) Das Sondereigentum kann ohne den Miteigentumsanteil, zu dem es gehört, nicht veräußert oder belastet werden.
(2) Rechte an dem Miteigentumsanteil erstrecken sich auf das zu ihm gehörende Sondereigentum.

§ 7 Grundbuchvorschriften
(1) Im Falle des § 3 Abs. 1 wird für jeden Miteigentumsanteil von Amts wegen ein besonderes Grundbuchblatt (Wohnungsgrundbuch, Teileigentumsgrundbuch) angelegt. Auf diesem ist das zu dem Miteigentumsanteil gehörende Sondereigentum und als Beschränkung des Miteigentums die Einräumung der zu den anderen Miteigentumsanteilen gehörenden Sondereigentumsrechte einzutragen. Das Grundbuchblatt des Grundstücks wird von Amts wegen geschlossen.
(2) Von der Anlegung besonderer Grundbuchblätter kann abgesehen werden, wenn hiervon Verwirrung nicht zu besorgen ist. In diesem Falle ist das Grundbuchblatt als gemeinschaftliches Wohnungsgrundbuch (Teileigentumsgrundbuch) zu bezeichnen.

---

nen, sind nicht Gegenstand des Sondereigentums, selbst wenn sie sich im Bereich der im Sondereigentum stehenden Räume befinden.
(3) Die Wohnungseigentümer können vereinbaren, dass Bestandteile des Gebäudes, die Gegenstand des Sondereigentums sein können, zum gemeinschaftlichen Eigentum gehören.
(4) Vereinbarungen über das Verhältnis der Wohnungseigentümer untereinander können nach den Vorschriften des 2. und 3. Abschnittes zum Inhalt des Sondereigentums gemacht werden. Ist das Wohnungseigentum mit der Hypothek, Grund- oder Rentenschuld oder Reallast eines Dritten belastet, so ist dessen nach anderen Rechtsvorschriften notwendige Zustimmung zu der Vereinbarung nur erforderlich, wenn ein Sondernutzungsrecht begründet oder ein mit dem Wohnungseigentum verbundenes Sondernutzungsrecht aufgehoben, geändert oder übertragen wird. Bei der Begründung eines Sondernutzungsrechts ist die Zustimmung des Dritten nicht erforderlich, wenn durch die Vereinbarung gleichzeitig das zu seinen Gunsten belastete Wohnungseigentum mit einem Sondernutzungsrecht verbunden wird.

§ 6 Unselbständigkeit des Sondereigentums
(1) Das Sondereigentum kann ohne den Miteigentumsanteil, zu dem es gehört, nicht veräußert oder belastet werden.
(2) Rechte an dem Miteigentumsanteil erstrecken sich auf das zu ihm gehörende Sondereigentum.

§ 7 Grundbuchvorschriften
(1) Im Falle des § 3 Abs. 1 wird für jeden Miteigentumsanteil von Amts wegen ein besonderes Grundbuchblatt (Wohnungsgrundbuch, Teileigentumsgrundbuch) angelegt. Auf diesem ist das zu dem Miteigentumsanteil gehörende Sondereigentum und als Beschränkung des Miteigentums die Einräumung der zu den anderen Miteigentumsanteilen gehörenden Sondereigentumsrechte einzutragen. Das Grundbuchblatt des Grundstücks wird von Amts wegen geschlossen.
(2) Von der Anlegung besonderer Grundbuchblätter kann abgesehen werden, wenn hiervon Verwirrung nicht zu besorgen ist. In diesem Falle ist das Grundbuchblatt als gemeinschaftliches Wohnungsgrundbuch (Teileigentumsgrundbuch) zu bezeichnen.

Synopse zum alten und neuen WEG | Anhang I.1

Wohnungseigentumsgesetz (alt)	Wohnungseigentumsgesetz (neu)
(3) Zur näheren Bezeichnung des Gegenstandes und des Inhalts des Sondereigentums kann auf die Eintragungsbewilligung Bezug genommen werden.	(3) Zur näheren Bezeichnung des Gegenstandes und des Inhalts des Sondereigentums kann auf die Eintragungsbewilligung Bezug genommen werden.
(4) Der Eintragungsbewilligung sind als Anlagen beizufügen: 1. eine von der Baubehörde mit Unterschrift und Siegel oder Stempel versehene Bauzeichnung, aus der die Aufteilung des Gebäudes sowie die Lage und Größe der im Sondereigentum und der im gemeinschaftlichen Eigentum stehenden Gebäudeteile ersichtlich ist (Aufteilungsplan); alle zu demselben Wohnungseigentum gehörenden Einzelräume sind mit der jeweils gleichen Nummer zu kennzeichnen; 2. eine Bescheinigung der Baubehörde, dass die Voraussetzungen des § 3 Abs. 2 vorliegen. Wenn in der Eintragungsbewilligung für die einzelnen Sondereigentumsrechte Nummern angegeben werden, sollen sie mit denen des Aufteilungsplanes übereinstimmen. (5) Für die Teileigentumsgrundbücher gelten die Vorschriften über Wohnungsgrundbücher entsprechend.	(4) Der Eintragungsbewilligung sind als Anlagen beizufügen: 1. eine von der Baubehörde mit Unterschrift und Siegel oder Stempel versehene Bauzeichnung, aus der die Aufteilung des Gebäudes sowie die Lage und Größe der im Sondereigentum und der im gemeinschaftlichen Eigentum stehenden Gebäudeteile ersichtlich ist (Aufteilungsplan); alle zu demselben Wohnungseigentum gehörenden Einzelräume sind mit der jeweils gleichen Nummer zu kennzeichnen; 2. eine Bescheinigung der Baubehörde, dass die Voraussetzungen des § 3 Abs. 2 vorliegen. Wenn in der Eintragungsbewilligung für die einzelnen Sondereigentumsrechte Nummern angegeben werden, sollen sie mit denen des Aufteilungsplanes übereinstimmen. Die Landesregierungen können durch Rechtsverordnung bestimmen, dass und in welchen Fällen der Aufteilungsplan (S. 1 Nr. 1) und die Abgeschlossenheit (S. 1 Nr. 2) von einem öffentlich bestellten oder anerkannten Sachverständigen für das Bauwesen statt von der Baubehörde ausgefertigt und bescheinigt werden. Werden diese Aufgaben von dem Sachverständigen wahrgenommen, so gelten die Bestimmungen der Allgemeinen Verwaltungsvorschrift für die Ausstellung von Bescheinigungen gemäß § 7 Abs. 4 Nr. 2 und 32 Abs. 2 Nr. 2 des Wohnungseigentumsgesetzes vom 19. März 1974 (BAnz. Nr. 58 vom 23. März 1974) entsprechend. In diesem Fall bedürfen die Anlagen nicht der Form des § 29 der Grundbuchordnung. Die Landesregierungen können die Ermächtigung durch Rechtsverordnung auf die Landesbauverwaltungen übertragen. (5) Für die Teileigentumsgrundbücher gelten die Vorschriften über Wohnungsgrundbücher entsprechend.
§ 8 Teilung durch den Eigentümer (1) Der Eigentümer eines Grundstücks kann durch Erklärung gegenüber dem Grundbuchamt das Eigentum an dem Grundstück in Miteigentumsteile in der Weise teilen, daß mit jedem	**§ 8 Teilung durch den Eigentümer** (1) Der Eigentümer eines Grundstücks kann durch Erklärung gegenüber dem Grundbuchamt das Eigentum an dem Grundstück in Miteigentumsteile in der Weise teilen, dass mit jedem

Anhang I.1 | Synopse zum alten und neuen WEG

Wohnungseigentumsgesetz (alt)

Anteil das Sondereigentum an einer bestimmten Wohnung oder an nicht zu Wohnzwecken dienenden bestimmten Räumen in einem auf dem Grundstück errichteten oder zu errichtenden Gebäude verbunden ist.

(2) Im Falle des Absatzes 1 gelten die Vorschriften des § 3 Abs. 2 und der §§ 5, 6, § 7 Abs. 1, 3 bis 5 entsprechend. Die Teilung wird mit der Anlegung der Wohnungsgrundbücher wirksam.

§ 9 Schließung der Wohnungsgrundbücher

(1) Die Wohnungsgrundbücher werden geschlossen:
1. von Amts wegen, wenn die Sondereigentumsrechte gemäß § 4 aufgehoben werden;
2. auf Antrag sämtlicher Wohnungseigentümer, wenn alle Sondereigentumsrechte durch völlige Zerstörung des Gebäudes gegenstandslos geworden sind und der Nachweis hierfür durch eine Bescheinigung der Baubehörde erbracht ist;
3. auf Antrag des Eigentümers, wenn

W sich sämtliche Wohnungseigentumsrechte in einer Person vereinigen.

(2) Ist ein Wohnungseigentum selbständig mit dem Rechte eines Dritten belastet, so werden die allgemeinen Vorschriften, nach denen zur Aufhebung des Sondereigentums die Zustimmung des Dritten erforderlich ist, durch Absatz 1 nicht berührt.

(3) Werden die Wohnungsgrundbücher geschlossen, so wird für das Grundstück ein Grundbuchblatt nach den allgemeinen Vorschriften angelegt; die Sondereigentumsrechte erlöschen, soweit sie nicht bereits aufgehoben sind, mit der Anlegung des Grundbuchblatts.

2. Abschnitt
Gemeinschaft der Wohnungseigentümer

§ 10 Allgemeine Grundsätze

(1) Das Verhältnis der Wohnungseigentümer untereinander bestimmt sich nach den Vorschriften dieses Gesetzes und, soweit dieses Gesetz keine besonderen Bestimmungen enthält, nach den Vorschriften des Bürgerlichen Gesetzbuches über die Gemeinschaft. Die Wohnungseigentümer können von den Vorschriften dieses Gesetzes abweichende Vereinbarungen treffen, soweit nicht etwas anderes ausdrücklich bestimmt ist.

Wohnungseigentumsgesetz (neu)

Anteil das Sondereigentum an einer bestimmten Wohnung oder an nicht zu Wohnzwecken dienenden bestimmten Räumen in einem auf dem Grundstück errichteten oder zu errichtenden Gebäude verbunden ist.

(2) Im Falle des Absatzes 1 gelten die Vorschriften des § 3 Abs. 2 und der §§ 5, 6, § 7 Abs. 1, 3 bis 5 entsprechend. Die Teilung wird mit der Anlegung der Wohnungsgrundbücher wirksam.

§ 9 Schließung der Wohnungsgrundbücher

(1) Die Wohnungsgrundbücher werden geschlossen:
1. von Amts wegen, wenn die Sondereigentumsrechte gemäß § 4 aufgehoben werden;
2. auf Antrag sämtlicher Wohnungseigentümer, wenn alle Sondereigentumsrechte durch völlige Zerstörung des Gebäudes gegenstandslos geworden sind und der Nachweis hierfür durch eine Bescheinigung der Baubehörde erbracht ist;
3. auf Antrag des Eigentümers, wenn

n sich sämtliche Wohnungseigentumsrechte in einer Person vereinigen.

(2) Ist ein Wohnungseigentum selbständig mit dem Rechte eines Dritten belastet, so werden die allgemeinen Vorschriften, nach denen zur Aufhebung des Sondereigentums die Zustimmung des Dritten erforderlich ist, durch Absatz 1 nicht berührt.

(3) Werden die Wohnungsgrundbücher geschlossen, so wird für das Grundstück ein Grundbuchblatt nach den allgemeinen Vorschriften angelegt; die Sondereigentumsrechte erlöschen, soweit sie nicht bereits aufgehoben sind, mit der Anlegung des Grundbuchblatts.

2. Abschnitt
Gemeinschaft der Wohnungseigentümer

§ 10 Allgemeine Grundsätze

(1) Inhaber der Rechte und Pflichten nach den Vorschriften dieses Gesetzes, insbesondere des Sondereigentums und des gemeinschaftlichen Eigentums, sind die Wohnungseigentümer, soweit nicht etwas anderes ausdrücklich bestimmt ist.

(2) Das Verhältnis der Wohnungseigentümer untereinander bestimmt sich nach den Vorschriften dieses Gesetzes und, soweit dieses Gesetz keine besonderen Bestimmungen enthält,

Wohnungseigentumsgesetz (alt)

(2) Vereinbarungen, durch die die Wohnungseigentümer ihr Verhältnis untereinander in Ergänzung oder Abweichung von Vorschriften dieses Gesetzes regeln, sowie die Abänderung oder Aufhebung solcher Vereinbarungen wirken gegen den Sondernachfolger eines Wohnungseigentümers nur, wenn sie als Inhalt des Sondereigentums im Grundbuch eingetragen sind.

(3) Beschlüsse der Wohnungseigentümer gemäß § 23 und Entscheidungen des Richters gemäß § 43 bedürfen zu ihrer Wirksamkeit gegen den Sondernachfolger eines Wohnungseigentümers nicht der Eintragung in das Grundbuch.

(4) Rechtshandlungen in Angelegenheiten, über die nach diesem Gesetz oder nach einer Vereinbarung der Wohnungseigentümer durch Stimmenmehrheit beschlossen werden kann, wirken, wenn sie auf Grund eines mit solcher Mehrheit gefaßten Beschlusses vorgenommen werden, auch für und gegen die Wohnungseigentümer, die gegen den Beschluß gestimmt oder an der Beschlußfassung nicht mitgewirkt haben.

Wohnungseigentumsgesetz (neu)

nach den Vorschriften des Bürgerlichen Gesetzbuches über die Gemeinschaft. Die Wohnungseigentümer können von den Vorschriften dieses Gesetzes abweichende Vereinbarungen treffen, soweit nicht etwas anderes ausdrücklich bestimmt ist.

Jeder Wohnungseigentümer kann eine vom Gesetz abweichende Vereinbarung oder die Anpassung einer Vereinbarung verlangen, soweit ein Festhalten an der geltenden Regelung aus schwerwiegenden Gründen unter Berücksichtigung aller Umstände des Einzelfalles, insbesondere der Rechte und Interessen der anderen Wohnungseigentümer, unbillig erscheint.

(3) Vereinbarungen, durch die die Wohnungseigentümer ihr Verhältnis untereinander in Ergänzung oder Abweichung von Vorschriften dieses Gesetzes regeln, sowie die Abänderung oder Aufhebung solcher Vereinbarungen wirken gegen den Sondernachfolger eines Wohnungseigentümers nur, wenn sie als Inhalt des Sondereigentums im Grundbuch eingetragen sind.

(4) Beschlüsse der Wohnungseigentümer gemäß § 23 und gerichtliche Entscheidungen in einem Rechtsstreit gemäß § 43 bedürfen zu ihrer Wirksamkeit gegen den Sondernachfolger eines Wohnungseigentümers nicht der Eintragung in das Grundbuch.

Dies gilt auch für die gemäß § 23 Abs. 1 aufgrund einer Vereinbarung gefassten Beschlüsse, die vom Gesetz abweichen oder eine Vereinbarung ändern.

(5) Rechtshandlungen in Angelegenheiten, über die nach diesem Gesetz oder nach einer Vereinbarung der Wohnungseigentümer durch Stimmenmehrheit beschlossen werden kann, wirken, wenn sie auf Grund eines mit solcher Mehrheit gefassten Beschlusses vorgenommen werden, auch für und gegen die Wohnungseigentümer, die gegen den Beschluss gestimmt oder an der Beschlussfassung nicht mitgewirkt haben.

(6) Die Gemeinschaft der Wohnungseigentümer kann im Rahmen der gesamten Verwaltung des gemeinschaftlichen Eigentums gegenüber Dritten und Wohnungseigentümern selbst Rechte erwerben und Pflichten eingehen. Sie ist Inhaberin der als Gemeinschaft gesetzlich begründeten und rechtsgeschäftlich erworbenen Rechte und Pflichten. Sie übt die gemein-

Anhang I.1 | Synopse zum alten und neuen WEG

Wohnungseigentumsgesetz (alt)

Wohnungseigentumsgesetz (neu)

schaftsbezogenen Rechte der Wohnungseigentümer aus und nimmt die gemeinschaftsbezogenen Pflichten der Wohnungseigentümer wahr, ebenso sonstige Rechte und Pflichten der Wohnungseigentümer, soweit diese gemeinschaftlich geltend gemacht werden können oder zu erfüllen sind. Die Gemeinschaft muss die Bezeichnung »Wohnungseigentümergemeinschaft« gefolgt von der bestimmten Angabe des gemeinschaftlichen Grundstücks führen. Sie kann vor Gericht klagen und verklagt werden.

(7) Das Verwaltungsvermögen gehört der Gemeinschaft der Wohnungseigentümer. Es besteht aus den im Rahmen der gesamten Verwaltung des gemeinschaftlichen Eigentums gesetzlich begründeten und rechtsgeschäftlich erworbenen Sachen und Rechten sowie den entstandenen Verbindlichkeiten. Zu dem Verwaltungsvermögen gehören insbesondere die Ansprüche und Befugnisse aus Rechtsverhältnissen mit Dritten und mit Wohnungseigentümern sowie die eingenommenen Gelder. Vereinigen sich sämtliche Wohnungseigentumsrechte in einer Person, geht das Verwaltungsvermögen auf den Eigentümer des Grundstücks über.

(8) Jeder Wohnungseigentümer haftet einem Gläubiger nach dem Verhältnis seines Miteigentumsanteils (§ 16 Abs. 1 S. 2) für Verbindlichkeiten der Gemeinschaft der Wohnungseigentümer, die während seiner Zugehörigkeit zur Gemeinschaft entstanden oder während dieses Zeitraums fällig geworden sind; für die Haftung nach Veräußerung des Wohnungseigentums ist § 160 des Handelsgesetzbuches entsprechend anzuwenden. Er kann gegenüber einem Gläubiger neben den in seiner Person begründeten auch die der Gemeinschaft zustehenden Einwendungen und Einreden geltend machen, nicht aber seine Einwendungen und Einreden gegenüber der Gemeinschaft. Für die Einrede der Anfechtbarkeit und Aufrechenbarkeit ist § 770 des Bürgerlichen Gesetzbuches entsprechend anzuwenden. Die Haftung eines Wohnungseigentümers gegenüber der Gemeinschaft wegen nicht ordnungsmäßiger Verwaltung bestimmt sich nach S. 1.

§ 11 Unauflöslichkeit der Gemeinschaft
(1) Kein Wohnungseigentümer kann die Aufhebung der Gemeinschaft verlangen. Dies gilt

§ 11 Unauflöslichkeit der Gemeinschaft
(1) Kein Wohnungseigentümer kann die Aufhebung der Gemeinschaft verlangen. Dies gilt

Wohnungseigentumsgesetz (alt)	Wohnungseigentumsgesetz (neu)
auch für eine Aufhebung aus wichtigem Grund. Eine abweichende Vereinbarung ist nur für den Fall zulässig, daß das Gebäude ganz oder teilweise zerstört wird und eine Verpflichtung zum Wiederaufbau nicht besteht. (2) Das Recht eines Pfändungsgläubigers (§ 751 des Bürgerlichen Gesetzbuchs) sowie das im Insolvenzverfahren bestehende Recht (§ 84 Abs. 2 der Insolvenzordnung), die Aufhebung der Gemeinschaft zu verlangen, ist ausgeschlossen.	auch für eine Aufhebung aus wichtigem Grund. Eine abweichende Vereinbarung ist nur für den Fall zulässig, dass das Gebäude ganz oder teilweise zerstört wird und eine Verpflichtung zum Wiederaufbau nicht besteht. (2) Das Recht eines Pfändungsgläubigers (§ 751 des Bürgerlichen Gesetzbuchs) sowie das im Insolvenzverfahren bestehende Recht (§ 84 Abs. 2 der Insolvenzordnung), die Aufhebung der Gemeinschaft zu verlangen, ist ausgeschlossen. (3) Ein Insolvenzverfahren über das Verwaltungsvermögen der Gemeinschaft findet nicht statt.
§ 12 Veräußerungsbeschränkung (1) Als Inhalt des Sondereigentums kann vereinbart werden, daß ein Wohnungseigentümer zur Veräußerung seines Wohnungseigentums der Zustimmung anderer Wohnungseigentümer oder eines Dritten bedarf. (2) Die Zustimmung darf nur aus einem wichtigen Grunde versagt werden. Durch Vereinbarung gemäß Absatz 1 kann dem Wohnungseigentümer darüber hinaus für bestimmte Fälle ein Anspruch auf Erteilung der Zustimmung eingeräumt werden. (3) Ist eine Vereinbarung gemäß Absatz 1 getroffen, so ist eine Veräußerung des Wohnungseigentums und ein Vertrag, durch den sich der Wohnungseigentümer zu einer solchen Veräußerung verpflichtet, unwirksam, solange nicht die erforderliche Zustimmung erteilt ist. Einer rechtsgeschäftlichen Veräußerung steht eine Veräußerung im Wege der Zwangsvollstreckung oder durch den Insolvenzverwalter gleich.	**§ 12 Veräußerungsbeschränkung** (1) Als Inhalt des Sondereigentums kann vereinbart werden, dass ein Wohnungseigentümer zur Veräußerung seines Wohnungseigentums der Zustimmung anderer Wohnungseigentümer oder eines Dritten bedarf. (2) Die Zustimmung darf nur aus einem wichtigen Grunde versagt werden. Durch Vereinbarung gemäß Absatz 1 kann dem Wohnungseigentümer darüber hinaus für bestimmte Fälle ein Anspruch auf Erteilung der Zustimmung eingeräumt werden. (3) Ist eine Vereinbarung gemäß Absatz 1 getroffen, so ist eine Veräußerung des Wohnungseigentums und ein Vertrag, durch den sich der Wohnungseigentümer zu einer solchen Veräußerung verpflichtet, unwirksam, solange nicht die erforderliche Zustimmung erteilt ist. Einer rechtsgeschäftlichen Veräußerung steht eine Veräußerung im Wege der Zwangsvollstreckung oder durch den Insolvenzverwalter gleich. (4) Die Wohnungseigentümer können durch Stimmenmehrheit beschließen, dass eine Veräußerungsbeschränkung gemäß Absatz 1 aufgehoben wird. Diese Befugnis kann durch Vereinbarung der Wohnungseigentümer nicht eingeschränkt oder ausgeschlossen werden. Ist ein Beschluss gemäß S. 1 gefasst, kann die Veräußerungsbeschränkung im Grundbuch gelöscht werden. Der Bewilligung gemäß § 19 der Grundbuchordnung bedarf es nicht, wenn der Beschluss gemäß S. 1 nachgewiesen wird. Für diesen Nachweis ist § 26 Abs. 4 entsprechend anzuwenden.

Anhang I.1 | Synopse zum alten und neuen WEG

Wohnungseigentumsgesetz (alt)

§ 13 Rechte des Wohnungseigentümers
(1) Jeder Wohnungseigentümer kann, soweit nicht das Gesetz oder Rechte Dritter entgegenstehen, mit den im Sondereigentum stehenden Gebäudeteilen nach Belieben verfahren, insbesondere diese bewohnen, vermieten, verpachten oder in sonstiger Weise nutzen, und andere von Einwirkungen ausschließen.
(2) Jeder Wohnungseigentümer ist zum Mitgebrauch des gemeinschaftlichen Eigentums nach Maßgabe der §§ 14, 15 berechtigt. An den sonstigen Nutzungen des gemeinschaftlichen Eigentums gebührt jedem Wohnungseigentümer ein Anteil nach Maßgabe des § 16.

§ 14 Pflichten des Wohnungseigentümers
Jeder Wohnungseigentümer ist verpflichtet:
1. die im Sondereigentum stehenden Gebäudeteile so instand zu halten und von diesen sowie von dem gemeinschaftlichen Eigentum nur in solcher Weise Gebrauch zu machen, daß dadurch keinem der anderen Wohnungseigentümer über das bei einem geordneten Zusammenleben unvermeidliche Maß hinaus ein Nachteil erwächst;
2. für die Einhaltung der in Nr. 1 bezeichneten Pflichten durch Personen zu sorgen, die seinem Hausstand oder Geschäftsbetrieb angehören oder denen er sonst die Benutzung der im Sonder- oder Miteigentum stehenden Grundstücks- oder Gebäudeteile überläßt;
3. Einwirkungen auf die im Sondereigentum stehenden Gebäudeteile und das gemeinschaftliche Eigentum zu dulden, soweit sie auf einem nach Nr. 1, 2 zulässigen Gebrauch beruhen;
4. das Betreten und die Benutzung der im Sondereigentum stehenden Gebäudeteile zu gestatten, soweit dies zur Instandhaltung und Instandsetzung des gemeinschaftlichen Eigentums erforderlich ist; der hierdurch entstehende Schaden ist zu ersetzen.

§ 15 Gebrauchsregelung
(1) Die Wohnungseigentümer können den Gebrauch des Sondereigentums und des gemeinschaftlichen Eigentums durch Vereinbarung regeln.
(2) Soweit nicht eine Vereinbarung nach Absatz 1 entgegensteht, können die Wohnungseigentümer durch Stimmenmehrheit einen der Beschaffenheit der im Sondereigentum stehen-

Wohnungseigentumsgesetz (neu)

§ 13 Rechte des Wohnungseigentümers
(1) Jeder Wohnungseigentümer kann, soweit nicht das Gesetz oder Rechte Dritter entgegenstehen, mit den im Sondereigentum stehenden Gebäudeteilen nach Belieben verfahren, insbesondere diese bewohnen, vermieten, verpachten oder in sonstiger Weise nutzen, und andere von Einwirkungen ausschließen.
(2) Jeder Wohnungseigentümer ist zum Mitgebrauch des gemeinschaftlichen Eigentums nach Maßgabe der §§ 14, 15 berechtigt. An den sonstigen Nutzungen des gemeinschaftlichen Eigentums gebührt jedem Wohnungseigentümer ein Anteil nach Maßgabe des § 16.

§ 14 Pflichten des Wohnungseigentümers
Jeder Wohnungseigentümer ist verpflichtet:
1. die im Sondereigentum stehenden Gebäudeteile so instand zu halten und von diesen sowie von dem gemeinschaftlichen Eigentum nur in solcher Weise Gebrauch zu machen, dass dadurch keinem der anderen Wohnungseigentümer über das bei einem geordneten Zusammenleben unvermeidliche Maß hinaus ein Nachteil erwächst;
2. für die Einhaltung der in Nr. 1 bezeichneten Pflichten durch Personen zu sorgen, die seinem Hausstand oder Geschäftsbetrieb angehören oder denen er sonst die Benutzung der im Sonder- oder Miteigentum stehenden Grundstücks- oder Gebäudeteile überlässt;
3. Einwirkungen auf die im Sondereigentum stehenden Gebäudeteile und das gemeinschaftliche Eigentum zu dulden, soweit sie auf einem nach Nr. 1, 2 zulässigen Gebrauch beruhen;
4. das Betreten und die Benutzung der im Sondereigentum stehenden Gebäudeteile zu gestatten, soweit dies zur Instandhaltung und Instandsetzung des gemeinschaftlichen Eigentums erforderlich ist; der hierdurch entstehende Schaden ist zu ersetzen.

§ 15 Gebrauchsregelung
(1) Die Wohnungseigentümer können den Gebrauch des Sondereigentums und des gemeinschaftlichen Eigentums durch Vereinbarung regeln.
(2) Soweit nicht eine Vereinbarung nach Absatz 1 entgegensteht, können die Wohnungseigentümer durch Stimmenmehrheit einen der Beschaffenheit der im Sondereigentum stehen-

Wohnungseigentumsgesetz (alt)

den Gebäudeteile und des gemeinschaftlichen Eigentums entsprechenden ordnungsmäßigen Gebrauch beschließen.

(3) Jeder Wohnungseigentümer kann einen Gebrauch der im Sondereigentum stehenden Gebäudeteile und des gemeinschaftlichen Eigentums verlangen, der dem Gesetz, den Vereinbarungen und Beschlüssen und soweit sich die Regelung hieraus nicht ergibt, dem Interesse der Gesamtheit der Wohnungseigentümer nach billigem Ermessen entspricht.

§ 16 Nutzungen, Lasten und Kosten

(1) Jedem Wohnungseigentümer gebührt ein seinem Anteil entsprechender Bruchteil der Nutzungen des gemeinschaftlichen Eigentums. Der Anteil bestimmt sich nach dem gemäß § 47 der Grundbuchordnung im Grundbuch eingetragenen Verhältnis der Miteigentumsanteile.

(2) Jeder Wohnungseigentümer ist den anderen Wohnungseigentümern gegenüber verpflichtet, die Lasten des gemeinschaftlichen Eigentums sowie die Kosten der Instandhaltung, Instandsetzung, sonstigen Verwaltung und eines gemeinschaftlichen Gebrauchs des gemeinschaftlichen Eigentums nach dem Verhältnis seines Anteils (Absatz 1 S. 2) zu tragen.

(3) Ein Wohnungseigentümer, der einer Maßnahme nach § 22 Abs. 1 nicht zugestimmt hat, ist nicht berechtigt, einen Anteil an Nutzungen, die auf einer solchen Maßnahme beruhen, zu beanspruchen; er ist nicht verpflichtet, Kosten, die durch eine solche Maßnahme verursacht sind, zu tragen.

(4) Zu den Kosten der Verwaltung im Sinne des Absatzes 2 gehören insbesondere Kosten eines Rechtsstreits gemäß § 18 und der Ersatz des Schadens im Falle des § 14 Nr. 4.

(5) Kosten eines Verfahrens nach § 43 gehören nicht zu den Kosten der Verwaltung im Sinne des Absatzes 2.

Wohnungseigentumsgesetz (neu)

den Gebäudeteile und des gemeinschaftlichen Eigentums entsprechenden ordnungsmäßigen Gebrauch beschließen.

(3) Jeder Wohnungseigentümer kann einen Gebrauch der im Sondereigentum stehenden Gebäudeteile und des gemeinschaftlichen Eigentums verlangen, der dem Gesetz, den Vereinbarungen und Beschlüssen und soweit sich die Regelung hieraus nicht ergibt, dem Interesse der Gesamtheit der Wohnungseigentümer nach billigem Ermessen entspricht.

§ 16 Nutzungen, Lasten und Kosten

(1) Jedem Wohnungseigentümer gebührt ein seinem Anteil entsprechender Bruchteil der Nutzungen des gemeinschaftlichen Eigentums. Der Anteil bestimmt sich nach dem gemäß § 47 der Grundbuchordnung im Grundbuch eingetragenen Verhältnis der Miteigentumsanteile.

(2) Jeder Wohnungseigentümer ist den anderen Wohnungseigentümern gegenüber verpflichtet, die Lasten des gemeinschaftlichen Eigentums sowie die Kosten der Instandhaltung, Instandsetzung, sonstigen Verwaltung und eines gemeinschaftlichen Gebrauchs des gemeinschaftlichen Eigentums nach dem Verhältnis seines Anteils (Absatz 1 S. 2) zu tragen.

(3) Die Wohnungseigentümer können abweichend von Absatz 2 durch Stimmenmehrheit beschließen, dass die Betriebskosten des gemeinschaftlichen Eigentums oder des Sondereigentums im Sinne des § 556 Abs. 1 des Bürgerlichen Gesetzbuches, die nicht unmittelbar gegenüber Dritten abgerechnet werden, und die Kosten der Verwaltung nach Verbrauch oder Verursachung erfasst und nach diesem oder nach einem anderen Maßstab verteilt werden, soweit dies ordnungsmäßiger Verwaltung entspricht.

(4) Die Wohnungseigentümer können im Einzelfall zur Instandhaltung oder Instandsetzung im Sinne des § 21 Abs. 5 Nr. 2 oder zu baulichen Veränderungen oder Aufwendungen im Sinne des § 22 Abs. 1 und 2 durch Beschluss die Kostenverteilung abweichend von Absatz 2 regeln, wenn der abweichende Maßstab dem Gebrauch oder der Möglichkeit des Gebrauchs durch die Wohnungseigentümer Rechnung trägt. Der Beschluss zur Regelung der Kostenverteilung nach S. 1 bedarf einer Mehrheit von drei Viertel aller stimmberechtigten Woh-

Anhang I.1 | Synopse zum alten und neuen WEG

Wohnungseigentumsgesetz (alt)

Wohnungseigentumsgesetz (neu)
nungseigentümer im Sinne des § 25 Abs. 2 und mehr als der Hälfte aller Miteigentumsanteile.
(5) Die Befugnisse im Sinne der Absätze 3 und 4 können durch Vereinbarung der Wohnungseigentümer nicht eingeschränkt oder ausgeschlossen werden.
(6) Ein Wohnungseigentümer, der einer Maßnahme nach § 22 Abs. 1 nicht zugestimmt hat, ist nicht berechtigt, einen Anteil an Nutzungen, die auf einer solchen Maßnahme beruhen, zu beanspruchen; er ist nicht verpflichtet, Kosten, die durch eine solche Maßnahme verursacht sind, zu tragen.
S. 1 ist bei einer Kostenverteilung gemäß Absatz 4 nicht anzuwenden.
(7) Zu den Kosten der Verwaltung im Sinne des Absatzes 2 gehören insbesondere Kosten eines Rechtsstreits gemäß § 18 und der Ersatz des Schadens im Falle des § 14 Nr. 4.
(8) Kosten eines Rechtsstreits gemäß § 43 gehören nur dann zu den Kosten der Verwaltung im Sinne des Absatzes 2, wenn es sich um Mehrkosten gegenüber der gesetzlichen Vergütung eines Rechtsanwalts aufgrund einer Vereinbarung über die Vergütung (§ 27 Abs. 2 Nr. 4, Abs. 3 Nr. 6) handelt.

§ 17 Anteil bei Aufhebung der Gemeinschaft
Im Falle der Aufhebung der Gemeinschaft bestimmt sich der Anteil der Miteigentümer nach dem Verhältnis des Wertes ihrer Wohnungseigentumsrechte zur Zeit der Aufhebung der Gemeinschaft. Hat sich der Wert eines Miteigentumsanteils durch Maßnahmen verändert, denen der Wohnungseigentümer gemäß § 22 Abs. 1 nicht zugestimmt hat, so bleibt eine solche Veränderung bei der Berechnung des Wertes dieses Anteils außer Betracht.

§ 17 Anteil bei Aufhebung der Gemeinschaft
Im Falle der Aufhebung der Gemeinschaft bestimmt sich der Anteil der Miteigentümer nach dem Verhältnis des Wertes ihrer Wohnungseigentumsrechte zur Zeit der Aufhebung der Gemeinschaft. Hat sich der Wert eines Miteigentumsanteils durch Maßnahmen verändert, deren Kosten der Wohnungseigentümer nicht getragen hat, so bleibt eine solche Veränderung bei der Berechnung des Wertes dieses Anteils außer Betracht.

§ 18 Entziehung des Wohnungseigentums
(1) Hat ein Wohnungseigentümer sich einer so schweren Verletzung der ihm gegenüber anderen Wohnungseigentümern obliegenden Verpflichtungen schuldig gemacht, daß diesen die Fortsetzung der Gemeinschaft mit ihm nicht mehr zugemutet werden kann, so können die anderen Wohnungseigentümer von ihm die Veräußerung seines Wohnungseigentums verlangen.

§ 18 Entziehung des Wohnungseigentums
(1) Hat ein Wohnungseigentümer sich einer so schweren Verletzung der ihm gegenüber anderen Wohnungseigentümern obliegenden Verpflichtungen schuldig gemacht, dass diesen die Fortsetzung der Gemeinschaft mit ihm nicht mehr zugemutet werden kann, so können die anderen Wohnungseigentümer von ihm die Veräußerung seines Wohnungseigentums verlangen.

Wohnungseigentumsgesetz (alt)

(2) Die Voraussetzungen des Absatzes 1 liegen insbesondere vor, wenn
1. der Wohnungseigentümer trotz Abmahnung wiederholt gröblich gegen die ihm nach § 14 obliegenden Pflichten verstößt;
2. der Wohnungseigentümer sich mit der Erfüllung seiner Verpflichtungen zur Lasten- und Kostentragung (§ 16 Abs. 2) in Höhe eines Betrages, der drei vom Hundert des Einheitswertes seines Wohnungseigentums übersteigt, länger als drei Monate in Verzug befindet.

(3) Über das Verlangen nach Absatz 1 beschließen die Wohnungseigentümer durch Stimmenmehrheit. Der Beschluß bedarf einer Mehrheit von mehr als der Hälfte der stimmberechtigten Wohnungseigentümer. Die Vorschriften des § 25 Abs. 3, 4 sind in diesem Falle nicht anzuwenden.

(4) Der in Absatz 1 bestimmte Anspruch kann durch Vereinbarung der Wohnungseigentümer nicht eingeschränkt oder ausgeschlossen werden.

§ 19 Wirkung des Urteils

(1) Das Urteil, durch das ein Wohnungseigentümer zur Veräußerung seines Wohnungseigentums verurteilt wird, ersetzt die für die freiwillige Versteigerung des Wohnungseigentums und für die Übertragung des Wohnungseigentums auf den Ersteher erforderlichen Erklärungen. Aus dem Urteil findet zugunsten des Erstehers die Zwangsvollstreckung auf Räumung und Herausgabe statt. Die Vorschriften des § 93 Abs. 1 S. 2 und 3 des Gesetzes über die Zwangsversteigerung und Zwangsverwaltung gelten entsprechend.

(2) Der Wohnungseigentümer kann im Falle des § 18 Abs. 2 Nr. 2 bis zur Erteilung des Zuschlags die in Absatz 1 bezeichnete Wirkung des Urteils dadurch abwenden, daß er die Verpflichtungen, wegen deren Nichterfüllung er verurteilt ist, einschließlich der Verpflichtung zum Ersatz der durch den Rechtsstreit und das Versteigerungsverfahren entstandenen

Wohnungseigentumsgesetz (neu)

Die Ausübung des Entziehungsrechts steht der Gemeinschaft der Wohnungseigentümer zu, soweit es sich nicht um eine Gemeinschaft handelt, die nur aus zwei Wohnungseigentümern besteht.

(2) Die Voraussetzungen des Absatzes 1 liegen insbesondere vor, wenn
1. der Wohnungseigentümer trotz Abmahnung wiederholt gröblich gegen die ihm nach § 14 obliegenden Pflichten verstößt;
2. der Wohnungseigentümer sich mit der Erfüllung seiner Verpflichtungen zur Lasten- und Kostentragung (§ 16 Abs. 2) in Höhe eines Betrages, der drei vom Hundert des Einheitswertes seines Wohnungseigentums übersteigt, länger als drei Monate in Verzug befindet.

(3) Über das Verlangen nach Absatz 1 beschließen die Wohnungseigentümer durch Stimmenmehrheit. Der Beschluss bedarf einer Mehrheit von mehr als der Hälfte der stimmberechtigten Wohnungseigentümer. Die Vorschriften des § 25 Abs. 3, 4 sind in diesem Falle nicht anzuwenden.

(4) Der in Absatz 1 bestimmte Anspruch kann durch Vereinbarung der Wohnungseigentümer nicht eingeschränkt oder ausgeschlossen werden.

§ 19 Wirkung des Urteils

(1) Das Urteil, durch das ein Wohnungseigentümer zur Veräußerung seines Wohnungseigentums verurteilt wird, berechtigt jeden Miteigentümer zur Zwangsvollstreckung entsprechend den Vorschriften des Ersten Abschnitts des Gesetzes über die Zwangsversteigerung und die Zwangsverwaltung.

Die Ausübung des Rechts steht der Gemeinschaft der Wohnungseigentümer zu, soweit es sich nicht um eine Gemeinschaft handelt, die nur aus zwei Wohnungseigentümern besteht.

(2) Der Wohnungseigentümer kann im Falle des § 18 Abs. 2 Nr. 2 bis zur Erteilung des Zuschlags die in Absatz 1 bezeichnete Wirkung des Urteils dadurch abwenden, dass er die Verpflichtungen, wegen deren Nichterfüllung er verurteilt ist, einschließlich der Verpflichtung zum Ersatz der durch den Rechtsstreit und das Versteigerungsverfahren entstandenen Kosten sowie die fälligen weiteren Verpflichtungen zur Lasten- und Kostentragung erfüllt.

Anhang I.1 | Synopse zum alten und neuen WEG

Wohnungseigentumsgesetz (alt)

Kosten sowie die fälligen weiteren Verpflichtungen zur Lasten- und Kostentragung erfüllt.
(3) Ein gerichtlicher oder vor einer Gütestelle geschlossener Vergleich, durch den sich der Wohnungseigentümer zur Veräußerung seines Wohnungseigentums verpflichtet, steht dem in Absatz 1 bezeichneten Urteil gleich.

3. Abschnitt
Verwaltung

§ 20 Gliederung der Verwaltung

(1) Die Verwaltung des gemeinschaftlichen Eigentums obliegt den Wohnungseigentümern nach Maßgabe der §§ 21 bis 25 und dem Verwalter nach Maßgabe der §§ 26 bis 28, im Falle der Bestellung eines Verwaltungsbeirats auch diesem nach Maßgabe des § 29.
(2) Die Bestellung eines Verwalters kann nicht ausgeschlossen werden.

§ 21 Verwaltung durch die Wohnungseigentümer

(1) Soweit nicht in diesem Gesetz oder durch Vereinbarung der Wohnungseigentümer etwas anderes bestimmt ist, steht die Verwaltung des gemeinschaftlichen Eigentums den Wohnungseigentümern gemeinschaftlich zu.
(2) Jeder Wohnungseigentümer ist berechtigt, ohne Zustimmung der anderen Wohnungseigentümer die Maßnahmen zu treffen, die zur Abwendung eines dem gemeinschaftlichen Eigentum unmittelbar drohenden Schadens notwendig sind.
(3) Soweit die Verwaltung des gemeinschaftlichen Eigentums nicht durch Vereinbarung der Wohnungseigentümer geregelt ist, können die Wohnungseigentümer eine der Beschaffenheit des gemeinschaftlichen Eigentums entsprechende ordnungsmäßige Verwaltung durch Stimmenmehrheit beschließen.
(4) Jeder Wohnungseigentümer kann eine Verwaltung verlangen, die den Vereinbarungen und Beschlüssen und, soweit solche nicht bestehen, dem Interesse der Gesamtheit der Wohnungseigentümer nach billigem Ermessen entspricht.
(5) Zu einer ordnungsmäßigen, dem Interesse der Gesamtheit der Wohnungseigentümer entsprechenden Verwaltung gehört insbesondere:
1. die Aufstellung einer Hausordnung;

Wohnungseigentumsgesetz (neu)

(3) Ein gerichtlicher oder vor einer Gütestelle geschlossener Vergleich, durch den sich der Wohnungseigentümer zur Veräußerung seines Wohnungseigentums verpflichtet, steht dem in Absatz 1 bezeichneten Urteil gleich.

3. Abschnitt
Verwaltung

§ 20 Gliederung der Verwaltung

(1) Die Verwaltung des gemeinschaftlichen Eigentums obliegt den Wohnungseigentümern nach Maßgabe der §§ 21 bis 25 und dem Verwalter nach Maßgabe der §§ 26 bis 28, im Falle der Bestellung eines Verwaltungsbeirats auch diesem nach Maßgabe des § 29.
(2) Die Bestellung eines Verwalters kann nicht ausgeschlossen werden.

§ 21 Verwaltung durch die Wohnungseigentümer

(1) Soweit nicht in diesem Gesetz oder durch Vereinbarung der Wohnungseigentümer etwas anderes bestimmt ist, steht die Verwaltung des gemeinschaftlichen Eigentums den Wohnungseigentümern gemeinschaftlich zu.
(2) Jeder Wohnungseigentümer ist berechtigt, ohne Zustimmung der anderen Wohnungseigentümer die Maßnahmen zu treffen, die zur Abwendung eines dem gemeinschaftlichen Eigentum unmittelbar drohenden Schadens notwendig sind.
(3) Soweit die Verwaltung des gemeinschaftlichen Eigentums nicht durch Vereinbarung der Wohnungseigentümer geregelt ist, können die Wohnungseigentümer eine der Beschaffenheit des gemeinschaftlichen Eigentums entsprechende ordnungsmäßige Verwaltung durch Stimmenmehrheit beschließen.
(4) Jeder Wohnungseigentümer kann eine Verwaltung verlangen, die den Vereinbarungen und Beschlüssen und, soweit solche nicht bestehen, dem Interesse der Gesamtheit der Wohnungseigentümer nach billigem Ermessen entspricht.
(5) Zu einer ordnungsmäßigen, dem Interesse der Gesamtheit der Wohnungseigentümer entsprechenden Verwaltung gehört insbesondere:
1. die Aufstellung einer Hausordnung;

Wohnungseigentumsgesetz (alt)

2. die ordnungsmäßige Instandhaltung und Instandsetzung des gemeinschaftlichen Eigentums;
3. die Feuerversicherung des gemeinschaftlichen Eigentums zum Neuwert sowie die angemessene Versicherung der Wohnungseigentümer gegen Haus- und Grundbesitzerhaftpflicht;
4. die Ansammlung einer angemessenen Instandhaltungsrückstellung;
5. die Aufstellung eines Wirtschaftsplans (§ 28);
6. die Duldung aller Maßnahmen, die zur Herstellung einer Fernsprechteilnehmereinrichtung, einer Rundfunkempfangsanlage oder eines Energieversorgungsanschlusses zugunsten eines Wohnungseigentümers erforderlich sind.

(6) Der Wohnungseigentümer, zu dessen Gunsten eine Maßnahme der in Absatz 5 Nr. 6 bezeichneten Art getroffen wird, ist zum Ersatz des hierdurch entstehenden Schadens verpflichtet.

§ 22 Besondere Aufwendungen, Wiederaufbau

(1) Bauliche Veränderungen und Aufwendungen, die über die ordnungsmäßige Instandhaltung oder Instandsetzung des gemeinschaftlichen Eigentums hinausgehen, können nicht gemäß § 21 Abs. 3 beschlossen oder gemäß § 21 Abs. 4 verlangt werden. Die Zustimmung eines Wohnungseigentümers zu solchen Maßnahmen ist insoweit nicht erforderlich, als durch die Veränderung dessen Rechte nicht

Wohnungseigentumsgesetz (neu)

2. die ordnungsmäßige Instandhaltung und Instandsetzung des gemeinschaftlichen Eigentums;
3. die Feuerversicherung des gemeinschaftlichen Eigentums zum Neuwert sowie die angemessene Versicherung der Wohnungseigentümer gegen Haus- und Grundbesitzerhaftpflicht;
4. die Ansammlung einer angemessenen Instandhaltungsrückstellung;
5. die Aufstellung eines Wirtschaftsplans (§ 28);
6. die Duldung aller Maßnahmen, die zur Herstellung einer Fernsprechteilnehmereinrichtung, einer Rundfunkempfangsanlage oder eines Energieversorgungsanschlusses zugunsten eines Wohnungseigentümers erforderlich sind.

(6) Der Wohnungseigentümer, zu dessen Gunsten eine Maßnahme der in Absatz 5 Nr. 6 bezeichneten Art getroffen wird, ist zum Ersatz des hierdurch entstehenden Schadens verpflichtet.

(7) Die Wohnungseigentümer können die Regelung der Art und Weise von Zahlungen, der Fälligkeit und der Folgen des Verzugs sowie die Kosten für eine besondere Nutzung des gemeinschaftlichen Eigentums oder für einen besonderen Verwaltungsaufwand mit Stimmenmehrheit beschließen.

(8) Treffen die Wohnungseigentümer eine nach dem Gesetz erforderliche Maßnahme nicht, so kann an ihrer Stelle das Gericht in einem Rechtsstreit gemäß § 43 nach billigem Ermessen entscheiden, soweit sich die Maßnahme nicht aus dem Gesetz, einer Vereinbarung oder einem Beschluss der Wohnungseigentümer ergibt.

§ 22 Besondere Aufwendungen, Wiederaufbau

(1) Bauliche Veränderungen und Aufwendungen, die über die ordnungsmäßige Instandhaltung oder Instandsetzung des gemeinschaftlichen Eigentums hinausgehen, können beschlossen oder verlangt werden, wenn jeder Wohnungseigentümer zustimmt, dessen Rechte durch die Maßnahmen über das in § 14 Nr. 1 bestimmte Maß hinaus beeinträchtigt werden. Die Zustimmung ist nicht erforderlich, soweit die Rechte eines Wohnungseigentümers

Anhang I.1 | Synopse zum alten und neuen WEG

Wohnungseigentumsgesetz (alt)

über das in § 14 bestimmte Maß hinaus beeinträchtigt werden.
(2) Ist das Gebäude zu mehr als der Hälfte seines Wertes zerstört und ist der Schaden nicht durch eine Versicherung oder in anderer Weise gedeckt, so kann der Wiederaufbau nicht gemäß § 21 Abs. 3 beschlossen oder gemäß § 21 Abs. 4 verlangt werden.

Wohnungseigentumsgesetz (neu)

nicht in der in S. 1 bezeichneten Weise beeinträchtigt werden.
(2) Maßnahmen gemäß Absatz 1 S. 1, die der Modernisierung entsprechend § 559 Abs. 1 des Bürgerlichen Gesetzbuches oder der Anpassung des gemeinschaftlichen Eigentums an den Stand der Technik dienen, die Eigenart der Wohnanlage nicht ändern und keinen Wohnungseigentümer gegenüber anderen unbillig beeinträchtigen, können abweichend von Absatz 1 durch eine Mehrheit von drei Viertel aller stimmberechtigten Wohnungseigentümer im Sinne des § 25 Abs. 2 und mehr als der Hälfte aller Miteigentumsanteile beschlossen werden. Die Befugnis im Sinne des Satzes 1 kann durch Vereinbarung der Wohnungseigentümer nicht eingeschränkt oder ausgeschlossen werden.
(3) Für Maßnahmen der modernisierenden Instandsetzung im Sinne des § 21 Abs. 5 Nr. 2 verbleibt es bei den Vorschriften des § 21 Abs. 3 und 4.
(4) Ist das Gebäude zu mehr als der Hälfte seines Wertes zerstört und ist der Schaden nicht durch eine Versicherung oder in anderer Weise gedeckt, so kann der Wiederaufbau nicht gemäß § 21 Abs. 3 beschlossen oder gemäß § 21 Abs. 4 verlangt werden.

§ 23 Wohnungseigentümerversammlung
(1) Angelegenheiten, über die nach diesem Gesetz oder nach einer Vereinbarung der Wohnungseigentümer die Wohnungseigentümer durch Beschluß entscheiden können, werden durch Beschlußfassung in einer Versammlung der Wohnungseigentümer geordnet.
(2) Zur Gültigkeit eines Beschlusses ist erforderlich, daß der Gegenstand bei der Einberufung bezeichnet ist.
(3) Auch ohne Versammlung ist ein Beschluß gültig, wenn alle Wohnungseigentümer ihre Zustimmung zu diesem Beschluß schriftlich erklären.
(4) Ein Beschluß ist nur ungültig, wenn er gemäß § 43 Abs. 1 Nr. 4 für ungültig erklärt ist. Der Antrag auf eine solche Entscheidung kann nur binnen eines Monats seit der Beschlußfassung gestellt werden, es sei denn, daß der Beschluß gegen eine Rechtsvorschrift verstößt, auf deren Einhaltung rechtswirksam nicht verzichtet werden kann.

§ 23 Wohnungseigentümerversammlung
(1) Angelegenheiten, über die nach diesem Gesetz oder nach einer Vereinbarung der Wohnungseigentümer die Wohnungseigentümer durch Beschluss entscheiden können, werden durch Beschlussfassung in einer Versammlung der Wohnungseigentümer geordnet.
(2) Zur Gültigkeit eines Beschlusses ist erforderlich, dass der Gegenstand bei der Einberufung bezeichnet ist.
(3) Auch ohne Versammlung ist ein Beschluss gültig, wenn alle Wohnungseigentümer ihre Zustimmung zu diesem Beschluss schriftlich erklären.
(4) Ein Beschluss, der gegen eine Rechtsvorschrift verstößt, auf deren Einhaltung rechtswirksam nicht verzichtet werden kann, ist nichtig. Im Übrigen ist ein Beschluss gültig, solange er nicht durch rechtskräftiges Urteil für ungültig erklärt ist.
(Anm.: Monatsfrist jetzt in § 46 WEG)

Wohnungseigentumsgesetz (alt)

§ 24 Einberufung, Vorsitz, Niederschrift

(1) Die Versammlung der Wohnungseigentümer wird von dem Verwalter mindestens einmal im Jahre einberufen.

(2) Die Versammlung der Wohnungseigentümer muß von dem Verwalter in den durch Vereinbarung der Wohnungseigentümer bestimmten Fällen, im übrigen dann einberufen werden, wenn dies schriftlich unter Angabe des Zweckes und der Gründe von mehr als einem Viertel der Wohnungseigentümer verlangt wird.

(3) Fehlt ein Verwalter oder weigert er sich pflichtwidrig, die Versammlung der Wohnungseigentümer einzuberufen, so kann die Versammlung auch, falls ein Verwaltungsbeirat bestellt ist, von dessen Vorsitzenden oder seinem Vertreter einberufen werden.

(4) Die Einberufung erfolgt in Textform. Die Frist der Einberufung soll, sofern nicht ein Fall besonderer Dringlichkeit vorliegt, mindestens eine Woche betragen.

(5) Den Vorsitz in der Wohnungseigentümerversammlung führt, sofern diese nichts anderes beschließt, der Verwalter.

(6) Über die in der Versammlung gefaßten Beschlüsse ist eine Niederschrift aufzunehmen. Die Niederschrift ist von dem Vorsitzenden und einem Wohnungseigentümer und, falls ein Verwaltungsbeirat bestellt ist, auch von dessen Vorsitzenden oder seinem Vertreter zu unterschreiben. Jeder Wohnungseigentümer ist berechtigt, die Niederschriften einzusehen.

Wohnungseigentumsgesetz (neu)

§ 24 Einberufung, Vorsitz, Niederschrift

(1) Die Versammlung der Wohnungseigentümer wird von dem Verwalter mindestens einmal im Jahre einberufen.

(2) Die Versammlung der Wohnungseigentümer muss von dem Verwalter in den durch Vereinbarung der Wohnungseigentümer bestimmten Fällen, im übrigen dann einberufen werden, wenn dies schriftlich unter Angabe des Zweckes und der Gründe von mehr als einem Viertel der Wohnungseigentümer verlangt wird.

(3) Fehlt ein Verwalter oder weigert er sich pflichtwidrig, die Versammlung der Wohnungseigentümer einzuberufen, so kann die Versammlung auch, falls ein Verwaltungsbeirat bestellt ist, von dessen Vorsitzenden oder seinem Vertreter einberufen werden.

(4) Die Einberufung erfolgt in Textform. Die Frist der Einberufung soll, sofern nicht ein Fall besonderer Dringlichkeit vorliegt, mindestens zwei Wochen betragen.

(5) Den Vorsitz in der Wohnungseigentümerversammlung führt, sofern diese nichts anderes beschließt, der Verwalter.

(6) Über die in der Versammlung gefassten Beschlüsse ist eine Niederschrift aufzunehmen. Die Niederschrift ist von dem Vorsitzenden und einem Wohnungseigentümer und, falls ein Verwaltungsbeirat bestellt ist, auch von dessen Vorsitzenden oder seinem Vertreter zu unterschreiben. Jeder Wohnungseigentümer ist berechtigt, die Niederschriften einzusehen.

(7) Es ist eine Beschluss-Sammlung zu führen. Die Beschluss-Sammlung enthält nur den Wortlaut

1. der in der Versammlung der Wohnungseigentümer verkündeten Beschlüsse mit Angabe von Ort und Datum der Versammlung,
2. der schriftlichen Beschlüsse mit Angabe von Ort und Datum der Verkündung und
3. der Urteilsformeln der gerichtlichen Entscheidungen in einem Rechtsstreit gemäß § 43 mit Angabe ihres Datums, des Gerichts und der Parteien,

soweit diese Beschlüsse und gerichtlichen Entscheidungen nach dem 1.7.2007 ergangen sind. Die Beschlüsse und gerichtlichen Entscheidungen sind fortlaufend einzutragen und zu nummerieren. Sind sie angefochten oder aufgehoben worden, so ist dies anzumerken. Im Falle einer Aufhebung kann von einer Anmerkung

Anhang I.1 | Synopse zum alten und neuen WEG

Wohnungseigentumsgesetz (alt)

Wohnungseigentumsgesetz (neu)

abgesehen und die Eintragung gelöscht werden. Eine Eintragung kann auch gelöscht werden, wenn sie aus einem anderen Grund für die Wohnungseigentümer keine Bedeutung mehr hat. Die Eintragungen, Vermerke und Löschungen gemäß den Sätzen 3 bis 6 sind unverzüglich zu erledigen und mit Datum zu versehen. Einem Wohnungseigentümer oder einem Dritten, den ein Wohnungseigentümer ermächtigt hat, ist auf sein Verlangen Einsicht in die Beschluss-Sammlung zu geben.
(8) Die Beschluss-Sammlung ist von dem Verwalter zu führen. Fehlt ein Verwalter, so ist der Vorsitzende der Wohnungseigentümerversammlung verpflichtet, die Beschluss-Sammlung zu führen, sofern die Wohnungseigentümer durch Stimmenmehrheit keinen anderen für diese Aufgabe bestellt haben.

§ 25 Mehrheitsbeschluß
(1) Für die Beschlußfassung in Angelegenheiten, über die die Wohnungseigentümer durch Stimmenmehrheit beschließen, gelten die Vorschriften der Absätze 2 bis 5.
(2) Jeder Wohnungseigentümer hat eine Stimme. Steht ein Wohnungseigentum mehreren gemeinschaftlich zu, so können sie das Stimmrecht nur einheitlich ausüben.
(3) Die Versammlung ist nur beschlußfähig, wenn die erschienenen stimmberechtigten Wohnungseigentümer mehr als die Hälfte der Miteigentumsanteile, berechnet nach der im Grundbuch eingetragenen Größe dieser Anteile, vertreten.
(4) Ist eine Versammlung nicht gemäß Absatz 3 beschlußfähig, so beruft der Verwalter eine neue Versammlung mit dem gleichen Gegenstand ein. Diese Versammlung ist ohne Rücksicht auf die Höhe der vertretenen Anteile beschlußfähig; hierauf ist bei der Einberufung hinzuweisen.
(5) Ein Wohnungseigentümer ist nicht stimmberechtigt, wenn die Beschlußfassung die Vornahme eines auf die Verwaltung des gemeinschaftlichen Eigentums bezüglichen Rechtsgeschäfts mit ihm oder die Einleitung oder Erledigung eines Rechtsstreits der anderen Wohnungseigentümer gegen ihn betrifft oder wenn er nach § 18 rechtskräftig verurteilt ist.

§ 25 Mehrheitsbeschluss
(1) Für die Beschlussfassung in Angelegenheiten, über die die Wohnungseigentümer durch Stimmenmehrheit beschließen, gelten die Vorschriften der Absätze 2 bis 5.
(2) Jeder Wohnungseigentümer hat eine Stimme. Steht ein Wohnungseigentum mehreren gemeinschaftlich zu, so können sie das Stimmrecht nur einheitlich ausüben.
(3) Die Versammlung ist nur beschlussfähig, wenn die erschienenen stimmberechtigten Wohnungseigentümer mehr als die Hälfte der Miteigentumsanteile, berechnet nach der im Grundbuch eingetragenen Größe dieser Anteile, vertreten.
(4) Ist eine Versammlung nicht gemäß Absatz 3 beschlussfähig, so beruft der Verwalter eine neue Versammlung mit dem gleichen Gegenstand ein. Diese Versammlung ist ohne Rücksicht auf die Höhe der vertretenen Anteile beschlussfähig; hierauf ist bei der Einberufung hinzuweisen.
(5) Ein Wohnungseigentümer ist nicht stimmberechtigt, wenn die Beschlussfassung die Vornahme eines auf die Verwaltung des gemeinschaftlichen Eigentums bezüglichen Rechtsgeschäfts mit ihm oder die Einleitung oder Erledigung eines Rechtsstreits der anderen Wohnungseigentümer gegen ihn betrifft oder wenn er nach § 18 rechtskräftig verurteilt ist.

Wohnungseigentumsgesetz (alt)	Wohnungseigentumsgesetz (neu)
§ 26 Bestellung und Abberufung des Verwalters (1) Über die Bestellung und Abberufung des Verwalters beschließen die Wohnungseigentümer mit Stimmenmehrheit. Die Bestellung darf auf höchstens fünf Jahre vorgenommen werden. Die Abberufung des Verwalters kann auf das Vorliegen eines wichtigen Grundes beschränkt werden. Andere Beschränkungen der Bestellung oder Abberufung des Verwalters sind nicht zulässig. (2) Die wiederholte Bestellung ist zulässig; sie bedarf eines erneuten Beschlusses der Wohnungseigentümer, der frühestens ein Jahr vor Ablauf der Bestellungszeit gefaßt werden kann. (3) Fehlt ein Verwalter, so ist ein solcher in dringenden Fällen bis zur Behebung des Mangels auf Antrag eines Wohnungseigentümers oder eines Dritten, der ein berechtigtes Interesse an der Bestellung eines Verwalters hat, durch den Richter zu bestellen. (4) Soweit die Verwaltereigenschaft durch eine öffentlich beglaubigte Urkunde nachgewiesen werden muß, genügt die Vorlage einer Niederschrift über den Bestellungsbeschluß, bei der die Unterschriften der in § 24 Abs. 6 bezeichneten Personen öffentlich beglaubigt sind.	**§ 26 Bestellung und Abberufung des Verwalters** (1) Über die Bestellung und Abberufung des Verwalters beschließen die Wohnungseigentümer mit Stimmenmehrheit. Die Bestellung darf auf höchstens fünf Jahre vorgenommen werden, im Falle der ersten Bestellung nach der Begründung von Wohnungseigentum aber auf höchstens drei Jahre. Die Abberufung des Verwalters kann auf das Vorliegen eines wichtigen Grundes beschränkt werden. Ein wichtiger Grund liegt regelmäßig vor, wenn der Verwalter die Beschluss-Sammlung nicht ordnungsmäßig führt. Andere Beschränkungen der Bestellung oder Abberufung des Verwalters sind nicht zulässig. (2) Die wiederholte Bestellung ist zulässig; sie bedarf eines erneuten Beschlusses der Wohnungseigentümer, der frühestens ein Jahr vor Ablauf der Bestellungszeit gefasst werden kann. (aufgehoben) (3) Soweit die Verwaltereigenschaft durch eine öffentlich beglaubigte Urkunde nachgewiesen werden muss, genügt die Vorlage einer Niederschrift über den Bestellungsbeschluss, bei der die Unterschriften der in § 24 Abs. 6 bezeichneten Personen öffentlich beglaubigt sind.
§ 27 Aufgaben und Befugnisse des Verwalters (1) Der Verwalter ist berechtigt und verpflichtet: 1. Beschlüsse der Wohnungseigentümer durchzuführen und für die Durchführung der Hausordnung zu sorgen; 2. die für die ordnungsmäßige Instandhaltung und Instandsetzung des gemeinschaftlichen Eigentums erforderlichen Maßnahmen zu treffen; 3. in dringenden Fällen sonstige zur Erhaltung des gemeinschaftlichen Eigentums erforderliche Maßnahmen zu treffen; 4. gemeinschaftliche Gelder zu verwalten. (2) Der Verwalter ist berechtigt, im Namen aller Wohnungseigentümer und mit Wirkung für sie und gegen sie: 1. Lasten- und Kostenbeiträge, Tilgungsbeträge und Hypothekenzinsen anzufordern,	**§ 27 Aufgaben und Befugnisse des Verwalters** (1) Der Verwalter ist gegenüber den Wohnungseigentümern und gegenüber der Gemeinschaft der Wohnungseigentümer berechtigt und verpflichtet, 1. Beschlüsse der Wohnungseigentümer durchzuführen und für die Durchführung der Hausordnung zu sorgen; 2. die für die ordnungsmäßige Instandhaltung und Instandsetzung des gemeinschaftlichen Eigentums erforderlichen Maßnahmen zu treffen; 3. in dringenden Fällen sonstige zur Erhaltung des gemeinschaftlichen Eigentums erforderliche Maßnahmen zu treffen; 4. Lasten- und Kostenbeiträge, Tilgungsbeträge und Hypothekenzinsen anzufordern, in Empfang zu nehmen und abzuführen, soweit es sich um gemeinschaftliche Angele-

Anhang I.1 | Synopse zum alten und neuen WEG

Wohnungseigentumsgesetz (alt)

in Empfang zu nehmen und abzuführen, soweit es sich um gemeinschaftliche Angelegenheiten der Wohnungseigentümer handelt;
2. alle Zahlungen und Leistungen
zu bewirken und entgegenzunehmen, die mit der laufenden Verwaltung des gemeinschaftlichen Eigentums zusammenhängen;
3. Willenserklärungen und Zustellungen entgegenzunehmen, soweit sie an alle Wohnungseigentümer in dieser Eigenschaft gerichtet sind;
4. Maßnahmen zu treffen, die zur Wahrung einer Frist oder zur Abwendung eines sonstigen Rechtsnachteils erforderlich sind;
5. Ansprüche gerichtlich und außergerichtlich geltend zu machen, sofern er hierzu durch Beschluß der Wohnungseigentümer ermächtigt ist;
6. die Erklärungen abzugeben, die zur Vornahme der in § 21 Abs. 5 Nr. 6 bezeichneten Maßnahmen erforderlich sind.
(3) Die dem Verwalter nach den Absätzen 1, 2 zustehenden Aufgaben und Befugnisse können durch Vereinbarung der Wohnungseigentümer nicht eingeschränkt werden.
(4) Der Verwalter ist verpflichtet, Gelder der Wohnungseigentümer von seinem Vermögen gesondert zu halten. Die Verfügung über solche Gelder kann von der Zustimmung eines Wohnungseigentümers oder eines Dritten abhängig gemacht werden.
(5) Der Verwalter kann von den Wohnungseigentümern die Ausstellung einer Vollmachtsurkunde verlangen, aus der der Umfang seiner Vertretungsmacht ersichtlich ist.

Wohnungseigentumsgesetz (neu)

genheiten der Wohnungseigentümer handelt;
5. alle Zahlungen und Leistungen zu bewirken und entgegenzunehmen, die mit der laufenden Verwaltung des gemeinschaftlichen Eigentums zusammenhängen;
6. eingenommene Gelder zu verwalten;
7. die Wohnungseigentümer unverzüglich darüber zu unterrichten, dass ein Rechtsstreit gemäß § 43 anhängig ist;
8. die Erklärungen abzugeben, die zur Vornahme der in § 21 Abs. 5 Nr. 6 bezeichneten Maßnahmen erforderlich sind.
(2) Der Verwalter ist berechtigt, im Namen aller Wohnungseigentümer und mit Wirkung für und gegen sie:
1. (s. § 27 Abs. 1 Nr. 4 WEG n. F.)
 (s. § 27 Abs. 1 Nr. 5 WEG n. F.)
1. Willenserklärungen und Zustellungen entgegenzunehmen, soweit sie an alle Wohnungseigentümer in dieser Eigenschaft gerichtet sind;
(zu Zustellungen im Prozess s. § 45 WEG n. F.)
2. Maßnahmen zu treffen, die zur Wahrung einer Frist oder zur Abwendung eines sonstigen Rechtsnachteils erforderlich sind, insbesondere einen gegen die Wohnungseigentümer gerichteten Rechtsstreit gemäß § 43 Nr. 1, Nr. 4 oder Nr. 5 im Erkenntnis- und Vollstreckungsverfahren zu führen;
3. Ansprüche gerichtlich und außergerichtlich geltend zu machen, sofern er hierzu durch Vereinbarung oder Beschluss mit Stimmenmehrheit der Wohnungseigentümer ermächtigt ist;
4. mit einem Rechtsanwalt wegen eines Rechtsstreits gemäß § 43 Nr. 1, Nr. 4 oder Nr. 5 zu vereinbaren, dass sich die Gebühren nach einem höheren als dem gesetzlichen Streitwert, höchstens nach einem gemäß § 49a Abs. 1 S. 1 des Gerichtskostengesetzes bestimmten Streitwert bemessen.
(= § 27 Abs. 1 Nr. 8 WEG n. F.)
(3) Der Verwalter ist berechtigt, im Namen der Gemeinschaft der Wohnungseigentümer mit Wirkung für und gegen sie
1. Willenserklärungen und Zustellungen entgegen zu nehmen;
2. Maßnahmen zu treffen, die zur Wahrung einer Frist oder zur Abwendung eines sonstigen Rechtsnachteils erforderlich sind, ins-

Synopse zum alten und neuen WEG | Anhang I.1

Wohnungseigentumsgesetz (alt)

Wohnungseigentumsgesetz (neu)

besondere einen gegen die Gemeinschaft gerichteten Rechtsstreit gemäß § 43 Nr. 2 oder Nr. 5 im Erkenntnis- und Vollstreckungsverfahren zu führen;

3. die laufenden Maßnahmen der erforderlichen ordnungsmäßigen Instandhaltung und Instandsetzung gemäß Absatz 1 Nr. 2 zu treffen;
4. die Maßnahmen gemäß Absatz 1 Nr. 3 bis Nr. 5 und Nr. 8 zu treffen;
5. im Rahmen der Verwaltung der eingenommenen Gelder gemäß Absatz 1 Nr. 6 Konten zu führen;
6. mit einem Rechtsanwalt wegen eines Rechtsstreits gemäß § 43 Nr. 2 oder Nr. 5 eine Vergütung gemäß Absatz 2 Nr. 4 zu vereinbaren;
7. sonstige Rechtsgeschäfte und Rechtshandlungen vorzunehmen, soweit er hierzu durch Vereinbarung oder Beschluss der Wohnungseigentümer mit Stimmenmehrheit ermächtigt ist.

Fehlt ein Verwalter oder ist er zur Vertretung nicht berechtigt, so vertreten alle Wohnungseigentümer die Gemeinschaft. Die Wohnungseigentümer können durch Beschluss mit Stimmenmehrheit einen oder mehrere Wohnungseigentümer zur Vertretung ermächtigen.

(4) Die dem Verwalter nach den Absätzen 1 bis 3 zustehenden Aufgaben und Befugnisse können durch Vereinbarung der Wohnungseigentümer nicht eingeschränkt oder ausgeschlossen werden.

(5) Der Verwalter ist verpflichtet, eingenommene Gelder von seinem Vermögen gesondert zu halten. Die Verfügung über solche Gelder kann durch Vereinbarung oder Beschluss der Wohnungseigentümer mit Stimmenmehrheit von der Zustimmung eines Wohnungseigentümers oder eines Dritten abhängig gemacht werden.

(6) Der Verwalter kann von den Wohnungseigentümern die Ausstellung einer Vollmachts- und Ermächtigungsurkunde verlangen, aus der der Umfang seiner Vertretungsmacht ersichtlich ist.

§ 28 Wirtschaftsplan, Rechnungslegung
(1) Der Verwalter hat jeweils für ein Kalenderjahr einen Wirtschaftsplan aufzustellen. Der Wirtschaftsplan enthält:

§ 28 Wirtschaftsplan, Rechnungslegung
(1) Der Verwalter hat jeweils für ein Kalenderjahr einen Wirtschaftsplan aufzustellen. Der Wirtschaftsplan enthält:

1209

Anhang I.1 | Synopse zum alten und neuen WEG

Wohnungseigentumsgesetz (alt)	**Wohnungseigentumsgesetz (neu)**

1. die voraussichtlichen Einnahmen und Ausgaben bei der Verwaltung des gemeinschaftlichen Eigentums;
2. die anteilmäßige Verpflichtung der Wohnungseigentümer zur Lasten- und Kostentragung;
3. die Beitragsleistung der Wohnungseigentümer zu der in § 21 Abs. 5 Nr. 4 vorgesehenen Instandhaltungsrückstellung.
(2) Die Wohnungseigentümer sind verpflichtet, nach Abruf durch den Verwalter dem beschlossenen Wirtschaftsplan entsprechende Vorschüsse zu leisten.
(3) Der Verwalter hat nach Ablauf des Kalenderjahres eine Abrechnung aufzustellen.
(4) Die Wohnungseigentümer können durch Mehrheitsbeschluß jederzeit von dem Verwalter Rechnungslegung verlangen.
(5) Über den Wirtschaftsplan, die Abrechnung und die Rechnungslegung des Verwalters beschließen die Wohnungseigentümer durch Stimmenmehrheit.

§ 29 Verwaltungsbeirat
(1) Die Wohnungseigentümer können durch Stimmenmehrheit die Bestellung eines Verwaltungsbeirats beschließen. Der Verwaltungsbeirat besteht aus einem Wohnungseigentümer als Vorsitzenden und zwei weiteren Wohnungseigentümern als Beisitzern.
(2) Der Verwaltungsbeirat unterstützt den Verwalter bei der Durchführung seiner Aufgaben.
(3) Der Wirtschaftsplan, die Abrechnung über den Wirtschaftsplan, Rechnungslegungen und Kostenanschläge sollen, bevor über sie die Wohnungseigentümerversammlung beschließt, vom Verwaltungsbeirat geprüft und mit dessen Stellungnahme versehen werden.
(4) Der Verwaltungsbeirat wird von dem Vorsitzenden nach Bedarf einberufen.

4. Abschnitt
Wohnungserbbaurecht
§ 30 [Wohnungserbbaurecht, Teilerbbaurecht]
(1) Steht ein Erbbaurecht mehreren gemeinschaftlich nach Bruchteilen zu, so können die Anteile in der Weise beschränkt werden, daß jedem der Mitberechtigten das Sondereigentum an einer bestimmten Wohnung oder an nicht zu Wohnzwecken dienenden bestimmten Räumen in einem auf Grund des Erbbaurechts er-

---

1. die voraussichtlichen Einnahmen und Ausgaben bei der Verwaltung des gemeinschaftlichen Eigentums;
2. die anteilmäßige Verpflichtung der Wohnungseigentümer zur Lasten- und Kostentragung;
3. die Beitragsleistung der Wohnungseigentümer zu der in § 21 Abs. 5 Nr. 4 vorgesehenen Instandhaltungsrückstellung.
(2) Die Wohnungseigentümer sind verpflichtet, nach Abruf durch den Verwalter dem beschlossenen Wirtschaftsplan entsprechende Vorschüsse zu leisten.
(3) Der Verwalter hat nach Ablauf des Kalenderjahres eine Abrechnung aufzustellen.
(4) Die Wohnungseigentümer können durch Mehrheitsbeschluss jederzeit von dem Verwalter Rechnungslegung verlangen.
(5) Über den Wirtschaftsplan, die Abrechnung und die Rechnungslegung des Verwalters beschließen die Wohnungseigentümer durch Stimmenmehrheit.

§ 29 Verwaltungsbeirat
(1) Die Wohnungseigentümer können durch Stimmenmehrheit die Bestellung eines Verwaltungsbeirats beschließen. Der Verwaltungsbeirat besteht aus einem Wohnungseigentümer als Vorsitzenden und zwei weiteren Wohnungseigentümern als Beisitzern.
(2) Der Verwaltungsbeirat unterstützt den Verwalter bei der Durchführung seiner Aufgaben.
(3) Der Wirtschaftsplan, die Abrechnung über den Wirtschaftsplan, Rechnungslegungen und Kostenanschläge sollen, bevor über sie die Wohnungseigentümerversammlung beschließt, vom Verwaltungsbeirat geprüft und mit dessen Stellungnahme versehen werden.
(4) Der Verwaltungsbeirat wird von dem Vorsitzenden nach Bedarf einberufen.

4. Abschnitt
Wohnungserbbaurecht
§ 30 [Wohnungserbbaurecht, Teilerbbaurecht]
(1) Steht ein Erbbaurecht mehreren gemeinschaftlich nach Bruchteilen zu, so können die Anteile in der Weise beschränkt werden, dass jedem der Mitberechtigten das Sondereigentum an einer bestimmten Wohnung oder an nicht zu Wohnzwecken dienenden bestimmten Räumen in einem auf Grund des Erbbaurechts

Synopse zum alten und neuen WEG | Anhang I.1

Wohnungseigentumsgesetz (alt)	**Wohnungseigentumsgesetz (neu)**
richteten oder zu errichtenden Gebäude eingeräumt wird (Wohnungserbbaurecht, Teilerbbaurecht).	errichteten oder zu errichtenden Gebäude eingeräumt wird (Wohnungserbbaurecht, Teilerbbaurecht).
(2) Ein Erbbauberechtigter kann das Erbbaurecht in entsprechender Anwendung des § 8 teilen.	(2) Ein Erbbauberechtigter kann das Erbbaurecht in entsprechender Anwendung des § 8 teilen.
(3) Für jeden Anteil wird von Amts wegen ein besonderes Erbbaugrundbuchblatt angelegt (Wohnungserbbaugrundbuch, Teilerbbaugrundbuch). Im übrigen gelten für das Wohnungserbbaurecht (Teilerbbaurecht) die Vorschriften über das Wohnungseigentum (Teileigentum) entsprechend.	(3) Für jeden Anteil wird von Amts wegen ein besonderes Erbbaugrundbuchblatt angelegt (Wohnungserbbaugrundbuch, Teilerbbaugrundbuch). Im übrigen gelten für das Wohnungserbbaurecht (Teilerbbaurecht) die Vorschriften über das Wohnungseigentum (Teileigentum) entsprechend.

II. Teil
Dauerwohnrecht

§ 31 Begriffsbestimmungen

(1) Ein Grundstück kann in der Weise belastet werden, daß derjenige, zu dessen Gunsten die Belastung erfolgt, berechtigt ist, unter Ausschluß des Eigentümers eine bestimmte Wohnung in einem auf dem Grundstück errichteten oder zu errichtenden Gebäude zu bewohnen oder in anderer Weise zu nutzen (Dauerwohnrecht). Das Dauerwohnrecht kann auf einen außerhalb des Gebäudes liegenden Teil des Grundstücks erstreckt werden, sofern die Wohnung wirtschaftlich die Hauptsache bleibt.	(1) Ein Grundstück kann in der Weise belastet werden, dass derjenige, zu dessen Gunsten die Belastung erfolgt, berechtigt ist, unter Ausschluss des Eigentümers eine bestimmte Wohnung in einem auf dem Grundstück errichteten oder zu errichtenden Gebäude zu bewohnen oder in anderer Weise zu nutzen (Dauerwohnrecht). Das Dauerwohnrecht kann auf einen außerhalb des Gebäudes liegenden Teil des Grundstücks erstreckt werden, sofern die Wohnung wirtschaftlich die Hauptsache bleibt.
(2) Ein Grundstück kann in der Weise belastet werden, daß derjenige, zu dessen Gunsten die Belastung erfolgt, berechtigt ist, unter Ausschluß des Eigentümers nicht zu Wohnzwecken dienende bestimmte Räume in einem auf dem Grundstück errichteten oder zu errichtenden Gebäude zu nutzen (Dauernutzungsrecht).	(2) Ein Grundstück kann in der Weise belastet werden, dass derjenige, zu dessen Gunsten die Belastung erfolgt, berechtigt ist, unter Ausschluss des Eigentümers nicht zu Wohnzwecken dienende bestimmte Räume in einem auf dem Grundstück errichteten oder zu errichtenden Gebäude zu nutzen (Dauernutzungsrecht).
(3) Für das Dauernutzungsrecht gelten die Vorschriften über das Dauerwohnrecht entsprechend.	(3) Für das Dauernutzungsrecht gelten die Vorschriften über das Dauerwohnrecht entsprechend.

§ 32 Voraussetzungen der Eintragung

(1) Das Dauerwohnrecht soll nur bestellt werden, wenn die Wohnung in sich abgeschlossen ist. § 3 Abs. 3 gilt entsprechend.	(1) Das Dauerwohnrecht soll nur bestellt werden, wenn die Wohnung in sich abgeschlossen ist.
(2) Zur näheren Bezeichnung des Gegenstands und des Inhalts des Dauerwohnrechts kann auf die Eintragungsbewilligung Bezug genommen werden. Der Eintragungsbewilligung sind als Anlagen beizufügen:	(2) Zur näheren Bezeichnung des Gegenstands und des Inhalts des Dauerwohnrechts kann auf die Eintragungsbewilligung Bezug genommen werden. Der Eintragungsbewilligung sind als Anlagen beizufügen:
1. eine von der Baubehörde mit Unterschrift und Siegel oder Stempel versehene Bau-	1. eine von der Baubehörde mit Unterschrift und Siegel oder Stempel versehene Bau-

Anhang I.1 | Synopse zum alten und neuen WEG

Wohnungseigentumsgesetz (alt)

zeichnung, aus der die Aufteilung des Gebäudes sowie die Lage und Größe der dem Dauerwohnrecht unterliegenden Gebäude- und Grundstücksteile ersichtlich ist (Aufteilungsplan); alle zu demselben Dauerwohnrecht gehörenden Einzelräume sind mit der jeweils gleichen Nummer zu kennzeichnen;

2. eine Bescheinigung der Baubehörde, daß die Voraussetzungen des Absatzes 1 vorliegen.

Wenn in der Eintragungsbewilligung für die einzelnen Dauerwohnrechte Nummern angegeben werden, sollen sie mit denen des Aufteilungsplans übereinstimmen.

(3) Das Grundbuchamt soll die Eintragung des Dauerwohnrechts ablehnen, wenn über die in § 33 Abs. 4 Nr. 1 bis 4 bezeichneten Angelegenheiten, über die Voraussetzungen des Heimfallanspruchs (§ 36 Abs. 1) und über die Entschädigung beim Heimfall (§ 36 Abs. 4) keine Vereinbarungen getroffen sind.

§ 33 Inhalt des Dauerwohnrechts

(1) Das Dauerwohnrecht ist veräußerlich und vererblich. Es kann nicht unter einer Bedingung bestellt werden.

(2) Auf das Dauerwohnrecht sind, soweit nicht etwas anderes vereinbart ist, die Vorschriften des § 14 entsprechend anzuwenden.

(3) Der Berechtigte kann die zum gemeinschaftlichen Gebrauch bestimmten Teile, Anlagen und Einrichtungen des Gebäudes und

Wohnungseigentumsgesetz (neu)

zeichnung, aus der die Aufteilung des Gebäudes sowie die Lage und Größe der dem Dauerwohnrecht unterliegenden Gebäude- und Grundstücksteile ersichtlich ist (Aufteilungsplan); alle zu demselben Dauerwohnrecht gehörenden Einzelräume sind mit der jeweils gleichen Nummer zu kennzeichnen;

2. eine Bescheinigung der Baubehörde, dass die Voraussetzungen des Absatzes 1 vorliegen.

Wenn in der Eintragungsbewilligung für die einzelnen Dauerwohnrechte Nummern angegeben werden, sollen sie mit denen des Aufteilungsplans übereinstimmen.

Die Landesregierungen können durch Rechtsverordnung bestimmen, dass und in welchen Fällen der Aufteilungsplan (S. 2 Nr. 1) und die Abgeschlossenheit (S. 2 Nr. 2) von einem öffentlich bestellten oder anerkannten Sachverständigen für das Bauwesen statt von der Baubehörde ausgefertigt und bescheinigt werden. Werden diese Aufgaben von dem Sachverständigen wahrgenommen, so gelten die Bestimmungen der Allgemeinen Verwaltungsvorschrift für die Ausstellung von Bescheinigungen gemäß § 7 Abs. 4 Nr. 2 und 32 Abs. 2 Nr. 2 des Wohnungseigentumsgesetzes vom 19. März 1974 (BAnz. Nr. 58 vom 23. März 1974) entsprechend. In diesem Fall bedürfen die Anlagen nicht der Form des § 29 der Grundbuchordnung. Die Landesregierungen können die Ermächtigung durch Rechtsverordnung auf die Landesbauverwaltungen übertragen.

(3) Das Grundbuchamt soll die Eintragung des Dauerwohnrechts ablehnen, wenn über die in § 33 Abs. 4 Nr. 1 bis 4 bezeichneten Angelegenheiten, über die Voraussetzungen des Heimfallanspruchs (§ 36 Abs. 1) und über die Entschädigung beim Heimfall (§ 36 Abs. 4) keine Vereinbarungen getroffen sind.

§ 33 Inhalt des Dauerwohnrechts

(1) Das Dauerwohnrecht ist veräußerlich und vererblich. Es kann nicht unter einer Bedingung bestellt werden.

(2) Auf das Dauerwohnrecht sind, soweit nicht etwas anderes vereinbart ist, die Vorschriften des § 14 entsprechend anzuwenden.

(3) Der Berechtigte kann die zum gemeinschaftlichen Gebrauch bestimmten Teile, Anlagen und Einrichtungen des Gebäudes und

Wohnungseigentumsgesetz (alt)

Grundstücks mitbenutzen, soweit nichts anderes vereinbart ist.
(4) Als Inhalt des Dauerwohnrechts können Vereinbarungen getroffen werden über:
1. Art und Umfang der Nutzungen;
2. Instandhaltung und Instandsetzung der dem Dauerwohnrecht unterliegenden Gebäudeteile;
3. die Pflicht des Berechtigten zur Tragung öffentlicher oder privatrechtlicher Lasten des Grundstücks;
4. die Versicherung des Gebäudes und seinen Wiederaufbau im Falle der Zerstörung;
5. das Recht des Eigentümers, bei Vorliegen bestimmter Voraussetzungen Sicherheitsleistung zu verlangen.

§ 34 Ansprüche des Eigentümers und der Dauerwohnberechtigten

(1) Auf die Ersatzansprüche des Eigentümers wegen Veränderungen oder Verschlechterungen sowie auf die Ansprüche der Dauerwohnberechtigten auf Ersatz von Verwendungen oder auf Gestattung der Wegnahme einer Einrichtung sind die §§ 1049, 1057 des Bürgerlichen Gesetzbuches entsprechend anzuwenden.
(2) Wird das Dauerwohnrecht beeinträchtigt, so sind auf die Ansprüche des Berechtigten die für die Ansprüche aus dem Eigentum geltenden Vorschriften entsprechend anzuwenden.

§ 35 Veräußerungsbeschränkung

Als Inhalt des Dauerwohnrechts kann vereinbart werden, daß der Berechtigte zur Veräußerung des Dauerwohnrechts der Zustimmung des Eigentümers oder eines Dritten bedarf. Die Vorschriften des § 12 gelten in diesem Falle entsprechend.

§ 36 Heimfallanspruch

(1) Als Inhalt des Dauerwohnrechts kann vereinbart werden, daß der Berechtigte verpflichtet ist, das Dauerwohnrecht beim Eintritt bestimmter Voraussetzungen auf den Grundstückseigentümer oder einen von diesem zu bezeichnenden Dritten zu übertragen (Heimfallanspruch). Der Heimfallanspruch kann nicht von dem Eigentum an dem Grundstück getrennt werden.

Wohnungseigentumsgesetz (neu)

Grundstücks mitbenutzen, soweit nichts anderes vereinbart ist.
(4) Als Inhalt des Dauerwohnrechts können Vereinbarungen getroffen werden über:
1. Art und Umfang der Nutzungen;
2. Instandhaltung und Instandsetzung der dem Dauerwohnrecht unterliegenden Gebäudeteile;
3. die Pflicht des Berechtigten zur Tragung öffentlicher oder privatrechtlicher Lasten des Grundstücks;
4. die Versicherung des Gebäudes und seinen Wiederaufbau im Falle der Zerstörung;
5. das Recht des Eigentümers, bei Vorliegen bestimmter Voraussetzungen Sicherheitsleistung zu verlangen.

§ 34 Ansprüche des Eigentümers und der Dauerwohnberechtigten

(1) Auf die Ersatzansprüche des Eigentümers wegen Veränderungen oder Verschlechterungen sowie auf die Ansprüche der Dauerwohnberechtigten auf Ersatz von Verwendungen oder auf Gestattung der Wegnahme einer Einrichtung sind die §§ 1049, 1057 des Bürgerlichen Gesetzbuches entsprechend anzuwenden.
(2) Wird das Dauerwohnrecht beeinträchtigt, so sind auf die Ansprüche des Berechtigten die für die Ansprüche aus dem Eigentum geltenden Vorschriften entsprechend anzuwenden.

§ 35 Veräußerungsbeschränkung

Als Inhalt des Dauerwohnrechts kann vereinbart werden, dass der Berechtigte zur Veräußerung des Dauerwohnrechts der Zustimmung des Eigentümers oder eines Dritten bedarf. Die Vorschriften des § 12 gelten in diesem Falle entsprechend.

§ 36 Heimfallanspruch

(1) Als Inhalt des Dauerwohnrechts kann vereinbart werden, dass der Berechtigte verpflichtet ist, das Dauerwohnrecht beim Eintritt bestimmter Voraussetzungen auf den Grundstückseigentümer oder einen von diesem zu bezeichnenden Dritten zu übertragen (Heimfallanspruch). Der Heimfallanspruch kann nicht von dem Eigentum an dem Grundstück getrennt werden.

Anhang I.1 | Synopse zum alten und neuen WEG

Wohnungseigentumsgesetz (alt)	**Wohnungseigentumsgesetz (neu)**
(2) Bezieht sich das Dauerwohnrecht auf Räume, die dem Mieterschutz unterliegen, so kann der Eigentümer von dem Heimfallanspruch nur Gebrauch machen, wenn ein Grund vorliegt, aus dem ein Vermieter die Aufhebung des Mietverhältnisses verlangen oder kündigen kann.	(2) Bezieht sich das Dauerwohnrecht auf Räume, die dem Mieterschutz unterliegen, so kann der Eigentümer von dem Heimfallanspruch nur Gebrauch machen, wenn ein Grund vorliegt, aus dem ein Vermieter die Aufhebung des Mietverhältnisses verlangen oder kündigen kann.
(3) Der Heimfallanspruch verjährt in sechs Monaten von dem Zeitpunkt an, in dem der Eigentümer von dem Eintritt der Voraussetzungen Kenntnis erlangt, ohne Rücksicht auf diese Kenntnis in zwei Jahren von dem Eintritt der Voraussetzungen an.	(3) Der Heimfallanspruch verjährt in sechs Monaten von dem Zeitpunkt an, in dem der Eigentümer von dem Eintritt der Voraussetzungen Kenntnis erlangt, ohne Rücksicht auf diese Kenntnis in zwei Jahren von dem Eintritt der Voraussetzungen an.
(4) Als Inhalt des Dauerwohnrechts kann vereinbart werden, daß der Eigentümer dem Berechtigten eine Entschädigung zu gewähren hat, wenn er von dem Heimfallanspruch Gebrauch macht. Als Inhalt des Dauerwohnrechts können Vereinbarungen über die Berechnung oder Höhe der Entschädigung oder die Art ihrer Zahlung getroffen werden.	(4) Als Inhalt des Dauerwohnrechts kann vereinbart werden, dass der Eigentümer dem Berechtigten eine Entschädigung zu gewähren hat, wenn er von dem Heimfallanspruch Gebrauch macht. Als Inhalt des Dauerwohnrechts können Vereinbarungen über die Berechnung oder Höhe der Entschädigung oder die Art ihrer Zahlung getroffen werden.
§ 37 Vermietung	**§ 37 Vermietung**
(1) Hat der Dauerwohnberechtigte die dem Dauerwohnrecht unterliegenden Gebäude- oder Grundstücksteile vermietet oder verpachtet, so erlischt das Miet- oder Pachtverhältnis, wenn das Dauerwohnrecht erlischt.	(1) Hat der Dauerwohnberechtigte die dem Dauerwohnrecht unterliegenden Gebäude- oder Grundstücksteile vermietet oder verpachtet, so erlischt das Miet- oder Pachtverhältnis, wenn das Dauerwohnrecht erlischt.
(2) Macht der Eigentümer von seinem Heimfallanspruch Gebrauch, so tritt er oder derjenige, auf den das Dauerwohnrecht zu übertragen ist, in das Miet- oder Pachtverhältnis ein; die Vorschriften der §§ 566 bis 566e des Bürgerlichen Gesetzbuches gelten entsprechend.	(2) Macht der Eigentümer von seinem Heimfallanspruch Gebrauch, so tritt er oder derjenige, auf den das Dauerwohnrecht zu übertragen ist, in das Miet- oder Pachtverhältnis ein; die Vorschriften der §§ 566 bis 566e des Bürgerlichen Gesetzbuches gelten entsprechend.
(3) Absatz 2 gilt entsprechend, wenn das Dauerwohnrecht veräußert wird. Wird das Dauerwohnrecht im Wege der Zwangsvollstreckung veräußert, so steht dem Erwerber ein Kündigungsrecht in entsprechender Anwendung des § 57a des Gesetzes über die Zwangsversteigerung und Zwangsverwaltung zu.	(3) Absatz 2 gilt entsprechend, wenn das Dauerwohnrecht veräußert wird. Wird das Dauerwohnrecht im Wege der Zwangsvollstreckung veräußert, so steht dem Erwerber ein Kündigungsrecht in entsprechender Anwendung des § 57a des Gesetzes über die Zwangsversteigerung und Zwangsverwaltung zu.
§ 38 Eintritt in das Rechtsverhältnis	**§ 38 Eintritt in das Rechtsverhältnis**
(1) Wird das Dauerwohnrecht veräußert, so tritt der Erwerber an Stelle des Veräußerers in die sich während der Dauer seiner Berechtigung aus dem Rechtsverhältnis zu dem Eigentümer ergebenden Verpflichtungen ein.	(1) Wird das Dauerwohnrecht veräußert, so tritt der Erwerber an Stelle des Veräußerers in die sich während der Dauer seiner Berechtigung aus dem Rechtsverhältnis zu dem Eigentümer ergebenden Verpflichtungen ein.
(2) Wird das Grundstück veräußert, so tritt der Erwerber an Stelle des Veräußerers in die sich während der Dauer seines Eigentums aus dem Rechtsverhältnis zu dem Dauerwohnbe-	(2) Wird das Grundstück veräußert, so tritt der Erwerber an Stelle des Veräußerers in die sich während der Dauer seines Eigentums aus dem Rechtsverhältnis zu dem Dauerwohnbe-

Synopse zum alten und neuen WEG | Anhang I.1

Wohnungseigentumsgesetz (alt)	Wohnungseigentumsgesetz (neu)
rechtigten ergebenden Rechte ein. Das gleiche gilt für den Erwerb auf Grund Zuschlages in der Zwangsversteigerung, wenn das Dauerwohnrecht durch den Zuschlag nicht erlischt.	rechtigten ergebenden Rechte ein. Das gleiche gilt für den Erwerb auf Grund Zuschlages in der Zwangsversteigerung, wenn das Dauerwohnrecht durch den Zuschlag nicht erlischt.
§ 39 Zwangsversteigerung	**§ 39 Zwangsversteigerung**
(1) Als Inhalt des Dauerwohnrechts kann vereinbart werden, daß das Dauerwohnrecht im Falle der Zwangsversteigerung des Grundstücks abweichend von § 44 des Gesetzes über die Zwangsversteigerung und Zwangsverwaltung auch dann bestehen bleiben soll, wenn der Gläubiger einer dem Dauerwohnrecht im Range vorgehenden oder gleichstehenden Hypothek, Grundschuld, Rentenschuld oder Reallast die Zwangsversteigerung in das Grundstück betreibt.	(1) Als Inhalt des Dauerwohnrechts kann vereinbart werden, dass das Dauerwohnrecht im Falle der Zwangsversteigerung des Grundstücks abweichend von § 44 des Gesetzes über die Zwangsversteigerung und Zwangsverwaltung auch dann bestehen bleiben soll, wenn der Gläubiger einer dem Dauerwohnrecht im Range vorgehenden oder gleichstehenden Hypothek, Grundschuld, Rentenschuld oder Reallast die Zwangsversteigerung in das Grundstück betreibt.
(2) Eine Vereinbarung gemäß Absatz 1 bedarf zu ihrer Wirksamkeit der Zustimmung derjenigen, denen eine dem Dauerwohnrecht im Range vorgehende oder gleichstehende Hypothek, Grundschuld, Rentenschuld oder Reallast zusteht.	(2) Eine Vereinbarung gemäß Absatz 1 bedarf zu ihrer Wirksamkeit der Zustimmung derjenigen, denen eine dem Dauerwohnrecht im Range vorgehende oder gleichstehende Hypothek, Grundschuld, Rentenschuld oder Reallast zusteht.
(3) Eine Vereinbarung gemäß Absatz 1 ist nur wirksam für den Fall, daß der Dauerwohnberechtigte im Zeitpunkt der Feststellung der Versteigerungsbedingungen seine fälligen Zahlungsverpflichtungen gegenüber dem Eigentümer erfüllt hat; in Ergänzung einer Vereinbarung nach Absatz 1 kann vereinbart werden, daß das Fortbestehen des Dauerwohnrechts vom Vorliegen weiterer Voraussetzungen abhängig ist.	(3) Eine Vereinbarung gemäß Absatz 1 ist nur wirksam für den Fall, dass der Dauerwohnberechtigte im Zeitpunkt der Feststellung der Versteigerungsbedingungen seine fälligen Zahlungsverpflichtungen gegenüber dem Eigentümer erfüllt hat; in Ergänzung einer Vereinbarung nach Absatz 1 kann vereinbart werden, dass das Fortbestehen des Dauerwohnrechts vom Vorliegen weiterer Voraussetzungen abhängig ist.
§ 40 Haftung des Entgelts	**§ 40 Haftung des Entgelts**
(1) Hypotheken, Grundschulden, Rentenschulden und Reallasten, die dem Dauerwohnrecht im Range vorgehen oder gleichstehen, sowie öffentliche Lasten, die in wiederkehrenden Leistungen bestehen, erstrecken sich auf den Anspruch auf das Entgelt für das Dauerwohnrecht in gleicher Weise wie auf eine Mietforderung, soweit nicht in Absatz 2 etwas Abweichendes bestimmt ist. Im übrigen sind die für Mietforderungen geltenden Vorschriften nicht entsprechend anzuwenden.	(1) Hypotheken, Grundschulden, Rentenschulden und Reallasten, die dem Dauerwohnrecht im Range vorgehen oder gleichstehen, sowie öffentliche Lasten, die in wiederkehrenden Leistungen bestehen, erstrecken sich auf den Anspruch auf das Entgelt für das Dauerwohnrecht in gleicher Weise wie auf eine Mietforderung, soweit nicht in Absatz 2 etwas Abweichendes bestimmt ist. Im Übrigen sind die für Mietforderungen geltenden Vorschriften nicht entsprechend anzuwenden.
(2) Als Inhalt des Dauerwohnrechts kann vereinbart werden, daß Verfügungen über den Anspruch auf das Entgelt, wenn es in wiederkehrenden Leistungen ausbedungen ist, gegenüber dem Gläubiger einer dem Dauerwohnrecht im Range vorgehenden oder gleichstehenden Hy-	(2) Als Inhalt des Dauerwohnrechts kann vereinbart werden, dass Verfügungen über den Anspruch auf das Entgelt, wenn es in wiederkehrenden Leistungen ausbedungen ist, gegenüber dem Gläubiger einer dem Dauerwohnrecht im Range vorgehenden oder gleichstehen-

Anhang I.1 | Synopse zum alten und neuen WEG

Wohnungseigentumsgesetz (alt)

pothek, Grundschuld, Rentenschuld oder Reallast wirksam sind. Für eine solche Vereinbarung gilt § 39 Abs. 2 entsprechend.

§ 41 Besondere Vorschriften für langfristige Dauerwohnrechte

(1) Für Dauerwohnrechte, die zeitlich unbegrenzt oder für einen Zeitraum von mehr als zehn Jahren eingeräumt sind, gelten die besonderen Vorschriften der Absätze 2 und 3.

(2) Der Eigentümer ist, sofern nicht etwas anderes vereinbart ist, dem Dauerwohnberechtigten gegenüber verpflichtet, eine dem Dauerwohnrecht im Range vorgehende oder gleichstehende Hypothek löschen zu lassen für den Fall, daß sie sich mit dem Eigentum in einer Person vereinigt, und die Eintragung einer entsprechenden Löschungsvormerkung in das Grundbuch zu bewilligen.

(3) Der Eigentümer ist verpflichtet, dem Dauerwohnberechtigten eine angemessene Entschädigung zu gewähren, wenn er von dem Heimfallanspruch Gebrauch macht.

§ 42 Belastung eines Erbbaurechts

(1) Die Vorschriften der §§ 31 bis 41 gelten für die Belastung eines Erbbaurechts mit einem Dauerwohnrecht entsprechend.

(2) Beim Heimfall des Erbbaurechts bleibt das Dauerwohnrecht bestehen.

III. Teil
Verfahrensvorschriften

1. Abschnitt
Verfahren der freiwilligen Gerichtsbarkeit in Wohnungseigentumssachen

§ 43 Entscheidung durch den Richter

(1) Das Amtsgericht, in dessen Bezirk das Grundstück liegt, entscheidet im Verfahren der freiwilligen Gerichtsbarkeit:
1. auf Antrag eines Wohnungseigentümers über die sich aus der Gemeinschaft der Wohnungseigentümer und aus der Verwaltung des gemeinschaftlichen Eigentums ergebenden Rechte und Pflichten der Wohnungseigentümer untereinander mit Ausnahme der Ansprüche im Falle der Aufhebung der Gemeinschaft (§ 17) und auf Entziehung des Wohnungseigentums (§§ 18, 19);
2. auf Antrag eines Wohnungseigentümers oder des Verwalters über die Rechte und

Wohnungseigentumsgesetz (neu)

den Hypothek, Grundschuld, Rentenschuld oder Reallast wirksam sind. Für eine solche Vereinbarung gilt § 39 Abs. 2 entsprechend.

§ 41 Besondere Vorschriften für langfristige Dauerwohnrechte

(1) Für Dauerwohnrechte, die zeitlich unbegrenzt oder für einen Zeitraum von mehr als zehn Jahren eingeräumt sind, gelten die besonderen Vorschriften der Absätze 2 und 3.

(2) Der Eigentümer ist, sofern nicht etwas anderes vereinbart ist, dem Dauerwohnberechtigten gegenüber verpflichtet, eine dem Dauerwohnrecht im Range vorgehende oder gleichstehende Hypothek löschen zu lassen für den Fall, dass sie sich mit dem Eigentum in einer Person vereinigt, und die Eintragung einer entsprechenden Löschungsvormerkung in das Grundbuch zu bewilligen.

(3) Der Eigentümer ist verpflichtet, dem Dauerwohnberechtigten eine angemessene Entschädigung zu gewähren, wenn er von dem Heimfallanspruch Gebrauch macht.

§ 42 Belastung eines Erbbaurechts

(1) Die Vorschriften der §§ 31 bis 41 gelten für die Belastung eines Erbbaurechts mit einem Dauerwohnrecht entsprechend.

(2) Beim Heimfall des Erbbaurechts bleibt das Dauerwohnrecht bestehen.

III. Teil
Verfahrensvorschriften

§ 43 Zuständigkeit

Das Gericht, in dessen Bezirk das Grundstück liegt, ist ausschließlich zuständig für
(Anm.: s. auch § 23 Ziffer 2 c GVG)
1. Streitigkeiten über die sich aus der Gemeinschaft der Wohnungseigentümer und aus der Verwaltung des gemeinschaftlichen Eigentums ergebenden Rechte und Pflichten der Wohnungseigentümer untereinander;
2. Streitigkeiten über die Rechte und Pflichten zwischen der Gemeinschaft der Wohnungseigentümer und Wohnungseigentümern;
3. Streitigkeiten über die Rechte

Wohnungseigentumsgesetz (alt)

Pflichten des Verwalters bei der Verwaltung des gemeinschaftlichen Eigentums;
3. auf Antrag eines Wohnungseigentümers oder Dritten über die Bestellung eines Verwalters im Falle des § 26 Abs. 3;
4. auf Antrag eines Wohnungseigentümers oder des Verwalters über die Gültigkeit von Beschlüssen der Wohnungseigentümer.
(2) Der Richter entscheidet, soweit sich die Regelung nicht aus dem Gesetz, einer Vereinbarung oder einem Beschluß der Wohnungseigentümer ergibt, nach billigem Ermessen.
(3) Für das Verfahren gelten die besonderen Vorschriften der §§ 44 bis 50.
(4) An dem Verfahren Beteiligte sind:
1. in den Fällen des Absatzes 1 Nr. 1 sämtliche Wohnungseigentümer;
2. in den Fällen des Absatzes 1 Nr. 2 und 4 die Wohnungseigentümer und der Verwalter;
3. im Falle des Absatzes 1 Nr. 3 die Wohnungseigentümer und der Dritte.

Wohnungseigentumsgesetz (neu)

und Pflichten des Verwalters bei der Verwaltung des gemeinschaftlichen Eigentums;
(Anm.: § 26 Abs. 3 WEG a. F. ist aufgehoben)
4. Streitigkeiten über die Gültigkeit von Beschlüssen der Wohnungseigentümer;
5. Klagen Dritter, die sich gegen die Gemeinschaft der Wohnungseigentümer oder gegen Wohnungseigentümer richten und sich auf das gemeinschaftliche Eigentum, seine Verwaltung oder das Sondereigentum beziehen;
6. Mahnverfahren, wenn die Gemeinschaft der Wohnungseigentümer Antragstellerin ist. Insoweit ist § 689 Abs. 2 der Zivilprozessordnung nicht anzuwenden.
(Anm.: s. § 21 Abs. 8 WEG n. F.)
(Anm.: Zur Beiladung s. § 48 WEG n. F.)

(Anm.: Es handelt sich jetzt um ein ZPO-Verfahren; §§ 128, 275, 276 ZPO gelten)
(Anm.: vgl. § 278 ZPO)
(Anm.: Hier gibt es jetzt die Möglichkeit der separaten einstweiligen Verfügung oder des Arrestes sowie der vorläufigen Vollstreckbarkeit)

(Anm.: vgl. § 313 ZPO)

§ 44 Allgemeine Verfahrensgrundsätze

(1) Der Richter soll mit den Beteiligten in der Regel mündlich verhandeln und hierbei darauf hinwirken, daß sie sich gütlich einigen.
(2) Kommt eine Einigung zustande, so ist hierüber eine Niederschrift aufzunehmen, und zwar nach den Vorschriften, die für die Niederschrift über einen Vergleich im bürgerlichen Rechtsstreit gelten.
(3) Der Richter kann für die Dauer des Verfahrens einstweilige Anordnungen treffen. Diese können selbständig nicht angefochten werden.
(4) In der Entscheidung soll der Richter die Anordnungen treffen, die zu ihrer Durchführung erforderlich sind. Die Entscheidung ist zu begründen.

§ 44 Bezeichnung der Wohnungseigentümer in der Klageschrift

(1) Wird die Klage durch oder gegen alle Wohnungseigentümer mit Ausnahme des Gegners erhoben, so genügt für ihre nähere Bezeichnung in der Klageschrift die bestimmte Angabe des gemeinschaftlichen Grundstücks; wenn die Wohnungseigentümer Beklagte sind, sind in der Klageschrift außerdem der Verwalter und der gemäß § 45 Abs. 2 S. 1 bestellte Ersatzzustellungsvertreter zu bezeichnen. Die namentliche Bezeichnung der Wohnungseigentümer hat spätestens bis zum Schluss der mündlichen Verhandlung zu erfolgen.
(2) Sind an dem Rechtsstreit nicht alle Wohnungseigentümer als Partei beteiligt, so sind die übrigen Wohnungseigentümer entsprechend Absatz 1 von dem Kläger zu bezeichnen. Der namentlichen Bezeichnung der übrigen Wohnungseigentümer bedarf es nicht, wenn das Gericht von ihrer Beiladung gemäß § 48 Abs. 1 S. 1 absieht.
(Anm.: vgl. jetzt §§ 511, 543 ZPO und § 72 Abs. 2, 133 GVG in Verbindung mit § 62 WEG n. F.)
(Anm.: s. § 325 ZPO und § 48 WEG n. F.)

Anhang I.1 | Synopse zum alten und neuen WEG

Wohnungseigentumsgesetz (alt)

Wohnungseigentumsgesetz (neu)

(Anm.: Urteile sind jetzt kraft Gesetzes vorläufig vollstreckbar, §§ 708 ff. ZPO)

§ 45 Rechtsmittel, Rechtskraft

(1) Gegen die Entscheidung des Amtsgerichts ist die sofortige Beschwerde, gegen die Entscheidung des Beschwerdegerichts die sofortige weitere Beschwerde zulässig, wenn der Wert des Gegenstandes der Beschwerde oder der weiteren Beschwerde 750 Euro übersteigt.
(2) Die Entscheidung wird mit der Rechtskraft wirksam. Sie ist für alle Beteiligten bindend.
(3) Aus rechtskräftigen Entscheidungen, gerichtlichen Vergleichen und einstweiligen Anordnungen findet die Zwangsvollstreckung nach den Vorschriften der Zivilprozeßordnung statt.
(4) Haben sich die tatsächlichen Verhältnisse wesentlich geändert, so kann der Richter auf Antrag eines Beteiligten seine Entscheidung oder einen gerichtlichen Vergleich ändern, soweit dies zur Vermeidung einer unbilligen Härte notwendig ist.

§ 45 Zustellung

(1) Der Verwalter ist Zustellungsvertreter der Wohnungseigentümer, wenn diese Beklagte oder gemäß § 48 Abs. 1 S. 1 beizuladen sind, es sei denn, dass er als Gegner der Wohnungseigentümer an dem Verfahren beteiligt ist oder aufgrund des Streitgegenstandes die Gefahr besteht, der Verwalter werde die Wohnungseigentümer nicht sachgerecht unterrichten.
(2) Die Wohnungseigentümer haben für den Fall, dass der Verwalter als Zustellungsvertreter ausgeschlossen ist, durch Beschluss mit Stimmenmehrheit einen Ersatzzustellungsvertreter sowie dessen Vertreter zu bestellen, auch wenn ein Rechtsstreit noch nicht anhängig ist. Der Ersatzzustellungsvertreter tritt in die dem Verwalter als Zustellungsvertreter der Wohnungseigentümer zustehenden Aufgaben und Befugnisse ein, sofern das Gericht die Zustellung an ihn anordnet; Absatz 1 gilt entsprechend.
(3) Haben die Wohnungseigentümer entgegen Absatz 2 S. 1 keinen Ersatzzustellungsvertreter bestellt oder ist die Zustellung nach Absätzen 1 und 2 aus sonstigen Gründen nicht ausführbar, kann das Gericht einen Ersatzzustellungsvertreter bestellen.

§ 46 Verhältnis zu Rechtsstreitigkeiten

(1) Werden in einem Rechtsstreit Angelegenheiten anhängig gemacht, über die nach § 43 Abs. 1 im Verfahren der freiwilligen Gerichtsbarkeit zu entscheiden ist, so hat das Prozeßgericht die Sache insoweit an das nach § 43 Abs. 1 zuständige Amtsgericht zur Erledigung im Verfahren der freiwilligen Gerichtsbarkeit abzugeben. Der Abgabebeschluß kann nach Anhörung der Parteien ohne mündliche Verhandlung ergehen. Er ist für das in ihm bezeichnete Gericht bindend.
(2) Hängt die Entscheidung eines Rechtsstreits vom Ausgang eines in § 43 Abs. 1 bezeichneten Verfahrens ab, so kann das Prozeßgericht anordnen, daß die Verhandlung bis zur Erledigung dieses Verfahrens ausgesetzt wird.

§ 46 Anfechtungsklage

(1) Die Klage eines oder mehrerer Wohnungseigentümer auf Erklärung der Ungültigkeit eines Beschlusses der Wohnungseigentümer ist gegen die übrigen Wohnungseigentümer und die Klage des Verwalters ist gegen die Wohnungseigentümer zu richten. Sie muss innerhalb eines Monats nach der Beschlussfassung erhoben und innerhalb zweier Monate nach der Beschlussfassung begründet werden. Die §§ 233 bis 238 der Zivilprozessordnung gelten entsprechend.
(2) Hat der Kläger erkennbar eine Tatsache übersehen, aus der sich ergibt, dass der Beschluss nichtig ist, so hat das Gericht darauf hinzuweisen.
(Anm.: s. § 43 Ziffer 6 WEG n. F. i. V. m. § 689 ZPO)

Synopse zum alten und neuen WEG | Anhang I.1

Wohnungseigentumsgesetz (alt)

§ 46a Mahnverfahren
(1) Zahlungsansprüche, über die nach § 43 Abs. 1 zu entscheiden ist, können nach den Vorschriften der Zivilprozeßordnung im Mahnverfahren geltend gemacht werden. Ausschließlich zuständig im Sinne des § 689 Abs. 2 der Zivilprozeßordnung ist das Amtsgericht, in dessen Bezirk das Grundstück liegt. § 690 Abs. 1 Nr. 5 der Zivilprozeßordnung gilt mit der Maßgabe, daß das nach § 43 Abs. 1 zuständige Gericht der freiwilligen Gerichtsbarkeit zu bezeichnen ist. Mit Eingang der Akten bei diesem Gericht nach § 696 Abs. 1 S. 4 oder § 700 Abs. 3 S. 2 der Zivilprozeßordnung gilt der Antrag auf Erlaß des Mahnbescheids als Antrag nach § 43 Abs. 1.
(2) Im Falle des Widerspruchs setzt das Gericht der freiwilligen Gerichtsbarkeit dem Antragsteller eine Frist für die Begründung des Antrags. Vor Eingang der Begründung wird das Verfahren nicht fortgeführt. Der Widerspruch kann bis zum Ablauf einer Frist von zwei Wochen seit Zustellung der Begründung zurückgenommen werden; § 699 Abs. 1 S. 3 der Zivilprozeßordnung ist anzuwenden.
(3) Im Falle des Einspruchs setzt das Gericht der freiwilligen Gerichtsbarkeit dem Antragsteller eine Frist für die Begründung des Antrags, wenn der Einspruch nicht als unzulässig verworfen wird. Die §§ 339, 340 Abs. 1, 2 und § 341 Abs. 1 der Zivilprozessordnung sind anzuwenden. Vor Eingang der Begründung wird das Verfahren vorbehaltlich einer Maßnahme nach § 44 Abs. 3 nicht fortgeführt. Geht die Begründung bis zum Ablauf der Frist nicht ein, wird die Zwangsvollstreckung auf Antrag des Antragsgegners eingestellt. Bereits getroffene Vollstreckungsmaßregeln können aufgehoben werden. Für die Zurücknahme des Einspruchs gelten Absatz 2 S. 3 erster Halbsatz und § 346 der Zivilprozeßordnung entsprechend. Entscheidet das Gericht in der Sache, ist § 343 der Zivilprozeßordnung anzuwenden. Das Gericht der freiwilligen Gerichtsbarkeit entscheidet über die Zulässigkeit des Einspruchs und in der Sache durch Beschluss, gegen den die sofortige Beschwerde nach § 45 Abs. 1 stattfindet.

§ 47 Kostenentscheidung
Welche Beteiligten die Gerichtskosten zu tragen haben, bestimmt der Richter nach billigem Er-

Wohnungseigentumsgesetz (neu)

§ 47 Prozessverbindung
Mehrere Prozesse, in denen Klagen auf Erklärung oder Feststellung der Ungültigkeit dessel-

1219

Anhang I.1 | Synopse zum alten und neuen WEG

Wohnungseigentumsgesetz (alt)

messen. Er kann dabei auch bestimmen, daß die außergerichtlichen Kosten ganz oder teilweise zu erstatten sind.

§ 48 Kosten des Verfahrens

(1) Für das gerichtliche Verfahren wird die volle Gebühr erhoben. Kommt es zur gerichtlichen Entscheidung, so erhöht sich die Gebühr auf das Dreifache der vollen Gebühr. Wird der Antrag zurückgenommen, bevor es zu einer Entscheidung oder einer vom Gericht vermittelten Einigung gekommen ist, so ermäßigt sich die Gebühr auf die Hälfte der vollen Gebühr. Ist ein Mahnverfahren vorausgegangen (§ 46a), wird die nach dem Gerichtskostengesetz zu erhebende Gebühr für das Verfahren über den Antrag auf Erlaß eines Mahnbescheids auf die Gebühr für das gerichtliche Verfahren angerechnet; die Anmerkung zu Nummer 1210 des Kostenverzeichnisses zum Gerichtskostengesetz gilt entsprechend. § 12 Abs. 3 S. 3 des Gerichtskostengesetzes ist nicht anzuwenden.

(2) Sind für Teile des Gegenstands verschiedene Gebührensätze anzuwenden, so sind die Gebühren für die Teile gesondert zu berechnen; die aus dem Gesamtbetrag der Wertteile nach dem höchsten Gebührensatz berechnete Gebühr darf jedoch nicht überschritten werden.

(3) Der Richter setzt den Geschäftswert nach dem Interesse der Beteiligten an der Entscheidung von Amts wegen fest. Der Geschäftswert ist niedriger festzusetzen, wenn die nach S. 1 berechneten Kosten des Verfahrens zu dem Interesse eines Beteiligten nicht in einem angemessenen Verhältnis stehen.

(4) Im Verfahren über die Beschwerde gegen eine den Rechtszug beendende Entscheidung werden die gleichen Gebühren wie im ersten Rechtszug erhoben.

§ 49
(Aufgehoben)

Wohnungseigentumsgesetz (neu)

ben Beschlusses der Wohnungseigentümer erhoben werden, sind zur gleichzeitigen Verhandlung zu verbinden. Die Verbindung bewirkt, dass die Kläger der vorher selbständigen Prozesse als Streitgenossen anzusehen sind.

§ 48 Beiladung, Wirkung des Urteils

(1) Richtet sich die Klage eines Wohnungseigentümers, der in einem Rechtsstreit gemäß § 43 Nr. 1 oder Nr. 3 einen ihm allein zustehenden Anspruch geltend macht, nur gegen einen oder einzelne Wohnungseigentümer oder nur gegen den Verwalter, so sind die übrigen Wohnungseigentümer beizuladen, es sei denn, dass ihre rechtlichen Interessen erkennbar nicht betroffen sind. Soweit in einem Rechtsstreit gemäß § 43 Nr. 3 oder Nr. 4 der Verwalter nicht Partei ist, ist er ebenfalls beizuladen.

(2) Die Beiladung erfolgt durch Zustellung der Klageschrift, der die Verfügungen des Vorsitzenden beizufügen sind. Die Beigeladenen können der einen oder anderen Partei zu deren Unterstützung beitreten. Veräußert ein beigeladener Wohnungseigentümer während des Prozesses sein Wohnungseigentum, ist § 265 Abs. 2 der Zivilprozessordnung entsprechend anzuwenden.

(3) Über die in § 325 der Zivilprozessordnung angeordneten Wirkungen hinaus wirkt das rechtskräftige Urteil auch für und gegen alle beigeladenen Wohnungseigentümer und ihre Rechtsnachfolger sowie den beigeladenen Verwalter.

(4) Wird durch das Urteil eine Anfechtungsklage als unbegründet abgewiesen, so kann auch nicht mehr geltend gemacht werden, der Beschluss sei nichtig.

§ 49 Kostenentscheidung

(1) Wird gemäß § 21 Abs. 8 nach billigem Ermessen entschieden, so können auch die Prozesskosten nach billigem Ermessen verteilt werden.

(2) Dem Verwalter könne Prozesskosten auferlegt werden, soweit die Tätigkeit des Gerichts durch ihn veranlasst wurde und ihn ein grobes

Wohnungseigentumsgesetz (alt)	Wohnungseigentumsgesetz (neu)
	Verschulden trifft, auch wenn er nicht Partei des Rechtsstreits ist.
§ 50 Kosten des Verfahrens vor dem Prozeßgericht	**§ 50 Kostenerstattung**
Gibt das Prozeßgericht die Sache nach § 46 an das Amtsgericht ab, so ist das bisherige Verfahren vor dem Prozeßgericht für die Erhebung der Gerichtskosten als Teil des Verfahrens vor dem übernehmenden Gericht zu behandeln.	Den Wohnungseigentümern sind als zur zweckentsprechenden Rechtsverfolgung oder Rechtsverteidigung notwendige Kosten nur die Kosten eines bevollmächtigten Rechtsanwalts zu erstatten, wenn nicht aus Gründen, die mit dem Gegenstand des Rechtsstreits zusammenhängen, eine Vertretung durch mehrere Rechtsanwälte geboten war.
	(Anm.: s. § 49a GKG)
	(Anm.: s. § 43 Ziffer 1 WEG n. F.)
	(aufgehoben)
	(Anm.: s. § 19 WEG n. F. i. V. m. ZVG)
	(Anm.: Hier gilt nur noch das ZVG)
	(Anm.: Hier gelten jetzt §§ 36 ff. ZVG)
	(Anm.: Hier gelten §§ 66, 67 ZVG)
	(Anm.: Hier gelten §§ 73 ff. ZVG)

2. Abschnitt
Zuständigkeit für Rechtsstreitigkeiten

§ 51 Zuständigkeit für die Klage auf Entziehung des Wohnungseigentums
Das Amtsgericht, in dessen Bezirk das Grundstück liegt, ist ohne Rücksicht auf den Wert des Streitgegenstandes für Rechtsstreitigkeiten zwischen Wohnungseigentümern wegen Entziehung des Wohnungseigentums (§ 18) zuständig.

§ 52 Zuständigkeit für Rechtsstreitigkeiten über das Dauerwohnrecht
Das Amtsgericht, in dessen Bezirk das Grundstück liegt, ist ohne Rücksicht auf den Wert des Streitgegenstandes zuständig für Streitigkeiten zwischen dem Eigentümer und dem Dauerwohnberechtigten über den in § 33 bezeichneten Inhalt und den Heimfall (§ 36 Abs. 1 bis 3) des Dauerwohnrechts.

3. Abschnitt
Verfahren bei der Versteigerung des Wohnungseigentums

§ 53 Zuständigkeit, Verfahren
(1) Für die freiwillige Versteigerung des Wohnungseigentums im Falle des § 19 ist jeder Notar zuständig, in dessen Amtsbezirk das Grundstück liegt.
(2) Das Verfahren bestimmt sich nach den Vorschriften der §§ 54 bis 58. Für die durch die Ver-

Anhang I.1 | Synopse zum alten und neuen WEG

Wohnungseigentumsgesetz (alt) **Wohnungseigentumsgesetz (neu)**

steigerung veranlaßten Beurkundungen gelten die allgemeinen Vorschriften.

§ 54 Antrag, Versteigerungsbedingungen
(1) Die Versteigerung erfolgt auf Antrag eines jeden der Wohnungseigentümer, die das Urteil gemäß § 19 erwirkt haben.
(2) In dem Antrag sollen das Grundstück, das zu versteigernde Wohnungseigentum und das Urteil, auf Grund dessen die Versteigerung erfolgt, bezeichnet sein. Dem Antrag soll eine beglaubigte Abschrift des Wohnungsgrundbuches und ein Auszug aus dem amtlichen Verzeichnis der Grundstücke beigefügt werden.
(3) Die Versteigerungsbedingungen stellt der Notar nach billigem Ermessen fest; die Antragsteller und der verurteilte Wohnungseigentümer sind vor der Feststellung zu hören.

§ 55 Terminsbestimmung
(1) Der Zeitraum zwischen der Anberaumung des Termins und dem Termin soll nicht mehr als drei Monate betragen. Zwischen der Bekanntmachung der Terminsbestimmung und dem Termin soll in der Regel ein Zeitraum von sechs Wochen liegen.
(2) Die Terminsbestimmung soll enthalten:
1. die Bezeichnung des Grundstücks und des zu versteigernden Wohnungseigentums;
2. Zeit und Ort der Versteigerung;
3. die Angabe, daß die Versteigerung eine freiwillige ist;
4. die Bezeichnung des verurteilten Wohnungseigentümers sowie die Angabe des Wohnungsgrundbuchblattes ...;
5. die Angabe des Ortes, wo die festgestellten Versteigerungsbedingungen eingesehen werden können.
(3) Die Terminsbestimmung ist öffentlich bekanntzugeben:
1. durch einmalige, auf Verlangen des verurteilten Wohnungseigentümers mehrmalige Einrückung in das Blatt, das für Bekanntmachungen des nach § 43 zuständigen Amtsgerichts bestimmt ist;
2. durch Anschlag der Terminsbestimmung in der Gemeinde, in deren Bezirk das Grundstück liegt, an die für amtliche Bekanntmachungen bestimmte Stelle;
3. durch Anschlag an die Gerichtstafel des nach § 43 zuständigen Amtsgerichts.

Synopse zum alten und neuen WEG | Anhang I.1

Wohnungseigentumsgesetz (alt)	Wohnungseigentumsgesetz (neu)

Wohnungseigentumsgesetz (alt)

(4) Die Terminsbestimmung ist dem Antragsteller und dem verurteilten Wohnungseigentümer mitzuteilen.

(5) Die Einsicht der Versteigerungsbedingungen und der in § 54 Abs. 2 bezeichneten Urkunden ist jedem gestattet.

§ 56 Versteigerungstermin

(1) In dem Versteigerungstermin werden nach dem Aufruf der Sache die Versteigerungsbedingungen und die das zu versteigernde Wohnungseigentum betreffenden Nachweisungen bekanntgemacht. Hierauf fordert der Notar zur Abgabe von Geboten auf.

(2) Der verurteilte Wohnungseigentümer ist zur Abgabe von Geboten weder persönlich noch durch einen Stellvertreter berechtigt. Ein gleichwohl erfolgtes Gebot gilt als nicht abgegeben. Die Abtretung des Rechtes aus dem Meistgebot an den verurteilten Wohnungseigentümer ist nichtig.

(3) Hat nach den Versteigerungsbedingungen ein Bieter durch Hinterlegung von Geld oder Wertpapieren Sicherheit zu leisten, so gilt in dem Verhältnis zwischen den Beteiligten die Übergabe an den Notar als Hinterlegung.

§ 57 Zuschlag

(1) Zwischen der Aufforderung zur Abgabe von Geboten und dem Zeitpunkt, in welchem die Versteigerung geschlossen wird, soll ... mindestens eine Stunde liegen. Die Versteigerung soll solange fortgesetzt werden, bis ungeachtet der Aufforderung des Notars ein Gebot nicht mehr abgegeben wird.

(2) Der Notar hat das letzte Gebot mittels dreimaligen Aufrufs zu verkünden und, soweit tunlich, den Antragsteller und den verurteilten Wohnungseigentümer über den Zuschlag zu hören.

(3) Bleibt das abgegebene Meistgebot ... hinter sieben Zehnteln des Einheitswertes des versteigerten Wohnungseigentums zurück, so kann der verurteilte Wohnungseigentümer bis zum Schluß der Verhandlung über den Zuschlag (Abs. 2) die Versagung des Zuschlags verlangen.

(4) Wird der Zuschlag nach Absatz 3 versagt, so hat der Notar von Amts wegen einen neuen Versteigerungstermin zu bestimmen. Der Zeitraum zwischen den beiden Terminen soll sechs

1223

Anhang I.1 | Synopse zum alten und neuen WEG

Wohnungseigentumsgesetz (alt)

Wochen nicht übersteigen, sofern die Antragsteller nicht einer längeren Frist zustimmen.
(5) In dem neuen Termin kann der Zuschlag nicht nach Absatz 3 versagt werden.

§ 58 Rechtsmittel
(1) Gegen die Verfügung des Notars, durch die die Versteigerungsbedingungen festgesetzt werden, sowie gegen die Entscheidung des Notars über den Zuschlag findet das Rechtsmittel der sofortigen Beschwerde mit aufschiebender Wirkung statt. Über die sofortige Beschwerde entscheidet das Landgericht, in dessen Bezirk das Grundstück liegt. Eine weitere Beschwerde ist nicht zulässig.
(2) Für die sofortige Beschwerde und das Verfahren des Beschwerdegerichts gelten die Vorschriften des Reichsgesetzes über die Angelegenheiten der freiwilligen Gerichtsbarkeit.

IV. Teil
Ergänzende Bestimmungen

§ 59 Ausführungsbestimmungen für die Baubehörden
Das Bundesministerium für Verkehr, Bau- und Wohnungswesen erläßt im Einvernehmen mit dem Bundesministerium der Justiz Richtlinien für die Baubehörden über die Bescheinigung gemäß § 7 Abs. 4 Nr. 2, § 32 Abs. 2 Nr. 2.

§ 60 Ehewohnung
Die Vorschriften der Verordnung über die Behandlung der Ehewohnung und des Hausrats (Sechste Durchführungsverordnung zum Ehegesetz) vom 21. Oktober 1944 (Reichsgesetzbl. I S. 256) gelten entsprechend, wenn die Ehewohnung im Wohnungseigentum eines oder beider Ehegatten steht oder wenn einem oder beiden Ehegatten das Dauerwohnrecht an der Ehewohnung zusteht.

§ 61 [Veräußerung von Wohnungseigentum ohne gemäß § 12 erforderliche Zustimmung]
Fehlt eine nach § 12 erforderliche Zustimmung, so sind die Veräußerung und das zugrundeliegende Verpflichtungsgeschäft unbeschadet der sonstigen Voraussetzungen wirksam, wenn die Eintragung der Veräußerung oder einer Auflassungsvormerkung in das Grundbuch vor dem 15. Januar 1994 erfolgt ist und es sich um die erstmalige Veräußerung dieses Wohnungseigentums nach seiner Begründung

Wohnungseigentumsgesetz (neu)

§ 60 Ehewohnung
Die Vorschriften der Verordnung über die Behandlung der Ehewohnung und des Hausrats (Sechste Durchführungsverordnung zum Ehegesetz) vom 21. Oktober 1944 (Reichsgesetzbl. I S. 256) gelten entsprechend, wenn die Ehewohnung im Wohnungseigentum eines oder beider Ehegatten steht oder wenn einem oder beiden Ehegatten das Dauerwohnrecht an der Ehewohnung zusteht.

§ 61 [Veräußerung von Wohnungseigentum ohne gemäß § 12 erforderliche Zustimmung]
Fehlt eine nach § 12 erforderliche Zustimmung, so sind die Veräußerung und das zugrunde liegende Verpflichtungsgeschäft unbeschadet der sonstigen Voraussetzungen wirksam, wenn die Eintragung der Veräußerung oder einer Auflassungsvormerkung in das Grundbuch vor dem 15. Januar 1994 erfolgt ist und es sich um die erstmalige Veräußerung dieses Wohnungseigentums nach seiner Begründung handelt,

Wohnungseigentumsgesetz (alt)

handelt, es sei denn, daß eine rechtskräftige gerichtliche Entscheidung entgegensteht. Das Fehlen der Zustimmung steht in diesen Fällen dem Eintritt der Rechtsfolgen des § 878 des Bürgerlichen Gesetzbuchs nicht entgegen. Die Sätze 1 und 2 gelten entsprechend in den Fällen der §§ 30 und 35 des Wohnungseigentumsgesetzes.

§ 62
(Aufgehoben)

Wohnungseigentumsgesetz (neu)

es sei denn, dass eine rechtskräftige gerichtliche Entscheidung entgegensteht. Das Fehlen der Zustimmung steht in diesen Fällen dem Eintritt der Rechtsfolgen des § 878 des Bürgerlichen Gesetzbuchs nicht entgegen. Die Sätze 1 und 2 gelten entsprechend in den Fällen der §§ 30 und 35 des Wohnungseigentumsgesetzes.

§ 62 Übergangsvorschrift
(1) Für die am ... (einsetzen: Datum des ersten Tages des vierten auf die Verkündung folgenden Kalendermonats) bei Gericht anhängigen Verfahren in Wohnungseigentums- oder Zwangsversteigerungssachen oder für die bei einem Notar beantragten freiwilligen Versteigerungen sind die durch Artikel 1 und 2 des Gesetzes vom ... (BGBl. I S. ...) (einsetzen: Datum und Fundstelle des Gesetzes zur Änderung des Wohnungseigentumsgesetzes und anderer Gesetze) geänderten Vorschriften des dritten Teils dieses Gesetzes sowie die des Gesetzes über die Zwangsversteigerung und die Zwangsverwaltung in ihrer bis dahin geltenden Fassung weiter anzuwenden.
(2) In Wohnungseigentumssachen nach § 43 Nr. 1–Nr. 4 finden die Bestimmungen über die Nichtzulassungsbeschwerde (§ 543 Abs. 1 Nr. 2, § 544 der Zivilprozessordnung) keine Anwendung, soweit die anzufechtende Entscheidung vor dem ... (einsetzen: 5 Jahre nach dem Datum des ersten Tages des vierten auf die Verkündung folgenden Kalendermonats) verkündet worden ist.

§ 63 Überleitung bestehender Rechtsverhältnisse
(1) Werden Rechtsverhältnisse, mit denen ein Rechtserfolg bezweckt wird, der den durch dieses Gesetz geschaffenen Rechtsformen entspricht, in solche Rechtsformen umgewandelt, so ist als Geschäftswert für die Berechnung der hierdurch veranlaßten Gebühren der Gerichte und Notare im Falle des Wohnungseigentums ein Fünfundzwanzigstel des Einheitswertes des Grundstückes, im Falle des Dauerwohnrechtes ein Fünfundzwanzigstel des Wertes des Rechtes anzunehmen.
(2) *(Gegenstandslos)*
(3) Durch Landesgesetz können Vorschriften zur Überleitung bestehender, auf Landesrecht

§ 63 Überleitung bestehender Rechtsverhältnisse
(1) Werden Rechtsverhältnisse, mit denen ein Rechtserfolg bezweckt wird, der den durch dieses Gesetz geschaffenen Rechtsformen entspricht, in solche Rechtsformen umgewandelt, so ist als Geschäftswert für die Berechnung der hierdurch veranlassten Gebühren der Gerichte und Notare im Falle des Wohnungseigentums ein Fünfundzwanzigstel des Einheitswertes des Grundstückes, im Falle des Dauerwohnrechtes ein Fünfundzwanzigstel des Wertes des Rechtes anzunehmen.
(2) *(Gegenstandslos)*
(3) Durch Landesgesetz können Vorschriften zur Überleitung bestehender, auf Landesrecht beruhender Rechtsverhältnisse in die durch

Anhang I.1 | Synopse zum alten und neuen WEG

Wohnungseigentumsgesetz (alt)	Wohnungseigentumsgesetz (neu)
beruhender Rechtsverhältnisse in die durch dieses Gesetz geschaffenen Rechtsformen getroffen werden.	dieses Gesetz geschaffenen Rechtsformen getroffen werden.
§ 64 Inkrafttreten	**§ 64 Inkrafttreten**
Dieses Gesetz tritt am Tage nach seiner Verkündung in Kraft.	Dieses Gesetz tritt am 1.7.2007 in Kraft.
Das Gesetz wurde am 19.3.1951 verkündet.	

Anhang I.2 Wohnungseigentumsgesetz

Gesetz über das Wohnungseigentum und das Dauerwohnrecht (Wohnungseigentumsgesetz – WEG)

Vom 15. März 1951 (BGBl. I S. 175, ber. S. 209)
– zuletzt geändert durch Gesetz vom 26.3.2007 (BGBl I, 370) –

I. Teil
Wohnungseigentum

§ 1 Begriffsbestimmungen

(1) Nach Maßgabe dieses Gesetzes kann an Wohnungen das Wohnungseigentum, an nicht zu Wohnzwecken dienenden Räumen eines Gebäudes das Teileigentum begründet werden.
(2) Wohnungseigentum ist das Sondereigentum an einer Wohnung in Verbindung mit dem Miteigentumsanteil an dem gemeinschaftlichen Eigentum, zu dem es gehört.
(3) Teileigentum ist das Sondereigentum an nicht zu Wohnzwecken dienenden Räumen eines Gebäudes in Verbindung mit dem Miteigentumsanteil an dem gemeinschaftlichen Eigentum, zu dem es gehört.
(4) Wohnungseigentum und Teileigentum können nicht in der Weise begründet werden, daß das Sondereigentum mit Miteigentum an mehreren Grundstücken verbunden wird.
(5) Gemeinschaftliches Eigentum im Sinne dieses Gesetzes sind das Grundstück sowie die Teile, Anlagen und Einrichtungen des Gebäudes, die nicht im Sondereigentum oder im Eigentum eines Dritten stehen.
(6) Für das Teileigentum gelten die Vorschriften über das Wohnungseigentum entsprechend.

1. Abschnitt
Begründung des Wohnungseigentums

§ 2 Arten der Begründung

Wohnungseigentum wird durch die vertragliche Einräumung von Sondereigentum (§ 3) oder durch Teilung (§ 8) begründet.

§ 3 Vertragliche Einräumung von Sondereigentum

(1) Das Miteigentum (§ 1008 des Bürgerlichen Gesetzbuches) an einem Grundstück kann durch Vertrag der Miteigentümer in der Weise beschränkt werden, daß jedem der Miteigentümer abweichend von § 93 des Bürgerlichen Gesetzbuches das Sondereigentum an einer bestimmten Wohnung oder an nicht zu Wohnzwecken dienenden bestimmten Räumen in einem auf dem Grundstück errichteten oder zu errichtenden Gebäude eingeräumt wird.
(2) Sondereigentum soll nur eingeräumt werden, wenn die Wohnungen oder sonstigen Räume in sich abgeschlossen sind. Garagenstellplätze gelten als abgeschlossene Räume, wenn ihre Flächen durch dauerhafte Markierungen ersichtlich sind.
(3) *(Aufgehoben)*

§ 4 Formvorschriften

(1) Zur Einräumung und zur Aufhebung des Sondereigentums ist die Einigung der Beteiligten über den Eintritt der Rechtsänderung und die Eintragung in das Grundbuch erforderlich.
(2) Die Einigung bedarf der für die Auflassung vorgeschriebenen Form. Sondereigentum kann nicht unter einer Bedingung oder Zeitbestimmung eingeräumt oder aufgehoben werden.
(3) Für einen Vertrag, durch den sich ein Teil verpflichtet, Sondereigentum einzuräumen, zu erwerben oder aufzuheben, gilt § 311b des Bürgerlichen Gesetzbuchs entsprechend.

§ 5 Gegenstand und Inhalt des Sondereigentums

(1) Gegenstand des Sondereigentums sind die gemäß § 3 Abs. 1 bestimmten Räume sowie die zu diesen Räumen gehörenden Bestandteile des Gebäudes, die verändert, beseitigt oder eingefügt werden können, ohne daß dadurch das gemeinschaftliche Eigentum oder ein auf Sondereigentum beruhendes Recht eines anderen Wohnungseigentümers über das nach § 14 zulässige Maß hinaus beeinträchtigt oder die äußere Gestaltung des Gebäudes verändert wird.
(2) Teile des Gebäudes, die für dessen Bestand oder Sicherheit erforderlich sind, sowie Anlagen und Einrichtungen, die dem gemeinschaftlichen Gebrauch der Wohnungseigentümer dienen, sind nicht Gegenstand des Sondereigentums, selbst wenn sie sich im Bereich der im Sondereigentum stehenden Räume befinden.
(3) Die Wohnungseigentümer können vereinbaren, daß Bestandteile des Gebäudes, die Gegenstand des Sondereigentums sein können, zum gemeinschaftlichen Eigentum gehören.
(4) Vereinbarungen über das Verhältnis der Wohnungseigentümer untereinander können nach den Vorschriften des 2. und 3. Abschnittes zum Inhalt des Sondereigentums gemacht werden. Ist das Wohnungseigentum mit der Hypothek, Grund- oder Rentenschuld oder der Reallast eines Dritten belastet, so ist dessen nach anderen Rechtsvorschriften notwendige Zustimmung zu der Vereinbarung nur erforderlich, wenn ein Sondernutzungsrecht begründet oder ein mit dem Wohnungseigentum verbundenes Sondernutzungsrecht aufgehoben, geändert oder übertragen wird. Bei der Begründung eines Sondernutzungsrechts ist die Zustimmung des Dritten nicht erforderlich, wenn durch die Vereinbarung gleichzeitig das zu seinen Gunsten belastete Wohnungseigentum mit einem Sondernutzungsrecht verbunden wird.

§ 6 Unselbständigkeit des Sondereigentums

(1) Das Sondereigentum kann ohne den Miteigentumsanteil, zu dem es gehört, nicht veräußert oder belastet werden.
(2) Rechte an dem Miteigentumsanteil erstrecken sich auf das zu ihm gehörende Sondereigentum.

§ 7 Grundbuchvorschriften

(1) Im Falle des § 3 Abs. 1 wird für jeden Miteigentumsanteil von Amts wegen ein besonderes Grundbuchblatt (Wohnungsgrundbuch, Teileigentumsgrundbuch) angelegt. Auf diesem ist das zu dem Miteigentumsanteil gehörende Sondereigentum und als Beschränkung des Miteigentums die Einräumung der zu den anderen Miteigentumsanteilen gehörenden Sondereigentumsrechte einzutragen. Das Grundbuchblatt des Grundstücks wird von Amts wegen geschlossen.
(2) Von der Anlegung besonderer Grundbuchblätter kann abgesehen werden, wenn hiervon Verwirrung nicht zu besorgen ist. In diesem Falle ist das Grundbuchblatt als gemeinschaftliches Wohnungsgrundbuch (Teileigentumsgrundbuch) zu bezeichnen.
(3) Zur näheren Bezeichnung des Gegenstandes und des Inhalts des Sondereigentums kann auf die Eintragungsbewilligung Bezug genommen werden.
(4) Der Eintragungsbewilligung sind als Anlagen beizufügen:
1. eine von der Baubehörde mit Unterschrift und Siegel oder Stempel versehene Bauzeichnung, aus der die Aufteilung des Gebäudes sowie die Lage und Größe der im Sondereigentum und der im gemeinschaftlichen Eigentum stehenden Gebäudeteile ersichtlich ist (Aufteilungsplan); alle zu demselben Wohnungseigentum gehörenden Einzelräume sind mit der jeweils gleichen Nummer zu kennzeichnen;
2. eine Bescheinigung der Baubehörde, daß die Voraussetzungen des § 3 Abs. 2 vorliegen.
Wenn in der Eintragungsbewilligung für die einzelnen Sondereigentumsrechte Nummern angegeben werden, sollen sie mit denen des Aufteilungsplanes übereinstimmen. Die Landesregierungen können durch Rechtsverordnung bestimmen, dass und in welchen Fällen der Aufteilungsplan (S. 1 Nr. 1) und die Abgeschlossenheit (S. 1 Nr. 2) von einem öffentlich bestellten oder anerkannten Sachverständigen für das Bauwesen statt von der Baubehörde ausgefertigt und

bescheinigt werden. Werden diese Aufgaben von dem Sachverständigen wahrgenommen, so gelten die Bestimmungen der Allgemeinen Verwaltungsvorschrift für die Ausstellung von Bescheinigungen gemäß § 7 Abs. 4 Nr. 2 und § 32 Abs. 2 Nr. 2 des Wohnungseigentumsgesetzes vom 19. März 1974 (BAnz. Nr. 58 vom 23. März 1974) entsprechend. In diesem Fall bedürfen die Anlagen nicht der Form des § 29 der Grundbuchordnung. Die Landesregierungen können die Ermächtigung durch Rechtsverordnung auf die Landesbauverwaltungen übertragen.
(5) Für die Teileigentumsgrundbücher gelten die Vorschriften über Wohnungsgrundbücher entsprechend.

§ 8 Teilung durch den Eigentümer

(1) Der Eigentümer eines Grundstücks kann durch Erklärung gegenüber dem Grundbuchamt das Eigentum an dem Grundstück in Miteigentumsteile in der Weise teilen, daß mit jedem Anteil das Sondereigentum an einer bestimmten Wohnung oder an nicht zu Wohnzwecken dienenden bestimmten Räumen in einem auf dem Grundstück errichteten oder zu errichtenden Gebäude verbunden ist.
(2) Im Falle des Absatzes 1 gelten die Vorschriften des § 3 Abs. 2 und der §§ 5, 6, § 7 Abs. 1, 3 bis 5 entsprechend. Die Teilung wird mit der Anlegung der Wohnungsgrundbücher wirksam.

§ 9 Schließung der Wohnungsgrundbücher

(1) Die Wohnungsgrundbücher werden geschlossen:
1. von Amts wegen, wenn die Sondereigentumsrechte gemäß § 4 aufgehoben werden;
2. auf Antrag sämtlicher Wohnungseigentümer, wenn alle Sondereigentumsrechte durch völlige Zerstörung des Gebäudes gegenstandslos geworden sind und der Nachweis hierfür durch eine Bescheinigung der Baubehörde erbracht ist;
3. auf Antrag des Eigentümers, wenn sich sämtliche Wohnungseigentumsrechte in einer Person vereinigen.

(2) Ist ein Wohnungseigentum selbständig mit dem Rechte eines Dritten belastet, so werden die allgemeinen Vorschriften, nach denen zur Aufhebung des Sondereigentums die Zustimmung des Dritten erforderlich ist, durch Absatz 1 nicht berührt.
(3) Werden die Wohnungsgrundbücher geschlossen, so wird für das Grundstück ein Grundbuchblatt nach den allgemeinen Vorschriften angelegt; die Sondereigentumsrechte erlöschen, soweit sie nicht bereits aufgehoben sind, mit der Anlegung des Grundbuchblatts.

2. Abschnitt
Gemeinschaft der Wohnungseigentümer

§ 10 Allgemeine Grundsätze

(1) Inhaber der Rechte und Pflichten nach den Vorschriften dieses Gesetzes, insbesondere des Sondereigentums und des gemeinschaftlichen Eigentums, sind die Wohnungseigentümer, soweit nicht etwas anderes ausdrücklich bestimmt ist.
(2) Das Verhältnis der Wohnungseigentümer untereinander bestimmt sich nach den Vorschriften dieses Gesetzes und, soweit dieses Gesetz keine besonderen Bestimmungen enthält, nach den Vorschriften des Bürgerlichen Gesetzbuches über die Gemeinschaft. Die Wohnungseigentümer können von den Vorschriften dieses Gesetzes abweichende Vereinbarungen treffen, soweit nicht etwas anderes ausdrücklich bestimmt ist. Jeder Wohnungseigentümer kann eine vom Gesetz abweichende Vereinbarung oder die Anpassung einer Vereinbarung verlangen, soweit ein Festhalten an der geltenden Regelung aus schwerwiegenden Gründen unter Berücksichtigung aller Umstände des Einzelfalles, insbesondere der Rechte und Interessen der anderen Wohnungseigentümer, unbillig erscheint.

Anhang I.2 | WEG

(3) Vereinbarungen, durch die die Wohnungseigentümer ihr Verhältnis untereinander in Ergänzung oder Abweichung von Vorschriften dieses Gesetzes regeln, sowie die Abänderung oder Aufhebung solcher Vereinbarungen wirken gegen den Sondernachfolger eines Wohnungseigentümers nur, wenn sie als Inhalt des Sondereigentums im Grundbuch eingetragen sind.
(4) Beschlüsse der Wohnungseigentümer gemäß § 23 und gerichtliche Entscheidungen in einem Rechtsstreit gemäß § 43 bedürfen zu ihrer Wirksamkeit gegen den Sondernachfolger eines Wohnungseigentümers nicht der Eintragung in das Grundbuch. Dies gilt auch für die gemäß § 23 Abs. 1 aufgrund einer Vereinbarung gefassten Beschlüsse, die vom Gesetz abweichen oder eine Vereinbarung ändern.
(5) Rechtshandlungen in Angelegenheiten, über die nach diesem Gesetz oder nach einer Vereinbarung der Wohnungseigentümer durch Stimmenmehrheit beschlossen werden kann, wirken, wenn sie auf Grund eines mit solcher Mehrheit gefaßten Beschlusses vorgenommen werden, auch für und gegen die Wohnungseigentümer, die gegen den Beschluß gestimmt oder an der Beschlußfassung nicht mitgewirkt haben.
(6) Die Gemeinschaft der Wohnungseigentümer kann im Rahmen der gesamten Verwaltung des gemeinschaftlichen Eigentums gegenüber Dritten und Wohnungseigentümern selbst Rechte erwerben und Pflichten eingehen. Sie ist Inhaberin der als Gemeinschaft gesetzlich begründeten und rechtsgeschäftlich erworbenen Rechte und Pflichten. Sie übt die gemeinschaftsbezogenen Rechte der Wohnungseigentümer aus und nimmt die gemeinschaftsbezogenen Pflichten der Wohnungseigentümer wahr, ebenso sonstige Rechte und Pflichten der Wohnungseigentümer, soweit diese gemeinschaftlich geltend gemacht werden können oder zu erfüllen sind. Die Gemeinschaft muss die Bezeichnung »Wohnungseigentümergemeinschaft« gefolgt von der bestimmten Angabe des gemeinschaftlichen Grundstücks führen. Sie kann vor Gericht klagen und verklagt werden.
(7) Das Verwaltungsvermögen gehört der Gemeinschaft der Wohnungseigentümer. Es besteht aus den im Rahmen der gesamten Verwaltung des gemeinschaftlichen Eigentums gesetzlich begründeten und rechtsgeschäftlich erworbenen Sachen und Rechten sowie den entstandenen Verbindlichkeiten. Zu dem Verwaltungsvermögen gehören insbesondere die Ansprüche und Befugnisse aus Rechtsverhältnissen mit Dritten und mit Wohnungseigentümern sowie die eingenommenen Gelder. Vereinigen sich sämtliche Wohnungseigentumsrechte in einer Person, geht das Verwaltungsvermögen auf den Eigentümer des Grundstücks über.
(8) Jeder Wohnungseigentümer haftet einem Gläubiger nach dem Verhältnis seines Miteigentumsanteils (§ 16 Abs. 1 S. 2) für Verbindlichkeiten der Gemeinschaft der Wohnungseigentümer, die während seiner Zugehörigkeit zur Gemeinschaft entstanden oder während dieses Zeitraums fällig geworden sind; für die Haftung nach Veräußerung des Wohnungseigentums ist § 160 des Handelsgesetzbuches entsprechend anzuwenden. Er kann gegenüber einem Gläubiger neben den in seiner Person begründeten auch die der Gemeinschaft zustehenden Einwendungen und Einreden geltend machen, nicht aber seine Einwendungen und Einreden gegenüber der Gemeinschaft. Für die Einrede der Anfechtbarkeit und Aufrechenbarkeit ist § 770 des Bürgerlichen Gesetzbuches entsprechend anzuwenden. Die Haftung eines Wohnungseigentümers gegenüber der Gemeinschaft wegen nicht ordnungsmäßiger Verwaltung bestimmt sich nach S. 1.

§ 11 Unauflöslichkeit der Gemeinschaft

(1) Kein Wohnungseigentümer kann die Aufhebung der Gemeinschaft verlangen. Dies gilt auch für eine Aufhebung aus wichtigem Grund. Eine abweichende Vereinbarung ist nur für den Fall zulässig, daß das Gebäude ganz oder teilweise zerstört wird und eine Verpflichtung zum Wiederaufbau nicht besteht.
(2) Das Recht eines Pfändungsgläubigers (§ 751 des Bürgerlichen Gesetzbuchs) sowie das im Insolvenzverfahren bestehende Recht (§ 84 Abs. 2 der Insolvenzordnung), die Aufhebung der Gemeinschaft zu verlangen, ist ausgeschlossen.
(3) Ein Insolvenzverfahren über das Verwaltungsvermögen der Gemeinschaft findet nicht statt.

§ 12 Veräußerungsbeschränkung

(1) Als Inhalt des Sondereigentums kann vereinbart werden, daß ein Wohnungseigentümer zur Veräußerung seines Wohnungseigentums der Zustimmung anderer Wohnungseigentümer oder eines Dritten bedarf.
(2) Die Zustimmung darf nur aus einem wichtigen Grunde versagt werden. Durch Vereinbarung gemäß Absatz 1 kann dem Wohnungseigentümer darüber hinaus für bestimmte Fälle ein Anspruch auf Erteilung der Zustimmung eingeräumt werden.
(3) Ist eine Vereinbarung gemäß Absatz 1 getroffen, so ist eine Veräußerung des Wohnungseigentums und ein Vertrag, durch den sich der Wohnungseigentümer zu einer solchen Veräußerung verpflichtet, unwirksam, solange nicht die erforderliche Zustimmung erteilt ist. Einer rechtsgeschäftlichen Veräußerung steht eine Veräußerung im Wege der Zwangsvollstreckung oder durch den Insolvenzverwalter gleich.
(4) Die Wohnungseigentümer können durch Stimmenmehrheit beschließen, dass eine Veräußerungsbeschränkung gemäß Absatz 1 aufgehoben wird. Diese Befugnis kann durch Vereinbarung der Wohnungseigentümer nicht eingeschränkt oder ausgeschlossen werden. Ist ein Beschluss gemäß S. 1 gefasst, kann die Veräußerungsbeschränkung im Grundbuch gelöscht werden. Der Bewilligung gemäß § 19 der Grundbuchordnung bedarf es nicht, wenn der Beschluss gemäß S. 1 nachgewiesen wird. Für diesen Nachweis ist § 26 Abs. 3 entsprechend anzuwenden.

§ 13 Rechte des Wohnungseigentümers

(1) Jeder Wohnungseigentümer kann, soweit nicht das Gesetz oder Rechte Dritter entgegenstehen, mit den im Sondereigentum stehenden Gebäudeteilen nach Belieben verfahren, insbesondere diese bewohnen, vermieten, verpachten oder in sonstiger Weise nutzen, und andere von Einwirkungen ausschließen.
(2) Jeder Wohnungseigentümer ist zum Mitgebrauch des gemeinschaftlichen Eigentums nach Maßgabe der §§ 14, 15 berechtigt. An den sonstigen Nutzungen des gemeinschaftlichen Eigentums gebührt jedem Wohnungseigentümer ein Anteil nach Maßgabe des § 16.

§ 14 Pflichten des Wohnungseigentümers

Jeder Wohnungseigentümer ist verpflichtet:
1. die im Sondereigentum stehenden Gebäudeteile so instand zu halten und von diesen sowie von dem gemeinschaftlichen Eigentum nur in solcher Weise Gebrauch zu machen, daß dadurch keinem der anderen Wohnungseigentümer über das bei einem geordneten Zusammenleben unvermeidliche Maß hinaus ein Nachteil erwächst;
2. für die Einhaltung der in Nr. 1 bezeichneten Pflichten durch Personen zu sorgen, die seinem Hausstand oder Geschäftsbetrieb angehören oder denen er sonst die Benutzung der im Sonder- oder Miteigentum stehenden Grundstücks- oder Gebäudeteile überläßt;
3. Einwirkungen auf die im Sondereigentum stehenden Gebäudeteile und das gemeinschaftliche Eigentum zu dulden, soweit sie auf einem nach Nr. 1, 2 zulässigen Gebrauch beruhen;
4. das Betreten und die Benutzung der im Sondereigentum stehenden Gebäudeteile zu gestatten, soweit dies zur Instandhaltung und Instandsetzung des gemeinschaftlichen Eigentums erforderlich ist; der hierdurch entstehende Schaden ist zu ersetzen.

§ 15 Gebrauchsregelung

(1) Die Wohnungseigentümer können den Gebrauch des Sondereigentums und des gemeinschaftlichen Eigentums durch Vereinbarung regeln.
(2) Soweit nicht eine Vereinbarung nach Absatz 1 entgegensteht, können die Wohnungseigentümer durch Stimmenmehrheit einen der Beschaffenheit der im Sondereigentum stehenden Gebäudeteile und des gemeinschaftlichen Eigentums entsprechenden ordnungsmäßigen Gebrauch beschließen.

(3) Jeder Wohnungseigentümer kann einen Gebrauch der im Sondereigentum stehenden Gebäudeteile und des gemeinschaftlichen Eigentums verlangen, der dem Gesetz, den Vereinbarungen und Beschlüssen und soweit sich die Regelung hieraus nicht ergibt, dem Interesse der Gesamtheit der Wohnungseigentümer nach billigem Ermessen entspricht.

§ 16 Nutzungen, Lasten und Kosten

(1) Jedem Wohnungseigentümer gebührt ein seinem Anteil entsprechender Bruchteil der Nutzungen des gemeinschaftlichen Eigentums. Der Anteil bestimmt sich nach dem gemäß § 47 der Grundbuchordnung im Grundbuch eingetragenen Verhältnis der Miteigentumsanteile.
(2) Jeder Wohnungseigentümer ist den anderen Wohnungseigentümern gegenüber verpflichtet, die Lasten des gemeinschaftlichen Eigentums sowie die Kosten der Instandhaltung, Instandsetzung, sonstigen Verwaltung und eines gemeinschaftlichen Gebrauchs des gemeinschaftlichen Eigentums nach dem Verhältnis seines Anteils (Absatz 1 S. 2) zu tragen.
(3) Die Wohnungseigentümer können abweichend von Absatz 2 durch Stimmenmehrheit beschließen, dass die Betriebskosten des gemeinschaftlichen Eigentums oder des Sondereigentums im Sinne des § 556 Abs. 1 des Bürgerlichen Gesetzbuches, die nicht unmittelbar gegenüber Dritten abgerechnet werden, und die Kosten der Verwaltung nach Verbrauch oder Verursachung erfasst und nach diesem oder nach einem anderen Maßstab verteilt werden, soweit dies ordnungsmäßiger Verwaltung entspricht.
(4) Die Wohnungseigentümer können im Einzelfall zur Instandhaltung oder Instandsetzung im Sinne des § 21 Abs. 5 Nr. 2 oder zu baulichen Veränderungen oder Aufwendungen im Sinne des § 22 Abs. 1 und 2 durch Beschluss die Kostenverteilung abweichend von Absatz 2 regeln, wenn der abweichende Maßstab dem Gebrauch oder der Möglichkeit des Gebrauchs durch die Wohnungseigentümer Rechnung trägt. Der Beschluss zur Regelung der Kostenverteilung nach S. 1 bedarf einer Mehrheit von drei Viertel aller stimmberechtigten Wohnungseigentümer im Sinne des § 25 Abs. 2 und mehr als der Hälfte aller Miteigentumsanteile.
(5) Die Befugnisse im Sinne der Absätze 3 und 4 können durch Vereinbarung der Wohnungseigentümer nicht eingeschränkt oder ausgeschlossen werden.
(6) Ein Wohnungseigentümer, der einer Maßnahme nach § 22 Abs. 1 nicht zugestimmt hat, ist nicht berechtigt, einen Anteil an Nutzungen, die auf einer solchen Maßnahme beruhen, zu beanspruchen; er ist nicht verpflichtet, Kosten, die durch eine solche Maßnahme verursacht sind, zu tragen. S. 1 ist bei einer Kostenverteilung gemäß Absatz 4 nicht anzuwenden.
(7) Zu den Kosten der Verwaltung im Sinne des Absatzes 2 gehören insbesondere Kosten eines Rechtsstreits gemäß § 18 und der Ersatz des Schadens im Falle des § 14 Nr. 4.
(8) Kosten eines Rechtsstreits gemäß § 43 gehören nur dann zu den Kosten der Verwaltung im Sinne des Absatzes 2, wenn es sich um Mehrkosten gegenüber der gesetzlichen Vergütung eines Rechtsanwalts aufgrund einer Vereinbarung über die Vergütung (§ 27 Abs. 2 Nr. 4, Abs. 3 Nr. 6) handelt.

§ 17 Anteil bei Aufhebung der Gemeinschaft

Im Falle der Aufhebung der Gemeinschaft bestimmt sich der Anteil der Miteigentümer nach dem Verhältnis des Wertes ihrer Wohnungseigentumsrechte zur Zeit der Aufhebung der Gemeinschaft. Hat sich der Wert eines Miteigentumsanteils durch Maßnahmen verändert, deren Kosten der Wohnungseigentümer nicht getragen hat, so bleibt eine solche Veränderung bei der Berechnung des Wertes dieses Anteils außer Betracht.

§ 18 Entziehung des Wohnungseigentums

(1) Hat ein Wohnungseigentümer sich einer so schweren Verletzung der ihm gegenüber anderen Wohnungseigentümern obliegenden Verpflichtungen schuldig gemacht, daß diesen die Fortsetzung der Gemeinschaft mit ihm nicht mehr zugemutet werden kann, so können die anderen Woh-

nungseigentümer von ihm die Veräußerung seines Wohnungseigentums verlangen. Die Ausübung des Entziehungsrechts steht der Gemeinschaft der Wohnungseigentümer zu, soweit es sich nicht um eine Gemeinschaft handelt, die nur aus zwei Wohnungseigentümern besteht.
(2) Die Voraussetzungen des Absatzes 1 liegen insbesondere vor, wenn
1. der Wohnungseigentümer trotz Abmahnung wiederholt gröblich gegen die ihm nach § 14 obliegenden Pflichten verstößt;
2. der Wohnungseigentümer sich mit der Erfüllung seiner Verpflichtungen zur Lasten- und Kostentragung (§ 16 Abs. 2) in Höhe eines Betrages, der drei vom Hundert des Einheitswertes seines Wohnungseigentums übersteigt, länger als drei Monate in Verzug befindet.
(3) Über das Verlangen nach Absatz 1 beschließen die Wohnungseigentümer durch Stimmenmehrheit. Der Beschluß bedarf einer Mehrheit von mehr als der Hälfte der stimmberechtigten Wohnungseigentümer. Die Vorschriften des § 25 Abs. 3, 4 sind in diesem Falle nicht anzuwenden.
(4) Der in Absatz 1 bestimmte Anspruch kann durch Vereinbarung der Wohnungseigentümer nicht eingeschränkt oder ausgeschlossen werden.

§ 19 Wirkung des Urteils

(1) Das Urteil, durch das ein Wohnungseigentümer zur Veräußerung seines Wohnungseigentums verurteilt wird, berechtigt jeden Miteigentümer zur Zwangsvollstreckung entsprechend den Vorschriften des Ersten Abschnitts des Gesetzes über die Zwangsversteigerung und die Zwangsverwaltung. Die Ausübung dieses Rechts steht der Gemeinschaft der Wohnungseigentümer zu, soweit es sich nicht um eine Gemeinschaft handelt, die nur aus zwei Wohnungseigentümern besteht.
(2) Der Wohnungseigentümer kann im Falle des § 18 Abs. 2 Nr. 2 bis zur Erteilung des Zuschlags die in Absatz 1 bezeichnete Wirkung des Urteils dadurch abwenden, daß er die Verpflichtungen, wegen deren Nichterfüllung er verurteilt ist, einschließlich der Verpflichtung zum Ersatz der durch den Rechtsstreit und das Versteigerungsverfahren entstandenen Kosten sowie die fälligen weiteren Verpflichtungen zur Lasten- und Kostentragung erfüllt.
(3) Ein gerichtlicher oder vor einer Gütestelle geschlossener Vergleich, durch den sich der Wohnungseigentümer zur Veräußerung seines Wohnungseigentums verpflichtet, steht dem in Absatz 1 bezeichneten Urteil gleich.

3. Abschnitt
Verwaltung

§ 20 Gliederung der Verwaltung

(1) Die Verwaltung des gemeinschaftlichen Eigentums obliegt den Wohnungseigentümern nach Maßgabe der §§ 21 bis 25 und dem Verwalter nach Maßgabe der §§ 26 bis 28, im Falle der Bestellung eines Verwaltungsbeirats auch diesem nach Maßgabe des § 29.
(2) Die Bestellung eines Verwalters kann nicht ausgeschlossen werden.

§ 21 Verwaltung durch die Wohnungseigentümer

(1) Soweit nicht in diesem Gesetz oder durch Vereinbarung der Wohnungseigentümer etwas anderes bestimmt ist, steht die Verwaltung des gemeinschaftlichen Eigentums den Wohnungseigentümern gemeinschaftlich zu.
(2) Jeder Wohnungseigentümer ist berechtigt, ohne Zustimmung der anderen Wohnungseigentümer die Maßnahmen zu treffen, die zur Abwendung eines dem gemeinschaftlichen Eigentum unmittelbar drohenden Schadens notwendig sind.
(3) Soweit die Verwaltung des gemeinschaftlichen Eigentums nicht durch Vereinbarung der Wohnungseigentümer geregelt ist, können die Wohnungseigentümer eine der Beschaffenheit des gemeinschaftlichen Eigentums entsprechende ordnungsmäßige Verwaltung durch Stimmenmehrheit beschließen.

Anhang I.2 | WEG

(4) Jeder Wohnungseigentümer kann eine Verwaltung verlangen, die den Vereinbarungen und Beschlüssen und, soweit solche nicht bestehen, dem Interesse der Gesamtheit der Wohnungseigentümer nach billigem Ermessen entspricht.
(5) Zu einer ordnungsmäßigen, dem Interesse der Gesamtheit der Wohnungseigentümer entsprechenden Verwaltung gehört insbesondere:
1. die Aufstellung einer Hausordnung;
2. die ordnungsmäßige Instandhaltung und Instandsetzung des gemeinschaftlichen Eigentums;
3. die Feuerversicherung des gemeinschaftlichen Eigentums zum Neuwert sowie die angemessene Versicherung der Wohnungseigentümer gegen Haus- und Grundbesitzerhaftpflicht;
4. die Ansammlung einer angemessenen Instandhaltungsrückstellung;
5. die Aufstellung eines Wirtschaftsplans (§ 28);
6. die Duldung aller Maßnahmen, die zur Herstellung einer Fernsprechteilnehmereinrichtung, einer Rundfunkempfangsanlage oder eines Energieversorgungsanschlusses zugunsten eines Wohnungseigentümers erforderlich sind.

(6) Der Wohnungseigentümer, zu dessen Gunsten eine Maßnahme der in Absatz 5 Nr. 6 bezeichneten Art getroffen wird, ist zum Ersatz des hierdurch entstehenden Schadens verpflichtet.
(7) Die Wohnungseigentümer können die Regelung der Art und Weise von Zahlungen, der Fälligkeit und der Folgen des Verzugs sowie der Kosten für eine besondere Nutzung des gemeinschaftlichen Eigentums oder für einen besonderen Verwaltungsaufwand mit Stimmenmehrheit beschließen.
(8) Treffen die Wohnungseigentümer eine nach dem Gesetz erforderliche Maßnahme nicht, so kann an ihrer Stelle das Gericht in einem Rechtsstreit gemäß § 43 nach billigem Ermessen entscheiden, soweit sich die Maßnahme nicht aus dem Gesetz, einer Vereinbarung oder einem Beschluss der Wohnungseigentümer ergibt.

§ 22 Besondere Aufwendungen, Wiederaufbau

(1) Bauliche Veränderungen und Aufwendungen, die über die ordnungsmäßige Instandhaltung oder Instandsetzung des gemeinschaftlichen Eigentums hinausgehen, können beschlossen oder verlangt werden, wenn jeder Wohnungseigentümer zustimmt, dessen Rechte durch die Maßnahmen über das in § 14 Nr. 1 bestimmte Maß hinaus beeinträchtigt werden. Die Zustimmung ist nicht erforderlich, soweit die Rechte eines Wohnungseigentümers nicht in der in S. 1 bezeichneten Weise beeinträchtigt werden.
(2) Maßnahmen gemäß Absatz 1 S. 1, die der Modernisierung entsprechend § 559 Abs. 1 des Bürgerlichen Gesetzbuches oder der Anpassung des gemeinschaftlichen Eigentums an den Stand der Technik dienen, die Eigenart der Wohnanlage nicht ändern und keinen Wohnungseigentümer gegenüber anderen unbillig beeinträchtigen, können abweichend von Absatz 1 durch eine Mehrheit von drei Viertel aller stimmberechtigten Wohnungseigentümer im Sinne des § 25 Abs. 2 und mehr als der Hälfte aller Miteigentumsanteile beschlossen werden. Die Befugnis im Sinne des Satzes 1 kann durch Vereinbarung der Wohnungseigentümer nicht eingeschränkt oder ausgeschlossen werden.
(3) Für Maßnahmen der modernisierenden Instandsetzung im Sinne des § 21 Abs. 5 Nr. 2 verbleibt es bei den Vorschriften des § 21 Abs. 3 und 4.
(4) Ist das Gebäude zu mehr als der Hälfte seines Wertes zerstört und ist der Schaden nicht durch eine Versicherung oder in anderer Weise gedeckt, so kann der Wiederaufbau nicht gemäß § 21 Abs. 3 beschlossen oder gemäß § 21 Abs. 4 verlangt werden.

§ 23 Wohnungseigentümerversammlung

(1) Angelegenheiten, über die nach diesem Gesetz oder nach einer Vereinbarung der Wohnungseigentümer die Wohnungseigentümer durch Beschluß entscheiden können, werden durch Beschlußfassung in einer Versammlung der Wohnungseigentümer geordnet.

(2) Zur Gültigkeit eines Beschlusses ist erforderlich, daß der Gegenstand bei der Einberufung bezeichnet ist.
(3) Auch ohne Versammlung ist ein Beschluß gültig, wenn alle Wohnungseigentümer ihre Zustimmung zu diesem Beschluß schriftlich erklären.
(4) Ein Beschluss, der gegen eine Rechtsvorschrift verstößt, auf deren Einhaltung rechtswirksam nicht verzichtet werden kann, ist nichtig. Im Übrigen ist ein Beschluss gültig, solange er nicht durch rechtskräftiges Urteil für ungültig erklärt ist.

§ 24 Einberufung, Vorsitz, Niederschrift

(1) Die Versammlung der Wohnungseigentümer wird von dem Verwalter mindestens einmal im Jahre einberufen.
(2) Die Versammlung der Wohnungseigentümer muß von dem Verwalter in den durch Vereinbarung der Wohnungseigentümer bestimmten Fällen, im übrigen dann einberufen werden, wenn dies schriftlich unter Angabe des Zweckes und der Gründe von mehr als einem Viertel der Wohnungseigentümer verlangt wird.
(3) Fehlt ein Verwalter oder weigert er sich pflichtwidrig, die Versammlung der Wohnungseigentümer einzuberufen, so kann die Versammlung auch, falls ein Verwaltungsbeirat bestellt ist, von dessen Vorsitzenden oder seinem Vertreter einberufen werden.
(4) Die Einberufung erfolgt in Textform. Die Frist der Einberufung soll, sofern nicht ein Fall besonderer Dringlichkeit vorliegt, mindestens zwei Wochen betragen.
(5) Den Vorsitz in der Wohnungseigentümerversammlung führt, sofern diese nichts anderes beschließt, der Verwalter.
(6) Über die in der Versammlung gefaßten Beschlüsse ist eine Niederschrift aufzunehmen. Die Niederschrift ist von dem Vorsitzenden und einem Wohnungseigentümer und, falls ein Verwaltungsbeirat bestellt ist, auch von dessen Vorsitzenden oder seinem Vertreter zu unterschreiben. Jeder Wohnungseigentümer ist berechtigt, die Niederschriften einzusehen.
(7) Es ist eine Beschluss-Sammlung zu führen. Die Beschluss-Sammlung enthält nur den Wortlaut
1. der in der Versammlung der Wohnungseigentümer verkündeten Beschlüsse mit Angabe von Ort und Datum der Versammlung,
2. der schriftlichen Beschlüsse mit Angabe von Ort und Datum der Verkündung und
3. der Urteilsformeln der gerichtlichen Entscheidungen in einem Rechtsstreit gemäß § 43 mit Angabe ihres Datums, des Gerichts und der Parteien,

soweit diese Beschlüsse und gerichtlichen Entscheidungen nach dem 1. Juli 2007 ergangen sind. Die Beschlüsse und gerichtlichen Entscheidungen sind fortlaufend einzutragen und zu nummerieren. Sind sie angefochten oder aufgehoben worden, so ist dies anzumerken. Im Falle einer Aufhebung kann von einer Anmerkung abgesehen und die Eintragung gelöscht werden. Eine Eintragung kann auch gelöscht werden, wenn sie aus einem anderen Grund für die Wohnungseigentümer keine Bedeutung mehr hat. Die Eintragungen, Vermerke und Löschungen gemäß den Sätzen 3 bis 6 sind unverzüglich zu erledigen und mit Datum zu versehen. Einem Wohnungseigentümer oder einem Dritten, den ein Wohnungseigentümer ermächtigt hat, ist auf sein Verlangen Einsicht in die Beschluss-Sammlung zu geben.
(8) Die Beschluss-Sammlung ist von dem Verwalter zu führen. Fehlt ein Verwalter, so ist der Vorsitzende der Wohnungseigentümerversammlung verpflichtet, die Beschluss-Sammlung zu führen, sofern die Wohnungseigentümer durch Stimmenmehrheit keinen anderen für diese Aufgabe bestellt haben.

§ 25 Mehrheitsbeschluß

(1) Für die Beschlußfassung in Angelegenheiten, über die die Wohnungseigentümer durch Stimmenmehrheit beschließen, gelten die Vorschriften der Absätze 2 bis 5.
(2) Jeder Wohnungseigentümer hat eine Stimme. Steht ein Wohnungseigentum mehreren gemeinschaftlich zu, so können sie das Stimmrecht nur einheitlich ausüben.

Anhang I.2 | WEG

(3) Die Versammlung ist nur beschlußfähig, wenn die erschienenen stimmberechtigten Wohnungseigentümer mehr als die Hälfte der Miteigentumsanteile, berechnet nach der im Grundbuch eingetragenen Größe dieser Anteile, vertreten.
(4) Ist eine Versammlung nicht gemäß Absatz 3 beschlußfähig, so beruft der Verwalter eine neue Versammlung mit dem gleichen Gegenstand ein. Diese Versammlung ist ohne Rücksicht auf die Höhe der vertretenen Anteile beschlußfähig; hierauf ist bei der Einberufung hinzuweisen.
(5) Ein Wohnungseigentümer ist nicht stimmberechtigt, wenn die Beschlußfassung die Vornahme eines auf die Verwaltung des gemeinschaftlichen Eigentums bezüglichen Rechtsgeschäfts mit ihm oder die Einleitung oder Erledigung eines Rechtsstreits der anderen Wohnungseigentümer gegen ihn betrifft oder wenn er nach § 18 rechtskräftig verurteilt ist.

§ 26 Bestellung und Abberufung des Verwalters

(1) Über die Bestellung und Abberufung des Verwalters beschließen die Wohnungseigentümer mit Stimmenmehrheit. Die Bestellung darf auf höchstens fünf Jahre vorgenommen werden, im Falle der ersten Bestellung nach der Begründung von Wohnungseigentum aber auf höchstens drei Jahre. Die Abberufung des Verwalters kann auf das Vorliegen eines wichtigen Grundes beschränkt werden. Ein wichtiger Grund liegt regelmäßig vor, wenn der Verwalter die Beschluss-Sammlung nicht ordnungsmäßig führt. Andere Beschränkungen der Bestellung oder Abberufung des Verwalters sind nicht zulässig.
(2) Die wiederholte Bestellung ist zulässig; sie bedarf eines erneuten Beschlusses der Wohnungseigentümer, der frühestens ein Jahr vor Ablauf der Bestellungszeit gefaßt werden kann.
(3) Soweit die Verwaltereigenschaft durch eine öffentlich beglaubigte Urkunde nachgewiesen werden muß, genügt die Vorlage einer Niederschrift über den Bestellungsbeschluß, bei der die Unterschriften der in § 24 Abs. 6 bezeichneten Personen öffentlich beglaubigt sind.

§ 27 Aufgaben und Befugnisse des Verwalters

(1) Der Verwalter ist gegenüber den Wohnungseigentümern und gegenüber der Gemeinschaft der Wohnungseigentümer berechtigt und verpflichtet,
1. Beschlüsse der Wohnungseigentümer durchzuführen und für die Durchführung der Hausordnung zu sorgen;
2. die für die ordnungsmäßige Instandhaltung und Instandsetzung des gemeinschaftlichen Eigentums erforderlichen Maßnahmen zu treffen;
3. in dringenden Fällen sonstige zur Erhaltung des gemeinschaftlichen Eigentums erforderliche Maßnahmen zu treffen;
4. Lasten- und Kostenbeiträge, Tilgungsbeträge und Hypothekenzinsen anzufordern, in Empfang zu nehmen und abzuführen, soweit es sich um gemeinschaftliche Angelegenheiten der Wohnungseigentümer handelt;
5. alle Zahlungen und Leistungen zu bewirken und entgegenzunehmen, die mit der laufenden Verwaltung des gemeinschaftlichen Eigentums zusammenhängen;
6. eingenommene Gelder zu verwalten;
7. die Wohnungseigentümer unverzüglich darüber zu unterrichten, dass ein Rechtsstreit gemäß § 43 anhängig ist;
8. die Erklärungen abzugeben, die zur Vornahme der in § 21 Abs. 5 Nr. 6 bezeichneten Maßnahmen erforderlich sind.

(2) Der Verwalter ist berechtigt, im Namen aller Wohnungseigentümer und mit Wirkung für und gegen sie
1. Willenserklärungen und Zustellungen entgegenzunehmen, soweit sie an alle Wohnungseigentümer in dieser Eigenschaft gerichtet sind;
2. Maßnahmen zu treffen, die zur Wahrung einer Frist oder zur Abwendung eines sonstigen Rechtsnachteils erforderlich sind, insbesondere einen gegen die Wohnungseigentümer gerich-

teten Rechtsstreit gemäß § 43 Nr. 1, Nr. 4 oder Nr. 5 im Erkenntnis- und Vollstreckungsverfahren zu führen;
3. Ansprüche gerichtlich und außergerichtlich geltend zu machen, sofern er hierzu durch Vereinbarung oder Beschluss mit Stimmenmehrheit der Wohnungseigentümer ermächtigt ist;
4. mit einem Rechtsanwalt wegen eines Rechtsstreits gemäß § 43 Nr. 1, Nr. 4 oder Nr. 5 zu vereinbaren, dass sich die Gebühren nach einem höheren als dem gesetzlichen Streitwert, höchstens nach einem gemäß § 49a Abs. 1 S. 1 des Gerichtskostengesetzes bestimmten Streitwert bemessen.

(3) Der Verwalter ist berechtigt, im Namen der Gemeinschaft der Wohnungseigentümer und mit Wirkung für und gegen sie
1. Willenserklärungen und Zustellungen entgegenzunehmen;
2. Maßnahmen zu treffen, die zur Wahrung einer Frist oder zur Abwendung eines sonstigen Rechtsnachteils erforderlich sind, insbesondere einen gegen die Gemeinschaft gerichteten Rechtsstreit gemäß § 43 Nr. 2 oder Nr. 5 im Erkenntnis- und Vollstreckungsverfahren zu führen;
3. die laufenden Maßnahmen der erforderlichen ordnungsmäßigen Instandhaltung und Instandsetzung gemäß Absatz 1 Nr. 2 zu treffen;
4. die Maßnahmen gemäß Absatz 1 Nr. 3 bis 5 und 8 zu treffen;
5. im Rahmen der Verwaltung der eingenommenen Gelder gemäß Absatz 1 Nr. 6 Konten zu führen;
6. mit einem Rechtsanwalt wegen eines Rechtsstreits gemäß § 43 Nr. 2 oder Nr. 5 eine Vergütung gemäß Absatz 2 Nr. 4 zu vereinbaren;
7. sonstige Rechtsgeschäfte und Rechtshandlungen vorzunehmen, soweit er hierzu durch Vereinbarung oder Beschluss der Wohnungseigentümer mit Stimmenmehrheit ermächtigt ist.

Fehlt ein Verwalter oder ist er zur Vertretung nicht berechtigt, so vertreten alle Wohnungseigentümer die Gemeinschaft. Die Wohnungseigentümer können durch Beschluss mit Stimmenmehrheit einen oder mehrere Wohnungseigentümer zur Vertretung ermächtigen.

(4) Die dem Verwalter nach den Absätzen 1 bis 3 zustehenden Aufgaben und Befugnisse können durch Vereinbarung der Wohnungseigentümer nicht eingeschränkt oder ausgeschlossen werden.

(5) Der Verwalter ist verpflichtet, eingenommene Gelder von seinem Vermögen gesondert zu halten. Die Verfügung über solche Gelder kann durch Vereinbarung oder Beschluss der Wohnungseigentümer mit Stimmenmehrheit von der Zustimmung eines Wohnungseigentümers oder eines Dritten abhängig gemacht werden.

(6) Der Verwalter kann von den Wohnungseigentümern die Ausstellung einer Vollmachts- und Ermächtigungsurkunde verlangen, aus der der Umfang seiner Vertretungsmacht ersichtlich ist.

§ 28 Wirtschaftsplan, Rechnungslegung

(1) Der Verwalter hat jeweils für ein Kalenderjahr einen Wirtschaftsplan aufzustellen. Der Wirtschaftsplan enthält:
1. die voraussichtlichen Einnahmen und Ausgaben bei der Verwaltung des gemeinschaftlichen Eigentums;
2. die anteilmäßige Verpflichtung der Wohnungseigentümer zur Lasten- und Kostentragung;
3. die Beitragsleistung der Wohnungseigentümer zu der in § 21 Abs. 5 Nr. 4 vorgesehenen Instandhaltungsrückstellung.

(2) Die Wohnungseigentümer sind verpflichtet, nach Abruf durch den Verwalter dem beschlossenen Wirtschaftsplan entsprechende Vorschüsse zu leisten.
(3) Der Verwalter hat nach Ablauf des Kalenderjahres eine Abrechnung aufzustellen.
(4) Die Wohnungseigentümer können durch Mehrheitsbeschluß jederzeit von dem Verwalter Rechnungslegung verlangen.
(5) Über den Wirtschaftsplan, die Abrechnung und die Rechnungslegung des Verwalters beschließen die Wohnungseigentümer durch Stimmenmehrheit.

§ 29 Verwaltungsbeirat

(1) Die Wohnungseigentümer können durch Stimmenmehrheit die Bestellung eines Verwaltungsbeirats beschließen. Der Verwaltungsbeirat besteht aus einem Wohnungseigentümer als Vorsitzenden und zwei weiteren Wohnungseigentümern als Beisitzern.
(2) Der Verwaltungsbeirat unterstützt den Verwalter bei der Durchführung seiner Aufgaben.
(3) Der Wirtschaftsplan, die Abrechnung über den Wirtschaftsplan, Rechnungslegungen und Kostenanschläge sollen, bevor über sie die Wohnungseigentümerversammlung beschließt, vom Verwaltungsbeirat geprüft und mit dessen Stellungnahme versehen werden.
(4) Der Verwaltungsbeirat wird von dem Vorsitzenden nach Bedarf einberufen.

4. Abschnitt
Wohnungserbbaurecht

§ 30 [Wohnungserbbaurecht, Teilerbbaurecht]

(1) Steht ein Erbbaurecht mehreren gemeinschaftlich nach Bruchteilen zu, so können die Anteile in der Weise beschränkt werden, daß jedem der Mitberechtigten das Sondereigentum an einer bestimmten Wohnung oder an nicht zu Wohnzwecken dienenden bestimmten Räumen in einem auf Grund des Erbbaurechts errichteten oder zu errichtenden Gebäude eingeräumt wird (Wohnungserbbaurecht, Teilerbbaurecht).
(2) Ein Erbbauberechtigter kann das Erbbaurecht in entsprechender Anwendung des § 8 teilen.
(3) Für jeden Anteil wird von Amts wegen ein besonderes Erbbaugrundbuchblatt angelegt (Wohnungserbbaugrundbuch, Teilerbbaugrundbuch). Im übrigen gelten für das Wohnungserbbaurecht (Teilerbbaurecht) die Vorschriften über das Wohnungseigentum (Teileigentum) entsprechend.

II. Teil
Dauerwohnrecht

§ 31 Begriffsbestimmungen

(1) Ein Grundstück kann in der Weise belastet werden, daß derjenige, zu dessen Gunsten die Belastung erfolgt, berechtigt ist, unter Ausschluß des Eigentümers eine bestimmte Wohnung in einem auf dem Grundstück errichteten oder zu errichtenden Gebäude zu bewohnen oder in anderer Weise zu nutzen (Dauerwohnrecht). Das Dauerwohnrecht kann auf einen außerhalb des Gebäudes liegenden Teil des Grundstücks erstreckt werden, sofern die Wohnung wirtschaftlich die Hauptsache bleibt.
(2) Ein Grundstück kann in der Weise belastet werden, daß derjenige, zu dessen Gunsten die Belastung erfolgt, berechtigt ist, unter Ausschluß des Eigentümers nicht zu Wohnzwecken dienende bestimmte Räume in einem auf dem Grundstück errichteten oder zu errichtenden Gebäude zu nutzen (Dauernutzungsrecht).
(3) Für das Dauernutzungsrecht gelten die Vorschriften über das Dauerwohnrecht entsprechend.

§ 32 Voraussetzungen der Eintragung

(1) Das Dauerwohnrecht soll nur bestellt werden, wenn die Wohnung in sich abgeschlossen ist.
(2) Zur näheren Bezeichnung des Gegenstands und des Inhalts des Dauerwohnrechts kann auf die Eintragungsbewilligung Bezug genommen werden. Der Eintragungsbewilligung sind als Anlagen beizufügen:
1. eine von der Baubehörde mit Unterschrift und Siegel oder Stempel versehene Bauzeichnung, aus der die Aufteilung des Gebäudes sowie die Lage und Größe der dem Dauerwohnrecht unterliegenden Gebäude- und Grundstücksteile ersichtlich ist (Aufteilungsplan); alle zu demsel-

ben Dauerwohnrecht gehörenden Einzelräume sind mit der jeweils gleichen Nummer zu kennzeichnen;
2. eine Bescheinigung der Baubehörde, daß die Voraussetzungen des Absatzes 1 vorliegen.
Wenn in der Eintragungsbewilligung für die einzelnen Dauerwohnrechte Nummern angegeben werden, sollen sie mit denen des Aufteilungsplans übereinstimmen. Die Landesregierungen können durch Rechtsverordnung bestimmen, dass und in welchen Fällen der Aufteilungsplan (S. 2 Nr. 1) und die Abgeschlossenheit (S. 2 Nr. 2) von einem öffentlich bestellten oder anerkannten Sachverständigen für das Bauwesen statt von der Baubehörde ausgefertigt und bescheinigt werden. Werden diese Aufgaben von dem Sachverständigen wahrgenommen, so gelten die Bestimmungen der Allgemeinen Verwaltungsvorschrift für die Ausstellung von Bescheinigungen gemäß § 7 Abs. 4 Nr. 2 und § 32 Abs. 2 Nr. 2 des Wohnungseigentumsgesetzes vom 19. März 1974 (BAnz. Nr. 58 vom 23. März 1974) entsprechend. In diesem Fall bedürfen die Anlagen nicht der Form des § 29 der Grundbuchordnung. Die Landesregierungen können die Ermächtigung durch Rechtsverordnung auf die Landesbauverwaltungen übertragen.
(3) Das Grundbuchamt soll die Eintragung des Dauerwohnrechts ablehnen, wenn über die in § 33 Abs. 4 Nr. 1 bis 4 bezeichneten Angelegenheiten, über die Voraussetzungen des Heimfallanspruchs (§ 36 Abs. 1) und über die Entschädigung beim Heimfall (§ 36 Abs. 4) keine Vereinbarungen getroffen sind.

§ 33 Inhalt des Dauerwohnrechts

(1) Das Dauerwohnrecht ist veräußerlich und vererblich. Es kann nicht unter einer Bedingung bestellt werden.
(2) Auf das Dauerwohnrecht sind, soweit nicht etwas anderes vereinbart ist, die Vorschriften des § 14 entsprechend anzuwenden.
(3) Der Berechtigte kann die zum gemeinschaftlichen Gebrauch bestimmten Teile, Anlagen und Einrichtungen des Gebäudes und Grundstücks mitbenutzen, soweit nichts anderes vereinbart ist.
(4) Als Inhalt des Dauerwohnrechts können Vereinbarungen getroffen werden über:
1. Art und Umfang der Nutzungen;
2. Instandhaltung und Instandsetzung der dem Dauerwohnrecht unterliegenden Gebäudeteile;
3. die Pflicht des Berechtigten zur Tragung öffentlicher oder privatrechtlicher Lasten des Grundstücks;
4. die Versicherung des Gebäudes und seinen Wiederaufbau im Falle der Zerstörung;
5. das Recht des Eigentümers, bei Vorliegen bestimmter Voraussetzungen Sicherheitsleistung zu verlangen.

§ 34 Ansprüche des Eigentümers und der Dauerwohnberechtigten

(1) Auf die Ersatzansprüche des Eigentümers wegen Veränderungen oder Verschlechterungen sowie auf die Ansprüche der Dauerwohnberechtigten auf Ersatz von Verwendungen oder auf Gestattung der Wegnahme einer Einrichtung sind die §§ 1049, 1057 des Bürgerlichen Gesetzbuches entsprechend anzuwenden.
(2) Wird das Dauerwohnrecht beeinträchtigt, so sind auf die Ansprüche des Berechtigten die für die Ansprüche aus dem Eigentum geltenden Vorschriften entsprechend anzuwenden.

§ 35 Veräußerungsbeschränkung

Als Inhalt des Dauerwohnrechts kann vereinbart werden, daß der Berechtigte zur Veräußerung des Dauerwohnrechts der Zustimmung des Eigentümers oder eines Dritten bedarf. Die Vorschriften des § 12 gelten in diesem Falle entsprechend.

§ 36 Heimfallanspruch

(1) Als Inhalt des Dauerwohnrechts kann vereinbart werden, daß der Berechtigte verpflichtet ist, das Dauerwohnrecht beim Eintritt bestimmter Voraussetzungen auf den Grundstückseigentümer oder einen von diesem zu bezeichnenden Dritten zu übertragen (Heimfallanspruch). Der Heimfallanspruch kann nicht von dem Eigentum an dem Grundstück getrennt werden.
(2) Bezieht sich das Dauerwohnrecht auf Räume, die dem Mieterschutz unterliegen, so kann der Eigentümer von dem Heimfallanspruch nur Gebrauch machen, wenn ein Grund vorliegt, aus dem ein Vermieter die Aufhebung des Mietverhältnisses verlangen oder kündigen kann.
(3) Der Heimfallanspruch verjährt in sechs Monaten von dem Zeitpunkt an, in dem der Eigentümer von dem Eintritt der Voraussetzungen Kenntnis erlangt, ohne Rücksicht auf diese Kenntnis in zwei Jahren von dem Eintritt der Voraussetzungen an.
(4) Als Inhalt des Dauerwohnrechts kann vereinbart werden, daß der Eigentümer dem Berechtigten eine Entschädigung zu gewähren hat, wenn er von dem Heimfallanspruch Gebrauch macht. Als Inhalt des Dauerwohnrechts können Vereinbarungen über die Berechnung oder Höhe der Entschädigung oder die Art ihrer Zahlung getroffen werden.

§ 37 Vermietung

(1) Hat der Dauerwohnberechtigte die dem Dauerwohnrecht unterliegenden Gebäude- oder Grundstücksteile vermietet oder verpachtet, so erlischt das Miet- oder Pachtverhältnis, wenn das Dauerwohnrecht erlischt.
(2) Macht der Eigentümer von seinem Heimfallanspruch Gebrauch, so tritt er oder derjenige, auf den das Dauerwohnrecht zu übertragen ist, in das Miet- oder Pachtverhältnis ein; die Vorschriften der §§ 566 bis 566e des Bürgerlichen Gesetzbuches gelten entsprechend.
(3) Absatz 2 gilt entsprechend, wenn das Dauerwohnrecht veräußert wird. Wird das Dauerwohnrecht im Wege der Zwangsvollstreckung veräußert, so steht dem Erwerber ein Kündigungsrecht in entsprechender Anwendung des § 57a des Gesetzes über die Zwangsversteigerung und Zwangsverwaltung zu.

§ 38 Eintritt in das Rechtsverhältnis

(1) Wird das Dauerwohnrecht veräußert, so tritt der Erwerber an Stelle des Veräußerers in die sich während der Dauer seiner Berechtigung aus dem Rechtsverhältnis zu dem Eigentümer ergebenden Verpflichtungen ein.
(2) Wird das Grundstück veräußert, so tritt der Erwerber an Stelle des Veräußerers in die sich während der Dauer seines Eigentums aus dem Rechtsverhältnis zu dem Dauerwohnberechtigten ergebenden Rechte ein. Das gleiche gilt für den Erwerb auf Grund Zuschlages in der Zwangsversteigerung, wenn das Dauerwohnrecht durch den Zuschlag nicht erlischt.

§ 39 Zwangsversteigerung

(1) Als Inhalt des Dauerwohnrechts kann vereinbart werden, daß das Dauerwohnrecht im Falle der Zwangsversteigerung des Grundstücks abweichend von § 44 des Gesetzes über die Zwangsversteigerung und Zwangsverwaltung auch dann bestehen bleiben soll, wenn der Gläubiger einer dem Dauerwohnrecht im Range vorgehenden oder gleichstehenden Hypothek, Grundschuld, Rentenschuld oder Reallast die Zwangsversteigerung in das Grundstück betreibt.
(2) Eine Vereinbarung gemäß Absatz 1 bedarf zu ihrer Wirksamkeit der Zustimmung derjenigen, denen eine dem Dauerwohnrecht im Range vorgehende oder gleichstehende Hypothek, Grundschuld, Rentenschuld oder Reallast zusteht.
(3) Eine Vereinbarung gemäß Absatz 1 ist nur wirksam für den Fall, daß der Dauerwohnberechtigte im Zeitpunkt der Feststellung der Versteigerungsbedingungen seine fälligen Zahlungsverpflichtungen gegenüber dem Eigentümer erfüllt hat; in Ergänzung einer Vereinbarung nach Ab-

satz 1 kann vereinbart werden, daß das Fortbestehen des Dauerwohnrechts vom Vorliegen weiterer Voraussetzungen abhängig ist.

§ 40 Haftung des Entgelts

(1) Hypotheken, Grundschulden, Rentenschulden und Reallasten, die dem Dauerwohnrecht im Range vorgehen oder gleichstehen, sowie öffentliche Lasten, die in wiederkehrenden Leistungen bestehen, erstrecken sich auf den Anspruch auf das Entgelt für das Dauerwohnrecht in gleicher Weise wie auf eine Mietforderung, soweit nicht in Absatz 2 etwas Abweichendes bestimmt ist. Im übrigen sind die für Mietforderungen geltenden Vorschriften nicht entsprechend anzuwenden.
(2) Als Inhalt des Dauerwohnrechts kann vereinbart werden, daß Verfügungen über den Anspruch auf das Entgelt, wenn es in wiederkehrenden Leistungen ausbedungen ist, gegenüber dem Gläubiger einer dem Dauerwohnrecht im Range vorgehenden oder gleichstehenden Hypothek, Grundschuld, Rentenschuld oder Reallast wirksam sind. Für eine solche Vereinbarung gilt § 39 Abs. 2 entsprechend.

§ 41 Besondere Vorschriften für langfristige Dauerwohnrechte

(1) Für Dauerwohnrechte, die zeitlich unbegrenzt oder für einen Zeitraum von mehr als zehn Jahren eingeräumt sind, gelten die besonderen Vorschriften der Absätze 2 und 3.
(2) Der Eigentümer ist, sofern nicht etwas anderes vereinbart ist, dem Dauerwohnberechtigten gegenüber verpflichtet, eine dem Dauerwohnrecht im Range vorgehende oder gleichstehende Hypothek löschen zu lassen für den Fall, daß sie sich mit dem Eigentum in einer Person vereinigt, und die Eintragung einer entsprechenden Löschungsvormerkung in das Grundbuch zu bewilligen.
(3) Der Eigentümer ist verpflichtet, dem Dauerwohnberechtigten eine angemessene Entschädigung zu gewähren, wenn er von dem Heimfallanspruch Gebrauch macht.

§ 42 Belastung eines Erbbaurechts

(1) Die Vorschriften der §§ 31 bis 41 gelten für die Belastung eines Erbbaurechts mit einem Dauerwohnrecht entsprechend.
(2) Beim Heimfall des Erbbaurechts bleibt das Dauerwohnrecht bestehen.

III. Teil
Verfahrensvorschriften

§ 43 Zuständigkeit

Das Gericht, in dessen Bezirk das Grundstück liegt, ist ausschließlich zuständig für
1. Streitigkeiten über die sich aus der Gemeinschaft der Wohnungseigentümer und aus der Verwaltung des gemeinschaftlichen Eigentums ergebenden Rechte und Pflichten der Wohnungseigentümer untereinander;
2. Streitigkeiten über die Rechte und Pflichten zwischen der Gemeinschaft der Wohnungseigentümer und Wohnungseigentümern;
3. Streitigkeiten über die Rechte und Pflichten des Verwalters bei der Verwaltung des gemeinschaftlichen Eigentums;
4. Streitigkeiten über die Gültigkeit von Beschlüssen der Wohnungseigentümer;
5. Klagen Dritter, die sich gegen die Gemeinschaft der Wohnungseigentümer oder gegen Wohnungseigentümer richten und sich auf das gemeinschaftliche Eigentum, seine Verwaltung oder das Sondereigentum beziehen;
6. Mahnverfahren, wenn die Gemeinschaft der Wohnungseigentümer Antragstellerin ist. Insoweit ist § 689 Abs. 2 der Zivilprozessordnung nicht anzuwenden.

§ 44 Bezeichnung der Wohnungseigentümer in der Klageschrift

(1) Wird die Klage durch oder gegen alle Wohnungseigentümer mit Ausnahme des Gegners erhoben, so genügt für ihre nähere Bezeichnung in der Klageschrift die bestimmte Angabe des gemeinschaftlichen Grundstücks; wenn die Wohnungseigentümer Beklagte sind, sind in der Klageschrift außerdem der Verwalter und der gemäß § 45 Abs. 2 S. 1 bestellte Ersatzzustellungsvertreter zu bezeichnen. Die namentliche Bezeichnung der Wohnungseigentümer hat spätestens bis zum Schluss der mündlichen Verhandlung zu erfolgen.

(2) Sind an dem Rechtsstreit nicht alle Wohnungseigentümer als Partei beteiligt, so sind die übrigen Wohnungseigentümer entsprechend Absatz 1 von dem Kläger zu bezeichnen. Der namentlichen Bezeichnung der übrigen Wohnungseigentümer bedarf es nicht, wenn das Gericht von ihrer Beiladung gemäß § 48 Abs. 1 S. 1 absieht.

§ 45 Zustellung

(1) Der Verwalter ist Zustellungsvertreter der Wohnungseigentümer, wenn diese Beklagte oder gemäß § 48 Abs. 1 S. 1 beizuladen sind, es sei denn, dass er als Gegner der Wohnungseigentümer an dem Verfahren beteiligt ist oder aufgrund des Streitgegenstandes die Gefahr besteht, der Verwalter werde die Wohnungseigentümer nicht sachgerecht unterrichten.

(2) Die Wohnungseigentümer haben für den Fall, dass der Verwalter als Zustellungsvertreter ausgeschlossen ist, durch Beschluss mit Stimmenmehrheit einen Ersatzzustellungsvertreter sowie dessen Vertreter zu bestellen, auch wenn ein Rechtsstreit noch nicht anhängig ist. Der Ersatzzustellungsvertreter tritt in die dem Verwalter als Zustellungsvertreter der Wohnungseigentümer zustehenden Aufgaben und Befugnisse ein, sofern das Gericht die Zustellung an ihn anordnet; Absatz 1 gilt entsprechend.

(3) Haben die Wohnungseigentümer entgegen Absatz 2 S. 1 keinen Ersatzzustellungsvertreter bestellt oder ist die Zustellung nach den Absätzen 1 und 2 aus sonstigen Gründen nicht ausführbar, kann das Gericht einen Ersatzzustellungsvertreter bestellen.

§ 46 Anfechtungsklage

(1) Die Klage eines oder mehrerer Wohnungseigentümer auf Erklärung der Ungültigkeit eines Beschlusses der Wohnungseigentümer ist gegen die übrigen Wohnungseigentümer und die Klage des Verwalters ist gegen die Wohnungseigentümer zu richten. Sie muss innerhalb eines Monats nach der Beschlussfassung erhoben und innerhalb zweier Monate nach der Beschlussfassung begründet werden. Die §§ 233 bis 238 der Zivilprozessordnung gelten entsprechend.

(2) Hat der Kläger erkennbar eine Tatsache übersehen, aus der sich ergibt, dass der Beschluss nichtig ist, so hat das Gericht darauf hinzuweisen.

§ 46a

(Gegenstandslos)

§ 47 Prozessverbindung

Mehrere Prozesse, in denen Klagen auf Erklärung oder Feststellung der Ungültigkeit desselben Beschlusses der Wohnungseigentümer erhoben werden, sind zur gleichzeitigen Verhandlung und Entscheidung zu verbinden. Die Verbindung bewirkt, dass die Kläger der vorher selbständigen Prozesse als Streitgenossen anzusehen sind.

§ 48 Beiladung, Wirkung des Urteils

(1) Richtet sich die Klage eines Wohnungseigentümers, der in einem Rechtsstreit gemäß § 43 Nr. 1 oder Nr. 3 einen ihm allein zustehenden Anspruch geltend macht, nur gegen einen oder einzelne

Wohnungseigentümer oder nur gegen den Verwalter, so sind die übrigen Wohnungseigentümer beizuladen, es sei denn, dass ihre rechtlichen Interessen erkennbar nicht betroffen sind. Soweit in einem Rechtsstreit gemäß § 43 Nr. 3 oder Nr. 4 der Verwalter nicht Partei ist, ist er ebenfalls beizuladen.
(2) Die Beiladung erfolgt durch Zustellung der Klageschrift, der die Verfügungen des Vorsitzenden beizufügen sind. Die Beigeladenen können der einen oder anderen Partei zu deren Unterstützung beitreten. Veräußert ein beigeladener Wohnungseigentümer während des Prozesses sein Wohnungseigentum, ist § 265 Abs. 2 der Zivilprozessordnung entsprechend anzuwenden.
(3) Über die in § 325 der Zivilprozessordnung angeordneten Wirkungen hinaus wirkt das rechtskräftige Urteil auch für und gegen alle beigeladenen Wohnungseigentümer und ihre Rechtsnachfolger sowie den beigeladenen Verwalter.
(4) Wird durch das Urteil eine Anfechtungsklage als unbegründet abgewiesen, so kann auch nicht mehr geltend gemacht werden, der Beschluss sei nichtig.

§ 49 Kostenentscheidung

(1) Wird gemäß § 21 Abs. 8 nach billigem Ermessen entschieden, so können auch die Prozesskosten nach billigem Ermessen verteilt werden.
(2) Dem Verwalter können Prozesskosten auferlegt werden, soweit die Tätigkeit des Gerichts durch ihn veranlasst wurde und ihn ein grobes Verschulden trifft, auch wenn er nicht Partei des Rechtsstreits ist.

§ 50 Kostenerstattung

Den Wohnungseigentümern sind als zur zweckentsprechenden Rechtsverfolgung oder Rechtsverteidigung notwendige Kosten nur die Kosten eines bevollmächtigten Rechtsanwalts zu erstatten, wenn nicht aus Gründen, die mit dem Gegenstand des Rechtsstreits zusammenhängen, eine Vertretung durch mehrere bevollmächtigte Rechtsanwalte geboten war.

§ 51

(Aufgehoben)

§ 52

(Aufgehoben)

§ 53

(Aufgehoben)

§ 54

(Aufgehoben)

§ 55

(Aufgehoben)

§ 56

(Aufgehoben)

§ 57

(Aufgehoben)

§ 58

(Aufgehoben)

IV. Teil
Ergänzende Bestimmungen

§ 59

(Aufgehoben)

§ 60 Ehewohnung

Die Vorschriften der Verordnung über die Behandlung der Ehewohnung und des Hausrats (Sechste Durchführungsverordnung zum Ehegesetz) vom 21. Oktober 1944 (Reichsgesetzbl. I S. 256) gelten entsprechend, wenn die Ehewohnung im Wohnungseigentum eines oder beider Ehegatten steht oder wenn einem oder beiden Ehegatten das Dauerwohnrecht an der Ehewohnung zusteht.

§ 61 [Veräußerung von Wohnungseigentum ohne gemäß § 12 erforderliche Zustimmung]

Fehlt eine nach § 12 erforderliche Zustimmung, so sind die Veräußerung und das zugrundeliegende Verpflichtungsgeschäft unbeschadet der sonstigen Voraussetzungen wirksam, wenn die Eintragung der Veräußerung oder einer Auflassungsvormerkung in das Grundbuch vor dem 15. Januar 1994 erfolgt ist und es sich um die erstmalige Veräußerung dieses Wohnungseigentums nach seiner Begründung handelt, es sei denn, daß eine rechtskräftige gerichtliche Entscheidung entgegensteht. Das Fehlen der Zustimmung steht in diesen Fällen dem Eintritt der Rechtsfolgen des § 878 des Bürgerlichen Gesetzbuchs nicht entgegen. Die Sätze 1 und 2 gelten entsprechend in den Fällen der §§ 30 und 35 des Wohnungseigentumsgesetzes.

§ 62 Übergangsvorschrift

(1) Für die am 1. Juli 2007 bei Gericht anhängigen Verfahren in Wohnungseigentums- oder in Zwangsversteigerungssachen oder für die bei einem Notar beantragten freiwilligen Versteigerungen sind die durch die Artikel 1 und 2 des Gesetzes vom 26. März 2007 (BGBl. I S. 370) geänderten Vorschriften des III. Teils dieses Gesetzes sowie die des Gesetzes über die Zwangsversteigerung und die Zwangsverwaltung in ihrer bis dahin geltenden Fassung weiter anzuwenden.
(2) In Wohnungseigentumssachen nach § 43 Nr. 1 bis 4 finden die Bestimmungen über die Nichtzulassungsbeschwerde (§ 543 Abs. 1 Nr. 2, § 544 der Zivilprozessordnung) keine Anwendung, soweit die anzufechtende Entscheidung vor dem 1. Juli 2012 verkündet worden ist.

§ 63 Überleitung bestehender Rechtsverhältnisse

(1) Werden Rechtsverhältnisse, mit denen ein Rechtserfolg bezweckt wird, der den durch dieses Gesetz geschaffenen Rechtsformen entspricht, in solche Rechtsformen umgewandelt, so ist als Geschäftswert für die Berechnung der hierdurch veranlaßten Gebühren der Gerichte und Notare im Falle des Wohnungseigentums ein Fünfundzwanzigstel des Einheitswertes des Grundstückes, im Falle des Dauerwohnrechtes ein Fünfundzwanzigstel des Wertes des Rechtes anzunehmen.
(2) *(Gegenstandslos)*

(3) Durch Landesgesetz können Vorschriften zur Überleitung bestehender, auf Landesrecht beruhender Rechtsverhältnisse in die durch dieses Gesetz geschaffenen Rechtsformen getroffen werden.

§ 64 Inkrafttreten

Dieses Gesetz tritt am Tage nach seiner Verkündung in Kraft.

Anhang II Durchführungsbestimmungen

Anhang II.1 WGV mit Anlagen
Verordnung über die Anlegung und Führung der
Wohnungs- und Teileigentumsgrundbücher
(Wohnungsgrundbuchverfügung – WGV)

§ 1

Für die gemäß § 7 Abs. 1, § 8 Abs. 2 des Wohnungseigentumsgesetzes vom 15. März 1951 (Bundesgesetzbl. I S. 175) für jeden Miteigentumsanteil anzulegenden besonderen Grundbuchblätter (Wohnungs- und Teileigentumsgrundbücher) sowie für die gemäß § 30 Abs. 3 des Wohnungseigentumsgesetzes anzulegenden Wohnungs- und Teilerbbaugrundbücher gelten die Vorschriften der Grundbuchverfügung entsprechend, soweit sich nicht aus den §§ 2 bis 5, 8 und 9 etwas anderes ergibt.

§ 2

In der Aufschrift ist unter die Blattnummer in Klammern das Wort »Wohnungsgrundbuch« oder »Teileigentumsgrundbuch« zu setzen, je nachdem, ob sich das Sondereigentum auf eine Wohnung oder auf nicht zu Wohnzwecken dienende Räume bezieht. Ist mit dem Miteigentumsanteil Sondereigentum sowohl an einer Wohnung als auch an nicht zu Wohnzwecken dienenden Räumen verbunden und überwiegt nicht einer dieser Zwecke offensichtlich, so ist das Grundbuchblatt als »Wohnungs- und Teileigentumsgrundbuch« zu bezeichnen.

§ 3

(1) Im Bestandsverzeichnis sind in dem durch die Spalte 3 gebildeten Raum einzutragen:
a) der in einem zahlenmäßigen Bruchteil ausgedrückte Miteigentumsanteil an dem Grundstück;
b) die Bezeichnung des Grundstücks nach den allgemeinen Vorschriften; besteht das Grundstück aus mehreren Teilen, die in dem maßgebenden amtlichen Verzeichnis (§ 2 Abs. 2 der Grundbuchordnung) als selbständige Teile eingetragen sind, so ist bei der Bezeichnung des Grundstücks in geeigneter Weise zum Ausdruck zu bringen, daß die Teile ein Grundstück bilden;
c) das mit dem Miteigentumsanteil verbundene Sondereigentum an bestimmten Räumen und die Beschränkung des Miteigentums durch die Einräumung der zu den anderen Miteigentumsanteilen gehörenden Sondereigentumsrechte; dabei sind die Grundbuchblätter der übrigen Miteigentumsanteile anzugeben.
(2) Wegen des Gegenstandes und des Inhalts des Sondereigentums kann auf die Eintragungsbewilligung Bezug genommen werden (§ 7 Abs. 3 des Wohnungseigentumsgesetzes); vereinbarte Veräußerungsbeschränkungen (§ 12 des Wohnungseigentumsgesetzes) sind jedoch ausdrücklich einzutragen.
(3) In Spalte 1 ist die laufende Nummer der Eintragung einzutragen. In Spalte 2 ist die bisherige laufende Nummer des Miteigentumsanteils anzugeben, aus dem der Miteigentumsanteil durch Vereinigung oder Teilung entstanden ist.
(4) In Spalte 4 ist die Größe des im Miteigentum stehenden Grundstücks nach den allgemeinen Vorschriften einzutragen.
(5) In den Spalten 6 und 8 sind die Übertragung des Miteigentumsanteils auf das Blatt sowie die Veränderungen, die sich auf den Bestand des Grundstücks, die Größe des Miteigentumsanteils oder den Gegenstand oder den Inhalt des Sondereigentums beziehen, einzutragen. Der Vermerk über die Übertragung des Miteigentumsanteils auf das Blatt kann jedoch statt in Spalte 6 auch in die Eintragung in Spalte 3 aufgenommen werden.
(6) Verliert durch die Eintragung einer Veränderung nach ihrem aus dem Grundbuch ersichtlichen Inhalt eine frühere Eintragung ganz oder teilweise ihre Bedeutung, so ist sie insoweit rot zu unterstreichen.

(7) Vermerke über Rechte, die dem jeweiligen Eigentümer des Grundstücks zustehen, sind in den Spalten 1, 3 und 4 des Bestandsverzeichnisses sämtlicher für Miteigentumsanteile an dem herrschenden Grundstück angelegten Wohnungs- und Teileigentumsgrundbücher einzutragen. Hierauf ist in dem in Spalte 6 einzutragenden Vermerk hinzuweisen.

§ 4

(1) Rechte, die ihrer Natur nach nicht an dem Wohnungseigentum als solchem bestehen können (wie z. B. Wegerechte), sind in Spalte 3 der zweiten Abteilung in der Weise einzutragen, daß die Belastung des ganzen Grundstücks erkennbar ist. Die Belastung ist in sämtlichen für Miteigentumsanteile an dem belasteten Grundstück angelegten Wohnungs- und Teileigentumsgrundbüchern einzutragen, wobei jeweils auf die übrigen Eintragungen zu verweisen ist.
(2) Absatz 1 gilt entsprechend für Verfügungsbeschränkungen, die sich auf das Grundstück als Ganzes beziehen.

§ 5

Bei der Bildung von Hypotheken-, Grundschuld- und Rentenschuldbriefen ist kenntlich zu machen, daß der belastete Gegenstand ein Wohnungseigentum (Teileigentum) ist.

§ 6

Sind gemäß § 7 Abs. 1 oder § 8 Abs. 2 des Wohnungseigentumsgesetzes für die Miteigentumsanteile besondere Grundbuchblätter anzulegen, so werden die Miteigentumsanteile in den Spalten 7 und 8 des Bestandsverzeichnisses des Grundbuchblatts des Grundstücks abgeschrieben. Die Schließung des Grundbuchblatts gemäß § 7 Abs. 1 S. 3 des Wohnungseigentumsgesetzes unterbleibt, wenn auf dem Grundbuchblatt von der Abschreibung nicht betroffene Grundstücke eingetragen sind.

§ 7

Wird von der Anlegung besonderer Grundbuchblätter gemäß § 7 Abs. 2 des Wohnungseigentumsgesetzes abgesehen, so sind in der Aufschrift unter die Blattnummer in Klammern die Worte »Gemeinschaftliches Wohnungsgrundbuch« oder »Gemeinschaftliches Teileigentumsgrundbuch« (im Falle des § 2 S. 2 dieser Verfügung »Gemeinschaftliches Wohnungs- und Teileigentumsgrundbuch«) zu setzen; die Angaben über die Einräumung von Sondereigentum sowie über den Gegenstand und Inhalt des Sondereigentums sind als Bezeichnung des Gemeinschaftsverhältnisses im Sinne des § 47 der Grundbuchordnung gemäß § 9 Buchstabe b der Grundbuchverfügung in den Spalten 2 und 4 der ersten Abteilung einzutragen.

§ 8

Die Vorschriften der §§ 2 bis 7 gelten für Wohnungs- und Teilerbbaugrundbücher entsprechend.

§ 9

Die nähere Einrichtung der Wohnungs- und Teileigentumsgrundbücher sowie der Wohnungs- und Teilerbbaugrundbücher ergibt sich aus den als Anlagen 1 bis 3) beigefügten Mustern. Für den Inhalt eines Hypothekenbriefs bei der Aufteilung des Eigentums am belasteten Grundstück in Wohnungseigentumsrechte nach § 8 des Wohnungseigentumsgesetzes dient die Anlage 4 als Muster. Die in den Anlagen befindlichen Probeeintragungen sind als Beispiele nicht Teil dieser Verfügung.

§ 10

(1) Die Befugnis der zuständigen Landesbehörden, zur Anpassung an **landesrechtliche Besonderheiten** ergänzende Vorschriften zu treffen, wird durch diese Verfügung nicht berührt.

(2) Soweit auf die Vorschriften der Grundbuchverfügung verwiesen wird und deren Bestimmungen nach den für die Überleitung der Grundbuchverfügung bestimmten Maßgaben nicht anzuwenden sind, treten an die Stelle der in Bezug genommenen Vorschriften der Grundbuchverfügung die **entsprechenden** anzuwendenden Regelungen über die Einrichtung und Führung der Grundbücher. Die in § 3 vorgesehenen Angaben sind in diesem Falle in die entsprechenden Spalten für den Bestand einzutragen.

(3) Ist eine Aufschrift mit Blattnummer nicht vorhanden, ist die in § 2 erwähnte Bezeichnung an vergleichbarer Stelle im Kopf der ersten Seite des Grundbuchblatts anzubringen.

§ 11

(Inkrafttreten)

Anlagen 1 bis 4
zur Verordnung
über die Anlegung und Führung
der Wohnungs- und Teileigentumsgrundbücher
(Wohnungsgrundbuchverfügung – WGV)

Hinweise:
Die Anlagen sind im Zuge der Neufassung der Wohnungsgrundbuchverfügung vom 24.1.1995 aktualisiert worden.
Nicht wiedergegeben ist die farbliche Gestaltung der in Papierform geführten Grundbücher:
– Weiß für die Aufschrift und das Bestandsverzeichnis,
– Rosa für die Abteilung I,
– Gelb für die Abteilung II,
– Grün für die Abteilung III.
Die Rotunterstreichungen sind durch schwarze Linien dargestellt.

Anlage 1
(zu § 9)

Muster

(Wohnungs- und Teileigentumsgrundbuch)

Amtsgericht

Schönberg

Grundbuch
von

Waslingen

Blatt 171

(Wohnungs- und Teileigentumsgrundbuch)

(Wohnungsgrundbuch)

WGV Anl. 1 | Anhang II.1

Amtsgericht Schönberg				Einlegebogen
Grundbuch von Waslingen		**Blatt** 171	**Bestandsverzeichnis**	1

Lfd. Nr. der Grund-stücke	Bisherige lfd. Nr. der Grund-stücke	Bezeichnung der Grundstücke und der mit dem Eigentum verbundenen Rechte		Größe
		Gemarkung Flur Flurstück	Wirtschaftsart und Lage	m²
		a/b/c	d	
1	2	3		4
1	–	42/100 (zweiundvierzig Hundertstel) Miteigentumsanteil an dem Grundstück Waslingen 3 112	Gebäude- und Freifläche, Mühlenstr. 10	468
		verbunden mit dem Sondereigentum an dem Ladenlokal im Erdgeschoß und an der Wohnung im ersten Stockwerk links, im Aufteilungsplan bezeichnet mit Nr. 1.		
		Das Miteigentum ist durch die Einräumung der zu den anderen Miteigentumsanteilen gehörenden Sondereigentumsrechte (eingetragen in den Blättern 171 bis 176, ausgenommen dieses Blatt) beschränkt.		
		Veräußerungsbeschränkung: Zustimmung durch die Mehrheit der übrigen Wohnungs- und Teileigentümer.		
		Im übrigen wird wegen des Gegenstands und des Inhalts des Sondereigentums auf die Bewilligung vom 6. Mai 1981 Bezug genommen.		
		Eingetragen am 15. Mai 1981.		
		Neu Meier		
2	Rest von 1	14/100 (vierzehn Hundertstel) Miteigentumsanteil an dem Grundstück Waslingen 3 112	Gebäude- und Freifläche, Mühlenstr. 10	468
		verbunden mit dem Sondereigentum an der Wohnung im ersten Stockwerk links, im Aufteilungsplan bezeichnet mit Nr. 1.		
		Das Miteigentum ist durch die Einräumung der zu den anderen Miteigentumsanteilen gehörenden Sondereigentumsrechte (eingetragen in den Blättern 171 bis 176, 227, ausgenommen dieses Blatt) beschränkt.		
3 zu 2		Licht- und Fensterrecht an dem Grundstück Waslingen Flur 3 Flurstück 119, eingetragen im Grundbuch von Waslingen Blatt 21 Abt. II Nr. 2, zugunsten des jeweiligen Eigentümers des Grundstücks Waslingen Flur 3 Flurstück 112.		

Anhang II.1 | WGV Anl. 1

Amtsgericht Schönberg Einlegebogen
Grundbuch von Waslingen **Blatt** 171 **Bestandsverzeichnis** 1 R

Bestand und Zuschreibungen		Abschreibungen	
Zur lfd. Nr. der Grundstücke		Zur lfd. Nr. der Grundstücke	
5	6	7	8
1	Der Miteigentumsanteil ist bei Anlegung dieses Blattes von Blatt 47 hierher übertragen am 15. Mai 1981. Neu Meier	1, 2	Von Nr. 1 sind 28/100 Miteigentumsanteil, verbunden mit Sondereigentum an dem Laden im Erdgeschoß, übertragen nach Blatt 227 am 18. Juli 1985. Rest: Nr. 2. Neu Meier
3 --- zu 2	Hier sowie auf den für die übrigen Miteigentumsanteile angelegten Grundbuchblättern (Blätter 172 bis 176, Blatt 227) vermerkt am 26. April 1986. Schmidt Lehmann		
2	Der Inhalt des Sondereigentums ist dahin geändert, daß a) die Zustimmung zur Veräußerung nicht erforderlich ist im Falle der Versteigerung nach § 19 des Wohnungseigentumsgesetzes sowie bei Veräußerung im Wege der Zwangsvollstreckung oder durch den Konkursverwalter; b) über den Gebrauch des Hofraums eine Vereinbarung getroffen ist. Eingetragen unter Bezugnahme auf die Bewilligung vom 18. August 1988 am 2. September 1988. Schmidt Lehmann		
2	Der Gegenstand des Sondereigentums ist bezüglich eines Raumes geändert. Unter Bezugnahme auf die Bewilligung vom 28. Februar 1989 eingetragen am 21. März 1989. Schmidt Lehmann		

Fortsetzung auf Einlegebogen

Amtsgericht Schönberg Einlegebogen
Grundbuch von Waslingen   **Blatt** 171   **Erste Abteilung** | 1

Lfd. Nr. der Ein- tragungen	Eigentümer	Lfd. Nr. der Grund- stücke im Bestands- verzeichnis	Grundlage der Eintragung
1	2	3	4
1a b	Müller, Johann, geb. am 21. Februar 1938, Waslingen Müller, Johanna, geb. Schmitz, geb. am 27. Juli 1940, Waslingen - je zu 1/2 -	1 3 ---- zu 2	Der Miteigentumsanteil ist auf- gelassen am 6. Mai 1981; ein- getragen am 15. Mai 1981. Neu Meier In Blatt 21 eingetragen am 26. April 1986; hier vermerkt am 26. April 1986. Schmidt Lehmann

Anhang II.1 | WGV Anl. 1

Amtsgericht Schönberg				Einlegebogen
Grundbuch von Waslingen		**Blatt** 171	**Zweite Abteilung**	1

Lfd. Nr. der Ein- tragungen	Lfd. Nr. der betroffenen Grundstücke im Bestands- verzeichnis	Lasten und Beschränkungen
1	2	3
1	1	Geh- und Fahrtrecht an dem Grundstück Flur 3 Flurstück Nr. 112 für den jeweiligen Eigentümer des Grundstücks Blatt 4 Nr. 2 des Bestands- verzeichnisses (Flur 3 Flurstück 115); eingetragen in Blatt 47 am 4. April 1943 und hierher sowie auf die für die anderen Miteigentums- anteile angelegten Grundbuchblätter (Blätter 172 bis 176) übertragen am 15. Mai 1981. Neu Meier
2	2	Wohnungsrecht für Müller, Emilie, geb. Schulze, geb. am 13. März 1912, Waslingen. Eingetragen unter Bezugnahme auf die Bewilligung vom 20. September 1986 am 11. Oktober 1986. Schmidt Lehmann

Amtsgericht Schönberg   Einlegebogen
Grundbuch von Waslingen   **Blatt** 171   **Dritte Abteilung**   1

Lfd. Nr. der Ein- tragungen	Lfd. Nr. der belasteten Grundstücke im Bestands- verzeichnis	Betrag	Hypotheken, Grundschulden, Rentenschulden
1	2	3	4
1	1	10 000 DM	Zehntausend Deutsche Mark Darlehen, mit sechs vom Hundert jährlich verzinslich, für die Stadtsparkasse Waslingen. Die Erteilung eines Briefes ist ausgeschlossen. Unter Bezugnahme auf die Bewilligung vom 8. Mai 1981 als Gesamtbelastung in den Blättern 171 bis 176 eingetragen am 17. Mai 1981. Neu Meier
2	2	3 000 DM	Dreitausend Deutsche Mark Grundschuld mit sechs vom Hundert jährlich verzinslich für Ernst Nuter, geb. am 23. April 1940, Neudorf. Unter Bezugnahme auf die Bewilligung vom 17. Januar 1986 eingetragen am 2. Februar 1986. Schmidt Lehmann

Anhang II.1 | WGV Anl. 1

Amtsgericht Schönberg						Einlegebogen	
Grundbuch von Waslingen			**Blatt** 171		**Dritte Abteilung**	1 **R**	
Veränderungen				Löschungen			
Lfd. Nr. der Spalte 1	Betrag			Lfd. Nr. der Spalte 1	Betrag		
5	6	7		8	9	10	
1	10 000 DM	Weitere Mithaft besteht in Blatt 227; eingetragen am 18. Juli 1985. Neu Meier					

Fortsetzung auf Einlegebogen

Anlage 2
(zu § 9)

Muster

(Erste Abteilung
eines gemeinschaftlichen Wohnungsgrundbuchs)

Amtsgericht Schönberg   Einlegebogen
Grundbuch von Waslingen   **Blatt** 159   **Erste Abteilung**   1

Lfd. Nr. der Eintragungen	Eigentümer	Lfd. Nr. der Grundstücke im Bestandsverzeichnis	Grundlage der Eintragung
1	2	3	4
1a b c d	Amberg, Johann, geb. am 7. Oktober 1933, Waslingen Beier, Friedrich, geb. am 23. Dezember 1931, Waslingen Christ, Karl, geb. am 10. August 1931, Waslingen Damm, Georg, geb. am 12. Dezember 1903, Waslingen - je zu 1/4 - Jeder Miteigentumsanteil ist verbunden mit Sondereigentum an einer Wohnung des Hauses. Das Miteigentum ist durch die Einräumung der Sondereigentumsrechte beschränkt.	1	Das Grundstück ist an die Miteigentümer aufgelassen am 10. Mai 1981. Wegen des Gegenstandes und des Inhalts des Sondereigentums wird auf die Bewilligung vom 10. Mai 1981 Bezug genommen. Jeder Wohnungseigentümer bedarf zur Veräußerung des Wohnungseigentums der Zustimmung der anderen Wohnungseigentümer. Eingetragen am 28. Mai 1981. Neu Meier

Anhang II.1 | WGV Anl. 3

Anlage 3
(zu § 9)

Muster
(Aufschrift und Bestandsverzeichnis
eines Wohnungserbbaugrundbuchs)

Amtsgericht

Schönberg

Grundbuch
von
Waslingen

Blatt 148

(Wohnungserbbaugrundbuch)

WGV Anl. 3 | Anhang II.1

Amtsgericht Schönberg Einlegebogen
Grundbuch von Waslingen   **Blatt** 148   **Bestandsverzeichnis** 1

Lfd. Nr. der Grundstücke	Bisherige lfd. Nr. der Grundstücke	Bezeichnung der Grundstücke und der mit dem Eigentum verbundenen Rechte		Größe
		Gemarkung Flur Flurstück	Wirtschaftsart und Lage	m²
		a/b/c	d	
1	2	3		4
1	–	1/12 (ein Zwölftel) Anteil an dem Erbbaurecht, das im Grundbuch von Waslingen Blatt 23 als Belastung des im Bestandsverzeichnis unter Nr. 2 verzeichneten Grundstücks		
		Waslingen 5 102 ––– 66	Garten an der Wublitz	2 515
		in Abteilung II Nr. 1 für die Dauer von 99 Jahren seit dem Tag der Eintragung, dem 1. Juni 1981, eingetragen ist.		
		Grundstückseigentümer: Walter Breithaupt, geb. am 1. März 1947, Waslingen.		
		Unter Bezugnahme auf die Bewilligung vom 26. April 1981 bei Anlegung dieses Wohnungserbbaugrundbuchs hier vermerkt am 1. Juni 1981.		
		Mit dem Anteil an dem Erbbaurecht ist das Sondereigentum an der Wohnung im ersten Stockwerk links, im Aufteilungsplan bezeichnet mit Nr. 12, des auf Grund des Erbbaurechts zu errichtenden Gebäudes verbunden. Der Anteil ist durch die Einräumung der zu den anderen Anteilen gehörenden Sondereigentumsrechte (eingetragen in den Blättern 137 bis 148, ausgenommen dieses Blatt) beschränkt.		
		Der Wohnungserbbauberechtigte bedarf zur Veräußerung des Wohnungserbbaurechts der Zustimmung der Mehrheit der übrigen Wohnungserbbauberechtigten.		
		Im übrigen wird wegen des Gegenstands und des Inhalts des Sondereigentums auf die Bewilligung vom 15. Mai 1981 Bezug genommen. Eingetragen am 1. Juni 1981.		
		Fuchs Körner		
		Der Inhalt des Erbbaurechts ist bezüglich der Heimfallgründe geändert. Unter Bezugnahme auf die Bewilligung vom 11. September 1985 eingetragen am 3. Oktober 1985.		
		Fuchs Körner		

1/4

Anhang II.1 | WGV Anl. 3

Amtsgericht Schönberg			Einlegebogen
Grundbuch von Waslingen	**Blatt** 148	**Bestandsverzeichnis**	1 **R**

Bestand und Zuschreibungen		Abschreibungen	
Zur lfd. Nr. der Grundstücke		Zur lfd. Nr. der Grundstücke	
5	6	7	8
1	Der Inhalt des Sondereigentums ist hinsichtlich der Gebrauchsregelung geändert. Unter Bezugnahme auf die Bewilligung vom 20. Februar 1986 eingetragen am 3. März 1986. Fuchs Körner		
			Fortsetzung auf Einlegebogen ____

Anlage 4
(zu § 9)

Muster

(Probeeintragungen
in einen Hypothekenbrief
bei Aufteilung des Eigentums am belasteten Grundstück
in Wohnungseigentumsrechte nach § 8 des Wohnungseigentumsgesetzes)

Deutscher
Hypothekenbrief

über

100 000 Deutsche Mark

eingetragen im Grundbuch von

Waslingen (Amtsgericht Schönberg)

Blatt 88 Abteilung III Nr. 3 (drei)

Inhalt der Eintragung:

Nr. 3: 100 000 (einhunderttausend) Deutsche Mark Darlehen für die Darlehensbank Aktiengesellschaft in Waslingen mit sechseinhalb vom Hundert jährlichen Zinsen. Unter Bezugnahme auf die Eintragungsbewilligung vom 28. September 1979 eingetragen am 18. Oktober 1979.

Belastetes Grundstück:

Das im Bestandsverzeichnis des Grundbuchs unter Nr. 1 verzeichnete Grundstück.

Schönberg, den 18. Oktober 1979

Amtsgericht

(Siegel oder Stempel)

(Unterschriften)

Das Eigentum an dem belasteten Grundstück ist in Wohnungseigentum aufgeteilt worden. Für die einzelnen Wohnungseigentumsrechte ist am 26. September 1980 jeweils ein Wohnungsgrundbuch angelegt worden. Diese Wohnungsgrundbücher haben folgende Bezeichnungen:

Wohnungsgrundbuch von Waslingen

Blatt
 97
 98
 99
100

In den vorgenannten Wohnungsgrundbüchern ist das Wohnungseigentum jeweils unter Nr. 1 im Bestandsverzeichnis eingetragen worden. Die Hypothek ist jeweils in die dritte Abteilung dieser Wohnungsgrundbücher unter Nr. 1 (eins) übertragen worden. Das Grundbuch von Waslingen Band 3 Blatt 88 ist geschlossen worden.*)

Schönberg, den 29. September 1980

Amtsgericht

(Siegel oder Stempel)

(Unterschriften)

---

*) Dieser Satz entfällt im Falle des § 6 Satz 2 der Wohnungsgrundbuchverfügung.

Anhang II.2
Allgemeine Verwaltungsvorschrift für die Ausstellung von Bescheinigungen gemäß § 7 Abs. 4 Nr. 2 und § 32 Abs. 2 Nr. 2 des Wohnungseigentumsgesetzes

Vom 19.3.1974 (BAnz. Nr. 58 v. 23.3.1974)

Auf Grund des Artikels 84 Abs. 2 des Grundgesetzes werden mit Zustimmung des Bundesrates folgende Richtlinien für die Baubehörden über die Bescheinigung gemäß § 7 Abs. 4 Nr. 2 bzw. § 32 Abs. 2 Nr. 2 des Wohnungseigentumsgesetzes vom 15.3.1951 (Bundesgesetzbl. I S. 175, 209), zuletzt geändert durch das Gesetz zur Änderung des Wohnungseigentumsgesetzes und der Verordnung über das Erbbaurecht vom 30.7.1973 (Bundesgesetzbl. I S. 910), erlassen:

1.

Die Bescheinigung darüber, daß eine Wohnung oder nicht zu Wohnzwecken dienende Räume in sich abgeschlossen im Sinne des § 3 Abs. 2 bzw. des § 32 Abs. 1 des Wohnungseigentumsgesetzes sind, wird auf Antrag des Grundstückseigentümers oder Erbbauberechtigten durch die Bauaufsichtsbehörde erteilt, die für die bauaufsichtliche Erlaubnis (Baugenehmigung) und die bauaufsichtlichen Abnahmen zuständig ist, soweit die zuständige oberste Landesbehörde nicht etwas anderes bestimmt.

2.

Dem Antrag ist eine Bauzeichnung in zweifacher Ausfertigung im Maßstabe mindestens 1:100 beizufügen; sie muß bei bestehenden Gebäuden eine Baubestandszeichnung sein und bei zu errichtenden Gebäuden den bauaufsichtlichen (baupolizeilichen) Vorschriften entsprechen.

3.

Aus der Bauzeichnung müssen die Wohnungen, auf die sich das Wohnungseigentum, Wohnungserbbaurecht oder Dauerwohnrecht beziehen soll, oder die nicht zu Wohnzwecken dienenden Räume, auf die sich das Teileigentum, Teilerbbaurecht oder Dauernutzungsrecht beziehen soll, ersichtlich sein. Dabei sind alle zu demselben Wohnungseigentum, Teileigentum, Wohnungserbbaurecht, Teilerbbaurecht, Dauerwohnrecht oder Dauernutzungsrecht gehörenden Einzelräume in der Bauzeichnung mit der jeweils gleichen Nummer zu kennzeichnen.

4.

Eine Wohnung ist die Summe der Räume, welche die Führung eines Haushaltes ermöglichen; dazu gehören stets eine Küche oder ein Raum mit Kochgelegenheit sowie Wasserversorgung, Ausguß und WC. Die Eigenschaft als Wohnung geht nicht dadurch verloren, daß einzelne Räume vorübergehend oder dauernd zu beruflichen oder gewerblichen Zwecken benutzt werden.
Räume, die zwar zu Wohnzwecken bestimmt sind, aber die genannten Voraussetzungen nicht erfüllen, können nicht als Wohnung im Sinne der oben angeführten Vorschriften angesehen werden.
Der Unterschied zwischen »Wohnungen« und »nicht zu Wohnzwecken dienenden Räumen« ergibt sich aus der Zweckbestimmung der Räume. Nicht zu Wohnzwecken dienende Räume sind z. B. Läden, Werkstatträume, sonstige gewerbliche Räume, Praxisräume, Garagen u. dgl.

5.

Aus der Bauzeichnung muß weiter ersichtlich sein, daß die »Wohnungen« oder »die nicht zu Wohnzwecken dienenden Räume« in sich abgeschlossen sind.

a)

Abgeschlossene Wohnungen sind solche Wohnungen, die baulich vollkommen von fremden Wohnungen und Räumen abgeschlossen sind, z. B. durch Wände und Decken, die den Anforderungen der Bauaufsichtsbehörden (Baupolizei) an Wohnungstrennwände und Wohnungstrenndecken entsprechen und einen eigenen abschließbaren Zugang unmittelbar vom Freien, von einem Treppenhaus oder einem Vorraum haben. Zu abgeschlossenen Wohnungen können zusätzliche Räume außerhalb des Wohnungsabschlusses gehören. Wasserversorgung, Ausguß und WC müssen innerhalb der Wohnung liegen.

Zusätzliche Räume, die außerhalb des Wohnungsabschlusses liegen, müssen verschließbar sein.

b)

Bei »nicht zu Wohnzwecken dienenden Räumen« gelten diese Erfordernisse sinngemäß.

6.

Bei Garagenstellplätzen muß sich im Falle des § 3 Abs. 2 S. 2 des Wohnungseigentumsgesetzes aus der Bauzeichnung, gegebenenfalls durch zusätzliche Beschriftung ergänzt, ergeben, wie die Flächen der Garagenstellplätze durch dauerhafte Markierungen ersichtlich sind. Als dauerhafte Markierungen kommen in Betracht:

a) Wände aus Stein oder Metall,
b) festverankerte Geländer oder Begrenzungseinrichtungen aus Stein oder Metall,
c) festverankerte Begrenzungsschwellen aus Stein oder Metall,
d) in den Fußboden eingelassene Markierungssteine,
e) andere Maßnahmen, die den Maßnahmen nach den Buchstaben a bis d zumindest gleichzusetzen sind.

7.

Bei Vorliegen der Voraussetzungen der Nummern 1 bis 6 ist die Bescheinigung nach dem Muster der Anlage zu erteilen. Die Bescheinigung ist mit Unterschrift sowie Siegel oder Stempel zu versehen. Mit der Bescheinigung ist eine als Aufteilungsplan bezeichnete und mit Unterschrift sowie mit Siegel oder Stempel versehene Ausfertigung der Bauzeichnung zu erteilen. Die Zusammengehörigkeit von Bescheinigung und Aufteilungsplan ist durch Verbindung beider mittels Schnur und Siegel oder durch übereinstimmende Aktenbezeichnung ersichtlich zu machen.

8.

Die Bescheinigung gemäß Nummer 7 ist bei zu errichtenden Gebäuden nicht zu erteilen, wenn die Voraussetzungen für eine bauaufsichtliche Genehmigung des Bauvorhabens nach Maßgabe der eingereichten Bauzeichnungen nicht gegeben sind.

Die Richtlinien treten am 1. Tag des auf die Veröffentlichung folgenden Monats in Kraft. Die Richtlinien des Bundesministers für Wohnungsbau vom 3.8.1951 für die Ausstellung von Bescheinigungen gemäß § 7 Abs. 4 Nr. 2 und § 32 Abs. 2 Nr. 2 des Wohnungseigentumsgesetzes (Bundesanzeiger Nr. 152 vom 9.8.1951) treten gleichzeitig außer Kraft.

Anhang II.2 | Allgemeine Verwaltungsvorschrift

**Anlage
Bescheinigung**

auf Grund des § 7 Abs. 4 Nr. 2 / § 32 Abs. 2 Nr. 2 des Wohnungseigentumsgesetzes vom 15. März 1951 (Bundesgesetzblatt I S. 175)

Die in dem beiliegenden Aufteilungsplan

mit Ziffer _____ bis _____ bezeichneten Wohnungen[1]

mit Ziffer _____ bis _____ bezeichneten nicht zu Wohnzwecken dienenden Räume[1]

in dem bestehenden / zu errichtenden[1] Gebäude auf dem Grundstück in

_____ (Ort) _____ (Straße, Nr.)

(Katastermäßige Bezeichnung) _____

Grundbuch von _____

Band: _____ Blatt: _____

sind / gelten als[1] in sich abgeschlossen.

Sie entsprechen daher dem Erfordernis des § 3 Abs. 2 / § 32 Abs. 1[1] des Wohnungseigentumsgesetzes.

_____, den _____
    (Ort)

                                _____ (Unterschrift der Behörde)

(Siegel oder Stempel)
_____

---

[1] Nichtzutreffendes streichen.

Verordnung zur Berechnung der Wohnfläche (Wohnflächenverordnung – WoFlV)

Vom 25. November 2003 (BGBl. I S. 2346)

§ 1 Anwendungsbereich, Berechnung der Wohnfläche

(1) Wird nach dem Wohnraumförderungsgesetz die Wohnfläche berechnet, sind die Vorschriften dieser Verordnung anzuwenden.
(2) Zur Berechnung der Wohnfläche sind die nach § 2 zur Wohnfläche gehörenden Grundflächen nach § 3 zu ermitteln und nach § 4 auf die Wohnfläche anzurechnen.

§ 2 Zur Wohnfläche gehörende Grundflächen

(1) Die Wohnfläche einer Wohnung umfasst die Grundflächen der Räume, die ausschließlich zu dieser Wohnung gehören. Die Wohnfläche eines Wohnheims umfasst die Grundflächen der Räume, die zur alleinigen und gemeinschaftlichen Nutzung durch die Bewohner bestimmt sind.
(2) Zur Wohnfläche gehören auch die Grundflächen von
1. Wintergärten, Schwimmbädern und ähnlichen nach allen Seiten geschlossenen Räumen sowie
2. Balkonen, Loggien, Dachgärten und Terrassen,
wenn sie ausschließlich zu der Wohnung oder dem Wohnheim gehören.
(3) Zur Wohnfläche gehören nicht die Grundflächen folgender Räume:
1. Zubehörräume, insbesondere:
   a) Kellerräume,
   b) Abstellräume und Kellerersatzräume außerhalb der Wohnung,
   c) Waschküchen,
   d) Bodenräume,
   e) Trockenräume,
   f) Heizungsräume und
   g) Garagen,
2. Räume, die nicht den an ihre Nutzung zu stellenden Anforderungen des Bauordnungsrechts der Länder genügen, sowie
3. Geschäftsräume.

§ 3 Ermittlung der Grundfläche

(1) Die Grundfläche ist nach den lichten Maßen zwischen den Bauteilen zu ermitteln; dabei ist von der Vorderkante der Bekleidung der Bauteile auszugehen. Bei fehlenden begrenzenden Bauteilen ist der bauliche Abschluss zu Grunde zu legen.
(2) Bei der Ermittlung der Grundfläche sind namentlich einzubeziehen die Grundflächen von
1. Tür- und Fensterbekleidungen sowie Tür- und Fensterumrahmungen,
2. Fuß-, Sockel- und Schrammleisten,
3. fest eingebauten Gegenständen, wie z. B. Öfen, Heiz- und Klimageräten, Herden, Bade- oder Duschwannen,
4. freiliegenden Installationen,
5. Einbaumöbeln und
6. nicht ortsgebundenen, versetzbaren Raumteilern.
(3) Bei der Ermittlung der Grundflächen bleiben außer Betracht die Grundflächen von
1. Schornsteinen, Vormauerungen, Bekleidungen, freistehenden Pfeilern und Säulen, wenn sie eine Höhe von mehr als 1,50 Meter aufweisen und ihre Grundfläche mehr als 0,1 Quadratmeter beträgt,
2. Treppen mit über drei Steigungen und deren Treppenabsätze,
3. Türnischen und

4. Fenster- und offenen Wandnischen, die nicht bis zum Fußboden herunterreichen oder bis zum Fußboden herunterreichen und 0,13 Meter oder weniger tief sind.

(4) Die Grundfläche ist durch Ausmessung im fertig gestellten Wohnraum oder auf Grund einer Bauzeichnung zu ermitteln. Wird die Grundfläche auf Grund einer Bauzeichnung ermittelt, muss diese

1. für ein Genehmigungs-, Anzeige-, Genehmigungsfreistellungs- oder ähnliches Verfahren nach dem Bauordnungsrecht der Länder gefertigt oder, wenn ein bauordnungsrechtliches Verfahren nicht erforderlich ist, für ein solches geeignet sein und
2. die Ermittlung der lichten Maße zwischen den Bauteilen im Sinne des Absatzes 1 ermöglichen.

Ist die Grundfläche nach einer Bauzeichnung ermittelt worden und ist abweichend von dieser Bauzeichnung gebaut worden, ist die Grundfläche durch Ausmessung im fertig gestellten Wohnraum oder auf Grund einer berichtigten Bauzeichnung neu zu ermitteln.

§ 4 Anrechnung der Grundflächen

Die Grundflächen
1. von Räumen und Raumteilen mit einer lichten Höhe von mindestens zwei Metern sind vollständig,
2. von Räumen und Raumteilen mit einer lichten Höhe von mindestens einem Meter und weniger als zwei Metern sind zur Hälfte,
3. von unbeheizbaren Wintergärten, Schwimmbädern und ähnlichen nach allen Seiten geschlossenen Räumen sind zur Hälfte,
4. von Balkonen, Loggien, Dachgärten und Terrassen sind in der Regel zu einem Viertel, höchstens jedoch zur Hälfte

anzurechnen.

§ 5 Überleitungsvorschrift

Ist die Wohnfläche bis zum 31. Dezember 2003 nach der Zweiten Berechnungsverordnung in der Fassung der Bekanntmachung vom 12. Oktober 1990 (BGBl. I S. 2178), zuletzt geändert durch Artikel 3 der Verordnung vom 25. November 2003 (BGBl. I S. 2346), in der jeweils geltenden Fassung berechnet worden, bleibt es bei dieser Berechnung. Soweit in den in S. 1 genannten Fällen nach dem 31. Dezember 2003 bauliche Änderungen an dem Wohnraum vorgenommen werden, die eine Neuberechnung der Wohnfläche erforderlich machen, sind die Vorschriften dieser Verordnung anzuwenden.

Verordnung über die verbrauchsabhängige Abrechnung der Heiz- und Warmwasserkosten
(Verordnung über Heizkostenabrechnung – HeizkostenV)

In der Fassung der Bekanntmachung vom 20. Januar 1989 (BGBl. I S. 115)

§ 1[1] Anwendungsbereich

(1) Diese Verordnung gilt für die Verteilung der Kosten
1. des Betriebs zentraler Heizungsanlagen und zentraler Warmwasserversorgungsanlagen,
2. der eigenständig gewerblichen Lieferung von Wärme und Warmwasser, auch aus Anlagen nach Nummer 1, (Wärmelieferung, Warmwasserlieferung)

durch den Gebäudeeigentümer auf die Nutzer der mit Wärme oder Warmwasser versorgten Räume.

(2) Dem Gebäudeeigentümer stehen gleich
1. der zur Nutzungsüberlassung in eigenem Namen und für eigene Rechnung Berechtigte,
2. derjenige, dem der Betrieb von Anlagen im Sinne des § 1 Abs. 1 Nr. 1 in der Weise übertragen worden ist, daß er dafür ein Entgelt vom Nutzer zu fordern berechtigt ist,
3. beim Wohnungseigentum die Gemeinschaft der Wohnungseigentümer im Verhältnis zum Wohnungseigentümer, bei Vermietung einer oder mehrerer Eigentumswohnungen der Wohnungseigentümer im Verhältnis zum Mieter.

(3) Diese Verordnung gilt auch für die Verteilung der Kosten der Wärmelieferung und Warmwasserlieferung auf die Nutzer der mit Wärme oder Warmwasser versorgten Räume, soweit der Lieferer unmittelbar mit den Nutzern abrechnet und dabei nicht den für den einzelnen Nutzer gemessenen Verbrauch, sondern die Anteile der Nutzer am Gesamtverbrauch zugrunde legt; in diesen Fällen gelten die Rechte und Pflichten des Gebäudeeigentümers aus dieser Verordnung für den Lieferer.

(4) Diese Verordnung gilt auch für Mietverhältnisse über preisgebundenen Wohnraum, soweit für diesen nichts anderes bestimmt ist.

§ 2 Vorrang vor rechtsgeschäftlichen Bestimmungen

Außer bei Gebäuden mit nicht mehr als zwei Wohnungen, von denen eine der Vermieter selbst bewohnt, gehen die Vorschriften dieser Verordnung rechtsgeschäftlichen Bestimmungen vor.

§ 3 Anwendung auf das Wohnungseigentum

Die Vorschriften dieser Verordnung sind auf Wohnungseigentum anzuwenden unabhängig davon, ob durch Vereinbarung oder Beschluß der Wohnungseigentümer abweichende Bestimmungen über die Verteilung der Kosten der Versorgung mit Wärme und Warmwasser getroffen worden sind. Auf die Anbringung und Auswahl der Ausstattung nach den §§ 4 und 5 sowie auf die Verteilung der Kosten und die sonstigen Entscheidungen des Gebäudeeigentümers nach den §§ 6 bis 9b und 11 sind die Regelungen entsprechend anzuwenden, die für die Verwaltung des gemeinschaftlichen Eigentums im Wohnungseigentumsgesetz enthalten oder durch Vereinbarung der Wohnungseigentümer getroffen worden sind. Die Kosten für die Anbringung der Ausstattung sind entsprechend den dort vorgesehenen Regelungen über die Tragung der Verwaltungskosten zu verteilen.

§ 4 Pflicht zur Verbrauchserfassung

(1) Der Gebäudeeigentümer hat den anteiligen Verbrauch der Nutzer an Wärme und Warmwasser zu erfassen.
(2) Er hat dazu die Räume mit Ausstattungen zur Verbrauchserfassung zu versehen; die Nutzer haben dies zu dulden. Will der Gebäudeeigentümer die Ausstattung zur Verbrauchserfassung

Anhang IV | Heizkosten V

mieten oder durch eine andere Art der Gebrauchsüberlassung beschaffen, so hat er dies den Nutzern vorher unter Angabe der dadurch entstehenden Kosten mitzuteilen; die Maßnahme ist unzulässig, wenn die Mehrheit der Nutzer innerhalb eines Monats nach Zugang der Mitteilung widerspricht. Die Wahl der Ausstattung bleibt im Rahmen des § 5 dem Gebäudeeigentümer überlassen.

(3) Gemeinschaftlich genutzte Räume sind von der Pflicht zur Verbrauchserfassung ausgenommen. Dies gilt nicht für Gemeinschaftsräume mit nutzungsbedingt hohem Wärme- oder Warmwasserverbrauch, wie Schwimmbäder oder Saunen.

(4) Der Nutzer ist berechtigt, vom Gebäudeeigentümer die Erfüllung dieser Verpflichtungen zu verlangen.

§ 5 Ausstattung zur Verbrauchserfassung

(1) Zur Erfassung des anteiligen Wärmeverbrauchs sind Wärmezähler oder Heizkostenverteiler, zur Erfassung des anteiligen Warmwasserverbrauchs Warmwasserzähler oder andere geeignete Ausstattungen zu verwenden. Soweit nicht eichrechtliche Bestimmungen zur Anwendung kommen, dürfen nur solche Ausstattungen zur Verbrauchserfassung verwendet werden, hinsichtlich derer sachverständige Stellen bestätigt haben, daß sie den anerkannten Regeln der Technik entsprechen oder daß ihre Eignung auf andere Weise nachgewiesen wurde. Als sachverständige Stellen gelten nur solche Stellen, deren Eignung die nach Landesrecht zuständige Behörde im Benehmen mit der Physikalisch-Technischen Bundesanstalt bestätigt hat. Die Ausstattungen müssen für das jeweilige Heizsystem geeignet sein und so angebracht werden, daß ihre technisch einwandfreie Funktion gewährleistet ist.

(2) Wird der Verbrauch der von einer Anlage im Sinne des § 1 Abs. 1 versorgten Nutzer nicht mit gleichen Ausstattungen erfaßt, so sind zunächst durch Vorerfassung vom Gesamtverbrauch die Anteile der Gruppen von Nutzern zu erfassen, deren Verbrauch mit gleichen Ausstattungen erfaßt wird. Der Gebäudeeigentümer kann auch bei unterschiedlichen Nutzungs- oder Gebäudearten oder aus anderen sachgerechten Gründen eine Vorerfassung nach Nutzergruppen durchführen.

§ 6 Pflicht zur verbrauchsabhängigen Kostenverteilung

(1) Der Gebäudeeigentümer hat die Kosten der Versorgung mit Wärme und Warmwasser auf der Grundlage der Verbrauchserfassung nach Maßgabe der §§ 7 bis 9 auf die einzelnen Nutzer zu verteilen.

(2) In den Fällen des § 5 Abs. 2 sind die Kosten zunächst mindestens zu 50 vom Hundert nach dem Verhältnis der erfaßten Anteile am Gesamtverbrauch auf die Nutzergruppen aufzuteilen. Werden die Kosten nicht vollständig nach dem Verhältnis der erfaßten Anteile am Gesamtverbrauch aufgeteilt, sind

1. die übrigen Kosten der Versorgung mit Wärme nach der Wohn- oder Nutzfläche oder nach dem umbauten Raum auf die einzelnen Nutzergruppen zu verteilen; es kann auch die Wohn- oder Nutzfläche oder der umbaute Raum der beheizten Räume zugrunde gelegt werden,
2. die übrigen Kosten der Versorgung mit Warmwasser nach der Wohn- oder Nutzfläche auf die einzelnen Nutzergruppen zu verteilen.

Die Kostenanteile der Nutzergruppen sind dann nach Absatz 1 auf die einzelnen Nutzer zu verteilen.

(3) In den Fällen des § 4 Abs. 3 S. 2 sind die Kosten nach dem Verhältnis der erfaßten Anteile am Gesamtverbrauch auf die Gemeinschaftsräume und die übrigen Räume aufzuteilen. Die Verteilung der auf die Gemeinschaftsräume entfallenden anteiligen Kosten richtet sich nach rechtsgeschäftlichen Bestimmungen.

(4) Die Wahl der Abrechnungsmaßstäbe nach Absatz 2 sowie nach den §§ 7 bis 9 bleibt dem Gebäudeeigentümer überlassen. Er kann diese einmalig für künftige Abrechnungszeiträume durch Erklärung gegenüber den Nutzern ändern

1. bis zum Ablauf von drei Abrechnungszeiträumen nach deren erstmaliger Bestimmung,
2. bei der Einführung einer Vorerfassung nach Nutzergruppen,
3. nach Durchführung von baulichen Maßnahmen, die nachhaltig Einsparungen von Heizenergie bewirken.

Die Festlegung und die Änderung der Abrechnungsmaßstäbe sind nur mit Wirkung zum Beginn eines Abrechnungszeitraumes zulässig.

§ 7 Verteilung der Kosten der Versorgung mit Wärme

(1) Von den Kosten des Betriebs der zentralen Heizungsanlage sind mindestens 50 vom Hundert, höchstens 70 vom Hundert nach dem erfaßten Wärmeverbrauch der Nutzer zu verteilen. Die übrigen Kosten sind nach der Wohn- oder Nutzfläche oder nach dem umbauten Raum zu verteilen; es kann auch die Wohn- oder Nutzfläche oder der umbaute Raum der beheizten Räume zugrunde gelegt werden.
(2) Zu den Kosten des Betriebs der zentralen Heizungsanlage einschließlich der Abgasanlage gehören die Kosten der verbrauchten Brennstoffe und ihrer Lieferung, die Kosten des Betriebsstromes, die Kosten der Bedienung, Überwachung und Pflege der Anlage, der regelmäßigen Prüfung ihrer Betriebsbereitschaft und Betriebssicherheit einschließlich der Einstellung durch einen Fachmann, der Reinigung der Anlage und des Betriebsraumes, die Kosten der Messungen nach dem Bundes-Immissionsschutzgesetz, die Kosten der Anmietung oder anderer Arten der Gebrauchsüberlassung einer Ausstattung zur Verbrauchserfassung sowie die Kosten der Verwendung einer Ausstattung zur Verbrauchserfassung einschließlich der Kosten der Berechnung und Aufteilung.
(3) Für die Verteilung der Kosten der Wärmelieferung gilt Absatz 1 entsprechend.
(4) Zu den Kosten der Wärmelieferung gehören das Entgelt für die Wärmelieferung und die Kosten des Betriebs der zugehörigen Hausanlagen entsprechend Absatz 2.

§ 8 Verteilung der Kosten der Versorgung mit Warmwasser

(1) Von den Kosten des Betriebs der zentralen Warmwasserversorgungsanlage sind mindestens 50 vom Hundert, höchstens 70 vom Hundert nach dem erfaßten Warmwasserverbrauch, die übrigen Kosten nach der Wohn- oder Nutzfläche zu verteilen.
(2) Zu Kosten des Betriebs der zentralen Warmwasserversorgungsanlage gehören die Kosten der Wasserversorgung, soweit sie nicht gesondert abgerechnet werden, und die Kosten der Wassererwärmung entsprechend § 7 Abs. 2. Zu den Kosten der Wasserversorgung gehören die Kosten des Wasserverbrauchs, die Grundgebühren und die Zählermiete, die Kosten der Verwendung von Zwischenzählern, die Kosten des Betriebs einer hauseigenen Wasserversorgungsanlage und einer Wasseraufbereitungsanlage einschließlich der Aufbereitungsstoffe.
(3) Für die Verteilung der Kosten der Warmwasserlieferung gilt Absatz 1 entsprechend.
(4) Zu den Kosten der Warmwasserlieferung gehören das Entgelt für die Lieferung des Warmwassers und die Kosten des Betriebs der zugehörigen Hausanlagen entsprechend § 7 Abs. 2.

§ 9 Verteilung der Kosten der Versorgung mit Wärme und Warmwasser bei verbundenen Anlagen

(1) Ist die zentrale Anlage zur Versorgung mit Wärme mit der zentralen Warmwasserversorgungsanlage verbunden, so sind die einheitlich entstandenen Kosten des Betriebs aufzuteilen. Die Anteile an den einheitlich entstandenen Kosten sind nach den Anteilen am Energieverbrauch (Brennstoff- oder Wärmeverbrauch) zu bestimmen. Kosten, die nicht einheitlich entstanden sind, sind dem Anteil an den einheitlich entstandenen Kosten hinzuzurechnen. Der Anteil der zentralen Anlage zur Versorgung mit Wärme ergibt sich aus dem gesamten Verbrauch nach Abzug des Verbrauchs der zentralen Warmwasserversorgungsanlage. Der Anteil der zentralen Warmwasserversorgungsanlage am Brennstoffverbrauch ist nach Absatz 2, der Anteil am Wärmeverbrauch nach Absatz 3 zu ermitteln.

Anhang IV | HeizkostenV

(2) Der Brennstoffverbrauch der zentralen Warmwasserversorgungsanlage (B) ist in Litern, Kubikmetern oder Kilogramm nach der Formel

$$B = \frac{2{,}5 \times V \times (t_w - 10)}{H_u}$$

zu errechnen. Dabei sind zugrunde zu legen
1. das gemessene Volumen des verbrauchten Warmwassers (V) in Kubikmetern;
2. die gemessene oder geschätzte mittlere Temperatur des Warmwassers (t_w) in Grad Celsius;
3. der Heizwert des verbrauchten Brennstoffes (H_u) in Kilowattstunden (kWh) je Liter (l), Kubikmeter (m^3 oder Kilogramm (kg). Als H_u-Werte können verwendet werden für
Heizöl 10 kWh/l
Stadtgas 4,5 kWh/m^3
Erdgas L 9 kWh/m^3
Erdgas H 10,5 kWh/m^3
Brechkoks 8 kWh/kg

Enthalten die Abrechnungsunterlagen des Energieversorgungsunternehmens H_u-Werte, so sind diese zu verwenden.
Der Brennstoffverbrauch der zentralen Warmwasserversorgungsanlage kann auch nach den anerkannten Regeln der Technik errechnet werden. Kann das Volumen des verbrauchten Warmwassers nicht gemessen werden, ist als Brennstoffverbrauch der zentralen Warmwasserversorgungsanlage ein Anteil von 18 vom Hundert der insgesamt verbrauchten Brennstoffe zugrunde zu legen.
(3) Die auf die zentrale Warmwasserversorgungsanlage entfallende Wärmemenge (Q) ist mit einem Wärmezähler zu messen. Sie kann auch in Kilowattstunden nach der Formel
$Q = 2{,}0 \times V \times (t_w - 10)$
errechnet werden. Dabei sind zugrunde zu legen
1. das gemessene Volumen des verbrauchten Warmwassers (V) in Kubikmetern;
2. die gemessene oder geschätzte mittlere Temperatur des Warmwassers (t_w) in Grad Celsius.
Die auf die zentrale Warmwasserversorgungsanlage entfallende Wärmemenge kann auch nach den anerkannten Regeln der Technik errechnet werden. Kann sie weder nach S. 1 gemessen noch nach den Sätzen 2 bis 4 errechnet werden, ist dafür ein Anteil von 18 vom Hundert der insgesamt verbrauchten Wärmemenge zugrunde zu legen.
(4) Der Anteil an den Kosten der Versorgung mit Wärme ist nach § 7 Abs. 1, der Anteil an den Kosten der Versorgung mit Warmwasser nach § 8 Abs. 1 zu verteilen, soweit diese Verordnung nichts anderes bestimmt oder zuläßt.

§ 9a Kostenverteilung in Sonderfällen

(1) Kann der anteilige Wärme- oder Warmwasserverbrauch von Nutzern für einen Abrechnungszeitraum wegen Geräteausfalls oder aus anderen zwingenden Gründen nicht ordnungsgemäß erfaßt werden, ist er vom Gebäudeeigentümer auf der Grundlage des Verbrauchs der betroffenen Räume in vergleichbaren früheren Abrechnungszeiträumen oder des Verbrauchs vergleichbarer anderer Räume im jeweiligen Abrechnungszeitraum zu ermitteln. Der so ermittelte anteilige Verbrauch ist bei der Kostenverteilung anstelle des erfaßten Verbrauchs zugrunde zu legen.
(2) Überschreitet die von der Verbrauchsermittlung nach Absatz 1 betroffene Wohn- oder Nutzfläche oder der umbaute Raum 25 vom Hundert der für die Kostenverteilung maßgeblichen gesamten Wohn- oder Nutzfläche oder des maßgeblichen gesamten umbauten Raumes, sind die Kosten ausschließlich nach den nach § 7 Abs. 1 S. 2 und § 8 Abs. 1 für die Verteilung der übrigen Kosten zugrunde zu legenden Maßstäben zu verteilen.

§ 9b Kostenaufteilung bei Nutzerwechsel

(1) Bei Nutzerwechsel innerhalb eines Abrechnungszeitraumes hat der Gebäudeeigentümer eine Ablesung der Ausstattung zur Verbrauchserfassung der vom Wechsel betroffenen Räume (Zwischenablesung) vorzunehmen.

(2) Die nach dem erfaßten Verbrauch zu verteilenden Kosten sind auf der Grundlage der Zwischenablesung, die übrigen Kosten des Wärmeverbrauchs auf der Grundlage der sich aus anerkannten Regeln der Technik ergebenden Gradtagszahlen oder zeitanteilig und die übrigen Kosten des Warmwasserverbrauchs zeitanteilig auf Vor- und Nachnutzer aufzuteilen.

(3) Ist eine Zwischenablesung nicht möglich oder läßt sie wegen des Zeitpunktes des Nutzerwechsels aus technischen Gründen keine hinreichend genaue Ermittlung der Verbrauchsanteile zu, sind die gesamten Kosten nach den nach Absatz 2 für die übrigen Kosten geltenden Maßstäben aufzuteilen.

(4) Von den Absätzen 1 bis 3 abweichende rechtsgeschäftliche Bestimmungen bleiben unberührt.

§ 10 Überschreitung der Höchstsätze

Rechtsgeschäftliche Bestimmungen, die höhere als die in § 7 Abs. 1 und § 8 Abs. 1 genannten Höchstsätze von 70 vom Hundert vorsehen, bleiben unberührt.

§ 11 Ausnahmen

(1) Soweit sich die §§ 3 bis 7 auf die Versorgung mit Wärme beziehen, sind sie nicht anzuwenden
1. auf Räume,
    a) bei denen das Anbringen der Ausstattung zur Verbrauchserfassung, die Erfassung des Wärmeverbrauchs oder die Verteilung der Kosten des Wärmeverbrauchs nicht oder nur mit unverhältnismäßig hohen Kosten möglich ist oder
    b) die vor dem 1. Juli 1981 bezugsfertig geworden sind und in denen der Nutzer den Wärmeverbrauch nicht beeinflussen kann;
2.
    a) auf Alters- und Pflegeheime, Studenten- und Lehrlingsheime,
    b) auf vergleichbare Gebäude oder Gebäudeteile, deren Nutzung Personengruppen vorbehalten ist, mit denen wegen ihrer besonderen persönlichen Verhältnisse regelmäßig keine üblichen Mietverträge abgeschlossen werden;
3. auf Räume in Gebäuden, die überwiegend versorgt werden
    a) mit Wärme aus Anlagen zur Rückgewinnung von Wärme oder aus Wärmepumpen- oder Solaranlagen oder
    b) mit Wärme aus Anlagen der Kraft-Wärme-Kopplung oder aus Anlagen zur Verwertung von Abwärme, sofern der Wärmeverbrauch des Gebäudes nicht erfaßt wird,

wenn die nach Landesrecht zuständige Stelle im Interesse der Energieeinsparung und der Nutzer eine Ausnahme zugelassen hat;

4. auf die Kosten des Betriebs der zugehörigen Hausanlagen, soweit diese Kosten in den Fällen des § 1 Abs. 3 nicht in den Kosten der Wärmelieferung enthalten sind, sondern vom Gebäudeeigentümer gesondert abgerechnet werden;
5. in sonstigen Einzelfällen, in denen die nach Landesrecht zuständige Stelle wegen besonderer Umstände von den Anforderungen dieser Verordnung befreit hat, um einen unangemessenen Aufwand oder sonstige unbillige Härten zu vermeiden.

(2) Soweit sich die §§ 3 bis 6 und § 8 auf die Versorgung mit Warmwasser beziehen, gilt Absatz 1 entsprechend.

§ 12 Kürzungsrecht, Übergangsregelungen

(1) Soweit die Kosten der Versorgung mit Wärme oder Warmwasser entgegen den Vorschriften dieser Verordnung nicht verbrauchsabhängig abgerechnet werden, hat der Nutzer das Recht, bei der nicht verbrauchsabhängigen Abrechnung der Kosten den auf ihn entfallenden Anteil um 15 vom Hundert zu kürzen. Dies gilt nicht beim Wohnungseigentum im Verhältnis des einzelnen Wohnungseigentümers zur Gemeinschaft der Wohnungseigentümer; insoweit verbleibt es bei den allgemeinen Vorschriften.

Anhang IV | HeizkostenV

(2) Die Anforderungen des § 5 Abs. 1 S. 2 gelten als erfüllt
1. für die am 1. Januar 1987 für die Erfassung des anteiligen Warmwasserverbrauchs vorhandenen Warmwasserkostenverteiler und
2. für die am 1. Juli 1981 bereits vorhandenen sonstigen Ausstattungen zur Verbrauchserfassung.
(3) Bei preisgebundenen Wohnungen im Sinne der Neubaumietenverordnung 1970 gilt Absatz 2 mit der Maßgabe, daß an die Stelle des Datums »1. Juli 1981« das Datum »1. August 1984« tritt.
(4) § 1 Abs. 3, § 4 Abs. 3 S. 2 und § 6 Abs. 3 gelten für Abrechnungszeiträume, die nach dem 30. September 1989 beginnen; rechtsgeschäftliche Bestimmungen über eine frühere Anwendung dieser Vorschriften bleiben unberührt.
(5) Wird in den Fällen des § 1 Abs. 3 der Wärmeverbrauch der einzelnen Nutzer am 30. September 1989 mit Einrichtungen zur Messung der Wassermenge ermittelt, gilt die Anforderung des § 5 Abs. 1 S. 1 als erfüllt.

§ 13

(Gegenstandslos)

§ 14

(Inkrafttreten)

Verordnung über energiesparenden Wärmeschutz und energiesparende Anlagentechnik bei Gebäuden
(Energieeinsparverordnung – EnEV)
Vom 24. Juli 2007 (BGBl. I S. 1519)
Auszug

Abschnitt 3
Bestehende Gebäude und Anlagen

§ 9 Änderung von Gebäuden

(1) Änderungen im Sinne der Anlage 3 Nr. 1 bis 6 bei beheizten oder gekühlten Räumen von Gebäuden sind so auszuführen, dass

1. geänderte Wohngebäude insgesamt die jeweiligen Höchstwerte des Jahres-Primärenergiebedarfs und des spezifischen, auf die wärmeübertragende Umfassungsfläche bezogenen Transmissionswärmeverlusts nach § 3 Abs. 1,
2. geänderte Nichtwohngebäude insgesamt den Jahres- Primärenergiebedarf des Referenzgebäudes nach § 4 Abs. 1 und den spezifischen, auf die wärmeübertragende Umfassungsfläche bezogenen Höchstwert des Transmissionswärmetransferkoeffizienten nach § 4 Abs. 2

um nicht mehr als 40 vom Hundert überschreiten, wenn nicht nach Absatz 3 verfahren werden soll. In den in § 3 Abs. 3 und § 4 Abs. 4 genannten Fällen sind nur die Anforderungen nach Absatz 3 einzuhalten.

(2) Bei Anwendung des Absatzes 1 sind die in § 3 Abs. 2 sowie in § 4 Abs. 3 angegebenen Berechnungsverfahren nach Maßgabe der Sätze 2 und 3 entsprechend anzuwenden. Soweit

1. Angaben zu geometrischen Abmessungen von Gebäuden fehlen, können diese durch vereinfachtes Aufmaß ermittelt werden;
2. energetische Kennwerte für bestehende Bauteile und Anlagenkomponenten nicht vorliegen, können gesicherte Erfahrungswerte für Bauteile und Anlagenkomponenten vergleichbarer Altersklassen verwendet werden;

hierbei können anerkannte Regeln der Technik verwendet werden; die Einhaltung solcher Regeln wird vermutet, soweit Vereinfachungen für die Datenaufnahme und die Ermittlung der energetischen Eigenschaften sowie gesicherte Erfahrungswerte verwendet werden, die vom Bundesministerium für Verkehr, Bau und Stadtentwicklung im Einvernehmen mit dem Bundesministerium für Wirtschaft und Technologie im Bundesanzeiger bekannt gemacht worden sind. Bei Anwendung der Verfahren nach § 3 Abs. 2 sind die Randbedingungen und Maßgaben nach Anlage 3 Nr. 8 zu beachten.

(3) Die Anforderungen des Absatzes 1 gelten als erfüllt, wenn die in Anlage 3 festgelegten Wärmedurchgangskoeffizienten der betroffenen Außenbauteile nicht überschritten werden.

(4) Die Absätze 1 und 3 sind nicht anzuwenden auf Änderungen, die

1. bei Außenwänden, außen liegenden Fenstern, Fenstertüren und Dachflächenfenstern weniger als 20 vom Hundert der Bauteilflächen gleicher Orientierung im Sinne der Anlage 1 Tabelle 2 Zeile 4 Spalte 3 oder
2. bei anderen Außenbauteilen weniger als 20 vom Hundert der jeweiligen Bauteilfläche

betreffen.

(5) Bei der Erweiterung und dem Ausbau eines Gebäudes um beheizte oder gekühlte Räume mit zusammenhängend mindestens 15 und höchstens 50 Quadratmetern Nutzfläche sind die betroffenen Außenbauteile so auszuführen, dass die in Anlage 3 festgelegten Wärmedurchgangskoeffizienten nicht überschritten werden.

(6) Ist in Fällen des Absatzes 5 die hinzukommende zusammenhängende Nutzfläche größer als 50 Quadratmeter, sind die betroffenen Außenbauteile so auszuführen, dass der neue Gebäudeteil die Vorschriften für zu errichtende Gebäude nach § 3 oder § 4 einhält. Abweichend von S. 1 hat der neue Gebäudeteil beim Ausbau von Dachraum und anderen bisher nicht beheizten oder ge-

kühlten Räumen bei Wohngebäuden nur den in § 3 Abs. 3 S. 2, bei Nichtwohngebäuden nur den in § 4 Abs. 4 S. 2 genannten Höchstwert einzuhalten.

§ 10 Nachrüstung bei Anlagen und Gebäuden

(1) Eigentümer von Gebäuden müssen Heizkessel,
1. die mit flüssigen oder gasförmigen Brennstoffen beschickt werden,
2. die vor dem 1. Oktober 1978 eingebaut oder aufgestellt und
3. die
    a) nach § 11 Abs. 1 in Verbindung mit § 23 der Verordnung über kleine und mittlere Feuerungsanlagen so ertüchtigt worden sind, dass die zulässigen Abgasverlustgrenzwerte eingehalten sind, oder
    b) deren Brenner nach dem 1. November 1996 erneuert worden sind,

bis zum 31. Dezember 2008 außer Betrieb nehmen. S. 1 ist nicht anzuwenden, wenn die vorhandenen Heizkessel Niedertemperatur-Heizkessel oder Brennwertkessel sind, sowie auf heizungstechnische Anlagen, deren Nennleistung weniger als vier Kilowatt oder mehr als 400 Kilowatt beträgt, und auf Heizkessel nach § 13 Abs. 3 Nr. 2 bis 4.

(2) Bei Wohngebäuden mit nicht mehr als zwei Wohnungen, von denen der Eigentümer eine Wohnung am 1. Februar 2002 selbst bewohnt hat,
1. ist die Pflicht zur Außerbetriebnahme von Heizkesseln nach Absatz 1 erst im Falle eines Eigentümerwechsels, der nach dem 1. Februar 2002 stattgefunden hat, von dem neuen Eigentümer zu erfüllen;
2. müssen bei heizungstechnischen Anlagen ungedämmte, zugängliche Wärmeverteilungs- und Warmwasserleitungen sowie Armaturen, die sich nicht in beheizten Räumen befinden, nach Anlage 5 zur Begrenzung der Wärmeabgabe erst im Falle eines Eigentümerwechsels, der nach dem 1. Februar 2002 stattgefunden hat, von dem neuen Eigentümer gedämmt werden;
3. müssen ungedämmte, nicht begehbare, aber zugängliche oberste Geschossdecken beheizter Räume erst im Falle eines Eigentümerwechsels, der nach dem 1. Februar 2002 stattgefunden hat, von dem neuen Eigentümer so gedämmt werden, dass der Wärmedurchgangskoeffizient der Geschossdecke 0,30 Watt/(m²K) nicht überschreitet.

In den Fällen des Satzes 1 beträgt die Frist zwei Jahre ab dem ersten Eigentumsübergang; sie läuft in den Fällen des Satzes 1 Nr. 1 jedoch nicht vor dem 31. Dezember 2008 ab.

§ 11 Aufrechterhaltung der energetischen Qualität

(1) Außenbauteile dürfen nicht in einer Weise verändert werden, dass die energetische Qualität des Gebäudes verschlechtert wird. Das Gleiche gilt für Anlagen und Einrichtungen nach dem Abschnitt 4, soweit sie zum Nachweis der Anforderungen energieeinsparrechtlicher Vorschriften des Bundes zu berücksichtigen waren.

(2) Energiebedarfssenkende Einrichtungen in Anlagen nach Absatz 1 sind vom Betreiber betriebsbereit zu erhalten und bestimmungsgemäß zu nutzen. Eine Nutzung und Erhaltung im Sinne des Satzes 1 gilt als gegeben, soweit der Einfluss einer energiebedarfssenkenden Einrichtung auf den Jahres-Primärenergiebedarf durch andere anlagentechnische oder bauliche Maßnahmen ausgeglichen wird.

(3) Anlagen und Einrichtungen der Heizungs-, Kühl- und Raumlufttechnik sowie der Warmwasserversorgung sind vom Betreiber sachgerecht zu bedienen. Komponenten mit wesentlichem Einfluss auf den Wirkungsgrad solcher Anlagen sind vom Betreiber regelmäßig zu warten und instand zu halten. Für die Wartung und Instandhaltung ist Fachkunde erforderlich. Fachkundig ist, wer die zur Wartung und Instandhaltung notwendigen Fachkenntnisse und Fertigkeiten besitzt.

Abschnitt 6
Gemeinsame Vorschriften, Ordnungswidrigkeiten

§ 24 Ausnahmen

(1) Soweit bei Baudenkmälern oder sonstiger besonders erhaltenswerter Bausubstanz die Erfüllung der Anforderungen dieser Verordnung die Substanz oder das Erscheinungsbild beeinträchtigen oder andere Maßnahmen zu einem unverhältnismäßig hohen Aufwand führen, kann von den Anforderungen dieser Verordnung abgewichen werden.
(2) Soweit die Ziele dieser Verordnung durch andere als in dieser Verordnung vorgesehene Maßnahmen im gleichen Umfang erreicht werden, lassen die nach Landesrecht zuständigen Behörden auf Antrag Ausnahmen zu.

§ 25 Befreiungen

(1) Die nach Landesrecht zuständigen Behörden können auf Antrag von den Anforderungen dieser Verordnung befreien, soweit die Anforderungen im Einzelfall wegen besonderer Umstände durch einen unangemessenen Aufwand oder in sonstiger Weise zu einer unbilligen Härte führen. Eine unbillige Härte liegt insbesondere vor, wenn die erforderlichen Aufwendungen innerhalb der üblichen Nutzungsdauer, bei Anforderungen an bestehende Gebäude innerhalb angemessener Frist durch die eintretenden Einsparungen nicht erwirtschaftet werden können.
(2) Absatz 1 ist auf die Vorschriften des Abschnitts 5 nicht anzuwenden.

Stichwortverzeichnis

A

Abänderungsanspruch als Einrede gegen ein Unterlassungsbegehren
- Gebrauchsregelung 15 24
- Gemeinschaftsordnung 15 24
- Mehrheitsbeschluss 15 24

Abberufung des Verwalters
- Abberufung aus wichtigem Grund 26 20
- Abmahnung 26 24
- Aufklärungs- und Informationspflichten 26 21
- Beschluss-Sammlung 26 21
- Beschlussvorlage 26 21
- Eigentümerversammlung 26 20–21, 26 24
- Fehlverhalten des Verwalters 26 21
- Folgen der Abberufung 26 19
- Gemeinschaftsgelder 26 21
- Interessenkonflikt 26 24
- Jahresabrechnung 26 21, 26 25
- Makler 26 21
- mangelhafte Führung der Beschluss-Sammlung 26 21
- Mehrheitsentscheidung 26 18
- Mieter 26 24
- ordentliche Abberufung 26 18
- ordnungsmäßige Verwaltung 26 20, 26 21
- organschaftliche Stellung 26 19
- polizeiliches Führungszeugnis 26 21
- Protokoll 26 24
- Provision 26 21
- Sanierungsmaßnahme 26 21
- Strafanzeige 26 21
- Tagesordnung 26 21
- Unterlagen 26 21
- Unterlassung 26 25
- Verband 26 21
- Vergütung 26 21
- Vermögensdelikt 26 21
- Vermögensverfall 26 21
- Versorgungssperre 26 24
- Verwalter 26 18–21, 26 23
- Verwaltungsbeirat 26 21–24
- Vorstrafe 26 21
- wichtiger Grund 26 18, 26 21–25
- Wirtschaftsplan 26 21

Abberufung des Verwaltungsbeirats
- Abberufung 29 9–10
- Abberufung aus wichtigem Grund 29 10
- Amtsniederlegung 29 11
- Anfechtung 29 10
- Ausscheiden aus der Eigentümergemeinschaft 29 12
- Ausscheiden aus sonstigen Gründen und seine Folgen 29 11
- Eigentümerversammlung 29 10
- Ersatzmitglied 29 12
- Falschaussage 29 10
- gerichtliche Bestellung 29 13
- Jahresabrechnung 29 10
- ordentliche Abberufung 29 9
- ordnungsgemäße Verwaltung 29 13
- organschaftliche Stellung 29 10–11
- Protokoll 29 10
- Schadensersatz 29 11
- Stimmenmehrheit 29 9
- Tod 29 12
- Ungültigerklärung 29 9
- Verband 29 11
- Verlust der Geschäftsfähigkeit 29 12
- Verwalter 29 10
- Verwalterbestellung 29 13
- Verwaltungsbeirat 29 9–13
- wichtiger Grund 29 9–10

Abberufung eines Funktionsträgers 25 30
Abdichtungsanschlüsse 5 27
Abdingbarkeit des § 18 18 6
- qualifizierte Mehrheit 18 9
- Regelbeispiel für Entziehungsgründe 18 13
- schwere Pflichtverletzung 18 18

Abdingbarkeit von § 24 Abs. 2 WEG 24 66
Abflussprinzip **Steuerrecht** 116
Abgabe von Erklärungen nach § 21 Abs. 5 Nr. 6 WEG 27 35
- Energieversorgung 27 35
- Gemeinschaftseigentum 27 35
- gesetzliche Vollmacht 27 35
- Verband 27 35
- Verwalter 27 35

Abgeschlossenheitsbescheinigung 7 99, 7 151
- Abgeschlossenheit 7 101, 7 152
- Abgeschlossenheit einer Garage 7 164
- Abgeschlossenheitsbescheinigung für das Grundbuchgericht nicht bindend 7 151
- andere Formen des Nachweises 7 101
- Anpassung einer Bescheinigung 7 162
- Ermittlungspflicht 7 152
- Evidenzkontrolle 7 152
- Funktion 7 99
- kein Verwaltungsakt 7 103
- Kraftloserklärung 7 166

Stichwortverzeichnis

- nachträgliche Einbeziehung eines bebauten Grundstücks 7 162
- Oberdeck eines Garagengebäudes 7 157
- oberirdische PKW-Stellplätze 7 155
- offenkundig unrichtig 7 152
- Prüfung 7 152
- Prüfung bautechnischer Anforderungen 7 152
- Räume auf mehreren Etagen 7 165
- Rechtsfragen 7 152
- selbständig nachzuprüfen 7 152
- typische Fehlerquellen 7 153
- unbebautes Grundstück in die Teilung einbezogen 7 162
- WC innerhalb der Wohnung 7 154
- weitergehende Bescheinigung 7 163
- Widerruf 7 103
- widersprüchlich 7 152

Abgrenzung von Nichtigkeit und Anfechtbarkeit eines Beschlusses
- bauliche Veränderung 23 62
- Beschlussfähigkeit 23 62
- Blockabstimmung 23 62
- Eigentümerversammlung 23 62
- Einzelfallregelung 23 62
- Fensteraustausch 23 62
- Jahresabrechnung 23 62
- Kostenverteilung 23 62
- Lastschriftverfahren 23 62
- Mauerdurchbruch 23 62
- Musikausübung 23 62
- Rechtsnachfolgerhaftung 23 62
- Rückbau nach baulicher Veränderung 23 62
- Ruhezeiten 23 62
- Sondereigentumsverwaltung 23 62
- Sondernutzung 23 62
- Sonderumlage 23 62
- Tierhaltung 23 62
- Verwalterwahl und -abberufung 23 62

Abgrenzung zwischen Sonder- und Gemeinschaftseigentum 5 1

Abnahme
- des Gemeinschaftseigentums **Muster** 10–11
- des Sondereigentums **Muster** 10

Abnahmeerklärung **Muster** 12

Abrechnung, Muster **Muster** 1

Abrechnung einer Soll-Rücklage **Anhang § 16** 35

Abrechnung nach dem WEG **Anhang § 16** 28
- Abrechnung einer Soll-Rücklage **Anhang § 16** 35
- gerichtliche Musterabrechnung **Anhang § 16** 36

- Heizkosten **Anhang § 16** 31
- Instandhaltungsrücklage **Anhang § 16** 34

Abrechnungsmaßstab 6 **HeizkostenV** 13, 6 **HeizkostenV** 51

Abspaltungen bei Wohnungs- und Teileigentumseinheiten 7 268
- Abgeschlossenheitsbescheinigung 7 274
- Abspaltung 7 274
- Aufteilungsplan 7 274
- Baumaßnahme 7 271
- Eintragung im Grundbuch 7 277
- Gegenstandsänderung 7 268
- Mitwirkung der übrigen Wohnungseigentümer 7 268
- Nachverpfändung 7 273
- Pfandentlassung 7 272
- Prüfungskompetenz des Grundbuchgerichts 7 271
- Sondernutzungsrecht 7 275
- Unbedenklichkeitsbescheinigung 7 276
- verfahrensrechtliche Eintragungsbewilligung 7 269
- Zustimmung der übrigen Sondereigentümer 7 271
- Zustimmungserklärungen beeinträchtigter dinglich Berechtigter 7 272

Abspaltungsverbot 25 4

Abstandszahlung **Steuerrecht** 97

Abstellplatz 5 29

Abstimmungspatt 25 2

Abtrennung von Grundstücksflächen 1 228, 6 27
- (Teil-)Aufhebung des Sondereigentums 6 36
- Abschreibung 6 30
- abzuschreibende Teilfäche 6 29
- amtliche Karte 6 28–37
- Auflassung 6 27
- Auflassungserklärung 6 28–37
- Ausübungsbereich 6 29
- Bestandsabschreibung 6 32
- Bewilligung 6 37
- Dienstbarkeit 6 29
- Eintragung 6 32
- Eintragungsbewilligung 6 28
- Grundstück 6 42
- isolierter Miteigentumsanteil 6 38
- Pfandentlassung 6 29
- Pfändung eines Zuweisungsvorbehalts 6 43
- Sondernutzungsrecht 6 30, 6 43
- Straßenland 6 33
- Teilung im eigenen Besitz 6 41
- Teilungsbewilligung 6 28–37

Stichwortverzeichnis

- Teilungsgenehmigung **6** 31
- Übertragung einer Teilfläche **6** 35
- Unbedenklichkeitsbescheinigung **6** 31
- Veränderungsnachweis des Vermessungsamtes **6** 31
- Veräußerung einer bebauten Teilfläche mit Räumlichkeiten im Sondereigentum **6** 36
- Veräußerung einer Teilfläche ohne Räumlichkeiten im Sondereigentum **6** 27
- Veräußerung von Straßenland **6** 33
- Verfügungsgegenstand **6** 42
- Vormerkung **6** 35
- Zustimmung dingliche Berechtigte **6** 29
- Zwangsenteignung **6** 33
- Zwangsvollstreckung **6** 43
- Zwangsvollstreckung in das unbewegliche Vermögen **6** 43

Abtretungsvereinbarung **Muster** 19
Abtretungsvertrag zwischen Erst- und Zweiterwerber **Muster** 19
Abwasserhebeanlage **5** 30
Abwasserkanal **5** 31
Abweichen von der in Gemeinschaftsordnung oder Teilungserklärung vorgesehenen Nutzung **14** 12, **14** 21
- Abstellraum **14** 16, **14** 20
- Adventsschmuck **14** 24
- Architektenbüro **14** 13
- Arztpraxis **14** 13
- Asylbewerber **14** 13
- Atelier **14** 17
- Auffahrt **14** 21
- Aussiedler **14** 13
- Ballettschule **14** 13
- Ballettstudio **14** 20
- Baum **14** 26
- Beleuchtung **14** 23
- Betrieb, bordellartiger **14** 24
- Bewegungsmelder **14** 23
- Billard-Café **14** 13
- Bistro **14** 18–20
- Blumenladen **14** 13
- Blumenrabatte **14** 26
- boarding house **14** 13
- Bordell **14** 19
- Bostro **14** 18
- Bühnenraum **14** 16
- Büro **14** 13, **14** 17–20
- Büroraum **14** 20
- Café **14** 17–20
- Dachboden **14** 16
- Das Teileigentum betreffende Nutzungsregelungen **14** 15

- Diskothek **14** 20
- Duftstoff **14** 23
- Eiscafé **14** 20
- Eisdiele **14** 17–20
- Fahrradkeller **14** 20
- Flur **14** 16
- Frauensportstudio **14** 18
- Freiausschank **14** 26
- Friseursalon **14** 13
- Garage **14** 16, **14** 21
- Garderobe **14** 20
- Gartenzwerg **14** 26
- Gastronomische Betriebe im Teileigentum **14** 17
- Gaststätte **14** 17–19
- Gemeinschaftliches Eigentum **14** 26
- Gemeinschaftseigentum **14** 22
- Gemeinschaftsordnung **14** 15
- Geräusch **14** 17, **14** 23
- Geruch **14** 13, **14** 17–23
- Geschäftsraum **14** 21
- Gewerbe **14** 13, **14** 24
- Gewerbliche Nutzung **14** 14
- Gewerbliche Zwecke **14** 13, **14** 19
- Giftschlange **14** 25
- Grillen **14** 23
- Großhandel **14** 18
- Grünfläche **14** 26
- Gymnastikstudio **14** 20
- Hausmeisterwohnung **14** 20
- Hecke **14** 26
- Heim **14** 12
- Hobbyraum **14** 16, **14** 21
- Hund **14** 25
- Imbiss **14** 18
- Immission **14** 13, **14** 23
- Kammer **14** 21
- Kantine **14** 18
- Katze **14** 25
- Keller **14** 16, **14** 20
- Kinderarztpraxis **14** 20
- Kindertagesstätte **14** 18
- Kiosk **14** 18
- Laden **14** 17–19
- Lagerraum **14** 20
- Lieferbetrieb **14** 12
- Massageraum **14** 20
- Mehrheitsbeschluss **14** 22
- Methadon-Abgabestelle **14** 19
- Musik **14** 13
- Musikzimmer **14** 20
- Nachtlokal **14** 18

1279

Stichwortverzeichnis

- Nutzung von Teileigentum zu Wohnzwecken **14** 16
- Office- und Partyservice **14** 18
- Öffnungszeit **14** 18
- Patentanwaltskanzlei **14** 13
- Pension **14** 12
- Pfeilfrosch **14** 25
- Pflegeheim **14** 12
- Pilsstube **14** 20
- Pizza-Imbissstube **14** 18
- Praxis **14** 13, **14** 17
- Praxis/Büro **14** 20
- Prostitution **14** 13
- Publikumsverkehr **14** 12–13, **14** 18
- Rauchen **14** 23
- Rechtsanwaltskanzlei **14** 13
- Reinigung **14** 19
- Sauna **14** 20–21
- Schlange **14** 25
- Seniorenwohnanlage **14** 23
- Sexshop **14** 18
- Sonderrechtsnachfolger **14** 16
- Sonnenstudio **14** 18
- Speicherabteil **14** 16
- Spielhalle **14** 18
- Spielsalon **14** 17–18
- Spruchband **14** 24
- Stehpizzeria **14** 18
- Steuerberaterpraxis **14** 13
- Swinger-Club **14** 20
- Taube **14** 25
- Teileigentum **14** 15–19
- Teilungserklärung **14** 12, **14** 15–21
- Tierhaltung **14** 25
- Trampelpfad **14** 26
- Treppenhaus **14** 20
- Überbelegung **14** 12–13
- Vereinbarung **14** 22
- Vereinbarungscharakter **14** 12
- Verkehrsfläche **14** 26
- Vermietung **14** 12–15
- Versicherungsvertretung **14** 13
- Verwalter **14** 14
- Verwalterwohnung **14** 12, **14** 21
- Wachlokal **14** 13
- Weinkeller **14** 20
- Wohnnutzung **14** 12–13, **14** 19
- Wohnzweck **14** 12, **14** 16
- Zweckbestimmung **14** 15
- Zweckbestimmung »Laden« **14** 18

Abweichende Bauausführung innerhalb eines aufgeteilten Gebäudes **1** 210

Abweichungen bei der Bauausführung
- Errichtung des Gebäudes an anderer Stelle **7** 203
- Grundrissverschiebungen innerhalb einer Wohnung **7** 204

Abweichungen vom Grundbuchstand **1** 87

Abweichungen zwischen Teilungsurkunde, Aufteilungsplan und Abgeschlossenheitsbescheinigung **7** 194
- Balkone **7** 196
- fehlende Kennzeichnung von Sondereigentum **7** 195
- fehlende Zuordnung von Sondereigentum **7** 197
- Gegenstand von Sondereigentum **7** 194
- Kennzeichnungsdefizite **7** 198
- Nutzungsangaben **7** 201
- widersprechende Erklärungsinhalte **7** 194
- widersprüchliche Angaben zum Sondernutzungsrecht **7** 200
- widersprüchlicher Aufteilungsplan **7** 202

Abwesenheitspfleger **21** 26
Alarmanlage **5** 32
Allgemeine Eintragungsvoraussetzungen **7** 68, **32** 4
- Behördliche Genehmigung und Bescheinigung **7** 75
- einseitige Begründung durch Teilungserklärung **7** 75
- Eintragungsantrag **7** 68
- Eintragungsbewilligung **7** 69, **32** 5
- Enteignungsverfahren **7** 77b
- Entwicklungsgebiet **7** 77d
- Erhaltungssatzung **7** 78
- familien- bzw. vormundschaftsgerichtliche Genehmigung **7** 75
- formelles Kostenprinzip **7** 70
- Genehmigung **7** 77, **32** 7
- Genehmigung nach Grundstücksverordnung **7** 79
- Genehmigungserfordernis **7** 80
- Genehmigungspflicht **7** 81a
- Grundstücksverkehrsgesetz **7** 81a
- Höfeordnung **7** 81
- LBauO **7** 80
- materiell-rechtliche Einigung **32** 5
- Milieustruktur **7** 78
- Sanierungsgebiet **7** 77c
- Sondernutzungsrecht **7** 76
- Umlegungsverfahren **7** 77a
- Unbedenklichkeitsbescheinigung **7** 76
- vertragliche Einräumung von Sondereigentum **7** 75

- Voreintragung gem. § 39 GBO **7** 74
- Zustimmung Drittberechtigter **7** 73
- Zustimmung Dritter **7** 73
Alteigentümer **16** 210
Alteintragung **1** 159
Altgemeinschaft **12** 68b
Alttitel **1** 162
Amtslöschung **1** 159
Amtswiderspruch **12** 104
Amtswiderspruch gegen die Eintragung **1** 159
Anbringungskosten **3 HeizkostenV** 20
Änderung
- Bauleistung **Muster** 5
- Teilungserklärung **Muster** 9
Änderung der Gemeinschaftsordnung **3** 119
- Anwartschaftsrecht **3** 132
- Auslegung **3** 122
- Bauherrengemeinschaft **3** 130
- Entstehung der Eigentümerschaft **3** 127
- Entstehung des Wohnungseigentums **3** 126
- Grunderwerbsteuer **3** 135
- Inhaltskontrolle **3** 121
- werdende Wohnungseigentümerschaft **3** 128
Änderung der Grunderwerbsteuer **3** 135
- Geschäftswert, Notar- und Grundbuchkosten **3** 137
Änderung der Kostenverteilung **12** 112
Änderung der Miteigentumsanteile **16** 24
Änderung der Stimmgewichtung **25** 61
Änderung der Stimmrechte **25** 58
Änderung der Veräußerungsbeschränkung **12** 66
Änderung der Verwalterentscheidung durch die Wohnungseigentümer **20** 57
Änderung des Protokolls **24** 84
Änderung des sachenrechtlichen Begründungsaktes **1** 44
Änderung des Teilungsvertrages **3** 46
- Abgeschlossenheitsbescheinigung **3** 56
- Änderung durch Beschluss **3** 50
- Aufteilungsplan **3** 56–57
- einseitige Änderung **3** 48
- Treueverpflichtung der Wohnungseigentümer **3** 52
- Umwandlung von Teil- und Wohnungseigentum **3** 47
- Zustimmung Dritter **3** 55
Änderung des Wohnungsgrundbuchs **16** 92
Änderung durch das Wohnungseigentumsgericht **3** 17
  Änderung des Teilungsvertrages **3** 46
- Anzahl der Miteigentumsanteile **3** 18

- Auslegung des Teilungsvertrages **3** 39
- falsche Bezeichnung eines Sondereigentums **3** 23
- fehlerhafte Gemeinschaft der Wohnungseigentümer **3** 33
- fehlerhafter Verband **3** 33
- Form des Teilungsvertrages **3** 28
- Gemeinschaftsordnung **3** 26
- Gründungsmägel des Teilungsvertrages **3** 32
- gutgläubiger Erwerb **3** 38
- Teilungsvertrag und Vereinbarungen mit Beschlussinhalt **3** 27
- Umdeutung **3** 40
- Veränderung der Miteigentumsteile **3** 19
- Widerspruch bei Zweckbestimmung **3** 42
- Widerspruch zwischen Teilungsvertrag und Aufteilungsplan **3** 41
- Zustimmung Dritter zum Teilungsvertrag **3** 29
- Zweckbestimmungen im engeren Sinne **3** 24
- Zweckbestimmungen im weiteren Sinne **3** 20
Änderung durch ergänzende Auslegung **10** 203
Änderung einer Vereinbarung durch Beschluss **10** 205
Änderung und Erzwingung von Vereinbarungen; Änderung des dispositiven Gesetzes **10** 182
Änderungen des Teilungsvertrages / der Teilungserklärung **10** 43
Änderungen durch den teilenden Alleineigentümer **7** 210
- Abgeschlossenheitsbescheinigung **7** 213
- Aufteilungspläne **7** 213
- einseitige Änderung **7** 210
- ermächtigt / bevollmächtigt **7** 211
Änderungen durch »erzwungene« Vereinbarung gem. § 10 Abs. 2 S. 3 WEG **10** 183
Änderungsklausel im Erwerbsvertrag **Muster** 5
Änderungsvollmacht **8** 33
Änderungsvorbehalt **Anhang § 13** 53, **Anhang § 15** 98, **Anhang § 16** 62, **Anhang § 16** 100
Anfechtung der Abberufung des Verwalters
- Abberufung **26** 29–33
- Abberufung durch das Gericht **26** 31
- Amtsniederlegung **26** 33
- Anfechtung **26** 30–32
- Anfechtungsprozess **26** 29

1281

Stichwortverzeichnis

- Anfechtungsrecht **26** 29
- Bestellung **26** 29–30
- Eigentümerversammlung **26** 31–32
- Einberufung **26** 30
- einstweilige Verfügung **26** 31
- Entlastung **26** 30
- Erledigung **26** 30–31
- freiwillige Gerichtsbarkeit **26** 32
- Gesamtrechtsnachfolge **26** 34
- Gesamtvertretung **26** 33
- Kündigung **26** 30–33
- Liquidierung **26** 34
- Mehrheitsentscheidung **26** 31
- Negativbeschluss **26** 31
- ordnungsgemäße Verwaltung **26** 31
- organschaftliche Stellung **26** 33
- Stimmenzählung **26** 30
- Tod **26** 34
- Ungültigerklärung **26** 29–30, **26** 32
- Vergütungsanspruch **26** 31
- Verkündung **26** 30
- Vertreter **26** 33
- Verwaltervertrag **26** 33
- Verwaltungsbeirat **26** 33
- Vollmacht **26** 32
- wichtiger Grund **26** 30–31
- Willenserklärung **26** 33

Anfechtungsklage **46** 11
- Anfechtungsberechtigung **46** 16
- Anfechtungsklage **46** 15–16
- Beigeladene **46** 15–16
- freiwillige Gerichtsbarkeit **46** 16
- Justizgewährungsanspruch **46** 16
- Partei **46** 16
- Parteirollen **46** 15
- Rechtsmittel **46** 16
- Rechtsmittel der Wohnungseigentümer **46** 15
- Rechtsmittel des Verwalters **46** 16
- Rechtsmittelzug **46** 15
- Streitgenossen **46** 15
- Ungültigerklärung **46** 15–16
- Verwalter **46** 16

Anlagenbetreiber **1 HeizkostenV** 7
Anlegung der Wohnungs- und Teileigentumsgrundbücher **7** 4
- Abspaltung von Miteigentumsanteilen **7** 9
- Addition **7** 7
- Aufschrift **7** 4
- Beschränkung der Miteigentumsanteile **7** 18
- Beschreibung der Räumlichkeiten **7** 16
- Bezeichnung der Grundbücher **7** 4
- Bezugnahme auf die Eintragungsbewilligung **7** 19
- Bruchteil gemäß § 47 GBO **7** 7
- Buchung eines einheitlichen Miteigentumsanteils **7** 10
- doppelte Bezugnahme **7** 20
- falsche Bezeichnung **7** 6
- farbige oder ziffernmäßige Markierung **7** 16
- fehlende Unterzeichnung **7** 25
- fehlt Datierung **7** 24
- fehlt Unterschrift **7** 25
- Größe der Bruchteile **7** 7
- Grundbuchberechtigung **7** 17
- Grundbucheintragung **7** 13
- Grundstücksangaben **7** 12
- Höhe **7** 13
- Inhalt der Eintragung **7** 7
- Lage **7** 16
- Lagebezeichnung **7** 16
- Mischbezeichnung in der Aufschrift **7** 5
- Miteigentumsanteil am Grundstück **7** 7
- qm Angabe **7** 17
- Realfolium **7** 4
- Sondereigentum **7** 15
- Überbau **7** 13
- Übertragung von Miteigentumsanteilen **7** 8
- unmittelbare Eintragung der Wohnungseigentümer **7** 11
- Veräußerungsbeschränkung ausdrücklich einzutragen **7** 21
- Vereinigung eines Grundstücks mit einem Erbbaurecht **7** 14a
- vertragliche Festellung **7** 13
- Verzicht auf eine Überbaurente **7** 13
- vorherige Eintragung **7** 8
- Wohnungseigentümer noch nicht Miteigentümer **7** 11
- Wohnungsgröße **7** 17
- Zuordnung von Räumen **7** 15
- Zusammenfügung eines neuen Anteils **7** 9
- Zusammenlegung von Miteigentumsteilen **7** 10

Anlegung der Wohnungsgrundbücher **1** 229
Anlegung eines Grundstücksgrundbuches **9** 29
- Grundbuchblatt angelegt **9** 29
- Schließung **9** 29

Annexkompetenz **16** 102
Anpassung an den Stand der Technik **22** 121
- anerkannte Regeln der Technik **22** 145
- Benachteiligung **22** 149
- dienende Maßnahme **22** 147
- doppelt qualifizierte Mehrheit **22** 122

Stichwortverzeichnis

- Eigenart der Wohnanlage **22** 148
- Grenzen **22** 124
- Mietrecht **22** 123
- sinnvolle Veränderung **22** 122
- Stand von Wissenschaft und Technik **22** 145
- Vertrauen des Erwerbers **22** 148
- Voraussetzung **22** 124

Anpassungsklausel im Mietvertrag **Anhang § 13** 51

Anpassungsverpflichtung **5** 103

Anpflanzung **14** 26

Anrufung eines unzuständigen Gerichts **43** 25
- Antrag **44** 1
- Begründung **44** 1
- bestimmter Antrag **44** 1
- Klageschrift **44** 1
- ladungsfähige Anschrift **44** 1
- negativer Kompetenzkonflikt **43** 26
- örtliche Unzuständigkeit **43** 25
- Unterzeichnung **44** 1

Anschaffungsnaher Herstellungsaufwand **Steuerrecht** 103

Anspruch auf Änderung der Teilungserklärung **8** 39

Anspruch auf Änderung des geltenden Kostenverteilungsschlüssels **16** 40
- Ausfall des Selbstorganisationsrechts **16** 44
- Einrede **16** 45
- Kostenmehrbelastung **16** 42
- Negativbeschluss **16** 42
- Öffnungsklausel **16** 40
- positiver Beschluss **16** 43
- Selbstorganisationsrecht **16** 44

Anspruch auf Änderung von Gebrauchs- regelungen
- Eigentümerversammlung **15** 23
- Gebrauchsregelung **15** 23
- Gemeinschaftsordnung **15** 23
- Kostenverteilungsschlüssel **15** 23
- Mehrheitsbeschluss **15** 23
- Musizieren **15** 23
- Nutzung **15** 23
- ordnungsgemäße Verwaltung **15** 23
- Tierhaltung **15** 23
- Voraussetzungen eines Anspruchs auf Änderung von Gebrauchsregelungen **15** 23

Anspruch auf Einsicht in die Verwaltungsunterlagen **28** 147, **28** 153
- Auskünfte **28** 153
- Belege **28** 150
- Belegsammlung **28** 153
- Beschluss-Sammlung **28** 147–151

- Beschlusskompetenz **28** 147, **28** 154
- Buchführung **28** 153
- Bürozeiten **28** 152
- Datenschutz **28** 150
- Eigentümerversammlung **28** 149–152
- Einsicht **28** 147–153
- Einsichtnahme **28** 149
- Einsichtsanspruch **28** 156
- Einsichtsrecht **28** 148–155
- Einzelabrechnung **28** 150
- Entlastung **28** 150
- Erfüllung des Anspruchs **28** 152
- Ermächtigte **28** 155
- faktischer Verwalter **28** 148
- Finanzwesen **28** 150
- Gegenstand des Einsichtsrechts **28** 150
- Gläubiger des Anspruchs **28** 149
- Herausgabe von Unterlagen und Anfertigung **28** 154
- Individualanspruch **28** 149–151
- Jahresabrechnung **28** 147–150
- Kopie **28** 148, **28** 154
- Kosten **28** 148, **28** 154
- Kostenentscheidung **28** 155
- Mehrheitsbeschluss **28** 154
- Mieter **28** 149
- Modalitäten der Einsicht **28** 153
- Nebenrecht **28** 147
- Niederschrift **28** 147, **28** 150
- Originalunterlagen **28** 154
- Ort und Zeit der Einsicht **28** 152
- Rechnungslegung **28** 147–148
- Rechtsmissbrauch **28** 151
- Rechtsschutzbedürfnis **28** 155
- Schriftwechsel **28** 150
- Schuldner und Gläubiger des Anspruchs auf Einsicht in die Verwaltungsunterlagen **28** 148
- Sitz der Verwaltung **28** 152
- Unterlagen **28** 150–152
- Verwalter **28** 148–156
- Verwaltungsunterlagen **28** 147–151
- Verwaltungsunternehmen **28** 151
- Vollstreckung **28** 156
- vorbereitende Aufzeichnung **28** 150
- Zusatzvergütung **28** 148

Anspruch auf Grundbuchberichtigung **12** 104

Anspruch auf Übertragung eines Miteigentumsanteils und Verbindung mit noch zu begründendem Sondereigentum **4** 22

Anspruch auf vertragliche Einräumung von Sondereigentum **4** 21

1283

Stichwortverzeichnis

Ansprüche bei der Beeinträchtigung des Sondereigentums
- bauliche Veränderung **13** 6
- Besitzschutz **13** 6
- Eigentümerversammlung **13** 6
- Gemeinschaftsbezogenheit **13** 6
- Gemeinschaftseigentum **13** 6
- Gemeinschaftsverhältnis **13** 6
- Heizung **13** 6
- Herausgabe **13** 6
- Immissionen **13** 6
- Individualanspruch **13** 6
- Instandhaltung **13** 6
- Mietminderung **13** 6
- Nachbarschaftsrecht **13** 6
- Rechtsnachfolger **13** 6
- Schadensersatz **13** 6
- Sondereigentum **13** 6
- Unterlassung **13** 6
- Verband **13** 6

Ansprüche bei Existenz von Gebrauchsregelungen
- (Un)gleichbehandlung von Wohnungseigentümern **15** 28
- Ausschluss des Unterlassungsanspruchs gegen an sich unzulässige Nutzungen **15** 30
- Bad **15** 30
- Balkon **15** 31
- bauliche Veränderung **15** 26–29
- Bauträgerin **15** 30
- Beeinträchtigung **15** 26
- Beschlusskompetenz **15** 30
- Beseitigung **15** 34
- Beseitigungsanspruch **15** 26
- Blindenhund **15** 33
- Bodenbelag **15** 31
- Durchsetzung erlaubter Nutzung **15** 34
- Ermächtigung **15** 25
- Feststellung **15** 34
- GbR **15** 25
- Gebrauchsregelung **15** 25
- gemeinschaftliche Einrichtung **15** 25
- Gemeinschaftseigentum **15** 25
- Gemeinschaftsordnung **15** 28
- Gemeinschaftsverhältnis **15** 26
- Gewährung von Übergangsfristen **15** 29
- gewerbliche Nutzung **15** 28
- Heizkostenabrechnung **15** 30
- Hunde **15** 33
- Immission **15** 26
- Individualanspruch auf Unterlassung unzulässiger Nutzungen **15** 25
- Kosten **15** 26–28

- Küche **15** 30
- Mieter **15** 25
- Mietminderung **15** 27
- Mietverhältnis **15** 29
- Nebenkosten **15** 27
- Nichtigkeit **15** 35
- Nutzung **15** 25–35
- Rechtsmissbrauch **15** 33
- Rechtsverfolgungskosten **15** 27
- Schadensersatz **15** 26–27
- Schadensersatzanspruch **15** 27
- Selbsthilfe **15** 26
- Sondereigentum **15** 25
- Sonderrechtsnachfolger **15** 32
- Teileigentum **15** 28–30
- Teilungserklärung **15** 30
- Tierhaltung **15** 33
- Treuepflicht **15** 28
- Übergangsfrist **15** 29
- Unterlassung **15** 25–35
- Verband **15** 25
- Vereinbarung **15** 25
- Verfahren und Vollstreckung **15** 35
- Verjährung **15** 31
- Versorgungsleitung **15** 26
- Verstoß gegen Treu und Glauben **15** 33
- Verwalter **15** 28, **15** 34
- Verwirkung **15** 32
- Vorschüsse **15** 28
- Wiederholungsgefahr **15** 26
- Wohnnutzung **15** 26–30
- Wohnzwecke **15** 31
- Zustimmung zur unzulässigen Nutzung **15** 30

Ansprüche bei Störungen oder unzulässiger Nutzung des Sondernutzungsrechtes **13** 45
- Beseitigung **13** 46
- Eigentümerbeschluss **13** 47
- Ermächtigung **13** 47
- Gebrauchsregelung **13** 49
- Gemeinschaftsverhältnis **13** 48
- Herausgabe **13** 45
- Individualanspruch **13** 47
- Kaufverträge **13** 48
- Mieter **13** 46
- Schadensersatz **13** 47
- Sondernutzungsrecht **13** 45–49
- Unterlassung **13** 45–46
- verbotene Eigenmacht **13** 45

Ansprüche des Eigentümers und der Dauerwohnberechtigten **34** 13

Ansprüche gegen Dritte
- Aufrechnung **21** 61

Stichwortverzeichnis

- Ermächtigung 21 59
- Gestaltungsrecht 21 62
- Leistung ohne Rechtsgrund 21 53
- Nachbarrechte 21 55
- öffentlich-rechtlicher Folgenbeseitigungsanspruch 21 54
- Schadensbeseitigung 21 51
- Überbau 21 52
- Vertragspartner 21 58

Ansprüche hinsichtlich des Gemeinschaftseigentums 8 6
- Aktivlegitimation 8 7
- Art der Gläubigerstellung 8 13
- Ausschließliche Zuständigkeit der Gemeinschaft kraft Beschlusses 8 10
- Auswirkung der WEG-Reform 8 15
- Keine Aktivlegitimation der Gemeinschaft 8 12
- Prozessführungsbefugnis 8 8

Ansprüche hinsichtlich des Sondereigentums 8 3
Ansprüche hinsichtlich Mängeln am Sondernutzungsrecht 8 18
Anstricharbeit 16 170
Anteil am Gemeinschaftseigentum
- Änderung der Miteigentumsanteile 16 24
- Miteigentumsanteil 16 23

Anteil bei Aufhebung der Gemeinschaft 17
- Abdingbarkeit 17 19
- Aufhebung der Gemeinschaft 17 3–8
- Aufhebung eines Sondereigentums 17 9
- Teilung in Natur 17 2
- Verbandsvermögen 17 1
- Vermögen des Verbandes Wohnungseigentümergemeinschaft 17 4
- Verteilung des Verbandsvermögens 17 6
- Wertermittlung 17 12
- Wertveränderung 17 14

Anteilsübertragung 12 21
Antenne 5 33
Antennenanlage 5 34
Antizipiertes Stimmrecht des Ersterwerbers 25 5
Anwendungsbereich, zeitlicher (§ 19 EigZulG)
- Baubeginn **Steuerrecht** 204
- Bauunterlage **Steuerrecht** 204
- Kaufoption **Steuerrecht** 205

Anwesenheits- und Rederecht 25 45
Äquivalenzerfordernis 5 106
Arbeitszimmer-Problematik **Steuerrecht** 52
- Abziehbare Aufwendungen **Steuerrecht** 69
- Abzugsbeschränkung **Steuerrecht** 56, **Steuerrecht** 69

- Abzugsverbot **Steuerrecht** 56
- Arbeitsplatz **Steuerrecht** 68
- Arbeitszeitenbuch **Steuerrecht** 67
- Arbeitszimmer **Steuerrecht** 52–59
- Ausstattung **Steuerrecht** 69
- Betriebsstätte **Steuerrecht** 57–59
- Büroarbeitsplatz **Steuerrecht** 61
- Einliegerwohnung **Steuerrecht** 62
- Fallgruppen **Steuerrecht** 54
- Kelleranmietung **Steuerrecht** 62
- Mittelpunkt **Steuerrecht** 63
- Tätigkeitsmittelpunkt **Steuerrecht** 64
- Warenlager **Steuerrecht** 61

Art der Eintragung 12 13
Arten der Begründung von Wohnungseigentum 2 249
- Begründung von Wohnungs- und Teileigentum 2 2
- letztwillige Verfügung 2 2
- Möglichkeiten 2 2
- Teilungsordnung 2 2
- Vermächtnis 2 2

Außengesellschaft bürgerlichen Rechts 16 17
Außenhaftung 16 1
Außerordentliche Eigentümerversammlung 24 68
Aufbauschulden 16 17
Aufhebung der Gemeinschaft 17 8, 21 15
Aufhebung der Sondereigentumsrechte
- Aufhebung des Sondereigentums 9 4
- Eintragungsbewilligung 9 4
- formelles Konsensprinzip 9 4
- Urkunde über das Kausalgeschäft 9 4
- verfahrensrechtlich 9 4

Aufhebung der Veräußerungsbeschränkung durch Mehrheitsbeschluss 12 68
Aufhebung der Veräußerungsbeschränkung durch Vereinbarung 12 67
Aufhebung des Sondereigentums 1 116
Aufhebung des Sondereigentums an einzelnen Räumen 4 10
Aufhebung einer Miteigentümergemeinschaft 2 6
Aufhebung einer Veräußerungsbeschränkung 5 102
Aufhebung eines Sondereigentums 17 9
Aufhebung nur eines Sondereigentums 4 9
Aufhebung sämtlicher Sondereigentumsrechte 4 8
Aufhebung von Sondereigentum 4 2
Aufhebungsbeschluss 12 68d
Aufhebungsvermerk 24 133
Auflagen / Bedingungen 12 113

Stichwortverzeichnis

Auflösung der Gemeinschaft der
  Wohnungseigentümer **10** 261
Aufrechnung **16** 257
Aufrechterhalten der Versorgungssperre
  Anhang § 13 95
Aufstellung der Jahresabrechnung als Pflicht
des Verwalters
– Abberufung **28** 60–62
– Abrechnungsperiode **28** 61–63
– Anfechtbarkeit **28** 65
– Ausgaben **28** 63–65
– Beschlussfassung **28** 61
– Beschlussvorlage **28** 60, **28** 64
– Bestellung **28** 62
– Buchführung **28** 61
– Buchhaltung **28** 62
– Eigentümerwechsel **28** 63
– Einnahmen **28** 63–65
– Erstellung der Jahresabrechnung durch das
Gericht **28** 65
– Erstellung der Jahresabrechnung nach
einem Verwalterwechsel **28** 62
– Etagenheizung **28** 61
– Finanzausschuss **28** 60
– Gemeinschaft **28** 61
– gerichtliche Durchsetzung der
Erstellung **28** 64
– Herausgabe **28** 62
– Individualanspruch **28** 64–65
– Jahresabrechnung **28** 60–65
– Kostenposition **28** 61
– Mehrauslagen **28** 60
– mehrjährige Sanierung **28** 63
– rechnerische Unschlüssigkeit **28** 63
– Rechnungslegung **28** 62
– Rechtsschutzbedürfnis **28** 65
– Schadensersatz **28** 64
– Sonderrechtsnachfolger **28** 63
– Sondervergütung **28** 64
– Teilungültigerklärung **28** 60
– Ungültigerklärung **28** 60
– Unterlagen **28** 61–62
– vertretbare Handlung **28** 65
– Verwalter **28** 60–64
– Verwalter als vorrangig Verpflichteter und
sonstige Ersteller **28** 60
– Verwalterwechsel **28** 61–64
– Verwaltungsbeirat **28** 60
– Vorschuss **28** 63
– wichtiger Grund **28** 60
– Wirschaftsplan **28** 61
– Wirtschaftsperiode **28** 63
– Wirtschaftsplan **28** 60–65

– Zeitpunkt der Aufstellung **28** 61
– Zitterbeschluss **28** 63
Aufstellung eines Wirtschaftsplans **21** 270
– eingenommene Gelder **21** 272
– Zahlungsfähigkeit **21** 271
Aufteilung mit überdimensionalem
  Miteigentumsanteil **1** 241
Aufteilungsplan **3** 57, **6** 13
– Abgeschlossenheitsbescheinigung **3** 60
– amtlicher Lageplan **7** 88
– Anforderungen **7** 86
– Ansicht **7** 86
– Balkon **7** 94
– baugleiche Gebäude **7** 86
– Bauzeichnung **3** 59
– Beifügung **7** 88
– dauerhafte Markierungen **7** 90
– Eintragungsbewilligung **3** 58
– faktisches Sondernutzungsrecht **7** 94
– farbliche Umrandung **7** 91
– Funktion **7** 84
– Geschoss **7** 87
– gleich lautende Nummerierung **7** 95
– Grundbuchamt **3** 63
– Grundbuchgericht **7** 97
– Grundrisse **7** 86
– Identitätserklärung **7** 97
– Kehlbalkenanlage **7** 93
– Kellergeschoss **7** 87
– Kellerraum **7** 92
– Lageplan **7** 88
– Loggien **7** 94
– Luftraum **7** 93
– Mehrdeutigkeit des Begriffs
  Dachgeschossraum **7** 93
– mehrere Gebäude **7** 86
– mit der gleichen Nummer zu
  kennzeichnen **7** 91
– Nachträge für bereits abgeschlossene
  Erwerbsverträge **7** 98
– Nebenräume **7** 92
– Prüfungspflicht **7** 97
– sachenrechtlicher
  Bestimmtheitsgrundsatz **7** 84
– Schnitte **7** 86
– selbstständige Garagen **7** 89
– Siegel **7** 86
– Speicherraum **7** 92
– Spitzböden **7** 87–93
– Standort des Gebäudes **7** 88
– Stellplätze der in § 3 Abs. 2 S. 2 **7** 90
– Teilungserklärung vor der Grundbuchein-
  tragung geändert **7** 91

Stichwortverzeichnis

- Umnummerierungsvermerk 7 91
- Unterschrift 7 86
- Verwechslungsproblem 7 95
- vorläufiger Aufteilungsplan 7 97
- Wohnungsgröße 7 96

Aufteilungsplan und Abgeschlossenheit 8 92
Aufwendungsersatz 12 114
Aufzug 5 35
Aufzugsanlagen 21 218
Aufzuteilendes Grundstück 1 186
Ausdrücklich zwingendes Recht des WEG 10 211
Auseinandersetzung einer Erbengemeinschaft 2 8
Auskunftsanspruch der Gemeinschaft
- Abberufung 28 136
- Ausführung von Beschlüssen 28 135
- Ausführung von Eigentümerbeschlüssen 28 133
- Ausübungsbefugnis 28 134
- eidesstattliche Versicherung 28 137
- Entlastung 28 136
- Erfüllung 28 137
- Ermächtigung 28 134
- Finanzwesen 28 134–135
- Gegenstand des gemeinschaftsbezogenen Auskunftsspruchs 28 135
- Gemeinschaft 28 134
- gemeinschaftlicher Anspruch 28 134
- gemeinschaftliches Eigentum 28 134–135
- gemeinschaftsbezogener Anspruch 28 134
- Gläubiger des Anspruchs 28 134
- GmbH 28 132
- Individualanspruch 28 132–134
- Instandsetzungsarbeiten 28 135
- Jahresabrechnung 28 136
- Kostenarten 28 136
- Mehrheitseigentümer 28 134
- Nebenpflicht 28 133
- ordnungsmäßige Verwaltung 28 134
- Rechnungslegung 28 133–134
- Rechtsgrundlage 28 132
- Rechtsmissbrauch 28 136
- Schadensersatz 28 132
- Schuldner des Anspruchs 28 133
- Schuldner und Gläubiger des gemeinschaftsbezogenen Auskunftsanspruchs 28 133
- unrichtige Auskünfte 28 137
- unvertretbare Handlungen 28 138
- Verband 28 132–135
- Verwalter 28 132–134
- Verwaltervertrag 28 133

- Verwaltungsbeirat 28 132–134
- Vollstreckung 28 138
- Voraussetzungen des Auskunftsanspruchs 28 136
- wichtiger Grund 28 136
- Zusatzvergütung 28 133

Auskunftsanspruch des Veräußerers 12 75
Auskunftserteilung 12 115
Ausländer 12 43
Ausländische Personen 12 116
Auslegung der Hauptvollmacht 24 55a
Auslegung von Vereinbarungen 10 180
Ausreichende Bezeichnung
- Einberufungsmangel 23 36
- Mehrheitsverhältnis 23 37
- Treu und Glauben 23 39
- Ursächlichkeit 23 37
- Vollversammlung 23 40

Ausschluss aus der Versammlung 24 57
Ausschluss des Zustimmungserfordernisses Drittberechtigter bei Inhaltsänderungen 5 96
Ausschluss einer Zustellung an den Verwalter
- Abberufung 45 5
- Aktiv- und Passivlegitimation 45 9
- Aufwendungsersatz 45 7
- Beselung 45 7
- Bestellung 45 8
- Bestellung eines Ersatzzustellungsvertreters durch das Gericht 45 8
- der gerichtlich bestellte Ersatzzustellungsvertreter 45 8
- die Bestellung des Ersatzzustellungsvertreters und seines Vertreters 45 7
- Ersatzzustellungsvertreter 45 7–8
- Ersatzzustellungsverwalter 45 6
- Folgen des Ausschlusses einer Zustellung an den Verwalter 45 6
- Gesamtvertretung 45 7
- Haftung 45 7
- Interessenkollision 45 5–8
- Notverwalter 45 8
- organschaftliche Stellung 45 7
- Prozessstandschafter 45 4
- Rechtsnachfolger 45 9
- Schadensersatz 45 4
- Schlechterfüllung 45 7
- Sonderrechtsnachfolger 45 9
- Verband 45 4–7
- Verwalter 45 4–7
- Verwalter als Gegner der Wohnungseigentümer 45 4

Stichwortverzeichnis

- Voraussetzungen des Ausschlusses einer Zustellung an den Verwalter **45** 4
- Zuständigkeit **45** 9
- Zustellung **45** 6–7
- Zustellungsbevollmächtigter **45** 5
- Zustellungsbevollmächtigung **45** 4

Ausstattung zur Verbrauchserfassung 4 **HeizkostenV** 2, **5 HeizkostenV** 1

Ausstellungsraum **14** 16

Austausch des Sondereigentums **6** 12

Ausübungsbefugnis des Verbandes **10** 411
- Anspruch eines Nachbarn **10** 421
- Anspruch wegen Mängeln des Gemeinschaftseigentums **10** 427
- Aufwendungsersatzanspruch des Verwalters **10** 421
- Ausübungsbefugnis der Wohnungseigentümer **10** 419
- Ausübungsbefugnis für sonstige Pflichten (Vergemeinschaftung) **10** 431
- Ausübungsbefugnis für sonstige Rechte (Vergemeinschaftung) **10** 425
- Ausübungsbefugnis für »gemeinschaftsbezogene« Pflichten **10** 420
- Ausübungsbefugnis für »gemeinschaftsbezogene« Rechte **10** 416
- Beeinträchtigung des Gemeinschaftseigentums **10** 418
- Enteignung von Gemeinschaftseigentum **10** 429
- Gemeinschaftsbezogenheit **10** 416
- Mängelanspruch wegen Mängeln des Gemeinschaftseigentums **10** 418
- Notwegerecht **10** 418
- Pflichtenstellung der Wohnungseigentümer **10** 422
- Prozessstandschaft, passive **10** 414
- Rechtestellung der Wohnungseigentümer **10** 430
- Vergemeinschaftung **10** 425
- Verkehrspflicht **10** 421
- Vermietung von Gemeinschaftseigentum **10** 418
- Verwaltungstreuhänder **10** 417
- Verwaltungszuständigkeit **10** 416

Auswirkungen auf Eintragungen in den Abteilungen des Grundbuchs
- Amtswiderspruch gegen das Erlöschen einer Grunddienstbarkeit oder beschränkter persönlicher Dienstbarkeit **7** 48
- Aufteilung **7** 44
- Aufteilung gemäß § 3 **7** 55
- Aufteilung gemäß § 8 **7** 54

- Ausübungsbereich ausschließlich Sondernutzungsrecht **7** 50
- Ausübungsbereich eines Wohnungsrechtes **7** 49
- Belastungsgegenstand **7** 43
- Belastungsgegenstand Grundstück **7** 43
- Belastungsgegenstand Miteigentumsanteil **7** 54
- beschränkte persönliche Dienstbarkeit **7** 45
- Dereliktion **7** 59
- Entlassung aus der Mithaft **7** 57
- Erwerbsvormerkung **7** 52
- fiktive Lösung **7** 48
- Gesamtbelastungsvermerk **7** 51
- Gesamtrecht **7** 44
- Gesamtvermerk **7** 47
- Gesamtzwangshypothek **7** 44
- Gewährung rechtlichen Gehörs **7** 49
- Grunddienstbarkeit **7** 45
- Grundstück **7** 43
- Herrschvermerke **7** 56
- Löschung an der letzten Einheit **7** 58
- Löschung und Pfandentlassung bei Grundpfandrechten **7** 57
- Löschungsbewilligung **7** 57
- Neueintragung dieser Rechte **7** 62
- Nießbrauchsrecht **7** 52
- Pfandentlassungserklärung **7** 58
- Pfandfreigabe **7** 57
- Pfandstreckung **7** 62
- Rangvorbehalt **7** 53
- Rechte zugunsten des aufgeteilten Grundstücks **7** 56
- Sondernutzung **7** 50
- Übernahme **7** 52
- Übernahme nicht erfolgt **7** 48
- Umwandlung aus Wohnungserbbaurechten **7** 60
- unzulässige Teillöschung **7** 56
- Verfügungsbeschränkung **7** 51
- versehentliche Nichtübertragung **7** 48
- Verzicht **7** 59
- Vorkaufsrecht **7** 52
- Wiedereintragung **7** 48
- Wohnungsrecht gemäß § 1093 BGB **7** 50
- Zustimmung des Eigentümers gem. § 27 GBO **7** 57
- Zustimmung Drittberechtigter **7** 44, **7** 55
- Zustimmungserfordernis **7** 54

B

Bad **5** 36

Stichwortverzeichnis

Bade- und Duschverbot 10 234, **Anhang § 15** 85
Bagatellregelung **Steuerrecht** 298
Balkon 5 37, **Anhang § 13** 179
Bauabschnittsweise Fertigstellung 16 245
Baubehörde 12 117
Bauerrichtungsvertrag 8 3
Bauhandwerkerhypothek 10 520
Bauherrengemeinschaft 16 17, **Steuerrecht** 14
Bauherrenmodell 8 3
Baukostenzuschuss **Steuerrecht** 97
Bauleistung **Steuerrecht** 293
Bauleistungssteuer **Steuerrecht** 289
Bauliche Veränderung 12 118
Bauliche Veränderung am Sondereigentum 22
– Art der Nutzung 22 3
– bauliche Veränderung 22 6
– Beseitigung 22 3
– besondere Aufwendung 22 5
– modernisierende Instandsetzung 22 1
– Unterlassung 22 3
– Veränderung am Sondereigentum 22 1
– Zustimmung 22 2
Bauliche Veränderung des Gemeinschaftseigentums 22 6
– Anfechtung 22 11
– Anspruch 22 9
– barrierefreier Zustand 22 13
– Beschlusskompetenz 22 7
– Durchführung 22 10
– Ermessen 22 11
– Verweigerung 22 11
– Zustimmung 22 8
Bauordnungsrecht **1 WoFlV** 5
Bauträger
– Aufwendungsersatz 21 69
– Erfüllungs- oder Gewährleistungsansprüche 21 63
– gemeinschaftliches Eigentum 21 65
– gewillkürte Prozessstandschaft 21 70
– Nacherfüllungsanspruch 21 68
– Rücktritt 21 72
– Schadensersatz 21 72
– Selbstvornahme 21 71
– Sondereigentum 21 64
– Vorschuss 21 69
– werdender Eigentümer 21 66
– Willensbildung 21 69
Bauunterlage **Steuerrecht** 204
Bauunternehmer **Steuerrecht** 221
Bedeutung der Eintragung 12 11

Bedeutung der Streitigkeiten nach § 43 Nr. 1 WEG nach neuem Recht 43 4
– Abmahnung 43 9
– Änderung der Raumgrenzen 43 9
– Anspruchsgrundlage 43 8
– Aufhebung der Gemeinschaft 43 10
– ausgeschiedene Wohnungseigentümer 43 7
– bauliche Veränderung 43 9
– Bauträger 43 9
– Beitreibung 43 11
– Beitreibungsverfahren 43 4
– Bruchteilsgemeinschaft 43 10
– ehrverletzende Äußerungen 43 9
– Eigentümerversammlung 43 8
– Entziehung 43 9–10
– Ermächtigung 43 11
– Erwerber 43 7
– Gebrauchsregelung 43 9
– gemeinschaftliches Eigentum 43 7–9
– gemeinschaftsbezogene Rechte 43 5
– gemeinschaftsbezogene Streitigkeiten 43 8
– Gemeinschaftseigentum 43 11
– Gemeinschaftsverhältnis 43 5–9
– Grundbuchverfahren 43 8
– Herausgabe 43 10
– Individualanspruch 43 11
– Individualansprüche der Wohnungseigentümer 43 6
– Individualrechte 43 6
– Insolvenzverwalter 43 7, 43 9
– Konkurrenzschutzvereinbarung 43 9
– Kosten 43 11
– Kostenverteilungsschlüssel 43 9
– Mieter 43 7, 43 9
– Mitbesitz 43 9
– Nutzung 43 11
– persönliche Voraussetzungen der Zuständigkeit nach § 43 Nr. 1 WEG 43 7
– Prozessführungsbefugnis 43 7, 43 11
– Rechtsberatung 43 10
– sachliche Voraussetzungen der Zuständigkeit nach § 43 Nr. 1 WEG 43 8
– Schadensersatz 43 9–11
– schuldrechtliche Vereinbarung 43 8
– Sonder- und Miteigentum 43 8
– Sondereigentum 43 9–11
– Sondernutzungsrecht 43 8–11
– Teileigentum 43 9
– Teilrechtsfähigkeit 43 4
– Teilungserklärung 43 9
– Testamentsvollstrecker 43 7
– Unterlassung 43 9

1289

Stichwortverzeichnis

- Veräußerung von Wohnungseigentum 43 10
- Verband 43 4–5
- Vermietung 43 5, 43 10
- Verwalter 43 9
- Verwaltungsbeirat 43 9
- werdende Wohnungseigentümergemeinschaft 43 7
- Zustimmung zur Veräußerung 43 9
- Zwangsverwalter 43 7

Bedeutung von § 28 WEG für das Finanzwesen der Wohnungseigentümergemeinschaft
- Außenverhältnis 28 1
- BGB-Gemeinschaft 28 1
- Einsicht 28 1
- Finanzwesen 28 1
- Instandhaltung 28 1
- Instandhaltungsrücklage 28 1
- Instandsetzung 28 1
- Jahresabrechnung 28 1
- Rechnungslegung 28 1
- Sonderumlage 28 1
- werdende Wohnungseigentümergemeinschaft 28 1
- Wirtschaftsplan 28 1

Bedeutungslosigkeitsvermerk 24 100
Bedingungsfeindlichkeit 33 3
- Instandhaltung 33 10
- Instandsetzung 33 10
- Lasten 33 11
- Nutzung 33 9
- Sicherheitsleistung 33 13
- Versicherung 33 12
- Wiederaufbau 33 12

Beendigung des Verfahrens Vor §§ 43
- Anfechtung Vor §§ 43 10
- Anhängigkeit Vor §§ 43 8
- Beendigung ohne Entscheidung in der Hauptsache Vor §§ 43 8
- Beigeladene Vor §§ 43 8
- Beschluss Vor §§ 43 8–10
- Beschlussanfechtungsverfahren Vor §§ 43 10
- Dispositionsmaxime Vor §§ 43 8
- Erledigungserklärung Vor §§ 43 8
- gemeinschaftsbezogene Ansprüche Vor §§ 43 8
- gerichtliche Entscheidungen in der Hauptsache Vor §§ 43 9
- Klagerücknahme Vor §§ 43 8
- mündliche Verhandlung Vor §§ 43 8
- Partei Vor §§ 43 8
- Rechtshängigkeit Vor §§ 43 8

- Rechtsmittelbelehrung Vor §§ 43 9
- Rücknahme Vor §§ 43 8
- Streitgegenstand Vor §§ 43 8
- Teilrechtsfähigkeit Vor §§ 43 8
- Teilungserklärung Vor §§ 43 10
- Urteil Vor §§ 43 9
- Verband Vor §§ 43 8
- Vereinbarung Vor §§ 43 10
- Vergleich Vor §§ 43 8
- Versäumnis- und Anerkenntnisurteil Vor §§ 43 9

Beendigung des Verwaltervertrags 26
- Abberufung 26 72–81
- Abwicklungsverpflichtung 26 78
- Amtsniederlegung 26 76
- andere Beendigungsgründe 26 76
- Anfechtung 26 75
- Anfechtungsverfahren 26 74
- angemessene Frist 26 73
- Aufwendungsersatz 26 77–80
- Bauträger 26 78
- Bauunterlagen 26 78
- Bauzeichnung 26 79
- Bestellung 26 77
- Die Herausgabe der Gemeinschaftsgelder 26 80
- Erkenntnisverfahren 26 79
- Ermächtigung 26 79
- gemeinschaftliche Konten 26 80
- gemeinschaftsbezogen 26 73
- Gemeinschaftsgelder 26 80
- Gemeinschaftskonto 26 77
- gerichtliche Durchsetzung des Herausgabeanspruchs 26 79
- Gerichtsvollzieher 26 79
- Gesamtrechtsnachfolge 26 76
- Gewährleistung 26 78
- Herausgabe 26 79
- Herausgabeanspruch 26 78
- Herausgabepflicht des Verwalters 26 78
- interne Willensbildung 26 75
- Jahresabrechnung 26 81
- Kündigung 26 72–75
- Kündigung aus wichtigem Grund 26 73
- Leitungsplan 26 79
- Löschung 26 76
- ordentliche Kündigung 26 72
- ordnungsmäßige Verwaltung 26 79
- organschaftliche Stellung 26 72–73
- Pflichten nach Beendigung des Verwaltervertrags 26 77
- Provision 26 78
- Prozessstandschaft 26 77

Stichwortverzeichnis

- Rechenschaftspflicht **26** 79
- Rechnungslegung **26** 80–81
- Rechtsformänderung **26** 76
- Rechtsschutzinteresse **26** 75
- Schadensersatz **26** 78–79
- Schlüssel **26** 78
- Tod **26** 76
- Trennungstheorie **26** 72
- Ungültigerklärung **26** 77
- Unterlagen **26** 78–79
- unvertretbare Handlung **26** 79–81
- Verband **26** 73, **26** 79
- vertretbare Handlung **26** 81
- Vertreter **26** 73
- Verwalter **26** 73–81
- Verwaltervertrag **26** 72–81
- Vollmachtsurkunde **26** 78
- wichtiger Grund **26** 73–74
- Zurückbehaltungsrecht **26** 78

Beendigung des Wohnungs- und Teileigentums **9** 1

Befugnisse beim Gebrauch des Sondereigentums **13** 1
- Anfechtung **13** 4
- Ausstellungskästen **13** 2
- bauliche Veränderung **13** 2–5
- Beschluss **13** 2
- Besitzrecht **13** 4
- Betriebskosten **13** 5
- Bodenbelag **13** 2
- Duldung **13** 4
- Duldungspflicht **13** 1
- Eigentümer(versammlung) **13** 3
- Einwirkung **13** 1
- Gebrauch **13** 2
- Gebrauchsregelung **13** 4
- gemeinschaftliches Eigentum **13** 3
- Gemeinschaftseigentum **13** 4
- Gemeinschaftsordnung **13** 2–5
- Gemeinschaftsverhältnis **13** 1
- Gewerbe **13** 2
- Haustierhaltung **13** 2
- Hundehaltung **13** 5
- Immissionen **13** 4
- Kündigung **13** 5
- Mieter **13** 4–5
- Miteigentumsanteil **13** 2
- Mitgebrauch **13** 3–4
- Musizieren **13** 2
- Nutzung **13** 1–4
- Pension **13** 2
- Ruhezeit **13** 2
- Schaufenster **13** 2
- Sondereigentum **13** 1–4
- Teileigentum **13** 2
- Teilungserklärung **13** 4
- Unterlassung **13** 4–5
- Verjährung **13** 4
- Vermietung **13** 3
- Verwalter **13** 3
- Werbung **13** 2
- Zustandsstörer **13** 4
- Zustimmung **13** 3
- Zweckbestimmung **13** 4

Begriff der Wohnung **1** 30
Begriff des Drittberechtigten **5** 92
Begriff des Grundstückseigentümers **8** 4
Begriff des Sondernachfolgers **10** 309
Begriff des Wohnungseigentümers **10** 7
Begriff des »Dritten« **10** 170
- Gesamtgläubiger **10** 171

Begründung der Veräußerungsbeschränkung **12** 4

Begründung des Wohnungseigentums
- abgeschlossen **1** 32
- Abgrenzung **1** 38
- Änderung des sachenrechtlichen Begründungsaktes **1** 44
- Anzahl der Einheiten **1** 26
- Appartements **1** 31
- Art und Weise **1** 23
- Aufteilung **1** 65
- Begriff der Wohnung **1** 30
- Begründung **1** 64
- Beschlagnahme **1** 64
- Carport **1** 53
- Drittberechtigte **1** 69
- eindeutig **1** 29
- Einfamilienhaus **1** 33
- einheitlicher Mietvertrag **1** 72
- erster Verkaufsfall **1** 75
- gemeinschaftliches Eigentum **1** 52
- Größe der Miteigentumsanteile **1** 26
- Hotelzimmer **1** 35
- Inhaltsänderung des Sondereigentums **1** 43
- kein isoliertes Sondereigentum **1** 27
- Kellermodell **1** 36
- Kündigung **1** 74
- mehrere Gebäude **1** 33
- Mitsondereigentum **1** 28, **1** 62
- Nachbareigentum **1** 60
- Nebenraum **1** 32
- Pkw-Stellplatz im Freien **1** 53
- plattierte Terrasse **1** 53
- Raumeigentum **1** 41
- Reihenhaus **1** 33

Stichwortverzeichnis

- relativ unwirksam **1** 65
- Sondereigentum **1** 49
- Stellung des Mieters **1** 71
- Teileigentum **1** 34–38
- Terminologie **1** 30
- Umwandlung von Wohnungseigentum in Teileigentum und umgekehrt **1** 42
- Unterwohnungseigentum **1** 61
- Veräußerungsverbot **1** 64
- Verbindung mehrerer Sondereigentumsrechte mit nur einem Miteigentumsanteil **1** 25
- Vollmacht zur Änderung der Teilungserklärung **1** 58
- Vorkaufsrecht des Mieters **1** 75
- vorweggenommene Ermächtigung/Bevollmächtigung **1** 45–57
- Wohnungseigentum **1** 30–38
- Zustimmung **1** 69
- Zustimmungen Drittberechtigter **1** 67
- Zustimmungspflichten dinglich Berechtigter **1** 46
- Zweckbestimmung im engeren Sinne **1** 42
- Zweckbestimmung im weiteren Sinne **1** 42
- Zweckbestimmung mit Vereinbarungscharakter **1** 42

Begründung einer Veräußerungsbeschränkung, nachträgliche **12** 6

Begründung und Übertragung eines Sondernutzungsrechtes **13**
- Abtretung **13** 36
- Änderungen durch die Novelle bei Verbindung aller Einheiten mit Sondernutzungsrechten **13** 34
- Anfechtung **13** 35
- Auflassungsvermerk **13** 32
- auflösende Bedingung **13** 31
- aufschiebende Bedingung **13** 30
- Aufteilungsplan **13** 29
- Balkon **13** 29
- Benachteiligung von Inhabern belastender Rechte **13** 35
- Beschluss **13** 38
- Biergarten **13** 39
- die nachträgliche Zuweisung **13** 30
- die Übertragung von Sondernutzungsrechten **13** 36
- die Zuweisung in der Teilungserklärung **13** 29
- dinglich Berechtigte **13** 30–32
- dingliche Gläubiger **13** 34
- Eintragungsbewilligung **13** 30

- Entstehung mit Teilung des Grundstücks **13** 29
- Garten **13** 38–39
- Gartenpflege **13** 31
- Gaststätten **13** 33
- Gebrauchsregelung **13** 37
- Gemeinschaftseigentum **13** 30–32
- Gemeinschaftsordnung **13** 32
- Gewerbe **13** 35
- Grundpfandrecht **13** 32–35
- Inhalt des Sondernutzungsrechts **13** 37
- Insolvenz **13** 35
- Keller **13** 34–38
- Laden **13** 35
- Mehrheitsbeschluss **13** 32, **13** 39
- Nießbrauch **13** 32
- Parkplatz **13** 35
- Sondereigentum **13** 29
- Sondernutzung **13** 37–39
- Sondernutzungsrecht **13** 29–36
- Sonderrechtsnachfolger **13** 33
- Speicher **13** 34
- Spitzboden **13** 29
- Stellplatz **13** 38
- Teileigentum **13** 30, **13** 36
- Teilungserklärung **13** 29–30, **13** 38
- Terrasse **13** 39
- Vereinbarung **13** 32–33
- Verwalter **13** 30

Begünstigung **5** 99

Beiladung **48**
- abberufene Verwalter **48** 8
- Abschriften **48** 10
- Anfechtungsklage **48** 1
- Anträge **48** 3, **48** 10
- ausgeschiedene Verwalter **48** 7
- bauliche Veränderung **48** 2–3, **48** 13
- Beigeladene **48** 3–10
- Beiladung nach einem Verwalterwechsel **48** 8
- Beklagte **48** 2
- Beschlussanfechtungsverfahren **48** 7–8
- Beseitigung **48** 11–13
- Bestellung **48** 8
- Durchführung der Beiladung **48** 7
- Entlastung **48** 7
- Ersatzzustellungsvertreter **48** 10
- Fehler der Beiladung **48** 11
- freiwillige Gerichtsbarkeit **48** 1
- Gemeinschaftseigentum **48** 14
- Gesamtrechtsnachfolger **48** 7
- Grundgedanke der Beiladung **48** 2
- Individualanspruch **48** 13–14

Stichwortverzeichnis

- Information **48** 3
- Interessenkollision **48** 10
- Klage **48** 6
- Kläger **48** 2
- Klageschrift **48** 10
- Kosten **48** 8
- Nachbarstreitigkeit **48** 14
- Nachteil **48** 2
- Nebenintervention **48** 4
- optischer Gesamteindruck **48** 2
- Parteien **48** 3
- Parteivortrag **48** 3
- Prozessparteien **48** 2
- rechtliches Gehör **48** 2
- Rechtskraft **48** 5, **48** 11
- Rechtskrafterstreckung **48** 5–6
- Rechtsmittel gegen eine fehlerhafte Beiladung **48** 11
- Rechtsmittelfrist **48** 4
- Rechtsnachfolger **48** 5
- Rüge **48** 11
- Rüge unrichtiger Prozessführung **48** 5
- sofortige Beschwerde **48** 12
- Stellung der Beigeladenen **48** 3
- Streit verkünden **48** 12
- Streitgenosse **48** 5
- Tatsacheninstanzen **48** 11
- Teileigentum **48** 7
- Testamentsvollstrecker **48** 7
- Veräußerer **48** 5
- Veräußerung **48** 7
- Verband **48** 9–13
- Verfahren ohne Beiladung **48** 13
- Verfahrensfehler **48** 11
- Vergleich mit der Nebenintervention **48** 4
- Verwalter **48** 7–14
- Verwaltungsbeirat **48** 7
- Vorsitzende **48** 10
- weitere sofortige Beschwerde **48** 11
- Wirkung der Rechtskraft **48** 5
- Wirtschaftsplan **48** 9
- Zustellung **48** 10
- Zwangs- oder Insolvenzverwalter **48** 7
- Beischreibung der bereits erteilten Vollstreckungsklausel **1** 170
- Belastung des Grundstücks **1** 107
- Belastung eines Erbbaurechts **42** 3
- Belastung mit einer Erwerbsvormerkung oder einem Grundpfandrecht **1** 146
- Belastung mit Grunddienstbarkeiten, beschränkten persönlichen Dienstbarkeiten sowie Dauerwohn- und Dauernutzungsrechten **1** 109
- Belastungen in Abteilung II des Grundbuchs, unterschiedliches Belastungsverhältnis **1** 189
- Belastungen in Abteilung III des Grundbuchs, gleiche Belastungsverhältnisse in Abteilung III **1** 190
- Belastungsbeschränkung **12** 22
- Belastungsgegenstand Miteigentumsanteil **7** 54
- Belastungsmöglichkeit bei zugeordnetem Sondernutzungsrecht **1** 113
- Belegprüfungsrecht **Anhang § 16** 83
- Beleuchtung **2 BetrKV** 69
- Bemessungsgrundlage (§ 8 EigZulG) **Steuerrecht** 191
  - Anschaffung **Steuerrecht** 194
  - Anschaffungskosten **Steuerrecht** 191
  - Anschaffungsnahe Aufwendung **Steuerrecht** 196
  - Bemessungsgrundlage **Steuerrecht** 191
  - Erhaltungsaufwendung **Steuerrecht** 195
  - Fördergrundbetrag **Steuerrecht** 191–195
  - Grundstücksschenkung **Steuerrecht** 192
  - Modernisierungsmaßnahme **Steuerrecht** 193
- Berechnung der Stimmenmehrheit **25** 52
- Berechtigter / Anspruchsinhaber Nutzen, Lasten **16** 238
  - Entziehungsklage **16** 273
  - Keine Korrelation Nutzungsmöglichkeit / Kostentragung **16** 239
  - Lastschriftverfahren **16** 247
  - Mahnverfahren **16** 254
  - Stecken gebliebener Bau **16** 240
  - Unterwerfung unter die sofortige Zwangsvollstreckung **16** 252
  - Versorgungssperre **16** 248
  - Verteidigung des Wohngeldschuldners **16** 256
  - Wohngeldklage **16** 255
  - Wohnungsleerstand **16** 243
  - Zwangsvollstreckung **16** 262
- Bereich der Rechtsfähigkeit des Verbandes **10** 385
  - Erwerb von Immobilien und grundstücksgleichen Rechten **10** 388
  - Grundbuchfähigkeit **10** 388
  - Scheck- und Wechselfähigkeit **10** 389
  - Steuerrecht **10** 392
  - Testier- und Insolvenzfähigkeit **10** 390
  - Ultra-vires-Lehre **10** 393

Stichwortverzeichnis

Berichtigung des Rubrums gem. § 319 ZPO **1** 159
Berichtigung von Verbandsverbindlichkeiten **16** 7
Berichtigungsanspruch **24** 89
Beschluss, Vertrauen **21** 12
Beschluss der Jahresabrechnung und seine Folgen **28**
- Abrechnungsgerechtigkeit **28** 102
- Abrechnungsspitze **28** 87–90
- altruistische Anfechtung **28** 106
- Änderungen durch die Mehrheit der Eigentümerversammlung **28** 83
- Anfechtbarkeit **28** 104–108
- Anfechtungsfrist **28** 95
- Anfechtungsklage **28** 92, **28** 106
- Antrag auf Ungültigerklärung des gesamten Beschlusses über die Jahresabrechnung **28** 106
- außergerichtliche Kosten **28** 105
- Aufrechnung **28** 92
- Ausgaben **28** 89, **28** 100–101
- Ausgabenposition **28** 103
- Beitreibung **28** 86
- Beitreibungsverfahren **28** 92
- Belege **28** 82
- Belegeinsicht **28** 82
- Beschlussfassung **28** 82, **28** 94–96, **28** 108
- Beschlusskompetenz **28** 87, **28** 90
- Beschlussunfähigkeit **28** 98
- Beschlussvorlage **28** 88, **28** 104
- Bestandskraft **28** 91, **28** 107
- Bilanz **28** 100
- Buchführung **28** 97
- Dauerwirkung **28** 88
- Differenzierung der Fehler und ihrer Folgen in der Rechtsprechung **28** 98
- Eigentümerversammlung **28** 82–86, **28** 92–94, **28** 108
- Eigentümerwechsel **28** 90
- Eigentumswechsel **28** 91
- Einberufung **28** 104
- Einberufungsmängel **28** 98
- einen Ergänzungsanspruch begründende Fehler **28** 103
- Einladung **28** 82
- Einnahmen **28** 100–101
- Einnahmeposition **28** 103
- einstweiliger Rechtsschutz **28** 92
- Einzelabrechnung **28** 82–83, **28** 91, **28** 102–103
- Entlastung **28** 89

- Ergänzungsanspruch **28** 83, **28** 98–99, **28** 103–108
- Ermächtigung **28** 85, **28** 92
- Erwerberhaftung **28** 91
- Fälligkeit **28** 90
- Forderung **28** 101–103
- Gemeinschaftskonten **28** 101
- Genehmigungsfiktion **28** 95
- gerichtliches Vorgehen gegen die einzelnen Fehlertypen nach neuem Recht **28** 105
- Gesamtabrechnung **28** 83, **28** 102
- getrennte Abstimmung **28** 84
- Guthaben **28** 87–90, **28** 93
- Individualanspruch **28** 85
- Information **28** 103
- Insolvenzverwalter **28** 90
- Jahresabrechnung **28** 82–83, **28** 86–108
- Klageantrag **28** 106
- Kontenstand **28** 103
- Kontenstände **28** 99
- Kontokorrentabrede **28** 97
- Kostenentwicklung **28** 100
- Kostenverteilungsschlüssel **28** 100–102
- Mehrheitseigentümer **28** 85
- Messgeräte **28** 88
- Minderheitenschutz **28** 94–95
- Miteigentumsteile **28** 88
- Nachzahlung **28** 85–90, **28** 92
- Negativbeschluss **28** 108
- Nichtigkeit **28** 104
- Novation **28** 86
- ordnungsmäßige Verwaltung **28** 85–87
- Prozessstandschaft **28** 92
- Prüfvermerk **28** 82
- Rechenfehler **28** 104
- rechnerische Schlüssigkeit **28** 82
- rechnerische Unschlüssigkeit **28** 99–100
- Rechnungsabgrenzung **28** 101
- Rechtsmißbrauch **28** 90
- Rechtsschutzbedürfnis **28** 108
- Rechtsverfolgungskosten **28** 102–103
- Rückerstattung **28** 106
- Rückerstattung überzahlter Vorschüsse **28** 87
- Sanierungskosten **28** 103
- Schlüssel **28** 82, **28** 99
- Schreibfehler **28** 104
- Sicherungsrecht **28** 86
- Sonderbelastung **28** 91
- Sonderrechtsnachfolger **28** 88
- Sonderrechtsvorgänger **28** 90
- Sonderumlage **28** 90
- Stimmrecht **28** 84

Stichwortverzeichnis

- Streitwert **28** 105
- Teilabweisung **28** 106
- Teilanfechtbarkeit **28** 104
- Teilanfechtung **28** 98
- Teilrechtsfähigkeit **28** 91
- Teilungserklärung **28** 87–90, **28** 94–95
- Teilungültigerklärung **28** 83, **28** 92, **28** 98–106
- Treuepflicht **28** 99
- Überzahlung **28** 93
- Ungültigerklärung **28** 86, **28** 92, **28** 98–108
- Verband **28** 90, **28** 93–97
- Verbindlichkeit **28** 103
- Verbrauch **28** 88
- Verbrauchsmessung **28** 83
- Vereinbarung **28** 88–90, **28** 94
- Verfahren bis zur Beschlussfassung **28** 82
- Verjährung **28** 86
- Vermögensübersicht **28** 101
- Verteilungsschlüssel **28** 88
- Verwalter **28** 82–84, **28** 92–96
- Verwaltungsbeirat **28** 82–84, **28** 94
- Verzugszinsen **28** 86
- Vorschuss **28** 86–90, **28** 92–93
- Wirkung der Beschlussfassung **28** 86
- Wirtschaftsplan **28** 86–90, **28** 92, **28** 106
- Witschaftsplan **28** 93
- Zinseinnahmen **28** 103
- zur Teilungültigerklärung führende Fehler **28** 101
- zur Ungültigerklärung insgesamt führende Fehler **28** 100
- Zurückbehaltung **28** 92
- Zwangsversteigerung **28** 90–92
- Zwangsverwalter **28** 90
- Zweitbeschluss **28** 101

Beschluss des Wirtschaftsplans und seine Folgen **28**
- Auflassungsvormerkung **28** 23–25
- Beschlussfassung **28** 20–23
- Beschlusskompetenz **28** 20, **28** 24
- Dereliktion **28** 21
- Eigentümerversammlung **28** 19
- Eigentümerwechsel **28** 21–22
- Eigentumsübergang **28** 21
- Erbgang **28** 22
- Erwerberhaftung **28** 24
- Fälligkeit **28** 20
- Fälligkeitstheorie **28** 23
- Festsetzung eines Wirtschaftsplans durch das Gericht **28** 19
- Gesellschaft bürgerlichen Rechts **28** 21
- Gläubiger und Schuldner der Vorschüsse **28** 21
- Grundbuch und wahre Eigentümerstellung **28** 22
- Haftung des Erwerbers **28** 23
- Haftung nach Veräußerung des Wohnungseigentums **28** 23
- Innenverhältnis **28** 21
- Insolvenzverwalter **28** 25
- Instandhaltungsrücklage **28** 24
- isolierter Miteigentumsanteil **28** 21
- Jahresabrechnung **28** 19–20
- Nießbrauch **28** 21
- Prüfvermerk **28** 19
- Rückforderungsanspruch **28** 22
- Scheineigentümer **28** 22
- Teileigentum **28** 25
- Teilungserklärung **28** 20–23
- Verband **28** 21–23
- Verfahren bis zur Beschlussfassung **28** 19
- Verwalter **28** 19–23
- Verwaltungsbeirat **28** 19
- Vorfälligkeit **28** 20
- Vorschuss **28** 20–25
- werdende Eigentümergemeinschaft **28** 25
- werdender Wohnungseigentümer **28** 23
- Wirtschaftsplan **28** 19–20
- Wohnrecht **28** 21
- Zwangsversteigerung **28** 22–23
- Zwangsverwalter **28** 25
- Zwangsverwaltung **28** 25

Beschluss gesetzes- oder vereinbarungsändernder **10** 110
Beschluss gesetzes- oder vereinbarungswidriger **10** 116
Beschluss i.S.v. § 10 Abs. 4 S. 1 WEG **10** 323
Beschluss in der Eigentümerversammlung **23** 1
Beschluss, allstimmiger **10** 268
Beschluss, vereinbarungsersetzender **10** 113
Beschluss-Sammlung **24** 2, **24** 94
Beschlussanfechtung in der Novelle
- Anfechtungsberechtigung **46** 1
- Beschlussanfechtung **46** 1

Beschlussantrag **24** 35
Beschlussbuch **24** 78
Beschlussfähigkeit **24** 75, **25** 41
Beschlussgegenstand **23** 28
- Auslegung **23** 34
- Beispiel **23** 31
- Einladungsschreiben **23** 34
- Großsanierung **23** 30
- schwerwiegender Beschluss **23** 30

Stichwortverzeichnis

- stichwortartige Bezeichnung **23** 30
- Verwalter **23** 33

Beschlusskompetenz **1** 99, **10** 125, **21** 16
- Aufgabe des Verwalters **23** 35
- Gebrauchsregelung **23** 12
- Jahrhundertentscheidung **23** 9
- Kernbereich **23** 9
- Kompetenzzuweisung **23** 9
- Maßnahmen der Verwaltung **23** 13
- Öffnungsklausel **23** 11
- Rechtskraft **23** 10
- Rechtswirkung **23** 10
- Treu und Glauben **23** 10
- vereinbarungswidrige Beschlüsse **21** 16
- vier Teilbereiche **23** 11

Beschlusskompetenz zur Aufhebung einer vereinbarten Veräußerungsbeschränkung **12** 68a

Beschlusskompetenzen für zweckmäßige Verwaltungsregelungen **21** 282
- Erleichterung der Verwaltung **21** 284
- Grenzen des Ermessens **21** 287
- Vereinbarung oder Mehrheitsbeschluss **21** 285

Beschlussnichtigkeit **23**
- fehlende Beschlusskompetenz **23** 60
- im Wortlaut unklar **23** 60
- Nichtigkeitsgründe **23** 60

Beschränkte persönliche Dienstbarkeit **5** 93

Beschränkung der Abberufung des Verwalters auf das Vorliegen eines wichtigen Grundes **26** 91
- Abberufung **26** 92
- Bauträger **26** 92
- Beschluss-Sammlung **26** 91
- Bestandskraft **26** 92
- Bestellung **26** 92
- Gemeinschaftsordnung **26** 91–92
- Vereinbarungen **26** 92
- Vertragsstrafen **26** 92
- Verwalter **26** 91–92
- Verwaltervertrag **26** 91
- Verwaltungsbeirat **26** 92
- wichtiger Grund **26** 91

Beschränkung der Miteigentumsanteile **7** 18

Beschränkung der Testierfähigkeit **12** 50

Beschränkung der Verfügungsmöglichkeiten **12** 3

Beschränkung der Zustimmungspflicht, gegenständliche **12** 8

Beschränkungen aus sonstigen Rechten **13** 13
- Abstellraum **13** 13
- betreutes Wohnen **13** 14

- Dienstbarkeit **13** 14
- Eigentümerversammlung **13** 13
- Gebrauchsregelungen **13** 14
- Gemeinschaftsordnung **13** 13–14
- Gewerbe **13** 14
- Hausordnung **13** 14
- Hobbyraum **13** 13
- Immisionen **13** 13
- Konkurrenz **13** 14
- Kostenverteilungsschlüssel **13** 13
- Mehrheitsbeschluss **13** 14
- Musizieren **13** 14
- Nutzung **13** 13
- Publikumsverkehr **13** 13
- Sondereigentum **13** 13
- Teileigentum **13** 13
- Tierhaltung **13** 14
- Unterlassung **13** 13
- Veräußerungsbeschränkung **13** 14
- Vereinbarung **13** 14
- Verwalter **13** 13
- Wohnnutzung **13** 13

Beschränkungen beim Gebrauch des Sondereigentums
- Beschränkungen kraft Gesetzes **13** 12
- Nachbarrecht **13** 12
- Sondereigentum **13** 12

Beseitigung, bauliche Maßnahme **21** 140

Beseitigungs- und Unterlassungsansprüche **10** 55

Beseitigungsanspruch **22** 110
- inhaltliche Unbestimmtheit **22** 117
- Mitbenutzungsrecht **22** 111
- öffentlich-rechtliche Norm **22** 114
- optischer Gesamteindruck **22** 112
- Parabolantenne **22** 115
- rechtsmissbräuchlich **22** 119
- Störer **22** 111
- Treu und Glauben **22** 118
- werdende Eigentümergemeinschaft **22** 116

Besondere Eintragungsvoraussetzungen **7** 82, **32** 8
- Abgeschlossenheitsbescheinigung **7** 99, **32** 8
- Anlagen gem. § 7 Abs. 4 WEG **7** 82
- Aufteilungsplan **7** 84, **32** 8
- Eintragungshindernis **7** 82
- Fehlen **7** 82
- Grundstücksplan **32** 11
- Recht des Grundgerichts **32** 13
- Stockwerksplan **32** 11
- Wohnungsplan **32** 11
- Zusammengehörigkeit von Plan, Bescheinigung und Bewilligung **7** 83

Stichwortverzeichnis

Besondere Nutzung des gemeinschaftlichen
 Eigentums **21** 296
- abstrakte Strafen **21** 300
- Beispiele **21** 297
- Beschlusskompetenz **21** 298
- besondere Nutzung **21** 296
- konkreter Schaden **21** 299
- Kosten **21** 296
- nachträgliche Kostenverlagerung **21** 298
- Schadensprognose **21** 299
- Sondernutzungsrecht **21** 298
- übermäßige Nutzung **21** 300
- Umzugskostenpauschale **21** 299
- unbillige Härten **21** 298
- unzulässige Nutzung **21** 300
- Zahlungsgebot **21** 300

Besonderer Verwaltungsaufwand **24** 139
- außergewöhnlicher Aufwand **21** 301
- besonderes Ereignis **21** 301
- gerichtliche Kostenentscheidung **21** 303
- haushaltsnahe Dienstleistungen **21** 305
- Lastschriftverfahren **21** 302
- Sondervergütung **21** 304–305
- Verwalter **21** 302
- Verwaltungsbeirat **21** 302

Besonderheiten der Vertragsabwicklung **8** 20
- Abnahme des Gemeinschaftseigentums **8** 27
- Änderung der dinglichen Zuordnung **8** 24
- Eigennachbesserung eines Sondereigentümers **8** 34
- Veränderung der geschuldeten Bauleistung **8** 22

Besonders ausgestaltetes Bruchteilseigentum **1** 6

Bestandsangaben bei angelegtem Wohnungsgrundbuch **1** 86

Bestandsangaben bei noch nicht angelegtem Wohnungsgrundbuch **1** 89

Bestandteilszuschreibung **1** 186–188

Bestandteilszuschreibung zu einem Grundstück oder umgekehrt **7** 34

Bestehenbleibensvereinbarung **1** 175

Bestellung des Verwalters **26**
- Abberufung **26** 6–12, **26** 16
- Anfechtbarkeit **26** 12
- Anfechtung **26** 12, **26** 14–16
- Anfechtungsantrag **26** 15
- Annahme **26** 9
- Anscheinsvollmacht **26** 16
- Auflassungsvormerkung **26** 8
- Bauträger **26** 13
- Bedingung **26** 9
- Befugnisse **26** 10
- Beginn und Ende der organschaftlichen Stellung des Verwalters **26** 6
- beleidigendes Verhalten **26** 13
- Beschluss über die Bestellung und seine Anfechtung **26** 11
- Beschlussfassung **26** 12
- Beschlussfeststellung **26** 11
- Bestandskraft **26** 15
- Bestellung **26** 6–17
- Bestellung durch das Gericht gemäß §§ 21 Abs. 4, 43 Nr. 1 WEG **26** 17
- Bestellung in der Teilungserklärung **26** 8
- Bestimmtheit **26** 14
- Bevollmächtigter **26** 9, **26** 13
- Dringlichkeit **26** 17
- Duldungsvollmacht **26** 16
- Eigentümerversammlung **26** 9, **26** 13–17
- Einberufung **26** 16
- Einberufungsmängel **26** 14
- einstweilige Verfügung **26** 8, **26** 12, **26** 14–17
- Feuchtigkeitsschaden **26** 13
- FGG-Verfahren **26** 16
- Gemeinschaft **26** 12
- Gemeinschaftsordnung **26** 8–11
- Haftung **26** 10
- Hinweispflicht **26** 16
- Interessenkonflikt **26** 13
- Kostenverteilung **26** 16
- Maklerprovision **26** 13
- Mehrheitsbeschluss **26** 9–10
- Mehrheitseigentümer **26** 13
- Miteigentumsanteil **26** 11
- Niederschrift **26** 13
- Notverwalter **26** 17
- ordnungsgemäße Verwaltung **26** 12, **26** 17
- polizeiliche Führungszeugnis **26** 13
- Rechtsschutzbedürfnis **26** 17
- Schlüssel **26** 13
- Sonderrechtsnachfolger **26** 11
- Stimmenzählung **26** 14
- Stimmrecht **26** 13
- Trennungstheorie **26** 5–6
- Ungültigerklärung **26** 12–16
- Untervollmacht **26** 11
- Verband **26** 16
- Vergütung **26** 14, **26** 17
- Vergütungsanspruch **26** 16
- Verlängerungsklausel **26** 7
- Verleihung der organschaftlichen Rechtsstellung im Regelfall **26** 9
- Vermögensverfall **26** 13
- Versammlung **26** 13

1297

Stichwortverzeichnis

- Versammlungsleiter **26** 11
- Vertreter **26** 11
- Vertretungsmacht **26** 16
- Verwalter **26** 5–14, **26** 17
- Verwaltervertrag **26** 5–6, **26** 14
- Verwaltungsbeirat **26** 9, **26** 17
- Verwaltungsunternehmen **26** 11
- Vorstrafe **26** 13
- weitere Ausgestaltung der organschaftlichen Stellung **26** 10
- werdende Wohnungseigentümergemeinschaft **26** 8
- wichtiger Grund **26** 12–13
- Wiederbestellung **26** 7, **26** 12–13, **26** 15

Bestellung und Abberufung des Verwalters **26**
- AG **26** 3
- Bauträger **26** 1
- Berufsverband **26** 4
- Eigentümerversammlung **26** 1
- fachliche Qualifikation **26** 4
- GbR **26** 2
- Gemeinschaftseigentum **26** 1
- Gewerberecht **26** 4
- GmbH **26** 3–4
- juristische Person **26** 3
- Kaufleute **26** 2
- KG **26** 3
- natürliche Personen **26** 2
- OHG **26** 3
- Organ **26** 1
- Partnerschaft **26** 3
- Personenmehrheit **26** 2
- Rechtsfähigkeit **26** 2
- Register **26** 2
- Sondereigentum **26** 1
- subjektive Voraussetzungen für die Verwaltertätigkeit **26** 2
- Teilungserklärung **26** 1
- Unzuverlässigkeit **26** 4
- Verein **26** 3
- Verwalter **26** 1–2
- Verwaltungsbeirat **26** 2

Bestellung und Abberufung des Verwaltungsbeirats **29**
- Abstimmung **29** 5
- Amtsniederlegung **29** 5
- bedingte Bestellung **29** 6
- Befristung **29** 6
- Bestellung **29** 5–7
- Bestellung des Verwaltungsbeirats **29** 5
- Bezeichnung in der Ladung **29** 5
- Blockwahl **29** 5
- Eigentümerversammlung **29** 6–7
- Ersatzmann **29** 8
- Fehler des Bestellungsbeschlusses **29** 7
- Folgen einer erfolgreichen Anfechtung **29** 8
- Gemeinschaftsordnung **29** 6
- Mehrheitsbeschluss **29** 5
- Nichtigkeit **29** 7
- Organ **29** 6
- organschaftliche Stellung **29** 5
- Regelungen zur organschaftlichen Stellung des Verwaltungsbeirats **29** 6
- Ungültigerklärung **29** 8
- Verkündung **29** 5
- Vermögensdelikte **29** 7
- Verwalter **29** 5–8
- Verwaltungsbeirat **29** 5–8
- wichtiger Grund **29** 7

Besteuerung privater Veräußerungsgeschäfte **Steuerrecht** 144
- Erbschaft **Steuerrecht** 148
- Schenkung **Steuerrecht** 148
- Spekulationsgewinn **Steuerrecht** 144
- Veräußerungsgeschäft **Steuerrecht** 144
- Vertragsstörung **Steuerrecht** 145

Bestimmheitsgrundsatz **12** 10
Bestimmter Personenkreis **12** 43
Bestimmtheitsgrundsatz, sachenrechtlicher **10** 281
Bestimmung des Inhalts einer Vereinbarung durch Dritte **10** 164
Besucherklausel **24** 48
Betreten **14** 33
Betretungsrecht **14** 33–35
Betreuer **21** 25
Betriebsausgabenabzug **Steuerrecht** 151
Betriebskosten **16** 61, **7 HeizkostenV** 16–3
- Instandhaltung **556 BGB** 2
- Instandsetzung **556 BGB** 2
- Veraltung **556 BGB** 2
- Vereinbarung

Betriebskosten des Sondereigentums **Anhang § 16** 18
Betriebskosten, sonstige **2 BetrKV** 145
Betriebskostenabrechnung des vermietenden Sondereigentümers **Anhang § 16** 1
- Betriebskosten des Gemeinschaftseigentums **Anhang § 16** 18
- Betriebskosten des Sondereigentums **Anhang § 16** 18
- Bezugnahmen auf die Verwalterabrechnung **Anhang § 16** 10
- Bildung von Abrechnungseinheiten **Anhang § 16** 8

- Doppelstellung des Vermieters **Anhang § 16** 9
- einheitlicher Abgrenzungszeitraum **Anhang § 16** 24
- Inhalt einer Nebenkostenabrechnung **Anhang § 16** 7
- Mietpoolverwaltung **Anhang § 16** 27
- Thesen zur Umlegung der Betriebskosten **Anhang § 16** 11
- Überbürgung der Betriebskosten **Anhang § 16** 3
- Umlegungsmaßstab **Anhang § 16** 10
- wohnungsbezogene Kostenerfassung **Anhang § 16** 17

Betriebsvermögen **Steuerrecht** 152, **Steuerrecht** 288
Bevollmächtigung, zur Fristsetzung **Muster** 20
Bezeichnung der anderen Wohnungseigentümer in Streitigkeiten zwischen einzelnen Wohnungseigentümern 44
- Adressenliste 44 10
- Ausnahmefall der fehlenden rechtlichen Betroffenheit 44 10
- bauliche Veränderung 44 9
- Beiladung 44 9–10
- Beizuladende 44 9
- Eigentümerliste 44 9
- Ersatzzustellungsvertreter 44 9
- Klageschrift 44 10
- mündliche Verhandlung 44 10
- Parteien 44 9
- Verwalter 44 9

Bezeichnung der Wohnungseigentümer in der Klageschrift 44
- Adressenliste 44 2
- Anfechtung 44 2
- Anfechtungsfrist 44 5
- Anfechtungsklage 44 2
- Anfechtungskläger 44 7
- Beteiligte 44 2
- Bezeichnung der Beklagten 44 5–6
- Bezeichnung des Beklagten 44 3
- Bezeichnung von Parteien und Gericht 44 2
- Eigentümerliste 44 6–7
- Ersatzzustellungsvertreter 44 4–5
- Gestaltungsurteil 44 6
- Individualanspruch 44 2
- Klagen durch alle Wohnungseigentümer 44 8
- Klageschrift 44 2–5
- mündliche Verhandlung 44 6–7
- nachträgliche Bezeichnung der Beklagten 44 6
- Nebenentscheidung 44 6
- Rückwirkungsfiktion des § 167 ZPO 44 2–4
- Teilrechtsfähigkeit 44 8
- Verband 44 3, 44 8
- Verwalter 44 4–7

Bezugnahme auf die Teileigentumsbücher 7 19
Bezugnahmen auf die Verwalterabrechnung **Anhang § 16** 10
BGB-Gesellschaft – Anteilsübertragung 12 23
Bildung von Abrechnungseinheiten **Anhang § 16** 8
Bindung an Beschlüsse und gerichtliche Entscheidungen nach § 10 Abs. 4 WEG 10 322
Bindung an eine gerichtliche Entscheidung 10 330
Bindung an Rechtshandlungen, § 10 Abs. 5 WEG 10 361
Bindung des Sondernachfolgers jenseits von § 10 Abs. 3 und Abs. 4 WEG 10 349
Bindung von Sondernachfolgern nach § 10 Abs. 3 WEG 10 306
Bindungsvertrag, prozessualer 10 132
Binnenverkehr der Wohnungseigentümer 20 2
Bodenbelag 5 38
Bonitätsauskunft 12 75
Bordell 12 119
Bordellbetrieb **Anhang § 15** 82
Bordellpachtverträge **Anhang § 15** 76
Breitbandkabelanschluss 16 129
Breitbandkabelnetz 2 **BetrKV** 134
Brennstoffversorgungsanlage 2 **BetrKV** 26
Briefkastenfirma 12 120
Bruchteilsgemeinschaft 2 11, 10 1, 10 14
Bußgeldvorschriften **Steuerrecht** 336
- Aufbewahrungspflicht **Steuerrecht** 341
- Aufzeichnungspflicht **Steuerrecht** 345
- Bauleistung **Steuerrecht** 340
- Bußgelder **Steuerrecht** 349
- Buchführungspflicht **Steuerrecht** 345
- Geldbußen **Steuerrecht** 343
- Geldstrafen **Steuerrecht** 343
- Rechnungslegungsverpflichtung **Steuerrecht** 348
- Verwalterpflicht **Steuerrecht** 345
- Verwaltervertrag **Steuerrecht** 345

Bucheigentümer 16 196
Buchführung 21 43

Stichwortverzeichnis

Buchführung des Verwalters
– Abflüsse **28** 160
– Aufbewahrung der Unterlagen **28** 163
– Aufbewahrungspflicht **28** 163
– Ausgabenrechnung **28** 158
– Bankkonto **28** 159
– Beitragszahlung **28** 159
– Beitreibungsmaßnahme **28** 159
– Beleg **28** 161–162
– Belege **28** 157
– Brennstofflieferung **28** 162
– Brennstoffvorrat **28** 160
– Buchführung **28** 157–160
– Buchhaltung **28** 157
– Buchung **28** 161
– Einnahmenrechnung **28** 158
– Einzelkonten **28** 159
– Finanzwesen **28** 157
– Form der Buchführung **28** 158
– Gartengeräte **28** 162
– gemeinschaftliche Konten **28** 160
– Girokonto **28** 159
– Handwerksleistung **28** 162
– Hausmeister **28** 162–163
– Inhalt der Belege **28** 162
– Inhalt der Buchführung **28** 160
– Instandhaltungsrücklage **28** 160
– Jahresabrechnung **28** 158–163
– Kassenbeleg **28** 162
– Notwendigkeit einer Buchführung **28** 157
– Protokoll **28** 163
– Rechnungslegung **28** 157–160
– Rechtsanwälte **28** 162
– Sachverständiger **28** 157
– Sondervergütung **28** 163
– Steuerberater **28** 162
– Trinkgeld **28** 162
– Verband **28** 157
– Verwalter **28** 162
– Verwaltungsbeirat **28** 158–161
– Witschaftsplan **28** 157
– Zuflüsse **28** 160

C
Carport **1** 53, **5** 39
Communio incidens **10** 1
Contracting **Anhang § 16** 94

D
Dach **5** 40
Dachgemeinschaft **10** 18
Dachterrasse **5** 41

Dauer der Bestellung (§ 26 Abs. 1 S. 2 WEG, § 309 Nr. 9a BGB)
– Bauträger **26** 87
– Beschlussmängelrecht **26** 88
– Bestellung **26** 87–90
– Formularvertrag **26** 90
– Gemeinschaftsordnung **26** 89
– Gewährleistung **26** 87
– Maximaldauer aller weiteren Bestellungen **26** 89
– Maximaldauer der Erstbestellung **26** 87
– Teilnichtigkeit **26** 88–89
– Teilungserklärung **26** 88
– Turnus **26** 89
– Verjährungsfrist **26** 87
– Verlängerungsklausel **26** 89
– Verwalter **26** 87–89
– Verwaltervertrag **26** 88–90
– werdende Eigentümergemeinschaft **26** 89
Dauernutzungsberechtigt **5** 93
Dauernutzungsrecht **10** 172, **31** 1, **Steuerrecht** 97
– Voraussetzungen der Eintragung **32** 5
Dauerwohn- oder Dauernutzungsrecht **12** 72
Dauerwohn- und Dauernutzungsrecht **12** 24
Dauerwohnberechtigt **5** 93
Dauerwohnrecht **10** 172, **31** 4, **Steuerrecht** 97
– Begriffsbestimmung **31** 4
Decke **5** 42
Der (teil-)rechtsfähige »Verband Wohnungseigentümergemeinschaft«
– Abgrenzung **1** 17
– Begriff und Umfang der Rechtsfähigkeit **1** 15
– Einheitstheorie **1** 19
– Entdeckung des (teil-) rechtsfähigen Verbandes sui generis **1** 13
– gemeinschaftliches Eigentum **1** 17
– ordnungsgemäße Verwaltung **1** 16
– Sprachregelung **1** 14
– Trennungstheorie **1** 19
– ultra-vires-Lehre **1** 16
– Verwaltungsvermögen **1** 17–19
– zwei getrennte Gemeinschaften **1** 19
Der Auskunftsanspruch einzelner Wohnungseigentümer **28**
– Abberufung **28** 141–144
– Auskunftsanspruch **28** 141
– Auskunftserteilung **28** 143
– bauliche Veränderung **28** 139, **28** 143
– Bestellung **28** 141
– eidesstattliche Versicherung **28** 145
– Eigentümerliste **28** 143

Stichwortverzeichnis

- Eigentümerversammlung 28 142–144
- Einsicht 28 145
- Entlastung 28 144
- Ergänzungsanspruch 28 145
- Ermächtigung 28 142
- faktischer Verwalter 28 141
- Gegenstand des Individualanspruchs auf Erteilung bestimmter Auskünfte 28 143
- gemeinschaftsbezogene Ansprüche 28 144
- gemeinschaftsbezogene Auskunftsansprüche 28 139–146
- Genehmigung nach § 12 WEG 28 141
- Gläubiger des Anspruchs 28 142
- Guthaben 28 139–143
- Individualanspruch 28 139–146
- Mehrheitsbeschluss 28 142
- Mehrheitseigentümer 28 139
- Nebenpflichten 28 141
- ordnungsmäßige Verwaltung 28 139
- Rechnungslegung 28 141
- Rechtsgrundlage individueller Auskunftsansprüche 28 140
- Rechtsmissbrauch 28 144
- Rückbauverlangen 28 143
- Rückstände 28 139
- Schadensersatz 28 145
- Schuldner und Gläubiger des Auskunftsanspruchs 28 141
- Teilungserklärung 28 139
- unrichtige Auskünfte 28 145
- unvertretbare Handlung 28 146
- Verbindlichkeit 28 143
- Verwalter 28 139–146
- Verwaltervertrag 28 140–141
- Vollstreckung 28 146
- Voraussetzungen des Individualanspruchs auf Ankunftserteilung 28 144
- wichtiger Grund 28 144
- Willensbildung 28 139–143
- Zusatzvergütung 28 141

Der Verband als Wohnungseigentümer 11 33
Der »Verband Wohnungseigentümergemeinschaft« als Ersteher im Zwangsversteigerungsverfahren 1 181
Dereliktion 7 59
Die Änderung und Aufhebung von Sondernutzungsrechten 13
- Änderung von Sondernutzungsrechten 13 50
- Aufhebung von Sondernutzungsrechten 13 51
- bauliche Veränderung 13 50
- Bewilligung 13 51
- dinglich Berechtigte 13 50
- Mehrheitsbeschluss 13 50
- Sondernutzungsrecht 13 50–51
- Speicher 13 50
- Testament 13 51
- Vereinbarung 13 50
- Wohnzwecke 13 50

Die innere Organisation des Verwaltungsbeirats 29
- Abberufung 29 33
- Beiratssitzung 29 32
- Beschlussfähigkeit 29 33
- Beschlussfassung 29 34
- Beschlussvorlage 29 33
- Eigentümerversammlung 29 32–33
- Einberufung 29 33
- Einberufung des Verwaltungsbeirats 29 32
- Gemeinschaftsordnung 29 34
- Geschäftsordnung 29 34
- Jahresabrechnung 29 32
- Mehrheitsbeschluss 29 34
- Niederschrift 29 34
- Protokollierung 29 34
- Regelungen durch Mehrheitsbeschluss und Geschäftsordnung des Verwaltungsbeirats 29 34
- Sitzungsleitung 29 34
- Stimmrecht 29 34
- Tagesordnung 29 33
- Vertreter 29 34
- Verwalter 29 32
- Verwaltungsbeirat 29 32–33
- Vorsitzende 29 32–34
- Wirtschaftsplan 29 32

Die Kostentragung für Instandhaltung und Instandsetzung der Räume und Flächen eines Sondernutzungsberechtigten 13 43
- bauliche Veränderung 13 43–44
- Beschlussfassung 13 44
- Garten 13 44
- gemeinschaftliches Eigentum 13 43
- Gemeinschaftseigentum 13 44
- Instandhaltung 13 43–44
- Instandsetzung 13 43–44
- Kosten 13 44
- Kostentragung 13 43
- Modernisierung 13 44
- ordnungsmäßige Verwaltung 13 44
- Sondereigentum 13 43
- Sondernutzungsrecht 13 43–44
- Teilungserklärung 13 43–44

Dienstbarkeit 10 172

1301

Stichwortverzeichnis

Dinglich verselbständigte Untergemeinschaft **1** 245
DIN 4109 **14** 10
Direktanspruch gegen den Mieter **Anhang § 15** 58
Direkter Unterlassungsanspruch der Eigentümergemeinschaft **Anhang § 15** 47
Diskriminierung **12** 121
Dolmetscher **24** 56
Doppelhaushälfte **5** 9
Doppelparker **5** 43
Doppelstellung des Vermieters **Anhang § 16** 9
Doppelt qualifizierte Mehrheit **22** 152
Doppelvermietung **Anhang § 15** 7
Drei-Objekt-Grenze **Steuerrecht** 254
Drittberechtigte **5** 91
Dritte zur Erteilung der Zustimmung bevollmächtigen **12** 81
Drohung **12** 122
Duldung von Betreten und Benutzung (§ 14 Nr. 4 WEG) **14** 33, **14** 36
– Balkon **14** 36
– bauliche Veränderung **14** 33
– Betreten des Sondereigentums **14** 33
– Duldungspflicht **14** 33
– Fliese **14** 36
– Gebrauchsregelung **14** 33
– gemeinschaftliches Eigentum **14** 35
– Gemeinschaftsbezogener Anspruch **14** 33–35
– Gemeinschaftseigentum **14** 33–36
– Hausordnung **14** 33
– Instandhaltung **14** 33–35
– Instandsetzung **14** 33–35
– Kosten **14** 36
– Messgerät **14** 35
– Schadensersatz **14** 34
– Sondereigentum **14** 33–36
– tätige Mithilfe **14** 35
– Teileigentum **14** 34
– Turnusregelung **14** 35
– Verband **14** 33–35
– Verdienstausfall **14** 34
– Versorgungsleitung **14** 35–36
– Verwaltervertrag **14** 33
– Wand- oder Deckendurchbruch **14** 36
Duldung von Maßnahmen zur Herstellung von Anschlüssen **21** 273
– Anwendungsfälle **21** 278
– Beschlusskompetenz **21** 276
– erstmalige Herstellung **21** 275
– Mindeststandard **21** 273

Duldungspflicht (§ 14 Nr. 3 WEG) **14** 32
– bauliche Veränderung **14** 32
– Beeinträchtigung **14** 32
– Duldungspflicht **14** 32
– Gemeinschaftseinrichtungen **14** 32
– Geräusch **14** 32
– Gewerbefläche **14** 32
– Immission **14** 32
– Parabolantenne **14** 32
– Rundfunkanlage **14** 32
– Sondereigentum **14** 32
– Stellplatz **14** 32
– Teilungserklärung **14** 32
– Versorgungsleitung **14** 32
Duldungspflicht des Nachfolgemieters **Anhang § 15** 64
Duldungspflichten **22** 102
– Absperrung von Versorgungsleitungen **22** 105
– Aufteilungsplan **22** 106
– bestimmte Nutzung **22** 104
– Flächenüberschreitung **22** 103
– Mieter **22** 108
– Zustandsstörer **22** 108
Duplexgarage **5** 43
Durchsetzung der Vorschussleistungen **28**
– Abgabenrecht **28** 41
– Anspruch **28** 44
– außergerichtliche Geltendmachung und gerichtliches Verfahren **28** 37
– Aufrechnung **28** 41
– Aufrechnungsverbot **28** 41
– Beschluss **28** 37
– Beschlusskompetenz **28** 38, **28** 44
– Ermächtigung **28** 37
– Fahrstuhl **28** 43
– Geltendmachung durch Verwalter und ermächtigte Personen **28** 37
– Gesamt- und Einzelwirtschaftsplan **28** 39
– Haftung **28** 38
– Jahresabrechnung **28** 40
– Kaltverdunstung **28** 43
– Mehrheitsbeschluss **28** 38
– Notgeschäftsführung **28** 41
– Nutzung des Gemeinschaftseigentums **28** 43
– Passivprozess **28** 37
– Prozessführungsbefugnis **28** 37
– Prozessstandschaft **28** 37
– Rechtsanwalt **28** 37
– Schadensersatzanspruch **28** 41
– Teilungserklärung **28** 37–40
– Überzahlung **28** 41

Stichwortverzeichnis

- Verband 28 37
- Vereinbarung 28 37
- Verjährung 28 42
- Verteidigungsmöglichkeiten des Schuldners 28 40
- Verwalter 28 37
- Verwaltervertrag 28 37–40
- Vollstreckungsgegenklage 28 40–41
- Vorschuss 28 37–41
- Widerklage 28 41
- Wirtschaftsplan 28 39–40
- Zurückbehaltungsrecht 28 41

Dynamische Verweisung **Anhang § 13** 52
Dynamische Verweisungsklausel **Anhang § 16** 56

E
Echtes Eigentum 1 5
Ehegatte 12 25
Ehegatten 21 20, **Steuerrecht** 266
- Miteigentümer 21 20
Ehemaliger Wohnungseigentümer 16 201
Ehewohnung 60 32
Eichung 5 **HeizkostenV** 7
Eidesstattliche Versicherung 12 123
Eigengrenzüberbau 1 202
Eigenheimzulage **Steuerrecht** 3, **Steuerrecht** 21, **Steuerrecht** 168
- Ausbau **Steuerrecht** 171
- Eigenheimzulage **Steuerrecht** 168
- Erweiterung **Steuerrecht** 171
Eigentümer 12 124
Eigentümerstellung 21 18
Eigentümerversammlung 10 252
Eigentümerwechsel 24 42
- Alteigentümer 16 210
- Außenhaftung 16 223
- Fälligkeitstheorie 16 208
- Guthaben 16 222
- Haftung des Zwangsverwalters 16 209
- Jahresabrechnung 16 215
- Kaufvertrag 16 221
- Schuldbeitritt 16 221
- Sonderumlagen 16 214
- tätige Mithilfe 16 226
- vereinbarte Haftung (Haftungsklausel) 16 217
- Vertrag zu Gunsten eines Dritten 16 221
Ein-Mann-Beschluss 8 30
Ein-Mann-Gemeinschaft 10 20
Einbauküche 5 44
Einberufung der Versammlung 24 2
Einberufung, Vorsitz, Niederschrift 24 63

Einberufungsfehler 24 13
Einberufungsfrist 24 60
- Ladungsfrist 24 61
Einberufungsmangel 24 13
Einberufungsrecht des Verwaltungsbeiratsvorsitzenden 24 9
Einfamilienhaus 5 9
Einfluss der Novelle zum WEG auf die Handhabung von § 28 WEG
- Abdingbarkeit 28 3
- Abrechnungsperiode 28 3
- Anfechtung 28 2–3
- Aufwendungsersatz 28 3
- Beschlusskompetenz 28 3
- Betriebskosten 28 3
- Bilanz 28 3
- Eigentümerversammlung 28 3
- einstweilige Anordnung 28 2
- freiwillige Gerichtsbarkeit 28 2
- Jahresabrechnung 28 3
- Kosten 28 3
- Mehrheitsbeschluss 28 3
- Nachzahlung 28 2
- Sonderumlage 28 2
- Teilrechtsfähigkeit 28 2
- Verband 28 2
- Vereinbarung 28 3
- Vorschuss 28 2
- Wirtschaftsplan 28 2–3
Eingetragene Rechte Dritter 9 16
- Beendigung des Sondereigentums 9 16
Eingetragene Veräußerungsbeschränkung ist vom Grundbuchgericht von Amts wegen zu beachten 12 92
Einheitliche Stimmrechtsausübung 25 18
Einheitlicher Abrechnungszeitraum **Anhang § 16** 24
Einheitlichkeit des Mietverhältnisses **Anhang § 13** 133
Einheitstheorie 1 8, 1 19, 10 375
Einigung über die Aufhebung 4 7
Einkommensteuer **Steuerrecht** 2
- Bauherrengemeinschaft **Steuerrecht** 14
- Eigenheimzulage **Steuerrecht** 3
- Gestaltungsmissbrauch **Steuerrecht** 16
- Grundförderung **Steuerrecht** 3
- Kinderzulage **Steuerrecht** 3
- Kosten vor Einzug **Steuerrecht** 5
- kurzfristige Fremdnutzung **Steuerrecht** 8
- kurzfristiges Leerstehenlassen **Steuerrecht** 6
- Missbrauch **Steuerrecht** 14
- Öko-Zulage **Steuerrecht** 3

Stichwortverzeichnis

- selbstgenutztes Wohnungseigentum **Steuerrecht** 2
- Über-Kreuz-Vermietung **Steuerrecht** 9–15

Einkünfteerzielungsabsicht **Steuerrecht** 75
Einpersonen-Eigentümergemeinschaft **8** 55
Einräumung **4** 2
Einrede **10** 202
Einschränkung des Zustimmungserfordernisses Drittberechtigter **5** 104
Einschreiten gegen Nutzer von Sonder- oder Teileigentum (§ 14 Nr. 2 WEG
- Bedeutung der Vorschrift **14** 27
- Erwerber **14** 28

Einschreiten gegen Nutzer von Sonder- oder Teileigentum (§ 14 Nr. 2 WEG) **14** 27
- Gebrauchsregelung **14** 30
- Gemeinschaftsbezogenheit **14** 31
- Gemeinschaftsverhältnis **14** 31
- Haftung des Eigentümers für Verstöße des Nutzungsberechtigten gegen Pflichten aus § 14 Nr. 1 WEG **14** 31
- Hausbesetzer **14** 28
- Kündigung **14** 30–31
- Mieter **14** 29–31
- Mietvertrag **14** 30
- Möglichkeiten der Miteigentümer **14** 30
- Nutzung **14** 30
- Nutzungsberechtigter **14** 28
- Pächter **14** 30
- Störer **14** 30–31
- Unterlassung **14** 30
- Verband **14** 30–31
- Vertragsstrafe **14** 29

Einschreiten gegen Nutzer von Sonder- oder Teileigentum (§ 14 Nr. 2 WEG)
- Individualanspruch **14** 30

Einsicht in die Sammlung 24 137
Einstimmigkeitprinzip **21** 32
Eintragung **32** 22
- Bedingung **32** 25
- Befristung des Dauerwohnrechts **32** 25
- Belastungsgegenstand **32** 23
- Berechtigte **32** 24
- Time-sharing-Modelle **32** 25

Eintragung der Aufhebung **12** 69
Eintragung der Löschung im Grundbuchverfahren ist antragsberechtigt **12** 68 h
Eintragung der Veräußerungsbeschränkung **12** 17
Eintragung einer Veräußerungsbeschränkung mit der Aufteilung **12** 160
Eintragung eines nicht abgeschlossenen Raumes als Sondereigentum **7** 191

Eintragung in das Grundbuch **10** 159
Eintragungsbedürftigkeit **10** 318
Eintragungsfähigkeit **10** 319
- Vereinbarung i. S. v. § 10 Abs. 2 S. 2 WEG **10** 319
- Vereinbarung in Beschlussangelegenheiten **10** 320

Eintragungsfähigkeit und Eintragungsbedürftigkeit; § 10 Abs. 4 S. 2 WEG **10** 305
Eintragungsverfahren **7** 67, **32** 3
- allgemeine Eintragungsvoraussetzung **7** 68
- besondere Eintragungsvoraussetzungen **7** 82
- Fremdenverkehrsgebiet **7** 77
- Prüfungsrecht des Grundbuchgerichtes **7** 105

Eintritt der Bindung **10** 313
Eintritt in das Rechtsverhältnis **38** 7
Einwände nach § 10 Abs. 8 S. 2 und S. 3 WEG **10** 505
Einzelbelastung **9** 18
- Beendigung der dinglichen Rechtsinhaber **9** 17
- Einheitsgrundpfandrecht **9** 19
- Erstreckung auf das gesamte Grundstück **9** 21
- Grundpfandrecht **9** 23
- Nachverpfändung **9** 23–24
- Pfandfreigabe **9** 24
- Pfandunterstellung **9** 23
- Rangfragen **9** 22
- Rangregulierung **9** 23
- Realteilung **9** 24
- Recht **9** 21
- schiefer Rang **9** 22
- Umwandlung von Wohnungseigentum an Doppelhäusern in Normaleigentum **9** 24
- Zustimmung der dinglichen Rechtsinhaber **9** 18

Einzelfälle der Zuständigkeit nach § 43 Nr. 3 WEG
- Abberufung **43** 17
- Auskunftsanspruch **43** 17
- Beschlussanfechtung **43** 17
- Bestellung **43** 17
- Durchführung von Eigentümerbeschlüssen **43** 17
- ehrverletzende Äußerung **43** 17
- Eigentümerversammlung **43** 17
- Einberufung **43** 17
- Einsicht **43** 17
- Ersatz von Aufwendungen **43** 17
- Haustierhaltung **43** 17

Stichwortverzeichnis

- Herausgabe **43** 17
- Protokoll **43** 17
- Schadensersatz **43** 17
- Unterlassung **43** 17
- Vergütung **43** 17
- Verwalter **43** 17
- Verwaltervertrag **43** 17
- Zustimmung zur Veräußerung nach § 12 WEG **43** 17

Einzug **2 HeizkostenV** 15, **Steuerrecht** 5

Elemente des Wohnungseigentums
- Akzessionsgrundsatz **1** 2
- besonders ausgestaltetes Bruchteilseigentum **1** 6
- Dogmatik **1** 5
- echtes Eigentum **1** 5
- Einheitstheorie **1** 8
- gesellschaftsrechtliches Modell **1** 11
- grundstücksgleiches Recht **1** 9
- Inhaltsänderung des bloßen Miteigentumsanteils **1** 3
- Legaldefinition **1** 2
- Verkehrsfähigkeit **1** 4
- Wohnungs- und Teileigentum **1** 9

Eltern **21** 24

Ende der Walterstellung **20** 24
- Verwalter **20** 25
- Verwaltungsbeirat **20** 29

Energiesperre **Anhang § 13** 101
Energiesperre gegen Mieter **Anhang § 13** 84
Enteignung **12** 26

Entlastung des Verwalters **28**
- Abberufung **28** 113–114
- Abrechnungsperiode **28** 114
- Abstimmung **28** 121
- Anfechtung **28** 111, **28** 122
- Anfechtungsklage **28** 122
- Anspruch auf Entlastung **28** 120
- Ausgaben **28** 119
- Auskünfte **28** 113
- Bedeutung der Entlastung **28** 109
- Belegen **28** 116
- Beschluss **28** 112
- Beschlussfassung **28** 114–119
- Beschlusskompetenz **28** 115–117
- Beschlussrecht **28** 119
- Bevollmächtigter **28** 121
- Beweisaufnahme **28** 116
- Eigentümer **28** 121
- Eigentümerversammlung **28** 114, **28** 120
- Einsicht **28** 113
- Entlastung für die Verwaltertätigkeit insgesamt **28** 115
- Ergänzungssprüche **28** 119
- faktischer Verwalter **28** 118
- Feststellungsinteresse **28** 120
- Feststellungsklage **28** 120
- Gemeinschaft **28** 109
- gemeinschaftliches Eigentum **28** 114–117
- Gemeinschaftsordnung **28** 120
- Gewohnheitsrecht **28** 117
- Hilfskraft **28** 121
- Individualanspruch **28** 117
- Individualansprüche einzelner Wohnungseigentümer **28** 117
- Jahresabrechnung **28** 109–121
- konkludente Entlastung **28** 114
- Monatsfrist **28** 122
- negatives Schuldanerkenntnis **28** 110–113, **28** 121
- negatves Schuldanerkenntnis gemäß § 397 Abs. 2 BGB **28** 112
- Niederlegung des Amtes **28** 120
- ordnungsmäßige Verwaltung **28** 119
- organschaftliche Stellung **28** 110
- Rechtsgeschäft zu Lasten Dritter **28** 122
- Rechtsnatur der Entlastung **28** 110
- Reichweite der Entlastung **28** 114
- Schadensersatz **28** 113–119
- Schlüssel **28** 114
- Sondereigentum **28** 117
- Stimmabgabe **28** 122
- strafgerichtliche Verurteilung **28** 116
- tatsächliche Vertrauenskundgabe mit Wirkung nach § 242 BGB **28** 111
- unbekannte Ansprüche **28** 116
- Unterlassung **28** 113–114
- Untervollmacht **28** 121
- Verband **28** 112
- Verjährung **28** 116
- Verteilungsschlüssel **28** 117
- Vertrauenskundgabe **28** 110–111
- Vertrauenskundgebung **28** 119
- Verwalter **28** 110–122
- Verwaltervertrag **28** 110, **28** 120
- Verwaltungsbeirat **28** 116
- Vollmacht **28** 121
- Willenserklärung **28** 111–112
- Wirkung der Entlastung **28** 113
- Zweitbeschluss **28** 122

Entlastung eines Wohnungseigentümers als Verwalter **25** 28

Entscheidungen des Verwaltungsbeirats **29**
- Anfechtung **29** 35
- Anfechtungsklage **29** 36
- Beschluss **29** 35

Stichwortverzeichnis

– Bestandskraft **29** 35
– Eigentümerversammlung **29** 35
– Ermächtigung **29** 36
– gemeinschaftsbezogenes Recht **29** 36
– Innenwirkung **29** 35
– Verband **29** 36
– Verwaltungsbeirat **29** 35–36
Entstehung des Verbandes Wohnungseigentümergemeinschaft **8** 101
Entstehung einer Vereinbarung **10** 160
– Teilungserklärung **10** 162
– Teilungsvertrag **10** 161
Entstehung eines Mehrheitsbeschlusses **23**
– antragsberechtigt **23** 17
– Beschlussantrag **23** 17
– Fehlen einer Beschlussfeststellung **23** 22
– Feststellung des Beschlussergebnisses **23** 21
– Feststellungsklage **23** 24
– Formulierung **23** 17
– Geschäftsordnungsbeschluss **23** 18
– Kopfprinzip **23** 18
– Rechtssicherheit **23** 21
– Stimmabgabe **23** 18
– Stimmkraft **23** 18
– Subtraktionsmethode **23** 18
– Verkündung des Beschlussergebnisses **23** 22
– Verwalter **23** 17
– verweigerte Beschlussfeststellung **23** 23
Entstehung eines schriftlichen Beschlusses **23**
– Bekanntgabe des Beschlussergebnisses **23** 52
– Block **23** 56
– konstitutive Wirkung **23** 52
– Monatsfrist **23** 53
– notarielle beglaubigte Niederschrift **23** 58
– Stimmrecht ausgeschlossen **23** 57
– Teilbeschluss **23** 59
– Umlaufverfahren **23** 51
– Vertreter **23** 54
– Widerruf der Zustimmung **23** 60
Entstehung und Ende der Eigentümergemeinschaft **8** 97
Entwässerung **2 BetrKV** 13
– Kosten **2 BetrKV** 13
Entziehung des Wohnungseigentums **18** 19
– Abdingbarkeit des § 18 **18** 6
Entziehungsklage **16** 273
Erbauseinandersetzung **12** 28
Erbbaurecht **1** 217, **10** 147, **Steuerrecht** 97
– Abtrennung von Grundstücksflächen **1** 228
– Begründung **1** 221
– Belastungsgegenstand **1** 218

– Deckungsgleichheit **1** 218
– Erbbaurecht und Wohnungseigentum am selben Grundstück **1** 219
– Gebäudeeigentum **1** 225
– Grundstücks Erbbaurecht **1** 221
– horizontale Teilung **1** 220
– kein Wohnungseigentum an einem mit einem Erbbaurecht vereinigten Grundstück **1** 221
– Mischformen **1** 221
– Nebenfläche **1** 218
– Rechtsinhalt **1** 218
– Umwandlung **1** 222–223
– Vereinigung **1** 221
– Wohnungseigentum am selben Gebäude **1** 222
– Wohnungserbbaurecht **1** 222
– Zuerwerb von Grundstücken **1** 226
Erbbaurecht und Wohnungseigentum am selben Grundstück **1** 219
Erbbauzinsloses Wohnungserbbaurecht **1** 175
Erbe **21** 26
Erbengemeinschaft **2** 11
Erbfall **16** 198
– Fälligkeitstheorie **16** 199
– Nachlassinsolvenz **16** 198
– Nachlassverwaltung **16** 198
Erbfolge **12** 29
Erbschaft **Steuerrecht** 148
Erbschaft- und Schenkungsteuer **Steuerrecht** 275
– Bagatellregelung **Steuerrecht** 298
– Bauleistung **Steuerrecht** 293
– Bauleistungssteuer **Steuerrecht** 289
– Betriebsvermögen **Steuerrecht** 276–288
– Erwerb von Todes wegen **Steuerrecht** 278
– Freistellungsbescheinigung **Steuerrecht** 296
– Grundbesitzwert **Steuerrecht** 281
– Privatvermögen **Steuerrecht** 276–285
– Reinigungsarbeiten **Steuerrecht** 294
– Schenkung unter Lebenden **Steuerrecht** 280
– Steuerfreibeträge **Steuerrecht** 284
– Steuerklassen **Steuerrecht** 282
– Steuersätze **Steuerrecht** 283
– Versorgungsfreibetrag **Steuerrecht** 286–287
Erbteilsübertragung **12** 30
Erfassungsmangel **4 HeizkostenV** 43
Erforderlichkeit einer Vereinbarung (Kompetenzlehre) **10** 106
Ergänzung der Tagesordnung **24** 36

Ergänzungsfunktion des Verwaltungsbeirats 29 4
– Beschluss 29 4
– Beschlussvorlage 29 4
– Eigentümerversammlung 29 4
– Gemeinschaftsordnung 29 4
– Jahresabrechnung 29 4
– Vertreter 29 4
– Verwalter 29 4
– Verwaltungsbeirat 29 4
– Wirtschaftsplan 29 4
Ergebnisprotokoll 24 71
Erhaltungsaufwand **Steuerrecht** 100, **Steuerrecht** 161
Ermächtigung zur Einberufung 24 12
Ermessen des Protokollführers 24 71
Ermessensreduktion 16 78
– Kosten-Nutzen-Analyse 16 78
Ermittlung der Einkunftsgrenzen **Steuerrecht** 175
– Einkunftsgrenze **Steuerrecht** 175
– Erstjahr **Steuerrecht** 180
– Gesamtbetrag der Einkünfte **Steuerrecht** 178
– Summe der positiven Einkünfte **Steuerrecht** 179
– Veranlagung **Steuerrecht** 180
Ersatzschlüssel 16 37
– Umlage der Heiz- und Warmwasserkosten 16 37
Ersetzung der Zustimmung 12 150
Erstattung der Ersatzvornahmekosten **Muster** 29
Erstattung von Rechtsanwaltskosten
– bauliche Veränderung 50 3
– Erstattung 50 2
– Gebührenvereinbarung 50 4
– Gemeinschaft 50 2
– Kostengrundentscheidung 50 1
– Mehrheitsentscheidung 50 2
– ordnungsgemäße Prozessführung 50 2
– Schlüssel 50 2
– Tagesordnung 50 3
– Verband 50 1–2
Ersterwerb 10 22
– Ende der Rechtsstellung 10 27
– Rechte und Pflichten 10 25
– Voraussetzungen 10 23
Erstmalige Herstellung 21 129
– anfänglicher Baumangel 21 131
– Aufteilungsplan 21 135
– Folgeschäden 21 133
– Gemeinschaftsordnung 21 134

– Maßstab 21 132
– Schuldner 21 139
– Zwangsversteigerung 21 138
Erstveräußerung 12 31
Erstversammlung 25 41
Erwerb durch Minderjährige 1 93
Erwerb unbebauter Grundstücke 6 19
Erwerb von Todes wegen **Steuerrecht** 278
Erwerb, gutgläubiger 10 316
Erwerberhaftung 10 245
Erwerbsvertrag 8 33, 10 152
Erwerbsvormerkung 12 125
Estrich 5 45
Eventualeinberufung 24 63, 25 51
Evidenzkontrolle 7 152

F
Familienanlagen, im Betreuten Wohnen 12 68b
Fassaden und Balkon 21 219
– Klimaanlage 21 222
Fehlen eines Zustimmungsberechtigten 12 87
Fehlen oder Verhinderung eines Verwalters 27 74
Fehlende Deckungsgleichheit von Rechtsinhalt und Belastungsgegenstand beim Erbbaurecht 1 218
Fehlende qualifizierte Mehrheit
– andere Meinung 22 130
– Beschlusskompetenz 22 127
– Mehrheitsmacht 22 128
– Zitterbeschluss 22 129
Fehlendes Bauwerk 1 229
– Anlegung der Wohnungsgrundbücher 1 229
Fehler bei der Eintragung 12 15
Fehlerhafte Zuordnung
– Anpassung an den Stand der Technik 22 134
– Modernisierung 22 134
Fehlgeschlagene Begründung von Sondereigentum 5 21
Fenster 5 46
Fenstergitter 5 47
Ferienimmobilien 12 68b
Ferienwohnung **Steuerrecht** 70–75
– Abschreibung **Steuerrecht** 88
– Abschreibungsmethode **Steuerrecht** 88
– Beurteilungszeitraum **Steuerrecht** 83
– Dauer der Vermietung **Steuerrecht** 76
– Einkunftserzielung **Steuerrecht** 81
– Einkunftserzielungsabsicht **Steuerrecht** 71, **Steuerrecht** 81

Stichwortverzeichnis

- Ferienwohnung **Steuerrecht** 70–74
- Feststellungslast **Steuerrecht** 76
- Investitionszulage **Steuerrecht** 87
- Kurverwaltung **Steuerrecht** 76
- Prognosezeitraum **Steuerrecht** 91
- Reiseveranstalter **Steuerrecht** 76
- Schlüsselübergabe **Steuerrecht** 78
- Schönheitsreparaturen **Steuerrecht** 78
- Überschussprognose **Steuerrecht** 83
- Vermietungsabsicht **Steuerrecht** 76
- Vermietungstage **Steuerrecht** 77
- vorab entstandene Werbungskosten **Steuerrecht** 94
- Wartungsarbeiten **Steuerrecht** 78
- Werbungskostenüberschuss **Steuerrecht** 75
- Zweitwohnungssteuer **Steuerrecht** 89

Feststellung, Geschäftsbesorgungsvertrag 21 41
Finanzierungskosten **Steuerrecht** 143
Finanzverwaltung (§ 27 Abs. 1 Nr. 4 bis 6, Abs. 3 S. 1 Nr. 4, 5 WEG)
- Abberufung 27 31
- Anforderung und Abführung von Zahlungen (§ 27 Abs. 1 Nr. 4 WEG) 27 27
- Außenverhältnis 27 26–30
- Aussonderungsrecht 27 30
- Beitreibung 27 27
- Beschlusskompetenz 27 32
- Bevollmächtigung 27 30
- Bewirkung und Entgegennahme von Zahlungen (§ 27 Abs. 1 Nr. 5 WEG) 27 28
- Buchhaltung 27 31
- Drittwiderspruchsklage 27 30
- Erbbauzins 27 27
- Ermächtigung 27 27
- Festgeldkonto 27 31
- Finanzverwaltung 27 26
- gemeinschaftliche Gelder 27 26, 27 32
- gemeinschaftlicher Einrichtung 27 29
- gemeinschaftliches Eigentum 27 28
- gemeinschaftsbezogen 27 26
- Gemeinschaftskonto 27 27, 27 31
- Gemeinschaftsordnung 27 27, 27 30–32
- gesetzliche Vertretungsmacht 27 26
- Girokonto 27 31
- Grundpfandrecht 27 27
- Grundsteuern 27 27
- Information 27 30
- Innenverhältnis 27 26
- Instandhaltungsrücklage 27 31
- Konto 27 30–31
- Kostenbeitrag 27 27
- Kostenfestsetzungsbeschluss 27 28–29

- Kündigung 27 31
- laufende Gelder 27 31
- Letztentscheidungsbefugnis 27 31
- Mahnung 27 27
- Mehrheitsbeschluss 27 32
- Neuerungen der Novelle 27 26
- offenes Fremdkonto 27 30
- offenes Treuhandkonto 27 30
- ordnungsmäßige Verwaltung 27 30–31
- Pfändung 27 30
- Rechtsanwalt 27 27
- Schadensersatz 27 26–27
- Sicherungsmaßnahme 27 32
- Sondereigentum 27 27–29
- Sonderumlage 27 29–31
- Teilrechtsfähigkeit 27 26, 27 30
- Trennungsgebot 27 30–31
- Verband 27 26–30
- Vereinbarung 27 30
- Vermietung 27 29
- Versicherungsleistung 27 28
- Vertretungsmacht 27 26, 27 31
- Verwalter 27 26–32
- Verwaltervertrag 27 31
- Verwaltung gemeinschaftlicher Gelder (§ 27 Abs. 1 Nr. 6, Abs. 5 WEG) 27 29
- Verwaltungsvermögen 27 26
- Vollmacht 27 27–30
- Vorschuss 27 27
- wichtiger Grund 27 31
- Wirtschaftsplan 27 27
- Wohngeld 27 29
- Zahlungsverkehr 27 28
- Zurückbehaltungsrecht 27 28
- Zwangsvollstreckung 27 31

Folgen der Anlegung gem. § 7 Abs. 1 für das Einsichtsrecht 7 63
- Einsicht in das Grundbuch 7 63
- Einsichtsrecht 7 65
- Verwalter 7 65

Folgen der Anlegung gem. § 7 Abs. 1 im Verhältnis zu anderen Grundstücken 7 31
- Behebung eines Gründungsmängels 7 37
- Bestandteilszuschreibung zu einem Grundstück oder umgekehrt 7 34
- Eintragung 7 41
- Form 7 40
- Miteigentumsanteil 7 41
- Miteigentumsanteile einheitlich zugeordnet 7 39
- Parken 7 41
- überdimensionierter Miteigentumsanteil 7 41

Stichwortverzeichnis

- Vereinigung 7 37
- Vereinigung der Grundstücke 7 33
- Vereinigung eines Wohnungs- und Teileigentumsrechts mit einem Grundstück 7 31
- Vereinigung mit einem gewöhnlichen Miteigentumsanteil 7 36
- Vereinigung von Wohnungseingetumsrechten an verschiedenen Grundstücken 7 35
- Zubuchung eines gewöhnlichen Miteigentumsanteils 7 38
- Zubuchungserklärung 7 40
- Zuschreibung 7 37

Folgen der Beendigung der Wohnungs- und Teileigentumsrechte 9 15
Folgen der Zustimmung gem. § 22
- Anspruch auf Beseitigung 22 90
- Anspruch auf Errichtung 22 92
- Aufgabenbereich des Verwalters 22 98
- Beseitigungsanspruch 22 100
- Duldungspflicht 22 100
- Erwerber 22 93
- Handlungsstörer 22 101
- Kosten der bauliche Veränderung 22 96
- Kostenzuordnungsregel 22 97
- Maßnahme im Einzelfall 22 97
- Nutzungsberechtigung 22 96
- Rechtsvorgänger 22 93
- Untätigkeit 22 91
- Verwirkung 22 91
- Wiederherstellungsanspruch 22 100

Folgeobjekt (§ 7 EigZulG) Steuerrecht 189
- Ausbau Steuerrecht 190
- Erweiterung Steuerrecht 190
- Folgeobjekt Steuerrecht 189

Forderung von Schadensersatz Muster 17
Forderungen
- Entlastung 21 150
- Erfolgsaussichten 21 151
- gerichtliche Geltendmachung 21 152
- Rechtsverfolgung 21 149
- Schadensersatzanspruch 21 149
- Vertretungsbefugnis 21 148

Forderungseinzug
- Organstellung des Verwalters 21 49
- Witschaftsplan 21 49

Form der Berichtigung 24 93
Form der Einberufung 24 28
Form des Protokolls 24 77
Form und Frist der außerordentlichen Abberufung des Verwalters
- Abberufung 26 27–28
- Abstimmung 26 27

- angemessene Frist 26 28
- Beschlussfassung 26 27
- Beschlussfeststellung 26 27
- Eigentümerversammlung 26 28
- Einberufung 26 28
- Mehrheitseigentümer 26 28
- Mißbrauch einer Stimmenmehrheit 26 27
- Miteigentumsanteile 26 27
- Stimmverbot 26 27
- Untervollmacht 26 27
- Versammlungsleiter 26 27
- Vertreter 26 27
- Verwalter 26 27

Formfehler 24 33
Formvorschrift 4 139
- Abtrennung und Übereignung eines Raumes 4 24
- anlässlich der Einräumung des Sondereigentums 4 13
- Anspruch auf Übertragung 4 20
- Anspruch auf Übertragung eines Miteigentumsanteils und Verbindung mit noch zu begründendem Sondereigentum 4 22
- Anspruch auf vertragliche Einräumung von Sondereigentum 4 21
- Aufhebung 4 12
- Authebung des Sondereigentums an einzelnen Räumen 4 10
- Aufhebung nur eines Sondereigentums 4 9
- Aufhebung sämtlicher Sondereigentumsrechte 4 8
- Aufhebung von Sondereigentum 4 2
- Begründung 4 11
- Beurkundung 4 17
- Einigung der Einräumung 4 2
- Einigung über die Aufhebung 4 7
- Einräumung 4 2
- Eintragung einer solchen Vermerkung an sämtliche Miteigentumsanteile 4 23
- Grundbuchvollzug 4 11
- schuldrechtlicher Anspruch auf Aufhebung des Sondereigentums 4 25
- schuldrechtlicher Anspruch auf Übertragung eines Wohnungseigentums 4 24
- Teilzeit-Wohnrechtegesetz 4 5
- Timesharing 4 5
- Verpflichtung zur Einräumung oder Aufhebung von Sondereigentum 4 17
- Vormerkung 4 20–25
- Vormerkung zum Erwerb und zur Abtrennung 4 24
- Vorverträge 4 19

Stichwortverzeichnis

- Zustimmung anlässlich der Aufhebung des Sondereigentums **4** 15
- Zustimmung dinglich Berechtigter **4** 13
Fotokopien **Anhang § 16** 85
Freistellungsbescheinigung **Steuerrecht** 296
Freiwillige Versteigerung **12** 59
Fremdgenutztes Wohnungseigentum **Steuerrecht** 95
- Abstandszahlung **Steuerrecht** 97
- Baukostenzuschuss **Steuerrecht** 97
- Dauernutzungsrecht **Steuerrecht** 97
- Dauerwohnrecht **Steuerrecht** 97
- Erbbaurecht **Steuerrecht** 97
- Kaution **Steuerrecht** 97
- Mietausfallversicherung **Steuerrecht** 97
- Mieteraufwendungen / Mietereinbauten **Steuerrecht** 97
- Nebenkosten **Steuerrecht** 97
- Nießbrauch **Steuerrecht** 97
- Sachleistung **Steuerrecht** 97
- Schadenersatz **Steuerrecht** 97
- Umlage **Steuerrecht** 97
- Umsatzsteuer **Steuerrecht** 97
- Verzugszins **Steuerrecht** 97
- Vorauszahlung **Steuerrecht** 97
- Wohnrechtseinräumung **Steuerrecht** 97
Fristen und Wiedereinsetzung
- Abstimmung **46** 8
- Anfechtungsfrist **46** 6–9
- Anfechtungsklage **46** 9
- Anwalt **46** 9
- Arbeitsüberlassung **46** 9
- Begründungsfrist **46** 8
- Beschlussanfechtung **46** 7
- Beschlussfähigkeit **46** 8
- Beschlussfassung **46** 6
- demnächstige Zustellung **46** 7
- Eigentümerversammlung **46** 6
- Frist zur Klagebegründung **46** 8
- gesetzlicher Vertreter **46** 9
- Instanzenzug **46** 9
- Klage **46** 6
- Klagebegründung **46** 8–9
- Klagefrist **46** 6
- Klageschrift **46** 7
- Kostenvorschuss **46** 7
- Nichtigkeit **46** 6
- Niederschrift **46** 8–9
- Rechtsmittel **46** 9
- Rückwirkungsfiktion **46** 7
- Rückwirkungsfiktion des § 167 ZPO **46** 7
- Teilungserklärung **46** 9
- Ungültigerklärung **46** 6

- Verjährung **46** 7
- Verkündung **46** 6
- Verwaltervertrag **46** 9
- Vollmacht **46** 9
- Wiedereinsetzung **46** 9
- ZPO-Verfahren **46** 8
Fristsetzung zur Nacherfüllung **Muster** 14
Funktionsträger **10** 62, **10** 254

G
Gartendienst **16** 170
Gartenpflege **2 BetrKV** 56
Gartenwasserhahn **5** 48
Gastherme **5** 49
Gaststätte **14** 32
GbR als Mietvertragspartei **Anhang § 15** 18
Gebäude **8** 17
Gebäudeeigentum gem. § 288 Abs. 4 oder § 292 Abs. 3 DDR-ZGB **1** 225
Gebäudeeigentum, selbständiges **8** 2
Gebäudeeigentümer **1 HeizkostenV** 9
Gebäudereinigung **2 BetrKV** 54
Geborene Gesamtschuld **16** 14
Gebot der gegenseitigen Rücksichtnahme **10** 44
Gebrauchsrecht **10** 136
Gebrauchsregelung **15** 1–2
Gebrauchsregelung durch gerichtliche Entscheidung **15**
- Eigentümerversammlung **15** 36–38
- Gebrauchsregelung **15** 36–38
- Gemeinschaftseigentum **15** 36
- Individualanspruch **15** 36
- Inhalt der gerichtlichen Entscheidung **15** 38
- Kellerräume **15** 36
- Mehrheitsbeschluss **15** 38
- Parkplätze **15** 36–37
- Parkraum **15** 36
- Rechtskraft **15** 38
- Rechtsschutzbedürfnis **15** 36
- Teilregelung **15** 37
- unzureichende Beschlussfassungen **15** 37
- Vereinbarung **15** 38
- Verfahren **15** 36
Gebrauchsregelungen durch nachträgliche Vereinbarung **15** 9
- Baubehörde **15** 9
- Gemeinschaftsordnung **15** 9
- Mehrheitsbeschluss **15** 9
- Nutzung **15** 9
- Teilungserklärung **15** 9
- Vereinbarung **15** 9

Stichwortverzeichnis

Gebrauchsregelungen in Teilungserklärung und Gemeinschaftsordnung **15** 2
- Abgrenzung zwischen Wohnnutzung und sonstigen Nutzungen **15** 2
- Abstellraum **15** 3
- Architekten **15** 3
- Aufteilungsplan **15** 3
- Badehaus **15** 2
- betreutes Wohnen **15** 3
- Fahrradkeller **15** 3
- Gebrauchsregelung **15** 4
- Gemeinschaftseigentum **15** 3
- Gemeinschaftsordnung **15** 5
- Gemeinschaftsverhältnis **15** 5
- Gewerbebetriebe **15** 4
- gewerbliche Nutzung **15** 5
- Hobbyraum **15** 2–3
- Kammer **15** 2
- Keller **15** 3
- Kinderzimmer **15** 3
- Küche **15** 3
- Laden **15** 2–5
- Regelungen zur Art der Nutzung **15** 2
- Sondereigentum **15** 2
- Teileigentum **15** 2
- Teilungserklärung **15** 2–5
- Trockenraum **15** 3
- Waschküche **15** 3
- Weitere Regelungen in Teilungserklärung und Aufteilungsplan **15** 3
- Wohnnutzung **15** 3
- Wohnungseigentümergemeinschaft, werdende **15** 2
- Wohnzweck **15** 2

Gebrauchsregelungen kraft Mehrheitsbeschlusses (§ 15 Abs. 2 WEG)
- Bodenbeläge **15** 10
- Eigentümerversammlung **15** 10
- Gebrauchsregelung **15** 10–11
- Gemeinschaftsordnung **15** 10
- gewerbliche Nutzung **15** 10
- Grünfläche **15** 11
- Hausordnung **15** 11–12
- keine Abweichung von Teilungserklärung oder Vereinbarungen **15** 10
- Mehrheitsbeschluss **15** 10–11
- Musizierverbot **15** 10
- Sondereigentum **15** 10
- Spielwiese **15** 11
- Teilregelung **15** 12
- Teilungserklärung **15** 10–12
- Vereinbarung **15** 10–11
- Verwalter **15** 10–12

- Wäschespinne **15** 11

Gebrauchsüberlassung **4 HeizkostenV** 11

Gegenstand der Betriebskosten **16** 63

Gegenstand des Verwaltungsvermögens **10** 57, **10** 452

Gegenstände des Sondereigentums **5** 12

Gegenständliche Änderungen des Sondereigentums bei bestehender Eigentümergemeinschaft **7** 215
- Abgeschlossenheitsbescheinigung **7** 226
- Anspruch eines Wohnungseigentümers auf Umwandlung von Gemeinschaftseigentum in Sondereigentum **7** 215
- Bevollmächtigung in Erwerbsverträgen **7** 218
- Eintragung der Umwandlung gemeinschaftlichen Eigentums in Sondereigentum **7** 228
- Eintragungsbewilligung **7** 221
- geänderter Aufteilungsplan **7** 226
- gegenständliche Veränderung des Gemeinschafts- und des Sondereigentums **7** 216
- nachträgliche Begründung von Sondereigentum durch Umwandlung **7** 224
- Nachverpfändungserklärung **7** 225
- Nachweis der Einigung **7** 221
- Pfandentlassung **7** 223
- Schaffung neuer Einheiten **7** 222
- Sondernutzungsrecht **7** 224
- Überbau **7** 220
- umfassende Sondernutzungsrechte **7** 218
- Umwandlung **7** 226
- Umwandlung von Gemeinschaftseigentum in Sondereigentum **7** 215
- Umwandlung von Sondereigentum in Gemeinschaftseigentum **7** 229
- Unbedenklichkeitsbescheinigung **7** 227
- vorweg genommene Zustimmung/Ermächtigung zur Vornahme solcher Veränderungen **7** 217
- Zustimmung dinglich Berechtigter **7** 224
- Zustimmungserklärung dinglich Berechtigter **7** 223
- Zustimmungserklärung Drittberechtigter **7** 224

Gegenstandsloswerden der Sondereigentumsrechte **9** 6
- Nachweis der völligen Zerstörung des Gebäudes **9** 8
- verfahrensrechtlich **9** 7
- Verpflichtung zum Wiederaufbau prüfen **9** 8

Gekorene Gesamtschuld **16** 14

1311

Stichwortverzeichnis

Gemeinschaft der Wohnungseigentümer **10** 1, **10** 11
Gemeinschaft der Wohnungseigentümer, werdende **10** 21
Gemeinschaft der Wohnungseigentümer: »Verband Wohnungseigentümergemeinschaft« **10** 373
– Beginn und Untergang **10** 377
– Mitglieder **10** 381
– Verband und Gemeinschaft der Wohnungseigentümer **10** 375
– Verbandszweck, Mitglieder und Förderung des Verbandszweckes **10** 379
Gemeinschaftliches Eigentum **1** 17, **1** 52
Gemeinschaftliches Wohnungs-/Teileigentumsgrundbuch **7** 26
– gemeinschaftliches Wohnungsgrundbuch **7** 26
Gemeinschafts-Antennenanlage **2 BetrKV** 134
Gemeinschaftsbezogene Rechte und Pflichten **21** 35
– Ausübungsbefugnis **21** 35
– Rechte des Inhabers **21** 35
Gemeinschaftsordnung **3** 110–111, **8** 44, **10** 103
Gemeinschaftsrecht **1** 246
Gemeinschaftsverhältnis **1** 156
Gemeinschaftsverhältnis der Wohnungseigentümer **10** 40
Genehmer Erwerber **12** 126
Genehmigungserklärung **Muster** 8
– zur Änderung der Teilungserklärung **Muster** 8
Genossenschaftsanteile (§ 17 EigZulG) **Steuerrecht** 203
Gerichtliche Durchsetzung von Gebrauchsregelungen (§ 15 Abs. 3 WEG) **15** 25
Gerichtliche Entscheidung **21** 11
Gerichtliche Ersetzung **12** 151
Gerichtliche Korrektur des Wirtschaftsplans **28**
– Anfechtung **28** 31
– Einzelwirtschaftsplan **28** 28
– Ergänzungsanspruch **28** 31
– Gesamtwirtschaftsplan **28** 27
– Hilfswiderklage **28** 28–32
– Instandhaltungsrücklage **28** 27
– Kostenverteilungsschlüssel **28** 28
– Ladungsmängel **28** 27
– Rückforderung **28** 32
– Teilabweisung **28** 29
– Teilanfechtung **28** 29
– Verteilungsschlüssel **28** 28–29

– Wirtschaftsplan **28** 27–32
Gerichtliche Musterabrechnung **Anhang § 16** 36
Gerichtliches Ermessen **21**
– analoge Anwendung **21** 310
– bestandskräftig gewordener Beschluss **21** 313
– Entscheidungsgrundlage **21** 314
– erforderliche Maßnahme **21** 311
– fehlende Maßnahme **21** 309
– gerichtliches Verfahren **21** 314
– Gestaltungsklage **21** 308
– Mehrheitsbeschluss **21** 309
– Rechtskraft **21** 313
– Selbstverwaltungsrecht **21** 312
– unbestimmter Antrag **21** 308
– Verwaltungsmaßnahme **21** 310
– Witschaftsplan **21** 307
– Zustellung **21** 315
Gerichtsgebühren **7** 310, **12** 160, **32** 29
– Änderung der eingetragenen Miteigentumsanteile **7** 313
– Änderung des Inhalts **7** 312
– Aufhebung von Sondereigentum **9** 35
– Einräumung von Sondereigetum **7** 310
– Gebühr **7** 310–314
– Geschäftswert **7** 311–312, **9** 36
– Unterteilung **7** 314
– Wert **7** 314
Geruchsbelästigung **Anhang § 15** 73
Gesamtbelastung **9** 17
– Beendigung des Sondereigentums **9** 17
Gesamtrechtsnachfolge, Gesamthandsgemeinschaft, Rechtsübergang kraft Gesetzes **12** 32
Gesamtvertretung des Verbandes durch alle Wohnungseigentümer
– Außenverhältnis **27** 81
– Beschluss **27** 85
– Beschlussfassung **27** 77–80
– Beschlusskompetenz **27** 84
– Bevollmächtigter **27** 83
– Eigentümerliste **27** 79
– Ermächtigung **27** 83–85
– Ermächtigung einzelner Wohnungseigentümer nach § 27 Abs. 3 S. 3 WEG **27** 81
– freiwillige Gerichtsbarkeit **27** 85
– gemeinschaftsbezogene Pflicht **27** 76
– gemeinschaftsbezogener Anspruch **27** 76
– Gemeinschaftsverhältnis Schadensersatzanspruch **27** 80
– Gesamtvertreter **27** 78, **27** 83
– Gesamtvertretung **27** 75–83

Stichwortverzeichnis

- geschäftsunfähig **27** 77
- Haftung **27** 77
- Information **27** 79–80
- Interessenkonflikt **27** 75
- Mehrheitsbeschluss **27** 81
- Mieter **27** 79
- Nichtigkeit **27** 84–85
- Pflichten des einzelnen Erklärungsempfängers **27** 79
- Rechtsanwalt **27** 84
- schwarzes Brett **27** 79
- Teilungserklärung **27** 86
- Treuepflicht **27** 79
- Unabdingbarkeit **27** 86
- Ungültigerklärung **27** 85
- Verband **27** 75–86
- Vereinbarung **27** 86
- Vertreter **27** 83–84
- Vertretungsmacht **27** 81–85
- Verwalter **27** 75–85
- Verwaltungsbeirat **27** 84
- Verzugszinsen **27** 80
- Vollmacht **27** 77, **27** 83
- Willensbildung **27** 81
- Willenserklärung **27** 75–83
- Wohnungseigentümer als Empfangsvertreter **27** 78
- Zustellung **27** 78

Geschäftsordnungsbeschluss **21** 23
Geschäftsordnungsentscheidung **24** 50
Geschäftsraum **14** 21
Geschenktes/geerbtes Wohnungseigentum **Steuerrecht** 261
- Angehörige **Steuerrecht** 262
- Anschaffung **Steuerrecht** 261
- Drei-Objekt-Grenze **Steuerrecht** 263–270
- Ehegatten **Steuerrecht** 266
- Erwerbszeitpunkt **Steuerrecht** 273
- Gesellschafter **Steuerrecht** 269
- Gesellschaftsanteil **Steuerrecht** 269
- Grundstückshandel **Steuerrecht** 268
- Grundstücksmakler **Steuerrecht** 273
- Herstellung **Steuerrecht** 261
- Mindestgrenze **Steuerrecht** 271
- Missbrauch rechtlicher Gestaltungsmöglichkeiten **Steuerrecht** 262
- Rechtsvorgänger **Steuerrecht** 261
- Veräußerungsabsicht **Steuerrecht** 264–273
- Vermögensverwaltung **Steuerrecht** 266

Geschosswohnungsbau **Muster** 3

Gesetzliche Schranken für die Tätigkeit des Verwalters **27** 2–3
- Aufgaben und Befugnisse des Verwalters in der Teilungserklärung **27** 4
- bauliche Veränderung **27** 4
- Eigentümerversammlung **27** 4
- Gemeinschaftsordnung **27** 4–5
- Gewährleistungsrechte **27** 3
- Individualrechte **27** 4
- Interessenkonflikt **27** 3
- Makler **27** 3
- Nutzung **27** 4
- Provision **27** 3
- Regelungen durch Mehrheitsbeschluss **27** 5
- Sondereigentum **27** 3
- Teilungserklärung **27** 4
- Veräußerung **27** 3
- Vereinbarung **27** 4
- Verwalter **27** 3–5
- Vorschalterfordernis **27** 4
- wichtiger Grund **27** 3
- Wohnungseigentümerversammlung **27** 5

Gesetzlicher Kostenverteilungsschlüssel **16** 3, **16** 25
- Anspruch auf Änderung des geltenden Kostenverteilungsschlüssels **16** 40
- gemeinschaftliches Eigentum **16** 26
- Lasten und Kosten **16** 26
- Sondereigentum **16** 27
- Umlage der Heiz- und Warmwasserkosten **16** 34

Gespaltene Wirksamkeit der Jahresabrechnung **28** 96
Gespaltenes Stimmrecht **25** 10
Gewerbebetrieb **Steuerrecht** 244
Gewerbesteuer **Steuerrecht** 238
- Aufteilung **Steuerrecht** 249
- Drei-Objekt-Grenze **Steuerrecht** 252–254
- Fünfjahreszeitraum **Steuerrecht** 253
- Garagen **Steuerrecht** 256
- Gewerbebetrieb **Steuerrecht** 244
- gewerblicher Grundstückshandel **Steuerrecht** 240–247
- Nutzungsart **Steuerrecht** 255
- Veräußerungsabsicht **Steuerrecht** 260
- Vermögensverwaltung **Steuerrecht** 244–248
- Wiederverkaufsabsicht **Steuerrecht** 242
- Zubehörraum **Steuerrecht** 256

Gewerbliche Nutzung **14** 19
Gewerblicher Grundstückshandel **Steuerrecht** 240
Gewerbsmäßige Prostitution **Anhang § 15** 81

Stichwortverzeichnis

Gewillkürte Kostenverteilungsschlüssel;
  Einführung von Erfassungsmöglichkeiten
  16 49
– Abänderungsverbot **16** 52
– Änderung des Wohnungsgrundbuchs **16** 92
– bauliche Maßnahmen im Gemeinschafts-
  eigentum **16** 100
– beschlossener
  Kostenverteilungsschlüssel **16** 59
– Beschlussfehlerlehre **16** 84
– Beschlussqualifizierung **16** 105
– besondere Verwaltung **16** 71
– besonderer Gebrauch **16** 72
– Betriebskosten **16** 61, **16** 76, **16** 81
– Breitbandkabelanschluss **16** 129
– Erfassung **16** 74
– Erfassungsmöglichkeit **16** 76
– Ermessen **16** 76
– Ermessensreduktion **16** 78
– für das Gemeinschafts- und Sonder-
  eigentum **16** 47
– Gegenstand der Betriebskosten **16** 63
– Grundsatz der Kontinuität **16** 77
– Heiz- und Warmwasserkosten **16** 124
– Heizkosten **16** 67
– Instandhaltung und Instandsetzung **16** 101
– Kompetenzverlagerung **16** 51
– Kontinuität **16** 77
– Korrelation zwischen Erfassungs- und
  Verteilungsmaßstab **16** 85
– Kosten der Verwaltung **16** 70
– Mehrauslagen **16** 136
– Mehrheit der Miteigentumsanteile **16** 107
– Mehrheit nach Köpfen **16** 106
– Mehrheitserfordernis **16** 103
– Müllkosten **16** 126–128
– Nutzfläche **16** 49
– Nutzungshäufigkeit **16** 115
– Nutzungsmöglichkeit **16** 115
– Öffnungsklausel **16** 121
– Privatautonomie **16** 76
– Quorum **16** 104
– Rückwirkung **16** 89
– sachlicher Grund **16** 86
– schlüssige Änderung **16** 120
– schutzwürdige Belange **16** 87
– Sondereigentum **16** 102
– Sonderlasten **16** 134
– Stimmrechtsprinzip **16** 106
– Transmissionsriemen **16** 77
– unmittelbar gegenüber Dritten abgerech-
  nete Betriebskosten **16** 66
– unzweckmäßig **16** 86

– vereinbarter Kostenverteilungsschlüssel
  16 59
– Vereinbarung **16** 48
– vermietetes Sondereigentum **16** 90
– Verteilung **16** 75
– Verteilungsmaßstab **16** 113
– Verursacherprinzip **16** 77
– Wohnfläche **16** 49
– Wohnflächenschlüssel **16** 77
– Zweitbeschluss **16** 87–88
Gewillkürte Prozessstandschaft **Muster** 26
Gewillkürtes Betriebsvermögen
  Steuerrecht 155
Glauben, guter **10** 315
Gleichgestellte **1 HeizkostenV** 6
Gliederung der Verwaltung **20** 16
– Amtswalterrechtsverhältnis **20** 38
– Änderung der Verwalterentscheidung
  durch die Wohnungseigentümer **20** 57
– Aufgabe von Gemeinschaftseigentum **20** 88
– Begriff »Verwaltung« **20** 72
– Bestellung eines Verwalters **20** 119
– Binnenverkehr der Wohnungseigentümer
  20 2
– Deckelung dese Verwaltergehalts **20** 118
– Ende der Walterstellung **20** 24
– Erfüllungsgehilfe **20** 34–36
– Ermessen **20** 79
– Erzwingen der Tätigkeit **20** 39
– Funktionsträger **20** 16
– gesetzliche Zuständigkeitsordnung **20** 43
– Gewährleistungsrecht **20** 74
– Gliederung der Handlungsorganisation
  20 91
– Grenzen einer
  Kompetenzverlagerung **20** 50
– Haftung der Walter **20** 37
– Haftung der Wohnungseigentümer **20** 34
– Haftung des Verbandes Wohnungseigen-
  tümerschaft **20** 33
– Haftung für Funktionsträger **20** 33
– Handlungsinstrumente der Verwaltung
  20 76
– Handlungsorganisation **20** 1, **20** 6–8
– Handlungsorganisation des Verbandes
  Wohnungseigentümergemeinschaft **20** 3
– Hinzuerwerb von Gemeinschaftseigentum
  20 86
– Kernbereichslehre **20** 51
– Kompetenzverlagerung **20** 41
– Möglichkeit weiterer Funktionsträger **20** 70
– Notverwalter **20** 121
– Ordnungsmäßige Verwaltung **20** 75

Stichwortverzeichnis

- Pflicht zur Verwaltung 20 97
- Rechtspersönlichkeit 20 18
- Rechtsqualität der Verwalterentscheidung 20 56
- selbstnützige Verwendung 20 82
- Sondernutzungsrecht 20 85
- tätige Mithilfe 20 97
- Übertragung der Zustimmungsbefugnis gem. § 12 WEG 20 117
- Übertragung von Kompetenzen durch den Verwalter 20 61
- Verlagerung von Kompetenzen in Bezug auf den Verwaltungsbeirat 20 63
- Verlagerung von Kompetenzen in Bezug auf den Verwalter 20 53
- Verwalter 20 100
- Verwaltervertrag 20 64
- Verwaltung 20 72
- Verwaltungsbeirat 20 108
- Verwaltungsgegenstand 20 84
- Verwaltungsvermögen 20 89
- Walterstellung 20 19
- Willensbestätigung 20 12
- Willensmanifestation für den Verband Wohnungseigentümerschaft 20 11
- Willensmanifestation für die Wohnungseigentümer 20 10
- Wissenszurechnung 20 31
- Zwitterstellung des Verwalters 20 100

GmbH 12 127
GmbH & Co KG 12 32 a
Grenze 10 291
- Beschlussmangel 10 298
- Geltendmachung der Grenzüberschreitung 10 298
- Grenze, allgemeine 10 292
- Grund, sachlicher 10 293
- Grundlage, sachenrechtliche 10 294
- Kernbereich der Mitgliedschaft (Sondernutzungsrechte) 10 297
- Vereinbarunsmagel 10 299

Grenze der Rechtskraft, subjektive 10 330
Große (Komplett-) Aufteilung 1 237
Grundbesitzwert **Steuerrecht** 281
Grundbuch 8 15, 10 313
Grundbuch bestehende Eintragung 7 43
Grundbuch im Sinne des BGB 7 2
- Eintragung 7 3
- konstitutiv 7 3

Grundbuchamt 3 63
- Abgeschlossenheit von Garagenplätzen 3 67
- Abgeschlossenheit von Wohnungen 3 64

- dauerhafte Markierung 3 68
- PKW-Abstellplätze 3 71

Grundbuchberichtigung 12 68e
Grundbucheintragung 1 211, 12 11, 12 68d
Grundbucheintragung der Aufhebung einer Veräußerungsbeschränkung 12 68e
Grundbucheintragung der Veräußerungsbeschränkung wirkt konstitutiv 12 11
Grundbucheintragung und Bezugnahmemöglichkeiten 7 167
- abweichende Grundbucheintragung 7 170
- Anspruch der Berechtigten auf Verlautbarung 7 181
- aufschiebend bedingten Zuordnung von Sondernutzungsrechten 7 184
- ausdrücklicher Eintragungsvermerk 7 183
- Bestimmbarkeit der Sondernutzungsfläche 7 179
- Bestimmtheitsgrundsatz 7 178
- Bezugnahme auf die Eintragungsbewilligung 7 180
- doppelte Bezugnahme 7 167
- eingeschränkte Bezugnahme 7 169
- Eintragung von Ausnahmebeständen 7 174
- Eintragung von Sondernutzungsrechten 7 176
- Eintragungsvorschlag 7 184
- Ermessen des Grundbuchrechtspflegers 7 182
- gestreckte Zuordnung von Sondernutzungsrechten 7 181
- Grundbucheintragung 7 167–173
- Klarstellungsvermerk 7 181
- Lattenverschlag 7 179
- separater Sondernutzungsplan 7 179
- Sondernutzungsrecht 7 181–183
- Übertragungsvermerk 7 181
- Veräußerungsbeschränkung 7 172
- Wiedergabe einer vereinbarten Veräußerungsbeschränkung gem. § 12 7 173

Grundbuchfähigkeit 1 97
Grundbuchvollzug 4 11
Grunddienstbarkeit 5 93
Grunderwerbsteuer **Steuerrecht** 233
- Instandhaltungsrückstellung **Steuerrecht** 237
- Mehrerwerb **Steuerrecht** 236

Grundfläche 2 **WoFlV** 1–1
Grundförderung **Steuerrecht** 3
Grundlagen, sachenrechtliche 10 67
Grundpfandrechtsgläubiger 5 92, 12 33
Grundsatz der Einzelvertretungsmacht bei Passivvertretung 24 44

1315

Stichwortverzeichnis

Grundsatz der Kontinuität **16** 77
Grundsatz der Nichtöffentlichkeit **24** 20
Grundsatz der »Unauflöslichkeit« **11** 1
Grundsteuer **Steuerrecht** 229
– Ertragsminderung **Steuerrecht** 232
– Grundstücke **Steuerrecht** 229
– Heberecht **Steuerrecht** 229
– Hebesatz **Steuerrecht** 229
– Steuermessbetrag **Steuerrecht** 229
– Steuermesszahl **Steuerrecht** 229
Grundstück
– aufzuteilendes Grundstück **1** 186
– Bestandteilszuschreibung **1** 186–188
– Grundstück im Rechtssinne **1** 185
– Grundstücksbegriff **1** 185
– Vereinigung **1** 186–188
– vorherige Vereinigung oder Bestandteilszuschreibung **1** 188
– Zeitpunkt **1** 192
– Zusammenschreibung **1** 186
Grundstück als Ganzes **12** 34
Grundstück im Rechtssinne **1** 185
Grundstück und Außenbereiche
– Dachgarten **21** 225
– Fällung eines Baumes **21** 224
– gärtnerische Gestaltung **21** 223
– Sichtschutzfunktion **21** 223
– Sondernutzungsberechtigte **21** 225
– Teichanlage **21** 223
Grundstücksbegriff **1** 185
Grundstücksfläche **5** 50
Grundstücksteil **12** 35
Gründungsmängel **1** 143
Grundzüge des Bauträgerrechts **8** 105
Gütergemeinschaft **12** 36
Gutgläubiger Erwerb **1** 143, **12** 68
Gutgläubiger Erwerb hinsichtlich eines unzulässigerweise übergebauten Wohnungseigentums **1** 216

H

Haftung **10** 469
– Anspruch, rechtsgeschäftlicher und gesetzlicher **10** 477
– Außenhaftung **10** 490
– Aufwendungsersatzanspruch **10** 502
– Ausnahme: gesetzlich angeordnete oder vertraglich vereinbarte Gesamtschuld **10** 494
– Begrenzung durch Treuepflicht **10** 504
– Drittgläubigerforderung **10** 502
– Durchgriffshaftung **10** 474
– Erwerb von Wohnungseigentum nach Entstehung und Fälligkeit **10** 490
– Gesamtschuld **10** 496
– Gesamtschuld, gesetzliche **10** 496
– Gesamtschuld, vertraglich vereinbarte **10** 495
– Gläubiger **10** 501
– Grundsatz: Haftung pro rata **10** 491
– Haftung für die Wasserkosten **10** 496
– Höhe der Haftung **10** 491
– Müllabfuhr **10** 496
– Satzung, kommunale **10** 496
– Sozialverbindlichkeit **10** 503
– Straßenreinigung **10** 496
– Zeitlich begrenzte Haftung eines ausscheidenden Wohnungseigentümers (doppelte Nachhaftungsbegrenzung) **10** 485
Haftung des vermietenden Sondereigentümers **Anhang § 13** 55
Haftung des vermietenden Sondereigentümers für das Handeln des Mieters **Anhang § 13** 35
Haftung des Verwaltungsbeirats und für den Verwaltungsbeirat
– Antrag auf Feststellung **29** 24
– bauliche Veränderung **29** 24, **29** 29
– Eigentümerversammlung **29** 24
– Einheitstheorie **29** 23
– einstweilige Verfügung **29** 24
– Entlastung **29** 29
– Erfüllungsgehilfe **29** 28
– Freistellungsanspruch **29** 25
– Gemeinschaft **29** 27
– Gemeinschaftsordnung **29** 26–29
– Gesamtschuldner **29** 23
– gewerbliche Nutzung **29** 29
– Haftpflichtversicherung **29** 27
– Haftungsbeschränkung **29** 26
– Haftungsmaßstab **29** 23–26
– Innenorgan **29** 28
– Jahresabrechnung **29** 23–29
– Kosten **29** 27
– Mitverschulden **29** 23
– ordnungsgemäße Verwaltung **29** 26–29
– Organ **29** 28
– Schadensersatz **29** 23–29
– Überwachung **29** 23
– Verband **29** 23
– Vereinbarung **29** 26–29
– Verjährung **29** 23
– vertragliche und deliktische Haftung des Verwaltungsbeirats **29** 23
– Verwalter **29** 24–28

Stichwortverzeichnis

- Verwaltungsbeirat **29** 23–29
- Vollmacht **29** 25
- Wirtschaftsplan **29** 23

Haftung eines Wohnungseigentümers gegenüber dem Verband Wohnungseigentümergemeinschaft **10** 510
- Sonderumlage **10** 517
- Verzögerungsschaden **10** 512

Haftung für Dritte **Anhang § 13** 40

Haftung für Dritte als Erfüllungsgehilfen **Anhang § 13** 67

Haftung für eine störende Maßnahme des Rechtsvorgängers **10** 356

Haftung für Fehler bei Instandhaltung und Instandsetzung **13** 7
- Instandhaltung **13** 7
- Instandsetzung **13** 7
- Prozessstandschaft **13** 7
- Verband **13** 7
- Vollstreckung **13** 7

Haftung für Unterlassungen bei Instandhaltung und Instandsetzung **13** 8
- Beschlussfassung **13** 8
- Eigentümerversammlung **13** 8–11
- einstweilige Verfügung **13** 8
- gemeinschaftsbezogene Pflichten **13** 8
- Gemeinschaftseigentum **13** 9
- Gemeinschaftskonten **13** 8
- Herausgabe **13** 10
- Individualanspruch **13** 11
- Instandhaltung **13** 8
- Instandsetzung **13** 8
- Mehrheitsbeschluss **13** 9
- ordnungsgemäße Verwaltung **13** 9
- Pfändung **13** 8
- Sachverständige **13** 8
- Sondereigentum **13** 8–10
- Unterlassung **13** 10
- Verband **13** 8–10
- Verwalter **13** 8–10
- Willensbildung **13** 9

Haftung für Verrichtungsgehilfen **Anhang § 13** 58

Haftungstatbestand § 14b UStG
- Bauleistung **Steuerrecht** 217
- Bauunternehmer **Steuerrecht** 221
- Bauwerk **Steuerrecht** 222
- Überwachungsleistung **Steuerrecht** 224
- Vorsteuerabzug **Steuerrecht** 213
- Werklieferung **Steuerrecht** 222

Haftungsverfassung **10** 245

Hamburgische Zweitwohnungsteuer **Steuerrecht** 305

Handeln des Verwalters mit Wirkung für und gegen den Verband (§ 27 Abs. 3 S. 1 WEG) **27** 53
- Abstimmung **27** 67
- Abwendung von Rechtsnachteilen (§ 27 Abs. 3 S. 1 Nr. 2 WEG) **27** 54
- Aktivprozesse **27** 54
- Aktivverfahren **27** 71
- Anfechtbarkeit **27** 63
- Anfechtung **27** 63–64
- Anfechtungsfrist **27** 55
- Außenverhältnis **27** 55–57, **27** 63
- Ausschluss des Verwalters als Empfangs- und Zustellungsbevollmächtigter **27** 53
- Baumängel **27** 55
- Bedingung **27** 67
- Beiladung **27** 71
- Beschluss **27** 52, **27** 63–70
- Beschlussfassung **27** 55–64
- Beschlusskompetenz **27** 58–64
- Bevollmächtigter **27** 69
- Bevollmächtigung **27** 66–69
- Bürgschaft **27** 59
- eidesstattliche Versicherung **27** 54
- Eilbedürftigkeit **27** 52
- einstweilige Verfügung **27** 63
- Empfangsvertretung **27** 53
- Ermächtigung durch Eigentümerbeschluss **27** 67
- Ermächtigung durch Gemeinschaftsordnung **27** 68
- Ermächtigung zu sonstigen Rechtsgeschäften (§ 27 Abs. 3 S. 1 Nr. 7 WEG) **27** 58
- Ersatzzustellungsvertreter **27** 53
- Gebührenvereinbarung **27** 57
- Geltendmachung von Ansprüchen **27** 65
- Gemeinschaft **27** 60
- gemeinschaftliches Eigentum **27** 59–60
- Gemeinschaftseigentum **27** 60–62
- Gemeinschaftsordnung **27** 58–68
- Genehmigung **27** 68
- Gesamtvertretung **27** 53
- gesetzliche Vollmacht **27** 70
- Gewährleistungsbürge **27** 55
- Gewährleistungsfrist **27** 55
- Grenzen des zwingenden Rechts **27** 61
- Individualanspruch **27** 62–67
- Information **27** 53
- Instandhaltungsrücklage **27** 60–63
- Interessenkollision **27** 53
- Kein Handeln mit Wirkung für und gegen die Wohnungseigentümer **27** 62

Stichwortverzeichnis

- Kernbereich des Sondereigentums 27 61
- Klage 27 54
- Klagen Dritter 27 57
- Ladung 27 67
- Letztentscheidungsbefugnis 27 55
- Majorisierung 27 63
- Mehrheitsbeschluss 27 58, 27 62–71
- Mehrheitseigentümer 27 63
- Mehrheitsentscheidung 27 64
- Miteigentumsanteil 27 62
- mündliche Verhandlung 27 70
- Nachbargrundstück 27 54–59
- Nachteil 27 53
- Notgeschäftsführung 27 55
- Nutzung 27 54
- Öffnungsklausel 27 58
- ordnungsmäßige Verwaltung 27 60, 27 67
- Prozessbevollmächtigter 27 54
- Prozesshandlung 27 66
- Prozessstandschaft 27 69–71
- Prozessstandschafter 27 54, 27 68
- Rahmen der ordnungsmäßigen Verwaltung 27 63
- Rechtsangelegenheit 27 70
- Rechtsanwalt 27 69
- Rechtsmittel 27 55
- Rechtsnachfolger 27 71
- Schadensersatzanspruch 27 54
- selbständiges Beweisverfahren 27 55
- Sondereigentum 27 62
- Sondernutzungsrecht 27 62
- Spekulationspapiere 27 63
- Streitverkündeter 27 52
- Streitwert 27 57
- Teilrechtsfähigkeit 27 52–54
- Teilungserklärung 27 54, 27 64
- Verband 27 52–66, 27 71
- Vereinbarung 27 58, 27 68
- Verfahrensvollmacht 27 70
- Verjährung 27 53
- Vermögenslosigkeit 27 67
- Vertreter 27 53
- Verwalter 27 52–71
- Verwalter als Empfangsvertreter des Verbandes 27 52
- Verwaltervertrag 27 54, 27 68
- Verwalterwechsel 27 67–71
- Verwaltungsbeirat 27 67
- Verwaltungsverfahren 27 55
- Verzicht 27 60
- Vollmacht 27 56–57, 27 64
- Vollstreckungsverfahren 27 54
- Willenserklärung 27 52–53
- Zustellung 27 52–53
- Zwangsverwaltung 27 69

Handeln des Verwalters mit Wirkung für und gegen Wohnungseigentümer und Verband 27
- Abberufung 27 43
- Abgabenschuldner 27 40
- Abwendung von Rechtsnachteilen 27 47
- Anfechtung 27 45
- Anfechtungsklage 27 41, 27 48
- Anschlagbrett 27 42
- Anwalt 27 45
- Außenverhältnis 27 36–37
- Ausschluss des Verwalters als Empfangs- und Zustellungsvertreter 27 43
- Ausübungs- bzw. Erfüllungsberechtigter 27 49
- Behandlung der Interessenkollision nach der Novelle 27 45
- Beschluss 27 47–51
- Beschlussanfechtung 27 39–44, 27 51
- Beschlussanfechtungsverfahren 27 40
- eidesstattliche Versicherung 27 49
- Eigentümerversammlung 27 42
- Empfangs- und Zustellungsvertretung 27 45
- Erkenntnisverfahren 27 47–49
- Ersatzzustellungsvertreter 27 46
- Finanzverwaltung 27 36–38
- Gebührenvereinbarung 27 48–51
- gemeinschaftlicher Anspruch 27 50
- gemeinschaftsbezogen 27 39, 27 47
- gesetzliche Vertretungsmacht 27 36
- Grundzüge der Änderungen nach neuem Recht 27 36
- Handeln des Verwalters mit Wirkung für und gegen die Wohnungseigentümer 27 39
- Information 27 42
- Innenverhältnis 27 40
- Interessenkollision 27 44–46
- Interessenkonflikt 27 44–45
- Jahresabrechnung 27 44–45, 27 51
- Klageschriften 27 42
- Kosten 27 45
- Nachteil 27 47
- Problem der Verpflichtung zum Tätigwerden 27 37
- Prozessbevollmächtigter 27 48
- Prozessstandschafter 27 49
- Rechtsanwalt 27 48
- Rechtsanwaltsvergütung 27 51
- Rechtsmittelschriften 27 43
- Rechtsstreitigkeit 27 51

Stichwortverzeichnis

- Rubrum 27 40
- Rundschreiben 27 42
- Schadensersatzanspruch 27 48
- Streitwert 27 41
- Streitwertberechnung 27 51
- Teilrechtsfähigkeit 27 40
- Teilungserklärung 27 50
- Verband 27 36, 27 39, 27 47–49
- Vergleich 27 48
- Verpflichtung zum Tätigwerden 27 37
- Verteilungsschlüssel 27 51
- Vertretungsmacht 27 48
- Verwalter 27 36–51
- Verwaltungsgerichtsverfahren 27 40
- Verwaltungskosten 27 42
- Verwaltungsverfahren 27 40
- Verwaltungsvermögen 27 39
- Vollmacht 27 51
- Vollstreckungsverfahren 27 49
- wichtiger Grund 27 43
- Willensbildung 27 39, 27 47
- Willenserklärung 27 39–42
- Wirtschaftsplan 27 45
- Zustellung 27 39–45
- Zustellungsbevollmächtigter 27 45–46
- Zustellungsproblem 27 41
- Zustellungsvertretung 27 41 44
Handlungsorganisation 20 1
Handlungsorganisation des Verbandes
  Wohnungseigentümergemeinschaft 10 394,
  20 3
- Willensbetätigung für den Verband
  Wohnungseigentümergemeinschaft 10 395
- Willensmanifestation 10 401
Handwerkerleistung **Steuerrecht** 158
Haus 5 51
Hausgeld 12 128
Hausgeldanspruch 1 173
Hausordnung 10 86, 10 142, 12 129, 15 21
- aktives Tun 21 178
- Änderung der Hausordnung 21 166
- Anpassungsvorbehalt 21 180
- Beschlusskompetenz 21 172
- Bestimmtheit 21 167
- billiges Ermessen 21 186
- Eigentümerversammlung 15 21
- Ermächtigung 21 165
- Ermächtigungsbeschluss 21 181
- Ermessensspielraum 21 175
- Gebrauchsregelung 15 21
- Geltung der Hausordnung 21 176
- Gemeinschaftsordnung 15 21, 21 163
- Gestaltungsfreiheit 21 164

- Inhalte 21 182
- Mieter 21 176
- Nutzung 15 22
- Ordnungsstrafen 21 168
- persönliche Leistungspflicht 21 171
- Risikobereich des Vermieters 21 179
- Sinn 21 161
- Sondernutzungsrecht 21 182
- tätige Mithilfe 21 170
- Teilungserklärung 15 21
- Unterlassung 15 22, 21 179
- Vereinbarung 15 21
- zulässiger Inhalt 21 161
Haustierhaltungsverbot 10 234
Hauswart **2 BetrKV** 76
HeikostenV, Gebäudeeigentümer 1
  HeizkostenV 3
Heilung eines Ladungsmangels 24 57
Heilung von Einberufungsmängeln 24 33
Heilung von Erwerbsvorgängen 61 3
Heimfallanspruch 36 4–1
Heiz- und Warmwasserkosten 16 124
Heizkörperventil **Anhang § 13** 114
Heizkörperverkleidung **4 HeizkostenV** 7a
Heizkosten **Anhang § 16** 31
- Verbrauchserfassung **4 HeizkostenV** 29
Heizkosten- und Warmwasserabrechnung
  Anhang § 16 87
HeizkostenV 10 266, **2 BetrKV** 187
- Abrechnungsmaßstäbe **7 HeizkostenV** 1
- Anlagenbetreiber **1 HeizkostenV** 7
- Ausstattung zur Verbrauchserfassung **5
  HeizkostenV** 50
- Ausstattungen zur Verbrauchserfassung **5
  HeizkostenV** 2
- Auszug **2 HeizkostenV** 17
- Bauliche Veränderungen **2 HeizkostenV** 18
- Beheizte Räume **7 HeizkostenV** 10
- Betriebskosten **7 HeizkostenV** 16–3
- Brennstoffverbrauch der Warmwasser-
  versorgungsanlage **9 HeizkostenV** 6
- Duldungspflicht **4 HeizkostenV** 6
- Duldungspflicht des Nutzers **6 Heiz-
  kostenV** 3
- Einzug **2 HeizkostenV** 15
- Erfassungsmangel **4 HeizkostenV** 43
- Gebäudeeigentümer **1 HeizkostenV** 9
- Gebrauchsüberlassung von Ausstattungen
  zur Verbrauchserfassung **4 HeizkostenV** 11
- Gemeinschaftlich genutzte Räume **4
  HeizkostenV** 45, **6 HeizkostenV** 14
- Geräteausfall **9a HeizkostenV** 5
- Gleichgestellte **1 HeizkostenV** 6

Stichwortverzeichnis

- Gradtagszahlen **9a HeizkostenV** 9
- Hauswart **7 HeizkostenV** 19
- Heizkörperverkleidung **4 HeizkostenV** 7a
- Heizkostenverteilungsschlüssel **3 HeizkostenV** 11
- Kaltverdunstung **5 HeizkostenV** 11
- Kostenverteilung **6 HeizkostenV** 1
- Kostenverteilung in Sonderfällen **9a HeizkostenV** 21
- Kürzungsrecht **9a HeizkostenV** 33, **12 HeizkostenV** 1
- Lieferung, eigenständig gewerbliche **1 HeizkostenV** 5
- Messgerät **5 HeizkostenV** 2
- Mitteilungspflicht **4 HeizkostenV** 12
- Nutzer **1 HeizkostenV** 1
- Nutzerwechsel **9a HeizkostenV** 35
- Schätzung **9a HeizkostenV** 32
- Teileigentum **1 HeizkostenV** 12
- Teilerbbaurecht **1 HeizkostenV** 12
- Übergangsregelung **12 HeizkostenV** 17
- Umbauter Raum **7 HeizkostenV** 13
- Unmöglichkeit **11 HeizkostenV** 6
- Unverhältnismäßigkeit **11 HeizkostenV** 10
- Verbundene Anlagen **9 HeizkostenV** 11
- Verteilungsmaßstab **3 HeizkostenV** 21
- Vorerfassung **5 HeizkostenV** 18, **6 HeizkostenV** 14, **6 HeizkostenV** 47
- Vorrang der HeizkostenV **2 HeizkostenV** 1, **3 HeizkostenV** 3
- Wärmelieferer **1 HeizkostenV** 14
- Wärmelieferung **1 HeizkostenV** 5, **3 HeizkostenV** 19, **7 HeizkostenV** 15, **11 HeizkostenV** 31
- Warmwasserlieferer **1 HeizkostenV** 14
- Warmwasserlieferung **8 HeizkostenV** 10
- Widerspruch der Nutzer **4 HeizkostenV** 17
- Wirtschaftlichkeitsgrundsatz **4 HeizkostenV** 24, **11 HeizkostenV** 19
- Wohn- und Nutzfläche **7 HeizkostenV** 8
- Wohnungserbbaurecht **1 HeizkostenV** 12
- Zwischenablesung **9a HeizkostenV** 1–5

Heizung **21** 226, **2 BetrKV** 15
- Fernwärmeversorgung **21** 227
- Kosten- und Nutzenanalyse **21** 226
- Solaranlage **21** 227
- Vorteile und Nachteile **21** 226

Heizungsanlage **5** 52
Heizungsraum **5** 53
Herausgabe
- Generalschlüssel **21** 40
- Verwaltungsunterlagen **21** 40

Herstellung des ordnungsgemäßen Zustands **21** 46
Herstellungsaufwand **Steuerrecht** 100
Hinweis auf erkennbar übersehene Nichtigkeitsgründe
- Anfechtungsfrist **46** 14
- Anfechtungsklage **46** 14
- Feststellung der Nichtigkeit **46** 14
- Hinweis **46** 14
- Nichtigkeit **46** 14

Höhe der Zulage (§ 9 EigZulG) **Steuerrecht** 197
- Altbau **Steuerrecht** 198
- Fördergrundbetrag **Steuerrecht** 197–198
- Genossenschaftswohnung **Steuerrecht** 203
- Kinderzulage **Steuerrecht** 197–202
- »Öko«-Zulage **Steuerrecht** 197

Honorarfragen **24** 153
Hotelzimmer **1** 35
Hundehaltung **10** 234
Hypothekenhaftungsverband **1** 151

I

Identität von Titel- und Vollstreckungsgläubiger **1** 164
Immission **14** 16, **14** 23
Immobiliarvollstreckung **1** 150
- Alteintragung **1** 159
- Alttitel **1** 162
- Amtslöschung **1** 159
- Amtswiderspruch **1** 159
- anhängig **1** 179
- Beischreibung der bereits erteilten Vollstreckungsklausel **1** 170
- Berechtigte **1** 177
- Berichtigung des Rubrums **1** 167
- Berichtigung des Rubrums gem. § 319 ZPO **1** 159
- Bestehenbleibensvereinbarung **1** 175
- Beteiligungsverhältnis **1** 157
- dingliche Rechte **1** 177
- erbbauzinsloses Wohnungserbbaurecht **1** 175
- Erwerb im Wege der Zwangsvollstreckung **1** 181
- falsche Gläubiger **1** 162
- Gemeinschaftsverhältnis **1** 156
- geringstes Gebot **1** 179
- Gesamtverfahren der Zwangsversteigerung **1** 179
- Gläubiger **1** 173
- Haftungsgefahren **1** 180
- Hausgeldanspruch **1** 173–174

Stichwortverzeichnis

- Höchstbetrag **1** 174
- Hypothekenhaftungsverband **1** 151
- Identität von Titel- und Vollstreckungsgläubiger **1** 164
- Inkrafttreten **1** 179
- Korrekturen nach Eintritt der Rechtskraft **1** 167
- Löschung **1** 161
- Löschungsbewilligung **1** 161
- löschungsfähige Quittung **1** 161
- Mangel in der Bezeichnung des Gläubigers **1** 167
- Mindestbetrag **1** 174
- Nachweis der Bestellung zum Verwalter **1** 182
- Nachweis der Bevollmächtigung des Verwalters zum Erwerb einer Immobilie **1** 182
- Namensänderung **1** 169
- rangschlechtere Ansprüche **1** 179
- Rechtsidentität **1** 163
- Rechtsinhaber **1** 177
- Rechtsnachfolge **1** 160
- Rechtsnachfolgeklausel erteilt **1** 160
- Rechtsschutzinteresse **1** 184
- Rettungserwerb **1** 181
- Sondernutzungsrechte **1** 154
- Stichtagsregelung **1** 180
- Titelbindung **1** 159
- Titelumschreibung **1** 167
- Übergangsregelung **1** 179
- Überleitung der titulierten Zahlungsansprüche **1** 163
- Umschreibung der Vollstreckungsklausel **1** 160
- Umwandlung **1** 179
- Unrichtigkeit des Titels **1** 160
- Veräußerungsbeschränkung **1** 183
- Verband Wohnungseigentümergemeinschaft **1** 157, **1** 173
- Verband Wohnungseigentümergemeinschaft als Ersteher **1** 181
- Vereinbarung gem. § 9 Abs. 3 S. 1 Nr. 1 ErbbauVO **1** 177
- Wohnungseigentümer **1** 156
- Wohnungserbbaurechte **1** 175
- Zustimmung **1** 177
- Zwangshypothek **1** 150, **1** 161
- Zwangssicherungshypothek **1** 184
- Zwangsversteigerung **1** 150, **1** 175
- Zwangsverwaltung **1** 150
- Zwangsvollstreckung **1** 156
- Zwangsvollstreckung gegen die Wohnungseigentümer **1** 171

Inanspruchnahme von Handwerkerleistungen **Steuerrecht** 158
- Arbeitskosten **Steuerrecht** 164
- außergewöhnliche Belastung **Steuerrecht** 164
- Bescheinigung des Verwalters **Steuerrecht** 167
- CO_2-Gebäudesanierungsprogramm **Steuerrecht** 164
- Erhaltungsaufwand **Steuerrecht** 161
- Geringfügige Beschäftigung **Steuerrecht** 164
- Handwerkerleistung **Steuerrecht** 164
- Handwerkerleistungen **Steuerrecht** 158
- Haushalt **Steuerrecht** 159–164
- Herstellungsaufwand **Steuerrecht** 161
- Modernisierungsmaßnahme **Steuerrecht** 159
- Neubaumaßnahme **Steuerrecht** 163
- Rechnung **Steuerrecht** 164
- Schornsteinfeger **Steuerrecht** 162
- Sonderausgabe **Steuerrecht** 164
- Zuleitung **Steuerrecht** 163

Informationpflicht **12** 75
Informationsbedürfnis der Erwerber **24** 148
Inhalt **33** 30
Inhalt der Niederschrift **24** 88
Inhalt der Vollmachtsurkunde
- Blankovollmacht **27** 88
- gemeinschaftsbezogene Angelegenheit **27** 88
- Gemeinschaftsordnung **27** 88
- gesetzliche Vertretungsmacht **27** 88
- Verwaltervertrag **27** 88
- Vollmachtsurkunde **27** 88

Inhalt des Sondereigentums **5** 88, **12** 4
Inhalt des Verwaltervertrags
- Asbest **26** 53
- Auswahlverschulden **26** 54
- bauliche Veränderung **26** 53
- Baumaßnahme **26** 52
- Baumängel **26** 53
- Baunebenkosten **26** 53
- Bauträger **26** 56
- Beitreibungsverfahren **26** 50
- Beschluss **26** 52
- Beschluss der Wohnungseigentümer **26** 53
- Beschlussfähigkeit **26** 53
- Beschlussfassung **26** 53
- Beschlusskompetenz **26** 48
- Beschlussvorlage **26** 53

Stichwortverzeichnis

- Bestellung 26 44
- Bevollmächtigter 26 48–51
- Bevollmächtigung des Verwalters im Verwaltervertrag 26 50
- Beweislastumkehr 26 56
- Buchhaltung 26 53
- Drittwiderklage 26 52, 26 56
- Eigentümerversammlung 26 45–48, 26 54
- Entlastung 26 55
- Erfüllungsgehilfe 26 59
- Ergänzungen der gesetzlichen Regelungen im Verwaltervertrag 26 47
- Erkenntnisverfahren 26 51
- Ermächtigung 26 47–50, 26 57
- Exkulpation 26 58
- Folgeschaden 26 56
- Fördermittel 26 53
- Formularvertrag 26 51
- Gelder der Gemeinschaft 26 53
- Gemeinschaft 26 57
- gemeinschaftsbezogen 26 57–59
- Gemeinschaftseigentum 26 53, 26 55
- Gemeinschaftseigentums 26 57
- Gemeinschaftskonto 26 53
- Gemeinschaftsmittel 26 53
- Gemeinschaftsordnung 26 44–52
- gesetzlich vorausgesetzte Pflichten 26 44
- Gewährleistung 26 53
- Gewährleistungsmängel 26 56
- Haftung 26 48–53, 26 54, 26 59
- Haftung für das Handeln Dritter 26 54
- Haftung und Haftungserleichterungen 26 51
- Haftungsbeschränkung 26 52
- Haftungsdurchgriff 26 52
- Haftungszuweisung 26 58
- Hauswartfirmen 26 53
- Hilfskraft 26 44
- Hinweis 26 53–55
- Inhaltskontrolle 26 47
- Instandhaltung 26 57
- Instandhaltungmaßnahme 26 53
- Instandhaltungsarbeit 26 50
- Instandhaltungsrücklage 26 53
- Instandsetzung 26 57
- Instandsetzungsarbeit 26 53
- Interessenkollision 26 57
- Jahresabrechnung 26 45, 26 53–55
- Kardinalpflicht 26 51
- Kaufmann 26 52
- Kontenführung 26 47
- Kontoführung 26 54
- Kontrolle 26 53
- Kosten 26 47–51
- Kostenverteilungsschlüssel 26 48
- Lastschriftverfahren 26 47
- Lohnsteuer 26 53
- Mahnwesen 26 54
- Mehrheitsbeschluss 26 51
- Mietzinsminderung 26 56
- Mindestschaden 26 56
- nstandsetzungsarbeit 26 50
- Öffnungsklausel 26 48
- ordnungsmäßige Verwaltung 26 51, 26 53–57
- Organ 26 58
- persönlich haftender Gesellschafter 26 44
- persönliche Erbringung der Verwalterleistung 26 44
- Pflichten aus dem WEG 26 45
- Provision 26 46
- Ratenzahlungsvereinbarung 26 53
- Rechnungslegung 26 45, 26 53
- Rechtsanwalt 26 54
- Rechtsform 26 44
- Rechtsrat 26 53, 26 57
- Rechtsverfolgungskosten 26 56
- Reparaturbedarf 26 53
- Sachverständigenkosten 26 53, 26 56
- Sanierungsarbeiten 26 53
- Schaden und Kausalität 26 56
- Schadensersatz 26 57
- Schadensersatzanspruch 26 51–55
- Sicherheit 26 53
- Sondereigentum 26 55–57
- Sondervergütung 26 52
- Substanzschaden 26 56
- Teilungserklärung 26 48
- Terrasse 26 56
- Treuhandkonto 26 47
- Unterlassung 26 55
- Untersuchung 26 55
- Veräußerung 26 53
- Verband 26 44–47, 26 52–59
- Verfahren 26 57
- Verjährung 26 51
- Verkehrssicherheit 26 47
- Verkehrssicherung 26 53, 26 55–59
- Verkehrssicherungspflicht 26 52
- Verrichtungsgehilfe 26 58–59
- Verschuldensmaßstab 26 52
- Versicherung 26 51
- Verteilungsschlüssel 26 48
- Verwalter 26 44–52, 26 54–58
- Verwaltervertrag 26 47–49

Stichwortverzeichnis

– Verwaltervertrag und abweichende Regelungen in der Gemeinschaftsordnung **26** 48
– Verwaltervertrag und ergänzende Regelungen in der Gemeinschaftsordnung **26** 49
– Verwaltungsbeirat **26** 55
– Verzug **26** 58
– Verzugszins **26** 53
– Vollmacht **26** 49–52, **26** 58
– Wasserschaden **26** 53
– weitere Pflichten aus dem Geschäftsbesorgungsverhältnis **26** 46
– Wirtschaftsjahr **26** 50
– Wirtschaftsplan **26** 45, **26** 53
– Zusatzvergütung **26** 47
– Zustellung **26** 44
– Zwangsverwaltung **26** 53
Inhalt einer Nebenkostenabrechnung **Anhang § 16** 7
Inhaltsänderung des bloßen Miteigentumsanteils **1** 3
Inhaltsänderung des Sondereigentums **1** 43
Inhaltskontrolle **8** 59
Inkongruenz zwischen Mietvertrag und Teilungserklärung **Anhang § 13** 27
Inkrafttreten **64** 1
Innenhof **5** 54
Insichgeschäft **12** 82
Insolvenz des Verbandes Wohnungseigentümergemeinschaft **11** 30
Insolvenzverwalter **12** 37, **16** 233, **25** 8
– nach Eröffnung des Insolvenzverfahrens fällig gewordene Ansprüche **16** 234
– vor Eröffnung des Insolvenzverfahrens fällig gewordene Ansprüche **16** 237
Instandhaltung **33** 10, **556 BGB** 2, **14** 2
Instandhaltung und Instandsetzung **16** 155
– Abgrenzungsfälle **21** 216
– alleinige Nutzung **21** 201
– bauliche Veränderung **21** 196
– Begriffe und Abgrenzungen **21** 191
– Beschlusskompetenz **21** 193
– Beweisverfahren **21** 206
– Ersatzansprüche **21** 213
– Ersatzvornahmekosten **21** 214
– Fachkräfte **21** 202
– Handlungsstörer **21** 208
– Instandhaltung **21** 193
– Instandsetzung **21** 194
– Kostenfrage **21** 205
– Kostenvoranschlag **21** 205
– Mieter **21** 208
– modernisierende Instandsetzung **16** 156, **21** 195

– Modernisierung **16** 156, **21** 198
– öffentlich-rechtliche Pflichten **21** 207
– Pflicht aller Eigentümer **21** 200
– Rechtsmissbrauch **21** 209
– Rückbau **21** 209
– Schäden **21** 204
– Sondereigentum **21** 193
– Stand der Technik **21** 199
– stecken gebliebener Bau **16** 158
– Verschulden **21** 204
– Verwalter **21** 203
– Vollstreckungsgegenklage **21** 208
– Zustandsstörer **21** 208
Instandhaltungspflicht (§ 14 Nr. 1 1. Alternative WEG) **14** 3, **14** 7, **14** 3
– Ast **14** 7
– Baugenehmigung **14** 3
– Bauliche Veränderung **14** 5
– Baum **14** 5
– Beeinträchtigung **14** 7
– Beheizung **14** 6
– Beschimpfung **14** 5
– Beseitigung **14** 3
– Bodenbelag **14** 6–7
– DIN-Normen **14** 4, **14** 7
– Duldung **14** 4
– Dunstabzug **14** 5
– Eckventil **14** 8
– Eingriff **14** 5
– Ersatzvornahme **14** 7
– Feuchtigkeit **14** 6
– Freischankfläche **14** 5
– Gasetagenheizung **14** 3
– Gegenstand der Instandhaltungspflicht **14** 6
– Gemeinschaftseigentum **14** 5–7
– Gemeinschaftsverhältnis **14** 7
– Geruchsbelästigung **14** 5
– Getrampel **14** 5
– Grillen **14** 5
– Immission **14** 5
– Instandhaltung **14** 5–6
– Instandhaltungspflichten im Einzelnen **14** 6
– Küchengerüche **14** 5
– Müll **14** 6
– Nachbarrechtlicher Ausgleichsanspruch **14** 8
– Nachbarschaftsrecht **14** 3
– Nachbarsrecht **14** 7
– Nachteil **14** 4
– Optischer Gesamteindruck **14** 5
– Prostitution **14** 5
– Rundfunk **14** 5
– Schallbrücke **14** 7

1323

Stichwortverzeichnis

- Schimmel **14** 6
- Sondereigentum **14** 1–7
- Teileigentum **14** 5
- Teilungserklärung **14** 1–3
- Tierhaltung **14** 5
- Tonwiedergabegerät **14** 5
- Trittschall **14** 6–7
- Überbau **14** 5
- Vereinbarung **14** 1
- Versorgungsleitung **14** 6
- Videoüberwachung **14** 5
- Werbung **14** 5

Instandhaltungsrücklage **Anhang § 16** 34
Instandhaltungsrückstellung **21** 251, **Steuerrecht** 113–115, **Steuerrecht** 311
- Abrechnungsspitze **21** 266
- Angemessenheit **21** 254
- Anspruchsgrundlage **21** 266
- Bausparvertrag **21** 264
- eigenständige Wirtschaftseinheiten **21** 259
- finanzielle Leistungsfähigkeit **21** 257
- finanzielle Reserve **21** 251
- Grunderwerbsteuer **21** 265
- Haftung des Verwalters **21** 257
- Pflicht des Verwalters **21** 268
- Umlage **21** 262
- unlimitierter Rückgriff **21** 262
- Verschulden **21** 257
- Wohngeldausfälle **21** 261

Instandsetzung **33** 10, **556 BGB** 2
Instandsetzungsansprüche des Mieters **Anhang § 13** 109
Instandsetzungspflichten als Vermieter **Anhang § 15** 26
- Opfergrenze **Anhang § 15** 30

Isolierschicht **5** 55
Isolierte (substanzlose) Miteigentumsanteile **1** 105, **1** 231
Isolierte Übertragung von Sondereigentum **12** 46
Isolierter Miteigentumsanteil **6** 1
Isoliertes Sondereigentum **6** 1

J

Jahresabrechnung **16** 215, **28** 60
Jalousien **5** 56
Juristische Person **12** 38

K

Kaltverdunstung **5 HeizkostenV** 11
Kamin **5** 57
Kampfhunde **Anhang § 15** 69
Kanalisation **5** 58

Kapitalerträge **Steuerrecht** 311
Kaufoption **Steuerrecht** 205
Kaufvertrag **12** 130
Kausalitätsvermutung **24** 14, **24** 62
Kausalitätsvermutung des Einladungsmangels **24** 27
Kaution **Steuerrecht** 97
Kein Wohnungseigentum an einem mit einem Erbbaurecht vereinigten Grundstück **1** 221
Keine Kombination von Wohnungserbbaurecht und Wohnungseigentum am selben Gebäude **1** 222
Keine Korrelation Nutzungsmöglichkeit / Kostentragung **16** 239
Keine Transformation des Wohnungseigentums **1** 20
- Wohnungseigentum als besonders ausgestaltetes Miteigentum mit obligatorischer Verbandsmitgliedschaft **1** 21

Kellermodell **1** 36, **7** 128
Kernbereich **21** 17
Kernbereich des Wohnungseigentums **10** 225
Kernbereich, dinglicher **10** 230
Kernbereich, mitgliedschaftlicher **10** 231
Kernbereichslehre **20** 51
Kind **21** 24
Kinderbetreuung **14** 10
Kinderreiche **12** 43, **12** 131
Kinderzulage **Steuerrecht** 3
Klage auf Änderung **10** 199
Klage auf Minderung **Muster** 30
Klage auf Schadensersatz **Muster** 31
Klageantrag und Streitgegenstand
- Anfechtungsfrist **46** 12
- Anfechtungsklage **46** 13
- Antrag im Beschlussanfechtungsverfahren **46** 12
- Beschlüsse **46** 12
- Eigentümerversammlung **46** 12
- Feststellung **46** 12
- formaler Mangel **46** 12
- Klageantrag **46** 12
- Kostenentscheidung **46** 12
- Nichtigkeitsfeststellung **46** 13
- Streitgegenstand **46** 13
- Tagesordnungspunkt **46** 12
- Ungültigerklärung **46** 12–13

Klagen auf Erklärung oder Feststellung der Ungültigkeit
- Anfechtungsklage **47** 2–6
- bauliche Veränderung **47** 2
- Beiladung **47** 8
- Beschluss **47** 3

Stichwortverzeichnis

- Erledigung **47** 8
- Feststellung **47** 2–3
- Feststellung der Nichtigkeit **47** 2
- Feststellung des Beschlussergebnisses **47** 2
- Folgen der Verbindung **47** 4
- Kostenposition **47** 3
- notwendige Streitgenossen **47** 6
- notwendige Streitgenossenschaft **47** 4
- Pilotverfahren **47** 5
- Protokoll **47** 2
- Prozessverbindung **47** 2–5
- Rechtsmittel **47** 7–8
- sofortige Beschwerde **47** 7
- Streitgenosse **47** 6
- Trennung **47** 4
- Ungültigerklärung **47** 2–3
- Unterlassung der Verbindung **47** 8
- Verbindung **47** 3–7
- Zweitbeschluss **47** 3

Kombinierte Erst- und Zweitversammlung **25** 50

Kongruenz beim Umlegungsmaßstab **Anhang § 16** 50
- Änderungsvorbehalt **Anhang § 16** 62
- dynamische Verwaltungsklausel **Anhang § 16** 56

Konkludentes Mietvorrecht des Wohnungseigentümers **Anhang § 15** 3

Kontoinhaber **Steuerrecht** 312

Kopfprinzip **25** 52

Kopfstimmrecht **25** 2

Körperliche Leistung **16** 170

Kosten **12** 85
- der Ersatzvornahme **Muster** 27

Kosten der einem »Sondernutzungsrecht« unterliegenden Flächen **16** 246

Kosten des gemeinschaftlichen Eigentums **16** 154
- Instandhaltung und Instandsetzung **16** 155
- Kosten der Verwaltung **16** 159
- Kosten des gemeinschaftlichen Gebrauchs **16** 160
- Kosten des gemeinschaftlichen Gebrauchs **16** 160

Kosten des Sondereigentums **16** 274
- individualer Abfall **16** 275
- Kabelfernsehen **16** 275
- Wasser- und Abwasserkosten **16** 275

Kosten und Lasten des Sondereigentums **16** 274
- Kosten des Sondereigentums **16** 274
- Kostenverteilungsschlüssel **16** 277
- Lasten des Sondereigentums **16** 276

Kosten und Nutzungen einer Maßnahme nach § 22 Abs. 1 WEG **16** 280
- Anwendungsbereich **16** 281
- Ausfallhaftung **16** 286
- Bereicherungsausgleich **16** 300
- Folgekosten **16** 288
- geschützter Personenkreis **16** 283
- Kosten einer Maßnahme § 22 Abs. 1 WEG **16** 286
- Nutzung einer Maßnahme **16** 297
- Rückbaukosten **16** 295
- Sondernachfolger **16** 285

Kostenentscheidung
- Anlass zu dem Rechtsstreit **49** 2
- außergerichtliche Kosten **49** 1–4
- Beigeladene **49** 1
- Beigeladener **49** 4
- Beitritt **49** 1
- Beklagter **49** 4
- Einberufung **49** 4
- Entscheidung nach billigem Ermessen **49** 2
- Gebrauchsregelung **49** 2
- grobes Verschulden des Verwalters **49** 3
- Jahresabrechnung **49** 4
- Kläger **49** 4
- Kosten **49** 1
- Kostenentscheidung **49** 2–3
- Kostengrundentscheidung **49** 3–5
- Nebenintervenient **49** 1
- Parteien **49** 1
- Protokollierung **49** 4
- rechtliches Gehör **49** 5
- Rechtsanwalt **49** 1
- Rechtsmittel **49** 4
- Schadensersatz **49** 3
- unrichtige Beschlussfeststellung **49** 3
- Verwalter **49** 3

Kostenfestsetzungsverfahren
- Antrag **50** 8
- befristete Erinnerung **50** 9
- Gegenvorstellung **50** 9
- Glaubhaftmachung **50** 5
- Kosten anwaltlichen Beistands **50** 6
- Kostenausgleich **50** 8
- Kostenberechnung **50** 5
- Kostenfestsetzung **50** 5
- Kostenfestsetzungsbeschluss **50** 8–12
- Kostenfestsetzungsverfahren **50** 7, **50** 12
- Mindestbeschwer **50** 9
- Nichtabhilfeverfahren **50** 10
- rechtliches Gehör **50** 8–10
- Rechtsbeschwerde **50** 11
- Rechtsmittel **50** 9

1325

Stichwortverzeichnis

- Rechtspfleger **50** 8–10
- sofortige Beschwerde **50** 9–10
- Sondervergütung **50** 7
- Umsatzsteuer **50** 5
- Verfahrensverstöße **50** 10
- Verwalter **50** 7
- Vollstreckungsgegenklage **50** 12

Kostenübernahme **12** 132
Kostenverteilungsschlüssel **10** 249
- doppelt qualifizierter Mehrheit **22** 126
Kostenvorschuss **12** 133, **Muster** 28
Kreditaufnahme **16** 184
- Darlehn **16** 184
- Kredit **16** 185
- kurzfristige Kreditaufnahme **16** 184
Kurzfassung **Muster** 1
Kurzfristige Fremdnutzung **Steuerrecht** 8

L

Laden **14** 18
Ladungsbevollmächtigte **24** 41
Lage der beteiligten Grundstücke **1** 191
Lagerraum **14** 20
Lärm **12** 134
Lasten **33** 11, **5 WoFlV** 2
- Grundstück **5 WoFlV** 2
Lasten des gemeinschaftlichen Eigentums **16** 152–153
- Anliegerbeträge **16** 152
- Erschließungsbeiträge **16** 152
- Naturalleistung **16** 152
Lasten des Sondereigentums **16** 276
- Deichacht **16** 276
- Erschließungsbeitrag **16** 276
- Grundsteuer **16** 276
Lasten und Kosten des gemeinschaftlichen Eigentums (Innenverhältnis) **16** 151
- Kosten des gemeinschaftlichen Eigentums **16** 154
- Kreditaufnahme **16** 184
- Lasten des gemeinschaftlichen Eigentums **16** 152
- Leistungspflichten einzelner Wohnungseigentümer **16** 165
- Sonderfall: Zwei-Mann-Gesellschaft **16** 182
- tätige Hilfe **16** 170
- ungerechtfertigte Bereicherung **16** 181
- Verzugszinsen **16** 174
- Wohngeld (Hausgeld) **16** 186
Lastenaufzug **2 BetrKV** 35
Lastschriftverfahren **10** 129
Lebensgefährte **12** 135, **21** 21
Leerstehenlassen **Steuerrecht** 6

Lehre von den Beschlusskompetenzen **10** 117
Leistungspflicht **10** 382
Leistungspflicht, persönliche **10** 130
Leistungspflichten einzelner Wohnungseigentümer **16** 165
Leitung **5** 59
Letztwillige Verfügung **2** 2
Lieferung von Warmwasser, eigenständig gewerblich **2 BetrKV** 32
Lieferung, eigenständig gewerbliche **2 BetrKV** 28
Loggia **5** 60, **14** 6
Löschung der Eintragung **24** 134
Löschung und Pfandentlassung bei Grundpfandrechten **7** 57
Löschung wegen Bedeutungslosigkeit **24** 99
Löschungsbewilligung **1** 161
Löschungsfähige Quittung **1** 161

M

Maßnahmen der Verwaltung **21** 29
- Ausführungskompetenz **21** 30
- Regelbeispiele **21** 29
Maßnahmen zur Erhaltung des Gemeinschaftseigentums in dringenden Fällen (§ 27 Abs. 1 Nr. 3 WEG)
- Aufgaben und Befugnisse des Verwalters nach neuem Recht **27** 25
- dringlicher Fall **27** 24–25
- Eigentümerversammlung **27** 25
- Gemeinschaftseigentum **27** 24
- gesetzliche Vertretungsmacht **27** 25
- Notgeschäftsführung **27** 25
- Verband **27** 25
- Verwalter **27** 24–25
Mahnbescheid **43** 24
- Einspruch **43** 24
- Mahnverfahren **43** 24
- Widerspruch **43** 24
Mahnverfahren **16** 254
Majorisierung **25** 33
Mängel am Sondereigentum **Anhang § 13** 111
Mängel der Grundbucheintragung **7** 185
- Additionsfehler **7** 185
- Eintragung eines nicht abgeschlossenen Raumes als Sondereigentum **7** 191
- inhaltlich unzulässige Eintragung **7** 190
- Miteigentumsanteil vergessen **7** 189
- offensichtliche Schreib- oder Rechenfehler **7** 186
- Schreibfehlerberichtigung **7** 188
- unrichtige Angabe der Zweckbestimmung **7** 192

Stichwortverzeichnis

– unterbliebene Komplettaufteilung **7** 189
– unvollständige Aufteilung **7** 189
– Verstoß gegen das Abgeschlossenheits-
  erfordernis **7** 191
– Wohnungsgröße **7** 193
– Zahlendreher **7** 188
– Zuordnung eines nicht sondereigentums-
  fähigen Raumes zum Sondereigentum **7** 190
– Zustimmung Drittberechtigter **7** 186
Mängelansprüche des Erwerbers /
  Wohnungseigentümers **8** 40
– Erfüllungsanspruch **8** 42
– Leistungsverweigerungs- und
  Zurückbehaltungsrecht **8** 44
– Minderung und sog. kleiner Schadens-
  ersatz **8** 46
– Pflichten und Rechte des Verwalters **8** 53
– Rückgängigmachung des Erwerbervertrags
  Rücktritt bzw. Schadensersatz statt der
  Leistung **8** 45
Mängeln am Gemeinschaftseigentum
  Anhang § 13 117
Mängelrechte **10** 55
Markise **5** 61
Marktmiete **Steuerrecht** 24
Mauer **5** 62
Mehrauslagen **16** 136
Mehrhausanlage **1** 236, **10** 92, **10** 253
– auflösend bedingte Eintragungs-
  bewilligung **1** 244
– dinglich Berechtigte **1** 242
– Gemeinschaftordnung **23** 27
– große (Komplett-) Aufteilung **1** 237
– kleine Aufteilung **1** 239
– Kostentrennung **23** 27
– Mitwirkung aller Wohnungseigentümer
  1 242
– Mitwirkungpflicht Drittberechtigter **1** 244
– überdimensionaler Miteigentumsanteil
  1 241
– verdinglichte Ermächtigung **1** 243
– Vollmacht **1** 243
– Weitergabe der Mitwirkungsverpflichtung
  1 243
Mehrheit der Miteigentumsanteile **16** 107
Mehrheit von Berechtigten **25** 23
Mehrheitsbeschluss **21** 5, **21** 95
– Beschlusskompetenz **21** 96
– Feststellung der Nichtigkeit **21** 97
Mehrheitsbeschluss, § 18 Abs. 3 **18** 39
– Abmahnungsbeschluss **18** 45
– Beschlussfassung in der Zweiergemein-
  schaft **18** 39

– Einleitung des Entziehungsverfahrens
  18 40
– qualifizierte Mehrheit **18** 49
Mehrheitsvereinbarung **10** 70
Meinungsverschiedenheit **12** 136
Messgerät **5 HeizkostenV** 2
Miet- und Sachversicherungsvertrag **10** 359
Mietausfall **Anhang § 13** 132
Mietausfallversicherung **Steuerrecht** 97
Mieter und Pächter **25** 17
Mieteraufwendungen / Mietereinbauten
  Steuerrecht 97
Mietpoolverwaltung **Anhang § 16** 27
Mietrückstand **12** 137
Mietvertrag **14** 28
Minderjährige **12** 138
Mindestinhalt einer Niederschrift **24** 73
Missbrauch **Steuerrecht** 14
Missbrauch des Stimmenübergewichts **25** 34
Mitarbeiter des Verwalters **24** 49
Miteigentümer **10** 8, **12** 39, **12** 124
Miteigentümer eines isolierten
  Miteigentumsanteils **10** 32
Miteigentümergemeinschaft an einem
  Wohnungseigentum **11** 23
Miteigentumsanteil **12** 40, **16** 23
Miteigentumsanteile, überdimensionale **8** 12
Mitgebrauch des Gemeinschaftseigentums
  (§ 13 Abs. 2 WEG) **13** 15
– Beschränkungen des Mitgebrauchs **13** 17
– Beschränkungen nach § 14 Nr. 1 WEG **13** 17
– Beseitigungsanspruch **13** 21
– Besitzschutz **13** 22
– Dienstbarkeit **13** 27–28
– Duplex-Garagen **13** 27
– Ermächtigung **13** 25
– Fahrräder **13** 18–19
– Gebrauchsregelung **13** 18, **13** 27
– gemeinschaftliches Eigentum **13** 15–17
– gemeinschaftsbezogene Wirkung **13** 27
– Gemeinschaftseigentum **13** 16
– Gemeinschaftseinrichtung **13** 18
– Gemeinschaftsordnung **13** 19–20
– Gemeinschaftsverhältnis **13** 23, **13** 28
– Grundbuch **13** 27
– Hausmeister **13** 16
– Heizungskörper **13** 17
– Herausgabe **13** 22–26
– Immissionen **13** 17–21
– Individualansprüche **13** 25
– Instandhaltung **13** 20
– Instandsetzung **13** 20
– Kamin **13** 17

Stichwortverzeichnis

- Keller **13** 19, **13** 27
- Mehrauslagen **13** 19
- Mehrheitsbeschluss **13** 16, **13** 26
- Mieter **13** 16, **13** 23
- Mitbesitz **13** 21
- Mitbesitzer **13** 22
- Negativbeschluss **13** 26
- Nutzung **13** 25
- Öffnungsklausel **13** 20
- ordnungsgemäße Verwaltung **13** 26
- Parabolantenne **13** 19
- Rechtsschutzbedürfnis **13** 25
- Schadensersatz **13** 23–26
- Selbsthilferecht **13** 21
- Sondereigentum **13** 19–20, **13** 27–28
- Sondernachfolger **13** 27
- Sondernutzung **13** 22
- Sondernutzungsrecht **13** 16, **13** 22, **13** 27–28
- Spitzboden **13** 19
- Stellplatz **13** 18
- Teileigentum **13** 21
- Treppenlift **13** 17
- Trockenböden **13** 18
- Unterlassung **13** 24–26
- Unterlassungsanspruch **13** 21
- Verband **13** 25
- Vermietung **13** 16
- Verpachtung **13** 16
- Verwalter **13** 20
- Verwirkung **13** 22
- Waschküche **13** 18–19

Mithilfe, tätige **10** 131
Mitsondereigentum **1** 62, **1** 245, **7** 112
Mitteilungspflicht **4 HeizkostenV** 12
Mittelbarer Handlungsstörer **Anhang § 15** 63
Mitwirkungspflicht **12** 75
Modernisierende Instandsetzung **22** 156
- Arbeits- oder Dienstleistung **22** 157
- Beispiel **22** 158
- Ersatzbeschaffung **22** 157
- Sachleistung **22** 157
- wirtschaftlicher Wettbewerb **22** 157

Modernisierung **22** 121
- doppelt qualifizierten Mehrheit **22** 122
- Einsparung von Energie und Wasser **22** 144
- Erhöhung des Gebrauchswerts **22** 141
- Grenzen **22** 124
- Mieterhöhung **22** 139
- Mietrecht **22** 123
- sinnvolle Veränderung **22** 122
- Sondereigentum **22** 138
- Verbesserung der allgemeinen Wohnverhältnisse **22** 143

- Voraussetzung **22** 124

Modernisierungsmaßnahme **Steuerrecht** 159
Möglichkeit einer Vereinbarung **10** 104
Möglichkeit eines gutgläubigen Erwerbs im Bereich des Sondernutzungsrechts **1** 149
Möglichkeiten der Begründung von Wohnungs- und Teileigentum **2** 2
Müllbeseitigung **2 BetrKV** 48
Müllschlucker **5** 63
Musizierverbot **10** 234

N

Nachbareigentum **1** 60, **5** 84
Nachbesserung von Mängeln **Muster** 14
Nachholung der Eintragung **12** 16
Nachlasspfleger **21** 26
Nachlassverwalter **25** 7
Nachschusspflicht **24** 110
Nachträgliche Eintragung **12** 161
Nachträgliche Veränderungen beim Wohnungs-/Teileigentum **7** 206
- Änderung **7** 208–209
- Berichtigungsbewilligung **7** 209
- Gegenstand des Sondereigentums **7** 208
- Inhalt des Sondereigentums **7** 209
- Unrichtigkeitsnachweis **7** 209
- Veränderung von Miteigentumsanteilen **7** 207

Nachträglicher Überbau **1** 204
Nachweis der Bestellung zum Verwalter **1** 182
Nachweis der Bevollmächtigung des Verwalters zum Erwerb einer Immobilie **1** 182
Nachweis der Verwaltereigenschaft **26**
- Abberufung **26** 95
- Beglaubigung **26** 95
- Bietvollmacht **26** 96
- Eigentümerversammlung **26** 96
- Mehrheitsbeschluss **26** 96
- Nachweis der Verwaltereigenschaft **26** 95
- Niederschrift **26** 95
- Notverwalter **26** 94
- Teilungserklärung **26** 95
- Veräußerung **26** 96
- Veräußerungsbeschränkung **26** 96
- Verwaltervertrag **26** 95
- Wiederbestellung **26** 95

Nachweis und Form der Zustimmungserklärung **12** 92
Name des Verbandes (Bezeichnung im Rechtsverkehr) **10** 384
Namensänderung **1** 169
Nebenkosten **Steuerrecht** 97

Negativbeschluss
- Anfechtung 23 62
- Sperrwirkung 23 62

Nicht-Veranlagungsbescheinigung **Steuerrecht** 317

Nichtberechtigter 1 140

Nichtbeschluss
- Feststellung 23 61
- Rechtsschutzbedürfnis 23 61

Nichteigentümer 21 19

Nichtige Beschlüsse 24 100

Nichtladung des Wohnungseigentümers 24 19

Nichtwohnungseigentümer 24 56a

Nießbrauch 10 172, 12 41, 12 72, 16 197, **Steuerrecht** 97

Nießbraucher 21 3, 21 27, 24 45, 25 14

Nießbrauchsberechtigt 5 93

Nießbrauchseinräumung **Steuerrecht** 140

Notarieller Änderungsvertrag **Muster** 6

Notgeschäftsführung 16 258

Notmaßnahme
- aufrechnen 21 87
- Ausnahmeregelung 21 75
- Fremdgeschäftsführungswille 21 93
- Handlungsbefugnis 21 78
- Handlungspflicht 21 78
- rechtliche Nachteile 21 85
- selbständiges Beweisverfahren 21 84
- Sondereigentum 21 76
- typische Notmaßnahme 21 83
- Zeitablauf 21 79

Notmaßnahmen, Kostenrisiko 21 45

Notwendiges Betriebsvermögen **Steuerrecht** 153

Nutzerwechsel **9a HeizkostenV** 1

Nutzung 12 139, 33 9

Nutzung des gemeinschaftlichen Eigentums 16 139
- Ausschluss von Nutzungen, § 16 Abs. 6 Satz 1 WEG 16 149
- Begriff 16 139
- dinglicher Erwerb 16 147
- Inhaber des Bezugsrechts 16 140
- Nutzung des Verwaltervermögens 16 150
- Sach- und Rechtsfrüchte 16 144
- Verwaltung 16 148

Nutzung, Lasten, Kosten 16 1
- Außengesellschaft bürgerlichen Rechts 16 17
- Außenhaftung 16 1
- Aufbauschulden 16 17
- Aufwengungsersatzansprüche 16 4

- Bauherrengemeinschaft 16 17
- Berichtigung von Verbandsverbindlichkeiten 16 7
- Bruchteil der Nutzungen des gemeinschaftlichen Eigentums 16 3
- geborene Gesamtschuld 16 14
- gekorene Gesamtschuld 16 14
- geschützte Öffnungsklausel 16 1
- gesetzlicher Kostenverteilungsschlüssel 16 3
- Innenverhältnis 16 1–3
- Regress nach innen 16 4
- Schuldmitübernahme 16 13
- selbstständiges Finanz- und Rechnungswesen 16 2
- Überzahlung 16 22

Nutzungsbefugnis 5 93

Nutzungsüberlassung an Angehörige **Steuerrecht** 133

O

Objekt- oder Wertprinzip 25 6

Objekt- und Kopfstimmrecht 25 58

Objektbeschränkung **Steuerrecht** 182
- Eigenheimzulage **Steuerrecht** 187
- Objektbeschränkung **Steuerrecht** 182
- Objektverbrauch **Steuerrecht** 183–188
- Zusammenveranlagung **Steuerrecht** 185

Objektverbrauch **Steuerrecht** 183

Offenbarungspflicht 12 75

Öffnungsklausel 5 101, 10 71, 10 277, 10 326

Öffnungsklausel für Mehrheitsbeschlüsse 10 260

Öffnungsklausel zugunsten der Bundesländer zur Zuständigkeitsbestimmung für die Ausfertigung des Aufteilungsplans und die Bescheinigung der Abgeschlossenheit (§ 7 Abs. 4 S. 3 bis 6) 7 293
- bestimmte Fälle 7 293
- generell 7 293
- öffentliche Urkunden 7 295
- Tätigkeitsbereich eines Sachverständigen 7 295
- Übertragung auf Sachverständige 7 293

Öffnungsklausel, allgemeine (umfassende) 10 279
- gesetzliche 10 188
- gewillkürte (Vereinbarungen in Beschlussangelegenheiten) 10 273
- konkrete 10 278
- punktuelle 10 278
- vereinbarte 10 187
- versteckte 10 83

Stichwortverzeichnis

Öko-Zulage **Steuerrecht** 3
Opfergrenze **Anhang § 13** 125, **Anhang
§ 15** 30
Ordnungsgemäße Verwaltung **21** 152
– Berechtigte und Verpflichtete **21** 125
– Beschlusskompetenz **21** 117
– Beschlusswirkung **21** 153
– Durchsetzung **21** 152
– gemeinschaftsbezogene Rechte **21** 127
– Generalklausel **21** 120
– Negativbeschluss **21** 154
– Rechtsschutzbedürfnis **21** 152
– Sperrwirkung **21** 154
– typische Anwendungsbereiche **21** 128
– Wohnungseigentümergemeinschaft **21** 126
– Zweck des gemeinschaftlichen Eigentums **21** 118
Ordnungsmäßige Protokollierung **24** 79
Ordnungsmäßiger Gebrauch
– Abstellen **15** 16–17
– Abstellplätze **15** 17
– Abstellraum **15** 17
– Aufzug **15** 14
– Balkon **15** 17
– Behinderung **15** 14
– Belüftung **15** 16
– Bestimmtheit **15** 13
– Betriebskosten **15** 19
– Biergärten **15** 16
– Blumenkästen **15** 16
– Boarding-house **15** 17
– Brandschutzvorschriften **15** 15
– Duldungspflicht **15** 14
– Eigentümerversammlung **15** 18
– Erdgeschoss **15** 14
– Feuchtigkeit **15** 16
– Garten **15** 14–17
– Gaststätte **15** 17
– Gebrauchsregelung **15** 18–20
– Gemeinschaft **15** 17
– gemeinschaftliche Einrichtung **15** 14
– Gemeinschaftsstrafen **15** 17
– Generalschlüssel **15** 16
– Gewerbebetrieb **15** 16
– Gewerbeeinheit **15** 17
– Grillen **15** 17
– Grundsätze der Gebrauchsregelung durch Mehrheitsbeschluss **15** 13
– Grünfläche **15** 16
– Hausflur **15** 16
– Hausmeisterbüro **15** 16
– Haustierhaltung **15** 16–17
– Heizung **15** 16

– Heizungsabsperrventil **15** 16
– Immissionen **15** 16
– Kampfhunde **15** 16
– Keller **15** 16–17
– Kinderwagen **15** 14–16
– Kindespielplatz **15** 16
– Krafträder **15** 17
– Mehrheitsbeschluss **15** 17
– Messeinrichtung **15** 16
– Mieter **15** 17
– Musizieren **15** 16, **15** 17
– Nutzung **15** 13
– Nutzungsausschluss **15** 14
– Öffnungszeit **15** 16
– ordnungsmäßige Verwaltung **15** 20
– Parken **15** 14
– Parkplätze **15** 14
– Ratten **15** 16
– Regelungen zur Kostentragung **15** 19
– Rollstuhl **15** 14
– Ruhezeit **15** 16
– Schlangen **15** 16
– Schneeräum- und Streupflichten **15** 17
– Schneeräumdienst **15** 18
– Seniorenwohnanlage **15** 14
– Sondernutzung **15** 16
– Sondernutzungsrecht **15** 14, **15** 17
– Speicherfläche **15** 14
– Speicherofen **15** 14
– Stellplatz **15** 14
– Stilllegung **15** 14
– tätige Mithilfe **15** 17–18
– Teileigentum **15** 14, **15** 17
– Teilungserklärung **15** 17
– Tiefgarage **15** 17
– Treppenhaus **15** 14
– Treppenhausreinigung **15** 17
– Treppenpodest **15** 17
– Übereinstimmung mit den Grundsätzen ordnungsgemäßer Verwaltung **15** 20
– Vereinbarung **15** 17
– Vermietung **15** 14, **15** 16–17
– Versorgungseinrichtungen **15** 16
– Verwalter **15** 17
– Videoüberwachung **15** 17
– Wäsche **15** 17
– Wäschetrocknen **15** 17
– Waschmaschine **15** 16
– Weihnachtsschmuck **15** 16
– Werbung **15** 16
– Zweckbestimmung **15** 14
Organisationsvereinbarung **10** 62

Organisatorische Regeln 21 9
– Fälligkeit 21 9
– Kosten 21 9
– Verzugsfolgen 21 9
– Zahlung 21 9
Originalvollmacht 24 59b
Örtliche Zuständigkeit 43 1
– Ausland 43 1
– Bruchteilseigentümer 43 2
– Klage Dritter 43 2
– rügeloses Verhandeln 43 1
– sachliche Zuständigkeit 43 2
– Schiedsverfahren 43 3
– Schlichtungsverfahren 43 1
– Streitwerte 43 2
– Verwaltungsbeirat 43 3

P
Parabolantenne 10 234
Parteien der Anfechtungsklage 46
– Abberufung 46 3
– Anfechtung 46 2
– Anfechtungsbefugnis 46 3
– Anfechtungsfrist 46 2–4
– Anfechtungsklage 46 2–5
– Auflassungsvormerkung 46 4
– ausgeschiedene Eigentümer 46 4
– Beschluss 46 4
– Beschlussanfechtung 46 2–5
– Beschlüsse 46 3
– Beschlussfassung 46 4
– Bruchteilseigentum 46 2
– Eigentümerversammlung 46 2
– Erbengemeinschaft 46 2
– Ermächtigung 46 4
– Erwerber 46 2
– GbR 46 2
– Grundpfandrechtsgläubiger 46 4
– Hausordnung 46 4
– Jahresabrechnung 46 4
– Kaufvertrag 46 2
– Klagebefugnis 46 2–4
– Mieter 46 4
– Nießbraucher 46 4
– ordnungsgemäße Verwaltung 46 3
– ordnungsmäßige Verwaltung 46 2
– Passivlegitimation 46 5
– Rücktritt 46 2
– Verband 46 2, 46 4–5
– Verwalter 46 3
– Vormerkung 46 2
– werdende Wohnungseigentümer-
gemeinschaft 46 2

– werdende Wohnungseigentümer 46 4
– Wohnungseigentümer 46 2
– Zwangs- oder Insolvenzverwalter 46 4
Passivlegitimation 24 87
Personenaufzug 2 BetrKV 35
Personengesellschaft 12 42, 16 197
Personenvereinigung Steuerrecht 207
Persönliche Ansprüche 21 34
Pfändung 12 76
Pflicht zum Vertragsschluss 10 409
Pflicht zur Führung der Beschluss-Sammlung 24 150
Pflichten der Wohnungseigentümergemeinschaft, Handlungsverweigerung 21 37
Pflichtverletzungen und Schlechtleistung 10 410
Pkw-Stellplätze 5 64
Plattierte Terrasse 1 53
Polizeiliches Führungszeugnis 12 75
Privatautonomie 10 209
Private Sonderinteressen 25 24
Privatvermögen Steuerrecht 156
Protokollberichtigung 24 83
Prozess-Vergleich 24 111
Prozessverbindung
Anfechtungsberechtigte 47 1
– Eigentümerbeschluss 47 1
Prüfungsrecht und Prüfungspflicht des Grundbuchgerichtes 7
– Abgeschlossenheitsbescheinigung 7 151
– Abrechnung 7 135
– Abweichungen und Widersprüche 7 107
– allgemeine Eintragungsvoraussetzung 7 105
– allgemeine Geschäftsbedingung 7 142
– analoge Anwendung der §§ 305ff. auf Gemeinschaftsordnungen 7 145
– Anlegung der Wohnungsgrundbücher abzulehnen 7 147
– Anlegungsverfahren 7 130
– Aufteilungsplan 7 146
– Aufteilungsplan widerspruchsfrei 7 149
– besondere Eintragungsvoraussetzung 7 106
– Betreutes Wohnen 7 138a
– Betreuungsvertrag mit einer zeitlichen Bindung von mehr als zwei Jahren 7 138a
– Beweismittelbeschränkung 7 131
– dinglich verselbständigte Untergemeinschaft 7 112
– elektronische Formen der Darstellung 7 150
– Ermächtigung zur Schaffung neuen Wohnungseigentums 7 121
– Ersteher 7 119

1331

Stichwortverzeichnis

- Fotographien als Nachweis **7** 150
- Geldstrafe **7** 124
- Genehmigungsfiktion **7** 135
- Gestaltungsfreiheit **7** 122
- Grundbuchsachen **7** 131
- Haftung **7** 119
- HeizkostenV **7** 123
- Identität prüfen **7** 148
- Inhalt des Sondereigentums **7** 115–118
- Inhaltskontrolle nach §§ 138, 242, 315 BGB **7** 129
- isolierte Miteigentumsanteile **7** 111
- Kellermodell **7** 128
- Missachtung des Gleichheitsgrundsatzes **7** 134
- Mitsondereigentum **7** 112
- Nachbareigentum **7** 112
- Nummerierung **7** 147
- Öffnungsklausel **7** 127
- Pläne **7** 147
- Prüfungspflicht des Grundbuchgerichts **7** 146
- Regelung über den Abstimmungsmodus **7** 137
- Ruhen des Stimmrechts **7** 138
- seitenverkehrte Ansichten **7** 149
- Stimmrechtsausschluss **7** 120
- teilender Alleineigentümer **7** 140
- Teilnahme an der Eigentümerversammlung ausgeschlossen **7** 138
- Teilungsvertrag/Teilungserklärung, Aufteilungsplan und Abgeschlossenheitsbescheinigung **7** 107
- Unterwerfungserklärung unter die sofortige Zwangsvollstreckung **7** 126
- Unterwohnungseigentum **7** 113
- verdinglichte Zwangsvollstreckungsunterwerfung **7** 126
- Vermietungsmonopol verpflichtet Verwaltung des Sondereigentums zu übertragen **7** 132
- Verstoß gegen ein gesetzliches Verbot **7** 118
- Verträge mit Versicherungsgesellschaften **7** 136
- Vertretungsregelung in der Gemeinschaftsordnung **7** 139
- Verzugszinsen **7** 125
- Vetorecht **7** 140
- Vollständigkeit **7** 147
- vorläufiger Aufteilungsplan **7** 148
- Zuschlagserteilung **7** 119
- zwingendes Recht des WEG im Bereich der Gemeinschaftsordnung **7** 118
- Putz **5** 65

Q
Quorum **10** 283
Quotenänderung **12** 44

R
Raumeigentum **1** 41
Reallastberechtigte **5** 92
Realteilung durch Bildung von Wohnungseigentum **2** 7
Rechnungslegung und andere Kontrollmöglichkeiten **28**
- Abberufung **28** 127
- Anspruch auf Ergänzung **28** 129
- Anspruch auf Rechnungslegung **28** 124
- Ausgabenabrechnung **28** 127
- Belege **28** 127
- Beschluss **28** 125, **28** 131
- Durchsetzung bei der Genehmigung der Rechnungslegung **28** 131
- Durchsetzung bei der Weigerung des Verwalters **28** 130
- Eigentümerversammlung **28** 125–131
- Einnahmenabrechnung **28** 127
- Einzelabrechnung **28** 127
- Entlastung **28** 128
- Erfüllung des Anspruchs **28** 129
- Ermächtigung **28** 126
- Gegenstand der Rechnungslegung **28** 127
- gemeinschaftlicher Anspruch **28** 126
- Gesamtabrechnung **28** 127–129
- Herausgabe **28** 127
- Individualanspruch **28** 126
- Information **28** 123
- Informationspflicht **28** 123
- Informationspflichten des Verwalters und Kontrollrechte der Eigentümer **28** 123
- Jahresabrechnung **28** 125–131
- Kontrollrecht **28** 123
- Mehrheitsbeschluss **28** 125–126
- Nebenpflicht **28** 125
- nicht vertretbare Handlung **28** 130
- ordnungsmäßige Verwaltung **28** 126–131
- Rechnungslegung **28** 124–130
- Rechtsmissbrauch **28** 128
- Rechtsschutzbedürfnis **28** 128
- Rechtsstreitigkeit **28** 123
- Schuldner und Gläubiger des Anspruchs auf Rechnungslegung **28** 125

Stichwortverzeichnis

- Sondervergütung 28 130
- Ungültigerklärung 28 131
- Verband 28 126
- vertretbare Handlung 28 130
- Verwalter 28 125–130
- Verwaltervertrag 28 125
- Verwaltungsbeirat 28 126
- Vollzugsorgan 28 126
- Zurückbehaltungsrecht 28 130
- zwangsweise Durchsetzung des Anspruchs auf Rechnungslegung 28 130

Rechte und Pflichten aus dem Auftragsverhältnis
- Abrechnungsunterlagen 29 16
- Akteneinsicht 29 16
- Ansprüche des Verwaltungsbeirats gegen den Verband 29 15
- Ansprüche von Verband und Eigentümern gegen den Verwaltungsbeirat 29 16
- Auftrag 29 15–16
- Aufwandsentschädigung 29 15
- Auskunft 29 16
- Briefmarke 29 15
- Eigentümerversammlung 29 16
- Ersatz von Aufwendungen 29 15
- Fachliteratur 29 15
- Fortbildungsveranstaltung 29 15
- gemeinschaftsbezogener Anspruch 29 16
- Individualanspruch 29 16
- Kopie 29 15
- Mehrheitsbeschluss 29 16
- Rechenschaft 29 16
- Telefon 29 15
- Verwaltungsbeirat 29 15–16

Rechte und Pflichten des Verwaltungsbeirats aus spezifisch wohnungseigentumsrechtlichen Regelungen
- Abnahme von Bauleistungen 29 21
- Anfechtbarkeit 29 18–19
- Ausgaben 29 18
- bauliche Veränderung 29 21
- Baumängel 29 17
- Begehung der Liegenschaft 29 17
- Berichtigung 29 20
- Beschlussvorlage 29 18
- Eigentümerversammlung 29 17–21
- Einberufung der Wohnungseigentümerversammlung 29 19
- Einnahmen 29 18
- Ermächtigung 29 21
- Gemeinschaftsordnung 29 22
- geschäftsunfähig 29 19
- gesetzliche Vertretungsmacht 29 17
- Handwerkerangebot 29 17
- Hausordnung 29 17
- Information 29 17
- Instandhaltungsrücklage 29 18
- Jahresabrechnung 29 18
- Kostenposition 29 18
- Mehrheitsentscheidung 29 22
- Nichtigkeit 29 19
- Niederschrift 29 20
- Originalunterlagen 29 18
- rechnerische Schlüssigkeit 29 18
- Rechnungslegung 29 18
- Rechte und Pflichten aus § 24 Abs. 3 WEG 29 19
- Rechte und Pflichten aus § 24 Abs. 6 Satz 2 WEG 29 20
- Rechte und Pflichten aus § 29 Abs. 2 WEG 29 17
- Rechte und Pflichten aus § 29 Abs. 3 WEG 29 18
- Schadensersatz 29 18
- Stellvertreter 29 19–20
- Tagesordnung 29 19
- Teilungserklärung 29 22
- Vereinbarung 29 21
- Verteilungsschlüssel 29 18
- Verwalter 29 17–19
- Verwaltervertrag 29 17
- Verwaltungsbeirat 29 17–22
- Vorauswahl 29 21
- Vorsitzende 29 19–22
- wichtiger Grund 29 18
- Wirtschaftsplan 29 18

Rechte zugunsten des aufgeteilten Grundstücks 7 56

Rechtliche Unmöglichkeit der Instandsetzung Anhang § 13 124

Rechtmäßiger Überbau, grobe Fahrlässigkeit 1 198

Rechtmäßiger Überbau bei Gestattung 1 198

Rechtsauffassung des Erwerbers 12 111

Rechtsbeziehungen der Eigentümer 9 15
- Aufhebung des Wohnungseigentums 9 15
- Erlöschen des Verbandes 9 15a
- gewöhnliche Bruchteilsgemeinschaft 9 15
- Wegfall der Wohnungs- und Teileigentumsrechte 9 15a

Rechtscharakter eingetragener Vereinbarungen 10 146

Rechtsfähigkeit 1 97

Rechtsgeschäftliche Veräußerung ohne die erforderliche Zustimmungserklärung 12 104

1333

Stichwortverzeichnis

Rechtsgeschäftlicher Eintritt in schuldrechtliche Vereinbarungen **10** 150
Rechtsidentität **1** 163
Rechtskreis **10** 3
Rechtsmittel **Vor §§ 43** 11
- andere Entscheidungen **Vor §§ 43** 14
- Anfechtungsklage **Vor §§ 43** 11
- Anwaltszwang **Vor §§ 43** 11
- Auslandsberührung **Vor §§ 43** 11
- Beigeladene **Vor §§ 43** 14
- Berufung **Vor §§ 43** 11
- Berufungsschrift **Vor §§ 43** 11
- Beschwerderecht **Vor §§ 43** 14
- Beweis- oder Auflagenbeschlüsse **Vor §§ 43** 14
- Beweissicherungsverfahren **Vor §§ 43** 14
- Einzelrichter **Vor §§ 43** 11
- Entscheidung in der Hauptsache **Vor §§ 43** 11
- Erledigungserklärung **Vor §§ 43** 14
- Ermächtigung **Vor §§ 43** 11
- Gegenvorstellung **Vor §§ 43** 13
- Instanzenzug **Vor §§ 43** 11
- Kostenentscheidung **Vor §§ 43** 14
- Kostenfestsetzung **Vor §§ 43** 14
- Landesjustizverwaltung **Vor §§ 43** 11
- Mindestbeschwer **Vor §§ 43** 11
- Nebenentscheidung **Vor §§ 43** 14
- Nichtzulassungsbeschwerde **Vor §§ 43** 11–14
- Rechtsbeschwerde **Vor §§ 43** 14
- Rechtskraft **Vor §§ 43** 15
- Rechtsmittel **Vor §§ 43** 13
- Rechtsmittelzug **Vor §§ 43** 12
- Revision **Vor §§ 43** 11
- sofortige Beschwerde **Vor §§ 43** 14
- Streitwert **Vor §§ 43** 11
- Ungültigerklärung **Vor §§ 43** 15
- Verfassungsbeschwerde **Vor §§ 43** 13
- Vollstreckung **Vor §§ 43** 14
Rechtsnachfolge **Anhang § 15** 92
Rechtsnatur des Eigentümerbeschlusses **23** 14
- Anfechtung **23** 15
- konstitutive Voraussetzung **23** 16
- Willenserklärung **23** 15
Rechtsperson **21** 22
- gesetzlicher Vertreter **21** 22
Rechtsprechung des BGH zum faktischen Wohnungseigentümer **1** 234
Rechtsprechung zur Erteilung von Unschädlichkeitszeugnissen **1** 132
Rechtsqualität der Verwalterentscheidung **20** 56

Rechtsqualität einer auf einer Öffnungsklausel beruhenden Entscheidung **10** 287
Rechtsschutzbedürfnis **10** 200
Rechtsschutzbedürfnis und Rechtsmissbräuchlichkeit einer Beschlussanfechtung **46** 10
- altruistische Anfechtung **46** 10
- Anfechtungsklage **46** 10
- Anträge **46** 10
- Beschlussanfechtung **46** 10
- Beschlussfassung **46** 10–11
- Beschlussvorlage **46** 10–11
- Folgenbeseitigungsanspruch **46** 10
- Geschäftsordnung **46** 10
- gesetzlicher Prozessstandschafter **46** 10
- Hinweis **46** 10
- Information **46** 10
- Jahresabrechnung **46** 10
- Kostenvorschuss **46** 11
- Meinungsäußerung **46** 10
- Negativbeschluss **46** 10
- Rechtshängigkeit **46** 10
- Rechtsmißbrauch **46** 11
- Rechtsmißbräuchlichkeit **46** 10
- Rechtsschutzbedürfnis **46** 10
- Ungültigerklärung **46** 10
- Unterlagen **46** 10
- Versammlung **46** 10
- Versäumnisurteil **46** 11
- Verwalter **46** 10
- Wirtschaftsplan **46** 10
- Zweitbeschluss **46** 10
Rechtsschutzinteresse für Eintragung von Zwangssicherungshypothek **1** 184
Rechtswidriger Versammlungsausschluss **24** 51
Rechtswirkung **12** 73
Reformvorschlag: Einführung eines Zentralgrundbuches
- Anlass **7** 297
- Aufbau und Inhalt der Grundbücher **7** 299
- Datenbankgrundbuch **7** 309
- dogmatischer Ansatz **7** 298
- Stand der Diskussion **7** 308
- Wirkung **7** 307
Regelbeispiele ordnungsgemäßer Verwaltung
- Aufgabenkatalog **21** 157
- bauliche Vorgaben **21** 157
- Gestaltungswille **21** 157
- vereinbarte Vorgaben **21** 159
Regelung der Art und Weise von Zahlungen **21** 289
- Lastschriftverfahren **21** 289

Stichwortverzeichnis

- Unkostenpauschale **21** 290
- Verrechnung **21** 289

Regelung der Aufgaben und Befugnisse im Innenverhältnis **27** 9
- Abmahnung **27** 17
- anfechtbare Beschlüsse **27** 13
- Anfechtbarkeit **27** 13
- Anfechtungsgrund **27** 12
- Anfechtungsklage **27** 15
- Aushang **27** 16
- Beschluss **27** 13–15
- Beschlussdurchführung **27** 14
- Beschlussdurchführung im Einzelnen **27** 11
- Beschlusskompetenz **27** 12
- Bestandskraft **27** 13
- Bevollmächtigung **27** 10
- Durchführung fehlerhafter Beschlüsse **27** 12
- Durchführung von Beschlüssen **27** 9–12
- Eigentümerversammlung **27** 9, **27** 13–16
- einstweilige Aussetzung nach §§ 935ff. **27** 15
- einstweilige Verfügung **27** 12–15
- Ermächtigung **27** 17
- Ermächtigung zu Sofortvollzug oder Aussetzung durch die Wohnungseigentümer **27** 14
- Ersatz seiner Aufwendungen **27** 11
- Finanzverwaltung **27** 10
- Folgenbeseitigungsanspruch **27** 15
- gemeinschaftsbezogener Anspruch **27** 17
- Gemeinschaftsordnung **27** 9, **27** 16
- Haftung **27** 15
- Hausordnung **27** 16
- Hinweis **27** 15
- Innenverhältnis **27** 10
- Kaufmann **27** 11
- Kehrplan **27** 16
- Letztentscheidungsbefugnis **27** 9
- Mahnung **27** 17
- Mehrheitsbeschluss **27** 9
- Mieter **27** 16
- Mitverschulden **27** 15
- Neuerung **27** 10
- Nichtigkeit **27** 12
- Niederschrift **27** 15
- Nutzungsplan **27** 16
- ordnungsgemäße Verwaltung **27** 14
- ordnungsmäßige Verwaltung **27** 10
- Organ **27** 10
- Rechtsrat **27** 12
- Schadensersatzanspruch **27** 12
- Teileigentum **27** 16
- Teilrechtsfähigkeit **27** 10
- Ungültigerklärung **27** 15
- Unterlassungsanspruch **27** 12
- Veräußerung **27** 9
- Verband **27** 17
- Vereinbarung **27** 9
- Versicherung **27** 11
- Verwalter **27** 9–16
- Vollmacht **27** 10, **27** 17
- vollmachtlose Vertretung **27** 15
- Vollzugsorgan **27** 9
- Wirtschaftsplan **27** 9

Regelung der Fälligkeit von Forderungen
- Abrechnungsspitze **21** 291
- Ratenzahlung **21** 292
- Sonderumlage **21** 291
- Verfallklausel **21** 293
- Vorfälligkeitsregelung **21** 294

Regelung der Folgen des Verzugs **21** 295
- Schadensersatzanspruch **21** 295
- Verzugszins **21** 295

Regelungen zum Gebrauch des Sondereigentums
- Abstimmung **15** 7
- Duplexparker **15** 8
- Eigentümerversammlung **15** 7
- Gebrauchsregelung und Genehmigung abweichender Nutzung **15** 7
- Gemeinschaftsordnung **15** 7–8
- gewerbliche Nutzung **15** 7
- Musizieren **15** 7
- Öffnungsklausel **15** 7
- Sondereigentum **15** 7–8
- Stellplätze **15** 8
- Tierhaltung **15** 7
- Vermietung **15** 7
- Verwalter **15** 7

Regelungen zum Gebrauch gemeinschaftlicher Einrichtungen **15** 6
- Gemeinschaftseigentum **15** 6
- Gemeinschaftsordnung **15** 6
- Hausflure **15** 6
- Keller **15** 6
- Mehrauslagen **15** 6
- Parkplätze **15** 6
- Rauchen **15** 6
- Sondernutzungsfläche **15** 6
- Trockenraum **15** 6
- Turnusregelung **15** 6
- Waschkeller **15** 6
- Wohnmobile **15** 6

Regelungsbedarf nach der Anerkennung eines teilrechtsfähigen Verbandes
- Außenverhältnis **27** 8

Stichwortverzeichnis

- Beschluss **27** 8
- Einheitstheorie **27** 6
- Gebührenstreitwert **27** 8
- Information **27** 7
- Innenverhältnis **27** 6–8
- Instandhaltung **27** 8
- Instandsetzung **27** 8
- Mehrheitsbeschluss **27** 8
- Nachzahlung **27** 8
- Notgeschäftsführung **27** 8
- Organ **27** 6–8
- Regelung des Außenverhältnisses **27** 8
- Regelung des Innenverhältnisses **27** 7
- Teilrechtsfähigkeit **27** 6
- Trennungstheorie **27** 6
- Verband **27** 6–8
- Vertretungsmacht **27** 6–8
- Verwalter **27** 6–7
- Verwaltungsvermögen **27** 8
- Vorschuss **27** 8
- Willenserklärung **27** 8
- Zustellung **27** 8

Regelungsinstrumente des Wohnungseigentumsgesetzes **10** 68
Regelungsstreit **10** 347
Regress nach innen **16** 4
Regressanspruch **16** 183
Reihenhaus **5** 9
Reinigungsarbeiten **Steuerrecht** 294
Reparaturarbeiten **12** 140
Reparaturaufwendung **Steuerrecht** 115
Rollläden **5** 66
Rückauflassung **12** 45
Rückbaukosten **16** 295
Rückgängigmachung von Vereinigung und Zuschreibung **9** 26
- Beendigung der Vereinigung oder Zuschreibung **9** 26
- mehrere Flurstücke **9** 26
- Teilung **9** 26

Rückstand **12** 141
Rückstauventil **5** 67
Ruhen des Stimmrechts **25** 38, **25** 62

S

Sachleistung **Steuerrecht** 97
Sanktionen für säumige Zahler **28** 45
- Absperrvorrichtung **28** 49
- Änderung der Rechtslage durch die Novelle zum WEG **28** 45
- Anfechtung **28** 48
- Ausfallversicherung **28** 51
- Barzahlung **28** 46

- Beitreibung **28** 48
- Beschlussfassung **28** 45
- Beschlusskompetenz **28** 45–51
- Besitzschutzanspruch **28** 50
- dinglicher und persönlicher Arrest **28** 51
- Eigentümerversammlung **28** 49
- Einzugsermächtigung **28** 45–46
- Entziehungsverfahren **28** 49
- Erkenntnisverfahren **28** 45
- Fälligkeit **28** 45–51
- Fälligkeit von Zahlungen an die Gemeinschaft **28** 47
- Fälligkeitstermin **28** 47
- Jahresabrechnung **28** 47
- Kautionsleistung **28** 51
- Kostenfestsetzungsverfahren **28** 45
- Lastschriftverfahren **28** 46
- Mahnung **28** 45
- Mehrheitsbeschluss **28** 45–51
- Mehrheitsbeschluss ordnungsmäßiger Verwaltung **28** 46
- Mieter **28** 50
- Öffnungsklausel **28** 45
- ordnungsmäßige Verwaltung **28** 48
- ordnungsmäßiger Verwaltung **28** 47
- Rate **28** 47
- Rechtsschutzbedürfnis **28** 45
- Sammelüberweisung **28** 46
- Schadensersatz **28** 48
- Sicherungsmittel **28** 51
- Sonderumlage **28** 47
- Strafe **28** 48
- Stundung **28** 47
- Teilrechtsfähigkeit **28** 46
- Teilungserklärung **28** 47
- Unterwerfung unter die Zwangsvollstreckung **28** 51
- verbotene Eigenmacht **28** 50
- Vereinbarung **28** 45
- Verfallsregelungen **28** 47
- Versorgungssperre **28** 49–50
- Verwaltervertrag **28** 45
- Verzugszinsen **28** 48
- Vorfälligkeit **28** 45
- Vorschuss **28** 45
- Zurückbehaltungsrecht **28** 49

Sauna **5** 68, **14** 20
Saunagebühren **Anhang § 15** 11
Schadensersatz
- gegen den Verwalter **21** 38
- gegen Miteigentümer oder Dritte **21** 38

Schadensersatz und Sicherheitsleistung **14** 37
- Anspruchsgegner und Versicherungsleistungen **14** 39
- Aufrechnung **14** 37
- bauliche Veränderung **14** 37
- Begründung eines Schadensersatzanspruchs **14** 37
- Bodenbelag **14** 38
- Garten **14** 38
- Gemeinschaftseigentum **14** 37
- Hausschwamm **14** 38
- Instandhaltung **14** 39
- Instandsetzung **14** 39
- Kosten **14** 39
- Laden **14** 38
- Mietausfall **14** 38
- Mietminderung **14** 38
- Praxis **14** 38
- Schadensersatz **14** 37–39
- Sicherheit **14** 39
- Sonderumlage **14** 39
- Teileigentum **14** 38–39
- Terrasse **14** 38
- Umfang des Schadensersatzanspruchs **14** 38
- Verband **14** 39
- Verteilungsschlüssel **14** 37–39

Schadensersatz und Sicherheitsleistung **14** 38
Schadensersatzansprüche aus Pflichtverletzung **12** 149
Schenkung **Steuerrecht** 148
Schenkung unter Lebenden **Steuerrecht** 280
Schließung der Wohnungs- und Teileigentumsgrundbücher **9** 2
- Aufhebung der Sondereigentumsrechte **9** 2
Schließung des bisherigen Grundbuchblattes **7** 28
- Grundstück **7** 30
- Schließungsvermerk **7** 29
- Verfügungsgegenstand **7** 30
Schonende Nutzung von Sonder- und Gemeinschaftseigentum (§ 14 Nr. 1 2. Alternative WEG) **14** 9
- Bad **14** 10
- Beeinträchtigung **14** 9
- Beleidigung **14** 9
- BimSchV **14** 9
- Bodenbelag **14** 10
- Der schonende Gebrauch und die Verstöße hiergegen im Einzelnen **14** 10
- Dunstabzugshaube **14** 10
- Ermächtigung **14** 9
- Estrich **14** 10
- Etagenheizung **14** 10
- Fahrrad **14** 11
- Gemeinschaftliche Einrichtung **14** 9
- Gemeinschaftseigentum **14** 9–11
- Gemeinschaftsverhältnis **14** 9
- Geräusch **14** 10
- Geruch **14** 10
- gewerbliche Nutzung **14** 11
- Hausflur **14** 11
- Heizkörper **14** 11
- Immission **14** 9–10
- Kampfhund **14** 11
- Kinder **14** 10
- Kinderwagen **14** 11
- Küchengeruch **14** 10
- Möbel **14** 11
- Müllcontainer **14** 11
- Mülltüte **14** 11
- Nutzung **14** 9–11
- Rollstuhl **14** 11
- Schadensersatz **14** 9
- Schallisolierung **14** 10
- Spielplatz **14** 11
- Teileigentum **14** 10
- Toilette **14** 10
- Treppenpodest **14** 11
- Unterlassung **14** 9
- VDI-Richtlinie **14** 10
- Waschmaschine **14** 11
Schornsteinfeger **Steuerrecht** 162
Schornsteinreinigung **2 BetrKV** 71
Schranken des bürgerlichen Rechts **10** 219
Schriftliche Zustimmung **23** 41
- Allstimmigkeit **23** 42
- Initiator **23** 43
Schriftlicher (Umlauf-)Beschluss **24** 3
Schufa-Auskunft **12** 75
Schuldmitübernahme **16** 13
Schutz des guten Glaubens hinsichtlich des Inhalts des Sondereigentums **1** 147
Schutz des guten Glaubens in der Gründungsphase **1** 139
Schutz des guten Glaubens nach Begründung des Wohnungseigentums **1** 142
Schwimmbad **5** 69
Sekundärgrundbuch **24** 94
Selbständiges Beweisverfahren **Muster** 24–25
Selbstauskunft **12** 75
Selbstgenutztes Teileigentum **Steuerrecht** 150
- Betriebsausgabenabzug **Steuerrecht** 151
- Betriebsvermögen **Steuerrecht** 152
- gewillkürtes Betriebsvermögen **Steuerrecht** 155

1337

Stichwortverzeichnis

- notwendiges Betriebsvermögen **Steuerrecht** 153
- Privatvermögen **Steuerrecht** 156
- Werbungskostenabzug **Steuerrecht** 151

Selbstorganisationsrecht **16** 76
Selbstverwaltung **21** 1
Separate Löschung **12** 162
Sicherheiten **12** 142
Sicherheitsleistung **14** 37, **33** 13
Sicherung durch Vormerkung **4** 20
Sondereigentum **1** 49, **16** 27
- Annexkompetenz **16** 102
- Erfassung **16** 30
- Innenverhältnis **16** 27
- Kernbereich **16** 102
- Kosten und Lasten des Sondereigentums **16** 29
- Prinzip der Wechselbeziehung **16** 28
- Regelungsstreit **16** 33
- Wohnfläche **16** 31
Sonderlasten **16** 134
Sondernachfolger **10** 368
Sondernutzung **21** 4
Sondernutzungsrecht **10** 136, **11** 22, **12** 47, **Anhang § 13** 161
Sondernutzungsrechte **1** 147, **1** 154
Sonderrechtsbeziehung **10** 382
Sonderumlage **10** 129, **Steuerrecht** 136
Sonstige Steuern **Steuerrecht** 229
Sonstige Veränderungen der Wohnungs- und Teileigentumsrechte **7**
- Abgeschlossenheitsbescheinigung **7** 286
- Aufteilungsplan **7** 285
- Eintragung einer Änderung oder Aufhebung von Gemeischaftsregelungen **7** 279
- Eintragung von Veränderungen der Gemeinschaftsordnung **7** 288
- Grundbuchberichtigung **7** 279
- inhaltliche Änderung **7** 282
- inhaltliche Veränderung der Wohnungs- und Teileigentumsrechte **7** 278
- scheinbare Umwandlung **7** 287
- Umwandlung von Teileigentum in Wohnungseigentum **7** 286
- Umwandlung von Wohnungseigentum in Teileigentum **7** 284
- Umwandlung von Wohnungs- und Teileigentum **7** 285
- Unrichtigkeitsnachweis entsprechend § 22 GBO **7** 280
- vorweg genommene Zustimmung/Ermächtigung **7** 281

- vorweggenommene Bevollmächtigung/Ermächtigung **7** 284
- Zustimmung dinglich Berechtigter **7** 282
- Zweckbestimmung im weiteren Sinne **7** 284

Sorge für die Instandhaltung und Instandsetzung des Gemeinschaftseigentums
- Abwasserleitung **27** 23
- Aufgabenverteilung zwischen Verwalter und Wohnungseigentümern **27** 18
- Ausführung der hierauf gefassten Beschlüsse **27** 23
- Auswahlverschulden **27** 23
- Bauhandwerker **27** 23
- Bauleitung **27** 22–23
- Brandschaden **27** 22
- Brandversicherung **27** 22
- Dachbegehung **27** 23
- Dringlichkeit **27** 19
- Eigenleistung **27** 19
- Eigenmächtige Entscheidungen des Verwalters **27** 21
- Eigentümerversammlung **27** 19–21
- Fahrstuhl **27** 22
- Gemeinschaft **27** 20–21
- Gemeinschaftseigentum **27** 19–22
- Gemeinschaftsordnung **27** 21
- gesetzliche Vollmacht für den Verband als Neuerung und ihre Grenzen **27** 19
- gesetzlicher Vollmacht **27** 19–21
- Gewährleistung **27** 22
- Gewährleistungsfrist **27** 23
- Haftung **27** 23
- Information **27** 22–23
- Innenverhältnis **27** 18–21
- Instandhaltung **27** 18–19, **27** 22–23
- Instandhaltungsarbeit **27** 21
- Instandsetzung **27** 18–23
- Instandsetzungsarbeit **27** 21
- Jahresabrechnung **27** 21
- Kleinreparatur **27** 21
- Kostenvoranschlag **27** 22
- Leitung **27** 21
- Mehrheitsbeschluss **27** 19–21
- Mieter **27** 22
- ordnungsmäßige Verwaltung **27** 19
- Regenfallrohr **27** 23
- Reichweite der gesetzlichen Vollmacht **27** 20
- Schadensersatz **27** 21, **27** 23
- Schadensersatzanspruch **27** 19
- Sondereigentum **27** 22–23
- Sondernutzungsrecht **27** 21
- Teilrechtsfähigkeit **27** 19

Stichwortverzeichnis

- Unterrichtung **27** 23
- Verband **27** 19
- Vergütung **27** 23
- Verkehrssicherung **27** 22
- Versicherungsnummer **27** 22
- Vertretungsmacht **27** 21
- Verwalter **27** 18–23
- Verwaltervertrag **27** 22–23
- Verwaltungsbeirat **27** 21
- Vollmacht **27** 19
- vollmachtloser Vertreter **27** 19
- Vorgehen des Verwalters im Rahmen des § 27 Abs. 1 Nr. 2 WEG **27** 22
- Wartungsvertrag **27** 22
- Weisung **27** 19–20
- Werklohn **27** 23
- wichtiger Grund **27** 21
- Wirtschaftsplan **27** 21
- Zusatzvergütung **27** 23

Spielplatz **2** BetrKV 67
Spontan- oder ORGA-Beschlüsse **24** 104
Sprechanlage **5** 70
Stecken gebliebener Bau **16** 158
Stellung des Mieters **1** 71
Stellung des Verwaltungsbeirats neben Verwalter und Eigentümerversammlung **29**

- Abberufung **29** 2
- Abdingbarkeit der gesetzlichen Regelung **29** 1
- Bauausschuss **29** 2
- Beschluss **29** 2
- Beschlusskompetenz **29** 3
- Bestellung **29** 1
- Eigentümerversammlung **29** 1–3
- Einstimmigkeit **29** 1
- Entlastung **29** 3
- Erweiterung und Einschränkung des Aufgabenbereichs **29** 2
- Gemeinschaftsordnung **29** 1–2
- Haushaltsausschuss **29** 2
- Individualanspruch **29** 1
- Instandhaltung **29** 3
- Instandsetzung **29** 3
- Jahresabrechnung **29** 1–2
- Mehrheitsbeschluss **29** 1–3
- Modifikation der gesetzlichen Regelungen durch Gemeinschaftsordnung und Vereinbarung **29** 2
- Modifikation der gesetzlichen Regelungen durch Mehrheitsbeschluss **29** 3
- Organ **29** 2
- Teilungserklärung **29** 1
- Vereinbarung **29** 1

- Verwalter **29** 1–3
- Verwaltungsbeirat **29** 1–3
- Wirtschaftsplan **29** 2
- Zustimmungsvorbehalt **29** 2

Stellvertretung ohne Vertretungsmacht **24** 59a
Steuerbefreiung gem. § 4 Nr. 13 UStG **Steuerrecht** 210
- Umsatzsteuerpflicht **Steuerrecht** 210

Steuerberaterpraxis **14** 13
Steuerfreibeträge **Steuerrecht** 284
Steuerklassen **Steuerrecht** 282
Steuerliche Anerkennung von Mietverträgen zwischen Angehörigen **Steuerrecht** 29
- Angehöriger **Steuerrecht** 31–34
- Barunterhalt **Steuerrecht** 40
- Barzahlung **Steuerrecht** 40
- Ergänzungspfleger **Steuerrecht** 35
- Fremdvergleich **Steuerrecht** 30–36
- Minderjähriger **Steuerrecht** 35
- Mischfinanzierung **Steuerrecht** 42
- Nebenkostenabrechnung **Steuerrecht** 40
- Quittung **Steuerrecht** 40
- Teilweise Vermietung **Steuerrecht** 48
- Über-Kreuz-Vermietung **Steuerrecht** 45
- Vertragsänderung **Steuerrecht** 38
- Wechselseitige Vermietung **Steuerrecht** 47
- Wiederkehrende Leistungen **Steuerrecht** 44
- Wohnungsrecht **Steuerrecht** 44
- Zivilrechtliche Wirksamkeit **Steuerrecht** 30

Stimmauszählung **25** 63
Stimmenmehrheit **12** 68c
Stimmenthaltung **25** 60
Stimmrecht **25** 4
Stimmrechtsausschluss **25** 22
Stimmrechtsbeschränkung **25** 33
Stimmrechtsprinzip **10** 253
Stimmrechtsvermehrung **25** 52
Stimmrechtsvollmacht **25** 20
Stimmverbot **25** 22
Straßenreinigung **2** BetrKV 44
Streit um die Gültigkeit von Eigentümerbeschlüssen **43**
- Anfechtung **43** 22
- Anfechtungsberechtigung **43** 18
- Anfechtungsklage **43** 18
- Antrag auf Feststellung der Gültigkeit eines Beschlusses **43** 21
- Antrag im **43** 19
- Bedeutung der Zuständigkeitszuweisung nach der Novelle **43** 18
- Berichtigung des im Protokoll **43** 19
- Beschluss **43** 21
- Beschlussergebnis **43** 20

Stichwortverzeichnis

- Beschlussfeststellung **43** 20
- Bestandskraft **43** 21
- Disposition des Anfechtenden über den Umfang der Anfechtung **43** 22
- Dispositionsmaxim **43** 22
- Feststellung **43** 21
- Feststellung des Beschlussergebnisses **43** 19–20
- Gegenstand der Anfechtungsklage **43** 19
- Jahresabrechnung **43** 22
- Nichtigkeit **43** 21
- örtliche Zuständigkeit **43** 18
- Streitgegenstand **43** 19
- Ungültigerklärung **43** 21–22
- Versammlungsleiter **43** 19–20
- Verwalter **43** 20
- Wirtschaftsplan **43** 22

Streitigkeiten mit dem Verwalter (§ 43 Nr. 3 WEG)
- Aktivprozess **43** 13
- ausgeschiedene Eigentümer **43** 14
- ausgeschiedene Verwalter **43** 14
- Baubetreuer **43** 15
- Bauträger **43** 14–15
- Bedeutung der Zuständigkeitszuweisung nach der Novelle **43** 13
- Bestellung **43** 14
- Durchgriffshaftung **43** 14
- ehrenrührige Behauptung **43** 14
- Ermächtigung **43** 16
- GmbH **43** 14
- Haftpflichtversicherer **43** 14
- Individualanspruch **43** 16
- Instanzenzug **43** 13
- Makler **43** 15
- OHG **43** 14
- ordnungsgemäße Verwaltung **43** 16
- persönliche Voraussetzungen der Zuständigkeit nach § 43 Nr. 3 WEG **43** 14
- Prozessführungsbefugnis **43** 16
- Rechtsgrundlage **43** 15
- Rechtshängigkeit **43** 14
- sachliche Voraussetzungen der Zuständigkeit nach § 43 Nr. 3 WEG **43** 15
- Schadensersatzforderung **43** 13
- Sondereigentum **43** 15–16
- Streitwert **43** 13
- Vergütung **43** 13
- Verwalter **43** 13–15

Streitigkeiten mit Dritten nach § 43 Nr. 5 WEG **43** 23
- allgemeiner Gerichtsstand **43** 23
- Erfüllungsbefugnis **43** 23
- erstinstanzliche Zuständigkeit **43** 23
- gemeinschaftliches Eigentum **43** 23
- Klagen Dritter **43** 23
- Nichtzulassungsbeschwerde **43** 23
- örtliche Zuständigkeit **43** 23
- Rechtsmittelzug **43** 23
- Rechtsstreitigkeiten mit Dritten **43** 23
- Sondereigentum **43** 23
- Verband **43** 23
- Widerklage **43** 23
- Zuständigkeit der belegenen Sache **43** 23

Streitigkeiten nach § 43 Nr. 2 WEG **43** 12
- Aktivverfahren **43** 12
- Beitreibungsverfahren **43** 12
- Gemeinschaftsverhältnis **43** 12
- Guthaben **43** 12
- Instanzenzug **43** 12
- Jahresabrechnung **43** 12
- Passivprozess **43** 12
- Verband **43** 12
- Verwalter **43** 12

Streitsucht **12** 143

Streitwert **Anhang § 50**

Streitwert bei der Entziehungsklage **18** 56

Strohmann **12** 144

Struktur der Jahresabrechnung
- Anfechtung **28** 72
- Anspruch auf Ergänzung **28** 76, **28** 81
- Ausgabe **28** 74
- Ausgaben **28** 66–69, **28** 79
- Auskunftsanspruch **28** 75
- Ausnahmen vom Grundsatz der reinen Einnahmen- und Ausgabenrechnung **28** 73
- Beschlusskompetenz **28** 70–71, **28** 76
- Beschlusslage **28** 78
- Beschlussvorlage **28** 66, **28** 72
- betreutes Wohnen **28** 69
- Betriebskostenabrechnung **28** 68
- Bilanz **28** 67, **28** 71, **28** 75, **28** 79
- Buchprüfer **28** 66
- Darlehen **28** 78
- Eigentümergemeinschaft **28** 67
- Eigentümerversammlung **28** 69–71
- Eigentümerwechsel **28** 75
- Einnahme **28** 74
- Einnahmen **28** 66–69, **28** 77–79
- Einzelabrechnung **28** 69, **28** 73–77
- Ergänzungsanspruch **28** 80
- Forderung **28** 67, **28** 72, **28** 78
- Forderungen **28** 75
- gemeinschaftliche Gelder **28** 78
- gemeinschaftliche Konten **28** 79–81

Stichwortverzeichnis

- Gerichtskosten **28** 76
- Gesamtabrechnung **28** 75–76
- Gesamtabrechnung als geordnete Aufstellung der tatsächlichen Einnahmen und Ausgaben **28** 67
- Gesamtwirtschaftsplan **28** 76
- gesetzliche Regelung und richterliche Grundsätze **28** 66
- Gewohnheitsrecht **28** 66
- Guthaben **28** 77
- Handwerkerrechnung **28** 67
- Heizkosten **28** 73
- Heizkostenabrechnung **28** 73
- Instandhaltungsrücklage **28** 74, **28** 81
- Instandsetzungsrücklage **28** 76
- Jahresabrechnung **28** 66–81
- Konkordanz mit dem Mietrecht **28** 68
- Konten der Gemeinschaft **28** 73
- Konto **28** 79
- Kontostand **28** 79
- Kostenentscheidung **28** 71
- Kostenentwicklung **28** 69
- Kostenverteilungsschlüssel **28** 69
- Liquiditätssonderumlage **28** 67
- Mehrauslage **28** 74
- Mehrheitsbeschluss **28** 71–72, **28** 76
- Mieter **28** 68
- Nachzahlung **28** 67, **28** 77–78
- Nutzung gemeinschaftlichen Eigentums **28** 78
- ordnungsmäßige Verwaltung **28** 67
- rechnerische Schlüssigkeit **28** 79
- rechnerische Unschlüssigkeit **28** 80
- Rechnungsabgrenzung **28** 67
- Rechnungsabgrenzungsposition **28** 73
- Rechtsnachfolger **28** 69
- Rechtsverfolgung **28** 69
- Rückzahlung **28** 67
- Sachverständige **28** 66
- Schadensersatz **28** 69
- Schlüssel **28** 76
- Sondereigentum **28** 69
- Sonderrechtsnachfolger **28** 73
- Sonderumlage **28** 77
- Sondervergütung **28** 72
- Teilrechtsfähigkeit **28** 75
- Teilungserklärung **28** 71, **28** 78
- Teilungültigerklärung **28** 81
- Unberechtigte oder nur einzelne Miteigentümer treffende Ausgaben **28** 69
- Ungültigerklärung **28** 72
- Unterlagen **28** 75
- Verband **28** 69, **28** 75–77
- Verbindlichkeit **28** 67, **28** 72, **28** 75
- Vereinbarung **28** 71
- Vermietung **28** 78
- Versicherungsleistung **28** 67, **28** 78
- Verteilung der Kosten auf die einzelnen Wohnungseigentümer **28** 76
- Verteilungsgerechtigkeit **28** 73
- Verteilungsschlüssel **28** 73, **28** 78
- Veruntreuung **28** 69
- Verwalter **28** 69–72
- Verwaltervertrag **28** 68
- Vorschuss **28** 77
- Waschmaschine **28** 78
- werdende Eigentümergemeinschaft **28** 67
- Wirtschaftsplan **28** 66–67
- Zinsen **28** 78
- Zusatzinformation **28** 68–72, **28** 75
- zusätzliche Information **28** 79
- Zusatzvergütung **28** 68

Subtraktionsmethode **25** 63

T

Tagesordnung **24** 35
Tätige Hilfe **16** 170
- Anstricharbeit **16** 170
- Eisbeseitigung **16** 171
- Gartendienst **16** 170
- Hausordnung **16** 171
- körperliche Leistung **16** 170
- Laub **16** 171
- Schneebeseitigung **16** 171
- Treppenhausreinigung **16** 171

Tausch **12** 48
Tausch von Einheiten **12** 48
Technische Durchführung der Versorgungssperre **Anhang § 13** 105
Teileigentum **1** 34, **8** 76
Teileigentümer **Steuerrecht** 209
Teilnahmeberechtigter Erbe **24** 46
Teilung durch den Eigentümer **8** 12, **8** 38–39
- Änderungsvollmacht **8** 33–36
- Änderungsvorbehalte **8** 56
- Anspruch auf Änderung der Miteigentumsanteile **8** 11
- Anspruch auf Änderung der Teilungserklärung **8** 40
- Aufteilungsplan **8** 92
- Auslegung **8** 41–43
- Bauerrichtungsvertrag **8** 3
- Begriff des Grundstückseigentümers **8** 4
- Ein-Mann-Beschluss **8** 30, **8** 54–55
- Einpersonen-Eigentümergemeinschaft **8** 55

Stichwortverzeichnis

- Entstehung des Verbandes Wohnungseigentümergemeinschaft 8 101
- Entstehung und Ende der Eigentümergemeinschaft 8 97
- Erwerbsvertrag 8 33
- Gebäude 8 17
- Gebäudeeigentum, selbständiges 8 2
- Gebühren 8 102
- Gemeinschaftsordnung 8 44
- Geschäftswert 8 103
- Grundbuch 8 15
- Grundbuchblatt 8 16
- Grundbuchkosten 8 103
- Grunderwerbsteuer 8 102
- Inhalt der Teilungserklärung 8 9
- Inhaltskontrolle 8 59–62
- Kosten 8 102
- Notarkosten 8 103
- Rechtscharakter 8 46
- Teileigentum 8 76–80
- Teilungserklärung 8 19
- Übertragung einzelner Räume 8 90
- Unterteilung 8 63–75
- Vereinigung 8 81–88
- Wohnungseigentümergemeinschaft, werdende 8 99
- Zustimmung Dritter 8 23–25
- Zweckbestimmung 8 14

Teilungsanordnung 2 2, 12 49
Teilungserklärung 8 9, 8 19, **Muster** 1
Teilungserklärung, Langfassung **Muster** 2
Teilungsvertrag 3 8
- Änderung durch das Wohnungseigentumsgericht 3 17
- Bestimmung der Miteigentumsanteile 3 12
- Größe der Miteigentumsteile 3 13
- sachenrechtliche Aufgaben 3 8

Terrasse 5 71
Testamentsvollstrecker 25 7
Thermostatventil 5 72, **Anhang § 13** 114
Thesen zur Umlegung der Betriebskosten **Anhang § 16** 11
Tiefgarage 5 73
Tierhaltung 14 25
Timesharing 4 5
Timmendorfer Modell **Steuerrecht** 304
Titelbindung 1 159
Titelumschreibung 1 167
Transmissionsriemen 16 77
Trennungstheorie 1 19, 10 375
Treppe 5 74
Treppenhaus und Hausflur 21 228
- Fahrräder 21 229

- gemeinschaftliches Treppenhaus 21 231
- Kinderwagen 21 229
- Trittschall 21 230

Treppenhausreinigung 16 171
Treu und Glauben 5 103
Treue- und Rücksichtnahmepflicht 10 382
Trittschall 14 10
Trittschalldämmung 5 75

U

Über-Kreuz-Vermietung **Steuerrecht** 9
Überbauproblematik 1 193
- abweichende Bauausführung 1 210
- Akzessionsgrundsatz 1 193
- Eigengrenzüberbau 1 202
- eigentumsändernden Wirkung 1 200
- eigentumsmäßige Zuordnung 1 193
- Eintragung einer Grunddienstbarkeit 1 193
- Erbbaurecht 1 217
- Geschosse 1 205
- Gestattung 1 200
- grobe Fahrlässigkeit 1 196
- Grundbucheintragung 1 211
- Grunddienstbarkeit 1 199–214
- gutgläubiger Erwerb 1 216
- nach Baubeginn 1 200
- Nachweis 1 195
- Nachweis der Eigenschaft als Stammgrundstück 1 206
- Rangstelle 1 214
- Stammgrundstück 1 193
- Stammgrundstück nicht Überbau 1 209
- Überbau 1 195, 1 213
- Überbau auf Zeit 1 201
- überhängender Überbau 1 207
- unrechtmäßiger Überbau 1 194
- Vorsatz 1 196
- vorsätzlich 1 209
- zugunsten eines einzelnen Wohnungseigentümers 1 214
- Zuordnung 1 203
- Zweifel 1 213

Überbauung 3 92
- Anwendung des WEG auf isoliertes Miteigentum 3 103
- faktische Entstehung 3 99
- fehlerhafter Gründungsakt 3 102
- isolierte Miteigentumsteile 3 97
- Sondereigentum kraft Gesetz 3 95
- Überbauung und Nachbargrundstück 3 96
- Wohnung und sonstige Räume 3 105
- zusätzliche Räume 3 104

Stichwortverzeichnis

Überbürdung der Betriebskosten **Anhang § 16** 3
Übergang der Zustimmungsberechtigung **12** 80
Übergangsvorschrift **62** 8
Übergemeinschaft **1** 249, **10** 18
– Dachgemeinschaft **1** 249
– Wirtschaftsgemeinschaft **1** 249
Überhängender Überbau **1** 207
Überlassung von Wohnungseigentum an Angehörige **Steuerrecht** 18
– Eigenheimzulage **Steuerrecht** 21
– Einkünfteerzielungsabsicht **Steuerrecht** 22
– entgeltliche Überlassung **Steuerrecht** 18
– Marktmiete **Steuerrecht** 24
– Nutzungsberechtigter **Steuerrecht** 28
– Nutzungsrecht **Steuerrecht** 28
– Nutzungsüberlassung **Steuerrecht** 24
– Selbstnutzung **Steuerrecht** 23
– Teil(un)entgeltliche Überlassung **Steuerrecht** 18
– Unentgeltliche Überlassung **Steuerrecht** 18
– Unentgeltlichkeit **Steuerrecht** 27
– Wohnungsüberlassung **Steuerrecht** 25
Überlassungsberechtigte **1 HeizkostenV** 6
Überlinger Modell **Steuerrecht** 304
Übertragung **12** 81
Überzahlung **16** 22
– Rückforderungsanspruch **21** 47
Ultra-vires-Lehre **1** 16
Umdeutung **5** 21
Umdeutung im Eintragungsverfahren **5** 26
Umgehungsgeschäft **5** 106
Umlage **Steuerrecht** 97
Umlage der Heiz- und Warmwasserkosten **16** 34
– Ersatzschlüssel **16** 37
Umlegungsmaßstab **Anhang § 16** 10
Umsatzsteuer **Steuerrecht** 97, **Steuerrecht** 206
– Personenvereinigung **Steuerrecht** 207
– Teileigentümer **Steuerrecht** 209
– Umsatzsteuerpflicht **Steuerrecht** 209
– Unternehmer **Steuerrecht** 207
– Unternehmereigenschaft **Steuerrecht** 206–208
– Vorsteuerabzugsmöglichkeit **Steuerrecht** 209
Umschreibung der Vollstreckungsklausel **1** 160
Umstellung auf Nahwärme **Anhang § 16** 97
Umwandlung aller Wohnungserbbaurechte in Wohnungeigentumsrechte **1** 223

Umwandlung von Gemeinschaftseigentum in Sondereigentum **7** 215
Umwandlung von Sondereigentum in Gemeinschaftseigentum **7** 229–232
– Abgeschlossenheitsbescheinigung mit entsprechenden Aufteilungsplänen **7** 237
– Aufhebung einer Sondereigentumseinheit **7** 229
– Aufhebung eines einzelnen Wohnungseigentums **7** 233
– Bevollmächtigung in allen Erwerbsverträgen **7** 231
– Buchungsfähigkeit **7** 233
– Eintragung der Umwandlung von Sonder- in Gemeinschaftseigentum **7** 236
– Eintragungsbewilligung **7** 232
– Erhöhung der Unterhaltslast **7** 234
– geänderter Aufteilungsplan mit Abgeschlossenheitsbescheinigung **7** 236
– gegenständliche Veränderung des Gemeinschafts- und des Sondereigentums **7** 230
– isolierter Miteigentumsteil **7** 233
– Nachverpfändungserklärung **7** 235
– Pfandentlassung **7** 234
– Sondernutzungsrecht **7** 238
– Teil eines bisher abgeschlossenen Wohnungseigentums **7** 237
– Überführung von Sondereigentum in Gemeinschaftseigentum **7** 238
– Unbedenklichkeitsbescheinigung **7** 239
– vorweg genommene Zustimmung/Ermächtigung **7** 231
– Zuordnung einzelner Gebäudeteile **7** 229
– Zustimmungserklärungen dinglich Berechtigter **7** 234
Umwandlung von Wohnungseigentum in Teileigentum und umgekehrt **7** 241
Umwandlungsfälle **Anhang § 13** 133
Unabdingbare und sonstige Aufgaben des Verwalters **27** 1
– Eigentümerversammlung **27** 1
– Jahresabrechnung **27** 1
– Rechnungslegung **27** 1
– Verwalter **27** 1
– Wirtschaftsplan **27** 1
Unabdingbare Vorgaben **21** 14
– Verbot **21** 15
Unabdingbarkeit **22** 155
Unabdingbarkeit der Befugnisse nach § 27 Abs. 1–3 WEG
– Beschluss **27** 72
– Beschlussfassung **27** 72
– Gemeinschaftskonto **27** 73

1343

Stichwortverzeichnis

- Gemeinschaftsordnung 27 72
- Hausordnung 27 72
- Mehrheitsbeschluss 27 73
- Organ 27 72
- Verwalter 27 72
- Verwaltervertrag 27 72
- Verwaltungsbeirat 27 72
- Wohngeld 27 73

Unauflöslichkeit der Gemeinschaft 11
- Anwartschaftsrecht 11 19
- Aufhebung aus wichtigem Grund 11 1
- Ausgleichszahlung 11 15
- Dereliktion 11 20
- Einvernehmliche Aufhebung 11 2
- Grundsatz der »Unauflöslichkeit« 11 1
- Gründungsakt 11 14
- Herstellung der vollständigen Gemeinschaft, erstmalige 11 14
- Isolierter Mieteigentumsanteil 11 9
- Miteigentumsanteil, isolierter 11 19
- Miteigentumsanteil, substanzloser 11 13
- Sonderrechtsunfähigkeit von Gebäudeteilen 11 18
- Teilaufhebung der Gemeinschaft 11 13
- Unterbleiben des Wiederaufbaus 11 11
- Wiederaufbaupflicht 11 10
- Zerstörung des Wohngebäudes 11 9
- Zustimmung dinglich Berechtigter 11 8

Unbedenklichkeitsbescheinigung 7 76
Uneinheitliche Stimmabgabe der Mitberechtigten 25 55
Unentgeltliche Verwaltung und Ausübung einzelner Verwaltertätigkeiten
- Abberufung 26 83–85
- Auftrag 26 83
- Bauträger 26 86
- Bestellung 26 83–86
- Eigentümerversammlung 26 83
- Ersatz 26 83
- Ersatz seiner Aufwendungen 26 85
- Herausgabe 26 83
- Jahresabrechnung 26 83
- ordnungsgemäße Verwaltung 26 85
- Tod 26 85
- Übernahme einzelner Verwaltungstätigkeiten durch Wohnungseigentümer 26 85
- unentgeltliche Verwaltung 26 83
- Unentgeltlichkeit 26 83
- Vergütung 26 83
- Verwalter 26 85–86
- Wirtschaftsplan 26 83

Ungerechtfertigte Bereicherung 16 181
Ungezieferbekämpfung 2 **BetrKV** 56

Unirksamkeitsgrund 10 282
Universalversammlung 24 15, 24 36
Unmittelbare Handlungsstörer **Anhang § 15** 45
Unmöglichkeit 11 **HeizkostenV** 6
Unrechtmäßiger, aber entschuldigter Überbau 1 194
Unrichtige Angabe der Zweckbestimmung 7 192
Unrichtigkeit des Titels 1 160
Unrichtigkeitsnachweis 12 68e
Unschädlichkeitszeugnis 10 173
Unselbständigkeit des Sondereigentums 6 107
- isolierte Verfügung 6 3
- isolierter Miteigentumsanteil 6 1
- isoliertes Sondereigentum 6 1

Untergemeinschaft
- dinglich verselbständigte Untergemeinschaft 1 245
- Gemeinschaftsrecht 1 246
- Haftungsproblem 1 248
- Innenverhältnis 1 246
- Mehrauslagen 1 248
- Mitsondereigentum 1 245
- Teil des Gesamtverbandes 1 248
- Verwaltungsgemeinschaft 1 248

Untergemeinschaft von Wohnungseigentümern 10 13
Unterlassung 14 30
Unternehmereigenschaft **Steuerrecht** 206
Unterrichtung der Wohnungseigentümer über Rechtsstreitigkeiten
- Anfechtungsklage 27 33
- Ersatzzustellungsvertreter 27 34
- Gegenstand der Unterrichtung 27 34
- Innenverhältnis 27 33
- Interessenkollision 27 34
- Klagen Dritter 27 34
- Klageschrift 27 34
- Rechtsstreitigkeit 27 33–34
- Verband 27 33–34
- Verwalter 27 33–34
- werdende Wohnungseigentümer 27 33
- zu unterrichtenden Personen 27 33
- Zustellung 27 34

Unterteilung von Wohnungs- und Teileigentumseinheiten 7 242
- Abgeschlossenheitsbescheinigung 7 249
- Aufteilung 7 251
- Beeinträchtigung durch tatsächliche Veränderung 7 247
- Bewilligung zur Unterteilung 7 244
- Eintragung der Unterteilung 7 253

- Eintragung inhaltlich zulässig 7 243
- geänderter Aufteilungsplan 7 249
- gemeinschaftliches Sondernutzungsrecht 7 250
- Genehmigungspflicht gem. § 22 BauGB 7 252
- neu gebildete Einheit 7 249
- Nummerierung 7 249
- Sondernutzungsrecht 7 250
- Stimmrechtsverhältnis 7 246
- Umgestaltung 7 247
- Umwandlung des bisherigen Sonder- bzw. Gemeinschaftseigentums 7 243
- Unbedenklichkeitsbescheinigung 7 251
- unterteiltes Wohnungseigentum 7 250
- Unterteilung 7 246–252
- Unterteilung nicht insgesamt nichtig 7 243
- Verfahrensrecht 7 244
- Zustimmung der übrigen Wohnungs- und Teileigentümer 7 245
- Zustimmung zu baulichen Veränderungen im Rahmen der Unterteilung 7 245
- Zustimmungsvorbehalt entsprechend § 12 7 248

Unterteilung von Wohnungseigentum 25 56
Untervollmacht 24 55a
Unterwerfung unter die sofortige Zwangsvollstreckung 16 252
Unterwohnungseigentum 1 61
Unverhältnismäßigkeit 11 HeizkostenV 10
Unvollständige Vereinbarungen 10 176
Unwirksamkeit von Bestellung oder Verwaltervertrag
- Aufwendungsersatz 26 82
- Bestellung 26 82
- unwirksamer Anstellungsvertrag 26 82
- Vergütung 26 82
- Verwaltervertrag 26 82

Unzulässige bauliche Veränderung Anhang § 15 63
Unzulässiger Überbau 1 145
Unzumutbarkeit der Fortsetzung der Gemeinschaft mit dem Störer 18 25
- Abmahnung durch den Verband 18 27
- Androhung der Entziehung des Wohnungseigentums 18 27
- Pflichtverletzung des störenden Wohnungseigentümers 18 25
- Warnfunktion einer Abmahnung 18 29

Ursprung der bauvertraglichen Ansprüche 8 1

V

Veraltung 556 BGB 2
Veränderung, bauliche 10 140, 10 264
Veränderungen durch den Sondernutzungsberechtigten 13 40
- Ausschlussfristen 13 40
- bauliche Veränderung 13 40
- Bäume 13 40
- Beseitigung 13 40
- Carport 13 41
- Deckendurchbruch 13 41
- Einzäunung 13 41
- Garage 13 40
- Garten 13 40
- Gartenhäuser 13 41
- Gartenzwerge 13 40
- Gemeinschaftsverhältnis 13 40
- Gerätehäuser 13 41
- Hecken 13 40
- Immissionen 13 40
- Kaninchengehege 13 40
- Kinderspielgeräte 13 40
- Markise 13 41
- Nachbarrecht 13 40
- optische Beeinträchtigung 13 41
- Rankgerüste 13 40
- Schwimmbad 13 41
- Sondereigentum 13 41–42
- Sondernutzungsrecht 13 40–42
- Stellplatz 13 41
- Teilungserklärung 13 40
- Terrasse 13 40
- Trittsteine 13 40

Veräußerer 10 9
Veräußerlichkeit und Vererblichkeit 33 1
Veräußerung 38 1
- Veräußerung des Dauerwohnrechts 38 1
Veräußerung einer Teilfläche ohne Räumlichkeiten im Sondereigentum 6 27
Veräußerung im Wege der Zwangsvollstreckung 12 90
Veräußerungsbeschränkung 1 183, 10 262, 12 15, 35 3–1
- ausdrückliche Eintragung einer vereinbarten Veräußerungsbeschränkung 35 3
Veräußerungsbeschränkung wird mit der Eintragung in das Grundbuch wirksam 12 12
Veräußerungsgebot 12 54
Veräußerungsgeschäft Steuerrecht 144
Veräußerungsverbot 1 64, 12 55

Stichwortverzeichnis

Verband als Grundeigentümer und Inhaber grundstücksgleicher Rechte **10** 434
- Verfahrensrechtliches **10** 437
Verband als Unternehmer **10** 433
Verband als Verbraucher **10** 432
Verband Wohnungseigentümergemeinschaft **1** 157, **10** 2, **10** 364–371
Verband Wohnungseigentümergemeinschaft als Erwerber **1** 97
Verband Wohnungseigentümergemeinschaft als Gläubiger im Zwangsversteigerungsverfahren **1** 173
Verbandsvermögen **17** 1
Verbindung mehrerer Sondereigentumsrechte mit nur einem Miteigentumsanteil **1** 25
Verbindungsflur **5** 14
Verbot der Stimmrechtsvollmacht **25** 36
Verbrauchserfassung **5** 77–78, **4 HeizkostenV** 1
Vereibarung, verdinglichte **10** 143
Verein **12** 145
Vereinbarte Aufrechnungsausschlüsse **16** 259
Vereinbarte Haftung (Haftungsklausel) **16** 217
- Haftungsklausel **16** 218
- Zwangsversteigerung **16** 220
Vereinbarung **21** 5, **21** 99
- Abdingbarkeit **23** 47
- Eigentümerwechsel **21** 101
- Minderheitenschutz **23** 47
- Öffnungsklausel **21** 105
- qualifizierte Mehrheit **21** 108
- relative Bindungswirkung **21** 103
- schriftlicher Beschluss **23** 46
- schuldrechtliche Vereinbarungen **21** 100
- Schuldübernahme **21** 102
- verdinglichte Vereinbarungen **21** 99
Vereinbarung in Beschlussangelegenheiten **10** 75, **10** 81
Vereinbarung, begünstigende schuldrechtliche **10** 149
Vereinbarung, konkludente **10** 157
Vereinbarung, schuldrechtliche **10** 143–148
Vereinbarung, unvollständige, widersprüchliche und unbestimmte **10** 176
Vereinbarungsregister **10** 267
Vereinigung **1** 186, **8** 81, **12** 56
Vereinigung aller Wohnungseigentumsrechte **9** 12
- Schließung **9** 14
- verfahrensrechtlich **9** 14
Vereinigung mit einem gewöhnlichen Miteigentumsanteil **7** 36

Vereinigung von Wohnungseigentumsrechten an verschiedenen Grundstücken **7** 35
Verfahren auf Erteilung der Zustimmung **12** 163
Verfahren bis zur Entscheidung
- Akteneinsicht **Vor §§ 43** 5
- Anfechtungsfrist **Vor §§ 43** 5
- Anfechtungsklage **Vor §§ 43** 5
- Augenscheinseinnahme **Vor §§ 43** 7
- Auslagenvorschuss **Vor §§ 43** 7
- Ausschluss vom Richteramt **Vor §§ 43** 5
- Aussetzung **Vor §§ 43** 5
- Befangenheitsrüge **Vor §§ 43** 5
- Beweiserhebung und -würdigung **Vor §§ 43** 7
- Beweismittel **Vor §§ 43** 7
- Beweisregeln **Vor §§ 43** 7
- Entscheidung durch das Gericht während des Verfahrens **Vor §§ 43** 5
- Freibeweis **Vor §§ 43** 7
- gütliche Einigung **Vor §§ 43** 6
- mündliche Verhandlung **Vor §§ 43** 6
- mündliche Verhandlung und Beweiserhebung **Vor §§ 43** 6
- Parteidisposition **Vor §§ 43** 7
- Parteivernehmung **Vor §§ 43** 7
- Präklusionsregel **Vor §§ 43** 6
- Protokoll **Vor §§ 43** 6
- Prozesskostenhilfe **Vor §§ 43** 5
- rechtliches Gehör **Vor §§ 43** 6
- Rechtsmittel **Vor §§ 43** 5
- Ruhen des Verfahrens **Vor §§ 43** 5
- Sachverständigenbeweis **Vor §§ 43** 7
- selbständiges Beweisverfahren **Vor §§ 43** 7
- Strengbeweis **Vor §§ 43** 7
- Unterbrechung **Vor §§ 43** 5
- Urkunde **Vor §§ 43** 7
- Urkundenbeweis **Vor §§ 43** 7
- Verband **Vor §§ 43** 5
- Verbindung **Vor §§ 43** 5
- Vergleich **Vor §§ 43** 6
- Vernehmung einer Partei **Vor §§ 43** 7
- Wiedereinsetzung **Vor §§ 43** 5
- Wiedereintritt in die mündliche Verhandlung **Vor §§ 43** 6
- Zeugenbeweis **Vor §§ 43** 7
Verfahrensmaxim
- Amtsermittlung **Vor §§ 43** 1
- Anerkenntnis **Vor §§ 43** 2
- Anfechtungsklage **Vor §§ 43** 1–2
- Antrag **Vor §§ 43** 2
- Antragstellung **Vor §§ 43** 3
- Beibringungsgrundsatz **Vor §§ 43** 3

Stichwortverzeichnis

- Beitreibung **Vor §§ 43** 3
- Beschlussanfechtung **Vor §§ 43** 3
- Beweisantritt **Vor §§ 43** 3
- Dispositionsmaxim **Vor §§ 43** 2
- Einzelwirtschaftsplan **Vor §§ 43** 3
- Erledigterklärung **Vor §§ 43** 2
- Freibeweis **Vor §§ 43** 3
- freiwillige Gerichtsbarkeit **Vor §§ 43** 1
- Hinweise **Vor §§ 43** 3
- Partei **Vor §§ 43** 3
- Sachverhalt **Vor §§ 43** 3
- Streitgegenstand **Vor §§ 43** 2
- Streitwert **Vor §§ 43** 1
- Strengbeweis **Vor §§ 43** 3
- Unterlagen **Vor §§ 43** 3
- Urkundsprozess **Vor §§ 43** 1
- Verbindung **Vor §§ 43** 1
- Verfahrenshandlung **Vor §§ 43** 2
- Versäumnis- und Anerkenntnisurteile **Vor §§ 43** 1
- Wegfall des Amtsermittlungsgrundsatzes **Vor §§ 43** 3
- Wirtschaftsplan **Vor §§ 43** 3
- ZPO-Verfahren **Vor §§ 43** 1

Verfahrensregelung **10** 289
Verfügung über das Sondereigentum **6** 12
- Aufteilungsplan **6** 13
- Austausch des Sondereigentums **6** 12
- Belastung kraft Gesetzes erstrecken **6** 15
- Bewilligung **6** 14
- dingliche Berechtigte **6** 15
- isolierte Übertragung von Sondereigentum **6** 17
- Nachverpfändung **6** 15
- Pfandfreigabe **6** 15
- Unbedenklichkeitsbescheinigung **6** 17

Verfügung über den Miteigentumsanteil **6** 4
- Änderung der Miteigentumsanteile **6** 4
- Auflassung gem. § 20 GBO **6** 5
- Auflassungserklärung **6** 4
- Bewilligung einer Pfandentlassung **6** 6
- Eintragung **6** 11
- Eintragungsbewilligung **6** 5
- Pfanderstreckung **6** 8
- Pfanderstreckung kraft Gesetzes **6** 8
- Quotenänderung **6** 4–6
- rechtsgeschäftliche Nachverpfändung **6** 8
- Sondernutzungsrecht **6** 9
- Unbedenklichkeitsbescheinigung **6** 10
- Zustimmung dinglicher Berechtigter **6** 6
- Zwangsvollstreckungsunterwerfung gem. § 800 ZPO **6** 8

Verfügungen über das in Wohnungs- und Teileigentum aufgeteilte Grundstück **6** 19
- Auflassung **6** 19
- Auflassungserklärung **6** 20
- Belastungs- und Rangverhältnis **6** 23
- Bestandteilzuschreibung **6** 19
- Eintragung **6** 25
- Eintragungsbewilligung **6** 20
- ergänzte Abgeschlossenheitsbescheinigung **6** 20–26
- Erstreckung der Teilungserklärung **6** 20
- Erwerb bebauter Grundstücke **6** 26
- Erwerb unbebauter Grundstücke **6** 19
- Miteigentumsanteil **6** 19
- Nachverpfändung **6** 23
- neuerlicher Aufteilungsplan **6** 20
- Nichtausübung des Vorkaufsrechts **6** 24
- Umwandlung **6** 19
- Umwandlungs- und Einbeziehungsbewilligung **6** 20
- Unbedenklichkeitsbescheinigung gem. § 22 GrEStG **6** 24
- Vereinigung gem. § 890 Abs. 1 BGB **6** 19
- Vollstreckungsunterwerfung gem. § 800 ZPO **6** 23
- Wohnungseigentum **6** 19
- Zuerwerb von Grundstücken **6** 19
- Zustimmung dinglich Berechtigter **6** 21

Verfügungen über das Wohnungseigentum
- Abweichungen vom Grundbuchstand **1** 87
- Aufhebung des Sondereigentums **1** 116
- Aufhebung und Löschung eines Sondernutzungsrechts **1** 118
- Aussagekraft des Grundbuchs **1** 148
- Ausschlussdienstbarkeit **1** 110
- Ausübungsbereich **1** 109
- Belastung des Grundstücks **1** 107
- Belastung mit einer Erwerbsvormerkung oder einem Grundpfandrecht **1** 146
- Belastungsmöglichkeit **1** 113
- Benutzungsdienstbarkeit **1** 110
- Berechtigter aus einer Erwerbsvormerkung **1** 126
- Beschlusskompetenz **1** 99
- Bestandsangaben **1** 86–89
- Bestellung zum Verwalter **1** 100
- Bezeichnung **1** 86
- Dauerwohn- und Dauernutzungsrechte **1** 109
- dienendes Grundstück **1** 111
- Dienstbarkeit **1** 104
- dinglich Berechtigte **1** 125
- Eintritt in einen Verwaltervertrag **1** 95

Stichwortverzeichnis

- Ermächtigung des Verwalters zum rechtsgeschäftlichen Eigentumserwerb 1 100
- Erwerb durch Minderjährige 1 93
- Erwerbsfähigkeit des Verbandes 1 97
- Erwerbsmöglichkeiten für den Verband 1 101
- familiengerichtliche Genehmigung 1 96
- geheilt 1 143
- gesetzlicher Vertreter 1 96
- gesetzliches Vorkaufsrecht 1 85
- Grundbuch 1 148
- Grundbuchfähigkeit 1 97
- Grunddienstbarkeiten 1 109
- Grundpfandrechte 1 104
- Gründungsmängel 1 143
- guter Glaube 1 145
- gutgläubiger Erwerb 1 143
- Heilung durch gutgläubigen Erwerb 1 146
- herrschendes Grundstück 1 111
- isolierte (substanzlose) Miteigentumsanteile 1 83, 1 105
- lediglich rechtlich vorteilhaft 1 93
- Möglichkeit eines gutgläubigen Erwerbs im Bereich des Sondernutzungsrechts 1 149
- nach Begründung des Wohnungseigentums 1 142
- Nachweise 1 100
- Nichtberechtigter 1 139–140
- Nießbrauchsrecht an geschenkten Wohnungseigentum 1 94
- Nutzungsrechte 1 109
- öffentlicher Glaube 1 148
- Ordnungsmäßigkeit 1 99
- Reallast 1 104
- Rechtsfähigkeit 1 97
- Rechtsprechung 1 133
- Schutz des guten Glaubens hinsichtlich des Inhalts des Sondereigentums 1 147
- Sondernutzungsrechte 1 147
- Übertragung 1 81
- ultra-vires-Lehre 1 98
- Unschädlichkeitszeugniss 1 131–133
- Unterlassungsdienstbarkeit 1 110
- unzulässiger Überbau 1 145
- Verband Wohnungseigentümergemeinschaft als Erwerber 1 97
- Verfügungsbeschränkung 1 106
- verkehrsfähig 1 83
- Verkehrsgeschäft 1 142
- Verzicht auf das Wohnungseigentum 1 117
- Vorkaufsrecht 1 104
- Vormerkungen 1 106
- Widersprüche 1 106
- Wohnungseigentum 1 111
- Wohnungsgrundbuch 1 86–89
- zugeordnetes Sondernutzungsrecht 1 113
- Zuordnungserklärung 1 100
- Zustimmung Dritter 1 123
- Zweckbestimmung 1 147
- § 28 GBO 1 86

Vergleich, gerichtlicher 10 336
Vergütung des Verwalters 26 60
- Aufwendungsersatz 26 70
- Baumängel 26 65
- Bauüberwachung 26 65
- Beschluss 26 66–70
- Beschlussfähigkeit 26 64
- Beschlusskompetenz 26 69
- Buchführung 26 64
- Eigentümerversammlung 26 64, 26 71
- Erhöhungen der Vergütung 26 60
- Erkenntnisverfahren 26 66
- Fälligkeit 26 61
- Fälligkeit und Modalitäten von Zahlung und Haftung 26 61
- Formularvertrag 26 63
- Freistellungsanspruch 26 70
- gemeinschaftliches Eigentum 26 69
- Gemeinschaftsordnung 26 61
- gerichtliche Vertretung von Verband und Wohnungseigentümern 26 66
- gerichtlichen Vertretung 26 66
- Gesamtschuldner 26 61
- Haftungsquote 26 61
- Heizmaterial 26 70
- Hobbyraum 26 60
- Höhe der Vergütung 26 60
- Individualanspruch 26 69
- Instandsetzung 26 64
- Jahresabrechnung 26 61, 26 67–70
- Kopier-, Schreib- und Telekommunikationskosten 26 64
- Kopierkosten 26 64
- Kosten 26 70
- Kostenfestsetzungsverfahren 26 66
- Kostentragung 26 67
- Mahnschreiben 26 64
- Mahnverfahren 26 66
- Mehrheitsbeschluss 26 69
- ordnungsgemäße Verwaltung 26 60–62
- Reparatur 26 70
- Rückzahlungsanspruch 26 60
- Schadensersatz 26 71
- Schlechterfüllung 26 71
- Schlüssel 26 61
- Sittenwidrigkeit 26 60

Stichwortverzeichnis

- Sondereigentum 26 66–69
- Sondervergütung 26 62–69
- Staffelvereinbarung 26 60
- Teilungserklärung 26 66
- unwirksame Vereinbarungen über Zusatzvergütungen 26 64
- Verband 26 61–70
- Vergütung 26 60–62, 26 70
- Vergütungszahlung 26 71
- Verwalter 26 60–70
- Verwaltervertrag 26 61
- Verwirkung 26 61
- Wasser 26 70
- Wegfall der Geschäftsgrundlage 26 62
- Wertsicherungsklausel 26 60
- Wiederholungsversammlung 26 64
- wirksame Vereinbarungen über Zusatzvergütungen 26 65
- Wirtschaftsplan 26 61, 26 71
- Zustimmung zu Veräußerungen 26 67

Vergütungsfragen 12 85
Verhältnismäßigkeitsgrundsatz 11 **HeizkostenV** 10
Verjährung 36 6
Verkehrssicherungspflichten
- anteilige Haftung 21 142
- Dienstbarkeit 21 146
- Ersatzansprüche 21 142
- Gefahrenquelle 21 144
- Gemeinschaftsordnung 21 145
- Verschuldenshaftung 21 142
- Verwalter 21 147

Verlagerung von Kompetenzen in Bezug auf den Verwaltungsbeirat 20 63
Verlegung des Termins für die Versammlung 24 26
Vermächtnis 2 2, 12 57
Vermerk zur jeweiligen Eintragung 24 130
Vermietetes Sondereigentum 16 90
Vermietung 37 7
Vermietung fremden Eigentums **Anhang § 15** 4
Vermietung von Gemeinschafts- und Sondereigentum; Gebrauchsregelungen **Anhang § 15** 38
- Doppelvermietung **Anhang § 15** 7
- konkludentes Mietvorrecht des Wohnungseigentümers **Anhang § 15** 3
- Saunagebühren **Anhang § 15** 11
- Vermietung fremden Eigentums **Anhang § 15** 4

Vermietungsausschluss **Anhang § 13** 1
Vermietungsbeschränkung **Anhang § 13** 1

Vermögen des Verbandes Wohnungseigentümergemeinschaft 17 4
Vermögensverwaltung **Steuerrecht** 244, **Steuerrecht** 266
Vermutung der Gültigkeit einer Beschlussfassung
- einstweilige Verfügung 23 63
- Jahresabrechnung 23 63
- schwebende Wirksamkeit 23 63
- Sonderumlagen 23 63
- Vorgaben 23 63
- Wirtschaftsplan 23 63

Vernichtung der Bindungswirkung einer Entscheidung nach § 43 WEG 10 346
Verpflichtete 16 195
- Bucheigentümer 16 196
- ehemaliger Wohnungseigentümer 16 201
- Eigentümerwechsel 16 208
- Erbfall 16 198
- Inhaber substanzloser (isolierter) Miteigentumsanteile 16 206
- Insolvenzverwalter 16 233
- mehrere Inhaber eines Wohnungseigentums 16 205
- Nachlassverbindlichkeit 16 198
- Nießbrauch 16 197
- Personengesellschaft 16 197
- Verband Wohnungseigentümerschaft als Wohnungseigentümer 16 207
- werdende Wohnungseigentümer 16 202
- Zwangsversteigerung 16 195
- Zwangsverwaltung 16 227

Versagung der Zustimmung 12 106
Versagungsgründe 12 109
Versammlungsort 24 16
Versammlungszeit 24 22
Verschulden des Werkunternehmers **Anhang § 13** 81
Versicherung 33 12, **2 BetrKV** 72
Versicherungspflicht 21 232
- Abschluss einer Versicherung 21 242
- Abwicklung eines Brandschadens 21 247
- Dritte 21 246
- Eigenbeteiligung 21 245
- Feuerversicherung 21 236
- Gebäudeversicherung 21 234
- Grundbesitzerhaftpflichtversicherung 21 237
- Mindestanforderung 21 233
- Nebenpflichten eines Verwalters 21 240
- Versicherungsnehmer 21 243
- Versicherungsprovision 21 244

Versorgungsfreibetrag **Steuerrecht** 287

Stichwortverzeichnis

Versorgungssperre **Anhang § 13** 92
– Allgemeines **16** 248
– vermietetes Sondereigentum **16** 251
Verteidigung des Wohngeldschuldners **16** 256
– Anfechtbarkeit **16** 261
– Aufrechnung **16** 257
– Notgeschäftsführung **16** 258
– vereinbarte Aufrechnungsausschlüsse **16** 259
– Zurückbehaltungsrecht (§ 273 BGB) **16** 260
Verteilungsmaßstab **7 HeizkostenV** 1
Vertrag mit Schutzwirkung für Dritte **Anhang § 15** 23
Vertrag zugunsten Dritter **Anhang § 15** 23
Verträge gegenüber Dritten **10** 98
Vertragliche Einräumung gem. § 3 WEG **2** 4
– Abspaltung von Miteigentumsteilen **2** 16
– Anpassung **2** 5
– Anteile **2** 15
– Aufhebung einer Miteigentümereigenschaft **2** 6
– Auseinandersetzung einer Erbengemeinschaft **2** 8
– Bruchteil **2** 5
– Bruchteilgemeinschaft **2** 11
– Drei-Objekt-Grenze **2** 12
– Erbengemeinschaft **2** 11
– Grundbucheintragung **2** 5
– keine Teilung in Natur **2** 6
– Mischform **2** 13
– Realteilung durch Bildung von Wohnungseigentum **2** 7
– Übertragung bloßer Miteigentumsteile **2** 5
– Verschiebung **2** 5
– Vorratsteilung **2** 10
– Zusammenlegung **2** 15
– § 3 WEG **2** 13
– § 8 WEG **2** 13
Vertragliche Einräumung von Sondereigentum **2** 17
– Aufgaben des Teilungsvertrages **3** 8
– Bruchteilseigentum **3** 4
– echtes Eigentum **3** 2
– Gesellschaftsform **3** 6
– Gesellschaftsvertrag **3** 6
– kein Gesellschaftsvertrag **3** 6
– Sonderreglungen für die neuen Bundesländer **3** 3
– Teilungsvertrag **3** 4
Vertragliche Regelung **26** 60
Vertragsstörung **Steuerrecht** 145
Vertrauensschutz **12** 68
Vertreterklausel **10** 253, **24** 53, **25** 4

Vertretung durch einen Lebensgefährten **25** 21
Vertretungsausschlussklausel **25** 21
Vertretungsbeschränkung **24** 59
Verursacherprinzip **16** 77
Verwalter **12** 79, **20** 20, **21** 1, **21** 28–30
– Abberufung **21** 44
– Generalvertretung **21** 28
– Handlungsorgan **21** 28
– Organ **21** 1
Verwalter zugleich als Immobilienmakler **12** 83
Verwalteraufgaben, unabdingbare **21** 10
Verwalterbescheinigung **Steuerrecht** 121
Verwaltertätigkeit **12** 81
Verwalterverhalten **22** 135
– Geschäftsordnungsbeschluss **22** 136
– grob schuldhaft **22** 135
Verwaltervertrag
– Abschluss des Verwaltervertrages **26** 41
– Abschluss des Verwaltervertrags durch Bevollmächtigte **26** 40
– Abstimmung **26** 41
– Anfechtung **26** 41
– Auftragsverhältnis **26** 35
– Beschluss **26** 39
– Beschluss über den Verwaltervertrag **26** 41
– Bestandskraft **26** 40–41
– Bestellung **26** 40–41
– Bevollmächtigter **26** 40–41
– Dienstvertrag **26** 35
– Eigentümerversammlung **26** 35, **26** 41
– Eigentümerwechsel **26** 43
– Empfangsbevollmächtigter **26** 40
– Erstbestellung **26** 38
– Formularvertrag **26** 41
– Gemeinschaftsordnung **26** 38–41
– Gesamtschuldner **26** 37
– Gesamtvertretung **26** 39
– Geschäftsbesorgung **26** 35
– Haftungsbeschränkung **26** 40
– Jahresabrechnung **26** 35
– Kaufvertrag **26** 38
– Mehrheitsbeschluss **26** 38, **26** 42
– ordnungsgemäße Verwaltung **26** 41
– Parteien des Verwaltervertrags **26** 36
– Rechtsnatur **26** 35
– Regelung **26** 38
– Schadensersatzanspruch **26** 37
– Sondernachfolger **26** 41
– Sonderrechtsnachfolge **26** 37
– Sonderrechtsnachfolger **26** 36, **26** 43
– Sondervergütung **26** 40
– Teilnichtigkeit **26** 41

Stichwortverzeichnis

- Teilrechtsfähigkeit **26** 36–39, **26** 43
- Untervollmacht **26** 41
- Verband **26** 35–40
- Vergütung **26** 37, **26** 41–42
- Vertragsformular **26** 40
- Verwalter **26** 35–42
- Verwaltervertrag **26** 35–43
- Verwaltungsbeirat **26** 40
- Vollmacht **26** 40–41
- Werkvertrag **26** 35
- Willenserklärung **26** 39–40
- Wirtschaftsplan **26** 35

Verwalterwechsel **24** 96, **24** 115
Verwaltungsbeirat **20** 23–29
Verwaltungseinheit **Anhang § 16** 67
Verwaltungsermessen **24** 16
Verwaltungskosten **16** 301
- Abrechnung **16** 325
- Entziehungsklage gem. § 18 WEG **16** 304
- Ersatzansprüche **16** 331
- Finanzierung des Rechtsstreits und Abrechnung **16** 324
- Finanzierung eines Verfahrens **16** 324
- Kosten eines Rechtsstreits **16** 303
- Mehrkosten **16** 319
- sonstige Rechtsstreitigkeiten **16** 327
- sonstige Verwaltungskosten **16** 330
- Streitigkeiten mit Dritten **16** 317
- Verteilung der Kosten eines Verfahrens nach § 43 WEG **16** 321
- Verwaltungsvermögen **16** 324
- Wohngeldverfahren **16** 317

Verwaltungsmaßnahme **21** 4
Verwaltungsvermögen **1** 17, **10** 447, **Steuerrecht** 117
- Entstehung der Verbindlichkeit **10** 479
- Gegenstand des Verwaltungsvermögens **10** 452
- Kein Gegenstand des Verwaltungsvermögens **10** 464
- Kein Verbandsvermögen **10** 468
- Miete **10** 461
- Schadensersatzansprüche der Wohnungseigentümer **10** 465
- Sprach- und Rechtsfrüchte **10** 462
- Umwidmung **10** 467
- Verbuchung **10** 466
- Vermögen vor Entstehung des Verbandes **10** 448
- Verwaltungsunterlagen **10** 460
- Zuordnung **10** 447
- Zuordnung nach einem Untergang des Verbandes (§ 10 Abs. 7 S. 4 WEG) **10** 450

Verwandte **12** 60
Verweisungsklauseln in Mietverträgen **Anhang § 16** 55
Verwirkung **10** 350–351, **Anhang § 15** 87
Verzicht **10** 350–352
Verzicht auf Beseitigungs- und Unterlassungsansprüche **5** 96
Verzicht auf das Wohnungseigentum **1** 117
Verzugszins **Steuerrecht** 97
Vollmacht, zur Änderung der Teilungserklärung **Muster** 7
Vollmachtserteilung **12** 146
Vollmachtsklausel **21** 21
Vollmachtsurkunde (§ 27 Abs. 6 WEG)
- Anspruch auf Ausstellung der Vollmachtsurkunde **27** 87
- Beschluss **27** 87
- Bestellung **27** 87
- Eigentümerversammlung **27** 87
- Gesamtvertretung **27** 87
- Nichtigkeit **27** 87
- Niederschrift **27** 87
- Register **27** 87
- Ungültigerklärung **27** 87
- Verband **27** 87
- Verwalter **27** 87
- Vollmacht **27** 87
- Vollmachtsurkunde **27** 87

Vollstreckung **12** 153
Vollstreckung des Entziehungsurteils **19** 9
- Drittgewahrsamsinhaber **19** 11
Vorauszahlung **Steuerrecht** 97
Vorerfassung **5 HeizkostenV** 18, **6 HeizkostenV** 8–14, **6 HeizkostenV** 47
Vorherige Vereinigung oder Bestandteilszuschreibung **1** 188
Vorkaufsrecht **12** 61
Vorkaufsrecht des Mieters **1** 75
Vorkaufsrecht für Mieter **9** 25
- Schließung des Wohnungs- und Teileigentumsgrundbuchs **9** 25
- Vorkaufsrecht für Mieter **9** 25
Vorkaufsrechtsberechtigt **5** 94
Vormerkung **12** 62
Vormerkungen **1** 106
Vormerkungsberechtigt **5** 95
Vormund **21** 24
Vorrang der HeizkostenV **2 HeizkostenV** 1
Vorrang des Eintragungsvermerkes **12** 17
Vorrang von Beitragsforderungen in der Zwangsversteigerung
- Beitreibung **28** 57
- Beschlagnahme **28** 59

1351

Stichwortverzeichnis

- besondere Anforderungen an den Titel **28** 59
- Eigentümerwechsel **28** 52
- Einheitswert **28** 57
- Entziehungsverfahren **28** 57
- Fälligkeit **28** 59
- frühere Rechtslage **28** 52
- Glaubhaftmachung **28** 59
- Grundpfandrecht **28** 52
- Höchst- und Mindestbetrag **28** 56
- Jahresabrechnung **28** 55
- Klageschrift **28** 59
- Lösungsansatz der Gesetzesänderung **28** 53
- Mehrfacheigentümer **28** 54
- Rückstände **28** 52–59
- Schuldner- und Einheitsbezogenheit **28** 54
- Verkehrswert **28** 56
- Versäumnis- und Anerkenntnisurteil **28** 59
- Vollstreckungsverfahren **28** 59
- Voraussetzung für die vorrangige Geltendmachung von Vorschüssen nach § 28 Abs. 2 WEG **28** 54
- Vorschuss **28** 52–54
- zeitliche Grenze **28** 55
- Zwangsversteigerung **28** 52–57

Vorratsteilung **2** 10
Vorschaltverfahren **12** 150
Vorsitz **24** 69
Vorwegabzug **Anhang § 16** 74

W

Wahl zwischen Schadensersatz und Minderung **Muster** 21
Walterstellung **20** 19
- Verwalter **20** 20
- Verwaltungsbeirat **20** 23

Wand **5** 79
Wärmecontracting **Anhang § 16** 103, **3 Heizkosten V** 19
Wärmelieferung **1 HeizkostenV** 5, **3 HeizkostenV** 19, **7 HeizkostenV** 15, **11 HeizkostenV** 31
Warmwasser **8 HeizkostenV** 1
Warmwassergerät **2 BetrKV** 33
Warmwasserlieferung **1 HeizkostenV** 5, **8 HeizkostenV** 10
Warmwasserversorgungsanlage **2 BetrKV** 30
Wäschepflege **2 BetrKV** 136
Wassererwärmung **8 HeizkostenV** 4
Wasserrohr **5** 80
Wasserversorgung **2 BetrKV** 1, **8 HeizkostenV** 6
Wegfall der Bindung analog § 139 **10** 153
Wegfall der Verwalterstellung **24** 6
Wegfall des Notverwalters nach § 26 Abs. 3 WEG a.F.
- Abberufung **27** 74
- einstweilige Verfügung **27** 74
- gemeinschaftsbezogen **27** 74
- Innenverhältnis **27** 74
- Klageschrift **27** 74
- Mahnung **27** 74
- Notverwalter **27** 74
- ordnungsmäßige Verwaltung **27** 74
- Teilrechtsfähigkeit **27** 74
- Tod **27** 74
- Verband **27** 74
- Verwalter **27** 74
- Zustellung **27** 74

Weiterveräußerung **12** 63
Werbungskosten **Steuerrecht** 99
- Abflussprinzip **Steuerrecht** 116
- AfA **Steuerrecht** 108
- Angehörige **Steuerrecht** 133
- Anschaffungsnaher Herstellungsaufwand **Steuerrecht** 103, **Steuerrecht** 130
- Erhaltungsaufwand **Steuerrecht** 100–126
- Herstellungsaufwand **Steuerrecht** 100–101, **Steuerrecht** 118–126
- Instandhaltung **Steuerrecht** 126
- Instandhaltungsrückstellung **Steuerrecht** 113–115
- Instandsetzung **Steuerrecht** 123–126
- Nießbraucher **Steuerrecht** 142
- Nießbrauchseinräumung **Steuerrecht** 140
- Nutzungsüberlassung **Steuerrecht** 133
- Reparaturaufwendung **Steuerrecht** 115
- Sonderumlage **Steuerrecht** 136–137
- Verwalterbescheinigung **Steuerrecht** 121
- Verwaltungsvermögen **Steuerrecht** 117
- Vorab entstandene Werbungskosten **Steuerrecht** 143

Werbungskosten-ABC **Steuerrecht** 143
- Abstandszahlung **Steuerrecht** 143
- Annoncen **Steuerrecht** 143
- Arbeitszimmer **Steuerrecht** 143
- Bausparvertrag **Steuerrecht** 143
- Bauwesenversicherung **Steuerrecht** 143
- Beiträge **Steuerrecht** 143
- Bewirtschaftungskosten **Steuerrecht** 143
- Grundsteuer **Steuerrecht** 143
- Heizkosten **Steuerrecht** 143
- Instandhaltungsrücklage **Steuerrecht** 143
- Kontogebühren **Steuerrecht** 143
- Maklerprovision **Steuerrecht** 143
- Planungskosten **Steuerrecht** 143

Stichwortverzeichnis

- Prozesskosten **Steuerrecht** 143
- Räumungskosten **Steuerrecht** 143
- Reisekosten **Steuerrecht** 143
- Reparaturen **Steuerrecht** 143
- Schönheitsreparaturen **Steuerrecht** 143
- Schuldzinsen **Steuerrecht** 143
- Zweitwohnungssteuer **Steuerrecht** 143

Werbungskostenabzug **Steuerrecht** 151
Werdende (faktische) Wohnungseigentümer **1** 233
- Rechtsprechung des BGH zum faktischen Wohnungseigentümer **1** 234

Werdende Wohnungseigentümergemeinschaft **25** 5
Werdende Wohnungseigentümer **16** 202
- Haftung des Ersterwerbers **16** 202
- Haftung des Veräußeres **16** 203
- Stellung des Zweiterwerbers **16** 204

Werklieferung **Steuerrecht** 222
Werkstatt **14** 21
Wert- oder Objektprinzip **25** 53
Wertermittlung **17** 12
Wertminderung der übrigen Wohnungen **Anhang § 15** 79
Wertstimmrecht **25** 57
Wertveränderung **17** 14
Wesentliche Bauabweichung **3** 91
- Überbauung **3** 92

Wesentliche Bestandteile **5** 17
Widerruf in einem Zwangsversteigerungsverfahren **12** 99
Widerruf nach Abschluss des Veräußerungsvertrages **12** 98
Widerruf vor der Veräußerung **12** 97
Wiederaufbau **33** 12
Wiederaufbaupflicht **22** 159
- abdingbar **22** 165
- Ersatz des Schadens **22** 166
- Umfang der Wiederaufbaupflicht **22** 167
- unvollendete Ersterstellung **22** 169
- Zerstörungsgrad **22** 163

Wiederaufleben des Stimmrechts **25** 38
Wiederherstellung **21** 42
Wiederherstellungsanspruch
- Folgekosten **22** 120
- Fußbodenaufbau **22** 120
- Rechtsnachfolger **22** 120
- Schadensersatz **22** 120
- ursprünglicher Zustand **22** 120

Wiederholte Bestellung des Verwalters
- Eigentümerversammlung **26** 93
- Tagesordnung **26** 93
- Verlängerungsklausel **26** 93
- Verwalter **26** 93

Wiederverkaufsabsicht **Steuerrecht** 242
Wintergarten **5** 81
Wirksamkeit der Zustimmungserklärung **12** 88
Wirksamkeitsvoraussetzung **10** 282
Wirksamkeitsvoraussetzungen einer Vereinbarung **10** 155
- Formvorschriften **10** 155

Wirkung der Entscheidung über Beschlussanfechtung
- Anfechtbarkeit **48** 18
- Anfechtung **48** 19
- Anfechtungsfrist **48** 16–17
- Anfechtungsgründe **48** 18
- Anfechtungsklage **48** 16–18
- Begründung **48** 18
- Beschluss **48** 16–19
- Beschlusskompetenz **48** 17
- Bestandskraft **48** 15
- Dispositionsbefugnis **48** 17–18
- Eigentümerbeschluss **48** 15
- einstweilige Verfügung **48** 19
- Entscheidung des Gerichts in Verfahren nach § 43 Nr. 4 WEG **48** 18
- Hausordnung **48** 19
- Heilung nichtiger Beschlüsse **48** 17
- Jahresabrechnung **48** 19
- Kostenverteilungsschlüssel **48** 16
- Nichtigkeit **48** 16–19
- Nichtigkeitsfeststellung **48** 16–19
- Nichtigkeitsgründe **48** 16
- Streitgegenstand **48** 15
- Streitgegenstand und Prüfungsumfang **48** 15
- Teilungültigerklärung **48** 19
- teilweise Ungültigerklärung **48** 19
- Ungültigerklärung **48** 16–19
- verfristete Anfechtung **48** 17
- Zweitbeschluss **48** 15

Wirkung der Versagung **12** 148
Wirkungen einer Umdeutung **5** 25
Wirtschaftlichkeitsgrundsatz **11 HeizkostenV** 19
Wirtschaftseinheiten **Anhang § 16** 65
Wirtschaftsgemeinschaft **1** 249, **10** 19
Wirtschaftsplan **10** 134
- Abberufung **28** 4
- Abrechnungsperiode **28** 6, **28** 9
- Anfechtbarkeit **28** 18
- Anspruch auf Abänderung **28** 17
- Auflösung von Rücklagen **28** 13

Stichwortverzeichnis

- Aufstellung des Wirtschaftsplans als Verwalterpflicht 28 4
- Aufzug 28 16
- Ausgaben 28 14
- Beschluss 28 5, 28 14
- Beschlussfassung 28 6
- Beschlusskompetenz 28 5, 28 9, 28 17–18
- Beschlussvorlage 28 4–8
- Bilanz 28 10
- Darlehen 28 11–15
- Eigentümerversammlung 28 6, 28 9
- Einnahmen 28 12–14
- Einnahmen und Ausgaben 28 11
- Einrichtung 28 11
- Einsicht 28 18
- einstweilige Anordnung 28 8
- einstweilige Verfügung 28 8
- Einzelwirtschaftsplan 28 10, 28 16
- Ergänzungsanspruch 28 18
- Ermächtigung 28 14
- Fälligkeit 28 9–11
- Fehlen der Einzelwirtschaftspläne 28 18
- Finanzausschuss 28 5
- Finanzierung 28 14
- Finanzverwaltung 28 5
- Forderung 28 11
- Fortdauer des jeweiligen Wirtschaftsplans 28 9
- Fortgeltung 28 6
- Fortgeltung eines früheren Wirtschaftsplans 28 15
- gemeinschaftliches Geld 28 11
- Gemeinschaftseigentum 28 14
- gerichtliche Durchsetzung der Erstellung 28 7
- Gesamt- und Einzelwirtschaftsplan 28 10
- Gesamteinnahmen 28 10
- Gesamtwirtschaftsplan 28 16–18
- Globalposition 28 10
- Gültigkeitsdauer 28 9
- Heizkosten 28 9, 28 16
- Individualanspruch 28 7–8
- Inhalt des Gesamtwirtschaftsplans 28 11
- Instandhaltung 28 14
- Instandhaltungsrücklage 28 12–14
- Instandhaltungsrücklage und Auflösung von Rücklagen 28 12
- Instandsetzung 28 14
- Instandsetzungsrücklage 28 16
- Jahresabrechnung 28 6, 28 10, 28 18
- Kabelgebühr 28 14
- Kosten 28 14
- Kosten im Wirtschaftsplan 28 14
- Kostenentscheidung 28 14
- Kostenschlüssel 28 13
- Kostentragungspflicht 28 10
- Mahnung 28 4–6
- Mehrhausanlagen 28 12
- Mehrheitsbeschluss 28 9
- Möglichkeiten zur Veränderung der Kostenverteilung nach neuem Recht 28 17
- Nachforderung 28 15–18
- Nachzahlung 28 11
- öffentliche Abgabe 28 9
- öffentliche Abgaben 28 14
- ordnungsmäßige Verwaltung 28 5, 28 9, 28 15
- Ordnungsmäßigkeit der Schätzung 28 15
- Parkplatz 28 11
- Rechnungslegung 28 4–7
- Rechtsschutzinteresse 28 6
- Rumpfjahr 28 9
- Schlüssel 28 16–18
- Sondernutzungsrechte 28 16
- Sonderumlage 28 6, 28 14
- Struktur des Wirtschaftsplans 28 10
- Teilungserklärung 28 17
- Überschuss 28 15
- Verband 28 7
- Vereinbarung 28 5
- Vermietung 28 11
- Versicherung 28 14
- Versicherungsleistung 28 11
- Verteilungsschlüssel 28 16
- vertretbare Handlung 28 7
- Verwalter 28 4–8, 28 14
- Verwaltung 28 14
- Verzug 28 9
- Vorschuss 28 9–14
- wichtiger Grund 28 4
- Zeitpunkt der Aufstellung 28 6
- Zinsabschlagsteuer 28 11
- Zuführung zur Instandhaltungsrücklage 28 12

Wohn- und Nutzfläche **7 HeizkostenV** 8
Wohnfläche **1 WoFlV** 2
Wohnflächenverordnung **556 BGB** 2
- Anwendungsbereich **1 WoFlV** 1
- Besonderheiten der Wohnflächenberechnung für Betriebskosten **1 WoFlV** 4
- Zubehörräume **1 WoFlV** 6

Wohngeld (Hausgeld) **16** 186
- Beginn des Verzugs **16** 192
- Begriff **16** 186
- Fälligkeit **16** 188–190
- Höhe **16** 187

Stichwortverzeichnis

- Verjährung **16** 193
- Verzugszinsen **16** 191
Wohngeldklage **16** 255
Wohngemeinschaften **12** 147
Wohnnutzung **14** 12
Wohnrechtseinräumung **Steuerrecht** 97
Wohnung und sonstige Räume **3** 105
- Änderung der Gemeinschaftsordnung **3** 119
- Beschluss in Vereinbarungsangelegenheiten **3** 114
- Beschrieb im Grundbuch **3** 110
- Gebäude **3** 106
- Gemeinschaftsordnung **3** 111
- Raum **3** 109
- Vereinbarung in Beschlussangelegenheiten **3** 115
- Wohnung **3** 108
Wohnungsberechtigter **25** 15
Wohnungsbezogene Kostenerfassung **Anhang § 16** 17
Wohnungseigentum **1** 30
Wohnungseigentümer **1** 156, **12** 77
Wohnungseigentümer, werdender **10** 21
Wohnungseigentümergemeinschaft, werdende **8** 99
Wohnungseigentümerversammlung
- noch nicht vollzogene Eigentümergemeinschaft **23** 7
- Teileigentümerversammlung **23** 4
- Teilnehmerbeschränkung **23** 5
- Teilversammlung **23** 4
- Versammlung mit einem Eigentümer **23** 6
- Vollversammlung **23** 3
Wohnungseigentumsrecht **11** 20
- Aufhebung des Verbandes **11** 29
- Aufhebungsvertrag oder Aufhebungsanspruch **11** 28
- Der Verband als Wohnungseigentümer **11** 33
- Insolvenz des Verbandes Wohnungseigentümergemeinschaft **11** 30
- Insolvenzverwalter **11** 27
- Miteigentümergemeinschaft an einem Wohnungseigentum **11** 23
- Pfändungsgläubiger **11** 27
- Sondernutzungsrecht **11** 22
- Verpflichtung zum Wiederaufbau **11** 26
- Zerstörung des Gebäudes **11** 25
Wohnungserbbaurecht **30** 36
Wohnungsleerstand **16** 243
Wohnungsrecht **12** 64, **12** 72
Wohnungsüberlassung **Steuerrecht** 25

Wohnzweck **14** 12–16

Z

Zähler(raum) **5** 82
Zahlungsverzug des Wohnungseigentümers **18** 35
Zeitlich gestreckte Begründung von Sondernutzungsrechten entfällt **5** 100
Zeitpunkt der Erklärung und Berechtigung **1** 192
- Vereinigungserklärung **1** 192
- Zuschreibungserklärung **1** 192
Zeitpunkt der Zustellungserklärung **12** 84
Zeitpunkt der Zustimmung **12** 89
Zentralgrundbuch **24** 147
Zerstörung des Wohngebäudes **11** 9
Zinsabschlag **Steuerrecht** 312
Zinsabschlagsteuer **Steuerrecht** 311
- Aufbewahrungspflicht **Steuerrecht** 327–331
- Bauunternehmer **Steuerrecht** 330
- Bauwerk **Steuerrecht** 325
- Erklärung zur einheitlichen und gesonderten Feststellung **Steuerrecht** 314
- Instandhaltungsrückstellung **Steuerrecht** 311
- Kapitalerträge **Steuerrecht** 311
- Kontoinhaber **Steuerrecht** 312
- Leistungsempfänger **Steuerrecht** 321
- Nicht-Veranlagungsbescheinigung **Steuerrecht** 317
- NV-Bescheinigung **Steuerrecht** 317
- Rechnung **Steuerrecht** 320–330
- Unternehmer **Steuerrecht** 323–328
- Werklieferung **Steuerrecht** 329
- Zinsabschlag **Steuerrecht** 312
Zubehörräume **1 WoFlV** 6, **2 WoFlV** 3
Zuerwerb von Grundstücken **1** 226, **6** 19
Zufahrt **2 BetrKV** 68
Zugang **2 BetrKV** 68
Zugangsproblematik **24** 43
Zugangsräume **5** 83
Zuordnung eines nicht sondereigentumsfähigen Raumes zum Sondereigentum **7** 190
Zuordnungen, sachenrechtliche **10** 99
Zurückbehaltungsrecht (§ 273 BGB) **16** 260
Zurückbehaltungsrecht an der Zustimmungserklärung **12** 96
Zurückbehaltungsrecht des Vermieters **Anhang § 13** 86
Zusammenlegung von Wohnungs- und Teileigentumseinheiten **7** 254
- Abgeschlossenheitsbescheinigung **7** 263

1355

Stichwortverzeichnis

- Bestandteilszuschreibung **7** 266
- Bewilligung **7** 258
- Eintragung der Vereinigung im Aufteilungsplan **7** 263
- keine Erstreckung **7** 264
- keine Verwirrung **7** 259
- Sondernutzungsrecht **7** 264
- tragende Wand **7** 263
- unterschiedliche Nummerierung **7** 259
- Vereinigung **7** 257–262
- Vereinigung von Wohnungserbbaurechten **7** 257
- Verfahrensrecht **7** 258
- Verwirrung **7** 256
- Wohnungseigentümer **7** 261
- Wohnungseigentumsrechte vereinigen **7** 257
- Zusammenschreibung **7** 254
- Zustimmung dinglich Berechtigter **7** 261
- Zustimmungsvorbehalt gemäß § 12 **7** 262

Zusammenschreibung **1** 186
Zusammensetzung und innere Organisation des Verwaltungsbeirats **29**
- Anwesenheitsrecht **29** 31
- Anzahl der Beiratsmitglieder **29** 30
- Beisitzer **29** 30
- Bruchteilsgemeinschaft **29** 31
- Dauerwohnberechtigte **29** 31
- die wählbaren Personen **29** 31
- Eigentümerversammlung **29** 31
- Ersatzleute **29** 30
- Gemeinschaftsordnung **29** 31
- gesetzlicher Vertreter **29** 31
- Insolvenzverwalter **29** 31
- Interessenvertreter **29** 31
- Mehrauslage **29** 31
- Mehrheitsbeschluss **29** 30
- Nießbrauchsberechtigte **29** 31
- Personengesellschaft **29** 31
- Teileigentümer **29** 31
- Teilungserklärung **29** 30
- Testamentsvollstrecker **29** 31
- Treuhänder **29** 31
- Vereinbarung **29** 30–31
- Verwalter **29** 31
- Verwaltungsbeirat **29** 30–31
- Vorsitzende **29** 30
- Zusammensetzung des Verwaltungsbeirats **29** 30
- Zwangsverwalter **29** 31

Zusätzliche Tagesordnungspunkte **25** 50
Zustandekommen und Beendigung schuldrechtlicher Beziehungen zwischen Verwaltungsbeirat und Wohnungseigentümern bzw. Verband
- Abberufung **29** 14
- Auftrag **29** 14
- Auskunftsanspruch **29** 14
- Dienstvertrag **29** 14
- Geschäftsbesorgung **29** 14
- Jahresabrechnung **29** 14
- Verband **29** 14
- Vergütung **29** 14
- Vertrag zugunsten Dritter **29** 14
- Verwalter **29** 14
- Verwaltungsbeirat **29** 14
- Wirtschaftsplan **29** 14

Zustandekommen von Gebrauchsregelungen **15** 1
- Gemeinschaftseigentum **15** 1
- Mehrheitsbeschluss **15** 1
- Sondereigentum **15** 1
- Teilungserklärung **15** 1
- Vereinbarung **15** 1

Zuständigkeit zur Einberufung **24** 4
Zustandsstörer **Anhang § 15** 45–49
Zustellung an den Verband
- Gesamtvertreter **45** 11
- Verband **45** 10–11
- Verwalter **45** 10–11
- Zustellung **45** 10–11

Zustellungen an die Wohnungseigentümer
- Beigeladene **45** 3
- gemeinschaftliche Angelegenheit **45** 2
- gemeinschaftsbezogene Klage **45** 2
- Klage gegen alle Wohnungseigentümer **45** 2
- Klageschrift **45** 1
- Parteien **45** 3
- Prozessbevollmächtigter **45** 2
- Teilrechtsfähigkeit **45** 1–2
- Verband **45** 1–2
- Verwalter **45** 2
- Verwalter als Zustellungevertreter der beigeladenen Wohnungseigentümer **45** 3
- Verwalter als Zustellungsvertreter **45** 2
- Willensbildung **45** 2
- Zustellung **45** 1–3
- Zustellungsbevollmächtigung **45** 2
- Zustellungsvertreter **45** 3

Zustimmung **5** 91, **10** 350, **12** 7, **12** 72
Zustimmung anlässlich der Aufhebung des Sondereigentums **4** 15
Zustimmung beeinträchtigter Eigentümer **22** 22
- abdingbar **22** 39
- arglistige Täuschung **22** 35

Stichwortverzeichnis

- Auslegung 22 27
- Auslegungsregeln 22 31
- Beschlussergebnis 22 35
- Beschlussfassung 22 23
- Beschlussinhalte 22 27
- Beschlusskompetenz 22 24
- Bestandskraft 22 28
- Blankettzustimmung 22 28
- Ehepaar 22 26
- Haftungsübernahme 22 28
- nachträgliche Genehmigung 22 33
- notarielle Beurkundung 22 32
- öffentlich-rechtlichen Bauantrag 22 29
- Rechtsnachfolger 22 31
- schikanös 22 33
- Stimmrecht 22 25
- Teilungserklärung 22 41
- verdrängendes Recht 22 34
- vereinbarte Zustimmung 22 38
- Verwalterzustimmung 22 34
- Widerruf 22 37
- widerrufen 22 36
- Wiedereinsetzung 22 35
- wirtschaftliche Trennung 22 30
- Zustimmung 22 36
- Zustimmung eines Dritten 22 40
- Zweitbeschluss 22 37

Zustimmung des Mieters **Anhang § 16** 107
Zustimmung dinglich Berechtigter **4** 13, **12** 66, **12** 69
Zustimmung dinglich Berechtigter zur Vereinbarung einer Veräußerungsbeschränkung mit der Aufteilung **12** 5
Zustimmung Dritter **1** 123, **10** 167, **10** 302
- auf einer Öffnungsklausel beruhender Beschluss **10** 304
- Eintragung der Öffnungsklausel **10** 302

Zustimmung eines Grundpfandrechtsgläubigers **12** 86
Zustimmungsberechtigte **12** 77
Zustimmungsberechtigte Dritte **12** 79
Zustimmungserfordernis
- Balkonanbau 22 50
- Balkonverglasung 22 51
- Baum 22 49
- Beeinträchtigung 22 43
- Blumenkasten 22 52–57
- Carport 22 53
- Dachfenster 22 54
- Dachterrasse 22 55
- Dachveränderung 22 56
- Fallbeispiel 22 47
- Fassadenbegrünung 22 58
- Fassadenveränderung 22 60
- Fenstererneuerung 22 59
- Gegensprechanlage 22 61
- Gewächshaus 22 63
- Grillplatz 22 64
- Hangabgrabung 22 65
- Heizungsanlage 22 66–70
- Holzhaus 22 68
- Kaltwasserzähler 22 69
- Markise 22 71
- Mauerdurchbruch 22 72
- Mobilfunkantenne 22 73
- optische Veränderung 22 42
- Parabolantenne 22 74
- Schrankenanlage 22 75
- Solaranlage 22 76
- Speicherausbau 22 77
- Terrasse 22 78
- Treppen und Stufen 22 79
- Treppenhaus 22 80
- Treppenlift 22 81
- Türöffnung 22 82–85
- Überbau 22 83
- Versorgungssperre 22 84
- Warmwasserversorgung 22 86
- Wintergartenanbau 22 87
- wirtschaftliche Trennung 22 45
- Wohnungserbbaurecht 22 89
- Zahlungsunfähigkeit 22 44

Zustimmungserfordernisse hinsichtlich Vermietung oder Verpachtung **12** 71
Zustimmungserklärung im Rahmen eines Zwangsversteigerungsverfahrens **12** 95
Zustimmungserteilung **12** 73
Zustimmungspflichten dinglich Berechtigter **1** 46
Zustimmungsvorbehalt **Anhang § 13** 11
Zustimmungsvorbehalt für die Vermietung **Anhang § 13** 18
Zwangshypothek **1** 150, **1** 161
Zwangsversteigerung **1** 150, **10** 353, **16** 195, **16** 220, **39** 3
- Entschädigung **41** 3
Zwangsversteigerung von Wohnungserbbaurechten **1** 175
Zwangsverwalter **25** 9
Zwangsverwaltung **1** 150, **16** 227
- Haftung des Wohnungseigentümers **16** 230
- Haftung des Zwangsverwalters **16** 227
Zwangsvollstreckung **1** 156, **12** 65, **16** 183, **16** 262
- Anordnungsanspruch **Vor §§ 43** 18
- Anordnungsgrund **Vor §§ 43** 18

1357

Stichwortverzeichnis

- Antrag **Vor §§ 43** 18
- Arrest **Vor §§ 43** 18
- Beitragsforderung **Vor §§ 43** 17
- des Verbandes **16** 266
- dinglich gesicherte Gläubiger **16** 263
- einstweilige Verfügung **Vor §§ 43** 18
- einstweiliger Rechtsschutz **Vor §§ 43** 18
- Verband **Vor §§ 43** 16
- Verkehrswert **16** 267
- vorläufige Vollstreckbarkeit **Vor §§ 43** 16
- Vorrangigkeit von Beitragsforderungen in der Zwangsversteigerung **Vor §§ 43** 17
- Vorwegzahlung **16** 264
- ZPO-Verfahren **Vor §§ 43** 16
- Zwangshypothek **16** 263
- Zwangsversteigerungsverfahren **Vor §§ 43** 17
- Zwangsverwalter **16** 264
- Zwangsverwaltung **16** 264
- Zwangsverwaltungsverfahren **16** 264
- Zwangsvollstreckung **Vor §§ 43** 16
Zwangsvollstreckung aus Titeln gegen die Wohnungseigentümer **1** 171
Zwangsvollstreckung, sofortige **10** 247
Zweckbestimmung mit Vereinbarungscharakter **10** 72
Zweckbestimmungswidrige Nutzung durch den Mieter **Anhang § 15** 36
- direkter Unterlassungsanspruch der Eigentümergemeinschaft **Anhang § 15** 47
- unmittelbare Handlungsstörer **Anhang § 15** 45
- Zustandsstörer **Anhang § 15** 45
Zwei-Mann-Gesellschaft **16** 182
- Regressanspruch **16** 183
- Zwangsvollstreckung **16** 183
Zweifel bei einem Kostenfall **16** 278
- Kosten des Gemeinschaftseigentums **16** 279
Zweitbeschluss **21** 113
- Rechtsschutzbedürfnis **23** 26
- schutzwürdige Belange **23** 25
- Übergangsregelung **21** 115
- Vermögensdisposition **21** 115
- Vertrauen **21** 115
- Vertrauensschutz **23** 25
Zweitbeschluss zur Aufhebung der Veräußerungsbeschränkung **12** 68
Zweiterwerber **10** 29
Zweitversammlung **25** 2, **25** 48
Zweitwohnungssteuer **Steuerrecht** 304–306
- Hamburgische Zweitwohnungsteuer **Steuerrecht** 305
- Timmendorfer Modell **Steuerrecht** 304
- Überlinger Modell **Steuerrecht** 304
- Zweitwohnungssteuer **Steuerrecht** 306
Zwischenablesung **9a HeizkostenV** 1